1 kg de cultura geral

Cet ouvrage a bénéficié du soutien des Programmes d'Aide à la Publication de l'Institut Français.

Este livro contou com o auxílio do Programa de Apoio à Publicação do Institut Français.

1 kg de
cultura geral

Blucher

FLORENCE BRAUNSTEIN
JEAN-FRANÇOIS PÉPIN

1 kg de cultura geral

Tradução
Adriana Zavaglia
Verónica Galíndez

1 kg de cultura geral
Título original em francês: *1 kilo de culture générale*
© 2014 Presses Universitaires de France
© 2014 Florence Braunstein, Jean-François Pépin
© 2017 Editora Edgard Blücher Ltda.

Publisher Edgard Blücher
Editor Eduardo Blücher
Coordenação de produção editorial Bonie Santos
Produção editorial Bárbara Waida, Camila Ribeiro, Isabel Silva, Júlia Knaipp, Luana Negraes, Marilia Koeppl, Milena Varallo
Projeto gráfico e capa Leandro Cunha
Preparação de texto Sonia Augusto
Diagramação Maurelio Barbosa | designioseditoriais.com.br
Revisão de texto Davi Miranda

Blucher

Rua Pedroso Alvarenga, 1245, 4° andar
04531-934 – São Paulo – SP – Brasil
Tel.: 55 11 3078-5366
contato@blucher.com.br
www.blucher.com.br

Segundo Novo Acordo Ortográfico, conforme 5. ed. do *Vocabulário Ortográfico da Língua Portuguesa*, Academia Brasileira de Letras, março de 2009.

É proibida a reprodução total ou parcial por quaisquer meios sem autorização escrita da editora.

Todos os direitos reservados pela Editora Edgard Blücher Ltda.

DADOS INTERNACIONAIS DE CATALOGAÇÃO NA PUBLICAÇÃO (CIP)
ANGÉLICA ILACQUA CRB-8/7057

Braunstein, Florence
   1 kg de cultura geral / Florence Braunstein, Jean-François Pépin; tradução de Adriana Zavaglia e Verónica Galíndez. – São Paulo : Blucher, 2017.
   1336 p. : il.

Bibliografia
ISBN 978-85-212-0990-4

1. História universal 2. Cultura I. Braunstein, Florence. II. Pépin, Jean-François.

15-1213   CDD 909

Índice para catálogo sistemático:
1. História universal

A meu pai Aurel Braunstein *in memoriam*

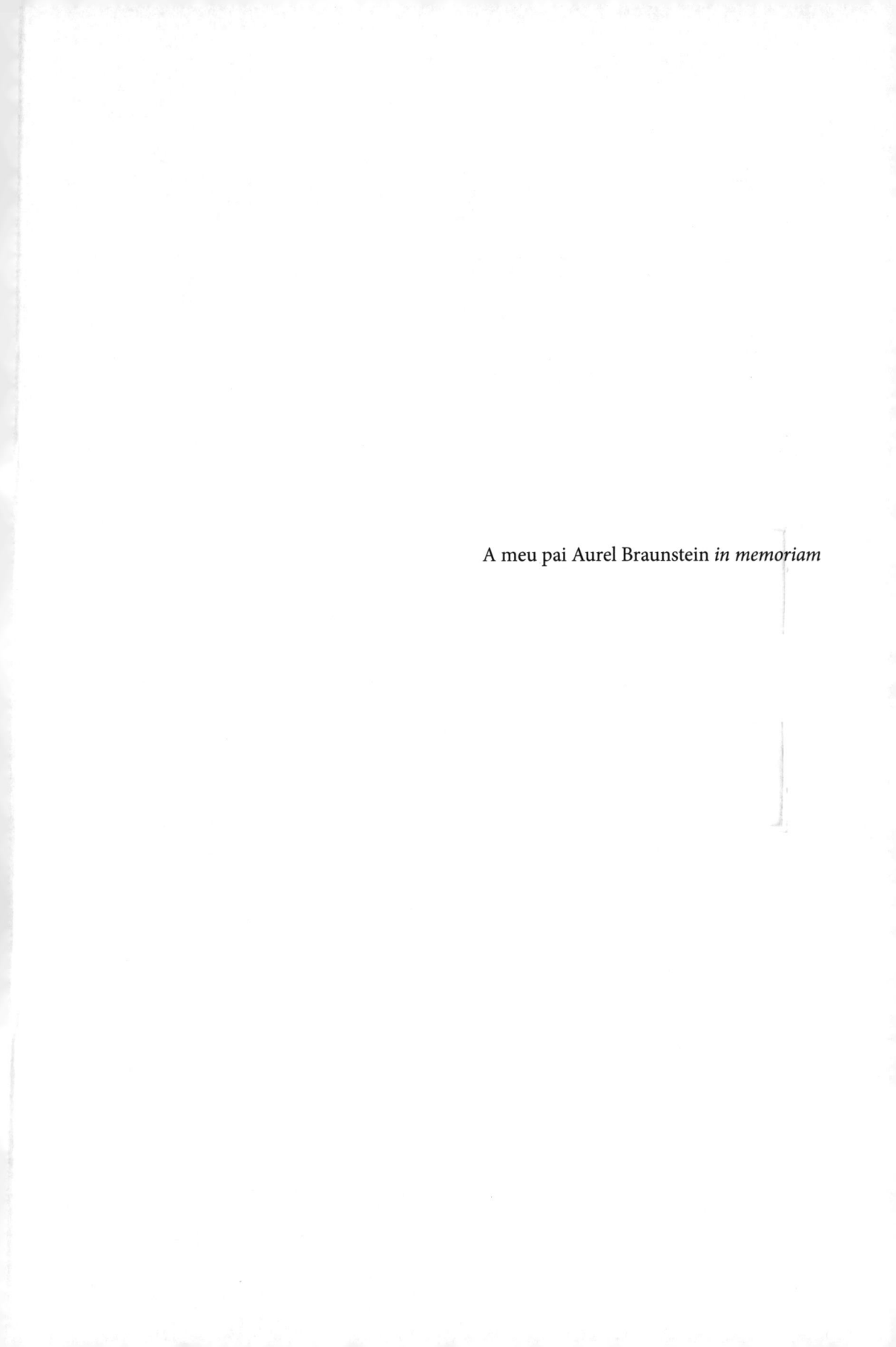

CONTEÚDO

AO LEITOR 11
INTRODUÇÃO: *SAPERE AUDE*, "OUSAR SABER" 13

PRIMEIRA PARTE
PRÉ-HISTÓRIA

CAPÍTULO I   EXPLICAR O UNIVERSO 31
CAPÍTULO II   HISTÓRIA DA TERRA, FORMAÇÃO E EVOLUÇÃO 43
CAPÍTULO III   A PRÉ-HISTÓRIA, DE 7 MA ATÉ O SURGIMENTO DA METALURGIA
                (2500 A.C.) 57
CAPÍTULO IV   AS CIVILIZAÇÕES DA METALURGIA (2500 A.C.-25 A.C.) 89
CAPÍTULO V   A PRÉ-HISTÓRIA EM OUTRAS PARTES DO MUNDO 105

SEGUNDA PARTE
ANTIGUIDADE

A. AS PRIMEIRAS CIVILIZAÇÕES ANTIGAS DO ORIENTE MÉDIO E DO
   ORIENTE PRÓXIMO 111
CAPÍTULO I   A MESOPOTÂMIA 115
CAPÍTULO II   A ANATÓLIA 131
CAPÍTULO III   OS FENÍCIOS 137
CAPÍTULO IV   A ASSÍRIA 141
CAPÍTULO V   A PÉRSIA 145
CAPÍTULO VI   O EGITO 153
CAPÍTULO VII   OS HEBREUS (C. 1800 A.C.-C. 1000 A.C.) 175
CAPÍTULO VIII   A ÁSIA 193
CAPÍTULO IX   A MESOAMÉRICA: OS OLMECAS 221
CAPÍTULO X   A ÁFRICA 227

B. AS CIVILIZAÇÕES DO MUNDO CLÁSSICO 231

- CAPÍTULO XI A GRÉCIA ANTIGA 233
- CAPÍTULO XII OS ETRUSCOS 281
- CAPÍTULO XIII A ROMA ANTIGA 285
- CAPÍTULO XIV O CRISTIANISMO 317

TERCEIRA PARTE
IDADE MÉDIA

- CAPÍTULO I A ÉPOCA DAS INVASÕES 341
- CAPÍTULO II A FRANÇA MEDIEVAL: A EPOPEIA DOS FRANCOS 355
- CAPÍTULO III UM MUNDO CRISTÃO 365
- CAPÍTULO IV A ALEMANHA MEDIEVAL 397
- CAPÍTULO V A INGLATERRA MEDIEVAL 405
- CAPÍTULO VI A ITÁLIA MEDIEVAL 417
- CAPÍTULO VII A ESPANHA MEDIEVAL 425
- CAPÍTULO VIII A RÚSSIA MEDIEVAL 427
- CAPÍTULO IX DO IMPÉRIO ROMANO DO ORIENTE AO IMPÉRIO BIZANTINO 431
- CAPÍTULO X A IDADE MÉDIA DO MUNDO ÁRABE 449
- CAPÍTULO XI A IDADE MÉDIA DA ÁSIA 477
- CAPÍTULO XII A AMÉRICA PRÉ-COLOMBIANA 511
- CAPÍTULO XIII A ÁFRICA MEDIEVAL 525

QUARTA PARTE
RENASCIMENTO

- CAPÍTULO I O RENASCIMENTO: RUPTURA E CONTINUIDADE NA EUROPA 535
- CAPÍTULO II A FRANÇA 571
- CAPÍTULO III A ESPANHA 589
- CAPÍTULO IV OS PAÍSES BAIXOS ESPANHÓIS E A EUROPA CENTRAL 595
- CAPÍTULO V A INGLATERRA 599
- CAPÍTULO VI A ALEMANHA 603

QUINTA PARTE
A ÉPOCA MODERNA

A. O MUNDO DO SÉCULO XVII 611

- CAPÍTULO I OS GRANDES DISTÚRBIOS DA EUROPA NO SÉCULO XVII 613
- CAPÍTULO II A FRANÇA NO SÉCULO XVII 621
- CAPÍTULO III A ESPANHA NO SÉCULO XVII 645
- CAPÍTULO IV A ALEMANHA NO SÉCULO XVII 649
- CAPÍTULO V A INGLATERRA NO SÉCULO XVII 653

CAPÍTULO VI OS PAÍSES BAIXOS NO SÉCULO XVII 663
CAPÍTULO VII A RÚSSIA NO SÉCULO XVII 669
CAPÍTULO VIII O IMPÉRIO OTOMANO: DO APOGEU AO DECLÍNIO (SÉCULOS XV-XVII) 671
CAPÍTULO IX A ÁSIA NO SÉCULO XVII 675
CAPÍTULO X A ÁFRICA MODERNA: O EXEMPLO DA ETIÓPIA 689

B. O MUNDO DO SÉCULO XVIII **691**
CAPÍTULO XI A FRANÇA NO SÉCULO XVIII 693
CAPÍTULO XII A INGLATERRA NO SÉCULO XVIII 743
CAPÍTULO XIII A ITÁLIA NO SÉCULO XVIII 751
CAPÍTULO XIV A ALEMANHA NO SÉCULO XVIII 757
CAPÍTULO XV A ESPANHA NO SÉCULO XVIII 767
CAPÍTULO XVI A RÚSSIA NO SÉCULO XVIII 773
CAPÍTULO XVII OS ESTADOS UNIDOS DA AMÉRICA NO SÉCULO XVIII 777
CAPÍTULO XVIII A ÁSIA DO SÉCULO XV AO SÉCULO XVIII 783
CAPÍTULO XIX A ÁFRICA: A ETIÓPIA NO SÉCULO XVIII 791

SEXTA PARTE
A ÉPOCA CONTEMPORÂNEA

A. O MUNDO DO SÉCULO XIX – AS GRANDES EVOLUÇÕES **795**
CAPÍTULO I A FRANÇA NO SÉCULO XIX 799
CAPÍTULO II A INGLATERRA NO SÉCULO XIX 873
CAPÍTULO III A ALEMANHA NO SÉCULO XIX 885
CAPÍTULO IV A ESPANHA NO SÉCULO XIX 907
CAPÍTULO V A ITÁLIA NO SÉCULO XIX 913
CAPÍTULO VI A RÚSSIA E A ESCANDINÁVIA NO SÉCULO XIX 921
CAPÍTULO VII OS ESTADOS UNIDOS NO SÉCULO XIX (1787-1914) 931
CAPÍTULO VIII A ÁSIA NO SÉCULO XIX 943
CAPÍTULO IX A ÁFRICA NO SÉCULO XIX 951

B. O MUNDO DA PRIMEIRA METADE DO SÉCULO XX **957**
CAPÍTULO X A PRIMEIRA GUERRA MUNDIAL (1914-1918) 959
CAPÍTULO XI A FRANÇA NO PERÍODO ENTREGUERRAS (1919-1939) 971
CAPÍTULO XII A ALEMANHA DE 1919 A 1945 979
CAPÍTULO XIII A INGLATERRA DE 1919 A 1945 989
CAPÍTULO XIV A ITÁLIA DE 1919 A 1945 993
CAPÍTULO XV A ESPANHA DE 1919 A 1945 1001
CAPÍTULO XVI A RÚSSIA E A URSS DE 1917 A 1945 1005
CAPÍTULO XVII OS ESTADOS UNIDOS DE 1919 A 1945 1015
CAPÍTULO XVIII A ÁSIA DE 1919 A 1945 1021
CAPÍTULO XIX A ARTE NA FRANÇA E NA EUROPA DO INÍCIO DO SÉCULO XX ATÉ 1945 1029
CAPÍTULO XX A LITERATURA NA FRANÇA DE 1914 A 1945 1049
CAPÍTULO XXI A FILOSOFIA NA FRANÇA E NA EUROPA ANTES DE 1945 1055
CAPÍTULO XXII A FILOSOFIA NA ÁSIA 1063

C. O MUNDO DA SEGUNDA METADE DO SÉCULO XX 1065
CAPÍTULO XXIII A SEGUNDA GUERRA MUNDIAL (1939-1945) 1067
CAPÍTULO XXIV A FRANÇA DESDE 1945 1081
CAPÍTULO XXV A ALEMANHA A PARTIR DE 1945... 1105
CAPÍTULO XXVI O REINO UNIDO DO ESTADO DE BEM-ESTAR SOCIAL AO
              NOVO LIBERALISMO 1109
CAPÍTULO XXVII A ITÁLIA DA DEMOCRACIA CRISTÃ AO POPULISMO 1115
CAPÍTULO XXVIII A ESPANHA A PARTIR DE 1945 1119
CAPÍTULO XXIX A URSS A PARTIR DE 1945 1123
CAPÍTULO XXX OS ESTADOS UNIDOS A PARTIR DE 1945 1131
CAPÍTULO XXXI A ÁSIA A PARTIR DE 1945 1139
CAPÍTULO XXXII A ARTE A PARTIR DE 1945 1145
CAPÍTULO XXXIII A LITERATURA CONTEMPORÂNEA 1161
CAPÍTULO XXXIV AS CIÊNCIAS HUMANAS 1181

EM DIREÇÃO AO SÉCULO XXI... 1209

ÍNDICE DE NOMES 1217
ÍNDICE DE OBRAS 1275
ÍNDICE DE LUGARES 1317

SOBRE OS AUTORES 1335

AO LEITOR

Este quilo de cultura geral oferece um acesso imediato ao conhecimento, desde a formação da Terra à eleição do Papa Francisco. Quisemos construí-lo com base em uma cronologia clássica, ao longo de seis sequências: Pré-História, Antiguidade, Idade Média, Renascimento, Época Moderna e Época Contemporânea. Além disso, é um livro de múltiplas escolhas: para cada período são apresentados os grandes impérios, depois os Estados quando surgem, e para cada um deles a história, as artes, a literatura, a religião, a filosofia, a música, as ciências e as técnicas correspondentes em um momento preciso da História. Os mundos aqui tratados não se limitam à Europa, pois a cultura geral também é oriunda da Ásia, África e América.

Quisemos proporcionar todas as formas de leitura possíveis. O enciclopedista lerá tudo da primeira à última página; o geógrafo escolherá a França, da Pré-História ao século XXI ainda nascente; o amador de temáticas privilegiará a evolução da literatura chinesa das origens aos nossos dias; o curioso passará do Código de Hamurabi à pintura de Giotto antes de se interessar pela história espanhola do século XIX ou pela filosofia a partir de 1945.

Uma obra tão ambiciosa repousa, enfim, sobre uma ardente obrigação, já que cada campo abordado deve poder ser compreendido imediatamente por todos, e nós nos esforçamos para tornar facilmente acessíveis todos os universos que compõem a cultura geral.

Um arrependimento? Não ter podido dizer tudo sobre tudo. Mas, quem sabe a vida não nos dá uma outra chance?

INTRODUÇÃO:
SAPERE AUDE, "OUSAR SABER"[1]

Sem negligenciar o que a cultura pode contribuir em relação aos conhecimentos, divertimentos, mas também em relação à conscientização moral e política, ela é antes de tudo essa tensão do ser. Esse sentimento de se deixar levar para além de si mesmo, de ter acesso a tesouros e incorporá-los, por uma alquimia pessoal, à nossa memória viva [...], essa humanização por meio do fervor que se trata de colocá-la à disposição de todos[2].

Em um momento em que a Europa[3], desejosa de compreender os mecanismos de sua evolução, de sua identidade, de sua cultura, de seu lugar no seio do mundo, tenta encontrar respostas para crescer em um espírito de paz, de integração e de aculturação, cabe lembrar como é difícil oferecer uma só definição para além dos simples conceitos históricos, econômicos e políticos. O homem, sua história e sua cultura não se reduzem exclusivamente às realidades matemáticas, estatísticas, a números ou ao enunciado de alguns decretos. Um som não se reduz a uma vibração, uma emoção não é apenas alguns hidratos de carbono. Seduzidos pelo progresso das ciências, impulsionados por nossa vontade de dominar a natureza e a matéria, a cultura e a cultura geral ainda têm um pequeno lugar quando as novas tecnologias e o grande público, por questões de identidade, recorrem a um passado comum, ou até mesmo a um patrimônio.

---

1. Locução latina de Horácio, Epístolas, I, 2, 40, retomada por Immanuel Kant, que exprimiu de maneira exemplar todo o rigor da palavra de ordem das Luzes: *sapere aude*, "tenha a coragem de fazer uso de seu próprio entendimento".

2. Jacques Rigaud, *La Culture pour vivre* [A cultura para viver], Paris, Gallimard, 1975, p. 27.

3. Retomamos, a esse respeito, que, segundo a Ilíada (XIV, 321-323), Europa é a filha de Fênix e a mãe de Minos, Radamanto e Sarpedonte, cujo pai é Zeus. Este último, transformado em touro branco, rapta Europa e a carrega nas costas, da Fenícia até Creta, atravessando o mar.

A cultura se tornou plural por meio do jogo de redes sociais, e a cultura geral bem singular em um mundo em que o afeto e o imaginário conduzem a dança. Da cultura geral, passamos à incultura para todos. Serge Chaumier denuncia os paradoxos do que **de Gaulle**, em *O Fio da espada* (*Le Fil de l'épée*), chamava de "a rainha das ciências":

> Como a cultura pode estar em todos os níveis e ao mesmo tempo as desigualdades podem se manter reais e persistentes? Como compreender que, ao mesmo tempo, se deplorem as desigualdades persistentes em cada publicação de uma nova pesquisa sobre as práticas culturais dos franceses e haja, com razão, satisfação com o fato de que as instituições culturais estejam presentes em todo o território, inclusive nas zonas rurais, ou que se discuta com os sociólogos sobre uma relação com a cultura descontraída e partilhada, na qual o executivo goste de karaokê e a empregada doméstica baixe um *podcast* com os últimos sucessos da moda[4]?

UM PAR DE BOTAS VALE MAIS QUE SHAKESPEARE

Ou se atribui a ela tudo e mais alguma coisa, e qualquer coisa faz parte da cultura geral, ou se tende a relegá-la ao esquecimento, porque não se sabe mais muito bem o que lhe atribuir. A cultura e, por conseguinte, a cultura geral se tornaram terra de ninguém, deixadas em suspenso diante do que demandam enquanto trabalho, concentração, abnegação, e tudo é posto em prática com afinco para fazer delas um lazer como outro qualquer, resultante da espontaneidade, do imediatismo, adquirido sem esforço, algo que permanece leve como o ar que se respira. Tudo pertence ao cultural e ganha um lugar em uma sociedade na qual é preciso se manter jovem, magro e morrer bronzeado.

A cultura geral se tornou, de fato, um grande balaio de gatos em que programas de perguntas, *Trivial Pursuit* (jogo de tabuleiro) e cultura empresarial reivindicam seu espaço. Tudo é padronizado, num mesmo nível; todas as obras, todos os meios de expressão são colocados em pé de igualdade e se chega a uma espécie de "café cultural"[5], denunciado por **Claude Lévi-Strauss** em *Olhar, escutar, ler* (*Regarder, écouter, lire*)[6], e retomado por **Alain-J. Trouvé**:

---

4. Serge Chaumier, *L'Inculture pour tous. La nouvelle utopie des politiques culturelles* [A incultura para todos. A nova utopia das políticas culturais], Paris, L'Harmattan, "Des hauts et débats", 2010, p. 13.

5. Segundo a expressão de Claude Javeau em "La controverse sur l'élitisme dans la culture occidentale contemporaine" [A controvérsia sobre o elitismo da cultura ocidental contemporânea], em Simon Langlois, Yves Martin (org.), *L'Horizon de la culture. Hommage à Fernand Dumont* [O horizonte da cultura. Homenagem a Fernand Dumont], Sainte-Foy, Presses de l'université de Laval, 1995.

6. Claude Lévi-Strauss, *Regarder, écouter, lire* [Olhar, escutar, ler], Paris, Plon, 1993.

É possível se divertir ou se irritar, na mesma ordem de fatores, ao ver considerados como elementos de cultura geral saberes tão díspares quanto a altura de Luís XIV, as rimas de uma canção de Johnny Hallyday ou a identidade do vencedor da medalha de ouro em boxe, categoria meio-mosca, quando dos jogos Olímpicos em Sidney. Não inventamos esses exemplos, extraídos aleatoriamente em um desses estranhos "cadernos de cultura geral", cujo sucesso não parece ser, para aqueles que os adquirem, o resultado de um apetite de cultura, mas antes uma necessidade ansiosa de medir ou aumentar seu suposto nível, sobre um fundo de emulação competitiva[7].

Entretanto, se a cultura geral parece, como no bom senso de Descartes no *Discurso do método* (*Discours de la méthode*), "a coisa mais bem partilhada do mundo", ela não ocupa mais o lugar de destaque que ocupava até então no seio de nossa sociedade, como fundamento e fundação de nosso patrimônio.

Todos reivindicam o direito a sua herança, mas apontam o dedo para aqueles que acreditam serem os herdeiros (segundo o termo de Bourdieu), assim como nos conflitos para iniciados, os letrados falam entre letrados, aos olhos dos declinólogos[8] mais radicais. Então foi preciso encontrar argumentos "pré-fabricados" para constituir seu caso e julgá-la por feitiçaria, fazer crer que a França progredirá com estudantes formados, funcionários públicos, administradores sem cultura. Tratados como elitistas, taxados de discriminação social, voltamos às reivindicações da "razão instrumental", forjada pela Escola de Frankfurt[9] nos anos 1960. Ela era qualificada de inútil, sectária, estéril, instrumento privilegiado, meio de seleção social. Bourdieu insistiu no fato de que são sempre os mesmos herdeiros[10] que recebem os cargos-chave, reservando-os assim a uma única categoria social. A matemática e as ciências foram então glorificadas, porque seriam "neutras". Pierre **Bourdieu** denuncia ainda esses fatos nos anos 1960[11], e sua solução será a de privilegiar as ciências em detrimento das humanidades clássicas, mantidas durante muito tempo como apanágio da burguesia. Mas hoje a questão é outra. As novas vias de

---

7. Alain-J. Trouvé, "Défense et illustration de la culture générale"[Defesa e ilustração da cultura geral], em *Atala*, n. 14, Avant-propos [Preâmbulo], 2011.

8. De acordo com "O novo tempo do mundo: e outros estudos sobre a era da emergência", de Paulo Arantes, declinólogos são "Colunistas especializados em demonstrar que a França continuará 'caindo' enquanto providências drásticas não forem tomadas" [N.T.].

9. "Escola de Frankfurt": nome dado a intelectuais alemães que analisam a sociedade a partir de uma perspectiva neomarxista.

10. Pierre Bourdieu e Jean-Claude Passeron, *Les Héritiers. Les étudiants et la culture* [Os Herdeiros. Os estudantes e a cultura], Paris, Minuit, 1964.

11. Idem.

excelência – das especialidades científicas e econômicas ao diploma de conclusão do ensino médio francês – não são mais o privilégio das elites burguesas, pelo menos não mais do que a cultura geral. O sistema educacional faz o que pode para que cada um possa se tornar o que deseja. Esquecem-se frequentemente de mencionar os esforços políticos dos grandes liceus para integrar alunos desfavorecidos financeiramente, a fim de proporcionar-lhes acesso às classes preparatórias[12] abertas tanto em Nanterre quanto em Sarcelles.

Afogada pela democracia e em uma lógica igualitária levada ao limite do absurdo, um utilitarismo a toda prova – "para que serve a cultura?" – uma cultura de massa, cultura reduzida a uma pele de onagro, a cultura geral ficou reduzida, por falta de oferta de uma visão simples do que sempre foi, a se tornar o terreno fértil de implicações igualitaristas assim como utilitaristas. Além disso, ela sofre com as tendências do nosso século de uma crença cega no mundo que as ciências nos revelam. Assim, a cultura geral não tem, como aquelas, a pretensão de dizer a verdade, a exatidão. Ela é então considerada como um luxo frívolo, dando a impressão de dever sempre correr atrás, como no paradoxo da flecha de Zenão de Eleia, que parece nunca poder ser alcançada. A ciência, as ciências reconfortam, porque oferecem o sentimento de poder dar acesso a uma exatidão, ou mesmo, às vezes, a uma verdade por meio de repostas rápidas.

A VIA DA FACILIDADE, UMA VIA RÁPIDA

Essa é a imagem disseminada na opinião pública, ainda que nos fatos não seja sempre o caso. Ao contrário, a cultura geral requer tempo, muito tempo, e nossa época não dispõe mais dele – ela quer certificações, atestados exatos e em tempo recorde. Criam-se certificados, multiplicam-se logos, imagens, expressões, modos de vida. Tudo se autoproclama, se autojustifica ao infinito ou em forma de Oroboros, a serpente que morde a própria cauda. Ora, longe desse sobrevoo conformista – sempre mais rápido, sempre mais forte – mas também longe dos salões mundanos e dos preciosos ridículos, a cultura geral ao longo dos anos forjou para si um lugar intermediário. Ela revela, um pouco como na biblioteca de **Jorge Luis Borges**, que cada desvio, cada cruzamento vai dar em outros desvios, em outros cruzamentos, levando a outras intersecções, quando se pensava ter chegado ao final do caminho. Disso resulta um pensamento que desvia, revelando a complexidade daquilo que nos rodeia e convidando-nos a investir. É mais rápido ver num círculo apenas o símbolo de uma figura geométrica, mas menos satisfatório do que poder ir além da simples evidência e se tornar capaz de nele reconhecer na Índia a representação

---

12. "Classes préparatoires" são oferecidas nos liceus franceses, o equivalente ao ensino médio, mas são consideradas como parte do ensino superior. Visam preparar alunos para o ensino superior ou para as "grandes escolas", tais como a Escola Politécnica [N.T.].

do ciclo do **karma**, na China o complemento dinâmico, na Mônada hieroglífica (1584) de **John Dee** o paradoxo do círculo, no *thateron* platônico o intermediário necessário entre o mesmo e o outro, ou a materialização das circunvalações nos templos, ao redor de uma estupa, nas catedrais, e "o que sei" mais, como diria Montaigne.

Seguir a opinião comum requer menos esforço e conhecimento, mas acaba nos fazendo ver o mundo através de uma claraboia. A cultura geral sempre teve essa vontade de abertura para o exterior, os outros e si mesmo. Ela recusa o isolamento, a fixidez e privilegia a retomada, o questionamento, mesmo que nossa época acredite valorizar aqueles que amam as respostas prontas, os conteúdos sem forma, o pré-fabricado na construção do indivíduo, em que o parecer há tempos tirou a coroa do ser. Ela constitui a melhor muralha contra as ideologias totalitaristas, amigas das ideias únicas e simplificadoras tidas por um sucedâneo da cultura geral para aqueles que são desprovidos dela. Os totalitarismos quebram o pensamento, barram seu ímpeto, recusam aceitar as diferenças dos outros e, nesse sentido, castram a identidade dessas riquezas. São "misologias", no sentido em que Kant as entendia, um artifício da razão contra o entendimento, um discurso contra a razão. A incultura se torna seu fundo de comércio, elas a mantém, cuidam, porque assim nunca serão questionadas. Então, como compreender essa recusa? Sem dúvida, ela tem o mesmo efeito que o *sfumato* na arte: muita luz ressalta a sombra; muito julgamento, a mediocridade. Sua morte é constantemente anunciada, e com ela a morte da cultura francesa[13], tornada *cadavre exquis*[14], arrastando no seu caminho o desaparecimento do cultural. Antes de tentar compreender as implicações do desaparecimento de toda uma parte da fachada cultural e da cultura geral em si, voltemo-nos primeiramente para a definição dos termos "cultura" e "cultura geral", já que são frequentemente confundidos.

DA CULTURA DOS POVOS À CULTURA DO CULTO: OS TRÊS SENTIDOS DA PALAVRA CULTURA

Poderíamos dizer da cultura o que Valéry dizia da liberdade: "É uma dessas palavras detestáveis que têm mais valor do que sentido, que cantam mais do que falam"[15].

---

13. Ver principalmente Donald Morrison, "The Death of French Culture" [A morte da cultura francesa], *Time Magazine*, 21 de novembro de 2007, assim como *Que reste-t-il de la culture française?* [O que sobrou da cultura francesa?], seguido de Antoine Compagnon, *Le Souci de la grandeur* [A preocupação com a grandeza], Paris, Denoël, 2008.

14. Jogo surrealista que consistia na produção de uma narrativa rápida em que cada participante escreve uma frase dobrando o papel sobre a frase escrita para que o próximo participante não saiba o que foi escrito anteriormente [N.T.].

15. Paul Valéry, *Regards sur le monde actuel* [Olhares sobre o mundo atual], Paris, Gallimard, "Folio essais", 1988.

O SENTIDO ANTROPOLÓGICO DE CULTURA

Do latim *cultura*, o termo "cultura" surge no século XIII. Nessa época, designa a ação de cultivar a terra, mas também cultuar um deus. Há então, desde o início, a ideia de explorar o que está em repouso na terra, dali retirar o que é útil para o homem. No século XVI, o termo "cultivado" aparece e se aplica às terras que foram trabalhadas. A palavra "cultura" começa a ser empregada em um sentido figurado e se vê aplicada a outros campos, tendência que se desenvolve sob a pena dos filósofos das Luzes. Passa-se do sentido de "cultivar a terra" ao de "cultivar a mente". Condorcet menciona a cultura da mente, Turgot a das artes, Rousseau a das ciências, d'Alembert a das letras. Disso resulta a vontade de submeter à razão todas as disciplinas intelectuais. Os filósofos das Luzes quiseram insistir na potência da educação de transformar o indivíduo em "animal racional". Mas o emprego do termo "cultura" no sentido figurado permanece limitado: a "cultura" pede sempre, nesse período, um complemento nominal, seja para as artes, as letras, as ciências ou o progresso intelectual de um indivíduo. Mas, se seu sentido é restrito, é também porque o século XVIII sistematiza valores, comportamentos, referências que caracterizaram o Renascimento pelo seu desejo de retorno ao concreto. A observação dos fatos e a noção de experimentação tão forte na filosofia inglesa do início do século XVIII tiveram como consequência um interesse ainda maior por parte dos pensadores pelo método, mais do que pelos resultados em si. Além disso, o método de trabalho emerge, fonte de dignidade do homem em Locke, fonte de riqueza das nações em Adam Smith. Esse novo valor se impõe como um dos elementos indispensáveis para a felicidade. É, portanto, normal que a ação de cultivar tenha sido mais privilegiada do que seus resultados nessa época. O homem começa a afirmar sua presença no mundo e pode justificá-la por suas ações. Porém, o maior passo dado pelos homens das Luzes não foi apenas "abrir os outros à razão"[16], mas "abrir a si mesmo para a razão dos outros"[17]. Em seu sentido mais antigo, "*cultus*", a arte de honrar os deuses, passamos à arte de honrar a si mesmo pelos frutos da ação. A educação será o traço de união entre um e outro. O homem, com seus conhecimentos, torna-se mestre e possuidor de si mesmo como foi da natureza. A descoberta de outros sistemas, modos de vida, pensamentos, lhe oferece um novo sentido que o torna próximo do de civilização. Enfim, o desenvolvimento modesto do sentido figurado de cultura no século XVIII tem também a ver com o sucesso que vai encontrar, desde seu nascimento, o termo civilização. A edição de 1771 do **Dictionnaire de Trévoux** ("Dicionário de Trévoux") registra, pela primeira vez, o neologismo surgido no **Amigo dos homens** (*L'Ami des hommes*) (1756) do Marquês de

---

16. Alain Finkielkraut, *La Défaite de la pensée* [A derrota do pensamento], Paris, Gallimard, "Folio essais", 1989, p. 81.

17. Ibid.

Mirabeau, pai, e o define assim: "Civilização, termo de jurisprudência. É um ato de justiça, um julgamento que torna civil um processo criminal. A civilização se faz ao se converterem as informações em inquérito ou de outro modo". Desde então, a evolução do sentido conduz àquele proposto pela Unesco em 1982: "O conjunto de traços distintivos, espirituais, materiais, intelectuais, afetivos que caracterizam uma sociedade, um grupo social. Ela engloba, além das artes e das letras, os modos de vida, os direitos fundamentais do ser humano, os sistemas de valor, as tradições, as crenças".

O SENTIDO ONTOLÓGICO DE CULTURA

Se o primeiro sentido da palavra "cultura" é antropológico, **o segundo sentido** tem relação com o ser, a natureza humana, sua ontologia. Ela é atividade com relação à natureza, o ser se distancia dela para se diferenciar, ele é atividade do pensamento, luta contra sua própria natureza. É sua forma humana de estar no mundo, de fazer e de desfazê-lo, sua aptidão excepcional e universal para constituir seu patrimônio outorgando a si aquilo que a natureza lhe recusa. O homem projeta símbolos, representações sobre o mundo que cria e se libera de seu instinto pela razão. A Antiguidade fará dele um herói e um mito, Prometeu, "o previdente", mais sábio que os próprios deuses; a filosofia do pós-guerra fará dele um homem existencial, livre ou canalha segundo sua vontade, é sua grandeza no sentido pascaliano, resultado de seu próprio combate com a natureza. Diferentemente da erudição, que se resume em uma acumulação de saberes, a cultura, nesse sentido, precisa do esforço de compreender, de julgar, de apreender os elos entre as coisas. Se a mente não faz esse percurso, ele vegeta, precisa ser constantemente ativo e reativado. Jamais representamos o que nos rodeia como um transcritor fiel; nós participamos também por meio das palavras, da construção que com elas fazemos, dos símbolos que se criam. Não nos esqueçamos do pintor Marcel Duchamp: "Aquele que olha faz o quadro". A criação de uma cultura passa pela afirmação de valores, de crenças, de paixões indispensáveis ao estabelecimento de regras, de finalidades, de normas. A imagem unificada construída pelo homem se esvanece ao longo de suas próprias interrogações filosóficas em uma poeira de doutrinas e de respostas contraditórias. O homem teve que se descobrir para se inventar, para ter acesso ao humano; ele teve que aprender a se expressar por meio de sistemas, de procedimentos, de técnicas. Autor do mundo como de si mesmo, sua cultura foi sua forma de ser ao mesmo tempo do mundo e para o mundo e, se ele buscou frente a frente com a natureza e o cosmos deixar sua marca, é para se "conhecer na forma das coisas, mudar o mundo exterior e compor um mundo novo, um mundo humano"[18].

---

18. 1. G.W.F. Hegel, *L'Esthétique* [Estética], trad. Flammarion em Georges Battaille, *L'Érotisme* [O erotismo], Paris, Éditions 10/18, 1965, p. 237.

O SENTIDO HUMANISTA DE CULTURA

O **terceiro sentido** atribuído à cultura é um sentido humanista: ele remete à cultura de si, que os alemães chamam de *Bildung* (que significa "construção"), e que tira seu sentido das humanidades do Renascimento. As mudanças nascidas de obras individuais ou coletivas tiveram como consequências seja veicular ideias criadoras de uma cultura para outra, levando a sínteses lineares, seja criar cortes irremediáveis com sua herança. Sua mistura cria a identidade das culturas que levam à sua integração ou a uma espécie de justaposição grosseira de seus elementos ou ainda à sua rejeição definitiva. Mas a cultura precisa de alteridade para desabrochar, ela não pode ser isolada como a República dos eruditos na ilha de Lilipute no *Gulliver* de Swift. Longe de flutuar a léguas da superfície do solo, essa cultura do culto é o que liga o humano ao humano ou, pelo menos, permite aceder a esse conceito. O homem culto soube tirar da natureza aquilo que estimou ser bom para ele e saberá transmiti-lo ao outro. Mas é, antes de mais nada, uma mente capaz de julgar as coisas em seu conjunto, e disso tirar uma distância crítica, diferentemente do especialista, que só pode fazer isso sobre um objeto restrito em um campo bem preciso. Um homem culto é, portanto, um homem que tem um saber, mas que também sabe como aumentá-lo. A cultura geral se dirige, assim, àqueles que se lançam nessa iniciativa oferecendo-lhes conhecimentos que será preciso selecionar com discernimento e com juízo para compreender o que os conecta. É por isso também que se diz que o politécnico sabe tudo e mais nada.

A história da cultura geral como cultura do iniciante tem uma longa história. Deve-se buscar sua origem na Grécia, que designou, desde o século VI a.C., um ideal educativo: o de educar o homem para a razão como modelo universal que lhe permite aceder à humanidade, a sua humanidade. À luz da razão, a questão da justiça, da felicidade, do viver em comum, da educação será abordada, relegando ao mais longe possível o peso da tradição e da força de persuasão dos mitos. Aqueles que **Hegel** qualifica de "mestres da Grécia", os primeiros sofistas, utilizam o poder das palavras, a força de persuasão da linguagem sob todas as formas, retórica, linguística, sintática. **Hípias de Elis** fez as vezes de líder, extraindo de seus conhecimentos algo para adquirir glória e dinheiro, enquanto que os estados gerais da sofística eram formados por **Protágoras, Proclo** e seus adeptos. O cúmulo da arte era conseguir gerenciar seus adversários por meio de sutilezas e de falsos raciocínios. Longe de reunir os homens, de aproximá-los, a sofística se impõe como uma cultura do enfrentamento. Sócrates e Platão vingarão a razão perseguindo incansavelmente a verdade. O rétor Isócrates (436 a.C.-338 a.C.) está "entre os primeiros a traçar seu programa de conjunto no qual se encontram as preocupações morais, sociais, intelectuais"[19] e se deve ver na

---

19. Alain-J. Trouvé, "Défense et illustration de la culture générale" [Defesa e ilustração da cultura geral], em *Atala*, n. 14, Avant-propos [Preâmbulo], 2011.

paideia isocrática uma certa noção de humanidade. **Isócrates** pretende formar o homem inteiro pela cultura da eloquência, cuja prática previa uma cultura intelectual quase completa. Aprender a falar bem era também aprender a pensar e a viver bem. Sua influência sobre a educação seria maior do que a de Platão e, como nota o grande historiador **Moses I. Finley**, "depois dele, a retórica ganhou um lugar de honra nos estudos superiores, em um sistema que logo recebeu sua forma canônica com aquilo que os romanos chamam de 'as sete artes liberais'. Depois, esse modelo canônico passou dos gregos aos bizantinos e dos romanos ao ocidente latino"[20].

A Europa não pode mais ser limitada culturalmente e identitariamente a sua grande herança antiga, ainda que estejamos em dívida com os gregos por terem inventado a cidade, o questionamento, o teatro; e com os romanos pelo Estado e as instituições, a lei, as bases de nossa cidadania, o latim que foi a língua europeia durante vários séculos. Se os comparamos aos persas ou aos bárbaros, os gregos terão sabido se desatrelar do déspota ou do tirano. As leis de **Sólon**, as de **Péricles**, que abrem a participação na vida da cidade aos cidadãos que delas estavam excluídos, garantem os fundamentos da democracia. E aquilo que os gregos souberam conceder a suas cidades-Estados, Roma o faz pelo seu Império com o Édito de Caracala, de 212, que concede a cidadania a todos os homens livres. É, então, graças aos romanos que nós conheceremos o direito, a retórica, as noções de *humanitas* e de *virtus*, mas também a valorização do cuidado de si, da experiência pessoal da qual emergerá a noção de pessoa, de sujeito. Florence Dupont questiona a noção de identidade nacional romana em seu livro *Rome, la ville sans origine* ("Roma, a cidade sem origem"), pois, escreve ela, "ser cidadão romano era ser como Eneias, necessariamente vindo de outro lugar", relembrando que os pesquisadores europeus "se projetam nos Antigos, que assim modernizados lhe servem de origem" e conclui: "Nós talvez não precisemos de identidade nacional"[21]. A noção de *origo*, essa ficção jurídica que ela retoma, "postula um início absoluto cada vez que a *civitas* é conferida"[22] e permitiria, assim, recusar a ideia de um "tempo longo que permite a Braudel fazer da identidade de um povo a finalidade absoluta de sua história"[23]. Durante muito tempo, a herança do mundo judaico, árabe, andaluz foi deixada no escuro em benefício da dos romanos. No entanto, **Jerusalém**, lugar simbólico da herança bíblica, trouxe-nos as leis morais, mesmo que a lei cristã se impunha durante séculos como norma comum. Com **Orígenes** de Alexandria (185-c. 253), teólogo, um dos Pais da Igreja, assim como o diz **Jean Sirinelli**, "não se pode falar em empréstimos,

---

20. M.I. Finley, "L'héritage d'Isocrate" [A herança de Isócrates], em *Mythe, mémoire, histoire* [Mito, memória, história], Paris, Flammarion, 1981, p. 175-208.

21. Florence Dupont, *Rome, la ville sans origine* [Roma, a cidade sem origem], Paris, Le Promeneur, 2011, p. 10.

22. Ibid., p. 174.

23. Ibid., p. 175.

é realmente uma síntese ou um sincretismo que se produz entre as exigências da reflexão cristã e os sistemas filosóficos ambientes"[24].

Na metade do século V, o Império Romano do Ocidente rui, e a paisagem política, cultural, intelectual é perturbada pelas mudanças que se produzem. Com o império de Carlos Magno, uma nova unidade cultural se forma – o latim, o cristianismo, a autoridade dos dois sabres, o espiritual e o temporal dominam a Idade Média inteira. A cultura e a educação se colocam ao serviço da fé e da Igreja. O homem, tornado centro do mundo, busca seu lugar entre um mundo invisível no qual preside um Deus todo-poderoso e um mundo visível que ele descobre aos poucos e cujas fronteiras geográficas expande progressivamente. O cristianismo não se limita a veicular a cultura antiga, dando origem a novos valores e abrindo o caminho do paraíso a todos aqueles que têm a fé, sem distinção de classes sociais ou de etnias. Além disso, ele se enriquece com influências diversas. Assim, devemos ao mundo árabe sua arte, a redescoberta das ciências, dos textos gregos, da matemática, o desenvolvimento da alquimia. Uma língua comum, um direito comum, o direito romano se impõem até o século XVI, quando emerge a ideia de direito nacional, um mesmo Deus, que são as bases sobre as quais se desenvolve a Europa Medieval. A arte carolíngia extrai sua originalidade das influências bizantinas, bárbaras, moçárabes. Carlos Magno se rodeia, em sua corte, não somente com os melhores representantes da hierarquia eclesiástica, mas também de missionários anglo-saxões, irlandeses, detentores da cultura grega e dos textos sagrados. Assim, Alcuíno, da escola de York, Teodolfo, o Visigodo, e Angilberto, o Germano, construíram o centro de uma sociedade cosmopolita. As miniaturas moçárabes, que decoram e ilustram os livros, constituem, entre os séculos IX e X, uma das manifestações mais originais da arte espanhola desse período cujos temas e tipos iconográficos são uma fonte de inspiração para os pintores romanos que os retomam.

O período medieval, longe de ter sido um período de unidade religiosa, é aquele que testemunha a separação do Império em dois, Império do Ocidente e Império do Oriente, em 395, dando nascimento a duas Europas greco-romanas, bem diferentes em sua arte e em seu pensamento. A dificuldade, como anunciada por **Edgar Morin** em seu prólogo a *Pensar a Europa* (*Penser l'Europe*), "é pensar o um no múltiplo, o múltiplo no um"[25]. A cultura nunca restringiu a uma era geográfica as trocas que a modelam. Assim, **Marc Ferro**[26], em uma entrevista, relata que, no tempo do Império Romano, um viajante poderia ir de Lyon a Damasco sem sair de casa, ou ainda ir a Constantino ou Bizâncio. Mas, se atravessasse o Danúbio, não o faria sem atravessar antes o Reno.

---

24. Jean Sirinelli, *Les Enfants d'Alexandre. La littérature et la pensée grecques, 334 av. J-C. – 529 apr. J-C.* [Os filhos de Alexandre. A literatura e o pensamento gregos, 334 a.C.-529 d.C.], Paris, Fayard, 1993, p. 27.

25. Edgar Morin, *Penser l'Europe* [Pensar a Europa], Paris, Gallimard, "Folio actuel", 1990, p. 22.

26. Durante as Journées de l'Europe [Jornadas da Europa] de 9 de maio de 2005.

No século XIX, ele teria podido, mas dessa vez sem retornar a Bizâncio, Constantino ou Ravena. Assim, se queremos falar de uma identidade cultural europeia, convém constatar que ela se formou quando de suas múltiplas metamorfoses e por meio delas, muito além de seus limites geográficos fixos.

O Renascimento concede privilégios às humanidades. Budé, Rabelais, Leonardo da Vinci, Michelangelo, Pico della Mirandola elaboram, por meio da estética, a moral, as letras, um mundo de perfeição do qual o homem é o produto. Uma cultura da mente e da troca plena de diversidade se instala, fundada no ensino dos conhecimentos e dos novos saberes. É essa mesma cultura, oriunda da memória, da experiência do humano, do legado dos pensadores, dos artistas, das letras gregas e romanas, que chegou até nós desde o século XVI. Temos a obrigação de preservá-la. E é também porque o século XVIII – o de **Montesquieu**, **Helvétius** e **Voltaire**, o dos dicionários, mas também o de **Newton** e de **Locke** – desejará triunfar sobre a ignorância, propagando sua fé na razão em todas as esferas da atividade humana, que essa herança inestimável ainda é nossa. Numa Europa tornada cosmopolita, a noção de progresso permanece como tema dominante. **Condorcet** estabelecerá, já em 1793, que o progresso de fato faz parte da história, em *Esboço de um quadro histórico do progresso do espírito humano* (*Esquisse d'un tableau historique des progrès de l'esprit humain*).

O Século das Luzes, a Revolução Francesa, o Império constituem novos períodos de trocas e de transmissão de ideias e de saberes por meio das grandes capitais: Amsterdã, Berlim, Londres, Paris, Viena. A dinâmica do século passa pela análise, pela filosofia. A noção de método, o desejo de se conformar às exigências da razão é seu *leitmotiv*. A afirmação da primazia do homem exige, por parte dos enciclopedistas, um combate feroz contra os preconceitos. O homem passa a ser concebido como parte integrante de um todo universal anunciando, assim, as teorias evolucionistas do século seguinte. O grande trabalho das Luzes foi o de restaurar o humanismo. Guiados pela razão, eles fundam o essencial de sua moral sobre o homem. Tudo é atacado: a justiça, as ciências, a educação, o comércio, a indústria e, mais do que as instituições, o seu próprio princípio. Nenhuma geração foi tomada de filantropia e bem-fazer a esse ponto. Nenhuma sentiu mais vivamente as desigualdades sociais, a barbárie das leis antigas, o absurdo das guerras. Nenhuma outra projetou de forma mais sincera sonhos de paz perpétua e de felicidade universal. A *Declaração dos direitos do homem* constituiu um dos poderosos fatores de unidade nacional ao proclamar a igualdade dos direitos do homem e da nação. A própria ideia de nação surgiu. Seu ponto comum é o de outorgar ao ser humano uma dignidade, um valor, um reconhecimento que encontra sua aplicação na pessoa à qual outorgamos a liberdade, o livre-arbítrio e a justiça. Nenhum povo irá tão longe na definição de tais valores, preconizados como direitos que a sociedade deve se outorgar. A unidade do pensamento europeu será o resultado de sua aptidão para gerar as identidades culturais, religiosas, nacionais que a formam sem excluí-las e sabendo tirar proveito de sua diversidade. A lição do século XVIII será a exigência da universalidade, do espírito de tolerância, do direito à felicidade, não mais uma salvação no além, mas um direito imediato à educação, à proteção do indivíduo e aos povos.

No século XIX, aparecem os primeiros efeitos do questionamento do universalismo e da razão da construção do sujeito, e os filósofos das Luzes descobrem seus detratores. A noção de sujeito é fortemente abalada por Marx, e todos os fenômenos passam a ser determinados pelo modo de produção dos meios de existência. Nietzsche revela que a razão não é nem a fonte nem a finalidade da história. Freud e Charcot, com seus trabalhos, dão o golpe fatal no sujeito com a descoberta do inconsciente. O sujeito não reina mais e não está mais sistematicamente em adequação consigo mesmo:

> Assim, na gênese das ciências sociais, o freudismo inaugura um novo estágio, primeiro por suas descobertas e depois por seu método: as causalidades, as regularidades, as leis que pretendem estabelecer a sociologia positivista são questionadas pela dúvida dirigida aos discursos e, mais profundamente, à natureza do homem razoável tal como Descartes o definira. O eu não é mais o que era, ele se divide em um supereu e, pode-se dizer, em um "subeu"[27].

Sob o efeito do romantismo alemão, principalmente de **Schlegel**, que considera que o universal abstrato é vazio e que só adquire conteúdo ao se particularizar, o homem é o resultado da união entre o universal e o particular. **Hölderlin** e **Novalis** compartilham com **Schiller** e **Herder** a ideia de uma Alemanha como *Kulturnation*, definida mais por suas produções individuais, artísticas, literárias, poéticas, culturais do que pela sua potência política ou seu Estado.

O início do século XX, ao mesmo tempo herdeiro e inovador, não para de promover suas próprias vanguardas. As fronteiras da Europa e do mundo explodiram, a mulher adquire papel crescente no seio da sociedade e o progresso técnico não cessa de aumentar. A **China** honra o materialismo histórico: em 1911 se produz a ruína da dinastia Manchu, no momento em que suas primeiras tentativas de modernidade passam pela mobilização conjunta das ideias ocidentais e dos pensamentos tradicionais. O **Japão**, desde a metade do século anterior, tornou-se fonte de inspiração para o Ocidente e contribui com uma busca da modernidade na arte apresentando planos sucessivos em suas obras. As duas guerras mundiais estremecem a

---

27. Jean-Marie Domenach, *Approches de la modernité* [Abordagens da modernidade], Paris, Ellipses, "Cours École poly-technique", 1987, p. 107.

confiança na cultura e no homem. A elaboração de instrumentos de destruição em massa, a organização de campos de extermínio conduziram a um questionamento da razão, da cultura e da ciência como benfeitoras da humanidade. Desde **Nietzsche** até os anos 1960, a desconstrução está na ordem do dia, desconstrução na filosofia contemporânea do idealismo alemão, da filosofia da subjetividade, das ilusões metafísicas. A arte contemporânea destrói conscientemente a obra de arte e também faz da desconstrução seu próprio objetivo, abolindo a fronteira entre estética industrial e estética artística: uma cadeira, um cachimbo, um carro se tornam arte. A filosofia da desconstrução será principalmente representada por **Jacques Derrida** e **Gilles Deleuze**. Depois da morte de Deus anunciada por Nietzsche, vem a da modernidade (**Gianni Vattimo**), a da política (**Pierre Birnbaum**), a do social (**Jean Baudrillard**), a da cultura (**Michel Henry**), a do socialismo (**Alain Touraine**), a das ideologias (**Raymond Aron**), a da religião (**Marcel Gauchet**), a das grandes narrativas (**Jean-François Lyotard**).

A pós-modernidade exprime a crise de modernidade que atinge os países mais industrializados do planeta. O termo "pós-modernismo" foi primeiramente utilizado em arquitetura nos anos 1960-1970, depois sua noção se alastrou em todos os campos artísticos e filosóficos. Marcada pela crise da nacionalidade, a pós-modernidade representa também uma ruptura com as Luzes e uma ruína das grandes ideologias. O traço fundamental dessa segunda parte do século XX é a importância que as culturas estrangeiras terão na arte, na literatura e na música europeias. A estamparia japonesa, a escultura africana, a música folclórica não são apenas fontes de inspiração, mas permitem também criar uma distância entre cultura elitista e cultura identitária de cada um. Os conhecimentos dos povos colonizados revelarão riquezas que farão da cultura ocidental uma cultura coletiva entre outras. Durante muito tempo, a civilização por excelência, aquela que os outros eram convidados a imitar, era a da Europa ocidental, desde sua origem ligada à noção de progresso. Isso mudará em contato com o Extremo Oriente e a Índia, no século XIX, que fascinam por suas manifestações de arte e pensamento. A etnologia e a sociologia levam a considerar civilizações e não mais um modelo único. Assim, a Europa, ao longo de sua história, apresentou um universo de pequenas culturas tecidas a partir de critérios comuns, o que lhe deu seu aspecto de uniformização na diversidade, como um traje de Arlequim. Mas, possivelmente, um não europeu visse apenas o aspecto de uniformidade sem, no entanto, diferenciar a impressionante variedade das culturas nacionais e regionais que a fundam, sem distingui-las de seus contrários. A contribuição das civilizações estrangeiras para nossa cultura tornou menos claros os contornos e as bases que a definiam, relativizando as noções de norma, de valor, de saberes.

DEFESA DE UMA CULTURA GERAL

A expressão pode render um debate: porque parece, *a priori*, paradoxal que uma cultura possa ser geral, pois, se o for, ela deixa de ser uma cultura e, se não o for, torna-se sem fundamento. A cultura geral teria, na verdade, vocação, desde sua origem, para ser estendida em especificidade profunda, sem para tanto ser particular. O conhecimento à la ***Bouvard e Pécuchet***[28], uma longa errância em um oceano de saberes, vasto amontoado de noções e conhecimentos maldigeridos, jamais levará os heróis de Flaubert à reflexão ou ao juízo verdadeiro por falta de método.

Nossa época é tomada por uma bulimia de saberes, ingeridos sem real discernimento entre o que é e o que não é importante. A recusa a hierarquizar as coisas, o fato de nivelar tudo por baixo – o gênio de Pascal e a cultura de massa. Democratizar a cultura é uma benfeitoria inconteste, mas popularizá-la significa matá-la. Deve-se a **Serge Chaumier** a evocação dessa bela defesa de Lamartine, dirigida ao deputado Chapuys-Montlaville, em 1843:

> E onde está o alimento intelectual de toda essa multidão? Onde está esse pão moral e cotidiano das massas? Em nenhum lugar. Um catequismo ou canções, esse é seu regime. Alguns crimes sinistros, contados em versos atrozes, representados em traços horrorosos e afixados com um prego nas paredes da cabana ou da mansarda, eis sua biblioteca, sua arte, seu museu! E para os esclarecidos, alguns jornais exclusivamente políticos que chegam de tempos em tempos na oficina ou no cabaré da cidade, e que lhes trazem a repercussão de nossos debates parlamentares, alguns nomes de homens que devem ser odiados e algumas popularidades a serem destrinchadas como quando jogamos aos cães os restos, eis sua educação cívica! Que povo quereis que saia daí[29]?

A democratização da cultura levou à sua difusão, depois à sua exploração comercial sob todas as formas (programas de perguntas e respostas e questões de múltipla escolha em *videogames*), produzindo mais uma descerebralização do indivíduo do que sua formação. A cultura dilapidada pelo jogo comercial fez dela, no melhor dos casos, um kit de sobrevivência, salário mínimo intelectual. Mas, se a cultura geral sofreu com uma comercialização excessiva, sob as formas mais truncadas, deve também sua desconsideração ao fato de ter sofrido muitas imprecisões em suas definições. O *Dictionnaire de l'Académie française* ("Dicionário da Academia Francesa"), em 1932, a caracteriza como um "conjunto de conhecimentos gerais sobre a literatura, a história,

---

28. Título de obra póstuma de Gustave Flaubert (1821-1880), romancista francês mais conhecido por seu romance Madame Bovary. Trata-se de dois copistas decidem retomar todo o conhecimento já produzido pelo homem. No entanto, tentam aplicar, sem sucesso, tudo o que aprendem, produzindo uma alegoria do leitor incompetente e um questionamento da ideia de erudição [N.T.].

29. Serge Chaumier, *L'Inculture pour tous* [A incultura para todos], op.cit., p. 26.

a filosofia, as ciências e as artes que devem possuir ao final da adolescência, todos aqueles que formam a elite da nação"[30]. Seu nascimento oficial poderia ser situado no âmbito da reforma francesa de 1902, **efetuada por Georges Leygues** (1857-1933), que dá ao ensino secundário a forma que ele conservará até os anos 1950. O ensino secundário francês se adapta ao mundo moderno e uma fusão se opera entre os ensinos clássicos e modernos, destinados a tornar as humanidades científicas tão formadoras da mente quanto as humanidades literárias. A ideia era aprender a pensar por fragmentos, mas fazendo compreender que todo fragmento era justamente parte de um todo. A cultura geral estabelecia assim uma síntese entre os diferentes saberes. E a filosofia desempenhava nisso um papel determinante, o de saber pensar sobre a cultura. Hoje, quando evocamos a "cultura geral", estamos distantes, para a maioria dentre nós, de ver aí uma referência a uma cultura assimilada ao poder dos sofistas, ou à de **Montaigne**, isolado em sua torre constatando "nosso jardim imperfeito", ou à dos enciclopedistas, empilhando nossa ciência em dezenas de tomos. A ideia de melhoria de si predomina, a ideia de um instrumento que nos ensina a relativizar, um meio para a introspecção, um olhar aberto ao mundo, a ideia de ir sempre mais longe, de que seja possível encontrar a *paideia* grega, educação em nível cósmico, vontade que deve nos levar ao melhor de nós mesmos e nos dar o gosto pela excelência. Para os Antigos, os valores estavam fundados no ser. O homem de nossa época é frequentemente amnésico e faz bem lembrá-lo daquilo que fez sua grandeza e seu valor. Escolher uma obra aleatoriamente e proclamar sua inutilidade, porque em desuso em nossa sociedade – "um par de botas vale mais do que Shakespeare" – e porque inadaptada, não é prova de bom senso, mas de desonestidade intelectual. Da mesma forma, decretar a cultura geral pouco adaptada a certas circunstâncias tem a ver com o mesmo princípio, pois não constitui saberes reunidos, mas o meio de se dirigir nos próprios saberes, de não ficar passivo diante das coisas do nosso mundo.

Ainda que a definição da cultura geral tenha se tornado polissêmica[31], um pouco como um albergue espanhol[32], ainda que tenha sido fragilizada por ataques com argumentos ideológicos ou utilitaristas, lembremo-nos da frase de **Primo Levi**, no momento em que se questiona acerca das razões da sobrevivência depois de Auschwitz em *Os naufragados e os escapados*[33]: "Quanto a mim, a cultura me foi útil: nem sempre, às vezes, talvez por vias subterrâneas e imprevistas, mas me serviu e talvez me tenha salvado".

---

30. *Dictionnaire de l'Académie Française* [Dicionário da Academia Francesa], 8ª edição, 1932-1935.

31. Ver o notável artigo de Michèle Rosellini, "La Culture générale, condition de survie?" [A cultura geral, condição de sobrevivência?], *Atala*, n. 14, 2011.

32. Filme francês de 2003 em que um estudante de economia francês divide um apartamento em Barcelona com pessoas de nacionalidades diferentes, numa espécie de Babel contemporânea [N.T.].

33. Primo Levi, *Les Naufragés et les rescapés. Quarante ans après Auschwitz* [Os naufragados e os escapados. Quarenta anos depois de Auschwitz], Paris, Gallimard, "Arcades", 1989.

PRIMEIRA PARTE
PRÉ-HISTÓRIA

CAPÍTULO I
EXPLICAR O UNIVERSO

A existência de um universo difícil de apreender para além das justificativas cosmogônicas fornecidas pelos pensamentos religiosos leva os homens a buscar uma explicação racional, baseada em deduções tiradas das observações feitas. Os primeiros modelos explicativos são oferecidos por geógrafos, matemáticos e filósofos gregos em um momento em que a efervescência do pensamento convoca o homem a compreender tanto o que ele é quanto o mundo que o rodeia. Entretanto, é preciso esperar os trabalhos de **Nicolau Copérnico** (1473-1543) para que se estabeleça a primeira concepção moderna de nosso universo. O conhecimento de seus componentes principais abre caminho para o questionamento acerca de sua origem. Essa tarefa caberá a dois cientistas, o físico e matemático russo **Alexandre Friedmann** (1888-1925) e o frade belga **Georges Lemaître** (1894-1966), astrônomo e físico, ambos constituindo a origem do que seu colega britânico **Fred Hoyle** (1915-2001) nomeou com ironia a teoria do Big Bang quando de um programa de rádio da BBC, *The Nature of things* ("A natureza das coisas"). O Big Bang teve muito sucesso antes de ser questionado, a partir da virada dos anos 1990, pela *teoria das cordas*, que se propõe a colocar um ponto final na incompatibilidade entre os dois grandes sistemas da física, o da relatividade de **Albert Einstein** (1879-1955) e o da física quântica. Como o primeiro, ou a física clássica, fracassa na descrição do infinitamente pequeno, a teoria das cordas pretende reconciliar a relatividade geral, a gravitação relativista e a *mecânica quântica* do estudo das pequenas escalas da física. Tal projeto forneceria uma nova explicação acerca do nascimento do universo.

1. OS GREGOS E AS PRIMEIRAS EXPLICAÇÕES RACIONAIS

Tales de Mileto (c. 625 a.C.-c. 547 a.C.) é o primeiro a se basear em suas observações para dar uma explicação não religiosa para a formação do universo. Filósofo, matemático célebre pelo teorema que leva seu nome, faz da água o princípio primeiro do universo. A terra assemelha-se a um disco de madeira que boia sobre a água, uma massa líquida formando a matéria primordial. O universo é água na origem e assim permanece quando de suas transformações: assim, a terra é água condensada, o ar é água rarefeita. Acima da terra que flutua sobre a água, um céu côncavo em forma de hemisfério está constituído de ar. Se Tales não deixa uma obra, não é o caso de seu sucessor na qualidade de mestre da escola milesiana, **Anaximandro** (c. 610 a.C.-c. 546 a.C.), que reúne, pela primeira vez, seus trabalhos por escrito: *Sur la nature* ("Sobre a natureza"), *Le Tour de la Terre* ("A volta em torno da Terra"), *Sur les corps fixes* ("Sobre os corpos fixos"), *La Sphère* ("A esfera"), segundo a *Suda*, enciclopédia grega do final do século IX. Onde Tales coloca a água como origem do universo, Anaximandro coloca o *ápeiron*, o infinito, o ilimitado, o indefinido. Trata-se de um princípio, não de uma matéria, ao mesmo tempo fonte eterna da vida, princípio de regeneração e causa de toda destruição. Assim, toda matéria nasce do *ápeiron*, desenvolve-se graças a ele e a ele retorna no final do ciclo. A matéria primordial se organiza pela separação dos contrários, o quente e o frio, o seco e o úmido. No centro do universo flutua a Terra, de forma cilíndrica, imóvel no infinito, o *ápeiron*. No começo, quente e frio se separam. Esse fenômeno provoca a formação de uma bola de fogo que rodeia a terra. Ao se rasgar, essa bola dá nascimento ao universo, sob a forma de rodas ocas concêntricas recheadas de fogo. Cada roda tem um furo. Temos assim: no centro do universo, a Terra imóvel, logo a roda das estrelas, a da Lua, a do Sol, cada uma girando sobre si mesma. Quanto mais distante da Terra, maior a circunferência da roda, mais intenso o fogo interno que a consome. Assim como os elementos nascidos do *ápeiron* acabam por voltar a ele, Anaximandro coloca os mundos como tendo um nascimento, uma existência e um fim. Sua existência e suas diversas fases de atividade os levam a se suceder, alguns nascem enquanto outros morrem, depois o inverso. A modernidade dessas hipóteses reside na origem da vida, segundo Anaximandro, resultante do mar, sob a forma de animais com carapaça espinhenta que desapareceram ao longo do tempo, de homens cobertos por escamas caídas ao longo de evoluções climáticas. **Parmênides de Eleia** (fim séc. VI a.C.-meados séc. V a.C.) faz da terra uma esfera, situada no centro de um universo cujos componentes fundamentais são a terra e o fogo. É um filósofo, **Aristóteles** (384 a.C.-322 a.C.), quem fornece, retomado por seus seguidores até o questionamento de Copérnico, o modelo físico de organização do universo. A Terra, imóvel, é seu centro. Ao seu redor giram todos os outros astros. Entretanto, o universo apresenta uma natureza dupla, a do mundo sensível, agrupando todos os objetos entre a Terra e a Lua, feitos a partir dos quatro elementos, terra, água, ar, fogo, e o mundo celeste, para além da Lua, cujos corpos são imutáveis, banhados permanentemente em éter, um fluido sutil que preenche o espaço. Ainda será preciso esperar o início de nossa era para ver surgir a obra que vai dominar o estudo da astronomia até a revolução copernicana: o *Almagesto* de **Claudio Ptolomeu** (c. 90-c. 168), mais comumente chamado Ptolomeu. O *Almagesto*, título que significa o "muito grande" ou o "maior livro", é a primeira obra integral de astronomia e de matemática que nos foi legada.

O ALMAGESTO

O Almagesto, o "Maior livro", é o título que ficou na história, sob sua forma arabizada, al-Mijisti ("O Muito Grande"), da obra originalmente intitulada *Mathématiké syntaxis*, ou *A Grande Composição*. Seu autor, **Ptolomeu**, é um geógrafo, matemático e astrônomo grego de Alexandria, no Egito. A base da obra se apoia em trabalhos anteriores de **Hiparco** (c. 190 a.C.-c. 120 a.C.), ao qual Ptolomeu dedica grande homenagem. A ele atribui, na matemática, a criação das tábuas trigonométricas. Estas permitiram a Hiparco, cujos escritos foram perdidos, além da dívida assumida por Ptolomeu que declara retomá-lo, predizer os eclipses lunares e solares, realizar um catálogo das estrelas. Retomando ainda Hiparco, Ptolomeu apresenta um universo geocêntrico, uma terra imóvel que ocupa o lugar central. Os planetas giram sobre rodas, chamadas *epiciclos*. Cada epiciclo gira, por sua vez, sobre um *deferente*, ou seja, sobre outra roda cujo centro é a terra. Os astros nadam em um fluido que não lhes oferece resistência. Além de Hiparco, Ptolomeu retoma a cosmologia de Aristóteles (384 a.C.-322 a.C.): em torno da Terra imóvel, a Lua gira em um mês; Mercúrio, Vênus e o Sol, em um ano; Marte, em dois anos; Júpiter, em doze anos; Saturno, em trinta anos. Entretanto, ele a corrige, sem retomar a ideia segundo a qual os planetas e o Sol estão fixos sobre esferas de cristal imóveis, que chegam ao número de cinquenta e rodeiam a Terra; atrás da maior das esferas, a mais exterior, arderia a chama divina. Para Ptolomeu, as esferas se movem, desde a mais distante, que contém as estrelas, até a mais próxima, que contém a Terra em seu centro. O *Almagesto* é composto por treze livros. **O primeiro e o segundo** são consagrados a uma concepção matemática do universo, à retomada das tabelas trigonométricas de Hiparco. **O terceiro** mostra o movimento excêntrico do Sol, o centro de sua trajetória diferindo do da Terra. Depois, os quatro livros seguintes analisam a Lua, seu movimento, seus eclipses. Os livros 8 e 9 mapeiam as estrelas, distribuídas em 1022 corpos celestes dependendo das 48 constelações da Via Láctea. **Os quatro últimos livros** estudam os planetas e principalmente a observação das auroras e ocasos antes ou depois dos do Sol, fenômenos ditos *nascer ou ocaso helíacos*. O conjunto é dominado pela ideia de que a criação do universo é de essência divina, portanto perfeita. É a razão por que os movimentos dos epiciclos e do deferente só podem se fazer em círculos, figura perfeita.

Ptolomeu introduz duas novidades fundamentais:

- a noção de *ponto equante*: ponto excêntrico do qual se vê o planeta descrever uma trajetória com uma velocidade de rotação constante;
- o *excêntrico*, um epiciclo invertido sobre o qual gira o centro do deferente.

PRÉ-HISTÓRIA

Entretanto, o sistema consagrado por Ptolomeu coloca um duplo problema: de um lado, ele situa em Deus a origem do universo, por ato de criação demiúrgica, e é um retrocesso em relação às pesquisas de explicações racionais; de outro, encontrando assim a plena adesão da Igreja Católica, se tornará hegemônico até o Renascimento. Questionar as estruturas do universo segundo Ptolomeu implica questionar a página sacra, a Escritura sagrada.

2. PARA SAIR DE PTOLOMEU: DE COPÉRNICO A EINSTEIN

É a abundância intelectual do Renascimento que, em detrimento das reticências colocadas pela Igreja e pelos corpos conservadores constituídos, permite a revolução copernicana, e **o geocentrismo** cede lugar **ao heliocentrismo**. A Terra não é mais o centro do universo e gira em torno do Sol, *helios* em grego, promovido a seu lugar de figura central.

- ❖ **Nicolau Copérnico** (1473-1543) é um cônego polonês. Digno filho do Renascimento, ele acumula os saberes em campos diferentes, aliando medicina, física, mecânica, matemática e astronomia. Depois de uma formação em direito canônico, direito da Igreja, em universidades italianas, Copérnico retorna à Polônia. Seu tio, bispo, conferiu-lhe um benefício canonical em Frombork, uma cidade da Polônia setentrional. Entre 1510 e 1514, ele se dedica a um *Comentário* do *Almagesto* de Ptolomeu, ocasião em que emite a hipótese do heliocentrismo. A partir desse ponto de partida, Copérnico trabalha dezesseis anos, acumula observações, anotações e materiais de reflexão. O conjunto constitui, em 1530, a matéria de *As revoluções dos orbes celestes* (*De revolutionibus orbium coelestium*). A obra é publicada postumamente, em 1543 em Nurembergue, resultado dos esforços de Georg Joachim von Lauchen, vulgo **Rheticus** (1514-1574), jovem matemático austríaco entusiasmado pelos trabalhos de Copérnico, que, ao que tudo indica, o autor não pretendia publicar. Desequilibrando a tese de Aristóteles e de Ptolomeu, de uma Terra imóvel no centro do universo, Copérnico propõe uma hipótese radical; daí o nome *revolução copernicana* que lhe é atribuída. A Terra gira em seu próprio eixo em um dia e essa *rotação* é acompanhada de uma *revolução*, concluída em um ano, ao longo da qual a Terra gira em torno do Sol. Não somente a Terra se move sobre si mesma em torno do Sol, mas, nesse caso, os outros planetas fazem o mesmo. Uma Terra imóvel e um universo heliocêntrico são uma ofensa à criação divina ensinada pela Igreja. Se Copérnico, morto pouco antes da publicação de sua obra, não sofre as consequências, o mesmo não se pode dizer de seu admirador e continuador, Galileo Galilei, dito **Galileu** (1564-1642), físico e astrônomo italiano.

❖ **Galileu**, em seu *Diálogo sobre os dois principais sistemas do mundo* (*Dialogo sopra i due massimi sistemi del mondo*) (1632), cria três personagens, um dos quais defende com ardor o sistema copernicano perante um desprezível advogado que defende Aristóteles (e, portanto, Ptolomeu), chamado Simples, Simplício ou Simplório. Porém, desde 1616, a Igreja católica condena oficialmente a tese de Copérnico. Muitos meses de processo diante do temerário tribunal do Santo Ofício, em Roma, levam Galileu a abjurar a heresia que consiste em situar o Sol no centro do universo. O *Diálogo* é proibido, e seu autor condenado à prisão perpétua, pena transformada em prisão domiciliar em Florença. Em 1757, o *Diálogo* é retirado da lista de obras proibidas pela congregação do *Index*. Uma homenagem consistente a Galileu é organizada sob o pontificado de **João Paulo II** (papa entre 1978 e 2005), sem que se trate, no entanto, de uma reabilitação formal, ainda inexistente a despeito de uma missa celebrada em sua honra em fevereiro de 2009 pelo presidente do Conselho pontifical pela cultura, o arcebispo **Gianfranco Ravasi** (nascido em 1942).

❖ **Tyge Ottesen Brahe, ou Tycho Brahe** (1546-1601), astrônomo dinamarquês, durante boa parte de sua existência beneficia-se de condições excepcionais para realizar suas observações. Oriundo de uma família nobre e rica, é destinado, após estudos de direito e de filosofia na universidade de Copenhague, a uma carreira diplomática. Mas o jovem descobre uma paixão pela astronomia. Depois de tomar posse de sua herança quando da morte de seu pai, pode se dedicar sem entraves. Em novembro de 1572, ele observa a passagem de uma estrela na constelação de Cassiopeia, na verdade uma *supernova*, uma estrela que desaparece em uma fantástica intensidade luminosa. O fato de ela se deslocar contradiz a teoria dos astros fixos. Tycho Brahe publica sua observação em *De Stella Nova* ("Da nova estrela") em 1573. No ano seguinte, o rei **Frederico II da Dinamarca** (1534-1588) oferece-lhe a ilha de Vem, perto de Copenhague, para ali instalar um observatório astronômico. Ele o batiza de *Uraniborg*, ou "Palácio de Urânia", a musa dos astrônomos. Desenvolve um modelo de universo geo-heliocêntrico que concilia o geocentrismo de Ptolomeu e o heliocentrismo de Copérnico. Se a Terra permanece imóvel e centro do Universo, o Sol e a Lua giram em torno dela, enquanto Mercúrio, Vênus, Marte, Júpiter e Saturno giram em torno do Sol. As estrelas estão situadas na periferia do conjunto. Ainda que esse sistema modifique a organização do universo, ele não questiona sua origem divina, permanecendo como fruto da vontade de um demiurgo.

❖ Na história da pesquisa por uma explicação das estruturas do universo, o sucessor de Tycho Brahe é o alemão **Johannes Kepler** (1571-1630), que foi seu assistente bem no final da vida e com quem manteve uma colaboração turbulenta, dada a tamanha divergência de seus pontos de vista. Protestante, pensando estar destinado a se tornar pastor, Johannes Kepler estuda astronomia e, ao mesmo tempo, teologia na universidade de Tübingen, quando descobre o sistema heliocêntrico de Copérnico. Essa dupla formação permite que apreenda a natureza do projeto apresentado com a publicação do Mysterium Cosmographicum ("Mistério cosmográfico") (1596), que pretende revelar: o universo, concebido por Deus, responde a relações quantitativas que atestam a perfeição de sua criação. Cada um dos cinco planetas conhecidos à época além da Terra se inscreve em uma esfera, incluída em um poliedro regular por sua vez incluído em outra esfera, por sua vez incluída em outro poliedro regular e assim por diante até a completa utilização dos cinco poliedros regulares conhecidos por Platão, denominados *sólidos de Platão*. O leitor pode imaginar aqui o encaixe bem-conhecido das bonecas russas, a *babouchka* cada vez maior substituída alternadamente por uma esfera e depois um poliedro. Júpiter está associado ao tetraedro regular (pirâmide), Saturno ao hexaedro regular (cubo), Mercúrio ao octaedro (figura com oito faces regulares), Marte ao dodecaedro (figura com doze faces regulares), Vênus ao icosaedro (figura com vinte faces regulares). Suas observações conduzem Kepler a rever um aspecto da teoria copernicana: o movimento dos planetas ao redor do Sol descreve uma elipse e não um círculo. As propriedades do movimento dos planetas ao redor do Sol são definidas pelas **leis de Kepler**, enunciadas em *Astronomia Nova* ("Nova astronomia") (1609). Trata-se de:

– **a lei das órbitas:** os planetas descrevem trajetórias elípticas ao redor do Sol;
– **a lei dos ares:** quanto mais próximo um planeta está do Sol, maior sua velocidade de deslocamento. O Sol exerce, então, uma atração sobre os planetas que diminui à proporção que se distanciam;
– **a lei dos períodos, ou a lei harmônica de Kepler:** o movimento de todos os planetas está unificado em uma lei universal, a força exercida pela atração é proporcional à massa de cada planeta. É partindo dessa terceira lei que o matemático e físico inglês Isaac Newton (1643-1727) elabora sua teoria da gravitação universal. Entretanto, assim como os demais cientistas de sua época, Kepler não distingue a astronomia da astrologia, considerando ambas como ciências, e adquire um renome tão grande por suas obras fundadas na matemática quanto pelo cálculo dos horóscopos. Assim como os pitagóricos, defensores da *harmonia das esferas*, ou seja, um universo em que os planetas são distribuídos segundo proporções musicais e no qual o espaço que os separa corresponde a intervalos musicais, Kepler atribui a cada planeta um tema musical em que a maior ou menor velocidade é expressa por notas musicais diferentes. Esse é o objeto de seu *Harmonices Mundi* ("A harmonia do mundo"), publicado em 1619.

❖ **Isaac Newton** (1643-1727) faz a astronomia dar um passo decisivo. Matemático, físico, astrônomo, mas também filósofo e alquimista, ele define os princípios da *gravitação universal* em 1687 em seu *Principios matematicos de filosofia natural*

(*Philosophiae Naturalis Principia Mathematica*) (Princípios matemáticos da filosofia natural). Para definir o movimento de um corpo tomado pela atração, Newton emprega o termo latino *gravitas*, o peso, que acaba se tornando "gravidade". Reza a lenda que ele teve a ideia quando uma maçã lhe caiu sobre a cabeça enquanto descansava sob uma macieira. Não é impossível, em razão de lhe ter caído uma maçã sobre a cabeça, que a queda das maçãs maduras tenha podido inspirar a reflexão científica. A gravitação é o fruto de uma interação, aqui a atração dos corpos entre si, em função de sua massa. Assim, dois corpos pontuais, uma maçã e a Terra, exercem, um sobre o outro, uma força gravitacional. A diferença de massa faz com que a maçã não possa resistir à força de atração terrestre: ela cai. A gravidade explica a atração terrestre, que nos impede de alçar voo, mas também o movimento das marés, as fases da Lua, a órbita dos planetas em torno do Sol, fenômenos regidos pela força gravitacional. Ao fazer essa afirmação, Isaac Newton abre uma brecha na teoria de um universo onde os espaços entre planetas são ocupados por um fluido. Não poderia existir um vácuo, já que um espaço vazio significaria considerar a criação de Deus como imperfeita. Newton está tão incomodado com isso que reintroduz o éter, mas sob a forma de um "espírito muito sutil", um éter mecânico, mediador da força gravitacional sem ser a ela submetido. Simples hipótese, jamais expressada em seus cálculos, esse éter pode, sem prejuízo, fazer parte de um espaço apresentado como *sensorium Dei*, órgão dos sentidos de Deus. Por outro lado, Newton explica o movimento dos planetas, sempre considerados pela Igreja como imóveis desde sua criação. Profundamente crente, Newton concilia as exigências da sua ciência com as de sua fé, dizendo que, se a gravidade explica o movimento dos planetas, ela não pode, no entanto, explicar o que os colocou em movimento, devolvendo a Deus sua onipotência.

Será preciso esperar o início do século XX para que seja feita a demonstração da inexistência do éter, etapa indispensável para abrir caminho para a teoria da *relatividade restrita* formulada em 1905 por **Albert Einstein** (1879-1955). Em um artigo intitulado "Da eletrodinâmica dos corpos em movimento"[34], ele desenvolve três pontos fundamentais: o éter é uma noção puramente arbitrária; a velocidade de deslocamento da luz com relação aos observadores não depende de sua própria velocidade, que é de 299.792 km/s; as leis da física respeitam o **princípio de relatividade**. Segundo este, as leis da física não dependem dos observadores; as medidas efetuadas verificam as mesmas equações; leis idênticas oferecem medidas idênticas, mesmo que o referencial seja diferente, para todos os observadores em movimento a uma velocidade constante. A relatividade restrita só concerne aos objetos em movimento, parte da constância da velocidade da luz, seja qual for a velocidade do observador. Se a velocidade da luz é

---

34. Albert Einstein, "Zur Elektrodynamik bewegte Körper", em *Annalen der Physik*, vol. 17, 30 de junho de 1905, p. 891-921.

constante, é o tempo que varia, passa mais lentamente em um lugar que em outro, contraindo-se ou dilatando-se. Todos os objetos do universo se deslocam na mesma velocidade no espaço-tempo: a da luz. O movimento provoca uma desaceleração do tempo: um relógio atômico embarcado em um avião é mais lento do que o mesmo na superfície da Terra. Essa diferença se deve à velocidade do avião. O espaço e o tempo são, portanto, relativos: seu primeiro observador posicionado sobre uma plataforma de estação vê passar um trem e tem consciência de sua velocidade de deslocamento. Um segundo observador, situado em um trem em deslocamento paralelo ao primeiro trem em linha reta, na mesma velocidade, teria a impressão de não avançar, de permanecer imóvel. Einstein disso conclui que a massa é energia sob uma forma particular. Posta em movimento, uma massa aumenta em proporção à sua velocidade. Assim, a energia é dada pela multiplicação da massa pelo quadrado da velocidade, é a **célebre fórmula $E=mc^2$**. As descobertas de Einstein revolucionam a física e também a astronomia. Torna-se possível fornecer uma explicação científica ao nascimento do universo.

3. O BIG BANG

Paradoxalmente, a fim de satisfazer às exigências de sua teoria da relatividade geral, enunciada em 1916, Einstein não adota o modelo do universo em expansão que, no entanto, pressentiu, mas o do universo estacionário. É em janeiro de 1933, quando participa, na Califórnia, de uma série de seminários com Georges Lemaître, que Albert Einstein tem a oportunidade de ouvi-lo apresentar sua teoria do Big Bang. Entusiasmado, Einstein teria se levantado no final da apresentação para aplaudir dizendo: "É a mais bela e satisfatória explicação da criação que já ouvi". O modelo cosmológico da teoria do universo estacionário é defendido pelo astrofísico britânico **Fred Hoyle** (1915-2001) e pelos físicos austríaco **Thomas Gold** (1920-2004) e austro-britânico **Hermann Bondi** (1919-2005). O universo é apresentado como imutável, infinito e eterno. Idêntico a si mesmo em todo ponto do espaço em uma determinada época, ele conhece possíveis modificações devido a um fenômeno de *criação contínua* de matéria produzida pelo campo C, C para "criação", mas é somente para compensar sua atual expansão, que diminui sua densidade de matéria. Tal imutabilidade exclui a possibilidade de um reaquecimento, de uma densidade aumentada e da explosão inicial do Big Bang. Essa teoria, dominante até os anos 1950, é hoje contradita pelas observações. O universo não é estacionário, ele nasceu de uma gigantesca explosão há aproximadamente 13,7 bilhões de anos. Não é eterno, não cria matéria continuamente e desaparecerá em 100 bilhões de anos segundo a teoria do *Big Crunch*. Fred Hoyle contesta a defasagem espectral das galáxias na direção do vermelho, que indica que elas se distanciam cada vez mais. Ora, esse é o elemento fundamental de toda teoria de um universo em expansão. Em 1929, o astrofísico americano **Edwin Powell**

Hubble (1889-1953), depois de uma série de observações feitas com auxílio de um telescópio gigante, levanta o avermelhamento do espectro das galáxias. Se elas se aproximassem, o espectro seria cada vez mais violeta. O avermelhamento, no entanto, atesta um distanciamento contínuo. Ele formula, então, a lei que leva seu nome, segundo a qual as galáxias se distanciam umas das outras a uma velocidade proporcional a sua distância. E, posto que as galáxias se distanciam, o universo não pode ser estacionário; ele deve estar em expansão contínua e não conhecer qualquer limite. É o cônego belga **Georges Lemaître** (1894-1966), professor de física e astronomia da Universidade Católica de Louvain, que elabora o primeiro modelo de universo em expansão, a partir daquilo que ele chama de "hipótese do átomo original". Contrariamente a Einstein, que pensa que uma "constante cosmológica" mantém o universo estável, Lemaître, a partir de seus cálculos, e antes de Hubble, que partiu da observação do avermelhamento do espectro das estrelas, diz que as galáxias se distanciam de nós e que o universo está em expansão, em um artigo dos *Annales de la Societé scientifique de Bruxelles* ("Anais da Sociedade Científica de Bruxelas"), em 1927[35]. Seu trabalho passa despercebido; **Einstein** julga seus cálculos corretos, mas sua concepção da física abominável. Tudo muda quando Hubble confirma o conteúdo do artigo com sua lei de 1929. A sociedade real de astronomia publica uma tradução em suas Monthly Notices ("Rubricas mensais") em março de 1931. Segundo Lemaître, o universo nasceu de um só átomo, "antes de ontem", que ao explodir, há aproximadamente 13,7 bilhões de anos, liberou uma temperatura de muitos bilhões de graus. A expressão "antes de ontem" revela que antes do Big Bang, a explosão criadora, o tempo não existe e as quatro forças fundamentais (gravitacional, eletromagnética, nuclear fraca, nuclear forte) ainda são indistintas; é o *tempo de Planck*, batizada com o nome do físico alemão **Max Planck** (1858-1947), autor dessa teoria anterior ao Big Bang. A teoria do Big Bang permite datar a aparição do tempo, em função de suas fases. De fato, o próprio Big Bang se produz a 10^{-43} s, sendo seguido de várias etapas: em 10^{-35} s aparece a matéria; em 10^{-33} s a temperatura diminui; em 10^{-4} s os prótons e os nêutrons se formam. Depois, o tempo se acelera; em +3 minutos um quarto dos prótons e dos nêutrons se combinam em núcleos de hélio; em +2 bilhões de anos, as galáxias se formam. A expressão "Big Bang" é atribuída a um oponente obstinado à sua concepção: **Fred Hoyle**. Cronista científico na BBC, em 1950, em uma palestra intitulada *The Nature of things* ("A natureza das coisas"), ele ironiza a teoria de Lemaître ridicularizando-a com a expressão **Big Bang**, o "Grande Bang", onomatopeia que sublinha o pouco crédito que

---

35. Georges Lemaître, "Un univers homogène de masse constante et de rayon croissant rendant compte de la vitesse radiale des nébuleuses extragalactiques" [Um universo homogêneo de massa constante e de raio crescente dando conta da velocidade radial das nebulosas extragaláticas], *Annales de la Société scientifique de Bruxelles*, vol. 47, p. 49, abril de 1927.

se lhe deveria dar. Rapidamente popular é, no entanto, esse apelido irônico que ainda serve para designar familiarmente a tese de um universo em expansão. Desde o início do século XXI, ela permite o consenso da comunidade científica em torno de um *modelo-padrão de cosmologia*. Inspirado no modelo-padrão da física das partículas, ele permite descrever em detalhes o universo, sem precisar responder ao enigma de seus principais componentes.

Em 1988, o professor britânico **Stephen Hawking** (nascido em 1942) publica nos Estados Unidos *Uma breve história do tempo* (*A Brief History of Time. From the Big Bang to Black Holes*), onde explica o Big Bang à luz de suas contribuições pessoais como pesquisador e o prolonga por meio da análise da *teoria das cordas*. Matemático, físico, professor na Universidade de Cambridge, Stephen Hawking refina o campo de estudos da cosmologia. Ele apresenta um universo oriundo do Big Bang, dando nascimento ao espaço e ao tempo, destinado a acabar em *buracos negros*. Os buracos negros são objetos maciços cujo campo gravitacional é tão intenso que impede o escape de toda forma de matéria. Hawking demonstra, contrariamente à doutrina atual, que eles emitem uma radiação, batizada de *radiação Hawking*, que se conclui pela desintegração em um raio de energia pura. Ele emite a hipótese de que o Big Bang teria sido acompanhado pela dispersão no espaço de buracos negros cujo tamanho varia de um próton a muitos milhões de vezes a massa do Sol. O universo, sem fronteira, nasce em um *tempo imaginário*, proposta que reconcilia a relatividade geral e a física quântica, já que o universo não tem nem início nem fim, nem qualquer limite.

Essa audaciosa hipótese do tempo imaginário permite novas pesquisas relacionadas ao fim do universo. Tradicionalmente, duas visões se opõem. No primeiro caso, a de um universo fechado, limitado, que atingirá sua expansão máxima em aproximadamente 50 bilhões de anos e, depois, seus próprios limites conduzirão à inversão do movimento. O universo se contrairá; ao se aproximarem, as galáxias passam do vermelho ao azul. A liberação de calor produzida será tão extrema que a massa inteira do universo fusionará, desmoronando sobre si mesma. É a teoria do *Big Crunch*. Se a teoria do Big Crunch está fundada na contração do espaço, outra hipótese inversa imagina tamanho estiramento do universo que criará uma brecha provocada pelo aumento de densidade da matéria, uma dilatação do espaço rasgando a matéria, seu desmoronamento sobre si mesmo, o engolfamento do universo: é o *Big Rip*. Tanto em um como em outro caso, nada impede imaginar um novo nascimento do universo, no entanto ainda sob uma forma desconhecida. No segundo caso, o universo é aberto, composto de galáxias formadas por estrelas e gás. Em 1.000 bilhões de anos, depois que esse gás for totalmente consumido pelas estrelas, elas desaparecerão com os planetas, absorvidas por um gigantesco buraco negro que, por sua vez, explodirá.

> **DE QUE É FEITO O UNIVERSO?**
> - 5% aproximadamente de *matéria bariônica*, ou simplesmente matéria, prótons, nêutrons; assim nomeados a partir do grego *barys*, "pesado", os bárions são mais pesados em geral que os outros tipos de partículas. Eles formam os átomos e moléculas, tudo o que é observável no universo, estrelas, galáxias.
> - *O fundo difuso cosmológico*, radiação eletromagnética fóssil que data do Big Bang, época de calor intenso e que se resfria desde então. O comprimento da onda dessa radiação é o das micro-ondas.
> - O *fundo cosmológico de neutrinos*, uma partícula elementar, o fundo agrupa o conjunto dos neutrinos produzidos durante o Big Bang. Sua existência é certa, mas permanecem indetectáveis por falta de um instrumento próprio para a medição de sua energia individual, ínfima;
> - 25% de *matéria negra*, ou *matéria escura*, matéria aparentemente indetectável, não bariônica;
> - 70% de *energia negra,* ou *energia escura*, cuja natureza ainda é desconhecida em laboratório, mas dotada de uma pressão negativa que faz com que se comporte como força gravitacional repulsiva. Frequentemente apresentada como constituída de partículas desconhecidas, ela é mais amplamente assimilada à energia do vácuo quântico. Uma energia escura, uniforme, constante no universo inteiro, invariável em função do tempo, vai ao encontro da hipótese de Albert Einstein de uma constante cosmológica.

4. A TEORIA DAS CORDAS

A teoria das cordas coloca o problema do número de dimensões no universo. Em 1919, **Theodor Kaluza** (1885-1954), matemático polonês, quer conciliar as duas grandes descobertas que tratam da interação dos corpos em física: o eletromagnetismo de **James Clerk Maxwell** (1831-1879) e a relatividade de **Albert Einstein** (1879-1955), supondo uma quinta dimensão. O físico sueco **Oskar Klein** (1894-1977) explica por que essa dimensão escapa à nossa percepção em 1926: ela está enrolada sobre si mesma, como uma folha de papel de forma cilíndrica. Mas o raio do cilindro é pequeno demais para que possamos medir o seu diâmetro. Como um fio esticado, percebemos apenas o seu comprimento. Nos anos 1930, **Erwin Schrödinger** (1887-1961), físico austríaco, Prêmio Nobel em 1933, e **Werner Heisenberg** (1901-1976), físico alemão, Prêmio Nobel em 1932, fundam a **mecânica quântica**. Essa teoria realça a existência, na escala do infinitamente pequeno, de uma interação entre partículas de matéria por meio da troca de pequenos pacotes de energia chamados *quanta*. Depois, em 1968, o físico italiano **Gabriele Veneziano** (nascido em 1942) desenvolve a *teoria das cordas*: o universo não é um conjunto de partículas semelhantes a pontos; ele é constituído por cordas, fios infinitamente pequenos de uma só dimensão. Essa hipótese reconcilia a relatividade geral de Einstein e suas quatro forças fundamentais (gravitação, eletromagnetismo, interação fraca, interação forte) e o infinitamente pequeno da mecânica quântica. Entretanto, a teoria das cordas, em detrimento de trabalhos científicos de diversos países, é deixada de lado até as publicações do norte-americano **Edward Witten** (nascido em 1951), matemático e físico, que tratam das *supercordas*, minúsculas cordas simétricas nas quais todas as partículas e forças fundamentais são as vibrações. O fruto dessas pesquisas, chamado *Teoria M*, unifica todas as teorias precedentes sobre as *supercordas*. Segundo **Witten**, o universo compreende onze dimensões ou dez dimensões mais o tempo. À dimensão temporal (antes/depois) se acrescentam três dimensões espaciais (vertical, horizontal, profundidade), e as sete que faltam não são perceptíveis para nós, de tanto que estão enroladas sobre si mesmas, recurvadas sobre uma distância tão pequena que são inobserváveis.

CAPÍTULO II
HISTÓRIA DA TERRA, FORMAÇÃO E EVOLUÇÃO

A formação da Terra remonta a aproximadamente 4,5 bilhões de anos. Na origem, uma nuvem de moléculas de gás e de grãos de poeira cósmica em rotação forma o Sol e, nos turbilhões, planetas e Lua. O movimento provoca um aumento incessante da temperatura e, durante milhões de anos, a Terra arranca novos materiais da nuvem original. Acrescida dos meteoritos caídos nessa bola em ignição que é a Terra, sua massa aumenta. Depois, tendo atingido o ponto culminante do aquecimento, os elementos componentes da Terra tomam seu lugar na massa líquida em fusão, os mais pesados no centro, os menos pesados na superfície. Os mais leves, vapor de água e óxido de carbono, flutuam acima dessa última, dando nascimento a um envoltório gasoso: a atmosfera. Durante o bilhão de anos seguinte, aproximadamente, a Terra esfria e a matéria da crosta terrestre forma os continentes. A temperatura diminui e cai abaixo dos 100 °C, ponto de ebulição da água, que pode agora se condensar e formar um invólucro de água, a hidrosfera. Entretanto, a passagem da água do estado gasoso ao estado condensado, mesmo acompanhado de chuva, não permite a criação dos oceanos. É preciso que a temperatura do solo diminua ainda mais, senão a chuva vai cair e evaporar imediatamente, condensar-se, cair de novo e assim por diante, durante milhares de anos. Por volta de **3 bilhões de anos** antes da nossa era, a superfície está suficientemente fria, e as lagoas, os lagos, enfim, os oceanos se formam.

A ESTRUTURA DA TERRA

A estrutura da Terra é composta por uma sucessão de camadas concêntricas: a crosta continental, a crosta oceânica, o manto e o núcleo, esses dois últimos com subdivisões:

- A **crosta continental** é a parte mais "antiga" da crosta terrestre, também chamada litosfera. Sua espessura varia de 50 km a 100 km, sua temperatura é inferior a 500 °C e sua densidade é de 2,8. Ela tem consistência sólida e representa 2% do volume terrestre.

- A **crosta oceânica** é a parte mais "jovem" da crosta terrestre, também chamada astenosfera. É constituída de rochas mais densas nas quais dominam o silício e o magnésio. Tem uma densidade de 3,3; sua temperatura varia de 500 °C a mais de 1.000 °C e sua espessura é de 200 km.

- O **manto**, camada intermediária entre a astenosfera e o núcleo, é, em função de diferentes propriedades físicas, subdividido em manto superior e manto inferior. O primeiro tem uma espessura de 700 km, consistência pastosa e uma densidade de 4,3 e sua temperatura é de 1.400 °C. O segundo tem uma espessura de 2.200 km, consistência sólida e uma densidade de 5,5; nele reina uma temperatura de 1.700 °C.

- O **núcleo** é igualmente decomposto em núcleo externo e núcleo interno. O primeiro, de consistência líquida, tem uma densidade de 10, espessura de 2.500 km; com temperatura de 5.000 °C. O segundo, de consistência sólida, tem uma densidade de 13,6, espessura de 1.300 km. Ali a temperatura é de 5.100 °C.

A atmosfera terrestre

Ela envolve a Terra em aproximadamente um milhão de quilômetros de espessura. Quanto maior a altitude, menos gás contém a atmosfera. No nível da Terra, ela é composta de 78% de nitrogênio, 21% de oxigênio e 1% de gases raros. A atmosfera se formou há aproximadamente 3 bilhões de anos, depois que chuvas torrenciais caíram sobre a Terra. Ao longo do tempo, ela se enriqueceu em oxigênio e desenvolveu, a 25 km de altitude, uma camada de ozônio (gás azul tóxico de cheiro forte), verdadeira tela que filtra os fatais raios ultravioleta emitidos pelo Sol e deixa passar aqueles de que precisamos para a manutenção da vida. Cada dia, 12 m^3 a 15 m^3 de ar são necessários para que respiremos. A atmosfera se decompõe da seguinte maneira:

- A **troposfera** é a parte de atmosfera situada a 15 km de altitude em média (7 km acima dos polos, 18 km acima do Equador). Lá se formam as nuvens, pois concentra 90% da massa de ar e do vapor de água. A temperatura é de -56 °C na zona que a separa da estratosfera. Com a altitude, a temperatura diminui 10 °C a cada 100 m. Os fenômenos meteorológicos ali se produzem e se desenvolvem (trovão, raios, relâmpagos, anticiclones, depressões, tempestades, tornados, tufões, furacões, chuva, neve).

- A **estratosfera** situa-se entre 15 km e 50 km de altitude aproximadamente. A temperatura se eleva, para alcançar quase 0 °C a 50 km, sendo de -80 °C no limite com a troposfera. Ali se encontra a camada de ozônio, que absorve os perigosos raios solares ultravioleta. As várias camadas apresentam grande estabilidade, mantida, aliás, pela elevação regular de sua temperatura interna. Move-se pouco, e as diferentes camadas parecem camadas de terra empilhadas, ou estratos, daí seu nome.

- A **mesosfera**, literalmente "esfera média", situa-se entre 50 km e 80 km de altitude aproximadamente. Terceira camada da atmosfera, a mais elevada, constitui a verdadeira separação entre o domínio terrestre e o do espaço intersideral. A temperatura recomeça a decrescer e atinge -80 °C a 85 km. Ao atravessá-la, os meteoros e as poeiras se inflamam, dando origem às estrelas cadentes.

- A **termosfera**, "que aquece a esfera", é a camada externa da atmosfera. Ela se estende para além de 85 km de altitude. A temperatura se eleva ainda em função da altitude, para chegar a 500 °C por volta de 250 km, 1600 °C por volta de 500 km. De densidade muito baixa e sem comportar ar, ela não queima os objetos que a atravessam. Para além de 10.000 km, a termosfera se torna **exosfera**, ou atmosfera externa. Trata-se de uma parte complexa, pois tende a se misturar ao espaço do qual é difícil distingui-la com clareza.

1. O PRÉ-CAMBRIANO

O **Pré-Cambriano** é o período que compreende os três primeiros *éons*, longo período de tempo de duração arbitrária, que são o **Hadeano**, o **Arqueano**, o **Proterozoico**, e significa "antes do animal" em grego, ou seja, há aproximadamente 4,5 bilhões de anos a 542 milhões de anos antes de nossa era. A partir de 542 ma[36], a época leva o nome de *Fanerozoico* ("animal visível" em grego) e corresponde ao surgimento de pequenos animais com conchas. O essencial da história da Terra, por volta de 87%, vem, portanto, do Pré-Cambriano. Esse nome provém de *Cambriano*, empregado para designar o período seguinte, de aproximadamente 542 ma a 488 ma, identificável principalmente pelos tipos de terrenos que afloraram no país de Gales, cujo nome latino é *Cambria*.

❖ O **Hadeano** é o período mais antigo do Pré-Cambriano, de aproximadamente 4,5 a 3,8 bilhões de anos antes de nossa era. É seguido pelo **Arqueano**, aproximadamente 3,8 a 2,5 bilhões de anos antes de nossa era. Começa com o surgimento da

---

36. ma: milhões de anos antes de nossa era.

vida sobre a Terra, provavelmente sob a forma de seres unicelulares sem núcleo, bactérias simples, algas azuis ou verdes, termófilas. Eles vivem originalmente de dióxido de carbono, seu sistema de reprodução é o da divisão celular e têm tamanho inferior a 0,001 mm de diâmetro. Esses primeiros seres vivos são agrupados sob o nome de *Arqueias*.

O *Proterozoico* é a última idade do Pré-Cambriano, o mais recente, estendendo-se aproximadamente de 2,5 bilhões de anos a 542 milhões de anos antes da nossa era. Nessa era, há um grande número de transformações importantes, que são identificadas com a ajuda de **três subdivisões**: o *Paleoproterozoico* (2,5 bilhões a 1,6 bilhão de anos antes da nossa era), o *Mesoproterozoico* (1,6 bilhão a 1 bilhão de anos antes da nossa era) e o *Neoproterozoico* (1 bilhão de anos a 542 milhões de anos antes da nossa era).

❖ O **Paleoproterozoico**, ou **Proterozoico Antigo**, caracteriza-se pela proliferação das cianobactérias, ou algas azuis, capazes de realizar a fotossíntese do oxigênio: elas fixam o dióxido de carbono (CO_2) e liberam dioxigênio (O_2), transformando a energia luminosa em energia química. Sua ação aumenta a quantidade de oxigênio produzida na Terra e permite o surgimento de novas formas de vida. Agrupadas em colônias fixas nos oceanos, elas contribuem para a sua desacidificação. Entretanto, essa mutação vem seguida da destruição de um grande número de espécies primitivas, aquelas que não resistem aos efeitos oxidantes do oxigênio; daí o nome de *Grande Oxidação* ou "catástrofe do oxigênio" dado a esse fenômeno, produzido há aproximadamente 2,4 bilhões de anos antes de nossa era.

❖ O **Mesoproterozoico**, ou **Proterozoico Médio**, é marcado pela potência dos dobramentos da crosta terrestre, que se rasga sob o efeito da gigantesca pressão interna, provocando o surgimento de cadeias de montanhas gigantes, o aparecimento das fossas oceânicas, tudo isso causado por tremores de terra generalizados e erupções vulcânicas. O primeiro *supercontinente*, ou seja, aquele que agrupava todos os continentes atuais, chamado de *Rodínia*, do russo, significando "Terra Mãe", forma-se há aproximadamente 1.100 bilhões de anos, antes de se fragmentar por volta de 750 ma em oito continentes, os quais, ao derivarem, formarão o segundo supercontinente, a *Pangeia*. As primeiras plantas, os primeiros animais com reprodução sexuada aparecem. Nos oceanos, os *acritarcos* ("de origem incerta" em grego), microfósseis, que fazem parte do fitoplâncton, ou plâncton vegetal, são algas verdes para alguns. É também o momento do nascimento dos primeiros *eucariotes* (ou *eukaryota*, "de núcleo bom" em grego), caracterizados por células que possuem um núcleo. Esses organismos compreendem a origem dos animais, dos cogumelos, das plantas e dos *protistas*, grupo de unicelulares que não são nem animais nem vegetais, como os protozoários.

❖ O **Neoproterozoico** ou **Proterozoico Novo**, terceira e última era do Proterozoico, marca o surgimento de minerais de cobre, ferro, níquel e ouro. Seres multicelulares se desenvolvem e se tornam complexos, com um aparelho digestivo e o embrião de um sistema nervoso. Entretanto, os fósseis encontrados são extremamente difíceis de identificar e de datar, e a maior parte dos seres vivos, de corpo mole, não deixou traços, talvez à imagem das primeiras formas das futuras medusas. A fauna do último período geológico do Neoproterozoico chama-se *fauna ediacarana*, do nome do grupo de colinas Ediacara, no norte de Adelaide, na Austrália, lugar de descoberta dos primeiros fósseis de organismos marinhos complexos. O mais antigo de todos seria o fóssil de uma forma animal, talvez um verme, *Cloudina*.Com comprimento de 0,8 cm a 15 cm por um diâmetro que varia entre 0,3 mm e 6,5 mm, Cloudina nos deixou seu exoesqueleto, ou esqueleto externo, feito de calcito, um carbonato de cálcio, sob a forma de uma "carapaça" ou concha formada por vários segmentos em cones encaixados.

2. O FANEROZOICO

O **Fanerozoico**, tempo do "animal visível" em grego, corresponde ao período que se iniciou há aproximadamente 542 milhões de anos. É difícil, no seu início, separá-lo do fim do éon precedente, na medida em que compartilham um dos critérios de datação das épocas: o surgimento de pequenos animais com concha. O Farenozoico se divide, por sua vez, em **três eras**: o *Paelozoico*, era do "animal antigo" em grego, de 542 ma a 250 ma; o *Mesozoico*, era do "animal médio" em grego, entre 250 ma e 65,5 ma; o *Cenozoico*, nossa era atual desde 65,5 ma, a era da "vida nova" em grego.

O PALEOZOICO

O **Paleozoico** começa no momento em que o supercontinente Rodínia se fragmenta em oito. É convencionalmente dividido em seis períodos: Cambriano (542 ma-488 ma), Ordoviciano (488 ma-435 ma), Siluriano (435 ma-408 ma), Devoniano (408 ma-355 ma), Carbonífero (355 ma-295 ma) e Permiano (295 ma-250 ma).

❖ O **Cambriano** (542 ma-488 ma) deve seu nome ao país de Gales em latim, *Cambria*. Assim como os outros cinco períodos, ele deve seu nome a uma camada geológica cujos afloramentos são notáveis no país de Gales. O clima, subtropical no início, modifica-se pouco a pouco em direção a uma variante quente e seca. Os mares transbordam, a Europa ocidental está sob um mar pouco profundo. As espécies animais marinhas são abundantes, e entre elas há novos grupos dotados de patas duras: é a *explosão cambriana*. Encontram-se em grande número as *trilobitas*, artrópodes ("com pé articulado" em grego) com membros falangiados que facilitam o deslocamento; *braquiópodes* ("cujo braço é o pé" em grego), conchas pedunculadas; *equinodermos* ("de pele espinhenta" em grego), como os ouriços; diversas espécies de vermes articulados, medusas. A noção de explosão cambriana ganha todo o sentido em relação à centena de *phyla* (singular: phylum) ou linhagens genéticas complexas de espécies vivas surgidas ao longo do Cambriano.

❖ O **Ordoviciano** (488 ma-435 ma) também deve seu nome a uma camada geológica representada no país de Gales, onde tinham se instalado os ordovices, um povo celta britônico[37]. O clima é subtropical, a temperatura aumenta aos poucos no início do período, depois um esfriamento intervém por volta de 460 ma nos mares e parece ter favorecido uma maior biodiversidade. Os trilobitas, braquiópodes da época precedente, cedem lugar às novas espécies, os *cefalópodes* ("cujo pé está acima da cabeça" em grego), como polvos, calamares, lulas; os *cronoides*, equinodermos fixos que parecem uma planta com uma flor presa ao fundo do mar, daí o nome "em forma de lis" em grego. Os *euriptérios*, artrópodes que se assemelham ao mesmo tempo com a lagosta e o escorpião, atingem até 2 m de comprimento, com pinças gigantes. Eles possuem dois pares de brânquias, um para respirar sob a água, outro sobre a terra, o que lhes permite rastejar fora dos mares. Eles são os primeiros conquistadores da terra firme. Também surgem os moluscos e os corais.

❖ O **Siluriano** (435 ma-408 ma), que corresponde às camadas geológicas descobertas em Gales do Sul, deve seu nome a outra tribo celta, os Silures. É durante o Siluriano que a Terra é dominada por dois supercontinentes: o *Gondwana* ao sul, que agrupa as terras futuras da África, América do Sul, Arábia, Índia, Madagascar, Austrália e Nova Zelândia; a *Laurásia* ao norte, composta pelas futuras América do Norte, Europa e Ásia. Paralelamente, se desenvolve a formação dos oceanos. O mais antigo, o *Iapetus*, separa os continentes do hemisfério norte e se encerra com sua acreção quando da formação da Pangeia. Quando esta se cinde entre Gondwana e a Laurásia, nasce um novo oceano, *Tétis*. Ele se encerrou há aproximadamente 80 ma, sendo substituído pelos atuais oceanos Atlântico Sul e Índico. Depois se formam o Pacífico e o Atlântico Norte. Os *graptólitos* ou graptolitos ("escritos sobre a pedra" em grego) são os animais mais disseminados. Trata-se de animais que vivem em colônias formadas a partir de um só indivíduo, que se desenvolvem em seguida na forma de eixos ou galhos, de dendritos. É no final do Siluriano que plantas multicelulares tomam posse da terra firme. São as plantas vasculares, ou seja, dentro das quais circula a água e os nutrientes diluídos como os *licófitos*.

---

37. Britônico: línguas célticas que agrupam o celta, o córnico, o galês, o cambriano (extinto).

❖ O **Devoniano** (408 ma-355 ma) deve seu nome ao condado inglês de Devonshire, onde esse sistema geológico foi identificado pela primeira vez. O nível do mar, o oceano *Pantalassa* que rodeia a Laurásia e o Gondwana, eleva-se, mas os continentes são invadidos pelas plantas terrestres. Sem que seja possível determinar as causas com exatidão, um meteorito atinge a terra, há um período de reaquecimento seguido de brusco resfriamento, e mais de 70% das espécies, principalmente marinhas, desaparecem entre aproximadamente 380 ma e 360 ma: esse é o episódio conhecido sob o nome de *extinção do Devoniano*. Eles cedem lugar a uma nova fauna, de artrópodes, escorpiões, miriápodes, aranhas, e sobre a terra encontram com os primeiros peixes ósseos, cuja bexiga natatória evolui para futuros pulmões, originalmente um simples saco pulmonar, alguns entre eles com um esqueleto interno articulado que lhes permite rastejar fora d'água sobre suas nadadeiras, anfíbios como os *tetrápodos*, ou seu parente próximo *Tiktaalik roseae* (*tktaa-lik*: "grande peixe das águas baixas" em língua inuit), um peixe ósseo com cabeça de jacaré. Surgem os primeiros tubarões. No final do período, no Devoniano superior, nascem os anfíbios, como os batráquios. As larvas respiram por meio de brânquias; os animais adultos usam pulmões. Mas é principalmente a flora que se desenvolve no Devoniano. Verdadeiras florestas de samambaias gigantes, que podem ultrapassar 15 m de altura, instalam-se. A reprodução sexuada se inicia, separando plantas macho e fêmea, dando lugar à produção de sementes. É essa etapa fundamental que explica, no mesmo momento, o desenvolvimento dos insetos, que evoluem em interdependência com as plantas. Além das samambaias, os *proginospermas*, "que semeiam suas sementes ao vento", aparecem os cogumelos, as *esfenofitas* como a cavalinha.

❖ O **Carbonífero** (355 ma-295 ma) deve seu nome à petrificação dos vegetais do Devoniano nos pântanos, produzindo as mais antigas camadas de carvão. Depois de um período de baixa do nível do mar no final do Devoniano, ele volta a aumentar; o clima é quente e úmido, exceto no sul do hemisfério austral, a parte mais ao sul de Gondwana e sob os gelos. A *Pangeia*, que agrupa Gondwana e Laurásia, está em processo de constituição. Ela reúne todas as terras emergidas em um único supercontinente, daí seu nome grego, que significa "todas as terras". Sobre essas terras, além dos pântanos, as espécies vegetais do Devoniano atingem tamanhos cada vez mais gigantescos, em alguns casos chegando a superar os 35 m. Há também as gramíneas rasteiras e as primeiras árvores de casca lígnea, contendo lignina que se decompõe mal, o que contribui para o acúmulo de camadas de carvão, principalmente de *linhito*, rocha sedimentar entre a turva e o carvão betuminoso. A taxa de oxigênio no ar está elevada e seria a responsável pelo gigantismo dos primeiros insetos, libélulas de 75 cm de envergadura por exemplo. Os batráquios se multiplicam, crescendo em tamanho também; certos grupos conhecem os inícios de uma evolução que produzirá os répteis.

❖ O **Permiano** (295 ma-250 ma) é a última idade do Paleozoico. Seu nome vem da cidade russa de Perm, onde se encontram traços dessa formação geológica. O nível médio dos mares permanece bastante baixo durante o período. A Pangeia está completamente formada, rodeada de um oceano gigante, o *Pantalassa*, "todos os mares" em grego. Enquanto os trilobitos, braquiópodes, desaparecem, surgem os primeiros peixes encouraçados; certos répteis se dotam de membranas que lhes permitem planar, mas não conseguem batê-las para voar; surgem pássaros que podem bater asas; grandes anfíbios e grandes répteis preparam o terreno para os dinossauros. A flora, dominada por gimnospermas, diversifica-se com as primeiras coníferas e árvores ginkgo. Por volta de 250 ma se conjugam, provavelmente, vários elementos nefastos: uma *anóxia* ou asfixia dos oceanos devido à diminuição do platô continental em decorrência do estabelecimento da única Pangeia, uma maior atividade vulcânica, o impacto de um ou vários meteoritos. Assim, 95% das espécies marinhas e 70% das espécies terrestres são erradicadas: é a *extinção em massa do Permiano*.

O MESOZOICO (250 MA-65,5 MA)

O **Paleozoico** é seguido pelo **Mesozoico** (250 ma-65,5 ma), subdividido em **três períodos**, uma vez mais identificados a partir de um sistema geológico preciso: o Triássico (250 ma-199 ma), o Jurássico (199 ma-145 ma) e o Cretáceo (145 ma-65,5 ma).

❖ O **Triássico** (250 ma-199 ma) deve seu nome às três camadas estratigráficas que o compõem: o *Buntsandstein* ou arenito fluvial vermelho; *Muschelkalk* ou calcário marinho fossilífero, e *Keuper* ou evaporitos e arenitos continentais. O clima do conjunto é quente, com variações locais sobre o continente devido à imensidão da Pangeia. Depois da extinção do Permiano, as espécies sobreviventes se recuperam lentamente, enquanto outras aparecem por um breve período e novas ordens se preparam para dominar o Mesozoico. As tartarugas já estão próximas de seu estado atual de desenvolvimento, os répteis têm dentes, surgem os saurianos, junto com crocodilos e dinossauros, ou *pterossauros*, os répteis voadores. O grupo dos *cinodontes* ou "répteis mamalianos", ancestrais dos mamíferos, põem ovos, mas a fêmea, que possui mamilos, amamenta a cria depois de sua eclosão. Nos mares começam a abundar os grandes répteis marinhos, os *ictiossauros*, cujo aspecto lembra os golfinhos. Assim como teve início com uma extinção em massa, o Triássico termina com outra, a *extinção do Triássico-Jurássico*, que acaba com a metade da diversidade biológica. A causa talvez esteja na fratura da Pangeia, que se separa entre Laurásia e Gondwana. A flora está marcada pelo desenvolvimento contínuo das coníferas no hemisfério norte, enquanto que em outros lugares domina o gingko e os *cicádeos*, que parecem palmeiras em leque.

❖ O **Jurássico** (199 ma-145 ma) se inicia com a fragmentação da Pangeia. Deve seu nome ao calcário do Jura. A Laurásia, ao norte, agrupa a América do Norte e a Eurásia, antes que se individualizem no final do período e no Cretáceo. O Gondwana, ao sul, faz o mesmo com a África, a América do Sul, a Antártida, a Arábia, a Índia, Madagascar, a Nova Zelândia e a Austrália. O Mar de Tétis se fecha. O clima se diversifica em diferentes zonas do globo. Ele permanece quente no conjunto, como no Triássico. A fauna terrestre é a do apogeu dos dinossauros, com gigantes como o *apatossauro* (antes chamado de brontossauro), com 22 m de comprimento, 8 m de altura, peso de aproximadamente 30 toneladas, que se desloca em rebanho para pastar a copa das árvores. Os outros tipos de dinossauros do Jurássico são os diplodocos, os camarassauros, também herbívoros. Deslocando-se sobre quatro patas, eles são lentos, enquanto que os répteis saurianos carnívoros, ou dinossauros carnívoros da ordem dos *saurísquios*, bípedes, deslocam-se mais rapidamente. Esses predadores são assustadores, à imagem do mais conhecido entre eles, o *Tiranossauro rex*. Os saurianos, como os *pterodátilos*, "dedo voador", termo de Georges Cuvier (1769-1832), conquistam também o céu, onde concorrem com os primeiros pássaros, do gênero *arqueopterix*, surgidos no final do Jurássico, há aproximadamente 150 ma. Os mares são o domínio do plâncton, que aparece, e também das *amonitas*, moluscos com concha univalve enrolada, que surgem em grande quantidade, espécies evoluídas de peixes e répteis, *plesiossauros*, crocodilos marinhos. O clima, quente e úmido, favorece a invasão das terras por florestas luxuriantes, com coníferas ou ginkgos, dependendo da latitude.

❖ O **Cretáceo** (145 ma-65,5 ma) deve seu nome aos depósitos de cal (do latim *creta*, giz), muito presentes durante esse período, encontrados na Europa, na Inglaterra e, sobretudo, na França. Essa era se conclui por uma nova extinção em massa, a dos dinossauros e répteis de grande porte, em um contexto de vulcanismo ativo, agravado pela queda de um meteorito. A Pangeia termina seu fracionamento, os continentes atuais se organizam. Os oceanos Índico e Atlântico Sul nascem, a cheia das águas imerge aproximadamente 30% das terras. Depois de um período de tendência ao resfriamento no início da era, o clima no Cretáceo é quente no conjunto. Os mamíferos presentes são pequenos, passando despercebidos em um mundo em que reinam os répteis, alguns deles evoluindo para pássaros com asas, com esterno potente, um rabo encurtado. Em meio marinho são comuns raias, tubarões e peixes com ossos. **As primeiras plantas com flores** se desenvolvem, ao mesmo tempo em que surgem os insetos, abelhas, cupins, formigas e borboletas. Coníferas e palmeiras continuam a se disseminar sobre as terras, com as samambaias, cavalinhas, árvores com folhas como magnólias, figueiras. O Cretáceo se conclui com a *extinção do Cretáceo*, ou *extinção KT*, do alemão *Kreide-Tertiär-Grenze*, conhecida principalmente pelo desaparecimento dos dinossauros, com exceção dos pássaros que deles descendem. Atribuída a um meteorito que cai em Iucatã, cujo impacto provoca uma suspensão de partículas que tem o efeito de uma tela contra os raios solares, a extinção concerne na verdade a múltiplas espécies, tanto terrestres, que desaparecem por falta de comida, herbívoros e seus predadores, quanto marinhas, por falta de *fitoplâncton*, ou plâncton vegetal. Sobrevivem os mais bem adaptados, onívoros, carniceiros em terra e nos mares, espécies de grandes fundos marinhos que se alimentam de restos.

O CENOZOICO

A era geológica que segue o Cretáceo, o **Cenozoico**, começa há aproximadamente 65,5 ma e se estende até nossos dias. O Cenozoico (ou período da "nova vida" em grego) se subdivide em **duas partes**: o *Paleogeno*, a mais antiga, e o *Neogeno*, a mais recente.

O Paleogeno

O **Paleogeno** é o período geológico que se estende de 65,5 ma a 23,5 ma, aproximadamente. Por sua vez, é convencionalmente dividido entre Paleoceno (65,5 ma-56 ma), Eoceno (56 ma-34 ma) e Oligoceno (34 ma-23,5 ma).

❖ O **Paleoceno** (65,5 ma-56 ma) se abre com a gigantesca extinção do Cretáceo, fatal para espécies especializadas grandes. As outras, principalmente os répteis, permanecem, mas em menor número, dando continuidade a sua evolução. Os mamíferos são os grandes beneficiários do desaparecimento dos gigantes do Cretáceo. Trata-se de pequenos mamíferos, ungulados, carnívoros, com uma espetacular multiplicação de espécies, multiplicação por dez dos *condilartros* como o *Phenacodus*. Os pássaros atingem tamanhos gigantescos, como o *Gastornis*, tipo de avestruz no tocante à silhueta, com patas fortes, bico terrível capaz de quebrar ossos, um carnívoro de aproximadamente 2 m de altura e um quintal (cerca de 58 kg) de peso. A flora evolui com os *Angiospermas* do fim do Cretáceo, ou plantas com flores, árvores com folhas que caem e que se espalham. O clima do Paleoceno é marcado por um claro aquecimento, tornando-se subtropical e favorecendo as florestas densas.

❖ O **Eoceno** (56 ma-34 ma), cujo nome significa em grego "novo amanhecer" em referência à chegada dos mamíferos modernos, inicia-se com o mais forte aumento de média de temperatura, em torno de 11 °C. Certas espécies não sobrevivem, mas essas condições são favoráveis a animais pequenos, roedores, primatas, morcegos. Os ungulados se desenvolvem com *Eohippus* ("cavalo da aurora" em grego), um pequeno ancestral do cavalo do tamanho de um cão. Nos mares quentes aparecem as primeiras baleias.

❖ O **Oligoceno** (34 ma-23,5 ma) começa pelo impacto de um ou dois meteoritos na baía de Chesapeake, na costa dos Estados Unidos, e na Rússia, provocando mais uma vez uma extinção em massa. O clima geral esfriou desde o final do Eoceno, resfriamento que continuou durante todo o período. Poucos novos mamíferos modernos aparecem em comparação com sua multiplicação ao longo do Eoceno, mas já aproximadamente 1/5 das espécies atuais estão presentes. Se os mamíferos primitivos desaparecem, são substituídos por roedores, castores, ratos, camundongos; por novos ungulados, zebras, cavalos, asnos, rinocerontes, hipopótamos. Também aparecem porcos, camelos, antílopes e os primeiros macacos.

O Neogeno

Ao Paeleogeno sucede o **Neogeno**, dividido entre o Mioceno (23,5 ma-5,5 ma) e o Plioceno (5,5 ma-1,8 ma).

❖ O **Mioceno** (23,5 ma-5,5 ma), cujo nome em grego significa "menos novo", é marcado por um resfriamento contínuo. As florestas tropicais regridem em prol das savanas, das estepes, favoráveis à extensão dos ungulados que pastam, como cavalos do tamanho de um pônei. Os predadores, como os lobos e os gatos selvagens, vivem nessa época. Nos mares, cachalotes e baleias são acompanhados por golfinhos, toninhas, tubarões modernos e o superpredador marinho, o *megalodon*, "de dentes grandes", que chegavam a medir até 22 cm nos espécimes maiores, que atingiam um tamanho aproximado de 20 m de comprimento. É ao longo do Mioceno que **os *hominídeos* se multiplicam**. Essa família de primatas agrupa grandes símios, como bonobo, chimpanzé, orangotango, gorila, homem. Entretanto, a linhagem humana e as linhagens dos grandes símios se separam. **Toumai**, apresentado como o possível mais antigo fóssil da linhagem humana, vivia no território do atual Chade há aproximadamente 7 ma.

❖ O **Plioceno** (5,5 ma-1,8 ma), em grego "mais recente", em referência aos mamíferos modernos, é a época que conduz às grandes glaciações. É durante esse período que os continentes ganham sua atual posição. Se os ungulados declinam, os *mastodontes*, ou "dentes curvados", espalham-se na América do Norte. São próximos dos mamutes, tanto pelo tamanho como pela forma. Os roedores prosperam na África, os marsupiais na Austrália. O resfriamento do clima modifica a flora. As florestas tropicais se reduzem ao Equador, substituídas pelas florestas temperadas de árvores com folhas caducas. Mais ao norte se estendem as estepes e tundras.

3. AS GRANDES GLACIAÇÕES

As grandes glaciações se produzem ao longo do **Pleistoceno** (1,8 ma-c. 11500 a.C.). Elas se produzem por ciclo, cobrindo até 30% das terras emergidas no seu mais alto grau. Assim, é possível identificar quatro glaciações (Günz, Mindel, Riss, Würm) entrecortadas por três períodos interglaciares (Günz-Mindel, Mindel-Riss, Riss-Würm).

— **Günz** (1,2 ma-0,7 ma) deve seu nome a um afluente do Danúbio.
— **Mindel** (650000 a.C.-350000 a.C.) deve seu nome a um rio de Allgau, na Baviera.
— **Riss** (300000 a.C.-120000 a.C.) é epônimo do Riss, um afluente do Danúbio.
— **Würm** (115000 a.C.-10000 a.C.) foi nomeado a partir de um rio da Bavária.

Ao longo das glaciações, as geleiras se encontram, formando assim massas gigantes, como a *calota polar* que se estende da Escandinávia à Inglaterra. A espessura das geleiras continentais pode chegar a 3.000 m. O *permafrost*, subsolo permanentemente congelado, estende-se sobre várias centenas de quilômetros além das geleiras. Durante os períodos interglaciais, o relativo aquecimento provoca a elevação das águas, formando lagos imensos que cobrem várias centenas de milhares de km². Acontece uma nova extinção: mamutes, mastodontes, tigres-dentes-de-sabre. Os representantes do gênero *Homo*, os humanos e as espécies próximas, diversificam-se e depois desaparecem, exceto o *Homo sapiens*, "homem sábio", nosso ancestral direto.

POR QUE AS GLACIAÇÕES ACONTECERAM?

Foram propostas diferentes hipóteses desde o século XIX, mas em geral convencionou-se reter aquela que as atribui à posição dos continentes no globo terrestre, dita *teoria de Milankovitch*. Durante as fases frias, as geleiras cobrem a quase totalidade da Europa do Norte e dos Alpes, o Maciço Central, os Pireneus; quanto ao nível do mar, ele varia em função do armazenamento de gelo nos continentes, da ordem de 120 m de espessura para o último período glacial. Os dois últimos *inlandsis* (lençol de gelo de grande extensão também conhecido sob o nome de calota polar) são a Groenlândia e a Antártida. A presença de morenas glaciares e de traços de erosão glacial permitem deduzir a paisagem que esses fenômenos deixaram. A temperatura média era de 8 °C a 12 °C, mais baixa que a de hoje. Chuvas abundantes ocorrem na África do Norte, do Leste, do Sul. Os grandes desertos, o do Saara ou do Kalahari, são habitáveis. Quando o nível do mar diminui, a ponte terrestre entre a Ásia e a América está seca outra vez, assim como o Canal do Panamá, restabelecendo um acesso possível entre esses três continentes.

4. O HOLOCENO

O Holoceno, que vem depois, é o período geológico mais recente, que começou aproximadamente 10 mil anos antes de nossa era. É um período interglacial, marcado pela elevação dos oceanos provocada pelo derretimento das geleiras. A temperatura se eleva, a floresta tropical avança para o Norte, as savanas substituem os desertos. A **megafauna**, com animais de grande porte, desaparece da América do Norte. Outras espécies são vítimas do homem e também desaparecem. Este último utiliza o fogo, talha a pedra, desenvolve novas estratégias de caça com arco ou com a ajuda de um propulsor de azagaia.

CAPÍTULO III
A PRÉ-HISTÓRIA, DE 7 MA ATÉ O SURGIMENTO DA METALURGIA (2500 A.C.)

A PRÉ-HISTÓRIA TEM UMA HISTÓRIA

Tudo começa com **Jacques Boucher de Perthes** (1788-1868), que propõe, em 1842, a questão de um homem antediluviano. As conclusões que ele publica no primeiro tomo de *Antiquités celtiques et antédiluviennes* (Antiguidades celtas e antediluvianas) não alcançam, em 1849, o sucesso previsto. Durante um decênio, as descobertas se multiplicam, mas os detratores as refutam, principalmente o geólogo **Élie de Beaumont** (1798-1874), discípulo de Cuvier. Se a célebre calota craniana de Neandertal é revelada na Prússia em 1858, será preciso esperar até 1859 para acompanhar o nascimento da Pré-História como disciplina científica. Nesse momento, a visita a Abbeville de um paleontólogo inglês, **Hugh Falconer** (1808-1865), destinada a comparar suas descobertas com as de Boucher de Perthes[38], não só permite admitir a contemporaneidade do homem e das espécies desaparecidas, mas liga uma parte do mundo sábio à pré-história do homem. Ainda que a adesão não seja total naquele momento, ela aumentará quando da descoberta por Boucher de Perthes em Moulin-Quignon, em 1863, de uma mandíbula humana em uma camada geológica que continha sílex talhados e vestígios de espécies animais desaparecidas; essa descoberta se revelará mais tarde ser falsa[39]. A ideia que vai se disseminar é a de um crescimento

---

38. Boucher de Perthes seria mais um advogado da Pré-História, uma vez que se esforçou para que fossem aceitas, após uma luta meritória, ideias que ele mesmo não havia forjado. É a **Casimir Picard** que recai, em 1835, o mérito de ter trazido à tona a contemporaneidade dos machados talhados e da fauna desaparecida.

39. A mandíbula de Moulin-Quignon, observada à luz das comparações anatômicas com os fósseis humanos conhecidos hoje, apresenta grandes ares de modernidade. O interesse dessa fraude foi, na época, o fato de ter criado uma comissão de especialistas, geólogos, paleontólogos, arqueólogos sob a direção de **Henri Milne-Edwards**, reunidos para inspecionar o sítio de Moulin-Quignon. As atas do debate foram registradas nas *Mémoires de la société d'anthropologie de Paris* [Memórias da sociedade de antropologia de Paris] (1863).

progressivo e infinito dos seres humanos, de uma continuidade essencial de formas vivas, fundadas na estratigrafia, possibilitando uma história dos seres vivos e do homem. Devemos a um naturalista britânico, **John Lubbock** (1834-1913), a subdivisão, em 1865, da Pré-História em dois períodos: o Paleolítico, idade da pedra antiga, e o Neolítico, idade da pedra recente.

Hoje, os pesquisadores consideram que a Pré-História se encerra no momento em que surgem os primeiros testemunhos da escrita, por volta do 4º milênio a.C. no Oriente Próximo. Entretanto, essa demarcação permanece muito imprecisa. A contribuição de dados etnológicos mostra, na verdade, que numerosas culturas continuaram vivendo como sociedades paleolíticas ou mesolíticas. Quanto a dar uma data precisa para o aparecimento do homem, isso também traz problemas. Tudo depende do que se entende por "homem". Como apreender a fronteira que o separa do animal? Em que momento ele realmente se torna um homem? A resposta gira em torno da aquisição de certos **traços anatômicos** – desenvolvimento do cérebro, aquisição do bipedalismo – mas também culturais – fabricação de ferramentas, domínio de certas técnicas: fogo, pintura, realização de estatuetas, construção de moradias cada vez mais elaboradas. **André Leroi-Gourhan** (1911-1986) estabelece, em 1965, uma síntese antropológica ligando tanto emergência do gesto e desenvolvimento do cérebro como morfologia e cultura[40].

1. OS PALEOLÍTICOS

AS DIFERENTES IDADES DO PALEOLÍTICO (7 MA A 10000 A.C.)

- **Paleolítico arcaico**: 7 ma a 1,7 ma. Australopitecos – *Homo habilis* – Seixos talhados
- **Paleolítico inferior**: 1,7 ma a 500000 a.C. Biface – *Homo erectus* – Abeviliano – Achelense – Micoquiano
- **Paleolítico médio**: 300000 a.C. a 30000 a.C. Neandertaliano – Musteriano – Levalloisiano – Sepultura – *Homo sapiens* no Oriente Próximo
- **Paleolítico superior**: 40000 a.C. a 9000 a.C. Lascamento de lascas raspadeiras – Aurignaciano – Gravetiano – Solutreano – Madaleniano – Epipaleolótico – Arte parietal

---

40. André Leroi-Gourhan, *Le Geste et la Parole* [O gesto e a palavra], 1: *Technique et Langage* [Técnica e linguagem], 2: *La Mémoire et les Rythmes* [A memória e os ritmos], Paris, Albin Michel, 1964-1965.

A PRÉ-HISTÓRIA: QUAL CLIMA EM QUAL MEIO AMBIENTE?

O contexto no qual se dão as primeiras grandes etapas da história humana é o da era geológica e paleoclimática quaternária[41], a mais recente da história da Terra e que sucede às eras primária, secundária, terciária. Mas o Quaternário se diferencia das eras precedentes por dois fatos que o caracterizam: as importantes flutuações climáticas que marcam seu desenvolvimento e a presença do homem. A busca principal repousa, portanto, sobre o homem e seu meio ambiente. Importantes fases glaciais separadas por períodos interglaciais mais quentes também o marcam. Já no fim do Terciário, a glaciação de Donau (2,1 ma a 1,8 ma aproximadamente) é contemporânea dos primeiros hominídeos da África. No Quaternário, ocorre a de Günz (1,2 ma a 0,7 ma). Depois, aparece o período interglacial de Günz-Mindel, marcado por um reaquecimento climático, por volta de 730000 a.C. Entre o fim do Pleistoceno inferior e o início do Pleistoceno médio, produz-se a glaciação de Mindel (650000 a.C.-350000 a.C.) e o período interglacial Mindel-Riss. Estamos ainda no Paleolítico médio quando começa um novo período de resfriamento, a glaciação de Riss (300000 a.C.-120000 a.C.) Depois um período de aquecimento, há 120 mil anos, o de Riss-Würm, ao qual sucede a última grande glaciação dita de Würm (120000 a.C.-10000 a.C.).

AS GRANDES GLACIAÇÕES DA ERA QUATERNÁRIA

- 1 ma a 700000 a.C.: glaciação de Günz
- 700000 a.C. a 650000 a.C.: primeiro período interglacial, dito de Günz-Mindel
- 650000 a.C. a 350000 a.C.: glaciação de Mindel
- 350000 a.C. a 300000 a.C.: segundo período interglacial, dito de Mindel-Riss
- 300000 a.C. a 120000 a.C.: glaciação de Riss
- 120000 a.C. a 75000 a.C.: terceiro período interglacial, dito de Riss-Würm
- 75000 a.C. a 10000 a.C.: glaciação de Würm

A partir de 10000 a.C., a Terra conhece um novo período interglacial. Quente e úmido, ele poderia acabar dentro de aproximadamente mil anos.

No Quaternário, o desenvolvimento dos mamíferos aumenta de forma preponderante e assiste ao surgimento de espécies gigantes: *Dinotherium*, no vale do Omo, o

---

41. O termo "quaternário" foi inventado em 1829, pelo geólogo **Jules Desnoyers**. A era quaternária se divide em duas: o Pleistoceno, de 2,7 ma a 780000 a.C. (termo estabelecido, em 1839, pelo geólogo britânico **Charles Lyell**), e o Holoceno, por volta de 10000 a.C. (termo criado pelo francês **Paul Gervais**, em 1867, para designar os depósitos recentes).

tigre-dentes-de-sabre que pode abrir a queixada a 180 graus. Durante o clima quente do início do Quaternário, surgem outras espécies: *Elephas africanus*, o gênero *Equus* e o gênero *Bos*. Nas tundras que se estendem em seguida ao recuo das florestas até a fronteira meridional dos Alpes, aparecem mamutes, renas, ursos das cavernas. A flora que se desenvolve durante os períodos interglaciais até o início do Holoceno não se diferencia em nada das árvores com folhas e das plantas com flores que conhecemos. Durante os períodos glaciares, as florestas recuam na direção do sul e durante os períodos quentes, na direção do norte. O fim do período glacial, por volta de 10000 a.C., provoca uma verdadeira hecatombe na fauna: desaparecem da paisagem os mamíferos gigantes, megáceros (cervo gigante), mamutes, rinocerontes peludos; os únicos sobreviventes serão os elefantes, os rinocerontes, os bisões na América e as girafas na África e na Ásia.

AS GRANDES ETAPAS DA PRÉ-HISTÓRIA

O Paleolítico, período mais longo da Pré-História, começa há 7 milhões de anos na África para terminar com o início do Neolítico no Oriente Próximo, há aproximadamente 10 mil anos, o qual termina no 2º milênio a.C. na Europa. A Proto-História entra, então, em cena com a utilização do metal: o cobre entre 2500 a.C. e 1800 a.C., o bronze entre 1800 a.C. e 700 a.C., e o ferro a partir do século VII a.C.

O velho Paleolítico na África

Paleolítico arcaico: 7 ma a 1,7 ma. Australopitecos – Paranthropus – Gênero *Homo* – Seixos talhados

Seis grandes zonas delimitadas na África oriental situam as principais descobertas de australopitecos (de *pithekos*, macaco, e *austral*, do sul): no vale do Rift, na planície de Aouach, de Melka Kunturé, do Omo, lagos Turkana (antes conhecidos como lago Rodolfo, Baringo, Eyasi) e o antigo lago Vitória, ao norte do Quênia. O Chade e a África do Sul são igualmente zonas ricas em vestígios. Os sedimentos de que dela provêm são de origem fluvial, lacustre ou deltaica. As condições de aridez do Rift preservaram uma importante documentação sobre os fósseis, mais bem conservados que nas zonas de florestas.

A saga dos australopitecos

As diferentes espécies de australopitecos viveram ao longo do Plioceno, entre 5,3 ma e 2,6 ma, e do Pleistoceno, entre 2,6 ma e 1,7 ma. Eles apresentavam uma combinação de traços humanos e simiescos. Assim como os seres humanos, eles eram bípedes, mas, como os macacos, eles tinham um cérebro pequeno, de aproximadamente 400 cm³. O espécime mais célebre dos australopitecos é, sem dúvida,

Lucy[42], um esqueleto fossilizado da Etiópia, notavelmente preservado, em Afar, que foi datado em 3,2 milhões de anos. Sua descoberta, em 1974, foi excepcional. Com seus 52 ossos, quase a metade de seu esqueleto estava intacta. Esse australopiteco fêmea de aproximadamente 20 anos media 1,10 m e sua capacidade craniana era de aproximadamente 400 cm^3, enquanto que a nossa é de 1.200 cm^3. Lucy, com base na inclinação de sua coluna vertebral e no grande formato de sua bacia, estava apta ao bipedalismo, mas também conhecia, em alternância, uma vida arborícola, atestada pelos membros superiores mais longos do que os membros inferiores. A hipótese de uma adaptação a um ambiente climático cada vez mais seco chegou a ser emitida, ainda que não convenha a todos os antropólogos para explicar esses inícios de bipedalismo. Desde então, Lucy foi acompanhada da descoberta de outros australopitecos muito mais antigos, como a descoberta feita pelo paleontólogo Michel Brunet, em 1996, do *Australopithecus bahrelghazali*, rebatizado de "Abel".

Uma grande família

Há 4 milhões de anos aparecem os primeiros hominídeos conhecidos, os australopitecos. Foram identificadas cinco espécies diferentes até hoje: *anamensis, afarensis, africanus, bahrelghazali, garhi*. Eles se desenvolvem durante um milhão de anos, mas ignoramos qual é o ancestral do *Homo habilis*. Lucy não pode ficar com o título de ancestral, já que seu bipedalismo é mais arcaico do que o de certos australopitecos. A forma de sua mandíbula e de seu crânio é muito arcaica. Uma nova mudança climática se produz entre 3 ma e 2 ma, em razão de uma grande seca na África. Surgem então os paranthropus, o *Homo habilis* e o *Homo rudolfensis*.

- **Os paranthropus**, também chamados de *Australopithecus robustus*, têm formas robustas de australopitecos. Suas mandíbulas são poderosas, seu cérebro tem uma capacidade craniana situada entre 450 cm^3 e 600 cm^3. Eles apresentam uma crista sagital no crânio, como os gorilas. Sua alimentação, demonstrada pela análise feita a partir de seus dentes, é exclusivaente carnívora. Eles viviam entre 2,7 ma e 1,2 ma.

- O *Homo habilis* pesa aproximadamente 50 kg e possui entre 650 cm^3 e 800 cm^3 de capacidade craniana. Seu bipedalismo é constante. É encontrado na África do Leste e do Sul entre 2,5 ma e 1,8 ma. Ele talha ferramentas e se protege em abrigos sumários (corta-vento de Olduvai).

- O *Homo rudolfensis* deve seu nome ao lago Rudolph (África oriental), onde foi descoberto. É mais robusto e corpulento que seus predecessores. Sua capacidade craniana é de aproximadamente 700 cm^3. Os espécimes são onívoros e pequenos, em média 1,30 m. Ele é contemporâneo ao *Homo habilis*.

---

42. Descoberta efetuada por uma equipe internacional dirigida por Yves Coppens, Donald C. Johanson e Maurice Taieb.

Da época desses homens mais antigos datam os "seixos talhados", ferramentas chamadas *choppers* quando têm uma só face talhada e *chopping tools* quando têm as duas faces talhadas, assim como rudimentos de abrigos, em Olduvai (norte da Tanzânia, África do Leste). Por volta de 1,9 ma, uma nova modificação do clima é marcada por um resfriamento. Um novo *Homo* aparece, o **Homo ergaster**, que rompe com a tradição arborícola. Certos pesquisadores o consideram uma variedade do **Homo erectus** e seu ancestral. Seu cérebro atinge uma capacidade craniana de 850 cm^3. Sua altura varia entre 1,50 m e 1,70 m. Ele talha bifaces e será o primeiro representante do gênero *Homo* a migrar, a conquistar novos *habitats*. É possível seguir seus traços na Ásia em Loggupo, no sul da China, mas também no norte da Espanha, nos montes Atapuerca. Os mais antigos vestígios humanos encontrados na Europa apresentam as mesmas características.

Como situar os australopitecos na evolução?

As hipóteses sobre o lugar dos australopitecos na evolução humana transformaram-se a cada descoberta. Tudo começa com a de Raymond Dart em 1924, em Taung, na África. O australopiteco foi batizado *Australopithecus africanus*. À época acreditava-se que fosse um elo perdido de Dubois. Robert Broom revela, em 1936, o primeiro australopitecos adulto, que ele chama de *Plesianthropus transvaalensis*. Nos anos 1970, o acúmulo de novos fósseis, sobretudo na África, pela família Leakey, e a evolução dos métodos de datação permitem que os australopitecos entrem em nossa árvore genealógica. Cada novo fóssil recebe uma nova denominação, sendo então comparados e agrupados. Pithecanthropus de Java e homem de Pequim, o Sinathropus, o *Homo heidelbergensis* são agrupados sob a denominação *Homo erectus*. Nos anos 1960, Olduvai, na Tanzânia, revela hominídeos com capacidade craniana de 500 cm^3 a 675 cm^3 e, em 1964, são agrupados em uma nova espécie, *Homo habilis*. Esta só foi aceita enquanto tal em 1968, depois da descoberta de Twiggy (1,8 ma). A hipótese de uma evolução puramente linear se impõe.

Australopithecus (afarensis ou africanus) => *Homo habilis* => *Homo erectus* => *Homo sapiens*.

O lugar do homem de Neandertal ainda não está bem determinado, intercalado entre *erectus* e *sapiens*. Hoje, o número imponente de fósseis tirados do solo nos últimos 25 anos levou à criação de novas espécies de *Australopithecus* e de *Homo*. Nos anos 1980, só se conhecem duas espécies de australopitecos, o *africanus* e o *afarensis*, Lucy e os fósseis do sítio de Hadar (Etiópia). Catorze anos depois, *Austrolopithecus ramidus*, rebatizado de *Ardipethicus ramidus*, muito mais antigo do que Lucy, apresenta uma antiguidade de 4,5 milhões de anos. Depois, em 1995, são ligados o *Australopithecus* *anamensis*⁴³, com seus 4 milhões de anos, e o *Australopithecus bahrelghazali*⁴⁴, 3,5 milhões de anos. O primeiro, apelidado de Abel, é o primeiro australopiteco do oeste do vale do Rift e, assim como o *anamensis*, viveu em um ambiente florestado. *Australopithecus garhi* é descoberto, em 1999, perto de indústrias líticas. O ano 2000 verá o surgimento de *Orrorin tugenensis*⁴⁵, descoberta de Martin Pickford e Brigitte Senut, o mais velho dos australopitecos, com 6 milhões de anos. Ele confirma a hipótese de um bipedalismo muito antigo. Um ano depois, Mary Leakey revela *Kenyanthropus platyops*⁴⁶ e *Sahelanthropus tchadensis*. 2002 verá o surgimento de Dmanissi, na Geórgia, o mais antigo europeu conhecido, *Homo georgicus*⁴⁷, datado de 1,8 ma.

Quem será o ancestral do homem?

Só o *Homo habilis* pode requerer, hoje, o título de ancestral do homem, pois seu pé apresenta todas as características de um bipedalismo de tipo humano, e ele talha ferramentas. Os australopitecos têm essa particularidade de apresentar características próprias, que não fazem deles nem homens nem macacos. Assim, eles têm ao mesmo tempo particularidades humanas, a robustez do calcâneo, osso do calcanhar que permite ficar de pé, e de outros símios, como o afastamento do dedão do pé que lhe favorece agarrar dos galhos. Era então preciso que o ancestral do homem pudesse ter não um pé especializado, mas, em vez disso, a possibilidade de evoluir. Ele povoou partes habitadas da África subsaariana, talvez entre 2 ma e 1 ma. Em 1959 e 1960, os primeiros fósseis foram descobertos nas gargantas de Olduvai, na Tanzânia do Norte. Essa descoberta marcou uma virada na ciência da paleoantropologia, pois os mais antigos fósseis humanos já conhecidos eram espécimes de *Homo erectus* asiáticos. Como outros espécimes foram revelados em lugares tais como Koobi Fora, no norte do Quênia, pesquisadores começaram a se dar conta de que esses hominídeos eram anatomicamente diferentes do australopiteco. Essas descobertas conduziram, em 1964, os antropólogos Louis Leakey e Phillip Tobias a justificarem a aceitação do *Homo habilis*, insistindo no aumento da capacidade craniana (800 cm³), comparando molares e pré-molares dos fósseis, notando que os ossos da mão sugeriam uma capacidade de manipulação de objetos com precisão.

---

43. Descobertos no Quênia, esses 21 fósseis compreendem mandíbulas superiores e inferiores, fragmentos de crânios e uma parte de tíbia.

44. Encontrado no Chade, perto do rio Bahr el Ghazal, "Rio das Gazelas", é o primeiro australopiteco a ter sido descoberto no oeste do vale do Rift.

45. Também chamado de Homem do milênio, ele foi descoberto na formação de Lukerno, no Quênia. De acordo com as ossadas, podia medir 1,40 m e pesar 50 kg. Era bípede.

46. Seu nome significa "homem de rosto chato do Quênia".

47. Ele apresenta características intermediárias entre *Homo habilis* e *Homo erectus*, com 700 cm³ de capacidade craniana para o maior, e 600 cm³ para o menor.

Muitas outras características do *Homo habilis* parecem ser intermediárias, em termos de desenvolvimento, entre os australopitecos, espécies relativamente primitivas, e o *Homo habilis*, mais avançado. O pé humano não pisa total e horizontalmente no chão como o dos outros primatas. Seu arco plantar suporta a totalidade do corpo e mantém o equilíbrio. Ferramentas de pedra simples, *chopping tools* e *choppers*, haviam sido encontradas com os fósseis. Todas essas características prefiguram a anatomia e o comportamento do *Homo erectus* e do *sapiens*, do homem posterior, o que torna o *Homo habilis* extremamente importante, ainda que dele não haja mais do que alguns restos. Os geneticistas supõem que o ancestral comum ao homem e aos grandes macacos teria aparecido há 15 milhões de anos aproximadamente e estaria na origem dos australopitecos. Segundo os conhecimentos atuais, o primeiro hominídeo a ter adquirido o bipedalismo seria Toumai, *Sahelanthropus tchadensis*, com antiguidade de aproximadamente 7 milhões de anos.

TRAÇOS DE PASSOS E BIPEDALISMO

Os vestígios de passos conservados em meio natural ainda são excepcionais. Entretanto, alguns chegaram até nós, distribuídos cronologicamente ao longo de vários milhões de anos até 350000 a.C. para os mais recentes. Todos os primatas ficam em pé sobre as patas traseiras durante um período mais ou menos longo. Esse bipedalismo não pode ser comparado à forma de caminhar dos homens modernos. No que diz respeito ao bipedalismo do homem, trata-se de uma atividade complexa que implica as articulações e os músculos do corpo todo e é provável que a evolução do andar humano tenha se dado progressivamente ao longo de um período de 10 milhões de anos. No homem, o calcanhar é muito robusto e o dedão do pé está permanentemente alinhado com os quatro minúsculos dedos laterais. Contrariamente a outros pés de primatas, o pé humano possui um arco estável que o reforça. Consequentemente, a pegada do homem é única e fácil de distinguir com relação às dos outros animais. Parece que, por volta de 3,5 ma, uma espécie de hominídeos pertencentes à dos *Australopithecus afarensis* era adepta do bipedalismo. Os vestígios encontrados em Laetoli (na Tanzânia do Norte), datados de 3,5 ma, mostram pegadas de três indivíduos caminhando lado a lado sobre as cinzas úmidas do vulcão. Mas não se trata ainda de bipedalismo moderno. A equipe do inglês Matthew Bennett revelou, entre 2005 e 2008, vestígios deixados no Quênia, perto de Ileret, há 1,5 milhão de anos, sob a forma de aproximadamente vinte pegadas de hominídeos, de quatro trilhas e muitas outras marcas, que revelaram a aquisição de um bipedalismo moderno. Muito mais antigos que as marcas de passos espaçados de Roccamonfina (Itália), datados de 345000 a.C., essas 56 impressões deixadas sobre as cinzas de um vulcão pertenceriam a hominídeos medindo 1,35 m, talvez da espécie *Homo heidelbergensis*.

O Paleolítico arcaico na Europa

Na França

O sítio de Chilhac (Alto Rio Loire), no final do Plioceno, preservou as ossadas de uma fauna excepcional, datada de 2 ma, mais exatamente 1,9 ma, graças a seixos talhados. Um curso d'água beirado de brejos na época havia atraído grandes mamíferos, tais como o mamute meridional, *Mammuthus meridionalis*, um mastodonte, *Anancus arvenensis*, cervídeos, *Eucladoceros senezensis*, um cavalo, *equus slenonis*, um tipo de gazela, *Gazellospira torticornis*, e ursos, hienas, um felino com dentes de sabre. **A gruta do Vallonnet** foi ocupada pelo homem entre 1 ma e 900000 a.C. A gruta, descoberta em 1958, foi longamente escavada por Marie-Antoinette e Henry de Lumley. É o *habitat* mais antigo, em forma de gruta, conhecido na Europa. Ela se abre a 110 m de altitude, no vale de mesmo nome, perto de Roquebrune-Cap-Martin. Em seu interior, as indústrias líticas rudimentares estão associadas a uma fauna variada: hiena, jaguar europeu, urso, bisão, cervídeos. Aproximadamente na mesma data, o sítio de **Soleihac** em Velay, na comuna de Blanzac, no Alto Rio Loire, representa todos os níveis do Villafranchien, desde o mais antigo, que faz parte dos primeiros acampamentos ao ar livre. Foi datado de 800000 a.C., tratando-se provavelmente de um acampamento de caçadores de elefantes, de hipopótamos e de rinocerontes. Os vestígios de *habitat* encontrados são indiscutíveis e os blocos de basalto e de granito delimitavam uma superfície de ocupação sobre as margens de um antigo lago de vulcão. O material lítico dali é muito variado: *choppers*, cacos, raspadeiras grossas.

Na Espanha

Na Espanha, o mais antigo europeu foi encontrado em Atapuerca e datado de 1,2 ma. Pertence à mesma espécie que o *Homo antecessor*. Esse fragmento de mandíbula associado às pedras talhadas recua em 400 mil anos a antiguidade do homem na Europa. As pesquisas em Atapuerca começaram em 1976; três jazigos foram revelados, dentre os quais o de **Sima del Elefante** e de **Gran Dolina**, que também apresentou restos de espécie *antecessor*, além de ferramentas e ossadas fósseis de animais. Até os anos 1990, sítios na Espanha haviam oferecido datações de 1,2 ma porque eram muito ricos em fauna, como **Fuente Nueva 3** e **Barranco León**, mas nenhum havia fornecido restos humanos.

Na Itália

A uma curta distância do monte Poggiolo, na Romagna, em uma localidade chamada Casa Belvedere, a partir de 1983, milhares de peças líticas de uma importância capital para o Paleolítico inferior foram encontradas e datadas de 800000 a.C.

Na Geórgia

No sítio ao ar livre de Dmanissi, foram escavados quatro crânios, três mandíbulas, aproximadamente quinze restos pós-cranianos e uma dúzia de dentes isolados. O conjunto pertence a um mínimo de quatro indivíduos: dois adolescentes e dois adultos. As diversas datações efetuadas chegaram a 1,8 milhão de anos de antiguidade. Pela primeira vez, em uma época tão remota, o homem está presente na Europa, na região do Transcáucaso. A instalação desse grupo humano pode ter sido motivada por um ambiente mais úmido que sucedeu a uma aridificação do Leste. A nova espécie foi chamada de *Homo georgicus*, e sua capacidade craniana era de 600 cm^3 a 700 cm^3.

O Paleolítico inferior

O Paleolítico inferior: 1,7 ma a 500000 a.C. Biface – *Homo erectus* – Abeviliano – Achelense – Micoquiano

A subdivisão do Paleolítico inferior em "Abeviliano"[48] e "Achelense" provém dos sítios epônimos nos quais a ferramenta lítica[49] a eles relacionada foi descoberta. As bifaces mais antigas são pedregulhos de pedras duras, percutidos dos dois lados de forma a produzir cacos. A passagem do Abeviliano ao Achelense é malconhecida. A cultura achelense[50], representada na região de Amiens, no sítio de Saint-Acheul, perdura até aproximadamente 80000 a.C., e até 55000 a.C. na África, nas cataratas de Kalambo (Zâmbia).

O herói: Homo erectus

O herói dessa história de quase 700 mil anos é o *Homo erectus*, cujos primeiros representantes africanos são separados da linhagem do *Homo ergaster*, atribuída a outra espécie. O *Homo erectus* é o primeiro representante da espécie humana a trocar a África pela Ásia, a África do Norte e o vale do Jordão, descobrindo a domesticação do fogo e

---

48. Até a descoberta da gruta do Vallonnet (região dos Alpes Marítimos), o Abeviliano representava a mais antiga indústria conhecida, em Chelles (região de Sena e Marne) e nos terraços do rio Garonne.

49. As bifaces achelenses são frequentemente talhadas nas duas faces; o entalhe feito com percussor cilíndrico se acresce aos procedimentos conhecidos. Primeiramente bastante grossas, as bifaces se tornam mais finas, com arestas mais retilíneas. As formas são mais simétricas e compreendem ovoides achatados chamados "limandes". A evolução do Achelense culmina nas formas longas, lanceoladas, como as bifaces micoquiana, de base larga e ponta estreita. A técnica "Levallois", pré-formagem do núcleo para determinar as lascas, torna-se mais presente no Achelense médio. Ao longo do Achelense, outras indústrias como o Clactoniano, na Inglaterra, parecem ter evoluído independentemente.

50. Representada igualmente nos sítios da Caverna do Arago, do Lazaret, da Micoque, de Terra Amata, de Olduvai (Tanzânia).

talhando bifaces. Suas características morfológicas são as de um homem grande, de aproximadamente 1,75 m[51], com capacidade craniana de 850 cm^3. O nome de **Eugène Dubois** (1858-1940) está ligado à descoberta do que se acreditava ser então o elo perdido. Na publicação e descrição dos fósseis revelados ao longo do rio Solo em Java (Indonésia), o erudito emprega a designação *Pithecanthropus erectus*, fazendo assim alusão a sua posição ereta. A natureza humana do pitecantropo de Java só foi reconhecida depois da Segunda Guerra Mundial, sendo então rebatizado de *Homo erectus*.

O Paleolítico inferior na França: os sítios

Os primeiros acampamentos ao ar livre ou em grutas integram para alguns a domesticação do fogo. Até então, só indícios esparsos haviam sido encontrados na África – em Chesowanja (Quênia), em Gadeb (Etiópia), em Sterkfontein (África do Sul) – mas nada havia provado seu controle. A integração do fogo no universo doméstico foi constatada a partir de 500000 a.C. na França (Terra Amata, Menez Dregan), na Alemanha (Bilzingsleben) e na Hungria (Vertessolos). Sua descoberta tem consequências psicológicas importantes sobre o modo de vida dos homens dessa época: não se vive mais ao ritmo da luz do sol, pode-se cozinhar a alimentação, pode-se transportar essa fonte de luz, pode-se aquecer e também aquecer o sílex para melhorar sua qualidade.

- **A gruta da Caverna do Arago**, cavidade cárstica gigante, domina uma centena de metros do vale de Tautavel. Ela apresenta uma vantagem dupla: é ao mesmo tempo um ponto estratégico para vigiar de longe e, situada perto de um ponto de água, um lugar onde os animais iam beber água. Uma passagem fica próxima, permitindo o acesso a outro território de caça: o platô. Grupos de nômades vinham regularmente estabelecer ali seu acampamento, há 550 mil anos, e destrinchar carcaças de renas e cervos; suas ferramentas em sílex provinham de afloramentos situados 30 km mais ao norte. A duração de sua estadia é estimada entre seis e quinze dias. Mais de vinte solos de *habitats* datados entre 700000 a.C. e 100000 a.C. mostraram uma ocupação por parte de grupos de *Homo erectus*. O mais interessante é o crânio Arago XXI, descoberto em julho de 1971, que jazia sobre o solo de um *habitat* pré-histórico datado de 450000 a.C. **O homem de Tautavel** tinha uma capacidade craniana de 1.160 cm^3 e devia medir 1,65 m. As diferentes campanhas de escavação apresentaram setenta restos humanos, frequentemente misturados com ossadas de animais. As escavações foram dirigidas, a partir de 1970, pelo **professor Henry de Lumley** (nascido em 1934) e sua esposa.

---

51. Pegadas encontradas no norte do Quênia revelam que há um milhão de anos o *Homo erectus* caminhava como nós. O dedão do pé parece com os demais, diferença notável com relação aos grandes macacos que os têm separados para garantir que possam segurar os galhos. O arco do pé é pronunciado. O *Homo erectus* é o primeiro hominídeo a apresentar as mesmas proporções corporais que o *Homo sapiens*: braços mais curtos, pernas mais compridas.

- O sítio de **Terra Amata** está situado em Nice, sobre as encostas ocidentais do monte Boron. Uma pequena enseada na embocadura do Paillon, banhada pelo mar, e uma pequena fonte fazem desse local um lugar privilegiado para os caçadores de 380 mil anos atrás. Vários níveis de *habitats* foram revelados sob o último cordão litoral. Desde 1966, as escavações feitas por **Henry de Lumley** no sítio de **Terra Amata** mostraram que ali não houvera acampamentos de longa duração, pelo menos não nas dunas. Os homens tinham construído ali choças temporárias sustentadas por estacas, cuja marca foi revelada pelas escavações. De forma oval, essas choças deviam medir entre 7 m e 15 m de comprimento por 4 m ou 6 m de largura. Os lares, situados no centro das choças, são protegidos por uma mureta de pedra.
- **A gruta do Lazaret**, datada de 130000 a.C., igualmente situada sobre as encostas ocidentais do monte Boron, é uma vasta cavidade de 40 m de comprimento por 20 m de largura que teria abrigado caçadores achelenses no final do Pleistoceno médio superior. As distribuições dos vestígios no interior evidenciaram uma cabana de 11 m de comprimento por 3,5 m de largura. Círculos de pedras parecem ter servido ao bloqueio de estacas que, mantidas por travessões horizontais, se apoiavam sobre a parede rochosa.

O Paleolítico médio

O Paleolítico médio: 300000 a.C. a 30000 a.C. Neandertaliano – Musteriano – Levaloisiano – Sepultura – *Homo sapiens* no Oriente Próximo

Essa "idade média da Pré-História" começa por volta de 300000 a.C. e termina por volta de 30000 a.C. Aparecem novos traços culturais: generalização do lascamento Levallois, preparação particular do núcleo, inumação dos mortos, conhecimento dos pigmentos, talvez aquisição da linguagem cujo principal artesão é o homem de Neandertal.

O sítio do Moustier se encontra na comuna de Peyzac-le-Moustier (Dordonha) e revelou dois abrigos mundialmente conhecidos: um abrigo superior, que permite a Henry Christy e Eduard Lartet extrair os restos de fauna e os utensílios líticos e, em 1869, a Gabriel de Mortillet de definir a cultura musteriana; um abrigo inferior que revela, com as escavações de Denis Peyrony, em 1910, um esqueleto de Neandertaliano, posteriormente datado de 40.300 a.C. O clima esfria consideravelmente na Europa e força os hominídeos a se refugiarem nas grutas.

Neandertal, um quase-sapiens

Outros sítios musterianos serão escavados nesse início de século XX: Micoque, Quina, Chapelle-aux-Saints, Ferrassie, Krapina. Hoje, os pesquisadores pensam que os neandertalianos teriam vivido entre 100000 a.C. e 30000 a.C., aproximadamente.

O homem de Neandertal é o primeiro fóssil a ter sido encontrado em uma gruta do vale (*Tal* em alemão) de Neander, perto de Düsseldorf, em 1856. Daí o nome de *Homo neanderthalensis* proposto pela primeira vez em 1863, por William King. Dentre as descobertas seguintes, a de **La Chapelle-aux-Saints** (em Corrèze), em 1920, é realmente notável, porque oferece um esqueleto completo em uma sepultura, trazendo a ideia que os neandertalianos ocuparam todo o Mundo Antigo, e os resultados alcançados entre 1929 e 1936, com a descoberta de homens fósseis na Palestina, permitem que se torne *Homo sapiens neanderthalensis*, ligando-o a uma subespécie dos *sapiens*. Teve que se defender do frio, ao contrário de seu predecessor. A maioria dos europeus tem um crânio relativamente volumoso, com uma capacidade craniana de 1.520 cm^3, quando a nossa é de 1.320 cm^3. A parte posterior do crânio se prolonga para formar um coque occipital. Os dentes são fortemente projetados para a frente, a mandíbula é vigorosa. A África não é mais o lugar único do desenrolar cultural e biológico humano e ocorre uma imigração em direção ao norte, ao sul do Saara[52], à Ásia Menor, à Turquia, à Síria. Mas, se foi frequentemente identificado no sudoeste da França, é porque as primeiras escavações do século XIX aconteceram ali.

ALCEAS RÓSEAS E OUTRAS FLORES EM SEPULTURAS

A angústia da morte e os gestos para matá-la têm origem nos neandertalianos, há 100 mil anos. Túmulos rudimentares de mesma antiguidade foram descobertos no Oriente Próximo, atestando, por meio de oferendas de colares e de flores, os primeiros ritos funerários, uma função ritual para acompanhar o defunto no além. As descobertas de formas modernas de neandertalianos nas jazidas de Skull e de Qafzeh em Israel se conjugam, oferecendo datas ao redor de 90000 a.C. Os esqueletos foram encontrados no terraço diante da gruta, enquanto que as sepulturas estavam dentro da gruta. Em Harfa, ainda em Israel, cinco homens, duas mulheres e três crianças haviam sido depositados em fossas. Um homem de 45 anos abraçava as mandíbulas de um grande javali. Ainda mais surpreendente, em Qafzeh, uma criança, com as mãos erguidas, segura uma grande galhada de cervo com partes do crânio ainda presas. Em Shanidar, no Iraque, a análise dos solos evidencia os mesmos pólens em todas as amostras coletadas. Entretanto, duas amostras apresentam taxas mais elevadas de pólen de alceas róseas e grande número de grãos de outras flores. Sua identificação permitiu determinar que o homem de Neandertal que repousa dentro de uma muralha de pedras foi sepultado entre o final de maio e o início de julho, há 60 mil anos, sobre um leito de ramos de éfedra, pequenos arbustos ornados de flores de cores vivas e que, na maioria, tem virtudes medicinais ou psicoativas.

---

52. Na África do Norte, há uma forma provavelmente derivada dos *erectus* africanos (descoberta em Djebel Irhoud, no Marrocos). No Oriente Próximo, ao contrário, há formas muito evoluídas a partir de 90000 a.C.

O homem de Neandertal sabia falar?

Não existe nenhuma prova formal até hoje e o debate sobre esse tema ainda é atual, ainda que, a partir dos anos 1980, os dados resultantes da Pré-História, da linguística, das neurociências, da comunicação animal, em conjunto tenham provocado a evolução do problema. Hoje, a maioria dos pesquisadores supõe que a aquisição de um sistema de comunicação ocorre em duas etapas. Primeiramente, uma protolinguagem, a do *Homo erectus*, caracterizada por um léxico, algumas palavras justapostas, mas sem sintaxe. Derek Bickerton, linguista, propôs essa hipótese em 1990, fundada no fato de que não teria havido gramática, mas um vocabulário muito limitado. As pesquisas atuais evidenciaram a ligação entre linguagem e técnica. Nos anos 1940 a 1960 domina a noção de **Homo faber**, que faz da fabricação de ferramentas a consequência direta do crescimento da linguagem. Hoje não se pensa mais a ferramenta como condição *sine qua non*, mas como uma inter-relação entre os dois, pois as duas funções implicam o lobo frontal, as regiões parietotemporofrontais. O hemisfério esquerdo do cérebro, a zona de Broca, responsável pela linguagem, age sobre o lado direito do corpo, mostrando, assim, a imbricação entre pensamento e linguagem.

Neandertal, canibal?

Durante muito tempo, os historiadores da Pré-História debateram essa hipótese. Novas descobertas atualizam novamente o debate. Os primeiros traços na França datam do Paleolítico médio, entre 120000 a.C. e 80000 a.C., e teriam sido encontrados em Ardèche, nos níveis de Baume Moula-Guercy, onde restos humanos figuram entre os dejetos alimentares presentes em traços de recortes. Em Gran Dolina d'Atapuerca, na Espanha, há 800 mil anos, estrias de matadouro foram identificadas num total de 50% dos restos. A mais célebre das controvérsias sobre esse tema aconteceu em torno do sítio neandertaliano de Krapina, na Croácia. Dentre as mais de seiscentas ossadas humanas, foram identificadas estrias, mas para alguns pesquisadores elas não estariam ligadas a práticas canibais, mas a um ritual funerário, ou ainda à escolha de extrair dos ossos as partes moles a fim de evitar uma putrefação. A ação de animais roedores tampouco deve ser descartada. Mais difícil de explicar, o caso dos crânios com orifício ocipital alargado em Chou Kou Tien, na China, na gruta Guattari do monde Circe, na Itália, em Steinheim, na Alemanha. Certos ossos cranianos no sítio de Pradelles, em Marillac-le-Franc, região de Charente, França, apresentam vestígios de retirada do couro cabeludo por escalpelamento.

O Paleolítico superior

O Paleolítico superior: 40000 a.C. a 9000 a.C. Lascamento de lascas raspadeiras – Aurignaciano – Gravetiano – Solutreano – Madaleniano – Epipaleolítico – Arte parietal

O desaparecimento dos neandertalenses para ceder lugar ao *Homo sapiens* por volta de 35000 a.C., quando do Paleolítico superior, nem sempre encontrou uma explicação. A transição parece ter se produzido de forma progressiva e a co-habitação entre as duas espécies deve ter durado vários milênios. As inovações técnicas são numerosas. A técnica Levallois é abandonada em prol de um lascamento sistemático de lâminas, modificadas por séries de retoques em função das ferramentas desejadas. O entalhe pode ser feito tanto com auxílio de percutadores duros quando moles. A tecnologia óssea adota procedimentos de fabricação complexos em função da ferramenta a ser realizada (sulcamento, gotejamento, raspamento), como as agulhas com buraco. A matéria animal é empregada para arpões, lanças, anzóis. A roupa surge em grande diversidade de formas.

Os grandes períodos do Paleolítico superior

Várias culturas se sucedem durante esse período:

- **O período aurignaciano-perigordiano** é aquele que reúne os restos mais prestigiosos na França até aproximadamente 18000 a.C. (Combe-Capelle, Grimaldi, Cro-Magnon). Foi definido, em 1908, por Breuil, na gruta de Aurignac (Alto Rio Garona). É representado em toda a Europa entre 38000 a.C. e 29000 a.C. Os principais sítios aurignacianos são os de La Ferrassie (Dordonha), Isturitz (Pireneus-Atlânticos), o abrigo de Cro-Magnon (Dordonha), Chauvet (Ardèche), Arcy-sur-Cure (Yonne). Aparecem estatuetas animais como o cavalo, o leão, o mamute de Vogelherd (Jura souabe), sexos femininos na Alemanha e animais sumariamente esboçados. Lanças com base fendida, de marfim ou de osso, aparecem junto com lâminas retocadas e grossas, ou com lâminas Dufour, que são, ao contrário, finamente trabalhadas sobre uma ou duas faces. Os neandertalianos que pertencem ao Chatelperroniano, fase de transição com o início do Paleolítico inferior, são contemporâneos desse período (do sítio epônimo de Châtelperron, a Gruta das Fadas, em Allier).

- **O Gravetiano** (29000 a.C.-22000 a.C.) é marcado pela presença de estatuetas femininas, as Vênus, em Lespugue (Alto Rio Garona), em Willendorf (Áustria), em Dolni Vestonice (República Checa). São feitas de ébano, pedra e argila. O Protomadaleniano vem depois, entre 22000 a.C. e 20000 a.C., revelado por Denis e Elie Peyrony em Eyzies-de-Tayac (Dordonha), depois no Maciço Central, no Alto Rio Loire, em Cerzat. Uma abundância de buris e o emprego de um retoque compósito o caracterizam (grandes lâminas afiadas). Os principais sítios são os de Cougnac, Pech Merle (Lot), Gargas (Altos Pireneus), Cosquer (Bouches-du-Rhône).

- **O Solutreano** se situa entre 22000 a.C. e 17000 a.C. durante um período de grande frio. Seu nome vem do sítio epônimo de Solutré, criado por Gabriel de Mortillet, no pé da Rocha de Solutré, perto de Mâcon. Por razões climáticas, a grande maioria desses sítios se encontra no sudoeste da França (Laugerie-Haute, Combe-Capelle), mas também nos Pireneus-Atlânticos (Isturitz, Brassempouy), na região de Gard (gruta de Salpêtrière), na Espanha (Parpallo, Cueva de Ambrosio). O entalhe do sílex conhece então seu apogeu, pontas em crita, grandes pontas bifaciais em folha. Os solutreanos vão se destacar na arte do retoque. No auge dessa tecnologia, "a folha de louro" e o propulsor. A agulha com furo perfurado consiste em retirar do casco de um osso longo um fragmento que será afiado para concluir o trabalho. A arte solutreana nos deixou o Roc de Sers, em Charente, e o Fourneau-du-Diable, na Dordonha. A arte conhece uma grande diversidade. As representações animais foram primeiramente pintadas na entrada das grutas tais como as pinturas da gruta Cosquer (Marselha), ou a gruta de Cussac (Dordonha). Depois, entre 17000 a.C. e 14000 a.C., aproximadamente, encontram-se as pinturas de Lascaux (Dordonha), de Pech Merle (Lot), os frisos esculpidos de Roc de Sers (Charente). A arte rupestre do vale do Côa, em Portugal, data do mesmo período.

PÉGASO EM SOLUTRÉ?

Solutré fica no sopé de um rochedo alto. Foi um lugar de caça intensa ao cavalo e grande quantidade de ossadas foi encontrada no sítio. O lugar da descoberta chegou a ser chamado de "Cros de Charnier" (Depressão da vala comum). Em 1866, Adrien Arcelin (1838-1904) estuda o sítio que acaba de descobrir. Os inúmeros restos de cavalos darão nascimento a uma lenda segundo a qual os caçadores paleolíticos teriam desviado os cavalos que passavam pelo vale de suas rotas originais, dirigindo-os para cima da montanha, encurralando-os na beirada do rochedo que domina o sítio e empurrando-os no vazio. Na verdade, não foi observada nenhuma fratura nas ossadas dos cavalos e a lenda nasceu de um romance que Arcelin publicou em 1872: *Solutré ou les chasseurs de rennes de la France centrale* ("Solutré ou os caçadores de renas da França central"). A realidade mostrou que se tratava apenas de emboscadas para surpreender os animais e matá-los.

- **O Madaleniano** (17000 a.C.-10000 a.C.) deve seu nome às escavações do abrigo de Madalena, perto de Tursac, na Dordonha, termo proposto por Gabriel de Mortillet. Ele representa a cultura mais avançada dessa época. De fato, os propulsores, as lanças, os arpões aperfeiçoam-se. Aparecem pequenos anzóis com garfo duplo ou triplo. Com esse armamento aperfeiçoado, o caçador madaleniano pode atingir quase todos os animais dessa época. A caça aos pássaros se torna possível e seus ossos delicados permitem a criação de toda espécie de ferramenta: estojos para agulhas, moedores de cores etc. A civilização madaleniana evolui ao longo da última fase da glaciação de Würm. Nessa época, há uma formidável exuberância animal e vegetal, abundância de renas, auroques, cavalos, bisões, mamutes, rinocerontes peludos. A pesca tem um papel na alimentação. As instalações são feitas ao ar livre, nas grutas, sob abrigos, sob rochas. Pinturas e gravuras são executadas nas paredes das grutas. Numerosas gravuras e esculturas em osso são montadas sobre objetos de uso corrente. É assim que dardos de galhadas de rena frequentemente têm um animal esculpido no cabo, como o de Mas-d'Azil. Os bastões de comando também são decorados com gravuras geométricas ou silhuetas de animais entalhadas. Nesse tipo de representação o homem não tem destaque, só são figurados animais de caça. No fim do Madaleniano aparece certa estilização. O Madaleniano está presente em boa parte do continente europeu, do Oceano Atlântico à Polônia, mas nunca ultrapassa o sul dos Alpes. Esses centros mais importantes estão localizados essencialmente no sudoeste. Eis os principais sítios: Dordonha: Laugene-Haute, a Madelena; a bacia parisiense: Pincevent, Étiolles, Verberie, Ferme de la Haye; Landes: Duruthy; em Viena: le Roc-aux-Sorciers; Ariège: a gruta de la Vache; Charente: a gruta de Placard.

Quando a mulher aparece na escultura

As esculturas femininas encontradas no Paleolítico superior levam o nome de Vênus, nome dado pelos historiadores da Pré-História do início do século XIX que nelas viam o protótipo do ideal da beleza pré-histórica. Seu tamanho e suporte variam de 5 cm a 24 cm em suportes de osso ou em marfim, em pedra. A mais antiga, a Vênus de Galgenberg, de esteatito verde e de 7 cm de altura, é ligada ao Aurignaciano por uma datação por carbono 14 que a situa a 30000 a.C., pertencendo as demais ao Gravetiano. A de Schelklingen, encontrada em uma gruta na Alemanha, pertence também a essa época com uma datação de 35000 a.C. a 40000 a.C. Dentre as mais conhecidas, citemos primeiramente a mais antiga, descoberta em 1864, a Vênus de Laugerie-Basse, a de Mas-d'Azil, a Vênus de Willendorf, a de Brassempouy. Todas têm as mesmas características sublinhadas por André Leroi-Gourhan: um losango marca o sexo e um alargamento corresponde ao ventre. Mais de 250 dessas estatuetas foram encontradas, distribuídas na zona entre Pireneus e Aquitânia, o Mediterrâneo, região entre o Reno e o Danúbio, a Rússia e a Sibéria.

Cro-Magnon, o duas vezes sábio, Homo sapiens sapiens

Foram propostas duas hipóteses sobre a origem de *sapiens*: a primeira supõe que, a partir da África subsaariana, ele teria se propagado em todo o Mundo Antigo. Essa hipótese se apoia em dados genéticos e na análise de fósseis encontrados na África subsaariana. A segunda propõe evoluções independentes a partir de populações locais na África e na Ásia. Ela se funda em traços morfológicos constantes, presentes em diferentes regiões, a continuidade entre essas populações arcaicas e as populações modernas. As duas hipóteses combinadas tampouco são rejeitadas. O representante dos *Homo sapiens sapiens* é chamado "homem de Cro-Magnon": em Eyzies-de-Tayac, no local dito Cro-Magnon, é descoberto um abrigo bastante profundo. A capacidade craniana de Cro-Magnon é de 1.600 cm³, sua face larga e baixa contrasta com o crânio longo e estreito dos neandertalianos. Sua altura é de 1,86 m. As características morfológicas do *Homo sapiens* variam com relação às de seu predecessor, mas ele também é diferente por seu psiquismo, já que nos deixou um grande número de gravuras, de pinturas, de inovações culturais e sociais.

Lar, doce lar: os *habitats*

Os *habitats* mais conhecidos são aqueles ao ar livre, com suas unidades de habitação muitas vezes alongadas ou circulares, às vezes quadrangulares. Alguns desses *habitats* mostram uma melhor distribuição interna e uma perfeita adaptação a seu meio ambiente.

- **Pincevent**, perto de Montereau, nas margens do Sena, tira sua reputação não da profusão de suas obras de arte, nem da qualidade excepcional de suas ferramentas líticas ou ósseas, mas do fato que suas estruturas de *habitat* terem sido conservadas de forma exemplar. Descobertos fortuitamente em 1964, os restos de uma habitação revelada por André Leroi-Gourhan mostram que se tratava de uma habitação de verão e de outono. Graças à densidade das descobertas, seu plano se destaca claramente no solo. Extraem-se três unidades de habitação. Cada uma possuía uma lareira cheia de cinzas e pedras lascadas no calor, um espaço em forma de arco repleto de objetos, osso e pedra, um espaço de trabalho e uma entrada. Diante de duas das lareiras se encontravam grandes pedras utilizadas como assentos. O estudo de todos esses objetos demonstrou a existência de três barracas justapostas. Ali foram encontrados auroques, cervos, lobos, mas as ossadas de renas são majoritárias. O acampamento ocupava mais de um hectare durante algumas semanas. Outros sítios são contemporâneos como Verberie (Oise) ou Étiolles (Essonne).
- **O sítio de Mezhirich**, na Ucrânia, deixou ainda uma documentação mais interessante, a de uma construção circular de um diâmetro de 5 m e de uma superfície de aproximadamente 40 m², perfeitamente conservada graças ao loess que a cobria. As fundações da construção eram constituídas por mandíbulas de mamutes. O arco era formado pelas presas desses animais. Ainda na Ucrânia, no sítio ao ar livre de Gontsy, foram descobertos *habitats* em osso de mamute: cinco cabanas de mamutes e algumas centenas de milhares de peças de ferramentas líticas.

A arte do Paleolítico, a arte dos corantes

Até os anos 1970, a Europa é tida como lugar quase único da arte madaleniana. Na verdade, esse fenômeno é universal. Pesquisas recentes permitem mostrar que a Austrália, América do Sul, Chile, Brasil, e também a Ásia e a Índia, oferecem sítios comparáveis. As primeiras manifestações artísticas, ainda que sumárias, não datam de antes do final do Paleolítico médio. As maiores descobertas das pinturas e gravuras rupestres se fazem nos montes Cantábricos (na Espanha do Norte), nos Pireneus e na Dordonha. Os temas mais representados na arte rupestre ocidental são os seres humanos, os animais, os sinais. Os grandes herbívoros são majoritários. As pinturas mais antigas vão de 31000 a.C. para a gruta de Chauvert a 10000 a.C. para as mais recentes do Madaleniano: Altamira, Font-de-Gaume, Rouffignac, Lascaux. As representações humanas são antropomórficas ou figuram somente as mãos. As primeiras são raras, umas vinte, frequentemente esquematizadas, muitas vezes compósitas, meio-homem e meio-cavalo. Certas partes do corpo são, no entanto, privilegiadas: vulva feminina, falo, mãos. Estas últimas são ditas positivas quando estão cobertas de pinturas e aplicadas à parede e negativas quando utilizadas como estêncil. A gruta de Chauvet é a maior descoberta dos últimos anos. Sob a direção de **Jean Clottes**, cerca de 440 animais estão repertoriados, dos quais algumas espécies raramente figuradas: a pantera, a coruja, o boi-almiscarado, datados entre 24000 a.C. e 32000 a.C.

A gruta Cosquer: focas, grandes pinguins e virtudes medicinais

A gruta Cosquer está também entre as descobertas recentes, em 1991. A entrada se abre sob o mar a 37 m, perto de Marselha. A 100 m dela se encontram as pinturas preservadas. Há 20 mil anos, o mar era 110 m mais baixo e a costa ficava a vários quilômetros. Parece que a gruta nunca serviu de *habitat*. As datações obtidas de 28.500 a.C. a 19.200 a.C. mostram que ela acolheu homens em duas fases, num espaço de 8 mil anos. A primeira é caracterizada por **mãos negativas**, incompletas por vezes como em Gargas na região dos Altos Pireneus. As gravuras animais e as pinturas correspondem à segunda fase. As representações de cavalos dominam, formando mais de um terço do total. Mas há também as de cabrito-montês, cervídeos, antílopes. Nove focas e três grandes pinguins foram reconhecidos igualmente nesse conjunto, que o meio marinho, ao que tudo indica, influenciou fortemente. Mas **o mais extraordinário dessa gruta** está na utilização da pasta branca calcárea que os homens da Pré-História coletaram. Essa pasta é carbonato natural de cálcio. Os traços de dedo introduzem a camada a 2 cm ou 3 cm de profundidade. Supõe-se que esse pó branco podia ser utilizado para fins medicinais, mas também como pinturas rituais para a decoração do corpo.

AS PERGUNTAS QUE IRRITAM: UM CALENDÁRIO DE OSSO?

Um dia, em 1965, ao examinar no microscópio um fragmento de osso de rena datado de mais de 30 mil anos, um arqueólogo americano, Alexander Marschack, supôs que os traços em zigue-zague eram de natureza astronômica. Um homem de Cro-Magnon teria registrado a passagem das estações indicando as fases da lua. Essa teoria do calendário foi muito controversa. Ela se baseou na descoberta de um osso no abrigo Blanchard, na Dordonha, não muito longe das grutas de Lascaux. A observação a olho nu revela certo número de marcas cavadas em um tipo de espirais. Elas correspondem, segundo Marschack, a um período lunar de dois meses e meio. O osso possui 63 marcas na frente e quarenta no verso. O conjunto dos traços no osso cobria, assim, um período de seis meses. Sobre a capacidade de contar dos caçadores paleolíticos, os indícios são realmente ínfimos. Entretanto, uma base de numeração poderia ser evocada durante o Madaleniano, sobre um osso gravado, cuja decoração oferece um sistema numérico. Há cinco grupos de traços verticais e cinco horizontais, num total de dez grupos gravados. Mas é sobretudo um cuidado estético que predomina, diante da numeração. Muito semelhante é o caso dos Miaos do Alto Tonkin, que fazem bastões de madeira riscados, mas unicamente como simples lembrete de caráter individual, decodificável apenas por eles mesmos. Nos anos 1950, outro arqueólogo, Jean de Heinselin, havia encontrado nos arredores de Ishtango, no Congo, um osso marcado com incisões. Dataria, aproximadamente, de 20000 a.C. Ele apresenta um quartzo em uma das extremidades e três colunas de entalhes. Jean de Heinzelin interpretou-o como uma "calculadora pré-histórica", e, como um calendário lunar.

Lascaux, o santuário da Pré-História

Lascaux, no vale do Vézère, oferecia as pinturas mais bem conservadas quando de sua descoberta em 1940, feita fortuitamente. Em 1948, a gruta é aberta ao público e dez anos mais tarde é instalada uma maquinaria para renovar o ar viciado. O abade **Henri Breuil** (1877-1961) e o padre **André Glory** (1906-1966) fazem a análise e os levantamentos. Depois de transposta a entrada, há uma grande sala pintada com afrescos de 30 m por 10 m e que se prolonga por uma galeria estreita, também decorada com afrescos, a sala dos Touros. Esta última apresenta a mais espetacular composição de Lascaux, na qual se cruzam auroques, cabritos, cavalos guiados por uma espécie de unicórnio. Nas diferentes salas, primeiro a Passagem, depois a Nave, o Divertículo axial em que dominam os felinos, há mais de mil figuras desenhadas, alinhadas ou sobrepostas. As figuras do Divertículo axial estão altas demais para terem sido pintadas sem auxílio de um andaime. A gruta de Lascaux é considerada por André **Leroi-Gourhan** como um santuário, um dos primeiros monumentos religiosos. Vítima de seu sucesso, Lascaux é fechada em 20 de abril de 1963 por André Malraux. O equilíbrio biológico da gruta depende de parâmetros demais (temperatura, taxa de gás carbônico). Em 2001, a cavidade "recai" de maneira violenta, ao que se responde entre abril e junho do mesmo ano na sala dos Touros com um tratamento dos liquens identificados. Mas os mofos brancos, *Fusarium solani*, continuam avançando, ameaçando a integridade das paredes. A constatação alarmante leva a um levantamento da gruta em três dimensões ao mesmo tempo em que se continua o melhor tratamento possível do mal que a acomete. Em 1983, um fac-símile, Lascaux 2, é aberto ao público, mas, a partir de 2008, está tão deteriorado que abre apenas alguns meses por ano. Lascaux 3 é o nome de uma exposição, *Lascaux revelada* (2008). Desde 2012, está em andamento o projeto Lascaux 4, de uma reprodução integral da gruta.

História de uma descoberta: Altamira

O nome de Altamira continua ligado ao de **Marcelino Sanz de Sautola** (1831-1888), que descobre, em 1879, a decoração do grande teto. Durante muito tempo, a autenticidade das pinturas parietais é rechaçada, mesmo depois das descobertas de **Léopold Chiron** na gruta de Chabot (Gard), e, em 1895, a da gruta de Mouthe por **Émile Rivière** (1835-1922), e de Pair-non-Pair na Gironde no mesmo ano. Em 1901, Breuil e Capitan são, por sua vez, criticados após sua publicação relacionada às pinturas paleolíticas de Font-de-Gaume (Dordonha) e as gravuras de Combarelles (Dordonha). Nos anos seguintes, as grutas espanholas de El Castillo e de la Pasiega, e francesas de Teyjat, Grèze, Niaux, Gargas, Tuc d'Audoubert, Trois-Frères vêm se unir ao número crescente de descobertas. Altamira se encontra na província de Santander. Com aproximadamente 270 m de comprimento, ela compreende várias galerias. A grande sala com teto encontra-se a mais ou menos 30 m da entrada. Sobre uma superfície de 172 m^2 está pintado o mais belo conjunto animal. Os bisões figuram ao lado de cavalos selvagens, de cervos, de cabritos. Os animais são policromados com uma predominância do ocre vermelho. Essas pinturas são contornadas com um traço preto e certas partes, como os olhos, os cornos, os cascos estão sublinhados e gravados com um buril. O artista se vale das desigualdades do teto para inscrevê-las em seu quadro e para dar ao animal uma presença imponente. As pinturas são datadas de 13500 a.C. a partir de um nível de preenchimento da gruta.

2. O EPIPALEOLÍTICO E O MESOLÍTICO

O EPIPALEOLÍTICO (C. 11800 A.C.) – PEQUENAS ARMADURAS PONTUDAS, PIROGAS – E O MESOLÍTICO (10200 A.C.-6500 A.C.) – ARCOS E FLECHAS

No final do século XIX, existe um hiato importante, se tomado por base o fato de que se distinguem apenas dois períodos para a Pré-História, o do Paleolítico e o do

Neolítico, termos criados por **John Lubbock** (1834-1913) em 1865. Mas, para **Gabriel de Mortillet**, não se trata de uma simples lacuna de nossos conhecimentos; os restos da época de transição ou de passagem ainda não foram encontrados ou reconhecidos. A querela do hiato dura quarenta anos, mas termina com a descoberta do Aziliano, nome atribuído por causa do sítio de Mas-d'Azil, em Ariège, por **Édouard Piette** (1827-1906). Seguem-se o Campinhiano, o Turassiano, o Tardenosiano, conhecido principalmente no norte da bacia parisiense. Na Europa, os principais grupos epipaleolíticos são o Aziliano[53], o Valorguiano[54], o Montadiano[55]. Eles sucedem à cultura madaleniana, mas se caracterizam como culturas menos localizadas do que as precedentes e mais cambiantes. Nas regiões do Magrebe, no Ateriano, sucedem também o Capsiano e o Iberomaurusiano. Essas duas culturas correspondem às culturas mesolíticas europeias. A África do Leste dispõe de uma série de fisionomias culturais locais de aparição mais tardia do que na Europa: Sangoen e Lupembien, regiões do Congo e de Angola.

CARACTERÍSTICAS DAS CULTURAS EPIPALEOLÍTICAS NA EUROPA

As culturas epipaleolíticas, entre 11000 a.C. e 9000 a.C., marcam a transição entre o Paleolítico superior final e o Mesolítico antigo. Ao longo desse período, as geleiras se retiraram, o mar avançou até seu nível atual, a floresta invadiu progressivamente os espaços descobertos. O clima se aqueceu aos poucos. A megafauna desapareceu, o que implica mudanças importantes na alimentação. A primeira cultura epipaleolítica é o **Aziliano**. Uma das características das indústrias epipaleolíticas e mesolíticas é a presença de pequenas armaduras pontudas ditas microlíticas, menos de 1 cm, de formas geométricas, triângulos, trapézios, segmentos de círculo, fixadas em mastros. Arcos e flechas entram em cena, no Mesolítico, os mais antigos sendo datados de aproximadamente 8000 a.C. Os machados e as enxós também estão presentes, sobretudo nas margens do Báltico. Fato notável, o barco é utilizado, permitindo o povoamento da Córsega e de Creta antes do 7º milênio a.C. Várias pirogas descobertas, assim como remos, em Star Carr na Inglaterra, ou nos Países Baixos, datam de 6500 a.C., mas também na França em Noyon-sur-Seine, de **7000 a.C., aproximadamente**. Desenvolveu-se a técnica da pesca com linha, que já estava presente no Madaleniano com heranzóis de osso. A jazida russa de Vis I revelou restos de rede. Os peixes, de rio ou de mar, trutas, lúcios, salmões

---

53. O **Aziliano**, datado de 12000 a.C.-9000 a.C. aproximadamente, tem por característica seixos pintados ou gravados em lugares como os Pireneus, a Espanha cantábrica, a Suíça. No Magrebe, fala-se do **Capsiano** e do **Iberomaurasiano**.

54. Chamado antigamente de **Romaneliano**, foi definido por **Max Escalon de Fonton** a partir da indústria de Valorgues. Foi novamente para o litoral do Languedoc oriental; contemporâneo do Aziliano, dele se distingue pela ausência de arpão.

55. Sucede ao **Valorguiano** e se situa geograficamente na região de Bouches-du-Rhône e cronologicamente no 7º milênio a.C.

e tamboris, garantem uma parte não negligenciável dos recursos alimentícios, assim como a coleta de moluscos. A colheita de frutos, bagas e grãos é bastante frequente. As sepulturas encontradas se diferenciam pouco daquelas do Paleolítico superior.

A NEOLITIZAÇÃO DO ORIENTE PRÓXIMO (12000 A.C.-8300 A.C.)

A cultura natufiana[56] constitui uma das engrenagens do processo de neolitização das populações epipaleolíticas do Oriente Próximo. O sedentarismo é justamente um dos pontos atestados por uma população que até então era muito móvel. **Entre 14000 a.C. e 11000 a.C.**, a estepe fria é substituída progressivamente pela savana de carvalhos e pistaches, indício de mais calor e umidade.

As cidades pré-agrícolas (12000 a.C.-10000 a.C.)

As primeiras habitações natufianas se encontram em Mallaha, Hayonim no Neguev, Abu Hureyra às margens do Eufrates, e datam de 12000 a.C. Trata-se de cabanas semienterradas em fossas; o exemplo mais revelador é o de Mallaha. O modo de vida e a organização social são radicalmente modificados com relação ao Kebariano, cujos grupos eram nômades, e a economia estava baseada na caça e na colheita. Importantes perturbações se produziram. Surge a agricultura, ainda que permaneçam as formas selvagens de cereais, assim como a criação de ovelhas. Os natufianos domesticam o cão, como atestam os restos encontrados em algumas sepulturas. Não são os únicos, já que exemplos foram descobertos em diferentes pontos da Eurásia entre o Madaleniano médio e o Mesolítico. Suas cidades são implantadas na entrada de várias zonas ecológicas: cursos d'água, lagos. As casas mais antigas estão semienterradas, de forma circular. Elas têm vários compartimentos, destinados a diferentes funções (como os silos), quando as cidades se organizam. A aparição de muros retilíneos nas casas sucede às formas arredondadas das habitações, em Hassuna no Iraque, ou em Nahal Oren na Palestina (10200 a.C.-8000 a.C.), ou ainda Jerf el-Ahmar na Síria (9200 a.C.-8500 a.C.).

3. O NEOLÍTICO

O NEOLÍTICO POR VOLTA DE 10000 A.C.: SEDENTARIZAÇÃO, CERÂMICA, DOMESTICAÇÃO, PRIMEIRAS CASAS, PRIMEIRAS CIDADES

A revolução neolítica[57] levará 2 mil anos para se concluir no Oriente Próximo, para que se observe a passagem das primeiras manifestações de criação de animais e de

---

56. Seu nome vem do sítio de Wadi en-Natuf na Cisjordânia, e suas datas estão compreendidas entre 12000 a.C. e 10000 a.C.

57. "Revolução neolítica": expressão empregada por **Vere Gordon Childe** (1892-1957), nos anos 1920, para descrever as revoluções agrícolas que se produziram no Oriente Próximo e que se manifestaram por uma passagem radical da economia de predação à de produção.

domesticação a seu pleno desenvolvimento e a sociedades materialmente complexas. Novas relações sociais se seguem como consequência direta, com trabalhos coletivos, construções comunitárias. A cronologia do Neolítico é difícil de definir. De fato, a separação entre uma idade da pedra talhada e uma idade da pedra polida nem sempre é óbvia, e o critério da cerâmica nem sempre é o melhor para distingui-las. Os caçadores-coletores do Pacífico pulem a pedra desde 25000 a.C./20000 a.C. e a pedra continua sendo talhada no Neolítico e na Idade do Bronze. A mais antiga lareira se situa no crescente fértil, no Oriente Médio, que vive a adoção da cerâmica por volta do 7º milênio a.C. Essas novas descobertas vão ganhar, aos poucos, a Europa do Oeste e o entorno do Mediterrâneo por volta da metade do 7º milênio a.C. Continua a haver o mesmo problema para avaliar seu fim e o início do aparecimento do Calcolítico por volta de 2500 a.C. na Europa, mas muito antes do Oriente Próximo e do Egito[58]. A hipótese de uma mudança rápida se opõe à de modificações progressivas; a revolução não teria acontecido no Neolítico, mas provavelmente no Mesolítico. Em seu modelo clássico, a domesticação dos animais e das plantas apareceu e se difundiu entre os coletores-caçadores nômades, e os levou a se sedentarizarem. A abundância da comida teria tido consequências sobre a demografia, que se tornou mais importante. Em outro modelo evolucionista, é a invenção e a difusão do armazenamento que teria permitido a sedentarização e um crescimento da população. A agricultura só teria aparecido depois. Só se pode falar verdadeiramente de neolitização quando as produções de subsistência colocam as espécies animais ou vegetais na dependência do homem.

CARACTERÍSTICAS DO NEOLÍTICO NO ORIENTE PRÓXIMO

COM A CABEÇA NO GESSO

Por volta de 7500 a.C. no sítio de Jericó, no Eufrates, na Mesopotâmia, aparecem novas inovações trazidas pela "revolução neolítica", principalmente no que diz respeito aos ritos funerários. Essas comunidades já enterravam seus mortos havia um milênio. A partir de 8000 a.C., elas conferem ao crânio um cuidado particular ao decorá-lo com conchas e remodelá-lo com gesso. Eles se encontram em lugares diferentes do resto dos corpos no subsolo das casas. O interior dos crânios era preenchido com argila, as órbitas também, servindo de suporte para as conchas que eram colocadas no lugar dos olhos. Cada cabeça apresentava um caráter individual fortemente marcado. A partir desse período, novas relações se instauram entre o homem e a natureza. Não se trata apenas de melhorias técnicas, mas também de novos gestos, mágicos, que fazem surgir seres invisíveis de um meio estrangeiro.

---

58. No sítio pré-dinástico de Nagada, no Egito, foram encontradas pequenas pérolas de cobre.

Surgem as primeiras cidades. A gigantesca cidade de Çatal Hüyük, na Anatólia, se estende sobre 12 ha. Sua ocupação dura quase toda a metade do 6º milênio a.C. O plano é o mesmo que se encontra geralmente na Anatólia, com as casas retangulares coladas umas às outras, de um ou dois cômodos, com um acesso ao teto. As paredes são de tijolo cru, escoradas com madeira e revestidas com argila ou cal e gesso. A comunicação interior é feita por meio de pequenas portas em forma de claraboias.

A EXTENSÃO DO NEOLÍTICO NA EUROPA

A difusão a partir do Oeste foi, sem sombra de dúvida, favorecida por uma navegação importante no Mediterrâneo, a partir do 8º milênio a.C., muito antes da fabricação da cerâmica. No mar Egeu, a obsidiana de Melos já é objeto de importação. Encontram-se traços de ocupação desde o Epipaleolítico na Córsega, abrigo de Curacchiaghiu e abrigo de Araguina-Sennola, no 7º milênio a.C., e um milênio mais tarde para as ilhas Baleares. A difusão das primeiras culturas de cerâmica ao longo da costa do Mediterrâneo ocidental é também uma das consequências. São encontradas na Toscana, na Provença, no Languedoc, na Catalunha, em Portugal, região de Oran na Argélia, norte do Marrocos. A neolitização se impõe primeiramente como um fenômeno litorâneo. A partir da fachada provençal e do Languedoc, ela vai se estender progressivamente à metade sul da França. O **Neolítico antigo** abarca um período que vai do 6º milênio a.C. até o início do 5º milênio a.C., 6000 a.C.-5500 a.C. aproximadamente. É a época da **cultura cardial**, decoração na cerâmica feita com impressões de conchas ou punções, que se descobre na costa adriática dos Bálcãs, na Itália, na França, em Portugal, na África do Norte. Os *habitats* são numerosos e feitos em grutas ou ao ar livre, mas nenhum evoca comunidades importantes. Na metade norte da França, a neolitização se origina em grupos agrícolas vindos dos vales da Europa central. A **civilização danubiana** só chegará à bacia parisiense e à bacia do Loire na transição do 5º para o 4º milênio a.C. Paralelamente, outro conjunto se inicia, ao longo do eixo principal do Danúbio e de seus afluentes, com a **cultura da cerâmica de bandas**, que tira seu nome da decoração com incisões em meandros ou volutas. O leste da França e o eixo do Reno serão impregnados dessa cultura, **cultura de Michelsberg**, enquanto a metade oriental da bacia parisiense desenvolve uma cultura de comunidades de camponeses nos sítios de Fontinettes, em Cuiry--lès-Chaudardes, no vale do Aisne, com casas de grandes dimensões (10 m × 4 m), datadas de 4600 a.C., no Neolítico médio. A primeira metade do 4º milênio a.C. está ilustrada por um número muito importante de sítios de *habitat*, com o **grupo de Cerny**. As casas são de tradição danubiana, como em Marolles-sur-Seine, trapezoidais. Os túmulos estão presentes em Passy (rio Yonne). É nessa época que o fenômeno megalítico se afirma na fachada atlântica, dolmens com corredores e grandes túmulos. O **Casseano** se impõe e assimila as tradições locais da maior parte do território ao se miscigenar em contato com diversos grupos, quando de sua extensão por volta de **3700 a.C.-2600 a.C.**, na zona meridional, e por volta de 3500 a.C.-2400 a.C. na zona setentrional. De todas as culturas neolíticas na França, é a que mais durou, um milênio, e a que mais se alastrou. O *habitat* ao ar livre é muito representado, com uma superfície mais importante do que durante o Neolítico antigo. A existência de fossos ou de sistemas compostos de fossos e de palissadas, contornando as cidades, parece ser a regra na bacia parisiense. É por volta da metade do 4º milênio a.C. que profundas modificações são observáveis na economia. As comunidades são mais numerosas e plenamente sedentarizadas. A metalurgia aparece nos Bálcãs e na Europa central, e depois na França, um milênio mais tarde. **A partir de 2500 a.C.**, o Neolítico final é marcado pela continuidade de certos grupos meridionais que mantêm por algum tempo as técnicas neolíticas enquanto outros se iniciam nos rudimentos da metalurgia do ouro e do cobre. A metade norte da França é dominada pela **cultura Seine-Oise-Marne**, de 2500 a.C. a 1700 a.C. É um período de desenvolvimento também para hipogeus, sepulturas coletivas e fossas. **O conhecimento da metalurgia** contribui para o desenvolvimento da cultura de **canecas campaniformes**, por volta de 2300 a.C.-2200 a.C.

EVOLUÇÃO DO NEOLÍTICO NA EUROPA

- **Neolítico antigo, 6000 a.C.-3800 a.C.**
  No mediterrâneo, ele evolui do 7º milênio a.C. ao 6º milênio a.C., mais tardiamente na Aquitânia e na costa atlântica. No 5º milênio a.C., a metade norte da França conhece um fenômeno de colonização a partir da zona danubiana. Os colonos da **civilização de cerâmica de bandas** só atravessam o Reno na segunda metade do 5º milênio a.C. Sua extensão na bacia parisiense e no Loire não data de além do 4º milênio a.C. No Leste, o **Roessen** substitui as bandas no início do 4º milênio a.C.

- **Neolítico médio, 4º milênio a.C.-c. 2700 a.C**
  Extensão na maior parte da Europa ocidental de grupos com cerâmicas monocromáticas e lisas. Mais antigas manifestações de dolmens sobre o Atlântico. Grupo de Michelsberg, fim do 4º milênio a.C. no leste da França. O Casseano se estende à maior parte do território francês (3700 a.C.-2600 a.C.).

- **Neolítico recente, 2700 a.C.-2100 a.C.**
  No norte da França, civilização **Seine-Oise-Marne** (2500 a.C.-1700 a.C.). **Fenômeno megalítico** de alameda na bacia parisiense e na região de Armorico, e depois no sul da França. **Cultura das canecas campaniformes** (2300 a.C.-2200 a.C.).

Chipre: a transição

Será a primeira ilha tocada pelas populações migrantes de agropastoris, já que nada permitia que se desenvolvesse uma domesticação no local. A partir do 9º milênio a.C., os primeiros indícios de frequentação se manifestam, cerca de madeira ou habitação. Um milênio mais tarde, o uso da argila e da pedra se generaliza para a construção de habitações. As primeiras populações implantadas cavam poços de 4,5 m a 6 m de profundidade como em Shillourokambos. Grãos de trigo duro encontrados no poço 116 de Mylouthkia são os mais antigos testemunhos de vegetais morfologicamente domésticos do Oriente Próximo. Mas foi só **por volta de 7500 a.C.** que a cultura cipriota começou a se transformar ao se desvencilhar de suas características continentais e ao desenvolver elementos mais insulares: muros ao redor das aglomerações; casas com paredes muito largas, sepulturas sob o solo das habitações (Khirokitia, Tenta). A cultura Ais Yorkis, no Oeste, é sucedida pela cultura de Sotira, neolítica que incluía cerâmica.

As casas de Cuiry-lès-Chaudardes

Situado na região da Picardia, no rio Aisne, o sítio de Cuiry-lès-Chaudardes pertence à civilização de cerâmica de bandas. Durante o verão de 1977, uma casa foi reconstituída, retomando o plano inicial, para testar o conjunto dos procedimentos de construção. A construção exigiu 150 dias de trabalho, oito horas por dia, para seis pessoas, durante dois meses. De forma trapezoide e medindo de 39 m a 40 m de comprimento, por 7,25 m a 8,5 m de largura, essa construção é constituída de cinco fileiras longitudinais de estacas de madeira, das quais três eram internas. Essas estacas suportam vigas horizontais sobre as quais são colocados caibros, ligados entre si por um sistema de ripas, varas flexíveis em madeira de salgueiro ou nogueira, entrelaçadas, sobre as quais são "costurados" feixes de palha com auxílio de cordões. A palha no alto do teto é dobrada de cada lado e coberta de pau a pique. A altura das vigas internas foi prevista de forma a obter uma inclinação de teto de aproximadamente 35 graus, garantindo o escoamento da água das chuvas.

4. A ARTE RUPESTRE DO NEOLÍTICO E A IDADE DO FERRO

O termo "arte rupestre" qualifica as manifestações artísticas em suporte rochoso. É a única manifestação cultural que se desenvolveu durante cerca de trinta milênios, até nossos dias. De maneira universal, o *Homo sapiens sapiens* deixou manifestações dessa arte em todos os continentes, da Espanha à África, passando por Portugal, Sibéria, Ásia e Austrália.

RUPESTRES DO SAARA: BOVINOS ADORADOS E DECORADOS

A partir da segunda metade do século XIX, descobre-se a existência de figurações sobre as rochas do Saara. Em todo o Saara, do Hoggar, do Tassili, do Tibesti, do Fezzan, da Líbia, abundam gravuras e pinturas rupestres. No Neolítico, o lugar não era um deserto, e os lagos eram alimentados por rios. As análises polínicas permitem reconhecer a presença de pinhos de Alepo, carvalhos verdes, nogueiras nos maciços centrais saarianos. Progressivamente, **a desertificação se impôs** e no Neolítico as condições necessárias à vida foram desaparecendo pouco a pouco. Os principais temas representados são animais selvagens (girafas, búfalos), animais domésticos (ovelhas, bois, às vezes com uma esfera entre os chifres), homens com chifres, plumas. Desde as primeiras descobertas, notam-se várias épocas, já que certas pinturas ou gravuras representam cenas de dromedários, animal de introdução recente no Saara, ou, ao contrário, espécies desaparecidas, como o búfalo antigo. As mais recentes são chamadas "camelídeas", as outras "bovídeas" para aquelas que representavam os bois, ou "bufalinas" para os grandes búfalos. As mais antigas teriam sido realizadas entre o 8º e 6º milênios a.C., as outras por volta do 5º milênio a.C. Diferentes datações segundo o estilo foram propostas por **Henri Lhote** (1903-1991).

AS PINTURAS DO LEVANTE ESPANHOL

A Península Ibérica manteve viva durante vários milênios uma tradição de arte parietal ao ar livre no Levante. Foram relacionados **mais de duzentos sítios**; a maioria desses abrigos está situada entre 800 m e 1.000 m de altitude, a menos de 50 km do litoral mediterrâneo. São abundantes nas províncias de Lérida, Tarragona, Castellón, Múrcia. Trata-se, no geral, de abrigos, sob rocha, pouco profundos, apenas alguns metros. Quase não existem gravuras. As figuras são pequenas, com menos de 75 cm, existem vários milhares pintadas ou desenhadas em vermelho tijolo. A representação humana domina amplamente a de animais, que só representa aproximadamente 10% do conjunto. Elas são extremamente esquemáticas e encenam arqueiros, caçadores ou guerreiros. Fornecem indicações preciosas sobre o vestuário, as joias, o armamento. Não se identificam armas exceto o arco. Os homens aparecem frequentemente nus, às vezes com a indicação de um pequeno cinto. As mulheres estão vestidas simplesmente com uma saia evasê. Os homens apresentam com frequência penteados com plumas, mas não são raros os bonés de formatos diversos. Essas criações artísticas comportam às vezes alterações, o que indica que não foram espontâneas. O traço vai sendo melhorado, mas elas tendem a uma esquematização cada vez mais sofisticada.

> **UM CALENDÁRIO COM PUNHAIS USADOS COMO AGULHAS PARA O MONTE BÉGO**
>
> É por volta de 2000 a.C. que essas gravuras foram feitas no monte Bégo. A denominação "museu dos bruxos" para qualificar o vale das Maravilhas nos Alpes Marítimos é exagerada. Pode-se falar, com mais propriedade, de um gigantesco santuário a céu aberto. Peregrinações aconteciam ali em honra ao deus Tempestade e à deusa Terra para que fecundassem a terra e para que os campos pudessem ser cultivados. Segundo o professor Henry de Lumley, eminente especialista da Pré-História, a permanência das técnicas e o número reduzido de temas iconográficos confirmam o fato de que se trata, efetivamente, de um ensinamento transmitido, ligado a ritos. Em aproximadamente 35 mil petróglifos, poucos temas. Quase a metade possui representações de bovídeos. Em todos os verões, as populações da Idade do Bronze repetiram as mesmas figuras. Certas rochas também estavam orientadas na direção do sol, o que justifica **a hipótese de um calendário solar**. De fato, quatro rochas são instrumentos de medida do tempo solar. Duas rochas serviram verdadeiramente de relógios solares sazonais. Observações do sol eram praticadas a fim de identificar o lugar onde o astro repassava um ano depois. O emprego de gnômons, bastões plantados no solo na direção da sombra, indicava datas anuais. Assim, as gravuras da laje dita da "dançarina" estão direcionadas para o sol poente de 8 de setembro. Os gravadores representaram gigantescos punhais cuja função era que a sombra de um verdadeiro punhal colocado na extremidade da gravura chegasse, unicamente nesse dia, ao nível do cabo gravado. Bastou escolher uma laje orientada em direção do horizonte e visar o sol poente com auxílio de um punhal colocado sobre uma rocha. Para fixar a direção indicada pelo verdadeiro punhal, seu contorno e sua sombra foram traçados com ajuda de um sílex. Essas datas podem ter servido para indicar os momentos de certas atividades, algumas delas litúrgicas, já que foram identificados personagens ligados ao culto solar. Os homens da Idade do Bronze souberam, portanto, explorar e discernir as leis cósmicas que dirigem o ritmo dos astros e do universo.

5. MEGALISMO E ARTE MEGALÍTICA

Chama-se "megalítico" todo monumento funerário de grande aparelhamento. O megalismo é um fenômeno amplamente disseminado no mundo, com particularidades regionais que não autorizam qualquer filiação entre os monumentos. Fala-se em torres corsas, *talayots* nas Ilhas Baleares, *cromlechs* galeses, *chen-pin* coreanos, moais da ilha de Páscoa, dolmens, menires, alinhamentos atlânticos, africanos ou nórdicos. A Europa toda ergueu megalitos, do sul da Escandinávia à ponta da Espanha. No entanto, quatro zonas apresentam maior quantidade de megalitos: a Europa setentrional, as ilhas Britânicas, a parte atlântica da França, da Normandia até o Poitou, e a Península Ibérica. O termo megalismo designa também o período no qual são edificados dolmens, menires, alamedas cobertas, cairns, tolos. Eles pertencem ao período entre o 5º e o 4º **milênios** a.C., durante o qual viveram os criadores e os agricultores. O megalitismo confere sua especialidade ao Neolítico médio do Armorico em Portugal, distinguindo-se do Neolítico balcano-danubiano, como daquele do Mediterrâneo, pelos ritos funerários, arquitetura e arte. A vida religiosa está centrada no culto dos ancestrais, enquanto nas tradições dos Bálcãs e na Europa central, o culto é mais especificamente destinado às divindades.

OS DOLMENS

O termo dólmen parece oriundo do bretão: *t(d)aol*, "mesa", e *men*, "pedra". Sua distribuição está localizada no Centro-Oeste, Armorico, ilhas anglo-normandas e Baixa Normandia. Essa distribuição, bastante ampla, é do tipo mais simples, com câmara única subcircular ou poligonal. Esse tipo de monumento é encontrado nessas regiões por volta do 5º milênio a.C. Esses dolmens, formados por uma ou mais lajes horizontais sobre pedras erguidas, podem constituir uma alameda coberta. São numerosos na Bretanha, como a Table des Marchans (Mesa dos Comerciantes), em Locmariaquer, no Gard, em Lozère, região da Ardèche. A Roche-aux-Fées (Rocha das fadas), em Essé, região de Ille-et-Vilaine, é uma alameda coberta de 20 m de comprimento. **Perto de 50 mil dolmens** foram relacionados no mundo, dos quais 20 mil na Europa, 4.500 na França. Alguns deles são decorados com signos inexplicados, tais como a sala do túmulo da ilha de Gavrinis (Morbihan).

OS MENIRES

Os menires são pedras erguidas. Sua distribuição é muito mais ampla do que a dos dolmens, não há um departamento na França que não possua pelo menos um, mas a densidade é maior nas regiões armórica e vizinhas, na bacia parisiense, até a Borgonha. Sua forma varia muito em função da rocha utilizada. O mais comum é que sejam alongados verticalmente. Em geral, foram extraídos de blocos, isolados pela erosão, às vezes depois de terem sido desbastados. Também podem apresentar, na superfície, restos de ornamentações, semelhantes às das sepulturas neolíticas, seja por incisão, seja em relevo, a exemplo do menir do Manio, em Carnac, e do de Kermarquer, no Morbihan. Note-se a enormidade de alguns: 350 toneladas para aquele quebrado de **Locmariaquer**, que deve ter tido 20 m de altura, incluída a parte enterrada.

AS ESTÁTUAS-MENIRES

Uma estátua-menir é uma escultura, fixada na terra, de borda paralela e com uma parte superior arredondada, cuja forma geral evoca o dólmen. Mas a superfície é esculpida em baixo-relevo ou gravada. Elas representam personagens femininos ou masculinos, por vezes com sexo indeterminado, com ornamentos ou atributos enigmáticos. O rosto é inscrito na ogiva superior da laje, o corpo é simbolizado por saliências, destacando-se sobre uma divisão, as bordas não são cavadas. As mãos e os pés são estilizados. Só os olhos e o nariz são traçados. Encontram-se estátuas-menires no sul da França, nos departamentos de Aveyron, Tarn, Hérault, grupo da região do Rouergue. As estátuas-menires rodesianas são mais numerosas, muitas vezes esculpidas, e oferecem indicações precisas sobre o vestuário, o equipamento e as armas.

OS ALINHAMENTOS MEGALÍTICOS E OS *CROMLECHS*

Os alinhamentos de menires foram realizados **no final do Neolítico**. São encontrados nas ilhas britânicas e na Escandinávia. Podem formar círculos e se chamam *cromlechs*. Na França, o mais complexo é o de Carnac. Situado no departamento de Morbihan, ao longo de mais de 4 km, os alinhamentos de Carnac, possivelmente construídos **por volta de 3000 a.C.**, compreendem mais de 4 mil pedras erguidas. Os círculos de pedras megalíticas de Stonehenge, em Wiltshire, na Inglaterra, são igualmente orientados. Eles pertencem ao 2º milênio a.C. O monumento de Stonehenge é rodeado por um muro de pedras e um fosso, cujo diâmetro é de 50 m. Três círculos de pedras se sucedem. Em cada um deles, os blocos são ligados uns aos outros por grandes placas de pedra. O centro do dispositivo é uma pedra solitária, rodeada de blocos menores dispostos em ferradura. Uma grande via de acesso conduz ao monumento. O *cromlech* de Avebury, no sul da Inglaterra, apresenta dimensões ainda mais vastas. O círculo externo se compõe de blocos de 4 m a 5 m de altura e seu diâmetro é de 400 m.

O MEGALISMO EXPERIMENTAL

Experimentos de deslocamento de blocos megalíticos haviam sido conduzidos pelos ingleses, a partir dos anos 1960, mas blocos haviam transportados já no final do século XIX para serem reconstituídos em outro lugar. Uma experiência foi feita, **em 1979, em Bougon**, na região de Deux-Sèvres, por **Jean-Pierre Mohen**, encarregado do sítio de escavação. Uma laje de concreto recheada de poliestireno, reproduzindo em massa o volume e a morfologia da cobertura de 32 toneladas de um dos dolmens, foi feita reproduzindo as técnicas possíveis da época do Neolítico. Puxada com auxílio de cordas de linho sobre um trem de rodízios, colocados sobre trilhos de madeira, por

160 puxadores, o bloco pôde ser deslocado por aproximadamente 40 m, com ajuda de vinte empurradores. Foi elevado a 1 m por meio de três alavancas.

6. OS PÉS N'ÁGUA: AS CIDADES LACUSTRES

As habitações à beira de lagos, as cidades de turfeiras, deixaram no sul da Alemanha, Suíça, norte da Itália e leste da França uma documentação muito importante sobre esse tipo de *habitat*, **disseminado do Neolítico à Idade do Bronze**. Em decorrência de uma seca pronunciada, o nível do lago de Zurique baixou consideravelmente e deixou aparecer uma parte da plataforma litorânea. São aperfeiçoadas estacas, assim como machados polidos. Assim, pôde-se demonstrar que casas haviam sido construídas sobre palafitas às margens de lagos em Yverdon (Cantão de Vaud), Feldmelen (Cantão de Zurique), Clairvaux-les-Lacs (Jura), Fiavè (Itália), Hornstaad (lago de Constança). Em Clairvaux e em Portalban (cantão de Friburgo), trata-se de casas construídas rente ao solo à beira dos lagos. A cidade de Charavines, em Isère, descoberta em 1921, foi o objeto de vastas operações de recuperação desde 1972. Os primeiros ocupantes ali chegaram por volta de 2300 a.C.; depois a aldeia foi abandonada, trinta anos mais tarde, pois o lago voltou a ocupar tudo. Ela foi reconstruída quarenta anos após a partida dos primeiros ocupantes e, em seguida, novamente abandonada. **Charavines** tornou-se célebre também pelos objetos de madeira e de fibras vegetais: punhais com cabo, cestas de vime, arcos, colheres de teixo, pentes para cabelo e alfinetes foram descobertos em perfeito estado de conservação.

CAPÍTULO IV
AS CIVILIZAÇÕES DA METALURGIA
(2500 A.C.-25 A.C.)

As principais civilizações urbanas aparecem com mais frequência nas imediações de grandes rios: o Nilo no Egito, o Tigre e o Eufrates na Mesopotâmia, o Indo na Índia e o Amarelo (Houang Ho) na China. O elemento decisivo desse fato é a aridez climática de grandes regiões. O agrupamento em torno de pontos de água torna-se decisivo, obrigando, assim, a um modo de vida diferente e à resolução de problemas de sobrevivência de modo coletivo. Surgem diferentes ofícios, assim como a obrigação de realizar as tarefas por divisão de trabalho. A cidade torna-se, portanto, um centro de produção, de troca, de comércio. A sociedade hierarquiza-se, do sacerdote ao mais simples artesão, comerciante ou camponês. Resolvem-se os problemas de enchente e de irrigação por meio da construção de diques e de canais. Numerosas técnicas são comuns a todas essas civilizações. **O trabalho com os metais** é uma dessas novas técnicas, assim como **o nascimento da escrita**. Não é a descoberta do metal que vai transformar essas novas ordens sociais – o material já é conhecido há muito tempo –, mas a arte de tratar os minerais, de fundi-los, de criar ligas de metais. **Mais tarde, por volta de 700 a.C., a utilização do ferro** constitui uma nova etapa determinante na arte de viver. Algumas vezes, a Idade do Cobre é ligada à Proto-História, período de transição entre o fim da Pré-História e a História, momento marcado convencionalmente pelo surgimento da escrita e que compreende a Idade do Bronze e do Ferro.

1. A IDADE DO COBRE (2500 A.C.-1800 A.C.)

O cobre surge no Egito, no Pré-Dinástico, em Nagada, no 4º milênio a.C., no Vale do Indo, em Harappa, e em Mohenjo-Daro, no 3º milênio a.C., em Chipre. Na Sérvia, por volta de 4500 a.C., o sítio de Rudna Glava é crucial, uma vez que ali foram encontrados utensílios de exploração mineira, assim como cerâmicas pertencentes à cultura de Vinča. Em Portugal e na Espanha, também aparecem os primeiros vestígios de uma civilização urbana, em Los Millares, no sudeste.

O artesanato do cobre convive por muito tempo com a produção de artefatos líticos. Os produtos que esse período introduz são pérolas, alfinetes, punhais de espigão (entalhados) e sovelas (um pouco quadradas) bem-feitas e machados que imitavam os de pedra polida. O cobre era exportado sob a forma de lingotes brutos, fios torcidos ou barras. **Os estudos espectrográficos** demonstram a variedade dos primeiros cobres: aqueles provindos da Irlanda têm fortes resquícios de antimônio, prata e arsênico; os da Península Ibérica formam a liga com arsênico; os machados de combate provindos da Hungria não comportam impurezas perceptíveis.

2. A IDADE DO BRONZE (1800 A.C.-700 A.C.)

O Bronze Antigo	O Bronze Médio	O Bronze Final
I de 1800 a.C. a 1700 a.C.	I de 1500 a.C. a 1400 a.C.	I de 1100 a.C. a 1000 a.C.
II de 1700 a.C. a 1600 a.C.	II de 1400 a.C. a 1300 a.C.	II de 1000 a.C. a 850 a.C.
III de 1600 a.C. a 1500 a.C.	III de 1300 a.C. a 1100 a.C.	III de 850 a.C. a 700 a.C.

Na **Idade do Bronze (1800 a.C.-700 a.C.)**, Creta torna-se um centro importante de expansão para a Europa Ocidental, assim como o arquipélago egeu, tendo assimilado os progressos realizados nesse domínio no Oriente Próximo. Armas, joias e utensílios ganham novas formas. As espadas, os escudos, os elmos, os prendedores, os anéis e as joias de todo tipo são grandes vestígios desse período. O procedimento técnico que permite a produção de todos esses objetos é o da fundição moldada: os moldes são feitos de madeira ou de argila. Os adornos são feitos, em parte, no momento da fundição, mas a gravura em baixo-relevo, em alto-relevo e a perfuração podem ser executadas posteriormente. O trabalho com o ouro ainda é muito presente durante esse período na região do mar Egeu, empregado em fio, granulado ou em placas. A cerâmica é feita a mão, e o torno de argila só é conhecido em Creta. A introdução do bronze tem consequências múltiplas para as modificações sociais na Europa. Além dos vilarejos, existem, na Europa Meridional, estabelecimentos de dimensão urbana, fortificados, com grandes casas[59]; no norte, essas fortificações são de madeira. Os *tumuli*, túmulos

---

59. **A arte nuráguica**, cujo nome provém dos fortes de pedra que caracterizam o Período do Bronze, consiste em cerca de quatrocentas estatuetas e imagens de bronze. Datadas entre os séculos oitavo a.C. e sexto a.C., representam divindades e deusas. Muitas vezes, são guerreiros armados, com elmos; outras, deusas carregando uma criança nos braços ou animais gravados em três dimensões, touro, carneiro, cervo, ovelha. Barcas funerárias ou naves de bronze contam também entre os vestígios artísticos dessa plástica do paleozoico sardo.

cobertos por um monte de terra, muitas vezes gigantescos e notáveis pela riqueza do mobiliário, mostram que a sociedade se hierarquizou. Aparecem os ferreiros e os joalheiros, detentores das técnicas de preparação, assim como os comerciantes. Os metais preciosos são exportados para as regiões que não os possuem – o cobre, o zinco e o ouro são encontrados apenas em algumas jazidas. Vias comerciais levam do Danúbio ao Saale, ao Main, ao Elba, ao Oder e ao Báltico. O sepultamento, mais frequente no início do período, dá lugar à incineração durante o Bronze Médio, e as cinzas são colocadas em urnas. **Quanto à religião**, o culto do sol mantém um lugar importante, principalmente no norte da Europa, como atesta a carruagem solar de Trundholm, descoberta em 1902 na Dinamarca.

3. A IDADE DO FERRO (SÉCULO VIII A.C.-25 A.C.)

O século VIII a.C. foi um período de grandes movimentos populacionais. Na Idade do Bronze, dois povos de cavaleiros indoeuropeus saem das estepes orientais e seguem em direção ao oeste e ao sul. Os cimérios, que vêm da Crimeia, atravessam o Cáucaso, por volta de 750 a.C., ameaçando a Ásia Menor e a Assíria. **Os citas**, do Turquestão, que expulsarão os precedentes, acabarão por penetrar nos Bálcãs e chegarão ao curso médio do Danúbio nas planícies da Panônia, assim como ao sul dos Cárpatos. Essa progressão em direção ao sul leva citas e cimérios ao leste da Alemanha (Baviera) e os trácios, ao norte da Itália. Aqueles são os intermediários do Oriente Próximo e estes influenciam as civilizações de Hallstatt, na Primeira Idade do Ferro, e de La Tène, na Segunda Idade do Ferro.

OS PERÍODOS DA IDADE DO FERRO

- **Hallstatt Antigo** (725 a.C.-625 a.C.): instalação dos trácios e cimérios na Europa Central. Constituição de uma aristocracia de cavaleiros que será característica das bases da sociedade gaulesa.
- **Hallstatt Médio** (625 a.C.-540 a.C.): presença de espadas de ferro de antenas, barbeadores semicirculares, garrafas, braceletes de bolas que servirão de "fósseis diretores".
- **Hallstatt Final** (540 a.C.-450 a.C.): civilização de Vix e dos joganos, leste e norte da França. Maior difusão das produções mediterrâneas pelo eixo Ródano-Sona. Sepulturas na Borgonha (Chars), na Alsácia e no Jura.

A PRIMEIRA IDADE DO FERRO

A **Primeira Idade do Ferro**, dita de **Hallstatt**, começa na Europa Central, na França, na Itália e na Península Ibérica por volta de 750 a.C. A Grã-Bretanha e a Escandinávia somente o descobrirão no século V a.C., ao mesmo tempo que a Índia e a China. O Egito importa, no século II a.C., o ferro do Sudão para difundi-lo na África Central e Oriental. É preciso notar que, desde 1500 a.C.-1000 a.C., o ferro é conhecido entre a Anatólia e o Irã para passar, em seguida, no século XI a.C., dos filisteus aos fenícios e ser adotado pelos gregos no século IX a.C. Mais difícil de ser trabalhado que o cobre, o ferro deve sua difusão à larga utilização na vida cotidiana (relha de charrua, pregos, ferramentas) e também ao fato de essa técnica permitir forjar armas de uma eficácia incomparável e inquestionável. O trabalho com o ferro atinge o Danúbio por volta do século IX a.C. e depois a Gália no século V a.C. **O sítio de Hallstatt**, perto de Salzburgo, escavado em 1876 por **Johann Georg Ramsauer**, revela um cemitério do 1º milênio a.C. contendo objetos de bronze e ferro. Grandes espadas, assim como urnas, foram aí descobertas. **Por volta do século VI a. C.**, a sociedade hierarquizou-se em torno das praças-fortes. Dignatários são ali enterrados sob *tumuli*. Os mais célebres mostram carruagens, espadas, elementos de arreios e joias, principalmente em Vix (Costa do Ouro) e no Alto Vale do Sona. **Por volta de 600 a.C., a fundação de Marselha** contribui para reforçar o desenvolvimento da cultura helênica, ilustrada por cerâmica abundante.

A SEGUNDA IDADE DO FERRO, OU IDADE DE "LA TÈNE"

La Tène I: de 500 a.C. a 300 a.C.

La Tène II: de 300 a.C. a 100 a.C.

La Tène III: de 100 a.C. até o início da era cristã

Esse nome provém do sítio descoberto em 1857 no cantão de Neuchâtel, na Suíça. Vários sistemas de datação foram propostos pelos franceses **Joseph Déchelette** (1862-1914) e **Paul-Marie Duval** (1912-1997) e pelo alemão **Paul Reinecke** (1872-1958). A maioria dessas cronologias é baseada nas descobertas arqueológicas e colocam em evidência, desde o século V a.C., a instalação de uma nova cultura na zona continental, assimilada, a partir de então, à cultura gaulesa, a dos celtas. **A moeda** surge, no sul e no centro da França, por volta do século III a.C. No século II a.C., a Gália mediterrânea está sob a dominação romana. As guerras de Júlio César e suas consequências impõem, sob Augusto, a marca de uma civilização romana provinciana. O que sabemos dos celtas provém não somente da arqueologia, mas também de autores gregos como **Políbio** (c. 202 a.C.-c. 126 a.C.) e **Estrabo** (c. 63 a.C-c. 25), e latinos: sobretudo **César** (100 a.C.-44 a.C.), mas também **Plínio, o Velho** (23-79), que os apresentam para nós como povos bárbaros, disseminados, que viviam no norte da Europa. **Hecateu de Mileto** (c. 550 a.C.-c. 480 a.C.) e Heródoto chamavam-nos *kelta*. Seu nome varia na literatura; são ora os celtas, ora os gauleses (*Galli*, em latim), ora os gálatas. A arqueologia permitiu tornar mais precisa sua zona de influência. Sua zona de difusão compreende a Europa Central até a Silésia e a Hungria, o norte dos Bálcãs, a Itália setentrional, a França meridional, a Península Ibérica, a Grã-Bretanha e a Irlanda a partir de 300 a.C. Somente esta última ainda manterá, durante cinco séculos, sua cultura intelectual e religiosa, até sua conversão ao cristianismo.

4. POVOS VINDOS DE OUTROS LUGARES: CITAS E NÔMADES DAS ESTEPES

O nomadismo não deve ser encarado como uma forma de não adaptação às civilizações de algumas tribos que permaneceram à margem da história, mas sim como uma especialização econômica particular, que soube perfeitamente explorar um biótopo tão específico como esse. A partir da Idade do Bronze e durante a Idade do Ferro, as estepes meridionais, a Sibéria, a Ásia Central e as zonas limítrofes testemunham o desenvolvimento da gênese das primeiras potências nômades com as culturas dos cimérios, dos citas e dos sármatas na Ásia Central. Estes são conhecidos por terem criado um estilo particular, a partir de influências indianas e persas e também de motivos citas e gregos. Absorveram, sobretudo, o estilo animalista cita. **A arte sármata** caracteriza-se por obras feitas com folha de ouro estampada e decorada com incrustações esmaltadas, pedras semipreciosas e pérolas de vidro. Misturada aos motivos helenísticos, na era cristã, a arte sármata torna-se o estilo do último período pôntico. Mais tarde, adotado pelos godos quando, por volta de 200, penetram na Rússia, esse estilo espalha-se por todo o mundo germânico. **O crescimento da criação de animais** acarreta a transumância e o seminomadismo; em seguida, o nomadismo completo em torno do 1º milênio a.C. Dois povos de cavaleiros vão sair das estepes orientais e seguir em direção ao sul: os cimérios e os citas. Na Idade do Bronze, desenvolveu-se, na Ásia Central, a cultura de Andronovo, que sucede a de Afanasievo. Sua área é mais vasta e cobre um território limitado pelo Ural e pela bacia de Minussinsk. **A metalurgia** é ali muito reduzida e a criação de ovinos e bovinos está presente. Nas estepes meridionais, impõe-se a cultura dos túmulos de madeira (1600 a.C.-800 a.C.), caracterizada por machados de talão, punhais filiformes e atividades agrícolas. Esta teria sido a cultura dos cimérios, mencionados nos textos assírios do século VIII a.C. Eles destroem o reino de Urartu, depois de terem atravessado o Cáucaso e se tornado uma ameaça para a Ásia Menor e a Assíria. São repelidos para o oeste, na Ásia Menor. **No século VIII a.C.**, os citas substituem-nos, aliam-se aos assírios e aos medos antes de voltar, após três décadas de terror nas estepes europeias, e de impor seu poder na Ucrânia.

Serão vencidos pelo rei medo **Ciaxares** (625 a.C.-585 a.C.), em 628 a. C., e depois nas campanhas de **Ciro II** (c. 559 a.C.-c. 530 a.C.) e de **Dário** (514 a.C.-512 a.C.), que atravessa o Helesponto e, em seguida, o Danúbio. Os persas os qualificam de "Çaka", cervo, animal que aparece inúmeras vezes na decoração de seus objetos. Na verdade, a cultura cita agrupa quatro tribos distintas:

- **A cultura dos citas** propriamente dita, a dos nômades e agricultores, do Baixo Dnieper, do Bug Inferior, do mar de Azov. Estão ligados aos iranianos do norte com as necrópoles da Crimeia;
- **As culturas dos habitantes da Moldávia e da Ucrânia,** ligadas às tribos lituanas, ao grupo eslavo;
- **A cultura dos sindo-meóticos do Kuban** (sul da Russia);
- **A cultura das tribos sármatas** da bacia do Volga e das estepes de Ural.

Os pontos em comum desses grupos são a arte animalista em relação com as armas da arte oriental da Ásia Central. Heródoto define os citas como "porta-casas e arqueiros a cavalo", alusão a seu nomadismo e aos guerreiros que eram. Esses cavaleiros têm um armamento leve – arcos de chifres de dupla curvatura com tendão e flechas de pontas triangulares –, mas também manejam a espada, o dardo, a lança. É na estratégia e na técnica guerreira que reside sua superioridade, assim como na muralha móvel formada de carroças. A descoberta de armas em túmulos femininos sugere que as mulheres poderiam tomar parte no combate, mas esse fato estaria mais ligado aos sármatas que aos citas. O grande historiador faz também alusão a "citas reais": "Para além do rio Gerrhos, encontram-se regiões ditas 'reais' e os citas mais valentes e os mais numerosos que olham os outros citas como seus escravos" (Livro IV, *Histórias*), uma tribo que dominava outras etnias num sistema social bastante hierarquizado. Em meados do século VI, desenvolvem-se importantes relações comerciais: os colonos gregos fundaram vários mercados, dentre os quais o de Olbia, e os produtos locais, principalmente trigo, são trocados, assim como o mel e os peixes salgados, ao passo que os gregos forneciam óleo e múltiplos produtos da arte e da indústria.

O mercado floresce, pois a Cítia, celeiro da Grécia, tornou-se, para Dário, o local estratégico a ser enfraquecido para dominar a Grécia. Os citas sedentarizam-se por volta do século IV a.C. e fundam, ao longo dos dois séculos seguintes, cidades e mercados. Os citas reais mantiveram-se ainda por muito tempo antes que as hordas húnicas acabassem por extingui-los. A cidade de Neópolis, na costa oeste da Crimeia, é a capital onde reside o rei Skiluros, cidade povoada de citas, alanas e sármatas, numa superfície de 16 ha. Um mausoléu construído no século II a.C. comporta setenta túmulos de chefes.

De suas práticas funerárias, chegaram até nós os *tumulus*, feitos de pedra e terra, dos kurganos, os quais se multiplicam, a partir do século VI a.C., ao norte do mar Negro. Em seu interior, os mais ricos nos deixaram "o ouro dos citas", que traz em seu apogeu a arte animalista das estepes. As obras distinguem-se das outras produções vizinhas da Ásia Central, as dos sármatas, pazyryks e tagars, por combinarem seus temas com os da cultura helênica e por conjugarem suas tradições artísticas com as do Irã. A originalidade de seu encontro com a Grécia mede-se pela ourivesaria do *tumulus* de Babyna (350 a.C.-300 a.C.), em que os trabalhos de Hércules foram ilustrados em doze apliques. **O que sabemos de sua religião?** Sua grande deusa é Tabiti (a Héstia grega), única divindade de que se encontram representações na arte. Eles também adoram Papeus (Júpiter), deus do sol, Ápia, deusa da terra, Octosyrus, deus do sol, e Artimpaasa, deusa da lua. Os adivinhos praticavam a adivinhação com varinhas. Não existe templo nem altar.

O sítio de Pazyryk e o kurgano de Kul-Oba (Rússia)

Várias descobertas arqueológicas excepcionais permitiram conhecer a surpreendente riqueza e variedade da arte dos povos das estepes. O sítio arqueológico de Pazyryk, na Sibéria meridional, agrupa quarenta *tumuli* de tamanhos variados, **ou seja, 1929 túmulos datados entre os séculos V a.C. e III a.C.** Dentre esses *tumuli*, cinco dos mais importantes foram atribuídos a cinco soberanos sucessivos. O maior mede mais de 50 m de diâmetro. Os corpos dos mortos, mumificados, foram encontrados em caixões cavados em troncos de larício. Fato curioso, os corpos de dois homens exibem inúmeras tatuagens complexas, algumas das quais evocam animais fabulosos. As condições climáticas permitiram que fossem feitas descobertas extraordinárias, como roupas, tapetes, objetos de couro, carroças de madeira, garanhões (alazões), dentre os quais dois recobertos de máscaras de couro decoradas com cenas animalistas. Os restos de tecido, dentre os quais um mede 30 m^2, figuram entre os mais antigos conhecidos até hoje. Grande parte desses objetos está hoje exposta no Museu do Hermitage, na Rússia.

Os citas eram realmente nômades?

Dois corpos descobertos sob o *tumulus* de Berel, no planalto de Altai, no Cazaquistão, permitiram confirmar os textos gregos. Bem-preservados, a 1.300 m de altitude, foram submetidos a amostragens, no nível do aparelho digestório, que revelaram a **presença de ovos de anquilostomas**, pequenos vermes, presentes a 1.200 km do local da inumação, perto do mar de Aral, no Cáspio, no Irã. Os objetos de influência iraniana encontrados no túmulo invalidam o fato de que as pessoas pudessem ser locais.

O texto de Heródoto, segundo o qual os citas eram grandes nômades, podendo percorrer enormes distâncias, encontra exatamente aí sua confirmação, nos resultados trazidos pela equipe de antropobiologia de Toulouse, em 1999.

5. OS CELTAS: AS GRANDES INVASÕES

Desde o início do século V a.C., a organização em pequenos principados na região norte-alpina desaparece, mas as trocas comerciais dessas sociedades de Hallstatt com as culturas etruscas e gregas da Itália se mantêm. Inscrições em caracteres emprestados ao alfabeto etrusco provam que se trata realmente de grupos celtas e que são os primeiros a utilizar a escrita. É durante esse **período de expansão (c. 500 a.C.- c.3300 a.C.)** que outros grupos aparecem, sem dúvida, ali instalados há mais tempo, na Península Ibérica, onde recebem o nome de celtíberos. Breno, sob o nome latinizado para **Brennus**, cerca, em 389 a.C., a cidade de Clusium e marcha em direção a Roma em 388 para infligir uma terrível derrota às tropas romanas às margens do Allia, um afluente do Tibre. Segundo a lenda, os gansos do Capitólio teriam dado o alerta quando de uma investida, salvando a cidade da invasão. Na realidade, Breno negocia com os romanos; a fim de que ele consinta em retirar suas tropas, um resgate significativo é depositado sob a forma de objetos de ouro pesados para formar o montante combinado. Acusado pelos romanos de roubar no peso da balança, a lenda diz que ele teria lançado sua espada sobre o peso, exclamando uma frase que se tornou célebre: *Vae Victis*, ai dos vencidos! Os celtas invadem a Trácia e a Macedônia. **Ptolomeu Keraunos**, rei da Macedônia, encontra a morte em 281 a.C.-279 a.C. ao afrontá-los. Eles assolam, conduzidos por seu chefe Breno, a Macedônia e a Tessália, invadem até a Grécia Central e aproximam-se de Delfos em 279 a.C., mas são repelidos. Os povoados do centro da Grécia – etólios, fócios, beócios – aliam-se contra eles e defendem os termópilas. Os celtas atravessam o Helesponto e o Bósforo na Ásia Menor, conduzidos por seu chefe Lutério. Aí se estabelecem por volta de 278 a.C., após terem ajudado o **rei Nicomedes I** (reinado: c. 278 a.C.-c. 250 a.C.) da Bitínia, de quem recebem a província da Galácia em recompensa, daí seu nome local de gálatas. Ficam confinados na Galácia, nos altos planaltos da atual Turquia, sob o rei selêucida **Antíoco I** (reinado: 280 a.C.-261 a.C.) da Síria, que os derrota em 275 a.C. A conquista do Pó, por volta de 200 a.C., permite subjugar, em Roma, as tribos celtas cisalpinas. Estas são, então, agrupadas numa única província chamada *Gallia togata* ou "Gália togada". No ano de 118 a.C., é inaugurada a nova dominação da costa mediterrânea pelos romanos. A região anexada chama-se, então, *Provincia*, tornando-se mais tarde a Narbonense. Qualificam-na de *Gallia braccata*, "Gália de *bracae*, as calças gaulesas", para opô-la à *togata* e à *comata*, a "Gália cabeluda", que designam o resto da França e da Bélgica. Em 27 a.C., **Augusto** (63 a.C.-14) passa a distinguir três Gálias: Bélgica, Lionesa e Aquitânia. Essas diferentes Gálias mudam ainda de designação em meados do século I e tendem a ser ainda mais divididas. **Do século II ao I**, os celtas são reprimidos no continente ao leste pelos germanos e ao sul pelos romanos. A pressão demográfica dos germanos e suas invasões em bandos armados obrigam os celtas a recuar para o oeste, como os helvécios, sob o rei **Orgetorix**, que tentam se instalar na Gália e são expulsos pelos romanos. A guerra das Gálias marca o fim da independência céltica na Gália. Após a derrota de Alésia (52 a.C.), a Gália está completamente ocupada. Em língua celta, **Vercingetórix** (c. 72 a.C.-46 a.C.) significa "grande rei dos bravos". É tido como o primeiro chefe a conseguir confederar o povo gaulês contra o opressor romano. Filho de Celtill, príncipe dos arvernos, sua vida chegou até nós sobretudo pelos *Comentários sobre a Guerra Gálica* ou *Guerra Gálica de Júlio César*. Ele obtém vitórias graças a uma política de terra arrasada contra César; é a de Gergóvia, porém, em 52 a.C., que lhe dá o *status* de chefe dos arvernos. Entretanto, Vercingetórix deve render-se a César em Alésia, em agosto de 52, diante de um cerco impiedoso de seus inimigos. Cesar o conduz a Roma para fazê-lo participar, como prisioneiro, de seu triunfo, depois ordena que o joguem num calabouço, onde acaba por ser estrangulado em 46 a.C. Após a derrota de Alésia (52 a.C.), a Gália está completamente ocupada. A Bretanha (Inglaterra atual) é invadida em 43 a.C. como consequência de uma política agressiva comandada pelos filhos do rei Cunobelinus contra Roma. A conquista termina com **Agricola** (40-93), entre 78 e 83. Ela fixa a fronteira na linha das Terras Altas, mas esta se revela impossível de defender. Os celtas da Irlanda não sofrerão invasões romanas. A civilização celta sobrevive na Helvécia, onde se funde pouco a pouco com os aportes germânicos, no norte da Escócia e na Irlanda, onde se cristianiza entre os séculos quinto e sexto. A Irlanda está dividida em quatro reinos: o Ulster, o Leinster, o Munster e o Connacht. No século V, o "Grande rei" de Tara, capital do atual condado de Meath, estende sua autoridade à ilha inteira. São Patrício (c. 385-461) evangeliza a Irlanda, fenômeno que põe fim à civilização céltica. No século VIII, a Irlanda deverá enfrentar as invasões vikings.

A EXPANSÃO CELTA. OS CELTAS E A GÁLIA

No século V a.C., os celtas instalaram-se no norte e no centro da Gália, deixando ainda mais as regiões costeiras e o sul. A costa mediterrânea permanece, até o primeiro século, uma região sem ocupação gaulesa. O local típico de instalação gaulesa é o vale de um rio, onde pequenos grupos tribais mantêm alianças e criam entidades políticas e sociais mais amplas. Seus avanços territoriais, desde o século III a.C., fazem-se por conquista, mas também por casamentos e assinatura de tratados. Os éduos ocupam os vales do Sona e do Loire; os séquanos, os do Doubs e uma parte do Sona; os parísios, o do Sena; os lemovices, as terras que ladeiam o Garonne. A Gália é, na verdade, uma justaposição de pequenas unidades políticas, o que permite que os romanos se implantem mais facilmente. No período de La Tène, a Gália conta com cerca de dezesseis regiões tribais. Por volta do século IV a.C., os ligúrios dos Alpes fazem aliança com as tribos gaulesas vizinhas, formando, assim, uma vasta confederação celto-ligúria, o que obriga os romanos a protegerem as fronteiras do norte da Itália e a Provença a fim de salvaguardar Massalia (Marselha). Inúmeros mercados serão abertos pelos massiliotas: Antipolis (Antíbia), Nikaïa (Nice), Monoïkois (Mônaco), Olbia (Hyères). A cidade grega de Foceia se dispersa em colônias na parte ocidental da bacia mediterrânea entre os séculos VII a.C. e VI a.C. As cidades em contato com o mundo celta são Empório e Ampúrias na Catalunha, e Massalia, Marselha. A costa mediterrânea é anexada pelos romanos, tornando-se província romana por volta de 125 a.C. e servindo de trampolim para a conquista do restante da Gália. Os belgas instalam-se no norte entre os séculos IV a.C. e III a.C., obrigados a fugir do perigo vindo das tribos germânicas. Inúmeros historiadores romanos mencionam essas tribos gaulesas, dando-lhes o nome de *nationes* ou *civitates*. Elas eram divididas em *pagus*, "aldeia", uma unidade territorial de subdivisão da cidade. Os éduos são divididos em seis *pagi*, dentre os quais o mais importante é o de sua capital Bibracte no monte Beuvray. Governadores tribais dirigem-nos após terem jurado lealdade ao chefe. Graças a César, temos uma indicação sobre a natureza dos regimes políticos das grandes realezas no século I a.C., principalmente dos arvernos, assim como dos regimes oligárquicos nos quais o magistrado supremo pode ser designado por eleição durante um ano, como fazem os éduos. Os grandes grupos estabelecem sua capital no *pagus* da região. Algumas terão o destino de grandes cidades: Paris, capital dos parisi, ou Titelberg, no Luxemburgo atual, capital dos tréviros, e Chartres, a dos carnutos. Elas são também o local de residência dos reis: Ambigatos, rei lendário dos burgos, teria, para tanto, escolhido Avaricon (Bourges). Em 59 a.C., os éduos, os séquanos e os arvernos entram em conflito para conquistar a supremacia da Gália, e César tira proveito dessa situação.

A ARQUEOLOGIA CELTA

Não há nada de monumental no que a arqueologia nos deixou descobrir: restos de muralhas, de santuários de madeira. Algumas cidades, entretanto, são, na origem, simples ópidos celtas, como Budapeste na Hungria ou Brenodunum (Berna) na Suíça. Os ópidos latenienses desenvolvem-se ao longo do segundo século sob a forma de aglomerações rodeadas de fortificações em dezenas de hectares. Alguns estão em planícies, como o de Manching na Baviera, ou em relevos mais acidentados, como Bibracte na Borgonha; o de Enserune, entre Béziers e Narbona, domina uma colina de 118 m. Sua organização interna não é ainda bem-conhecida. As escavações realizadas no ópido de Entremont, edificado em 173 a.C, nas proximidades de Aix-en-Provence, revela o que poderia ter sido esse sítio fortificado, capital do povo de Salyen em luta contra Massalia. Constituiu-se em duas épocas distintas. Na segunda, por volta de 150 a.C., a cidade chega a três hectares e meio, apresentando uma segunda muralha[60] impressionante por seu tamanho, com um muro de 3,25 m de largura e de 5 m a 6 m de altura. A cada 18 m, eleva-se uma torre de 9,15 m de largura e de 8 m a 9 m de altura. As casas são maiores que as primeiras construídas, apresentando de 4 m a 5 m de frente. O padrão das habitações é quadriculado, à imagem do que se vê nas cidades gregas. As oficinas de artesãos, padeiros, joalheiros ou prensadores só foram encontradas na cidade velha. O ópido desaparecerá com os salianos quando Roma envia o cônsul Galus Sextius Galvinus tomar a cidade.

Alguns ópidos

– **Argenton-sur-Creuse** (Argentomagus), no rio Indre. De tipo esporão rochoso, sua muralha, ou *murus gallicus*, delimita uma superfície de 27 hectares. As descobertas arqueológicas de 3 mil ânforas e 2 mil moedas atestam o seu papel comercial e artesanal. Pertence aos burgos *cubi*, povo conhecido por ter pedido a Vercingetórix para poupá-los. Seu nome proviria de *Arganton* cuja etimologia significaria "dinheiro".

– **O outro ópido dos burgos** era o de Bourges, sitiado por César em 52 a.C., Avaricun.

– **Bibracte**, no monte Beuvray, é o dos éduos. A batalha que ocorreu em suas proximidades em 58 a.C. entre romanos e helvécios seria a origem da guerra das Gálias. Foi também aí que Vercingetórix foi nomeado chefe dos gauleses.

– **Alésia**, Alice-Sainte-Reine, na Costa do Ouro, ficou conhecida na história, pois, em 52 a.C., César e seu exército conduziram o cerco contra Vercingetórix, famosa passagem de *Comentários sobre a Guerra Gálica* (VII, 68-69). Napoleão III localiza o sítio no monte Auxois, a 70 km de Dijon.

A RELIGIÃO DOS CELTAS

Para estudar a religião dos celtas, os vestígios arqueológicos, as fontes contemporâneas, gregas ou não, a epigrafia e a iconografia fornecem uma indicação de primeiro nível. Os santuários no interior dos vilarejos celtas são frequentemente monumentais e informam sobre as práticas religiosas. O de **Gournay-sur-Aronde**, a alguns

---

60. O *murus gallicus*, descrito por César nas *Guerras Gálicas* (VII, 23), é o tipo de muralha mais comum. Composto por um vigamento horizontal, as fileiras de vigas perpendiculares e paralelas ao paramento alternam-se sucessivamente. O paramento é formado por grandes pedras, embutidas nesses intervalos. Acima, eleva-se uma segunda fileira similar com um intervalo de duas bases entre as vigas, a fim que elas não toquem as da fileira inferior. A pedra permite combater o fogo; as vigas, os choques dos carneiros.

quilômetros de Compiègne, perto de um local pantanoso, é escolhido pelos **belovacos**, poderosa e numerosa população do norte da Gália. Próximo dali, foi encontrada uma muralha fortificada de 3 ha, abandonada no século III a.C. O conjunto das obras do santuário também é do século III a.C. Estende-se numa superfície de 1.500 m², sob a forma de um retângulo, rodeado por um fosso de 2,5 m de comprimento e 2 m de profundidade, cercado por um tapume de madeira. No centro, uma grande cavidade de 3 m por 4 m, 2 m de profundidade, assim como nove outras menores haviam sido cavadas. Um espaço de 1,5 m permitia a passagem em torno da cavidade principal. Na grande cavidade, encontram-se restos de carcaças de bois, cerca de 45, uma centena de cordeiros, quatro dezenas de leitões. Ao longo do século II a.C., o santuário é reorganizado: reconstrução do tapume e do pórtico de entrada, um de seus elementos essenciais, apresentando-se como uma porta de ópido onde eram fixados os crânios dos inimigos e ossos humanos. As armas descobertas trazem resquícios de combate, sem dúvida presas de guerras. Outros santuários apresentam a elevação de troféus com os despojos dos vencidos, em **Ribemon-su-Ancre**, perto de Amiens, ou no de **Roquepertuse**, nas Bocas do Ródano, construído na cidade alta com seu edifício feito de crânios, o que poderia dar razão à literatura greco-latina segundo a qual os cavaleiros celtas decapitavam seus inimigos para pendurar suas cabeças em seus cavalos. O de Ribemont-sur-Ancre é sem dúvida um dos mais vastos santuários da Gália, com seus 800 m de comprimento e sua planta complexa. As escavações arqueológicas, realizadas desde 1982, revelaram um troféu guerreiro, erigido no lugar onde se deu uma importante batalha entre um exército belga e um exército armoricano, com, provavelmente, mil mortos. **A batalha teria se desenrolado por volta de 260 a.C.** e terminado com a vitória dos belgas. O troféu, monumento cúbico de 1,6 m de lado, ficava virado para o oeste e separado por um fosso. O cercado de forma poligonal era rodeado por um muro de 6 m de altura. Milhares de ossos humanos misturados a duzentas peças de armamento, como espadas e escudos, foram encontrados, em geral homens com idade entre 15 e 40 anos com ferimentos fatais. Seus despojos decapitados haviam sido instalados em três construções de madeira, suspensas em pórticos, uns contra os outros. No cercado poligonal, uma descoberta ainda mais espantosa: uma pilha de membros humanos e ossos de cavalos, cerca de 2 mil, está disposta numa espécie de altar cimentado por pau a pique e terra. Os ossos humanos haviam sido triturados e queimados. Sacrifícios de todo tipo são oferecidos nos santuários e templos: representação da divindade em oferendas, mas também partes de animais. As fontes latinas fazem alusão a horríveis sacrifícios humanos e essa visão dos celtas bárbaros e sanguinários continua a subsistir ao longo do tempo. **Lucano** (39-65) evoca, assim, "os que acalmam, com um sangue horrível, o cruel Teutates e o horrível Esus". Um comentador desse poeta especifica até mesmo a natureza dos sacrifícios humanos: aqueles destinados a Taranis são imolados pelo fogo; a Teutates, afogados numa cuba; e os consagrados a Esus, suspensos em uma árvore e escalpelados. As escavações arqueológicas permitem relativizar consideravelmente esse ponto de vista, uma vez que os sacrifícios constituídos de oferendas de objetos, armas e colares são os mais atestados, mesmo que em alguns santuários e ópidos as escavações revelem esqueletos inteiros de animais ou seres humanos.

O caldeirão de Gundestrup, século I a.C., encontrado em 1880 numa turfeira do Jutlândia, na Dinamarca, associa-se, por seu repertório figurativo, à essência dos temas celtas da mitologia. Das quinze placas que o compunham, somente treze chegaram até nós. A peça pesa mais de 90 kg, com um diâmetro de 68 cm e 40 cm de altura. Faz parte de uma série de grandes recipientes litúrgicos encontrados na Escandinávia, como o caldeirão de Bra, de Rynkeby, provavelmente destinados a libações rituais em homenagem a divindades. O de Gundestrup, a partir das representações de armamento, trombetas com embocaduras em cabeça de dragão, grandes escudos oblongos e elmos de La Tène III, foi associado a meados do século I a.C. Nos monumentos ou objetos, as divindades aparecem frequentemente acompanhadas de animais cujos traços distintivos são identificáveis. A escolha é simbólica, podendo referir-se, por exemplo, a uma função social, indo do infinitamente pequeno, uma abelha evocando a imortalidade da alma, até o maior deles, um touro, animal representado em sacrifício no caldeirão de Gundestrup, símbolo da rainha, enquanto o cavalo era reservado ao rei.

Os principais animais

- **O cervo** tem um culto cuja importância pode ser avaliada pelo número de suas menções e representações. O deus Cernuno, o deus com chifres, figura também no famoso caldeirão de Gundestrup, rodeado por outros animais. É difícil dizer qual é o seu simbolismo exato, mas a literatura irlandesa nos mostra que o cervo interpreta um papel importante. No *Ciclo Feniano*, o filho de Finn, herói de Leinster, chama-se Ossian ("veado"). Por falta de provas seguras, permanece-se no domínio das conjecturas quanto ao sentido a dar ao cervo. Por vezes, entretanto, ele se afirma como uma divindade solar ou como o mensageiro entre deuses e homens.

- **O javali** foi bastante importante para os celtas por servir de elemento para os adornos do mobiliário funerário. Figura frequentemente em insígnias militares que servem para louvar a combatividade do animal. Muitas representações os mostram com os pelos dorsais eriçados. Ele evoca também os druidas, a classe sacerdotal, por sua sabedoria.

- **O cavalo** é um símbolo muito frequente, sobretudo nas moedas celtas e gaulesas. O culto à deusa Epona, protetora dos cavalos e dos cavaleiros, prova-nos que ele era adorado. Os cavalos da morte assombram as lendas celtas, tanto quanto os da guerra, caso se rememore o pequeno cavalo de bronze, encontrado em Neuvy-en-Sullias, que traz uma inscrição ao deus Rudiobus, "o ruivo", assimilado a Marte, cuja montaria é o cavalo. A valorização negativa do símbolo ctônico fez dele uma manifestação análoga ao nosso Ceifador.

- **O urso**, cujo nome celta é *art*, opõe-se frequentemente ao javali. Talvez seja símbolo da classe guerreira, como atesta o patronímico Artur, de *arth*, o urso, em bretão.

Os principais deuses

Os deuses são mencionados por **César** numa curta passagem de *Comentários sobre a Guerra Gálica* (VI, 17), mas também por Lucano na *Farsália*. Bem-integrados, os celtas continuam a adorar seus deuses até a adoção do cristianismo por Roma. Sua religião começa, então, a declinar, salvo em algumas regiões, como na Irlanda, onde é mantida oralmente. Na verdade, desde o século V, os monges recopiam essas lendas. À exceção do País de Gales, essas narrativas não são consignadas por escrito. As fontes continentais, epigráficas e galo-romanas, são separadas cronologicamente das fontes insulares por cerca de dez séculos. Estas tentaram inseri-las na história nacional e conciliá-las com os escritos bíblicos, por exemplo, no ciclo da busca arturiana pelo Graal. **Essa literatura**, consignada pelos clérigos da Idade Média a partir das tradições orais, estende-se do século VIII ao XV. A mitologia dos celtas da Irlanda chegou a nós pelo ciclo mitológico da batalha de *Mag Tured*, cujo texto principal é o *Cath Maighe Tuireadh*, o ciclo histórico composto de anais lendários, o *Lebor Gabála*, o *Ciclo Feniano* (ou *Ciclo de Finn*), consagrado às aventuras de Finn Mac Cumaill, e o *Ciclo de Uster* (ou *Ciclo do ramo vermelho*), que descreve a intervenção dos deuses e os reis da Irlanda proto-histórica. O conjunto desses textos continua sendo o meio de abordar a civilização da Idade do Ferro sob o prisma deformante dos monges cristãos. O culto realizado sob a forma da adoração da natureza para os celtas é sem dúvida o mais conhecido. Grandes cursos d'água, lagos e montanhas são adorados como pessoas divinas. Quase todos os rios e montanhas são, assim, divinizados, como o Reno (*Renus*). Os menires são atualizados pela nova religião. Mas é falso dizer que os dolmens tenham servido de altar para os druidas. É também difícil distinguir o verdadeiro do falso no que diz respeito às árvores, que são, para alguns deles, objeto de verdadeira veneração, assim como atestam inúmeras inscrições. O carvalho parece avivar particularmente a imaginação. Acreditava-se frequentemente que os druidas lhes eram ligados pela etimologia de seu nome, que proviria de *drus*, carvalho em grego, hipótese hoje abandonada em favor de *dru-wid-es*, "muito sábios". Os locais de culto são santuários ora em forma de cercados quadrangulares, delimitados por um fosso e uma paliçada, ora um templo quadrado ou circular, à imagem dos monumentos romanos.

- **Lug**, segundo César, é o maior dos deuses gauleses, o mais venerado. É também comparado a Mercúrio, cuja importância na Gália verifica-se pelo topônimo Lugdunum (Lyon), a cidade de Lug: "O deus que eles especialmente homenageiam é Mercúrio: suas estátuas são bem numerosas; eles lhe atribuem a invenção de todas as artes; fazem dele o deus que indica ao viajante a estrada a seguir e que o protege, aquele que também mais pode fazê-los ganhar dinheiro e proteger o comércio" (*Comentários sobre a Guerra Gálica*, VI, 17). Mercúrio é o deus do comércio e dos mercadores. Foi muitas vezes assimilado ao deus gaulês Tutatis, que também é tomado por Marte. Lug é o deus celta do sol, frequentemente representado como um belo e jovem guerreiro. Seu correspondente irlandês é Lug Samidalnach, que é o principal ator na narrativa do *Cath Maighe Tuireadh*, equivalente à luta dos deuses gregos contra os Titãs. O texto mitológico que relata suas aventuras encontra sua versão mais antiga num manuscrito do século XV.

- **Taranis**, o Júpiter gaulês, tem como correspondente irlandês Dagda, o deus bom. É, na mitologia celta irlandesa, o segundo deus depois de Lug. As representações do primeiro são o raio, o cetro e a águia, e ele é frequentemente representado por uma roda. O segundo tem por atributo uma clava tão grande e tão pesada que é preciso deslocá-la sobre rodas. O caldeirão, elemento importante na mitologia celta, materializado pelo caldeirão de Gundestrup em arqueologia, permite-lhe acalmar a fome de todos graças a seu conteúdo inesgotável. Ele é também o deus tutelar dos músicos, já que, além da roda e do caldeirão, possui uma harpa mágica. Mencionemos também a respeito do Júpiter celta que um de seus aspectos originais é o de Cernuno, o deus com galhada de cervo, portando o colar no pescoço e acompanhado de animais que parece dominar.

- **Ogmios** gaulês é assimilado por Júlio César a Marte, o condutor das almas. Luciano de Samósata (120-180) o aproxima de Héracles, mas um Héracles bem diferente do grego: "é um ancião de idade bem-avançada, calvo na frente; os cabelos que lhe restam são completamente brancos; a pele é enrugada, queimada e curtida pelo sol como a dos velhos marinheiros; seria possível tomá-lo por um Caronte ou um Jafé das moradas subterrâneas do Tártaro, enfim, por qualquer coisa que não seja Hércules[61]". Ele traz, entretanto, pele de leão, clava, arco e aljava. Correntes de ouro fixadas às suas orelhas sustentam uma multidão de homens. Ele é associado a Ogma, deus irlandês da eloquência e inventor do ogamo, primeiro sistema de escrita utilizado na Irlanda. A escrita ogâmica é composta de vinte letras; ela está em uso nas ilhas britânicas e teria aparecido por volta do século III, composta a partir do alfabeto latino. Seus resquícios foram recolhidos em vestígios de ossos e madeira, mas também em

---

61. Ch.-J. Guyonwarc'h, *Magie, médecine et divination chez les Celtes* [Magia, medicina e adivinhação entre os celtas], Paris, Payot, 1997, p. 149.

pedras suspensas. Sua utilização é reservada aos druidas, que privilegiam, contudo, a tradição oral. Os vinte sinais que compõem o alfabeto são formados com um a cinco traços que podem ser retos ou oblíquos, dispostos de um lado e de outro de uma linha mediana. São lidos de baixo para cima. Na verdade, os celtas adaptam o alfabeto em uso quando de sua migração: o *celtibero*, na Espanha, e o *lepôntico* ou alfabeto de Lugano, no norte da Itália. Na Gália, eles utilizam o alfabeto grego até que os romanos, quando de sua conquista, impõem o seu. Ogma é um dos filhos de Dagda descrito como "o senhor do saber". Ele também é encarregado de convocar as almas para o outro mundo.

- **Belenos**, na origem, não fazia parte do panteão celta; foi-lhe transmitido por intermédio dos etruscos. Sob o reinado do imperador Augusto, torna-se um verdadeiro deus do sol. As inscrições o associam a Apolo, deus que lhe é comparável. Seu nome significa "luminoso, resplandecente". Suas funções concernem à medicina e às artes. É homenageado na festa de Beltane ou "Fogo de Bel", que marca, em 1º de maio, o fim dos meses sem luz aos quais sucedem os cheios de luz. Belenos, considerando inscrições encontradas num grande número de lugares diversos, é cultuado no conjunto do mundo celta. Na Irlanda, suas funções são preenchidas por Diancehy, que devolve a vida aos *Tuatha de Danann*, mortos em combate, mergulhando-os na Fonte da Saúde, narrativa relatada pelo *Cath Maighe Tuireadh*.
- **Brigit, ou Brigantia**, é mencionada por César nos *Comentários sobre a Guerra Gálica* como a deusa do artesanato e dos ofícios. Minerva lhe é frequentemente comparada, pois elas apresentam atributos comuns, ambas protegendo poetas e médicos e guiando os trabalhos da forja. Na Irlanda céltica, ela é a filha de Dagda, deusa da fertilidade, que assiste as mulheres em trabalho de parto. Sua festa, a *Imbolc*, é celebrada em 1º de fevereiro, momento em que as carneirinhas amamentam. Ela não aparece muito nos textos mitológicos, pois é assimilada a Santa Brígida, patrona da Irlanda.

Os druidas

Uma vez mais, nossos conhecimentos, em matéria de druidas, provêm dos escritos de César, que tem certeza de que eles exercem papel fundamental na vida política e social. Eles já têm o papel de educadores e ensinam a imortalidade da alma. Os estudos consistem, desse modo, em aprender de cor milhares de versos; uma tradição assim transmitida mantém-se viva a cada geração. A organização druídica é poderosa e lógica. Todos os druidas dependem de um chefe supremo e devem se submeter a seu julgamento. Seu papel é político e jurídico, mas também religioso. Os druidas são encarregados de organizar os grandes sacrifícios e todo ano se reúnem no país dos *Carnutos*, na região de *Carnatum*, Chartres, que tem a reputação de ter sido o centro espiritual da Gália. Segundo Estrabo (c. 63 a.C.-c. 25), eles se dividem em três categorias: os druidas, os bardos (poetas) e os vates, encarregados da adivinhação propriamente dita.

CAPÍTULO V
A PRÉ-HISTÓRIA EM OUTRAS PARTES DO MUNDO

1. A CHINA

As provas da existência de um homem muito antigo limitaram-se durante muito tempo a alguns países e continentes. As descobertas, por vezes fortuitas, e a vontade de conhecer melhor sua história e suas origens permitiram demonstrar sua presença quase em todos os lugares no mundo. Assim, a **China** ficou por muito tempo limitada ao célebre *Sinantropus*, "o homem de Pequim", descoberto em 1929 em Zhoukoudian, e a seus mitos, que situam a origem do homem com P'an-kou, o homem primordial. **Em 1998**, a Academia de Ciências Chinesa lançou um programa de pesquisa para os períodos mais antigos da Pré-História e pôde assim reconsiderar a questão dos mais antigos hominídeos. O ramapithecus de Shihuba, perto de Kunming no Yunnan, com seus 8 milhões de anos, continua sendo um dos primeiros elos dessa corrente. O homem de Yuanmou e o de Lantian, no Shaanxi, parecem mais antigos que o homem de Pequim. O primeiro teria 1,7 milhão de anos, o segundo teria 600 anos. **As culturas neolíticas** de Yangshao na região do Huang He, na China do Norte, e de Cishan, descoberta em 1976, forneceram, respectivamente, as datações de 5150 a.C. a 2690 a.C. para a primeira, 6000 a.C. para a segunda, o que faz com que suas cerâmicas estejam entre as mais antigas do mundo. A cultura de Erlitou, no Henan, que se situa entre o fim do Neolítico e o **início da Idade do Bronze**, por volta de 2100 a.C. a 1600 a.C., revela a existência de edifícios, construções importantes com características que perduram nos séculos seguintes: forma retangular, orientação segundo os pontos cardeais, enquadramento ortogonal das vias. Em 1988, Erlitou é declarado patrimônio cultural de fundamental importância.

2. O JAPÃO E A COREIA

O Japão entrou para a Pré-História quando, em 1949, descobrem-se em Iwajuku, departamento de Gunma, ferramentas líticas numa camada de loesse, datada entre 50000 a.C. e 40000 a.C., o que bem demonstra a existência de um Paleolítico. Na realidade, há um milhão de anos, as ilhas atuais de Sacalina (hoje russa), Hokkaido, Honshu e Kyushu formam um arco continental e ficam ligadas umas às outras. As Ryukyu no sul e as Curilas no norte ficam ligadas ao continente como um todo, ao passo que o mar da China Oriental, o mar do Japão e o mar de Okhotsk formam lagos interiores. A configuração atual do arquipélago é um fenômeno muito recente, datado de cerca de 20000 a.C.[62]. Mais de 3 mil sítios foram escavados, mas cerca de trinta apenas trazem a prova de povoamento **de mais de 30000 a.C. O Neolítico japonês** é original por mais de uma razão. Não se assiste a uma revolução agrícola que acompanharia a sedentarização, fenômeno semelhante ao que se produz um pouco em todos os lugares no mundo. Caça, colheita, pesca parecem ter sido suficientes para nutrir essas populações. Essa economia semissedentária conhece, a partir de 8000 a.C., a cerâmica. Jōmon é a tradução literal das palavras inglesas *cord mark*: nota-se pela primeira vez num relatório, em 1877, a particularidade de uma cerâmica impressa com o auxílio de pequenos cordões entrançados; o período Jōmon estende-se do 9º milênio a.C. ao século III a.C.

Na Coreia, a visão tradicional do Neolítico, contrariamente ao Paleolítico muito antigo, é revista segundo descobertas recentes. A presença dos primeiros homens é atestada como tendo ocorrido há cerca de meio milhão de anos, no sítio de Tokch'on e nas proximidades de Pyongyang, mas as indústrias do Paleolítico Antigo e Médio são maldefinidas. Por volta de 30000 a.C., as indicações se fazem menos raras, mais precisas: detecta-se uma utilização abundante da obsidiana, de raladores, cinzéis e a presença de *habitats* em grutas ou ao ar livre. Paradoxalmente, o período de 10000 a.C. a 6000 a.C. é o menos conhecido, ainda que a existência de sítios mostre que os homens não tinham deixado completamente a península. **A mais antiga peça de barro** aparece entre o 9º e o 8º milênios a.C., no sítio de Gosan-ri, na ilha de Jeju. Mas, ainda aí, trata-se de objetos próximos daqueles do Mesolítico e não se encontra nenhuma prova de domesticação animal ou vegetal. Coloca-se a questão da origem dessas populações, outrora consideradas como vindas da China. Durante muito tempo, para toda resposta a essa questão, era preciso voltar-se para o mito. Em 2333 a.C., Hwanung, o filho do deus do céu, desceu sobre os montes Taebaek (hoje Baekdu). Ali encontrou-se com uma ursa e com uma tigresa que lhe pediram a forma humana.

---

62. Jean-Paul Demoule e Pierre-François Souyri (dir.), *Archéologie et patrimoine au Japon* [Arqueologia e patrimônio no Japão], Paris, Maison des sciences de l'homme, 2008.

Ao fim de uma prova de cem dias, a tigresa havia rompido o jejum imposto e a ursa, transformada em mulher, após ter desposado Hwanung, dera à luz o primeiro coreano, Tangun. Paradoxalmente, a presença da ursa, nesse mito, lembra as origens siberianas dessas primeiras populações e confirma os resultados arqueológicos de peças de barro similares às da Sibéria, encontrados em túmulos.

3. A ÍNDIA

A Índia foi povoada desde os primeiros tempos. Os vestígios paleolíticos em todo o subcontinente indiano estão aí para atestá-lo, mas a falta de dados contextuais torna quase sempre difíceis a compreensão e a reconstituição dos fatos pré-históricos. O **Paleolítico Antigo** é reconhecido no noroeste do país no vale de Soan (Paquistão atual). As descobertas feitas em 2001 no Golfo de Khambhat, ao longo da costa da província do Gujarate, no noroeste da Índia, revelaram duas vastas cidades tragadas pelas águas, submersas há cerca de 7 mil ou 8 mil anos no momento da elevação dos níveis marinhos, no fim da era glacial. Dois mil objetos foram montados e datados aproximadamente dos 8° e 7° milênios a.C. Ali foram encontrados os restos de um dique de mais de 600 m de comprimento, atravessando o curso de um dos rios então existentes. A cidade submersa é pelo menos 150 vezes maior que as grandes colônias do Oriente Próximo, como o vilarejo de **Çatal Hüyük**, da mesma época. Essas cidades pertenceriam à civilização de Harappa, conhecida por ter se desenvolvido entre 3000 a.C. e 5000 a.C. Mas ainda mais extraordinária é a descoberta de vestígios de escrita desconhecida, gravada de modo circular. **Por volta da segunda metade do 3° milênio a.C.**, desenvolve-se uma civilização urbana comparável à da Mesopotâmia[63] e à do Egito. O urbanismo é notavelmente coordenado; uma escrita não decifrada apresenta cerca de quatrocentos pictogramas em selos[64], amuletos.

4. O CONTINENTE AMERICANO

Para explicar o povoamento do continente americano, confia-se mais nos dados climatológicos que naqueles fornecidos pela antropologia, menos presentes. O debate ainda está em curso para saber por quais caminhos, por quais meios, os primeiros homens chegaram ao continente. Os estudos feitos pela genética deveriam fornecer uma ideia mais exata dessas primeiras colonizações e dos primeiros colonizadores.

---

63. Hoje, mais de mil sítios foram descobertos, dos quais 140 encontram-se nas margens do riacho sazonal Ghaggar-Hakra, que banhava então a principal zona de produção da civilização do Indo.

64. Os primeiros carimbos de Harappa aparecem numa publicação feita em 1875, sob a forma de desenhos, de **Alexander Cunningham** (1814-1893).

Hoje são propostas várias possibilidades sobre esse povoamento. A hipótese clássica concerne a uma **possível imigração vinda da Ásia**, via Estreito de Bering, entre 13000 a.C. e 11000 a.C. Todavia, os restos do homem de Kennewick, encontrados perto do rio Colúmbia, mostram características caucasianas, ou seja, europeias. Durante muito tempo o sítio de Clóvis nos Estados Unidos serve de modelo, pois ferramentas, datando de 13500 a.C. a 11000 a.C., foram descobertas em 1932, quando de campanhas de escavações. Mas a descoberta do sítio de Lewisville no Texas, com lareiras associadas a carvão de madeira e ossos queimados de espécies extintas, datado de 38000 a.C. até 12000 a.C., recoloca em questão essa primazia. Os sítios ditos "pré-Clóvis" abundam também na América do Sul: o de Pikimachay nos Andes peruanos (22000 a.C.), a caverna de Pendejo (55000 a.C. a 33000 a.C.) e a gruta de Sandia (30000 a.C.-25000 a.C.) no Novo México. A América do Sul, cujo povoamento parecia mais tardio, traz provas de culturas muito antigas. Os primeiros resultados de análise de DNA mostram que os marcadores genéticos dos índios atuais são comparáveis não aos dos habitantes da Sibéria Ártica, mas da Europa e da Ásia Central. Parece, portanto, que seria preciso situar o berço dos povos indígenas da América na direção das regiões do Lago Baical. Mais que falar de uma só migração, é preciso considerar várias, talvez até por via marítima.

SEGUNDA PARTE
ANTIGUIDADE

A. AS PRIMEIRAS CIVILIZAÇÕES ANTIGAS DO ORIENTE MÉDIO E DO ORIENTE PRÓXIMO

A História começa em terras localizadas entre dois rios, a **Mesopotâmia**, marcada por seus primeiros textos escritos, primeiras grandes bibliotecas, primeiras cidades, seus zigurates em andares que não deixam de lembrar a torre de Babel, terrível desafio a Deus. Nos capitólios das igrejas romanas, encontram-se por vezes velhos temas animalistas mesopotâmicos, transmitidos pelas cruzadas. A Bíblia mostra uma visão maldita da Babilônia, de Nínive, que é recuperada na história da pintura. Semíramis, rainha lendária da Babilônia, inspira Voltaire, Mozart e Rossini. A Mesopotâmia é a história dos sumérios, dos acádios, dos caldeus, dos cassitas, de uma terra onde povos não param de se encontrar até meados do 1º milênio a.C. Em seguida, impera a Assíria e depois a Pérsia até Alexandre.

O Egito fascina pela longevidade e a unicidade de sua cultura. Os gregos e os romanos a descobrem, já com mais de 2 mil anos, por sua arte, pela diversidade de sua escrita e pela imponente majestade de seus monumentos.

O mundo hebraico se mistura ao do Egito, da Assíria, da Babilônia, da Pérsia, da Grécia helenística e de Roma, antes de modelar o Ocidente medieval pela continuidade do cristianismo. Como uma pequena tribo, parte de um canto do deserto, sem pátria, pôde sobreviver durante 3 mil anos às leis do mundo, acabando ao mesmo tempo por lhe dar suas próprias leis? Sua força foi encontrar durante milênios um equilíbrio entre uma abertura para o mundo exterior e o respeito pela Lei.

A HISTÓRIA ARRANCADA DAS AREIAS

Será preciso esperar o início do século XIX para que o Oriente Próximo e o Oriente Médio comecem a se abrir para a Europa. As pesquisas de **Heinrich Schliemann** (1822-1890), em Hissarlik (Troia), depois no Peloponeso, sobre os vestígios do mundo egeu têm como consequência a descoberta progressiva da antiguidade histórica das civilizações do Egito, da Palestina e do Oriente Próximo. O pré-historiador **Robert John Braidwood** (1907-2003) traz à luz o sítio de Qalaat Jarmo, no norte do Iraque, datado do fim do Neolítico, e dá origem a uma nova especialidade: a arqueologia proto-histórica. A filologia permite levantar o primeiro véu dos mistérios dessas civilizações pelo estabelecimento de um primeiro alfabeto cuneiforme em 1802. A etapa seguinte é a descoberta dos grandes sítios: Khorsabad por **Paul-Émile Botta** (1802-1870) com o palácio de **Sargão II** (721 a.C.-705 a.C.), **Austen Henry Layard** (1817-1894) e a biblioteca de Assurbanipal (669 a.C.-627 a.C.) com seus milhares de tabuletas de argila. As primeiras escavações da Mesopotâmia expõem os sítios de Susa, Uruk e Ur. Nippur e Susa revelam a existência dos sumérios graças à riqueza de seu mobiliário mortuário. **Jacques de Morgan** (1857-1924) restitui uma obra formidável da história mesopotâmica: o *Código de Hamurabi*, primeiro código completo das leis babilônicas, datado de c. 1750 a.C. No primeiro quarto do século XX, realizam-se novas escavações e, sobretudo, um aporte essencial para a arqueologia, a descoberta de tabuletas cuneiformes encontradas em Tell el-Amarna, que continham correspondência diplomática dos faraós Amenófis III e Amenófis IV, redigida em acádio. O nome de **André Parrot** (1901-1980) permanece associado às escavações de Mari e, com o de **Samuel Noah Kramer** (1897-1990), começa-se a dizer que a História começa na Suméria[65], título de sua obra datada de 1956, em razão do surgimento do sistema contábil e do início da escrita em meados do 4º milênio a.C.

---

65. Samuel Noah Kramer, *L'Histoire commence à Sumer* [A História começa na Suméria], Paris; Flammarion (Champs histoire), 2009.

CAPÍTULO I
A MESOPOTÂMIA

1. PRELÚDIO ÀS PRIMEIRAS CIVILIZAÇÕES

Entre os primeiros vilarejos, como Mallaha, de entre 12000 a.C. e 10000 a.C.; a primeira cidade fortificada, Jericó, cercada por uma muralha de pedra de 5 m de altura; o início do uso do cobre, há 8 mil anos, e **a civilização de El-Obeid** (5000 a.C.-3750 a.C.), milênios transcorrem para que a arquitetura se desenvolva em terraceamento. Eridu é o sítio mais importante, mais antigo em povoamento, residência terrestre do deus Enki, senhor das águas e das técnicas. Situado na Mesopotâmia meridional, perto do Golfo Pérsico, ele recebe mais tarde o nome de Suméria. Uma arquitetura gigantesca aparece também em Uruk, civilização que dá origem à da Suméria. Os muros dentados aparecem. Os mortos são colocados em caixas. Pela primeira vez, o homem ocupa a Mesopotâmia do Sul. **A civilização de Uruk** (c. 3700 a.C.-c. 3000 a.C.) deve seu nome ao sítio epônimo, hoje Warka, no sul do Iraque. É um centro político e religioso cujo prestígio é reforçado pelo mito de Gilgamesh, seu rei. Nas proximidades, outras cidades da Baixa Mesopotâmia tornam-se também centros urbanos maiores: Eridu, Ur e Jemdet Nasr. Este último sítio, próximo à Babilônia, dá seu nome à época de transição que encerra a de Uruk, conhecida sob o nome de **civilização de Jemdet Nasr** (c. 3100 a.C.-c. 2900 a.C.), frequentemente considerada como a primeira etapa de uma civilização mesopotâmica verdadeiramente brilhante. Ao se desenvolver, a planta simples do templo dá origem ao templo escalonado, o zigurate. Infelizmente, nenhum zigurate foi encontrado em sua integridade. Cerca de trinta sítios até hoje foram recenseados. O principal material de construção é o tijolo. O primeiro a ter edificado esse tipo de monumento é **Ur-Nammu** (2112 a.C.-2094 a.C.), na terceira dinastia de Ur (2112 a.C.-2006 a.C.). Na Mesopotâmia, existem outras edificações construídas em altura; trata-se de "templos plataformas", que se parecem com os zigurates. Assim como eles, são construções de culto, erigidas sobre plataformas. A mais antiga remontaria à civilização de El-Obeid

(5º milênio a.C.-4º milênio a.C), e a mais recente, à época cassita (1595 a.C.-1155 a.C.). Os dois tipos de construção coexistiram durante centenas de anos.

CONTAS, ESCRITAS, MARCAS

A invenção da escrita na Suméria faz os homens entrarem efetivamente para a História. As mais antigas formas de escrita compõem-se de ideogramas: a escrita representa de maneira figurativa exclusivamente objetos ou seres vivos. Os primeiros escribas gravam essas representações em argila mole com buril. Quando o primeiro traço do desenho é esboçado, a ponta forma na argila mole um pequeno canto, daí o nome posterior de "escrita cuneiforme", escrita em forma de cantos. Os primeiros documentos escritos nascem em torno de **3400 a.C.-3300 a.C.** Trata-se de documentos administrativos, frequentemente contábeis, que estabelecem listas. Com os progressos da escrita, os anais reais e outros tipos de texto desenvolvem-se, as tábuas aumentam de tamanho e adotam uma forma retangular. Terminado o texto, a tábua é cozida, o que permite sua conservação e explica o grande número de arquivos encontrados nos sítios de Uruk, Susa, Kish e Ur, ou seja, mais de 5.500 tabuletas. **O período de Uruk** também desenvolve um sistema numérico que, talvez, seja até mesmo anterior ao da escrita. Os resquícios são atestados sob a forma de *calculi* (*calculus*, no singular, "pequena pedra", em latim). São pequenas bolas, esferas, bastonetes, cones perfurados cujo tamanho determina o valor. Os sumérios utilizam a numeração de base 60, ou sexagesimal. Nesse sistema, o cone pequeno vale 1, a bola pequena, 10, o cone grande, 60, o cone grande perfurado, 3.600, e a esfera perfurada, 36 mil. Os carimbos cilíndricos nascem com a escrita. São **pequenos cilindros**, por vezes feitos em forma de anel, gravados com representações, divindades e sinais cuneiformes. São rolados sobre a argila fresca para assinar um documento, marcar uma ânfora indicando seu conteúdo, a exatidão das contas de um templo etc. Eles têm, portanto, o papel de uma marca que autentica transações econômicas, documentos oficiais, atos privados de doação, de partilha, de sucessão. Aparecem em Uruk, por volta de 3200 a.C., e espalham-se rapidamente. Os motivos gravados são variados, ao menos no início (cenas religiosas, vida quotidiana): depois o estilo evolui para uma forma mais apurada, um friso geométrico que pode ser reproduzido infinitamente.

RELIGIÃO: OS FUNDAMENTOS DO SISTEMA SUMÉRIO

Toda a vida da cidade organiza-se em torno do templo, que se torna mais complexo. A edificação inicial passa a formar um verdadeiro bairro: o templo propriamente dito, seguido dos armazéns, dos edifícios de uso administrativo, das habitações destinadas aos sacerdotes. Tal é o caso, em Uruk, do templo consagrado a Inanna, deusa do amor, mais tarde chamada de Ishtar pelos assírios e pelos babilônios. Seu templo, o Eanna ou "Casa do Céu", compõe-se de um pátio central retangular, rodeado de construções de tijolos, com paredes ornadas com adornos feitos de pregos de argila cozida, em cores, que formam um mosaico. A edificação, de grande dimensão, tem 80 m de comprimento por 40 m de largura. Os muros externos formam uma saliência dentada, pois são regularmente excedidos por torres salientes. Inanna está na origem de dois mitos sumérios fundamentais, o da morte e renascimento de seu esposo Dumuzi e o de sua descida ao inferno.

O ETERNO RETORNO LEMBRA ALGUMA COISA A VOCÊS?

Inanna toma por esposo o deus pastor Dumuzi, seu nome sumério, Tammuz para os babilônios. Segundo uma versão do mito, Dumuzi, ainda mortal, não sobrevive à sua união com uma deusa. Ele morre, fica no Inferno uma parte do ano, depois renasce na primavera, substituído no mundo inferior por sua irmã Geshtinanna. Numa outra versão, é a própria Inanna que desce ao Inferno para desafiar sua irmã mais velha, Ereshkigal e sucedê-la no trono. **As primeiras versões sumérias** do mito da descida de Inanna-Ishtar ao Inferno datam de, aproximadamente, 2300 a.C.; um texto mais completo deve-se a uma versão acádia do 1º milênio a.C. É a narrativa da permanência no Inferno da deusa. Ela se arrisca no Inferno a fim de encontrar ali um modo de aumentar seu poder, segundo uma versão, ou de retomar seu esposo, segundo outra versão. Mas ela deve seduzir o porteiro do Inferno e deixar, em cada uma das sete portas transpostas, uma peça de roupa. Após sua partida, os casais não se encontram mais, nenhuma criança nasce. Na ausência do amor, mais nada cresce sobre a terra. O rei dos deuses, Ea, decide reagir: Ishtar pode deixar o "país sem retorno", transpor as portas em sentido inverso e reaver a cada vez uma peça de roupa, mas deve deixar Dumuzi seguir seu destino. O mito inscreve-se na prática da realeza sagrada: todos os soberanos sumérios identificam-se com Dumuzi. Todos os anos, durante as festas de Ano-Novo, o rei une-se simbolicamente a uma sacerdotisa de Inanna. Sua hierogamia, ou casamento sagrado, assegura para o ano que virá a fertilidade das terras e a fecundidade das mulheres. A cerimônia desenrola-se numa ambiência festiva, plena de júbilo popular, no Eanna, o templo de Inanna em Uruk.

O NASCIMENTO DA REALEZA

Para os historiadores, o nascimento da realeza define a época das dinastias arcaicas (c. 2900 a.C.-c. 2600 a.C.) e pré-sargônicas (c. 2900 a.C.-c. 2375 a.C.). O processo de urbanização desenvolve-se e as cidades surgem tanto no território da Suméria quanto nos vales do Tigre e do Eufrates, assim como na Síria, com Ebla. Dois povos estão, então, na Baixa Mesopotâmia: **os sumérios** nos arredores do Golfo Pérsico, no sul, e **os acádios**, povos semitas, no Norte. Na origem, suas civilizações se parecem: elas desenvolvem a irrigação e a escrita, que passa de linear a cuneiforme. Divididas em cidades-Estado, sem dúvida logo entram em combate umas contra as outras. No comando encontram-se um rei e uma divindade protetora da cidade. A maioria pertence primeiramente aos sumérios. Algumas de suas cidades, Uruk e depois Ur, exercem uma verdadeira hegemonia. Mas o conjunto é marcado pela importância das divisões políticas. Cada cidade-Estado domina uma terra mais ou menos vasta, bem como cidades-satélite. Por volta do 3º milênio a.C., no Eufrates, num território do tamanho da Suíça, ao longo dos três canais do Eufrates e do Tigre, existem cerca de quinze estados, cada um explorando uma parte da rede. Trata-se de fato de microestados com vários centros urbanos. Assim, um Estado como o de Lagash, em meados do 2º milênio a.C., estende-se por 65 km ao longo de vários canais do Tigre. Explora aproximadamente 2.000 km² de terras irrigadas, apresenta 25 burgos, quarenta vilarejos e não menos que três cidades importantes: uma capital religiosa, Girsu, uma capital política, Lagash, e um porto situado no Tigre. À frente de cada cidade-Estado, encontra-se: um rei, nomeado *En*, "senhor", em Uruk; um rei sacerdote, *Ensi*, "vigário", em Lagash, onde seria mais um representante de seu deus, que, só, reina verdadeiramente sobre a cidade; e um *Lugal*, "grande homem", em Kish, o que já poderia indicar uma função real mais política. Os documentos de época, principalmente a *Lista Real Suméria*, que traça a história da Mesopotâmia desde sua origem, abundam em fins brutais de dinastias em consequência de derrotas militares. Parece que, até a dominação imposta por Sargão da Acádia (c. 2334 a.C.-c. 2279 a.C.), todas as cidades sumérias estão em conflito latente entre si. As informações a esse respeito devem-se aos arquivos da biblioteca de Ebla, sítio arqueológico ao sul de Alepo, na Síria atual. Com mais de 17 mil tábuas, essa documentação permite conhecer melhor as relações diplomáticas entre os estados sumérios.

PALÁCIOS, BIBLIOTECAS E TÚMULOS DAS DINASTIAS ARCAICAS (C. 2900 A.C.-C. 2600 A.C.)

Além do palácio real de Kish, o de Mari, conhecido sob o nome de palácio de Zimri-Lim, impõe-se por suas dimensões. Com uma superfície superior a 2,5 ha, comprimento de 25 m e largura de 120 m, conta com quase trezentos cômodos. Alguns são perfeitamente identificados, como a sala do trono, com 25 m de comprimento, 11,5 m de largura e 12 m de altura, ou ainda os estábulos, a Casa do Rei, a Casa das Mulheres e os depósitos. **Os arquivos de Mari** forneceram, além disso, **cerca de 20 mil tábuas em acádio**, informando tanto sobre os acontecimentos políticos quanto sobre a vida cotidiana no palácio. Inúmeras estátuas foram descobertas em Mari, dentre as quais a de Iddin-EI, príncipe governador de Mari, conservada no museu do Louvre; ou da *Grande Cantora Ur-Nanshé* ou *Ur-Nina*, exposta no Museu Nacional de Damasco. Quanto aos templos, o modelo mais notável é o do "templo oval", assim nomeado pelo fato de uma muralha nesse formato delimitar seu perímetro na cidade. O próprio templo, construído no centro, fica sobre uma plataforma. **Os túmulos reais de Ur** são descobertos por **Charles Leonard Woolley** (1880-1960) em 1927, no sítio da antiga cidade-Estado, que ele escava entre 1919 e 1934. Mais de 1.800 túmulos são descobertos, mais ou menos ricos segundo a estirpe do morto. Túmulos reais extraordinários, dezesseis no total, são escavados, dentre os quais os dos reis Meskalamdug e Akalamdug e da rainha Puabi são os mais notáveis. Enumerar o conjunto do que foi encontrado no interior dessas fossas mortuárias permite perceber a riqueza e a variedade de seu conteúdo: leitos, instrumentos de música, armas, baús, louça, joias e ornamentos suntuosos. Os corpos dos grandes personagens são cercados por charretes com burros e bois. Descobriu-se também, nesses túmulos reais, um painel de madeira representando a Guerra e a Paz em cada um dos lados. Trata-se de um díptico composto de painéis separados, um nomeado "Guerra" e outro, "Paz". A ornamentação é feita com conchas, madrepérolas, pedaços de calcário vermelho e lápis-lazúli. Um rei e soldados conduzindo charretes figuram no painel "Guerra", uma cena de exército em campanha. Por falta de um nome melhor, chamaram-lhe *Estandarte de Ur*, o que supõe sua função militar.

A arte do relevo das dinastias arcaicas

As esculturas em três dimensões do período são admiráveis por um personagem em particular, o orante, vestido com uma tanga de longas mechas que imitam os pelos de cabra, o *kaunakes*, sentado ou em pé. A estátua é similar a uma estátua cúbica: o corpo extremamente estilizado limita-se ao tronco, com os braços cruzados sobre o peito, e a um rosto estereotipado, mas no qual brilham imensos olhos incrustados, arregalados ao máximo para reproduzir o estado de êxtase daquele que mergulha na contemplação do divino, à imagem da estátua de alabastro do intendente Ebih-Il, de Mari, conservada no museu do Louvre. O baixo-relevo é ilustrado nas inúmeras tábuas votivas, perfuradas no centro para a passagem dos bastões de sacrifícios. A obra-prima da época continua sendo a *Estela dos Abutres*, um documento datado de aproximadamente 2450 a.C., descoberto no sítio de Tello, antiga Girsu, perto do Tigre. De um lado, Eannatum, rei de Lagash, conduz suas tropas em filas cerradas, pisando os vencidos da cidade rival, Umma. No registro inferior, o mesmo príncipe precede seus soldados, mas numa charrete. Esse lado político, que exalta o poder real, associa-se a um lado teológico, no verso, em que Ningirsu, deus principal de Lagash, apossa-se dos inimigos, pegando-os com sua rede, na presença do rei vencedor Eannatum.

NOMES DE DEUSES

A criação do panteão sumério, mesmo que se defina ao longo dos períodos posteriores, efetua-se durante o período das dinastias arcaicas. Lagash, por seu poder militar, difunde seu deus nacional, Ningirsu, e, do mesmo modo, Enki-Ea em Eridu, Utu-Shamash em Sippar e Larsa, Nanna em Ur, Enlil em Nippur, Inanna em Uruk. Os deuses vivem, amam, lutam como os homens, mas continuam imortais. Cada um contribui com o funcionamento do mundo: Shamash, deus do sol, Nanna-Sin, a lua crescente, Enlil, o senhor do sopro. Dentre os deuses, distinguem-se aqueles que correspondem às diferentes partes do mundo: céu, terra, inferno; as divindades astrais: Sol, Lua, estrelas; as forças do mundo: raio, tempestade e os deuses da fertilidade. Os quatro deuses criadores são An, Enki, Enlil e Ninhursag, deusa da Terra.

An: *An*, em sumério, *Anu* em acádio, é considerado o deus-céu. Ele ocupa o cume do panteão babilônico. Quase oitenta divindades compõem sua família. O número simbólico que o representa é 60, considerado como perfeito no sistema sexagesimal.

Enki: deus das fontes e rios, é mencionado nos textos sumérios mais antigos. Seu templo principal encontra-se em Eridu e traz o nome de "Templo de Abysse".

Enlil: senhor do ar ou senhor do sopro, é o segundo na hierarquia divina, mas seus atributos ultrapassam largamente os de um mestre dos ventos e ares. É mencionado desde a época de Jemdet Nasr. Seu número é 50 e seu símbolo, uma tiara com chifres. Ele reina com sua esposa divina Nin-lin (a Dama-Sopro) sobre toda a Suméria.

Ninhursag: deusa-mãe, ela representa a fertilidade; seu símbolo é ômega.

Outras divindades impõem-se pouco a pouco.

Ishtar: deusa do amor físico e da guerra, é uma das grandes figuras do panteão assírio-babilônico. Talvez seja a reprodução da deusa semítica Inanna dos sumérios. Rainha dos céus nos textos sumérios, filha do deus Lua, Nanna, ela tem como símbolo a estrela inscrita num círculo e o número 15. Seu santuário em Uruk chama-se Eanna.

Marduk: deus tutelar da Babilônia, é na origem um simples deus agrário. Somente torna-se uma divindade nacional sob **Nabucodonosor I** (c. 1126 a.C.-c. 1105 a.C.). Acaba por suplantar Enlil como deus supremo do panteão e retoma seu número 50. O dragão é seu animal emblemático; seu planeta é Júpiter.

Nergal: o culto de Nergal é muito antigo, uma vez que o rei **Shulgi** (c. 2094 a.C.-c. 2027 a.C.) já o adorava em seu tempo. Esse deus mesopotâmico do Inferno é também chamado "o Mestre da grande cidade", ou seja, do mundo subterrâneo.

Shamash: filho do deus Lua, Sin, e de sua companheira, Ningal. É o deus assírio-babilônico do Sol, corresponde ao deus sumério Utu. É o deus da justiça invocado pelos oráculos e adivinhos. Ele ornamenta o *Código de Hamurabi*, já que é ele quem governa a justiça e o direito.

Tiamat: mar primordial, ainda que por vezes andrógina, simboliza, no poema da criação babilônica, Enuma Elish, as águas salgadas, a massa aquosa indistinta das origens. Seu animal simbólico é o dragão. Percebida como um monstro, ela acaba vencida por Marduk, que faz de seu corpo o céu e a terra.

DO ALTO DOS CÉUS AO INFERNO: OS TEXTOS MÍTICOS

❖ **Enuma Elish**: poema babilônico da criação, cujas primeiras palavras servem de título: "Quando no alto...". A data provável de redação é o século XII a.C. Nessa versão, o deus principal é Marduk, que derrota Tiamat. A primeira frase completa da gesta cosmogônica é: "Quando no alto o céu não era nomeado e quando aqui embaixo a terra não havia recebido um nome, Apsu primordial, seu genitor, e Moummou Tiamat, de todos a genitora, confundiam em uma todas as suas águas..."[66].

❖ **Epopeia de Gilgamesh**: relata os feitos heroicos do quinto rei da primeira dinastia de Uruk, que reina em 2500 a.C. aproximadamente. De tradição oral, começa a formar um texto completo sob a primeira dinastia da Babilônia, por volta de 2000 a.C. A versão mais acabada, composta de doze tábuas de mais de 3.400 versos, é a da biblioteca de Assurbanipal (668 a.C.-627 a.C.), em Nínive. Gilgamesh reina sobre o povo de Uruk e o tiraniza. Diante das lamentações dos homens, Anu, deus principal de Uruk, envia-lhe um rival, um homem selvagem, Enkidu. Gilgamesh, para civilizá-lo, oferece-lhe uma cortesã. Ele sucumbe a seu charme durante seis dias e sete noites e deixa, com isso, de ser um homem selvagem. Ele vai a Uruk e provoca Gilgamesh, que o vence, episódio que sela sua amizade. Juntos, eles correm o mundo, desafiam a deusa Ishtar e matam o touro do céu. A afronta a Ishtar não é tolerada pelos deuses e Enlil condena Enkidu à morte. É depois da morte de seu amigo que Gilgamesh realmente empreende sua epopeia e parte, então, à conquista da imortalidade. Ele encontra Utnapishtim, o Noé mesopotâmico que sobrevive ao Dilúvio, e assim ganha a imortalidade. Após uma primeira recusa de revelar a Gilgamesh uma maneira de conquistá-la, ele acaba por pagar com seu sofrimento:

Gilgamesh, eu vou te revelar
uma coisa escondida
sim, eu vou te revelar
um segredo dos deuses:
existe uma planta como o espinho
ela cresce no fundo das águas
seu espinho picará tuas mãos
como faz a rosa
se tuas mãos arrancarem essa planta
tu encontrarás a vida nova[67].

---

66. Vladimir Grigorieff, *Les Mythologies du monde entier* [As mitologias do mundo inteiro], Alleur, Marabout, 1987, p. 48.

67. Abed Azrié, *L'Épopée de Gilgamesh* [A epopeia de Gilgamesh], Paris, Berg international, 1991, p. 176.

"Gilgamesh consegue obter a planta mágica, mas não pode aproveitar seu poder. Na estrada de volta a Uruk, a esperta serpente o engole. A narrativa termina com a amarga constatação do herói de uma vida de dores, perdida na tentativa de conquistar o impossível"[68].

- **Descida de Ishtar ao Inferno**: narrativa da estadia da deusa Ishtar (ou Inanna) no reino de sua irmã, Ereshkigal, de sua morte e de seu renascimento, graças à intervenção de Ea. As primeiras versões sumérias do mito datam de aproximadamente 2300 a.C., um texto mais completo deve-se a uma versão acadiana do 1º milênio a.C.

2. O PERÍODO ACÁDIO (C. 2375 A.C.-C. 2180 A.C.), UM IMPÉRIO PODEROSO

O período Acádio (c. 2375 a.C.-c. 2180 a.C.), também conhecido sob as denominações de Império Acádio ou Império Acadiano, é marcado pela constituição de um poderoso império, capaz de dominar o mundo mesopotâmico, sob o impulso de dois soberanos fora do comum, Sargão da Acádia (c. 2334 a.C.-c. 2279 a.C.) e seu neto Naram-Sin (c. 2255 a.C.-c. 2219 a.C.). A glória do Império da Acádia é mantida viva por diversas fontes. Os documentos escritos, milhares de tábuas encontradas nos sítios de Girsu, Umma, Nippur, e até Susa, informam sobre o funcionamento político e administrativo. As obras de arte, estelas comemorativas glorificando os feitos militares de um soberano, completam a documentação; a mais célebre dentre elas é a *Estela da vitória de Naram-Sin*, conservada no museu do Louvre.

SARGÃO DA ACÁDIA, ENTRE MITO E HISTÓRIA

O Império da Acádia constitui-se pela vontade de um homem nascido longe do trono, Sargão da Acádia (c. 2334 a.C.-c. 2279 a.C.). A história começa em Kish. Depois da morte da regente Kubaba, seu neto, **Ur-Zababa**, sucede-a. Ele emprega, dentre uma miríade de serviçais, um jovem como copeiro-mor, função importante, já que compreende o cuidado de zelar pelas oferendas de bebidas diversas apresentadas aos deuses. Em condições obscuras, esse copeiro-mor destrona o rei e o substitui. É então, para afirmar seu direito de reinar, que ele toma o nome dinástico de Sharru-Kin, "o rei é estável" ou "o rei é legítimo", que se torna Sargão em português. Mestre de Kish, Sargão entra em guerra contra o mais poderoso príncipe da Mesopotâmia, **Lugal-Zagesi** de Umma. Vence-o, apossa-se de Uruk, sua capital, alcança a esperada ascensão ao subjugar Ur, depois toda a Baixa Mesopotâmia até o

---

68. Florence Braunstein, "L'Épopée de Gilgamesh" [A epopeia de Gilgamesh], em *Encyclopædia Universalis*.

Golfo Pérsico. Tendo dominado os sumérios, Sargão estende seu império a Mari, Ebla na Síria, Elam e as regiões vizinhas de Zagros. O rei instala-se na Acádia, cuja localização ainda nos é desconhecida. É o neto de Sargão, **Naram-Sin** (reinado: c. 2255 a.C.- c. 2219 a.C.), que conduz a Acádia ao seu apogeu.

A ESTELA DE NARAM-SIN

Há poucos vestígios dos edifícios construídos durante o período do Império Acadiano. Em contrapartida, a arte dos carimbos cilíndricos inaugura novos temas: episódios da gesta de Gilgamesh, herói de outras epopeias; a história do rei pastor Etana, que tenta atingir o céu para ter um filho; ou o combate dos deuses e dos demônios. A escultura tem como principal exemplo a *Estela da vitória de Naram-Sin*, conservada no museu do Louvre. Trata-se de uma placa de arenito, de aproximadamente 2 m de altura por 1,50 m de largura, descoberta em Susa, mas provinda da Babilônia. O rei, de tamanho heroico, domina os lulubis de Zagros, vencidos, mortos e moribundos a seus pés; enquanto, diante dele, mas com tamanho humano, seu rei, Satuni, endereça-lhe gestos de submissão. Seus soldados o rodeiam enquanto os vencidos caem nas ravinas. Essa estela, encontrada em Susa, para onde havia sido transportada após um ataque surpresa bem-sucedido do rei dessa cidade contra Sippar, no século XII a.C., data aproximadamente de 2250 a.C. e continua sendo uma obra excepcional da arte acadiana.

3. O PERÍODO NEOSSUMÉRIO (C. 2200 A.C.-C. 2000 A.C.)

O filho de Naram-Sin, **Charcalicharri** (c. 2218 a.C.-c. 2193 a.C.), passa por um reinado difícil, devendo afrontar os temidos montanheses gutis, vindos de Zagros, cordilheira que vai do Iraque até o Irã. Com sua morte, o Império se rompe. Pouco depois, os gutis tomam a Acádia. Após o Império Acádio, eles controlam a Baixa Mesopotâmia, durante aproximadamente um século, antes que sejam, por sua vez, varridos pelos reis de Ur. **O período neossumério** (c. 2200 a.C.-c. 2000 a.C.) se inicia. É marcado pela segunda dinastia dos príncipes de Lagash, dentre os quais Gudea, muito célebre, e pelos soberanos da terceira dinastia de Ur.

4. A TERCEIRA DINASTIA DE UR (C. 2112 A.C.-C. 2004 A.C.), NOVAMENTE A SUMÉRIA

Em 2113 a.C., **Ur-Nammu** (c. 2113 a.C.-c. 2095 a.C.) de Ur toma o poder e nomeia-se "o poderoso rei da Suméria e da Acádia", formando a terceira dinastia de Ur (c. 2112 a.C.- c. 2004 a.C.). Ele controla a Suméria, a Acádia, uma parte da

Mesopotâmia do norte e o Elam. É o retorno da preeminência da Suméria; o sumério é língua de estado, os antigos soberanos tornam-se funcionários, podendo ser destituídos ou substituídos. A organização do Estado se dá pela realização do cadastro de Ur-Nammu e do *Código de Ur-Nammu*, a mais antiga coleção de leis mesopotâmicas conhecidas, bem antes daquele do rei **Hamurabi** (c. 1792 a.C.- c. 1750 a.C.) da Babilônia. O fim do Império Acádio permite à cidade-Estado de Lagash recuperar sua independência, com o estabelecimento da segunda dinastia de Lagash, conhecida, sobretudo, pelo reino do príncipe governador **Gudea**, "o Chamado", por volta de 2141 a.C. a 2122 a.C. Muito rapidamente, Lagash passa ao controle da terceira dinastia de Ur, mas deixa uma herança artística importante.

UM PRÍNCIPE PIEDOSO: GUDEA DE LAGASH (C. 2141 A.C.-C. 2122 A.C.)

Gudea exerce o poder em Lagash no momento em que o reino da Acádia desaparece. Um número considerável de inscrições trazem-no à luz, principalmente as que relatam a construção de um templo, o Eninnu, dedicado ao deus tutelar da cidade de Girsu, Ningirsu. A atividade religiosa torna a cidade extremamente próspera se considerarmos o número importante de templos e santuários ali construídos, assim como em Ur, Nippur, Uruk. A piedade de Gudea é ilustrada também pelas numerosas estátuas à sua efígie, a maioria em diorito, pedra dura. A representação segue regras idênticas. Sentado ou em pé, braços dobrados, ele cruza as mãos, a mão esquerda com a direita por baixo. Com um chapéu real de pele, sua vestimenta drapeada deixa livre o ombro direito. Uma de suas mais tocantes representações sai um pouco do modelo comum, a dita *Gudea com o vaso que flui*, proveniente de Girsu. Se o chapéu e o drapeado são costumeiros, o príncipe segura nas mãos um vaso dourado pelo qual jorra um fluxo de água que se derrama de um lado e de outro do corpo. Com seu fluxo de água, a terra é fertilizada, ligada novamente à massa aquosa primordial. A estátua foi feita para ser depositada no templo da deusa Geshtinanna, esposa de Ningishzida, deus pessoal de Gudea.

SOCIEDADE: MULHERES PROTEGIDAS PELAS LEIS

É o soberano que autoriza os diferentes poderes. Seu palácio, sua residência simbolizam o centro administrativo supremo. Ele detém o poder em virtude de atributos pessoais e de um mandato recebido dos deuses. Sua função é constituir um laço entre o divino e o humano. O rei mesopotâmico é o representante da divindade, e seu poder estende-se, portanto, a todos os domínios da vida coletiva. O aparelho administrativo compõe-se de dignatários, notáveis locais e um imenso pessoal. O recrutamento faz-se no conjunto das camadas sociais da população. Os escravos não desempenham um papel importante nesse tipo de sistema econômico; em geral prisioneiros de guerra, eles só aparecem raramente nas listas de pessoal. Deve-se distingui-los dos servos cuja vida é ligada à de seu mestre. Os direitos da mulher são protegidos juridicamente. Ela dispõe de bens próprios, que administra livremente, exerce inúmeras profissões e por vezes até assume responsabilidades importantes. No casamento, é subordinada à autoridade de seu marido. Após a morte deste, ela pode gerir e defender os interesses de seus herdeiros. O código fixa os detalhes de sucessão, mas também o caso em que a mulher seria repudiada injustamente.

A ARTE DOS PRIMEIROS GRANDES ZIGURATES

É pela arquitetura que esse período é marcante. Os primeiros grandes zigurates, templos em degraus, são edificados em Ur por Ur-Nammu e Shulgi. Eles ganham em seguida os principais centros religiosos: Nippur, Eridu, Uruk. O princípio consiste em construir degraus uns sobre os outros a partir de tijolos cozidos colocados numa argamassa de asfalto. A solidez dada ao conjunto explica a sobrevida não somente das fundações, mas também das partes da superestrutura. O zigurate de Ur é um templo de três degraus, três cubos maciços que se sobrepõem, com mais de 21 m de altura e uma base de 62 m por 43 m. Foi restaurado por Nabonido, último soberano do Império Neobabilônico por volta de 560 a.C.

5. O PERÍODO AMORITA (C. 2004 A.C.-1595 A.C.)

No fim do período, a Babilônia reconstitui em seu benefício um império, com o reinado enérgico do grande soberano **Hamurabi** (c. 1792 a.C.-c. 1750 a.C.). Ele começa seu reinado provavelmente na qualidade de vassalo de um de seus poderosos vizinhos, de Larsa ou de Assur. Usando ao mesmo tempo de diplomacia e da guerra conforme as circunstâncias, ele subjuga Larsa, o Elam, Mari, Yamutbal no leste do Tigre e em seguida a Assíria, ao menos por um tempo. Senhor da Suméria e da Acádia, fica, em determinado momento, à frente de toda a Mesopotâmia. Hamurabi não é somente um conquistador e um hábil diplomata, mas quer, sobretudo, fazer perdurar o seu poder. Para isso, ele unifica e harmoniza. A religião é dominada pelo culto de Marduk, deus da dinastia, e pelo de Shamash, deus do sol e da justiça. O acádio é promovido mais uma vez a idioma nacional. A sociedade é organizada em função do *status* de cada um. Esta desmorona por volta de 1595 a. C. na ocasião de um ataque surpresa hitita, desfechado por uma população guerreira vinda da Anatólia.

O CÓDIGO DE HAMURABI GRAVADO EM BASALTO

O *Código de Hamurabi* é o mais antigo documento dessa natureza que chegou até nós. Seu predecessor, o *Código de Ur-Nammu*, só chegou a nós em fragmentos. Mais que um conjunto de medidas propriamente jurídicas, o texto, ao longo de seus 281 artigos, enumera o que é autorizado, legal, ou não. O conjunto forma um *corpus* de leis, não uma teoria jurídica ou uma doutrina; seu valor depende de sua utilidade, que se queria espontaneamente prática. É conhecido pela estela epônima, de basalto negro, com 2,50 m de altura, conservada no museu do Louvre. Na origem, colocada em Sippar, no templo, é transportada pelos elamitas a sua capital, Susa (no atual Irã), por volta de 1150 a.C. O cume da estela é consagrado a uma representação em relevo do rei Hamurabi, em pé diante do deus da justiça e do sol, Shamash, sentado em seu trono, que lhe entrega o bastão (cetro) e o anel simbólicos do poder. Os diversos artigos do código regem a estratificação social, separando o homem livre do palácio (ou seja, da corte ou *ekal*), depois o *awilum*, livre de casta superior, do homem livre de menor casta, o *muskenum*, e do escravo ou *wardum*. Depois vêm os prêmios e salários, o funcionamento do aparelho judiciário, as atribuições dos tribunais e por fim, o catálogo das penalidades. Essas medidas compreendem a prática da lei do talião, verdadeiro fundamento do sistema penal, mas regido pelo *status* pessoal: se um homem livre assassina outro, ele será morto também; mas, se ele mata um escravo, basta substituí-lo por outro junto de seu proprietário.

O DINHEIRO NO TEMPO DE HAMURABI

Mesmo que ainda não se conheçam as moedas, o dinheiro circula bastante no Império Bibilônio na época de Hamurabi. Se o ouro é raro, o dinheiro é usado sob a forma de placas recortadas, varas, anéis ou pequenos lingotes. O valor é estritamente definido: o anel de prata, o mais corrente, pesa aproximadamente um terço de siclo, que, por sua vez, pesa aproximadamente 6 g. As principais unidades são:

– o *biltu*, ou talento, de 60 minas ou libras;
– a *mina* de 60 siclos, ou seja, aproximadamente 500 g;
– o *siclo* de aproximadamente 6 g.

Todavia, os empréstimos contraídos ou obtidos e as dívidas também se fazem em espécie, tanto mais que o essencial da movimentação financeira efetua-se entre os grandes templos da região.

A LITERATURA DA BABILÔNIA

Nos primeiros tempos da dinastia amorita é composta a *Lamentação sobre a Destruição de Ur*, poema deplorando o fim trágico da resplandecente cidade, por volta de 2004 a. C. É nestes termos pungentes que o fim é relatado:

Ó, pai Nanna, esta cidade transformou-se em ruínas...
Seus habitantes, no lugar de cacos, preencheram seus flancos;
Seus muros foram rompidos, o povo geme.
Sob suas portas majestosas, onde comumente passeava-se, jazem os cadáveres;
Em suas avenidas, onde havia as festas da região, jazem montes de corpos.
Ur – seus fortes e fracos estão mortos de fome;
Os pais e as mães que ficaram em sua morada foram vencidos pelas chamas;
As crianças deitadas no colo de suas mães, como peixes, as águas levaram-nas.
Na cidade, a esposa foi abandonada, a criança foi abandonada, os bens foram dispersos.
Ó, Nanna, Ur foi destruída, seus habitantes espalharam-se[69]*!*

É também durante a primeira dinastia da Babilônia que começam a ser elaboradas duas narrativas fundamentais da mitologia mesopotâmia: a da criação do mundo, a gesta cosmogônica de Enuma Elish ("Quando no alto") e a primeiríssima narrativa do Dilúvio, mais tarde retomado no Antigo Testamento, a vida movimentada de Utnapishtim, o "Muito sábio".

6. O PERÍODO CASSITA (C. 1595 A.C.-C. 1080 A.C.)

Os hititas são substituídos por novos conquistadores, os cassitas, que fundam na Babilônia uma dinastia que se impõe durante vários séculos. Esse período, **o período cassita** (c. 1595 a.C.-c. 1080 a.C.), é extremamente conturbado pelas migrações de povos. Os hicsos invadem o Egito; os indo-europeus, a Ásia Menor; os elamitas pilham Babilônia e destronam, por sua vez, a dinastia cassita. Graças a **Nabucodonosor I** (c. 1124 a.C.-c. 1103 a.C.), a cidade encontra seu papel de centro político e o deus Marduk retoma seu lugar de deus tutelar, em seu santuário, o Esagila. As relações diplomáticas que se desenvolvem no século XIV a.C. não têm precedentes tanto por sua intensidade quanto por sua amplitude geográfica. Os arquivos de Tell el-Amarna, redigidos em língua acádia, dão uma ideia da correspondência trocada entre os faraós **Amenófis III** (1391 a.C.-c. 1353 a.C.), seu filho **Amenófis IV** (c. 1353 a.C.-c. 1335 a.C.) e numerosos reis e vassalos da Palestina e da Síria. Os cassitas são pouco conhecidos, apesar de quatro séculos de dominação. Eles dominam a Babilônia e todo o sul da Mesopotâmia, mas são vencidos ao mesmo tempo pelos assírios do norte e pelos elamitas do leste. Essa luta incessante acaba por cansá-los e eles passam a ser dominados pela Assíria quando sobe ao trono **Adad-Nirari II** (c. 911 a.C.-c. 891 a.C.), fundador do reinado neoassírio.

---

69. Samuel Noah Kramer, "Lamentation over the Destruction of Ur" [Lamentação sobre a Destruição de Ur], em *Assyriological Studies*, n. 12, Chicago, 1940, p. 39.

> **ARQUITETURA MONUMENTAL: O ZIGURATE DE TCHOGHA-ZANBIL**
>
> É na região de Elam, no território atual do Irã, que é preciso procurar o mais impressionante testemunho arquitetônico do período, o zigurate de Tchogha-Zanbil, edificado pelo rei Untash-Gal (século XIII a.C.). O complexo compreende um templo dedicado ao deus sumério Inshushinak, instalado no alto dos cinco andares do zigurate. Cada andar era começado diretamente sobre o solo, ao contrário dos outros edifícios desse tipo nos quais os andares sustentam-se uns sobre os outros. As dimensões revelam a amplitude do projeto: o complexo é delimitado por uma muralha de 210 m por 175 m, o zigurate original chegava a mais de 60 m, numa superfície de 105 m por 105 m. Mais uma vez, contrariamente aos outros zigurates, o acesso é feito por uma escada interna, e não por degraus externos, que permite chegar às plataformas. Uma segunda muralha, de 470 m por 380 m, cerca edifícios cultuais secundários. Por fim, uma terceira muralha de 1.250 m por 850 m, devia abrigar uma cidade nunca construída, Dur Untash. Restaram apenas vestígios de três palácios e de um outro templo.

7. BABILÔNIA (C. 1000 A.C.-C. 600 A.C.)

Se a **segunda dinastia de Isin** (c. 1154 a.C.-c. 1027 a.C.) conhece rapidamente o sucesso com a vitória de Nabucodonosor I (c. 1126 a.C.-c. 1105 a.C.) sobre os elamitas, colocando um fim à dinastia cassita e dando à Babilônia sua independência, por volta do ano 1000 a.C. assiste-se a sua ruína, com as investidas dos arameus, em 1207 a.C. Os caldeus aproveitam a ocasião para disputar com eles o controle. Todo o século IX e grande parte do século VIII a.C. são o eco das lutas entre arameus e caldeus, depois caldeus e assírios, para dominar a Babilônia. **Nabucodonosor II** (605 a.C.-562 a.C.) leva-a a seu apogeu. Quando de sua ascensão ao trono, este goza de uma situação de política exterior privilegiada, pois seu pai venceu pouco antes os assírios e os egípcios. Ele implanta um protetorado em Jerusalém, mas a revolta dos reis de Judá o obriga a tomar a cidade, em 597 a.C. e 586 a.C. Ele deporta em parte a população. Embeleza sua capital, reconstrói as muralhas, edifica as portas, dentre as quais a de Ishtar, separa a cidade por uma longa via processional orientada norte-sul, que liga o palácio real a um largo bastião. O templo de Marduk é aumentado e embelezado. O último soberano independente da Babilônia é **Nabonido** (c. 556 a.C.-c. 539 a.C.), que é deposto por **Ciro II, o Grande** (c. 559 a.C.-c. 530 a.C.).

A ARQUITETURA: A BABILÔNIA DE NABUCODONOSOR II

As escavações revelaram a Babilônia de **Nabucodonosor II** (605 a.C.-562 a.C.). A cidade é rodeada por uma dupla muralha, os muros têm entre 6,50 m e 3,75 m de espessura.

As duas partes da cidade, a cidade nova a oeste, a cidade velha ao leste, são separadas por uma ponte de 115 m que permite ligar as duas margens do rio. A cada 15 m ou 20 m, torres colocadas ao longo da muralha reforçam a segurança. No coração da cidade eleva-se o templo dedicado ao deus Marduk, assim como sua zigurate com 91 m de altura. Famosos por serem luxuriantes, os jardins suspensos da Babilônia se encontravam perto do palácio de Nabucodonosor. O rei apaixonado teria mandado construí-los para satisfazer os caprichos de uma mulher, Amitis, filha do rei de Média. São associados também à rainha Semíramis pelos autores gregos e estão entre as Sete Maravilhas do mundo. São na realidade os jardins em plataformas do palácio de Nabucodonosor II, elevando-se gradualmente de 23 m a 91 m. Segundo **Estrabo** (*Geografia*, XVI, 1-5), eles são colocados uns sobre os outros com o auxílio de arcos empilhados como cubos. Para **Diodoro de Sicília** (*Biblioteca histórica*, II, 10-1), trata-se de plataformas suspensas por colunas. A torre de Babel, ou Etemenanki (casa do fundamento do céu e da terra), é conhecida principalmente por um episódio do primeiro livro da Bíblia relatando a cólera de Deus contra os homens que tiveram a arrogância de querer construir para si um edifício elevando-se até ele. Com 90 m de altura, ela se encontra ao lado da via processual e do templo do deus Marduk. Descoberta em junho de 1913, não resta quase nada dela. Suas dimensões são conhecidas graças a um texto gravado numa tábua de argila conservada no museu do Louvre, a *Tábua de Esagila*.

O TEXTO TINTIR, A DESCRIÇÃO ÚNICA DA BABILÔNIA

Graças ao texto *Tintir*, **uma topografia que descreve templos, bairros, palácios** e fornece sua localização, na época da segunda dinastia de Isin, nós conhecemos a Babilônia transformada por Nabucodonosor II, que se estende por quase 1.000 ha. A cidade é cercada por uma sucessão de três muralhas, separadas por fossos cheios d'água. Ela forma um triângulo, na margem oriental do Eufrates. Uma segunda linha de fortificação é estabelecida com a muralha interna, ela própria composta de dois muros, Imgur-Enlil ("Enlil mostrou seu favor") e Nimit-Enlil ("A Muralha de Enlil"). À maneira da muralha externa, o conjunto é pontilhado de portas, guardado por pequenos fortes incorporados aos muros. O *Tintir* registra o nome das oito portas: de Shamash, de Adad, do Rei, de Enlil, de Ishtar, de Marduk, de Zabada, de Urash. A mais conhecida é a consagrada à deusa Ishtar, a Porta de Ishtar, fim da via processual ao norte da cidade. Os muros são ornados de baixos-relevos em tijolo esmaltado, representando, num fundo azul, touros e dragões. Ela está conservada no Museu de Pérgamo de Berlim. A muralha interna delimita o coração da cidade, vasto, com aproximadamente 500 ha, dividido em dez zonas. Na consagrada ao deus Eridu, concentram-se os templos: o Esagila, templo de Marduk, e o Etemenank, o zigurate assimilado à torre de Babel. Ao norte de Eridu fica a zona dos palácios de Nabucodonosor II. As duas margens do rio são ligadas por uma ponte feita de tijolos cozidos e de madeira. Na montante, Nabucodonosor II edifica um escolho de tijolos a fim de dividir a corrente e diminuir também sua potência. Três palácios reais encontram-se na Babilônia: **o Palácio Sul**, encastrado na muralha Imgur-Enil, organizado em torno de cinco grandes pátios orientados de leste a oeste, onde reside Nabucodonosor II, que recebe em audiência numa grande sala do trono com paredes decoradas com tijolos coloridos envernizadas; **o Palácio Norte**, ou "Grande Palácio", montado sobre as muralhas, ao norte do Palácio Sul, organizado em torno de dois vastos pátios; **o Palácio de Verão**, perto da muralha externa, a aproximadamente 2 km ao norte dos dois precedentes, é uma construção datada do final do reinado.

BABILÔNIA: O FIM DA INDEPENDÊNCIA

O último soberano independente da Babilônia é **Nabonido** (556 a.C.-539 a.C.). No princípio governador da Babilônia, ele comete o erro político de solicitar ajuda aos persas, que acabam por tomar a Babilônia em 539 a.C. Seu soberano, **Ciro II** (c. 559 a.C.-c. 530 a.C.), atira-o na prisão e confia Babilônia a seu filho **Cambises II** (530 a.C.-522 a.C.). Os aquemênidas dominam a partir de então a Babilônia, sem, todavia, fazer dela uma província. Por detrás de uma independência de fachada, a região é subjugada. Em 331 a.C., **Alexandre, o Grande** (356 a.C.-323 a.C.), toma a Babilônia: faz dela sua residência favorita, restaura os palácios, o Esagila, cria uma oficina monetária. Aí morre subitamente em 10 de junho de 323 a.C. Após um período conturbado em que os diádocos, os "sucessores", generais de Alexandre, disputam o poder entre si, Seleucos I (c. 358 a.C.-280 a.C.) torna-se sátrapa, governador, da Babilônia em 312 a.C. Proclama-se rei da Síria em 305 a.C. e funda **a dinastia dos selêucidas** (305 a.C.-64 a.C.). Confina a Babilônia ao patamar de capital provincial, preferindo sua nova cidade, Selêucia do Tigre. A Babilônia começa, então, uma lenta e irremediável decadência, passando ao controle dos partos arsácidas entre 141 a.C. e 122 a.C. Aparentemente, é no século II que a população deixa definitivamente a cidade, que cai pouco a pouco em ruínas. A história do fim da Babilônia é conhecida por uma obra original, devida ao sacerdote do Bélos grego, **Beroso** (século III a.C.), que redige uma *Babiloniaka*, ou "História da Babilônia", para o rei **Antíoco I** (324 a.C.-261 a.C.).

CAPÍTULO II
A ANATÓLIA

A Anatólia, o Oriente dos gregos, também chamada de Ásia Menor, é uma península que forma o essencial da atual Turquia, da Ásia, no leste. É delimitada pelo mar Negro ao norte, pelo mar Mediterrâneo ao sul, pelo mar Egeu a oeste, pelo Eufrates e pelos montes Tauro a leste. É nesse quadro geográfico que se sucedem duas grandes civilizações, a dos hatitas (apogeu: c. 2400 a.C.-c. 1900 a.C.), fundindo-se com os recém--chegados, os hititas, que fundam um vasto império no Oriente Próximo antes de sucumbir aos ataques dos Povos do Mar por volta de 1900 a.C. e 1200 a.C. Mais ao sul, sempre na Ásia Menor, estabelecem-se os fenícios, por volta de 2000 a.C.

1. QUEM SÃO OS HITITAS?

A origem dos hititas é controversa. São mais frequentemente apresentados como indo-europeus vindos da Europa, da região dos Bálcãs, pressionados pelas migrações de outros grupos humanos, principalmente os curganos, naturais da região entre Dniepre e Volga. Todavia, alguns arqueólogos os consideram anatólios, bem como os hatitas que eles absorveram. **Desaparecem no século XIII a.C.**, favorecendo a unificação parcial da Anatólia pelos príncipes hititas de Kussar, que escolhem Kanesh/Nesa como capital. Parece que os hititas instalaram-se, por migrações sucessivas a partir de aproximadamente 2000 a.C., na região delimitada pela curva do rio Halys, entre o mar Negro e o mar Cáspio. Acomodam-se dentre os hatitas já presentes. Uma ampla tolerância permite a fusão dos dois grupos. A língua vernácula é o hitita, o *hatti* é a língua litúrgica, redigida pelos hititas em alfabeto cuneiforme. Enquanto os assírios, cuja presença é marcada pelo comércio entre 200 a.C. e 300 a.C., não se misturam aos hatitas, os hititas formam com eles um novo povo, na confluência de duas heranças civilizacionais. Será preciso esperar o reinado de **Labarna I** (reinado: c. 1680 a.C.-c. 1650 a.C.)

para que o poder hitita se constitua. Ele é considerado o verdadeiro fundador de um reino capaz de tornar-se um império. Estabelece sua capital em Kussar e usa o título de Grande Rei. Sua existência é, talvez, lendária, mas sua herança revela-se tão importante que seus sucessores fazem de seu nome um título real: serão todos "Labarna" em sua intitulação, do mesmo modo que serão "Grandes Reis". O último rei hitita é **Suppiluliuma II** (reinado: c. 1200 a.C.-c. 1190 a.C.). Alguns pequenos principados neo-hititas, em Alepo, Karkemish, mantêm-se antes de desaparecerem após as investidas assírias entre 750 a.C. e 717 a.C.

UM TEMPLO COM BALAUSTRADA NAS JANELAS

A arte hitita é o fruto do encontro entre a dos hatitas e os aportes indo-europeus da Idade do Bronze. **Mais de 30 mil tábuas**, redigidas em cuneiforme, em seus diversos idiomas (hitita, acádio, hurrita), informam-nos sobre a diplomacia, a religião, o direito. Na falta de estatuária monumental, encontram-se inúmeras efígies humanas ou animais, ídolos, em chumbo, prata, marfim, carimbos de ouro. O primeiro Império Hitita não modifica esses fundamentos. Tudo muda com o apogeu do Império Hitita e o nascimento da arquitetura monumental. Assim, em Hattusa, o Grande Templo ocupa uma superfície de 160 m de comprimento por 135 m de largura. É dedicado a Tarhunt, ou Teshub, o deus da Tempestade. No interior dessa vasta muralha, o templo tem a forma de um retângulo, com um pátio interno. Após uma sala hipostila, o coração do santuário é composto de nove capelas. A maior, consagrada a Tarhunt, abriga sua estátua. Uma das particularidades desse templo é a existência de janelas com balaustrada no muro externo, o que rompe com o sistema de construção mesopotâmio de muros cegos. Sem conhecer a arte das colunas, os hititas asseguram o suporte dos telhados por pilares quadrados. A aproximadamente 2 km a nordeste de Hattusa, encontra-se o sítio de Yazilikaya, um centro cultural rupestre a céu aberto, onde abundam as representações em baixo-relevo. A função exata do santuário é ainda debatida, entre lugar de culto funerário, memorial associado ao grande templo de Hattusa ou vontade do rei de ordenar o panteão hitita aproximando-o do dos hurritas, prolongamento na pedra de sua reforma litúrgica.

A REGILIÃO HITITA, GRANDES EMPRÉSTIMOS

A religião hitita reflete a capacidade dos hititas de conservar os cultos que emprestam de todos os povos aos quais se agregam. Isso explica a existência de um panteão supranumerário que os próprios hititas, bem longe de conhecê-lo em sua totalidade, denominam de "mil deuses do Hatti". Além da influência do Hatti, a das divindades hurritas inscreve-se na religião hitita, principalmente sob a influência da forte personalidade da rainha hurrita **Puduhepa**, esposa de Hatusil III (c. 1265 a.C.-c. 1238 a.C.). Originária do reino de Kizzuwatna, ela é sacerdotisa de uma das formas da deusa Ishtar. Consignando os atos reais com seu esposo, ela desempenha um papel fundamental em matéria de política, mas também de religião, favorecendo o sincretismo entre a Deusa-sol de Arinna, a Wurushemu hatti, e a deusa hurrita Hebat. A maioria das divindades são encarnações das forças naturais. Seu lugar no panteão não é fixo, suas relações são evolutivas. Os mitos da Suméria e da Acádia (Akkad), a epopeia de Gilgamesh ou a hierogamia de que nasce Sargão são adotados pelos hititas.

As principais divindades hititas são o deus da Tempestade – Tarhunt em hitita, Teshub em hurrita –, munido do raio, simbolizado pelo touro, adorado em Hattusa; sua esposa, a Deusa-sol de Arinna; Wurunkatte, deus da guerra; Telibinu, deus da vegetação e da fertilidade; Khalmasuit, a "deusa do trono". O deus da Tempestade é assimilado ao deus hurrita Teshub que, como ele, é mestre dos elementos em ação na atmosfera, chuva, vento, raio, e a deusa do sol é sua esposa divina, Hebat.

O FIM DA CIVILIZAÇÃO HITITA: UM NÓ GÓRDIO

O fim da civilização hitita sobrevém em vários episódios. Por volta de 1200 a.C., um povo indo-europeu, os frígios, conquista Anatólia central e provoca o fim do Império Hitita. Eles desenvolvem, em torno de sua capital, Górdio, aproximadamente 80 km a sudeste da atual Ancara, uma civilização que termina com a conquista lidiana em 696 a.C., antes de ser incorporada ao Império Persa em 696 a.C. É em Górdio, em 333 a.C., que Alexandre, o Grande, corta o célebre nó górdio. Górdio era uma cidade tida como a chave da Ásia. Em 333 a.C., o exército de Alexandre passa ali o inverno, antes de retomar os combates na primavera. Muito curioso, Alexandre visita o templo local de Júpiter. Os sacerdotes mostram-lhe a biga do pai do rei Midas, Górdios. Sua particularidade consiste no jugo formado de uma série de nós, muito apertados, muito encavalados. A lenda predizia que aquele que conseguisse desfazê-los seria mestre da Ásia. Após um exame atento, Alexandre tira sua espada e corta o emaranhado. Dois anos lhe bastarão para realizar a profecia. A Frígia é também conhecida por seu segundo rei, Midas, ao qual Dionísio, como recompensa por ele ter abrigado Sileno ébrio, o sátiro que lhe serve de pai adotivo, concede o poder de transformar tudo o que toca em ouro. Condenado a morrer de fome e de sede, Midas obtém do deus a anulação do voto mergulhando as mãos nas águas do rio Pactolo, cuja areia transforma-se em pó de ouro. Terminado o Império Hitita, os hititas vão dar origem a pequenos reinados, conhecidos pelo nome de reinados neo-hititas: confederação do Tabal, na Capadócia; Milid, ao longo do Eufrates; Cilícia, Karkemish, Arpad ou Alepo no sul. Todos sucumbem às investidas assírias entre 750 a.C. e 717 a.C., aproximadamente.

2. OS HURRITAS, ORIGEM DESCONHECIDA

A origem exata dos hurritas ainda é pouco conhecida, assim como seu grupo étnico preciso. Por volta de 2500 a.C., acomodaram-se a leste do curso superior do Tigre, entre este rio e o lago de Van. Ao longo dos séculos seguintes, dirigem-se para o Médio Eufrates e entram em contato com os mesopotâmios do norte, os acádios que os subjugam. Mas a queda da Babilônia permite-lhes recuperar sua independência. Aos pequenos reinados de origem, situados no Curdistão e ao pé do Zagros, acrescentam-se os do norte da Síria. No século XVI a.C., poderosas entidades políticas hurritas constituem-se, como o reinado de Kizzuwatna e, em seguida, o Império de Mitanni que, nos séculos XV a.C. e XIV a.C., estende-se do lago de Van até Assur e do Zagros até o mar Mediterrâneo. O poder hurrita é tal que contém, então, a expansão do rival hitita, impõe-se à Assíria e afronta o Egito. Depois da queda de Mitanni, vencido por sua vez pela Assíria, os hurritas ainda ficam na Síria por aproximadamente um século. Eles formam, por volta do 1º milênio a.C., o reinado de Urartu no planalto armênio.

O IMPÉRIO DE MITANNI (C. 1600 A.C.-C. 1270 A.C.)

O Império de Mitanni nasce, por volta de 1600 a.C., do agrupamento dos pequenos reinados hurritas já existentes. Essa nova potência política é nomeada *Nhr*, Naharin, pelos arquivos diplomáticos egípcios de Tell el-Amarna, *Hurri* pelos documentos hititas e, finalmente, *Mitanni*, pelos escribas assírios. É este último que entra na história para designar o apogeu dos hurritas, o reinado ou Império de Mitanni. Os soberanos de Mitanni dividem-se entre duas capitais, Taidu, na região de Tell Brak, ao norte do atual Hassake, e Wassugani, um sítio ainda não identificado. O primeiro rei de Mitanni estende seu poder graças à sua tropa montada, composta de equipagens de dois homens montados numa charrete rápida de duas rodas. Shaushtatar I (c. 1440 a.C.-c. 1410 a.C.) subjuga a Assíria, pilha Assur, sua capital, depois agrega a seu império Alepo, Karkemish, Kizzuwatna, Hana e Ugarit. Controlando o norte da Síria, depara-se com a supremacia egípcia na região. Várias campanhas vitoriosas do faraó **Tutmósis III** (c. 1478 a.C.-c. 1425 a.C.) enfraquecem Mitanni: na batalha de Megido, em 1458 a.C., ele derrota uma coalisão de príncipes sírios reunidos pelo príncipe de Kadesh; uma série de campanhas liberam toda a Fenícia e toda a Síria, levando-o até Karkemish. Sua ação é continuada por seu sucessor, **Amenófis II** (c. 1450 a.C.-c. 1425 a.C.); em seguida, Mitanni e o Egito vão substituir a guerra por uma diplomacia de casamentos entre as filhas do rei mitano e os faraós. Mas as investidas do Egito prenunciam o declínio de Mitanni, incapaz de resistir a seus dois adversários, o Império Hitita em plena expansão e a Assíria. Finalmente, **Salmanasar I** da Assíria (c. 1274 a.C.-c. 1245 a.C.) põe um fim à ficção de um Mitanni independente e arrasa o país, transformando-o na província do Hanigalbat.

A ARTE HURRITA

A arte hurrita revela-se especialmente difícil de identificar, tanto é complexo diferenciá-la das outras formas de expressão artística contemporâneas, principalmente hititas. É nesse contexto delicado que deve ser apresentada a cidade de Alalakh e seu palácio real, situados no sítio de mesmo nome, ao norte da curva do Oronte, na atual Turquia, correspondendo hoje à Tell Açana. A cidade, sob o nome de Alakhtum, já é conhecida nos textos amorreus, no século XVIII a.C. Tendo passado ao controle de Alepo, integrada ao reino alepino do Yamkhad, torna-se Alalakh por volta da metade do século XVIII a.C. É por essa época que o rei **Yarim-Lim** (que reina de 1781 a.C. a 1765 a.C.) edifica seu palácio. Ele é composto de duas partes, o palácio residencial real propriamente dito e suas dependências administrativas. Os dois são unidos por um vasto pátio rodeado de muros. Cada parte é formada por dois andares. As fundações, de pedra, têm, acima, paredes de tijolos.

A RELIGIÃO HURRITA, UMA BASE ANATÓLIA

A religião hurrita baseia-se na anatólia. Os deuses principais são Teshub, deus da Tempestade, sua esposa divina Hebat e seu filho Sharruma. Além deles estão Shaushka, deusa do amor, parente de Ishtar; Shimegi, deus do sol; Ishara, deus da escrita; Kushukh, o deus da lua; Hepit, o deus do céu; Kumarbi, o deus da natureza. O principal mito hurrita que chegou até nós em parte é o *Ciclo de Kumarbi* ou *Canto da Realeza do Céu*, do nome do primeiro canto. É composto de cinco cantos. Somente os fragmentos dos dois primeiros permitem traçar um mito que se encontra, adaptado ao mundo grego, na *Teogonia* de Hesíodo. O mais antigo texto religioso encontrado em língua hurrita é o conjunto de instrumentos da fundação sob o nome de *Leão de Urkish*, conservado no museu do Louvre. A peça, datada do século XXI a.C., provém provavelmente do nordeste da Síria e compõe-se de duas partes: um leão rugindo, em cobre, tem, sob suas patas dianteiras, uma tábua também de cobre; sua cauda em forma de prego mantém sob a tábua de cobre uma segunda tábua de pedra branca. Ambos trazem um mesmo texto de maldição, no qual Tishatal, soberano de Urkish, ameaça com a cólera dos deuses qualquer um que destrua o templo que ele edifica para o deus Nergal.

CAPÍTULO III
OS FENÍCIOS

Os fenícios, ou os "vermelhos" segundo os gregos, que os chamam assim em razão dos tecidos tingidos de púrpura que exportam, **ocupam, no 4º milênio a.C.**, o atual Líbano, ao qual é preciso acrescentar hoje territórios da Síria, Palestina e Israel. Sua língua, uma forma de cananeu, aparenta-se ao hebreu; não existe verdadeiro Estado fenício unificado sob a direção de um soberano, mas antes um grupo de cidades, o mais frequentemente na costa, e seu interior é pouco extenso. Cada cidade é governada por um príncipe assistido por um conselho de notáveis. Segundo as épocas consideradas, uma ou outra exerce certa proeminência. As principais são: Tiro, Sidom, Biblos, Berito, no Líbano; Arvad, Ugarit, na Síria. Apertados entre as cadeias de montanhas e o mar, os fenícios, excelentes navegadores, vão fundar, a partir de Tiro, um verdadeiro império marítimo. Frota de guerra e frota de comércio movimentam-se entre a metrópole e as colônias do Mediterrâneo ocidental: Malta, Sicília, Sardenha, fundações na Península Ibérica (futuras Lisboa, Cadis, Cartagena, Málaga) ou na costa da África do Norte (as futuras Trípoli, Cartago, Túnis, Argel, Mogador). É pelas cidades fenícias ou pelo comércio que transitam não somente diferentes gêneros alimentícios (óleo, vinho, trigo), mas também os metais e pedras raras, os perfumes, a madeira de cedro. As capacidades excepcionais de marinheiros fenícios, elogiadas já na Antiguidade, são confirmadas também pelos périplos, navegações longínquas de descoberta. Os principais são empreendidos pelos descendentes dos fenícios, os cartagineses, por volta de 450 a.C.-400 a.C. por Hannon ou Himilcon.

1. O ALFABETO FENÍCIO

O alfabeto fenício é um alfabeto que anota somente as consoantes, chamado alfabeto consonantal ou *abjad*. É o caso do árabe ou do hebreu. Os primeiros sinais dessa escrita alfabética encontram-se no sarcófago do rei Ahiram de Biblos, datado do século XII a.C., obra classificada na lista "Memória do mundo" da Unesco em 2005. O alfabeto fenício, provavelmente provindo de um alfabeto linear, ou protocananeu, de 23 sinais, derivados dos hieróglifos egípcios, **dá origem ao alfabeto grego**, que acrescenta as vogais, e ao aramaico. Outros numerosos alfabetos lhe devem a existência: árabe e hebreu a partir do aramaico, romano por transmissão do modelo etrusco.

2. A ARTE FENÍCIA, UMA INFLUÊNCIA DO EGITO

A arte fenícia exprime as influências, especialmente egípcias e hurritas, que a permeiam, mas também mesopotâmica e assíria, refletindo as diversas dominações sucessivas. Os artistas fenícios, por outro lado, são mais originais no trabalho com os metais, as estatuetas de bronze dourado, as pateras (ou vasos para libações em ouro ou prata), pequenos objetos de marfim, de joalheria. A escultura é muito diretamente influenciada pelo Egito, e o mesmo ocorre com a escultura dos templos, decorados tanto com *uraeus* e serpentes coroadas quanto com esfinges, e formados por um local de culto rodeado de pórticos e de armazéns. Além do templo, os arquitetos fenícios edificam, nas colônias, mas não na própria Fenícia, tofetes, lugar central do culto onde se pratica o sacrifício das crianças, o mais conhecido entre eles encontrado em Cartago.

3. A RELIGIÃO FENÍCIA: FERTILIDADE E PROSTITUIÇÃO

A religião fenícia é conhecida essencialmente pelos textos gregos e romanos que lhe imprimem frequentemente uma imagem pouco lisonjeira. É um politeísmo que mistura grandes deuses nacionais e divindades locais, baseado no culto da fertilidade, associado à prostituição sagrada dos sacerdotes e sacerdotisas e à prática dos sacrifícios humanos. Os principais deuses são Baal, "O senhor", ou melhor, os Baals, já que esse título está ligado a um aspecto particular da divindade; assim, Baal Bek é "Senhor Sol". Enquanto deus nacional da Tempestade e da Vegetação, Baal é adorado sob o nome de Hadad. Sob sua forma de Baal Shamîn, "Senhor dos Céus", é mestre do universo. Segundo os autores romanos, era em seu nome que se sacrificavam as crianças. Seu grande templo, o Beth Habaal, a "Casa do Senhor", está em Tiro. Os gregos assimilam-no a Cronos e, para os judeus, ele é Baal Zebub, o "Senhor da Casa", nosso Belzebu, príncipe dos demônios. Em Berito (Beirute), sua esposa divina é Baaltis, nascida do mar, assimilada pelos gregos a Afrodite. O maior dos deuses é El, cujo nome significa "O Deus", adorado em Ugarit com sua esposa, a deusa Ashera, em rivalidade com Hadad, talvez seu filho. Astarte é a deusa da fertilidade; Anath, a da guerra. Em Tiro é especialmente honrado Melcarte, o "Rei da Cidade", fundador e protetor das colônias. É ele que traz riqueza aos mercadores e colheita aos camponeses, pois governa no regresso das estações e simboliza o sol jovem e cheio de vigor. Segundo **Plínio, o Velho** (23-79), oferecem-lhe, em Cartago, sacrifícios humanos[70] e, em Sidom, o culto principal vai para Eshmun, deus curador. A representação dos deuses fenícios é amplamente influenciada pelo Egito, devido tanto à suserania egípcia durante o Antigo Império Egípcio quanto ao comércio de madeira de cedro entre Biblos e o domínio do faraó. Às principais divindades dos fenícios, é preciso acrescentar os Kabirim, os "Poderosos", venerados em todos os lugares, em número de oito. São filhos e filhas da Justiça, Zadyk. Os gregos conhecem-nos pelo nome de Cabires.

---

70. Plínio, o Velho, *Histoire naturelle* [História Natural], XXXVI, 5.

CAPÍTULO IV
A ASSÍRIA

A Assíria, no sentido primeiro do termo, significa o "país de Assur", que designa uma cidade, seu território plano e o principal deus venerado. O "país de Assur" torna-se a Assíria à medida que se expande. Está situada na Alta Mesopotâmia, ao norte, na região do curso superior do Tigre. A origem precisa dos assírios ainda não foi determinada; instalam-se na região durante o 3º milênio a.C. São dominados sucessivamente pelos acádios, os gutis e submetidos à terceira dinastia de Ur. O declínio desta última permite a Assur uma independência relativa por volta de 2010 a.C. Mais tarde, Assur fica conhecida principalmente como o centro de uma organização mercadora que se estende até a Anatólia. Os mercadores assírios agrupam-se em zonas, principalmente em Kanesh. Por volta de 1850 a.C., **Ilusuma** governa o reino independentemente de Assur, expande-o ao sul e a leste, mas se depara a oeste com o rei Sumuabu da Babilônia. Por falta de fontes, os séculos seguintes da história de Assur são obscuros, referindo-se à época amorita ou ao momento em que o país passa a ser dominado por Mitanni. É o enfraquecimento de Mitanni que permite a Assur recobrar não somente a independência, mas também a aparência de potência política, sem que seja possível retraçar as etapas dessa ascensão. O último monarca notável é **Teglath-Falasar I** (c. 1116 a.C.-c. 1077 a.C.), que assegura o controle do Alto Eufrates ao dominar os mushkis, uma tribo georgiana e, depois, promove expedições vitoriosas em Urartu, toma posse do reino de Kizzuwatna (Cilícia), domina os arameus do norte da Síria, toma Biblos, Saida, exige tributo das cidades fenícias e do príncipe de Karkemish. Mas o reinado é assombrado pelo regresso em massa dos arameus, que, após sua morte, tomam a Alta Mesopotâmia, reduzindo a Assíria ao reino de Assur original, entre Assur e Nínive. A sorte da Assíria é o estado lamentável de seus rivais: a potência hitita esfacela-se e a Babilônia revela-se incapaz de empossar uma dinastia estável. O retorno brilhante da Assíria ocorre com a chegada ao trono do rei **Adad-Nirari II** (c. 911 a.C.-c. 891 a.C.), fundador do Império Neoassírio.

1. A ARTE PALEOASSÍRIA PARA A GLÓRIA DE ASSUR

A arte assíria do período paleoassírio (2º milênio a.C.) é em grande medida eclipsada pela do período neoassírio, entre 911 a.C. e 609 a.C. Herdeira de sua precursora mesopotâmia, todavia, é legítimo extrair daí alguns traços gerais, que perduram durante toda a história da Assíria. É uma arte oficial, destinada a glorificar o deus Assur e, portanto, seu representante na terra, o rei. Palácios e templos têm a função de mostrar aos súditos do reino, e também aos estrangeiros, o poder divino e real. A forma escolhida é o baixo-relevo, representado em ortóstatos, placas de alabastro ou de calcário de aproximadamente 1 m de comprimento por 2 m a 2,5 m de largura. Os súditos ilustram a glória do rei, construtor ou general vencedor.

A ARQUITETURA ASSÍRIA

Em arquitetura, há a edificação de palácios e templos fortificados. A muralha, sem janelas, mais frequentemente com uma única porta e ornada de torres, decoradas com touros androcéfalos e leões gigantescos, encerra um espaço palaciano que se reparte entre vários pátios, cada um com construções enfeitadas com ortóstato ou tijolos envernizados. Um vestíbulo com colunas sustenta um telhado plano. Alguns muros dos palácios eram pintados, mas há poucos vestígios. Os templos seguem uma planta idêntica, mas com pátio interno único. Diante da entrada, a *cella*, parte fechada do templo, abriga a estátua do deus. Em torno do pátio, diferentes cômodos de usos variados. A influência suméria nota-se pelo zigurate, no próprio templo ou nas proximidades.

2. A RELIGIÃO ASSÍRIA

A religião assíria não apresenta grande originalidade, já que se inspira no modelo mesopotâmio, ou seja, os deuses da Babilônia também são os seus. Dois grandes deuses dominam o panteão: Adad, deus da Tempestade, o Teshub dos hurritas, ou o Hadad dos arameus, e principalmente Assur, o deus nacional e rei dos deuses. Ele é o verdadeiro mestre da cidade e do reino epônimo, assegurando seu triunfo e sua prosperidade. Para governar, delega suas funções ao rei, seu representante, mas este não age por sua própria iniciativa, apenas executa as ordens do deus supremo e é o intérprete de suas vontades. O culto a Assur acontece em seu grande templo da capital, o Esharra, a "Casa do todo". É edificado ao nordeste, sobre um pico rochoso acima do curso do Tigre. Compõe-se de um pátio em forma de trapézio, cercado por um muro, que dá acesso à capela do deus. Sua extensão é de 110 m de comprimento por 60 m de largura. Acrescenta-se a ele um zigurate e depois, no século VII a. C., uma segunda torre e uma rampa processional construídas pelo rei **Senaqueribe** (704 a.C.-681 a.C.).

Assur é o "Deus do todo", criador do mundo, do Inferno, da humanidade. Sua esposa é a deusa Ishtar. É representado armado com um arco em posição de tiro, num disco alado. O novo rei é coroado em seu templo e é para Assur que faz o relatório de suas campanhas vitoriosas.

3. UM ENIGMA: OS POVOS DO MAR?

Os Povos do Mar ainda são um enigma para os historiadores. Sua existência é atestada pelos textos egípcios, datando do reino de **Meremptá** (ou Mernepta, c. 1213 a.C.-c. 1204 a.C.), faraó da XIX dinastia, e do de **Ramsés III** (c. 1184 a.C.-c. 1153 a.C.), soberano da XX dinastia. Os dois monarcas são glorificados por terem evitado um ataque dos Povos do Mar, ou Povos do Norte, ou Povos das Ilhas. Quando do primeiro confronto, a coalisão dos Povos do Mar compreende os *Eqwesh*, os *Luka*, os *Shekelesh*, os *Sherden* e os *Teresh*. Celebrando sua derrota nos muros de seu templo mortuário de Medinet Habu, Ramsés III menciona os *Peleset*, os *Thekker*, os *Shekelesh*, os *Denien* e os *Wesheh*. As idenficações seguintes foram realizadas: Eqwesh (aqueus), Luka (lícios), Shekelesh (sículos, dando seu nome à Sicília), Sherden (sardinianos, dando seu nome à Sardenha), Teresh (tirrênios, apresentados por vezes como os ancestrais dos etruscos), Peleset (filisteus, dando seu nome à Palestina), Denyen (danaans, de Danaã, "aqueles das ilhas"). Os Povos do Mar aparecem também na correspondência diplomática do rei hitita **Suppiluliuma II** endereçada a **Hamurabi** (c. 1191 a.C.-c. 1182 a.C.) de Ugarit. Por volta de 1200 a.C., esses grupos – cuja identidade resta provar – multiplicam as expedições no Mediterrâneo oriental. É o momento em que Chipre é pilhada, em que o poder hitita desmantela-se, em que Ugarit é destruída. Seria esse o resultado da chegada dos conquistadores? Alguns historiadores estão convencidos disso, outros privilegiam ataques esporádicos que contribuíram para a perda do poder enfraquecido, sem ser a sua causa direta. Do mesmo modo misterioso que apareceram, os Povos do Mar desaparecem dos textos por volta de 1000 a.C. O fim do período consagra o nascimento do primeiro grande império universal, com a Pérsia.

4. O IMPÉRIO MÉDICO (SÉC. VII-550 A.C.), TRIBOS IRANIANAS

Os medos são um povo formado por tribos do Irã Antigo, ao noroeste do país atual, a diferenciar de seus vizinhos persas, instalados ao leste e ao sudeste do lago Úrmia, com os quais eram confundidos durante a Antiguidade, por exemplo, na expressão "guerras médicas". Os chefes das tribos médicas são particularmente belicosos. Vivem da agricultura e da criação de cavalos. Aparecem nos anais das expedições conduzidas contra eles pelo rei assírio **Salmanasar III** (c. 859 a.C.-c. 824 a.C.) em 835 a.C. Tradicionalmente, a história do reino médico começa com **Déjoces** (c. 701 a.C.-c. 665 a.C.), que consegue unir as tribos médicas, que o proclamam rei, conforme a narrativa de **Heródoto** (c. 484 a.C.-c. 425 a.C.) nas Histórias, no livro I. São incorporados ao Império Persa a partir do reinado de **Ciro II, o Grande** (c. 559 a.C.-c. 530 a.C.).

5. A CIVILIZAÇÃO MÉDICA, UMA QUESTÃO EM SUSPENSO

A civilização médica coloca um problema para a sua identificação, pois, excluindo-se Ecbátana, nunca é possível certificar-se de que os medos ocuparam a região. Até mesmo em Ecbátana, não se sabe quais foram os níveis de ocupação médica. Por outro lado, é muito difícil isolar a cultura médica da dos outros povos do noroeste do Irã, principalmente de seus poderosos vizinhos persas, que vão dominá-los e revestir as bases médicas com a cultura material e espiritual da Pérsia aquemênida. Algumas regiões são mais facilmente atribuídas aos medos, como Godin Tepe, perto de Ecbátana. A cidade é dotada de uma citadela em parte protegida por uma muralha, um arsenal, um palácio com sala hipostila e um templo do fogo. É o sítio de Nush-i Jân que fornece o edifício mais bem conservado, sob a forma de uma torre cruciforme. Um primeiro cômodo dá numa sala abobadada que abriga um altar e uma bacia. Depois, uma escada permite chegar ao andar de cima, onde se encontra o altar do fogo.

A ARTE MÉDICA: O TESOURO E ZIWIYE

O tesouro de Ziwiye foi descoberto em 1947 numa região isolada do atual Curdistão iraniano. Compõe-se de 341 objetos de ouro, prata, marfim, compreendendo diademas, colares, bainhas de punhal, braceletes, cintos, cabeças de leão e de pássaro em três dimensões, um vaso de ouro, encontrados numa cuba de bronze. Os estilos de ourivesaria são diversos, misturando influências assíria, síria e cita. A peça mais importante é um peitoral de ouro, em forma de meia-lua, decorado com cenas mitológicas. Uma árvore sagrada, no centro, é ladeada por dois cabritos e dois touros alados. De um lado e de outro, fitas são ornadas de grifos, homens, touro alados, esfinges. A data proposta para o conjunto baseia-se na cuba de bronze, um caixão cuja decoração representa um tributo feito a um soberano cita, ou seja, por volta de 645 a.C. a 615 a.C.[71].

---

71. Tadeusz Sulimirski, "The Background of the Ziwiye Find and Its Significance in the Development of Scythian Art" [O histórico dos achados de Ziwiye e sua importância no desenvolvimento da arte cita], *Bulletin of the Institute of Archaeology* (Londres), n. 15, 1978, p. 7-33.

CAPÍTULO V
A PÉRSIA

Na origem do futuro Império Persa, montanheses, elamitas, cassitas e gútios opõem-se à Mesopotâmia entre o 3º e o 2º milênios a.C. São, nessa data, alcançados por indo-europeus, principalmente arianos.

1. CIRO II, PAI DOS DIREITOS HUMANOS

Para **Ciro II, o Grande** (c. 559 a.C.-c. 530 a.C.), fundador do Império Persa, como para Sargão da Acádia, a história alcança o mito no início de sua existência. Segundo Heródoto[72], Ciro é o filho de **Cambises I** e da filha do rei dos medos, Astíages, chamada de Mandana. Após uma profecia, segundo a qual seu neto lhe tiraria o trono, Astíages ordena que este seja oferecido às feras felinas. Uma troca salva o bebê, substituído por um natimorto. Por volta de 553 a.C., irrompe a guerra entre Ciro e Astíages. Após três anos de batalhas incertas, aliado ao babilônio Nabonido, Ciro toma Ecbátana, capital dos medos. Ele trata com respeito o vencido, Astíages, que conserva um lar principesco. A etapa seguinte é a da tomada da Babilônia. Babilônia cai quase sem lutar e Ciro penetra em seus domínios alguns dias mais tarde. Nabonido permanece em prisão domiciliar. Os judeus prisioneiros na Babilônia são libertados, e Ciro os autoriza a reconstruir o templo de Jerusalém. Províncias e Estados vassalos da Babilônia passam ao controle persa. Após a tomada da Babilônia, Ciro estabelece as normas de conduta aplicáveis à totalidade do Império Persa por um documento conhecido como o *Cilindro de Ciro*. Feito de argila, contém a gravação de uma proclamação de Ciro em cuneiforme, escrita acádia, em forma de crivos ou cantos. Encontrado durante escavações em 1879, está exposto

---

72. Hérodote, *Histórias* [Histoires], I, 107-130.

no Museu Britânico de Londres. Em 1971, a ONU reconhece seu valor universal, promovendo a tradução em seus seis idiomas oficiais (francês, inglês, espanhol, russo, árabe, chinês), pois o decreto, após uma lembrança da conquista da Babilônia, indica as medidas tomadas pelo rei, consideradas como o modelo mais antigo de Carta dos direitos humanos. Ciro II morre por volta de 530 a.C. durante combates, sem que as circunstâncias exatas de sua morte sejam conhecidas. É inumado no monumento que havia preparado para si mesmo em Pasárgada.

2. DÁRIO I (522 A.C.-486 A.C.) E O INÍCIO DAS GUERRAS MÉDICAS

A ascensão ao trono de Dário I vem acompanhada de uma revolta de quase todo o império. Ele o reorganiza para controlá-lo melhor, retoma o sistema das satrapias de Ciro, províncias tendo como chefe um governador. Outrora verdadeiros dinastas, são a partir de então nomeados e revogados pelo rei, rodeados de conselheiros devotados a Dário, colocados ali para espioná-los. As vinte, depois trinta satrapias são circunscrições ao mesmo tempo civis, militares e fiscais, sujeitadas assim ao tributo, salvo a de Pérsia. Dário, sabiamente, deixa com frequência a administração local no próprio lugar, mas estreitamente controlada pelo poder central. Ele utiliza também o aramaico como língua oficial, mas cada satrapia conserva a sua própria. Tendo feito e reorganizado o império, Dário I retoma suas conquistas.

3. A PRIMEIRA GUERRA MÉDICA E MARATONA (490 A.C.)

Desde 492 a.C., Dário prepara a invasão da Grécia continental, culpada, a seu ver, de ter apoiado as cidades jônias insurgentes da Ásia Menor. Após o sucesso inicial, o exército persa desembarca não longe de Maratona, em setembro de 490 a.C., a aproximadamente 40 km de Atenas. Os hoplitas, guerreiros fortemente armados, protegidos com bronze, conduzidos pelo estrategista ateniense **Milcíades** (540 a.C.-489 a.C.), sobrecarregam as tropas persas, levemente armadas, e lhes infligem uma severa derrota. Esse feito junta-se ao de **Fidípides**, que teria corrido de Maratona a Atenas para anunciar a vitória, morrendo de esgotamento após ter transmitido sua mensagem. Essa corrida torna-se a prova da maratona nos Jogos Olímpicos. Dário prepara sua revanche, mas deve ocupar-se de uma revolta no Egito. Ele morre em 486 a.C., sem ter podido retomar a guerra. Seu filho Xerxes I (486 a.C.-465 a.C.) sucede-lhe.

4. AS GUERRAS MÉDICAS: A SEGUNDA GUERRA MÉDICA, DAS TERMÓPILAS A SALAMINA (480 A.C.)

Xerxes I prepara com grande cuidado sua revanche, alia-se aos cartagineses, a algumas cidades gregas, dentre as quais Tebas, abre um canal no istmo do Acte, faz uma ponte dupla de barcos no Helesponto. Uma célebre batalha nas Termópilas, desfiladeiro que dá acesso ao Ático, ao longo do mar Egeu, opõe os exércitos de Xerxes I aos trezentos espartanos do rei **Leônidas I** (morto em 480 a.C.), auxiliado por setecentos tespianos e tebanos. Estes são traídos por **Efialtes** de Mália, que indica aos persas um caminho para contornar o exército grego, e massacrados. No cume do monte Cólonos, local dos últimos combates, um verso do poeta **Simônides de Ceos** (556 a.C.-467 a.C.) lhes rende homenagem: "Passante, vá dizer a Esparta que nós morremos aqui para obedecer às suas leis". Xerxes toma Atenas, mas sua frota é derrotada na batalha naval de Salamina. Essa derrota é agravada pela perda de uma parte da frota persa, dispersa por uma tempestade em Artemísia, utilizada num ataque vitorioso dos gregos. Ele volta para a Pérsia, deixando à frente das forças persas seu primo **Mardônio**. Este último é vencido e morto durante a batalha de Plateia, em 479 a.C. O que resta da frota persa é pouco depois incendiado no cabo Mícalo. As guerras médicas terminam, a Grécia triunfa.

5. O ÚLTIMO DOS AQUEMÊNIDAS

Os sucessores de Xerxes I têm dificuldades, com raras exceções, de manter a integridade do império, até sua queda final sob os ataques de Alexandre, o Grande. **Dário III Codomano** (336 a.C.-330 a.C.), último rei da dinastia dos aquemênidas, consagra seu curto reinado a lutar contra Alexandre da Macedônia. Este consegue uma primeira vitória na Batalha de Grânico, em maio de 334 a.C. Uma segunda derrota persa ocorre em Issos em novembro de 333 a.C. Pouco depois, Dário é definitivamente vencido na Batalha de Gaugamela, em 1º de outubro de 331 a.C. Ele foge, mas é capturado e assassinado por seus sátrapas. Alexandre concede-lhe a honra de um funeral real em Persépolis, proclama-se seu sucessor e desposa, em 324 a.C., sua filha Estatira. O Império Persa Aquemênida é, então, incorporado ao de Alexandre, o Grande.

A PÉRSIA, PROVÍNCIA SELÊUCIDA (330 A.C.-150 A.C.)

Seleuco I Nicator (c. 358 a.C.-280 a.C.), "o Vencedor", é um dos diádocos, ou sucessores de Alexandre, o Grande. Sátrapa da Babilônia, proclama-se rei da Síria (305 a.C.) e funda a dinastia dos selêucidas. Constrói um império compreendendo a Mesopotâmia, a Síria e a Pérsia. Mas, ao longo do século II a.C., as satrapias orientais, dentre as quais a Pérsia, passam ao controle dos partos, com todos os territórios a leste da Síria.

A PÉRSIA PARTA (150 A.C.-115 A.C.)

Os partos ocupam o nordeste do planalto iraniano. A Pártia é uma das satrapias do Império Aquemênida. Após sua queda, os partos entram em luta contra os selêucidas e acabam por tomar toda a parte oriental de seu império, inclusive a Pérsia. Em 115 a.C., eles dominam a Báctria, ao norte do atual Afeganistão, a Mesopotâmia e a Pérsia. Será preciso esperar o ano 224 para que o sassânida **Artaxes I** (224-221) destrone o último rei parto, **Artabano V** (216-224), e funde uma nova dinastia persa, a dos sassânidas (224-651).

6. A ARTE MONUMENTAL AQUEMÊNIDA

A arte aquemênida apresenta duas características principais. De um lado, por falta de origem antiga em razão do nomadismo das tribos persas antes do império, ela empresta muito de todos os povos conquistados: sua influência é amplamente compósita. De outro, ela assume um caráter de propaganda imperial, particularmente na arquitetura monumental. Palácios e capitais reais, em Pasárgada, Susa ou Persépolis, servem certamente de residência para a corte, mas colocam em destaque permanentemente o poder do "Grande Rei" e os benefícios de seu reinado num vasto império agradecido, sob o olhar benevolente dos deuses.

A ARQUITETURA: CIDADES E PALÁCIOS

Ciro estabelece suas primeiras capitais em Ecbátana, antiga capital dos reis médicos, e em Pasárgada. O vestígio mais importante é o túmulo de Ciro, edificado numa fundação escalonada, que traz a câmara mortuária recoberta de um telhado, plano no interior, com duas inclinações no exterior. Dário I escolhe uma nova capital, Persépolis. Pasárgada conserva seu papel de centro religioso e de local de coroamento dos soberanos aquemênidas.

A PLATAFORMA DE PERSÉPOLIS

A plataforma de Persépolis e suas ruínas atraem muitos viajantes já na época medieval, mas será preciso chegar o século XIX para o seu estudo científico, com o pintor francês **Eugène Flandin** (1809-1876) e o arquiteto **Pascal Coste** (1787-1879), que são enviados pelo Instituto. A plataforma sobre a qual são edificados os palácios de Persépolis é uma imensa fundação ao pé de uma falésia rochosa. Chega-se até lá por uma escada de rampa dupla, ornada de relevos. Não longe dali, no terrapleno, elevam-se propileus, ou entradas monumentais, flanqueadas por dois touros alados. Eles encontram-se no eixo da escada, formando um pórtico de quatro colunas, aberto de cada lado, como um vestíbulo, formando a Porta das Nações. Esta é edificada por Xerxes I. É uma sala quadrada contendo três aberturas monumentais. A porta leste e oeste abrem-se por touros e touros alados de cabeça humana, trazendo a longa barba crespa e a tiara ornada de chifres: símbolo de realeza, com duas fileiras de chifres sobrepostos, e de divindade, com três fileiras. O primeiro monumento, à direita depois da porta, é a grande sala hipostila ou Apadana. A Apadana de Persépolis, começada por Dário, é terminada por seu sucessor Xerxes. Vasta sala quadrada de 75 m de lado, seu teto é sustentado por 36 colunas de 20 m de altura, terminadas por um capitólio em forma de animais de costas uns para os outros, touros, leões ou grifos. Chega-se a ela por duas escadas monumentais, ao leste e ao norte. **A sala do trono**, ainda chamada de Sala das Cem Colunas, é uma sala hipostila com pórtico. Com uma superfície de cerca de 4.000 m², era utilizada provavelmente para que o rei ali ficasse em sua majestade e recebesse os impostos acumulados de seus súditos, depositados ao pé do trono, principalmente durante a festa do Ano-Novo, o *Now Rouz*. Na plataforma de Persépolis, encontram-se ainda os vestígios dos palácios reais. Cada "Grande Rei" tinha o objetivo de edificar um para si: os de Dário e Xerxes são os mais imponentes.

A SUSA AQUEMÊNIDA

O Elam é um reino que tem sua origem na atual região do Fars, situada ao sudoeste do Irã, chegando a ser considerado, por ter se estendido muito, a ligação entre a civilização mesopotâmica e o Império Persa. Susa, *Susan* em língua elamita, é fundada por volta de 4000 a.C. A Bíblia fala disso sob o nome de Sushan, numa época em que ela é uma cidade próspera. Ela nos interessa principalmente aqui por seu período aquemênida. É o rei da Pérsia, Dário, que decide fazer de Susa sua capital de inverno. Faz ali edificar um palácio, a partir do modelo da Apadana de Persépolis. Por sua vez, **Artaxerxes II** embeleza-o com um segundo palácio. O sítio de Susa nunca caiu no esquecimento, ainda que as escavações só comecem verdadeiramente no século XIX. Concernem apenas a uma parte do sítio durante a expedição de **Marcel Dieulafoy** (1844-1920) e de sua esposa **Jeanne Dieulafoy** (1851-1916), entre 1884 e 1886; depois tomam amplitude com os trabalhos de **Jacques de Morgan** (1857-1924), em 1897, que exuma o *Código de Hamurabi* e a *Estela de Vitória de Naram-Sin*, apesar de usarem métodos contestados, que privilegiam a pesquisa de obras de arte e não o estudo e a conservação das construções. O palácio de Dário é um monumento célebre pela qualidade de seus frisos de mosaico, principalmente a dos arqueiros, leões, do touro alado, do grifo. Suas portas monumentais abrem-se para um complexo de dois andares de 13 ha. Para chegar à primeira plataforma, é preciso passar por uma porta monumental de 40 m de comprimento por 28 m de largura, guardada por duas estátuas colossais do rei. Uma rampa conduz à Casa do Rei, que agrupa os apartamentos de Dário, de seus próximos, mas também armazéns, onde eram depositados todos os bens necessários para uma vida de corte luxuosa. Entretanto, o cômodo principal do palácio é Apadana, a sala de audiência, também presente no palácio de Persépolis. Em Susa, a Apadana tem mais de 12.000 m², podendo acolher 10 mil cortesãos vindos dos quatro cantos do império.

A NECRÓPOLE DE NAQSH-E RUSTAM

À exceção de **Ciro**, cujo túmulo encontra-se em Pasárgada, os soberanos aquemênidas são sepultados em Naqsh-e Rustam, necrópole real situada a aproximadamente 4 km a noroeste de Persépolis. O sítio, montanhoso, apresenta uma garganta em semicírculo com paredes verticais onde são cavados os hipogeus. A parede de rocha é aplainada a fim de permitir que sejam esculpidas gigantescas cenas em relevo. Além de Dário I, os três outros túmulos são atribuídos a **Xerxes I** (reinado: 486 a.C.-465 a.C.), **Artaxerxes I** (reinado: 465 a.C.-424 a.C.) e **Dário II** (reinado: 423 a.C.-404 a.C.). No mesmo sítio, estão esculpidos oito gigantescos relevos, que datam da época dos reis persas sassânidas (224-651). A fachada do túmulo de Dário, situado a 15 m acima do solo, tem aproximadamente 23 m de altura. A forma geral é sempre idêntica, depois da construção do túmulo de Dário: uma homenagem a Ahura Mazda, deus tutelar da dinastia, garantia de sua dominação sobre todos os povos, orna o acesso ao túmulo, este último composto de uma simples câmara mortuária para o soberano e seus próximos.

ESCULTURA: OS BAIXOS-RELEVOS AQUEMÊNIDAS

Se a escultura aquemênida não ignora as três dimensões, ela nos transmitiu poucos exemplos marcantes: uma estátua egipcianizante de Dário encontrada em Susa; os touros, grifos, leões dos capitéis de colunas, os touros guardiães das portas estão num meio termo entre o alto relevo e a escultura tridimensional. A arte mais atestada, de um perfeito manejo, é em contrapartida a das cerâmicas policromadas, vastos painéis decorativos constituídos de tijolo esmaltado. Eles ornam os muros dos palácios de Susa, lá onde, em Persépolis, a decoração é feita de baixos-relevos talhados na pedra. As representações tradicionais expressam os frisos de arqueiros, talvez os *melóforos* ou "Imortais", os 10 mil guerreiros de elite que zelam pela segurança do rei e formam o melhor de seu exército. São também representados esfinges, grifos, touros, leões, retomados do imaginário mesopotâmio.

7. A RELIGIÃO: MASDEÍSMO, MITRAÍSMO E ZOROASTRISMO

O **masdeísmo** é a religião que nasce por volta do 2º milênio a.C. no Irã, a partir de um substrato indo-europeu mais antigo. O deus Ahura Mazda, deus da luz, é sua divindade principal, rodeado pelos Amesha Spenta, divindades primordiais. Eles lutam contra Ahriman, simbolizado pela serpente, divindade má que governa as doenças e as calamidades naturais. O culto é uma reprodução do ato demiúrgico de Ahura Mazda. O sacrifício de bois, estritamente ritualizado, dá força aos deuses que, em retorno, dão vida aos homens. A celebração compreende também a manutenção do fogo e o consumo do *haoma*, uma bebida destinada a provocar alucinações. O **mitraísmo**: Mitra (o amigo) é no masdeísmo um aspecto de Ahura Mazda, ao mesmo tempo sol, lua, estrelas, fonte da vida. Ele é representado como um jovem com boné frígio. Sua festa é celebrada na Pérsia durante o mês que lhe é consagrado, o sétimo mês, da metade de setembro à metade de outubro, o 16º dia, que lhe é também consagrado, sob o nome de Mithrakana. Hinos religiosos são então recitados em sua honra. Seu culto conhece um destino certo no mundo grego, depois romano, principalmente junto aos legionários que o levam de volta a Roma, pois Mitra é também um deus guerreiro. Culto de mistérios, ele é reservado aos iniciados, segundo sete graus, mas somente aqueles que têm ao menos o quarto grau podem participar das cerimônias, que se desenrolam originalmente em grutas, mais tarde em salas subterrâneas. Essas criptas são divididas em três partes, uma sala comum, depois uma galeria flanqueada de banquetas por todos os lados, e finalmente a sala de sacrifícios, cuja parede do fundo representa o sacrifício do touro, ou tauroctonia, ponto culminante da cerimônia. Os cristãos verão no mitraísmo, ou culto de Mitra, uma prefiguração de seus ritos: batismo, comunhão, sacrifício, mas desta vez do "cordeiro de Deus", e farão do dia do culto ao Sol, *Sol Invictus* (o Sol Invicto), em 25 de dezembro, o do nascimento do Cristo, *Natalis dies* (o dia do nascimento, o Natal).

Esse masdeísmo antigo, politeísta, é profundamente reformado **entre os anos 1000 a.C. e 500 a.C.** por **Zoroastro ou Zaratustra** (660 a.C.-583 a.C.), que faz dele um monoteísmo dualista, no qual Ahura Mazda, deus único, é rodeado de formas divinas, que são apenas aspectos de si mesmo, e opõe-se ao princípio do mal, Angra Mainyu ou Ahriman, auxiliado pelos *peris*, os feiticeiros.

O AVESTA, TEXTO SANTO

O *Avesta* ("Elogio") é uma coleção de hinos, ou *gāthā*, reunidos durante vários séculos, entre os séculos III e VII, que formam, assim, o livro santo do masdeísmo ou zoroastrismo. Ele compreende várias partes: o *Yasna* (os sacrifícios), no qual os *gāthā* formam a parte mais santa do conjunto, pois esses hinos são atribuídos ao próprio Zoroastro; o *Visperad* (homenagem aos mestres espirituais), prolongamento do *Yasna*, com o qual ele é sempre recitado; o *Vendidad* (a lei), meios dados aos fiéis para obrigar os demônios a se desmascararem. Trata-se de um diálogo entre Zoroastro e o deus supremo Ahura Mazda. Encontram-se aí os interditos, as preces para afugentar as doenças, mas também a criação de um mundo dualista, devido a um criador bom e a outro mau, ou o Dilúvio. Os *Yasht* são um conjunto de 21 hinos consagrados às divindades, anjos, ideias divinizadas. Um *Yasht* é um bem-aventurado, honrado pela prece. O *Siroza* (Trinta dias) enumera e invoca as trinta divindades que governam, cada uma, um dia do mês. O *Khodeh Avesta* ("Pequeno Avesta") agrupa textos menos importantes, uma versão mais popular do texto sagrado, enquanto *Yasna*, *Visperad* e *Vendidad* encerram as peças litúrgicas mais apropriadas às necessidades dos clérigos zoroastrianos. O *Avesta* foi alvo de comentários em persa médio ou *Pahlavi*, agrupados nos escritos *Zend* (interpretação), realizados entre os séculos III e X. Hoje, o *Avesta* continua sendo o livro santo das comunidades parses na Índia, guebres no Irã, que perpetuam o culto zoroastriano. Ahura Mazda cria o mundo e os homens para que eles o apoiem na sua luta contra o Mal, mas deixando-os livre para escolher um lado. A criação faz-se em seis etapas: Céu, Água, Terra, Touro, Plantas, primeiro Homem. Nosso mundo durará 12 mil anos, divididos em quatro períodos de 3 mil anos. Os três primeiros mundos acabam com uma grande catástrofe, o Dilúvio. O último termina com um advento, o retorno de Ahura Mazda para um reino eterno.

CAPÍTULO VI
O EGITO

O Egito fascina desde a Antiguidade e é tratado nas obras de Heródoto, ou nos fragmentos da *História do Egito* (Histoire de l'Égypte) de Maneton, mas será preciso esperar a contribuição dos sábios que acompanham a expedição de Bonaparte no fim do século XVIII para se ter uma apresentação mais exaustiva e, principalmente, aguardar o gênio precoce de Jean-François Champollion, com a publicação em 1822 de sua *Lettre à M. Dacier* ("Carta a M. Dacier"), explicando seu sistema de decifração dos hieróglifos. Longo cinturão fértil de 1.200 km, o vale do Nilo representa apenas uma pequena faixa cultivável, de 1 km ou 2 km. É nesse espaço reduzido que a quase totalidade da história egípcia de desenrola. É preciso nuançar esse esquema, algo redutor, para o período dos primeiros povoamentos. Submetidos a incessantes mudanças climáticas, o vale do Nilo e suas margens desérticas ofereceram somente a possibilidade de *habitats* temporários. É o caso dos primeiros vilarejos cujo ponto comum é nunca terem preservado, ou bem pouco, estruturas de *habitats*: sítios de Nabta Playa, datado do 8º milênio a.C., do Faium, do 6º milênio a.C., ou de Merimde, do 4º milênio a.C. Os períodos ditos pré-dinásticos começam com o 4º milênio a.C. e multiplicam as comunidades urbanas: Nagada, El-Amrah. No Baixo Egito (ao norte), à diferença do que se constata no Alto Egito (ao sul), o mundo mortuário é menos representado; prova disso são as poucas oferendas encontradas ou a simplicidade das tumbas. No último período de Nagada, por volta de 3.200 a.C., há os primeiros esboços da escrita e a implantação dos primeiros reinados.

1. AS PRIMEIRAS DINASTIAS OU A UNIFICAÇÃO DO EGITO

Antes do reinado de Narmer, unificador do Alto e do Baixo Egito (fim do 4º milênio a.C.), os egiptólogos usam uma dinastia 0 para agrupar os príncipes ou reis. O próprio

Alto Egito é dividido em três cidades rivais, **Tinis** (Abidos), **Nubt** (Nagada) e **Nekhen** (Hierakonpolis), que as vence e unifica o sul antes de conquistar o norte. **A partir da primeira dinastia** (c. 3100 a.C.-c. 2670 a.C.), o Egito enfrenta Núbia, ao sul do país. Os faraós das duas primeiras dinastias são ditos tinitas porque fazem de Tinis sua capital. Hórus, o deus-falcão, é o chefe das divindades do país. Sua grande realização é manter a ordem em suas fronteiras. É quando vários eventos fundadores da civilização egípcia se produzem. O Estado está organizado, as cortes dos vários governadores passam a um aparelho de Estado centralizado, servindo a um único faraó, sob Khasekhemui (c. 2674 a.C.-c. 2647 a.C.), o último soberano da Segunda Dinastia. O Antigo Império Egípcio nasce dotado de estruturas definidas; língua e religião aparecem em seguida, já estruturadas.

ARTE TINITA: COM PINTURA E PALETA

A arte tinita é mais conhecida por suas estelas, seus artigos mortuários, do que por suas cidades, palácios e templos, dos quais não resta quase nada porque os construtores ainda usam tijolos de barro e materiais vegetais. A pedra, reservada aos deuses e reis, apenas começa a ser realmente utilizada no final da Segunda Dinastia. No entanto, as peças encontradas são de uma qualidade excepcional, como a *paleta de Narmer*, a cabeça de maça do rei, a *Estela do rei Serpente* (ou do Rei Djet), as estátuas de pedra do rei Khasekhemui. A paleta de Narmer, uma paleta votiva de maquiagem, descoberta em 1898, no Templo de Hórus em Hierakonpolis, cerca de 100 km ao norte de Assuan, é o documento mais antigo que contém evidências das lutas que levaram à união das duas partes do Egito, Alta e Baixa. Ela atesta a existência do primeiro rei a governar um sistema unificado, Narmer. Este é representado, de um lado, com a coroa branca do Alto Egito, em forma de mitra; de outro, o vermelho do Baixo Egito, como um barrete. Combinadas, a branca e a vermelha, elas formam o toucado real por excelência, *Pasekhemty*, "As duas poderosas", cujo nome distorcido torna-se *pschent*. É o agrupamento da "Terra dos juncos": *Ta-Sema*, Alto Egito, as regiões do centro e do sul, e de *Ta-Mehu*, "Terra do papiro", Baixo Egito, no delta do Nilo. Nekhbet, a deusa abutre, protege a primeira; a deusa cobra, Wadjet, a segunda.

2. O IMPÉRIO ANTIGO (C. 2700 A.C.-C. 2200 A.C.), UM PERÍODO PRÓSPERO

O Império Antigo (c. 2700 a.C.-c. 2200 a.C.) marca o período de edificação do Egito, com princípios destinados a perdurar até a época ptolomaica e o período romano. O poder centralizador do faraó afirma-se, a partir de sua capital, Mênfis, a cidade do "Muro Branco", muralha de proteção construída no sul de Faium. O corpo de funcionários hierarquiza-se, especializa-se. A literatura já alcança formas consagradas, apresenta temas destinados a se tornarem clássicos egípcios. Arquitetura e arte florescem, desde as primeiras pirâmides até objetos suntuosos e ornamentos destinados à aristocracia. O *corpus* de textos religiosos está se expandindo e define seu cânon, em uma teologia dominada pelos deuses Ptah, Rá e Osíris. Convencionalmente, o Antigo Império é dividido em quatro dinastias. Uma das marcas da diferença seria a criação de verdadeiras pirâmides, e não construções escalonadas ou em paralelogramos, que só aparecem na Quarta Dinastia. Essas dinastias são:

- **Terceira Dinastia** (c. 2700 a.C.-c. 2620 a.C.)
- **Quarta Dinastia** (c. 2620 a.C.-c. 2508 a.C.)
- **Quinta Dinastia** (c. 2508 a.C.-c. 2350 a.C.)
- **Sexta Dinastia** (c. 2350 a.C.-c. 2200 a.C.)

A Sexta Dinastia foi a última do Império Antigo. Ela corresponde tanto a uma idade de ouro do Egito – que exerce sua tutela sobre a Núbia, no sul, mantém um comércio rico com as cidades da costa do atual Líbano, assegura as rotas de caravanas que levam para os oásis, o mar Vermelho e o Sinai –, quanto a um enfraquecimento lento, mas certo, do poder central. Os egiptólogos muitas vezes pensam que essa perda de influência dos faraós culmina com o reinado de **Pepi II** (c. 2254 a.C.-c. 2164 a.C.), ao qual a tradição concede um reinado de 94 anos. Rei-criança aos seis anos, ele teria ajudado a enfraquecer a função real com a regência exercida por sua mãe, **Ankhesenmeriré** II, e depois pela alteração de suas faculdades mentais ao longo de uma idade cada vez mais avançada. Seu reinado, a partir de evidências arqueológicas, dura efetivamente entre 62 e sessenta anos. Depois dele dois soberanos, seu filho **Merenrê II** e a esposa deste último, **Nitócris**, ocupam cada um o trono por alguns meses. **O primeiro período intermediário** (c. 2200 a.C.-c. 2000 a.C.), um período de agitação, vai da queda da Sexta Dinastia (c. 2323 a.C.-c. 2150 a.C.) ao início da Décima Primeira Dinastia em 2022 a.C., que abre o **Império Médio** (c. 2022 a.C.-c. 1784 a.C.). Caracteriza-se pela ascensão política dos monarcas, chefes dos nomos, ou províncias egípcias, que são transmitidos por hereditariedade. É o faraó tebano **Mentuhotep II** que gradualmente reunifica o Egito em seu benefício, uma tarefa concluída por volta de 2022 a.C. ou 2021 a.C.

UMA TUMBA PARA A VIDA TODA

A arte egípcia do Império Antigo é a de uma **arquitetura mortuária monumental**: o complexo real criado em torno das pirâmides. A estatuária, também monumental, é complementada por uma arte em relevo perfeitamente realizada, um grande requinte nos objetos que compõem o mobiliário mortuário. **Zoser**, ou **Djoser** (c. 2665 a.C.-c. 2645 a.C.), é mais conhecido por seu complexo mortuário, incluindo a pirâmide escalonada de Saqqara, construída a partir do projeto do arquiteto **Imhotep**. Até a Terceira Dinastia, a forma mais corriqueira da tumba é o *mastaba*, "banco" ou "banqueta" em árabe, de tijolo, construída acima de um poço cheio de escombros que dá acesso, depois de um corredor em ângulo reto, à câmara mortuária. Djoser rompe com essa tradição. Sua pirâmide é mais uma sobreposição de mastabas, mas de pedra, cada vez menores, postos uns sobre os outros. Em torno da sepultura real, uma parede escalonada, de 550 m de comprimento por 300 m de largura, 10 m de altura, abriga as estruturas, verdadeiras ou falsas, necessárias para eternidade do faraó: o templo mortuário e seu *serdab*, sala sem janelas, contendo a estátua de Djoser, múltiplas capelas. A arquitetura vegetal é transposta na pedra, o que explica a importância das peças esculpidas, esteiras enroladas, colunas papiriformes.

A QUARTA DINASTIA, OS CONSTRUTORES DE PIRÂMIDES

A Quarta Dinastia abre o caminho para o apogeu dos construtores de pirâmides. A pirâmide de Meidum é o elo entre a Terceira e Quarta Dinastias. Provavelmente feita para Huni, o último faraó da Terceira Dinastia, ela tinha sete degraus, mas os quatro de cima ruíram ou nunca foram construídos. O filho de **Huni**, **Snefru** (c. 2614 a.C.-c. 2579 a.C.), o primeiro rei da Quarta Dinastia, a transforma em pirâmide lisa com um paramento de calcário que hoje não existe mais. O mesmo Snefru ordena a construção de várias outras: a Pirâmide Vermelha, em Dahshour, de faces lisas; a romboidal ou com duplo declive, também em Dahshur; a de Seila, perto de Faium, em degraus. A forma perfeita aparece com a pirâmide de Queóps, no planalto de Gizé. Hoje com 137 m de altura contra os 147 m originais, é a mais antiga das Sete Maravilhas do Mundo, talvez devido ao vizir **Hemiunu**. As outras duas grandes pirâmides de Gizé, menores, são Quéfren e Miquerinos. A arte das pirâmides continua na quinta e sexta dinastias em Saqqara e no sítio de Abusir, mas os materiais de pior qualidade explicam seu mau estado de conservação, possível sinal de um enfraquecimento da imagem divina do faraó. **Os complexos mortuários** da Quinta Dinastia são de dois tipos. Um, tradicional, retoma a associação entre uma pirâmide, um templo alto e um templo baixo ligados por uma via processional. O outro, novo, é o templo solar, como o de Abu Gorab, não muito longe de Abusir, que apresenta um obelisco gigantesco, numa plataforma elevada, cercado por um muro. O mais conhecido dos soberanos da quinta dinastia é o último, **Unas** (c. 2342 a.C.-c. 2322 a.C.), por seu complexo mortuário de Saqqara. As paredes dos corredores de acesso à sala abrigam o sarcófago real e suas paredes são enfeitadas com um conjunto de fórmulas conhecidas sob o nome de *Textos das Pirâmides*, para garantir a sobrevida de Unas até a eternidade. Esse *corpus*, que aparece já muito completo, reúne as mais antigas concepções religiosas, formuladas bem antes de terem sido gravadas na pedra, o que o torna o mais antigo texto religioso concluído da humanidade.

UMA IMAGEM PARA A VIDA

A estatuária, massiva, com pesados membros ao lado do corpo, até a Quinta Dinastia, difere no tamanho de acordo com época. Originalmente modesta, a estátua do rei Khasekhemui mede 70 cm. A de Djoser, encontrada em seu *serdab*, atinge 1,42 m. O faraó também é representado em pé, como a **tríade de Miquerinos**, ou esfinge, como o de Gizé, comumente atribuída a Quéfren, mas que poderia representar Quéops. A **Esfinge** encarna o faraó como Hórus Solar. As estátuas de particulares também atingem uma escala natural, como o belo exemplo do par formado por Dame Nesa e seu marido Sepa, em calcário pintado. Em seguida, os artistas refinam as estátuas, produzem o escriba conhecido como o *Escriba Sentado*, como talhador, vestindo uma tanga, com as costas retas, atento e pronto para escrever a partir de ditado. A obra, no Museu do Louvre, é notável pelos olhos embutidos, imitando a realidade a ponto de parecerem verdadeiros e seguirem o olhar do espectador. Feita de calcário pintado, a estátua que provém de Saqqara mantém um frescor surpreendente de cores. É atribuída, sem muita certeza, à quarta dinastia. O Museu Egípcio do Cairo mantém, por sua vez, uma estátua muito rara de madeira de sicômoro, com mais de 1 m de altura, representando o principal sacerdote-leitor Kaaper, mais conhecido sob o nome de Sheikh el-Beled, ou "o prefeito da aldeia". A arte do relevo, alto ou baixo, desenvolve-se com a decoração de túmulos, como o mastaba de Niankhkhnum e Khnumhotep no norte de Saqqara, conhecido como o *Mastaba dos dois irmãos*, datado da Quinta Dinastia.

ANTES DE MAIS NADA, UM NOME

Por volta do final do 1º milênio a.C., a palavra "faraó" aparece no vocabulário egípcio. Vem de *per aha*, "a grande casa", um nome que se perpetua no Império Otomano com o termo "a Sublime Porta". **A legitimidade real é transmitida pelas mulheres**. A divindade de faraó é primeiramente manifestada por seu título. Com cinco nomes, ela manifesta a distância infinita que separa o faraó do comum dos mortais e define o seu papel de soberano:

- **o nome de Hórus**, precedido pelo hieróglifo de Hórus, representa o rei como a encarnação terrena do deus Hórus, o antepassado de todo rei do Egito, e como tal identificado com o deus Rá;
- **o nome de Nebty** simboliza o Alto e o Baixo Egito pela união da deusa abutre com a deusa cobra. Elas são *nebty* ou "As duas amantes";

- **o nome de Hórus de ouro**, representado por um falcão pousado no hieróglifo, designa o ouro. O ouro é a carne dos deuses, portanto do faraó, e o símbolo solar por excelência;
- **o prenome, ou mais precisamente o nome Nesout-bit**, "aquele que pertence ao junco e à abelha", símbolos do Alto e do Baixo Egito. Este termo é frequentemente traduzido como "Rei do Alto e do Baixo Egito." É seguido por um primeiro cartucho, que contém o nome de ascensão ao trono do faraó, escolhido para a coroação;
- **o nome do filho de Rá**, seguido do nome pessoal de faraó, registrado em um segundo cartucho.

Durante o Antigo Império formam-se as posições políticas, econômicas, sociais e religiosas que vão perdurar até a conquista romana; cada nova dinastia enraíza-se na terra negra do Egito, reivindicando com força seus ilustres predecessores. Essencialmente, os aspectos aqui traçados da civilização egípcia estão destinados a permanecer até o seu fim.

À LITERATURA DO ANTIGO IMPÉRIO ATRIBUI-SE UM GÊNERO: OS ENSINAMENTOS

É durante o Antigo Império que nasce um gênero destinado a um grande futuro na literatura egípcia, o sapiencial ou os ensinamentos. Para dar-lhes mais alcance, são atribuídos a soberanos ou grandes personagens que não são necessariamente os autores. Sua sobrevivência se dá pelos exercícios impostos aos jovens escribas, que muitas vezes têm de copiá-los, aprendendo, assim, não apenas a escrita, mas, sobretudo, como comportar-se em todas as situações da existência, para nunca violarem a ordem indispensável para a manutenção de *Maat*, a Verdade e a Justiça. Imhotep teria escrito um deles, o qual nunca foi encontrado. Os mais antigos são o *Ensinamento de Djedefhor*, príncipe da Quarta Dinastia, que detalha as obrigações do culto funerário de um filho a seu pai, e o *Ensinamento de Ptahhotep*, um alto funcionário da Quinta Dinastia, que transmite a seu aluno o comportamento adequado em todas as idades da vida. O primeiro período intermediário deixa um dos mais famosos ensinamentos, o *Ensinamento de Merikarê*, rei da Nona Dinastia. Trata-se de conselhos sobre a arte de governar prodigalizados pelo faraó Khety a seu filho e sucessor Merikarê.

A RELIGIÃO EGÍPCIA, SOBREVIVER NO ALÉM

A religião egípcia é dominada pela preocupação com o além. Os textos sagrados, os *Textos das Pirâmides* (Antigo Império: c. 2670 a.C.-c. 2195 a.C.), os *Textos dos Sarcófagos* (Império Médio: c. 2065 a.C.-c. 1781 a.C.), o *Livro dos Mortos* (Novo Império: c. 1550 a.C.-

c. 1069 a.C.) têm como finalidade proporcionar, ao faraó em primeiro lugar e, então, gradualmente, a todos os homens, meios suficientes para a sobrevivência no além. Mais que teologia, trata-se de fórmulas profiláticas, verdadeiras receitas consideradas infalíveis contra as armadilhas do além. A partir daí, desenvolve-se uma variedade de deuses, com culto muito semelhante, regularmente submetidos a um deus supremo, Rá, e depois Amon, Amon-Rá, o sol. Os mitos exploram, além da criação, com Osíris, a primeira certeza do pós-morte e a origem divina das dinastias, com a cólera de Rá e a destruição da humanidade, com a hierogamia e a outorga do sangue divino nas veias do faraó. Todavia, alguns deuses ganharam estatura nacional e são reverenciados em todo o país de Kemet, o Egito, a "terra negra", provedora para os egípcios. Entre eles, um deus emerge, o Sol, sob o nome de Rá, desde o **Antigo Império (c. 2670 a.C.-c. 2195 a.C.)**, assimilado mais tarde a Amon, tornando-se Amon-Rá, quando se impõe a Décima Oitava dinastia no **Novo Império** (c. 1550 a.C.-c. 1069 a.C.), natural de Tebas, onde Amon era homenageado.

❖ Os textos funerários

Os textos funerários, compostos de feitiços, eram gravados nos túmulos, pintados nos sarcófagos ou transcritos na forma de rolos, todos destinados a proteger o falecido na vida após a morte. Entre os mais conhecidos, encontram-se os *Textos dos Sarcófagos*, os *Textos das Pirâmides*, o *Livro dos Mortos*.

OS GRANDES TEXTOS FUNERÁRIOS EGÍPCIOS

- *Textos das Pirâmides*: Antigo Império (dinastias IV-VI)
- *Textos dos Sarcófagos*: Médio Império (dinastias IX-X)
- *Livro dos Mortos*: Novo Império (dinastia XVIII)
- *Livro das Portas*: Novo Império (dinastia XVIII)
- *Livro de Am-Duat*: Novo Império (dinastia XVIII)
- *Livro das Cavernas*: Novo Império (dinastia XVIII)

- Os *Textos das Pirâmides* (Antigo Império) foram destinados ao único rei, devendo permitir-lhe superar os inimigos que procuram destruir sua múmia, e, em seguida, tornar-se deus fundindo-se com o sol.
- Os *Textos dos Sarcófagos* (Médio Império) estão pintados nas paredes. É uma democratização do percurso do combatente que espera nobres e pessoas importantes na vida após a morte. As paredes pintadas dos sarcófagos de madeira, dentro e fora, marcam as etapas perigosas a superar para finalmente chegar diante do tribunal de Osíris, rei dos mortos.

– O *Livro dos Mortos* (Novo Império e períodos posteriores): trata-se de rolos de papiro colocados perto das múmias ou sob a sua cabeça. Eles são o lembrete mais clássico no outro mundo. Ao longo de sua jornada na vida futura, o morto acompanha a barca solar em seu périplo noturno. Deve-se constantemente passar por temíveis portas ou responder aos espíritos malignos. Qualquer erro leva à destruição. Felizmente, uma olhada no livro, e o morto está salvo! Para os mais afortunados, amplas passagens do Livro são enterradas com o falecido, colocadas sob a cabeça ou o peito. Os mais pobres tentam ao menos conseguir uma cópia da confissão negativa para evitar lapsos de memória desfavoráveis perante o tribunal de Osíris:

Eu não cometi qualquer injustiça. Eu não matei gado sagrado.
Eu não roubei. Eu não espionei.
Eu não matei ninguém. Eu não fui prepotente.
Eu não fui insolente. Eu não forniquei.
Eu não desobedeci. Eu não fui nem sodomita nem pederasta[73].

3. O IMPÉRIO MÉDIO (C. 2022 A.C.-C. 1786 A.C.), UM DESENVOLVIMENTO

O Império Médio realiza a reunificação do Egito, a afirmação de seu poder político, o desenvolvimento da literatura, das artes e, especialmente, da arquitetura monumental. Consiste em duas dinastias, **a Décima Primeira Dinastia** (c. 2106 a.C.-c. 1991 a.C.), ainda em grande parte ligada ao primeiro período intermediário, e **a Décima Segunda Dinastia** (c. 1991 a.C.-c. 1786 a.C.). **Mentuhotep II** (c. 2061 a.C.-c. 2010 a.C.), quinto rei da Décima Primeira Dinastia, reunifica o Egito e seu reinado marca o início oficial do Médio Império. Ele fixa sua capital em Tebas, assegura para si a submissão dos monarcas do Médio Egito e restaura a administração real confiada a um vizir. Reforça o poder político do Egito pelo envio de expedições contra os núbios e líbios. Rei construtor, ele restaura os templos e edifica, na área rochosa de Deir el-Bahari, seu templo funerário. O vizir **Amenemés I** (c. 2000 a.C.-c. 1970 a.C.) toma o poder e torna-se, assim, o primeiro soberano da Décima Segunda Dinastia. O fim de sua vida é obscurecido por um complô do harém destinado a assassiná-lo, relatado tanto pelo *História de Sinué* quanto pelo *Ensinamento de Amenemhat*. Ele morre pouco depois, e seu filho **Sesóstris I** (c. 1970 a.C.-c. 1928 a.C.) o sucede. Retomando ainda a tradição do Antigo Império, Amenemés erige seu complexo funerário, incluindo uma pirâmide com laterais lisas, a Licht. Príncipe

---

73. Trad. É. Drioton, citado em *L'Égypte* [O Egito], de Arpag Mekhitarian, Paris, Bloud & Gay, 1964, p. 39.

construtor, **Sesóstris I** reinaugura o templo de Rá em Heliópolis, construindo ali dois obeliscos aos quais confere sua forma definitiva: base quadrada, forma piramidal afinando em direção ao topo, topo em pirâmide cúbica, sendo o todo recoberto por inscrições verticais. Em Tebas, ele acrescenta ao Templo de Karnak a Capela Branca, um quiosque altar de calcário para receber a barca de Amon em procissões e celebrar com seu pai divino, Amon-Min itifálico. Se o ápice da Décima Segunda Dinastia é atingido com Sesóstris III e seu filho, a decadência é, em seguida, mais rápida: seus sucessores reinam pouco tempo e dão lugar à Décima Terceira Dinastia, que abre o **Segundo Período Intermediário** (c. 1786 a.C.-c. 1554 a.C.), marcando um declínio da civilização egípcia. Várias dinastias reinaram simultaneamente.

A ARTE DO MÉDIO IMPÉRIO EGÍPCIO: ANTES DE MAIS NADA, ARTE MORTUÁRIA

A arte do Império Médio é, em parte, como é o caso desde os primórdios da religião no Egito, uma arte mortuária. Se os primeiros príncipes da Décima Primeira Dinastia contentam-se com modestos hipogeus em Tebas, **Mentuhotep II** realiza em Deir el-Bahari um complexo grandioso. Um templo do vale, ou de acolhida, fornece acesso a um grande pátio. Em seu centro, a primeira plataforma sustenta-se sobre colunas quadradas, e se chega a ela por uma rampa inclinada. No primeiro nível, há uma segunda construção também em colunas, com uma pirâmide no topo. O túmulo real é esculpido na falésia.

A décima segunda dinastia volta à pirâmide, a de Sesóstris I em Licht, Sesóstris II em Illahun, de Sesóstris III em Dahshur ou Amenemés III em Hawara. Os nomarcas não são exceção. Eles cavam sepulturas no penhasco em Beni Hassan, Assuan, ricamente decoradas com pinturas e baixos-relevos. Em Beni Hassan, vários registros mostram cenas de luta, ilustrando as diversas tomadas usadas por ambos os competidores. Estelas arqueadas mostram o falecido diante de uma mesa de oferendas. **A arte do baixo-relevo** mostra vários estilos, desde o tamanho grande com traços arredondados do sarcófago da rainha **Kawit**, esposa de Mentuhotep II, que a mostra arrumando-se, penteada por uma serva, degustando uma taça de vinho oferecida por seu copeiro, até o sarcófago externo de madeira pintada com hieróglifos elegantes do chanceler Nakhti na Décima Segunda Dinastia. **A estatuária** evolui consideravelmente durante esse período. A Décima Segunda Dinastia experimenta **dois tipos de esculturas, de retomada da arte tradicional ou realistas**: essencialmente, as formas não têm mais o peso massivo; há um claro desejo de realizar retratos reais em vez de rostos estereotipados do rei, com a busca do equilíbrio entre forma e graça. São evidências disso as estátuas de Amenemés II ou Sesóstris I. No entanto, o reinado de **Sesóstris III** marca uma ruptura. Primeiramente, o faraó é retratado e esculpido jovem e vigoroso, como quer a tradição.

Mas as obras, em seguida, seguem as etapas do envelhecimento do monarca, mostrando, sem concessões, traços dilacerados, órbitas afundadas, pálpebras caídas, rugas sulcando o rosto, tanto para os retratos em pé, os bustos ou cabeças reais. O Império Médio também introduz o modelo da **estátua cúbica** representando uma figura sentada numa vestimenta esticada ao redor do corpo que tem quatro faces lisas cobertas com hieróglifos. Aparecem apenas a cabeça e os dedos dos pés. Ela ajuda a valorizar a intitulação e as ações destinadas à posteridade.

LITERATURA DO MÉDIO IMPÉRIO, MODELO DO CLASSICISMO

A literatura do Médio Império pode ser justamente considerada um modelo de classicismo, destinado a inspirar as épocas seguintes. O imáginário é enriquecido por contos, como a *História de Sinué* e o *Conto do náufrago*. A *História de Sinué* narra as aventuras de Sinué, logo após a morte de Amenemés I, vítima de uma conspiração de harém. O *Conto do náufrago* também parece remontar ao início da Décima Segunda Dinastia. O *Papyrus Westcar* ou *Contos de mágicos na corte de Quéops* dataria do final do período dos hicsos, mas seria o fruto de textos recolhidos durante a Décima Segunda Dinastia.

4. O NOVO IMPÉRIO EGÍPCIO (C. 1539 A.C.-C. 1069 A.C.)

O Novo Império (c. 1539 a.C.-c. 1069 a.C.) abrange **três dinastias**: a **Décima Oitava** (c. 1539 a.C.-c. 1292 a.C.), que se inicia com as façanhas militares de **Ahmose I** (c. 1539 a.C.-c. 1514 a.C.), a **Décima Nona** (c. 1292 a.C.-c. 1186 a.C.), fundada por **Ramsés I** (c. 1295 a.C.-c. 1294 a.C.) cujo reinado é ofuscado pelo do filho de Seti I, **Ramsés II** (c. 1279 a.C.-c. 1213 a.C.), e a **Vigésima** (c. 1186 a.C.-c. 1069 a.C.), de que **Setnakht** (c. 1186 a.C.) é o fundador. Pela extensão de seu poder político, a expressão refinada de sua arte, revolução religiosa, mesmo que tenha sido breve, por um deus único, o esplendor de suas construções, o renome de seus soberanos, dentre os quais o faraó Hatshepsut, o Novo Império é um período excepcional, mesmo em uma história tão rica e fascinante como a do Egito antigo. Na Vigésima Dinastia, os sucessores de Ramsés III, também chamados Ramsés, seguem sem glória, uns após os outros, no trono, num enfraquecimento contínuo do poder real, em favor de dinastias de altos sacerdotes de Amon, até **Ramsés IX** (c. 1099 a.C.-c. 1069 a.C.), cujo reinado encerra o Novo Império.

A ARTE DO NOVO IMPÉRIO, A IDADE DE OURO

A arte do Novo Império impressiona por suas construções monumentais, templos, hipogeus, obeliscos, concentrados na região de Tebas, onde surge a Décima

Oitava Dinastia. Os principais sítios são os templos de Karnak, Luxor, Vale dos Reis e das Rainhas.

- ❖ Karnak está localizado na margem direita do Nilo, perto de Luxor. Dedicado a um deus conhecido do Antigo Império, Amon, cujo nome significa "o escondido", mas cujo apogeu coincide com o das dinastias do Novo Império, a adoração de Karnak é constantemente ampliada e embelezada, desde o início da Décima Sétima dinastia até a Trigésima dinastia, que marca o fim da independência dos faraós do Egito Antigo. Além de Amon, são homenageados sua consorte, Mut, a deusa-mãe, e o deus da guerra, Montu. As ruínas cobrem uma área considerável, mas nada ficou das casas, palácios e jardins que devem ter cercado a muralha do templo nos tempos antigos. O templo mais ao sul é o Templo de Montu, o deus da guerra, do qual restam apenas as fundações. O templo do sul, que dispõe de um lago sagrado em forma de ferradura, foi dedicado à deusa Mut. Os dois templos foram construídos durante o reinado de Amenófis III (c. 1391 a.C.-c. 1353 a.C.). Entre essas fortificações, localiza-se o maior complexo de templos no Egito, o grande templo do deus metropolitano de Estado, Amon-Rá. O complexo foi alterado em vários períodos e, consequentemente, não tem uma planta sistemática. A característica mais marcante do templo de Karnak é a grande sala hipostila, que ocupa o espaço entre o terceiro e o segundo pilares. A área desse vasto *hall* de entrada, uma das maravilhas da antiguidade, é de cerca de 5.000 m². Ele foi decorado por Seti I (que reinou de 1290 a.C. a 1279 a.C.) e Ramsés II (que reinou de 1279 a.C. a 1213 a.C.). Doze enormes colunas de cerca de 24 m de altura apoiavam as lajes da nave central acima do nível do conjunto, de modo que a luz e o ar pudessem penetrar por uma claraboia. Sete naves laterais de cada lado elevavam o número de pilares a 134. Os baixos-relevos nas paredes externas mostram as vitórias de Seti na Palestina e Ramsés II contra os hititas na batalha de Kadesh.

- ❖ **Luxor** ou **Luqsor**, chamado *Opet Reset* (Opet do Sul), está localizado a cerca de 700 km do Cairo. Trata-se também da antiga cidade de Tebas, onde se encontra o grande templo, cujas primeiras menções remontam a **Amenófis III** (c. 1391 a.C.-c. 1353 a.C.). Seu segundo grande construtor é **Ramsés II** (c. 1279 a.C.-c. 1213 a.C.). É um de seus dois obeliscos que se encontra na Praça da Concórdia, em Paris. O templo se liga ao de Karnak por uma aleia revestida de esfinges, os *dromos*. O deus Amon, seguindo esse caminho, podia ir em procissão de um templo a outro durante a bela Festa de Opet, comemoração do Ano-Novo. É durante o segundo mês da estação de *akhet* (a época das inundações) que a Festa de Opet acontece em Tebas. As estátuas de três deuses deixam o templo para visitar uma outra forma do deus: Amon-Rá de Karnak, sua consorte (esposa divina) Mut e seu filho Khonsu, divindade lunar, vão de Karnak a Luxor, ao Templo de Amon-Min. Trata-se de uma pequena travessia, a partir do cais de Karnak até o de Luxor, na barca sagrada do deus, o *Userhet*, um suntuoso navio banhado a ouro e luxuosamente enfeitado para o transporte dos deuses.

- **Tebas**, chamada **Waset**, cidade apelidada de "a poderosa", localizada na região de Luxor, que já era a residência dos governadores locais desde o Antigo Império, assume real importância a partir da Décima Segunda Dinastia e adquire uma dimensão nacional com a ampliação do culto a Amon, seu deus políade, que se torna o protetor da dinastia reinante. Sua influência é incomparável, ainda mais quando Tebas se torna a sede do poder real. Amon, originalmente um simples deus local, é assimilado a Rá, o grande deus-solar de Heliópolis. Com sua consorte Mut e seu filho Khonsu, eles formam a Tríade tebana. Os últimos soberanos egípcios independentes, **Nectanebo I** (380 a.C.-362 a.C.) e **Nectanebo II** (360 a.C.-342 a.C.), **na Trigésima Dinastia** (c. 380 a.C.-c. 342 a.C.), ainda dotam-na com uma maravilhosa muralha. **Em 84 a.C**, a cidade é quase completamente destruída pelos Ptolomeus, que preferem promover Alexandria a única capital. A margem direita, margem oeste de Tebas, é dedicada à vida espiritual, ao mundo dos mortos; é aí que se encontram os túmulos reais, dos nobres, assim como templos mortuários, Ramesseum, Medinet Habu, os Colossos de Memnon e a aldeia dos artesãos de Deir el-Medina. **Os dois colossos de Memnon** são uma representação do faraó **Amenófis III** (c. 1391 a.C.-c. 1353 a.C.) sentado. Consistem em dois blocos monolíticos de arenito que mediam, originalmente, cerca de 20 m de altura, menos depois que suas coroas desapareceram. Localizam-se no adro do templo funerário ou "templo de milhões de anos" de Amenófis III, do qual nada resta, na margem esquerda de Tebas. A lenda do canto dos colossos aparece após um tremor de terra no ano 27. A pedra rachada e aquecida pelo sol da manhã emitia, então, o canto atribuído a Memnon, que ressuscitava a cada aparição de sua mãe Aurora. Esse fenômeno terminou com a restauração do colosso feita por **Septímio Severo** (146-211). É na margem esquerda, a margem do leste, a dos vivos, que se encontram os templos de Karnak e Luxor.

- O **Vale dos Reis**, formado numa parte da cadeia Líbia ao lado de Tebas, abriga os túmulos dos reis do **Novo Império** (c. 1539 a.C.-c. 1069 a.C.). O mais antigo é o de **Tutmósis I** (c. 1504 a.C.-c. 1492 a.C.), o mais recente, o de **Ramsés XI** (c. 1098 a.C.-c. 1069 a.C.). Desses 63 túmulos, 25 foram identificados como sepulturas reais. Os outros são, em parte, de dignitários reais e ainda não foram todos identificados. **O Novo Império leva à perfeição as pinturas murais** e os baixos-relevos, túmulos ou templos. As cenas pintadas nos túmulos adotam uma ordem precisa: na entrada, o falecido, muitas vezes em oração; nas salas seguintes, cenas de sua vida cotidiana: um banquete, músicos. Em seguida, vêm os episódios gloriosos de sua vida pessoal, que antecedem a passagem para o subterrâneo. Príncipes e altos dignitários dirigindo uma carruagem puxada por cavalos torna-se um tema recorrente. Em seu templo com terraços de Deir el-Bahari, a rainha Hatshepsut encena nos baixos-relevos sua origem divina: sua mãe a concebeu com o deus Amon; conservando os traços de seu pai, ela é o fruto da hierogamia. Ela continuou sua propaganda real pela construção de um grande obelisco em Karnak, ou por relevos esculpidos que relatam a expedição a Punt, talvez Iêmen, em seu templo mortuário em Deir el-Bahari. **A escultura**, em grande parte herdada das formas clássicas do Império Médio, delas se libera, no entanto, por uma busca da estilização do corpo, idealizado, com o contorno do olho ainda mais marcado, o que dá uma expressão mais intensa ao olhar.

❖ No **Vale das Rainhas**, não muito longe do Vale dos Reis, quase uma centena de túmulos serve de última morada para as grandes esposas reais e a alguns príncipes entre as dinastias Dezenove (c. 1295 a.C.-c. 1186 a.C.) e Vinte (c. 1186 a.C.-c. 1069 a.C.), incluindo a da grande esposa real de Ramsés II, a rainha Nefertari, da Rainha Titi, dos príncipes Khaemuaset e Amonherkopsef. O Vale das Rainhas está localizado nas colinas ao longo da margem oeste do Nilo, no Alto Egito. A necrópole das rainhas encontra-se a cerca de 2,4 km a oeste do templo funerário de Ramsés III (1187 a.C.-1156 a.C.), em Medinet Habu. Há mais de noventa túmulos conhecidos, geralmente constituídos de uma entrada, algumas salas e uma câmara para o sarcófago. O mais antigo é o da esposa de Ramsés I. Os mais notórios são os de Nefertari, a rainha favorita de Ramsés II, e de uma rainha ramessida chamada Titi. Em 1979, a UNESCO colocou o Vale das Rainhas, o Vale dos Reis, Karnak, Luxor e outros sítios de Tebas na Lista do Patrimônio Mundial.

❖ **Os túmulos dos nobres**
Entre os túmulos dos nobres do Novo Império, dois são particularmente dignos de admiração, o de Nakht e o de Ramose. O túmulo de Nakht, localizado em Sheikh Abd el-Gournah, tem a forma de um T, de acordo com o modelo mais comumente utilizado. Os afrescos que adornam as paredes apresentam cores de grande frescor e cenas de grande encanto: um grupo de três músicas, Nakht pescando e caçando nos pântanos do delta, momentos de trabalho agrícola. Ainda em Gournah, o túmulo de Ramose, vizir e governador de Tebas, apresenta os baixos-relevos mais delicados da história egípcia, mesmo que a sepultura esteja incabada. Citemos também o túmulo de Nebamun, na Décima Oitava Dinastia, onde uma cena de banquete permite ver uma representação do rosto de uma flautista; o túmulo de Sennefer, prefeito de Tebas, ainda na Décima Oitava dinastia, chamado de "túmulo das vinhas".

❖ **A arte amarna**
A arte amarna é característica do reinado de Amenófis IV ou Akhenaton (c. 1355 a.C.-c. 1338 a.C.) e de sua esposa Nefertiti, que significa "a mais bela chegou". Monumental, ela retoma a tradição quando se trata de palácios. Os de Tell el-Amarna, a

nova capital do Médio Egito, retomam as grandes salas hipostilas decoradas com baixos-relevos e afrescos. Os grandes jardins são intercalados com lagos artificiais e espelhos-d'água. Em contrapartida, os túmulos rupestres atestam uma mudança acentuada: um corredor simples cavado na rocha permite o acesso direto à câmara funerária. A ruptura mais completa é expressa pela escultura, principalmente real. Os corpos idealizados das épocas precedentes são substituídos, na família real, por um físico que se aproxima da deformidade: coxas gordas, bacia larga, barriga saliente caída, seios caídos, ombros delgados, pescoço esguio, rosto com lábios marcados e espessos, faces fundas, crânio alongado. Somente os olhos enormes salvam um pouco esse retrato de Akhenaton, ainda sobrecarregado por um queixo proeminente. No entanto, as cabeças esculpidas das princesas reais demonstram um formato de grande delicadeza, como o busto colorido de **Nefertiti**, em pedra calcária pintada, conservado no Museu de Berlim. Inacabado, pode se tratar de um modelo usado pelos artistas para evitar sessões longas de pose para a rainha.

❖ **A arte monumental ramessida**

A arte ramessida, que abrange as dinastias XIX e XX, marca o retorno a um classicismo monumental, ressuscitando formas consagradas sob **Amenófis III**, mas o gosto pelo colossal às vezes alia-se com um aspecto um pouco fixo, longe da graça das representações da dinastia anterior. Seti I consagra o baixo-relevo em profundidade como o usado na parede externa norte da sala hipostila de Karnak. Em Abidos, o rei constrói um templo constituído de dois pátios contínuos que dão acesso a duas salas hipostilas e a sete capelas, cada uma dedicada a um deus. A tendência de representar corpos alongados confirma-se e adapta-se, em função do peso ou dos complexos colossais. Os lábios são mais carnudos, o nariz nitidamente aquilino. **O baixo-relevo em profundidade** predomina. É a sala hipostila de Luxor que recebe os grandes relevos da *Batalha de Kadesh*, célebre vitória de Ramsés II, da qual algumas cenas também são representadas em Karnak, Abu Simbel ou Abidos. O templo rupestre desse rei, em Abu Simbel, ilustra a tendência às construções gigantescas: a entrada é marcada por quatro estátuas do rei sentado, com mais de 20 m de altura; segue-se uma sala hipostila decorada com estátuas do rei em Osíris, segurando crossa e chicote, com uma altura de 10 m. Várias centenas de estátuas colossais, originais ou usurpadas, marcam o reino. Depois de Ramsés II, apenas **Ramsés III** mostra-se grande construtor, principalmente com seu templo funerário de Medinet Habu, que retoma amplamente a planta do Ramesseum, templo funerário de Ramsés II. Os baixos-relevos de Medinet Habu mostram a vitória de Ramsés III contra os Povos do Mar, a caça aos touros selvagens na região pantanosa. Os últimos ramessidas cuidam dos edifícios existentes, fazem anexos, mas não se revelam pela ambição das construções realizadas. A escultura e a pintura copiam os modelos da Décima Nona Dinastia, mas com menos leveza e menos firmeza na modelagem.

LITERATURA DO NOVO IMPÉRIO: ALGO NOVO NOS DEUSES E NOS HOMENS

A literatura do Novo Império é rica em novos textos religiosos, além do *Hino a Aton*. *O Livro da Vaca do Céu*, ilustrado em vários túmulos de faraós, de Tutancâmon a Ramsés VI, evoca o desprazer de Rá com os homens e sua decisão de deixar o mundo, assim como o Dilúvio. O *Livro das Portas*, gravado no túmulo de Horemheb, narra a jornada noturna de Rá no mundo subterrâneo hostil, as provas compartilhadas pelo falecido na passagem das portas guardadas por divindades temíveis. Em caso de falha, o princípio eterno do morto é condenado à destruição. O mais célebre dos escritos continua a ser o *Livro dos Mortos*, ou mais precisamente o *Livro do Sair à Luz*, coleção de fórmulas profiláticas destinadas a assegurar a sobrevivência da múmia. Isto lhe permite, principalmente, atravessar a temida "pesagem das almas" ou psicostasia perante o tribunal de Osíris. Colocado num prato de balança, o coração do morto deve ser tão leve quanto a pluma da deusa Maat, da Verdade e da Justiça. O *Hino a Hapi*, o deus Nilo, ou mais exatamente *Adorar Hapi*, é uma peça antológica das escolas de escribas do Novo Império. No campo da literatura profana, dois escritos do Novo Império se destacam. O *Ensino de Amenemope*, sob a Vigésima Dinastia, prega a modéstia, o autocontrole, a aplicação no exercício de suas funções por parte do funcionário, temas retomados nos provérbios bíblicos de Salomão. Mais raro e mais original é, sem dúvida, o *Diálogo do Desesperado com sua ba* – o *ba*, traduzido por conveniência como "alma", constitui o princípio vital, eterno. Os temas da passagem inexorável do tempo, da decadência de uma época conturbada, da angústia diante do que se desconhece da vida após a morte não são, todavia, característicos de um único diálogo, mas, ao contrário, já estão expressos no Império Médio no *Canto do Harpista Cego* ou, mais precisamente, em suas várias versões, nos "Cantos do Harpista", que, muito antes do *Carpe Diem*, aconselham os vivos a desfrutar de sua condição pela exortação reiterada: "Tenha um dia feliz".

A RELIGIÃO EGÍPCIA: A REFORMA AMARNA

A religião egípcia, determinada desde o Antigo Império, evolui pouco até o período ptolomaico e romano. Por um curto espaço de tempo, rompe-se essa estabilidade, que não deve ser entendida como uma imobilidade, mas sim a uma evolução a longo prazo. Por quase vinte anos, Amenófis IV (ou Akhenaton) impõe a adoração do disco solar Aton. Essa solarização já existe no Antigo Império, com o culto solar sob as formas de Khepri-Ra-Atum, o nascer do sol, e de Zenith, o pôr do sol. O próprio Aton está presente nos *Textos das Pirâmides*. A peculiaridade da reforma amarna – do nome árabe de Tell el-Amarna, região da cidade de Akhetaton, "horizonte de Aton", promovida a capital a partir do ano 5 do reinado – é deixar os outros deuses na obscuridade, reduzir sua adoração a nada, unicamente em favor de Aton. Akhenaton, "Esplendor de Aton" ou "Útil para Aton", é o intermediário supremo entre seu pai Aton e os homens.

Apresentado como um henoteísmo em favor de Aton, o culto egípcio contém todos os outros princípios divinos. **A reforma religiosa de Amenófis IV** também é pensada como o primeiro monoteísmo. Ao próprio Amenófis IV é creditado o *Hino a Aton*, magnífico poema encontrado em duas formas, o *Grande Hino a Aton*, gravado nas paredes da tumba prevista para Ay em Amarna, e o *Pequeno Hino a Aton*, nas tumbas de outros dignitários. O fervor manifestado por Aton, visível a todos, distribuidor de benefícios universais, inspira, posteriormente, os *Salmos* de Davi, o *Livro dos Provérbios* de Salomão e o *Eclesiastes*.

5. O EGITO DE 1069 A.C. A 664 A.C.: O TERCEIRO PERÍODO INTERMEDIÁRIO

O último Ramsés, **Ramsés XI**, é somente faraó no título, já que o controle do Egito lhe escapa. Sua morte, aproximadamente em 1078 a.C., oficializa a divisão do país. Não só o império egípcio não existe mais; também a política externa do Egito é reduzida ao mínimo estrito das trocas diplomáticas, sem poder nem influência, e, além disso, o próprio País Duplo é dividido em várias soberanias. No norte, **Esmendes I** (c. 1069 a.C.- c. 1043 a.C.) funda a Vigésima Primeira Dinastia tendo como capital Tânis; no sul, o sumo sacerdote de Amon, **Herihor** (c. 1080 a.C.-c. 1074 a.C.), inaugura a dinastia paralela dos reis sacerdotes, reconhecendo apenas nominalmente a autoridade dos faraós de Tânis. No delta, príncipes líbios estabelecem-se no Ocidente, reinando em Bubástis. O primeiro deles, **Sheshonq I** (c. 945 a.C.-c. 924 a.C.), funda a Vigésima Segunda Dinastia, reunifica o Egito em seu benefício, mesmo que uma parte do delta fique sob o controle dos berberes mashauash, que reinam em Leontópolis, sob a Vigésima Terceira Dinastia líbia, que tenta em vão competir com os sumos sacerdotes de Amon, desenvolvendo uma sucessão de adoradoras divinas de Amon, irmãs e filhas dos faraós líbios. O colapso do poder central beneficia a Núbia. Uma família real reina em Napata, perto da quarta catarata e do Monte Barkal. Em 715 a.C., ela reunifica o Egito sob a autoridade do faraó kushita **Piankhi** (c. 747 a.C.-c. 716 a.C.) e de seu sucessor **Shabaka** (c. 716 a.C.-c. 702 a.C.). No mesmo período, uma efêmera Vigésima Quarta Dinastia domina a região de Sais no Delta. Essa época conturbada, de múltiplos soberanos governando no mesmo período, é conhecida como o **Terceiro Período Intermediário**. O fim da Vigésima Quinta Dinastia, em 664 a.C., abre o último período da história propriamente egípcia, o **Período Tardio** (c. 664 a.C.-332 a.C.).

A ARTE DE TÂNIS

Tânis, localizada num braço oriental do Delta do Nilo, é a capital dos reis da Vigésima Primeira e Vigésima Segunda dinastias, mesmo que elas mantenham um centro administrativo em Mênfis, talvez limitado a um lugar de inumação. A cidade orgulha-se de possuir um templo de Amon tão vasto quanto o de Luxor, um outro para Mut e túmulos da necrópole real. As condições climáticas e confusões políticas não permitiram a conservação desses monumentos, contrariamente à rival do sul, Tebas. Todavia, as expedições de escavação tornam possível vislumbrar a arquitetura geral. Iniciado na Vigésima Primeira Dinastia, o templo de Amon, com 400 m de comprimento e 100 m de largura, abre-se para o oeste por uma porta de granito monumental, graças a **Sheshonq III** (823 a.C.-772 a.C.), ladeada por estátuas colossais. Segue-se um átrio com colunas palmiformes dando acesso ao primeiro pilar de **Osorkon II** (870 a.C.-847 a.C.), que se abre para um pátio decorado com colossos e dois obeliscos. Um segundo pilar é atribuído a **Siamon** (978 a.C.-959 a.C.); o terceiro comporta quatro obeliscos. Como em Karnak, que o inspirou, o templo de Amon inclui um lago sagrado. Ele estava ligado por uma aleia processional aos templos de Mut – reconstruído no Período Tardio por **Ptolomeu IV** (238 a.C.-205 a.C.) –, a esposa divina de Amon, e ao de Khonsu, seu filho divino. A escavação, principalmente dos pátios, permite exumar muitas estátuas, faraós, esfinges e, ao sul do átrio, a necrópole real. É onde o túmulo, intacto, do faraó **Psusennes I** (1032 a.C.-991 a.C.) revela o mais rico mobiliário funerário depois do túmulo de Tutancâmon: máscara de ouro, grande colar de ouro, joias, amuletos, vasilhas de ouro e prata e um sarcófago de prata. A descoberta em 1940 deve-se ao egiptólogo francês **Pierre Montet** (1885-1966). Além de Tânis, os soberanos, como Osorkon II da Vigésima Segunda Dinastia, constroem em Bubástis, cidade do Delta localizada no braço canópico do Nilo. Este ali expande o templo da deusa gato Bastet e constrói em seu segundo pátio seu grande salão do jubileu, com colunas de capitéis hatóricos.

AS DESVENTURAS DE UNAMON

As Desventuras de Unamon é o único texto interessante datando dos primórdios do Terceiro Período Intermediário. É conhecido pelo *Papiro Pushkin*, conservado em Moscou. A história de Unamon tem lugar ou no final do reinado de **Ramsés XI** (c. 1098 a.C.-c. 1069 a.C.), último soberano da Vigésima Dinastia, ou no início do de **Esmendes** (c. 1069 a.C.-c. 1043 a.C.), primeiro faraó da Vigésima Primeira Dinastia. Unamon é encarregado, pelo sumo sacerdote de Amon de Karnak, Herihor, de ir adquirir, no Líbano, troncos de cedro, única madeira digna de ser utilizada para a barca cerimonial do deus, chamada *Userhat*. É nessa barca que Amon viaja de Karnak a Luxor durante a grande festa de Opet. Unamon vai viver uma experiência agitada: despojado, retido em Biblos, onde ninguém lhe dá qualquer crédito, ele encalha na volta na Ilha de Chipre e escapa por pouco da morte e da pilhagem de sua embarcação. A história é interrompida após esse episódio, deixando-nos para sempre na incerteza sobre o resultado de sua missão.

6. O EGITO DO PERÍODO TARDIO

No Egito do final do Período Tardio, depois de 525 a.C., há uma sucessão de dinastias estrangeiras, intercaladas de breves momentos de poder detido por faraós egípcios, pelo menos até **Nectanebo II** (c. 360 a.C.-c. 342 a.C.), último soberano nativo. O Período Tardio destaca a tradição egípcia. Soberanos estrangeiros tomam os títulos faraônicos: a arte e a literatura inspiram-se em modelos do Império Antigo. Na religião, a influência do clero de Amon declina, após um momento de partilha do poder real. Novas divindades aparecem, nascidas a partir de uma evolução na sua forma anterior – a deusa gato Bastet toma o corpo de um pássaro – ou o resultado de um sincretismo implementado entre deuses gregos e egípcios, como Serápis, composto por Hades, Ápis e Osíris cujo culto se espalha no período ptolemaico.

A ARQUITETURA DO PERÍODO TARDIO

A arte egípcia dos períodos de ocupação persa retoma os arquétipos tradicionais. Alguns soberanos persas constroem no Egito. Dário I constrói um templo no oásis de Kharga, reconstrói o da deusa Nekhbet em Nekheb. Artaxerxes III distingue-se, durante a sua estada no Egito, pela produção numismática abundante. Suas oficinas cunham moedas de prata imitando as de Atenas. **Sob a Vigésima Nona Dinastia**, Achoris (390 a.C.-378 a.C.) empreende uma política de grande obras nos santuários mais prestigiados, Luxor, Karnak, Mênfis, mas também em Medinet Habu, El Kab ou Elefantina. **Na dinastia seguinte**, Nectanebo I (380 a.C.-362 a.C.) realiza grandes construções. Inaugura em Karnak a construção do primeiro pilar, cerca o complexo religioso com uma muralha de tijolos. Em Luxor, cria um acesso monumental ao templo de Amon, o *dromos*, com esfinges de ambos os lados. Lança os trabalhos do Templo de Ísis em Filae e ali constrói um quiosque. Esse evergetismo monumental se encontra no templo de Amon construído por sua iniciativa em Kharga, o de Abidos, o primeiro *mammisi*, ou capela dedicada a traçar o nascimento divino do soberano, em Dendera, modelo daqueles das épocas ptolomaica e romana. Seu neto, **Nectanebo II**, é o digno continuador de sua obra na arquitetura. Ele constrói um pilar em Filae, o *naos*, capela que é o coração do templo e que abriga a estátua do deus, em Edfu; em Karnak, continua os trabalhos do primeiro pilar, edifica um templo de Ísis em Saqqara, outro para Osíris-Ápis, galerias para armazenar as múmias de animais sagrados, gatos da deusa Bastet, íbis do deus Thoth, falcões de Hórus. Se os soberanos persas constróem pouco, após as últimas fagulhas da arquitetura egípcia autóctone sob os dois Nectanebo, a conquista de Alexandre inaugura um período rico em que a arte grega se egipcianiza.

7. O EGITO PTOLOMAICO (332 A.C.-30 A.C.)

Após o breve reinado de Alexandre sobre um vasto império, incluindo o Egito, seus sucessores apoderam-se das províncias a seu alcance. O Egito cai, assim, diante do general macedônio Ptolomeu, filho de Lagos. Ele se proclama faraó em 305 a.C., inaugurando a dinastia dos Lágidas, os descendentes de Lagos. Estabelecem sua capital em Alexandria, símbolo da ambiguidade de uma dinastia grega, mesmo que egipcianizada e favorável à coexistência de duas culturas, no trono dos faraós. As revoltas locais, as guerras contra os outros sucessores de Alexandre, principalmente a Cele-Síria dos seleucidas, levam os últimos lágidas a apelar a Roma, que acaba por incorporar o Egito ao Império como uma província, em 30 a.C. Dois grandes soberanos marcam o início e o fim da dinastia: Ptolomeu I e Cleópatra VII.

- **Ptolomeu I Soter** (367 a.C.-283 a.C.), "o Salvador", deve esse epíteto aos ródios, salvos por ele em 305 a.C. quando sitiados pelo rei da Macedônia. Ele não é apenas o fundador de sua dinastia, mas também o criador de um Egito que combina a contribuição grega e as tradições autóctones. Faz de Alexandria a capital, constrói um farol, que é uma das maravilhas do mundo antigo, um Templo das Musas ou *Museion*, incluindo a famosa biblioteca de Alexandria, onde trabalham grandes estudiosos, sábios, cientistas, artistas na Academia patrocinada pelo soberano. Todas as tripulações dos navios que atracam em Alexandria são convidadas a trazer uma de suas grandes obras nacionais para que ela seja traduzida para o grego. O material é prodigioso, estimado em 400 mil manuscritos. O novo faraó também confia ao sacerdote grego **Mâneton** a escrita de uma *História do Egito* desde suas origens. Contrariamente às exações persas, Ptolomeu I inaugura uma política de tolerância e abertura, restaura os templos, favorece a recuperação de seu clero, faz que sejam buscadas, comparadas e verificadas todas as obras que tragam o conhecimento dos antigos egípcios, independentemente da área em questão. Ele constrói um túmulo em Alexandria para Alexandre, o Grande.

- **Cleópatra VII** (69 a.C.-30 a.C.) é a grande e última rainha do Egito. Depois de se livrar de seus dois irmãos e esposos sucessivos, ela fica sob a proteção de César. Essa proteção parece ambígua porque a sua estadia de dois anos em Roma, entre 46 a.C. e 44 a.C., é muito semelhante ao aprisionamento de uma refém em gaiola dourada, enquanto o Egito é administrado localmente pelo estado-maior de César. O assassinato deste último, em 44 a.C., devolve-lhe a liberdade, e ela consegue manter-se independente na guerra civil que se desenrola até 41 a.C. O Oriente submete-se, então, ao general **Marco Antônio** (83 a.C.-30 a.C.). Cleópatra, convocada por ele em Tarso, na Cilícia, lá chega em grande estilo e o seduz. As relações com **Otaviano** (63 a.C.-14 a.C.), sobrinho-neto adotado por César e seu herdeiro, deterioram-se.

A partir de 35 a.C., os dois lados se preparam para a batalha. Menos preparado originalmente, Otaviano organiza-se, usa propaganda contra Marco Antônio e Cleópatra, acusados de quererem estabelecer uma monarquia em Roma em seu benefício, preparando-se para reinar como tiranos orientais. Em setembro de 31 a.C., a batalha naval de Áccio se vira em favor de Otaviano. Em agosto de 30 a.C., Marco Antônio, acreditando que Cleópatra cometera suicídio, também se suicida, atirando-se sobre a sua espada. Agonizando, ele é levado para junto da rainha. Após conversar com Otaviano, Cleópatra junta-se ao corpo de Marco Antônio exposto em seu próprio túmulo e dá fim a sua existência, de acordo com Plutarco, mergulhando as mãos numa cesta de figos onde se escondem víboras e cobras venenosas[74]. Otaviano executa Cesário, filho de César e Cleópatra, e transforma o Egito em província romana.

A FUNDAÇÃO DE ALEXANDRIA

Em 331 a.C., Alexandre, o Grande, funda Alexandria na região egípcia de Rhacotis. O arquiteto Dinócrates de Rodes faz o projeto, inspirado no clâmide, o manto macedônio: um retângulo estreito com ruas paralelas que se cruzam em ângulos retos. Duas portas monumentais dão acesso à via principal, à *Plateia* ou "grande rua", à Porta do Sol e à Porta da Lua. O local da cidade ocupa o espaço entre o mar e o lago Mariut (ou Mareótis), cercado por um muro. O palácio de Alexandre ocupa cerca de um terço, reunindo as casernas, um museu, uma biblioteca, o teatro de Dionísio e jardins. Ao longe, a Ilha de Faros, onde fica o farol de Alexandria, uma das Sete Maravilhas do Mundo, liga-se à cidade por um quebra-mar de pedra coberto por um calçamento, com um comprimento de sete estádios, ou seja, cerca de 1.300 m, daí o nome do Heptaestádio. O quebra-mar separa o porto em duas partes, o Grande Porto, a leste, de Eunostos, e o Bom Regresso, a oeste. A cidade é dividida em duas áreas principais, o Bruchium, a do palácio, ao leste, contendo os principais edifícios, e Rhacotis, a oeste, incluindo o Templo de Serápis.

OS MONUMENTOS DE ALEXANDRIA

Com um rico porto, sendo a capital de Ptolomeu, Alexandria se orgulha ao longo do tempo dos monumentos que aumentam sua notoriedade em todo o mundo antigo e que permanecem como modelos a seguir.

- ❖ O **farol de Alexandria** foi considerado pelos antigos como uma das Sete Maravilhas do Mundo. Construído por Sóstrato de Cnido, talvez por Ptolomeu I Soter, foi

---

74. Plutarco, *Vie d'Antoine* [Vida de Antônio], LXXVII-LXXXV.

concluído no reinado de Ptolomeu II, seu filho, em 280 a.C. aproximadamente. O farol está localizado na Ilha de Faros, no porto de Alexandria. Sua altura de 110 m torna-o mais alto que as pirâmides de Gizé. Muito do que é conhecido provém da obra de Hermann Thiersch. De acordo com fontes antigas, o farol foi construído em três pisos, todos ligeiramente inclinados para dentro: o mais baixo era quadrado, o seguinte octogonal e o último cilíndrico. Uma grande rampa em espiral leva ao topo, onde talvez houvesse uma estátua do rei sol Hélio. Em 1994, o arqueólogo Jean-Yves Empereur, fundador do Centro de Estudos de Alexandria, fez uma descoberta emocionante nas águas ao largo da Ilha de Faros. Devido ao terremoto em 1300 que destruiu o farol, centenas de enormes blocos de alvenaria e uma estátua colossal de Ptolomeu apareceram. Campanhas de escavação subaquática ajudaram a recuperar os destroços.

❖ **O Museu de Alexandria** é o local dedicado às Musas. Ele deve tudo aos dois primeiros Ptolomeus, que oferecem aos sábios e eruditos a possibilidade de se consagrarem a sua pesquisa e ao ensino. A Biblioteca completa essa abordagem muito moderna da erudição. Os matemáticos são o centro das atenções com **Euclides, Diofanto**; a medicina, com **Erasístrato**; a poesia, com **Teócrito, Apolônio, Calímaco**; mas a matéria principal é a filosofia, com **Amônio Sacas**, o conciliador de Platão e Aristóteles, fundador do ecletismo neoplatônico, que buscava a verdade em todos os sistemas. Também são estudadas e ensinadas a história, a geografia, a linguística, a zoologia, a astronomia, a botânica.

❖ **O museu** contém a **Biblioteca de Alexandria**; na realidade, duas bibliotecas. A maior está ligada ao museu e contém cerca de 700 mil rolos. Catálogos mantidos pelos bibliotecários permitem aos leitores encontrar temas e títulos. A maior é queimada em 47 a.C., no incêndio provocado pela Guerra de Alexandria, que opõe Júlio César e os alexandrinos; a menor desaparece no ano 391.

❖ **O Serapeu** é, ao mesmo tempo, o grande templo dedicado ao deus Serápis e uma vasta biblioteca de mais de 100 mil rolos. É destruído, como a pequena biblioteca, no ano 391, por ordem do Bispo **Teófilo**, patriarca de Alexandria de 385 a 412, em aplicação do édito de Teodósio I, que proibia todos os cultos e ritos pagãos. Os outros grandes templos são o Poseidon, dedicado a Poseidon, na fronteira com o Grande Porto, o Caesareum ou Templo de César, destruído em 362, reconstruído, e finalmente demolido em 912. Não resta mais nada do palácio de Ptolomeu, localizado no Cabo de Loquias. A cidade ainda dispunha de um hipódromo, um estádio olímpico, um ginásio. Esse é o local onde Alexandre, o Grande, foi sepultado, num mausoléu, o Soma, o "corpo", sob Ptolomeu IV Filopator, num local até hoje debatido. Uma grande necrópole estende-se a oeste do Pequeno Porto, ao longo do mar.

OS SÁBIOS DE ALEXANDRIA

Os sábios de Alexandria fundam, **a partir do século IV a.C.**, um grupo de escolas que dominam o mundo intelectual por vários séculos. As mais famosas são as de medicina, matemática e filosofia. A escola de medicina de Alexandria é fundada por **Herófilo** (c. 335 a.C.-280 a.C.) sob Ptolomeu II. Ele pratica a dissecação de cadáveres, ensina anatomia, fisiologia, dietética. Para ele, os quatro humores, ou os quatro órgãos, governam a vida: nutritivo (fígado), calórico (coração), pensante (cérebro) e sensitivo (nervos). Seu desequilíbrio provoca a doença, a paralisia do coração e a morte. Seu colega e contemporâneo, **Erasístrato** (séc. III a.C.), também faz dissecamentos e dedica-se à corrente sanguínea. **Filino de Cós** (séc. III a.C.) e seu sucessor Serapião (c. 200 a.C.) fundam a Escola Empírica. Sua finalidade é a de rejeitar qualquer doutrina médica preconcebida, substituindo-a unicamente pela observação direta do paciente. A descrição dos sintomas torna-se uma fonte de conhecimento. A **Escola de Matemática** de Alexandria teria começado sua brilhante carreira com o geômetra Euclides, que ali leciona em 320 a.C., aproximadamente. Ele escreve os *Elementos*, vasto tratado em treze livros, que é a soma do conhecimento matemático da época. **No século III a.C.**, ele é seguido por **Conão de Samos**, matemático e astrônomo, que redige um *De Astrologia*, estabelece um *parapegma*, ou calendário do nascer e do poente das estrelas fixas. Os principais sábios matemáticos são conhecidos por nós pelos fragmentos de uma obra intitulada *Coleções matemáticas*, de um deles, Pappus de Alexandria, **no fim do século IV a.C.** Entre os continuadores célebres, emerge o grande nome de **Hiparco** (c. 190 a.C.-c. 120 a.C.), que viveu em Rodes, mas talvez tenha também ficado em Alexandria. Ele seria o primeiro autor de tabelas trigonométricas, e o maior astrônomo observacional da Antiguidade. Desenvolve o astrolábio, faz um catálogo de estrelas, explica a precessão dos equinócios ou mudança lenta na direção do eixo de rotação da Terra, o movimento dos planetas pela teoria dos epiciclos. De acordo com essa teoria, os planetas giram num epiciclo, círculo cujo centro descreve outro círculo chamado "deferente", o qual está centrado, originalmente, na terra. No entanto, o mais famoso dos sábios de Alexandria continua a ser **Cláudio Ptolomeu** (c. 90-c. 168), matemático, astrônomo, geógrafo, músico, ótico. Se sua vida é pouco conhecida, suas obras são o elo entre o conhecimento antigo e sua transmissão, pelos pensadores bizantinos e árabes, aos eruditos do Ocidente Medieval e do Renascimento. Trata-se do tratado de astronomia cujo título original é *Sintaxe matemática* ou *A grande composição*, o qual chegou até nós no *Almagesto*, do árabe **al-Mijisti**, *O Muito Grande*. Ele funda um universo geocêntrico, contestado somente no século XVI com os avanços científicos de **Nicolau Copérnico** (1473-1543). Outro trabalho fundamental de Ptolomeu é o seu *Guia geográfico*, compilação do mundo conhecido até por volta do reinado do imperador **Adriano** (76-138). Essas duas obras situam a vida dos homens até o final da Idade Média. Também convém citar *Tetrabiblos*, os "Quatro Livros" da astrologia, *Harmônicas*, sobre a aplicação da matemática aos ritmos musicais, e *Ótica*, consagrado às propriedades da luz.

CAPÍTULO VII
OS HEBREUS
(C. 1800 A.C.-C. 1000 A.C.)

1. OS HEBREUS

Os hebreus, os "nômades" da Bíblia, pertencem ao grupo dos povos semitas do Oriente Próximo. **Por volta de 1760 a.C.**, o patriarca Abraão os conduz da Mesopotâmia à Palestina, à terra de Canaã, entre o Mediterrâneo e o rio Jordão, e, em troca da aliança com um só Deus, Javé, marcada pela circuncisão, é prometida aos hebreus a dominação sobre "a terra dos queneus, dos quenezeus, dos cadmoneus, dos hititas, dos refaítas, dos perizeus, dos amorreus, dos cananeus, dos girgaseus e dos jebuseus" (Gênesis XV, 19-21). É pelos registros egípcios que os hebreus são um pouco mais bem conhecidos. São aí agregados aos grupos de saqueadores nômades designados pelo termo genérico de "habiru". A *Estela de Merenptah* (c. 1210 a.C.) designa **Israel** pela primeira vez: "Israel está destruído, nem sua semente existe mais"[75]. Por volta de 1250 a.C., **Moisés** recebe de Javé a revelação da legislação conhecida como os Dez Mandamentos. Ele leva os "filhos de Israel" para fora do Egito, onde estavam reduzidos à escravidão. Depois de quarenta anos de peregrinação, eles chegam a Canaã. Estabelecem-se na Palestina, a oeste do rio Jordão. Entretanto, eles devem, por aliança ou força militar, inserir-se num espaço já povoado, onde ricas terras, pastos, oásis são objeto de rivalidade. As tribos de Israel e os habitantes de Gibeão se unem para repelir os ataques dos reis amorreus de Jerusalém, Hebrom, Tel Jarmute, Laquis, Eglom. **Josué, sucessor de Moisés**, os leva a uma primeira série de conquistas: a cidade de Jericó é tomada e destruída, e as cidades de Laquis, Hebrom, Eglom, Debir são dominadas. Todavia, as tribos não podem se estabelecer em toda a Palestina por não conseguirem controlar as planícies costeiras, as cidades mais importantes e as principais rotas comerciais. Este é o período conhecido como dos "juízes", chefes escolhidos para lutar

---

75. Claire Lalouette, *L'Empire des Ramsès* [O Império dos Ramsés]. Paris, Flammarion, 1999, p. 276.

contra os soberanos vizinhos. Porém, os cananeus e as tribos de Israel se unem contra um inimigo comum, os Povos do Mar, aqui os filisteus. Como não foram derrotados nem expulsos, estes são confinados ao norte da Palestina. **Por volta de 1010 a.C.**, o juiz **Samuel** dá uma resposta ao pedido das doze tribos de ter um rei, **Saul**, da tribo de Benjamim. Ele deve tanto lutar contra os filisteus a oeste quanto contra os amorreus a leste. Após uma série de vitórias contra os filisteus, Saul perde a vida durante uma batalha que o opõe ao monte Gilboa. A história de Saul é contada no Primeiro Livro de Samuel, sem que sua existência seja atestada. Será preciso esperar seu sucessor, **Davi**, para que a história bíblica e a história comecem a se sobrepor.

O JUDAÍSMO

A história e a religião de Israel são inseparáveis. O berço dessa civilização é o Crescente Fértil, ou seja, as terras que se estendem desde o vale do Nilo, a oeste, às do Tigre e do Eufrates, a leste. A primeira forma de judaísmo nasce nas margens do Tigre e do Eufrates, na região que leva o nome grego de Mesopotâmia, ou seja, "a terra localizada entre os dois rios".

A época dos patriarcas (c. 1800 a.C.-c. 1200 a.C.)

A história dos patriarcas é, ao mesmo tempo, a história das origens, do fim dos antepassados de Terá, pai de Abraão, e também a dele e a de Isaac, Jacó, José e seus irmãos. Abraão, cujo nome significa "pai de uma multidão" (de nações futuras), foi o primeiro dos patriarcas do povo de Israel. As narrativas patriarcais funcionam como um prólogo para a futura grande epopeia do Êxodo com Moisés. São principalmente listas de genealogias, que colocam diferentes gerações sucessivas em relação com outros grupos, outras etnias. O clã de Abraão se forma durante o período conhecido como período dos patriarcas, que vai durar cerca de seis séculos.

❖ **O clã de Abraão**
Terá, pai de Abraão, estabelece-se em Ur, na Mesopotâmia, e depois em Harã. Ele é um homem de seu tempo, politeísta como todo mundo, adorando provavelmente Sin, o deus lunar de Ur e de Harã. Ur, nesse momento, é uma cidade próspera e confortável. Mas essa prosperidade não dura muito tempo, uma vez que os elamitas, naturais das montanhas do Golfo Pérsico, atacam e destroem a cidade. Terá, que consegue escapar, chega a Harã, onde, infelizmente, morre. Parece que a sua intenção era a de refugiar-se nas colinas de Canaã. Seu filho mais velho, Abrão (Abraão), vai realizar o que seu pai tinha planejado, seguindo a ordem de Deus. Ao chegar em Canaã, depois de uma temporada no Egito, a tribo recebe o nome de hebreus, proveniente, sem dúvida, do cuneiforme *habiru*, que significa "emigrantes, nômades".

Por volta de 1760 a.C., Abraão leva a grande tribo nômade dos hebreus do território ao sul do Cáucaso até a Palestina. De acordo com o Antigo Testamento, Deus, ou Javé, faz a primeira aliança com ele. Ele exige total crença nele e, em troca, oferece à sua descendência o domínio sobre a região que se estende "do rio do Egito até o grande rio, o rio Eufrates, a terra dos queneus, dos quenezeus, dos cadmoneus, dos hititas, dos refaítas, dos perizeus, dos quenezeus, dos cananeus, dos girgaseus e dos jebuseus" (Gênesis XV, 18-21). Com a morte de seu pai, Isaac torna-se o líder da tribo. Sua personalidade é menos marcante que a de Abraão, cujo trabalho ele continua. Deus renova sua aliança com ele pela circuncisão, sinal de consagração ritual, que se tornou um sinal de pertencimento à nação abraâmica. Depois de Isaac, Jacó, seu filho, herda a promessa feita a Abraão.

❖ **O sacrifício de Isaac**
A serva e escrava Agar deu a Abraão um filho, **Ismael**, que seria o antepassado mítico dos árabes. Abraão já tinha 99 anos. A promessa de Deus de ter um filho de Sara, sua esposa, até então estéril, está sujeita à condição de que todos os descendentes de Abraão sejam circuncidados como um sinal da Aliança. O Patriarca recebe o anúncio por três visitantes, anjos. Disseram-lhe que sua esposa Sara teria um filho, **Isaac** ("Alegria"). Mais tarde, para levar Abraão à prova, Javé lhe pede para sacrificar o jovem Isaac; mas, no momento em que ia sacrificá-lo, um anjo o impede, e Deus se contenta com esse ato de obediência e fé. Após esses acontecimentos, Abraão volta a Hebrom, onde Sara morreria algum tempo depois. O próprio Abraão morreu com a idade avançada de 175 anos, não sem ter se casado novamente e tido outros filhos.

Êxodo e Terra Prometida (c. 1250 a.C.)

Por volta de 1250 a.C., sob a liderança de Moisés, os hebreus saem do Egito para se estabelecer na Palestina, onde já vivem tribos a eles aparentadas: é o episódio do Êxodo. O Êxodo é tão interessante quanto o Gênesis, pelo encanto das histórias e grandes cenas descritas. Moisés é tanto o herói quanto o historiador desse episódio. O momento de seu acontecimento se situa em torno de 1250 a.C., época em que reina **Ramsés II** (reinado: 1279 a.C.-1213 a.C.), faraó do Egito. Após pedir em vão ao faraó a libertação dos hebreus, Moisés anuncia **as dez pragas** que se abatem sobre o Egito. A água foi, primeiramente, transformada em sangue. Foi Arão, irmão de Moisés, que, estendendo a mão sobre a água, realiza essa transformação. Rãs saem das águas em ataque ao Egito, imagem destinada a mostrar as consequências da cegueira do faraó sobre o seu povo. O granizo, tão violento como nunca se viu em todo o país, mostra que há uma força mais poderosa que a do faraó. Depois vieram os mosquitos, as moscas venenosas, a peste do gado, as úlceras, os gafanhotos. As sombras fazem, provavelmente, alusão ao poder do deus Rá, deus-solar, que seria destruído. Quanto à décima praga, a morte dos primogênitos, ela permite que os hebreus fujam para fora do Egito. É difícil dizer exatamente o caminho que eles seguiram para chegar a Canaã a partir do Egito, bem como o número exato de pessoas. Na sua entrada na Palestina, as tribos israelitas são lideradas por **Josué**, filho de **Num**, designado como o servidor de Moisés, pois este último morre antes de entrar na Terra Prometida. Ele não chega a dominar toda a Palestina, pois os cananeus (habitantes da Fenícia e da Palestina) mantêm-se nas cidades comerciais mais importantes e, assim, controlam as rotas de comércio. Não podendo tampouco entrar nas planícies férteis do litoral, os israelitas ficam somente nos territórios que bordam as montanhas. A oeste do Jordão, o país está dividido entre as tribos que participaram da conquista. Depois dela, na verdade, configura-se uma primeira parte da própria história dos hebreus, liderados por juízes, cujo papel é tanto o de líderes políticos quanto de profetas e teólogos.

O período dos juízes (c. 1200 a.C.-c. 1000 a.C.)

Por volta de 1200 a.C., o juiz Samuel ainda mantém a coesão e a unidade das tribos, numa época em que a pressão dos filisteus, o povo da Palestina, à qual dão seu nome, é particularmente forte. Os hebreus formam, então, doze tribos em nome dos doze filhos de Jacó: Rúben, Simeão, Levi, Judá, Issacar, Zebulom, José, Benjamim, Dã, Naftali, Gade, Aser. Os cananeus e os israelitas aliam-se contra os filisteus; reina uma paz temporária. Em seguida, as tribos pedem a Samuel para nomear um rei. Será, em 1010 a.C., Saul, da tribo de Benjamim. Ele cravou a espada em si mesmo, jogando-se sobre ela, depois de uma derrota contra os filisteus aliados, desta vez, aos cananeus. É a mais antiga das religiões ditas monoteístas. O judaísmo é marcado pela aliança entre Deus, chamado Javé, e o povo escolhido. Após a destruição do Templo de Salomão por Tito no ano 70, o judaísmo se espalha na bacia do Mediterrâneo, sob a diáspora. Caracteriza-se pela afirmação de um deus único e transcendente. A história do judaísmo está intimamente ligada à do povo judeu numa dada terra, a da Judeia.

A BÍBLIA HEBRAICA

A Bíblia hebraica é o Tanakh, um acrônimo, palavra formada a partir das iniciais de seus três livros, Torá, Neviim, Ketuvim. O cânon judaico, ou seja, a lista oficial de livros selecionados, é definido no Concílio de Jamnia, por volta de 90. Os rabinos presentes conservaram apenas os livros escritos em hebraico, e os dividiram em três conjuntos, intitulados **A Lei (Torá)**, **Os Profetas (Neviim)** e **Os Escritos (Ketuvim)**, também conhecidos como "Outros Escritos", no total 39 livros. Os outros livros escritos em grego e em aramaico foram rejeitados. **A origem do Tanakh** remontaria ao século XIII a.C. Transmitida oralmente no início, a Bíblia hebraica teria sido escrita progressivamente entre os séculos XI a.C. e VI a.C., a partir de várias versões, tomando sua forma definitiva no século I a.C. Com o nome de Antigo Testamento, ela também faz parte das Sagradas Escrituras do cristianismo. Existem, todavia, algumas diferenças na lista dos livros considerados sagrados, pertencentes ao cânon, pelo judaísmo, pelo catolicismo ou pelo protestantismo. Os livros excluídos são os apócrifos, considerados como não autênticos, ou de origem duvidosa.

Os livros da Bíblia hebraica

❖ **A Torá**

A primeira parte da Bíblia hebraica é a **Lei** (ou Torá), que consiste no Pentateuco, que, em grego, significa os cinco primeiros livros. O Pentateuco compreende, na verdade, o Gênesis, o Êxodo, os Números, o Levítico e o Deuteronômio. Esses livros reúnem toda a tradição mosaica, relativa à história do mundo, desde a história dos antepassados, a organização e formação do povo até sua libertação e fuga do Egito (por volta de 1250 a.C.), e a entrada na Terra Prometida. A Torá ensina a tradição, direciona os aspectos práticos da vida cotidiana: o culto, as regras de conduta moral, os exemplos a serem seguidos ou evitados. A tradição judaica indica Moisés como autor. Todavia, os cinco rolos não formam uma unidade absoluta: as histórias apresentadas são variadas e seu agrupamento numa coleção unificada só se fez após o retorno do exílio na Babilônia (568 a.C.-538 a.C.).

– **O Gênesis** narra o início da humanidade. Os principais episódios são a criação do mundo, Adão e Eva no Jardim do Éden, a Queda, o Dilúvio, a descendência de Noé, a Torre de Babel e, depois, a história dos patriarcas: Abraão, Isaac, Jacó e seus doze filhos.

– **O Êxodo** relata a saída do povo da terra do Egito sob a liderança de Moisés e, depois, a aliança de Deus com seu povo no Monte Sinai.

– **Os Números** evidenciam o recenseamento do povo judeu durante a sua estada no deserto.

– **O Levítico**, ou Livro dos Levitas, contém um grande número de prescrições rituais e morais.

– **O Deuteronômio**, ou Segunda Lei, é o discurso de Moisés para as tribos de Israel, antes da entrada na Terra Prometida, a terra de Canaã. Moisés lembra aí as principais regras estabelecidas para viver de acordo com a aliança firmada com Deus.

❖ **Os livros proféticos**

Os livros proféticos ou **Neviim**, "homens da Palavra de Deus", constituem o segundo grupo, a segunda parte do cânon judaico. Eles têm duas partes, assim nomeadas por seu tamanho, e não pela importância dos profetas: os "Profetas Maiores" e os "Profetas Menores". A primeira parte é histórica, começando depois da morte de Moisés e terminando com a queda de Jerusalém em 586 a.C. A segunda parte contém os textos ou discursos proféticos propriamente ditos. Os livros dos "Profetas Maiores", ou "primeiros profetas", são o Livro de Josué, o Livro dos Juízes, o Primeiro Livro de Samuel, o Segundo Livro de Samuel, o Primeiro Livro dos Reis, o Segundo Livro dos Reis; e os dos "Profetas Menores", ou "últimos profetas", são Isaías, Jeremias, Ezequiel, Oseias, Joel, Amós, Obadias, Jonas, Miqueias, Naum, Habacuque, Sofonias, Ageu, Zacarias, Malaquias.

Os Escritos

Depois da Lei e dos Livros Proféticos, a Bíblia hebraica tem um terceiro conjunto bastante heterogêneo de livros. Nenhum título específico lhe é atribuído: é simplesmente chamado de Ketuvim, ou os Escritos, que não entram nas duas categorias precedentes, já que são livros históricos, de sabedoria, de narrativas, ou seja, da expressão do lirismo litúrgico. Trata-se dos Salmos, do Livro de Jó, dos Provérbios, do Livro de Ruth, do Cântico dos Cânticos, do Eclesiastes, das Lamentações, do Livro de Ester, do Livro de Daniel, do Livro de Esdras, do Livro de Neemias, do Primeiro e do Segundo Livro das Crônicas.

❖ **O Talmude**

O nome "*talmud*" vem de uma raiz hebraica que significa estudar. A redação do Talmud é reconhecida como um comentário autorizado da Torá por todas as comunidades judaicas. Baseia-se na autoridade da Palavra de Deus, e é a forma escrita da Lei Oral, recebida segundo a tradição por Moisés, juntamente com a Lei Escrita do Pentateuco. Existem duas versões diferentes: uma delas vem dos territórios palestinos, o Talmud de Jerusalém, a outra vem da Babilônia, o Talmud da Babilônia. O Talmud se tornou a base da jurisprudência a partir da qual foram escritos os códigos das leis judaicas. Sua redação continua por vários séculos. É formado pela Mishná hebraica e pela Guemará aramaica ou "complemento", que é uma compilação.

❖ **A Mishná**

A Mishná reúne as leis, os ensinamentos, os comentários de toda a tradição oral, de modo que a Torá seja conservada. É nesse sentido que essa compilação de todos os códigos do povo judeu recebeu o nome de Mishná, ou "repetição" da lei. O objetivo era permitir a unificação dos judeus em todo o mundo. Os rabinos e os doutores, temendo o desaparecimento da Lei Oral, começaram a colocar um pouco de ordem nas tradições recebidas após a destruição do Templo de Jerusalém, em 70. A Mishná foi redigida em hebraico. Ela é dividida em seis partes, cada uma compreendendo um certo número de tratados, 63 no total, cada um deles subdivididos em capítulos e parágrafos.

A DOUTRINA

A NATUREZA DE DEUS

Deus é único, diferente da natureza que ele criou inteiramente. É um ser que atua continuamente na história humana. Inicialmente, o Deus de Israel não é um deus limitado a Israel. Ele é o Deus de todo o universo e de todos os seres humanos. A sua relação histórica com Israel não o impede de ser o Deus de todos, pelo contrário. Ele ultrapassa todas as coisas. O universo inteiro submete-se a ele e ele tem o direito de ser o único a receber honra e glória. Neste sentido, é um Deus transcendente.

Deus criou o ser humano à sua imagem. Com o livre-arbítrio, o ser humano deixou o mal entrar no mundo. Ele deve lutar contra a tendência de fazer o mal, a qual coexiste nele com a tendência a fazer o bem. Ele pode, todavia, escolher o bem por suas próprias forças.

Deus fez uma aliança com o homem para ele não se perder. Deu-lhe a Torá para que ele se aperfeiçoe. O conjunto dos preceitos vem de Deus e foram revelados a Moisés no Monte Sinai. Só o povo de Israel ouviu a voz de Deus e agora Israel tem uma missão no mundo: a de dar testemunho de Deus por meio da prática da Torá, que é universal.

O povo de Israel, embora disperso, será, um dia, reunido na Terra Santa, também com a expectativa de uma esperança fundamental: o advento do reino messiânico. O messianismo foi desenvolvido a partir do século VI a.C. pelos profetas e aperfeiçoado ao longo da história judaica. Ele consiste na crença em um personagem providencial, o Messias, enviado por Deus para estabelecer o seu reino na Terra. Essa espera não é compartilhada nem aceita por todas as correntes do judaísmo.

O judaísmo é a primeira das religiões abraâmicas antes do cristianismo e do islamismo. Israel honra YHWH (Javé), Eloim (Senhor), cujo Nome é inefável. Enquanto todas as religiões procuram encontrar uma resposta para as grandes questões que atravessam a humanidade, o povo judeu, ao contrário, recebeu do próprio Deus a resposta, ao longo de sua longa história. O nome de Deus foi revelado por Moisés, mas nunca é dito nos textos de forma evidente ou explícita, como: "Então disse Moisés a Deus: Eis que quando eu for aos filhos de Israel, e lhes disser: O Deus de vossos pais me enviou a vós; e eles me disserem: Qual é o seu nome? Que lhes direi? E disse Deus a Moisés: EU SOU O QUE SOU. Disse mais: Assim dirás aos filhos de Israel: EU SOU me enviou a vós." (Êxodo 3:13-14)[76]. Isso explica o uso do tetragrama (as quatro letras) YHWH, que se pronuncia Jeová ou Javé. Também se usam variantes: a raiz semítica

---

76. Extraído de https://www.bibliaonline.com.br/acf/ex/3

El, encontrada no patronímico de vários personagens da Bíblia (Daniel, Emanuel, Elias), e sua forma plural, *Elohim* (Eloim). Neste caso, é um plural majestático que evoca a onipotência de Deus. Este último ainda é *YHWH Tzevaot*, o "Deus dos Exércitos" ou *Shaddai*, o "Mestre" ou o "Todo-Poderoso".

Os profetas

O profeta pode ser visto como o sábio que vai proferir uma palavra divina a partir do nada, e graças a ele isso acontece. Ele se caracteriza pela qualidade de possuir "um coração capaz de discernir o bem do mal" (I Reis 3:9). Na verdade, ele é o intérprete de Deus, enviado por ele para revelar uma verdade ou para advertir. Os profetas hebreus falam em nome do seu deus Javé. Segundo a Bíblia, os primeiros profetas foram Abraão e Moisés. E, na origem da história religiosa, aparece a migração de uma tribo suméria liderada por um chefe patriarca chamado Abraão.

❖ **Abraão, uma representação para três religiões**
Abraão é representado nas três religiões monoteístas, e cada uma tem sua própria interpretação. Para os cristãos, o sacrifício de Isaac, filho de Abraão, que Deus pede ao pai em sacrifício para colocá-lo à prova, substituindo-o no último instante por um cordeiro, anuncia o sacrifício de Jesus crucificado, que morre para salvar a humanidade. Para os muçulmanos, a vítima é Ismael, considerado o ancestral do povo árabe. Para os judeus, é uma prova divina que acontece no monte Moriá, que estaria localizado, segundo a tradição, em Jerusalém, onde será construído o templo de Deus. Por fim, Abraão é o modelo para todos os muçulmanos, porque ele se submete acima de tudo à vontade de Deus. Aliás, há uma surata no Corão que leva seu nome, Ibrahim.

❖ **Moisés, o libertador**
No século XIII a.C., **Moisés** nasce em Goshen no Egito antigo. Ele tem um irmão, Arão, que será o primeiro sumo sacerdote judeu, e uma irmã, Miriam. Ele faz parte da tribo de Levi, uma das doze tribos hebraicas a emigrar para o Egito no século XVII a.C. Os livros do Pentateuco, do Êxodo ao Deuteronômio, são os que mais falam dele. Moisés escapa por pouco da ordem do Faraó de matar todos os recém-nascidos do sexo masculino. Colocado numa cesta de vime nas águas de um rio, ele é resgatado pela filha do Faraó, que o educa como um filho. Ela lhe dá o nome de Moisés, "tirado das águas". Ele recebe, na corte do Faraó, onde foi criado, a educação de um verdadeiro príncipe do Egito. Depois de proteger um escravo e matar um feitor egípcio, ele foge para o deserto. Torna-se pastor no Sinai e Deus lhe aparece pela primeira vez, ordenando-lhe que liberte seu povo. Como o Faraó não queria deixar o seu povo partir, o episódio das dez pragas

sobre o Egito se realiza. A personagem de Moisés é comum às três religiões monoteístas. Ele é chamado de Moshé no Judaísmo, de Mussa no Islã e de Moisés no Cristianismo. No Antigo Testamento, ele é apresentado como o líder que conduziu os israelitas para fora do Egito.

2. OS REINOS HEBREUS (C. 1000 A.C.-C. 600 A.C.)

O REINADO DE DAVI (C. 1004 A.C.-C. 966 A.C.)

Depois da morte de Saul, **Davi** (c. 1004 a.C.-c. 966 a.C.) se torna rei de Israel. Sua vida é conhecida a partir do Primeiro e Segundo Livros de Samuel e do Primeiro Livro dos Reis. Ele é eleito pela tribo de Judá e pelas tribos do sul, e fixa a sua primeira capital em Hebrom. É célebre por ter vencido, enquanto ainda era apenas um jovem pastor, com um tiro de estilingue, o campeão filisteu, o gigante Golias, no Vale de Elá. Casa-se com **Mical**, filha do rei Saul, e torna-se amigo do filho deste, Jônatas. No entanto, o ciúme de Saul por Davi continua a crescer. Ele tem de fugir para não ser assassinado; vagueia nas regiões desérticas e entra para o serviço dos filisteus. A morte de Saul e de seus filhos na batalha de Gilboa faz com que se torne rei. **Davi** expulsa os jebuseus de sua cidade, Jebus, antigo nome de Jerusalém, que ele transforma em sua nova capital. Esta é uma escolha inteligente, num momento em que a autoridade real deve ser aceita pelas tribos de Israel e de Judá, porque ainda é muito recente, e Jerusalém não pertence a nenhuma dessas tribos. A Arca da Aliança é transferida, instalada mais tarde no templo de seu filho Salomão. A Arca da Aliança era originalmente um baú de madeira, mais tarde recoberto de ouro puro e encimado por dois querubins, também feitos de ouro, contendo as Tábuas da Lei dadas por **Moisés**. Ela acompanhou por toda parte as doze tribos hebraicas antes de ter sido colocada em Jerusalém por Davi. Como os hebreus são marcados pelo nomadismo, antes desse episódio, a arca era armazenada, durante suas viagens, no "Tabernáculo da Congregação", onde Javé se encontrava com seu povo e onde ela era adorada. Salomão constrói em seu nome o Primeiro Templo. A arca personifica a aliança com Javé. Assim, ela leva os hebreus à vitória e os inimigos, se dela tomarem posse, à derrota e à morte. Ela desaparece com a destruição do Templo em 587 a.C., mas uma tradição, com início no século II, reza que o profeta Jeremias a tinha escondido em uma caverna no Monte Nebo, de acordo com uma história do Segundo Livro dos Macabeus. Os membros de famílias influentes formam a corte em Jerusalém sob o título de "servos do rei". O exército, reorganizado, é confiado a Joabe, sobrinho de Davi. Cabe a Joabe a tarefa de mandar matar, colocando-o só, na linha de frente, **Urias, o Hitita**, guerreiro cuja mulher Davi seduziu, Bate-Seba, grávida de suas investidas. Repreendido pelo profeta **Natã**, Davi se arrepende, mas o filho de Bate--Seba morre, e esse é o castigo divino infligido ao rei. Tragédias pessoais continuam com o estupro de sua filha Tamar por seu meio irmão Amnom. Este último é morto pelo irmão de Tamar, Absalão, que se rebela contra Davi, proclamando-se rei em Hebrom. Joabe, chefe do exército, o vence e depois o mata quando seus cabelos ficam presos a uma árvore durante a fuga. Depois de várias campanhas, Davi toma novamente dos filisteus quase toda a costa da Palestina. Ele derrota os amonitas, seus aliados arameus, o rei de Zobá, Hadadézer, e ocupa uma grande parte do seu reino, inclusive Damasco. Alia-se aos reis de Sidom.

❖ **Davi e a música**

Davi conseguia apaziguar a ira de Saul com o encanto de seu desempenho ao tocar sua harpa. Rei músico, muitos Salmos são creditados a ele. Trata-se de um novo gênero do qual ele é o criador. O *salmo* é um recitativo que acompanha o canto. O conteúdo dos Salmos de Davi é variável, desde a exortação das tropas para a vitória até a exaltação da grandeza divina ou das regras para salmodiar. Em sua corte em Jerusalém, Davi cria uma escola de música onde os "recitadores do rei" se aperfeiçoam. Estudam canto, música instrumental, principalmente com a harpa ou o *gitite*, uma espécie de cítara, o alaúde, as flautas, os pandeiros. Um coro tem quase trezentos cantores. O Salmo 51, atribuído a Davi, é um apelo do rei a Deus para perdoá-lo por ter mandado Urias, o Hitita, ao encontro da morte. Ele também é conhecido por sua invocação, *miserere*, "tem compaixão de mim", um dos Salmos de Davi.

> *Quando o profeta Natã veio a ele porque ele tinha ido até Betsabá. Tem misericórdia de mim, ó Deus, segundo a tua benignidade; apaga as minhas transgressões, segundo a multidão das tuas misericórdias. Lava-me completamente da minha iniquidade, e purifica-me do meu pecado...* (Salmos 51:1-3)[77]

A tradição atribui ao Rei Davi a redação do Livro dos Salmos, o *Sefer Tehilim* hebraico (Livro dos Louvores), o primeiro livro dos Ketuvim, os Escritos (hagiógrafos). Em número de 150, os salmos cantam a glória de Deus. Cada salmo é um verdadeiro poema, composto por um número variável de versos. Todavia, os historiadores tendem atualmente a considerar o Livro dos Salmos como um trabalho coletivo anônimo, mesmo que alguns deles possam ter sido obra de Davi. Para os judeus, alguns salmos devem ser recitados quotidianamente para formar uma leitura completa após trinta dias. Para os cristãos, particularmente os protestantes, eles são um ornamento musical para a celebração religiosa. Foram, assim, traduzidos pelo poeta **Clément Marot** (1497-1544), publicados em 1551 e musicados por **Claude Goudimel** (1514-1572) em

---

77. Extraído de https://www.bibliaonline.com.br/acf/sl/51.

1563. Sua fama através dos séculos se deve à qualidade poética da escrita e à entrega confiante na fé em Deus, como o Salmo 119[78]:

> Sou peregrino na terra
> Agora estou prostrado no pó;
> preserva a minha vida
> conforme a tua promessa.
> As tuas mãos me fizeram e me formaram.
> Alcance-me a tua misericórdia.

O REINADO DE SALOMÃO (C. 966 A.C.-C. 926 A.C.)

Salomão é filho de Davi e Betsabá. Seu reinado é narrado no Primeiro Livro dos Reis. Sua autoridade é exercida por quarenta anos sobre as doze tribos de Judá e de Israel. É um tempo de apogeu, com base numa prosperidade continuada. Ela vem da organização administrativa do reino em doze distritos, cada um governado por um prefeito, o *nesib*, nomeado e exonerado pelo rei. Cada um deve fornecer, por sua vez, um mês de subsistência em espécie para a corte real. A prosperidade também vem do comércio e da segurança que Salomão garante às rotas de caravanas entre Damasco, o Egito, a Mesopotâmia e a Arábia. Os mercadores pagam uma taxa, principalmente na forma de produtos de alto valor, incenso e substâncias aromáticas. É criado um corpo de funcionários de Estado, os levitas. O afluxo de riquezas para Jerusalém permite a Salomão manter a promessa feita a seu pai Davi de construir um templo para abrigar a Arca da Aliança. Todavia, os impostos são pesados, as desigualdades sociais estão se ampliando e o movimento de resistência está crescendo, impulsionado pelos profetas, que acusam Salomão de adorar os ídolos pagãos. Trata-se, mais provavelmente, de sua tolerância aos diferentes cultos praticados pelos mercadores e comerciantes que atravessam o reino ou nele se estabelecem. Depois de sua morte, o reino é dividido. Famoso por sua sabedoria, o rei é conhecido pelo famoso julgamento de Salomão: duas mulheres alegam ser mães de uma criança e requerem a sua guarda. Salomão ordena cortá-la ao meio. A mãe verdadeira prefere renunciar e que a criança permaneça viva, o que permite ao soberano reconhecê-la e devolver-lhe a criança.

❖ **O templo de Jerusalém**

O termo "templo de Jerusalém" refere-se, na realidade, a duas construções distintas: o Primeiro Templo, ou o Templo de Salomão, edificado durante o seu reinado (c. 966 a.C.-926 a.C.) e destruído por Nabucodonosor II em 587 a.C.; e o Segundo

---

78. Trechos adaptados de https://www.bibliaonline.com.br/nvi/sl/119.

Templo, construído entre 536 a.C. e 515 a.C., após o fim do cativeiro na Babilônia. Deve-se somar ao Segundo Templo o Templo de Herodes (rei da Judeia de 37 a.C. a 4 a.C.), um conjunto de edifícios construídos durante o seu reinado. O Templo de Salomão é o único lugar reconhecido como santuário pelo judaísmo. De acordo com a Bíblia, a sua construção durou sete anos e exigiu 170 mil operários. É uma fortaleza, destinada a proteger a Arca da Aliança, conservada no Santo dos Santos (Sanctum Sanctorum), acessível somente ao sumo sacerdote. O conjunto, enorme, é composto por terraços, paredes grossas, praças públicas, pórticos, piscinas de abluções rituais, altares de sacrifício. O interior, suntuoso, era decorado com o cedro precioso e perfumado, fornecido pelo rei fenício de Tiro, Hirão. Este monarca teria enviado a Salomão seu próprio arquiteto, Hirão-Abi. O Muro das Lamentações é o único vestígio do templo construído pelo rei da Judeia, **Herodes I, o Grande**, no monte Moriá. Esse nome foi dado pelos cristãos, que veem judeus piedosos virem ali lamentar a destruição do Templo de Salomão por Tito em 70 e a dispersão, ou Diáspora, do povo judeu. Para os judeus, ele é Hakotel Hamaaravi (O Muro ocidental), muitas vezes abreviado como Kotel. Segundo o costume, quem vai orar ali coloca entre as pedras um papelzinho dobrado com os seus desejos.

❖ A Arca da Aliança

A Arca da Aliança é uma espécie de baú de madeira de acácia de 1,20 m de comprimento por 0,70 m de largura e de altura. Segundo a lenda, teria sido reforçado com um revestimento de ouro e guardado, além das Tábuas da Lei, o maná e a vara de Arão:

> O Senhor falou a Moisés e disse: "Faça uma arca de madeira de acácia com um metro e dez centímetros de comprimento, setenta centímetros de largura e setenta centímetros de altura. Revista-a de ouro puro, por dentro e por fora, e faça uma moldura de ouro ao seu redor. Mande fundir quatro argolas de ouro para ela e prenda-as em seus quatro pés, com duas argolas de um lado e duas do outro. Depois faça varas de madeira de acácia, revista-as de ouro e coloque-as nas argolas laterais da arca, para que possa ser carregada". (Êxodo 25:10-14)[79]

A Arca da Aliança e o seu conteúdo estão reproduzidos no portão norte da Catedral de Chartres. Várias explicações foram dadas: a Arca da Aliança teria sido enterrada embaixo da catedral, depois de ter sido tirada de Jerusalém por cavaleiros franceses, em 1118, no momento da morte do rei Balduíno. Outros supuseram que a Arca chegara à França pelas mãos dos Templários. Nenhuma dessas hipóteses foi comprovada.

---

79. Extraído de https://www.bibliaonline.com.br/nvi/ex/25.

OS DOIS REINOS (926 A.C.-587 A.C.)

A morte de Salomão anuncia o fim da unidade do reino. Seu filho **Roboão** (c. 931 a.C.-c. 914 a.C.), insensível à miséria popular, recusa-se a reduzir os impostos e encargos. As dez tribos do norte se recusam a jurar fidelidade a ele e elegem **Jeroboão I** (c. 931 a.C.-c. 909 a.C.), da tribo de Efraim, como seu rei, formando o reino de Israel, cuja capital é alternadamente Siquém, Tirza e, depois, Samaria. Roboão reina apenas sobre duas tribos, a de Benjamim e a de Judá. Tendo Jerusalém como capital, elas formam o reino de Judá. Jerusalém, no ano 5 de Jeroboão, é saqueada pelo Faraó **Sheshonq I** (c. 945 a.C.-c. 924 a.C.). Posteriormente, os dois reinos enfrentam a ameaça comum dos arameus de Damasco e, no caso de Israel, também a dos filisteus. Em campanha contra eles, o General **Omri** (c. 881 a.C.-c. 874 a.C.) proclama-se rei e funda a dinastia israelita dos omridas. Ele transfere a capital para Tirza e depois para Samaria. Casa seu filho **Acabe** (c. 874 a.C.-c. 853 a.C.) com **Jezabel**, filha de Etbaal I, rei de Tiro. Ela o leva a adorar Baal e o desvia do verdadeiro Deus. Após a morte de Acabe, ela reina com seus filhos antes de ser morta; seu corpo é jogado aos cães, como havia predito o profeta Elias. Omri também casa sua filha (ou neta) Atália com Jorão, filho do rei de Judá. Com a ajuda do profeta Eliseu, **Jeú** (c. 841 a.C.-c. 814 a.C.), filho do rei de Judá, **Josafá** (c. 873 a.C.-c. 849 a.C.), toma o poder em Israel e restaura o culto a Javé. No reino de Judá, **Atália** (c. 845 a.C.-c. 837 a.C.) manda massacrar os descendentes de Davi e impõe o culto a Baal. O grande sacerdote **Joiada** consegue esconder **Joás** (c. 837 a.C.-c. 800 a.C.), com idade de sete anos. Ele o proclama rei e ordena a morte de Atália. Joás, ao se tornar rei de Judá, manda destruir o templo de Baal e executar os seus sacerdotes, assim como Jeú em Israel, onde o templo de Baal em Samaria é demolido. Apesar da crescente ameaça da Assíria, a época que se anuncia é de prosperidade para os dois reinos. **Jeroboão II** (c. 788 a.C.-c. 747 a.C.) reina sobre Israel e retoma, em Damasco, as províncias de Amom e Moabe. **Uzias**, ou **Azarias** (c. 783 a.C.-c. 740 a.C.), governa Judá e derrota os amonitas. Entretanto, os profetas **Amós** e **Oseias** advertem o reino de Israel sobre seu declínio próximo; Uzias se desvia dos sábios ensinamentos de **Zacarias** e morre de lepra. A morte de Jeroboão II abre um período de agitação, durante o qual pretendentes ao trono e efêmeros monarcas se sucedem uns aos outros por assassinato. Israel e Judá são obrigados a pagar tributo aos assírios. O rei **Ezequias** (c. 716 a.C.-c. 687 a.C.) de Judá tenta em vão abalar o jugo assírio, aliando-se com o Egito e os filisteus. Em 701 a.C., **Senaqueribe** (c. 704 a.C.-c. 681 a.C.), rei da Assíria, derrota os egípcios e os filisteus. **Ezequias** tem de se submeter e continuar a pagar o tributo. O reino de Israel, cuja capital é Siquém e depois Samaria, desaparece em 722 a.C. nas mãos dos assírios. O reino de Judá mantém sua independência até 605 a.C., quando se torna vassalo de **Nabucodonosor II** (630 a.C.-561 a.C.). Todavia, como parte de um protetorado, os reis de Judá continuam a reinar. Ao ignorar, as advertências do profeta Jeremias, o rei **Zedequias** (597 a.C.-587 a.C.)

provoca o desastre. Ele se rebela contra Nabucodonosor II, que o destrói, toma Jerusalém e deporta a população do reino para a Babilônia, reduzindo-a à escravatura, em 587 a.C. O Primeiro Templo, de Salomão, é incendiado.

A LITERATURA PROFÉTICA

O **Livro de Isaías** menciona quatro profetas maiores: **Isaías, Jeremias, Ezequiel** e **Daniel**; e **doze menores**: Oseias, Joel, Amós, Obadias, Jonas, Miqueias, Naum, Habacuque, Sofonias, Ageu, Zacarias e Malaquias. Os profetas são os enviados de Javé, vindos para manter a aliança firmada por Abraão entre os hebreus e Deus. Eles aparecem em tempos de crise, de idolatria, para exigir o retorno ao monoteísmo estrito e para ameaçar os reis com o castigo divino se não se emendarem e não desistirem dos ídolos ou de seus costumes promíscuos. Cada recusa do soberano ou do povo de escutá-los faz com que anunciem o castigo divino, prevejam a destruição de Jerusalém e o cativeiro para aqueles que se afastaram do Deus único e verdadeiro ou que se rebelaram contra ele.

Os grandes profetas

❖ **Isaías, Yeshayahu** em hebraico (Javé é salvação), é um dos maiores profetas da Bíblia hebraica. É conhecido por nós pelos *Manuscritos de Qumran* ou *Manuscritos do Mar Morto*, pois, dentre os pergaminhos encontrados numa caverna da região, em 1947, constava um exemplar do Livro de Isaías datado do século II a.C. A existência histórica de Isaías situa-se entre 765 a.C. e 700 a.C., aproximadamente. Depois disso, não se tem mais notícias dele. Foi em 740 a.C. que ele teria recebido o dom da profecia, a fim de anunciar, aos reinos de Israel e de Judá, o seu fim próximo. Isaías continua a alertar os judeus contra a deterioração dos costumes, o desleixo com o culto a Javé. Ele também condena a política dos reis de Judá, à procura de aliados contra a Assíria, onde, de acordo com Isaías, seria conveniente seguir unicamente a vontade de Javé. O Livro de Isaías apresenta uma série de 66 capítulos, que correspondem a três períodos nitidamente distintos e se referem a contextos também diversos.
  – **A primeira época**, dos capítulos 1 a 39, narra a ascensão da Assíria até o fracasso do rei assírio Senaqueribe contra Jerusalém em 701 a.C.
  – **A segunda** agrupa os capítulos 40 a 55, e traça a ascensão da Pérsia de Ciro, que derrotará o Império Assírio e dará a liberdade aos hebreus exilados, ou seja, entre 550 a.C. e 539 a.C.
  – **A terceira**, dos capítulos 56 a 66, trata da situação em Jerusalém, após o retorno do exílio, depois de 538 a.C. Esta última parte inclui, provavelmente, as palavras de vários profetas, e não só de Isaías. Segundo a tradição judaica, no livro apócrifo intitulado *A Ascensão de Isaías*, o profeta, ao fugir da perseguição do

rei Manassés, teria se refugiado num tronco de árvore, mas o soberano teria ordenado que ele fosse serrado ao meio.

❖ O profeta **Jeremias** é conhecido pelo Livro de Jeremias, o Livro das Lamentações, e pelo substantivo ligado aos lamentos incessantes, as "jeremiadas". Seu nome em hebraico significa "aquele que Deus estabeleceu" ou "o Senhor Eterno é elevado". Ele viveu no século VII a.C., provavelmente entre 648 a.C. e 578 a.C. Sua carreira de profeta começa durante o reinado de **Josias** (reino: 640 a.C.-609 a.C.), por volta de 628 a.C. Anuncia o declínio do reinado de Judá, a destruição de Jerusalém e o cativeiro na Babilônia, tantas provações exigidas por Deus, que o povo deve aceitar. Deportado para o Egito, Jeremias ali morre, provavelmente com a idade de 70 anos. O Livro das Lamentações merece atenção especial. Obra poética composta de cinco cantos, incluindo quatro compostos sobre o ritmo da *qîna*, cântico ou canto por ocasião de uma tragédia, de uma destruição, de uma perda, modo recitativo fúnebre por excelência, também é acróstica, sempre nos primeiros quatro poemas, isto é, cada verso começa sucessivamente por uma das 22 letras do alfabeto hebraico. Cada elegia é composta por 22 estrofes. Os hebreus chamam este livro de *Eykab* ou *Eikha*, de *eikh* (como), pois é por essa palavra que se abre o primeiro canto. Os principais temas abordados são o cerco de Jerusalém, a tomada da cidade, a deportação para a Babilônia, o peso dos pecados de Judá e, finalmente, a esperança da volta a Canaã, do perdão de Javé.

❖ **Ezequiel** (c. 627 a.C.-c. 570 a.C.) vive na época da tomada de Jerusalém pelos assírios e da deportação do povo para a Babilônia, onde ele mesmo é exilado por volta de 597 a.C. É lá que ele insiste, segundo o Livro de Ezequiel, para que os israelitas retornem à aliança com Deus, de cujo esquecimento levou à deportação e à destruição de Jerusalém. Seu livro de profecias contém três partes: os capítulos 1 a 24 denunciam os pecados do povo eleito, até a tomada de Jerusalém; os capítulos 25 a 32 anunciam a ruína dos povos idólatras; por fim, a última parte, dos capítulos 33 a 48, narra Javé confiando a Ezequiel a tarefa de desviar os israelitas do pecado, para fortalecer seu coração, ao anunciar uma nova Jerusalém e a construção do Segundo Templo, pois o Primeiro Templo fora o de Salomão, destruído pelos assírios. Ezequiel também profetiza a vinda do descendente de Davi, Jesus, e tem uma visão de tetramorfo, ou seja, do animal ou "ser vivo" associado a cada um dos futuros evangelistas: o homem a Mateus, o leão a Marcos, o boi a Lucas e a águia a João.

❖ **Daniel** vive na época do rei da Babilônia, **Nabucodonosor II** (c. 605 a.C.-c. 562 a.C.). De fato, o Livro de Daniel descreve o cativeiro do povo judeu na Babilônia naquele momento. O volume, no entanto, termina com eventos que ocorreram sob **Antíoco IV** (175 a.C.-163 a.C.), o rei selêucida, que tenta a helenização forçada da

Judeia, instala um altar de Baal no templo de Jerusalém, ordena que se ofereçam porcos em holocausto e proíbe a circuncisão. Todas essas decisões provocam a revolta dos judeus que foram liderados pela família dos macabeus. O livro de Daniel foi escrito em hebraico, aramaico e grego, num estilo apocalíptico. Provavelmente foi concluído sob **Antíoco** IV. Compõe-se de três partes: os capítulos 1 a 6 descrevem o cativeiro babilônico; os capítulos 7 a 12, as visões de Daniel; finalmente, os capítulos 13 e 14, mais tardios, redigidos em grego, incluem, principalmente, a história de Susana e dos anciãos – surpreendida no banho, ela se recusa a fazer o que eles querem e eles a acusam de adultério para se vingar; ela é salva por intervenção do profeta Daniel – de Bel e da serpente ou dragão –; Daniel consegue provocar asfixia no dragão adorado pelos sacerdotes de Bel. O rei o joga aos leões que não o devoram. Ele recupera a liberdade.

Os profetas menores

Receberam esse epíteto não porque os seus escritos sejam menos meritórios, mas são considerados menos importantes, mesmo que seja o mesmo Deus que fala por suas bocas. Eles anunciam as tragédias às nações. Durante os três séculos decorridos desde o cisma das dez tribos até o retorno do cativeiro (800 a.C.-500 a.C.), as profecias dos homens de Deus ressoam por toda a Judeia. São vistos, um após o outro, nas cortes, nas praças públicas, nas assembleias do povo... Muitas vezes, eles retomam as palavras dos grandes profetas – Isaías, Jeremias, Ezequiel e Daniel –, as dos livros da Bíblia dedicados a eles. **Amós**, "carregador de fardos", o mais antigo dos profetas menores, vive no século VIII a.C. Ele denuncia os excessos dos mais ricos e anuncia o fim de Israel. **Oseias**, cujo nome significa "salvação, libertação", combate os que descobriram as divindades pagãs, como Baal ou Astarte. Ele canta o amor divino por volta de 700 a.C. **Joel**, cujo nome significa "o Eterno é Deus", profetiza por volta de 800 a.C. Ele anuncia um exército de gafanhotos. **Naum**, ou "Consolação", descreve a destruição de Nínive. **Sofonias**, "o Eterno protege", culpa todos os dirigentes e ordena que evitem a destruição de Jerusalém. **Miqueias**, "que é como Deus", camponês vindo da região a oeste de Hebrom, anuncia a ruína de Jerusalém e a destruição do Templo. **Habacuque**, "Amor", profetiza a futura invasão dos caldeus. Ele também expressa sua reprovação e reclama com Deus sobre a corrupção do povo. **Obadias**, cujo nome significa "servo do Eterno", é o autor do menor livro da Bíblia. É provável que profetize pouco depois da destruição de Jerusalém. **Ageu**, "em festa", faz o mesmo, por sua vez, mas em Jerusalém, por volta de 530 a.C. Ele encoraja os judeus a reconstruir o Templo. **Zacarias**, "o Eterno se lembra", é o autor do Livro de Zacarias classificado entre os Neviim na tradição israelita. Tendo escrito um dos livros da Bíblia hebraica que contém a declaração de Deus, dirigida a Israel, ele denuncia principalmente a negligência para com a adoração a Deus. **Jonas** ou "Pombo", é o personagem principal do livro de mesmo nome. É famoso por sua permanência na barriga de uma baleia. Ele previu a destruição de Nínive, mas Deus muda de ideia.

A ARQUITETURA NO TEMPO DE HERODES

❖ O Segundo Templo de Jerusalém
O Segundo Templo de Jerusalém é reformado por Herodes, o Grande, por volta de 20 a.C. As obras são gigantescas, e o edifício abrange cerca de 15% da área da cidade. O Segundo Templo eleva-se sobre uma esplanada monumental, construída em dez anos por 10 mil homens, da qual sobrou o muro ocidental, o Muro das Lamentações. O próprio Templo requer sete anos de trabalho e 100 mil homens. Mal acabou de ser construído, em 63, quando Tito o destrói em 70, na sequência da revolta da Judeia contra seu pai, o imperador Vespasiano. O Templo é cercado por uma muralha de cerca de 300 m ao norte e ao sul, mais de 400 m a leste e oeste. Suas colunas de mármore são decoradas com capitéis banhados a ouro ou bronze. É dividido em vários edifícios: o Santo dos Santos, cubo sem luz, fechado por um véu duplo, abriga a Arca da Aliança. Somente o sumo sacerdote, uma vez por ano, pode entrar ali para queimar incenso. O pátio dos sacerdotes o precede. É ali que os animais oferecidos pelos fiéis são sacrificados. O pátio das mulheres acolhe mulheres e crianças do sexo masculino com menos de 13 anos de idade, idade de adesão, pelo adolescente, à vida adulta, após a celebração do rito do *Bar Mitzvá*. Vários outros cômodos guardam madeira, vinho, óleo e incenso, necessários para as cerimônias. Dois prédios são reservados: um aos ascetas, a Câmara dos nobres; o outro aos doentes que vieram buscar a cura, a Câmara dos leprosos. Perto do templo, proibido aos não judeus, encontra-se o Pátio dos Gentios, onde todos podem fazer comércio.

CAPÍTULO VIII
A ÁSIA

1. A ÍNDIA DO 2º MILÊNIO A.C. AO SÉCULO VI

TUDO COMEÇOU NO VALE DO INDO (SÉC. XXVI A.C.-SÉC. XVII A.C.)

É por volta do 5º milênio a.C. que o Vale do Indo experimenta o início de uma importante urbanização. Quase quatrocentos sítios alinham-se ao longo de suas margens, daí o nome de civilização do Indo (c. 2500 a.C.-c. 1500 a.C.). O apogeu dessa cultura se situaria em meados do 3º milênio a.C. A escrita encontrada nos selos ainda não foi decifrada, pois é diferente de qualquer forma conhecida. Cerca de 350 pictogramas foram, porém, identificados, inscritos por toda parte. Dois sítios dominam na época todos os outros: o de **Mohenjo-Daro**, cujo nome significa "o monte dos mortos", e o de **Harappa**. Cada um possui um perímetro de 5 km e abrange cerca de 60 ha.

OS PRIMÓRDIOS DO PERÍODO VÉDICO (2º MILÊNIO A.C.–1º MILÊNIO A.C.)

❖ O conhecimento dos Vedas

A elaboração dos Vedas foi feita durante quase um milênio, entre os séculos XVIII a.C. e VIII a.C. A impossibilidade de definir uma data consiste no fato de que esses textos não mencionam qualquer fato histórico conhecido ao qual possam estar ligados, por isso é difícil de identificar com precisão a data-limite de sua redação. Essas palavras sagradas dos brâmanes são objeto de uma classificação que durou mil anos e incorpora uma escola de pensamento religioso ou filosófico particular.

Os Vedas representam um conhecimento revelado, um saber transmitido oralmente de brâmane a brâmane. O vedismo é uma liturgia, ou seja, no sentido estrito do termo, uma ação sagrada. Os ritos desempenham aí um papel essencial, e foi a partir disso, numa explicação simbólica de gestos e fórmulas rituais, que a especulação será impulsionada. Eles são estruturados em várias etapas e se dividem em quatro partes: **Rigveda** (*veda dos hinos*), **Samaveda** (*veda dos cantos rituais*), **Yajurveda**[80], **Atarvaveda**. Os três primeiros são agrupados sob o nome de "tripla ciência": os homens dirigem-se aos deuses e os celebram. O *Rigveda* tem 1017 hinos, ou seja, 10.600 estrofes dedicadas aos deuses individuais. Dentre eles, nota-se Indra, o deus das poderosas ações guerreiras; Agni, o deus do fogo; Varuna, protetor da ordem mundial. O hino 129 contém a história da criação com a descrição do nada original. Os *Samavedas* são uma coleção de canções rituais e o *Yajurveda*, fórmulas de sacrifício. O nome *Atarvaveda* vem de Atharvam, aquele que os fez.

❖ **O Bramanismo, mais popular**
O bramanismo sucede ao vedismo, **por volta de 1500 a.C., para se extinguir por volta de 900 a.C.** O bramanismo afirma ser uma continuação do vedismo de uma forma mais filosófica e também mais popular. As *explicações* (*Brahmana*), ou "interpretações do Brâmane" (comentários em prosa dos Vedas), os *Aranyaka*, ou "tratados florestais", livros de magia para sacerdotes, e os *Upanishads*, grupos de textos que pregam a libertação do renascimento e apontam o caminho para o absoluto, formam o último grupo de revelação védica. Os *Upanishads*, bastante curtos, cerca de 250, pretendem ser metafísicos e esclarecem os meios para alcançar o absoluto, a identificação necessária de *Atman* (sopro vital, composto por *prana* e *vayu*) e de *Brahman* (o Absoluto, origem e fim de todas as coisas). Seu objetivo é trazer o apaziguamento para a mente humana. A teoria da transmigração das almas dá ao homem a possibilidade de se libertar por si mesmo. Se os Vedas aparecem bem antes do ano 1000, para alguns, os *Upanishads* surgem por volta do século VIII, colocados no final dos Vedas.

O HINDUÍSMO, RELIGIÃO SEM FUNDADOR

O hinduísmo, religião politeísta, praticada pela maioria dos habitantes do mundo indiano e com base no Vedas, é o herdeiro do vedismo e do bramanismo. O termo hindu se aplica a todos aqueles que reconhecem os Vedas como a mais alta autoridade, e todos os textos sagrados que os compõem, *Upanishads*, *Canto do Bem-Aventurado* (*Bhagavad-Gita*)... O segredo do conhecimento é aí capital, e os textos são revelações.

---

80. Há duas versões do Yajurveda: o Yajurveda branco, que contém apenas fórmulas, e o Yajurveda preto, no qual as fórmulas são acompanhadas por um comentário tradicional que explica o sentido místico.

Os sábios, os *rishis*, teriam sido inspirados diretamente pelas divindades. O hinduísmo, termo recente, data do século XIX, e designa o conjunto das religiões da Índia. As populações que se ligam às religiões animistas, ao parsismo (culto ao fogo dos descendentes de emigrados persas zoroastristas), ao judaísmo, ao cristianismo ou ao islamismo estão excluídas dessa denominação. Também são excluídos os sikhs, cuja religião fundamenta-se num sincretismo do hinduísmo e do islamismo. O hinduísmo é o resultado de uma tradição milenar que não tem fundador. Na Índia, tudo é divino: o *Rta* domina ao lado dos deuses, afirma-se como lei cósmica, verdade viva, que vem de Deus e é, ao mesmo tempo, seu instrumento.

❖ **Carma, bom ou ruim**

O elemento permanente através das divergências teóricas entre as várias escolas é o *Atman*, que chamaremos de alma ou princípio que organiza todo ser vivo. Para a maioria dos hindus, o estado em que nos encontramos não é, de forma alguma, aquele no qual temos a mais alta visão da realidade última. A consciência dessa dualidade termina no dia em que perdermos essa mesma consciência. É durante esse período de dualidade que se aplica mais claramente o conceito de carma. Nesse mesmo mundo de dualidade, sofremos as consequências das ações que realizamos. As boas ações são criadoras de um carma bom; as más, de um carma ruim. Enquanto tivermos "carma a esgotar", somos obrigados a renascer na Terra em intervalos variáveis. Entramos num círculo interminável de mortes e nascimentos (o *samsara*). O renascimento acontece automaticamente enquanto o carma não se esgota. Como se cria ou destrói um carma? Nossos pensamentos e nossas ações formam uma ligação que os hindus chamam de "relação cármica" entre nós e o objeto dessas relações. Dependendo do autor das ações, essa ligação é uma dívida a pagar ou um crédito a receber. Assim, pode-se acumular ou destruir carma.

❖ **Libertação, reencarnação**

A libertação, que constitui, para os hindus, a meta essencial da vida e, de forma mais geral, de qualquer evolução, é consequência, portanto, da saída desse círculo de mortes e nascimentos: é o *nirvana*. A diferença fundamental entre as concepções cristãs e as dos hindus é que, quando pensamos na imortalidade, vivemos isso como uma vitória sobre a morte. Para os hindus, a morte não é nada mais que o fim obrigatório de toda vida que começa com um nascimento. O que nasce está, portanto, condenado a morrer. A alma pode, em determinadas circunstâncias, fazer outros corpos humanos e usá-los para se livrar de seu carma. É isso, pelo menos, que se ensina nos textos mais clássicos. Da mesma forma, a alma pode habitar vidas de animais e até mesmo descer para o reino vegetal, tornar-se grama, cipó, espinheiro. É por essa razão que matar um animal, para um hindu, é um crime. Os próprios deuses não deixaram de reencarnar num animal: Vishnu em peixe, em javali; Yama em cachorro; Indra em porco... A alma pode muito bem reintegrar corpos divinos.

Todas as nossas atividades podem ser divididas em três categorias: criação/preservação/destruição, e a cada uma delas corresponde um deus: Brahma/Vishnu / Shiva.

Esses termos de criação, preservação e destruição não têm aqui o seu sentido comum. Seria mais correto dizer: "vinda à consciência da multiplicidade e destruição desse estado pelo retorno à consciência da não dualidade". Assim, Brahma deve ser visto como o deus que mergulha o homem nas dualidades; Shiva, como aquele que pode nos resgatar dessa concepção das dualidades; e Vishnu, aquele que nos protege e nos guia.

DEUSES E DEUSAS, HERÓIS E MANTRA

Se os deuses da Índia são tantos, é porque o panteão indiano nunca permaneceu estático. Desde a primeira composição do primeiro hino védico cerca de 1800 a.C. até as últimas compilações dos *Textos dos tempos antigos* (*Puranas*), coleções mitológicas de acesso mais fácil que os *Brahmana*, por volta dos séculos terceiro e quarto, os deuses não pararam de se modificar, assim como seus mitos. As três principais divindades adoradas continuam a ser Brahma, Vishnu e Shiva, que formam a Trimurti, a trindade hindu. Os deuses são associados a formas divinas de essência feminina, das quais a mais importante continua a ser Shakti, a deusa-mãe. Apesar desse aspecto politeísta, todos e todas emanam de uma única e mesma força cósmica criadora, Brahman.

❖ **Agni**, o deus do fogo no hinduísmo, é o que aquece, ilumina, purifica. Os indianos védicos fazem dele um deus completo. Mitologicamente, é o intermediário entre os deuses e os homens.

❖ **Arjuna**, o herói guerreiro, é, no *Bhagavad-Gita*, o terceiro dos cinco filhos de Pandu, os Pandavas, na realidade, o filho do deus Indra e de Kunti, a esposa de Pandu. Kunti o concebe, por vezes, com vários deuses. Ele aprende a arte de lutar com o brâmane Drona, especialmente tiro com arco. Antes da grande batalha de Kurukshetra, Krishna, a oitava encarnação do deus Vishnu, toma a aparência do condutor de seu carro e, em seguida, oferece-lhe seu ensinamento espiritual, recomendando-lhe que cumprisse o seu dever como membro da casta guerreira *Kshatriya*, lutar para superar as suas dúvidas. O *Bhagavad-Gita* ou "Canto do Bem-Aventurado" narra essa conversa tornada célebre.

❖ **Brahma** é o primeiro membro da Trimurti, a trindade dos deuses, formada com Shiva e Vishnu. Deus Todo-Poderoso, princípio de tudo, ele é representado por um círculo num triângulo sobre os monumentos, tem quatro cabeças, detém em suas quatro mãos a cadeia que suporta os mundos, o Livro da Lei, o cinzel para escrever, o fogo do sacrifício. Suas cabeças são decoradas com lótus. Sarasvati, deusa da erudição, da fala, a quem se atribui a invenção do sânscrito, é sua consorte, sua esposa divina, sua energia feminina ou Shakti.

❖ **Durga**, a guerreira, é uma das formas de Shakti, a deusa-mãe, com poderes para lutar contra o búfalo demônio Mahisha. Usa um sari vermelho e monta um leão.

❖ **Ganesh**, filho de Shiva e de sua esposa **Parvati**, também chamado de **Ganapati**, é o deus da inteligência, do conhecimento, protetor dos letrados. Sua qualidade de *Vighneshvara*, "Senhor dos obstáculos", permite afastá-los, o que faz dele um dos deuses mais reverenciados na Índia. É tradicionalmente representado com um corpo humano, com cabeça de elefante com uma só presa, já que a outra se partiu em combate. Ele possui quatro braços e monta um rato. Também pode ser representado sentado num trono de lótus.

❖ **Kali, a Negra**, deusa da destruição e da criação, tem a aparência de uma mulher negra. Completamente nua, ela parece dançar sobre um cadáver humano que esmaga com os pés, o corpo subjugado de Shiva. Ela encarna o poder de destruição e criação, aspecto feroz de *Devi*, a deusa suprema. A espada que empunha numa mão evoca, em suas representações, seu papel destrutivo, assim como seu longo colar de crânios humanos e a cabeça decepada que a outra mão segura pelos cabelos. Tem vários braços, pois cada um dos deuses deram-lhe uma arma para lutar: de Shiva ela tem o tridente; de Vishnu, o disco e um nó corredio; o arco e a flecha de Surya, o deus-sol; o machado de Chandra, deus da lua; a lança de Kumara, a consciência do mundo; um martelo de Yama, o senhor da morte.

❖ **Krishna**, o pastor apaixonado, encarna o oitavo avatar de Vishnu. Esse deus aparece no hinduísmo sob numerosos e múltiplos aspectos: Krishna pastor, Krishna criança, Krishna o apaixonado flautista, guardião do gado. Para os sábios, ele é o que ensina o caminho da libertação e da devoção, o grande vencedor do mal. É ele que ensina o Dharma, a lei, a Arjuna, num famoso episódio do *Bhagavad-Gita*. Ele é o herói dos dois mais famosos poemas hindus: o *Gita-Govinda* ("Canto de amor de Krishna"), e o *Bhagavad-Gita* ("Canto do Bem-Aventurado"). Desce à terra para libertar os homens dos malfeitos do rei Kamsa, assassino dos filhos de Devaki, sua própria prima.

❖ **Shiva**, o destruidor e o gerador, é, sem dúvida, um dos mais antigos deuses da Índia. Ele é o Deus de todas as manifestações vitais. Nele se resumem todas as forças turbulentas que impulsionam o mundo. Sua forma terrível é venerada do norte ao sul da Índia. Shiva é também o mestre dos iogues quando é tido como grande asceta.

Sua esposa, que é chamada pelo termo geral *Devi*, "Deusa", tem uma personalidade tão complexa quanto a dele. Ela é adorada em muitos aspectos e sob muitos nomes. Ela também pode ser Kali, a Negra. A morada de Shiva é o Monte Kailash, cordilheira do planalto tibetano. Seus principais atributos são o coque, o núcleo de seu poder ascético, a cobra Kundalini, que representa a energia sexual, uma pele de tigre, a manifestação de seu poder sobre a natureza, o terceiro olho fechado porque seu olhar destrói, a lua crescente que descansa em seus cabelos. Linga, o falo, simboliza sua capacidade criativa. Sua montaria é o touro Nandi. Os diferentes aspectos de Shiva refletem a variedade das lendas:

- representado como **Deus gerador**, tem a forma de Linga (símbolo fálico);
- **deus da dança** que cria ou destrói o mundo, pode tomar um aspecto mais pensativo, do mestre da ciência e das artes.

❖ **Vishnu**, o conservador do mundo, é considerado o segundo deus da Trimurti. Sua função é a de conservar o mundo, socorrer os seres. Ele é representado sob a forma de um jovem de pele azul. Seu poder universal é expresso por seus quatro braços segurando os elementos fundamentais. Sua esposa é Lakshmi, a deusa da fortuna, em ambos os sentidos do termo, boa sorte e riqueza. Monta uma águia gigante, Garuda. Periodicamente, quando a discórdia e a desordem prevalecem na terra, ele desce para cá e restaura a justiça e a paz. Ele aparece, então, sob a forma de avatares ou encarnações transitórias, em princípio dez, que inspiraram os escultores de Angkor Wat (Camboja) ou de Ellora (conjunto de cavernas hindus, budistas, jainistas, localizado no Deccan, ao nordeste de Mumbai): avatar do peixe que faz parte das tradições ligadas ao dilúvio ou avatar da tartaruga, do javali, do leão etc. Seu papel tem evoluído ao longo dos séculos. Originalmente, era um deus-solar. Ele também pode ser o conservador do cosmos, ou até mesmo o salvador da humanidade.

❖ **O mantra, fórmula sagrada**
Originalmente, um mantra é um verso poético, recitado ou cantado. Posteriormente, os mantras tornaram-se fórmulas sagradas. A palavra "mantra" é formada a partir da raiz sânscrita *man* ("pensar") com o sufixo *tra*, que serve para formar as palavras que designam instrumentos ou objetos. O mais famoso deles é o mantra *OM* (ou *AUM*). Ele exprime a personalidade do senhor do universo com o qual a alma humana pode se identificar. Pela repetição, esse mantra, concentração fonética de três letras (A, U, M), simboliza as três divindades: Brahma, Vishnu e Shiva. Os *mantras*, chamados de *Vedas*, cantados, são a expressão de Deus como substância enérgica fônica. Enquanto os hinos e as orações têm uma estrutura rítmica e são versificados, os *brâmanes* ou comentários estão em prosa. A magia vocal é crucial em tudo. Os ritos, os gestos, todas as operações de sacrifício não podem ser

realizadas corretamente senão no poder e na precisão do som. A sílaba *AUM*[81] também é simbólica na forma, como uma manifestação do absoluto pelo som. A palavra deve permitir que o pensamento se materialize: *VAK*, a fala, é também criadora do universo. O poder do som deve atuar sobre as forças inconscientes do universo e pode ser o meio para atuar sobre as forças latentes da matéria.

RELIGIÃO: OS TEMAS COSMOGÔNICOS

Nos textos mais antigos, é o *Rigveda* que apresenta os primeiros hinos cosmogônicos. O demiurgo assume a forma de um elemento ou princípio, Agni (o fogo), Savitar (o Sol), Tapas (o ardor criativo) ou Varuna (o deus das águas). Eles concorrem com uma série de deusas primordiais, Aditi, "a sem limite", Vak, "a palavra". É no décimo livro do *Rigveda* que aparece o Homem Primordial, cujo corpo é o próprio cosmos, o Purusha. Desmembrado, ele exerce tanto o papel de vítima ritual quanto de sacrificador, e introduz nos Vedas o tema fundamental do sacrifício original, depois reproduzido pelos homens. Assim, o desmembramento do Purusha dá à luz as espécies animais, mas também à liturgia, às fórmulas mnemônicas sagradas. Não só a espécie humana advém de Purusha, mas ela chega à existência dividida de acordo com o sistema das castas bramânicas[82].

❖ **Os *Brahmana*, textos relativos ao brâmane**
Os *Brahmana*, compostos entre 1000 a.C. e 600 a.C., são dedicados essencialmente às várias prescrições rituais, mas também introduzem uma dimensão cosmogônica com Prajapati, "o Mestre das Criaturas". Ser primordial, ele realiza a criação pela palavra, ordena o mundo ao nomeá-lo. Em seguida, vem a vez dos principais deuses. Finalmente, como o Purusha, Prajapati instaura o sacrifício. Na verdade, é a condição essencial para o equilíbrio do universo. Por meio do dom de si mesmo, seu desmembramento, Purusha permite a criação. Dando aos deuses, depois aos homens, o sacrifício, Prajapati indica-lhes como manter o Dharma, a ordem cósmica. A característica certa do *Rigveda*, compartilhada com a compilação jurídica das *Leis de Manu* (cerca de 200 a.C.), é a de estabelecer um sistema social por meio de uma cosmogonia. A criação do mundo, da humanidade, é acompanhada pela divisão dos homens em classes funcionais: sacerdotal, combatente, produtora, servil. A sociedade é, assim, dividida em quatro castas: os brâmanes (sacerdotes), os xátrias (guerreiros), os vaixás (produtores), os sudras (servos). É preciso ainda acrescentar os "sem casta", aqueles que não podem realizar sacrifícios por causa da impureza

---

81. Ela simboliza os estados de consciência: vigília, sonho, sono e a consciência suprema.

82. Sobre isso, ver Florence Braunstein, *Histoire de civilisations* [História de civilizações], Paris, Ellipses, 1998, p. 88.

ligada ao seu *status* social ou à sua profissão, como catadores de lixo, açougueiros, cortadores, curtidores etc., e os "fora de qualquer casta" ou não hinduístas. Em toda a cosmogonia védica, o ato de criação por meio de sacrifícios é uma "primeira vez", destinado a ser reproduzido indefinidamente pelos brâmanes essencialmente.

A VIRADA DO SÉCULO VI A.C.

O século VI a.C. é caracterizado por um grande movimento religioso. Duas novas religiões aparecem, o budismo e o jainismo, sob a ação de dois grandes reformadores e fundadores, **Buda Sakyamuni** (Buda, 560 a.C.-480 a.C.) e **Mahavira** (599 a.C.-527 a.C.). O bramanismo integra a partir de então em seu panteão elementos religiosos nativos, como Vishnu e Shiva. No momento de seu surgimento, as formações políticas são de tipo tribal. Vários reinos, confederações de muitos clãs exercem a hegemonia, uns após os outros. É o caso de Magadha, o Bihar ocidental, que domina e conquista o Ganges e uma grande parte da Índia indogangética. Sabemos pouco sobre ele; porém, muitos episódios da vida de Buda se desenrolaram aí. A história da Índia ocidental é diferente por causa dos tumultos que vivencia: Ciro conquista a região de Kapisa, no atual vale de Cabul, enquanto **Dário** (522 a.C.-486 a.C.) põe a mão sobre o Gandhara, o noroeste do Punjab e, em seguida, sobre todo o reino.

A DINASTIA MÁURIA (322 A.C.-187 A.C.), A IDADE DE OURO

Maurya Chandragupta I (c. 320 a.C.-c. 300 a.C.) usurpa o trono dos nanda. Suas vitórias sobre os sátrapas de Alexandre lhe permitem retomar as províncias indianas conquistadas pelos macedônios e unir, sob a sua autoridade, todo o norte da Índia. **Ashoka** (304 a.C.-232 a.C.), seu neto, manda matar seus irmãos, em sua capital Pataliputra, e toma o poder. O período que se inicia é considerado a idade de ouro da história indiana. Quando Ashoka sobe ao trono, ele herda um império considerável, que liga o norte da Caxemira ao atual Karnataka, ao sul, e o Delta do Ganges, no noroeste do Afeganistão. Ele controla a região de Cabul e de Kandahar e promove o budismo. **No terceiro concílio de Pataliputra** em torno de 249 a.C., os theravada, seguidores do *Theravada* ("Caminho dos Anciãos"), também chamado **budismo** *Hinayana* (do pequeno veículo), pensam que todos podem alcançar a libertação, chegar ao *Nirvana*. Eles fixam sua fé e afirmam a sua superioridade sobre todas as outras escolas budistas. Durante o seu reinado, Ashoka tolera, com grande abertura de espírito e com mente aberta, a prática de outras religiões. Por ocasião de sua morte, a unidade do reino entra em colapso, e seus filhos dividem entre si as diferentes regiões. As inscrições deixadas por esse rei não são apenas as mais antigas conhecidas na Índia, mas também revelaram o uso da escrita *brami*, que se lê da esquerda para a direita. Entre os testemunhos artísticos que sobreviveram até nossos dias, o Pilar de Sarnath é particularmente famoso.

Ele é coroado por um capitel, que representa quatro leões em uma "Roda da lei", o **Dharmacakra**, roda de carroça que simboliza o dharma, o ensinamento de Buda. Os máurias desaparecerão em 187 a.C. em favor da dinastia Shunga.

O PERÍODO GUPTA (320-510), A IDADE CLÁSSICA

O período Gupta, considerado como a idade clássica da Índia nos planos cultural e filosófico, começa no século IV e se encerra em 510, enfraquecido pelas invasões hunas. **Chandragupta I** (reinado: 319-335) inaugura, em 320, a era Gupta. Com seu casamento, ele estende seu reino até o Bihar, e depois até Bengala e a planície do Ganges. Seu sucessor, **Samudragupta** (reinado: 335-375), cujo panegírico ou elogio está gravado em um pilar de Allahabad, reflete o fortalecimento dos Gupta no norte, de suas campanhas no sul e das duas campanhas vitoriosas contra nove reis. A grande época Gupta continua sob **Kumaragupta I** (reinado: 414-455), mas nos últimos anos de seu reinado, por volta de 445, a ameaça dos hunos se torna real e eles conseguem penetrar profundamente na Índia, como relata em seus escritos seu filho **Skandagupta** (reinado: 455-467), o último verdadeiro soberano.

A ARTE, UM CASO DE ESCOLA

❖ **Você quer estupas, tome estupas**

Os primeiros monumentos da arte hindu, vihara, grutas em torno de um santuário, e estupa, construção semiesférica destinada a conter relíquias e talvez derivada dos antigos túmulos funerários, pertencem à época máuria. Os mais completos que chegaram até nós são os de Sanchi, o maior medindo 32 m de diâmetro e 36 m de altura, e remontam à época do imperador Asoka, no século III a.C. São rodeados de balaustradas de pedra e suas portas monumentais, as Toranas, que marcam a passagem do mundo material exterior ao mundo espiritual, são decoradas com relevos e esculturas magníficos. Elas se abrem para os quatro pontos cardeais. É na segunda metade do século I que os soberanos Shātavāhana terminam as estupas de Sanchi. A estupa de Bharhut, no estado de Madhya Pradesh, poderia também ser atribuída a Ashoka. O Buda é representado simbolicamente, com longas e atípicas narrativas que contam a história dos elefantes de seis presas e outras lendas desse tipo. **A arquitetura desse período** deixou uma cidade, Pataliputra, de 15 km de comprimento e 3 km de largura. Ela é fortificada de maneira poderosa por um balestreiro de madeira (muralha de defesa com aberturas para disparar contra o inimigo) com 560 torres e sessenta portas que protegem a cidade. Sobraram alguns princípios permanentes da construção ao longo dos séculos. A construção em madeira ainda é utilizada, mesmo que o tijolo cru e depois cozido surja já na civilização do Indus. O mais antigo chaitya, capela em forma de estupa, fica em Bhaja, no estado de Maharashtra. Em Kanheri, a oeste de Mumbai (Bombaim), existe um conjunto de 109 cavernas, principalmente em Kaili, onde se encontra a obra-prima das chaitya, esculpida entre os anos 100 e 125. É possível citar também as do vale de Ajanta (Maharashtra), nas quais os monges budistas se isolavam, e também as de Ellora. Os imperadores Gupta, ao protegerem o neobramanismo, precipitam o fim do budismo na Índia e depois seu desaparecimento. O culto do neobramanismo exige um templo onde o brâmane fica separado da massa dos fiéis. Durante o período de transição entre os séculos II e IV, três escolas búdicas vão se impor: no noroeste, a arte greco-búdica, **arte de Gandhara**; no sudeste, a de **Amaravati**; no norte, **a escola de Mathura**. A primeira evolui entre os séculos I e VIII aproximadamente; a segunda, entre os séculos II e IV, mostrando composições rebuscadas; a terceira caracterizando-se pela harmonia das massas, pela flexibilização das posturas. A arte do Ghandara, no noroeste, "arte greco-búdica", constitui a etapa seguinte. O termo provém de Kandahar, no Afeganistão. Sob a dinastia Kuchano – ao longo do século I –, essa região se torna um centro artístico importante, a morada mais oriental da Ásia greco-romana. Buda, no século II, aparece ali geralmente na forma de um monge de vestido com o ombro direito descoberto, a palma da mão direita na posição de "ausência de medo". Igualmente característico, o Buda esboça um sorriso devido a uma acentuação dos cantos da boca. Os relevos se caracterizam por um horror ao vazio. A penetração da estética grega é uma das consequências do desmembramento do Império Máuria. Um de seus reis indo-gregos, **Menandro I ou Milinda**, converte-se ao budismo em meados da metade do século II a.C., dando um novo impulso a sua arte. Sua expressão mais importante é a escultura, a escultura tridimensional e os baixos-relevos ligados à construção dos monumentos comemorativos. O Buda é representado ali pela primeira vez sob forma humana, enquanto o Império Máuria o evocava com formas puramente simbólicas, como a roda da Lei. De fato, os escultores, entre os séculos I e II, o mostram-no de pé ou sentado com as pernas cruzadas na posição de lótus, em posição de meditação ou de ensinamento, com as mãos prontas para girar a roda da Lei.

❖ **A arte Gupta, o ponto máximo da arte**
Com o período Gupta (320-510), a arte e a civilização alcançam seus pontos máximos, num período de inovação e de fixação de uma iconografia que influencia rapidamente todas as civilizações da Ásia. Templos e mosteiros chegam à perfeição, com suas pinturas e esculturas. O refinamento decorativo, a pureza das formas, o domínio técnico caracterizam esse período. As obras do estilo pós-Gupta, realizadas pelas escolas do norte e do centro, mostram, no século VII, preciosismo e excesso. O uso da pedra para os templos é praticamente uma inovação Gupta, fazendo com que o uso do tijolo desapareça aos poucos. Essa arte valoriza o caráter salvador e cósmico do Buda por meio da sua representação ou de seus avatares. As mais antigas cavernas de Udayagiri, a oeste de Madhya Pradesh, são consagradas a ele. A escultura búdica

Gupta provém principalmente da escola de Sarnath, que deixou uma produção em arenito bege-claro, e a de Mathurā, que usa o arenito vermelho. O Buda é mais frequentemente figurado em alto-relevo, de pé, com a silhueta coberta e a cabeça rodeada por uma grande auréola circular. O sítio de **Ajanta** é representativo da arquitetura desse período. Seu apogeu acontece no último quarto do século V e se estende por uma parte do século VI. A arte búdica no Afeganistão deixa, em Bamian, os Budas, representações humanas proibidas pela chegada do Islã no século VII. Os Budas de 35 m e 53 m de altura que foram erigidos ali eram policromados e revestidos de ouro. As estátuas desapareceram, destruídas em 2001 pelos talibãs.

ESCRITA E BELAS LETRAS, A HERANÇA SÂNSCRITA

As belas letras são de origem quase que exclusivamente sânscrita, mas desde os primeiros séculos da era cristã outras línguas, como o **tâmil**, impõem-se. **O brami** data aproximadamente do século IV a.C., o **prácrito**, a mais antiga que se conhece, a das inscrições de Ashoka, do século III a.C. Muitas escritas foram para os éditos de Ashoka, o grego e o aramaico no Afeganistão, sistema Kharoshti em Mansehra, no norte do rio Indo, e brami para as demais regiões, forma que sobreviveu a todas as outras. Outros dialetos também derivaram do sânscrito, como o pali, no qual estão redigidos os cânones do budismo. O sistema não para de evoluir ao longo do tempo para atingir o desenvolvimento de escritas claramente individualizadas. A literatura sânscrita toca, essencialmente, o campo religioso, com epopeias: *Bhagavad-Gita* ("O canto do Senhor"), o *Mahabharata* ("A grande [guerra] dos Bharata"), *Ramayana* ("Viagem de Rama") e os *Purana*, uma antologia de mitos, ou o *Tantra*, manual de prática religiosa. A epopeia permitiu que a Índia se familiarizasse com seus novos deuses Vishnu e Shiva. Os *sutas*, poetas da corte e bardos itinerantes, contribuem ao seu desenvolvimento. Outro gênero literário muito cultivado na Índia é o sutra, que comunica as regras do ritual e se adapta aos grandes movimentos heterodoxos búdico e jainista, que se desenvolvem entre os anos 400 a.C. e 300 a.C. Esses *sutra*, ou aforismos, gênero literário muito apreciado, são verdadeiros "lembretes", cujo nome significa "fio". Eles tratam de questões diversas: direito penal, sacrifício e várias ciências ligadas aos *Vedas*.

A primeira gramática

Além dessa importante herança sânscrita, existe uma literatura em língua vulgar, seja dravidiana, como o tâmil, o malaiala, o canará, seja indo-ariana, como o bengali, o hindi, o marati. A primeira gramática, como obra constituída, é uma descrição do sânscrito por Panini, que pertenceria ao **século IV a.C.** Ele não foi o primeiro a se interessar pela gramática indiana, já que cita alguns predecessores, mas essas obras anteriores foram perdidas. Seu tratado mostra tamanho esforço de formalização na descrição da língua sânscrita, que se pode falar em uma verdadeira metalíngua organizada sobre um material de dados técnicos, de abreviações, de símbolos, de convenções. Sua gramática, chamada de *Astadhyayi*, "oito lições", constitui um conjunto de aproximadamente 4 mil fórmulas, os *sutra*, divididos em oito capítulos, subdivididos em quatro partes. Esse texto é acompanhado de apêndices cuja autenticidade é mais ou menos discutível. A língua sânscrita foi consideravelmente modificada entre a época védica e a clássica; ele descreve a língua que fala e que se situa entre essas duas épocas. **Patanjali** foi um dos comentadores de sua gramática e a ele se atribui o *Mahabhashya*, *Grande comentário*. Certos gêneros literários, como a história, não são representados na Índia, ainda que tenham existido alguns elementos de historiografia. O mesmo vale para o *Diário íntimo* ou as *Memórias*, introduzidos mais recentemente.

As epopeias: o *Mahabharata*, o *Ramayana*

❖ O Mahabharata

O *Mahabharata* ou "A grande guerra dos Bharata" constitui, com seus dezenove livros, de nada menos do que 120 mil versos, a mais vasta obra conhecida da literatura hindu. Ela teria começado a ganhar corpo por volta do século IV a.C. e foi elaborada até o século IV. Originalmente uma compilação de narrativas orais, esta obra coletiva é, no entanto, tradicionalmente atribuída ao mítico sábio Vyasa. O tema principal dessa que constitui a maior epopeia da literatura mundial é a oposição entre os Pandava e os Kaurava, da família real dos Bharata, originária do vale do Indus. Esses dois troncos familiares se opõem, e os primeiros livros são dedicados às origens do conflito e explicam como os cinco Pandava, depois da morte de seu pai Pandu, são criados com seus primos, os Kaurava, que, com ciúmes, desejavam se livrar deles. Consagrada a Vishnu, essa epopeia gigantesca insiste continuamente no papel determinante do carma, o ciclo das ações, na nossa vida quotidiana. O cineasta **Peter Brook** (nascido em 1925) fez uma adaptação deslumbrante para o teatro em 1986, depois uma série para a televisão e um filme em 1989.

❖ O *Ramayana*

O *Ramayana* retraça a vida e a ofensiva de guerra, a caminhada, ou *ayana*, de Rama, príncipe de Ayodhya e de sua esposa **Sita**, filha do rei **Janaka**. Redigida em sânscrito, dividida em sete livros ou seções de comprimento desigual, mas de aproximadamente 24 mil quadras; ou seja, por volta de 100 mil versos. Essa gigantesca epopeia teria sido constituída entre os séculos IV e V e é atribuída ao poeta Valmiki. Mais do que qualquer outra obra indiana, o *Ramayana* foi adaptado e comentado em todas as línguas da Índia. É difícil deixar de comparar essa epopeia com a do *Mahabharata*. O *Ramayana* tem uma influência considerável sobre a literatura búdica e jainista, e fica conhecido no Ocidente a partir do século XIX, quando a

Ásia se abre à Europa, principalmente graças ao desenvolvimento dos estudos sobre a Índia. Esse poema exalta, há 2 mil anos, a memória de Rama, o guerreiro ideal, e de sua esposa, Sita, modelo de fidelidade. O tema do *Ramayana* é a ordem (*Dharma*) ameaçada, sua restauração e sua redenção: o herói, Rama, é um rei em luta para reencontrar sua legitimidade. Ele sozinho é o avatar completo de Vishnu; seus três irmãos não passam de encarnações parciais da divindade. A estrutura do *Ramayana* se organiza em torno de deuses e de heróis que realizam façanhas e vencem obstáculos depois de superarem muitas dificuldades. Os textos que precedem essas grandes epopeias formam a *Smriti*, "memória". Eles pertencem à tradição, mas sua autoridade é menos poderosa do que aquela dos textos revelados, *Sruti*. Todos esses textos são inspirados pelos *Vedas*.

Outros textos

❖ As *Leis de Manu* são um manual de *savoir-vivre* (saber-viver ou viver bem), uma somatória de regras civis e religiosas para o uso dos brâmanes e do rei. Sua compilação se efetua, aproximadamente, entre os anos 200 a.C e 200.

❖ O *Kama Sutra* é um tratado de ética sexual que talvez tenha sido redigido entre os séculos IV e VII. O brâmane **Vatsyayana** seria o autor desse guia do amor. Ele compôs sua obra segundo as regras tradicionais, colecionando textos de autores que viveram mil ou 2 mil anos antes. Estes se dirigem às três castas superiores, tratam do homem social, conduzem a que não se cultive nenhuma ilusão sobre a natureza humana.

❖ Os *Purana*, "Textos dos tempos antigos", são **obras compósitas** que contêm ao mesmo tempo narrativas mitológicas, genealogias reais, narrativas pseudo-históricas como a biografia de Krishna. Sua composição se desenrola do século IV ao XI, e são destinados a todos, até mesmo àqueles que não tinham acesso aos *Vedas*. Utilizado sozinho, o termo *Purana* designa os primeiros dos *Purana*, que compreendem dezoito principais e dezoito secundários. O mais popular dos *Purana* é a *História poética de Krishna* (*Bhagavata Purana*), dedicado a Krishna.

UMA FILOSOFIA MÍSTICA

Não temos provas do encontro entre um filósofo hindu e outro grego, mas podemos dizer que os filósofos gregos tiveram contato com os filósofos hindus. As trocas diplomáticas, militares, comerciais instauradas na época dos Impérios Macedônico e romano permitem que as ideias também viajem. **Pierre Hadot**[83] realça que a Índia

---

83. Pierre Hadot, *Qu'est-ce que la philosophie antique ?* [O que é a filosofia antiga?], Paris, Gallimard, "Folio essais", 1995, p. 151-152.

consegue impor o que todas as escolas filosóficas gregas buscaram, ou seja, um modelo de sabedoria e de impassibilidade. O pensamento indiano oferece o conhecimento da coisa buscada, mas não da própria coisa, pois a realidade absoluta transcende todos os pares opostos ou *dvandvas*. Por outro lado, chamam-se *darshanas*, da raiz *drs*, "ver", esses pontos de vista intelectuais, mistura de penetração intuitiva e de argumentação lógica, adquiridos pela experiência intuitiva e pela demonstração racional, que levam a uma visão monística do mundo. Enquanto as filosofias gregos sempre tiveram por finalidade informar, fazer compreender, nas da Índia trata-se de transformações contínuas obtidas por uma introspecção mística.

❖ Os *darshanas*

O fato mais relevante ainda é a cristalização, por volta da era cristã, aproximadamente entre 200 e 400, de seis pontos de vista dominantes, ou *darshanas*, que se tornarão as seis escolas clássicas da filosofia bramânica. O texto inicial se apresenta como uma coletânea de uma dezena, ou mesmo centena de estrofes ou aforismos (sutras), cuja concisão extrema geralmente pede um desenvolvimento para se tornarem inteligíveis. A tradição reconhece seis *darshanas*, seis escolas de pensamento, estudadas nas seis escolas bramânicas. Se os *Vedas* representam a verdade fundamental, os quatro principais *darshanas* se impõem como os diferentes pontos de vista segundo os quais um hindu ortodoxo pode reunir as crenças tradicionais. Esses seis grandes sistemas são agrupados em pares: o Vaisheshika e o Nyāya, o Sāmkhya e o Yoga, o Mīmāmsā e o Vedānta.

RELIGIÃO: BUDISMO E JAINISMO

O budismo é um conjunto de crenças religiosas e filosóficas fundadas no ensino do Buda. Graças à conversão, na metade do século III a.C., e ao proselitismo do imperador Ashoka (304 a.C.-232 a.C.), o budismo se espalha no subcontinente indiano e chega ao Ceilão. Mais tarde, ganha o Sudeste asiático, depois a Ásia central, a China, a Coreia, o Japão e o Tibet.

Mas na Índia, que é, no entanto, seu berço, o budismo sofre a concorrência do cristianismo, o desenvolvimento da renovação do hinduísmo, as invasões muçulmanas no século IX, e acaba desaparecendo no século XIII. O próprio termo "Buda" é um título, que significa "O desperto", "O Iluminado", portado pelo Buda histórico, o príncipe Sidarta Gautama, que viveu no século VI a.C. Ele é o filho do rei Shuddhodana e nasce em Kapilavastu, perto da atual fronteira entre a Índia e o Nepal. Recebe, ao nascer, o nome de Sidarta, "aquele que atinge seu objetivo" em sânscrito. Enquanto não conheceu a iluminação, foi chamado de bodhisattva, "aquele que está destinado ao despertar espiritual". Durante sete anos, depois de ter renunciado a seu modo de vida e ter deixado seu palácio, ele segue o ensinamento dos brâmanes. Um dos temas favoritos da arte búdica é o bodhisattva abandonando sua esposa adormecida durante a noite. Ao seguir o exemplo dos outros ascetas, ele impõe jejuns e macerações ao seu corpo para alcançar a iluminação. Apesar de todos os seus esforços, ele não chega à salvação e se retira para meditar. Seu ensinamento se volta à liberação do ser humano. Ele tem a revelação da consciência libertadora perto da cidade de Bodh Gaya. Essa iluminação é a do conhecimento do *samsāra*, transmigração, e quando de seu despertar, ele descobre quatro verdades santas, ou *Quatro nobres verdades*:

- **toda existência** é difícil ou decepcionante por natureza, até mesmo aquela dos deuses;
- **a sede de existir** que leva a renascer está na origem dessa infelicidade;
- **a libertação do ciclo dos renascimentos** e, portanto, das infelicidades e dos sofrimentos, é inerente à existência;
- **a libertação pode ser obtida** seguindo a via santa, mārga, de oito membros: corrigindo perfeitamente suas ideias, intenções, palavras, seus atos, meios de existência, esforços, sua atenção, concentração mental.

A IOGA

A Ioga: a palavra é empregada a partir dos *Upanishads*, mas é preciso esperar muito até que um sistema e uma doutrina sejam claramente definidos. Os *Ioga Sutra*, compilados por **Patanjali** (aproximadamente século IV), apresentam, sob essa palavra (que significa "atrelar", "jugo"), práticas que propõem separar a alma de sua condição carnal. Como o *Samkhya*, o ioga se baseia em uma concepção dualista: a *prakriti*, natureza primordial, e o *purusha*, espírito universal. Sua finalidade é liberar a alma, libertando-a de suas ligações com a natureza. A ascese da ioga compreende oito estágios, "os oito membros da ioga". Quando o corpo é despertado pela Kundalini, esta, guiada pelo pensamento quando dos exercícios de meditação, vai de chacra em chacra, centros de energia do corpo humano, até o pico do corpo sutil onde ela se une à alma. Chama-se Kundalini a serpente que, na anatomia mística ensinada pelos Tantras, representa a energia vital do indivíduo. **Mircea Eliade** mostrou no *Hatha-ioga* tântrico as convergências com a alquimia, cuja finalidade, para ambas, é purificar as substâncias impuras por um processo de transmutação. Em 1932, **Carl Gustav Jung** (1875-1961), do clube de psicologia de Zurique, introduz a noção de Kundalini num momento em que a ioga ainda é desconhecida no Ocidente. Existem várias vias do *ioga*: *Jñana-ioga*, ioga do conhecimento absoluto, *Bhakti-ioga*, ioga da devoção, *Karma-ioga*, ioga da ação, *Hatha-ioga*, ioga da força, *Raja-ioga*, ioga real ou *ioga de Patanjali*, *Mantra-ioga*, ioga das fórmulas.

ANTIGUIDADE

O término dessa via se chama "extinção" (nirvana) das paixões, dos erros e de outros fatores de renascimento. Ela dura até a morte do santo e constitui um verdadeiro estado de serenidade após o qual ele nunca mais renasce em nenhum lugar. Além disso, a doutrina ensina que todos os seres e todas as coisas são transitórios, cambiantes, compostos de elementos que estão por sua vez em transformação perpétua, submetidos a um rigoroso encadeamento de causas e de efeitos. Tudo não passa de uma série de fenômenos que se propagam mais ou menos rapidamente, ao mesmo tempo com começo e fim, não existindo, portanto, nem alma imortal, nem deus eterno.

❖ **Quando o budismo se tornou uma religião?**
O que acontece quando Buda morre? Ele deixa um vasto ensinamento baseado na palavra e, portanto, suscetível de ser modificado ao longo do tempo, quando será transmitido, assim como uma comunidade monástica, infelizmente sem autoridade reconhecida para dirigi-la e conduzi-la. Muito pouco tempo depois de seu falecimento, os monges se organizam e, quando de um primeiro concílio em Rajagrha, no século V a.C., **Ananda**, o discípulo preferido, reúne os sermões do Buda, o *Sutta Pitaka*, e Upali, o discípulo mais antigo, esclarece a regra da *sangha*, a comunidade no *Vinaya Pitaka*. Mas um segundo concílio se faz necessário, sendo organizado em Vaiśālī um século depois, já que se intensificavam as disputas em torno das práticas. Foi nesse segundo concílio, ou no terceiro, o de *Pataliputra*, por volta de 250 a.C., que se produziu a separação entre os modernistas do *Mahasanghika* que querem reformar, e os tradicionalistas, os *Sthavira* favoráveis ao *Theravāda*. Nascerão três grandes escolas, três veículos, *yanas*, e cada escola compara sua mensagem a um barco que transporta seus discípulos até o nirvana final.

❖ **Um pequeno veículo e um grande veículo para progredir**
O budismo do "**pequeno veículo**" ou *Hīnayāna* é o budismo do *Theravāda* e das escolas antigas. Nessa via, individual, cada um deve tentar alcançar sua própria liberação, chegar ao nirvana. É o grupo mais antigo e também o mais fiel aos ensinamentos do Buda. Ele chegou a vinte seitas, a maioria datada de antes da nossa era e das quais subsiste hoje apenas o *Theravāda* ou "ensinamento dos antigos", que só reconhece os textos pronunciados em vida pelo Buda, reunidos em um *corpus* chamado *Tripitaka*, ou *Cesto triplo*. A literatura é redigida em pali (língua irmã do sânscrito) e se dirige principalmente aos monges aos quais ensina o método a ser seguido para se tornar *arhats*, ou "homens de mérito", em outras palavras, santos que tenham alcançado o *nirvana*. Como a salvação vem com a adoção da vida monástica, o *Theravāda* não reconhece nenhum poder de mediação para os bodhisattvas. Contrariamente a isso, o "**grande veículo**", ou *Mahayana*, privilegia a liberação universal de todos os seres. Ele surge no início da era cristã e se espalha sobre uma zona geográfica maior do que a do pequeno veículo, no norte da Índia, no Império

Kushan, atuais Afeganistão e Uzbequistão, na China e no resto do Extremo Oriente. Essa escola recusa a salvação individual única, ampliando-a à toda a humanidade. Das dezoito escolas que existem no tempo de Ashoka (c. 304 a.C.-232 a.C.), imperador indiano da dinastia Máuria, apenas duas continuarão existindo: o *Theravāda* e o *Mahayana*.

❖ **O vajrayana, a via do diamante, e o tantrismo**

O *vajrayana* é a via búdica do diamante, *vajra* em sânscrito, termo que significa ao mesmo tempo o caráter adamantino, a dureza e a pureza do diamante e do raio, que aniquila a ignorância e acelera as etapas da via por seu caráter fulgurante. Essa forma de budismo é chamada de tântrica. O tantrismo derivado do budismo do grande veículo e do hinduísmo acentua o ritual e a magia. Ele se difundiu na região dos Himalaias e no Tibet, onde constitui o lamaísmo. A etimologia da palavra "tantrismo" provém do sânscrito *tantra*, que significa "trama" e, por extensão, "doutrina". Fenômeno hindu no início, o tantrismo se desenvolve depois na Ásia com outras religiões. É impossível separar o tantrismo do budismo ou do hinduísmo, pois esse fenômeno religioso é apenas seu prolongamento sob uma forma mais particular. Reveladas pelos sábios orientalistas do século XIX, as doutrinas tântricas estão presentes em todas as religiões da Índia entre os séculos V e VIII. O tantrismo pode ser definido como um conjunto de ritos e de práticas que permitem ao praticante progredir na direção da aquisição de poderes sobrenaturais e da liberação do mundo, por uma sequência de técnicas mentais, corporais e espirituais. O objetivo principal é a união com a energia sexual feminina da divindade, como fonte de potência cósmica e libertadora. Associados às meditações, os mantras devem ser repetidos indefinidamente. A prática da ioga vem ajudar. Os textos tântricos dão o nome de mandala, círculo, às figuras mais elaboradas, e de yantra, instrumento de apoio, às figuras mais geométricas. A mandala designa o território sagrado de uma deidade, domínio situado fora do mundo fenomenal. Ela pode servir de suporte à meditação, mas também de estrutura para um ritual iniciático. Reúne, por ordem hierárquica, outras divindades em torno de uma divindade central. Ela também pode lembrar, por sua estrutura, certos templos como o de Borobudur, edificado no século IX na ilha de Java pela dinastia Sailendra, apresentando um plano baseado no princípio dos mandalas.

❖ **O jainismo, prática ascética**

O jainismo apresenta numerosos traços comuns com o hinduísmo e o budismo. Ele reivindica o ensinamento de um de seus *Jina*, ou profetas, que atingiu a iluminação, **Mahavira** (599 a.C.-527 a.C.), o fundador. O objetivo supremo do jainismo é liberar os homens do carma que, no seu contexto particular, reveste um sentido quase materialista de resíduo que mancha a alma, sujando-a. A severidade de sua prática ascética

ANTIGUIDADE

o distingue das duas outras religiões e, do mesmo modo, suas proibições alimentares vão muito além do vegetarianismo estrito pelo respeito à não violência. A vontade é chegar à "alma perfeita" ou *tirtancara* encarnado, título portado por Mahavira e seus 23 predecessores. Deve-se realçar que a filosofia jainista é dualista. O universo se explica por duas noções fundamentais independentes uma da outra: o animado, *jiva*, e o inanimado, *ajiva*. A matéria é composta de átomos que se unem em agregados. Se no *samkhya*, a escola filosófica clássica, não existe ligação entre os dois princípios, o jainismo ensina que as almas estão submetidas à lei cármica e às reencarnações. Elas também são dotadas de um substrato material para toda a eternidade.

O SVASTIKA

O que significa o *svastika*, a cruz suástica, para um jainista? O *svastika* é o emblema da roda cósmica mostrando a evolução perpétua em torno do centro imóvel. A etimologia do termo vem do sânscrito *su*, "bem", e *asti*, "ele é", significando "que conduz ao bem-estar". A cruz é feita de braços iguais, curvando-se segundo um ângulo reto voltado no mesmo sentido dos ponteiros de um relógio. Utilizados tão frequentemente no hinduísmo e no budismo, quanto no jainismo, os quatro braços simbolizam os quatro estados de existência nos quais a reencarnação é possível, o mundo divino no alto, o mundo infernal abaixo, o mundo humano à esquerda, o mundo animal à direita. O círculo formado pelos braços da cruz suástica representa a fatalidade do carma. Por que lhe deram o nome de cruz suástica ou de cruz gamada? Pelo simples motivo de que cada um de seus braços tem certa semelhança com a letra grega *gama*. Ela também é representada em vários países com uma simbologia parecida, em contextos tão diferentes quanto a Mesopotâmia, a América do Sul ou a América central, com os maias. Esse símbolo é pervertido quando se torna, em 1920, o símbolo do NSDAP, o partido nazista, que inverte seu sentido de rotação.

MATEMÁTICA E CIÊNCIAS MÉDICAS

Para os indianos, todo conhecimento é científico, qualquer que seja seu campo (medicina, psicologia, gramática ou filosofia). Cada escola de pensamento tem sua teoria sobre o conhecimento. Certas disciplinas, como a física, são abordadas apenas de forma especulativa. A contribuição da Índia diz respeito a três campos: ciências médicas, astronomia, matemática. O primeiro zero comprovado figura em um tratado de cosmologia, o *Lokavibhaga*, que dataria de 458. Sua adoção foi lenta, mas, **desde o século VI**, tornou-se de uso frequente: ele tornou as colunas do ábaco inúteis e a primeira numeração de posição surgiu. Nesse tratado de cosmologia, pela primeira vez é empregada a palavra *sunya*, transcrita como "vazio", termo que representa o zero. A introdução do sistema de escrita (brami) foi uma ferramenta fundamental na sequência do desenvolvimento das ciências na Índia. É portanto entre os séculos II e IV que a introdução das operações matemáticas apareceu (raízes quadradas, álgebra, o zero), graças ao manuscrito *Bakhshali*. No período seguinte, os autores de tratados matemáticos são **Ariabata, Varahamihira, Bhaskara, Brahmagupta. Por volta do século V**, essas obras são incluídas nos tratados de astronomia. **Varahamihira** escreve, no século VI, *Os cinco cânones astronômicos* (*Panca siddhantika*), que contém um resumo da trigonometria hindu. O tratado astronômico *Brhatsamhita* (*A grande compilação*, séculos V-VI) contém uma descrição dos eclipses. **Brahmagupta** é um dos mais célebres astrônomos matemáticos. Sua obra, a *Doutrina corretamente estabelecida de Brahma* (*Brāhmasphutasiddhānta*), datada de 628, contém dois capítulos de matemática nos quais, pela primeira vez, são enunciadas regras de cálculo com o zero. Os dez séculos que transcorreram entre 500 a.C. e o ano 500 são os mais produtivos para o pensamento indiano. Até os séculos X e XII, esses tratados são periodicamente comentados e explicados para serem atualizados.

❖ **A *ayurveda*, ciência da vida**

A medicina indiana é dominada, desde a época dos *Vedas*, pela constatação de sopros orgânicos presentes no corpo humano. O *Rigveda*, assim como o *Atarvaveda*, menciona de fato a existência de cinco sopros distintos. Toda doença é concebida como a consequência de uma infração ao *rta*, a moral, ou como a punição dada por alguma divindade ofendida. A *ayurveda*, ciência da vida, é dividida em oito especialidades: cirurgia geral (*salya*), obstetrícia e puericultura (*kaumarabhrtya*), toxicologia (*agadatantra*), medicina das causas sobrenaturais e psiquiatria (*bhutavidya*), medicina tonificante (*rasayana*), terapêutica geral (*kayacikitsa*), oftalmologia (*salakya*), medicina dos afrodisíacos (*vajikarana*). É só depois do período védico que a medicina começa verdadeiramente a se racionalizar. Os dois tratados mais importantes da *ayurveda* são o *Compêndio médico* (*Caraka Samhita*), texto atribuído a **Caraka** (século I), e a *Susruta Samhita*, compêndio atribuído a **Susruta** (cerca de 800 a.C.). O primeiro seria o ensinamento do sábio **Atreya Punarvasu**, redigido por Caraka, que teria trabalhado na corte do rei **Kaniska** (78-110). O segundo registra o ensinamento do deus Dhanvatari, um avatar de Vishnu, por meio do médico Susruta. Este teria sido completado por **Nagarjuna** (século II-III), sem dúvida o filósofo budista de mesmo nome. Ao contrário das medicinas religiosas e mágicas, a *ayurveda* se propõe a ser racional, baseando-se essencialmente na observação com objetivo de chegar a um diagnóstico. Segundo seus princípios, o corpo humano compreende os cinco elementos que compõem o universo:

- **a terra**, representada pelos ossos e as carnes, *prthivi*;
- **a água**, *ap*, representada pela glândula pituitária (ou hipófise);

- **o fogo**, *tepas*, na forma de bile;
- **o vento**, *vayu*, representado pelo sopro respiratório;
- **o vazio** dos órgãos ocos.

As funções vitais dependem da combinação e do equilíbrio dos três elementos principais, ou *Tridosha*: o sopro, *prana*, a bile, *pitta*, e a pituitária, *kapha*. A rejeição da dissecação pela moral bramânica, ainda que ela fosse conhecida, faz com que os conhecimentos da *ayurveda* sejam rudimentares. A *ayurveda* distingue ainda três tipos de temperamentos: o ventoso, o bilioso, o fleumático. Os métodos terapêuticos preconizam, em função das doenças, cinco medidas que visam restabelecer o equilíbrio dos *dosa* (as naturezas): a vomição, a purgação, as lavagens intestinais, as medicações pelo nariz, as sangrias. A difusão da *ayurveda* ocorreu em toda a Ásia oriental e muitos tratados foram traduzidos em tibetano e em mongol. Há, também, uma coincidência com o compêndio hipocrático, e o *Timeu* de Platão descreve uma teoria semelhante à do *Tridosha*.

2. A CHINA

A CHINA DAS DINASTIAS MÍTICAS NO SÉCULO VII

Desde o início de sua história, Zhonguo, "País do meio", nome que os chineses deram ao próprio país, fascina pela constância de sua tradição. O Império Celestial, outro nome da China, governado por um imperador "Filho do Céu", obedece a leis imutáveis estabelecidas entre os homens e as forças da natureza. É preciso incorporar os arcanos do seu pensamento para compreender as sutis intenções do arquiteto, do escultor, do poeta, do pensador. Sua história é a de um vasto império, sempre em tensão entre a ruptura e a unidade, no qual Laozi (Lao Tsé) e Kung Fuzi (Confúcio) lançam os fundamentos da filosofia e da moral política. A religião é dominada por duas escolas, taoísmo local e budismo importado. Radicalmente diferente de qualquer conhecimento filosófico e religioso do Ocidente, o pensamento chinês se enriqueceu internamente, na imensa extensão de seu território.

MITOS DE DINASTIAS E PRIMEIRA CIVILIZAÇÃO CHINESA

Os últimos níveis da cultura de Erlitou corresponderiam, talvez, à mítica **dinastia Xia** (2205 a.C.-1767 a.C.), o que ainda não foi confirmado. Seu fundador teria sido Yu, o Grande, com seu próprio nome Si Wemming em 2205 a.C. Os dados de que dispomos são totalmente lendários, não tendo sido confirmados por nenhuma descoberta arqueológica. Antes dessa dinastia, teriam reinado os Três Augustos e os Cinco Imperadores, sábios que colocavam sua competência à disposição dos homens. **Os Três Augustos** são Fuxi, Nüwa e Shennong. Fuxi e Nüwa são o casal primordial, e seu papel civilizador se manifestou durante o Dilúvio. Será preciso esperar a **dinastia Shang (c. 1765 a.C.-c. 1066 a.C.)** para acompanhar o nascimento da **primeira grande civilização na China**, caracterizada ao mesmo tempo pela **existência da escrita, do mundo urbano e do trabalho do bronze**. Os caracteres escritos são em grande parte os ancestrais daqueles usados mais tarde. Esses primeiros signos são gravados com um estilete sobre cascos de tartaruga. Na metade da dinastia, o território controlado pelos Chang parece ter chegado ao seu auge. Surgem tanto carros de combate, como a criação de cavalos. A arte, também, é extremamente desenvolvida, com recipientes de bronze decorados com figuras, cujos mais belos exemplos são os vasos *yeu*, de formato animal e com três pés, com tampa e asa móveis.

Os Zhou, ou Chou, ao longo do século XI a.C., tiram o poder dos Chang como consequência de uma guerra civil. Seus veículos e sua infantaria triunfam na batalha de Muye. Essa **terceira dinastia**, fundada por Wu Wang, é uma das mais longas da história chinesa, já que começa no século XII a.C., na Idade do Bronze, e termina em 221 a.C., derrubada pela dinastia Qin. Em função da capital chinesa, distinguem-se duas épocas dos Zhou: os **Zhou ocidentais** em Hao (c. 1030 a.C.-771 a.C.) e os **Zhou orientais**, em Luoyang (771 a.C.-221 a.C.). Eles contribuem com a concepção teocrática da monarquia chinesa e a organização burocrática, o rei (Filho do Céu) é o intermediário entre homens e deuses. Os últimos monarcas Zhou só têm autoridade nominal. A China, dividida entre príncipes rivais, é chamada pelo nome de período das "Primaveras e dos Outonos", originado do título da obra *Anais de Primavera e Outono*, no feudo dos Lu entre 722 a.C. e 481 a.C. Sete Estados poderosos surgem, o Jin no atual Shanxi, o Qin no noroeste, o Tchao, Han e Wei nas províncias atuais de Shanxi, Yan na região de Pequim, Qi e Lu em Shandong, Chu em Hubei, Wu próximo à embocadura do Yang-Tsé. O uso do ferro modifica os conflitos. **Desde o fim do século VIII a.C. as pequenas cidades perdem autonomia, chegando a desaparecer. O século VI se caracteriza pela criação de um grande número de instituições**, como os impostos em espécie, que substituem os antigos trabalhos forçados. As regras de costume desaparecem, substituídas por um direito curto e público, extensão das circunscrições administrativas de origem militar.

A ECLOSÃO DAS ESCOLAS FILOSÓFICAS: CONFUCIONISMO, TAOÍSMO, LEGISMO, MOHISMO

É durante a época das "Primaveras e dos Outonos", perturbada por conflitos incessantes, que se desenvolvem as grandes correntes filosóficas do pensamento chinês. Elas se tornam os clássicos da China imperial. Seu conhecimento, por exemplo, é o fundamento dos exames imperiais de recrutamento de funcionários.

❖ **O confucionismo:** doutrina filosófica e ética de **Kung Fuzi**, cujo nome latinizado se tornou Confucius (c. 551 a.C.-c. 479 a.C.). Depois da sua morte, seus discípulos expõem seu sistema filosófico: o homem deve se ater às condições sociais que presidiram seu nascimento. Fundado sobre os deveres, sua doutrina mostra que o homem encontra sua plena significação na obediência.

❖ **O taoísmo:** ao mesmo tempo filosofia e religião, seus princípios são fixados por **Laozi**, cujo nome abrasileirado se torna Lao Tsé (c. 570 a.C.-c. 490 a.C.) A coletânea de aforismos composta por Lao Tsé tem o título de *Tao-to-king* (livro do *Tao* [via] e da vida humana). Para ele, o homem deve, por meio do êxtase, identificar-se ao resto do universo e chegar ao *Tao*. Ele pode alcançá-lo por meio de práticas físicas. O taoísmo é uma moral individualista que prega o desapego de todas as coisas.

❖ **O legismo** (a lei, nada além da lei): corrente de pensamento fundada por um grupo de legistas que viviam no século IV a.C. Trata-se de aceitar o homem e o mundo tais como são e de se conduzir em função de três ideias fundamentais: a lei, a posição de força, o controle social.

❖ **O mohismo:** do nome de seu fundador **Mozi** (468 a.C.-381 a.C.), autor do *Livro de Mozi*. Nele são pregados a igualdade, a paz e o amor universal. Essa corrente de pensamento é amplamente deixada de lado com o advento do primeiro imperador da China, Qin Shi Huangdi, por volta de 220 a.C.

A PRIMEIRA LITERATURA CHINESA

Durante o 1º milênio a.C., temos apenas poucos textos literários, ainda que a escrita esteja completamente formada nessa época. A mais antiga conhecida se chama *Kou wen* e depois veio o *Ta-Ta-chouan*, a grande escrita de selo.

OS PRINCIPAIS LIVROS

❖ O *I-Ching*, ou *Clássico das mutações*, ou ainda *I-jing*, *Livro das mutações*, é uma obra de adivinhação contendo oráculos baseados em 64 figuras abstratas, cada uma delas composta por seis traços. Esses traços são de dois tipos: traços divididos ou negativos e não divididos ou positivos. É o mais antigo testemunho da filosofia chinesa. É difícil precisar a data exata de sua redação. A tradição a atribui ao lendário Fuxi, por volta da metade do 4º milênio a.C., mas sua elaboração pode ser atribuída à dinastia Zhou.

❖ O *Shu Jing* (ou **Chou King**), *Livros das histórias*, data do século VIII a.C. Ele é composto por textos de diversos autores sobre a história mais antiga da China.

Ainda da mesma época data o *Shi Jing* (ou **Che King**), *Livro das odes*, a mais antiga coletânea de poesia lírica chinesa, cujos autores são desconhecidos. Trata-se, mais exatamente, de 306 poemas escolhidos por Confúcio a partir de um fundo inicial de aproximadamente 3 mil poemas. Essa coletânea também inclui canções populares de amor, de trabalho, cantos para as festividades e hinos religiosos.

❖ Os *Anais*, chamados *Anais de primavera e outono*, constituem o documento histórico mais antigo. Ele se apresenta como uma simples crônica, indo de 722 a.C. a 481 a.C., da qual se pode tirar um ensinamento moral ou político.

Os quatro clássicos do confucionismo

❖ *Diálogos* ou *Lun Yu* ou ainda *Analectos*, o mais antigo dos livros, é uma compilação de frases, de aforismos. Só o bem-estar terrestre é digno de reter a atenção. A obra pretende formar homens nobres, "homens de bem", restabelecer os ritos antigos. Para isso é preciso encontrar a "justa medida" na Natureza e aceitá-la.

❖ *A Doutrina do meio*, ou *Zhong yong*, atribuída a um discípulo próximo de Confúcio, teria, no entanto, sido redigida por um autor anônimo, talvez na metade do século III a.C. O essencial da doutrina confuciana está resumido nesse livro.

❖ O *Ta Hio*, ou *O grande estudo*, foi completado pelos discípulos de Confúcio depois da morte do mestre. Data, aproximadamente, do século IV a.C.

❖ O *Mong-tseu* é redigido, como o nome indica, por **Mong-tseu** ou **Mêncio** (c. 370 a.C.-c. 290 a.C.), discípulo de Confúcio, entre os séculos IV a.C. e III a.C., era, e expõe de maneira sistemática o conjunto de teorias confucianistas.

A literatura taoísta

O taoísmo talvez tenha legado à China suas mais belas obras literárias. O *Tao-tö-king* é atribuído a Lao Tsé, que talvez nem o tenha escrito. O livro é composto por 5 mil caracteres e 81 capítulos. A filologia permite supor que o texto tenha sido redigido no início do século III a.C. O *tao*, "a via", constitui o princípio essencial do cosmos. Sem forma, sem nome, ele pode se modificar constantemente. A filosofia tradicional chinesa situa o taoísmo em uma data mais antiga que essa obra, baseando-se no *Yi-king*. O outro grande texto do taoísmo, o *Zhuangzi*, escrito por volta do século IV a.C., relata tudo o que deve ser a vida do adepto e suas práticas rituais. A via é concebida como um princípio de explicação racional. O corpo humano é pensado como a representação do universo.

A CHINA DO PRIMEIRO IMPERADOR E DOS HAN

❖ **A dinastia Qin (221 a.C.-207 a.C.)**
O príncipe Zheng, soberano dos Tsin, conquista os outros reinos e se proclama imperador sob o nome do reino **Qin Shi Huangdi** (221 a.C.-210 a.C.), "Primeiro Augusto Senhor". Seu nome, Qin, se pronuncia "Tchin" e se torna o nome do país, a China. Inspirado no pensamento dos legistas, ele realiza uma obra monumental em apenas onze anos de reinado. Do ponto de vista administrativo, arruína os príncipes feudais, divide o império em prefeituras sob as ordens de um funcionário nomeado, regulamenta as medidas de comprimento e de peso. No plano legislativo, unifica as leis e os regulamentos. Além disso, ele impõe um sistema de escrita único para o império, graças ao qual, apesar de pronúncias muito diferentes para que haja compreensão oral, todos os chineses conseguem se entender por escrito sem problemas. Finalmente, para defender a China contra os ataques nômades, ele inicia a construção da Grande Muralha da China. Seu filho perde o poder em 207 a.C.

UM EXÉRCITO DE TERRACOTA

Em março de 1974, após a perfuração de um poço, uma câmara subterrânea foi descoberta. Ela continha um exército de aproximadamente 8 mil soldados de tamanho natural, em terracota, com seus cavalos, e carroças ricamente decoradas com madeira e bronze. As figuras de argila, depois de pintadas de cores vivas, foram agrupadas como para uma operação militar específica, linha de frente com arqueiros e arbaleteiros, infantaria e condutores de carroças. Nas fossas das proximidades foram encontrados os restos de sete homens, talvez os filhos do imperador, um estábulo subterrâneo cheio de esqueletos de cavalos, uma coleção de carroças de bronze, setenta sepulturas individuais, um zoo para os animais exóticos. O túmulo propriamente dito permanece ainda inexplorado. Ele fica numa parede interna e sob um montículo de pirâmide de quatro faces que foi inicialmente adaptado para se parecer com uma pequena montanha arborizada. Esse exército se situa não muito longe de Xian e é considerado patrimônio mundial da Unesco.

A CHINA DOS HAN (206 A.C.-C. 220) E DOS TRÊS REINOS (220-265)

Os Han ilustram uma idade de ouro na história chinesa. A dinastia é fundada por **Liu Bang**, um camponês revoltado contra os Qin, tornado imperador sob o nome da dinastia de **Gaozu** (202 a.C.-195 a.C.). A dinastia dos Han se divide em dois troncos: os **Han ocidentais** ou **Han anteriores** (206 a.C.-c. 9) e os **Han orientais** ou Han

posteriores (25-220). No início do reino dos Han ocidentais, o budismo é introduzido na China, mesmo que a adoção do confucionismo como ideologia de Estado dê coesão ao país. O imperador **Wudi** (156 a.C.-87 a.C.) cria um corpo de funcionários de Estado dedicados e eficientes, recrutados por um sistema de exames imperiais, que se baseia em pelo menos um dos clássicos de Confúcio. **Sima Qian** (c. 625 a.C.-c. 93 a.C.) é então o fundador da história chinesa, para além dos tradicionais anais. Ele é principalmente conhecido pelos *Shiji*, ou *Memórias históricas*, nos quais oferece uma biografia de **Lao Tsé**. Considerado como o Heródoto chinês, ele baseia seus escritos em pesquisas, em viagens. **A dinastia dos Han ocidentais** termina com uma sucessão de imperadores crianças, mortos ainda pequenos, e as intrigas de uma imperatriz. **Wang Mang** (8-23) funda a **dinastia Xin**, da "renovação", do qual é o único imperador. Seu reino é marcado por reformas radicais: reforma agrária, a fim de distribuir as terras entre os camponeses que pagam impostos, preço e produção dos bens controlados pelo Estado, controle deste por funcionários confucianistas. **Han Guang Wudi** (25-57) se torna o primeiro imperador dos Han orientais e transfere a capital para Luoyang. Depois dele, os imperadores são incapazes de fazer uma reforma fiscal que atinja a totalidade dos camponeses livres, enquanto as despesas militares aumentam e os funcionários são recrutados por nepotismo em vez de resultados reais nos concursos. **De 185 a 205**, a revolta dos Turbantes Amarelos enfraquece a dinastia, relegada à boa vontade dos generais, que ainda a defendiam. Os principados periféricos voltam a ganhar independência. **A época seguinte**, conhecida sob o nome dos **Três Reinos** (220-265), marca a desunião da China: os reinos de Shu, no sudoeste; de Wei, no norte; e de Wu, no sudeste, opõem-se, tentando recriar a unidade imperial em benefício exclusivo. **Sima Yan** (265-290), do reino Wei, funda a **dinastia Jin** (265-290), que põe fim aos Três Reinos ao conquistar o reino de Shu em 265 e o de Wu em 280.

❖ **A arte sob os Han**

Da arquitetura dos Han, nada chegou até nós, com exceção da distribuição característica do túmulo monumental. Se não nos resta nada dos monumentos dessa época, isso se deve ao fato de que as construções eram de madeira e a manutenção não era boa. As sepulturas, verdadeiros modelos reduzidos das moradias, nos permitem ter uma ideia das plantas das casas, com vastas aberturas e paredes que se alargam a partir da base. Os tetos, com telhas largas avançadas, têm acabamentos decorativos com figuras de animais. Os túmulos de Luoyang são compostos de câmaras funerárias construídas principalmente de madeira e tijolos. A fabricação da seda se intensifica, e ela se torna um artigo de exportação, destinado aos partos, aos romanos e outros povos do Mediterrâneo, graças à célebre rota da seda. Sua fabricação, no entanto, permanece um segredo durante muito tempo.

A DINASTIA JIN (265-420) E OS DEZESSEIS REINOS (304-439)

A dinastia Jin se divide em **Jin ocidentais** (265-316) e **Jin orientais** (316-420), e escolhe três capitais. Luoyang, Jiankang (atual Nanquim), Changan. Na mesma época, o norte da China é dividido em **Dezesseis Reinos**, estados efêmeros entregues a senhores da guerra em luta contínua. O período se encerra com o estabelecimento das **Dinastias do Norte e do Sul** em 420. A dinastia dos Jin ocidentais é dominada pela forte personalidade de seu fundador, o imperador **Wudi** (Sima Yan) (265-290), mas seus sucessores desempenham um papel fraco, marcado por intrigas de palácio, levantes populares e, principalmente, tomada do controle do Norte pelas populações não Han. Em 316, o governador de Jiankang toma consciência do poder, proclama-se imperador **Yuandi** (316-322) e funda a dinastia dos Jin orientais. Seus soberanos devem enfrentar os chefes dos clãs locais do Sul, defendendo a fronteira com o Norte. Essa necessidade os obriga a conceder um poder cada vez maior aos generais. Um deles, **Liu Yu**, manda executar **Gongdi** (418-420), último imperador da dinastia Jin, e se proclama soberano sob o nome de **Song Wudi** (420-422), fundador da **dinastia dos Song du Sul** (420-479).

DO IMPÉRIO DIVIDIDO À REUNIFICAÇÃO PELA DINASTIA TANG (420-618)

Depois da queda dos Jin, a China se divide entre **Dinastias do Norte** e **Dinastias do Sul**, entre 420 e 589. Rapidamente, a subdivisão continua, no próprio seio das dinastias. As Dinastias do Sul são: os **Song do Sul** (420-479), os **Qi do Sul** (479-502), os **Liang** (502-557), os **Chen** (557-589). As Dinastias do Norte são: os **Wei do Norte** (386-534), os **Wei do Leste** (534-550), os **Wei do Oeste** (534-557), os **Qi do Norte** (551-577), os **Zhou do Norte** (557-581). Se por um lado a brevidade é testemunho da diluição do poder político, a **dinastia Sui** (581-618) não exclui uma reorganização fundamental, no âmbito de uma China reunificada, indispensável ao futuro desenvolvimento dos Tang. Mais uma vez, um poderoso general dos Zhou do Norte, chamado **Yang Jian**, aproveita a decomposição da dinastia e a menoridade do soberano para tomar o poder. Ele se proclama imperador **Wendi** (581-604) dos Sui. Como se não bastasse reunificar a China depois de ter derrotado os Chen do Sul em 589, ele prolonga a Grande Muralha. Uma reforma agrária concede maiores extensões de terra aos camponeses, permitindo um aumento da produção agrícola. A administração é reformada, centralizada. No campo religioso, o budismo se estende, com os encorajamentos do poder que vê nele um elemento de unidade nacional. Seu filho **Sui Yangdi** (604-618) lhe sucede, relança o Grande Canal que atravessa a China de Norte a Sul, ligando a atual Pequim a Hangzhou. Ele restaura a **Grande Muralha** ao custo de vários milhões de vidas. Essa sangria se prolonga nas campanhas militares desastrosas contra o Vietnã e a Coreia. O país inteiro se revolta. **Sui Yangdi**, obrigado a fugir de sua capital, é assassinado em 618. A brilhante dinastia Tang se instala até 907.

LITERATURA: OS SETE SÁBIOS DA FLORESTA DE BAMBUS

A fundação da **Escola superior de Changan**, uma das mais antigas universidades do mundo, data do início do período Han. O período posterior à queda da dinastia dos Han é bastante obscuro. Entretanto, depois da divisão do poder, centros de arte e de civilização surgem em toda parte. Esse período, **entre os séculos III e VI**, bastante fecundo, é chamado de **Época das seis dinastias**, e Nanquim se torna a capital. O poeta **Xi Kang** (223-262) é um dos mais conhecidos do grupo dos **Sete Sábios da floresta de Bambus**, reunião de poetas que, durante essa época turbulenta, se dedicam, isolados da vida pública, à embriaguez do vinho e da poesia de inspiração taoísta.

Os principais nomes que ficaram são **Tao Qian** (365-427), **Xie Lingyun** (385-443), **Xie Tao** (464-499), **Xu Ling** (507-583).

3. O JAPÃO

UM MITO FUNDADOR

É por volta do século VII a.C. que o mito fundador situa o reino do imperador mítico **Jimmu Tenno**, descendente direto da deusa shinto Amaterasu. O *Kojiki*, narrativas dos fatos antigos, evoca as origens do Japão segundo as narrativas do contador Hiyeda no Are, sob as ordens da imperatriz Gemmei. Considerado a mais antiga coletânea escrita em japonês, relata a criação do mundo e descreve as principais divindades. Segundo a cronologia do *Nihonshoki*, *Crônicas do Japão*, obra concluída em 720, a chegada de Jimmu Tenno teria acontecido em **660 a.C.** O objetivo essencial do *Kojiki* é a afirmação da legitimidade de direito divino das dinastias do Yamato, uma apresentação em filiação direta com os deuses. Segundo outra lenda, os invasores vindos para conquistar o Japão nessa época teriam encontrado sobre a ilha um povo que sabia perfeitamente como combater e ao qual teriam se submetido. O *Tenno*, o "imperador celestial", encarnou, durante séculos, uma força espiritual. Governar se tornava um ato eminentemente religioso, daí o título de *Aki-Tsu-Mi-Kami*, "Augusta divindade em forma humana", ou *Mikado*, "Augusta porta".

O Japão é designado originalmente pelo nome *yamato*, planície central e fértil da ilha principal de Honshu. O nome *Nihon* ou *Nippon* se transforma em Japão, aparecendo apenas a partir do século VII, quando os primeiros estados começam a se formar. Ele significa "origem do sol", o que acabamos traduzindo por "País do sol nascente". O primeiro é empregado no vocabulário cotidiano, enquanto que o segundo é reservado aos documentos oficiais, administrativos. Mais tarde, Marco Polo emprega o nome

Cipangu, segundo ele originário do mandarim, para designar o Japão. Esse nome foi famoso por muito tempo, principalmente entre os poetas. Em 1893, em "Os Conquistadores", poema tirado da coletânea *Os Troféus*, José Maria de Heredia (1842-1905) evoca ainda o ouro, o "fabuloso metal" que "Cipango amadurece em suas minas distantes".

O JAPÃO DO PERÍODO YAMATO (250-710): O NASCIMENTO DO ESTADO

O período Yamato (250-710) é dividido em duas épocas, **Kofun** (250-538) e **Asuka** (538-710). O Estado do Yamato nasce ao redor de Nara por volta de 250, antes de se espalhar para o Japão inteiro com exceção da ilha de Hokkaido, ao Norte, onde viviam os habitantes originais do país, os ainus. O poder está nas mãos de chefes de clãs, que se revezam na função de imperador. É nessa época que a escrita e o budismo, vindos da China, espalham-se no Japão.

❖ **A arquitetura do Yamato**

É o início de um período brilhante. O príncipe **Shotoku** (574-622), verdadeiro fundador do budismo nipônico, manda edificar 48 monumentos búdicos cujo templo de Shitennoji, em Osaka, oferece proteção ao Horyuji, Templo da lei florescente, em Ikaruga. Este guarda a estátua do Buda Sakyamuni, a da **Tríade de Shaka**, Buda e dois servidores, e outros objetos de grande valor. O *Kondo*, ou "sala de ouro" do Horyuji, é uma estrutura de dois andares construída de acordo com o ordenamento dos templos chineses. **Ao final do século VII**, as embaixadas que voltavam da China, acompanhadas de monges e estudantes, introduzem a arte dos Tang no Japão.

CAPÍTULO IX
A MESOAMÉRICA: OS OLMECAS

1. OS OLMECAS, TERRA DE POVOS DA BORRACHA

A civilização olmeca[84] é uma das mais antigas na América Central, já que se desenvolve a partir de 1500 a.C., extinguindo-se por volta de 500 a.C., e ocupou um imenso território que vai do México à Costa Rica, passando por Belize, Guatemala, El Salvador, Honduras, Nicarágua. É marcada pela dominação sucessiva de centros urbanos, dentre os quais os principais são La Venta, em Tabasco, e San Lorenzo, em Veracruz. Olmeca significa "terra dos povos da borracha", vocábulo oriundo de um termo náuatle, língua indígena mais falada no México. Durante muito tempo desconhecida, sai das sombras com a descoberta fortuita, em meados do século XIX, de uma cabeça colossal em Hueyapan, no sul do estado de Veracruz. No entanto, é preciso esperar até os anos 1920 para que seja estudada, junto com a descoberta de outras obras de arte. Em 1942, quando especialistas definem os traços culturais e falam de uma civilização-mãe da América Central, principalmente depois da exploração de principais sítios da costa do golfo, San Lorenzo[85], La Venta, Cuicuilco[86].

---

84. Os olmecas eram ligados, para alguns, à família linguística maia, mixe-zoque, para outros a um conjunto multiétnico.

85. O sítio ocupa 500 ha, dez cabeças colossais e vários tronos formavam alinhamentos rituais. Existe uma residência real, assim como um sistema de canais subterrâneos.

86. Situada no sul do México, é a primeira cidade instalada às margens do lago Texcoco, durante o 1º milênio a.C. Ela constitui a mais importante cidade do vale do México.

2. JAGUAR E CABEÇA DE 20 TONELADAS

Hoje a cultura olmeca aparece como um conjunto multicultural. A sociedade olmeca ainda é pouco conhecida, mas se admite que houve mudanças importantes por volta de 1000 a.C. a 900 a.C., devido, em parte, às novas técnicas agrícolas, a uma urbanização mais importante, assim como a uma forte estratificação social, à intensificação de trocas comerciais e a uma religião institucionalizada. Do ponto de vista arquitetônico, a pirâmide já constitui o monumento mais importante do centro religioso; são organizados os primeiros campos de jogo de bolas, em Abaj Takalik, na Guatemala. A escrita está em vigor desde 1200 a.C., sob forma ideopictográfica, encontrada primeiramente na cerâmica. No México, a *Estela de Cascajal* mostra 62 signos gravados, provavelmente olmecas. Poderiam ser traços da mais antiga escrita conhecida pelas civilizações pré-colombianas. O bloco de pedra, com altura de 36 cm, dataria de 900 a.C. Entretanto, sua datação e sua identidade são contestadas pelos arqueólogos, pois essa estela não teria sido datada de acordo com sua posição estratigráfica, mas de acordo com as figuras e a cerâmica encontradas ao seu lado. A civilização olmeca é principalmente conhecida por suas cabeças gigantescas de pedra esculpida, por vezes com 20 toneladas. Todavia, a arte olmeca não apresenta apenas o gigantismo, também tendo sido encontradas pequenas figuras, máscaras, joias. Se o tema da figura humana domina, o do jaguar também é onipresente. Os astecas, também, mais tarde, venerarão um deus jaguar chamado Tepeyollotl, "coração de montanha".

PRINCIPAIS CULTURAS PRÉ-COLOMBIANAS
- Cultura de Chavín: 1200 a.C. a 400 a.C.
- Cultura Vicús: 400 a.C. a 500
- Cultura de Paracas: 700 a.C. a 200
- Cultura de Mochica: 100 a.C. a 600
- Cultura de Nazca: 100 a.C. a 600
- Cultura de Tiahuanaco: 200 a 1100

---

3. CHAVÍN DE HUANTAR, UM CENTRO CERIMONIAL

Essa cultura se dissemina, principalmente, a partir do século IX a.C. na maior parte da costa peruana, dos vales do Lambayeque, ao norte, aos vales de Chilca, ao sul, introduzindo o culto do felino e seu estilo tão reconhecível. Ela também forneceu alguns dos mais belos objetos de ouro do Peru, em Chongoyape, no vale do Lambayeque. As tumbas mostram coroas, máscaras, colares, ornamentos de nariz. Quando desaparece,

por volta do século III, as regiões desenvolvem suas características locais, esquecendo definitivamente do culto do felino. Desde 1995, novas escavações foram feitas na região. O sítio faz parte do patrimônio mundial da Unesco. A zona arqueológica de Chavín é formada por um conjunto de construções, terraços, plataformas, praças, túneis cujos primeiros trabalhos datariam de cerca 1200 a.C. e a conclusão por volta de 400 a.C. Mas o sítio é, antes de tudo, um centro cerimonial, ainda que, segundo certos arqueólogos, devesse existir um centro importante de habitações a 1 km ao norte dos templos. O complexo arquitetônico é constituído por grandes pirâmides com a ponta talhada, dentre as quais uma conhecida como El Castillo, o mais imponente edifício, estrutura piramidal retilínea composta de três plataformas sobrepostas. A *Estela Raimondi* ainda faz parte dessas peças líticas preservadas que escaparam ao vandalismo e às devastações devido aos deslizamentos do solo. Ela representa uma divindade, figura também chamada de "deus com bastões", pois tem um bastão em cada mão. A arte de Chavín se exprime principalmente na escultura e na cerâmica por meio de uma rede de curvas emaranhadas, de volutas serpentiformes que combinam cruzes e garras de felino com traços humanos. É o caso do monólito El Lanzón, baixo-relevo com 4,5 m de altura, que representa um personagem em pé, única escultura encontrada nas galerias internas do mais antigo templo. Ele possui ornamentos de orelha, elementos reservados às elites nas culturas do Antigo Peru.

4. CULTURA VICÚS

Localizada entre o Peru e o Equador, a cultura Vicús, **entre os séculos V a.C. e VI**, se forma entre as outras do Peru pré-hispânico. Sua descoberta data dos anos 1960. Sua região de expansão é difícil de delimitar, ainda que centenas de sepulturas descobertas no vale de Piura tenham permitido ali situar seu lar. A diversidade de sua cerâmica permite supor duas origens diferentes, uma vinda do Equador, outra puramente local, que deram lugar a duas tradições estilísticas mais ou menos contemporâneas ainda que diferentes. **A primeira, Vicús-Vicús**, comporta uma cerâmica grosseira, com formas simples. **A segunda, dita de Vicús-Moche**, mostra um estilo diretamente oriundo do estilo Mochica ou Moche.

5. MOCHE OU MOCHICA, SOCIEDADE GUERREIRA

A cultura Moche ou Mochica faz parte das herdeiras da cultura Chavín, no norte peruano, junto com as de Salinars e Virú. O nome de Mochica vem da língua ainda falada nessa região antes da chegada dos espanhóis, o muchik. Essa cultura se desenvolveu **entre 100 a.C. e 600, aproximadamente**. Pela primeira vez na história do Peru, pode-se falar de uma sociedade guerreira. Também são construtores de estradas, de grandes complexos cerimoniais. Os conjuntos mais importantes encontram-se na região costeira. A huaca del Sol e a huaca de la Luna – assim nomeadas pelos colonizadores, templos do sol e da lua, ainda que nenhum dos dois astros seja adorado por eles – são pirâmides inacabadas. A primeira se ergue em degraus até um terraço, também em plano inclinado, de 230 m de comprimento. A altura total do edifício é de aproximadamente 40 m. Restos importantes de comida encontrados sugerem a prática regular de banquetes. A huaca de la Luna, que fica em frente à do Sol, era uma fortaleza sagrada, construída com tijolos de adobe. A huaca Rajada é um importante complexo funerário, encontrado na região de Lambayeque, perto de Sipán. Arqueólogos italianos, há alguns anos, descobriram ali três tumbas cuja mais importante é a do senhor de Sipán. Ele foi sepultado rodeado por suas concubinas, seus guerreiros e servidores. O trabalho com metais oferece uma indicação do alto grau de evolução que os homens de Moche atingiram. Eles sabem combinar ligas múltiplas e, com habilidade, fazer com que adquiram efeitos de cores, sabem banhar objetos com metal precioso, conhecem a técnica do metal repuxado, as de fundição e de solda. Outra contribuição importante dessa civilização reside na cerâmica. Uma cerâmica nova aparece, com vasos em forma de cabeça humana, que apresentam características determinadas, mostrando que os artistas estão aptos a reproduzir não somente as particularidades físicas, mas também expressar emoções. Vários recipientes servem de suporte a todas as atividades humanas possíveis, inclusive as representações do ato sexual. A pintura mural se desenvolve e o exemplar encontrado no sítio de Pañamarca mostra um tema muito evocado: o da apresentação do sangue sacrificial a sacerdotes.

6. CULTURA DE NAZCA: SISTEMAS DE IRRIGAÇÃO E GEOGLIFOS

O Peru, antes dos Incas, acompanhou o desenvolvimento de civilizações prestigiosas como a de Chavín de Huantar, por volta de 1000 a.C., à qual sucederam as de Nazca e de Mochica. A cultura nazca, conhecida principalmente por seus petroglifos e sua cerâmica com decoração policromada, se desenvolve ao sul do Peru entre 100 a.C. e 600. Desenvolvida a partir da cultura de Paracas, ela conhece uma expansão paralela à de Mochica, situada ao norte do Peru. A cultura nazca utiliza sistemas de irrigação. Cabanas de vime trançado com telhado de palha, situadas nos burgos fora da zona de irrigação, constituem o cenário de vida cotidiano de seus habitantes. A maior aglomeração da região é a de Cahuachi, construída a 6 km da atual cidade de Nazca; centro exclusivamente cerimonial, mas construído perto de fontes subterrâneas, único ponto de água da região. Sua grande pirâmide, elevada sobre uma base de 110 m por 90 m, é composta de seis terraços de 20 m de altura. Sua cerâmica revela novas técnicas de cozimento e de decoração. Os motivos representam formas animais e vegetais, temas religiosos ou mitológicos ligados ao mar. Um dos mais disseminados é o de cabeças-troféus, brandidas por personagens antropomorfos. Os nazcas são famosos por seus tecidos, que foram muito bem conservados graças à aridez do clima, e também por seus geoglifos, que desenham formas geométricas e animais sobre um conjunto de mais de 500 km^2, apresentando certa semelhança com os desenhos da cerâmica.

7. A CIVILIZAÇÃO DE TIAUANACO: A PORTA DO SOL

A civilização de Tiauanaco é assim chamada a partir do sítio de escavações, localizado sobre um alto platô andino a 4.000 m de altitude, perto do lago Titicaca, que se estende por 420 ha, dos quais 30 ha são consagrados ao centro cerimonial. Ela se difundiu até o sul do Peru, que é atingido por transtornos políticos e climáticos **nos séculos VI e VII**. Os subúrbios são separados do centro cerimonial por um fosso, um muro sagrado, o do templo, o Kalasasaya. Os dois monumentos mais importantes são a porta do sol e a pirâmide de sete degraus de Akapana, consolidada por um muro que comporta, em cada ângulo, monólitos que seguem os princípios próprios ao Kalasasaya. Ao pé do Akapana está enterrado um templo semissubterrâneo com cabeças antropomorfas, de olhos quadrangulares, inseridas no muro. Um sistema de canalização, que passa por dentro da pirâmide, permitia que a água se propagasse de um terraço ao outro. Mas o monumento mais impressionante é a porta do sol, talhada em um único bloco de pedra, coberto por um lintel cuja figura principal é um personagem em pé que segura um cetro em cada mão, com o rosto rígido, rodeado de raios que terminam em cabeças de animais, uma serpente bicéfala no cetro direito. É provavelmente Tunapa, a divindade cósmica dos aymaras, frequentemente confundido com Viracocha. A cerâmica e os tecidos são bem representados, distinguindo-se por suas ricas cores.

CAPÍTULO X
A ÁFRICA

1. OS FARAÓS NEGROS DE KUSH E DE MEROÉ

Kush é um dos nomes que os egípcios deram ao Médio e Alto Egito. Esse topônimo só aparece na Décima Segunda Dinastia, sob o reino de **Sesóstris I** (cerca de 1962 a.C.) Seu território, cuja extensão varia de acordo com a história, situa-se a montante da segunda catarata do Nilo. Esse reino, desde suas origens no 3º milênio a.C. até as conquistas cristãs do século IV, permanece uma cultura independente, uma original síntese cultural misturada com seus diferentes vizinhos. É por volta de 900 a.C., no norte do atual Sudão, que as dinastias locais se aproveitam do enfraquecimento do Egito para se emancipar. No entanto, é preciso esperar até 730 a.C. para que um dentre eles, **Piankhi** (747 a.C.-716 a.C.), estabeleça sua autoridade não somente na Alta Núbia, mas também que realize incursões até o delta, reunificando, em brevíssimos momentos, o Egito em proveito do reino de Kush. Seus sucessores constituem a Vigésima Quinta Dinastia, dita "etiopiana", com seus soberanos kushi: **Chabaka** (713 a.C.-698 a.C.), **Chabataka** (698 a.C.-690 a.C.) e **Taharka** (690 a.C.-664 a.C.). Eles retomam a grandeza do Egito das dinastias Décima Oitava e Décima Nona, multiplicam os monumentos, até o momento que, em 664 a.C., caçados pelos exércitos assírios, os Kushi deixam Tebas para se retirar na Alta Núbia. Sua capital é Napata, aos pés do Gebel Barkal, mas em 591 a.C., atacados pelos egípcios, eles se refugiam em Meroé, nas estepes do Butana, na margem direita do Nilo. Meroé se torna a capital do reino kushi até seu desaparecimento, no início do século IV, sob os ataques dos Nuba de Kau, ao que parece.

A ARQUITETURA KUSH

Ela constitui o vestígio mais notável da arte do reino de Kush. As realizações mais importantes datam do reino de **Taharka**. Ele conclui, no pé do Gebel Barkal, um complexo sacerdotal inaugurado por Piankhi e manda edificar o templo de Kawa na bacia do Dongola, no norte do atual Sudão. Ele chega a consagrar uma gigantesca colunata em Amon, da qual infelizmente só sobrou uma única peça. Os soberanos se fazem sepultar sob pirâmides de arenito, no pé do Gebel Barkal, a montanha sagrada, e depois a necrópole real se desloca para Meroé. Assim como nos complexos funerários egípcios, os monarcas kushitas associam à pirâmide uma ou várias capelas, como a do rei **Natakamani** (início da nossa era) ou da rainha **Amanishakheto** (cerca de 20 a.C.) Os templos consagrados ao leão são conhecidos por seus edifícios particularmente espetaculares, como o de Mussasvarat es-Sufra e o de Naga, aproximadamente a 150 km ao noroeste de Cartum. O templo é dedicado a Apademak, deus-leão meroítico, associado ao elefante.

A RELIGIÃO MEROÍTICA

Amon continua a ser uma das principais divindades do panteão real. Antigas divindades locais, como Apedemak, com cabeça de leão, criador e guerreiro, impõem-se. Amesemi, sua esposa divina, é representada como mulher cuja cabeça é coroada com um ou mais falcões. Shebo, deus de aparência humana, tem na cabeça a dupla coroa faraônica. Também há Masha, deus-sol, do qual não existe nenhuma representação, mas cujo clero é citado nos textos.

A ESCRITA MEROÍTICA

Ela se apresenta sob dois aspectos: uma escrita monumental, emprestada do repertório dos hieróglifos egípcios, e uma cursiva. Há uma total correspondência entre as duas, no sentido de que a cada um dos 23 signos monumentais corresponde um signo cursivo e apenas um. Os caracteres cursivos derivam do demótico, escrita estilizada do Egito tardio. Na maioria dos casos, a forma foi conservada fielmente e o valor fonético do signo meroítico é frequentemente idêntico ao do signo egípcio, ou muito próximo. Enquanto que a escrita egípcia recorre a ideogramas e a signos, representando cada um, seja uma consoante simples, seja um grupo de consoantes, a escrita meroítica emprega apenas caracteres que registram uma só letra, consoante ou vogal. É em 1826 que o francês **Frédéric Cailliaud** (1787-1869) publica as primeiras cópias de texto meroítico e, em 1911, que o egiptólogo inglês **Francis Llewellyn Griffith** (1862-1934) consegue decifrar os signos dos dois alfabetos. Os hieróglifos são reservados aos textos religiosos, enquanto que os caracteres cursivos têm um emprego mais amplo, do profano ao sagrado.

2. OS REINOS DE D'MT E DE AXUM NA ETIÓPIA

O **reino de D'mt** (séculos VIII a.C.-V a.C.) se espalha pelo norte da Etiópia, na atual Eritreia, ao redor de sua capital, Yeha. Possui elos estreitos com o reino sabeano do

Iêmen, a ponto de ser possível questionar se não seria uma única entidade, separada geograficamente pelo mar Vermelho. Os restos de construção são pouco numerosos e não permitem conhecer esse reino e as razões de seu desaparecimento no século V a.C.

Nosso conhecimento do **reino de Axum** (c. séc. I-XII) é, no entanto, mais vasto. O reino de Axum, do nome da sua capital, situado na província do Tigre, na Etiópia, parece ter sido constituído ao longo do século II, depois de um nascimento possível por volta de 50 a.C. É por volta de 330 que o reino de Axum, transformado em um verdadeiro império que põe fim a Meroé, é convertido ao cristianismo, como atesta a moedagem do rei **Ezana** (c. 333-356), que substitui os símbolos pagãos do crescente e do disco lunar pela cruz. Ele é batizado pelo bispo **Frumêncio**. A tradição lhe atribui uma tradução do Novo Testamento em gueze, ou etíope clássico. Depois do século VIII, Axum perde, aos poucos, sua preponderância, e deve finalmente se inclinar, no século XII, diante da supremacia da dinastia dos Zagwe (1135-1268), originária de Lasta, província situada ao sul do Tigre.

❖ **A literatura axumita**

A literatura do reino de Axum está ligada à língua erudita, o gueze. Língua do reino, o gueze se impõe entre os séculos III e X. A partir dessa data, ele é vítima do declínio de Axum, e deixa de ser uma língua corrente, passando a ser empregada exclusivamente pelas elites intelectuais. Sobrevive assim até o século XIX. Nos dias de hoje, o gueze só é empregado na liturgia da Igreja copta da Etiópia. Os primeiros escritos em gueze datam do século IV e são oriundos de uma preocupação real em deixar um traço da prosperidade, pela redação de *Anais* do reino de Ezana. O resto da literatura axumita é diretamente inspirado em textos gregos, traduzidos em gueze. Trata-se principalmente de obras e tratados religiosos, como o *Cirilo* ou *Qerillos*, no qual os Pais da Igreja evocam os problemas ligados à natureza do Cristo. A literatura axumita relata, pela última vez, a perdição do reino por uma rainha pagã, antes de ceder o lugar aos *Livros dos milagres* e *Cantos reais* em amárico, língua oficial do Império Etíope.

3. A CULTURA NOK (NIGÉRIA SETENTRIONAL)

O nome Nok vem de um simples vilarejo, na confluência dos rios Niger e Benue. Ele foi escolhido como epônimo da cultura inteira pelo descobridor do sítio, Bernard Fagg, em 1943. Ela se estende, no norte da Nigéria, no platô Bauchi e se caracteriza pela importância da sua produção de estatuetas em terracota. Por volta do ano 100 a.C., a cultura Nok, surgida provavelmente por volta de 500 a.C., enriquece-se com a metalurgia do cobre e do ferro, que dará origem a novos motivos decorativos sobre a cerâmica gravada.

❖ **A estatuária em terracota**
A antiga cultura produziu finas figuras em terracota, acidentalmente descobertas por mineradores de estanho no platô de Jos (Nigéria), nos anos 1930. A arte Nok se caracteriza pelo naturalismo, o tratamento estilizado da boca e dos olhos, as proporções relativas à cabeça humana, ao corpo e aos pés, as distorções dos traços humanos, e o tratamento das formas animais. A propagação de tipo Nok, em uma zona situada ao sul do platô de Jos, sugere uma cultura bem-estabelecida, que deixou traços na vida dos povos da região ainda identificáveis hoje. Um grande número de traços distintivos da arte Nok também pode ser identificado nos desenvolvimentos posteriores da arte nigeriana em lugares como Igbo-Ukwu, Ife, Esie e Cidade do Benin.

B. AS CIVILIZAÇÕES DO MUNDO CLÁSSICO

CAPÍTULO XI
A GRÉCIA ANTIGA

1. HISTÓRIA DA GRÉCIA ANTIGA

A história da Grécia Antiga se estende sobre um milênio, desde os "séculos obscuros" (séculos XII a.C.-IX a.C.) até a derrota do Egito ptolomaico, última parte independente do mundo helenístico, em Áccio, em 31 a.C. Convencionalmente, a história grega está dividida em vários períodos. Os "séculos obscuros" são sucedidos pela **época arcaica** (séculos VIII a.C.-VI a.C.), depois pela **época clássica** (500 a.C.-323 a.C.), enfim pela **época helenística** (323 a.C.-31 a.C.).

OS SÉCULOS DITOS OBSCUROS[87]. A HERANÇA MICÊNICA

Qual é a herança que Creta, as Cíclades, podem ter transmitido às *polis*, as cidades gregas? A cidade-Estado funciona graças à existência de funcionários desde o Minoico antigo e depois no Micênico. O comércio se forma a partir da atividade dos navegadores cicládicos, à qual se acrescentam as experiências fenícias e cipriotas. Referência para as classes dominantes, propostas no *epos*, o discurso épico, o príncipe guerreiro micênico, apresentado como um herói no Pelopion, monumento à glória de Pélope, ancestral dos átridas, em Micenas, subsiste aé o fim das tiranias. No campo da arte, as múltiplas cerâmicas dão origem àquelas que souberam enaltecer a arte ateniense. Quanto às escrituras do mundo pré-homérico, elas são ignoradas pela arqueologia e pela historiografia do século XIX. Será preciso o afinco do erudito inglês **Arthur**

---

[87]. A expressão "séculos obscuros" é a tradução do conceito anglo-saxão de "*dark age*", literalmente "época sombria", proposto por Anthony Snodgrass em *Dark ages of Greece* [Idades sombrias da Grécia], Edimburgo, University Press, 1971, e por Vincent Robin d'Arba Desborough com *The Greek Dark Ages* [As idades obscuras gregas], Benn, 1972. Ela cobre o período do século XII a.C., marcado pela decadência e o fim do mundo micênico, até a renovação grega do século VIII a.C.

ANTIGUIDADE

Evans (1851-1941) para fornecer as provas de existência de várias escritas "pré-fenícias", antes de distinguir finalmente três sistemas gráficos: a escrita hieroglífica, assim chamada por sua pictografia, o linear A, depois o linear B, posterior. Os primeiros documentos em **linear A**, administrativos, são consignados unicamente durante o Minoico médio (1800 a.C.-1700 a.C.), para, em seguida, generalizar-se à Grécia inteira e às ilhas do mar Egeu. O **linear B** é representado principalmente nos ricos arquivos de Cnossos, Pylos, Tirinto, Micenas e desaparece por volta de 1200 a.C., quando da queda das cidadelas heládicas, com exceção de Chipre, onde o elo com o centro do poder era menos forte. A herança da escrita micênica, sua continuidade no mundo grego, é inexistente. Desse ponto de vista, há uma ruptura entre duas civilizações. O novo sistema, oriundo do sistema fenício, não deixa nada a desejar aos silabários egeus.

A GRÉCIA ARCAICA (SÉCULOS VIII A.C.-VI A.C.)

Além das fontes arqueológicas, o período é conhecido em parte pelas obras de historiadores da época clássica como Heródoto e Tucídides. É a época de criação da cidade, nascida das necessidades militares, comerciais e de crescimento da população. As principais cidades são Calcis na Eubeia, Tebas na Beócia, Atenas em Ática, Esparta e Argos no Peloponeso. A colonização continua e termina no fim do século VII a.C.: Massalia, atual Marselha, Nikaia, Nice, Cyrena em Cirenaica, Naucratis no Egito, Bizâncio na Trácia. O alfabeto grego se estabelece, transpondo as 22 letras do alfabeto fenício e acrescentando cinco semiconsoantes (nossas vogais). Na metade do século VII a.C., ocorre uma grave crise social. Os camponeses se endividam e acabam sujeitados pelos grandes proprietários. É a época dos tiranos, aristocratas que se apoiam no descontentamento popular para tomar o poder e favorecer a burguesia urbana. Os tiranos enfraquecem os outros aristocratas, confiscam suas terras, os deportam.

A era dos legisladores

Por falta de reforma agrária, os legisladores vão reorganizar a sociedade grega. Primeiramente em Atenas, com **Drácon** (século VII a.C.). Por volta de 621 a.C., ele promulga um primeiro código de leis que todos podem conhecer, pois são afixadas em painéis de madeira, os axones. Muito severas, daí o adjetivo "draconiano", elas recorrem frequentemente à pena de morte. **Sólon** (c. 640 a.C.-c. 558 a.C.) reforma as leis com mais brandura. Ele as baseia na responsabilidade individual e permite que os camponeses retomem suas terras. Todos os cidadãos devem poder participar da vida da cidade, distribuídos em quatro classes censitárias em função da riqueza. Só os primeiros, os mais ricos, podem pretender se tornar arcontes, magistrados encarregados da cidade. É criado um conselho ou *bulé*, de quatrocentos membros, cem por tribo, zona de residência. Depois das reformas de Sólon, Atenas conhece a tirania, entre 546 a.C. e 510 a.C., de **Pisístrato** (c. 600 a.C.-527 a.C.) e de seus filhos. O reformador **Clístenes** oferece então a Atenas uma nova organização política. Democrática, ela concede direitos idênticos a todos os cidadãos. Fala-se de *isonomia*: ela permite até mesmo que metecos, estrangeiros residentes em Atenas, tornem-se cidadãos.

O FIM DE MICENAS

Durante o Heládico recente (1600 a.C.-1400 a.C.), o coração da civilização continua sendo **Micenas**, centro comercial rico e próspero onde o ouro se acumula. A Grécia enriquece. As antigas tumbas construídas sob a terra são substituídas, pelos príncipes, por enormes estruturas abobadadas, tais como a do Tesouro de Atreu, de 14 m de diâmetro e 13 m de altura, perto de Micenas, antes chamada "Tumba de Agamêmnon". A arquitrave, colocada acima da porta de entrada e destinada a sustentar a voluta, pesa 100 toneladas. As seis tumbas do primeiro círculo, descobertas por **Heinrich Schliemann** (1822-1890), são de longe as mais ricas. Elas continham materiais preciosos, armas, cerâmicas, máscaras em ouro, características desse período, como a *Máscara de Agamêmnon*. A cerâmica vê o nascimento do estilo protogeométrico, decoração de linhas, de losangos, limitada à parte superior do vaso. Sua difusão se faz de Atenas até a Tessália e ao sul do Peloponeso. **Os afrescos** aparecem a partir de 1400 a.C. no interior dos palácios micênicos, na forma de cenas de caça, de guerra. A metalurgia do bronze não é mais usada, instalando-se a do ferro. Os mercados são criados. As cidades são rodeadas de muros. Micenas possui, ao final do século XIII a.C. mais de 900 m de muros, com três portas, rodeando uma área de 30.000 m². A espessura média dos muros é de 5 m a 6 m e a altura de 8 m. Nessa época, a Grécia forma uma feudalidade repartida em vários pequenos principados, e o Peloponeso é o coração do reino. O grego é a língua da administração, como atestam as numerosas tábuas em linear B que permitem supor um sistema de contabilidade e de arquivamento à imagem das grandes cidades mesopotâmicas. **Por volta do século XII a.C.**, a última fase da civilização é caracterizada pela afirmação de uma nova ordem. As cidadelas de Micenas e de Tirinto são destruídas, e o palácio de Pylos é incendiado, talvez pelos Povos do mar. Hoje, a ruptura parece muito mais progressiva mesmo que a hipótese de uma grande invasão dórica ainda incite ao debate.

Em Esparta, **Licurgo** (século VIII a.C.) dá à cidade sua primeira constituição, a Grande Retra, ou Lei fundamental. Ele estabelece a Gerúsia, ou Conselho dos Anciões, redistribui as terras em lotes (*kléroi*), 9 mil para Esparta, 30 mil para a Lacônia, o território vizinho. Organiza a educação espartana, obrigando os guerreiros a fazerem as refeições em comum (*sissítias*). Para promover um ideal de frugalidade, ele baniu os objetos de luxo; o ouro e a prata são substituídos por lingotes de ferro. Ao longo do século VII a.C., os espartanos aumentam consideravelmente o território. As cidades costeiras situadas nas penínsulas montanhosas perdem seus direitos políticos e os habitantes de tornam periecos, cidadãos provinciais livres sem direitos cívicos. Eles formam uma simaquia, uma aliança militar com os espartanos. É assim que nasce o Estado lacedemônio, cujo núcleo é Esparta, única a decidir pela guerra ou pela paz. A primeira data atribuída para a conquista da Messênia, no sudoeste do Peloponeso, é a de 730 a.C. Os messênios viram hilotas, servos dos espartanos, novos proprietários de terras. Esparta atinge seu mais alto grau de prosperidade.

Os primeiros Jogos Olímpicos

O ano 776 a.C. marca a data dos primeiros Jogos Olímpicos gregos, concurso esportivo que acontecia a cada quatro anos em Olímpia. A invenção desses jogos é atribuída a vários personagens, como Héracles e Pélope, um frígio cujos descendentes dominam a Micenas dos aqueanos. Organizados em honra de Zeus Olímpio, vão perdurar durante quase mil anos, até 393, quando o edito de Teodósio ordena o abandono dos locais de culto pagãos. A recompensa aos vencedores consiste em um único galho de oliveira. Seu nome seria inscrito na lista oficial, sua estátua erigida na floresta sagrada de Olímpia. Essa lista dos vencedores fornece indicações preciosas para a data exata de um evento. Depois de voltar a sua casa, o vencedor fica livre de qualquer imposto. Só são admitidos os gregos livres e de renome. Chegaram até nós pela *Descrição da Grécia* de Pausânias (115-180), pelas pinturas nos vasos e pelo sítio arqueológico de Olímpia.

A GRÉCIA CLÁSSICA (500 A.C.-323 A.C.)

Em 500 a.C., a Jônia, atual região em torno de Esmirna, e suas ricas cidades gregas (Mileto, Éfeso) se revoltam contra a dominação persa. Apesar da ajuda ateniense, a batalha de Lade (494 a.C.) é perdida. Quatro anos depois, uma invasão persa é bloqueada em Maratona em 490 a.C. pelos atenienses e os plateanos, habitantes da Grécia central. Em 480 a.C. uma segunda tentativa fracassa diante do sacrifício dos espartanos de Leônidas na batalha dos Termópilas e na derrota naval de Salamina[88]. A descoberta de minas de prata do Láurio permite que Atenas exerça uma dominação econômica no mundo grego. Por volta de 470 a.C., Atenas abre a era de seu império ao tomar o controle da Liga de Delos. Trata-se, originalmente, de uma aliança militar de circunstância destinada a conjurar o perigo persa. Atenas aproveita a prata do Láurio e sua

---

88. Esses acontecimentos, conhecidos sob o nome de guerras médicas, são desenvolvidos no capítulo consagrado à história persa.

potência naval, ou talassocrática, para se impor às outras cidades, que se tornam seus vassalos. **Delos** se torna a sede da confederação e abriga seu tesouro, até a transferência para Atenas em 454 a.C. **Péricles** (c. 495 a.C.-429 a.C.), um sobrinho-neto de Clístenes, é escolhido para governar Atenas. Governa com tanto brilho que o período de sua ação é conhecido como o **"século de Péricles"**. Desejoso de estabelecer o Império Ateniense sobre bases democráticas, ele institui uma indenização, a mistoforia, para os cidadãos pobres suscetíveis de exercer uma magistratura. Em 458 a.C., manda construir os Longos Muros entre Atenas, Pireu e Falera. Fortifica os portos para proteger esse território em caso de guerra, cada vez mais provável, com Esparta. As minas do Láurio e o tesouro de Delos, que se funde com as receitas atenienses, permitem a edificação do Partenon. Depois de 450 a.C. e da vitória de Salamina de Chipre, os gregos e os persas param de se enfrentar e passam a se concentrar cada um em seu próprio território. Assim, a Liga de Delos perde o objetivo, mas Atenas força sua manutenção. Ela evolui e se torna uma confederação ateniense, as contribuições se tornam tributos devidos a Atenas e os confederados passam a ser súditos atenienses. A expansão de Atenas preocupa Esparta, que mobiliza seus aliados da Liga do Peloponeso. A guerra dita do Peloponeso eclode e dura de 431 a.C. a 404 a.C. provocando a derrota e o rebaixamento de Atenas. A queda de Atenas parece dever conceder a Esparta o domínio na Grécia. Mas nem o Império Espartano, nem um retorno do poder ateniense poderiam durar. Tebas, por sua vez, exerce sua hegemonia sobre as demais cidades. Cada uma dessas curtas dominações os desgasta em uma luta fratricida permanente. Ao não perceberem claramente o declínio irremediável do qual são a própria causa, as principais cidades gregas permitem o crescimento da potência nacional dos reis da Macedônia, que vão pôr um fim às disputas e acabam submetendo todas as cidades.

A ASCENSÃO DA DINASTIA MACEDÔNICA: FILIPE II (359 A.C.-336 A.C.)

Filipe II da Macedônia é o caçula de Amintas III. Ele exerce, depois da morte de seu irmão mais velho, a regência para seu sobrinho menor. Ele se impõe pela força, pela esperteza ou pelo ouro das minas da Macedônia e do Pangeu, na Tessália e depois na Trácia. Ele se casa em 357 a.C. com a filha do rei des Molossos, **Olímpia** (c. 375 a.C.-316 a.C.), que dá à luz, no ano seguinte, o futuro **Alexandre, o Grande** (356 a.C.-323 a.C.). O ouro macedônico serve para a manutenção de um partido pró-macedônico nas grandes cidades gregas. Em Atenas, o homem de Estado e orador **Demóstenes** (384 a.C.-322 a.C.) ataca violentamente Filipe II em uma série de discursos conhecidos sob o nome de *Filípicas*. Em 329 a.C., Atenas e Tebas se aliam contra Filipe, mas são vencidas na batalha de Queroneia (338 a.C.), às margens do Céfisos. Toda a Grécia passa para a dominação macedônica. De fato, as cidades permanecem, mas sem verdadeiro poder, e suas instituições sobrevivem a elas próprias. Filipe as reúne na Liga de Corinto (exceto Esparta) e anuncia sua vontade de atacar a Pérsia para liberar as cidades gregas. Ele morre assassinado antes de concluir seu projeto (336 a.C.). A tarefa recai sobre seu filho e sucessor, Alexandre, o Grande.

A GRÉCIA HELENÍSTICA (323 A.C.-146 A.C.)

Na Grécia, o peso da Macedônia cresce depois da destituição definitiva de Atenas, que perde a guerra de Cremônides (268 a.C.-262 a.C.), mas é limitado pela Liga etólica e pela Liga aqueana. Esse agrupamento de cidades deve, no entanto, contar com Esparta, sempre perigosa. A Macedônia consegue vencer as ligas e se impõe, a partir de 217 a.C., após a Guerra das ligas (220 a.C.-217 a.C.). Então, ela oferece a Roma a ocasião de intervir no Mediterrâneo oriental e de cuidar dos negócios da Grécia antes de submetê--la, às custas de quatro guerras da Macedônia, que se terminam em 148 a.C.

O fim das cidades e a dominação romana

A Liga aqueana declara a guerra a Esparta sem o acordo de Roma. Ela é vencida por Roma, e Corinto é pilhada e destruída (146 a.C.). Todas as cidades gregas conquistadas são anexadas à província de Macedônia. Atenas se revolta em vão em 88 a.C. Protetorado romano desde 146 a.C., a Grécia se torna, pela vontade de Augusto, província de Acaia em 27 a.C.

A civilização do mundo grego helenístico

O período helenístico é aquele que os historiadores situam após a morte de Alexandre, o Grande, em 323 a.C., até o Áccio, em 31 a.C. A sede principal das letras e das ciências é Alexandria, no Egito. Os traços característicos desse período são a erudição, a arte crítica e o estudo das ciências, a adoção de uma língua comum que sobrevive até o fim da época bizantina, o grego *koiné*.

2. A VIDA POLÍTICA NA GRÉCIA

A vida política nesse final de século VI a.C. se caracteriza pela instalação, por **Clístenes**, de uma reforma que retira toda a importância política do *genos*: famílias com um ancestral comum, as grandes famílias e os grandes proprietários. Segundo Heródoto, ele seria o fundador do sistema democrático, ainda que o termo de "*demokratia*" não seja empregado nesse contexto. Esse grande reformador só é conhecido a partir de poucas fontes: as dos opositores que o citam, **Heródoto**, em *Histórias*, e Aristóteles, que o evoca em *Constituição de Atenas*. Esse texto, conhecido a partir de um papiro encontrado em 1879, no Egito, em Hermópolis, descreve 158 constituições de cidades gregas.

A primeira parte descreve as diferentes etapas da democracia; a segunda determina o papel dos poderes legislativo e executivo, classifica os cidadãos, fixa os direitos e deveres. A guarda da constituição em Atenas é conferida a nomótetas, legisladores nomeados por um ano. Para garantir o triunfo da cidade sobre o *genos*, a divisão tribal da família é substituída por um recorte territorial de Ática e de Atenas. A cidade, o interior do país e a região costeira são divididos em uma centena de pequenas circunscrições, os demos, subdivididos em dez grupos, os trítias. O cidadão ateniense se define pelo nome do demo em que reside. A consequência dessa medida é a dispersão das grandes famílias, pois seus membros podem pertencer a demos diferentes.

A ideia de isonomia[89], de igualdade entre os cidadãos, é fundamental e decisiva para a democracia. O Conselho dos Quatrocentos, instituído por Sólon, é substituído por um Conselho de Quinhentos, correspondente a cinquenta vezes dez delegados tribais. Sob o comando de um estratego eleito, as dez tribos compõem um regimento de infantaria, um regimento de falangistas, lanceiros com armadura e um esquadrão de cavalaria. Em 493 a.C., **Temístocles** (525 a.C.-460 a.C.) é nomeado arconte. Na história de Atenas, ele é percebido como aquele que "levou a cidade a se virar e a descer para o mar" para retomar a expressão de **Plutarco** (*Vidas paralelas*, IV)[90]. Ele dota Atenas de uma frota poderosa, de fortificação e de um porto, o Pireu, que será concluído em 479 a.C., diante da ameaça de Esparta e de seus aliados. A força da cidade repousa em seus remadores, os tetas, cidadãos pobres, e não mais sobre seus hoplitas, soldados pesadamente armados, oriundos da classe dos proprietários rurais. A batalha de Salamina é a dos tetas e a de Maratona é a dos hoplitas.

O FUNCIONAMENTO DAS INSTITUIÇÕES

O funcionamento das instituições se organiza em torno de um poder legislativo e de um poder executivo. O primeiro é dividido entre uma ou várias assembleias ou conselhos, e uma assembleia de cidadãos. Em Esparta, o Conselho dos Anciãos, a gerúsia, é um senado formado por 28 membros, de idade mínima de sessenta anos, eleitos vitaliciamente por aclamação da assembleia do povo, a apela. A gerúsia detém a realidade do poder, controla os éforos, ou magistrados, assim como os dois reis que são membros de direito. Em Atenas, o Areópago funciona originalmente como conselho, pois se limita a uma jurisdição em matéria criminal. Seus membros são nomeados vitaliciamente dentre os magistrados, ou arcontes, originalmente oriundos das grandes famílias, os eupátridas, e mais tarde de todas as camadas sociais, com o progresso da democracia.

---

89. A democracia confere muita importância à igualdade dos direitos e à igualdade material, enquanto a isonomia, para os atenienses, interessa-se mais pela igualdade política.

90. Plutarque [Plutarco], *Vies parallèles* [Vidas paralelas], trad. B. Latzarus, Paris, Garnier, 1950.

Gerúsia e Areópago são de essência oligárquica, reservados a um número restrito de cidadãos escolhidos. Atenas lhes acrescenta uma assembleia mais democrática no recrutamento, a *bulé* ou Conselho dos Quinhentos, na proporção de cinquenta buleutas por tribo, sorteados dentre os candidatos apresentados pelas dez tribos. O buleuta fica na função por um ano, deve ter trinta anos de idade, ser um cidadão em pleno gozo de seus direitos. A *bulé* prepara os decretos submetidos à *ekklesia*, assembleia de cidadãos. Ela tem sede na Ágora, em um edifício especial, o Buleutério, e é dividida em dez comissões ou pritanias, compreendendo os cinquenta membros de uma mesma tribo, no poder durante um décimo de ano, 35 ou 36 dias. A pritania prepara e dirige as discussões da *bulé* e da *ekklesia*. Os senados, *bulé* ateniense ou sinédrio, conselho de uma comunidade de cidades, preparam os trabalhos da assembleia dos cidadãos. Nos regimes oligárquicos, de antigas aristocracias, de monarquias, essa assembleia dispõe de poucos poderes, a exemplo da *apela* espartana, em que o uso da palavra não é livre, e o poder de fato pertence à gerúsia. Em um regime democrático, a *ekklesia* exerce um poder soberano sobre os negócios de Estado. Uma indenização de três óbolos, o *misthos ecclesiastikos*, permite que os pobres respeitem sua obrigação de participar. O arauto lê as propostas da *bulé*, os oradores se manifestam. Em princípio, todos têm direito à palavra, mas os cidadãos mais influentes são os únicos a fazer uso dela muito regularmente. Classificados por idade, eles sobem à tribuna, coroados de murta, para marcar seu caráter sagrado durante a intervenção. Depois, procede-se a um voto, mãos erguidas para os casos comuns, secreto para as eleições ou o ostracismo (banimento de um cidadão). A *ekklesia* dispõe de todos os poderes, legislativo, deliberativo, judiciário, nomeação de magistrados, aprovação ou recusa de tratados, decisão de paz e de guerra.

3. A ARTE GREGA

A ARQUITETURA GREGA

Os templos **no início do século VII** ainda são construídos no plano de uma simples *cella*, peça de santuário que abrigava a estátua do deus, por vezes com uma coluna axial. A transição da madeira à pedra na construção dos templos acontece aos poucos, mesmo que, no início, se tratem de fundações que sustentam colunas. O uso de telhas de argila para cobrir o teto torna necessária uma maior solidez na sustentação, o que exige a substituição da madeira pelas colunas de pedra. Nos templos mais antigos, uma fileira de colunas é indispensável do ponto de vista arquitetônico, no eixo longitudinal da *cella*. Depois da substituição da madeira pela pedra, as técnicas de construção não mudam e as partes da construção, antes em madeira, permanecem as mesmas. No Heraion de Olímpia, todas as colunas foram substituídas umas após as outras e Pausânias narra que tinha a última das quarenta colunas de madeira. Do ponto de vista decorativo, surgem as métopas, painéis retangulares ornados com relevos; as mais antigas se resumem a placas de argila pintadas como as do templo de Apolo em Thermos. No último terço do século VII a.C., surgem as ordens jônica e dórica. A ordem coríntia só aparece na época romana. A construção mais representativa, por volta de 590 a.C., ainda é o templo de Ártemis em Corfu. Os tiranos embelezam as cidades; Pisístrato e seus filhos deixam em Atenas, na Acrópole, o velho templo de Atenas, o Hecatompedon. A rica família eupátrida (nobre) dos Alcmeônidas faz executar em mármore e em pedras o templo de Apolo em Delfos, garantindo, assim, a benevolência do oráculo. Nas cidades, no século VI a.C., não existe ainda arquitetura privada, mas as obras públicas se multiplicam: planejamento de cidades como em Siracusa, fontes de Atenas, aquedutos de Megara e de Samos. Os grandes santuários se organizam da Jônia à Sicília, edificando tesouros, pequenos edifícios votivos. Assim, o Tesouro de Sícion, em Delfos, cujas métopas representam a lenda dos Argonautas, ou o de Sifnos ilustrando a guerra de Troia, o tolo circular de Marmaria. Os templos atingem dimensões excepcionais, como o de Apolo, em Selinonte, na Grande Grécia, com 110 m de comprimento e 11 m de largura. Uma concepção tão grandiosa da arquitetura e do urbanismo pode ser vista em outras colônias da Grande Grécia, em Metaponte, em Paestum.

As três ordens em colunas

- **A coluna dórica,** cujas primeiras evidências remontam a 625 a.C., possui um corpo canelado, que repousa diretamente sobre o solo e suporta um capitel bem simples, sem decoração. Ela diminui de baixo para cima, porque a base tem de suportar o seu peso, mais o peso do entablamento (arquitrave, friso e cornija). É constituída de tambores e ranhuras para melhor receber a luz. Os triglifos e as métopas são característicos do friso dórico.
- **A coluna jônica** repousa sobre uma base formada por duas partes: o estilóbato (socalco que sustenta as colunas) e o plinto (espécie de rodapé, base quadrada de coluna). O capitel tem como característica duas volutas em espiral que formam uma espécie de almofada. A ordem jônica apresenta um friso horizontal contínuo, cujo único propósito é ser decorativo.
- **A coluna coríntia** aparece em Roma durante o reinado de Augusto. Seu capitel é decorado com folhas de acanto.

O teatro de Epidauro

O teatro de Epidauro, construído em meados do século IV a.C., a 500 m do Santuário de Asclépio, é um dos teatros mais bem preservados da Grécia. Seu arquiteto foi Policleto, o Jovem. Nessa época, a arquitetura teatral ainda mantém a sua forma clássica e se divide em três partes de acordo com a representação cênica: uma *orquestra* circular ou em meia-lua, com o altar. O edifício do palco, *skené*, está posicionado mais ao longe, e o espaço reservado ao público, o *theatron*, em camadas sobre uma colina, num hemicírculo. Originalmente, podia acomodar cerca de 6.200 espectadores, o dobro no século II, quando será adicionado um nível superior.

A ARQUITETURA HELENÍSTICA

A ACRÓPOLE E O PARTENON

Acrópole é o nome da colina com vista para Atenas a 156 m altura. A palavra Acrópole, "*Acropolis*" em grego, significa "cidade alta". São encontradas em muitas cidades gregas, em Corinto, por exemplo. A Acrópole e seus templos, seus gloriosos monumentos dedicados aos deuses, opõem-se à "cidade baixa", onde são conduzidos os negócios dos homens. A de Atenas oferece quatro obras-primas da arquitetura clássica: o Propileu, o Erecteion, o templo de Atena Nice e o Partenon.

O Propileu, verdadeiras "portas de entrada" do complexo de templos, foi construído entre 437 a.C. e 432 a.C. Apresenta uma fachada com seis colunas.

O Erecteion é o templo dedicado a Erecteus, antepassado fabuloso dos atenienses. Construído entre 420 a.C. e 407 a.C., teria abrigado a mais antiga estátua de culto à deusa Atena.

O templo de Atena Nice (Nice: a vitoriosa) celebra a vitória dos gregos sobre os persas após as guerras médicas (490 a.C. e 480 a.C.). Apresenta o papel protetor tradicional da deusa, que deve sempre levar os atenienses à vitória.

O Partenon é o principal templo de Atena. Foi construído entre 447 a.C. e 438 a.C., enquanto o estrategista Péricles governa a cidade. Sua construção é confiada ao maior arquiteto e escultor clássico, Fídias (490 a.C.-430 a.C.). Feito de mármore branco, tem oito colunas na fachada e dezessete dos lados. A grande sala abriga a estátua da deusa esculpida em pé por Fídias. Mede 15 m e é chamada de criselefantina, isto é, feita de ouro e marfim. Tudo ao redor do templo, nas métopas, espaços entre os arquitraves, acima dos capitéis de colunas e o frontão, leva ao friso dos Panateneus, que traz a representação da procissão anual das meninas e mulheres em honra da deusa.

A arquitetura se concentra na construção de edifícios grandiosos e altamente enfeitados, como o Altar de Zeus em Pérgamo e o grande Templo de Zeus Olímpico em Atenas. A ordem dórica é quase completamente abandonada no século III a.C. A Ásia Menor ainda a utiliza, mas introduz alterações significativas em relação ao tratamento da planta, das colunas, das proporções, como o templo de Atena em Pérgamo.

O arquiteto **Hermógenes de Priene** codifica as regras da ordem jônica, trazendo às proporções e decorações importantes transformações, como no Templo de Ártemis, em Magnésia do Meandro. **Píteo**, a mando de Alexandre, reconstrói o Templo de Atena Polias, que se torna a referência da ordem jônica em Priene. O gigantismo marca o santuário de Apolo em Dídimos cuja *cella* é cercada por oitocentas colunas jônicas de cerca de 20 m de altura. A particularidade da época é a de se concentrar na construção ou reconstrução das cidades. As ruas que se cruzam em ângulos retos em Priene, Antioquia, Apameia estão cada vez mais ladeadas com colunatas, e os pórticos se multiplicam. A residência helenística se torna mais modesta, mas a decoração, no entanto, é mais luxuosa: no centro, encontra-se o *mégaro*, sala principal com lareira, com vista para um grande pátio com peristilo dórico com uma fonte central, decorada com estuque e mosaicos.

A ESCULTURA GREGA

A escultura arcaica

No campo da escultura, os primeiros testemunhos são feitos essencialmente de pequenos ex-votos em bronze e marfim, de estatuetas de homens e animais, ou de terracota, sinos-ídolos da Beócia com a cabeça preparada com um furo para pendurar. A estatuária de meados do século VIII a.C. começa a separar os membros do corpo. A cabeça não tem rosto, as juntas são marcadas. A mais grega das artes, a escultura arcaica, usa madeira para suas primeiras figuras, os *xoanas*, estátuas dedicadas ao culto. Mas poucas chegaram a nós. A estatueta mais antiga é a de uma mulher, que data de 675 a.C. Uma inscrição permite determinar que se trata de uma oferenda de **Nicandro de Naxos**. Centros de arte começam a se espalhar: Creta com a Dama de Auxerre, a grande Grécia e a Grécia do norte, a arte de Corinto, esculturas provenientes de Sícion em Delfos, em Micenas, métopas do templo de Atena, frontão do tesouro de Mégara. Da Grécia do norte vêm as coras, estátuas nuas de jovens do Templo de Apolo. Contrariamente às primeiras dessas obras, datadas de cerca de 650 a.C., as coras, figuras femininas, apresentam-se sempre vestidas. Inicialmente, as formas são simplesmente indicadas. O conjunto parece maciço pelo fato de os braços permanecerem presos ao tronco.

A escultura grega do século VI a.C.

Por volta de 580 a.C., a obra mais famosa continua sendo a de **Polímedes de Argos**, em três dimensões, representando os dois irmãos de Argos, **Cléobis e Biton**. Em comparação com o geometrismo esquemático que prevalecia até então, as duas estátuas são mais bem modeladas, com as características físicas mais acentuadas, especialmente os joelhos. A pose é a das coras da época. A cabeça ainda é enorme. **Por volta de 560 a.C.,** a representação da figura humana se liberta das amarras da geometria. As duas estátuas mais representativas são a de Apolo de Tenea em Corinto e a cora de Ptoion IV na Beócia, estátuas que não têm nada mais de colossal, uma vez que medem aproximadamente 1,50 m. Os relevos do corpo aparecem mais nitidamente e surge o famoso "sorriso arcaico". Mas ainda será preciso esperar trinta anos para o corpo humano ser representado com estruturas internas aparentes, com músculos expressando a ação em curso. A musculatura abdominal toma a forma de couraça (de gomos, de abdôme definido), que se tornará uma das regras canônicas. Aparece também o recorte antigo do quadril seguindo sua linha de inclinação.

A escultura da Grécia clássica

O período pré-clássico da escultura, em cerca de 480 a.C., encontra, com o *Adonis de Crítios*, escultor ateniense, novos sinais da representação do corpo humano. A rigidez arcaica apaga-se em favor de uma distribuição mais natural e mais flexível do peso e das tensões musculares. O sorriso característico do período arcaico desaparece, sendo substituído por uma expressão mais profunda. O penteado é especial, com um rebordo circular (espécie de topete), semelhante ao do *Adonis louro*. Essas estátuas são consideradas como a transição entre o estilo arcaico e o primeiro classicismo (500 a.C.-450 a.C.). Os três escultores mais famosos desse período são **Miron**, **Policleto** e **Fídias**. **Miron** é o autor do *Discóbolo*: ele consegue gravar no bronze o momento em que o lançador de disco, com uma rotação do corpo, deixa espaço para o intervalo do gesto entre sua preparação e sua execução. O *Doríforo* e o *Diadúmeno* de **Policleto** mostram dois atletas, com a perna esquerda mais para trás e o peso do corpo apoiado na perna direita, o que produz uma leve assimetria do quadril em relação aos ombros. A distinção entre as pernas esquerda e direita é uma das características desse grande escultor. Essa pose inclinada será chamada de *contraposto* pelos italianos do Renascimento. Seu melhor exemplo é o *Davi* de Donatello. Mas ele também estava interessado, diz Hervé Loilier[91], pelo problema do tronco, onde a musculatura não corresponde a uma realidade, mas a uma estética: "O abdôme é modelado de acordo com um formato de violão; os músculos oblíquos são hipertrofiados para atender, por um contraponto sutil, a massa do tórax. Essa ideia tornou-se um processo conhecido pelo nome de couraça estética". Policleto e Donatello podem ser vistos como aqueles que conseguiram fazer o que tentaram seus predecessores. Policleto encontra uma regra no corpo masculino[92]. Mas **Fídias** (490 a.C.-430 a.C.) foi o primeiro a relacionar forma e movimento à expressão do pensamento. Nascido em Atenas, executa em Olímpia a estátua

---

91. Hervé Loilier, *Histoire de l'Art* [História da Arte], Paris, Elipses, 1995, p. 114.

92. Galeno, *De temperatura* [Da temperatura] I, 9. Policleto, em *Canon*, escreveu: "A beleza reside nas relações não entre os elementos, mas entre as partes...".

criselefantina de Zeus, sentado num trono. O conjunto chegava a 10 m de altura. Ele também fez, como os mesmos materiais (ouro e marfim), a estátua de Atena Partenos, destinada a decorar o interior do Partenon, como Péricles lhe havia solicitado. Métopas ilustram um tema em cada um dos lados do edifício. Três centros de arte dominam esse período: o Peloponeso, com os frontões de Zeus em Olímpia; a Grande Grécia e a Sicília, com o Cocheiro de Delfos; e Atenas, com as métopas do Tesouro dos atenienses em Delfos.

A época seguinte, ou segundo classicismo, de 450 a.C. a 400 a.C., contrasta com a unidade da anterior. O escultor **Calímaco** (ativo c. 430 a.C.-408 a.C.) introduz os efeitos de tecido molhado que enfatizam o corpo feminino. Tal é o caso das Vitórias que decoravam o parapeito do templo Atena Nice na Acrópole. No século IV a.C., a estatuária encontra em **Escopas** (c. 420 a.C.-330 a.C.), **Praxíteles** (c. 400 a.C.-c. 326 a.C.) e **Lísipo** (390 a.C.-310 a.C.) três mestres incomparáveis. Um novo classicismo aparece por volta de 370 a.C. Escopas destaca a expressão do patético, dos sentimentos violentos. **Praxíteles** caracteriza-se por uma exigência da graça, da sensualidade: jovens mulheres e efebos são representados em poses lânguidas; a Afrodite de Cnido mostra a deusa nua prestes a tomar banho. É a primeira escultura grega de uma mulher nua. Isso causou escândalo, ainda mais porque o modelo seria a famosa cortesã Friné, sua amante. Sua beleza, no julgamento, salva-a quando, sem mais argumentos, seu advogado desnuda seu peito, o que lhe vale a absolvição imediata. Não se pode deixar de pensar no senso de humor grego da época, já que Friné significa "sapo". Com Lísipo, reaparece a tradição da escultura atlética, mas ele se distingue pela arte de captar o movimento no instante, bem como pela preocupação com o realismo com o seu *Apoxiômenos*, conhecido por uma cópia romana. O motivo é banal – um atleta remove com um raspador, a poeira da arena endurecida por conta da transpiração e dos óleos que impregnam sua pele –, mas é uma representação cheia de vida. Desde meados do século V a.C. até a época de Alexandre, todos os escultores mantêm, em suas estátuas, as proporções em conformidade com o tipo do *Doríforo*. O corpo tem sete ou oito vezes o comprimento da cabeça. Lísipo propõe, por volta de 350 a.C., novos cânones de proporções nos quais a cabeça não representa mais do que um oitavo da altura do corpo.

A ESCULTURA HELENÍSTICA

A escultura, no século III a.C., também está sujeita às influências do Oriente. Em Atenas, os mestres dessa nova tradição clássica são os filhos de **Praxíteles**, **Timarco** e **Cefisódoto**, autores de um retrato do poeta *Menandro*. Eros adolescentes, sátiros, o *Fauno Barberini*, sátiro adormecido do qual Edmé Bouchardon faz uma cópia em 1726, atestam a popularidade persistente de Praxíteles. Enquanto a influência de Escopas é visível nas cabeças patéticas, os retratos de estadistas e filósofos e as estátuas de atletas inspiram-se mais na tradição de Lísipo. A tradição clássica da Ásia também é se manifesta em suas escolas, com cópias de artistas. Em Pérgamo, o primeiro manifesto da escola é o ex-voto de Átalo I, erigido em memória de sua vitória sobre os gálatas, cujo autor seria Epígono. O segundo é o grande altar de Zeus cujo friso representava, em 120 m de comprimento, a Gigantomaquia, batalha dos deuses e dos gigantes. O mestre do gladiador Borghese é um éfeso, Agasias, como o dos gauleses da Ágora dos italianos, de Delos. No século II a.C., Delos acolhe todas as influências. Muitas cópias são feitas. No Peloponeso, **Damofonte de Messênia** executa a Afrodite ou *Vênus de Milo*. No século I a.C., Atenas é o centro de um renascimento neoático com **Apolônio**, filho de Nestor, que assina o *Torso do Belvedere*, **Glycon de Atenas**, o *Hércules Farnese*, cópia de um original de Lísipo. Mencionemos também, dentre as obras do século I a.C., o *Apolo de Piombino*, trabalho realizado em bronze segundo a técnica da fundição por cera perdida. Esse período tende para o realismo, como mostra o *Grupo do Laocoonte*, em que o sacerdote troiano Laocoonte e seus dois filhos se retorcem diante do horror de serem atacados por serpentes, obra atribuída aos ródios Agesandro, Atenodoro e Polídoro, por volta de 40 a.C.

A ARTE CERÂMICA

A cerâmica também está mudando e seu estilo se opõe ao das épocas baixas micênica e minoica. As ornamentações abandonam as formas animais e vegetais, e os desenhos geométricos as substituem. O recurso à linha reta, ao ângulo agudo, ao círculo, à ausência de meandro são característicos dessa época. O estilo protogeométrico dos primeiros períodos é substituído pelo estilo geométrico, que libera as formas do vaso: veem-se claramente a base, o corpo, a saliência, o bocal. Essas diferentes partes são sublinhadas por uma decoração apropriada. O bojo e o bocal são ricamente decorados. Ao longo do século IX a.C., a qualidade aumenta. Durante a transição dos séculos IX a.C. ao VII a.C., há uma mudança que consiste na representação de personagens geometricamente estilizados. Um triângulo constitui a parte superior do corpo, sobre a qual se pode ver a cabeça em forma de ponto. Essas representações são tratadas de forma teatral: em grandes vasos funerários, é um lamento para os mortos, e nos vasos menores, os combates de heróis já aparecem. O centro desse novo estilo é Ática, a região ateniense. O Peloponeso compete com Atenas e Esparta, já os jônios estão menos preocupados com essa nova estética. Em relação à evolução espiritual da época, faltam documentos; entretanto, foi encontrado em Samos um altar arcaico dedicado à deusa Hera.

A cerâmica com figuras negras e vermelhas

A influência oriental, entre 725 a.C. e 625 a.C., revela-se nas pinturas em vasos. O desenvolvimento comercial inspira novas formas e novas decorações: Rodes, Samos, Milo e Corinto produzem vasos com decoração de tendência oriental de flores e folhas de palmeira que se espalham por toda a área do vaso. Os motivos geométricos diminuem cada vez mais na primeira metade do século VII a.C., dando lugar a cenas muitas vezes mitológicas. Aparecem as escolas em várias regiões da Grécia. Muitas oficinas surgem em Naxos, Melos, Delos, Paros. Mas a mais famosa é a de Rodes, por seus potes de cerâmica e pratos. No final do século VI a.C., 575 a.C. marca o triunfo, em Ática, da cerâmica com figuras negras, tendo Atenas como centro de produção, muito influenciado por Corinto. **Sófilo, Lydos, Amasis** estão entre os mais famosos pintores de vasos de que se tem notícia. **Nicóstenes**, no final do século VI a.C., é, sem dúvida, o inventor da técnica com figuras vermelhas sobre fundo preto.

4. A LITERATURA GREGA

A LITERATURA NO TEMPO DE HOMERO

A questão homérica, entre os que defendem a tese de um único autor e aqueles que optam por várias vozes, questiona tanto a identidade do autor quanto a composição da *Ilíada* e da *Odisseia*. Homero é lembrado porque as suas obras, a Ilíada e a Odisséia, resistiram à passagem dos séculos. Introduzidas na Grécia por Licurgo de acordo com a tradição, cantadas por rapsodos (bardos gregos), os poemas de Homero[93] são, originalmente, peças isoladas, cada uma intitulada de forma diferente. A *Ilíada* apresenta os traços característicos do que se convencionou chamar de arte homérica. Monumento da literatura, essa epopeia é composta por cerca de 16 mil versos divididos em 24 cantos. Seus episódios essenciais são a querela de Aquiles e Agamêmnon (canto I), a morte de Pátroclo (cantos XV a XIX) e a de Heitor (cantos XX a XXIV), que marca a reconciliação entre o rei e o herói. As descrições são simples, precisas, mostrando, alternadamente, os heróis como semideuses e como seres de carne e osso: assim, Aquiles não hesita em procurar a ajuda de sua mãe, a ninfa Tétis, mas também chora copiosamente pela morte de Pátroclo. Frequentes, as repetições de versos ou grupos de versos, que dão ritmo ao texto, eram necessárias para o aedo (poeta épico), que declamava a obra musicada, e apreciadas por um público que poderia saber de cor essas passagens curtas.

Diferentemente da *Ilíada*, epopeia guerreira, a **Odisseia** é uma epopeia ao mesmo tempo familiar e doméstica. A vida quotidiana é evocada em muitas cenas: a mais famosa é aquele em que Nausícaa, filha do rei Alcino, vai para o rio para lavar a roupa: "Lavamos, enxaguamos toda a roupa suja; a estendemos na praia, onde a onda vinha às vezes bater de leve, lavando os pedregulhos"(canto VI). Da mesma forma, Ulisses

---

93. Várias cidades disputam a origem de Homero: Chios, Esmirna, Cumas, Cólofon.

é um herói mais humano que os valorosos guerreiros da *Ilíada*: próximo da natureza, ele é guiado pelo amor à pátria e ao lar. Forte o suficiente para resistir à sedutora Calipso ou para lutar com o ciclope Polifemo, Ulisses chora na narrativa da Guerra de Troia feita pelo aedo Demódoco, no palácio de Alcino; "humano, humano demais", também lhe acontece de mentir, trapacear: "Diante dos feácios, ele teria ficado com os olhos vermelhos e inchados de tanto chorar; mas, a cada pausa do bardo divino, ele enxugava as lágrimas" (canto VIII).

A música, acompanhamento indispensável para o canto poético

Os gregos consideram a música como uma arte maior, no mesmo nível da poesia ou da dança. O período arcaico, das origens no século VI a.C., presencia o triunfo dos aedos, cantores de epopeias de sua própria lavra, que se acompanham com a fórminx, antepassado da cítara, e rapsodos que, por sua vez, cantam as obras dos outros. A arte do canto é transmitida oralmente. Depois, no período clássico, do século VI a.C. ao IV a.C., a música é integrada ao sistema educacional, ligada ao estudo da matemática. Em seguida, evolui de maneira autônoma. A música exerce poder sobre as almas e, nisso, aproxima-se das práticas mágicas ilustradas pelos acentos da lira de Orfeu, capaz de encantar até os animais e enfeitiçar as divindades que governam o Inferno, Hades e sua esposa Perséfone, de modo que lhe seja devolvida sua falecida companheira, Eurídice. Assim, é conveniente separar a música suave, que abranda a firmeza da alma, da música que faz desabrochar a coragem, o vigor e o espírito de luta. Os principais instrumentos utilizados são a lira, a cítara, o aulo – flauta de palheta dupla, a siringe ou flauta de Pã. A música acompanha as cerimônias religiosas, as competições e os jogos, a preparação para o combate. As partes para o coro das tragédias gregas são cantadas. A escala mais conhecida da Antiguidade grega é a escala dórica: *ré mi fá sol lá si dó ré*, essencialmente descendente. Um sistema de gamas elaborado, ou modo, estrutura a melodia. O modo dórico é considerado austero; o modo jônio, voluptuoso etc. No entanto, os gregos não conhecem a harmonia. Temos apenas alguns fragmentos de obras musicais, em papiros da época greco-romana, mas os artistas famosos sobreviveram ao tempo. Assim, **Timóteo de Mileto** (c. 446 a.C.-357 a.C.) acrescenta quatro cordas à lira e acompanha seus próprios cantos ao som da cítara. Ele consegue grande expressividade. Um canto em homenagem à batalha de Salamina permitia até mesmo ouvir as queixas dos náufragos.

A poesia

A poesia ocupa um lugar especial na literatura grega. Na verdade, ela está presente tanto na vida quotidiana, para celebrar os jogos e comemorar as vitórias, quanto na vida religiosa, para falar com os deuses ou presidir as cerimônias esotéricas. O poeta é um homem inspirado pelo divino, como sugeriu mais tarde **Platão**[94] em *Fedro*. O auxílio recebido deve-se, muitas vezes, a uma musa. Homero pede sempre a uma delas, no início de cada uma de suas epopeias, que conte uma história; **Hesíodo**, na *Teogonia*[95], conta como, graças às musas, sabe o que deve cantar depois de ter ouvido, no Monte Hélicon, um instrumento musical de sopro. A etimologia do termo poesia, "*poiesis*", em grego, salienta a importância e a diversidade do papel que ela desempenha na vida dos gregos antigos. Ela significa "*savoir faire*" (conhecimento, literalmente saber fazer), no sentido de competência, reduzindo essa arte a uma técnica, mas também significa "criar", no sentido de ação que transforma o mundo, dando-lhe uma elevação tanto espiritual como intelectual. O poeta tem uma dupla função: transmitir a inspiração divina que recebe, com o melhor *savoir faire* possível.

❖ **A poesia lírica**, ou ode, celebra o amor, a natureza, a morte. Originalmente, trata-se de poemas cantados acompanhados pela lira, e a música é quase inseparável da poesia. Tal é o caso de composições líricas de **Alceu de Mitilene** (século VII a.C.) e **Anacreonte de Teos** (c. 550 a.C.-c. 464 a.C.). Surgem a poesia elegíaca, que canta a melancolia, e a jâmbica. Ao hexâmetro épico, com versos de seis pés, sucede o dímetro elegíaco, de quatro pés, ilustrado por **Tirteu**. Finalmente, sucede-lhe o jambo, sílaba breve seguida de outra longa, no ritmo próximo da língua, usado por **Arquíloco**. Safo (século VII a.C.) e Anacreonte de Teos, de quem restaram apenas elegias, escrevem epigramas nos quais cantam o amor e a juventude. Os principais autores são **Arquíloco** (712 a.C.-664 a.C.), **Tirteu** (VII a.C.) e **Sólon** (c. 640 a.C.-558 a.C.).

❖ **O estilo épico** das grandes narrativas históricas utilizado por Homero também aparece em **Hesíodo**. Dos muitos livros atribuídos a ele, apenas três sobreviveram: *Os Trabalhos e os Dias*, a *Teogonia*, *O Escudo de Hércules*. Ele gosta das máximas curtas, marcadas pelo bom senso. Com isso, ele é compreendido e apreciado pelas classes populares, que encontram em seus preceitos morais uma base de ensino ao seu alcance. Entre os séculos VIII a.C. e VII a.C., ele compõe o longo poema da *Teogonia*, em que apresenta a multitude dos deuses celebrados pelos mitos gregos. Três gerações divinas se sucedem: a de Urano, a de Cronos e a de Zeus. A essa genealogia divina se junta uma cosmogonia que resgata a criação do mundo. Os temas caros a Hesíodo, referentes a uma idade de ouro do passado e a uma humanidade condenada à infelicidade, são encontrados em quase todos os principais mitos, textos fundadores e filosóficos, da Bíblia até as *Confissões* (*Confessions*) de Jean-Jacques Rousseau. **Pisandro de Rodes** (c. 645 a.C.-c. 590 a.C.) cria a primeira epopeia dedicado a Héracles (Hércules), a *Heracleia*.

---

94. Platão, *Fedro*, 244a, 245e; *Ion*, 532b, 542b.
95. Hesíodo, *Teogonia*, 30 sq.

A LITERATURA DA GRÉCIA CLÁSSICA

No campo da **literatura,** o poeta Simônides de Ceos (556 a.C.-467 a.C.) canta as guerras de libertação contra a Pérsia, assim como as vitórias gregas. Na corte de **Hierão de Siracusa,** ele é o rival de **Píndaro** (c. 518 a.C.-c. 446 a.C.), autor das *Metamorfoses*. Sua especialidade é o ditirambo, canto acompanhado do *aulo*, um oboé duplo. Também é famoso por seu poema sobre as Termópilas. **Epicarmo** (525 a.C.-450 a.C.) é conhecido como o primeiro autor cômico de renome. Ele também frequenta a corte de Hierão de Siracusa. Trinta e cinco de seus títulos e fragmentos chegaram até nós em papiros. A **Esopo** (620 a.C.-560 a.C.) cabe a honra de ter usado a fábula para representar, de maneira crítica, os aspectos da atividade humana. **Demétrio de Faleros** (350 a.C.-283 a.C.) compila as fábulas de Esopo.

O nascimento da tragédia

"A invenção da tragédia merece um título honorífico; e esse título honorífico pertence aos gregos", escreve **Jacqueline de Romilly**[96]. Na verdade, as primeiras tentativas da tragédia aparecem em torno de 530 a.C., durante as 61ª Olimpíadas[97]. Os Festivais de Baco, comemorados na época da colheita, são acompanhados de danças e cantos especiais, o ditirambo, em honra desse deus. Um bode é sacrificado na ocasião, o que lembra a etimologia da palavra tragédia: *tragos* (bode) e *oidê* (canto), o "canto do bode". **Téspis** (580 a.C.-?), em 535 a.C., imagina o regente, o corifeu, dando a réplica ao coro. O coro, parte essencial, é composto de personagens intermediários entre os homens e os deuses. O seu papel é acalmar as paixões. Eles nunca saem de cena. Ao contrário de nossas peças, as dos gregos nunca são divididas em atos. A peça começa com uma cena de exposição, o prólogo, depois o coro entra cantando na orquestra, o *parados*. Em seguida, vêm as cenas que se sucedem. **O palco,** disposto em semicírculo, é separado do público por uma *orquestra*, um círculo de terra batida, nossa plateia.

Três grandes autores trágicos

Em comparação com Téspis, **Ésquilo** (525 a.C.-456 a.C.) reduz consideravelmente o papel do coro, introduzindo ao mesmo tempo no drama um segundo protagonista e, depois de Sófocles, um terceiro protagonista, levando assim a um diálogo genuíno. Restaram apenas sete das oitenta tragédias. Os dois temas dominantes são a ideia de fatalidade e o ciúme dos deuses implacáveis com suas vítimas.

---

96. Jacqueline de Romilly, *La tragédie grecque* [A tragédia grega], Paris, PUF, "Quadrige", 2006, p. 5.

97. Por ocasião das 61ª Olimpíadas, uma primeira encenação de comédia acontece, pois, na época, em 536 a.C., os concursos de poesia fazem parte dos Jogos Olímpicos.

As paixões não têm lugar, mas o amor é nelas cantado. Os heróis são culpados e recebem o castigo divino. Ésquilo não só encontra uma maneira de emocionar como também cria o material de apoio da tragédia: cenário, figurino. O uso do figurino realça o talento dos atores: as máscaras escondem os traços e fortalecem a voz, o coturno, calçado de sola reforçada, eleva sua altura.

Sófocles (496 a.C.-406 a.C.) é autor de 123 peças, das quais se conhecem sete – *Ajax furioso, Filoctetes, Electra, As Traquínias, Édipo Rei, Édipo em Colono, Antígona* – e várias odes. Membro da alta sociedade ateniense, é estrategista ao lado de Péricles e introduz em Atenas o culto a Asclépio, de quem se torna sumo sacerdote. A modernidade de Sófocles faz dele um precursor inigualável. Ele termina, de certa forma, o que Ésquilo tinha esboçado. O caráter de seus personagens distingue-se pelo seu lado mais humano. Ela amplia o coro, com quinze coristas em vez de doze, e o encarrega do comentário sobre a ação cênica. Sua especificidade é ter "abandonado a trilogia e voltar ao monodrama. Ele soube combinar uma filosofia tão sombria com uma fé tão vivaz no homem e na vida que distingue para sempre o teatro de Sófocles de todas as obras modernas que foram inspiradas nela e que, por isso, nunca chegam a possuir o mesmo brilho"[98].

Antes de **Eurípedes** (480 a.C.-406 a.C.), o amor como assunto dramático é desconhecido. Ele difere de outros autores pela diversidade de seus temas (religiosos, filosóficos) e pelas novas formas de expressão (retórica, música). As mulheres de suas tragédias descrevem a paixão física e moral. Conhecemos apenas 75 títulos das 92 obras que escreveu; somente dezenove foram conservadas[99]. Ele possuiu a primeira grande biblioteca pessoal de que se tem notícia. Se Ésquilo pintou os homens como não podiam ser, Sófocles os pintou como deviam ser e Eurípides como realmente eram.

O papel da eloquência

A eloquência se desenvolve realmente apenas quando se constituem as várias repúblicas, as de Atenas, em particular. Mais do que qualquer outra cidade, ela oferece um vasto campo para o orador. Todos os processos judiciais são debatidos no Areópago ou nos dez tribunais da cidade. A partir do século VI a.C., retóricos e sofistas procuram deslumbrar pelo discurso. Plutarco preservou os nomes dos dez maiores oradores: **Antífona, Andócides, Lísias, Isócrates, Iseu, Licurgo, Hipérides, Dinarco, Ésquino, Demóstenes...** O lirismo coral grego atinge o seu auge com **Baquílides** (início do

---

98. Jacqueline de Romilly, *La tragédie grecque* [A tragédia grega], op. cit., p. 113

99. *Alceste, Medeia, A Heracleia, As Troianas, Electra, Helena, Ifigênia em Táuris, Íon, Orestes, As Fenícias, Ifigênia em Áulis* etc. Muitos autores se inspiraram nos temas de suas peças. Corneille, *Medeia* (1635); Racine, *Ifigênia* (1674), *Fedra* (1677); Goethe, *Ifigênia em Táuris* (1786); Claudel, *Proteus* (1937); Sartre, *As Troianas* (1965).

séc. V a.C.) e **Píndaro** (c. 518 a.C.-c. 446 a.C.). Suas *Epinícias*, odes triunfais em honra dos vencedores das quatro provas dos Jogos Olímpicos, fragmentos de hinos ao deus Apolo, cantos em honra de um deus da cura, ditirambos e poemas dirigidos a Baco chegaram até nós. A maioria de suas odes é composta na forma de tríades, uma estrofe, uma antístrofe e um epodo. Estas perpetuam a teogonia clássica, e o mito tem aí grande importância. Ele louva a serenidade do homem, sujeito às leis divinas.

A COMÉDIA

A comédia, assim como a tragédia a que sucede, está relacionada ao cortejo de Baco. No início, ela é como uma sátira em diálogo. Seu fundador é **Aristófanes** (450 a.C.-386 a.C.), cujas comédias são conhecidas[100], algumas apenas por fragmentos. A maioria foi publicada durante a Guerra do Peloponeso (431 a.C.-404 a.C.) e quase todas tratam da atualidade política, colocando em cena as figuras mais proeminentes, sem poupá-las: nas *Nuvens*, ele zomba de Sócrates; dos tribunais atenienses e dos juízes, em *As Vespas*; em *Os Pássaros*, das seitas órficas.

A EVOLUÇÃO DA LITERATURA

Na poesia, os únicos gêneros originais são os da poesia bucólica e da idílica, dedicadas aos amores dos pastores. Os principais poetas são **Bion de Esmirna** (c. 300 a.C.), que se distingue bastante na poesia lírica; **Calímaco** (c. 305 a.C.-c. 240 a.C.), **Teócrito** (c. 315 a.C.-c. 250 a.C.). Este último dá um verdadeiro impulso para a poesia pastoral, apresentando cenas vívidas emolduradas por belas paisagens iluminadas pelo sol da Sicília. **Apolônio de Rodes** (c. 295 a.C.-215 a.C.) se destaca na poesia épica com *Os Argonautas*, que relata a expedição dos argonautas. **Arato de Solos** (c. 315 a.C.-c. 245 a.C.) é conhecido por sua poesia didática, cujo objetivo é formar as pessoas. Os Ptolomeus tentaram em vão trazer de volta, em Alexandria, os concursos de teatro. É em Atenas que é preciso procurar, naquela época, o verdadeiro criador da comédia: **Menandro** (342 a.C.-292 a.C.). Abstendo-se de toda sátira pessoal, a comédia cria personagens reais, que evoluem em meio a uma trama muito simples.

5. A HISTÓRIA DA HISTÓRIA

OS PRIMEIROS HISTORIADORES

Os primeiros historiadores, certamente involuntários, poderiam ser os aedos, os poetas épicos do período arcaico, que, em seus poemas, dão vida às tradições dos períodos precedentes. Essa necessidade de consignar os primeiros eventos é o dos logógrafos,

---

100. Ele escreveu 44 peças, dentre as quais onze são conhecidas por nós.

os cronistas até Heródoto, assim chamados por Tucídides. Na verdade, eles trabalham para os historiadores, no sentido moderno do termo, recolhendo material para reflexão, "eventos reais que têm o homem como ator"[101]. O espírito de investigação aplicado ao estudo do homem como um ser social impõe-se como consequência lógica das reflexões filosóficas precedentes. O trabalho de conceituação de Platão e Aristóteles, como destaca **François Châtelet**[102] (1925-1985), foi fundamental para o surgimento da história. A *História*, ou "Pesquisa", é o início da história tal como será definida nos séculos XVII e XVIII, como lembra **Henri-Irénée Marrou** (1904-1977): "O conhecimento por intermédio da palavra *histôr*, "aquele que sabe", o especialista, a testemunha"[103]. No início, o historiador relata fatos e conhecimentos. Depois, deixa a crônica para se tornar analista e extrair a compreensão dos fatos.

❖ **Hecateu de Mileto** (c. 550 a.C.-c. 480 a.C.) é considerado um dos primeiros logógrafos, pois, depois de visitar todos os países da sua época, ele pôs o seu conhecimento em um livro intitulado *Periegesis*. Ele teria desenhado um dos primeiros mapas do mundo, com o Mediterrâneo no centro, cercado pela água de um rio que chamou de "oceano". As *Genealogias*, seu segundo livro, trata das lendas jônicas e dóricas.

❖ **Heródoto de Halicarnasso** (c. 484 a.C.-c. 425 a.C.) viaja muito para a Ásia, Babilônia, Egito. É tanto considerado o pai da etnologia quanto da história. Na verdade, a história dos citas só foi conhecida por um longo tempo por meio de suas histórias. A força de Heródoto é contar o que ele vê. Os mitos não são mais sua temática. Ele tenta explicar os eventos a que assiste. *Histórias*, ou *Enquete*, foi o título dado ao seu próprio trabalho, que deve ser tomado no sentido de pesquisa. Sua obra inclui nove livros, cada um com o nome de uma musa, cuja finalidade principal é a grande luta dos persas contra os gregos, ou seja, as Guerras Médicas, que duraram 120 anos.

❖ **Tucídides** (460 a.C.-395 a.C.), o ateniense, dá um passo a mais na concepção moderna de nossa história. Estabelece os primeiros princípios do método histórico. A história torna-se política e acadêmica. Não se trata mais de dramatizar os acontecimentos. A *História da Guerra do Peloponeso* centraliza seu interesse na política: quais são os motivos do enfraquecimento de Atenas? Qual é a origem de seus males? Ele se mostra de uma imparcialidade absoluta. Como Heródoto, Tucídides recorre à noção de ironia, elevada por Sócrates ao nível de método. Ela consiste em se questionar ou questionar um raciocínio ou o conhecimento para então revelar suas lacunas.

---

101. Paul Veyne, *Comment on écrit l'histoire* [Como a história é escrita], Paris, Le Seuil, 1971, p. 47.

102. François Châtelet, *La naissance de l'histoire: la formation de la pensée historienne en Grèce* [O nascimento da história: a formação do pensamento historiador na Grécia], Paris, Minuit, 1961.

103. Henri-Irénée Marrou, "Qu'est-ce que l'histoire?" [O que é história?], em *L'histoire et ses méthodes* [A história e seus métodos], Paris, Gallimard. "Encyclopédie de la Pléiade" [Enciclopédia da Plêiade], 1961, p. 4.

❖ **Xenofonte** (426 a.C.-354 a.C.) é o primeiro biógrafo da Antiguidade. O quarto desses primeiros historiadores deixou obras históricas, políticas, filosóficas e didáticas. As primeiras contêm narrativas, como *Anábase*, que descreve a retirada dos 10 mil, em que ele é, um pouco como César, o historiador de suas próprias façanhas. Aí se encontram valiosos documentos históricos, mas também geográficos e estratégicos. Em sete livros, suas *Helênicas* dão continuidade à obra de Tucídides, mas é especialmente a *Apologia de Sócrates* que o torna famoso, pois descreve a atitude deste durante seu julgamento.

A HISTÓRIA DURANTE O PERÍODO HELENÍSTICO

Dois grandes nomes marcam esse período: **Políbio**, que testemunha a conquista do Mediterrâneo por Roma, e **Diodoro da Sicília**, que dedicou a vida à composição de uma história universal em quarenta livros.

❖ **Políbio** (c. 202 a.C.-126 a.C.) é provavelmente o historiador grego que melhor conhece o mundo romano. Ele é o filho de Licortas, um estadista aqueu, e recebe uma educação adequada a um filho de ricos latifundiários. Sua biografia da juventude mostra que faz sua estreia na comitiva de **Filopêmene** (253 a.C.-183 a.C.), estrategista, o general da liga dos aqueus. Apesar de afirmar o seu apoio a Roma, é enviado como emissário para o cônsul Márcio Filipo, tendo sido rejeitado o auxílio dos aqueus. Após a derrota de Perseu em Pidna, em 168, Políbio era um dos mil aqueus proeminentes que foram deportados para Roma e detidos, sem julgamento, na Itália. Em Roma, Políbio teve a sorte de fazer amizade com o grande general romano **Cipião Emiliano** (185 a.C.-129 a.C.), de quem se torna mentor, e, por influência de sua família, é autorizado a permanecer em Roma. Logo depois, quando a sua detenção política termina, Políbio se junta a Cipião em Cartago e está presente durante o seu cerco e sua destruição em 146. Em seus escritos *Historiai*, as *Histórias* ou *História universal*, o seu objetivo é compreender como a civilização grega, a seus olhos superior a qualquer outra, pôde ser dominada pelos romanos. Tudo parte de uma constatação bem difícil: em 168 a.C., a derrota de Pidna consagra o apagamento da Grécia em favor de Roma. É no estudo da instituições[104] romanas e de seu funcionamento que Políbio encontra a resposta. A aspiração ao império universal revela-se superior ao mundo das cidades rivais. Seu método histórico é novo. Recusando os mitos e as lendas, ele baseia os seus escritos apenas em fatos comprovados.

---

104. Estabelece o conceito de anaciclose, teoria baseada nos seis regimes existentes, realeza, autocracia ou despotismo, aristocracia, oligarquia, democracia, oclocracia (governo das massas). Ele descreve seis fases, o que faz a monarquia tender para a tirania, ao que segue a aristocracia, que se degrada em oligarquia, mas afunda-se na oclocracia, o pior de todos os regimes.

> **O QUADRADO (OU CIFRA) DE POLÍBIO**
>
> Ele está também na origem do primeiro procedimento de cifragem (codificação) por substituição com base num quadrado de 25 casas, que pode ser aumentado para 36 casas. Trata-se de um sistema de transmissão e transcrição de sinais por tochas que podiam ser vistas à distância. O alfabeto é dividido em cinco partes, cada uma composta de cinco letras, apenas a última contendo quatro. Os dois grupos de operadores, ou mensageiros, que deviam trocar sinais têm, cada um, cinco tabelas, nas quais transcrevem na sequência as letras de uma das cinco partes do alfabeto. Depois, eles entram num acordo: o primeiro que tiver uma mensagem a transmitir deverá agitar duas tochas e esperar que o outro responda de forma idêntica. Depois de os fogos serem dissimulados, o transmissor deverá agitar tochas para a esquerda para indicar ao receptor a tábua à qual deve se reportar, sendo um fogo para a primeira, dois para a segunda e assim por diante. Em seguida, deverá agitar à sua direita outras tochas, a fim de dizer ao outro qual letra da tabela deve ser anotada.
>
> | | 1 | 2 | 3 | 4 | 5 |
> |---|---|---|---|----|---|
> | 1 | a | b | c | d | e |
> | 2 | f | g | h | ij | k |
> | 3 | l | m | n | o | p |
> | 4 | q | r | s | t | u |
> | 5 | v | w | x | y | z |
>
> Assim, para a letra *e*, haverá uma tocha agitada à esquerda e cinco à direita.

- ❖ **Diodoro da Sicília (século I a.C.)** publica uma *Biblioteca Histórica*, longa obra dividida em quarenta livros sobre história, desde os tempos mais remotos até o ano 60 a.C. Ele dá dicas notáveis sobre como escrever a história. Seu trabalho também é uma mina de informações sobre geografia (Gália, Ibéria, Egito, Etiópia, Arábia, Índia e também Grécia e Sicília), arqueologia, etnografia, ciências físicas e naturais.

6. A FILOSOFIA

No século VI a.C., em contraste com a mentalidade positiva imposta pelos jônios da escola de Mileto (Tales, Anaximandro, Anaxímenes), as religiões de mistério, orfismo, o culto dionisíaco e o pitagorismo desenvolvem na Magna Grécia uma corrente mística poderosa. **Em meados do século V**, sob a liderança da escola atomista de Abdera, as especulações físicas, embora pausadas por um momento pelo idealismo dos eleatas, são retomadas. Após as guerras médicas, os filósofos estabelecem-se em Atenas, que se tornou um centro intelectual e artístico. Depois disso, eles exploram o instrumento lógico oferecido pelos sofistas, substituindo o *logos*, discurso racional, pela dialética, como Sócrates, e aproveitam o legado da Jônia e da Magna Grécia, como Platão. Aristóteles, em seguida, mostra que sua filosofia primeira não pode ser reduzida a uma simples física. A escola cínica mantém de Sócrates o sabor do anticonformismo religioso e social. Com a morte de Alexandre, céticos, epicuristas e estoicos compartilham a preocupação do indivíduo e a do momento imediato. Sua abordagem para escapar da sucessão das crises políticas é procurar maneiras de evitar a infelicidade.

OS JÔNIOS, PRIMEIROS INTELECTUAIS

A filosofia grega nasce de perguntas sobre a natureza. A escola jônica é a mais antiga escola de filosofia. Floresce em grandes cidades costeiras da Ásia Menor, especialmente na cidade de Mileto, e remonta ao século VII a.C. Esses primeiros sábios, que se nomeiam curiosos da natureza – "físicos" ou "fisiologistas" –, procuram os princípios e as causas de tudo, a explicação dos fenômenos físicos, sem recorrer à de uma intervenção divina, com destaque para um primeiro princípio material. Vários nomes devem ser lembrados.

❖ **Tales de Mileto** (c. 625 a.C.-c. 546 a.C.) é considerado o pai da astronomia. Ele relata fatos matemáticos a partir do Egito. Nenhum texto de Tales chegou até nós, e não há nenhuma fonte contemporânea. Seu nome aparece entre os Sete Sábios. Muitas máximas lhe foram atribuídas, como "Conhece-te a ti mesmo" e "Nada em excesso". Supõe-se também que usou seu conhecimento de geometria para medir as pirâmides do Egito e calcular a distância da costa de navios no mar. O poeta-filósofo Xenófanes (c. 570 a.C.-c. 475 a.C.) disse que Tales havia previsto o eclipse solar que parou a batalha entre o rei da Lídia, Aliates (610 a.C.-560 a.C.), e Ciaxares, rei dos medos (625 a.C.-585 a.C.), em 585 a.C. Atribui-se também a ele a descoberta de cinco teoremas geométricos[105]. A alegação de que Tales é o fundador da filosofia europeia se baseia essencialmente em Aristóteles (384 a.C.-322 a.C.), que escreve que Tales foi o primeiro a sugerir um único substrato material para o universo, especificamente a água. Sua cosmogonia torna a água todas as coisas e toda a vida. Ele usa o termo *archè* para se referir a esse princípio primeiro. Acredita que a matéria, o que compõe cada coisa e cada ser, está em constante transformação, e que esta é produzida pelos deuses.

---

105. Primeiro teorema: o círculo é bissectado (dividido em dois) por seu diâmetro. Segundo teorema: se dois triângulos são tais que dois ângulos e um lado são iguais respectivamente a dois ângulos e um lado do outro, então eles são congruentes. Terceiro teorema: os ângulos opostos formados pela intersecção de duas retas são iguais. Quarto teorema: um ângulo inscrito num semicírculo é um ângulo reto. E quinto teorema: os ângulos da base de um triângulo isósceles são iguais.

❖ **Anaximandro** (c. 610 a.C.-546 a.C.) foi o primeiro sábio a mapear os limites da terra e do mar. A teoria de Tales é logo substituída pela de **Anaximandro**, seu discípulo, que descarta a água como elemento fundamental e a substitui pelo *ápeiron*, espaço ilimitado, infinito. Apenas um fragmento da obra desse filósofo chegou até nós. Ele é o primeiro a sugerir que o mundo visível não é o único mundo que existe; outros universos nascem e morrem num espaço infinito. Ele também teria criado um gnômon, uma vara que projeta uma sombra, em Esparta, e o teria usado para demonstrar os equinócios e solstícios e, possivelmente, até mesmo as horas do dia. Para ele, a terra é plana: ele a representa como uma espécie de cilindro flutuante entre o sol e a lua, anéis ocos preenchidos com fogo. Como Tales, enuncia uma hipótese sobre a origem da vida. Ele também supôs que as primeiras criaturas vinham do mar, seres cobertos de escamas. Os homens constituiriam a fase final da evolução. Anaximandro também analisou as causas dos fenômenos meteorológicos tais como o vento, a chuva e o relâmpago. Enquanto Tales já evitava dar explicações divinas do mundo ao seu redor, Anaximandro foi muito mais longe, tentando dar uma explicação unificada de toda a natureza.

❖ **Anaxímenes** (c. 585 a.C.-c. 525 a.C.) fornece uma explicação da rotação dos astros, por comparação com discos planos. Ele retoma o conceito de ar. Seu trabalho é pouco conhecido, diferentemente do de **Anaxágoras** (500 a.C.-428 a.C.), considerado por **Sexto Empírico** (c. 126-210) como "o físico por excelência"[106]. Seus escritos existem apenas na transição dos textos de escritores mais tardios. Tal como acontece com as teorias anteriores, trata-se ainda de explicar a passagem do não ser ao ser. Em primeiro lugar, o princípio absoluto é o mundo concreto, e o ser empírico é considerado absoluto. Em seguida, este se vê definido como ser puro, destacado do concreto, não mais empírico e real, mas lógico e abstrato. Mais tarde, ele se torna um movimento, um processo de polaridade. Segundo Anaxágoras, tudo provém de um não sei o quê indeterminado e confuso. O que faz as coisas sairem desse estado é a inteligibilidade organizadora, o *noûs*. A descoberta do intelecto como uma causa do movimento é fundamental na história do pensamento grego.

❖ **Anaxágoras de Clazômenas** (500 a.C.-428 a.C.) acredita no pensamento organizador, o *noûs*. Como Empédocles, reconhece que o nosso pensamento é dependente dos sentidos e se apoia na força da razão sustentada pela experiência. Esta o leva à doutrina das homoemérias, assim chamada desde Aristóteles e que significa "partes semelhantes". Cada ser é uma mistura de todos os "objetos", seja ele de qualquer ser particular, seja do estado inicial do universo. Não há mais elementos no sentido de Empédocles, isto é, de realidades que se perdem numa composição ao se misturarem;

---

106. Sexto Empírico, *Adversus mathematicos*, 1, 90.

há apenas objetos que nunca são perdidos e se mantêm por toda parte, porque, ao se misturarem, eles se justapõem mecanicamente. Ele chega a desenvolver uma teoria em que carne e osso podiam se constituir a partir de elementos vegetais.

❖ Para **Heráclito de Éfeso** (c. 550 a.C.-480 a.C.), tudo está em constante evolução. O fogo é tanto matéria quanto razão, *logos*. Heráclito, o último dos jônios, foi o primeiro a esboçar uma teoria do conhecimento, a doutrina do *logos*. Ele desenvolve, na verdade, a oposição dos contrários e a harmonia capaz de uni-los momentaneamente. Segundo ele, tudo no universo é regido pela lei universal do ser. Heráclito faz do fogo o elemento principal, sua fonte de vida e destruição, alternadamente. Há uma luta contínua. A existência é a consequência do acordo fugaz desses dois momentos opostos. Se entende a dupla face das coisas, ele não acha, por conta disso, que cada contrário passe por seu contrário e que, assim, a tese e a antítese se projetem numa síntese. Ele foi o primeiro a chamar os pitagóricos de "filósofos".

OS ELEATAS: O APERFEIÇOAMENTO DA LÓGICA

A primeira verdadeira escola de filosofia é fundada em meados do século V a.C., em Eleia, no sul da Itália. Dela fazem parte **Xenófanes** (c. 570 a.C.-c. 475 a.C.), **Parmênides** (final do séc. VI a.C. a meados do séc. V a.C.), seu discípulo, e **Zenão** (c. 480 a.C.-c. 420 a.C.). O primeiro, natural da Ásia Menor, fundador da escola de Eleia, cujos escritos se perderam, mas cujas ideias foram transmitidas por Aristóteles, Diógenes Laércio ou Clemente de Alexandria, recusa qualquer crédito pelas doutrinas reveladas, pelos espetáculos místicos e pela religiosidade. É pela dedução lógica que ele se obriga a capturar a essência da divindade.

❖ A metafísica de **Parmênides** (544 a.C.-450 a.C.) vai marcar profundamente a filosofia grega posterior. Ele foi, provavelmente, aluno de Anaximandro. Seu poema sobre a natureza está parcialmente perdido. O que resta vem de Sexto Empírico. O prólogo, composto por 32 versos, descreve uma viagem iniciática. Um herói, que viaja para o reino de uma deusa, descobre que existem duas estradas, duas formas de discurso: a do ser e a do não-ser, a da verdade e da opinião. A busca do ser prevalece sobre a da explicação do mundo pelos elementos (água, fogo, terra). O ser é o que se pensa e se opõe ao não-ser. Ele coloca o problema que todos os outros filósofos do século V a.C. vão enfrentar: uma vez que o ser é imóvel, como pode ele ser para nós múltiplo e mutante? Os 61 versos que seguem esse prólogo constituem um discurso escrito por Simplício sobre a física de Aristóteles.

❖ Discípulo de Parmênides, **Zenão de Eleia** (c. 480 a.C.-420 a.C.), para defender a teoria de seu mestre de que o ser é indivisível e imóvel, desenvolve quatro argumentos, chamados de sofismas de Zenão. Seus paradoxos, que levam a um impasse (*a-poria*), são qualificados de paradoxos de Zenão. O mais famoso é o de Aquiles e da tartaruga. Os eleatas fornecem um modelo de raciocínio de uma lógica impecável. Eles conseguiram, diferentemente dos pitagóricos, provar que as coisas não podem consistir de pontos contíguos. É preciso voltar à ideia jônica de uma matéria única preenchendo o universo.

OS PITAGÓRICOS: ANTES DE QUALQUER COISA, O NÚMERO

O **pitagorismo** aparece mais ou menos na mesma época, em meados do século VI a.C., no sul da Itália. Os pitagóricos[107] são os primeiros a formular a doutrina da imortalidade da alma, a metempsicose ou, como diziam os gregos, a palingenesia. A alma teria a capacidade de passar de um corpo para outro e de escapar da morte. Influenciada por Atenas e Roma, essa doutrina se propaga rapidamente por todo o mundo antigo. Ela floresce no hermetismo do Egito alexandrino, resiste até o século VI à ascensão do cristianismo e perdura por mil anos. A alma deixa o corpo do moribundo e reintegra o do recém-nascido. A doutrina inclui uma série de proibições que visa à purificação, a fim de alcançar a imortalidade. Os pitagóricos vestem-se totalmente de branco, recusam-se a entrar na casa de um morto, a comer uma fava ou um ovo. **Pitágoras** (c. 580 a.C.-c. 495 a.C.) quer atingir as raízes profundas do ser, sustentando que o conhecimento dialético não é suficiente. Com seus discípulos, ele pretende revelar as ilusões provenientes da matéria e acredita chegar lá pela contemplação e meditação. Com o número, ele explica todas as coisas, e seu *Tetraktys* ou *Quaternário* resume a harmonia universal. É a partir dos *Versos de Ouro*, regra da irmandade, que se pode reconstituir a doutrina e o método de Pitágoras. Em 1509, o monge italiano **Luca di Borgo** (c. 1445-1517) o chama de "proporção divina" ou de "parte dourada" e o torna famoso na *Proporção Divina* (*De divina proportione*), ilustrada por **Leonardo da Vinci** pelos desenhos do dodecaedro, forma geométrica de doze lados. Seu método consiste em juntar uma prática especulativa racional a uma mística. Sua teoria da alma faz da filosofia uma purificação que permite separar a alma do corpo, tal como concebe Platão em *Fédon*, e que deve liberá-la do corpo, o seu túmulo. A área dos pitagóricos também inclui a da ciência, mais precisamente a dos números e a da meditação. Pitágoras foi o primeiro a considerar os números na pureza de sua essência, separando-os das coisas concretas. Ele teria descoberto, no mundo visível, sua perfeição e implicação. Os pitagóricos, como os jônios, têm o desejo de explicar o universo. Todo o seu trabalho é formular as propriedades elementares dos números, enunciar as proposições primitivas. Sem isso, nem a aritmética nem a geometria teriam sido

---

107. Sobre este assunto, ver Jean-François Mattei, *Pythagore et les pythagoriciens* [Pitágoras e os pitagóricos], Paris, PUF, "Que sais-je?", 2013.

capazes de se desenvolver. Aprende-se a distinguir números pares e ímpares, quadrados e cubos. O ábaco, o tabuleiro de calcular, é emprestado dos egípcios. Presencia-se o nascimento da tabuada. Então, sem poder conceber a ciência fora da metafísica, os pitagóricos supuseram que as coisas eram formadas de pontos materiais justapostos. Consequentemente, todo o universo pode ser representado por números inteiros ou frações, e segue-se que "eles dizem que as próprias coisas são números"[108].

Os *Versos de ouro* de Pitágoras

Os antigos entendiam por *Versos de ouro* os versos em que a doutrina mais pura é encerrada. Eles atribuem a Pitágoras a sua escrita, não porque tivessem certeza de sua autoria, mas porque eles pensavam que essa poesia continha a essência da doutrina que ele tinha exposto. No fim de sua vida, **Pitágoras** foge para Metaponte, após o complô fomentado na sua ausência contra todos os pitagóricos. Ele morreria lá com a idade de 90 anos. É a partir dos *Versos de ouro*, regra da irmandade, que se pode reconstituir a doutrina e o método de Pitágoras. Pela primeira vez na história ocidental, um mestre cria um sistema metodológico que tenta implementar por vários anos.

OS ATOMISTAS: UMA FÍSICA SEM *PHYSIS*

A originalidade do fundador da escola de Abdera, **Leucipo** (c. 460 a.C.-370 a.C.), é admitir a existência do não-ser, do vazio: "Leucipo e seu colega Demócrito, nos diz Aristóteles, tomam por elementos o pleno e o vazio, que eles chamam, respectivamente, de ser e não-ser"[109]. Pleno e vazio constituem uma mecânica necessária para que todo movimento se realize, mas eles também existem quando se misturam; o ser ou o pleno será dividido em partículas ínfimas. Esses átomos não podem nascer do não-ser, nada pode tampouco aí destruir-se. Não há lugar para o acaso; só a necessidade se impõe, e "Demócrito reduz à necessidade todas as coisas que a natureza utiliza, deixando de atribuir o fim"[110]. Não há ainda, em sua obra, uma teoria da gravidade, para a qual será necessário esperar Platão.

Os átomos

Os atomistas pensam que os átomos têm um movimento contínuo e eterno que faz parte de sua própria essência. Os universos fazem nascer os átomos e o vazio. Cada um deles vem de um turbilhão "de todos os tipos de aspectos" (*ideôn*). Originalmente, não há movimento claramente definido, mas ele se regulariza com, no centro, os átomos

---

108. Aristóteles, *Metafísica*, A, 6, 987 b28.

109. Ibid., A, 5, 985 b4.

110. Aristóteles, *De generatione animalium*, V, 8, 789 b2.

mais refratários. O mecanismo reduz a alma, como todo o resto, a um mero agregado de átomos. Só a necessidade realiza a continuidade desse movimento, seu mecanismo. Mas trata-se de uma física sem *physis*. Quando esse termo é usado, ele toma o sentido de "formas", de "figuras" ou de ideias (*idea*), termo que encontrará sua significação plena em Platão.

DOIS INSEPARÁVEIS: SÓCRATES E PLATÃO

❖ **Sócrates** (470 a.C.-399 a.C.) é conhecido por não ter escrito a sua doutrina e, se nós o conhecemos, é, modestamente, por Platão e Xenofonte. Filho do escultor Sofronisco e de uma parteira, ele nasce no final das guerras médicas, em Atenas. Sócrates é o filósofo moral que quis despertar o conhecimento em seus compatriotas pela sua vida e por seu exemplo, pela reflexão racional realizada em suas entrevistas dialogadas. Ele os leva a um verdadeiro exame de si mesmo pela relação dialógica e seu jogo "dialético", que consiste em mostrar, por uma série de perguntas encadeadas, que é possível refutar o adversário, colocando-o em contradição consigo mesmo, método praticado nos meios sofistas. O que emerge dessa refutação não é uma verdade, mas a falsidade da opinião da pessoa a quem se dirige a palavra. A dialética socrática requer a adesão de si mesmo a suas próprias palavras. Sócrates é ilustrado por três fatos que dominam sua biografia: no caso dos generais da batalha de Arginusas, em que, acusados de traição, ele é o único a se recusar a julgá-los coletivamente; sob o governo tirânico dos Trinta, quando se recusa, arriscando sua vida, a tomar parte de uma prisão lhe foi ordenada; durante seu julgamento, em que sua intransigência o leva à morte. Sócrates, diz Aristóteles[111], busca em toda coisa o geral e aplica primeiramente o pensamento às definições. Aí reside todo o seu método dialético: "O método dialético é o único a tentar chegar metodicamente à essência de cada coisa"[112]. Sócrates também pratica a maiêutica ou parto dos espíritos. Ele busca ou faz seu interlocutor buscar a definição geral que é a própria lei da coisa em questão.

Com a palavra, os sofistas

O primeiro trabalho dos sofistas concerne primeiramente às palavras. Falar é convencer, e surge a necessidade de desenvolver um método irrefutável. A gramática aparece, assim, como sua obra. Eles estudam a origem das palavras, a etimologia, a estrutura das proposições, a significação dos tempos e modos. Protágoras distingue três tipos de substantivos e os tempos verbais. Pródico ministra um curso sobre sinônimos. Hípias de Elis orgulha-se por conhecer o poder das letras e sílabas. Deve-se acrescentar

---

111. Aristóteles, *Metafísica*, A, 6, 987 b.
112. Platão, *República*, VII, 532A-535a.

que os sofistas estão relacionados a uma teoria do conhecimento. De acordo com **Protágoras**, não existe uma verdade absoluta; nunca podemos dizer de uma coisa que ela é, mas apenas que ele está por tornar-se. Sobre todas as coisas, há dois *logoi*, discursos racionais, que se opõem um ao outro. Daí sua famosa proposição: "De todos os objetos, a medida é o homem; dos já existentes, uma vez que existem; dos não existentes, uma vez que não existem." Isso significa que a partir de qualquer objeto podem ser desenvolvidas séries de proposições mostrando como valores contraditórios, o belo, o feio, o justo, o injusto, estão no seio da realidade.

❖ **Platão** (c. 428 a.C.-c. 347 a.C.) está na origem da fundação do pensamento metódico. Ele fornece uma síntese de todas as especulações anteriores e contemporâneas, mas não desenvolve nenhum sistema verdadeiro. Ele se estabelece como o pai da filosofia idealista ao criticar o mundo sensível, social e político. Às ideias eternas, simples e absolutas, ele opõe as coisas do mundo sensível, efêmeras, compostas e relativas. Ao mesmo tempo teoria do conhecimento e teoria da salvação, que lembra seus laços estreitos com o pitagorismo, sua filosofia desenvolve-se posteriormente num eixo duplo: espiritualista, ao qual de juntam **Plotino, Santo Agostinho, Malebranche**, e racionalista, em que prevalecem Leibniz e Husserl (idealismo objetivo). Embora desiludido com a tirania dos Trinta, Platão tem certeza de que Atenas precisa de uma política baseada numa filosofia. No entanto, sua grande obra continua a ser a criação da Academia, onde se ensina filosofia, matemática, política e medicina. A Academia é originalmente o nome de um passeio de Atenas, lugar deixado por um contemporâneo de Teseu, Academos. O conjunto das teses platônicas[113] é feito para repelir as dos sofistas. De acordo com a alegoria da caverna, homens acorrentados numa caverna viram de costas para a entrada e só veem suas sombras, que tomam como reais. No livro VII da *República*, existem dois mundos distintos – mas ainda ligados – no conhecimento:
  – **o mundo sensível**. Nesse mundo, nós só podemos ter sensações, opinião, *doxa*;
  – **o mundo inteligível**, iluminado pelo Bem. Ele nos dá o conhecimento matemático, o verdadeiro conhecimento, a episteme, e, finalmente, a razão do conhecimento, o Bem.

Em seus diálogos, pode-se supor uma evolução ao longo de sua vida.
• **Seus primeiros diálogos** – *Apologia de Sócrates*, *Críton* (sobre o dever), *Eutífron* (sobre a piedade), *Laques* (sobre a coragem), *Charmides* (sobre a sabedoria moral), *Lise* (sobre a amizade) – abordam essencialmente os problemas morais e sociais, como Sócrates os tinha proposto.

---

113. Sobre isso, ver Alexander Koyré, *Introduction à la lecture de Platon* [Introdução à leitura de Platão], Paris, Gallimard, 1991 e Vincent Descombes, *Le Platonisme* [O platonismo], Paris, PUF, 2007.

- **Nos diálogos da maturidade** – *Górgias* (sobre a retórica), *Meno* (sobre o dever) –, Platão retoma os temas socráticos. No *Crátilo* (sobre a linguagem), ele começa uma teoria da fala e, no *Banquete*, uma teoria do conhecimento das essências. Qualquer conhecimento é uma reminiscência, como ele mesmo diz em *Meno* ou *Fédon*. A teoria da alma que eles contêm supõe que a alma teria pecado numa vida anterior e, por isso, teria sido jogada para dentro do corpo no qual possa sobreviver, porque é eterna. "E não é igualmente necessário que, se essas coisas existem, nossas almas também existem antes do nosso nascimento e que, se elas não existem, nossas almas também não?"[114].

- **Nos diálogos da velhice**, a atenção do filósofo se concentra mais sobre as coisas deste mundo. Ele recusa o nome de ciência para o conhecimento, que não poderá mais ser o instrumento preconizado no final do livro VI da *República*. No *Teeteto*, ele a define como "o verdadeiro julgamento, a verdadeira expressão do que parece". O conhecimento de Deus e das ideias, objeto sublime da razão, o *noûs*, é colocado em primeiro lugar e é acessado pelo método dialético. Ele coloca em segundo lugar o conhecimento da matemática, objeto da ciência, intermediário entre a razão e a opinião. Finalmente, no terceiro e último lugar, ele coloca opinião, a *doxa* ou o conhecimento das coisas físicas e contingentes, cujo objeto é o que nasce e o que morre. Devemos também a Platão o fato de colocar problema do uno e do múltiplo e de tentar resolvê-lo no *Parmênides*. A dialética vai se tornar o estabelecimento de uma hierarquia dos seres, desde os indivíduos até os gêneros supremos. A ciência não poderá mais ser considerada um instrumento de compreensão da filosofia do ser.

ARISTÓTELES, O ENCICLOPEDISTA

Fazendo, antes de tudo, de sua filosofia uma filosofia do conhecimento, **Aristóteles** (384 a.C.-322 a.C.) distingue as primeiras bases de todo o sistema científico ocidental, organizadas em torno de uma ferramenta do pensamento, o *Organon*, "ferramenta", "instrumento", subentendendo-se "da ciência", em grego, conjunto de seus tratados de lógica. Ele é o criador de novos conceitos, as categorias, que a filosofia continua a utilizar. Ao contrário de **Platão**, para quem a dualidade está entre o mundo sensível e as ideias, a de Aristóteles está no singular e universal, no específico e no geral. Nascido em Estagira, na Trácia, ele vai estudar em Atenas, onde frequenta durante vinte anos as aulas de Platão. Funda sua própria escola filosófica, à qual dá o nome de Liceu em razão da proximidade do templo de Apolo Lício (matador de lobos), e a qualifica de peripatética (de *peripatein*: andar, passear), já que ele ensina andando. Na Idade Média, Aristóteles continua a ser referência obrigatória da cultura antiga, e sua obra faz a

---

114. Platão, *Fédon* 72e-77a.

ANTIGUIDADE

ponte entre os grandes sistemas filosóficos árabes e cristãos. Foram realizadas traduções de seus textos entre 1120 e 1190, em Toledo, Palermo, Roma, Pisa. Alberto, o Grande, os traduz para o latim. Tomás de Aquino, no século XIII, faz da filosofia aristotélica o centro de toda reflexão séria e realiza uma reconciliação entre esta e o cristianismo. O nominalismo de Guilherme de Ockham a prepara o Renascimento. Mas este, muitas vezes, prefere **Platão** – **Nicolau de Cusa** opõe-se ao aristotelismo em *Douta ignorância* (*De docta ignorantia*). O século XVII percebe nele todo o conservadorismo do pensamento sobre a física já ultrapassado pelos trabalhos de **Galileu** e **Copérnico**. A filosofia cartesiana e o século XVIII a deixam cair no esquecimento, mas o século XIX irá retomá-la por um retorno à sua metafísica, com **Félix Ravaisson-Mollien** (1813-1900) e **Franz Brentano** (1838-1917), e às questões que ela suscita.

O *Organon*, o livro e o método

Aristóteles desenvolveu a arte do raciocínio, a dialética[115]. No entanto, não é mais a arte de seu mestre Platão, mas uma nova concepção que rejeita a oposição existente entre opinião e verdade. Seu método consiste numa filtragem estreita das opiniões até brotar a verdade em suas obras de lógica (*Analíticas*, *Tópicos*), às quais foi dado o nome de *Organon*. Seu primeiro livro trata primeiramente das categorias; o segundo, das proposições; o terceiro, dos silogismos. Ele explica os princípios e as regras, as várias formas do argumento silogístico. A reflexão sobre a lógica o leva também a formular a teoria dos nomes.

A força do silogismo

Aristóteles define silogismo como "um discurso no qual certas coisas são admitidas e do qual resulta, necessariamente, algo diferente das coisas antes colocadas, pelo simples fato de que aquelas existem"[116]. A força do silogismo reside no fato de ele ser uma estrutura formal que obriga a mente a passar de duas verdades admitidas a uma terceira[117]. Todo grego é humano, todo ser humano é mortal, portanto todo grego é mortal. Por isso, é um método que permite, num discurso ou numa discussão, determinar quais são os raciocínios válidos. O silogismo, ou dedução, é a primeira condição que permite chegar a proposições verdadeiras. A segunda é a indução, operação que consiste em ir dos fenômenos às leis – epagoge significa encaminhamento a partir das coisas.

---

115. Muitos estudiosos afirmam que o criador da dialética é Sócrates, outros acreditam ser Zenão de Eleia; há ainda os que atribuem tal criação a Heráclito. Aristóteles é tido como grande desenvolvedor do raciocínio.

116. Aristóteles, *Primeiras analíticas*, I, 1,24b, 18.

117. O termo já havia sido utilizado por Platão no *Teeteto* no sentido de juntar vários discursos (A pertence a B; C pertence a A; então C pertence a B).

A metafísica, ciência suprema

Se a física se ocupa de essências mutáveis e materiais, a metafísica, ciência suprema que merece o nome de sabedoria, ocupa-se de objetos imutáveis e imateriais. Aristóteles reconstitui a gênese histórica das ciências culminando nessa ciência superior que busca os princípios e as causas dos seres assim considerados. Os princípios ou razões de ser são cinco, de acordo com Platão: a ideia (causa exemplar), o fim (causa final), a causa que age (causa eficiente), a matéria (causa material) e a forma (causa formal). Aristóteles deixa de lado a ideia e conserva os outros quatro. Existe uma ciência que estuda o ser como ser com seus atributos: a metafísica.

As categorias: não há conclusão

A doutrina das categorias consiste em reconhecer, qualquer que seja o assunto de que se fale, que o real pode ser armazenado em todas as suas atribuições: substância, qualidade, quantidade, relação, lugar, tempo, situação, futuro, agir, sofrer. Aristóteles distingue dois modos do ser: o ato e a potência. O ser em ato tem uma forma e uma perfeição determinada; o ser em substância é suscetível de modificação, aperfeiçoamento. Ele se pergunta como é possível respeitar a unidade do ser usando, para defini-lo, uma multiplicidade de termos. Ele chega a dizer que toda substância pode existir em potência e ato. Se partimos da ideia de movimento, podemos ter uma noção do ser bastante precisa: assim, a estátua existe potencialmente bem antes que o escultor a realize, e ela existe como ato quando ele termina o seu trabalho. A potência é o intermediário entre o ser e o não-ser. Ela não tem existência própria e só é concebível em relação ao ser que a termina, isto é, em relação ao ato.

O lugar das coisas

Tais são os dois princípios fundamentais que, segundo Aristóteles, explicam o universo. As coisas se modificam e, assim, passam da potência ao ato. Vimos que eram necessárias quatro causas para que elas se realizassem. O lugar dos seres na natureza depende de sua hierarquia. Nos níveis superiores estão o homem, cuja alma é espiritual, e os animais, cuja alma é sensível. Nas plantas, a forma torna-se vegetativa. Ao contrário de Platão, a alma não é mais prisioneira do corpo, é a entelequia[118] de um corpo organizado que tem vida potencialmente. A alma é o primeiro princípio da organização e da vida do corpo. Este tem o potencial de viver: ele tem a vida em ato pela virtude da alma ao qual está unido. A alma também tem a capacidade de raciocinar e de sentir.

---

118. Segundo o *Trésor de la Langue Française*, "princípio criador do ser pelo qual o ser encontra sua perfeição passando da potência ao ato" [N.T.].

A unidade do mundo vivo

Aristóteles distingue um sentido interno, o senso comum que nele reúnem as operações dos cinco sentidos. A alma pode, assim, comparar e associar as sensações, as percepções. Ele prevê na natureza uma unidade surpreendente que faz com que, por toda parte, se encontrem as mesmas particularidades no mundo vivo. Aristóteles aplicará o princípio da analogia para o seu raciocínio. Para ele, há um motor primeiro que tem todas as qualidades, ato puro, imutável, Deus. Essa inteligência divina pensa-se em si e age mais por emoção que por moção "e, uma vez que é ao mesmo tempo movido e movente, é um meio termo, deve haver algo que se move sem ser movido, um ser eterno, substância e ato puro"[119]. Há também outros diferentes motores de princípio primeiro, então Aristóteles se refere aos matemáticos. Ele estima entre 47 e 55 o número de esferas celestes e mostra que cada substância deve sua unidade de ordem a um único chefe: Deus que move o mundo. Se ele elabora a tese da incomutabilidade dos gêneros, segundo a qual os três tipos de atividade do saber são compartimentados, a produção (*poiesis*), a ação (*praxis*) e a teoria (*theoria*) são essenciais, elas também o são para a metafísica, que tenta superar essa multiplicidade de possibilidades, com a única finalidade de estabelecer uma ciência universal. Daí sua tese: "Só há ciência de um único gênero"[120].

Das origens de uma biologia para uma filosofia da moralidade

Distinguindo disciplinas e ciências particulares, Aristóteles lança as primeiras bases de todo o sistema científico ocidental. Ele examina tanto o reino mineral inanimado quanto o animado, do animal ao homem. Expressa a hipótese de uma vida que pode surgir *ex nihilo*, espontaneamente, sob certas condições energéticas e materiais. No primeiro livro da *História dos Animais*, ele faz o elogio dessa hipótese. A felicidade não é um estado, nem o dos animais nem o dos deuses. Ela é o resultado de uma escolha, de um fim, definido pelo homem moral. O "bem viver" deve ser o objetivo final. Em *Ética a Nicômaco*, a concepção de felicidade aristotélica é essencialmente eudemonista (a felicidade é o propósito da vida), uma vez que a torna o Bem maior de todas as coisas. Este é baseado em uma condição: a virtude, "disposição voluntária que consiste no meio em relação a nós, definida pela razão e segundo a conduta do homem sábio"[121]. A sociedade e a educação permitem ao homem direcionar melhor seus atos, pois a virtude não é inata e não provém da natureza.

---

119. Aristóteles, *Metafísica*, Λ, 7, 1072 a25.

120. Ibid., K, 1.

121. Aristóteles, *Ética a Nicômaco*, II, 7, 1106 b36.

AS GRANDES DOUTRINAS MORAIS

A característica comum de todas as escolas depois de Aristóteles, após o impulso metafísico dado também por Platão, consiste no fato de os filósofos se debruçarem mais sobre as grandes questões morais que os afetam mais de perto. Essas escolas não têm metafísica, mas uma física, elas não supõem nada além da natureza. Elas buscam o Bem maior e defendem a ataraxia, a paz de espírito pela ausência de desordem, ou a apatia, estado da alma que não se expressa nenhuma paixão, para alcançar seu objetivo.

O cinismo

Essa doutrina materialista propõe o desapego dos costumes, dos preconceitos e o retorno ao estado de natureza. O cinismo tem por fundador **Antístenes** (444 a.C.-365 a.C.), um aluno de **Górgias**, depois de **Sócrates**. Será Diógenes de Sinope, a quem sucederão Metrocles de Maroneia (séc. IV a.C.), Crates de Tebas (365 a.C.-285 a.C.) e sua esposa Hipárquia. O termo "cínico" vem da palavra grega *kuon*, o cão, que se refere ao estilo de vida extremamente frugal adotado por esses filósofos. Eles professam que a felicidade é a posse de todos os bens e que a única maneira de possuir todos os bens é saber viver sem eles. Os cínicos são notáveis por um anticonformismo religioso e social. Mas, se conservam essa atitude socrática, eles rejeitam o intelectualismo moral, sua teoria da virtude, em que ela é ação, já que pode se libertar de suas necessidades. Nesse sentido, a liberdade é o único Bem maior. O mais ilustre dessa escola foi **Diógenes**: ele rolava pelas muralhas de Corinto um barril que lhe servia de casa e acendia sua lanterna em plena luz do dia sob o pretexto de procurar um homem que se dissesse cidadão do mundo.

O ceticismo

O primeiro representante da escola cética seria **Pirro de Élis** (360 a.C.-270 a.C.). Segundo ele, o obstáculo à felicidade reside no fato de que o homem tem opiniões e as defende. A suspensão de todo julgamento é chamada ataraxia. A felicidade pode ser encontrada apenas pela renúncia a todas as paixões. Quando ele morre, sua escola passa por uma transformação. Nós encontramos suas grandes ideias em outra escola: a Nova Academia. Esta alega estar relacionada a Sócrates, afirmando que a única coisa de que tem certeza é que ela nada sabe. Os dois representantes principais são **Arcesilau** (315 a.C.-241 a.C.) e **Carnéades** (215 a.C.-129 a.C.). É representada mais tarde por **Enesidemo** (80 a.C.-10) e **Sexto Empírico** (final do século II). Eles desenvolvem argumentos céticos dentre os quais o mais forte é o dialelo, ou círculo vicioso, pois é preciso fazer uma demonstração, para julgar o valor de outra.

Os argumentos, tropos e dialelos

Arcesilau e Carnéades tratam da "representação compreensiva", critério estoico. A verdade e a razão não constituem critérios absolutos, uma vez que acabam por nos enganar. A verdadeira representação não pode ser diferenciada da falsa. Os tropos, também chamados de argumentos de Enesidemo, mostram a necessidade de desenvolver todos os julgamentos, porque é impossível saber se as coisas são realmente como nos parecem. Só podemos entender, entre os fenômenos, sua relação de sucessão ou de simultaneidade. É o positivismo antes da hora. Outro argumento a favor dos céticos é o dialelo (um pelo outro). A certeza é legítima se a capacidade que a mente tem de conhecer a verdade for comprovada. Mas isso é impossível sem círculo vicioso e sem ir ao infinito. Na verdade, não se pode provar a capacidade da mente de julgar senão por sua capacidade de conhecer. **Montaigne** escreveria em seus *Ensaios* (*Essais*): "Para julgar objetos, seria necessário um instrumento judicatório: para verificar esse instrumento, seria necessária a demonstração; para verificar a demonstração, um instrumento, aqui estamos nós numa roca (de fiar)"[122]. Em seu livro *Esboços pirrônicos*, Sexto Empírico explica a suspensão do julgamento, verdadeira característica da filosofia. O verdadeiro homem sábio deve procurar a verdade, mas duvidando, refletindo. É por isso que é chamado de cético ou investigador. O ceticismo consiste em opor as coisas inteligíveis às coisas sensíveis, "de todas as formas possíveis os fenômenos e os números. Então chegamos primeiramente à suspensão do julgamento e depois à indiferença por causa da força igual das coisas e das razões opostas (ataraxia)"[123]. Sexto Empírico enumera os motivos da dúvida, que são: as ilusões da imaginação, os erros dos sentidos, a relatividade das coisas sensíveis, o dialelo, as contradições de nossos julgamentos etc. Os filósofos céticos admitem os fatos da consciência e as aparências ou fenômenos; sobre a existência dos números ou das realidades, eles suspendem seu julgamento. Essa última atitude preservaria a contradição e daria paz e serenidade à alma. O ceticismo, assim interpretado, pouco difere do idealismo.

Epicurismo: a filosofia está no jardim

A filosofia de Epicuro (c. 341 a.C.-270 a.C.), o fundador, é acima de tudo uma moral cujo objetivo principal é o acesso à alma pela serenidade. Epicuro nasce por volta de 341 a.C. na ilha de Samos, onde seus pais, colonos, se estabelecem. Ele funda sua primeira escola em Mitilene e lá professa até sua morte, em 270 a.C. Retoma a filosofia atomista de seus antecessores Leucipo e Demócrito. Ela enfrenta dois obstáculos: a crença nos deuses e na imortalidade da alma, a crença em uma necessidade inevitável.

---

122. Montaigne, *Ensaios* [*Essais*] Livro II, cap. 12.

123. Sexto Empírico, *Esboços pirrônicos*, I, 4.

Para se livrar de seus medos, uma física precede a moral, exigindo o conhecimento de certas regras para distinguir o bem do mal. Este será o objetivo do cânone (lógica). O cânone, segundo os epicuristas, é a ciência do critério e constitui uma verdadeira epistemologia. O epicurismo acredita que o dever do homem é buscar a felicidade que se pode encontrar na sabedoria. O conjunto de sua sabedoria terá por mais ilustre representante Lucrécio, que fará do sistema um belo poema: *De Rerum Natura* (*Sobre a Natureza das Coisas*). O grande poeta Horácio faz seu retrato em "glutão do jardim de Epicuro"; Epicuro ensinava, de fato, em um jardim. A doutrina de Epicuro é definida pela sua moral, que enfatiza a meta, o prazer soberano e a ausência de dor. Para isso, ele aconselha o sábio a viver perto da natureza e a se proteger de suas paixões. Distingue três causas que engendram o medo: a morte, a fatalidade, os deuses. É preciso partir das coisas visíveis para conhecer o que é invisível. É pelo viés da língua que elas se exprimem. Depois, ao comparar com as sensações e a intuição, pode-se observá-las. Sua doutrina é baseada no empirismo e no que diz respeito ao problema da percepção sobre o materialismo. A concepção do homem, para Demócrito, é materialista, assim como para Epicuro: "A alma, essa substância tão móvel, deve ser formada pelos menores átomos, os mais lisos, os mais arredondados." Quando esses átomos são movidos por elementos externos, quando há contato, nascem as sensações. Verdadeiras emanações de objetos reais para os sentidos, os simulacros permitem, por sua estrutura, marcar os sentidos diretamente. A alma, na concepção de um sistema como esse, é mortal. Divididos em duas partes distintas, ou os átomos se concentram no peito e são chamados de "intelecto", ou se espalham por todo o corpo e são chamados "alma". Os movimentos da alma são, portanto, os movimentos dos átomos. Estes se movem em linha reta de cima para baixo, em virtude de sua gravidade. No entanto, desviando-se de sua simples trajetória, podem colidir e se combinar com outros átomos: é o *clinâmen* de Lucrécio, ou seja, a declinação. Epicuro é contra a religião, mas, essencialmente, contra a superstição. Ele não nega a existência dos deuses, mas quer mostrar que as divindades têm, pelo contrário, um papel muito importante a desempenhar na aquisição da felicidade e da sabedoria.

Estoicismo: "Abstém-te e suporta"

A moral estoica, em seus princípios, está na contramão da moral do prazer. Deriva seu nome a partir do local onde o primeiro filósofo, **Zenão de Cítio** (333 a.C.-261 a.C.), ensina essa doutrina em Atenas: o pórtico (*stoa*). Elaborada por ele, mais bem formulada por **Crisipo** (c. 281 a.C.-c. 205 a.C.) e **Cleanto** (330 a.C.-250 a.C.), depois por **Panécio de Rodes** (180 a.C.-110 a.C.) e **Possidônio de Apameia** (135 a.C.-51 a.C.), homenageada pelos grandes homens da República, **Sêneca**, **Epicteto**, **Marco Aurélio**, cantada por **Horácio**, a moral estoica exerce uma influência considerável em **Montaigne, Vigny** e muitos outros. Cícero, após refutar a moral epicúrica, consagra o terceiro e quarto livro de sua obra, *Sobre os fins dos bens e dos males* (*De finibus bonorum et malorum*) à moral estoica. É Catão, estoico por excelência, que é escolhido para explicar a doutrina. Várias épocas marcam a evolução da escola:

- **O estoicismo antigo**, entre o final do século IV a.C. e o século II a.C. Principais representantes: **Cleanto** e **Crisipo**.
- **O estoicismo médio**, entre os séculos II a.C. e I. Principais representantes: **Panécio** e **Possidônio**.
- **O novo estoicismo**, séculos I e II. Principais representantes: **Sêneca, Epicteto, Marco Aurélio**.

A filosofia estoica é dividida em três partes: física, ética e lógica, como as virtudes, que são três: natural, moral e racional. A máxima mais frequentemente repetida é: "Abstém-te e suporta." "A filosofia é o meio para buscar a virtude pela própria virtude", diz Sêneca, em suas *Cartas* (89). Daí suas máximas famosas *Sequere naturam*, "siga a natureza"; *Sequere rationem*, "siga a razão." Pela virtude, ela exclui toda forma de paixão. A novidade da filosofia estoica é, ao mesmo tempo, conceber, pela primeira vez, a lógica como ciência e não como um instrumento, quando para Aristóteles consistia em um instrumento do conhecimento. De acordo com o materialismo, existem somente corpos, ou seja, tudo o que é real e distinto. Os filósofos tiram daí uma consequência: apenas é cognoscível como realidade a ações dos indivíduos que agem sobre outros indivíduos. Existem apenas objetos distintos determinados por fatos, eventos, e não conceitos que podem ser colocados em relação. A lógica estoica desenvolve uma teoria da significação com base no signo, que estabelece uma relação entre o significante e o significado. A linguagem é aí concebida como um todo e a lógica como ciência do discurso. Não há mais separação entre linguagem técnica e linguagem falada; graças à teoria "da apreensão consistente com a coisa", é possível se aproximar da verdade. Mas existem vários graus na maneira de capturar o conhecimento. Ele corresponde à visão da realidade de duas maneiras: compreensão ou representação. "Esse conteúdo de significação – que corresponde ao que Frege chamou séculos mais tarde "sentido" – é considerado pelos estoicos como intangível, pois se situa entre corpos (som e indivíduo) sem ser um corpo"[124]. A física estoica também contém, em sua teoria do mundo, uma teoria do homem e de Deus.

---

124. Lambros Couloubaritsi, *Aux origines de la philosophie européenne. De la pensée archaïque au néoplatonisme* [Na origem da filosofia europeia. Do pensamento arcaico ao neoplatonismo], Bruxelas, De Boeck, 2003, p. 547.

O materialismo dos estoicos

A física estoica também contém, em sua teoria do mundo, uma teoria do homem e de Deus. Com o epicurismo, o materialismo encontra, pela primeira vez, suas fórmulas essenciais: "A realidade é racional, o racional é real." Somente é real o individual, o universal é pensado e irreal. O microcosmo humano se faz à imagem do macrocosmo universal, "nossa associação", escreve Sêneca, "é bastante similar a uma abóbada de pedras: ela vai cair se as pedras não se opuserem umas às outras; é isso que a segura." Assim como na explicação aristotélica, somos levados a distinguir, para cada indivíduo, dois corpos diferentes, assim como eram a matéria e a forma. Na história do pensamento grego, epicurismo e estoicismo constituem uma etapa importante que coloca em destaque a noção de individualidade. A noção do sábio evolui com a doutrina e este é integrado a todo um sistema do qual é uma das engrenagens. Ele faz parte da ordem universal, mas como cidadão, pai de família ou mestre de escravos.

7. A RELIGIÃO GREGA

A RELIGIÃO GREGA ARCAICA

A religião grega arcaica esgota sua herança no sincretismo produzido durante o período micênico entre influências, ao mesmo tempo, anatolianas e gregas, religião ctônica e uraniana. As tábuas escritas em linear B mencionam os grandes deuses que a Grécia posterior conhecerá: Zeus, Poseidon, Hermes, Ares, Dionísio, Atena, Hera, Ártemis. Deméter e Koré (Perséfone) já estão associadas em uma tábua; Zeus e Hera são um casal. Os grandes mitos também remontam ao período micênico, já que alguns já estão vinculados a sítios bem precisos: Édipo em Tebas, Teseu em Atenas, Helena em Lacedemônia. Durante o período arcaico, instala-se essa base religiosa comum em toda a Grécia. Segundo Heródoto, Homero e Hesíodo teriam fornecido a genealogia dos deuses; Homero mostrando-os em sua situação tradicional, Hesíodo, na *Teogonia*, a do universo, dos deuses e dos homens. Surgem novos deuses vindos do Oriente: Apolo é um lício que se estabelece em Delos com sua irmã Ártemis e sua mãe Leto. Eles tomam posse de Delfos **em torno do século VIII a.C**. O nascimento da *polis*, *cidade*, dá à religião um novo impulso com a construção de santuários e templos: Templo de Apolo em Delfos, (séc. VIII a.C.), **e Heraion de Perachora**, 750 a.C., perto de Corinto. Cada cidade celebra seus deuses e heróis locais, o que explica o cuidado com que se desenrola a realização das cerimônias, já que tira daí seu proveito e sustento, quando as divindades estão satisfeitas. Cada Estado ou cada cidade tem seus próprios deuses, suas próprias cerimônias religiosas, bem como o seu próprio clero. Somente o culto de Héracles espalha-se por toda a Grécia.

A RELIGIÃO GREGA CLÁSSICA

A Grécia vive por seus deuses. Eles são a fonte das instituições, da vida cívica, artística, e a fonte de inspiração dos poetas. É possível distinguir três origens dos deuses gregos: personificação de forças naturais, culto dos antepassados mortos, deuses importados do Oriente. A religião grega é uma questão local, da cidade, da tribo, da família, até de cada indivíduo. Certamente, as grandes divindades pan-helênicas são reconhecidas e reverenciadas por toda parte, mas, por rivalidade, cada cidade lhe concede um qualificativo local para melhor apropriá-las. É assim que, em Atenas, a cidade de que é epônima, somente Atena é adorada sob as seguintes formas:

- Atena Prômacos (de proteção);
- Atena Nice (vitoriosa);
- Atena Hípia (domadora de cavalos);
- Atena Polias (protetora da cidade);
- Palas Atena (jovem).

No entanto, a participação num mesmo culto solidifica o sentimento de pertença à nação helênica. O politeísmo grego estabelece uma estreita relação entre a adoração e os moradores da mesma cidade, e para além de uma mesma região. O panteão grego é hierarquizado, mesmo que essa hierarquia possa variar em função das cidades consideradas, desde os heróis fundadores, epônimos de uma tribo de mesmo nome, protetores de uma atividade humana, as divindades de segunda linha, ninfas, sátiros, vitórias, até os grandes deuses nacionais. É no seio dessa construção viva, em movimento, que as divindades orientais conseguem um lugar. Os deuses são agrupados à imagem da sociedade humana. Individualizados por sua personalidade, com uma genealogia, uma história, eles estão prontos para alimentar a inspiração dos poetas até nossos dias; **Jean Giraudoux**[125], por exemplo, inspirou-se muito no panteão grego. Para o comum dos mortais, a religião é um contrato permanente entre os deuses e os homens. Satisfazer um deus é praticar com precisão os ritos apropriados, as purificações necessárias. A importância da relação se baseia muito mais no respeito dos termos do contrato – os deuses são testemunhas dos tratados entre cidades, bem como das promessas entre indivíduos – que na fé. O grego deve cumprir as obrigações do culto. Recusar-se a isso seria atrair, para a comunidade, a cólera dos deuses.

---

125. Jean Giraudoux (1882-1944), entre os vários gêneros em que se expressou, foi um dramaturgo francês importante entre as duas grandes guerras. Escreveu, entre outros, *A louca de Chaillot* [N.T.].

Essa proximidade, a expectativa de favores em troca de uma prática impecável, é acompanhada pelo desejo de consultá-los antes de tomar uma decisão. A adivinhação, ou mântica, é praticada de duas formas: a indutiva, feita da ciência do adivinho consultado, e a inspirada, devida à possessão (*enthousiasmos*, em grego) de um indivíduo pelo espírito de um deus. Esta última, que se expressa pela voz dos grandes oráculos, a Pítia de Delfos para Apolo, assim como sua rival de Dídimos, perto de Mileto. O peregrino faz uma ou mais perguntas, às vezes escritas em lâminas de chumbo, e recebe resposta oral. No Dodona, no Épiro, as "plêiades", ou profetisas, colocavam-se sob os carvalhos sagrados de Zeus para ouvir a voz do deus por meio do farfalhar das folhas das árvores. O uso de mânticas fazia-se por motivos de política elevada (era ou não preciso aliar-se com tal cidade, entrar ou não em guerra?), bem como para pequenos aborrecimentos da vida cotidiana (encontrar objetos ou animais perdidos, por exemplo). Os deuses estão por toda parte na Grécia. Originalmente, o lugar santo é muitas vezes marcado por um simples monte de terra ou de pedras. Se o sacrifício é a morte, a *thysia*, os animais oferecidos são enfeitados, levados em procissão para o altar, consagrados, depois atordoados e degolados. Os ossos cobertos de gordura são queimados como oferenda aos deuses; a pele é dada ao sacerdote, àquele que faz o sacrifício, ou vendida; a carne cozida é distribuída entre os membros da plateia.

A RELIGIÃO DA CIDADE

As famílias se reúnem, vários *genos* formam uma frátria para os gregos jônios, e dóricos. Por sua vez, as frátrias formam a subdivisão de uma tribo ou *filo*. A frátria é uma associação religiosa e civil. Religiosa porque cada frátria homenageia seu próprio deus, além de Zeus Frátrio e Atena Frátria. O ateísmo, ou a simples acusação de ser ateu, de defender isso, equivale, aos olhos dos juízes, a excluir-se da vida cívica no que esta tem de fundamental. Esta é uma das acusações interpostas contra Sócrates, a mais grave. À cidade cabe construir e manter os santuários. Para os deuses principais, o *temenos*, ou terreno sagrado, é vasto. O templo é cercado por bosques, jardins, pastagens, onde os animais favoritos da divindade podem ficar à vontade: bois para Hélio, cavalos e pavões para Hera etc. Religião da cidade, a religião grega deixa o homem a sós com o seu destino; ele deve encontrar uma resposta para a natureza da sua relação com os deuses, com os outros homens, para formar sua moral. Os deuses imortais, e não eternos, opõem-se, assim, aos homens mortais. Estes devem se concentrar numa conduta respeitosa, sem querer superar a sua condição, sem se deixar levar pela *hybris*, os excessos ou a desmedida. É preciso seguir a *dikê*, a lei comum, o costume. Cada um tem o seu lugar e deve se manter nele. No entanto, deuses e homens estão sujeitos ao destino; a moral dos homens também é válida para os deuses.

OS MITOS GREGOS E SEUS HERÓIS

Na literatura, mais particularmente na tragédia, o mito descreve as aventuras fabulosas dos deuses e dos heróis. Ele se pretende revelador e é usado como um suporte. A mitologia grega alimentou, principalmente, "um gênero literário muito popular, uma grande parte da literatura"[126]. As estruturas da história, as correspondências de ideias lhe são próprias. Por isso, é uma função social, política, ética, "um precedente e um exemplo, não só em relação às ações sagradas ou profanas do homem, mas também em relação à sua condição; melhor ainda, um precedente para os modos do real em geral"[127]. Sua leitura é ainda mais difícil no que se refere tanto à literatura quanto à história, à religião e à arte: "A ciência e a técnica oferecem-nos, de acordo com Cassirer, uma unidade do pensamento, a arte, a literatura, uma unidade da intuição, a religião, o mito, que se baseiam na consciência da universalidade e da identidade fundamental da vida"[128]. Além de legitimar uma determinada ordem social, o mito também serve para reiterar a ordem mundial. A ação se revela necessária sempre que a unidade da vida está ameaçada e, nesse sentido, não há fronteira entre teoria e prática, pois o símbolo de que se serve o mito não tem poder de abstração do símbolo poético, matemático ou científico.

O interesse central dos mitos gregos é o homem. Na verdade, como aponta Marcel Detienne, "a mitologia helenística é dominada pelo antropomorfismo"[129]. Os heróis, palavra grega, nos poemas homéricos, são homens superiores em força, coragem. Eles são mortais e saboreiam, no Inferno ou nos Campos Elíseos, uma felicidade relativa. **Aquiles** domina todos eles, e sua progressão faz com que ele se torne, no final de seu périplo, humano, mesmo que seja divino no início de sua jornada. Hesíodo os considera semideuses que formam uma classe à parte. Depois de sua morte, longe dos homens e dos deuses, eles levam uma existência cheia de delícias na Ilha dos Bem-Aventurados. Os heróis são aqueles que lutaram na Guerra de Troia ou diante de Tebas. Apenas Héracles conquista a imortalidade divina. Os principais heróis estão em Ática. Teseu: suas muitas aventuras, como a de Héracles, recordam as várias fases do curso do sol. Em Tebas, **Édipo**, o herói infeliz, criminoso involuntário, mata seu pai, casa-se com sua mãe Jocasta, sem saber do que os unia a ele e, desesperado ao saber, fura seus olhos. Sua fiel filha Antígona guia seus passos. Na Trácia, **Orfeu**, aedo ilustre, cuja voz

---

126. Paul Veyne, *Les Grecs ont-ils cru à leurs mythes?* [Os gregos acreditaram em seus mitos?], Paris, Le Seuil, "Points Essais", 1992, p. 28.

127. Mircea Eliade, *Traité d'histoire des religions* [Tratado de história das religiões], Paris, Payot, "Bibliothèque Historique", 2004, p. 349.

128. Ernst Cassirer, *La philosophie des formes symboliques* [A filosofia das formas simbólicas], vol. 1, Paris, Minuit, 1972, p. 59.

129. Marcel Detienne, *Dyonisos mis à la mort* [Dionísio colocado para morrer], Paris, Gallimard, 1977, p. 46.

acompanhada pela lira atrai e acalma as feras, termina seus dias em desespero por conta da morte de sua esposa Eurídice.

> ### O MITO DE ORFEU
>
> Orfeu ocupa, no mundo grego, um lugar importante, em particular devido à sua dupla existência: como personagem mítico, ele é *filho de Apolo e da musa Calíope*; como personagem histórica, mesmo se nunca existiu, fundou os cultos órficos. Jovem, Orfeu é tentado pelo aventureiro Jasão e embarca no navio Argo, que dá nome à expedição dos Argonautas. Dotado por seu pai Apolo, mestre da lira, do poder de encantar com seu instrumento, ele recebe de sua mãe Calíope, "de voz harmoniosa", musa da poesia épica, o dom da arte do canto. Essas qualidades lhe permitem, durante a busca do Velo de Ouro, acalmar o mar em fúria, cobrir as vozes das sereias, embalar a serpente guardiã da árvore na qual está suspenso o Velo em Cólquida. Na volta, ele se apaixona pela ninfa Eurídice e se casa com ela. Infelizmente, ela morre depois de uma picada de cobra. Inconsolável, Orfeu vaga ao redor do mundo, parando de cantar e de tocar lira. Ao chegar em Lacônia, ele encontra a passagem que liga o mundo dos mortos ao dos vivos e começa a procurar por sua esposa. O rio do Inferno, o Estige, barra seu caminho, e ele deve enfrentar o terrível Cérbero, encarregado justamente de devorar todo falecido que tentar deixar o mundo dos mortos. Para atravessar o Estige, Orfeu deve usar a barca do barqueiro Caronte. Este começa recusando, pois só os mortos podem ser seus passageiros, mas, em seguida, encantado com os sons divinos da lira do poeta, aceita. Isso também amansa Cérbero, cão monstruoso de três cabeças. Orfeu chega, assim, diante dos donos do lugar, Hades e sua esposa Perséfone, os quais também consegue convencer. Seu pedido é aceito: Eurídice lhe será devolvida desde que ele vá na frente dela, sem nunca olhar para trás antes de chegar no mundo dos vivos. Ao chegar perto da entrada do Inferno, quando já vê a luz do dia, Orfeu não consegue resistir à tentação e olha para trás. Imediatamente Eurídice desaparece e volta ao Inferno. Orfeu tenta em vão repetir sua façanha, porém as músicas e cantos mais sublimes não abrem as portas da morada de Hades. O fim de Orfeu é trágico: de volta à Trácia, ele leva uma vida solitária, e suas ex-companheiras, as bacantes, furiosas, o fazem em pedaços. Sua cabeça, separada do tronco, continua a chamar sua bem-amada, a gritar "Eurídice".

Em Argos, **Perseu** vence a monstruosa Medusa. A trágica família dos átridas começa com Pélope, continua com Atreu, Tiestes, Agamêmnon e termina com Orestes. Em Creta, **Minos**, o soberano íntegro, em reconhecimento de sua imparcialidade, torna-se um dos juízes do Inferno, assim como seu irmão **Radamanto**. O filósofo grego **Evêmero** (nascido em c. 340 a.C.) diz, de todos os deuses, todos esses heróis, que eles são, na verdade, homens ilustres, divinizados pela piedade popular. Essa teoria é bem-recebida pelos estoicos e epicuristas. O evemerismo se traduz na teoria monista de **Spencer**. Os escritores readaptam os velhos mitos à sua época e assim os enriquecem com novos temas de reflexão: *O sátiro* (*Le Satyre*), de Victor Hugo, *A tarde de um fauno* (*L'Après-midi d'un faune*), de Mallarmé, Valéry em *A jovem parca* (*La Jeune Parque*). De acordo com Roger Caillois (1913-1978), o mito é acrescido de outra função; ele serve para "expressar conflitos psicológicos de estrutura individual ou social e lhes dá uma solução ideal"[130]. É o caso do mito de Édipo, retomado na literatura e usado por Freud na psicanálise. Mircea Eliade, em seus muitos estudos, considerou-o como o ponto de partida da renovação espiritual do homem moderno, que se nutre "de mitos deteriorados e imagens degradadas"[131], pois "há um resíduo mitológico que sobrevive em áreas malcontroladas"[132].

O herói civilizador

Prometeu acorrentado por amor aos homens

Prometeu, com a ajuda de Atena, deu à luz a humanidade, mas ele teme a destruição de sua criatura por Zeus. Este último decidiu não só privá-los do fogo, mas também retirar-lhes o seu alimento. Para fazer isso, o deus exige que lhe seja oferecido em sacrifício a melhor parte dos animais abatidos, ou seja, carne, deixando para os homens as vísceras e a pele. Para contrariar esse plano, Prometeu usa de astúcia. Os homens convidam Zeus a vir, ele mesmo, escolher o que receberá em sacrifício. Duas oferendas são apresentadas: a primeiro é coberta, de acordo com o rito, de uma gordura rica e espessa; a segunda, envolvida na pele do boi abatido. Zeus escolhe o primeiro pacote, mas só encontra ossos, já que o hábil Prometeu havia escondido a carne sob a pele. A partir de então, os deuses vão ter que se contentar, nos sacrifícios, com o cheiro da gordura e das vísceras queimadas, e a carne assada será para os homens. Louco de raiva, Zeus volta ao Olimpo e tira o fogo dos homens. Prometeu rouba uma faísca na forja de Hefesto e traz o fogo de volta à terra. Sua punição é proporcional à infração: acorrentado numa alta montanha, o Cáucaso, todos os dias a águia de Zeus destrói seu fígado, o qual se recompõe todas as noites. O Titã é finalmente liberado por um herói, Héracles, filho de Zeus e Alcmena. Héracles mata a águia com uma flecha, e sua intervenção é recompensada pelos conselhos de Prometeu para realizar um de seus trabalhos, ou seja, pegar as maçãs de ouro do jardim das Hespérides.

---

130. Roger Caillois, *Le mythe et l'homme* [O mito e o homem], Paris, Gallimard, 1981, p. 20.

131. Mircea Eliade, *Les Cahiers de l'Herne* [Os cadernos de Herna], Plon (1978), em J. Masui, *Mythes et symboles*, [Mitos e símbolos], Paris, Dervy, 1984, p. 298.

132. 3. Ibid., p. 20.

A criação do mundo

No início do mundo, encontra-se o **Caos**, extensão não identificada, próxima do vazio, do qual vão nascer sucessivamente **Gaia** (Terra), **Tártaro** (Inferno), **Érebo** (Escuridão) e **Nyx** (Noite). Essa versão da origem última, a mais comum, é diferente nos cantos homéricos, em que **Oceano**, o oceano, é o pai de todos os deuses. Aqui seguimos a *Teogonia* de Hesíodo. Tendo existido em primeiro lugar, Gaia dá à luz apenas Urano, o Céu, e depois acasala com ele. Dessa união nascem os titãs e as titânides: Cronos, Rea, Oceano. Urano tem um irmão, também concebido unicamente por Gaia, Pontos (o fluxo), e suas irmãs são as altas montanhas. Posteriormente, Urano e Gaia aumentam sua descendência com os primeiros três ciclopes (**Brontes, Estéropes, Arges**) e com os gigantes de cem braços, os hecatônquiros. Gaia não é a única a iniciar a cosmogonia: Érebo e Nix se unem e tem como descendentes Hemera (o dia) e **Éter** (o céu superior). Urano exige de Gaia um rito cruel: ela tem que engolir os filhos que coloca no mundo. Seu filho Cronos põe um fim nisso ao emascular o pai, tomando seu lugar como rei dos deuses. Do sangue divino de Urano nascem os gigantes, as fúrias, as erínias, deusas da vingança, e, misturada à espuma, traz ao mundo Afrodite. Cronos rapidamente se revela também cruel, devora os filhos que lhe são dados por sua esposa Rea, pois uma profecia diz que um deles tomará seu lugar no trono. Rea recorre, então, a um truque: em vez de seu mais recente filho, Zeus, ela apresenta a seu marido uma pedra envolta em panos, que ele engole sem pestanejar. A criança-deus cresce protegida em Creta, alimentada com o leite da cabra Amalteia. Já adulto, Zeus dá um emético, bebida que provoca o vômito, para Cronos, forçado então a regurgitar as crianças que havia engolido: Poseidon, Hades, Deméter, Hera, Héstia. Na idade adulta, Zeus começa uma longa guerra, durante a qual, auxiliado por seus irmãos, ele se opõe a Cronos e aos outros titãs. Vencedor, estabelece uma nova ordem divina e procede à criação do mundo dos homens.

A criação do homem

A criação do homem, tal como relatada por Hesíodo na *Teogonia* e por Ésquilo em *Prometeu Acorrentado*, não se deve apenas aos deuses. Seu autor é o titã Prometeu, cujo nome em grego significa "o previdente". Ele demonstra essa qualidade aconselhando os seus irmãos titãs a não confrontar Zeus diretamente, mas a usar da astúcia, preferível à força ante o mestre dos deuses. Sem receber ajuda, Prometeu volta para a proteção de Zeus, e evita, assim, de ser levado para o Tártaro. De acordo com a *Teogonia*, é ele que modela os homens a partir de um barro da Beócia. Imortal, Prometeu não é, contudo, um demiurgo. Sem fôlego, seus bonecos de barro não podem ganhar a vida. Ele recebe, então, a ajuda da deusa Atena, filha de Zeus, que lhe dá o sopro da vida. Depois disso, Prometeu deve continuar a proteger a assim criada humanidade da ira de Zeus, que tem a intenção de privá-los do fogo para enfraquecê-los. Antes do advento do homem moderno na terra, outras grandes raças o precederam, de acordo com *Os Trabalhos e os Dias* de Hesíodo: os homens da idade de ouro, os da idade de prata, da idade do bronze, enfim, os heróis e os semideuses. A humanidade é apenas, consequentemente, a raça de ferro, a que apareceu mais tardiamente, devotada, ao contrário das que mais cedo vieram a existir, a conhecer os horrores das misérias propriamente humanas.

- **A primeira idade** é a de Cronos, dos homens de ouro, dedicados à permanência da felicidade, que foram, mais tarde, transformados por Zeus em divindades benfeitoras.
- Em seguida, vem uma **raça de prata**, já bem inferior à precedente. Após uma infância de cem anos junto de sua mãe, o homem da Idade da Prata rapidamente perde toda a razão e descontenta os deuses do Olimpo por não fazer o culto esperado. Zeus decide exterminá-los, eles são enterrados na terra e tornam-se divindades do mundo ctônico.
- À raça de prata, sucede **a de bronze**. Sua principal característica é uma força colossal, acompanhada por um instinto guerreiro que os impulsiona a lutar até sua própria extinção.
- **Os heróis e semideuses**, os últimos antes da humanidade de hoje, são, como os homens de bronze, criados por Zeus. Eles criam mitos mais próximos, ainda têm um contato direto e regular com os deuses, formam o núcleo dos heróis da Guerra de Troia. Os homens que habitam essa terra são os últimos representantes das vontades divinas da criação. Fracos, ameaçados, eles não têm mais nenhuma das qualidades de seus diversos antecessores, não se beneficiam da vida fácil da idade de ouro ou da força do comum dos homens de bronze.

8. AS CIÊNCIAS GREGAS

A MEDICINA

O deus da medicina, **Asclépio**, já aparecia na *Ilíada* por dois de seus filhos, Macáon e Podalírio, à frente dos tessálios e citados como médicos. Mesmo que já exista nessa época, a medicina apenas será plenamente reconhecida no século V a.C., com **Hipócrates**. Sem dúvida herdada das civilizações do Oriente Próximo, a medicina grega encontra seus meios de cura nas plantas, nos rituais e nos deuses. Não é de estranhar que, doentes, os gregos se voltem primeiramente para seus deuses. É a Apolo que se atribui o poder da cura. A imaginação popular enriquece esse tema e faz dele o centauro titular Quíron, que faz de Asclépio o herdeiro de sua ciência. Este último tornou-se tão hábil na arte de curar que Hades acaba por reclamar com Zeus dos poucos que povoam o Inferno. Templos lhe são construídos em Epidauro, Cós, Cnido, Cirenaica, Rodes. Os asclepíades, religiosos, fornecem, então, os medicamentos e efetuam as cerimônias exigidas. Até então, os gregos conhecem somente o médico ambulante, o *demiurgo*, que se desloca com seu material. As escolas dedicadas a Asclépio ganham alguma fama, como a de Crotona onde trabalha **Alcmeão** (ativo c. 500 a.C.). Primeiramente, ele disseca animais mortos para entender como são feitos, como é o seu funcionamento a partir do interior. Ele descreve o nervo ótico e o canal que permite a comunicação entre o ouvido interno e o tímpano, também chamado trompa de Eustáquio, em homenagem a seu descobridor, 2 mil anos depois, Bartolomeo Eustachi. A escola de Cnido e a de Cós se concentram mais nas doenças e nos cuidados. **Hipócrates** (c. 460 a.C.-c. 377 a.C.) desempenha um papel decisivo para elas, uma vez que resume seus objetivos. Em seu tempo, o corpo deve ser, supostamente, composto por quatro elementos (terra, água, ar, fogo), caracterizados pelos quatro tipos de humor correspondentes aos quatro tipos humanos: o sangue, a linfa, o sistema nervoso, a bile. Seus tratados relacionados à patologia, à higiene, à anatomia, à terapêutica sobreviveram em grande número. O juramento que leva seu nome, extraído dos *Aforismos*, ainda está aí hoje para lembrar a deontologia. Com Hipócrates, surge uma medicina racional: a relação imediata médico/paciente torna-se central. Sua classificação dos temperamentos é retomada por **Galeno**, médico grego do século II, mas também por Lavater no século XVIII, e até mesmo até o século XX por Pavlov, que apoiou sua teoria e a defendeu. Em Alexandria, por intermédio de Ptolomeu, o desenvolvimento da medicina foi incentivado. O mais célebre dos médicos dessa época é **Erasístrato** (c. 310 a.C.-c. 250 a.C.), cujo nome permanece ligado ao nascimento da fisiologia. Outros ramos da medicina surgem: a ginecologia, com **Demétrio de Apameia**, e a oculística, com **Andreas de Caristo**.

A MATEMÁTICA

A matemática, como as outras ciências, vai se beneficiar do desenvolvimento do pensamento racional, da especulação, das reflexões sobre a teoria do conhecimento, da base fornecida pelos filósofos. "Que ninguém entre aqui se não for um geômetra", teria registrado Platão na porta de sua Academia. Para um grego, a geometria permite apreender o mundo como um todo racional. **Tales de Mileto** (início do séc. VI a.C.) é o primeiro geômetra. Ele é o autor de diversos teoremas, incluindo o da hipotenusa, igual à soma dos quadrados dos outros dois lados. É elogiado por seus sucessores por ter tornado a ciência inteligível. Dois nomes dominam durante o período alexandrino, os de **Euclides** e **Arquimedes**.

- **Euclides** (325 a.C.-265 a.C.) usa o trabalho de seus antecessores e elabora 35 definições, seis postulados, dez axiomas. Entre eles, há Hipócrates de Quios (460 a.C.)

e Teudio, cujo manual foi usado na Academia e, provavelmente, por Aristóteles (384 a.C.-322 a.C.). Os treze livros dos *Elementos* são os únicos que sobreviveram com os *Dados*. Os quatro primeiros livros dos *Elementos* expõem os procedimentos geométricos mais antigos[133]. A maneira de proceder é interessante, porque se baseia na dedução e, a partir de postulados e definições, de axiomas, expõe os resultados.

- **Arquimedes** (c. 292 a.C.-212 a.C.). Sobre ele, Alexandre Koyré (1892-1964) escreveu: "Poderíamos resumir o trabalho científico do século XVI na recepção e na compreensão gradual da obra de Arquimedes"[134]. Segundo a lenda, ele estava tomando banho quando teria encontrado o "princípio da gravidade do corpo" e criado o famoso *Eureka*, "Achei!" Ele usa todos os conhecimentos existentes em matemática, a mecânica, a astronomia. Inventa máquinas de todos os tipos, aparelhos de elevação, dispositivos para para barcos, espelhos ardentes, chegando até a reproduzir em miniatura o sistema planetário com o movimento dos planetas e das estrelas. Leonardo da Vinci atribui-lhe até mesmo a invenção do arquitrovão, canhão a vapor, que tem um tubo com um terço do comprimento aquecido. A água que saía dali se transformava em vapor. Sua reputação deve-se ao fato de ele ser o pai direto do pensamento de Descartes, Newton e Leibniz. Ele antecipa em vinte séculos, por um método engenhoso, a invenção do cálculo integral. Supõe que o círculo é composto por uma multiplicidade de retângulos e, assim, pode calcular a área. Encontra um valor aproximado do número Π (Pi = 3,14116). Escreve o primeiro tratado de estática e de hidrostática, do qual vem o famoso princípio de Arquimedes indicado acima.

---

133. Ele não foi o primeiro a condensar em livros conceitos geométricos. Foi o que fizeram, depois de Hipócrates de Quios, Eudoxo e seu contemporâneo Leon.

134. Alexandre Koyré, *Études galiléennes, à l'aube de la science classique* [Estudos de Galileu, no alvorecer da ciência clássica], Paris, Hermann, 1939, p. 9.

CAPÍTULO XII
OS ETRUSCOS

1. HISTÓRIA: DO APOGEU AO DECLÍNIO

A origem dos etruscos tem sido tema de debate desde a Antiguidade. Heródoto, por exemplo, supõe que os etruscos descendem de um povo que invadiu a Etrúria, na Anatólia, antes de 800 a.C. e que sua instalação na região data da Idade do Ferro. Dionísio de Halicarnasso acredita que os etruscos seriam de origem italiana local. A presença do povo etrusco na Etrúria é atestada por suas próprias inscrições, datadas de cerca de 700 a.C. Hoje é amplamente aceito que os etruscos estavam presentes na Itália antes dessa data, e que a cultura pré-histórica da Idade do Ferro chamada "villanoviana" (séc. IX a.C. a VIII a.C.) é, na verdade, uma fase precoce da civilização etrusca. Como nenhuma das obras literárias etruscas sobreviveu, a cronologia da história da civilização etrusca foi construída com base em elementos de comprovação, ao mesmo tempo arqueológica e literária, desde as civilizações mais conhecidas da Grécia e de Roma, até as do Egito e do Oriente Próximo. O mundo etrusco se estende cronologicamente do século VIII a.C., data do surgimento das cidades de Tarquínia e de Vetulônia, em 40 a.C., quando a Etrúria recebe o *status* jurídico de província romana. Heródoto (c. 484 a.C.-c. 425 a.C.) e Tito Lívio (59 a.C.-c. 17) os fazem vir da Lídia, província da atual Turquia. Eles se instalam essencialmente no território da atual Toscana. É um mundo de cidades-Estados, cada uma dominada por um rei com funções religiosas; o poder verdadeiro fica nas mãos dos magistrados, eleitores anuais de seus príncipes dirigentes, os lucumons. As alianças, mutáveis, são, sobretudo, de ordem militar, excetuando-se um agrupamento religioso comparável ao sistema das simaquias gregas, como a Dodecápolis, que reúne as doze principais cidades etruscas do século VI a.C. O declínio dos estruscos deve-se à combinação de vários fatores: a agitação da plebe contra os aristocratas, as guerras perdidas contra o vizinho siracusiano e, sobretudo, o crescimento do poder de Roma. Esta impôs sua cidadania no século I a.C., depois o *status* de deditícios, derrotados submissos, em razão de uma última revolta abortada. Os etruscos vão, então, desaparecer no conjunto romano, fascinar o letrado imperador Cláudio (reino de 41 a 54), que lhes consagra uma obra infelizmente perdida, a *Tirrenica*, do grego *Tyrrhenoï*, os tirrenos.

2. A ARTE ETRUSCA

A arte etrusca é uma arte essencialmente funerária. Os mortos eram enterrados não muito longe das cidades. Os *tumuli*, de *tumulus*, ou colina, rivalizam em amplitude e atingem até 50 m de diâmetro. Desde 1958, em Cerveteri e em Tarquínia, a quantidade de túmulos explorados chega aos milhares. O conteúdo revelado reproduz a vida quotidiana dos defuntos. Os vasos são empilhados nos bancos que ladeiam as paredes. Os túmulos mais ricos são adornados com afrescos, como os do sítio de Monterozzi e Cerveteri. Segundo uma regra frequente, os mortos repousam em caixões, às vezes representados em relevo, deitados de lado e apoiados sobre um travesseiro.

AS NECRÓPOLES

Com relação à arquitetura funerária, duas necrópoles merecem destaque: a de Cerveteri e a de Tarquínia.

– **A necrópole de Cerveteri**

As necrópoles etruscas reproduzem as cidades, com suas ruas e praças. A de Cerveteri, perto de Roma, leva o nome de necrópole de Banditaccia. Como na vida passada, os ricos estão agradavelmente instalados em vastos túmulos formados por vários cômodos, com banquetas, utensílios de cozinha em pedra, em suma, todas as comodidades da vida, adornadas com gravuras suntuosas, como as tumbas dos Relevos e dos Capitéis. Tudo está pronto para a celebração de um banquete do qual, raridade em um universo inspirado na Grécia, as mulheres participam. Um *tumulus* reveste o conjunto. Os pobres, as mulheres, contentam-se com um *cipo*, simples coluna ou pequena reprodução de uma casa.

– **A necrópole de Tarquínia**

Os primeiros vestígios arqueológicos no sítio original de Tarquínia datam do século IX a.C. e pertencem ao villanoviano (Idade do Ferro). As escavações, realizadas entre 1934 e 1938, revelaram os restos de um círculo imponente de muros, que são as fundações de um grande templo etrusco conhecido como Ara della Regina. Sua decoração compreende um grupo em terracota de cavalos alados no estilo helenístico, considerado uma obra-prima da arte etrusca. A célebre necrópole etrusca de Tarquínia, situada em um pico ao sudoeste da antiga cidade, abriga os túmulos pintados mais importantes da Etrúria. A maior parte dos túmulos com câmara, talhadas na rocha, datam dos séculos VI a.C. a IV a.C. A mais célebre é a tumba da Caça e da Pesca, com seus afrescos policromados pintados por volta de 520 a.C. As tumbas das Leoas, dos Augúrios e das Bacantes, todas do século VI a. C., revelam espetáculos de dança e cenas de banquete. A tumba do Escudo é uma obra-prima da pintura do século IV a.C. As mais célebres são: a tumba dos Trovadores, a tumba dos Leopardos, a tumba dos Augúrios, a tumba das Leoas, a tumba dos Touros e a tumba das Olimpíadas.

3. A ESCRITA ETRUSCA

Até o dia de hoje, foram encontradas aproximadamente 11 mil inscrições etruscas. No entanto, nada que diga respeito a sua literatura, que devia, por sinal, ser bastante importante. O imperador Cláudio (41-54)[135] evoca várias tragédias e, sobretudo, epopeias históricas. O alfabeto etrusco é, hoje, bem-conhecido. Ele é formado por um alfabeto grego de 26 letras divididas em 21 consoantes e cinco vogais. Empregado por volta de 700 a.C., foi sendo adaptado às exigências da língua etrusca, principalmente pela pronúncia. É escrito da esquerda para a direita ou da direita para a esquerda. Mas tudo desanda quando se trata da compreensão da língua. Se as curtas inscrições funerárias ou aquelas que indicam o proprietário de um objeto são bastante fáceis de decifrar, o mesmo não ocorre com textos mais longos, cujo sentido exato permanece amplamente ignorado, por falta de se encontrar um equivalente de uma pedra de Roseta, um documento bilíngue ou trilíngue.

4. A RELIGIÃO ETRUSCA

Graças a suas herdeiras grega e romana, que mantiveram alguns de seus traços, a religião etrusca deixou algumas particularidades. Assim, **Turan**, em que se reconhece Afrodite; **Laran**, que adota os traços de Ares; **Tinia**, Júpiter que tem uma esposa chamada **Uni**, Juno. O Apolo grego se chama **Aplu**. Os etruscos também são conhecidos por sua prática da haruspicação, leitura do futuro nas tripas dos animais, e, sobretudo, pela hepatoscopia, ou seja, a análise do fígado das vítimas sacrificadas. O *Fígado de Plaisance*, modelo de bronze encontrado em 1878, é uma espécie de recordação, *memento*, "lembre-se" em latim, destinado à interpretação do fígado animal. Mas existem outras práticas divinatórias, como a interpretação do voo dos pássaros e dos raios. A *Etrusca Disciplina (Adivinhação entre os etruscos)* é um conjunto de textos que registram os ritos e as cerimônias. Esses textos descrevem as relações que se devia ter com

---

135. Segundo seu discurso no Senado, conservado no bronze da Tábua claudiana de Lyon.

os deuses. Mas os etruscos também tinham suas próprias divindades, que formam um rico panteão: **Carmenta**, deusa dos Encantamentos; **Funa**, deusa da Terra, das Florestas, da Fertilidade; **Februns**, deus da Morte, da Purificação; **Lúcifer**, deus da Luz; **Manthus**, deus dos Mortos; **Meane**, deusa do Mar etc. Os sacerdotes se reúnem uma vez ao ano para a cerimônia em homenagem aos deuses, o *Fanum voltumnae*, no santuário consagrado a **Tinia-Júpiter**. Os deuses etruscos, junto aos quais os sacerdotes intercediam, organizam-se em três categorias. Primeiramente as formas superiores, desconhecidas dos homens, nunca representadas, que presidem o destino, tanto o dos homens como o dos deuses. São os *dii involuti*, "os deuses escondidos". Em seguida, vem o grupo de doze deuses e deusas, próximos do panteão grego, retomado pelos romanos. Por último, os espíritos, os gênios chamados Penates, guardiões do lar, os Lares, espíritos dos ancestrais familiares, os Manes, os espíritos favoráveis. Além disso, são gênios **Vegoia**, a ninfa da fertilidade, e **Tages**, menino careca telúrico, nascido de uma fenda da terra, que revela aos homens a existência dos deuses e os ritos apropriados para satisfazê-los, assim como a arte divinatória.

CAPÍTULO XIII
A ROMA ANTIGA

1. HISTÓRIA DA ROMA ANTIGA

A Itália de antes de Roma conheceu muitas civilizações que a povoaram: a de **Villanova**, assim chamada em virtude de seus campos de urnas, que duram até o século VIII a.C. e as de tribos ilíricas, originárias do Danúbio. A elas vão se misturar, a partir do século IX a.C., os etruscos, que vão conquistar o território entre o Tibre e o Arno. Ao longo do século VIII a.C., a península itálica é marcada por grandes mudanças em parte suscitadas pela colonização grega. A arqueologia permitiu reconstituir uma muralha datada do século VIII a.C. no monte Palatino, mostrando assim o agrupamento das populações instaladas nas colinas ao redor do lugar. Nessa época, Roma devia possuir não somente uma estrutura organizada, mas também já o seu nome: *Ruma*. O nome dos fundadores, Romulus e Remus, é derivado desse patronímico etrusco. Quanto aos fragmentos de cerâmica encontrados, eles também datam da segunda metade do século VIII a.C., confirmando a data pressuposta, de acordo com a lenda que fixa a fundação de Roma em 21 de abril de 753 a.C.

A REALEZA (753 A.C.-509 A.C.)

A história de Roma é convencionalmente dividida em três etapas: o Reinado (753 a.C.-509 a.C.), a República (509 a.C.-27 a.C.) e o Império (27 a.C.-c. 476). A data de 21 de abril de 753 a.C, evento mencionado por **Virgílio** (70 a.C.-19 a.C.) na *Eneida*, é retomada pelo historiador **Tito Lívio** (64 a.C.-c. 17) que escreve a *História de Roma desde sua fundação* (*Ab Urbe condita libri*). Esse longo poema canta a glória de Eneias, um dos raros homens de Troia a ter conseguido escapar da cidade após a sua queda. Refugiado na região da futura Roma, descendente de Vênus, ele seria o ancestral glorioso do povo romano, de Rômulo e Remo: irmãos gêmeos, são abandonados na floresta para morrerem de fome e serem devorados. Uma loba passa por eles e os adota, alimenta-os como se fossem seus filhotes. Quando adultos, é nesse mesmo lugar onde ela os encontrou que decidem fundar uma cidade. Para saber o lugar exato, cada um sobe em uma colina: o Aventino para Remo, o Palatino para Rômulo, e esperam um sinal dos deuses. Remo avista seis urubus, mas Rômulo avista doze: ele criaria a cidade. Para delimitá-la, ele traça um sulco com uma charrete e determina o perímetro, limite sagrado e inviolável. Por provocação, Remo salta sobre o sulco. Seu irmão Rômulo o mata imediatamente. Esse limite é o futuro *pomoerium*, que ninguém pode transpor conservando suas armas. A cidade nasce da decisão de dois grupos: os latinos instalados no Palatino e os sabinos no Esquilino, no Viminal e no Quirinal. Sob seu reino acontece o sequestro das sabinas: quando do início de Roma, faltam mulheres aos romanos e eles sequestram as de seus vizinhos, os sabinos, segundo uma lenda relatada por Tito Lívio. Rômulo dá a Roma suas primeiras leis, depois desaparece misteriosamente em uma nuvem densa quando de uma manifestação no campo de Marte. Durante esse período (753 a.C.-509 a.C.), os reis que se sucedem, em número de sete, levam uma existência baseada tanto no mito quanto na história. O rei, *rex*, concentra os poderes: o *imperium*, comando supremo, sobretudo militar, o *auspicium*, função do grande sacerdote que, por meio de auspícios – os presságios – conhece a vontade dos deuses. Vários conselhos o ajudam: o Conselho dos Anciãos, ou *Senatus* – de *senes* (velho) – onde se reúnem os chefes das grandes famílias; a Assembleia do povo, ou *Comitia curiata* – de comícios – a assembleia, e de *curia*, a comunidade dos homens. O último rei é deposto em 509 a.C.

A REPÚBLICA ROMANA (509 A.C.-27 A.C.)

A república romana é dividida em três épocas: até 272 a.C., a pequena cidade deve evitar desaparecer diante de seus vizinhos, garantindo um território na Itália central; depois, até 82 a.C., Roma conquista o mundo conhecido antes de se despedaçar em lutas fratricidas que conduzem, em 27 a.C., ao estabelecimento do principado, termo que camufla em realidade a passagem ao Império. Para ser cidadão romano, ou seja, gozar dos direitos políticos, deve-se nascer livre (escravos e libertos estão excluídos) e, além disso, nascer de um pai cidadão e no território romano propriamente dito. Segundo a tradição, a base da organização da sociedade se apoia na divisão e na distribuição de cidadãos em classes sociais. No topo da hierarquia se encontra a aristocracia, que é dividida entre os patrícios, cujos membros se reúnem no Senado (os descendentes das cem famílias que tinham *patres* – ancestrais – no primeiro Senado criado por Rômulo), os grandes proprietários de terras e os cavaleiros que participam mais diretamente da expansão das trocas e da economia monetária. Eles se beneficiam de certos privilégios: para os senadores e os cavaleiros, um anel em ouro e uma faixa larga de cor púrpura (senador) ou estreita (cavaleiro) sobre a túnica e sandálias de couro cru.

Durante o Império, a ordem equestre se torna uma casta de funcionários nobres. A plebe compreende o conjunto de todos os cidadãos, que se divide em duas classes: a dos membros que formam a infantaria pesada, e os *infra classem*, classes inferiores que servem como tropa. Constituindo a maior parte das legiões e da população, essa classe social será a mais duramente tocada pelas guerras. A igualdade entre pessoas do povo, plebeus e patrícios que tinham origem nobre foi um longo combate. Em 494 a.C, assiste-se ao que se chamou de retirada do Aventino: os plebeus deixam Roma, se instalam no monte Aventino e decidem não retornar mais. Os patrícios os tratam muito mal, exigindo apenas deveres, sem reconhecer direitos. Roma, cidade aberta e deserta: os patrícios constatam rapidamente que não podem garantir seu nobre modo de vida sem os plebeus. Eles lhes concedem magistrados, as tribunas da plebe. Tudo volta ao normal. Uma nova ameaça de revolta basta. Entre 451 a.C. e 449 a.C., dez antigos cônsules, os *decemviri*, redigem a "lei das doze tábuas". A partir de então, a igualdade de plebeus e patrícios diante da lei se tornou regra. Entretanto, o consulado é reservado exclusivamente aos patrícios até 336 a.C., e os casamentos entre os dois grupos ficam proibidos durante muito tempo. *Senatus Populusque Romanus* (SPQR), o Senado e o povo romano: é com essas palavras que começam todos os editos do Senado, todos os documentos oficiais que implicam Roma. Pois os romanos são muito legalistas, e o espírito da lei é tão importante quanto seus termos. Toda a vida é condicionada pelo bom funcionamento das instituições.

Gauleses instalados na planície do Pó, em 387 a.C., e seu chefe **Brennus** tomam uma parte de Roma e estabelecem uma sede no Capitólio, protegido por seus gansos, que se manifestam ruidosamente quando ouvem invasores, o que dá o alerta aos romanos, e só concordam em sair em troca de um rico espólio. Em 272 a.C., Roma controla a península. Os povos submissos são integrados ao conjunto romano segundo o direito: os mais favorecidos são aliados de direito latino, os menos do direito itálico. A principal diferença entre os dois é que os latinos obtêm mais facilmente o direito de cidade, a cidadania romana, que os italianos. O período de 272 a.C. a 82 a.C. se inicia com espetaculares realizações do imperialismo romano, o estabelecimento de uma *pax romana*, uma paz romana estendida a todo o mundo conhecido, antes que o início da guerra civil levasse a República à ruína, abrindo uma via real para o Império. Roma, senhora da península italiana, volta-se para a Sicília, onde se choca com Cartago. Depois de três guerras púnicas, em 146 a.C., Cartago é destruída. Depois, Roma se despedaça quando das guerras civis até 86 a.C. O fim da República se anuncia, acelerado por César.

Júlio César (100 a.C.-44 a.C.) pretende ser descendente de Eneias e, por meio deste, da deusa Vênus. Tornado pretor urbano em 62 a.C., ele exerce um poder judiciário e militar. Depois de seu ano de função, ele exerce, em 60 a.C., uma propretoria pacífica na Espanha, abrindo caminho para um triunfo e para o consulado, a magistratura mais elevada. Eleito cônsul em 59 a.C., César forma um primeiro *triunvirato* com Pompeu e

Crasso. Ele se apoia nos *populares*, o pequeno povo de Roma. Ao fim do seu ano de consulado, ele se faz atribuir, como procônsul, não uma, mas duas províncias para governar, a Gália cisalpina e transalpina e a Ilíria, uma parte da costa dálmata, assim como quatro legiões. Depois de cinco anos, ele obtém um prolongamento excepcional de mais cinco anos. Aproveita para submeter a Gália, depois da derrota decisiva de **Vercingetórix** (c. 72 a.C.-46 a.C.) em Alesia, em 52 a.C. Ele se prepara para um segundo consulado, mas se depara com a oposição sem piedade de **Cícero** (106 a.C.-43 a.C.) e de **Catão** (93 a.C.-46 a.C.). Em 49 a.C., ele atravessa, no comando das legiões, o Rúbico e penetra na Itália, chegando a Roma. Vencido em Dirráquio (Durrës) por Pompeu, César derrota-o em Farsala alguns meses depois, em 48 a.C. Os últimos sobreviventes pompeianos são aniquilados na batalha de Zela, perto no mar Negro. Uma última vitória em Tapsus, em 46 a.C., contra as forças enviadas pelos republicanos e o rei Juba I da Numídia (c. 85 a.C.-46 a.C.), garante o controle do mundo romano. César retorna então a Roma, onde organiza seu triunfo. O filho de Pompeu incentiva uma revolta na Espanha. Ele é vencido em Munda, em 45 a.C. De volta a Roma, César é nomeado ditador por dez anos, depois perpetuamente. Em 15 de março de 44 a.C., ele é assassinado ao entrar no Senado. Homem de Estado, César é também conhecido por seus *Comentários sobre a Guerra Gálica* (*Commentarii de bello gallico*) e *Da guerra civil* (*De bello civili*), mas também por um tratado de gramática e diversos ensaios. Ele reforma as instituições profundamente, embeleza Roma com um novo fórum e promulga o calendário juliano. Sua vida de sedutor pródigo é objeto de piada de seus soldados, que o acusam de ser o "marido de todas as mulheres e a mulher de todos os maridos". Um segundo *triunvirato* se reúne em 43 a.C. **Lépido** (89 a.C.-13 a.C.), **Marco Antônio** (83 a.C.-30 a.C.) e **Otávio** (63 a.C.-14). Lépido é rapidamente eliminado, depois de sua destituição por Otávio; Marco Antônio se suicida, depois da derrota naval de Áccio, em 31 a.C., e Otávio fica como único mestre. Depois de ter recebido, em 29 a.C., o título de *imperador*, ou seja, de chefe supremo dos exércitos, Otávio recebe do Senado, em 27 a.C., o título de **Augusto**, que se torna seu nome de imperador. É o fim da República. De fato, em princípio, Augusto é o *princeps*, o primeiro na cabeça do Estado, daí o nome de principado atribuído no início do Império. Na verdade, ele inaugura uma longa lista de imperadores, mesmo que a ficção da forma republicana se mantenha até **Diocleciano** (245-313). Augusto funda uma nova Roma e, para isso, reforma sem parar, um modo cômodo de garantir seu poder promovendo maior eficiência. Na administração, ele duplica e engana os funcionários tradicionais, transformando-os em prefeitos, procuradores, nomeados e pagos por ele. Substitui os impostos arrendados por um sistema direto, produzindo um curto-circuito nos ricos *publicanos*, que recebiam o imposto em nome do Estado, enriquecendo consideravelmente no processo. A justiça passa a ser o único recurso do imperador, que a delega a seus funcionários, mas da qual se mantém juiz de última instância. O exército é reorganizado e se profissionaliza. A cidade de Roma, capital do Império, é dividida em catorze distritos e aumentada com o fórum de Augusto, novos templos, basílicas, ainda que o imperador leve uma vida modesta numa casa simples no monte Palatino. No campo artístico, o reino de Augusto é qualificado de "século de ouro", marcado pelos poetas **Horácio** (65 a.C.-8 a.C.), **Virgílio** (70 a.C.-19 a.C.), **Ovídio** (43 a.C.-17) e o historiador **Tito Lívio** (59 a.C.-17)

O IMPÉRIO ROMANO (27 A.C.-476)

O principado dura de **27 a.C.** até 284, sendo sucedido pelo dominato até 476, data consensual para o fim de Roma. Trata-se, na realidade, do Império Romano do Ocidente, separado desde 395 do Império Romano do Oriente, que sobrevive até 1453, quando cai sob os golpes dos turcos otomanos.

O principado (27 a.C.-284)

Durante esse período, a dinastia **Júlio-Claudiana**[136] (27 a.C.-68) expande o Império. A Espanha setentrional, a Gália ocidental, a Bretanha (Inglaterra), a Rétia, a atual Áustria do Danúbio ao Eno, a Nórica, atuais regiões do sul da Áustria e da Baviera, províncias de Viena e de Salzburgo, a Panônia (atual Hungria), a Capadócia (Turquia oriental), Mésia (norte da Bulgária), Sérvia, Comagena (centro-sul da atual Turquia) se submetem a Roma. Mas a dinastia termina na confusão com o reino de **Nero** (54-68), arquétipo de tirano sanguinário, matricida, para os autores cristãos. Depois do **Ano dos quatro imperadores**, em que quatro soberanos se sucedem rapidamente: Galba, Vitélio, Oto, Vespasiano, de 68 a 69, **Vespasiano** (69-79) funda a dinastia dos Flavianos. Os reinos de **Tito** (79-81) e **Domiciano** (81-96), além de Jerusalém, já tomada em 70, veem o fim da conquista da Bretanha, mas também a catastrófica erupção do Vesúvio, em 79, que engole Pompeia, Estábias e Herculano. Depois dos Flavianos vêm os **Antoninos** (96-192), depois do assassinato de Domiciano. A Mesopotâmia, a Armênia, uma parte da Arábia, a Dácia, que é em parte a atual Romênia, são submetidas a Roma. É a época dos famosos imperadores guerreiros ou filósofos: **Trajano** (98-117), **Adriano** (117-138), **Antonino, o Pio** (138-161), **Marco Aurélio** (161-180) e o desastroso reino de **Cômodo** (180-192), que sela o fim dos Antoninos. Adriano sucede Trajano em 117. Ele inicia imediatamente uma viagem de inspeção do Império para garantir a lealdade das tropas nas fronteiras, sufocar uma revolta na Mauritânia, medir o risco parto (relativo à Pártia, antiga região da Ásia que se estendia do mar Cáspio à Índia) no Leste. Ele decide, então, proteger as zonas fronteiriças mais expostas com

---

136. Os Júlio-Claudianos pertencem a duas famílias patricianas, a *gens* Julia e a *gens* Claudia. Os imperadores Augusto, Tibério e Calígula são oriundos da primeira; Cláudio e Nero, da segunda. Quando aos Flavianos, oriundos da *gens* Flavii, 69 a 96, contam com os imperadores Vespasiano, Tito e Domiciano.

um muro que leva o seu nome, que é mantida regularmente pelos soldados durante seu governo. Grande viajante, espírito curioso, ele se liga ao bitiniano Antínoo, que se torna seu companheiro, até seu afogamento trágico no Nilo em 130, durante a estada do imperador no Egito. Desejando se inscrever na linhagem do fundador do Império, Augusto, de quem adota o nome, tornando-se Adriano Augusto, ele simplifica o acesso às leis romanas ao reuni-las em um Código. Construtor, manda restaurar o Panteão, incendiado sob o reino de seu predecessor, edifica uma villa em Tivoli e seu túmulo, tornado castelo de Santo Ângelo. Ele morre em 138, não sem antes ter escolhido um jovem de dezoito anos para sucedê-lo, o futuro Marco Aurélio. Entretanto, este terá que esperar a morte de outra pessoa adotada por Adriano, Antonino (138-161), para subir ao trono. Preparada durante muito tempo – desde o início o reino de Antonino não passava de simples intermediário –, uma sucessão fácil permite a Marco Aurélio (161-180) aceder ao império sem problemas. Culto, com maior domínio do grego do que do latim, o novo soberano se atém à legislação romana, que humaniza, torna mais acessível, ao mesmo tempo que lhe dá maior homogeneidade. Homem de gabinete, é também um guerreiro, que deve, repetidas vezes, intervir contra os partos, na Mesopotâmia, e reprimir as tribos germânicas, no Danúbio. Sua política com relação aos cristãos reflete uma ambiguidade: oficialmente, os cristãos podem ser denunciados, perseguidos pelos governadores e outros magistrados romanos, mas sem que isso seja incentivado, sem perseguições. Marco Aurélio é também conhecido por seus *Pensamentos*, uma coletânea inspirada no estoicismo. Ele morre vítima da peste em 180. Em 193, o império racha novamente e o Ano dos quatro imperadores se reproduz: **Dídio Juliano,** em Roma; **Pescênio Níger,** na Síria; **Clódio Albino,** na Bretanha e **Septímio Severo** na Panônia. **Septímio Severo** (193-211) funda a dinastia dos Severos (193-235). Esta será efêmera, porque o império deve enfrentar, no exterior, os francos, os alemães, os burgúndios, lutar uma guerra na Bretanha e no interior. Além disso, os reinos de **Caracala** (211-217) e de **Heliogábalo** (218-222) serão caóticos. O século III anuncia ao mesmo tempo os imperadores-soldados e o estilhaçamento do império, em luta com os persas sassânidas, os árabes, os godos e uma divisão ainda mais profunda, que opunha o mundo pagão tradicional ao avanço do cristianismo, no seio das elites dirigentes e, depois, no povo. **De 235 a 268, Roma está à beira do estilhaçamento.** Usurpadores, os Trinta Tiranos, uma série de usurpadores que se sucedem à frente de um reino gaulês, perduram de 260 a 274. **Aureliano** (270-275), consegue, sozinho, reconstituir rapidamente a unidade territorial e política sob a dinastia dos **Ilírios** (268-284).

O dominato (284-476)

Diocleciano (reino: 284-305) repele os persas e reorganiza o império. A partir de então, dois Augustos, imperadores por título, reinam com seus sucessores designados, os dois Césares, cada um com autoridade direta sobre uma parte do império. Diocleciano põe fim ao principado e à ficção de uma República, instaurando o dominato: o imperador governa em seu esplendor, com as vestes de gala, assistido por um conselho da coroa. Ele passa a ser *Dominus et Deus*, "Senhor e Deus". Os cidadãos se tornam seus súditos. Após vinte anos de reinado, os Augustos devem abdicar em prol dos Césares. Em 305, Diocleciano e seu coimperador **Maximiano** (reino: 286-305) abdicam. Esse sistema, com quatro dirigentes, chama-se tetrarquia. Ela fracassa a partir de 306, pois os filhos dos Augustos recusam o afastamento do trono em prol dos Césares, os sucessores designados. **Constantino I, o Grande** (306-337), depois de ter eliminado militarmente seus concorrentes ao trono – primeiro **Maximiano**, seu sogro, forçando-o ao suicídio; depois **Magêncio** (reino: 306-312), derrotado na batalha da ponte Mílvio, perto de Roma, afogado no Tibre; e depois **Maximino Daia** (reino: 309-313), executado pelo aliado de Constantino, **Licínio** (reino: 303-324) – estrangulado em 324. Nessa data, enfim, Constantino reunifica o império em seu favor e será o único imperador em 312. Na véspera de sua vitória sobre Magêncio na Ponte Mílvio, em 28 de outubro de 312, Constantino teria tido a revelação da existência do Cristo. Sobre um fundo de céu negro de tempestade, ele vê se desprenderem as letras brilhantes de ouro do cristograma, as letras gregas *khi* (X) e *rho* (P) entrelaçadas, formando o início do nome Cristo. Generoso de dons linguísticos, o símbolo é acompanhado por uma fórmula latina: *In hoc signo vinces*, "Com este sinal, vencerás". Constantino, rapidamente, faz representar o cristograma nos estandartes da sua armada, a qual, precedida desse fato pela garantia divina do sucesso, realmente vence o inimigo. Em 313, pelo Édito de Milão, ele concede a liberdade religiosa aos cristãos, até então mais ou menos tolerados ou perseguidos dependendo dos imperadores. Em 324, ele se desvencilha do imperador do Oriente, Licínio, e reina então sobre os Impérios Romanos do Ocidente e do Oriente. Restam-lhe treze anos de reinado para concluir uma obra colossal: fundar Constantinopla em 330, criar uma administração poderosa e eficaz, fixar os colonos em suas terras em 332, encomendar a cunhagem de uma moeda forte, o *solidus* ou soldo de ouro, no lugar do *aureus* desvalorizado, reorganizar o exército para controlar melhor as fronteiras. Em 330, ele troca a capital e funda Constantinopla, a cidade de Constantino, mais bem localizada no coração do seu imenso império. Em 325, ele organiza e preside o concílio de Niceia, reunião geral da Igreja, onde é condenada a doutrina de Ário, o arianismo, que fazia de Jesus um homem e não um Deus. Depois, morre em 337, após ter sido batizado pelas mãos do bispo **Eusébio de Nicomédia** (280-341), tornando-se, mas um pouco tarde demais, um imperador cristão. Quando da sua morte, o império é partilhado entre seus filhos. Em 364, seus descendentes, os Constantinianos, cedem o lugar aos **Valentinianos** (364-392). A divisão do império continua: godos e visigodos mudam a fronteira, o *limes*, e se instalam. Os imperadores, tornados cristãos, estão no centro das disputas teológicas entre o arianismo e o catolicismo. Enquanto os Valentinianos se cansam no Ocidente, os **Teodosianos** (378-455) se impõem no Oriente, tornando-se os únicos mestres com o reino de **Teodósio I, o Grande** (379-395), imperador romano do Oriente (379-392), e depois o único imperador do Oriente e do Ocidente (392-395), que, na repressão vigorosa do paganismo e do arianismo, estabeleceu o Credo do Concílio de Niceia (325) enquanto norma universal para a ortodoxia cristã e dirigiu a convocação do segundo conselho geral em Constantinopla (381). Quando de sua morte, em 395, ele deixa um império definitivamente dividido entre seus dois filhos, **Honório** (395-423) no Ocidente, e Arcádio (395-408) no Oriente. O Império Romano do Ocidente, dividido, enfraquecido, é imediatamente presa das invasões bárbaras: godos, burgondos, vândalos. Rui, em 476, sob os golpes de **Odoacro** (reino: 476-493), chefe dos hérulos, que se proclama rei da Itália depois de ter deposto o último imperador romano do Ocidente, **Rômulo Augústulo** (475-476), o "Pequeno Augusto". Seu nome original era Augusto, mas foi modificado pelo diminutivo Augústulo, porque era ainda uma criança quando seu pai o elevou ao trono em 31 de outubro de 475. O chefe bárbaro **Odoacro** depôs o menino, que foi provavelmente assassinado. Segundo outra versão, Rômulo foi poupado graças a sua juventude; Odoacro deu-lhe uma pensão e o enviou com seus pais para Campânia, região do sul da Itália. Um comentário de Cassiodoro sugere que ele teria sobrevivido até o reino de Teodorico (493-526).

2. A ARTE ROMANA

A ARTE ROMANA, UM PAPEL SECUNDÁRIO?

A questão da arte propriamente romana não é novidade. A cultura grega se impôs em Roma desde cedo, reservando-lhe muitas vezes um papel secundário na criação artística. Essa aculturação se produz muito cedo, porque as primeiras importações de cerâmica datam do século VIII a.C. Se essa aculturação pôde acontecer, é em parte graças à introdução do alfabeto grego calcídico no Lácio e à fundação de sua colônia mais antiga, Cumes. Na metade do século IV a.C., o processo de helenização já está fortemente instalado. Em reação a ele, desde o século II a.C., um movimento de rejeição se faz presente[137], sendo Catão, o Velho, um dos mais eminentes representantes. Desde então, uma produção mais romana emerge, tanto pelos temas, o destino da Roma imperial, como pelos retratos, a escultura ornamental, resultante da fusão do Oriente e do Ocidente. Diferentemente da arquitetura grega, a arquitetura romana se desenvolve tanto na esfera pública como na privada.

---

137. Desde 240 a.C., quando Lívio Andrônico faz encenar nos jogos romanos a primeira tragédia traduzida de um modelo ático, a resistência nacional permanece viva.

A ARQUITETURA ROMANA

É por meio da **arquitetura** que se exprime a grande arte romana. O único tratado de arquitetura que chegou até nós é o de **Vitrúvio** (séc. I a.C.) Depois de terem sido alunos dos etruscos e depois dos gregos, os romanos inovam em diversos gêneros de monumentos, desconhecidos até então, os aquedutos, os anfiteatros, os arcos de triunfo. Sua arquitetura é principalmente conhecida pelos monumentos da época imperial. Na imitação das ordens gregas, eles se dedicam pouco ao dórico ou ao jônio, mas usam o coríntio, ao qual conseguem atribuir novas formas. Contrariamente aos gregos, para os quais o templo representa a construção essencial, os romanos estão mais dominados pelas necessidades práticas como a distribuição de água pelos aquedutos ou sua evacuação por um grande esgoto, ou *Cloaca Maxima*, construído por Tarquínio, o Velho. **No século III a.C.**, depois das conquistas romanas e da colonização sistemática, inicia-se a construção de uma rede de estradas de acordo com um plano de conjunto. O Código teodosiano é uma carta romana dos séculos III e IV no qual figuram várias informações quanto à organização da circulação no império. Nós o conhecemos por sua cópia do século XIII, a Tábua de Peutinger (*Tabula Peutingeriana*). A arquitetura romana nasce das necessidades da cidade. Duas coisas distinguem **os diversos sistemas de arquitetura**: primeiramente, a construção dos suportes verticais, muros, pilares, e depois o método empregado para cobrir ou coroar uma construção. A maior parte das arquiteturas antigas empregou o mesmo modo de cobertura: grandes pedras são colocadas sobre pontos de apoio verticais. Mas o elemento de construção continua sendo a platibanda e o ângulo reto. O arquiteto romano resolve o problema de outra forma. Ele substitui as vigas horizontais por uma cobertura de madeira ou de pedras. Os romanos lhe concedem um lugar importante em sua construção, mas se limitam aos seguintes tipos: a abóbada de berço para as passagens e os corredores, a voluta de aresta, que é feita com duas abóbadas de berço que se cruzam em ângulo reto, e a abóbada hemisférica para as salas redondas. Quando Brunelleschi recebe a missão, em cerca de 1420, de concluir a catedral de Florença pela construção de uma cúpula que deve cobrir o transepto, ele retoma o sistema dinâmico e estático da Antiguidade.

A arquitetura privada

Durante vários séculos, a casa romana não passa de uma reprodução da casa etrusca. Originalmente, o plano é extremamente simples: um único cômodo. As ampliações são sempre feitas em torno do cômodo central, o átrio, e são construídos pequenos quartos. Depois das guerras púnicas, as casas são mais luxuosas. Nas residências mais ricas, é comum encontrar banheiros e latrinas. O *triclinium* é o cômodo destinado à sala de jantar, mobiliada com alguns divãs. A arquitetura privada mais antiga se manifesta primeiramente na Itália do Sul, na Campânia. No início do século I a.C., a inspiração helenística para a decoração interior, principalmente o gosto pelos mosaicos e pelas pinturas, manifesta-se nas *villas*. Até o século II a.C., os romanos decoram suas paredes com estuque moldado e pintado, imitando os muros em aparelho isódomo, de altura regular. Devemos deixar um lugar especial para o mosaico, cuja técnica foi emprestada aos gregos. Ele trata dos mesmos temas que a pintura. Existiram várias escolas de mosaico na Itália, reproduzindo cenas marinhas nas termas, cenas de caça ou cenas mitológicas. Se chega à maturidade em Roma, atinge seu apogeu em Bizâncio. Nos últimos anos do século I a.C., nascem escolas provinciais, das quais a da África é uma das mais representativas.

A ESCULTURA ROMANA

Sob a República, a influência etrusca tem um papel preponderante. Os materiais empregados são a terracota e o bronze. As primeiras esculturas, à imagem dos funcionários romanos que recebem o direito de encomendá-las, são bustos executados em cera. São guardadas em um armário especial chamado *tablinum*, um tipo de relicário que fica no átrio. As imagens de cera dos ilustres ancestrais eram, então, apresentadas com grande pompa na cidade pelos sobreviventes das famílias aristocráticas romanas nas grandes ocasiões. É preciso esperar o século III a.C. para que os patricianos romanos que viajaram para a Grécia e para o Oriente comecem a importar estátuas para suas coleções pessoais. Pouco depois, percebe-se a necessidade de haver estátuas que satisfaçam necessidades puramente romanas. Os artistas adotam o retrato, abandonado pelos gregos. O mais célebre desses retratos é o de **Antínoo**, amante do imperador Adriano, morto tragicamente afogado com vinte anos, admirado por sua beleza, que os escultores representam como Hércules, Baco ou Apolo. No último século do Baixo Império, a Roma dos Césares produz uma arte ao mesmo tempo popular e mais provincial, na qual o culto do retrato, principalmente a partir da época de **Augusto** (63 a.C.-c. 14), adquire importância considerável. O corpo perde a importância que tinha para os gregos, e surgem os bustos idealizados. Busca-se a atitude clássica, valorizada, e os escultores tentam oferecer a dignidade da idade e não mais sua decadência. A característica dos retratos do tempo de Augusto é o abandono do realismo brutal do passado e os traços se suavizam. As estátuas equestres também são muito valorizadas, como a de Marco Aurélio no Capitólio. O *Gran cavallo*, a obra equestre para Francesco Sforza, feita por Leonardo da Vinci (1452-1519), é inspirada no célebre precedente de Lísipo para Alexandre, o Grande, que chega à forma clássica da estátua de Marco Aurélio, em Roma. Depois, essa arte evolui na direção do relevo histórico, a Coluna de Trajano. Depois da transferência da capital do Império Romano para Constantinopla, uma arte do retrato romano oriental, de natureza particular, estabelece-se no século IV. São esculpidas estátuas de toga, ornadas de ricas vestes. Elas são trabalhadas apenas de face, com as costas apenas esboçadas.

O SÉCULO DE AUGUSTO, UM SÉCULO DE OURO

No final da época helenística, depois do assassinato de César em 44 a.C., Roma se torna o ponto de convergência das obras de arte e dos artistas. César havia começado uma política de urbanização importante em Roma. Seu filho adotivo, Otávio Augusto, garante o poder até sua morte no ano 14, período de estabilidade política de 45 anos chamado "século de Augusto". Para afirmar e consolidar seu poder, a arte se torna o meio de se impor enquanto herdeiro de César e dos valores caros aos romanos, pois, após receber o título de Augusto, a arte se tornará uma ferramenta política de primeira importância. A arte é marcada por um retorno à tradição, os exageros barrocos são suprimidos, fala-se de "classicismo de Augusto".

A **arquitetura** se distingue pela clareza e pelo rigor da composição: as linhas verticais e horizontais são condenadas, enquanto os arcos, as abóbadas em arco e as cúpulas permanecem quase invisíveis do exterior. É sob o reino de Augusto que a arquitetura romana se desenvolve no interior: Saint-Rémy-de-Provence, com templos e seu arco do triunfo; Nîmes, com sua Maison Carrée e seu santuário; Arles e seu teatro, mas também na África do Norte e na Líbia, em Léptis Magna. Mas a busca por novidades no campo arquitetônico traz seus frutos e o templo de Marte Ultor (Marte Vingador), em torno do qual se organiza o fórum de Augusto, revela uma riqueza de formas e de sentido. A reorganização do fórum evidencia a empreitada de um urbanismo monumental com a conclusão da Cúria, a construção do templo de Divus Julius em honra a César. As construções de espetáculo não são esquecidas, com o teatro de Marcelo e o lago artificial destinado aos combates navais. Em 27 a.C., é construído em Rimini o enorme arco de Augusto, de quase 10 m de altura e de largura interior de 8,5 m.

A EVOLUÇÃO ARTÍSTICA SOB O IMPÉRIO

A dinastia Júlio-Claudiana e Flaviana, uma arte patriciana

Em 27, Tibério deixa Roma para se instalar em Capri e fugir das intrigas dos que o rodeiam. Ele manda construir sua *villa* no pico da ilha. Conhecemos poucos monumentos dessa época, mas data de cerca do ano 20 o *Grande Camafeu de França*, de 31 cm de altura e 26 cm de largura. Sobre um dos três registros, Augusto aparece em companhia de Druso II e de Germânico alçando voo, montado em Pégaso. O tesouro descoberto em Boscoreale – 109 peças de louça, objetos de toalete e joias em uma *villa* romana situada nas encostas de um vulcão, enterrado pelo proprietário antes do drama – talvez tenha pertencido a um membro de uma das famílias imperiais. É preciso esperar o reino de Nero para que uma nova estética apareça, combinando um gosto pela ornamentação e pelo ilusionismo. **Sob os Flavianos**, a arte conhece uma diversidade de monumentos e uma grande variedade nas tendências. A célebre Coluna de Trajano, erguida a partir de 110, glorifica os atos do homem de guerra que venceu os partos e os dácios. O conjunto do monumento mede 42,20 m de altura. A própria coluna é feita de dezoito tambores de 2,5 m de diâmetro e os 2 mil relevos, se fossem desenrolados, formariam uma faixa de 200 m de comprimento. Vespasiano, primeiro imperador não oriundo de uma família aristocrática, inaugura um feliz período de cem anos. O Coliseu de Roma é construído sob o seu reino.

A primeira metade do século II é, para a arte romana, um período particularmente fasto, marcado pela inauguração do fórum de Trajano, construído pelo arquiteto **Apolodoro de Damasco** (c. 60-c. 129) por encomenda do imperador. A Coluna de Trajano conterá suas cinzas, recolhidas em uma urna de ouro e colocadas em sua base. **Adriano** (117-138), seu sucessor, gosta não só de admirar os monumentos das antigas províncias do Oriente, mas tenta imitá-los cada vez mais na capital imperial. Ele constrói uma *villa* em Tivoli, cuja construção dura vinte anos, quantidade de anos do seu reino, com área aproximada de 1,5 km^2. Às margens do Tibre, ele manda erguer seu mausoléu. Por fora, parece o de Augusto. A ele se deve também a reedificação do Panteão de Roma, que melhor exprime a arquitetura romana. Sua cúpula é considerada como a mais perfeita da Antiguidade, produzindo um efeito de perspectiva particular graças às canaletas que a decoram e cujas dimensões vão diminuindo à medida que se ganha altura. Por uma abertura central circular de 9 m de diâmetro, o *oculus*, a luz filtra e clareia as placas de mármore do chão. Os vestígios desse santuário mostram que os relevos do pórtico devem ter sido policromados e revelam sua antiga porta de bronze. O modelo inspira os arquitetos do Renascimento, entre eles Brunelleschi, para o domo de Santa Maria del Fiore, em Florença, em 1436. Por volta da metade do século II, a arte reata com as tradições pré-cristãs, gregas ou etruscas, que suscitam também a passagem da incineração ao sepultamento. A partir dessa época, a arte dos sarcófagos se desenvolve e substitui as urnas funerárias. Os romanos pertencentes às grandes famílias são enterrados em sarcófagos de mármore, e aqueles pertencentes à dos imperadores, em pórfiro. Nas representações dos baixos-relevos figuram cenas de mitologia ou da vida quotidiana. Com a época dos Antoninos (138-192), ocorrem mudanças no campo da arte. A representação é mais abstrata e renuncia-se completamente à história, como na Coluna de Marco Aurélio, que relata os grandes feitos do imperador. A ação se concentra no homem, tido como essencial. A evolução introduzida na escultura também mostra um tratamento mais brutal do corpo e dos rostos. A tensão dramática é marcada pela encenação de um grande número de episódios sangrentos. A marca helenística se apaga e é substituída por uma angústia, um transtorno que substitui as forças sobrenaturais. As obras se distinguem por uma profusão de elementos decorativos, uma técnica escultural que produz relevos que se recortam em sombras e luzes muito marcadas. A única estátua equestre conservada é a de Marco Aurélio, que Michelangelo instala diante do Capitólio. Ela se tornará um modelo para a Idade Média e o Renascimento.

> **O COLISEU**
>
> O Coliseu ou Anfiteatro Flaviano é um negócio de família. Foi iniciado sob Vespasiano (69-79) para ser concluído no tempo de seu filho Tito (79-81) e ligeiramente modificado por seu irmão Domiciano (81-96). É um anfiteatro de pedra, capaz de conter entre 50 mil e 70 mil espectadores sentados. No centro, uma arena em forma de elipse, com 86 m de comprimento e 54 m de largura. Sob esta, corredores e sistemas de maquinaria permitem guardar as feras e içá-las na arena no momento do espetáculo. Ele recebe os combates de animais, gladiadores, reconstituições de batalhas navais, em uma área de mais de 2 ha. Os espectadores se instalam em arquibancadas de pedra, sob as quais passam corredores em arco. As arquibancadas não são mais construídas nas encostas das colinas, mas sobre construções arqueadas que oferecem uma multiplicidade de saídas sob as arcadas para o exterior. O Coliseu é formado por três andares circulares que comportam oitenta arcadas cada, separadas entre si por semicolunas em saliência. Depois, uma arquitrave, viga de entablamento colocada sobre as colunas, domina o arco da abóbada. Sobre a arquitrave, um toldo de tecido natural pode ser estendido sobre 244 mastros para proteger os espectadores do sol: o *velarium*. Quando da sua inauguração oficial sob Tito, em 80, um célebre combate opõe dois grandes gladiadores escravos, Priscus e Verus. De igual força, nenhum vence, mas seu ardor comove a multidão e o imperador, que oferece a cada um o sabre dourado da liberdade. Fato único, os episódios deste confronto épico são relatados em um poema de Marcial (40-104).

A arte sob a dinastia dos Severos (193-235)

No século III, tem início um dos últimos períodos da arte romana. Nas províncias romanas, o naturalismo da arte imperial é substituído aos poucos pelas tradições locais, que, no campo religioso, vê nascerem templos romano-africanos, romano-celtas, romano-sírios. Surge um novo estilo, anticlássico, ligado à decadência. A arte evolui em contato com tendências filosóficas do século II. O epicurismo dos Césares é substituído pelo estoicismo moralizador dos Antoninos. O efeito prático e a plástica têm mais importância que a realidade. É por essa razão que se insiste mais na impressão deixada pela sombra e pela luz do que pela silhueta ou o contorno da imagem. A moral estoica pode ser encontrada na escolha de certos temas. Ao longo do século III, são principalmente as influências orientais que se afirmam cada vez mais no mundo romano. Elas dizem respeito não somente à literatura, mas também à religião e à arte nas províncias mais distantes e também na capital. Com Caracala (reino: 211-217), são construídas as maiores termas imperiais.

> **AS TERMAS DE CARACALA**
>
> O imperador **Caracala** (211-217) iguala Nero no panteão dos príncipes sanguinários, mas protege de perto o bem-estar dos seus súditos. Roma é, desde sempre, confrontada com um grave problema de higiene pública, os banhos sendo poucos para satisfazer as necessidades do conjunto da população. Os banhos públicos serão iniciados pelo imperador Septímio Severo em 206 e concluídos por seu filho, o imperador Caracala em 216. Dentre os banhos mais belos e luxuosos de Roma, concebidos para receber aproximadamente seiscentos banhistas, as termas de Caracala serão utilizadas até o século VI. São as mais importantes de todos os estabelecimentos de banho romanos que chegaram até nós. Eles são compostos, no centro, por grandes câmaras abobadadas que cobrem uma superfície de 230 m por 115 m, com os tribunais e as salas auxiliares, rodeadas por um jardim com um espaço utilizado para o exercício e os jogos. Havia três câmaras destinadas ao banho: o *frigidarium*, ou câmara fria; o *caldarium*, ou sala quente, e o *tepidarium*, ou câmara morna. Entre o *frigidarium* e o *tepidarium* se encontrava a grande sala, coberta por uma abóbada com janelas altas. Também havia grandes piscinas ao ar livre. O mármore foi abundantemente utilizado, e a decoração interna era rica em esculturas, mosaicos e afrescos.

A ARTE ROMANA TARDIA, O FIM DA ANTIGUIDADE

A arte do século IV é marcada por vários fatos determinantes para sua evolução, como o desaparecimento do regime tetrárquico, a tomada do poder por Constantino, a escolha de Constantinopla – a "nova Roma" – o desenvolvimento do cristianismo possibilitado por Constantino. Novos monumentos adaptados à nova liturgia são construídos com temas do novo repertório, e os outros se inspiram na tradição romana. O Arco de Constantino é frequentemente considerado o mais representativo do período. Erigido para comemorar sua vitória sobre Magêncio em 312, retoma a já conhecida arquitetura do arco de triunfo de três portas. É constituído de elementos de períodos muito diversos: é sob o reino de **Adriano** que os medalhões são executados; os baixos-relevos do ático foram feitos sob **Marco Aurélio**. Trata-se, antes de tudo, de descrever mais do que de suscitar uma emoção estética. Essa arte não se interessa mais pela diversidade das formas que a natureza produz, mas se encerra nos tipos convencionais de representação; os personagens são mostrados de face com um tamanho correspondente a sua posição na hierarquia militar ou política. O corpo humano representado serve para exprimir ideias tais como a autoridade, a dor ou a tensão espiritual. A imagem do imperador se impõe sob todas as suas formas. Os camafeus passam por uma renovação excepcional. Na escultura, o tratamento da cabeça, como a cabeça gigantesca de Constantino proveniente da basílica do fórum, retoma as formas arredondadas da Grécia, mas os olhos enormes e imperiosos se dirigem aos espectadores para impor a essência sobre-humana do novo *dominus*. Constantino funda assim, em Roma, as primeiras igrejas cristãs monumentais. A mais célebre é a que recobria um modesto monumento que os cristãos haviam construído sobre o Vaticano no tempo de Marco Aurélio, onde pensavam estar enterrado o corpo do apóstolo Pedro. O mosaico constitui, então, o principal elemento decorativo não somente dos solos, mas também dos arcos dos muros. Aqueles encontrados em Túnis – o Triunfo de Baco – ou em Constantino – o Triunfo de Netuno e de Anfitrite – são característicos desse período. A herança artística será, no início do século V, explorada durante séculos, fazendo da arte carolíngia um de seus dignos prolongamentos.

3. A FILOSOFIA EM ROMA

A filosofia em Roma nunca ocupará o mesmo lugar que ocupou na Grécia. Entretanto, Roma a herda, a transmite, a modela a sua imagem. Durante muito tempo, os romanos a ignoraram, honraram a *virtus*, a coragem, privilegiaram o gênio militar e político. Ela será estudada como um meio prático, um instrumento que permite o aperfeiçoamento na arte da política e na arte da oratória. A filosofia recentemente introduzida encontra também defensores fervorosos, entre eles Cícero, ainda que seja vista com suspeita nos meios mais tradicionais. Na época de Nero, ela é perseguida e um sábio como **Sêneca** (4 a.C.-65) se torna insuportável para o regime, porque diz o que pensa. Os Antoninos, a partir de Adriano, apoiam-na. O Estado, desde Marco Aurélio, subvenciona as quatro escolas (estoica, peripatética, epicurista, acadêmica), proteção que dura até o momento em que Justiniano fecha as escolas de Atenas, em 529.

O SUCESSOR LATINO DO EPICURISMO: LUCRÉCIO (TITUS LUCRETIUS CARUS)

Lucrécio (98 a.C.-53 a.C.) assiste à proscrição de Mário (87 a.C.), de Sila (82 a.C.), à rebelião de Espártaco (73 a.C.-71 a.C.), ao consulado de Cícero (63 a.C.), à morte de Catilina (62 a.C.), ao primeiro triunvirato e à extensão do Império Romano ao Oriente Próximo. Discípulo fiel do ensinamento de Epicuro, em *De rerum natura*, ou *Sobre a natureza das coisas*, ele retraduz as estreitas relações entre os fatos históricos, sociais e espirituais dos últimos anos da República romana. Vasto poema didático de mais de 7.400 versos, é organizado em seis livros: no primeiro, física atomista e seus princípios e depois introduz a noção de *clinâmen*, movimento espontâneo pelo qual os átomos se tornam uma linha de queda, da trajetória vertical, para chegar, no segundo, a uma liberação da morte da qual não temos nada a temer, tema evocado no terceiro, o quarto atacando o finalismo, os simulacros[138], as ilusões do amor, as paixões. O quinto livro expõe a história e a gênese do mundo; o sexto, a explicação dos fatos naturais, concluindo-se com a descrição da peste de Atenas. A física desempenha um papel considerável, porque permite alcançar a felicidade. Apresenta um mundo onde a intervenção divina não desempenha nenhum papel. A natureza, liberada da providência, encontra-se submetida ao acaso e à necessidade. O homem encontra, em um mundo formado de corpo e de vazio pela declinação dos átomos, autonomia e liberdade.

A NOVA ACADEMIA PLATÔNICA

Carnéades (c. 215 a.C.-c. 129 a.C.), após seu predecessor **Arcesilau de Pitane** (315 a.C.-241 a.C.), havia escandalizado os romanos, dentre os quais Catão, pois, quando da embaixada dos filósofos em 156 a.C., fez discursos com dois dias de intervalo sobre o tema da justiça de um ponto de vista oposto. A ideia era mostrar, por meio desse exercício, que é possível emitir ideias a favor ou contra sobre um ponto de vista, ainda que considerando que todos os pontos de vista se equivalem. Ele se opõe a **Crisipo**, como **Arcesilau** tinha se oposto a **Zenão de Cítio**. Busca nas coisas a probabilidade e não uma certeza. O ceticismo radical será representado por Enesidemo no século I e **Sexto Empírico** no século III. Eles desenvolvem os argumentos céticos, dos quais o mais forte é o dialelo ou círculo vicioso, pois, para julgar o valor de uma demonstração, é necessária uma demonstração. Temos poucas informações acerca de Enesidemo. Ele classificou sob o nome de "tropos" os dez principais argumentos em favor do ceticismo e mostrou, por meio deles, a impossibilidade de saber se as coisas são exatamente como se mostram a nós. O último episódio notável dessa escola se liga ao nome de Sexto Empírico, cujos principais argumentos estão resumidos em *Esboços pirrônicos* e que tentam provam que todas as ciências repousam sobre convenções e comodidades intelectuais.

O NOVO ESTOICISMO CHEGOU: SÉCULOS I-II

Panécio de Rodes (c. 180 a.C.-110 a.C.) é o discípulo de Diógenes de Babilônia e de Antípatro de Tarso e, depois, mestre de Possidônio. Eles formam o que se costuma chamar de estoicismo médio. É por **Sêneca** (4 a.C.-65), **Epicteto** (50-130) e **Marco Aurélio** (121-180) que Guillaume Du Vair, Montaigne, Vigny e outros conhecerão a sabedoria estoica. É sobretudo na época imperial que ela se desenvolve e atinge o

---

138. A teoria dos simulacros permite explicar não somente a percepção dos sentidos, mas também dos sonhos e do trabalho do pensamento. Os simulacros se desprenderiam de todos os corpos, espécies de membranas leves, cada uma apresentando em miniatura a forma e o aspecto do objeto do qual emana. Elas penetrariam nos órgãos dos sentidos, flutuando nos ares.

apogeu. O estoicismo em Roma acentua a moral aplicada, pelo que Panécio fornecerá a Cícero o modelo de seu *Tratado dos deveres*. Depois da morte de Marco Aurélio, o estoicismo se mescla com o neoplatonismo, modelando assim o meio intelectual do pensamento jurídico, religioso e moral do mundo romano. Ele se impõe como a moral mais apropriada a uma perfeição e à beatitude natural.

❖ A Sêneca (4 a.C.-65) é confiada a educação de Nero para se tornar seu conselheiro, depois que ele foi nomeado imperador. É sob a ordem de Nero que, depois da conjuração de Píson, ele se mata. Ele se impõe, em sua obra, a encontrar os remédios descobertos pelos antigos, aplicá-los a sua alma e à dos outros, privilegiando a importância de um retorno a si. Entretanto, se é considerado como um dos melhores representantes da doutrina estoicista, dela se afasta, impondo sua própria reflexão. Suas obras em prosa são as mais conhecidas, mesmo que as tragédias evoquem as consequências do vício e da loucura humana: *Hércules furioso*, *As Troianas*, *As Fenícias*, *Medeia*, *Fedra*, *Édipo*, *Agamêmnon*, *Tiestes*, *Hércules no Eta*, *Otávio*. As *Cartas* a seu amigo Lucílio, constituem a outra grande obra de Sêneca, mas nada nos diz que se trata do mesmo Lucílio a quem dedica o tratado *Da providência*, obra destinada a elevar a alma por meio da contemplação da natureza, a trazer-lhe paz e tranquilidade. O objetivo é que o homem encontre sua harmonia interna, a *concordia*, que só pode ser encontrada em consonância com a harmonia universal. Trata-se de se elevar de um eu individual a um eu universal que não é nada mais que a própria razão. A tarefa do filósofo é liberar o homem da *fortuna*, do destino, da *tempora*, das circunstâncias, para que ele tome consciência do que depende ou não dele.

❖ **Epicteto** (50-130), escravo-filósofo, teve um destino surpreendente. Escravo liberto, ele se dedica inteiramente à filosofia. É a seu discípulo **Flávio Arriano** (c. 85-c. 165) que devemos a leitura de *Diatribes* e do *Manual*, pois Epicteto não escreveu nada, e seus ensinamentos eram feitos oralmente. Em nenhum lugar consta o conjunto da doutrina estoica. As *Diatribes*, nos quatro livros que chegaram a nós, estão ligadas a discussões, a temas fundamentais da doutrina, ainda que de forma anedótica. A grande questão a seu ver é saber como devemos nos comportar em qualquer circunstância. Mas seus conceitos fundamentais estão ligados à *prohairesis*, a escolha pensada, desejo deliberado das coisas que dependem de nós, e das que não dependem de nós, as coisas exteriores[139]. Há um trabalho a ser feito sobre as representações mentais, eliminar aquelas que não têm fundamento na realidade, aquelas que estão na origem de nossas paixões, julgar apenas aquelas que são justas e adequadas. Liberemo-nos pela opinião íntegra e o fato de querer o que Deus quer, pois a felicidade está na dominação dos desejos.

---

139. Epicteto, *Entretiens* (*Diatribes*) III, 2, 1-2, trad. Joseph Souilhé, Paris, Les Belles Lettres, 1963.

❖ **Marco Aurélio** (121-180) nasceu em Roma. A excelência da sua educação chama a atenção de Adriano. Adotado por Antonino, o Pio, e investido do título de César, Marco Aurélio sobe ao poder em 161 aos quarenta anos e inicia um reinado difícil devido aos constantes ataques dos bárbaros em todas as frentes. Parece que ele redigiu os *Pensamentos* no final da vida, coletânea de máximas dedicadas principalmente à ética, mais do que à física ou à lógica. Trata-se de uma sequência de aforismos nos quais o imperador quer encontrar os dogmas do estoicismo a fim de praticá-los corretamente. A obra é redigida em grego e compreende doze livros. Não se pode distinguir uma ordem necessária entre eles, mas, por outro lado, uma ordem de progressão do sábio, cuja finalidade é, por sua autonomia, uma adequação à ordem natural das coisas, a uma visão do todo, à qual ele deve se integrar.

OS SUCESSORES DE PLOTINO

Depois da morte de **Plotino**, em 270, a história do neoplatonismo se torna complexa, seja pelas interpretações, seja por causa do caráter religioso e político que lhe foi atribuído. Ao cristianismo, que ameaçava levar tudo com um triunfo crescente, era preciso opor uma religião tradicional que pudesse integrar tudo: os cultos orientais e também os gregos e latinos. Ao admitir a eternidade do mundo, a divindade dos astros e da alma, os alexandrinos haviam aberto uma via para uma nova crença que combinava o helenismo e o mitraísmo. Alguns reduziam o novo helenismo à teurgia, às práticas rituais e se referiam a tratados especiais como o Jâmblico, *Tratado dos mistérios*. Os outros especulavam sobre a realidade verdadeira de cada coisa. Três nomes se inscrevem entre seus sucessores: **Porfírio de Tiro** (234-305), **Jâmblico** (c. 245-c. 320) e **Proclo** (412-485). Proclo anuncia as últimas luzes da filosofia neoplatônica, reforçando as tendências de Jâmblico.

4. A MÚSICA EM ROMA

Se os gregos fazem da música um *éthos*, uma disposição espiritual, o mesmo não acontece com os romanos. Ela é um divertimento da vida e acompanha vários de seus aspectos: cerimônias religiosas, concursos, banquetes ou reuniões privadas, jogos, tropas em marcha ou em combate. Os instrumentos são diversos e variados: a flauta, ou *tibia*, simples, dupla ou de Pan; o búzio ou *cornu*, *auscale*s, a gaita de fole, a lira; a cítara, um ancestral do alaúde de três cordas; os sistros; os tambores e os címbalos. Mas o mais notável para nós é provavelmente o órgão romano, intermediário entre a gaita de fole e nosso órgão moderno, que utiliza tubos cujo tamanho e volume permitem variar as tonalidades. O *hidraulo* é um órgão que funciona com água, invenção de **Ctesíbio de Alexandria** (séc. III a.C.), que cria, nessa ocasião, o pistão. As escalas e os modos empregados pelos romanos são certamente os mesmos dos gregos, com influências provindas dos etruscos e dos povos itálicos.

> **BOÉCIO E SOBRE A INSTITUIÇÃO DA MÚSICA**
> **(*DE INSTITUTIONE MUSICA*)**
>
> Boécio (480-524) é um filósofo latino, executado em 524 por **Teodorico, o Grande** (c. 454-526), em Pávia. É ao sistematizar o *quadrivium* – as quatro artes maiores que são o fundamento dos ensinamentos na universidade medieval – que Boécio produz um tratado sobre a música, *Sobre a instituição da música* (*De institutione musica*), cerca de 505. Esse tratado de música separa os instrumentos de corda, que procedem "por tensão", dos instrumentos de vento, que procedem "por sopro" e dos instrumentos de percussão, que procedem "por percussão". Depois, ele se dedica à análise do som geral e dos meios empregados para produzi-lo. Transmite as teorias e conceitos musicais da Grécia Antiga adotados pelos romanos. Em matéria musical, essa obra continua sendo a referência até o Renascimento. Filósofo neoplatônico, Boécio atribui à música um papel fundamental na criação divina. Como todas as coisas são criadas com base no princípio do número, a música é, portanto, a ciência que o rege, para definir uma harmonia universal em três ramificações. A *musica mundana*, "música do mundo", é produzida pelo deslocamento das esferas e astros; a *musica humana*, "música do homem", liga o corpo à mente; a *musica instrumentalis*, "música instrumental", é a arte dos sons que imitam a natureza.

5. A LITERATURA EM ROMA

A LITERATURA ROMANA, FORMAS E CARACTERÍSTICAS

O caráter de universalidade talvez seja o que melhor define a literatura latina. A expansão romana fez com que os escritores latinos fossem não somente italianos, mas também gauleses, espanhóis e africanos. O ideal representado é romano, mesmo que a literatura utilize gêneros e temas da Grécia. O que vai caracterizar a literatura romana é sua extraordinária variedade. Em poesia, são explorados diferentes gêneros: lírico e elegíaco (Virgílio, Ovídio, Tibulo), satírico (Juvenal, Marcial), intimista e erótico (Horácio, Ovídio), histórico (Virgílio); o gosto pelo gênero epistolar se desenvolve com Cícero e Sêneca. A história está representada em todos os gêneros: biografia (Plutarco, Suetônio), história de Roma (Dionísio de Halicarnasso, Dião Cássio), anais (Tácito). Desconhecidos na Grécia, a carta e o romance conhecerão um desenvolvimento formidável com Apuleio e Petrônio. Inúmeros discursos pontuaram a vida romana, dando relevância à arte da eloquência. Cícero e Quintiliano serão os novos teóricos dessa arte. Os documentos literários mais antigos são os cantos religiosos ou peças políticas.

Os *Cantos dos Sálios* são cânticos ou invocações (*axamanta*). Os *Annales maximi*, os *Grandes anais*, considerados por Quintiliano como o início da prosa latina, os registros das famílias, os livros dos oráculos, e os calendários albianos e romanos também são de grande antiguidade. A *Lei das doze tábuas* data de aproximadamente 450 a.C., e a tradição a faz derivar do código que Sólon havia dado a Atenas. Esses primeiros documentos fornecerão, mais tarde, preciosos materiais aos historiadores e aos jurisconsultos. O período arcaico conhecerá somente o verso saturnino. Ele é composto de dois elementos, cada um tendo, em princípio, três tempos fortes e quatro fracos. Quando esses dois elementos são unidos, o segundo perde, então, o primeiro tempo fraco.

A LITERATURA DE INFLUÊNCIA HELENÍSTICA

Encontramos na literatura romana, durante toda a sua história, o empréstimo dos gêneros e dos temas feitos da Grécia. Durante cinco séculos, Roma, ocupada em conquistar a Itália, não teve a ocasião de se dedicar à cultura das letras. A conquista da Grécia (146 a.C.) permite que Roma imite a rainha das Letras e das Artes. Atenas se torna o ponto de encontro dos jovens intelectuais letrados, enquanto que os retores gregos fazem escola em Roma. Antes da terceira guerra púnica (150 a.C.-146 a.C.), os romanos mostram pouco entusiasmo real pela imaginação ou sensibilidade no campo artístico. A eloquência e o direito são muito mais adaptados a seu espírito. Por sua vez, eles sabem tirar proveito desses gêneros mais conformes a seu caráter, elevá-los à perfeição e deixar para nós, e para os séculos futuros, modelos admiráveis. As grandes conquistas obtidas por Roma colocam a Itália em contato com diferentes países: África, Gália, mas, principalmente, com a Grécia, cujas colônias estão por toda parte. Sua influência se faz sentir tanto no campo da poesia quanto no da prosa. Só a comédia, com **Plauto** e **Terêncio**, conhece um verdadeiro brilho. Roma, desfavorecida em comparação à Grécia, não possui nem um verdadeiro passado nacional, nem uma verdadeira religião ligada a esse gênero literário. Os próprios gostos dos romanos os levam mais na direção dos jogos do circo e combates de gladiadores.

❖ **Plauto** (Titus Maccius Lautus, 254 a.C.-184 a.C.) é conhecido como o autor clássico da comédia latina. Vinte e uma de suas peças chegaram até nós, das 130 a ele atribuídas. As mais célebres são *Anfitrião* (*Anphitryon*), que inspira Molière; *A marmita* (*Aulularia*); *Poenulus* (*O jovem púnico*). Ele utiliza temas gregos que adapta para o latim e transforma muito livremente. Todas são comédias amorosas, construídas sobre intrigas de confusão de pessoas e de reconhecimento final. *A marmita* é uma comédia de costumes. Euclion, digno precursor de Harpagão de Molière, encontrou uma marmita cheia de ouro que esconde ferrenhamente. No prólogo, Plauto nos informa, por meio de uma divindade protetora do lar, o duplo problema da intriga: as inquietações de Euclion, que se tornara rico, e o desejo do deus Lare de se casar com a filha de Euclion, Phaedra.

❖ **Terêncio** (Publius Terentius Afer, 190 a.C.-159 a. C.) escreveu seis comédias: *A Adriana, O Eunuco, Formion, O Héciro, O carrasco de si mesmo* (*Héautontimorouménos*) e *Os Adelfos*. Assim como Plauto, ele se inspira no teatro grego e se gaba de imitar suas peças, mas se inspira principalmente em Menandro. Ele se esforça para conferir unidade e consequência à ação de suas peças e para definir com precisão o caráter de seus personagens. A força cômica das antigas comédias e seu caráter ridículo recuam. Ele privilegia a elegância dos jogos de palavras que se dirigem a um público refinado.

A SÁTIRA, UM GÊNERO TIPICAMENTE ROMANO

A originalidade romana se desenvolve graças à sátira e não tem mais ponto comum com os dramas satíricos gregos. Trata-se de um poema destinado não à representação, mas à leitura. Esse gênero tipicamente romano aparece por volta do século II a.C. Seu criador é **Lucílio** (c. 148 a.C.-c. 103 a.C.). Possuímos apenas fragmentos de seus trinta livros. **Varrão** (Marcus Terentius Varro, 116 a.C.-27 a.C.) também deixa sátiras muito próximas daquelas do grego Menipo, daí o nome de *Sátiras Menipeias*. Varrão, ao longo de sua existência, redige 74 obras, ou seja, cerca de 120 livros sobre temas de grande diversidade. Ele é o primeiro representante antigo do universalismo enciclopédico. É ele que está na origem do primeiro livro romano ilustrado, mas perdido, *Hebdomades vel de imaginibus*, que continha o retrato de setecentos homens célebres. Ele adota o verso hexâmetro, medida que se torna forma obrigatória desse gênero. Fedro e Marcial também são importantes satiristas.

A ELOQUÊNCIA, CODIFICADA POR CÍCERO

A literatura no século de **Cícero** (106 a.C.-43 a.C.) se torna uma força social e a eloquência ganha um lugar de destaque. Ela é primeiramente uma potência antes de se tornar uma arte. A necessidade de convencer, de se pronunciar no Senado, no fórum, transforma o dom da palavra em condição necessária para o sucesso. Catão, o Velho (234 a.C.-149 a.C.), Tibério Semprônio Graco e Caio Semprônio Graco, da família dos Gracos, são conhecidos como os mais famosos tribunos do povo. Mas, em meio a diversas agitações políticas que conduzem à queda da República, a eloquência se eleva, principalmente com Cícero, ao mais alto ponto de perfeição. Conhecemos apenas uma parte de sua obra; alguns de seus discursos são judiciários e políticos, como *As Verrinas, Pro Milone* (*Discurso para Milone*), as *Catilinárias*; alguns tratam da retórica, como *De oratore* (*O livro do orador*); outros são filosóficos, como as *Tusculanas* e o *De republica* (*Tratado da República*).

OS LETRADOS E PENSADORES DO REINO DE AUGUSTO

Entre os letrados e pensadores latinos, uma efervescência particular nasce junto com a Roma imperial. O "século de ouro" do reino de Augusto é acompanhado pelo

ANTIGUIDADE

florescimento da produção do espírito. Por seu papel político, a pureza da sua língua, sua elevação filosófica, **Cícero** (106 a.C.-43 a.C.) deixa como legado a figura clássica de um romano inserido no direito e em sua expressão retórica. Pela graça, a delicadeza de seus versos e seu profundo conhecimento do coração, fora do tempo e do lugar, **Ovídio** (43 a.C.-17) nos é próximo, tanto o homem como o poeta. Oferecendo à escola estoica latina suas letras de nobreza ao preço de sua vida, **Sêneca** (4 a.C.-65) exalta os valores morais universais, desejando, ainda que em vão, que sejam compartilhados desde o príncipe ao mais humilde dos cidadãos. Ao mesmo tempo, **Catulo** (Caius Valerius Catullus, 87 a.C.-54 a.C.) e os novos poetas, introduzem em Roma uma poesia erudita e preciosa, que rejeita a inspiração nacional de seus predecessores. A poesia elegíaca, cujos representantes são Cátulo e os continuadores Galus, Tibulo, Propércio e Ovídio, durará apenas o tempo do período augustiniano. O gênero da elegia, baseado em uma métrica particular, a do dístico, conjunto de dois versos, hexâmetro (seis pés), pentâmetro (cinco pés), permanecera como gênero menor na Grécia. Os latinos acrescentam-lhe o sentimento amoroso, o amor apaixonado por uma mulher. A obra de Cátulo não é redutível a um único gênero; ele explora todos os recursos da poesia. Sua coletânea conta 116 poemas hexâmetros e uma série de peças variadas em dísticos. Calímaco é sua fonte de inspiração, tendo sido o protetor de Lucrécio.

Quatro grandes poetas do "século de ouro" de Augusto: Virgílio, Horácio, Tibulo, Ovídio

Virgílio (Publius Vergilius Maro, 70 a.C.-19 a.C.) se destaca na poesia épica. Suas obras, a *Eneida* e as *Geórgicas*, exaltam as paixões humanas. Dante, escrevendo *A Divina Comédia*, faz uma homenagem a seu gênio colocando-o como guia para conduzi-lo através dos lugares expiatórios. Ele faz um elogio do campo e do trabalho rural e tenta engrandecer a história romana dentro da tradição das lendas da Antiguidade. As *Bucólicas*, escritas de 49 a.C. a 39 a.C., são uma transposição do campo italiano cujas tradições elogia. A parte que anuncia a vinda de um menino extraordinário que trará a salvação aos homens será percebida pelos cristãos como o anúncio da chegada do Cristo. Sua outra grande obra, as *Geórgicas*, dividida em quatro livros, trata da cultura dos campos, da arboricultura, da criação de animais e da apicultura. Mas seu legado mais importante continua sendo a *Eneida*, redigida a pedido de Augusto para exaltar a grandeza de Roma, e com o desejo de rivalizar em prestígio com a *Odisseia*.

Horácio (Quintus Horatius Flaccus, 65 a.C.-8 a.C.) revela seu gênio nas *Sátiras*, nas *Odes* e nas *Epístolas*, das quais uma das últimas é intitulada *Arte poética* e exprime os principais preceitos a serem respeitados em matéria de poesia. Essa ideia será retomada mais tarde por três poetas: **Vida**, poeta do século XVI, **Boileau**, no século XVII, e **Verlaine**, no século XIX. Ele estuda em Atenas, cresce em Roma e se torna amigo de

Brutus, o assassino de César. Depois de encontrar um mecenas, torna-se um dos poetas mais importantes de Roma e, sobretudo, o fundador das sátiras clássicas. O gênero tratado é o da vida quotidiana dos romanos. O homem ocupa um lugar preponderante.

Tibulo (Albius Tibullus, 50 a.C.-19 a.C.) é o maior poeta elegíaco romano, juntamente com Propércio. O amor, o desejo e o sofrimento, são seus temas prediletos, e ele os expressa por Délia, seu primeiro amor, Nêmesis, que vem depois, e Marato, um jovem. A coletânea das *Elegias, Eligiarum libri*, compreende poemas e peças amorosas que fizeram com que sua poesia lírica amorosa fosse vista como uma metafísica do amor. As *Elegias* de Ligdamo se inserem completamente na tradição de Tibulo.

As obras de **Ovídio** (Publius Ovidius Naso, 43 a.C.-17) compreendem elegias de vários tipos: *Tristes, As Pônticas*, poemas mitológicos, *Os Fastos, As Metamorfoses*. Ele descreve com a mesma facilidade os combates e os momentos de volúpia, os heróis e os pastores, agradando até mesmo nos seus defeitos. Não crê mais, como Virgílio, em uma fatalidade à qual os homens devam se submeter. O amor e a vontade dirigem os homens e se colocam contra os poderes impessoais que as leis e os costumes podem impor. Suas obras têm a ver com elegias amorosas, *Os Remédios de amores, Os Heroides, A arte de amar, Tristes*.

A LITERATURA SOB O IMPÉRIO

O despotismo brutal começa com Tibério (reino: 14-37) e perdura até Domiciano (reino: 91-96). É a poesia a que mais sofre. Sob Tibério, as fábulas entram em cena em Roma com **Fedro** (Caius Lulius Phaedrus, 15 a.C.-50), que escreve 132 fábulas, largamente inspiradas em Esopo. Os animais também fazem parte dos temas privilegiados. Ele inspira **La Fontaine, Lessing** e muitos outros. A retórica também cai. Durante os reinos de Calígula (37-41), de Cláudio (41-54), de Nero (54-68), o principal autor é **Sêneca** (4 a.C.-65). Seus escritos filosóficos seduzem pela abundância dos conhecimentos e pela elevação do pensamento. **Lucano** (39-65) é tão fértil em prosa quanto em verso: é autor da *Farsália*, poema épico inacabado sobre a guerra civil entre Pompeu e César. A história é representada por **Tácito** (Publius Cornelius Tacitus, 55-120) a quem se atribui o *Diálogo dos oradores*, as *Histórias*, a *Germânia* e os *Anais*. Seu juízo é imparcial e faz dele um dos grandes "pintores" da Antiguidade. **Suetônio** (Caius Suetonius Tranquillus, c. 70-c. 140) viveu na mesma época e foi o historiador dos Césares, em as *Vidas dos doze Césares*. Ele se liga menos às questões de Estado que à pessoa dos imperadores. Até a morte de **Nero**, em 68, a literatura evolui em função das modificações sociais e políticas do país. Novos valores, vindos quase sempre do Oriente, implantam-se. A figura do romano também aparece graças a **Petrônio** (Caius Petronius Arbiter, 12-66). Apenas uma parte de sua obra, o *Satíricon*, chegou até nós. O texto que possuímos comporta três partes: a primeira e a última contam as aventuras de Encólpio, jovem homossexual que sofre de impotência, e de seus amigos; a segunda descreve um banquete oferecido para libertar Trimalcion. Entre 98 e 117, sob Trajano, a literatura, ainda que conheça um declínio importante, apresenta um grande número de escritores em todos os gêneros.

Três grandes autores da época imperial: Plínio, o Velho, Lucano, Apuleio

Plínio, o Velho (Caius Plinius Secundus, 23-79) não deve ser confundido com seu sobrinho adotivo Plínio, o Jovem. Plínio, o Velho é funcionário administrativo e comandante de uma frota. Em sua obra gigantesca, *História natural*, dedicada ao imperador Tito, na qual trata de todos os temas relacionados ao mundo (terra, sol, planetas, animais terrestres, botânica), a natureza é concebida como "soberana e trabalhadora da criação"[140]. O livro XXXV constitui uma verdadeira história da arte, fazendo-nos conhecer as obras e os artistas da Antiguidade, permitindo que o Renascimento encontre fontes nesse vasto repertório artístico. Plínio garante que havia consultado 2 mil volumes para levar adiante sua gigantesca pesquisa. Também redigiu obras de gramática, de retórica, de estratégia. É aproximando-se muito do Vesúvio para socorrer os habitantes e estudar sua erupção que ele encontra a morte.

Lucano (Marcus Annaeus Lucanus, 39-65) nos deixa apenas a *Farsália*, obra épica em dez cantos, sobre a guerra travada entre César e Pompeu. Ele se atém a relatar os eventos históricos datando de menos de um século.

O africano **Apuleio** (125-170), filósofo ligado à escola de Platão e de Aristóteles, deixa-nos *As Metamorfoses* (às vezes chamada de *O asno de ouro*). Considerada, por muito tempo, como uma obra escabrosa, um romance divertido, ela é hoje percebida como tendo um sentido mais bem religioso e místico. Como Marco Cornélio Frontão (c. 100-c. 170), ele dá bastante importância ao irracional. Por pura curiosidade, o herói se faz transformar em asno por uma bruxa e esquece o antídoto. Somente após várias aventuras, ele consegue encontrar sua forma primeira, graças à deusa Isis, em cujo culto será iniciado. Nessa narrativa, contada em primeira pessoa, certo Lúcio oferece um notável quadro da vida quotidiana no século II do Império. A essa história principal estão ligadas outras narrativas de comprimento variável. A mais longa é o *Conto de Amor e de Psique*, no qual uma velha serva em uma caverna de ladrões conta a uma jovem, que tinha acabado de ser sequestrada por eles, a história de Lúcio.

6. A HISTÓRIA E OS HISTORIADORES EM ROMA

"*Historia est magistra vitae*", a história nos ensina a vida. Essa fórmula ciceroniana coloca imediatamente o homem, a moral, no centro de todas as considerações históricas.

---

140. Plínio, o Velho, *Histoire naturelle* [História natural], XXII, 117.

No entanto, será preciso esperar quase cinco séculos depois da narrativa da existência fabulosa de Roma para que as primeiras tentativas de uma história romana se iniciem. Aquilo que poderia ser interpretado como falta de curiosidade num primeiro momento se explica, na verdade, por várias razões. Primeiramente, a língua latina aparece tardiamente, e assim os primeiros historiadores eram gregos e os latinos escreviam na língua de Tucídides. Além disso, os arquivos oficiais da cidade, os *Anais dos pontífices*[141], por seu caráter religioso e secreto, impuseram-se como tradição histórica durante muito tempo, assim como a da *gens*, pessoas de um mesmo clã que transmitiam oralmente seus arquivos privados e as *imagines* – ou retratos – de seus ancestrais. Os primeiros artistas em Roma foram gregos, o que também acontece no campo da história.

CINCO GRANDES HISTORIADORES DA REPÚBLICA: CATÃO, SALÚSTIO, ESTRABO, TITO LÍVIO, CÉSAR

❖ **Catão, o Velho** (Marcus Porcius Cato, 234 a.C.-149 a.C.) é o primeiro historiador na literatura histórica romana a escrever em latim. Ele compõe, depois dos cinquenta anos, as *Origens*, em prosa. Essa obra relata, em sete livros, a história de Roma desde sua fundação, em uma concepção que recusa a ideia de uma predestinação de Roma de essência divina. Sua outra obra, *De agri cultura* (*Da agricultura*), é a única que chegou a nós integralmente. É justo considerá-lo como o fundador do discurso latino, tanto político quando artístico. Seu conservadorismo e seus princípios rígidos lhe renderam o apelido de Catão, o Censor.

❖ Dentre várias obras de **Salústio** (Caius Sallustius Crispus, 87 a.C.-35 a.C.), conhecemos três: *A Conspiração de Catilina*, *A Guerra de Jugurta* e sua obra-prima, as *Histórias*. Essa obra, da qual temos apenas excertos, descreve os eventos que aconteceram depois da derrota dos Gracos. Salústio se impõe como o pintor dos grupos políticos. *A Conspiração de Catilina* analisa as razões que contribuíram para a decadência do espírito romano. Para ele, a força que domina os fatos não é a mesmas dos eventos, da *fortuna* – destino – mas a da ação responsável dos homens. Salusto atribui a César um longo discurso no momento em que a conspiração é desmascarada, sabendo que ele se tornaria o mestre do mundo. Salústio redige *A Guerra de Jugurta* depois de *A Conspiração de Catilina*. Nele, relata a guerra travada contra o rei da Numídia, Jugurta, entre 110 e 104. A imparcialidade se impõe como uma necessidade na história, enquanto surge um novo gênero: as monografias.

---

141. Eles consistem em uma coletânea publicada ano a ano, agrupando as atas das deliberações dos pontífices. A maior parte desses arquivos desapareceram com o grande incêndio de Roma, provocado pelos gauleses. Segundo Cícero, o grande pontífice inscrevia sobre um quadro lavado, a *tabula dealbata*, os nomes dos cônsules, depois dos magistrados e, por ordem cronológica, os eventos que tinham acontecido.

❖ **Estrabo** (63 a.C.-25), geógrafo grego, continua a obra de Políbio em suas *Memórias históricas*. Ele aborda, em 47 volumes, o período que vai de 146 a.C. a 31 a.C. Infelizmente, a obra foi inteiramente perdida. No entanto, os dezessete livros de sua *Geografia*, que nos transmite as ideias que o povo romano tinha de si mesmo, da Europa (livros III a X), da Grécia, da Ásia Menor (livros XI e XIV), do Oriente (livros XV a XVI) e do Egito (livro XVII) foram conservados. Ele só sai das sombras no século V e é retraduzido no século XV pelo erudito italiano Guarino Veronese (1370-1460).

❖ A obra de **Tito Lívio** (Titus Livius, 59 a.C.-17), *História de Roma desde sua fundação* (*Ab Urbe condita libri*), aparece no século luminoso de Augusto. Alimentada pelas lições do passado, essa obra monumental, em 142 livros, quer, retraçando a história de Roma desde sua formação até a morte de **Druso** (ano 9), extrair lições para o futuro. Foram conservados apenas 35 livros. A exatidão dos fatos importa pouco; o autor se contenta com os dizeres de seus predecessores. Sua narrativa é entrecortada de retratos: Aníbal, Cipião, o Africano, de psicologia aguda.

❖ Os *Comentários* de **Júlio César** (Caius Julius Caesar, 100 a.C.-44 a.C.) ganham um lugar dentre as memórias que se multiplicam no século I a.C. Ele recebe uma boa formação literária de seu mestre, o rétor e gramático **Marcus Antonius Gnipho**, e depois de **Apolônio Mólon**, sem, no entanto, ser considerado como um homem de letras. Os sete livros dos *Comentários sobre a Guerra Gálica* (*Commentari de bello gallico*) são lembretes, dossiês sobre as campanhas que ele conduziu na Gália de 58 a.C. a 52 a.C. e retraçam seus avanços até o Reno e na Grã-Bretanha. O final é dominado pela derrota do chefe arverno Vercingetórix, em Alésia. César também redigiu um tratado de gramática, *De analogia*, um panfleto político, o *Anticato*, poemas e uma tragédia, *Édipo*.

TRÊS GRANDES HISTORIADORES DO IMPÉRIO: TÁCITO, SUETÔNIO, DIÃO CÁSSIO

❖ **Tácito** (Publius Cornelius Tacitus, 55-120) é considerado como um dos mais importantes historiadores romanos. Depois dele, assiste-se a um esfacelamento da história em subgêneros limitados em seu alcance e conteúdo. Os anais desaparecerão e serão substituídos por memórias e biografias. Tácito recebe uma educação de orador e se torna cônsul em 97, depois procônsul da província de Ásia no ano seguinte. Começa a publicar seus trabalhos depois da morte do imperador Domiciano, cuja tirania denuncia na *Vida de Agrícola*, homenagem a seu tão apreciado sogro. Tácito começa verdadeiramente sua obra com o *Diálogo dos oradores*, uma espécie de prolongamento do *De oratore* de Cícero. Ali consta a degradação dos costumes e da eloquência, estabelecendo uma relação entre a reflexão política e a nostalgia da poesia. Depois, um segundo ensaio, *A Germânia* (*De situ ac populis Germaniae*), de caráter etnográfico, já que descreve os costumes das tribos que vivem no norte do Reno e do Danúbio, ele aborda o gênero histórico com suas *Histórias*, retraçando a história romana da morte de Nero até o assassinato de Domiciano, e seus *Anais*, indo da morte de Augusto à de Nero. O título "*Anais*" provavelmente vem do fato de que ele descreve os eventos ano por ano, o título mais exato sendo *Depois da morte do divino imperador Augusto*, *Ab excesso divi Augusti*. A concepção de história não é mais aquela que domina sob a antiga República, tornando-se a da onipotência de um só homem. Tácito prefere ater-se a uma verdade conhecida como tal pela tradição histórica. Ao mesmo tempo, ao denunciar os vícios e enaltecer as virtudes, o historiador é dispensador de glória.

❖ **Suetônio** (Caius Suetonius Tranquillus, c. 70-c. 140), erudito, homem de biblioteca, é, antes de tudo, um biógrafo. Sua nominação para o cargo de secretário *ab epistulis latinis*, diretor da correspondência diplomática de Adriano, permite-lhe ter acesso aos arquivos imperiais. As *Vidas dos doze césares* apresentam as biografias de César até Domiciano. Suetônio inaugura essa nova forma de história constituída pelo reinado dos imperadores sucessivos. O acessório é tão importante quanto o essencial, ele anota suas ações, os mínimos detalhes, pois são esses que revelam bem uma personalidade. É o homem privado e íntimo que lhe interessa bem mais do que o homem público:

> Os caracteres originais desta história "biográfica" aproximam-na das *laudationes* que eram pronunciadas nos funerais. Sabe-se que esses elogios tratavam não somente da ação militar ou política do defunto, mas também exaltavam suas qualidades morais, e aquelas das quais ele dera exemplo em sua vida privada. Esses elogios fúnebres precediam, também, *per species* e não por narrativa linear. Pode-se pensar que tenham influenciado Suetônio, no sentido de que devamos nos interessar por todas as tradições nacionais de Roma, dos espectadores até as roupas e a vida dos soldados[142].

❖ **Dião Cássio** (Cassius Dio Correianus, 155-235), antes de ser cônsul, em 229, era conhecido por sua *História romana*, trabalho gigantesco de oitenta livros que relatam a história de Roma, desde sua fundação até Septímio Severo. Ele exprime sua oposição formal à predominância da Itália e do Senado no governo do Império. Desapontado por Septímio Severo, ele se mostra muito hostil com relação à política deste.

---

142. Pierre Grimal, *La Littérature latine* [A literatura latina], Paris, Fayard, 1994, p. 478.

7. RELIGIÃO, MITOS E LENDAS DO MUNDO ROMANO

A religião romana não se baseava na graça divina, mas na confiança mútua (*fides*) entre os deuses e os homens. O objeto da religião romana era garantir a cooperação, a benevolência e a "paz" dos deuses (*pax deorum*). Os romanos acreditavam que essa ajuda divina oferecia-lhes a possibilidade de controlar as forças desconhecidas e, assim, de viver com êxito. Consequentemente, havia um corpo de regras, o *jus divinum* (lei divina), ordenando o que se devia fazer ou evitar. Esses preceitos, durante vários séculos, consistiam em indicações para a boa execução do ritual. A religião romana realçou quase que exclusivamente os atos do culto, dotando-os de toda a santidade da tradição patriótica. A religião romana, a mitologia e uma parte das lendas são oriundas de uma herança etrusca e grega. Entretanto, a religião evolui ao longo dos séculos, da crença nos *numina*, as forças essenciais aos cultos orientais de mistérios, até a adoção do cristianismo e, com ele, um além. Os mitos romanos são fundadores da cidade por excelência (apelo a Eneias, o Troiano, combate fratricida de Rômulo e Remo, divinizado em *Quirino*). Senão, eles são emprestados ao Oriente, como o da deusa frígia Cibele, grande deusa-mãe. As lendas também exaltam o sentido cívico levado ao heroísmo (combate dos irmãos Horácios romanos contra os irmãos Curiácios, campeões de Alba; ação de Horácio Cocles sozinho contra o exército etrusco; a tentativa desesperada de Múcio Cévola contra os etruscos e a inflexível coragem de Clélia, que atravessa o Tibre a nado para escapar). A República vê o nascimento e a multiplicação dos cultos estrangeiros em Roma. Os cultos de mistérios se espalham ao mesmo tempo que as divindades orientais, oferecendo uma abordagem mística desconhecida à religião romana tradicional. Desde a fundação do Império, o culto feito aos imperadores defuntos, tornados deuses depois de sua apoteose, pretende inscrever de novo a religião em um contexto cívico. As principais divindades são retomadas do panteão grego. Citemos ainda: Júpiter, deus do céu; Marte, deus da guerra; Vulcano, deus do fogo; Netuno, deus da água; Saturno, deus da agricultura; Juno, esposa de Júpiter, deusa da fecundidade; Minerva, deusa da sabedoria; Vesta, deusa do fogo; Flora, deusa das flores e dos jardins; Aca Laurência, mestra do mundo inferior. É conveniente acrescentar as divindades secundárias, os penates, protetores da casa, os lares, que protegem os campos. O culto, além daquele dos ancestrais, próprio a cada família, é controlado pelo Estado, organizador das cerimônias, guardião dos santuários. O serviço dos deuses comporta desejos e sacrifícios, oferendas de alimentos, de bebidas, de animais. Cada divindade beneficia-se de um colegiado de sacerdotes que lhe é próprio, com um número reduzido de lugares. O sacerdócio é um cargo exercido a vida toda. Nas últimas épocas do Império, conceitos como a fé, a concórdia e a esperança são divinizados. Os romanos têm, com relação aos deuses, uma atitude baseada no respeito de um contrato, tendo o direito e suas formas primazia sobre toda mística. Oferendas, sacrifícios e votos realizados segundo a forma prevista devem resultar no favor esperado em troca. Não há nenhuma recompensa a ser esperada pelas boas ações, nenhuma sanção em troca das más. Os mortos passam a eternidade em um mundo subterrâneo sem esperança, arrependidos de não mais estarem neste mundo. Assim como para os deuses, um contrato é celebrado a fim de dissuadi-los de assombrar os vivos: uma cerimônia de oferendas, nove dias depois do falecimento, um culto aos ancestrais. Em troca, pede-se que permaneçam lá onde estão, sem perturbar seus descendentes. É a filosofia grega, os cultos orientais baseados na morte do deus e seu renascimento e, depois, o cristianismo que impõem aos poucos a ideia de uma fé no além.

8. AS CIÊNCIAS EM ROMA

Os conhecimentos científicos herdados de Roma são diversos: a geometria e a aritmética são próximas das nossas, mas os romanos ignoram a álgebra. Eles conhecem pouco a física e a química, dominando mais a astronomia e a medicina. É, por sinal, a transmissão dessas duas últimas disciplinas que fundamenta os saberes da época medieval.

TEMPO E CALENDÁRIO

Devemos a Roma a forma de dividir o tempo, de estabelecer uma cronologia. Em Roma, o dia é dividido em horas, contadas de meia-noite a meia-noite. Uma hora não vale ainda sessenta minutos, mas evolui, segundo a estação, entre 45 e 55 minutos; a diferença é compensada durante as horas noturnas. O primeiro relógio solar exato é instalado em Roma em 164, por **Quinto Márcio Filipo**. Os relógios de água (clepsidras) se disseminam pouco depois. Se os gregos se interessam pouco pelo momento exato do dia, os romanos o fixam com mais cuidado, por razões práticas: distribuição do trigo, da água à plebe etc. O vocabulário do dia permanece vago; *mane* designa a manhã toda, mas pode ser substituído por *ante meridiem*, antes do meio-dia. A tarde, em sua totalidade, é o *post meridiem*. O mês romano é lunar, duração da revolução da lua em torno da terra. As calendas, *kalendae*, marcam a lua nova; as nonas, *nonae*, o primeiro quarto; os idos, *idae*, a lua cheia. Em 44 a.C., o mês *quintilis* é alterado para *julius*, em homenagem a Júlio César; em 8 a.C., o *sextilis* se torna *augustus*, em homenagem a Augusto. Antes de Júlio César, o ano era dividido em doze meses lunares e contava 355 dias. A cada dois anos, um mês intercalar, *mes intercalaris*, é acrescentado. É o matemático alexandrino **Sosígenes** que, em 46 a.C., fornece a César o calendário juliano: um ano de 365 dias, com um dia suplementar a cada quatro anos, intercalado entre os dias 24 e 25 de fevereiro. O Papa Gregório XIII o modifica no século XIV e o transforma no calendário gregoriano, o nosso. Os romanos utilizam, normalmente, os nomes dos cônsules para datar os anos. Por padrão, ou por preferência, eles se referem a um evento marcante.

A MATEMÁTICA

Os romanos, na origem, usam pequenas pedras, pedregulhos (*calculi, calculorum*), para as operações aritméticas, ou contam nos dedos. Os números são escritos utilizando o sistema decimal que conservamos: I, II, V, X etc. As formas de calcular são as dos gregos, com um sistema duodecimal complexo para as frações, a partir do *ás*, "unidade" em matemática. O ás é dividido em doze onças, o terço do ás é o *triens*, a metade do ás é o *semi*. A geometria não interessa aos romanos a não ser por sua aplicação a casos concretos, como medir uma propriedade. A geometria é ensinada a partir dos *Elementos* de Euclides.

A ASTRONOMIA

Além de seu interesse pelos poetas e as narrativas míticas, a astronomia, frequentemente confundida com a astrologia, fascina os romanos. Eles conhecem as constelações, a Grande Ursa principalmente, mas trata-se, sobretudo, de um saber popular. O astrônomo mais célebre é **Cláudio Ptolomeu**. Suas observações astronômicas se estendem entre os anos 127 e 151. Ele vive e morre em Alexandria, provavelmente por volta de 168. Autor de uma *Sintaxe matemática* (o *Almagesto*), ele expõe seu sistema, segundo o qual a terra estaria fixa no centro do universo, enquanto que o Sol, a Lua e as estrelas girariam em torno dela. Estabelece um catálogo das estrelas com 1.022 astros, calcula a distância da Terra à Lua, o diâmetro desta última. Sua obra permanece incontestada dos séculos II a XVI, apesar de Aristarco de Samos, que nos séculos III a.C.-II a.C. já havia colocado o Sol no centro de nosso sistema planetário.

A MEDICINA

Em 293 a.C., o culto de Esculápio é introduzido em Roma, e com ele a medicina grega, que conquista rapidamente a aprovação de todos. A medicina romana é conhecida graças a uma parte da enciclopédia de **Celso** (século I). O vocabulário médico é grego, assim como os autores citados. Celso indica como tratar as feridas feitas por projéteis, a extração e os cuidados posteriores, assim como para as armas envenenadas. Oferece muitos conselhos de higiene e traça o retrato do cirurgião:

> O cirurgião deve ser jovem, ou, pelo menos, ainda perto da juventude; deve ter a mão firme e segura, nunca trêmula, também deve ser tão hábil com uma mão como com a outra, ter uma visão clara e penetrante, o coração intrépido. Determinado a curar quem se confia a seus cuidados, ele não deve ter mais pressa do que o caso exige, nem cortar menos do que o necessário; deve fazer tudo como se nenhuma queixa do paciente o afetasse[143].

---

143. Aurelius Cornelius, Celse. *Traité de médecine* [Tratado de medicina], traduction nouvelle, livre VII, Paris, Masson, 1876.

A *História natural* de Plínio, o Velho, oferece as receitas dos remédios vindos da medicina grega.

Galeno (130-c. 201), médico de Cômodo, herdeiro de Marco Aurélio, consagrou vários volumes à medicina. Sua obra serve de referência para toda a época medieval, antes dos esforços de Vesálio e Servet. Galeno, profundamente impregnado do finalismo aristotélico, concebe o indivíduo como um sistema de órgãos a serviço de uma alma. Ele disseca porco, ovelha, boi; reconhece a analogia anatômica do homem e dos grandes símios; descreve o papel dos nervos, dos ossos, das articulações; mostra que o sangue é contido nas artérias; distingue o sangue arterial do sangue venoso.

CAPÍTULO XIV
O CRISTIANISMO

1. O INÍCIO DO CRISTIANISMO

Surgido no século I, o cristianismo, por meio da vida de Jesus Cristo relatada nos Evangelhos, torna-se a religião oficial do Império Romano antes de estruturar a sociedade medieval e de dominar o pensamento europeu.

> A originalidade dessa religião revela é ser dirigida não somente a um público escolhido, doutores da lei mosaica, pessoas influentes da sociedade, mas ao conjunto da população, inclusive o povo. Verdadeira revolução, o cristianismo abre as portas do paraíso a todos aqueles que têm a fé, sem distinção de classes sociais, ou de etnias. Recusando o culto do imperador divinizado, prega o triunfo da piedade e se reduz a dois pontos essenciais, o amor de Deus e o amor ao próximo. A prática cristã torna possível uma nova lógica religiosa pela qual é conveniente dedicar-se às tarefas da salvação, investindo também na realização do mundo[144].

A característica do cristianismo dos primeiros séculos é um extraordinário crescimento intelectual cuja essência está baseada no questionamento da natureza de Deus.

No final do século I, o cristianismo implantou-se principalmente no leste do Império Romano, com exceção das comunidades cristãs de Roma, de Puteoli na Campânia e da baía de Nápoles. Por volta da metade do século II, várias comunidades se formam na Gália. Por volta do final do século, elas existem também na margem esquerda do

---

144. Florence Braunstein, *À quoi servent les religions?* [Para que servem as religiões?], Paris, L'Harmattan, 2002, p. 274.

Reno. É por volta de 230 que em Roma o latim substitui o grego na celebração do culto. Quando o século III nasce, a implantação do cristianismo apresenta-se de forma diferente. As revoltas judaicas têm por consequência a separação do cristianismo e do judaísmo. O centro do cristianismo se desloca de Jerusalém para Roma, e nota-se uma expansão da igreja na direção do oeste, até a Bretanha romana (Inglaterra). O século III é o século dos mártires, as "testemunhas"; as perseguições atingem o paroxismo sob o imperador Décio por volta de 250, quando um édito torna obrigatório o culto imperial que os cristãos recusam. A religião cristã só vai se transformar em religião do Império com a conversão de Constantino em 312. A Igreja vive sua idade de ouro entre os séculos IV e V, período durante o qual define sua doutrina. Em 325, quando do concílio de Niceia, os dirigentes cristãos, após discussões teológicas sobre a natureza do Pai, do Filho e do Espírito Santo, propõem um *Credo*, conhecido sob o nome de "Símbolo dos Apóstolos". É pronunciada a exclusão de **Ário** (256-336), que prega um Pai superior ao Filho quanto à natureza. Várias tendências heréticas veem o dia e obrigam à reunião de concílios. O de Calcedônia, em 451, formula a definição clássica da natureza ao mesmo tempo divina e humana da pessoa do Cristo. A controvérsia ariana, que nega a divindade do Cristo, termina com **Basílio, o Grande** (Basílio de Cesareia, 329-379), cuja regra permanece como o fundamento da vida monástica do Oriente.

COMEÇOS MOVIMENTADOS

Um grande número de judeus foi obrigado a se exilar, viver em diáspora longe de sua pátria, abandonando aos poucos a prática do hebraico, mas conservando a fé de Israel. Fugindo do helenismo, eles não aceitam o paganismo. Os romanos dominam a Palestina, mas a hostilidade dos judeus os obriga a não administrá-la diretamente. São famílias próximas a Herodes, o Grande, ou procuradores romanos, como **Pôncio Pilatos,** que se ocupam dessa tarefa delicada. Os impostos são pesados e a desestabilização social e política vêm acompanhadas de uma agitação religiosa. O judaísmo na Palestina se distingue por sua posição singular no Império, em virtude de sua fé em um deus único. Está dividido em várias correntes (fariseus, saduceus, zelotes), cada um adotando uma atitude diferente para com os romanos.

Apesar do objetivo assimilador do helenismo, os comprometimentos com o poder dominante provocam revoltas dentro do judaísmo, que aguarda febrilmente a vinda de um Messias enviado por Deus. A comunidade dos cristãos é aceita até cerca de 65 dentro do judaísmo; depois acontece a ruptura entre os dois. O cristianismo já havia sido questionado até então pelos fariseus e rejeitado pelos saduceus. Por volta de 61, os cristãos estão em Roma e se espalham pelo mundo pagão. Enquanto isso, o sincretismo é favorecido, assim como o culto ao imperador para fins políticos e ideológicos.

A recusa dos cristãos a se submeterem a isso é uma das causas de perseguição. Entre os responsáveis pelas primeiras perseguições está um erudito fariseu, **Saulo**, nascido em Tarso da Cilícia. Filho de pais judeus, mas cidadão romano, ele persegue os cristãos na Síria. É diante de Damasco que ele ouve o chamado do Senhor. Após três anos de estudos, vai para Jerusalém para junto de Pedro. Ele se torna, depois de sua conversão, o primeiro teólogo da nova religião, passa a ser conhecido como **Paulo** e estabelece as bases de toda a doutrina cristã. Vai para Chipre, Jerusalém e na Europa, Atenas e Corinto, para propagá-la. Por volta de 61, ele é mandado para a prisão. Uma queixa dos judeus está na origem da sua detenção: ele é suspeito de ter introduzido no templo um não judeu. Por dois anos, ele permanece sob vigilância em Cesareia e depois é transferido para Roma para ser julgado diante de um tribunal imperial. Mas Nero, em 64, usando o pretexto de que os cristãos teriam incendiado Roma, faz um verdadeiro massacre nessa comunidade. Pedro, o primeiro bispo, foi condenado à morte no circo perto do atual Vaticano. Paulo foi decapitado na *Via Ostia*. Antes mesmo da destruição de Jerusalém, os cristãos judeus que vivem lá fogem para Pela, na Jordânia Oriental. Ao longo dos trinta anos seguintes, os quatro Evangelhos são publicados, assim como o Apocalipse de São João.

AS PRINCIPAIS SEITAS JUDAICAS DA ÉPOCA DE HERODES

As grandes seitas judaicas – seita aqui entendida no sentido original de "grupo", sem qualquer valor depreciativo – por volta do século II a.C., estabelecidas às margens do mar Morto, são:

- **Os fariseus**, do hebraico *perushim*, os "Separados", emergem como um grupo distinto logo após a revolta dos macabeus em torno de 165 a.C.-160 a.C. Os fariseus não eram um partido político, mas uma sociedade de sábios e homens piedosos. Eles receberam grande audiência popular. No Novo Testamento, aparecem como porta-vozes para a maioria da população. Por volta de 100 a.C., uma longa luta se inicia. Os fariseus tentam democratizar a religião judaica e removê-la do controle dos sacerdotes do Templo. Afirmam que Deus pode ser adorado mesmo longe do Templo e fora de Jerusalém. Para os fariseus, o culto não consistia em sacrifícios de sangue, mas na oração e no estudo da lei de Deus. Consequentemente, favoreceram a sinagoga como instituição de adoração.

- **Os zelotes**, do hebraico *qiniim*, "os zeladores", opõem-se violentamente aos romanos e se refugiam nas montanhas. Foi talvez dentre eles que se forma a comunidade dos fariseus. De acordo com o historiador judeu **Flávio Josefo** (c. 37-c. 100), eles teriam sido, na época de Herodes, cerca de 6 mil. Exigem a observância rigorosa das prescrições, com base na tradição oral, bem como sobre as Escrituras. Observam pontualmente as prescrições da Torá relativas à pureza levítica e as relativas às taxas devidas aos sacerdotes. Evitam a massa impura dos homens, que percebiam como intocáveis. Consideram-se os únicos membros da comunidade judaica. Eles se diferenciam do *am Haaretz*, "o povo da terra", o baixo povo judeu. Estudam o texto sagrado e suas glosas são reportoriadas no *Talmude*. Após a destruição de Jerusalém pelos romanos, no ano 70, eles vão dar uma nova vida ao judaísmo.

- **Os essênios** não deviam ser mais de 4 mil no tempo de Herodes. Viviam fora de Jerusalém, perto do mar Morto. Chamavam-se *Khassaya*, em grego *Essenoi*, "os Piedosos". Aparecem na história em 152 a.C., quando se opõem a Jônatas Macabeu, que queria ser coroado sumo sacerdote. Sua vida de contestação leva-os a viver no deserto e a construir um mosteiro em Qumran. Sua comunidade era chefiada por um "mestre da justiça" e comportava quatro graus. Não se podia entrar nessa comunidade antes dos vinte anos de idade. Todos os bens possuídos deviam ser abandonados, inclusive o conhecimento, e as facilidades da existência eram rejeitadas. O ensino baseava-se na constatação de que o homem era, por natureza, fundamentalmente mau. Ele estava em estado de pecado durante toda a sua vida. Os essênios aguardavam a vinda do Messias e do reino de Deus praticando o ascetismo. Até a destruição do mosteiro em 68 pelas legiões romanas, o essenismo continuará sem falhas.

- **Os saduceus** formam o partido dos sacerdotes de Jerusalém. O termo "saduceu" é derivado de Sado, nome do sacerdote de Davi, que ficou do lado de Salomão na sucessão real, mas não há nenhuma evidência de que os sacerdotes de Jerusalém sejam realmente descendentes do grupo sacerdotal então formado. Sua política muitas vezes os leva a um acordo com os romanos para manter e conservar os seus privilégios. Eles seguem a *Torá* fielmente, rejeitam as tradições orais aceitas pelos fariseus e formam uma casta hereditária de sacerdotes no templo de Jerusalém. Rejeitam os profetas, que denunciam, por sua vez, sua ganância. Eles negam a imortalidade da alma e as punições e recompensas do além. Também alegam que a alma morre com o corpo. A felicidade, eles a encontram neste mundo.

QUERELAS DOGMÁTICAS E HERESIAS

Por volta do século II, começam as querelas dogmáticas. Por um longo tempo, até um período avançado do século II, a teologia cristã é quase exclusivamente uma cristologia. Essa reflexão sobre Cristo vem em muitas formas, desde judaizantes, que minimizam o seu papel, até **Marcião** (c. 85-c. 160.), que o exalta. As grandes igrejas, Antioquia, Roma, Alexandria, estão na vanguarda durante a formação do cânon do Novo Testamento. Os bispos têm a tarefa de assegurar a transmissão, herdada dos apóstolos, da autenticidade da mensagem. **Irineu**, bispo de Lyon no último quarto do século II, reflete sobre a unidade de Deus, a unidade de Cristo e, a partir da unidade desses dois elementos, reflete sobre a unidade da Igreja e da lei. Alexandria, alta esfera intelectual, é também um bispado desde a destruição de Jerusalém. Os patriarcas tratam-no como tão importante quanto o de Roma. A primeira faculdade teológica é fundada, escola de catecúmenos, composta por professores famosos: **Clemente de Alexandria** (c. 150-220), **Orígenes** (185-c. 253), **Panteno** (falecido por volta de 200). Orígenes comenta quase todas as sagradas escrituras, trabalhando por toda a sua vida para restaurar o texto do Antigo Testamento. Na mesma época, **Júlio, o Africano** (c. 170-c. 240) compõe a primeira história do cristianismo, a *Chronographiai*. A Igreja, entre os séculos II e III, expõe as verdades em que cada cristão deve crer e declara herética qualquer outra verdade.

As grandes heresias desse período são:

- o **monarquianismo**, que se baseia no monoteísmo judaico e tem Deus Pai como superior ao Filho e ao Espírito Santo;
- o **modalismo**, que estabelece o Filho como uma modalidade da divindade do Pai;
- os **patripassianos** (*pater*: pai, *passus*: sofrer) argumentam que é o Pai que sofreu no Filho;
- o **arianismo**, uma doutrina fundada por Ário, que acredita que o Filho é inferior ao Pai.

Os primeiros rituais cristãos mostram que a admissão no seio de sua comunidade é precedida por um período de preparação, ou catecumetato, exceto em tempos de perseguição, em que a conversão selada pelo martírio substitui o sacramento do batismo.

AS FONTES DOCUMENTAIS

A historicidade de Jesus não é um problema histórico, pois não dispomos de nenhum dado para comprová-la. Pesquisar os passos de Jesus é mais um ato de fé. Os escritos mais antigos são: cartas ou epístolas, enviadas pelo apóstolo Paulo a várias comunidades. Elas são escritas cerca de vinte anos depois da morte de Jesus e cerca de vinte ou trinta anos antes da redação dos Evangelhos, em 70, aproximadamente para Marcos, em 80 ou 90, para João. Os *Atos dos Apóstolos*, livro no qual Lucas esboça uma história da Igreja, é escrito cinquenta anos depois dos primeiros eventos que menciona. É o quinto livro do Novo Testamento: começa com a Ascensão, seguida de Pentecostes e do relato dos primórdios da igreja primitiva que se forma em torno dos apóstolos em Jerusalém e depois se espalha para a Judeia, Samaria e comunidades judaicas da diáspora. Há também depoimentos de historiadores latinos, mas muito breves. **Tácito** (55-120) menciona alguém chamado "Cristo"; **Plínio, o Jovem** (61-114) indica a propagação da Igreja na Bitínia, a noroeste da Ásia Menor; **Suetônio** (c. 70-c. 140) também evoca o cristianismo. **Flávio Josefo** (c. 37-c. 100), em suas *Antiguidades Judaicas*, relata a morte de Tiago, "irmão de Jesus", executado em 62 por um grande sacerdote saduceu. Ele evoca brevemente Jesus em *Testimonium Flavianum* (*Depoimento de Flávio*) nos parágrafos 63 e 64 do Livro 18: "Naquele tempo viveu Jesus, um homem inteligente, porque ele realizava coisas prodigiosas. Mestre de pessoas que estavam todas preparadas para acolher as coisas anormais, ele ganhou muitas pessoas entre os judeus e até mesmo entre os helenos".

O Novo Testamento

Como o Antigo Testamento, o Novo Testamento contém uma variedade de tipos de escrita. Os cristãos veem nele o cumprimento da promessa do Antigo Testamento. Ele relata e interpreta a nova aliança, representada na vida e morte de Jesus, entre Deus e os discípulos de Cristo. Vinte e sete manuscritos, dos quais o mais antigo data do século IV, escritos em grego, formam o Novo Testamento. Trata-se de memórias da vida de Jesus bem como seus atos e palavras nos quatro Evangelhos. Os *Atos dos Apóstolos* narram o relato histórico dos primeiros anos da igreja cristã, as epístolas e o livro do Apocalipse dão uma descrição apocalíptica da intervenção de Deus na história. No século IV, **São Jerônimo** traduz a Bíblia para o latim. Esta tradução, chamada *Vulgata*, foi por muito tempo a única tradução reconhecida pela Igreja. O Novo Testamento contém os quatro evangelhos escritos por Mateus, Marcos, Lucas e João. O primeiro dos Evangelhos a ser escrito parece ser o de Marcos. Os Evangelhos segundo Marcos, Mateus e Lucas são similares na composição, trazendo os mesmos fatos e histórias sobre Jesus, seguindo a mesma estrutura narrativa. Eles são chamados sinópticos, ou seja, possuem o mesmo ponto de vista. O de João difere tanto em sua composição quanto em relação às fontes.

Os Atos dos Apóstolos e as Epístolas de Paulo

Atribuídos a Lucas, os *Atos dos Apóstolos* são fontes fundamentais. As viagens missionárias, empreendidas separadamente por Pedro e Paulo, são contadas em detalhes. A história começa com a ascensão de Jesus, seguida do Pentecostes, e narra o início da Igreja primitiva.

As Epístolas de Paulo, dirigidas a uma determinada comunidade ou um destinatário específico, são complementadas por sete Epístolas católicas, isto é, dirigidas a toda a Igreja, provavelmente datadas dos anos 60.

O Apocalipse

Finalmente, há o Apocalipse, do grego *apokalupsis*, "descoberto", revelação que Deus fez a São João na Ilha de Patmos, que anuncia o fim dos tempos. O Apocalipse de João parece ser uma coleção de elementos distintos compostos por autores desconhecidos que viveram durante o último quarto do século I, mas acredita-se que foi escrito por um homem chamado João de Patmos. O texto não permite saber se João de Patmos e o Apóstolo João são a mesma pessoa. O livro contém duas partes principais. A primeira (capítulos 1-11) contém exortações morais – mas sem visões simbólicas – em cartas individuais enviadas às sete igrejas cristãs da Ásia Menor. Na segunda parte (capítulos 12-22), visões, alegorias e símbolos permanecem em grande parte inexplicados. Longe de supor que o Apocalipse é uma alegoria abstrata ou uma profecia sobre o fim do mundo, muitos pesquisadores concordam que o assunto trata de uma crise contemporânea da fé, provavelmente provocada pelas perseguições romanas. Os cristãos são instados a permanecer firmes em sua fé e na esperança de que Deus será finalmente vitorioso sobre seus inimigos. O estilo "apocalíptico" é uma forma simbólica de linguagem que se encontra nos hebreus contemporâneos da redação da obra, mas também em certas partes do Velho Testamento.

A fonte dos Logia e as fontes arqueológicas

O termo refere-se a uma coleção de provérbios, máximas, histórias curtas a respeito de Jesus e que os evangelistas Mateus e Lucas teriam conhecido independentemente e utilizado em seu trabalho de redação. Os *agrapha*, "as coisas não escritas", são as palavras pronunciadas por Jesus, mas não constantes nos textos canônicos. Elas provêm dos textos apócrifos do Novo Testamento, do Evangelho segundo São Tomé, das citações dos Padres da Igreja. As outras fontes que permitem traçar a história do cristianismo primitivo são arqueológicas. As escavações realizadas em Nazaré, em Cafarnaum, as do *Cardo Maximus* e da *Aelia Capitolina* da região herodiana de Jerusalém, de Cesareia Marítima, de Séforis e até mesmo de Golã forneceram informações sobre as primeiras sociedades cristãs. Os manuscritos de Qumran, na Judeia, perto do mar Morto, descobertos em 1947, também trazem muitos elementos para os interessados nas origens do cristianismo. Sua descoberta bem como outras provas em cavernas da região têm provocado muitas controvérsias. Uma verdadeira biblioteca foi encontrada lá, já que continha mais de oitocentos manuscritos. Esses textos são cópias em hebraico de muitos dos livros que compõem o Antigo Testamento, mas também cópias (em hebraico e aramaico) de textos conhecidos como Deuterocanônicos, incluídos no Antigo Testamento pela Igreja Católica. Há também comentários de Habacuque no Antigo Testamento e outros textos bíblicos desconhecidos, como o Gênesis Apócrifo, a Regra da comunidade dos essênios.

❖ Os *Textos de Nag Hammadi*, encontrados em 1945 perto de Luxor, no Egito, são compostos por treze códices gnósticos, herméticos, incluindo o Evangelho segundo São Tomé. Grande parte deles é contemporânea aos escritos canônicos judeus e cristãos e se apresenta como uma reescrita e extensão destes: Gênesis reescrito, apocalipses, palavras do Salvador, diálogos com os seus discípulos, cartas dos apóstolos formam a maior parte do *corpus*. Esses códices contêm cerca de cinquenta tratados em copta, tradução de textos escritos originalmente em grego e que datariam do século II ao III. Estão no Museu Copta do Cairo. Muitos mosteiros são implantados nessa região desde o início do cenobitismo egípcio do século IV, e há todas as razões para acreditar que os cristãos da região foram os responsáveis pela compilação dessa coleção.

2. A EVOLUÇÃO DO CRISTIANISMO
A DOUTRINA GNÓSTICA

O termo "gnosticismo" significa "um movimento religioso particular de todas as seitas e escolas dos primeiros séculos do cristianismo, que partilham uma certa concepção da gnose rejeitada pela Igreja ortodoxa cristã"[145]. Se o termo gnosticismo tem uma conotação histórica precisa, que a gnose não tem, esta última designa as tendências universais do pensamento que encontram seu denominador comum em torno da noção de conhecimento. As principais obras de refutação dos gnósticos estão espalhadas ao longo de três séculos e nós as devemos a Irineu, bispo de Lyon, no século II, a **Hipólito**, que vivia em Roma no século III e a Epifânio, bispo de Salamina, no século IV. Entre os textos escritos pelos próprios gnósticos, compostos originalmente em grego, mas preservados em copta, é preciso mencionar alguns manuscritos encontrados nos séculos XVIII e XIX e a coleção descoberta em Nag Hammadi. As primeiras evidências que indicam a existência dessa escola de pensamento estão na primeira epístola aos Coríntios (VIII, 1) e naquela endereçada a Timóteo (VI, 20). As concepções religiosas da gnose, que constrói verdadeiras cosmologias, não deixam de lembrar alguns pontos comuns com as religiões pagãs e as filosofias da mesma época. Se essas formas não são impostas, é, talvez, por sua incapacidade para se manter no poder, mas também pela divisão da gnose em uma multidão de seitas de elaborações intelectuais complexas. O marcionismo, doutrina de Marcião (c. 85-c. 160), que coloca um Deus Pai diferente, vende uma austera moral capaz de ser aceita pela sociedade da época. O gnosticismo não é uma doutrina homogênea, pois se caracteriza por uma certa concepção do conhecimento a que atribui um lugar essencial. Ela é o

---

145. Definição de "gnosticismo", na *Encyclopædia Universalis*.

meio para alcançar a salvação, para revelar a sua verdadeira natureza ao gnóstico. Ela ensina a ele que ele não é do mundo, que não pertence ao mundo, mas que "seu ser essencial" tem uma origem divina e celestial. Ela também lhe ensina que ele vem de Deus e que, como tal, é destinado a juntar-se a ele após a sua morte. O século III marca a extensão do movimento gnóstico, mas ele é logo relegado ao segundo plano, no século IV, pelo império cristão.

O EVANGELHO DE JUDAS

Entre os muitos evangelhos do século II, o de Judas, descoberto nos anos 1970 no Médio Egito, é classificado como gnóstico. É um papiro manuscrito composto por 26 páginas, parte de um códice de aproximadamente sessenta páginas, chamado Códice Tchacos, contendo também dois outros textos apócrifos, a Epístola de Pedro a Filipe e o Primeiro Apocalipse de Tiago. Ele tenta definir quem é Cristo e como caracterizá-lo. Traduzido em 2006 e publicado pela National Geographic Society, esse texto lança luz sobre as origens do cristianismo do primeiro século. Irineu de Lyon menciona a sua existência em um grupo gnóstico cainita. Seu autor é anônimo, mas adotou o nome de Judas para elevar a autoridade do texto. A decifração do papiro contradiz os ensinamentos do Novo Testamento. A tradução mostra um texto não sectário, em que Judas é aquele que Jesus escolhe para traí-lo: "Você será superior a todos, pois sacrificará o homem que me serve de cobertura carnal"[1]. Essa visão, de Judas traidor e herói, difere dos evangelhos canônicos, hoje questionada pela comunidade científica numa conferência em março de 2008, na Universidade Rice, em Houston. Judas é aí mostrado como um ser à espera de seu destino e do que lhe foi ditado pelos astros; chamado 13° *daimon*, ele é o único que vai governar aqueles que o amaldiçoam. Por meio de sua estrela, ele deverá "sacrificar a cobertura carnal de seu mestre e oferecê-la ao deus Saklas"[2]. É no século VI que Judas se torna importante e, no século V, de acordo com **Santo Agostinho**, "Judas é a figura do povo judeu"[3]. Existe um paralelismo entre a perspectiva de Judas e a que os cristãos colocam sobre o judaísmo como deicídio: Judas torna-se, então, o símbolo da culpa do povo judeu. Na Idade Média, justificam-se os impostos específicos devidos aos judeus dizendo que eles são uma compensação pelas trinta moedas de prata recebidas por Judas. Essa perspectiva, centrada nele, começa a se humanizar no século XVIII.

---

1. *L'Évangile de Judas. Du Codex Tchacos*. [O Evangelho segundo Judas. Códice Tchacos], tradução e comentários de R. Kasser, M. Meyer e G. Wurst, traduzido do Inglês por D. Bismuth, Paris, Flammarion, "Champs classiques", 2008, p. 33.

2. André Gagné, *A Critical Note on the Meaning of Apophasis in Gospel of Judas 33:1*, no Laval théologique et philosophique 63 [Laval teológica e filosófica], Laval, Éd. Faculté de philosofie, 2007, p. 337-383.

3. Fadiedy Lovesky, *Antisémitisme et mystère d'Israël* [Antissemitismo e mistério de Israel], Paris, Albin Michel, 1955, p. 139.

O CRISTIANISMO CONSTANTINIANO

No final do século III, **Aureliano** (imperador de 270 a 275) fundou uma nova religião monoteísta de estado, a do *Sol Invictus*, o deus do sol invicto cujo símbolo manda reproduzir nas insígnias militares. Ele espera, pela natureza exclusiva dessa religião, conter a ascensão do cristianismo. Os cristãos e todos aqueles que se recusam a segui-la serão perseguidos. **Constantino** (Flavius Claudius Valerius Aurelius Constantinus, c. 285-337), como seu pai **Constâncio Cloro**, segue inicialmente essa religião solar. Em seguida, observando o avanço do cristianismo e renunciando à política de perseguição de seus antecessores, ele passa a se apoiar finalmente no cristianismo para consolidar a unidade de seu império. Pelo decreto de tolerância de 30 de abril de 311, Constantino e seu vice-imperador **Licínio** colocam um fim na perseguição dos cristãos. Após a morte de Galerius em Sardes, **Maximino II Daia** domina a Ásia e durante seu reinado novas perseguições acontecem. Constantino alia-se com **Licínio** contra este último e **Maxêncio**. A batalha decisiva acontece em Roma, em 312, em Ponte Mílvia. Maxêncio morre. Diz a lenda que antes dessa batalha Constantino teria visto no céu uma cruz cercada por uma bandeirola e, convencido do poder do deus cristão, quis se converter. **Constantino** permanece como único imperador do Ocidente, enquanto Licínio, vencedor de Maximino II Daia, reina sobre o mundo oriental. Depois de sua vitória, **Constantino** erige no Forum Romanum sua estátua, em pé, com a cruz como insígnia de seu triunfo. Essa é a primeira representação do imperador cristão. Mas, ainda mais, a ligação de Constantino ao cristianismo é o ponto culminante da evolução dessa religião[146], mesmo que, no século IV, ainda muitas religiões orientais subsistam, como o culto de Ísis ou de Mitra. Os cristãos ainda são uma minoria em 312 no Império.

❖ O Édito de Milão, de 313, restabelece a paz no Império Romano ao conceder a liberdade de culto a todos os habitantes do império. Os bispos recebem os mesmos direitos e as mesmas honras que os senadores. A Igreja permanece intimamente ligada ao Estado, mesmo que ela tenha direito a receber legados. Pela primeira vez na Roma Antiga, um imperador também é chefe da Igreja. A vida pública, seguindo o edital, mudou consideravelmente: a adoração pagã foi reprimida e os sacrifícios pagãos oficialmente proibidos em 319. Os cristãos ocupam os mais altos cargos administrativos. Em 321, o domingo, dia da ressurreição de Cristo, é declarado feriado legal. Em 325, jogos de gladiadores são anulados. As moedas com emblemas pagãos são gradualmente eliminadas. Finalmente, uma de suas consequências afeta a arte: permite-se que esta se desenvolva livremente. Muitas igrejas serão construídas sob o Papa **Silvestre I** (314-335) e seus sucessores.

---

146. A este respeito, ver Yves Moderan, *L'Empire romain tardif: 235-395 apr. J.-C.* [O Império Romano tardio: 235-395 d.C.], Paris, Ellipses, 2006.

❖ O Concílio de Niceia, em 325, o Primeiro Concílio Ecumênico, é convocado pelo imperador para resolver o problema levantado por Ário a respeito da Trindade, que divide as Igrejas do Oriente. Ligado à Igreja de Antioquia, **Ário**, aluno de **Luciano**, argumenta que o filho, Jesus, não é idêntico a Deus, mas a um outro, revestido por ele de seus poderes divinos. Dois teólogos, **Eusébio**, bispo de Cesareia, e **Eusébio**, bispo de Nicomédia, contribuem para a propagação dessa doutrina, possível fonte da divisão da Igreja, ameaça para a ordem política interna. Constantino, consciente do perigo, apoiado pelo Papa **Silvestre**, expede uma demanda aos bispos. O concílio, cuja sede se encontra no palácio de verão do imperador, reúne cerca de 250 bispos dos quais somente três do Ocidente. Atanásio[147] está à frente dos adversários de Ário. O concílio cria a unidade e formula o que se chama de "Credo de Niceia". **Ário** será banido, assim como **Eusébio de Nicomédia**. No entanto, **Constantino** o faz voltar e o problema do arianismo continua em suspenso. Ele bane, num contra-ataque, Atanásio, como encrenqueiro. Toda a cristandade do Oriente se tornará ariana, enquanto o Ocidente adere ao Credo de Niceia. Um ano antes, **Constantinopla** é fundada, substituindo Roma por razões estratégicas – trata-se de um ponto de contato entre o Oriente, em pleno desenvolvimento, e o Ocidente. Constantino começa oficialmente, em 326, a transformação de Bizâncio numa nova Roma cristã. Constantinopla torna-se, então, uma cópia de Roma, com a sua divisão em catorze distritos e suas sete colinas. O hipódromo é similar ao Grande Circo Romano. Mas, ao contrário de Roma, não há nem lugar nem adoração pagã. A Igreja Romana torna-se politicamente mais independente e o poder do papa aumenta devido a seu distanciamento da corte imperial. O latim torna-se a língua clerical. No domingo de 22 de maio de 337, no dia de Pentecostes, Constantino morre em Nicomédia. Pelo fato de seu mausoléu ainda não ter sido construído, seus restos mortais foram levados para a Igreja dos Santos Apóstolos. Seu três filhos serão proclamados Augusto. **Constantino II** recebe o Ocidente; **Constâncio II**, o Oriente; e Constante, com 14 anos, sob a tutela de seu irmão mais velho, recebe um império do centro. O filho foi declarado de mesma "substância" do pai. O Concílio reconhece também a preeminência da sede de Alexandria sobre todas as igrejas do Egito e fixa a data da Páscoa. Esse texto é estendido em 451 pelo Concílio de Calcedônia, que evoca as duas naturezas de Cristo, humana e divina, reunidas em uma só pessoa. No século VIII, os ocidentais introduzem no Credo a expressão *filioque*, "ele procede do Pai e do Filho".

---

147. Quando, exilado de Alexandria, Atanásio veio a Roma e a Tréveris, ele pregou no Ocidente o ideal da renúncia ao mundo e a vida monástica. Ele é o autor de uma descrição da vida de Santo Antônio que será muito importante no monaquismo ocidental.

O CRISTIANISMO DEPOIS DE CONSTANTINO

No final do século IV, o cristianismo apresenta-se assim: politicamente, parece não ter mais adversários e sua expansão vai além das fronteiras do Império. Intelectualmente, os Padres da Igreja asseguraram, por seus sermões, seus tratados teológicos, seus comentários, uma vivacidade sem precedentes. Culturalmente, a arte cristã cresce e toma forma. Economicamente, as igrejas são dotadas de territórios e recursos muito significativos. Socialmente, o cristianismo atingiu todos os estratos sociais, do camponês ao aristocrata. O século V vai tornar opaco esse quadro idílico, pois uma nova era começa com as invasões bárbaras. O Ocidente latino se fragmentou em uma infinidade de reinos bárbaros: os reinos visigodo, ostrogodo, burgúndio, vândalo etc. Além disso, esse mesmo Ocidente está nas mãos de diferentes reis, ao passo que, no Oriente, o reinado imperial continua. O Ocidente luta contra o pelagianismo, doutrina do bretão Pelágio (350-420), que coloca a relação do homem com Deus sob a bandeira da liberdade, enquanto, no Oriente, diferentes movimentos, sobre a natureza de Cristo, lutam por meio dos concílios. O fosso se abre entre o Ocidente e o Oriente, já geograficamente, pois a Ilíria (oeste da atual Croácia), última ponte entre os dois, foi invadida pelos bárbaros. Dois centros religiosos afirmam-se: de um lado Roma, cuja supremacia religiosa foi reconhecida por todas as igrejas até o final do século IV; e do outro Constantinopla, capital do Império desde 330, que reivindica os mesmos privilégios. Em 381, o Concílio de Constantinopla dedica-lhe a primazia de honra, embora sempre em segundo lugar, depois de Roma. O bispo Damásio (304-384) é o primeiro papa a distinguir Roma como a sede apostólica, preparada pelo apóstolo Pedro, fundador da Igreja Católica Romana. No concílio de Roma que ele reúne em 381, a primazia episcopal de Roma é pronunciada. Na mesma data, Teodósio reúne um segundo concílio ecumênico em Constantinopla, sob a presidência de **Gregório de Nazianzo** (329-390). O Credo Niceno é aceito por unanimidade. Constantinopla torna-se, assim, o primeiro bispado oriental. Em 431, acontece o terceiro concílio ecumênico em Éfeso, que condena o nestorianismo, heresia que entra para a história com **Nestório de Antioquia** (381-451), patriarca de Constantinopla. Para conceber a relação entre os três princípios divinos, os nestorianos negam a humanidade de Cristo e consideram seu corpo uma aparência. Nestório vê em Maria apenas a mãe de Deus. Ele será excluído da igreja e banido; morreu em 451 no deserto. Com o Papa **Leão I, o Grande**, em 440, o papado alcança pela primeira vez um grande poder. Um édito de **Valentiniano III**, em 445, confirma a primazia da sede de Pedro no Ocidente. O quarto concílio de Calcedônia, em 451, é uma condenação ao monofisismo. Depois de renovar a condenação do nestorianismo, apoiada pelo Concílio de Éfeso em 431, a Calcedônia exclui o erro inverso do monofisismo de **Eutiques** (?-c. 454), pelo qual se via apenas uma natureza em Cristo, a natureza humana absorvendo a natureza divina. Essa heresia vai se tornar a mais poderosa e mais popular da Antiguidade cristã. O resultado é o primeiro cisma, em 484, entre as Igrejas do Oriente e do Ocidente. Foi somente em 519 que Justiniano conseguiu restaurar provisoriamente a unidade da Igreja ao confirmar o julgamento de Calcedônia, mas não conseguiu destruir a heresia. Os bispos gregos reconhecem a primazia do papa. Então, em 492, o Papa **Gelásio I** (492-496) lança as bases da doutrina medieval dos "dois poderes." Numa carta a Anastácio, ele insiste na autoridade dos bispos, que deve equivaler à dos soberanos temporais, e afirma que os dois poderes devem governar o mundo juntos. Pela primeira vez, sob o reinado do Papa **Símaco** (498-514), é criada uma regra de sucessão ao trono de São Pedro: o voto da maioria do clero nomeará o sucessor de um papa morto sem ter designado seu próprio sucessor.

OS DOUTORES E PADRES DA IGREJA NO SÉCULO IV

A antiguidade, a ortodoxia, bem como o fato de ser bispo e ter defendido pela escrita ou por atos a doutrina católica são obrigatórios. O conhecimento dos Padres da Igreja é chamado patrístico e drena uma parte da teologia cristã. A patrologia é o estudo dos textos literários e obras desses mesmos padres. Em meados do século IV, na Capadócia, vivem os mais famosos doutores do Oriente depois de **Atanásio de Alexandria** (295-373): **São Basílio, o Grande** (329-379), bispo de Cesareia, **São Gregório**, bispo de Nissa, **São Gregório de Nazianzo**, bispo de Constantinopla (329-390), e **João Crisóstomo** (345-407), arcebispo de Constantinopla. Antes de se tornarem bispos em exercício, eles estudam as obras dos apologistas, especialmente as de **Orígenes** (185-c. 253). Como doutores da Igreja, eles aderem ao Credo de Niceia e combatem o arianismo. No século IV, a controvérsia diz respeito à noção de filho de Deus – o Deus do cristianismo, pai de Jesus Cristo, é um Deus em três hipóstases ou pessoas distintas: o Pai, o Filho e o Espírito Santo – e particularmente à natureza humana ou divina de Cristo.

❖ **Santo Agostinho** (Aurelius Augustinus, 354-430) será o único Padre da Igreja cujas obras e doutrina resultaram num sistema de pensamento. Não é apenas um dos maiores Padres da Igreja, mas também um dos seus maiores filósofos. Marcado pela dupla herança do platonismo e do cristianismo, ele supõe que Deus é apreendido por um ato interno. O homem pode compreendê-lo, mas também colocar ao seu alcance as verdades eternas. Nascido em Tagaste, na Numídia, de uma mãe cristã, Mônica, seus estudos são feitos em Madaura e depois em Cartago, graças a seus dons excepcionais. Seu pensamento, influenciado pelo platonismo, perpetua-se e várias teses levantadas são novamente estudadas: as da predestinação, da política, da visão do mundo. Com suas *Confissões*, ele escreve a primeira confissão interior, abrindo a sua consciência e compartilhando suas emoções, que tinha, até então, o costume de calar. O que faz a sua unidade e dá a forma de um diálogo com Deus é a intensidade dramática da recordação. É uma experiência interior que é contada, mas que também gira em torno da experiência do tempo. A *Cidade de Deus* é escrita em reação ao saque de Roma pelos bárbaros de **Alarico**. Ele opõe a cidade terrena à cidade celestial, a cidade de Deus que dá sentido ao futuro do mundo. Essas duas cidades são misturadas até o Juízo Final quando, definitivamente, elas serão separadas. Esta será a base da filosofia histórica cristã medieval e o postulado da Providência, do livre-arbítrio, da eternidade e da impenetrabilidade da vontade divina.

O INÍCIO DO MONAQUISMO

Desde o início, **o monaquismo cristão** manifesta-se em vários lugares. A palavra "monaquismo" (ou monasticismo) aplica-se a todos os eremitas, anacoretas, cenobitas, esses homens que optaram por viver à parte da sociedade para se dedicar à oração e ao serviço de Deus. O monaquismo ocidental cresce na Gália; o primeiro mosteiro é o de Ilha Barbe, *Insula Barbara*, no rio Saône. Em 202, as perseguições de Septímio Severo levam uma comunidade de cristãos a se consolidar ali. O monaquismo desenvolve-se um século depois em Roma. Os bispos mais ilustres – **Santo Eusébio**, em Vercelli, Santo Ambrósio em Milão, Santo Agostinho em Hipona – organizam uma vida conjunta para seus clérigos. Mas é principalmente sob a influência de Santo Atanásio que o monaquismo propaga-se no Ocidente. Alguns grupos de eremitas instalam-se às margens do Mosela. Mas seu artesão mais importante é **São Bento de Núrsia** que, depois do século V, leva sua comunidade para o Monte Cassino e ali escreve sua regra. O termo *regula* não implica necessariamente uma regra escrita e também pode designar a autoridade de um abade. No entanto, nos séculos V e VI, cerca de quinze regras latinas foram elaboradas para codificar, por escrito, a vida monástica.

No Ocidente

São Bento de Núrsia (480-547) é o fundador do mosteiro de Monte Cassino da **ordem beneditina**, primeira organização caracterizada do monaquismo ocidental. Lá, ele escreve a regra que a tradição nos transmitiu sob seu nome. Ele não é o primeiro redator de regra monástica, tendo tido acesso às regras que nasceram no Egito em torno de São Pacômio de Tabenna, na África do Norte com Santo Agostinho e no sul da Gália no monastério das ilhas de Lérins. Mas, principalmente, ele recolheu a síntese prática que é designada pelo nome de Regra do Mestre, da qual não se conhece o autor exato. Pela primeira vez, graças à fundação de um convento central, uma ordem torna-se sedentária e pode se sustentar sem recorrer a doações de caridade recolhidas pelos monges mendigos. A ciência e agricultura são praticadas com a mesma assiduidade, porém se mantêm subordinadas ao serviço divino. As principais abadias beneditinas são as de: Landévennec, fundada em 485 por São Guenoleu; de Saint-Germain-des-Prés, em 540 por **Childeberto I**; de Brantôme por Carlos Magno, em 769; e de Cluny por **Guilherme I da Aquitânia**, em 910. Ao longo da Alta Idade Média, após a conversão da Inglaterra e a evangelização dos países germânicos no século VIII, os mosteiros não param de se multiplicar.

No Oriente

No Oriente, o primeiro eremita cristão foi **Santo Antão do Deserto** (c. 251-c. 356), que havia se retirado no deserto. Seu exemplo faz escola, mas apresenta problemas para a vida cristã, porque outro eremita, **São Pacômio** (292-348), descobre, na vida eremítica sem regras, perigos que ele tenta compensar fundando uma comunidade submetida a um regime comum de oração e de trabalho sob a autoridade de um superior. Após ter sido atestado no Egito, o monaquismo está também na Palestina, com Hilarião e sua idade de ouro, sob **Eutímio, o Grande** (377-473), e **São Sabas** (439-532). A *laure*, aldeia de monges, espalha-se no deserto de Jerusalém.

OS TERMOS DO EREMITISMO

- **Anacoretismo**: a solidão completa é um elemento essencial do ascetismo do eremita.
- **Semianacoretismo**: agrupamento de anacoretas em torno de um mesmo lugar para receber ensinamentos de um ancião. Isso não implica de modo algum a busca por uma vida comunitária.
- **O cenobitismo**: comunidade monástica formada para conduzir uma vida em comunidade. Continua a ser uma forma de monaquismo do deserto, já que retoma o semianacoretismo, mas acresce uma vida comunitária sobre o modelo da Igreja primitiva de Jerusalém. Os bens são comuns. A submissão e o respeito às regras comuns o definem. Toma emprestado ao monaquismo urbano um caráter eclesial e litúrgico nitidamente mais marcado que o do semianacoretismo.

A CRISTIANIZAÇÃO DA EUROPA

Ocorrem migrações na Europa entre 375, a invasão dos hunos, e 568, a migração dos lombardos. A poderosa e constante intrusão desses povos na Europa vai mudar o seu estatuto político e a civilização. A maioria dos povos bárbaros[148], com exceção dos da França, já estão cristianizados quando invadem o Ocidente – cristianizados, mas de confissão ariana, heresia condenada em 325 pelo Concílio de Niceia. As invasões vão

---

148. Sobre isto, ver Roger-Pol Droit, *Généalogie des Barbares* [Genealogia dos Bárbaros], Paris, Odile Jacob, 2007.

criar uma enorme confusão entre os romanos. O saque de Roma por **Alarico**, em 410, tem uma repercussão considerável. As tribos germânicas pilham as províncias romanas. Incapazes de lidar com todas as frentes, as autoridades imperiais tentam dispersar os bárbaros e mantê-los longe das áreas mais ricas e urbanizadas. A chegada dos hunos tem repercussões ao longo dos *limes* (barreiras ou muralhas romanas fortificadas) até a Germânia Ocidental. Em 406, vândalos, suevos e alanos cruzam o Reno, na altura de Mainz. Eles se espalham pela a Gália e devastam tudo. Outros povos bárbaros se infiltram depois deles e caminham para o oeste do Reno: burgúndios, alamanos, francos. Em 409, os vândalos, suevos e alanos se espalham pela Espanha, continuando a pilhagem. O imperador **Honório**, em 413, instala os visigodos na Gália Narbonense, sob a liderança do rei Ataulfo, e, em 415, ele lhes pede que lutem contra os vândalos para chamá-los de forma permanente três anos depois e instalá-los na Aquitânia. O reino de Toulouse é o primeiro reino bárbaro estabelecido no interior do Império. Os alamanos se estabelecem na margem esquerda do Reno, ao passo que os francos se aproveitam da desorganização do Império para avançar a oeste do Reno. Povos inteiros estão agora instalados no Império. Sob a autoridade de um rei nacional, eles gozam de total autonomia, mas são considerados tropas regulares a serviço de Roma e seu rei ocupa um lugar na hierarquia militar. Com a desorganização do Império, os bispos vão desempenhar um papel importante entre os romanos e os bárbaros. Leão, o Grande, papa no século V, vai ao encontro de **Átila** para negociar. Uma pintura de **Rafael**, no Vaticano, mostra esse encontro com o huno. Este último se compromete a não marchar sobre Roma e se retirar. Mas também há freiras como Santa Genoveva, que levanta o moral dos parisienses, quando esse mesmo Átila se apresenta às portas de Paris. Acolhidos como convidados, os invasores são fixados nessa terra com base num tratado, *foedus*, daí o nome federado, que lhes é definitivamente dado. O verdadeiro arquiteto dessa política de colaboração, sugerindo que, entre 423 e 450, a crise das invasões foi superada, é **Aécio** (c. 395-454). Generalíssimo das legiões romanas, com a ajuda dos hunos, ele derrota os burgúndios do Reno inferior, cujo rei Gunther havia violado seus compromissos com Roma. Aécio instala o restante do povo burgúndio como federados no Ródano superior e no Saône, tendo Genebra como centro e dando-lhes a missão de guardar as fronteiras contra os alamanos. No entanto, ele não pode impedir a tomada de Cartago por **Genserico**, rei dos vândalos, que deixa a Espanha. Ele adquire, assim, uma grande base do Mediterrâneo, o que lhe fornece uma potência naval. Aécio deve aceitar a paz que Genserico lhe oferece. As regiões mais ricas ao redor de Cartago lhe são concedidas não como federadas, de acordo com a lei colonial romana, mas como conquistadas. Os bens dos proprietários romanos e dos clérigos católicos são confiscados. Em troca, Genserico se compromete a fornecer grãos para Roma. As consequências da instalação desses povos federados são decisivas, mesmo que a situação varie conforme a região. Assiste-se a um declínio do cristianismo onde os francos se instalam, no norte da Gália, e onde estão os arianos, que fazem de sua fé um fator de identidade nacional. Outra consequência, depois de 476, permite à aristocracia senatorial investir-se de cargas episcopais. Sua legitimidade é rapidamente aceita pela Igreja. Os soberanos pagãos também aceitam essa colaboração com a Igreja e os bispos garantem a sobrevivência das instituições romanas. Eles são os primeiros a se converter e a pedir o batismo, como Clóvis.

A cristianização entre os germanos orientais começa no século IV com **Úlfilas** (c. 311-383), demorando mais de oito séculos para o conjunto dos germanos. A missão da cristianização depende do poder de persuasão do missionário para mostrar a ineficácia dos deuses pagãos perante o deus dos cristãos. Quando convence, a fé é discutida em assembleia. Mas o fato mais importante da história da cristandade no Ocidente é a propagação do cristianismo nas Ilhas Britânicas, no sul da Inglaterra, na Escócia e na Irlanda. O cristianismo se espalha primeiro na província da Bretanha, conquistada pelos romanos aos celtas. Por volta do século IV, a Igreja britânica, sob os ataques dos pictos no Norte, dos gaels irlandeses no oeste, dos anglos e dos saxões vindos do leste, sucumbe ao mesmo tempo que a soberania romana. Os cristãos que permanecem na ilha se refugiam nas montanhas a oeste. Em 429, a fim de lutar contra o pelagianismo, **São Germano**, bispo de Auxerre, vai até lá. O resultado é a restauração de uma ordem cristã com bases novas. Um movimento missionário desenvolve-se para a Escócia e a Irlanda. Sob as ordens do papa, o bispo **Paládio** evangeliza a Irlanda. Mas a cristianização completa da ilha será o trabalho feito por **São Patrício** (c. 385-461) em 431. Sua organização difere daquela do cristandade do continente e até mesmo de Roma. Os conventos ali formam a base da administração eclesiástica. A diocese de um convento abrange o território temporal de uma tribo cujo chefe é o fundador e o proprietário. Desde 602-603, serão feitos esforços para acabar com as oposições por "concílios de união": cálculo da Páscoa, rito do batismo, costumes litúrgicos são reunificados. Os principais missionários irlandeses na Grã-Bretanha e no continente são **Columbano, o Velho** (ou Columbano de Iona, 521-597), apóstolo dos pictos, anglos e saxões, e **Columbano, o Jovem** (ou Columbano de Luxeuil, 540-615), fundador de vários conventos na Gália. Entre seus discípulos figuram Galo na Suíça, fundador de uma ermitagem que se tornará o mosteiro de São Galo.

O CRISTIANISMO ORIENTAL

Enquanto o Ocidente cristão dos reinos bárbaros mergulha numa noite cultural e intelectual dos primeiros séculos da Idade Média, o Oriente se divide religiosamente, constrói mosteiros e igrejas, esboça sua liturgia, envia missionários para evangelizarem a Armênia, a Geórgia, a Pérsia. Dois monumentos do Oriente ainda são a glória de seu império cristão: a Catedral de Santa Sofia e o *Código Justiniano*, uma coletânea de todas as leis do Império. No entanto, falta ao Oriente um centro apostólico semelhante a Roma para o Ocidente. As comunidades eclesiásticas desenvolvem-se consideravelmente e surgem divisões religiosas internas. O imperador bizantino, ou o patriarca de Constantinopla, o mais poderoso prelado não é, por isso, o líder da igreja do Oriente. O papa continua a ser o sucessor apostólico de São Pedro, príncipe dos apóstolos. As doutrinas teológicas do Oriente são concebidas como fontes permanentes de ataques contra a autoridade doutrinal do bispo de Roma. As reformas de Justiniano também causam inconvenientes para a administração eclesiástica e para o clero. A ligação estreita com o Estado leva à secularização da Igreja. Assim, veem-se antigos funcionários, homens sem formação, tornarem-se bispos. É a preço de ouro que os novos sacerdotes adquirem sua entrada no clero. A liturgia transforma-se no século VI, destacando-se cada vez mais daquela praticada no Ocidente. O fausto e o tom solene das cerimônias, a preciosidade dos paramentos fazem-na sobressair mais no Oriente. O uso de grego permite ao povo participar das cerimônias. Mas o fosso aumenta ainda mais com a inovação do mistério da Eucaristia, que, em vez de se desenrolar diante dos olhos dos fiéis, refugia-se no segredo do Santo dos Santos, onde somente os sacerdotes estão presentes. Uma cortina ou parede, a iconóstase, tira, de fato, a encarnação de Cristo dos olhos da comunidade. Os sacerdotes antes e depois da consagração realizam uma procissão para mostrar o mistério para as pessoas. O final do século VI é marcado pela ascensão ao papado de **Gregório I, o Grande**, o primeiro monge a ascender ao trono de São Pedro. Ele se revela um proeminente líder da Igreja pelo desenvolvimento de uma nova ordem na administração eclesiástica da Itália e das terras recém-adquiridas pelo cristianismo e por suas ações missionárias: quarenta beneditinos evangelizam os anglos e os saxões. Sua política ponderada permite, a partir daí, a preparação de um vínculo estreito entre a Igreja e os soberanos germanos, ainda mais essencial, porque ficará acima de toda futura política ocidental. Sua atividade pastoral é efetivada por meio de 850 cartas e missivas, uma documentação essencial sobre a teologia na Idade Média.

3. A PRIMEIRA ARTE CRISTÃ

A ARTE PALEOCRISTÃ

Somente a partir do século III é que alguns edifícios são dedicados à celebração do culto. Durante as perseguições, esses edifícios são destruídos, e as comunidades se reúnem então nas catacumbas ou em casas particulares convertidas em igrejas. Os cemitérios cristãos, que não são diferentes das catacumbas pagãs e judaicas, existem a partir do século II em todo o Império, em Roma, em Nápoles, em Alexandria, em Siracusa, em Malta, na África do Norte, na Ásia Menor. As casas particulares são meras construções, às vezes ricas vilas, como as de alguns senadores ou matronas. No entanto, são utilizadas também igrejas, pois em 260, por ordem de Galiano (imperador de 253-268), restauram-se algumas em Roma. Os temas pictóricos que decoram as catacumbas, em vez de serem emprestados aos pagãos, apresentam muitos símbolos como forma de reconhecimento: cruz, peixes, pombas, âncoras. A palavra grega *ichtyos* (peixe) serve de anagrama para Jesus Cristo, filho de Deus e salvador. A arte cristã não é uma criação original. Ela também é encontrada em Roma e no Oriente Próximo. Pode-se dizer que a arte antiga cristianiza-se. Os motivos são, em parte, transposições de imagens pagãs. Assim, o motivo de Cupido e Psiquê, no cemitério de Domitila (século III), serve para evocar os destinados da alma, o antigo condutor de rebanho dá sua atitude ao bom pastor, como o mito de Orfeu, nas Catacumbas de Priscila. Mas temas puramente cristãos também aparecem, cenas do Antigo Testamento (sacrifício de Abraão, Jonas e a baleia) ou do Novo Testamento (a ressurreição de Lázaro). A partir do século II, surgem as figuras de Cristo, no cemitério de Pretextato, e da Virgem, nas catacumbas de Priscila. Mencionemos os afrescos da sinagoga de Dura Europos, que sucumbe aos ataques persas em meados do século III: eles ainda são um dos conjuntos de pintura mais monumentais do Oriente romano. Provam que, apesar da proibição judaica das imagens, havia entre os judeus uma pintura figurativa religiosa.

A ARQUITETURA CRISTÃ

O edifício religioso mais representativo do período de Constantino, e também o mais antigo do gênero, é a basílica primitiva de São Pedro. Consagrada em 326, foi demolida em 1506 para abrir caminho para a atual São Pedro. A basílica tem uma nave retangular principal, ladeada por outras mais baixas nas laterais. As naves centrais e laterais são separadas por colunas. As salas são cobertas ou por simples vigas, ou por um teto de madeira. Uma nave transversal é adicionada a leste da sala reservada para a comunidade. A abside está diretamente ligada a ela. Em seu centro, encontra-se o trono do papa e, em frente, os bancos do clero. As quatro maiores basílicas desse período são São Pedro, São Paulo Extramuros, São João de Latrão, Santa Maria Maior. Mas há também Santa Sabina. No Oriente, as principais criações de Constantino estão na Síria e na Palestina. Em Antioquia, então a terceira cidade do mundo, ele começa a construção da "catedral do céu dourado", porque foi coberta de mosaicos cujo fundo foi feito de ouro. Ela tinha uma cúpula no centro. Iniciada em 327, será concluída em 341. Esse magnífico edifício servirá de modelo para outras igrejas da cristandade, tanto bizantinas como latinas. É no Oriente romano que são desenvolvidas as formas características de uma arte especificamente cristã. Os *martyria*, edifícios comemorativos de mártires onde se faz sua adoração, na Terra Santa, correspondem a todos os lugares marcados pela passagem do Senhor. Assim, no cume do Monte das Oliveiras, Santa Helena constrói Eleona. O Anastasis, ou Igreja da Ressurreição, com plano central mais poligonal, é construído por Constantino sobre o túmulo de Cristo em Jerusalém. Em

Belém, ele constrói a Igreja da Natividade. Constantino dá total liberdade aos arquitetos dos diferentes lugares do Império para executarem seus trabalhos.

A ESCULTURA CRISTÃ

A escultura se manifesta principalmente nos baixos-relevos de sarcófagos, que retomam a tradição do últimos tempos da Antiguidade e readaptam temas pagãos às convicções cristãs. Cristo é, assim, colocado entre os seus discípulos como um antigo filósofo. A partir de Constantino, as representações são estruturadas num friso ininterrupto que lembram as cenas do Novo Testamento. Às vezes, o retrato do falecido também é reproduzido no centro num medalhão ou numa concha. Os principais centros de produção serão Arles, Roma, Ásia Menor. Os marfins são os melhores produtos da arte do século IV. Os centros imperiais (Roma, Milão, Ravena) trabalham ao mesmo tempo que os centros orientais da Síria, de Constantinopla. Entre as realizações mais famosas, citemos a cadeira episcopal de Maximiano em Ravena, executada durante o reinado de Justiniano.

A ARTE COPTA

A arte copta é a arte dos cristãos egípcios que perdura do Édito de Milão em 313, em que se reconhece a existência da comunidade cristã, até depois de 640, quando os árabes conquistam o país. Suas origens encontram-se na arte romana que, depois da arte helenística, se desenvolveu em todo o Império. Os coptas são cristãos monofisitas cuja língua litúrgica continua a ser o copta, última forma de linguagem faraônica, que desaparece do uso corrente durante o século XVII. A palavra "copta" vem do árabe *qubti*, corrupção do grego *aiguptios*, transformada em (*ai*)*gubti*(*os*) e, depois, *qubti*. O Egito mantém-se fiel às suas antigas concepções religiosas até o século III. Também no Egito se desenvolve a vida monástica antes de se espalhar no Oriente e no Ocidente latino. Os **monumentos típicos** da arquitetura copta também serão os mosteiros e as igrejas, e os seus construtores serão os bispos. Entre os mais famosos, destacam-se: o Mosteiro Branco, *Deir el-Abiad*, e o Mosteiro Vermelho, *Deir el-Ahmar*. Da mesma forma, as capelas do Mosteiro Bauit, fundado no século IV, são construídas a partir da planta basilical das igrejas constantinianas, com a cúpula abside em trevo e a cobertura da nave com vigas. A arquitetura medieval é influenciada por esse tipo de planta. O mosteiro prospera até o século VIII e, em seguida, entra em declínio com a islamização do país.

A pintura e os tecidos coptas

A pintura cristã tem suas primeiras manifestações no Egito nas catacumbas de Alexandria. Afrescos retomam os temas da Síria e da Mesopotâmia, e também os das catacumbas romanas. Mais tarde, os monges coptas realizam novas pinturas em suas igrejas, copiam manuscritos que revelam uma grande originalidade, tais como os do Faium. Nessa região do Alto Egito, na época dos Ptolomeus, o culto funerário egípcio sofre influência romana e se transforma. Em vez de dar a forma de um rosto humano à parte do sarcófago em que a cabeça do morto repousava, segundo o antigo costume, pinta-se um retrato do falecido numa placa de madeira que é inserida acima do rosto nas faixas da múmia como se fosse a verdadeira face do morto. Utilizava-se para essa arte do retrato a técnica da encáustica, já conhecida no século V a.C. As cores são diluídas na cera e esta, assim matizada, depois de ter sido aquecida, é aplicada com um pincel sobre a superfície a ser pintada. Esta técnica tem a vantagem de proporcionar uma grande variedade de nuanças. Esses retratos de múmias foram executados entre os séculos I e IV. A pintura copta mostra um processo de mapeamento semelhante ao da pintura bizantina. As principais cores usadas são o amarelo, o vermelho, o azul. Às vezes, o artista se limita quase exclusivamente a elas. Os centros mais importantes são os de Bauit, *Deir Abu Hennis*, perto de Antínoo, do Mosteiro Branco e do Mosteiro Vermelho. Mas a arte copta é conhecida sobretudo por seus tecidos, que sobreviveram intactos por causa do clima seco. Eles refletem uma estilização geométrica das figuras mais ousadas que as pinturas. Três períodos puderam ser determinados em sua evolução: um período pós-helênico (séculos IV-V), dominado por motivos greco-romanos; um período cristão (séculos V-VI), em que se veem motivos tais como a cruz ou cenas bíblicas; um período copta (séculos VI-VII), que usará os motivos bizantinos ou sassânidas.

TERCEIRA PARTE
IDADE MÉDIA

CAPÍTULO I
A ÉPOCA DAS INVASÕES

A passagem da Antiguidade à Idade Média começa com as grandes invasões, ou com as migrações dos povos caros aos humanistas alemães, desde os hunos, em torno de 375, até os lombardos, em 568. Após a pilhagem das províncias romanas, as tribos germânicas se instalam entre o Reno e o Escalda, na Gália, na Península Ibérica. Os vândalos cruzam o futuro Estreito de Gibraltar, tomam posse da África do Norte e não tardam a controlar suas ricas terras de trigo e o Mediterrâneo. O século VI vê o nascimento do reino lombardo na Itália, recém-chegado ao lado dos reinos visigodo, na Espanha, e franco, na Gália. Grécia e Oriente Próximo sofrem ataques dos eslavos, que ameaçam o Império Bizantino. Do antigo Império Romano do Ocidente subsiste com dificuldade um estreito território em torno de Ravena, sob a soberania de Bizâncio, pelo menos sob Justiniano. Enquanto se apaga a civilização urbana criada anteriormente por Roma, uma nova unidade europeia avança gradualmente, o cristianismo. A Igreja multiplica os envios de missionários, bispos e abades fazem de sua sede o centro da atividade religiosa, política, econômica, ligada pelos conventos e igrejas à Roma. Um face a face é estabelecido: povos germânicos de um lado, a Igreja do outro. Quando **Clóvis**, rei dos francos sálios, se converte, ele aproxima as duas entidades para formar a Idade Média ocidental. Ao mesmo tempo, Bizâncio passa por uma transformação depois de **Maurício**, e entra numa era de declínio político e alargamento cultural, confrontada pelo nascente Islã, que rapidamente se transforma em conquistador.

1. AS PRIMEIRAS INVASÕES: GERMANOS E HUNOS

HISTÓRIA E ORGANIZAÇÃO POLÍTICA DA SOCIEDADE GERMÂNICA

É a partir do século IV que os bárbaros germânicos começam sua migração para o oeste e o sul da Europa, mais conhecida como *grandes invasões*. É possível lhes atribuir um período histórico situado entre a revolta dos visigodos na Trácia, em 378, e a vitória de Clóvis em Soissons em 486. Entre essas duas datas, o Império Romano e depois o Império Romano do Ocidente oscilam entre duas políticas. Em caso de emergência, quando o *lime*, a fronteira do Império, é pressionado, convém preservar a unidade política e ajudar as populações fronteiriças, enviando o exército. Depois de concluir as operações militares, os bárbaros derrotados são instalados nas fronteiras, das quais asseguram a guarda na qualidade de pessoal auxiliar, uma escolha que trouxe sérias ameaças para o futuro de Roma. Se, entre os séculos I e II, os germanos estão divididos em muitas tribos, com uma aristocracia que acumula funções políticas, sociais e militares, a partir do século II, as tribos começam a se unir em federações. A partir de então, os povoados germânicos vivem como aliados no território romano sob o governo de seus próprios príncipes. No entanto, eles são excluídos do *connubium*, direito de casamento com os romanos. Os textos escritos mencionam, nesse momento de sua expansão, godos, vândalos, hérulos. Então, estes são expulsos do sul da Suécia pelos germanos setentrionais. Eles se dividem em um grupo ocidental do mar do Norte e em um grupo oriental, na costa sul do mar Báltico. Os gépidas, instalados nessa região, são expulsos e reprimem, por sua vez, os burgúndios estabelecidos nos territórios do braço do Vístula. Em meados do século III, uma grande parte dos burgúndios se move para o oeste e se estabelece no Alto e no Médio Meno. Grupos dispersos de vândalos se juntam a eles e, assim, ocupam o território dos alamanos. Ao mesmo tempo, as tribos do Holstein ocidental, os da embocadura do Elba e outros povos da costa do mar do Norte se juntam para formar o povo saxão. O povo franco segue o mesmo movimento na segunda metade do mesmo século e se agrupa, depois de ganhar sua independência em torno de 250. Nos anos 267-268, os godos associados aos hérulos fazem expedições marítimas no mar Egeu. Tessalônica é atacada, enquanto Atenas, Corinto, Argos, Esparta e Olímpia sofrem pilhagens. Impulsionados pela fome, os visigodos, estabelecidos nas montanhas áridas da Trácia, se rebelam-se em 378. Os ostrogodos, empurrados pelos hunos, aproveitam essa revolta para penetrar no Império pela fronteira do Danúbio, então aberta. Eles a atravessam em 405 sob a liderança do rei **Radagaiso** e cruzam os Alpes na direção da Itália. Eles são destruídos perto de Florença. Durante esse tempo, sob a pressão dos hunos, os alamanos, a tribo sueva de Quades, os burgúndios e a tribo sármata dos alanos atravessam o Reno e entram no Império Romano, chegando à Espanha em 409. Em 429, os vândalos chegam à África comandados por **Genserico** (427-477) e aí fundam seu reino, depois da tomada de Cartago em 439. Com uma sucessão de conquistas, ele saqueia Roma em 455 e domina também a Córsega, a Sardenha e parte da Sicília. Em 476, é reconhecido como mestre de todas as suas conquistas por **Odoacro** (c. 435-493), chefe dos hérulos, ministro de Átila e novo mestre do Ocidente. Em 451, acontece um levante muito forte dos hunos, aos quais se juntam príncipes ostrogodos. Eles encontram os exércitos romanos de **Aécio** (c. 395-454) e seus aliados, os visigodos, tornados independentes assim como os federados germanos da Gália. A batalha dos Campos Cataláunicos, entre Troyes e Chalons-sur-Marne, é decisiva para Átila, que se retira para além do Reno após essa derrota. Os francos, sob a liderança do rei **Clódio, "o Cabeludo"** (c. 390-c. 450), começam a se mover em direção ao sudoeste. Clóvis (466-511), filho de **Childerico** (c. 440-481), termina sua epopeia com a vitória de Soissons sobre Siágrio, em 486, e toma posse dos territórios entre os rios Somme e Loire, pondo fim à soberania romana na Gália e se tornando o fundador do reino franco. Primeiro rei cristão dos francos, Clóvis é conhecido graças ao bispo **Dom Gregório de Tours** (c. 538-594), historiador da igreja e autor de uma *História dos francos*. Clóvis foi batizado por **Remi**, bispo de Reims. Ao contrário de outros reis, ele não abraça a fé ariana, mas sim a cristã. Sua conversão reforça a sua autoridade. Em 507, a batalha de Vouillé, perto de Poitiers, lhe permite adicionar a Aquitânia ao seu território. Paris, dois anos depois, torna-se a sua residência principal, enquanto recebe do imperador **Anastácio I** (c. 430-518) o título de cônsul. Em julho de 511, o Concílio de Orléans na Gália também mostra que ele é considerado um "rei muito glorioso, filho da Santa Igreja". Ele espera, assim, reduzir a heresia ariana, mas, em 27 de novembro de 511, Clóvis morre. É enterrado na Basílica dos Santos Apóstolos Pedro e Paulo, que mais tarde levará o nome de Igreja Santa Genoveva. Em meados do século VI, os reinos dos ostrogodos e dos vândalos são conquistados pelos bizantinos. Eles desaparecem completamente durante o século VII.

O REINO LOMBARDO (568-774)

Os lombardos são um povo germânico que invade a Itália, no século VI. Eles dão seu nome, Lombardia, à parte setentrional da península, mas, dependendo do período, exercem o controle sobre uma grande parte da Itália, sem, todavia, conseguir unificá-la. Fazem de Pávia a capital de um reino que se estende desde o Vale do Pó, a Úmbria, o norte da Toscana até os ducados de Espoleto e Benevento, no sul. O reino é organizado a partir de uma propriedade real única rodeada de ducados. As propriedades reais são administradas por nobres, homens livres que podem se estabelecer nelas em troca do serviço militar. Os romanos são servos relativamente livres, mas sujeitos aos códigos lombardos até 680. **Agilolfo** (591-616) é proclamado rei em Milão em 591. Ele renuncia ao arianismo pelo cristianismo e consegue uma trégua com Bizâncio e o papado. Uma reação ariana começa a emergir na população e leva ao trono **Rotário** (636-652), que codifica, em 643, o direito lombardo por *Edictus Rothari*, o Édito de Rotário, mas não consegue evitar que os ducados se tornem cada vez mais independentes. A monarquia recupera seu brilho com **Grimoaldo** (662-671), duque de Benevento, tornado rei em 662. Ele lidera várias campanhas bem-sucedidas contra os bizantinos, os francos, os avaros. Instala mercenários búlgaros no ducado de Benevento. Quando morre, em 671, a nobreza exerce o poder real sob reis enfraquecidos. Será preciso esperar o reinado de **Liutprando** (712-744), o maior dos soberanos lombardos, para que a monarquia conheça seu apogeu. Em 738, este último apoia **Carlos Martel** na batalha da Lagoa de Berre contra os árabes. Ele começa a conquistar os territórios bizantinos, ameaça o Ducado de Roma, mas finalmente deve se retirar. Conclui uma paz de vinte anos em 742 com o Papa Zacarias. O duque de Friuli, **Rechis ou Ratchis**, (744-749), sucede-o, mas será forçado a abdicar depois de quatro anos de governo por causa de sua impopularidade. Seu irmão, **Aistolfo** (749-756) torna-se rei. Em 751, ele toma posse do exarcado de Ravena, última posse bizantina na Itália. Mas é uma ameaça a Roma e, em 755, é sitiado e derrotado em Pávia por Pepino, o Breve. Ele se submete ao rei franco e ao papa, mas no ano seguinte sitia Roma. **Pepino** retorna, vence-o, obriga-o a ceder ao Papa Estêvão II as antigas terras bizantinas e a reconhecer a soberania franca. **Desidério** (757-774), último rei dos lombardos, força o irmão de Aistolfo a lhe atribuir os seus direitos ao trono. Ele implementa uma estratégia de alianças casando uma de suas filhas, Liutperga, com o duque da Baviera, Tassilo III, e a outra, Désirée, com Carlos, rei dos francos. Este último a repudia em 771, a fim de ser livre para fazer uma aliança ainda mais prestigiosa. Chamado pelo Papa Adriano I (772-795), ameaçado pelos lombardos, Carlos (Carlos Magno) invade seus domínios, sitia e toma Pávia em 774. Desidério é, então, encarcerado num mosteiro até o fim de seus dias. **De 774 a 781 é Carlos Magno** que usa a "coroa de ferro" dos reis lombardos. Depois ele unge seu filho, Carlomano, com quatro anos de idade, que leva o nome de Pepino, rei dos lombardos. **Pepino da Itália** (781-810) fracassa, contudo, em dominar os três ducados lombardos de Benevento, Salerno e Capua, que ainda se mantêm durante três séculos.

A ARTE DOS LOMBARDOS

A questão é saber o que eles mantiveram de suas origens germânicas e como se fez o sincretismo nas artes. A arte lombarda das fases anteriores à instalação na Baixa Áustria e durante essa época chegou até nós pelo rico mobiliário das sepulturas. **Até 530**, é uma arte que demonstra pouca originalidade e é fortemente influenciada pelas culturas em contato: fivelas emprestadas dos ostrogodos; guarnições de prata para cintos, fivelas compartimentadas, vidraria, dos merovíngios. **No século VI**, perfeitamente mestres da sua arte, eles se libertarão dessas influências. **A arquitetura** conhece certo impulso, sob a liderança de **Teodolinda** (c. 573-627), esposa de **Autário** (584-590). Muitos mosteiros e igrejas são construídos em Milão, Pávia e Monza. Nesta última cidade, o palácio de Teodorico é transformado e decorado com afrescos. Durante o primeiro século de sua dominação, os lombardos retomam o que os arquitetos ítalo-bizantinos fizeram, trazendo alguma originalidade. As Igrejas seguem geralmente a planta basilical, mas têm a particularidade de ter absídias em trevo como a de São Salvador em Bréscia ou ainda rotundas estreladas, capelas palatinas de Benevento e Pávia. O monumento mais famoso continua a ser o pequeno templo lombardo construído em Cividale del Friuli, por volta da segunda metade do século VII, que mais tarde tomou o nome de Oratório de Santa Maria em Valle. **A escultura** também é influenciada pela arte de Bizâncio. À diferença da arte mediterrânea, a ausência completa de imagens figurativas se impõe. Muitas vezes tem uma ornamentação de entrelaçamentos caracterizada pela grande importância e variedade. Ela substitui a imagem, enquanto na arte carolíngia e românica será apenas de caráter ornamental.

A ARTE GERMÂNICA

A arte produzida pelo período das grandes invasões bárbaras se assemelha ainda em grande parte à da Idade do Ferro e se limita a um geometrismo abstrato unicamente ornamental. No século IV, aparece um novo estilo de ornamentação, emprestando motivos e princípios da arte iraniana e dos citas introduzidos na Europa pelos godos do mar Negro. O uso de pedras semipreciosas de todas as cores, aplicadas sobre folhas de ouro batido, a técnica da decoração compartimentada, combina com a decoração geométrica constituindo o essencial dessa arte de ourivesaria. O estilo geométrico dos povos germânicos continua a se perpetuar nas miniaturas dos monges irlandeses. A origem dos germanos, vistos como etnia, situa-se por volta do século V a.C., início do período da Idade do Ferro. Na época do paganismo, os germanos cremam seus mortos. No entanto, desde o século I, a arqueologia nos revela cadáveres sepultados. Os túmulos descobertos compõem-se de grandes câmaras funerárias subterrâneas, geralmente cobertas com um monte de cascalhos. Esses túmulos foram descobertos na Pomerânia, em Lübsow, em Brandenburgo, na Boêmia, na Polônia e na Dinamarca. Mas, na região situada entre o Reno e o Elba, são cemitérios mistos que predominam e não as sepulturas principescas.

Instalados no século IV nas fronteiras do Império, para defendê-las, os bárbaros vão desenvolver uma forma de arte bem-distanciada do classicismo. O interesse pela apresentação humana, que iria persistir até o momento da crise iconoclasta do século VIII, começa a desaparecer gradualmente no Ocidente, no século V, e ficará completamente ausente nas artes bárbaras.

As artes do metal chegaram até nós graças ao ritual de sepultamento vestido, costume retomado dos ostrogodos presentes na península entre 472 e 474. As técnicas da compartimentação e da montagem das pedras são transmitidas pelos germanos orientais instalados no Ocidente entre os séculos V e VI. A decoração é geométrica e a decoração habitual é compartimentada. Em geral, trata-se de fíbulas ou fivelas que reproduzem um mesmo tipo de ave. Esses objetos mostram uma preferência por materiais nobres, ouro, ou incrustação de granadas para os mais luxuosos. O Tesouro de Guarrazar, descoberto em 1858, é o presente dos reis visigodos, feito de 26 coroas votivas e uma cruz de ouro, à Igreja Católica como prova de sua fé. As obras são marcadas pela influência bizantina e mostram grande domínio técnico.

O túmulo de Childerico I

O túmulo de Childerico I, pai de Clóvis, é descoberto por puro acaso em Tournai, na Bélgica, em 1653, por um pedreiro. Um anel de sinete, usado como selo em nome do rei, com seu retrato, que figura no mobiliário, permite saber a quem pertence a sepultura, que constitui um *tumulus* de 20 m a 40 m de diâmetro. Childerico foi enterrado lá e, nas proximidades, existem três fossos que comportam, respectivamente, os esqueletos de sete, quatro e dez cavalos. A câmara funerária revela ornamentos, uma fíbula ou fivela cruciforme de ouro, espécie de alfinete para fixar uma peça de roupa, e também um bracelete de ouro e o anel de sinete real. Deve-se acrescentar a essa lista uma longa espada com empunhadura de ouro e uma faca *scramasax*, pequeno sabre de origem Oriental.

A LITERATURA GERMÂNICA

Por volta de 200, começa o período pré-clássico germânico que dura até cerca de 450. Desenvolvem-se diferentes dialetos, o gótico se separa do germânico comum. Úlfilas (c. 311-383) traduz a Bíblia, mas há também uma abundância de canções épicas, das quais a mais famosa é a da *Lenda de Hilda*, cujas versões mais recentes contêm a *Epopeia de Gudrun* e narrativas em prosa do período tardio islandês. Mas não nos resta nada da forma original dessas epopeias; as versões que temos delas são de um período mais tardio. No século III, também aparece o poema cortês, que supõe uma vida de corte refinada. Temos também dessa época cantos para dançar e coros.

A RELIGIÃO DOS GERMANOS

A cristianização dos germanos leva oito séculos, pois o procedimento foi ao mesmo tempo espiritual e político. Mas o que realmente se sabe da religião, dos mitos germânicos de antes? Além dos elementos deduzidos da disposição de suas sepulturas, sabemos muito pouco. Devemos nos voltar para autores romanos, como Tácito, que falam de seus deuses: por detrás de Marte, Ísis, Mercúrio se esconderiam Thor, Frija, assimilada a Vênus, e Wotan, o deus supremo. Tácito menciona também Mannus, filho do deus Tuísto, ancestral comum a todos os povos germânicos. Por volta do ano 200, os dialetos se desenvolvem, o gótico se separa primeiramente do germânico comum e Úlfilas traduz a Bíblia. Muitas canções épicas pertencem a esse período, as runas se desenvolvem em paralelo. Apesar das grandes diferenças, no entanto, podem-se encontrar alguns grandes traços característicos. Da declaração de Tácito aos poemas islandeses de *Edda*, no século XIII, passaram trinta gerações.

As runas, escrita da magia da adivinhação?

O alfabeto rúnico, composto por 24 sinais, divididos em três grupos de oito, é chamado *futhark*, nomeado pelos seis primeiros sons que o compõem: f, u, th, a, r, k. Sua origem, talvez mediterrânea, é incerta, desde a língua etrusca até o grego e o latim. Ele é usado desde o século II até o século XIV pelos povos germânicos do norte da Europa, na Escandinávia, até a Islândia. É a língua do segredo (*runar*, em islandês antigo), utilizada tanto para os ensinamentos esotéricos quanto para a prática da adivinhação.

Os godos podem tê-lo desenvolvido a partir do alfabeto etrusco do norte da Itália. Mais de 4 mil inscrições rúnicas e vários manuscritos rúnicos foram descobertos. Cerca de 2.500 vêm da Suécia, o restante da Noruega, Dinamarca, Grã-Bretanha, Islândia e das diversas ilhas ao largo da costa da Grã-Bretanha e da Escandinávia, bem como da França, Alemanha, Ucrânia e Rússia.

OS HUNOS

A história dos hunos apresenta três fases principais: a lenta progressão dos clãs desde a China até o *lime*, fronteira do Império Romano, entre o século III a.C. e 408; o breve e devastador apogeu centrado no reinado de Átila, de 441 a 453, e a constituição de um Império Huno dos Cárpatos aos Urais; o colapso, igualmente rápido, e a dissolução entre o norte da Índia e o Cáucaso nos séculos VI e VII.

❖ **Os hunos asiáticos, ou Xiongnu**: o conhecimento de sua existência chegou a nós pelos textos chineses dos séculos III a.C. e II a.C. A partir de 374, eles empurram os alanos, ostrogodos, visigodos para as margens e para dentro do Império Romano. Por volta de 400, sua dominação se estende dos Cárpatos aos Urais, e os germanos lutam em seu exército. Em 408, eles passam o *lime*, a fronteira do Império Romano, multiplicam os ataques-relâmpago, espalham o terror. **Ruga (ou Roas), o Grande** (395-434), é o primeiro rei dos hunos unificados em 432. Ele sobe ao trono em 408 e estabelece uma política que seus sobrinhos Bleda e Átila vão continuar, alternando ataques e descanso para o Império Romano do Ocidente e do Oriente. Para se tornar o único rei, ele assassina seus dois irmãos e seu tio. Na tradição dos hunos, ele é, por sua vez, envenenado por seus sobrinhos. Designado como sucessor por seu tio Ruga, **Bleda** (c. 390-445) divide o trono com seu irmão mais novo Átila, entre 434 e 445. Ele retoma a política hostil ao Império Bizantino, infligindo uma derrota na Trácia a **Teodósio II**, em 434. Os hunos, incorporados ao exército romano, derrotam os burgúndios em 436, em Worms. Em 440, Bleda cruza o Danúbio. Em 441, invade os Bálcãs, se dirige a Constantinopla. Teodósio II, que completou as muralhas da cidade, chama suas tropas das províncias e rompe o tratado que o une aos hunos. Em 443, os hunos invadem o Império Bizantino, tomam Sérdica (Sófia), Filipópolis (Plovdiv) e Arcadiópolis (Luleburgaz) antes de esmagar o exército de Teodósio sob as muralhas de Constantinopla. Apenas a incapacidade dos hunos para conduzir um cerco, por falta de prática poliorcética e de máquinas de cerco, salva a cidade. As circunstâncias exatas da morte de Bleda são desconhecidas. A tradição conta que seu irmão **Átila** (406-453) o teria assassinado durante uma caçada, por volta de 445. Rei dos hunos, ele provavelmente carrega o título turco de *yabgu*, ou de *basileus* em grego. Seu império se estende do Reno até os Urais, e do Danúbio ao Mar Báltico. Felizmente para Roma, sua atenção é desviada pela sucessão complexa do rei dos francos salianos. Átila, para ajudar o príncipe de sua escolha, engaja-se na Gália e é bloqueado na Batalha dos Campos Cataláunicos em 451. Ela opõe o patrício romano Aécio e seus aliados visigodos, francos, alanos, burgúndios às tropas de Átila, reforçadas por ostrogodos, gépidas e hérulos. As forças ali presentes teriam entre 30 mil e 50 mil homens. De volta às margens do Danúbio, Átila morre no início de 453, envenenado por sua última e recém-esposa, **Ildico**, ou de hemorragia interna após uma bebedeira. Seu império sobrevive a ele apenas por poucos anos.

❖ **Os hunos brancos** ou hunos heftalitas, indo-europeus pertencentes ao grupo heftalita, originário do Afeganistão, são lembrados na Índia do Norte. Em 455, eles tentam invadir as planícies setentrionais da Índia, mas são impedidos pelas forças do último grande imperador da dinastia Gupta, **Skandagupta** (imperador de 455 a 467). No entanto, numa segunda tentativa, em 465, eles tomam a planície de Gandara. Esta base lhes permite multiplicar os ataques contra o Império Gupta, que desmorona sob suas investidas em 475. O poder huno se estende pouco depois, em 484, à Pérsia. Mas, em 565, os persas e turcos da Ásia Central se unem, lutando contra o hunos heftalitas, cujo poder militar desaparece. Os grupos de hunos, no entanto, são ainda atestados por remanescentes no Cáucaso até o início do século VIII.

2. AS SEGUNDAS INVASÕES: OS VIKINGS

HISTÓRIA DOS VIKINGS

Se a história dos vikings é relativamente curta, entre o final do século VIII e 1066, data da conquista da Inglaterra por Guilherme I, o Conquistador, ela é rica em matéria de armas e de luta. Uma etimologia possível deriva, aliás, do radical *vig*, "o combate", nas línguas escandinavas. Mas o substantivo *"viking"* também poderia vir da palavra "*vik*", "baía", o viking sendo aquele que aparece na baía. Eles são chamados de *nord--manni*, homens do norte, pelos francos; *dani*, "dinamarquês", pelos anglo-saxões; ou *rus*, "remadores", na Rússia. Sua história pode ser dividida em dois períodos: as conquistas de 793 a 911 e seu estabelecimento de 911 a 1066. Após esta data, eles se fundem com populações locais. Régis Boyer[149], por sua vez, distingue quatro fases. A primeira, entre 800 e 850, permite descobrir a vulnerabilidade ocidental. A segunda, entre 850 e 900, é marcada por muitos ataques. Depois, durante quase um século, de 900 a 980, os vikings se misturam com o povo inglês, normando, irlandês, com os das ilhas do Atlântico Norte, do noroeste da Escócia, da Rússia. A última fase, de 980 a 1066, é caracterizada por operações militares, invasões maciças por terra ou mar. Em contrapartida, nas artes, há apenas uma única fase, entre o início do século VIII e meados do século XII, coincidindo para o mundo escandinavo com um período particularmente brilhante e uma expansão, em direção às ilhas britânicas, de estilos vindos do norte da Europa.

A ARTE DOS VIKINGS

As fontes escritas não são mais antigas que o século XII. Apenas a arqueologia fornece informações para reconstruir as principais etapas da história dos vikings. Existem vestígios de sua passagem na Noruega, Dinamarca, Suécia, Finlândia, norte da França e, especialmente, nas Ilhas Britânicas.

A arquitetura das igrejas sobre estacas

Da arquitetura, nada permanece, porque as construções eram de madeira. Entre 903 e 1030, no entanto, eles construíram estruturas fortificadas para garantir sua segurança. Será preciso esperar a conversão ao cristianismo para que se veja o desenvolvimento de um tipo arquitetônico de grande originalidade, os *stavkirkes*, as igrejas de madeira. Os *stavkirkes* são igrejas medievais feitas de madeira, das quais restam menos de trinta na Noruega. Seu nome vem de *stav*, estaca, e *kirke*, igreja, pois o edifício é sustentado por estacas longas enterradas no solo. Elas não pertencem apenas à arte viking e lhe são ligeiramente posteriores. A mais antiga, a de Urnes, é datada de cerca de 1130. Mas essas igrejas são profusamente decoradas com arte viking, nas fachadas e no interior, animais fabulosos, plantas entrelaçadas, cenas da mitologia, e o conjunto assemelha-se de forma harmoniosa com os símbolos cristãos. As *stavkirkes* mais famosas são as de Urnes, Heddal, Borgund, Hopperstad.

---

149. Régis Boyer, *Les Vikings: histoire, mythes, dictionnaire* [Os vikings: história, mitos, dicionário], Paris, Robert Laffont, 2008.

Os estilos vikings

A arte viking, antes de meados do século IX, chegou a nós em sua maioria por peças de ourivesaria, estelas esculpidas, rodas de carroças e cabeças de dragão do túmulo de Oseberg, e do estilo de mesmo nome. Após essa data, devido à ligação política e econômica entre os assentamentos vikings em ambos os lados do mar do Norte, desenvolvem-se estilos decorativos anglo-escandinavos: de Borre, de Jelling, de Mammen, de Ringerike, de Urnes.

RELIGIÃO, MITOS E LENDAS GERMANO-NÓRDICOS

A religião viking, assim como os mitos e as lendas, continuam em sua equivalente nórdica e germânica. O *Ragnarök*, o "fim dos deuses", torna-se o "Crepúsculo dos Deuses" na obra de Richard Wagner, que se inspira em grande parte na mitologia. A cosmogonia dá as chaves do nascimento, mas também do fim do mundo, do surgimento dos deuses e dos gigantes e, por fim, dos homens. Os mitos retratam Tyr e lobo Fenrir, a traição de Loki, num mundo estruturado por Yggdrasil, a árvore cósmica, a fonte Mímir, fonte da sabedoria. As lendas exaltam os heróis Sigurd ou Siegfried e Sigmund, as valquírias. A religião dos vikings é conhecida principalmente por *Edda em Prosa*, de Snorri Sturluson (1179-1241), narrativa que retoma e consubstancia poemas mais antigos difíceis de interpretar, agrupados na *Edda poética* ou *Edda antiga*, datados, por vezes, do século VII.

Os deuses da força e os deuses da fertilidade

O panteão do mundo germano-nórdico evolui entre dois grupos de divindades: os deuses da força, ou **Ases**, e os da fertilidade, ou **Vanes**.

Os Ases

- **Odin**
  Principal deus do panteão germânico. Enganoso, cruel, ele é caolho desde que quis acesso ao conhecimento: o gigante Mímir guarda, em troca, seu olho. Filho do gigante Burr e de Bestla, é irmão de Vili e Vé. É com estes últimos que mata o gigante Ymir e o desmembra para formar as várias partes do mundo. Sua esposa é Frigga, e seu filho, Balder. Ele vive no Valhalla, paraíso dos guerreiros mortos em combate. É lá que, reinando sobre Hlidskialf, ele contempla o universo.
  - Seus atributos:
    - **a lança Gungnir**, que ele brande num campo para dar-lhe a vitória;
    - **o anel Draupnir**, que magicamente se multiplica por oito a cada nove noites;
    - **o cavalo Sleipnir**, com oito pernas.

- Suas funções:
  - **deus psicopompo**, ele saúda as almas dos guerreiros eleitos no Valhalla;
  - **deus do saber**, ele conhece as runas (caracteres escritos) e domina a magia;
  - **deus da guerra**.

- Frigga

Esposa de Odin. Mãe de Balder, ela pode se transformar em um falcão. Para proteger seu filho Balder, ela exige dos animais, vegetais e minerais o compromisso de nunca prejudicá-lo, mas se esquece do visco.

- Thor

Deus do trovão, ele é filho de Odin e Jord. Sua esposa, Sif, dá-lhe dois filhos, Magni (Força) e Modi (Coragem). Seu palácio é o Bilskirnir, com 540 portas. Thor viaja numa carruagem puxada por dois bodes, Tanngnjóstr ("que range os dentes") e Tanngrisnir ("que tem dentes esparsos"). De pavio curto, Thor é o protetor da humanidade, o destruidor de gigantes.

- Seus atributos:
  - **o martelo Mjölnir**, que é usado contra os gigantes;
  - **as luvas de ferro**, sem as quais Mjölnir não pode ser segurado;
  - **o cinto mágico** que duplica sua força.

- Tyr

Filho de Odin, ou às vezes do gigante Hymir. Deus da justiça, protetor da ordem, é o Odin da guerra, quando a luta é do justo contra o injusto, da ordem contra o caos. É o que o leva a perder uma mão na boca do lobo Fenrir, para que o caos não cresça.

- Balder

Filho de Odin e Frigga, seu nome significa "Senhor" (em islandês antigo). Seu apelido, "O bom", indica suas qualidades, reconhecidas por todos os Ases. Com sua esposa Nanna tem um filho, Forseti. Dotado do poder de adivinhação, Balder previne os Ases das catástrofes que os ameaçam, mas atrai a inveja de alguns. O juramento obtido por sua mãe Frigga não pode torná-lo imune a todas as plantas, e ele morre perfurado por um broto de visco. Protótipo do chefe de bom coração, é queimado em seu barco. Seu irmão Hermodr tenta em vão dobrar a deusa Hela, que preside o reino dos mortos. Balder não pode voltar para os vivos. Seu retorno será feito após o fim dos tempos.

IDADE MÉDIA

- **Loki**

Filho do gigante Farbauti e de Laufey (ou Nal). Marido de Sigyn, tem um filho chamado Narfi. Pequeno, aparentado ao ar e ao fogo, Loki é o mal, o ladrão, o destruidor. Ele traz o caos e a miséria para os homens e os deuses. Por ter instigado o assassinato de Balder, os Ases o punem de uma maneira terrível: amarrado a uma pedra pelo intestino de seu filho, recebe regularmente um jato de veneno no rosto que provoca horríveis queimaduras.

Do seu amor com a gigante Angroboba nascem:

- **Fenrir**, o lobo monstruoso;
- **Hela**, a deusa do inferno;
- **Jormungand** (a serpente de Midgard), serpente cósmica que provoca terremotos desenrolando seus anéis.

Os Vanes (Vanir)

- **Njord**

Deus dos ventos, do mar e do fogo. Marido da gigante Skadi, que dá nome à Escandinávia. Seus descendentes são Frey e Freya. Ele é o protetor dos marinheiros e da navegação.

- **Frey**

Filho de Njord, irmão de Freya, seu nome significa "Senhor" (nórdico antigo). Principal deus vane, ele protege as colheitas e garante a paz aos homens. Esposo da gigante Gerda, ele reside com ela no mundo dos elfos, o Álfheim.

- Seus atributos:
  - **o barco mágico Skidbladnir**, que usa no mundo dos elfos;
  - **Gullinbursti, o javali**;
  - **a carne de porco e de cavalo** lhe são dedicadas.

- **Freya**

Filha de Njord, irmã de Freya, seu nome significa "Dama". Principal deusa vane, ela reside em sua morada celestial de Sessrumnir. Lá, ela oficia como soberana dos mortos. Esposa de Odur, ela é mãe de um filho, Hnoss, e de uma filha, Gersemi. Deusa do amor, do erotismo, da poesia, ela viaja numa carruagem puxada por gatos.

O Destino

Bem além, acima dos deuses, Ases ou Vanes, e homens, a força motriz do mundo é o Destino. Mestre de tudo o que é e de tudo o que será, ele domina o bem e o mal. As divindades, que não têm esse atributo, deverão inevitavelmente se defrontar ao longo do Ragnarök, o "Julgamento dos Poderes", verdadeiro apocalipse, ilustrado pelo *Crepúsculo dos Deuses* de Richard Wagner. O desenrolar do Ragnarök é o seguinte:

- **três invernos** consecutivos de desolação;
- **três galos** do inferno – Fjalarr, Gullinkambi, Galo de Fuligem – anunciam o apocalipse;
- **Fenrir** rompe suas correntes, engole o sol e a lua; a terra treme, o mar invade as terras;
- **os gigantes** atacam Valhalla, chegam até lá escalando o arco-íris;
- **deuses e gigantes** se matam, e o mundo inteiro é consumido pelas chamas.

Após esse fim do mundo, o Destino preside o nascimento do novo, uma nova terra vem das águas, alguns deuses sobreviveram e um casal humano é chamado para repovoar os lugares, Lif e Lifthrasir.

CAPÍTULO II
A FRANÇA MEDIEVAL: A EPOPEIA DOS FRANCOS

1. OS MEROVÍNGIOS (SÉCULOS V-VIII)

A dinastia merovíngia deve seu nome ao de **Meroveu** (c. 421-c. 457), antepassado mais ou menos mítico de Clóvis. Eles pertencem ao grupo de **tribos salianas**, estabelecidas entre o Mosa e região de Cambrai, por um lado, por Clódio, o Cabeludo (c. 390-c. 450) e entre o Escalda e a região de Tournai, na Bélgica, por Childerico I (c. 440-481). Este último celebra com Roma um Tratado de Federação e luta com o general romano **Egídio** (?-464). Juntos, eles expulsam os visigodos no sul do Loire, os alamanos, os saxões. Egídio governa a partir de Soissons. Seu filho, **Siágrio** (430-486), atua como um monarca independente. Derrotado por Clóvis na batalha de Soissons (486), ele é degolado logo depois.

CLÓVIS FUNDA O REINO DOS FRANCOS

Clóvis (466-511) torna-se rei dos francos em 481 e é o fundador do reino franco ou *regnum francorum*, adicionando às possessões herdadas de seu pai **Childerico** a Alemânia a leste, a Aquitânia ao sudeste, o reino de Siágrio entre o Somme e o Loire. Ele coloca um fim definitivo à soberania romana na Gália. O sucesso político de Clóvis está ligado à sua decisão de se converter ao cristianismo entre 496 e 499, que lhe vale o apoio da Igreja Católica. Por volta de 507, ele escolhe Paris como capital. Depois dele, a natureza do poder entre os francos leva à desintegração do reino. Este último é considerado um bem patrimonial e familiar, a ser partilhado entre os filhos do falecido rei.

LUTAS FAMILIARES E ENFRAQUECIMENTO

Em 511, **Teodorico** (c. 485-534) recebe Metz e sua região; **Clodomiro** (c. 495-524), a de Orléans; **Childeberto** (c. 497-558), a de Paris; **Clotário** (c. 498-561) a de Soissons.

Este último, com a morte de seus irmãos, toma as terras deles, reunifica brevemente o reino franco, mas, com sua morte, o reino é novamente dividido entre seus filhos. Estes e seus descendentes se oporão pela prática da *contenda*, a vingança germânica, um assassinato acarretando uma outra retorsão. Um episódio particularmente sangrento vê o desaparecimento de grande parte da família merovíngia com ódio tenaz que sentem uma pela outra **Brunilda** (547-613), **esposa de Sigeberto I** (535-575), e **Fredegunda** (c. 545-597), esposa de seu irmão **Chilperico I** (c. 525-584). **Clotário II** (584-629), filho de Chilperico, por sua vez, massacra os membros da família que caem em suas mãos. Isso permite que, entre batalhas e assassinatos, ele reúna, sob a sua autoridade, a Austrásia (leste da França e da Bélgica, as regiões do Reno), a Nêustria (noroeste da França, com exceção da Bretanha) e a Borgonha (Borgonha e França central em torno de Orléans). Foi sob o seu reinado que o cargo de prefeito do palácio tornou-se imóvel, fazendo com que ele seja o verdadeiro detentor do poder. O último merovíngio, único soberano do *regnum francorum*, é **Dagoberto I** (c. 605-639). Depois dele, os merovíngios experimentam um longo período de decadência. São esses reis que o monge **Eginhardo** (c. 775-840), biógrafo de Carlos Magno, chama de "reis preguiçosos", aqueles que não fizeram nada do seu reinado, em sua *Vita Magni Caroli*, *A vida de Carlos Magno*.

A IRRESISTÍVEL ASCENSÃO DOS PREFEITOS DO PALÁCIO

Os prefeitos do palácio, incluindo os da família Pepino, nomeados muitas vezes assim após seu fundador, **Pepino de Landen** (c. 580-640), gradualmente, assumem a realidade do poder. **Pepino de Herstal** (679-714) leva a fortuna dos Pepinos a um nível que lhe permite reivindicar a realeza. Pepino, o Breve (715-768), depõe, em 751, **Childerico III** (c. 714-755), o último dos merovíngios, tosa-lhe o cabelo e o tranca num convento. A tosa indica mais a perda de um poder mágico presente na cabeleira real que um estado monástico imposto. Os merovíngios traziam, portanto, os cabelos longos. Tosar Childerico III é tirar-lhe a fonte de seu poder. Pepino foi coroado rei por São Bonifácio, com a aprovação do Papa **Zacarias** (741-752) em Saint-Denis. Ele funda a **dinastia carolíngia**, que usa cabelos curtos.

A ARTE MEROVÍNGIA

As artes merovíngias, artes do metal

As artes do metal vão experimentar um verdadeiro desenvolvimento: elas são herdeiras da arte antiga, mas com algumas inovações. Incontáveis são os ornamentos, fíbulas, anéis, fivelas de cintos, bem como objetos de higiene pessoal. A técnica da cera perdida é utilizada para peças excepcionais. No final do século VI, os padrões geométricos em fio de prata predominam na produção. No século VII, aparece o "modo monocromático", que combina incrustação e bordados de prata. Na segunda metade do século, a bicromia se impõe, com chapeamento de folhas de prata. O *damassage*, camada de ferro doce alternando com ferro duro, é obtido por surragem, martelagem a quente, especialmente utilizado para as espadas, cuja superfície revela os padrões. A damasquina, arte de incrustar metal num suporte metálico diferente, similar à marchetaria, experimenta um novo impulso no final do século VI. No século VII, as joias são realçadas por filigranas, fios de ouro torcidos e soldados, pedras ou vidrarias colocadas em molduras, pequenas armações cravando cabochões. Santo Elói, o ministro de Dagoberto, que era ourives, faz uma grande cruz colocada na Basílica de Saint-Denis.

A iluminura merovíngia

A iluminura merovíngia surge no final do século VII. Por seu estilo, ela se distingue dos modelos insulares, principalmente da Irlanda, e italianos, também por sua preferência pelos livros cristãos, aqueles dos Padres da Igreja, São Jerônimo ou Santo Agostinho. A ornamentação das letras é o elemento mais importante das iluminuras merovíngias, que superam, neste campo, a arte insular. As iniciais e as letrinas tornam-se, ao longo do tempo, cada vez maiores e cada vez mais numerosas. As grandes letrinas, que ocupam uma página inteira, não são utilizadas, ao contrário da arte insular. As iniciais estão incluídas no texto. As letras compostas de peixes ou aves são características. A flora desempenha um papel importante e preenche o interior das letrinas. A decoração merovíngia perdura na Espanha, no sul da França, e enriquece a arte românica a partir do final do século X.

2. OS CAROLÍNGIOS (SÉCULOS VIII-X)

Os Pepinidas, família de origem carolíngia, exercem o poder, como prefeito do palácio, *majore domus*, desde **Pepino de Herstal** (c. 645-714). A partir de 687, ele é *princeps regiminis*: ele, portanto, exerce a soberania sobre todo o território franco, nomeia os duques e condes, intervém na sucessão dos reis merovíngios. Seu filho, **Carlos Martel** (c. 690-741), é eleito prefeito do palácio de Austrásia. Após suas vitórias sobre Nêustria e Aquitânia, é prefeito do palácio para a totalidade do reino franco. Seu filho, **Pepino, o Breve** (715-768), assim chamado por causa de seu pequeno tamanho, funda a dinastia carolíngia. Assegurado do apoio da Igreja para realizar a sua iniciativa do Concílio de Soissons (744), que a reforma e a purifica dos sacerdotes indignos, Pepino obtém o apoio do Papa **Zacarias** (741-752) em 750. Ele pergunta quem deve ser rei, aquele que carrega o título ou aquele que exerce o poder. Zacarias responde: "Aquele que realmente exerce o poder carrega o título de rei". Em novembro de 751, Pepino depõe o último merovíngio, **Childerico III** (c. 714-755), fazendo que seja tosado e fechado num convento próximo a Saint-Omer. Eleito rei por uma assembleia de *leudes*, grandes homens do reino, e bispos, Pepino toma a precaução de ser coroado em Soissons. Em 754, o Papa **Estêvão II** (752-757) busca sua ajuda contra o reino lombardo que o ameaça, coroando-o uma segunda vez, assim como a seus filhos **Carlomano** (751-771) e **Carlos** (742-814), o futuro Carlos Magno.

O REINADO DE CARLOS MAGNO (742-814)

Com a morte de Pepino, em 768, o reino foi dividido entre seus dois filhos. **Carlos**, o mais velho, recebe Nêustria e a Aquitânia ocidental. Para **Carlomano** ficam a Septimânia, na Aquitânia oriental, a Provença, a Borgonha, a Alsácia, a Alemânia, parte da Nêustria com Paris e Soissons. A partilha é tão desigual que a guerra é inevitável. Mas Carlomano morre brutalmente em 771, deixando a Carlos todo o reino. Rei dos francos (768-814), ele toma o reino lombardo (774-814) e se torna imperador em 25 de dezembro de 800 por seu coroamento em Roma pelo Papa **Leão III** (795-816). Ele se torna, a partir de então, **Carlos, o Grande**, **Carolus Magnus** (**Carlos Magno**) e dá o seu nome à dinastia carolíngia.

Imperador do Ocidente, Carlos Magno agrupa, por conquistas, grande parte da Europa Ocidental sob sua única autoridade: ao reino dos francos, adicionam-se a maior parte da Germânia, da Itália, da Espanha. Esse vasto império é administrado a partir de sua capital de Aix-la-Chapelle, segundo uma organização militar e administrativa. Aos militares são outorgados o título de *duque* e o ducado, ou área recentemente conquistada, em que a autoridade imperial deve se impor, ou o de *marquês* ou *margrave* para as marchas, as áreas fronteiriças do império. Aos administradores civis, são dados o título de *conde* e o condado em que têm poder militar, judicial, e onde coletam taxas e impostos. Os condes são funcionários, em princípio revogáveis, escolhidos dentre os membros das famílias de ricos latifundiários. Renovador da Igreja que o apoia e o aconselha, Carlos Magno recruta para ela os clérigos de que precisa para fazer deles os "enviados do mestre", ou *missi dominici*, ao mesmo tempo mediadores de conflitos locais, inspetores, plenipotenciários encarregados de receber juramento de fidelidade dos servos.

A RENASCENÇA CAROLÍNGIA

Patrono das artes e letras, o imperador dá origem à Renascença carolíngia, uma renovação cultural com base no estudo do latim redescoberto, dos autores clássicos e da prática das artes liberais, do ensino do *trivium* (gramática, dialética, retórica) e do *quadrivium* (aritmética, música, geometria, astronomia). O cuidado dado à instituição do ensino é ligado à influência de **Alcuíno** (c. 730-804) de Iorque, o chefe da Academia Palatina, composta de nove membros, como as nove musas, incluindo o próprio Carlos Magno. A reforma da escola faz parte do projeto mais amplo de cristianização definido num capitular, ato legislativo dividido em capítulos curtos (*capitula*), a *Exortação Geral* (*Admonestio generalis*) de 789. Após a morte de seus dois filhos mais velhos, Carlos Magno associa o terceiro, Luís, ao Império a partir de 813. Carlos Magno morre em janeiro de 814.

O IMPÉRIO DESMORONA

Luís torna-se o Imperador **Luís, o Piedoso** (814-840), coroado em Reims em 816 pelo Papa **Estêvão IV** (816-817). Seu reinado foi perturbado pelos ataques dos vikings, pelos conflitos com seus filhos, que estão ansiosos para reinar em seu lugar. É deposto por alguns meses em 830 por seu filho mais velho, Lotário, e então forçado por ele a abdicar de forma humilhante em 833. A cada vez, por falta de apoio, Lotário não consegue permanecer no trono e Luís, o Piedoso, é restabelecido, sempre perdoando seu filho. Ele morre em 840. Logo seus três filhos disputam o Império, que vai para Lotário I (840-855). Depois de mais de dois anos de guerra, o Tratado de Verdun (843) partilha a herança: **Lotário I** recebe a Frância mediana (da Frísa à Provença, mais o norte da Itália), **Carlos II, o Calvo** (rei da Frância ocidental de 843 a 877, imperador do Ocidente de 875 a 877), a Frância ocidental, futuro reino da França, e **Luís, o Germânico** (843-876), a Frância oriental, ou Germânia. Seus filhos disputam, por sua vez, um império cada vez mais fragmentado, em que o título imperial esvaziou-se de prerrogativa política verdadeira. Os últimos carolíngios são vítimas de uma dupla ameaça: os vikings multiplicam os ataques, e a aristocracia se fortalece diante do descuido real. Em 911, por meio do Tratado de Saint-Clair-sur-Epte, **Carlos III, o Simples** (879-929), cede o Baixo Sena ao chefe viking **Rollo** (c. 860-c. 933), esboço do futuro ducado da Normandia. **Carlos III, o Gordo** (rei da Frância ocidental de 885 a 887), é deposto pelos nobres do reino em favor de **Otão da França** (888-898), o conde de Paris. Carlos, o Simples, um carolíngio, sucede-o porém. Este é apenas um adiamento para a poderosa família de Otão, os Robertianos. O último dos carolíngios, **Luís V** (986-987), morre aos 20 anos de uma queda de cavalo, sem deixar herdeiros. A assembleia dos nobres do reino, reunida em Senlis, elege como rei **Hugo Capeto** (987-996), neto de **Roberto I** (rei da Frância ocidental, 922-923), irmão de Otão. A dinastia dos Capetos (987-1848) começa.

A ARTE CAROLÍGIA: NOVAS FORMAS DE EXPRESSÃO

A arte carolíngia desenvolve novas formas de expressão, nascidas do encontro de diferentes povos e culturas com um projeto de construção cujo modelo continua a ser o Império Romano. Mas a arte carolíngia também inaugura a era de um Ocidente disposto a respeitar a fé e os ensinamentos cristãos. O Imperador Carlos Magno convida para a sua corte os melhores representantes da cultura eclesiástica latina, permitindo que as artes em todas as áreas se desenvolvam em um clima favorável, necessário para o seu fortalecimento. Ele se cerca de missionários anglo-saxões e irlandeses, detentores da cultura grega, bem como daquela provinda dos textos sagrados. Assim, **Alcuíno** (c. 730-804) da escola de Iorque, mas também **Teodolfo** (?-821), o Visigodo, e **Angilberto** (c. 750-814), o Alemão, tornam-se o centro de uma sociedade cultural cosmopolita. É realmente um verdadeiro renascimento que se produz após os períodos conturbados das invasões bárbaras. A arte carolíngia constituirá sua originalidade a partir das influências bizantinas, bárbaras, moçárabes e de seu retorno aos valores da Antiguidade.

A arquitetura carolíngia: o exemplo de São Galo

A arquitetura carolíngia continua a ser a arte maior. Ela tira sua inspiração de Roma e retoma as construções com edificação central, como a capela do palácio de Aix, a construção mais importante entre as edificações carolíngias. Essa capela é uma transposição da Igreja de São Vital em Ravena, originalmente Capela Palatina de Justiniano. Sua construção, sob a égide de **Otão de Metz** (742-814), estende-se de 796 a 805. Carlos Magno preferia Aix-la-Chapelle dentre todas as suas residências, pois ela se encontrava no centro de seu império, depois da conquista da Itália e da Saxônia. Em comparação com a igreja bizantina, a capela carolíngia, no domínio da construção, acrescenta um progresso: o de ter galerias com abóbadas em andares em torno da edificação central. Para resolver o problema de um clero e de um público cada vez mais numeroso, os arquitetos carolíngios aumentam as basílicas com três absides situadas a leste, do lado oposto do pórtico. O mais antigo exemplo de construção simbolizando um retorno às fontes paleocristãs é o da Abadia de Saint-Denis. Edificada sob as ordens de Carlos Magno no local da antiga igreja merovíngia, consagrada em 775 pelo abade Fulrado, ela desaparece quatro séculos mais tarde após a decisão do abade Suger de fazer da basílica mais prestigiada do Reino, a necrópole real. A planta de São Galo, desenhada entre 817 e 823, reflete as novas tendências, nascidas do concílio de Aix (816-817). A basílica representa uma síntese perfeita de tudo o que uma comunidade monástica precisa para viver de forma autônoma.

A iluminura carolíngia: obras prolíficas

Se a arte da iluminura carolíngia chegou até nós, foi graças às escolas palatinas e aos mosteiros, onde ensinam a ilustração dos livros para uma elite culta. A intensidade da produção literária e artística e a difusão das obras favorecem a elaboração de livros em todas as suas vertentes: decoração, texto, letra, encadernação. Os manuscritos carolíngios mais antigos começam com os *Evangeliário de Godescalco*, feito num pergaminho roxo, com tinta de ouro e prata, para Carlos Magno e sua esposa Hildegarda, para comemorar o encontro do imperador, em 781, com o Papa Adriano I. Un segundo centro artístico que perdura depois da morte de Carlos Magno é o da região de Champagne, na Abadia de Hautvillers, perto de Epernay, e na de Reims. Os evangeliários datados entre 790 e 810 são particularmente luxuosos: *Evangeliário da Coroação*, *Evangeliário de Xanten*, *Evangeliário de Liuthar*. A obra prolífica dos artistas responsáveis pelas iluminuras continua sob o reinado de seu filho, **Luís, o Piedoso**, a partir de 820-830, e consagra a influência da nova escola em Reims, com o *Evangeliário de Ebbo*. Da mesma maneira da escultura em marfim, a iluminura carolíngia representa, num único plano, o que, na verdade, varia profundamente na natureza. Da mesma forma, os eventos espalhados ao longo do tempo são mostrados simultaneamente. Nota-se aí também uma personificação simbólica de elementos, como os astros, as divindades, que não são mais secundários como nos manuscritos antigos, mas diretamente envolvidos no evento.

3. OS CAPETOS DIRETOS (987-1328) E OS PRIMEIROS VALOIS (1328-1380)

DOS PRIMEIROS CAPETOS A SÃO LUÍS (987-1270)

Os capetos (capetianos) reinam na França de 987 a 1848. Seu nome vem de **Hugo I** (987-996), conhecido como "Capeto" ou de capa curta. Duque dos francos, foi eleito rei em 987. Ele governa plenamente seu domínio real, limitado ao norte pelo rio Escalda e pelo Mosa, a leste pelo Saône e pelo Ródano. A Bretanha é independente, e sua suserania, completamente nominal ao sul. Ele inaugura a estratégia dos capetos para se manter e aumentar gradualmente o seu poder: casamentos vantajosos, recuperação de feudos sem herdeiros, uso da lei feudal, principalmente o serviço militar do vassalo devido ao seu senhor. Apoiados pela igreja, os capetos adquirem um caráter sagrado, indo receber a sagração em Reims. **Até 1328**, eles também podem sempre contar permanentemente com um herdeiro do sexo masculino para assegurar a continuidade da dinastia. No seio dos capetos, alguns soberanos se destacam por sua personalidade e atividade. **Luís VI, o Gordo** (1108-1137), é um deles. Ao ser o primeiro a convocar o serviço militar dos vassalos, ele impede o imperador germânico **Henrique V** (1111-1125) de invadir o país. Ele confia a administração ao sábio abade **Suger** (c. 1080-1151), que reforça a autoridade real e atrai o apoio da burguesia, cujos direitos são regulamentados. Constrói a nova basílica gótica de Saint-Denis, da qual é o abade. Seu filho, **Luís VII** (1137-1180), participa da **segunda cruzada** (1145-1149), casa-se com **Leonor de Aquitânia** (c. 1122-1204), mas essa região rica lhe escapa após a anulação do casamento em 1152, e retorna ao novo esposo de Leonor, o rei **Henrique II** da Inglaterra

(1154-1189). **Filipe II**, dito **Filipe Augusto** (1180-1223), é o primeiro grande Capeto, por seu trabalho para aumentar o reino, de controle dos feudos. Ele dá prestígio à dinastia e é o primeiro a carregar, depois de 1190, o título de *rex franciae*, rei da França, e não mais o de *rex francorum*, rei dos Francos. Ele confirma em 1185 a posse de Vermandois, Artois e Amiénois contra os senhores feudais. Preocupado com a importância das posses continentais dos Plantagenetas, ele deve, por um tempo, renunciar à luta contra eles para participar da **terceira cruzada** (1190-1199) com **Ricardo Coração de Leão** (1189-1199), duque da Normandia e da Aquitânia, conde de Maine e de Anjou. Retornando à França, em 1191, Filipe Augusto retoma a luta contra o soberano inglês. Ele conquista, entre 1202 e 1205, o Maine, Anjou, Touraine, o norte de Poitou e de Saintonge. Em 27 de julho de 1214, ele obtém uma vitória brilhante em Bouvines sobre os exércitos do conde de Flandres e do imperador germânico. Ele está, então, no auge de sua glória, sendo considerado o soberano mais poderoso da Europa. Melhora a administração do reino, dividido em distritos, os *bailiados* (circunscrições jurídicas), colocados sob a autoridade de um oficial do rei, o *bailio* (oficial de justiça). Mais bem administrado, o reino produz mais impostos, enriquecendo o tesouro real. Ele estimula o comércio, concede privilégios às organizações profissionais e comerciais, às comunas. Constrói a fortaleza de Gisors e a do Louvre, em Paris.

São Luís

O neto de Filipe Augusto, Luís IX, ou **São Luís** (1226-1270), foi mais bem-sucedido como administrador do que em seus empreendimentos militares. Ele conclui a paz com os Plantagenetas, mas realiza duas cruzadas infelizes, uma de 1248 a 1254 no Egito, onde é feito prisioneiro, outra para Túnis, onde morre vítima da peste em 1270. Conhecido pelo imaginário popular do soberano que faz justiça à sombra de um carvalho, ele se afirma como o juiz supremo, a instância de apelação para todo o reino. Ele está na base do surgimento de uma corte ou tribunal soberano, o Parlamento, que faz a justiça. Cria uma moeda estável, válida em todo o reino, o *grosso de prata*. Pelo Tratado de Paris (1258), a Inglaterra renuncia à Normandia, ao Maine, a Anjou e a Poitou, colocando um fim à guerra. Ele constrói, em Paris, a Santa Capela (Sainte-Chapelle), entre 1243 e 1248, para abrigar as relíquias sagradas de Cristo trazidas de Constantinopla, principalmente a coroa de espinhos. Persegue os judeus, banidos em 1254 e liberados alguns anos mais tarde pelo pagamento de um resgate. Em 1269, ele lhes impõe o uso de uma insígnia redonda de cor amarela, que evocava o ouro e a ganância.

UM REI DE FERRO: FILIPE IV, O BELO

Filipe IV, o Belo (1285-1314), é o último grande Capeto direto, criador da monarquia moderna. Grande administrador, ele cria o Tribunal de Contas, que administra as finanças reais, convoca pela primeira vez as três ordens, o clero, a nobreza, o Terceiro Estado, para a votação das contribuições financeiras, prenunciando os futuros estados gerais. Mas seu reinado é comprometido pelas manipulações monetárias. De fato, ele faz várias emissões de moedas de ouro que causam especulação e inflação, acarretando o empobrecimento da população camponesa. Esta se revolta, mas suas ações são reprimidas duramente, o que é denunciado pelo papado. Os templários são eliminados em 1307 e seus bens confiscados. Os judeus são expulsos do reino, as sinagogas vendidas. Filipe, o Belo, muda a monarquia para o poder reforçado do rei e para a centralização. Nesse sentido, ele vai contra os costumes medievais de um príncipe, que deve governar com os nobres de seu reino. É, portanto, rodeado por um grupo de especialistas em leis encarregados de definir o poder do soberano, acima de todos os outros, incluindo o papa, em seu reino, e sem partilha ou delegação possível. É assim que a bula *Unam Sanctam* de Bonifácio VIII, proclamando a superioridade do espiritual sobre o temporal, provoca uma reação violenta; o enviado do rei, Guilherme de Nogaret (c. 1260-1313), seu mais famoso legista, teria esbofeteado o soberano pontífice, ou deixado que isso acontecesse, no ataque de Anagni, em 1303. O rei manda deter e prender o Papa **Bonifácio VIII** (1294-1303), que morre pouco depois de sua libertação. Apesar de seu fracasso em tomar o condado de Flandres, Filipe, o Belo, aumenta o reino com Champagne, Navarra, o condado de Chartres, Lille, Douai e Béthune. Depois de sua morte, seus três filhos se sucedem rapidamente no trono, sem herdeiro do sexo masculino.

OS PRIMEIROS VALOIS (1328-1380)

Em 1328, um primo do último Capeto direto é escolhido como rei, sob o nome de **Filipe VI** (1328-1350). Ele inaugura a dinastia dos Valois (1328-1589). Seu reinado, como o de seu filho João II (1350-1364), é sem interesse, marcando principalmente o desenvolvimento da Guerra dos Cem Anos, a derrota de Crécy em 1346, a de Poitiers em 1356. O primeiro grande soberano da dinastia dos Valois é o Rei Carlos V (1364-1380).

Carlos V, o Sábio (1364-1380)

Raramente um soberano subiu ao trono em condições tão difíceis. Depois do desastre de Poitiers, em 1356, o rei está cativo na Inglaterra; o futuro Carlos V, o primeiro a ostentar o título de delfim (*dauphin*) como herdeiro desde que o delfinado (*dauphiné*) foi ligado à coroa, deve exercer o poder real. Diante dele, a grande nobreza mostra-se ávida para mantê-lo sob sua tutela, seus parentes mais próximos primeiro; a burguesia de Paris entende, na ocasião, emancipar-se das taxas com Étienne Marcel (c. 1305-1358), preboste dos mercadores; três quintos de um reino nas mãos inglesas. Rei de pleno exercício a partir de 1364, em menos de vinte anos, ele conteve a revolta dos burgueses de Paris, subjugou os nobres, deixando para os ingleses apenas uma porção do litoral no Sudoeste e Calais. Príncipe letrado, ele cria uma importante biblioteca real, aparelha o Louvre, constrói a Bastilha para controlar os parisienses. Ele comete o grande erro, em seu leito de morte, de abolir os impostos, acreditando estar concluída a Guerra dos Cem Anos, graças às façanhas de seu condestável Bertrand Du Guesclin (1320-1380), a quem concede o formidável privilégio póstumo de ser sepultado na abadia de Saint-Denis, necrópole real. A loucura de seu filho Carlos VI e o enfraquecimento do poder real permitem aos ingleses tomar grande parte do país, que parece então desaparecer para se tornar uma França inglesa, condição sob a qual nós a trataremos até seu retorno à independência com Carlos VII.

CAPÍTULO III
UM MUNDO CRISTÃO

1. A IGREJA DO SÉCULO VIII AO XV

ESTADOS PONTIFÍCIOS, DA DOAÇÃO DE PEPINO ÀS *CONSTITUIÇÕES EGIDIANAS* (754-1357)

Os Estados pontificais são o território temporal do papa, que os governa como soberano. Sua origem nasce da necessidade de proteger a Santa Sé das invasões dos lombardos. A autoridade pontifícia ou papal, ainda limitada pelo peso das grandes famílias, dificilmente se exerce sobre Roma. Em 754, a aliança entre o papado e a dinastia carolíngia toma forma. Pepino é coroado pelo papa, assim como seus dois filhos, reconhecido rei legítimo em detrimento do último soberano merovíngio. Ele detém os lombardos e, em Quierzy-sur-Oise, assina o Tratado de Quierzy ou doação de Pepino, pelo qual o papado recebe o exarco de Ravena, dentre os quais Pentápolis, Córsega, Sardenha, Sicília e províncias de Emília. No entanto, Pepino, apesar de seu poder nascente, não é um soberano com prestígio suficiente para integrar a doação. As chancelarias carolíngia e pontifical vão entrar em acordo sobre uma falsificação, conhecida como a doação de Constantino. De acordo com esse documento apócrifo, Constantino teria dado, em 335, todas as províncias do Ocidente para o Papa **Silvestre I** (314-335). Revelada por Pepino em 754, a doação de Constantino é confirmada por seu filho Carlos Magno em 774. Os Estados pontificais são assim criados. Em 1198, **Inocêncio III** (1198-1216) constitui o Patrimônio de São Pedro, província em torno de Viterbo, Civitavecchia, excluindo Roma. O imperador **Luís, o Piedoso** (814-840), impõe em 824 a *Constitutio Romana*, que os coloca sob a tutela imperial e, especialmente, confere aos imperadores o direito de intervir na eleição pontifical. Esse papel é implementado em 962. O papado é mais uma vez confrontado pela aristocracia romana, mas encontra um protetor na pessoa do rei **Oto I** (936-973) da Alemanha.

Seus exércitos asseguram a proteção do papa, que o coroa "Imperador dos Romanos". Ele é o primeiro imperador romano-germânico. A intervenção de seus sucessores não se limita à eleição do soberano pontífice e reduz, com muita frequência, o eleito a um papel figurativo. Até 1059, o papa é nomeado pelo imperador germânico. Um decreto de **Nicolau II** (1059-1061) prevê sua eleição por um colégio de cardeais, validado por aclamação pelo clero e pelo povo de Roma. O decreto renova a condenação da simonia e do nicolaísmo (a venda dos sacramentos ou a vida em concubinato). A intervenção imperial se torna uma simples confirmação. **Gregório VII** (1073-1085) nega ao poder secular a investidura dos abades ou bispos, provocando a querela das investiduras e sua deposição pelo imperador germânico **Henrique IV** (1056-1105). Se a Concordata de Worms (1122) põe um fim no conflito, o imperador germânico ainda intervém nos assuntos temporais da Igreja após a revolta de **Arnaldo de Bréscia** (c. 1100-1155), monge que denuncia o poder temporal do papa. Roma se torna uma República por dez anos, entre 1145 e 1155, e o papa fica confinado ao espiritual. **Frederico I, Barba-Ruiva** (1152-1190), livra o papa do monge, mas em troca quer um pontífice às suas ordens. Sem conseguir o que quer, ele apoia um antipapa, em 1159, **Vítor IV** (1159-1164), contra o legítimo **Alexandre III** (1159-1181). Os Estados Pontifícios aumentam em 1115 com bens dados pela condessa **Matilde da Toscana** (1046-1115), fervorosa guelfa, isto é, partidária do papa contrário aos gibelinos, favoráveis ao imperador. É em seu castelo que Gregório VII se refugia e que o imperador **Henrique IV** (1056-1105) se humilha na entrevista de Canossa, quando se ajoelha diante do papa e reconhece sua supremacia. A doação de Matilda inclui a Toscana, Reggio Emilia, Módena, Parma, Ferrara, os ducados de Espoleto e Camerino.

As *Constituições egidianas* (1357)

As *Constituições egidianas* (1357) são a coleção constitucional dos Estados Pontifícios. Sua área, medida no século XIV, e um número crescente de vassalos e servos tornam necessário um texto que defina não somente os poderes nos Estados, mas também as relações com outros poderes soberanos. Essa coleção de leis, decretos anteriores divididos em seis livros, tem como título real *Constitutiones Sanctae Matris Ecclesiae*. São promulgadas por um príncipe da Igreja, estadista, guerreiro – foi *condottiero*, chefe de um exército de mercenários –, o cardeal **Gil de Albornoz** (1310-1367), então vigário-geral dos Estados Pontifícios. O território está dividido em cinco províncias: Campanha e Marítimo (entre Roma, Óstia, Vale do Liri e Terracina), Ducado de Espoleto, marcha de Ancona, patrimônio de São Pedro, Romanha. Elas são presididas por um reitor, ou governador, nomeado pelo papa, assistido por um conselho de sete juízes escolhidos por ele. As *Constituições egidianas* permanecem em uso até 1816.

A IGREJA, DE GREGÓRIO, O GRANDE (590-604), ATÉ O FIM DA RECONQUISTA (1492)

A história da Igreja, entre o pontificado de **Gregório, o Grande** (590-604) e o triunfo do cristianismo na Europa com o desaparecimento do último reino muçulmano em 1492, pode ser dividida em dois períodos. O primeiro, do século VII ao XIII, representa a cristianização, seguida do conflito com o Império, e, finalmente, o apogeu do século XIII, durante o pontificado de **Inocêncio III** (1198-1216), apesar da violência da repressão contra os movimentos considerados hereges. O segundo, após a vitória sobre o Império, simboliza a luta com as monarquias nacionais em afirmação, na França e na Inglaterra. O papado, concentrado em Avignon, é abalado por crises violentas nos séculos XIV e XV: fala-se do Grande Cisma do Ocidente (1378-1417), da incapacidade de se reformar a partir de dentro, que leva à Reforma Protestante.

A Igreja, de Gregório, o Grande (590-604), a Inocêncio III (1198-1216)

Gregório I, o Grande (590-604), nascido de uma família aristocrática em Roma, por volta de 540, torna-se papa contra a sua vontade – ele tenta de tudo para não ser consagrado em 590. Ele é o primeiro monge, provavelmente próximo dos beneditinos, a tornar-se papa. Centra-se na evangelização da Europa, trazendo os reis lombardos arianos ao catolicismo e enviando missionários, como Agostinho da Cantuária (?-604) e seus quarenta monges do Monte Célio, para a Grã-Bretanha, em 597. A particularidade desse trabalho de evangelização é dupla: requer uma organização rigorosa para que cada país evangelizado seja inserido na administração eclesiástica, assim como uma vontade de adaptar as exigências teológicas às realidades humanas. As autoridades locais, principalmente os soberanos dos povos germânicos, do culto popular dos santos e relíquias, da adesão aos milagres, devem ser respeitadas. A atenção dada a essa cristianização aceita e não sofrida é palpável em algumas das mais de oitocentas cartas deixadas por Gregório I. Ele quer encarnar uma autoridade paterna e se nomeia *servus servorum Dei*, "servo dos servos de Deus", que os seus sucessores transformarão em um título. A Igreja anglo-saxônica é diretamente sujeita a Roma, que nomeia o tarso **Teodoro** como arcebispo da Cantuária de 669 a 690. No século VIII, a Igreja, ameaçada pelos lombardos, afasta-se da tutela bizantina em benefício dos reis francos.

A reforma gregoriana: a resposta a uma crise

Se a reforma gregoriana deve seu nome a **Gregório VII** (1073-1085), ela é, na verdade, sob seu pontificado, uma extensão e não uma iniciativa nascente. A reforma começa bem antes e continua até o início do século XII. Ela repousa em três pilares principais: a luta contra a falta de formação do clero; o lugar de destaque do papa, eleito a partir de 1059 pelo novo colégio de cardeais; a independência da Igreja, única capaz de se dirigir e de escolher e promover seus membros, principalmente contra as pretensões dos imperadores germânicos. A reforma é a resposta a uma crise profunda nos séculos X e XI. Confrontada com a ordem carolíngia, em vias de desaparecer, a Igreja cai sob o domínio dos imperadores germânicos, **Oto I** (936-973) convoca um sínodo em Roma para depor o Papa **João XII** (955-964), que o tinha coroado imperador dois anos antes. Os reis da França e Inglaterra consideram os bispados como feudos a serem distribuídos aos seus fiéis. O baixo clero, muito frequentemente ignorante, ocupa a *cura animarum*, a "cura de almas", por favoritismo, sem formação teológica real. As abadias são muitas vezes colocadas em *comandita*, um abade nomeado, que pode ser um leigo, nunca vai até lá, confia a administração a um terceiro e se contenta em receber a renda. A *simonia*, venda dos sacramentos, e o *nicolaísmo*, casamento ou concubinato de padres, bispos, espalham-se. A multiplicação de pastores indignos favorece o desenvolvimento das heresias. A primeira raiz da reforma cresce em Cluny, no século X. Seguindo a regra beneditina de **Bento de Núrsia**, no século VI, prolongada com as contribuições de **Bento de Aniane**, no século IX, ela define o quadro estrito da vida monástica: oração, trabalho manual, estudo das Escrituras. O dia é regrado, assim como o vestuário e o comportamento, pela realização dos ofícios, fora dos quais os monges trabalham com suas mãos ou estudam. A casa-mãe se dispersa em todo o Ocidente. Os clunisianos vão fazer parte da comitiva papal para orientar a reforma. O futuro Gregório VII, então conhecido como o monge **Hildebrando**, é um deles. Ele serve, assim, durante 25 anos, cinco pontífices antes de se tornar papa.

A reforma cisterciense: uma economia controlada

Bernardo (1091-1153), primeiro abade de Claraval (Clairvaux), abadia fundada em 1115 na esteira de Cister, desempenha um papel essencial na renovação da ordem cisterciense. Personagem muito piedoso, autor de trabalhos teológicos, ele é mais conhecido por suas habilidades de orador que lhe valem o apelido de *doctor mellifluens*, "mestre da voz de mel". Ele prega a piedade mariana e dá ao culto da Virgem um impulso decisivo. Opõe-se à escolástica por sua negação da ciência em teologia, preferindo a experiência mística. Relança a ordem cisterciense e funda pessoalmente mais de sessenta conventos, o que permite à ordem contar com mais de quinhentos monges no final do século XII. O monaquismo de Claraval opõe-se ao de Cluny. O monge também deve partilhar seu tempo entre o trabalho manual, distribuído de acordo com as aptidões de cada um, e a oração. Totalmente voltado para Deus, Bernardo, que é canonizado em 1174, também se opõe às reivindicações temporais da supremacia papal, mesmo que seja um ardente defensor do trono de São Pedro, em nome da necessária independência da Igreja perante o poder dos príncipes. Bernardo regula com cuidado todos os detalhes da vida cotidiana nas abadias, e é nessa qualidade que ele tem um interesse especial na arquitetura. Dedicada a Deus e à oração, a abadia cisterciense rejeita o exagero na decoração; a construção se diferencia por sua simplicidade, pela ausência de torres, pelo gosto das formas geométricas limpas, como o fundo reto do coro e não redondo. Os vitrais são substituídos por simples janelas de vidro branco ou ligeiramente tingidas de cinza, as *grisailles*. O efeito desejado é, antes de tudo, o da regularidade e da economia na decoração.

A Querela das Investiduras (1075-1122)

Gregório VII vai ainda mais longe na afirmação da superioridade do papa com os *Dictatus papae* de 1075. Nessa sequência de 27 pontos, ele afirma a supremacia do espiritual sobre o temporal e, consequentemente, o poder universal do papa sobre todos os soberanos, que ele pode depor. Essas regras estão na origem da Querela das Investiduras (1075-1122), que opõe o papa ao imperador germânico (do Sacro Império Romano). Este último considera que seu poder vem de Deus e que ele é o único a poder investir os bispos, ainda mais porque o bispo também representa bens temporais. **Henrique IV** (1056-1105), imperador do Sacro Império Romano-Germânico, leva os bispos do Império a recusarem obediência ao papa em 1076. **Gregório VII** o excomunga. Seus vassalos aproveitam a oportunidade para se revoltar. Poucos meses depois, ele é forçado a fazer penitência de joelhos diante de Gregório, na entrevista de Canossa. Depois de se livrar de um antirrei de Roma eleito pelos vassalos revoltados, Henrique IV apressa-se a retomar sua luta com o papado: faz eleger o Antipapa **Clemente III** (1080-1100), toma Roma, faz Gregório ser preso (1084). Libertado pelo rei normando da Sicília, Gregório VII morre pouco depois, em 1085. Os sucessores do imperador e do papa continuam a se opor até a assinatura da Concordata de Worms em 1122. Com esse documento, o imperador **Henrique V** (1111-1125) e o Papa **Calixto II** (1119-1124) encontram uma solução negociada para a Querela das Investiduras. Os bispos do Império serão eleitos pelos capítulos catedrais e, depois, receberão do papa a investidura espiritual; o imperador limita-se a lhes conferir um investidura temporal.

O pontificado de Inocêncio III (1198-1216)

É durante o pontificado de **Inocêncio III** (1198-1216) que a Igreja alcança o apogeu de sua influência sobre os príncipes temporais. Desejando reformar a Igreja para poder enfrentar o futuro mais serenamente, o papa reúne, em 1215, o quarto Concílio de Latrão. Muitas decisões são tomadas, mas alguns cânones conciliares têm um alcance universal:
- o dogma da transubstanciação é estabelecido (na celebração da missa, o pão e o vinho se tornam o corpo e o sangue de Cristo);
- a confissão auricular é obrigatória, pelo menos uma vez por ano, na Páscoa;

- ninguém tem o direito de tributar a propriedade da igreja sem a aprovação papal;
- um controle mais rigoroso da ortodoxia, tanto nos costumes do clero quanto para prevenir ou combater as heresias;
- a organização de novas ordens em função de regras aprovadas pelo papa.

Este último ponto refere-se mais particularmente a duas grandes ordens que aparecem no final do século XII e que crescem rapidamente no século seguinte, os dominicanos e os franciscanos.

As heresias (séculos XII-XIII)

No século XII, a reforma continua na luta contra as heresias. Os valdenses, do nome **Valdo** (Pedro Valdo, c. 1130-c. 1217), no Piemonte e na região de Lyon, defendem o retorno à pobreza de Cristo, negam a transubstanciação. Declarados hereges, durante o Concílio de Latrão (1215), eles retornam para a igreja, juntam-se às ordens mendicantes ou, mais tarde, aderem à Reforma Protestante.

Os cátaros, os "puros" em grego, são instalados no sudoeste da França, no condado de Toulouse, em Béziers, Carcassonne, Albi. Para eles, o mundo é criação de um princípio do Mal, do qual Deus, princípio Bom, não participa. Os homens retornarão ao Bom Deus quando tiverem purificado seu suporte maléfico, o corpo, a fim de retornar a Deus. Existe, portanto, uma escatologia cátara: quando o Mal tiver vencido, possuindo todos os corpos, ele assinará sua perda e os espíritos regressarão ao Bom Deus. Privado da mistura elevada (espírito) e baixa (corpo), conservado apenas a carne corruptível, o Mal retornará ao Nada. Acreditando na reencarnação, os cátaros recusam o batismo dos recém-nascidos; o batizado deve ter treze ou catorze anos para optar pelo batismo em vez de sofrê-lo. Eles reconhecem apenas o Novo Testamento; o Antigo Testamento é obra do Mal. A única oração é o "Pai Nosso". Eles rejeitam a adoração dos santos ou das relíquias. O principal sacramento é a *consolação*, do latim *consolamentum*, vivido como o "batismo do espírito". É feito por imposição das mãos de um Perfeito, pessoa já ordenada, pois se trata de uma ordenação, comprometendo o impetrante a uma vida de Bom Homem ou Boa Mulher, mistura de ascetismo, de rigor moral evangélico, renúncia (de comer carne, por exemplo). **Inocêncio III** (1198-1216) lança contra eles a Cruzada Albigense (ou cátaros) em 1208. A guerra dura vinte anos (1209-1229) e **Simão de Monforte** (c. 1164-1218), à frente da cruzada, toma Béziers, Carcassonne, Languedoc e Toulouse. Os cátaros são presos, queimados. O Concílio de Latrão IV (1215) dá a Simão de Monforte o condado de Toulouse, os viscondados de Béziers e Carcassonne, o ducado de Narbona. A partir de 1231, é a Inquisição, muitas vezes confiada aos dominicanos, que persegue os hereges. Isolados, os últimos cátaros são condenados no início do século XIV, depois da tomada de Montségur (1244) e da queima na fogueira de duzentos Perfeitos. Se o rei da França, **Filipe**

Augusto (1180-1223), recusa-se a participar da Cruzada Albigense, seu filho **Luís VIII** (1223-1226) compromete-se com a conquista do Languedoc, ligado ao domínio real no final do século XIII.

As cruzadas

Desde a expansão do Islã, a partir do século VIII, os lugares santos da Palestina estão nas mãos dos conquistadores, que demonstram tolerância, permitindo livre acesso aos peregrinos cristãos que o desejem. Essa política de abertura continua até sob os fatímidas, que exercem cada vez mais medidas vexatórias, provocando uma onda de desaprovação no Ocidente. Além disso, o imperador romano do Oriente tem muita dificuldade para conter os ataques de pilhagem dos turcos seljúcidas, levando Aleixo I Comneno (reino: 1081-1118), imperador romano do Oriente (imperador bizantino), a pedir, em 1089, a ajuda do Papa **Urbano II** (1088-1099). Este último, em 24 de novembro de 1095, lança, a partir de Clermont, um chamado à cruzada para recuperar os lugares sagrados profanados pela ocupação profana. Em caso de morte durante a expedição, o papa promete a indulgência plena, isto é, a remissão de todos os pecados: "Se aqueles que lá vão perdem a vida durante a viagem em terra ou no mar ou na batalha contra os pagãos, os seus pecados serão perdoados nessa hora, eu o concedo pelo poder de Deus que me foi dado"[150]. A primeira cruzada dura de 1097, cerco de Niceia, a 1099, tomada de Jerusalém. Ela é liderada por **Godofredo de Bulhão** (1058-1100), que se torna o protetor do Santo Sepulcro e primeiro soberano do reino cristão de Jerusalém, antes de morrer em 1100. A Segunda Cruzada (1147-1149) falha completamente devido a divergências entre reis cristãos. Haverá mais quatro até 1291, sendo a principal delas a quarta, 1202-1204, quando os cruzados saqueiam Constantinopla. Uma vez reconquistada a Terra Santa, os cruzados devem administrá-la, e é nesse momento que surgem as principais ordens de monges-cavaleiros. Os Cavaleiros Templários aparecem em 1119, e a ordem adota a regra de São Bernardo de Claraval, que lhes confere proteção. Seus votos são a pobreza, a castidade, a obediência, e sua finalidade, a proteção dos peregrinos. O nome "Templário" vem da primeira comunidade da ordem em Jerusalém, localizada nas proximidades do antigo Templo de Salomão. Em 1137, são criados os Hospitalários da Ordem de São João d'Acre, do nome do Hospital de Jerusalém, dedicados ao cuidado e à assistência dos últimos momentos dos peregrinos. Após a queda de São João de Acre em 1291, os Hospitalários mudam-se para Rodes, depois para Malta; daí o nome atual da Ordem de Malta. É a colônia alemã originária de Lübeck e Bremen que funda, em 1190, em São João de Acre, os

---

150. Fulcher de Chartres, *Histoire de Jérusalem* [História de Jerusalém], em Guizot, *Collection des Mémoires relatifs à l'histoire de France* [Coleção de memórias relacionadas à história da França], Brière librairie, 1825.

Cavaleiros Teutônicos, militarmente organizados a partir de 1198. Seu principal campo de ação missionária não é a Palestina, mas as margens pagãs da Europa Oriental. Após a conquista da Prússia, os Cavaleiros Teutônicos aí fundam um verdadeiro Estado, na primeira parte do século XIII.

As ordens mendicantes: Frades menores ou Franciscanos (1209), Carmelitas (1214), Frades pregadores ou Dominicanos (1215), Agostinianos (1256)

As ordens mendicantes são parte da reforma da Igreja. Eles encarnam o voto de pobreza, vivem da caridade, não possuem nada pessoal nem coletivamente. Eles são uma resposta, por exemplo, às acusações contra uma Igreja fastuosa, cujos príncipes mantêm o estilo de vida e os vícios dos grandes senhores seculares. Franciscanos e dominicanos, como outras ordens mendicantes, pregam o Evangelho, mas têm a missão de trazer os cátaros para o seio da Igreja. A **Ordem dos Frades menores ou Franciscanos** surge na Itália setentrional em 1209 pela ação de **Francisco de Assis** (1181-1226). Nascido num rico meio mercador, ele leva uma vida dissipada, guerreia, aspira à nobreza, acaba na prisão. Em 1205, ele tem uma revelação, desfaz-se de todos os seus bens, literal e figurativamente, a ponto de acabar nu diante do bispo de Assis. Ele funda uma fraternidade, os Frades Menores, em homenagem às cidades menores no Evangelho. Em 1210, o Papa **Inocêncio III** aprova a primeira regra desse grupo. Ele é acompanhado em 1212 por **Chiara Offreduccio di Favarone, Clara de Assis** (1194-1253), que funda uma ordem das Damas Pobres ou Clarissas. Em 1222, Francisco de Assis cria a **Ordem Terceira** que permite aos leigos viver de acordo com o ideal de pobreza enquanto permanecem no mundo secular. Em 1224, ele teria recebido os estigmas, mas escreve ainda seu *Cântico das Criaturas*, antes de morrer em 1226. Quatro grandes pensadores da época medieval estão relacionados com o movimento franciscano: **Giovanni di Fidanza**, ou **Boaventura**, apelidado de "Doutor Seráfico" (c. 1221-1274), ministro geral franciscano; **Roger Bacon** (1214-1294), apelidado de "Doutor admirável" por causa de seu vasto conhecimento; **João Duns Escoto** (c. 1266-1308), o "Doutor Sutil", teólogo franciscano; **Guilherme de Ockham** ou Occam (c. 1290-1349), apelidado de "Doutor invencível", o maior nominalista franciscano.

A **Ordem dos Pregadores**, ou **Dominicanos**, é fundada em 1215 por **Domingos de Gusmão** ou São Domingos (c. 1170-1221). É em Toulouse, em 1215, que ele abre o primeiro convento para pregar e trazer os hereges para a verdadeira fé. Seguindo a Regra de Santo Agostinho e as Constituições ou leis dadas por Domingos, a ordem é aprovada no mesmo ano por Inocêncio III. É aos dominicanos que a Igreja confia a Inquisição desde sua criação. As estruturas fixas da ordem são adotadas em 1216, com a aprovação do novo papa, Honório III, e a regra seguida é a de Santo Agostinho.

Ele atribui como missões o apostolado e a contemplação. Os frades vivem em conventos. Entre os famosos dominicanos do século XIII, convém incluir **Tomás de Aquino** (c. 1224-1274), cuja obra dá origem à corrente filosófica e teológica conhecida como tomismo (1224-1274); **Eckhart von Hochheim**, dito **Mestre Eckhart** (1260-1327), teólogo e filósofo, está na origem do movimento dos místicos da Renânia.

Além dos franciscanos e dominicanos, outras duas ordens são reconhecidas no Concílio de Lyon II em 1274 como "grandes" ordens mendicantes, as **Carmelitas** e os **Agostinianos**. A Ordem do Carmelo (Carmelitas) inclui homens e mulheres dedicados à contemplação. A Reforma Protestante é seguida de uma Contrarreforma Católica, movimento no qual se inscreve a renovação do Carmelo, realizada na Espanha por **Teresa de Ávila** (1515-1582) e **João da Cruz** (1542-1591). Eles enfatizam o apagamento pessoal em benefício da humildade, da fusão em Deus na contemplação e o êxtase a partir de uma existência escondida. Os Eremitas de Santo Agostinho são uma criação pontifical. O sucesso das ordens mendicantes existentes tende a favorecer o aparecimento de pequenos grupos sem estruturas, num momento em que eles poderiam ser tentados pelas heresias. O Papa **Alexandre IV** (1254-1261) decide, portanto, federá-los em 1254. Eles viverão em conventos e se devotarão à predica (pregação). O Concílio de Lyon II (1274) aprova a ordem em definitivo.

A IGREJA FRAGILIZADA DOS SÉCULOS XIV E XV

A situação do papado no início do século XIV é consideravelmente fragilizada. A vontade, insuflada pelo pontificado de Inocêncio III, de dar à Igreja um lugar no mundo temporal dos príncipes leva a confrontos com estes últimos. A disputa mais violenta opõe o rei da França, **Filipe IV, o Belo** (1285-1314), ao Papa **Bonifácio VIII** (1294-1303) e culmina com o ataque de Anagni, onde o enviado do rei Filipe, Guilherme de Nogaret, tenta em vão obter a abdicação do pontífice e permite que este o humilhe. **Clemente V** (1305-1314), antigo arcebispo de Bordeaux, transporta o papado para Avignon, a fim de fugir da insegurança crônica romana. Seria, para ele, uma estadia momentânea, mas que, na verdade, dura quase setenta anos. O Papa **Gregório XI** (1370-1378) leva o papado para Roma em 17 de janeiro de 1377. O ano de 1378 vê, num intervalo muito curto, a eleição de dois papas, **Urbano VI** (1378-1389), apoiado pelos italianos, e, por iniciativa dos cardeais franceses, **Clemente VII** (1378-1394). O primeiro reina em Roma, o segundo volta para Avignon. É o chamado Grande Cisma do Ocidente, que divide a Europa entre as duas fés pontificais. Cada papa excomunga seu rival e o acusa de heresia. O drama continua em 1389, quando a morte de Urbano VI abre espaço para uma solução negociada, que desaparece rapidamente com a eleição de seu sucessor **Bonifácio IX** (1389-1404). Em Avignon, **Bento XIII** (1394-1423) sucede Clemente VII em 1394. O papa romano é apoiado pelo norte da Itália, pela maioria do Império, pela Inglaterra. O pontífice de Avignon é defendido pela França, Escócia, Reino de Nápoles, Castela, Dinamarca e Noruega. É preciso a reunião de dois concílios, um em Constança (1414-1418), o outro em Basileia (1431-1449), para resolver o conflito e reunificar a cristandade, após a deposição em Constança dos três papas que reinavam, então, simultaneamente: **João XXIII** (1410-1415), **Gregório XII** (1406-1415) e **Bento XIII** (1394-1423), substituídos por um só cardeal: Odonne Colonna, sob o nome de **Martinho V** (1417-1431). O Concílio da Basileia ainda é marcado pela deposição do sucessor de Martinho V, **Eugênio IV** (1431-1447), que se manterá no trono pontifical, e pela curta carreira do duque de Saboia, Amedeu, tornado Antipapa **Félix V** (1439-1449). A autoridade pontifical é restabelecida partir de 1449, quando **Nicolau V** (1447-1455) é, finalmente, o único a poder se autoproclamar sucessor de São Pedro.

2. AS ARTES RELIGIOSAS NO OCIDENTE

A ARTE ROMÂNICA

O nome "arte românica" foi criado pelo historiador da arte Charles de Gerville (1769-1853), em 1824, enquanto estava em busca de um qualificativo capaz de designar o conjunto da evolução artística que precedeu o período gótico para a sua obra *Essai sur l'architecture du Moyen Âge* [Ensaio sobre a arquitetura da Idade Média]. A arte dita "românica" se refere ao emprego arquitetônico do arco derivado do período romano. Tradicionalmente, o início da arte românica coincide com o começo do século XI, porque é o momento da estabilização da Igreja nas monarquias europeias. A evolução se faz da Alemanha na direção da Itália e da França, depois da Espanha setentrional, antes que o gótico, no fim do século XI, seja anunciado pelos modos arquiteturais que se desenvolvem então na Inglaterra e na Normandia. Pode-se situar o apogeu do românico no fim do século XI, por volta de 1080, quando se soluciona o problema da abóbada num edifício de tipo monumental, como no caso de Cluny. O problema do seu fim é mais delicado de resolver. Certamente, as premissas do gótico ficam evidentes a partir de 1140, na França, na construção da basílica real de Saint-Denis, mas a influência românica prolonga-se até o último terço do século XII. A arte românica é subdividida, de acordo com as áreas geográficas, em denominações múltiplas: a primeira arte românica na França corresponde consequentemente ao otoniano tardio, ou o estilo dito "anglo-saxão", enquanto a segunda arte românica, igualmente denominada "romano elevado", corresponde ao sálio tardio ou à arte normanda. Ela surge quase simultaneamente na França, na Alemanha, na Espanha e na Itália. Essa arte apresenta suas próprias características em cada país, ainda que, pela primeira vez, exista uma unidade suficiente para considerá-la como um estilo comum no âmbito da Europa.

A arquitetura românica: novas soluções

A arquitetura românica é caracterizada pela sua complexidade: o espaço sagrado da igreja ou da catedral se divide segundo funções próprias atribuídas a cada sala. Cada vez mais, os arquitetos favorecem o plano da igreja-salão de nave única. As grandes igrejas foram necessárias para acolher numerosos monges e padres, bem como os peregrinos, que vinham rezar ou ver relíquias dos santos. Por razões de resistência ao fogo, as abóbadas em alvenaria começaram a substituir as construções em madeira. Esse sistema pede o surgimento de novas soluções no tratamento da abóbada, a mais corrente sendo a abóbada de arestas quadradas. A tensão lateral exerce-se mais fortemente e obriga a criar novas estruturas para os contrafortes. O muro externo assim espessado é tratado especialmente à parte, com o surgimento das janelas. O plano também é alterado, já que as igrejas acolhem cada vez mais fiéis quando das peregrinações, cada vez mais frequentes. As naves laterais são prolongadas, cercadas por um deambulatório, brilhantes capelas, cada uma dedicada a um santo diferente, o que permite uma melhor distribuição da quantidade de peregrinos dentro da igreja. Também são incorporados portais ao transepto. A forma principal continua sendo a basílica, mas ela difere em vários pontos. Sua forma retoma a cruz latina, o telhado abobadado, a extensão do coro.

Cluny e Cister

A construção da abadia de Cluny foi feita em várias etapas. A história de Cluny e suas três abadias confunde-se com a da própria ordem de Cluny. O **abade Bernon**, primeiro abade de Cluny, inicia a construção de Cluny I. É terminada sob o seu sucessor Odon em 927. O quarto abade de Cluny, **São Majolus** (954-994), começa Cluny II que, consagrada em 981, recebe as relíquias de Pedro e Paulo. No entanto, só é terminada entre 1002 e 1018. Cluny III, iniciada em 1088, eclipsa todas as anteriores. É concluída sob o abaciato de **Pedro, o Venerável** (1092-1156) e consagrada em 1130. As dimensões excepcionais Cluny estão presentes para recordar o incomparável poder do mosteiro. Com 187 m de comprimento, incluindo todo o conjunto da abadia, a igreja tem 141 m de largura, e a nave possui onze tramos. Seu plano revela uma multidão de transeptos, de capelas, de colaterais, um largo deambulatório, uma vasta galeria, tudo devido às necessidades litúrgicas da abadia: numerosas missas e orações: chega-se a celebrar onze missas por dia, que são assistidas por até mil peregrinos. Sobraram apenas vestígios insignificantes das construções de Cluny. Em contrapartida, a abadia de Vézelay, na Borgonha, chegou até nós quase que intacta.

Fundada em 1098 no Sul de Dijon, por **Robert de Molesme** (1029-1111), a abadia de Cister [ordem dos Cister] forma mais 60 mil monges para se disseminarem na Europa e fundar novos conventos na Itália, na Espanha e na Europa central, de acordo com uma vontade de manter o seu caráter ascético e de recusar as riquezas dos

Beneditinos de Cluny, bem como as dos seus edifícios. A característica das abadias cistercienses é a construção em estilo austero, sem ornamentos esculturais. As constituições da ordem de Cister, da qual fazia parte São Bernardo, estipulam que a Igreja deve ser construída sem pintura, sem escultura de nenhuma espécie, com janelas de vidro branco e não deve possuir torres nem campanários muito elevados. O interesse desses mosteiros reside, do ponto de vista artístico, nas suas abóbadas, que requerem consideráveis cálculos e proezas técnicas.

A escultura românica, uma mudança no tratamento das formas

Antes do século X, os edifícios construídos possuem pouca ou nenhuma decoração esculpida. É apenas por volta do século XI que surgem os primeiros grandes conjuntos esculpidos, como a verga da igreja de Saint-Genis-des-Fonts, na região dos Pireneus Orientais (1020). Mas as primeiras realizações românicas são, antes de tudo, essencialmente decorativas (frisos, folhas, folhagens estilizadas). Inicialmente, dizem respeito aos capitéis, aos claustros, às criptas e, após o fim do século XI, decoram as fachadas. Gradualmente, longe das disputas religiosas, os escultores românicos vão perpetuar temas religiosos antigos: o Juízo Final será representado sobre a fachada ocidental das igrejas, o Apocalipse de São João sobre o frontispício de São Pedro de Moissac (1130). Cenas do Antigo Testamento são utilizadas em paralelo com as da vida de Jesus. No fim do século XI, a escultura torna-se monumental. A iconografia utilizada permite ensinar os laicos analfabetos. Ela se torna Bíblia de pedra para aqueles para quem o acesso ao texto é impossível. Como esse estilo detesta o vazio, os personagens são deslocados a fim de poderem ser integrados na forma do quadro que lhes é fixado, como sobre a fachada de Moissac ou de Vézelay. Certos membros podem também ser alongados na forma de triângulo, como na igreja Saint-Sernin de Toulouse. Contrariamente às épocas anteriores, o personagem não é mais obrigatoriamente o centro do assunto, mas evolui para uma representação formal. O artista é influenciado diretamente pelo sentido espiritual dos personagens representados: a perspectiva é abandonada em proveito de uma representação em superfície. As formas evoluem para a esquematização: o artista não deseja reproduzir traços exatos do Cristo ou da Virgem, de acordo com um modelo, mas deseja erigir na pedra os símbolos da fé.

A ourivesaria e as suntuosas artes românicas

A prosperidade dos mosteiros favoreceu seu desenvolvimento e florescimento. O culto das relíquias favorece igualmente o seu desenvolvimento e abre espaço para relicários de todas as espécies: na forma de sarcófago e de cruzes. O tesouro de Saint-Denis é o resultado dos esforços efetuados pelo abade Suger para enriquecer sua abadia com obras de arte. No início do século XII, desenvolve-se uma técnica menos dispendiosa que a do esmalte *cloisonné* praticada anteriormente. Consiste em colocar o esmalte em alvéolos, escavados numa placa de metal bastante espessa, geralmente de cobre. As partes poupadas, não esmaltadas, são douradas com mercúrio. A arte têxtil deixou-nos a *Tapeçaria da rainha Matilde*, em Bayeux (1066). Nela são narrados episódios da conquista da Inglaterra. Contemporânea dos fatos que reproduz, é de grande interesse histórico.

A ARTE GÓTICA

> O desenvolvimento da arquitetura gótica não obedeceu a um esquema lógico que impusesse premissas. Não se reduz unicamente à relação entre o arco quebrado, o cruzamento de ogivas e o arcobotante. É essencialmente mais complexo, tanto que adquiriu contornos muito diferentes em função das épocas ou das regiões. Como sempre na vida do espírito, a liberdade de escolha era grande, os mestres artesãos e os artistas ficavam livres para alterar um estilo[151].

Esse termo é aplicável a todas as manifestações artísticas compreendidas entre o século XII e o XV, primeiro na França e depois no resto da Europa. Deve-se a um florentino, discípulo de Michelangelo, **Giorgio Vasari** (1511-1574) que, em sua obra sobre a vida dos pintores toscanos, *Vies des plus excellents peintres, sculpteurs et architectes* (*Vidas dos mais excelentes pintores, escultores e arquitetos*), pensa que o estilo dos monumentos da Idade Média, construídos de maneira nova vindos da Alemanha, deve chamar-se gótico, porque foi inventado pelos bárbaros godos. A principal inovação que provoca a constituição de uma arte gótica implica vários pontos essenciais: o aumento das aberturas, o aumento da elevação, a busca por um espaço homogêneo. A partir da segunda metade do século X, os países europeus vão perder de vista o modelo francês para adquirir, pouco a pouco, o seu próprio estilo sem, no entanto, alterar suas bases. O gótico se espalha ao norte até a Escandinávia, a leste na Polônia, e ao sul até as ilhas de Chipre e Rodes, também impregnadas de sua influência. Durante muito tempo, a Itália continua fechada a essa arte, desenvolvendo na Toscana, a partir da metade do século XIV, um estilo próprio que está na origem do Renascimento.

A arquitetura gótica na França

A nova arte da catedral gótica é resultante, principalmente, do papel, cada vez mais importante, conferido à luz em conjunto com o desenvolvimento, no século XII,

---

151. Alain Erlande-Brandenburg, *L'Architecture gothique* [A arquitetura gótica], Paris, Éd. Jean-Paul Gisserot, 2003, p. 3.

da arte do vitral: pedaços de vidro multicolorido são montados juntos com uso do chumbo, formando assim quadros da história santa. A adoção da abóbada sobre cruzamento de ogivas permite alargar a nave e elevar a abóbada, que chega a atingir 48 m em Beauvais. Os contrafortes, que sustentam a tensão em sua base, são divididos em altura por arcobotantes entre os quais são instalados os vitrais e eventuais rosáceas, como é o caso em Bourges. A arte gótica de antes do século XIII encontra-se localizada na França, no norte, e concentrada ao redor de Paris, em 1163, de Senlis, em 1153, de Soissons, em 1177, de Beauvais, em 1227. As principais construções desse período são as catedrais de Chartres e Notre-Dame de Paris, mas também a de Saint-Denis (1132-1144). A arte gótica pode ser dividida em vários períodos:

- O **gótico primitivo** (1140-1190): construção das catedrais de Sens (1140-1164), Tournai, Noyon, Laon (1150-1200) e Notre-Dame de Paris (1175-1240).
- O **gótico clássico** (1190-1240) representa a idade de ouro do gótico com edifícios cada vez mais elevados: catedrais de Chartres, Bourges, Amiens, Beauvais (1190-1240).
- O **gótico radiante** (1240-1370): desenvolve-se o motivo em rosácea sobre os vitrais.
- O **gótico flamejante** ou *flamboyant* (séculos XIV-XV) é caracterizado por uma escalada da decoração.

A abadia de Saint-Denis, reconstruída por iniciativa de Suger (1135-1144), propõe uma arquitetura completamente nova. Altera o nártex e, primeira vez, a fachada é dotada de uma rosa acima da entrada central. A fim de conferir maior importância às relíquias, a área atrás do altar-mor é aumentada. Concebe-se uma nova cripta, que incorpora as criptas carolíngias. O coro é cercado de um deambulatório que se abre sobre capelas radiantes justapostas. Cada uma delas é iluminada por duas janelas, enquanto que tradicionalmente havia apenas uma ou três. Os trabalhos empreendidos, em 1231, pelo abade **Eudes Clemente** (abade de 1228 até 1245) transformam o coro de Suger. É desmontado até os ábacos das colunas, substituídas por pilares mais sólidos capazes de sustentar uma elevação mais forte. Trata-se, sobretudo, da busca por uma grande verticalidade, mas também são alinhadas as arcadas trifório e as lancetas das janelas. O transepto é muito grande de modo a acolher a nécropole real, implantada desde o século XII.

A catedral, sede de Deus

Como a partir de então os bispos estão na origem da construção de igrejas, a catedral desempenha um papel central nas cidades, como no caso da região de Île-de-France ou Picardia. A arquitetura da catedral de Chartres, de 1220, é a mais em conformidade com o gótico. O mestre de obras lidera todas as construções. **Villard de Honnecourt** deixou cadernetas cheias de esboços e de escritos sobre as práticas arquiteturais durante o século XIII. Neles estão registradas instruções precisas para a execução de objetos específicos, desenhos explicativos sobre os procedimentos técnicos, dispositivos mecânicos, sugestões para fazer figuras humanas e animais, e anotações sobre as construções e os monumentos que viu. Em suas anotações, Honnecourt descreveu o trabalho que fez sobre a rosácea da catedral de Lausanne. Passou a maior parte da sua vida viajando (Reims, Chartres, Laon, Meaux e Lausanne). Foi à Hungria em 1245, talvez para trabalhar como arquiteto. Nos seus escritos, mescla os princípios transmitidos pela geometria antiga, as técnicas medievais e as práticas de sua época.

Chartres e o seu labirinto

A catedral é a igreja que funciona como sede de um bispo, que se senta sobre uma cátedra, cadeira de encosto elevado. A particularidade da catedral de Chartres reside na existência do seu labirinto, figura geométrica representada no pavimento da nave principal, situada exatamente entre o terceiro e o quarto espaços entre duas vigas, e que evolui em arcos concêntricos sobre toda a largura. A sua dimensão é de 261,55 m, mas, mesmo partindo do centro ou do exterior, o caminho percorrido apresenta muito exatamente o mesmo encadeamento de curvas e de arcos de círculo. Diferentes interpretações simbólicas ou filosóficas foram dadas à sua existência, notadamente aquela em que havia um caminho simbólico que levaria o homem a Deus.

Notre-Dame de Paris

Coração sagrado de Paris, Notre-Dame, na Île de la Cité, encarna o poder eclesiástico da época medieval. Em frente, a outra metade da ilha é atribuída ao poder real, com o palácio, e sua Santa Capela, construída por São Luís para proteger a coroa de espinhos do Cristo. Num face a face de pedras, poder eclesiástico e poder real se opõem ou se completam em função das épocas. A catedral sofreu várias transformações:

– no século IV, situava-se a oeste do edifício atual;
– durante o século XII, começa a construção principal que dura de 1163 a 1345;
– é restaurada no século XIX par **Eugène Viollet-le-Duc** (1814-1879).

Gótico flamboyant

No fim do período, o gótico *flamboyant* manifesta-se por uma profusão de curvas e contracurvas. As criações mais típicas são as torres e os campanários nos séculos XV e XVII. Em Paris, os pórticos de Saint-Germain l'Auxerrois, Saint-Gervais, Saint-Étienne-du-Mont, assim como o Hotel Cluny manifestam a persistência desse gótico.

A escultura gótica na França

As primeiras obras da escultura gótica são feitas em Saint-Denis e Chartres, que tem à época 26 estátuas das quais sobraram dezenove. Os três portais dessa igreja constituem o exemplo mais completo de escultura gótica. Trata-se de uma novidade: as estátuas-colunas, colocadas nos vãos chanfrados de portas e janelas, representando rainhas e reis do Antigo Testamento. O drapeado das vestes é muito trabalhado, ainda que as posturas continuem rígidas. Gradualmente, a escultura que representa personagens humanos se liberta dos espaços que lhe são tradicionalmente atribuídos: pilares, colinas e capitéis. No século XIV, surge uma mudança na concepção plástica, tanto na França, como na Itália e na Alemanha. A escultura evolui em direção da intimidade, da história, do pitoresco e do realismo. Os corpos são alongados, as estátuas colocadas em altura elevada são vistas parcialmente, o que explica a necessidade dessa ampliação. Cada figura ocupa totalmente um espaço no qual se inscrevem também as deformações. A Idade Média recusa a perspectiva linear do Renascimento, estabelecendo uma perspectiva hierárquica: no centro, na parte superior e no lugar mais grandioso, coloca-se a figura mais importante. O gótico, tardio no campo da escultura, começa por formas preciosas cujo caráter internacional é aceito. Coroamento supremo da arte de corte, o estilo gótico internacional, que acontece por volta de 1400, desenvolve-se em figuras graciosas. Muito suavizado, esse estilo realça o maneirismo. A escultura não tem mais estátuas-colunas; estas são encostadas ao suporte. A cabeça representa 1/7 do corpo. O drapeado, que antes era feito para criar um efeito de volume, passa a captar a luz através de suas dobras, que escondem os pés. A humanidade substituiu a serenidade que animava os rostos.

A escultura funerária na França

O surgimento das associações laicas no início do século XIII tem por consequência o desenvolvimento da arte funerária. Os túmulos utilizam novos materiais, como o mármore branco e o alabastro. Dentre os numerosos jazigos, encontra-se o de **Isabel de Aragão** (1247-1271), em Saint-Denis (1275), um dos mais antigos testemunhos. Gradualmente, a estatuária funerária tende ao realismo, modelando o rosto dos mortos, como a efígie deitada de **Filipe II, o Ousado** (1270-1285), atribuído a Jean Chelles, conservado igualmente em Saint-Denis. A morte se impõe como objeto de temor e as efígies chegam a evocar agonia. Os escultores do duque da Borgonha criam o ateliê franco-alemão de Dijon com **Jean de Marville** (morto en 1389), que trabalha o túmulo de Filipe II, o Ousado, e **Claus Sluter** (1355-1406), artistas de uma arte atormentada e realista. Os drapeados são uma das particularidades notáveis da realização dessa arte da Borgonha. Deve-se a Claus Sluter o célebre Poço de Moisés, em Chartres. Os devotos em prantos aparecem no túmulo de Philippe Pot (1428-1493), grande líder da Borgonha, na abadia de Cister, na região de Côte-d'Or, por vezes atribuído a **Pierre Antoine Le Moiturier** (1425-1480). Os devotos em prantos ou enlutados, figuras vestidas de luto, dissimulados em um longo casaco preto drapeado, carregam, cada um, os oito quartos de nobreza do defunto.

A pintura na França

A pintura de cavalete conhece um desenvolvimento espetacular nos séculos XIII e XIV com a realização dos retábulos, em dípticos ou trípticos. Os temas favoritos dos pintores são a cópia da *Hodegetria* bizantina, ícone da Virgem com menino, e as cenas da vida de São Francisco de Assis, principalmente o Sermão aos pássaros. É na Itália que esta evolução da arte é mais perceptível, com as obras de Cimabue em Roma e de Giotto di Bondone em Pádua. A pintura francesa atinge o seu apogeu sob o reino de São Luís. A iluminura encontra novos enriquecimentos no século XIV com os *Livros de horas*, obras personalizadas que ritmam o ano com base nas principais festas religiosas e orações. Essa arte é representada pelo mestre **Jean Pucelle** (morto em 1334), autor do *Livro das horas de Jeanne de Évreux* e do *Breviário de Belleville*. Essa tradição continua e se amplifica com uma obra-prima, as *Muy ricas horas do duque de Berry*, ilustradas pelos irmãos **Limbourg** para um dos irmãos do rei Carlos V, notável benfeitor.

As artes menores na França

Os **vitrais** têm um lugar importante na arte medieval para decorar as baias das catedrais. As primeiras escolas de decoradores de vitrais na França foram as de Saint-Denis e de Chartres. Um dos mais belos exemplos continua a ser o da Santa Capela. Os temas figurados representam cenas do Antigo e do Novo Testamento. No início do século XIV, a fim de iluminar os vitrais, empregam-se cores cada vez mais claras sobre vidros cada vez mais finos. Surgem novos corantes, como o amarelo de prata, que evolui do amarelo pálido alaranjado. A **tapeçaria** desenvolve-se cada vez mais e os ateliês parisienses no século XIV detêm o primeiro lugar, cedendo-o, um século mais tarde, aos trabalhadores têxteis de Arras; o *Apocalipse de Angers*, vasta tapeçaria de 144 m de comprimento, continua a ser a obra-prima dessa arte. Paris adquiriu, no século XIV, um renome universal na execução dos esmaltes translúcidos sobre ouro e prata. A partir do século XIII, Limoges torna-se conhecida pelo trabalho dos esmaltes em *champlevé* (o metal é escavado para se depositar o esmalte em pó) e pintados, como o *Grande esmalte de Godofredo Plantageneta*, a sua placa funerária.

3. AS LETRAS

O advento dos carolíngeos, em meados do século VIII, ao mesmo tempo que traz a unificação do mundo franco e o da liturgia, favorece a propagação das obras e a sua criação. As escolas desenvolvem-se. O Papa **Paulo I** (757-767) envia a Pepino, o Breve, diferentes tratados de gramática, de ortografia, de geometria. São fundadas muitas abadias, que criam suas próprias bibliotecas dotadas de muitas obras. A abadia de São Galo, com obras vindas de todos os horizontes culturais da época, é um belo exemplo disso. **Beda, o Venerável** (672-735), é o autor de obras da cultura literária, histórica e científica da alta Idade Média. É conhecido também por ser um dos grandes comentadores da Bíblia. É em torno de Alcuíno, primeiramente diretor da escola da Catedral de Iorque, em 778, que vai em 782 a Aix-la-Chapelle a pedido de Carlos Magno, que se reúne a elite intelectual da época numa sociedade literária que ele batiza de "academia". Os seus nove membros tomam nomes do Antigo Testamento ou da Antiguidade greco-romana, de um poeta ou de um rei: Carlos Magno é Davi; Angilberto é Homero; Alcuíno é Horácio; Teodolfo é Píndaro...

Rábano Mauro (c. 780-856), discípulo de Alcuíno, transforma a abadia de Fulda em um centro intelectual para arcebispos, missionários destinados a instruir o povo da fé. A literatura carolíngea, sob o impulso dessas escolas monásticas, exprime-se ao mesmo tempo em uma poesia pagã, que se transmitiu e se enriqueceu oralmente, e por uma poesia cristã, expressão do jovem cristianismo alemão. No século VIII é redigido o *Lai*[152] *de Beowulf*, protótipo do herói anglo-saxão que vence o monstro marinho Grendel antes de sucumbir às feridas causadas por um combate vitorioso contra um dragão. Esse longo poema épico de 1.182 versos conta a vida e as proezas de um jovem príncipe do sul da Suécia. Durante o período carolíngeo, a história conhece um notável desenvolvimento. Na Itália, surge um gênero literário próximo: a crônica. Contudo, o nome mais conhecido ligado a essa disciplina é o de **Eginhardo** (c. 775-840) que, inspirado pela obra *Vidas dos doze Césares*, de Suetônio, relata a vida de Carlos Magno em *Vita Caroli Magni* (*Vida de Carlos Magno*).

O LATIM, LÍNGUA MORTA

Seria mais exato falar das literaturas da Idade Média. Sobretudo, porque a Idade Média tem início no final do Império Romano, desde o fim do século V, e se estende da França feudal de Luís VI, o Gordo, subdividida entre as mãos dos grandes vassalos, à França de Luís XI, com uma monarquia centralizada e uma administração moderna. Os quatro séculos que a constituem veem evoluírem e se modificarem o modo de

---

152. Gênero de poema narrativo ou lírico que floresceu na Idade Média; glosava temas das novelas de cavalaria do ciclo do rei Artur, com número de versos entre sessenta e trezentos, heptassílabos ou octossílabos, ger. distribuídos em doze estrofes, e associava-se a uma melodia tocada em harpa ou viola [N.T.].

vida e a vida quotidiana, as mentalidades e a língua. **François Villon** (1431-depois de 1463) faz um pastiche, em sua *Balada em francês antigo* (*Ballade en vieil langage françois*), dessa língua que tinha se tornado opaca para as pessoas do século XV. Gradualmente, o latim vai se tornando uma língua morta, permanecendo a única língua das elites e das igrejas, enquanto se forma a língua francesa. O Concílio de Tours, em 813, prescreve que se dirija aos fiéis em sua língua e que sempre se pregue em língua vulgar (vernáculo). Luís, o neto de Carlos Magno, manda transcrever em galo-romano o *Sermão de Estrasburgo* (*Serment de Strasbourg*) em 842. Essa maneira de falar adquire diferentes formas de acordo com as regiões: *langue d'oc* no sul da França, *langue d'oïl* no norte do rio Loire. No século XII, os textos da Antiguidade latina são traduzidos em romano, língua vulgar comum.

Até o século XIV, não há obras que não transitem pela voz, e a oralidade é fundamental. Antes do nascimento do romance, na segunda metade do século XII, todas as formas de literatura em língua vernácula são destinadas ao canto. No entanto, o escrito não ocupa um lugar secundário. A escrita constitui uma expressão e uma garantia de autoridade. Se um texto existe primeiro em performance oral, a escrita se encarrega de sua permanência como memória, como conversação.

OS PRIMEIROS AUTORES: CLÉRIGOS E SALTIMBANCOS

Antes do século XII, possuímos poucos textos em línguas vulgares. Nenhum vestígio escrito chegou até nós dos *Quatro Ramos do Mabinogi* (*Mabinogion*), essas narrativas galesas, datadas do século XIII, que pertencen a uma tradição oral que data provavelmente dos séculos VI e VII. *A Canção de Rolando* (*La Chanson de Roland*) também foi, provavelmente, recitada antes do século XI, data do manuscrito. A questão do autor continua sendo espinhosa. Por autor, entende-se, em latim medieval, aquele que produz algo desenvolvendo-o, do latim *augere* (que significa: ampliar), depois aquele que faz, *ago* (agir), por último aquele de quem a obra procede. A criação do texto parte do autor, que reivindica a obra, estende-se ao compositor, que lhe dá uma forma, ao escriba, que garante sua retranscrição sobre um pergaminho. Os clérigos se ocupam dessa última etapa. O saltimbanco com o seu papel de mímico, acrobata, recitador, interpreta um vasto repertório e, de acordo com sua inspiração, retraduz a obra.

As canções de gesta evocam a sociedade dos séculos XI e XII. *Gesta*, em latim, designa a história. Muito rapidamente a palavra é usada para evocar os grandes feitos do passado. Elas evocam temas essencialmente ligados à guerra, que têm a particularidade de se situar na época carolíngea, geralmente no tempo do próprio Carlos Magno ou de seu filho Luís, o Piedoso. Definem-se como uma narrativa em verso que coloca em cena as proezas de cavaleiros, forma que se instaura do século VIII ao X. Os tradicionalistas buscam os vestígios das origens nas narrativas épicas. As canções de gesta desenvolvem-se no norte da França, mais particularmente na Normandia. Destinadas a serem cantadas, com um ligeiro acompanhamento musical, são escritas em versos, divididos em estrofes de comprimento variável, chamadas *"laisses"*. Os versos não rimam, mas são construídos sobre o princípio da assonância, ou seja, a repetição da última vogal da palavra. Do fim do século XI: ao fim do século XIII, foram escritas 150 canções de gesta. As mais antigas são a *Canção de Rolando* e a *Canção de Guilherme* (*La Chanson de Guillaume*), cuja composição dataria de 1100. A elaboração da maioria das canções de gesta teria acontecido em uma época situada em torno de 1150 a 1250. Do século XIII ao XIV, constituem-se ciclos, ou seja, conjuntos de canções relativas a um único herói ou sua família próxima. Nos séculos XIV e XV, tem-se, principalmente, um período de nova redação, de transformação em prosa de textos já existentes. De autores desconhecidos, as canções de gesta são frequentemente agrupadas sob o nome dos personagens principais aos quais fazem alusão ou em grandes ciclos nomeados a partir deles. São exemplos o *Ciclo de Guilherme de Orange*, que compreende 24 canções; o *Ciclo de Carlos Magno*, composto por *Canção de Rolando* e *Viagem de Carlos Magno*; o *Ciclo das Cruzadas*; o *Ciclo bretão* de Chrétien de Troyes (1135-1183), com a trilogia *Lancelot, Ivain, Perceval* (*Lancelote, Yvain, Percival*).

A poesia lírica

Os trovadores, ao mesmo tempo poetas e músicos, que escreveram em *langue d'oc* estariam na origem da poesia lírica em língua vernácula entre 1100 e o fim do século XII. A nova representação poética do amor foi retomada e sistematizada pelos trovadores e depois pelos troveiros sob o nome de *fin'amor* ou de amor cortês. O amante põe-se a serviço da senhora, inacessível devido a sua beleza, seu *status* e situação de mulher casada. A poesia dos trovadores é uma poesia difícil, escrita numa língua muito codificada, muito alusiva.

Romance e romance arturiano

Um gênero novo surge por volta de 1150: o romance. O termo "romance" designa geralmente a obra em língua vulgar em oposição ao latim. Os amores lendários de Tristão e Isolda foram objeto de numerosas adaptações literárias. De certas versões, como a de **Thomas** ou a de **Béroul**, são conservados apenas fragmentos. A arte romanesca inspira-se em uma abundante diversidade de narrativa que se desenrola tanto em lugares desconhecidos, imaginários como em tempos míticos ou históricos. O *Romance de Renart* (*Roman de Renart*), reúne narrativas compostas em épocas diferentes por autores anônimos, entre 1171 e 1250, chamados "ramos", encenando animais em torno do personagem principal, Renart, encarnação da esperteza, e de Ysengrin, o lobo, sua vítima preferida. O primeiro dos romances arturianos é *História dos reis da Bretanha* (*Historia regum Britanniae*) de Geoffroy de Monmouth. É a primeira obra na qual o rei Artur adquire forma romanesca. **Chrétien de Troyes** (1135-1183) conta, no início do *Cligès* *ou La Fausse morte* (*Cligès ou a Falsa morta*), que começou a sua carreira submetendo à moda romances antigos e compondo adaptações de Ovídio. Dele foram conservados quatro outros romances, *Erec e Enide* (*Érec et Énide*) (1165), *Lancelote ou o cavaleiro da carreta* (*Lancelot ou le Chevalier de la Charrette*) (1171), *Ivain ou o cavaleiro com o leão* (*Yvain ou le Chevalier au Lion*) (1181), *Percival ou o conto do Graal* (*Perceval ou le Conte du Graal*) (1181). Ele inventa o tipo romanesco do "cavaleiro errante": um herói. A aventura essencial é a que o conduz ao conhecimento de si mesmo. Destinados aos aristocratas da corte, à classe cavaleiresca, seus romances conferem um papel essencial ao amor na sua relação com as proezas guerreiras.

A LITERATURA NO SÉCULO XIII, A VEZ DO REAL

Enquanto que o poema cortês, sob forma do *Minnesang*, triunfa na Alemanha, a literatura francesa descobre um gênero novo, baseado no recurso ao realismo e ao cômico, o *fabliau*. Essa narrativa profana surge no momento em que os mistérios sagrados evoluem para se tornar verdadeiras peças de teatro, como os muito populares *Jogo de Adão* (*Jeu d'Adam*) e o *Jogo de São Nicolau* (*Jeu de Saint Nicolas*). O romance atinge certa maturidade com o *Romance da Rosa* (*Roman de la Rose*), composto por **Guilherme de Lorris** (c. 1210-c. 1240) entre 1225 e 1230, e revisto e aumentado por **Jean de Meung** (c. 1240-1305), no fim do mesmo século. O herói, num jardim maravilhoso, deve tentar apanhar uma rosa, cercada pelas figuras alegóricas de "perigo", "maledicência", "vergonha" ou "inveja". A obra se apresenta como uma soma didática, síntese de todos os conhecimentos, mas a forma da narrativa é mantida. A questão da liberdade do homem e de suas relações com a natureza passa para o primeiro plano. Ao lado da narrativa tradicional, a especificidade da literatura no século XIII é atribuir um lugar maior à realidade em detrimento da ficção. A história faz a sua entrada com **Geoffroi de Villehardouin** (c. 1150-c. 1213) e **Robert de Clari** (?-1216). Com a *A conquista de Constantinopla* (*La Conquête de Constantinople*), Villehardouin tem a preocupação constante de explicar como os problemas encontrados acabam desviando os homens de boa fé do seu projeto inicial. O teatro dá seus primeiros passos no início do século XIII, mas só se difunde sob todas as formas dois séculos depois. Deve ser considerado como uma criação *ex nihilo*, que não têm nenhuma relação com o teatro grego ou romano, ainda que *theatrum*, transcrição do grego *theatron*, signifique "ver". A primeira peça, o *Jogo de Adão*, escrita em 1150, reduz-se, na verdade, a uma conversa na qual nunca intervêm mais de duas pessoas: Deus e o diabo, Abel e Caim etc.

A LITERATURA NO SÉCULO XIV: MILAGRES, MISTÉRIO E TEATRO

Ainda que o século XIV conserve uma parte da herança dos séculos anteriores, é caracterizado por certas novidades que criam uma ruptura. A poesia lírica domina todos os outros gêneros. Uma verdadeira fabricação das linguagens poéticas, dos gêneros, organiza-se sob o efeito da mutação da língua francesa, com o antigo francês cedendo espaço ao francês médio. A posição do escritor também muda. O século XIV acompanha o desenvolvimento do mecenato, o que explica, de certa maneira, a diversidade de produção das obras literárias, que são encomendas e nascem de uma nova relação: a do poder e da escrita. O fim da Idade Média vem acompanhado de um gosto mais desenvolvido pela história. Aparecem crônicas e memórias. A guerra dos Cem Anos (1337-1453), as epidemias de peste negra vão orientar progressivamente a reflexão histórica na direção de mais questionamentos. Vários nomes devem ser incluídos nesse gênero: além de **Jean Froissart** (1337-1404), que cobre com as suas *Crônicas* (*Chroniques*) um período que vai do advento de Eduardo III da Inglaterra, em 1327, à morte de Ricardo II, em 1400, **Cristina de Pisano** (c. 1365-c. 1431), que escreve uma obra considerável, extremamente variada, que trata ao mesmo tempo de política e moral, mas também de filosofia. **Philippe de Commynes** (1447-1511) consagra os oito livros das suas *Memórias* (*Mémoires*) às disputas entre o duque da Borgonha, Carlos, o Audaz, e Luís XI, rei da França. É o criador de um gênero literário, as memórias, que servirão de modelo aos memorialistas dos séculos XV e XVII. O século XIV vê surgir o teatro sob todas as formas possíveis, religioso ou cômico, e marca o apogeu do gênero dramático. O interesse desse teatro é encenar, oferecer um espetáculo à sociedade que se afirma e se questiona sobre si mesma.

❖ **Os milagres** são o gênero mais difundido. São pequenas narrativas montadas nos adros das igrejas, que contam a vida dos santos ou lendas religiosas: O *Jogo de São Nicolau*, de **Jean Bodel** (1165-1210), o *Milagre de Teófilo* (*Le Miracle de Théophile*) de **Rutebeuf** (século XIII).

❖ **Os mistérios** só surgem no século XV. Eles encenam, em sua totalidade, a vida de um santo ou a do Cristo. Duravam de seis a 25 dias nas épocas de Natal, Páscoa e Pentecostes. As Paixões são encenadas no adro das igrejas, podendo apresentar intervalos cômicos. Dentre as obras mais conhecidas, citemos *La Passion du jongleur* (*A paixão do saltimbanco*) (século XIII), assim nomeada porque é recitada por um saltimbanco; *A paixão do Palatino* (*La Passion du Palatinus*), *A paixão de Arras* (*La Passion d'Arras*), atribuída a **Eustache Marcadé** (?-1440), *A paixão de Santa Genoveva* (*La Passion de Sainte Geneviève*), de Jehan Michel (fim do século XIV).

❖ Na mesma época, desenvolve-se o **teatro profano**, representado, principalmente, pelos "jogos quebrados", dramas dialogados poéticos nos quais se sucedem cenas satíricas, burlescas, como em **Adam de la Halle** (c. 1240-c. 1287) e o seu *Jogo de Robin e Marion* (*Jeu de Robin et Marion*). A representação teatral no século XV comporta um mistério, um moralidade, uma farsa. Do repertório importante dessas últimas, foram conservadas aproximadamente 150 obras, todas redigidas entre 1450 e 1560. A *Farsa do Mestre Pathelin* (*La Farce de Maître Pathelin*) (1464) é excepcional pelo comprimento de seus versos, 1.599, três vezes mais do que as outras farsas. Contrariamente à sotia, gênero intelectual que tende ao cômico imediato, cuja ação transmite uma mensagem e leva a um juízo contestatório, como a *Comédia contra o Papa Júlio II* (*Sottie contre le pape Jules II*), a farsa é uma forma pouco baseada na atualidade.

❖ **A alegoria** se torna o modo de expressão mais disseminado no século XIII para a poesia. A obra-prima desse gênero continua sendo *O romance da rosa* (*Le Roman de la Rose*), iniciado por Guilherme de Lorris, por volta de 1230, e continuado por **Jean de Meung**. A poesia traduz uma nova sensibilidade diante do tempo, da velhice. Mas o que mais a caracteriza é a separação definitiva do verso e da música. Para compensar essa falta, ganha força a música natural dos versos. **Guilherme de Machaut** foi último poeta-músico; ele tinha o cuidado de anotar as peças acompanhadas de música e de separá-las das peças não líricas. Essa ruptura permite instaurar novas formas poéticas: o rondó, que começa e termina da mesma forma; o virelai, composto de estrofes de duas partes; o lai, suíte de doze estrofes, divididas em meias--estrofes. A poesia escolhe o "eu" como principal tema e depois evolui para se tornar um lugar de debate e de diálogo. **Cristina de Pisano** (c. 1365-c. 1431), com *O debate dos dois amantes* (*Le Débat des deux amants*) (1400-1402), *A coletânea de cem baladas de amantes e de damas* (*Le Recueil des cent ballades d'amants et de dames*) (1409-1410), e **Carlos de Orléans** (1394-1466), com as suas *Baladas* (*Ballades*), são grandes poetas dessa época. **François Villon** (1431-depois de 1463) capta a essência poética do período em *O lai* (*Le Lais*) (1457) e *O testamento* (*Le Testament*). Autor de um assassinato, ele é obrigado a fugir de Paris em 1455, porque é suspeito de ter compartilhado a vida criminosa do bando dos Coquillards. Outra vez condenado à morte em 1461, época da composição da *Balada dos enforcados* (*Ballade des pendus*), escapa à execução com a ascensão de Luís XI ao trono, o que lhe rende uma anistia. Ele desaparece definitivamente dos testemunhos após 1463. Sua obra poética está baseada ao mesmo tempo no realismo descritivo, na angústia da morte e na fugacidade do amor e dos prazeres da vida.

4. A FILOSOFIA

AS UNIVERSIDADES E O QUARTIER LATIN

Uma das grandes inovações do século XII no plano cultural é o desenvolvimento de escolas urbanas, ainda que as dos mosteiros não tenham desaparecido em decorrência disso. Elas conhecem certo prestígio, na Inglaterra e na Itália, até a época das universidades. À medida que o século XII avança, as relações entre escolas e estruturas eclesiásticas se afrouxam. O Quartier Latin, no século XIII, é todo dedicado ao ensino dado aos monges em Saint-Germain-des-Prés e em Sainte-Geneviève, escolas isentas da autoridade episcopal. É lá que ensinam **Alberto, o Grande**, e **Tomás de Aquino**, mas também outros estudiosos vindos de todos os países da Europa: ingleses como **João de Salisbury, Roger Bacon, João Duns Escoto** e **Guilherme de Ockham**. Até o século XIII, os lugares do saber são as escolas episcopais. A exemplo das corporações medievais, a universidade se instala sob a tutela do bispo e, depois, do papa. O mecenato laico manifesta-se pela fundação de colégios, pensionatos destinados aos estudantes pobres do interior, tal como aquele fundado em Paris pelo conselheiro de São Luís, **Robert de Sorbon** (1201-1274), que se tornará a Sorbonne. A escolaridade passa pelo estudo das sete artes liberais agrupadas em dois ciclos: o *trivium* (gramática, retórica, dialética) e o *quadrivium* (geometria, aritmética, astronomia, música). O conjunto da formação universitária se baseia em um conhecimento aprofundado da gramática. As grandes universidades (Paris, Bolonha, Oxford) emitem a licença de ensinar em todos os lugares, o *licentia ubique docendi*. A universidade é dividida em quatro faculdades: artes, decreto ou direito canônico, medicina, teologia. A teologia é o auge do percurso universitário e é abordada entre 25 e 35 anos, idade mínima requerida para obter o título de doutor.

A QUERELA DOS UNIVERSAIS: RUPTURA ENTRE FÉ E RAZÃO

> Os cinco universais, o gênero, a espécie, a diferença, o próprio, o acidente, são conceitos caracterizados pela universalidade. Seriam realidades inscritas nas próprias coisas ou apenas conceitos, conveniências do espírito? Aí está o ponto de partida da querela dos universais. Tema dominante na filosofia grega antiga, na escolástica medieval e nos sistemas do período moderno da filosofia ocidental (do século XVII ao XIX). A pergunta já é feita por Porfírio no século III em reação à lógica de Aristóteles. Durante o período medieval os nominalistas e os realistas se opõem. Os nominalistas supõem que sejam apenas palavras, os segundos, pelo contrário, realidades que existem. Ockham opõe à tese adversa a do realismo[153].

Um dos pontos do pensamento de Aristóteles restituído pelos universais: a qual realidade correspondem os universais – ou seja, as ideias gerais? Para **Roscelino** (1050-1120), universais são apenas simples palavras e não correspondem a nada real. Quando afirmamos que João e Pedro são homens, estaríamos afirmando uma realidade ou uma mesma palavra? De acordo com **Roscelino**, um simples substantivo; de

---

153. Florence Braunstein e Jean-François Pépin, *La Culture générale pour les Nuls* [A cultura geral para leigos], Paris, First, 2009, p. 482.

acordo com o seu oponente **Guilherme de Champeaux** (c. 1070-1121), uma mesma realidade, porque João não é idêntico a Pedro, mas apenas semelhante. Ockham traz uma solução a essa querela ao negar a existência inteligível das ideias gerais e sua presença no sensível. O nominalismo vai negar a existência do conceito e reduzi-lo a uma imagem ou uma palavra. Mas a ideia de uma ordem natural fixa e necessária choca os franciscanos e parece-lhes teologicamente inaceitável, pois nega a ação direta de Deus sobre cada indivíduo. Ockham acredita ser fiel à lógica de Aristóteles e faz a distinção entre as coisas (*res*) e seus signos. No entanto, as palavras são apenas os signos das coisas e ele conclui que as coisas só podem ser, por definição, simples, isoladas, separadas. Em "João", nada mais se distingue real ou formalmente a não ser João. Ockham vai depreciar o geral em benefício do singular, como já havia feito Aristóteles contra Platão. Só os indivíduos existem, são reais e, únicos, constituem substâncias. Para retomar um exemplo fornecido pelo próprio Ockham, não existe "ordem franciscana", mas irmãos franciscanos. Da mesma maneira, não há paternidade, assim como só há pais e filhos. São apenas nomes, sinais que conotam vários fenômenos singulares.

O emprego de termos gerais traduz apenas um conhecimento parcial e confuso dos indivíduos e não tem significado próprio. Aquilo que para os tomistas figura no mundo do "ser" pertence, segundo a metafísica de Ockham, ao mundo da linguagem e do pensamento. As incidências teológicas dessa filosofia são consideráveis, dado que ela limita o dogma da Trindade na teologia católica ou ainda os atributos da essência divina. Assim, os atributos com os quais qualificamos Deus – bem, vontade, razão, justiça, misericórdia – se resumem a simples substantivos que servem para designar Deus. Deus é com efeito incognoscível, porque não recai sob nossa experiência. A consequência disso é uma ruptura brutal entre a filosofia e a fé. A existência de Deus demonstrada por São Tomás, de acordo com as provas tiradas da ordem cósmica, é rejeitada. Só a fé permanece o único meio para conhecer Deus. A experiência direta permite-nos compreender, apreender realmente a existência das coisas e de suas relações. É supérfluo insistir nas consequências desses princípios no estudo de Deus. O nominalismo também tem consequências no campo do direito e, sobretudo, no do direito natural. O indivíduo, e não as relações que existem entre vários indivíduos, torna-se o centro do debate jurídico que deve tender a enunciar seus direitos individuais.

FILOSOFIA: A PRIMEIRA ESCOLÁSTICA

O objetivo escolástico (*schola* significa "escola" em latim) é o mesmo que o das escolas monásticas, notadamente o de encontrar Deus pela ciência, mas o método de ensino difere profundamente. Nascida nas cidades no século XI e, sobretudo, desenvolvida durante o século XII, a escolástica retoma os programas do *trivium* e do *quadrivium*, mas coloca a tônica sobre a ciência do raciocínio: a dialética. A leitura tradicional dos textos, ou *lectio*, e, sobretudo, a da *sacra pagina*, a Bíblia, permanece, ainda que seguida de uma *questio*, interrogação racional, depois de uma discussão, a *disputatio*, antes que o mestre tire a lição do conjunto do exercício por uma *conclusio* pessoal. Enquanto o movimento dialético partia das escolas episcopais na França, o principal oponente encontrava-se num mosteiro na Itália: ele foi Pedro Damião.

❖ **João Escoto Erígena** (c. 810-c. 877), originário da Escócia ou da Irlanda, vai à França, chamado por Carlos, o Calvo, à escola do Palácio, em Aix-la-Chapelle. Ali passa toda a sua vida até o momento em que, entre 865 e 867, é denunciado como herege pelo Papa Nicolau I. Ao mesmo tempo filósofo e teólogo, sua obra tem um alcance considerável. Pensador original, alimentado das leituras de Orígenes, ele se liga à tradição alexandrina e se opõe a Godescalco de Orbais e a sua doutrina da dupla predestinação. Compõe a esse respeito *De la praedestinatione* (*Da predestinação*), em 851. Sua obra essencial, *De divisione naturae* (*Da divisão natural*), comporta cinco livros de diálogos entre um mestre e o seu discípulo.

❖ **Pedro Damião** (1007-1072) defende os dogmas da Igreja contra os dialéticos, preconizando o ascetismo. A fé desempenhará o papel do saber e nada lhe interessa a filosofia, já que a mensagem de Deus foi veiculada por homens simples e não filósofos. Como a gramática, essa seria uma invenção diabólica. Ela deve aceitar submeter-se como uma serva a sua senhora.

❖ **Pedro Abelardo** (1079-1142) é um grande mestre da escolástica, que ensina em Paris, no alto do morro Sainte-Geneviève. Tendo seduzido a jovem Heloísa, foi mutilado pelos amigos do tio da jovem, episódio de sua biografia conhecido a partir de sua *Historia calamitatum* (*História das minhas desgraças*). Retira-se na abadia de Saint-Denis, depois em um convento na Bretanha, antes de retomar a docência em Paris. Suposto autor do *Sic et non* (*Sim e não*), considerado como o discurso do método medieval, ele redige um tratado de teologia, a *Introdução à teologia* (*Introductio ad theologiam*) e é condenado devido a seus posicionamentos pelos concílios de Soissons (1121) e de Sens (1140). Aplica sistematicamente a dialética ao estudo teológico.

❖ **Pedro Lombardo** (c. 1100-1160), nascido na Itália, vai a Paris para ensinar a teologia e se torna bispo da cidade em 1159. Sua principal obra é uma *Soma de sentenças* (*Somme de sentences*), também chamada *Les Quatre Livres des Sentences* (*Os Quatro Livros das Sentenças*), no qual classifica por matéria os escritos dos Pais da Igreja, contribuindo assim para a sua mais ampla divulgação. Considerada muito rapidamente como um clássico, a *Soma* entra para o programa de estudos de teologia, a mesmo título que os escritos patrísticos que ela apresenta. Esse esforço de apresentação racional faz da *Soma* uma obra fundamental da escolástica medieval.

A IDADE DE OURO DA ESCOLÁSTICA

A idade de ouro da escolástica vê, entre o século XII e o XIV, renascer uma corrente aristotélica introduzida pelos filósofos árabes: **Avicena** (980-1037) e principalmente **Averróis** (1126-1198). No início do século XIII, os escritos de Aristóteles, *Ética a Nicômaco*, *Metafísica*, *Física*, *Da alma* são considerados fundamentais. O neoplatonismo exerce uma grande influência entre os pensadores franciscanos e dominicanos, assim como entre aqueles de outros meios, tais como Alberto, o Grande, os místicos renanos, Mestre Eckhart. No século XIII, não existem ainda escolas verdadeiras, mas apenas teorias. A tendência mais tradicional é representada por **Boaventura** (c. 1221-1274) cujas ideias residem na linhagem agostiniana. Com **Siger de Brabant** (c. 1235-c. 1281) desenvolve-se o averroísmo latino; depois Alberto, o Grande, mestre de **São Tomás de Aquino** (1224-1274), restitui importância à corrente aristotélica.

❖ **Boaventura** (Giovanni di Fidanza, c. 1221-1274) é, junto com São Tomás de Aquino, a personalidade marcante do século de ouro da escolástica. Apelidado de "Doutor seráfico", é canonizado em 1482 e proclamado doutor da Igreja em 1587. Ele une o misticismo ao emprego da escolástica na teologia. O objetivo final permanece, para ele, a união na contemplação com Deus. Não podendo atingi-lo nesta vida, ele deve formar a soberana esperança no futuro. O raciocínio não permite chegar à completa inteligência das coisas divinas e a filosofia não pôde descobrir o dogma fundamental da criação. Como para Santo Agostinho, a existência de Deus é uma evidência.

São Tomás de Aquino (1224-1274) e o tomismo

Apelidado de "Doutor angélico" porque havia resistido a todas as tentações em Aquino, ele nasce em 1224, nessa cidade, perto de Nápoles, falecendo em 1274, depois de ter sido discípulo de Alberto, o Grande. Fará da teologia uma verdadeira ciência de Deus. A sua filosofia integra os grandes princípios do aristotelismo. Se São Tomás, em grande medida, baseia-se em Aristóteles, ele também o ultrapassa, pois, possibilitada pela revelação cristã, a obra tomista compreende não só o estudo das realidades sobre-humanas (*ontologia*), mas também a de um Deus criador (*teologia*). A revelação cristã permitiu compreender que não há hiato entre esses dois polos de reflexão. Pelo contrário, poder compreender a essência divina deve permitir uma melhor compreensão das realidades terrestres. Ele é o autor de duas importantes contribuições **entre 1252 e 1259**: o *Comentário das Sentenças* de Pedro Lombardo, os *Comentários* das obras de Aristóteles e das obras de Aristóteles e de Dionísio, o Aeropagita; depois, **entre 1259 e 1273**: a *Suma teológica* (1265-1273, inacabada), a *Suma contra os gentios* (1259). Sua considerável obra literária é, de fato, redigida ao longo de vinte anos. São Tomás mescla, em sua doutrina, as sabedorias cristã e pagã. Ele faz com que coexistam perfeitamente, diferenciando sua esfera de atividade. Da mesma forma, ele integra as conclusões do agostinianismo em um quadro aristotélico. Sua filosofia tem um valor claro, não em virtude de seu caráter cristão, mas por sua autenticidade. A escola tomista constitui apenas uma corrente minoritária da escolástica.

- **Razão e fé**

São Tomás de Aquino quer unificar fé e razão, uma vez que estariam a serviço da inteligência e que não se opõem de modo algum. A prova da existência de Deus poderá, assim, ser demonstrada pela razão. Portanto, só se pode compreender com a condição de que se creia. No que diz respeito à estrutura do homem, São Tomás realça a relação corpo-alma, ou seja, a união entre espírito e matéria em um ser unitário. Frequentemente, sua evolução não reflete as ideias preconizadas por São Tomás, e a filosofia do ser é negligenciada pela primeira escola tomista criada no século XV. A filosofia tomista é estudada hoje segundo os princípios do método histórico.

- **Deus**

Sua prova da existência de Deus está baseada na semelhança entre ele e a criação. Para demonstrar a existência de Deus, São Tomás distingue cinco vias que se apoiam sobre a experiência. Sua existência não é uma evidência, pelo que ele analisa o movimento no mundo sensível por meio da prova do primeiro motor: "Pode-se provar que Deus existe por cinco vias. A primeira via, e a mais manifesta, é a que se tira do movimento [...] Ora, o que é da ordem do movimento é movido por outra coisa: nada está, de fato, em movimento exceto enquanto é potência em relação ao que tende, enquanto uma coisa dá o movimento enquanto está em ato"[154]. Para São Tomás, a natureza de Deus continua a ser desconhecida por nós e, no entanto, podemos determinar aquilo que não é pela negação das imperfeições da criatura. Apoiando-nos sobre o conceito de analogia, podemos também saber o que ele é. Deus é o primeiro motor imóvel e é necessário retomá-lo se quisermos explicar o movimento do universo. Na segunda prova, análoga à primeira, fala-se de causa. Retomando todas as causas, chegamos à causa primeira, que é Deus. A terceira prova recorre à contingência do mundo; o mundo pode ser ou não ser, e só pode ser explicado por Deus. A quarta prova baseia-se na ideia de perfeição; existem graus da perfeição que são geralmente avaliáveis em função de uma perfeição absoluta: Deus. A quinta prova refere-se à finalidade do universo, que só Deus organiza.

---

154. Tomás de Aquino, *Soma théologique* [Suma teológica], vol.1, Paris, Éditions du Cerf, 1984, p. 172-173.

Quanto à alma, esta é "imaterial e mais completa que a dos animais, limitada a quatro faculdades: sensibilidade, imaginação, memória e avaliação. A dos homens é sensibilidade, imaginação, memória e razão. Esta última é a faculdade não somente de ter ideias, mas de estabelecer entre elas encadeamentos de relações e de conceber ideias gerais. É pela análise do conhecimento racional que a alma humana se diferencia da alma animal ou vegetativa, incapaz de agir sozinha, por conseguinte de existir sozinha.

Contrariamente àquilo que defendem Platão e Santo Agostinho, São Tomás demonstra que o conhecimento sensível permanece o ponto de partida de todo conhecimento, já que o homem não tem em si nenhum conhecimento inato. É então que intervém o trabalho da inteligência, para extrair das coisas sensíveis uma forma inteligível, o *intelecto agente* de cada um de nós. O *intelecto possível* constitui a segunda função possível da inteligência individual, cuja obra se chama *conceito*. Isto se opõe à concepção de Averróis, que julga inconciliáveis o intelecto e o homem, fazendo do *intelecto agente* uma substância única e separada"[155].

5. A MÚSICA MEDIEVAL

A MÚSICA CAROLÍNGEA

No campo musical, acontece um verdadeiro Renascimento. A partir desse momento, as notas são marcadas por acentos: é a notação ecfonemática (ou quironomia). Aix-la-Chapelle, Tours e Metz unificam o canto litúrgico; o papa envia a Carlos Magno alguns cantores da sua capela privada. Um órgão passa a ter lugar na capela imperial. A teoria musical progride à medida que a prática se renova, e é em Metz que Crodegango funda um ensino diretamente derivado da *Schola* latina. Rábano Mauro escreve *Da música* (*De musica et portibus ejus*), Alcuíno compara os diferentes modos utilizados. As novas práticas instauradas na corte imperial são logo difundidas em todo o Império, pois a música, assim como o conjunto do programa educacional pretendido por Carlos Magno, deve participar plenamente da unificação cultural, principalmente em um campo tão fundamental quanto o canto litúrgico que acompanha a celebração da Eucaristia.

---

155. Florence Braunstein e Jean-François Pépin, *La Culture générale pour les Nuls* [A cultura geral para leigos], op. cit., p. 480.

AS ESCOLAS DE MÚSICA

Cronologicamente, podemos situar a música medieval em um longo período que vai do século VI e se estende ao início do Rensacimento. Tecnicamente, o período é dominado pela escola franco-flamenga, com o aparecimento ou o desenvolvimento de vários centros de criação. Sucedem-se assim a escola de Notre-Dame de Paris, ilustrada por **Franco de Colônia** (século XIII) e sua *Arte da música mensurável* (*Ars cantus mensurabilis*) (por volta de 1260), João de Garlândia (século XIII) e seu *Da notação do ritmo musical* (*De musica mensu rabili positio*) e as sequências baseadas em uma técnica precisa. A escola de Notre-Dame corresponde, em grande parte, à *ars antiqua*, a música como era praticada antes do século XIV. Os gêneros são o *organum*, passagem de canto-chão enriquecida com uma segunda voz, o *conductus* próximo do motete, que por sua vez é um canto em latim a uma ou várias vozes. A *ars nova* é exemplificada pela música polifônica do século XIV. O termo, utilizado por **Philippe de Vitry** (1291-1361), é epônimo do título da sua obra, que data de 1320. O nascimento da universidade de Paris e, depois, do Collège de Sorbon provoca um desenvolvimento da música, ensinada no mesmo ciclo que a matemática. A escola de música da catedral de Notre-Dame de Paris está na ponta da inovação em matéria de introdução de ritmos e de novos instrumentos de percussão, como os tambores e os tamborins, na liturgia. O canto ganha um espaço cada vez mais importante nos serviços e **Leoninus**, primeiro diretor da escola, compõe um *Magnus liber organi* (*Grande livro do organum*), consagrado ao canto litúrgico a duas vozes. Um canto novo aparece com a forma do motete, no qual cada voz segue um texto e um ritmo próprios. O fim do século XIII francês, com rondós de Adam de la Halle, vê os inícios da composição de cantos profanos, que desabrocha após 1320 com o movimento da *ars nova*, também presente na Itália. A *ars nova* se baseia em um conjunto de danças muito ritmadas, acompanhadas de cantos com uma única voz. O gosto do público pela *ars nova* é tamanho que a Igreja deve intervir para proibir sua utilização nas cerimônias litúrgicas. O principal promotor da *ars nova* é **Guilherme de Machaut** (1300-c. 1377), poeta, músico, cônego de Reims. Permanece muito tempo ao serviço de **João de Luxemburgo**, rei da Boêmia, redigindo inúmeras obras durante esse período: *Le jugement du roi de Bahaigne* (*O julgamento do rei de Behaine*) (c. 1346), *La Fonteinne amoureuse* (*A fonte amorosa*) (1360-1362) ou *Prise d'Alexandrie* (*Tomada de Alexandria*) (1370-1371). Sua obra é conhecida por cinco manuscritos dos séculos XIV e XV e carrega vestígios da forte influência do *Romance da rosa* (*Roman de la Rose*) sobre o autor. Suas criações musicais compreendem lais, virelais, rondós, motetes e uma missa polifônica. É a relação viva entre as trovas, o modo antigo de compor lais e a *ars nova*. Sua missa a quatro vozes é a primeira missa polifônica concebida como um todo, marcada por uma preocupação de ordem e de simetria para além da diversidade das formas. No último quarto do século XIV, a *ars nova* cede espaço à escola franco-flamenga do Renascimento, que domina a música europeia.

6. OS AVANÇOS TÉCNICOS NA IDADE MÉDIA

A invenção da imprensa transforma as condições da vida intelectual. A partir do século XII, o papel foi introduzido na Sicília pelos árabes, mas é apenas no século XIV que "moinhos de papel" funcionam em todo o Ocidente. Gradualmente, o papel substitui o pergaminho, feito de pele de carneiro, que custava muito caro. Quanto à tipografia, não foi inventada de repente, mas desenvolvida; primeiramente, utilizou-se a **gravura sobre madeira** (xilografia) para reproduzir imagens ou páginas de escrita. Mais tarde, teve-se a ideia de fazer caracteres móveis em madeira, que podiam ser utilizados várias vezes. Por último, passou-se ao tipo de metal. Parece que o primeiro a ter utilizado ao mesmo tempo uma prensa manual, uma tinta gordurosa e caracteres de metal fundido foi um impressor de Mainz: **Johannes Gutenberg** (c. 1400-1468). O primeiro livro sai do seu ateliê em 1454. O método é imitado na França em 1470. A tipografia é uma das grandes conquistas da humanidade, pois permite uma ampla difusão do pensamento e da instrução. Imprimem-se primeiro livros religiosos (a Bíblia, a partir de 1457 ou 1458) e, depois, as obras dos autores da Antiguidade e dos humanistas. No fim do século XV, as principais tipografias estão estabelecidas nos Países Baixos, na Alemanha e na Itália, centros de prosperidade e de vida intelectual. A arte da navegação é transformada pela invenção do leme, que permite construir navios mais rápidos e mais manejáveis: as caravelas. Ao mesmo tempo, aprende-se a orientação com ajuda da agulha imantada, o que os chineses e os árabes sabiam havia muito tempo; os italianos têm a ideia de instalá-la sobre um eixo em uma pequena caixa: a bússola. Por fim, equipes de cientistas começam a desenhar mapas, chamados *portulanos*. Descrevem com precisão os países conhecidos: no início do século XV, um universitário parisiense, **Pierre d'Ailly** (1351-1420), publica uma *Imagem do mundo*, no qual afirma que a Terra é redonda.

CAPÍTULO IV
A ALEMANHA MEDIEVAL

1. SACRO IMPÉRIO ROMANO-GERMÂNICO

OS OTONIANOS

O reino da Germânia se liberta dos Carolíngios **depois de 911**. O título imperial cessa de ser atribuído após 924, e o reino passa ao duque da Frânconia, **Conrado I** (911-918), depois ao duque da Saxônia, **Henrique, o Passarinheiro** (876-936), eleito rei dos Romanos, título portado pelo imperador entre a sua eleição e a sua coroação, sob o nome de **Henrique I** (919-936). Ele funda a dinastia dos Otonianos, do nome de seu pai, o duque de Saxônia **Oto I** (c. 851-912). Os Otonianos são reis da Germânia e, depois, a partir de 962, imperadores do Sacro Império Romano-Germânico até 1024. **Oto I, o Grande** (936-973) é coroado rei da Germânia em 936. Em 951, uma expedição na Itália permite-lhe ser coroado "rei dos francos e dos lombardos" em Pávia. Em 960, o papa solicita a sua ajuda contra o rei Berengário. Oto cruza os Alpes com o seu exército, chega a Roma onde o Papa Agapito II coroa-o imperador em fevereiro de 962. Agapito morre imediatamente depois e o novo papa, **João XII**, é hostil a Oto. Ele retorna à Itália e reúne um concílio que depõe o papa. Em virtude do *Privilegium Ottonianum*[156] de 962, Oto confirma o papa após a sua eleição, mas antes de sua consagração. É o cesaropapismo alemão que lhe permite escolher o sucessor de João XII, **Leão VIII** (964-965). No entanto, João XII se mantém até a morte, em 964. Depois da morte de Leão VIII, Oto faz eleger o seu sucessor, **João XIII** (965-972). Oto I morre em 7 de maio de 973. **Oto II** (967-983) é coroado quando Oto I ainda está vivo. Ele dá continuidade à obra de seu

---

156. Lei imperial estipulada em Roma, em 962, entre Oto I e o Papa João XII, poucos dias após a chegada de Oto para ser coroado imperador. O documento concede o controle dos Estados Pontifícios para os papas, regularizando as eleições papais e esclarecendo as relações entre estes e os imperadores do Sacro Império Romano-Germânico [N.T.].

pai, mantendo o Império e aumentando as posses italianas, mas morre prematuramente aos 28 anos. **Oto III** (983-1002) é coroado rei dos romanos aos três anos, em 983. Uma regência se instala até 995. **Oto III** é sucedido pelo duque da Baviera, **Henrique II, o Santo** (1002-1024), que morre em 1024, sem deixar descendentes.

OS SALIANOS

A sucessão de Henrique II é difícil, pois vários pretendentes se enfrentam. **Conrado II, o Sálico** (1024-1039) é finalmente eleito. Em 1037, ele promulga a *Constitutio de fundis,* que concede aos vassalos de vassalos, os vavassalos, a hereditariedade de seu feudo e o direito de serem julgados por seus pares. Conrado II morre em 4 de junho de 1039, em Utrecht. Com seu filho, **Henrique III** (1039-1056), o Império chega ao apogeu. Seu filho, **Henrique IV** (1056-1105), sobe ao trono. Como tem cinco anos, a regência é confiada a sua mãe, Inês da Aquitânia, e, depois, ao arcebispo **Anno de Colônia** (1056-1075). É durante esse período conturbado que inicia a Querela das Investiduras. **Henrique V** (1106-1125) começa tentando restabelecer a ordem em seu Império. Se fracassa ao tentar dominar a Hungria e a Polônia, consegue, por outro lado, restabelecer sua autoridade sobre a Boêmia, em 1110. Henrique V morre em 23 de maio de 1125 e é o último monarca da dinastia dos Salianos.

OS HOHENSTAUFEN

Uma assembleia, a Dieta de Mainz, elege o duque Lotário da Saxônia, tornado **Lotário III** (1125-1137). Lotário III morre em 3 de dezembro de 1137. Tem lugar um interregno de vários meses antes da eleição de seu sucessor, **Conrado III de Hohenstaufen** (1138-1152). Ele toma a Baviera em 1140 após uma longa guerra. Participa da segunda cruzada, com o rei Luís VII da França, entre 1147 e 1149, sitiando Damasco em vão. Conrado morre em 15 de fevereiro de 1152 sem nunca ter sido coroado imperador. Ele designou como sucessor seu sobrinho, o duque **Frederico da Suábia** (1122-1190), que se torna o célebre imperador **Frederico I, Barba-Ruiva** (1152-1190), descendente ao mesmo tempo dos Hohenstaufen e dos guelfos, o que é apreciado como sinal de paz entre as duas casas. Ele parte, em 1189, na terceira cruzada com Filipe II, Augusto, rei da França, e Ricardo Coração de Leão, rei da Inglaterra. Após duas vitórias dos cruzados, Frederico se afoga acidentalmente, em 10 de junho de 1190, na Anatólia. Seu filho, **Henrique VI** (1190-1197), rei da Alemanha desde 1169 e da Itália desde 1186, é seu sucessor. Ele é coroado imperador pelo Papa Celestino III, em 1191, mas fracassa ao tentar tomar Nápoles. Na Alemanha, ele deve enfrentar a revolta dos príncipes alemães, que só se acalmará em 1194. Captura e aprisiona o rei da Inglaterra, Ricardo Coração de Leão, no caminho de volta das cruzadas, e só o libera em troca de um altíssimo resgate. Ao tomar a frente de uma cruzada germânica, ele se prepara para passar pelo Oriente, mas morre brutalmente em Messina, em 28 de setembro de 1197. Toda a Itália se revolta, então, contra o Império. Na própria Alemanha, dois pretendentes se enfrentam durante dez anos. **Filipe I da Suábia** (1177-1208), o filho mais jovem de Frederico Barba-Ruiva, é coroado, mas os príncipes da Baixa Renânia preferem **Oto de Brunswick** (1176-1218).

Os guelfos, apoiadores do papa, e os Hohenstaufen se enfrentam depois da morte de Henrique VI em 1197. Cada um leva seu campeão ao trono, **Filipe da Suábia** (1197-1208) para os Hohenstaufen e **Oto IV de Brunswick** (1197-1218) para os guelfos. Ambos se enfrentam durante dez anos: Filipe é reconhecido pela França, Oto pela Inglaterra e pelo papado. Filipe vence militarmente depois de 1204 e é reconhecido em toda a Alemanha e pelo papa. Ele é assassinado em 21 de junho de 1208 pelo conde palatino da Baviera, a quem havia negado a mão de sua filha. Em outubro de 1209, Inocêncio III coroa **Oto IV** como imperador em Roma. Mas ele toma Nápoles. O Papa Inocêncio III o excomunga, por ter renegado sua promessa de não fazer aquilo, e passa a apoiar **Frederico II de Hohenstaufen** (1212-1250). Oto IV é derrotado por Filipe Augusto na batalha de Bouvines (27 de julho de 1214), refugiando-se em Brunswick. Em 1231, Frederico II promulga as *Constituições de Melfi*, código de leis unificadas que organiza o reino da Sicília e se quer aplicável a todo o Império. Na verdade, ainda em 1231, em Worms, os príncipes obtêm o *Statutum in favorem principium*, que lhes concede grande autonomia e reforça seu poder. Seu filho Henrique se rebela em 1232, 1234 e 1235, morrendo em cativeiro em 1242. Frederico II morre em 13 de dezembro de 1250 sem que a disputa tenha sido resolvida. Sua morte inicia um interregno de 23 anos. Os reis se sucedem na Alemanha sem poder nem reconhecimento reais. Cidades, estados, principados eclesiásticos, todos voltam a ganhar autonomia. As instituições imperiais, quando permanecem, exercem um controle puramente teórico. Os direitos reais caem entre as mãos dos príncipes, as cidades livres se multiplicam e se emancipam.

OS HABSBURGOS

O papado se irrita com essa situação e ameaça escolher um imperador, o que lesaria os príncipes eleitores. Eles decidem eleger um príncipe de cujo poder ou de cuja riqueza não precisariam suspeitar, o conde **Rodolfo de Habsburgo** (1218-1291), que se torna **Rodolfo I** (1273-1291). Seu principal oponente é o rei da Boêmia, **Otocar II** (1253-1278), que protesta quando descobre o resultado da eleição. Rodolfo o vence ao longo de dois encontros, Otocar II perde a vida no segundo. Rodolfo I passa a liderar vastos domínios pessoais: Áustria, Síria, Caríntia, Carníola, Boêmia. Seu poder é tão considerável que preocupa os príncipes eleitores. Quando de sua morte, seu filho é afastado em prol do fraco **Adolfo de Nassau** (1292-1298), que descontenta a nobreza com suas promessas não cumpridas. Ele é deposto em 22 de junho de 1298. Alberto, filho de Rodolfo I, duque da Áustria, o atropela e o mata na batalha de Göllheim, perto de Worms, em 2 de julho de 1298. **Alberto I** (1298-1308) consegue multiplicar os acordos de paz com seus vizinhos a ponto de aparecer como um soberano capaz de reunir toda a Europa central sob sua coroa. Mas morre assassinado em 1º de maio de 1308 por seu sobrinho **João da Suábia** (1290-1314).

OS LUXEMBURGOS

Na Alemanha, no século XIV, continuam os enfrentamentos pelo trono imperial entre membros das casas reais de Habsburgo, Luxemburgo e Wittelsbach. Às dificuldades nascidas dessas rivalidades se somam as incessantes disputas com o papado a respeito do reino da Itália e da pretensão dos papas a conceder a coroa imperial somente se antes tiverem validado a eleição do candidato. Em julho de 1338, uma assembleia dos príncipes eleitores, reunida perto de Coblença, decide que o eleito por eles não tem qualquer necessidade de ser reconhecido pelo papa para poder reinar. O maior monarca do século é **Carlos IV** (1349-1378). Pertencendo à família dos Luxemburgos, Carlos é rei da Boêmia. Ele é eleito rei dos romanos em 1346, mas tem que esperar até 1349, com o desaparecimento de seus competidores, para se tornar rei da Germânia. É coroado imperador em 1355. Pela Bula de Ouro, édito imperial de 1356, Carlos IV limita o número de eleitores a sete: rei da Boêmia, duque da Saxônia, margrave de Brandemburgo, conde palatino do Reno e os arcebispos de Trèves, Mainz, Colônia. Uma maioria de quatro votos basta para ser eleito. A aprovação do papa se torna inútil, o imperador é legítimo a partir de sua eleição. O Papa **Inocêncio VI** (1352-1362) rejeita imediatamente a Bula de Ouro. Enquanto mecenas, ele funda, em 1348, a Universidade de Praga, a primeira do mundo germânico. Pacifica a Alemanha multiplicando as *Landfriede*, "pazes territoriais", acertadas com as regiões da Bavária, da Suábia, da Pomerânia e da Francônia. Entre 1348 e 1350, esses estados são atingidos pela peste negra ou grande peste do Ocidente, que chega a dizimar a metade dos habitantes de Basileia, Colônia, Frankfurt e Magdeburgo. Carlos IV prepara ativamente sua sucessão. Seu filho, **Venceslau** (1361-1419), é rei da Boêmia a partir de 1363 e o rei dos romanos em 1376. Ele sucede ao pai após sua morte, em 29 de novembro de 1378, sob o apelido de **Venceslau I, o Bêbado** (1378-1400). Deve enfrentar os conflitos entre a nobreza e a Liga Suábia, que conta com 20 mil suábios e nobres do sul da Alemanha. É incapaz de demonstrar uma posição firme no momento em que a Igreja se divide pelo grande cisma do Ocidente (1378-1417). A assembleia dos eleitores convoca Venceslau a se apresentar. Ele não se apresenta, sendo deposto em 20 de agosto de 1400 em favor do conde palatino da Baviera, **Roberto** (1352-1410), eleito imperador **Roberto I** (1400-1410).

Ele conhece um reino marcado pela fraqueza, uma incursão sem resultado na Itália. Quando de sua morte, em 18 de maio de 1410, dois reis da Germânia são eleitos: José de Morávia (1410-1411), primo do imperador deposto Venceslau I, e **Sigismundo de Luxemburgo** (1368-1437), irmão desse último. José morre alguns meses depois, e Sigismundo I (1410-1437) passa a ser o único soberano. Hábil, dotado para a diplomacia, ele consegue evitar uma nova separação da Igreja no concílio de Constança (1414-1418), aproveitando para mandar queimar o reformador **Jan Huss** (c. 1369-1415), cujos adeptos, os hussitas, multiplicavam-se em seu reino da Boêmia, reclamando a reforma profunda da Igreja. Várias cruzadas contra os hussitas não bastaram para reduzi-los. Finalmente, em 1443, o concílio de Basileia-Ferrara-Florença avalia e concede aos hussitas o uso da língua tcheca e a comunhão sob as duas formas. Sigismundo, terceiro e último imperador da dinastia dos Luxemburgos, morre em 9 de dezembro de 1437.

OS HABSBURGOS, O RETORNO

Alberto II de Habsburgo (1437-1439) sucede a Sigismundo. Seu breve reino deixa poucos traços, mas permanece importante por dar definitivamente a coroa imperial aos habsburgos. Seu primo, **Frederico de Habsburgo** (1415-1493), é eleito rei dos romanos em 1440 e, depois, imperador romano-germânico sob o nome de **Frederico III** (1452-1493). Seu filho, Maximiliano, é rei dos romanos a partir de 1486. Ele se torna o imperador romano-germânico **Maximiliano I** (1508-1519). O essencial do seu reino é consagrado à guerra contra a França, que intervém no norte da Itália. Em 1495, a dieta de Worms, assembleia dos príncipes, reforma o Império: os eleitores podem constituir um *Reichstag*, um parlamento que autoriza um imposto imperial para financiar a guerra contra a França, seus aliados turcos e algumas cidades da Itália.

2. A ARTE

A ARTE OTONIANA

O que chamamos de arte otoniana não compreende apenas a dinastia de mesmo nome, mas diz respeito também às obras criadas no interior das fronteiras do Império Romano-Germânico. Ela se estende por um período que vai da metade do século X ao fim do século XI. Surge em um momento em que florescem, no sul da Europa, os primeiros testemunhos da arte romana. A arte otoniana, diferentemente da romana, utiliza outras técnicas, outras formas de pensar o espaço arquitetural ou decorativo. A religião é integrada não somente ao projeto político da Alemanha otoniana, mas também ao desejo de grandeza e de magnificência que retoma a tradição carolíngia para fundi-la em uma criação original. Os países germânicos, que não conheceram ruptura política, conservam as concepções artísticas dos Carolíngeos, mas também aquelas da arte bizantina.

A arquitetura otoniana: gigantismo e simplicidade

Muitos pontos caracterizam a arquitetura otoniana: o gigantismo das construções e das igrejas, consequência desse desejo de grandeza e de poder; a simplicidade das estruturas exteriores; a riqueza dos ornamentos frequentemente inspirados na Antiguidade;

a dupla orientação (dois polos nas igrejas com um transepto duplo). O coro duplo, com um grande transepto completando o coro ocidental, é retomado da arquitetura carolíngia.

A iluminura otoniana, um *summum*

Mas é particularmente no campo da iluminura que a arte otoniana atinge o auge. A superioridade da iluminura alemã é a consequência do apoio do imperador, mas também dos bispos. As grandes igrejas do Império são providas de meios importantes e de manuscritos escolhidos. O mosteiro de Reichenau desempenha um papel considerável. Dentre as obras de maior destaque, encontram-se várias séries de miniaturas sobre a vida de Cristo, assim como retratos de imperadores. No *Evangeliário de Liuthar*, Oto III aparece no trono, rodeado de símbolos evangélicos. Os temas e as decorações demonstram a importância da influência bizantina. O estilo das iluminuras otonianas, sob o olhar da época carolíngia, parece muito abstrato. A superfície, muito frequentemente coberta de pintura dourada, existe para dar aos personagens ou aos animais representados uma profundidade que a ausência de perspectiva não lhes permitiria alcançar. As páginas de dedicatória com o retrato do comanditário e o dos evangelistas têm grande importância.

A ourivesaria e as artes menores otonianas

Ourivesaria e artes menores figuram entre os testemunhos mais brilhantes da arte otoniana, com técnicas de gravura e de trabalho em relevo magistrais. Insígnias do poder imperial (*Coroa da Virgem de Essen*), objetos litúrgicos, cobertura de códex (*Evangelhos de Oto III*) e crucifixo (*Crucifixo do Império*) constituem as principais realizações dessa arte. No entanto, o altar de Trèves, dito de Santo André, e o altar de Gertrudes, do Tesouro dos Guelfos, formam parte do conjunto desses trabalhos de ourivesaria de peças excepcionais. O trabalho com marfim ocupa um lugar muito importante também, os de Lotaríngia sendo considerados os mais belos, à imagem da cobertura do *Codex Aureus de Echtemach*. O "mestre de Trèves" é um dos mais importantes artistas do final do século X. Ele é o autor do *Registrum Gregorii*, cópia das cartas de Gregório, e trabalha para o arcebispo Egberto em Trèves entre 970 e 980.

A ARTE DA ALEMANHA MEDIEVAL

A arquitetura gótica: mais tardia que na França

O início da arquitetura gótica é regional. As grandes construções que apresentam características do norte da França são raras.

Quando o gótico é adotado, apresenta pontos em comum com o gótico francês. A fachada não é tratada simplesmente como o lado ocidental, lugar pelo qual se entra, mas forma um poderoso conjunto de construções. O sistema de sustentação não é tão elaborado quanto na França, pois permanece submetido ao sistema de blocos. Na Alemanha setentrional e oriental, desenvolve-se o "gótico do tijolo", ligado aos materiais disponíveis.

A escultura gótica

Na Alemanha, é o Mestre Naumburg, escultor anônimo medieval, que, no século XIII, inova ao colocar, no coro ocidental, duas séries de estátuas frente a frente, grupos que se encontram no nártex da catedral de Friburgo. A tendência que leva os escultores a conferir traços impessoais a seus personagens no século XIII provoca uma reação no século seguinte, iniciada em Colônia. O interesse pela humanidade do Cristo de piedade, pelos elos que unem o Cristo a São João, produz uma nova visão, mais íntima e mais familiar, menos altiva e menos inacessível para o povo comum. O Sacro Império, a Áustria, os Países Baixos, a Boêmia, a Polônia e a Hungria tornam-se virtuoses na produção de estátuas de madeira.

3. A LITERATURA

A LITERATURA OTONIANA: UNICAMENTE EM LATIM

Os soberanos otonianos se interessam menos pela literatura que os príncipes carolíngeos, e só depois de 950 uma corrente se manifesta na corte, marcada por uma produção literária exclusivamente expressa em latim. É na Saxônia, berço da dinastia otoniana, que se desenvolvem ambientes culturais. Em contato com a região, a abadia de Gandersheim vê florescer a obra de **Rosvita** (século X), que celebra em verso as conquistas de Oto, o Grande, e compõe dramas em prosa à moda de Terêncio. As escolas monásticas da Suábia representam outra fonte cultural e literária sob a dinastia otoniana. A escola de Saint-Gall torna-se importante por meio de uma sucessão de mestres reputados. As obras em latim permanecem preponderantes. Segundo algumas fontes, a primeira dessas obras teria sido a Canção dos Nibelungos, escrita em latim pelo Mestre Conrado, a pedido do bispo **Pilgrim de Passau** (920-992). Outros estudiosos, no entanto, dizem que a obra foi composta por um anônimo no século XIII. A maior obra, *Vita Waltharii manufortis* (*A vida de Walther Fortes-Mains*), cujo autor é Ekkehard, o primeiro dos quatro monges mais célebres de Saint-Gall, conta a história do filho do rei visigodo da Aquitânia aprisionado por Átila, que consegue fugir. A *Fuga de um prisioneiro* (*Ecbasis captivi*) é a forma mais antiga de poesia germânica com animais como personagens, em que fica evidente a influência das fábulas de Esopo. Os poemas latino-alemães são mais uma produção dessa época, como o canto que louva o duque Henrique II da Baviera, o *De Henrico*, feito de uma alternância de versos alemães e de versos latinos. Por fim, os romances de cavalaria da Alta Idade Média talvez possuam uma fonte no *Ruodlieb*, epopeia latina.

A LITERATURA ALEMÃ MEDIEVAL

Espelhos e cantos corteses

O período clássico médio alto alemão vai de 1175 até aproximadamente 1360. Todos os gêneros literários estão representados, sendo a história principalmente formada de crônicas. Cada território vê florescer seu histórico e o gênero dos "espelhos" se multiplica: *Sachsenspiegel* ou *Espelho dos Saxões*, de Eike von Repgow (c. 1180-1235), entre 1222 e 1225, *Schwabenspiegel* ou *Espelho dos Suábios*, de um autor anônimo. Muito influenciado pela obra de Chrétien de Troyes, **Hartmann von Aue** (c. 1165-c. 1210) traduz *Erec* e *Yvain*, antes de compor o *Pequeno Livro*, discussão entre o coração e o corpo a respeito da verdadeira natureza do amor, e *O Pobre Henrique*, narrativa heroica de um cavaleiro salvo da lepra pela pureza e a fidelidade da jovem que ele ama com um amor cortês. A obra que melhor retrata as peripécias da epopeia de corte é atribuída a **Wolfram von Eschenbach** (c. 1170-c. 1220) que redige seu *Parzival* (*Percival*), cujo tema central é a busca pelo Graal e a profunda transformação do herói ao longo das etapas e dos obstáculos de sua busca. **Godofredo de Estrasburgo** (?-1210), no início do século XIII, confere ao romance cortês um estatuto de nobreza com sua versão completa de *Tristão e Isolda*. Ele não inova ao criar a história, já conhecida, mas dá ao amor uma nova dimensão, causa das maiores alegrias e da tristeza mais profunda do casal. A mais importante epopeia heroica dessa época é a *Canção dos Nibelungos*. A obra contém vários ciclos, ligados entre si pela exaltação das virtudes propriamente cavalheirescas: *Lenda de Siegfried*, *Canção de Sigurd*, *Declínio dos burgúndios* e sua derrota diante de Átila no início do século V.

O *Minnesang*, o amor inacessível

A poesia lírica é ilustrada pelo *Minnesang*, gênero característico que emprega o *lied*, sequência de estrofes regulares, ou o *lai* composto de versos irregulares. O *Minnesang* é um verdadeiro canto, concebido para ser acompanhado por alaúde ou viela[157], e cujos temas de inspiração são estritamente codificados. Ele encena um personagem de classe baixa, frequentemente um servo, apaixonado por uma dama de alta esfera inacessível. A mulher ideal é cobiçada, segundo os ritos do amor cortês, revelando-se ao longo do desenvolvimento poético como portadora de uma essência perfeita e radicalmente diferente, que proíbe para sempre uma tentativa de aproximação. O *Minnesang* do período cortês cede espaço, aos poucos, a um gênero mais burguês e popular, o *Meistergesang*, ou o "canto-mestre". O *Meistergesang*, cantado com acompanhamento musical, é definido por regras muito estritas: o tema deve ser edificante, alegórico ou heroico; as estrofes são agrupadas em três.

A poesia profana de corte não é a única forma de expressão. No século XIV, desenvolve-se uma literatura mística, baseada no contato direto com Deus, por meio de experiências pessoais. É outro dominicano, **Mestre Eckhart** (1260-1327), que representa em Paris essa forma de sentir o divino. Acusado de heresia, ele é levado muitas vezes diante dos tribunais eclesiásticos, mas apenas uma parte de seu corpo de doutrina é condenada.

---

157. Viela é um instrumento musical de cordas medieval, antecessor do violino [N.T.].

CAPÍTULO V
A INGLATERRA MEDIEVAL

1. A HISTÓRIA DO PAÍS DOS ANGLOS E DOS SAXÕES

A história da Inglaterra anglo-saxã abarca o período que se estende de 410, fim da província romana de Bretanha, a 1066, conquista pelos normandos de **Guilherme, o Conquistador**. A data de 410 corresponde à retirada do sistema defensivo de Roma, o *limes*, fronteira vigiada pelas legiões. O imperador Honório (395-423), que reina sobre o Império Romano do Ocidente, anuncia aos bretões que não pode mais garantir sua defesa. Roma é ameaçada pelos visigodos de **Alarico I** (395-410). Como em outras partes nos vestígios do Império Romano agonizante, a Bretanha se divide em chefias, pequenos principados, reinos pouco extensos nos quais governam aqueles que podem manter exércitos. Ao longo do século V, várias incursões anglo-saxãs se produzem, mesclando-se às populações locais, que às vezes os combate com sucesso, como na batalha do monte Badon (495). Os anglos e os saxões são povos germânicos originários das regiões costeiras, que vão do norte da Alemanha até a Dinamarca e a Holanda. Os anglos tendem a se fixar no norte, pouco povoado, onde fundam reinos facilmente mais vastos, os saxões no sul, com população mais densa, com Estados menores. Cabe acrescentar uma migração de frísios, vindos do norte da Alemanha, e de jutos, originários da península da Jutlândia, atual Dinamarca.

Esses movimentos continuam até o século X, mas, a partir de 793, sofrem a concorrência dos ataques dos vikings. O movimento das populações encoraja os bretões a atravessarem o mar para se instalar na Armórica, atual Bretanha francesa. Um novo fator, religioso, intervém no final do século VI: a cristianização da Bretanha a partir de duas influências: uma Igreja celta vinda da Irlanda no oeste e uma Igreja católica romana no sul. O monge beneditino **Agostinho de Cantuária** (?-604) funda a Igreja da Inglaterra. Primeiro arcebispo de Cantuária, ele converte **Etelberto** (580-616), rei juto de Kent, cuja mulher **Berta** (539-612), filha do rei franco de Paris **Cariberto I**

(561-567), já é católica. Ele passa a se beneficiar do apoio de Roma, sendo imitado pelos outros monarcas anglo-saxões pagãos; o último soberano pagão é o rei **Penda** (?-655) de Mércia. A Inglaterra é dividida em mais de uma dezena de reinos de importância desigual, conhecidos principalmente graças à *História eclesiástica do povo inglês* (cerca de 730) de **Beda, o Venerável** (672-735), monge letrado de Nortúmbria, reino do norte da Inglaterra. Sete reinos dividem a maior parte da Inglaterra: Nortúmbria, Mércia, Kent, Essex, Sussex, Wessex, Ânglia Oriental. Formam a Heptarquia, os Sete Reinos. Mércia tem a mais forte influência política, pois o reino se estende, no século VIII, de Midlands até o país de Gales e a Cornualha. Mas são todos ameaçados pelos vikings. Em 793, eles tomam e pilham o mosteiro de Lindisfarne; depois, ao longo do século IX, tomam tudo ou parte dos reinos anglo-saxões; a totalidade da Ânglia Oriental, Nortúmbria e Mércia são divididas em dois. O leste da Inglaterra se torna uma província dinamarquesa sob o nome de Danelaw, uma terra na qual se exerce o direito viking. Em 871, sobe ao trono de Wessex **Alfredo, o Grande** (871-899), que faz um acordo de paz com os vikings. Mas estes não o respeitam e a guerra recomeça. Em 878, na batalha de Ethendun, ou de Edington, (de Wiltshire ou de Somerset, a dúvida ainda paira), Alfredo obtém uma grande vitória sobre **Guthrum, o Velho** (?-890), soberano do Danelaw. Os dois soberanos aceitam o tratado de Wedmore, fixando suas respectivas fronteiras: Alfredo reina sobre os territórios situados ao sul de uma linha que liga Londres a Chester ao noroeste, sobre o mar da Irlanda. O noroeste, o Danelaw, é reino dinamarquês. Em 885, Alfredo toma Londres, que está situada em território dinamarquês. A paz de Alfredo e de Guthrum ratifica essa conquista. Uma última guerra opõe Alfredo e os dinamarqueses, entre 892 e 897. Ela se conclui com a derrota das forças dinamarquesas. Quando de sua morte, seu filho, **Eduardo, o Velho** (899-924), continua a expansão que havia sido iniciada. **Etelstano, o Glorioso** (924-939), filho de Eduardo, é o primeiro a reinar realmente em toda a Inglaterra. Ele anexa os principados vikings, confrontados por invasões dos próprios vikings, que se esforçam em repelir. Essa retomada dos ataques marca um novo período de confrontação entre a Inglaterra e os dinamarqueses. Ela é agravada pela decisão de **Etelredo II, o Indeciso** (978-1013 e 1014-1016). Obrigado, desde sua derrota na batalha de Maldon (991), a pagar um tributo aos vikings, chamado *Danegeld* ou "dinheiro dinamarquês", ele decide acabar com essa situação por meio de uma ação contundente. Em 13 de novembro de 1002 ele ordena o massacre de Saint-Brice, o assassinato dos dinamarqueses, dentre os quais a própria irmã do rei **Sueno I, Barba Bifurcada** (986-1014) da Dinamarca.

A guerra é retomada entre seu filho, **Edmundo II, Braço de Ferro** (abril-novembro de 1016) e **Canuto, o Grande** (1016-1035), filho de Sueno. Em outubro de 1016, Canuto vence a batalha de Assandun. Ele reina em toda a Inglaterra e, depois da morte de Edmundo, também na Dinamarca (1018) e na Noruega (1028). Ele se esforça para unificar anglo-saxões e dinamarqueses, casa com a viúva de Etelredo com a qual tem um filho, **Canuto, o Intrépido** (1018-1042), ordena a redação de códigos de leis, divide a Inglaterra em quatro condados (Wessex, Mércia, Ânglia Oriental, Nortúmbria). Canuto, o Grande, pretende deixar seu verdadeiro império do mar do Norte a Canuto, o Intrépido, mas, quando de sua morte, seu primogênito, **Haroldo I, Pé de Lebre**, torna-se regente da Inglaterra, da qual se proclama rei em 1037. Este morre em 1040 e Canuto, o Intrépido, reina na Inglaterra e na Dinamarca. Morre sem deixar filhos. Seu meio-irmão, **Eduardo, o Confessor** (1042-1066), último filho de Etelredo, o Indeciso, sobe ao trono. Esse príncipe, condenado ao exílio pela invasão dinamarquesa de 1013, viverá na Normandia até 1041, na corte de seu tio, Ricardo II da Normandia (996-1026). Este duque traz grande poder e prosperidade à Normandia. Eduardo é, então, impregnado de cultura francesa normanda e concede a normandos vários postos elevados. Extremamente devoto, ele é chamado de "Confessor" a partir de 1031, deixando o poder efetivo aos grandes do reino, que se dividem em facções, estas ainda mais rivais devido ao fato de o soberano não ter filhos. Quando morre, em 5 de janeiro de 1066, inicia-se uma crise de sucessão. Os grandes elegem como seu sucessor **Haroldo II** (5 de janeiro-14 de outubro de 1066), cunhado de Eduardo e conde de Wessex, em detrimento de seu sobrinho-neto Edgard. O rei **Haroldo III da Noruega** (1046-1066) demonstra pretensões ao reino da Inglaterra. Ele desembarca e acaba sendo morto na batalha de Stamford Bridge, em Yorkshire, vencida por Haroldo II em 27 de setembro de 1066.

GUILHERME, O CONQUISTADOR

Em 28 de setembro de 1066, **Guilherme da Normandia** (1027-1087) também desembarca ao sul de Pevensey. Haroldo II o enfrenta em 14 de outubro de 1066 em Hastings, onde é derrotado e morto. Guilherme se torna o rei da Inglaterra, **Guilherme, o Conquistador** (1066-1087), e funda a dinastia normanda. Em 1085 se estabelece um levantamento cadastral – o *Domesday Book* ou *Livro do julgamento final* – dos trinta condados, 1.700 paróquias da Inglaterra. Cada paróquia oferece aos enviados reais o inventário de suas propriedades. É guerreando contra o rei da França que Guilherme, o Conquistador, acaba morto em 9 de setembro de 1087, em Rouen. Seu corpo é sepultado na abadia dos Homens de Caen. Seu primogênito, **Roberto II da Normandia** (1087-1106), torna-se duque da Normandia, e seu irmão caçula, **Guilherme, o Ruivo** (1087-1100), recebe a coroa da Inglaterra.

MATILDE, A "IMPERATRIZ", E A DINASTIA DOS PLANTAGENETAS

Em 1º de dezembro de 1135, Henrique I Beauclerc morre. Ele era o filho mais moço de Guilherme, o Conquistador, e reinava na Inglaterra desde 1100. Normalmente, havia previsto deixar o trono para sua filha, Matilde, casada em primeiras núpcias com o imperador Henrique V, daí seu apelido de *emperesse*, a imperatriz e, depois da morte do marido, em 1125, casada com o conde de Anjou, Godofredo V Plantageneta, apelido dado por causa dos galhos de planta que usava para decorar seu capacete. Mas os barões ingleses se recusam a obedecer a uma mulher. **Estevão de Blois** (1135-1154) aproveita a situação. Sobrinho do defunto monarca, ele cruza o canal da Mancha às pressas, chega a Londres e se faz reconhecer como rei. A guerra civil vai opô-lo a **Matilde** (1102-1167) até o final do seu reinado. Estêvão morre sem deixar herdeiros homens, mas reconheceu o filho de Matilde como sucessor pouco antes de falecer. Este último se torna o rei **Henrique II Plantageneta** (1154-1189). A mais grave crise do reino o opõe a **Thomas Becket** (1117-1170), arcebispo de Cantuária. Conselheiro do rei, brilhante pensador que estudou em Bolonha e Paris, Thomas se opõe à aplicação das *Constituições de Clarendon*, texto que autoriza o rei a intervir nos assuntos eclesiásticos, principalmente em matéria judicial. Isso significa anular o privilégio do clero. Thomas foge para a França. Henrique o chama de volta, reconcilia-se com ele, mas não renuncia às *Constituições*.

Em 29 de dezembro de 1170, quatro cavaleiros reais assassinam Thomas Becket em sua catedral de Cantuária. O rei não ordenou o crime expressamente, mas havia publicamente desejado se livrar de Thomas Becket. Depois de uma última resistência, ameaçado de excomunhão, Henrique II faz penitência pública em Avranches em 1172, reconcilia-se com o papa em 1174 e faz uma peregrinação até o túmulo de Becket, reconhecido como mártir e canonizado pela igreja em 1173. Henrique II morre em 6 de julho de 1189, em Chinon, um ano após a retomada das hostilidades com um de seus filhos, o príncipe Ricardo. Este se torna o rei da Inglaterra **Ricardo Coração de Leão** (1189-1199). Assim que sobe ao trono, ele parte para uma cruzada, deixando a administração de seu reino aos cuidados do arcebispo de Cantuária, o bispo de Durham, e de seus altos barões. Se a cruzada rende a glória a Ricardo, acaba indispondo-o com o rei da França, Filipe II Augusto, e com o duque Leopoldo da Áustria (Leopoldo V de Babenberg). Este último o captura no caminho de volta e o mantém prisioneiro até 1194. Na sua ausência, seu irmão, o príncipe João, tenta usurpar o trono. De volta à Inglaterra, Ricardo continua a guerra contra a França. Ele morre em decorrência de uma ferida sofrida na tomada de Châlus na região do Limousin, em 6 de abril de 1199.

O NASCIMENTO DA DEMOCRACIA INGLESA: A *MAGNA CARTA*

O irmão de Ricardo Coração de Leão, **João Sem Terra** (1199-1216), sucede-o. Seus próprios barões se insurgem contra ele e o obrigam a assinar, em 15 de junho de 1215, a *Magna Carta Libertatum*, mais conhecida sob o nome de *Magna Carta* ou *Grande Carta*. Seus 63 artigos limitam a arbitrariedade real. O monarca não pode aumentar o imposto sem o consentimento do grande conselho formado por senhores, representates do clero e da cidade de Londres. As cidades obtêm a garantia de suas liberdades e a Igreja também. É proibido prender um homem livre sem julgamento. Essa etapa fundamental do estabelecimento das garantias constitucionais inglesas é ainda mais facilitada por João Sem Terra morrer pouco depois, em 18 de outubro de 1216, e seu sucessor **Henrique III** (1216-1272), que só tem nove anos, deve adotar solenemente a Carta Magna para obter o apoio dos barões, tentados a deixar o trono da Inglaterra para o príncipe Luís (futuro Luís IX), filho do rei da França. Em 1258, os barões impõem uma redução ainda maior do poder real por meio do texto das Provisões de Oxford. É colocar a coroa sob a tutela de comissões compostas por barões. A guerra eclode entre **Simão de Monforte** (1208-1265), conde de Leicester e chefe dos insurgentes, e os exércitos reais. Monforte vence a batalha de Lewes em 1264, aprisionando a família real. Governa alguns meses e convoca um parlamento em janeiro de 1265. Nesse mesmo ano, no entanto, o príncipe herdeiro Eduardo consegue fugir, monta um exército, derrota Monforte na batalha de Evesham, onde este perde a vida. Henrique III volta a subir ao trono, deixando o governo a seu filho Eduardo, e morre em 16 de novembro de 1272. **Eduardo I** (1272-1307) fica na história como um príncipe enérgico. Ele conquista o país de Gales e submete a Escócia durante algum tempo. Mas deve retornar regularmente para reprimir revoltas esporádicas. Sua obra legislativa começa antes do seu reino, enquanto exerce uma regência de fato, com o Estatuto de Marlborough, de 1267, que define o caso em que se exerce a justiça real às custas do costumes. É ao combater mais uma vez os escoceses que o rei morre em 7 de julho de 1307. Seu filho **Eduardo II** (1307-1327), pusilânime, consagra o poder de seus favoritos e amantes, **Pierre Gaveston** (1282-1312) e, depois, **Hugo Despenser** (1284-1326). Eduardo II é preso, encarcerado, abdica em favor de seu filho em 24 de janeiro de 1327, e morre, provavelmente assassinado, em 21 de setembro do mesmo ano.

A FRANÇA INGLESA: A GUERRA DOS CEM ANOS

Eduardo III (1327-1377) se torna rei da Inglaterra aos quinze anos. Ele intervém nos negócios escoceses para apoiar o candidato ao trono que lhe seja mais favorável. Em 1337, à morte de Carlos IV, o Belo, último capetiano direto, ele reivindica o trono da França em nome de sua filiação: por parte de mãe, Isabela de França, ele é o neto de Filipe IV, o Belo. Filipe de Valois, escolhido pelos grandes para se tornar o rei da França, **Filipe VI** (1328-1350), é apenas o sobrinho do último soberano. A guerra, dita de Cem Anos, começa realmente em 1339. A vantagem inglesa é rapidamente afirmada, no mar com a vitória de Écluse (1340), na terra com as batalhas de Crécy (1346) e de Poitiers (1356). Eduardo III morre em 21 de junho de 1377. É seu neto, com dez anos, que o sucede sob o nome de **Ricardo II** (1377-1400). Das terras possuídas por seu avô na França, restam apenas Calais, Cherbourg, Brest, Bordeaux e Baiona. A regência é exercida por um conselho presidido por **João de Gante** (1340-1399), tio do rei. No meio tempo, Henrique se faz sagrar sob o nome de **Henrique IV** (1399-1413). A metade do seu reino é ocupada pela repressão das revoltas dos nobres. Para governar, ele se apoia no

Parlamento e na Igreja. Seu filho, **Henrique V** (1413-1422), retoma a guerra com a França, vencendo, graças a seus arqueiros gauleses, uma retumbante vitória em Azincourt (1415). Em 1417, aliado ao duque de Borgonha, Henrique V retoma as hostilidades, tomando Caen, Alençon e Falaise. Rouen cai em 1419. O tratado de Troyes (21 de maio de 1420) faz dele o herdeiro do rei da França, Carlos VI, que deserda o príncipe herdeiro. É durante uma de suas passagens pela França que o soberano morre em Vincennes, em 31 de agosto de 1422. Seu filho, **Henrique VI** (reinado: 1422-1461 e 1470-1471), tem apenas um ano de idade. Seus tios, os duques de Bedford e de Gloucester, exercem a regência, o primeiro na França, o segundo na Inglaterra, até a sua maioridade, proclamada em 1437. Em 1431, aos dez anos, Henrique VI é sagrado rei da França em Notre--Dame de Paris. O duque de Bedford morre em 1435, sem ter conseguido impedir o fim da aliança com a Borgonha. **Carlos VII** (1422-1461), graças a **Joana d'Arc** (?-1431), reconquista seu reino e retoma Paris em 1436. Em 1453, ao final da guerra de Cem Anos, a Inglaterra perdeu todas a suas posses continentais, com exceção de Calais. Em 1453, Henrique VI enlouquece, o duque **Ricardo de Iorque** (1411-1460), herdeiro do trono, se torna regente com o título de Lorde Protetor do reino em 1454. Nesse mesmo ano, Henrique VI tem um filho que o duque de Iorque reconhece como herdeiro legítimo. Entretanto, o enfrentamento entre as casas de Lancastre, do rei, e a de Iorque, a do Lorde Protetor, torna-se inevitável. É o início da guerra das Duas Rosas (1455-1485) entre a "rosa vermelha", emblema dos Lancastre, e a "rosa branca", dos Iorque.

A GUERRA DAS DUAS ROSAS (1455-1485)

A guerra das Duas Rosas começa com a primeira batalha de Santo Albano (22 de maio de 1455). Ricardo, duque de Iorque derrota os lancastrianos ao norte de Londres. As batalhas que opõem os dois campos não são decisivas, até a de Towton (29 de março de 1461), a alguns quilômetros de Iorque. Os lancastrianos são derrotados depois de um enfrentamento sangrento. O rei Henrique VI e a rainha Margarida fogem para a Escócia, refugiando-se na França. Eduardo de Iorque, filho do duque Ricardo, que retomou o combate contra Lancastre desde a morte de seu pai, em 1460, é coroado rei da Inglaterra sob o nome de **Eduardo IV** (1461-1483) em Westminster, em junho de 1461. Ele obtém uma vitória essencial em Tewkesbury (4 de maio de 1471), em Gloucestershire. Em 1475, ele firma o tratado de Picquigny, que oficializa o fim da guerra de Cem Anos. Sentindo seu fim, Eduardo IV nomeia, por testamento, seu irmão Ricardo como Protetor do Reino. Ele morre em 9 de abril de 1483 deixando um herdeiro de doze anos, **Eduardo V** (abril-julho de 1483). Seu tio Ricardo se apressa em declará-lo ilegal, por causa da bigamia de Eduardo IV. Eduardo V é então considerado como um filho ilegítimo. Ricardo manda trancá-lo na Torre de Londres com seu irmão mais novo, Ricardo de Shrewsbury. Os dois meninos morrem pouco depois em circunstâncias obscuras. Ricardo então se proclama rei sob o nome de **Ricardo III** (1483-1485). Seu filho, Eduardo de Middleham (1483-1485), morre prematuramente devido a uma doença. No ano seguinte ele fica viúvo. **Henrique Tudor** (1457-1509), conde de Richmond, refugiou-se na corte do duque de Bretanha, de onde se prepara para tomar posse do trono da Inglaterra. Ele descende, por parte de pai, de Henrique VI e, por parte de mãe, de Henrique III. O enfrentamento acontece com a batalha de Bosworth Field (22 de agosto de 1485). Ricardo III é derrotado e morto. Na peça *Ricardo III* (1592), William Shakespeare atribui ao rei esse último grito "Um cavalo! Meu reino por um cavalo!", antes de cair sob os golpes do conde de Richmond. Essa batalha põe termo à guerra das Duas Rosas. As duas dinastias, Lancastre e Iorque, esgotaram-se e desapareceram em benefício de uma terceira, a dos Tudor. Henrique Tudor a inaugura ao se tornar o rei **Henrique VII** (1485-1509).

JOANA D'ARC

Joana d'Arc nasce por volta de 1412 na cidade de Domrémy, no ducado de Bar. Ela manifesta uma grande piedade desde a infância, em uma França dividida pela guerra de Cem Anos. É aos 13 anos que ela ouve por primeira vez as vozes que a conclamam a libertar o reino de seus invasores. Joana as atribui ao arcanjo Miguel e às santas Catarina e Margarida. Ela se veste como homem e usa os cabelos curtos. Vai para Chinon, onde encontra o príncipe herdeiro, o futuro Carlos VII, que lhe confia um exército. Seus feitos de guerra são célebres, sobretudo a tomada de Orléans, que os ingleses ameaçavam. Eles permitem que ela conduza o príncipe herdeiro a Reims para que seja coroado em 1429, mas ela fracassa no mesmo ano, sem conseguir tomar Paris. Tem apenas 19 anos, em 1431, quando é capturada e vendida aos ingleses. Estes a entregam ao tribunal eclesiástico de Pierre Cauchon, bispo de Beauvais, que a condena por heresia. Ela é queimada viva em Rouen em 30 de maio de 1431. Seu processo é cassado pelo Papa Calixto III em 1456, e ela é beatificada em 1909 e canonizada em 1920.

A controvérsia de Joana d'Arc

A imagem de Joana d'Arc depende do ponto de vista adotado pelos historiadores. Os crentes insistem nas virtudes religiosas; os racionalistas destacam suas concepções políticas e cívicas. Mas tal epopeia, concluída de maneira trágica, não poderia deixar de dar origem a lendas, por vezes representadas como verdades históricas. A mais comum faz de Joana d'Arc uma princesa da família real, que teria sido confiada, após o nascimento, a uma família camponesa e teria escapado da fogueira para terminar seus dias sob o nome de Dama das Artemísias. Se a existência histórica de Joana não dá margens a dúvidas, seu destino excepcional ainda suscitará muitas polêmicas.

2. A ARTE DA INGLATERRA MEDIEVAL

A ARQUITETURA GÓTICA MUITO PRECOCE E VARIADA

A Inglaterra é, ao contrário, o país em que o gótico aparece mais cedo, pois ali está presente uma tradição normanda, antecipando o gótico francês. É também ali que são elaboradas as formas particulares mais típicas: o plano apresenta essa tendência ao alongamento que já se manifestava nas igrejas pré-góticas; quase no meio se encontra um grande transepto, com as abóbadas em cruz, uma poderosa torre, testemunho mais visível da tradição normanda; a parte oriental da nave é cortada por um segundo transepto, muito menos vasto e denominado *reprochoir*. Depois do período do gótico primitivo, até o século XIII, o "gótico ornamentado" surge e se distingue pela pureza das linhas e a complexidade das volutas. O gótico do período seguinte, em torno de meados do século XIV, chamado "gótico perpendicular", tem por característica a multiplicidade das linhas paralelas verticais que se estendem sobre as fachadas.

3. A LITERATURA INGLESA MEDIEVAL

À GLÓRIA DE CRISTO E DE ARTUR

A época de maior florescimento da literatura anglo-saxã é o século VIII. **Alcuíno** (735-804) se distingue pela variedade de seus escritos que tratam da teologia, da gramática, da retórica, da dialética. Suas cartas têm grande importância para a história da civilização. Assim, descrevem com humor a vida na escola do Palácio sob Carlos Magno. Existe, paralelamente a essa literatura cristã de língua latina, uma literatura cristã de língua germânica, cujo mais antigo representante é **Caedmon** (c. 680), um pastor nortumbriano que, segundo Beda, começou, inspirado por Deus, a compor seus poemas cristãos em sua língua materna, um ciclo de hinos apresentando todo o conteúdo doutrinal da Bíblia, da Gênese ao Juízo Final. É sob o reino do rei Alfredo, o Grande, que a literatura anglo-saxã conhece realmente seu período de glória. Da mesma época datam os versos de **Cynewulf** e seu poema épico, *O Cristo*, sobre a tripla presença do filho de Deus sobre a terra, e o poema sobre a descoberta da Santa Cruz pela imperatriz bizantina Helena. Durante o período de 1066, conquista normanda, a 1215, da *Magna Carta*, a Inglaterra não produz obras nacionais dignas de nota. A elite fala francês nas cortes. O essencial da produção literária é a poesia religiosa. São compostas coletâneas de lendas em torno no rei Artur. **Godofredo de Monmouth** (c. 1100-1155) pode ser considerado como o inventor de Artur, rei civilizador. Sua importante obra compreende mais de duzentos manuscritos. **João de Salisbury** (c. 1110-c. 1180), secretário do arcebispo de Cantuária, deixou o *Policraticus*, texto em que são expostos os deveres do príncipe e a obrigação de restringir o poder real diante da Igreja. Durante mais de um século, depois da invasão franco-normanda, não há outra língua literária além do latim e do francês.

No que diz respeito à literatura local, assiste-se a um retorno do tema ao passado, como as *Máximas de Alfredo, o Grande*, citadas nos *Anais de Winchester* em 1166, e as lendas à maneira de Cynewulf. A tradição histórica é continuada em latim. O principal cronista é João de Worcester, que continua a *História eclesiástica do povo inglês* de Beda, que, depois de sua morte, é retomada por Simeão de Durham até 1129. Outros historiadores como **Guilherme de Malmesbury** e **Giraud de Barri** (ou Giraud le Cambrien) fazem parte dos grandes cronistas dessa época.

MONGES INDECENTES E MULHERES LEVIANAS: OS CONTOS DA CANTUÁRIA

O período seguinte é marcado pela diversidade e a variedade da literatura. As obras serão claramente afrancesadas e o inglês só ressurge ao final do século XII. Também coexistem obras ainda fortemente germanizadas. O nome mais importante é o de **Geoffrey Chaucer** (1340-1400), que se forma na escola dos trovadores franceses. Sua tradução do *Romance da Rosa* mostra a importância do contato que tem com a França, assim como suas traduções de Boccaccio e Petrarca atestam sua relação com a Itália. O auge de sua importante obra se situa em 1387, com *Os contos da Cantuária*, coletânea de narrativas cujo fio condutor é inspirado no *Decameron* de Boccaccio. Depois dele será preciso esperar um século e meio para que a literatura ganhe destaque. Ele aborda todos os gêneros, com exceção do teatro. Suas duas obras mais importantes são: *Os contos da Cantuária* e *Troilo e Créssida*. A mais marcante obra em prosa do século XV é *A morte de Artur*, de **Sir Thomas Malory** (1408-1471).

4. A FILOSOFIA DA INGLATERRA MEDIEVAL

Na Inglaterra, o francês permanece como língua oficial da corte desde Guilherme, o Conquistador. Mas também é a língua da aristocracia, do Parlamento e da justiça. A partir do modelo da Sorbonne, são construídas as universidades de Oxford e Cambridge. As mentes mais brilhantes serão **Roger Bacon** (1214-1294), **João Duns Escoto** (1266-1308) e **Guilherme de Ockham** (1290-1349).

ROGER BACON (1214-1294)

Apelidado de "doutor admirável" por seus pares, ele foi sem dúvida um dos pensadores mais influentes de seu tempo. Após seus estudos em Oxford, depois em Paris, ele entra para a ordem dos franciscanos e empreende o estudo das obras de Aristóteles.

Ele se dirige assim à ciência. Eescreve sua *Opus majus*, ou *Obra maior* (1267), a pedido do Papa **Clemente IV** (1265-1268), na qual defende a necessidade de reformar a ciência de seu tempo a partir de novos métodos. Os únicos meios de abordar um verdadeiro conhecimento da natureza, segundo ele, são a matemática e a experimentação. A *Opus majus* é uma vasta enciclopédia da ciência que compreende a gramática, a lógica, a filosofia moral, a matemática e a física. Entretanto, por serem revolucionárias demais, suas teses lhe valem a condenação dos franciscanos por heresia e quinze anos de prisão até 1292. Ele intuiu quase todas as invenções modernas: pólvora para canhão, lentes de aumento, telescópio. Está na origem da descoberta, em óptica, da refração. Suas obras fundamentais são o enciclopédico *Compendium studii philosophiae* (*Compêndio dos estudos filosóficos*) e o *Compendium studii theologiae* (*Compêndio dos estudos teológicos*). Bacon segue as crenças de seu tempo e baseia as ciências naturais na alquimia, na astrologia e na magia.

JOÃO DUNS ESCOTO (1266-1308)

Ao mesmo tempo metafísico e psicólogo, ele refuta as proposições aristotélicas de são Tomás. Em vez de atribuir a primazia à razão, ele a atribui ao livre arbítrio e à vontade. João Duns é escocês, o que explica seu apelido "Escoto". Ele entra para os franciscanos aos quinze anos, estuda em Cambridge, em Oxford e em Paris de 1293 a 1297. Retorna a seu país, fugindo da vingança de Filipe, o Belo, contra os franciscanos e, depois, volta à França para receber seus títulos de mestre regente dos franciscanos, entre 1305 e 1307. É mandado para Colônia em 1308, onde morre no mesmo ano. O *Doctor subtilis*, "Doutor sutil", assim chamado em virtude de seu espírito crítico, coloca-se contra todas as opiniões que pudessem ameaçar, de qualquer forma que fosse, nosso livre arbítrio, nossa liberdade. Segundo ele, esta consiste na consciência de poder sempre fazer nossas escolhas de outra forma. Se ele concebe a liberdade no homem dessa forma, faz o mesmo com Deus. De onde vem a individuação do ser? Para responder a essa questão, ele convoca a *hecceidade*, ou essência particular que não é nem forma, nem matéria, mas que as determina na produção de individualidade. Para explicar as coisas, ele tende a reduzir o papel da inteligência em favor da vontade.

GUILHERME DE OCCAM OU DE OCKHAM (c. 1290-1349) E O NOMINALISMO

O nominalismo, fundado por Guilherme de Ockham, estrutura uma das mais fecundas disputas intelectuais do período medieval, a querela dos universais, em que se opõem os defensores da existência inteligível das ideias gerais – os universais – e os nominalistas, que querem fazer do conceito um mero nome acompanhado de uma imagem individual. Guilherme de Ockham, o *Venerabilis inceptor*, o "Venerável iniciador", nunca será mestre em teologia, mas apenas candidato a mestre, o que explica seu apelido. Um dos fatos marcantes de sua vida reside nas dificuldades que encontra em decorrência de seus panfletos virulentos contra a autoridade temporal exercida pelo Papa **João XXII** (1316-1334), seu principal adversário. Seu mais importante escrito é a *Summa totius logicae* (*Suma de lógica*). A ele se atribui a anedota dita da "navalha de Ockham". Não se deve barbear Platão com a navalha de Sócrates; em outras palavras, não se deve multiplicar os seres sem necessidade. O princípio dá prioridade à simplicidade; entre duas teorias concorrentes, a explicação mais simples de uma entidade deve ser preferida.

CAPÍTULO VI
A ITÁLIA MEDIEVAL

1. HISTÓRIA DAS GRANDES CIDADES ITALIANAS ATÉ O SÉCULO XV

NÁPOLES, BEIJO DE FOGO E VÉSPERAS SICILIANAS

Nápoles é fundada no século VII a.C. sob o nome de Partenope, a "Virgem" rebatizada Neápolis, a "Nova Cidade", em 475 a.C. Capital da Campânia, a cidade está ligada ao Império Bizantino após a queda de Roma (476). Em 567, ela faz parte do exarcado de Ravena. A cidade passa por vicissitudes antes de ser conquistada em 751 pelo rei lombardo **Aistolfo** (749-756). Nápoles se torna então a capital de um ducado independente. No século XI, seus duques devem acolher, para defendê-lo, grupos cada vez mais numerosos de normandos, ao ponto em que esses acabam por representar o verdadeiro poder. Em 1130, **Rogério II** (1130-1154) cria o reino normando da Sicília e incorpora Nápoles em 1139. Em 1282, as Vésperas sicilianas provocam a divisão do reino da Sicília. O rei **Carlos I** da Sicília (reinado: 1266-1285) é expulso da Sicília pelo exército de **Pedro III de Aragão** (1282-1285). Retornando a suas posses continentais, Carlos II de Anjou se torna o primeiro rei de Nápoles de 1282 a 1285. O termo "reino de Nápoles" é uma convenção; em princípio se trata sempre da Sicília, que os angevinos esperam, em vão, poder reconquistar. Em realidade, **Afonso V de Aragão** (1416-1458) arranca o reino de Nápoles a **Renato I** (1435-1442) em 1442. Ele reconstitui assim, em benefício próprio, o reino da Sicília a partir de 1443. Os espanhóis mantêm o controle da cidade até 1707.

MILÃO DOS VISCONTI

Por volta do século VI a.C., Milão é fundada pelos celtas. A cidade é conquistada em 222 a.C. pelos romanos, por meio dos quais a conhecemos sob o nome de *Mediolanum*,

IDADE MÉDIA

"no meio da planície". Ela se torna capital do Império do Ocidente em 286. **Constantino I** (306-337) promulga o édito de Milão em 313, que autoriza o culto cristão. Seu bispo, **Ambrósio** (374-397), transforma a cidade em um dos centros culturais do mundo cristão. Em 539, a cidade é tomada pelos ostrogodos e se torna uma das grandes cidades do reino lombardo, que desaparece com a conquista franca em 774. Como todas, Milão passa para a autoridade dos carolíngeos e, depois, aos imperadores romano-germânicos. E essa tutela distante lhe concede uma quase independência, da qual nascem revoltas duramente reprimidas. Em 1162, a cidade é então destruída. Ela se recupera e se organiza em uma comuna na qual os poderes são distribuídos entre o arcebispo e as grandes famílias no seio da *Credenza de Sant'Ambrogio*, a "Crença de Santo Ambrósio". É uma grande crise que permite aos Visconti controlar a cidade: em 1262, **Ottone Visconti** (1262-1295) é nomeado arcebispo de Milão pelo papa. Essa nomeação é recusada pelo chefe da Credenza, um membro da família della Torre, que manda ocupar o arcebispado. Sua oposição está ligada a uma eleição decidida exclusivamente pelo papa. Uma guerra se segue até 1277, impedindo Ottone de ocupar sua sede milanesa. Na batalha de Desio, os della Torre são definitivamente derrotados e Ottone entra, enfim, em Milão quinze anos após sua nomeação. Não é um cargo fácil, pois os partidários dos della Torre, os *Torriani*, continuam o combate nas regiões rurais de Milão até serem definitivamente derrotados em 1281. Em 1287, Ottone manda nomear seu sobrinho-neto, **Matteo I Visconti** (1291-1322), capitão do povo. O Conselho geral o nomeia senhor de Milão em 1291. Em 1294, **Rodolfo I** (1273-1291), imperador, faz dele seu vigário-geral para a Lombardia. Matteo I Visconti ainda deve lutar contra os Torriani, guelfos, pois os Visconti são gibelinos. Ele foi obrigado a fugir de Milão em 1302 e não pôde retornar até 1311. As disputas continuam; os Visconti são enfraquecidos por apoiarem o imperador. Em 1318, o papa excomunga Matteo. Uma cruzada é desencadeada contra eles em 1320, seguida de uma condenação por heresia em 1322. Seu filho **Galeazzo I Visconti** (1322-1328) é seu sucessor. É preciso esperar até 1342 para que a acusação de heresia seja retirada. Somente sob **Gian Galeazzo Visconti** (1385-1402) a família consegue ter um homem de Estado de destaque. Ele anexa Vicenzo, Verona, Pádova. É elevado a duque pelo imperador em 1395. Ávido por submeter toda a Itália do Norte, ele toma Pisa, Perúgia, Assis, Siena. É sob seu reino que é iniciada a construção da catedral Il Duomo. Seu filho, **Giovanni Maria Visconti** (1402-1412), será incapaz de manter a unidade do ducado. As ambições dos Visconti suscitam a hostilidade de Florença. O filho deste último, **Filippo Maria Visconti** (1412-1447), é o terceiro e último duque, pois morre sem herdeiros. A República ambrosiana, governo de nobres e de juristas, dura de 1447 a 1450, antes de ser esmagada por **Francesco Sforza** (1450-1466), que toma Milão e inaugura uma nova linhagem de duques.

MILÃO SOB OS SFORZA (1450-1535)

Em 1447, o último Visconti morre sem herdeiro homem. Depois de uma curta República Ambrosiana, assim chamada em homenagem a Ambrósio, santo patrono de Milão, dirigida entre 1447 e 1450 por um grupo de nobres e de juristas da universidade de Pávia, o *condottiero* **Francesco Sforza** (1401-1466) toma a cidade e se proclama duque. Os Sforza vão dominar Milão até 1535. Essa dominação será contestada pelas guerras da Itália, conduzidas pelos reis da França. Em 1499, Luís XII toma Milão. A cidade é francesa até 1543, sobretudo entre 1515 e 1521[158]. Nesse meio-tempo, e depois de 1521, os filhos de Francesco reinam, quando os espanhóis, vencedores dos franceses em Pávia (1525), acabam consentindo. Em 1535, a dinastia Sforza se apaga sem herdeiros.

FLORENÇA, DA CONQUISTA POR BELISÁRIO À REVOLTA DOS CIOMPI (541-1378)

Ainda que a fundação date do Império Romano, no século I a.C., Florença continua a ser um modesto burgo até o século XI. Sua falta de desenvolvimento se explica principalmente pelas guerras que assolam o norte da Itália, opondo, entre outros, godos e bizantinos no século VI. Em 541, os exércitos de **Belisário** (c. 500-565), general bizantino, tomam o burgo. **Totila** (?-552) o destrói em 550. Depois, outro bizantino, o general **Narses** (478-573), recupera as ruínas em nome do imperador Justiniano. Em 570, é a vez dos lombardos tomarem a cidade, mas, na ausência de uma retomada qualquer de atividades e da demografia, eles escolhem Lucca como cidade principal da Toscana. Florença leva dois séculos para se recuperar. **Carlos Magno** passa por ela duas vezes, em 781 e 786. Em 854, os condados de Fiesole e de Florença são reunidos. Florença se torna então a capital do novo condado. Em 1055, a cidade é importante o bastante para acolher um concílio. A querela entre guelfos, partidários do papa, e gibelinos, do imperador, poupa relativamente Florença a ponto de a viscondessa Matilde ali residir ocasionalmente em seu castelo fora da cidade. A morte da viscondessa Matilde e o interregno que segue à morte do imperador **Henrique V** (1111-1125) permitem que Florença se emancipe e se transforme em comuna autônoma governada por um margrave, apoiado por um conselho de 150 cavalheiros e uma assembleia popular que se reunia quatro vezes ao ano. Em 1182, é criada uma corporação das artes e ofícios. Florença se especializa na tintura de tecidos, desenvolve os primeiros bancos. As grandes famílias dirigem a cidade e ali se escondem edificando torres. A cidade cresce apesar de três anos de guerra civil entre grandes famílias entre 1177

---

158. Durante o período de 1515-1521 Milão foi governada exclusivamente por franceses; nos outros momentos, uma aliança entre os Sforza e os franceses regia a cidade [N.T.].

e 1180. Os cônsules eleitos entre os ricos mercadores têm cada vez menos poder, sendo substituídos por um podestade. Em 1245, os guelfos são caçados. Pouco depois, a influência das grandes famílias enfraquece em relação à das corporações das artes, associações de mercadores e de artesãos. Em 1266, os guelfos retornam, retomam o poder, mas o dividem entre brancos, moderados, e negros, ardentes defensores do papa, povo contra aristocracia. Os notáveis brancos são expulsos com ajuda de **Carlos de Valois** (1270-1325), que vem apoiar o papado para subjugar Florença a seu poder. É nessa ocasião que o poeta **Dante Alighieri** (1265-1321) é forçado a se exilar definitivamente. Em 1293, Florença se dota de uma constituição antiaristocrática, que concede o poder real aos ofícios. Rica, em plena expansão, a cidade cunha uma moeda de ouro rebuscada: o florim. A grande peste do Ocidente atinge a cidade em 1348, mas ela se recupera mais rápido do que suas rivais, Pisa ou Siena. Em 1378, ocorre a revolta dos Ciompi, os mais pobres dos trabalhadores que lidam com a lã, representativos do *populo minuto*, oposto ao *populo grasso* dos ricos mercadores. Eles tomam o poder ao longo do verão de 1378, obrigando a *Signoria*, o governo, a conceder-lhes os privilégios dos guildos: um regime fiscal mais vantajoso, e um deles obtém o cargo de magistrado. A corporação dos Ciompi fica pouco tempo no poder, tirada pelas corporações mais antigas aliadas à aristocracia. Essa primeira tentativa de governo mais democrático dura apenas um verão.

VENEZA DO SÉCULO VI AO XV

A República de Veneza constitui o terceiro grande centro artístico do Renascimento. Em sinal de gratidão pela ajuda veneziana contra os normandos, o imperador bizantino **Aleixo I Comneno** concede a Veneza um comércio sem restrição em todo o Império Bizantino, sem taxas aduaneiras, privilégio que marca o início da atividade de Veneza no Oriente (1082). Mais longamente fiel à tradição gótica, a República de Veneza é a última a ser influenciada pelo humanismo. A arte europeia que precede o Renascimento deve muito a esses artistas: **Rubens, Poussin, Velázquez, Delacroix**, que tiveram em Ticiano um grande mestre da pintura a óleo. Mas o campo da pintura é ainda mais influenciado por **Bellini, Carpaccio, Giorgione, Veronese** e **Tintoretto**. Veneza nasce da necessidade de refúgio de populações do Vêneto continental depois da invasão dos hunos, da chegada dos ostrogodos e, finalmente, dos lombardos. As ilhas das lagunas, seus mangues, são uma proteção eficaz. No final do século VII, trata-se, dentre os mais importantes, de Grado, Torcello, Rialto, Murano, Chioggia, Iesolo, Malamocco. O Vêneto se torna então distrito militar sob o comando do exarcado de Ravena. Aos poucos, o Rialto, a "margem alta", por sua importante vazão de água que autoriza o acesso de navios maiores, torna-se o centro de Veneza. O dogado é criado nesse final de século VII. O primeiro doge, título derivado do latim *dux*, é **Paolo Lucio Anafesto** (697-717). A autoridade dos primeiros doges é limitada a sua ilha e, até o fim do século IX, são quase todos depostos, quando não são assassinados por seus inimigos ou massacrados pela multidão. A sede do dogado fica em Jesolo, depois em Malamocco, antes de se fixar no Rialto. No século IX, Veneza evolui entre a dominação bizantina e a dos francos. **Pepino da Itália** (781-810) toma a cidade em 810, mas morre pouco depois e Carlos Magno restitui a cidade aos *basileus* em troca do reconhecimento de seu título imperial. Ela toma o nome que antes designava a província: Venetia. Em 828, as relíquias de São Marcos são trazidas de Alexandria e Veneza adquire o título de República de São Marcos. É ao longo do século IX que Veneza se emancipa do Império Bizantino. Rialto se torna o centro da laguna. De pescadores, os venezianos se tornaram marinheiros, ocupando várias cidades das costas da Dalmácia e de Ístria sob o doge Pietro II **Orseolo** (991-1009). É para comemorar essas vitórias que se institui, no ano 1000, a cerimônia das bodas do doge e o mar, o *Sposalizio del Mare*. O século XI é o da expansão marítima e comercial. Veneza participa da primeira cruzada, fornecendo navios de guerra e corpos expedicionários. Não se trata de um enfrentamento militar direto (apesar de uma expedição marítima em 1171 ter sido encurtada pela peste) que não ultrapassa as ilhas do mar Egeu, mas de um hábil emprego das condições políticas: Veneza, em 1204, desvia a quarta cruzada para Constantinopla e constrói um império insular depois da queda e da pilhagem da cidade. O *Consiglio dei Savi*, o "Conselho dos Sábios", é substituído em 1172 pelo *Maggior Consiglio*, "Grande conselho", órgão legislativo presidido pelo doge. Essa organização é ameaçada por um complô que visava instaurar uma ditadura e que tem como resposta a criação do Conselho dos Dez em 1310. Ele é encarregado da segurança do Estado. Inicialmente temporário, ele se torna permanente em 1334. No entanto, Veneza deve contar com outra talassocracia do norte da Itália, sua rival, Gênova. No século XIV, os enfrentamentos são regulares. A guerra de Chioggia (1378-1381) opõe repetidamente as frotas veneziana e genovesa, com resultados diversos.

A paz de Turim a encerra em 1318, com vantagem de Veneza. A queda de Constantinopla parece prometer, depois de 1453, um controle veneziano sobre o Mediterrâneo oriental. No entanto, ela é bastante combatida pela frota otomana. A pintura que ali se desenvolve segue de longe as concepções filosóficas e não tenta a todo preço difundir uma mensagem. Ela aspira, pelo contrário, a uma harmonia, a uma síntese equilibrada entre a forma e o conteúdo. Sua arquitetura, pelo contrário, permanece clássica. Mas os venezianos, contestando a teoria da imitação tão fortemente enraizada no Renascimento, ultrapassam a busca propriamente naturalista ao se entregarem ao jogo vivo e por vezes aventureiro da fantasia. Veneza, **ao longo do século XV**, constitui-se como um território em plena expansão no norte da Itália. Depois de Gênova, vencida, as outras potências, Florença e Milão, não podem se opor ao apetite veneziano, sustentado pelos *condottieros*, chefes de mercenários, como **Bartolomeo Colleoni** (1395-1475), imortalizado por sua estátua equestre, no Campo Giovanni e Paolo, obra de **Verrocchio**

(1435-1488). As pazes de Ferrara (1433) e de Cremona (1441) aumentam as terras continentais de Veneza, que no final do século se estendem até o lago de Guarda e o rio Adda. Mas essa potência – o controle das margens nortes do Adriático e de uma parte do mar Egeu – acaba por se chocar com as ambições do Império, da França e do papado.

2. A LITERATURA ITALIANA MEDIEVAL

Os documentos literários em língua italiana são muito raros antes do século XIII, pois aqueles que escrevem o fazem em latim, ainda que seja a França o país onde mais se desenvolvem os estudos latinos. Entretanto, por volta do século XII, a poesia dos trovadores penetra na Itália, principalmente no norte da Itália. A língua d'oc (occitano) é facilmente compreendida no vale do Pó, e o provençal também é imitado a partir do século XIII na corte da Sicília.

TRÊS GRANDES: DANTE, PETRARCA, BOCCACCIO

Desde a invasão dos lombardos, a literatura latina cristã da Antiguidade tardia estagna um pouco. É preciso esperar o século IX para que um gênero literário novo apareça: a crônica. Obras italianas que imitam poemas alegóricos franceses, desde a primeira metade do século XIII, têm por objetivo distrair e instruir o povo. A Itália segue a escola francesa nas baladas e rondós, mas é na corte do rei Frederico II da Sicília, em Palermo, que nasce um gênero poético novo, que terá uma ascensão fulgurante na literatura, o soneto. Quando a corte deixa a Sicília, o movimento literário se desloca para a Itália setentrional, onde Bolonha se torna o centro do *dolce stil nuovo*, o "doce estilo novo", exemplificado por Dante Alighieri, Guittone d'Arezzo, Cino della Pistoia e Guido Cavalcanti. Esse estilo desenvolve uma poesia amorosa letrada, fortemente marcada pela filosofia.

Dante e Beatriz

É preciso reservar um espaço particular a **Dante Alighieri** (c. 1265-1321), o maior poeta florentino da época, que encontra sua principal inspiração no amor ardente dirigido a Beatriz, morta em 1290 aos 24 anos. Cidadão ativo, Dante se posiciona firmemente contra Bonifácio VIII. O papa consegue mandá-lo ao exílio e, depois, condená-lo a morte por contumácia, enquanto ele está exilado em Verona e depois em Ravena, onde termina seus dias. Dante compartilha sua obra entre as duas línguas que lhe parecem mais apropriadas para alcançar o domínio do melhor de sua arte: o latim e o italiano. Ele escreve várias obras em latim, *De vulgari eloquentia* ("Da eloquência vulgar"), consagrada à linguagem, *De monarchia* ("Da monarquia"), sobre a dominação universal,

Epistolae ("Cartas"), e *Eclogae* ("Éclogas", ou "As bucólicas"), assim como um ensaio sobre o valor simbólico da terra e da água, *Quaestio de aqua et terra*. Sua obra em italiano interessa-se ao mesmo tempo pelo amor e pela filosofia. *A vida nova* (*La vita nuova*) expressa seu amor de juventude e lhe confere a força nova da imortalidade. Fortemente influenciado pelo platonismo, ele redige *O Cancioneiro* (*Il canzoniere*), conjunto de poemas dedicados a todas as formas da beleza. A obra mais célebre de Dante é *A Divina Comédia*, que o ocupa ao longo de toda a vida. Trata-se de uma viagem em três partes, *Inferno*, *Purgatorio* (o purgatório) e *Paradiso* (o paraíso), destinado a garantir a salvação ao poeta. Dante é guiado ao mesmo tempo por outro poeta, Virgílio, e por Beatriz, símbolo da graça divina. A etapa final é a travessia dos "nove céus" e a contemplação de Deus. É só depois de meio século após sua morte, em 1373, que Florença, reconhecendo o gênio de seu filho, cria a primeira cátedra de estudo das obras de Dante, confiada a Boccaccio.

Petrarca e Laura

Francesco Petrarca (1304-1374), membro da Igreja, passa uma parte de sua existência a serviço dos prelados, como o cardeal Colonna, o que o leva à corte pontifical de Avignon, onde encontra sua musa, Laura, à qual declara seu amor na coletânea *O cancioneiro* (*Il canzionere*). Retomando, e ampliando, a forma do soneto, Petrarca[159] também se dedica à epopeia, ao diálogo e ao tratado. É por meio desses gêneros múltiplos que ele revaloriza as obras de Cícero e a exegese de Santo Agostinho. As principais criações de Petrarca podem ser classificadas em função, ao mesmo tempo, da língua usada – italiano ou latim – e do gênero desenvolvido.

Boccaccio e as damas

Amigo de Petrarca, muito influenciado por sua cultura antiga, **Giovanni Boccaccio** (1313-1375) se dedica ao estudo de Dante e dos autores gregos da Antiguidade. Ele acompanha a tradução de Homero para o latim, feita por seu amigo e monge Leôncio Pilato e redige uma *Vida de Dante* (*Vita di Dante*). Também canta o amor em seu poema *Fiammetta*, diretamente inspirado pela forma de Petrarca. A glória chega para Boccaccio com a publicação do *Decameron*, antologia de cem novelas contadas por um grupo de damas e de senhores. Preparando o humanismo, a partir de seu interesse pela Antiguidade, Boccaccio escreve o *De casibus virorum illustrium* ("Dos casos de ilustres homens") e *De claris mulieribus* ("Sobre as mulheres célebres"), assim como uma genealogia dos deuses, a *Genealogia deorum gentilium*.

---

159. A esse respeito ver Jean-François Pépin, "Pindare" [Píndaro], em *Encyclopædia Universalis*.

CAPÍTULO VII
A ESPANHA MEDIEVAL

1. HISTÓRIA DA ESPANHA DA RECONQUISTA (718-1492)

Depois da batalha de Guadalete (711), que opõe o califado omíada ao reino visigodo, os príncipes muçulmanos dominam quase toda a península. Só escapam o norte, o País Basco, a Cantábria, as Astúrias e a Galícia graças à interdição provocada pela derrota de Covadonga, que põe em conflito o califado omíada e o reino das Astúrias, em 718. Convencionalmente, essa data é adotada para marcar o início da Reconquista, efetuada pelos reinos cristãos. Na realidade, um primeiro período, de 718 a 1212, alterna o sucesso e o fracasso: epopeia do **Cid Campeador** (Rodrigo Díaz de Bivár, 1043-1099), em Valência; queda do califado omíada de Córdova no século XI, substituído por vários pequenos reinos, os *taifas*; reunião em 1037 da Castela à Galícia e a Leão por **Fernando I** (c. 1016-1065); mas também derrota dos cristãos na batalha de Sagrajas (ou Zalaca) em 1086, diante das tropas de almorávidas; e segunda derrota na batalha de Alarcos (1195) dos castelhanos diante dos almôades. A segunda etapa da Reconquista começa, depois da indispensável união dos reinos cristãos por sua vitória diante do exército almôade em Las Navas de Tolosa em 1212, como resultado de uma nova cruzada decretada por **Inocêncio III** (1198-1216), que agrupa castelhanos, aragonenses, catalães e mais de 50 mil franceses e, depois, navarrenses que se unem ao exército já formado. O rei de Castela, **Fernando III** (1217-1250), reúne definitivamente Castela e Leão. Em 1236, ele toma Córdova, obrigando os muçulmanos a se retirarem em Granada. Em 1244, seu primogênito, Afonso, toma o reino muçulmano de Múrcia, oferece a Castela um acesso ao mar Mediterrâneo. A continuidade da Reconquista passa a se dar entre o reino de Granada, de um lado, e os reinos de Castela e de Aragão de outro. A Navarra é governada pelos condes de Champagne antes de se ver ligada à França, não participando mais da Reconquista. O reino brilhante, do ponto de vista intelectual, de **Afonso X** (1252-1284), dito "o Sábio", deixa de lado a

IDADE MÉDIA

Reconquista, apesar de importantes preparativos militares, mas que ficam sem continuidade. O rei, também autor de obras sobre as derrotas ou sobre astronomia, reúne, em Toledo, pensadores judeus, muçulmanos e cristãos. Eles trabalham sobre a legislação, com coletâneas de leis do *Código real* (*Fuero Real*) e as *Sete Partidas* em castelhano, a astronomia com as *Tabelas alfonsinas*, uma crônica, a *Estoria de España* (*História da Espanha*), das origens ao reino de Afonso X. Ele é eleito, em 1257, rei dos Romanos, mas nunca se torna imperador, nem vai à Alemanha ou à Itália para ser sagrado. A Castela conhece, depois, problemas com a dinastia que adiam a retomada dos combates contra os últimos reinos muçulmanos. Os menores, os *taifas*, são reduzidos um a um e, depois, chega a vez de Málaga, que é separada do reino da Granada. As forças agrupadas de **Fernando II de Aragão** (1474-1516) e de **Isabel de Castela** (1474-1504), os "Reis Católicos", dominam Granada. Após quatro meses, o emir **Boabdil** (1482-1492) capitula. O último reino mouro de Al-Andalus se rende em janeiro de 1492. A Reconqusta está terminada.

2. A LITERATURA ESPANHOLA: O *ROMANCERO*

A língua espanhola tem suas origens no baixo latim introduzido quando da dominação romana. Logo se espalha na península inteira. É empregado, principalmente, nos colégios e nos claustros, e quase todos os textos medievais importantes são escritos nessa língua. Depois é abandonado e substituído pelo idioma popular. Os mais antigos textos romanos foram encontrados ao final de poemas hebraicos, árabes e andaluzes, os *muwassahas*. Eles datariam do século IX e teriam sido compostos em Córdova. Depois, a literatura segue com poemas épicos. O primeiro poema é o do Cid, provavelmente composto por volta do século XII, que conta a última parte da vida do herói exilado de Burgos devido ao rancor de Afonso VI. Depois se desenvolvem os *romanceros*. Um *romancero* é uma antologia de romances, de curtas poesias épicas ou narrativas em versos de oito sílabas. Em 1510, alguns são impressos no *Cancionero general*, o *Romancero general*, e também são publicadas antologias especiais sob o título de *Romancero* a partir de 1550. Toda a história da Espanha está condensada ali. Os romances dedicados ao Cid são os mais conhecidos. O mais antigo dos romances de cavalaria é de *Amadís de Gaula* (1508), primeiramente escrito em português e mais tarde traduzido para o espanhol. O tema é o amor contrariado de Amadís e Oriana, inspirado nos romances bretões. A estes, sucedem-se os romances pastorais. A obra-prima do gênero é *Os sete livros de Diana* (*Los siete libros de la Diana*, 1542-1545), de **Jorge de Montemayor** (1520-1561). O romance picaresco, romance cujos personagens são oriundos do mundo dos pícaros, dos travessos, é muito abundante na Espanha. Quanto ao teatro espanhol, como os milagres e os mistérios franceses, ele nasce na Igreja. Os mais antigos mistérios datam do século XIII. A partir do século XV, o teatro trata de temas mais profanos.

CAPÍTULO VIII
A RÚSSIA MEDIEVAL

1. HISTÓRIA DO NASCIMENTO E DA FORMAÇÃO DA RÚSSIA

A RUS' DE KIEV: FUNDADORES E HERÓIS

A Rus' de Kiev é um principado fundado pelos varegues, vikings dinamarqueses e suecos. Ela é governada pela dinastia dos Rurikovitch (862-1598), que exercem sua autoridade sobre o Estado de Kiev, até 1132, depois a Moscóvia, depois de 1276, e dá nascimento à Rússia. O nome da dinastia vem de **Rurik** (860-879), príncipe de Novgorod. Em 882, **Oleg, o Sábio** (879-912) transfere sua capital de Novgorod para Kiev. Ele é considerado como o verdadeiro fundador da Rus' por volta de 880. O apogeu do principado se situa durante os reinos de **Vladimir, o Grande** (980-1015) e de **Jaroslau, o Sábio** (1019-1054). Vladimir leva para Rus' o cristianismo de rito bizantino. A fim de poder casar com a princesa bizantina **Ana** (963-1011), ele é batizado em 988. Jaroslau, o Sábio, seu filho, sucede-o depois de quatro anos de guerra contra seus irmãos. Ele afasta a ameaça pechenegue, de nômades turcos, com sua vitória de 1036 e favorece a ascensão ao trono de Casimiro I da Polônia (1039-1058). Entretanto, os ataques lançados por seu filho Vladimir contra o Império Bizantino fracassam. Quando morre, em 1054, seus cinco filhos dividem o principado, e o mais velho ficando com o título de grão-príncipe. É o início da decadência. Os principados se multiplicam ao longo das sucessões, ultrapassando cinquenta no século XIII; os príncipes combatem entre si e tentam se apropriar das duas cidades mais prestigiosas: Kiev e Novgorod. É difícil, na medida em que Kiev permanece a propriedade comum dos Rurikovitch. Em 1276, surge o principado de Moscou. Um modo de governo original se estabelece com a República de Novgorod (1136-1478).

O executivo é confiado ao arcebispo, eleito, assim como o primeiro-ministro, pela assembleia popular, *vetche*, que inclui a população urbana e rural livres, a mais alta

Instância Política. As invasões mongóis dos sucessores de Gengis Khan, fundador do Império Mongol, arrasam a Rus', entre 1237 e 1242. As cidades de Vladimir, Kiev, Moscou caem uma após a outra e são destruídas. Só Novgorod consegue manter certa autonomia. Depois das pilhagens, os mongóis retornam, sem ocupar a Rus', mas exigindo tributos. A futura Rússia se desloca para a Moscóvia. A soberania mongol dura aproximadamente dois séculos e meio. Eles nomeiam o grão-príncipe e exigem, além do tributo, homens de armas e camponeses. A Igreja e os príncipes recebem em troca cartas de privilégio, ou *yarlik*. Os territórios submissos aos mongóis rompem aos poucos suas relações diplomáticas, econômicas e culturais com o Ocidente, ficando concentrados na esfera asiática. Alexandre, príncipe de Vladimir-Súzdal, recebe de **Batu Khan** (1237-1255), da Horda de Ouro, o principado de Kiev em 1249. Ele é conhecido, sob o nome de **Alexandre Nevski** (1220-1263), por suas vitórias contra os suecos em 1240, às margens do Neva, origem de seu apelido, e contra os cavaleiros teutônicos do lago Peipus em 1242.

O PRINCIPADO DE MOSCOU (1263-1328) E O GRANDE PRINCIPADO (1328-1547): O NASCIMENTO DO TSAR

A Moscóvia, ou principado de Moscou (1263-1328), está na origem da futura Rússia. Em 1328, ele se torna Grão-Principado de Moscou. Em 1547, **Ivan IV, o Terrível** (1547-1584) se proclama *tsar*, ou seja "César", imperador de "todas as Rússias". O primeiro príncipe de Moscou, **Daniel Moskovski** (1261-1303), é o filho de Alexandre Nevski. Em 1328, **Ivan I** (1325-1340) recebe do khan da Horda Dourada o título de "grão-príncipe", o que o autoriza a coletar junto de príncipes os tributos pagos ao khan. **Dimitri IV** (1359-1389) repele três vezes os ataques da Lituânia, que tenta se opor ao agrupamento das terras russas pelo grão-príncipe de Moscou. Aproveitando o enfraquecimento do khanato da Horda Dourada, ele vence os tártaros, povo turco da Ásia central, na batalha de Kulikovo, no rio Don, em 1380. Mas, em 1382, os mongóis tomam Moscou, e Dimitri IV é obrigado a se submeter. Ao longo do século seguinte, o principado de Moscou anexa a República de Novgorod, o Grão-Ducado de Tver, o principado de Riazan. É o movimento de "agrupamento das terras russas" pretendido por Ivan I e concluído por **Ivan III** (1462-1505). Este, em 1480, rejeita definitivamente a dominação mongol. Simbolicamente, ele rasga, sobre a escadaria da catedral da Assunção, o tratado que o submetia aos mongóis, proclamando assim a independência da Rússia. Ele manda publicar, em 1497, o *Soudiebnik*, primeiro código de leis russo, afirmação de sua vontade política de unificação do mundo russo. Seu neto, **Ivan IV, o Terrível** (1533-1584), é grão-príncipe de Moscou de 1533 a 1547 e tsar da Rússia de 1547 a 1584. Seu apelido russo de "Grozny", traduzido geralmente por "o Terrível", é o mais próximo em sentido de "severo" ou "violento". Príncipe aos três anos, sua mãe

Elena é regente. Ela morre provavelmente assassinada, em 1538. Ivan é posto de lado pelos *boiardos*, aristocratas. Ele começa o seu reino pessoal aos dezessete anos, chamando atenção rapidamente para sua crueldade e seus acessos de demência. Em 16 de janeiro de 1547, ele é sagrado tsar na catedral da Assunção. Culto, hábil, escritor de talento, ele inicia a progressão da Rússia moscovita na direção do Império Russo.

2. A LITERATURA RUSSA MEDIEVAL

Na Rússia, a cristianização do país permite iniciar a tradição literária e musical. O *Canto de Igor*, o *Dit de l'ost d'Igor*, iniciado no final do século XII, é transmitido por um manuscrito do século XV, descoberto em 1795. Seu tema inspira-se na malfadada luta do príncipe **Igor** (1150-1202), filho do príncipe Sviatoslav de Novgorod, contra os nômades da estepe, os polovetsianos (cumanos). É desse poema épico que Alexandre Borodin (1833-1887) tira a intriga da sua ópera, *Príncipe Igor*, em 1887.

CAPÍTULO IX
DO IMPÉRIO ROMANO DO ORIENTE AO IMPÉRIO BIZANTINO

O Império Romano do Oriente estudado aqui corresponde ao período dito da Antiguidade tardia ou da Alta Idade Média. Se, no Ocidente, o Império Romano cai em 476, sua parte oriental, separada definitivamente depois da morte de **Teodósio I** em 395, continua sua história até o século VI. O fim dessa Antiguidade romana do Oriente tardia se produz sob o reino do imperador **Maurício** (582-602), que renuncia à separação dos poderes civil e militar até fundar os exarcados, com o exarca no comando, concentrando os dois poderes, em Ravena e Cartago. O Império Bizantino continua até 1453, mas desde o século VII vê seu território ser amputado pelas conquistas árabe-muçulmanas.

1. HISTÓRIA DE BIZÂNCIO, A "NOVA ROMA"

A partir de 330, **Constantino** (306-337) faz de Bizâncio sua "Nova Roma", a ponto de o nome Constantinopla se sobrepor ao de Bizâncio. Seus sucessores ali residem ocasionalmente, mas é preciso esperar a morte de Teodósio I, em 395, para que ela se torne a capital permanente do Império Romano do Oriente. **Teodósio I** (379-395), nascido na Espanha, recebe o Império do Oriente em 379, enquanto **Graciano** (367-383) reina no Ocidente. Ele se instala em Constantinopla em 380, depois de ter afastado os visigodos das dioceses madedônicas. Reúne, em 381, o segundo concílio ecumênico de Constantinopla, presidido por **Gregório de Nazianzo** (329-390). Ele ordena a adoção unânime do Credo de Niceia. Pouco depois, renuncia ao título pagão de *pontifex maximus*. Desde o édito de Tessalônica (380), o cristianismo se tornou religião oficial do Império Romano, tanto no Oriente como no Ocidente. Em 391, os cultos pagãos são proibidos, os bens dos templos aprendidos, os Jogos Olímpicos continuam em 394. Depois de sua morte, em 395, o império que ele havia reunificado desde 388 é dividido novamente e de maneira definitiva entre seus dois filhos: **Arcádio** (395-408) recebe o Oriente, auxiliado pelo prefeito do pretório **Rufino** (335-395), enquanto **Honório** (395-423), de onze anos de idade, vê cair o Ocidente, sob a regência do vândalo **Estilicão** (360-408) "generalíssimo do Ocidente". Rufino logo é assassinado. Arcádio reina em Constantinopla.

Ele é considerado o primeiro imperador bizantino verdadeiro. As invasões bárbaras minam a parte ocidental do Império; em 410 os visigodos tomam Roma. Depois da morte de Arcádio, sucede seu filho **Teodósio II** (408-450). Estilicão, que se torna poderoso demais, é preso e executado sob as ordens de Honório. Ele dota Constantinopla de uma nova muralha, o muro de Teodósio. Reforma o sistema legislativo publicando o *Código de Teodósio* (438), que retoma as constituições aplicadas desde o reino de Constantino. Mas, apesar de sua opulência, o Império do Oriente é ameaçado pelos visigodos e hunos. Depois de 423, Teodósio II também deve cuidar dos negócios do Ocidente. Seu tio Honório morre sem herdeiros diretos. Depois da breve usurpação do primicério dos notários, um dignatário da corte, **João** (423-425), coloca no trono o filho de sua tia **Gala Placídia**, **Valentiniano III** (425-455). O sucessor de Teodósio II é o general **Marciano** (450-457), que se casa com a irmã de Teodósio II, Pulquéria, a fim de legitimar seu direito ao trono. Ele muda totalmente de política com relação aos hunos, recusando-se a pagar tributos. Átila prepara uma expedição para tomar Constantinopla, mas morre brutalmente antes de executá-la. Marciano também acaba momentaneamente com as disputas religiosas que agitaram o reino precedente ao convocar o concílio da Calcedônia (451), que reafirma o único credo católico e condena nestorianos e monofisitas.

Outro general, da Trácia, chega ao trono: **Leão I** (457-474). Ele deve enfrentar os vândalos, cuja frota de barcos piratas mantém o Mediterrâneo como refém. Seu neto, **Leão II**, reina apenas alguns meses. É seu genro, Zenão (474-491), que se torna imperador. No Ocidente, o hérulo **Odoacro** provoca a queda do último imperador, Rômulo Augústulo. Ele envia a Zenão as insígnias imperiais, recebendo o título de *patrício*. A ficção de uma unidade imperial se instala; Zenão supostamente é o único imperador, com Odoacro como representante. Ele consegue uma pausa, reconhecendo os territórios conquistados pelos vândalos por meio do tratado de 476, firmado com o rei **Genserico** (399-477). Seu reino é perturbado por múltiplos complôs do palácio, destinados a derrubá-lo, mesmo que consiga neutralizá-los. Os problemas religiosos continuam a dividir o Império. Para tentar colocar fim a essa situação, Zenão pede ao patriarca de Constantinopla, Acácio, que redija o *Henótico* (482), ou "Ato de União", a fim de reconciliar monofisitas e partidários das duas naturezas distintas do Cristo. Um alto funcionário, **Anastácio I** (491-518), é seu sucessor e, depois, o Senado elege um imperador de idade avançada, o chefe da guarda imperial, **Justino I** (518-527). Seu reino prepara, principalmente, o de seu sobrinho e filho adotivo **Justiniano** (527-565).

O REINO DE JUSTINIANO I (527-565)

O futuro **Justiniano I** nasce na Macedônia em 482 em uma família camponesa. Seu destino está ligado ao de seu tio Justino. Este, originalmente um simples soldado, eleva-se ao comando da guarda imperial e, depois, ao trono em 518. Seu sobrinho, **Flavius Petrus Sabbatius**, recebe, graças a ele, uma educação cuidadosa em Constantinopla. Em 518, ele o coloca no comando das tropas da corte, tornando-o cônsul em 521, e o adota. É então que ele incorpora um novo nome aos seus, **Justinianus**, Justiniano, que ele nomeia corregente em abril de 527. Justino morre em agosto do mesmo ano, Justiniano tornando-se, então, imperador. Como príncipe, Justiniano se beneficiou de uma vasta cultura, além da preparação para o poder. Tornado imperador, com uma mulher de forte caráter ao seu lado, **Teodora** (c. 500-548), ele deseja reconstituir a unidade do *Imperium Romanum*. Em 532, a cidade de Bizâncio se revolta contra o imperador Justiniano. Esse episódio é conhecido sob o nome de "Revolta de Nika", de *niké* (vitória) em grego, grito de união dos insurgentes. Esgotado, Justiniano está pronto para fugir, ou mesmo abandonar o trono. Teodora intervém, então, dando-lhe coragem, e galvaniza as tropas fiéis. A revolta é massacrada. Corajosa e enérgica, Teodora continua seis anos no reino ao lado do imperador, favorecendo a tolerância religiosa, multiplicando as fundações devotas e caridosas. Em 529, é publicado o monumento legislativo do reino de Justiniano, o *Corpus Juris Civilis* ou *Código Justiniano*, que reúne, em latim, todas as constituições imperiais desde Adriano (117-138). Depois, em 533, vem o *Digeste*, ou *Pandectas*, reunindo a jurisprudência conhecida, além dos *Institutes*, manual de direito destinado a formar os magistrados e juristas. Enfim, as leis recentes são agrupadas a partir de 534 em um código a parte, o das *Novelles*, em grego, língua vernácula do Império. Príncipe empreendedor, Justiniano manda edificar Santa Sofia em Constantinopla, igreja dedicada à Sabedoria divina (*sophia* em grego).

Depois da morte de Justiniano, em 565, seu sobrinho **Justino II** (565-578) o sucede num reinado sem brilho, dominado pelos favoritos e pela imperatriz Sofia. Esta coloca no trono um militar para sucedê-lo, **Tibério II** (578-582). Depois desse curto reino, seu genro se torna imperador, **Maurício I** (582-602). Ele estabelece os exarcados de Ravena e de Cartago, contém por algum tempo os eslavos e os avaros, antes de ser derrotado e decapitado em decorrência da revolta do exército do Danúbio, junto com seus cinco filhos, em 602.

2. A ARTE BIZANTINA

A ARTE PRÉ-BIZANTINA

De Constantino a Justiniano, o corte entre Oriente e Ocidente se afirma. O Oriente é proeminente com Bizâncio. Seus imperadores lutam constantemente contra os invasores e as heresias. **Teodósio, o Grande** (379-395) ergue outra vez o cristianismo e divide o Império entre seus dois filhos. É no século IV que a história da arte bizantina se inspira essencialmente nas estruturas políticas e religiosas, anunciando seus primórdios, marcados pela paz com a Igreja e a transferência da capital para as margens do Bósforo. A arte que se desenvolve então é beneficiada pela riqueza do imperador e das classes dominantes. A época do século V ao VI determina todos os aspectos da arte protobizantina que se afirmam e se desenvolvem posteriormente. Se os primeiros lugares de reunião dos fiéis eram até então modestos, o fausto da representação religiosa com uma decoração cada vez mais rica vai se manifestar. A basílica é o tipo de edifício mais importante e mais prestigioso. Depois da queda de Roma, a parte oriental do Império se torna a única depositária da nova arte cristã. O Império do Oriente vai criar, graças às numerosas influências das diversas civilizações que o rodeiam, uma arte original e específica até se tornar arte bizantina.

A ARQUITETURA

No campo da arquitetura, a basílica constantiniana é muito representada. Duas novidades aparecem: a cobertura em pedra ao plano da basílica e os novos planos suspensos. O capitel coríntio se modifica, o que leva a que seja sobreposta uma imposta. Sob o reino da filha de Teodósio, Gala Placídia (390-450), inúmeros monumentos são construídos em Ravena e contam entre os mais belos edifícios de sua época. Merece destaque a basílica de São João Evangelista, a mais antiga de Ravena, em 424. Essa basílica tem três naves e 24 colunas internas provenientes de construções antigas. A fim de igualar as alturas, um elemento arquitetural característico é empregado: a imposta trapezoide, bloco de pedra sem ornamentação, colocado sobre o capitel sobre o qual repousa a arcada. O mausoléu de Gala Placídia também é famoso, ainda que seja uma pequena construção de aspecto simples, em forma de cruz, feito de tijolos e ornado com uma cúpula na intersecção. Seu exterior simples contrasta com a suntuosidade dos mosaicos, os mais antigos de Ravena. Deve-se também contar o batistério dos ortodoxos, construído pelo bispo **Neon**, origem do nome, batistério de Neon, de 449 a 452.

A pedido de **Teodorico**, a basílica de Santo Apolinário, o Jovem, é construída perto de seu palácio, para celebrar o culto ariano. Essa basílica tem três naves sem transepto, mas somente as naves são conservadas em seu estado original. As paredes da grande nave oferecem três zonas de mosaicos, consagrados aos mártires, aos profetas, aos milagres do Cristo. O túmulo de Teodorico, erigido em 520, também faz parte das obras-primas de Ravena. São Vital e Santo Apolinário in Classe são também iniciadas sob o reino de Teodorico, mas concluídas sob o reino de Justiniano e do arcebispo bizantino Maximiano. Depois de Santa Sofia, talvez seja a mais importante construção religiosa da arquitetura bizantina. Não sofreu nenhuma transformação até nossos dias, com exceção dos mosaicos que foram destruídos no Renascimento. Santo Apolinário em Classe é a igreja dos bispos de Ravena, onde são representados em medalhão acima das arcadas do térreo. Em São Vital, Justiniano e seu cortejo, Teodora e seus seguidores trazem oferendas, acolhidos pelo Cristo entronado sobre o globo do universo. O realismo dos retratos é impressionante.

A ARTE DO SÉCULO DE JUSTINIANO

Durante seu reino, Justiniano ordena a construção de prestigiosos edifícios destinados a valorizar o Império. Ele reconstrói Antioquia depois dos terremotos de 526 e 528, mas também Constantinopla depois da sedição nika. Até então, **Constantinopla** não passava de uma imitação cristã de Roma e o novo aspecto da cidade evidencia a ruptura com a Antiguidade. Depois do grande incêndio, consecutivo a essa revolta popular, não são mais os edifícios com colunas que dominam as igrejas com cúpulas. Quanto aos fóruns destruídos, eles não serão mais reconstruídos. A gigantesca muralha edificada em torno de Constantinopla, sob Constantino e depois Teodósio, é uma das realizações de fortificação mais importantes depois da Muralha da China. A cidade recebia água por meio de cisternas subterrâneas.

A igreja da santa Sabedoria

Mas a construção mais excepcional continua sendo a igreja de Santa Sofia, que se torna, no século XV, uma mesquita sob Maomé II. A igreja dedicada à santa Sabedoria de Deus substituía outras duas, a primeira edificada sob Constâncio II em 360 e a segunda, sob Teodósio II em 415. Depois de sua destruição em um incêndio, durante a Revolta de Nika, em 532, Justiniano decide reconstruí-la e confiar o projeto a **Antêmio de Trales**, arquiteto e matemático, e ao geômetra Isidoro de Mileto. Conhecemos, graças aos escritos de **Procópio de Cesareia** (500-560), em sua obra dedicada aos monumentos de Justiniano, o *Tratado dos edifícios* e, pelos poemas de Paulo, o Silenciário, a *Descrição de Santa Sofia*, o fausto extraordinário dessa nova basílica. A igreja do Oriente abandona o plano da antiga basílica praticado desde Constantino para ver nascer uma nova forma que se traduz por uma construção central ornada com uma cúpula monumental. O plano do edifício revela que o conjunto se desenvolve obedecendo a um novo sentido artístico: todas as partes são concebidas de forma a receber a grande cúpula central de 32 m de diâmetro. Após o terremoto de 557, a cúpula rui e **Isidoro de Mileto** é encarregado de sua reconstrução, concluída em 563, ao final do reino de Justiniano. A inovação consiste em fazer repousar a cúpula sobre quatro pontos, quatro pendentes de ângulo e quatro pilares, e não mais sobre um grande muro circular, como a abóbada do Panteão de Roma e das termas romanas, de diâmetro superior. A fim de minimizar o peso da cúpula, esta é construída com telhas brancas e calcáreas, fabricadas na ilha de Rodes.

IDADE MÉDIA

A escultura

A grande escultura se fixa, à imagem do Colosso de Barletta. A arte do relevo é substituída pela do escavado, enquanto a tradição do sarcófago perdura em Ravena, até o século VI. A escultura parece ter sido secundária em Bizâncio, mas as descrições de Constantinopla e das grandes cidades mencionam as colunas rostrais, estátuas imperiais, arcos de triunfo, dos quais a maior parte desapareceu. No entanto, o relevo plástico continua sendo atenuado. Nos capitéis, são principalmente as folhas que compõem a decoração. A principal busca se concentra, principalmente, no jogo de luzes mais do que nos desenhos de volume. O marfim é empregado para múltiplos usos: dípticos, cofres, coberturas de evangeliários, cátedras (cátedra do bispo Maximiano, 546-554). O marfim Barberini, assim batizado por ter pertencido a um dos cardeais da família pontifical, oferece o retrato de um imperador bizantino, executado do século V ao VI. Trata-se de uma parte de um díptico, antes composto de seis placas.

A iluminura bizantina

Quando o *códex*, livro manuscrito, achatado, substitui o *volumen*, em rolo, isso se revela decisivo para a arte da iluminura, pois a decoração passa a ser feita sobre uma página. Restam poucos originais do século V. O mais antigo manuscrito romano iluminado data desse período e as miniaturas figuram nos quadrados. Trata-se do fragmento de *Ítala de Quedlimburgo*, uma tradução da Bíblia em latim. Dessa época, subsistem igualmente dois manuscritos de Virgílio ornados com cinquenta iluminuras reunidas no *Vergilius vaticanus*, manuscrito datado do início do século VI, e o *Evangeliário de Rossano*, de origem síria. Ele constitui o mais antigo códex bíblico existente em bom estado de conservação. Está escrito em letra uncial, com uma tinta de prata sobre pergaminho tingido em púpura, como o exemplar de Rossano. Restaram 24 fólios. O texto desse códex é um trecho do Livro da Gênese na tradução grega da Septante.

O início dos ícones

Um ícone, do grego *eikona*, "imagem", é originalmente uma representação religiosa, independentemente da técnica, mas o termo se aplica posteriormente às imagens pintadas sobre um painel de madeira, representando o Cristo, a Virgem ou os santos. Os primeiros modelos devem ter se inspirado nos retratos em cera de defuntos, encontrados em grande número em Faium (no Egito), na época helenística e romana. Sua evolução está ligada ao movimento monástico. Os primeiros ícones datam dos séculos V e VI, provenientes do Sinai, do Médio Egito e de Roma. Os grandes princípios estilísticos já estão presentes: nimbos, frontalidade, olhos bem abertos, hieratismo, tratamento do espaço, posturas. Desde cedo, as regras concernentes aos lugares de exposição na igreja se fixam em função da veneração acordada ao santo.

3. A LITERATURA BIZANTINA

A ESCRITA E A ILUMINURA

A mudança da escrita – a caligrafia uncial é trocada pela cursiva – acarreta a multiplicação de livros. A iluminura não conhece ruptura, apesar da crise iconoclasta, com a tradição da Antiguidade tardia. Uma das obras-primas dessa época é o *Rolo de Josué* do Vaticano, que mostra bem a continuidade da tradição na forma de lidar com o corpo e as roupas, o esquematismo geométrico e a solução para a apresentação do espaço: a passagem do primeiro plano ao último se faz sem descontinuidade. A preferência é pelas cores chatas e luminosas. A ourivesaria, empregada para a capa dos manuscritos e em parte influenciada pelo islã, conhece uma renovação, pela inclusão de esmalte com base na técnica do *cloisonné*. Os objetos mais comuns são os relicários, como o de Limbourg-sur-la-Lahn, encontrado na Alemanha durante a quarta cruzada.

COMPILADORES E MÍSTICOS

Na época macedônia, o núcleo da literatura é teológico ou científico, e os principais autores são os patriarcas de Constantinopla. Tempos melhores se anunciam durante esse período para a literatura bizantina, beneficiada com a reorganização da universidade sob Teófilo. Na metade do século IX, o patriarca **Fócio** (810-893) deixa uma obra importante, a *Biblioteca* ou *Myriobiblion*, preciosa compilação que compreende uma infinidade de trechos de autores que só conhecemos graças a ele. Também possuímos uma obra de **Constantino VII** (913-959) sobre as cerimônias e a formação em diplomacia. Compilações lhe são dedicadas e ele toma a iniciativa de reunir uma coleção de trechos de historiadores. Talvez seja a ele que se deve a existência da compilação erudita de uma obra como o *Léxico de Suida*, a *Suda*, uma enciclopédia. A de **Simeão Metafrastes** (século X) é a obra de um dos raros místicos que possuimos, construindo uma coleção da vida dos santos. Sob **Basílio II** (960-1025), a ameaça do islã é uma fonte suplementar de inspiração, pois o imperador pensa que é preciso combater a heresia tanto por meio da pena quanto da espada. O principal representante dessa tendência é **Nicolau de Bizâncio** (852-925), que também foi um ardoroso polemista contra a Igreja ortodoxa da Armênia. Nessa época se reconstitui o teatro popular da liturgia, as narrativas inspiradas na vida da Virgem e na Paixão do Cristo, durante as grandes festas que cediam espaço para representações nas igrejas. Crônicas de monges na tradição antiga permitem que o Ocidente conheça melhor o Império Bizantino.

DOIS HUMANISTAS ANTES DO SEU TEMPO: BOÉCIO E CASSIODORO

Dois nomes emergem particularmente dentre os escritores, filósofos desse século: Boécio e Cassiodoro, conselheiros e protegidos de **Teodorico, o Grande** (c. 454-526), rei dos ostrogodos, que pretende se colocar como digno herdeiro da civilização romana ao proteger as letras e as artes.

- **Boécio** (Anicius Manlius Severinus Boetius, 480-524) é o último dos grandes intelectuais clássicos da Antiguidade a integrar a cultura grega e latina, em uma época em que só se aprofunda o fosso entre o Oriente bizantino impregnado de cultura helênica e o Ocidente latino que se abre para a fratura germânica. Em Alexandria, ele pôde frequentar, no decorrer de seus estudos de filosofia, os círculos neoplatônicos formados na escola de Proclo e de Amônio Sacas. Também foi um dos últimos romanos a transmitir a lógica de Aristóteles ao futuro Ocidente medieval. A herança dos neoplatônicos como **Porfírio**, do qual comenta a *Isagoge*, está na origem da querela dos universais. Tendo caído em desgraça junto a Teodorico, ele escreve na prisão seu tratado *Da consolação da filosofia*, que transmite ao Ocidente os grandes princípios da sabedoria antiga. Em outro tratado, *De institutione musica*, redigido por volta de 510, ele fornece um texto de referência para o ensino da música no âmbito dos estudos do *quadrivium* (aritmética, geometria, astronomia, música).

- **Cassiodoro** (Flavius Magnus Aurelius Cassiodorus, 485-580), diferentemente de Boécio, que antes de mais nada era um especulador, é um homem de ação, muito envolvido na história de seu século. Ele é senador e ministro principal de Teodorico, e, depois da morte deste, conserva seu cargo até 558. Ele redige *Instituições*, introdução às Escrituras. O primeiro volume, consagrado às Escrituras, intitula-se *Institutiones divinarum litterarum* ("Elementos sobre as letras sagradas e profanas"), o segundo, *Institutiones seacularium lectionum* ("Elementos sobre as artes liberais"), centrado no estudo das sete artes liberais da tradição antiga. Ele os divide em dois ciclos: o *trivium*, gramática, dialética, retórica; e o *quadrivium*, aritmética, geometria, astronomia e música, que continuam sendo um modelo para a Idade Média.

O HISTORIADOR PROCÓPIO DE CESAREIA (500-560)

O mais importante historiador da época de Justiniano é Procópio de Cesareia. A partir de 527, ele é conselheiro de Belisário, acompanhando-o na maior parte de suas campanhas no Oriente, em 527, no norte da África, em 533, na Itália, em 536. A importância da obra de Procópio é ter sabido, enquanto testemunha ocular, traduzir e transmitir sob um ângulo psicológico e sociológico seus pontos de vista a respeito dos acontecimentos e dos personagens de seu tempo.

O DIREITO

Os códigos, de Teodósio a Justiniano

Os primeiros códigos romanos são códigos privados, simples compilações de constituições imperiais, tais como os códigos Gregoriano e Hermogeniano. O primeiro código oficial do Império Romano é promulgado pelo imperador Teodósio II em Constantinopla e pelo imperador Valentiniano III em Roma. Esse *Código Teodosiano* retoma toda a legislação desde Constantino e elimina as medidas em desuso e as contradições. É o único código conhecido no Ocidente entre os séculos V e XI, essencialmente por meio do *Breviário de Alarico*, a lei romana dos visigodos, redigida por Alarico, destinada a seus súditos galo-romanos. Assim como o *Código Teodosiano*, o de Justiniano é dividido em doze livros para homenagear as doze tábuas, fundadoras do direito romano, em uma compilação de constituições imperiais de amplitude sem precedentes.

4. A EVOLUÇÃO HISTÓRICA DO IMPÉRIO BIZANTINO

O reino de **Focas** (602-610) é uma catástrofe: os Bálcãs são deixados aos eslavos; a Itália aos lombardos; pesadas derrotas sofridas diante do rei sassânida **Cosroes II** (590-628) que se declara vingador de Maurício assassinado, toma e pilha Antióquia em 611, Jerusalém em 614 e Egito em 619. **Heráclio**, o Velho (?-610), exarco de Cartago, assume a liderança de uma frota que empreende a rota de Constantinopla, atormentada pela anarquia. Os Verdes, facção política que agrupa as classes baixas e uma parte do exército, se aliam a **Heráclio**, o Jovem (610-641), que, no mesmo dia, toma a cidade, manda executar **Focas** e é coroado imperador. Ele funda a **dinastia dos Heráclides** (610-711). O novo soberano não está apto a se opor ao poderio persa, nem às incursões dos avaros e dos eslavos aliados no Peloponeso e na Trácia. No entanto, ele reorganiza a Ásia Menor em regiões militares, os *temas*, onde se estabelecem os soldados que, em troca do serviço militar hereditário, recebem terras. Mas se delineia uma nova ameaça, a dos árabes. Na batalha de Jarmuque (636), os bizantinos são derrotados.

A Palestina, a Síria e depois a Mesopotâmia e o Egito caem um após o outro nas mãos dos conquistadores árabes. Os sucessores de Heráclio continuam a guerra contra os avaros, tentam conter em vão os ataques árabes, e só defendem a capital contra eles, duas vezes, graças à ajuda do fogo grego, mistura de salitre, nafta, enxofre e betume, que apresenta a particularidade de continuar a queimar na água. Em 711, o último Heráclide, **Justiniano II** (685-695 e 705-711), é assassinado. Após dois curtos reinados, o estrategista do tema dos Anatólicos se proclama imperador em 717 sob o nome de **Leão III, o Isáurico** (717-741) e funda a dinastia isáurica (717-741). Imediatamente, ele deve defender Constantinopla, sitiada pelos árabes que se retiram em 718. Contra eles, alia-se aos búlgaros, os cázaros. Ele divide a parte ocidental do Império em temas, subdividindo aqueles que, no Oriente, são vastos demais. Manda publicar a *Ecloga* ("Écloga"), seleção e adaptação do direito justiniano, que abole, em matéria penal, as diferenças de castigos em função da classe.

A FAVOR OU CONTRA AS IMAGENS: O ICONOCLASMO

A querela do iconoclasmo começa sob o reino de Leão III e dura até 787. Ela se prolonga, sem os arroubos de violência precedentes, até o concílio do Kanikleion (11 de março de 843), ou "restauração da ortodoxia" pela Imperatriz **Teodora** (810-867) em 843. Em janeiro de 730, um conselho de eclesiásticos, presidido por Leão III, promulga um édito que proíbe toda representação religiosa figurativa. Trata-se, sobretudo, da imagem de Deus, já que ela mescla suas naturezas divina e humana e, sobretudo, só pode figurar a segunda. O clero secular se pronuncia favoravelmente na assembleia, opondo-se aos monges, em sua maioria iconófilos, partidários das imagens. O conflito religioso se desdobra em um aspecto político, a oposição dos imperadores bizantinos ao papado romano, que condena o iconoclasmo. Esse aspecto perdura depois do segundo concílio de Niceia (787), sétimo concílio ecumênico, que reconhece o direito às imagens. No interior do Império, a contestação política é violenta. Na Grécia, o tema da Hélade proclama um imperador e envia uma frota contra Constantinopla, vencida por Leão. O imperador tempera, entretanto, a perseguição dos iconófilos, retomada com vigor sob seu filho **Constantino V** (741-775). Ele reúne, em 754, o concílio de Hieria, seu palácio na margem asiática do Bósforo, que reafirma o iconoclasmo: interdição do culto das imagens, destruição daquelas que existiam. Os iconófilos são presos, exilados, demitidos de suas funções, seus bens são confiscados. Militar de talento, Constantino V vence os árabes em 746, 747 e 752, os búlgaros em 763. Os sucessores de Constantino V, **Leão IV o Cazar** (775-780) e **Constantino VI** (780-797), veem seu reino amplamente influenciado por sua esposa e mãe, a imperatriz **Irene** (797-802), que acaba afastando seu filho depois de mandar furar seus olhos. Ela tenta, em vão, propor uma união ao imperador Carlos Magno a fim de reconstituir a unidade do Império Romano. É deposta em 802 por um complô de aristocratas e exilada na ilha de Lesbos, onde morre em 803.

A DINASTIA MACEDÔNICA (867-1056)

Depois da **dinastina amoriana** (820-867), que restabelece o culto das imagens, **Basílio I** (867-886) funda a dinastia macedônica (867-886), verdadeira idade de ouro bizantina. Ele decide diminuir o poder arrasador da aristocracia e reduzir a diferença entre as duas classes, os *penetes*, os pobres, e os *dynatoi*, os ricos. Estes últimos possuem imensas propriedades rurais, deixando um número cada vez maior de camponeses sem terra. Basílio se esforça para permitir que tenham acesso a uma pequena propriedade, aumentando assim os números dos contribuintes. Ele derrota o bloco naval dos árabes contra Ragusa (Dubrovnik) em 867, toma Bari e Taranto no sul da Itália. Toda a história da dinastia macedônica é então entremeada por sucessos militares, às vezes atrasados devido a alguns reveses. Não somente a segurança nas fronteiras é garantida, permitindo que a população cresça e que as riquezas criadas sejam mais numerosas e diversas, mas o território bizantino se estende consideravelmente. Dois militares excepcionais se sucedem no trono: **Nicéforo II Focas** (963-969) e **João I Tzimisces** (963-969), implantando-se na Síria e tomando o Chipre e Creta. Mas a grande questão é o poderio búlgaro. Eles são definitivamente derrotados por **Basílio II** (976-1025) em 1018, que então recebe o apelido de *Bulgaróctone*, o "matador de búlgaros". Ele teria perfurado os olhos de 99 guerreiros búlgaros em cada cem, o último perdendo um só dos olhos para que pudesse guiar os outros. O Império atinge então sua maior extensão geográfica, compreendendo a Ásia Menor, o norte da Síria, a alta Mesopotâmia, a Armênia, os Bálcãs e o sul da Itália. Ele detém os califas fatímidas do Cairo, mas sem conseguir garantir uma vantagem estratégica. Obtém uma trégua de dez anos no ano 1000.

Os sucessores de Basílio são fracos, guiados pela aristocracia, que enriquece negligenciando a manutenção militar dos temas. Como já havia acontecido com Roma, Constantinopla se apoia cada vez mais em mercenários. Pouco antes de sua morte, Constantino VIII casa sua filha **Zoe** (1028-1050) com **Romano Argiro** (1028-1034), que se torna o imperador **Romano III**. Ele é um intelectual devoto, distante das exigências do poder e da guerra. É vencido pelos árabes perto de Alepo em 1031. Ele é assassinado no banho, talvez por um enviado de Zoe, em 1034. Esta última casa-se imediatamente com **Miguel IV, o Paflagônio** (1034-1041). Os normandos começam a se instalar na Itália, da qual expulsam os bizantinos em 1071. O fim da dinastia é marcado por levantes e pelo avanço dos turcos seljúcidas na Ásia Menor. A derrota de Manziquerta, diante destes últimos, em 1071, marca o fim de um império conquistador. O general Isaac Comneno derruba o último imperador, **Miguel VI** (1056-1057), e se proclama imperador sob o nome de **Isaac I** (1057-1059). A dinastia dos Comnenos tem início.

O Pai sem o filho? A cláusula *filioque*

Opostos há muito tempo em torno da primazia da sede episcopal de Roma, da dupla natureza do Cristo quanto ao primado de uma sobre a outra, rivais em termos de poderio político e de riqueza, as Igrejas oriental grega e ocidental latina rasgam a "veste sem costura", ou seja, a Igreja, do Cristo em um momento de desacordo doutrinal. O desacordo diz respeito ao *filioque*, que significa, para Roma, que o Espírito Santo procede do Pai *e* do Filho, enquanto que Constantinopla o reconhece somente como vindo do Pai. O cisma de 1054 se materializa por uma excomunhão mútua. Isso ainda não foi resolvido. O problema, para Constantinopla, consistirá, no futuro, em obter o apoio das potências ocidentais católicas fiéis a Roma.

A DINASTIA DOS COMNENOS (1057-1204)

Ainda que Isaac I seja o primeiro imperador da nova dinastia, ele não a funda. Forçado a abdicar, cede o lugar a outros soberanos. Fracos demais para se manterem, são derrubados por um general, Aleixo Comneno, que se torna o imperador **Aleixo I** (1081-1118), que restaura em parte o Império. Sempre exposto aos turcos seljúcidas, ele aproveita a primeira cruzada, pregada pelo papa no **concílio de Clermont** em 1095, para reconquistar a Ásia Menor, mas não pode evitar que os cruzados fundem o principado de Antioquia.

Para se manter no poder, o imperador teve que conceder à nobreza um poder cada vez maior, amplas isenções de impostos em detrimento do tesouro imperial. A riqueza comercial bizantina é também ameaçada pelo desenvolvimento de potências marítimas italianas, como Veneza. Seu filho, **João II Comneno** (1118-1143), é considerado, ainda em vida, como o maior dos Comnenos. Ele consegue vencer os turcos várias vezes, mas não consegue recuperar Antioquia. Ele contém os pechenegues, nômades de origem turca, e os sérvios, nos Bálcãs. Seu quarto filho, **Manuel I** (1143-1180), é seu sucessor. Aberto ao Ocidente, ele se alia por algum tempo com o imperador da Alemanha contra os normandos na Itália. Mas o exército bizantino é aniquilado pelos turcos em 1176, o que apaga a restauração da soberania bizantina em Antioquia. Além disso, o empobrecimento do comércio bizantino é acompanhado pelo das classes populares.

Quando Manuel morre, o Império já está à beira do colapso. Seu filho, **Aleixo II** (1180-1183), sob a regência de sua mãe, é assassinado com ela após um levante contra os latinos, favorecidos por Manuel. É seu primo, **Andrônico I** (1183-1185), quem toma o poder. Ele inicia uma severa reforma contra a aristocracia, reorganiza a administração, luta contra a corrupção. Essas medidas o tornam impopular. Em 1185, os normandos tomam Tessalônica e avançam para Constantinopla. O povo se insurge, Andrônico é torturado até a morte em Hipódromo. É um bisneto de Aleixo I quem o sucede, **Isaac II Anjo** (1185-1195 e 1203-1204). Seu reino é um desastre para o Império Bizantino. A Bulgária e a Sérvia são perdidas. Em 1187, Saladino retoma Jerusalém. O imperador germânico, **Frederico Barba-Ruiva** (1155-1190), lança uma nova cruzada para libertá-la entre 1188 e 1190. Isaac alia-se a ele e, depois, o trai por Saladino. Em 1190, Frederico Barba-Ruiva está às portas de Constantinopla. Isaac II é forçado a assinar o tratado de Andrinopla, pelo qual fornece barcos e víveres. A morte de Frederico, pouco depois, põe fim à cruzada. Vencido duas vezes pelos búlgaros, Isaac é capturado por seu irmão mais velho **Aleixo III** (1195-1203), que o deixa cego. Seu filho, também chamado Aleixo, refugia-se em Veneza, que lhe oferece ajuda. Em 1203, Aleixo III é expulso, e o doge **Enrico Dandolo** (1192-1205) consegue desviar a quarta cruzada para Bizâncio. Isaac II e seu filho **Aleixo IV** (1203-1204) reinam alguns meses e depois são derrubados por **Aleixo V** (1204), protovestiário, alto dignatário da corte. Isaac morre pouco depois e Aleixo V manda executar Aleixo IV.

Ele mesmo é capturado pelos francos, que o julgam e o condenam à morte. Constantinopla, pilhada, cai sob o jugo dos francos.

O IMPÉRIO LATINO DE CONSTANTINOPLA (1204-1261)

Por um tratado em data de 1202, os francos cruzados e Veneza previram a divisão do Império Bizantino. Balduíno IX de Flandres é eleito imperador sob o nome de **Balduíno I** (1204-1205) em maio. Ele reina sobre o Império Latino de Constantinopla, um quarto das terras, ou os dois quintos de Constantinopla. Veneza recebe outro quarto das terras, os três quintos da cidade. A isso se acrescentam o reino de Tessalônica, ducados de Atenas e de Naxos, principado de Moreia, dados a poderosos barões. O resto é composto pelo Império Grego de Niceia (1204-1282), despotado de Épiro (1204-1337) e Império de Trebizonda (1204-1461). Esses últimos estados serão reincorporados ao Império Bizantino restaurado, ou, no caso do último, conquistado pelos otomanos. Os imperadores latinos de Constantinopla devem lutar em várias frentes: contra os barões feudais, os gregos e os búlgaros. Seus reinos são, portanto, uma sucessão de operações militares. Balduíno I desaparece em 1205, depois de uma derrota contra os búlgaros. Seu irmão e sucessor, **Henrique I** (1206-1216), deve lutar contra os bizantinos. Seu cunhado, **Pedro II de Courtenay** (1217-1219), morre capturado pelos gregos. **Robert de Courtenay** (1220-1227) é deposto pelos barões. Em 1245, o território é reduzido exclusivamente a Constantinopla, salva em 1236 pela frota veneziana de um assalto da coalizão entre búlgaros e bizantinos. **Balduíno II de Courtenay** (1228-1273), filho de Pedro II, é o último imperador latino de Constantinopla. Ele vai ao Ocidente para pedir ajuda, mas em vão. Em julho de 1261, aproveitando da ausência da frota veneziana, Constantinopla é tomada por Miguel Paleólogo, já à frente do Império Grego de Niceia. Balduíno II foge e morre no exílio em 1273. Coroado imperador bizantino em Santa Sofia sob o nome de Miguel VIII Paleólogo (1261-1282), ele funda a última dinastia bizantina, a dos **Paleólogos** (1261-1453), que se extingue com a morte de Constantino XI (1448-1453), nas muralhas de Constantinopla, na terça-feira, 29 de maio de 1453.

O IRREMEDIÁVEL DECLÍNIO DO IMPÉRIO BIZANTINO (1261-1453)

A dinastia dos Paleólogos acompanha o longo declínio do Império Bizantino. Seus esforços para freá-lo não surtem efeito, e as lutas pelo trono o aceleram. Ao mesmo tempo, se os turcos são, em um dado momento, forçados a desacelerar para afrontar **Tamerlão**, conquistador mongol, no início do século XV, eles reconstituem rapidamente seu poder, diante de um Império Bizantino sem verdadeiros aliados, defendido somente por promessas. Constantinopla nunca se recupera do saque de 1204. O Império empobrece e as grandes rotas comerciais fazem da cidade mais uma etapa e não mais um destino final. **Miguel VIII Paleólogo** (1261-1282) reconquista uma parte da Grécia. Ele se alia a Gênova, reconhece a primazia do papa, a união das duas Igrejas no segundo concílio de Lyon (1274), assina um pacto de amizade com os tártaros da Horda Dourada, Império Turco-Mongol dos descendentes de Gengis Khan. Contra **Carlos de Anjou** (1266-1282), que toma Corfu, Durazzo, alia-se aos sérvios e aos búlgaros, permite que aconteçam as Vésperas sicilianas, massacre dos franceses pelos sicilianos, revoltados em março de 1282. Se os Paleólogos colecionam sucessos na Grécia até meados do século XIV, os Bálcãs passam para o controle sérvio, logo otomano, depois da derrota dos sérvios na batalha do Kosovo (1389). Apesar da aproximação com Roma, os latinos apoiam pouco e tardiamente o Império Bizantino. Sua ajuda mais poderosa fracassa quando a cruzada conduzida por **Sigismundo de Luxemburgo** (1410-1437) é derrotada na batalha de Nicópolis, em 25 de setembro de 1396, pelas tropas do sultão **Bayezid I** (1389-1402), aliado dos sérvios. A fraqueza econômica e militar é acentuada pela peste negra que assola o Império entre 1347 e 1351. Ela põe fim, durante um tempo, às guerras civis mantidas pelas facções rivais do trono, no caso as de **João V Paleólogo** (1341-1376 e 1376-1391) e de **João VI Cantacuzino** (1347-1354). A queda de Constantinopla, cujo Império se reduz à cidade e aos campos que a cercam, é momentaneamente adiada em razão da derrota de Bayezid I em 1402 contra **Tamerlão** (Timur Lang, "Timur o Coxo", 1336-1405). O interregno otomano (1403-1413) que segue opõe os filhos de Bayezid até o momento em que um deles, **Maomé I, o Amável** (1413-1421), torna-se o único sultão. Uma última cruzada é lançada por iniciativa do Papa **Eugênio IV** (1431-1447) contra os otomanos, mas estes obtêm duas vitórias, uma na batalha de Varna (novembro de 1444) e a outra na segunda batalha do Kosovo (outubro de 1448). **Maomé II, o Conquistador** (1444-1446 e 1451-1481) toma Constantinopla depois de um sítio de dois meses, em 29 de maio de 1453. **Constantino XI Paleólogo** (1448-1453) morre com os defensores da cidade. O Império Bizantino desaparece.

5. A ARTE BIZANTINA: DEPOIS DO ICONOCLASMO

A arte bizantina dura oito séculos ainda depois da era de ouro das dinastias de Justiniano e de Teodósio. **A primeira evolução** de seu estilo acontece entre a fundação de Constantinopla e o período que precede os imperadores iconoclastas. **A segunda** corresponde à época das destruições das imagens religiosas. **A terceira** se desenrola sob Basílio I, até o saque de Constantinopla em 1204. A quarta situa-se entre esta data e a tomada de Constantinopla pelos turcos.

O FIM DO ICONOCLASMO E SUAS CONSEQUÊNCIAS

A decadência do Império Bizantino no século VII explica certa estagnação na inovação e na produção artística. A arquitetura reproduz os tipos arquiteturais dos séculos anteriores, como o *Chrysotriclinium*, sala octogonal construída por Justino II. Mas são, sobretudo, a Armênia e a Geórgia que têm papel preponderante desde que o cristianismo se tornou religião oficial. Até o século VII, basílicas abobadadas dominam a arquitetura.

A planta central se impõe. Após essa data, as igrejas se caracterizam por um plano basilical de nave única ou uma planta central com cúpula. Na Geórgia, há construções inéditas: as basílicas compartimentadas como a de Uplistsikhe. Roma se orientaliza também no século VII, com Santa Inês ou Santa Anastácia. Durante o período iconoclasta, a arquitetura é malpreservada, mas Santa Sofia de Tessalônica, com sua cúpula repousando em quatro arcos, ou o *catholicon*, igreja do mosteiro da Dormição em Niceia, datam desse período. As decorações arquiteturais comportam apenas símbolos e a escultura evolui para a abstração. É principalmente nos objetos miniaturas que se impõe a criatividade, na ourivesaria. Os tecidos, cujas estampas são inspiradas em modelos árabes e sassânidas, popularizam-se, arte que atingirá seu apogeu sob o reino de **Teófilo** (829-842), último imperador iconoclasta. Quando, em meados do século IX, a imperatriz Teodora, sua viúva, restabelece o culto das imagens, a arte renasce, mas a criatividade se refugia por um tempo na miniatura e na realização de livros de salmos monásticos e teológicos, tal como *Saltério de Chludov*, do mosteiro São Nicolau de Moscou. É preciso esperar os imperadores macedônicos para que a arte renasça de verdade. A literatura grega também é redescoberta e os textos patrísticos voltam a ganhar espaço. Desde 863, a educação, a *paideia*, é feita em um vasto edifício do Grande Palácio, a Magnaura. A caligrafia em minúsculas, privilegiada no século VIII, substitui definitivamente a grafia uncial, em letras maiúsculas, no século IX. É produzido um número considerável de manuscritos. O *scriptorium*, ateliê de cópia, mais célebre é o do mosteiro de Studios em Constantinopla, junto com o do palácio imperial.

A ARTE SOB OS MACEDÔNIOS

A arquitetura do Cristo em glória

No que diz respeito à arquitetura, os construtores modificam a forma das cúpulas ao elevá-las sobre um tambor cilíndrico a fim de que o edifício, observado do exterior, seja mais agradável à vista. Assim suspensas, as cúpulas não podiam atingir as dimensões daquelas de Santa Sofia ou de Santa Irene. Mas duas formas vão predominar na arquitetura religiosa dessa época: a basílica é abobadada ou coberta por um teto achatado. Ela reata assim com a tradição arcaica do cristianismo primitivo e da época de Constantino, sobretudo nas províncias bizantinas e países cristianizados. A segunda novidade é o grande número de igrejas e a liberdade nos procedimentos de construção. Na entrada se encontra um pórtico, com cúpulas, que deixam entrever as da própria igreja, dispostas atrás e dispostas em diferentes planos. Na prática, cada edifício é uma combinação de elementos diversos, mas que não implicam um esquema fundamental. Os tambores dessas cúpulas são poligonais. A influência georgiana e armênia faz triunfar a planta da basílica de cruz grega, inscrita em um quadrado e erguida com quatro pequenas cúpulas e de outra grande sobre um tambor de oito, doze e dezesseis lados. O ordenamento das massas é buscado por um efeito de alternância na disposição das pedras, blocos, faixas de tijolos cerâmicos. Em Constantinopla, o melhor exemplo é a Nova Igreja de Basílio I (880), ou ainda a igreja de Bodrum (920-941). Surgida no século IX, a planta em cruz grega é empregada sistematicamente a partir do século XI.

O monasticismo em desenvolvimento tem por consequência a construção de inúmeros mosteiros, São Lucas, ou Hosios Loukas (945), na Fócida, região da Grécia central. Com o fim da crise iconoclasta, em meados do século IX, instaura-se, para a pintura e o mosaico, um programa iconográfico muito preciso, associando a significação simbólica de cada parte da igreja à decoração interior. No centro da cúpula, símbolo do céu divino, o Cristo Pantocrator, em glória, reina; a abside é reservada à Virgem, a anteabside é dedicada à representação da *etimasia* (trono vazio que espera o retorno do Cristo no Juízo Final, em espanhol). Os personagens dos santos são representados no restante do santuário. A decoração interior é, no geral, suntuosa e santuária. Caro, o mosaico é substituído por afrescos nas regiões menos ricas. As formas das personagens são severas e pesadas, a estilização é mais forte do que antes do iconoclasmo. As mais belas estão em Santa Sofia em Constantinopla e em São Lucas, em Fócida.

A EXPANSÃO DA ARTE BIZANTINA

A arte bizantina, ao longo dos séculos, não parou de se desenvolver sob o impulso de príncipes, de mecenas ou de particulares, estando estreitamente ligada à história política do Império, o que também explica sua influência. Seu impacto se faz sentir muito além dos limites do Império, sendo importante no norte da Itália, em Roma, assim como no resto da Itália meridional e na Sicília. Os artistas vindos de Constantinopla formam, aos poucos, outros artistas ao mesmo tempo que introduzem um repertório iconográfico e as técnicas do Império. A influência bizantina, durante o período carolíngio, é exercida particularmente na pintura e, durante o período romano, na iconografia dos manuscritos religiosos decorados para **Egberto** (977-993), arcebispo de Trèves, mas também por meio do ateliê de ourivesaria da abadia de Conques, que utiliza os esmaltes *cloisonnés* à moda dos bizantinos. A Bulgária, a Sérvia e a Romênia são as províncias mais influenciadas pela arte bizantina. O tipo de igreja bizantina de planta em cruz grega e coroada de cúpulas é amplamente representado: catedral búlgara de Timovo, igreja sérvia de Gračanica. A arte árabe, no início, sob os omíadas, recebe forte influência, como mostra o Domo da Rocha em Jerusalém, com sua planta octogonal e sua ornamentação de mosaicos. A grande mesquita de

Córdova será decorada pelos mosaicos bizantinos, assim como a basílica de Parenzo, na Ístria, em meados do século VI.

A República de Veneza mantém relações estreitas com os bizantinos. Para construir a igreja primitiva de São Marcos, no início do século IX, os venezianos apelaram aos arquitetos bizantinos. Em 1603, são acrescentadas as naves e os arcos, o nártex é prolongado de cada lado. Tanto pela via veneziana quando pela da Sicília, a Itália é saturada de formas orientais e, sobretudo, bizantinas durante os séculos X e XI. Mas a história de Bizâncio também se reflete nos conventos do monte Atos. As pinturas religiosas e os ícones, produção dos monges, conquistam os países balcânicos. A arte bizantina é importada na Rússia com o cristianismo. Santa Sofia de Kiev, a partir de meados do século XI, serve de modelo a outros edifícios com sua decoração de mosaicos, obra de gregos a serviço dos príncipes russos. Em Novgorod, a catedral de Santa Sofia, edificada entre 1045 e 1052, comporta três naves. Depois da destruição de Kiev pelos mongóis, em 1240, a supremacia política se instala em Novgorod, cidade em contato com Constantinopla, com o mundo germânico e os países do Cáucaso. Uma poderosa escola de arte, de inspiração bizantina, desenvolve-se. As pinturas da catedral de Vladimir, por volta de 1194, são ligadas à arte dos Comnenos. O mesmo se observa em relação às da igreja de Nereditsi, em 1199, nas quais o Cristo aparece no seio de uma esfera levada por seis anjos e na qual os ciclos da vida de Jesus não deixam de lembrar as decorações dos santuários bizantinos. Moscou, depois da tomada de Constantinopla, já capital da Rússia, torna-se a nova Bizâncio em decorrência do casamento de Ivan III com Sofia Paleóloga, em 1472. Mas os arquitetos italianos convidados pela nova tsarina mostram o destino da arte russa, a catedral da Dormição, igreja da sagração, imita a de Vladimir segundo o desejo de seu arquiteto italiano, **Aristóteles Fioravanti** (c. 1415-1486). Os ícones penetram na Rússia, desde a conversão de São Vladimir, e se desenvolvem escolas nos mosteiros com uma tendência a simplificar os modelos de figuras. A influência paleóloga se manifesta no século XIV, com Moscou e Novgorod acolhendo mármores bizantinos, mas afirmando seu próprio estilo.

CAPÍTULO X
A IDADE MÉDIA DO MUNDO ÁRABE

1. A RELIGIÃO MUÇULMANA

A ARÁBIA ANTES DE MAOMÉ

No século VI, a Arábia é uma vasta península desértica com alguns belos oásis e costas balizada por portos. O comércio de especiarias, de couro, de peles, de escravos, é feito por meio de caravanas. No centro, encontra-se a província de Hedjaz, talvez a mais rica, algumas grandes cidades, centros de caravanas dentre os quais Meca. **Qusay** (400-487) consegue federar os quraychitas, uma tribo do norte, e obtém o controle de Meca, depois de uma aliança matrimonial. Tentativas regulares de invasões do mundo bizantino tinham ocorrido no norte, pelo Egito para a conquista do Iêmen, mas em vão. Nenhuma organização política domina, mas clãs politeístas, distribuídos em vastos conjuntos, acreditavam nos *djins*, criaturas sobrenaturais. Minorias cristãs, principalmente monoteístas e nestorianas, ou judias, implantam-se nos centros de caravanas ou nos oásis. Religião do deserto, o islã retoma os cultos tradicionais antigos, mas também toma emprestados inúmeros elementos ao judaísmo e ao cristianismo.

MAOMÉ ANTES DA HÉGIRA (570-622)

Antes de sua predicação, temos poucos dados relativos à vida de Maomé. Só a data da Hégira, em 622, é bem-estabelecida. Ela marca o ponto de partida da era muçulmana. Uma tradição, apoiada por uma interpretação incerta de um verso do Corão, fixa em quarenta anos a idade de Maomé quando ele começa a disseminar o islã. Maomé perde os pais muito cedo e é criado pelo avô no clã dos quraychitas. Aos quinze anos, ele começa a trabalhar na casa de uma rica viúva, Cadija, com quem se casa. Não temos muitos detalhes sobre os momentos que precedem a revelação de sua vocação. Um dia, no mês do Ramadã, o arcanjo Gabriel aparece diante dele, em 610, repetindo-lhe várias vezes: "Recita!" Ele sabe, então, que Alá o escolhera para entregar suas revelações aos homens. Os anos seguintes, ainda que tenha despertado entre os árabes um sentimento de unidade religiosa, incitam-no a deixar Meca em razão da oposição que encontra nos meios influentes. Em 622, ele parte com destino a Yatrib, que adota o nome de Medina. O dia 15 de julho desse ano torna-se a data tradicional da *hidjira*, a "emigração" ou Hégira. A ruptura com as tribos judias, que constituem a maioria em Medina, acontece quando Maomé instaura certas modificações nas prescrições culturais, como a mudança de direção da oração, não mais virada para Jerusalém, mas para Meca. A batalha de Badr, em março de 624, é seguida pela derrota de Uhud, um ano mais tarde, assim como pela tomada de Medina, em 627. Em 630, o tratado instaurado em Hudaybiyah desde 628 com os mequenses é rompido. Maomé toma Meca, manda destruir os ídolos da Caaba e a transforma no centro religioso do islã.

MAOMÉ DEPOIS DA HÉGIRA

Em dez anos, Maomé organiza um Estado e uma sociedade na qual a lei do islã substitui os antigos costumes da Arábia. De sua estada em Medina, início da Hégira, data uma segunda série de suras, de estilo menos atormentado que as primeiras, ditas suras de Meca, anteriores à Hégira. Obra de um legislador religioso e social, elas contêm principalmente prescrições destinadas a organizar a nova ordem instaurada pelo islã. Frequentemente muito precisas, essas regras se aplicam à vida da época. Acrescentam-se sentenças que permitem definir o ideal religioso e moral próprio ao islã. Meca, depois de duros enfrentamentos, em 624, 625, 627, contra os quraychitas, une-se a Maomé em 630. Maomé falece em 8 de junho de 632 em Medina, sem deixar qualquer instrução que garantisse sua sucessão. Uma pessoa próxima, Omar, não consegue se impor como chefe político diante da comunidade de crentes contra **Abu Bakr**, pai de Aixa, sua viúva, enquanto "representante enviado de Deus". Os três anos de seu califado levam a paz ao seio das tribos revoltadas e permitem reprimir as tentativas de levante organizadas pelo falso profeta Mussailima. **Omar** se torna segundo califa, "sucessor" do profeta e retoma o título de "Príncipe dos crentes", organizando a comunidade muçulmana. Suas conquistas compreendem a Síria (634-636), a Pérsia (635-651) e o Egito (639-644). A cidade de Jerusalém é tomada em 638. Pouco antes de sua morte, Omar tinha encarregado um colégio de seis muçulmanos reconhecidos de escolher seu sucessor.

DOGMA E FÉ: A RECITAÇÃO DO CORÃO (*AL-QU'RAN*)

O contexto oral no qual o islã começa determina a estrutura do texto do Corão. É à maneira da poesia árabe que ele se apresenta, com unidades independentes umas das outras. A grande maioria dos versos pode ser lida separadamente sem que isso prejudique o conjunto do conteúdo, num total de 6 mil versos. Ele é esboçado entre o ano 610, data das primeiras revelações, e o ano 632, morte do profeta. O termo "Corão", *al-Qu'ran*, significa "recitação" em árabe. Ele é composto de 114 capítulos ou suras, divididos em versos (*ayat*), classificados em comprimento decrescente. O primeiro, *al-Fatiha*, é uma oração; o segundo, o da vaca, conta 286 versos; e o último, o dos homens, só tem seis. Os Hadith, "questão, narrativa", foram também integrados. Às vezes, esses últimos entravam em contradição com a "Sunna", a tradição. Quatro homens originários do oásis de Medina e Ali, o primo do profeta, efetuaram uma primeira obra de compilação.

De fato, o Corão conheceu um tempo muito longo de formação antes de chegar ao livro que conhecemos hoje. A datação dos manuscritos mais antigos do Corão não é unanimidade entre os historiadores. A maioria pertence aos séculos IX e X, e alguns são ainda mais antigos, como aqueles descobertos em 1972 na Grande Mesquita de Sanaa, no Iêmen. Hoje, admite-se que a iniciativa da constituição de um códex corânico oficial, iniciada sob o califado de **Uthman** (644-656), parece ter sido realizada sob o reino de **'Abd al-Malik** (685-705), ou até mesmo um pouco mais tarde. Entretanto, parece que tenha havido outros códices em cidades como Medina e Damasco, mas que não apresentavam diferenças com o conteúdo corânico oficial. Os estudiosos do islã mostraram que era possível agrupar versos corânicos segundo os temas tratados e os critérios estilísticos: as suras mequenses, as revelações de antes da Hégira e as suras de Medina, mais políticas. O Corão não é uma obra humana aos olhos dos crentes, mas à palavra de Deus. O islã é fundado na adesão pela fé:

– Em um só deus único: Alá é o único deus e chegar ao seu conhecimento é o objetivo final. A sura 112 é uma das mais antigas.

  1. "Diz: Deus é um;
  2. Deus! Impenetrável!
  3. Ele não engendra; ele não é engendrado.
  4. E nada será igual a ele".

– Nos anjos: criados a partir da luz, eles não têm sexo. Todo homem tem dois anjos guardiães, que registram todos os seus atos por escrito em vista do Juízo Final. Os principais anjos são: Djibrael, ou Gabriel, portador das ordens divinas, Mikhail, ou Miguel, encarregado dos bens deste mundo, Azrael, o arcanjo da morte, e Israfil, aquele que anuncia o julgamento.

– Nos profetas: o islã distingue os profetas mensageiros ou *Rasoul* (Abraão, Moisés, Jesus e Maomé), os profetas admoestadores ou *Nabi*. Depois da morte, profetas e mártires vão diretamente ao paraíso; os outros devem esperar o Juízo final.

- Na Sunna (tradição): isso se aplica mais precisamente à vida do profeta. Esta é constituída pelos Hadiths (narrativas), que rapidamente formam uma lei de tradição oral, superpondo-se à lei escrita. A Sunna é a prática da ortodoxia muçulmana e os sunitas são os detentores da doutrina oficial.

As divergências de pontos de vista sobre a aplicação das regras surgem em virtude da interpretação dos textos sagrados e dão origem a um pluralismo religioso. Assim aparecem nos primeiros decênios do Islã, os sunitas, os xiitas, os carijitas.

OS CINCO PILARES OU AS CINCO OBRIGAÇÕES RITUAIS

Os muçulmanos devem cumprir ritualisticamente cinco obrigações:

1. A *profissão de fé* ou *Shahada*, que consiste em recitar a fórmula: "A única divindade é Alá e Maomé é seu profeta". O verdadeiro crente a pronuncia em todas as circunstâncias solenes da vida.

2. A oração ou *Salat*. Os gestos e as palavras são rigorosamente fixos. Ela acontece cinco vezes ao dia: entre a aurora e o nascer do sol, no final da manhã, à tarde, depois do pôr do sol, e em uma hora qualquer da noite. Só pode ser feita em um estado de "pureza legal", graças às abluções.

3. O jejum do Ramadã, instituído em Medina, no ano II da Hégira, é obrigatório e dura 29 ou trinta dias, segundo o mês lunar. O muçulmano é aconselhado a se abster de comer, de beber, de fumar, do nascer ao pôr do sol. Exceção é feita aos doentes, às crianças, aos idosos, às parturientes.

4. A esmola legal, ou *zakat*, consiste em aumentar a fortuna dos infelizes e necessitados. É uma forma de lutar contra a pobreza e a miséria.

5. A peregrinação, *hajj*, é em princípio obrigatória, pelo menos uma vez na vida, para aqueles que têm a possibilidade material e física de fazê-lo. O objetivo da peregrinação é visitar o santuário de Meca, território sagrado. Ali só se entra depois de se colocar em estado de sacralização e de se cobrir de roupa especial.

Uma sexta obrigação será acrescentada mais tarde: o *jihad*, a guerra santa, uma guerra contra si mesmo, em primeiro lugar uma guerra quotidiana de reforma interior. Depois se tratará de uma guerra de conquista para proteger os muçulmanos e propagar o Corão em outros territórios. É ao mesmo tempo uma luta contra suas paixões e seus maus instintos, mas também contra o paganismo idólatra em prol da verdadeira fé. Em casos extremos, o termo se aplica à guerra contra os outros monoteístas.

É preciso acrescentar as interdições alimentares: carne de porco, vinho, álcool, entorpecentes, animais mortos acidentalmente.

AS SEITAS MUÇULMANAS

Não convém aqui compreender o termo seita no sentido pejorativo, mas como grupos minoritários que se separaram da maioria sunita, aqueles que seguem a Sunna, a tradição. A Umma, a comunidade muçulmana, apresenta certa homogeneidade no que diz respeito aos quatro ritos qualificados como ortodoxos: malequita, hanbalita, hanefita e chafita.

❖ O rito malequita, sunita, é instaurado pelo imã **Malik ibn Anas** (711-795) em Medina. Ele é majoritário no norte e oeste da África. Escola clássica do direito muçulmano, ela recorre, como as outras, ao Corão, à Sunna, tradição herdada dos atos da vida de Maomé, do *ijma*, o consenso dos especialistas, mas acrescenta as práticas próprias aos habitantes de Medina.

❖ O rito hanbalita é devido ao imã **Ahmad ibn Hanbal** (778-855); é a forma mais conservadora do direito clássico, retomada pelo islã radical do wahhabismo (ou salafismo), que pretende trazê-lo a sua pureza original.

❖ O rito hanefita é o mais antigo dos quatro. Deve-se a um teólogo e legislador de Khoufa, no Iraque, **Abu Hanifa** (699-797). Ele se difunde sobretudo no mundo muçulmano não arabófono, defende a posição mais liberal. É a da livre opinião, ou racionalismo, usando da *qiyas*, a analogia, reconhecida pelos três outros ritos, mas que não lhe conferem o direito de deduzir as regras não explícitas nas fontes diretas.

❖ O rito chafita nasce do ensinamento do imã **Al-Chafi'i** (767-820), que prega uma utilização dos ritos malequita e hanefita para alcançar uma via original, a do chafeísmo. Ele insiste sobre o *ijma*, o consentimento estabelecido dos companheiros do profeta Maomé, e produz uma nova jurisprudência, ou *fiqh* do islã sunita. Entretanto, a separação é clara com os sunitas para as seitas não ortodoxas.
Além dessas formas ortodoxas, outros ritos são resultantes da cisão nascida da difícil sucessão do profeta.

❖ O carijismo nasceu dos dissensos políticos ocorridos depois da morte de Maomé. Depois do assassinato do terceiro califa, Uthman, os partidários do genro do profeta, **Ali**, quiseram impô-lo como califa; mas como Ali havia aceitado uma transação com seu rival Muawiya, uma parte de seus amigos, intransigentes, abandonaram-no e foram viver nos confins da Mesopotâmia e da Pérsia. Os carijistas (*kharadja*: sair) são os puritanos do islã, que condenam o luxo, o tabaco, a preguiça, as concessões.

Eles pregam um califado e não a hereditariedade. Triunfaram, no passado, no norte da África e na Pérsia. Hoje, estão confinados em uma região estreita em torno de Mascate. Mas uma seita secundária, os ibaditas, muito poderosa no norte da África até o final do século VIII, persiste em alguns pontos da Argélia e da Tunísia (Mzab, Djerba).

❖ O xiismo, também nascido das dificuldades levantadas pela sucessão de Maomé, reúne os "partidários" (é o sentido do termo) da família do profeta, ou seja, os descendentes de Ali, marido de Fátima, único genro que tenha lhe conferido posteridade. O imã, chefe religioso, comandante dos crentes, deve ser um descendente de Ali; por outro lado, ele será califa. Mas os xiitas não se entenderam entre si, e várias seitas se formaram, cada uma defendendo os direitos de um descendente. Note-se as três principais escolas.

- Os **imanitas** (ou duodecimanos: os doze imãs) creem no retorno do imã escondido, ou *mahdi*, que é o décimo segundo descendente de Ali, chamado Maomé, nascido em 873 e desaparecido misteriosamente. Os duodecimanos esperam o retorno do imã desaparecido; alguns acreditaram identificar o *mahdi* várias vezes (no Egito, contra Bonaparte e depois contra os ingleses). O xiismo imanita é a religião oficial do Irã e conta também com adeptos no Paquistão.

- Os **zaidistas** são partidários do quinto imã (*zaid*: cinco); suas práticas se distanciam menos da ortodoxia; seus grupos, pouco numerosos, estão no Iêmen.

- Os **ismaelitas** são partidários do sétimo descendente, Ismael. Eles dominaram a Pérsia e a Síria até a invasão mongol. Hoje estão disseminados na Índia e no Paquistão (Mumbai, Karachi) e no Egito, com grupos em Nairobi e em Bagdá. Eles são muito conhecidos do grande público pela figura de seu imã, descendente de Ismael: o quadragésimo nono imã, o príncipe Karim Aga Khan IV (nascido em 1936).

O SUFISMO

A palavra "sufi" é derivada do árabe *sufi*, que significa o místico. Na verdade, o sufi está na origem da veste de lã branca que os adeptos usam supondo que fosse como a que teria usado o profeta ou Jesus. O sufismo emerge por volta do século VIII, no Iraque e na Síria. Seu objetivo é de renunciar ao mundo. É o aspecto esotérico do islã. O sufismo se torna uma religião popular. Os sufistas praticam técnicas corporais que levam ao êxtase, como a dança – como é o caso dos dervixes dançantes – ou ainda a recitação dos nomes de Deus.

2. OS OMÍADAS (661-750), DE DAMASCO A CÓRDOVA

Quando Maomé morre em Medina em 632, ele não deixa qualquer instrução para sua sucessão. Surge a oposição entre os partidários da continuidade familiar, os futuros xiitas e aqueles que preferem uma escolha baseada exclusivamente no mérito. **Abu Bakr** (632-634), pai de Aixa, esposa favorita do profeta, é escolhido como *Khalifat rasul-Allah*, "sucessor e enviado de Deus", daí o título de califa. As conquistas do islã são rápidas, na direção da Pérsia e da Mesopotâmia. O segundo califa é **Omar** (634-644), que toma o título de *Amīr al-Muminin*, "emir dos crentes". É ele quem organiza a Arábia em Estado teocrático. Em 636, um exército bizantino é vencido na batalha de Jarmuque. Ele conquista a Palestina e a Síria (634-636), a Pérsia (635-651), o Egito (639-644). Damasco é retomada por **Khalid ibn al-Walid** (584-642) em 635. Jerusalém é conquistada em 638. Os bizantinos são derrotados várias vezes. **Uthman** (644-656), da família coraixita dos omíadas, sucede Omar. Ele continua a expansão do islã, chegando à Armênia e Trípoli (Líbano).

Ele dota seu trono de uma frota a partir do Egito; é o início do poderio naval árabe no Mediterrâneo. Essa frota toma Chipre, impondo em 655 uma derrota à frota bizantina e assumindo o controle do Mediterrâneo oriental. Ele se entrega ao nepotismo, irritando os governos do Iraque e do Egito. Em 656, uma "marcha para Medina" se conclui com seu assassinato. **Ali ibn Abu Talib** (656-661), genro e sobrinho de Maomé, torna-se então califa, 24 anos depois que os xiitas assim manifestaram seu desejo. Mas outros grupos o rejeitam e se revoltam. Ali os derrota na batalha do Camelo (656), perto de Basra. Ele instala sua capital em Kufa, no Iraque. O governador da Síria, **Muawiya** (602-680), recusa-se a reconhecer Ali, pois este não puniu os assassinos de Uthman. Os exércitos se enfrentam em julho de 657 na batalha de Siffin, mas Muawiya evita a derrota mandando amarrar o Corão na ponta das lanças dos soldados. Os partidários de Ali cessam o combate. Acontece uma arbitragem, desfavorável a Ali. Em janeiro de 661, Ali é assassinado. Seu filho Hassan vende seus direitos a Muawiya, que funda a dinastia dos omíadas (661-750) e o primeiro califado hereditário do mundo islâmico.

OS OMÍADAS DE DAMASCO

Muawiya (661-680) escolhe Damasco como capital. Ele deve restabelecer a autoridade do califado e reorganizar a administração, ao mesmo tempo que retoma a guerra contra Bizâncio e expande o *Dar al-Islam*, o território muçulmano. O início da civilização omíada está muito ligado à antiguidade tardia. Os membros da administração são conservados; grego e persa são as línguas administrativas antes que o califa **Abd al-Malik** (685-705) imponha o árabe. Os funcionários locais permanecem depois da conquista, principalmente os coptas de língua grega. **João de Damasco**, ou **João**

Damasceno (c. 676-749), eminente teólogo bizantino, se torna tesoureiro omíada. O sítio de Bizâncio fracassa em 667, mas o norte da África é conquistado e Kairouan é fundada. Os três sucessores imediatos de Muawiya reinam brevemente, dois morrem de peste. É um primo em segundo grau de Muawiya que se torna califa, **Abd al-Malik**, e pratica um poder absoluto ao expandir as conquistas. A cidade de Cartago é tomada em 696. O filho de **al-Malik, al-Walid** (705-715), conquista a Transoxiana (Irã oriental) e o Sind (norte da Índia). Em 711, o estreito que se torna o de "Gibraltar", o Jabal Tarik, "monte de Tarik", é cruzado. Em julho de 771, o rei **Rodrigo** (709-711) dos visigodos é derrotado. Em 714, a península é conquistada, com exceção dos pequenos reinos cristãos do extremo norte. **Omar ibn Abd al-Aziz** (717-720) efetua reformas importantes: as propriedades dos muçulmanos se tornam coletivas; são as terras *melk*. Os recém-convertidos recebem os mesmos privilégios que os outros muçulmanos em matéria fiscal. **Yazid** II restabelece o imposto sobre a propriedade e manda estabelecer um cadastro no Egito. **Hicham** (724-743) deve enfrentar perturbações permanentes, principalmente as revoltas dos berberes no norte da África. A crise política se desdobra em crise financeira. Em 750, os abássidas, descendentes do tio de Maomé, Abbas, célebre por sua piedade, derrubam os omíadas, acusados de impiedade. Sua família é massacrada. Apenas um membro escapa e se refugia na Espanha, onde instaura o califado omíada da Espanha (756-1031).

OS OMÍADAS DA ESPANHA (756-1031)

Se os abássidas perdem o poder nessa região, leva mais de meio século para que o emirado de Córdova se imponha. O apogeu se produz com o reino de **Abd al-Rahman III** (912-961), que toma o título de califa em 929. Com sua rica arte florescente, um centro intelectual brilhante, o califado de Córdova desaparece na guerra civil entre o final do século X e o início do século XI. Em 1031, o califado é abolido e os príncipes locais dividem entre si os territórios, estabelecendo vários pequenos reinos que são absorvidos pelos almorávidas depois de 1086.

OS FUNDAMENTOS DA ARTE MUÇULMANA

Sob a dinastia dos omíadas são definidas as regras fundamentais da estética muçulmana, assim como as principais características da arte arquitetural. A inspiração se nutre de tradições artísticas autóctones, bizantinas e sassânidas. Mas é principalmente a forma de utilizar seus elementos que é particularmente nova. A raridade das fontes escritas, ou sua quase ausência nessa época, confere a essas construções o papel de marco de conhecimento, o meio de descobrir o século omíada sob vários aspectos. Um dos novos aspectos é que, pela primeira vez, esses monumentos vão se referir especificamente ao islã nas regiões conquistadas.

> **OS LUGARES MAIS SAGRADOS DO ISLÃ:
> O DOMO DA ROCHA E A CAABA**
>
> O **Domo da Rocha** é um dos monumentos mais emblemáticos de Jerusalém. Construção concebida para ser vista de longe, é, no entanto, composto de volumes geométricos simples. Sob qualquer ângulo, apresenta um perfil idêntico. A presença visual desta construção se deve também a sua implantação. Na verdade, ele se ergue sobre uma extensão grande, plana, no topo de uma das colinas da cidade, o Monte Moriá. A esplanada é chamada de Haram al-Sharif, "nobre santuário". Seria realmente o local do Templo de Jerusalém, construído por **Herodes** em 15 a.C.-17 a.C. e destruído por **Tito** em 70. Trata-se de uma construção anular: um grande bloco irregular saliente de 1,5 m acima do nível do edifício, rodeado por uma cerca baixa de madeira de construção contemporânea, à moda de uma cerca do século XII. Uma arcada circular, ao redor da rocha, de 20,44 m de diâmetro, apoiada por quatro pilares e doze colunas de pórfiro, é cercada por um deambulatório duplo, interno e externo, separados por uma arcada octogonal sustentada por oito pilares pentagonais e dezesseis colunas cilíndricas. O contorno exterior do edifício é constituído por uma fina parede de pedra octogonal. Quatro entradas são perfuradas nos quatro pontos cardeais. A **Caaba**, que significa "cubo", era originalmente um santuário simples, aonde os beduínos vinham depositar seus ídolos. Quase cúbico, mede 11 m por 13 m, com altura de 13 m. O monumento foi dedicado ao momento em que Maomé conquista Meca, em 630. Apesar de muitas reconstruções, a aparência atual da Caaba é do século VII. Seus cantos são orientados para os quatro pontos cardeais. O canto leste, o ponto mais importante, abriga a Pedra Negra, pedra sagrada de origem pré-islâmica. Uma única porta do lado do nordeste, a 2 m do chão, dá acesso a escadas de madeira móveis para permitir a cerimônia de limpeza do interior do monumento. A Caaba é em si mesma um conceito que representa a casa de Deus.

A arquitetura muçulmana

A arquitetura se desenvolve em especial no contexto urbano, com a cidade sendo um centro religioso, administrativo e político. O período omíada dá origem a um grande número de monumentos, principalmente mesquitas e palácios. Quanto às cidades que se desenvolvem, trata-se, essencialmente, das "cidades da conquista", ou *amsar*, novas cidades (Shiraz), ou antigas cidades convertidas (Damasco, Alepo, Jerusalém). A arte muçulmana conhece em cada país conquistado uma evolução particular, mas alguns traços característicos permitem defini-la. A construção das mesquitas apresenta uma cúpula, símbolo do céu, o *iwan*, marca que distingue uma residência real, o pátio com arcadas na frente da mesquita, o *mihrab*, que indica a direção da oração, o *minbar*, púlpito para oração, onde esta é liderada pelo imã, o minarete que se eleva e de onde o muezim chama para a oração. A mais antiga obra de arquitetura que ainda podemos admirar é o Domo da Rocha (691), que retoma a forma do martírio clássico e que teria sido construído no local do Templo de Salomão, segundo a lenda.

Após o Domo da Rocha, a mais famosa construção omíada é a Grande Mesquita, em Damasco (705-715). Seu grande pátio e sala com três naves, cortada ao meio por um vão perpendicular, já dão a ideia de como será a mesquita árabe durante séculos. As galerias são decoradas com mosaicos inspirados na arte da paisagem e da Antiguidade tardia. Os castelos do deserto confirmam o gosto desenfreado dos príncipes pelo luxo.

Córdova, vestida de vermelho e branco

Forçado a fugir de Damasco, onde sua família é assassinada por razões políticas, o príncipe omíada **'Abd al-Rahman** (731-788) passa pela Espanha em 755, liderando suas tropas. Ele expulsa rapidamente o governador instalado pelo califa de Damasco e entra em Córdova, em 756. Ele se faz proclamar emir dos muçulmanos na Espanha, e faz de Córdova a capital do seu novo estado. A cidade se torna um centro político, artístico, cultural, com uma biblioteca com uma coleção de mais de 400 mil volumes. A grande mesquita se torna a joia arquitetônica. Iniciada em 786, é ampliada várias vezes nos séculos IX e X, antes da sua última modificação em 988. Sua distribuição interna a transforma em uma floresta de colunas com tambores de pedra escura, cobertos por arcos em ferradura onde se alternam o tijolo vermelho e o calcário branco, em mais de 10.000 m². No período de omíada, a pedra é misturada com outros materiais. Na Espanha, prefere-se o tijolo e a argamassa. A arquitetura é caracterizada pelo uso de arcos de ferradura com aduelas de cores alternadas. Os arcos de lóbulos também são amplamente utilizados. Na metade do século X é construído, perto de Córdova, o Palácio de Madinat al-Zahra, incluindo uma mesquita, jardins, vinhas, edifícios do harém cercados por uma muralha. Há também impressionantes esculturas em três dimensões de bronze, fontes de boca, nas quais a água jorra através das bocas dos animais representados, com formas extremamente geométricas.

Caligrafia e vegetais: a arte da decoração

Sua decoração reúne tudo o que era então conhecido como procedimento: pintura mural, mosaico, trabalho em pedra ou estuque. É comum cobrir as grandes superfícies murais com decoração abundante, feita com grande atenção aos detalhes. Consiste em formas puramente ornamentais, com infinitas combinações de motivos geométricos ou vegetais porque, embora não exclua completamente a imagem figurativa, ainda recusa a concepção de um deus antropomórfico. Por outro lado, a caligrafia é valorizada e bandas com inscrições do Corão se desenvolvem tanto no interior como no exterior. O palácio, assim como o urbanismo, encena o poder dos califas e sua vocação para dominar o mundo no espírito dos grandes impérios passados. Assim, os temas decorativos afirmam a supremacia deste novo poder. Os mosaicos do Domo da Rocha, com exclusão de qualquer representação humana, revelam um registro de motivos vegetais inspirados nas decorações sassânidas ou bizantinas.

Um mundo sem a imagem do homem?

O fato de que a arte islâmica seja anti-icônica por causa de proibições corânicas é uma perspectiva que deve ser moderada. Muito poucas alusões à arte aparecem no Corão, obras feitas com "permissão de Alá" pelos djinns para Salomão, mas, mais do que as imagens, são seus autores que Maomé condena, porque só Deus, o criador, pode insuflar a vida. As imagens estão quase sempre ausentes na arquitetura religiosa, o que não ocorre na arquitetura civil e nos objetos de arte, que caracterizam a figura do príncipe no exercício de sua autoridade, ou cenas banquetes e caça. A partir do final do século IX, depois de sofrer várias influências, o repertório decorativo aborda todos os temas com diferenças de acordo com os lugares e as épocas. Até o século XV, o rosto do príncipe permanece idealizado, tornando-se, mais tarde, sob a influência da Europa, um verdadeiro retrato. Mas as cenas evocadas não dizem apenas respeito à vida do príncipe, sendo também representadas a vida no campo, a vida nômade ou religiosa. A ilustração de obras literárias também atribui um papel importante à representação figurativa por meio da ilustração de fábulas, obras históricas, romances de amor, obras cosmográficas. Em Qasr al-Hayr al-Gharbi, um castelo do deserto dos príncipes omíadas, perto de Palmira, as grandes composições no chão, com 12 m de comprimento por 4 m de largura, retratam a deusa Gaia em uma inspiração muito greco-romana.

A ARTE DAS DUAS MARGENS DO MEDITERRÂNEO: A ARTE MOÇÁRABE

A Espanha marca o limite ocidental da conquista que leva, em 711, os sarracenos a atravessarem o Estreito de Gibraltar para serem mais tarde bloqueados por Carlos Martel em Poitiers, em 732. A Península Ibérica, até o século XV, permanece total ou parcialmente muçulmana e deixa, por meio de seus contatos entre os mundos cristão e muçulmano, a arte moçárabe. Sob o nome de moçárabes, designam-se os cristãos espanhóis que permaneceram nas terras conquistadas pelos mouros e que preservaram, em meio aos muçulmanos, sua língua, fé e tradições. As igrejas que construíram nas províncias de Castela e Leão tinham forma de basílica, com arcos de ferradura que lhes dão certa aparência islâmica. Mas, no século X, os monges de Córdova são obrigados a migrar e procurar refúgio nos reinos do norte. Eles constroem igrejas de um novo tipo, altas, brancas, às vezes com duas fileiras de colunas, sustentadas por arcos de ferradura em cima dos quais repousam as coberturas de madeira das três naves. Sua decoração escultórica é muitas vezes limitada aos capitéis de estilo coríntio. Mais tarde, quando a Reconquista se desenvolve, os muçulmanos permanecem nos territórios libertados e criam um estilo híbrido, utilizado para as construções cristãs e conhecido sob o nome de mudéjar. Suas obras são magníficas construções de tijolo e muitas vezes têm uma decoração cerâmica. Os estilos moçárabe e mudéjar se desenvolvem com três séculos de intervalo. Esse intervalo de trocas traz mudanças na língua – o castelhano é enriquecido com arabismos –, nas instituições e nas técnicas dos artesãos.

A ARTE MUDÉJAR, O VERMELHO ALAMBRA

O estilo moçárabe é seguido da arte mudéjar, que fará de Sevilha, Toledo e Saragoça seus principais centros. Em Córdova, a capela San Fernando; em Burgos, a porta de San Esteban; em Segóvia, o Alcázar Real (século XV) são os principais testemunhos dessa arte. Após a construção do Alcázar de Sevilha pelos omíadas, que será modificado posteriormente por várias vezes, especialmente durante o reinado de **Pedro, o Cruel** (1350-1369) a partir de 1350, o Alhambra, em Granada, é erigido a partir do século XIII por **Muhammad al-Ahmar** (1203-1273), fundador da dinastia dos Nasridas. O nome Alhambra, que significa "vermelho, foi-lhe dado por causa dos tijolos vermelhos de seu muro externo, que se vê de longe. Seu plano é parte de um amplo círculo de muralhas, dando-lhe a aparência de uma fortaleza. A distribuição interna é feita, ao contrário, para agradar ao olhar com o seu edifício mais importante, o palácio. O seu plano complexo destaca três unidades em torno do qual se articula: o lugar onde o sultão julgava, o *mexuar*; um para recepções, onde se encontrava a sala do trono, o *diwan*; os apartamentos privados do príncipe, o harém. Toda a sua ornamentação era policromada, com azulejos, quadrados de porcelana coloridos, marchetaria, relevos de gesso como principais elementos. A vida quotidiana se desenrolava entre o pátio do espelho d'água, pátio das murtas, centro do *diwan* e o pátio dos leões. Este último, de forma retangular, tem em seu centro doze leões de mármore preto, uma representação animal rara na arte muçulmana; eles sustentam uma bacia de alabastro, de onde brota uma fonte.

O FIM DO MUNDO EM IMAGENS: AS MINIATURAS MOÇÁRABES

As miniaturas que ilustram os livros moçárabes entre os séculos XI e X são uma das manifestações mais originais da arte espanhola naquele momento. Seus temas e tipos iconográficos serão retomados pelos pintores românicos. Dentre as obras mais marcantes dominam as ilustrações que acompanham o texto do *Comentário do Apocalipse*, cuja redação costuma ser atribuída a um monge do século VIII, Beato, que viveu no mosteiro asturiano Liebana. Hoje, há 26 cópias, algumas parciais, do *Comentário* com ilustrações cuja origem é certamente a primeira cópia de Beato. Dentre as 108 ilustrações originais, 68 estão baseadas no texto do Apocalipse.

REFAZER A *NUBA*: A MÚSICA ÁRABE-ANDALUZA

O evento decisivo que dá origem à música árabe-andaluza é a fixação dos omíadas na Andaluzia. O primeiro grande músico é **Ziryab** (789-857). Expulso da corte de **Harun al-Rashid**, em 821, ele encontra refúgio, por um tempo, junto dos aglábidas de Kairouan e, em seguida, fixa-se em Córdova. Fundou uma primeira escola de música particularmente inovadora na arte do canto, pois muda a tradição da *nuba*, composição baseada em cinco frases rítmicas, ou *mizan*, incorporando cantos vivos. Ele também aperfeiçoou o lude, o alaúde, para torná-lo mais leve. **Ibn Bajjah** (1070-1138) mistura influências orientais e cristãs. Teórico esclarecido, ele deixa muitos livros, incluindo o *Tadbir al--mutawahhid*. A música árabe-andaluza sobrevive à queda de Granada em 1492, mas retorna ao Magrebe após a expulsão dos mouriscos, em 1609, onde evolui até hoje.

3. OS ABÁSSIDAS (750-1258), CALIFAS DAS MIL E UMA NOITES

Após o breve reinado de **al-Saffah** (749-754), o verdadeiro fundador da dinastia abássida (750-1258) foi seu sucessor, **al-Mansur** (754-775). Ele elege para capital a cidade que manda construir na margem oriental do Tigre, no Iraque, Bagdá, cuja primeira versão foi concluída em 762. Derrota várias revoltas ao longo de seu reino: na Síria (754), Irã (755), norte da África (762). Seus sucessores devem lutar contra as seitas muçulmanas na Pérsia e no Iraque. É sob o mais famoso soberano da dinastia, **Haroun al-Rachid** (786-809), que aparece em *As mil e uma noites*, que o Império Muçulmano mostra os primeiros sinais de seu futuro declínio. Desde 750, os abássidas perderam o controle da Espanha e do norte da África, a oeste da Tunísia. Em 800, **Haroun al-Rachid** deve reconhecer os aglábidas (800-909) como vassalos tributários, mas, na realidade, eles são soberanos independentes. Eles conquistam a Sicília antes de serem submetidos pelos fatímidas em 909. Os rustamidas (777-909) se apoiam nas tribos berberes para governar parte do Magrebe central a partir da sua capital Tahert. Eles também são expulsos pelos fatímidas em 909. Essas derrotas não evitam que se considere o reinado de **Haroun al-Rachid** como uma idade de ouro.

Ele reformou o imposto sobre a propriedade, que passou a poder ser pago *in natura*, para aliviar a carga sobre os pequenos agricultores, praticando uma reforma agrária que favoreceu a criação de grandes propriedades privadas ou do Estado. Depois de sua morte, seus dois filhos, **al-Amin** (809-813) e **al-Ma'mun** (813-833), disputam o trono, causando uma guerra civil. O enfraquecimento do poder central continua. As revoltas se multiplicam, na Pérsia e no Egito. Ao longo do século IX, as autoridades locais se emancipam. Em 868, o governador do Egito, **Ahmad ibn Tulun** (835-884) se recusa a deixar o cargo e apreende a Síria. Ele funda a dinastia dos Tulúnidas (868-905), uma organização independente até o retorno do Egito e da Síria ao Império, em 905. Retorno breve, porque são sucedidos pelos **Ikchídidas** (935-969). Na Síria e na Mesopotâmia, são os **hamdanidas** (905-1004); na Pérsia, os **safáridas** (861-1003); na Pérsia oriental, os **samânidas** (874-999). Posteriormente, o califa, com raras exceções, só é soberano no nome, sendo mantido no trono para servir às dinastias locais. Tal não é o caso para os mongóis, que tomam Bagdá em 1258 e condenam à morte o último soberano abássida.

A ARTE ABÁSSIDA, FRISOS E FAIXAS

As artes sob os abássidas vivem um renascimento graças aos deslocamentos do centro califal da Síria para o Iraque. Duas cidades ganham destaque: Bagdá e Samarra. A transferência de gravidade política para esses dois novos centros urbanos é acompanhada pela influência da arte das estepes da Ásia Central, com uma tendência à estilização abstrata dos personagens e das cenas. Elementos da arquitetura sassânida são adotados como o *iwan*, pórtico abaulado aberto para um dos lados do pátio, as "estalactites" na ornamentação dos arcos. As inscrições sofrem alterações e, pela primeira vez, são trabalhadas em fitas ornamentais. O repertório decorativo é complementado por frisos de animais e cenas de caça. A produção artística sob a dinastia dos abássidas durou até a chegada, pacífica, dos seljúcidas, tribo turca, em Bagdá, em 1055. A arte muda então de nome e passa a se chamar arte seljúcida, refletindo um estilo diferente.

A LITERATURA ABÁSSIDA, O HINO AO VINHO DE OMAR KHAYYAM

Os textos poéticos pré-islâmicos são uma fonte importante de documentação para estudar a língua e escrita literária do século VI. Ao que tudo indica, deles deriva o árabe literal. A pregação disseminada pelo Corão, o livro mais antigo em prosa árabe, vinte anos após a morte de Maomé, terá consequências reais para a produção literária. Os poemas desse período parecem improvisados e transmitidos oralmente, chamados *mu'allaqat*, que significa "os suspensos", em razão dos textos que adornavam as paredes da Caaba. Durante a dinastia Omíada, a absorção gradual de novos povos à comunidade muçulmana enriquece o mundo literário, fornecendo novas ideias, hábitos e doutrinas emergentes. Devemos considerar esse momento da história da literatura como um período de transição marcado por cartas de tom político e social. Os três poetas que deixaram seus nomes são **al-Farazdaq** (c. 641-730), **Jarir al-Tabari** (839-923) e **al-Akhtal** (640-710). Tal como os seus antecessores, eles mantêm os gêneros poéticos, a sátira e o panegírico, bem como a métrica. A partir do século VIII, tudo se fixa e os antigos imitam seus antecessores. Os nomes mais conhecidos são os de **Abu Nuwas**

(747-762), para a poesia leve, e **Abu al-'Atahiyah** (748-828), para uma poesia mais filosófica. O maior poeta da época, **Omar Khayyam** (1048-1131), é autor de quadras (*robayat*), que inspiraram as quadras que Edward Fitzgerald escreveu sobre o poeta. Cada uma das quadras do poeta persa é realmente um poema em si. Eles refletem a impermanência da vida, a sua incerteza e as relações do homem com Deus. O autor questiona a existência da providência divina e da vida após a morte, zomba das certezas religiosas e sente profundamente a fragilidade do homem e da ignorância. Seus contemporâneos não prestaram atenção a seus versos, e foi somente dois séculos depois de sua morte que suas quadras foram publicadas com seu nome.

Apenas vinho e amor podem dar sentido a nossa existência. A prosa poética logo dá luz ao estilo epistolar, *maqamat*, mistura de histórias, contos e trechos poéticos. Surgem livros de todo tipo, de filologia com um primeiro gramático, **Abu al-Aswad al-Du'ali** (603-688), e de história, devido ao seu considerável desenvolvimento enquanto ciência. Assim, **al-Baladhuri** (século IX) oferece, por volta de 892, a primeira *História do mundo árabe*. Mas a história universal chegou ao seu auge com **al-Tabari** (839-923) e as *Crônicas de al-Tabari, História dos profetas e dos reis*. O que caracteriza esse tipo de obra continua sendo sua independência extrema com relação a influências externas, enquanto que as belas-letras e a filologia serão mais permeáveis às tradições persa, grega e hindu. A filosofia (*falsafa*) também se desenvolve graças às traduções gregas e dá origem a algumas mentes excepcionais, como **al-Kindi** (801-873), cuja produção foi tão variada quanto a cultura e conhecida pelas traduções latinas do século XII. Os contos permanecem muito presentes. *As mil e uma noites* se inspiram de temas da Índia e da Pérsia. *Simbad, o marujo* ganha sua forma definitiva somente no século XV.

As ciências matemáticas, sob a influência da Grécia e da Índia, ganham muita importância, e aparece em textos, pela primeira vez, o termo álgebra, *al-jabr*, "a reunião (de peças)".

4. OS IDRÍSSIDAS (789-926)

Os idríssidas devem seu nome ao fundador da dinastia, Idris I (século VIII). Xiitas, eles contestam o poder do califa abássida de Bagdá, sunita. Apesar de serem oriundos de tribos, os soberanos idríssidas fundam o controle de uma parte do Marrocos sobre uma rede urbana, Tlemcen, Kairouan, e criam Fez. **Idris II** (793-828) sucedeu a seu pai ainda menor de idade e conta com os árabes para se opor aos berberes e ampliar o reino. Seus sucessores ganham o título de emir. O apogeu do reino se situa na segunda metade do século IX: com Fez como capital, a civilização brilha em todo o seu esplendor. No século X, vários períodos de instabilidade levam a decadência acentuada pelas rivalidades com os aglábidas e os fatímidas. Depois de 950, a batalha diz respeito, principalmente, aos omíadas de Córdova. O último emir **al-Hasan ibn Kannun** (954-985), foi forçado ao exílio depois de 974, antes de ser assassinado em 985. Após essa data, os omíadas de Córdova controlam o emirado, libertando-se da ilusão de um príncipe que reinasse seu nome. Eles se impõem no Marrocos, mas acabam derrotados entre os omíadas da Espanha e os fatímidas. A maioria de seu território lhes escapa após 926 e a perda de Fez, ainda que permaneçam em algumas cidades do norte até 974.

A CIDADE NO CENTRO DA ARTE DOS IDRÍSSIDAS

Durante o período idríssida, a urbanização do Magrebe experimenta um desenvolvimento significativo com o surgimento de vários centros urbanos. A partir do século IX, Basra e Assilah se tornam centros de produção de moeda. No entanto, a extensão do reino, fonte de conflito com os omíadas e os fatímidas, retarda a urbanização ao longo do século X. Em Fez, encontram-se monumentos importantes: a mesquita dos Andaluzes e a mesquita de Qarawiyin. A primeira foi fundada em 859 por uma rica herdeira, Maryam al-Fihriya, cuja irmã fundou a segunda. Ao longo dos séculos, a mesquita tem sua arquitetura modificada. Ela se torna, no século XI, um importante centro universitário e de ensino.

Bagdá, como as antigas cidades persas, é construída sobre um plano circular. As ruas estão dispostas como raios de uma roda. O muro duplo protege a cidade, com 28 torres e portas axiais dispostas umas na frente das outras, cada uma constantemente vigiada por mil homens. No centro encontra-se o palácio do califa, a mesquita al-Mansur e alojamentos para os guardas. Outro edifício notável é a mesquita de Kairouan, na Tunísia. A decoração, feita sob os abássidas, sofre uma mudança radical. Passa a ser de estuque colocado sobre paredes de tijolos das quais cobre a parte inferior. As composições pintadas ficam na parte de cima. A cerâmica também conhece uma importante inovação técnica: lustrada pela aplicação de um óxido metálico sobre o esmalte já cozido, passa por uma segunda queima. Ouro, rubi, roxo, amarelo, marrom, verde são as cores principais. Outros produtos que também são objeto de exportação, tais como tecidos, bordados, tapeçarias, são provenientes de ateliês de tecelagem no Iêmen, Irã e Egito.

5. OS AGLÁBIDAS (800-909)

Os aglábidas dominam a Ifríquia, entre o Marrocos e a Líbia de hoje, durante pouco mais de um século. Eles devem seu avanço à expansão do Islã feita pelos califas abássidas. Bagdá, coração do califado, está cada vez mais distante dos limites dos territórios recentemente conquistados. Dinastias de oficiais, incluindo a dos aglábidas, recebem a autoridade em nome do califa que representam. Durante um período expansionista, na primeira metade do século IX, a dinastia toma a Sicília dos bizantinos e se implanta em Malta. Mas tem dificuldades para administrar suas populações, originalmente berberes e conquistadores árabes, que ocupam um emirado estendido que vai do Marrocos ao oeste da Líbia. Depois de um curto apogeu por volta de 850, os aglábidas são expulsos em 909 pelo poder fatímida.

A ARTE DOS AGLÁBIDAS: MESQUITAS E CÓDICES

São verdadeiras joias da arte islâmica legadas por esses grandes construtores: os aglábidas. Graças a eles temos grandes realizações arquitetônicas como as muralhas de Sousse, que abrangem 32 ha de área, e **al-Qasaba**, edificada em 851, com uma torre de 77 m de altura. Será aumentada diversas vezes entre os séculos XII e XIX. As muralhas Sousse permitem que tenhamos uma ideia da arquitetura defensiva de Ifríquia nos tempos medievais. A Grande Mesquita de Kairouan, a 150 km de Túnis, é uma das obras-primas da arte islâmica. Reconstruída por **Ziyadat Allah I** (817-838) em 836, era originalmente, no século VII, um simples oratório. A mesquita se ergue como uma fortaleza, perfurada por oito portas, cravada de torres e bastiões. Os tetos são de madeira pintada e esculpida. A novidade da arquitetura desse período se deve à junção em T de um tramo mais amplo com a grande nave axial, enfatizada por colunas duplas. Uma cúpula se ergue sobre a zona quadrada delimitada pelo encontro desses dois elementos. A planta em T persiste em muitas mesquitas até a era otomana e se espalhou no Magrebe, na Sicília e no Egito fatímida. O cuidado com os detalhes se revela na decoração luxuriante do *mihrab*, que, além da pintura que decora sua abóbada, exibe 28 painéis de mármore esculpido com motivos vegetais, assim como o interior e a fachada são realçados por azulejos cerâmicos com reflexos metálicos. É também no século IX, em 864-865, que se constrói a grande mesquita de Túnis, **al-Zaytuna**. Uma coleção de manuscritos raros, principalmente relacionados à lei islâmica, foi encontrada em uma sala privada. Trata-se do mais antigo fundo documental de literatura malekita, uma das quatro escolas sunitas de direito sunita do século IX, mas a mesquita também conta com a mais rica coleção códices do Corão.

6. OS FATÍMIDAS DO EGITO

O próprio nome "Fatímida" lembra a ascendência da filha do profeta e esposa de Ali: Fátima. Os fatímidas pertencem a uma linhagem do xiismo, a dos ismaelianos. Ao contrário dos sunitas, o poder do califa é baseado na noção de impecabilidade do imã. A decisão sobre as sucessões pertencia apenas ao califa e só o vizir as acompanhava. Os fatímidas pertencem a uma dinastia de origem berbere, que reina sobre Ifríquia, entre 909 e 1048, e depois limita o seu verdadeiro poder ao Egito entre 969 e 1171, por sua incapacidade de evitar revoltas na parte ocidental de reino.

A origem da conquista do poder é a vontade de afirmar o xiismo ismaeliano contra a onipotência dos do sunismo dos califas de Bagdá. Aproveitando o enfraquecimento dos abássidas, os fatímidas fundam sua dinastia com **Ubaidalá Almadi Bilá** (873-934) que se autoproclama califa em 909. Retirados depois de 969 no Egito, que acabavam de conquistar, os fatímidas fundam ali sua nova capital, **al-Qahira** (Cairo), e desenvolvem uma civilização refinada. Entretanto, reduzido ao Egito, no final do século XI, o califado fatímidas se enfraquece. Vítimas de conflitos internos, muitos soberanos são assassinados. Os ataques das cruzadas os enfraquecem. O desejo de unir, sob sua autoridade, o conjunto de *Dar al-Islam*, a casa comum de todos os muçulmanos, do sultão **Saladino** (1138-1193), é fatal a eles. Ele aguarda a morte do último califa fatímida, em 1171, para incorporar o Egito a suas posses.

AL-AZHAR, A DESLUMBRANTE DOS FATÍMIDAS

O Cairo tornou-se a nova capital em 969 e testemunha, do ponto de vista da arquitetura, uma fusão das tradições magrebinas e iranianas. A arquitetura fatímida inaugura, assim, uma novidade: a planta da mesquita sofre uma mudança devido à influência do norte da África: a nave que conduz ao *mihrab* se torna uma espécie de alameda triunfal. As mesquitas de Al-Azhar e a de Al-Hakim datam desse período e preservam a planta árabe com naves paralelas à *qibla* (isto é, virado para Meca), na sala de oração há um pórtico e um vão que conduzem ao *mihrab*. Arquitetura imponente, o tema da fachada tem um papel mais importante do que no resto do mundo islâmico. Quando a capital, Cairo, é fundada, uma grande mesquita é construída, chamada primeiramente de *Jamaa Al-Qāhirah*, a Mesquita do Cairo. Mais tarde, ela toma o nome de Al-Azhar, em homenagem à filha de Maomé, Fátima Zahra, "a deslumbrante", e, ocupando duas vezes mais espaço do que a original, transforma-se em um centro universitário onde são ensinados o direito e a teologia. Depois, em 1005, ela se torna uma casa do saber, casa da sabedoria, da ciência. Uma importante biblioteca existe ali e se ensinam a filosofia, a astronomia, assim como as disciplinas religiosas. A mesquita de Ibn Tulun, no Cairo, edificada entre 876 e 879, é o único edifício conservado do novo bairro, construído na mesma época no norte de Fustat, primeira capital árabe do Egito, em 641.

7. OS MAMELUCOS DO EGITO (1250-1517)

Os mamelucos, ou os "escravos" dos sultões do Cairo, são originários do mar Negro. Empregados como mercenários ou guarda próxima, eles vencem os mestres do Cairo por volta de 1250. **Aybak** (1250-1257) se proclama então sultão. A dominação mameluca compreende dois períodos: a dos *mamelucos bahritas* (1250-1390), do árabe *"bahr"* (rio), pois sua caserna situava-se em uma ilha do Nilo, e a dos *mamelucos burjitas*

(1390-1517), de "*burj*" (citadela do Cairo), que indicava o lugar onde residiam. O fundador verdadeiro da dinastia é Baybars (1260-1277), que bloqueia a invasão mongol na Síria. Depois dele, o poder dos sultões diminui enquanto que o dos emires cresce. No final do século XIV, os mamelucos burjitas retomam o sultanato. Dentre os soberanos mais brilhantes, vale destacar **Barsbay** (1422-1438), que conquista o Chipre em 1426, ou **Qaitbey** (1468-1496), grande construtor no Cairo e em Alexandria, onde manda construir um forte no local do antigo farol. O reino desse último é considerado como o apogeu dos mamelucos burjitas. Depois dele, a decadência política é rápida. O último grande sultão é **Qansuh al-Ghuri** (1501-1516), que perde a vida quando da batalha de Marj Dabiq contra o sultão otomano **Selim I** (1512-1520), o mesmo que manda executar o último soberano mameluco em 1517.

8. OS ALMORÁVIDAS, A CONQUISTA SEM FIM (1056-1147)

A história dos almorávidas é a de uma conquista incessante. Quando ela termina, a dinastia rui. Sua origem é religiosa, nascida de um movimento que se propaga nas tribos berberes do sul saariano, o movimento *murabitun*, aqueles que praticam a ascese espiritual e *jihad*, termo que se tornou "almorávidas". Eles conquistam, a partir de 1039, o Saara, o Magrebe ocidental, uma parte da Mauritânia. Fundam, por volta de 1070, Marrakech, que se torna a capital. **Yussuf ibn Tashfin** (1061-1106) se proclama emir, comandando os muçulmanos. Diante do avanço dos reinos cristãos na Espanha, ele passa com seus exércitos pela Andaluzia, obtendo a vitória de Zallaqa em 1086. Os amorávidas reinam então do Ebro à Mauritânia. O controle das caravanas transaarianas os enriquece. O ouro abundante permite a forja de uma moeda de qualidade: o dinar. Mas, no início do século XII, a conquista não é mais o feito dos almorávidas, mas dos reinos cristãos da Espanha. Obrigados a defender a Andaluzia, os almorávidas devem, também, no norte da África, enfrentar a revolta dos almôades. Estes vencem e tomam Marrakech em 1147.

9. OS ALMÔADE (1130-1269)

Os almôades (1130-1269) fundam no Magrebe o mais vasto Império Muçulmano, que se estende da Líbia ao Atlântico e compreende Al-Andalus. Tudo começa com um movimento religioso berbere que prega a doutrina do *tawhid*, o unitarismo no mundo muçulmano, fundado na aproximação entre as diversas correntes e o retorno à Sunna, a tradição do Corão. Daí o nome, *al-Muwahhid*, "que proclama a unidade divina", tornado almôades. Seu chefe, **Ibn Tumart** (c. 1075-1130), proclama-se *mahdi*, "bem-guiado", ou o Messias. Ele se estabelece com seus fiéis por volta de 1124, em Tinmel, no Marrocos. Seus sucessores iniciam a conquista do Império Almorávida, que cai em 1147, mas não param aí, estendendo-se a leste, até Tripolitânia, no oeste, até o Atlântico, cruzando o estreito de Gibraltar para anexar os pequenos principados de Al-Andalus. **'Abd al-Mu'min** (1147-1163) se proclama califa, prova da ruína do poder abássida. O Império Almôade é muito estruturado, desde a família reinante aos funcionários, passando pelos chefes das tribos. Além disso, ele é rico graças ao comércio e à frota que tem no Mediterrâneo. Ele não consegue sobreviver, entretanto, à dupla ofensiva dos reinos cristãos da Espanha que retomam, depois de sua vitória em Navas de Tolosa em 1212, as grandes cidades, centro do poder almôade (Córdova em 1236, Valência em 1238, Múrcia em 1243, Sevilha em 1248), e à ofensiva dos últimos califas abássidas, que contestam seu poder religioso. Em 1269, o sultão **Abu Yusuf Yalgib** (1258-1286), da dinastia marroquina dos merinidas (1244-1465), toma Marrakech e põe fim à dinastia almôade.

A ARTE BERBERE DOS ALMORÁVIDAS E DOS ALMÔADES

Os almorávidas criam um vasto império que se estende do sul da Espanha a Portugal, incluindo a totalidade do Marrocos, a maior parte da Argélia e uma parte da Mauritânia. Eles patrocinam escritores, pintores, escultores e fundam Marrakech, em 1062, onde deixam vestígios de uma arte florescente. Desde a primeira metade do século XII, sofrem um pouco a concorrência da arte dos almôades que se instalam na Espanha, fazendo de Sevilha o centro inconteste e a cidade real. Ambas as dinastias buscam voltar a uma arquitetura mais simples, mais despojada. Sob os almorávidas, o Marrocos se enriquece com novas influências, enquanto que o país, graças aos *ulemás*, advogados, mantém uma unidade religiosa propícia ao desenvolvimento da arte. A influência da arquitetura andaluza se revela muito claramente em certos elementos arquiteturais. O melhor exemplo da arquitetura almorávida continua a ser a mesquita de Tinmel no Marrocos, construída em 1153. Os almôades permitiram que a civilização islâmica do Magrebe conhecesse seu apogeu por meio de uma simbiose, em um século, entre a vitalidade dos povos berberes e os refinamentos da cultura andaluza. A economia, a arte, as letras jamais alcançarão tal prosperidade. A mesquita de Hassan em Rabat, a Giralda de Sevilha, contam entre as obras-primas da arte islâmica. A arquitetura se converte em uma ferramenta política eficaz de propaganda, inteiramente dedicada ao serviço do poder no novo estado. Quando de sua queda, a arte muçulmana de Al-Andalus entra em sua última fase, que representará seu coroamento.

10. QUANDO OS TURCOS CHEGAM: OS SELJÚCIDAS (1038-1307)

Todas as dinastias precedentes são árabes, mas a expansão do islã provoca a chegada de novos muçulmanos, mas não árabes, os turcos. Os seljúcidas (1038-1307) devem seu nome ao chefe Seljuque, que, no século X, os conduz da Ásia central ao Irã.

O fundador da dinastia é seu neto, **Toghrul-Beg** (1038-1063). Ele assume a liderança dessas populações turcas em 1038, depois se lança a uma série de conquistas que o conduzem à tomada de Bagdá. Em 1058, ele se torna sultão. Seu sobrinho, **Alp Arslan** (1063-1072), o sucede e escolhe Ray (Teerã) como capital. Ele estende o Império Seljúcida, arrasa os bizantinos quando da batalha de Manziquerta em 1071. Uma segunda linhagem, os seljúcidas de Rum, instala-se na Anatólia, onde exerce o poder até 1307. A extensão do Império provoca a sua queda. Os sultões têm dificuldades para controlar as províncias, cujos governantes se comportam como soberanos independentes. Em 1194, o último sultão, **Toghrul ibn Arslan** (1176-1194), é morto na luta contra os corasmianos, um reino iraniano.

A ARTE DOS SELJÚCIDAS, UMA ARTE DAS ESTEPES

A particularidade dessa arte é o contato estabelecido entre a arte muçulmana e a das estepes asiáticas. São criadas grandes cidades, Nishapur (Irã), Ghazni (Afeganistão), enquanto o poder passa para as mãos dos governadores. O mais célebre monumento ainda é a grande mesquita de Isfahan. Outras mesquitas iranianas são contemporâneas: Qazvin, Qurva. Surgem novos formatos de minaretes, os cilíndricos. A arquitetura profana oferece uma novidade ao mundo muçulmano: o caravançará, edifício em duas partes, com um grande pátio e um amplo salão. Surgem diferentes tipos de arquiteturas funerárias, tais como o mausoléu dos samânidas, em Bucara, monumento cúbico coberto por uma cúpula de tijolos com altura de 10 m de lado. A distribuição dos tijolos tem papel decorativo. Portas colocadas nos quatro lados se abrem para o exterior.

11. DO DESERTO A CONSTANTINOPLA: OS TURCO-OTOMANOS

Os otomanos devem seu nome à dinastia turca de Osman-lis, que se pronuncia "otomano", fundada por **Osman I** (1281-1326). Ele organiza o exército otomano e toma vários fortes e cidades dos bizantinos. No seu apogeu, o Império Otomano se estende da Anatólia ao golfo de Aden, da Armênia à Argélia. Seu filho, **Orhan Gazi** (1326-1360), toma Brousse, na Antólia, pouco antes de subir ao trono. Faz dela sua capital. Em 1329, ele se vê às portas de Constantinopla, depois de duas vitórias contra o imperador **Andrônico III** (1328-1341), do qual toma Niceia (1331) e Nicomédia (1337). Seguindo a obra do pai, Orhan cria uma elite de soldados de infantaria, os *yeni* çeri, ou janízaros: o quinto filho das famílias cristãs é oferecido ao sultão como tributo. Em 1360, seu filho **Murat I** (1360-1389) sobe ao trono. Em 1365, ele transfere a capital para Andrinopla, entre a Grécia e a Bulgária. Ele se instala na Europa e divide seu império em dois, a parte asiática, a Anatólia, e a parte europeia, a Rumélia.

Em 20 de junho de 1389, ele vence os sérvios na batalha de Kosovo, mas é apunhalado no mesmo dia, quando percorre o campo de batalha, pelo genro do rei sérvio vencido e morto, Milos Obilic. O primogênito de Murat, **Bayezid I** (1389-1402), é seu sucessor. Ele reforça o poderio otomano, subjuga a Bulgária, impõe sete anos de sítio em Constantinopla sem, no entanto, conseguir tomá-la. Para liberar a cidade, as cruzadas o enfrentam sob o comando de **Sigismundo da Hungria** (1410-1437), que consegue suspender o sítio entre 1392 e 1395 e amargam a retumbante derrota de Nicópolis em 1396. A despeito de suas vitórias, cuja rapidez lhe vale o apelido turco de *Yildirim*, "o raio", Bayezid não consegue conter as hordas de **Tamerlão** (1336-1405). Este, devido a uma flechada na perna, é um mongol turquizado. Em 1402, ele impõe uma severa derrota a Bayezid, que é capturado, quando da batalha de Ankara. Bayezid morre em cativeiro, entre 1402 e 1403. Seus filhos disputam o trono entre si durante o interregno, entre 1403 e 1413. Finalmente, é o quarto dentre eles, **Maomé I** (1413-1421), que sobe ao trono. Ele se aproxima do Império Bizantino e faz uma visita ao imperador **Manuel II Paleólogo** (1391-1425), que se torna seu aliado. No entanto, a guerra contra Veneza termina com a derrota naval de Galípoli em 1416, que libera o mundo egeu da tutela otomana. Seu filho, **Murat II** (1421-1451), torna-se sultão. **Maomé II, o Conquistador** (1444-1446 e 1451-1481) reina duas vezes. A primeira, entre 1444 e 1446, segundo a vontade de seu pai Murat II, mas ele só tem treze anos e os janízaros obrigam Murat a retomar o trono, e a segunda vez, ilustrada pela tomada de Constantinopla em 1453, entre 1451 e 1481. Tornado sultão em fevereiro de 1451, Maomé II toma Constantinopla em maio de 1453, depois de um sítio de dois meses. Maomé II morre envenenado em 1481, talvez sob as ordens do Papa **Sisto IV** (1471-1484), que teme a campanha de Rodes, prelúdio da conquista da Itália, desejada pelo sultão.

12. A FILOSOFIA ÁRABE

Seria necessário, conforme Jean Jolivet[160], fazer uma distinção entre os filósofos no islã e os filósofos do islã. Mas nada impede que um filósofo do islã possa se revelar, de certa forma, como filósofo no islã. Dentre os filósofos no islã, há aqueles que não hierarquizaram o saber filosófico com relação ao saber profético, e aqueles do islã seriam os que colocarão a profecia acima de todos os conhecimentos humanos. Seus saberes são oriundos da tradução, nos séculos VIII e IX, de obras da filosofia antiga. Eles ficam na beira do pensamento islâmico, alimentados, principalmente, por um desejo de

---

160. Jean Jolivet, "L'idée de sagesse et sa fonction dans la philosophie des IVe et Ve siècles" [A ideia de sabedoria e sua função na filosofia a partir dos séculos IV e V], em *Arabic Sciences and Philosophy*, vol. 1, Cambridge University Press, 1991, p. 31-65.

racionalidade. As primeiras seitas filosóficas, que seguem de perto o estabelecimento regular do islã, parecem oriundas desse movimento. A língua árabe fará, em pouco tempo, um esforço terminológico e se dotará de termos técnicos, a partir dos abássidas, para traduzir novos termos. Também é a época em que representam Platão e Aristóteles em miniatura, vestidos à moda oriental, traduzindo o desejo de um retorno à filosofia grega.

Os maiores pensadores são:

❖ **Al-Kindi** (Abu Yusuf ibn Ichaq al-Kindi, 801-873) nasce em Kufa, primeira capital abássida. Ele também vive um período em Bagdá, outra cidade essencial para o movimento intelectual, lugar da tradução dos textos gregos para o árabe. **Ibn al-Nadim** (?-998), o bibliógrafo, dá-lhe o crédito em seu catálogo de mais de 270 obras, da qual a maioria se perdeu. Ele é primeiramente citado como sábio, pois escreve em todos os campos: astronomia, óptica, farmacologia, meteorologia, astrologia, música etc. Seu pensamento se relaciona com o *kalam*, a busca dos princípios teológicos. Ele está convencido de que as doutrinas da criação do mundo *ex nihilo*, a ressurreição do corpo e a profecia não têm origem na dialética racional. Em sua *Epístola sobre o discurso da alma*, resume Aristóteles e Platão. Cai em desgraça em 848, sob o califa **al-Mutawakkil**.

❖ **Al-Farabi** (Muhammad ibn Muhammad ibn tarkhan ibn Uzalagh al-Farabi, 872-950) nasce em Farab no Turquistão, na Transoxiana. Ele recebe o título de *Magister Secundus*, Segundo Mestre da Inteligência, sendo Aristóteles o primeiro. Ele é um dos primeiros a estudar, comentar e difundir a obra de Aristóteles. Suas obras, em grande número, compreendem comentários sobre o *Organon*, a *Física*, a *Metafísica* e *Ética* de Aristóteles, mas foram perdidas. Seu estudo dos temas empregados em lógica está inspirado em dois tratados do *Organon*. Ele também é o autor de um livro sobre a música que talvez seja a mais importante apresentação para a teoria musical da Idade Média. Mas marca a sua época como sendo o grande fundador da *gnoseologia*, a forma do conhecimento que repousa sobre a razão universal. A unidade política também é uma de suas preocupações filosóficas, fazendo da unidade da sociedade e do Estado um tema central. Sob essa ótica, filosofia e religião são duas verdades iguais que não entram em contradição. Essas concepções, que se associam a uma doutrina metafísica completa, são expressadas em várias obras: *Tratado das opiniões dos habitantes da melhor cidade*, *Epístola sobre o intelecto*, na qual introduz novas noções de psicologia, o intelecto adquirido, sua *Enumeração das ciências*, conhecida no Ocidente, instrumento de classificação do saber e reflexão política, seu livro *Da rememoração da via da felicidade*, onde expressa sua convicção que a beatitude suprema consiste na contemplação das ciências especulativas.

❖ **Avicena** (Ibn Sina, 980-1037) foi discípulo de al-Farabi. A universalidade de Avicena se expressa por um gênio filosófico novo, uma súmula da enciclopédia filosófica na qual são tratados todos os temas. O catálogo de suas obras comporta aproximadamente quinhentos títulos, 456 deles redigidos em árabe e 23 em persa. Desse conjunto, chegaram até nós 160 livros. Sua obra intitulada *Kitab al-shifa*, *Livro da cura*, é uma verdadeira enciclopédia filosófica em quatro partes, uma consagrada à lógica, uma às ciências físicas e às ciências antigas e medievais, uma à matemática, a última à metafísica. Nesse livro, ele combina a doutrina de Aristóteles e o neoplatonismo. Deus é definido como o único ser plenamente real, essência e existência sendo uma só coisa. Parcialmente traduzido no século XII, o *Livro da cura* abre o Ocidente às obras desse filósofo antigo.

❖ **Averróis** (Ibn Rushd, 1126-1198), chamado de "comentador", é o filósofo árabe cuja influência talvez tenha sido a mais importante para o Ocidente. Para ele, é toda a apropriação da filosofia greco-árabe pela Europa que se conclui, a transmissão e a renovação da ciência e da filosofia antigas, que se inicia no século IX na época dos califas abássidas em Bagdá, depois passa ao século XII na cidade de Córdova dos almôades, e chega às universidades do século XIII ao XV do mundo cristão. Averróis nasce em Córdova, onde seu pai e seu avô são juízes. Ele também foi, mas adota a carreira médica em 1182. Banido pelo califa no final da vida, em 1195, ele é exilado no Marrocos, onde morre três anos depois. Sua obra aborda várias disciplinas, obras médicas, filosóficas, jurídicas, teológicas. Escreve inúmeros comentários sobre Aristóteles. Refuta **al-Ghazali** (1058-1111), que, decepcionado com a filosofia, acaba preferindo a mística, em *Incoerência da incoerência*. Mas, durante toda a vida, ele se dedica a Aristóteles, desejoso de encontrar o sentido original de sua obra. Soube explicitar, com força, seus principais conceitos. A ele devemos a teoria da *dupla verdade*, uma que diz respeito a todos os crentes, de ordem religiosa, e a outra, ao contrário, de ordem filosófica e que só pode dizer respeito a uma elite intelectual. O Corão, sob sua forma literal, é destinado às massas e comportaria, para os filósofos, um sentido oculto. Como a verdade não pode ser contrária à verdade, toda contradição pode ser superada porque seria apenas aparente. A argumentação filosófica, assim como as interpretações, não deve ser revelada a quem não é capaz de compreendê-las. Ele tenta esclarecer os dogmas fundamentais do Corão sem esquecer a razão. Ele também refuta a ideia de criação e sustenta que Deus age segundo sua natureza. Mas o que é original, em Averróis, é sua concepção do intelecto como agente único para toda a humanidade e do intelecto passivo que ele distingue no homem. O intelecto ativo se situaria para além do indivíduo e somente a ele estariam acessíveis as luzes da revelação. É a partir disso que consegue separar fé e razão. Seus princípios, considerados perigosos, são condenados pela Igreja em 1240.

13. A FILOSOFIA JUDAICA

O surgimento do pensamento filosófico judaico, depois de ter passado a etapa da helenização com êxito, é o resultado de contatos fecundos com a filosofia muçulmana. Ambas têm em comum o estabelecimento de uma reflexão sobre a razão e a revelação. Os principais autores judeus optam pelo neoplatonismo, como **Isaac Israeli ben Salomão** (850-950), **Salomão ibn Gabirol** (1020-1057), ou pelo judaísmo aristotélico como **Maimônides** (1135-1204).

Moisés Maimônides (1135-1204) é conhecido como médico, talmudista, filósofo, matemático, jurista. Oriundo de uma família de longa linhagem de rabinos, seu pai é juiz rabínico de Córdova. Ele nasce ali, num momento em que a cidade é uma possessão almorávida, representando um islã aberto com relação às outras religiões e às outras culturas. Em 1148, os almôades tomam o poder, mostrando-se pouco tolerantes diante das outras religiões, e a família foge, instalando-se no Marrocos, que, no entanto, é feudo dos almôades. Moisés tem vinte anos. Ele já redigiu o *Tratado de lógica*, assim como grande parte de seu *Comentário sobre a Mishna*, que conclui em 1168. Mas as perseguições se desencadeiam novamente, e ele vai com a família para a Terra Santa, em 1165, mas não se estebelece ali. Jerusalém, nas mãos dos cruzados, não concede o direito de residência aos judeus. Ele se instala definitivamente no Egito, perto do Cairo, onde reina uma paz relativa. Para sustentar a família, ele pratica a medicina e cuida da corte dos fatímidas e, depois, da do sultão Saladino. Quando morre, aos setenta anos, seu túmulo recebe a inscrição *Mi Moshe ad Moshe, lo kam ké Moshe*, "De Moisés a Moisés, nenhum outro foi igual a Moisés". Sua obra mais conhecida é o *Guia para os perplexos*[161], no qual tenta conjugar o ensinamento da Torá e de seus comentários com a filosofia de Aristóteles. Ele se propõe a revelar o segredo da Torá respeitando o imperativo do segredo, mas por uma escrita que obriga o leitor a reconstituir a verdade por si mesmo. A influência de Maimônides será, primeiramente, a de ter sido o intermediário entre Aristóteles e os doutores da escolástica, e, depois, de ter inspirado, no século XIII, a filosofia judaica e seus filósofos posteriores: **Spinoza** (1632-1677), **Mendelssohn** (1729-1786) e Salomon Maimon (1754-1800).

14. CIÊNCIAS E SABERES DO MUNDO ÁRABE

Falar das ciências e dos saberes do mundo árabe, de seu início até o século X, é primeiramente lembrar que, durante um século, até o século VIII, o islã vai conquistar e se instalar da fronteira chinesa ao norte da Península Ibérica e na parte subsaariana

---

161. Ou *Moré Névoukhim*, "Guia daqueles que estão na perplexidade", traduzido para o hebraico em 1200 por Samuel ibn Tibbon (1150-1230).

da África. Esse império será um dos mais vastos que a humanidade já conheceu, porque se espalha por três continentes: Ásia, África e Europa. Como estabelecer qual foi o legado cultural desse imenso poder instituído em nome de uma mesma religião sobre o Ocidente? Até o século IX, os sábios árabes, com mais frequência, contentam-se em traduzir os textos dos antigos. Fora aspectos particularmente notáveis em matemática e em astronomia, eles os enriquecem um pouco. Boa parte do que eles adquirem e do que constroem a partir dessa herança é transmitida ao século XII na Europa por traduções feitas para o latim a partir do árabe. Depois do período das grandes traduções, no século IX, se implanta uma verdadeira ciência árabe, que primeiramente se limita à Mesopotâmia e, depois, no século X, se estende por toda a costa do Mediterrâneo e pela Espanha. As principais atividades do saber ainda se desenvolvem entre os séculos XI e XIV nas grandes cidades como Bagdá, Cairo, Kairouan, Córdova, Toledo, Sevilha. Os gregos representam a autoridade suprema: Euclides, Arquimedes, Apolônio de Perga para os matemáticos, Ptolomeu para a astronomia, Galeno e Hipócrates para a medicina. O pensamento grego é transmitido em siríaco. Para a tradução de obras anteriores, os letrados na língua siríaca, graças a seu conhecimento de grego e de árabe, têm um papel fundamental. Os *Elementos* de **Euclides** são, com algumas dezenas de anos de intervalo, traduzidos por um muçulmano, **al-Hjjaj ibn Yussuf** (786-833), e um cristão, **Hunayn ibn Ishaq** (século IX) e, depois, revistos por um sabeano, seguidor da corrente mística que se alimenta de cultura grega, **Thabit ibn Qurra** (836-901). O segundo período se caracteriza pelo desenvolvimento de seus avanços e pela aquisição do domínio de novas disciplinas. É o caso da álgebra, graças à adoção, no final do século VIII, do sistema decimal e dos números indianos, dentre os quais o zero. O *Kitab al-jami, Livro da adição e da subtração segundo o cálculo indiano*, obra desaparecida de **Khawarizmi** (783-850), constitui o início da ciência algébrica. Ele é considerado como a pedra fundamental do edifício algébrico árabe como no caso do seu outro tratado, o *Kitab al-mkhtasar* ou *Resumo do cálculo pela restauração e a comparação*, em 825. Graças aos conceitos que elabora, assim como aqueles de seus sucessores, novas pesquisas e orientações são desenhadas, como a formulação da primeira teoria geométrica das equações cúbicas pelo célebre **Omar Khayyam** (1048-1131), assim como a elaboração do simbolismo aritmético e algébrico. Dois de seus tratados terão um impacto considerável na matemática no Ocidente, no século XII. O primeiro transmite a numeração decimal; o segundo trata das manipulações das equações cúbicas. **Abu Kamil** (850-930), matemático egípcio, desenvolve suas pesquisas com *Álgebra*. Os países latinos se apropriam, no século XII, da arte da álgebra, para continuar seu estudo. O benefício dos progressos da álgebra permite que a geometria se aperfeiçoe na construção de figuras, no estudo das curvas e na medição das áreas e dos volumes. Durante esse período, os cientistas árabes também aprofundam a aritmética e a trigonometria para a astronomia. Os principais assuntos abordados em astronomia referem-se à substituição dos modelos de Ptolomeu, que explicam os movimentos dos astros, o estabelecimento das tabelas astronômicas e os instrumentos úteis para essa ciência. O mais conhecido é o astrolábio planisférico, do grego *astrolabos*, "que mede a altura dos astros", que permite simular os movimentos da esfera celeste em relação à esfera terrestre.

15. OS MESTRES DA MEDICINA ÁRABE

Vários autores gregos contribuem com a herança grega, seja na teoria médica, seja na prática clínica, seja ou na farmacopeia. Alguns nomes de médicos merecem destaque: **Razi**, um persa, professor em Bagdá e autor de várias obras; **Serapião, o Velho**, autor dos *Aforismos* e das *Pandectas*; **Isaac, o Judeu** e, depois, no século IX, **Mesué, o Jovem**. Os médicos árabes farão pouco na área da patologia interna e da terapêutica, com exceção de algumas doenças que poderão conhecer melhor como a rubéola ou a varíola. **Rasis** (865-925), cujas 61 obras em um universo de 84 são consagradas à medicina, fornece o mais brilhante espírito crítico refutando ou confirmando as teses dos antigos. Assim, ele mostra a fraqueza de certas argumentações de Galeno, principalmente sobre a cicatrização da ferida das artérias. O *Cânon* de Avicena (980-1037) será o manual mais utilizado nas escolas de medicina, porque tenta explicar, a partir do princípio lógico, as correspondências entre a doença, seus sintomas e seus tratamentos.

16. A ALQUIMIA ÁRABE

A conquista do Egito no século VII pelos árabes os coloca em posse dessa arte. A história da alquimia árabe poderia começar quando o príncipe Khalid ibn al-Yazid é iniciado nessa disciplina em 685 por um certo **Mariano**, discípulo do alquimista **Estêvão de Alexandria** (século VII). Mas ainda que médicos árabes como Razi, que descreve numerosas operações químicas (destilação, evaporação, cristalização...) em seu tratado *Secretum secretorum* (*O segredo dos segredos*), ou Avicena também praticassem a alquimia, é com **Jabir ibn Hayyan** (721-815), assimilado ao Pseudo-Geber, que essa ciência se desenvolve. Marcellin Berthelot pensava que as obras latinas de Geber pertencessem ao final do século XIII, porque ali estão descritas substâncias químicas, ácidos minerais desconhecidos dos árabes. Segundo ele, tratava-se de Paulo de Taranto. Segundo o historiador das ciências **E.J. Holinyard** (1891-1951), Jabir teria vivido nos séculos VII e VIII e seria o verdadeiro autor de uma volumosa coleção de livros a ele atribuídos. É no *Livro das Balanças* ou *Kutub al-Mawazin* que ele expõe sua teoria alquímica. Propõe uma classificação dos elementos de acordo com sua qualidade: o seco e o úmido, o quente e o frio. Sua obra conta com quinhentos livros segundo a lista fornecida pelo *Kitab-al-Fihrist* (*Livros de todos os livros*). Esses textos foram traduzidos para o latim, na Idade Média, por **Robert de Chester** em 1144, e o *Kitab-al-Sabeen*, o *Livro dos Setenta*, por **Gerardo de Cremona**, no século XIII.

CAPÍTULO XI
A IDADE MÉDIA DA ÁSIA

1. A ÍNDIA DOS GRANDES IMPÉRIOS

O IMPÉRIO HARSHA (SÉCULO VII)

O Império Harsha, que unifica a Índia do Norte durante aproximadamente quarenta anos, é a criação do príncipe **Harshavardhana** (590-648) ou **Harsha**. Seus feitos notáveis são conhecidos por meio de um romance chinês, *Viagem para o Ocidente*, obra do monge budista **Xuanzang** (602-664), que se hospeda na corte de Harsha, em 643-644, pouco depois da conversão do imperador ao budismo. Originalmente, Harsha é o filho do rajá (rei) de Kanauj, hoje Uttar Pradesh. Ele se torna rajá em 606. O jovem soberano se lança então em uma série de conquistas: o Punjab, uma parte do Bihar, de Bengala, o Sind, a Caxemira, o Nepal, todos submetidos. No entanto, ele fracassa, em 620, ao tentar tomar o reino dos Chalukyas, mais ao sul. Ele integra ao seu Império numerosos reinos minúsculos, deixando os reis no comando e tornando-os vassalos. Originalmente xivaíta, ele se converte ao budismo e organiza, em 643, em Kanauj, uma assembleia que reúne brâmanes, monges budistas e vários soberanos dos reinos próximos. Nessa ocasião, ele concede sua proteção ao monge chinês Xuanzang, que percorria a Índia havia vários anos, a fim de recontar na China textos do cânone do grande veículo, ou *Mahayana*. Depois de sua morte, em 648, seu neto lhe sucede, mas, sem sua habilidade política, não consegue impedir a dissolução do Império em múltiplos pequenos estados, presas fáceis para a conquista muçulmana que começou com a invasão do Sind em 643.

O IMPÉRIO CHALUKIA (SÉCULOS VI-XII)

O Império Chalukia abrange, na realidade, três dinastias que se sucedem. Os chalukias de Badami reinam a partir da metade do século VII, depois de 642. Os chalukias orientais se instalam a leste do Decão e ali permanecem até o século XI. Os chalukias ocidentais se desenvolvem a partir do século X, até o final do século XII. Os chalukias são originários do Karnataka, no sudoeste da Índia. O maior soberano da dinastia é **Pulakesi II** (610-642). Ele conquista grande parte do sul da Índia e detém a expansão do Império Harsha. Depois de sua morte, o declínio é rápido, e o último soberano é deposto em 753. Os chalukias retornam ao poder em 973. Eles reconquistam uma grande parte do Império sob **Tailapa II** (973-997), mas o mais célebre príncipe da dinastia é **Vikramaditya VI** (1076-1126) que, ao longo de seus cinquenta anos de reinado, tira proveito da fraqueza do Império Chola, dinastia do sul da Índia, e conquista várias vitórias. Depois de sua morte, a revolta dos vassalos leva ao declínio do Império, que desaparece por volta de 1200. Os chalukias orientais são, originalmente, um vice-reino do Império. Eles devem, no final do século IX, enfrentar as pretensões de seus vizinhos. Por volta do ano 1000, o futuro muda com o reino de **Rajaraja I Chola** (985-1014), um dos maiores reis do Império Chola. Ele conquista o sudeste da Índia até o Sri Lanka, constituindo uma ameaça permanente para os chalukias. O Império Chola desaparece, por sua vez, em 1279.

A ÍNDIA MUÇULMANA

A conquista muçulmana da Índia se inicia com a tomada do Sind em 712 pelos árabes e, depois, nos séculos XI e XII, pelos turcos e afegãos, prelúdio da criação do Império Mongol no século XVI. O Sind, uma região do Paquistão, é conquistado em 712 por **Muhammad ibn al-Qasim** (681-717), que se torna governador em nome do califa de Bagdá. A dinastia árabe dos *hibáridas* reina de 712 a 985, enquanto vassalos do califa. Em 985, eles são derrubados pelos carmatas do Bahrein, súditos do califa do Cairo. Depois, um ismaelita funda, em 1010, a nova dinastia dos Sumras, que fica no poder até 1352. Os sultões de Deli, a partir de 1214, depois os mogóis a partir de 1591, estendem sua soberania sobre o Sind. O sultanato de Deli é criado em 1206 por **Qutb al-Din Aibak** (1206-1210), fundador da dinastia dos Escravos ou dinastia de Muizzi. De fato, ele havia, quando criança, sido capturado e vendido como escravo, antes de se tornar um brilhante general. Essa dinastia, turca, dirige o sultanato de Deli de 1206 a 1290.

O sultanato de Deli (1206-1526), depois do curto reino de **Qutb al Din Aibak**, é colocado sob a autoridade da dinastia dos escravos (1206-1290). Ela deve enfrentar, em 1221, uma invasão mongol. Em 1290, a dinastia dos Khaljis (1290-1320) sucede-lhe e afasta, em 1292, uma nova tentativa mongol. Em 1303, estes últimos sitiam Deli em vão. Os príncipes Rajputs são submetidos, o Decão é arrasado e obrigado a pagar um tributo anual. Depois do assassinato do último sultão, a dinastia dos Tughluqs (1321-1398) toma o poder. Gujarat e Bengala são duramente dominadas. Em 1398, Tamerlão invade a Índia e expulsa o último sultão; toma, em 1399, a cidade de Deli e a saqueia. É preciso esperar até 1414 para que uma nova dinastia tome o poder, a dinastia dos Sayads (1414-1451), afegãos. As revoltas internas e os ataques dos príncipes indianos vizinhos, exasperados pela perseguição ao hinduísmo, provocam rapidamente a sua queda. Em 1451, **Bahlul Lodi** (1451-1489) depõe o último sultão e funda a dinastia dos Lodis (1451-1489). Ele conquista uma grande parte do norte da Índia. Essa dinastia se mantém no poder até a conquista de **Babur** (1483-1530), fundador da dinastia mogol (1483-1530). Ele derrota **Ibrahim Lodi** (1517-1526), último sultão de Deli, na batalha de Panipat, em abril de 1526.

OS GRANDES ESTILOS DA ARTE INDIANA MEDIEVAL

Os estilos Gupta e Palava

Depois das invasões dos hunos pelas passagens do noroeste, o Império Gupta rui. O norte da Índia é arrasado e dividido em uma multidão de pequenos reinos independentes no momento em que seu chefe, Átila, penetra na Europa ocidental. Três dinastias são implantadas: os Pandias, os Chalukias e os Palavras. Esta última é considerada a criadora de uma arte do sul da Índia independente.

Os soberanos palava, no sul da Índia, na costa do golfo de Bengala, do século VII ao século XI, edificam Kanchipuram, sua capital, e os monumentos de Mahabalipuram. Sob o reino de **Mahendravarman I** (600-630), surgem numerosos templos e cavernas esculpidas, principalmente dedicados a Shiva. Dentre os templos de Kanchipuram, o de **Kailashanata**, construído no século VII, inspira-se no de Ellora. O sítio comporta cinco rochedos esculpidos, os *rathas*, templos monolíticos talhados em forma de carruagem celeste no meio dos quais foram esculpidos enormes animais e um imenso relevo evocando a descida do Ganges. Essa composição inacabada em uma extremidade, organizando-se a partir de um rio evocado por uma falha vertical povoada de *naga* e *nagini*, serpentes com bustos humanos. Sob o reino do rei **Narasimhavarman I** (630-670), o estilo dito de Mamalla se distingue mais particularmente pelo emprego das colunas no lugar dos pilares, de cornijas com reduções de arquitetura frequentemente inacabadas, leões na base da coluna que evoluem em leões com chifres e rampantes. A caverna Koneri marca a transição entre esse estilo e outro mais antigo de **Mahendravarman I**, caracterizado essencialmente por suportes de entablamento nus, pilares sobre tripartites, uma grande sala aberta com vários santuários que comporta uma fileira de pilares e uma fileira de colunas. As cavernas Mahishamardini e Vahara II, situadas em Mahabalipuram, são características do estilo mamalla. A pintura palava, por sua vez, também sofre a influência da tradição gupta. O maneirismo está presente como na escultura, quando as formas das personagens se tornam mais opulentas no século VI. Mas a originalidade desaparece e os pintores reproduzem apenas clichês. A arte pictórica cai em decadência no século VIII.

É possível falar de arte medieval para a Índia a partir do século IX, entre o período gupta dito clássico e o período mogol, quando o islã e os europeus intervêm em sua história. No final do século IX, o que no norte da Índia já é idade de ouro da dinastia Pratihara, chega a seu apogeu, seu mais alto grau de refinamento. Mesmo que os principais deuses honrados sejam Shiva, Indra, Vishnu, cultua-se cada vez mais todos os deuses, o que traz consequências para a arquitetura religiosa. Primeiramente, são construídos grupos de templos, depois templos únicos comportando numerosas capelas e imagens de culto. A iconografia e a ideologia hindu chegam ao mais alto grau de complexidade. Outra forma de templo se afirma, construída sobre plataformas e possuindo várias partes: escada interna, pátio de pilares com balaustrada, sala de culto com varandas, santuário rodeado de deambulatórios com três galerias de colunas. O exemplo mais antigo em Bhubaneswar é o templo de Parasuramesvara (século VII). Mas essas construções têm uma forma maciça, oriunda de enormes blocos empilhados uns sobre os outros. Os pilares substituem geralmente os muros, tudo coberto por um *sikhara*, telhado oco que se ergue a partir da base, ou por um teto piramidal. Sob a dinastia Rashtrakuta (753-982), organizam-se os últimos templos rupestres de Ellora, mas a arquitetura rupestre sai de moda aos poucos. Depois do estilo palava, no sul da Índia, sucedem-se estilos ditos dravidianos:

- estilo **Chola** (850-1250);
- estilo **Pandia** (1250-1350);
- estilo de **Vijayanagar** (1350-1600);
- estilo de **Madura** (1600 até hoje).

A arte Pala

A dinastia Pala (770-1086) e, depois, a dos Senas (1150-1190) reinam sobre um imenso reino que compreende Bengala e Bihar. Os traços característicos desse período, fora dessas duas dinastias marcadas por uma destruição maciça de monumentos, são o desenvolvimento prodigioso da arquitetura religiosa e o emprego simultâneo da escultura em alto-relevo como decoração e complemento arquitetural. Essa combinação das duas técnicas, mais do que uma inovação, impõe-se como consequência lógica das arquiteturas rupestres em Mahabalipuram no século VII ou em Ellora, no século VIII. Não se pode falar verdadeiramente de mutações brutais, mas sim de uma evolução lenta que procedeu por um acúmulo sistemático de elementos tradicionais, transformados aos poucos. Por volta do século X, esse acúmulo adquire proporções gigantescas. O templo budista se torna, aos poucos, semelhante ao templo com torre hindu. O nicho que abriga a estátua do Buda é consideravelmente aumentado, colocado dentro do tambor de estupa. Vários templos hindus são aumentados.

A arte Chola

Os Pandias, predecessores dos Chola, não foram construtores religiosos eméritos, pois as várias construções edificadas têm intuito utilitário e funcional. O mais característico do período de Parantaka é a sobrecarga decorativa. O Koranganatha, construído por volta de 940, multiplica as etapas de decoração das diversas partes das construções, uma inovação que se encontra depois nos futuros templos imperiais. O período Chola marca o apogeu da civilização do sul da Índia, e mais particularmente sob o reino de **Radjaradja, o Grande** (985-1014), que organiza a administração, cria uma frota e também protege as ciências e as artes. Os templos se tornam verdadeiras cidades e são centros econômicos, políticos e religiosos. Eles iniciam, no primeiro quarto do século X, construções mais monumentais, como o templo de Brhadisvara de Shiva (1011) e o de Gangaikondacolapuram (1025) em Thanjavur, onde o conjunto é ainda mais imponente, com seu pátio dotado de uma sala hipostila de 150 pilares sobre um dos eixos, que prefigura o *mandapam*, "de mil pilares", elemento constante em uma época mais tardia dos grandes templos. Quando o poder dos Chola declina, as grandes construções religiosas cessam. No campo da escultura, as inúmeras estátuas que ornam os templos mantém a tradição da escultura palava. As obras traduzem uma impressão de fragilidade juvenil, o tamanho das estátuas aumenta, os rostos perdem qualquer expressão.

A arte indo-muçulmana

Os territórios submissos ao sultão de Deli são o lugar de uma dupla influência arquitetural: o politeísmo figurativo hinduísta e o monoteísmo iconoclasta do islã. Entretanto, as formas são levadas a se influenciar reciprocamente para dar à luz a uma arte indo-muçulmana. As principais características das construções são os arcos quebrados bordados com pequenos aros terminados em botão de flores e decorações com fundo floral cobertas de inscrições corânicas. Dentre as mais importantes realizações arquiteturais do sultanato de Deli estão o Qutb Minar, minarete de Qutb, iniciado em 1199, a mesquita Arhal-din Kajhompra em Adjmar, iniciada em 1200, inúmeros mausoléus: do sultão Balban (1266-1287), do sultão Ghias ud-Din Tugluk (1320-1325), palácios, como o de Adilabad, a "Casa da Justiça", por **Muhammad ibn Tughluq** (1325-1351), bairros inteiros, como o de Hauz i-khass, o "reservatório real", sob **Firuz Xá** (1351-1388). O Qutb Minar é o maior minarete do mundo. Feito de arenito vermelho, no século XIII, ele sobe ao céu com uma altura de quase 73 m; seu nome significa "torre da vitória". O mais impressionante edifício indo-muçulmano de Deli é o Lal Qila (forte vermelho), fortaleza considerável de arenito rosa, edificada no século XVII. São os conquistadores mogóis que lhe dão o aspecto atual. Sua muralha tem 2,5 km de comprimento, com altura que varia entre 16 m e 33 m. Além de suas entradas colossais, conservou seu papel de residência imperial, seus banhos, suas salas de audiência, privadas e públicas, suas mesquitas. A extrema delicadeza de uma arquitetura leve e decorada se opõe à potência da construção de vocação militar.

A ÍNDIA MEDIEVAL, UM CRUZAMENTO DE RELIGIÕES

Antes da vitória do Império Mogol em 1526, a Índia é dividida entre múltiplos estados: os dos príncipes Rajputs, de Bengala, os reinos meridionais, os sultanatos do norte. Se é um período de relativa estagnação artística, o aprofundamento das doutrinas religiosas é notável pela criação de seitas cujos fundadores querem instaurar um sincretismo entre o hinduísmo e o islã. É o caso do poeta e reformador religioso **Kabir** (c. 1398-c. 1440), que recusa as castas, as raças, as religiões que pregam a ortodoxia única. Ele reivindica a absoluta igualdade entre todos os homens, ensina em Varanasi (Benares) durante grande parte de sua vida, misturando o "Rama" hindu e o "Rahim" (misericordioso) muçulmano num ser divino unificado. Ele funda a seita de *Kabir-Panthi*, aqueles que seguem "a via (ou o caminho) do Kabir". O essencial de sua visão sincretista é desenvolvido numa coleção, as *Poesias* (*Bijak*), da palavra "Bija", documento que contém textos sagrados. Mas a tentativa mais significativa de fusão entre o hinduísmo e o islamismo é realizada pelo sikhismo (siquismo) e pelo *Adi-Granth*. O *Adi-Granth* (Primeiro Livro ou Livro Original) é o livro sagrado do sikhismo (de sikh: discípulo), religião fundada por Guru Nanak (1469-1539) em Punjab, no noroeste da Índia. O lugar sagrado do siquismo é o templo dourado de Amritsar, onde é conservado o *Adi Granth* ou *Granth Sahib* (Sahib: senhor, mestre), pois esse livro é considerado ele próprio uma pessoa, o último guru ou mestre dos sikhs. O texto é composto de 15.575 versos repartidos em milhares de hinos ou shabads, dispostos em 31 ragas, obras musicais indianas tradicionais, apresentados em 1.430 páginas. Ele apresenta uma síntese do hinduísmo e do islamismo ou, mais precisamente, a corrente mística muçulmana do sufismo. É afirmada a existência de um único Deus, onisciente e onipotente. Do hinduísmo, o sikhismo ou siquismo mantém o *samsara*, a transmigração das almas; o carma ou efeito dos atos nas vidas futuras; a liberação final que termina o ciclo dos renascimentos pela fusão em Deus. Do islã, os sikhs tomam emprestado o Deus criador cuja vontade governa tudo.

2. A CHINA MEDIEVAL

O APOGEU DA IDADE MÉDIA CHINESA: A DINASTIA TANG (618-907)

A dinastia Tang (618-907) representa o apogeu do poder da China, em nível político e militar, mas também a idade de ouro de uma civilização brilhante, ilustrada pela arte, um dos auges da poesia clássica. Em 618, o general Li Yuan se torna o imperador Gaozu (618-626), mas, na realidade, ele deve unicamente sua ascensão ao trono às qualidades de estrategista de seu filho mais novo, **Li Shimin**. Este último, afastado da sucessão em favor de seu irmão mais velho, vence-o e manda executá-lo, assim como o outro irmão mais novo. Ele, então, depõe seu pai e se proclama imperador **Taizong** (626-649), o mais notável da dinastia. Várias campanhas garantem-lhe o controle efetivo da China. Ele protege suas fronteiras por vitórias sobre os turcos orientais (630), os tibetanos (642), os turcos ocidentais (642-648), mantém à distância os três reinos coreanos. É sob o seu reinado que a recuperação administrativa torna-se efetiva: os Três Departamentos (Secretaria, Chancelaria, Assuntos de Estado) e os Seis Ministérios (do pessoal, da renda, dos ritos, da guerra, da justiça, das obras) controlam o império e suas fronteiras apoiando-se em funcionários recrutados por concurso. Seu saber é baseado no conhecimento dos textos clássicos, de que se fez uma versão oficial em 650 sob o título de *Cinco clássicos verdadeiros*. O fim do reinado é ofuscado por disputas de sucessão entre os filhos de Taizong a partir de 643. Simples concubina que sobe, pelas intrigas e pelo assassinato, ao posto de imperatriz, **Wu Zetian** depõe seu filho em 683 e, em 690, proclama-se "imperador" **Shengshen**, único representante da dinastia Zhou, fundada por ela. Ela abdica em 705 em favor de seu filho, **Zhongzong** (705-710), restabelecendo de fato a dinastia Tang. Entre seus sucessores, **Xuanzong** (712-756) é um mecenas esclarecido, mas um soberano fraco, manipulado pelos que o rodeiam, e que acaba por abdicar. Os príncipes seguintes perdem gradualmente suas qualidades militares e devem se submeter aos uigures, povos de língua turca islamizados, para garantir sua defesa. Estes são eliminados em 845 por um grupo turco rival, os turcos Shatuo. A dinastia Tang está, então, moribunda, esgotada pelas concessões feitas ao Tibete e pelas revoltas camponesas. É no caos que o último imperador Tang, **Ai** (ou Zhaoxuan, 904-907), abdica em 907. Ele morre envenenado no ano seguinte, com dezessete anos.

UM MONUMENTO DO DIREITO: O CÓDIGO TANG

Além da cerâmica vitrificada, da arte delicada dos poemas corteses, os Tang deixam para a China um monumento do direito, o *Código Tang*, estabelecido entre 624 e 653. É o fundamento do sistema jurídico chinês até o desaparecimento do Império em 1911. É encomendado pelo imperador **Gaozu** (618-626), a quem uma primeira versão é submetida em 624. Alterado em 627 e em 637, ele é acompanhado por comentários em 653. É organizado em doze seções que inclui quinhentos artigos no total. As penas são definidas por um magistrado de acordo com a natureza do crime e com a relação social entre a vítima e o culpado. A organização social deve efetivamente ser baseada na harmonia e no respeito das autoridades caras ao confucionismo.

A CHINA DIVIDIDA: O PERÍODO DAS CINCO DINASTIAS E DOS DEZ REINOS (907-960)

O fim da dinastia Tang, em 907, provoca uma nova divisão da China, entre as Cinco Dinastias no Norte e os Dez Reinos no Sul. No nordeste está o reino do Khitan governado pela dinastia Liao (907-1125). A China encontra-se, então, assolada por rivalidades, pela instabilidade política. O título imperial não mascara a fraqueza de seu detentor cujo território é muitas vezes limitado, na melhor das hipóteses, a uma província. O império é reconstituído em seu proveito por **Taizu** (960-976), fundador da dinastia Song.

A REUNIFICAÇÃO DOS SONG (960-1279)

A dinastia Song (960-1279) cobre, na verdade, dois períodos: o de uma China unificada sob os Song do Norte (960-1127), tendo Kaifeng por capital, e o dos Song do Sul (1127-1279), que perderam o controle do norte da China em proveito da dinastia Jin (1115-1234), reinando em Hangzhou. **Taizu** (960-976) toma o sul quase inteiramente sem chegar a ameaçar os Liao do Khitan, no nordeste. Ele reforma a administração, substitui as organizações civis e militares, separadas, por um único ministério, submetido ao poder central. Seu irmão **Taizong** (976-997) completa a conquista do sul, mas também falha contra o Khitan. Seu filho, **Zhenzong** (997-1022), moderniza profundamente o país, promove a pequena classe camponesa, simplifica o sistema fiscal. Mas ele deve, em 1004, assinar um acordo de paz com o Khitan, que obriga os Song a pagar um tributo. Sob seu reinado, o chanceler **Wang Anshi** (1021-1086) administra o império. A partir de 1069, ele preside uma comissão permanente das reformas. Passa a adotar um novo cadastro, assegura a vida quotidiana dos camponeses com empréstimos do Estado, reduz os gastos deste último, modifica o ensino para incorporar conhecimentos técnicos. Mas suas reformas enfrentam a hostilidade da aristocracia e as revoltas camponesas causadas pela fome. Em 1115, **Wanyan Aguda**, imperador sob o nome de **Taizu** (1115-1123), do reino manchu dos jurchens, funda no norte da China a dinastia Jin (1115-1234). Ele se alia a partir de 1118 com os Song contra os Liao, que são derrotados em 1125. Em 1127, os Jin tomam Kaifeng. É nesse momento que os Song do Sul estabelecem sua capital no sul do rio Yangtze, anteriormente "rio Azul", em Hangzhou. Os Jin ocupam por um tempo essa cidade, por volta de 1130, mas eles são, por sua vez, ameaçados pelas incursões dos mongóis. Em 1211, **Gengis Khan** (1155-1227) começa sua campanha contra os Jin. Ele toma Pequim, sua capital, em 1215; Kaifeng cai em 1233. Em 1234, o último rei Jin comete suicídio, terminando a dinastia. Os Song do Sul ajudam os mongóis a derrotarem os Jin definitivamente, mas depois cometem o erro de atacá-los. Os mongóis decidem invadir o sul da China. Eles tomam Hangzhou em 1276. O que resta da corte imperial foge com dois imperadores crianças que se sucedem rapidamente no trono. A derrota final de 1277 causa o desaparecimento dos Song em 1279, substituídos pela dinastia estrangeira mongol dos Yuan (1279-1368).

A exploração, a partir do século XIII, está se tornando cada vez mais importante. Muitos missionários são enviados ao grande Khan, como o franciscano italiano Giovanni da Pian del Carpine (c. 1182-1252). No *Liber Tartarorum*, ele vai descrever sua viagem personalizada. Em 1252, o franciscano flamengo **Guilherme de Rubruck** (1225-1295), enviado por São Luís, é encarregado da mesma missão. Marco Polo poderá, alguns anos depois, percorrer o império do soberano mongol. As indicações que irá fornecer sobre os países do Oriente serão posteriormente autoridade para a representação do mundo nos séculos XIV e XV.

MONGÓIS NA CHINA: OS YUAN (1279-1368)

A dinastia mongol dos Yuan (1279-1368) é proclamada em 1271 por **Kublai Khan** (1271-1294), mas é a única a reinar na China após a eliminação dos últimos Song em 1279. O desafio para seus imperadores consiste em viver no cruzamento de dois mundos: de um lado, as aspirações dos mongóis; de outro, o desejo de se integrar com dinastias chinesas e se tornar chinês. Os mongóis organizam a sociedade chinesa como um reflexo de suas aspirações contraditórias: os altos cargos são designados aos mongóis, que constituem a primeira categoria de cidadãos. Depois, há outros grupos étnicos, os han, em seguida, os jurchens e os manchus e, finalmente, os habitantes do antigo Império dos Song do Sul. A tradição de funcionários recrutados por concurso imperial é retomada e restaurada em 1313. Kublai Khan, que se tornou imperador **Shizu**, tenta em vão conquistar o Japão, o Vietnã, a Birmânia, a Indonésia. É sob o seu reinado que ocorre a estadia de Marco Polo. Com cerca de vinte anos de idade, Marco Polo (1254-1324) chega ao norte da China, que chamava de Catai. Ele foi muito bem recebido por Kublai Khan, contente de ouvir histórias estrangeiras sobre o país de onde vinha. Isto lhe permitiu viajar para diferentes partes do Império. A crer no que conta seu livro *Il milione* ("O livro das maravilhas" ou "As viagens"), ele teve responsabilidades administrativas e até mesmo governou a cidade de Yangzhou por três anos, entre 1282 e 1287.

Os Yuan fixaram sua capital em Pequim. Rapidamente, eles despertam a insatisfação de seus súditos chineses, a maioria han, que rejeitam essa dinastia estrangeira. A revolta dos Turbantes Vermelhos, entre 1351 e 1368, acelera a decomposição do poder mongol. Senhores de guerra governam com toda independência províncias chinesas, unidas por generais do exército Yuan. **Zhu Yuanzhang** (1328-1398) se junta aos Turbantes Vermelhos em 1352. Este camponês rapidamente se revela um temível general, combatendo repetidamente as tropas mongóis. Em 1368, ele força o último imperador Yuan a fugir e se proclama soberano do reinado de **Hongwu** (1368-1398), fundador da dinastia Ming (1368-1644).

A ARTE MEDIEVAL CHINESA, ENTRE FORMAS NACIONAIS E INFLUÊNCIAS EXTERNAS

A reunificação feita pela dinastia Sui (581-618) vai exercer uma influência considerável sobre as artes. Retomando por sua vez as reformas, **a dinastia Tang** (618-907) leva a China a seu apogeu. Ela vai se abrir amplamente a influências externas. O budismo se generaliza e suas representações se transformam novamente, provavelmente por causa das contribuições da Índia Gupta e da famosa jornada, em 629, do monge chinês Huian Tsang, que voltou para a Índia em 644. Na arquitetura, a estupa indiana, tão característica com sua forma de bulbo, modifica-se, tomando a forma de um pagode cúbico ou poliédrico, ou ainda de uma torre de pedras ou tijolos em andares, ou de telhados sobrepostos (como o pagode Songyue em Henan, por volta de 525).

A arquitetura Tang, o palácio com uma cidade em torno

A construção das cidades chinesas satisfaz exigências da geomancia, fatores míticos e necessidades práticas (abastecimento e defesa). Encontram-se os grandes princípios fundamentais, o recinto amuralhado, a orientação sul-norte, a simetria e a axialidade já em vigor anteriormente. A partir do século VI, três unidades espaciais se distinguem: um espaço fechado reservado para a aristocracia; o dos mercadores e artesãos; e aquele em que eram cultivados os campos, fora dos muros. Sob os Tang, a capital Changan apresenta inovações: ao norte da cidade encontra-se o palácio imperial contra a muralha; no sul, os escritórios do governo. A cidade cobre 9,7 km a oeste, 8,6 km de norte a sul, rodeada por uma muralha de mais de 35 km. Os 108 bairros são fechados por suas próprias muralhas. O palácio, com uma área de 2 km², é o centro da capital.

Os cavalos verdes da escultura Tang

A civilização Tang brilha principalmente por sua escultura. Os personagens, antes totalmente vestidos, têm agora o torso nu e a atitude de um corpo em movimento, com quadris flexíveis. O movimento alcança grande violência quando se trata de colocar guerreiros ou guardas em cena. As grutas de Longmen, grutas dos mil Budas, grutas dos Leões, ilustram bem esse exemplo. A representação de bodisatvas evolui da mesma forma, especialmente a de Maitreya e de Kuan Yin, símbolos budistas da sabedoria e da misericórdia. Os traços do rosto se tornam tipicamente chineses, com bochechas redondas e um queixo pequeno. A escultura animalesca, sobretudo a dos cavalos, é muito característica desse período. O desejo de ser fiel à natureza e à realidade prevalece. As pernas dos cavalos Tang são muito especiais, ligeiramente arqueadas, os cascos quase se tocam. Os efeitos plásticos dos animais, figuras de terracota principalmente descobertos nos túmulos, são realçados com cor ou esmalte colorido que não os cobrem totalmente quando se trata de peças de grande porte. As cores mais comuns são verde, azul, amarelo.

A pintura Tang, *lavis* e delicadeza

Uma nova arte, contudo, aparece, e continua a crescer: a paisagem em *lavis* com tinta monocromática, cuja invenção é atribuída ao poeta **Wang Wei** (699-759), fundador da escola do Sul. Suas paisagens inspirarão o gênero no qual se ilustrarão os pintores do período Song. É preciso mencionar outros pintores como **Yen Li-pen** (c. 600-c. 673), cujas qualidades podem ser vistas no *Rolo dos treze imperadores*, e em retratos que se apoiam no uso delicado das sombras e dos tons degradê.

ARTE E CIÊNCIA DOS SONG DO NORTE

Apesar das dificuldades políticas que a China enfrenta nesse momento, sua cultura faz grandes progressos. Ela funda, com base nas pesquisas feitas pelos Tang, o modelo das criações posteriores. Vários acontecimentos a modificam profundamente: a penetração do islã em torno do ano 1000, o desaparecimento progressivo do budismo, que deixa espaço para uma reação confucionista. O uso generalizado da imprensa é decisivo para sua difusão. A medicina faz progressos significativos, como todas as ciências na China. Em 1145, ocorre a primeira dissecção. Aliás, é escrita nessa época uma enciclopédia sobre todo o conhecimento médico adquirido até então.

A pintura dos Song do Norte: o sentimento da natureza

A pintura é, sem dúvida, a arte mais representativa desse período. Academias são criadas, apoiadas tanto por pelos imperadores setentrionais quanto meridionais. Huizong (1100-1126) foi um esteta e um colecionador apaixonado. Reúne em seu palácio em Kaifeng um verdadeiro museu de pinturas, sendo ele próprio um pintor talentoso. Essa arte é marcada por uma mudança completa dos gêneros em favor da pintura de paisagem. Os artistas mais famosos dessa época, dos jogos de cores com nanquim e paisagens são **Guo Xi** (1020-1090) e seu *Início de Primavera* (1072) e **Li Longmian** (Li Gongli, 1040-1106); o primeiro é especialista em vastas paisagens, exaltando o sentimento de poder da natureza; o segundo se interessa também pela representação pictórica de seres humanos e animais, retratista da corte.

A cerâmica dos Song do Norte: o celadon

A cerâmica se torna um objeto precioso que as famílias mais ricas e os letrados procuram para colecionar. Existem vários estilos. O mais famoso é a porcelana chamada "celadon", com um verde bem característico. Do mesmo modo, surgem as porcelanas brancas, que mostram uma decoração gravada sob o esmalte ou pintada sobre ele. Do final desse período, datam as porcelanas azuis e brancas cujo azul cobalto é importado do interior da Ásia.

A ARTE DOS SONG DO SUL

A aristocracia, uma vez que a corte estabelece-se no Sul, pode se destinar à arte e seus prazeres. A China está passando por um grande período de desenvolvimento e crescimento, edificando uma cultura de grande requinte. Os principais pintores são **Ma Yuan** (c. 1160-1225) e **Xia Gui** (c. 1190-1225), que criam um estilo pessoal de paisagem. Dois outros grandes mestres marcam essa época, **Liang Kai** (1140-1210) e **Mu Qi** (1240-1270). A característica desses pintores, no campo do enquadramento, é mais original, com o jogo da oposição entre cheios e vazios. O subjetivo tem mais lugar, os pintores realçam um elemento para destacar o quadro inteiro. Essa pintura exerce uma influência preponderante no período Ming.

AS ARTES PLÁSTICAS NA ÉPOCA DOS YUAN: A PINTURA DOS LETRADOS

Os viajantes e missionários vindos do Ocidente deixam descrições maravilhadas da China daquele tempo. No campo da arquitetura, poucas inovações são visíveis: o pagode tibetano aparece ao lado do tradicional pagode de vários andares. Os escultores mais conhecidos desse período são **Aniko** (séc. XIII), natural do Nepal, e o taoísta **Liu Yuan** (c. 1240-1324). A arte livre domina na pintura e muitos artistas recusam qualquer ligação com academias do Estado ou a ajuda de um mecenas. Essa corrente, o *Wen-Jen-hua*, "pintura dos letrados", baseia-se na expressão pictórica de sentimentos de uma discrição altiva acima de todas as coisas. Vários grandes nomes ilustram a pintura Yuan. **Zhao Mengfu** (1254-1322), diretor da Academia Hanlin, é o mais oficial deles. Ele pinta principalmente cavalos. Sua influência é grande na corte de Pequim. **Gao Kegong** (1248-1310), **Wu Zhen** (1280-1354), famoso por seus bambus em nanquim, exercem uma influência considerável sobre a posteridade. O nanquim é trabalhado com um pincel seco evocando o parentesco do traço com o da caligrafia. Os três grandes ilustradores da época são **Huang Gongwang** (1269-1354), **Ni Zan** (1301-1374), das paisagens austeras, e **Wang Meng** (1308-1385), cuja pintura consiste em "rugas" nervosas e dinâmicas. Em suas diferentes produções aparecem o ocre e o índigo. Sua tradição é retomada com os Ming.

A LITERATURA DA CHINA MEDIEVAL

A literatura Tang: o apogeu da poesia

A literatura, sob os Tang, experimenta, como as outras artes, um desenvolvimento de sua produção. A poesia atinge o auge. Os soberanos, principalmente **Xuanzang** (602-664), protegem e promovem as letras e as artes. Além disso, a China pode se abrir a outras formas de pensar com os textos trazidos da Índia pelos monges, que são objeto de traduções. O século VIII desenvolve uma literatura especializada, mística, da escola indiana do Dhyana (*chan* em chinês, *zen* em japonês). São, primeiramente, episódios romantizados da vida de Buda, lendas extraídas das escritas canônicas, textos de propaganda budista. A mesma forma literária é usada posteriormente para textos não budistas, histórias tiradas da tradição histórica nacional. Paralelamente, é configurada uma forma própria ao romance moderno em vernáculo, e uma literatura romanesca em língua oral se desenvolve. A dinastia Tang marca uma virada na história da escrita poética. A poesia atinge seu apogeu: o "novo estilo" dessa poesia celebra o gênero *shi*, ligado a uma determinada métrica, um poema de oito versos com cinco ou sete pés. Esse estilo é dividido em *gushi*, "poemas antigos", e *jintishi*, "poesia moderna". Os príncipes desse tipo de poesia são **Wang Po** (647-675), **Lou Chao-lin** (séc. VII), **Lo Pin-wang** (619-687). Quanto a **Han Yu** (768-824), confucionista convicto, ele introduz na literatura em prosa o estilo dito *gu wen*, "velha prosa", estilo sem floreados que toma o do período Han como modelo e substitui o estilo carregado e enfeitado em uso desde o século IV. No final do período Tang, aparece o *tseu*, poema escrito especialmente para uma ária musical. A *História dos Três Reinos*, romance histórico que evoca o fim da dinastia Han e o período dos Três Reinos (220-265), segundo a obra de **Chen Shou** (233-297), é a epopeia histórica mais popular da literatura chinesa.

A literatura dos Song: o gosto pela história

A literatura conhece um desenvolvimento excepcional em todos os gêneros, mas especialmente na prosa. O motor principal é desempenhado pelos curadores do grupo Chu, que busca pela primeira vez expressões da vida cotidiana. A essa escola se opõe a de Lo Yang, que tira sua inspiração de um pensamento taoísta e repugna o cotidiano. Entre os gêneros mais populares, é preciso mencionar as histórias de viagem, as histórias dinásticas. **Ouyang Xiu** (1007-1072) compila o *Novo Livro dos Tang*, que fornece informações importantes sobre essa dinastia. No campo da poesia, o *ci*, poesia lírica criada sob os Liang (502-557), triunfa com **Su Shi** (1037-1101). Cada vez mais reduzido a uma única forma poética, ela se separa da música. As grandes obras científicas são realizadas no final do século XIII. Às margens do Império Song, *Gestos memoráveis dos Três Reinos* (*Samguk Yusa*), escritas em chinês literário pelo monge **Il-yeon** (1206-1285), são uma coleção de histórias lendárias da Coreia.

A literatura dos Yuan: o gosto pelo teatro

O teatro experimenta uma grande expansão, e é sob os Yuan que o acompanhamento musical é introduzido. Tendo sido abolido o sistema dos concursos, muitos letrados se voltam para a dramaturgia. A literatura dramática escrita em língua popular obtém um primeiro sucesso. Na verdade, os dramas desse período são as óperas, incluindo diálogos, canções e danças, e são articuladas em um prólogo e quatro atos. Essa distinção é especialmente válida no norte. No sul, compõem-se peças com muitos quadros. Seus temas dizem respeito à mitologia, à vida diária e a uma crítica discreta da vida política. Entre os dramas do sul, o *Pi-pa-ki* ou *A História de um alaúde* é composto por volta de 1355, provavelmente por **Kao Ming** (1305-1370). Outro nome permanece ligado ao mundo do teatro, o de **Guan Hanqing** (Kuan Han-k'in, c. 1225-c. 1302) e seu *Sonho da Borboleta*, uma das múltiplas facetas de uma rica inspiração. Uma nova forma poética emerge, o *sanqu*, provindo das canções cortesãs. O romance é muito bem-sucedido no século XIV, as histórias são organizadas em dois ciclos. *A História dos Três Reinos* e *À beira d'água*, atribuídos a **Shi Naian** (c. 1296-c. 1370), são os mais populares.

A FILOSOFIA DOS SONG: CONFÚCIO OU BUDA?

A cultura do período Song é baseada no dualismo filosófico de duas escolas de pensamento, a de Confúcio e a de Buda. É o momento de um sincretismo limitado, ilustrado pelos trabalhos de alguns pensadores, como **Zhu Xi** (1130-1200), cuja imensa obra escolástica é dedicada à exegese dos escritos de Confúcio. Ele cria o neoconfucionismo, marcado pela dimensão metafísica emprestada do budismo, pois Zhu Xi reconhece o valor moral do budismo. Outro fundador do neoconfucionismo é **Zhou Dunyi** (1017-1073), autor do *Código dos princípios originais*, que apresenta o mundo na concepção de Confúcio. O zen-budismo é representado por **Yuanwu Keqin** (1063-1135) e sua glosa dos *koans*, problemas colocados ao homem profano para permitir-lhe encontrar o caminho do *nirvana*, no *Pi-yen-lu* ou *A coletânia da falésia azul*. O neoconfucionismo opõe-se, sob os Song, a duas outras escolas: uma fundada na intuição; a outra, no aspecto utilitário da reflexão. A primeira é a de **Lu Chiu-Yuan** (1139-1193), com base num antropocentrismo que faz do espírito do homem o universo e vice-versa; a segunda, utilitarista, dominada por **Yeshi** (1150-1223), analisa toda ética em relação a suas necessidades concretas.

RELIGIÃO: O BUDISMO NO TEMPO DOS TANG

O período Tang é considerado o apogeu do budismo na China. No entanto, há três fases:

1. O budismo é particularmente apoiado pela imperatriz **Wu Zetian** (690-704), que o utiliza para dominar a nobreza paralelamente ao sistema dos concursos. Durante o apogeu político dos Tang (618-755), os peregrinos realizam inúmeras viagens: **Xuanzang** (602-664) retorna da Índia, em 645, com 657 textos e 150 relíquias de Buda. Existem várias escolas:
   - A escola Faxiang, "escola das particularidades das coisas", fundada por Xuanzang e com base numa doutrina dos Yogasana, aqueles que praticam ioga;
   - A escola Huayan, "escola da ornamentação florida", cujo texto fundamental é o *Sutra da ornamentação florida*;
   - A escola Jingtu, "escola da terra pura", torna-se o movimento religioso mais importante nesse momento; baseia-se no *Sutra da constituição da terra pura* e suas práticas são feitas em honra de Amitabha;
   - A escola tântrica desenvolve-se no século VIII, com a chegada dos mestres indianos. Malcompreendida pelos governantes, é especialmente valorizada por seus poderes mágicos;
   - A seita Mizong ou Tiantai, seita dos segredos, experimenta uma aceitação sem precedentes nos séculos VII e VIII;
   - A seita Chan, *zen* no Japão, cujo papel é secundário para os Tang.

2. Com o renascimento dos Tang (763-843), grandes perseguições ocorrem devido à mudança de mentalidade. Período de perseguição em resposta ao poder tirânico de Wu Zetian, depois movimento Guwen, do nome de uma forma arcaica de escrita difundida por **Liu Tsung-yuan** (773-819), antibudista, que anuncia o neoconfucionismo dos Song.

3. O último período (843-907) é marcado pela proibição dos cultos estrangeiros, em 843, pelo imperador **Wuzong** (841-846). O budismo é atingido: demissão de 260 mil monges e monjas de vida laica, confisco de bens, cerimônias budistas suprimidas, 46 mil mosteiros destruídos. O motivo é o poder econômico dos mosteiros. Todavia, o imperador volta atrás na maioria de seus decretos; o fim do período Tang é marcado pela ascensão irreprimível do budismo popular e pela introdução de divindades taoístas.

3. O JAPÃO MEDIEVAL

O PERÍODO NARA (710-794): O BUDISMO POLÍTICO

Os períodos Asuka (552-646) e Hakuho (593-710) são a fase preparatória do brilhante período Nara. O primeiro é marcado pelo reinado da imperatriz Suiko (593-628), no qual o Japão segue o modelo da China dos Tang. A corte e a sociedade são reorganizadas, para melhor controle do Estado que se afirma. No segundo período, o imperador **Kotoku** (645-654) enfatiza a inspiração tirada do modelo político chinês pela reforma de Taika (645-649): classes sociais, base fiscal, autoridades locais e a sua distribuição são retomadas dos Tang. Uma ampla reforma agrária é implementada. O fim do período é perturbado pelas dificuldades de sucessão, e a guerra de Jinshin opõe vários pretendentes ao trono. A morte prematura, com 25 anos, do imperador **Mommu** (697-707) é uma tragédia para o Japão. Ele estabelece o notável *Taihō-ritsuryō* ou *Código Taihō*. Reestruturado em 718, sob o nome de *Yōrō-ritsuryō*, entra em vigor em 757, delimitando 68 províncias e 592 distritos. Seu filho, o futuro imperador **Shomu** (742-749), é menor de idade; por isso a mãe de Mommu, a imperatriz **Gemmei** (707-715), assume o poder. Ela muda a capital para **Heijokyo** (Nara). Pela primeira vez, a corte para de se deslocar e se fixa em Nara. A imperatriz Gemmei está por trás da elaboração do *Kojiki*, lista dos imperadores a partir de seu ancestral divino, a deusa-sol, Amaterasu, e do *Nihonshoki* ou *Crônicas do Japão*, que completa o *Kojiki*. Em 760 aparece a primeira antologia da poesia japonesa, o *Man'yoshu*.

Toda a sociedade é reorganizada. O imperador, nas palavras mais tarde usadas em relação aos soberanos ingleses após 1689, reina mas não governa. O poder está nas mãos do ministério de Esquerda, o *Sabekan*, e do ministério de Direita, o *Ubenkan*. Eles são hierarquicamente submetidos ao ministério dos Assuntos Supremos, *Dajokan*, e ao ministério dos Deuses, *Jungikan*. Tem a seu serviço um exército de funcionários, que dominam o chinês. O povo é dividido entre pessoas livres, *ryomin*, e os escravos e servos, *senmin*. Várias escolas, conhecidas como as seis escolas de Nara, oficiam nos principais templos. O peso do budismo é sentido na vida política durante os dois reinos da imperatriz **Koken** (749-758 e 764-770). O monge **Dōkyō** (700-772) a cura de uma doença e a convence a voltar ao trono, depois de ter afastado seu sobrinho. Sua gratidão é tal que ela lhe confere o título de *Ho-o*, "rei da lei", o que faz dele o herdeiro do trono. Ele tenta em vão derrubá-la, antes de ser exilado pelo novo imperador, **Konin** (770-781). As mulheres, consideradas inclinadas demais à devoção, serão então excluídas da sucessão ao trono. O envolvimento político do clero budista permanece muito grande. Para escapar a essa situação, o imperador **Kammu** (781-806) muda a capital para Nagaoka. Eventos funestos, incluindo uma enchente e a doença do soberano, sugerem que o lugar é inadequado. A corte então se estabelece, em 794, numa nova capital, **Heiankyo**, "capital de paz e da tranquilidade", atual Kyoto.

O PERÍODO HEIAN (794-1185): O ESPLENDOR CULTURAL

O período Heian começa com a escolha de Kyoto como capital em 794. Esse período é considerado como um dos momentos essenciais da história do Japão, tanto por seu esplendor cultural quanto pelos primórdios da tomada de poder pelos guerreiros, os *bushis*. Sua influência é crescente desde a decisão do imperador **Kammu** de criar um exército profissional para lutar contra os ainus, habitantes originais do norte do arquipélago. *Bushi* significa o guerreiro, em geral, para diferenciar do *samurai*, ou *buke*, "aquele que está a serviço" de um *daimyo*, ou senhor. Estes se multiplicam com o *bakufu*, "governo militar" do período Kamakura (1185-1333). O imperador continua a reinar sem poder, que passa dos altos funcionários para as principais famílias de militares, os *bushidan*, "clãs guerreiros": Fujiwara, Taira, Minamoto. Cada um exerce o controle, um por vez. Os Fujiwara primeiro, com o apogeu sob Fujiwara no Michinaga (966-1027), nomeado *Kampaku*, quer dizer "regente hereditário". Ele governa sob três imperadores, todos seus genros. Uma guerra civil eclode em 1056-1057, quebrando o poder dos Fujiwara. Apesar de seu curto reinado, o imperador **Go-Sanjo** (1069-1073) restabelece a autoridade imperial. Ele instaura um sistema particular para lutar contra os clãs: em dado momento, o imperador reinante abdica em favor de seu filho nomeado e se retira para um mosteiro. Essa é a época dos "imperadores retirados". Na realidade, ele mantém o poder efetivo; o imperador governante espera sua morte para assumi-lo. Isso permite conservar o poder no clã imperial. Mas as dissensões entre os seus membros vão tornar essas disposições ilusórias. Em 1156, a rebelião de Hogen opõe Fujiwara, Taira e Minamoto. Os Fujiwara são eliminados, os Taira são os novos mestres do Japão. Eles sufocam, em 1160, a rebelião dos Minamoto, ou rebelião de Heiji. Estes preparam sua vingança e a obtêm ao fim da Guerra de Gempei (1180-1185). Na batalha naval de Dan-no-ura, os Taira são destruídos. **Minamoto no Yoritomo** (1147-1199) proclama-se *shogun* (xógum) hereditário em 1192. O título original, que significa "general", agora vai nomear aquele que realmente dirige o Japão até 1868. Ele instala seu *bakufu*, seu "governo militar", em Kamakura. A era feudal do Japão, que não termina até o século XIX, começa.

O PERÍODO DE KAMAKURA (1192-1333): CLÃS E FEUDALISMO

O xógum **Minamoto no Yoritomo** (1147-1199) acumula os maiores poderes civis e militares. O Imperador, sem poder, permanece em Kyoto. Com a morte de Yoritomo, a família Hojo leva o título hereditário de *shikken*, "regente do xógum", e o título de xógum permanece na família Minamoto. Os Hojos exercem o poder real. O feudalismo se desenvolve, a classe dos samurais se estrutura. Os mais hábeis tornam-se *daimyos*, proprietários de terras. Esta transformação da sociedade letrada numa casta guerreira que a sucedeu no poder é acompanhada de uma evolução nacional do budismo com o nascimento do zen. Ele enfatiza o autocontrole, a meditação, a autodisciplina. O samurai deve dedicar-se unicamente ao seu dever e ao respeito da honra. O zen-budismo serve de apoio para o seu desenvolvimento. É também no período de Kamakura que se desenvolve a cerimônia do chá, que não consiste em beber chá, mas em se envolver num exercício espiritual. A arte de forjar o sabre é levada a seu apogeu com a família dos Myoshin, também famosa pela solidez de sua armadura e capacetes. Durante o período Kamakura, os mongóis tentam duas vezes, em vão, invadir o Japão. Esse período termina com a ação do imperador **Go-Daigo** (1318-1339), que se apoia no general **Ashikaga Takauji** (1305-1338) para derrubar o xogunato dos Minamotos e a regência dos Hojo. Mas, embora Go-Daigo acredite em restaurar o poder imperial, o clã Ashikaga espera a restauração do xogunato em seu benefício. A restauração de Kenmu dura apenas de 1333 a 1336. Em 1338, **Ashikaga Takauji** afasta **Go-Daigo** e se torna o primeiro xógum do período Muromachi (1336-1573), em homenagem ao bairro de Kyoto onde instala sua residência[162].

O PERÍODO DE MUROMACHI (1336-1573): A FRAGMENTAÇÃO DO PODER

Ashikaga Takauji (1305-1338) traz o xogunato para seu clã, mas o exercício do poder na época de Muromachi (1336-1573) revela-se extremamente difícil. Para conquistar o xogunato, ele se apoiou numa parte da família imperial contra o restante de seus membros. Como resultado, entre 1336 e 1392, o Nanbokucho, "período das cortes do norte e do sul", existem duas dinastias rivais, dois imperadores. É o terceiro xógum, **Ashikaga Yoshimitsu** (1368-1408), que termina com a disputa, com a guerra civil entre os partidários dos imperadores rivais. Em 1392, ele impõe o sistema de alternância. A corte do norte inaugura o reinado com o imperador **Go-Komatsu** (1392-1412), que deve abdicar ao final de de dez anos de governo em favor do imperador do sul. O acordo não é respeitado e os imperadores da corte do norte são considerados os únicos legítimos até 1911. Nessa data, o governo decide que a linhagem imperial legítima é a da corte do sul, e os imperadores do norte são chamados de "candidatos da corte do norte". A reunificação do trono imperial continua com o filho de Go-Komatsu, o imperador **Shoko** (1412-1428).

A autoridade do xógum é prejudicada pelo aumento do poder dos *daimyos*, que fundam dinastias poderosas, cada vez mais independentes e soberanas. Esses senhores entram em luta permanente, mergulhando o Japão numa guerra civil contínua, província contra província. O comércio se desenvolve, favorecendo os portos, as corporações de artesãos e comerciantes surgem. Mas grande parte da riqueza assim criada é captada pelas casas nobres e pelos mosteiros budistas que reforçam seu domínio e controle sobre o país. Por volta de 1543, os portugueses, a partir de Macau, chegam ao Japão, estabelecendo as primeiras relações comerciais. Logo em seguida vêm os missionários; desde 1549, **Francisco Xavier** (1506-1552) se esforça para difundir o cristianismo.

---

162. A este respeito, ver Florence Braunstein, *Penser les arts martiaux* [Pensar as artes marciais], Paris, PUF, 1999, p. 210.

No século XVI, a casa imperial perdeu seu prestígio, e o clã Ashikaga perdeu o poder real. Três grandes chefes militares vão reunificar o Japão: **Nobunaga Oda** (1534-1582), **Toyotomi Hideyoshi** (1536-1598) e **Ieyasu Tokugawa** (1543-1616). Sucessivamente, esses *daimyos* vão acabar com a anarquia política, tomando o poder depois de suas vitórias militares. Nobunaga Oda era originalmente um pequeno senhor local do centro da ilha principal de Honshu. Uma sucessão de vitórias entre 1568 e 1582 lhe permite controlar todo o centro do Japão, como a batalha de Nagashino (1575), durante a qual suas tropas utilizam mosquetes pela primeira vez no Japão. Em 1573, ele afasta **Ashikaga Yoshiaki** (1568-1573), último xógum dessa linhagem. O Japão passa, então, entre 1573 e 1603, pela era das guerras civis.

Cultura e sociedade no período Muromachi

> Se o período Muromachi pode ser definido como o tempo dos *ikki*, das ligas, essas organizações sociais horizontais e igualitárias criadas para um objetivo comum, ele também pode ser definido como um momento por excelência em que as artes são apreciadas em grupo[163].

A peculiaridade da cultura Muromachi é ser sempre, como a de Kamakura, uma cultura de tipo guerreiro, mas construída sobre as bases de uma cultura cortês. Estabeleceu-se uma nova corte extremamente refinada, na qual monges zen semeiam a cultura Song. O zen-budismo atinge seu apogeu e a arte da pintura e da caligrafia vinda da China se desenvolve. Os guerreiros são aproximados da nobreza; o governo xogunal, o *bakufu*, é instalado em Kyoto. Eles sofrem a sua influência em todas as áreas, incluindo intelectual e artística. A junção das cortes do norte e do sul leva a nobreza a se curvar diante deles. A segunda característica dessa cultura é a importância do zen na sociedade, na vida cotidiana. O teatro *noh*, assim como a *renga*, poema coletivo, são partes integrantes dessa cultura. Marcada por correntes religiosas como o amidismo, a cultura de Muromachi continua a ser uma cultura do cotidiano; o teatro *noh* está relacionado à vida popular, e a cerimônia do chá é concebida como um entretenimento profano. Consequentemente, deve ser considerada como uma cultura da vida prática. Seus valores são os do *wabi-sabi*, disposição estética baseada na melancolia (*wabi*) e na alteração inevitável de tudo pelo tempo que passa (*sabi*). Elas constituem a própria base sobre a qual se construirá a cultura popular de Edo.

---

163. Pierre-François Souyri, *Le Monde à l'envers* [O mundo às avessas], Paris, Maisonneuve e Larose, 1998, p. 240.

A ARTE DO JAPÃO MEDIEVAL

A arquitetura do Japão medieval

A arquitetura de Nara, o tempo dos pagodes

No final do século VII, as embaixadas que retornam da China acompanhadas de monges e estudantes introduzem no Japão a arte dos Tang. Quando, em 707, morre Mommu Tenno, a imperatriz Gemmei, sua mãe, que o sucede no trono, quebra a tradição de mudar de residência imperial após a morte de cada soberano e permanece em Nara, em Yamato, que em 710 se torna oficialmente a capital. Cidade imperial, ela é construída à imagem de **Changan**, a capital chinesa dos Tang. O período Asuka é marcado pelo triunfo do budismo sobre a religião nativa, o *xintoísmo*. O problema religioso é acrescido de um problema político entre o clã dos Sogas, partidário da adoção do budismo e da civilização chinesa, e o dos Mosonobes, partidário do xintoísmo. Os Sogas acabam por vencer e constroem, para comemorar sua vitória, o templo **Hokko-ji**, hoje chamado Asukadera. A arte é inteiramente consagrada à glória do budismo. O imperador **Shomu** edifica o templo de Toshodai-ji, que abriga o gigantesco Daibutsu, grande Buda de bronze, figura que representa a essência búdica. O principal monumento religioso é o pagode, a exemplo da China. O "galpão" é deixado em segundo plano, mas a partir do período Heian, torna-se o edifício principal. O pagode, então, conservará apenas uma função decorativa, não sendo mais colocado no centro do templo. Além do pagode, surge o Tahoto, uma capela: sobre uma base quadrada coberta se eleva uma cúpula achatada, derivada da estupa, também com um telhado quadrado em declive que termina com uma haste de bronze. O *gorinto*, pequena coluna-pagode de pedra em cinco partes, cada uma das quais representando um dos cinco elementos, terra, água, fogo, vento e vazio, nesta ordem, é inspirado na estupa.

A arquitetura Heian, o Feng Shui

A codificação dos elementos arquitetônicos, já iniciada no período Nara, intensifica-se no período Heian. O primeiro estilo japonês, *shinden-zukuri*, estilo arquitetônico nacional, desenvolve-se. Ele é fortemente marcado pela geomancia chinesa, o *Feng Shui*. Os edifícios são dispostos de acordo com os pontos cardeais em torno de um edifício central. Do ponto de vista da construção, uma técnica prevalece, a das estacas plantadas no solo. A maioria dos materiais de construção é de origem vegetal. As paredes não são de sustentação e servem para delimitar o espaço conforme necessário. O *tatame*, revestimento de piso móvel, de tamanho mais ou menos semelhante em todo o Japão, 1,86 m por 0,93 m, permite modular os espaços. Toda a sutileza japonesa se concentra na recusa do monumental e no equilíbrio particular entre áreas e volumes. O desenvolvimento do budismo tântrico traz certa emancipação das conquistas de séculos anteriores. A casa de veraneio de **Fujiwara no Yorimichi** (992-1074), o Byodoin de Uji, sala do fênix, consagrada, em 1053, ao culto de Amitabha, é um exemplo. O desenvolvimento de seu culto exerce uma influência particularmente na planta de certos santuários, que agora favorecem a orientação leste-oeste, pois Amitabha é o Buda do paraíso ocidental.

A arquitetura Kamakura, a explosão urbana

Do ponto de vista arquitetônico, o período Kamakura é o da reconstrução, entre os templos de Nara destruídos durante as guerras civis, o Toshodai-ji, em 1195. Os Tairas chegam ao auge de seu poder entre 1160 e 1180. Eles preferem, em vez de se estabelecer em lugares de poder de seus antecessores, criar novos bairros, incluindo *Rokuhara*, localizados fora de Kyoto. No século XII, o modelo urbano, com base num poder imperial centralizado, evolui e o palácio e o plano regular da cidade desaparecem. Mosteiros são construídos e se tornam cidades dentro da cidade, caracterizados por uma verdadeira autonomia. As mudanças sociais também têm como consequência a transformação de Kyoto: pessoas vindas de todos os lugares constroem barracos nos bairros populares. A população atinge de 100 mil a 120 mil habitantes.

A arquitetura Muromachi, a pesquisa da miniatura

Na arquitetura, grandes mudanças ocorrem sob a influência de mestres do chá: os edifícios tendem à simplicidade. No início do século XV, desenvolve-se o uso de tatames colocados em todos os cômodos. As cortinas de bambu e tapeçarias leves são substituídas por divisórias removíveis nas casas dos ricos aristocratas. Uma nova forma arquitetônica aparece com o *shoin-zukuri*, um cômodo reservado para leitura ou reunião, uma alcova, o *tokonoma*, é colocada num canto. O novo design interior traz uma miniaturização dos objetos, uma nova estética da simplicidade se afirma, da qual nascerá o *wabi*, o belo. A decoração à chinesa ocupa aí um lugar importante.

A escultura do Japão medieval

A escultura Heian, do bloco à fineza

Chamadas Konin (810-824) e Jogan (859-876) a partir das eras correspondentes, as esculturas do início do período Heian produzem obras inspiradas no budismo esotérico e permitem fazer uma transição com o estilo dos Fujiwaras. As estátuas dos sacerdotes, dos patriarcas divinizados são pesadas, muitas vezes trabalhadas a partir de um único bloco. Observa-se também o surgimento de uma estatuária xintoísta em que divindades nativas, consideradas emanações do Buda e dos bodisattvas, são representadas com um aspecto humano. Byodoin, a antiga residência transformada em mosteiro, apresenta 52 alto-relevos de bodisattvas dançando e tocando música. Esse estilo um pouco "rude" dá lugar ao dos Fujiwaras, mais elegante, refinado, buscando a harmonia. O criador desse estilo é **Jocho** (?-1057), que desenvolve a técnica da madeira montada. Esta consiste em decompor a estátua em várias partes esculpidas separadamente e depois combinadas. Ele realiza a *Amida* em madeira dourada do Byodoin, em Kyoto. Pouco depois de seu auge, o estilo da época Fujiwara cai no academismo, e as formas endurecem. Será apenas no período Kamakura que essa arte encontrará o seu pleno desenvolvimento.

A escultura Kamakura, o realismo

A escultura experimenta uma renovação de estilo graças a dois escultores, **Unkei** (1148-1228) e **Kaikei** (séc. XIII), criadores das estátuas de madeira dos guardiões budistas, com 8 m de altura, no mosteiro de Todai-ji de Nara. Eles restauram vários grandes Budas danificados durante os distúrbios. Seu estilo é mais realista, inspirado na China contemporânea. Os olhos de cristal também são uma inovação da plástica desse tempo.

A pintura do Japão medieval

A pintura Yamato-e: os rolos pintados

No final do período de Heian, na época dos Fujiwaras (898-1185), a pintura japonesa difere daquela do continente, a China. A pintura chinesa de estilo *kara-e* corresponde à forma pictural puramente japonesa, a pintura do Yamato ou *yamato-e*. Os elementos móveis da arquitetura, biombos articulados, biombos de folha única, biombos deslizantes servem de apoio a composições de paisagens. Os primeiros romances, os monogatori, ou mais precisamente "coisa contada", como o *Conto do cortador de bambu*, por exemplo, são caligrafados em suntuosos papéis decorados e ilustrados em rolos horizontais em papel Kakemono. A mais antiga dessas narrativas em imagens é a *Genji monogatari* e, entre os mais famosos, as caricaturas animalescas do templo Kozangi, o rolo *Bandainagon*, tradicionalmente atribuído a **Tosa Mitsunaga** (séc. XII), pintor da corte. Na China, os rolos do século IX têm um poema na parte de trás, enquanto os desenhos aparecem na parte de dentro. A imagem da morte aparece pela primeira vez na iconografia budista: o Buda Amida recolhe a alma de um moribundo cercado por seus bodisattvas. Entre as principais obras, é preciso incluir o *Tríptico de Koyasan*, conservado no monte Koya, e o *Nirvana do Buda de Kongobu-ji*. O Monte Koya fica no sul de Osaka. Este é o local onde foi instalada a primeira comunidade do shingon-budismo e é também um complexo de 117 templos budistas. O monge Kukai havia recebido, em 816, a permissão para construir um mosteiro chamado Kongobu-Ji.

A pintura Kamakura, arte dos retratos

A pintura se torna um meio de as seitas tendaishu e shingon popularizarem suas doutrinas. Mas é o amidismo, culto do Buda Amida, mestre de Jodo, a Terra Pura do Oeste, que leva o fervor do povo e muitos *raigo-zu* emergem, representações da descida de Amida à terra. Os *e-makimono*, rolos pintados, tratam dos mais diversos temas, às vezes sob a influência do realismo chinês. Na arte dos retratos, a individualidade do modelo domina. Uma das pinturas mais famosas desse período é o retrato de Yoritomo sentado por **Fujiwara Takanobu** (1141-1204).

A pintura Muromachi, arte das paisagens

A pintura domina a arte, fortemente influenciada pelo espírito zen. Os pintores adquiriram uma nova técnica, *Sumi-e* ou *Suibokuga*, pintura em nanquim, que permite melhor expressar a essência da paisagem. Os mais famosos são monges: **Sesshu** (1420-1508), que alcança o domínio do traço com pincel e do degradê, **Josetsu** (1370-1440), **Noami** (1397-1494), **Soami** (1459-1525), **Kano Masanobu** (1434-1530), fundador da escola de Kano, que tem grande importância no século XVII. A arte da laca atinge um alto grau de perfeição, as lacas em relevo e dourada surgem, bem como a cerâmica e o arsenal.

As artes do prazer do Japão medieval

A caligrafia dos Três Pincéis e dos Três Traços

O início da era Heian é marcado por três calígrafos, os **Sampitsu**, ou "Três Pincéis"; em seguida, no século X, outra corrente de outros três grandes calígrafos, os *Sanseki*, "Três Traços". Os primeiros são **Kukai** (774-835), o imperador **Saga** (786-842) e **Tachibana no Hayanari** (782-842). Cada um deles permitiu à caligrafia japonesa afastar-se das bases técnicas da caligrafia chinesa. A flexibilidade e profundidade caracterizam seus sucessores e graças a eles a especificidade japonesa atinge seu pleno desenvolvimento no estilo *wa-yo* estilo, ou "japonês", que atingiu a maturidade.

Música da corte, o gagaku de Heian

O termo "*gagaku*" é chinês e significa "música refinada, elegante". A música da corte japonesa é a consequência da assimilação de diferentes tradições musicais do continente asiático em seus primórdios. O *gagaku* é atestado apenas entre os séculos VI e VII, um gênero que combina vários entretenimentos (acrobacias, danças com mímicas e máscaras) e que desaparece no século XII. A importação da música chinesa atinge o seu auge sob os Tang (618-906). Essa música dá nome ao estilo *togaku*, música dos

Tang. Sob a influência de *bugaku*, as canções e as danças são organizadas em três partes. A primeira teoria musical também é estabelecida pelo *Shittanzo*, escrito por Annen em 877. O *gagaku* se espalha pela nobreza e se torna a música favorita. Em seguida, após a passagem dos guerreiros ao poder, no final desse período, a música de *gagaku* decai. Seus espetáculos são apresentados em cerimônias, festas e banquetes imperiais ou durante cerimônias religiosas.

A arte da laca, o maki-e

O uso da laca remonta, provavelmente, ao período Jomon (10° milênio a.C.), de acordo com descobertas arqueológicas de objetos laqueados que datam desse período. Novas técnicas de fabricação no século VI a.C. são importadas, adaptadas ao espírito japonês, levam ao *maki-e*, literalmente "imagem polvilhada". Os motivos são polvilhados com ouro e prata, e uma camada de laca é passada e polida até que o metal transpareça. Durante o período Heian, o Japão desenvolve um estilo pessoal, em que a técnica do *raden*, decoração que inclui incrustações de madrepérola verdadeira, está associada ao *maki-e*. Nos séculos IX e X, essas técnicas se afastam cada vez mais da marca chinesa. Nada resta das lacas do século VIII, mas o tesouro de Shoso-in conserva muitos exemplos de técnicas Tang.

A arte dos jardins japoneses

No período Asuka (c. 550-710), os palácios dos príncipes e as residências da aristocracia já incluem amplos jardins com lagoas e pontes à chinesa. As cidades se multiplicam no período Nara, assim como os palácios de veraneio decorados com jardins. Muitos jardins do período Heian mantiveram-se famosos: o Shinsen-en do imperador **Kammu**, o Saga-in, o Junna-in, o Nishi no in. Estes compreendem lagos suficientemente grandes para neles velejarem barcos inteiros. Embora os edifícios desse período sejam dispostos simetricamente, os primeiros jardins não o serão e é o seu arranjo que vai influenciar a assimetria na arquitetura japonesa. Há testemunhos sobre o arranjo desses jardins em *O Conto de Genji*. O jardim do templo Daikaku-ji em Kyoto era originalmente um jardim *shinden*, organizado em torno de um edifício central. Os jardins da era Heian são marcados por valores estéticos específicos: *miyabi*, o refinamento, *muyo*, a melancolia ligada à impermanência no budismo, e *aware*, a compaixão.

A LITERATURA DO JAPÃO MEDIEVAL

A literatura de Nara, história e poesia

É no século VII que os primeiros documentos escritos, no Japão, surgem. O *Kojiki*, *Relato das coisas antigas* (712), é escrito apenas em *kanji*, caracteres emprestados do chinês, mas usados em japonês. Graças ao prefácio, sabemos que o imperador **Temmu** tinha encomendado duas histórias para consolidar o poder da família imperial. De fato, dividido em três livros, o **Kojiki** traça a história do Japão e da família imperial desde o princípio do mundo até o reinado da imperatriz Suiko (593-628). Compilado sob a direção do príncipe **Toneri** (676-735), o *Nihonshoki, Crônicas do Japão*, uma vez escrito, é dado à imperatriz **Gensho** (680-748) em 720. Verdadeira obra política, ele tenta fornecer ao Japão um contexto histórico, não comportando nem biografia nem monografia. O *Man'yoshu, Coletânea de dez mil folhas*, contém 4.500 poemas, divididos em vinte livros, cuja redação se estende de 550 a meados do século VIII, até o ano 759 para o mais recente. A maioria dos poetas é anônima, exceto **Kakinomoto No Hitomaro** (662-710), a quem se creditam mais de vinte *choka*, poemas longos, e sessenta *tanka*, poemas curtos; e **Yamabe no Akahito** (c. 700-c. 736), que vivia na China e compôs em chinês. Seus *chokas* são de inspiração confucionista e budista.

A literatura Heian, diários íntimos e *O Conto de Genji*

A corte do Yamato se desloca de Nara para para a nova capital, Heiankyo, atual Kyoto. A cultura do período Heian evolui de uma forma essencialmente baseada nas letras e nas artes da China para uma cultura aristocrática nacional ou, pelo menos, os testemunhos que subsistem na arte e na literatura são marcados pelo espírito da aristocracia, por sua elegância, seu gosto pelo refinamento de detalhes. A literatura já usa uma língua que mistura expressões japonesas com fundo linguístico chinês. À **escrita** puramente chinesa, começam a se misturar caracteres puramente japoneses, os *kana*. A literatura é de expressão essencialmente feminina, produzida por mulheres da corte; os *kanas* lhes facilitam o acesso à escrita. Naquela época, as cartas, os pedidos eram escritos em *waka*, poesia, que se torna a prática mais comum de expressão. Tudo é importante no *waka*, o papel, a expressão, a cor, tudo é codificado. Seus critérios são o número de sílabas (31), sem rima, a fluidez do poema. Concursos de poesia eram realizados na corte. Os mais antigos remontam ao século IX. Mas a prática do chinês vai se perder gradualmente. O autor do primeiro *nikki*, diário, é um homem de nome **Ki no Tsurayuki** (872-945). A ele credita-se *O Diário de Tosa* (*Tosa Nikki*), no qual ele relata sua jornada para casa na província de Tosa. Este diário é como um tratado poesia. Até o final do período Heian, eram as mulheres que compunham diários de viagem. Na verdade, é mais preciso traduzir *nikki* por "memórias" ou "notas do cotidiano" que por "diário". O *Kagero no nikki*, ("Memórias de um efêmero"), concluído em 980, é o primeiro a ser escrito por uma mulher, dita a "mãe de Mitchisuma". **Murasaki Shikibu** (c. 973-c. 1025) escreve seu diário íntimo, o *Murasaki Shikibu nikki*, entre 1008 e 1010. Os *nikkis* classificam-se na literatura de introspecção. A partir deles, conhecem-se numerosos fatos que acontecem no contexto da corte. Por volta de 900, aparece o *monogatari* ou "narrativa". O *monogatari* abrange tanto os contos muito curtos como romances longos. A obra-prima do gênero continua a ser o *Genji Monogatari*, *O Conto de Genji*, de Murasaki Shikibu, feita na primeira década do século XI. "Esta longa novela inclui nada menos do que 54 livros e aproximadamente trezentos personagens, incluindo cerca de trinta protagonistas"[164]. Ela ganha o apelido de Murasaki, em homenagem à heroína de seu romance, e Shikibu refere-se à posição de seu pai na Sala dos Ritos. Ela nasceu na nobre e influente família Fujiwara e foi bem educada, já que aprendeu o chinês, domínio geralmente exclusivo dos homens. Alguns críticos acreditam que ela escreveu o conto de Genji entre 1001, ano da morte de seu marido, e 1005, ano em que foi convocada para servir na corte. É mais provável que a composição de seu romance extremamente longo e complexo se estenda ao longo de um período muito mais longo.

A importância do **Conto de Genji** é ter renovado o gênero romanesco, até então limitado a histórias bastante curtas no Japão. A notoriedade do romance baseia-se mais na atmosfera que evoca sutilmente do que no enredo desenvolvido. O amor continua a ser o tema dominante da narrativa em todas as suas formas, das mais felizes às mais infelizes, todas feitas a partir do jogo do destino e do acaso. Evocando o meio da corte imperial e a procura permanente do belo, numa busca poética incessante, Murasaki Shikibu consegue fazer um trabalho realista. Assim, os personagens estão fechados no mundo restrito dos prazeres mais refinados, sem que esse hedonismo reivindicado e essa recusa da realidade crua e vulgar levem a alguma coisa. A estética se torna uma via de acesso privilegiada à essência das coisas. O refinamento não é aqui uma fachada que esconde mal a inconsistência dos seres, mas uma arte da vida, uma arte do amor destinada a superar a impermanência. O tom do romance torna-se obscuro à medida que avança, o que pode indicar um aprofundamento da convicção budista de Murasaki Shikibu sobre a vaidade do mundo[165].

A literatura Kamakura, as narrativas de guerra

A luta entre os Tairas e os Minamotos torna-se fonte de inspiração e dá a luz a uma nova forma de narrativa histórica, os *Gunki monogatari*, as narrativas de guerra. Assim, uma trilogia descreve as principais etapas do conflito entre os dois clãs: a *Narrativa dos percalços da era Hogen* (*Hogen monogatari*) narra os acontecimentos entre 1156 e 1184; o *Heiji monogatari* (*Epopeia da rebelião de Heiji*), dos anos 1158 a 1199; o *Heike monogatari* (*A Aventura de Heike*), a vitória dos Minamotos em 1185. A poesia lírica é marcada pela *Nova coletânea de poemas antigos e modernos* (*Shinkokin-Shu*), antologia de poemas japoneses desse período. No entanto, aparece uma nova maneira de ver os acontecimentos, tentando analisá-los. Outros gêneros florescem: o *Kiko bungaku*,

---

164. Florence Braunstein, "Le Dit du Genji" [O conto de Genji], em *Encyclopædia Universalis*.

165. A esse respeito, ver Florence Braunstein, "Heike Monogatari" [A aventura de Heike], em *Encyclopædia Universalis*.

"literatura de viagem", um assunto particularmente importante; os *Otogi-zôshi*, novelas de ficção de que não se conhecem nem datas nem autores, de influência xintoísta e budista. Essas histórias contam a fundação de um templo ou ainda histórias de amor entre monges e meninos.

O teatro Noh (Nô), o gênio de Zeami

O teatro *Noh* surge durante o período Muromachi. Originalmente, foi denominado *sangaku no no* ou *sarugaku*, que designava um tipo de espetáculo vindo da China. De simples exercícios acrobáticos e truques de mágica, no início, ele evolui gradualmente para um entretenimento voltado para o cômico. No período Kamakura, tem lugar durante as festas búdicas ou xintoístas e, ao mesmo tempo, ganha o favoritismo popular. O *dengaku*, mistura popular de música e dança, também se desenvolve. Então, no período Nambokucho (1336-1392), verdadeiras companhias teatrais se formam em torno de Kyoto e em Yamato. Uma das quatro companhias dessa região estava sob a direção de **Kanami** (1333-1384) e de seu filho **Zeami** (1363-1443). Quando o *sangaku* é autorizado pelo xógum Ashikaga Yoshimitsu, ele se torna o espetáculo favorito da aristocracia e se transforma em *Noh*. Zeami passou à história da arte como um homem excepcional, autor de centenas de peças. Komparu Zenchiku, seu genro, sucede-o, mas a veia se esgota. Originalmente, a representação de *Noh* se dá ao ar livre. Num palco de madeira de três *ken* (5,40 m), com o lado prolongado na parte traseira por um espaço de um *ken* (1,80 m) de profundidade, no limite do qual ficam três ou quatro músicos a partir da direita: flauta, tambor pequeno, tambor grande, tambor maior, espaço que se abre para a esquerda, em direção a uma ponte, corredor estreito de comprimento variável; sem decoração, a não ser um pinheiro gigante em destaque na parede divisória do fundo e, às vezes, um objeto simbólico, como um galho representando uma floresta[166].

A RELIGIÃO DO JAPÃO MEDIEVAL

O xintoísmo

O xintoísmo, religião autóctone do Japão antigo, é claramente animista, mas entre deuses[167] e os homens, não há distinção absoluta. A pretensão de certos clãs de quererem vincular sua ascendência a essa ou aquela divindade os leva a considerar os deuses como ancestrais ou espíritos, os *kamis*. Seu culto serve para encontrar o justo,

---

166. A esse respeito, ver Florence Braunstein, *Penser les arts martiaux* [Pensar as artes marciais], op. cit., p. 310.

167. A esse respeito, ver John Herbert, *Les Dieux nationaux du Japon* [Os deuses nacionais do Japão], Paris, Albin Michel, 1965.

o bem inato no homem, descendendo desses *kamis*. As práticas de purificação são muito importantes, pois se parte da ideia de que os deuses não podem suportar serem contaminados. A contaminação física é inseparável da culpa moral. Consequentemente, existem três ritos para se purificar: o *harai*, que remove a sujeira trazida pelo pecado; o *misogi*, quando as manchas não vêm de erros cometidos (o banho torna-se um meio para se purificar); e o *imi*, ou seja, tudo o que se relaciona ao culto, sacerdotes e objetos devem ser de uma pureza inequívoca. O xintoísmo não se baseia num código moral ou ético, mas pretende estar em conformidade com o caminho dos deuses, "o caminho para ser deus". Os códigos sacerdotais encontram-se no *Código de Taisho* (701) e, em seguida, no *Código Engi*, da era de mesmo nome, entre 901 e 922. Composto de cerca de cinquenta volumes, dez concernem ao xintoísmo. Ele trata de temas variados, como o calendário das festas e feriados, o número de templos, o pessoal sacerdotal, o cerimonial.

O budismo

A seita de tendaishu, muito eclética, admite todas as formas conhecidas do budismo, em que o shingon, inspirado em suas formas tântricas, oferece um ensino esotérico e profano. O tendaishu tende para o sincretismo, reconhecendo todas as formas de budismo, integrando os deuses nativos a um politeísmo. Ele defende três formas de existência: o vazio, o meio e o temporário, pois tudo o que sabemos da existência depende de sua interpretação. Quando os vemos perfeitamente amalgamados, é a iluminação. O fundador é **Saicho** (767-822), chamado de **Dengyo Daishi**, "o grande mestre da propagação budista". Ele se interessa ainda muito jovem pelo tiantai chinês, cujo ensinamento é conhecido graças ao monje Ganjin, vindo ao Japão em meados do século VIII. Considerando que o Buda está presente em todos os lugares, o tendaishu retoma na escola tiantai a doutrina das "cinco verdades" ensinadas por Buda. Toda a sua doutrina se baseia no *Sutra do Lótus*, *Kokke Kyo*, em japonês, cujo principal dogma é o do único veículo. A escola shingon está diretamente relacionada à escola chinesa dos segredos, *Mi-tsong*, e seu fundador **Kukai** (774-835), chamado de **Kobo Daishi**, "*o grande mestre da difusão do dharma*", retorna ao Japão em 806, dominando os conceitos necessários para a constituição de sua doutrina. Ele estuda, durante sua estada na China, as *mandalas* e os *sutras* fundamentais do shingon. A escola utiliza algumas técnicas corporais do lamaísmo tibetano, chamadas de "ascetismos dos três mistérios", bem como a execução de *mudras*, gestos simbólicos com as mãos. "Os três mistérios" defendem a unidade absoluta do mundo com o principal Buda, Dainichi Nyorai. A prática mística permite comunicar os *mudras* com as mãos, recitar *mantras* com a boca, meditar sobre uma *mandala* com o espírito. A grande parcela de esoterismo nessa escola é a base de seu sucesso, que faz dela, durante o período Heian, um budismo qualificado de aristocrático. O shingon tem a particularidade de ter integrado velhas crenças e tradições do budismo anterior a uma grande variedade de deuses tomados tanto do panteão hinduísta quanto do xintoísta.

A introdução do Zen

O zen é introduzido no Japão no período Kamakura (1185-1192). Durante séculos, o zen é conhecido no Japão como uma meditação praticada pelas principais escolas de budismo. Mas ele entra real e oficialmente apenas no século XII, primeiro com um precursor, **Dainichi Nonin**, provindo da escola Tendai, e depois, sobretudo, graças ao monge **Eisai** (1141-1215), que viajou para a China para estudar o zen da escola linji. Ele funda sua própria linhagem, o Rinzai-Shu, o "zen da palavra" ou *koan*. O outro ramo, provindo do Tch'an (chan) chinês, é o da escola Soto-shu, fundada por **Dogen** (1200-1253), que privilegia a meditação sentada, *zazen*. Os dois principais centros ligados a ele são os mosteiros Eihei-ji e Soji-ji. Se estas escolas experimentam um sucesso tão grande quanto rápido, é porque elas não apresentam mais a erudição e o ritual complexo das antigas escolas para os guerreiros do período Kamakura. O ensino não é feito por livros, mas por mestres a seus discípulos, *I Shin den Shin*, "de alma para alma". Ele é não somente inspiração em todos os campos, desde a poesia ao teatro, mas também permite aos guerreiros e monges entrarem em contato e dar ao *Bujutsu*, técnica guerreira, seu sentido mais importante, de educador de *bushi* (guerreiro)[168].

4. O CAMBOJA MEDIEVAL: O IMPÉRIO KHMER E A CIVILIZAÇÃO DE ANGKOR

A CIVILIZAÇÃO DE ANGKOR

Ela deve seu nascimento ao rei **Jayavarman** II (802-830). Quando jovem, enquanto o Chen-La se submete a Java, ele é educado na corte dos Sailendras, e absorve seu modo de vida. De volta ao Camboja, por volta do ano 800, ele rejeita a tutela incômoda, reunifica o reino, funda várias cidades, incluindo a capital, Mahendraparvata, no Phnom Kulen, ao norte do Grande Lago, a cerca de 30 km a nordeste de Angkor. O rei, seguindo o modelo indonésio, identifica-se tanto com Indra, o rei dos deuses que reina sobre a montanha sagrada, *Meru*, quanto com Shiva, com a introdução do culto real do *linga*, símbolo da força criativa e da fertilidade do soberano. A partir do reinado de Jayavarman II, Angkor é o centro do reino, mas será preciso esperar até o reinado de **Yasovarman** (889-900) para que se torne a capital.

---

168. A esse respeito, ver Florence Braunstein, "Bouddhisme et arts martiaux" [Budismo e artes marciais], em *Lumières sur la voie bouddhique de l'éveil* (revue *Connaissance des religions*) [Luzes no caminho budista do despertar (revista Conhecimento das religiões)], Paris, L'Harmattan, 2003, p. 302.

É possível datar o auge de Angkor nos primórdios do reinado de **Indravarman** (877-889), o segundo governante da dinastia, que constrói um vasto sistema de irrigação baseado em lagos artificiais conectados aos canais que beiram os campos. Indravarman também é responsável pela construção do Bakong, monumental templo-montanha composto por cinco terraças de arenito em andares. O acesso a Bakong se faz por pavimentos guardados por *nagas*, serpentes, também de arenito. O *naga*, símbolo ctônico, também presente em Angkor, é mantido por deuses, gigantes, demônios. Os sucessores de Indravarman disputam o poder. Reunificado a partir de 1011 por **Suryavarman I** (1002-1050), fundador de uma nova dinastia, o Camboja engloba o Sião e o Laos. Seu sucessor manda cavar a bacia do Baray ocidental e ordena a construção do templo de Baphuon. Mas a dinastia gradualmente perde seu poder e, depois de repelir uma invasão cham em 1074, cede o lugar em 1080 para os Mahidrapuras.

A DINASTIA MAHIDRAPURA (1080-1336)

É possível considerar **Suryavarman II** (1113-1150) como o verdadeiro fundador da dinastia, na medida em que o seu longo reinado lhe permite restaurar a economia do país, a sua prosperidade, ao repelir os mons para o oeste, e os viets e chams para o leste. Grande construtor, ele manda erguer o templo de Angkor Wat dedicado a Vishnu. É sob o seu reinado que eclode uma guerra com os chams, que tomam e saqueiam Angkor Wat em 1177. É de **Jayavarman VII** (1181-1218) a tarefa de acabar com as hostilidades com os chams e repeli-los para fora do reino do Camboja. A influência do hinduísmo, até então predominante, diminui gradualmente diante do budismo *Mahayana* (do grande veículo), praticado pelo soberano e sua família. Jayavarman VII reconstrói sua capital e funda a terceira Angkor ou Angkor Thom, apagando, assim, a memória da destruição efetuada pelos chams, pouco antes. Os edifícios religiosos, que ainda deixam espaço para as divindades hinduístas, são dedicados a Buda, como o templo de Bayon, onde o rei provavelmente empresta suas feições às efígies divinas, enquanto Bayon torna-se o nome do estilo próprio a seu reinado. O retorno à ortodoxia hinduísta tem lugar durante o reinado de **Jayavarman VIII** (1243-1295), que manda martelar e substituir as efígies budistas e restaura a adoração do deus-rei, chave de todo o sistema social e político cambojano. O budismo, todavia, teve tempo de se espalhar por todas as camadas da população. Os últimos anos de Jayavarman VIII são obscurecidos pelo tributo que ele deve pagar, a partir de 1285, aos mongóis, enquanto, em 1295, é reconhecida a independência do reino tailandês de Sukhothai. Com sua morte, é introduzido o budismo *Hinayana* (ou do pequeno veículo), enquanto o páli tende cada vez mais a substituir o sânscrito. O último rei-deus hindu é deposto e assassinado em 1336.

O DECLÍNIO DE ANGKOR

O declínio de Angkor é acompanhado pelo aumento do poder tailandês, que se apodera de Angkor em 1351 e, de novo, em 1431. O sistema dos canais não é mais mantido, e a população cambojana enfrenta problemas de abastecimento, uma das causas prováveis do abandono de Angkor pela corte, que em 1446 escolhe instalar-se no rio Mekong, ao abrigo das incursões, no sítio atual de Phnom Penh. O fim da civilização de Angkor marca o fim da independência do reino do Camboja, uma vez que ele passa, ao longo dos séculos, à dominação dos tailandeses e vietnamitas.

A ARTE DO CAMBOJA MEDIEVAL

A arte de Kulen, uma arte religiosa

A arte de Kulen vai se desenvolver durante o reinado de Jayavarman II e perdurar até o final do século IX. Arte religiosa, é dominada pela construção de torres-santuários, de planta quadrada. Um esboço do futuro templo-montanha, destinado à representação do Meru, morada dos deuses, é feita em Krus Prah Aram Rong Chen, sob a forma de vários bancos de pedra escalonados. A escultura é enriquecida por figuras de monstros javaneses, e a escultura tridimensional evolui dos arquétipos indianos para a arte cambojana propriamente dita, com a alternância de deuses, gigantes e demônios vestindo o diadema longo caindo, de um lado a outro do pescoço, sobre os ombros.

A música cambojana

A música cambojana está intimamente ligada à espiritualidade. Seu nome, *phleng*, derivado do verbo "*leng*", "*entreter-se*" ou "*distrair-se*", apresenta-a como um entretenimento sagrado. Ela acompanha cada momento da vida. Divide-se em música de corte e música popular. Existem, para a forma real, dois tipos de orquestra: o *Pin Peat* solene das grandes cerimônias; e o *Mohori*, dos entretenimentos privados. Os principais instrumentos são o *skor thom* ou "grandes tambores", os *chhing*, címbalos, o *kong thom* ou "grande gongo" e o *kong toch* "pequeno gongo", assim como xilofones, *roneat ek* e *roneat thung*, com lâminas de bambu ou teca. O metalofone, *roneat dek*, é feito de lâminas de bronze. Deve acrescentar-se uma espécie de oboé, o *sralai*. Os instrumentos de corda são o *krapeu*, o *tro chlé* ou o *sor*. A flauta *khluy* propaga um som suave. A música do Camboja não é escrita; é transmitida de mestre a discípulo pela repetição de temas interpretados. É tocada numa escala pentatônica, de cinco tons, dividida em sete graus iguais. O improviso desempenha um papel importante, a partir de uma frase melódica curta de dois temas que se respondem, retomados em conjunto entre duas e quatro vezes. A música acompanha casamentos, funerais, lutas de boxe.

5. A INDONÉSIA MEDIEVAL

HISTÓRIA: AS CIVILIZAÇÕES INDO-JAVANESAS

É entre os séculos V e XV, numa época em que se constituem os reinos da Indonésia, que é possível falar de civilizações indo-javanesas, de tanto que o hinduísmo influencia a Indonésia. A ilha de Java é então dividida em reinos independentes, fonte de múltiplos conflitos. A população exerce atividades predominantemente rurais. É na parte meridional de Sumatra e no centro de Java que se atesta a presença das duas religiões fundamentais, o hinduísmo e o budismo, tanto pelos títulos reais, como o de maharaja, marajá ("grande rei"), quanto pelas fundações pias construídas, templos ou *candis*: Candi Kalasan, Candi Sewu, e o mais famoso, Candi Borobudur. No primeiro terço do século X, as regiões centrais de Java são abandonadas por razões desconhecidas, e os centros populacionais então se deslocam para o leste de Java, onde vai florescer, no século XIV, o reino de Majapahit.

AS INFLUÊNCIAS DO BUDISMO E DO HINDUÍSMO

O budismo mahayana – ou do grande veículo – e o hinduísmo influenciam as civilizações javanesas, tanto pelo uso de sânscrito, além de idiomas locais, como pela iconografia lapidar mostrando as lendas indianas ou pela escolha das divindades a que são dedicados os *candis*, como o conjunto dos oito santuários xivaítas do grupo Arjuna. O *candi*, templo mortuário, é sempre feito a partir de uma forma simples, que pode se tornar complexa ao extremo, sem deixar de respeitar este princípio em três partes distintas: um rebaixamento maciço, sobre o qual é elevado o templo cercado de terraças, coberto com um telhado escalonado. O templo abriga a estátua da divindade, que pode ser muito grande, como a de Tara, uma das formas femininas do panteão budista, no Candi Kalasan, ao sul de Merapi, que se estima medir 3 m.

A DINASTIA SAILENDRA E O BOROBUDUR (SÉC. VIII-IX)

É durante o século VIII que a dinastia Sailendra experimenta a maior expressão de seu poder territorial. Este se estende, principalmente sob a forma de influências artísticas, até Angkor, e sob formas culturais mais amplas pela transmissão do hinduísmo na península da Indochina. Na segunda parte do século IX, a dinastia Sailendra é forçada a deixar Java e encontra refúgio em Sumatra, onde assume o poder do reino de Srivijaya. É substituída, na própria Java central, pela dinastia Mataram (752-1045), à qual devemos o Candi Prambanan. Depois se sucedem os reinos de Kediri (1045-1221) e Singasari (1222-1292), antes do triunfo do Majapahit (1293-1500).

O Borobudur, viagem iniciática

O sinal mais impressionante do poder e do papel primordial da dinastia Sailendra continua sendo o Candi Borobudur. Ao contrário dos edifícios religiosos do período anterior, o Borobudur é projetado a partir de uma eminência natural, cuja forma foi utilizada e transformada pela adição de monumentos. O Borobudur é um edifício de nove andares, a partir de cinco terraços escalonados encimados por quatro plataformas circulares. Sua concepção religiosa do budismo cumpre rigorosamente as exigências do budismo do *Mahayana* ou grande veículo. As terraças quadradas são cobertas com baixos-relevos que formam um percurso preciso. As quatro plataformas são ornadas com estupas, em número de 72, às quais deve ser adicionada a que coroa todo o edifício. Os fiéis são convidados a subir o Borobudur para ali banhar-se nas fontes diretas de ensinamentos do Buda, para encontrar, ao mesmo tempo, as principais etapas de sua existência e os preceitos legados para alcançar o *nirvana* (ou "escapar da dor" – esta é a última etapa búdica, da contemplação e da verdade). O Borobudur é ladeado a leste e oeste de dois candis, ou templos mortuários.

O Prambanan, Ramayana de pedra

Localizado também em Java Central, ao sudoeste de Borobudur, o Prambanan é um complexo religioso hindu dedicado a Shiva. Constitui, com o Borobudur budista, o conjunto mais prestigiado da ilha. Tem a forma de um quadrilátero, fechado por uma parede perfurada por quatro portões. A maior parte da decoração, em baixo-relevo, consiste em cenas do *Ramayana* (*Gesto de Rama*), mas o sincretismo com o budismo, do ponto de vista arquitetônico, manifesta-se pela presença de estupas. As principais divindades, a que são dedicados os santuários adventícios, são Brahma, Vishnu e Shiva, ou seja, a Trimurti, e a montaria favorita de Shiva, o touro Nandi.

CAPÍTULO XII
A AMÉRICA PRÉ-COLOMBIANA

1. A CIVILIZAÇÃO MAIA

Convencionalmente, a história maia é dividida em três períodos: o período pré-clássico, (c. 2600 a.C.-150), o período clássico (c. 150-c. 900), e, finalmente, o período pós-clássico (c. 900-1521). Após o estabelecimento das comunidades pré-clássicas, os reinos maias, centrados em cidades-Estados, florescem durante a era clássica, como Tikal, Calakmul, Chichén Itzá, Uxmal, cada uma assumindo a vez, bem no início da última época. Cada cidade é governada por um rei que detém todo o poder. Ele é assistido por um conselho de nobres, religiosos, militares. O nome e a biografia de vários grandes soberanos maias chegaram a nós: Uaxaclajuun Ub'aah K'awiil (conhecido também como **18 Coelho de Copán**), **K'awiil de Tikal, Pakal o Grande de Palenque**. Palenque é dirigido por um príncipe excepcional, na pessoa de **K'inich Janaab 'Pakal (603-683), Escudo-Jaguar**, também conhecido como **Pakal, o Grande**. Senhor de Palenque a partir de 615, aos doze anos de idade, casa-se em 624 com a princesa Oktan, faz não só o seu poder militar na cidade-Estado, mas revela-se um rei construtor, mandando erguer templos e pirâmides. Entre eles, o Templo das Inscrições, que contém seu túmulo. Construído entre 675 e 683, é formado por uma base piramidal, encimada pelo próprio templo. Uma escada leva, sob o templo, a uma cripta mortuária, onde o rei **Pakal**, vestido com seus atributos reais de jade, repousa sob uma impressionante laje esculpida, que fecha um sarcófago de 3 m por 2 m.

As representações pictóricas na tampa do sarcófago e na catacumba relatam as fases da transformação de Pakal num deus imortal, vencedor do mundo inferior, o da morte e das criaturas demoníacas. Copán tem como 13º soberano **Uaxaklajuun Ub'aah K'awiil (695-738)**, conhecido como 18 Coelho. Tornado rei de Xukpi, ou seja Copán, em 2 de janeiro de 695, 18 Coelho é capturado e sacrificado aos deuses por seu vencedor, o rei de Quiriguá, após a derrota de 3 de maio de 738. Depois que 18

Coelho foi decapitado, a cidade de Copán tem dificuldade para recuperar o seu esplendor, sua idade de ouro terminou. Foi ele que mandou construir muitas estelas na Grande Praça, aumentar o campo de jogo de bola. O templo 22 é dedicado a ele. O nome 18 Coelho, ainda amplamente utilizado, remonta aos primórdios dos estudos consagrados aos maias e vem de uma alteração de sentido; o verdadeiro nome do rei é "Dezoito são as imagens de K'awiil", sendo K'awiil o nome de um dos principais deuses maias, associado ao exercício da realeza divina. Tikal vê o sol da glória levantar-se quando sobe ao trono **Yik'in Chan K'awiil** (734-760), K'awiil que obscurece o Céu. Ele derrota realmente a poderosa cidade rival de Calakmul em 736, antes de fazer o mesmo com seus antigos principais aliados entre 743 e 744. Toma como esposa a Nobre Dama **Shana'Kin Yaxchel Pakal**, "Geai verde da parede", de Lakamha. A civilização maia ainda hoje é um enigma. As cidades do sul são deixadas por seus habitantes a partir do final do século VIII; eles parecem ter migrado para o norte, na Península de Yucatán.

Escavações recentes atestam que existia no sul um mundo de cidades comparável ao do norte, ao passo que, até há pouco, acreditava-se que esse modelo de comportamento havia sido importado por habitantes do sul. O fenômeno se reproduz em todo o mundo maia no início do período pós-clássico. Vários fenômenos podem permitir identificar algumas razões para esse declínio, como guerras e revoltas, mas a seca que ocorria regularmente parece ser a principal causa. Também é possível destacar a introdução, pelos sacerdotes e príncipes, a partir do século VIII, do novo culto ao deus Kukulcán, a Serpente Emplumada, tomada pelos astecas sob o nome de Quetzalcóatl. Este recém-chegado ao culto, que logo se tornou hegemônico, teria desgostado os seguidores das divindades mais antigas, Chaac, o deus da chuva, Itzmana, o deus do sol, Ah Mun, o deus do milho, causando confrontos até dentro das cidades.

UMA GRANDE CIDADE MAIA: UXMAL

O sítio é o representante mais importante do estilo Puuc arquitetônico, que floresceu durante o período clássico tardio de 700 a 900. As características desse estilo concernem à construção de edifícios de pedra calcária grandiosos, muitas vezes com superfícies de paredes lisas. Uxmal, em maia "Três Vezes", implicitamente reconstruir três vezes, ergue-se na Península de Yucatán, no México. Sua ocupação é relativamente breve, uma vez que se estende de cerca do ano 700 a 1200. O principal culto é feito ao deus da chuva, Chaac. O refinamento dos motivos, a abundância das esculturas, a rigorosa disposição dos edifícios de acordo com dados astronômicos fazem que a cidade seja muitas vezes considerada representativa do apogeu da civilização maia. Os monumentos emblemáticos de Uxmal são a Pirâmide do Devin, de forma oval em vez de quadrada ou retangular; o Palácio do Governador, com longas fachadas de quase 100 m; o Quadrilátero das Freiras ou o Palácio do Governo, um pátio central cercado por quatro edifícios de cômodos ricamente decorados com esculturas; um jogo de bola.

A Pirâmide do Devin, em Uxmal, além de sua forma oval não habitual, seria fruto da criação mágica de um anão adivinho. Nascido de um ovo, o adivinho revela-se antes ao mundo por seus talentos musicais. Tocando um instrumento de percussão de madeira, o *tukul*, seu poder é tal que o som chega até o palácio do rei de Uxmal. Este último, moribundo, espera que um anão dotado de um poder tão prodigioso seja capaz de restaurar a sua saúde. Para testá-lo, o soberano o faz vir à corte, onde ele passa vitoriosamente por todas as provas que lhe são impostas. Mas o anão está cansado de tanta ingratidão. O teste final é esmagar na cabeça nozes muito duras com uma marreta. O anão aceita se o rei prometer fazer o mesmo. Enquanto o o anão se sai bem, o soberano divide o crânio de primeira. Transformado em rei, o anão ergue a Pirâmide do Devin em uma noite.

A RELIGIÃO MAIA, O *POPOL VUH*

Nosso conhecimento dos maias vem de um único documento sobre a cosmogonia e a criação do universo, a criação do homem com o *Popol Vuh*, ou Livro do Tempo. Escrito em maia, com caracteres latinos, por um grupo de compiladores, em meados do século XVI, ele descreve o mundo dos deuses, o dos homens e dos grandes feitos dos soberanos maias quichés até sua época de redação. Os quichés são um grupo etno-linguístico da Guatemala, ainda presente hoje, com a figura bem-conhecida do Prêmio Nobel da Paz Rigoberta Menchú, em luta pelo reconhecimento de seus direitos civis. O texto, rapidamente perdido, é redescoberto no século XVIII por um padre, na Guatemala, que realiza a primeira tradução. Ele chegou até nós graças a uma cópia, também em língua maia, assim como uma tradução espanhola, devida a um dominicano, Francisco Jimenez, datadas do final do século XVII. O *Popol Vuh* relata a batalha vitoriosa dos gêmeos Hunahpú e Xbalanque. É a principal fonte de conhecimento da religião maia, com os textos dos *Chilam Balam* escritos em yucateca, mas sempre em caracteres latinos, dos séculos XVI e XVII. *Chilam Balam* é o nome do grupo de "sacerdotes Jaguares", conhecido por seu dom de profecia, seus poderes sobrenaturais. Os livros de *Chilam Balam* apresentam ao mesmo tempo os mitos, as profecias, incluindo a chegada dos europeus, e receitas profiláticas ou medicinais.

2. A CIVILIZAÇÃO TOLTECA

Os toltecas ocupam a região central do México e escolhem a região de Tula para estabelecer sua capital política, ou retomam de uma civilização anterior a cidade de Teotihuacán para ali erguer um vasto complexo religioso: ambas as cidades localizam-se ao norte da atual Cidade do México. Esta divisão atravessa os dois momentos de sua história. Os sacerdotes dominam a sociedade aproximadamente até o século XI, em seguida, eles dão lugar aos guerreiros. Seu poder militar cede, no entanto, diante das forças astecas durante o século XIV, e o mundo tolteca independente desaparece para se misturar ao de seu conquistador. Como os maias, eles adoravam a Serpente Emplumada, a quem dão o nome definitivo de Quetzalcóatl, e também honram os deuses sangrentos, que se alimentam do sangue derramado das vítimas humanas sacrificadas, como o temível Tezcatlipoca, que governa a morte.

DOIS GRANDES CENTROS TOLTECAS: TULA, CHICHÉN ITZÁ

Tula e os atlantes

Tula, a grande região dos toltecas, um povo migrante instalado no século IX no planalto central mexicano, é a capital dos toltecas e astecas, a cerca de 80 km ao norte da Cidade do México. O apogeu do mundo tolteca se dá entre os séculos X e XII. Tula surge quando a maior cidade mesoamericana, Teotihuacán, entra em declínio durante o século VII. O primeiro núcleo urbano é chamado de *Tula Chico*, "Pequena Tula". O deus-serpente Quetzalcóatl, associado ao planeta Vênus, já é adorado ali. Sua grandeza cresce a partir do reinado de Ce Acatl Topiltzin, "1-Junco", entre 980 e 1000, aproximadamente. Considerado o fundador de *Tula Grande*, a "Grande Tula", ele lhe dá um novo centro religioso. A cidade cobre então entre 10 km^2 e 16 km^2 para uma população que poderia ultrapassar 50 mil habitantes. São construídos os monumentos de maior prestígio, as pirâmides em plataformas encimadas por um templo, como o Quemado, ou Palácio Quemado, incluindo o templo situado no topo da pirâmide B. A Pirâmide B, ou Pirâmide de Tlahuizcalpantecuhtli, deus Serpente Emplumada Quetzalcóatl, na sua forma de Vênus, é famosa por suas Atlantes, quatro colunas em forma de guerreiros toltecas, com quase 5 m de altura, que sustentavam o telhado do templo. Além de suas Atlantes, Tula é conhecida por suas chaac-mols ou "Jaguar vermelho", estátuas em bloco representando um homem reclinado sobre os cotovelos, a cabeça virada para o recém-chegado, que encontramos em Chichén Itzá, outra cidade tolteca. Toltecas, chichimecas, mixtecas, tantos povos destinados a misturar-se na grande federação dominada pelos astecas.

Chichén Itzá, na boca do poço

A cidade de Chichén Itzá, ou "Na boca do poço dos Itzá", é fundada por volta do ano 400, antes de ser abandonada cerca de cem anos mais tarde. Ela renasce no século IX para homenagear o deus Kukulcán, depois Quetzalcóatl, a "Serpente Emplumada", para os conquistadores toltecas. Expulsos de sua capital, Tula, eles se misturam aos maias em Chichén Itzá, cidade que mistura as duas civilizações. Chichén Itzá fica na península de Yucatán, no México, e cobre uma área de 300 ha, aproximadamente. Os monumentos mais notáveis são a Grande Pirâmide, ou Castillo, o jogo de bola, o Templo dos Guerreiros. Convém acrescentar um bem natural, ou *cenote*, lugar de culto do deus da chuva, Chaac. A grande pirâmide, com 24 m de altura, ou Castillo, o "castelo" em espanhol, é reservada à adoração do deus Quetzalcóatl, a "Serpente Emplumada", representado por cabeças de serpente na parte inferior da escada de acesso. A sua construção respeita uma divisão calendária, quatro faces de 91 degraus ou 364 além da plataforma formando um total de 365 para os dias do ano. O jogo de bola, o maior de toda a Península de Yucatán, com seus 90 m de comprimento e 30 m de largura, é um campo retangular. Uma anel de pedra é preso bem alto em uma parede. Duas equipes competem para passar uma bola de borracha, sem usar as mãos ou os pés. Tudo depende da capacidade de lançar a bola a partir dos quadris, cotovelos, antebraços. Este é um jogo sagrado, uma homenagem à trajetória do sol no céu. As forças do mundo inferior, da morte, lutam contra as forças da vida no mundo superior, terreno. O templo dos Guerreiros (ou Jaguares) é nitidamente mais tolteca. Os afrescos que o adornam ilustram as façanhas desse povo guerreiro. No topo da pirâmide, o próprio templo é precedido de um altar sacrificial ou *chaac-mol*, em forma de homem reclinado, apoiando-se nos cotovelos, cabeça erguida, cujo ventre serve de superfície sobre o qual deitar o sacrificado. Chichén Itzá abarca, na realidade, duas histórias: a da cidade dos maias, governados por reis sacerdotes, adoradores de Chaac, a partir de 400, e, em seguida, a cidade dos toltecas, que vieram da região central do México em duas migrações, uma por volta de 850, outra por volta de 1150, e que veneram a "Serpente Emplumada". As lutas com as cidades rivais, incluindo Mayapán, apressam provavelmente o fim de Chichén Itzá, abandonada no final do século XIII.

A RELIGIÃO TOLTECA: DEUSES E SANGUE

A religião tolteca, como um todo, é em grande parte retomada pelos astecas. Todavia, duas figuras divinas merecem uma abordagem especial, Tezcatlipoca, "Senhor do Espelho Fumegante" e Quetzalcóatl, "Serpente Emplumada".

- **Tezcatlipoca**, "Senhor do Espelho Fumegante", é, por excelência, o demiurgo mesoamericano. Criador do Céu e da Terra, ele é o Sol-Jaguar do primeiro universo. Deus supremo, onisciente, onipotente, ele contém em si mesmo todas as divindades, o "Criador", o "Ser de todas as coisas". Invisível, onipresente, tem um espelho mágico ao qual faz eco o espelho de marcassita que é seu símbolo, com o qual ele prevê o futuro e lê o coração do homem. Seu culto acontece durante a chegada dos toltecas ao longo do século X. Seus poderes são infinitos: Deus da Guerra, da Morte, da Noite, da Grande Ursa, inventor do fogo, protetor das colheitas, gênio do mal dos homens, padroeiro dos feiticeiros e necromantes, encarnação dos jovens guerreiros, da beleza, do conhecimento, da música etc. Impalpável, de tanto que é múltiplo, paradoxal e ambíguo, Tezcatlipoca é o Deus Negro, sua cor; os astecas o consideram como corruptor de seu irmão Quetzalcóatl, que ele inicia à bebida e aos prazeres eróticos. É mais frequentemente representado com o rosto pintado de faixas horizontais amarelas e pretas alternadas, o pé direito, perdido em combate contra o Monstro da Terra, substituído por um espelho ou uma serpente. Às vezes, o espelho repousa sobre o peito, e espirais de fumaça emanam dele. Seu representante animal ou a sua forma animal, seu *nagual*, é o jaguar. Ele se aproxima de vários deuses maias, o criador supremo K'awiil ou Tohil, "Obsidiana", associado aos sacrifícios.

- **Quetzalcóatl**, a "Serpente Emplumada de Quetzal", sendo o quetzal um pássaro tropical de penas cores vivas azul brilhante, verde, vermelho; é mais comumente chamado de "Serpente Emplumada". Irmão de Tezcatlipoca para os astecas, é também o deus criador, protetor do conhecimento, dos artesãos, dos escribas, Vênus, a Estrela da Manhã, o doador da civilização aos homens, aquele que lhes ensina a arte da agricultura, do comércio, da tecelagem e da cerâmica. Quetzalcóatl é adorado pelos maias sob o nome de Kukulcán, sob o de Quetzalcóatl em Teotihuacán, entre os toltecas e depois os astecas. Protetor dos sacerdotes, ele estaria por detrás do regime dos reis sacerdotes de Tula, no século X. Seria, então, de se aproximar à figura do rei Ce Acatl Topiltzin Quetzalcóatl, expulso pelos asseclas do deus rival Tezcatlipoca. Quetzalcóatl, deus pacífico, recebe flores em sacrifício, penas de quetzal, jade ou animais, serpentes, pássaros, borboletas. Sua queda em Tula inaugura a era dos sacrifícios humanos exigidos por seu sombrio oponente, Tezcatlipoca.

3. A CIVILIZAÇÃO INCA

Os incas eram originalmente um grupo, provavelmente vindos do lago Titicaca, na fronteira entre o Peru e a Bolívia. A partir do século X, eles se espalham pelos vales peruanos, criando numerosos pequenos reinos rivais. No século XIII, juntos, começam a preparar o advento, em torno de Cuzco, do que será o Império Inca, que no auge, no início do século XVI, cobre cerca de 3 milhões de km². O legado dos incas nos é familiar desde a infância, entre *As sete bolas de cristal* (*Les Sept Boules de cristal*) e *Tintim*[169] *e o Templo do Sol* (*Tintin et le Temple du Soleil*); ele também perdura na celebração perene da principal festa em homenagem ao sol. O *Inti Raymi*, a festa do Sol, que corresponde ao solstício de 24 de junho e continua a ser celebrada no Peru,

---

169. Tintim é um famoso personagem de quadrinhos do autor belga Hergé, que escreveu e desenhou inúmeras de suas aventuras, incluindo as citadas aqui, já traduzidas para o português [N.T.].

perto de Cuzco, na região de Sacsayhuamán. Todos os anos centenas de milhares de pessoas, peruanos e turistas, fantasiados com roupas de época, vão assistir à reconstituição das festividades antes realizadas pelos incas. O destaque da cerimônia é o discurso pronunciado pelo figurante que encarna o imperador, o *Sapa Inca*, em quíchua, antes de desfilar em procissão num trono dourado. Ainda sobrevivem a língua, o quíchua e o *ayllu*, comunidade solidária. Seu mundo ainda está presente e vivo na língua quíchua, ainda falada, ou em runa-simi, "língua dos homens", a língua falada nos Andes, do sul da Colômbia até o norte da Argentina.

A HISTÓRIA DOS INCAS

Será preciso esperar o primeiro milênio de nossa era para ver o nascimento de dois verdadeiros impérios, Tiauanaco e Huari. Tiauanaco, sítio classificado como Patrimônio Mundial pela UNESCO, desenvolve-se perto do lago Titicaca, na atual Bolívia. Seu grande templo celebra o culto aos *huacas*, as forças espirituais. Ele desaparece no século XI, sem que a causa exata seja determinada. O Império Huari é centrado na atual cidade de Ayacucho, na província peruana de mesmo nome, a mais de 2.700 m de altitude nos Andes. Os huaris, arquitetos, tecelões, mestres na arte da cerâmica, prefiguram os talentos incas. O fim do Império Huari coincide com a formação de estados regionais, de que o mais importante é o de Chimú, na região da atual cidade de Trujillo. Nascido no século IX, ele perdura até o final do século XV, quando é incorporado ao Império Inca. Sua capital, Chanchán, revela a organização da sociedade em castas, cada uma ocupando a área que lhe é atribuída. Os incas deixam provavelmente as proximidades do lago Titicaca ao longo do século XI para ganhar, gradualmente, o vale de Cuzco e ali se estabelecer. Primeiro precisam lutar contra os grupos locais, depois agregar-se a uma coalisão. Esta última é claramente organizada: o *Hanan*, "o alto", vai para aqueles que exercem os poderes civis e religiosos; o *Hurin*, "o baixo", para os que detém os poderes militares.

Rapidamente, os incas monopolizam o *Hurin*. O primeiro a ser capaz de verdadeiramente ser considerado imperador seria o inca Manco Capac, no século XII. Os incas, em seguida, dominam a federação a que serviram por um tempo militarmente. Um só grupo ainda se opõe localmente a seu poder: os chancas. Em 1438, eles cercam Cuzco, cujo nome significa "umbigo" ou "centro" do mundo, deixado precipitadamente pelo inca Viracocha (c. 1400-1438). Ele era conhecido primeiramente pelo nome de Hatu Tupac Inca, que muda para Viracocha quando tem a revelação da existência desse deus. Ele é o verdadeiro criador do Império Inca por sua política de assimilação dos povos conquistados, após as fases de conquistas militares. Enquanto os chancas sitiam Cuzco, ele se refugia numa fortaleza, parecendo estar pronto para desistir de lutar. Seu filho, Pachacutec, toma a frente do exército, derrota os chancas e o depõe. Com seu reinado, abre-se o período de auge do mundo inca. O futuro **Pachacutec** (1438-1471) é um príncipe desconfiado. Depois, os reinados estendem os limites do Império até a Bolívia, o Equador, o norte do Chile. **Huayna Cápac**, o "Jovem Magnífico" (1493-1527), dedica seu reinado ao apogeu do esplendor do Império Inca, a *Tahuantisuyu*. Mas o Império Inca apoia-se em alicerces frágeis. Sua estrutura básica é o *ayllu*, ou comunidade aldeã. As províncias são governadas por curacas, nobres incas que as administram. O verdadeiro cimento desse mosaico de grupos é religioso, é o culto do Sol, Inti. Em 1527, Huayna Cápac morre sem designar um sucessor. Seus dois filhos, **Huascar** e **Atahualpa**, disputam o território durante cinco anos. **Atahualpa** (1532-1533) ocupa o norte do Império Inca depois da morte do pai. Seu meio-irmão Huascar (1527-1532) é proclamado *Sapa Inca*, em Cuzco, com o apoio de membros da família real e da nobreza. Mas Atahualpa se recusa a aceitá-lo e entra em guerra. Cinco anos de manobras e confrontos se passam antes de Huascar ser definitivamente derrotado, perto de Cuzco, em 1532. Atahualpa torna-se então o único soberano, o Inca, o último. É nessa data que **Francisco Pizarro** (c. 1475-1541) entra no Peru. Por traição, ele se apodera de Atahualpa. A perda do Inca é uma catástrofe para seu povo. Um enorme resgate, que consiste numa sala completamente cheia de objetos de ouro, é pago. Mas Pizarro manda executar Atahualpa em 29 de agosto de 1533. Serão necessários quinze anos para os espanhóis completarem a conquista, facilitada pela devastação da população pelas doenças trazidas pelos europeus.

A ARQUITETURA CICLÓPICA INCA

Os sítios e monumentos pré-incas e incas impressionam pelas dimensões de uma arquitetura ciclópica. Os principais sítios e monumentos incas, além da capital, Cuzco, são Pachacamac, sítio pré-inca a cerca de 30 km de Lima; o Coricancha, o Templo do Sol, em Cuzco; a fortaleza de Sacsayhuamán e a famosa Machu Picchu. Para controlar seu imenso Império, os incas construíram 45.000 km de estradas reais, ou *Incañan*, a "Trilha Inca", que liga Pasto, no sul da Colômbia, ao norte da Argentina. A principal dessas estradas reais se estende por 6.600 km. Corredores de elite se revezavam, aprendendo de cor as mensagens, recitando-as ao portador da tocha que, por sua vez, as decorava; dizem que eram capazes de cruzar 200 km por equipe por dia. A autoridade do Inca é, assim, permanente, e qualquer levante é rapidamente denunciado em Cuzco. Diz-se até que a corte imperial podia comer peixes e mariscos frescos à vontade. As estradas, por vezes com 3 m de largura, são feitas de blocos de pedra mantidos por uma mistura de cascalho e gesso.

A cidade perdida de Machu Picchu

Machu Picchu, ou "Velha Montanha" em quíchua, é uma cidade inca localizada a mais de 2.400 m acima do vale do Urubamba, cerca de 70 km a noroeste de Cuzco.

Construída por volta de 1450, a cidade é abandonada cerca de cem anos depois, por uma razão ainda maldefinida. Ignorada pelos conquistadores espanhóis, e depois esquecida, a cidade é redescoberta em 1911, classificada como patrimônio mundial da UNESCO em 1983. Originalmente, Machu Picchu era considerado um *Ilacta*, uma cidade destinada a controlar novos territórios conquistados. Parece que, atualmente, aceita-se que se tratava de um retiro privado do Inca **Pachacutec** (1438-1471). Como muitas construções incas, as de Machu Picchu são elevadas a partir de blocos de pedra montados sem argamassa. Trata-se de 140 construções, casas, templos, jardins murados ligados por uma escada de pedra de mais de uma centena de degraus. A cidade, como a sociedade inca, é estritamente dividida: uma área sagrada, uma área reservada para a nobreza e os sacerdotes, uma área popular. A área sagrada inclui o Intihuatana, o Templo do Sol, e o Templo das Três Janelas. Na área da nobreza e do clero, as construções dos sacerdotes têm paredes vermelhas, aquelas destinadas às mulheres de alto escalão têm cômodos trapezoidais. Em maio de 2007, o sítio foi adicionado às sete novas maravilhas do mundo pela New Open World Foundation.

A RELIGIÃO INCA: REIS DEUSES E VIRGENS DO SOL

O Império Inca encarna-se em seu soberano, o *Inca*, tanto chefe militar quanto o mais alto dignitário religioso, próximo do divino. Se os sete primeiros Incas têm uma existência lendária em grande parte, alguns de seus sucessores vão levar ao seu apogeu o mundo que eles dominam: **Viracocha Inca** (c. 1400-1438), temível guerreiro e reformador religioso; **Pachacuti Yupanqui**, ou **Pachacutec** (1438-1471), o "Reformador do mundo"; **Huayna Cápac** (1493-1527), cujo reinado marca o ápice do Império; **Atahualpa** (1532-1533), finalmente, o desafortunado último soberano. O deus dominante do panteão inca é Inti, o sol, que depois foi suplantado, no reinado de Pachacutec, por um novo demiurgo, **Viracocha**, "o Criador". Outros deuses são cultuados: Killa, a Lua, consorte de Inti; Illapa, o relâmpago, ou Taguapica, o filho maléfico de Viracocha, que se esforça para destruir aos poucos o que é criado por seu pai. Os sacrifícios humanos, mais raros que no mundo asteca, fazem parte dos rituais, especialmente durante a entronização do novo Inca. Os mitos evocam a criação do mundo, a das três humanidades sucessivas, quando a mais bela lenda homenageia Manco Cápac, fundador do mundo inca e de suas estruturas imperiais. As Virgens do Sol, ou *Accla*, são escolhidas com a idade de oito anos para se tornarem companheiras do Sol e as servas do Inca e da família real. Elas vivem reclusas em construções especiais, os *acclahuasi*, sob a autoridade das mulheres mais velhas, as *Mama Cuna*. É entre as *Accla* que são escolhidas as concubinas do Inca, também oferecidas em casamento aos príncipes estrangeiros com quem o imperador está disposto a se aliar politicamente.

A MÚSICA INCA

A música andina dá o ritmo à vida do *ayllu*, a comunidade agrária já presente no tempo dos incas, baseada no parentesco, na vizinhança, mas também na propriedade coletiva e no trabalho conjunto da terra. A origem da *quena* é dada por uma lenda. Uma bela jovem chancay, **Cusi Coyllur**, é sequestrada pelos incas para fazer dela uma *accla*, uma Virgem do Sol. Porém, ela é loucamente apaixonada por seu amigo de infância. O amor deles é agora impossível e a bela menina se deixa definhar. Ela é enterrada, sua múmia é colocada numa encosta de montanha. Desesperado, seu amante a visita regularmente e descobre que, em tempos de muito vento, este último sopra entre os ossos de sua bem-amada, fazendo soar uma queixa lúgubre. Inspirado por essa endecha (canção fúnebre), o amante usa um fêmur da múmia para nele esculpir a primeira *quena*.

4. A CIVILIZAÇÃO ASTECA

OS CÓDICES

O *Codex Mendoza* é um documento essencial para a compreensão da cultura asteca. Esta obra de 72 páginas, publicada em 1541 em papel europeu, é destinada a **Carlos V** (1500-1558). O nome vem de seu comanditário, **Antonio de Mendoza** (1495-1552), vice-rei da Nova Espanha. Ele tem três partes, a primeira evocando a história dos astecas desde a fundação de Tenochtitlán em 1325 até a conquista de Hernán Cortés em 1521. **A segunda parte** evoca o nome das cidades sujeitas à tríplice aliança asteca, que inclui Tenochtitlán, Texcoco e Tacuba. A terceira refere-se à vida cotidiana dos astecas. Existem outros códices como o *Codex Aubin*, de 1576, contando a história asteca desde as suas origens lendárias até a destruição de Tenochtitlán pelos espanhóis, ou ainda o *Codex Fejervary-Mayer*, o *Codex Borbonicus*. Os códices são feitos por especialistas, os *traculo*, palavra que significa tanto "escrivão" quanto "pintor". Durante a conquista espanhola, muitos são queimados, considerados pagãos. Posteriormente, os chamados "códices coloniais" são redesenhados pelos índios e anotados pelos espanhóis. Aztlán, em várias obras, incluindo o *Codex Boturini*, nome de um famoso colecionador do século XVII, teria sido uma ilha situada no meio de um lago. Seu nome significa "Lugar da brancura" ou "das garças". Aztlán era uma cidade pacífica, devotada à deusa Coatlicue, deusa da terra, mãe de Huitzilopochtli, deus da guerra e do sol. Este éden simbólico é procurado, desde o século XVI, sem ter sido encontrado com certeza. Cita-se frequentemente como lugar possível a ilha de Janitzio, no meio do lago de Pátzcuaro, no estado mexicano de Michoacán, ou a ilha de Mexcaltitán no estado de Nayarit.

Os astecas, também conhecidos como *mexicas*, pertencem, assim como os chichimecas e os toltecas, ao grupo das tribos nahuas do norte do México, cuja língua comum é o nahuatl. Os nahuas começam sua migração para o atual México central em torno do século VI. Parece que chichimecas e astecas não partem antes do século XII. A origem exata dos astecas continua sujeita a interpretações. Os próprios interessados evocam uma origem mítica, uma saída do centro do mundo, o Chicomotzoc ou "Lugar das Sete Cavernas" ou uma cidade afluente, Aztlán.

Depois de uma longa peregrinação, os astecas fundam sua capital, Tenochtitlán, em 1325, na região da atual Cidade do México. O local não deve nada ao acaso: os deuses o escolheram manifestando-se por um sinal, o de uma águia segurando uma serpente em seu bico, empoleirada em um cacto. Este símbolo ainda adorna a bandeira mexicana atual. Segundo a lenda, os astecas, que desejam garantir uma descendência nobre à sua cidade, pedem ao rei tolteca de Culhuacan seu filho como primeiro soberano. Assim, em torno de 1375, **Acamapichtli** (c. 1375-c. 1395), cujo nome significa "Aquele que empunha o bastão" ou ainda "Punhado de Junco" em nahuatl, torna-se rei, o primeiro rei sacerdote dos astecas. Quando seu filho **Huitzilihuitl** (c. 1395-1417) (Pena de colibri) o sucede, os astecas afirmaram-se na arte da guerra combatendo ao lado dos tepanecas. Casado com uma das filhas de **Tezozomochtli** (reino: c. 1367-c. 1426), soberano de Azcapotzalco, ele obtém deste último a diminuição dos tributos a serem pagos. É também um período de consolidação, de paz com os povos vizinhos. Agora, os astecas estão prontos para dominar o seu mundo, o *Cem-Anahuac*, o "Mundo Único". O esplendor do Império Asteca começa com a morte de Itzcoatl em 1440. Tlacaelel permanece como conselheiro do novo rei **Montezuma I** (1440-1469). Eles continuam com a expansão do Império Asteca, confrontando os huastecas do nordeste e os mixtecas do centro-leste.

Nunca tantas riquezas afluíram para a capital, vindas dos tributos impostos às áreas submetidas. **Montezuma II** (c. 1480-1520), literalmente **Montezuma Xocoyotzin** ("Aquele que se encoleriza contra o senhor mais novo"), torna-se soberano em 1502 contra a sua vontade. Ele reina de modo autoritário, reduz a classe guerreira e as pretensões da nobreza, mas sabe nomear homens mais jovens dentro da administração. Quando Cortés desembarca com suas tropas, Montezuma II tem certeza de estar testemunhando o retorno de Quetzalcóatl. Nessa ocasião, ele faz muitos sacrifícios humanos, que chocaram consideravelmente os espanhóis. A tradição conta que, já prisioneiro de Cortés, depois da tomada do México em 1520, ao xingar a multidão a partir de uma varanda do palácio, ele é morto por uma pedra atirada. Mas nunca se soube se foi um espanhol ou um asteca, insatisfeito com a fraca representação de uma autoridade ou com a colaboração com o inimigo. Seu irmão **Cuitlahuac** o sucede. A chegada dos espanhóis acontece em 8 de novembro de 1519 sob os reinados de **Montezuma II** (1502-1520) e **Cuitlahuac** (1520). Eles juram fidelidade, convencidos de estarem diante

IDADE MÉDIA

do deus Quetzalcóatl, de volta para tomar posse de suas terras. Embora as forças da tríplice aliança asteca superem as dos conquistadores, estes sabem, no entanto, ligar-se às tribos chalcas, tepanecas e tlaxcalas, que recusam a dominação asteca. Os espanhóis investem contra a tríplice aliança e a derrotam rapidamente. Quando Tenochtitlán é tomada definitivamente em 13 de agosto de 1521, o Império Asteca entra em colapso. O último *tlatoani* (imperador), **Cuauhtémoc** (1520-1525), é capturado, preso e enforcado em 1525. Cuauhtémoc, cujo nome significa "águia que desce", é conhecido por ter sido o último dos reis astecas, que reinou apenas oitenta dias, e também por sua forte personalidade. Ele sucedeu a **Cuitlahuac** e passou à história como aquele que se levanta contra os conquistadores espanhóis. Depois que Pedro de Alvarado massacrou sacerdotes e nobres dentro do Templo Maior (o Grande Templo), ele sofre um cerco de 75 dias, trancado dentro da capital. Depois de expulsar os espanhóis de Tenochtitlán durante *La Noche Triste*, ele é forçado a se render. *La Noche Triste* ("a noite triste") é o nome dado a um episódio trágico da conquista mexicana por Cortés. Em 30 de junho de 1520, as tropas comandadas por Hernán Cortés são massacradas pelos astecas em sua cidade de Tenochtitlán.

A RELIGIÃO ASTECA, O CULTO DA "ÁGUA PRECIOSA"

Os astecas fundam sua religião no calendário e num ciclo de 52 anos, após o qual um novo mundo é estabelecido, após a celebração da cerimônia da "Ligatura dos Juncos". Eles adoram muitos deuses, emprestados de civilizações de Teotihuacán e dos toltecas, que os precederam, até mesmo do mundo maia. Eles consideram o universo como instável, tendo já sofrido quatro destruições após as quais os deuses tiveram que se sacrificar para que as estrelas renasçam e que o sol se mova novamente. É, portanto, um mundo inquieto, à mercê do caos. Para evitar o caos, os homens devem seguir o exemplo divino e transmitir "a água preciosa", seu sangue, para garantir, por sua vez, a permanência do bom funcionamento do universo. Os sacrificados são voluntários, raramente, e prisioneiros de guerra, principalmente. Os astecas praticam para isso uma técnica de guerra um tanto peculiar, a *Xoxiyaoyotl*, ou "guerra florida", que consiste não em matar o adversário, mas capturá-lo vivo a fim de, em seguida, oferecê-lo aos deuses em sacrifício.

Principais deuses astecas

Entre os deuses mais poderosos estão Huitzilopochtli, Tezcatlipoca, Tlaloc e Quetzalcóatl. Deus do fogo, o primeiro reina no sul. O norte pertence ao segundo, o deus do frio e da noite, da morte e da guerra. Do leste, vem a influência benéfica de Tlaloc, o deus da água, da fertilidade. A oeste, está Quetzalcóatl, o mais sábio e o maior de todos. Cada divindade essencial é associada a um ponto cardeal e a uma cor que indica a sua natureza. Ao preto Tezcatlipoca se opõe o branco Quetzalcóatl.

O além dos três mundos

A vida após a morte, ou além, entre os astecas corresponde a **três mundos**: o dos guerreiros e das mulheres em trabalho de parto é o mais invejável. Os outros dois são o Tlalocan e o Mictlan. O além dos guerreiros e das mulheres que morreram no parto é solar, uns e outros levam o palanquim do sol, e as próprias mulheres se tornam guerreiras. Depois de um ciclo de quatro anos em serviço do sol, eles retornam à Terra na forma de colibris, beija-flores, borboletas. O Tlalocan é o além de Tlaloc, o deus da chuva, da água, da vegetação. Ele abriga os afogados e todos aqueles que morreram de acidente relacionado a um elemento líquido. Os mortos conhecem ali uma eternidade de alegria e prazer em meio a uma vegetação exuberante. O Mictlan, ao norte, acolhe todos os outros mortos, que não são nem guerreiros, nem mulheres mortas no parto, nem eleitos de Tlaloc. Depois de uma viagem perigosa, o morto atravessa os nove rios do Inferno e chega ao mundo das nove terras da morte, com o qual ele se funde totalmente. O mundo das trevas é governado por Mictlantecuhtli, senhor do Inferno, senhor da morte.

UMA OBSESSÃO ASTECA: O TEMPO

Os calendários astecas

Os astecas, que dão importância primordial ao tempo, utilizam concomitantemente três calendários: solar, divinatório e venusiano. O calendário solar, como o nosso, tem 365 dias, mas é baseado em dezoito meses de vinte dias, mais cinco dias de azar. O calendário divinatório inclui os meses de vinte dias, mas os assinala com quatro sinais intercalares, para que ambos os calendários sejam idênticos a cada 52 anos, ou seja, o período representado por treze vezes quatro. O calendário venusiano segue as revoluções de Vênus e do Sol, que coincidentemente acontecem a cada 104 anos. Esse é o "século" asteca, o cômputo mais longo a que recorriam.

A SEMANA ASTECA

A semana asteca compreende treze dias e é colocada sob o signo do glifo, que começa a série. A trezena do 1-Crocodilo é seguida pela do 1-Jaguar; em seguida, 1-Cervo, 1-Flor, 1-Junco, 1-Morte etc.

1-Crocodilo	1-Morte	1-Macaco	1-Abutre
1-Jaguar	1-Chuva	1-Lagarto	1-Água
1-Cervo	1-Relva	1-Movimento	1-Vento
1-Flor	1-Serpente	1-Cachorro	1-Águia
1-Junco	1-Sílex	1-Casa	1-Coelho

O momento de uma vida: O *Livro dos destinos*

O universo dos mitos e lendas astecas é dominado pela predestinação absoluta. Desde o nascimento, cada asteca é marcado pelo *Tonalli*, o destino, e isso tanto durante a sua vida quanto para seu futuro *post mortem*. O *Livro dos destinos*, o *Tonolamatl*, dá o sinal e o número do recém-nascido, permitindo saber como será sua existência e seu futuro na vida após a morte. Mas todos os mitos são dominados por Quetzalcóatl, a "Serpente Emplumada", gêmeo de Xolotl, o deus da salamandra e da ressurreição, que o leva para o mundo dos mortos. Os astecas assimilam a contribuição cultural daqueles a quem venceram. O resultado é uma mitologia complexa e rica, com centenas de divindades.

CAPÍTULO XIII
A ÁFRICA MEDIEVAL

1. A ETIÓPIA MEDIEVAL

A DINASTIA ZAGWE (1135-1268)

O reino de Aksum não existe mais politicamente desde o século X. Todavia, muitas vezes é estendido até o início do século XII, quando a dinastia Zagwe ou Zague (1135-1268) o sucede. Foi por volta de 1135 que os zagwes, originários do centro da Etiópia, estabelecem sua capital em Lalibela. Aos poucos, a dinastia controla as províncias de Tigre, Gondar e Wello. O mais famoso soberano da dinastia é **Gebra Maskal Lalibela** (1189-1212), que manda construir muitas igrejas monolíticas na capital a que dá seu nome. O último rei da dinastia é **Yetbarak** (?-1268). Seu filho ou neto é morto pelo príncipe **Yekuno Amlak** (1268-1285), que dá o poder à sua dinastia, **os Salomônicas** (1268-1974). A igreja Beta Giorgis (São Jorge) é uma das onze igrejas monolíticas de Lalibela declarada Patrimônio Mundial pela Unesco.

2. OS PRIMÓRDIOS DA DINASTIA SALOMÔNICA (SÉCULOS XIII-XV)

Dizem que a **dinastia Salomônica** (1268-1974) descende de **Menelik I** (c. 950 a.C.), suposto filho de Salomão e da rainha de Sabá. No século XIII, ela controla três províncias, Tigré no norte, Amhara no centro, Choa no sul. O imperador detém o título de *negus*, *Negusa nagast* ou "rei dos reis". Ele está à frente de um conjunto de principados bastante independentes, sempre prontos a tentar tirá-lo do trono imperial em benefício de sua própria dinastia. A corte é itinerante, e os complôs são frequentes. O melhor apoio para permanecer no trono é a própria personalidade do soberano. **O primeiro *negus*, Yekuno Amlak** (1268-1285), acaba com a dinastia Zagwe, cujos últimos príncipes são vencidos entre 1268 e 1270. Ele começa várias guerras contra os sultões muçulmanos do leste da Etiópia, em especial o de Ifat, que se desenvolve também a partir do século XIII. Uma luta contínua opõe os dois Estados, provocando, por vezes, a vassalização do sultanato de Ifat. Até o século XV, duas figuras da dinastia salomônica se destacam: **Amda Sion I** (1314-1344) e **Zara-Yacob** (1434-1468). **Amda Sion I** torna-se *negus* em 1314 sob o nome de **Gabra Masqal I** (1314-1344). Ele tenta, em vão, proteger os coptas, cristãos egípcios perseguidos pelo sultão mameluco do Cairo. Derrota repetidamente as tropas do sultanato de Ifat e manda destruir a capital do sultanato. Sua capital é Tegoulet, no Shoa, fundada por Yekuno Amlak. Para evitar conspirações palacianas, ele inaugura a prisão dos príncipes na "Montanha dos Reis", no mosteiro ou Amba de Guerchén.

Eles permanecem enclausurados lá, concentrados no estudo dos textos religiosos até o dia em que, eventualmente, venham procurá-los para subir ao trono. As artes evoluem, em especial a dos manuscritos em iluminuras, ornados com miniaturas como os *Evangelhos de Debra Maryam*. Sem nenhum código de leis, o *negus* começa a compilar os elementos da descrição dos postos na corte, de hierarquia nobiliária no *Serata-Mangest* ou "Regulamento do reino". **Zara-Yaqob** é o mais brilhante príncipe desse início da dinastia salomônica. Ele passa vinte anos no *amba* de Geshen, onde adquire uma sólida formação em teologia. Estende o Império da Etiópia ao submeter o sultão de Ifat, o de Adal, novo Estado muçulmano no sudeste do Harar. Escolhe como nome de reinado **Kwestantinos I**, **Constantino I**, e deseja ser o seu êmulo na Etiópia. Ele propaga o cristianismo, proíbe os ritos pagãos, funda mosteiros e abadias: Métaq em Tegoulet, em Axum, em Debre Berhan sua nova capital, em Amhara. Com sua morte, em 1468, a Etiópia medieval está em seu apogeu; representantes de sua Igreja participaram do Concílio de Florença (1431-1441), Zara-Yaqob mantinha uma correspondência com soberanos europeus, como o rei **Afonso, o Magnânimo** ou **Afonso V de Aragão** (1416-1458).

3. O REINO DO CONGO (C. 1350-1500)

O reino do Congo teria sido, de acordo com um mito fundador, criado por um rei ferreiro, capaz de fabricar as armas da conquista para distribuí-las a seu povo. **Lukeni**, filho mais novo do rei de Bungu, quer se apropriar de um trono e cruza o rio Congo com seus partidários. Depois de uma época de conquistas, ele funda sua capital, Mbanza Kongo. O gesto teria ocorrido na segunda metade do século XIV. Conhecemos o reino do Congo, cerca de um século mais tarde, pelas histórias que nos deixaram os portugueses. Naquela época, o reino tem seis províncias, solidamente unidas sob a autoridade real, e um número flutuante de territórios, sujeitos ou não ao rei do Congo, de acordo com os caprichos da guerra.

O SISTEMA REAL

É muito cedo influenciado pela conversão dos monarcas ao catolicismo, a partir do final do século XV. O mais notável rei na época toma o nome de **Afonso I** e reina de 1506 a 1543. Durante esse longo período, mantém estreito contato com Roma e Portugal. Ele até envia a Portugal parte da juventude aristocrática, para que seja treinada na arte de administrar e de combater. É também nessa época que se estabelece, depois se intensifica, o tráfico de escravos do reino do Congo, em favor dos negreiros de Lisboa. O rei do Congo, que carrega o título de *manicongo*, é colocado no poder, e os sucessores de Afonso I pagam duramente por isso, numa posição falsa, porque é tanto soberano comum quanto rei católico, apoiado, desde o século XVII, pela vontade dos portugueses, mas privado do apoio das elites locais, que entram em rebelião. Essa situação, que continua a se deteriorar, tem final na batalha de Ambuíla, em outubro de 1665, onde o rei rebelde, Antônio, é esmagado pelos portugueses, que o decapitam. Após essa data, o reino do Congo é dividido entre clãs rivais que se apoderam pouco a pouco da realeza, até o final do século XIX, quando os europeus fazem do reino do Congo uma de suas colônias.

A SOCIEDADE CONGOLESA

A base da sociedade congolesa é o laço matrilinear, que agrupa as pessoas em linhagens e clãs. A importância dessa relação é ainda maior pelo fato de um homem poder ter tantas esposas quanto desejar, desde que, no entanto, possa provar que é capaz de lhes assegurar, bem como aos futuros filhos, uma vida decente. Essa possibilidade vai, por causa da riqueza, permitir aos mais ricos acumularem as mulheres como um bem, enquanto os mais pobres são mais ou menos irremediavelmente condenados ao celibato. Mesmo antes da chegada dos portugueses, a sociedade congolesa conhece a escravidão. Os escravos formam, de fato, um dos três subgrupos da sociedade: nobres, livres, escravos. Trata-se de escravos-mercadorias, que pertencem a um senhor específico, que pode aliená-los doando-os ou vendendo-os. A chegada dos negreiros portugueses, portanto, apenas reforça uma estrutura existente na sociedade congolesa, mas não a cria. A principal diferença reside no tratamento que lhes é concedido. A sociedade tradicional congolesa obriga o senhor a tratar bem seus escravos e a cuidar de seu casamento. Esta última obrigação faz que seja muito mais fácil para um escravo ter uma mulher, sob o patrocínio de seu senhor, do que para alguém livre, sem meios para mantê-la. O elemento fundamental de coesão, como em qualquer sociedade tradicional, é a sagrada pessoa do rei, que encarna, no sentido primeiro da palavra, todo o seu reino. O seu papel é mais dificultado pela rápida adesão da dinastia ao catolicismo: o rei deve tanto assegurar a continuidade da linhagem do culto dos reis ancestrais quanto se assumir como soberano cristão.

AS ARTES DO REINO DO CONGO

As artes do Reino do Congo são comprometidas com o poder do rei, dos antepassados, de Deus. Trata-se principalmente de estatuetas de madeira, mas também de bronze ou ferro. Os artesãos modelam, assim, muitos fetiches, destinados ao *nganga*, o médico mágico. O fetiche serve de suporte para a cura ou para o feitiço da pessoa representada. As estatuetas de madeira cobertas com pregos de ferro, conchas, colares, contas de pedras opacas são características das artes do Congo. A contribuição cristã é visível especialmente na ourivesaria, para a realização de cruzes peitorais e estátuas de madeira que representam os principais santos. Além do reino do Congo, os povos bantos, provavelmente naturais das regiões de Camarões e da Nigéria que migraram para a África Central e Oriental, fundam vários Estados após o século XI: reinos da Monomotapa, de Kuba, de Luba, de Lunda, de Butua, Bamun, Bamileke. No reino do Monomotapa, rico em minas de ouro, um conjunto de notáveis monumentos é construído, conhecido como a Grande muralha do Zimbábue. A Grande muralha do Zimbábue domina, a partir de um planalto ao sudeste de Harare, o Império Shona incluindo o atual Zimbábue, o leste de Botsuana e o sudeste de Moçambique. É um vasto complexo de pedras de granito, não cimentadas, iniciado por volta de 1100. A Grande muralha, com altura de 10 m, englobava uma área de 250 m de diâmetro. A conclusão de toda a estrutura dura aproximadamente um século: o Complexo da Colina, o Complexo do Vale, a Grande muralha. O primeiro é reservado para o rei, os seus conselheiros, seu médico e sacerdotes. Soberano e religioso entram aí em comunicação com os deuses. O Complexo do Vale abriga os nobres; a Grande muralha é a morada das esposas do rei. No total, o complexo da Grande Zimbábue abrange 27.000 m². As pessoas comuns vivem fora desses três conjuntos. A população total é estimada em cerca de 5 mil pessoas. Essa impressionante cidade real é abandonada quando soa a sentença de morte do poder do Grande Zimbábue, em meados do século XV.

A RELIGIÃO DO CONGO

Apesar da difusão do cristianismo, a partir dos círculos da corte, os congoleses mantiveram os cultos ancestrais. Uma divindade superior, cujo nome é assustador, Nzambi Mpungu, é demasiado distante dos homens para poder se tornar objeto de culto. Ela existe, imanente, mas permanece inacessível. Para se comunicar com os deuses e os espíritos, os congoleses recorrem a intermediários de dois tipos: os *bankita*, ancestrais do clã, e os *bakulu*, os antepassados. Deve-se dirigir a eles para obter uma dádiva ou consertar uma situação que traz prejuízo. A esses espíritos vêm se acrescentar os santos da religião católica, intercessores privilegiados entre Deus e os homens. A religião congolesa não se quer exclusiva, tendo fundido o catolicismo com seu paganismo original.

4. O IMPÉRIO DE KANEM-BORNU

O Império de Kanem-Bornu (séculos IX-XIX) se inicia com o reino de Kanem, na região do lago Chade. Da capital, Ndjimi, o rei, ou *mai* da dinastia dos Sefawa, controla uma parte do comércio transaariano. Nos séculos XV e XVI, o centro do poder se desloca para Bornu, mais a oeste, fundando um vasto império islamizado do Sudão central. O *mai* governa com apoio do Grande Conselho que ele mesmo escolheu, combinando os membros da família real e uma aristocracia militar. Os conselheiros também participam do governo, escolhidos ao mesmo tempo entre os livres, os *kambe*, e os escravos, *os katchella*. A aristocracia recebe do rei a incumbência de administrar as províncias. No século XVI, em seu apogeu, Kanem-Bornu baseou a sua prosperidade nas caravanas transaarianas e no comércio de escravos. No século XIX, diante das ameaças dos fulas, Kanem-Bornu perde sua soberania e desaparece em 1849.

5. O REINO DO MALI

A criação do Império do Mali é inseparável da personalidade de seu fundador, Sundiata Keita (1190-1255). De origem humilde, soberano de um pequeno reino da África Ocidental, ele tem a inteligência política necessária para tirar proveito da decomposição do Império de Gana a fim de tomá-lo quase inteiro e se proclamar imperador do Mali com o título *Mansa*, ou "rei dos reis". Ele organiza seu território dentro de uma federação, explora minas de ouro e o comércio transaariano. Muçulmano, ele também reina sobre as populações animistas e pratica a tolerância, instituindo a *Carta de Mandem*, um texto que reconhece os direitos fundamentais e abole a escravidão. O reino do Mali nasce dos destroços do reino de Gana. Os filhos de Keita são os sucessores. **Mansa Musa** (reinado: 1312-1337) é o responsável pela época de ouro do Império do Mali. É famoso por sua peregrinação a Meca, realizada entre 1324 e 1325. Sua riqueza é tamanha que seu séquito é composto por centenas de camelos carregados de ouro e alguns milhares de pessoas. Ele transforma Tombuctu, a capital, em um centro econômico, comercial e intelectual.

6. AS CIDADES-ESTADOS IORUBÁS

As cidades-Estados iorubás (séculos XII-XIX) se desenvolvem no sudoeste da Nigéria. Fortificadas, elas defendem seus habitantes contra as expedições destinadas a abastecer o comércio de escravos. As mais importantes são Ife, Oyo, Ijebu, Egba. Fundadas pelos deuses, segundo as narrativas míticas, elas são sagradas, governadas por líderes religiosos, como o *oni* em Ife, ou por descendentes de deuses como o *alefin* em Oyo. Os iorubás também estão presentes no sul do Benin e no sul do Togo.

A sociedade iorubá é muito organizada. Um grupo de famílias, *ebi*, forma o *agbole*, que possui e valoriza as terras comuns. Os *bale*, líderes de clãs, representam os *agbole* no conselho do rei, o *oba*, chamado de *ogboni*. A religião iorubá está baseada na adoração de divindades, *voduns*, que estão na origem do vudu. Entre eles Xangô, deus do trovão; Ogum, deus da guerra e ferreiros; Gelede, o deus da fertilidade. Um deus supremo demiurgo, Olodumaré, reina sobre toda a criação.

7. O IMPÉRIO DO BENIN

O reino, depois Império do Benin (séculos XIII-XIX), desenvolve-se em dois períodos. Durante o primeiro, no século XIII, o reino do Benin, fundado pelos iorubás, instala-se a oeste do rio Níger. Depois, a partir do século XIV e até a conquista britânica do século XIX, o Império do Benin se constrói entre o oeste do reino do Daomé e o rio Níger, por iniciativa dos iorubás. Atualmente, seu território corresponderia ao sudoeste da Nigéria. A força do reino reside no poder do rei de ascendência divina, o *oba*, cujo poder cresce sob o reino de **Ewuare, o Grande**, entre 1440 e 1473. O *oba* enriquece com o comércio de marfim, de pimenta e de escravos, para o qual organiza *razzias*, expedições de batidas de população, nos estados vizinhos. Rei sagrado, ele aparece pouco, velado, e o mito prega que ele não consome nem alimentos nem bebidas. Seu palácio, ornado de placas de bronze, relata os grandes feitos da sua existência. A corte apresenta uma arte refinada de representação de animais. O declínio se inicia no século XVIII, sendo concluído no século seguinte pela conquista britânica em 1897-1900. O título de *oba* e a função existem ainda, mas associados aos poderes de um chefe de rituais. O *oba* não é apenas soberano do reino, mas também é responsável, pela sua própria existência, de sua coesão.

8. O IMPÉRIO SONGHAI

O Império Songhai (séculos XIV-XVI), inicialmente dominado pelo Império do Mali, conhece um período de expansão durante os dois séculos seguintes. Rico graças ao comércio transaariano, ele compreende os atuais Níger, Mali e uma parte da Nigéria. Suas cidades famosas são Gao e Tombuctu, que atrai os letrados do mundo muçulmano por sua atividade intelectual, e as caravanas por seu comércio ativo. Fundado no século VII, o Império brilha como nunca com a dinastia dos Sonni no século XV. **Ewuare, o Grande** (reino: c. 1440-c. 1473), é um dos maiores *obas*, ou reis sagrados do Benin. Fundador do Império do Benin, ele é renomado por sua valentia militar e conta-se que teria subjugado centenas de chefaturas no sul da Nigéria. Ele estabiliza sua dinastia, instituindo a sucessão hereditária. O poder dos chefes ritualísticos, os *uzamas*, é diminuído pela criação de novos títulos, dependentes do rei. Faz de Edo (Cidade do

Benin), sua capital, uma fortaleza capaz de afastar as eventuais agressões. Inaugura uma verdadeira idade de ouro do Império do Benin. No século XVI, ele centraliza o ouro vindo do Sudão, o sal transportado das minas de Teghazza ao Saara. Mas o edifício é frágil, devido a lutas entre animistas e muçulmanos e pela fraqueza estrutural representada pela sucessão ao trono, regularmente disputado. É esse problema que acaba sendo determinante para que o Império Songhai, em 1591, fosse derrotado pelos exércitos marroquinos na batalha de Tondibi. **Muhammad Silla** ou **Turé** (1493-1528) funda a dinastia muçulmana dos Askias e conduz o Império Songhai a seu apogeu. Ele chega ao poder no momento em que, quando nomeado general, derruba o filho do último imperador da dinastia Sonni.

9. A ARQUITETURA SUDANESA DO SAHEL

Representada em Tombuctu, Djenné e Gao, a arquitetura sudanesa do Sahel repousa sobre o domínio do tijolo de terra crua, do adobe, chamado *banco* na África. A terra, cuidadosamente escolhida pelas famílias de artesãos do *banco*, é amassada com os pés. A fim de torná-la mais sólida, acrescenta-se palha. Depois, com ajuda das mãos ou de formas, ela é modelada no formato de pequeno tijolo ou bola. As paredes são então construídas por acréscimo de camadas sucessivas, secas ao sol. Elas são atravessadas por galhos aparentes, que têm por função a consolidação do edifício e permitir escalar mais facilmente quando há necessidade de conserto após a estação chuvosa. **Djenné**, no atual Mali, abriga a mais importante construção em terra crua, ou adobe: a Grande Mesquita. Edificada no século XIII no mesmo local de um antigo palácio real, ela é destruída por um conquistador que a substitui por um monumento mais simples. É a administração colonial francesa que reconstrói o lugar de culto original, idêntico, entre 1906 e 1907. A grande fachada é formada por duas ou três torres separadas por cinco colunas em terra batida. A muralha é ornada por cem pilares. O *banco* é uma técnica exigente, sobretudo porque, depois de cada estação chuvosa, é preciso reabilitar em parte a mesquita, em uma restauração-reconstrução permanente. Situada ao longo do rio Níger, no atual Mali, Tombuctu é conhecida como a "pérola do deserto". **Fundada no século X** pelos tuaregues, seu nome teria vindo de *tin* (lugar) e de *Buktu*, nome de uma antiga família que ali vivia, segundo uma etimologia popular. Ele talvez seja proveniente do berbere *buqt* (distante), *tin-buqt* significando então "lugar distante". Sucessivamente capital dos reinos e impérios de Gana, do Mali e de Songhai, ela passa para a dominação marroquina e, depois, francesa. Centro do comércio transaariano, Tombuctu também é a cidade dos letrados, dos eruditos muçulmanos. Três monumentos excepcionais testemunham esse movimento: a mesquita Jingereber, a Universidade Sankore, com sua mesquita, e a mesquita Sidi Yahya.

A mesquita Jingereber é construída em 1327 sob as ordens do imperador do Mali, **Mansa Musa** (reino: 1312-1337), que paga 200 kg de ouro para o arquiteto e mestre de obras Abu es-Haq es-Saheli. Com exceção de uma pequena parte da fachada norte, o edifício inteiro é em terra crua misturada com palha triturada. Ela compreende dois minaretes, três pátios internos, 25 fileiras de pilares alinhados no sentido leste-oeste e pode acolher 2 mil fiéis. Inscrita como Patrimônio Mundial da Unesco desde 1988, ela é igualmente uma dos madraçais, ou escolas corânicas, da Universidade de Sankore. **A Universidade de Sankore**, ou *Sankore Masjid*, compõe, com as mesquitas Jingereber e Sidi Yahya, a Universidade de Tombuctu. Ela foi criada no século XV, por iniciativa de uma mulher devota. Construída a partir de terra e de areia, ela acolhe até 25 mil estudantes que cursam formações em direito, medicina, teologia e história. **A mesquita Sidi Yahya**, do nome do professor para o qual ela foi fundada, com seu madraçal, data do início do século XV. Sua forma geral lembra a de outras construções religiosas de Tombuctu, da qual ela difere, no entanto, pela ornamentação das portas, que traduz uma influência marroquina. Ela comporta três fileiras de pilares com orientação norte-sul, e um pátio principal situado ao sul, dominado por um minarete.

QUARTA PARTE
RENASCIMENTO

CAPÍTULO I
O RENASCIMENTO:
RUPTURA E CONTINUIDADE NA EUROPA

1. HISTÓRIA E SOCIEDADE: COMO ESTÁ A EUROPA NO FINAL DO SÉCULO XV?

A Europa, no final do século XV, é um espaço em plena mutação política, econômica e social, que pode ser dividido em três conjuntos geográficos: a **Europa ocidental**, ou seja, a França, a Inglaterra e a Espanha; a Europa central e a Itália, ou seja, o Império e a península; e a Europa oriental, ou seja, a Polônia e a ameaça otomana. A Moscóvia é voluntariamente deixada de lado, em razão da sua emergência tardia no conjunto dos estados. A **França**, depois do desastre da Guerra dos Cem Anos, recupera certa estabilidade com o reino de Luís XI (1461-1483) e a regência de sua filha Ana de França (1483-1491). A casa de Borgonha é aniquilada. Carlos, o Temerário, perde a vida em Nancy em janeiro de 1477. As únicas casas importantes são a de Bourbon e de Albret. O país, com aproximadamente 15 milhões de habitantes, é o estado europeu mais populoso. A **Inglaterra** acompanha o restabelecimento da autoridade real na pessoa de Henrique VII Tudor, depois do considerável enfraquecimento devido à Guerra das Duas Rosas entre Lencastre e Iorque. A nova casa real conta com o apoio da burguesia e com a discrição de um parlamento pouco consultado e dócil. A principal fraqueza da Inglaterra é sua população, que não passa de 3 milhões de habitantes. A **Espanha** vive o momento da Reconquista, com seu apogeu com a tomada de Granada em 1492, que põe fim à dominação muçulmana em sua parte meridional. **Portugal** é um reino independente, mas o resto da Península Ibérica se unifica com o casamento de Isabel de Castela e de Fernando II de Aragão. Uma administração real se instala no país inteiro, começando a limitar os *fueros*, direitos e privilégios locais. A população da Espanha é de aproximadamente 6 milhões de habitantes.

O **Império** se compõe de aproximadamente trezentos principados, temporais e também espirituais, com os príncipes bispos e cidades livres. O imperador é eleito e seu poder real depende, principalmente, de seu prestígio pessoal: para governar, ele deve se apoiar nas terras patrimoniais, ou seja, a Áustria, porque desde 1437 o imperador também é o chefe dessa casa real. Trata-se da Alta e da Baixa Áustria, a Carniola, a Caríntia, a Estíria, o Tirol e domínios situados na Suábia e na Alsácia. Os cantões helvéticos, antigamente sob a administração imperial, formam uma federação cada vez mais independente desde 1361. A **Itália** é o campo de batalha, em sua região setentrional, dos soberanos da França e da Espanha, mas também exerce uma primazia indiscutível do ponto de vista artístico e cultural. O norte se divide entre o condado de Saboia, o ducado de Milão, as Repúblicas de Gênova e de Veneza. Mais ao sul, Florença é dirigida pelos Médicis. A Itália central é ocupada pelos Estados pontifícios, a Itália meridional pelo reino de Nápoles, enquanto a Sicília depende da Espanha desde 1282, assim como a Sardenha; a Córsega é genovesa.

O RENASCIMENTO: RUPTURA E CONTINUIDADE NA EUROPA

Em *Vidas dos mais excelentes pintores, escultores e arquitetos* (1550), o pintor e arquiteto **Giorgio Vasari** (1511-1574) já havia mencionado um *rinascita, um renascimento* das artes que ele opunha à *maniera gotica*, o estilo gótico, a barbárie artística da época pós-antiga. Em 1860, **Jacob Burckhardt** será o primeiro a insistir no "Renascimento" enquanto época da história das civilizações e, portanto, das artes. O termo francês que ele emprega será retraduzido em italiano por *Rinascimento*. O Renascimento deve ser considerado um período de ruptura na evolução das ideias e das doutrinas que até então haviam dominado durante a Idade Média. A unidade da cristandade será perturbada por essa ruptura. Descobertas científicas, geográficas, inovações tecnológicas vão produzir um considerável desenvolvimento econômico e demográfico. As mentalidades também serão atingidas por essas diferentes perturbações: a elite vai se envolver nesse poderoso movimento que, partindo da Itália, ganhará a Europa toda. O Renascimento finca raízes profundamente no imenso território fertilizado por **Guilherme de Ockham**, **Bacon**, **Dante**, ou **ainda pelos primeiros gnósticos** que trabalharam para superar a separação entre o mundo pagão e o mundo cristão. Porém, mais do que uma filosofia, assiste-se a uma nova atitude na qual o indivíduo tem primazia sobre a sociedade.

HUMANISMO E HUMANIDADES

O fato fundamental desse Renascimento será a "descoberta do mundo e do homem", como afirma **Michelet** em *História da França*. Desde o século XIV, um verdadeiro retorno às fontes é iniciado pelos italianos. As obras gregas se tornam modelos. **Os autores antigos** se tornam referências: Cícero, pela flexibilidade da manipulação da língua e pela elegância do estilo; Platão, pela filosofia. Nessa época, a Itália está muito à frente em relação ao resto do Ocidente, tanto do ponto de vista cultural quanto econômico. Os mecenas, que na maioria das vezes são aqueles que dirigem as cidades, protegem poetas, escritores, arquitetos e artistas. Os mais célebres são os Médicis, mecenas de Florença. Os eruditos italianos reúnem os manuscritos dos escritores latinos recolhidos nas bibliotecas dos conventos da Itália, da Suíça e da Alemanha. O ano de 1453 indica a queda de Constantinopla, mas também a data na qual os sábios gregos exilados vieram reforçar esse grupo de eruditos. No sentido estrito do termo, o humanismo remete a uma filosofia que se dedica ao estudo e à conservação, assim como à transmissão letrada das "humanidades" clássicas; ou seja, das obras dos escritores da Antiguidade greco-latina. O humanismo, nos séculos XV e XVI, parte das **bibliotecas** – a do Vaticano é fundada em 1480 –, que se tornam lugares de exegese e de explicação de texto. Iniciado nas cortes, pontifical em Roma, ou principescas em Florença, Ferrara, Urbino, Mântua ou Nápoles, o humanismo se espalha na Europa por intermédio das universidades. A forma de perceber o mundo, e o homem, em seu seio, modifica-se consideravelmente. O humanismo se impõe como uma nova forma de conceber o mundo e o homem.

IMPLICAÇÕES DO RENASCIMENTO

- **O humanismo** impõe uma nova definição da dignidade humana e das relações que o homem estabelecerá com a natureza.
- **A difusão das ideias** modifica nossa relação com o saber, depois do advento da imprensa, tornando-o acessível a um público mais amplo.
- **As reformas religiosas** põem fim ao universo fechado da cristandade, transformando nossa relação com o sagrado e permitindo que emerja o rosto do outro, o herético, o selvagem ou o pagão.
- **O espaço estético** redefinido se torna matemático e geométrico.
- **O artista** adquire um *status* intelectual reconhecido, saindo do anonimato.
- **O retorno à natureza** abre o universo finito da Idade Média ao infinito do mundo.
- **O Estado moderno** nasce com as tentativas de compreensão de suas próprias razões e desenvolvimento.
- **O utopismo** nos proporciona os meios de imaginar uma nova comunidade humana.

A ABERTURA DO MUNDO AO MUNDO

O desenvolvimento das ciências

A astronomia, a matemática, a química e a ótica vão relegar as superstições ao limbo e abordar o terreno mais racional da observação da natureza. **A astronomia**, com Copérnico, destrona a astrologia. Mas antes dele, Regiomontanus ou **Johannes Müller** (1436-1476), oriundo da Baviera, nomeado bispo de Ratisbona por **Sisto IV** (1414-1484), reforma o calendário já sem considerar mais os cometas como simples meteoros, mas como astros dotados de uma órbita específica. Ao mesmo tempo materialista e teólogo, **Nicolau Copérnico** (1473-1543) se instala na Cracóvia já em 1491, onde faz estudos de astronomia e de matemática. A partir de 1496, ele passa por diversas cidades italianas: Bolonha para estudar direito, depois Roma, Pádua e Ferrara. Tendo obtido, em 1503, seu doutorado em direito canônico, ele expõe seu sistema do universo em *De revolutionibus orbium coelestium* (1543), dedicado ao Papa Paulo III. Segundo ele, o Sol é o centro do sistema de planetas que se movem ao seu redor segundo órbitas circulares (e não elípticas, como **Kepler** mostraria mais tarde). A Terra está entre esses planetas e também efetua uma rotação sobre si mesma. Leonardo da Vinci pressentiu as leis da mecânica, assim como elementos da geologia e da botânica. A observação e a análise do voo dos pássaros permitiram-lhe fazer voar máquinas. Ele submeterá todas as forças da natureza a suas paixões. **Girolamo Cardano** faz a álgebra avançar, enquanto **Ambroise Paré** preconiza o curativo de feridas; paralelamente, **André Vesálio** e **Michel Servet** promovem avanços na medicina. Criou-se uma verdadeira lenda em torno do nome de **Paracelso**, médico suíço. Várias outras descobertas são feitas em diferentes campos.

Da primeira escola de navegação às descobertas marítimas

A caravela aparece sob o reino do príncipe de Portugal, infante **Dom Henrique, o Navegador** (1394-1460). Astrônomo e matemático, ele cria a primeira escola de navegação já em 1416 em Terçanabal, pequena cidade situada no sudoeste do país. Ele comanda as primeiras viagens de exploração, fazendo descobrir os Açores, beirando a costa ocidental da África até a embocadura do rio Senegal, e encontrando as ilhas do Cabo Verde. É em 1487 que **Bartolomeu Dias** (c. 1450-1500) ultrapassa o sul da África, que ele chama de "Cabo das Tormentas", rebatizado por João II como "Cabo da Boa Esperança", símbolo aqui da esperança de uma rota na direção das Índias. Esse trajeto será realizado em 1497 por **Vasco da Gama** (c. 1469-1524). É sob o reino de **Henrique IV de Castela** (1454-1474) que se inicia a expansão espanhola de além-mar. A Espanha obtém do papa a exclusividade do comércio nos países do oeste. Quando Manuel I sobe ao trono de Portugal, em 1495, ele não cessa, até o fim do seu reino, em

1521, de procurar por uma via comercial para as Índias, a fim de não mais depender dos muçulmanos para a seda e as especiarias. Encarrega **Vasco da Gama**, que deixa Lisboa em julho de 1497, chega à África do Sul em setembro, ganha Calicute na Índia em maio de 1498. Ele é mal-recebido, ao mesmo tempo devido à hostilidade dos mercadores muçulmanos e a uma escolha infeliz de lembrancinhas sem valor oferecidas ao rajá local. De volta a Lisboa, é recebido como herói. **Fernão de Magalhães** (1480-1521) recebe uma missão idêntica do rei da Espanha, chegando ao Rio de Janeiro em 1519 e depois às Filipinas após mudar de rota. **Américo Vespúcio** (1454-1512) e **Cristóvão Colombo** (1451-1506) exploram ilhas e costas da América Central e do Sul. Entretanto, é o primeiro que dá nome ao continente. O norte do continente é explorado na primeira metade do século XVI, pelos ingleses em Labrador e pelos franceses no Canadá.

OS PRIMEIROS IMPRESSORES SERIAM BRUXOS?

A universalidade do saber, ideal preconizado pelos humanistas, vai encontrar, **graças à imprensa**, o meio de se difundir em toda parte e com maior rapidez. Recopiar manuscritos era um processo longo demais e trabalhoso. A possibilidade de multiplicar seu número vai permitir uma circulação rápida das ideias, e também aumentar a possibilidade de alfabetização das populações europeias. Os primeiros impressores vindos da Alemanha para Paris foram, primeiramente, considerados bruxos: habituado à incorreção dos livros recopiados pelos copistas, o povo não conseguia compreender como era possível, sem truques, produzir um número tão grande de textos sem erros. A imprensa se desenvolve sob o reino de Luís XII e mais ainda sob Francisco I. A maior parte das imprensas, antes de 1471, está instalada no vale do Reno. Além da Alemanha, somente as maiores cidades europeias possuem imprensas. O acerto definitivo dos caracteres móveis é alcançado por volta de 1560. Sem papel, não teria havido imprensa: o pergaminho não teria sido suficiente. Foi preciso então explorar ainda mais a cultura do linho e do cânhamo. A matéria-prima dos papéis será, durante muito tempo, composta de panos. O Oriente Médio conhece, desde o século VIII, **o segredo do papel**, assim como os procedimentos de reprodução de figuras. A **xilografia** será rapidamente seguida da tipografia. **Johannes Gensfleisch**, dito **Gutenberg** (c. 1400-1468), dedica-se à invenção de caracteres metálicos. A *Bíblia de Mainz (Mogúncia)*, publicada em 1455, é considerada como o primeiro livro impresso. Os impressores são frequentemente humanistas e suas oficinas também cumprem o papel de residências culturais. Pouco depois da invenção de Gutenberg, a imprensa passa ao controle da universidade, então composta exclusivamente de eclesiásticos. Nenhuma obra pode ser publicada sem autorização prévia da Sorbonne e sob pena de morte do impressor e do livreiro, segundo o édito de Henrique II. Será preciso esperar o decreto de 17 de março de 1791 para ver a imprensa ganhar liberdade. Verdadeiras famílias de impressores se sucedem: Henri I Estienne (1470-1520) funda o estabelecimento da família Estienne a partir de 1504, que publica por volta de 120 obras.

BIBLIOTECAS E *BEST-SELLERS*

A consequência do nascimento da imprensa é a **publicação de 30 mil títulos de obras**, o que significa 15 milhões de livros. A diversidade dos títulos ocorre, principalmente, **depois de 1480**. A influência dos humanistas faz com que se publiquem, ao mesmo tempo, textos antigos em sua língua original, mas também em latim e língua vulgar. Geralmente, atribui-se a fundação da imprensa tradicional (antigamente real e, depois, imperial) ao **rei Francisco I**, que, em 1531, mandou fundir caracteres hebreus, gregos e latinos sob a supervisão de **Robert Estienne**. **Richelieu** a reorganizou e mudou sua localização para a própria residência do rei, no Louvre, em 1640. Em Roma, em Viena, em Fontainebleau, são criadas bibliotecas. Elas se enchem de livros de sucesso como *Elogio da loucura* de Erasmo, cuja primeira edição, de 1511, tem seus 1.800 exemplares esgotados em um mês. Na França, o *Romance da Rosa*, de Guilherme de Lorris e Jean de Meung, será reeditado catorze vezes ao longo dos quarenta primeiros anos do século XVI. Segundo Albert Labarre, a maioria das grandes bibliotecas públicas se constitui durante o Renascimento. "Os livros de Luís XII e de Francisco I, reunidos em Fontainebleau, formaram o primeiro núcleo da nossa Biblioteca Nacional"[170]. Assim, também se pode evocar na mesma época **a criação da Biblioteca Laurenciana** em Florença pelos Médicis, a **Biblioteca vaticana**, em Roma, as de Oxford, de Cambridge etc.

A CRIANÇA NO CENTRO DO ENSINO

Enquanto na Idade Média o homem só se conhece como raça, povo, partido, corporação ou sob toda forma geral e coletiva, o Renascimento é para ele o momento em que todos os elos são desfeitos, todas as cadeias rompidas, todas as unidades quebradas. Esse período retoma, por sinal, a antiga noção de *fama*, de renome, e se veem muitas estátuas equestres erguidas à glória dos grandes nomes do século ou dos séculos anteriores. É, portanto, natural que **a criança também se torne um desses centros de interesse** e de questionamento. A quantidade cada vez maior de crianças também permite de aumentar o número de colégios durante o período medieval. Seu ensino é revisto e corrigido pelo humanismo, mas não difere completamente do sistema anterior. Entretanto, é notável ver que o grego ocupa um lugar importante e que o latim de Cícero substitui o da Igreja. O *trivium* (gramática, retórica, dialética) e o *quadrivium* (geometria, aritmética, astronomia, música) são mantidos no currículo.

---

170. Albert Labarre, *Histoire du livre* [História do livro], Paris, Puf, "Que sais-je?", 1985, p. 85.

ARTE DE LABORATÓRIO: FILÓSOFOS E ALQUIMISTAS

O Renascimento se apresenta como um período de transição entre o outono da Idade Média, dominado pela religião, cimento essencial de suas *Universitas*, e o início do século XVII, momento em que a ciência impõe aos poucos uma visão objetiva e material do homem e de seu mundo. Desde o final do século XV, as estruturas mentais e sociais tradicionais se dissolvem em virtude das grandes descobertas, da imprensa, do desenvolvimento econômico e comercial, trocas de ideias, o deslocamento do cristianismo com Lutero. Longe de estarem circunscritas a um campo específico, as diversas disciplinas não eram regulamentadas. Os alquimistas consideravam sua arte como uma filosofia completa com uma parte teórica, com uma filosofia da natureza, prática; é uma arte de laboratório, mas também uma ética, que leva ao divino, pois a adequação ao divino é necessária para bem alcançar a grande obra. **Paracelso** (Philippus Aureolus Theophrastus Paracelsus Bombastus von Hohenheim, 1493-1541) tenta aproximar a alquimia da medicina no *Paragranum*, em 1531. Os defensores do aristotelismo se recusam a ver na alquimia uma filosofia da natureza e se opõem à teoria alquímica da matéria. A alquimia, assim como a astrologia e a magia, têm um papel de iniciação aos *arcana mundi*, arcanos ou segredos do universo para os médicos, filósofos, teólogos. A Igreja não está à altura dessa grande onda esotérica. Alberto, o Grande, e São Tomás de Aquino já escreveram trabalhos sobre a alquimia. Marsílio Ficino opta pela astrologia, Pico della Mirandola pela cabala. O *Pimandro* de Marsílio Ficino é de 1471, com a finalidade de garantir a anterioridade da "Teologia egípcia" sobre todas as outras tradições. Assim, assiste-se a um encontro entre uma gnose não cristã proveniente do Egito e um platonismo. O hermetismo busca uma reconciliação entre o macrocosmo e o microcosmo. O homem, depois de recuperada sua dignidade ontológica, pode exercer sua influência, seu poder de transformação da natureza.

Alguns nomes que se tornaram célebres

❖ **Giordano Bruno** (1548-1600), nome adotado por Filippo Bruno, em 1565, quando entra para o convento dominicano de Nápoles em referência a Giordano Crispo, um grande metafísico. "O desafortunado Giordano Bruno", dirá Kepler, pois a fogueira onde ele arde não acabou com suas infelicidades, mesmo após sua morte. Durante muitos séculos, foi pouco ou quase nada conhecido. Sua obra só suscita um verdadeiro interesse com Jacobi, Schelling, Hegel. Três de suas obras são fundamentais: *O Banquete das cinzas*; *Da causa, do princípio e da unidade*; *Do infinito, do universo e dos mundos*. Ele refuta Aristóteles, com seu *Figuratio Aristotelici physici auditus* ("Esboço da física aristotélica"), ele se tornará discípulo e defensor de Copérnico, e se inspira em Nicolau de Cusa e em seu *Da douta ignorância* (*De docta ignorantia*, 1440). É também um adepto do trismegisto e um teórico da magia. Uma ideia domina: a unidade do todo, matéria e espírito; o mundo é um e o próprio Deus é idêntico a esse mundo. Introduz na astronomia a infinidade e a multiplicidade dos mundos. A impossibilidade de dar conta de todas as similitudes e de todas as diferenças por uma classificação única o leva a privilegiar o singular e a afastar a escala aristotélica dos seres. Cada ser para ele é necessário para a expressão infinita de Deus. Mas a ortodoxia religiosa vive em Deus, o único detentor do princípio de infinito. Afirmar a infinitude dos mundos seria negar a infinitude de Deus.

> Por que a capacidade infinita deveria ser frustrada, lesada a possibilidade da infinitude dos mundos possíveis, comprometida a excelência da imagem divina, que deveria, na verdade, refletir-se em um espelho sem bordas e seguindo seu modo de ser imenso e infinito? Por que deveríamos sustentar uma afirmação que, depois de expressada, implica tamanhos inconvenientes e que, sem qualquer vantagem para as leis, as religiões, a fé ou a moralidade, destrói tantos princípios filosóficos? Como queres que Deus, quanto a seu poder, à operação e ao efeito (que nele são a mesma coisa), seja determinado e igual ao término da convexidade de uma esfera, antes do que término inacabado (poder-se-ia dizer) de uma coisa inacabada[171]?

Isso foi a causa de sua morte, já que afirmar isso significava negar o próprio Deus.

❖ **Pico della Mirandola** (1463-1494) encarna perfeitamente o ideal humanista de seu tempo. Esse discípulo de **Marsílio Ficino**, formado na universidade de Bolonha, dispõe de uma das bibliotecas mais ricas de seu tempo. Aos 24 anos, ele se propõe a reunir um concílio ao longo do qual teria sustentado, em presença do papa e dos teólogos mais eminentes de seu século, suas *Novecentas teses* de 1486, ou *Conclusiones*, destinadas, segundo ele, a provar a concordância de todas as filosofias, assim como um discurso de introdução que será intitulado depois de sua morte *Oratio de hominis dignitate*. Nesse *Discurso da dignidade do homem*, ele desloca a questão tradicional do homem pela do lugar que ele ocupa na natureza. Sua eminente dignidade é resultante de seu lugar central no mundo. Treze de suas novecentas teses foram julgadas heréticas, pois faziam alusão à Cabala e ao orfismo. Preso e logo solto, graças a Carlos VIII, ele permanece em Florença. A originalidade de seu pensamento filosófico reside no fato de reivindicar a filosofia escolástica sem se desvencilhar de sua cultura humanista. Ele também admite um acordo secreto dos filósofos, das religiões e dos mitos. Em 1489, ele conclui seu *Heptaplus* ("Discurso sobre os sete dias da

---

171. Giordano Bruno, *De l'infini, de l'univers et des mondes* [Do infinito, do universo e dos mundos], *Œuvres complètes*, vol. IV, trad. Jean-Pierre Cavaillé, Paris, Les Belles Lettres, 2003, p. 172-174, p. 248-250 e p. 82-84.

criação"), relato filosófico-místico da criação do universo. Ele sustenta que, na obra dos seis dias, Moisés depositou todos os segredos da verdadeira filosofia que lhe foram revelados pelo Espírito Santo. Com o *De ente et uno* ("O ser e o uno", 1491), texto dirigido a um amigo sobre a questão das relações entre o ser e o uno, ele se questiona se o um e o outro se correspondem. Ele morre em 1494, no momento em que projetava redigir uma obra sobre a concórdia de Platão e de Aristóteles.

O NEOPLATONISMO

A civilização do Renascimento é a de uma elite intelectual latinizada e homogênea e que se associa muito rapidamente aos movimentos humanista e neoplatônico. A maior parte das obras de arte se dirige a essa elite. Se o latim é a língua de expressão dessa casta social e dos humanistas, é para se separar voluntariamente das tendências populares da Idade Média. Não se trata mais de saber se há algo a dizer, mas como se diz. Isso traduz muito precisamente o estado de espírito dos humanistas; esse princípio adquire, mais tarde, o nome de "arte pela arte". Os artistas se colocam sob sua proteção espiritual e os consideram como árbitros de todas as questões relativas à mitologia, ou à história e à literatura antigas. Mas seu papel se revela essencial, porque é por meio deles que o platonismo chegará até nós. **Marsílio Ficino** (1433-1499) e **Pico della Mirandola** (1463-1494) representam dois artistas seduzidos pela paisagem filosófica de Platão, que se coaduna tão bem com os dogmas cristãos. O essencial dessa doutrina está contido nas duas obras de Ficino, *Theologia platonica* ("Teologia Platônica", 1474) e *De christiana religione* ("Da religião cristã", 1474). O neoplatonismo não passa de uma utilização ampla e vaga da filosofia de Platão, ou seja, uma filosofia cuja finalidade é chegar à verdade. Em sua *Theologia platonica*, Ficino escreve a esse respeito:

> Meu objetivo é chegar a um ponto em que os espíritos perversos de muitas pessoas que cedem de má vontade à autoridade da lei divina, concordem pelo menos com as razões platônicas nos sufrágios da verdadeira religião, e conseguir que todos os ímpios que separam o estudo da filosofia da santa religião reconheçam sua aberração, que consiste, sob pretexto de sabedoria, em se separar do fruto da sabedoria.

O traço mais sedutor, mas também o mais inovador dessa nova filosofia é, sem dúvida, **o amor**. O platonismo sob a pluma de Ficino se torna também uma etapa da revelação divina. O homem ocupa o lugar central e pode, segundo sua boa vontade, comandar as forças da natureza em seu proveito. Quando estuda, por meio de sua imagem imperfeita, ele aprende, ainda assim, a imagem de Deus. A busca do divino é o que caracteriza melhor essa filosofia humanista.

PENSAR A POLÍTICA

O pensamento político do Renascimento produziu dois livros fundamentais: *O Príncipe*, de **Maquiavel**, e a *Utopia*, de **Thomas More**, que mostra que o homem do Renascimento não espera mais a salvação no além, mas aqui embaixo mesmo. **Jean Bodin** (1529-1596) aparece hoje como um dos maiores filósofos políticos de seu tempo. Ele deve seu renome aos seis livros de sua *República* (1576). Jurista notável, também foi um espírito enciclopedista, um homem engajado enquanto que o país se divide em querelas confessionais entre a liga católica e o partido huguenote, que quer criar um estado protestante. Nessa obra, ele tenta restaurar a teoria monárquica contra o pragmatismo filosófico, um Estado fundado na força e contra os antimonarquistas, adversários do poder real que pregam o direito de regicídio e de tiranicídio. Emprega o método histórico, rejeita a escolástica e a utopia. Oferece uma nova definição de Estado, com o conceito central de soberania. Na mesma época da publicação do livro de Bodin, em 1576, aparece o de **Étienne de la Boétie** (1530-1563), o *Discurso sobre a servidão voluntária*. Grande parte de suas obras é perdida, ainda que Montaigne tenha se ocupado de recuperar uma parte quando da morte do amigo. Em seu Discurso, ele se entrega a uma verdadeira análise do poder tirânico. É quase, do início ao fim, uma veemente declamação contra a realeza. Ele expressa o horror do despotismo e da arbitrariedade, mas logo descarta a questão do melhor governo. O objeto de sua reflexão repousa sobre a servidão voluntária, uma servidão que não provém de uma imposição externa, mas de um consentimento interno da própria vítima. Assim, seu objetivo é denunciar a ausência de fundamento de uma autoridade que repousa sobre a cumplicidade de todos. O que aniquila a comunidade é a alienação consentida de cada um. A coisa pública, a República, não conseguiria subsistir.

2. UMA PERCEPÇÃO NOVA DA ARTE

O lugar do artista na sociedade se modificou e os preceitos que ele enuncia são tirados da filosofia e próprios para regular e definir os meios e os métodos da arte. Torna-se, segundo uma tradição plástica nunca completamente rompida desde a Antiguidade, o meio de abordar o Belo em todas as suas formas. O **neoplatonismo**, por sua atitude contemplativa diante do mundo, seu interesse pelas ideias puras e sua renúncia às realidades vulgares, seduz imediatamente uma *intelligentsia* uniforme oriunda da burguesia abastada ou da aristocracia. **A criação importante de obras de arte** se dirige essencialmente a essa camada social, e não à massa. Além disso, pela primeira vez, existe uma ruptura entre aqueles que, tendo recebido uma educação cuidadosa, podem apreciar o senso estético e aqueles que não são educados. A consequência são as relações estreitas, as trocas intelectuais entre artistas e humanistas, fiadores de suas qualidades, que alcançam o nascimento de uma concepção uniformizada das artes. Inseparável dos progressos científicos, a arte busca **na matemática e na geometria** a definição mais exata daquilo que deve ser seu ideal. O *quattrocento*, o século XV italiano, vai, então, desenvolver um estetismo novo a partir de alguns grandes princípios teóricos. Representar o mundo exterior só pode se realizar a partir dos grandes princípios da razão. Assim, não há mais lugar para uma teoria da arte na qual o naturalismo e o homem não sejam preponderantes. O Renascimento, desde a primeira metade do século XV, fixa um sistema de valor e uma referência estética que continuam se impondo até o século XX.

IMITAR A NATUREZA E O BELO

A arte se torna então o meio de conhecer a natureza, o meio de fixá-la. **Alberti** (1404-1472) pensa que o objetivo do arquiteto é fazer passar em suas obras essa alguma coisa que se encontra na natureza. Por natureza ele entende, em seu *Tratado da pintura*, a soma dos objetos materiais não fabricados pelo homem. **Leonardo da Vinci** (1452-1519) tem uma crença ainda maior que Alberti na imitação da natureza. Mas em nenhum caso o artista deve tentar melhorar a natureza, pois isso a desnaturalizaria e a tornaria maneirista. A natureza, para **Michelangelo** (1475-1564), é fonte de inspiração, mas ele deve representar o que vê conforme seu ideal de beleza. Alberti é um racionalista; Michelangelo, desse ponto de vista, um neoplatônico. A beleza não pode ser, para ele, nada além do reflexo do divino no mundo sensível. **Vasari** escreve: "Então a maneira dos pintores chegou ao grau supremo da beleza, e isso porque a prática se estabelece em copiar constantemente os mais belos objetos e de reunir essas coisas divinamente belas, mãos, cabeças, corpos e pernas a fim de criar uma forma humana que tenha a maior beleza possível"[172]. Ele acrescenta um elemento novo que motiva sua escolha: o julgamento. Esse último não é a conclusão de uma reflexão racional, mas o do instinto, do inato e do irracional. Mas a natureza pode ser tratada de forma fantástica. **Dürer** (1471-1528) pinta aquarelas nas quais não representa nenhuma figura humana ou animal. O que é interessante e novo é que a personalidade do artista não somente sai do anonimato, mas se torna também completamente autônoma. A imaginação criadora se torna tão importante quando a potência da expressão. O ato de criação também é o julgamento que permite definir o Belo contido na natureza. É de **Rafael** (1483-1520) e de **Bramante** (1444-1514) que parte a preocupação de buscar a perfeição na natureza. Uma das primeiras construções de Bramante, o pequeno templo redondo de São Pedro, é considerada como o cânone do Belo arquitetural. De fato, ele não depende mais

---

172. Giorgio Vasari, *La Vie des meilleurs peintres, sculpteurs et architectes* [A vida dos melhores pintores, escultores e arquitetos], tradução francesa e edição comentada sob a direção de André Chastel, Paris, Berger-Levrault, "Arts", 12 vol., 1981-1989.

unicamente das normas de **Vitrúvio**. Sua construção é tributária, principalmente, dos efeitos que ela deve produzir. **Desde Giotto di Bondone** (c. 1266-1337), considerado como o grande mestre do naturalismo na Itália, **os grandes princípios artísticos para reproduzir a natureza não cessaram de se modificar**. Além disso, uma hierarquia se impôs nas artes. "Todas essas polêmicas tiveram um resultado: o pintor, o escultor e o arquiteto foram reconhecidos enquanto homens de saber e membros da sociedade humanista. Pintura e escultura foram aceitas como artes liberais"[173]. Até então os humanistas haviam levado a literatura no primeiro plano. As artes figurativas tomam rapidamente o seu lugar. A arquitetura traduz a ordem natural; fala-se de "harmonia das divinas proporções", o equilíbrio das massas. Ela também é carregada de símbolos: as construções com planta central são imagens do universo, como a cúpula expressa a perfeição da abóbada celeste. **A escultura** torna imortal o corpo humano em sua nudez. Mas a pintura deve ser situada no pico das artes: ela recria a natureza, coloca o homem em seu seio, pode expressar a infinita diversidade das situações e dos sentimentos, pode fixar os grandes momentos da humanidade e toca a imaginação. Esse ideal encontra seu meio de expressão na beleza feminina e no corpo humano.

O CORPO DA ARTE E A ARTE DO CORPO

O corpo antigo é um encontro entre a conciliação de um idealismo e de um naturalismo que caracterizará o período do Renascimento. Mas a vida e o movimento são mais fortes, ainda que sejam torturados como nos corpos vistos por Michelangelo. Artistas como **Botticelli** e **Rafael** buscam uma expressão total nos rostos, refletindo a harmonia do mundo. A busca não está somente relacionada ao próprio corpo, mas no espaço no qual se situa, considerado, por sua vez como objeto de estudo, para além de todas as qualidades sensoriais. O espaço, assim como o corpo que ele encena, é representável e mensurável. Pouco a pouco, ele se tornará disciplina geométrica com a perspectiva cônica. Diferentemente de Florença, que desenvolve uma perspectiva mais linear, **Veneza** desenvolverá uma perspectiva mais aérea, fundada no papel da luz. O maneirismo mostrará uma nova abordagem do corpo, na qual, em função das necessidades da arte, ele será deformado em curva ou alongado – como em **Bronzino** (1503-1572) – ou ilustrado em uma exuberância de formas contornadas – como **Pontormo** (1495-1557) em pintura. O erotismo dos corpos domina, mas também o imaginário

---

173. "Assim nasce a ideia das 'Belas Artes', ainda que seja preciso esperar até a metade do século XVI para que sejam designados por uma única apelação '*arte di disegno*'. Ao mesmo tempo, os críticos chegam à ideia de obra de arte como algo distinto de um objeto definido por sua utilidade prática, como algo que sua própria beleza justifica, como produto de luxo." Anthony Blunt, *La Théorie des arts en Italie de 1450 à 1600* [A teoria das artes na Itália de 1450 a 1600], Paris, Gallimard, 1966, p. 99.

com **Arcimboldo** (1527-1593). O estilo de Ticiano (c. 1488-1576) mostrará a influência do maneirismo sobre os corpos por atalhos audaciosos, figuras atormentadas em uma luz contrastada. Ele saberá valorizar o esplendor dos corpos pelas paisagens, liberando uma sensualidade intensa. O Renascimento vai nos ensinar, portanto, a conceber a obra de arte enquanto imagem concentrada da realidade, vista sob um único ângulo, uma estrutura formal que emerge da tensão entre o vasto mundo e o tema integral oposto a esse mundo. O maneirismo analisado, às vezes, como um período de transição para o barroco vai quebrar essa unidade de espaço, herdada do período precedente.

O corpo do outro

A origem da recusa do corpo poderia se situar por volta do século XIII com o surgimento das ordens mendicantes. O corpo será, então, reduzido ao nível da carne, porque lugar do pecado original, e, se não for visto de maneira fundamentalmente má, permanece precário. O Renascimento se impõe na literatura como **uma redescoberta do corpo sob todas as suas formas**. No que diz respeito ao corpo do outro, os índios levados à Europa colocam a problemática questão em Valladolid de saber se eles teriam uma alma.

"Todos os homens que vi", conta Cristóvão Colombo em seu diário de viagem, "eram todos muito bem feitos, corpos muito belos e de rostos dóceis com cabelos quase tão grossos quanto a seda do rabo dos cavalos, curtos e que eles usam soltos até as sobrancelhas [...]. Alguns deles pintam os corpos de marrom e são todos como os canários [habitantes das Ilhas Canárias], nem negros, nem brancos; outros pintam apenas o contorno dos olhos e outros somente o nariz"[174].

O corpo surge do passado com o retorno à Antiguidade greco-romana, pela descoberta de estátuas. Como se estabelece o contato? **Pierre Clastres** indica que, de **Montaigne** a **Diderot** e **Rousseau**, não se deixou de apontar que o verdadeiro bárbaro não era aquele que se acreditava. Civilizações de grande sabedoria foram então descobertas, mas houve uma "diferença entre a forma como se operava o encontro e o contato da Europa com os primitivos e a função que estes assumiram, a partir de sua descoberta, no pensamento de alguns escritores... É uma crítica política ou moral de sua própria sociedade que os poetas e os filósofos nos oferecem"[175].

---

174. Cristóvão Colombo, *Journal de bord* [Diário de bordo], Paris, Maspero, 1979, p. 179.

175. Pierre Clastres, "Entre silence et dialogue" [Entre silêncio e diálogo], em *L'Arc*, n. 26, 1968.

A HERANÇA DOS ANTIGOS

Aristóteles, em sua *Poética*, e Horácio, em *Arte poética*, já haviam exposto o conjunto das regras pensadas para reger a criação artística e colocado que o ideal era de reproduzir a natureza. A *mimese*, doutrina da imitação, vai então se elaborar buscando representar as formas visíveis de uma natureza pródiga que Aristóteles chamará de natureza *naturada*, ou a natureza *naturante*, que, por meio de suas operações criadoras, leva todo ser a uma plenitude de sua forma visível. Os teóricos do Renascimento, como **Pietro Dolce** (séc. XVI), autor do primeiro grande tratado humanista de pintura, estimam que se deva fazer o esforço de imitar a natureza, mas também superá-la. Isso só é possível para o corpo em movimento, se não deve referir às estátuas antigas, detentoras do ideal do Belo. **Alberti** nos previne, pois "os elementos de beleza não estão reunidos em um só corpo; eles são, ao contrário, raros e dispersos em grande número"[176]. Do Renascimento ao século XIX, a *mimese* vai se tornar, para a maioria dos artistas, o axioma da referência. No século XVI, o *status* do corpo se vê modificado; ele se desnuda, ainda que **a arte desse período permaneça cristã**: ela continua contando a Paixão, mas mostra o corpo do Cristo e o dos santos desnudados. O corpo grego está de volta por meio de uma visão totalmente cristã, mas também da ideia de uma correspondência entre literatura e pintura enunciada no célebre *Ut pictura poesis* ("A pintura como poesia") de Horácio: "Uma poesia é como uma pintura: uma, vista de perto, cativa ainda mais, assim como a outra vista de longe. Uma, vista a meia-luz, a outra em plena luz, pois não teme o olhar inquisidor do crítico; uma agradou uma vez, e a outra, se revisitada dez vezes, continuará agradando"[177]. **Essa concepção de correspondências** entre as diferentes artes marcará profundamente os artistas do Renascimento. Até o século XVIII, os artistas pensarão que o problema será o de limitar as fronteiras comuns da literatura e da pintura para se perguntar, no século seguinte, qual deveria ser a relação entre o fundo e a forma, entre a imaginação e a imitação. Entretanto, esse humanismo terá pouca repercussão na pintura, com exceção de alguns pintores, como **Leonardo da Vinci (1452-1519)**, **Botticelli (1445-1510)** e **Michelangelo (1475-1564)**. Esse século encontrará o naturalismo, que tinha conseguido dar uma plasticidade particular à figura humana. Pode-se dizer que as formas antigas renascem no Ocidente a partir do século XVI? O antigo será modificado no sentido em que é colocado ao serviço do deus cristão, o que não nos permitiria falar em ressurreição das formas. Ao mesmo tempo guia e porta, o período antigo vai suscitar, por meio de uma busca do equilíbrio e da harmonia, um desejo de retorno à natureza. A identidade humana deve se integrar perfeitamente naquela da natureza. O artista deve obter uma "simpatia"

---

176. Leon Battista Alberti, *De la peinture* [Da pintura], LII, 44.

177. Horácio, *Art poétique* [Arte poética], v. 361-365.

entre a natureza humana e a natureza cósmica. As caricaturas realizadas por volta de 1490 ilustram bem essa busca pela vida e pela individualidade. O artista se torna um verdadeiro erudito. O *São Jerônimo* de Leonardo da Vinci é um exemplo flagrante. A anatomia deste, descrita com cuidado, permite apreender melhor a extrema tensão interna por meio daquela tensão agitada dos tendões e dos nervos. Os estudos musculares realizados por Michelangelo, para a Sibila da Líbia da Capela Sistina, mostram a importância dada à arquitetura humana. Os músculos à mostra, os torsos contorcidos, são utilizados para valorizar um gesto, uma intenção, servindo até para se tornarem pivôs de uma composição e para ritmar o movimento como no *Juízo Final*. Os estudos fisionômicos, paralelamente à pesquisa cada vez mais importante relativa à representação do movimento, triunfam na última obra florentina de Leonardo da Vinci: o afresco hoje perdido da batalha de Anghiari, iniciado em 1504. Ele chegou até nós apenas por meio de cópias do rascunho, dentre as quais a mais célebre é a de Rubens, no Louvre. Essa obra foi encomendada pela República. Trata-se de uma ilustração verdadeiramente científica "da louca bestialidade"[178] da qual fala Dante, no sentido literal da identidade das reações psicofísicas do homem, imagem de Deus, e aquelas do animal bruto sem alma. Michelangelo retoma, mais tarde, essa concepção do turbilhão "violento e acorrentado".

Os elementos motores: cadáveres, estatuária antiga e proporções

Três elementos vão se conjugar ao Renascimento para acertar **o naturalismo do corpo no campo da arte**.

- **O estudo anatômico dos corpos** se faz a partir do estudo dos cadáveres, já praticado desde o século XIII, mas que encontrará em **André Vesálio** (1514-1564), e depois em Leonardo da Vinci, a possibilidade de chegar ao nível de disciplina. As observações anatômicas, morfológicas, descritas, registradas em desenhos, permitem apreender melhor o funcionamento do corpo humano. Os afrescos de **Luca Signorelli** (c. 1450-1523), que foi discípulo de **Piero della Francesca** (c. 1415-1492), concederão um papel importante às pesquisas anatômicas e prefigurarão, assim, por meio das torsões e dos atalhos desses personagens, aqueles de Michelangelo. Os afrescos pintados na catedral de Orvieto ilustram o interesse do final do século pela anatomia, assim como os trabalhos, as pranchas de estudo deixadas por **Leonardo da Vinci**.
- **A estatuária antiga** é tomada como referência, e é por meio desta que vai se exercer primeiramente a imitação da Antiguidade. Não podemos deixar de aproximar o *Davi* de **Donatello** (1386-1466), escultor florentino, o mais marcante do período,

---

178. Dante, *O inferno*, XI, 82.

do *Diadúmeno* de **Policleto**, escultor grego do século V. Em ambos os casos, os personagens das estátuas se parecem pela pose, mas diferem pela expressão, a pesquisa do movimento, a fuga da frontalidade e o movimento de bacia quebrado, o *contraposto* ou contraste. Entretanto, diferentemente das esculturas gregas mais estáticas, é o movimento e a vida que dominam em *Davi*. O olhar se desvia da perna de apoio. Os membros superiores têm certa flexibilidade.

- **O estudo das proporções**, desde o início do século XV até sua morte, é fonte de interesse para **Albrecht Dürer** (1471-1528), assim como para os italianos **Cennino Cennini** ou **Cennino de Colle** (c. 1370-c. 1440), discípulo de Agnolo Gaddi. Ele deixou um tratado único no gênero, o *Livro da arte*, e indica justamente em que deveriam consistir as proporções: "Primeiro, o rosto é dividido em três partes: a cabeça uma, o nariz outra, do nariz até abaixo do queixo a terceira; da raiz do nariz com todo o comprimento do olho uma medida; do fim do olho ao fim da orelha, uma medida, de uma orelha à outra, o comprimento do rosto... O homem tem em altura o equivalente à largura de seus braços estendidos. O braço com a mão desce até o meio da coxa"[179]. Graças ao veneziano **Jacopo de' Barbari** (c. 1445-1516), **Dürer** aprende as teorias antigas, principalmente as de **Vitrúvio**. Ele se entrega então a uma série de estudos das proporções corporais cujo resultado é a gravura de *Adão e Eva*. Em 1528, publica uma teoria das proporções[180]. Ao longo de suas pesquisas, ele abandona a ideia de um cânone único para uma teoria da variedade na perfeição.

> Dentre os desenhos preparatórios que executou para a gravura de *Adão e Eva* em 1504, há dois que dissiparão as dúvidas, que tratam da sua vontade consciente de substituir as formas da natureza por aquelas que reclamam seu espírito ávido de proporções eruditas [...] Sobre o primeiro [...] não é difícil reconhecer a presença da famosa "seção de ouro" que o livro de Fra Luca Pacioli [Luca di Borgo], *De divina proportione*, colocava sob os auspícios de Platão. Leonardo, também preocupado com esses problemas, não havia se dado ao trabalho de fazer uma ilustração [...] e que dizer de Adão? Nele, Dürer refinou o seu trabalho e o corpo é apenas suporte de círculos, quadrados, triângulos sabiamente interligados e que se tornarão pura construção mental[181].

---

179. Cennino Cennini, *Le Livre de l'art ou traité de la peinture* [O livro da arte ou tratado da pintura] [1437], Paris, F. de Nobele, 1978.

180. Albrecht Dürer, *Lettres, écrits théoriques. Traité des proportions* [Cartas, escritos teóricos. Tratado das proporções], textos traduzidos e apresentados por Pierre Vaisse, Paris, Hermann, "Miroirs de l'art", 1964; *Géométrie* [Geometria], ed. e trad. Jeanne Peiffer, Paris, Le Seuil, "Sources du Savoir", 1995.

181. René Huyghe, *Dialogue avec le visible* [Diálogo com o visível], Paris, Flammarion, 1993, p. 63.

❖ **A grande invenção** no campo da arte é **a perspectiva**. Brunelleschi (1377-1446), arquiteto e escultor florentino, está, sem dúvida, na origem desse princípio. Ele encontra o ponto de partida de sua teoria na arquitetura romana e gótica da Toscana, seja na Basílica de São Lourenço (1423), seja no Hospital dos Inocentes (1419) em Florença, a construção é similar. As duas naves laterais reproduzem a sucessão de arcos e de espaços cúbicos, enquanto a nave central equivale ao espaço externo. Situada no meio desta, o espectador vê se repetirem uma série de imagens que se repetem em todos os pontos. Essas superfícies que limitam a sucessão dos cubos de espaço permitem que Brunelleschi demonstre que a profundidade do espaço é redutível a um plano. O cubismo nos mostrará, mais tarde, que isso não é possível. A pintura será o campo de aplicação natural da perspectiva. Mas trata-se, sobretudo, dos planos paralelos e perpendiculares ao plano de representação, pois os pintores ainda não sabiam muito bem construir outros planos. Da mesma forma, são feitas pesquisas sobre a utilização das cores para criar ainda mais pronunciadamente esse efeito de perspectiva em pintura. As cores perdem nitidez com a distância, e os contrastes são menos claros. As nuanças das cores e seus efeitos serão estudados por Leonardo da Vinci, que definirá as regras dessa perspectiva aérea.

3. A ARTE NA ITÁLIA

OS PRECURSORES ARTÍSTICOS DO *DUECENTO* E DO *TRECENTO*

Os artistas do *duecento* e do *trecento* podem ser considerados como os precursores daquilo que constituiria uma revolução no século XIV. Durante todo o século XIII, de Veneza à Sicília, a "maneira grega" continua se impondo. Em Veneza, a decoração de mosaicos da Basílica de São Marcos plasma uma expressão bizantina ao mesmo tempo misturada a uma forte tradição paleocristã. Em Roma, a decoração da Basílica de Santa Maria de Trastevere (1145) também tem inspiração muito bizantina. É mais precisamente **ao norte, na Toscana**, que essa transição entre a arte primitiva bizantina e o estilo da pintura antiga romana vai se operar. **Os artistas florentinos** começam a se distanciar da marca bizantina e do seu maneirismo, como Coppo di Marcovaldo, com o *Cristo do Juízo Final*, mosaico realizado entre 1260 e 1270. **Cimabue**, depois de ter pintado o monumental Crucifixo de São Domenico de Arezzo em 1272, será também levado a se libertar da tradição bizantina. Mas é **Giotto di Bondone** quem dará o último passo ao encontrar na realidade sua inspiração para a paisagem, sem intenção simbólica.

A arte renascentista tomará emprestado da arte gótica o desenvolvimento de motivos esculpidos, mas rejeitará a voluta ogival em proveito do arco. **O arquiteto do Renascimento**, contrariamente a seus predecessores, os arquitetos medievais que pensavam a natureza como ruim, a matéria inerte e infecunda, vai exaltá-la, valorizar o seu equilíbrio, sua beleza e fazer que sua arte seja a intérprete dessa sublime harmonia. **Nicola Pisano** permitirá uma evolução posterior da escultura italiana. Ele soube romper com a tradição dos escultores da Itália do norte, direcionando ainda mais sua inspiração para os modelos antigos.

OS PRINCIPAIS ARTISTAS DO RENASCIMENTO ITALIANO			
	Pintura	Escultura	Arquitetura
Pré-renascimento *(Duecento-Trecento)*	Cimabue (c. 1240-1302) Duccio di Buoninsegna (c. 1225-c. 1318) Giotto di Bondone (c. 1266-1337) Lorenzetti, Ambrogio (c. 1290-1348) Lorenzetti, Pietro (c. 1280-1348) Martini, Simone (c. 1284-1344)	Pisano, Nicola (c. 1210-antes de 1284)	Pisano, Andrea (1290-1349)
Primeiro Renascimento *Quattrocento* **1400-1500**	Andrea del Castagno (c. 1419-1457) Botticelli, Sandro (1445-1510) Carpaccio, Vittore (c. 1460-1526) Fra Angelico (c. 1400-1455) Lippi, Fra Filippo (1406-1469) Lippi, Filippino (1457-1504) Mantegna, Andrea (1431-1506) Masaccio (1401-c. 1429) Masolino da Panicale (1383-c. 1447) Perugino (1448-1523) Piero della Francesca (c. 1415-1492) Signorelli, Luca (c. 1450-1523) Uccello, Paolo (1397-1475)	della Robbia, Luca (1400-1482) Donatello (1386-1466) Ghiberti, Lorenzo (c. 1378-1455) Verrocchio, (1435-1488)	Alberti, Leon Battista (1404-1472) Brunelleschi, Filippo (1377-1446)

OS PRINCIPAIS ARTISTAS DO RENASCIMENTO ITALIANO			
	Pintura	Escultura	Arquitetura
Alto Renascimento *Cinquecento* 1500-1600	Andrea del Sarto (1486-1531) Bartolomeo, Fra (1475-1517) Bellini, Giovanni (c. 1425-1516) Correggio (c. 1489-1534) Giorgione (1477-1510) Leonardo da Vinci (1452-1519) Michelangelo (1475-1564) Rafael (1483-1520) Sodoma (1477-1549) Ticiano (c. 1488-1576)	Michelangelo (1475-1564)	Bramante (1444-1514) Michelangelo (1475-1564) Rafael (1483-1520) Sansovino (1486-1570)
Maneirismo	Parmigianino (1503-1540) Pontormo (1495-1557) Tintoretto (1519-1594) Vasari, Giorgio (1511-1574) Veronese (1528-1588)	Cellini, Benvenuto (1500-1571)	Palladio, Andrea (1508-1580) Vasari, Giorgio (1511-1574)

O *trecento* designa a arte toscana entre **1300 e 1400**. Para alguns especialistas em arte, o Renascimento se inicia no século XIV com as prodigiosas obras de **Giotto di Bondone**. Quanto aos demais, eles consideram esse artista como isolado e só dão início ao estilo renascentista com a geração de artistas em atividade em Florença no início do século XV, daí a denominação pré-Renascimento. A arte, por meio dos pincéis dos mestres, exprime-se de uma nova forma. A Idade Média tinha inventado a pessoa humana, mas ignora o indivíduo, o homem original. Há uma passagem de uma pintura da "alma" a uma pintura do "espírito". Tudo vai entrar em ordem ao redor do homem, aos poucos, em função de sua visão individual. **A pintura florentina** está na ponta desse movimento artístico. Três pintores se impõem mais particularmente:

❖ **Giotto di Bondone** (c. 1266-1337) será o pai da pintura moderna, até a metade do século XIX. Durante aproximadamente sete séculos, Giotto foi considerado como o pai da pintura europeia e o primeiro dos grandes mestres italianos. Contrariamente à pintura antiga de afrescos, ele dispõe suas cenas figurativas em um cenário quadrado em que todas as direções essenciais se tornam as bases da composição: é o que permitirá o surgimento do quadro autônomo no sentido moderno do termo. Tudo o que é acessório interno é eliminado, e a ação é centrada no tema, assim como no *Beijo de Judas*, afresco da Capela da Arena, em Pádua. São introduzidas grandes novidades, principalmente a regra da isocefalia, que preconiza uma altura comum para a cabeça dos personagens figurados, mas o pintor alcança uma síntese com a tradição gótica. Por meio de suas pinturas, ele conta os milagres de São Francisco em grandes afrescos, que se encontram na basílica de mesmo nome. A maioria das cenas, quase todas narrativas, são revolucionárias em sua expressão da realidade e da humanidade. Nestas, a tônica é dada ao momento dramático de cada situação, incorporando detalhes precisos ao mesmo tempo que privilegiam uma realidade interior, uma emoção humana reforçada por gestos e olhares cruciais, como no caso da *Vida de São Francisco*, em em Assis e na Basílica da Santa Cruz em Florença, e de *Cenas da vida do Cristo*, na Arena de Pádua, para a capela de Scrovegni.

- **Cimabue** (c. 1240-1302), mestre de Giotto, encontra inspiração na fonte bizantina que o formou. Considerado como o discípulo de Giunta Pisano (primeira metade do século XIII), Cimabue é influenciado depois pelas novas tendências de sua época e segue os passos de **Coppo di Marcovaldo** (1225-1280) e do romano **Pietro Cavallini**. Cimabue também parece ter sido um dos primeiros em reconhecer as potencialidades da arquitetura pintada, que ele introduz em suas cenas a fim de fornecer uma indicação sobre o lugar e para evidenciar um sentido agudo da tridimensionalidade. Apesar do pequeno número de obras de Cimabue que chegaram até nós, ele merece plenamente sua reputação de artista. Com a representação dos crucifixos e dos retábulos de grandes dimensões, Cimabue se mantém próximo da tradição bizantina. Finalmente, ele levou à pintura italiana uma nova conscientização do espaço e da forma escultural.

- **A escultura** é representada por **Nicola Pisano** (c. 1210-antes de 1284), que revela seu novo estilo clássico. Ele continua fiel aos cânones da tradição bizantina, ao mesmo tempo que a leva a sua capacidade de expressão máxima e se lança em uma busca inovadora das formas e das cores. Nenhum trabalho pode ser atribuído com certeza a Pisano antes de seu púlpito da catedral de Pisa (1259-1260). O púlpito de Pisa marca um dos momentos extraordinários na história da arte ocidental com a elaboração de um novo estilo, distinto de todos os antecessores, mas que se inspira, ainda assim, na escultura gótica francesa e na arquitetura.

O QUATTROCENTO

Apresentação histórica dos três locais artísticos: Florença, Roma e Veneza

O movimento artístico italiano se produz em três cidades: Florença, Roma e Veneza. **O primeiro renascimento**, o *quattrocento*, inicia-se na Toscana. Grandes novidades no campo da perspectiva e das proporções começam a surgir, assim como a tendência a marcar a individualidade no retrato e na representação das paisagens. O ano de 1401 marca a data oficial desse Renascimento artístico, quando **Lorenzo**

Ghiberti (c. 1378-1455) ganha o concurso por sua segunda porta de bronze do batistério do domo de Florença.

A arquitetura do *quattrocento*

O edifício central **coberto por uma cúpula** dominando as estruturas arquiteturais cederá o lugar, na segunda metade do século XVI, à construção alongada (igreja do Gesù, em Roma), à subordinação escalonada de cômodos secundários. Nas construções dos castelos, uma nova tendência se mostra: o arquiteto evolui na direção de estruturas mais complexas ordenadas em torno de um eixo simétrico. A estratificação horizontal é marcada: no início do Renascimento, todos os motivos de estrutura permanecem planos. Então se impõem a ordem, a simetria e o ritmo. Os monumentos se ornam com motivos antigos, tais como capitéis, enquadramentos de porta ou de janelas. A construção de palácios se desenvolve consideravelmente na cidade, mas também no campo. Os ricos burgueses mandam construir palácios cuja forma lembra um cubo fechado, com um andar térreo de janelas pequenas. Os palácios florentinos têm sempre a mesma distribuição no século XV: um pátio central quadrado ou retangular, rodeado de portas e colunas do qual parte uma escadaria monumental.

Em Florença

Filippo Brunelleschi (1377-1446) é reconhecido como **o inventor de uma nova concepção do espaço**. Ele descobre os princípios da perspectiva, representando assim uma superfície plana em três dimensões. Ele é também o criador do primeiro tipo de palácio florentino com uma parte baixa de grandes pedras talhadas, aberturas rústicas, andares superiores com calçamentos mais finos. Tal era a intenção para o palácio Pitti, que só foi realizado um século depois, quando **os Médicis** se tornam os duques da Toscana. **Leon Battista Alberti** (1404-1472) talvez seja um dos melhores exemplos do espírito universal do Renascimento. Ao mesmo tempo filósofo, jurista e arquiteto, ele também é reputado enquanto teórico e historiador da arte. Compartilha os mesmos princípios que Brunelleschi sobre o estudo da perspectiva, a geometrização do espaço, a base das plantas. Em *Da pintura* (*De pictura*), ele expõe sua teoria sobre a perspectiva e, em *Da estátua e da pintura* (*De statua*), a das proporções. *Arte de edificar* (*De re aedificatoria*), inspirado no tratado sobre a arquitetura de Vitrúvio, é o primeiro tratado sobre a arquitetura no Renascimento. Ele também fala, pela primeira vez, do conceito de ordem das arquiteturas. A ele devemos a fachada do palácio Rucellai, em Florença. Outros arquitetos vieram trabalhar na Cidade Eterna, atraídos por **Alberti** e seus escritos humanistas. Mas o exemplo mais emblemático é, sobretudo, a catedral Santa Maria del Fiore em Florença, onde se redescobre o segredo da construção da cúpula segundo o sistema dos Antigos. Brunelleschi o atinge combinando os elementos dos dois estilos de cúpulas: a da Antiguidade e a do período medieval. De fato, seu duplo dispositivo repousa sobre uma cúpula interna mais baixa e uma cúpula externa que, ao sobrelevar-se em um arco agudo, serve de contraforte à cúpula interna. Ele chega, assim, a uma combinação dinâmica da Idade Média e do sistema estático da Antiguidade. Sua igreja retoma as três naves próprias à basílica latina. O palácio Pitti se destaca como o mais importante de Florença, por volta de 1440, executado por **Lucas Fancelli** (1430-1494). O exemplo de Michelangelo marca a maioria dos arquitetos. **Giorgio Vasari** (1511-1574) constrói, a partir de 1530, o Palácio dos Ofícios, que originalmente abrigava os diferentes serviços da administração.

Em Veneza

O gótico tardio triunfa em Ca' d'Oro, iniciado em 1429. No palácio Ducal trabalham **Giovanni** (1355-1443) e **Bartolomeo Bon** (1410-1467) entre 1430 e 1460. A arquitetura tem em **Jacopo Tatti**, dito **Sansovino** (1486-1570), seu melhor representante. Ele vai trabalhar entre 1534 e 1554 na Libreria, na Loggetta aos pés do Campanário, entre 1537 e 1540. Ele se apoia na arquitetura clássica romana e é o criador da praça de São Marcos em Veneza. Mas o mais célebre é, sem sombra de dúvida, **Andrea Palladio** (Andrea di Pietro della Gondola, 1508-1580). Toda a arquitetura do século XIX é influenciada por seu trabalho. Suas viagens na Itália (Sicília) permitem-lhe estudar a ordem das colunas e a distribuição dos volumes na arquitetura antiga, que ele transpõe em construções austeras. A partir de 1600, sua influência domina na arquitetura inglesa.

A pintura do *quattrocento*

Em Florença

"É indubitavelmente, proclama Ficino, uma idade de ouro que levou a luz às artes liberais antes praticamente destruídas: gramática, eloquência, pintura, arquitetura, escultura, música. E tudo em Florença"[182]. Essa cidade ocupa um lugar particular na história econômica da Itália. Chamada desde o século XII de a "cidade das corporações", Florença conhece uma expansão econômica muito importante entre 1328 e 1338. Mas a cidade atinge realmente seu apogeu econômico depois da dinastia dos Médicis, a partir do século XV. **A família dos Médicis** reina em Florença durante o *quattrocento* e o *cinquecento*. Sua riqueza provém do comércio da lã, mas seu poder é garantido graças aos bancos e à política. Ainda que a República se mantenha, os Médicis farão da cidade um verdadeiro lugar artístico e intelectual. Isso se deve principalmente

---

182. Citado por Georges Minois, *L'Âge d'or. Histoire de la poursuite du bonheur* [A idade de ouro. História da busca pela felicidade], Paris, Fayard, 2009, p. 165.

à obra de **Cosme de Médici** (1389-1464) e de **Lourenço, o Magnífico** (1449-1492). Em Florença, são os Médicis; em Ferrara, os Estes; em Mântua, os Gonzagas. O artista se torna uma pessoa solicitada e encorajada pelos mecenas. **Primeira praça bancária**, entre os séculos XIV e XV, a cidade de Florença não deixou de valorizar as letras, acolhendo **Marsílio Ficino** e um grande número de artistas tais como **Masaccio, Fra Angelico, Michelangelo**, na pintura; **Donatello**, na escultura e **Ghiberti**, na arquitetura.

- **Fra Angelico** (c. 1400-1455), nome verdadeiro **Guido di Piero**, seria oriundo de uma família plebeia muito abastada da região de Florença. De fato, ele se instala perto de Assis depois de ter entrado para a ordem de São Domingos. As mais belas obras que nos deixou são os afrescos que ele pinta em **Florença**, no mosteiro dos dominicanos em Fiesole. Ele adota o hábito branco e preto do padre pregador e adota o nome de Frate Giovanni. É, por sinal, com esse nome que faz, em 1423, um crucifixo para o hospital Santa Maria Nova. Entre 1425 e 1429, ele pinta uma quantidade importante de retábulos, dentre os quais está o *Tríptico de São Pedro mártir*. Em 1436, ele pinta uma grande *Lamentação* para a congregação de Santa Maria della Croce. Também possuímos dele quadros isolados ou retábulos. A luz caracteriza o conjunto de sua obra; os planos de fundo são claros, e o fundo pode ser dourado ou azul. As paisagens da Úmbria ou da Toscana que evoca são bem-ordenadas, banhadas por uma chuva de cores. Trata-se de uma luz celeste que modifica as cores, transformando-as em algo diferente. As paredes do mosteiro em que ele mora são todas cobertas de afrescos que evocam a Virgem e a vida dos dominicanos. Os tímpanos foram utilizados para representar os principais santos da ordem. Sua pintura incita à meditação, ao recolhimento, e traduz sua formação de miniaturista. **Marsílio Ficino** a define como "um sorriso do céu que procede da alegria dos espíritos celestes"[183]. Esse foi um período de busca e de tentativas durante o qual a preocupação com a perspectiva, a cor e o valor plástico foi determinante para os artistas que se seguiram.
- **Paolo di Dono**, chamado de **Paolo Uccello** (1397-1475), do qual restam poucas obras. Muitos retratos lhe são atribuídos, tendo ele feito quatro painéis sob encomenda da família Bartolini (*A batalha de San Romano*, 1456). O *São Jorge libertando a princesa* testemunha essa vontade de explorar o espaço real e a preocupação com a perspectiva. É o caso da pintura em madeira: *A adoração dos magos*, *O beijo de Judas*.
- **Masaccio** (1401-c. 1429), cujo nome verdadeiro era Tommaso di ser Giovanni di Mone Cassai, é **o primeiro pintor do** *quattrocento*. Morre aos 27 anos, e suas obras-primas são um afresco de Santa Maria Novella, representando a Santa Trindade,

---

183. Citado por André Chastel, em *Marsile Ficin et l'art* [Marsílio Ficino e a arte], Genebra, Droz, 2000, p. 92.

e os da capela Brancacci em Florença: *Adão e Eva expulsos do paraíso* (1424-1428), *O pagamento do tributo* (1424-1428). Esta será estudada depois de sua morte por todos os pintores florentinos, **Andrea del Castagno, Leonardo da Vinci** e **Michelangelo**. Os afrescos da capela Brancacci, na igreja Santa Maria del Carmine em Florença, contam episódios da vida de São Pedro. Eles mostram que sua influência provém não dos pintores de seu tempo, mas de escultores como **Ghiberti** e **Donatello**, e do arquiteto **Brunelleschi**. É possível que ele tenha tomado como modelos, para tornar mais vivos os personagens de sua composição, os mármores antigos. Masaccio faz então as vezes de precursor por apreender tão bem por meio do desenho e das cores as relações entre o corpo e a mente, rompendo com as afetações do gótico. Ele retoma a herança de **Giotto**, mas a elabora segundo o ensinamento da nova perspectiva e das técnicas mais recentes, dando assim uma representação liberada à figura humana. Inventa regras de perspectiva geométrica que permitem que o olho do espectador capte o espaço tal como ele é pintado.

- **Andrea del Castagno** (c. 1419-1457) continua a investigação do espaço iniciada por Masaccio na série dos homens ilustres e das sibilas encomendadas por Carducci para sua Villa delle Legnaia. Pela primeira vez na história da pintura, esses personagens têm um dos pés apoiados sobre a beirada de um umbral, como se desejassem adentrar o espaço do espectador.

- **Botticelli** (1445-1510), nascido Alessandro di Mariano di Vanni Filipepi, em 1468, é atraído pela reputação de um próspero ateliê onde trabalhavam **Leonardo da Vinci, Perugino** e **Signorelli**. Os contatos que tem com Piero della Francesca são muito enriquecedores. Seu estilo cheio de poesia, de linhas onduladas, opõe-se ao de della Francesca, ligado à perspectiva e à geometria. Botticelli trabalhou em todos os gêneros atuais da arte florentina. Ele pinta retábulos ao ar livre e em painel, *tondi*, pinturas redondas. Dentre os grandes exemplares dessa nova moda da pintura profana, quatro obras são muito célebres: *A Primavera* (1477-1482), *Palas e o Centauro* (1485), *Vênus e Marte* (1485) e *O Nascimento de Vênus* (1485). *A Primavera* e *O Nascimento de Vênus* foram pintados na casa de Lorenzo di Pierfrancesco de Médici. *A Primavera*, pintado originalmente para a Villa di Castello, evoca essa frase de Leonardo da Vinci: "A pintura é um poema mudo". Botticelli sabe reunir as qualidades do ritmo, da sublimação do realismo, uma melancolia irreal e misteriosa entre natureza e civilização. A partir de 1482, ele trabalha para Sisto IV, que apela a ele para decorar com afrescos a capela Sistina. Ele se destaca na pintura de afrescos e dá uma atmosfera de sonho graças às linhas fluidas da composição: *Os Julgamentos de Moisés* e *A Tentação do Cristo* mostram tanto a influência de Leonardo da Vinci como a de Perugino. Entretanto, ele se mantém ligado à cor franca e simples.

Em Mântua

- **Andrea Mantegna** (1431-1506) é considerado o primeiro artista no sentido pleno da palavra, ao mesmo tempo gravurista em cobre, desenhista do norte da Itália. Ele realiza seus primeiros trabalhos em Pádua, cidade que teve uma grande influência sobre sua forma de pintar, sobre seus conceitos, seus temas, suas ideias. A cidade é um dos grandes centros humanistas e universitários. Seus temas de predileção serão escolhidos na Antiguidade e mais particularmente no mundo romano. Ele faz uma estadia em Mântua, onde pinta uma série de afrescos no palácio ducal (*O quarto dos esposos*, realizado entre 1465 e 1474). Pinta seus personagens como quem esculpe, como *São Sebastião*, em 1459, e se impõe como um teórico da perspectiva. *A virgem da vitória* (1494-1495) introduz um novo tipo de composição fundada em diagonais.

Em Perúgia

- **Pietro Vanucci** (1448-1523), apelidado **Perugino**, é considerado um dos últimos grandes pintores da escola florentina. Discípulo de Verrocchio, é em Florença que ele aprende a sua arte. Qualquer que seja o tema, seus gestos são medidos e os rostos lisos. *O Casamento da Virgem* será a referência dos pré-rafaelitas. Quando pinta temas religiosos – como *A natividade* ou *Adoração do menino* de Perúgia, a *Madona com o menino* da Villa Borghese –, os tons são suaves, as cabeças das madonas inclinadas. A partir de 1505, as formas se tornam ainda mais suaves. As mais conhecidas dentre suas obras são a *Pietà* do Palácio Pitti e a *Crucificação* de Santa Maria Maddalena dei Pazzi.
- **Piero della Francesca** (c. 1415-1492) é o pintor por excelência do espaço e da luz. Ele projeta seus temas no interior de uma claridade diáfana que imita o céu da Itália. A fascinação pela geometria e pela matemática caracteriza a sua arte. Seu modo de expressão teórica deve muito a Alberti. O ciclo narrativo representando a *Lenda da verdadeira cruz*, na igreja de São Francisco de Arezzo, foi completado em 1452. A simplicidade e a clareza da estrutura, a utilização controlada do ponto de vista e a aura de serenidade são características da arte de Piero no seu apogeu.

Segundo essa lenda, datando da época medieval, a cruz do Cristo seria oriunda de uma árvore plantada pelos filhos de Adão, estabelecendo assim o elo entre o Antigo e o Novo Testamento. As obras do final da vida de Piero della Francesca se situam entre 1470 e 1480 e são realizadas entre estadias em Urbino. Podemos citar: *A madona de Sinigaglia*, *A natividade*, *A virgem e os santos com Federigo di Montefeltro*. Os últimos anos do pintor são escurecidos pela cegueira total da qual é acometido.

Em Pisa

- **Pisanello** (c. 1395-1455) é considerado como o último representante do estilo gótico internacional. Com seu verdadeiro nome Antonio Pisano, ele se faz notar tanto como pintor quando como medalhista ou desenhista. Ele colabora com Gentile da Fabriano nos afrescos do palácio Ducal em Veneza entre 1415 e 1422, e conclui em 1431, em Roma, os afrescos sobre a vida de São João Batista na basílica de São João de Latrão. Dado seu sucesso crescente, ele é chamado pelas cortes europeias. O *Retrato de uma princesa da Casa de Este*, em 1440, representando uma jovem de perfil, mostra toda a sutileza e a leveza de um estilo precioso centrado na precisão do detalhe. Sua obra-prima é o *São Jorge libertando a princesa de Trebizonda* (1438).

A escultura do *quattrocento*

A arte da escultura no século XV dá o primeiro lugar a Florença.

❖ **Lorenzo Ghiberti** (c. 1378-1455) ganha o concurso e garante a realização de uma porta do batistério. **Andrea Pisano** havia realizado a porta sul. A dificuldade reside no fato de que o tema comporta uma paisagem, figuras nuas e figuras cobertas. Em outras palavras, ele deve mostrar tanto de habilidade na arte das figuras em relevo quando naquelas em semirrelevo e em baixo-relevo. Era preciso prever dez painéis, cada um evocando os principais episódios da história de Israel e a criação do mundo. Ele termina as portas em 1452, e leva mais de vinte anos para fundi-las. Quando utiliza o "ponto de fuga" da técnica de perspectiva sistematizada por **Brunelleschi**, ele não reduz o espaço a um simples efeito geométrico, mas sabe tirar partido das formas apagadas.

❖ **Donatello**, cujo verdadeiro nome era **Donato di Betto Bardi** (1386-1466), é um dos primeiros a ilustrar as artes do desenho e da escultura. Seu conhecimento do classicismo e seu domínio da arte gótica são perceptíveis ao longo de sua produção. Sua obra é infinitamente variada, mas a mais importante é, no entanto, o conjunto das estátuas de profetas executadas para o campanário de Giotto. Sua particularidade é ter sabido conferir um estado de espírito a cada rosto, um "naturalismo moralista". A consciência, assim como a psicologia, aparece como expressão dominante. Ele retoma as teorias de Brunelleschi que o formou, e as integra nos baixos-relevos de cenas de grupos (*Banquete de Herodes*, 1426). Emprega um relevo extremamente plano sobre o qual está representada a plástica dos corpos. Ele já recorre à perspectiva científica pelo jogo de uma multiplicação de planos, que situa a cena em um espaço real idêntico àquele onde estamos. O relevo do altar de Santo Antônio na basílica de mesmo nome em Pádua é um exemplo perfeito de aplicação dessas leis de perspectivas para construir um espaço comovedor. Ele trabalha bem tanto o monumental quanto o detalhe, tanto o mármore quanto o bronze, a estátua de Davi ou o estuque com o qual decora a sacristia de São Lourenço para Cosme de Médici. Suas obras mais importantes são: *Davi* (1409), *São Marcos* (1413), para Orsanmichele; *Davi* (1430) para Cosme de Médici; *Estátua equestre de Gattamelata* (1446-1453), em bronze, Pádua.

❖ Citemos também **Luca della Robbia** (1400-1482), o autor da escultura em terracota esmaltada policromada da *Madona com a maçã*, em Florença, da segunda Cantoria em mármore (1431-1437) do domo de Florença, assim como da porta em bronze da catedral de Florença (1446).

❖ **Verrocchio** (1435-1488) é uma figura dentre os maiores escultores do início do Renascimento. Suas obras são o *Davi* (1465), do Museu Nacional do Bargello, bronze de 1,25 m de altura, e a estátua equestre do *condottiere* Bartolomeo Colleoni, de Bérgamo (1480) em bronze dourado de 3,95 m de altura. Ele esculpe, além disso, vários túmulos sob a encomenda de Lourenço de Médici.

O *CINQUECENTO*

A arquitetura do *cinquecento*: uma basílica para São Pedro

PRINCIPAIS ESCOLAS ARTÍSTICAS ITALIANAS

- *Escola florentina*
  Arquitetura: Brunelleschi (1377-1446)
  Escultura: Donatello (1383-1466)
  Pintura: Fra Angelico (c. 1400-1455), Botticelli (1445-1510)

- *Escola veneziana*
  Arquitetura: Palladio (1508-1580)
  Pintura: Ticiano (c. 1488-1576), Correggio (c. 1489-1534), Veronese (1528-1588), Tintoretto (1519-1594)

- *Escola lombarda* (Milão): Leonardo da Vinci (1452-1519)

- *Escola romana*
  Arquitetura: Bramante (1444-1514), Michelangelo (1475-1564), Rafael (1483-1520)

Bramante (Donato di Angelo di Pascuccio, 1444-1514) concebe, por encomenda do Papa Júlio II, o plano de um edifício de construção central em cruz grega, dotado de uma cúpula central e de cúpulas anexas angulares entre os braços com volutas, santuário da piedade. Iniciada em 1506, a Basílica de São Pedro de Roma é um projeto gigantesco que não terá tempo de terminar. Ele também havia projetado, já em 1503, ligar o Belvedere ao Vaticano segundo uma perspectiva grandiosa. O século XVI inteiro é dominado pelo seu estilo. **Júlio II**, dois anos depois de sua ascensão ao trono, em 1505, retém, então, as ideias de **Bramante**. Os arquivos dos Médicis constituem uma considerável fonte de informações para apreender o que foram as ideias de Bramante com vistas a realizar **a nova igreja de São Pedro**. Ele projeta, de fato, colocar uma cúpula hemisférica acima do cruzamento, duas grandes naves em forma de cruz grega. Os trabalhos começam pela abside e os pilares da cúpula. Quando de sua morte, Rafael é encarregado da continuação dos trabalhos, mas os verdadeiros progressos são feitos quando Michelangelo se investe da autoridade necessária para terminá-los. Ele coroa o edifício com uma cúpula muito mais alta que aquela prevista por Bramante. A consequência é rápida e, desde a metade do século XVI, não existe um artista na Itália ou em outro lugar que não queira ornar seu monumento com uma cúpula. Esse dispositivo é retomado no barroco, quando a difusão da luz no interior do edifício permanece crucial. Ainda que o palácio do Vaticano continue a ser uma das obras mais consideráveis dessa época, não se deve ocultar a importância da construção dos grandes palácios romanos. Em 1580, o futuro **Paulo III** manda construir o palácio Farnese, colossal cubo de pedra de três andares, fechando um pátio quadrado, separados por magníficos entablamentos clássicos. No interior, o pátio quadrado retoma a superposição das grandes ordens antigas (dórica, jônica, coríntia).

Três gênios para um Renascimento

❖ **Leonardo da Vinci** (1452-1519) é o homem universal do Renascimento, ao mesmo tempo conhecido como pintor, escultor, arquiteto, engenheiro, urbanista, precursor de gênio. Fenômeno impressionante do Renascimento, todo artista está longe de ter uma única especialidade. Bramante era pintor, Rafael e Peruzzi combinaram pintura e arquitetura, Michelangelo, pintura e escultura. Em 1472, ele desenvolve o *sfumato*, depois de ser admitido na corporação dos artistas pintores de São Lucas de Florença. Depois de deixar Florença, ele se coloca ao serviço do duque Sforza. Ele começa a *Virgem nos rochedos* para a capela San Francesco Grande e lança o projeto da estátua equestre gigante de Francesco Sforza, *Gran cavallo*, que jamais será realizado. Em 1495, ele pinta *A Ceia* para o convento dos dominicanos de Santa Maria das Graças. Ele deixa Florença, estabelece-se em Milão e ali permanece até a conquista da cidade por Luís XII. Em 1515, sob a inspiração de Francisco I, ele se instala na França, onde morrerá. É o primeiro a buscar na pintura o vaporoso dos contornos, a suavidade das vestimentas e os tons fundidos. Seus últimos anos passados na França serão consagrados ao desenho. Suas principais obras são: *A Anunciação* (1473-1475), *São Jerônimo* (1480-1482), *A dama com o arminho* (1490), *A Monalisa* (1503-1515), *Santa Ana, a virgem e o menino Jesus* (1502-1513).

❖ **Michelangelo** (1475-1564), nome completo Michelangelo di Lodovico Buonarroti Simoni, é provavelmente um dos artistas mais típicos do Renascimento, ao mesmo tempo pintor, escultor, arquiteto e poeta. Oriundo de uma família arruinada de pequena nobreza de Florença, ele efetua sua aprendizagem no ateliê de Domenico Ghirlandaio, mas ali ficou pouco tempo, de tanto que seu talento precoce é rapidamente reconhecido. Depois de entrar para o serviço de Lourenço, o Magnífico, ele se inicia na escultura em bronze. Os primeiros sucessos chegam de Bolonha, onde ele contribui com as esculturas decorando o *Túmulo de São Domingos* (1494-1495), depois de Roma com o *Baco* (1497) e a célebre *Pietà* (1498). Florença, por sua vez, encomenda, em 1501, seu monumental *Davi*, instalado em 1504. O Papa Júlio II lhe confia uma tarefa excepcional com a obra pintada de decoração da capela Sistina, entre 1508 e 1512, ilustrada com retratos de profetas, de sibilas, de cenas do Antigo Testamento, dentre as quais a *Criação de Adão*. Ele decora, em seguida, com esculturas a capela dos Médicis entre 1516 e 1527. Em 1534, ele retorna a Roma, para pintar, sob a encomenda do novo Papa Paulo III, a vasta cena do *Juízo final* da Capela Sistina. Os últimos anos são dedicados à arquitetura, com a Biblioteca Laurenciana de Florença, e à escrita de sonetos.

❖ **Rafael** (1483-1520), Raffaello Sanzio, é conhecido por suas pinturas de grandes composições e numerosas representações da Virgem com o menino. Suas obras simples e a precisão do seu estilo fazem dele um dos pintores mais importantes do alto Renascimento. É na Úmbria que se desenvolve sua aprendizagem; a obra mais importante dessa época é *A coroação da Virgem* (1502-1503). Segundo Vasari, ele teria seguido seu mestre, Perugino, até Florença; Michelangelo e Leonardo da Vinci reinam nessa cidade e serão os seus mestres inspiradores. Esse período, a partir de 1505, é marcado pela realização de suas principais madonas, como *A bela jardineira* (1507). Depois de sua aprendizagem em Florença, onde encontra um estilo, o discípulo de Perugino, recomendado por Bramante, instala-se em Roma, onde ficará até a morte. Ele decora os cômodos dos apartamentos privados do Papa Júlio II. As três salas, chamadas quartos de Rafael, são exclusivamente pintadas por ele. A ideia é reunir em um tema comum filosofia natural e verdade revelada. Assim, é possível ver sábios da Antiguidade, tais como Platão, Arquimedes e Aristóteles, entre outros, reunidos no primeiro quarto. Esses afrescos servem de modelos durante séculos, tanto por seu interesse histórico quanto decorativo. Eles marcam o início do academicismo em suas proporções equilibradas e suas massas iguais. Ele fez uma espécie de síntese das pesquisas no campo da pintura, e seu trabalho é o resultado do longo alcance dessa arte. Seu gênio se baseia no gosto sem moderação pelas poses alongadas, instinto da forma e intensidade luminosa de sua paleta. Suas obras mais conhecidas são: *A bela jardineira* (1507), *A Madona do Grão-Duque* (1515),

A escola de Atenas (1510-1511), influenciada por uma arquitetura inspirada em Bramante, e *As três graças* (1504-1505). Rafael também deixou um grande número de retratos, *A Dama com unicórnio* (1506), *Retrato de Agnolo Doni* (1506), *Retrato de Baldassare Castiglione* (1514-1515).

A pintura do *cinquecento*

Se o *quattrocento* foi a época do desdobramento – príncipes cristãos e pagãos deixam uma marca em toda criação –, o *cinquecento* por suas realizações formais de criação é **o século do grande renascimento romano**. Mas esse século é marcado pela desvinculação do homem de suas profundezas espirituais e valoriza o homem natural sobre o homem espiritual. Nessa época, os grandes artistas não são mais protegidos pelos mecenas; eles se tornam grandes senhores. Ticiano ocupará os mais altos lugares da sociedade e gozará de um retorno financeiro principesco. Michelangelo será coberto de honras. Não é mais a arte que é venerada, mas, pela primeira vez, o próprio homem.

Em Roma

Vários centros formam de fato a escola romana: Urbino, Arezzo, Cortona, Perugia, de onde vem a maioria dos grandes mestres. Esses artistas tiveram a possibilidade de trabalhar juntos ou de estudar suas respectivas obras.

❖ **Perugino** (1448-1523) adquire um renome tão grande que deve deixar Perugia e ir a Roma, solicitado por Sisto IV (1471-1484). Suas figuras são de uma simetria absoluta, as atitudes de seus personagens de uma correspondência exata. Seu espaço, entretanto, ainda é mais o do paisagista do que o do geômetra.

Em Florença e em Veneza

❖ **Andrea del Sarto** (1486-1531) foi um pintor e desenhista italiano cujas obras de composição refinada tiveram um papel no desenvolvimento do maneirismo florentino. Sua obra mais impactante, entre outras obras conhecidas, é a série de afrescos sobre a vida de São João Batista no claustro do Scalzo (c. 1515-1526) na Toscana. Ele opta por cores quentes, e por Virgens com sorriso delicado: *A Anunciação* (1528), *A Madona das Harpias* (1517).

❖ **Antonio Allegri** (c. 1489-1534) dito **Correggio**, nome da sua cidade natal, gosta das formas graciosas e arredondadas dos anjos e dos cupidos: *Virgem com o menino e São João* (1515), *A Madona de São Francisco* (1515). Ele talvez seja um dos mais importantes do Renascimento da escola de Parma, cujas obras influenciarão o estilo barroco e rococó de vários artistas.

❖ **Giovanni Bellini** (c. 1425-1516). Sabe-se pouco sobre a família de Bellini. Seu pai, Jacopo, um pintor, era discípulo de Gentile da Fabriano. Ele introduz os princípios do Renascimento florentino em Veneza antes de um de seus filhos. Ao lado de seu irmão Gentile, Giovanno é considerado o precursor da escola veneziana. Seu estilo retraduz todo o interesse que os artistas venezianos do Renascimento podiam ter em matéria de pesquisa estilística. Ele foi primeiramente influenciado pelo estilo do gótico tardio de seu pai Jacopo. Seus primeiros trabalhos serão *a têmpera*, técnica de pintura na qual é empregada uma emulsão para dar liga aos pigmentos. Durante cinco anos, de 1470 a 1475, em Rimini, ele pinta a *Pala di San Francesco*. É influenciado primeiramente por Mantegna em suas figuras pesadas e angulosas, mas são principalmente suas relações com as escolas transalpinas que apresentam certa importância. Aos poucos, suas linhas vão se suavizar e ele vai encontrar uma harmonia entre seus personagens e a composição de seus quadros. A influência flamenga se faz sentir também em sua obra *Pietà* de Brera (1455-1460). Ele pintará, no fim da vida, magníficos retratos, como o *Doge Leonardo Loredano*. No conjunto das obras, deve-se notar: *A Ressurreição do Cristo* (1475-1479), *Alegoria sagrada* (1490-1500), *A assunção* (1513), *Mulher em seu toalete* (1515).

O RENASCIMENTO TARDIO OU O MANEIRISMO (SÉCULO XVI)

Nos anos 1520, o maneirismo se impõe até o início do estilo barroco, por volta de 1620. O estilo maneirista originário de Florença e de Roma se propaga no norte da Itália, depois em grande parte do centro e do norte da Europa. Esse estilo é uma reação à harmonia do classicismo e à estética do Renascimento, que havia encontrado em Leonardo da Vinci, Michelangelo e Rafael seus melhores intérpretes. Os pintores maneiristas desenvolvem um estilo caracterizado pela artificialidade, pela elegância e pela facilidade técnica. Os membros dos personagens representados são alongados, as cabeças pequenas e os traços do rosto estilizados, e sua pose parece frequentemente artificial. Eles também buscam uma melhoria contínua da forma e do conceito, levando o exagero e o contraste até seus limites extremos. Os principais representantes desse período são: **Bronzino** (1503-1572), **Giorgio Vasari** (1511-1574), **Tintoretto** (1519-1594), **Veronese** (1528-1588) e **Pontormo** (1495-1557).

As características do estilo maneirista:
- a busca do movimento;
- a deformação e a torção dos corpos;
- a modificação das proporções das partes do corpo;
- a perda da clareza e da coerência da imagem;
- a multiplicação dos elementos e dos planos;

- uma simbologia complexa que se refere a campos pouco conhecidos hoje (alquimia, arte do brasão, linguagem das flores etc.);
- o gosto pronunciado por um erotismo estetizante;
- o gosto por esquemas sinuosos, dentre os quais a "figura serpentina" (em S);
- os contrastes de tons ácidos e crus;
- o alongamento das formas.

No século XX, **Arcimboldo** (1527-1593) era admirado por pintores surrealistas, principalmente Dalí, por suas composições estranhas em frutas, legumes diversos que, agrupados, dão a sensação de um rosto humano. Arcimboldo pôde desenvolver seu talento quando foi convidado para a corte de Viena entre 1565 e 1587 pelo imperador Maximiliano II. Suas cabeças compostas se organizaram em séries alegóricas: as quatro estações, os quatro elementos: *Alegoria do verão*, *Alegoria da água*.

Mas as obras mais **delicadas, anunciadoras do maneirismo**, encontram-se em:

❖ **Francesco Mazzola** (1503-1540), chamado **Parmigianino** ("O pequeno parmesão"), originário de Parma. Inspirado por Michelangelo, ele toma emprestado dele a figura serpentina, visível na Virgem com menino com santos, mas, sobretudo, na *Madona do pescoço comprido*. No decênio que se segue à morte de Rafael, entre 1520 e 1530, o estilo do alto Renascimento adere ao maneirismo. Florença desencadeia o movimento com Michelangelo. Pela primeira vez, ele transforma as formas e as proporções artísticas renascentes no sentido de uma experiência pessoal. Do interesse que caracterizaria o Renascimento pelo individual, deriva-se ao particular. **O princípio do maneirismo**, considerado **um processo de declínio no século XVII**, é enunciado por **Giovan Pietro Bellori** (1613-1696) em sua biografia de Annibale Carracci. Vasari entende por *maneira* a individualidade artística. O maneirismo vai começar destruindo a estrutura do espaço adquirida pelo Renascimento. A cena será figurada em fragmentos separados.

❖ **Vittore Carpaccio** (c. 1460-1526) foi o pintor oficial das confrarias de mercadores que mandavam pintar certos episódios de sua vida. Entre algumas de suas obras: *A Visitação* (1509), o *Nascimento da Virgem* (1504). Ele é célebre por ter pintado espetáculos, desfiles e outras manifestações públicas que se distinguem pela riqueza de seus detalhes realistas, suas colorações e narrativas dramáticas.

❖ **Giorgio da Castelfranco**, dito **Giorgione** (1477-1510) inaugura, com sua obra, um novo estilo e abre um capítulo da pintura que será encerrado com Manet. Influenciado por Leonardo da Vinci, ele usa o *sfumato*. Com a *Vênus adormecida* (1508-1510), ele faz surgir um novo tipo de mulher que inspirará os nus femininos de Ticiano,

Velázquez, Goya e Manet: Ticiano com *O concerto campestre*, e Manet com *O almoço na relva*, em uma cena de concepção mais realista. Dentre suas principais obras, notamos também a *Tempestade* (1507), que marca uma etapa importante na pintura de paisagem do Renascimento, e *Os três filósofos* (1509). Giorgione faz com que a pintura veneziana mude de fase por meio do uso de seu *sfumato*, da luz e de uma concepção moderna da paisagem. Ele é também o primeiro, em seus retratos, a traduzir, a fazer sobressair a psicologia do modelo e seu caráter.

A **crise do maneirismo**, entre 1530 e 1540, é superada pelo gênio de Ticiano, que é o primeiro dos pintores, cujos pincéis parecem dar nascimento sem fim a signos expressivos de vida.

❖ **Ticiano** (c. 1488-1576), Tiziano Vecellio, diferencia-se imediatamente de seu mestre Giorgione. Sua pintura é mais humana, mais terrestre e evolui em uma magia de cores. As paisagens são mais reais (*Batismo do Cristo*, 1512), e ele mistura elementos tomados seja da mitologia, seja da vida quotidiana. Por volta de 1515, suas composições se tornam mais suaves, mais amplas. O estilo de Ticiano faz reviver uma nova natureza. **A influência do maneirismo** se traduz em sua pintura por atalhos audaciosos, figuras atormentadas em uma luz contrastadas, como seu retrato de Carlos V. As últimas obras que ele realiza com esses procedimentos luminosos anunciam, cem anos antes, a arte de Rembrandt. Ticiano faz nascer uma arte nova, por meios expressivos renovados sem cessar, na qual o homem e a natureza se interpenetram. Desenhos e relevos se perdem na cor e se tornam, por sua vez, cor. Dentre suas principais obras, notemos: *A Vênus de Urbino* (1538) e *Retrato de Arétin* (1545).

❖ **Paolo Caliari**, dito **Veronese** (1528-1588), também tenta resolver os problemas colocados pela luz e as formas, mas, por meio desses elementos, encena a alegria dos sentidos. O gozo estético é um dos objetivos que ele se impõe, e seus temas mitológicos são frequentemente pretexto para elogiar as formas generosas das venezianas de seu tempo, como em *A refeição em casa de Levi* (1573) e *As Bodas de Canaã* (1562-1563).

❖ Quanto a **Tintoretto** (1519-1594), Jacopo Robusti, ele é percebido como uma espécie de precursor dos pintores modernos. Seus estudos preliminares, rapidamente esboçados, nem sempre deixam tempo de desenhar, e as formas surgem sobre a tela espontaneamente sob seu pincel. Entretanto, para chegar a seu prodigioso conhecimento da anatomia, ele toma como modelo as esculturas de **Michelangelo**, como *Suzana no banho* (1560-1562). Ele nos revela a visão de uma humanidade complexa e variada que não se encontra em Michelangelo. Outros pintores maneiristas traduzem em suas obras a transição que se opera.

❖ **Michelangelo Mensi ou Merighi**, dito **o Caravaggio** (c. 1571-1610), será um dos pintores mais importantes da transição que constitui o maneirismo. Italiano do norte, irascível e violento, ele estará muitas vezes implicado em querelas e rixas sangrentas ao longo da vida. Sua força reside principalmente em seu realismo frio e observador, que caracteriza até mesmo seus retratos de santos, o que suscitará a indignação do clero. Ele inova muito particularmente pela utilização da luz, geradora de formas e que dramatiza o tema. A iluminação contrastada continua sendo seu principal meio de expressão. De fato, ele é conhecido por suas composições simples, nas quais a luz lateral provoca uma forte oposição entre as zonas iluminadas e as sombras. Suas últimas obras já mostram uma influência do barroco pela abolição da dinâmica dos corpos e de um espaço criador que envolve as figuras. Dentre suas obras, sublinhemos: *O repouso durante a fuga no Egito* (1597), *Cesta de frutas* (1595-1596), *Baco* (1594) e *A decapitação de São João Batista* (1608).

Dentre **os escultores maneiristas**, é preciso destacar:

❖ **Benvenuto Cellini** (1500-1571): *Perseu* em bronze é a primeira escultura concebida em função do espaço e em três dimensões. Ele realiza também o *Saleiro de Francisco I*.

❖ **Giambologna** (1529-1608), cujas estátuas se elevam em espirais que podem ser contempladas em três dimensões e concebidas em função do espaço: *A Fonte de Netuno* (1463-1487), em Bolonha, e o *Rapto das Sabinas* (1575-1580).

4. A LITERATURA ITALIANA DOS SÉCULOS XV E XVI

A mudança social que privilegia os elementos tomados do mundo da cavalaria reforça o gosto pelas histórias misteriosas de capa e espada. Ela reúne os elementos maravilhosos e fascinantes e rejeita o realismo e a imitação. A consequência é a emergência, no campo literário, de gêneros novos, de expressões novas que se adaptam ao gosto do público pelo mistério, o desconhecido. O romance de aventuras ou o romance, *romanzo*, vai encenar, em lugares exóticos, a confrontação de sentimentos extremos mesclados a temas místicos, ou até sobrenaturais. Os italianos não tinham cessado de experimentar nossa poesia cavalheiresca, as canções de gesta, os romances da Távola redonda. *Orlando furioso*, de **Ariosto** (1474-1533), mescla esses dois gêneros e transforma em cavaleiro da Távola redonda o rude paladino das canções de gesta. *Orlando furioso* é um poema de 46 cantos dividido em dois episódios principais, a loucura de Orlando e os amores de Rogério e de Bradamante. É um espelho da sociedade tomada de relação galante, conquistas romanescas e magia. **A poesia pastoral**, que não é mais que a poesia bucólica encenada, é representada por **Tasso** (1544-1595), mestre incontestado desse gênero, que nos deixa *Aminta*. Com *Jerusalém liberada*, epopeia em vinte cantos, ele mescla intimamente o maravilhoso à história. Ao mesmo tempo, aparecem as comédias burlescas, *impromptu* da *Commedia dell'arte*. Os italianos quiseram criar uma comédia clássica erudita, imitando os antigos, mas sua tentativa fracassou apesar das peças de Ariosto. Eles se inspiram então na comédia popular. Ela se inicia com a primeira comédia em prosa de **Angelo Beolco** (c. 1502-1542), dito **Ruzante**. Cada ator, que se exprime em seu próprio dialeto, trabalha seu papel a partir de um repertório convencionado anteriormente e representa o mesmo tipo: o apaixonado, Leandro ou Isabela, o criado, Arlequim ou Escapino, o velho trapaceado, Pantaleão ou Cassandra. Os personagens podem ser ou não mascarados. A intriga repousa sobre uma séria de quiproquós. Uma produção considerável de tratados surge, como o *Perfeito cortesão* de **Baldassare Castiglione** (1478-1529) cuja obra representa o ideal humano de época. A **história** foi um dos gêneros mais cultivados do século XVI.

NICOLAU MAQUIAVEL

Florentino, a serviço de César Bórgia, **Nicolau Maquiavel** (1469-1527) ilustra com *O príncipe* (1513) uma nova concepção do direito, fundado na finalidade, qualquer que seja a natureza dos meios empregados para atingi-la, mesmo que vão de encontro a leis comuns dos homens. Dedicado a Lourenço de Médici (1492-1519), *O príncipe* é constituído de 26 capítulos que definem os diferentes tipos de estado, o comportamento dos príncipes, aqueles que o rodeiam, a situação dramática da Itália. Para ele, o modelo mais digno de ser imitado não é outro senão **César Bórgia** (1476-1507), cuja eficácia política se baseia em um desejo insaciável de conquista. As obras e a personalidade de Maquiavel foram objeto de comentários diversos. A recusa de *O príncipe* pelos protestantes é compensada pela análise revolucionária, que faz dele um manual político de uso dos povos, e não dos tiranos. É igualmente esse período do fim do século XV que confere valor aos *Discursos sobre a primeira década de Tito Lívio* (1513-1520), que desenvolvem uma utopia republicana, a partir do estudo dos grupos políticos durante a Antiguidade romana. Segundo o autor, a liberdade depende essencialmente da natureza do povo. Ela é precária, senão impossível, se ele é corrompido. Autor político, Maquiavel também produz comédias como *A Mandrágora* (1518), que encena a virtude diante da hipocrisia e da estupidez, ou *Asno de ouro* (1517), *Os Capitoli* (c. 1505-1512). Maquiavel se define assim quando escreve, em 9 de abril de 1513, a **Francesco Vettori**: "A fortuna quis que, não sabendo pensar sobre a arte da seda, ou da lã, nem sobre os lucros e as perdas, eu acabasse compreendendo que me caberia pensar sobre o Estado."

CAPÍTULO II
A FRANÇA

1. HISTÓRIA: A FRANÇA DA SEGUNDA METADE DO SÉCULO XV AO SÉCULO XVI

LUÍS XI, "A ARANHA UNIVERSAL"

Luís XI (1461-1483) deve, desde seu coroamento, afrontar a Liga do Bem Público, fomentada por Carlos de Charolais, futuro duque de Borgonha, conhecido também como "Carlos, o Temerário". Essa Liga reúne os duques de Bretanha, de Anjou e de Bourbon, o conde de Armagnac e o duque de Guyenne, irmão caçula do rei. Luís XI joga uns contra os outros com habilidade. O duque de Guyenne morre em 1472, e a Borgonha se coloca sob a suserania do rei na França. Em 1477, depois da morte de **Carlos, o Temerário**, que havia mantido o rei prisioneiro no encontro de Péronne (1468), Luís recupera uma grande parte das posses da Borgonha. Seu temperamento calculista lhe rende o nome "aranha universal". Herdando de seu tio René de Anjou, ele dá à França a região de Anjou, o Barrois, a Provence com Marselha. E adquire Cerdagne e Roussillon.

O espelho mais fiel da obra de Luís XI é criado por sua própria biografia. Ele nasce em 3 de julho de 1423 em uma França amplamente dominada pelos ingleses e seus aliados da Borgonha. Criado na solidão do castelo de Loches, seu pai, o rei Carlos VII, confia-lhe, aos 16 anos, o posto de tenente real em Poitou, onde representa o soberano, e lhe ordena a defesa do Languedoc contra as tropas inglesas. O jovem Luís demonstra aí suas capacidades militares, assim como em Dieppe em 1443, quando força os ingleses a abandonar o sítio da cidade. Entretanto, ele tem pressa em reinar e participa da *Praguerie* de 1440, revolta dos príncipes, cujo nome provém de eventos semelhantes na Boêmia na mesma época. Carlos VII lhe concede seu perdão e lhe confia o Delfinado. Ele prova suas qualidades de administrador, rebaixa a nobreza local, funda a universidade de

Valência. Seu casamento com Carlota de Saboia (1441-1483), contraído a despeito de Carlos VII, provoca a cólera deste; Luís deve fugir do Delfinado, indo primeiro à Saboia, depois à corte de Filipe, o Bom (1396-1467), duque de Borgonha. Ele continua a fazer intriga contra seu pai até sua própria ascensão ao trono, em 1461.

Luís pode ser considerado como o primeiro grande soberano moderno da França; ele quer ultrapassar o âmbito feudal para impor o poder real a todos. Isso o leva, às vezes, a viver situações perigosas: ele está em plena negociação com o novo duque de Borgonha, Carlos, o Temerário (1433-1477), quando da entrevista de Péronne, em 1468, quando este descobre que a cidade de Liège se revoltou contra ele por instigação de Luís XI. A vida do rei está em perigo e ele só se salva por sua habilidade diplomática e pela humilhação de acompanhar o duque quando ele submete os habitantes de Liège. A revanche vem com a morte de Carlos, o Temerário, diante de Nancy, em 1477, depois que Luís XI o leva a uma guerra contra a Lorena e os cantões suíços. O fim do reino é consagrado ao estabelecimento de uma monarquia direta, onde os elos com o rei suplantam aos poucos as relações feudais. Luís XI favorece o florescimento da burguesia mercante, fonte de rendas para o tesouro real, principalmente com a sede em Lyon, submete a Igreja da França a seu controle com o direito de supervisionar a nomeação dos bispos e assume a justiça, favorecendo o caso de apelação direta ao rei.

CARLOS VIII E AS GUERRAS DA ITÁLIA

Carlos VIII (1483-1498) se torna rei aos treze anos. A regência é exercida por sua irmã mais velha, Ana de Beaujeu, que é obrigada a convocar os estados gerais em Tours em 1484. Reunião vã, porque não obtêm nada e, ao contrário, a regente aproveita para reforçar a monarquia e reprimir os problemas feudais. Em 1488, Carlos VIII casa-se com Ana de Bretanha (1477-15140) e se torna duque de Bretanha, pelo menos no título. Em 1495, na qualidade de herdeiro do testamento do último rei de Nápoles em favor de seu pai **Luís XI**, Carlos VIII inicia as guerras da Itália. Ele toma Nápoles, mas tem de enfrentar a Santa Liga de Veneza, que reunia o futuro imperador Maximiliano I e o rei Fernando II de Aragão. Em 1497, derrotadas na Itália do norte, as tropas francesas capitulam. **Carlos VIII** morre em 1498 ao bater violentamente a cabeça contra um paralelepípedo de uma porta do castelo de Amboise. Ele é o último Valois direto. Seu primo, um Valois-Orléans, o duque Luís de Orléans, sucede-o sob o nome de Luís XII (1498-1515).

LUÍS XII E O SONHO ITALIANO

Luís XII casa-se com **Ana de Bretanha**, viúva de seu antecessor, em 1499. Quando da morte dela, por falta de herdeiro para o ducado, a Bretanha é ligada à França. O novo soberano retoma as guerras da Itália, reclama Nápoles e também Milão, dizendo-se "rei da França, de Nápoles e de Jerusalém, duque de Milão". Ele toma Milão em 1500, ocupa Roma e Nápoles no ano seguinte. A partir de 1504, os espanhóis retomam Nápoles. O Papa Júlio II organizou a Santa Liga contra a França, agrupando Veneza, a Espanha e Henrique VIII da Inglaterra. O jovem e brilhante **Gaston de Foix** (1489-1512), sobrinho do rei, conquista uma vitória em Ravena em 1512, mas perde a vida. Depois, as derrotas se sucedem e, em 1515, toda a Itália é outra vez perdida. Em 1º de janeiro, Luís XII morre em Paris. Sem filho que o suceda, a coroa volta a outro ramo dos Valois, os Valois-Angoulême, com **Francisco I** (1515-1547).

FRANCISCO I, REI CAVALEIRO

É então o conde Francisco de Angoulême, sobrinho-neto de **Luís XII**, que sobe ao trono sob o nome de Francisco I (1515-1547), o "rei cavaleiro". Ele retoma as pretensões dos reis da França sobre a Itália, cruza os Alpes e derrota os mercenários suíços da Santa Liga quando da batalha de Marignano, em 13 e 14 de setembro de 1515. Isso obriga o Papa **Leão X** a assinar o acordo de Bolonha, em 1516. A partir de então, bispos e abades não são mais eleitos, mas nomeados pelo rei. O papa confirma essa nomeação conferindo-lhe investidura espiritual. Nesse mesmo ano é firmada a paz perpétua com os cantões suíços, onde o rei da França pode, no futuro, prover-se de mercenários. Mas um temerário adversário sobe ao trono, **Carlos V** (1516-1556). Rei da Espanha e da Áustria, é eleito imperador contra Francisco I em 1519. Quando do encontro de Campo do Pano de Ouro, perto de Calais, em junho de 1520, Francisco I aciona a magnificência de sua corte para tentar aliar-se a Henrique VIII da Inglaterra. Contrariado, este prefere o campo de Carlos V, que tivera a fineza de vir com um pequeno séquito. As guerras da Itália recomeçam. Francisco I é vencido e aprisionado em Pávia (1525). Em 1526, o tratado de Madri obriga o rei a devolver para a Espanha a Borgonha, Milão, Nápoles, renunciar a Flandres e a Artois. A paz das Damas de 1529 permite que a França conserve a Borgonha, mas Charolais, Artois, Flandre, Tournai, Orchies, Douai, Lille e Hesdin são perdidos. Livre desde 1526, depois de ter libertado seus dois filhos reféns, Francisco I deve enfrentar na França o avanço da Reforma Protestante.

O início das guerras de religião

Em outubro de 1534 eclode o caso dos *Placards* (Caso dos Cartazes): panfletos criticando a má conduta do rei, suas amantes e atacando violentamente a missa são afixados nas ruas de Paris, Tours, Orléans e até mesmo na porta do quarto do rei em Amboise. Este, tolerante até então, inicia uma política de perseguição. Os protestantes correm o risco de morrer na fogueira. O fermento das guerras de religião começa a agir. Por meio do decreto de Villers-Cotterêts, de 1539, o francês se torna língua obrigatória de todos os atos administrativos e jurídicos do reino, substituindo o latim. Ela também impõe o registro dos batizados feitos pelos padres, primeiro estágio do futuro estado civil. Para escândalo dos demais reis católicos, Francisco I se aproxima dos turcos nas Capitulações, tratado firmado definitivamente depois de sua morte, em 1569. A França obtém o direito de enviar seus navios aos portos turcos, as escalas do Levante, ou escalas do Leste. O sultão reconhece também o direito de proteção dos católicos no seio de seu próprio império.

O príncipe dos mecenas

Mecenas, Francisco I continua ou inicia a edificação dos castelos da Loire: Amboise, Chambord, Blois, ou na Ilha de França os castelos de Saint-Germain-en-Laye, Fontainebleau e o castelo de Madri nos bosques de Boulogne. Ele acolhe e protege **Leonardo da Vinci** no Clos Lucé, em Amboise, de 1516 até sua morte em 1519. Protetor das Letras, ele favorece o poeta **Mellin de Saint-Gelais**, o humanista **Guilherme Budé**, bibliotecário da biblioteca real, inspirador do Collège Royal, antepassado do Collège de France. Ele oferece bolsa, durante um tempo, a **Clément Marot**, antes de sua conversão ao protestantismo, que o condena ao exílio.

HENRIQUE II, O REINO DIVIDIDO

Henrique II (1547-1559) sucede ao seu pai. Ele continua, sem tanto brilho, a obra política e artística de **Francisco** I. Retoma as guerras na Itália, mas, depois da derrota de Saint-Quentin (1557), deve firmar o tratado de Cateau-Cambrésis (1559), pelo qual os reis da França e da Espanha restituem suas conquistas. Calais retorna definitivamente à França, mas a Itália é perdida. Henrique II conserva, entretanto, os Três-Bispados (Metz, Toul e Verdun), que ocupa desde 1552. É durante seu reino que as guerras de religião adquirem importância, os dois campos preparando-se para a explosão que se produz após a sua morte. Os éditos de Châteaubriant (1551) e de Compiègne (1557) restringem os direitos dos protestantes e acentuam a repressão contra eles. Henrique II morre em 1559 em um acidente de torneio. Três de seus quatro filhos vão lhe suceder no trono. **Francisco II** (1559-1560), rei aos 15 anos, morto aos 16 e, sobretudo, conhecido por seu casamento com Maria Stuart, rainha da Escócia, e pela Conjuração de Amboise. Embora, em março de 1560, o édito de Amboise anistie os protestantes e rejeite a inquisição, cavalheiros protestantes tentam apreender o jovem rei. Quando a conjuração é revelada, a repressão é feroz, com mais de mil execuções. Entretanto, o governo permanece tolerante a esse respeito, no momento em que dois partidos se formam: protestante por trás do príncipe de Condé; católico com o duque de Guise.

CARLOS IX E A NOITE DE SÃO BARTOLOMEU

O irmão de Francisco II se torna rei aos dez anos sob o nome de **Carlos IX** (1560-1574). Sua mãe, **Catarina de Médici** (1519-1588), torna-se regente. Em setembro de 1561, é organizado o colóquio de Poissy, entre bispos católicos e teólogos protestantes, mas ele se transforma em um diálogo de surdos. As guerras de religião se iniciam em 1º de março de 1562 com o massacre de Wassy. Os homens do duque de Guise massacram protestantes durante a celebração de culto em Wassy e em Champagne. Entre 1525 e 1589 se sucedem oito guerras de religião entrecortadas de paz, só no nome, tréguas mais ou menos longas antes da retomada das ofensivas. A influência tranquilizadora do chanceler **Michel de L'Hospital** (c. 1504-1573) é cada vez mais rejeitada no conselho do rei, do qual é excluído em 1568. Catarina de Médici tenta jogar com os extremistas dos dois campos para que os Valois conservem o trono. Em 1570, é firmada a paz de Saint-Germain, e os huguenotes, ou protestantes franceses, obtém relativa liberdade de culto e posições fortes. O almirante Gaspar de **Coligny**, protestante, passa a participar no conselho do rei e exerce uma importante influência sobre o jovem rei. Catarina de Médici e Guise fomentam seu assassinato, que fracassa. Temendo uma revolta protestante, Catarina obtém de Carlos IX o desencadeamento, em 24 de agosto de 1572, da noite de São Bartolomeu. Os huguenotes, tendo ido, em massa, assistir às bodas de Henrique de Navarra, futuro Henrique IV, com a princesa Margarida de Valois, irmã do rei, são caçados e mortos aos milhares. Carlos IX morre aos vinte e quatro anos, em 1574.

UM PRÍNCIPE NA TORMENTA: HENRIQUE III

Seu irmão, eleito rei da Polônia em 1573, retorna à França depois de ter se escondido na Cracóvia e se torna **Henrique III** (1574-1589). Inteligente, culto, com mente política, ele deve enfrentar ao mesmo tempo as leis da Santa Liga de **Henrique de Guise** (1550-1588), dito "o Balafré" – que tem por objetivo, desde sua criação, extirpar definitivamente o protestantismo na França com o auxílio do papa e do rei da Espanha –, os Descontentes, aristocratas de estirpe opostos aos homens novos da corte, agrupados em torno do último irmão, **Francisco de Alençon** (1555-1584), sempre pronto a fazer complô e a vender seu apoio momentâneo pelo preço mais alto possível, chegando a se aliar aos protestantes, e estes últimos, com a liderança do príncipe de Condé, Henrique I de Bourbon (1552-1588), e seu primo Henrique, rei de Navarra. O édito de Beaulieu (1576) se pretende apaziguador. O culto protestante é reconhecido e inúmeras garantias são oferecidas. Mas, a partir do ano seguinte, o édito de Poitiers (1577) as restringe. Isso não impede que os combates prossigam. A situação se complica depois da morte de Francisco de Alençon. O herdeiro do trono passa a ser o protestante Henrique de Navarra. Em 1585, obrigado pelo duque de Guise, Henrique III firma o tratado de Nemours, mediante o qual declara guerra a seu herdeiro e promete perseguir os protestantes do reino. Em outubro de 1587, a batalha de Coutras é um desastre para o exército católico do rei, arrasado pelo exército de Henrique de Navarra. Henrique de Guise tira proveito da situação para organizar um levante em Paris em seu benefício. O rei, depois da insurreição do Dia das Barricadas (12 de maio de 1588), foge de Paris e vai para Chartres. Ele convoca os estados gerais em Blois. É lá, em dezembro, que manda assassinar o duque de Guise e seu irmão, o cardeal de Guise. Paris toma a dianteira da revolta e Henrique III não controla nada além de algumas cidades do interior. Em abril de 1589, ele se reconcilia com Henrique de Navarra. Em agosto do mesmo ano, em Saint-Cloud, de onde sitia Paris, Henrique III é morto a facadas por um monge fanático: Jacques Clément.

HENRIQUE IV E A PACIFICAÇÃO RELIGIOSA

Henrique de Navarra (1553-1610) torna-se rei da França sob o nome de **Henrique IV** (reinado: 1589-1610), mas a França não o reconhece enquanto permanece protestante. Ele vence o duque de Mayenne (1554-1611), irmão do duque de Guise e novo chefe da Santa União (Santa Liga Católica) em Arques ao sul de Dieppe em 1589, em seguida, em Ivry, na região de Eure, em 1590. As tropas espanholas aproveitam a guerra civil para entrar na França. Henrique IV, que sabe que a liga é cada vez menos apoiada pelos parisienses, percebe que deve abjurar o calvinismo para restabelecer a paz. Ele o faz solenemente na Abadia de Saint-Denis em 25 de julho de 1593. Como Reims faz parte da Santa União, o sacramento de Henrique IV é feito em Chartres. Este último retorna triunfalmente para Paris em março de 1594. Derrotado uma vez mais na Batalha de Fontaine-Française (1595), Mayenne se entrega, mediante uma irresistível soma de vários milhões de libras e praças fortes – cidades fortificadas de proteção para os huguenotes e de integração destes com os católicos – na Borgonha. Henrique IV derrota, em seguida, os espanhóis e, pela Paz de Vervins de maio de 1598, consegue a sua expulsão total do país. Pelo Édito de Nantes, de abril/maio de 1598, ele se esforça para fazer católicos e protestantes viverem em harmonia. Os protestantes podem praticar sua religião livremente numa cidade por bailiado e nas casas senhoriais, salvo em Paris, e têm acesso a todas as funções. Os litígios entre as duas comunidades são decididos por "câmaras semipartidas", compostas por números iguais de juízes católicos e protestantes. Apesar de sua promessa, Henrique IV nunca chega a reunir de forma regular os Estados Gerais, instaurando os primórdios da monarquia absoluta. O duque de Biron, um ex-companheiro de luta, revolta-se. O rei o faz ser julgado e executado em 1602. Ele confia a recuperação financeira, depois a administração das finanças, a Maximiliano de Béthune, barão de Rosny, a quem nomeia **duque de Sully** (1560-1641). Este último promove a agricultura e a pecuária. **Bartolomeu de Laffemas** (c. 1545-1612) desenvolve o artesanato, defende o mercantilismo e a expansão das manufaturas, principalmente as de seda em Lyon, incentivando o comércio com o Levante. O reinado de Henrique IV é abruptamente interrompido pelo punhal de **Ravaillac** (1577-1610), católico fanático, que assassina o rei em 14 de maio de 1610.

2. A RENASCIMENTO FRANCÊS: UMA ARTE ÁULICA

A França acolhe muito rapidamente o humanismo como ética e como forma de pensamento, mas também lhe imprime muito rapidamente sua marca pessoal. **Duas correntes predominam**, então, na Itália, **a partir do primeiro terço do século XVI: a de Florença**, clássica e severa, e **a de Veneza**, maneirista e vanguardista. **A segunda** é defendida pelos flamengos e importada para Fontainebleau por artistas como **Rosso** (1494-1540) e **Primatício** (1504-1570). Artistas italianos participam da construção do Castelo de Amboise, empregados na França, a partir de 1495, por **Carlos VIII**. O castelo ainda tem traços góticos, mas anuncia o Renascimento. Os primeiros tempos dessa difusão, entre 1480 e 1520, se caracterizam por uma arquitetura civil e religiosa (Saint-Gervais, em Paris). Na decoração arquitetônica manifestam-se as primeiras importações italianas: medalhões, molduras, losangos. **O segundo período do estilo renascentista, ou estilo Francisco I**, de 1520 a cerca de 1550, vê triunfar o italianismo em Chambord, Azay-le-Rideau, Chenonceau, Fontainebleau. **O terceiro período, ou estilo Henrique II**, de 1550 a 1560, vê surgir em paralelo um estilo clássico em que todas as ordens são sistematicamente empregadas. Simetria e proporção são as qualidades procuradas na ordem arquitetônica. O Louvre, de **Pierre Lescot** (c. 1510-1578), e as Tulherias, de **Philibert Delorme** (1514-1570), são exemplos representativos. Vários nomes estão ligados à escultura: **Jean Goujon** (c. 1510-c. 1566), **Germain Pilon** (c. 1525-1590); e à pintura: **Jean Clouet** (c. 1485-c. 1540). As influências italianas penetram na França sem abolir completamente a arte gótica, como evidenciado pela igreja de Santo Eustáquio e pelo Hotel de Cluny. **A partir de meados do século XVI**, a composição arquitetônica, tanto externa quanto interna, obedece a regras que privilegiam as linhas geométricas. Em 1564, **Philibert Delorme** começa as Tulherias, enquanto **Jean Bullant** (c. 1520-1578) executa o Castelo de Écouen e o pequeno Chantilly. A Itália e o Renascimento aparecem na obra do escultor **Michel Colombe** (c. 1430-c. 1512), realizador de túmulos reais cuja decoração é inspirada em motivos italianos. **Primatício** e **Rosso** associam pintura e escultura na decoração de Fontainebleau e se tornam os mestres da escola de Fontainebleau. A França e a Espanha dominaram a Itália, mas a arte do Renascimento só se dará pela importação desses artistas. Sob Francisco I, o movimento se acentua. Muitas das novidades que aparecem na França não existem apenas pelo simples fato de copiar a Itália, mas correspondem a uma evolução nos hábitos da corte. Em primeiro lugar, **a importância do pessoal mudou**, ele se torna mais numeroso e uma transformação mais importante também intervém nos costumes da corte. A nobreza rodeia Francisco I e a vida da corte torna-se uma festa perpétua.

O MANEIRISMO NA FRANÇA

É assim que surge um dos primeiros focos do maneirismo na Europa. A influência italiana também é sentida pela chegada de outros artistas que Francisco I traz: Leonardo da Vinci, que morre perto de Amboise, em Clos Lucé, em 1519, dois anos após a sua chegada, e **Andrea del Sarto** (1486-1531). Enquanto isso, **Rosso** traz reminiscências de Michelangelo, e Primatício exprime um langor doce que deve a Rafael. A escola de Fontainebleau deixou-nos obras como a *Diana caçadora*, o retrato de Diana de Poitiers; o de Gabrielle d'Estrée, com sua *Gabrielle d'Estrée no banho com sua irmã*, a duquesa de Villars, revela um erotismo frio. Dois pintores franceses se juntam ao grupo: **Antoine Caron** (c. 1520-c. 1599), com *Funeral do amor*, e **Jean Cousin** (c. 1490-c. 1560), com o seu *Eva Prima Pandora*. Sob Henrique III e Henrique IV, surge uma nova geração de artistas. **Toussaint Dubreuil** (c. 1561-1602) faz o retrato de Henrique IV como Hércules; **Martin Fréminet** (1567-1619), considerado o último grande pintor da escola de Fontainebleau, decora a abóbada da Capela da Trindade no Castelo de Fontainebleau. Os pintores dos Valois são **Jean Clouet** (c. 1485-c. 1540) e **François Clouet** (c. 1510-1572), que permanecem completamente alheios às influências italianas e deixam retratos de inspiração flamenga (Diana de Poitiers).

A ESCOLA DE FONTAINEBLEAU

A arte renascentista na França é representada pela escola de Fontainebleau, uma interpretação francesa, cautelosa, do maneirismo, nome dado pela primeira vez, em 1818, pelo historiador **Adam von Bartsch** (1757-1821) no seu trabalho sobre a gravura, *O pintor-gravurista* (1803-1821), para designar as estampas feitas por um grupo de artistas nos anos 1540, sob a influência de dois mestres italianos que trabalhavam em Fontainebleau: Rosso e Primatício. Por extensão, esse termo é aplicado a todas as formas de arte que floresceram em Fontainebleau, e, um pouco mais tarde, no mesmo espírito, em Paris. Um renascimento decorativo sob Henrique IV, conhecido como a segunda escola de Fontainebleau, aparece mais tarde, mas foi menos importante em sua influência. Os artistas foram Ambroise Dubois (1563-1614), Toussaint Dubreuil (c. 1561-1602) e Martin Fréminet (1567-1619). O nome dessa tendência vem do famoso palácio de Francisco I, rei de 1515 a 1547. As obras da construção começam em 1528 e duram duzentos anos.

A galeria Francisco I (1533-1540) é uma encomenda de Francisco I cuja decoração tem como objetivo servir a sua glória junto do povo francês. A decoração alterna painéis de madeira, pintura e estuque. Muitos artistas de origem italiana participam dela, como Niccolò Dell'Abbate, Primatício e Rosso (1530-1560).

A ARQUITETURA RENASCENTISTA NA FRANÇA

As guerras italianas, conduzidas, no final do século XV e início do século XVI, pelos soberanos franceses, Carlos VIII, Luís XII e Francisco I, permitem-lhes estar lado a lado com o requinte de uma nova civilização que floresce no norte da Itália: o Renascimento. A aristocracia francesa, após as guerras da Itália, leva para a França numerosos artistas que vão importar as ideias do Renascimento italiano. O desejo de levar uma vida despreocupada vai levar muitos senhores a construírem casas no campo, enquanto os mais ricos constroem para si castelos onde o luxo substitui o armamento defensivo que se tornou inútil.

De volta à França, ofuscados pela luz de Florença, Milão e Roma, os príncipes querem, por sua vez, marcar sua época com novos edifícios. É nas margens do Loire, onde os príncipes residem, ou nas proximidades que serão construídos palácios e castelos. Bruscamente, nos verões quentes do Loire, a França passa das fortificações às residências prazerosas com uma corte refinada. Nos castelos construídos por volta de 1495 sob **Carlos VIII** (1483-1498), como o de Amboise (1495-1498), combinam-se ameias, pequenas torres, janelas gradeadas com arco semicircular, fachadas colunadas e frontões triangulares. Os principais castelos construídos às margens do Loire sob **Luís XII** (1498-1515) e sob **Francisco I** (1515-1547) são Azay-le-Rideau (1518-1524), Chenonceau (1515-1581), com a sua galeria de Philibert Delorme, e Blois, com sua ala **Francisco I** (1515).

No entanto, o maior castelo renascentista continua a ser Chambord (1519-1560): 156 m por 117 m, com 56 m de altura na torre central, 28 m no nível das terraças, incluindo quatrocentos cômodos, 74 escadas e 365 lareiras, construído segundo plantas italianas, das quais uma de Leonardo da Vinci. O mestre de obras é **François de Pontbriand** (1445-1521) que, por quinze anos, emprega 1.500 trabalhadores. **A partir de 1525**, na França, as residências principescas se multiplicam: La Muette, Fontainebleau. O Castelo de Madri, em Boulogne, mostra uma nova maneira de conceber a decoração. Sustentado por colunas, é decorado com terracota. É demolido em 1792. Outros castelos ilustram a arquitetura renascentista, fora do Vale do Loire ou de Fontainebleau. Assim é o castelo de Écouen, construído sob as ordens de **Anne de Montmorency** (1493-1567), condestável do rei, marechal da França; inspirando no castelo de Bury, foi feito em várias etapas. Atualmente, o castelo abriga o Museu do Renascimento na França.

Os arquitetos de grande renome

- **Pierre Lescot** (c. 1510-1578) trabalha no Louvre. Ele mantém a responsabilidade pelas obras até sua morte. No local do antigo Louvre, o de Carlos V, ele constrói o edifício principal, a ala esquerda e um pavilhão, chamado pavilhão do Rei. Ele também constrói o hotel de Ligneris, o Carnavalet;

- **Philibert Delorme** (1514-1570) é responsável pela realização do castelo de Saint-Maur (1541) e do de Anet (1547-1552) e começa as Tulherias em 1564;
- **Jean Bullant** (c. 1520-1578) é o arquiteto de Écouen, do pequeno Castelo de Chantilly (1561) e do Hotel de Soissons (1572).

A ESCULTURA DURANTE O RENASCIMENTO NA FRANÇA

Paradoxalmente, as guerras italianas realizadas por Carlos VIII e seus sucessores dão origem a uma longa tradição da arte italiana na corte da França. O Vale do Loire e a Normandia se tornam os primeiros centros de difusão desses novos estilos. Em meados do século XVI, **Philibert Delorme** (1514-1570) e **Pierre Bontemps** (c. 1507-1563) levam a escultura a uma maior complexidade, como mostrado no modelo dos túmulos reais, com o arco do triunfo do túmulo de Francisco I, na abadia de Saint-Denis. Esses novos artistas se revelam ao mesmo tempo teóricos e práticos, como **Jean Goujon** (c. 1510-c. 1566), autor da fonte dos Santos Inocentes em Paris, ou **Germain Pilon** (c. 1525-1590), escultor das *Três Parcas* e do túmulo de Catarina de Médici.

3. A LITERATURA FRANCESA DURANTE O RENASCIMENTO

Seguindo os passos de Erasmo de Rotterdam, depois de homens como Budé, Lefèvre d'Étaples, os Estiennes, Muret e muitos outros, os escritores da Renascimento recorrem incansavelmente ao baú de ideias que produziram. Eles estão na vanguarda das novas ideias e muitas vezes são as principais vítimas, **Marot, Rabelais, Ronsard, Montaigne, d'Aubigné**. A língua francesa se impõe e tudo se faz entre 1535 e 1550. Francisco I, em 1539, pelo decreto de Villers-Cotterêts, impõe a redação em francês dos atos administrativos e judiciais. Em 1549, quando **Joachim Du Bellay** publica *Defesa e ilustração da língua francesa*, a causa é quase ganha. Ilustrar a língua é, portanto, fazer em francês obras notáveis para competir com as em grego e latim. Em seguida, retomam-se os gêneros literários gregos e romanos, tragédias, fábulas, elegias, odes, epopeias. Para tanto, é necessário primeiro incorporar ao vocabulário palavras novas, ir procurá-las no vocabulário dos profissionais, das culturas estrangeiras. Na verdade, é nesse período que começam as primeiras gramáticas, os primeiros dicionários. É com **Robert Estienne** (1503-1559) que os repertórios de palavras são chamados dicionários. As traduções para o latim e para o francês dos textos gregos são o trabalho de grandes humanistas: **Jacques Lefèvre d'Étaples** (c. 1450-1537), com a *Ética a Nicômaco* de Aristóteles, em 1514; **Louis Le Roy** (c. 1510-1577), com a primeira edição em latim do *Timeu* de Platão, em 1551; **Amadis Jamyn** (1540-1593), com a

Ilíada em 1584. **Vários períodos** vão pontuar a evolução da produção literária francesa do Renascimento.

A EVOLUÇÃO DAS LETRAS NA FRANÇA DE 1470 A 1515

As primeiras impressões datam de 1470. É a poesia do gótico *flamboyant* que reina na corte dos príncipes, onde se cantam seus feitos. Na obra desses "grandes retóricos"[184], como **Jean Marot**, **Guilherme Crétin** ou **Jean Molinet**, não há nenhuma inovação ou procura por novas formas poéticas. Entretanto, esse período vê aparecerem os primeiros humanistas: Jacques Lefèvre d'Étaples e Erasmo, na Holanda.

A EVOLUÇÃO DAS LETRAS NA FRANÇA DE 1515 A 1559: CLÉMENT MAROT, RABELAIS

As disposições do rei vão mudar a respeito dos reformistas e principalmente dos protestantes. Trata-se do episódio do Caso dos Cartazes.

LETRAS E AGITAÇÃO POLÍTICA

- **De 1515 a 1534**: criação do **Collège de France**, sob o nome de "Colégio dos leitores reais", por Francisco I (rei de 1515 a 1547).
- **De 1534 a 1559**: o Caso dos Cartazes. **Marot** se esconde, Calvino foge para Genebra. Separação entre Reforma e Renascimento.
- **De 1559 a 1610**: Guerras de Religião. **Agrippa d'Aubigné**, **Blaise de Monluc** são escritores engajados, chamados de "escritores combatentes".

❖ **Clément Marot** (1496-1544) impõe-se na corte, sendo reconhecido como o grande poeta; a linguagem de sua poesia graciosa lhes convêm. Poeta leve, anfitrião dos nobres da corte, filho do poeta retórico **Jean Marot**, entra para o serviço de **Margarida de Angoulême**, irmã de Francisco I, então duquesa de Alençon. **Boileau**, em sua *Arte Poética*, evoca "a imitação de Marot, a elegante brincadeira". De fato, sua vida, como sua obra, são atribuladas. É encarcerado em 1526 na prisão do Chatelet depois de ter comido bacon na Quaresma, ou seja, ter quebrado o jejum. Esse momento inspirou uma de suas sátiras, *O Inferno*; ele tem que fugir após o Caso dos Cartazes para Ferrara. Mas é acima de tudo um poeta que sabe cantar o

---

[184]. O nome "grandes retóricos" diz respeito a uma dúzia de poetas agrupados junto aos duques de Borgonha, da Bretanha e aos reis da França. Sua poesia será descreditada pela geração de 1530-1550, porque mantida por uma demonstração de virtuosismo oco.

amor, dar vida a rondéis e canções com uma delicadeza encantadora. Seus primeiros trabalhos foram publicados em 1532, com *A Adolescência Clementina*. Mas a maioria deles consiste nas *Epístolas*, tão diversas quanto os acontecimentos que as suscitaram. Ele foi responsável pela introdução do soneto segundo a poesia italiana, os *Cinquenta salmos em francês*, tradução dos salmos de Davi. A facilidade de serem cantados fará com que sejam retomados por Calvino em seus hinos. Mas o que é novo na história da literatura é o louvor dirigido ao corpo feminino. Nenhuma figura carnal vai se impor como nas pinturas de **Botticelli**, **Ticiano**, **Dürer**, pois na poesia o corpo feminino será geralmente mais celebrado que representado. Se, na pintura, representar o corpo é pintar mostrando-o, mesmo idealizado, na poesia é evocá-lo sem descrevê-lo. O *brasão* será o gênero poético mais popular. O que se entende por *brasão*? É uma descrição detalhada de uma parte do corpo humano ou de um objeto. O "*brasão* anatômico" coloca a imagem no texto, o texto faz imagem e é a imagem que é significante. Quando **Clément Marot**, em 1535, escreve "*O brasão do belo mamilo*", ele está nas origens de uma verdadeira produção desse gênero poético. Se, em geral, o *brasão* celebra as qualidades de objetos, plantas, cidades, minerais, ao celebrar o corpo feminino, ganha um lugar de nobreza nas letras.

❖ **François Rabelais** (1494-1553), monge franciscano e, depois, eclesiástico secular, médico em Hôtel-Dieu de Lyon, é o mais importante humanista desse período na França. Herdeiro da Idade Média, sua obra é um "gesto" de gigantes, uma epopeia burlesca. O tom jocoso, até obsceno, acaba por ser perfeito na tradição das fábulas. Em contrapartida, suas ideias sobre a educação são totalmente coerentes com as do programa dos humanistas do Renascimento. *Gargântua* e *Pantagruel* são realmente sátiras violentas contra o papa, o rei, as ordens monásticas, a autoridade da Sorbonne. Esta acabará, aliás, por proibir a publicação de sua obra. Em 1532, ele publica, sob o pseudônimo de Alcofribas Nasier, anagrama de François Rabelais, *Os Horríveis e Assombrosos Fatos e Proezas do muito renomado Pantagruel*, seguido dois anos depois por *A vida inestimável do grande Gargântua*, depois, em 1546, *O Terceiro Livro*. É nesses livros que ataca os "sorbônicos", que condenarão sua publicação. Se o primeiro objetivo é fazer rir, rachar o osso de rir, é também necessário "chupar a substanciosa medula"[185].

BRIGADA E PLÊIADE

Por volta de 1547, um grupo de jovens assinam o manifesto de uma nova escola, pela pena de Joachim Du Bellay, que escreve a sua *Defesa e ilustração da língua francesa*, publicada em 1549. Este grupo se dá o nome de Plêiade. **A defesa da língua francesa** tem

---

185. Prólogo de *Gargantua* [Gargântua].

por objetivo lutar contra os autores que usam sistematicamente o latim em referência à Antiguidade. Du Bellay considera que é necessário produzir em francês obras tão importantes quanto essas. Trata-se também de promover uma nova forma de poesia, sem se referir àquela da época medieval. Essa poesia, feita de formas novas, como o soneto, encontra também inspiração nos antigos, da Antiguidade Clássica. O termo de Plêiade foi usado para superar a ignorância e a arrogância dos discípulos do humanista Jean Dorat (1508-1588). São sete escritores que, sob a direção de Pierre de Ronsard, tiveram por objetivo elevar a língua francesa ao nível das línguas clássicas. Querendo trazer novas palavras para a língua francesa, eles se voltam para a imitação dos Antigos. Em 1553, Ronsard escolhe sete deles; este número não deixa de evocar a Plêiade mitológica das sete filhas de Atlas, transformadas em constelação, especialmente a Plêiade dos sete poetas alexandrinos do século III a.C. durante o reinado de Ptolomeu II.

A única forma de soneto não antigo que admitem é a que imita **Petrarca**. Du Bellay, na *Defesa e ilustração da língua francesa*, preconiza o enriquecimento da língua francesa pela imitação discreta e pelo empréstimo das formas linguísticas e literárias dos clássicos e das obras do Renascimento italiano, incluindo formas como a ode de Horácio e de Píndaro, a epopeia de Virgílio e o soneto de Petrarca. Os sete que aceitam são: **Ronsard** (1524-1585), **Du Bellay** (1522-1560), **Jean Antoine de Baïf** (1532-1589), **Étienne Jodelle** (1532-1573), **Jean Bastier de La Péruse** (1529-1554), substituído em 1554 por **Rémi Belleau** (1528-1577); associam-se a eles Pontus de Tyard (1521-1605) e Guilherme Des Autels (1529-1581), sucedido por Jacques Peletier du Mans (1517-1582), substituído após sua morte por **Jean Dorat** (1508-1588).

Du Bellay também incentivou o renascimento de palavras em francês arcaico, a incorporação de palavras e frases de dialeto, a utilização de termos técnicos em contextos literários, a cunhagem de novas palavras e o desenvolvimento de novas formas de poesia. Os escritores da Plêiade são considerados os primeiros representantes da poesia do Renascimento francês, pelo motivo de retomarem o alexandrino, forma poética dominante desse período. Eles se reúnem no **Collège de Coqueret**, localizado no Quartier Latin. Essa brigada por um novo gênero revela-se uma escola federada pelo mesmo desejo de renovar as formas poéticas: ao lado de uma livre inspiração para a imitação dos antigos, os poetas estão a serviço de uma língua que se quer erudita. Suas principais obras são: de Baïf: *Os amores* (1552), *Os jogos* (1572); Du Bellay: *Defesa e ilustração da língua francesa* (1549), *A Oliva* (1550), *As Antiguidades de Roma* (1558), *Os Arrependimentos* (1558); Ronsard: *Compêndio da arte poética francesa* (1565), *Discurso* (1562-1563), *Odes* (1550-1552), *Hinos* (1556), *Os Amores* (1552).

❖ **Pierre de Ronsard** (1524-1585) é considerado o líder da Plêiade. Sua obra pode ser dividida em três períodos. Até 1559, é marcada pela influência da Antiguidade e da Itália. Ele publica livros de *Odes*, imitando o poeta grego Píndaro ou o poeta latino

Horácio. Entre 1560 e 1574, **Ronsard** é poeta da corte. Ele escreve o *Discurso das misérias desse tempo*, as *Elegias, mascaradas e poemas pastoris*. O último período de sua existência, de 1574 a 1585, é dedicado a um retiro no convento de Saint--Cosme-les-Tours. Naquela época, Ronsard compõe a compilação conhecida como *Amores de Helena*. Ao grupo da Plêiade, deve-se opor o dos "escritores combatentes". Eles não procuram tanto na Antiguidade a sua inspiração nem na poesia da Itália renascentista a forma a seguir. O fato essencial em seus escritos é pintar tanto o meio militar a que muitas vezes pertencem quanto promover a sua religião. Trata-se, portanto, ou de católicos convictos, ou de novos protestantes.

❖ **Joachim du Bellay** (1522-1560) é um mestre do soneto, embora tenha exercido a carreira diplomática no início de sua vida. Em 1549, ele compôs *A Oliva*, coleção de sonetos que imitam Petrarca, seguido em 1558 das *Antiguidades de Roma* e dos *Arrependimentos*. Em *Arrependimentos*, poemas da separação e do exílio, Du Bellay mostra que a separação permite ao ser a descoberta de si mesmo. Toda a temática desses poemas gira em torno da viagem, do regresso, da experiência infeliz. Quando publica seu manifesto, ele entra em guerra contra o latim e o idioma de Jean de Meung, de Villon, de Marot.

A EVOLUÇÃO DAS LETRAS NA FRANÇA DE 1559 A 1610: MONTAIGNE

As guerras religiosas atiçam as polêmicas. **Montaigne** ficará longe de qualquer fanatismo, ao passo que **Agrippa d'Aubigné** (1552-1630) e **Blaise de Monluc** (c. 1500-1577) se apresentam como escritores comprometidos com essas guerras religiosas.

Michel Eyquem de Montaigne (1533-1592), cavalheiro perigordino, famoso por sua amizade com La Boétie, passa a maior parte de sua vida em Bordeaux, onde é conselheiro no Parlamento até 1571 e prefeito de 1581 a 1585, e em seu castelo na região de Périgord. Aos 24 anos, ele conhece realmente Étienne de La Boétie, um dos eventos mais importantes de sua vida. Em seu ensaio *Da amizade*, ele descreve de maneira muito comovente sua amizade com La Boétie, que segundo ele é perfeita e indivisível, muito acima de todas as outras. Quando La Boétie morre, ele deixa um vazio que nenhum outro ser nunca foi capaz de preencher. Montaigne inaugura uma tradição moralista na França. Seu gênero literário, o ensaio, visa a estudar e analisar o comportamento humano. Dois volumes de *Ensaios* aparecem em 1580 e em 1588. A obra é reeditada em três volumes. A pedagogia tem um papel importante em sua obra. Com base na tradição antiga, ele questiona uma série de problemas no âmbito da filosofia, mas sem qualquer intenção didática. Grande parte dessas observações é baseada no exame de seu próprio eu. Como tal, os *Ensaios* são o primeiro testemunho autobiográfico. Ao mesmo tempo profundamente crítico de seu tempo e profundamente envolvido nas suas preocupações e lutas, Montaigne escolheu escrever sobre si mesmo, a fim de chegar a certas verdades possíveis sobre o homem e a condição humana, num período de agitação e divisão, quando qualquer possibilidade de verdade parecia ilusória e perigosa. No entanto, seu século é o do sentimento de imensas possibilidades humanas, decorrentes tanto das descobertas do Novo Mundo pelos viajantes quanto também da redescoberta da Antiguidade Clássica e da abertura dos horizontes científicos por meio das obras de humanistas. Mas essas esperanças são rompidas na França durante o advento da reforma calvinista, seguida de perto pela perseguição religiosa e pelas guerras religiosas (1562-1598).

Os Ensaios

O termo "ensaio", que nunca tinha sido usado em seu sentido moderno para um gênero filosófico ou literário, tem, em Montaigne, o sentido de uma atitude intelectual de questionamento e avaliação contínua. Ao longo de seus escritos, como fez em sua vida pública e privada, ele mostra a necessidade de manter uma ligação com o mundo, os outros e os acontecimentos. Assistimos a um vaivém entre a interioridade do indivíduo e a exterioridade do mundo. Ele usa a imagem da sala dos fundos: os seres humanos têm a sala da frente, de frente para a rua, onde se encontram e interagem com os outros, mas também, por vezes, precisam ser capazes de se retirarem para a sala dos fundos, a sua própria, onde podem reafirmar sua liberdade pela reflexão sobre os caprichos da experiência. Nesse contexto, ele recomenda viajar, ler, especialmente livros de história, e conversar com amigos. Mas é impossível alcançar um conhecimento completo. Ele endossa o questionamento filosófico do cético Sexto Empírico: "Que sei eu?", para relativizar todo saber. No entanto, estende sua curiosidade para os habitantes do Novo Mundo, que conhece no encontro, em 1562, com três índios brasileiros que o explorador Nicolas Durand de Villegagnon tinha levado para a França. Montaigne dá aqui um raro exemplo de relativismo cultural e de tolerância para a sua época, considerando que essas pessoas são, em sua lealdade à sua natureza, em sua dignidade, bem superiores aos europeus, que mostraram ser os verdadeiros bárbaros com a conquista violenta do Novo Mundo e suas guerras internas. Ao longo de todo o seu trabalho, o corpo desempenha um papel importante, por meio de seus extensos questionamentos sobre a doença, a velhice e a morte. A presença desta última permeia os *Ensaios*, e Montaigne quer se familiarizar com ela, à maneira dos estoicos ou epicuristas.

Renovação da pedagogia

A afirmação do individualismo é complementada por um desejo de descobrir a criança e traz um desejo particular de resolver o problema da escola. Pela primeira vez, **Jan Van Scorel** (1495-1562) representa na pintura, em 1531, um jovem aluno vestindo um gorro vermelho e segurando um papel numa mão e uma pena na outra.

O propósito da educação durante o Renascimento é formar homens e cristãos. Antes de 1400, houve a criação de trinta estabelecimentos de ensino em Paris, incluindo a Sorbonne para os alunos de teologia. Leuven, a partir do início do século XV, torna-se um importante centro do Renascimento na Europa. Logo depois, as universidades inglesas se abrem ao humanismo e Erasmo ensina na Universidade de Cambridge. Durante o Renascimento, os *collèges* substituem gradualmente as faculdades de artes e acontece o declínio progressivo das universidades, privadas de um de seus elementos mais dinâmicos. Enquanto o ensino se modifica, vida e psicologia do aluno vão seguir a mesma linha de evolução. Erasmo, que dedica várias obras ao problema da educação, aconselha o recurso a um preceptor. Os jesuítas foram os grandes agentes de difusão da educação humanista. O humanismo vai situar a moral no centro das preocupações da educação e vai fazer das virtudes o meio de acesso à sabedoria e ao conhecimento. O famoso "ciência sem consciência não é senão a ruína da alma", que termina a carta de Gargântua a Pantagruel, ilustra perfeitamente essa nova concepção. Montaigne, em seu famoso tratado *Da instituição das crianças*, situa-se também nessa linha da pedagogia humanista, quando escreve, sobre a criança, que "uma cabeça bem-feita vale mais que uma cabeça cheia", com o objetivo de fazer um homem capaz de se comportar e conduzir na vida. A formação física é necessária para Montaigne, uma vez que o corpo pode sustentar melhor a alma. Da mesma forma, Gargântua sob a direção de Ponócrates recebe a formação de um cavalheiro, na qual os exercícios físicos e a prática das armas têm um lugar importante. A descrição da Abadia de Thelema que termina *Gargântua* é a de uma residência principesca onde se leva uma vida brilhante. Sua única regra é "Faça o que queres", mas ela se dirige a pessoas bem-nascidas, como todo o sistema educacional do Renascimento.

A POESIA DE LYON

Maurice Scève (1500-1560) é o representante mais ilustre da poesia de Lyon, que é então como uma capital intelectual da França até o início das guerras religiosas. Admirador de Petrarca, Scève não negligencia a contribuição da Idade Média na literatura. A *Délia* aparece como uma síntese das diferentes correntes da poesia lionesa. O autor canta sua amante e mostra todas as insatisfações amorosas dessa paixão. Também trabalha numa grande obra, *Microcosmo*, epopeia enciclopédica. Em torno dele, outros autores têm seu lugar, como as autoras **Pernette du Guillet** (1520-1545), com o seu *Rymes*, ou **Louise Labé** (1522-1566), apelidada de "a Bela Cordoeira", que canta seu amor por um homem no *Debate de loucura e amor* (1555).

4. A MÚSICA DURANTE O RENASCIMENTO FRANCÊS

A música renascentista se transforma ao mesmo tempo que a sociedade evolui. As cortes principescas mantêm músicos permanentes a seu serviço, tanto para as necessidades da liturgia quanto para banquetes e recepções. A música mais brilhante é primeiramente a dos Duques de Borgonha, na qual está Guilherme Dufay (1400-1464). Cosmopolita, voltada para o aliado inglês, também abriga John Dunstable. Os gêneros musicais vão da missa ao moteto, composição de uma ou mais vozes, passando por baladas e canções. Fora da escola de Borgonha, a música renascentista se desenvolve no contexto da escola franco-flamenga, liderada por Josquin des Prez, o "príncipe da música" para seus contemporâneos.

UM GRANDE NOME DA MÚSICA NO RENASCIMENTO: JOSQUIN DES PREZ

Josquin des Prez (c. 1440-c. 1521) é um dos maiores compositores do Renascimento. Após a formação na Catedral de Cambrai, ele entra para o serviço do rei Renato de Anjou, mecenas consciente, depois para o do papa, para a sua capela privada. Durante a sua estada na Itália, ele também serve as cortes principescas de Milão e Ferrara. Deixa vinte missas, motetos marcados por um sentido agudo da lamentação e o recurso ao uso de graves, muitas canções. Ele retoma as técnicas do cânone e do contraponto, utilizadas na música religiosa, adaptando-as às obras profanas. Com a imprensa em pleno desenvolvimento, a distribuição dos salmos cantados pelos protestantes e depois os efeitos da Contrarreforma católica contribuem para dar à música um novo lugar, do qual participam as escolas dos Países Baixos, de Paris, do Loire. Além de Orlando di Lasso (c. 1532-1594), outros músicos importantes são: Antoine Brumel (1460-1525), Pierre de La Rue (c. 1460-1518), Loyset Compère (c. 1450-1518), Jacob Obrecht (1450-1505). Os instrumentos são o alaúde, a harpa e o órgão. As danças estão na moda, com a pavana, a galharda ou a *allemande*.

CAPÍTULO III
A ESPANHA

1. HISTÓRIA: A ESPANHA NO SÉCULO XVI

Com a morte de Isabel, a Católica, em 1504, sua filha **Joana, a Louca** (1504-1555), a sucede. Carlos se torna o rei **Carlos I da Espanha** (1500-1558), reinando sobre Castela, Aragão e Países Baixos. Faz uma reforma institucional profunda, favorecendo uma monarquia absoluta. Uma revolta eclode, a dos comuneiros, entre 1520 e 1522. Ela reúne os conselhos das cidades, a nobreza, os artesãos e os operários urbanos. Os nobres que permaneceram fiéis formam um exército que esmaga os comuneiros em Villalar, em 21 de abril de 1521. Em 1519, o trono do imperador alemão fica vago. Carlos é eleito rei dos romanos em 28 de junho de 1519 e coroado imperador em Aix-la-Chapelle em 23 de outubro de 1520. Ele se torna então o imperador **Carlos V** (1519-1558). Ele também tem de lidar com a revolta dos príncipes alemães, a quem pretende impor o catolicismo. Sua recusa em aceitar a *Confissão de Augsburgo* (25 de junho de 1530), que funda o luteranismo, desemboca numa guerra que irá durar de 1531 a 1555. Finalmente, Carlos V, pela Paz de Augsburgo (3 de outubro de 1555), reconhece o protestantismo por todo o império segundo a regra do *cujus regio, ejus religio*, a religião do príncipe é a do seu Estado. O soberano não é mais feliz em suas expedições no Mediterrâneo, para tentar acabar com a pirataria dos barbarescos. Fisicamente enfraquecido, moralmente desanimado, Carlos V abdica em dois tempos em favor de seu filho **Filipe II** (1556-1598) em 25 de outubro de 1555. Ele lhe passa os Países Baixos, o ducado de Borgonha, Franco-Condado, todas as possessões espanholas em 16 de janeiro de 1556. Seu outro filho, Fernando, é eleito em 24 de março de 1558 sob o nome de imperador **Fernando I** (1558-1564). Ele se retira para o Mosteiro de Yuste, onde morre em 21 de setembro de 1558. Sua grandeza é reafirmada com a vitória naval de Lepanto (7 de outubro de 1571), onde espanhóis e venezianos derrotam a frota turca. A nova soberana, **Isabel I** (1558-1603), engaja-se na luta contra a Espanha. Ela triunfa após a dispersão de uma imensa frota espanhola, a Invencível Armada, desmantelada por uma tempestade antes de ser destruída pela marinha britânica em 1588. O fim do reinado é marcado por uma sucessão de fracassos: o ex-protestante Henrique de Béarn torna-se o rei **Henrique IV** da França (1589-1610), o Estado está à beira da falência com uma dívida de 100 milhões de ducados, a Inglaterra apoia a revolta dos Países Baixos. Os ingleses tomam o porto de Cádis. Filipe II deve assinar com a França a Paz de Vervins (1598), abandonando os lugares conquistados e o sul dos Países Baixos. **Filipe II** morre em 13 de setembro de 1598. Seu fraco filho, **Filipe III** (1598-1621), sucede-o e abre a época de uma interminável decadência espanhola.

2. O RENASCIMENTO ARTÍSTICO NA ESPANHA

A ARQUITETURA DO RENASCIMENTO ESPANHOL

Após o pomposo gótico chamado estilo Isabel (capela funerária real de San Juan de los Reyes, em Toledo), uma nova arquitetura nasce: o *plateresco*. Verdadeira peça de ourivesaria, a fachada do Hospital de Santa Cruz em Toledo está associada ao nome de Enrique Egas. Os temas decorativos são essencialmente lombardos. Carlos V constrói um novo palácio para si nos jardins de Alambra pelo arquiteto **Pedro Machuca** (?-1550), projeto que não será completado. É o primeiro palácio de estilo italiano construído no século XVI na Espanha. Mas todas as realizações então produzidas se apagam diante do palácio colossal que Filipe II constrói, no Escorial, associado ao nome de **Juan de Herrera** (1530-1597), ainda que iniciado em 1563 por **Juan Bautista de Toledo** (1515-1567). É inspirado nos palácios italianos renascentistas, mas sua concepção continua sendo espanhola. Dedicado por **Filipe II** a São Lourenço, a forma dessa construção é a de uma grade em memória do calvário sofrido por esse santo. O conjunto é construído em granito cinza.

A PINTURA DO RENASCIMENTO ESPANHOL

O *sosiego*, atitude impenetrável e fechada, próxima do estoicismo da Antiguidade, encarnada pelo rei Filipe II, difunde-se por toda a Europa. A cortesia glacial se impõe na etiqueta da corte. Não há espaço para o calor humano numa vida concebida como ascética. A moda é o preto; os trajes são de uma grande sobriedade e de uma grande tristeza; o das mulheres visa a dissimular as formas naturais. O lenço aparece, e **Baltasar Gracián y Morales** (1601-1658), em seu livro *O Cortesão*, evoca-o, em 1647, assim como as regras de conveniência que definem seu uso. O século XV marca o momento em que a Espanha é invadida por muitos artistas estrangeiros, flamengos, alemães, franceses, borgonheses, e, no século XVI, aqueles vindos da França e da Itália.

O nome predominante é, sem dúvida, o de **Domenikos Theotokópoulos**, dito **El Greco** (1541-1614). Na Espanha, desenvolve-se uma escola maneirista da qual ele será o principal representante. Nascido em Creta, então protetorado veneziano, seus primeiros anos como pintor parecem obscuros. Sua primeira obra é *São Francisco recebendo os estigmas*. Ele se fixará em Toledo depois de uma curta estadia em Roma. Em seguida, vem um período dedicado ao retratos: pode ser citado *Cavaleiro com a mão sobre o peito* (1580). Em 1586, é a ele encomendado *O enterro do conde de Orgaz*. Suas últimas obras são *Apostolados*, como a da Catedral de Toledo. O pintor dá a seus personagens formas esguias que lhes dão a aparência de gigantes majestosos. A técnica de Greco baseia-se na oposição entre o colorido e o preto e branco, principalmente pela novidade que consiste em fazê-los encavalar-se para intensificar o contraste sem criar pelo desenho uma linha divisória muito nítida. Todas as suas criações são símbolos que representam forças sobrenaturais ou sobre-humanas, obedecendo a impulsos, vindos não de seu ser, mas do exterior: *Apostolados*, *Cristo carregando a cruz* (1600-1605), *O enterro do conde de Orgaz* (1586-1588), *A sagrada família* (1595). Ele mantém a frontalidade da composição do estilo bizantino, o desprezo pela ilusão espacial. Os fundos de suas pinturas são feitos apenas para destacar ou colocar em evidência seus personagens e não para criar uma impressão de profundidade. Do que aprendeu com **Ticiano**, ele acrescenta o volume e o dinamismo do corpo, a pintura tonal, a variação de cada cor seguindo os efeitos luminosos. Mas suas influências, ele também as deve a Veronese, a Tintoretto: *O sonho de Filipe II* (1579), *O martírio de São Maurício* (1580-1582).

A ESCULTURA DO RENASCIMENTO ESPANHOL

Vasco de la Zarza (1470-1524), especializado na talha do mármore, deixa em Barcelona seus vestígios nas plantas e muito de seu trabalho na realização do coro de sua catedral. Alonso Berruguete (c. 1490-1551) fica famoso durante o segundo terço do século XVI por seu estilo monumental de execução das esculturas do coro da Catedral de Toledo. Os fundidores de bronze, os Leonis, Leone (1509-1590) e seu filho Pompeo (1533-1608) deixam suas mais belas obras em 1564: *Carlos V vencendo a inveja* e os dois grupos do mausoléu imperial e real do Escorial.

3. A LITERATURA ESPANHOLA DO SÉCULO DE OURO

A poesia da Espanha experimenta, durante todo o século XVI, a influência do Renascimento italiano. A conquista de Nápoles e do milanês a tinha posto em contato com a arte e a literatura italianas. Em toda a Europa, predomina uma estética do soneto provinda da tradição petrarquista. **Luis de Góngora y Argote** (1561-1627) ocupa um lugar maior na poesia do Século de Ouro, por seus sonetos, canções de amor, pelo lado hermético de sua obra na *Fábula de Polifemo e Galateia* e suas *Solidões*. Ele é conhecido como o pai do "cultismo" ou "gongorismo". É encontrado na mesma época em quase toda a Europa: na Itália é chamado de "maneirismo"; na Inglaterra, "eufuísmo"; na França, "preciosismo". A poesia tem como objetivo o ideal de perfeição, trazido pelo Renascimento, e se esforça para atingir pelos mais novos meios, os mais contrários ao gênio nacional. Consequentemente, o cultismo ou gongorismo consiste em escrever para os cultos, para a elite, para o público educado. A palavra cultismo ou culteranismo se aplica principalmente à forma, ao emprego abusivo de palavras gregas e latinas, expressões complicadas, inversões, tudo num contexto mitológico abundante. O romance pastoral sucede aos romances de cavalaria. O mais famoso deles é a *Diana* de **Jorge de Montemayor** (1520-1561), longo idílio cujo enredo contrasta, por sua simplicidade, com a complicação da literatura cavaleiresca. A *Diana* serve de modelo para todos os romances pastoris posteriores, uma mistura de prosa, verso, uso constante do maravilhoso, falta de qualquer sentimento sincero da natureza.

MIGUEL DE CERVANTES

Entende-se o romance picaresco como um romance cujos personagens pertencem ao mundo dos *pícaros*, novela biográfica que conta as aventuras de um personagem humilde. Em nenhum lugar esse tipo de literatura é tão profícuo como na Espanha. Documento precioso para os costumes da época, é principalmente uma galeria de caricaturas, em vez de retratos, que predomina. **Miguel de Cervantes** (1547-1616) deixa uma obra abundante, pois experimentou todos os gêneros, como *Galateia*, romance, em 1585; *Viagem ao parnaso*, uma alegoria; *As novelas exemplares*, contos picarescos; mas pode ser considerado o inventor de um gênero novo: a novela, que tem grande impulso no século XVII na França. *O engenhoso fidalgo Dom Quixote de La Mancha*, em 1605, é tão bem recebido que Cervantes publica uma segunda parte do *Dom Quixote*, em 1615. Essa sátira aparece em momento oportuno, quando os romances de cavalaria já estavam cansando; o estilo é cheio de verve, de uma facilidade e naturalidade inimitáveis.

O TEATRO ESPANHOL

O teatro espanhol é, como na França, marcado por uma continuidade de sua produção. Sua origem está nos milagres e mistérios franceses, nas cerimônias das igrejas. Os textos mais antigos datam do século XIII. O que determina esse teatro é a honra e o amor. Autores, entre os principais de seu tempo, ilustram esse gênero. **Lope de Vega** (1562-1635) escreve em todos os gêneros, mas é sobretudo no campo do teatro que sua obra tem importância, com 2.200 peças. Ele sabe admiravelmente bem pintar a alma e os costumes espanhóis, tirando seus temas das velhas crônicas e romanceiros. Suas comédias são históricas, como *O melhor alcalde é o rei* (1620-1623), *O casamento na morte* (1623), ou romanescas, como *A estrela de Sevilha* (1635), ou ainda ditas de capa e espada, ou mesmo religiosas. Ele fez um teatro que lhe agradava, destinado a um público popular, mesmo que a falta de verdade psicológica e o inverossímil da intriga dominem. **Tirso de Molina** (Gabriel Téllez, c. 1580-1648) nos deixa comédias históricas, religiosas, de capa e espada, incluindo *O burlador de Sevilha* (*El Burlador de Sevilla*), e permite fixar, pela primeira vez, o tipo de Don Juan. O de Tirso de Molina é um espanhol profundamente crente, de temperamento fogoso, que difere do *Convidado de Pedra*, de **Alexandre Pushkin** (1799-1837), de 1830. **Guillén de Castro** (1569-1631) é conhecido por duas peças sobre El Cid, *A juventude de El Cid*, *As Aventuras de El Cid*. Corneille, a partir dessa epopeia dramática, faz sua tragédia. As obras de **Calderón** (Pedro Calderón de la Barca, 1600-1681) também podem ser divididas em dramas históricos, religiosos, de capa e espada. A característica de seu teatro é o lirismo que nele transborda. Mas é sobretudo no drama religioso que ele se sobressai. Ele lidera a arte dramática espanhola na sua mais alta perfeição, com o *Alcalde de Zalamea*, *A vida é um sonho*, *Devoção à cruz*. A área mística é dominada por **Santa Teresa de Ávila** (1515-1582) que escreveu sua biografia, a *Vida de Santa Teresa de Jesus*, e por **São João da Cruz** (1542-1591), autor de poemas.

RENASCIMENTO

CAPÍTULO IV
OS PAÍSES BAIXOS ESPANHÓIS E A EUROPA CENTRAL

1. HISTÓRIA DOS PAÍSES BAIXOS ESPANHÓIS

Até a abdicação de Carlos V, em 1555, os Países Baixos aceitam relativamente a tutela espanhola, pois o imperador lhes parece mais como um flamengo que como um castelhano. Com a chegada ao trono de seu filho Filipe II, tudo muda; este príncipe é exclusivamente espanhol, e os Países Baixos são, a seus olhos, possessões patrimoniais, herdadas de seu avô, Filipe, o Belo, e devem se limitar a obedecer. A revolta rapidamente se transforma em guerra aberta, tornando-se ainda mais amarga pelo comportamento do encarregado por Filipe II de sufocar a rebelião, Duque de Alba, que se comporta com arrogância e violência. O conflito se estende, numa primeira fase, de 1567 a 1579. Nessa altura, as sete províncias do norte, protestantes, desprendem-se da coroa espanhola e se proclamam Províncias Unidas, permanecendo as dez províncias católicas do sul ao abrigo espanhol. Em 1714, após o fim da Guerra da Sucessão Espanhola, elas passam ao controle do ramo austríaco da família imperial dos Habsburgos, em detrimento da Espanha, sob o nome de Países Baixos austríacos. A reunificação, como Reino Unido dos Países Baixos, ocorre em 1815.

2. O RENASCIMENTO ARTÍSTICO NOS PAÍSES BAIXOS

Ao longo de todo o século XVI, é estabelecida a distinção entre a escola holandesa e a escola flamenga. A indústria favoreceu a expansão econômica, mas, enquanto Antuérpia e Amsterdã se desenvolvem, Bruges entra em declínio sob os soberanos Carlos da Áustria (1506-1555) e Margarida da Áustria (1480-1530). O humanismo se espalha graças à personalidade de grandes nomes como **Erasmo** (c. 1467-1536), em Roterdã, cujo retrato foi feito por **Hans Holbein, o Jovem** (1497-1543), e aos cenáculos que se formam em Leuven, com **Juan Luís Vives** (1492-1540), **Alard de Amsterdã** (séc. XVI).

A PINTURA RENASCENTISTA NOS PAÍSES BAIXOS

No final do século XV e das primeiras décadas do século XVI, os flamengos ainda são muito apegados ao maneirismo do gótico tardio. Hieronymus van Aken, **Hieronymus Bosch** (c. 1450-c. 1516), apresenta várias etapas que delimitam sua pintura: primeiro, em *Extração da pedra de loucura* (1485), uma pedra é extraída do cérebro de um louco; depois, *A crucificação* (1480-1485), *A lista dos sete pecados capitais* (1485), *A nave dos loucos* (1490-1500). À medida que encontra temas mais ricos em fantasia, suas cores também se tornam mais ricas e as cenas se tornam mais complicadas: *O jardim das delícias*. A sua originalidade o coloca além de qualquer influência externa. Ele soube traduzir, liberando-se da realidade, a angústia e o terror do pecado. **Jan Gossaert**, dito **Mabuse** (c. 1478-1532), lida com temas mitológicos (*Netuno e Anfitrião*, *Hércules e Onfale*). O maneirismo vai florescer com o amsterdamês **Lambert Sustris** (c. 1515-c. 1584), discípulo de Ticiano, e depois com **Bartholomeus Spranger** (1546-1611), cuja obra será conhecida principalmente por meio das gravuras de **Hendrik Goltzius** (1558-1617). **Pieter Bruegel, o Velho** (c. 1525-1569), tira do esquecimento as obras de Bosch e nele encontra uma grande fonte de inspiração. Possuímos dele apenas cerca de trinta obras: a série dedicada aos meses do ano (*O retorno das manadas*), questões relativas às parábolas (*A parábola dos cegos*, *A parábola do semeador*) ou a evocação de festas aldeãs (*O banquete de casamento*) e temas fabulosos (*A torre de Babel*). Seus filhos **Bruegel d'Enfer** (1564-1638) e **Bruegel de Velours** (1568-1625) imitam sua arte.

3. A ARTE RENASCENTISTA NA EUROPA CENTRAL

A arte italiana penetra apenas ligeiramente na Alemanha condicionada pelo estilo gótico e pelo gótico tardio. A Reforma quebra o sabor da paixão religiosa, o horror pelo gosto das imagens. O humanismo se desenvolve graças a **Erasmo**, **Melâncton**, **Conrad Peutinger** (1465-1547) e os principais centros de publicação, que são Basileia, Nurembergue, Estrasburgo. O norte da Alemanha é mais sujeito à influência dos Países Baixos, e sua região sul à penetração italiana graças à corte de Maximiliano I e de seu neto Carlos V em Augsburgo.

A ARQUITETURA NA EUROPA CENTRAL

O monumento mais conhecido na Alemanha, no século XVI, é o Castelo de *Heidelberg*, hoje em ruínas. As casas particulares e corporativas mostram alguns elementos italianizantes intervindo principalmente nos detalhes.

A PINTURA NA EUROPA CENTRAL

O gótico internacional tinha dado origem a grandes pintores como **Stephan Lochner** (c. 1410-1451) e seu *Retábulo dos reis magos* da Catedral de Colônia e **Conrad Witz** (c. 1400-c. 1445) e *A pesca miraculosa*, e **Hans Baldung** (c. 1484-1545), *A mulher e a morte*.

❖ A obra de **Lucas Cranach, o Velho** (1472-1553), de grande diversidade, inclui pinturas de gênero, gravuras, em madeira ou cobre, retratos, pinturas religiosas ou mitológicas. Ele encarna o pintor da reforma e é considerado um dos criadores da escola do Danúbio[186] em que os artistas tentam dar à paisagem sua plena dimensão por meio da cor. A natureza é considerada de uma forma espiritual e não é mais uma simples realidade experimental. Cranach reintegra a figura humana na paisagem (*Vênus e amor*, 1532). Em Wittenberg, ele encontra seu estilo definitivo, o espaço é distribuído de forma mais racional em *Retábulo de Santa Ana*, influenciado pela arte flamenga. Toda a sua vida está ligada à corte dos príncipes eleitores da Saxônia e aos eventos políticos: *Retrato de Hans Luther*, feito em têmpera sobre papel, *Retrato de Martinho Lutero*. Seu filho, **Cranach, o Jovem** (1515-1586), perpetua sua obra.

❖ **Albrecht Dürer** (1471-1528), dito o Jovem, combina a arte da pintura com a da gravura em cobre e madeira, a arte do desenho com a do teórico da arte. Aluno de Wolgemut, esse filho de ourives faz primeiro sua parte como tal entre 1490 e 1494. Em seguida, viaja para o norte da Itália. Seus primeiros desenhos de paisagem remontam, provavelmente, a 1494. A natureza torna-se o próprio tema de sua composição, como sua *Visão de Innsbruck* na aquarela. Ele a anima, incluindo personagens. Sua estadia na Itália, o contato com as obras de Bellini, Mantegna, Leonardo da Vinci é decisivo para a sua arte. Suas duas pinturas, *Adão e Eva*, são os dois primeiros da pintura alemã em que os personagens são representados em tamanho natural. Mas a gravura do mesmo nome também mostra o interesse de Dürer pelas proporções ideais do corpo. É por isso que publica no mesmo ano de sua morte sua *Teoria das proporções*, em 1528. Entre seus trabalhos mais conhecidos pode-se citar: *Adoração dos magos* (1504), *A Virgem com a pera* (1511), *O retábulo Paumgartner* (1503), *O imperador Carlos Magno* (1513), *A melancolia* (1514).

❖ Mathis Gothart Neithart de Würzburg, dito **Matthias Grünewald** (c. 1475-1528), trabalha em vários lugares, em Seligenstadt, na Alsácia, em Mainz (Mogúncia), em Frankfurt e Halle, onde morre. O retábulo com persianas móveis projetado

---

186. Os principais representantes, além de Cranach, o Velho, são **Albrecht Altdorfer** (1480-1538) e **Wolf Huber** (1490-1553).

para o convento dos Antoninos de Issenheim (1510) é uma de suas obras mais conhecidas com a *Crucificação de Basel* (1502), *A Virgem de Stuppach* (1517-1519) e *O lamento de Cristo* (1525).

❖ **Hans Holbein, o Jovem** (1497-1543), filho de Hans Holbein, o Velho, estabelece-se em 1515 em Basileia, um centro humanista. De 1515 a 1526, ele produz retratos, composições religiosas, gravuras, vitrais. Ele se estabelece definitivamente na Inglaterra, fugindo da Reforma. Em 1536, torna-se retratista do rei Henrique VIII. Faz também o retrato de Erasmo, representado enquanto escrevia. O seu conhecimento da arte de Leonardo da Vinci e Giorgione lhe permite retraduzir uma análise psicológica aguda. Ele deixa uma série de 41 gravuras em madeira: *Dança macabra* (1521), *Retrato de Georg Gisze* (1532), *Os embaixadores* (1533).

CAPÍTULO V
A INGLATERRA

1. HISTÓRIA: A INGLATERRA NO SÉCULO XVI

Henrique VII (1485-1509) funda a dinastia Tudor. Rei por vitória militar, ele deve consolidar sua casa na realeza. Para tanto, em janeiro de 1486, ele se casa com **Isabel de Iorque** (1466-1503), irmã do menino-rei mártir Eduardo V, reunindo sua própria origem Lencastre à Iorque de sua esposa. O direito, assim, é assegurado. Catarina de Aragão casa-se mais uma vez com o irmão mais novo de Artur, o príncipe Henrique Tudor, futuro **Henrique VIII** (1509-1547). Henrique VII morre em 21 de abril de 1509. Seu filho Henrique VIII o sucede. Príncipe inteligente, culto, afiado no humanismo, Henrique VIII reina sabiamente até 1529, antes de se tornar um verdadeiro tirano. É apoiado pelo Parlamento, por colaboradores talentosos, como o **arcebispo de Iorque** e o cardeal **Thomas Wolsey** (c. 1471-1530) ou o amigo brilhante de Erasmo, **Thomas More** (c. 1478-1535). Wolsey é o primeiro-ministro e Lorde Chanceler; More, membro do Conselho e orador (presidente) do Parlamento e Lorde Chanceler. O Tratado de Londres (2 de outubro de 1518) marca o auge da carreira de Wolsey. Ele prevê uma paz perpétua entre a Inglaterra, Espanha, Escócia, Dinamarca, Portugal, Sacro Império Romano. A morte oportuna do arcebispo da Cantuária permite a nomeação de Thomas Cranmer (1489-1556). Este anula o casamento do rei. Henrique VIII morre em 28 de janeiro de 1547. Seu filho **Eduardo VI** (1547-1553) sobe ao trono aos nove anos, morre aos dezesseis. É o Conselho de Regência que exerce o poder. Protestante intransigente, Eduardo afasta suas duas meias-irmãs da sucessão para deixá-la à sua prima **Joana Grey** (1537-1554). Com sua morte, esta reina apenas uma semana, daí o seu apelido de "rainha de nove dias", antes de ter de dar seu lugar a Maria, filha de Catarina de Aragão. **Maria I** (1553-1558) ou **Bloody Mary**, "Maria, a sangrenta", ordena que Joana Grey seja colocada na Torre de Londres e, em seguida, executada. Em 17 de novembro de 1558, Maria I morre. Ela queria deixar a regência para Filipe de Espanha, mas é sua meia-irmã, Isabel, filha de Ana Bolena, que se torna a rainha **Isabel I** (1558-1603). O rei **Henrique II** da França logo proclama Maria Stuart (1542-1587), então rainha da Escócia e esposa do delfim Francisco, como rainha da Inglaterra. O delfim morre em 1560, e Maria Stuart retorna à Escócia naquele ano. Seu exército é derrotado em 1568 pelo de Isabel. Ela é condenada a prisão domiciliar até 1587. Acusada de conspiração, condenada à morte, ela é decapitada em 8 de fevereiro de 1587. Isabel I morre em 24 de março de 1603, em pé por doze horas, porque ela se recusa a morrer sentada. É o filho de sua rival Maria Stuart, o rei da Escócia, Jaime VI, que a sucede sob o nome de **Jaime I da Inglaterra** (1603-1625).

2. O RENASCIMENTO ARTÍSTICO INGLÊS

Dois estilos vão caracterizá-lo: **o estilo Tudor**, primeira maneira que ocorre de 1485 a 1603, durante o reinado de cinco soberanos, com os artistas italianos convidados por **Henrique VII**, depois a segunda maneira, quando **Henrique VIII** quer competir do ponto de vista artístico com **Francisco I**. O **estilo elisabetano** ocorre na segunda metade do século XVI.

A ARQUITETURA DO RENASCIMENTO INGLÊS: O ESTILO TUDOR

Na arquitetura, volta-se mais para a construção de edifícios laicos. A dissolução dos mosteiros por Henrique VIII deixou grandes edifícios vagos que os afortunados transformam para fazer deles sua residência. **O estilo Tudor** se caracteriza pela ênfase dada aos detalhes, incrustações nos móveis, padrões geométricos. Os monumentos mais representativos são Hampton Court em Londres com seu hall (1531), acrescentado, sob **Henry VIII**, do Longleat em Wiltshire ou Hatfield House em Hertfordshire. Nas mansões da pequena nobreza, equivalente ao escudeiro francês, o hall tradicional é o elemento central. A planta em "E" é cada vez mais comum e o telhado se eleva com múltiplos florões e chaminés. Claraboias, pinhões e janelas salientes abundam. Esse estilo enfoca a importância das portas e a planta simétrica, com arco de quatro centros, chaminés muito altas nas casas. Na arquitetura religiosa, a capela de **Henrique VII em Westminster** (1503), a capela do King's College, em Cambridge, também são bons exemplos. **O gótico ainda domina**, enriquecido com notas decorativas inspiradas no Renascimento. Ao contrário de Henrique VIII, Isabel I não constrói nada; as principais casas eram para ela apenas a esperança de uma visita à província. O estilo é essencialmente heterogêneo, combinando gótico, maneirismo e influência dos Países Baixos. **A arquitetura elisabetana** é essencialmente doméstica com uma constante busca pela simetria. No campo da ornamentação, o grotesco está em voga.

As principais construções são Hardwick Hall, Wollaton Hall, em Nottingham, pelo arquiteto **Robert Smythson** (1535-1614).

A ESCULTURA DO RENASCIMENTO INGLÊS: O ESTILO TUDOR

A atividade da escultura é limitada pela proscrição das imagens nos santuários de ornamentação mortuária. No entanto, Henrique VIII está interessado nas novas ideias estéticas trazidas pela arte renascentista. Muitos artistas italianos se estabelecem em torno de Londres e Southampton, principalmente escultores. Os túmulos e as capelas mortuárias à italiana datam desse rei: a de **Margarida de Beaufort** (1443-1509), sua avó, esculpida em 1511 por **Pietro Torrigiani** (1472-1528), mas especialmente as de Henrique VII e de Isabel de Iorque (1512), sua esposa, na Abadia de Westminster. Em geral, o impacto do Renascimento italiano na escultura mortuária continua superficial. Os escultores ingleses mostram mais talento na decoração, no teto da Hampton Court, nas estalas do King's College, em Cambridge, em 1536.

A PINTURA DO RENASCIMENTO INGLÊS: O ESTILO TUDOR

A necessidade de exaltar a monarquia Tudor após o cisma dirige a pintura para novas direções, pois tornou-se necessário promover a imagem do monarca. Sua representação é cheia de ornamentos, de um fundo simbólico, de cenas bíblicas e mitológicas, cujo objetivo é fazer dele um personagem fora do comum. Assim, revela-se a pintura de um Holbein, instalado na Inglaterra desde 1532. A Bíblia condena as representações, pois Deus é a única fonte de criatividade. A busca de perspectiva, as composições de harmonia tão caras aos italianos não têm razão de ser na Inglaterra. Alguns pintores estrangeiros deixaram seus nomes, os holandeses **Antonis Mor** (c. 1545-1575) e **Cornelis Ketel** (1548-1616). O retrato em miniatura desenvolve-se graças a **Nicolas Hilliard** (1547-1619). O italiano **Federico Zuccaro** (1542-1609) faz os retratos de Isabel I e de Leicester.

3. A LITERATURA INGLESA DURANTE O RENASCIMENTO

O soneto italiano é introduzido por **Sir Thomas Wyatt** (1503-1542), imitado de Petrarca. Ele copia sua forma, mas lhe dá a característica do soneto inglês, fazendo rimar os dois últimos versos. A partir de 1558, começa a idade de ouro da literatura inglesa. Durante esse século, os escritores ingleses traduzem não só as obras da Antiguidade, mas também as dos italianos e franceses, século protegido por Isabel I para as letras e ainda mais para o teatro. Os humanistas têm como grande nome **Thomas More** (c. 1478-1535), cuja obra *Utopia*, ficção sobre o sistema ideal de governo, marca o século. É sobretudo por seu teatro que a literatura inglesa lança-se com mais intensidade no século XVI. Suas origens são muito próximas às do teatro na França. Uma vez que os mistérios e milagres são menos populares, os interlúdios, peças de entretenimento, sucedem-nos. Por mais talentosos que sejam, **Christopher Marlowe** (1564-1593) e **Thomas Kyd** (1558-1594) não atingem o nível de **William Shakespeare**[187] (1564-1616). É comum distinguir vários períodos de sua carreira:

- **As principais peças da juventude** (1588-1593) são: *Sofrimentos de amores perdidos, Os dois cavalheiros de Verona, Henrique IV.*
- **As peças da maturidade** (1593-1601) se caracterizam pela alegria, pelo brilho, pelo ardor, misturados ao amor e ao patriotismo: *O mercador de Veneza, Ricardo III, Romeu e Julieta, Muito barulho por nada.*
- No período que vai de 1601 a 1608, **o pessimismo predomina**, assim como as paixões violentas. Uma parte delas é inspirada pela Antiguidade, como *Júlio César, Coriolano, Antônio e Cleópatra.* É também a fase de suas maiores obras-primas: *Hamlet*, que não tem a coragem de enfrentar o dever que o consome; e *Otelo*, peça de estudo psicológico sobre a inveja; *Macbeth*; *Rei Lear*.
- **A última fase**, a da velhice e da serenidade (1608-1613), dá a suas peças um tom bem diferente, impregnado de doçura, de humanidade. *A tempestade*, cheia de otimismo, mistura fantasia e filosofia.

---

187. Sobre este assunto, ver Jean-François Pépin, "Shakespeare", em *Encyclopædia Universalis*.

CAPÍTULO VI
A ALEMANHA

1. A ALEMANHA, ENTRE RENASCIMENTO E REFORMA
HISTÓRIA: A ALEMANHA NO SÉCULO XVI

A ideia da **Reforma** é, na verdade, o resultado de um cisma numa série de tentativas de reforma de toda a Igreja Católica: Cluny, Cister, as ordens mendicantes, os concílios de Constança e Basileia. O objetivo é sempre o de promover uma reforma interna do corpo eclesiástico, antes de eliminar os abusos, os lucros acumulados, o que permite a um único eclesiástico ter a ele atribuídos vários mosteiros ou bispados, a falta de formação do clero e sua moral duvidosa. Entre os abusos, o dominicano Jean Tetzel (c. 1465-1519), com a venda das indulgências, está na origem direta da Reforma. A indulgência é comprada, em forma de carta, não para obter a remissão de pecados, mas sua redenção. É uma garantia de intercessão no além pelos pecados cometidos neste mundo. Como meio para redimir seus pecados, ela introduz a venalidade na Igreja e estabelece uma distinção entre ricos e pobres, contrária ao espírito de Cristo. A Reforma, que pode ser situada entre 1517 e 1555, é composta de várias correntes de pensamento que propagam uma nova fé e de uma reação católica que promove uma mudança interna profunda. O movimento da Reforma tem quatro períodos: a partir de 1517, a doutrina de Lutero aparece e se espalha na Alemanha; ela é seguida, em 1522 pela de **Zuínglio** na Suíça germânica; a partir de 1541, Calvino funda a sua Igreja em Genebra; na Inglaterra, o Ato de supremacia de 1534 marca a criação da Igreja Anglicana. A Contrarreforma católica é anunciada em 1540 pela formação da Companhia de Jesus e aplicada pelos cânones do Concílio de Trento (1545-1563).

MARTINHO LUTERO (1483-1546)

Martinho Lutero é filho de humildes operários da cidade de Eisleben. Ele obtém um doutorado em teologia e se torna monge agostiniano em 1507. Professor em Wittenberg, ele se rebela contra a venda das indulgências. Lutero, ainda revoltado contra a autoridade de Roma, enfrenta um verdadeiro muro do silêncio. Em outubro de 1517, ele escreve as 95 teses, nas quais **expõe a essência da sua doutrina**.

AS 95 TESES (1517)

"Por que o Papa, cuja bolsa é agora maior do que a dos mais gordos ricaços, não constrói pelo menos a basílica de São Pedro com seu próprio dinheiro? As indulgências, cujos méritos os pregadores pregam em alto e bom som, têm apenas um: o de ganhar dinheiro. Serão para sempre condenados aqueles que pensam que as cartas de indulgências lhes asseguram a salvação. Todo cristão verdadeiramente contrito tem o direito à remissão plenária da punição e do pecado, mesmo sem carta de indulgência. Os cristãos devem ser ensinados que aquele que dá aos pobres ou empresta aos necessitados procede melhor do que se comprasse indulgências"[1].

1. Citado por Georges Casalis, *Luther et l'église confessante* [Lutero e a Igreja Confessante], Paris, Le Seuil, 1963, p. 40.

Lutero e a graça

A personalidade de **Martinho Lutero** (1483-1546) é inseparável de seu pensamento: tanto é feita de contrastes e extremos, do humor trivial até a maior elevação espiritual. O cisma do qual é a origem não é seu objetivo; ele quer acima de tudo reabilitar a Bíblia como a principal fonte de revelação e acusa a Igreja de preferir a exegese das obras patrísticas. Para Lutero, monge, depois padre, o homem diante de Deus não é considerado por sua atitude moral, mas por sua aceitação do julgamento divino. A dúvida não tem lugar no luteranismo. A graça é uma certeza, marcada por dois sacramentos bíblicos, o batismo e a participação na Ceia. Durante a celebração da Eucaristia, Lutero não acredita que haja transubstanciação, mas ele defende a presença real de Cristo. Os fiéis, convencidos da graça, só têm de se abandonar nas mãos de Deus, que lhes indicará a sua vontade pela prática do altruísmo e pela revelação da vocação. Lutero difunde suas ideias afixando cartazes, em 4 de setembro de 1517, com suas 95 teses, na porta da igreja do castelo de Wittenberg. A ruptura com Roma é consumada em 1518, quando Lutero se recusa a se retratar perante a Dieta de Augsburgo. Em 1520, Lutero publica seus programas, sob a forma de **três escritos fundamentais**: *À nobreza cristã da nação alemã, Do cativeiro babilônico da Igreja, Da liberdade de um cristão*. No mesmo ano, em Wittenberg, ele queima em público a bula que o ameaça de excomunhão, proclamada em 1521. Refugiado na corte do Duque da Saxônia, Frederico, o Sábio, Lutero traduz o Novo Testamento para o alemão em 1521-1522. Em 1530, uma dieta realizada em Augsburgo toma ciência da divisão entre príncipes protestantes e católicos. **Melâncton** apresenta a *Confissão de Augsburgo* (*Confessio Augustana*), apresentação do luteranismo, a que responde à *Refutação da Confissão de Augsburgo*, (*Confutatio Augustana*), em grande parte devida ao doutor em teologia Jean Eck. Em 1555, uma nova dieta de Augsburgo, a mais famosa, traz a paz religiosa à Alemanha, reconhecendo a igualdade de luteranos e católicos. A confissão, em cada estado, depende da escolha do príncipe, para seus súditos.

ZUÍNGLIO

Leitor de Erasmo, **Ulrico Zuínglio** (1484-1531) se separa do luteranismo para fundar em Zurique uma comunidade religiosa estrita. Levando o luteranismo a seu extremo, Zuínglio pede a abolição de tudo o que, na Igreja, não é estritamente baseado na Bíblia: pinturas religiosas, órgão, procissão, canto coral. Tenta-se uma reconciliação com Lutero, em vão, na reunião de Marburgo, em 1529. Zuínglio recusa-se a ver na Ceia qualquer coisa que não seja o símbolo de Cristo, negando a sua presença real, reivindicada por Lutero.

JOÃO CALVINO E A PREDESTINAÇÃO

João Calvino (1509-1564), nascido em Noyon, recebe primeiro uma formação jurídica, depois se converte ao pensamento de Lutero e se dedica ao estudo da teologia. Expulso do reino da França em 1534, ele ganha a Basileia e ali publica o seu *Christianae religionis instituto* (1536) ou *Instituição da religião cristã*. A essência da mensagem calvinista reside na doutrina da predestinação: Deus, desde toda a eternidade, destinou cada homem para a salvação ou para a danação eterna. O único recurso para o homem é adaptar sua vida às exigências da graça, praticar a *vita activa*, pois toda atividade deveria servir a Deus. Definitivamente estabelecido em Genebra, a partir de 1541, Calvino organiza sua Igreja, liderada por presbíteros (do grego *presbúteros*, "velho"), de acordo com normas muito severas, que podem ser pastores ou leigos escolhidos por eleição. Em 1559 é fundada em Genebra uma academia calvinista, que forma pregadores. A extensão do calvinismo vai da Suíça até a Alemanha ocidental, a França (os huguenotes), a Escócia e o norte dos Países Baixos.

A CONTRARREFORMA

O Concílio de Trento é convocado pelo Papa **Paulo III** em 1542 e inaugurado em 1545, para durar até 1563, em Trento, no Tirol. O concílio tem como objetivo fazer a reforma dos abusos e garantir a precisão do dogma. A primeira sessão traz a formulação de uma doutrina da Contrarreforma e a promulgação de uma série de decretos de autorreforma. É durante essa mesma sessão que se decide confrontar a tradição da Igreja com as Sagradas Escrituras, a fim de consolidar o que não estaria em conformidade com elas. **A segunda sessão** dura de **1551 a 1552**, e é dominada, **como a terceira** (1562-1563), pela influência dos jesuítas, que aceleram a reforma interna. A graça é definida como um dom de Deus, mas o homem conserva a liberdade de recusá-la. Os sete sacramentos são mantidos; os ofícios são sempre ditos em latim e não nas várias línguas nacionais; o texto de referência para a Bíblia continua a ser a *Vulgata*. A autoridade papal é reafirmada, assim como a obrigação do celibato para os sacerdotes. Escolas teológicas, seminários (pequeno e grande) são abertos para formar os futuros sacerdotes em suas funções e ensinar-lhes a verdadeira cultura religiosa. Abertas em cada diocese, essas escolas estão sob a autoridade episcopal. Paralelamente a essa ação reformadora, o papado começa a lutar contra as heresias restaurando a Inquisição, que passa a seu controle. Os pontificados de **Paulo IV** (1555-1559) e **Pio V** (1566-1572) são marcados por um regresso acentuado à austeridade da corte romana. Pio V forma uma comissão de cardeais, a Congregação do Índex, e a encarrega de criar a lista das obras perigosas para a fé, cuja leitura é proibida aos fiéis. As decisões da comissão acarretam, para os Estados católicos, a proibição de venda e de difusão. A renovação da Igreja passa pela criação de novas ordens, como o dos teatinos, nascida do desejo do bispo **Carapa de Chieti** (*Chieti* em latim: *Theatinus*), futuro Papa **Paulo IV**, logo dobrado pela criação da ordem feminina correspondente. Os teatinos têm por finalidade essencial a prática diária da caridade, a propagação e o apoio da fé, bem como a assistência aos doentes. Depois de uma vida nobre, **Inácio de Loiola** (1491-1556) funda em 1535 a Companhia de Jesus. Originalmente, os jesuítas são seis amigos que fizeram juntos seus estudos teológicos, mas o grupo se expande durante a sua instalação em Roma, em 1539. O Papa **Paulo III** aprova os estatutos da companhia em 1540. Os jesuítas fazem voto de pobreza, celibato e obediência. A autoridade superior é conferida ao papa, que a delega a um general, eleito de forma vitalícia pelos principais membros da ordem. **Inácio de Loiola** é o primeiro general da companhia. O papel dos jesuítas é predominante na renovação do catolicismo militante: educadores, eles fornecem um excelente ensino secundário; teólogos, promovem um recuo do protestantismo nos Países Baixos, nos estados da Renânia, na Baviera, na Áustria. Organizados como um verdadeiro exército, que o título de "general" de seu superior ressalta, os jesuítas se envolvem na atividade missionária e evangelizam o Brasil e o Peru, depois de São Francisco Xavier, que partiu em 1541 para a China e o Japão. Seu voto de obediência particular, que os coloca diretamente sob a autoridade papal, faz deles os campeões de Roma e das ideias ultramontanas, favoráveis à autoridade da Santa Sé, o que lhes vale na França a hostilidade aberta dos Parlamentos e da Universidade, defensores do galicanismo, ou supremacia do rei sobre a Igreja da França. Ao fundar uma congregação de sacerdotes seculares realizada sobre o princípio da autonomia absoluta de cada casa, a ausência de voto e a liberdade interior, **São Filipe Néri** (1515-1595), com a Oratória, é contrário aos jesuítas. O elemento de união, o amor fraternal, e não a obediência comum, permite à congregação se expandir rapidamente na Europa, e depois na América do Sul e no Extremo Oriente. A Contrarreforma vê o nascimento de muitas ordens e congregações: os oblatos de **São Carlos Borromeu** (1578), os padres da boa morte de **São Camilo de Lellis** (1584), *La Trappe* (trapistas) em 1664. A renovação do sentimento religioso permitiu considerar o período que se estende de 1560 a 1660 como um verdadeiro "século dos santos". O período barroco é marcado por duas grandes figuras místicas: **São Francisco de Sales** (1567-1622) e **São Vicente de Paulo** (1581-1660). São Francisco de Sales cria, em 1618, a ordem da visitação, cujos membros devem praticar a caridade no mundo, aliada à oração interior. A aprovação papal é obtida apenas ao ser alterada a proposta de São Francisco de Sales, para fazer da visitação apenas uma ordem contemplativa. A prática ativa da caridade cristã, a intervenção direta sobre os males do século são de São Vicente de Paulo, capelão das galeras reais. Ele é o fundador de duas ordens: os lazaristas e as filhas da caridade. A Contrarreforma dá origem, ao longo dos séculos XVII e XVIII, a movimentos religiosos populares, especialmente o quietismo e o pietismo. Estas duas doutrinas exigem uma total disponibilidade para a meditação religiosa. A contemplação permanente de Deus é a atividade essencial do crente. As duas formas de pensamento, no entanto, se separam em aspectos dogmáticos, pois o pietismo protestante valoriza as relações diretas de fraternidade entre os fiéis e o quietismo católico, por sua vez, consagra uma parte importante ao sentido moral da Igreja estabelecida.

O ANGLICANISMO

É em 1526 que o rei **Henrique VIII** (1491-1547) da Inglaterra decide se divorciar de sua esposa Catarina de Aragão, já viúva de seu irmão mais velho Artur, com quem se casou em segundas núpcias. O papa recusa-se a anular seu casamento, anulação que o soberano obtém em 1532 do novo arcebispo da Cantuária, Thomas Cranmer. A ruptura oficial com Roma ocorre pela promulgação pelo Parlamento, em 30 de abril de 1534, do Ato de supremacia, que faz do rei o chefe da Igreja da Inglaterra. Os eclesiásticos do reino devem prestar obediência e lealdade ao rei, em sua qualidade de chefe da Igreja Anglicana; os que se recusam a isso, como o bispo Fisher, de Rochester, ou o chanceler **Thomas More**, são executados: o primeiro em 22 de junho, o segundo em 6 de julho de 1535. Henrique VIII utiliza sua nova autoridade religiosa para dissolver as comunidades e ligar seus bens aos da coroa. O cisma anglicano é uma manifestação profundamente nacional, e o segundo casamento do rei com sua favorita Ana Bolena destaca-se mais pelo pretexto, pois sua ação é fortemente apoiada pelo Parlamento, e a resistência episcopal é quebrada pela força. Apenas a Irlanda se recusa a romper com Roma e permanece na obediência do catolicismo romano.

2. A LITERATURA ALEMÃ DO RENASCIMENTO À REFORMA: A BÍBLIA E OS PANFLETOS

O Renascimento e a Reforma sucedem o período de prosperidade material do século XV. O resultado literário é muito pobre em comparação com o ímpeto filosófico que esses dois movimentos antagônicos vão desenvolver. O século XVI inaugura uma nova era, em primeiro lugar pela tradução que Lutero faz da Bíblia, depois pela difusão de filósofos como Zuínglio, Melâncton, Ulrich von Hutten. Na ciência, predominam as personalidades de **Cornelius Agrippa, Paracelso, Copérnico**. Os escritos de **Dürer** desenvolvem pontos de vista originais sobre as Belas Artes nas relações com as ciências matemáticas. As traduções do **Tasso, de Ariosto**, de **Boccaccio**, de vários poetas e romancistas não deixam esquecer as antigas histórias de cavalaria. Os *Volksbücher*, livros para o povo, são até mesmo uma versão resumida. Os *Volkslieder*, cantos populares, pertencem a essa época. **As universidades** são numerosas e cidades como Basileia, Nurembergue, Viena, Augsburgo, Heidelberg e muitas outras possuem estabelecimentos escolares. Mas aqui vemos um humanismo de teólogos, especialistas da filologia que se dedicam à ciência da exegese, o que não se dará sem confrontos com as autoridades eclesiásticas. O humanismo nascente destrói as fronteiras, culturais e políticas, cria vínculos e intercâmbios entre artistas, intelectuais e cientistas. O aparecimento de uma nova forma de pensar encontra oposições. As universidades onde a velha escolástica permanece são hostis à eloquência, à poesia. **A Bíblia é o centro de interesse** e estudo. A edição crítica publicada por **Erasmo** em 1516 serve de referência ao trabalho de Lutero. Outra particularidade emerge: a Reforma dificilmente se volta para a aristocracia do espírito, mas muito mais para o povo. É um período de intensas polêmicas com os panfletos de Lutero e a exaltação da liberdade crítica sob a forma de sátiras, com **Sebastian Brant** (1458-1521) e sua *A nave dos loucos*, em 1494. Ele defende a germanidade traduzindo outros textos latinos e os seus próprios poemas para o alemão. Sua obra principal, *A nave dos loucos*, formulada em dísticos, faz uma caricatura das loucuras humanas e multiplica as advertências moralistas contra a ganância, a vaidade, o adultério, a adoração das falsas relíquias. A Reforma acaba por assegurar o triunfo do alemão sobre o latim, unificando os falares. Vários fatos literários aparecem, como o nascimento do romance burguês com **Jörg Wickram** (século XVI) e a ascensão do teatro religioso com **Hans Sachs** (1494-1576). **Ulrich von Hutten** (1488-1523), poeta coroado em 1517 pelo imperador Maximiliano I, antipapista, vê em Lutero o precursor da liberdade. Suas principais obras são as *Epístolas dos homens obscuros* (1515) e *Armínio* (1524), em que ele é o chantre de uma Alemanha liberada da dominação romana. Ele também escreve diálogos satíricos.

A história da Europa se divide em 1453, numa separação que, ainda hoje, é fonte de problemas quando a sua última parte ocidental abre caminho para o Oriente muçulmano. Nesse ano, o último herdeiro dos grandes impérios da antiguidade, o Império Latino do Oriente, entra em colapso sob os golpes dos turcos seljúcidas. A Constantinopla cristã dá lugar à Istambul muçulmana. A Turquia, coração do Império Otomano, se afasta do restante da Europa, a que estivera unida anteriormente.

QUINTA PARTE
A ÉPOCA MODERNA

A. O MUNDO DO SÉCULO XVII

CAPÍTULO I
OS GRANDES DISTÚRBIOS DA EUROPA NO SÉCULO XVII

1. A RENOVAÇÃO RELIGIOSA NA EUROPA NO SÉCULO XVII

A organização de seminários, desejada pelo Concílio de Trento, é um fato dos sulpicianos, ao passo que outras ordens, como a dos **lazaristas** ou **vicentinos**, fundada por **São Vicente de Paulo** para evangelizar o campo, também se dedicam aos leigos. A educação das meninas, por muito tempo confiada unicamente às famílias, começa a ser assumida pelas irmãs ursulinas. **A ordem do Oratório** é introduzida em 1611 pelo cardeal **Bérulle** (1575-1629), que se torna o primeiro superior geral. É por iniciativa dos senhores de Port-Royal, ou Solitários – homens que deixam o mundo para se consagrar a Deus nas casas perto de Port-Royal, sem, contudo, se tornarem padres – que são fundadas pequenas escolas onde o ensino é oferecido e, ao mesmo tempo, são praticadas pesquisas teológicas. A caridade e a assistência, sob a forma de obras laicas, são estimuladas pela fundação, em 1638, da Obra das Crianças encontradas e do alojamento de desabrigados no Hospício da Salpêtrière, por iniciativa de São Vicente de Paulo. O bispo de Ypres, **Cornelius Jansen** (1585-1638), dito **Jansênio**, de origem holandesa, é o autor do *Augustinus*, dedicado à doutrina de Santo Agostinho (354-430) e publicado após sua morte em 1640. De acordo com o *Augustinus*, apenas a vontade divina pode ser a causa da concessão da graça ao homem. Sua posição lhe rende a hostilidade imediata dos jesuítas. É o **abade de Saint-Cyran** que introduz na França o jansenismo, com o padre Antoine Arnauld. A Sorbonne, a pedido dos jesuítas, resume o jansenismo em cinco proposições, condenadas pelo papa em 1653. O escritor Pascal fica, por fato e causa, ao lado dos jansenistas em suas *Cartas provinciais* (1656-1657) ou *As Provinciais*. Ele ataca violentamente os jesuítas, acusando-os de conceder a absolvição muito facilmente aos fiéis. Em 1660, Luís XIV intervém e a obra *As Provinciais* é condenada e queimada em público. O conflito parece diminuir, mas é reavivado novamente entre 1700 e 1715, marcado pela crise de 1709 e pela destruição do mosteiro de

Port-Royal des Champs, reformado pela madre Angélique Arnauld, irmã do Grande Arnauld. Os "Solitários", leigos devotos que ali haviam se retirado para a meditação religiosa, dispersam-se. O galicanismo, movimento que quer deixar ao rei o poder sobre a Igreja da França, manifesta-se principalmente entre 1674 e 1693 pelo conflito entre Luís XIV e Roma. Em 1674, o soberano decide alargar o direito ao regalo para todo o reino. Esse direito permite ao rei receber o rendimento de alguns bispados vagos, antes que um novo titular seja eleito. Em 1678, Inocêncio XI condena a decisão real.

2. AS CIÊNCIAS NA EUROPA: UM MUNDO EM MOVIMENTO

Os avanços científicos não vêm das universidades, mas de grupos de amadores cultos, originários da burguesia ou da aristocracia. Os estudiosos ou cientistas não ficam confinados a uma única disciplina, e alguns, como Leibniz e Descartes, são tanto filósofos, matemáticos e físicos quanto astrônomos. Pesquisadores e amadores se reúnem em academias e praticam a sua ciência graças à criação de observatórios – como o de Paris, em 1667 – de museus, jardins botânicos, como o *Jardins des Plantes* (Jardim Botânico), em 1626. O intercâmbio entre pesquisadores é favorecido pela publicação, a partir de 1665, do *Journal des Savants* (*Diário dos Sábios*). O método experimental é definido assim: observação dos fatos, experimentação, enunciado de uma regra geral. O progresso matemático se dá pelos trabalhos de **Fermat** (1601-1665), que funda a teoria dos números e cria as bases de cálculo das probabilidades. **Descartes** (1595-1650) funda a geometria analítica, enquanto **Leibniz** (1646-1716) cria o cálculo infinitesimal. A astronomia progride com **Kepler** (1571-1630), que retoma as teorias de Copérnico, fazendo ajustes quando necessário, e expressa as leis básicas do movimento das estrelas. Ele formula a "lei de Kepler", que define as órbitas elípticas dos planetas, explicando essa trajetória pela atração recíproca dos corpos pesados. Ele desenha a "luneta de Kepler", primeira luneta astronômica, melhora o cômputo por um cálculo mais preciso da duração do ano. **Galileu Galilei**, dito **Galileu** (1564-1642), descobre as montanhas lunares, os satélites de Júpiter e a existência das manchas solares. Professor de matemática em Pisa, depois em Florença, nomeado matemático da corte do Grão-Duque de Florença, ele reúne suas observações astronômicas, as de Copérnico e as de Kepler, e estabelece as bases do raciocínio científico e do método empírico. Ele afirma que o nosso sistema é heliocêntrico e que a terra está em movimento, o que lhe vale a condenação da Igreja em 1616. Ele reafirma suas propostas em 1632, em seu *Tratado sobre o universo de Ptolomeu e Copérnico*, mas deve se retratar sob a ameaça eclesiástica. Termina sua vida em prisão domiciliar. Em 1687, **Isaac Newton** (1642-1727) descobre a lei da gravidade e da gravitação. As observações se aperfeiçoam com o desenvolvimento da luneta de aproximação do holandês Jansen, da luneta de Galileu e do telescópio. O século XVII experimenta progressos espetaculares nos domínios da física e da química. Em 1590, **Jansen** tinha inventado o microscópio, seguido, no século XVII, pela criação do barômetro, desenvolvido em 1643 por Torricelli. O francês **Mariotte** (1620-1684) descobre a relação entre o volume de uma massa gasosa e a pressão sofrida. **Denis Papin** (1647-c. 1712) constata a força de expansão do vapor comprimido e constrói a "marmita de Papin", ancestral do motor a vapor, antes de fazer um barco a vapor velejar em 1707. A velocidade da luz é calculada pelo dinamarquês Römer em 1676. Os principais avanços da química, ainda no estágio da observação e da descrição das reações, são devidos ao inglês **Boyle** (1627-1691), fundador da química orgânica. As ciências naturais, graças a **Tournefort** (1656-1708), fundam uma abordagem metodológica mais rigorosa pelo estabelecimento de uma classificação botânica. O conhecimento do sangue progride pela descoberta da circulação, devida ao inglês **Harvey** em 1615, ao passo que o holandês **Van Leeuwenhoek** revela os glóbulos do sangue.

3. A ARTE DO BARROCO E DO CLASSICISMO NO SÉCULO XVII NA EUROPA

O próprio termo "barroco" derivaria talvez do português *barroco*, que significa "pérola de forma irregular", mas suas origens são incertas. No final do século XVIII, o termo entra na terminologia dos críticos da arte para descrever formas fragmentadas que se opõem à proporcionalidade do Renascimento, como nas normas antigas. É com *O cicerone*, de **Jacob Burckhardt**, em 1860, que o adjetivo perde o sentido pejorativo para designar, sem desprezo, uma arte e um estilo. Esta tese é desenvolvida pela primeira vez pelo o historiador da arte **Wölfflin**, em sua obra principal, *Princípios fundamentais da história da arte*, de 1915; nela, ele opõe o barroco ao classicismo. O barroco assume o lugar do maneirismo, que desaparece por volta de 1660. Há uma lacuna entre o barroco artístico, que se desenvolve de 1600 ao século XVIII, e o barroco literário, de duração mais curta, de 1570 a 1660. As influências barrocas na literatura serão menos importantes que em outras artes, picturais ou musicais. O barroco tira as suas fontes da Antiguidade e do Renascimento. Trata-se de uma arte essencialmente religiosa, nascida com a Contrarreforma, que se coloca espontaneamente a serviço do religioso, da Igreja, para afirmar, no esplendor, a renovação de Roma. Partindo da Itália romana, ele entra na maioria dos países católicos: Espanha, Portugal, sul da Alemanha. **O papel dos jesuítas** é essencial na sua divulgação na Europa, mas também fora da Europa: México, América do Sul. Novas sensibilidades se desenham. O tempo é concebido segundo uma concepção cíclica, e não mais linear, com o mito do eterno retorno. O mundo é entendido como um *perpetuum mobile*, movimento perpétuo; a representação da morte é horrível. O homem barroco também mudou e permanece nas aparências.

O BARROCO EUROPEU: LIBERDADE E EXUBERÂNCIA

A arte que se desenvolve após o Renascimento é essencialmente caracterizada por um gosto pela unidade, pela regularidade, pela simetria. As composições respondem a um desejo mais estrito de expressão. Pouco a pouco, a arte do século XVII foi vislumbrada como a continuação daquela do século XVI, ou melhor, como seu oposto dialético. Na verdade, a arte do século XVII merece ser estudada em detalhe e se percebe que ela se alimenta de tendências e estilos extremamente diversificados em pintores como **Caravaggio, Poussin, Rubens, Hals, Rembrandt, Van Dyck**. Se uma pintura de **Leonardo da Vinci** permite estudar cada um de seus elementos separados, numa pintura de **Rembrandt** ou **Rubens** não é possível avaliá-los separadamente. O detalhe individual não tem mais significado em si, pois o pintor aborda, desde essa época, seu assunto com uma visão unificada. As formas independentes não têm mais nenhum significado quando são observadas pelo viés do detalhe. Da mesma forma, no campo da arquitetura, o barroco é definido por um desejo de dar uma visão geral centrada no colossal e por um efeito principal que deixa em segundo plano os detalhes que servem para produzi-lo.

O método favorito utilizado pelos artistas do século XVII para criar a profundidade do espaço consiste em empregar figuras colocadas bem perto do espectador e reduzir as do fundo. O espaço é, então, sentido pelo espectador como algo dependente dele, feito por ele. O século XVII pode justamente ser vislumbrado como um século inovador, tanto para o mundo literário quanto artístico, mas sem negar, por isso, o legado de seu passado. Os retratistas continuam comprometidos com a tradição do retrato; os arquitetos, com os métodos de construção do passado; **os escultores, com o lado monumental** e amplo dos bustos. A tendência do barroco é substituir o absoluto pelo relativo, uma certa rigidez da expressão por uma maior liberdade. Mas esses são apenas traços característicos válidos para uma abordagem superficial da arte desse século, já que sua definição reside em diferentes concepções das camadas sociais cultas. As da corte de Versalhes não são as mesmas que as da Igreja. Por outro lado, a ideia que se tem do mundo evoluiu. As descobertas de Copérnico, afirmando que a Terra gira em torno do Sol e que o universo não gira em torno da terra, implicam uma visão ordenada e organizada de acordo com um princípio único, tanto quanto o de necessidade. **O homem já não é o centro do mundo** em torno do qual tudo se move, mas é apenas um fator minúsculo, uma ínfima pequena parte do todo. A obra de arte está implicada nesse sistema de pensamento e se torna, em seu conjunto, a representação de um todo, vivendo apenas pela existência independente de cada uma de suas partes. Os sentidos estão subordinados à compreensão.

A PINTURA BARROCA NA ITÁLIA: CARAVAGGIO E OS CARRACCI

Entre os pintores do século XVI, devemos estudar primeiro particularmente **Caravaggio** (c. 1571-1610), pois ele faz um retorno à realidade e se lança às formas plásticas e à pureza ideal do Renascimento. Toda a história da arte sagrada moderna começa com ele, fundamentando as suas bases na primazia das formas. Ele transforma as alegorias complexas dos maneiristas em símbolos e realiza assim uma distinção elementar entre arte sacra e arte profana. Seu contato com a verdade dos episódios sagrados expressa a tendência religiosa da Contrarreforma. Graças aos contrastes entre luz e sombra, ele encena uma violência interior que anuncia, na mesma direção, Zurbarán (1598-1664), na Espanha, e **Georges de La Tour** (1593-1652), na França. Mas a arte barroca encontra em **Velázquez** (1599-1660) os meios de favorecer a impressão sobre a concepção. A forma predomina sobre os contornos que ela atenua gradualmente. Os venezianos criaram esse "primeiro impressionismo", e a curva suplanta a linha reta. **Rubens** (1577-1640) brinca com as linhas onduladas e aparece como o grande pintor da história da arte ao ar livre. É por isso que é decididamente moderno. Sua liberdade o aproxima de Renoir, e talvez até mesmo mais dos franceses, de Matisse. A pintura de paisagem progride e a paisagem selvagem da escola de Barbizon vem da Holanda e da Inglaterra, por **Ruisdael** (c. 1628-1682). Roma atingiu o mais alto prestígio depois da Contrarreforma, com seus papas construtores, o prestígio de São Pedro. **Duas correntes** vão surgir: **a primeira, realista**, em torno de Caravaggio; **a segunda, em torno dos irmãos Carracci**, com o ecletismo decorativo.

- **Caravaggio** (c. 1571-1610): seu naturalismo, seus enquadramentos insólitos, seu realismo mordente, a particularidade de sua iluminação lhe valerão muito rapidamente um grande sucesso. Sua vida dissoluta, rica em escândalos, valerá a ele uma sentença de morte, uma pena de prisão. Ele tira seus modelos da rua, no baixio (criados, camponeses). O realismo dos personagens, sua atitude dinâmica, sempre em movimento, se não a ponto de se mover, a adoção de uma paleta escura rompida por explosões violentas de luz constituem uma revolução radical em relação ao que existia. Se Leonardo da Vinci sempre opôs a sombra ao sombreado, a partir de Caravaggio o que se busca são as **sombras fortes** em contraste com a luz. Aqueles que se inspiram nele não gostam dos amplos panoramas; a cena se aproxima do espectador, e os personagens são mostrados em tamanho natural, por inteiro ou pela metade. **O caravagismo**, a corrente provinda de sua arte, corresponde aos últimos oito anos do século XVI e aos dez primeiros do século XVII, a seus períodos de atividade. O movimento continua até 1620. Seus trabalhos principais são as pinturas *Vocação de São Mateus* (1600), da Capela Contarelli; *A cartomante* (1594); *Cesta de frutas*, de 1596, que é a primeira natureza morta na história da pintura; *Baco adolescente* (1596); *A morte da Virgem* (1605-1606), *A ceia em Emaús* (1601). Seus discípulos serão **Orazio Borgianni** (c. 1578-1616), **Bartolomeo Manfredi** (1582-1622) e **Orazio Gentileschi** (1563-1647).

- **Os Carracci**, **Annibale** (1560-1609), **Agostino** (1557-1602) e **Ludovico** (1555-1619), influenciados pelos artistas de Parma e principalmente **Parmigianino** e **Correggio**, voltam a uma pintura idealizada. Os Carracci fundam, sobretudo sob a influência do arcebispo Paleotte, a Accademia degli Incamminati, instituição bolonhesa que não é simplesmente devotada à pintura, mas também à medicina, filosofia e astronomia. A finalidade é formar artistas cultos, baseando-se em três pontos fundamentais: o retorno ao estudo da natureza, o estudo do antigo em busca da beleza ideal e o estudo dos grandes mestres do passado. Em Bolonha, Annibale pinta retratos, paisagens, cenas de gênero. Com seus dois irmãos, ele faz a decoração dos palácios Fava e Magnani, 1584 e 1587. O convite do cardeal Farnese leva Annibale a Roma para decorar o seu palácio. Ele se ocupa do escritório, do *camerino*, sobre o tema da lenda de Hércules, e da abóbada da galeria Farnese, que celebra o triunfo do amor. Seu estilo, ao contrário do de Caravaggio, evolui para um maior classicismo. Além do Palazzo Farnese, outras obras lhe são atribuídas: *A assunção* (1590), *A aparição da Virgem a Lucas* (1592), *A pesca* (1595), *A caça* (1582-1588), *O homem com o macaco* (1591), *O bebedor* (1560-1609).

A ARQUITETURA BARROCA NA ITÁLIA: DECORATIVA

Novas regras, durante a terceira sessão do Concílio ecumênico de Trento (1545-1563), mais rigorosas, são definidas sobre as representações pictóricas dos temas religiosos. A Igreja redefine o papel da imagem, ferramenta de ensino. A Contrarreforma protesta contra a nudez, mas estimula os artistas a mostrarem imaginação. Novidades aparecem na arquitetura, que passa a ser decorativa. Uma importância é atribuída à entrada, ornada de janelas. A arquitetura da igreja dos jesuítas, Il Gesù, em Roma, iniciada em 1568 com **Giacomo Barozzi Vignola** (1507-1573), serve como modelo, em toda a Europa, para a arquitetura sacra e abre o caminho das igrejas para as colunas de apoio. Depois de **Carlo Maderno**, em Roma, vêm **Bernini** e **Borromini**, cujo estilo reflete a evolução do barroco em direção ao movimento, a acumulação da decoração, estátuas, o uso de mármore de cores brilhantes. **Carlo Maderno** (1556-1629), considerado o primeiro barroco, imita o Gesù, mas as suas formas arquitetônicas ganham volume. Elas são cavadas, animadas por esculturas mais abundantes, com chavetas de fachadas esticadas, como a de Santa Susanna, em Roma. Paulo V (1605-1621), após este trabalho, confia-lhe a construção de São Pedro em Roma e ele participa dos trabalhos de expansão da basílica, iniciada por **Júlio II** (1503-1513) a partir de um projeto de Bramante. Ele muda as plantas de Michelangelo e termina São Pedro, dando-lhe uma enorme fachada. A iconografia esculpida está centrada no Cristo e nos apóstolos, tema que havia desaparecido durante o Renascimento. Ele também trabalha em Sant'Andrea della Valle, em Roma, onde cria a cúpula.

Gian Lorenzo Bernini, dito Bernini (1598-1680)

Filho do pintor maneirista Pietro Bernini, estabelecido em Roma em 1605, ele se torna o arquiteto de São Pedro, em Roma, sucedendo Maderno. Seu primeiro trabalho, uma encomenda do Papa **Urbano VIII** (1623-1644), é o dossel flamejante de São Pedro, em 1629. Este último tem a forma de *ciborium*, um dossel apoiado por colunas retorcidas, cujo topo é feito de vários materiais com suas enormes colunas que dominam o altar-mor da basílica. Eleva-se até 7 m e está localizado abaixo da grande cúpula. Mas sua principal obra, a Colunata de São Pedro, sob o pontificado de **Alexandre VII**, de nascimento Fabio Chigi (1655-1667), mostra uma praça monumental destinada a conter os cristãos na bênção *urbi et orbi*. Ao redor da praça oval de 240 m de largura, 284 colunas em quatro fileiras, misturadas a 88 pilastras, formam uma dupla aleia coberta. Ele realiza a Fonte dos Quatro Rios, a Piazza Navona, o Scala Regia do Vaticano, a igreja Saint-André-du-Quirinal.

❖ **Francesco Castelli**, dito **Borromini** (1599-1667), impõe-se como o virtuose das linhas e volumes, por seu gosto pronunciado pelo branco e o dourado. Deve-se a ele, em Roma, a igreja San Carlo alle Quattro Fontane (1638-1641), a igreja de Sant'agnese em Agone, na Piazza Navona, (1634-1641), e a transformação da nave da basílica de São João de Latrão (1646-1650).

❖ Pietro Berrettini, dito Pietro da Cortona ou, em português, **Pedro de Cortona** (1596-1669), arquiteto, realiza a fachada de Santa Maria della Pace (1656-1657) e, como pintor, deixa muitos afrescos.

Fora de Roma, Veneza se mostra por uma poderosa arquitetura, lembrando modelos de **Sansovino** e **Palladio**. A Basílica de Santa Maria da Saúde, com sua planta circular e sua cúpula, é obra de **Baldassare Longhena** (1598-1682).

A ESCULTURA BARROCA NA ITÁLIA: O BERNINI

Antes de Bernini, a inspiração clássica é encontrada em **Francesco Mochi** (1580-1654), autor da *Anunciação* da Catedral de Orvieto. Formado em Florença e Roma, ele nos deixa dois monumentos equestres, feitos entre 1612 e 1625: o de Alexandre Farnese (1545-1592) e o de seu irmão Ranuccio Farnese (1530-1565). **Bernini** inspira-se na Grécia helenística. Goza de grande favor junto aos Papas **Urbano VIII** e **Alexandre VII**. Sua ida para a França em 1665 e os projetos que submete ao Louvre foram um fracasso. Escultor de uma sensualidade mística, *Santa Teresa em êxtase*, também chamada *Transverberação*, torna-o famoso, assim como o túmulo do Papa Urbano VIII, em bronze dourado e mármore, localizado na Basílica de São Pedro, em Roma.

A MÚSICA BARROCA NA EUROPA

A música barroca se desenvolve entre 1600 e 1750, aproximadamente; ela dá, em seguida, lugar à música clássica. Trata-se originalmente de uma reação, nascida na

Itália, contra as formas antigas, as que atravessaram todo o século XVI, abandonadas em favor de novas formas. É a ópera que melhor representa a ruptura, sendo os recitais substituídos pelo canto. O primeiro autor notável de ópera é **Claudio Monteverdi** (1567-1643), com *Orfeu* (1607) e *Ariana* (1608). A ópera é introduzida na França em 1647, ilustrada pelas composições de Jean-Baptiste Lully (1632-1687) e de Jean--Philippe Rameau (1683-1764). Outros gêneros se desenvolvem, como as cantatas, cuja forma é determinada por **Giacomo Carissimi** (1605-1674) e ilustrada por **Alessandro Scarlatti** (1660-1725) ou **Heinrich Schütz** (1585-1672), ou os oratórios, construídos como óperas em alternâncias de árias, coro e recitativos instrumentais. A sonata e o concerto surgem. Se a música de câmara e orquestral é dominada pelos italianos, como **Antonio Vivaldi** (1678-1748), ela se inscreve totalmente nas variações nacionais devido ao talento de **Henry Purcell** (1659-1695), na Inglaterra, ou de **François Couperin** (1668-1733), na França. A era da música barroca atinge seu apogeu com as composições de **Johann Sebastian Bach** (1685-1750) e as de **Georg Friedrich Händel** (1685-1759), ambos alemães luteranos, ambos organistas: o primeiro, mestre das cantatas, composições litúrgicas; o segundo, variando da ópera ao oratório e às composições mais profanas. A música clássica abrange o período compreendido desde a segunda metade do século XVIII até o final do século XIX, aproximadamente. Ela difere das correntes anteriores por uma aspiração comum de atingir um público mais amplo, num processo próximo de dar um papel real ao povo provindo dos movimentos revolucionários. A sinfonia torna-se a sua expressão; no início, simples construção de abertura com base em alternância de movimentos rápidos, lentos, rápidos. O concerto adquire sua forma clássica, a música de câmara se expande com o quarteto de cordas. A ópera começa sua idade de ouro, com **Gluck** (1714-1787) e seu *Orfeu e Eurídice* de 1762, tipos de ópera cômica e ópera bufa. A passagem de uma ópera propriamente italiana para sua variante alemã se faz por um transeunte brilhante, Wolfgang Amadeus Mozart (1756-1791) e suas principais obras: *As bodas de Fígaro* (1786), *Don Giovanni* (1787) em italiano, *A flauta mágica* (1791) em alemão. A época seguinte, embora ainda pertencente ao clássico no sentido amplo, destaca-se, no entanto, pelas influências veiculadas pelo romantismo.

CAPÍTULO II
A FRANÇA NO SÉCULO XVII

1. A FRANÇA NO SÉCULO XVII

O REINO DE LUÍS XIII

Quando da morte de Henrique IV, o novo rei, **Luís XIII** (1610-1643), tem apenas nove anos. Sua mãe, Maria de Médici, torna-se regente. Ela governa sob a influência de sua dama de companhia, **Léonora Galigaï**, favorecendo o esposo dela, **Concino Concini**, nomeado marechal da França e dotado do título de marquês de Ancre. Concini desempenha o papel de primeiro-ministro de fato. O príncipe **Henrique II de Condé** (1588-1646) obriga a regente a convocar os Estados Gerais, esperando, com o apoio dos Grandes, receber o poder verdadeiramente. Os Estados Gerais se reúnem em Paris em 1615. Maria de Médici os despede em fevereiro de 1615 sem que tenham decidido nada. Esses serão os últimos Estados Gerais antes de 1789. Em 1617, o jovem rei Luís XIII manda matar Concini, e Maria de Médici é exilada em Blois. Ela leva consigo **Armand Jean du Plessis de Richelieu** (1585-1642), que tinha acabado de fazer entrar no conselho do rei e que compartilha de sua desgraça. Amigo do rei, alma do complô contra Concini, **Alberto de Luynes** (1578-1621) se torna um primeiro-ministro de araque. Ele morre combatendo a revolta dos Grandes, os grandes senhores do reino, apoiados por Maria de Médici, diante de Montauban em 1621. Luís XIII, agora com vinte anos, não consegue reinar sozinho. Ele volta a chamar a mãe, que impõe o retorno de Richelieu ao conselho. Este é oriundo de uma família de pequena nobreza de Poitou, sem fortuna. De constituição frágil, frequentemente doente, Armand Jean compensa essa deficiência com uma vontade sem falhas. Ele se torna bispo de Luçon em 1608, depois de ter obtido uma dispensa papal em razão de sua pouca idade. É eleito representante do clero nos Estados Gerais de 1614, quando pronuncia um discurso elogioso ao governo da regente em sua presença. Maria de Médici o contrata e o nomeia *Grand Aumônier* (Grande Capelão). Apesar da suspeita do rei, Richelieu demonstra suas aptidões. No mês de agosto de 1624, ele se torna chefe do conselho. A lenda, amplamente forjada por Alexandre Dumas em *Os três Mosqueteiros* (1844), opõe o temperamento de ferro do cardeal (desde 1622) à fragilidade de Luís XIII. A realidade é muito diferente. Luís XIII permanece rei e não deixa de lembrá-lo em termos muito duros daquilo que chama seus "coices", ainda que Richelieu tenda às vezes a acreditar que age sozinho.

REVOLTAS E COMPLÔS

Em 1625, os huguenotes se revoltam. Em 1627, a cidade de La Rochelle, apoiada pelos ingleses, rejeita a autoridade real. Richelieu organiza o sítio de La Rochelle, rodeada por 17 km de fortificações. A cidade se entrega em outubro de 1628. Pelo édito de graça de Alais (hoje Alès) em 1629, Luís XIII confirma o édito de Nantes, perdoa os revoltados, mas confisca suas fortalezas. Richelieu deve enfrentar a hostilidade da rainha-mãe, que compreendeu tardiamente que ele a tinha usado para chegar ao poder, assim como o "partido dos devotos", que querem a aliança com a Espanha para erradicar os huguenotes, os Grandes exasperados pela interdição dos duelos e a execução por terem enfrentado **François de Montmorency-Bouteville** (1600-1627) em 1627. No célebre Dia dos Logrados, em 10 e 11 de novembro de 1630, Maria de Médici conclama seu filho a escolher entre ela e Richelieu. Este, convocado a Versalhes, então simples etapa de caça real, acredita ter perdido. Acontece o contrário e Luís XIII renova sua confiança nele. Acreditando-se ameaçada de prisão, Maria de Médici foge para Bruxelas. Ela nunca retornará desse exílio. Richelieu pode continuar a combater a influência da Espanha na Europa, enviando reforços aos príncipes protestantes dinamarqueses e suecos contra a Áustria e a Espanha, em plena Guerra dos Trinta Anos (1618-1648), que opõe os Habsburgos católicos às potências protestantes como a Holanda. Ele deve continuar a derrubada dos Grandes: em 1632, o duque de Montmorency, governador do Languedoc, tenta sublevar sua província.

Preso e condenado a morte, o duque é decapitado em 30 de outubro de 1632. Em 1642, à beira da morte, Richelieu desarma o complô de **Cinq-Mars** (1620-1642), favorito de Luís XIII, que se preparava para assassinar o cardeal. Cinq-Mars é decapitado. **Richelieu** morre em 4 de dezembro de 1642. O rei Luís XIII sobrevive a ele apenas alguns meses, falecendo em 14 de maio de 1643, mas Richelieu deixou-lhe o mais precioso dos colaboradores: **Mazarino**. A herança da ação de Richelieu é imensa. Ele reforça o Estado e desenvolve a teoria do ministério segundo a qual um "Ministro principal" deve dar assistência ao rei com seus conselhos. Instaura funcionários nomeados e revogados pelo rei, seus representantes no interior, intendentes de justiça, polícia e finanças. Dota a França de uma marinha de guerra. Favorece a expansão francesa no Canadá (com a fundação de Montreal em 1642), no Senegal, em Madagascar e nas Antilhas. Ele autoriza a *Gazette de France* ("Gazeta da França") (1631) de **Théophraste Renaudot**, o primeiro jornal. Em 1635, ele funda a Academia Francesa. Essa política tem um preço: os impostos aumentam, provocando revoltas camponesas reprimidas com sangue, como a dos Croquants em Poitou e no Limousin (1635-1637), a dos Va-nu-pieds na Normandia e em Anjou (1639).

O REINO DE LUÍS, O GRANDE

O novo rei Luís XIV (reinado: 1643-1715) tem cinco anos. O testamento de Luís XIII previa que a regência fosse confiada à sua esposa, Ana de Áustria (1601-1666), mas sob a tutela cerrada de um conselho de regência. Ana de Áustria rompe o testamento com ajuda do Parlamento de Paris, ao preço de concessões que endividarão o futuro da monarquia: direito à reprimenda e, principalmente, de registro. A regente exerce o poder sozinha. Para surpresa geral, ela se une a Mazarino. **Júlio Mazarino** (Giulio Mazarini, 1602-1661), militar de formação, entra para o serviço do papa, sem se tornar padre, e depois serve ao rei Luís XIII a partir de 1630. Ele é nomeado ministro principal, por desejo de Richelieu, em dezembro de 1642. Confirmado por Ana de Áustria, ele deve desfazer a ameaça de um grupo de Grandes agrupados na cabala dos Importantes, mas obtém menos sucesso junto ao Parlamento. A guerra precisa do aumento dos impostos e das taxas. O Parlamento organiza uma reprimenda à regente em 1643. A revolta eclode quando, em 1648, renova-se a *Paulette*, taxa criada sob **Henrique IV**, que permite que o titular de um ofício o transmita a seus descendentes. **Michel Particelli d'Émery** (1596-1650), superintendente das finanças, cobra quatro anos de receitas dos titulares de ofícios. O Parlamento entra em oposição frontal, elabora as "Propostas da Câmara de São Luís": supressão dos intendentes, dos "financiadores" ou banqueiros que emprestavam e depois recolhiam o imposto com lucro, um direito de controle sobre a arrecadação de impostos. Émery é demitido, mas, em 26 de agosto de 1648, Mazarino manda prender o muito popular **Pierre Broussel** (1575-1654), um velho conselheiro do Parlamento de Paris. A cidade se cobre de barricadas imediatamente: é o Dia das Barricadas. **A Fronda** tem início.

A FRONDA

Esse é o nome dado ao movimento pelo próprio Mazarino a título de chacota: os "frondadores" do Parlamento tentam atingi-lo como uma criança faria, com pedras e um estilingue (*fronde*) sobre um alvo escolhido. A Fronda se desenrola em dois episódios: a Fronda parlamentar que dura pouco, concluindo-se na paz de Rueil em março de 1649. O episódio mais marcante é a fuga, na noite do dia 5 para o 6 de janeiro de 1649, da regente e do pequeno rei de Paris para se refugiarem em Saint-Germain-en--Laye. Luís XIV guardará na memória esse episódio humilhante sem jamais se desfazer da desconfiança com relação aos parisienses. A Fronda dos Príncipes se revela mais ameaçadora. É o levante de províncias inteiras, com rápida adesão dos Parlamentos. O futuro da monarquia está lançado. Os chefes da Fronda, **Luís II de Bourbon--Condé** (1621-1686), dito o Grande Condé, retumbante vencedor sobre os espanhóis em Rocroi (1643), seu irmão **Armando de Bourbon**, príncipe de **Conti** (1629-1666), e seu cunhado, **Henrique II de Longueville** (1595-1663), são presos em 1650. O reino se inflama, e a duquesa de Longueville, irmã do Grande Condé, anima a rebelião por toda parte.

Mazarino deve fugir em 1651, mas transmite suas recomendações a Ana de Áustria e a seus fiéis tenentes, **Hugues de Lionne** (1611-1671) e **Michel Le Tellier** (1603-1685). Os frondadores se dividem, Condé é derrotado diante de Paris pelas tropas reais fiéis conduzidas por **Turenne** (1611-1675) em 1652. Ele consegue não ser capturado, por pouco, graças à intervenção de Grande Mademoiselle, prima de Luís XIV, que coordena os tiros de canhão sobre as tropas reais a partir das torres da Bastilha. O antigo vencedor dos espanhóis foge para a Espanha e chega a retornar à frente de um exército inimigo. Ele permanece em campo espanhol até 1659. Derrotados em 1658 por Turenne, os espanhóis assinam com a França um tratado dos Pireneus em 1659. Luís XIV desposa sua prima, a infanta da Espanha Maria Teresa. A partir de outubro de 1652, Ana de Áustria e o jovem rei fazem uma entrada triunfal em Paris. **Luís XIV** é declarado oficialmente maior desde 1651. Em 1653, a tomada de Bordeaux põe fim à Fronda. Mazarino reaparece na corte, retomando as rédeas do Estado. Ele as conserva até sua morte, em 9 de março de 1661.

O REINO PESSOAL

Começa, então, o reino pessoal de Luís XIV, que anuncia, para surpresa geral, querer reinar por si mesmo, dispensando a partir de então o ministro principal e abolindo o ministério. O absolutismo, esboçado por Henrique IV, afirma-se ao longo do reinado. O "Rei-Sol" conta com uma administração submissa, com um governo central, composto de vários conselhos. O Conselho do Alto vê o rei decidir as questões mais importantes, o Conselho das Partes assume as questões administrativas e a alta justiça real; convém acrescentar a isso o Conselho das Finanças e o Conselho dos Despachos, que examina os despachos expedidos pelos intendentes. Eles são os instrumentos da política real alternada pelos ministros: o Chanceler preside os Conselhos se o rei está ausente; ele é o ministro da Justiça real. O controlador-geral das Finanças, cargo criado para Colbert em 1665, dirige toda a política econômica; quatro secretários de Estado cuidam da política externa, da Guerra, da Marinha e da Casa do rei. Desde 1667, um tenente de polícia vigia Paris. O primeiro titular é **Gabriel Nicolas de la Reynie** (1625-1709). Luís XIV escolhe os servidores mais capazes e dedicados, dando origem a dinastias de ministros, como a de Colbert: **Jean-Baptiste Colbert** (1619-1683), controlador-geral das Finanças de 1665 até sua morte em 1683; seu primogênito **Seignelay** (1651-1690), secretário de Estado da marinha de 1683 a 1690; **Colbert de** Croissy (1625-1696), irmão de Colbert, secretário de Estado para a política externa de 1679 até sua morte, a quem sucede seu filho, **Colbert de Torcy** (1665-1746), ministro de Estado em 1700; e a dinastia dos Le Tellier, com **Michel Le Tellier** (1603-1685), secretário de Estado para a Guerra de 1643 a 1677, chanceler da França de 1677 até sua morte, a quem sucede, na Guerra, seu filho **Louvois** (1641-1691) e depois seu neto **Barbezieux** (1668-1701).

AS GUERRAS

O início do reinado é marcado pelas guerras: Guerra de Devolução (1667-1668), que tem por objetivo fazer respeitar os direitos devolutos a Maria Teresa com relação a sua herança espanhola, opondo a França à Tríplice Aliança (Inglaterra, Holanda e Suécia); guerra contra os Países Baixos (1672-1679), a fim de enfraquecer esses aliados da Inglaterra e quebrar um concorrente econômico. Em 1668, a paz de Aix-la-Chapelle conclui a primeira, com a França anexando Lille. Em 1679, os tratados de Nimegue deixam intactos os Países Baixos e a Espanha cede a região de Franco-Condado à França. O conjunto do reino é ocupado por conflitos tais como a guerra da liga de Augsburgo (1689-1697) – com a paz de Ryswick (1697) marcando o fim do expansionismo francês –, e a guerra de Sucessão da Espanha (1702-1712), com os tratados de Utrecht (1713) e de Radstadt (1714) reconhecendo o trono da Espanha em favor de Filipe de Anjou, neto de Luís XIV, que se torna em 1700 o rei **Filipe V** de Espanha (1700-1746).

O REI E DEUS

Luís XIV também deixa a marca de seu reinado na religião. Em 18 de outubro de 1685, pelo édito de Fontainebleau, ele revoga o édito de Nantes. Desde 1679, após um breve episódio de conversão pela suavidade, os protestantes são vítimas de perseguição. A partir de 1680, as dragonadas se multiplicam: os "dragões", soldados abrigados em casas protestantes, têm licença de executar as piores violências contra as famílias até sua conversão imposta e forçada. Estima-se que, depois do édito de Fontainebleau, por volta de 300 mil protestantes tenham deixado a França, antes da eclosão em Cévennes da Revolta dos Camisards entre 1702 e 1712, revoltando-se contra as zombarias e as violências destinadas a impeli-los a se converterem ao catolicismo. O rei se opõe também ao papa. Ele quer forçar o galicanismo, favorável à autonomia da Igreja das "Gálias", contra os ultramontanos, submissos à autoridade papal. A outra grande questão religiosa opõe os jansenistas aos jesuítas. Em 1693, o padre **Quesnel** (1634-1719) publica as *Reflexões morais sobre o Novo Testamento*, ataque direto contra os jesuítas. O padre Quesnel é preso. Em 1713, a bula *Unigenitus* condena 101 de suas proposições. O rei ataca então o refúgio dos jansenistas, a abadia de Port-Royal des Champs. O mosteiro é fechado em 1709, seus habitantes expulsos, as construções são parcialmente destruídas.

O MAIS RICO DOS REINOS

No âmbito econômico, por iniciativa de Colbert, o rei segue a política mercantilista. Segundo a doutrina do mercantilismo, a posse de ouro dá poder a um Estado. Deve-se, então, obter ouro e evitar sua evasão do reino. A produção nacional, de grande qualidade, deve exercer essa função pelas manufaturas reais: dos Gobelins em Paris para o mobiliário e os tapetes, de Saint-Gobain para os espelhos. Essa prática, o colbertismo, é acompanhada de regulamentações rígidas dos ofícios no âmbito das corporações. **Colbert** desdobra também seu talento pela expansão comercial do reino, encorajando a criação de companhias de comércio: a Companhia francesa das Índias Orientais (1664), que faz expedições nos oceanos Índico e Pacífico a partir de um porto criado para ela, L'Orient (Lorient); a Companhia francesa das Índias Ocidentais (1664), consagrada à América, às Antilhas, ao comércio triangular que consiste, a partir de Bordeaux, Nantes, em vender armas na costa da África contra os escravos negros, transportados às Antilhas, onde são vendidos e de onde os navios retornam cheios de açúcar, especiarias e índigo. A Companhia do Norte (1669) é encarregada do mar do Norte e do Báltico; a Companhia do Levante (1670), a partir de Marselha e do Mediterrâneo oriental, partindo desta vez dos *Échelles* ou portos mercantes otomanos abertos aos navios franceses. A França possui São Domingos, Guadalupe, Martinica e se implanta na "Nova França" (Canadá). **Cavelier de La Salle** (1643-1687) dá o nome de Louisiana, em homenagem ao rei, aos territórios que explora em 1682. **A arte, sob Luís XIV, conhece o triunfo do classicismo.** Primeiro em arquitetura, com a colunata do Louvre de Perrault, as praças reais (das Vitórias, Vendôme), o Palácio dos Inválidos, Versalhes, Marly, o Grande Trianon. Protetor das letras e das artes, o rei funda as Academias reais: Academia Francesa (instituída por iniciativa de Richelieu), Academia de Ciências, Academia de Pintura, de Escultura, de Música. O Observatório de Paris e o Jardim do Rei (Jardin des Plantes) são criados. Luís XIV morre em Versalhes, em 1º de setembro de 1715; seu neto, de cinco anos, único sobrevivente de sua numerosa descendência legítima, torna-se o rei **Luís XV** (1715-1774); a regência é garantida por seu tio, **Filipe de Orléans** (1674-1723).

2. O CLASSICISMO NA FRANÇA: GRANDIOSIDADE E MAJESTADE

Enquanto o barroco triunfa na Itália, a França adota a arte clássica, manifesto de rigor, de clareza, de lógica. Ela restaura a disciplina, a simplicidade, a medida, abandonando o excesso, a liberdade, a exuberância do barroco. O classicismo se inicia sob o século de **Luís XIII**, mistura-se ainda às influências barrocas, depois conhece seu apogeu com Versalhes **entre 1660 e 1690** antes de declinar durante a primeira metade do século XVIII e de renascer sob a forma de **neoclassicismo** na segunda metade do século. Ele se apoia no culto da Antiguidade e na vontade de submeter à razão toda a sua produção. O ideal clássico visa à grandiosidade, ao majestoso, acentuado na França pela vontade pessoal do rei Luís XIV. A busca da medida nas artes encontra também o seu lugar na sociedade com o *fidalgo*, que se opõe ao espírito de cavalaria da época anterior. As razões que explicam a emergência do classicismo são de várias ordens: reação contra o pedantismo da Plêiade, os excessos do século XVI, a vitória do francês diante do latim, a literatura destinada não mais aos eruditos, mas aos homens de bem.

De 1600 a 1660, o espírito clássico adentra os salões da **marquesa de Rambouillet** (1588-1665) e da **duquesa de Chevreuse** (1600-1679), representado por **Malherbe** (1555-1628) e **Corneille** (1606-1684). Depois, a partir de 1660, a corte suplanta os salões; é a época de ouro com **Molière** (1622-1673), **Boileau** (1636-1711) e **Racine** (1639-1699). A literatura explora a ruptura produzida pelas guerras de Religião entre privado e público, entre os particulares e a política, e utiliza essa separação para interrogar o que é político e as paixões humanas graças às regras de representação em vigor. É a época da fundação das academias, **Academia Francesa** (1635), **Academia de Arquitetura** (1665), **Academia de Ciências** (1666). Os nomes dos grandes filósofos são, entre outros, os de **Pascal** (1623-1662) e **Descartes** (1596-1650). A música floresce graças a **Lully** (1632-1687), **Marc-Antoine Charpentier** (1643-1704), **François Couperin** (1668-1733). Enfim, o classicismo é influenciado pelos resultados da **evolução científica**. Sua arte da representação retoma, à sua maneira, a concepção de um espaço geométrico, nos jardins, na pintura. Sua meta é imitar a natureza, os Antigos, fundar uma cultura identitária sob o prisma da razão e da verossimilhança.

A ARQUITETURA CLÁSSICA NA FRANÇA: LINHA RETA E SIMETRIA

A arquitetura francesa se inspira na arte italiana no início e adota suas formas mais características, domos, cúpulas, frontões triangulares e colunatas monumentais. O classicismo se impõe **por volta de 1630-1640**, estilo dedicado à afirmação da monarquia absoluta. As construções clássicas estão em perfeita adequação com suas funções, marcadas por uma dominante de linhas retas, uma simetria perfeita, sem almejar um efeito decorativo como o do período barroco. **A arte dos jardins** tem por objetivo mostrar uma natureza dominada, submetida ao homem, com perspectivas eruditas, espelhos-d'água geométricos, jatos de água. **O urbanismo** se desenvolve, as ruas são retas, as cidades do interior são enriquecidas com praças e monumentos (a praça Mirabeau de Aix-en-Provence, a prefeitura de Arles). A influência de Vauban marca, com seu estilo, as fortificações e as cidades fortificadas (como Neuf-Brisach).

❖ **Salomon de Brosse** (c. 1571-1626) realiza o palácio de Luxemburgo para Maria de Médici.

- **Jacques Le Mercier** (c. 1585-1654), sob o reino de Luís XIII, constrói o palácio Cardinal para Richelieu, que se tornou o Palais Royal quando de sua morte, assim como a capela da Sorbonne, onde se encontra o seu túmulo.

- **Louis Le Vau** (1612-1670) realiza no início de sua carreira inúmeras residências particulares, como o hotel Lambert; depois edifica, para Fouquet, o castelo de Vaux-le-Vicomte, a partir de 1656. Ele desenha as plantas do Collège des Quatre-Nations, atual Institut de France. Em 1661, a serviço do rei, ele será encarregado de duplicar a área de habitação do castelo de Luís XIII em Versalhes.

- **François Mansart** (1598-1666) se torna arquiteto do rei em 1636 e realiza o castelo de Maisons-Laffitte entre 1642 e 1650. Ele edifica o Val-de-Grâce, encomendado por Ana de Áustria.

- **Jules Hardouin-Mansart** (1646-1708) era o sobrinho-neto e discípulo de François Mansart. Nomeado primeiro arquiteto de Luís XIV em 1681 e superintendente de edificações reais oito anos depois, sendo encarregado do castelo de Versalhes. Ele concebe a fachada voltada para os jardins, a galeria dos espelhos, as grandes alas norte e sul, os grandes estábulos, a capela real, o Grande Trianon, a Orangerie. A ele também devemos, em Paris, a praça Vendôme, a praça das Vitórias e a Igreja dos Inválidos, monumento que combina os elementos clássicos e barrocos com uma planta em cruz grega.

- **Claude Perrault** (1613-1688), sob o reino de Luís XIV, ergue a colunata da nova fachada do Louvre, em 1666. Ele desenha as plantas do Observatório de Paris e constrói o arco do triunfo no Faubourg Saint-Antoine.

- **Robert de Cotte** (1656-1735) contribui para o desenvolvimento do classicismo francês, concluindo a capela do castelo de Versalhes.

- **Versalhes**
  Em 1624, Luís XIII manda construir um pavilhão de caça. Oito anos mais tarde, **Philibert Le Roy** o remaneja, entre 1631 e 1638, com base no modelo de arquitetura de tijolos e de pedras. Luís XIV, escaldado pela Fronda, deseja deixar o Louvre para se instalar fora de Paris sem riso de ameaça. O arquiteto Le Vau realiza os projetos de ampliação e, depois, **François d'Orbay** (1670-1677) e **Jules Hardouin-Mansart** são os outros arquitetos. Esse último manda construir a galeria dos espelhos, com 73 m de comprimento por 6 m de largura com dezessete batentes, dezessete arcadas pintadas e trezentos espelhos. Na voluta, dez grandes composições de **Le Brun** evocam os magníficos anos militares de Luís XIV. Os salões da guerra e da paz completam essa galeria. Os jardins são desenhados por **André Le Nôtre** (1613-1700) que, depois de ter realizado Vaux-le-Vicomte para **Fouquet**, se torna jardineiro de Luís XIV em Versalhes. O escultor **François Girardon** (1628-1715) contribui para a decoração.

O CLASSICISMO EM PINTURA: O BOM GOSTO

A monarquia absoluta instalada por Luís XIII e Luís XIV permitiu que a França se tornasse o Estado mais poderoso da Europa. O poder francês decide se representar em uma imagem que o mostra no topo de seu poder e o valoriza. A aparência se torna, na comunicação, o elemento primordial, como na corte de Versalhes. O classicismo, exaltando valores morais, vai responder às necessidades da política francesa. Sob Luís XIV, na segunda metade do século, e sob Colbert e **Charles Le Brun** (1619-1690), o classicismo se identifica com o "bom gosto". A arte do classicismo oferece uma composição clara, ordenada. A mensagem é imediatamente compreensível.

As características da obra clássica

Muitas características pertencem à pintura clássica: linear, o **desenho é privilegiado**, os contornos são claros, o toque liso, abandonando o tratamento das formas, os efeitos de cor e de luz. **O espaço é construído em planos sucessivos**, as diagonais brutais do barroco são esquecidas, os motivos se tornam cada vez menores. Ao contrário do trabalho barroco, já não é aberto, mas fechado. As formas são colocadas no centro da composição, deixando um vazio nas bordas. **Motivos, figuras** ou peças de arquitetura também podem ser colocados, mas sempre permitindo que fiquem bem individualizados, reconhecidos para maior clareza. O costume contemporâneo aparece nos retratos, os personagens vestidos à moda antiga ou com drapeados, **mas menos despidos do que durante o barroco**. Há **uma grande variedade de temas: religiosos, históricos**, alegóricos e retratos. A paisagem tem um lugar importante, mas o homem está sempre presente, muitas vezes em um ambiente imaginário. As pinturas apresentam dimensões mais modestas do que durante o barroco, mas as pequenas pinturas ainda são raras.

Os pintores clássicos na França

Gradualmente, a pintura francesa se liberta da influência italiana por meio do espírito e da técnica. Em **1648**, um acontecimento fundamental vai perturbar a pintura na França com a **criação da Academia de Pintura e de Escultura**. Os artistas podem criar sem estarem sujeitos a regulamentações caprichosas de uma corporação, sem uma "obra-prima" para produzir a fim de praticar a sua arte como lhes convém.

❖ **Valentin de Boulogne** (1592-1632), chamado **Valentin**, trabalha em Roma a partir de 1613, mas suas obras adotam, aos poucos, um estilo mais realista frequentemente com composições de temas profanos: *A cartomante* (1628), *Alegoria de Roma* (1628), *Judite e Holofernes* (1626-1628), *Os trapaceiros de Dresden* (1631).

❖ **Claude Vignon** (1593-1670) se instala em 1624 em Paris, sob a proteção de Richelieu e de Luís XIII, experimentando todos os gêneros: pinturas religiosas, paisagens, retratos, natureza morta. Ele decora a galeria do castelo de Thorigny e é o autor de uma *Adoração dos magos* (1619) e do *Martírio de São Mateus* (1617).

❖ **Georges de la Tour** (1593-1652) é o autor de cenas religiosas (*A Madalena penitente*, 1640-1645), mas também de cenas noturnas onde brilha sua arte consumida de claro-escuro (*São Sebastião cuidado por Irene*, 1649). La Tour é, por excelência, o pintor da luz e dos interiores em claro-escuro, luz proporcionada por uma vela acesa. A composição é simplificada ao máximo, a decoração de fundo inexistente, os toques definem e colorem os contornos. Antes de tudo, é o pintor sutil da aliança entre massas escuras e detalhes luminosos. Suas obras mais célebres são: *O trapaceiro com ás de ouro* (1635), *O tocador de órgão* (1630), *O sonho de São José* (1640), *A adoração dos pastores* (1645).

❖ **Simon Vouet** (1590-1649), antes de se instalar em Roma, inicia-se como retratista na Inglaterra. Ele é muito influenciado pelo realismo de Caravaggio e depois pelo tratamento das cores dos artistas venezianos. Cria uma síntese entre o barroco italiano e o classicismo francês: *Retrato de Antonin Doria* (1620), *A apresentação de Jesus ao Templo* (1641).

❖ **Os irmãos Le Nain**, **Antoine** (1600-1648), **Louis** (1593-1648) e **Matthieu** (1607-1677) se ligam à corrente realista sob o reino de Luís XIII, adotando a vida camponesa. Antoine se distingue por seu gosto pelos retratos de corte, principalmente aqueles que executa para Mazarino: *Cinq-Mars* (1620), *Ana de Áustria* (1643). Louis se dedica aos interiores, como em *Refeição de camponês* (1642), *A família feliz* (1642), ou *A forja*, mas também pinta exteriores, como *A família da leiteira* (1642). Matthieu pinta, ainda, temas camponeses, ou mitológicos, como *Os peregrinos de Emaús* (1648), *Interior camponês* (1642).

❖ **Nicolas Poussin** (1594-1665) é a figura dominante dessa corrente. Sua obra se quer continuidade da arte da Antiguidade e de Rafael. Os quadros têm frequentemente temas antigos e se caracterizam pelo equilíbrio da construção. Ele retrata a paisagem de forma histórica, religiosa e filosófica. Sua notoriedade deve esperar até 1640, quando retorna à França e Luís XIII e Richelieu pedem que supervisione as obras do Louvre. Seu estilo evolui muito ao longo da vida. Por volta de 1630, ele se liberta do estilo barroco e se volta aos temas mitológicos, bíblicos, com personagens mais esculturais. Ao final da vida, ele volta a se transformar; a alegoria, o misticismo, o simbolismo adquirem maior importância, com *Os pastores da Arcádia* (1638). Suas principais obras são: *Vênus e Adônis* (1626), *A inspiração do poeta* (1630), *O rapto das sabinas* (1634-1635), *Autorretrato* (1650).

❖ **Claude Gellée**, chamado de **O Loreno** (1600-1682), contemporâneo de Nicolas Poussin, é o maior pintor paisagista francês de seu tempo. O universo ideal que propõe é construído a partir de elementos inspirados na realidade. *Agostino Tassi* (c. 1580-1644) lhe ensina as noções fundamentais da paisagem e da perspectiva. É por meio dele que se impregna de pintores como **Annibale Carracci** (1560-1609) e prioriza a luz. Suas obras são influenciadas por vários pintores, como Turner. As principais obras de Loreno são: *O rapto de Europa* (1667), *Porto com embarque de Santa Úrsula* (1641), *Marina com Acis e Galateia* (1657).

❖ **Philippe de Champaigne** (1602-1674) é o pintor oficial de Maria de Médici e decora, para ela, o Luxemburgo. Clássico no seu modo de fazer, ele executa uma série de retratos, dentre os quais está o de Richelieu, de Luís XIII, mas também de Angélique Arnauld, pois é muito ligado a Port-Royal, não somente por ser jansenista, mas porque sua filha é religiosa nesse convento. Suas obras mais célebres são: *Retrato de Robert Arnauld d'Andilly* (1650), *O voto de Luís XIII* (1637), *Natureza morta com crânio* (1646).

❖ **Charles Le Brun** (1619-1690) é um notório representante dessa Academia, célebre ao mesmo tempo por suas composições monumentais do castelo de Vaux--le-Vicomte, de Versalhes, mas também por seus retratos do grupo que forma o cortejo do *Chanceler Séguier* (1660). Ele trabalhava, na época, para o cardeal Richelieu. Fervoroso admirador de Poussin, a quem conheceu, chegará a imitar seu estilo em hábeis pastiches. Ele participa da controvérsia que eclode em 1671 na Academia real entre os partidários da cor e os do desenho, que defendia. Exercerá uma verdadeira ditadura até cair em desgraça, em 1683.

❖ **Pierre Mignard** (1612-1695) sucede a ele na direção da Academia, especialista de retratos da corte: *Madame de Grignan* (1669), *Madame de Montespan* (1670). Na França, ele trabalha para o castelo de Saint-Cloud e para o de Versalhes.

❖ **Hyacinthe Rigaud** (1659-1743) é o pintor oficial da corte do rei Luís XIV, membro da Academia. Ele também realiza retratos de corte em traje solene, assim como o do soberano, com sua pesada capa de coroação de flor-de-lis forrada de arminho.

A ESCULTURA CLÁSSICA NA FRANÇA

A escultura francesa do século XVII não chega aos mesmos níveis e ao renome da arquitetura e da pintura.

❖ **Pierre Puget** (1620-1694), chamado "o Michelangelo da França", conhece rapidamente um grande êxito, principalmente com seu *Milon de Crotona* (1671-1682). Sua primeira obra importante, *Os atlantes* (1656-1658), testemunha a influência de Michelangelo e de Bernini. Ele é encarregado por Fouquet das esculturas do castelo de Vaux-le-Vicomte, com *Hércules em repouso* (1694).

- **François Girardon** (1628-1715), protegido pelo chanceler Séguier e pupilo do escultor **François Anguier** (1604-1669), é conhecido por suas importantes criações. Ele trabalha para **Le Nôtre** nos jardins de Versalhes, na gruta de Tetis. *O Banho das ninfas* (1668-1670), baixo-relevo criado para a Alameda de Água, de modelo delicado, ou o impetuoso grupo de o *Rapto de Prosérpina* (1699), do bosque da Colunata, estão entre suas obras mais conhecidas. Ele também cria o túmulo de Richelieu na Sorbonne e a estátua equestre de Luís XIV com armadura antiga para a praça Louis le Grand, a atual praça Vendôme.

- **Antoine Coysevox** (1640-1720). Se Girardon se impôs como um escultor clássico, Coysevox será o representante do escultor barroco. Suas obras-primas são seus bustos, e principalmente o grande medalhão em estuque do salão da guerra (*Triunfo de Luís XIV*, 1682). Ele é um admirável retratista: Luís XIV em mármore, ou o busto do arquiteto Robert de Lotte. Para o parque de Marly, ele realiza as estátuas equestres *O Renome* e *Mercúrio* (1699-1702), que são transportadas em 1719 ao jardim das Tulherias.

- **Nicolas Coustou** (1659-1733), sobrinho de Coysevox, trabalha no último período do reino de Luís XIV em Versalhes. Ali, ele realiza, para o parque de Marly, o grupo monumental *Sena e Marne* (1712).

AS ARTES DECORATIVAS NA FRANÇA

As artes decorativas são representadas por **Le Brun**, que se inspira em Roma com seus atributos, seus troféus, suas armas, seus escudos, suas vitórias aladas, suas divindades alegóricas. A folha decorativa é o acanto largo, mas também usa as flores-de-lis e os dois eles (L) afrontados de Luís XIV. O estilo Berain deve seu nome a **Jean Berain** (1640-1711) e lembra os painéis com arabescos do renascimento italiano, as pinturas arquiteturais de Pompeia, pórticos escalonados, domos de treliças. Ele mescla todo tipo de motivo, dos mais originais aos mais fantasiosos. Cria decorações temporárias para as festas da corte e faz as decorações das óperas de Lully.

A arte da tapeçaria

A arte da tapeçaria floresce e conhece grande sucesso desde a criação de Gobelins. As obras mais importantes são o *Antigo Testamento* e *Ulisses* (1627) de Simon Vouet, *A história do rei* e *Casas reais* de Le Brun (1663), *A vida da Virgem* de Philippe de Champaigne (1638-1657). As principais manufaturas são os Gobelins, às quais

Colbert e Luís XIV dão um desenvolvimento considerável; a manufatura de Beauvais, criada em 1664 por Colbert, para concorrer com as de Flandres na realização de tapeçarias de baixo liço em sistemas de tear horizontais; a Savonnerie, fundada em 1627 por Luís XIII; a manufatura de Aubusson, elevada por Colbert, em 1664, à categoria de manufatura real.

A arte do mobiliário

A arte do mobiliário ganha seu atestado de nobreza com os célebres **Boulle, André--Charles** (1642-1732), o mais famoso, e seus quatro filhos: Jean-Philippe, Pierre Benoît, André-Charles II e Charles-Joseph. O tipo de marchetaria à qual dão o nome se caracteriza por uma placagem de escama de tartaruga ou de chifre combinada com metal. Também são importantes os ornamentos de bronze cinzelado e dourado.

3. A LITERATURA CLÁSSICA NA FRANÇA: CULTO DA RAZÃO, MULHERES E "HONESTO HOMEM"

A literatura é marcada, no século XVII, pelo respeito aos princípios monárquicos e religiosos. Isso não exclui a prática do espírito crítico, como em **La Bruyère**, moralista sem concessões quando descreve a corte, a nobreza de Versalhes. Mais do que a sociedade ou a vida polítca, os escritores do século XVII se aplicam na descrição do homem interior, na análise dos movimentos de sua alma e dos fluxos das paixões. **Na segunda metade do século XVII**, o culto da razão supera o lugar deixado à imaginação e à sensibilidade. Os gêneros literários são mais claramente definidos e as regras são ditadas, como a das três unidades: de tempo, de lugar, de espaço, no âmbito da tragédia. **A própria língua** é cuidada para buscar uma expressão clara e precisa. **A sintaxe**, até então bastante livre, é submetida a regras precisas. O principal depurador da língua é **Malherbe** (1555-1628), que proscreve as palavras provincianas e os empréstimos feitos às línguas estrangeiras. Ele é apoiado pela Academia, que atribui a si mesma o papel de submeter a língua e o estilo a gêneros literários e sintáticos claramente definidos. Pela primeira vez, **as mulheres** em geral têm papéis sociais reconhecidos, ocupando funções públicas. Elas são apresentadas em espaços sociais valorizados, em salões, nos teatros, nas festas. Homens e mulheres estão na corte, na sociedade, encontram-se, mesclando suas esferas de ação e competências. Elas estão no centro dos primeiros movimentos de vulgarização. O teatro, a comédia, a tragédia, são bons instrumentos para medir, avaliar, julgar e encenar esse novo papel social. O "honesto homem" do século XVII tem sua origem no livro fundador de **Baldassare Castiglione**, *Il libro del Corteggiono* ("O perfeito cortesão") (1528), tornando seu o preceito latino *intus ut libet, foris ut moris est*: "No interior, faz como te aprouver; no exterior, age segundo o costume". A oposição entre fé interna e espaço social será essencial no século XVII, regulando uma sociabilidade harmoniosa. Pode-se dividir o século XVII em **três grandes períodos literários:**

- **o pré-classicismo, de 1600 a 1660:** elaboração muito lenta de uma doutrina em meio a tendências diversas: barroco, romanesco, preciosismo, burlesco;
- **a era da maturidade clássica, de 1660 a 1680:** era da regra e do gosto;
- **a crise do classicismo, de 1680 a 1715:** marcada pela querela dos Antigos e dos Modernos.

A LITERATURA ANTES DE 1660

❖ **François de Malherbe** (1555-1628), poeta oficial da corte do rei **Henrique IV**, deixou poucas obras: *Ode à Marie de Médicis* ("Ode a Maria de Médici") (1600), *Stances* ("Hinos") (c. 1599), *Consolation à M. du Périer* ("Consolação a Sr. du Périer") (1600), *Sonnets* ("Sonetos") (1603-1627). Líder da reação clássica na Plêiade, ele pretende purificar a língua e recomenda um estilo simples e claro. A poesia de Malherbe trata de moral, de temas de circunstância e se funda em um trabalho rigoroso do estilo, com grande domínio das técnicas. Seus dois principais continuadores são **Maynard** (1582-1646) e **Racan** (1589-1670). Sob a influência do **salão de Rambouillet**, ativo principalmente entre 1625 e 1645, o espírito mundano se desenvolve em reação ao trivial, que reina na corte de Henrique IV. O espírito precioso conduz a um novo ideal, o do "homem honesto", polido, refinado, que cultiva o decoro como verdadeira arte. Os excessos de refinamento conduzem ao surgimento do preciosismo, que se expressa no romance pastoral, *L'Astrée* ("A Astreia") de **Honoré d'Urfé** (1607-1613), ou de aventuras: *Le Grand Cyrus* ("O grande Ciro") (1648-1653) de **Mlle de Scudéry**. A epopeia preciosista é ilustrada por *La Pucelle* ("A Virgem") (1656) de **Chapelain** (1595-1674) ou *Clovis* ("Clóvis") (1657) de **Desmarets de Saint-Sorlin**. O poeta **Scarron** (1610-1660), com *Le Roman comique* ("O romance cômico") (1651) e seu *Virgile travesti* (Virgílio travestido) (1648), reage contra os excessos preciosos e retoma a verve de Rabelais.

❖ **Pierre Corneille** (1606-1684), depois de estudar direito, dedica-se ao teatro e conhece seu primeiro grande sucesso com *Le Cid* ("O Cid") (1636), antes de entrar, em 1647, para a Academia Francesa. Suas obras, múltiplas, são comédias, de *Mélite* ("Melito") (1629) a *L'Illusion comique* ("A ilusão cômica") (1636) ou a *Menteur* ("Mentiroso") (1643), mas é principalmente célebre por suas tragédias, nas quais o tipo do romano idealizado, tomado de Tito Lívio, Lucano ou Sêneca, expressa-se em conformidade com o herói trágico segundo Corneille. *Médée* ("Medeia") (1635), *Horace* ("Horácio") (1640), *Cinna* (1640), *Polyeucte* ("Polieucto") (1643), *Rodogune* ("Rodoguna") (1644), *Nicomède* ("Nicomedes") (1651), *Attila* ("Átila")(1667), *Tite et Bérénice* ("Tito e Berenice") (1670) são suas principais obras. A tragédia de Corneille é principalmente a da grandeza, os valores morais essenciais ultrapassam o homem em sua conduta normal, o amor não é uma paixão cega, mas muitas vezes um dever. O ser amado exerce uma atração baseada em seu mérito. Os personagens agem de acordo com o princípio da vontade.

❖ **Blaise Pascal** (1623-1662) se manifesta muito cedo em campos diversos por uma inteligência precoce: autor de um *Traité sur les coniques* [*Tratado sobre as cônicas*] aos dezesseis anos, ele fabrica, aos dezenove, uma máquina de calcular para o seu pai. A partir de 1651, ele se instala em Paris e frequenta Port-Royal, onde se retira em 1655, depois de ter tido uma iluminação na noite de 23 de novembro de 1654, descrita minuciosamente em um *Mémorial* ("Memorial"), encontrado com ele no dia de sua morte. Depois de *Les Provinciales* ("Cartas provinciais") (1656-1657), ele concebe uma vasta obra dedicada à *Vérité de la religion chrétienne* ("Verdade da razão cristã"), mas morre em 19 de agosto de 1662 sem acabá-la. Suas anotações são agrupadas pelos Senhores de Port-Royal e parcialmente publicadas em 1670 com o título *Pensées* ("Pensamentos"). As *Cartas provinciais* são um panfleto impiedoso contra o apetite de poder dos jesuítas e sua moral elástica para os poderosos do mundo. Nos *Pensamentos*, Pascal apresenta o homem só como incapaz de verdade, de justiça, portanto fundamentalmente inapto para a felicidade. Animado por um princípio de grandeza, ele está constantemente dividido por não poder alcançá-la. Um único remédio pode tranquilizá-lo: o amor de Deus.

À margem dos autores que vivem, ou tentam viver, de sua pena, um grupo de escritores mundanos se dedica a relatar sua experiência pessoal, sob o modo da confidência amigável.

❖ **Marie de Rabutin-Chantal** (1626-1696), marquesa de Sévigné, ocupa sua viuvez precoce com uma correspondência alimentada com amigos e, principalmente, sua filha Madame de Grignan. Suas *Lettres* ("Cartas") são um quadro vivo da sociedade de seu tempo.

❖ **Madame de La Fayette** (1634-1693) dedica sua escrita à psicologia amorosa no seio de uma corte, com *La Princesse de Clèves* ("A princesa de Clèves") (1678).

❖ *François de Marcillac* (1613-1680), **duque de La Rochefoucauld**, autor de *Maximes* ("Máximas") (1665), e seu amigo íntimo, o **cardeal de Retz** (1613-1679), em *Mémoires* ("Memórias") (publicadas postumamente em 1717), deixam-nos uma experiência decepcionada da existência, ao longo dos eventos conturbados da Fronda.

A LITERATURA DE 1660-1680

❖ **Jean-Baptiste Poquelin** (1622-1673), conhecido como **Molière**, recusa-se a assumir o cargo paterno de tapeceiro do rei e funda, em 1643, com os Béjart, a trupe do Teatro Ilustre. Sua vida é uma longa batalha, travada à exaustão, para encenar suas peças, apesar da oposição suscitada por sua sátira, especialmente a cabala dos devotos, que consegue proibir *Tartuffe* [*Tartufo*] de 1664 a 1669. A sua riquíssima obra inclui farsas, comédias-balés, comédias de costumes e de personagens. **As principais obras de Molière são**: *Les Précieuses ridicules* ("As preciosas ridículas") (1659), *L'École des maris* ("Escola de maridos") (1661), *Les Fâcheux* ("Os desagradáveis") (1661), *L'École des femmes* ("Escola de mulheres") (1662), *La Critique de l'École des femmes* ("Crítica à Escola de mulheres") (1663), *Tartuffe* ("Tartufo")(1664), primeira versão em três atos, *Don Juan* (1665), *Le Misanthrope* ("O Misantropo") (1666), *L'Avare* ("O avarento") (1668), *Tartuffe* ("Tartufo") (1669), versão definitiva, *Le Bourgeois gentilhomme* ("O burguês fidalgo") (1670), comédia-balé, *Les Fourberies de Scapin* ("Traições de Scarpin") (1671), *Les Femmes savantes* ("As sabichonas") (1672), *Le Malade imaginaire* ("O doente imaginário") (1673). A inspiração de Molière se baseia principalmente na observação de costumes e personagens de seu tempo, mesmo que ele não deixe de se inspirar em **Plauto**, em *Aulularia* ("A marmita") para *O Avarento*. O cômico é explorado sob todas as suas formas, da farsa (mascarada, fole), situação e caráter. O enredo nunca é inteligentemente construído, e o resultado tem pouca importância, pois o grande objetivo do autor é "fazer rir as pessoas honestas".

❖ **Jean de La Fontaine** (1621-1695) chegou em Paris em 1658 e tornou-se amigo de Fouquet, superintendente das finanças de Luís XIV. Ele publica *Contes* ("Contos") em 1665 e os seis primeiros livros de suas *Fables* ("Fábulas") (1668), seguidos em 1678 dos livros VII a XI. Recebido na Academia em 1684, ele tomou, em 1687, o partido dos Antigos na *Êpitre à Huet* ("Epístola a Huet"). O último livro das *Fábulas* (XII) é publicado um ano antes de sua morte, em 1694. A inspiração para La Fontaine vem de seu extenso conhecimento de diversas fontes, **Esopo**, **Babrius** (século II a.C.), **Fedro** (séc. I), mas também das fábulas medievais. Toda a sociedade do século XVII é transposta ao mundo animal, de acordo com o princípio de uma trama rápida, mas muito construída, com exposição, peripécias e muitas vezes conclusão lógica. O conjunto é fechado por uma moral com base nas conclusões da vida, feita de prudência e moderação.

❖ **Jean Racine** (1639-1699) é marcado pelos estudos feitos nas escolas de Port-Royal entre 1655 e 1658, e sua juventude na comunidade jansenista. Sua vida de dramaturgo vai de *Andromaque* ("Andrômaco") (1667), sua primeira obra-prima, ao fracasso de *Phèdre* ("Fedra") (1677), após o qual se afasta do teatro para compor somente, a pedido de Madame de Maintenon, *Esther* (1689) e *Athalie* (1691), obras destinadas às jovens da casa de Saint-Cyr que ela havia fundado. **Suas principais obras são**: *La Thébaïde ou les Frères ennemis* ("A Tebaida ou os irmãos inimigos") (1664), *Alexandre le Grand* ("Alexandre, o Grande") (1665), *Andromaque* ("Andrômaco") (1667), *Les Plaideurs* ("Os litigantes") (1668), *Britannicus* (1669), *Bérénice* ("Berenice") (1670), *Bajazet* (1672), *Mithridate* (1673), *Iphigénie* ("Ifigênia") (1674), *Phèdre* ("Fedra")(1677), *Esther* ("Ester") (1689), *Athalie* ("Atália") (1691). Ao contrário das tragédias de Corneille, as de Racine são baseadas no amor e nas paixões que ele provoca. Ele mostra como elas instauram uma desordem que torna a razão inútil, introduzindo uma fatalidade de caráter grego. A peça *Fedra* é o melhor exemplo.

❖ **Jacques Bénigne Bossuet** (1627-1704), nativo de Dijon, tornou-se padre em 1652. A partir de 1659, ele se estabelece em Paris e se distingue pela sua oratória em sermões e orações fúnebres. Muito popular na corte, ele é tutor do príncipe por dez anos, de 1670 a 1680. Bispo de Meaux em 1681, ele se opõe ao quietismo de Fénelon. Sua obra pode ser separada entre a parte oratória, os escritos didáticos e os de controvérsia. As obras de oratória são principalmente uma predicação cristã. Bossuet, além da explicação do dogma por um evento pontual, visa o ensino da fé, verdadeira prática no cotidiano. As principais *Oraisons funèbres* ("Orações fúnebres") pronunciadas por Bossuet são as de **Ana de Áustria** (1666), a mãe do rei; Henriqueta da França (1669), viúva de Carlos I da Inglaterra; Henriqueta da Inglaterra (1670); Maria Teresa (1683), a rainha; e do príncipe de Condé (1687). Durante seu preceptorado, Bossuet escreveu uma série de obras para o seu aluno príncipe: um *Discours sur l'histoire universelle* ("Discurso sobre a história universal") (1681), que destaca o papel da providência divina no curso da história; uma *Politique tirée de la Écriture sainte* ("Política extraída da escritura santa") (1709), que define o ideal político para o estado da monarquia francesa em 1680. As obras de controvérsia são as *Maximers et réflexions sur la comédie* ("Máximas e reflexões sobre comédia") (1694), ataque violento a Molière e seu teatro, e *L'Instruction sur les états d'oraison* ("A instrumentação sobre os estados de oração") (1697), contra o quietismo.

❖ **Nicolas Boileau-Despréaux** (1636-1711): grande admirador de Racine, suas primeiras sátiras surgem oralmente a partir de 1663. Estas caem no gosto do seu público e se concentram em atacar personagens conhecidos na época. O ano de 1674 marca a data da publicação da *Art poétique* ("Arte poética"), que resume a doutrina clássica, elaborada em meados do século, com o desejo de que o que "é concebido bem se expressa de forma clara e as palavras para dizê-lo chegam facilmente"[188], segundo sua fórmula.

---

188. Nicolas Boileau, *Art Poétique* [Arte poética], canto I, 1674.

A originalidade dessa obra também vem do fato de que é em verso. **O canto I** define as regras de versificação; **o canto II**, os gêneros secundários (elegia, ode, soneto); **o canto III**, os principais gêneros (drama, comédia, epopeia); e **o canto IV**, uma moral, um propósito da obra.

❖ **Jean de La Bruyère** (1645-1696), depois de Montaigne ou La Rochefoucauld, está na linha dos moralistas. Encorajado pelo sucesso da sua publicação de *Caractères* ("Os personagens") de Teofrasto, que vai complementar até 1694. A primeira edição é principalmente composta de máximas e alguns retratos. *Les Caractères ou les Moeurs de ce siècle* ("Os personagens ou os costumes desse século") mostram, por meio de uma grande preocupação com a exatidão psicológica, o desejo de provocar seus contemporâneos, mas também ajudá-los a tomar consciência de seus erros.

A QUERELA DOS ANTIGOS E MODERNOS: 1687-1715

A querela dos Antigos e Modernos se desenrola entre 1687 e 1715, mas segue dois períodos diferenciados: de 1687 a 1700 e de 1700 a 1715. Ela desafia a autoridade da Antiguidade, aceita desde o Renascimento. Os "Antigos" defendem que a literatura clássica da Grécia e de Roma proporcionou os únicos modelos de excelência literária. Os "Modernos" desafiam a supremacia dos autores clássicos. **Durante o primeiro período**, de 1687 a 1700, **Charles Perrault** inicia a querela com seu poema *Le Siècle de Louis le Grand* ("O século de Luís, o Grande") (1687), que confere superioridade aos Modernos em nome da razão e do progresso. **La Fontaine** responde com *Épître à Huet* ("Epístola a Huet"), na qual apresenta sua doutrina de "imitação original". A disputa se estende com a intervenção de Fontenelle, com sua *Digression sur les Anciens et les Modernes* ("Digressão sobre os Antigos e Modernos") (1688), e *Parallèles des Anciens et des Modernes* ("Paralelos entre Antigos e Modernos") (1688-1698) de **Perrault**. A réplica vem de **Boileau**, em *Réflexions sur Longin* ("Reflexões acerca de Longino") (1694). Um apaziguamento parece ocorrer quando, em 1713, **Houdar de La Motte** desperta novamente a querela com sua adaptação em verso da *Ilíada*. Fénelon atua como um árbitro e defende uma conciliação. A querela dos Antigos e dos Modernos, concluída com o triunfo dos Modernos, abre um caminho propício a uma nova forma de crítica literária, que se desenvolverá com a filosofia do Século das Luzes.

❖ **François de Salignac de La Mothe Fénelon** (1651-1715) efetua seus últimos anos de estudos no seminário de Saint-Sulpice, em Paris. Ele escreve, em 1687, seu *Traité de l'éducation des filles* ("Tratado de educação das moças") e, em seguida, exerce diretamente seus ensinamentos sobre o Duque de Borgonha, a partir de 1689. Compõe *Dialogues des morts* ("Diálogo dos mortos") e *Les Aventures de Télémaque* ("As aventuras de Telêmaco"), que dedica ao príncipe. Ele abandona a corte em 1696, desonrado por sua postura a favor do quietismo, e termina seus dias em Cambrai, a diocese da qual é bispo. Seu interesse na educação das moças tem o objetivo único ajudar a formar boas mães e esposas, donas de casa perfeitas, e não dar-lhes conhecimento considerado perigoso. *As Aventuras de Telêmaco* (1693-1699) permitem que o autor faça uma sátira intransigente de seu tempo, sob o pretexto da história antiga tirada da *Odisseia*, e condene veementemente o despotismo. Em *Lettre sur les occupations de l'Académie française* ("Carta sobre as ocupações da Academia Francesa") (1714), Fénelon apresenta uma visão pessoal da história, que ele quer imparcial, precisa e colorida. Ele também tenta conciliar os apoiadores dos Antigos e dos Modernos.

4. A FILOSOFIA NA FRANÇA NO SÉCULO XVII: A OPOSIÇÃO ENTRE FÉ E RAZÃO

O século XVII foi um período de revolução científica. A natureza pitagórica torna-se uma "natureza matematizada". Fixado pelas teorias sobre astronomia de **Ptolomeu** (90-168), o mundo da Antiguidade, mundo ordenado e finalizado, explicado em termos de valor e hierarquia, acaba no século XVII. Na verdade, a representação do espaço já mudou desde o século XIV e o "espaço, a hierarquia de valores, foi substituído pelo espaço, sistema de grandezas"[189]. Com os trabalhos de **Kepler** (1571-1630) e de **Galileu** (1564-1642), dois aspectos vão surgir da mutação sofrida pela física e pela astronomia. Trata-se da passagem do "mundo fechado para o universo infinito"[190] e da geometrização do espaço. O Universo se impõe, portanto, não como para os Antigos, de uma forma organizada na qual basta seguir as leis para fazer o bem, mas como um conjunto de corpos, regulado como uma máquina. A natureza é então escrita em "linguagem matemática"[191], cujos personagens são triângulos, círculos e outras figuras geométricas, as únicas que permitem compreender o seu significado. O corpo humano é relegado ao plano de simples mecânica dentre as outras mecânicas, enquanto que a razão humana se torna o centro de todas as preocupações, de todas as interrogações.

Heliocentrismo e mecanicismo constituirão os dois polos de referência do século XVII, causando uma visão e uma concepção radicalmente diferentes do homem e do universo. A ciência deve ser usada *Et si Deus non daretur*, "como se Deus não existisse", para fazer, nas palavras de **François Jacob**, "o deciframento da natureza"[192].

---

189. Lewis Mumford, *Technique et civilisation* [Técnica e civilização], Paris, Le Seuil, "Esprit", 1950, p. 23.

190. Alexandre Koyré, *Du monde clos à l'univers infini* [Do mundo fechado ao universo infinito], Paris, PUF, 1962.

191. A fórmula é de Galileu em *L'Essayeur de Galilée* [O analista de Galileu], trad. G. Chuviré, Paris, Les Belles Lettres, 1989, p. 141.

192. François Jacob, *La Logique du vivant* [A lógica do vivo], Paris, Gallimard, 1976, p. 41.

O **conhecimento** vai de par com as explicações objetivas, sendo o preço a pagar. As consequências farão, em primeiro lugar, que se reconheça um estatuto ontológico para a matemática. As figuras geométricas não são apenas as explicações objetivas, mas são a essência. Em seguida, as verdades derivadas da lógica matemática vão construir os limites da liberdade divina, produzindo **uma oposição entre fé e razão**, filosofia e teologia. Assim, natureza e, portanto, o corpo vão admitir apenas uma explicação mecanicista e não mais serão compreendidos com base em um modelo artístico ou psíquico dos fenômenos por meio de figuras e movimentos. Esse desenvolvimento das ciências exatas, em vez de fornecer ao homem uma segurança crescente com relação ao que ele representa no universo, só vai levar ao sentimento de ignorância ontológica. O conhecimento do mundo o levou a constatar a existência de um duplo infinito, o infinitamente pequeno e o infinitamente grande. **Pascal** descobre o nada, que o leva a questionar o lugar do homem na natureza.

Da filosofia do século XVII, derivam **duas grandes correntes** de pensamento:

- **uma corrente racionalista**, da qual os principais representantes são **Descartes** na França, **Spinoza** na Holanda e **Leibniz** na Alemanha. Essa corrente afirma que existem ideias inatas na razão humana;
- **uma corrente empirista**, representada pelos filósofos ingleses **Bacon**, **Hobbes**, **Locke**, **Berkeley** e **Hume**. É pela experiência que o intelectual deve chegar ao conhecimento das leis da natureza.

A CORRENTE RACIONALISTA NA FRANÇA

René Descartes (1596-1650)

Ele é considerado o fundador do racionalismo moderno. Para ele, o homem constrói a verdade apenas com sua razão. A dúvida é necessária para chegar a ela, devendo também tratar do sensível e do inteligível. Quando a certeza aparece, é a revelação do "eu penso" e de sua natureza. Deus é depositário da autenticidade de meus pensamentos, da verdade. A filosofia moral estoica e a filosofia escolástica da qual retoma a terminologia são as principais fontes de seus conceitos. De 1606 a 1614, ele estuda no colégio de La Flèche. Depois, em 1618, na Holanda, ele se alista no exército de Maurício de Nassau. Sua renúncia à vida militar o leva a viajar à Alemanha do Norte e à Holanda (1620). O ano de 1625 marca seu retorno à França e o início de sua filosofia. Ele se fixa na Holanda, em 1629, onde redige *Règles pour la direction de l'esprit* ("Regras para a direção do espírito"). Em 1633, o *Traité du monde et de la lumière* ("Tratado do mundo e da luz") é concluído. Ele é composto de duas partes: um tratado sobre a luz e um tratado sobre o homem. Ao descobrir que **Galileu** foi condenado, ele se recusa a publicar, pois defende a ideia do movimento da Terra em torno do Sol. Aparecem, então, em um só volume, sem nome de autor, três pequenos tratados, intitulados *La Dioptrique* ("A dióptrica"), *Les Météores* ("Os meteoros"), *La Géométrie* ("A geometria"). O título dado será: *Discours de la méthode pour bien conduire sa raison et chercher la vérité dans les sciences* ("Discurso do método para bem conduzir sua razão e buscar a verdade das ciências") (1637). A partir dessa data inicia-se o período das polêmicas e das controvérsias. De 1639 a 1640 publica *Méditations métaphsysiques* ("Meditações metafísicas"). Elas levantam as objeções dos filósofos e dos teólogos que avaliam o manuscrito (**Hobbes, Arnauld, Gassendi**). Descartes responde escrevendo *Commentaires* ("Comentários"), que permitem esclarecer as *Meditações*. Depois, em 1644, *Les Principes de la philosophie* ("Os princípios da filosofia"), retomado de *Tratado sobre o mundo e a luz*, expõe o conjunto da metafísica e da ciência cartesiana. *Les Passions de l'âme* ("As paixões da alma") (1649) permite o elo entre a física e a moral.

Sua doutrina

A originalidade de sua filosofia se resume à sua ideia principal: a vontade de ampliar **a todos os campos do conhecimento o método matemático**, para fundar uma "*mathesis universalis*". Ele confere a seu método um lugar privilegiado em sua filosofia e a submete à ordem da razão. Seu método se resume a só aceitar como verdadeiro o que é evidente, aceitar como verdadeiro tudo o que é evidente. Essa ideia aparece nas *Regras* e na segunda parte do *Discurso*. A matemática vai garantir a inteligibilidade da natureza, se o permitirem, já que Deus a concebeu a partir de um plano matemático. O pensamento, a partir de então, deverá reter em sua análise do mundo apenas os fatos objetivos e rejeitar todas as hipóteses fundadas nas noções de valor, de finalidade e de hierarquia. Assim, Descartes faz da evidência a pedra fundamental da certeza. O primeiro preceito que se descobre no Discurso é o seguinte: "O primeiro era o de nunca aceitar como verdadeiro algo que eu não conhecesse claramente como tal; ou seja, evitar cuidadosamente a pressa e a prevenção, e de só compreender em meus juízos aquilo que se apresentasse tão clara e distintamente a meu espírito que eu não tivesse motivo algum de duvidar dele"[193]. Esse primeiro preceito, chamado também regra da evidência, conduz à seguinte questão: o que me garante a evidência de tal ou tal ideia? Como saber se tal ideia é realmente evidente para mim? Será que a vejo de forma realmente clara? Não, isso não basta. Pode haver falsas clarezas e a evidência pode ser enganosa. Então, por que o erro se apresenta ao espírito como uma verdade evidente? Porque o juízo não depende da inteligência, mas da vontade, da vontade livre. A faculdade de sentir a evidência é então o triunfo de um juízo saudável. A intuição só nasce da razão e é de natureza puramente intelectual. Assim, para Descartes, "cada um pode

---

193. René Descartes, *Discours de la méthode* [*Discurso do método*] [1637], Paris, Gallimard, "Folio essais", 1991.

ver, por intuição, pelo pensamento, que um triângulo se determina por três linhas"[194]. Mas nossas ideias simples são raras e as ideias complexas frequentes. Os três preceitos seguintes apresentam as regras e se resumem a analisar, fazer uma síntese e enumerar. "O segundo, o de dividir cada uma das dificuldades que eu analisarei em tantas partes quantas forem possíveis e necessárias a fim de melhor resolvê-las"[195]. A análise se quer como procedimento que remonta aos princípios do qual é oriunda e leva o desconhecido ao conhecido.

A dedução permite essa passagem por meio da apreensão de sua relação: "O terceiro, conduzir ordenamente meus pensamentos, iniciando pelos objetos mais simples e mais fáceis de conhecer, para chegar aos poucos, como galgando degraus, até o conhecimento dos objetos mais compostos, e presumindo até mesmo uma ordem entre aqueles que não se precedem naturalmente"[196]. A síntese é dedução quando consiste na reconstituição do complexo a partir do simples. A ordem permite fixar o lugar exato, o que para Descartes é uma exigência: "E o último, efetuar em toda parte relações metódicas tão completas e revisões tão gerais que tivesse certeza de nada omitir"[197]. A intuição deve ser tão precisa que permita não somente a tomada de consciência de cada um dos elementos, mas também das relações que os ligam. Nas obras de Descartes há **um método, uma metafísica**. A base de seu sistema repousa na crença em um Deus e na bondade de Deus. Isso constitui o ponto de partida de acabamos de ver e que se resume da seguinte forma: "Eu não acredito provisoriamente em nada, não considerando o que me ensinaram. Duvido de tudo. Existe algo de que não se possa duvidar? Não posso duvidar que duvido, ou se duvido penso, e se penso, sou. Eu sou, eis uma certeza."

A difusão do cartesianismo

Na Holanda, na França, na Alemanha, na Inglaterra e na Itália, o cartesianismo se difunde rapidamente. Toda a filosofia moderna rapidamente se identifica com Descartes. Mas, antes de qualquer coisa, os pensadores do século XVII se reconhecem nele: **Pascal, Bossuet, Fénelon, Arnauld** e **Port-Royal**. Essa influência diminui apenas no século XVIII, ainda que mantida por Fontenelle, mas discutida por Locke, para ressurgir fortemente na França no século XIX na escola de Maine de Biran e de Victor Cousin. Sobretudo, o que nos legou o espírito cartesiano é a ideia crítica que marca mais profundamente a nossa filosofia moderna acerca do problema do conhecimento.

---

194. Ibid.
195. Ibid.
196. Ibid.
197. Ibid.

Nicolas Malebranche, a busca da verdade

Com Malebranche (1638-1715), um padre oratoriano, uma conciliação é ensaiada entre o pensamento de **Descartes** e a visão cristã do mundo. Assim, se Deus nos é provado pela revelação, é, entretanto, pela razão que o demonstramos. O homem encontra as ideias na visão de Deus. Deus é a única causa real que age no universo. É a teoria "das causas ocasionais". De 1654 a 1659, Nicolas Malebranche estuda teologia na Sorbonne. Órfão, retorna ao Oratório e é ordenado padre em 1664. No mesmo ano, tem uma verdadeira revelação na leitura de Descartes. A publicação de seu **primeiro tratado** (1674-1675), *De la recherche de la vérité* ("Da busca da verdade"), traduz sua dupla adesão ao método, à física cartesiana e ao platonismo agostiniano. A cronologia de suas obras é a seguinte: *Traité de la nature et de la grâce* ("Tratado da natureza e da graça") (1680); *Méditations chrétiennes et métaphysiques* ("Meditações cristãs e metafísicas") (1683); *Traité de morale* ("Tratado de moral") (1684); *Les Entretiens sur la métaphysique et la religion* ("Conversas sobre metafísica e religião"), que obtém grande sucesso em 1688; *Entretien d'un philosophe chrétien avec un philosophe chinois sur l'existence et la nature de Dieu* ("Diálogo de um filósofo cristão com um filósofo chinês sobre a existência e a natureza de Deus") (1708). Nicolas Malebranche morre em Paris, em junho de 1715. A filosofia de Malebranche efetua o elo entre **Santo Agostinho** e **Descartes**, unindo assim teologia e filosofia.

Teoria do conhecimento

Em *Da busca da verdade*, Malebranche esboça vários problemas muito próximos daqueles já colocados por Descartes: problema do erro, da natureza das ideias, do método. Entretanto, colocando aquele da primazia religiosa da "visão em Deus", ele se libera da via traçada por seu predecessor: "Só Deus pode ser conhecido por si mesmo" (*Da busca da verdade*, III). Diferentemente de Descartes, que pensa que só vemos certo por meio de Deus, Malebranche garante que só vemos certo em Deus. A evidência é a clareza divina. Quando vemos, é que estamos nele. Ele é o lugar das ideias. Para conhecer as coisas, para apreendê-las, deve-se consultar nossas ideias, que são objetivas por definição: "Como as ideias das coisas que estão em Deus encerram todas as suas propriedades, aquele que vê as ideias pode ver sucessivamente todas as propriedades. O que falta ao conhecimento que temos do alcance, das figuras e dos movimentos não é um ponto de partida da ideia que o representa, mas de nosso espírito que o considera" (*Da busca da verdade*, III). Conhecemos *as essências* por meio das ideias. Malebranche apresenta uma interpretação *ontológica* da teoria cartesiana das ideias. Por meio de uma ideia distinta, o espírito pode ver Deus enquanto modelo, lei da inteligibilidade das coisas. "O mesmo não acontece com a alma: não a conhecemos por meio da ideia; não a vemos em Deus." Conhecemos a existência da alma pelo sentimento, que é subjetivo. Se não pode nos revelar sua essência, ele permite, ao menos, que se apreenda sua existência.

A metafísica

A metafísica de Malebranche inclui apenas dois pontos precisos, deixando de lado o estudo do ser enquanto ser: Deus criador e sua criação. Malebranche estima que nosso mundo está longe de ser perfeito e que Deus teria podido criar outro melhor. Se assim o fez, foi para não se afastar "das vias mais dignas dele". Contrariamente a **Leibniz**, **Malebranche** demonstra que não existem paralelos entre a perfeição de suas vias e a da obra. Quanto à criação dos seres, ele a resolve no sentido do "ocasionalismo". Toda criação pertence ao criador. Essa causalidade é precisada segundo leis gerais. As criaturas não agem sozinhas, assim como os corpos não agem sobre si mesmos nem a alma sobre o corpo. O problema que permanece difícil em sua metafísica é o da liberdade, pois ele nega toda atividade, ainda que espiritual, às criaturas.

CAPÍTULO III
A ESPANHA NO SÉCULO XVII

1. A ESPANHA NO SÉCULO XVII

Filipe III (1598-1621) permite que seu primeiro-ministro, o **duque de Lerma** (1550-1625), governe em seu lugar. Ele pilha o reino, generaliza o nepotismo e a corrupção. Os mouros são expulsos em 1609, privando o reino de seus trabalhadores agrícolas e de seus artesãos e comerciantes. O rei se acaba em uma vida de prazeres, atento exclusivamente ao cerimonial a cada dia mais rígido da corte. Seu filho, **Filipe IV** (1621-1665), sucede-o e continua o governo dos favoritos, com o **conde de Olivares** (1587-1645). Entre 1621 e 1643, este tenta frear a corrupção, mas deve enfrentar a insurreição da Catalunha e a guerra com Portugal, que obtém a independência em 1640 e proclama **João IV** (1640-1656) como rei. Em 1643, Olivares cai em desgraça e é banido. O rei decide, então, governar sozinho, ainda que peça conselhos ao sobrinho de Olivares, **Luís de Haro y Sotomayor** (1598-1661). A guerra civil na Catalunha dura doze anos, de 1640 a 1652, e esgota as finanças de um reino já exangue. A infeliz participação da Espanha na Guerra dos Trinta Anos (1618-1648) para apoiar os Habsburgos da Áustria se conclui com o tratado de Westfália (1648) e a obtenção da independência dos Países Baixos. Vencido na batalha de Rocroi (1643) pela França, **Filipe IV** assina, em 1659, o tratado dos Pireneus, perdendo a região de Artois e uma parte das terras flamengas. A Espanha não tem mais condições de continuar a guerra. A partir de então, a principal potência europeia é a França. Filipe IV morre em 17 de setembro de 1665, deixando o trono a seu filho de quatro anos. **Carlos II** (1665-1700) é colocado sob a autoridade de sua mãe, a regente Maria Ana de Áustria (1634-1696), até 1675, mas ela continuará a exercer uma influência preponderante sobre seu filho até a morte. De constituição frágil e constantemente doente, Carlos II não pode governar sozinho. Sua mãe confia o governo ao jesuíta austríaco **Johann Nithard** (1607-1681), grande inquisidor do reino entre 1666 e 1669. Este é deposto por uma coalizão de Grandes, conduzida pelo meio-irmão bastardo do rei, **Juan José da Áustria** (1629-1679), que domina a Espanha até a morte. Carlos II morre em 1º de novembro de 1700 depois de anos de sofrimento, alternando crises de epilepsia e de loucura. Em seu testamento, deixa seu trono a Filipe, duque de Anjou, neto de Luís XIV, que se torna o rei **Filipe V** (1700-1746). As outras nações europeias não aceitam esse reforço da potência francesa e entram em guerra pela Sucessão da Espanha, que dura de 1701 a 1714.

2. A ARTE ESPANHOLA NO SÉCULO XVII

A PINTURA ESPANHOLA NO SÉCULO XVII: ZURBARÁN, VELÁZQUEZ

Em Sevilha e Madri cria-se um estilo nacional, religioso e de grande qualidade pictórica. As influências italianas são claras.

❖ **Domenikos Theotokopoulos**, conhecido como **El Greco** (1541-1614), nasce em Creta, então protetorado veneziano, e morre em Toledo. Os primeiros anos do pintor são obscuros, a primeira obra que pode ser atribuída a ele com certeza é o *São Francisco recebendo os estigmas*. A inspiração bizantina é visível nas séries de santos: *São Martim e o mendigo, São João Batista, São Paulo, São Jerônimo*. A outra influência em El Greco vem da pintura veneziana, principalmente de **Ticiano**, do qual se supõe que tenha sido pupilo, perceptível principalmente nas harmonias coloridas do *Sonho de Filipe II* ou nos raios luminosos que cruzam o céu noturno do *Martírio de São Lourenço*. Quando de uma estada em Roma, ele descobre a pintura de Michelangelo, que não aprecia, depois vai à Espanha e se fixa em Toledo. Ele decora a igreja de Santo Domingo el Antiguo e pinta telas célebres: *A assunção, A trindade, O espólio ou Cristo no Calvário*. Depois se segue um período consagrado aos retratos: o *Homem de cabelos grisalhos, O jovem pintor, O cardeal Nino de Guevara*. É em 1586 que o pároco de São Tomé, Andrés Nunez, encomenda o *Enterro do conde de Orgaz*. Trata-se de louvar a piedade digna de elogios de um cavaleiro do século XIV, **Don Gonzalo Ruiz**, senhor de Orgaz. Reza a lenda que Santo Agostinho e Santo Estêvão apareceram quando do seu funeral. As cabeças dos nobres assistentes formam uma linha de separação entre os dois mundos: a Terra na parte de baixo, o céu em cima. A alta sociedade toledana assiste à aparição dos santos, em baixo, enquanto os bem-aventurados, no alto, contemplam a apresentação da alma do conde de Orgaz ao grupo bizantino da *Deisis*, o Cristo que julga, rodeado pela Virgem Maria e São João, intercessores tradicionais. As últimas obras de El Greco são *Apostolados*, como no convento San Pelayo de Oviedo e na Catedral de Toledo. O pintor confere aos seus personagens formas alongadas, que lhes dão um aspecto de gigantes majestosos, reforçando, assim, seu caráter santo: *São Pedro, São Ildefonso, São Tiago, Santo Agostinho, São Bernardino de Siena*.

❖ A **técnica de El Greco** se baseia na oposição entre as cores e o preto, principalmente pela novidade que consiste em fazê-los se sobreporem para intensificar o contraste sem criar pelo desenho uma linha de separação muito clara. Precursor de Velázquez, El Greco gosta do inacabado, o que o leva, depois de ter realizado um quadro, a retocar desenhando "manchas" com as cores. Uma das últimas telas do pintor, a única de inspiração mitológica, é um impressionante *Laoconte*, onde se vê a encenação dramática da existência do próprio El Greco. Laoconte com seus filhos, condenado por Apolo à morte por mordidas de serpentes após ter proibido a entrada dos troianos com o cavalo de madeira deixado nos muros da cidade, tem por pano de fundo, na versão de El Greco, a cidade de Toledo.

❖ **Don Francisco de Zurbarán y Salazar** (1598-1664) recebe sua formação artística em Sevilha, cidade que lhe passa as primeiras encomendas, antes do sucesso de 1634, que o leva à corte de Madri, onde trabalha sob a direção de Velázquez. No entanto, ele abandona rapidamente o entorno áulico, ao qual não almeja, e executa, entre 1638 e 1639, duas séries de composições para decorar o convento de Guadalupe e a Cartuxa de Jerez. Suas principais obras são, durante a juventude passada em Llerena, *A vida de São Domingos* (1626) em catorze cenas e, depois, no período sevilhano, a decoração, em 1628, do convento dos Mercedari. A pintura de corte é representada por cenas mitológicas e acontecimentos mundanos. Zurbarán retorna depois **aos temas religiosos** que prefere, com *Hércules e o Minotauro* (1634). Seus últimos anos são marcados pelo esquecimento da corte e as dificuldades financeiras, assim como aconteceu com El Greco, que nunca contou com a ajuda de Filipe II.

❖ **Diego Rodriguez de Silva Velázquez Rodriguez**, que assina simplesmente suas obras com seu sobrenome materno, Diego Velázquez (1599-1660) conhecido na corte como "O Sevilhano", em evocação à cidade na qual nasceu, é de origem portuguesa. Velázquez confere rapidamente, em suas primeiras manifestações, mais importância ao desenho que à cor, e classifica os quadros em dois gêneros: os grandes temas (religião e história) e os banais (paisagens e naturezas mortas). **O período "sevilhano"** se estende de 1617 a 1622 e é ilustrado por *São João em Patmos*, os dois *Almoços*, *O mercador de água de Sevilha*. É em 1621, quando da ascensão ao trono de Filipe IV, que Velázquez vai a Madri, depois de ser apresentado por Pacheco ao conde-duque de Olivares, ministro principal do soberano e que governa em seu lugar. Uma primeira temporada é seguida de outra e, mais importante, do título de pintor do rei da Espanha. É o início do **período madrilense** (1623-1629), ao longo do qual Velázquez leva a arte do retrato de corte ao seu auge: *Retrato ao pé do rei* (1623), *Retrato do infante Don Carlos* (1626-1628), *Retrato do conde-duque de Olivares* (1624). **De 1629 a 1631**, Velázquez obtém uma licença de Filipe IV e vai a Roma para estudar Ticiano, Tintoretto e Michelângelo. De volta à corte, ele retoma à arte do retrato e lhe confere uma existência mais intensa: *Filipe IV* e *Isabel de França* (1632). **O segundo período madrilense** (1631-1648) se caracteriza por três temas: os caçadores, os cavaleiros, os bufões. Os retratos de caçadores: *Filipe IV* (1631), *O Cardeal-Infante* (1633) e *Don Carlos* (1626-1628) são seguidos de uma série de equestres: *Filipe IV* (1623), *O príncipe Baltasar Carlos a cavalo* (1635), *O conde-duque de Olivares a cavalo* (1638). Os retratos a cavalo dos soberanos são destinados a decorar as paredes do salão das rainhas, no palácio do Buen Retiro. Zurbarán pinta os *Trabalhos de Hércules* para glorificar a casa da Áustria, cujo herói seria fundador, por sua vitória sobre Gerião, do trono da Espanha ocupado pelos Habsburgos. Seus retratos de bufões fazem parte da tradição da pintura áulica, mas Velázquez lhes confere uma nova força ao não dissimular suas enfermidades: *Don Sebastián de Morra* (1645), *O infante de Vallecas* (1635-1645), *O idiota de Coria* (1639), na realidade retrato de Don Juan Calabazas chamado Calabacillas, em virtude de sua cabeça vazia como uma cabaça. Em 1648, Velázquez parte novamente para a Itália, onde realiza o retrato do novo Papa Inocêncio X (1650). Ele retorna a Madri em 1651. As telas do seu último período estão entre as mais célebres: *A família*, depois chamada de *As meninas* (1656), os retratos da nova rainha *Maria Ana de Áustria* (1652-1653), da *Infanta Maria Tereza* (1652-1653), do *Príncipe Filipe Prospero* (1659), e a série de quadros, em diferentes idades, consagrados à *Infanta Margarida* (1653-1654).

A ARQUITETURA ESPANHOLA NO SÉCULO XVII

A influência moura se apaga em proveito de uma inspiração mais nacional. Na Andaluzia, o estilo mudéjar persiste ainda um pouco, assim como em Aragão. Ainda que recomendado a Filipe II por Herrera, Juan Gómez de Mora (1586-1648) não será tão severo: colégio dos Jesuítas de Salamanca (1617), Plaza Major de Madri. Um **segundo barroco**, por volta de 1650, por ocasião de certos eventos importantes, entrada de Ana de Áustria em Madri (1648) ou cerimônia fúnebre de Maria Luísa de Orléans (1689), desenha-se sob a marca da coluna torsa usada no interior, enormes retábulos, retábulo de Santo Estêvão de Salamanca por Churriguera (1665-1725), em 1693. Este conferirá ao estilo barroco espanhol o nome de churrigueresco; a arquitetura é dominada pela decoração.

CAPÍTULO IV
A ALEMANHA NO SÉCULO XVII

1. A ALEMANHA NO SÉCULO XVII

Matias I (1612-1619) é o sucessor de seu irmão Rodolfo II. Ele escolhe, em 1617, seu primo **Fernando** (1578-1637) como sucessor, oferecendo-lhe o poder como rei da Boêmia a partir de 1617, rei da Hungria em 1618. Os protestantes se revoltam após a defenestração de Praga (23 de maio de 1618), na qual seus representantes jogam os emissários católicos do imperador pela janela. Estes, caídos sobre um monte esterco, devem suportar apenas o medo, mas a rebelião é declarada e a Guerra dos Trinta Anos começa. Ela ocupa inteiramente o reinado de Fernando, que quer restabelecer o catolicismo. A Guerra dos Trinta Anos continua até a assinatura dos tratados de paz da Westfália em 1648. Quando da morte de Fernando, em 15 de fevereiro de 1637, a população da Alemanha diminuiu consideravelmente e o país está arruinado. Seu segundo filho, **Fernando II** (1608-1657), rei dos Romanos desde 1637, torna-se imperador. Ele continua a Guerra dos Trinta Anos contra a França, que perde, consagrando o rebaixamento do poderio dos Habsburgos na Europa. A paz de Westfália, de 1648, reconhece esse estado de fato, e os diferentes Estados da Alemanha se beneficiam de sua independência política, autorizando a emergência da Baviera, da Saxônia, da Prússia. O Reichstag, cuja sede é em Regensburg desde 1663, não toma mais verdadeiras decisões, e os debates estéreis só o fazem afundar cada vez mais, sem que o imperador e os príncipes eleitores participem dele. **Leopoldo I** (1640-1705), filho de Fernando III, torna-se imperador germânico em 1658. Ele põe fim à guerra com a Suécia a partir de 1660 e depois lidera várias campanhas contra os otomanos entre 1663 e 1683, até sua derrota depois do fracasso do último sítio de Viena na batalha de Kahlenberg (12 de setembro de 1683). Ele consegue reafirmar suas coroas da Hungria e da Boêmia entre 1655 e 1705. Dentro dos estados, ele promove uma política econômica mercantilista.

Os últimos anos do reino são marcados por uma revolta na Hungria, nascida em 1703, e pela guerra de Sucessão da Espanha a partir de 1701. Leopoldo I morre em 5 de maio de 1705.

2. O PENSAMENTO RACIONALISTA NA ALEMANHA NO SÉCULO XVII: LEIBNIZ

Gottfried Wilhelm Leibniz (1646-1716) é um espírito universal: historiador, naturalista, político, diplomata, erudito, teólogo, matemático. Como dizia Fontenelle: "Há muitos homens em Leibniz". Discípulo de **Descartes**, ele utiliza, para explicar o universo, noções de matemática, e tenta encontrar um equilíbrio entre o racionalismo de Descartes e o empirismo de Locke. Para ele, o universo é constituído de uma infinitude de substâncias que são verdadeiros átomos da natureza, as mônadas. A obra de Leibniz é imensa. Mencionemos, cronologicamente, dentre seus principais trabalhos: *Discurso sobre a metafísica* (1686); *Sistema novo da natureza e da comunicação das substâncias* (1695); *Novos ensaios sobre o entendimento humano* (1703), críticas direcionadas a Locke; *Ensaios de teodiceia* (1710), sobre a bondade de Deus, a liberdade do homem e a origem do mal; *A monadologia* (1714), que resume todo o seu sistema em francês em noventa proposições. Leibniz defende o racionalismo. A ideia de uma matemática universal é retomada sob o nome de "arte combinatória". Ele se opõe a Locke, cuja tábua rasa teria na experiência a única fonte de conhecimento. Ao empirismo, ele opõe o racionalismo: "Essa tábua rasa da qual se fala não passa, em minha opinião, de uma ficção que a natureza não sofre e que está baseada apenas nas noções incompletas dos filósofos, como o vazio, os átomos e o repouso, ou o absoluto, ou respectivo de duas partes de um todo entre si, ou como a matéria prima que se concebe sem qualquer forma"[198]. Entretanto ele se separa do mecanismo cartesiano; em vez de emanar de si mesmo e de Deus às coisas, ele parte da matéria e de suas leis e se eleva, a partir daí, à metafísica e a Deus. Da mesma forma, ele sente mais profundamente que Descartes a importância dos primeiros princípios e determina dois:

- **o princípio da contradição** "em virtude do qual julgamos ser falso o que envolve e verdadeiro o que é oposto ou contraditório ao falso"[199];
- **o princípio da razão suficiente** "em virtude do qual consideramos que nenhum fato poderia ser verdadeiro ou existente, nenhuma enunciação verdadeira, sem

---

198. Gottfried Wilhelm Leibniz, *Nouveaux essais sur l'entendement humain* [Novos ensaios sobre o entendimento humano], II, I, Paris, Flammarion, 1921, p. 475.

199. Leibniz, *La Monadologie* [A monadologia], trad. e estudo de Émile Boutroux, Paris, Delagrave, 1881, § 31.

que haja uma razão suficiente para que as coisas sejam assim e não de outra forma"[200]. O segundo princípio supõe que nada acontece sem razão suficiente ou determinante. Ele explica que as coisas acontecem *a priori* de uma forma e não de outra.

A MONADOLOGIA

Para Descartes, a matéria se reduz à extensão. Leibniz critica esse sistema que pretende explicar tudo na natureza pelo movimento. Descartes, de fato, concebe o movimento unicamente como um deslocamento no espaço. Ora, o movimento tem sua fonte em uma força e Leibniz reduz a matéria a uma força. Ao "mecanicismo" de Descartes, ele opõe o "dinamismo". A mônada é uma unidade de força ou substância: "E essas mônadas são verdadeiros átomos da natureza e, em uma palavra, os Elementos das coisas"[201]. A "apetição" constitui a ação do princípio interno, a tendência à ação da mônada. Existe, então, uma espécie de harmonia preestabelecida, uma necessidade metafísica que faz com que cada mônada se torne espelho vivo do universo. Dotadas de "percepção", "elas são inexplicáveis por razões mecânicas". Mas "apetição" e "percepção" não passam de ilusão, porque tudo é determinado por Deus.

AS IDEIAS INATAS

Assim como Locke, Leibniz pensa que o homem não tem ideias formadas em estado de germe quando nasce, e que elas só se desenvolvem em contato com a experiência. Entretanto, percepções e paixões são resultantes "de nosso próprio fundo com uma perfeita espontaneidade".

---

200. Ibid.

201. Ibid., § 3.

CAPÍTULO V
A INGLATERRA NO SÉCULO XVII

1. A INGLATERRA NO SÉCULO XVII

Jaime I (1603-1625) reina sobre a Inglaterra e a Escócia, mas cada reino conserva suas próprias instituições, até 1707, quando sua fusão cede lugar ao nascimento do Reino da Grã-Bretanha. O rei quer impor um modelo de monarquia cada vez mais absoluta. Ele governa com poucas reuniões com o Parlamento. Em 1605, ele escapa por pouco de um atentado, o da Conspiração da Pólvora. Depois desse alerta, Jaime I respeita mais as liberdades do Parlamento, até sua morte, em 1625. Seu filho, **Carlos I** (1625-1649), mostra-se, desde o início do reinado, autoritário e intransigente, desejoso de reinar como monarca absoluto. O reino se divide e a guerra civil eclode. O exército do rei conta com 20 mil cavaleiros, burgueses, nobres de peruca. O Parlamento tem uma tropa de cabeças redondas, puritanos, homens do povo, que são assim chamados porque não usam peruca. Em 1644, **Oliver Cromwell** (1599-1658), pequeno nobre do Nordeste, eleito para o Parlamento desde 1628, toma, aos poucos, a dianteira do exército e do movimento de oposição ao rei. Por sua própria conta, ele monta uma milícia, os "Costelas de ferro" (*Ironside*), porque os agressores se quebram sobre eles como se fossem feitos de ferro. Os cavaleiros são arrasados na batalha de Naseby (14 de junho de 1645). **Carlos I** se refugia na Escócia. O Parlamento escocês exige que ele oficialize a Igreja presbiteriana. O rei recusa. Os escoceses o entregam então a Cromwell. O parlamento planeja restabelecer o rei e controlá-lo de perto, o que Cromwell rejeita. Apoiado pelo exército, ele ocupa Londres em dezembro de 1648, barra os deputados favoráveis ao retorno do rei ao trono e obriga os indecisos ao exílio temendo por suas vidas. Tudo o que sobra é um *Rump Parliament*, ou Parlamento "garupa", inteiramente fiel a Cromwell. É esse parlamento que julga Carlos I e o condena à morte por traição. O rei é decapitado em Londres em 30 de janeiro de 1649.

A REPÚBLICA DA INGLATERRA (1649-1660)

Em maio de 1649, a República da Inglaterra é proclamada. O Parlamento "garupa" exerce o poder legislativo e Cromwell deve assumir a liderança do exército para acabar com as revoltas dos irlandeses e dos escoceses. Em 1651, ele obtém a adoção do Ato de navegação, que reserva o comércio com a Inglaterra aos navios ingleses, tendo por objetivo romper a poderosa frota de comércio holandesa. Eclode uma guerra entre as duas potências. Cromwell governa de maneira cada vez mais autoritária, para desgosto do Parlamento "garupa". Finalmente, em 20 de abril de 1653, os soldados de Cromwell dispersam os últimos deputados. O Conselho de Estado é dissolvido. Em dezembro de 1653, Cromwell se torna Lorde Protetor. Ele exerce uma ditadura de fato e nomeia alguns deputados reunidos em um aparente Parlamento, alguns conselheiros de Estado. O conjunto funciona como uma câmara de registro permanente. Puritano intolerante, Cromwell pretende estabelecer o reino de Deus na terra, fechando teatros e tavernas. Ele morre em 3 de novembro de 1658. Seu filho, **Richard Cromwell** (1626-1712), sucede-o como Lorde Protetor, mas renuncia ao poder em maio de 1659.

A RESTAURAÇÃO

O general **George Monk** (1608-1670), antes associado a Oliver Cromwell, tira proveito de seu comando do exército escocês para reunir de novo o Longo Parlamento, verdadeiro representante da nação, que se torna *Parlamento-Convenção* no final de abril de 1660 e vota, em maio, a restauração do filho de Carlos I, exilado na França, sob o nome de **Carlos II** (1660-1685). O novo rei é um hábil cínico, desejoso de conhecer um reino de prazeres sem perturbações, cioso de sua autoridade, mas apto a se coligar. Pouco dado à indulgência sobre a natureza humana, ele pensa que todo homem pode ser ludibriado, ou ainda corrompido. Ele se apoia, a partir de 1661, em um Parlamento cavaleiro, dominado pelos realistas com sede de revanche. O cadáver de **Oliver Cromwell** é exumado e pendurado em praça pública. Em setembro de 1666, um terrível incêndio assola Londres, destruindo mais de 13 mil casas. O balanço oficial de oito mortos parece amplamente subestimado, já que teria havido milhares de vítimas. A publicação da *Declaração de indulgência* (1672) estende a liberdade religiosa às seitas protestantes não conformistas. O Parlamento a interpreta como um texto favorável aos católicos. Ele impõe ao rei, em 1673, o projeto de lei do Teste, em que todo detento de função pública deve reconhecer que existe uma Igreja além da romana e que o papa não tem qualquer autoridade legal. Em 1679, o novo Parlamento eleito, menos realista, vota o projeto de *Habeas Corpus* (27 de maio de 1679), que proíbe as prisões arbitrárias. Carlos II retruca governando sem parlamento de 1681 a 1685. O país se divide em duas tendências, as teorias favoráveis a um poder real forte e os *whigs*, que sustentam os direitos do Parlamento. O rei morre em 6 de fevereiro de 1685, sem descendente legítimo do sexo masculino. É então que seu irmão caçula, o duque de Iorque, que sobe ao trono sob o nome de **Jaime II** (1685-1688). Muito autoritário, católico intransigente, ele pretende impor aos ingleses a monarquia absoluta e a Igreja Católica Romana. O rei afasta os protestantes das funções importantes, recusa a aplicação do *Habeas Corpus*, e coloca mais lenha na fogueira com uma nova *Declaração de indulgência* abertamente favorável aos católicos sob pretexto de tolerância religiosa. Em 1688, o rei tem um filho e o batiza na fé católica. Os bispos anglicanos que protestam são presos. Os chefes da oposição recorrem ao *Stathouder* geral das Províncias unidas, **Guilherme de Orange** (1650-1702), defensor dos protestantes holandeses contra Luís XIV e marido de Maria, a própria filha de Jaime II. À frente de um exército, ele desembarca na Inglaterra em novembro de 1688, marchando em Londres sem encontrar resistência. Jaime II foge para a França. É o episódio conhecido como Revolução Gloriosa. Em fevereiro de 1689, um novo Parlamento se reúne. Dominado pelos *whigs*, ele proclama a derrocada de Jaime II e a subida paralela de **Maria II** (1689-1694) e de **Guilherme III** (1689-1702). Os soberanos devem, entretanto, aceitar o *Bill of Rights* ou Declaração de direitos, que instaura a monarquia parlamentar na Inglaterra. Maria II morre de varíola em 1694. Guilherme III governa sozinho até sua própria morte, em 1702. O casal não tem filhos. O trono vai para a segunda filha de Jaime II, irmã de Maria, a princesa Ana Stuart, que se torna a rainha **Ana I** (1702-1714). Ela é a última representante da dinastia dos Stuarts, que subiu ao trono da Inglaterra com Jaime I em 1603. Ela é a primeira rainha da Grã-Bretanha a partir da união da Inglaterra e da Escócia pelo Ato de união de 1707.

2. A FILOSOFIA DO SÉCULO XVII NA INGLATERRA

O apogeu do **movimento empirista** se situa no século XVIII na Inglaterra, ainda que seus precursores, Bacon e Hobbes, pertençam ao século XVII. O empirismo se resume geralmente a não passar de uma crítica do inatismo, e a história da filosofia o opõe frequentemente ao racionalismo. As ideias de **Locke** são tão fatais à filosofia cartesiana quando a física de Newton à ciência de Descartes. Locke dá o primeiro golpe contra a ideia de substância; Hume adota uma posição que mais tarde será chamada de positivismo.

A CORRENTE EMPIRISTA
Francis Bacon (1561-1626)

Ele se impõe desde muito cedo como reformador de uma ideia geral da ciência e toda a vida persegue esse projeto e sua realização. Estudou matemática, astronomia, óptica, alquimia e línguas. Para ele, o conhecimento experimental mais preciso da natureza seria de grande utilidade para confirmar a fé cristã e estima que suas propostas seriam de grande importância para o bem da Igreja e das universidades. Sua grande obra deveria se chamar *Instauratio magna scientarum* ("Grande restauração"), e teria seis partes. Bacon concluiu apenas as duas primeiras: *De dignitate et augmentis scientarum* ("Do progresso e da promoção dos saberes") e *Novum organum* ("Nova lógica"). Na primeira, ele faz o elogio da ciência positiva e enuncia as causas que impediram o progresso das ciências. Na segunda, expõe a ciência indutiva, que deve suplantar a ciência dedutiva, dando as regras do novo método.

Sua doutrina

O *Novum organum*, assim denominado em oposição ao *Organon* de Aristóteles, comporta dois livros. No primeiro, intitulado *Pars destruens*, ele faz uma revisão de todos os obstáculos que colocaram um entrave ao progresso da ciência, verdadeira apresentação do método indutivo que deve substituir o método dedutivo; o segundo mostra quais regras devem ser seguidas para utilizar esse método.

O *De dignitate et augmentis scientarum* apresenta um quadro das ciências que se pretende restaurar e faz uma classificação com base nas diferentes faculdades da alma.

A **classificação das ciências** se apoia principalmente sobre as capacidades da alma:

- **a memória** da qual resulta a história natural ou civil;
- **a imaginação** da qual resulta a poesia;
- **a razão** da qual resulta a filosofia dividida em "filosofia primeira", coletânea de axiomas comuns a todas as ciências, e três ramificações das quais os objetos são Deus, a natureza e o homem.

A ciência experimental, cujo método é precisado em *Novum organum*, faz parte dessa classificação. A ciência natural fica no primeiro lugar. Mas ele se ilustra principalmente enquanto primeiro teórico do método experimental: "Não há e não pode haver mais do que duas vias ou métodos para descobrir a verdade [...] A única esperança repousa na verdadeira indução"[202].

O método indutivo

A indução de Bacon procede por eliminação e depois extrai as leis da forma que ele define como verdadeiro objeto da ciência. Que ele entende por forma? O termo já

---

202. Francis Bacon, *Novum organum*, I, Paris, Puf, "Épiméthée", 2010, p. 48.

havia sido empregado por Aristóteles, mas em Bacon ele designa "a essência de toda coisa, certa organização da matéria". Os fatos extraídos dessa forma são registrados nas *tabelas de presença*, nas quais os fenômenos são anotados assim que aparecem; nas *tabelas de ausência*, nas quais são indicados os casos precisos em que não se produzem fenômenos; e nas *tabelas de graus*, nas quais são mencionadas as variantes de todos os casos. A comparação das três tabelas permite eliminar as circunstâncias acidentais e isolar a forma a partir do que subsiste. Para Bacon, não se trata, portanto, de buscar uma causa final que importe mais do que uma causa formal. A única esperança verdadeira para o estudioso reside na busca de uma indução.

O combate contra os preconceitos

No primeiro livro do *Novum organum*, intitulado *Pars destruens*, Bacon determina quatro tipos de preconceitos, obstáculos ao conhecimento:

- **os preconceitos da tribo**, *idola tribus*, constituem um *a priori* da humanidade inteira. Nós julgamos as coisas em função da relação que elas têm conosco e não em função de que realmente são;
- **os preconceitos da caverna**, *idola specus*, remetem à alegoria platônica da caverna. Cada um dentre nós julga de acordo com o que é, de acordo com sua educação, de acordo com sua natureza;
- **os preconceitos da praça pública**, *idola fori*, baseiam-se nos fatos sociais, em nossa linguagem, no pertencimento a uma religião etc.;
- **os preconceitos do teatro**, *idola theatri*, oriundos das doutrinas e teorias filosóficas.

Antes de tudo, o espírito que busca conhecer a natureza deve quebrar esses ídolos, quebrar a dúvida para poder chegar a certezas.

Bacon se situa, por sua reflexão, no meio do caminho entre o aristotelismo e a ciência moderna.

Thomas Hobbes (1588-1679)

É frequentemente percebido como um materialista, porque sua "filosofia primeira" está mais próxima de uma física do que de uma metafísica. Nascido em Westport em 1588, ele estuda em Oxford, onde ingressa com quinze anos. Passa vários períodos na França, ao longo dos quais se interessa por Descartes e visita com frequência os estudiosos parisienses. Em Florença, ele se encontra com Galileu. Seu retorno à Inglaterra é agitado devido aos acontecimentos políticos; ele acaba tomando partido da monarquia. *Elementos do direito natural e político* é escrito em 1640, durante esse período. Depois, durante onze anos, ele reside novamente em Paris até a restauração de Carlos II, o que lhe permite retornar à Inglaterra, onde falece aos 91 anos. Seus escritos traduzem a vontade de restabelecer uma ordem política desestabilizada. Suas principais obras são: *De cive* ("Do cidadão"), 1642, *De corpore* ("Do corpo"), 1655, *De homme* ("Tratado do homem"), 1658, mas, principalmente, *Leviatã* (1651).

Sua doutrina

Hobbes se tornou célebre por sua teoria sobre o Estado e sua origem. "O homem sendo um lobo para o homem", pode escapar a esse destino submetendo-se ao príncipe que tem todos os direitos, porque ele salva, o tempo todo, os súditos da morte. Por essa razão, ele impõe tudo o que quer. A doutrina de Hobbes procede segundo um raciocínio dedutivo; sua interpretação da natureza é mecanicista, sua psicologia é materialista. Ele começa separando a metafísica e a teologia da filosofia, e dá uma definição desta enquanto conhecimento adquirido por meio de raciocínio. Sua filosofia tem por objeto os corpos, pois tudo o que é cognoscível é corporal, e não se interessa por seres incorporais. O que não é sensível, alma, espírito, não pode ser pensado. Tudo o que podemos pensar é o que sentimos. As coisas só são conhecidas pelas sensações. O espírito humano é sensação, assim como a memória, já que a lembrança é sentir o que se sentiu. É preciso combinar as sensações entre si para que se tornem pensamentos. O pensamento é uma série, um encadeamento de ideias. Hobbes não vê nada na alma humana além de movimentos sucessivos provenientes desses primeiros movimentos que são as sensações. Não significa que sejamos livres porque somos levados pelo mais forte de nossos movimentos internos: desejo, medo, aversão, amor. Entretanto, deliberamos, ou mais exatamente acreditamos fazê-lo. A deliberação se resume como uma sucessão de diferentes sentimentos e aquele que predomina leva o nome de vontade. A liberdade não existe, portanto, nem entre os homens, nem entre os animais. Vontade e desejo são, na verdade, a mesma coisa considerada sob aspectos diferentes. Tudo é determinado; liberdade e acaso traduzem nossa ignorância acerca dos fenômenos da natureza.

A moral utilitária

A partir de então, não há mais moral possível. Hobbes responde por meio da moral utilitária. Para o homem, o objetivo de toda busca é o prazer, mas um prazer verdadeiro e permanente, utilitário. O útil é ser um bom cidadão; em outras palavras, a moral se confunde com a moral do dever.

A política

De cive mostra que o homem não tem outra preocupação além de sua conservação, o que traduz sua decisão de entrar em luta com os outros homens. A força domina e faz a lei. Mas é no *Leviatã*, esse monstro bíblico evocado no livro de Jó, que simboliza o Estado, que Hobbes vai desenvolver suas teorias políticas, suas teorias sobre a sociedade. Só o interesse pessoal mobiliza os homens. O egoísmo e o instinto subsistem para o bem e de lá fazem que o bem e o mal não cheguem a sua definição a não ser por meio do que é útil ou nocivo. Esse estado no qual paira a humanidade leva a um estado de guerra. "O homem é um lobo para o homem" nesse estado da natureza. A paz não pode ser estabelecida a menos que cada um renuncie a seus interesses. O soberano é a expressão da vontade de cada um.

John Locke (1632-1704)

John Locke tem o mérito de ter esboçado uma crítica e uma fórmula do empirismo. Ele rejeita as ideias inatas de Descartes e se questiona a respeito da ideia complexa de substância da qual afirmamos a existência sem, no entanto, conhecermos sua essência. Ele nasce em 1632, perto de Bristol, no mesmo ano que Spinoza. Durante quinze anos, permanece em Oxford, onde entrara por volta de 1652. Ele adia os estudos de teologia e se dirige à medicina, tornando-se, em 1677, o médico particular do conde de Shaftesbury. Sofre ataques políticos dirigidos contra este último e é obrigado a se refugiar durante um ano na França, depois na Holanda, onde fica até 1688, depois da revolução inglesa. Depois de ter recebido responsabilidades políticas de Guilherme de Orange, tem a ideia, entre 1670 e 1671, do *Ensaio sobre o entendimento humano*, publicado em 1690. Ele já havia redigido um *Ensaio sobre o governo civil* e *Pensamentos sobre a educação*, obras que anunciam o *Contrato social* e *Emílio* de Rousseau. Durante vinte anos, ele trabalha para retocar seus textos e morre em 1704.

Sua doutrina

Locke não leva em consideração a obra de **Hobbes** e mal sofre a influência de **Bacon**. As origens de seu empirismo devem ser situadas em 1667, data na qual ele encontra, em Londres, **Thomas Sydenham** (1624-1689). É a esse médico que ele deve os fundamentos essenciais de sua filosofia. Sydenham desenvolveu um método para divulgar as "espécies" de doenças em função de sua história. Compreender o próprio sentido dos fenômenos que se encontram na natureza, significa rejeitar toda explicação *a priori* da razão. Locke precisa dar apenas mais um passo e afirmar que os erros do nosso entendimento estão ligados a problemas da imaginação. O método que ele utiliza é psicológico e histórico e descreve, nesse sentido, o funcionamento do espírito, a formação e o aparecimento das ideias. Assim, para ele, o valor das ideias depende de sua origem.

A origem das ideias

Para Locke, não há ideias inatas. O espírito deve ser examinado antes do seu encontro com o mundo exterior como uma tábula rasa, e não há nada nele que não tenha antes passado pelo sentido. A ideia é idêntica ao que Descartes chama de pensamento. É uma sensação gravada pelo cérebro, e são sensações elaboradas e modificadas pela reflexão. Elas se associam de maneira natural e é o conjunto dessas associações que chamamos de reflexão. Todas as nossas ideias provêm da experiência. É preciso distinguir a experiência interna, ou sensação, da experiência externa, ou reflexão: "Mas, como chamo a outra fonte de nossas ideias de sensação, chamarei esta de reflexão, porque a alma não recebe nada além das ideias que adquire refletindo acerca de suas próprias operações"[203]. Ambas fornecem *ideias simples*, porque, como realça Bergson, trata-se de dados imediatos da consciência. São as ideias da sensação (cor, odor). As ideias da reflexão pertencem à memória, à imaginação. Por combinação, vão se criar *ideias complexas*. Estas são *ideias de substância*, ideias que pertencem a um substrato, ou *ideias de relações* enunciadas sob a forma de princípio (princípio de causalidade). *Ideias simples* ou *ideias complexas* são *ideias particulares*. Quanto às ideias gerais, elas não correspondem a nada de real e servem para expressar em uma palavra (homem) uma coleção de *ideias particulares* (João, Paulo, por exemplo), sua função é "representar também várias coisas individuais, cada uma das quais está em conformidade com essa ideia e por isso mesmo com essa espécie de coisas"[204]. É o nominalismo. O sentido das palavras, quando se torna relativo às ideias, é fonte de erro.

Valor do conhecimento

A quarta e última parte do *Ensaio sobre o entendimento humano* analisa o problema do conhecimento segundo diferentes pontos de vista.

As partes anteriores tratam da inexistência das ideias inatas, das ideias como matéria do conhecimento, das palavras como signos das ideias; da verdade como probabilidade. "Graus do nosso conhecimento", primeiro capítulo; "Da extensão dos nossos conhecimentos humanos", segundo capítulo; depois outros: "Da verdade", "Da probabilidade", "Dos graus de consentimento"... Locke conclui que se devem deixar de lado os problemas metafísicos insolúveis para nós e que o conhecimento humano é limitado. Nós conhecemos nossa existência pela intuição e a de Deus por demonstração; pela sensação, conhecemos a existência das coisas que nos rodeiam. Nesse caso, ele distingue entre as qualidades primeiras, objetivas, que nos permitem conceber o mundo

---

203. John Locke, *Essai sur l'entendement humain* [Ensaio sobre o entendimento humano], II, 1.

204. *Essai philosophique concernant l'entendement humain* [Ensaio filosófico sobre o entendimento humano], trad. Pierre Coste, Paris, Vrin, 1972, § 7.

exterior e as qualidades secundárias, subjetivas, que encontram uma correspondência nos sensíveis dos escolásticos (sons etc.). Assim, não podemos saber realmente o que é o mundo, o que somos, nem o que é Deus.

Política

No *Ensaio sobre o governo civil*, Locke se opõe ao absolutismo de Hobbes. A sociedade é a consequência de um pacto. Mas o estado da natureza é um estado moral. Este só pode encontrar sua origem no exterior. O pacto social é dependente do direito, mas não constitui sua origem. O soberano se impõe como o mandatário da nação e não como seu salvador. Se ele age no sentido contrário ao de sua missão e de seu mandato, a insurreição contra ele se torna legítima. Em política religiosa, Locke é também liberal e pensa que o Estado não deveria ter nenhuma religião, mas deveria proteger a liberdade de culto de cada um.

CAPÍTULO VI
OS PAÍSES BAIXOS NO SÉCULO XVII

1. A ARTE NOS PAÍSES BAIXOS

A PINTURA BARROCA NOS PAÍSES BAIXOS

A pintura holandesa do século XVII se dedica a revelar o homem e a apresentar tipos sociais. Fortemente influenciada pelo calvinismo, ela se quer próxima do real e multiplica a exatidão dos detalhes. A inspiração se baseia na experiência da vida quotidiana e o retrato, o grupo, a natureza morta, a paisagem ou a marinha são tratados por especialistas do gênero. Artistas como **Rembrandt**, **Vermeer de Delft**, **Frans Hals**, **Jan Steen** (1625-1679) impulsionaram de maneira impressionante a pintura flamenga, assim como **Ruisdael**. Na região de Flandres, **Rubens** domina com **Van Dyck** e **Bruegel de Velours**. Enquanto as províncias do norte excluem os temas religiosos em proveito das ciências, da vida quotidiana, as do sul, ligadas à Espanha, revelam em sua arte um humanismo devoto da Contrarreforma.

❖ **Frans Hals** (c. 1585-1666) se especializa nos retratos individuais, cenas de gênero, *O bebedor alegre* (1628-1630), *A boêmia* (1628-1630), ou nos grandes retratos de grupo, *Retrato de grupo dos regentes do hospital Santa-Elizabeth de Harlem* (1641).

❖ **Rembrandt Harmenszoon van Rijn** (1606-1669), mais conhecido sob o nome de Rembrandt, é o pintor de uma arte religiosa, sem preferência por uma confissão em particular. Para ele, a forma deve ser um signo que permita apreender a mensagem, o sentido verdadeiro do quadro, mas não pode ser a finalidade da obra. Ele utiliza, para tornar a percepção mais aguda, a técnica do claro-escuro, da qual é um dos mestres. Seus grupos mais célebres são *A Companhia do capitão Frans Banning Cocq*, conhecido sob o nome de *Ronda noturna* (1642), *Síndicos da corporação de tecelões de Amsterdã* (1662), *A aula de anatomia do doutor Jean Deyman* (1656), seus retratos, como o do *Filósofo meditando* (1632), *O homem com capacete dourado* (1650). Fica famoso por seus efeitos de claro-escuro que sucedem à policromia agressiva das primeiras obras. O desenho e a gravura em água forte têm papel importante em sua obra: *Descoberta de Moisés*, *Pregação de Jesus* e a água forte mais impressionante, o *Retrato de Jan Six* em tamanho natural.

❖ **Vermeer de Delft** (1632-1675) faz parte da escola de Delft, cuja pintura se caracteriza por cenas de gênero representadas sem tema particular. Ele produziu aproximadamente quarenta obras. Consolida-se como pintor do cotidiano, da realidade da vida e se dedica às cenas de interior. Dentre suas obras mais célebres estão: *A leiteira* (1658-1661); *Vista de Delft* (1660-1661); *Moça com o brinco de pérola* (1665-1666); *A arte da pintura* (1665-1666), *A rendeira* (1669-1670).

❖ **Jacob van Ruisdael** (c. 1628-1682) representa a pintura paisagística holandesa e prefigura o tratamento romântico da natureza. Suas composições complexas têm uma grande riqueza de contrastes de luz, como em *Moinho perto de Wijk bij Duurstede* (1668-1670). A maior parte de suas pinturas não evoca a Holanda, mas regiões distantes: *A tempestade* (1675), *Cemiterio judaico* (1660).

A PINTURA FLAMENGA

A pintura flamenga é dominada pelas personalidades de Rubens e de Van Dyck.

❖ **Pierre Paul Rubens** (1577-1640), flamengo de confissão católica, opõe-se a Rembrandt no tocante à maneira de trabalhar. Na chefia de um importante ateliê, atribui-se a ele aproximadamente seiscentas telas, das quais uma parte em estado de esboço, pois os discípulos terminavam o trabalho. Sua obra representa a explosão do dinamismo da época barroca. Aos vinte e três anos, Rubens faz uma estadia em Mântua, na corte dos Gonzagas, ao mesmo tempo que outro flamengo, o pintor **Frans Pourbus**, chamado o Jovem (1569-1622). Ele conclui ali a sua formação, antes de retornar e se estabelecer em Antuérpia. É lá que ele pinta a *Elevação da cruz* (1609-1611) para a igreja Sainte-Walburge e depois a *Adoração dos pastores* (1617-1618) para a igreja Saint-Paul. De passagem por Paris, em 1621, ele realiza uma dupla encomenda para Maria de Médici: uma consagrada à vida da rainha, acabada, e a outra a Henrique IV, da qual só conclui dois quadros. É onde conhece George Villiers, duque de Buckingham, e tem um papel diplomático de grande importância na conclusão da paz de 1630 entre a Inglaterra e a Espanha. Dentre suas principais obras: *As três graças* (1635), *A quermesse* (1635-1638), seu autorretrato com **Isabella Brant**, *Sob o caramanchão de madressilva* (1609), *Retrato de Helena Fourment* (1635-1638), *O chapéu de palha* (1625), *Retrato de Ana de Áustria* (1622).

❖ Seu discípulo **Antoon Van Djick** ou **Van Dyck** (1599-1641) se fixa na Inglaterra, onde executa um grande número de retratos de membros da corte, como o de Carlos I, *Carlos I na caça* (1635-1638).

2. A FILOSOFIA DO SÉCULO XVII NOS PAÍSES BAIXOS

Além de todas as teorias racionais que se elaboram no século XVII, uma doutrina relacionada ao Estado e ao poder se organiza.

HUGO DE GROOT (1583-1645)

Hugo de Groot, conhecido como **Grócio**, cujo nome costuma ser associado ao de **Samuel von Pufendorf** (1632-1694), jurista romanista alemão, é considerado o fundador da escola do direito natural. De fato, ele é o primeiro a tentar uma construção do direito em um "sistema" fundado não mais sobre a natureza concreta das coisas e dos fatos, mas sobre princípios lógicos construídos pela razão. Ele publica em 1625 *De jure belli ac pacis* ("Do direito da guerra e da paz"), código do direito internacional público, sua principal obra. Ele é igualmente o autor do *De jure praedae* ("Direito de aquisição"), no qual ele recomenda a liberdade do comércio e dos mares. Oposto ao ateísmo, ele se esforça, ao longo da vida, a se aproximar das Igrejas protestante e católica e predica uma ampla tolerância.

SPINOZA, DISCÍPULO DE DESCARTES

Baruch Spinoza (1632-1677) deve a Descartes a construção de seu método e de sua lógica. É na *Ética* (1677) que ele expõe a essência de sua moral, um sistema metafísico sobre a essência de Deus. Sua doutrina merece ser chamada de panteísta, porque tudo é Deus, e determinista, porque nela tudo está determinado. Por meio do conhecimento, o homem pode se liberar e controlar suas paixões. Na *Ética*, há também uma reflexão política para evitar que o homem seja um "lobo para o homem". Spinoza nasce em 1632, em Amsterdã. Ele é oriundo de uma família judia emigrada de Portugal. Entra em contato com o estoicismo e o cartesianismo depois de ter estudado os livros santos e a cabala. Da leitura de Descartes, ele retém, principalmente, o método rigoroso e o cuidado com as ideias claras. Em 1656, é excomungado depois de uma tentativa vã dos rabinos de tentar levá-lo a práticas religiosas. Expulso da comunidade judaica, ele vive do polimento de lentes de óculos, primeiro em Leyde e depois em Haia. Em 1673, ele recebe a oferta de uma cátedra de filosofia em Heidelberg, que ele recusa. Ele morre em 1677. Suas principais obras são: *Princípios da filosofia cartesiana* (1663); *Tratado teológico-político* (1670), no qual define as relações entre a Igreja e o Estado.

A maior parte de suas obras foi publicada em caráter póstumo, como o *Tratado da reforma do entendimento* (redigido entre 1665 e 1670), o *Tratado político*, escrito em 1675 e inacabado, a *Ética* (1677).

Sua doutrina

No *Tratado da reforma do entendimento*, Spinoza distingue quatro gêneros de conhecimento que são reduzidos a três na *Ética*. Seu *Tratado da reforma do entendimento* (*Tractatus de intellectus emendatione*), inacabado, constitui um trabalho sobre o método de acesso à verdade.

OS GÊNEROS DO CONHECIMENTO	
I. Há uma percepção adquirida por "ouvir dizer" ou por meio de um signo convencional arbitrário.	O conhecimento por "ouvir-dizer", pelo testemunho; exemplo: conhecimento da própria morte.
II. Há uma percepção adquirida pela experiência vaga, isto é, por uma experiência que não é determinada pelo entendimento; assim, simplesmente nomeada porque, tendo sido fortuitamente oferecida e não tendo sido contradita por nenhuma outra, acabou ficando como inquebrável em nós.	O conhecimento por experiência vaga. Esses dois primeiros conhecimentos muito vagos são sujeitos ao erro. São excluídos das ciências. Eles constituem o conhecimento "de primeiro gênero". Nós podemos nos libertar de nossas paixões, que pertencem aos conhecimentos de primeiro gênero, formando ideias tão claras quanto distintas.
III. Há uma percepção em que a essência de uma coisa se conclui a partir de outra coisa, mas não adequadamente, como acontece ou ainda quando, de um efeito, extraímos a causa, ou ainda que uma conclusão possa ser tirada de algum caráter geral sempre acompanhado de certa propriedade.	Concebido sobre o modelo da matemática, esse "segundo gênero de conhecimento" apreende a essência das coisas por uma dedução.
IV. Enfim, há uma percepção na qual uma coisa é percebida por sua própria essência ou pelo conhecimento de sua causa próxima.	Enfim, o "terceiro gênero de conhecimento" permite apreender a essência de uma coisa sem risco de erro. Trata-se da intuição. *Dedução* e *intuição* são necessariamente verdadeiras.

No primeiro nível, temos a experiência por ouvir dizer; assim conhecemos a data de nosso nascimento, depois o conhecimento por experiência vaga, que faz parte, junto com a anterior, dos conhecimentos do primeiro tipo; elas têm em comum apresentar fatos não relacionados, consequências sem premissas. Estas não podem exceder o nível da opinião. O conhecimento do segundo tipo pertence ao modelo matemático. É a demonstração, a dedução; ele traz a inteligibilidade. O do terceiro tipo é o da intuição, princípio supremo que permite entender Deus. Spinoza mostra que a ideia verdadeira se afirma por si mesma. A ideia verdadeira exclui qualquer forma de erro e de dúvida possível.

A metafísica

É passando do conhecimento do primeiro tipo aos conhecimentos superiores que se pode chegar à metafísica e determinar por quais meios o homem pode se deificar. O filósofo deve refletir sobre um ser primeiro e perfeito, condição de toda existência e de toda essência, sobre a Natureza, sobre o que chama de substância, e sobre Deus. Spinoza introduz, assim, as bases de um panteísmo. Em seu sistema, ele exclui a finalidade, todo o livre-arbítrio. A *substância infinita* exige uma infinidade de atributos infinitos. Em outras palavras, como Deus é infinito, ele pode ser concebido de maneiras infinitas. Conhecemos dois atributos da substância: o pensamento e a extensão, dois aspectos da mesma realidade. Esses atributos revelam diferentes modos que constituem o mundo: "Nada é contingente na natureza, mas tudo é determinado pela necessidade da natureza divina de existir e produzir algum efeito de alguma maneira"[205] e "a ordem e a conexão das ideias são as mesmas que a ordem e a conexão das coisas"[206]. Todos os eventos passam por um determinismo, sendo Deus a única substância de que tudo é modo ou *atributo*. As coisas "atributo estendido" e as ideias "atributo pensado" têm entre si um perfeito paralelismo. Spinoza suaviza as relações entre Deus e o mundo incluindo os atributos e os modos que agem de forma intermediária.

A moral

Não é radicalmente impossível escrever uma moral quando não se crê no livre-arbítrio? Qual sentido dar ao título de sua obra: *Ética*? A moral depende da crença na necessidade de todas as coisas. Quanto mais estamos convencidos dessa necessidade, mais nossa moralidade é elevada. Mas são as paixões que nos fazem cometer atos imorais; verdadeiras fraquezas da alma, elas não são preenchidas o bastante com a ideia de Deus, com a ideia da ordem universal. O homem é escravo de suas paixões.

---

205. Spinoza, *Éthique* [Ética], I, Prop. 29.

206. Ibid, II, Prop. 12.

No entanto, nessa metafísica panteísta e determinista, há liberdade: o homem se torna livre quando tende ao conhecimento do segundo tipo: "Uma afeição que é uma paixão deixa de ser uma paixão assim que dela formamos uma ideia clara e distinta"[207]. O estudo das paixões torna-se salutar, pois quanto mais as estudamos, mais nos desprendemos delas. O próprio pensamento de estudá-las já é um ato de desprendimento em relação a elas. Quais são as sanções da moral? São sanções necessárias, em que não há nem mérito nem demérito. O homem que não pode governar suas paixões não pode encontrar a paz da alma, nem o conhecimento de Deus, e deve perecer. Assim, com sua morte, ele volta à ordem. A eternidade pode ser entrevista como uma recompensa? O conhecimento de Deus constitui a virtude suprema. A alma não pode durar mais que o corpo, uma vez que ela constitui a ideia. Na verdade, a alma "se torna imortal" pelo conhecimento e pelo amor de Deus, participando mais de Deus. Ele se aproxima assim da perfeição. A imortalidade spinoziana é uma extensão desse esforço que temos de fazer nesta vida para aderir à ordem universal.

---

207. Ibid., V, Prop. 3.

CAPÍTULO VII
A RÚSSIA NO SÉCULO XVII

1. A RÚSSIA NO SÉCULO XVII

Após a morte de Teodoro II, o falso Dimitri, na verdade o monge **Grigori Otrepiev** (1582-1606), entra em Moscou em junho de 1605, apoiado pelo exército polonês e os cossacos. Ele é ali coroado tsar sob o nome de reinado de **Dimitri III** (1605-1606). Depois de várias facções e tsares efêmeros, o príncipe **Miguel Romanov** é eleito tsar **Miguel I** (1613-1645) e funda a dinastia Romanov, que dura até a revolução de 1917. O novo soberano começa fazendo a paz com a Suécia e a Polônia. Ele termina com o Tempo de Dificuldades, um período de instabilidade que se estende de 1598, morte de Teodoro I, último governante da dinastia Rurik, ao advento dos Romanov. O pai de Miguel I, **Teodoro Romanov** (1553-1633), detido na Polônia, retorna à Rússia em 1618, e torna-se Patriarca de Moscou sob o nome de **Filareto**. É, ao mesmo tempo, o conselheiro e o regente do jovem soberano com dezesseis anos, detendo o poder real durante todo o reinado de seu filho. Ele renova contatos com o Ocidente e o Império Otomano, subjuga ainda os camponeses na terra que não podem deixar. Seu filho, o piedoso **Aleixo I** (1645-1676), conhecido como "o Muito Sereno", sucede-o. Ele promulga em 1649 um novo código de leis, o *Ulojenie*, que permanece em vigor até 1833, protegendo artesãos, comerciantes, grandes proprietários de terras, mas confirmando a condição servil dos camponeses. Com a morte de Aleixo, em 1676, seu filho mais velho, **Teodoro III** (1676-1682), torna-se tsar. Ele morre sem deixar descendentes em 1682.

O problema é saber quem entre Ivan, seu irmão simplório, e Pedro, seu meio irmão, com apenas 10 anos de idade, deve sucedê-lo. Pedro é proclamado tsar, e sua mãe Natália, regente. Isso é insuportável para Sofia, sua meia-irmã. Ela espalha, entre os Streltsy, a guarda pessoal dos tsares, que Pedro e sua mãe assassinaram o pobre Ivan. Os Streltsy se revoltam, tomam o Kremlin, massacram a família de Pedro. Mas Ivan aparece vivo, o que acalma a cólera deles. Os boiardos proclamam então, caso único na Rússia, dois tsares ao mesmo tempo, **Ivan V** (1682-1696) e **Pedro I** (1682-1725). A regência é confiada a Sofia, que governa com seu favorito, o príncipe **Golitsyn** (1643-1714). Pedro e sua mãe são mandados para fora de Moscou. Em 1689, a regente tenta se livrar de Pedro, mas os Streltsy mudam de lado. É ela, por falta de apoio, que deve renunciar à regência, e como punição é enviada a um convento, onde morre em 1704. **Ivan V** e **Pedro I** reinam juntos até a morte de Ivan, em 8 de fevereiro de 1696. Pedro I começa então o seu longo reinado sozinho, o que o levou a ser conhecido na história com o nome de **Pedro, o Grande** (1682-1725).

2. A ARTE RUSSA NO SÉCULO XVII

O BARROCO RUSSO

É radicalmente diferente daquele da Europa Ocidental pela ausência de regras e preceitos acadêmicos. Muitos artistas, especialmente italianos e franceses, aparecem. **A partir de 1650**, os patriarcas ortodoxos sugerem um retorno às igrejas tradicionais com cinco cúpulas e proíbem a escultura. Será preciso esperar até o advento de **Pedro, o Grande**, no final do século, para observar mudanças significativas na arte russa. São Petersburgo, que mais tarde se tornará Leningrado, será sua capital.

Bartolomeo Rastrelli (1700-1771) é o principal representante do barroco ocidental na Rússia. Suas duas principais obras são o Palácio de Inverno (1754-1762) e o Palácio de *Tsarskoye Selo* (Palácio Catarina), residência de verão dos tsares. A principal característica de seus edifícios é a fachada policromada.

CAPÍTULO VIII
O IMPÉRIO OTOMANO: DO APOGEU AO DECLÍNIO (SÉCULOS XV-XVII)

1. O IMPÉRIO OTOMANO, O APOGEU (1453-1566)

Depois da queda de Constantinopla (1453), o Império Otomano passa por uma verdadeira idade de ouro, que termina com a morte de Solimão, o Magnífico, em 1566. Em 1481, **Maomé II, o Conquistador** (reino: 1444-1446, em seguida, 1451-1481), morre. Depois de uma breve guerra com seu irmão **Jem, Bayezid II, o Justo** (1481-1512), ou Bajazet, subiu ao trono. Bayezid II é forçado a abdicar por seu filho Selim em 1512, com a ajuda dos janízaros, o corpo de elite da infantaria que gradualmente vai assumir posições-chave do império. **Selim I, o Intrépido** (1512-1520), mais conhecido como "o Cruel", manda executar os irmãos e sobrinhos que poderiam vir a disputar o trono com ele. Conquista a Síria, a Arábia, o Egito, derrota **Ismail I** (1501-1524), fundador da dinastia dos safávidas (1501-1736), que reina sobre o Irã, cujo controle recupera. Em agosto de 1517, Selim I entra em Meca, recebe as chaves da Caaba. Protetor dos locais sagrados do Islã, ele retoma dos abássidas do Egito o título de califa. Ele morre em 1520 enquanto se prepara para atacar Rodes. É seu filho e sucessor, Solimão, o Magnífico (1520-1566), que leva o Império Otomano ao seu apogeu. Após a vitória na Batalha de **Mohács** (1526), ele conquista a Hungria, metade da qual mantém. Ameaça Viena por duas vezes, em 1529 e 1532. Toma a Anatólia Oriental, o Azerbaijão, Túnis, desenvolve relações diplomáticas com **Francisco I** para opor-se a Carlos V. A morte de Solimão em 1566 marca o início da estagnação e depois do declínio do Império Otomano.

2. O IMPÉRIO OTOMANO: ESTAGNAÇÃO E DECLÍNIO

Depois de Solimão, seus sucessores contam com os poderes dos grão-vizires, incluindo a dinastia dos Köprülü, fundada por **Fazil Ahmet Köprülü** (1635-1676), as mulheres do harém, e eunucos e janízaros. Um novo e definitivo fracasso do cerco de

Viena em 1683 marca o declínio e a diminuição do território. Após a derrota de Lepanto, em outubro de 1571, a frota turca já tinha perdido o controle do Mediterrâneo. Agora é o exército que continua a se retrair. Com sua vitória na Batalha de Petrovaradin (1716), a Áustria toma a Sérvia. Em 1782, a Rússia domina a Crimeia. Em 1830, quando a Grécia proclama a sua independência, a França conquista a Argélia. Aproveitando-se da situação, o paxá do Egito, Mohammed Ali, por sua vez, proclama a sua independência. Na sequência de outros contratempos, a Áustria e a Rússia partilham em grande parte as possessões turcas da Europa em 1878. Em 1897, Creta fica sob o controle internacional. O último sultão otomano, **Maomé VI** (1918-1922), herda a derrota turca ao lado dos impérios Alemão e Austro-Húngaro durante a Primeira Guerra Mundial. O Tratado de Sèvres (1920) desmembra o Império Otomano, reduzido ao que é hoje a Turquia. Abalado após muitos anos de movimentos separatistas, revolucionários, o Império entra em colapso em outubro de 1923. Em 29 de outubro de 1923, a República turca é proclamada, depois de três anos de guerra entre o general **Mustafa Kemal** (1881-1938) e os aliados vencedores em 1918.

3. A ARTE OTOMANA, SÉCULOS XVI E XVII

O auge do poder otomano vem acompanhado de uma unificação de estilos, até então variados, em favor de uma arte propriamente imperial. Istambul define o tom das formas arquitetônicas que são encontradas nas regiões mais periféricas do Império. Trata-se de uma planta em torno de um grande pátio, de cúpulas monumentais, utilizado tanto para as mesquitas quanto para os palácios. O nome mais famoso, ainda em vida, é o do arquiteto **Sinan** (1489-1588); de origem armênia, ele funde as formas tradicionais bizantinas e do Oriente Próximo para dar a luz à arquitetura clássica otomana. Seus trabalhos principais são, segundo sua própria classificação em ordem crescente na maestria de sua arte, as mesquitas Sehzade Mehmet e Suleymaniye em Istambul, e Selimiye em Edirne. Esta última, construída entre 1570 e 1574, tem uma enorme cúpula sobre oito colunas dodecagonais. Seu aluno **Sedefhar Mehmet Aga** (c. 1540-1617) constrói a Mesquita Azul em frente a Santa Sofia entre 1609 e 1616. Uma das características das realizações arquitetônicas deste período é a decoração feita de placas policromadas com motivos florais, temas que são encontrados na arte da cerâmica, da faiança, mas também em esculturas de madeira, afrescos murais, tecidos. O requinte da decoração continua nos tapetes de oração, nos tecidos de veludo, nos brocados de seda.

4. A LITERATURA OTOMANA, SÉCULOS XVI E XVII

Como nas artes plásticas, a literatura e historiografia experimentam um renascimento ao longo do século XVI otomano. A poesia clássica turca floresce nos escritos de Mahmud Abd Al-Baki, dito **Baki** (1526-1600), poeta cortês de tradição sábia. Fuzuli (c. 1483-1556) amplia o gênero literário do *Dîvân* ou *Diwan*, coleção de poemas que ele escreve em três idiomas, turco azeri, persa e árabe. A história é representada por **Sadeddin** (1536-1599), autor de uma história dos otomanos das origens ao final do reinado de **Selim II** (1566-1574), o *Tadj al-Tawarikh* ou *Coroa das crônicas*, em que mistura prosa, verso, versículos corânicos. Essa preocupação com uma história desde as origens é compartilhada por **Petchevy** (1574-1651), **Katib Celebi** (1609-1657) e **Na'Tma** (1655-1716). **Solazkade** (?-1658) publica um resumo da *Coroa das crônicas*. As epopeias sobrevivem nas canções épicas dos menestréis *Asheq*, grupo de tradição oral turco-mongol. Eles cantam ao som do violão. **Na segunda metade do século XVI**, o grupo mais famoso é o *Köroglu*, e esse também é o nome dado ao próprio canto, além de seu sentido literal de "filho de cego".

CAPÍTULO IX
A ÁSIA NO SÉCULO XVII

1. A ÍNDIA MODERNA
O IMPÉRIO MOGOL (1526-1857)

Em 1526, na batalha de Panipat, Babur (1483-1530) derrota o último sultão de Deli, **Ibrahim Lodi** (1517-1526) e funda o Império Mogol, que dura até a deposição do último soberano pelos britânicos em 1857. O nome "Mogol" é um derivado de "Mongol", pois os mogóis fazem parte do grupo turco-mongol, mesmo que sejam culturalmente marcados pela influência persa que vão implantar na Índia. É possível considerar a Índia mogol em **dois períodos**: a conquista e o apogeu do Império, entre 1526 e 1707, data da morte de **Aurangzeb** (1658-1707); em seguida, um longo, mas irremediável, declínio entre 1707 e 1857. Após a derrota contra os persas de **Nadir Xá** (1736-1747) em 1739, que pilha Deli, a soberania do imperador mogol é meramente nominal.

O Império Mogol, da fundação ao apogeu (1526-1707)

O Império Mogol é fundado por **Babur** (1483-1530), um descendente turco-mongol da dinastia Timúrida, ou seja, de **Tamerlan** (1336-1405), ou **Timur Lang**, "Timur, o manco". Ele precisa antes de duas vitórias: uma em 1526, contra o último sultão de Deli; a outra contra o príncipe *rajput* de Chittorgarh, que reuniu mais de 200 mil homens. Este último é derrotado na batalha de Kanwaha em março de 1527. Agora, Babur, instalado em Agra, a capital, pode ser proclamado imperador da Índia. Na realidade, ele controla parcialmente a planície Indo-Ganges. O Império, em seguida, estende-se em várias etapas. Babur morre em 1530, deixando o trono a seu filho favorito **Humayun** (1530-1556). **Babur** deixa a imagem de um homem culto, cheio de compaixão. Artista, ele aprecia a música e a poesia. Deixa para o mundo suas memórias, o *Livro de Babur* (*Babur Nama*), no qual, por meio de suas observações e comentários, expressa-se o muçulmano devoto, mas também o curioso pelas coisas da natureza, das evoluções sociais e políticas. O livro também se apresenta como um testemunho único das épocas e locais que o soberano conheceu.

Descendente de **Tamerlão** (1336-1405), de **Gengis Khan** (1155-1227), neto de Babur, **Akbar, o Grande** (1542-1605), deixa na história a imagem de um conquistador e um inovador. Em 1556, com a morte de seu pai **Humayun** (1508-1556), então com 13 anos de idade, ele se lança à conquista do Império Indiano. Sua obra é imensa e envolve a organização social do país. Ele realiza reformas para proteger os camponeses, desenvolve intensamente a prática da literatura e das artes, constrói monumentos. Sua insaciável curiosidade levou-o a abrir-se também para outras religiões e seus representantes. Ele os traz para Fatehpur Sikri, a capital, a 40 km de Agra, cujas misturas arquitetônicas permanecem únicas, para que façam exposições doutrinais, à controvérsia. A cidade é abandonada em 1585 em favor de Lahore. Preocupado em evitar conflitos entre religiões, ele promulga **um decreto de infalibilidade em 1579** que o institui líder religioso de todos os seus súditos. Em 1581, ele tenta impor uma "**religião da luz**" monoteísta baseada num sincretismo entre o jainismo, cristianismo e islamismo, destinada a unificar a Índia no âmbito religioso com o intuito de abolir o antagonismo entre o hinduísmo e o islamismo. Essa religião não consegue se estabelecer e desaparece com a sua morte. Seu filho mais velho **Jahangir** (1605-1627) é seu sucessor. Desprovido do carisma paterno, ele mantém, no entanto, um bom relacionamento entre seus súditos de diferentes religiões; recebe o embaixador do rei da Inglaterra e autoriza os ingleses a fazer comércio. Seu filho e sucessor, **Xá Jahan** (1627-1658), inaugura uma política menos tolerante com os não muçulmanos. Ele constrói a maior mesquita da Índia, a Jama Masjid, ou "mesquita da sexta-feira", construída em Deli entre 1650 e 1656 e podendo acomodar até 25 mil pessoas. O fim do reinado é ofuscado pela rivalidade que o opõe a seu filho **Aurangzeb**, que o encarcera no Forte Vermelho e governa em seu lugar. Xá Jahan é especialmente famoso pelo amor devotado à sua esposa. **Mumtaz Mahal** (1593-1631), cujo nome significa "ornamento precioso (ou amado) do palácio", marcando a história com a marca indelével do amor eterno. Em memória da luz de sua vida, Xá Jahan constrói o magnífico Taj Mahal em Agra, onde ele repousa ao lado de sua amada. **Aurangzeb** (1658-1707) foi o último imperador a ser chamado de "grande mogol".

A ARTE SOB OS MOGÓIS

A arquitetura mogol: o Taj Mahal

A arquitetura mogol inspira-se inicialmente em modelos persas, usando cúpulas adornadas com azulejos coloridos. O mausoléu de Akbar em Sikandra, ao norte de Agra, é concluído em 1613. Com 22 m de altura, é construído em arenito vermelho em três andares, coberto por um pavilhão de mármore. Esse é um exemplo de arquitetura indo-muçulmana, misturando a pedra esculpida e incrustada hindu às decorações vegetais muçulmanas. **O período clássico** se abre, com **Xá Jahan**, a um retorno a uma inspiração vinda da Pérsia. Os edifícios em tijolos crus são revestidos azulejos monocromáticos. Esse é o caso dos monumentos mortuários de Lahore, das mesquitas de **Wazir-Khan** (1639), de **Dai Anga** (1617) e, especialmente, do suntuoso **Taj Mahal**. Todavia, o estilo imperial seguinte retorna à fusão entre elementos hindus e muçulmanos, aos edifícios de mármore branco ou de arenito vermelho suntuosamente incrustados com flores de pedras preciosas, com inscrições do Corão. Mausoléu de mármore branco construído para sua esposa favorita pelo imperador mogol **Xá Jahan**, entre 1631 e 1647, em Agra, o **Taj Mahal** é um dos monumentos mais admirados do mundo. De todas as regiões da Índia e da Ásia, por ordem do soberano, afluem os materiais raros para a sua construção: jaspe de Punjab, turquesa, malaquita do Tibete, coral do Mar Vermelho e mármore branco do Rajastão. A cúpula central está rodeada por quatro minaretes idênticos. À esquerda do monumento se ergue uma mesquita. A entrada principal abre-se para uma aleia axial que leva ao mais vasto terraço. O edifício é encimado por uma cúpula, que se eleva a 61 m de altura. Decorado com incrustações e pedras preciosas, está em perfeita harmonia com os seus jardins.

A arte das miniaturas mongóis

A arte da miniatura já é desenvolvida na época do Grande Mogol **Humayun** (1530-1556), o segundo imperador da dinastia, que manda ilustrar a *Epopeia de Hamza* (*Hamza Nama*), história da vitória de um tio de Maomé sobre os gentios. Mas é sob o reinado de **Akbar, o Grande** (1556-1605) que ela atinge o seu apogeu, ilustrando a *Akbar Nama* ou *Razm Nama* ou *Livro dos Guerreiros* (1616) de Jaipur. O estilo dos artistas revela-se tanto persa, nos códigos, quanto hindu, na escolha dos detalhes. Os retratos dos soberanos mogóis, das cenas da corte, de caça, de encontros amorosos permitem traçar o esplendor da corte.

A LITERATURA SOB OS MOGÓIS

É no século XVI que um novo idioma se forma na Índia, sob a influência da chegada dos conquistadores muçulmanos da Pérsia: o urdu. É uma mistura de persa e hindu. É usado no início pelos muçulmanos, mas gradualmente ganha toda a Índia, onde é conhecido pelo nome de hindustani. Honras a quem as merece, o fundador da dinastia mogol, Babur, deixa suas memórias redigidas em sua língua materna, o turco-chagatai, derivada do turco e do mongol chagatai. O maior poeta da língua hindi, **Gosvami Tulsidas** (1532-1623), centra-se na consolidação dos grandes clássicos, como o *Ramayana*, e escreve, para tanto, sua obra-prima, um poema épico, *Os cantos de*

Rama (*Ramcharimanas*). Cinco poetas emergem em **idioma marati** (ou marata). **Namdev** (c. 1270-c. 1350) compõe hinos sagrados, ou *abhangas*, reunidos no *Livro dos Hinos* (*Namdev Gatha*). **Bhanudas** (1483-1513) escreve poemas devocionais. **Eknath** (1533-1599), brâmane versado em sânscrito, árabe, urdu, persa, hindi, além do marati, escreve análises filosóficas a partir do comentário sobre o *Bhagavad Gita* escrito por um santo poeta marata, **Dnyaneshwar** (1275-1296). Ele traduz e comenta o *Bhagavata Purana* em idioma marati. **Tukaram** (1608-c. 1650), depois de um começo de existência dedicado ao comércio, torna-se um seguidor zeloso de Krishna, em sua forma de marata de *Vithoba*. Ele compõe *abhangas*, hinos sagrados. **Ramdas** (1608-1681) cria a seita dos ramdasis, fiéis de Vishnu sob sua forma marata de avatar, *Vithoba*. Os ramdasis são os "servos de Deus". Seus hinos marcam o renascimento da poesia hindu.

2. A CHINA MODERNA

A DINASTIA MING (1368-1644)

A dinastia mongol dos Yuan termina em 1368 pela combinação de vários fatores: o retorno à Mongólia de príncipes que recusam o estilo de vida chinês considerado amolecido, uma série de fomes, a revolta chinesa contra o invasor. Em janeiro de 1368, o ex-turbante vermelho rebelde **Zhu Yuanzhang** proclama-se imperador **Hongwu** (1368-1398). Após um breve período no trono de seu neto, **Jianen** (1398-1402), seu tio **Zhu Di** o substitui, sob o nome imperial de **Yongle** (1402-1424). Seu reinado é tão brilhante que é mais frequentemente considerado o segundo fundador da dinastia Ming. Ele derrota os mongóis por várias vezes entre 1410 e 1424, transfere a capital para Pequim em 1420. Confia ao eunuco **Zheng He** (1371-1433) várias missões de exploração marítima, sete das quais são comprovadas, entre 1405 e 1433. Elas levam a frota chinesa à costa de Sumatra, do Sri Lanka, depois até o Mar Vermelho. As costas africanas são ladeadas até Moçambique. Os sucessores de Yongle são **Hongxi** (reinado: 1424-1425), **Xuande** (reinado: 1425-1435), **Zhengtong** (reinado: 1435-1449 e 1457-1464). Este último é capturado pelos mongóis em 1449. Mais tarde, os imperadores Ming devem permanemente se conciliar com o khan mongol, que não hesita em invadir a China na ocasião. Apesar de os chineses relutarem em estabelecê-la, uma relação comercial regular liga a China e a Mongólia a partir do século XVI. **A dinastia Ming** marca um retorno ao nacionalismo chinês próximo da xenofobia, o estrangeiro torna-se novamente o "bárbaro" por excelência, que só se humaniza tornando-se chinês. No entanto, é no século XVI que chegam os ocidentais. Em 1514, os navios mercantes portugueses chegam ao país. Macau é fundada em 1557.

O padre jesuíta **Matteo Ricci** (1552-1610) encontra-se na China desde 1582. Ele muda seu nome para Li Matou, aprende o mandarim e faz o primeiro dicionário bilíngue.

O imperador Yongle encomenda uma obra do saber chinês em sua época, o *Ta-Tien* ou "Enciclopédia", formada por 11 mil volumes, fruto do trabalho de 2 mil especialistas durante quatro anos. Mas é para melhor fixar a cultura. Qualquer novidade, depois disso, é proibida. Um código de leis inspirado no dos Tang já está em vigor desde 1373. Em 1609, aparece a *San cai tu hui* ("Coleção de ilustrações dos Três Reinos"), enciclopédia ilustrada, em 155 volumes. A maior ameaça vem dos manchus. Em 1583, **Nurhachi** (1559-1626) une as tribos jurchens, nome que se tornará manchu com a invasão da China no século XVII. Em 1616, ele se proclama khan. Seu filho, **Huang Taiji** (1592-1643), torna-se imperador. Em 1636, ele proclama a dinastia Jin posterior, que se torna Qing a partir de 1644. Os manchus fazem incursões frequentes ao norte da China. Em 1644, um exército de camponeses revoltados, liderados por **Li Zicheng** (1606-1645), toma Pequim. O último imperador Ming, **Chongzhen** (1627-1644), propenso ao desespero, enforca-se. Um general chinês comete então o erro de chamar Li Zicheng, efêmero soberano autoproclamado, mas tem o cuidado de restaurar os Ming. O imperador **Shunzhi** (1644-1661), o segundo líder da dinastia manchu dos Qing, sobe ao trono. Os príncipes Ming refugiados no sul da China são eliminados em 1662, e seu último refúgio, Taiwan, é conquistado em 1683.

A ARTE SOB OS MING

A arquitetura sob os Ming

A arquitetura sob os Ming se desenvolve a partir de uma forma privilegiada, a do salão com fachada com um lado comprido. Em torno de um terraço de pedra, colunas de madeira pintada, envernizada de vermelho, trazem a arquitrave, os telhados côncavos com telhas verdes, azuis, amarelas. O conjunto é enriquecido com um vigamento, com muitas esculturas. Um exemplo típico da arquitetura monumental Ming é o túmulo do imperador **Yongle** (1402-1424), uma obra colossal de proporções admiráveis. Ele também manda construir o Templo do Céu, em Pequim, e a famosa Torre de Porcelana de Nanquim, destruída no século XIX.

A pintura sob os Ming: paisagem e lavis com tinta

Se a escultura não apresenta originalidade sob os Ming com trabalhos inovadores, a pintura, por outro lado, recebe dos imperadores atenção especial. Especial, porque os pintores oficiais que vivem no ambiente protegido da corte são uma verdadeira brigada, devendo produzir seguindo a arte oficial. O modelo dos Ming permanece sob os Song, especialmente a pintura de paisagens. Na sequência, **Tai Wen-Ching** (1388-1462) funda a escola Tche e envolve-se na recuperação de técnicas tradicionais, acrescentando o *lavis* com nanquim. Outro representante dessa escola é **Lan Ying** (1585-1644).

A segunda escola, a Wu, continua as criações de pintura literária do período Yuan. Uma terceira sensibilidade floresce, verdadeira ligação entre as escolas do norte e do sul, a dos artistas individualistas. **Duas escolas se opõem**: os pintores narradores do sul, adeptos do *lavis* e dos pincéis, e os artistas do Norte, acadêmicos, que recorrem às cores vivas. As duas escolas têm em comum o fato de copiar até a saciedade as obras do passado. É durante o século XVII que **a gravura em madeira** policromada atinge, em Nanquim, seu apogeu.

A porcelana Ming

Mesmo que na literatura ou na pintura os Ming quase não inovem, seu nome não deixa de evocar em todos nós um universo de graça e de cores brilhantes, o da porcelana. É a arte por excelência do período Ming. A matéria-prima, o caulim, tira seu nome, *Kao Ling* (passagem alta), do local da extração próximo da manufatura imperial. A arte das cores leva a porcelana Ming à perfeição, desde peças brancas monocromáticas, azuis ou celadon, um verde pálido transparente, até as criações *San Tsai* (três cores), que combinam o verde, o amarelo e o roxo escuro, ou as notáveis *Wu Tsai* (cinco cores), que retoma as três precedentes mais o azul e o vermelho. Os temas favoritos, retomados dos clássicos da pintura em seda, são os motivos florais, os pássaros, as borboletas.

A LITERATURA DOS MING: EROTISMO E ROMANCE POPULAR

É no período Ming que se desenvolve a voga do romance popular, continuação da forma narrativa criada sob os Yuan, o drama chinês. A exaltação de sentimentos refinados é a trama de peças como o *Mou tan t'ing*, "O pavilhão das peônias". O romance histórico, a epopeia são ilustrados pelo *San kouotche* ("História dos três reinos"), o *Shui hu chuan* ("À beira d'água"), ou pelo *Se Yeou Ki* ("Jornada para o Oeste"). O erotismo também se mostra presente, combinando histórias de costumes e críticas sociais contra a burguesia que enriqueceu sob os Ming, a exemplo de *Jin Ping Mei* ("Galhos de ameixeira em um vaso de ouro"). A poesia, mais convencional, eleva-se à expressão delicada do sentimento autêntico com **Tang Yin** (1470-1524), pintor e calígrafo.

A FILOSOFIA SOB OS MING: A ESCOLA DO ESPÍRITO

Wang Shouren, mais conhecido como **Wang Yangming** (1472-1529), é o grande filósofo do período Ming. Em oposição ao confucionismo oficial, ele defende a intuição como princípio universal da natureza; espírito e princípio são apenas um, conhecimento e ação prática combinam. Neoconfucionista, ele ilustra a escola do Espírito: cada um possui o espírito princípio puro, chamado *li*, portanto o conhecimento inato, e assim basta buscá-lo em si mesmo para encontrá-lo. Esse conhecimento se traduz em ação prática virtuosa; um não existe sem o outro. Após a sua morte, a escola do Espírito se volta para um idealismo puro, a ponto de se afastar do mundo exterior. Seu discípulo **Wang Ken** (1483-1541) preconiza uma sociedade sem ricos ou pobres.

A MÚSICA SOB OS MING

A ópera, nascida sob os Yuan, continua a evoluir. O compositor mais famoso é **Tang Sien tsou** (1556-1617), autor de obras célebres como *Mou tan t'ing*, um drama de amor, em que uma jovem da alta sociedade acaba por unir-se com aquele que ama, de classe social mais baixa, e *Os Quatro Sonhos*. São obras de estilo típico teatral Ming ou *chuan-ki*, que gradualmente substitui a primeira forma regular de teatro chinês, o *tsa-chu* da dinastia Yuan.

3. O JAPÃO, DO FIM DO SÉCULO XVI AO SÉCULO XVII

O PERÍODO AZUCHI-MOMOYAMA (1573-1603)

O período Azuchi-Momoyama é uma época de agitação, em que senhores da guerra disputam o poder, nomeando e destituindo os xóguns de acordo com sua própria vontade. Dois homens dominam a época por sua estatura, seu papel na preparação da unificação do Japão, Nobunaga Oda e Toyotomi Hideyoshi. **Nobunaga Oda** (1534-1582) ganha a batalha de Nagashino, mas, traído por um de seus generais, foi forçado a cometer suicídio. **Toyotomi Hideyoshi** (1536-1598), seu sucessor, ganha a batalha de Yamazaki, mas não consegue conquistar a Coreia. Chegou então a hora para um terceiro homem, **Ieyasu Tokugawa** (1536-1616), que estabelece o *bakufu* ou "governo sob a tenda". Torna-se xógum, e sua dinastia reina até 1868. **A era de Momoyama** se estende por meio século, sendo a base do Japão moderno e preparando o grande período pacífico dos Tokugawa, que durará 250 anos. O período marca o fim das guerras civis, e o comércio com a China introduz as realizações culturais. **As primeiras influências europeias** aparecem. Os jesuítas portugueses são os primeiros a difundir o cristianismo. No entanto, a chegada dos holandeses não abre o Japão para outros lugares, outros mundos. O país descobre novas armas, novas técnicas de combate, os fuzis, mas a contribuição do exterior nas mentalidades é quase inexistente. Fala-se de uma civilização dos "Bárbaros do Sul", *Namban*, para designar os portugueses e espanhóis, talvez porque a ética e a ordem política sejam completamente inerentes ao modo de vida japonês e porque não houve abertura possível para um sistema vindo do Ocidente. O ponto de partida das trocas com a Europa foi o naufrágio de marinheiros portugueses na costa da ilha de Tanegashima em 1543. Uma relação constante, comercial e cultural, é estabelecida com os países ibéricos até o fechamento do Japão em 1639. **A cultura**

Namban traz novos impulsos no campo da ciência, astronomia e geografia. As teorias e métodos empregados em Portugal foram introduzidos na segunda metade do século XVI no Japão. **Carlo Spinola** (1564-1622), missionário jesuíta italiano, funda uma academia, em Kyoto, na qual explica a revolução das estrelas e a cosmografia. Mapas do mundo são também introduzidos por missionários, bem como atlas e planos diretores de cidades europeias. A arte náutica portuguesa também é transmitida. Hospitais são construídos, como o de **Luís de Almeida** em 1557 em Funai, que oferecem formação aos médicos japoneses. A imprensa está crescendo e livros europeus e japoneses são publicados. A pintura ocidental é objeto de interesse, e circulam cópias de obras e de muitas gravuras flamengas. Os biombos pintados contam e descrevem a chegada dos europeus, de seus navios.

A arte do período Azuchi-Momoyama

A arquitetura: a vida castelã

A arquitetura no contexto militar assume a forma de muitas construções defensivas e castelos. O mais famoso é o de Himeji, o castelo da garça branca, localizado na província de Hyogo. Ele também é conhecido como *Shirasagi-jo*. Torres de vários níveis aparecem nas paredes de granito e é uma das mais antigas estruturas medievais. Em 1331, **Akamatsu Sadanori** havia previsto a sua construção no sopé do monte Himeji. Hideyoshi faz dele sua base de operações militares em 1577. Após a **batalha de Sekigahara** em 1600, Ieyasu Tokugawa o confia ao genro, que lhe dá a forma atual. O interior do castelo é ricamente decorado. Ele compreende 83 edifícios com dispositivos de defesa altamente desenvolvidos. É uma obra-prima da construção em madeira. Outro estilo arquitetônico, o *sukiya-zukuri*, busca requinte, desenvolvendo-se nas residências da aristocracia, livre adaptação de *shoin-zukuri*, incorporando muitas das características da arquitetura dos pavilhões de chá. O *sukiya-zukuri* não é usado em áreas públicas dos palácios onde aconteciam as audiências ou as cerimônias oficiais. Novas variedades de madeira, tochas ou de papel também são utilizadas.

A pintura

A arquitetura é enriquecida com pinturas nas portas deslizantes, mas também com biombos de um brilho ofuscante. Os artistas mais famosos são os mestres da escola Kano: **Kano Eitoku** (1543-1590), **Kano Sanraku** (1559-1635). Suas pinturas são conhecidas por seus fundos dourados. A pintura com *lavis* é representada pelas escolas Kaiho e Tosa: **Kaiho Yusho** (1533-1615), **Tosa Mitsuhide** (1539-1613), **Hasegawa Tohaku** (1539-1610).

A religião na época Azuchi-Momoyama

O cristianismo importado pelos portugueses entra no império insular. No início, o progresso da cristianização é bem acolhido e rápido. Mosteiros, igrejas aparecem em todos os lugares. Os missionários mais importantes são **Francisco Xavier** (1506-1552), **Alessandro Valignani** (1539-1606). Mas, em 1587, o cristianismo é proibido pelo *Kanpaku*, primeiro-ministro, **Toyotomi Hideyoshi** (1536-1598). Em 1596, começa uma perseguição violenta.

O TEMPO DE EDO (1615-1868)

O período Edo (1615-1868) coincide com o governo da dinastia de Tokugawa, que unificou o Japão em seu benefício. O imperador está confinado a um papel meramente religioso. O país é reorganizado em uma estrutura feudal, feudos são confiados aos *daimyos*, ou senhores. A capital é estabelecida em Edo, atual Tóquio, onde os *daimyos* são obrigados a residir a cada dois anos, deixando sua família como refém. **Os Tokugawa** decidem, único caso na história, fechar o Japão a qualquer influência externa. Este longo período de isolamento, chamado *sakoku*, só termina em 1854. Os norte-americanos exigem a abertura do país. A frota de guerra comandada pelo comodoro **Perry** ameaça bombardear Edo em caso de recusa. Coagido, o Japão se abre pela Convenção de Kanagawa, pela qual aceita negociar com os Estados Unidos, limitando a 3% os impostos aduaneiros. Em 1868, o imperador **Mutsuhito** (reinado: 1868-1912) aproveita a oportunidade para recuperar o poder. O último xógum Tokugawa renuncia. Inicia-se a era Meiji, a do "governo esclarecido", da modernização pelo modelo ocidental.

As artes sob os Tokugawa no século XVII

Assiste-se, nesse período, ao nascimento de uma arte burguesa marcada pela paz, prosperidade, isolamento. No campo da cultura, a primeira metade do século XVII aparece como um período de transição entre o anterior, de Momoyama, e o de Edo. Kyoto continua a ser, no início, o centro da atividade cultural. Os representantes da cultura Kan'ei são recrutados apenas entre os herdeiros da cultura tradicional, nobres da corte, monges, eruditos mantidos pelos Tokugawa. Eles vivem num ambiente requintado que não está longe dos "salões", tingido de diletantismo, de um gosto aristocrático pelas representações de *Nô*, a prática da arte poética, *waka*. O neoconfucionismo penetra na sociedade guerreira, que faz dele sua doutrina oficial. Isto tem a vantagem de justificar a estrutura social em vigor com os princípios morais que regem as relações sociais altamente centralizadas do momento. Ao longo do século XVII, a produção agrícola continua a crescer; gradualmente as artes se tornam o alvo da burguesia e das classes comerciais enriquecidas.

As artes menores: uma arte maior, o sabre

Os Tokugawa, para melhor garantir seu poder, concentram-se em estabilizar e estruturar a sociedade inculcando a moral neoconfuciana. Neste clima, **o sabre** reforça sua aura, a ponto de ser não apenas uma arma nobre, mas também simbolicamente a alma de seu proprietário. Nenhum país foi, como o Japão, ligado **ao culto do sabre**. De um lado, porque este último está ligado a referências mitológicas e espirituais e, de outro, porque envolve convenções sociais. Considerado a "alma do guerreiro", o sabre, na verdade, está relacionado com o divino. Faz parte, com dois outros objetos, o espelho e as pérolas sagradas, dos emblemas imperiais reverenciados no Japão. O primeiro soberano Ninighi, neto da deusa do sol Ameterasu Omikami, teria desembarcado na ilha de Kyushu e os teria trazido. A lenda também diz que o neto de Amaterasu tomou um sabre, escondido na cauda de um dragão que ele tinha acabado de derrotar. Desde então, esse emblema torna-se o símbolo do poder. O seu papel é verificado tanto nos *regalia imperiale*, objetos sagrados da Coroa, como na diplomacia e nas sucessões. Os templos xintoístas sempre possuem um. Algumas lâminas são gravadas com fórmulas religiosas ou representações divinas. Alma dos samurais, o sabre é um **importante elo social na sociedade dos Bushi**[208].

A pintura

O isolamento do Japão a partir de 1639 deveria levar logicamente a pintura a uma estagnação. Mas isso não acontece totalmente, já que as colônias chinesas e holandesas mantêm contatos econômicos e culturais. Na verdade, há uma grande diversidade na pintura e muitas tendências e escolas. Durante muito tempo, a escola de Kano e a de Tosa manterão sua dominação artística. **A arte do yamato-e** sofre a influência de **Hon'Ami Koetsu** (1558-1637), fundador de uma comunidade de artistas em Takagamine, periferia de Kyoto, cujo objetivo era reavivar as relações e as trocas entre arte pictórica e o artesanato. **Tawaraya Sotatsu** (c. 1600-c. 1643), seu colaborador, e ele próprio se aplicaram na reprodução de pinturas, de lacas num estilo mais leve que o das escolas anteriores, Kano ou Tosa. Esse é o começo da *escola Rimpa*, cuja reinterpretação dos princípios vem de **Ogata Korin** (1658-1716). Os artistas *rimpa* produzem pinturas, gravuras, lacas, têxteis, cerâmicas. Seu estilo é um dos mais famosos e mais característicos da pintura japonesa. Os elementos, pássaros, plantas parecem naturais, mas, ao aprofundar-se, vê-se que tudo é encenado artificialmente. Cada um deles é colocado como recorte e dá a impressão de um exercício de grafismo. No entanto, essas obras são mais despojadas do que as escolas Tosa ou Kano. Outros pintores merecem ser citados: **Hanabuso Itcho** (1652-1724), **Iwasa Matabei** (1578-1650), ambos os quais não pertencem a nenhuma escola.

---

208. A este respeito, ver Florence Braunstein, *Penser les arts martiaux* [Pensar as artes marciais], op. cit., p. 287.

A literatura sob os Tokugawa: teatro e haikai de Bashō

O período de Tokugawa é marcado por uma prosperidade no campo das artes e ofícios. O governo tenta impedir a concentração econômica e política nas mãos de uns poucos aristocratas. As artes não são apenas destinadas à nobreza, e podem estender-se para a burguesia que está em contato com elas. A literatura se torna popular. Descreve-se a vida humana, suas virtudes, suas fraquezas num tom moralizante ou brincalhão. Os romances de costumes de **Ihara Saikaku** (1642-1693) são típicos dessa tendência. O segundo autor principal deste período é **Chikamatsu Monzaemon** (1653-1724), representante do drama. Seu nome verdadeiro é Sugimori Nobumori, descendente de uma família *bushi*, guerreiro. Ele começa a escrever *joruri* para o teatro de bonecos. **Takemoto Gidayu** (1651-1714), criador do teatro de bonecos cantado, pede-lhe em 1686 para associar-se. Até 1703, ele escreve apenas *joruri* históricos, depois o fervor do público poderá se dividir entre os *sewa-mono*, teatro de atualidades, e os *jidai-mono*, teatro de época. Ao lado do teatro *Nô*, reservado para a aristocracia e as pessoas da corte, aparece o teatro popular, o *kabuki*, que teria sido precedido pelo dos fantoches. É no *Bunraku*, ensina-nos **André Leroi-Gourhan** em *Pages oubliées sur le Japon* ("Páginas esquecidas do Japão")[209], que o *kabuki* deve ter se tornado, em certa medida, um teatro, pois quase todas as obras teatrais do *kabuki* foram emprestadas do teatro de fantoches. Ele atribui papéis para as mulheres, prática proibida a partir de 1628. O nascimento do *kabuki* está relacionado à dançarina **O-Kuni**, dançarina sagrada do Templo de Ise, que finalmente se estabelece em Kyoto depois de deixar a vida religiosa. O *kabuki* é orientado para o espetáculo, o prazer dos olhos, a emoção imediata. São atribuídos a Chikamatsu Monzaemon de 100 a 150 *joruri*, dramas para fantoches, e cerca de trinta peças para *kabuki*. Os *joruri* serão o palco de Yoshitsune e seu fiel Benkei, o monge guerreiro colossal.

Bashō e o haikai[210]

A poesia lírica se desenvolve sob uma nova forma, o *haikai*, versos de cinco, sete, nove sílabas, de que **Matsuo Bashō** (1644-1694) é o mestre indiscutível. Seu nome verdadeiro era Matsuo Munefusa, e ele se destaca ao usar palavras quotidianas. Um *haikai* expressa "uma iluminação temporária na qual se vê a realidade viva das coisas". Se seu trabalho se destaca no controle do **haikai-renga**, ou "poema livre em cadeia", ele dá um lugar nobre ao *haiku*, poema de dezessete sílabas, mas supera sua arte no tipo

---

209. André Leroi-Gourhan, *Pages oubliées sur le Japon* [Páginas esquecidas do Japão], coleção póstuma estabelecida e apresentada por Jean-François Lesbre, Paris, Jérôme Millon, 2003.

210. Ver Florence Braunstein, "Bashō, La Sente étroite du bout du monde" [Bashō, a trilha estreita do fim do mundo], em *Encyclopædia Universalis*.

particular do *haibun*, ou seja, prosa poética intercalada com *haiku*. A *Trilha estreita do fim do mundo* é composta de *kiko*, isto é, literalmente, "notas de viagem".

Essa história, cujo título original é *Oku no Hosomichi*, narra uma viagem em 1689 através das montanhas do norte e centro do Japão. **Bashō**, cujo apelido vem da "Hermitage na Bananeira", onde se estabelecera (*bashō* significa "bananeira" em japonês), passa o essencial de sua existência no sedentarismo. No entanto, já em 1683, um incêndio o força a deixar o local e fazer uma viagem. Ele toma gosto por isso e não para mais suas andanças até morrer em Osaka em 1694. O deslocamento é para ele, como para autores de *kiko* desde o século XIII, a oportunidade de descrever a majestade das paisagens contempladas. Mas onde, com muita frequência, as "notas de viagem" limitam-se a descrições mundanas, Bashō estende sua arte do dizer com uma arte do pensar: a emoção estética termina em meditação. A peculiaridade de Bashō é também empregar, em seu diário de viagem, uma linguagem muito simples, acessível a todos. Ele nunca quis desenvolver uma teoria para a sua arte particular. No entanto, é fundador da **escola Shōmon**, que atende à aplicação de três princípios: *sabi*, *shiari* e *hosomi*. **O primeiro termo** evoca a sobriedade nascida da contemplação; **o segundo**, a harmonia indispensável, chave da obra; **o terceiro**, a quietude, que decorre da contemplação e da harmonia.

As ciências e a filosofia sob os Tokugawa

O início do período experimenta um impulso sem precedentes no campo das ciências matemáticas (*wasan*) e da filosofia. O fator dinâmico desse desenvolvimento deve-se à descoberta, no século XVII, de obras chinesas antigas, datadas do século XIII. As tabelas trigonométricas e os logaritmos foram rapidamente integrados como complementos indispensáveis para as técnicas calendáricas e astronômicas. Em contrapartida, nem os raciocínios dedutivos euclidianos nem os axiomas vão encontrar adeptos entre os matemáticos japoneses. Dois nomes estão ligados à evolução da técnica do *wasan*, herdada da primeira metade do século XVII: **Seki Takakazu** (1642-1708) e **Takebe Katahiro** (1664-1739). Paradoxalmente, os japoneses pareciam desconhecer as mudanças na vida intelectual chinesa naquele momento; as medidas de proibição tomadas pelos primeiros xóguns Tokugawa visavam os trabalhos produzidos pelos jesuítas.

Escolas de pensamento e religião sob os Tokugawa

As duas principais escolas de pensamento são as de *Mito*, que baseia a sua reflexão na história, e a de *Shingaku*, que quer desenvolver uma verdadeira pedagogia para a educação popular de massa. **O confucionismo** é antigo no Japão, já que foi introduzido, de acordo com a tradição, no século V. Durante os períodos de Kamakura (1185-1333) e Muromachi (1333-1568), é estudado em instituições búdicas, educação que continua a ser, aliás, monopólio da aristocracia, das famílias da corte até a era de Edo. **Ito Jinsai** (1627-1705) pensa que os homens compartilham de natureza idêntica, abrindo acesso ao Caminho. Outros pensadores seguem o mesmo percurso intelectual como **Nishikawa Joken** (1648-1724).

4. A COREIA

O DECLÍNIO DA DINASTIA JOSEON (SÉCULOS XVII-XVIII)

A dinastia Joseon, que teve o seu momento de esplendor no século XV, começa em seguida um longo período de decadência, cujo início é marcado pela submissão à nova dinastia Manchu dos Qing, que toma o poder na China em 1644. Daí em diante, a Coreia vive no ritmo das dominações estrangeiras, numa independência de princípio. Em contrapartida, a esclerose social e política, o recuo sobre si mesmo, que vale para o país o apelido de "reino eremita", vem acompanhado de uma renovação intelectual formidável.

O DESENVOLVIMENTO CULTURAL, AS ARTES E AS CIÊNCIAS SOB A DINASTIA JOSEON

O budismo experimenta, sob a nova dinastia, uma fase de eclipse, ligada ao surgimento do confucionismo, usado para a reforma administrativa e política. O budismo é gradualmente limitado por todos os meios: fechamento dos conventos, medidas draconianas para impedir a construção de novos templos, proibição de cerimônias na corte ou de tornar-se monge com base na utilidade do papel social. A história continua a fascinar os estudiosos, que escrevem a *Ko-ryo-sa* ("História de Ko-ryo"), o *Djo-son wang-djo sil-lok* ("Anais da dinastia Li"). Em contrapartida, a arquitetura e as artes menores são pouco desenvolvidas, por causa do controle estreito exercido por uma pesada burocracia confucionista. Os soberanos preferem favorecer as ciências e desenvolvem, em 1446, um novo sistema de escrita, ao mesmo tempo alfabético e silábico, mesmo que o chinês permaneça em uso para os documentos oficiais e as crônicas.

A RENOVAÇÃO DO SIL-HAK

Trata-se principalmente de uma renovação cultural, ligada à curiosidade nascida do movimento do Sil-hak, ou "ciência do real", que agrupa, a partir do século XVII, os adeptos do pragmatismo. Os principais representantes desta escola, no século XVIII, são **Li Ik** (1681-1763) e **Jeong Yak-Yong** (1762-1836). O **Sil-hak** se interessa pelas viagens de seus membros na China, pela tecnologia ocidental, bem como pelo cristianismo, pelo menos até as primeiras conversões de coreanos no final do século XVIII, o que causa uma atitude hostil, depois uma perseguição liderada por Seul. Essa evolução cultural é paralela a uma decadência política que leva a Coreia a se abrir, sob coação, ao Japão, em 1876 e, depois, às principais potências ocidentais. Estas, ocupadas em dividir entre si a China, deixam o Japão aumentar gradualmente o seu império sobre o "país da manhã calma".

CAPÍTULO X
A ÁFRICA MODERNA: O EXEMPLO DA ETIÓPIA

1. A ARQUITETURA ETÍOPE

A Igreja Beta Giorgis (São Jorge) é uma das onze igrejas monolíticas talhadas nas rochas, ligadas entre si por galerias também escavadas na rocha, de Lalibela, uma cidade na província de Tigré, a 2.600 m de altitude. A maior, Medhane Alem (Igreja do Santo Salvador), tem de 30 m de comprimento, 11 m de altura, 24 m de largura. Beta Giorgis adota a forma geral de uma cruz. Em Gondar, fundada pelo **rei Fasiladas** (1603-1667) em 1635-1636, foi construído o Fasil Ghebbi, uma fortaleza com influências arquitetônicas mistas, que contém várias igrejas, estábulos, uma chancelaria, o castelo Fasiladas e o palácio Lyasu. Os materiais utilizados são a pedra de basalto e o tufo vermelho; os estilos são emprestados dos palácios árabes, das fortalezas indianas, do barroco importado da Europa.

2. A LITERATURA ETÍOPE

O *Kebra Nagast* (ou "Livro da glória") dos reis da Etiópia é escrito no século XIV na língua ge'ez, ou etíope clássico, idioma literário. Incluindo 117 capítulos de comprimento desigual, o *Kebra Nagast* mistura mitos, lendas, histórias dinásticas desde Makeda, a rainha de Sabá. De seus amores com o grande rei Salomão nasce Menelik, ancestral dos imperadores etíopes. Há também a questão da transferência da arca da aliança de Jerusalém para a Etiópia. O livro é apresentado como uma controvérsia entre 318 padres ortodoxos do Primeiro Concílio de Niceia (325), sobre o que faz a grandeza ou a glória dos reis. Segundo a tradição, Menelik, que traz a arca, e Helena, mãe do imperador Constantino, que encontrou a cruz de Cristo, são os únicos que conhecem a glória dos reis. O *Kebra Nagast*, que afirma que a arca da aliança está na Etiópia, pode ser aproximado do *Dersane Sion* (ou *Homilia de Sião*), uma homilia dirigida à arca da aliança para lhe dar glória. Trata-se de glorificar Sião de acordo com os três sentidos do termo: a cidade de Davi, a arca da aliança e Maria. Segundo a lenda, a arca estaria escondida na catedral de Aksum. O livro termina com a certeza de que Roma deve ceder diante do poder espiritual da Etiópia. O *Kebra Nagast* é considerado por alguns cristãos etíopes como um livro sagrado, cujo conteúdo é autêntico, uma atitude compartilhada pelos rastafáris, cantores jamaicanos como Bob Marley.

B. O MUNDO DO SÉCULO XVIII

CAPÍTULO XI
A FRANÇA NO SÉCULO XVIII

1. O ILUMINISMO NA FRANÇA ATÉ A REVOLUÇÃO

A REGÊNCIA (1715-1723)

O primeiro ato de Filipe d'Orléans é anular o testamento de Luís XIV pelo Parlamento de Paris. Desconfiando de seu sobrinho, o velho rei tinha previsto um conselho de regência e, especialmente, confiara a educação do pequeno Luís XV a um de seu filho ilegítimos, o **duque de Maine** (1670-1736). O Parlamento obtém em troca o retorno do direito de contestação que Luís XIV tinha abolido. O regente assina em 1717 uma aliança com as Províncias Unidas (Países Baixos do Norte) e Inglaterra. Em 1721, uma aproximação com a Espanha prevê o casamento de Luís XV com a Infanta.

O sistema de Law

Filipe d'Orléans é deixado com os cofres esvaziados pelas guerras quando toma o poder. Portanto, promove o estabelecimento do sistema de Law. **John Law** (1671-1729), banqueiro escocês, é autorizado em 1716 a criar o Banco Geral, que emite papel-moeda contra ouro. O sucesso do papel-moeda, mais prático, é rápido; o apoio do regente tranquiliza. Em 1717, John Law cria a Companhia do Ocidente, que coloca a Louisiana em destaque. Em 1718, o Banco Geral torna-se Banco Real. Em 1719, a perpétua Companhia das Índias é fundada; ela empresta mais de um bilhão de libras ao Estado, resgatando rendas que eram depositadas com uma taxa de lucro anual de 3%. Os pagamentos são feitos em notas de banco, e a Companhia recebe o privilégio da emissão da moeda. Em 1720, o Banco Real e a Companhia se fundem. John Law é nomeado superintendente das Finanças. Mas o príncipe de Conti (Louis-Armand de Bourbon-Conti, chamado de "o Macaco Verde" 1695-1727) e o duque de Bourbon (Luís IV Henri de

Bourbon-Condé, 1692-1740) causam a falência do sistema, pedindo para resgatar seus haveres em ouro em março de 1720. Eles são tão vultuosos que são precisos três furgões carregados de ouro apenas para o príncipe de Conti. Essa manobra vista por todos – os príncipes vão até lá em pessoa – provoca uma crise de confiança e pânico. Há tumultos e revoltas na sede do Banco, na rua Quincampoix, em Paris. Há algumas dezenas de mortos. Em outubro, é a bancarrota. Law foge em dezembro. Se a falência leva as economias de muitos acionistas da Companhia e enraiza a desconfiança ao papel-moeda na França, ela não tem apenas inconvenientes. A experiência de Law permite apurar as dívidas do Estado ligadas às guerras do fim do reinado de Luís XIV.

Filipe e os "rodados"

No entanto, isso atinge a credibilidade do regente, já acusado de ser um envenenador, pois se envolve em experiências químicas e porque a mortalidade, considerada suspeita na época, entre 1710 e 1715, dizima todos os sucessores de **Luís XIV**, exceto o pequeno **Luís XV**, que sobrevive. A opinião pública acusa Filipe d'Orleans dessas mortes repetidas. O regente também é atacado pelos jantares galantes que organiza no Palais Royal (Palácio Real) com aqueles que ele próprio chama de seus "rodados", isto é, aqueles que merecem o castigo da roda[211]. Em 1720, a última grande epidemia de peste assola Marselha, na França. Muitos veem aí a ira de Deus contra um regente ímpio. Em outubro de 1722, **Luís XV** é coroado em Reims. O **cardeal Dubois** (1656-1723), importante ministro sob a Regência, torna-se ministro principal, mas morre em agosto de 1723. Filipe d'Orleans o substitui nesta posição, mas também morre pouco depois, em dezembro do mesmo ano.

O REINADO DE LUÍS XV (1715-1774)

Com a morte de Filipe d'Orleans, o duque de Bourbon, **Luís IV de Bourbon** (1692-1740), torna-se ministro principal. Ele arranja o casamento do rei com **Marie Leczinska** (1703-1768), filha do rei destronado da Polônia. Essa inglória aliança, realizada na urgência de dar herdeiros ao rei assim que possível, permite à França adquirir a Lorraine em 1733. O **cardeal Fleury** (1653-1743) dirige o governo desde 1726, até sua morte. Em 1740, eclode a guerra da sucessão da Áustria, e a França se alia à Prússia contra a Áustria. Quando morre Fleury, Luís XV decide reinar sem ministro principal. Em 1755, a guerra contra a Inglaterra é retomada. Em 1756, a França transforma suas alianças e aproxima-se da Áustria contra a Prússia durante a Guerra dos Sete Anos (1756-1763), que opõe os principais reinos europeus e do mundo pela posse das colônias. Em 1763, a Paz de Paris marca a perda da Nova França e da Índia, retomadas

---

211. Método para pena de morte, comum na França do séc. XVII, por meio do qual o condenado era preso a uma roda e tinha seus ossos quebrados com maças e martelos até a morte. A partir do 1832, o termo *roués* ("rodados") passou a se referir aos libertinos [N.T.].

pelos britânicos. Pelo Tratado de Versalhes, de 1768, a França obtém da República de Gênova a possibilidade de manter a Córsega se apaziguar os problemas que a agitam há meio século, mantidos pelos partidários de uma nação corsa independente. É preciso um ano e várias expedições para conseguir isso, mas em 1769 a Córsega é francesa. Em 5 de janeiro de 1757, um desequilibrado mental, **Robert François Damiens** (1715-1757), fere levemente com uma faca o rei Luís XV, que usava espessas roupas de inverno. O atacante é esquartejado em março do mesmo ano. Luís XV experimenta um breve período de popularidade, semelhante ao que, durante sua doença grave em 1744, lhe rendeu o apelido de "Bem-Amado". Mas os críticos rapidamente recuperam a vantagem com ataques contra as amantes do rei, a **marquesa de Pompadour** (1721-1764), em seguida a **condessa du Barry** (1743-1793), a falta de interesse do soberano pelo governo e suas crises de neurastenia. A oposição é mais vívida nos parlamentos, que usam e abusam do direito de contestação. Étienne de Choiseul (1719-1785), secretário de Estado, é demitido em 1770, tanto pela oposição dos parlamentos à sua política quanto pelo preço de suas intrigas contra a senhora du Barry. É também uma vítima dos devotos que não o perdoam por ter sido o instrumento da expulsão dos jesuítas do reino, em 1764. Ele é substituído por **René Nicolas de Maupeou** (1714-1792), chanceler e guarda-selos em 1774. Ele faz uma reforma radical da justiça: não será mais feita por magistrados proprietários herdeiros do cargo, mas por funcionários. Os parlamentos, os principais interessados, revoltam-se. Maupeou manda prender os membros do parlamento de Paris, envia-os para o exílio, compra seus cargos em 1771. Infelizmente, a reforma Maupeou não dura muito. Luís XV morre de varíola em 10 de maio de 1774 e seu neto, o futuro Luís XVI, cometerá o erro, assim que assume o trono, de chamar de volta os membros dos parlamentos.

O REINADO DE LUÍS XVI (1774-1792)

A reforma impossível do reino

É com 20 anos que Luís XVI sobe ao trono da França. Monarca inteligente, culto, é prejudicado por sua timidez e falta de preparação em assuntos públicos. Apenas a morte prematura de seu irmão mais velho, o duque de Borgonha, com 10 anos em 1761, abre-lhe o caminho para a coroa. Reformas urgentes devem ser realizadas, a luta contra as subvenções provinciais, controles internos, a recuperação das finanças, uma evolução do sistema fiscal. **Anne Turgot** (1727-1781) é nomeado controlador-geral da Fazenda em 1774. Ele quer uma reforma radical: o imposto pago por todos, assembleias eleitas em todos os níveis administrativos e territoriais, a liberdade de consciência e o retorno dos protestantes, a supressão das corporações, dos trabalhos penosos. A magnitude das novidades desperta uma frente unida de oposição, nobres, clérigos, comerciantes, todos os privilegiados num ou noutro nível. Luís XVI demite Turgot em maio de 1776. É um banqueiro genebrino, **Jacques Necker** (1732-1804), que o sucede de 1777 a 1781. Ele lança um empréstimo para financiar a participação francesa na guerra da independência norte-americana. Ele também quer uma organização de assembleias provinciais. Mas a nobreza da corte, cujos gastos deseja reduzir, é hostil a ele. Ele renuncia em maio de 1781. **Charles de Calonne** (1734-1802) é então chamado para negociar, entre 1783 e 1787. Ele também recorre a empréstimos. Estabelece em 1787 um plano de reforma que visa a permitir ao Estado obter novos recursos, principalmente pela tributação das propriedades da nobreza e do clero. Uma assembleia de notáveis dos três estados e dos parlamentos é convocada. Ela recusa a reforma. Uma segunda assembleia convocada faz o mesmo. Em abril de 1787, Calonne é dispensado pelo rei. Este último é então duramente manchado pelo escândalo conhecido como o caso do colar da rainha, no qual uma aventureira convence o cardeal de Rohan a lhe adiantar o preço de um fabuloso colar de diamantes pretensamente desejado pela rainha **Maria Antonieta** (1755-1793), enquanto esta última ignora tudo sobre o caso. Apenas parte do preço é pago aos joalheiros, que se voltam para a rainha para receber o restante, o que causa escândalo. Em maio de 1787, o bispo Étienne Charles de Loménie de Brienne (1727-1794) é nomeado controlador-geral das finanças. Ele consegue impor aos parlamentos o princípio de um imposto igualitário, mas cede à reivindicação de uma convocação dos Estados Gerais e renuncia em agosto de 1788. Necker é chamado de volta, e também é favorável ao recurso aos Estados Gerais, mas, onde as ordens privilegiadas e os parlamentos esperam o fim da reforma do imposto igualitário, Necker quer a duplicação dos representantes eleitos do Terceiro Estado. Luís XVI, às vésperas da Revolução, no entanto, impõe a reforma da justiça, abolindo a "questão preparatória" e a "questão prévia", ou seja, a tortura sistemática para obter confissões e nomes de eventuais cúmplices.

A MONARQUIA CONSTITUCIONAL: 1789-1792

A reunião dos Estados Gerais

Os Estados Gerais são convocados em 8 de agosto de 1788 para 1º de maio de 1789. A votação tradicional é feita por ordem, um voto para cada um. O Terceiro Estado obtém o dobro de sua representação, seiscentos deputados, mas o rei deixa em aberto a questão da votação. Em cada bailiado ocorrem as eleições dos deputados das três ordens, e as assembleias redigem as listas de queixas exigindo, todas, as mesmas reformas: uma monarquia definida e limitada por uma Constituição, a igualdade tributária, o fim dos privilégios. O **abade Sieyès** (1748-1836) publica então seu famoso panfleto, *O que é o Terceiro Estado?*, em janeiro de 1789, em que afirma claramente que o Terceiro Estado, um peso zero no Estado, na verdade, torna-se na verdade a soberania nacional:

"O plano desse trabalho é bastante simples. Temos três perguntas a nos fazer:

1º) **O que é o Terceiro Estado? Tudo.**

2º) O que tem sido até agora na ordem política? Nada.

3º) O que pede? Tornar-se algo."

Os Estados Gerais reúnem-se em Versalhes, o rei faz sua abertura solene em 5 de maio de 1789. Em seu discurso, nada sobre a Constituição nem o voto por cabeça. Em 17 de junho, cansado, o Terceiro Estado se junta em grande parte com o baixo clero e alguns nobres liberais, e proclama-se Assembleia Nacional presidida por **Jean Sylvain Bailly** (1736-1793), matemático. O rei manda fechar a sala em que se reuniam. A Assembleia se desloca para o salão do *Jeu de Paume* (jogo de palma, que precedeu o tênis), onde os deputados prestam o juramento do *Jeu de Paume*, ou seja, não se separar antes de dar uma Constituição à França. Em 23 de junho, o rei pede aos deputados que voltem a seus lugares por ordem. A Assembleia se recusa a fazê-lo e se proclama inviolável. **Mirabeau** (1749-1791), então, teria exclamado: "Estamos aqui pela vontade do povo e nós não sairemos daqui senão pela força das baionetas!". **Luís XVI** cede, ordena que a nobreza e o alto clero unam-se, em 27 de junho, à Assembleia, que é renomeada como Assembleia Nacional Constituinte em 9 de julho. A monarquia absoluta deixa de existir.

Os primórdios da Revolução

O rei demite Necker em 11 de julho e reúne os regimentos provinciais perto de Versalhes. Paris se levanta, o povo toma a Bastilha em 14 de julho. Esse evento tem pouca importância real, há apenas alguns prisioneiros, mas tem um imenso alcance simbólico. A fortaleza tinha sob a mira de seus canhões uma parte do leste de Paris desde **Carlos V** (reinado: 1364-1380). Bailly torna-se prefeito de Paris, que adota o cocar tricolor: branco do rei, azul e vermelho da cidade. Os campos se incendeiam, os camponeses atacam os castelos. Esse período é chamado de O Grande Medo. Parte da nobreza emigra. Necker é novamente chamado. Na noite de 4 de agosto, por iniciativa do conde de Noailles, os privilégios feudais são abolidos. Em 26 de agosto de 1789, a *Declaração dos direitos humanos e do cidadão* afirma que "todos os homens nascem e permanecem livres e iguais de direito" e que a soberania reside essencialmente na nação. Em setembro de 1791, a Constituição adotada passa Luís XVI do estado de "rei da França pela graça de Deus" para o de "rei dos franceses, pela graça de Deus e da Constituição do Estado". Ele se tornou um monarca constitucional, devendo jurar lealdade à nação e à lei. O poder legislativo é confiado a uma assembleia eleita por dois anos, que o rei não pode dissolver. Ela estabelece o imposto, o voto aprova declaração de guerra e tratados de paz. Luís XVI conserva um direito de veto, mas por dois mandatos no máximo. Os eleitores são homens com idade de no mínimo 25 anos, que pagam pelo menos um imposto igual a três jornadas de trabalho. Os elegíveis devem um censo equivalente a dez dias de trabalho. **A Constituição civil do clero**, de 12 de julho de 1790, reorganiza a Igreja cujos membros, funcionários públicos, devem jurar fidelidade à Constituição. Em 14 de julho de 1790 é celebrado o **festival da Federação** no Champ-de-Mars (Campo de Marte), comemorando a unidade nacional e a participação do rei na nova estrutura política. Esta última é apenas de fachada. Em 20 de junho de 1791, o rei e sua família fogem secretamente de Paris para Metz para se juntar ao exército do marquês de Bouillé. Eles são reconhecidos e presos em Varennes, levados de volta a Paris. A fuga para Varennes arruina o que restava de popularidade do rei.

A Assembleia o suspendeu e exerce o poder executivo. Em 17 de julho de 1791, os democratas desfilam no Champs-de-Mars, exigindo, em vão, a deposição do rei. A Assembleia Legislativa, após as primeiras eleições, abre seus trabalhos em 1º de outubro de 1791. Ela é dividida entre monarquistas constitucionais — que frequentam o Clube dos Feuillants (Clube dos Amigos da Constituição), querem manter o rei e a Constituição —, jacobinos ou girondinos — assim chamados porque os melhores oradores são deputados da Gironda, favoráveis a uma aliança entre a burguesia e o povo —, e o Marais, no centro, que reúne os indecisos. A situação interna está piorando: os *sans-culottes* ("sem culote" ou "sem calças") de Paris fazem motins contra os preços elevados. Os padres refratários, respondendo ao chamado do Papa Pio VI, recusam a Constituição civil do clero. O imperador **Francisco II** (1768-1835) da Áustria torna-se ameaçador, para defender sua tia, a rainha **Maria Antonieta**. Em 20 de abril de 1792, por uma proposta do rei, que espera uma vitória austríaca que lhe daria o poder absoluto, a Assembleia lhe declara guerra. Os primeiros combates são cheios de contratempos, e o rei multiplica os erros: veto à criação de um acampamento de 20 mil federados sob as muralhas de Paris para proteger a capital, proteção dos padres refratários. Em 25 de julho, o *Manifesto de Brunswick*, do nome do chefe do exército austríaco, promete entregar Paris a uma "execução militar" se a família real fosse colocada em perigo. Esse erro emblemático faz o circo pegar fogo. Em 10 de agosto de 1792, o povo invade o palácio das Tulherias, a residência real. O rei e sua família encontram refúgio na Assembleia, que, cercada pelos *sans culottes*, ameaça por um voto a suspensão da realeza, a eleição de uma nova assembleia eleita por sufrágio universal masculino, a Convenção.

A REPÚBLICA (1792-1799)

Decadência e morte do rei

Em julho de 1792, a Assembleia decreta a pátria em perigo e a mobilização geral. Os federados, voluntários provinciais, entram em Paris. A tomada de Longwy (agosto) e de Verdun (setembro) despertam o pânico em Paris. A prefeitura é controlada por uma comuna insurrecional decretada pelos *sans culottes*. Estes incitam o povo de Paris, provocando o medo da invasão, para que se lancem aos massacres de setembro de 1792. De 2 a 7 de setembro, cerca de 2 mil ou 3 mil prisioneiros são massacrados nas prisões: sacerdotes, aristocratas, condenados comuns, suspeitos de serem traidores da nação. A vitória de Valmy (20 de setembro de 1792), no mesmo dia em que a Convenção reúne-se, é seguida, no dia seguinte, pela abolição da monarquia e a proclamação da República (21 de setembro de 1791). Essa nova assembleia é compartilhada entre girondinos moderados, que querem acabar com o processo revolucionário, *montagnards* (montanheses) favoráveis à continuação da revolução, e *plaine* (planície), entre os dois, os indecisos. Em 4 de outubro de 1792, o rei é acusado de alta traição e conspiração contra a nação. Em 2 de dezembro de 1792, o **general Dumouriez** obtém a vitória de Jemappes, mas é vencido em 13 de março de 1793 em Neerwinden, pelos mesmos austríacos. O julgamento do rei é a ocasião de um confronto destinado a terminar em derramamento de sangue entre girondinos e montanheses. Os girondinos não conseguem obter uma maioria para uma sentença de exílio ou prisão domiciliar: **Luís XVI** é condenado à morte e guilhotinado em 21 de janeiro de 1793 na Praça da Revolução, atual Praça da Concórdia.

Convenção contra o Comitê de Saúde Pública

O confronto entre os dois grupos tem lugar em seguida, em junho de 1793. Em março de 1793 eclode a insurreição da Vendeia: os "brancos", que recusam a Revolução e a República, pretendem restaurar a monarquia; e os "azuis", republicanos. A Convenção decreta a mobilização de 300 mil homens contra os soberanos europeus que encurralaram a França após a execução do rei. A província se levanta contra Paris: em maio, a cidade de Lyon é tomada e saqueada pelos republicanos. O alto custo de vida, o desemprego, a incerteza ligada à guerra, a oposição da província exasperam os parisienses. O grupo dos enraivecidos (*enragés*) exige a pena de morte contra os aproveitadores. Em 6 de abril de 1793, a Convenção adota um órgão executivo, o Comitê de Saúde Pública, criado pelos montanheses para monitorar os preços. Os girondinos, deputados provinciais, estão cada vez mais expostos à hostilidade. Em 2 de junho de 1793, uma multidão circunda a Convenção, exigindo sua prisão. A Convenção submete-se. Aqueles que não conseguem escapar são executados. Em 5 de setembro de 1793, por decreto, a Convenção instaura o Terror, programa destinado a eliminar os inimigos da nação. É marcado por repressão sangrenta, recurso ao Tribunal Revolucionário de **Fouquier-Tinville** (1746-1795), que multiplica as sentenças de morte e definirá seu próprio julgamento como o "machado da Convenção". Em 17 de setembro de 1793, a Lei dos Suspeitos permite que qualquer um seja preso à menor suspeita de ser um "inimigo da liberdade". Em 16 de outubro de 1793, a rainha **Maria Antonieta** (1755-1793) é guilhotinada.

A Convenção adota, para abrir uma nova era, o calendário revolucionário: o poeta **Fabre d'Églantine** (1750-1794) imagina os novos nomes dos meses de trinta dias, divididos em década. Os montanheses se dividem então entre exagerados, como

Hébert (1757-1794), fundador do popular jornal *Le Père Duchesne* em 1790; indulgentes, como **Danton** (1759-1794), ansioso para acabar com o Terror; e os amigos de **Robespierre** (1758-1794), que querem a sua continuidade. Em 24 de março de 1794, Hébert e sua família são executados. **Danton** e seus partidários têm o mesmo destino em 5 de abril. Robespierre torna-se chefe do Comitê de Saúde Pública. Ele institui a comemoração, em 8 de junho de 1794, da Festa do Ser Supremo, nova divindade da República, da qual queria ser o representante nacional, enquanto fortalece o Terror. Milhares de pessoas são guilhotinadas durante o seu governo. Assustados, preocupados com suas vidas, os deputados sobreviventes da Convenção decretam a sua prisão em 27 de julho de 1794. Ele é guilhotinado, com seus amigos políticos, no dia seguinte, 28 de julho 1794, já agonizando com um tiro que acabou com sua mandíbula.

Os termidorianos

A Assembleia acaba com o Terror. O mês de julho correspondente ao termidor revolucionário, e os novos senhores da França são chamados termidorianos. Eles querem preservar as conquistas de 1789, mas atenuar as leis revolucionárias. A política antirreligiosa é abandonada, os emigrados são autorizados a regressar. Nas províncias, aristocratas formam confrarias secretas, como a dos Companheiros de Jeú, perseguindo e assassinando os montanheses que não foram executados durante o episódio do Terror Branco. Em abril e maio de 1795, a Convenção é sitiada pelos *sans-culottes*, mas o exército a libera. Em setembro de 1795, uma nova Constituição é adotada. O **direito de voto** é restrito aos cidadãos que pagam impostos diretos. Eles elegem 20 mil eleitores que, por sua vez, nomeiam os membros das assembleias. O poder executivo é exercido por um Diretório de cinco membros eleitos por cinco anos pelo Conselho dos Anciãos (250 membros com pelo menos quarenta anos) a partir de uma lista apresentada pelo Conselho dos Quinhentos (quinhentos deputados com pelo menos trinta anos de idade). Ambos os conselhos exercem o poder legislativo. Se os *sans-culottes* são esmagados pelo exército em maio de 1795, isso também acontece com os monarquistas em outubro do mesmo ano. Sua tentativa de insurreição parisiense termina sob as balas dos homens do general de brigada Napoleão Bonaparte, na escadaria da Igreja de Saint-Roch, em 5 de outubro de 1795. Em 26 de outubro de 1795, a Convenção se separa.

Alguns homens e mulheres da Revolução

Antoine Barnave

Advogado no Parlamento de Dauphiné, **Antoine Barnave** (1761-1793) é eleito deputado do Terceiro Estado nos Estados Gerais em 1789. Ele se torna rapidamente a alma do partido patriota, quer uma monarquia constitucional, um poder executivo supervisionado de perto. Orador talentoso, fundador com **La Fayette**, do Clube dos Feuillants, sua correspondência com **a rainha Maria Antonieta** faz dele um suspeito. Preso, encarcerado, ele tem tempo de escrever uma *Introdução à Revolução Francesa*, em que expõe sua visão de uma revolução liberal e burguesa, antes de ser guilhotinado em Paris em 28 de novembro de 1793.

Jacques Cathelineau

De origem humilde, **Jacques Cathelineau** (1759-1793) é filho de um pedreiro. Católico, apelidado de "Santo de Anjou", incita a Vendeia contra o levante em massa decretado em março de 1793 pela Convenção. De mascate, ele se transforma em líder militar, tomando dos republicanos Cholet, Thouars, Saumur. Ele se torna o generalíssimo do Grande Exército Católico e Real. **Cathelineau** consegue tomar posse de Angers rapidamente, em junho de 1793, mas é gravemente ferido durante a tentativa de tomar Nantes, no final do mesmo mês. Ele morre de seus ferimentos em 14 de julho de 1793.

François-Athanase de Charette de la Contrie

François-Athanase de Charette de la Contrie (1763-1796), conhecido pelo nome único de Charette, serve na Marinha Real antes da Revolução. Ele emigra brevemente, retorna para a França e torna-se chefe dos camponeses bretões que se revoltaram contra a República após a execução do rei, em março de 1793. Ingressa no Grande Exército Católico e Real, participa das batalhas de Nantes e no Marais de Poitiers. No entanto, em 17 de fevereiro de 1795, ele assina o Tratado de pacificação de La Jaunaye, perto de Nantes, com os representantes da Convenção, que dá liberdade religiosa aos insurgentes e a escolha de pobres refratários, isentos do serviço militar. Poucos meses depois, ele prepara o desembarque do conde de Artois, segundo irmão de Luís XVI, na Bretanha. O príncipe não vem, e Charette é gradualmente abandonado por seus homens. Preso em março de 1796, é condenado à morte e fuzilado em Nantes em 29 de março de 1796.

Charlotte Corday d'Armont

Aparentada a Corneille, **Charlotte Corday** (1768-1793) é uma jovem letrada, leitora das obras de **Rousseau**. Ela vê primeiramente a Revolução com bons olhos, defendendo ardentemente a Constituição. Seu estado de espírito muda com a prisão do rei e o massacre dos guardas e servos do Palácio das Tulherias que se seguiu. Charlotte Corday fica sabendo horrorizada que o deputado Jean-Paul Marat, em seu jornal *L'Ami du peuple* ("O amigo do povo"), acolhe bem a notícia e clama por novas execuções sumárias. Fugindo de Paris, alguns deputados girondinos encontram refúgio em Caen, estimulando ali reuniões políticas. Charlotte Corday é assídua nas reuniões e se convence de que Marat é um monstro responsável pelas infelicidades e problemas do país. Ela assassina Marat com uma facada enquanto ele tenta amainar sua doença de pele durante um banho, em 13 de julho de 1793. Julgada pelo Tribunal Revolucionário, condenada à morte, ela é guilhotinada em 17 de julho de 1793.

Georges Jacques Danton

Verdadeiro colosso, orador notável, amante dos prazeres da existência, **Georges Jacques Danton** (1759-1794) é advogado do Conselho do Rei, sem clientes ou fortuna. Deputado do Terceiro Estado nos Estados Gerais, ele funda o Clube dos Cordeliers (Cordeiros) em 1790, e provoca, em 1791, a reunião no Champ-de-Mars que conclama a República, organizando o ataque contra o Palácio das Tulherias em agosto de 1792. Ele se torna ministro da Justiça e galvaniza os defensores da pátria ameaçada pelos prussianos com sua famosa frase: "Audácia, mais audácia, sempre audácia!" Montanhês, ele é acusado de venalidade pelos girondinos, não sem fundamento. Ele participa da criação do Tribunal Revolucionário, preside o primeiro Comitê de Saúde Pública em abril de 1793, do qual Robespierre o expulsa em julho. Com seus amigos, os indulgentes, como **Camille Desmoulins, Philippeaux**, ele pede o fim do Terror. Preso em março de 1794, ele demonstra seus talentos oratórios no início de seu julgamento. A Convenção adota um decreto de emergência que permite ao Tribunal julgá-lo em sua ausência. Condenado à morte, é guilhotinado em 5 de abril de 1794. Ele teria desafiado o carrasco antes do momento fatal, dizendo-lhe: "Não se esqueça principalmente de mostrar minha cabeça ao povo, é bonita de ver" (ou "ela vale a pena").

Camille Desmoulins

Advogado parisiense, colega de Robespierre no Collège Louis le Grand, **Camille Desmoulins** (1760-1794) destaca-se em 1789, exortando, no mês de julho, aqueles que passeavam pelo Palais Royal a pegar em armas para tomar a Bastilha. Ele funda jornais, *Les Révolutions de France et de Brabant* ("As Revoluções da França e de Brabante"), e *Le Vieux Cordelier* ("O Velho Cordeiro"). É no clube de mesmo nome que encontra Danton. Os dois homens se tornam amigos. Membro do grupo chamado de indulgentes, ele é preso e executado com Danton em 5 de abril de 1794, após um julgamento sumário.

Charles du Perrier du Mouriez, conhecido como Dumouriez

General de brigada na época da Revolução, Dumouriez (1739-1823) é próximo dos jacobinos e La Fayette. Ministro das Relações Exteriores quando a guerra foi declarada contra a Áustria, ele é vitorioso em Valmy em 20 de setembro de 1792 e em Jemappes em 6 de novembro de 1792. Ele tenta em vão se opor ao julgamento e à execução de Luís XVI. Em março de 1793, ele experimenta uma vitória em Pirro, na Batalha de Neerwinden. Ameaçado de prisão por um decreto da Convenção, ele passa para o lado inimigo, rendendo-se aos austríacos. Desde então, leva uma vida errante, visto como traidor aos olhos dos republicanos e dos monarquistas, e termina seus dias na Inglaterra.

Joseph Fouché

Joseph Fouché (1759-1820) é diretor de estudos junto dos Oratorianos de Nantes quando a Revolução eclode. Deputado jacobino na Convenção, passa para o grupo dos montanheses e vota a favor da morte do rei. Ele lidera a descristianização na Nièvre e, em seguida, demonstra seu zelo durante o Terror em Lyon: como a guilhotina não é rápida o suficiente para execuções em massa, então ele ordena metralhar os grupos de condenados para acelerar as ações. Atacado por Robespierre na Convenção, temendo por sua vida, Fouché se junta ao termidorianos. Encarcerado por um breve período após a tentativa fracassada de **Gracchus Babeuf** em 1795, Fouché é anistiado. Ministro da polícia em 1799, ele se coloca a serviço de Napoleão Bonaparte, assim permanecendo sob o Consulado e o Império. Desonrado em 1810, ele retorna brevemente sob **Luís XVIII**, em 1815, antes de ser banido e exilado como regicida em 1816. Ele morre em Trieste em 1820. Homem da sombra, ele tinha acumulado honras. **Napoleão** faz dele conde do Império, duque de Otranto. Seus pesados e temíveis segredos de Estado desaparecem com ele: morrendo, ele confia ao príncipe Jerônimo Bonaparte, que está ao seu lado, a tarefa de queimar seus papéis e documentos pessoais. Parece que não tirou os olhos dele durante todo o tempo da operação.

Antoine Fouquier de Tinville, conhecido como Fouquier-Tinville

Fouquier-Tinville (1746-1795) nasce numa família de ricos trabalhadores, camponeses opulentos que sonham com a nobreza. Magistrado arruinado antes da Revolução, ele se beneficia das habilidades de seu primo Camille Desmoulins para conseguir um posto dentro do sistema judicial, tornando-se depois acusador público no Tribunal Revolucionário. Exerce essa função no julgamento de **Charlotte Corday**, da rainha Maria Antonieta, dos exagerados, dos indulgentes. Depois de Termidor, ele é preso. Condenado à morte, é guilhotinado na Praça da Greve, em 7 de maio de 1795.

Jacques René Hébert

Jacques René Hébert (1757-1794), polemista talentoso, membro do Clube dos Cordeliers, funda em 1790 seu jornal, *Le Père Duchesne*. Procurador-adjunto da Comuna de Paris, ele é conhecido por suas diatribes contra o rei e contra os girondinos.

Com seus amigos, os hebertistas ou exagerados (radicais), ele quer, a partir de 1793, ampliar o Terror, privar a Convenção de seus poderes e transferi-los para a Comuna de Paris e o Comitê de Saúde Pública. Ele queria ver a guilhotina funcionar incansavelmente dia e noite. Robespierre manda prendê-lo. O Tribunal Revolucionário o condena à morte: é guilhotinado em 24 de março de 1794.

Marie-Joseph Guilbert du Motier, Marquês de La Fayette

Herói da Guerra da Independência dos Estados Unidos da América, o General Marie-Joseph Guilbert du Motier (1757-1834), marquês de La Fayette, é eleito deputado da nobreza nos Estados Gerais. Comandante da Guarda Nacional, ele triunfa no Festival da Federação (14 de julho de 1790). Monarquista favorável a uma forma constitutional, ele tenta proteger o rei após a fuga para Varennes; ordena atirar, em julho de 1791, contra os manifestantes do Champ-de-Mars, que clamam pela República. Ele é em parte privado do forte apoio popular que tinha. Funda o Clube dos Feuillants. Depois de agosto de 1792, declarado traidor da nação, ele se entrega aos austríacos, que o capturam e encarceram até 1797. No Tratado de Campo Formio (outubro de 1797), o general Bonaparte obtém sua libertação, mas ele continua proibido de permanecer na França. Volta depois do golpe de estado do 18 Brumário em 1799. Mantendo-se à margem da vida política durante o Primeiro Império, **La Fayette** é eleito deputado sob a Restauração (1815-1830). Ele tem um papel ativo na revolução dos Três Gloriosos de julho de 1830, liga-se a **Luís Filipe I** (reinado: 1830-1848), mas o rei apressa-se a tirar-lhe o comando da Guarda Nacional. Desapontado, La Fayette se junta à oposição que estimula com ardor, antes de sua morte em 20 de maio de 1834.

Jean-Paul Marat

Médico na Inglaterra, e, em seguida, a partir de 1777, dos guardas da corte do conde de Artois, irmão do rei Luís XVI, **Jean-Paul Marat** (1743-1793) funda em setembro de 1789 seu jornal *L'Ami du peuple*. Ele imediatamente tem uma grande influência sobre o povo de Paris, principalmente os *sans-culottes*. Seus excessos o obrigam a deixar Paris nas várias vezes que defende o massacre político. Ele organiza o dia de 10 de agosto de 1792 e encoraja os massacres de setembro. Membro do Comitê de Segurança Geral, deputado montanhês na Convenção, é traído pelos girondinos diante do Tribunal Revolucionário em abril de 1793. Absolvido, ele estimula os *sans-culottes* e obriga a Convenção a decretar a prisão dos girondinos, que serão então executados. **Charlotte Corday** o assassina com uma facada durante o banho em 13 de julho de 1793. Um quadro em homenagem a Marat que o mostra expirando é pintado em 1793 por Jacques-Louis David, *Marat assassinado*.

Honoré Gabriel Riquetti, o Conde de Mirabeau

Mirabeau (1749-1791) é um homem de muitos talentos, tanto polemista de renome, autor de numerosos panfletos, quanto brilhante orador. Tem uma juventude turbulenta, durante a qual se envolve em libertinagens, acumula dívidas, permanece na prisão várias vezes pela iniciativa incansável de seu pai inflexível, o marquês Victor Riquetti de Mirabeau (1715-1789), famoso economista, autor de *L'Ami des hommes* ("O amigo dos homens"), ou *Traité de la population* ("Tratado da população") (1756). Mirabeau fica na Inglaterra, na Prússia e volta para a França com o anúncio da convocação dos Estados Gerais. A nobreza provençal recusa sua candidatura, sendo eleito deputado do Terceiro Estado. Ambicioso, hábil, mas venal, sempre endividado, Mirabeau evolui entre a Assembleia e o rei, que ele secretamente aconselha mediante uma gorda retribuição. Popular, coroado de glória, ele morre em 2 de abril de 1791 antes de seu jogo duplo ser revelado pela apreensão da correspondência de Luís XVI no armário de ferro, esconderijo na alvenaria de uma parede do Palácio das Tulherias, em novembro de 1792. Essa revelação faz os restos de Mirabeau serem retirados do Panteão.

Maximilien de Robespierre

Depois de estudar no Collège Louis-le-Grand, onde ele tem como colega Camille Desmoulins, **Maximilien de Robespierre** (1758-1794) continua a estudar Direito e torna-se advogado em Arras, sua cidade natal. Deputado do Terceiro Estado de Artois nos Estados Gerais, entra para o Clube dos Jacobinos, do qual se torna um dos principais líderes. Ele protesta contra a guerra em 1792. Eleito para a Convenção, montanhês, ele vota a favor da morte do rei e causa a queda dos girondinos. Ele se junta ao Comitê da Saúde Pública, que dirige com seus amigos **Couthon** (1755-1794) e **Saint-Just** (1767-1794). Na primavera europeia de 1794, ele elimina os hebertistas ou exagerados; em abril, é a vez dos dantonistas ou indulgentes. Apelidado de "o Incorruptível" por causa de seus modos austeros, ele chega a sua apoteose com a Festa do Ser Supremo em maio de 1794. Em 27 de julho de 1794, ou 10 termidor ano II, Robespierre é preso na Prefeitura de Paris sob as ordens da Convenção. Trata-se de uma prisão movimentada devido à oposição física dos presentes. O gendarme Merda atira em Robespierre, quebrando sua mandíbula. No mesmo dia, sem julgamento, Robespierre é guilhotinado.

Louis Saint-Just

Louis Saint-Just (1767-1794), apelidado de "o Arcanjo do Terror", é eleito deputado do Aisne na Convenção, na qual fica entre os montanheses. Ele se destaca imediatamente pelo domínio de uma retórica implacável, especialmente durante o julgamento do rei, em que conclama a morte com base no ditado tirado de Rousseau: "Ninguém pode reinar inocentemente". Em maio de 1793, enquanto os girondinos estão prestes a ser eliminados, ele se junta ao Comitê da Saúde Pública e forma com Couthon e Robespierre um governo paralelo, mas detendo o poder real, apelidado de " triunvirato". Presidente da Convenção em fevereiro de 1794, ele participa ativamente da eliminação dos hebertistas e dantonistas antes de ser preso e guilhotinado com Robespierre.

Emmanuel Joseph Sieyès

Não é por vocação ou convicção que **Emmanuel Joseph Sieyès** (1748-1836) entra nas ordens como sacerdote em 1774. Ele se torna famoso com a publicação de seu panfleto *O que é o Terceiro Estado?* em 1789. É eleito para o Terceiro Estado nos Estados Gerais e toma parte ativa na sua transformação em Assembleia Nacional, participando da elaboração do Juramento do *Jeu de Paume* (jogo de palma, que precedeu o tênis). Ele é membro do Clube dos Feuillants, ao lado de La Fayette e dos monarquistas constitucionais. No entanto, eleito para a Convenção, ele vota a favor da morte do rei e entra para o Comitê da Saúde Pública depois do termidor. Sua carreira política continua: ele é eleito para o Conselho dos Quinhentos, torna-se um membro do Diretório em 1799 e participa do golpe de estado de Bonaparte, que o faz conde do Império em 1809. O retorno dos Bourbons o força ao exílio como regicida em Bruxelas. Ele pode voltar para a França após a Revolução de 1830 e morre em 20 de junho de 1836 em Paris.

Marie Gouze, chamada de Olympe de Gouges

Marie-Olympe de Gouges (1748-1793) recebe uma educação esmerada em Montauban, o que lhe permite, após a sua mudança para Paris, frequentar os salões, lançar-se na escrita e na direção de um grupo de teatro. Sua peça *L'Esclavage des Noirs* ("A escravidão dos negros") é montada na Comédie-Française, em 1785, pela qual denuncia o *Código Negro* estabelecido por Luís XIV para desenvolver o comércio de açúcar, especiarias e corantes das ilhas. Ela publica em 1788 a obra *Reflexões sobre os homens negros*, que lhe abre as portas da Sociedade dos Amigos dos Negros. Defensora ardente da abolição da escravatura, ela se engaja na Revolução apoiando os girondinos, mas recusa a execução do rei que queria ter defendido, atividade que lhe é proibida por ser mulher. Ela denuncia a inferioridade da posição das mulheres redigindo uma *Declaração dos Direitos da Mulher e da Cidadã* (1791), que endereça à rainha Maria Antonieta. Ela recorre a fraseados que se tornam célebres, como "a mulher tem o direito de subir ao cadafalso; ela também deve ter o direito de subir à Tribuna" ou "a mulher nasce livre e permanece igual ao homem em direitos". Contrária à ditadura de Robespierre e dos montanheses, em 1793, ela é condenada pelo Tribunal Revolucionário e guilhotinada em 3 de novembro de 1793.

Etta Palm Aelders

Nascida em uma família burguesa holandesa, **Etta Palm Aelders** (1743-1799) tem uma carreira de espionagem, principalmente a serviço da França. Estabelecida em Paris desde 1773, ela mantém um salão em 1789, recebendo principalmente Marat. Ela, então, envolve-se na Revolução, defendendo a causa da igualdade das mulheres dentro da Sociedade Fraternal dos Dois Sexos ou participando do trabalho da Sociedade Patriótica dos Amigos da Verdade. Mas em 1795 os exércitos franceses invadem os Países Baixos, e a República Batava é proclamada. Etta Palm Aelders torna-se suspeita aos olhos das novas autoridades. De volta aos Países Baixos desde 1792, ela navega entre espionagem para o *Stadtholder*, o governador militar, e para as autoridades francesas. Essa mistura lhe valerá o cárcere até 1798, em condições que afetam a sua saúde e causam a sua morte em 28 de março de 1799 em Haia.

Louise-Félicité Guynement de Kéralio

Louise-Félicité Guynement de Kéralio (1757-1821) recebe uma educação avançada em literatura e história. Em 1787, ela é a primeira e única mulher eleita membro da Academia de Arras, liderada por **Robespierre**, que a recebe. Ela também é a primeira mulher a fundar e dirigir um jornal, o *Journal d'État et du Citoyen* ("Jornal do Estado e do Cidadão"), criado em agosto de 1789. Ela lidera a Sociedade Fraternal dos Dois Sexos, onde conhece Etta Palm Aelders, ligando-se a **Danton** e **Camille Desmoulins**. Depois da Revolução, ela viaja pela Europa, continuando o seu trabalho de tradução e publicação.

O Diretório (1795-1799)

O regime do Diretório é baseado na esperança popular de um regresso à paz civil, do restabelecimento da ordem e do estabelecimento de uma economia próspera. Na realidade, o Diretório é uma sucessão de golpes de estado. Em 1796, **Gracchus Babeuf** (1760-1797), signatário do *Manifesto dos Iguais* de Sylvain Maréchal, tenta desfazer o Diretório. Ele queria o fim das classes sociais, a restituição ao povo da soberania real, uma sociedade comunista. A conspiração falha, e Babeuf é executado em 1797. O Diretório, em seguida, livra-se dos monarquistas no mesmo ano e dos jacobinos em 1798. O problema, para o regime, é sobreviver somente graças ao apoio do exército, que é o único a sustentá-lo. O regime é desconsiderado pelos escândalos financeiros, pelo povo confrontado ao luxo exibido no refinamento de uma bizarrice sem fim no vestuário pelas *Maravilhosas e Surpreendentes*, jovens da juventude dourada, que multiplicam as extravagâncias nas vestimentas e na linguagem, recusando por exemplo o uso do "r" e de certas consoantes, tornando seus discursos incompreensíveis para os não iniciados. Seu protetor oficial, **Paul Barras** (1755-1829), é um dos diretores, que usa sua posição para promover a agiotagem e seu enriquecimento pessoal considerável e dá festas suntuosas. Em 9 de novembro de 1799, ou 18 de Brumário do ano VIII, **Bonaparte** consegue com dificuldade dar um golpe de estado, unicamente graças à intervenção de seu irmão **Luciano**, presidente dos Quinhentos, que faz de tudo para cassar os deputados que vilipendiavam um Bonaparte confuso e titubeante.

2. O SÉCULO INTELECTUAL DAS LUZES

A palavra "luzes", em meados do século XVIII, refere-se tanto a uma atitude intelectual quanto à época que adota essa atitude. Voltaire, numa carta endereçada a Helvétius, escrevia, em 26 de junho de 1765: "Fez-se, há doze anos, uma revolução nos espíritos que é sensível... a luz certamente se estende em todas as direções". No *Dictionnaire de l'Académie française* ("Dicionário da Academia Francesa") (1694), a palavra *lumière* (luz) é utilizada primeiramente com um sentido teológico e depois metafísico. *Lumière de la foi* ("luz da fé") e *Lumière de l'évangile* ("luz do evangelho") se opõem à luz natural. Na Alemanha, fala-se de *Aufklärung*. **Kant**, em seu estudo *Was ist Aufklärung?* ("O que são as luzes?"), responde: "As luzes são o que faz o homem sair da minoria que ele deve imputar a si mesmo. A minoria consiste na incapacidade de usar de sua inteligência sem ser governado por outrem. Ele deve imputar a si mesmo essa minoria quando ela não tem como causa a falta de inteligência, mas a ausência da resolução e da coragem para usar de seu espírito sem ser guiado por outrem". Na Inglaterra, *enlightenment* não tem o mesmo sentido que em francês e **Thomas Paine** escreve *The Age of Reason* (1794). É um desses homens das luzes que melhor ilustraram as revoluções transatlânticas. Na Itália, *Illuminismo*, em espanhol, *siglo de las luces*, são sinônimos de despotismo esclarecido. A razão rejeita qualquer metafísica, declarando-se incapaz de compreender a substância e a essência das coisas, de elaborar sistemas. Ela rejeita tanto a autoridade como a tradição. Encontra-se essa concepção em **Locke**, *Essay on Human Understanding* (1690); em Voltaire, nas *Lettres philosophiques* (*Cartas Filosóficas*); (1734), em Diderot, na *Encyclopédie* (*Enciclopédia*), no verbete *Raison* (*Razão*). Esta caracteriza o espírito científico e o método experimental, que deverá abranger não só as ciências naturais, mas se aplicar ao homem e à sociedade. Do campo religioso, por meio da razão, a filosofia passa ao da política e da história e tenta tornar-se uma nova moral.

A DEUSA RAZÃO

Simbolicamente, pode-se dizer que o século XVIII começa com a morte de Luís XIV em 1715 e termina em 1789, com uma virada em torno de 1750. A nova forma de pensar que se impõe deve muito ao desenvolvimento das ciências e ao impacto das viagens[212]. A rejeição a qualquer forma de superstição enraíza-se na *Histoire des oracles* "História dos oráculos") (1687) de Fontenelle. A alegoria será condenada, assim como os romancistas e escritores que desonraram o século de Luís XV: "Essa gente de nada que colocamos em nossos salões foi inconveniente e ingrata ao preço de nossa bondade de fazer o inventário de nosso coração, de nos depreciar a granel, a varejo, de vociferar contra o século"[213]. A literatura e a pintura devem se nutrir de psicologia, de sentimentos simples. As paixões excepcionais despertadas pelos reis e heróis são relegadas a um segundo plano. A vida diária se torna uma fonte de inspiração e, por meio dela, o pintor e o escritor se tornam moralistas. A dinâmica do século passa pela razão, pela análise, pela filosofia. O século XVIII fornece um jogo de espelhos entre o ser e o parecer. As situações, as posições sociais, as personalidades se dividem, enunciam-se infinitamente para recuperar a sua unidade na multiplicidade.

A noção de método, o desejo de cumprir com as exigências da razão, é o *leitmotiv* de todo o século. Qualquer questionamento desse século gira em torno da questão de saber se a essência do gosto, da sensação, repousa na razão ou na sensibilidade. **Immanuel Kant** (1724-1804), na *Crítica do juízo* (1790), mostra que o belo é semelhante à ciência. A partir daí, surge uma nova forma de filosofia, a estética. Racional ou empírica, ela se impõe progressivamente nas ideias, nas instituições. A afirmação da primazia do homem requer, por parte dos enciclopedistas, uma feroz batalha contra o preconceito, a religião. O homem é concebido como parte integrante de um todo universal, anunciando assim as teorias evolucionistas do século seguinte. O século XVII, tendo rejeitado o modelo de compreensão do mundo dominado por um princípio de analogia, vai perceber a vida segundo uma explicação mecanicista. É por ter essa abordagem que o século XVIII pode conceber **o homem como um animal particular** no seio de outros seres vivos. Entretanto, uma de suas maiores características é a sua sociabilidade insaciável que o leva a ir sempre adiante, porque o aperfeiçoamento está inscrito em sua natureza. **Buffon**, em *Époques de la nature* ("Épocas da natureza") (1778), entra em conflito com os teólogos tentando apresentar uma história natural da Terra, dos animais e do homem cujas explicações não são concordantes com a história do Gênesis. Assim, a ciência perde tanto sua ambição totalizante quanto sua finalidade religiosa. Já não serve para demonstrar a grandeza de Deus nem para confirmar a veracidade das Escrituras. O Iluminismo introduz a noção de perfeição, de performances e a ideia de que o homem faz parte de uma continuidade histórica, de outros homens[214].

---

212. E narrativas de grandes viajantes como *Le Voyage en Perse* [Viagem à Pérsia], de Chardin (1686), ou a descrição de um lugar utópico: *La Terre australe connue* [A terra austral conhecida], de Gabriel de Foigny (1676), *L'Histoire des Sévarambes* [A História dos Sevarambas], de Denis Veiras (1677).

213. Honoré de Balzac, *La Duchesse de Langeais* [A duquesa de Langeais], Paris, Le Livre de Poche, 1989.

214. A esse respeito, ver Marie Jean Antoine Nicolas de Caritat, marquês de Condorcet, *Esquisse d'un tableau historique des progrès de l'esprit humain* [Esboço para um retrato histórico do progresso do espírito humano], em 1791.

> **VÁRIAS CARACTERÍSTICAS DEFINEM O SÉCULO XVIII**
>
> - **O despotismo esclarecido:** os governantes querem reduzir o poder da Igreja, melhorar economicamente o país. São eles: Frederico II da Prússia (1740-1786), Catarina II da Rússia (1762-1796), José II da Áustria (1765-1790), D. José I de Portugal (1750-1777), Carlos III da Espanha (1759-1788).
> - **O Iluminismo** é dominado pela razão, pela fé na ciência, pela tolerância, pela igualdade, pelo cosmopolitismo, veiculados pelo pensamento dos filósofos.
> - **O interesse pelo passado** faz crescerem as escavações em Pompeia, Herculano, dá à luz aos museus (Museu Britânico em 1759), desenvolve as coleções, as teses neoclássicas de Winckelmann e Lessing.
> - **A emergência de novos países** e seu papel de importância crescente: Rússia, Estados Unidos, Prússia.
> - **Nascimento da corrente estética** com Baumgarten (*Estética*, 1750), Kant, críticos de arte, Diderot, La Font de Saint-Yenne.
> - **O sindicalismo** aparece na Inglaterra.
> - **Declínio da arte cortês.**

Os salões têm um papel fundamental na disseminação do conhecimento, pelo poder do discurso, do contato humano. **Montesquieu, Marivaux, Helvétius, d'Alembert, Van Loo, La Tour** frequentam o de **Madame Geoffrin** (1699-1777). Montesquieu, Marivaux, o da **marquesa du Deffand** (1697-1780) e, finalmente, o da **senhorita de Lespinasse** (1732-1776) é frequentado por **Diderot, Helvétius, Marmontel**. Apenas redescoberta, a herança grega logo esquecida, apesar dos *Commentaires sur Aristote* (*Comentários sobre Aristóteles*) de **Averróis** (1126-1198). A ciência da medicina mal-esboçada por médicos também é posta de lado. **Foucault** descreverá especificamente Pinel, o médico, em sua *Histoire de la Folie à l'âge classique* ("História da loucura na idade clássica") (1961), como um personagem maquiavélico. O fato essencial é que todas as etapas empreendidas de forma científica giram em torno do homem e da necessidade de explicar que seu corpo não é uma simples mecânica. O século XVII prepara para isso, por meio da concepção de uma taxonomia das paixões, para identificar o campo da psicologia dos afetos.

AS NOVAS SITUAÇÕES DE VIDA

Quando **Luís XIV** morre, a língua e a cultura francesas estão prestes a realizar em toda a Europa uma verdadeira união intelectual e moral. Em 1717, em Radstadt, o imperador acaba de assinar um acordo redigido em francês. Em todo o continente essa língua vai substituir o latim para negociações e tratados.

Paris, o café da Europa

Paris irradia-se intelectualmente através dos salões, mas também dos cafés, dos quais o mais conhecido é o de Procope, na rua de l'Ancienne Comédie. A França propõe uma nova arte de viver que se espalha pela Europa em uníssono: a moda tem ali seu ponto de partida. Copia-se também o palácio de Versalhes, que tem a sua réplica em Portugal, em Potsdam na Prússia do imperador da Áustria, em Schönbrunn. Muitos estrangeiros residem em Paris, como o jurista italiano **Beccaria**, os ingleses **David Hume** e **Horace Walpole**, e alguns ainda são definitivamente adotados, como o alemão Jacob Grimm (1785-1863). O embelezamento e o saneamento da cidade começam na época de **Colbert**, com o tenente **de La Reynie**, e continuam ao longo do século XVIII. As antigas muralhas de Luís XIII são demolidas e suas terras cedidas para a cidade. Em seu lugar se desenvolve a linha dos bulevares. Os da margem direita têm árvores plantadas e tornam-se, entre 1670 e 1704, um passeio. Arcos do triunfo, chamados Porte Saint-Denis ou Porte Saint-Martin, tomam o lugar das antigas portas com pontes levadiças. **La Reynie** ilumina a cidade, manda pavimentar as ruas, cavar esgotos. Paris, no início do século XVII, tem cerca de 500 mil habitantes. A cidade, do ponto de vista da sua distribuição geográfica, não excede as antigas muralhas de Étienne Marcel e **Carlos V, o Sábio**. Um dos locais mais curiosos da capital é, sem dúvida, o Cemitério dos Inocentes. Ele é cercado por três lados de sepulturas, antigas valas comuns, sepulturas dos escritores. Esses ossários, do lado do cemitério, são claustros semeados de sepulturas; do lado de fora, situam-se estabelecimentos ocupados por escrivães ou costureiras. Acima dos claustros e estabelecimentos, encontram-se enormes sótãos, cheios de ossos, crânios, restos humanos. Em 1782, os sótãos rebentaram sob os ossos e as vitrines da moda desapareceram sob esse sinistro fardo.

A *ENCICLOPÉDIA*, UM MONUMENTO DE CONHECIMENTOS

A *Enciclopédia* foi como um levante em massa, uma batalha campal de todos os homens do novo século contra todos os poderes do passado. Por seu volume, bem como pela duração da sua publicação, foi naquela época uma instituição. Ela teve até 4 mil assinantes e provocou um movimento de negócios de 8 milhões de libras tornesas (1 libra tornesa em 1760 equivaleria a 12 euros em 2013). Sua finalidade é o inventário, a soma do conhecimento humano, fazendo um compromisso entre autores e exigências do público, interessado em uma vasta documentação e menos interessado em querelas filosóficas. A origem grega da palavra *enciclopédia* permite compreender tanto quais eram os meios de difusão quanto o propósito desse monumento de conhecimentos reunidos por d'Alembert e Diderot: *énkyklos*, o círculo, e *paideia*, a educação, os saberes, ou seja, a sucessão do conhecimento. Esse termo é aplicado a uma obra que trata de todas as ciências, todas as artes, seja por ordem alfabética, seja metodicamente por assunto. É **o primeiro trabalho** em que diferentes conhecimentos são armazenados sob títulos apropriados, colocados em ordem alfabética e tratados de modo a mostrar simultaneamente um quadro completo dos vários ramos da ciência e a sua conexão. O louvor de seu projeto está na *Grande Encyclopédie Française* ("Grande enciclopédia francesa"). Seu sucesso na Inglaterra era certamente de se esperar por parte de **Diderot**, cuja determinação era a de dar à França um trabalho desse tipo. Sua *Enciclopédia* devia ter dez volumes, mas a extensão de sua matéria era tal que ela acabará por ter dezessete volumes de texto e onze volumes de iconografias quando concluída (1751-1772). Serão ainda adicionados cinco volumes suplementares e dois volumes de tabelas (1776-1780).

Os fundadores

Diderot, auxiliado por d'Alembert como escritor principal, agrupa, para escrever a *Enciclopédia*, escritores como **Voltaire, Buffon, Montesquieu, Turgot, Helvétius, Holbach, Necker, Marmontel**, e cerca de outros vinte, como colaboradores. **Diderot** já é um escritor experiente quando empreende colocar em volumes o conhecimento de seu tempo. **De 1745 a 1749**, ele publica vários livros corajosos e liberais que o colocam em contato com Voltaire e que lhe valem uma prisão (*Lettre sur les aveugles à l'usage de ceux qui voient*, "Carta sobre os cegos para aqueles que veem", 1749) de três meses na torre de Vincennes. Ele recebe ali visitas frequentes de **Jean-Jacques Rousseau**. Quando sai dali, ele se liga a d'Alembert e eles elaboram juntos o projeto da *Enciclopédia*. Seu objetivo é juntar todas as ciências exatas, os princípios do gosto e os procedimentos de todas as artes. Na realidade, essa publicação é o meio de propagação de novas ideias, por isso é interrompida em 1752 e 1759 por ordem do governo. É **Diderot** que trata de quase toda a história da filosofia antiga, assim como de toda a seção sobre comércio e artes e ofícios. Quando d'Alembert deixa de colaborar, Diderot leva sozinho a direção dessa obra colossal. Quanto a d'Alembert, quando é publicado o primeiro volume da *Enciclopédia*, ele faz do discurso preliminar um hino ao progresso. O sucesso da *Enciclopédia* é enorme, embora d'Alembert a defina como "uma roupa arlequim, na qual existem alguns pedaços de bom tecido e outros de trapo". A *Enciclopédia* é, assim, o primeiro passo no caminho do progresso, consequência que se deve não à teologia, mas à razão.

As ideias

A questão da *Enciclopédia*, da luta filosófica, é a cultura, a civilização. O filósofo, o homem das letras tornaram-se divulgadores. Guiado essencialmente pela razão, seu espírito se liga ao espírito científico. É precisamente esse espírito científico que determina sua conduta. Ele não confunde mais verdade com verossimilhança e se torna adepto de um humanismo em que fé e amor se justificam, não porque o homem é a imagem de Deus, mas porque ele é homem. Ao ideal cristão, acrescenta-se, e se opõe, um ideal terreno, baseado essencialmente na busca da liberdade e da felicidade, e cujo progresso constitui o motor essencial. O grande trabalho dos homens do Iluminismo é restaurar o humanismo. **Guiados pela razão**, eles fundam o essencial de sua moral no homem. O filósofo é concebido nesse sistema como um ideal, um modelo como tinha sido o *uomo universale*, no Renascimento, o *honnête homme* (honesto homem, homem de bem ou cavalheiro) no século XVII, e o será o *gentleman* no século XIX. O honesto homem encarna-se nos outros homens. Mas ele ataca a tradição em todas as suas formas: o Estado, a Igreja, a sociedade, a filosofia, as ciências, a justiça, a educação, o comércio, a indústria. Todo o Antigo Regime é baseado na tradição. Agora, aqui, examina-se, critica-se, não se quer admitir nada que não tenha uma base racional. Não são as instituições que estão em questão, mas o princípio mesmo das instituições.

Sociedade, igualdade e tolerância

Conforme a burguesia se impõe socialmente, o problema da igualdade das classes torna-se mais evidente. A igualdade natural parece ser um mito, enquanto a propriedade é algo que se pode adquirir. Os privilégios relacionam-se a diferentes categorias sociais, dependendo de sua natureza: honoríficos, latifundiários ou financeiros, e não são sistematicamente questionados. **Rousseau** atribui à instauração da propriedade a origem das desigualdades sociais, responsável pela subordinação do homem pelo homem e da alienação de sua liberdade. Ele acha, por outro lado, que nada mais legitima a propriedade, verdadeira infração e usurpação do direito natural. Com o *Contrat social*, ou *Principes du droit politique* (*Contrato Social ou Princípios do Direito Político*) (1762), ele visa a esses limites para garantir igualdade entre os cidadãos. Voltaire, pelo contrário, o patriarca de Ferney, defende a legitimidade da propriedade, vendo nela uma das bases mais seguras de nossa sociedade e a recompensa material dos esforços envidados para tornar melhores as possibilidades de vida. Ele estimula o comércio, a indústria, num espírito de liberalismo total e aprova as suas consequências: enriquecimento dos cidadãos mais ativos, generalização do luxo. **Voltaire** é também o grande emancipador do pensamento moderno. Com *La Henriade* (1728), ele celebra o herói da tolerância em **Henrique IV**. No *Discours sur l'homme* ("Discurso sobre o homem") (1738), tudo é pretexto para continuar a louvar a tolerância. *Mahomet ou le fanatisme* ("Maomé ou o fanatismo") (1741) é uma forma de denunciar o fanatismo cristão, assim como o do mundo de **Maomé**. No espírito da Revolução, a igualdade de direitos deve gradualmente apagar a desigualdade das condições de vida. Os filhos do Iluminismo dão, portanto, um lugar de honra à educação, melhor maneira de melhorar o seu modo de viver. Pela educação, eles acham que restabelecem certa igualdade entre os cidadãos, incentivando o desenvolvimento das faculdades e dos talentos.

A DECLARAÇÃO DOS DIREITOS HUMANOS

A *Declaração dos direitos humanos*, formulada como lei constitucional, foi primeiramente registrada em 1776 no preâmbulo das constituições de vários estados da República Americana. Na França, uma primeira declaração é aprovada pela Assembleia Constituinte em 12 de agosto de 1789, e, em seguida, por essa mesma assembleia na Constituição de 1791 e na Convenção em 1793. Mais tarde, na Constituição do ano III, os direitos humanos são registrados como lei fundamental da sociedade francesa.

CONSTITUIÇÃO DE 24 DE JUNHO DE 1793

Declaração dos direitos humanos e do cidadão:

O povo francês, convencido de que o esquecimento e o desprezo dos direitos naturais do homem são a única causa das desgraças do mundo, resolveu expor, em uma declaração solene, esses direitos sagrados e inalienáveis, para que todos os cidadãos possam constantemente comparar as ações do governo com o objetivo de cada instituição social, nunca se deixem oprimir, degradar pela tirania; de modo que o povo tenha sempre diante dos olhos as bases de sua liberdade e felicidade; o magistrado, a regra de seus deveres; o legislador, o objeto de sua missão.

— Consequentemente, proclama na presença, do Ser Supremo, a declaração seguinte dos direitos humanos e do cidadão.

Artigo 1º — O objetivo da sociedade é a felicidade comum. — O governo é instituído para garantir ao homem o gozo de seus direitos naturais e imprescritíveis.

Artigo 2º — Estes direitos são a igualdade, a liberdade, a segurança, a propriedade.

Fonte: Jacques Godechot, *Les Constitutions de la France depuis 1780* ("As constituições da França desde 1780"), Paris, Garnier-Flammarion, 1970, p. 79-80.

Encontra-se ainda uma dessas declarações de princípio à frente da Constituição de 1840. Elas são, na verdade, fraseados filosóficos, desprovidos de sanção, cuja maioria pode servir ao legislador para fazer, ele mesmo, a sua aplicação. Mas essas declarações são o ponto de partida de uma nova era na história da humanidade. Elas proclamam a igualdade dos cidadãos perante a lei, a liberdade absoluta da consciência e a liberdade individual garantida para todos. A *Declaração dos direitos humanos* é um poderoso fator de unidade nacional ao proclamar a igualdade de direitos do homem e da nação. Os principais direitos de todos os cidadãos são a liberdade, a propriedade, a resistência à opressão, e para a nação, fazer leis, organizar a força pública. A ideia de nação surge e, de acordo com a definição dada por **Sieyès**, "é um corpo de associados que vivem sob uma lei comum, formado pelo direito natural e representado por uma mesma legislatura".[215] A *Declaração dos direitos humanos* é a certidão de óbito do Antigo Regime, não fazendo mais da França esse "agregado constituído por povos desunidos". A unidade nacional é um dos primeiros legados para a modernidade vindos da Revolução; o segundo é a igualdade em todas as áreas. Em 4 de agosto de 1789, a Assembleia aboliu os privilégios, derrubando as velhas estruturas. Um único sistema gradualmente substitui o emaranhado de antigas circunscrições. O mercado nacional é unificado gradualmente graças à eliminação do imposto sobre o sal. A liberdade do comércio e a circulação interna se estabelecem. Mas essa unificação econômica também precisa de um projeto de unificação do conjunto dos pesos e medidas. Em 1790, a partir de uma proposta de **Talleyrand**, adotada pela Constituinte, o metro se torna a base do sistema métrico a partir da medida do arco do meridiano entre Dunquerque e Barcelona. **Lavoisier** também determina uma unidade de peso: o grama. A unificação também acontece no campo da língua. A maior parte dos franceses ainda fala diferentes dialetos, como o languedociano, o basco, o catalão e o flamengo. Assim, são excluídos das grandes correntes do pensamento do mundo intelectual ou político. Da mesma forma, é preciso que a língua francesa se torne língua nacional, a fim de consolidar a unidade da nação. A unidade da República passa obrigatoriamente por uma unidade dos idiomas.

A Convenção dita que todos os atos públicos sejam redigidos em francês e pede ao comitê de instrução pública que apresente um relatório acerca dos meios de publicar uma nova gramática e um novo vocabulário da língua. Cada vez mais, a educação latina é substituída pela educação francesa. O direito francês vai se tornar também nacional. Em 1789, ainda não há um direito uniforme, mas um grande número de leis. Os cadernos de queixas pretendiam substituir os quatrocentos pequenos códigos civis em um código civil único, que regesse pessoas e propriedades da mesma forma. Em setembro de 1791, a Assembleia afirma sua intenção de criar um código de leis civis comum ao reino todo. Ainda que a Revolução não tenha tido a honra de promulgar o *Código civil*, ela legislou sobre todas as questões essenciais que o direito coloca. A Revolução substitui a soberania de um homem pela soberania da nação. Sua grande obra consiste, então, em ter realizado a destruição do poder pessoal.

A MAÇONARIA

A partir de 1717, a maçonaria se torna uma instituição cuja característica era a realização de uma finalidade suscetível de ser propagada por todos os povos civilizados. A passagem da maçonaria medieval à maçonaria especulativa foi ratificada, em 1723, pela redação e pela publicação das Constituições. Fica registrado que a catedral

---

215. Emmanuel Sieyès, *Qu'est-ce que le tiers-état?* [O que é o Terceiro Estado?], Paris, Flammarion, 2009, p. 51.

não será mais um templo de pedra a ser construído, mas que o edifício, que deve ser edificado em honra de um grande arquiteto, é a catedral do universo, ou seja, da própria humanidade. **O que representa a maçonaria no século XVIII?** É uma "sociedade moralizante, geralmente epicurista, que joga com seus mistérios, que só fazem incitar à curiosidade, que talvez tenha sido uma qualidade motriz das mais poderosas do movimento de adesão às lojas em uma época de busca hedonista sem entraves. A multiplicação das sociedades de gostos mais ou menos ritualizados constitui prova disso"[216]. Os historiadores se interrogam acerca do modo de difusão das ideias nas diversas regiões da França[217]. Às vésperas da Revolução, a maçonaria contava com aproximadamente 30 mil membros. Nascido em uma Inglaterra dividida, o texto fundador proíbe, entre outros, toda discussão sobre a política e a religião. Entretanto, o artigo 1º das Constituições de Anderson de 1723 se intitula *Concerning god and religion* ("Sobre Deus e religião") ainda que não se fale de Deus no texto[218]. Assim, pode-se dizer que existiam, no século XVIII, **dois tipos de maçonarias** ou, mais exatamente, duas escolas:

- **a dos maçons racionalistas e humanitários**;
- **a dos maçons místicos**, depositários de uma tradição oculta ligada à mais alta Antiguidade proveniente de uma revelação divina. Eles conferem a suas cerimônias uma significação oculta[219].

---

216. Jacques Brengues, "Les écrivains francs-maçons au XVIIIᵉ siècle" [Os escritores maçons no século XVIII], em La Franc-Maçonnerie et Lumières au seuil de la Révolution française [A maçonaria e as Luzes às vésperas da Revolução Francesa], *Institut d'études et de recherches maçonniques*, 1984, p. 83.

217. Dois elementos de difusão: os autores de obras representam aproximadamente 4 mil escritores, ou 12,5% das lojas: Cazotte, Chamfort, Choderlos de Laclos, Florian, Joseph de Maistre, Montesquieu. Há, portanto, muitos autores menores, e é por meio deles que os conceitos maçônicos puderam ser transmitidos. Seu centro de interesse é o passado e a história representa 17%, maçonaria 15%, política 14% e filosofia 6%. São principalmente fascinados pelos grandes personagens da história, com extensão do culto a personalidade que também se estende a si mesmo, já que há muitas obras autobiográficas. Tudo o que diz respeito ao esoterismo, à simbologia, à alquimia, ao ocultismo, ao hermetismo representa apenas 20% do conjunto dos escritos maçônicos. (Fonte: Jacques Brengues, ibid.)

218. Jacques Brengues, "Origines et originalités des constitutions d'Anderson au XVIIIe siècle", em *Institut d'études et de recherches maçonniques*, 1980, p. 13-21.

219. O mais conhecido desses sistemas maçônicos é o regime dos filaletos, cujo fundador era Savalette de Lange. São desenvolvidas pesquisas sobre a origem dos altos graus, particularmente os Rosa-Cruzes, acerca dos mistérios religiosos que coexistem com a religião cristã.

> **TABELA EXTRAÍDA DAS 56 PRINCIPAIS DATAS DA HISTÓRIA DA MAÇONARIA**
>
> 1717 – As quatro lojas existentes em Londres elegem um Grão-Mestre e se desligam da loja de Iorque para formar uma nova Grande Loja.
>
> 1722 – *Constituições* de Anderson, fundadas a partir do modelo de Iorque.
>
> 1756 – A Grande Loja da França, fundada em 1736, desliga-se da Grande Loja de Londres.
>
> 1760 – Fundação, em Avignon, da Loja-Mãe do rito Swedenborg (iluminados de Avignon) pelo beneditino Dom Pernety na intenção de reformar a religião católica romana.
>
> 1762 – O barão **Hund** introduz, na Alemanha, o regime da Estrita Observância (sistema templário).
>
> 1782 – Fundação, em Lyon, da Loja-Mãe do rito egípcio, sob o nome de Sabedoria triunfante.
>
> 1784 – Fundação, em Paris, de uma Loja-Mãe de adoção da alta maçonaria egípcia. Seu Grão-Mestre é o **príncipe de Montmorency Luxembourg**, o fundador **Cagliostro**.
>
> 1785 – Congresso de Paris, convocado pelos filaletos da loja dos Amigos Reunidos de Paris para desfazer o caos produzido pelos numerosos sistemas introduzidos na maçonaria.

PARA NOVOS SABERES E CULTURAS

A cultura ocidental foi levada aos poucos a forjar uma nova consciência de si. Da simples curiosidade à ciência, o caminho foi longo, coberto de incertezas racionais. O desenvolvimento das ciências exatas e de uma metodologia positivista e experimental contribui também para tornar exatas as ciências humanas. O romance se torna experimental no mesmo nível do que a arte e a história. Os *a priori* culturais ocidentais acabam sendo quase que completamente vencidos pela revelação das civilizações chinesa e indiana. A busca da verdade por meio do conhecimento vai facilitar a instalação da maior parte das disciplinas das ciências humanas, filologia, história, linguística, pré-história, religião comparada. A ampliação do campo das ciências exatas e das ciências humanas tem por consequências imediatas tanto um novo modo de pensamento quanto um novo tipo de sociedade. Já seriamente questionadas pelo estudo de certas leis e da história, as explicações teológicas do mundo sofrem sérios golpes; "o mundo", escreve **Marcelin Berthelot**, no prefácio das *Origens da alquimia* (1885), "é hoje sem mistérios". **O espaço geográfico**, ao se ampliar, transforma as concepções mais profundas da sociedade. Observa-se novamente o infinitamente grande e o infinitamente pequeno. Na América do Sul, **Joseph de Jussieu** e **Alexander von Humboldt** relatam novos conhecimentos: missões na zona polar permitem saber que certas espécies podem viver a mais de 500 m de profundidade. O positivismo de **Auguste Comte**, ao mesmo tempo filosofia e método científico, coloca a história sob a luz dos progressos científicos e esclarece o homem, a sociedade, enquanto objeto histórico e científico.

Numerosos cientistas se inspiram nessa história. A própria história se torna científica. Segundo **Fustel de Coulanges**, a história não é uma arte, mas uma ciência pura e não se deve limitar unicamente aos documentos escritos. A *Introdução à medicina experimental* (1865) de **Claude Bernard** é a segunda contribuição importante no campo metodológico. Ele verifica experimentalmente suas teorias partindo de hipóteses. Da mesma forma, **Pasteur**, graças às repetidas experiências sobre o processo de fermentação, descobre o papel dos micróbios. As ciências humanas se querem também exatas graças à utilização de um método rigoroso. A história vai, portanto, além de seu papel de simples ciência de observação e se aplica na busca de um fio condutor de inteligibilidade, das origens e dos espaços mais distantes até nossa época. A descoberta de novos povos torna necessário o desenvolvimento filológico. Os alfabetos são decifrados: o fenício em 1758; o egípcio, depois das tentativas de **Warburton**[220] (1698-1779), por Champollion (1790-1852) em 1822. A cultura chinesa fascina tanto quando a indiana. Em ambos os casos, as concepções ocidentais em matéria de história da humanidade e da linguística são transtornadas. "A descoberta da unidade indo-europeia vai impor um agrupamento dos conhecimentos que se propagará da linguística à história, à antropologia e à etnologia. A face do *globus intellectualis* será modificada", como coloca **Georges Gusdorf**[221]. Em 1731, o texto inteiro do *Rigveda* chegou à Europa e suas primeiras traduções são feitas de 1785 a 1789. Pela primeira vez, graças à decifração desses escritos, a terra é concebida como um todo e, graças aos orientalistas, pensa-se uma nova concepção e definição da palavra "homem". Além disso, o eurocentrismo é denunciado e não se devem julgar culturas em nome de valores que lhe sejam extrínsecos. A cultura ocidental passa por um sério questionamento, tanto de suas origens históricas como de seus valores fundamentais, e isso constitui uma das partes importantes dos desenvolvimentos das ciências humanas. As grandes explorações se multiplicam. **Cavalier de La Salle** desce o Mississipi e reconhece a Louisiana

---

220. William Warburton, *Essai sur les hiéroglyphes des Égyptiens* [Ensaio sobre os hieróglifos dos egípcios], Paris, Aubier-Montaigne, 1992. Outros pesquisadores que se dedicaram a decifrar hieróglifos: Nicolas Claude Fabri de Peiresc (1580-1637), Athanase Kircher (1602-1680), Bernard de Montfaucon (1655-1741), Jean-Jacques Barthélemy (1716-1795), Georg Zöega (1755-1809).

221. Georges Gusdorf, *Les sciences de l'homme sont-elles des sciences humaines?* [As ciências do homem são ciências humanas?], Paris, PUF, 1995, p. 85.

(1682). **Roggeveen** descobre as ilhas da Páscoa e Samoa (1721), **Bering** cruza o estreito e o nomeia (1728). A exploração das terras não europeias pôs em contato os naturalistas ocidentais com milhares de novas espécies. O acúmulo dessas coletas leva a todas as grandes cidades da Europa a constituição de hortas, herbários, de salas de história natural. A busca de uma nomenclatura e de uma classificação, a fim de nomear e classificar as espécies segundo as mesmas regras, foi para esses naturalistas o primeiro trabalho a ser feito. O sistema implementado por **Carlos Lineu** será progressivamente abandonado em benefício do "método natural". Os organismos são agrupados segundo semelhanças orgânicas. **Antoine Laurent de Jussieu** (1748-1836) aperfeiçoa o método em sua publicação *Genera plantarum secundum ordines naturales disposita* (1789).

AS CIÊNCIAS DOS AMADORES ESCLARECIDOS

Desde a metade do século XVIII, assiste-se a uma troca ininterrupta entre a literatura e a ciência. Às vésperas da Revolução, **Chénier** compõe vastas epopeias que glorificam a ciência. Esta é claramente newtoniana sem, para isso, ter que renunciar ao princípio do cartesianismo. Os estudiosos dessa época são frequentemente amadores esclarecidos, ou homens de letras como **Voltaire**, que construiu, no castelo de Cirey, um laboratório e entregou à Academia de Ciências uma monografia sobre o fogo. **Fontenelle**, ao publicar, em 1686, os *Diálogos sobre a pluralidade dos mundos* e ao expor o sistema copernicano, dera o exemplo. O desejo de conhecer também incentiva os ricos a possuírem um gabinete de física ou de química, coleções de animais, de pedras e de plantas. O abade Nollet, para quem o rei acabara de criar uma cátedra experimental de física no Collège de Navarre, é muito solicitado. Mas também se assiste ao mesmo anseio de conhecimento em torno de gente menos séria. Mesmer e seu barril, que pretendia curar as doenças por meio de magnetismo animal, têm o mesmo sucesso.

As ciências físicas

As hipóteses científicas dessa época não foram confirmadas. A eletricidade é o que, em física, mais fascina os homens desse período. **Benjamin Franklin** constrói o primeiro para-raios depois de ter estabelecido a analogia entre a centelha elétrica e o raio (1760). Três tipos de termômetros foram criados: pelo prussiano **Fahrenheit**, pelo francês **Réaumur** e pelo sueco **Celsius**, que cria a graduação centígrada.

Da evolução humana ao voo do balão

Coordenar e sistematizar as observações anteriores cria, rapidamente, grandes problemas e leva ao nascimento de vastas hipóteses. A necessidade de classificar todas as formas conduz **Lineu** a criar um sistema de classificação dos vegetais. Seu *Systema* *naturae*[222] (1758) é a base unanimemente empregada para a denominação das plantas e dos animais. **Buffon**, então o maior naturalista de sua época, é partidário do método experimental. Ele rejeita as classificações muito sistemáticas, pois, para ele, tudo é nuançado na natureza. Ainda ligado a certas tradições, ele se recusa a acreditar que possa haver uma ligação de parentesco entre o homem e o animal; fixista, ele acredita que os animais foram criados prontos das mãos de um demiurgo. Mas, ao longo de suas pesquisas, ele começa a perceber a ideia de transformismo que seu colega **Lamarck** professa a partir de 1800, como fará mais tarde **Darwin**. Entretanto, Voltaire ridiculariza o início da paleontologia e nega a existência de fósseis, tidos pelos estudiosos da época como "arquivos do mundo". O século XVIII também se apaixona pelo problema da reprodução animal. O italiano **Lazzaro Spallanzani** (1729-1799) evidencia o papel dos germes. O problema da fecundação, resolvido já em 1750 para as plantas, permanece ainda obscuro para os animais. Em 1783, a navegação aérea nasce após a invenção do aeróstato a ar quente pelos irmãos **Montgolfier**. O aparelho fora concebido pelo uso da força ascensional dos gases quentes, mais leves que o ar, a partir das leis de **Laplace** (1749-1827): este havia descoberto os efeitos do calor sobre os gases (dilatação, diminuição do peso). **James Watt** (1736-1819), em 1765, aperfeiçoou a máquina a vapor do barco de Papin. Em 1746, completam-se as máquinas elétricas por meio do uso do contato do vidro e da lã, criando os primeiros condensadores: criam-se baterias de garrafas de Leyde, recipiente de vidro que continha um resíduo de cobre. **A química** foi ainda gerada por uma falsa hipótese, a de um fluido especial, o *flogístico*, que explicava os efeitos dos gases. Os ingleses **Cavendish** e **Priestley** fizeram a análise do ar e descobriram o hidrogênio e suas propriedades; o alemão **Carl Wilhelm Scheele** (1742-1786) descobriu o cloro e encontrou um procedimento de fabricação do oxigênio. O francês **Antoine Laurent Lavoisier** (1743-1794) faz uma análise precisa do ar, faz a síntese e a análise da água e estabelece com **Louis Bernard Guyton de Morveau** (1737-1816), **Claude Louis Berthollet** (1748-1822) e **Antoine François de Fourcroy** (1755-1809) uma nomenclatura dos corpos químicos.

Medicina, barbeiros, cirurgia, psicologia

As grandes epidemias – peste de 1720 em Marselha, varíola de 1770 – ainda eram frequentes no século XVIII. Infelizmente, a única forma de circunscrever a progressão do mal era aplicar a quarentena. As descobertas feitas em biologia e em fisiologia permitiram que a medicina progredisse. Grandes médicos como o vienense **Leopold**

---

222. *Systema naturae per regna tria naturae, secundum classes, ordines, genra species, cum characteribus, differentiis synonymis, locis* [Sistema da natureza, em três reinos da natureza, divididos em classes, ordens, gêneros e espécies, com os caracteres, as diferenças, os sinônimos e as localizações].

Auenbrugger (1722-1809), o italiano **Morgagni** e o francês **François Xavier Bichat** (1771-1802) se esforçam para conduzir tudo à observação direta. A cirurgia também se desenvolve. **Luís XV** funda, em 1735, a Academia de Medicina. Os médicos do século XVIII criticam justamente naqueles do século anterior seu espírito de sistema. A anatomia não faz mais parte das Luzes, ainda que tenham acontecido algumas descobertas sobre os olhos, as doenças do coração ou sobre os gânglios e as mucosas. Duas teorias surgem: o animismo de **Georg Ernst Stahl** (1659-1734), o químico alemão, e o vitalismo de **Paul Joseph Barthez** (1734-1806), médico em Montpellier. O primeiro ensinava que o corpo não passava de um agregado de materiais cuja alma tornava um organismo vivo. Ela cuida da conservação do corpo, as doenças; as falhas do corpo são o reflexo de suas próprias falhas. Barthez substituirá a alma pelo princípio vital. Mas a grande descoberta fisiológica do século XVIII foi realizada por **Lavoisier**. A ele devemos a descoberta do fenômeno da respiração. Ele prova que o sangue das veias, em contato com o ar inspirado pelos pulmões, oxigena-se de novo.

Finalmente, o século também marca a emancipação dos cirurgiões, e sua associação com os barbeiros, rompida em 1743, situa a cirurgia no nível das artes científicas e liberais. O fato mais importante para o século XVIII é constatar que, a partir dessa época, a medicina se constituiu como ciência objetiva do corpo. Considerá-la como o ponto de partida desse fato é compreender que se abriu a uma "linguagem a um campo completamente novo: o da correlação perpétua e objetivamente baseada no visível e enunciável"[223]. A deusa Razão, honrada no final do século XVIII nas paradas revolucionárias, encarna bem o desejo do século de aprender a conhecer, a saber. Ao longo da Idade Média e do Renascimento, certas ciências não progridem muito e Montaigne se questiona acerca da dificuldade de apreender as doenças por meio de seus sintomas. "Como se encontra o signo próprio da doença, cada uma sendo capaz de um número infinito de signos? Quantos debates há entre eles e quantas dúvidas acerca da interpretação das urinas? Como perdoar essa falha, na qual incorrem com frequência, de confundir a Raposa com o Mestre?"[224]. É a partir do século XVIII que os médicos perceberam que um indivíduo era composto de um corpo e de uma alma indissociáveis. **O termo psicologia** existe desde o século XVI, mas seu sentido é restritivo e não designa mais do que uma abordagem do espírito. A palavra não circulará antes do século XVIII na Europa[225]. O corpo ainda é tido, no século XVIII, como a explicação essencial dos distúrbios mentais, que se tornarão completamente fisiológicos no século XIX.

---

223. Michel Foucault, *Naissance de la clinique* [Nascimento da clínica], Paris, PUF, 2009, p. 198-199.

224. *Essais* [Ensaios], tradução em francês moderno por A. Lanly, cap. XIII, Paris, Gallimard, "Quarto", 2009.

225. Sobre esse tema, ver Georges Gusdorf, *L'Avènement des sciences humaines au siècle des Lumières* [O advento das ciências humanas no Século das Luzes], Paris, Payot, 1973

3. AS ARTES NO SÉCULO XVIII NA FRANÇA: UNIDADE E DIVERSIDADE

Apesar de sua aparente unidade de espírito, a arte do século XVIII apresenta formas diversas. Ao longo do período de regência exercido por Filipe d'Orleans, a arte europeia vai evoluir do barroco ao **estilo regência**. O peso suntuoso do barroco se suaviza, as formas angulares cedem lugar às formas arredondadas. Esse estilo chega ao apogeu por volta de 1720. Uma de suas características é a influência da **arte do Extremo Oriente** que os artistas tomam como modelo. Acompanha-se o nascimento das tapeçarias com motivos chineses ou móveis de laca vermelha ou preta. Uma arte de sociedade sucede a uma arte de corte. De fato prefere-se a intimidade, o conforto, as amenidades. A ornamentação plástica é menos importante em volume e se integra melhor à superfície dos edifícios. **Por volta de 1730**, surge uma nova manifestação do gosto pelo estilo ornamental e a decoração interna. O estilo rococó, que costuma ser confundido erroneamente com o estilo barroco, não é mais do que o estilo Luís XV fora da França. Um pouco antes do reino de Luís XVI, o gosto volta ao classicismo, retomando a tradição de Luís XIV, mas em um ritmo mais discreto, com proporções mais harmoniosas e um sentido impecável da medida, o que confere um aspecto um pouco frio.

A palavra rococó, *rocaille*, se inspira na decoração das formas assimétricas das conchas. Os italianos são os especialistas da fabricação do estuque e têm muita inventividade para criar novas formas. A vida mundana se desenvolve mais facilmente na cidade e o cenário tem um papel dominante, tornando-se um componente da felicidade, ao qual essa época aspira. A cidade se torna o centro de uma vida baseada na intimidade e na busca da felicidade. Os aposentos dos apartamentos se reduzem consideravelmente em tamanho, favorecendo a aproximação das pessoas. Na Europa, os artistas se beneficiam do mecenato dos príncipes, como na Alemanha, na Itália, ou dos reis, como na Prússia e na Suécia. **Os mecenas** fazem parte da burguesia; são financistas como Crozat, protetor de Watteau. Todos os grandes mestres se voltam para a Antiguidade em busca de inspiração. Dessa época datam as escavações de Herculano, em 1738, e de Pompeia, em 1748. As *Reflexões sobre a imitação das obras dos gregos em pintura e em escultura*, de **Johann Joachim Winckelmann**, são publicadas já em 1755. De 1770 a 1830 aproximadamente, **o neoclassicismo** é a forma de arte que vai prevalecer na Europa, mesmo que, desde o início do século XIX, seja penetrada pelo romantismo.

A ARQUITETURA NO SÉCULO XVIII NA FRANÇA: RENOVAR A ANTIGUIDADE

A arquitetura neoclássica não buscará imitar uma forma arquitetônica histórica, a ordem antiga, mas busca uma renovação de acordo com o espírito de uma antiguidade entrevista como uma forma de expressão eterna e moderna. Ela adota formas estereométricas elementares: cubos, plantas em forma de estrela, cúpulas, plantas circulares. A arquitetura também tem um papel para o Estado: representar os lugares sagrados da nação, edifícios parlamentares, universitários, arcos de triunfo. No início do século XVIII, os arquitetos vão, sobretudo, construir hotéis particulares para a nobreza, muito menos ligada à frequentação de Versalhes. O peso suntuoso do barroco se torna elegante e leve, as formas curvas cedem espaço às arredondadas. A ornamentação que diminui os volumes se integra melhor às superfícies. Pilastras e semicolunas substituem as colunas adossadas aos muros. O gosto neoclássico servirá para a construção profana, exercendo ao longo do século XVIII uma influência cada vez maior na arquitetura sagrada. **O que caracteriza** a arquitetura desse período é a fusão das contingências espaciais severamente divididas no século anterior. A construção sagrada, ao mesmo tempo que se submete à dominação da cúpula principal, cria salas únicas onde a mobilidade das paredes é obtida por meio do alargamento ou do estreitamento dos planos.

AS TEORIAS DA ARTE DO SÉCULO XVIII

- Johann Joachim Winckelmann (1717-1768) em *História da arte da antiguidade* (1764) e *Reflexões sobre a imitação das obras dos gregos em pintura e escultura* (1755), oferece uma nova definição a partir da contemplação do ideal dos antigos. Ele toma como exemplo o *Apolo do Belvedere*; a bela figura deve ser indefinida, e encontra um cânone fixo entre os antigos que reduz a forma a uma simples caligrafia. A arte grega encarna, para ele, o mais alto grau de perfeição.
- Gotthold Ephraim Lessing (1729-1781). Sua obra, *Do Laoconte*, ou *Dos limites respectivos da poesia e da pintura* (1766), ao contrário da teoria *ut pictura poesis*, que aproxima a pintura da literatura e da poesia, limita as artes plásticas à beleza do corpo, deixando a poesia no campo moral. Ele exclui as artes religiosas criadas com fins não estéticos para privilegiar aqueles que exprimem a beleza visual. É o início da teoria da arte pela arte.
- Étienne La Font de Saint-Yenne (1688-1771) refuta a arte depravada de Boucher e predica o retorno a uma pintura histórica e heroica que deve ser escola de costumes e fonte de educação.
- Charles Nicolas Cochin (1715-1790) se impõe, a partir de 1755, como o ditador das Belas-Artes, desejando o retorno de uma pintura da história e privilegiando o retorno a uma imitação da natureza que deve se tornar a finalidade de toda arte.

> **QUESTÃO DE ESTILO**
>
> - O estilo **regência** se desenvolve entre os estilos Luís XIV e Luís XV durante a regência de Filipe d'Orléans (reino: 1715-1723).
>
> - O estilo *rocaille*, que se desenvolve na metade do século, entra em voga sob Luís XV depois da Regência. Abandona-se a linha reta e se privilegia a linha ondulada e contornada, evocando a forma das conchas e das volutas. Fala-se em estilo rococó para a arquitetura. É na Baviera que ele atinge seu apogeu. Depois, o estilo se difunde na Europa, na Itália e depois no resto da Europa central. Esse fenômeno será favorecido pelo deslocamento dos artistas. Os mecenas não são mais nem a monarquia nem a Igreja, mas os ricos particulares que se tornaram os principais protetores e comanditários dos artistas.
>
> - O **neoclassicismo** se desenvolve de 1750 a 1830. Ele é marcado por um retorno ao antigo, o gosto pelas linhas retas, a ornamentação discreta e a busca da claridade, da simplicidade. De fato, o neoclassicismo se gaba de reatar com a tradição antiga, berço da cultura ocidental. As formas antigas são consideradas como boas e verdadeiras. Historicamente o neoclassicismo se liga, é fato, às Luzes, mas também à Revolução Francesa e à burguesia. Para as Luzes, esse estilo simboliza a crença em leis reconhecíveis, tangíveis. Para a burguesia, os valores e as virtudes cívicas e republicanas por, por meio dessa arte, ela quer simbolizar suas reivindicações. As academias serão utilizadas para propagar a arte e suas técnicas e para garantir a representação de seus grandes princípios éticos.

Poucas construções de igrejas em Paris, mas elas são numerosas no interior: Saint-Sulpice, iniciada por **Le Vau**, continuada por **Oppenordt** (nave e duas portas laterais) e por **Servandoni** (fachada com duas torres, colunata). As grandes realizações arquiteturais ligadas a essa época são o Hotel de Soubise, mais particularmente a decoração em estilo *rocaille* que devemos a **Gabriel Germain Boffrand** (1667-1754), discípulo de **Jules Hardouin-Mansart**. Também devemos a ele, em Lorena, o castelo de Luneville, inspirado em Versalhes. Suas obras teóricas transformaram-no em um dos mestres da arquitetura. **Robert de Cotte** (1656-1735) contribuiu para fazer resplandecer a arquitetura francesa na Europa toda (Baviera, Renânia, Itália, Espanha). Sua obra é importante em Paris, sob Luís XIV e Luís XV: Hotel de Ludes, Hotel d'Estrées, Hotel Bourbon, nova decoração do coro de Notre-Dame. **Ange Jacques Gabriel** (1698-1782) é tido como o melhor arquiteto de Luís XV com a Praça Real (Praça da Concórdia), o Petit Trianon de Versalhes e a École Militaire (Escola Militar). Seus contemporâneos são **Jacques Germain Soufflot** (1713-1780) – Panteão, faculdade de direito de Paris –, e Jean-François Blondel (projeto de urbanização da Praça de Armas de Metz).

A ESCULTURA NA FRANÇA NO SÉCULO XVIII

O século de Luís XVI se caracteriza, no campo da escultura, pelo triunfo da pequena escultura de interiores assim como pelos retratos. Ainda se decoram com estátuas os hotéis particulares e os jardins. Famílias de escultores vão transmitir seu saber.

❖ Esse é o caso dos **Coustou**, sobrinhos de Coysevox, dentre os quais um, **Guillaume** (1677-1746), é o autor dos *Cavalos de Marly* (1743); seu irmão **Nicolas Coustou** (1659-1733) trabalha em Marly e seu filho também se chama Guillaume. Além das dinastias, a época conta, principalmente, com o nome de **Edmé Bouchardon** (1698-1762), autor da fonte da rua de Grenelle (fonte das Quatro Estações), mas também de obras maneiristas (*Amor e Psique*). Depois de 1750, o retorno ao antigo é sugerido.

❖ **Jean-Baptiste Pigalle** (1714-1785) vai responder a essa exigência. Ele sabe unir um estilo sem afetação, inspirado em modelos antigos de gosto nascente dessa época por monumentos funerários. O *Mausoléu do marechal da Saxônia* (1771) é um dos mais impressionantes, com o próprio defunto representado rodeado de figuras alegóricas. Ele está em Estrasburgo, na igreja Saint-Thomas. Bouchardon, em seu leito de morte, havia encomendado sua grande obra: a Praça Luís XV em Paris.

❖ **Étienne Maurice Falconet** (1716-1791) compõe estátuas impressionantes (*Banhista*, 1757, ou a *Estátua equestre de Pedro, o Grande*, 1782) em São Petersburgo. Seu *Relógio das Três Graças* (1770) se destaca do realismo de Pigalle. O tema é mitológico e ele explora com destreza a graça juvenil dos três modelos.

❖ **Jean-Antoine Houdon** (1741-1828) é, sem dúvida, um dos mais importantes escultores de sua época. Ele soube realizar bustos perturbadores de tão realistas e cheios de verdade, e revela as disposições morais do caráter, da psicologia. Da mesma forma, ele se propôs o objetivo de "tornar quase que imperecíveis as imagens dos homens que fizeram a glória e a honra de sua pátria". Com seu *Voltaire sentado* (1781), ele soube retratar perfeitamente a inteligência viva e a malícia do homem de letras. Uma versão está na Comédie-Française e a outra no museu do Hermitage. As representações que deixou de **Diderot**, **Turgot**, **Buffon**, **Malesherbes**, **Suffren**, **La Fayette**, **Mirabeau** e **Napoleão** podem ser consideradas como testemunhos imortalizados daquilo que foram esses grandes homens.

❖ **Augustin Pajou** (1730-1809), discípulo de Lemoyne, decora, entre 1768 e 1770 em Versalhes, o vestíbulo da ópera de Gabriel com seus relevos, mas seus retratos o tornam célebre: *Blaise Pascal, Buffon, Bossuet, Madame du Barry*. Quando da coroação de Luís XVI, ele é confirmado em seu papel de artista oficial, modelando, depois, para a manufatura de Sèvres, uma *Vênus representando o amor* com a deusa representada com os traços de Maria Antonieta.

A PINTURA NA FRANÇA NO SÉCULO XVIII

É na França que a pintura rococó vai atingir seu paroxismo. De fato, ela é favorecida, pois, desde 1750, o rei permite ao público que contemple as coleções do Louvre e do Luxemburgo. Surge a crítica de arte e suas manifestações mais famosas são os *Salões* de Diderot. Três pintores dominam o período: **Antoine Watteau, Jean Honoré Fragonard, Maurice Quentin de La Tour**. Diante do poder estabelecido, a expressão pictural tem apenas uma escapatória: esconder-se por trás de fantasias, dos travestismo, do recurso à mitologia vista não sob o ângulo da glória, mas do divertimento, da licença. Essas encenações fictícias têm por único objetivo dissimular a verdade dos personagens e da vida.

Alguns pintores

❖ **Antoine Watteau** (1684-1721), nascido em Valenciennes, em Flandres, é o mais eminente sucessor de Rubens, a quem encontra quando de sua chegada a Paris, na galeria do Luxemburgo. O *concierge* ou conservador é seu mestre, o ornamentista Claude Audran. Ele se torna amigo de Gillot, pintor de cenas da comédia italiana. Watteau trabalha com lápis sanguíneo, com pastel, com guache, mas o óleo é o que mais utiliza. A cor continua sendo um componente essencial de suas figurações. Pintor das festas galantes, ele representou, como dizia Verlaine, "sob os disfarces fantasiosos", a alta sociedade de sua época, nas festas de cenas de fantasias, com trajes de ópera cômica, com cores claras e luminosas, em paisagens vaporosas e melancólicas. Assim se caracteriza *O embarque para Citera* (1718), do qual existem dois exemplares, o segundo sendo *A ilha de Citera* (1717). Com *A insígnia de Gersaint* (1720), vasta obra-prima executada em oito dias, ele se mostra realista. O objetivo de sua criação era utilitário, porque foi realizado para a loja de um amigo. Presente em numerosas telas, a figura de *Gilles* (1718-1719) dissimula, sob o fundo branco, todos os movimentos da alma, da qual é símbolo. Nessa influência da representação da ilusão, Watteau é aquele que melhor exprime a fugacidade do tempo, particularmente pregnante em *O embarque para Citera*.

❖ **François Boucher** (1703-1770) é influenciado por Ticiano, Veronese e Tintoretto. Primeiramente gravurista, ele se dedica rapidamente à pintura a óleo e ganha o concurso de Roma em 1723. Passa sete anos na Itália, de 1727 a 1734, onde descobre os Carracci e Tiepolo. Desde o seu retorno, ele é aceito na Academia real, onde é professor a partir de 1737 e reitor em 1767. No mesmo ano, ele é nomeado primeiro pintor do rei. Nos quadros paira um ar de *boudoir*[226], de erotismo desenvolto. Diderot ataca suas "bundas bochechudas e coradas". Protegido por Madame de Pompadour,

---

226. Local onde se acordam favores amorosos e/ou se pactua secretamente [N.T.].

amante de Luís XV, ele pinta numerosos retratos dela e recebe muitas encomendas do rei. Pinta em particular para ele o quadro mitológico intitulado *A tomada da Europa* (1747). Pintor oficial, ele é muito criticado por Diderot e pelos enciclopedistas. É criticado, principalmente durante a Revolução, por representar um século XVIII leviano e frívolo. *O Retorno de caça de Diana* (1745) e *O descanso de Diana* (1742) constituem obras-primas. Tudo é suave: o loiro, o azul e o laranja se fundem harmoniosamente para valorizar a tez nacarada da deusa.

❖ **Jean Honoré Fragonard** (1732-1806) é um pintor do final do período rococó, na França, discípulo de Boucher. Boa quantidade de seus quadros constitui uma sequência da comédia libertina dos quadros de seu mestre. Sua obra é testemunho da renovação da temática das festas galantes e da evolução complexa da pintura europeia do século XVIII. A arte de Fragonard se distingue da dos demais, pois ele possui verdadeiramente o que os críticos de seu tempo chamavam de inspiração ou imaginação. É pelos seus dons que pôde se dedicar à arte das paisagens e neles representar uma natureza cara a Rousseau, que anuncia a poesia pré-romântica: *A declaração de amor* (1771), *As banhistas* (1772-1775), *A perseguição* (1773) e *O amante coroado* (1771-1773). A pintura do mestre veneziano Tiepolo exerceu sobre ele uma influência profunda. Seu trabalho permanece acadêmico, pastichando em um mesmo movimento a maneira religiosa dos antigos e a pintura contemporânea de seu mestre, na representação da paisagem italiana. Em *Os felizes acasos do balanço* (1767), tudo participa para criar uma atmosfera de sensualidade: a vegetação luxuriante, as cores tenras que isolam a jovem. Sua mais famosa obra é *A fechadura* (1774).

A arte do retrato na França no século XVIII

Enquanto na segunda metade do século XVII a arte do retrato na França sofrera a influência da abundância absolutista de Versalhes, o desaparecimento do monarca, em 1715, marca uma nova etapa para esse gênero. Essa mudança, que se traduz na arte da pintura pelo gosto renovado pelos tons claros, conduz a uma busca maior pela personalidade no retrato. A profundidade psicológica passa a ser um dos componentes essenciais da arte do retrato. Ele responde igualmente a uma necessidade social, pois qualquer pessoa de qualidade deve ter seu próprio retrato. Ele é exibido ou oferecido como símbolo de amizade. Rousseau queria oferecer o seu a Madame d'Épinay, mas uma rusga entre eles fará com que ele o ofereça ao marechal de Luxemburgo (Charles François de Montmorency-Luxembourg, 1702-1764). Discípulos de **Rubens** e de **Van Dyck**, **Largillière** e **Rigaud** prolongam o ideal de **Charles Le Brun**. Rigaud se especializa no retrato masculino, realçando o poder do modelo, enquanto Largillière se destaca na representação delicada dos tecidos, das rendas. Uma nova técnica aparece a partir da Regência e compartilha o apogeu do desenvolvimento do rococó: o pastel. Na origem dessa moda está a pastelista veneziana **Rosalba Carriera** (1675-1757), que o lança em Paris em 1720.

❖ **Hyacinthe Rigaud** (1659-1743), de Perpignan, é o discípulo oficial de **Van Dyck** mesmo tendo começado a pintar no século anterior. Ele pinta retratos de Luís XIV e de Luís XV criança, e quer garantir a transição.

❖ **Maurice Quentin de La Tour** (1704-1788) é considerado um dos maiores retratistas desse período. O pastel, que era considerado simples desejo, recebe nas mãos de La Tour uma força primorosa e nuanças vaporosas, delicadas, bosquejadas. Em 1737, depois de ter obtido o acordo da Academia, ele expõe no Salão por volta de 150 retratos que fazem sua glória por muito tempo. Ele será retratista do rei até 1773.

❖ **Jean-Marc Nattier** (1685-1766), pintor das belas mulheres, representa *A Princesa de Lambesc* (1749), *Madame Henriette* (1742), *Madame Adelaide* (1750). *Senhorita de Clermont como sultana* (1773), que posaram como ninfas, Minerva, Flora e Diana. A mitologia é apenas um pretexto para a diversão.

❖ **Élisabeth Louise Vigée-Lebrun** (1755-1842) é testemunha de um espírito completamente diferente no qual se declara o sentimentalismo de fim de século. Discípula de Greuze, ela pinta inúmeros retratos de Maria Antonieta. Também é famoso aquele em que ela está representada, vestida de grega com sua filha. O sentimento que se desprende é afetuoso e delicado.

A natureza

A natureza ganha cada vez mais importância, tanto na filosofia como no mundo da pintura. Sua história começa com os pintores de animais.

❖ **Nicolas de Largillière** (1656-1746) tem o sentido do glacê e da transparência em *A bela estrasburguense* ou seu *Autorretrato* (1707).

❖ **Jean-Baptiste Oudry** (1686-1755) também se destaca como paisagista. Nomeado para os Gobelins, ele contribui para a evolução da arte e da tapeçaria. Representa em seus quadros a natureza nas cenas de caça como *Caça ao javali* (1722), *Retorno da caça* (1720) ou em *Paisagens de caça* (1721).

❖ **Hubert Robert** (1733-1808), no entanto, inspira-se nas ruínas romanas da Provence e do Languedoc e muitas vezes compõe paisagens de pura fantasia. No entanto, ele realiza cenas da vida quotidiana, como testemunham seus quadros de Paris, expostos no museu do Carnavalet: *O incêndio na ópera* (1781) ou *A demolição das casas da ponte Notre-Dame* (1786).

❖ **Joseph Vernet** (1714-1789) confere um sentido poético da concepção da paisagem, o que pode situá-lo na linhagem dos pré-românticos. *Os portos da França*

(1753-1765) constituem uma encomenda importante do marquês de Marigny, composta de 24 quadros destinados a contar a vida dos portos.

A vida privada

Outro tema, fora do erotismo ou da natureza, aparece na pintura do século XVIII: **a vida privada ou aldeã**.

❖ **Jean-Baptiste Greuze** (1725-1805) é o melhor representante dessa tendência. Seus quadros com tendências moralizantes encontraram, em Diderot, um apóstolo turibulário e mais particularmente em obras como *O juiz de paz* (1761), *A maldição paterna* (1777), *O filho punido* (1777). "O tema é patético e sentimo-nos invadidos por uma doce emoção ao contemplá-lo. A composição pareceu-me muito bonita: é a coisa como ela deve ter acontecido. Há doze figuras [...] Como elas se encadeiam bem! Como elas se movem em ondulações e em pirâmide!"[227]. **Diderot** só via no quadro um pretexto para um discurso, mas seu gênio está inventando o jornalismo. Só Filóstrato, retórico alexandrino do qual temos escritos[228], havia descrito pinturas com o mesmo entusiasmo.

❖ **Jean-Baptiste Siméon Chardin** (1699-1779) se inspira também no cotidiano. Ele gosta de representar a pequena burguesia, seus vizinhos, as pessoas próximas. Seu quadro *Provedora* é o melhor exemplo disso, assim como *A criança com cachorro* (1738), filho de um joalheiro do bairro. Os restos da refeição traduzem igualmente a imobilidade das coisas familiares. É nos interiores, e não no exteriores mitológicos ou aristocráticos, que Chardin vai buscar a realidade, e não suas imagens convencionais.

A pintura histórica

Essa vai se tornar um dos grandes gêneros da arte pictórica. Seus temas prediletos são as cenas bíblicas, antigas, históricas, religiosas ou mitológicas. Pintores como Fragonard, Boucher, Van Loo e, principalmente, **Jacques-Louis David** e, mais tarde, **Ingres** e **Girodet** trataram desses temas. A revolução estética do neoclassicismo precede e acompanha a revolução política de 1789. A pintura histórica se quer então moral, a serviço das novas ideias.

---

227. Denis Diderot, citado por Geneviève Cammagre, Carole Talon-Hugon, *Diderot: l'expérience de l'art. Salons de 1759, 1761, 1763* [Diderot: a experiência da arte. Salões de 1759, 1761, 1763] e *Essais sur la peinture* [Ensaios sobre a pintura], Paris, PUF, 2007, p. 64.

228. Filóstrato, *La Galerie de tableaux* [A galeria de quadros], Paris, Les Belles Lettres, 1991.

Jacques-Louis David (1748-1825) é discípulo de Joseph-Marie Vien. Prêmio de Roma de 1774, ele adota a teoria do belo ideal neoclássico. Sua primeira obra, *Belisário pedindo esmola*, exposta em Paris em 1781, rende-lhe o ingresso na Academia de Pintura. Com o *Sermão dos Horácios* (1785), permanece na gravidade da tragédia corneliana. Ele se dedica à interpretação de temas ligados à história: *Sócrates* (1787), *Brutus* (1789). Com o sucesso de *O Sermão do Jeu de paume* (1791), ele é nomeado membro da Convenção. Vota pela morte do rei e desempenha um papel importante na administração das artes. Ele pinta os últimos momentos de *Lepelletier de Saint-Fargeau* (1793), os de Marat, *O amigo do povo assassinado* (1793). O Império utiliza seu pincel, e ele se torna o primeiro pintor do imperador: *A sagração do imperador Napoleão* (1805-1807), *Bonaparte no passo de São Bernardo* (1800-1803). Todas as suas obras mostram um desinteresse progressivo pela cor em benefício de uma busca por um desenho de grande clareza.

A MÚSICA NA FRANÇA E SUA INFLUÊNCIA NA EUROPA NO SÉCULO XVIII

A música francesa no século XVIII é o lugar de antagonismos nascidos da exigência de criação de uma música verdadeiramente nacional. A França deve provar que pode criar de maneira original, principalmente no gênero dramático, sem precisar se inspirar em músicos estrangeiros. Assim, Rameau é atrelado a **Lully, Piccinni**, o italiano, a **Gluck**, o alemão. **O drama lírico, a ópera**, o grande gênero por excelência, conhece, entretanto, inúmeros representantes ilustres, dentre os quais **Jean-Philippe Rameau** (1683-1764), autor, entre outros, de *Hipólito e Arícia* (1733), das *Índias galantes* (1735). A ópera cômica se desenvolve com *La Chercheuse d'esprit* "A escavadora de espírito" (1741), de **Charles-Simon Favart** (1710-1792). Entre 1774 e 1779, **Gluck** compõe em francês *Orfeu e Eurídice*, e *Alceste*. Seu rival, **Nicola Piccinni** (1728-1800), replica com *Dido* em 1783. No campo da **música sacra**, **François Couperin** deixa para a posteridade suas *Lições das trevas* (1715). O fim de século, com a Revolução, aclama **François Joseph Gossec** (1734-1829) e Étienne Méhul (1763-1817), autor do *Canto da partida* (1794).

Depois de Paris, **Viena** se torna o primeiro centro europeu da cultura musical na segunda metade do século XVIII. Esse renome se deve a três grandes compositores: **Joseph Haydn** (1732-1809), **Wolfgang Amadeus Mozart** (1756-1791) e **Ludwig van Beethoven** (1770-1827), na origem de uma tradição tão rica quanto densa. Na obra de Haydn, a sinfonia, o quarteto para instrumentos de corda e a sonata para piano ocupam um papel de primeira importância. Ela ilustra a prática musical aristocrática tradicional. Em Mozart, essa tradição se enriquece com outro gênero: a ópera. Beethoven, finalmente, guia a música dos pequenos grupos instrumentais até os extremos da intimidade e da individualização, ao mesmo tempo que mantém a forma de uma execução rigorosa.

4. A LITERATURA NA FRANÇA NO SÉCULO XVIII: AS IDEIAS DOMINAM

A produção literária do século XVIII tem uma nova particularidade em relação aos séculos anteriores: ela aceita ser dominada pelas ideias, por sua aplicação na vida prática e não mais pela poesia. Influenciada por novas descobertas ou redescobertas de obras desconhecidas ou desprezadas, como o caso dos poetas do século XVI mantidos à distância por **Boileau**, ou as inúmeras discussões sobre o belo e o gosto que servem para aproximá-la das outras artes. O próprio teatro, tão prezado no século XVII, é fonte de interrogação; a tragédia perde sua importância, ainda que representada por **Crébillon** (1674-1762) com *Electra* (1708) ou Voltaire com *Zaire* (1732). A comédia se encaminha na direção de uma crítica mais virulenta, ou associada às transformações sociais da época, de Marivaux e de Beaumarchais. O drama burguês faz sua aparição com Diderot, *O filho natural*, *O pai de família*, sob a escrita de uma representação realista. Questiona-se cada vez mais o papel moral do teatro e o papel dos atores (Diderot).

OS ESCRITORES FILÓSOFOS

O *Dicionário da Academia Francesa* (1694) define assim o filósofo: "aquele que se dedica ao estudo das ciências e que busca conhecer os efeitos a partir de suas causas e seus princípios". Segundo essa definição, o filósofo é aquele que questiona a ordem estabelecida e a moral tradicional. De fato, as ideias novas vão adquirir uma importância cada vez maior ao longo do século sobre a vida pública e as formas do governo. **Depois de 1715**, o conceito de filosofia se amplia para se tornar um método universal. Sua essência é constituída pelo espírito de razão e o livre exame que se aplica a todos os campos. Do início ao fim do Século das Luzes, é esse o sentido que se dá mais comumente a essa palavra. A tendência dos escritores franceses das Luzes é a dos filósofos. Longe de se limitar à observação da alma humana, eles favorecem o desenvolvimento das ciências e das técnicas, acreditam no progresso econômico e no das instituições, da saúde e das relações humanas. **O otimismo** é um dos traços fundamentais desse período. Os homens dessa época deixam de lado a tradição em benefício da razão, que permite revelar os abusos e os preconceitos e conduzi-los à felicidade. Eles também fazem a crítica dos abusos da autoridade e às vezes até do princípio que as fundamenta, o absolutismo do direito divino. Eles atacam a intolerância religiosa, mas também os privilégios e a desigualdade social. **Três escritores** (Montesquieu,

Voltaire e Diderot) vão atacar particularmente as taras da monarquia, o gosto pelo desperdício, os atos despóticos, para sublinhar a má gestão econômica, as bancarrotas e preparar assim a grande Revolução do final do século.

Montesquieu (1689-1755)

Charles Louis de Secondat, barão de Brède e de Montesquieu nasce perto de Bordeaux. Ele é eleito para a Academia Francesa em 1728, depois viaja para a Europa e passa um período na Inglaterra de 1728 a 1732. Nas *Cartas persas* (1721), ele retrata a sociedade parisiense da Regência e faz a sátira das instituições. *Do espírito das leis* (1748) é uma obra de sociologia. Ele recomenda nessa obra a divisão dos poderes do Estado em três ordens: o legislativo, o judiciário e o executivo. Fundador do liberalismo político, Montesquieu é tido como um dos precursores da sociologia moderna.

Analisar os governos

Montesquieu se alimenta nas fontes do pensamento aristocrático de **Fénelon** ou de **Saint-Simon** assim como em Locke, de quem transforma o poder federativo em poder judiciário. Conselheiro e depois presidente do Parlamento de Bordeaux, ele já denuncia o absolutismo nas *Cartas persas* em 1721. Aristocrata de fortuna, presidente do Parlamento da Guiana, ele é o iniciador de novo espírito que domina o século XVIII. *Do espírito das leis*, típico da época, centra o seu interesse no homem, seus costumes, seus princípios, sua organização política, sua sociedade. Montesquieu distinguiu, assim como Platão e Aristóteles, vários tipos de sociedade, cada um caracterizado por um tipo de governo.

As "Repúblicas" tratam ao mesmo tempo das democracias e das aristocracias, na medida em que o poder é dividido, enquanto que as "monarquias" incluem também o despotismo, pois se trata de um governo de um só. **O vocabulário político** progride consideravelmente graças à distinção estabelecida por Montesquieu entre a natureza e o princípio de um governo. A natureza é sua estrutura, seu funcionamento, enquanto o princípio é aquilo que determina sua ação. A primeira se manifesta pelos textos de organização, o segundo pelo *corpus* das leis, do direito público. **A república democrática** é, por natureza, o lugar do povo investido de poder soberano. Seu princípio é a "virtude", ou seja, o civismo. Essa forma de governo só convém a cidades-Estados. **A república aristocrática**, por natureza, confia o poder a um grupo restrito. Seu princípio é a moderação, equilíbrio perfeito, mas impossível, entre a influência do povo e a da aristocracia. **A monarquia, por natureza,** confere o poder a um só, fonte de todo poder político e civil. Ela é ajudada por intermediários dependentes, clero, nobreza. Por princípio, ela funciona com base na desigualdade, pela distribuição de honras aos que estima terem servido bem. Ela intervém, então, por meio do favor e do arbitrário. **O despotismo, por natureza**, é regido pelo poder ilimitado de um só, que governa em função de seus caprichos. Seu princípio é o medo, alimentado permanentemente pelas mudanças ligadas às vontades cambiantes do déspota.

Um espírito contestador: Voltaire (1694-1778)

François-Marie Arouet, conhecido como Voltaire, nasce em Paris em 1694. No início de sua carreira literária, ele escolhe um pseudônimo sob forma de anagrama: Arouet le Ieune (Arouet, o jovem). Diferentemente de *Henriade* e de *Zadig*, que conhecem um verdadeiro sucesso em 1728 e 1732, suas *Cartas filosóficas*, ou *Cartas inglesas*, serão, em 1734, violentamente rejeitadas e o obrigarão a deixar Paris para se refugiar em Cirey. Ele vai à corte de Frederico II e publica *O Século de Luís XIV* em 1751 e *Micromegas* no ano seguinte. Depois de discutir com Frederico II, ele se retira para a Suíça perto de Genebra, depois em Ferney. Sua obra é prodigiosamente variada e abundante, sua correspondência contém mais de 10 mil cartas, obras poéticas, tragédias, comédias, romances, contos, escritos filosóficos e históricos. Em todos os seus escritos, encontramos as mesmas ideias: ele ataca a intolerância, a superstição, o fanatismo; ele se declara deísta e amigo do progresso. Os personagens de seus romances servem para demonstrar suas teses. *Cândido* (1759) mostra que não vivemos no melhor dos mundos possíveis. Inimigo do despotismo e partidário da monarquia esclarecida a partir do modelo da Inglaterra, ele traz um método e uma concepção para a história que anuncia as grandes obras do século XIX. Estas dizem respeito à poesia: *O mundano* (1736), no qual, contrariamente a Rousseau, a Montesquieu e a Diderot, Voltaire é um dos raros escritores de seu século a exaltar o gosto pelo luxo. "Amo o luxo, e até mesmo a preguiça, todos os prazeres, as artes de todo tipo, a propriedade, o gosto, os ornamentos". Outras obras múltiplas ilustram o gênio de Voltaire, como os poemas: *Discurso sobre o homem* (1738) ou *Poema sobre o desastre de Lisboa* (1755); os romances e os contos: *Zadig* (1747), *Cândido* (1759); a história: *História de Carlos XII* (1731), *O século de Luís XIV* (1751), *Ensaios sobre os costumes* (1756); os tratados filosóficos: *Cartas inglesas* (1734), *Tratado sobre a tolerância* (1763), *Dicionário filosófico* (1769); o teatro: *Zaire* (1732), *Mérope* (1743), *O órfão da China* (1755).

O mestre do fatalista: Diderot

Denis Diderot (1713-1784). "Eu pensava como um sábio e agia como um louco" resume o início da vida que ele passa entre sólidos estudos junto dos jesuítas e na formação em direito, rapidamente abandonado. Em 1746, o livreiro Le Breton lhe confia a direção da *Enciclopédia*. Depois de uma estadia em 1773, na Rússia, na corte de Catarina II, ele retorna definitivamente a Paris. A maior parte da obra de Diderot é publicada postumamente. Ela é filosófica: *Carta sobre os cegos para uso daqueles que veem* (1749) coloca várias questões indiscretas, dentre as quais o que pode vir a ser a religião de um cego que ignora as maravilhas da criação. Em *Da interpretação da natureza* (1753), ele ataca violentamente a teologia e a filosofia tradicionais. Ele refuta o dualismo cartesiano e as doutrinas espiritualistas. Em *O sonho de d'Alembert* (1769), ele exalta com fervor a natureza viva e o materialismo. Seus dois principais romances são *O sobrinho de Rameau* (1762) e *Jacques, o fatalista* (1773), nos quais se entrega a mil reflexões acerca do destino e da fatalidade que reinam sobre a vida e os amores de Jacques. Ele também escreve peças de teatro: *O filho natural* (1752); *O pai de família* (1758). As inúmeras cartas escritas a Sophie Volland foram redigidas durante o período entre 1759 e 1774.

Tirar proveito de si e ser si mesmo: Jean-Jacques Rousseau

Jean-Jacques Rousseau (1712-1778). "A cada dia, tiro proveito de mim mesmo", escreve em 1738, em um poema de juventude: *Le Verger des Charmettes* (O pastor de Charmettes). Ao final da vida, em 1777, em sua quinta caminhada, ele também nota: "De que se tira proveito em uma situação como essa? De nada externo a si, de nada a não ser de si mesmo". Tirar proveito de si e ser si mesmo vai resumir toda a filosofia que ele segue ao longo da vida. Nascido em Genebra, órfão de mãe, sua educação é deixada ao acaso. Em 1728, ele conhece Madame de Warens. Depois das perseguições a *Emílio* em 1762, acusado de destruir a religião cristã, ele foge e leva uma vida errante, retorna em 1770 para se fixar em Paris. Em 1778, depois de uma última fuga, ele morre em Ermenonville. Ele é um dos primeiros a traçar os caminhos de uma nova literatura. Contrariamente às "ideias filosóficas" e à crença em um progresso novo, ao mesmo tempo moral e científico, ele reivindica "o retorno ao estado natural". Suas ideias, fundadas em um novo sentimento da natureza, anunciam o romantismo do século seguinte. Em *Discurso sobre as artes e as ciências*, ele exalta a bondade original do homem, critica o luxo, a influência corruptora das artes e das letras. Ele impulsiona o pensamento político e ético em novas vias. Suas reformas revolucionam o gosto, primeiramente na música e depois nas outras artes. Ele preconiza um novo tipo de educação para as crianças.

Três obras principais resumem o conjunto de suas convicções e de seus pensamentos. *Du contrat social* (*O contrato social*) (1762) proclama as ideias políticas do autor. Ele é partidário da soberania do povo, confiando o poder a um ou mais organismos especializados por um pacto social. Em troca, o Estado deve ajudar e proteger o indivíduo. Já no livro I, Rousseau compartilha sua intenção de "buscar se, na ordem civil, podem existir algumas regras de administração legítima e segura tomando os homens pelo que são e as leis tais como podem ser"²²⁹. O contrato social começa pela frase de abertura sensacional: "O homem nasce livre e por toda parte está acorrentado". Depois de ter refutado, nos capítulos II a V, as teorias em curso sobre a existência da sociedade e a fundação do direito, ele afirma nos seguintes que, para curar o homem de sua desnaturação, deve-se recorrer a um pacto mais aperfeiçoado: o contrato social. Assim, o homem poderá conquistar a liberdade em um social legítimo.

La Nouvelle Héloïse (A nova Heloísa) é uma ilustração do ideal da natureza por meio do que vivem dois jovens, sem levar em consideração as discriminações sociais. O tema oferece um contraste chocante com O contrato social. Trata-se de encontrar a felicidade doméstica por oposição à vida pública, na família em oposição ao Estado. O casamento da jovem traz a essa paixão os limites do dever conjugal e do dever materno. Émile ou De l'éducation (Emílio ou Da educação) elabora a formação de um homem pelo livre desenvolvimento dos sentidos, da inteligência e da vida afetiva. Pode-se olhar com certo ceticismo esse sistema pedagógico que repousa sobre vários graus progressivos, enquanto que o autor confia a educação de seus cinco filhos à assistência pública. Retomando o mesmo plano que a República de Platão, cinco livros que seguem por etapas as diferentes idades de uma criança até o casamento, Rousseau nos transmite uma filosofia da educação e um romance pedagógico.

As origens da desigualdade

Rousseau inicia seu *Discours sur l'origine et les fondements de l'inégalité parmi les hommes* (*Discurso sobre a origem e os fundamentos da desigualdade entre os homens*) (1755) distinguindo dois tipos de desigualdade: naturais (diferenças na força, na inteligência) e artificiais, quando as convenções regem as sociedades. Ele se propõe a explicar o segundo tipo. Para isso, tenta reconstituir as primeiras fases da experiência humana na terra. Ele sugere que o homem, na origem, não era um ser social, mas totalmente solitário. Os vícios dos homens, diz ele, nascem com a elaboração das sociedades. A aquisição da propriedade marcou um passo na direção da desigualdade, pois é necessário que os homens instituam o direito e governo a fim de protegê-la. Como Platão, Rousseau sempre acreditou que uma sociedade justa é aquela na qual todo mundo está no seu lugar.

Contrato e natureza

É em 1756, com o artigo "Economia política" da *Enciclopédia*, que Jean-Jacques Rousseau oferece seu primeiro escrito político. Seguem-se o *Discurso sobre a origem*

---

229. Jean-Jacques Rousseau, *Du contrat social* [O contrato social], Paris, Bordas, 1993, livro I, p. 59.

e *os fundamentos da desigualdade entre os homens* (1755) e *O contrato social* (1762), que o continua. Admirador de Montesquieu, Rousseau o culpa, no entanto, por não ter construído um sistema político novo, por ter-se limitado a uma descrição das formas de governo já existentes. A sociedade civil se baseia em um ato de violência, de exercício de um poder brutal: "O primeiro que, tendo cercado um terreno, diz: isto é meu, e encontra pessoas simples o bastante para acreditarem nisso, foi o verdadeiro fundador da sociedade civil". Rousseau se parece muito com Hobbes quando diz que, em virtude do pacto pelo qual os homens entram no mundo, a sociedade civil aliena totalmente o homem e todos os seus direitos para toda a comunidade. Rousseau, no entanto, representa esse ato como uma forma de troca de direitos pela qual os homens abandonam os direitos naturais, em troca dos direitos civis.

A sociedade, o mal necessário

No início, enquanto a sociedade não estava constituída, existe uma proporção perfeita entre as necessidades do homem, relativamente modestas, e sua satisfação. Em outras palavras, no estado de natureza, o homem só pode fazer bom uso de sua liberdade. Mas, desde cedo, ele leva em consideração outros homens. Todo estado social é mau porque priva o homem da fonte do bem, que é a liberdade individual. A sociedade se revela então como mal necessário. A evolução seria fazer uma "forma de associação [...] por meio da qual cada um se uniria a todos, obedecendo, no entanto, a si mesmo e permanecendo tão livre quanto antes". A solução é uma alienação da liberdade, não mais em benefício de um só (monarquia), nem de vários (aristocracia), mas de todos (democracia). Precisa-se de um contrato social; todos os membros de uma sociedade se comprometem livremente a seguir a vontade geral.

TEATRO: O JOGO DO SER E DO PARECER

No final do século XVIII, as mulheres aumentaram seu poder sobre as Belas-Letras. É nessa época que o romance reaparece com ainda mais força para conquistar o público sob formas muito diversas e variadas: memórias, contos, narrativas históricas, narrativas romanceadas ou mesmo "empréstimos" de romancistas estrangeiros de sucesso. Dentre os escritores, alguns são portadores dos primeiros signos pré-românticos. Pode-se citar **Cazotte** (1719-1792), amigo de Saint-Martin, que publica *Le Diable amoureux* (*O diabo apaixonado*) (1772), romance que se integra perfeitamente na corrente ocultista da época.

❖ **Marivaux** (1688-1763), Pierre Carlet de Chamblain de Marivaux, nasce em Paris. Ele frequenta desde cedo os salões, dentre os quais o de Madame de Lambert. Ele toma partido dos Modernos e publica uma *Ilíada*. Como resultado da bancarrota de Law, em 1720, arruinado, ele tenta viver de seus livros. Escreve para os atores italianos que acabavam de se instalar em Paris. Do teatro italiano, ele conserva a fantasia do cenário e da ação, o espetáculo poético. Suas melhores comédias são *Le Jeu de l'amour et du hasard* (*O jogo do amor e do acaso*) (1730), *Les Fausses Confidences* (*As falsas confidências*) (1737) e os estudos de sentimentos. Ele também escreve dois romances: *La Vie de Marianne* (*A vida de Marianne*) (1731-1741) e *Le Paysan parvenu* (*O camponês arrivista*) (1735). Sua obra é pouco apreciada por seus contemporâneos, que a julgam obscura. Voltaire o acusava de "pesar ovos de mosca em balanças de teia de aranha". Marivaux só será reconhecido no século XIX.

❖ A obra de Pierre-Augustin Caron de **Beaumarchais** (1732-1799) ilustra o declínio que vai se produzir durante o Antigo Regime. Ao longo da vida, ele teria podido dizer, como seu Fígaro: "Eu vi tudo, fiz tudo, usei tudo". De fato, exerce várias ocupações: relojoeiro, músico, financista, autor dramático, armador, editor... Nas comédias, ele introduz uma sátira explosiva da sociedade do século XVIII: *Le Barbier de Séville* (*O barbeiro de Sevilha*) (1775), *Le Mariage de Figaro* (*As bodas de Fígaro*) (1778).

A POESIA E OS NOVOS GÊNEROS LITERÁRIOS

Se a forma versificada é empregada com habilidade por **Voltaire** em seu poema sobre o desastre de Lisboa, a poesia não se libera do classicismo. É muito particularmente **André Chénier** (1762-1794) que chama atenção. Ele escreve na prisão em Saint-Lazare, entre 7 de março e 23 de julho, suas obras mais importantes: *La Jeune Tarentine* (*A jovem Tarentina*), uma elegia, assim como *iambos* satíricos que visam claramente os jacobinos. Ele já se situa na linhagem dos românticos do século seguinte. O século XVIII inventaria outros gêneros literários como a crítica de arte, Diderot, nos *Salões*, a vulgarização científica, Buffon, em sua imponente *História natural*, o discurso político, Mirabeau, Saint-Just, Danton, Robespierre. **No final do século XVIII**, sob a influência de Rousseau, o sentimento e a emoção adquirem tanta importância quanto a razão.

OS ESCRITORES FISIOCRATAS

Na metade do século XVIII, a França desenvolve uma nova escola de pensamento, baseada em uma relação diferente com a natureza, ao mesmo tempo econômica e política: a **fisiocracia**. O termo é explícito, mesclando a natureza, *phûsis* em grego, e o poder, *cratein*. **François Quesnay** (1694-1774), cirurgião real desde 1723, funda a escola pela publicação de *Tableau économique* (*Código econômico*) em 1758. Nele, desenvolve as teses essenciais dos fisiocratas: a única atividade produtiva é a agricultura, o que faz dos camponeses os únicos produtores verdadeiros. A riqueza então criada deve ser dividida entre os homens; convém instituir um mercado único em que homens e mercadorias circulam livremente. O propósito político dos fisiocratas vai ao encontro da escola filosófica do direito natural, segundo a qual um conjunto de *normas* objetivas em direito deve ser posto em funcionamento para proteger o homem: direito à vida, à liberdade, à propriedade etc. Além de Quesnay, os principais escritores fisiocratas são **Richard Cantillon (1680-1734)**, **Vincent de Gournay (1712-1759)**, **Pierre Paul Lemercier de La Rivière (1719-1801)**, **Anne Turgot (1727-1781)**.

5. A FILOSOFIA NA FRANÇA NO SÉCULO XVIII

> Na França, Bayle, Fontenelle, Voltaire, Montesquieu e as escolas formadas por esses homens famosos lutaram pela verdade usando respectivamente todas as armas que a erudição, a filosofia, o espírito e o talento da escrita podem fornecer à razão; tomando todos os tons, empregando todas as formas: da piada ao patético, da compilação mais erudita e vasta ao romance e ao panfleto do dia [...]; ordenando, em nome da natureza, aos reis, guerreiros, juízes, padres, a respeitarem o sangue dos homens; censurando-lhes com severidade enérgica aquele que sua política ou indiferença ainda não poupasse em combates ou suplícios; finalmente, empregando como grito de guerra: razão, tolerância, humanidade[230].

A filosofia das Luzes é marcada pela vontade de renunciar a uma metafísica explicativa do mundo e do seu movimento em proveito de um pensamento empirista e materialista. As causas e as relações entre as coisas passarão a ser pensadas segundo a ordem e a matéria. O naturalismo adquire os contornos de uma teoria da ciência, antirreligiosa e antimonarquista, e se impregna de uma teoria moral. Como Descartes, os filósofos das Luzes duvidarão de tudo, uma dúvida sistemática que vai tocar todos os campos (história, moral, política, religião), questionando-os. É tempo de experimentação e, assim, também são os herdeiros de Locke e de Newton. Uma tomada de consciência se dá sobre a diversidade e a complexidade da civilização humana, mas também sobre a sua perfectibilidade e a do homem. A dúvida também toca a consciência artística; o belo absoluto não existe. Ao contrário, sua relatividade estará na base de uma reflexão. **Na segunda metade do século XVIII**, o conceito de filosofia define os filósofos que assimilam os conhecimentos de seu tempo e os fazem progredir: assim, o campo de reflexão se amplia e a sociedade e a história se tornam matéria para uma reflexão racional. O filósofo deve também, por sua ação, transformar os homens e a sociedade; a filosofia se define também como uma prática social.

---

230. Condorcet, *Esquisse d'un tableau historique des progrès de l'esprit humain* [Esboço de um quadro histórico dos progressos do espírito humano], Paris, Flammarion, 1998.

FILOSOFIA E CONHECIMENTO CIENTÍFICO

Em "Discurso preliminar" da *Enciclopédia*, escrito em 1751, d'Alembert situa a filosofia no final da evolução do espírito humano, constituindo seu termo. Ele lhe atribui não somente um papel de vulgarização, mas também de fundação da ciência positiva, caracterizada pelo espírito de observação e se opondo ao espírito de sistema. Buffon, quando publica em 1778 *Époques de la nature* ("Épocas da natureza"), distinguindo sete delas, descreve na última os progressos da civilização e adere completamente à ideia de d'Alembert. Ele também julga que o conhecimento científico da natureza permitiria dominá-la melhor. De acordo com ele, "quanto mais ele [o homem] observar, mais ele cultivará a natureza, mais meios terá de submetê-la e mais facilidades para tirar de seu seio as riquezas novas"[231]. Rousseau empregará a palavra "filosofia" nesse sentido. Em *Emílio* ou *Da educação*, ele conclama o verdadeiro filósofo a estudar *in loco* a natureza se quiser fazer uma obra erudita. A influência preponderante de Descartes sobre as ciências vai diminuindo aos poucos em proveito de Newton. Sua obra essencial, os *Princípios matemáticos da filosofia natural* (1687), trata do sistema do mundo, no livro terceiro. Ele estuda o movimento dos satélites em torno dos planetas. Seu pensamento físico é acompanhado de uma teologia. A ordem que ali reina é obra de um ser todo poderoso e inteligente. Suas ideias encontrariam um eco prolongado no século XVIII. Os dois artesãos de sua introdução são **Maupertuis** (1698-1759) e Voltaire. O primeiro introduz a doutrina newtoniana na Academia de Ciências; o segundo foi seu melhor vulgarizador.

UMA NOVA MORAL

Os fundamentos da moral mudaram. Eles não mais parecem necessariamente ligados a uma religião e se apoiam fortemente na razão. Essa moral, que não busca mais seguir os ensinamentos da natureza, encontra sua organização da felicidade. Rejeita-se a moral cristã tanto quanto a moral estoica. O *Discurso sobre o homem* (1738) de Voltaire faz o julgamento da moral austera, estoica, jansenista ou cristã. A nova moral vai contaminar a antiga, e essa é a razão pela qual certos crentes tentarão conciliar religião e prazeres legítimos. Em *L'Indigent Philosophe* (O indigente filósofo) (1727), **Marivaux** persegue esse ideal. A nova arte de viver trata da **busca da felicidade**. As obras sobre esse tema são abundantes. As únicas verdades importantes são aquelas que contribuem para tornar os homens felizes. Turgot, em seu primeiro discurso na Sorbonne, em 3 de julho de 1750, nota que "a natureza deu a todos os homens o direito de ser feliz". As grandes linhas da concepção da felicidade são traçadas a partir de 1740: trata-se menos de tentar mudar o mundo e mais de torná-lo um lugar confortável.

---

231. Georges-Louis Leclerc, conde de Buffon, *Les Époques de la nature* [As épocas da natureza], 1778.

Quanto à moral, ela permanece muito individualista, uma moral da felicidade pessoal. A moral altruísta, a da felicidade social, só adquire contornos depois de 1760. A luta contra a intolerância tem por mestre Locke, que também é um de seus principais teóricos. "Disseram", escreve d'Alembert no *Discurso preliminar*, "que Locke criou a metafísica um pouco como Newton havia criado a física". Voltaire também está na primeira fileira do combate contra a intolerância. *A Henriade* é a epopeia do rei tolerante. As *Cartas filosóficas* (1734) estudam as seitas inglesas, para mostrar os benefícios da tolerância. Enfim, 1717 vê o **início da maçonaria**. A primeira loja francesa é aberta em 1726 em Paris. Os maçons se adaptam à nova moral da existência, repudiando a austeridade, com ágapes e banquetes, reivindicando a liberdade política e certa igualdade. Essa semelhança de ideias e de intenções explica a razão pela qual se costumou apresentar a maçonaria como um dos fatores da propagação das Luzes.

FILOSOFIA E HISTÓRIA

O século XVIII conhecerá a paixão pela história, e o filósofo se verá como historiador. Nela, ele buscará fatos e argumentos para apoiar suas teorias e suas controvérsias. Montesquieu e **Voltaire** escrevem a filosofia da história, cada um com uma intenção diferente. **Montesquieu** (1689-1755) deseja determinar as causas dos eventos históricos em *Considérations sur les causes de la grandeur des Romains et de leur décadence* ("Considerações sobre as causas da grandeza dos romanos e de sua decadência") (1734). Voltaire busca mais raramente as causas e pensa que o acaso costuma ser mestre dos acontecimentos. Ele define, sobretudo, "o espírito e os costumes das nações" e escreve a respeito da Idade Média: "Eu gostaria de descobrir qual era a sociedade dos homens, como se vivia no interior das famílias, quais eram as artes cultivadas, antes do que repetir tantas desgraças e combates funestos objetos da história e lugares comuns da maldade humana"[232]. Entretanto, a história permanece, para esses dois autores, antes de tudo, um meio de luta filosófica. Não se deve somente limitar-se a conhecer o mundo e a sociedade; é preciso também pensar em transformar. A obra histórica de **Montesquieu** o conduz à política. Em *De l'esprit des lois* ("O espírito das leis"), ele se torna filósofo do direito e dos governos. A de **Voltaire** o conduz ao *Dicionário filosófico*. Ele passa de um quadro do governo inglês à reivindicação da liberdade. A história, para ele, deve servir à formação social e política do homem de bem. A filosofia vai se especializar por meio da utilidade social. Esse objetivo prático da filosofia é definido por **Buffon** na sétima das *Épocas da natureza* (1778). Entretanto, ninguém melhor do que **Condorcet** (1743-1794) caracterizou ao mesmo tempo o ideal e o combate dos filósofos.

---

232. Voltaire, *Essai sur les mœurs et l'esprit des nations* [Ensaio sobre os costumes e o espírito das nações], vol. 3, cap. LXXXI.

FILOSOFIA: O SENSUALISMO OU A SENSAÇÃO TRANSFORMADA

❖ Étienne Bonnot de Condillac (1714-1780). Nascido em Grenoble em 1714, ele vive, a partir de 1740, em Paris, onde frequenta Diderot e Rousseau. De 1758 a 1767, ele é preceptor do filho do duque de Parma. Depois, retorna a Paris antes de se retirar na abadia de Flux (Beaugency). Morre em 1780. Suas principais publicações são: *Essai sur l'origine des connaissances humaines* (*Ensaio sobre as origens dos conhecimentos humanos*) (1746); *Traité des systèmes* (*Tratado dos sistemas*) (1749); *Traité des sensations* (*Tratado das sensações*) (1754); *Traité des animaux* (*Tratado dos animais*) (1755); *Cours complet d'instruction* (*Curso completo de instrução*) (1775). Duas obras póstumas: *La Logique* (*A lógica*) (1780) e *La Langue des calculs* (*A língua dos cálculos*) (1798). Condillac se inspira em Locke, mas, enquanto este último aponta a sensação e a reflexão como origem das ideias, ele não admite mais do que a sensação pura e, enquanto tal, preconiza um sensualismo integral. Ele não tira do sensualismo conclusões materialistas, como farão **La Mettrie** (1709-1751) ou ainda seus discípulos, chamados de ideólogos: **Cabanis** (1757-1808), **Destutt de Tracy** (1754-1836). Condillac se inspira no pensamento de Locke mais substitui o empirismo pelo sensualismo, doutrina que se apoia em um sistema que ele chama de sistema "da sensação transformada".

– Pensamento e sensação

A única fonte de nosso conhecimento para Condillac é a sensação. Contrariamente a Locke, para quem a sensação e a reflexão são duas fontes de ideias, Condillac conserva apenas a sensação e considera que a reflexão não é mais do que a sensação que sente a si mesma. Nessa sensação entram, por composição, sensações de origens diferentes: atenção memória, comparação, juízo, reflexão. Ele apoia sua demonstração no exemplo da estátua "organizada no interior como nós e animada por um espírito privado de todas as espécies de ideias". Apenas pela combinação de suas sensações, ela adquire o conhecimento humano. A sensação representativa que sente a si mesma é a reflexão. Uma sensação dominante é a atenção; a dupla atenção é a comparação. A atenção dada a uma atenção passada é a memória. Assim, da sensação afetiva resultam a dor e o prazer. O desejo é o ponto de partida de todas as metamorfoses do sentimento; seu ponto de chegada é a vontade, desejo sem obstáculo.

– O eu

A definição do homem tirada desses princípios é a seguinte: "O eu de cada homem é apenas a coleção das sensações que ele experimenta e daquelas que sua memória relembra; é a consciência do que ele é, combinada com a recordação do que ele foi"[233].

---

233. É. de Condillac, *Œuvres complètes* [Obras completas], 23 vol., Paris, 1798; 31 vol., Paris, 1803; 16 vol., Paris, 1882.

CAPÍTULO XII
A INGLATERRA NO SÉCULO XVIII

1. A INGLATERRA NO SÉCULO XVIII

Ana I (1702-1714) reina delegando o poder a seus ministros, principalmente ao influente **John Churchill**, duque de **Marlborough** (1650-1722), que comanda o exército na guerra de Sucessão da Espanha contra a França. Quando de sua morte, um bisneto de Jaime I sucede-lhe, **Jorge I** (1714-1727). Eleitor de Hanôver, ele é o primeiro soberano dessa nova dinastia. Príncipe alemão, ele não fala inglês e se recusa a aprender, o que o torna impopular. É sob seu reino que a função de primeiro-ministro teria sido instituída na Inglaterra. Seu filho, **Jorge II** (1727-1760) sucede-lhe. A oposição entre os dois homens era publicamente notória e engendra cenas violentas. Ele se lança na guerra de Sucessão da Áustria, ao mesmo tempo para apoiar Maria Teresa da Áustria e para socorrer Hanôver. Ele é alvo, como seu pai e a rainha Ana antes dele, de complôs dos jacobitas, católicos ingleses que queriam recolocar no trono o neto do rei destronado em 1689, Jaime II, **Jaime Francisco Stuart** (1688-1766), e depois seu filho **Carlos Eduardo Stuart** (1720-1788). Este último desembarca na Escócia em 1745 e toma Edimburgo. Mas é derrotado na batalha de Culloden (16 de abril de 1746) pelo filho de Jorge II, **William August, duque de Cumberland** (1721-1765). Essa derrota marca o fim de qualquer esperança de restabelecimento dos Stuart. O final do reino é marcado pela expansão britânica na Índia. Jorge II morre em 25 de outubro de 1760. **Jorge III** (1760-1820) pretende reinar sozinho e não segundo a política do primeiro-ministro e do parlamento. O início do governo se ilustra pelo sucesso contra a França, que perde aos poucos todas as suas colônias na América do Norte. Mas o rei se mostra autoritário demais e substitui rapidamente os primeiros-ministros. As *Cartas de junho* (1769), panfleto apoiado pelo Parlamento, são um violento ataque à sua forma de governar. Em 1775, eclode a guerra contra os colonos da América. Ela se conclui pela assinatura do tratado de Versalhes (1785), que reconhece a independência dos novos

Estados Unidos da América. Politicamente enfraquecido, o rei não pode fingir que continua decidindo sozinho. **William Pitt, o Jovem** (1759-1806) é nomeado primeiro-ministro. Chamado a ocupar esse posto até a morte, ele exerce uma influência fundamental e estabelece firmemente suas prerrogativas em matéria de política interna, de finanças e de comércio. A saúde de **Jorge III** declina a partir dos anos 1780 e o rei, manifestando uma grande confusão mental, é incapaz de pronunciar o discurso do trono. Pitt encabeça o parlamento, manda adotar as disposições que permitem, quando das ausências do rei, que seu filho, o príncipe **Frederico de Iorque** (1763-1827), exerça as funções de príncipe regente. O país deve, então, afrontar as guerras revolucionárias e, depois, napoleônicas contra a França, entre 1793 e 1815, assim como uma revolta na Irlanda. Pitt é substituído várias vezes, mas sempre chamado novamente a seu posto de primeiro-ministro. A partir de 1811, Jorge III não tem mais condições de reinar. Uma regência é confiada, até sua morte, a seu primogênito, o príncipe de Gales. Cego e surdo, isolado em sua incoerência mental, **Jorge III** morre em 29 de janeiro de 1820. Seu filho, Jorge IV (1820-1830) é seu sucessor.

2. A ARTE INGLESA NO SÉCULO XVIII: INSPIRAÇÕES VINDAS DE LONGE

É viajando que os intelectuais ingleses vão buscar inspiração na arte do renascimento italiano ou consultando desenhos e gravuras. A influência barroca vinda de Versalhes também cumpre seu papel. A *Pesquisa filosófica sobre a origem de nossas ideias do sublime e do belo*, de 1757, obra de **Edmund Burke** (1729-1797), tem um impacto importante sobre a arte da época por fundar a primeira oposição sistemática do sublime ao belo.

A ARQUITETURA NA INGLATERRA NO SÉCULO XVIII

Pouco sensível ao barroco, a arquitetura inglesa dessa época busca inspiração em Palladio. **Robert Adam** (1728-1792) e seu irmão **James** (1730-1794) se inspiram nas antiguidades gregas e latinas que visitaram em Pompeia. Sua arquitetura retraduz todas as tendências, gosto das pilastras coríntias ou jônicas, fustes decorados com arabescos. Eles dão seu nome a uma decoração de estilo pompeiano. Sir **John Soane** (1753-1837) contribui para o desenvolvimento da moda dórica. Os móveis de **Thomas Chippendale** (1718-1779) alcançam, dado o sucesso, uma vasta difusão na Inglaterra e no exterior. Suas obras, principalmente em acaju, constituem uma interpretação livre dos temas *rocaille* góticos. As penteadeiras ou as cômodas têm uma decoração exuberante que será mais equilibrada para os móveis de uso frequente. Seu estilo domina até a chegada do estilo neoclássico de Adam. No final do século se impõe o **jardim à inglesa**, de aspecto mais excêntrico com trilhas sinuosas, lagos, pontes rústicas e bosques. **William Chambers** (1723-1796) traz uma contribuição importante à arte dos jardins. Sua concepção dos jardins com paisagismo se enriqueceu depois de uma viagem à China. Os jardins de Bagatelle, realizados em 1777 pelo inglês **Thomas Blaikie** (1758-1838), inspiram-se diretamente nele.

A PINTURA INGLESA NO SÉCULO XVIII

Segundo Ruskin, **Richard Wilson** (1713-1782) teria sido o primeiro grande paisagista inglês. Por ter passado muito tempo na Itália, ele nos legou vistas do interior romano, paisagens do país de Gales, a *Vista de Snowdon*. Sua obra pioneira, que trabalha com a luminosidade do céu, o escalonamento dos planos, permite que a paisagem se imponha como gênero pictural.

❖ **William Hogarth** (1697-1764), também gravurista, conhecerá o sucesso com suas estampas e suas pinturas em um país que está começando a ver o surgimento da democracia parlamentar. Ele será um pintor por vezes engajado, pois a pintura deve ter um papel moralizante, mas retratando a vida quotidiana e os costumes, com *Casamento na moda*, *Crianças representando junto a John Conduitt*, *A refeição no albergue*, ou retratista renomado, com *Lord George Graham na sua cabine*. O que diferencia Hogarth dos outros pintores de sua época é que estes últimos continuaram realizando retratos na tradição instaurada por Van Dyck. Ele foi também o autor da *Análise da beleza*: livro sobre a arte, destinado a fixar as ideias vagas que se tem do gosto, em 1753.

❖ **Joshua Reynolds** (1723-1792) deve muito a Hogarth. Ele fica de 1750 a 1753 na Itália, principalmente para conhecer as obras de Michelangelo. De volta à Inglaterra, é rapidamente requisitado pela corte como retratista. Suas obras, com exceção de alguns retratos, apresentam mulheres frívolas e levianas (*Miss Siddons personificando a musa da tragédia*, 1784). Retratista oficial de todos os personagens notáveis de seu tempo, Reynolds foi muito atraído por uma pintura mais imaginativa. Ele pinta então figuras de crianças como, por exemplo, *A idade da inocência* (1788). É um dos grandes coloristas do século XVIII inglês.

❖ **Thomas Gainsborough** (1727-1788), assim como Reynolds, é um retratista de grande talento, mas não se dedica exclusivamente a esse gênero. Ele pinta, entretanto, a família real, com oito retratos de **Jorge III**. Em 1768, ele aparece entre os 36 membros fundadores da Royal Academy. Sua obra é de grande originalidade. Ele soube sublinhar as características psicológicas pintando rostos (*As irmãs Linley*, 1772). Ele também pode ser melancólico e solene com *A charrete do mercado* (1786), quando evoca o interior inglês.

❖ **Joseph Mallord William Turner** (1775-1851). Oriundo de um meio modesto – seu pai era barbeiro –, Turner fará uma série de viagens decisivas para sua formação em Kent, na Escócia, e ao continente europeu em 1802. Ele pinta algumas marinhas muito fortemente inspiradas na tradição holandesa do século XVIII. É a partir de 1800 aproximadamente que a qualidade de sua pintura explode no que diz respeito à luminosidade da atmosfera ambiente (*Dido construindo Cartago*, 1815, *O incêndio do Parlamento*, 1835). Ele também vai empregar as forças da natureza para dar uma potência suplementar a suas paisagens. No conjunto de sua obra, ele privilegiou luz e cor. Suas composições cada vez mais fluidas sugerem espaço e movimento.

3. A LITERATURA INGLESA NO SÉCULO DAS LUZES

A contribuição literária inglesa é essencialmente composta de romances e de poemas, além das obras do historiador e filósofo Hume. O período da rainha **Ana** (1702-1714) é clássico, no sentido francês do termo. O romance é dominado pelo realismo. O sucesso de *Robinson Crusoé* (1719), de Daniel Defoe (1660-1731), foi imenso na Inglaterra, com uma espécie de odisseia inglesa e protestante. **Jonathan Swift** (1667-1745) deixou, à sua semelhança, uma obra apaixonada, violenta, impressionante e transbordante de amargor. Com o *Conto do barril* (1704), ele se entrega a uma sátira violenta do homem, da ciência, da sociedade. *As Viagens de Gulliver* (1721) são uma sátira ainda mais impiedosa do governo político e da sociedade inglesa.

Depois de 1730, um movimento pré-romântico se fortalece. No sentido oposto, desenvolve-se o romance realista, no qual o herói deve superar dificuldades em um mundo perfeitamente materialista. A principal obra representativa dessa tendência é *Tom Jones* (1749), de **Henry Fielding** (1707-1754). Quanto ao repertório teatral, o primeiro lugar cabe à comédia de costumes. Assim, a *Escola da maledicência* (1777), de **Richard Brinsley Sheridan** (1751-1816), denuncia um Tartufo inglês. **Samuel Johnson** (1709-1784) é o crítico literário mais conhecido de sua época. A poesia pré-romântica é ilustrada pelas obras de **Macpherson** (1736-1796), que publica as pretensas tradições do bardo Ossian. **William Blake** (1757-1827) é ao mesmo tempo poeta, pintor e desenhista. Místico e solitário, ele medita sobre a alma humana por meio de um mundo pleno de alucinações e de sonhos.

4. A FILOSOFIA INGLESA DAS LUZES
OS DISCÍPULOS DO EMPIRISMO: GEORGE BERKELEY (1685-1753)

Ele quis combater, com seus escritos apologéticos, os descrentes, os ateus, os céticos. Para ele, são todos materialistas. É a razão pela qual ele desenvolve sua ideia, segundo a qual o mundo não tem nenhuma substância ou realidade material em si: é o imaterialismo. Ele não passa da ideia do espírito: o idealismo. O papel de Berkeley consiste em ter consolidado, na história da filosofia, uma argumentação suficiente e necessária à escola idealista até nossos dias. O termo idealismo dogmático lhe é conferido por Kant, pois Berkeley qualifica sua doutrina de "imaterialismo".

George Berkeley nasce na Irlanda em 1685 em uma família de origem inglesa. Ele frequenta, desde os quinze anos, o Trinity College, depois, por volta de 1700, a Universidade de Dublin, onde é professor de grego, hebraico e teologia. De 1713 a 1720, ele viaja para a Itália e para a França, redigindo, durante esse período, um livro de anotações, o *Commonplace Book* (*Livro dos lugares comuns*), e, em 1709, um *Ensaio sobre uma nova teoria da visão*. O ano de 1710 marca a publicação de sua principal obra: *Tratado sobre os princípios do conhecimento humano*, e 1713 dos *Diálogos entre Hylas e Philonous*. Em 1728, ele se muda para Rhode Island, onde se casa e fica por três anos. Nesse meio-tempo, ele concebe o projeto de ajudar a evangelizar a América fundando um colégio nas Bermudas. Ele redige, em 1731, *Alciphon ou o filósofo minuto* contra os livres-pensadores. Depois, sem recursos, ele volta à Inglaterra e, em 1734, é nomeado bispo de Cloyne. *Siris*, de 1744, é de fato uma receita farmacêutica que ele emprega como remédio com sucesso quando de uma epidemia. É a ocasião de elogiar as virtudes benéficas e de fazer especulações estranhas sobre a ação divina na natureza. Em 1752, doente, ele se retira para Oxford, onde morre em 1753.

A doutrina: método crítico do imaterialismo

Berkeley, ao chamar de "imaterialismo" sua doutrina, significa por esse termo a negação de toda substância material. Ao demonstrar que essa natureza não existe, matéria, de acordo com alguns, na qual todas as coisas se originam, ele consegue estabelecer melhor a existência de Deus. De fato, ao se acreditar na matéria, não se pode crer em outra coisa, o que é a base do materialismo. As consequências morais são imorais. Ao se acreditar na matéria e em Deus, há o problema do dualismo, que nos impede de separar a natureza de Deus, e acontece o fato de se ver Deus na matéria, base do panteísmo. Berkeley suprime a matéria para que nos sintamos mais diretamente em contato com Deus. Para chegar a essa conclusão, ele emprega um método crítico que visa a evidenciar as ideias, tentando, por meio da filosofia, apresentar-nos as "ideias nuas". A linguagem ajuda a manter as ilusões veiculadas pelas ideias, mas ainda é preciso fazer uma separação entre as palavras e as coisas. Sua crítica da linguagem conduz à das ideias abstratas. Ele nega sua existência e até mesmo a possibilidade de concebê-la. É a linguagem que está em sua origem, pois uma ideia é sempre particular em si e a linguagem a torna geral quando "se toma [a ideia] para representar todas as outras ideias particulares". Daí decorre o imaterialismo, pois o que os outros filósofos chamam de "substância" ou "matéria" não é mais do que ideias abstratas. A cor só existe para aquele que a vê. Basta suprimir o sujeito sensível para o mundo ser suprimido. As qualidades primárias são: solidez, forma, alcance, movimento, tão subjetivas quando as qualidades secundárias, e só existindo por meio de percepções dos sujeitos que as concebem. Locke admite as qualidades secundárias, mas nega as primárias. Se o imaterialismo se resume a ser uma crítica do conhecimento que permite chegar à negação da matéria, é também uma doutrina metafísica.

A doutrina metafísica

A doutrina de Berkeley se define como um espiritualismo. Nem sempre somos a causa de nossas percepções, de nossas ideias, que são inertes e passivas. Deve-se buscá-la no autor do mundo sensível: Deus. Um tipo de linguagem que existe na natureza permite conhecer seus atributos fazendo de Deus a causa direta e necessária de nossas sensações. Tudo é espírito e o mundo é apenas a linguagem de Deus. Em *Siris*, ele se aventura um pouco mais na metafísica, dissertando ao mesmo tempo sobre Deus, sobre o éter, sobre os arquétipos. A purificação interna é o meio de acesso a uma intuição das ideias divinas, indo além do simples conhecimento do sensível. É assim que o éter, fogo muito puro animado pelas ideias, concentra-se na água de alcatrão e lhe transmite efeitos benéficos.

CONTRA O INATISMO: DAVID HUME

Depois de ter feito uma crítica do inatismo, o objetivo essencial de Hume (1711-1776) é uma crítica do princípio de causalidade para chegar à condenação de toda metafísica. Ele só acredita na experiência; deseja edificar uma ciência da natureza humana e apreender assim tudo o que acontece no homem.

Nascido em Edimburgo em 1711, ele passa três anos em La Flèche, onde redige sua primeira obra, *Tratado da natureza humana*, que é publicada em Londres entre 1739 e 1740. A partir dessa data, pouco encorajado pela falta de sucesso de sua vasta obra em três volumes, ele escreve ensaios curtos sobre temas diversos, englobando a política, a literatura, a psicologia e a religião. Seus principais ensaios são *Ensaios de moral e de política* (1741), *Ensaios filosóficos sobre o entendimento humano* (1748), *História da Grã-Bretanha* (1754) e *História natural da religião* (1757). Em 1763, ele passa um período na França, onde entra em contato com o grupo dos enciclopedistas. Depois volta à Inglaterra e ocupa um cargo na diplomacia. A partir dos anos 1769, ele se retira para Edimburgo, onde morre em 1776.

Sua doutrina

A origem das ideias

"Podemos então dividir todas as percepções do espírito em duas classes ou espécies que se distinguem por seus diferentes graus de força e de vivacidade. Costuma-se nomear percepções menos fortes e menos vivas, ideias ou pensamentos. A segunda espécie ainda não tem uma denominação comum. [...] Permitam-me usar aqui de uma pequena liberdade e de nomeá-las impressões"[234]. Hume resume as percepções humanas a dois gêneros bem-definidos: os pensamentos e as impressões. As primeiras são percepções fracas, as segundas fortes. Para verificar a realidade de uma ideia, basta precisar a impressão da qual deriva. Depois de ter analisado os estados físicos, ele tenta descobrir as leis que estão na origem da síntese desses elementos. Ele descobre três princípios: "Para mim, parece que há apenas três princípios de conexão entre as ideias, a saber: a semelhança, a contiguidade no tempo ou no espaço e a relação de causa e efeito"[235]. Assim, semelhança, contiguidade e relação de causa a efeito constituem os três princípios necessários para a conexão das ideias. Ora, "não é a razão, mas a experiência que nos instrui sobre causas e efeitos".

O princípio de causalidade

O princípio de causalidade não é óbvio *a priori*. Se fundirmos o gelo com o calor, na verdade nada nos permite predizer que haverá efeito, a não ser que afirmemos esse elo de sucessão em virtude do hábito e dos costumes aos quais nos referimos. Se esperarmos ver que tal coisa terá tal ação sobre outra, é porque estamos acostumados a vê-lo. Assim, o princípio de causalidade não pode ultrapassar e ir além do plano da experiência. Toda metafísica se encontra então condenada. A própria razão será reduzida a um conjunto de hábitos.

O ceticismo

O ceticismo que Hume prega nada tem a ver com o dos antigos. "Há um ceticismo mitigado, uma filosofia acadêmica que pode se tornar duradoura e útil; ela pode ser o resultado do pirronismo ou do ceticismo exacerbado, depois que o bom senso e a reflexão reformaram suas dúvidas universais"[236]. Nada, fora de nossas impressões, nos é cognoscível, com exceção a nossas percepções, como já apontam **Locke** e **Berkeley**. É então um ceticismo moderno que Hume elabora, um sistema baseado no estatuto das relações e sua exterioridade. O ceticismo antigo, segundo ele, havia edificado suas teorias levando em consideração a variedade das aparências sensíveis e os erros de sentido. Sua pesquisa acerca do conhecimento chega então a uma crítica que confunde

---

234. David Hume, *Essais philosophiques sur l'entendement humain* [Ensaios filosóficos sobre o entendimento humano], I, ensaio II, tradução francesa de Philippe Folliot, Paris, Vrin, 2002, p. 133.

235. Ibid.

236. Victor Cousin, *Histoire générale de la philosophie depuis les temps les plus anciens jusqu'au XIXe siècle* [História geral da filosofia desde os tempos mais antigos até o século XIX], Paris, Didier, 1872, p. 49.

ceticismo, fenomenismo e subjetivismo. O primeiro objetivo do ceticismo moderno é descobrir as crenças ilegítimas, aquelas que não são suscetíveis de justificativa filosófica ou que não oferecem probabilidades. Em outras palavras, deve-se "limitar nossas pesquisas a temas que são adaptados à estrita capacidade de nosso entendimento". Quanto à metafísica, é "a região dos sofismas e da ilusão".

CAPÍTULO XIII
A ITÁLIA NO SÉCULO XVIII

1. AS PRINCIPAIS CIDADES ITALIANAS E OS ESTADOS PONTIFICAIS ATÉ O SÉCULO XVIII

VENEZA DO SÉCULO XVI AO XVIII, DA CRISE À DOMINAÇÃO FRANCESA

Em setembro de 1504, o tratado de Blois une, contra Veneza, **Maximiliano de Habsburgo** (1508-1519), imperador romano-germânico; **Luís XII** (1498-1515), rei da França; e o Papa **Júlio II** (1503-1513). O imperador ataca as tropas venezianas, mas é derrotado. A Liga de Cambrai de 1508 agrupa os mesmos já citados com Aragon, Inglaterra, Savoia, Mântua e Ferrara. Veneza é vencida em Agnadel, em maio de 1509, pelos franceses. Ela tergiversa com habilidade, valendo-se do medo que seus vencedores sentem de ver um deles tirar benefício sozinho do seu rebaixamento. Os franceses são rechaçados em 1514. Entretanto, a cidade de Veneza é cercada por potências hostis e os otomanos tomam parte do império marítimo veneziano: Chipre cai em 1571, Creta em 1669 e Moreia em 1718. O apagamento político é compensado pela brilhante vida social e cultural. O carnaval dura seis meses, as artes florescem. Entretanto, nada pode impedir a tomada da cidade por Bonaparte em 12 de maio de 1797. A independência de Veneza é perdida.

A FLORENÇA DOS MÉDICIS (SÉCULOS XV-XVIII)

Depois da revolta de Ciompi, um governo oligárquico domina Florença entre 1382 e 1434. Nessa data, **Cosme de Médici** (1389-1464) retorna a Florença depois de um exílio, confisca o poder em seu proveito, mantendo habilmente a fachada das instituições republicanas, e abre a era da senhoria dos Médicis. Em 1469, seu neto **Lourenço, o Magnífico** (1449-1492), toma as rédeas do destino da cidade. Mecenas famoso, príncipe opulento, dá a Florença um desenvolvimento europeu. Mas deve contar com as rivalidades das outras grandes famílias florentinas. Em 1478, quando da conjuração dos Pazzi, Lourenço escapa de uma tentativa de assassinato, mas seu irmão Juliano perde a vida, na catedral. Pouco após a sua morte, o dominicano **Jerônimo Savonarola** (1452-1498) impõe a Florença os rigores fanáticos de sua ditadura teocrática. Ele manda queimar livros e obras de arte, submete a população a um controle moral dos mais estritos, ataca a igreja por sua riqueza e seus vícios. Preso, ele é queimado em 23 de maio de 1498. De volta ao poder em 1512, os Médicis são expulsos em 1527 pelos florentinos. Como em 1512, o imperador os impõe novamente em 1530, no âmbito do ducado de Florença. Eles se tornam, em 1569, grão-duques da Toscana. Florença anexa Siena. Em 1737, a dinastia chega ao fim por falta de descendente. O esposo da imperatriz da Áustria, **Maria Teresa** (1740-1780), **Francisco II de Habsburgo-Lorena** (1737-1765), torna-se então o grão-duque da Toscana. Seus herdeiros reinam sobre Florença até a anexação francesa de 1808.

NÁPOLES ESPANHOLA (SÉCULOS XV-XVIII)

Em 1443, **Afonso V de Aragão** (1416-1458) domina Nápoles. A cidade faz parte de uma imensa herança devoluta ao imperador **Carlos V** (1519-1558) e permanece como possessão da coroa da Espanha sob a autoridade do vice-rei até 1707. Esse longo período de monarquia espanhola é, entretanto, entrecortado por um breve episódio republicano, conhecido sob o nome de República napolitana entre 1647 e 1648. Convém situá-lo em um contexto mais geral de enfrentamento entre a França e a Espanha. Um levante popular caça o vice-rei espanhol e oferece o poder a um francês, o **duque Henrique II de Guise** (1614-1664). Este governa alguns meses a efêmera República real de Nápoles, mescla de regime republicano, aristocrático e monárquico. Mas esta se reduz a suas forças por falta de apoio de Mazarino. Os espanhóis retomam Nápoles, aprisionam Henrique II de Guise de 1648 a 1652. O reino de Nápoles se separa da coroa da Espanha quando o rei **Carlos III** (1759-1788), depois de ter governado entre 1735 e 1759, sobe ao trono de Madri. Seu filho Fernando, com oito anos, torna-se o rei **Fernando IV de Nápoles** (1759-1816). É sob seu reinado que o reino de Nápoles, ou da Sicília peninsular e o da Sicília insular são reunidos sob o nome de reino das Duas Sicílias. Fernando IV se torna **Fernando I das Duas Sicílias** (1759-1825). Em 1860, o reino é conquistado por **Garibaldi** (1807-1882) e reunido ao reino da Itália.

MILÃO SOB DOMINAÇÃO (SÉCULOS XV-XVIII)

Em 1535, a França e o Império reclamam o ducado de Milão. Os imperiais vencem em 1559. Da Espanha, Milão é entregue à soberania austríaca depois da guerra de Sucessão da Espanha (1701-1714). Em 1796, **Napoleão Bonaparte** toma a cidade, que se torna, no ano seguinte, capital da República Cisalpina (1797-1802).

OS ESTADOS PONTIFICAIS (SÉCULOS XV-XVIII)

Depois das *Constituições egidianas* de 1357, os Estados pontificais, divididos em cinco províncias, não param de crescer sob os pontificados de **Júlio II** (1503-1513), **Leão X** (1513-1521) e **Clemente VIII** (1592-1605). Júlio II já era um prelado militar antes de se tornar papa e impõe a ordem aos Estados pontificais com uma dura campanha em 1474 por conta de seu tio, **Sisto IV**. Pontífice soldado, ele toma Perugia e depois Bolonha. Leão X lhe sucede e acrescenta Módena, Parma, Placência, Reggio Emilia. Clemente VIII, por sua vez, anexa Ferrara e Comacchio. No século XVII são integrados Urbino, Castro, Ronciglione. A Revolução Francesa provoca um cisma em Roma. A cidade é tomada após a campanha da Itália, em fevereiro de 1798.

2. A ARTE DO SÉCULO XVIII NA ITÁLIA

A Itália, no século XVIII, perde o papel central que havia conquistado desde o século XV na arte pictural europeia. Os grandes pintores que dirigem o mundo da arte em Roma e em Bolonha se fixaram na tradição do barroco tardio. Mais uma vez, é em Veneza que se realizará o corte com os representantes da tradição. A grande cidade, apesar de sua decadência política e econômica, permanece um centro de vida mundana e intelectual.

A ARQUITETURA NA ITÁLIA NO SÉCULO XVIII

Nápoles e Veneza retomam, aos poucos, a importância ocupada por Roma até então.

- **Filippo Juvaira** (1676-1736), depois de uma estadia breve em Roma, é nomeado primeiro arquiteto do rei do Piemonte em 1714. Um período fecundo de suas criações começa com a reconstrução do domo da igreja de São Filipe e a fachada da igreja Santa Cristina. Ele oferece desenhos ao castelo de Rivolo e à igreja da Santa Cruz em Turim. Formado no gosto barroco, ele possui a arte de promover a interpenetração dos volumes. Devemos a ele também o palácio Madame em Turim com decoração trabalhada.

- **Giovanni Battista Piranesi**, dito **Piranese** (1720-1778). A pedido dos Rezzonico, uma aristocrática família veneziana, entre 1760-1770, ele exerce seus talentos de arquiteto. Fornece seus desenhos para a distribuição dos apartamentos pontificais, em Monte Cavallo, assim como em Castel Gondolfo.

A PINTURA NA ITÁLIA NO SÉCULO XVIII: O ROCOCÓ EM VENEZA

É principalmente em Veneza que se manifesta o estilo rococó. Só a escola veneziana continua se desenvolvendo. Nas outras cidades, Florença, Roma, Nápoles, a pintura entra em uma fase de letargia, contentando-se em prolongar a tradição barroca holandesa e francesa do século XVII. É em Veneza que a produção se distingue por um ato pictural novo.

- ❖ **Giovanni Battista Piazetta** (1683-1754) é tido como fundador desse estilo na Itália com suas tintas pesadas, livres de qualquer contraste, sua composição cheia de movimento e descontraída.

- ❖ O pintor **Giambattista Tiepolo** (1696-1770) aparece no meio dessa efervescência artística. Ele pinta, em 1726, sua primeira série de afrescos no palácio do arcebispado de Udine e depois, em 1745, a *História de Antônio e Cleópatra* no salão do palácio Labia. Entre 1750-1751, ele decora e ornamenta a grande escadaria da Residenz Würzburg. De 1757 datam a *Ilíada*, a *Eneida*, o *Rolando furioso*. Convidado por Carlos III, ele morre em Madri. Uma das características de sua arte é sua forma de representar a luz. Quando evoca as festas e os carnavais em Veneza, ele utiliza uma gama cromática mais quente ainda. Tiepolo é um dos raros pintores do século XVIII a decorar vastas superfícies arquiteturais interiores com afrescos murais. Ele não utiliza mais o claro-escuro, caro ao século XVII, mas faz prova de um sentido monumental da encenação. Contrariamente também às representações passadas, seus personagens não penetram no quadro, mas vêm ao encontro do espectador, convidando-o a participar da cena.

- ❖ **Giovanni Antonio Canal**, chamado **Canaletto** (1697-1768), é o pintor dos lugares, Veneza, Londres e a inglaterra por excelência, que soube "encontrar uma atmosfera particular" com relação a outros artistas. Ele costuma empregar uma *camera obscura*, câmara escura, para produzir inúmeras vistas de Veneza. Melhor que qualquer outro, ele soube retraduzir o espírito de Veneza em um movimento arquitetural sedoso de luz e de reflexos na água.

- ❖ **Francesco Guardi** (1712-1793) realiza algumas obras de caráter religioso: *A Alfândega* e a *Giudecca* (bairro judaico) (1775), pinturas da igreja de Angelo Raffaele. Ele inaugura o tipo dos *Vedute*, quadros que se querem a reprodução exata da realidade das paisagens. Para alcançar isso, ele usa também uma **câmera escura**, aparelho que permite reproduzir imagens por uma operação de decalque. Reproduzir com realismo o jogo da sombra e da luz, assim como a aplicação estrita das leis da perspectiva, são as características de sua pintura, que, no entanto, deixa uma visão sublimada de Veneza (*A partida do Bucentauro*, 1780). Suas pinturas londrinas (*O Tâmisa*, 1747) testemunham uma atmosfera e uma transparência vaporosa que inspirará mais tarde **Gainsborough** e **Turner**.

3. A LITERATURA ITALIANA NO SÉCULO XVIII

O final do século XVII vê a fundação de uma academia, a Arcádia, em 1690, em Roma. Os poetas que aderem tomam o nome de pastores e elogiam os encantos da vida pastoral e bucólica em canzonette: **Metastasio** (1698-1782) é o mais conhecido dentre eles. Ele também escreve melodramas, como *Dido abandonada* (1724). **Scipione Alfieri Maffei** (1675-1755), o poeta dramático, inspira Voltaire com sua *Mérope*. Quanto a **Carlo Goldoni** (1707-1793), ele fornece um vasto repertório de comédias: *A viúva espirituosa* (1748), *A vilegiatura* (1761). **Vittorio Alfieri** (1749-1813) compõe peças que respeitam as regras da tragédia francesa e busca sua fonte de inspiração tanto na história romana (*Otávio*, 1775-1782; *Brutus*, 1775-1782) quanto grega (*Antígona*, 1775-1782; *Mérope*, 1775-1782), temas escolhidos para mostrar exemplos de heroísmo. A Itália é então invadida pelas correntes de ideias que atravessam toda a Europa, assim como os grandes movimentos filosóficos.

CAPÍTULO XIV
A ALEMANHA NO SÉCULO XVIII

1. A ALEMANHA NO SÉCULO XVIII

José I (1705-1711) mantém a guerra contra a França, auxiliado por generais excepcionais: o **príncipe Eugênio** (Eugênio de Saboia-Carignan, 1663-1721) e John Churchill, **duque de Marlborough** (1650-1722), a serviço da Inglaterra. Ele morre prematuramente de varíola em 1711. Seu irmão, **Carlos VI** (1711-1740), sucede-lhe. Em 1713, ele promulga a *Pragmática Sanção*, que garante a suas filhas o trono em caso de ausência de herdeiro do sexo masculino, em seus domínios patrimoniais. O príncipe Eugênio obtém as vitórias de Peterwardein (1716) e de Belgrado (1717) sobre os turcos, obrigados a firmar o Tratado de Passarowitz (21 de julho de 1718) por meio do qual a Áustria fica com Banato, a Pequena Valáquia e o essencial da Sérvia, conquistas obtidas, após a morte do príncipe Eugênio, no tratado de Belgrado em 1739. Carlos VI morre em 20 de outubro de 1740. Ele é o último soberano masculino dos Habsburgos da Áustria. Sua filha, **Maria Teresa** (1740-1780), sucede-lhe, mas é contestada por **Filipe V** de Espanha e pelo eleitor da Baviera, enquanto o rei da Prússia, **Frederico II** (1740-1786), aproveita para ocupar em parte a Silésia.

É seu avô, **Frederico III** (1688-1713), eleitor de Brandemburgo, quem recebe primeiro, em 18 de janeiro de 1701, a coroa da Prússia e se torna o rei **Frederico I de Prússia** (1701-1713). Seu filho, **Frederico Guilherme I** (1713-1740), econômico e trabalhador incansável, modela a Prússia por meio de uma administração controlada de perto e pelo desenvolvimento do exército, cujos oficiais ocupam os cargos principais do Estado. Administrador bem-informado, ele deixa a seu filho **Frederico II, o Grande** (1740-1786), um Estado próspero e um dos primeiros exércitos da Europa. A guerra de Sucessão da Áustria (1740-1748) opõe Maria Teresa e seu aliado, a Inglaterra, à Prússia, à Saxônia, à Baviera, à França, ao Piemonte-Sardenha e à Espanha. A Paz de Aix-la-Chapelle (18 de dezembro de 1748) reconhece os direitos de Maria Teresa a despeito da perda da Silésia para a Prússia. Seu esposo, François-Étienne de Lorraine (1708-1765), eleito imperador **Francisco I** (reino: 1745-1765), vê seu título imperial reconhecido. Maria Teresa é imperatriz consorte. Com a guerra de Sete Anos (1756-1763), Maria Teresa tenta em vão retomar a Silésia, rica região mineira, para a Prússia. Em 1772, ela toma partido na divisão da Polônia, recebe a Galícia (na Ucrânia) e a Pequena Polônia (no sudeste do Estado atual). A partir de 1756, a Áustria se aproxima da França e da Rússia para combater a ameaça crescente da Prússia. Seu filho, **José II** (1765-1790), é eleito imperador quando da morte de seu pai em 1765.

Ele se torna plenamente soberano das posses hereditárias dos Habsburgos quando da morte de Maria Teresa em 1780. Alia-se à Prússia e à Rússia para dividir a Polônia em 1772. Suas ambiciosas reformas, sua vontade de unificar à força os vários mundos culturais de suas possessões e a tentativa vã de tomar o controle da Baviera deixam a lembrança de um príncipe administrativo e frio. Conhecido por seu gosto pronunciado pela música, ele encomenda a Mozart, em 1782, *O rapto do serralho*, *Die Entführung aus dem Serail*, primeira ópera em alemão. Na Prússia, o fraco **Frederico Guilherme II** (1786-1797) sucede a Frederico II sem poder continuar a obra iniciada. O irmão de José II, **Leopoldo II** (1790-1792), sucede-lhe brevemente. Ele põe fim à guerra com os turcos com a Paz de Sistova (1791).

2. A ARTE NA ALEMANHA NO SÉCULO XVIII: A PINTURA NO SÉCULO DAS LUZES

Os pintores alemães não atingem o nível de seus contemporâneos franceses e italianos. Eles se formam na Itália, como os irmãos **Cosmas-Damian Asam** (1686-1739) e **Egid Quirin Asam** (1692-1750). A geração seguinte de pintores mostra certa independência com relação à Itália. **Franz Anton Maulbertsch** (1724-1796) se forma em Viena. Ele representa visões de êxtase oníricas e banha seus personagens em ambientes fantasmagóricos.

3. A LITERATURA ALEMÃ NO SÉCULO DAS LUZES

Muitos fatos permitem que a literatura alemã do século XVIII se desvencilhe da barreira erigida pelo protestantismo e dele tire inspirações poéticas: a crítica de *Aufklärung* contra a pretensão cristã de deter a verdade, a tentativa do pietismo de impregnar todos os campos com uma atitude e interpretação religiosa. O paradoxo dos dois movimentos chega a uma visão do mundo esclarecida de uma parte pelas Luzes ao mesmo tempo que conserva a energia própria à religião sem deveres religiosos. Os três primeiros decênios só fazem prolongar os langores do século precedente.

GOTTHOLD EPHRAIM LESSING (1729-1781)

Lessing é um dos eminentes representantes desse período. Iniciador do drama burguês, sua atividade se concentra essencialmente no teatro. Este comporta tragédias burguesas ou comédias psicológicas. Sua *Minna de Barnhelm* (1767) é considerada a primeira comédia original da Alemanha. Com *Dramaturgia de Hamburgo* (1767-1769), o autor ataca a tragédia francesa clássica, criticando seu tom pomposo, sua falta de ação e elogiando o drama shakespeariano, mais conforme ao gênio alemão. Em *Laoconte*, ou *Dos limites respectivos da poesia e da pintura*, ele demonstra que, contrariamente à opinião que se atribui a Horácio, a poesia não é pintura, *ut pictura poesis*, e que cada arte deve ter como limite o seu próprio campo. Seu último drama, em 1779, *Natã, o Sábio*, é representativo das Luzes. Situado no século XII em Jerusalém durante as cruzadas, a peça trata da tolerância religiosa. Os conflitos dramáticos são orientados para os conflitos das três religiões envolvidas: o judaísmo, o cristianismo e o islã. Lessing, por seus escritos teóricos sobre o teatro e suas peças dramáticas, torna-se o fundador da literatura moderna alemã.

O ABANDONO DO RACIONALISMO

Ao longo da segunda metade do século, uma contracorrente se desenvolve sob a forma do classicismo sentimental.

❖ **Friedrich Gottlieb Klopstock** (1724-1803) e seu principal representante. Para escrever seu *Messias*, verdadeiro poema épico, ele se inspira na Bíblia, encenando forças incontroláveis que estão no homem. Ele anuncia as correntes simbolistas.

Pouco **depois da segunda metade do século XVIII**, por volta de 1760, se inicia um período que vai durar aproximadamente um século, em que as correntes mais variadas vão se manifestar. Entretanto, todos têm em comum o abandono do racionalismo, caro às Luzes, assim como o da filosofia pragmática. O idealismo alemão vai desenvolver seu tema central em torno do direito à liberdade individual e do aperfeiçoamento da personalidade e, sobretudo, da busca de um equilíbrio entre conhecimento e intuição, sensibilidade e inteligência.

❖ **Johann Wolfgang von Goethe** (1749-1832) foi um dos principais animadores do *Sturm und Drang* (*Tempestade e Assalto*), movimento nascido de seu encontro com Herder, que preconizava a revolta contra a razão, contra as normas universais. Revoltada contra as convenções sociais e religiosas, essa atitude intelectual se traduz também pelas tendências socializantes, ideias patrióticas e revolucionárias. As influências literárias provêm de Shakespeare, ou de Rousseau. Ele é considerado o melhor representante do movimento romântico, como foram, em sua época, William Shakespeare para o Renascimento e Dante para a cultura da alta Idade Média.

Seu discípulo, **Johann Gottfried von Herder**, foi um dos espíritos mais eminentemente racionalistas de seu século. Ele influenciou muito o jovem Goethe. Em *Ideias sobre a história da filosofia da humanidade* (1784-1791), ele pensa que as razões profundas da evolução humana são inerentes à própria humanidade. Goethe, depois de ter redigido *Sofrimentos do jovem Werther*, em 1774, romance epistolar, conhece uma atividade intelectual e sentimental devorante. Ele começa a abordar todos os temas, à imagem do jovem herói: "18 de julho: Wilhelm, que é o mundo para nosso coração sem amor? O que uma lanterna mágica é sem luz: assim que se introduz a chama, imediatamente as imagens mais variadas são pintadas nas paredes; e ainda que isso tudo fossem apenas fantasmas que passam, esses fantasmas são nossa alegria quando ali estamos, e que, feito crianças espantadas, nos extasiamos com as aparições maravilhosas"[237]. Incomparável na poesia lírica, ele canta sua alma e a alma humana, tratando de todos os gêneros: epigramas, canções populares, elegias, odes, sonetos, baladas: *Elegias romanas* (1788), *O Rei dos elfos* (1778). Durante sua estada na corte do duque de Weimar, com a razão se sobrepondo à sensibilidade, ele conhece um período científico em que se apaixona por física, botânica, anatomia. Uma estada de dois anos lhe revela a Antiguidade Clássica.

Ele a relata em *Ifigênia em Táuris* (1787), continuação da peça de Racine. Simpatizante da Revolução Francesa, ele condena, entretanto, severamente seu excesso. Desde 1794, ele se liga a Schiller, amizade da qual nascerá uma colaboração fecunda entre os dois homens. Mas, antes de tudo, Goethe é o homem do *Fausto*, obra cujo tema é tomado de um livro popular do século XVI. Distingue-se o primeiro *Fausto*, acabado em 1808, *Fausto e Marguerita*, cujo sentido deu margem a inúmeras interpretações, eterna inquietação do homem diante do mistério do destino, e o segundo *Fausto*, em 1831, em que dominam o símbolo e a alegoria. A Floresta sagrada de Goettlingue, fundada em 1772, é uma associação de estudantes que estende o movimento do *Sturm und Drang*. O classicismo de Weimar representa o apogeu do idealismo alemão. Um grupo de poetas se reúne na corte do duque de Saxônia-Weimar, dentre os quais Johann Wolfgang von Goethe e Friedrich von Schiller.

❖ **Herder** (1744-1803), filósofo, crítico e poeta, tem papel de mentor. É o primeiro a revelar a poesia intensa que se encontra nos livros hebraicos. Também preconiza a inspiração nos velhos cantos populares em vez de um retorno à poesia erudita dos povos civilizados. Os outros inovadores mais importantes serão Schiller e Goethe. Esse período tempestuoso, nomeado a partir da peça de um deles,

---

237. Johann Wolfgang von Goethe, *Les Souffrances du jeune Werther* [Os sofrimentos do jovem Werther], trad. B. Groethuysen, Paris, Gallimard, 1954, p. 98.

Klinger (1752-1831), intitulado *Sturm und Drang* ("Tempestade e Trovoada"), fixa como programa a supressão das regras que abafam a inspiração. O coração se torna o guia, abandonando a fria razão, preferindo **Rousseau**, o homem da natureza e do sentimento, em vez de Voltaire. O deus dessa nova escola é Shakespeare, que não conhece nada além do "livro da natureza e o livro do homem". O homem de ação e de energia é glorificado, enquanto o homem de salão e da pena é desdenhado.

❖ **Schiller** (1759-1805) foi difundido na França e em parte traduzido por volta de 1782. Ainda que conhecido durante a Revolução, é **Madame de Staël** que nos transmite o talento desse discípulo de Rousseau. Ele é o criador do drama clássico alemão. É também um grande poeta lírico com as *Baladas* (1797), a *Ode à alegria* (1785) ou o poema grandioso *O canto do sino* (1798). Quando foi nomeado para a Universidade de Jena, ele inicia certo número de trabalhos históricos e críticos dentre os quais se insere uma *História da revolta dos Países Baixos* (1827), uma *História da Guerra dos Trinta Anos* (1803). Mas a obra dramática continua sendo o campo no qual ele exerce melhor a sua arte com as peças escritas sob a influência do *Sturm und Drang*: *Os ladrões* (1781), *Don Carlos* (1787), tragédia idealista, ou aquelas nas quais se sente a influência de Goethe, *Wallenstein* (1799), *Maria Stuart* (1800), *A virgem de Orléans* (1801), *Guilherme Tell* (1804).

4. A FILOSOFIA ALEMÃ DO SÉCULO DAS LUZES: KANT

O CRITICISMO

Enquanto o materialismo domina na França, **Thomas Reid** (1710-1796) combate por princípios do sentido comum o ceticismo escocês e o dogmatismo absoluto domina o espírito alemão, **Kant** pretende demonstrar em cada sistema filosófico anterior toda a inanidade de seus princípios. Ele ataca o dogmatismo de Wolff, o ceticismo de **Hume** e inicia a crítica da razão humana, marcando seus limites, sua extensão e seu alcance. Contra os materialistas e os céticos, ele prova que o entendimento tem, *a priori*, princípios de saber e, contra os dogmáticos, afirma que a experiência sozinha pode conduzir à certeza da existência real ou objetiva. Ele abre, no entanto, uma exceção em benefício das verdades morais, da lei do dever do qual podemos perceber a realidade objetiva e a certeza absoluta. Ele faz do sujeito conhecedor o centro de toda filosofia, estimando que os conhecimentos não devem "se ajustar aos objetos", mas "os objetos que se ajustam a nossos conhecimentos"[238].

---

238. Kant, Prefácio à segunda edição da *Critique de la raison pure* [Crítica da razão pura], 1787.

IMMANUEL KANT (1724-1804)

Immanuel Kant, nascido em 1724 em Königsberg, entra em 1740 na universidade, escreve sua primeira obra em 1746: *Pensamentos sobre a verdadeira avaliação das forças vivas*. A partir de 1755, consegue um cargo de professor na Universidade de Königsberg graças ao êxito de sua segunda obra: *Nova explicação dos primeiros princípios do conhecimento metafísico*. Em 1770, ele se torna titular de seu cargo. Essa data marca uma reviravolta importante na vida de Kant, pois, pela primeira vez, a "ideia crítica" aparece em um pequeno escrito intitulado *Dissertação de 1770*. Deve-se esperar até 1781 para ver surgir sua obra maior: *Crítica da razão pura*, e depois os outros escritos se sucedem rapidamente: *Os prolegômenos* (1783); *Os fundamentos da metafísica dos costumes* (1785); *Segunda edição da Crítica* (1787); *Crítica da razão prática* (1788); *Crítica do juízo* (1790); *A religião nos limites da simples razão* (1793). Morre em 1804, em Königsberg.

As influências

De origem protestante, Kant é marcado pela teologia luterana, da qual retém a concepção da fé como ato prático sem fundamento teórico. As teses essenciais de sua metafísica, a liberdade, a imortalidade da alma, a existência de Deus, estão enraizadas nessas bases. O estudo do fenômeno de **Hume** o tira de seu "sonho dogmático". De Rousseau, ele retém o fato de que a consciência moral é um absoluto, que a moralidade reside na pureza da intenção. Enfim, a metafísica pura que conhece é a de Christian von Wolff (1679-1754). Infelizmente muito dogmática, ela não pode justificar e criticar a razão, já que ela existe *a priori* e independe de toda experiência. Ele conserva a ideia que ela é, entretanto, *a priori*. A fim de guardar a parte mais importante dessas influências, ele coloca o "problema crítico", problema que visa ao conhecimento humano em geral.

Sua doutrina

A fim de apreender os poderes e os limites da razão, Kant se interroga sobre quatro questões fundamentais da filosofia: O que posso saber? (a metafísica responde); O que devo fazer? (a moral responde); O que posso esperar? (a religião responde); Quem é o homem? (a antropologia responde). O ponto de partida da doutrina de Kant se baseia na constatação de dois fatos dos quais o espírito humano está certo, porque eles lhe são interiores: o fato da ciência e o da moral. Existem conhecimentos verdadeiros e obrigações morais, os dois se impõem a toda consciência razoável. A fim de responder à questão de saber como a ciência e a moral são possíveis, como conciliar uma e outra supondo a necessidade das leis naturais e a outra é a dos atos humanos, ele formula uma crítica da razão pura.

- A *crítica da razão pura* permite compreender melhor o que podemos conhecer; por esse termo, ele quer que não tomemos nada emprestado à experiência sensível.
- A *crítica da razão prática* responde à questão "como fazer?".
- A *crítica do juízo*, cujo tema é o gosto e a finalidade.

Kant compara a "revolução copernicana" com a revolução que ele introduz na filosofia ao aplicar seu método. De um ponto de vista realista, o conhecimento se adapta ao objeto; ele opõe e conserva um ponto de vida idealista: o espírito se implica no conhecimento. "Até aqui se admite que todo nosso conhecimento deva se basear nos objetos; mas nessa hipótese, todos os esforços empreendidos para estabelecer sobre eles alguns juízos *a priori* por conceitos, o que teria acrescido nosso conhecimento, não dão resultado. Que se tente, então, por fim, ver se não seríamos mais felizes nos problemas da metafísica supondo que os objetos devam se basear em nosso conhecimento..."[239].

A atitude crítica

Na introdução da *Crítica da razão pura*, Kant afirma que "todo o nosso conhecimento começa com a experiência"; nosso espírito só é despertado e posto em funcionamento se os objetos chamam a atenção de nossos sentidos. Por que o título da crítica da razão pura? Porque ele não toma nada emprestado à experiência sensível. Ele chama de puros os conhecimentos *a priori* aos quais nada de empírico se mistura. A partir de então, duas formas de juízo se desprendem:

- o **juízo analítico** é "quando a ligação do predicado ao sujeito é pensada por identidade", o predicado está incluído no tema. Por exemplo, todos os corpos são estendidos, e os juízos analíticos são descritivos;
- o **juízo analítico** é chamado de **sintético** "para aqueles nos quais essa ligação é pensada sem identidade", quando o predicado acrescenta algo ao conceito. Os juízos que se relacionam com a experiência são todos analíticos.

Os juízos analíticos são explicativos, mas não compreendem nosso conhecimento e permitem mais clarificar o pensamento. Com os juízos sintéticos, nosso conhecimento cresce e se desenvolve. Os primeiros são *a priori*, porque eles podem se dar sem a ciência; os últimos são *a posteriori*, uma vez que, ao contrário, eles são baseados na

---

239. Immanuel Kant, *Critique de la raison pure* [Crítica da razão pura], Paris, PUF, "Quadrige", 2012, p. 18.

ciência. Juízos sintéticos *a priori* seriam, assim, possíveis? Como a matemática pura é possível, como a metafísica é possível? Estas questões levam Kant a se perguntar: quais são os elementos *a priori* do nosso conhecimento? Qual é o seu valor? O sistema de Kant é chamado crítica justamente porque ele faz a crítica de nosso conhecimento e investiga o seu valor. O método que ele usa para descobrir os elementos *a priori* de nosso conhecimento é a análise transcendental.

A análise transcendental

O termo vem da *Metafísica* de Aristóteles, na qual os transcendentais são propriedades do ser (verdade, bondade). Em Kant, o transcendental diz respeito ao conhecimento e mais precisamente ao conhecimento *a priori* e não designa o ser e suas propriedades. Analisar significa ir de um fato às suas causas, de uma consequência a seus princípios. Uma das etapas maiores na crítica é chamada de "dedução transcendental". Ter colocado em evidência os princípios que levam ao conhecimento científico não é suficiente, segundo ele, também é preciso deduzir dos princípios encontrados o fato de que se partiu.

Kant distingue três funções do conhecimento que dificultam o desenvolvimento da crítica em três frentes:

- a estética transcendental é a crítica da sensibilidade;
- a analítica transcendental é a da compreensão;
- a dialética transcendental é a da razão.

A estética transcendental

O primeiro passo de Kant é investigar as condições *a priori* da sensibilidade. O espaço e o tempo são duas formas da sensibilidade e são as formas *a priori* da sensibilidade. O espaço é a forma dos sentidos externos, o tempo a do sentido interno, isto é, da consciência da intuição: "O espaço e o tempo são suas formas puras; a sensação em geral é a matéria. Só podemos conhecer *a priori* essas formas, isto é, antes de qualquer percepção real e é por isso que elas têm o nome de intuições puras, a sensação, ao contrário, está em nosso conhecimento, o que faz que ele seja chamada de conhecimento *a posteriori*, isto é, intuição empírica"[240]. A sensibilidade, revelando-nos as coisas no espaço e no tempo, revelando-as não como como elas são em si mesmas (númenos), mas apenas como aparecem para nós (fenômenos). Consequentemente, Kant enfatiza

---

240. Ibid.

que seu idealismo transcendental é um "realismo empírico". O papel da compreensão, ou a faculdade do juízo, é reunir os fenômenos.

A analítica transcendental

Os juízos, os conhecimentos intelectuais são feitos por conceitos *a priori* ou categorias. Kant define doze tipos de juízos, doze tipos de funções. Para ele, são as regras, os princípios segundo os quais o espírito unifica os fenômenos para compreendê-los. Estes são agrupados em grupos de três. Ele classifica os juízos de acordo com a quantidade, a qualidade, a relação e a modalidade. Há no conhecimento uma parte provinda da experiência e outra *a priori* que vem do espírito. Assim, Kant faz a síntese entre Locke, para quem todo conhecimento vem da experiência, e Leibniz, para quem ele vem da razão. Ele dá o nome de "realismo empírico" ao seu sistema, porque, quando se evoca o nome "experiência" ou "lei", trata-se de uma mistura de *a priori* e *a posteriori*: "Entendo por idealismo transcendental de todos os fenômenos a doutrina segundo a qual nós os consideramos em seu conjunto como simples representações e não como coisas em si"[241]. Consequentemente, o problema reside na dificuldade de estabelecer uma metafísica, pois esta afirma conhecer as coisas "em si", objeto externo, real, incognoscível. Como chegar a isso a partir de um conhecimento em que estão estreitamente interligados *a priori* e *a posteriori*?

A dialética transcendental ou crítica da razão

Se a ciência não necessita de crítica prévia, esse não é o caso da metafísica. Na última parte da *Crítica da razão pura*, é o que Kant tenta fazer. O estudo da razão é o meio para entender *a priori* "o incondicionado", condição última de todas as condições. Ele define três tipos de raciocínio: categórico, hipotético e disjuntivo. Estes permitem alcançar a alma, o mundo e Deus. O *cogito* permite à razão chegar à existência da alma. Para passar do *cogito* à *res cogitans* (coisa pensante), Kant distingue quatro paralogismos. Ele acha impossível construir pelo raciocínio teórico uma metafísica que tenha um valor real e objetivo; quanto ao universo, a razão se perde em antinomias[242] insolúveis. É a partir dessas distinções que a refutação kantiana se alimenta para desenvolver o argumento ontológico: é impossível provar a existência de um objeto pelo simples valor da análise de seu conceito. Deus permanece, portanto, um ideal para a razão. "Consequentemente, a prova ontológica (cartesiana) tão famosa que quer demonstrar

---

241. Immanuel Kant, *Critique de la raison pure* [Crítica da razão pura], A 369, AK IV, 232, TP 299.

242. Antinomias: oposição de duas proposições contraditórias, tese e antítese, ambas demonstradas por argumentos também convincentes.

por conceitos a existência de um Ser Supremo faz com que se gaste em vão todo o esforço que se despende para isso"[243].

Crítica da razão prática ou filosofia moral

O imperativo categórico é uma ordem dada pela razão que não nos explica suas finalidades: "Os imperativos são de diferentes tipos, eles comandam hipotética ou categoricamente [...] O imperativo categórico seria aquele que representaria uma ação como objetivamente necessária em si mesma independentemente de qualquer outro fim"[244]. A moral de Kant é antes de tudo uma moral do dever, ele entende por dever uma lei que se impõe a todo ser razoável pelo *a priori* da razão. A intenção de se conformar com o dever por preocupação do dever é o que Kant chama de "boa vontade". Essa lei moral só pode vir do próprio indivíduo: o agente moral é autônomo. Somente o dever é a base da moral, e não o bem. O que depende disso: a liberdade, a imortalidade da alma, a existência de Deus. Trata-se de um determinismo "fenomenal" e de uma liberdade "numênica".

Desenvolvimento da doutrina

O idealismo é a parte mais importante do legado kantiano. Ao descobrir as leis do pensamento científico, nós também descobrimos as leis do ser. Dando supremacia à razão prática em detrimento da razão teórica, Kant dá origem ao voluntarismo, ao fideísmo, ao pragmatismo. No domínio moral, ele é a fonte do formalismo, impondo a vontade e a autonomia do homem na qualidade de elementos motores que determinam o que é certo.

---

243. Immanuel Kant, *Critique de la raison pure* [Crítica da razão pura], c. III, Seção IV, op. cit.

244. Immanuel Kant, *Fondation de la métaphysique des mœurs* [Fundamentação da metafísica dos costumes], segunda seção, trad. A. Renaut, Paris, GF-Flammarion, p. 88-89.

CAPÍTULO XV
A ESPANHA NO SÉCULO XVIII

1. A ESPANHA NO SÉCULO XVIII

O século XVIII espanhol abre-se para a guerra da sucessão espanhola (1701-1714). Luís XIV tem somente um aliado, a Baviera, e deve enfrentar a Grande Aliança da Grã-Bretanha, Holanda, Prússia, Áustria, Portugal, o Império, Saboia, Hanover. A Europa não pode aceitar um segundo Bourbon no trono espanhol, consagrando a França como o maior poder da Europa Ocidental. As armas sorriem para os coligados durante a maior parte do conflito, mas depois de 1711 o cenário político muda: novo governo na Grã-Bretanha hostil ao prosseguimento da guerra, a morte do imperador **José I** (1705-1711). Dois tratados de paz são assinados em Utrecht em abril e julho de 1713, prorrogados pelo de Rastatt em março de 1714. Após a assinatura, a Grã-Bretanha se apresenta como árbitro da Europa. Filipe V vê confirmar a Espanha e as colônias americanas, mas nunca desiste do trono da França. A questão tem importância. Luís XIV tem como único herdeiro legítimo uma criança de quatro anos, o futuro Luís XV, cuja sobrevivência, na época, nada garante. Sua morte faria de Filipe V o novo rei da França, além de seu trono espanhol. A Grã-Bretanha recebe Gibraltar, compra a Acádia, a Nova Escócia para a França, Terra Nova, a Baía de Hudson. Ela se enriquece com o comércio triangular, o acordo comercial de Asiento garante-lhe o monopólio da venda de escravos negros em suas colônias e nas da Espanha.

A Áustria obtém os Países Baixos espanhóis, Milão, Nápoles, Sicília. **Filipe V de Espanha** (1700-1746) governa primeiramente sob a influência da princesa dos Ursinos (1642-1722), colocada junto do casal real por vontade de Luís XIV. Ela os controla completamente, vestindo-os de manhã, despindo-os ela mesma à noite. Ela reabilita as finanças, impõe a etiqueta de Versalhes à corte. Mas a jovem rainha **Maria Luísa de Saboia** (1688-1714) morre prematuramente. A Senhora dos Ursinos arranja novo casamento com **Isabella Farnese** (1692-1766) em 1714, que se apressa a descartar essa dama de companhia onipresente. A nova soberana domina seu fraco esposo, escolhendo o cardeal **Júlio Alberoni** (1664-1752) como primeiro-ministro. Ele tenta uma reconquista das antigas possessões espanholas na Itália. A Espanha é vencida, invadida, incapaz de resistir à Quádrupla Aliança (França, Grã-Bretanha, Províncias Unidas, Império). Alberoni, caído em desgraça, é demitido em 1719. O Tratado de Haia (1720), no entanto, prevê um direito sobre os ducados italianos para o filho caçula de Filipe V. Em 1725, a Espanha recebe uma grave afronta; a infanta Maria Ana Vitória, na corte de Versalhes, por vários anos na espera de casar-se com Luís XV, pois tem apenas sete anos de idade, é devolvida. O jovem Luís XV está se recuperando de uma doença grave, e seus ministros receiam vê-lo morrer sem um herdeiro. Convém encontrar para ele o mais rápido possível uma princesa em idade de se casar. A pequena Maria Ana Vitória é sacrificada por razões de Estado. A Espanha está se aproximando da Áustria, tenta recuperar Gibraltar, mas em vão, e, em 1727, renuncia a isso pelo Tratado de Sevilha (1729). As hostilidades com a Grã-Bretanha continuam com a Guerra da Orelha de Jenkins e com a Guerra da Sucessão Austríaca.

A GUERRA DA ORELHA DE JENKINS (1739-1748)

A Guerra da Orelha de Jenkins (1739-1748) tem como contexto o Asiento concedido pela Espanha à Grã-Bretanha em 1713 por trinta anos. Este Tratado de Comércio permite à Espanha obter escravos pela mediação de um país ao qual ela conceda o monopólio de sua venda, porque ela não pratica o comércio de escravos. O Asiento é, portanto, concedido aos britânicos pelo período de 1713 a 1743. O problema é que navios contrabandistas britânicos aproveitam a oportunidade para transportar bens manufaturados ilegalmente: ouro, tecidos preciosos, móveis. Os espanhóis, assim, têm um "direito de visita" a bordo dos navios que atravessam o Caribe, que conectam suas ilhas às possessões espanholas americanas. Assim, em 1731, Rebecca, navio contrabandista, é abordado por um navio espanhol. Insultos são trocados entre os dois capitães, cada um dizendo estar em seu direito, reivindicando seu próprio soberano. Exasperado, o espanhol apanha seu homólogo inglês, Robert Jenkins, cortando-lhe a orelha e acrescentando: "Leve-a, então, a seu rei e diga-lhe que a mesma coisa o aguarda se ele ficar por aqui." Nada acontece, portanto, por oito anos, até 1739. Naquele momento, os parlamentares britânicos que querem, a todo preço, a guerra montam uma operação espetacular. Minoritários, eles convocam Robert Jenkins, que emociona e escandaliza a Câmara com sua história, conclui com um ostensório verdadeiro de sua orelha preservada num frasco. Indignados, os parlamentares votam pela guerra contra a Espanha em 23 de outubro de 1739. Ela termina em desastre para os britânicos em 1741, em segundo plano, no ano seguinte da Guerra da Sucessão Austríaca. Após esta última, em 1748, a Grã-Bretanha mantém o Asiento até 1750. E Robert Jenkins recebe o comando de um navio da Companhia Britânica das Índias Orientais, administrando por um tempo a Ilha de Santa Helena para acabar com a corrupção.

Profundamente neurastênico, obcecado pela morte, Filipe V decide, em janeiro de 1724, abdicar em favor de seu filho primogênito. Este último torna-se o rei **Luís I** (janeiro-agosto de 1724). Seu breve reinado se desenrola com festas incessantes, mas ele morre de varíola. **Filipe V** volta ao trono e lá permanece até sua morte em 9 de julho de 1746. Seu segundo filho, Fernando, afastado em 1724, após a morte de Luís I, sucede-o sob o nome de **Fernando VI** (1746-1759) porque, desde 1713, Filipe V impõe a lei sálica à Espanha, excluindo as mulheres do trono. Melancólico, com uma desconfiança mórbida, o novo soberano é dominado primeiro por sua madrasta **Isabella Farnese**, e depois por sua esposa, **Maria Bárbara de Portugal** (1711-1758). Ele participa do final da guerra da Sucessão Austríaca, assinando o Tratado de Aix-la--Chapelle (18 de outubro de 1748), que retorna ao *statu quo ante* para os impérios coloniais espanhol e britânico. Seu meio-irmão, o **infante dom Filipe** (1720-1765), recebe os ducados de Parma e Placência. Em seguida, a Espanha permanece afastada da Guerra dos Sete Anos (1756-1763) que inflama a Europa. A morte de sua esposa em agosto de 1758 deixa Fernando VI num desespero do qual ele não sairá mais. Refugiado em sua residência de Villaviciosa, no sudoeste de Madri, ele fica ali enclausurado, sem cuidar mais dos assuntos do Estado até sua própria morte em 10 de agosto de 1759. A depressão crônica que abateu Filipe V e seu filho Fernando VI, que os leva regularmente a querer abandonar os assuntos públicos, encontra apaziguamento na audição das árias cantadas pelo mais famoso *castrato* da época, **Carlo Broschi**, conhecido como **Farinelli** (1705-1782), a seu serviço exclusivo de 1737 a 1759. É o meio-irmão de Fernando VI, Carlos, rei de Nápoles e da Sicília, que se torna rei da Espanha sob o nome de **Carlos III** (1759-1788). O novo soberano reina como déspota esclarecido, reforma a educação, a justiça, promove o fluxo dos fisiocratas para modernizar a agricultura, impõe um cadastramento, o imposto de renda. Impulsionada pela França numa guerra contra a Grã-Bretanha, a Espanha cede, no Tratado de Paris (1763), a Flórida para os britânicos, mas recebe da França a Louisiana a oeste do Mississipi. Apoiando as colônias americanas revoltadas, a Espanha, no Tratado de Versalhes (1783), retoma a Flórida. Carlos III morre em 14 de dezembro de 1788. **Carlos IV** (1788-1808), seu filho, sucede-lhe, já com quarenta anos de idade. Apesar de um bom conhecimento do funcionamento do poder, ele se deixa levar por sua suavidade natural e deixa sua esposa governar, **Maria Luísa de Bourbon-Parma** (1751-1819). A partir de 1792, ela impõe ao poder o seu favorito, **Manuel Godoy** (1767-1851). Este antigo guarda-costas é logo nomeado duque, depois "ministro universal" do rei, com plenos poderes. Em 1793, a Espanha se engaja contra a França revolucionária para se aproximar dela em 1795 e assinar o Tratado de Basileia. A Espanha perde, por esse tratado, a Hispaniola, a ilha de São Domingos, mas Manuel Godoy ganha um novo título de "príncipe da paz". Por fim, Godoy cai em desgraça em 1798. Ele é chamado em 1800 por insistência de Napoleão, que faz dele seu fantoche junto aos soberanos espanhóis. Em 1801, a

Convenção de Aranjuez permite à França dispor da frota espanhola, que é destruída com os navios franceses na batalha de Trafalgar em 1805. Pelo Tratado de Fontainebleau de 1807, a França e a Espanha partilham Portugal. Isso inclui a passagem das tropas francesas na Espanha para seguir rumo a Portugal. Essa decisão leva ao auge a antipatia dos espanhóis em relação a Manuel Godoy. O próprio primogênito do rei, Fernando, príncipe das Astúrias, fomenta a conspiração do Escorial para se livrar do favorito execrado e destronar seu pai. O complô é um fracasso, mas, diante do levante das grandes cidades do reino, principalmente o de Aranjuez, o rei cede. O Motim de Aranjuez (março de 1808) é resultado dos partidários de Fernando. Eles invadem o palácio real e descobrem ali Manuel Godoy escondido sob um tapete. Eles ameaçam matá-lo, o que logo faz Carlos IV a abdicar em favor de seu filho, desde que o favorito esteja a salvo.

A COMÉDIA DE BAIONA (MAIO DE 1808)

O Motim de Aranjuez é um fracasso para Napoleão I. Ele precisa de uma Espanha sujeita para controlar Portugal que o desafia, não respeita o bloqueio continental e continua a negociar com a Inglaterra. Ele convoca, portanto, urgentemente a família real espanhola em Baiona: **Carlos IV**, o antigo rei, e **Fernando VII**, seu filho, o novo rei. O imperador ameaça Fernando, que restitui o trono a seu pai, que rapidamente o troca por terras e renda na França, em favor de Napoleão I. Este último nomeia seu irmão, **José Bonaparte** (1768-1844), rei da Espanha. Ele se torna José Napoleão I da Espanha (1808-1813). **Carlos IV** permanece refém de Napoleão até 1814; em seguida foge para Roma, onde morre em 20 de janeiro de 1819. Sua esposa Maria Luísa o precedeu no túmulo em 2 de janeiro de 1819, mas com a satisfação de morrer ao lado do fiel Godoy, que não os deixou, de exílio em exílio.

---

2. A ARTE NA ESPANHA NO SÉCULO XVIII

A PINTURA NA ESPANHA NO SÉCULO XVIII

O movimento rococó é representado por **Francisco de Goya y Lucientes** (1746-1828). Seus quadros, a partir de 1786, quando é nomeado pintor do rei, simbolizam perfeitamente o gosto pelo popular próprio às últimas décadas do rococó. Ele pinta, mais ou menos na mesma época, temas religiosos. Com a morte de Carlos III em 1788, o fraco **Carlos IV** nomeia Goya pintor da câmara do rei, o que constitui uma promoção. Mas é o ano de 1798 que é marcante em seu trabalho. Ele pinta afrescos na Capela de San Antonio de la Florida, misturando à grandiosidade barroca certos efeitos graciosos do rococó. Na verdade, trata-se de personagens pintados em *trompe-l'oeil* em torno de uma balaustrada. Mas suas obras mais significativas serão pintadas a partir de 1814: cenas de guerra com *El Dos de Mayo*, obra romântica com cor, movimento. As pinturas negras (1821-1822) têm como tema essencial o capricho e a invenção. Cada uma dessas pinturas é precedida por esboços fantásticos. A mitologia, a liberação dos instintos, a feitiçaria iriam encontrar um apoio por meio da técnica e da estética. Trata-se de catorze composições pintadas a partir de tons marrom, cinza, ocre, azul carmim. A série inclui, entre outros, *O grande bode* (1797), *Judite e Holofernes* (1819-1823), *A leitura* (1819-1823), *O idiota da aldeia* (1824-1828), *Saturno devorando seus filhos* (1819-1823). A partir do século XIX, a influência de Goya é perceptível em artistas como Delacroix e Manet.

A ARQUITETURA ESPANHOLA NO SÉCULO XVIII

O estilo barroco em arquitetura, com a chegada dos Bourbons ao trono espanhol, vai apagar-se em favor do estilo clássico francês. Assim, o palácio San Ildefonso, em Segóvia, inspirado no barroco, apresenta influências rigorosas e geométricas do classicismo francês. O Alcázar de Madri mostra linhas claras e acadêmicas do espírito francês. A catedral de Pamplona também deixa transparecer esse espírito do classicismo francês com seu portal com quatro colunas na frente colocadas entre duas torres quadradas. O rococó emerge com a decoração do Palácio Real de Madri.

3. A LITERATURA ESPANHOLA NO SÉCULO XVIII

A decadência das letras se torna sensível desde o reinado de **Carlos II** (1667-1700). O advento dos Bourbons ao trono de Carlos II (1700) vai produzir na Espanha uma nova corrente de ideias. Todos os grandes escritores tentam imitar as obras-primas da corte de Luís XIV. Apesar de todas as suas preocupações políticas desde 1830, a Espanha não permaneceu indiferente aos movimentos intelectuais franceses. O autor mais representativo antes dessa data é claramente **Gaspar Melchor de Jovellanos** (1744-1811), que tenta conciliar suas novas ideias e seu apego à literatura tradicional espanhola. **Zorrilla** (1817-1893) escreve poemas líricos cujos temas são emprestados das fontes literárias ou dos clássicos da Idade de Ouro: *A Lenda do Cid* (1882). **José de Larra** (1809-1837) trata principalmente em seus artigos de jornal dos costumes das instituições, fazendo do problema nacional seu principal foco de interesse. O retorno às antigas tradições já tinha sido o objetivo de **Juan Meléndez Valdés** (1754-1817), com suas odes e elegias, e de **Leandro Fernández de Moratín** (1760-1828), o Molière espanhol, e sua *El viejo y la niña* (*O velho e a menina*).

CAPÍTULO XVI
A RÚSSIA NO SÉCULO XVIII

1. HISTÓRIA: A RÚSSIA NO SÉCULO XVIII
PEDRO, O GRANDE, TSAR MODERNO

Pedro, o Grande (1682-1725), frequenta, em sua juventude, o "bairro dos estrangeiros" de Moscou, descobrindo ali um cantinho do Ocidente, seus costumes, seus conhecimentos técnicos. Ele escolhe um aventureiro escocês, **Patrick Gordon** (1635-1699), para criar um exército moderno. O embaixador dos Países Baixos, em Moscou, o barão Keller, dá informações sobre o estilo de vida e da sociedade na Holanda e na Inglaterra. Em 1695, ele não consegue tomar a Fortaleza de Azov, que lhe daria acesso ao mar Negro. Conta, então, com engenheiros estrangeiros para criar, no Rio Don, a primeira Marinha Imperial Russa. Atacada por terra e mar, Azov cai em 1696. Entre 1697 e 1698, o tsar começa a **Grande Embaixada**. Sob o nome de **Pedro Mikhailov**, ele faz parte de uma embaixada que excursiona pela Europa. Na Prússia, ele estuda artilharia, torna-se carpinteiro nos Países Baixos, desenvolve seu conhecimento sobre marinha e comércio na Inglaterra. Mas a ausência do príncipe é vista na Rússia como abandono, o gosto pelo Ocidente como uma traição da alma russa. Mais uma vez, os Streltsy se revoltam, ameaçando Moscou. O general Patrick Gordon os enfrenta com suas tropas, treinadas na escola ocidental, bem superiores em armamento e treinamento militar. Enquanto está a caminho de casa, Pedro I fica sabendo que a rebelião é contida. Centenas de Streltsy são executados, e sua ordem dissolvida. A meia-irmã do tsar, Sofia, suspeita de tê-los apoiado, é forçada a se tornar freira. Pedro I também prende sua esposa, pela mesma razão, no mosteiro de Suzdal e divorcia-se dela. Seu favorito, **Alexander Menshikov** (1672-1729), tem um romance com **Martha Skavonskra** (1684-1727), camponesa católica lituana que entrou para seu serviço. Sua beleza atrai a atenção de Pedro, que faz dela sua amante, e depois esposa em 1712, após sua conversão à ortodoxia e a adoção do nome de Catarina. Coroada imperatriz em 1724, ela será a sucessora, no ano seguinte, de Pedro, o Grande, no trono com o nome de **Catarina I** (reinado: 1725-1727). A Rússia começa entre 1700 e 1721 a grande Guerra do Norte contra **Carlos XII** da Suécia (1682-1718) para reconquistar os territórios que desembocam no Mar Báltico, perdidos durante meio século.

Os russos são derrotados na batalha de Narva (30 de novembro de 1700), mas os suecos, no caminho para Moscou, são bloqueados na batalha de Lesnaya (28 de setembro de 1708). Mas é em Poltava (27 de junho de 1709) que **Pedro, o Grande**, conquista uma vitória decisiva, dizimando o exército sueco. **Carlos XII** foge com grande dificuldade e se refugia em Constantinopla. Ele assina ali uma aliança contra os russos com o sultão otomano. Derrotados, os russos rendem Azov em 1711, mas **Carlos XII**, depois de ser detido e preso, é expulso do Império Otomano em 1714. Ele continua a luta até sua morte em 1718. Sua irmã o sucede e assina, em 1721, o Tratado de Nystad, pelo qual a costa do Mar Báltico até a fronteira da Finlândia passa a ser russa. É durante a guerra que a Rússia, em maio de 1703, toma uma fortaleza sueca na embocadura do rio Neva. É uma área pantanosa, mas Pedro, o Grande, decide construir ali uma capital moderna inspirada nas europeias, para dar as costas a Moscou, símbolo de uma Rússia congelada. **Pedro I** começa de fato a modernizar o país, a ocidentalizá-lo. Ele estabelece uma monarquia absoluta, controla as províncias agrupando-as em governos cujos governantes nomeia, institui em 1711 um Senado cujos membros ele escolhe, substitui o patriarcado por um Santo Sínodo. Os boiardos devem cortar suas barbas, vestir-se à ocidental. Pedro rodeia-se de conselheiros estrangeiros e confia-lhes os postos mais altos no exército. A Igreja Ortodoxa, o povo, os boiardos querem o retorno à velha ordem. Eles encontram aliados de peso na pessoa da antiga tsarina, **Eudóxia Lopukhina** (1669-1731) e do herdeiro do trono, seu filho, **o tsarévitche Alexis Petrovich** (1690-1718). Pedro o intima a dar prosseguimento às suas reformas ou a renunciar ao trono e ir para um convento. O **tsarévitche** foge em outubro de 1716. Ele fica em várias cortes da Europa antes de ser persuadido por uma promessa de perdão a voltar para a Rússia em fevereiro de 1718. Preso, torturado, ele dá uma lista de cúmplices.

Ele morre sob golpes de chicote, mas oficialmente é condenado a essa pena em 7 de julho de 1718, uma semana depois de sua verdadeira morte. Todos os cúmplices denunciados são executados, e Eudóxia é enviada a um convento do grande Norte Russo, à beira do lago Ladoga. Em 1722, uma lei sucessoral permite ao soberano escolher, ele mesmo, o seu sucessor. Desde novembro de 1721, Pedro porta o título de "Imperador de todas as Rússias", que substitui o de tsar. Para reduzir o peso dos boiardos e criar um corpo de funcionários à sua devoção, ele cria em 1722 o *tchin* ou Tabela de Postos, classificando os servidores do Estado em catorze postos; os cargos ocupados a partir do oitavo posto valem a nobreza pessoal e partir do quinto, a nobreza hereditária. O *tchin* permanece em vigor até 1917. Pedro I morre brutalmente em 1725, sem designar um herdeiro. Apoiada por Menshikov e a guarda, Catarina I, sua viúva, assume o trono. Seu breve reinado suaviza o regime de ferro imposto por Pedro, o Grande, à Rússia. Menshikov governa de fato o país. Com a morte de Catarina, é regente com o nome de **Pedro II** (1727-1730), filho do **tsarévitche Alexis**, que Catarina apontou como sucessor. Sua morte prematura é seguida pela demissão de Menshikov, que termina seus dias exilado na Sibéria.

O TEMPO DAS TSARINAS: ANA, ISABEL, CATARINA

Os nobres, em seguida, escolhem uma sobrinha de Pedro, o Grande, **Ana Ivanovna** (1693-1740), que se torna a imperatriz **Ana I** (reinado: 1730-1740). Eles lhe impõem capitulações que limitam seu poder e que ela se apressa a renegar assim que sobe ao trono. Pouco apta para reinar, deixa o poder a seus favoritos, dentre eles Ernst Bühren ou **Biron** (1690-1772). Em 1734, a Ucrânia é definitivamente anexada. Uma guerra contra o Império Otomano termina com a perda das conquistas, exceto Azov. Ana nomeia seu sobrinho-neto **Ivan VI** (1740-1741) para sucedê-lo. A criança é destronada na infância. **Isabel I** (1741-1762), segunda filha de Pedro, o Grande, ascende ao trono. A guerra contra a Suécia, retomada, termina com a anexação da Finlândia. Ela governa com seu amante, o conde **Alexis Razumovsky** (1709-1771), com quem se casa em segredo. A guerra contra a Prússia termina com uma série de vitórias russas. Somente a morte de Elizabeth salva a Prússia do desastre. Seu sucessor, seu sobrinho Pedro III (reinado: janeiro de 1762-julho de 1762), é de cultura germânica, fervoroso admirador da Prússia. Ele imediatamente põe fim aos combates. Um golpe de estado põe fim a seu reinado: ele é assassinado em 17 de julho de 1762. Sua esposa, Catarina, princesa de origem alemã que encomendou esse assassinato, torna-se a imperatriz **Catarina II** (1762-1796). Soberana das Luzes, ela abre a Rússia à cultura ocidental, provando ser a verdadeira herdeira de Pedro, o Grande. Em 1764, ela manda assassinar Ivan VI, preso desde 1741. Ela se alia à Prússia contra a Polônia. A guerra contra o Império Otomano é retomada em 1768. A frota turca é derrotada em 1770 e o exército russo, em 1771.

Em 1783, ela anexa a Crimeia, tomada dos otomanos. A guerra contra a Suécia, entre 1788 e 1790, confirma a posse dos territórios conquistados por Pedro, o Grande. Em 1793, a Prússia e a Rússia dividem a Polônia entre si. Catarina II traz mais de 500.000 km^2 à Rússia. No interior, ela acaba com a revolta de **Pugachev** (c. 1742-1775) e de seus cossacos em 1773-1774. O governo é marcado pela forte personalidade do príncipe **Grigori Potemkin** (1739-1791), com quem se casa secretamente em 1774, e a de **Grigori Orlov** (1734-1784), um de seus amantes favoritos, que desempenha um papel fundamental na queda de Pedro III. Convicta das fracas capacidades de seu filho Paulo, Catarina queria deixar o trono a seu neto Alexandre, mas após sua morte é **Paulo I** (1796-1801) que a sucede. Contrapondo-se desde sempre a Catarina, semelhante a seu pai Pedro III, Paulo I é pouco amado na Rússia. Ele coloca o país à frente da segunda coalizão contra a França revolucionária. Mas a cólera contra o soberano ressoa no exército. Ele é assassinado por um grupo de oficiais em 23 de março de 1801, que proclama imperador Alexandre I (1801-1825).

2. A LITERATURA RUSSA NO SÉCULO XVIII

Foi preciso esperar até meados do século XVII para ver a difusão, por intermédio da Polônia, de uma literatura de romances complicados vindos da França ou da Itália. A curiosidade do povo russo é despertada por essas novas histórias. Por outro lado, em 1656, uma nova heresia acontece. O patriarca Nikon consagra-se à revisão dos livros litúrgicos segundo os originais gregos como já havia feito seu predecessor Máximo, o Grande. **Avvakum** (c. 1620-1682) conta, em *A vida de Avvakum por ele mesmo*, os tormentos que sofre como chefe da heresia conservadora dos "velhos crentes", assim como sua família. Essa é uma das obras literárias mais pessoais da época. Pedro, o Grande, durante o seu reinado, reorganiza a administração, cria um exército e, especialmente, governa um clero fortemente dividido pelo último cisma. Várias escolas aparecem em São Petersburgo, principalmente uma Academia de Ciências. Os escritores que pertencem a este período são: **Vassili N. Tatischev** (1686-1750), que escreve uma *História da Rússia* (1769) de suas origens ao século XVI, **A.D. Kantemir** (1708-1744), que, logo após a morte de Pedro I, emula Boileau e Racine, escreve elegias. **V.K. Trediakovski** (1703-1769) escreve peças em versos franceses e **A.P. Sumarokov** (1718-1777), canções populares e peças teatrais. **Mikhail V. Lomonossov** é considerado o pai do russo moderno. Ele escreve o russo em verso e prosa e tem sucesso como poeta lírico. Sua *Gramática*, também escrita em russo, é publicada em 1755. Crítica, ela revela os muitos pontos de contato entre o russo, o alemão, o francês, o latim. O teatro cômico se desenvolve graças a **Denis Fonvizin** (1745-1792), seu principal representante, com *O Brigadeiro* (1766), *O Menor* (1782). É sob o reinado de Catarina II que tem início a poesia lírica. **Gabriel Derzhavin** (1743-1846) combina a ode à sátira, celebrando as vitórias militares como os eventos da corte. O final do século XVIII traz a tradução de um certo número de obras europeias.

CAPÍTULO XVII
OS ESTADOS UNIDOS DA AMÉRICA NO SÉCULO XVIII

1. RESUMO: AS COLÔNIAS EUROPEIAS DA AMÉRICA DO NORTE ATÉ O SÉCULO XVII

A redescoberta da América por Cristóvão Colombo abre o continente aos colonizadores espanhóis. A conquista dos impérios asteca e inca não os desvia de uma exploração do norte do continente. Em 1513, o espanhol **Ponce de León** (1460-1521) chega à Flórida. Em 1524, **Giovanni de Verrazano** (1485-1528), em nome da França, descobre a foz do Hudson e a Nova Escócia. Em 1527-1528, uma expedição espanhola, liderada por **Pánfilo de Narváez** (1470-1528) e Álvar Núñez Cabeza de Vaca (1507-1559), percorre o continente de leste a oeste, da Flórida à Califórnia. É, aliás, na Flórida que é criada a primeira instalação permanente espanhola, em Santo Agostinho, em 1565. A partir do México, a colonização avança em direção ao Novo México, Arizona, Califórnia. A partir de 1588, com a derrota da *Invencível Armada*, o poder espanhol começa um longo declínio e a Inglaterra o suplanta. A rainha **Isabel I** (1558-1603) encoraja a colonização inglesa. Seu sucessor, **Jaime I** (1603-1625), concede licença às Companhias de Londres e de Plymouth para explorar os territórios em 1606. A Companhia de Londres funda Jamestown na Virgínia em 1607. Enquanto isso, franceses e holandeses se estabelecem mais ao norte ao longo da costa. **Henry Hudson** (c. 1570-1611), explorador inglês, funda, em nome dos holandeses, a Nova Amsterdã, futura cidade de Nova York, em 1609.

Nesse mesmo ano, na Virgínia, a primeira colheita de tabaco acontece, para atender à crescente demanda na Europa. Os primeiros escravos africanos chegam dez anos mais tarde. Os franceses se estabelecem no Quebec, ao norte do St. Lawrence, mas também ao longo das margens do Mississipi, uma região batizada de "Louisiana", em homenagem a Luís XIV. **O próximo passo** está diretamente relacionado aos problemas políticos vividos pela Inglaterra ao longo do século XVII. Em 1620, 101 colonos puritanos fogem da Inglaterra a bordo do navio Mayflower e desembarcam em Cape Cod, Massachusetts. São os *Pilgrim Fathers*, os "Pais Peregrinos" do futuro país dos Estados Unidos. Eles elaboram para si um estatuto de governo, o *Mayflower Compact*. Em 1649, o rei católico da Inglaterra, **Carlos I** (1625-1649), que queria estabelecer uma monarquia absoluta, é decapitado. A revolução (1642-1649) expulsa alguns católicos e monarquistas, que ganham as colônias americanas. Após a restauração da monarquia em 1660, protestantes e puritanos, por sua vez, seguem o caminho do exílio. A eles se juntam colonos já instalados na ilha de Barbados, produtora de cana-de-açúcar, que se estabelecem na Carolina. Estes aumentam o recurso à escravidão, impulsionada pela criação da Companhia Real da África em 1672, à qual o Parlamento concede o monopólio do tráfico de escravos, que dura até 1696. Em 1688, a Revolução Gloriosa expulsa o católico **Jaime II** (1685-1688) do trono. Os católicos britânicos chegam às treze colônias. Eles se juntam aos protestantes franceses que fugiram do reino depois da revogação do Édito de Nantes pelo Édito de Fontainebleau, decisão do rei Luís XIV em 1685.

AS TREZE COLÔNIAS BRITÂNICAS DA AMÉRICA DO NORTE NO SÉCULO XVIII

No início do século XVIII, a população de origem inglesa na América do Norte é estimada em cerca de 250 mil pessoas. O desenvolvimento industrial é dificultado pela Lei da Lã aprovada em 1699 pelo Parlamento britânico, que proíbe colônias americanas de exportar qualquer coisa diferente de matérias-primas não processadas, a fim de deixar as atividades mais lucrativas às manufaturas inglesas. As treze colônias podem ser agrupadas em três grupos, dependendo do seu tipo de atividade e da natureza de seu povoamento. No norte, a Nova Inglaterra é formada por New Hampshire, Massachusetts, Connecticut e Rhode Island. A população, de origem britânica, pratica a pesca, a agricultura, o artesanato e a protoindústria. A vida religiosa é o fundamento da comunidade; os puritanos e anglicanos que querem praticar o protestantismo mais puro são majoritários. Boston, capital de Massachussetts, domina a rede urbana, bastante solta, com seus 20 mil habitantes.

No centro das treze colônias, Nova York (a cidade é assim chamada a partir de 1664, quando a antiga Nova Amsterdã foi tomada dos holandeses), New Jersey, Delaware, Pensilvânia têm uma população mais diversificada, combinando britânicos, franceses, holandeses, suecos. Os *quakers*, literalmente os "tremedores", aqueles que tremem diante de Deus, fundam a Pensilvânia e sua capital, Filadélfia. Provindos de uma corrente puritana, eles vivem de acordo com a Bíblia e seus ensinamentos. No sul, Maryland, Virgínia, Carolina do Norte, Carolina do Sul, Geórgia vivem da agricultura e do sistema de plantações, onde são cultivadas as plantas necessárias para a indústria, dentre as quais o algodão. A mão de obra é escrava, e a sociedade, muito dividida: escravos na parte inferior; no meio, as camadas mais ou menos populares das cidades e os artesãos e profissionais liberais; no topo, uma aristocracia de grandes fazendeiros, que domina a vida política. Cada colônia é dirigida por um governador, representante do soberano britânico, mas provindo de famílias influentes locais. Ele exerce o poder executivo. Os colonos são representados por uma assembleia que vota os impostos. A população total por volta de 1760 é de cerca de 1,5 milhão de habitantes. De 1702 a 1713, as treze colônias também vivem sob o ritmo da Guerra da Sucessão Espanhola, que opõe ingleses, franceses e espanhóis. O Tratado de Utrecht (1713) consagra o recuo da presença francesa, Terranova e Acádia são perdidas. Em seguida, a Guerra dos Sete Anos (1754-1763) eclode devido a uma discordância entre a França e a Virgínia, cada uma reivindicando a posse do Vale de Ohio. Espanha e Grã-Bretanha se aliam; a França recebe a ajuda das nações Cherokee e Ottawa, que queriam se livrar dos britânicos. O Tratado de Paris (1763) marca o quase desaparecimento da presença francesa. Ela cede o Quebec e os territórios a leste do Mississipi à Grã-Bretanha, a Louisiana à Espanha, e esta última troca a Flórida por Cuba com os britânicos.

EM DIREÇÃO À INDEPENDÊNCIA

As raízes antigas da futura Guerra da Independência Americana têm sua origem na vontade da coroa britânica de impor novos impostos às treze colônias, principalmente na forma de taxas, sem o seu consentimento. Para os britânicos, o Parlamento de Londres votou por elas e elas pesam, então, sobre os colonos. De acordo com estes, na ausência do consentimento da assembleia de cada colônia, as taxas são nulas e sem efeito. Em 1764, a lei coloca taxas no açúcar, no café, no vinho, no índigo, nos produtos têxteis. Nesse mesmo ano, uma lei monetária proíbe que os colonos que não tenham meios de pagamento usem como instrumentos de comércio, certificados de pagamento entre comerciantes. Essa decisão provoca uma contração significativa no comércio. Em 1765, a *Stamp Act* (Lei do Selo) exige a compra de um selo fiscal a ser afixado em todo documento oficial, mas também tributa os jornais, os carteados e o jogo de dados. Num contexto de forte insatisfação dos colonos, a obrigação de acantonamento, de abrigar as tropas britânicas, parece uma provocação. Em março de 1766, cedendo ao pedido de nove das treze colônias reunidas em Nova York no *Stamp Act Congress* (congresso da lei do selo), a *Stamp Act* é revogada, mas não as outras taxas.

Em 1767, taxas adicionais são impostas sobre o papel, o vidro, o chumbo e o chá. Os colonos reagem boicotando a importação de produtos britânicos, que se estende a partir de Boston. Nessa cidade, em março de 1770, uma desavença entre um colono e um agente alfandegário acaba no massacre de uma multidão em direção à qual as tropas atiram. Em novembro, as taxas adicionais são abolidas, exceto a do chá. Em maio de 1773, a Companhia das Índias Orientais recebe o monopólio do chá livre de impostos do comércio, o que ameaça arruinar os produtores das colônias americanas. Na noite de 16 de dezembro de 1773, colonos disfarçados de índios apreendem três navios britânicos carregados do chá da Companhia que haviam entrado no porto de Boston e lançam a carga no mar. Esse é o famoso *Boston Tea Party*. Em resposta, Londres fecha o porto de Boston, enviando o general **Thomas Gage** (1779-1787) à frente de quatro novos regimentos. Em 19 de abril de 1775, a Batalha de Lexington e Concord, nomes de localidades próximas de Boston, opõe os "casacas vermelhas", soldados britânicos vindos para destruir um arsenal, aos colonos que os impedem de fazê-lo. A Guerra da Independência Americana havia estourado. Em maio, um Congresso Continental se reúne na Filadélfia. As treze colônias estão ali representadas; o Congresso assume o papel de governo, nomeia **George Washington** (1732-1799) comandante do exército. A guerra continua com várias oscilações, a chegada de reforços franceses de La Fayette em julho de 1777, até a derrota de britânica de Yorktown em outubro de 1781. Enquanto isso, em 4 de julho de 1776, o Congresso aprova a Declaração da Independência, criando os Estados Unidos da América, juntados numa união perpétua. Em junho de 1777, a flâmula estrelada, a bandeira nacional, é por sua vez adotada. Em setembro de 1783, o Tratado de Paris reconhece a independência dos Estados Unidos da América. Falta dotar o novo Estado de instituições.

2. HISTÓRIA: OS ÍNDIOS AMERICANOS OU AMERÍNDIOS ATÉ A COLONIZAÇÃO

As diversas tribos indígenas agrupam, no século XVI, cerca de 12 milhões de pessoas, que vivem tanto da agricultura, caça e pesca, quanto da colheita. Essas tribos não viviam isoladas umas das outras. Pelo contrário, elas mantinham contato frequente, usando mais de 2 mil dialetos diferentes, línguas nativas. A vida indígena é majoritariamente dominada pela relação com a religião, na ausência quase completa de uma verdadeira organização política.

A COLONIZAÇÃO

A chegada, no século XVI, dos vários grupos de europeus não perturba imediatamente as sociedades locais. No conjunto, esses estrangeiros são bem acolhidos, e contatos comerciais aproximam colonos e índios. E é daí que os principais problemas irão surgir, e isso a partir do século XVII. Os europeus organizam rapidamente em seu proveito o comércio de peles e, quando os recursos costeiros de animais se esgotam, eles encarregam os índios para ir para o interior para procurar, por meio de escambo ou coação, mais peles valiosas. Em troca, eles oferecem vidraçaria, mas especialmente armas, no início para a caça, depois muito rapidamente para a guerra. Especializado em atividades de caça, enfraquecido pelo álcool, o índio também é indefeso contra doenças temidas, como a varíola, trazida pelos europeus, que dizimam populações nativas. Uma época de agitação, de rivalidades e de guerras entre tribos abrange toda a primeira parte do século XVII até o momento em que surgem as primeiras grandes confederações indígenas.

A INDEPENDÊNCIA DOS ESTADOS UNIDOS

Ela é precedida, no século XVIII, pela criação de confederações indígenas, a dos Iroqueses primeiramente, dos Delaware e dos Creek mais tarde. Trata-se de associações muito livres, mas que permitem que os índios se reagrupem no seio das nações e que não mais enfrentem os europeus no contexto isolado da tribo. Elas se dividem no momento da guerra da independência contra as tropas britânicas, sem que seja possível determinar claramente uma linha divisória entre as tribos para explicar a escolha de um lado em vez de outro. Apesar da afirmação da igualdade entre os homens na Constituição de 1787, o estatuto soberano das nações indígenas é abolido em 1871, num momento em que a conquista do Oeste promove a política das reservas.

O PROBLEMA INDÍGENA

O problema resulta de um duplo fenômeno, ao mesmo tempo legislativo e educativo. Legislativo, devido ao desastre da implementação da Lei Dawes de 1887, que previa pôr fim às reservas assegurando uma parte para cada família indígena. No espírito do legislador, tal medida se destinava a promover uma integração mais rápida com base no sedentarismo.

Educativo, por causa da política de aculturação frenética conduzida no início do século XX. Porém, não só a Lei Dawes se traduz na maioria das vezes apenas como desapropriações e um maior desenraizamento, mas a cultura imposta aos índios era baseada na negação e na rejeição de sua identidade. Ao mesmo tempo expulsos de suas terras, com vergonha de seu passado, considerados como cidadãos de segunda classe, os índios tiveram que esperar até o período entreguerras para que começasse uma era mais liberal.

3. A LITERATURA AMERICANA NO SÉCULO XVIII

O período de fundação da literatura americana vai do século XVII ao século XIX. Se entendemos por literatura o conjunto da produção, e não apenas alguns poucos gêneros privilegiados, romances, poesias, teatro, podemos dizer que a literatura colonial nasceu de discursos, sermões, panfletos. No século XVII, encontramo-nos na presença de uma retórica puritana, de uma poética em sermão puritano. Parece difícil perceber a diversidade literária numa sociedade tão multicultural como a dos Estados Unidos. No entanto, o ponto comum entre todos os seus autores será a questão da identidade. Em seus primórdios, a literatura americana vê a teologia invadir tudo. O *Bay psalm book* é o primeiro livro impresso, de 1610. Em seguida, o *News Letters* é o primeiro jornal, de 1704. Os primeiros colonos ingleses desembarcaram em 1607 no Novo Mundo na baía de Chesapeake, Virgínia. Os primeiros escritos feitos na Nova Inglaterra não são propriamente literatura, mas escritos sobre o pensamento religioso e político. Enquanto na Europa as ideias liberais de Locke se espalham, um clérigo de Boston, **John Wise** (1652-1725), publica *A Vindication of The Government of New England Church* (1717), em que defende a autonomia democrática e coloca os princípios dos "direitos naturais". Mais tarde, a doutrina calvinista é expressa nos comentários de **Jonathan Edwards** (1703-1758), registrados em *The Distinguishing Marks of the Spirit of God* (1734). **Benjamin Franklin** (1706-1790) está entre os homens mais representativos desse século. Dedicado à causa do Iluminismo, ele se baseia na razão e, em seu *Poor Richard's Almanac* (1732), dá conselhos práticos, informações diversas. Sua *Autobiografia* (1790) é a confissão de toda uma vida. A geração anterior é a da Revolução Americana, mas **Benjamin Franklin** foi um de seus arquitetos. **Samuel Adams** (1722-1803) é o defensor dos direitos humanos e da soberania dos povos. **Thomas Paine** (1737-1809), graças ao seu talento de panfletário, inicia o grande movimento que tornou possível a Declaração da Independência. Sua redação foi confiada a **Thomas Jefferson** (1743-1826). Na mesma época, **Noah Webster** (1758-1843) publica um dicionário ortográfico, *Spelling book*, cujo objetivo é punir os americanismos em relação ao inglês. Entre 1790 e 1860, a população aumenta de 4 milhões para 31 milhões de habitantes, e aos treze estados da União vêm se juntar outros 21. Estes são divididos por antagonismos sociais. Eles haviam sido mais ou menos reprimidos até então pelo puritanismo e por um intelectualismo à maneira de Locke. **A Revolução Francesa** vai estimular significativamente a renovação intelectual e a arte da América do Norte, que, até a Declaração da Independência, sofre a influência da Europa. A América é mais tentada a inspirar-se no romance moderno já estabelecido na Inglaterra com Defoe, Richardson e Fielding. **Brockden Brown** (1771-1810) vai dotar a América com sua primeira literatura de ficção: *Wieland* (1798).

CAPÍTULO XVIII
A ÁSIA DO SÉCULO XV AO SÉCULO XVIII

1. A ÍNDIA

HISTÓRIA: A ÍNDIA NO SÉCULO XVIII

A desintegração do Império Mogol (1707-1857)

A morte de Aurangzeb em 1707 fecha a era dos Grandes Mogóis; os soberanos seguintes são designados apenas como mogóis. **Bahadur Xá** (1707-1712) ainda reina com alguma autoridade, mas não pode conter o crescente poder dos nababos, governadores provinciais que se tornaram independentes. Depois dele, os imperadores são quase apenas um nome, sem nenhum poder real. Eles dependem da boa vontade dos senhores da guerra e de cortesãos que concordam em honrá-los com um título vazio de poder real. A cidade de Nova Deli é tomada e saqueada duas vezes por **Nadir Xá** (1736-1747) da Pérsia e por **Ahmad Xá Abdali** (1747-1772), fundador do Império Durrani (1747-1826) no Afeganistão. A maior parte do território do Império Mogol passa ao controle dos maratas, príncipes guerreiros temíveis. Depois de 1800, doze pequenos principados ao redor de Lahore se unem sob a autoridade única de **Ranjit Singh** (1780-1839) formando o Império Sikh do Punjab, que dura cinquenta anos antes de ser anexado pelos britânicos em 1849. O poder do Estado se baseia num exército de 90 mil homens vestidos de uniformes de tipo inglês. Os instrutores são franceses e italianos. Após a submissão dos sikhs e a derrota de **Tippu Sahib** (ou **Tippu Sultan**) (1749-1799) em Mysore em 1799, apenas os maratas se opõem ao avanço britânico. A terceira guerra dos maratas, que defendem o hinduísmo, dura de 1817 a 1818. Os príncipes maratas apoiam saqueadores pindaris nos territórios da Companhia Inglesa das Índias Orientais. Finalmente, os ingleses conseguem abater os príncipes maratas, consideravelmente enfraquecidos por suas dissensões, e lhes infligem uma série de derrotas, o que resulta no desaparecimento da confederação marata. O Império Mogol também teve de lidar com o Império Sikh e os *nizams* ou príncipes de Hyderabad. Em 1804, **Xá Alam II** (1759-1806) aceita a proteção da Companhia Inglesa das Índias Orientais. É uma tutela, bem prestada, pelo título de "rei de Deli", que lhe atribuem os britânicos, que propositadamente omitem o de "imperador das Índias". Os britânicos dissolvem o exército mogol. Em 1857, eles tiram pretexto do motim indiano dos sipaios para remover o último mogol, **Bahadur Xá Zafar** (1837-1857), exilado na Birmânia até sua morte em 1862. O motim indiano é o dos auxiliares nativos do exército Britânico, os sipaios, cansados de serem considerados pelo racismo e pelo desprezo como soldados de segunda categoria. Iniciada em maio de 1857 em Meerut, a nordeste de Deli, ela rapidamente se torna uma guerra de independência quando rajás, príncipes indianos, se unem a nela, como Rani, ou rainha de Jhansi (1828-1858). A guerra dura até 1859. Em 1858, a Companhia Inglesa das Índias Orientais que administrava os territórios submetidos à coroa britânica é dissolvida. Agora, sob o *British Raj*, Império Indiano Britânico, a própria coroa administra o Império, liderado por um vice-rei das Índias.

SOCIEDADES CIENTÍFICAS INGLESAS E INSTRUÇÃO NA ÍNDIA NOS SÉCULOS XVIII E XIX

O governador **Warren Hastings** (1774-1785) incentiva a implantação na Índia do sistema britânico das sociedades científicas. Mesmo que o domínio do sânscrito ainda falte aos britânicos, Calcutá se torna o centro intelectual com a criação, em 1781, de um instituto muçulmano para a instrução dos funcionários de cultura persa e, em 1784, da Sociedade Asiática de Bengala. É, aliás, em Calcutá, em 1828, que **Ram Moham Roy** (1772-1833) funda a Brahmo Samaj, uma seita religiosa reformista cujo projeto é estabelecer uma religião universal única a partir das já existentes. Seu sucessor, **Keshab Chandra Sen** (1838-1884), evolui claramente para o cristianismo. Será preciso esperar os trabalhos de **Thomas Colebrooke** (1765-1837), funcionário da administração de Bengala, no início do século XIX, para que os britânicos adquiram conhecimentos científicos sobre o estado da ciência indiana e da literatura. O inglês se torna língua oficial em 1835. Mas não é acessível, do mesmo modo que as instituições de ensino inspiradas no sistema inglês, senão a uma pequena minoria privilegiada, menos de 1% da população. Os representantes dos Raj ignoram totalmente qualquer outra possibilidade de educação, incluindo escolas tradicionais, e condenam a massa demográfica à ignorância. Uma escola de medicina é aberta em Calcutá em 1835 e, em seguida, uma universidade depois de 1850, como em Mumbai e em Madras.

2. A CHINA

A DINASTIA QING (1644-1911)

A última verdadeira dinastia chinesa, a dos Ming, deteriora-se na primeira metade do século XVII, antes de afundar diante dos manchus vindos do norte em 1644.

O controle das fronteiras do Império deixa de ser assegurado por falta de tropas em número suficiente e experientes. As áreas da península da Indochina, em princípio sujeitas ao pagamento de um tributo, não o pagam mais, e a soberania chinesa é na melhor das hipóteses *pro forma*. No nordeste da China, os clãs manchus unem-se e assediam a zona fronteiriça do Império Ming. A fraqueza da dinastia se torna tão óbvia para todos que bandos de bandidos e camponeses tomam a cidade de Pequim e a saqueiam. O imperador é forçado ao suicídio, e o comandante de seus exércitos pede a ajuda dos manchus. Estes retomam tranquilamente a capital, mas não querem de modo algum que os príncipes anteriores voltem a governar. Eles tomam o poder e fundam a última dinastia imperial, a dos Qing, os "Puros", que dura de 1644 a 1911.

OS FUNDADORES, DE NURHACHI A SHUNZHI (1582-1661)

É **Nurhachi** (1582-1626) que, em 1582, torna-se chefe dos *jürchens* manchus e começa a unificar sob a sua autoridade as outras tribos. Em 1616, ele se proclama khan e funda a dinastia dos Jin posteriores (1616-1644). Ela termina em 1644, quando seu sucessor **Shunzhi** (1644-1661) torna-se o primeiro imperador da nova e última dinastia reinante na China, a dos Qing. Nurhachi organiza os clãs manchus, briguentos, propensos à guerra civil, em unidades devotadas a seu comando, os "Oito Estandartes". É um sistema político e social. Em tempos de paz, os homens do estandarte fornecem um contingente. Os membros dos estandartes, após a conquista da China, formam a aristocracia manchu, que tem vocação para governar a maioria étnica dos chineses Han. O filho de Nurhachi, **Huang Taiji** (1626-1643), é um soberano, *stricto sensu*, da dinastia Jin posterior, mas é considerado o segundo monarca da dinastia Qing, por convenção. Já mestre do mundo manchu, ele se apodera de grande parte da China. No entanto, a conquista definitiva beneficia seu filho, **Shunzhi**. Imperador do norte da China, em 1643, ele se torna monarca de todo o país em 1644. Retomando os ritos dos Ming, é proclamado "Filho do Céu" e detentor do "mandato do céu": o Céu o deixa reinar enquanto demonstrar as qualidades de um verdadeiro soberano. O sistema de exame imperial para recrutar mandarins é reforçado, o príncipe quer a fusão entre manchus minoritários, mas no poder, e chineses de maioria étnica Han. Ele inaugura uma política de eclipse para o Ocidente na China, feita de alternância de acolhida e proibição, de rejeição xenófoba, permitindo a vinda a Pequim do jesuíta **Adam Schall**.

OS JESUÍTAS NA ÁSIA

A história chinesa seria incompleta sem adicionar o importante papel desempenhado pelos jesuítas. Apesar das diferentes proscrições, eles puderam ocupar funções importantes junto aos imperadores, graças à sua capacidade de se adaptar à cultura chinesa e à sua ciência bem-desenvolvida em vários assuntos. Desde 1498 e desde a jornada de Vasco da Gama (c. 1469-1524), a Europa conhece a via marítima para a China. **Matteo Ricci** (1552-1610), que se tornou o mandarim Li Matu, além de escrever o primeiro dicionário bilíngue, deixa um mapa do universo e uma tradução chinesa da geometria de Euclides. Seu sucessor, Adam Schall (1591-1666), chega em 1620 e adota o nome chinês de Tang Jo Wang. Encarregado pelo imperador de reformar o calendário, ele ensina matemática e astronomia. Uma vez derrubados os Ming, os Qing continuam a proteger alguns jesuítas. Schall continua sua carreira na corte e em 1653 é agraciado com o título de "doutor muito profundo". O imperador **Kangxi** (1662-1722) concede favores ao padre Jean-François Gerbillon (1654-1707), cujas habilidades diplomáticas utiliza. O padre Ferdinand Verbiest (1623-1688), mais tarde sob o nome de **Nan Hui Jen**, esbanja seus conhecimentos em matemática e realiza a reforma do calendário empreendida por Adam Schall. Ele também dota o exército imperial com canhões poderosos que lhe garantem uma clara superioridade sobre os seus vizinhos. Mas os sucessores de Kangxi são menos abertos e, na melhor das hipóteses, toleram os jesuítas devido ao seu conhecimento antes de afastá-los da corte. O golpe de misericórdia vem de Roma. Após a expulsão da França e da Espanha, os jesuítas são proibidos de viver na China pelo papa em 1773.

A ERA DOS GRANDES SOBERANOS QING (SÉCULOS XVII-XVIII)

Dois príncipes excepcionais levam a dinastia Qing a seu apogeu: os imperadores **Kangxi** (1662-1722) e **Qianlong** (1735-1796). Seus longos reinados asseguram prosperidade e poder à China. Seus sucessores, fechados na Cidade Proibida, em Pequim, deixam o controle do palácio aos eunucos, e se submetem ao sonho de uma China imperial formidável. Incapazes de reformar o império a partir de dentro, eles o deixam ser dividido gradualmente pelas potências ocidentais reforçadas pela revolução industrial e pelo Japão. A revolução social e política deste último inspira uma tentativa de reformar o aparelho de Estado, em 1898, pelo imperador **Guangxu** (1875-1908), mas a imperatriz viúva **Cixi** (1835-1908) o expulsa do poder e o detém, até sua morte, em estreita e humilhante tutela, preso e vigiado. Kangxi (1662-1722) é o contemporâneo exato de Luís XIV, com quem troca correspondências, por meio das quais, de acordo com os costumes dos príncipes, se chamam um ao outro de "primo". Soberano letrado, curioso, ele abre a corte a um padre jesuíta, Jean-François Gerbillon (1654-1707), responsável pelo ensino de matemática e astronomia, que traduz para o chinês os *Elementos* de Euclides e introduz a pintura ocidental. No exterior, mongóis, tibetanos e russos estão contidos. No interior, os últimos príncipes ainda leais à antiga dinastia Ming tentam uma revolta no Sul, rapidamente esmagada. A partir de então, retomando o sistema de exame já em voga na época dos Tang, os Qing recrutam pela meritocracia funcionários de cuja fidelidade eles se asseguram. A política religiosa de Kangxi segue dois períodos: em 1692, ele anula o decreto imperial de 1665 que proibia o cristianismo na China. Mas o papa nega a prática de um sincretismo local, mesclado de ritos como o culto dos antepassados. Essa condenação muda a atitude do imperador e, em 1717, a pregação é proibida. Em 1724, o seu sucessor expulsa os missionários. **Qianlong** (1735-1796), durante o seu reinado de 61 anos, amplia o império pela expansão e criação de novas províncias no noroeste e elimina as ameaças turcas e mongóis. Ele restaura e embeleza a Cidade Proibida, que ainda tinha as marcas de 1644. Mantém contato com o mundo ocidental, mas principalmente na forma de entrevistas com estudiosos jesuítas recebidos na corte; o cristianismo permanece, em contrapartida, proibido. O imperador entende que a manutenção de sua dinastia está ligada à sua capacidade de fornecer alimento abundante aos chineses; seus éditos favorecem o desenvolvimento de um campesinato de pequenos e médios proprietários, e a tripla colheita anual do arroz se generaliza.

ARTES E LETRAS SOB OS PRIMEIROS QING

Os pintores: Zhu Da (1625-1705) e Shitao (1642-1707)

Zhu Da e Shitao vivem ambos durante o período conturbado do desaparecimento da dinastia Ming, à qual estão ambos ligados. Na verdade, o primeiro descende do príncipe Zhu Qan (1378-1448), e a família aristocrática do segundo deve tudo aos soberanos Ming. Zhu Da ilustra-se na representação ornada de caligrafia de paisagens num estilo inspirado no dos mestres do século X, com peixes, aves, retratos. Estas representações de seres vivos são, para seus contemporâneos, um aspecto sombrio, perturbador. A explicação talvez nos seja fornecida por elementos de sua biografia. Após o fim dos Ming em 1644, Zhu Da torna-se monge budista em 1648, mas, depois de alguns anos, parece ter fugido de seu mosteiro para tornar-se monge errante. A morte de seu pai o aflige com um desespero tal que ele afunda no alcoolismo. Shitao, de temperamento melancólico, é conhecido por seu tratado, *Anotações sobre a pintura do monge Abóbora-Amarga* (1710), o apelido que ele dava a si mesmo. Ele enfatiza aí a importância da primeira linha traçada, essência por si só do universo.

O grupo dos letrados: filosofia, erotismo e tratados de pintura

Li Zhi (1527-1602), de inspiração budista, opõe-se radicalmente ao confucionismo, que, no entanto, havia fundado a harmonia política e social. Considerado um reformador perigoso que denuncia tanto a hipocrisia quanto a inutilidade dos clássicos de Confúcio, ele é mandado para a prisão. A proibição de seus dois trabalhos, o *Livro para queimar* e o *Livro para esconder*, e sua situação na prisão o levam a cometer suicídio. Ele é hoje considerado um filósofo de pensamento inovador, em sua contestação radical da tradição confucionista. **Li Yu** (1611-1680), conhecido sob o nome cortês de Li Liweng, é ator e dramaturgo, autor dos *Contos das doze voltas*, de conotação em grande parte erótica e homossexual. Seu livro mais famoso é um tratado enciclopédico da pintura chinesa, o *Jieziyuan Huazhuan* ou *Ensinar pintura do jardim da semente de mostarda*, publicado em 1679. **Tang Tai** (1660-1746), general manchu aristocrata, deixa um tratado da arte da pintura, *A atenção aos detalhes na pintura*. **Yuan Mei** (1716-1797), funcionário público por algum tempo, deixa a carreira administrativa e suas oportunidades para se retirar em Nanquim (ou Nanjing), vivendo uma vida hedonista e concentrando-se na beleza de seu jardim, na contemplação, que lhe inspiram uma obra espiritual, desde os contos fantásticos de *Zi Bu Yu* ou do hino ao prazer que lhe dá seu jardim de Suzhou, o jardim do contentamento. Ele também deixa um livro de 326 receitas de culinária, o *Suiyuan Shidan* (*Menu de Suiyuan*), ainda hoje popular. **Cao Xueqin** (1723-1763) é o autor de um dos mais famosos romances da literatura chinesa, O *sonho no pavilhão vermelho*. Inacabado, é publicado postumamente em 1791.

Artes e letras no apogeu dos Qing

O reinado de **Qianlong** (1735-1796), além de sua duração, é notável pelo brilho dado às artes pelo soberano. Letrado e refinado, ele coleciona poemas, pinturas e obras de bronze destinados a decorar seus palácios. Ele ordena a elaboração de catálogos para saber, constantemente, o número e o estilo das obras. A literatura no século XVIII é renovada pela crítica social de um mundo congelado, principalmente pelo grupo dos escritores contestadores, incluindo **Dai Zhen** (1724-1777), que defende a reforma do confucionismo, segundo ele marcado por superstições budistas e taoístas. Ao mesmo tempo, ocorre a implementação de um movimento de crítica textual, de renovação das enciclopédias, dos dicionários, como o *Kangxi Zidian* ou *Dicionário Kangxi*, ordenado pelo imperador, realizado entre 1710 e 1716, clássico dos séculos XVIII e XIX. Uma gigantesca enciclopédia surge com o *Kou-shin su-chu Shi-sheng*, de 1722. **A pintura** evolui com uma tendência dupla. Por um lado, uma escola cortesã tradicionalista, sem inovação, especializa-se na arte do retrato. Por outro, as personalidades claras, inspiradas por seus ilustres predecessores da era Ming, como **Shai Ta-zong** (?-1804), **Pan Chongshu** (1741-1794) ou **Hi-Chang** (1746-1803). A pintura chinesa é também enriquecida pelo contato com as formas ocidentais. Sob o reinado de Qianlong, o pintor jesuíta **Giuseppe Castiglione** (1688-1766) torna-se pintor oficial, ensina seus colegas chineses a perspectiva ocidental e a representação dos volumes, misturando-se à sua escola para uma série de retratos e pinturas, representando os cavalos do imperador no famoso rolo dos *Cem Corcéis* (1728).

O Yiheyuan (1750), o Palácio de Shenyang (1625-1783)

O Palácio de Verão, Yiheyuan, está situado a 15 km a noroeste de Pequim e abrange 294 ha. Ele é criado em 1750 pelo imperador **Qianlong** (1735-1796), sexto soberano da dinastia Qing. Ele comporta dois lugares: a Montanha da Longevidade e o Lago Kunming, especialmente ampliado. Originalmente, o Palácio de Verão visa a permitir aos imperadores escapar do calor sufocante do verão de Pequim e uma procissão imperial deixa a Cidade Violeta desde as primeiras altas temperaturas. Depois, torna-se uma estadia apreciada por toda a corte e os imperadores não deixam de ir para lá ocasionalmente. Microcosmo da arquitetura e da arte dos jardins de todo o Império, o Palácio de Verão oferece exemplos variados. Citemos a Ponte dos Dezessete Arcos, a Ponte Gaoliang, a Longa Galeria, que permite à corte desfrutar do palácio em tempo de chuva, percorrendo seus 728 m, seus 273 cômodos, um mundo em miniatura, reproduzido por pintores, inspirados por paisagens e quadros da vida cotidiana, e o esplêndido barco de mármore. Este último, localizado na margem ocidental do Lago Kunming, com o nome de *Barco da clareza e do conforto*, dá a sensação mágica de flutuar na água. Destruído pelas tropas anglo-francesas durante a guerra de 1860, foi reconstruído a partir de 1886. Destruído outra vez em 1901, durante a revolta dos Boxers, foi reconstruído. Em 1998, a UNESCO o coloca na Lista do Patrimônio Mundial. Além dos edifícios da Cidade Proibida, em Pequim, os soberanos Qing constroem um complexo palaciano em Shenyang com 114 edifícios, entre 1625 e 1783. Shenyang, no nordeste da China, é a primeira capital da dinastia Manchu, antes de da tomada de Pequim. Com mais de setenta edifícios, mais de trezentos cômodos, Shenyang rivaliza com a Cidade Proibida. O maior monumento é a Dazhengdian ou "Salão principal de assuntos políticos", sala de audiência imperial, ladeada de cada lado por dez "Pavilhões de Dez Reis", destinados aos ministros. O estilo principal é manchu, mas aí se misturam influências Han e Hui, grupos étnicos majoritários na China.

CAPÍTULO XIX
A ÁFRICA: A ETIÓPIA NO SÉCULO XVIII

O **Reino de Gondar** (1632-1769), depois de várias guerras religiosas contra os muçulmanos e depois contra os católicos romanos que procuram se impor a uma Etiópia ortodoxa, surge com o reinado de **Fasiladas** (1603-1667), negus em 1632. Ele estabelece uma capital fixa, Gondar, a nordeste do lago Tana. É uma época de prosperidade que se anuncia, marcada pela influência da capital, que acolhe várias comunidades religiosas, um próspero comércio, o desenvolvimento de atividades agrícolas e a construção de um grande número de igrejas-a cidade teria tido uma centena. No entanto, as tendências centrífugas próprias às regiões etíopes surgem novamente, os príncipes são cada vez mais relutantes diante da centralização do poder. A última grande figura da dinastia é a imperatriz Mentewab (1730-1769), que consegue, com sua capacidade política, manter a unidade.

SEXTA PARTE
A ÉPOCA CONTEMPORÂNEA

A. O MUNDO DO SÉCULO XIX – AS GRANDES EVOLUÇÕES

O século XIX é marcado por duas datas que abrem e fecham o período, a Revolução Francesa de 1789 e o início da Primeira Guerra Mundial em 1914. A primeira marca o fim do Antigo Regime num país governado desde a Idade Média por dinastias reais. Os novos horizontes que se abrem se devem à declaração da soberania popular, objetivo das revoluções de 1830, 1848, 1871. Todas as reivindicações políticas e sociais que atravessam o século XIX serão daí extraídas; o respeito pelo indivíduo, a igualdade dentro dos valores da Revolução. A França será realmente atravessada por muitas crises, três revoluções, várias formas de governo: um consulado, dois impérios, três monarquias e duas repúblicas. É difícil avaliar a herança cultural deixada pela Revolução Francesa. De todo modo, liberando o pensamento da autoridade da Igreja e da tutela real, ela permite que o progresso intelectual apareça. As teorias do evolucionismo relegam o fixismo, fundado na interpretação do Gênesis, a um segundo plano. O comtismo e o positivismo substituem a ordem divina pela ordem natural e mostram a emancipação dessas sociedades modernas no que diz respeito às religiões e à Igreja. **Tempo de instabilidade política, social, econômica**, o século XIX é marcado pelo aparecimento de numerosos movimentos artísticos e literários: romantismo, realismo, naturalismo, impressionismo, simbolismo, correspondendo a uma vida original do homem no mundo.

CAPÍTULO I
A FRANÇA NO SÉCULO XIX

1. HISTÓRIA: A FRANÇA NO SÉCULO XIX

O CONSULADO (1799-1804) E O PRIMEIRO IMPÉRIO (1804-1815)

A Constituição do Ano VIII, adotada pelo Conselho de Anciãos e pelos membros do Conselho dos Quinhentos que não fugiram nem foram excluídos, mantém a República, mas na verdade estabelece um regime pré-monárquico. Enquanto tenciona confiar o executivo a três cônsules, **Bonaparte** (1769-1821), **Cambacérès** (1753-1824) e **Lebrun** (1739-1824), o primeiro-cônsul, Bonaparte, nomeia ou manda nomear pelo Senado todos os titulares de cargos públicos, declara sozinho a guerra e decide pela paz. Ele também tem a iniciativa das leis e dirige a política externa. O poder legislativo é dividido entre quatro câmaras: o Conselho de Estado, composto pelos membros nomeados pelo primeiro-cônsul, redige as leis; o Tribunato as discute, mas sem voto; o Corpo Legislativo as vota sem debate; o Senado, finalmente, garante a constitucionalidade das leis. O sufrágio é universal masculino, mas de pouco peso diante das nomeações decididas por Bonaparte. Um plebiscito aprova a nova Constituição em grande medida. Bonaparte cerca-se de **Talleyrand** (1754-1838) para os Negócios Estrangeiros, **Fouché** (1759-1820) para a Polícia, **Gaudin** (1756-1841) para as Finanças e **Carnot** (1753-1823) para a Guerra. A Paz de Amiens, de março de 1802, põe fim à guerra. Ela é seguida de um novo plebiscito, que aprova o Consulado vitalício e hereditário. **Georges Cadoudal** (1771-1804) participa da Guerra de Vendée, organizando a Chouannerie, revolta liderada pelos nobres monarquistas contra a Revolução. Exilado na Inglaterra, ele retorna para a França, fomenta uma conspiração contra Bonaparte, que é desmascarada em fevereiro de 1804. Ele é condenado à morte e executado. O **duque de Enghien** (1772-1804) também é falsamente acusado de preparar um golpe de Estado. Sequestrado em Baden, é sumariamente julgado e executado em Vincennes, na noite de 20 a 21 de março de 1804. Esses dois eventos permitem a Bonaparte usar a ameaça de um retorno dos Bourbons. Por decreto do senado, decisão que altera a Constituição, em 18 de maio de 1804, Bonaparte pode designar seu sucessor e ostentar o título de Imperador. Um plebiscito aprova amplamente o nascimento do Império.

O Primeiro Império

Em 2 de dezembro de 1804, Bonaparte, na presença do Papa **Pio VII** (1800-1823), coroa-se com o nome de **Napoleão I**. **Jacques-Louis David** imortaliza a cena numa reconstituição em 1808. Napoleão coloca ele mesmo a coroa em sua cabeça e, em seguida, a de sua esposa, **Josefina de Beauharnais** (1763-1814). Em 28 de maio de 1805, em Milão, cinge a coroa de ferro dos reis lombardos e se proclama rei da Itália. As potências europeias conspiram contra essa nova ameaça. Uma terceira coalizão agrupa, em 1805, a Inglaterra, a Rússia, a Áustria e a Prússia. **Nelson** (1758-1805) inflige à França a derrota naval de Trafalgar (21 de outubro de 1805), que põe fim ao projeto de invasão da Inglaterra. Em Austerlitz (2 de dezembro de 1805), Napoleão derrota o tsar **Alexandre I** (1801-1825) e o imperador **Francisco II** (1792-1806). A terceira coalizão conclui-se com o Tratado de Presburgo (28 de dezembro de 1805). Uma quarta coalizão inclui, em 1806-1807, a Inglaterra, a Prússia, a Rússia, a Suécia. A Prússia exige a evacuação da Confederação do Reno. Napoleão obtém as vitórias sucessivas de Jena e Auerstadt (14 de outubro de 1806), de Eylau (8 de fevereiro de 1807), de Friedland (14 de junho de 1807). A paz é assinada no Tratado de Tilsit em julho de 1807. Uma quinta coalizão é formada em 1809 pela Inglaterra e a Áustria, depois da derrota francesa na Espanha. A vitória de Wagram (5 e 6 de julho de 1809) é seguida pela Paz de Viena (14 de outubro de 1809). Em 1813, após o fracasso na Rússia, uma sexta coalizão se forma: Inglaterra, Áustria, Prússia, Rússia, Suécia se aliam. Napoleão é derrotado em Leipzig (16-19 de outubro de 1813). Após o desastre da campanha russa e uma série de derrotas, os aliados, liderados pelo tsar Alexandre I, entram em Paris em 31 de março de 1814. Em 6 de abril de 1814, **Napoleão I** abdica e é exilado na ilha de Elba. O Senado proclama Luís XVIII, irmão de Luís XVI, rei da França. O Tratado de Paris de 30 de maio de 1814 devolve à França as fronteiras de antes das guerras revolucionárias. Tendo escapado de Elba, Napoleão desembarca na Provença em 1º de março de 1815. Em 20 do mesmo mês, em marcha forçada, aclamado, ele está em Paris, de onde Luís XVIII tem apenas o tempo suficiente para fugir. Depois de algumas pequenas vitórias, a Bela Aliança, que inclui os membros da sexta coalizão, põe fim ao Primeiro Império com a derrota de Waterloo em 18 de junho de 1815, sob a liderança de **Wellington** (1769-1852). Em 22 de junho de 1815, Napoleão assina sua segunda abdicação. Ele se rende aos britânicos em Rochefort, em 15 de julho, e é deportado para Santa Helena, onde morre em 1821.

Os fundamentos da França moderna

Napoleão I reforma profundamente a França, dando-lhe as estruturas de um Estado apto para atravessar o século XIX. Ele primeiro visa pôr fim a disputas religiosas oriundas da Revolução Francesa. Celebra em 15 de julho de 1801 uma concordata com o Papa **Pio VII**. O catolicismo deixa de ser "religião de Estado" e, portanto, obrigatória, para se tornar a religião "da maioria dos cidadãos franceses". A Constituição Civil do Clero é renegada e o papa concede a investidura canônica aos bispos escolhidos por Bonaparte. Essa concordata permanecerá em vigor até a lei de 1905 da separação da Igreja e do Estado. Os protestantes e os judeus têm, mais tarde, a liberdade de culto reconhecida. Em 13 de fevereiro de 1800, o Banco da França é fundado, recebendo em 1803 o monopólio da emissão da moeda. Em 28 de março de 1803, é criado o franco germinal, moeda de prata de 5 g. O franco germinal anuncia uma moeda estável, que expira em 1914. É também na área financeira que o imperador intervém por meio do estabelecimento de impostos indiretos sobre o tabaco e as bebidas, combinando os direitos. Em 1807 é implantado o Tribunal de Contas, encarregado de verificar as contas das administrações públicas. Depois dos tumultos revolucionários, Napoleão I quer lançar as bases de uma sociedade estável, que ele mesmo chama de "massas de granito": a educação, a Legião de Honra, o *Código Civil*. Para educar os filhos da burguesia, os liceus, organizados militarmente, preparam-nos desde 1802 para a Universidade Imperial, que surge em 1808. O imperador quer administradores, civis e militares, eficazes. A instrução cívica é baseada no catecismo imperial de 1806, que prevê as obrigações seguintes: amor, obediência, serviço militar, tributos ordenados para a conversão do Império, fervorosas orações para a salvação do imperador. A aristocracia é restaurada com a criação, em 19 de maio de 1802, da Legião de Honra, destinada a recompensar os melhores, seguida pelo retorno da nobreza, desta vez imperial. A partir de 1808, Napoleão I distribui os títulos de conde, duque e barão. Mas o legado mais importante que deixou foi, sem dúvida, o *Código Civil*, publicado em 1804, que continuou, essencialmente, em uso até depois de 1968. Ao longo de seus 2.281 artigos, ele define direitos e deveres do cidadão, garante a propriedade privada, promove a família, mas oficializa uma concepção napoleônica de inferioridade da mulher, eterna menor sob a tutela de seu pai, seu esposo ou um parente do sexo masculino.

A RESTAURAÇÃO (1815-1830)

Luís XVIII e a Carta Constitucional

De volta em 2 de maio de 1814 a Paris, **Luís XVIII** (1815-1824), a partir de 4 de junho, proclama a Carta, que dota a França com a primeira monarquia constitucional no continente. O rei da França, chefe de Estado, exerce o poder executivo e propõe as leis. Ele também participa do poder legislativo, investido em duas câmaras, uma vez que nomeia os membros hereditários da Câmara dos Lordes e pode dissolver a Câmara dos Deputados eleitos por sufrágio censitário. O censo, de 300 francos (cerca de € 1.100 em 2013), é elevado: de quase 3 milhões de franceses, apenas 90 mil podem votar. A bandeira branca é adotada em lugar da tricolor e o preâmbulo da Carta lembra a origem divina do direito de reinar do monarca. A necessidade mais urgente é manter o lugar da França na Europa no Congresso de Viena, que é realizado de setembro de 1814 a junho de 1815. Os monarcas reafirmam aí o seu direito de governar sozinho. A ordem está de volta, materializada pelas posições de príncipe **Klemens von Metternich** (1773-1859), presidente do Congresso, favorável a uma paz moderada e a um acordo com a França. Todos querem aumentar o seu território e seu poder, e minar o do outro: a Inglaterra enfraquece a Áustria pela criação, a partir de suas antigas possessões, de um reino dos Países Baixos; Alexandre I da Rússia obtém grande parte da Polônia e da Bessarábia, a Prússia, o reino da Saxônia e da Renânia, a Áustria e o norte da Itália (reino lombardo-vêneto). O representante francês, **Talleyrand**, usa habilmente esses desejos contrários e consegue manter para a França o *status* de grande potência.

O retorno dos ultras

O primeiro governo do gabinete **Richelieu** (1815-1818) endireita o país e alivia as tensões num ambiente difícil. A Câmara eleita em 1815 é composta por monarquistas ultrarrealistas, ou ultras, fanáticos pelo Antigo Regime, que queriam, nas palavras de um deles, La Bourdonnaye, um programa baseado em "ferros, carrascos, suplícios". O próprio rei chama essa Câmara de "inalcançável". O verão de 1815 e o início do outono testemunham o Terror Branco, em que tropas monarquistas perseguem e assassinam os antigos revolucionários, enquanto o lado oficial desta última leva à demissão de milhares de funcionários públicos, prisões, julgamentos e execuções dos responsáveis pela Revolução e pelo Império. Em 1816, Luís XVIII dissolve a Câmara e os recém-eleitos são mais moderados. Mas em 13 de fevereiro de 1820, o duque **Charles Ferdinand de Berry** (1778-1820), sobrinho de Luís XVIII e herdeiro do trono, é assassinado por um fanático que queria acabar com a família dos Bourbons. O segundo gabinete Richelieu (1820-1821) dá o poder aos reacionários, grandes latifundiários, e os ultras são novamente maioria na Câmara. O gabinete Villèle (1821-1824) é subserviente ao conde de Artois, irmão ultra do rei Luís XVIII, que restringe a liberdade de imprensa. Em 1822, são executados os chamados Quatro Sargentos de La Rochelle, quatro jovens cujo único crime foi ter fundado uma sociedade de auxílio mútuo, ou *venda*, no modelo italiano dos *carbonari*, ou carbonários, que pedia por um regime democrático. Presos como exemplo e acusados de conspiração republicana, eles são guilhotinados.

Carlos X, o absolutista

Em 1824, **Carlos X** (1824-1830) sucede a seu falecido irmão. Ele quer restaurar a monarquia absoluta, anular a Carta e é coroado em Reims em 1825. A Lei "do bilhão dos emigrados" é votada para compensar as espoliações devidas à Revolução. A influência da Igreja é totalmente restaurada, especialmente na educação. Essa política reacionária traz descontentamentos e a oposição liberal ganha as eleições de 1827. O gabinete do monarquista moderado **Martignac** governa de 1827 a 1829. Nessa data, o rei o confia ao conde (mais tarde duque) de **Polignac**, príncipe do Santo Império (1780-1847), um dos líderes dos ultras. Em março de 1830, a Câmara dirige ao rei o protesto respeitoso da competência dos 221 deputados contra a política reacionária. O rei dissolve a Câmara. As eleições de julho de 1830 constituem uma assembleia ainda mais liberal. Em 26 de julho de 1830, o rei publica os *Quatro Decretos* destinados a permitir que os ultras recuperem a vantagem sobre os liberais na Câmara: o segundo e o quarto levam à dissolução da Câmara, à supressão da liberdade de imprensa, ao direito de voto restrito aos mais ricos. Paris se levanta quando dos Três Gloriosos, os três dias de 27, 28 e 29 de julho de 1830. O marechal de Marmont é incapaz de conter a revolta da capital. O Louvre e as Tulherias são invadidos. Em 2 de agosto de 1830, Carlos X abdica e foge. Em 7 de agosto de 1830, a Câmara dos Deputados dá o trono a Luís Filipe, duque de Orléans, que se torna o rei **Luís Filipe I** (1830-1848), "rei dos franceses pela graça de Deus e pela vontade nacional".

A MONARQUIA DE JULHO (1830-1848)

Nomeada após os acontecimentos revolucionários que põem fim ao reinado autoritário de Carlos X, a Monarquia de Julho consagra um soberano moderno, Luís Filipe I, nascido em 1773, que lutou com os exércitos revolucionários em Valmy e Jemappes. Exilado depois de 1792, ele retorna para a França em 1814, implanta uma monarquia burguesa que ele encarna bem, vivendo em família longe da corte, que frequenta apenas para as necessidades do Estado. A Carta de 1814 é emendada: a referência ao direito divino desaparece, a bandeira tricolor está de volta, o rei "dos franceses" compartilha a iniciativa legislativa com a Câmara dos Deputados e o seu direito de legislar por decreto é enquadrado. A censura é abolida. O censo é reduzido, levando o eleitorado para cerca de 170 mil membros. A Guarda Nacional aceita todos os franceses de 20 a 60 anos que possam comprar seus uniformes. Guarda burguesa, ela está lá para garantir o respeito à Carta e às leis. Serve principalmente para as classes mais abastadas brincarem de militar. Mas o regime, inicialmente aberto, evolui, no sentido contrário de uma sociedade marcada pela industrialização e pela formação de uma classe operária.

A Revolta dos Canuts, operários da seda, em Lyon, em 1831, e os levantes republicanos em Paris em 1834 são reprimidos pelo exército, que dispara contra a multidão.

Em 1835, um conspirador corso, **Giuseppe Fieschi** (1790-1836), desenvolve uma "máquina infernal", destinada a matar o rei e seus filhos passando pelo Boulevard du Temple. O ataque falha, a máquina explode muito cedo, o rei e sua família são salvos, mas dezoito pessoas são mortas. Fieschi é guilhotinado em 1836. Assim como o assassinato do duque de Berry sob a Restauração, esse ataque condiciona uma inversão do poder, que volta a ser autoritário. O ministério **Guizot** (1787-1874), conservador e impopular, dura de 1842 a 1848. Ele se afasta do povo e ignora a dupla crise, agrícola e industrial, de que o país é vítima. A crise das ferrovias leva milhares de trabalhadores ao desemprego. Os oponentes, que são proibidos de se reunir, contornam essa proibição com uma série de banquetes republicanos. Em 22 de fevereiro de 1848, em Paris, um deles é proibido. A cidade se organiza, juntamente com a Guarda Nacional. Luís Filipe demite Guizot, mas é tarde demais. Em 24 de fevereiro, ele abdica e foge das Tulherias, bem a tempo; os insurgentes tomam as Tulherias uma hora depois de sua partida repentina. Nesse mesmo dia, a Câmara dos Deputados, que combina deputados e manifestantes que a invadiram, proclama um governo provisório que inclui figuras famosas: o poeta **Alphonse de Lamartine** (1790-1869), o astrônomo e físico **François Arago** (1786-1853), o advogado **Alexandre Ledru-Rollin** (1807-1874), o socialista **Louis Blanc** (1811-1882) e o modesto mecânico **Alexandre Martin Albert** (1815-1895).

A SEGUNDA REPÚBLICA (1848-1852)

Em 25 de fevereiro, a República é proclamada. **Lamartine** consegue convencer os trabalhadores a não adotarem a bandeira vermelha; ela continua tricolor, adornada com uma roseta vermelha. Os primeiros dias são cruciais e portadores de progresso: a abolição da pena de morte, o sufrágio universal na idade de 21 anos, que aumenta o eleitorado para 9 milhões de eleitores e a abolição da escravidão pela voz de **Victor Schoelcher** (1804-1893). A jornada de trabalho é reduzida a dez horas. Oficinas nacionais são criadas para ocupar os desempregados. Mas onde a lei previa o "direito ao trabalho" para todos, reivindicado por Louis Blanc, o advogado **Marie** (1795-1870), responsável pela implementação das oficinas nacionais, não aloca os trabalhadores em Paris em função de sua formação. Ele os coloca para trabalhar indiferentemente em obras inúteis de terraplenagem por um salário de 2 francos por dia (cerca de 8 euros em 2013). A medida é ruinosa para o Estado e humilhante para os trabalhadores, descontentes por serem objeto de caridade pública. Seu efetivo explode, passando, de fevereiro a junho, de menos de 20 mil para mais de 150 mil. Em 23 de abril, uma Assembleia Constituinte é eleita, misturando republicanos moderados e monarquistas.

Em 4 de novembro de 1848, a nova Constituição é aprovada, de acordo com um sistema unicameral, uma câmara eleita por sufrágio universal direto por três anos. Um presidente da Republica, também eleito por sufrágio universal, lidera o executivo. Eleito por quatro anos, ele não pode ser reeleito. Mas o clima social está pesado. Em maio, uma manifestação popular é dispersa sem a menor cautela em Paris. Em 22 de junho, as Oficinas Nacionais são dissolvidas e os trabalhadores retornam ao desemprego e à miséria. A agitação social está crescendo e alimentando explosões revolucionárias. Paris ergue barricadas. A Assembleia proclama estado de sítio, enviando o exército sob o comando do general **Cavaignac** (1802-1857), ao qual se junta a Guarda Nacional. Os combates ferozes fazem milhares de mortos entre 23 e 25 de junho de 1848. A repressão é implacável: mais de mil fuzilados, mais de 10 mil deportados. O arcebispo de Paris, monsenhor **Affre** (1793-1848), é morto ao tentar se interpor entre as tropas e os insurgentes na barricada do Faubourg Saint-Antoine.

O príncipe presidente

O Partido da Ordem vence, desafiando qualquer República operária. Ele agrupa: legitimistas, favoráveis aos descendentes de Carlos X; orleanistas, que apoiam os de Luís Filipe I; e católicos. O partido apoia a campanha presidencial do príncipe **Luís Napoleão Bonaparte** (1808-1873), eleito triunfalmente em 10 de dezembro de 1848 com cerca de três quartos dos votos, acumulando votos burgueses, que o veem como estabilizador da ordem social, e votos operários, que votam pelo "sobrinho do Imperador". Em 20 de dezembro, ele faz um juramento sobre a Constituição. A Assembleia Constituinte se separa em maio de 1849, assumindo em seu lugar uma Assembleia legislativa monarquista e conservadora. Instalado no Palácio do Eliseu, Luís Napoleão deixa o governo que se baseia na Assembleia para implementar uma política reacionária. Três leis são o resultado direto disso. Em 15 de março de 1850, a lei Falloux, em homenagem ao **Conde de Falloux** (1811-1886), um católico social, ministro da Educação, institui dois tipos de escolas. As escolas públicas, de responsabilidade do Estado, e as escolas livres, fundadas por indivíduos ou associações. O clero pode multiplicar as escolas católicas. O monopólio napoleônico da universidade termina. A lei eleitoral de 31 de março de 1850, por medo do contágio de um voto socialista, restringe o direito de voto aos eleitores que atestam três anos de residência, assim excluindo amplamente os operários e os trabalhadores itinerantes, num total de quase 3 milhões de excluídos em 9 milhões de eleitores que antes votavam. Finalmente, a Lei de Imprensa de 16 de julho de 1850 exige que os jornalistas assinem seus artigos e que os jornais paguem pesadas cauções e impostos, reduzindo a liberdade de imprensa.

UM PRIMEIRO PASSO PARA O IMPÉRIO

Luís Napoleão prepara metodicamente, durante esse tempo, seu futuro golpe de Estado, pois sabe que não pode ser reeleito e não tem esperança que a Assembleia venha adotar, nesse sentido, uma revisão constitucional. Com a ajuda do exército, na noite de 1 para 2 de dezembro de 1851, aniversário de Austerlitz, ele manda prender os deputados republicanos e seus adversários pessoais, como Thiers ou Victor Hugo.

O Palácio Bourbon, sede da Assembleia, é ocupado pelas tropas. O **duque de Morny** (1811-1865), meio-irmão de Luís Napoleão, estabelece-se no Ministério do Interior. O exército toma posse das principais praças de Paris. Dois decretos são afixados nas paredes da capital, um referente à dissolução da Assembleia e o outro ao restabelecimento do sufrágio universal chamando um plebiscito a favor de Luís Napoleão. A resistência, tanto em Paris como no interior, é rapidamente controlada, com milhares de prisões e deportações, sem contar aqueles que, como Victor Hugo, escolhem o exílio contra "Napoleão, o Pequeno"[245]. Em 20 de dezembro de 1851, um plebiscito dá a Luís Napoleão o poder de redigir uma nova Constituição. Em 15 de janeiro de 1852, o texto prevê confiar um mandato executivo expandido ao príncipe-presidente.

No posto por dez anos, ele tem a iniciativa das leis, da guerra e da paz, escolhe os ministros e os funcionários. O poder legislativo cai para três câmaras: o Conselho de Estado, cujos membros e juristas o presidente nomeia, redige os projetos de lei; o Corpo Legislativo, compreendendo 260 deputados eleitos por seis anos que votam as leis e o orçamento; o Senado, composto de 130 membros, nomeados por Luís Napoleão, que verifica a constitucionalidade das leis. Ele também pode, por decreto do senado, alterar a Constituição. Em princípio, o sufrágio universal é restaurado, mas é esvaziado de sua realidade pela prática dos candidatos oficiais que, somente eles, recebem o suporte do aparelho de Estado, condenando os seus adversários a uma campanha ignorada pelas massas. O Corpo legislativo eleito em fevereiro de 1852 ilustra bem isso, já que 257 dos 260 deputados eleitos são candidatos oficiais. A República é apenas uma ficção, mantida por um tempo no papel, tempo necessário para Luís Napoleão multiplicar as viagens para o interior, tentando destacar seu parentesco com Napoleão I e aumentar sua popularidade. Em 7 de novembro de 1852, um decreto restaura a dignidade imperial hereditária de Luís Napoleão. O plebiscito de 21 de novembro a ratifica, com uma esmagadora maioria, cerca de 8 milhões de "sim". Em 2 de dezembro de 1852, Luís Napoleão faz uma entrada triunfal em Paris como o imperador **Napoleão III** (1852-1870).

O SEGUNDO IMPÉRIO (1852-1870)

O imperador **Napoleão III** (1852-1870) se apoia na burguesia, no exército e no clero para governar. Ele controla a classe operária pelo livreto operário (carteira de trabalho), verdadeiro passaporte interno imposto por Napoleão I, o ensino e os jornais pela censura. Ajudado por seu meio-irmão Morny, que preside o Legislativo, Napoleão III governa diretamente, dando pouca autonomia a seus ministros. Casa-se, em janeiro de 1853, com a condessa espanhola Eugênia de Montijo (1826-1920), que lhe dá um filho em 1856,

---

245. Tal apelido de Napoleão III se deve à serie de artigos panfletários que o escritor Victor Hugo publicou contra o imperador sob o título *Napoléon, le Petit* (Napoleão, o Pequeno), em referência ao título de seu tio (Napoleão, o Grande): "Não; depois de Napoleão, o Grande, não quero 'Napoleão, o Pequeno'", dizia Victor Hugo [N.T.].

o príncipe imperial **Napoleão Eugênio** (1856-1879). O futuro da dinastia parece assegurado. Ainda mais porque a política externa do Império se dá com uma série de sucessos até 1860. Entre 1853 e 1856, a França compromete-se com o Império Otomano, atacado pelos russos na Guerra da Crimeia. A derrota da Rússia é registrada pelo Tratado de Paris, em março de 1856. Em seguida, Napoleão III intervém para promover a unificação da Itália, enviando tropas contra as forças austríacas no norte da Itália. A França recebe de volta, em 1860, o condado de Nice e a Saboia. Em janeiro de 1858, um republicano italiano, **Orsini** (1819-1858), organiza um ataque. Na noite de 14 de janeiro de 1858, quando o carro imperial chega ao teatro, três bombas são lançadas. Elas explodem não muito longe do carro, mas o casal imperial sai ileso. Este não é o caso da multidão, que conta oito mortos e mais de 150 feridos. Orsini é guilhotinado com seus cúmplices em 13 de março de 1858. Por alguns meses após o ataque, uma lei de segurança geral permite prender e deter adversários sem julgamento, mas deixa de ser aplicada em junho de 1858.

O ano de 1860 marca o apogeu e o início do declínio do Segundo Império. Ao intervir para promover a unificação da Itália, Napoleão III ameaça os Estados Pontifícios, o que o afasta muitos dos católicos. O acordo de livre-comércio assinado com a Inglaterra em 1860, com o Tratado Cobden-Chevalier, acarreta-lhe o desinteresse dos meios industriais, expostos a uma concorrência que não desejam, especialmente nas fiações. Em 1864, as siderúrgicas criam a Comissão da Forja para defender seus interesses. A expedição do México lançada em 1861 para apoiar o Imperador Maximiliano (1832-1867), um arquiduque austríaco instalado no trono, termina em desastre. Maximiliano é preso, fuzilado em 1867, e o exército francês, forçado a uma retirada inglória. Em 1866, a Áustria é derrotada na Batalha de Sadowa pela Prússia, nova potência militar na Europa, cujo desejo de alcançar a unidade alemã sob sua liderança ameaça a França, vista como o inimigo comum. Napoleão III reage substituindo o Império liberal pelo Império autoritário que o precedeu.

Em 1860, a Assembleia Legislativa recebe um direito de resposta, texto dos deputados em resposta ao discurso do trono pronunciado pelo imperador quando da abertura da sessão parlamentar. As atas dos debates são, a partir de então, publicadas integralmente no *Moniteur* (*Monitor*), o antepassado do *Jornal officiel* (*Jornal Oficial*). Nas eleições de 1863, um Comitê da união liberal consegue 32 lugares. **Adolphe Thiers** (1797-1877) é um dos titulares. Ele conclama pelo restabelecimento das "liberdades necessárias": liberdade individual, direito de reunião e de associação, liberdade de imprensa, liberdade de eleições sem candidato oficial, liberdade parlamentar pelo controle das ações do governo. Napoleão III recusa, mas é obrigado a ceder em todos esses pontos entre 1867 e 1869 diante dos avanços da oposição na Câmara e na opinião pública. Émile Ollivier (1825-1913), republicano ligado ao Império, chefe do Terceiro Partido, grupo de deputados bonapartistas favoráveis a uma evolução liberal, forma o novo governo. O plebiscito de 1870, que ratifica uma evolução parlamentar do regime, é um triunfo enganoso para Napoleão III. Após o despacho de Ems, de 2 de julho de 1870, um telegrama voluntariamente escrito pelo chanceler prussiano **Otto von Bismarck** (1815-1898), em termos provocadores contra a França (a recusa do rei da Prússia a receber novamente o embaixador da França durante a sua estada em Ems), amplamente divulgado pela imprensa de ambos os lados do Reno, Napoleão III declara guerra à Prússia em 19 de julho de 1870. Essa guerra não preparada, habilmente imposta, resulta na capitulação de Sedan e o imperador é aprisionado em 2 de setembro de 1870. Em 4 de setembro, a notícia da derrota chega a Paris. Os deputados proclamam a deposição de Napoleão III e o nascimento de uma República, formando na Câmara Municipal um governo de defesa nacional.

A vida econômica e social no Segundo Império (1852-1870)

Napoleão III passou parte de sua juventude na Inglaterra, onde observa o progresso econômico ligado à industrialização. Inspirado pela corrente de pensamento saint-simoniana, ele quer fazer da França uma grande nação industrial, onde os lucros, gradualmente, permitam melhorar o destino dos operários. Ele escolhe um círculo de especialistas, **Eugène Rouher** (1814-1884), advogado de formação, Ministro da Agricultura, do Comércio e das Obras Públicas de 1855 a 1863, discípulos de Saint-Simon, como os irmãos Pereire, Émile Pereire (1800-1875) e **Isaac Pereire** (1806-1880), banqueiros, ou **Achille Fould** (1800-1867), ministro de Estado encarregado da economia. O Banco da França abre filiais nas principais cidades do interior. Os bancos de depósito se multiplicam: Crédit foncier (Crédito fundiário) (1852), Crédit mobilier (Crédito mobiliário) (1852), dos irmãos Pereire, Comptoir national d'escompte (Balcão Nacional de Desconto) (1853), Credit Lyonnais (Crédito Lionês) (1863), Société Générale (Sociedade Geral) (1864). Alguns fracassam; o Crédit Mobilier entra numa falência retumbante em 1867, inspirando o romance de Émile Zola *L'Argent* (*O dinheiro*) (1891). Os transportes experimentam uma época de ouro, assim como os meios de comunicação. O correio usa o telégrafo elétrico desde 1850. As companhias de navegação são formadas: Messageries Maritimes (Mensagens Marítimas) (1851), Compagnie générale transatlantique (Companhia geral transatlântica) (1861), que liga Le Havre a Nova York. O porto de Saint-Nazaire é criado. Mas a área em que o crescimento é mais notável é a das ferrovias.

O Estado intervém para dar às empresas privadas concessões de 99 anos. A rede ferroviária passa de 3.500 km em 1852 a 18.000 km em 1870. As grandes empresas nascem: Compagnie du Midi (1853), de l'Est (1854), de l'Ouest (1855), o Paris-Lyon-Marselha, ou P.L.M, em 1857. As repercussões são consideráveis: a fábrica de Schneider du Creusot utiliza o ferro fundido com coque, fabrica trilhos e locomotivas, emprega

10 mil operários. Uma política de obras públicas é lançada: perfuração do Canal de Suez, graças aos esforços de **Ferdinand de Lesseps** (1805-1894) e do paxá Mohammed Said Pacha (1822-1863) e seu sucessor, **Ismail Pacha** (1830-1895), inaugurado em 1869, após dez anos de trabalho, na presença da imperatriz Eugênia; perfuração, entre 1857 e 1870, do túnel do Mont-Cenis, de 13 km de comprimento. O mais espetacular é a política de modernização das cidades. Marselha, Lyon e Paris são transformadas. O barão **Haussmann** (1809-1891), administrador do Sena de 1853 a 1869, é acusado de estripar a capital de tão gigantescas que são as obras: 25 mil casas são destruídas, 75 mil construídas ao longo de largas avenidas. Os povoados, encravados entre Paris e antigas fortificações, são anexados e a cidade passa de doze a vinte subdistritos, de um milhão de habitantes em 1850 para quase o dobro em 1870.

O saneamento é realizado cavando-se 800 km de esgotos. O mercado, *Les halles*, é construído por **Victor Baltard** (1805-1874) em ferro fundido e tijolos. Os monumentos se multiplicam, as estações de Paris, as igrejas (Saint Augustine, da Trindade), o teatro, a Biblioteca Nacional, Prefeitura de Polícia, os abatedouros de la Villette e o Palácio das Indústrias. Em 1855 e 1867, duas exposições universais consagram Paris. O comércio se transforma com o nascimento de grandes lojas. **Aristide Boucicaut** (1810-1877) inaugura a primeira delas, o *Bon Marché*, em 1852, seguida do *Le Grand Magasin du Louvre* (1855), *La Belle Jardinière* (1856), *Félix Potin* (1858), *Au Printemps* (1865), *La Samaritaine* (1869). O acesso é gratuito, os preços baixos, a escolha facilitada pelos artigos agrupados em departamentos especializados e, sobretudo, é possível devolver os produtos que não são adequados e ser reembolsado. O sucesso é imediato e fulgurante. A sociedade, que experimenta uma prosperidade renovada, toma a corte como modelo. A juventude dourada, os *cocodès*, dândis de uma elegância exagerada, brilham de juventude, vibram de luxo e fantasia. **Charles Frederick Worth** (1825-1895) funda a alta-costura parisiense e inova ao recorrer ao uso de modelos vivos e ao desfile das coleções. A vida mundana acontece nas mansões particulares dos novos grandes bulevares; segue a corte em Compiègne, ou nas estações da moda, Vichy para as águas, ou as praias de Deauville e de Biarritz. **Sarah Bernhardt** (1844-1923) surge no teatro com *Ifigênia* de Racine em sua primeira aparição na Comédie-Française (teatro estatal francês) em 1862. As operetas de **Offenbach** (1819-1880) têm grande sucesso: *A vida em Paris* (1866), *A bela Helena* (1864), *A grã-duquesa de Gerolstein* (1867). Longe da pompa da alta sociedade, a vida no campo está mudando lentamente, e o campanário da aldeia continua a ser, por muito tempo, o horizonte mais longínquo de toda uma vida. Os trabalhadores, apesar do direito à greve concedido em 1864, continuam cautelosos diante do Império, ainda mais diante da República, que reprimiu violentamente seus levantes em 1848. Eles estão mais preocupados com o paternalismo industrial implantado por alguns empreendedores que lhes oferecem habitação, cuidados e acesso à educação para as crianças em troca de docilidade mais ou menos aceita.

A TERCEIRA REPÚBLICA ATÉ 1914

Se a República é proclamada na Câmara Municipal em 4 de setembro de 1870, serão necessários vários anos para ela se tornar uma realidade. É preciso primeiro resolver a guerra, pois Paris está cercada pelos alemães em 20 de setembro. A capitulação de Paris e um armistício são assinados em 28 de janeiro de 1871, prevendo a eleição de uma Assembleia Nacional por sufrágio universal. Esta, logo que foi eleita no início de fevereiro, designa **Adolphe Thiers** (1797-1877) como chefe do poder executivo da República francesa, mas esperando que uma decisão seja tomada sobre suas instituições. O novo governo tem de enfrentar a secessão da Comuna de Paris de março a maio de 1871. Em seguida, por quatro anos, a Assembleia, de maioria monarquista, está à procura de um rei. Será preciso o fracasso de todas as tentativas para que as leis constitucionais de 1875, por apenas um voto, estabeleçam a Terceira República (1870-1940).

A Comuna de Paris (março a maio de 1871)

A ruptura entre Thiers e a capital ocorre em várias etapas. A paz prevê a cessão da Alsácia e da Lorena ao vencedor, o que escandaliza a opinião pública parisiense. Então Thiers decide sucessivamente instalar o governo e a Assembleia em Versalhes, restaurar a regulamentação dos aluguéis, suspensa durante o cerco de Paris, parar de pagar o soldo às Guardas Nacionais, muitas vezes seu único recurso, totalizando 1,50 francos por dia (equivalente a € 6 em 2013). Estes erros culminam quando Thiers tenta em vão, em 18 de março, tomar os canhões da Guarda Nacional mantidos em Montmartre. O despreparo faz o caso fracassar; as parelhas necessárias para o transporte chegam tarde. O alarme alerta os moradores de Montmartre e, em seguida, de toda Paris. O general **Lecomte** (1817-1871), responsável pela operação, é preso e fuzilado por seus próprios soldados, que se juntam aos desordeiros. Em 23 de março, os parisienses elegem um Conselho Geral da Comuna de Paris, cujos membros são, em sua maioria, revolucionários. Thiers se recusa a ouvir os seus ministros e os prefeitos de Paris que propõem uma mediação. Ele tem a intenção de realizar o plano proposto em 1848 para **Luís Filipe I**, que o tinha recusado: manter-se afastado de Paris, deixar a situação deteriorar-se e retornar com força para acabar com a revolta.

A Comuna, na maior desordem, adota uma série de medidas práticas e simbólicas: suspensão do pagamento do aluguel, requisição de alojamento gratuito, eliminação de multas e deduções dos salários, restituição ao proprietário dos objetos deixados em Mont-de-Piété, mas também a adoção da bandeira vermelha, a abolição do exército em favor de milícias civis, a separação de Igreja e Estado, a educação leiga, gratuita e obrigatória. O povo de Paris é convidado a participar nas decisões, por meio de cartazes nas paredes, pela leitura do *Cri du peuple* (*Grito do povo*), de **Jules Vallès** (1832-1885), eleito para a Comuna. **Eugène Pottier** (1816-1887) escreve *L'Internationale* (*A Internacional*, hino socialista). **Gustave Courbet** (1819-1877), também eleito para a Comuna, pede o deslocamento da coluna Vendôme, exaltando o passado militar imperial, para os Inválidos. Na verdade, ela é destruída, mas a proposta de Courbet para reconstruí-la por sua conta não é aprovada pela Comuna. É o marechal **MacMahon** (1808-1893) que irá reconstruí-la, com as despesas pagas por Courbet, cujos bens são apreendidos enquanto ele está no exílio na Suíça. Mas a Comuna comete o erro de deixar Thiers preparar seu ataque, com a ajuda de Bismarck, que, preocupado com um levante revolucionário, liberta os prisioneiros de guerra, permitindo que o governo reconstitua um exército de 150 mil homens. O ataque acontece em 21 de maio de 1871 e os combates duram até 27 de maio; esse período será chamado de a semana sangrenta. Apesar das barricadas, os habitantes de Versalhes, os *Versaillais*, termo que designa os adversários da Comuna, estão progredindo. Os últimos "vermelhos", ou *communards*, são sumariamente fuzilados no cemitério de Père-Lachaise, no Muro dos Federados, em 28 de maio de 1871. A repressão é feroz: mais de 10 mil pessoas são presas, julgadas e 23 delas são executadas; as demais são condenadas em massa à deportação para a Nova Caledônia ou para a Argélia. Teria havido 20 mil execuções sumárias, sem julgamento[246], justificadas pelos *Versaillais* como uma resposta à execução pela Comuna, em 24 de maio, de 47 reféns, sem julgamento, dentre os quais o arcebispo de Paris, monsenhor **Georges Darboy** (1813-1871). A vitória de Thiers tranquiliza os mais abastados e os conservadores, mostrando que a República, como já fez em junho de 1848, é capaz de manter a ordem.

As tentativas de Restauração e seu fracasso (1871-1875)

A Assembleia, assustada com a Comuna de Paris, quer um executivo forte. Pela Lei Rivet, de 31 de agosto de 1871, ela confere a Adolphe Thiers a possibilidade de acumular as funções de deputado, chefe de Governo e presidente da República. Majoritariamente monarquista, ela pensa encontrar em Thiers, defensor de Luís Filipe, o homem de uma nova Restauração. O Tratado de Frankfurt de 10 de maio de 1871 impõe à França o pagamento de uma indenização de guerra de 5 bilhões de francos de ouro (1 franco-ouro = 322 mg de ouro). Enquanto aguarda o pagamento, a Alemanha ocupa os departamentos do Nordeste. Thiers, em dois empréstimos, o segundo coberto 42 vezes, paga a indenização e obtém a partida antecipada – prevista em 1875 – das tropas de ocupação em 1873. Para reconstruir o exército, a lei militar de 27 de julho de 1872 fixa o prazo do serviço ativo em cinco anos. Um sorteio designaria aqueles que fariam cinco anos, outros apenas por um ano, por razões de economia. Em novembro

---

246. A esse respeito, ver Nadine Vivier, *Dictionnaire de la France au XIXe siècle* [Dicionário da França no século XIX], Paris, Hachette, 2002.

de 1872, numa mensagem à Assembleia, Thiers assume uma posição a favor de um regime republicano. Mesmo que ele reivindique uma República conservadora, a Assembleia não o perdoa em relação ao que considera uma traição.

No início de março de 1873, ela exige que ele somente se comunique com ela por mensagens, com a obrigação de se retirar após feita a leitura. Esse sistema, que paralisa toda a ação do executivo, obriga Thiers a renunciar em 24 de maio de 1873. Ele é imediatamente substituído pelo marechal **MacMahon** (1808-1893), monarquista convicto. Ele promove a ordem moral e um retorno aos valores da Igreja, após os excessos da "festa imperial". Foi a expiação dos pecados que levaram à derrota. Ele consagra a França ao Sagrado Coração como outrora havia feito Luís XIII ao jurar seu reino à Virgem. Uma basílica é erguida em sua homenagem em Montmartre, um monumento expiatório exemplar. Os monarquistas majoritários estão, no entanto, divididos. Os legitimistas querem para rei o **conde de Chambord** (1820-1883), neto de Carlos X, exilado em Frohsdorf. Os orleanistas optam pelo **conde de Paris** (1838-1894), neto de Luís Filipe I. Eles entram num acordo no final de 1873: o conde de Chambord, sem filhos, designaria o conde de Paris como seu herdeiro. Tudo falha diante da intransigência do conde de Chambord, que quer voltar à monarquia absoluta e à bandeira branca. Os deputados favoráveis a um retorno ao Império perdem toda a esperança com a morte, na guerra contra os zulus na África do Sul, do príncipe imperial, filho de Napoleão III, em 1879. Desanimada com o fracasso de uma Restauração, a Assembleia vota em janeiro de 1875 a emenda Wallon, em homenagem ao membro moderado que propõe a criação de uma República, com uma maioria de votos: 353 a favor e 352 contra. Segue-se a votação das leis constitucionais que definem o equilíbrio dos poderes na Terceira República. O presidente da República, que pode ser reeleito, é eleito por sete anos pelas câmaras reunidas em Congresso. Ele nomeia o primeiro-ministro, pode dissolver a Assembleia, tem o direito de perdoar. Ele compartilha a iniciativa das leis com o Parlamento. Este último é composto por duas câmaras: uma Câmara dos Deputados, composta de seiscentos membros eleitos por quatro anos por sufrágio universal direto, e um Senado, com trezentos membros, sendo 225 eleitos por sufrágio indireto pelos representantes das comunas e dos cantões e 75 membros nomeados a título vitalício. Os senadores são eleitos por nove anos, renováveis em um terço a cada três anos. A Assembleia nacional se separa em 31 de dezembro de 1875, depois de ter eleito 75 senadores vitalícios.

O início e a afirmação da Terceira República (1875-1914)

As eleições de 1876 mostram fraca maioria conservadora no Senado: 151 conservadores e 149 republicanos, mas a Câmara de deputados é dominada por estes, que obtêm 340 cadeiras dentre 533 deputados. Obrigado pela Constituição, **Mac-Mahon** nomeia republicanos como chefe do governo, **Jules Dufaure** (1798-1881) e, depois, **Jules Simon** (1814-1896). Em maio de 1877, Mac-Mahon dissolve a Câmara e governa com o **duque de Broglie** (1821-1901). As eleições de outubro obtêm maioria republicana. Mac-Mahon tenta governar com seus mais altos funcionários, mas deve se submeter e formar com Dufaure um governo republicano, no início de dezembro de 1877. É o triunfo do regime parlamentar: o executivo não pode governar contra a Câmara. Depois da dissolução de 1877, não se formará nenhuma outra sob a III República. Nas eleições parciais para senador de 1879, os republicanos obtêm vitória também no Senado. O governo e as Câmaras querem aprimorar o exército dos generais monarquistas por meio de deslocamentos. Mac-Mahon recusa e prefere pedir demissão em 30 de janeiro de 1879.

No mesmo dia, o congresso elege para presidente **Jules Grévy** (1877-1891). Em 1880, o Parlamento volta a se reunir em Paris, e os comunardos são anistiados. A *Marselhesa* se torna o hino oficial, ao mesmo tempo que 14 de julho é escolhido como data da festa nacional. A República oportunista se instala e dura até 1899. Os republicanos são divididos em dois grupos. Os radicais querem a aplicação do programa de Belleville, de **Léon Gambetta** (1838-1882) em 1869: ampliação das liberdades públicas, separação da Igreja e do Estado, supressão do exército permanente, funcionários eleitos, liberdade de imprensa, instauração do imposto sobre os salários, educação primária laica, gratuita e obrigatória, lei do divórcio. Seu porta-voz, inflamado e rígido, é **Georges Clemenceau** (1841-1929). Os oportunistas querem reformas de longo prazo, consensuais, aceitas pelo país e não impostas. Eles se dividem em dois grupos: a União Republicana de Léon Gambetta e a Esquerda Republicana, dirigida por **Jules Ferry** (1832-1893).

A obra da III República

Até 1885, os republicanos dominam a vida política, controlam o poder e implementam uma série de reformas. Em 1881 são reconhecidas: a liberdade de reunião, após declaração prévia e formação de um estabelecimento responsável, e a liberdade da imprensa; todo cidadão pode fundar um jornal, bastando declarar o título, o gerente e o impressor. Os limites dessa liberdade são reduzidos, dizendo respeito sobretudo à difamação. Em 1884, decide-se não substituir os senadores vitalícios. Nesse mesmo ano, a lei Waldeck-Rousseau autoriza os sindicatos profissionais, e a lei Naquet restabelece o divórcio, que havia sido suprimido na Restauração. Mas a obra mais profunda é o estabelecimento das leis escolares de **Jules Ferry** (1832-1893), ministro da Instrução pública de 1879 a 1885. A fim de garantir o êxito da República, deve-se fazer com que as pessoas a conheçam e a amem. A escola laica desempenhará esse papel, lutando contra a influência clerical ligada aos meios monárquicos e conservadores. Em 1880, as faculdades católicas perdem o direito de emitir diplomas universitários, e o ensino torna-se proibido para as congregações não autorizadas. Os jesuítas devem fechar seus estabelecimentos. Em 1881, vota-se a gratuidade da escola primária, e as escolas são financiadas pelas comunas e pelo Estado. Em 1882, Jules Ferry consegue passar em votação a obrigatoriedade e a laicidade; a instrução, e não a escolarização, torna-se obrigatória dos seis aos treze anos. Um programa de instrução e de moral cívica substitui a instrução religiosa.

Os professores e professoras laicos são formados nas Escolas Normais. No ensino secundário, a lei de 1880 prevê a criação de liceus para moças. Em 1879, foi fundada, para formar suas professoras, a Escola Normal de Sèvres e criada também uma agregação (concurso de licenciatura nacional para professores) feminina. Jules Ferry, presidente do Conselho desde fevereiro de 1883, é deposto em 1885 por sua política colonial, que suscita uma viva oposição ao mesmo tempo entre os conservadores e entre os radicais. Depois da conquista da Argélia em 1830, o protetorado sobre a Tunísia em 1881, Jules Ferry é favorável a uma intervenção francesa na Indochina. Isso suscita a ira daqueles que querem, antes de mais nada, a reconquista da Alsácia e da Lorena, províncias perdidas em 1871. A França já penetrou no Senegal, na Costa do Marfim, no Gabão, em Madagascar, anexa a Nova Caledônia em 1853 e se prepara para estabelecer sua soberania na Cochinchina e no Camboja. As eleições de 1885 levam à Câmara três grupos relativamente iguais: os conservadores, os oportunistas e os radicais. Essas duas últimas tendências vão formar governos instáveis, de tão grandes que são os desacordos entre eles sobre os temas essenciais.

As crises: Boulanger, Panamá, Dreyfus

A época se carateriza por uma sucessão de crises: boulangista, do Panamá, atentados anarquistas, caso Dreyfus.

Boulanger

A crise boulangista deve seu nome ao general **Georges Boulanger** (1837-1891), ministro da Guerra de fevereiro de 1886 a maio de 1887. Esse cargo faz dele o "general da Revanche", extremamente popular, que vai reconquistar a Alsácia e a Lorena. Ainda mais porque o mundo político está desacreditado: crise econômica que dura desde 1882, instabilidade dos gabinetes acrescida de um estrondoso escândalo de corrupção. O genro do presidente **Jules Grévy** (1807-1891), reeleito em 1885, **Daniel Wilson** (1840-1919), usa sua influência de deputado para o tráfico e sua posição na família para obter a Legião de Honra, por meio de somas estrondosas em metal sonante. O caso ganha importância; Grévy é obrigado a pedir demissão, e **Sadi Carnot** (1837-1894) é eleito para sucedê-lo, homem de grande probidade, mas de personalidade apagada.

Como havia se tornado muito popular, Boulanger é afastado do governo, em 1887, e transferido para um cargo em Clermont-Ferrand. Mas os parisienses invadem os trilhos da estação de Lyon para impedir sua partida. Ele consegue sair de Paris pulando na única locomotiva que não havia chamado a atenção. A aventura de Boulanger começa. Os opositores de todos os lados se reúnem em torno dele: monarquistas, bonapartistas, membros da Liga dos Patriotas de **Paul Déroulède** (1846-1914), assim como alguns radicais. Eles querem derrubar o regime parlamentar, agitando as massas em prol do general, conseguindo que ele fosse eleito nas eleições parciais, nas quais não era candidato. O governo reage decretando sua aposentadoria em março de 1888. É um erro: outra vez civil, ele se torna elegível. É eleito deputado, pede demissão para se apresentar em Paris, onde é novamente eleito triunfalmente em janeiro de 1889. Aclamado, Boulanger teria podido realizar um golpe de Estado, já que a polícia e o exército lhe eram favoráveis, mas recusa-se a passar por cima do Palácio do Eliseu. Ele aguarda a organização de um plebiscito que lhe confira plenos poderes. O governo percebe a iminência da ameaça: a Liga dos Patriotas é dissolvida, Boulanger ameaçado de complô contra a segurança do Estado. Ele foge para Bruxelas em abril de 1889. Ali comete suicídio, inconsolável, sobre o túmulo de sua amante que acabara de morrer, em 30 de setembro de 1891. Após esse episódio perturbador, a República recebe um apoio inesperado. O Papa **Leão XIII** (1878-1903), por meio da encíclica *Au milieu des sollicitudes* (*Em meio à comoção*) (16 de fevereiro de 1892), aceita que os católicos franceses se liguem ao regime republicano. Essa pausa bem-vinda dura pouco.

Panamá

O escândalo do Panamá (1889-1893) eclode. Na origem está uma sociedade para a perfuração do Canal do Panamá, constituída por Ferdinand de Lesseps, em 1881. Mas a empresa é um fracasso, apesar da autorização de empréstimo de 600 milhões de francos-ouro (1 franco-ouro equivale a 322 mg de ouro) pela Câmara dos Deputados, e a bancarrota é declarada em 1889, implicando perdas entre os mais de um milhão de credores. Em 1882, os jornais revelam ações de má gestão. Certos deputados apelidados *chéquards* (chequeiros), são acusados de abuso de influência para facilitar o investimento do empréstimo e enganar os pequenos poupadores. O mais célebre é Georges Clemenceau, que se vê obrigado a suspender temporariamente a carreira política. Uma das consequências é a eleição de aproximadamente cinquenta deputados socialistas nas eleições legislativas de 1893, dentre os quais **Jean Jaurès** (1859-1914) e **Alexandre Millerand** (1859-1943). Os movimentos anarquistas sofrem uma modificação na Europa e passam a usar a ação violenta, como o assassinato que tem por alvo personalidades políticas. Em dezembro de 1893, o anarquista **Auguste Vaillant** (1861-1894) lança uma bomba na Câmara dos Deputados. O presidente **Sadi-Carnot** recusa-se a exercer seu direito de graça (perdão, indulto) e acaba sendo apunhalado, em 24 de junho de 1894, pelo italiano **Santo Caserio** (1873-1894). A legislação se torna mais severa, principalmente contra a imprensa. Os socialistas protestam contra essas "leis criminosas" e a seu ver liberticidas.

Dreyfus

Mas o maior escândalo começa depois de apenas alguns anos de relativa moderação política. Trata-se do caso Dreyfus (1894-1899). Em 1894, parece que um oficial do Estado-Maior fornece segredos militares à Alemanha. Depois de uma investigação apressada, o capitão **Alfred Dreyfus** (1859-1935), ao mesmo tempo judeu e alsaciano, é preso. Declarado culpado pelo conselho de guerra, é condenado à degradação militar e à prisão perpétua em uma fortificação. Em março de 1896, o tenente-coronel **Georges Picquart** (1854-1914), novo chefe do serviço secreto militar, descobre que o verdadeiro culpado é o comandante Esterházy (1847-1923) e oferece as provas a seus superiores. Ele é mandado para a Tunísia. A família de Dreyfus, por sua vez, obtém o apoio do senador **Scheurer-Kestner** (1833-1899), que interpela o governo em novembro de 1897. Tem início o lado político do caso. A França se divide em dois campos violentamente antagônicos: os contrários a Dreyfus apoiam o exército que vai retomar a Alsácia-Lorena e que só pode ser visto como infalível e acima de qualquer suspeita. Trata-se da grande massa de católicos com o jornal *La Croix*, de **Maurice Barrès** (1862-1923), da Liga da pátria francesa, de Édouard Drumont (1844-1917) e da Liga nacional antisemita da França, dos intelectuais **Albert de Mun** (1841-1914), **Jules Lemaître** (1853-1914) e do músico François Coppée (1842-1908). Os favoráveis a Dreyfus são conduzidos por Clemenceau e seu jornal *L'Aurore*, no qual Émile Zola (1840-1902) publica, em 13 de janeiro de 1898, uma carta aberta ao presidente da República sob o terrível título "Eu acuso", na qual constrói o ato de acusação de todos aqueles, civis e militares, que acobertaram o crime. O tribunal de justiça o condena a um ano de prisão, que ele não cumpre, pois foge para Londres, e a 3 mil francos de multa, pagos com as custas processuais por **Octave Mirbeau** (1848-1917). Eles são apoiados pelo jornal *Le Figaro*, pela Liga dos Direitos do Homem, fundada em 1898, e por Jean-Jaurès. Exigem que os direitos da pessoa, da defesa e da inocência sejam respeitados. Em 1898, revela-se que o coronel **Hubert-Joseph Henry** (1846-1898) forjou todas as peças de uma falsificação para incriminar Dreyfus. A corte de cassação autoriza um segundo processo revisional, anulando o julgamento de 1894. Uma nova corte militar, em Rennes, declara Dreyfus culpado mais uma vez, com inverossímeis "circunstâncias atenuantes", condenando-o a dez anos de prisão em agosto de 1899. O presidente Émile Loubet (1838-1929) usa imediatamente seu direito de graça. Dreyfus é liberado, mas deve esperar até 1906 para ser reabilitado e reintegrado, por vontade própria, ao exército, onde continua sua carreira até a aposentadoria.

O Bloco dos Esquerdistas

O Bloco dos Esquerdistas reúne os defensores do regime republicano, duramente atacado durante as crises que o abalam. Dominado pelos radicais, governa de 1899 a 1905. Ele é marcado pelas fortes personalidades de **Pierre Waldeck-Rousseau** (1845-1904) até 1902 e de Émile Combes (1835-1921) depois. Waldeck-Rousseau quer lutar contra as congregações. Ele as acusa de formar uma juventude dedicada à Igreja e hostil à República. A lei de 1º de julho de 1901 cria por um lado a liberdade completa para as associações civis, mas submete as congregações a um regime de exceção. Elas devem ser autorizadas pela lei, podendo ser dissolvidas por simples decreto. Émile Combes, antigo seminarista, autor de uma tese sobre São Tomás de Aquino, renuncia aos votos para se tornar médico. Profundamente republicano, senador em 1885, chefe dos radicais, ele aplica a lei com o maior rigor. Os estabelecimentos escolares que dependem de congregações e que não pediram autorização são fechados. Todos os pedidos de autorização são recusados. A lei de 7 de julho de 1904 proíbe o ensino nas congregações autorizadas. Os protestos contra essas políticas, tanto na França como no Vaticano, enfraquecem Combes. Dispondo apenas de uma maioria reduzida, ele renuncia em 19 de janeiro de 1905. Entretanto, um projeto de lei apresentado durante o seu ministério continua sendo-lhe atribuído, o da separação da Igreja e do Estado. Ele é preparado pelo deputado socialista **Aristide Briand** (1862-1932) e votado em 9 de dezembro de 1905. A lei de separação da Igreja e do Estado garante a liberdade de credo, mas a República não reconhece nem subvenciona nenhum credo. Os bens da Igreja não podem continuar nas mãos de uma hierarquia que a República não reconhece, sendo então, depois de inventariados, transferidos a associações de cultos, que serão encarregadas de administrá-los. Os inventários são feitos em circunstâncias turbulentas, com fiéis bloqueando o acesso aos prédios religiosos.

O Papa **Pio X** (1903-1914) condena a lei na encíclica *Vehementer nos* em fevereiro de 1906 e proíbe as associações de cultos em agosto do mesmo ano. Os bens da Igreja são, portanto, em 1907, atribuídos ao Estado ou às comunas; os padres podem celebrar a liturgia em prédios que estão autorizados a ocupar, mas sem direitos. Por sua vez, os protestantes e os judeus aceitam a criação de associações de culto e conservam seus bens. A agitação, os enfrentamentos quando dos inventários, particularmente vivos no oeste do país, mancham a imagem de um governo que cai em março de 1906. Georges Clemenceau, novo ministro do Interior, decide pôr fim aos inventários. O Bloco dos Esquerdistas desaparece. Os socialistas, no congresso internacional de Amsterdã em 1904, decidem recusar toda colaboração com os partidos burgueses. Em 1905, os grupos socialistas franceses se aliam para criar a Seção Francesa da Internacional Operária, ou SFIO, cuja liderança é assumida por Jaurès, no momento em que acabava de fundar o jornal *L'Humanité*. A ruptura com os radicais é consumada, feita por meio de um virulento discurso de Clemenceau contra o socialismo, depois das greves nas minas do norte do país em abril e maio de 1906.

Os radicais no poder

Os radicais vão governar a França de 1906 a 1914. O presidente da República, **Armand Fallières** (1841-1931), confia a formação do novo governo a Clemenceau, que permanece como presidente do Conselho até 1909. Primeiro, ele deve enfrentar o levante social, animado pela Confederação Geral do Trabalho que, no congresso de Amiens de 1906, opta por uma ação revolucionária, contra o reformismo, tendência favorável a uma vitória nas eleições legislativas, na qual os futuros representantes têm como missão passar em votação as leis sociais. As greves se multiplicam e culminam em 1907: operários da construção, padeiros, viticultores do sul. Estes últimos, liderados por **Marcelin Albert** (1851-1921), incendeiam a subprefeitura de Narbona e decretam a greve do imposto. Os soldados do 17º Regimento de Infantaria, originários do sul, revoltam-se em solidariedade. Clemenceau reage rapidamente. Ele convida o ingênuo **Marcelin Albert** a Paris, paga-lhe um bilhete de trem e, depois, apresenta o fato como se o tivesse comprado. Desacreditado, Marcelin Albert desaparece da cena política. O Estado age contra os vinhos adulterados e se beneficia de uma valorização da sua cotação. Cessa a agitação no Midi, região vitícola do sul. **Clemenceau** passa em votação a lei sobre o descanso semanal antes de ser deposto em julho de 1909. Os ministérios que se seguirão, até a Primeira Guerra Mundial em 1914, são marcados pela instabilidade política e problemas recorrentes.

Em 1910, uma greve geral dos ferroviários se choca contra a rigidez do governo. Os principais atores são presos e, as estações, ocupadas militarmente. O imposto sobre os salários não chega a ser adotado; a tentativa do ministro das Finanças, **Joseph Caillaux** (1863-1944), de 1909, é um novo fracasso. O serviço militar, reduzido a dois anos em 1905, volta a ser de três anos em 1913. A reforma eleitoral opõe os radicais, favoráveis ao escrutínio por bairro (*arrondissement*), aos representantes de direita e aos socialistas, que apoiavam um escrutínio proporcional de lista departamental (equivalente aos estados). Os radicais, majoritários no Senado, obtêm vitória, mas a disputa continua. Em 1911, a França e a Alemanha se enfrentam sobre o protetorado do Marrocos, e um barco de guerra é enviado a Agadir: o *Panther*. A provocação se encerra em uma troca de territórios coloniais, mas as opiniões públicas dos dois países estremecem as bases. De volta como ministro das Finanças em 1913, Joseph Caillaux é vítima de uma conspiração orquestrada pelo proprietário do jornal *Le Figaro*, **Gaston Calmette** (1858-1914). O jornal não hesita em publicar cartas íntimas. **Henriette Caillaux** (1874-1943), esposa do ministro, pede então para ser recebida, em março de 1914, pelo diretor do *Figaro* e o mata com vários tiros de revólver. Caillaux pede demissão; sua mulher é absolvida em julho de 1914, pois o assassinato foi considerado pelo júri como crime passional. Nas eleições de 1914, a esquerda vence e o socialista independente **René Viviani** (1862-1925) compõe o governo. O imposto sobre os salários é votado, mas só é aplicado a partir de 1919. A Primeira Guerra Mundial anuncia a ruptura radical, o final de um século XIX que havia começado com outra grande perturbação: a Revolução Francesa de 1789.

2. A ARTE NA FRANÇA NO SÉCULO XIX

O século XIX não se caracteriza apenas por uma profunda revolução na política ou na economia, mas também pelo universo intelectual. A burguesia se torna a principal potência política. O dinheiro, seu motor, está no centro dos romances de **Balzac** ou de **Zola**, nos quais a insolência de seus privilégios e os destinos de suas vítimas aparecem em primeiro plano. Essa burguesia se serve das declarações das Luzes para ter direito à igualdade de todos, não somente política, mas também intelectual. **Anton Raphael Mengs** (1728-1779), eclipsado por seu contemporâneo **Winckelmann**, em suas *Réflexions sur la beauté* (*Reflexões sobre a beleza*) (1762), já formulava esse princípio: o belo é o que agrada à maioria. A fim de alcançar a beleza ideal e racional, ele convida os pintores a apreenderem em um só quadro as qualidades de diferentes mestres: Rafael para o desenho, Correggio para o claro-escuro, Ticiano para o colorido. Mas a burguesia não reterá esses deveres intelectuais do artista, preferindo buscar uma escala de valores. *L'Allgemeine Theorie des schönen Künste* (*Teoria geral das belas artes*), de **Johann Georg Sulzer** (1720-1779), pedagogo e filósofo, sublinha que a arte é apenas instrumento do bem e deve conduzir à formação ética e política do homem e do cidadão. As determinações morais do artista condicionam a produção da obra, mas presidem também sua recepção. O efeito moral continua sendo o critério central da avaliação de uma obra. De maneira semelhante, **Diderot** havia submetido a arte aos objetivos sociais, atribuindo-lhe um papel moral e educativo. A fim de serem compreendidas pela classe burguesa, as artes deviam responder a certos critérios: reproduzir a natureza, as pessoas, os objetos em sua realidade imediata segundo os princípios de Sulzer e de Diderot. **As academias** subvencionadas pelo Estado terão um papel fundamental quanto à escolha da burguesia em matéria de arte. De fato, os artistas que seguirem seus preceitos, ou seja, agradar ao gosto da burguesia poderão vender suas obras. Assim, assiste-se no século XIX à criação de um grande fosso entre a elite criadora e os autores voltados ao academicismo. A Exposição Universal de 1885 coroa pintores como **Ingres**, **Delacroix**, e outros ligados ao salão oficial. A imprensa da época não deixa de valorizar esses artistas com numerosas recompensas.

A PINTURA NA FRANÇA NO SÉCULO XIX: AS GRANDES CORRENTES ARTÍSTICAS

Neoclassicismo contra romantismo

O neoclassicismo perdura até 1830 aproximadamente e se confunde, no início do século XIX, com os princípios escolásticos do academicismo. O substantivo criado por volta de 1880 evocava o período artístico anterior aos movimentos modernos. Os esforços de David na direção da simplicidade grega se realizam por meio de seus discípulos, chamados de "barbudos" ou "primitivos", pois esses jovens artistas não se barbeavam, aplicando uma moda antiga ao extremo e desafiando a moda de seu tempo. No início do século XIX, a doutrina neoclássica tinha sido imposta a toda a Europa.

❖ **Jean Auguste Dominique Ingres** (1780-1867). Depois de ter seguido as lições paternas, ele se torna aluno de David e obtém, em 1801, o primeiro grande prêmio de Roma. Cada quadro pintado é preparado por um longo estudo, inclusive da época do personagem: *Henrique IV brincando com seus filhos* (1817), *O Voto de Luís XIII* (1824). Ele se inspira em mestres antigos, mas também no Oriente: *Rafael e a Fornarina* (1814), *A grande odalisca* (1814), *O banho turco* (1863). Ele também pinta retratos: *Senhorita Rivière* (1805), *Senhor Bertin* (1832).

O romantismo pictórico: Delacroix, Géricault

Entre 1820 e 1840, duas concepções opostas se enfrentam em pintura: a de Ingres, que prefere o desenho, a forma equilibrada, o escultural, escolha dos clássicos; e a dos românticos de Delacroix, que buscam e privilegiam a cor, a expressão, o movimento. O romantismo busca a evasão no sonho, o exotismo, o fantástico. Esse movimento toca todas as formas artísticas e particularmente a literatura. Os sentimentos são exacerbados e as imagens são teatralizadas ou mesmo imaginárias. Um dinamismo emana da fuga das composições. A matéria pictural se torna espessa, e é utilizada a "plena pasta", camada de pasta espessa trabalhada. A cor retoma, assim, a primazia sobre o desenho. As composições podiam atingir formatos muito grandes, chegando a ser monumentais, como *A liberdade guiando o povo* (1830). As duas figuras marcantes são Théodore Géricault e Eugène Delacroix. O início do romantismo na pintura tem lugar no salão de 1819 com a exposição do *Le Radeau de la Méduse* (*A balsa da Medusa*) de Théodore Géricault (1791-1824). *A balsa da Medusa* se baseia em um fato real: a fragata "A Medusa", que transportava 150 homens, naufragou na costa do Senegal, e os sobreviventes se mataram uns aos outros. Géricault se apaixona pelo feio e o realismo, trabalhado nos detalhes. Os cavalos são onipresentes em sua obra: *O Derby de 1821 em Epson* (1821).

❖ **Eugène Delacroix** (1798-1863) encarna o romantismo pelo senso de encenação da dramaticidade. Três quadros fazem dele um dos artistas que mais chamam atenção, mas também mais controverso, do salão: *A Barca de Dante* (1822), *Cena dos* *massacres de Scio* (1824) e *A Morte de Sardanapale* (1827-1828). Ele causou escândalo por seus excessos, suas cores, desde a insensibilidade soberana do príncipe de *A morte de Sardanapale*, em oposição ao desespero de seu séquito, até a marcha triunfal de *A liberdade guiando o povo*, ao mesmo tempo mulher do povo e deusa da Vitória em meio aos cadáveres. Entretanto, continua sendo clássico na escolha de seus temas, emprestados da mitologia ou da história antiga. Sua inspiração vem principalmente dos acontecimentos históricos contemporâneos ou da literatura e de uma visita ao Marrocos, em 1832, que lhe fornece outros temas exóticos. Delacroix começou no Salão Oficial em 1822, expondo *Dante e Virgílio no inferno*, quadro inspirado na *Divina comédia* de Dante. Se o modelo de seus rostos evoca os de Michelangelo, as cores lembram as de Rubens. Para a escolha dos temas, Delacroix se aproxima de Lord Byron, de Shakespeare e dos poetas românticos de seu tempo. Ele se inspirou nas técnicas delicadas dos pintores ingleses, e seu quadro *Cena dos massacres de Scio* se inspira em Constable. Entre 1827 e 1832, ele produz suas grandes obras em um curto intervalo de tempo.

A pintura acadêmica e a *art pompier*

Em meio a novas escolas, um estilo oficial se mantém, ganhando o apreço do público e dos críticos. Arte oriunda do neoclassicismo, o academicismo também toma o nome de *art pompier*, talvez em alusão a certos personagens com capacetes nas composições, de estilo carregado, muito teatralizadas. Esse é o resultado de um sistema criado por Luís XIV, que, ao se dar conta do poder subversivo da arte, desejava, por meio da criação das academias reais, manter um controle sobre as atividades dos artistas. Esse sistema funciona até 1914.

AS PRINCIPAIS CARACTERÍSTICAS ARTÍSTICAS DA PINTURA ACADÊMICA
- A forma tem primazia sobre a cor.
- A perfeição do desenho, da linha, da composição, prevalece sobre o valor dos contornos.
- Utilização da luz como refletor.
- Representação do momento antes da ação.
- Tema moralizante, frequentemente propagandista (Napoleão).
- Destaque da simplicidade, do natural.
- Destaque dos valores cívicos.
- Arte da precisão.
- Temas inspirados na Antiguidade grega e romana.
- Pintura apoiada pelas instituições.

É sob a dependência da Academia real de pintura e de escultura que a **Escola de Belas Artes** é iniciada. Um decreto imperial de 24 de fevereiro de 1811 ordena a criação de uma Escola de Belas Artes destinada às aulas e aos concursos. De fato, a pedra fundamental será colocada dia 3 de maio de 1820. O plano primitivo da Escola Nacional Especial de Belas Artes é realizado pelo arquiteto **François Debret** (1777-1850). Paradoxalmente, ainda que só se ensine desenho, os concursos são de pintura. Em 1863, uma reforma autoriza ateliês onde também se ensinam a pintura e a escultura. A palavra *pompier* (bombeiro) surge no dicionário *Robert* em 1888 e engloba o neoclassicismo, o ecletismo, o orientalismo e o neoclassicismo vitoriano. O nome foi dado, aparentemente, de modo irônico, ao academicismo, que teria "apagado" tudo que existia anteriormente. Outras opções da origem do termo são as palavras *pompe* (pompa) e *pompeux* (pomposo). A busca do pintor acadêmico continua sendo a beleza ideal, atingida na reprodução das divindades do Olimpo: dez anos depois de *A fonte* de Ingres, *O nascimento de Vênus* de **Cabanel**. A deusa está deitada sobre uma onda da qual supostamente nasceu. Uma guirlanda de querubins acima de seu corpo valoriza suas formas alongadas. Essa idealização recebia toda a adesão da burguesia, e a obra foi comprada por Napoleão III no mesmo momento em que *Olímpia* (1863) de Manet recebia os sarcasmos do público. O Salão dos Rejeitados, criado em 1863 por Napoleão III, desencadeia a longa guerra que dura cinquenta anos entre pintores acadêmicos e impressionistas, e que acaba com a derrota dos *pompiers* (bombeiros). **Honoré Daumier** (1808-1879) é o primeiro dos grandes independentes, descobrindo na caricatura um gênio pictural novo e nos óleos sobre tela (*Ecce homo*, 1850) a riqueza expressiva das sombras e das luzes (*Laveuse au quai d'Anjou* ["Lavadeira do quai d'Anjou"], 1860).

A escola de um vilarejo, Barbizon

A escola de Barbizon, ou "escola de 1830", é assim chamada por conta do pequeno vilarejo a 60 km de Fontainebleau, onde os pintores reunidos em torno de **Théodore Rousseau** buscam na natureza uma renovação da paisagem. **Jean-François Millet, Théodore Rousseau, Jules Dupré** (1811-1889) e seus amigos ali encontram uma fonte incomparável de inspiração na contemplação da paisagem a qualquer hora e em qualquer estação. Eles conseguem fazer com que seus quadros não sejam apenas uma reprodução do lugar dado, mas a expressão de um estado de espírito diante do lugar.

- ❖ **Théodore Rousseau** (1812-1867). Seu materialismo se desdobra em uma busca metafísica. Ele inicia em um momento em que a escola da paisagem histórica e mitológica ainda é preponderante. Em 1860, ele trabalha justapondo toques de cores puras, técnica que ele ensinará a **Monet** e a **Sisley**. A execução de suas pinturas é muito precisa e preciosa; as árvores são desenhadas quase que folha a folha.

Ele obtém, na Exposição de 1855, um grande sucesso: *Les Chênes d'Apremont* (*Os carvalhos de Apremont*) (1852), *Orée de la forêt à l'aube* (*Orvalho da floresta de manhã*) (1846), *Lisière du mont Girard* (*Margem do monte Girard*) (1854).

❖ **Jean-François Millet** (1814-1875) fez da paisagem um simples pano de fundo onde são situados homens do campo, trabalhadores da terra, pastores. Ele soube enquadrar personagens em paisagens sublimes em cor e intensidade. Depreende-se um sentimento virgiliano e bíblico do homem na simplicidade da vida: *Les Glaneuses* (*Os respingadores*) (1857), *L'Angélus* (*O Angelus*) (1859), *L'Homme à la houe* (*O homem com enxada*) (1860-1862).

❖ **Camille Corot** (1796-1875) não pode ser ligado somente aos pintores de Barbizon em virtude das obras históricas e pinturas religiosas que expõe nos salões depois de 1830. As primeiras obras de Corot surgem na França no salão de 1827, quando o pintor acabara de deixar a Itália. *A Floresta de Fontainebleau*, que ele expõe no salão de 1833, lhe rende uma medalha. Depois de muitas viagens, ele se fixa no vale do Sena e nas encostas de Ville-d'Avray. Ele verá na natureza aquilo que ninguém antes dele soube expressar: ele sabe transpor tão bem a realidade, conferir-lhe as tonalidades corretas e apropriadas, como ninguém antes, dando a sensação de uma verdade muito poderosa e cativante. Suas principais obras são: *Le Pont à Nantes* (*A ponte em Nantes*) (1825), *Le Moulin de Saint-Nicolas-les-Arras* (*O moinho de Saint-Nicolas-les-Arras*) (1874), *Le Moulin de la Galette* (*O moinho de la Galette*) (1840), *Un chemin au milieu des arbres* (*Um caminho no meio das árvores*) (1870-1873).

O naturalismo e o realismo da pintura

Esse movimento artístico se desenvolve entre 1870 e 1890 na França **depois do neoclassicismo (1750-1830)**, **do romantismo** (1770-1870) e do academicismo ou *art pompier* (1850-1875). Ele confere um lugar importante à natureza, ao mundo rural, deixando de lado as cenas mitológicas ou históricas. Assim como o período realista, o naturalismo é marcado pelos progressos consideráveis realizados no campo da ciência e mais particularmente na fisiologia, termo empregado então pelos escritores realistas para designar os estudos que retratam personagens típicos como os padres do interior, a mulher de trinta anos... Pinta-se o que os olhos veem, a realidade sem idealização, pois o naturalismo descreve as coisas, representa unicamente temas da vida quotidiana com personagens anônimos, ao mesmo tempo que intensifica a instantaneidade do movimento. **Os principais artistas naturalistas** são: **Jules Bastien Lepage** (1848-1884), **Léon Augustin Lhermitte** (1844-1925) e **Julien Dupré** (1851-1910). **Os pintores realistas** partem da ideia de que a natureza tem um papel objetivo; o homem tem o seu lugar e está, como ela, submetido às leis da causalidade:

não é mais a medida de todas as coisas, como no classicismo. Essa evolução do pensamento deve muito a filósofos como Feuerbach.

Por reação à sensibilidade, o bizarro e o feio serão reforçados. Com o realismo, a pintura ao ar livre se torna o principal modo de trabalho. O quadro se realiza na natureza e não mais no ateliê. O principal pintor realista é **Gustave Courbet** (1819-1877). Em suas primeiras pinturas ele utiliza os tons claros de Ingres, como em *Le Hamac* (*A rede*) (1844). Nos Salões de 1850, 1852, 1853, *Un enterrement à Ornans* (*Um enterro em Ornans*) (1849-1850) promove um escândalo pela exaltação da banalidade erguida ao nível da história, assim como em *Les Casseurs de pierres* (*Os quebradores de pedras*) (1849) e, nos anos seguintes, *Les Cribleuses de blé* (*Mulheres peneirando trigo*) (1854). A crítica conservadora o condena por pintar a feiura. Inspirado em pintores holandeses, Courbet toma deles o realismo nas cenas quotidianas, mas a indecência de certos quadros (*Les Baigneuses* [*As banhistas*], de 1853, *L'Origine du monde* [*A origem do mundo*], de 1866) choca o grande público burguês. Com *L'Atelier du peintre* (*O estúdio do artista*) (1854-1855) apresentado no pavilhão do realismo que mandou construir em paralelo à Exposição Universal, ele confirma seu sucesso na Alemanha, na Bélgica, sua influência sobre **Manet, Monet, Fantin-Latour, Boudin**, precedendo a exposição da rotatória da ponte Alma, em 1867, que lhe confere a celebridade antes de um exílio político na Suíça.

O impressionismo

É em 1874 que um grupo de jovens pintores cujas telas são recusadas na exposição oficial, "o Salão", organiza sua própria exposição e se vê, em razão do título do quadro *Impressão, sol nascente* de **Claude Monet**, ridicularizado com um substantivo, caricatural na época: "impressionista". O termo "impressionista" será empregado pela primeira vez por um crítico do jornal *Le Charivari*, Louis Leroy, em seu comentário sobre o quadro de Monet. Mas, segundo as memórias de Antonin Proust sobre **Manet** e publicadas em *La Revue blanche*, os dois homens teriam empregado o termo ao longo de uma conversa. O movimento, nascido em 1874, vai durar até 1886, depois evolui para o surgimento de tendências divergentes. Os pintores impressionistas se caracterizam pela recusa dos temas religiosos ou históricos; a inspiração provém sobretudo das paisagens, dos grupos da sociedade e dos indivíduos retratados. **A técnica pictural** evolui, devendo corresponder a um desejo de dissolver em uma impressão os objetos da realidade completa, e o abandono da composição é acompanhado de uma escolha de cores puras, diretamente aplicadas sobre a tela, e não mais mescladas sobre a paleta; elas são colocadas sobre o quadro com pincel ou faca, às vezes até mesmo direto do tubo. **O trabalho ao ar livre** levou os pintores a utilizar cores puras e luminosas. A invenção dos pigmentos artificiais, dos tubos de cores, permitiram aumentar o número de cores disponíveis e ampliar a paleta cromática. **Turner** é o grande precursor desse uso da cor e do apagamento das formas. Os contornos das obras impressionistas não permaneceram tão estanques quanto na antiga pintura, com linhas tão rígidas e formas tão precisas. Quando o impressionismo pintava a bruma ou as névoas que envolvem os objetos, quando pintava as placas de luz vacilante que, através das árvores agitadas pelo vento, vêm iluminar certas partes do chão, quando pintava a água agitada do mar, com as ondas se quebrando sobre as pedras, ou a corrente rápida de uma inundação, ele não podia esperar atingir seu efeito sem suprimir os contornos rígidos e estáticos.

Era realmente a impressão que as coisas davam ao olhar que se pretendia, sensações de movimentos e de luz que se queria oferecer, e só se podia chegar a isso deixando sobre a tela as linhas indefinidas e os contornos flutuantes[247]. A preocupação que perdura no centro do impressionismo é a de tornar as cores cambiantes sob os jogos de luz e sombra, a fugacidade dos temas sem forma definida, como o vapor e as nuvens de *La Gare Saint-Lazare* (1877) na Paris de Claude Monet. Torna-se evidente a necessidade de alguns artistas, como **Frédéric Bazille** (1841-1870), **Claude Monet** (1840-1926), **Auguste Renoir** (1841-1919) e **Alfred Sisley** (1839-1899), de fazer uma pintura viva e alimentada de sensações diante do mundo que se observa. Eles deixarão o ateliê de **Charles Gleyre** (1806-1874) decepcionados pelo ensino acadêmico, para ganhar a floresta de Fontainebleau e ali pintar.

Eles não constituem uma escola; cada um tem seu estilo, suas particularidades, suas buscas picturais. A primeira exposição acontece em 1874; depois as seguintes se estendem até 1886, totalizando oito exposições que pontuam o movimento. Deve-se ligar esses eventos a nomes como **Eugène Boudin, Gustave Caillebotte, Mary Cassatt, Paul Cézanne, Berthe Morisot, Camille Pissarro, Alfred Sisley**, entre outros. Não são os pintores, mas os *marchands* de arte que farão a promoção de suas obras no exterior. Em 1870, **Paul Durand-Ruel** os apresenta em sua galeria londrina ao mesmo tempo que as telas dos pintores de Barbizon. O século XIX em pintura será a história da aquisição da liberdade para o artista. A história de uma ruptura que consiste em privilegiar a cor e a luz em detrimento do desenho, com exceção de Manet, e de decompor essa mesma luz em pinceladas francas justapostas que o olho reconstituirá por efeito de ótica. Esse será o movimento pictural mais marcante do século, pois é o primeiro a ilustrar totalmente a liberdade de criação sem regras preconizadas pelos românticos.

---

247. Théodore Duret, *Histoire des peintres impressionnistes* [História dos pintores impressionistas], Paris, Floury, 1939, p. 26.

AS PRINCIPAIS CARACTERÍSTICAS ARTÍSTICAS DO IMPRESSIONISMO

- Diminuição da importância do conteúdo.
- A valorização da cor preparando a autonomia dos meios artísticos que caracterizam a pintura do século XX.
- Não se prepara mais a composição por meio de grande quantidade de desenhos.
- Não há mais preparação em várias camadas de *glacis* do quadro.
- A cor é aplicada ao pincel ou à faca.
- O cavalete é colocado na natureza.
- Pintam-se objetos em movimento ou em transformação.
- A disposição espacial não obedece mais à perspectiva linear.
- As cores são justapostas em tons puros e sem intermediário.
- Influência do *Ukiyo-e*, arte da estampa japonesa.
- Influência da fotografia.

AS TEORIAS DE CHEVREUL

Se **Leonardo da Vinci** já tinha percebido que as cores se influenciam reciprocamente, foi Goethe quem chamou a atenção para os contrastes que acompanham o fenômeno. Os impressionistas, sem aplicá-las rigorosamente, baseiam-se nas teorias de **Michel Eugène Chevreul** (1786-1889) sobre a composição do espectro solar. Existem as cores primárias (azul, amarelo, vermelho) e as cores secundárias obtidas pela mistura de duas primárias, da qual resulta uma cor binária (verde, violeta, laranja). Cada cor tende a colorir o espaço circundante com sua complementaridade: o violeta se exalta ao lado do amarelo, o verde perto do vermelho. Mas duas cores complementares binárias (verde e violeta por exemplo) se destroem mutuamente quando são justapostas, porque contêm a mesma cor pura. A partir de 1860, **Monet** e **Sisley** animam suas telas por meio de justaposição de pinceladas de cores puras. Será o olho do espectador que misturará essas manchas coloridas para ver a cor desejada. Vinte anos depois, em 1880, Seurat querendo dar um novo impulso ao impressionismo, retoma seus resultados científicos. O pontilhismo substituirá as pinceladas por pontos minúsculos de cores sabiamente selecionadas.

❖ **Édouard Manet** (1832-1883), formado no ateliê de Thomas Couture (1815-1879), que concorre com a Escola de Belas Artes, apresenta suas primeiras telas já em 1860. É ele quem descobre o *Café Guerbois*, na verdade o *Café Baudequin* da obra de

Zola, onde são iniciados os eventos do Salão oficial de pintura. A maioria dos pintores se encontra no *Café Guerbois* e, como ele está situado no número 11 da Grand'rue des Batignolles, em Paris, eles formarão a escola de Batignolles. As preferências de Manet se dirigem a Velázquez, Zurbarán, Goya. Suas primeiras obras, *O Almoço na relva* (1862-1863), *Olímpia* (1863), *O Tigre* (1879-1880), serão a ocasião de um escândalo sem precedentes. Em 1859, Manet encontra Baudelaire, que será um dos primeiros a identificar a mescla de modernidade e de tradição na obra do pintor. Baudelaire considera a crítica de arte como uma disciplina literária e se torna um dos observadores mais perspicazes do seu tempo. Qual a causa da recusa do *Almoço na relva*? Ele apresenta a nudez chocante da mulher para o seu tempo. Não há qualquer dimensão mitológica. O porquê da cena não tem qualquer explicação. O modelo não se justifica. Uma parte do quadro fica sem terminar, a paisagem apenas esboçada mostra uma pintura em andamento. O fato também de que a mulher seja a única a olhar o espectador é outra fonte de indignação. As personagens ou a cesta são tratados no mesmo nível de hierarquia.

- **Claude Monet** (1840-1926) é reconhecido como o líder do movimento impressionista e o criador mais prolífico. Pintor da luz, ele instala, primeiramente, seu cavalete na floresta de Fontainebleau. Depois da derrota de Sedan, ele vai a Londres, onde conhece **Durand-Ruel**, protetor da maior parte de seus amigos. Ele pinta alguns quadros sobre o Tâmisa. Depois se instala em Argenteuil, fazendo algumas estadias na Normandia. É nessa época que ele fixa os grandes princípios do impressionismo aos quais serão fiéis **Alfred Sisley** (1839-1899), **Armand Guillaumin** (1841-1927), **Gustave Caillebotte** (1848-1894). É em 1874 que eles organizam a primeira exposição, em uma sala fornecida pelo fotógrafo Nadar. Outras sete exposições coletivas serão organizadas entre 1876 e 1877, durante as quais ele realiza diferentes interpretações da Gare Saint Lazare em suas telas. Depois ele se fixa em Vétheuil, depois em Poissy e Giverny, onde pinta *Les Nymphéas* (*As Ninfeas*), entre 1895 e 1926. Ele deixa uma obra considerável: mais de 2 mil peças repertoriadas.

- **Auguste Renoir** (1841-1919) conheceu seu primeiro sucesso com *Lise à l'ombrelle* (*Lisa com a sombrinha*) (1867). Sua arte, após alguns sucessos e o apoio de Durand Ruel e Caillebotte, começa a ser apreciada. Ele envia à primeira exposição impressionista *La Loge* (*O camarote*) (1874) e, em 1876, muitos quadros realizados são considerados como as melhores criações desse período impressionista, *La Liseuse* (*A leitora*) (1874-1876) e *Portrait de Victor Choquet* (*Retrato de Victor Choquet*) (1875). Ele prefere o retrato ou as cenas aos personagens ou às paisagens, como *Bal du moulin de la Galette* (*O moinho de la Galette*) (1876). A partir de 1880, ele se distancia da técnica impressionista. Um ano mais tarde, uma viagem para a Itália, o desejo de encontrar a preponderância da forma, e o colorido no desenho determinam esse período "ingreano": *Les Parapluies* (*Os guarda-chuvas*) (1881-1886) e *Les Grandes Baigneuses* (*As grandes banhistas*) (1887). Depois de 1893, ele começa seu período nacarado, em que representa figuras femininas nuas, mas também cenas de interior. As obras do final da sua vida evocam Rubens ou o século XVIII.

IMPRESSIONISTAS ENTRE SI

- Em 1859, **Pissarro** encontra **Monet** na Academia Suíça, além de **Guillaumin** e **Cézanne**, com os quais ele deve trabalhar mais tarde em Pontoise.
- **Monet, Renoir, Sisley, Bazille** se conhecem nas Belas Artes em 1862. Eles constituem o coração do movimento impressionista. **Bazille** é morto no fronte em 1870 durante a guerra contra a Prússia.
- **Degas** se liga a **Manet** a partir de 1862 e conhece **Monet** e **Renoir** em 1866 no *Café Guerbois*. A pintora norte-americana **Mary Cassatt** (1844-1926) se torna sua discípula a partir de 1877.
- **Manet** tem como discípulos **Berthe Morisot** (1841-1895), a partir de 1868 e, depois, **Eva Gonzales** (1849-1883).
- **Caillebotte** encontra **Degas, Monet** e **Renoir** em 1873. Em 1874, ele monta com eles a primeira exposição dos impressionistas, antes de se tornar o co-organizador e cofinanciador da maior parte das seguintes. **Manet** e **Corot** não participarão dessa exposição.
- **Gauguin**, no seu início como pintor amador, encontra **Pissarro** em 1875 e se torna seu aluno. A partir de 1879, ele está presente nas exposições impressionistas.
- **Van Gogh** chega a Paris em março de 1886. Ele descobre o impressionismo e participa dele.

❖ **Alfred Sisley** (1839-1899) foi exclusivamente um paisagista. Seus melhores quadros são produzidos entre 1872 e 1876: *L'Inondation à Port-Marly* (*A inundação em Porto Margoso*), *La Route vue du chemin de Sèvres* (*A estrada vista do caminho de Sèvres*). Quando se instala em Moret-sur-Loing, ele pinta paisagens fluviais.

❖ **Camille Pissarro** (1830-1903) foi influenciado por **Delacroix, Courbet** e **Corot**. Ele terá que esperar até 1892 para conhecer o sucesso com sua exposição na galeria Durand-Ruel. Entre 1872 e 1884, ele traduz una pintura luminosa e nuançada, com uma técnica grumosa mesclada com pinceladas finas (*Les toits rouges, coin de village effet d'hiver* [*Os tetos vermelhos, canto de cidade, efeito de inverno*], 1877). A partir de 1880, suas pinturas de paisagem se povoam de figuras. Por volta de 1890, ele adota o **pontilhismo** para voltar rapidamente à sua pintura antiga.

> **O JAPONISMO**
>
> Depois de 1860, o Japão se torna uma fonte de inspiração para os pintores franceses. A arte japonesa contribui para uma busca da modernidade ao apresentar planos sucessivos em suas obras. A descoberta do *Ukiyo-e* do "mundo flutuante" sobre as estampas terá o papel de desencadeador por seu tema, suas linhas, sua composição. **Manet** representará **Mallarmé** e Émile Zola com elementos japoneses em seus quadros, tintura japonesa, estampas japonesas no fundo. Ele também integra técnicas familiares do *Ukiyo-e*: temas cortados pelos limites da moldura, supressão do horizonte a fim de obter um plano achatado.

❖ **Hilaire Germain Edgard Degas** (1834-1917) não será atraído pela técnica dos impressionistas, que privilegia a forma e a cor em detrimento do desenho. A partir de 1862, ele opta por temas voltados a uma estrita interpretação da realidade. Ele pintará até 1873 corridas de cavalos (*Avant le départ* [*Antes da partida*], 1862) e visões momentâneas que chamaram sua atenção (*La Femme aux chrysanthèmes* [*A mulher com crisântemos*], 1865). A paixão que **Degas** testemunha pelo movimento é bem conhecida: puro-sangue, dançarinas, mulheres trabalhando. Ele tenta sugerir, por certo apagamento de pinceladas, o fru-fru do tutu, a velocidade do galope, tornando, assim, o que parece pontual algo desenvolvido em uma certa temporalidade. É por volta de 1880 que Degas estuda de novo o lápis e o carvão. Ele emprega, durante os anos que precedem esse período, uma grande variedade de procedimentos nos quais é possível encontrar a profunda impressão deixada pela descoberta das estampas japonesas e pela fotografia, como em *Courses de chevaux* (*Corridas de cavalos*) (1868). Degas deixou muitas esculturas de cera de bailarinas. Ele também modelou nus femininos em argila.

As grandes correntes artísticas e sua forma de pintar um corpo nos séculos XIX e XX			
Época	Corrente	Pintores principais	Características
1770-1830	**Romantismo**	Delacroix (1798-1863) Géricault (1891-1824) Turner (1775-1851)	**O corpo é evocado no centro de temas mitológicos.** O artista é individualista, sua liberdade é grande. Ele busca, antes de tudo, a beleza, o caráter. Seu tema de predileção continua sendo a natureza, às vezes o sentimento religioso e o Oriente.

| As grandes correntes artísticas e sua forma de pintar um corpo nos séculos XIX e XX ||||
Época	Corrente	Pintores principais	Características
1825-1848	**Naturalismo e a escola de Barbizon**	Boudin (1824-1898) Corot (1796-1875) Millet (1814-1875) Rousseau (1812-1867)	**Os corpos são pouco representados** ou em cenas da vida quotidiana. Os excessos do romantismo suscitaram essa reação. As pinturas são feitas na floresta e não mais nos ateliês.
1840-1870	**Realismo**	Courbet (1819-1877) Daumier (1808-1879)	**Os temas se inspiram na vida quotidiana.** Corrente que evolui principalmente em torno de Courbet. Os corpos são mostrados como realmente são.
1874-1900	**Impressionismo**	Manet (1832-1883) Monet (1840-1926) Bazille (1841-1870) Degas (1834-1917) Morisot (1841-1895) Pissarro (1830-1903) Renoir (1841-1919) Sisley (1839-1899)	**Cada vez mais importância para a cor.** O espaço pictural evoluiu, a visão é imediata. A fotografia fornece as ideias de pose aos pintores (Monet). Intenção de vida e de movimento. Os corpos, quando pintados nus, devem traduzir uma sensação, uma emoção.
1870-1901	**Simbolismo**	Moreau (1826-1898) Puvis de Chavannes (1824-1898)	**Primazia da ideia sobre a forma.** A pintura ali é essencialmente decorativa. Mitologia inquietante em que os corpos são ricamente vestidos (G. Moreau).
1840-1900 (aproximadamente)	**Academismo**	Cabanel (1823-1889)	Até o final do século, essa corrente controla oficialmente as pinturas pelo **sistema dos Salões.** Os elementos são retomados do classicismo. O tema é o rei com os "bombeiros".

As grandes correntes artísticas e sua forma de pintar um corpo nos séculos XIX e XX

Época	Corrente	Pintores principais	Características
1888-1900	Os nabis	Bonnard (1867-1947) Denis (1870-1943) Vuillard (1868-1940)	**Maior importância da composição.** Cenas da vida quotidiana, cenas de banho (Bonnard)
1905-1910	Fauvismo	Derain (1880-1954) Matisse (1869-1954) Vlaminck (1876-1958)	Os temas mais buscados são **o rosto e a natureza**. As cores empregadas são violentas, mas submetidas à escolha do pintor.
1907-1914	Cubismo	Braque (1882-1963) Cézanne (1839-1906) Gris (1887-1927) Duchamp (1887-1968) Léger (1881-1955) Picasso (1881-1973)	**O espaço é visto em** múltiplas facetas que dividem os volumes. A ideia é representar objetos e corpos não enquanto imagem estática, mas em sua realidade profunda. Ruptura total com a pintura clássica. Superfícies geométricas nos planos.
1911-1940	Expressionismo	Kandinsky (1866-1944) Kokoschka (1886-1980) Munch (1863-1944) Schiele (1890-1918)	**Formas e tensões conflituosas** em que o psiquismo emerge. Corpos torturados na sociedade moderna, mal-estar. Van Gogh é considerado como um dos precursores do movimento.
1924	Surrealismo	Dalí (1904-1989) Ernst (1891-1976) Magritte (1898-1967) Tanguy (1900-1955)	*Manifesto do surrealismo* publicado por André Breton em 1924. Atração pela tradução dos mecanismos do pensamento. Seu objetivo: rivalizar com a ciência. Os corpos são colocados em um universo fantasmagórico (Dalí, Magritte).

As grandes correntes artísticas e sua forma de pintar um corpo nos séculos XIX e XX			
Época	Corrente	Pintores principais	Características
Após 1945	**Abstração, *action painting*, op-art (*optical art*)**	Gorky (1904-1948) Pollock (1912-1956) Vasarely (1908-1997)	**Estilo gestual espontâneo.** O corpo só é muito raramente representado, mas é o corpo do artista que traduz as emoções na tela.
1960	**Realismo e hiper-realismo**	Bacon (1909-1992) Lichtenstein (1923-1997) Warhol (1928-1987)	**Expressão muito pessoal.** Os corpos aparecem com seus verdadeiros detalhes anatômicos. A finalidade dessa iniciativa é a busca da essência e da definição da arte.

Pós-impressionismo

O impressionismo havia preparado o público para compreender, aceitar melhor novas formas de expressão artística. Ele havia rompido também com o saudosismo da Academia e o peso de suas convicções, abrindo o caminho para muitos artistas. O termo "pós-impressionismo" agrupa **vários movimentos** que surgem depois, como o pontilhismo e o simbolismo, que só se afirmarão depois do anos 1880, quando o impressionismo começa a perder fôlego. **O pós-impressionismo** designa então um breve período na história da arte que vai acompanhar o surgimento de novos talentos que revolucionarão a pintura. Pela força das coisas, o impressionismo devia engendrar sua própria oposição, tendo demonstrado a inútil submissão ao academicismo e tendo dado o gosto da originalidade e da pesquisa. Sua recusa terá como consequência uma abertura sobre a pintura do século XX.

❖ Ele se caracteriza pela arte de **Paul Cézanne** (1839-1906). Durante toda a vida, Cézanne conheceu o descrédito de sua obra que, segundo os valores pictóricos do século XIX, não se centrava o suficiente no tema. Émile Zola está entre os únicos a tê-lo encorajado. O início dos anos 1860 é um período de grande atividade literária e artística parisiense. O conflito chega ao extremo entre os pintores realistas, dirigidos por Gustave Courbet e a Academia de Belas Artes, que rejeita em sua exposição anual todas as pinturas que não respondem ao modelo neoclássico acadêmico ou romântico. Durante esse período, Cézanne desenvolve um estilo violento e sombrio. Sua obra de pesquisa não desautoriza totalmente o impressionismo. A partir de 1874, Cézanne se dedica quase que exclusivamente a paisagens, naturezas mortas e, mais tarde, retratos: *Madame Cézanne dans un fauteuil jaune* (*Senhora Cézanne em uma poltrona amarela*) (1890-1894), *La Femme à la cafetière* (*A mulher com café*) (1890-1894) e *Les Joueurs de cartes* (*Os jogadores de cartas*) (1890-1892). Pissarro persuade Cézanne a suavizar suas cores. Mas para ele a sensação visual é construída e vista pela consciência. Participou em 1874 na primeira exposição dos impressionistas, mas se recusa, no entanto, a participar da segunda em 1876. Em 1895, o *marchand* de arte Ambroise Vollard monta a primeira exposição pessoal da obra de Cézanne, mais de cem telas, mas o público permanece pouco receptivo. A arte de Cézanne é tão diferente da de outros pintores de sua geração que ele seduzirá primeiramente pares e não os colecionadores ou a burguesia. Sua pintura vai se tornar um instrumento de investigação das estruturas. Ele busca formas para sugerir a densidade física dos objetos por meio da construção das formas e dos volumes. Ele vai preferir um desenho vigoroso e uma composição clássica a uma dissolução das formas pela luz. Em *Une moderne Olympia* (*Uma Olympia moderna*) (1873), homenagem a Manet, ele restringe o campo visual e o torna instável. Sua composição é construída a partir de um centro luminoso e ele expressa a profundidade pelo contraste de claro-escuro. Ele pinta suas telas parte a parte e não globalmente; a imagem resulta de uma modulação por combinação de cores, e ele abandona o método clássico de valorização do volume pelo modelo de sombras e luzes. Nas naturezas mortas (*Rideau, cruchon e compotier* [*Cortina, moringa e compoteira*], 1893-1894), ele promove distorções na perspectiva. O exemplo de sua construção das massas e dos volumes aparece em *Les joueurs de cartes* (*Os jogadores de cartas*). Ele pintará os mesmos lugares e fará séries de estudo, como *La Montagne Sainte-Victoire* (*A montanha Sainte-Victoire*) (1885-1887).

❖ **Vincent Van Gogh** (1853-1891), de origem holandesa, conhece na França uma existência breve e muito conturbada, ligando-se às paisagens das regiões de Arles e de Auvers-sur-Oise. As principais obras-primas de Van Gogh são pintadas em um período extremamente curto, de dezembro de 1888 até seu suicídio em janeiro de 1891. Podem-se citar: *Le Facteur Roulin* (*O carteiro Roulin*) (1888), *Jardins des maraîchers dans la Crau* (*Jardins dos hortelãos na Crau*) (1888), *La chambre de Vincent à Arles* (*O quarto de Vincent em Arles*) (1888), *La Chaise et la pipe* (*A cadeira e o cachimbo*) (1888), *Autorretrato* (1889), *Les Tournessols* (*Os girassóis*) (1889), *L'Église d'Aubers-sur-Oise* (*A igreja de Auvers-sur-Oise*) (1890). Inspirando-se diretamente no impressionismo, Van Gogh desenvolve as cores aplicando-as na tela em pinceladas sucessivas, por meio de pontos. Essa técnica proporcionará o surgimento das escolas tachistas e pontilhistas, exemplificadas entre outros por **Camille Pissarro**. Uma das particularidades da técnica de Van Gogh é o recurso à espessura para expressar o movimento: árvores, telhado de igreja, trigo, céus que se retorcem em uma convulsão mais ou menos em função da importância conferida à pasta pelo pintor.

Ao contrário de **Cézanne**, que busca a fusão entre forma e cor, Van Gogh quer expressar seus sentimentos diante da natureza escolhida, e uma eventual modificação das formas exatas, se ela é mais propícia para expressar melhor a emoção e lhe parece necessária, onde Cézanne a acharia inconcebível. Van Gogh está muito ligado, por um tempo, durante a estadia em Arles, com outro artista pós-impressionista: Paul Gauguin.

❖ **Paul Gauguin** (1843-1903), chegado tardiamente à pintura, não quer mais aceitar as receitas e as técnicas da arte ocidental, tendo sido, também, o inovador do movimento impressionista. Ele busca, antes de qualquer coisa, uma fuga da civilização, um retorno às fontes primitivas tão violento que faz uma viagem ao Taiti, antes de decidir viver ali definitivamente. Sua modernidade se exprime ao mesmo tempo na recusa dos artifícios do início do século XX e a busca profunda por uma arte bruta sem floreios, baseada nas suas telas com a aplicação de cores fortes em grandes superfícies, uma perspectiva reduzida a alguns planos e as atitudes quotidianas dos habitantes locais, sem busca de equilíbrio nem de composição, para criar ou encontrar uma arte primitiva. Ele passa um primeiro período em Pont-Aven, em 1886, onde uma colônia artística será fundada. **Émile Bernard** e **Paul Sérusier** juntam-se a ele em sua segunda viagem. O novo estilo de Gauguin e da escola de Pont-Aven encontra sua melhor expressão em *La Vision après le sermon* (*A visão depois do sermão*) ou *La Lutte de Jacob avec l'ange* (*A luta de Jacó com o anjo*) (1888). Depois do encontro com Van Gogh, ele vai para Arles em 1888 e um ano depois se instala na Bretanha, onde pinta *Le Christ jaune* (*O Cristo amarelo*) (1889) e *La Belle Angèle* (*A bela Ângela*) (1889). Essas obras são marcadas por um cromatismo intenso; a cor deixa de imitar e passa a transcrever um estado de espírito. Sua instalação definitiva no Taiti acontece em 1895. Na descoberta da arte primitiva, ele recupera um tempo perdido. Para ele, as imagens forjadas pelo espírito em presença das coisas não são diferentes daquelas que a mente evoca. A composição preserva a unidade da visão sem se perder nos detalhes como em *Jour délicieux* (*Dia delicioso*) e *Nave Nave Mahana* (1896). Ele construirá um sistema completo de signos, sistema criador de percepção, adicionando a linguagem da sensação visual à da imaginação. Com sua obra *D'où venons-nous? Que sommes-nous? Où allons-nous?* (*De onde viemos? O que somos? Para onde vamos?*) (1897), ele evoca o grande mistério da vida.

As outras escolas: Pont-Aven, os nabis

Em torno de **Paul Gauguin**, na cidade de Pont-Aven na Bretanha, vários artistas se agrupam e fundam a escola de Pont-Aven. Ali estão **Louis Auquetin** (1861-1932), **Paul Sérusier** (1864-1927), **Charles Laval** (1862-1894). Eles se tornam conhecidos em 1889 para a exposição "Pintores simbolistas e sintéticos". Esses artistas tentam encontrar uma expressão mais forte no seio das paisagens e vilarejos da Bretanha, à imagem do *Gardien de porcs* (*Guardador de porcos*) (1888) de Paul Gauguin. Nota-se que as cores não correspondem à realidade. A obra é apenas um jogo de pintura pura baseado em harmonias coloridas. Além disso é sintetizada, já que as formas, as cores, as luzes, as profundezas, são materializadas unicamente por grandes camadas de cores. É a partir da iniciativa de **Paul Sérusier** que pinta *Le Talisman* (*O talismã*) (1888), que o grupo dos **nabis**, "profetas" em hebraico, constitui-se. Seu objetivo é encontrar o caráter sagrado da pintura. Os principais membros são **Pierre Bonnard** (1867-1947), **Maurice Denis** (1870-1943), **Édouard Vuillard** (1868-1940), **Félix Vallotton** (1865-1925). Haveria duas tendências entre os nabis: aqueles que optam por uma arte decorativa, como Bonnard, Vuillard, cujos temas evocam a vida quotidiana; e aqueles mais atraídos **pelo misticismo**, o esoterismo, como **Denis** ou **Ranson**.

❖ **Henri de Toulouse-Lautrec** (1864-1901), pela escolha dos temas e a importância que ele confere ao desenho, continua próximo de **Degas**. Ele apreende imagens brutais e joga com as cores gritantes. Seu desenho vai além da sensação visual; por sinal ele deixará várias litografias e pastéis (*Loïe Fuller aux Folies bergères* [*Loïe Fuller no Folies bergères*], 1893). Toulouse-Lautrec está na origem de uma verdadeira arte da comunicação, renunciando a uma arte da contemplação. Na síntese de um simples arabesco, ele evoca uma presença maternal e sensível como em *Femme à sa toilette* (*Mulher em seu toalete*) (1889), *L'Écuyère* (*A cavalariça*) (1887-1888).

Neoimpressionismo, pontilhismo

Na França, esses dois termos dão nascimento a um movimento que se desenvolve na continuidade do impressionismo. Com efeito, o quadro de **Georges Seurat**, *Un dimanche après-midi à la Grande Jatte* (*Um domingo à tarde na Grande Jatte*), em 1886, marca seu início. A técnica de Seurat é não mais acrescentar pinceladas por cor, mas pequenos pontos coloridos perfeitamente justapostos, o princípio sendo acrescentar o máximo de luz. O teórico é **Paul Signac**, que, em um artigo publicado em *La Revue Blanche*, em 1899, diz que o elemento essencial é o divisionismo, ou seja: a justaposição de pequenas manchas coloridas. Em suas paisagens, os pontos se tornam pinceladas que lembram os elementos de um mosaico, como em *Port de Saint-Tropez* (*Porto de Saint-Tropez*) (1901). O termo "neoimpressionismo" será usado por um crítico, **Arsène Alexandre**, sublinhando as buscas quase científicas que mostram a evolução desde aquelas que já haviam sido feitas pelos impressionistas. Suas técnicas não usam a mescla de cores e, portanto, não obscurecem suas cores, mas contrastes simultâneos, o uso de fundos brancos que, sob a cor, produz um efeito luminoso. Seurat reúne ao seu redor vários representantes: **Paul Signac** (1863-1935), **Henri Cross** (1856-1910), **Charles Angrand** (1854-1926), e por um tempo também **Camille Pissarro** (1830-1903).

Art naïf

Art naïf designa uma escola de pintura que enaltece um estilo pictural figurativo caracterizado pela minúcia conferida aos detalhes, o emprego da cor viva monocromática e uma encenação de paisagens rurais, animais domésticos ou selvagens, costumes folclóricos, a vida urbana ou rural. O mais representativo é o alfandegário Rousseau, **Henri Rousseau** (1844-1910). Suas fontes de inspiração são variadas: Jardin des Plantes, cartões postais ilustrados, paisagens exóticas. A paisagem está quase sempre no mesmo plano que as pessoas, justapostas, com aparência sólida: *Danses italiennes* (*Danças italianas*) (1885), *Rendez-vous dans la forêt* (*Encontro na floresta*) (1889), *Les joueurs de football* (*Os jogadores de futebol*) (1908).

O simbolismo

Movimento literário e artístico, surgido **por volta de 1870** em reação aos impressionistas e aos naturalistas, ele se desenvolve na França e na Bélgica principalmente, mas também no resto da Europa e na Rússia. **Georges-Albert Aurier**, amigo de Gauguin, oferece a seguinte definição em *Le Mercure de France* de 1891: "A obra de arte deverá ser primeiramente 'ideísta', já que seu ideal único será a expressão da ideia; em segundo lugar, simbolista, já que ela exprimiria essa ideia em forma; em terceiro, sintética, porque ela escreverá suas formas, seus signos, segundo um modo de compreensão geral; em quarto, subjetiva, porque o objeto não será considerado enquanto objeto, mas enquanto signo percebido pelo sujeito; em quinto, a obra de arte deverá ser decorativa". De fato, não é um movimento, o que toca o conjunto da pintura. Haverá uma infinidade de pesquisas em pintura. O mundo simbolista utiliza alguns temas distantes de qualquer realismo em uma dimensão onírica. Os pintores simbolistas serão **Odilon Redon** (1840-1916), **Puvis de Chavannes** (1824-1898), **Eugène Carrière** (1849-1906), **Gustave Moreau** (1826-1898), **Paul Sérusier** (1864-1927), **Gauguin**. A pintura se tornará decorativa com o movimento dos nabis, como **Maurice Denis** (1870-1943), e esotérica com o grupo de **Joséphin Péladan** (1858-1918). O tema favorito é a mulher, como a mulher etérea em **Puvis de Chavannes**, *L'Espérance* (*A esperança*) (1872), *La Mort et les jeunes filles* (*A morte e as jovens*) (1872), ou demônio e tentação em **Gustave Moreau**, *Galatée* (*Galateia*) (1896), *Messaline* (*Messalina*) (1874).

A ARQUITETURA NA FRANÇA NO SÉCULO XIX: RETORNO AO PASSADO

O crescimento urbano é uma das características das sociedades no século XIX. Londres ultrapassa 1 milhão de habitantes; Paris conta com pouco mais de 500 mil. Período de grandes transformações econômicas, políticas, sociais, o século XIX vai modificar o conceito de cidade, seus aspectos arquiteturais e urbanísticos. As inovações técnicas, o desenvolvimento industrial, o desenvolvimento dos transportes contam entre os fatores de sua transformação. As primeiras obras do século são muito mais um retorno ao passado do que um acesso à modernidade marcada na França pelo estruturalismo gótico.

O neoclassicismo

A despeito do corte produzido pela Revolução, interrompendo as grandes construções, as teorias fazem perdurar os princípios de Soufflot e Boullée. O imperador favorece o classicismo por meio do seu gosto de glória e de imortalidade; ele o traduz por monumentos grandiosos, como a fachada do palácio Bourbon, refeita para se situar no eixo da Madeleine. A criação da Escola Politécnica (1802-1805) permite formar engenheiros inovando no campo das técnicas. **Antoine-Rémy Polonceau** (1778-1847) realiza a ponte do Carrossel, em 1834. A escola opta pelo funcionalismo, o antigo domina chegando ao pastiche, como a coluna Vendôme, inspirada na coluna de Trajano, o Arco do Triunfo do Carrossel, que imita o Arco de Septímio Severo, ou ainda o Arco do Triunfo da praça Étoile (Charles de Gaulle), ou a Bolsa de Paris, imitação de um templo romano. O ferro se torna um material de inovação, **Labrouste** o utiliza para a biblioteca Sainte-Geneviève, **Duquesney** para a estação Gare de L'Est. Os grandes nomes dessa primeira geração de arquitetos são **Bélanger** (1744-1818), Pierre Adrien Pâris (1745-1819) e **Lequeu** (1757-1826). Eles se inspiram na Antiguidade. Aqueles que optam pelo estilo império, até 1814, são **Pierre Fontaine** (1762-1853) e **Charles Percier** (1764-1838) que trabalham no Louvre, ligam a colunata à parte de Le Vau, mas trabalham também nas Tulherias e em Versalhes. Outros nomes devem ser incluídos: o de **Jean-Baptiste Lepère** (1761-1844), ligado à realização da igreja Saint-Vincent-de-Paul sobre a planta basilical, e **Pierre-Alexandre Vignon** (1763-1828), na Madeleine.

A aposta de Haussmann (1853-1869)

O estado deteriorado dos bairros centrais de Paris, o desemprego e a agitação operária exigem a realização rápida de grandes obras. Grandes escavações retilíneas, recobertas de asfalto, pouco favoráveis aos motins, ligam os bairros vizinhos ao centro da cidade e às estações de trem. Napoleão III se rodeia com três homens: **Georges Eugène Haussmann, Eugène Belgrand, Jean-Charles Alphand**. Eles garantirão a atividade de construção, a instalação de um serviço de distribuição de água e a manutenção de áreas verdes. Em seus projetos, a Île de la Cité será praticamente arrasada. Quanto às áreas verdes, elas chegarão a 1800 ha graças à criação do Bois de Boulogne e do Bois de Vincennes. Em 1860, Paris será dividida em vinte *arrondissements* (bairros). A vida brilhante da sociedade beneficia também a criação de grandes lojas de departamentos, enquanto os operários se amontoam em bairros periféricos.

O neogótico

Ao longo do Segundo Império, em reação contra o classicismo, surge o neogótico. A necessidade de restaurar numerosos monumentos medievais só faz reforçar as obras. O arquiteto **Eugène Viollet-le-Duc** (1814-1879) é encarregado dessas restaurações. Mas a cidade de Paris, reconstruída por **Haussmann**, retraduz a arte oficial, a arte acadêmica. **Charles Garnier** (1825-1898) sobrecarrega a Ópera com uma suntuosa decoração no interior e no exterior. **Gabriel Davioud** (1823-1881) constrói, para a Exposição Universal, o Palácio do Trocadero, sobre o qual será construído mais tarde o atual Palácio de Chaillot; **Joseph Louis Duc** (1802-1879), o Palácio da Justiça de Paris; **Victor Laloux** (1850-1937), a estação Orsay; **Paul Abadie** (1812-1884), a igreja Basílica do Sagrado Coração, em Montmartre. As ideias mais modernas nascerão com o neogótico e o neorrenascimento. **François Christian Gau** (1790-1853) o ilustra com a igreja Santa Clotilde em Paris. **Victor Baltard** faz o mesmo com Saint Augustine. **Viollet-le-Duc** restaura Saint-Germain l'Auxerrois, a Santa Capela, Notre-Dame de Paris, a cidade de Carcassonne, a Catedral de Amiens, o castelo de Pierrefonds. **Gustave Eiffel** (1832-1923) faz triunfar a arquitetura em ferro depois da realização de **Victor Baltard** nos Halles de Paris.

Art nouveau

Esse movimento artístico do final do século XIX será difundido na Europa e nos Estados Unidos. O tema principal é um modo vegetal muito presente em formas ornamentais complexas que imitam flores e folhas com uma repetição de motivos, por vezes extravagantes. Os temas mostram ausência de linhas retas ou de ângulos retos. Os principais representantes são **Hector Guimard** (1867-1942), arquiteto; Émile Gallé (1846-1904), ceramista; e Émile André (1871-1933), arquiteto. O estilo *art nouveau*, também chamado *style nouille* ("estilo talharim"), encontra-se representado pelos prédios situados no número 29 da Avenue Rapp e na praça Étienne-Pernet, em Paris. As obras mais célebres são aquelas de Gaudí em Barcelona.

A ESCULTURA NA FRANÇA NO SÉCULO XIX: O SÉCULO DE RODIN

Durante o primeiro terço do século XIX, o romantismo se manifestou nas produções literárias, musicais e picturais. A escultura até então parecia ainda insensível a suas aspirações. Entretanto, por volta de 1830, certos escultores tendem a se desvencilhar da velha forma antiga das décadas anteriores. **Ao contrário do classicismo**, o romantismo busca expressar as emoções, as profundezas interiores do homem, seus tormentos, suas revoltas. Mas esse movimento de liberdade terá poucos ecos entre os escultores, com exceção de alguns. **O estilo Império** sofre ainda a influência do estilo de **Canova** e se volta para a realização de muitos retratos: **Joseph Chinard** (1756-1813) no qual domina a psicologia, *Madame de Récamier* (1805), **François-Joseph Bosio** (1768-1845), *Buste de la duchesse d'Angoulême* (*Busto da duquesa de Angoulême*) (1825). Os artistas da Restauração exaltavam nas efígies históricas uma inflexão bonapartista ou monárquica: **Jean-Pierre Cortot** (1787-1843), *Le Triomphe de 1810* (*O triunfo de 1810*) (1833), **Auguste Dumont** (1801-1883), *Le Génie de la liberté* (*O gênio da liberdade*) (1835-1840), no topo da coluna de julho na praça da Bastilha. **O romantismo** se mostra, em 1831, com a obra de *Jehan Duseigneur* (1808-1866), *Roland furieux* (*Orlando furioso*). Uma concepção animada das massas substitui a modelagem lisa típica dos acadêmicos. **François Rude** (1784-1855) exprime um lirismo épico em *La Marseillaise* (*Marselhesa*), ou *Le Départ des Volontaires* (*A partida dos voluntários*) (1835-1836), o mais belo baixo-relevo do Arco do Triunfo, e em *Napoléon s'éveillant à l'immortalité* (*Napoleão despertando para a imortalidade*) (1847). O grande romântico é **Antoine Augustin Préault** (1809-1879), com *Tuerie* (1834-1851). **A Monarquia de Julho** vê em **James Pradier** (1790-1852) seu melhor representante: *Odalisque* (*Odalisca*) (1841), *La Victoire* (*A vitória*) (1795-1815) grupo de onze estátuas no Palácio dos Inválidos. A evolução da escultura não segue o mesmo encaminhamento da pintura. Não se passa do naturalismo ao realismo. Isso se deve ao fato de que os escultores, menos independentes, vivem das encomendas. **Ecletismo** significa, sob o Segundo Império, que se faz uma escolha eclética do estilo conforme o tipo de construção e sua função. Sob o Segundo Império, os artistas como **Jean-Baptiste Carpeaux** (1827-1875) querem ultrapassar o neoclassicismo e o romantismo, buscando inspiração em todos os estilos do passado sem privilegiar a Antiguidade. Suas obras, pela profunda busca psicológica que traduzem, tornam-se o início da escultura moderna. Ele busca em suas esculturas o movimento e a instantaneidade: *La Danse* (*A dança*) (1865-1869), *Ugolin et ses fils* (*Ugolino e seus filhos*) (1857-1861), *Les Quatre Parties du monde soutenant la sphère céleste* (*As quatro partes do mundo sustentando a esfera celeste*) (1872). Ele reata com a poderosa tradução do retrato realista tal como o século XVIII o havia concebido: *Bacchante aux roses* (*Bacante com rosas*) (1875).

❖ **Auguste Rodin** (1840-1917) marca o fim do século XIX por sua potência criativa, a expressividade e a diversidade de sua obra. Ele talvez seja o escultor que conhece a maior glória em vida, considerado como um mestre, reconhecido pelo Estado, que também lhe faz encomendas. Opondo-se à teoria do acabamento em matéria de arte, Rodin deixa algumas obras em estado bruto; a figura esculpida parece se destacar do bloco de pedra sem ser acabada. Uma viagem à Itália lhe revela a existência de **Michelangelo** e os escultores de bronze no Renascimento. Uma de suas primeiras obras, *L'Âge d'airain* (*A idade do bronze*), tema emprestado de Hesíodo, foi objeto de vivas discussões no Salão de 1877. O *São João Batista* é sua segunda grande obra.

Tem início, para ele, um período intenso de produção durante o qual realiza bustos, monumentos, grandes composições: o grupo em bronze dos *Burgueses de Calais* (1884-1885), o *Monumento a Victor Hugo* (1885-1895), o *Balzac* (1891-1897) com silhueta quase que só esboçada. Sua principal obra, inspirada em Dante, foi a *Porta do inferno*, na qual trabalha até a morte, imaginando para ela suas mais célebres figuras: *O pensador* (1902), *O beijo* (1882-1889). Pouco antes de sua morte, ele doa ao Estado seu casarão particular e seu ateliê a fim de transformá-los em museu.

❖ **Camille Claudel** (1864-1943), irmã mais velha do poeta e diplomata francês Paul Claudel, chega em Paris em 1883 para se aperfeiçoar em escultura junto de seus mestres. Estuda primeiramente com Alfred Boucher e depois com Auguste Rodin, do qual se tornará modelo. Ela viverá com ele uma ligação apaixonada que a levará a passar os trinta últimos anos de sua vida num hospital psiquiátrico. *L'Âge mûr* (*A idade madura*) (1899) testemunha o cruel abandono de Rodin. Ela utiliza muitos materiais, como o ônix, e funda suas composições sobre um jogo elegante de curvas: *A valsa* (1893).

❖ **Aristide Maillol** (1861-1944) não teve reconhecimento antes de 1905, com *La Méditerranée* (*O Mediterrâneo*), quando já tem quarenta anos. Sua obra reproduz quase que exclusivamente corpos femininos, robustos e sólidos. Influenciado pelas civilizações antigas (Grécia, Roma, Índia), ele privilegia as formas suaves e arredondadas do corpo feminino. Dezoito de seus bronzes decoram o jardim das Tulherias. Antes de 1900, Maillol pinta sob a influência de **Puvis de Chavannes**. Ele exporá igualmente em 1893 um primeiro "ensaio de tapeçaria". Suas principais esculturas são *La Nuit* (*A noite*) (1909) e *Pomone* (*Pomona*) (1910).

AS ARTES DECORATIVAS NO SÉCULO XIX NA FRANÇA

A evolução social significativa do século XIX, com a importância cada vez maior da burguesia, a industrialização, a mecanização do trabalho, terá consequências tão importantes para a arte decorativa quanto para a pintura ou a literatura. Os interiores da burguesia se modificarão em função dessas mudanças. O conforto domina o estilo Luís Filipe, mas não a originalidade. A nova arte de viver em função da aquisição de certo bem-estar se manifesta na escolha dos móveis. Os prédios da metade do século têm cômodos pequenos, que precisam de móveis adaptados, pequenas mesas, pequenos acessórios. As poltronas são em capitonê e de tapeçaria. Os móveis do meio do século até 1860 terão pouca personalidade. Os arquitetos decoradores Percier e Fontaine são os criadores do estilo oficial Império, submetido à arte greco-romana. Os motivos decorativos levam os emblemas de Napoleão, a águia, as abelhas, as estrelas, o "I" de Imperador e o "N" de Napoleão.

❖ **O estilo Restauração** é uma reação contra o luxo do estilo Império. Durante um curto período (1815-1830), ele impõe uma elegância e um refinamento esquecido durante o reino de Napoleão. O estilo Carlos X se caracteriza pela produção de móveis pequenos em madeira clara.

❖ **O estilo Luís Filipe** (1830-1848) permanece próximo do estilo anterior, mas rejeita toda decoração, em virtude do desenvolvimento da industrialização.

❖ **O estilo Napoleão III** (1808-1873) retoma os estilos anteriores. Os ebanistas, tapeceiros, decoradores se inspiram em todas as fontes: gótico, Renascença, Luís XVI. O estilo do Segundo Império se quer inventivo nas formas dos móveis, banquetas, sofás, poltronas com braços.

❖ **As artes chinesa e japonesa** estão na moda. O bronze dourado ou a fundição permitem diminuir os preços de revenda.

3. A LITERATURA NA FRANÇA NO SÉCULO XIX: AS GRANDES CORRENTES

Três grandes correntes literárias atravessam o século XIX. Da mesma forma como marcaram a arte, elas marcam as letras: **o romantismo** sob a Restauração e a Monarquia de Julho, **o realismo** sob o Segundo Império, assim como **o simbolismo**. **Entre os séculos XVIII e o XIX**, assistimos a uma ruptura com o grande gênero epistolar, gênero dominante no Século das Luzes. É o nascimento de uma verdadeira crítica literária, uma transição que se opera entre um julgamento baseado na estética e um método racional de análise dos textos literários, que se situa no cruzamento entre a sociologia, a filologia e a história ligadas entre si pelo positivismo. O romance em primeira pessoa surge com autores como **François René de Chateaubriand, Benjamin Constant, Alfred de Musset**. Os autores vão usá-lo para exprimir o mal do século. As máximas estão muito ligadas a esse tipo de romance e, na estética balzaquiana, o retrato psicológico dos personagens é ilustrado por elas, que constituem um discurso de autoridade. Elas desaparecerão na segunda metade do século XIX. Se os escritores dessa primeira parte do século XIX se dirigem principalmente a si mesmos, na segunda parte eles se voltam principalmente a demonstrações científicas, estéticas, filosóficas que dizem respeito ao conjunto da sociedade. A pluralidade é o que mais caracteriza o romance que quer integrar em seu discurso diversas tonalidades pertencentes a outros gêneros. Ele se poetiza a fim de concorrer com a poesia.

O ROMANTISMO "É O LIBERALISMO NA LITERATURA"

Paul Valéry dizia que era preciso ter perdido a cabeça para definir o romantismo. Como os outros movimentos literários, naturalismo, realismo, simbolismo, o romantismo se encontra no período cronológico de limite flutuante. De maneira geral, as obras clássicas desencadeiam esse movimento entre a publicação das *Méditations poétiques* (*Meditações poéticas*) de Lamartine, em 1820, a de *Burgraves* de Victor Hugo, em 1843, mas outros se contentam em situá-lo no primeiro terço do século XIX. Finalmente, alguns consideram *Génie du christianisme* (*O gênio do cristianismo*) de **Chateaubriand**, em 1802, assim como o tratado *De l'Allemagne* (*Da Alemanha*) (1813) de Madame de Staël, e o prefácio de *Cromwell*, em 1827, de Victor Hugo, como seu atestado de nascimento: este último é uma verdadeira defesa e ilustração do drama romântico. Os preceitos dos quais é dotada a tragédia desde o grande século, principalmente a regra das três unidades, são questionados. A intriga deveria formar um todo, unidade de ação, mas também de espaço; um só espaço devia ser evocado, unidade de tempo, a duração dos eventos evocados não podia ultrapassar vinte e quatro horas. Três anos depois, no prefácio de *Hernani*, Victor Hugo, que se tornou líder do movimento, afirma que "o romantismo é o liberalismo na literatura". A controvérsia adquire um contorno apaixonado com relação a três textos, considerados como os manifestos do romantismo: o prefácio de Victor Hugo para seu primeiro drama, *Cromwell*; o texto de **Alexandre Dumas** (1802-1870), *Henrique III e sua corte* (1829); e principalmente a peça de Hugo, *Hernani*, cuja estreia, em 25 de fevereiro de 1830, desencadeia uma batalha entre os espectadores, incondicionais ou opositores fervorosos do romantismo nascente. É principalmente com o movimento alemão do *Sturm und Drang* que a palavra adquire seu sentido moderno para designar o início do gosto pela poesia medieval e de cavalaria.

O romantismo vai se manifestar principalmente como uma recusa das regras definidas pelos clássicos desde Boileau. Além de Rousseau, os grandes iniciadores serão: **François René de Chateaubriand** (1768-1848), *Mémoires d'outre-tombe* (*Memórias de além-túmulo*) (1848), *René* (1802), *Les Martyrs* (*Os mártires*) (1809); **Victor Hugo** (1802-1885), *Odes et poésies diverses* (*Odes e poesias diversas*) (1822), *Hernani* (1830), *Ruy Blas* (1838), *Les Contemplations* (*As contemplações*) (1856), *Notre-Dame de Paris* (1831); **Alphonse de Lamartine** (1790-1869), *Méditations poétiques* (*Meditações poéticas*) (1820); **Alfred de Musset** (1810-1857), *Lorenzaccio* (1833), *Les Nuits* (*As noites*) (1835-1837); **Gérard de Nerval** (1808-1855), *Les Filles du feu* (*As filhas do fogo*) (1854), *Les Chimères* (*As quimeras*) (1854); **Charles Nodier** (1780-1844), *Smarra ou les démons de la nuit* (*Smarra ou os demônios da noite*) (1821); **Madame de Staël** (1766-1817), *De la littérature* (*Da literatura*) (1800), *De l'Allemagne* (*Da Alemanha*) (1813), *Delphine* (1802); **Alfred de Vigny** (1797-1863), *Chatterton* (1835), *Les Destinées* (*As predestinadas*) (1864). Devemos também ao romantismo a renovação da história com Augustin Thierry e Michelet, *História da Revolução Francesa* (1847), assim como o início da crítica literária moderna com Sainte-Beuve. Antes de 1830, o herói romântico encontra suas principais características no romantismo alemão e busca o infinito na expressão da sensibilidade. Depois de 1830, o herói romântico se torna um guia para o povo, as nações.

Muitos temas dominam: a nostalgia, a paixão amorosa, a natureza do homem, o irracional. Como resume Georges Gusdorf, o século XIX é o tempo "da primeira pessoa"[248]. A ordem emocional se torna uma das dimensões essenciais da existência humana. Escrever e descrever seu eu significa tornar vivos seus medos, suas certezas, suas emoções. Em Hugo, o "Eu" se torna guia, vidente, profeta.

- **A nostalgia.** O movimento romântico opõe os "direitos do coração" às exigências da razão, sentida como seca e vazia. Os sentimentos não se colocam enquanto felicidade e otimismo, mas enquanto inquietação, melancolia e desencantamento; o herói não é mais razoável, mas sensível. Revoltado ou levado ao suicídio, ele se opõe ao regime político que o oprime ou põe fim a uma vida incapaz de lhe trazer o que ele esperava.

- **A paixão amorosa.** A mulher tem um papel central, anjo e demônio, liberando ou acorrentando seu amante. Ela pode ser redentora e o amor então atinge o divino, como no *Fausto* de **Goethe**, ou ser a busca de Deus em Lamartine, escapando às mentiras e à mediocridade burguesa, ou ainda encarnar a revolta em Byron. Se ela não atinge os objetivos, o herói conhece o "mal do século", feito de nostalgia, de melancolia, que conduz **Gérard de Nerval** (1808-1855) ao suicídio. Qualquer que seja o sentimento exaltado, ele traduz uma inspiração no infinito, na beleza.

- **A natureza e o homem.** A natureza é vivida como um porto de paz, um lugar de recolhimento (Chateaubriand), de proteção ou ainda de viagens imaginárias, uma catedral do mundo; o autor descobre nela símbolos metafísicos como fez **Victor Hugo**. Como a paixão amorosa, ela encarna o sentimento de uma redenção possível. É fora da cidade que se faz essa busca pelo além: nas florestas do Novo Mundo, para Chateaubriand, diante do oceano, em *Les Contemplations* (*As contemplações*) de Victor Hugo; Alfred de Vigny busca-a na liberdade. Mas é também o meio de descobrir outras civilizações: Stendhal nos faz viajar pela Itália, Nerval pelo Oriente.

- **O irracional.** Todos os estados da consciência são empregados; os sonhos quebram as fronteiras entre o eu e o mundo, lugares também de manifestação das angústias do homem. A loucura é considerada um estado que permite manter contato com as forças invisíveis.

CONTRA O ROMANTISMO: O PARNASO, A ARTE PELA ARTE

O Parnaso é ao mesmo tempo esse lugar mitológico onde residem Apolo e as nove musas, mas também o movimento de reação contra o romantismo. Os poetas que fazem parte dessa oposição se reúnem em torno de **Théophile Gautier** (1811-1872). Trata-se

---

248. Georges Gusdorf, *Naissance de la conscience romantique au siècle des Lumières* [Nascimento da consciência romântica no Século das Luzes], Paris, Payot, 1976.

de **Banville** (1823-1891), **Villiers de L'Isle-Adam** (1838-1889), **Sully Prudhomme** (1839-1907), **François Coppée** (1842-1908). Eles reivindicam, para sua arte, uma preocupação com a impersonalidade e o culto do trabalho poético. Longe do mundo das ideologias políticas, eles celebram o belo sob todas as formas. **Théophile Gautier**, depois de uma total adesão ao movimento romântico, publica na revista *L'Artiste* um manifesto em forma de poema, "L'Art" ("A Arte") (1857), ruptura total com o romantismo, em um desejo de conferir à forma um lugar essencial, relegando a pano de fundo toda ideia eventualmente contida no poema. O poeta ilustrou sua teoria na compilação *Émaux et camées* (*Esmaltes e camafeus*) (1852), que confere verdadeiro nascimento à *Arte pela arte*, retomada por **Banville** (1823-1891) em 1862 em *Améthystes* (*Ametistas*) e, depois, exposta pelo mesmo autor em *Petit traité de poésie française* (*Pequeno tratado de poesia francesa*) (1872). A partir de então, a perfeição poética deve ser levada a se tornar uma verdadeira ciência.

A revista *Le Parnasse contemporain*

Lugar de residência, na mitologia, de Apolo e de suas noves musas, o Parnaso se inspira na mitologia, nas epopeias, nas sagas de civilizações antigas como a Índia ou a Grécia Antiga. O nome deriva da revista *Le Parnasse contemporain* (*O Parnaso contemporâneo*) (1866-1896), publicada por Alphonse Lemerre. Suas tendências foram enunciadas desde cedo por Théophile Gautier em seu prefácio de *Mademoiselle de Maupin* (*Senhorita de Maupin*) (1835), que expõe a teoria da arte pela arte; no prefácio de Leconte de Lisle e em *La Revue fantaisiste* (*A revista fantasista*) fundada por Mendès. Em *Esmaltes e camafeus*, Théophile Gautier inspira numerosos autores dentre os quais Heredia, Banville e Coppée. As peças mais importantes são dadas por **Leconte de Lisle** em *Poèmes barbares* (*Poemas bárbaros*) (1862), *Poèmes tragiques* (*Poemas trágicos*) (1884) e *Derniers poèmes* (*Últimos poemas*) (1895), enquanto José Maria de Heredia se ilustra com *Les Trophées* (*Os troféus*) (1893). Outros poetas, menos lidos atualmente, acrescem seu trabalho e dão impulsos particulares ao Parnaso, tais como os de **Sully Prudhomme** (1839-1907), ainda marcado de lirismo em *Solitudes* (*Solidões*) (1869), **François Coppée** (1842-1908), muito popular e menos inacessível em *Promenades et Intérieurs* (*Passeios e interiores*) (1872).

Muitas revistas definem a doutrina:

- *La Revue fantaisiste* (*A Revista Fantasista*) (1861), fundada por **Catulle Mendès** (1841-1909);
- *L'Art* (*A Arte*) (1865), revista inspirada por Leconte de Lisle;
- *La Revue du progrès* (*A Revista do Progresso*) (1863), que define uma poesia da ciência.

A POESIA MODERNA: BAUDELAIRE

Charles Baudelaire é o autor daquela que talvez seja a mais importante coletânea do século XIX: *Les fleurs du mal* (*As flores do mal*) (1857). Da mesma forma, seus pequenos poemas em prosa serão a experiência mais inovadora dessa época. Em outubro de 1845, ele anuncia o surgimento iminente de uma coleção de poemas intitulada primeiramente *Les Lesbiennes* (*As lésbicas*), e após 1848, *Les Limbes* (*Os limbos*), com o objetivo declarado de representar as agitações e as melancolias da juventude moderna. Ali ele expõe sua busca de um ideal inacessível e o tédio da vida real (*Tableaux parisiens* [*Quadros parisienses*]) em que a capital oferece, ao mesmo tempo, seu movimento e feiura, o lugar poético ideal. *Le Vin* (*O vinho*) é uma tentativa de luta contra o tédio; as *Flores do Mal* expressam revolta e desgosto, deixando coexistirem prostitutas e virgens intocáveis, na eterna tentação desmembrada entre a carne e o respeito. *Revolte* (*Revolta*) é uma última tentativa para a danação, o anjo caído oferecendo uma possível alternativa a Deus, ali onde a Morte é ao mesmo tempo consoladora e repulsiva. Seu conhecimento profundo da arte e, mais tarde, sua admiração pelos impressionistas conduzem Baudelaire a dar à sua poética uma dimensão suplementar; longe do tédio da vida quotidiana decepcionante, o artista se refugia no imaginário para chegar à verdade. Baudelaire, tradutor de Edgar Allan Poe, também é um dos grandes críticos de arte franceses de seu século. Ele herda de seu pai uma verdadeira paixão pela pintura e publica, em 1845, uma primeira resenha do Salão Oficial. O *Salon de 1846* (*Salão de 1846*), o *Salon de 1859* (*Salão de 1859*) e *Le Peintre de la vie moderne* (*O pintor da vida moderna*) (1863) são suas mais importantes obras críticas.

UM REBELDE: ARTHUR RIMBAUD

Arthur Rimbaud (1854-1891) se pretende, enquanto poeta, como vidente, um visionário, um profeta. Ele não manifestará nunca seus ideais sociais, mas os retraduz por meio de seus poemas. Ele deixará suas visões determinarem a forma dos poemas. Também detona as leis da métrica e da sintaxe tradicional a fim de determinar sua estrutura. Envia alguns de seus poemas a Verlaine. Confiante, ele redige um de seus maiores poemas, "Le Bateau ivre" (O barco ébrio) (1871), que descreve o percurso do vidente em um barco liberado de todas as imposições e lançado, sem volta, em um mundo do mar e do céu. Redigindo as *Iluminações*, entre 1874 e 1876, ele desejava desenvolver uma forma poética nova. Completamente diferente das *Iluminações*, *Une saison em enfer* (*Uma estação no inferno*), nove fragmentos em prosa e em verso, é uma obra impressionante de autoexame. Rimbaud passava por uma crise espiritual e moral, e, nessa obra, ele examina retrospectivamente os Infernos. Depois dessa data, Rimbaud fará uma série de viagens que o transportarão até as regiões mais distantes, para acompanhar uma caravana de armas até o rei de Choa. Ele falece pouco tempo depois em Marselha.

LAUTRÉAMONT

Isidore Ducasse, que publica suas obras sob o pseudônimo de conde de Lautréamont (1846-1870), deixa para a poesia uma obra magistral e estranha: *Les chants de Maldoror* (*Os cantos de Maldoror*) (1869), conjunto de seis cantos de tamanha violência que a distribuição será suspensa no mesmo ano de sua publicação. Lautréamont confere um lugar essencial à construção poética, ignorando as figuras clássicas, abusando delas a fim de que sua escrita tenha vida própria, tornando-se o livro por excelência, independentemente de sua existência própria. O conjunto é dominado pelo personagem de Maldoror, ser bestial e sádico em busca perpétua da pureza original.

O REALISMO (1850-1880)

O realismo se desenvolve nos romances franceses e nas pinturas entre 1850 e 1880. Uma das primeiras aparições do termo "realismo" se encontra em *Mercure français du XIXe siècle*, em 1826, no qual a palavra é empregada para descrever uma doutrina baseada não sobre a imitação das últimas realizações artísticas, mas sobre a representação verídica e precisa dos modelos que a natureza e a vida contemporânea oferecem ao artista. Honoré de Balzac é o principal precursor do realismo, com sua vontade de fazer um retrato enciclopédico do conjunto da sociedade francesa na *Comédia humana* (1829-1850). Os ciclos de romances de Honoré de Balzac e de Zola desenvolvem uma nova forma de realismo social em um país que foi transformado pela revolução industrial e econômica. Com Stendhal, Flaubert, Proust, outro tipo de realismo aparece, centrado na análise da ação individual, a motivação e o desejo, mas também a forma. Em 1857, Gustave Flaubert publica *Madame Bovary*, com o qual o realismo atinge seu mais alto grau.

O NATURALISMO, UMA LITERATURA EXPERIMENTAL

Uma das etapas do naturalismo, em 1880, passa por *Les Soirées de Médan* (*As noites de Médan*), coletânea de novelas de Émile Zola, Guy de Maupassant, Joris-Karl Huysmans, Henry Céard, Léon Hennique e Paul Alexis. Os naturalistas adotam uma abordagem mais científica e mais analítica da realidade. Da mesma forma, Zola empresta de Hippolyte Taine, filósofo positivista, o termo "naturalismo". De fato, o termo já tinha se imposto na pintura. Mas em *Le Roman expérimental* (*O romance experimental*) (1880), Zola desenvolve um paralelo entre os métodos do romance e os da ciência experimental. A definição do naturalismo se aprofunda ainda mais com Maupassant na introdução de seu romance *Pierre et Jean* (*Pedro e João*) (1888); e com Huysmans, que sublinha que o naturalismo pode ser definido como o estudo analítico de um meio determinado, a relação determinista entre o meio e as personagens, a aplicação de uma teoria mecânica da psicologia e a rejeição de toda forma de idealismo. Guy de Maupassant, em *Le Roman* (*O romance*) (1887), declara que sua intenção é "escrever a história do coração, da alma e da mente em estado normal", o que implica a utilização de detalhes importantes para realçar as neuroses e os desejos mascarados pelas aparências quotidianas. Em *Les Rougon-Macquart* (*Os Rougon-Macquart*) de Zola, o estudo de uma única família insiste sobre as consequências deterministas da hereditariedade e do meio ambiente. Em vinte volumes, Émile Zola representa o destino dos homens, operários de *L'Assommoir* (*A taberna*) (1877), cortesãs como *Nana* (1880), mineiros de *Germinal* (1885) e camponeses explorados de *La Terre* (*A terra*) (1887).

DÂNDIS E DECADENTES

A literatura de fim de século, marcada pela vontade de apontar a decadência, não é um movimento verdadeiro e não comporta um líder, mas se define como uma reação contra o romantismo nos anos 1880 e anuncia o simbolismo. Paul Bourget o define quando da publicação de um texto em 1883 nos seguintes termos: "Um estilo de decadência é aquele em que a unidade do livro se decompõe para ceder espaço a uma independência da página, onde a página se decompõe para ceder espaço à independência da frase, e a frase para ceder espaço à independência da palavra"[249]. O romance símbolo da decadência é *À rebours* (*Às avessas*) (1884), de J.-K. Huysmans (1848-1907). O conde de Lautréamont, pseudônimo de Isidore Ducasse, com *Os cantos de Maldoror*, mergulha no abominável. Stéphane Mallarmé, Verlaine e Laforgue permanecem ligados aos movimento decadente.

O simbolismo

Os artistas simbolistas, como Stéphane Mallarmé, Paul Verlaine, Arthur Rimbaud, Jules Laforgue, Henri de Régnier, o belga Émile Verhaeren, Moréas, buscaram expressar a experiência individual emocional por meio do uso sutil e sugestivo de uma linguagem muito simbolizada. Eles se revoltam contra as convenções rígidas que regem ao mesmo tempo a técnica e o tema da poesia francesa tradicional.

❖ **Paul Verlaine** (1844-1896), poeta lírico primeiramente associado aos parnasianos e mais tarde conhecido como um líder dos simbolistas, figura junto com Stéphane Mallarmé e Charles Baudelaire entre os decadentes. O manifesto do simbolismo é publicado em *Le Figaro* de 1886 por Jean Moréas. Não se trata de uma doutrina no âmbito da literatura, mas de certo número de representações dominantes. *Les Poèmes saturniens* (*Os poemas saturnianos*) de Verlaine encenam a expressão pungente

---

249. Pierre Citti, "Le symbolisme" [O simbolismo], em *Encyclopædia Universalis*.

do amor e da melancolia. *Les Fêtes galantes* (*As festas galantes*) são uma lembrança sutil de cenas e de personagens da *commedia dell'arte* e da pastoral sofisticada do século XVIII, pintada por Watteau. Em 1882, sua famosa *Art poétique* (*Arte poética*) é adotada com entusiasmo pelos jovens simbolistas que acabaram se distanciando, pois eles foram mais longe do que ele ao abandonar as formas tradicionais, dentre as quais a rima, que parecia ser uma necessidade incontornável em verso francês.

❖ **Stéphane Mallarmé** (1842-1898). Seus primeiros poemas, publicados em revistas em 1862, são influenciados por Charles Baudelaire, pelo tema da evasão — um tema que retomará depois, mas de forma muito mais intelectual, em *L'Après-midi d'un faune* (*A tarde de um fauno*) (1876), que inspirou Claude Debussy para compor seu célebre *Prelúdio*, 25 anos depois. Ele havia concluído que, ainda que nada esteja além da realidade, existem as essências e as formas perfeitas. A tarefa do poeta é perceber e cristalizar essas essências, ser mais do que um simples versificador que transpõe em uma forma poética uma realidade já existente. Ele se torna então mais do que isso, um verdadeiro deus, que cria qualquer coisa a partir de nada. Isso exige uma utilização extremamente sutil e complexa de todos os recursos da linguagem, das palavras, e sua construção deve se apagar diante da obra pura, tentativa mais frequentemente destinada ao fracasso aos olhos do poeta, que o expressa em "Le vierge, le vivace et le bel aujourd'hui" (O virgem, vivaz e belo hoje) (1887).

4. A FILOSOFIA NA FRANÇA NO SÉCULO XIX

O século XIX é um período em que todos os extremos perduram juntos. Ao lado dos desabafos, sentimentos, do romantismo exacerbado, a razão continua reclamando seu lugar contra as tentações mais ou menos místicas da religião. O espírito científico, herança das Luzes, encontra apoio no positivismo, que acabará, por sua vez, em excessos que preparam o cientismo. A filosofia vai oscilar entre materialismo e espiritualismo e contribui para criar um abismo cada vez mais profundo em si mesma, suspeita de ter ficado muito tempo próxima da metafísica, e a ciência passa a ser considerada como portadora de toda verdade.

Os discípulos franceses de Kant foram principalmente seduzidos por sua moral. Claramente idealistas, eles pensam que nossa visão do mundo está intimamente ligada a um ato livre que permite discernir o que é verdadeiro. Eles se afirmam enquanto filósofos da liberdade e da contingência em reação contra o positivismo. A religiosidade os caracteriza. Trata-se de **Antoine Augustin Cournot** (1801-1877), **Jules Lachelier** (1832-1918), **Charles Secrétan** (1815-1895) e **Charles Renouvier** (1815-1903), que se afirma como chefe da "neocrítica" com *Essai de critique générale* (*Ensaio de crítica geral*) (1851-1864).

O IDEALISMO FRANCÊS: RENOUVIER, LÉON BRUNSCHVICG

Charles Renouvier (1815-1903)

Sua contribuição foi ter feito na história da filosofia uma síntese de todas as ideias modernas ligadas aos problemas do conhecimento. Ele nasceu em Montpellier e, depois de uma juventude tranquila, publica *Manuel de la philosophie ancienne* (*Manual da filosofia antiga*) em 1842. Depois publica quatro *Essais de critique générale moderne* (*Ensaios de crítica geral moderna*). Enfim, *La Sicence de la morale* (*A ciência da moral*) (1869), *La Nouvelle Monadologie* (*A nova monadologia*) (1899), *Les Dilemmes de la métaphysique pure* (*Os dilemas da metafísica pura*) (1909) constituem apenas uma ínfima parte das cinquenta obras que ele deixa quando de sua morte em 1903. Ele restaura a doutrina de Kant e a nomeia de *neocrítica*. O seu ponto forte repousa em uma teoria do conhecimento, mas libera a teoria kantiana de seu caráter simétrico demais, sistemático demais. Além disso, ele desenvolve primeiramente o fenomenismo. Nosso conhecimento não pode ultrapassar os fenômenos, ou seja, as relações. Ele recusa o número. Diante de uma aparência só podem surgir aparências. A liberdade é um dos fenômenos mais dificilmente refutáveis, porque está na origem de todos os outros. Para ele, a liberdade e a vontade são semelhantes. A liberdade tem postulações diferentes: a moralidade, a imortalidade da alma, a existência de Deus.

Léon Brunschvicg: refletir sobre a ciência

O idealismo de Brunschvicg (1869-1944) se define como um idealismo crítico, ou seja, ele não é nem sistemático nem metafísico. Daí decorre o objeto da filosofia: uma reflexão sobre a ciência. Nascido em Paris, ele faz carreira universitária como professor da Sorbonne. Em 1919, sucede Lachelier e se torna membro da Academia de ciências morais e políticas. Sua tese, "La modalité du jugement" (*A modalidade do juízo*), em 1897, resume seu sistema de pensamento. Ele leva o idealismo ao auge com *Les Étapes de la philosophie mathématique* (*As etapas da filosofia matemática*) (1912) e *Le Progrès de la conscience dans la philosophie occidentale* (*O progresso da consciência na filosofia ocidental*) (1927). Muito próximo da doutrina de Fichte, ele qualifica seu sistema de pensamento como "idealismo crítico". O primeiro momento de sua filosofia consiste em uma crítica do conhecimento científico. Para Brunschvicg, é perfeitamente ilusório querer construir o universo *a priori*. Este só pode ser compreendido pela ciência. Uma filosofia da natureza, qualquer que seja, não permite atingir tal resultado e aparece apenas "como uma quimera". Daí o fato de ele dar uma definição da filosofia e de seu objeto: uma reflexão sobre a ciência. A história, que tem um lugar essencial em Brunschvicg, torna-se o "campo de experiência" do filósofo que tenta colocá-la "em perspectiva". Ele conclui que o conhecimento humano não é nem completamente real nem completamente inteligível.

O ESPIRITUALISMO

Diferentemente do materialismo, que leva tudo o que existe à realidade natural, o espiritualismo, ao contrário, distingue uma realidade distinta do corpo e da matéria, e afirma no homem um princípio de pensamento, de razão. A certidão de nascimento dessa doutrina está em Platão no *Fédon*, que rejeita o materialismo de Anaxágoras. O espiritualismo se baseia nos escritos de **Maine de Biran** (1766-1824) e depois sobre os de **Henri Bergson** (1859-1941). O próprio objeto da escola espiritualista é de fundar uma metafísica que se baseie na experiência interna da consciência. Bergson foi marcado pelo pensamento de **Herbert Spencer** (1820-1903) e não se desvencilhou nunca realmente de sua influência. Ele adota o empirismo e o evolucionismo, mas questionando-os. Ele retoma também a concepção da inteligência orientada para a fabricação de instrumentos.

Henri Bergson: o movimento

Ainda que pareça ter sido influenciada por Spencer, a filosofia de Bergson (1859-1941) continua excepcional no sistema filosófico. Suas obras são: *Matéria e memória (Matière et mémoire)* (1896), *A evolução criadora (L'évolution créatrice)* (1907), *As duas fontes da moral e da religião (Les deux sources de la morale et de la religion)* (1932), *O pensamento e o movente (La pensée et le mouvant)* (1934), *O riso (Le rire)* (1900), e *Duração e simultaneidade (Durée et simultanéité)* (1922). Sua tese, *Ensaio sobre os dados imediatos da consciência (Essai sur les données immédiates de la conscience)*, é uma tentativa de implementação da noção de duração ou de tempo vivido, oposta àquela que a ciência mede. Seu método não se apoia sobre uma especulação qualquer, mas parte de um problema particular, que ele analisa, determinando primeiramente os fatos empíricos observados daqueles que são conhecidos. Assim, para *Matéria e memória*, ele dedica vários anos consultando o conjunto da literatura disponível sobre a memória e, em particular, sobre o fenômeno psicológico da afasia. Na *Evolução criadora* ele mostra a influência da biologia sobre o pensamento. Analisando a ideia da vida, Bergson aceita a evolução como um fato cientificamente estabelecido.

Sua doutrina: Intuição, instinto e inteligência

Bergson opõe o instinto à inteligência. Ele é influenciado pela teoria evolucionista de Spencer e, se a inteligência resultante da evolução é orientada para a fabricação de instrumentos, ele se dá conta mesmo assim que essa função é inapta para apreender o movimento. Outra faculdade estaria apta a dar conta disso: a intuição. Em oposição à inteligência, que apreende os objetos do exterior, a intuição é "a simpatia pela qual o sujeito se transporta ao interior de um objeto para coincidir com aquilo que há de único e, por conseguinte, de inexpressível"[250]. A intuição permite atingir um absoluto. No bergsonismo há um empirismo: "Não há outra fonte de conhecimento além da experiência." Não podemos atingir a realidade a não ser pela experiência imediata, qualitativa, que é a intuição. A metafísica não é racional, mas experimental.

Uma metafísica e filosofia da natureza

Sua metafísica é evolucionista na mesma linhagem da filosofia de Spencer. Mas ela não pode ser mecanicista, pois, se a razão transborda a matéria, não pode encontrar nela a sua explicação. Tampouco é finalista, pois para isso é preciso uma inteligência que conceba. Ora, ele critica as interpretações filosóficas dadas pela ciência e que mascararam a importância da duração. Ele propôs que o conjunto do processo da evolução seja considerado como um impulso vital que não deixa de desenvolver e de gerar novas formas. A evolução, em suma, é criativa, não mecânica. Duas soluções aparecem: o instinto, "faculdade de fabricar e de empregar instrumentos organizados", e a inteligência, "faculdade de fabricar e de empregar instrumentos não organizados". O objeto do instinto é a vida, a matéria. O instinto é invariável e é um conhecimento inato, o que não é a inteligência. Essa última se define por uma incompreensão natural da vida. A intuição é uma sobrevivência do instinto no homem. Ela pode alcançar a essência das coisas, guiada pela razão.

A moral

Se em *A evolução criadora* o problema de Deus é abordado superficialmente, ele é claramente colocado em *As duas fontes da moral e da religião* (*Les Deux Sources de la morale et de la religion*). Bergson torna precisas as consequências morais. A primeira fonte da moral é fundada no instinto, e se impõe pela pressão social. Bergson se diferencia de Durkheim, pois o tipo de moral não se reduz completamente à obrigação. Entretanto, nessa moral sociológica, há heróis que estilhaçam as convenções sociais e criam assim uma "sociedade aberta", uma segunda moral fundada na aspiração.

A religião

Da mesma forma, ele distingue dois tipos de religião:
- **a religião estática** tem um papel social e tem o objetivo de reconfortar o indivíduo;
- **a religião dinâmica** é o misticismo que tem sua fonte em uma doutrina e não em uma emoção. O misticismo permite abordar experimentalmente a natureza de Deus. Assim, a religião dinâmica é uma participação de certos homens de

---

250. Henri Bergson, "La Pensée et le mouvant" [O pensamento e a movência], em *Œuvres*, Paris, PUF, 1959, p. 1395.

exceção na emoção criativa que é Deus. Para os místicos: "A natureza de Deus é amor; ele é o objeto do amor"[251].

O tempo bergsoniano

Bergson não busca, em *Ensaio sobre os dados imediatos da consciência*, analisar a ideia abstrata do tempo, mas sim sua experiência concreta. Ele introduz a noção de duração e tenta transpor a metafísica "ao terreno na experiência". O único tempo que se pode apreender é o tempo pessoal, a duração interior. Pode-se medir a duração da consciência? Somos confrontados a duas realidades perfeitamente diferentes: por um lado, a extensão quantitativa, divisível, homogênea, único objeto do positivismo, e por outro lado, a duração qualitativa fornecida pela experiência interna.

Matéria e memória

Ao experimentar as relações entre o cérebro e a memória, Bergson quer descobrir as que existem entre matéria e mente. Ele distingue dois tipos de memória:
- **a memória-hábito:** ela é motora; é com ela que se retém as recitações;
- **a memória-lembrança:** Puramente psicológica, ela consiste em reviver um evento passado.

Sua demonstração é feita contra o materialismo em geral e sobretudo contra a teoria da localização em particular. Para ele, a consciência se distingue do corpo, mas é entretanto dependente dela. Quanto à memória, ela não está contida no cérebro, mas dele depende. O corpo tem papel de intermediário que coloca nossa mente em relação com outros seres. Por meio do cérebro, o corpo mergulha na inconsciência as lembranças inúteis para nossa ação sobre os outros seres e ilumina as "lembranças-imagens", as lembranças úteis. Assim, o passado se revela a nós como o que deixa de ser útil e não o que deixou de existir. O cérebro tem um papel específico: a consciência é limitada a ser um instrumento da conversa. O cérebro é apenas instrumento de rememoração. Quanto ao corpo, ele é instrumento do nosso pensamento.

O POSITIVISMO: LEIS, NADA ALÉM DE LEIS

A definição do positivismo que consta no *Dictionnaire alphabétique et analogique de la langue française* é: "Toda doutrina que se afirma como puro conhecimento dos fatos,

---

251. Henri Bergson, *Les Deux Sources de la morale et de la religion* [As duas fontes da moral e da religião], Paris, Flammarion, 2012.

da experiência científica que afirma que o pensamento só pode alcançar relações e leis." As ciências humanas vão se constituir sob a influência do positivismo. Assim, a Sociedade de Antropologia de Paris nasce em 1859. A história ganha seu título de nobreza ao se separar da filosofia da história com Fustel de Coulanges e Taine. *La Revue historique* (*A revista histórica*) é fundada em 1876 por Gabriel Monod. A sociologia se forma em torno de Durkheim. Da mesma forma, a etnologia conhece, no século XIX, um forte desenvolvimento marcado pelos trabalhos de Frazer e de Lévy-Bruhl. O passado pré-histórico revela seus segredos com as descobertas de Boucher de Perthes em Abbeville, dando nascimento à Pré-História. A criação da antropologia e da etnologia vê, ao longo do século XIX, a instalação de novas ciências que se desenvolvem no século seguinte. **Três elementos vão caracterizar a evolução** desse século: a emergência e a dominação do positivismo, os novos ecos do evolucionismo, e, enfim, a revolução científica que se produz ao final do século vasculhando os antigos conceitos em medicina, em biologia e em física.

Auguste Comte

Comte (1798-1857) teve ao mesmo tempo a vocação de erudito e de reformador. Ele retoma as ideias principalmente dos escritores do século XVIII e do início do século XIX. De David Hume e Immanuel Kant, ele tira sua concepção do positivismo: a teologia e a metafísica são meios um tanto imperfeitos de conhecimento; o conhecimento positivo se funda nos fenômenos naturais e suas propriedades e suas relações foram verificadas pelas ciências empíricas. De diversos filósofos das Luzes, ele adota a noção de progresso histórico. Essa nova ciência será a sociologia. Comte pensa também uma nova ordem espiritual e laica, necessária para a substituição daquilo que considera como o sobrenaturalismo da teologia cristã. A principal contribuição de Comte para a filosofia positivista se divide em cinco partes: adoção rigorosa do método científico, lei dos três estados ou estágios de desenvolvimento intelectual, classificação das ciências, concepção da filosofia incompleta de cada uma das ciências anteriores à sociologia, e síntese de uma filosofia positivista social em uma forma unificada. Ele buscou um sistema de filosofia que poderia servir de base para a organização política apropriada para a sociedade industrial moderna.

A partir de 1844, suas crises de alienação mental se tornam mais episódicas e sua vida é marcada pelo encontro com Clotilde de Vaux. Essa ligação tem grandes consequências sobre seu pensamento religioso. Em 1847, ele institui uma religião da humanidade e dela se reivindica grande pontífice. Em 1848, funda a sociedade positivista e morre nove anos depois. Suas principais obras são: *Curso de filosofia positiva* (*Cours de philosophie positive*) (1824-1842), *Sistema de política positiva* (*Système de politique positive*) (1851-1854), *La Religion de l'humanité* (*A religião da humanidade*) (1851-1854).

Sua doutrina:

Por **filosofia positiva**, Comte pressupõe o conjunto dos conhecimentos científicos do universo. O positivismo encontra seu sentido equivalente na palavra "empirismo" quando quer mostrar que a única fonte de conhecimento continua a ser a experiência.

Seu primeiro trabalho consiste em uma classificação das ciências, hipótese fundada no fato de que as ciências desenvolveram, a partir da compreensão dos princípios simples e abstratos, a compreensão de fenômenos complexos e concretos. Por conseguinte, as ciências evoluíram assim: a partir da matemática, a astronomia, a física e, a partir da química, a biologia e, por fim, a sociologia. Segundo Comte, essa última disciplina não somente conclui a série, mas reduz também os fatos sociais a leis, sintetiza o conjunto dos conhecimentos humanos, o que torna a disciplina apta a guiar a reconstrução da sociedade.

A lei dos três estados

O homem possui uma natureza perfeitamente definível independentemente da época e, assim, a história se torna uma. Isso também é verdade para a sociedade. O devir histórico deve poder ser deduzido tanto pela natureza humana quanto pela natureza social. O desenvolvimento do pensamento está ligado à lei dos três estados, tanto para o indivíduo quanto para a espécie: "Essa lei consiste em que cada uma de nossas concepções principais, cada ramificação de nossos conhecimentos, passa sucessivamente por três estados teóricos diferentes. O estado teológico ou fictício; o estado metafísico ou abstrato; o estado científico ou positivo"[252].

- **O estado teológico** consiste em o homem explicar tudo pelos milagres ou pelas causas sobrenaturais. É o caso das religiões antigas.
- **O estado metafísico** constitui um certo aperfeiçoamento do precedente: os agentes sobrenaturais são substituídos pelas forças abstratas.
- **O estado positivo** consiste em o homem explicar todas as coisas e constatar os elos que se propõe a observar e, depois, a controlar por meio de experimentação.
- **Há sempre algo do estado** seguinte no estado que precede e há sempre algo do estado precedente no estado seguinte. Assim, temos hábitos teológicos e hábitos metafísicos. Mas, geralmente, a metafísica destrói a teologia e a ciência faz o mesmo com a metafísica e a teologia.

---

252. *Cours de philosophie positive* [Curso de filosofia positiva], I, 4 vol., BookSurge Publishing, 2001, p. 3.

A religião da humanidade

É sob a influência de Clotilde de Vaux, que ele cultua, que Auguste Comte faz de sua filosofia positiva uma verdadeira religião. Esta, excluindo o misticismo, não se enquadra em oposição ao positivismo. Por seu projeto de reunir os homens, seu culto ao grande Ser, suas festas e rituais, a religião positivista está próxima do catolicismo.

> Da noção geral resulta também a fórmula sagrada da religião positiva: o Amor como princípio, a Ordem como base e o Progresso como finalidade. A fim de guiar melhor a vida real, essa regra universal se decompõe em duas divisas usuais: uma moral e estética, viver para outro; a outra política e científica: Ordem e Progresso; especialmente com relação ao sexo afetivo e ao sexo ativo[253].

A finalidade do positivismo é uma religião que não se dirige a Deus, porque o único conhecimento possível está limitado pelos fenômenos. O único ser que o homem pode conhecer é a humanidade.

Os principais positivistas

Na França, os principais positivistas são Émile Littré (1801-1881) e **Hippolyte Taine** (1828-1893). O positivismo na Inglaterra, herdeiro do empirismo que o precede, é desenvolvido por **John Stuart Mill** (1806-1873). Ele diz o seguinte de Auguste Comte: "Um de seus maiores erros é não deixar nenhuma questão aberta." A herança do positivismo se sente sobretudo em sociologia, com a escola de Durkheim.

5. A ERA DAS CIÊNCIAS HUMANAS

A SOCIOLOGIA

Raymond Aron (1905-1983)

Raymond Aron define a sociologia nos seguintes termos: "O estudo que se quer científico do social enquanto tal"[254]. O método científico é, portanto, indissociável do objeto que ele tenta apreender: as relações individuais por um lado, os conjuntos coletivos, como as civilizações, sociedades do outro. A definição que se dá à sociologia varia, portanto, segundo os pontos de vista dos próprios sociólogos, mas não foi ainda determinado se essa ciência visa a um objetivo ou uma necessidade. No entanto, é impossível interpretar fenômenos sociais, culturais, políticos, sem levar até eles o próprio valor de seus julgamentos. Raymond Aron sublinha essa realidade própria das ciências humanas:

---

253. Prefácio à *Politique positive* [Política positiva], III, 1854, *Système de politique positive* [Sistema de política positiva], Paris, Vrin, 2000.

254. Raymond Aron, *Les Étapes de la pensée sociologique* [As etapas do pensamento sociológico], Paris, Gallimard, "Bibliothèque des sciences humaines", 1967, p. 16.

Em *L'introduction à la philosophie de l'histoire* (*A introdução à filosofia da história*), há muito, eu havia aceitado integralmente essa forma de interpretar as teorias gerais dos fenômenos sociais. Eu havia escrito que, em matéria de história, e eu implicava em matéria de sociologia, a teoria precede a história e que essa teoria é essencialmente filosófica[255].

A interpretação sociológica está ligada a um sistema de conceitos, e esse sistema de conceitos está ligado à situação particular do observador. O perigo, sublinha, reside essencialmente no fato de que o sociólogo sempre tem a impressão de estudar a sociedade como um todo, enquanto que seu estudo diz respeito apenas a uma parte. Por querer compreender a sociedade como um todo, ele negligencia o interesse por apenas a um aspecto particular desta. Um dos objetivos essenciais da sociologia continua sendo a interpretação "das sociedades atuais em seu devir da humanidade", o mais científica e objetivamente possível. É preciso, entretanto, destacar que o desejo de se dedicar ao estudo da organização e do funcionamento das sociedades origina-se no início das eras. Nessa época, o social ainda não era a finalidade. A *Política* de Aristóteles tem como centro o estudo do regime político, mas nunca a organização social. Com **Auguste Comte** e **Marx**, a sociologia será concebida justamente como meio de ultrapassar a economia política. A sociologia imaginada por Comte como uma ciência positiva não pertence, portanto, à filosofia. Entretanto, em Durkheim ela estava novamente ligada à filosofia quando pretende resolver os problemas. A sociologia se torna então um sociologismo. A partir de então, procede por triagem. Pelas estatísticas, ele as evidencia, excluindo qualquer recurso à intuição.

Émile Durkheim (1858-1917)

Émile Durkheim, nascido em Épinal, é primeiramente professor de ciências sociais na universidade de Bordeaux e depois na Sorbonne. Suas principais obras são *De la division du travail social* (*Da divisão do trabalho social*) (1893), *Règles de la métode sociologique* (*Regras do método sociológico*) (1895), *Le suicide* (*O suicídio*) (1897), *Les formes elementares de la vie religieuse* (*As formas elementares da vida religiosa*) (1912). Suas obras póstumas são *Éducation et Sociologie* (*Educação e sociologia*) (1922), *L'Éducation morale* (*A educação moral*) (1923), *Sociologia et Philosophie* (*Sociologia e filosofia*) (1925), *Le Socialisme* (*O socialismo*) (1928). A definição, dada por Auguste Comte, da sociologia vista enquanto ciência que leva a certezas extremas, como as ciências exatas, e podendo se tornar uma filosofia dos tempos modernos influencia Durkheim e a sociologia empírica que o precede.

---

255. Raymond Aron, *Le Développement de la société industrielle et la stratification sociale* [O desenvolvimento da sociedade industrial e a estratificação social], C.D.U., 1958, p. 10.

O sociologismo

Ele parte de um estudo científico dos fatos sociais para explicar o homem inteiro pela sociedade. Seu princípio é que existem fenômenos externos ao indivíduo, que não fazem mais parte dele. Esses fenômenos são chamados "fatos sociais". São as nações, os governos, os grupos religiosos.

> Nossa regra não implica, portanto, nenhuma concepção metafísica, nenhuma especulação a respeito do fundo dos seres. O que ela reivindica é que o sociólogo se coloque no estado de espírito em que estão os físicos, os químicos, fisiologistas, quando se engajam em uma região ainda inexplorada no seu campo científico[256].

Tudo o que o racionalismo consegue apreender pela razão se explica pela sociedade. Um bom juízo, uma boa moral é o que se reconhece, admitido por ela. Mas trata-se dos valores relativos, já que nenhuma sociedade é fixa. A moral, a verdade, são elementos que se modificam. Em *O suicídio*, Durkheim constata da mesma forma que o indivíduo é dominado por uma realidade moral que o ultrapassa: a realidade coletiva. Esse ato que parece individual em um primeiro momento é analisado para mostrar que cada povo tem sua própria taxa de suicídio, geralmente mais constante do que a de mortalidade, que obedece também a leis definidas. O suicídio é visto como a expressão de um ato coletivo, porque é consequência dos fatos sociais. Ele estuda os três tipos principais do suicídio: egoístas, anêmicos (características das sociedades modernas, onde os indivíduos se tornam cada vez mais autônomos com relação à pressão coletiva) e altruístas (que se manifestam nas sociedades primitivas, ou nas sociedades militares, quando o homem está fortemente integrado à sociedade).

As formas elementares da vida religiosa

Em *As formas elementares da vida religiosa*, Durkheim elabora uma teoria sobre a religião a partir do estudo das instituições religiosas mais simples. Daí se deduz que o totemismo implica a essência da religião. Para fundamentar essa demonstração, ele se baseia no princípio de que, para apreender a essência de um fenômeno, é preciso primeiramente observar suas formas mais primitivas. A ciência é o elemento motor que demonstra que, ao longo da história, os homens só adoraram uma realidade coletiva transfigurada pela lei: "Os interesses religiosos são apenas a forma simbólica de interesses sociais e morais". Durkheim insiste na ideia que o objeto da religião não passa de transfiguração da sociedade. *As Formas elementares da vida religiosa* comportam três eixos de estudo importantes:

---

256. Émile Durkheim, *Règles de la méthode sociologique* [Regras do método sociológico], 1895, reed., Paris, PUF, 2004, p. 14.

- em primeiro lugar, **uma descrição e uma análise detalhada** do sistema de clãs e do totemismo em certas tribos australianas;
- depois **a teoria sobre a essência da religião**, que se apoia sobre exemplos precedentes;
- finalmente **o desenvolvimento** sob um aspecto sociológico **das formas do pensamento humano**, por meio de práticas sociais explicando categorias.

De fato, essa progressão pode ser resumida primeiramente pela definição do fenômeno religioso que ele separa em dois fenômenos: o sagrado e o profano. Depois, por meio da refutação das outras teorias: o animismo e o naturismo. Segundo o animismo, as crenças religiosas seriam crenças em espírito, e pelo naturismo seriam a transfiguração das forças naturais, adoradas pelos homens. Para Durkheim, adotar uma ou outra dessas doutrinas chega à dissolução do objeto, e faz da religião, em ambos os casos, uma alucinação coletiva. Ele quer mostrar que, no final das contas, os homens nunca adoraram nada além de sua própria sociedade. Talvez seja para chegar a isso que ele opõe a verdadeira ciência da religião que salva seu objeto às pseudociências que só contribuem para apagá-lo. Mas se ele se opõe assim ao animismo e ao naturismo, é que nem um nem outro dão conta do sagrado e do profano, distinção inerente ao fenômeno religioso.

Ao definir o totemismo enquanto religião mais antiga, ele se dedica a uma leitura evolucionista da história religiosa. A interpretação sociológica da religião significa dizer que as sociedades criam do nada seus deuses enquanto **Bergson** conclui *As duas fontes da moral e da religião* com: "O homem é uma máquina de fazer deuses". No totemismo, os homens adoram sua sociedade de uma forma inconsciente. É em estado de comunhão, ou de exaltação, que eles criam seus deuses, na ocasião de cerimônias, de festas: "A sociedade é criadora de uma religião quando está em efervescência". Depois de apresentadas, essas ideias dominantes, Durkheim mostra como se pode passar do totemismo no universo de religiões mais recentes. A religião não é o tronco inicial e primitivo de onde resultam as regras morais, sociais e religiosas, mas é o que resulta do pensamento científico.

NASCIMENTO DE UMA HISTÓRIA CIENTÍFICA

O século XIX vê o triunfo da arqueologia, da filologia, da Pré-História, o deciframento das línguas orientais. Ele conhece a publicação das grandes histórias nacionais e encontra o caminho da Idade Média e do Renascimento por meio da arquitetura, da literatura. **Walter Scott** manifesta as mesmas exigências que o historiador, por meio da verdade dos fatos que a narrativa romanesca trama, mas também pela restituição fiel dos costumes e esferas de vida de seus personagens. Alexandre Dumas, no entanto, usará de muita liberdade com relação ao passado. É **Auguste Comte** quem primeiramente sugeriu essas novas pretensões que permitirão que a história participe do clã das disciplinas científicas.

A história deve então ser concebida em uma intenção científica cuja finalidade será a busca pelas leis que presidem o desenvolvimento social da humanidade. Os trabalhos de sábios alemães, arqueólogos, filólogos e historiadores como **Ernst Curtius** (1814-1896) e **Theodor Mommsen** (1817-1903) vão contribuir para propagar na França as necessidades do rigor e dos métodos científicos. Ao longo do século, a história vai oscilar entre a busca de um projeto político e o estabelecimento de um método de análise.

A história do século XIX é fortemente baseada na variante nacional. As ideias românticas de um Chateaubriand ou de um Joseph de Maistre criticam de forma virulenta a história filosófica. Eles concebem a sociedade como um processo lento de evolução. **Augustin Thierry** (1795-1856), em *Essai sur l'histoire de la formation e des progrès du tiers état* (*Ensaio sobre a história da formação e dos progressos do terceiro estado*), em 1850, marca uma etapa decisiva na elaboração de uma ciência histórica. Deve-se a **Adolphe Thiers** (1797-1877) uma *Histoire de la Révolution française* ("História da Revolução Francesa") (1823-1827), assim como *Histoire du Consulat et de l'Empire* (*História do Consulado e do Império*) (1845-1862). **François Mignet** (1796-1884) publica *Histoire de la Révolution française de 1789 jusqu'en 1814* (*História da Revolução Francesa de 1789 a 1814*) (1824). **Hippolyte Taine** (1828-1893) redige um trabalho intitulado *Les Origines de la France contemporaine* (*As origens da França contemporânea*) (1875-1893), no qual ele estuda a história da França em função de fatores que determinam, segundo ele, uma especificidade francesa, a raça, o momento, o meio. O conjunto da sociedade é decodificado, analisado como o puro produto do passado e do caráter nacional que dão origem à França contemporânea. Ele se aproxima de Zola em sua vontade de fazer uma história natural do povo francês. Para Taine todos os campos nos quais se ilustram o Estado, a Igreja, a arte, as letras, a filosofia do fim do século XIX já existem em potencial em seu início. O perigo vem daquilo que quebra o ritmo dessa evolução, as revoluções muito bruscas que quebram a harmonia.

Um dos grandes nomes fundadores da ciência histórica é **Numa Denis Fustel de Coulanges** (1830-1889). No próprio momento em que Karl Marx redige *O capital*, criando uma história resultante do jogo das forças econômicas, ele concebe a história como fundada no jogo de forças psicológicas. Seus princípios são erudição, objetividade, espírito crítico: "A história não resolve os problemas; ela nos ensina a examiná-los"[257]. Ele se volta a seus primeiros passos em direção à história antiga, com *La Cité antique* (*A cidade antiga*) (1864); depois suas pesquisas vão em direção a um passado nacional. Ele põe em funcionamento seu método em vários estudos, dentre os quais *Nouvelles recherches sur quelques problèmes d'histoire* (*Novas pesquisas sobre alguns problemas de história*) (1891). Muitos autores vão preferir refletir sobre o próprio sentido da história.

---

257. Guy Thuillier e Jean Tulard, *La Méthode en histoire* [O método em história], Paris, PUF, "Que sais-je ?", 1993, p. 38.

Assim, **Antoine Augustin Cournot** (1801-1877) pensa que a história é o efeito de um processo sempre diferente e também complexo. As causas dos eventos, econômicas, políticas, morais, variam de acordo com as épocas e com um processo também variável. Em sua obra *Considérations sur la marche des idées et des événements dans les temps modernes* (*Considerações sobre o andamento das ideias e dos eventos nos tempos modernos*) (1872), ele apresenta sua teoria do determinismo e do acaso. É preciso renunciar à explicação dos eventos por causas em proveito de uma compreensão das razões. **François Guizot** (1787-1874), ao mesmo tempo estadista e historiador, autor de uma *Histoire de la civilisation en France* (*História da civilização na França*) (1830) e de uma *Histoire générale de la civilisation en Europe* (*História geral da civilização na Europa*) (1838), encontra na política a confirmação da história.

O DESENVOLVIMENTO DAS CIÊNCIAS EXATAS NO SÉCULO XIX NA FRANÇA

O trabalho científico sofre, no final do século XVIII, uma transformação extraordinária que continua na primeira metade do século XIX. A ciência deixa de lado os gabinetes de curiosidades – precursores dos museus – e os salões para estabelecer novas regras, organizar-se e, principalmente, difundir-se. **As grandes escolas**, como a **Politécnica** (1795), a Escola Normal (1794) e as faculdades reestruturadas em 1808, proporcionam bibliotecas e laboratórios aos pesquisadores. Esse agrupamento de professores, alunos e pesquisadores facilita o aparecimento de duas correntes, a elaboração de métodos e princípios teóricos comuns, os modelos de referência, e sua difusão mais rápida fora do meio científico. É o início de uma colaboração entre a ciência e a indústria.

Matemática e astronomia

O trabalho dos matemáticos traz para a astronomia uma aplicação direta. Ela é a primeira ciência que usa cada vez mais a linguagem matemática, tanto no raciocínio quanto nas teorias: em 1846, o astrônomo **Urbain Le Verrier** (1811-1877), sem observação possível, estabelece, por seus cálculos, a existência de Netuno, confirmada em 23 de setembro de 1846 por Galle, diretor do Observatório de Berlim, que vê o planeta no ponto indicado. No início do século, sob a influência de **Jean-Baptiste Monge** (1746-1818), parte da jovem escola matemática se concentra no estudo de vários ramos da geometria.

Física

É nessa área que as ciências experimentais fazem os progressos mais significativos. O engenheiro francês **Augustin Fresnel** (1778-1827) demonstra, em 1818, que os fenômenos luminosos são de origem mecânica, provindo de vibrações que se propagam por ondas sucessivas. Concentrando-se no calor, **Nicolas Léonard Sadi Carnot** (1796-1832) estabelece o sistema pelo qual um sistema material sempre tende para o equilíbrio das temperaturas. Dando continuidade a suas pesquisas, o britânico **James Prescott Joule** (1818-1889) enuncia o princípio da conservação da energia.

A eletricidade

André-Marie Ampère (1775-1836) mostra, em setembro de 1820, que dois fios condutores paralelos, percorridos por uma corrente, e próximos, exercem um sobre o outro fenômenos de atração ou repulsão em função do sentido recíproco da corrente que passa por cada um. A partir de 1821, ele faz o primeiro galvanômetro e publica, em 1826, seu texto *Mémoire sur la théorie des phénomènes électrodynamiques, uniquement déduits de l'experience* (*Memória sobre a teoria dos fenômenos eletrodinâmicos, unicamente deduzida da experiência*). **François Arago** (1786-1853), no mesmo período, desenvolve o eletroímã. Todas essas descobertas são baseadas na invenção da pilha elétrica do italiano **Alessandro Volta** (1745-1827), por volta de 1800. Mas o maior progresso deve-se ao inglês **Michael Faraday** (1791-1867), que, em 1831, desenvolve o eletromagnetismo pela revelação da indução: se dois circuitos elétricos são conectados, o fato de a corrente passar, no primeiro circuito, de uma intensidade zero a uma intensidade 1 acarreta uma breve produção de eletricidade no segundo circuito. As aplicações dessa descoberta são rápidas: primeiro dínamo de Pacinotti em 1861, segundo de Gramme em 1869 e, finalmente, o alternador inventado por Tesla, em 1883, utilizado no setor industrial em 1898.

A fotografia

Descoberta por **Nicéphore Niépce** (1765-1833) em 1816 e, em seguida, melhorada por **Louis Daguerre** (1787-1851) entre 1826 e 1833, a fotografia foi utilizada regularmente pelos astrônomos a partir de 1850, com o daguerreótipo, primeira forma da fotografia (1839).

O cinema e os filmes

Os primeiros filmes exibidos, ancestrais das atualidades cinematográficas, são em geral documentários, as primeiras reportagens. Esta é a especialidade de **Charles Pathé** (1863-1957), cuja empresa nasce com o envio de cinegrafistas para todos os lugares do mundo. Mas ele chega muito tarde no mercado para a reportagem dedicada à coroação do tsar Nicolau II, em 14 de maio de 1894, em Moscou, filmada pelos operadores dos irmãos **Auguste Lumière** (1862-1954) e **Louis Lumière** (1864-1948), a primeira grande reportagem da atualidade.

- **Georges Méliès** (1861-1938) estava destinado a assumir a fábrica de sapatos de seu pai. Mas ele prefere partir para Londres para iniciar-se na prestidigitação e tornar-se proprietário e diretor do Teatro **Robert Houdin**, em homenagem ao famoso ilusionista. De volta à França, e depois de uma tentativa fracassada de cooperação com os irmãos Lumière, Georges Méliès estabelece-se em Montreuil, perto de Paris. Ali, ele funda a companhia *Star Film*, que mais tarde produzirá toda uma terminologia para os grandes atores e atrizes, futuras "estrelas" do cinema. Ao mesmo tempo produtor, roteirista e cenógrafo, ele filma em seu estúdio centenas de filmes cheios de imaginação e efeitos especiais, chamados na época de "trucagens". Os mais famosos são *Cléopâtre* (*Cleópatra*) (1899), que mostra a ressurreição da famosa rainha do Egito a partir dos restos carbonizados de sua múmia, com duração de dois minutos, e, especialmente, *La Voyage dans la lune* (*Viagem à lua*) (1902). Adaptado do romance de Jules Verne, *Da Terra à Lua*, esse filme de cerca de quinze minutos cria um novo gênero no cinema, a ficção científica, retomando elementos burlescos e cômicos. Seis cientistas, liderados pelo professor Barbenfouillis, interpretado pelo próprio Méliès, chegam à Lua a bordo de um obus. As relações com os habitantes locais, os selenitas (Selene: nome da Lua, em grego), são ainda piores do que a aterrissagem do obus bem no olho direito da Lua, que quase fica zarolha! Capturados, os membros da expedição conseguem fugir e retornam à Terra, onde são recebidos com honras.

- **Do cinema para a sala de cinema.** O sucesso é tanto que as salas alugadas não bastam mais e é preciso um lugar permanente para o cinematógrafo, adaptado a suas próprias restrições técnicas, um lugar capaz de receber multidões cada vez mais numerosas e curiosas: nasce a sala de cinema. A primeira é inaugurada em 25 de janeiro de 1896, em Lyon, pátria dos irmãos Lumière, como esperado. Depois, ao longo do mesmo ano, em Bordeaux; no exterior, em Londres, Bruxelas e Berlim; e, em junho de 1897, uma primeira projeção acontece em Nova York. As caras sessões, que custavam um franco, rapidamente passam a ter preços mais acessíveis. Desde o seu nascimento, o cinema é uma arte popular.

DESENVOLVIMENTO DAS CIÊNCIAS PSICOLÓGICAS E MÉDICAS NA EUROPA NO SÉCULO XIX

O desenvolvimento da psiquiatria está intimamente ligado ao da medicina. Em 1794, a Convenção Nacional implanta um novo tipo de medicina científica. Os hospitais tornam-se centros de pesquisa médica. A formação é feita em colaboração com universidades, garantindo aos especialistas um alto nível de conhecimento. A medicina progride graças a **três** orientações:

- definir as diferentes patologias por meio de exames clínicos objetivos. A autópsia é praticada após a morte dos pacientes, mas também é preciso saber localizar a origem

da doença no paciente vivo. **René Laennec** (1781-1826) inicia a auscultação do coração e dos pulmões. O uso do microscópio é um trunfo a mais;
- entender o que causa as doenças. **Louis Pasteur** (1822-1895) e **Robert Koch** (1843-1910) revelam ambos que os germes isolados por eles podem ser responsáveis por uma doença;
- fazer do experimento o método absoluto da pesquisa médica. Em 1865 aparece a *Introdução ao estudo da medicina experimental* (*Introduction à l'étude de la médecine expérimentale*), de **Claude Bernard** (1813-1878), uma obra capital sobre a conduta experimental baseada no raciocínio, na indução, na dedução e na passagem do desconhecido ao conhecido. Graças a essas técnicas, descobre-se que os distúrbios clínicos estão mais relacionados aos problemas funcionais que às lesões anatômicas.

Essas diferentes evoluções também estão ligadas ao desenvolvimento da bioquímica, da vacina contra a raiva de Pasteur, da cirurgia, da descoberta dos raios X por **Wilhelm Conrad Röntgen** (1845-1923), da radioatividade por Pierre e Marie Curie. Mas, a fim de avançar ainda mais, a medicina deve tanto alcançar suas aspirações de unidade quanto de especialização. A psiquiatria é um dos primeiros ramos a se organizar: é com a chegada de **Philippe Pinel** (1745-1826) que o doente mental é visto como um verdadeiro doente, atitude seguida por seu aluno **Jean Étienne Dominique Esquirol** (1772-1840). São os progressos da fisiologia, especialmente nas áreas do estudo do cérebro e do sistema nervoso, que levam ao desenvolvimento da psicologia. O estudo do comportamento, explicado em função de eventos e fenômenos fisiológicos, aparece em *Éléments de psychologie physiologique* (*Elementos de psicologia fisiológica*) (1873-1874), de Wilhelm Wundt (1832-1920). O experimento aplicado ao campo da psicologia é feito por **Jean-Martin Charcot** (1825-1893) no Kremlin-Bicêtre para compreender os distúrbios comportamentais, designados pelo vocábulo "histeria". Esse estado também é estudado por **Pierre Janet** (1859-1947), que usa a hipnose como meio de investigação. Desde o final do século XVIII, uma tradição perene mantinha os poderes ocultos da mente no domínio das ciências esotéricas. **Freud** (1856-1939) não faz nenhuma verdadeira descoberta, mas problematiza o que já existia, integrando-o a uma abordagem científica: "Desde Freud, não são realidades que são descobertas, mas realidades que nós pensávamos terem sido identificadas que são problematizadas"[258].

A contribuição fundamental de Sigmund Freud

Nascido na Morávia, Freud estabelece-se em 1860 em Viena com sua família no bairro judeu de Leopoldstadt. Ele primeiro estuda medicina na Universidade de Viena e

---

258. Pierre-Laurent Assoun, *Histoire de la psychanalyse* [História da psicanálise], vol. I, Paris, Hachette, 1982, p. 159.

depois faz um estágio em Paris junto do professor **Charcot**, especializado em doenças nervosas. Cada vez mais, ele volta sua pesquisa para o aspecto psíquico da histeria e afirma a origem sexual das neuroses. Em 1899 aparece *A interpretação dos sonhos*, em 1904 *A psicopatologia da vida cotidiana* e em 1905 *Três ensaios sobre a teoria da sexualidade*. O primeiro Congresso Internacional de Psicanálise é realizado em Salzburgo, em 1908. Ele define em 1923 o conceito de **id**, de **ego** e de **superego**. En 1938, como a Áustria foi anexada à Alemanha de Hitler, Freud deve exilar-se em Londres, onde morre um ano depois. Além das já mencionadas, suas principais obras são *Cinco lições sobre a psicanálise* (1909), *Totem e tabu* (1912), *Introdução à psicanálise* (1916), *O mal-estar na civilização* (1930), *Moisés e o monoteísmo* (1939). Freud é o primeiro a levantar a hipótese do inconsciente[259] psíquico; hipótese, pois não se trata mais de uma realidade biológica. Sua novidade consiste em considerar a questão como uma realidade em si mesma, "para colocar a psicologia no âmbito das ciências naturais, isto é, para representar os processos psíquicos como estados quantitativamente determinados por partículas materiais distinguíveis"[260]. Portanto, o corpo se impõe, em psicanálise, como o lugar do sintoma psicossomático, o meio de estudar, por meio dele, as relações entre o psíquico e o somático. Ele também se impõe como um lugar necessário, e não um princípio constituinte em que vai se realizar a dialética do sintoma. Em 1899, em *A interpretação dos sonhos*, ele define o mecanismo e a natureza do sonho, mas também o do desejo que se expressa na superfície do corpo, nos atos falhos, nos sintomas neuróticos, e deduz que "o rico conteúdo representativo do sonho não pode ser deduzido apenas das excitações nervosas externas"[261]. Depois de 1909, Freud precisa a noção de inconsciente, do id, lugar das pulsões cuja energia comum é a libido. Ele desenvolve, em *Três ensaios sobre a teoria da sexualidade*, a primeira teoria das pulsões, distinguindo dois tipos: sexuais e de autoconservação. A pulsão tem uma realidade dupla, tanto somática quanto psíquica. Ela nasce de uma excitação corporal exercida num ponto no corpo e tem uma finalidade, a de se desfazer dessa quantidade de energia; e consegue: é o objeto pulsional. A sexualidade no freudismo assume um papel importante ao revelá-la como algo onipresente nos atos e ações diárias, e não somente nas relações sexuais.

Especificando a noção de *id*, ele também desenvolve a do *superego*, adquirido pela interposição dos tabus sociais e familiares. Quanto à de *ego*, ela está relacionada ao princípio da realidade. Cabe-lhe a defesa da personalidade. Instinto de vida e instinto

---

259. Lembremos que a noção de inconsciente já havia sido introduzida no vocabulário filosófico por Descartes e Leibniz. Mas trata-se de um inconsciente fisiológico. Os fenômenos que constituem a "paixão" ou as "pequenas percepções" são manifestações corporais.

260. Sigmund Freud, *La Naissance de la psychanalyse* [O nascimento da psicanálise], Paris, PUF, 1973, p. 315.

261. Sigmund Freud, *L'Interprétation des rêves* [A interpretação dos sonhos], Paris, PUF, 1976, p. 14.

de morte serão distinguidos como Eros, pulsão de amor, e Tânatos, pulsão de morte. Seja nos sonhos ou na histeria, o corpo é apreendido por fragmentos investidos de uma significação inconsciente. A funcionalidade biológica de suas diferentes partes é esboçada como lugar possível onde se descarregam as pulsões. Há, portanto, uma profunda diferenciação entre o corpo real e o do psiquismo que apenas toma "corpo" pelo jogo da linguagem. O homem parece aqui dividido, e é essa fragmentação que deu origem aos argumentos antifreudianos, argumentos anti-humanistas, elaborados principalmente entre os anos 1950 e 1980. Ele não parecia mais estar no centro de si mesmo, nem como consciência, nem como vontade livre. A noção de sujeito, já muito abalada por Marx e Nietzsche, foi nítida e novamente questionada por Freud. O impacto de suas teorias será considerável e, em 1926, em Paris, é criada a Sociedade Psicanalítica. Seu exílio em Londres, em 1938, permitirá difundir mundialmente seu pensamento, apesar das divergências e divisões que caracterizam esse movimento. Freud, antes de dar à psicanálise todo o seu prestígio, concebe-a como um método para o tratamento de transtornos psíquicos. Ele descobre a importância da transferência, que é definida como o deslocamento de todos os sentimentos vivenciados pelo paciente no momento do trauma original para a pessoa do médico.

AS GRANDES CORRENTES DE PENSAMENTO POLÍTICO NO SÉCULO XIX

O primeiro liberalismo

O liberalismo reside na ideia de um homem racional, em primeiro lugar do ponto de vista político e, em segundo, econômico, apto a assumir sua liberdade. Ele encontra sua afirmação jurídica na Constituição norte-americana e na *Declaração dos direitos humanos* na França. Os homens têm direitos iguais, e as hierarquias ligadas ao nascimento são abolidas. No campo econômico, a nova liberdade se dá pela abolição do sistema das corporações pela Lei Le Chapelier, de 1791. Ligado à modernidade, o liberalismo coloca o indivíduo antes da liberdade. É uma empresa cujo objetivo é fundar a sociedade no indivíduo – valor supremo –, no qual anteriormente reinava a religião, a filosofia, a liberdade. Para alcançar esse objetivo, é preciso seguir de acordo com um processo de criação contínua. Político, o liberalismo é a garantia das liberdades cívicas e é protetor do indivíduo; econômico, ele defende a economia de mercado baseada na iniciativa privada e na livre concorrência. De acordo com **Max Weber**, o liberalismo nasce no século XVI com o movimento da Reforma Protestante. O eleito de Deus vê sua situação material melhorar e a prosperidade é a marca de sua escolha. A Grã-Bretanha do século XVII lhe confere suas primícias com os escritos de Locke e, mais tarde, uma teoria com Adam Smith, enquanto na França o médico **Quesnay** desenvolve a escola fisiocrática, à qual estão ligados Du Pont de Nemours e Mercier de la Rivière. A Revolução Francesa faz a sua leitura jurídica disso com a *Declaração dos direitos humanos e do cidadão* da Assembleia Nacional Constituinte em 26 de agosto de 1789. Agora, o indivíduo ou o cidadão tem assegurada a garantia dos direitos inalienáveis e sagrados, dentre os quais o primeiro é liberdade. **Benjamin Constant** funda uma concepção do liberalismo, em continuidade com a ideologia do progresso do Iluminismo. Ele o concebe como político e econômico, formando um corpo unitário de pensamento. Ao longo do século XIX, essa maneira de pensar se divide para dar origem a liberalismos: em oposição ao absolutismo na política, ao socialismo na economia e a todas as intolerâncias no âmbito do pensamento. É comum juntar, no século XIX, liberalismo e ideologia burguesa. Isso precisa ser nuançado, na medida em que o liberalismo se expressa sobretudo na vida política na França, onde cobre amplamente as aspirações burguesas da Monarquia de Julho (1830-1848), funde-se na Inglaterra com o utilitarismo de **Bentham**, humaniza-se com Stuart Mill ou é levado até o anarcoliberalismo por Stirner na Alemanha. Após o fracasso dos movimentos revolucionários de 1848, o retorno ao poder de regimes reacionários e contrarrevolucionários altera o sentido atribuído ao termo "liberalismo". Na França, durante o **Segundo Império** (1852-1870), o liberalismo econômico dá lugar ao protecionismo, encontrando sua expressão na vontade de expandir as liberdades políticas. Após o colapso do regime, a Terceira República, dificilmente implementada pelas leis constitucionais de 1875, apropria-se do liberalismo político para lhe conferir uma dimensão social, principalmente com as leis escolares votadas entre 1881 e 1883. Na Inglaterra, Spencer faz o liberalismo evoluir por uma perversão do darwinismo. Ele transpõe os fatos biológicos para a sociedade: retomando o princípio da evolução, ele faz uma adaptação ao ambiente, realizada em sua maior parte ao progresso científico. É necessário, para Spencer, limitar o Estado a suas funções judiciárias e todas as outras áreas ligadas à iniciativa privada. Com a Constituição do Império Britânico, a rainha Vitória se torna imperatriz da Índia e o liberalismo evolui para se tornar um componente do imperialismo.

Os utopistas

Henri de Saint-Simon (1760-1825), parente do famoso autor das *Mémoires* (*Memórias*), descreve seu sistema de pensamento econômico e social em *Du système industriel* (*Do sistema industrial*) (1820-1822), em que opõe duas categorias, os inativos e os produtores, estes últimos devendo deter o poder político. Em suas *Lettres d'un habitant de Genève à ses concitoyens* (*Cartas de um habitante de Genebra a seus concidadãos*) (1803), ele propõe que os sacerdotes sejam substituídos pelos cientistas. Após um período de companheirismo com Auguste Comte, os dois homens se separaram por suas divergências de opinião. Saint-Simon se volta, então, para o cristianismo com o *Le Nouveau Christianisme* (*Novo cristianismo*) (1825). Ele vê nessa religião a doutrina cujo fundamento é ajudar os mais pobres e os desfavorecidos da sociedade. Pouco ouvido em vida, suas ideias acabam exercendo uma influência, principalmente sobre os socialistas, na segunda parte do século.

❖ **Charles Fourier** (1772-1837) apresenta sua concepção de sociedade a ser construída em *Théorie des quatre mouvements et des destinées générales* (*Teoria dos quatro movimentos e dos destinos gerais*) (1808). Os homens, livres e racionais, não precisam de um Estado. Ele não acredita no princípio de autoridade, não havendo necessidade de um Estado regulador; para ele, as relações entre os homens são definidas pela associação em falanstérios, grupo de cerca de 1.600 pessoas, no campo, homens e mulheres, cada um se dedicando ao trabalho de seu interesse e mudando de atividade quando desejar. O falanstério não é um sistema comunista; ele inclui ricos e pobres, as rendas são partilhadas de acordo com o capital inicial fornecido, com o trabalho realizado e com o talento próprio de cada um. Pode-se se ver aí tanto o antepassado das sociedades anônimas quanto o das cooperativas. Todo o mal vem do esquecimento das regras naturais que os homens, em sua loucura, substituíram por suas próprias, residindo exatamente na defesa dos egoísmos constituídos. Para encontrá-los, Fourier preconiza a criação de falanstérios nos quais cada um segue suas próprias inclinações, certamente, mas para usá-las da melhor maneira para o bem de todos. Os próprios sentimentos têm uma utilidade prática, devendo ser expressos livremente e incentivados, a fim de descobrir os benefícios que podem trazer para a sociedade. No seu auge, valorizado na expressão de suas inclinações e sentimentos, o indivíduo só pode desenvolver sua inteligência, transformar-se para o benefício do bem comum. O falanstério é o fundamento associativo da nova sociedade imaginada por Fourier. As tentativas de sua concretização falharam; dentre elas, a experiência mais longa se deve a Godin, em 1860, com um falanstério que produzia aquecedores. O *falanstério* é composto por uma *falange* liderada por um *unarca*, com 1600 pessoas por légua quadrada, ou seja, aproximadamente, de acordo com Fourier, quatrocentas famílias. Essa organização reflete bem a convicção de uma sociedade comparável a uma grande oficina, organizável pela razão.

❖ **Victor Considerant** (1808-1893) é, muito jovem, marcado pelo seu encontro com Fourier. Com a morte deste último em 1837, ele se torna seu herdeiro espiritual e dedica sua vida a difundir a sua obra. Suas publicações pessoais, no entanto, são bem numerosas: *La Destinée sociale* (*O destino social*) (1834-1838), *De la politique générale et du rôle de la France en Europe* (*Da política geral e do papel da França na Europa*) (1840), *Théorie de l'éducation naturelle et attrayante* (*Teoria da educação natural e atraente*) (1845), *Exposition du système de Fourier* (*Exposição do sistema de Fourier*) (1845), *Principes du socialisme* (*Princípios do socialismo*) (1847), *Description du phalanstère* (*Descrição do falanstério*) (1848), *Théorie du droit de propriété et du* *droit au travail* (*Teoria do direito de propriedade e do direito ao trabalho*) (1848), *Le Socialisme devant le vieux monde* (*O socialismo diante do Velho Mundo*) (1849), *L'Apocalypse ou la prochaine rénovation démocratique et sociale de l'Europe* (*O Apocalipse ou a próxima renovação democrática e social da Europa*) (1849), *Au Texas* (*No Texas*) (1854), *Mexique, quatre lettres au maréchal Bazaine* (*México, quatro cartas ao marechal Bazaine*) (1868). Ele faz várias viagens para os Estados Unidos, onde funda um falanstério efêmero, a comunidade da Reunião, entre 1855 e 1857. Morre em Paris em 1893.

❖ **Robert Owen** (1771-1858) é um personagem especial e cativante entre os socialistas utópicos. Rico industrial escocês, ele tem um papel ativo na luta contra a pobreza e o trabalho infantil, na melhoria de suas condições de vida pela compra das fábricas de fiação de Lanark, onde coloca em prática seu ideal de desenvolvimento do indivíduo: reduz a jornada de trabalho, paga, aloja e alimenta seus operários, cujos filhos envia a uma escola gratuita, sistema mais tarde teorizado em *Nouveaux points de vue sur la société* (*Novos pontos de vista sobre a sociedade*) (1812). Uma tentativa de comunidade que pratica a igualdade absoluta falha nos Estados Unidos: a de New Harmony, entre 1825 e 1828. Owen gasta aí quase toda a sua fortuna. A cooperativa de Rochdale, gerida pelos operários, também é um fracasso. Owen, depois de 1834, dedica-se à divulgação de suas ideias sociais.

Os comunistas

❖ **Gracchus Babeuf** (1760-1797) escreve *Manifeste des Égaux* (*Manifesto dos iguais*) (1796). Babeuf quer encerrar a Revolução num ponto importante: nunca uma assembleia votou a eliminação da propriedade. Os revolucionários perturbam o Antigo Regime pelas medidas sociais adotadas, anunciam a passagem de uma sociedade da ordem a uma sociedade de classes, mas nunca chegam à abolição da propriedade privada. A Conspiração dos Iguais ocorre com o objetivo de alcançar esse estágio propriamente socialista, ato fundador de uma verdadeira "República dos Iguais": "Chega de propriedade individual de terras; a terra não é de ninguém"[262].

❖ **Auguste Blanqui** (1805-1881) paga as suas convicções republicanas e socialistas com longos períodos de prisão, 33 anos de sua vida no total. Profundamente convencido de que a velha ordem só pode ser derrubada pela ação direta, ele acaba se associando a várias sociedades secretas, conspira contra Luís Filipe I, depois contra

---

262. Philippe Buonarroti, *Histoire de la conspiration pour l'égalité dite de Babeuf: suivie du procès auquel elle donna lieu* [História da conspiração pela igualdade conhecida como de Babeuf: seguida do julgamento a que deu origem], G. Charavay jeune, 1850, p. 253.

Napoleão III, e toma parte ativa na Comuna de Paris em 1871. O blanquismo reside na insurgência, com a finalidade de assumir o controle do aparelho do Estado. O modelo de ação é dado pela tomada, de surpresa, da Prefeitura de Paris em 1839 por Blanqui e seus seguidores, que são, todavia, rapidamente desalojados; os parisienses, por sua vez, permanecem indiferentes diante dessa insurgência.

❖ Pensador do comunismo utópico, **Étienne Cabet** (1788-1856) nasce em Dijon em 2 de janeiro de 1788 e morre na miséria nos Estados Unidos, em St. Louis, em 1856. Ele é nomeado procurador-geral na Córsega em 1830 e deputado em 1831. Condenado em 1834 por insultar o rei, ele foge para a Inglaterra, volta após a anistia de 1837 e prepara seu famoso *Voyage en Icarie* (*Viagem para Icária*), obra na qual desenvolve suas teorias utópicas. Sessenta e nove de seus seguidores, chamados icarianos, querem fundar uma sociedade ordenada e se estabelecem num território comum no Texas, em 1848. Eles vão para Nauvoo, no Illinois, em 1850, e Cabet logo se junta a eles. Mas essa tentativa de colocar em prática as teorias do mestre falha lamentavelmente em meio à discórdia dos icarianos. Cabet é o autor de *L'histoire populaire de la Révolution Française de 1789* (*A história popular da Revolução Francesa de 1789*) (1839), assim como vários folhetos políticos. É em 1840 que aparece *Viagem à Icária*, utopia baseada num comunismo total. O Estado governa até mesmo os menores detalhes da vida de cada indivíduo.

❖ As atividades de **Karl Marx** são múltiplas, o que permitiria que se tornasse um filósofo, um economista, um jornalista – esta profissão, aliás, é a que ocupa a maior parte de sua existência – e, finalmente, um sociólogo, apesar do pouco crédito que ele próprio dava a essa ciência que estava nascendo na sua época. É por isso que nós desenvolvemos aqui esse aspecto de sua obra, apresentando depois seu pensamento filosófico.

Karl Marx (1818-1883) desenvolve uma teoria da história baseada nas forças antagônicas. À burguesia, que detém os meios de produção e de troca, opõe-se o proletariado, termo retomado da Roma Antiga significando a pessoa que não deixa nenhum bem a seus filhos após sua morte, de tanto que é pobre. No pensamento marxista, ele é vítima da alienação, isto é, privado de suas próprias realizações, que são objeto das transações da economia de mercado. Suas principais obras são o *Manifesto comunista* (1847-1848), escrito com **Engels**, e *O capital* (1867). Ele difere dos teóricos anteriores pelo recurso indispensável à luta de classes. A história da humanidade revela a constante oposição entre o proletariado e a burguesia, em permanente conflito. O triunfo final, o advento da ditadura do proletariado, só é possível pela tomada à força do poder, que está nas mãos das classes burguesas. Em seguida, é preciso proceder à apropriação coletiva dos meios de produção e troca.

> **A IDEOLOGIA SEGUNDO KARL MARX**
>
> **Origem:** ela é o fruto das ideias e representações que nascem da consciência: princípios morais, fé, sentimentos etc. Por isso, ela provém de uma dupla origem: a consciência é a origem aparente; as condições da vida material, a verdadeira origem. A ideologia é uma emanação, uma forma de realidade, mas não a realidade. Em vez disso, a ideologia, para Marx, inverte a relação de causa-efeito.
>
> **Função:** a ideologia está a serviço dos interesses da classe dominante. Ela não serve, portanto, como as ideias, a nada *a priori*. Todavia, ela ajuda, por seus próprios conflitos, o proletariado a tomar consciência de sua alienação. Nesse sentido, ela é útil sem querer ser.
>
> **Julgamento:** Marx prefere a crítica "científica", a da economia, por exemplo, à crítica ideológica. Esta última é muito semelhante a um produto do imaginário da consciência, sem relação com a realidade.

❖ **Friedrich Engels** (1820-1895), em 1842, conheceu Moses Hess, o homem que o converte ao comunismo. Hess, filho de pais ricos, promotor de causas radicais, mostra a Engels que a consequência lógica da filosofia hegeliana e da dialética é o comunismo. Depois da morte de Marx, em 1883, Engels serve como principal autoridade sobre Marx e o marxismo. À exceção dos escritos ocasionais sobre uma diversidade de temas e apresentações de novas edições das obras de Marx, Engels complementará os volumes 2 e 3 do *Capital* (1885 e 1894), com base em manuscritos inacabados.

Suas principais obras são: *A situação da classe trabalhadora na Inglaterra* (1845), *Manifesto comunista* (com Karl Marx, 1848), *Revolução e contrarrevolução na Alemanha* (1851-1852), *Do socialismo utópico ao socialismo científico* (1878), *A origem da família, da propriedade privada e do Estado* (1884). Ele deixa parte de suas obras filosóficas em forma de manuscritos: *Dialética da natureza* (1925), *Ludwig Feuerbach e o fim da filosofia clássica alemã* (1888).

> **A IDEOLOGIA SEGUNDO FRIEDRICH ENGELS**
>
> **Origem:** ela é produzida pela consciência, mas também pelas paixões humanas. Ela abrange todos os domínios da consciência, do direito à religião. O pensamento formulado é sua origem aparente e sua verdadeira origem reside na economia e nas forças históricas. Em relação ao real, ela é uma "forma" ou um "reflexo". Engels acusa a ideologia de reverter o real e de apresentar as coisas às avessas.
>
> **Função:** Engels a acha inútil, ineficaz. No melhor dos casos, ela tem uma "eficácia relativa" por sua ação sobre os estágios de desenvolvimento econômico.
>
> **Julgamento:** consciência distorcida da realidade política, social e histórica, a ideologia cumpre duas funções essenciais: manter a dominação da classe no poder e assegurar a polêmica quando das lutas políticas.

É sob o título alemão *Der Ursprung der Familie, des Privateigentums und des Staats* ou *A origem da família, da propriedade privada e do Estado* que aparece, em 1884, a obra de Friedrich Engels, dedicada à evolução social. Inspirando-se em *O capital*, o autor rejeita a ideia de estruturas sociais permanentes que seriam inerentes à humanidade, sendo todas as sociedades confundidas.

A MÚSICA ROMÂNTICA NA EUROPA

O romantismo nasce na Alemanha no final do século XVIII e Madame de Staël lhe dá, em 1813, uma primeira definição, descrevendo-o como nacional, popular, vindo da terra e da alma. É bem assim que ele vai se concretizar pela música romântica. A música de câmara se apaga um pouco em favor dos modos que permitem a expressão do sentimento, o piano, o canto, a sinfonia. A música não só deve acompanhar os movimentos tumultuosos do coração, mas também traduzir os conflitos interiores da alma. O compositor que encarna, sozinho, a transição entre o século XVIII de Mozart e o romantismo musical é Ludwig van Beethoven, prolífico autor de sinfonias, missas, oratórios, de mais de trinta sonatas para piano e uma ópera. É esse gênero musical, ao qual ele se consagra menos, que se desenvolve com as obras de Rossini, Donizetti e Bellini, na primeira metade do século XIX, antes de Verdi se impor na segunda metade. Na Alemanha, depois de Carl Maria von Weber e *Der Freischütz* (1821), o romantismo é confundido com a figura dominante de Richard Wagner (1813-1883), que transforma a ópera num espetáculo total, que combina todas as outras artes. A sinfonia é representada por Felix Mendelssohn, Brahms ou Berlioz, a música para piano por Liszt e Chopin, o *lied* (canção) por Schumann e Schubert, que compõem várias centenas. Mas, além dos instrumentos e formas orquestrais, o romantismo musical abrange também uma dimensão nacional, palpável especialmente na Europa Central e Oriental, onde as composições dos tchecos Smetana e Dvořák e as dos russos do Grupo dos Cinco (Borodin, Mussorgsky, Cui, Balakirev, Rimsky-Korsakov) inspiram-se na essência das lendas nacionais, aproveitando a natureza para exaltar as suas especificidades.

CAPÍTULO II
A INGLATERRA NO SÉCULO XIX

1. OS ÚLTIMOS PRÍNCIPES DA CASA DE HANÔVER

Depois de seu pai Jorge III, que perdeu a razão, o novo rei da Inglaterra, **Jorge IV** (1820-1830), goza de pouca credibilidade na opinião pública. Sua vida de dândi, suas despesas, o desentendimento com a esposa e seu autoritarismo fomentam a antipatia e lhe rendem o apelido pejorativo de "Prinny", "o escandaloso". Em 1829, depois de várias tentativas falhas, o primeiro-ministro **Robert Peel** (1788-1850) acaba fazendo o rei aceitar o Ato de Emancipação dos católicos, considerados como pessoas de segunda classe por um soberano protestante. **Jorge IV** morre em 26 de junho de 1830. Seu irmão o sucedeu sob o nome de **Guilherme IV** (1830-1837), com 74 anos. A crise econômica e o descontentamento social exigem reformas. Para realizá-las, o rei chama o chefe do Partido Whig, **Charles Grey** (1764-1845). Como primeiro-ministro, faz com que seja votada a nova lei eleitoral de 1832. Esta reequilibra a distribuição dos votantes em benefício das cidades, uniformiza as condições para ser eleitor – ser um proprietário de um bem com rendimento de 10 libras – e dobra o corpo eleitoral, que ultrapassa 800 mil eleitores. Os dois partidos que se alternam no poder também evoluem e mudam de nome: o Partido Tory passa a ser o Partido Conservador, e o Partido dos Whigs, o Partido Liberal. Guilherme IV morre em 20 de junho de 1837. A coroa da Inglaterra passa à sua sobrinha **Vitória** (1819-1901), a de Hanôver, que só admite a sucessão masculina ao príncipe **Ernesto Augusto** (1771-1851), quinto filho de **Jorge III**.

O SÉCULO VITORIANO

A rainha **Vitória I** (1837-1901) domina a segunda metade do século XIX britânico. Rainha do Reino Unido da Grã-Bretanha e da Irlanda, proclamada Imperatriz da Índia em 1876, ela dá nome à era vitoriana, auge do poder econômico e colonizador do país, mas também constrangimento dos costumes e incapacidade de acompanhar as transformações sociais proveniente das tensões. Em 1846, a Inglaterra adota o livre-comércio, abolindo as Corn Laws, as leis do trigo, regime protecionista que permite que grandes proprietários de terra vendam seu trigo a uma cotação elevada. Após essa data, conservadores e liberais não se opõem mais fundamentalmente e alternam-se no poder, com os personagens dominantes de **Benjamin Disraeli** (1804-1881), para os conservadores, e **William Gladstone** (1809-1898), para os liberais. Disraeli governa entre 1866 e 1868 e, depois, de 1874 a 1880; Gladstone, de 1868 a 1874 e, depois, de 1880 a 1886. Depois de 1886, os conservadores permanecem no poder até 1905. Benjamin Disraeli, orador talentoso, é o forte apoio da rainha e o promotor do Império Britânico e de sua mística. William Gladstone quer defender o povo e os oprimidos, e promover a paz. Vitória reina respeitando o parlamentarismo britânico, mas se retira das questões de governo após a morte de seu consorte, o príncipe **Alberto de Saxe-Coburgo-Gota** (1819-1861), com quem se casa em 1840. Ela escapa de várias tentativas de assassinato e se torna a "avó da Europa" por intermédio de seus nove filhos aliados às coroas europeias. Mas o fim do reinado é obscurecido, após 1890, pelas dificuldades econômicas e pelas tensões sociais decorrentes de uma crise agrícola e industrial. A rainha morre em 22 de janeiro de 1901, depois de sessenta e três anos de reinado. Seu filho mais velho, **Eduardo, Príncipe de Gales** (1841-1910), a sucede sob o nome de **Eduardo VII** (1901-1910).

REFORMAS E PROBLEMAS

Várias reformas eleitorais são implementadas. A de 1867 estende o direito de voto por meio da redução das condições de censo. O reequilíbrio entre burgos com baixa densidade populacional que perdem deputados e cidades industriais que crescem e cuja população aumenta se acentua. O eleitorado se aproxima de 2 milhões. A reforma de 1884-1885 dá o direito de voto estendido a 5 milhões de eleitores. Apenas são excluídos os indigentes, os servos e as mulheres. Em 1872, o *Ballot Act* (*Lei do voto*) estabelece o voto secreto em lugar do voto do público. A evolução continua com o recrutamento de funcionários públicos por concurso (1870), pelo ensino primário obrigatório (1880) e pela legalização do direito de greve (1875). O reinado é abalado pela questão da Irlanda, termo que abrange três aspectos. De um ponto de vista religioso, os católicos se recusam a pagar uma taxa para a Igreja Anglicana. De um ponto de vista político, os irlandeses querem a revogação do Ato de União (1800) e alguns defendem a autonomia ou *Home Rule*. E, de um ponto de vista econômico, a terra pertence aos senhores na Irlanda, grandes proprietários fundiários ingleses absentistas que expulsam os camponeses irlandeses para poder substituir a agricultura por pastagem para a criação de animais. Uma grande fome atinge a ilha entre 1845 e 1849, provocando cerca de um milhão de mortos. Gladstone conduz a política inglesa para a Irlanda, entre concessão e repressão.

A lei de "desestabelecimento" da Igreja Anglicana (1869) restitui alguns bens ao clero católico, a de 1870 força os proprietários a indenizar os agricultores expulsos de suas terras. Se alguns irlandeses contam com o terrorismo – o Secretário de Estado da Irlanda é assassinado no dia de sua chegada a Dublin –, os deputados irlandeses na Câmara dos Comuns, liderados por **Charles Parnell** (1846-1891), praticam uma técnica de obstrução. Depois de longos discursos de várias horas, eles permanecem na tribuna lendo a Bíblia. Em 1886, ele se prepara para colocar em votação o *Home Rule*, mas os liberais perdem as eleições legislativas em proveito de uma esmagadora maioria conservadora. Gladstone retorna brevemente ao poder entre 1892 e 1895, mas o projeto de **Home Rule** é novamente rejeitado. Os conservadores governam entre 1886 e 1902 com **Lord Salisbury** (1830-1903) e depois, de 1902 a 1906, com **Sir Arthur Balfour** (1848-1930), apoiados pelos unionistas de **Joseph Chamberlain** (1836-1914), ministro das Colônias. A luta contra o *Home Rule* assume muitas formas. As novas leis agrárias permitem aos camponeses comprar terras com empréstimos do governo. A obstrução no Parlamento para encerrar o discurso do orador é impossibilitada pelo novo poder do *speaker*, presidente da Câmara dos Comuns. Charles Parnell, o "rei sem coroa da Irlanda", é desacreditado por um processo de adultério.

O IMPÉRIO BRITÂNICO

O reinado de Vitória é também o da expansão colonial. A Índia é conquistada em várias etapas. **Richard Wellesley** (1760-1842), governador-geral das Índias, domina a Índia do Sul entre 1798 e 1807. Ele derrota **Tippu Sahib** (1749-1799), sultão de Mysore, em 1799. Depois, a Grã-Bretanha conquista o Indus, o Ganges, o Punjab em 1849. Mas todas as tentativas contra o Afeganistão se chocam contra a resistência das tribos. A tomada do controle do Sudeste Asiático é organizada com o domínio de Singapura (1819), Assam (1828), Hong Kong (1842) e Birmânia (1852). No Canadá, após a revolta anti-inglesa de 1837, **John Lambton** (1792-1840), conde de Durham, executa no local um inquérito, concluído pela Lei de União (1840), que estabelece um governo responsável eleito pelos colonos. Esse sistema também se baseia na ideia de, ao final, assimilar os canadenses franceses. A Austrália serve primeiro como lugar de transporte, ou seja, de deportação dos relegados após a perda das colônias americanas. A criação de ovinos provoca uma outra forma de colonização. A Nova Zelândia é colonizada a partir de 1840. O Egito é conquistado em 1882, Uganda em 1895, a futura Nigéria a partir de 1887, mas na África do Sul uma guerra opõe os ingleses aos descendentes dos colonizadores holandeses, os bôeres de 1899 a 1902. Os bôeres, vencidos, tornam-se súditos britânicos, mas conservam seu idioma.

2. ARTE NA INGLATERRA DO SÉCULO XIX

A Inglaterra é, nessa época, economicamente falando, a primeira nação industrial do mundo, o que já era bem antes da Revolução. Como todos os grandes centros europeus, ela tem seu lugar de honra em relação ao saber e à disseminação das correntes de ideias. É nas cidades e na capital que se formam grupos especializados em todas as áreas. Assim, a confraria dos pré-rafaelitas vai se constituir em 1848 em torno de artistas que se agrupam na Irmandade Pré-Rafaelita. O pintor mais importante desse grupo é **Dante Gabriel Rossetti** (1828-1882). A partir de 1859, ele escolhe uma imagem arquetípica, um tipo feminino sensual, de formas andróginas, e introduz em suas obras uma variante esotérica e mística. **O primeiro movimento artístico** no início do século XIX, em 1803, é marcado pela Escola de Norwich, que homenageia a beleza de Norfolk. Um de seus principais pintores é **John Crome** (1768-1821). Londres continua a ser, fora da Itália, a cidade que mais atraiu durante esse século artistas franceses, e continuamente: visita às exposições da Royal Academy, visita às oficinas dos pintores e os croquis feitos ali servem para definir o brilho das artes na Grã-Bretanha.

A PINTURA ROMÂNTICA

É caracterizada por suas paisagens, sua luz e suas cores. **William Blake** (1757-1827), poeta e aquarelista místico, produz uma obra essencialmente gráfica para ilustrar seus próprios textos ou os de Dante, da Bíblia, de Shakespeare, de Newton, cujo olhar fixa um compasso. **Joseph Mallord William Turner** (1775-1851) privilegia a paisagem e **dá à luz um papel preponderante** que confere às suas obras a dimensão do sonho, anulando o desenho e os contrastes entre sombra e luz. Sua pintura evolui de uma técnica clássica e ilusionista para matizes de tons e cores intensas numa pasta de alvenaria, depois para um turbilhão de cores e luzes, por vezes informais: *Chuva, vapor e velocidade* (1844), tela que representa uma locomotiva sobre a ponte da estrada de ferro; *Nave na tempestade* (1842). Mais uma vez, nesse quadro, a serenidade dá lugar ao movimento. John Crome e **John Constable** (1776-1837) inauguram a tradição dos grandes paisagistas e autores de marinhas. O foco deste último é livrar-se da tradição e ver com seus próprios olhos. Ele só se preocupa com a realidade e quer pintar a verdade. Paisagista, seu trabalho reside em esboços feitos ao ar livre e depois retrabalhados no ateliê. Com *A carroça de feno* (1821), exibido em Paris, ele ganha fama.

A ARQUITETURA E O GÓTICO COMO FONTE

John Ruskin (1819-1900) e **Augustus Welby Northmore Pugin** (1812-1852) são os teóricos dessa construção típica da era industrial. Para o primeiro, o gótico só vale como modelo, e não como estilo. Ele dá aos fatores históricos e sociológicos uma verdadeira importância, idealizando a sociedade medieval pelos valores que ela encarna. A Abadia de Fonthill de **James Wyatt** (1796-1806) inspira-se numa abadia existente no século XIV para realizar a arquitetura de uma casa particular. Os elementos góticos são usados como possibilidades formais, mas não estão relacionados a uma função. Recuperam-se no *revival* gótico características góticas para adaptá-las a uma visão moderna. A construção mais famosa é o Parlamento de Londres (1836-1852). **O fim do reinado de Vitória** testemunha o aparecimento do triunfo do ecletismo, em que palácios venezianos elevam-se ao lado de construções neogóticas. A utilização de novos materiais é consagrada com o Crystal Palace, em 1851, feito para a Exposição Universal e destruído em 1937. Toda a estrutura é em ferro e pré-fabricada. Entre os elementos metálicos, coloca-se vidro, que permite à luz passar para dentro do prédio como numa estufa. O movimento *Arts and Crafts*, em torno de arquitetos como **Philip Webb** (1831-1915), defende um retorno às fontes nativas no campo da arquitetura doméstica. Esse movimento será o ponto de partida do estilo *art nouveau* da Escola de Glasgow.

3. A LITERATURA INGLESA NO SÉCULO XIX: UMA GRANDE DIVERSIDADE

EU E EU: O ROMANTISMO

O romantismo propriamente dito começa com **William Wordsworth** (1770-1850), assim como com **Samuel Taylor Coleridge** (1772-1834). Juntos, esses dois autores publicam em 1798 as famosas *Lyrical Ballads* (*Baladas Líricas*) em que o "eu" é o tema essencial. Eles fazem parte do grupo dos poetas lakistas, que se retiravam para as margens dos lagos de Cumberland, no noroeste da velha Inglaterra, cuja característica é não apenas amar ardentemente a natureza, mas também considerar a poesia como um estado de espírito. Graças a **Walter Scott** (1771-1832), o romance, considerado até então como um gênero inferior, é revalorizado. Mas o auge do romantismo é atingido por **George Gordon Byron** (1788-1824), que representa o triunfo completo do "eu" na literatura. O mal do mundo e a ironia são as marcas essenciais de sua obra. Sua *Child Harold's Pilgrimage* (*A peregrinação de Childe Harold*), de 1812, em que ele conta suas viagens, vale a ele uma fama imediata. "O corsário" (1814), "Lara" (1814), "A noiva de Abydos" (1813) são poemas curtos em que o sol do oriente é evocado. *Manfred* (1817) é um poema dramático sobre o tema da culpa, e *Don Juan* (1818-1824) é uma sátira de sua época, uma "Odisseia da imoralidade". Os poemas de **Percy B. Shelley** (1792-1822) expressam uma comunhão pessoal com a natureza. É o poeta panteísta por excelência, que atribui à criação milhares de almas cambiantes, mas é também o poeta do amor, do amor metafísico: *A rainha Mab* (1813), *Alastor* (1815), *O Prometeu* *libertado* (1820), *Odes ao vento do Oeste* (1819). A obra de **Jane Austen** (1775-1815) é representante da prosa romântica e da criação contra o *roman noir*. Ela descreve com ironia e refinamento a vida e o isolamento rústico do ambiente. Seu melhor romance, *Orgulho e preconceito* (1813), é a história de uma jovem do interior em busca do casamento. A estupidez humana é seu tema principal.

UM ROMANCE SOCIAL

O movimento Pré-Rafaelita, que quer reagir contra o academicismo na literatura como na arte, é representado por **John Ruskin** (1819-1900), mais conhecido como crítico. Ele é o autor de *Pedras de Veneza* (1853) e *Pintores modernos* (1843). O outro autor principal desse movimento é **Dante Gabriel Rossetti** (1828-1882), com a *Casa da vida* (1870). O romance é social com **Charles Dickens** (1812-1870) e torna-se realista, ou seja, baseado na observação: o *Os papéis póstumos do Pickwick Club* (1836-1837), *Oliver Twist* (1837-1839), *David Copperfield* (1849-1850), *A pequena Dorrit* (1855-1857). Com **William Makepeace Thackeray** (1811-1863), o romance é uma sátira pessimista da sociedade (*Vanity Fair*, 1847-1848, *O livro dos esnobes* (1848). **Disraeli** (1804-1881), homem político, também teve algum sucesso com os seus romances de crítica social. Podem ser citados *Coningsby* (1844), *Sybil* (1845) e *Tancred* (1847). Também é a época das romancistas. **As irmãs Brontë**, Charlotte (1816-1855) e Emily (1818-1848), filhas de pastor, têm um lugar importante na história do romance. Charlotte deixa uma obra-prima, *Jane Eyre* (1847), e Emily outra, *O morro dos ventos uivantes* (1847). O realismo de **George Eliot** (1819-1880), pseudônimo de Mary Ann Evans, limita-se a descrever almas simples, pessoas comuns: *Adam Bede* (1859), *O moinho à beira do Floss* (1860) e *Silas Marner* (1861). Por volta de 1870, o espírito vitoriano conformista é substituído por um desejo de individualismo.

TEATRO E INDIVIDUALISMO DO FIM DO SÉCULO

O teatro conhece um enorme dinamismo e finalmente pode tratar de temas mais ousados. **Oscar Wilde** (1856-1900) é conhecido graças a isso e renova a comédia inglesa com *O crime de lorde Arthur Savile* (1887) e *O retrato de Dorian Gray* (1890). Seu compatriota irlandês, **George Bernard Shaw** (1856-1950), leva-nos a descobrir um teatro intelectual, sem qualquer sentimento: *Cândida* (1898) e *César e Cleópatra* (1898). **Somerset Maugham** (1874-1965) é, pela sua potência realista, um dos melhores dramaturgos que a Inglaterra conheceu. Mas é principalmente o romance que domina na literatura. A reação contra o realismo de Eliot e o sentimentalismo de Dickens é sentida em **George Meredith** (1828-1909) com *O egoísta* (1879) e em **Samuel Butler** (1835-1902) com *O destino da carne* (1903). O romance de aventura se desenvolve com as obras de **Robert Louis Stevenson** (1850-1894) – *O médico e o monstro*, *A ilha* *do tesouro* – e de **Rudyard Kipling** (1865-1936). **Herbert G. Wells** (1866-1946) combina as bases da ciência com as da aventura e dá origem ao romance de ficção científica: *A ilha do doutor Moreau* (1896), *Guerra dos mundos* (1898) e *O homem invisível* (1897). Depois de 1900, no final de sua carreira, ele retornou aos romances mais tradicionais: *Kipps* (1905) e *Casamento* (1912). O fantástico também está em **Bram Stoker** (1847-1912). A figura do vampiro sanguinário, mas sedutor, já havia sido celebrada pelos românticos, mas atinge seu auge com *Drácula* (1897). O final do século não é mais caracterizado por tendências ou escolas, mas principalmente por um individualismo obstinado e pelo desejo de criar a qualquer preço. **James Joyce** (1882-1941) é, nesse sentido, um inovador. *Ulisses* (1922), sua obra-prima, reúne vários tipos conhecidos de ficção, em que a preocupação com o sexo predomina. Seus romances são de um realismo exagerado: *Dublinenses* (1914) e *Retrato do artista quando jovem* (1916). **David Herbert Lawrence** (1885-1930) dá, em seus romances, uma grande importância à sexualidade e representa o romance psicológico da época. Discípulo de Freud, para ele a sexualidade desempenha o papel de revelar a autoconsciência a partir do prazer: *Filhos e amantes* (1913), *Mulheres apaixonadas* (1920), *O amante de Lady Chatterley* (1928). **Arthur Conan Doyle** (1859-1930) lança o romance policial com *Sherlock Holmes* (1887). O grupo de romancistas exóticos começa com **Joseph Conrad** (1857-1924), nome de nascença Korzeniowski: *Lord Jim* (1900), *O coração das trevas* (1899), *Nostromo* (1904). **Somerset Maugham** (1874-1965) chega relativamente tarde ao exotismo: *O arquipélago das sereias* (1921), *A maldição da malásia* (1926). **Henry De Vere Stacpoole** (1863-1951) é o mestre do romance exótico com *A lagoa azul* (1908).

4. A FILOSOFIA INGLESA DAS CIÊNCIAS DA VIDA NO SÉCULO XIX

Foi necessário o rompimento do quadro tradicional para que pudessem emergir estudos sobre a origem da humanidade. Era preciso que surgisse o conceito de tornar-se humano, a concepção de um progresso não definido como a acumulação de um espírito baseado na razão e a transformação desse mesmo espírito na sociedade e na consciência das diversidades das estruturas sociais e mentais. O progresso, entendido primeiramente como o resultado da evolução, estabelece o princípio dessa evolução. Esse será o resultado combinado das pesquisas dos filósofos e dos naturalistas; os primeiros fornecendo uma nova concepção da natureza humana, e os naturalistas mergulhando numa antiguidade da terra e dos seres vivos, de uma evolução biológica que será fundamental para lançar uma nova luz sobre as origens da humanidade. Três desenvolvimentos essenciais no século XVIII haviam contribuído para o progresso do conhecimento humano: as novas ideias sobre a natureza humana que, combinadas com aquelas dos naturalistas, terão consequências sobre a pesquisa em arqueologia, os vestígios materiais da vida cotidiana e os fatos técnicos, o impulso das civilizações primitivas. **A principal grande novidade** é encontrar leis para os fenômenos humanos e explicá-los por causas naturais, o desenvolvimento das civilizações. A etnologia faz uma tímida aparição e Rousseau é visto como um de seus precursores quando o ano de 1790 marca a data da criação da comissão dos monumentos históricos, que será a origem de muitos museus e o início das escavações.

OS QUE SÃO CONTRA... NA FRANÇA: CUVIER E SEU CATASTROFISMO

O principal defensor dessa hipótese é Georges Cuvier, seguido por **Alcide Dessalines d'Orbigny** (1802-1857), **Élie de Beaumont** (1798-1874), **William Buckland** (1784-1856), **Adam Sedgwick** (1785-1873). De acordo com a teoria do catastrofismo, a Terra seria o resultado da alternância de períodos muito calmos seguidos por períodos de cataclismos que a teriam modelado. Os principais mitos fundadores retratam essas grandes catástrofes que pontuaram a história da humanidade. Os defensores da teoria da formação da Terra de acordo com as perturbações brutais nos séculos XVII e XVIII basearam as suas hipóteses nas teses dos diluvianistas dos séculos anteriores. Esses oponentes vão defender o uniformalismo ou atualismo: os processos que aconteceram num passado distante ainda acontecem hoje em dia ou são semelhantes aos observados hoje (sismos, vulcanismo etc.). O trabalho do escocês **Charles Lyell** (1797-1875) será uma acusação violenta contra o transformismo em seu livro *Principles of Geology* (*Princípios de geologia*, 1830-1833). Hoje, a hipótese já não é válida e os estudiosos admitem que a vida surgida na Terra há 3 bilhões de anos é muito diferente da de hoje.

AQUELES QUE SÃO A FAVOR... NA FRANÇA: LAMARCK E SEU TRANSFORMISMO

O transformismo é a doutrina de **Jean-Baptiste de Monet** (1744¬1829), **cavaleiro de Lamarck**, primeiro a propor uma teoria mecanicista e materialista da evolução dos seres vivos. Ele estabelece que, longe do fixismo, eles mudam constantemente ao longo do tempo e dão origem uns aos outros. Lamarck, de fato, concede, no processo da evolução, um lugar essencial às circunstâncias que têm uma ação determinante e direta sobre o ambiente. Foi a partir de 1802 que os principais eixos dessas teorias vão tomar corpo. Naquela época, suas ideias são rejeitadas pelo mundo científico francês, por **Cuvier** em particular, bem como por Napoleão quando ele pretende contar com a Igreja, pouco favorável a um ideólogo que toma uma posição contra as suas afirmações. A atitude da Restauração (1815-1830) será a mesma. O lamarckismo só é, portanto, reconhecido cinquenta anos mais tarde. Na verdade, Lamarck não elucida completamente o mecanismo das transformações; ainda negligenciando o acaso e a necessidade, ele acredita na herança automática das características adquiridas. Com essa teoria, Lamarck oferece muito mais que uma história sobre a transformação das espécies.

Ele também explicou o que pensava ser um verdadeiro sistema de classificação do reino animal. A principal característica é classificar em escala de complexidade crescente todas as diferentes classes de animais, começando com os mais simples organismos microscópicos para chegar aos mamíferos. Para ele, "a função cria o órgão": se o animal ou vegetal precisa, para seu estilo de vida, de um novo dispositivo anatômico, ele será criado. Por outro lado, um órgão pode regredir. É a necessidade sem o acaso. Ele professa que as formas de vida complexas se desenvolvem a partir de formas mais simples, resultado de variações do ambiente e dos organismos. Lamarck, para ter o apoio paterno, teria se ordenado padre, mas, com a morte de seu pai, ele deixa os jesuítas para se tornar oficial. Ele é obrigado, por razões de saúde, a voltar a Paris, onde estuda medicina e botânica. Em 1776, ele escreve um trabalho sobre "Os principais fenômenos da atmosfera", mas é em 1779 que a publicação de um volumoso *Flora Francesa* o torna conhecido. Apoiado por **Buffon**, ele é admitido na Academia e ocupa vários cargos no Jardim do Rei, depois é nomeado professor no Museu Nacional de História Natural, que o substitui em 1793. Seu trabalho o leva mais para o estudo da paleontologia, com *Memórias sobre os fósseis do entorno de Paris* (1802). É principalmente em 1809, com a *Filosofia zoológica e história natural dos animais invertebrados* (1815-1822), que ele tem direito ao adjetivo de transformista. Daí surge o seu antagonismo com Cuvier. Ele morreu com 85 anos em 1829. Lamarck não tem o sucesso que merece. Os ataques implacáveis de Cuvier, então acadêmico e Inspetor-Geral da Educação na França e criacionista convencido, e de uma sociedade que não suporta qualquer ataque contra a Bíblia não dão a essa doutrina o lugar que merece.

O DARWINISMO: A NECESSIDADE SEM O ACASO

Se as grandes sínteses de Lamarck são o produto de brilhantes intuições, as de Darwin provêm de um método completamente diferente. Nascido em 12 de fevereiro de 1809 em Shrewsbury, Charles Darwin (1809-1882) começa e depois abandona os estudos de medicina em Edimburgo, em seguida os de teologia em Cambridge. Em 1831, ele torna-se bacharel em Artes. A oportunidade de uma viagem ao redor do mundo a bordo do *Beagle* como naturalista é crucial para a elaboração de suas teorias. Ao largo da América do Sul, ele observa que, nas camadas dos pampas, existem fósseis de animais muito próximos em aparência aos tatus que vivem em sua época. **Charles Darwin** era um naturalista consciente que, durante vinte anos, de sua volta da viagem a bordo do *Beagle* até a publicação de *A origem das espécies* (1859), reuniu pacientemente os fatos de todo tipo. O seu grande mérito será trazer às concepções evolucionistas bases sólidas estabelecidas em exemplos concretos. Darwin é, antes de tudo, aquele que propôs um mecanismo para explicar a transformação e a diversificação adaptativa das espécies em seu ambiente, embora geralmente seja conhecido por ser o autor de uma teoria sobre a evolução das espécies. Na época da publicação de *A origem das espécies*, a causa do transformismo já está bem desenvolvida. Muitos jovens cientistas já a admitem. No entanto, Darwin se recusa a reconhecer qualquer relação de filiação entre suas teorias e as de Lamarck. É com cautela, para não ser colocado ao lado dos infiéis lamarckianos pela sufocante sociedade vitoriana, que Darwin anuncia a hipótese da seleção natural e a ideia de que a variação das espécies é o resultado de uma adaptação mecanicista. É a necessidade sem o acaso. Depois de *A origem das espécies*, aparecem em 1868 *Variação dos animais e plantas sob domesticação* e, em 1871, *A filiação do homem*. Ele termina sua vida coberto de honras.

Desenvolvimento da doutrina

Darwin, em pouco menos de 25 anos (1858-1882), acaba com os mitos da criação que o Ocidente, pagão e, depois, cristão, tinha tornado seus por milênios para substituí-los por um sistema coerente de evolução baseado essencialmente na variação, na luta, na eliminação. Mais ou menos na mesma época, um modesto monge, **Gregor Johann Mendel** (1822-1884), descobre as leis da hereditariedade, mas suas descobertas permanecem desconhecidas até o início do século XX. A partir de 1837, Darwin trabalha no conceito já bem conhecido da evolução, que é o resultado da interação de três princípios: a variação, presente em todas as formas de vida; a hereditariedade, a força conservadora transmitida de uma geração para outra; e a luta pela existência, que determina as variações que trazem benefícios num determinado ambiente, modificando, assim, as espécies por meio de uma reprodução seletiva. Todas as teorias racistas se apoiarão nesse sistema. **Gobineau** se debruçará sobre o estudo da raça ariana, lendário grupo que, segundo ele, teria fundado a civilização e cujos descendentes diretos teriam sido os germanos. Hitler retomará as principais linhas desse sistema de pensamento para justificar sua política antissemita.

Os novos darwinismos

Os novos darwinismos são a versão moderna conhecida também como neodarwinismo. É somente no século XX, com a descoberta das **leis de Mendel** (1822-1884), fundador da genética, que o darwinismo se torna uma teoria da evolução articulada com os mecanismos da hereditariedade. No âmbito social, o representante principal é **Herbert Spencer** (1820-1903), que dá uma aplicação sociológica da evolução interna da espécie humana. Seu princípio comum é postular uma distância mínima ou nula entre as leis da natureza e as leis sociais, ambas submetidas à sobrevivência do mais apto. Da seleção natural deriva também a eugenia, termo cunhado em 1883 por **Galton** (1822-1911), primo de **Charles Darwin**, no contexto dos anos 1880-1900 assombrados pela angústia da degeneração das sociedades. A luta, de acordo com este ponto de vista, não está dentro das sociedades, mas entre as nações e as próprias raças, teoria contrária ao que pensava Darwin. Como a seleção natural é afetada pelo processo da civilização, a ideia da eugenia é fazer uma seleção dos indivíduos, obtendo, graças à biometria, uma humanidade biologicamente perfeita. A teoria da eugenia se espalha muito rapidamente entre o final do século XIX e 1911 na França, Alemanha e Itália. Desvios eugenistas e sociodarwinistas alimentam as teorias racistas e xenófobas que, no final do século XIX, dominam, reforçadas por uma ciência triunfante, mas desviada de seu verdadeiro papel.

O CRIACIONISMO

Nascido como reação ao darwinismo, o criacionismo é a doutrina que admite que o universo e os seres vivos foram criados *ex nihilo* por Deus segundo uma forma consistente com uma leitura literal da Bíblia. A Igreja Católica será primeiro claramente desfavorável ao transformismo, mas nem por isso o condena, já que Leão XIII afirma, em 1893, na Encíclica *Providentissimus Deus*, a doutrina pela inspiração do Espírito Santo da Bíblia: "Os livros do Antigo e do Novo Testamento foram escritos sob a inspiração do Espírito Santo e, portanto, têm Deus como seu autor." Depois, o Papa João Paulo II, em 22 de outubro de 1996, diante da Pontifícia Academia das Ciências, menciona "que deve ser reconhecida na teoria da evolução mais do que uma hipótese", mas, no entanto, rejeita qualquer doutrina materialista que tenderia a fazer do homem "o produto acidental e desprovido de sentido da evolução". O criacionismo é hoje defendido principalmente por algumas igrejas protestantes.

HERBERT SPENCER: O EVOLUCIONISMO

Spencer (1820-1903), filósofo inglês, tem por teoria que a evolução marca a passagem do homogêneo ao heterogêneo. Ele aplica essa lei à sociologia, psicologia, biologia e explica a elaboração das primeiras crenças religiosas a partir do animismo, como fazem **Frazer** e **Tylor**. Nascido em Derby, ele trabalhou como engenheiro e jornalista. Aplica, num primeiro ensaio, o malthusianismo aos animais: *A teoria da população* (1851), em que contesta Thomas Malthus e seu receio de uma superpopulação. Em 1860, Spencer publica um *Sistema de filosofia sintética* composto de vários princípios, editados entre 1862 e 1880: *Primeiros princípios*, *Princípios de biologia*, *Princípios de psicologia*, *Princípios de sociologia*. Toda a sua obra constitui a base doutrinal do evolucionismo.

Sua doutrina

Os evolucionistas permitiram combinar a noção histórica particular de progresso à das leis baseadas na observação das sociedades humanas de acordo com as ideias herdadas do século XVIII. O evolucionismo permitiu extrair uma soma impressionante de materiais acumulados no seio de diversas culturas e tornar inteligível seu funcionamento social e cultural. Várias escolas participam desse trabalho. Primeiramente, as que questionam a origem das instituições sociais e culturais (religião, lei, ciência). **Edward Tylor** (1832-1917) é o primeiro a desenvolver uma teoria sobre o animismo e **James George Frazer** (1854-1941) também se interessa pela magia. O norte-americano **Lewis Henry Morgan** (1818-1881) concentra-se no estudo da organização sociopolítica. O ponto comum desses autores é considerar a evolução de uma forma linear e contínua, com o objetivo de encontrar uma explicação lógica para as semelhanças regulares observadas por meio das sociedades, mesmo as muito diferentes. A maior crítica feita ao evolucionismo é preocupar-se demasiado com as semelhanças entre as sociedades e não o bastante com as suas diferenças. Longe de ser apenas um eco da teoria biológica da evolução, o evolucionismo cultural se desenvolveu paralelamente às teorias darwinistas. Os alemães GF Waitz, Bastian e Bachofen e os ingleses Maine, McLennan e Tylor escreveram, de fato, suas obras entre 1859 e 1865, ou seja, na época em que Darwin fazia sua pesquisa e escrevia suas conclusões. Aliás, Tylor destacou, no prefácio à segunda edição de *Researches into Early History of Mankind*, a especificidade do evolucionismo cultural, referindo-se mais a Comte que a Darwin (construção de conjuntos ideais). Embora não se possa falar de escola evolucionista, de tanto que diferem as interpretações que os etnólogos considerados evolucionistas fizeram dos mesmos fatos, o conjunto dos trabalhos inspirados por essas teorias apresentam vários traços comuns para que se possa tentar formular os postulados que as subentendem:

1. Vestígios atestam que as sociedades mais avançadas tiveram estágios anteriores de civilização.

2. As semelhanças observáveis nas crenças e nas instituições das diferentes sociedades provam a unidade psíquica do homem; elas também induzem a pensar que a história da humanidade se apresenta sob a forma de uma série unilinear de instituições e crenças.

3. Como os diferentes povos que representam diferentes estágios de cultura, apenas o método comparativo permite estabelecer a evolução da instituições e crenças humanas. Ao evolucionismo, associam-se os nomes de Tylor, Morgan, Frazer, Pitt-Rivers, McLennan, Westermarck, Stolpe, embora o conceito de evolucionismo nunca dê plenamente conta da totalidade da obra de nenhum desses etnólogos"[263].

---

263. Edward Sapir, *Anthropologie* [Antropologia], Paris, Minuit, 1967, p. 360.

CAPÍTULO III
A ALEMANHA NO SÉCULO XIX

1. O FIM DO IMPÉRIO GERMÂNICO

Filho primogênito de Leopoldo II, **Francisco II** (reinado: 1792-1806) o sucede como imperador. Seu reinado é ocupado pelas guerras contra a França revolucionária e depois napoleônica. Na verdade, é uma sucessão de derrotas que reduzem suas possessões. O Tratado de Campo Formio (1797) tira-lhe a Lombardia e os Países Baixos. Vencido em Marengo, o Tratado de Luneville (1801) o fez perder a margem esquerda do Reno. Para compensar os príncipes, a Alemanha seculariza os bens da Igreja. A dieta ou assembleia imperial, reunida em Regensburg, promulga em 25 de fevereiro de 1803 um recesso ou ata que acaba, na realidade, com o Sacro Império Romano-Germânico, para atender a uma exigência de Napoleão I. Em 1804, Francisco II leva o título de imperador da Áustria, reinando sobre seus únicos estados sob o nome de **Francisco I da Áustria** (reinado: 1804-1835). A sobrevivência do Império transforma-se em lenta agonia. Napoleão vence em 2 de dezembro de 1805 em Austerlitz. Em 12 de julho de 1806 nasce a Confederação do Reno: dezesseis estados da Alemanha do sul e do oeste se agrupam sob o protetorado francês, não reconhecendo mais o Império. Em 1º de agosto de 1806, por um nota endereçada à Dieta de Regensburg, Napoleão deixa de reconhecer o Império Alemão. Em 6 de agosto de 1806, Francisco II abdica: é o último imperador do Sacro Império Romano-Germânico. Ele continua, todavia, a reinar sobre suas possessões austríacas como imperador da Áustria até sua morte em 1835. Derrotado novamente em Eckmühl e em Wagram, Francisco I assina a Paz de Schönbrunn (14 de outubro de 1809), concedendo sua filha **Maria Luísa da Áustria** (1791-1847) em casamento a Napoleão I. Em 1813, ele se junta à coalizão europeia contra a França. Após a derrota de Waterloo, ele tem novamente a posse da maioria de seus estados, mas o Congresso de Viena não restaura o Império Alemão.

A ASCENSÃO DA PRÚSSIA

A Prússia sofre um revés em sua influência como resultado de suas derrotas para a França e deve a sua sobrevivência como Estado às intervenções do tsar russo. O Congresso de Viena (novembro de 1814 a junho de 1815) cria uma confederação alemã, Deutscher Bund, de 39 estados sob a tutela, puramente simbólica, do Imperador da Áustria. Este último é especialmente voltado para as partes eslavas de seu império, a principal potência da Confederação sendo, na realidade, a Prússia, apesar do estabelecimento de uma assembleia dos representantes dos Estados, a Dieta de Frankfurt, presidida pela Áustria. Os príncipes comprometem-se a implementar em seu Estado uma Constituição parlamentar. A esperança de um regime liberal dura pouco. A Áustria e a Prússia aproximam-se após o assassinato do escritor antiliberal **August von Kotzebue** (1761-1819) por um estudante favorável às liberdades políticas, **Karl Ludwig Sand** (1795-1820). A Ata Final de Viena (1820) continua os decretos de Karlsbad para instaurar a censura e o monitoramento das universidades, mas vai mais longe ao afirmar que o soberano detém em sua pessoa todo o poder político. A Prússia já se prepara para uma futura unificação alemã em seu proveito e começa por suprimir suas alfândegas internas em 1818. A Alemanha do Sul e Central são, em 1828, suas uniões alfandegárias. Elas se reúnem em 1º de janeiro de 1834 no Deutsche Zollverein, a união aduaneira alemã, dominada pela Prússia.

O *VORMÄRZ*

A revolução de 1830 na França leva para a Alemanha uma agitação dos liberais e, a partir de 1831, a Dieta de Frankfurt proíbe associações, manifestações e reuniões políticas. Mas é a Primavera de 1848 que abala os antigos monarquistas. É o movimento do *Vormärz*, "o Pré-Março", período que estende do Congresso de Viena (1815) ao fracasso da Jovem Alemanha, movimento que queria a liberdade de imprensa, de assembleia, de eleição e sufrágio universal, e o fim dos decretos de Karlsbad. Iniciada na Áustria em 13 de março de 1848, a revolução de março se estende a Berlim no dia 18 do mesmo mês. Uma assembleia é eleita por sufrágio universal e tem sede em Frankfurt. Ela decide em janeiro de 1849 pela criação de uma Alemanha Federal governada por um imperador. A coroa imperial é proposta a **Frederico Guilherme IV da Prússia** (1840-1861), que a recusa, porque viria do povo. Os soberanos recuperam o controle ao longo do ano de 1849. Após a recusa do rei da Prússia, o parlamento de Frankfurt se separa. O exército acaba com as reivindicações de liberdade política. Em todos os lugares, no entanto, as "Constituições concedidas", no modelo austríaco, satisfazem as reivindicações da burguesia liberal, mantendo o poder nas mãos dos príncipes. A Jovem Alemanha sobrevive no movimento literário que leva seu nome, recusando o classicismo e o romantismo para exigir a liberdade e o direito ao desenvolvimento pessoal.

A UNIFICAÇÃO ALEMÃ

Otto von Bismarck (1815-1898) é o promotor da unificação alemã, sob a liderança da Prússia. Desde 1857, o rei prussiano Frederico Guilherme IV, já propenso a acessos de loucura, não é mais capaz de governar depois de vários acidentes vasculares cerebrais. Seu irmão, **Guilherme** (1797-1888), torna-se regente perpétuo e, em seguida, rei da Prússia após a morte de Frederico Guilherme em 1861. Ele nomeia Bismarck primeiro-ministro em 1862. Este último faz uma reforma do exército, muda o serviço militar para três anos e aumenta o orçamento militar. A outra potência que teria podido unificar a Alemanha em seu proveito, a Áustria, não é mais capaz de resistir à Prússia depois do reinado de **Fernando I** (1835-1848), simples de espírito e epiléptico, forçado a abdicar em 1848 em favor de seu sobrinho **Francisco José I** (1848-1916), ele próprio exposto aos problemas nacionais em seu império compósito. Em 1864, a guerra dos ducados dá à Prússia a oportunidade de demonstrar seu poder. Os dois ducados de Schleswig e de Holstein são propriedades pessoais do rei da Dinamarca, que decide, em 1863, incorporá-los ao Reino da Dinamarca. Uma guerra acontece com a Prússia e a Áustria, que derrotam os dinamarqueses. A Prússia recebe Schleswig; a Áustria fica com o Holstein, que é invadido pela Prússia em 1866. Os austríacos são duramente derrotados durante a batalha de Sadowa em 3 de julho de 1866. Pelo Tratado de Praga (1866), na sequência das negociações de Nikolsburg, a Áustria cede o Holstein para a Prússia e aceita a dissolução da Confederação Alemã. A Prússia anexa Hanôver, Hesse, o Ducado de Nassau e reúne os estados da Alemanha Setentrional numa Confederação da Alemanha do Norte, que agrupa 21 estados. Ela é presidida pelo rei da Prússia. Em 1867, Bismarck é nomeado chanceler federal. O Reichstag da Alemanha do Norte, o parlamento, reúne-se em setembro de 1867. A etapa seguinte é integrar os estados católicos do sul. Bismarck instrumentaliza Napoleão III, usando o despacho de Ems de julho de 1870. Na origem do incidente, está a candidatura do príncipe **Leopoldo de Hohenzollern** (1835-1905), primo do rei prussiano Guilherme, para o trono vago da Espanha. A França se opõe e a candidatura é retirada. O embaixador da França ainda pede uma confirmação ao rei da Prússia, que se refresca na estação de águas de Bad Ems. O rei confirma. O embaixador solicita uma nova audiência para obter prova de renúncia definitiva, mas não a obtém; então aborda o rei durante sua caminhada. O soberano se exaspera e deixa sua resposta para mais tarde. Ele envia um despacho ao seu chanceler, Bismarck, relatando os fatos e modificando suficiente a forma para fazer desse episódio um insulto para a França, cujo embaixador teria sido rejeitado com desprezo. É esse texto, o "despacho de Ems", que é amplamente divulgado pelos jornais alemães e franceses.

Em 19 de julho, Napoleão III cai na armadilha e declara guerra à Prússia. As tropas francesas se rendem em Sedan, em 2 de setembro de 1870, e Napoleão III é feito prisioneiro. Em novembro de 1870, os Estados da Alemanha do Sul aderem à Confederação da Alemanha do Norte. O Império Alemão é proclamado na Galeria dos Espelhos em Castelo de Versalhes, em 18 de janeiro de 1871, e o rei da Prússia torna-se o imperador alemão **Guilherme I** (1871-1888).

DO IMPÉRIO DE BISMARCK À ALEMANHA DE GUILHERME II

A Constituição do Império Alemão é amplamente extraída da Confederação da Alemanha do Norte, principalmente o Reichstag, mas também é um poder real entregue ao imperador e seus conselheiros. Bismarck torna-se chanceler do Império Alemão e governa a política até 1890. Ele lança a ofensiva da *Kulturkampf*, a luta pela cultura, contra a Igreja Católica e o Partido Alemão do Centro, ou Zentrum, que a apoia no Reichstag. O alemão torna-se a língua da administração em todos os territórios do Império. Para contrariar a influência do Partido Social-Democrata e da expansão das ideias socialistas, Bismarck introduz um sistema de seguridade social altamente desenvolvido no início dos anos 1880. Com a morte de Guilherme I, em 1888, seu filho **Frederico III** (9 de março-15 de junho de 1888) o sucede por pouco tempo, sucumbindo a uma longa doença da qual sofria, sem ter podido conduzir as reformas previstas. É seu filho que se torna imperador da Alemanha, **Guilherme II** (1888-1918). Soberano autoritário, beligerante, ele demite Bismarck em 1890, desenvolve o exército, reforça a marinha, lança a Alemanha na conquista colonial em nome da *Weltpolitik*, a política mundial, que deve dar ao país o seu verdadeiro lugar no concerto das nações. Recusando uma aliança com a Inglaterra, ele a leva a se aproximar da França com a implementação da Entente Cordiale (Entendimento Cordial) (8 de abril de 1904), complementada por um acordo idêntico com a Rússia em 31 de agosto de 1907. A Alemanha está isolada diplomaticamente e opõe à Tríplice Entente (França, Grã-Bretanha, Rússia) a Tríplice Aliança ou Tríplice (Alemanha, Áustria-Hungria, Itália). O pangermanismo se desenvolve, com o desejo de agrupar, sob a autoridade do Imperador da Alemanha, todos os grupos de língua alemã e germanizar os povos de outras línguas. O séquito de Guilherme II reserva um lugar importante aos oficiais que defendem a guerra contra a França e a Rússia para apoiar a realização dos ideais pangermanistas. Em 1911, a crise de Agadir opõe a Alemanha e a França em relação ao Marrocos. A Alemanha envia uma canhoneira, a Panther, ao porto de Agadir. Sob pressão britânica, a Alemanha renuncia às suas pretensões em relação ao Marrocos em troca de concessões no Congo. Mas ambos os países se lançam na corrida armamentista. O assassinato do herdeiro do trono austro-húngaro em 28 de junho 1914, em Sarajevo, provoca a Primeira Guerra Mundial. O Império Alemão desaparece depois de uma revolução em novembro de 1918. Guilherme II é forçado a abdicar e vai para o exílio. Ele termina seus dias nos Países Baixos, onde morre em 5 de junho de 1941.

2. A ARTE NA ALEMANHA NO SÉCULO XIX: UMA INFLUÊNCIA FRANCESA

Os quadros, as gravuras e as esculturas que são feitas na Alemanha traduzem, como na França, no período de 1789 a 1900, as visões políticas e sociais do momento. A influência francesa é evidente e muitos são os artistas alemães que foram a Paris para complementar sua formação. A vida cultural alemã se desenvolve em grandes cidades como Dresden, Munique, Düsseldorf, Frankfurt, Berlim, Weimar.

A PINTURA ALEMÃ NO SÉCULO XIX: O PESO DO ROMANTISMO

É provavelmente na Alemanha que o romantismo será mais significativo. País protestante, ela é marcada por influências filosóficas poderosas, dentre as quais as de Baruch Spinoza, que pensava que a pintura era a face visível de Deus. No século XIX, a paisagem é um gênero menor subestimado, mas se vê na Alemanha uma revalorização mais rápida do que na França. É por ela que se expressará o romantismo alemão. Os principais nomes ligados a ele são: o austríaco **Joseph Anton Koch** (1768-1839) e **Philipp Otto Runge** (1777-1810). O romantismo também é representado por **Caspar David Friedrich** (1774-1840), que se sujeita à melancolia para entender melhor a angústia em suas paisagens de ruínas góticas e de cemitérios. A renovação na pintura alemã se concretiza com o **grupo dos nazarenos**, seis artistas que querem atingir esse objetivo pela religião. A guerra contra os exércitos napoleônicos tinha desenvolvido consideravelmente na Alemanha a nostalgia de ver os alemães se unirem num único império. Os nazarenos serão os primeiros a usar a *Canção dos nibelungos* e a representar eventos históricos que servem para a tomada de consciência nacional. Eles reivindicam Dürer e Rafael. **Para eles, a arte deve fortalecer a fé.** A Irmandade de São Lucas será fundada em 1809 por jovens pintores e alunos da Academia de Belas Artes: **Pforr** (1788-1812), **Overbeck** (1789-1869), **Vogel** (1788-1879), **Joseph Wintergest, Joseph Sutter, Johann Hottinger**. O nome refere-se à arte da Idade Média que eles redescobriram no museu do Belvedere de Viena. A associação tinha como objetivo ser contrária à estética do barroco tardio e opor-se à Academia, que eles consideravam corrompida. A vida e a arte não deviam mais ser separadas de acordo com eles, mas se interpenetrar e se fundir numa unidade. Eles vivem em comunidade em Roma no convento de San Isidoro. Sua influência se desvanece por volta de 1855 diante do sucesso do realismo.

DO REALISMO AO SIMBOLISMO

Berlim se torna o centro artístico mais importante. **Adolf von Menzel** (1815-1905) expressa por meio de suas obras o realismo que está se espalhando naquela época na Europa. Além de várias centenas de ilustrações sobre a vida de Frederico, o Grande, o pintor retraduz a dificuldade do mundo operário. A Exposição Universal de 1885 lhe permite encontrar Courbet justamente no momento em que ele busca dar um novo impulso à sua inspiração. Suas últimas obras anunciam o impressionismo: *A forja* (1875), *A ceia no baile* (1878). Enquanto Munique toma o lugar de capital artística, o principal representante do realismo, **Wilhelm Leibl** (1844-1900), é considerado o líder do realismo alemão. Ele conhece Courbet em 1869 e pinta *As três mulheres na igreja*. **Franz von Lenbach** (1836-1904) o sucede nesse papel e produzirá os retratos de celebridades famosas da Alemanha da época, incluindo *Otto von Bismarck*. Com **Arnold Böcklin** (1827-1901) se abre o período do simbolismo. Ele vai conhecer a verdadeira glória com *Pan entre os juncos*, em 1857.

A ARQUITETURA ALEMÃ DO SÉCULO XIX: INSPIRAR-SE NO PASSADO

O culto à arquitetura medieval já tinha sido promovido em 1722 por Goethe por sua preferência ao gótico (*Da arquitetura alemã*) e por **Friedrich von Schlegel** (1722-1829). É provavelmente o que contribuiu para a conclusão da Catedral de Colônia. Em 1842, Frederico Guilherme IV colocava a sua pedra fundamental para representar a retomada dos trabalhos. O Votivkirche, vasto edifício neogótico, faz parte em Viena de um dos projetos que serão implementados entre 1856 e 1879 por **Heinrich von Ferstel** (1828-1883). **Karl Friedrich Schinkel** (1781-1841) moldará a imagem de Berlim, não hesitando em combinar os estilos. Esse prussiano ligado ao neoclassicismo deixou uma obra multifacetada. Entre suas principais obras, podem ser citados: a Neue Wache, a Nova Guarda em Berlim, o castelo neogótico de Stolzenfels, às margens do Reno. Sob Guilherme II, dentre os monumentos mais importantes, são citados o Reichstag em Berlim. Em 1862, à imagem da Paris de Haussmann, o arquiteto **James Hobrecht** (1825-1902) prevê uma reestruturação da cidade que se tornou necessária por um afluxo maciço da população vinda do mundo rural. Então, os arquitetos alemães preferiram, em vez de inventar um novo estilo, inspirar-se no passado, copiando os templos gregos, os arcos do triunfo romanos, as catedrais medievais e os castelos da época. O castelo de **Luís II da Baviera** em Neuschwanstein, nos Alpes da Baviera, é uma de suas melhores ilustrações.

O ESTILO BIEDERMEIER, DECORAÇÃO DE INTERIORES

A origem do nome Biedermeier tem suas fontes no nome dado a uma caricatura do pequeno burguês que figura nos *Poemas do mestre-escola suábio Gottlieb Bierdermeier e de seu amigo Horatius Treuherz*, publicados por **Adolf Kussmaul** e **Ludwig Eichordt** em *Münchener Fliegende Blätter*. Ele se aplica, durante o período de 1815-1848, a um estilo de vida burguês e à decoração de interiores, mas também à literatura e à pintura. Ele corresponde perfeitamente ao tipo do burguês alemão entre o período do Congresso de Viena em 1815 e o da revolução de março em 1848, e traduz a vida da classe média sem pretensão. Seus maiores sucessos são encontrados nas paisagens e retratos; assim Ferdinand Waldmüller (1793-1865) pinta *O Filho de Waldmüller Ferdinand e seu cão* (1836). **O estilo Biedermeier** é produzido durante o período conhecido como Vormärz, Pré-Março, juntamente com o **estilo Luís Filipe** na França. O mobiliário Biedermeier que invade as casas conhecidas da burguesia pretende fazer uma adaptação simples às novas exigências de conforto. A simplicidade do material é compensada por uma grande variedade de móveis.

O *JUGENDSTIL*, O *ART NOUVEAU* ALEMÃO

A renovação artística que ocorre no final do século XIX, na Alemanha se torna conhecida como *Jugendstil*, nome inspirado da revista *Jugend*, lançada em Munique em 1896. Mas os artistas alemães e austríacos estão mais próximos por suas linhas geométricas austeras do movimento *arts and crafts*, da Escola de Glasgow, que do *art nouveau*. Nos anos 1870, falava-se de *modern style*, depois, nos anos 1880, de *art nouveau*. Munique continua sendo a capital desse estilo, enquanto em 1896 Viena dá origem a um grupo chamado Secessão de Viena, de que fará parte **Gustav Klimt** (1862-1918).

A ESCULTURA NO SÉCULO XIX NA ALEMANHA

Enquanto **Frederico Guilherme II** (1744-1797) constrói o Portão de Brandemburgo, em Berlim, por Carl Gotthard Langhans (1732-1808), e o classicismo se impõe na arquitetura monumental, o escultor **Johann Gottfried Shadow** (1764-1850), formado em Roma, realiza a quadriga da mesma porta antes de esculpir a estátua dupla da princesa Luísa e de Frederico da Prússia. Outro grande escultor, conhecido como o Rodin alemão, **Adolf von Hildebrand** (1847-1921), também teórico da arte, mostra no campo da escultura um gosto pelo estilo grego austero que contrasta com os excessos do século XIX: a fonte de **Wittelsbach**, em Munique.

3. A LITERATURA ALEMÃ NO SÉCULO XIX: CLASSICISMO E ROMANTISMO

O REALISMO ALEMÃO

Em 1830, a nova geração de escritores abandona o romantismo para se voltar mais aos acontecimentos políticos de uma Alemanha vulnerável às manifestações nacionais. Eles se agrupam sob o nome de Jovem Alemanha, apoiando as correntes radicais. A figura dominante é a de **Heinrich Heine** (1797-1856). Outros escritores desse movimento quiseram introduzir na literatura, para satisfazer as necessidades do país, um estilo vívido e claro.

> ## O REALISMO ALEMÃO
>
> O realismo comporta três tendências:
> - **A consciência** do fim de um mundo. Ela está presente nos romances de **Karl Immerman** (1796-1840), especialmente *Os epígonos* (1838-1839), e distingue-se no teatro com **Christian Dietrich Grabbe** (1801-1836), lírico e revoltado, em *Don Juan e Fausto* (1828).
> - **A tendência crítica**. Ela é representada pelo movimento da Jovem Alemanha, reivindicada por **Ludwig Börne** (1786-1837), **Heinrich Heine** (1797-1856) e **Heinrich Laube** (1806-1884). Decepcionados com o romantismo, desejando o advento da revolução, eles ligam fortemente literatura e compromisso político. O ano de 1848 marca para muitos o fim de uma esperança e um ponto de viragem na maneira de escrever.
> - **O passado nacional**. É principalmente representado por **Konrad Ferdinand Meyer** (1825-1898) e **Felix Dahn** (1834-1912). O lugar mais importante é dado à reconstituição histórica, para a exaltação do sentimento nacional.

O CLASSICISMO DE WEIMAR

O classicismo de Weimar representa o ponto culminante do idealismo alemão. Em oposição ao *Sturm und Drang*, o movimento busca uma certa simplicidade e um grande rigor. O classicismo acredita numa verdadeira objetividade e na felicidade humana na harmonia do espírito e dos sentidos. A poesia lírica desse período desenvolve ideias gerais: os seus efeitos sobre a sociedade humana e sua origem. **Hölderlin** (1770-1843) e **Johann Paul Friedrich Richter** (1763-1825), são os dois poetas mais importantes. Eles estão isolados entre classicismo e romantismo. O primeiro compõe hinos ao gênio da Grécia: *As queixas de Menon chorando Diotima* (1800) e *Hyperion* (1797). O segundo redige simples elegias ou romances poderosos cuja influência será exercida sobre toda uma geração: *Hesperus* (1795) e *O titã* (1800-1803). Os dramas clássicos de Schiller (1759-1805) pertencem a esse período: *Wallenstein* (1799) e *Maria Stuart* (1800). Seu encontro com Goethe é decisivo para a sua obra.

O romantismo, como o classicismo, também provindo do *Sturm und Drang*, mostra tanto interesse quanto este último pelos conceitos básicos da cultura alemã e sua peculiaridades tradicionais. Um como o outro buscam uma orientação antirracionalista e desenvolvem uma imagem ideal que não poderia existir na natureza. Para completar essa história do romantismo, é necessário mencionar os filósofos que contribuíram para o seu desenvolvimento. Fichte e Schelling fazem parte do círculo romântico de Jena. O pensamento romântico se faz em dois registros, o do homem e o da natureza, trazendo pelas reflexões filosóficas que evocam uma intervenção desatualizada do misticismo no mundo da ciência. **Friedrich Leopold Freiherr von Hardenberg**, dito **Novalis** (1772-1801), é o chefe dessa nova escola romântica com seus *Hinos à noite* (1800). Na verdade, é antes de tudo uma literatura de cenáculo, em que a amizade tem um papel importante e é vivida como um sonho ideal. O conto também tem lugar nessa literatura com **Hoffmann** (1776-1822) e os **Irmãos Grimm**, Jacob (1785-1863) e Wilhelm (1786-1859). **Joseph von Eichendorff** (1788-1857) deixa uma obra lírica significativa. O teatro é pouco presente, mas quatro nomes dominam, entretanto, a primeira parte do século XIX: **Heinrich von Kleist** (1777-1811), **Franz Grillparzer** (1791-1872), discípulo austríaco de **Schiller** e **Goethe**.

A CRISE DO ROMANCE PSICOLÓGICO

Franz Kafka (1883-1924), tcheco, mas escritor de língua alemã, leva uma vida de funcionário público, perturbado pela doença. Seus escritos serão publicados após a sua morte, pelo romancista Max Brod. Kafka retrata em seus romances a rejeição do outro percebido como um monstro (*A metamorfose*, 1915) e a angústia constante do homem confrontado a uma existência absurda e sem nenhuma outra finalidade que não seja a morte (*O processo*, 1925; *O castelo*, 1926).

4. A FILOSOFIA ALEMÃ NO SÉCULO XIX

Os filósofos que vêm depois de Kant vão, num esforço comum, tentar eliminar a coisa em si, isto é, a realidade como tal, em oposição ao fenômeno incognoscível, de que Kant reconhecia a existência. O idealismo de Kant vai se tornar subjetivo em **Johann Gottlieb Fichte** (1762-1814) e objetivo em **Schelling** (1775-1854). Fichte aceita a filosofia crítica de Kant, mas rejeita a dicotomia entre razão prática e razão especulativa, a "coisa em si". De onde vêm todos os fenômenos? Para Kant, do sujeito; para Fichte, ele é até mesmo o criador. Esse eu é um eu universal e impessoal. O idealismo de Fichte centra-se na vontade moral e na liberdade. Schelling alega que eu e não-eu existem do mesmo modo que um e outro têm uma fonte comum, que é um desejo primitivo, uma força imanente. Em desacordo com Hegel e seu idealismo absoluto, as ideias e o pensamento são concebidos como a única realidade irredutível.

Arthur Schopenhauer (1788-1860) também vai ter algumas reservas sobre o fato de que os fenômenos só existem na medida em que a mente os percebe, posição de Kant. **O idealismo alemão**, que se impõe entre 1700 e 1830, com filósofos como **Kant**, **Schelling**, **Hegel**, construía sistemas de pensamento que o século XIX, após o primeiro período, ia abalar seriamente com o impulso da realidade social e técnica. Com o pessimismo de **Schopenhauer**, que vê não na razão, mas na vontade, todo o vigor das paixões humanas, o pensamento ainda se orienta diferentemente.

Com o início da modernização, a vida intelectual do século XIX está centrada principalmente nos processos evolutivos da sociedade e de seus indivíduos. A preocupação filosófica depois de Kant, em toda a filosofia alemã, é o que a crítica da razão chama de "lógica". O sujeito conhecedor, pela primeira vez na história da filosofia, é pensado não como um fato, mas como a consequência de um processo. Não há mais oposição entre a coisa e a representação que temos dela, a coisa não sendo nada mais do que essa representação. O conflito entre empiristas e especulativos marca profundamente a filosofia alemã na primeira metade do século XIX. Inspirador de toda a filosofia alemã do século XIX, **Kant** vai suscitar o desenvolvimento de novos sistemas filosóficos, dentre os quais a filosofia idealista de **Johann Gottlieb Fichte** (1762-1814), de **Friedrich Wilhelm Joseph von Schelling** (1775-1854) e **Georg Wilhelm Friedrich Hegel** (1770-1831).

O IDEALISMO ALEMÃO NO SÉCULO XIX

No momento em que a Revolução Francesa inquieta a Europa, a filosofia kantiana está no centro de todas as discussões. Duas correntes emergem no seio do idealismo alemão. Os principais sucessores de Kant tentam eliminar "a coisa em si" e defendem um retorno à metafísica. O ponto de divergência entre eles é a concepção do primeiro princípio, isto é, Deus. Segundo a terminologia de Hegel, Fichte tem um idealismo subjetivo; Schelling, um idealismo objetivo. Para Hegel, falaremos de um idealismo absoluto. Os sucessores de Kant consideram, em primeiro lugar, necessário desenvolver sua crítica e sua metafísica. Esta se torna panteísta, pois **Fichte**, **Schelling** e **Hegel** sofrem influência de Spinoza. Todos os três baseiam a sua filosofia na intuição intelectual, próxima do terceiro tipo de conhecimento em Spinoza. O que os separa, porém, é a concepção de Deus, do primeiro princípio.

Johann Gottlieb Fichte

Fichte (1762-1814) nasce em 1762, perto de Dresden. Em 1790, ele descobre a obra de Kant e chega até a visitá-lo. Em 1794, é nomeado professor em Jena por Goethe. Depois de uma denúncia por ateísmo, ele é obrigado a interromper suas aulas. Refugiado em Berlim, publica *O destino do homem* em 1799. Em 1806, ele publica *Die Anweisung zum seligen Leben* ("Instrução para uma vida abençoada", em tradução literal); em seguida, em 1808, *Discurso à nação alemã*. Ele é nomeado professor na Universidade de Berlim, que acaba de ser construída em 1810. Morre durante uma epidemia de cólera em 1814.

Sua doutrina

Fichte pensa restituir o que Kant não diz formalmente. Este último rejeitava a intuição das coisas em si. Fichte restaura a intuição, a consciência de que o espírito tem a sua própria atividade. Seu sistema baseia-se em três princípios. O primeiro princípio, o eu, é pressuposto por todo o conhecimento, ele é absoluto, incondicionado. Então, esse eu só pode tomar consciência de si ao limitar-se e ao impor-se segundo a famosa frase de Fichte: "O *eu* só se coloca opondo-se a um *não-eu*"[264], que é o segundo princípio. Os dois princípios só podem ser conciliados se aparecerem entre eles dois termos correlativos: um "eu divisível" e um "não-eu divisível". Em outras palavras, o *eu* opõe em si mesmo um *eu* divisível e um *não-eu* divisível. A tríade hegeliana é feita dentro do eu (tese-antítese-síntese).

Friedrich Wilhelm Joseph von Schelling

Schelling (1775-1854) nasce em 1775 numa aldeia em Wurtemberg. A princípio preceptor, ele ensina então na Universidade de Jena e torna-se secretário da Academia de Belas Artes de Munique (1806-1820). Morre em 1854. Suas principais publicações acontecem antes de 1809: *O Eu como princípio da filosofia* (1795), *Cartas filosóficas sobre o dogmatismo e o criticismo* (1795-1796), *Curso sobre a filosofia da arte* (1802), *Filosofia da mitologia* (1821), *Filosofia da revelação* (1831).

Sua doutrina

As grandes ideias que são a força do sistema filosófico de Hegel são emprestadas de Schelling: a ideia de uma filosofia da natureza e da história e a estreita relação entre a arte, a religião e a filosofia. Schelling corrige o que há de demasiado radical no idealismo de Fichte. Ele restaura o mundo exterior. Para ele, o *não-eu* existe e o *eu* também, do mesmo modo, e têm uma fonte comum que é uma "vontade primitiva". Ambos são a natureza, verdadeira "odisseia do espírito". Schelling ataca cientistas como Bacon que se inclinam mais para a ciência do que para a filosofia. A natureza não pode apreender os fenômenos científicos que a compõem. Apenas uma intuição artística pode revelá-los. Quando se volta para a religião, Schelling se inspira nas teorias de Jacob Böhme e esboça em *Filosofia e religião* (1804) uma verdadeira teosofia. Ante o homem e a natureza, desse primeiro mundo, resulta um segundo: Deus. Deus é o infinito, o perfeito e, especialmente, a vontade perfeita e infinita. É o "ser de todos os seres". A perspectiva de Schelling é perfeitamente panteísta. O homem, emanação de Deus, para se divinizar, deve abdicar do seu egoísmo e tender à divinização pela razão e pela vontade.

Georg Wilhelm Friedrich Hegel: pensar as coisas e o real em sua unidade

Nascido em Stuttgart em 1770, Hegel (1770-1831) abandona, após concluir seus estudos, a carreira eclesiástica e começa a de preceptor. No ano de sua nomeação na

---

264. Bernard Bourgeois, *Le Vocabulaire de Fichte* [O vocabulário de Fichte], Paris, Ellipses, 2000, p. 25-27.

Universidade de Jena como *privat docent*, professor particular nas universidades, ele publica *Diferença entre os sistemas filosóficos de Fichte e Schelling* (1801). *A Fenomenologia do Espírito*, em 1807, é uma introdução ao seu sistema. Então, de 1812 a 1816, ele publica em três volumes *A ciência da lógica*. *Enciclopédia de Ciências Filosóficas*, breve texto sobre toda a sua filosofia, aparece em 1817. 1821 é o ano dos *Princípios da Filosofia do Direito*. Ele morre em 1831, após uma epidemia de cólera. Para Hegel, o desafio é definir uma filosofia que ultrapasse a de Kant, sem regredir, sem cair na metafísica dogmática. Em *Fenomenologia do Espírito*, Hegel realiza uma abordagem verdadeiramente nova para o problema do conhecimento. Ele é o último dos grandes construtores de sistemas filosóficos dos tempos modernos depois de Kant, Fichte, Schelling e, portanto, marca o apogeu da filosofia clássica alemã.

Sua doutrina

Hegel tenta superar sistematicamente todas as contradições do pensamento kantiano, númeno e fenômeno, liberdade e necessidade, sujeito e objeto. Enquanto Kant afirmava que o homem só pode aspirar ao conhecimento dos fenômenos, Hegel pretende provar que, como na metafísica dos antigos, a razão é de fato capaz de um conhecimento absoluto que pode penetrar as essências, ou as coisas em si. Hegel pensa que os limites do conhecimento, destacados repetidamente por Kant, tornam-se nada menos do que um escândalo para a razão. Ao anunciar seu programa filosófico em *A Fenomenologia do espírito*, Hegel declara que "a substância deve se tornar o objeto", fórmula lapidar caracterizada por um de seus principais objetivos filosóficos: conciliar a filosofia clássica e moderna.

Dialética e dialética da história

Como para Platão, a dialética para Hegel representa o movimento da filosofia e o desenvolvimento da razão. Hegel identificou a dialética como o resultado de um conflito entre os seus próprios aspectos contraditórios. A dialética tem como objeto remover as contradições que se apresentam com as ideias, ou seja, superá-las. Consequentemente, esta vai proceder por tese, antítese e síntese. O idealismo busca superar as contradições penetrando o sistema global e coerente da verdade e criar continuamente novos conhecimentos a serem incorporados nas descobertas precedentes. Portanto, o idealismo é favorável a todas as buscas da verdade, seja no campo das ciências naturais ou comportamentais ou na arte, na religião e na filosofia. Ele busca a verdade em qualquer juízo positivo e na sua contradição. Assim, ele usa o método dialético do raciocínio para suprimir as contradições características do conhecimento humano. O principal princípio que orienta a filosofia da história é que a ideia governa o mundo e que a história é racional. "Tudo o que é real é racional, tudo o que é racional é real"²⁶⁵. A dialética não se torna somente uma propriedade do pensamento, mas também das coisas: sua concepção da história vai nos mostrar como esses dois aspectos da dialética finalmente se encontram. O determinismo histórico é sucedido por um determinismo dialético que, ao contrário do primeiro, não se define pelo progresso de realidades ou de pensamentos, mas por um progresso das coisas e do pensamento²⁶⁶. O objetivo da filosofia da história é entender o espírito de um povo, ou seja, o que o determina por meio da arte, da religião, da filosofia, da cultura e das leis. Os povos que não formam um Estado não têm história, conclui Hegel.

A filosofia

A *Fenomenologia do espírito* critica, em sua introdução, a posição de Schelling em relação ao absoluto. Com a crítica, é preciso reconhecer que não há saber absoluto. Porém, para Hegel, o saber absoluto, é acima de tudo o verdadeiro saber. A fenomenologia do espírito permite acompanhar o progresso da consciência de sua forma mais elementar, a sensação, até a mais elevada, a do saber absoluto. A filosofia permite o seu desenvolvimento: "A ciência do absoluto é essencialmente um sistema porque o concreto verdadeiro existe apenas se desenvolvendo por si mesmo, apreendendo-se e mantendo-se como unidade, isto é, como totalidade e é somente distinguindo e determinando suas diferenças que ele pode constituir sua necessidade assim como a liberdade do todo"²⁶⁷. Ele define a filosofia "como o todo de uma ciência que representa a Ideia" e a divide em três partes:

1. *A lógica*, ciência da Ideia em si e para si.

2. *A filosofia da natureza*, ciência da Ideia em sua alteridade.

3. *A filosofia do espírito*, a Ideia voltando, de sua alteridade a si mesma.

Estas três etapas da filosofia hegeliana também se dividem em três. Ele as chama de "consciência", "autoconsciência" e "razão" e pensa, assim, que a *Fenomenologia do Espírito* apresenta, portanto, "o caminho da consciência natural que sofre um impulso para o verdadeiro saber". Na "consciência de si", situa-se a dialética do senhor e do servo.

---

265. G.W.F. Hegel, Prefácio a *Principes de la philosophie du droit* [Princípios da filosofia do direito], Paris, Gallimard, 1972.

266. Florence Braunstein e Jean-François Pépin, *La Culture générale pour les Nuls* [A cultura geral para leigos], op. cit., p. 495.

267. G.W.F. Hegel, *Encyclopédie des sciences philosophiques: la logique, la philosophie de la nature, la philosophie de l'esprit* [Enciclopédia das ciências filosóficas: a lógica, a filosofia da natureza, a filosofia do espírito], Paris, Vrin, "Bibliothèque des textes philosophiques" [Biblioteca de textos filosóficos], 1990.

Quando duas consciências se encontram, elas entram em conflito para se reconhecerem. O servo tem medo da morte, então se submete. O senhor é aquele que domina, mas vai precisar do outro para fazê-lo e torna-se, por sua vez, escravo do escravo.

A lógica ou a filosofia da ideia pura

"A lógica se confunde com a metafísica, ciência das coisas expressas em Ideias que passavam para expressar suas essências"[268]. A lógica se define, portanto, como uma ontologia que estuda o ser, a essência e o conceito. A ideia de ser é uma ideia geral colocada pelo espírito. Mas é uma ideia geral que deve poder se aplicar a todos os seres, já que todos os nossos conceitos expressam modos de ser. Consequentemente, ser, sem qualquer determinação, significa dizer não ser nada. No entanto, o ser e o nada podem unificar-se: "Tornar-se é a verdadeira expressão do resultado do ser e do nada como sua unidade, mas é o movimento em si, isto é, a unidade que não é somente imóvel em relação a si mesma, mas que se opõe a si mesma em si mesma em consequência da distinção entre o ser e o nada em si mesma"[269]. A unificação se dá pelo tornar-se.

A filosofia do espírito

"O conhecimento do espírito é o conhecimento mais concreto e, por isso, o mais elevado e o mais difícil"[270]. A filosofia do espírito não deve ser utilizada para o conhecimento dos homens que tentam encontrar suas fraquezas ou suas paixões. Ela demonstra ser uma ciência que pressupõe o conhecimento humano e também que se ocupa das "existências contingentes, insignificantes formas do espiritual, sem penetrar até o substancial, até o próprio Espírito"[271]. Hegel entende por Espírito a "verdade da natureza". Ele distingue o espírito em si, espírito livre que ele chama de "espírito subjetivo", do "espírito objetivo", espírito fora de si. O primeiro é a alma, o segundo, a consciência, objeto da fenomenologia.

Religião e Filosofia

A religião é o último estágio da dialética hegeliana. Ele define em primeiro lugar o espírito absoluto. O espírito absoluto está de acordo com Hegel "na unidade existente em e para si e se reproduzindo eternamente, da objetividade do Espírito e de sua idealidade ou de seu conceito, é o Espírito em sua verdade absoluta". Ele é primeiro "arte

---

268. *Encyclopédie des sciences philosophiques* [Enciclopédia das ciências filosóficas], Vrin, 1987, par. 24.

269. *Encyclopédie des sciences philosophiques* [Enciclopédia das ciências filosóficas], Vrin, 1990, par. 39.

270. Ibid., par. 397.

271. Ibid., par. 377.

e depois religião revelada finalmente em filosofia". A religião deve ser revelada por Deus, "se a palavra espírito tem um sentido, ela significa a revelação desse espírito". A filosofia da religião concentra-se essencialmente na construção teórica do discurso religioso. No entanto, esta não constitui a verdade mais elevada, já que ela não permite pensar o espírito, entender a necessidade de seu desenvolvimento. Hegel analisa a religião antes de tudo como uma manifestação do espírito e revisa todas as suas manifestações desde os cultos mais antigos. A religião busca ser um elo entre todos os homens e um elo entre todos os homens e Deus.

O hegelianismo

O sistema filosófico de Hegel deve ser considerado como o último sistema universal. Seus discípulos vão seguir duas tendências: a primeira chamada direita hegeliana, que agrupa os espíritos religiosos e continua a ser pouco seguida. A segunda, ao contrário, antirreligiosa encontrará em Marx, seu principal representante. Ludwig Feuerbach será o intermediário transformando o idealismo absoluto em materialismo, para depois tornar-se um materialismo histórico próximo do de Marx.

O existencialismo: Soren Kierkegaard

É difícil ligar o pensamento original deste dinamarquês a uma escola filosófica específica, pois ele se apresenta tanto como uma crítica ao hegelianismo quanto uma teologia e uma filosofia da existência. Filho de pais velhos, com um pai autoritário, comerciante de produtos coloniais, marcado pelo peso do pecado, Kierkegaard (1813-1855) continua em 1830 seus estudos de filosofia e teologia na Universidade de Copenhague. Onze anos mais tarde, ele defende sua tese de doutorado, "O conceito de ironia continuamente referido a Sócrates". Depois de romper seu noivado com Regine Olsen, muda-se para Berlim para ser aluno de Schelling. 1846 é a data do seu terceiro livro, *Post-Scriptum não científico e definitivo* às Migalhas filosóficas, no qual critica Hegel. Três anos depois, em 1849, o *Tratado do Desespero* aparece. A obra de Kierkegaard é composta de ensaios, aforismos, cartas fictícias, jornais. Muitos de seus trabalhos foram publicados originalmente sob pseudônimos. No final de sua vida, ele estará envolvido em controvérsias, principalmente com a Igreja Luterana da Dinamarca. *Desespero - a doença mortal*, em 1849, reflete uma visão cada vez mais sombria do cristianismo. Kierkegaard é o precursor de uma reflexão sobre a subjetividade temática que ia se implantar em várias correntes filosóficas ao longo do século XX, observando os desvios que a subjetividade podia sofrer. Ele proclama que não poderia haver um sistema da existência. O homem em geral e a existência em geral não existem. Para Hegel, a existência era apenas um momento no desdobramento da totalidade universal. Em *Estágios sobre o caminho da vida* (1845), ele descreve os três estágios da existência humana:

❖ **O estágio estético** é a imediatez, a espontaneidade do instante vivido por si mesmo. A figura que melhor ilustra esse estágio é o Don Juan de Mozart, mas marcado pelo trágico, a falta de distância em relação a si o impede de apreender o sentido de sua existência.

❖ **O estágio ético** é o da escolha absoluta, da liberdade. O ético se escolhe ele mesmo, mas o indivíduo não escolhe muito, nem a vida, nem sua educação. Entretanto, ele sempre tem a liberdade de interpretar sua existência.

❖ **O estágio religioso** é, para o homem, sofrimento. O homem não pode conhecer Deus porque ele pecou e perdeu a eternidade. É absurdo que Deus se tenha feito homem para salvar os homens. É o estágio do absurdo da fé apreendida como o movimento existencial por excelência. O sofrimento do cristão é precisamente que, para realizar sua salvação, ele deve acreditar no absurdo, no paradoxo, como Abraão, a quem Deus pediu para sacrificar seu filho. Ele crê, provavelmente, porque é absurdo e em virtude do absurdo. A fé leva à felicidade, mas ela também é o caminho que revela o trágico da existência. Kierkegaard não só denunciou a filosofia da história e do sistema, mas defendeu a causa do indivíduo e introduziu na cena filosófica o *eu*. Lacan dirá que ele é o questionador mais crítico antes de Freud.

Friedrich Nietzsche: em direção às rupturas do século XX

Nascido no presbitério de Röcken, na Turíngia, Alemanha, Nietzsche (1844-1900) é filho de um pastor luterano. Ele fará brilhantes estudos na faculdade de Pforta, em Bonn, em Leipzig e, em seguida, vai se orientar para a filologia. Por sessenta anos ele será o amigo de Wagner e sua esposa Cosima. A influência de Schopenhauer é significativa. Em 1872, *O Nascimento da Tragédia* interpreta a filosofia grega a partir de dois personagens: Apolo, caracterizado pela sensatez e serenidade, e Dionísio, caracterizado por aquilo que passa da medida, por tudo o que ultrapassa a personalidade. Aparecem depois, em 1886, *Além do bem e do mal* e *A Genealogia da Moral*, em 1887. O ano seguinte é de rara fecundidade com o *Crepúsculo dos Ídolos* e *O Anticristo*. *A Vontade de Poder* será publicado em 1901 a partir de fragmentos escritos entre 1884 e 1886. 1889 marca o ano de um Nietzsche que sucumbe à loucura. Sua mãe e sua irmã Elizabeth cuidam dele. Esta falsificará a obra do grande pensador e tentará colocá-lo a serviço do nacional-socialismo.

Sua doutrina

Nietzsche considera a filosofia principalmente como criação de valores. Os valores originários são, segundo ele, estimulados pela vida e pelo desejo de poder. Sua negação será a base de sua moral e de sua metafísica.

O desejo de poder, Wille zur Macht

É um dos conceitos centrais de sua filosofia, porque é instrumento de descrição do mundo, mas luta pela autoafirmação, o conceito de vida, criação contínua que faz todo ser enriquecer-se a si mesmo. Onde quer que haja vida, existe o desejo de poder. Ele é essencialmente transcendência de si. Se, numa primeira forma, ele se impõe como uma faculdade dinâmica, numa segunda, ele aparece como poder e dominação. Seria enganoso imaginar que essas forças expressam um desejo de dominar ou esmagar os outros. Trata-se de uma força ativa e plástica, que vai até o limite do que consegue, análoga, nesse sentido, ao conatus, esforço, de Spinoza. Mas, para Nietzsche, são as forças reativas que triunfam em nossa cultura. E nossa cultura é niilista, ela diz não ao desejo de poder, esta forma de niilismo foi inaugurada pela primeira vez por Sócrates e Platão, depois por Cristo e São Paulo. O mundo platônico das ideias é contestado por Nietzsche. Ele propõe explorar o sensível, a percepção da Caverna.

O niilismo, a morte de Deus

Para Nietzsche, Deus não poderia estar morto porque ele nunca existiu. O homem se descobre assassino de Deus, aspira a tornar-se o próprio Deus, porque ele vira as costas para a religião e abandona radicalmente os valores antigos para implementar os seus, "humanos, demasiado humanos", os do progresso e da ciência. "Os deuses também se decompõem! Deus está morto! [...] A grandeza deste ato muito grande para nós. Será que não precisamos nos tornar deuses nós mesmos para simplesmente parecermos dignos?"[272]. A morte de Deus é uma etapa que traz a esperança de criar um novo universo. Nietzsche se abandona a uma crítica implacável do homem moderno que não acredita nem em valores divinos, nem em valores humanos. Sua vontade não é mais vontade de poder, mas vontade de nada. Para além do último homem, há o homem que quer perecer. Segundo **Gilles Deleuze**, o último homem representa o estágio último do niilismo, o que consiste em cessar toda a luta e brutalizar-se na inércia. O último homem seria o desfecho dessa marcha do niilismo: "Assim contada, a história ainda nos leva à mesma conclusão: o niilismo negativo é substituído pelo niilismo reativo e o niilismo reativo leva ao niilismo passivo. De Deus ao assassino de Deus, do assassino de Deus ao último dos homens"[273].

Super-homem e eterno retorno

Nesse estágio último, Nietzsche considera que chegou o momento para o homem transcender a si mesmo, para transmutar todos os valores estabelecidos para criar outros

---

272. Friedrich Nietzsche, *Le Gai savoir* [A gaia ciência], III, 125.
273. Gilles Deleuze, *Nietzsche et la philosophie* [Nietzsche e a filosofia], Paris, PUF, 2010, p. 173.

novos. Em *Ecce Homo* (1888), Nietzsche menciona sete vezes o eterno retorno. Deleuze dedicará uma página para explicar que o eterno retorno é o princípio de escolha e que ele não é eterno retorno de todas as coisas. O raciocínio de Nietzsche é o seguinte: "O universo é força; porém, uma força infinita não tem sentido; por conseguinte, é necessário que a mesma combinação de forças retorne eternamente [...] Logo, o eterno retorno é o modo de existência do universo inteiro, e não somente da história humana"[274].

Nietzsche e o Nazismo

É difícil de falar seriamente sobre a associação das ideias de Nietzsche com as das ideologias do nacional-socialismo. Rosenberg, em seu livro *O Mito do século XX*[275], o coloca entre os precursores do movimento. Nietzsche até para sua correspondência com Theodore Fritsch que lhe enviava o *Antisemitische Correspondenz* de que era editor. A falsificação da obra de Nietzsche vem de sua irmã Elizabeth, com quem tinha pouca afinidade. Ela se casou em 22 de maio de 1885 com Bernard Förster, um ideólogo pangermanista que tinha fundado no Paraguai uma "colônia de arianos puros". Elizabeth não hesitará em falsificar as cartas e manuscritos de seu irmão a fim de submeter a filosofia nietzschiana aos seus ideais políticos, especialmente com a publicação de *A Vontade de Poder*. Ela fará do filósofo antirreligioso uma figura de destaque entre os simpatizantes do Terceiro Reich.

Arthur Schopenhauer: a vontade, uma vontade de viver

Nascido numa rica família de banqueiros, após ter tido aulas com Fichte e com o cético Schulze, Schopenhauer obtém em Jena, em 1814, seu doutorado intitulado "A raiz quádrupla do princípio da razão suficiente". Após a publicação, em 1818, de *O mundo como vontade e como representação*, ele se torna professor assistente em 1819 na Universidade de Berlim, mas não obtém a cadeira. A partir de 1833, ele escreve *Os dois problemas fundamentais da ética, Parerga e Paralipomena*, após ir para Frankfurt. Suas qualidades literárias não são estranhas nem ao entusiasmo causado por seu trabalho nem à influência exercida sobre escritores como **Maupassant, Zola, Pirandello** e **Thomas Mann**.

Sua doutrina

Ele se coloca como continuador de Kant, mas constrói um pensamento profundamente pessimista da "vontade de viver", desejo insaciável que nos arrasta da dor ao

---

274. C. Godin, *La Totalité* [A totalidade], vol. 3, Seyssel, Champ Vallon, 1997-2001, p. 424.

275. Ver Pierre Grosclaude, *Alfred Rosenberg et le mythe du XXe siècle* [Alfred Rosenberg e o mito do século XX], Paris, Sorlot 1938.

sofrimento. A felicidade só pode ser a cessação de uma dor precedida e seguida por outras. Assim como para Kant, o fenômeno é a expressão sensível da coisa em si e o mundo em seu devir é a expressão fenomenal da vontade. A vontade é uma força, uma "vontade de viver". A orientação da nossa vontade é inata. Não podemos agir contra a vontade à qual estamos presos, embora sejamos livres para fazer o que bem entendermos. Ele interpreta essa vontade como uma pulsão de existência, agindo por detrás de todos os fenômenos. Essa força cega alimenta-se de si mesma e renova-se ao consumir suas próprias criaturas. Dois caminhos permitem ao homem libertar-se do sofrimento infligido pelo mundo: um pela moral, o outro pela estética. Ele pode reconhecer a si mesmo em todos os seres, *Tat twam asi*, expressão emprestada da Índia para significar isso. A contemplação estética ou o prazer de uma obra artística permite unir-se e fundir-se com o universo. Se Schopenhauer foi considerado em sua época como o primeiro budista europeu, foi com uma interpretação equivocada do budismo que era considerado como um niilismo cujo objetivo mais extremo da existência seria sua imersão no nada.

O MATERIALISMO

Os anos 1830 são dominados pelo pensamento idealista de Hegel. No entanto, é nas teorias materialistas de Hobbes, Feuerbach e Saint-Simon que Marx se baseia para desenvolver a noção de materialismo histórico. Esta o leva a apresentar um materialismo dialético de que se distingue como método de uma doutrina. Se o materialismo reside numa concepção filosófica que faz da matéria a base do universo e se opõe ao espiritualismo, para quem tudo vem do espírito, o materialismo dialético considera a matéria como engajada num desenvolvimento histórico. **Feuerbach** (1804-1872) é o elo intermediário para que o idealismo absoluto se transforme em materialismo histórico, tal como o encontramos em Marx.

Nascido em Trier, **Karl Marx** (1818-1883) estuda primeiramente direito, mas termina com uma tese em filosofia em 1841, intitulada "A diferença entre as filosofias da natureza de Demócrito e de Epicuro". Em 1845, expulso da França, ele vai para a Inglaterra. 1848 marca a data da escrita do *Manifesto comunista*. Depois de várias expulsões, permanece em Londres. Intimamente envolvido na vida política do seu tempo, após ter sido filiado em 1845 à Liga dos Comunistas, ele funda, em 1864, a Associação Internacional dos Trabalhadores. Em 1867, ele publica a primeira parte de seu livro *O capital*. Ele morre em 1883. Durante o enterro de Marx no Highgate Cemetery, Engels declarou que Marx tinha feito duas grandes descobertas: a lei do desenvolvimento da história humana e a lei do movimento da sociedade burguesa.

Sua doutrina

Marx começa por criticar Hegel e os idealistas e a demonstrar que as teorias deles são mais bem comprovadas pelo materialismo. O texto que melhor resume sua concepção geral é o famoso prefácio à *Contribuição à crítica da economia política*. Ali, ele diz que cada sociedade é determinada e caracterizada por um estado das relações de produção, ele próprio correspondente a um determinado estado do desenvolvimento das forças produtivas. Por força de produção, Marx entende um certo desenvolvimento de nosso nível de conhecimento técnico e uma certa organização de trabalho em comum. Às vezes, são as forças produtivas que entram em contradição com as relações de produção existentes. As mudanças que ocorrem na base econômica abalam a superestrutura. Assim, vários temas emergem:

- necessidade das relações sociais;
- relações sociais que se distinguem em infraestrutura e superestrutura (instituições culturais, jurídicas...);
- as revoluções são a expressão de uma necessidade histórica, e não de um acaso.

Vários temas de reflexão podem ser assim identificados. O pensamento filosófico de Marx deriva da dialética de Hegel, do materialismo de Feuerbach e da doutrina socialista de Saint-Simon, Fourier e Proudhon. Os tópicos a serem estudados são:

- a interpretação antropológica de Marx. Todos os fenômenos econômicos são inerentes a qualquer sociedade. Sua maneira de trabalhar implica a característica de cada sociedade;
- a interpretação econômica da história.

Mas antes estudemos seu método.

A dialética

> Meu método difere, não só na base, do método hegeliano, mas é exatamente o oposto. Para Hegel, o movimento do pensamento que ele personifica sob o nome de Ideia é o demiurgo da realidade, que é apenas a forma fenomenal da Ideia. Para mim, ao contrário, o movimento do pensamento é apenas o reflexo do movimento real, transposto no cérebro do homem[276].

---

276. *Le capital* [O capital], I, Paris, PUF, 1993, p. 178.

Em contraste com a metafísica que especula sobre o ser e que considera que as coisas são imutáveis, a dialética considera o mundo como um conjunto de movimentos. Daí decorre a impossibilidade de chegar a uma verdade absoluta.

O materialismo marxista

Os precursores do materialismo são **Bacon, Hobbes, Locke, Condillac** e **Holbach**. Mas Marx fala de um materialismo diferente, já que ele é "dialético". Não se trata de uma matéria em movimento, caracterizada por processos dialéticos, que são apenas observáveis no pensamento como reflexos do mundo material. Na história humana, todos os fenômenos e eventos são determinados pelo modo de produção dos meios de subsistência. As ideias não governam o mundo, mas as superestruturas são determinadas pelo estado social, por sua vez determinado pelas forças sociais. Em 1859, no prefácio de *Contribuição à crítica da economia política*, Marx escreveu que a hipótese que serviu de base para sua análise da sociedade poderia ser rapidamente formulada como segue: na produção social entram em linha relações determinadas, necessárias, independentes da vontade dos homens, das relações de produção que correspondem a um grau de desenvolvimento determinado de suas forças produtivas materiais. A soma total dessas relações de produção constitui a estrutura econômica da sociedade, a base concreta sobre a qual se ergue uma superestrutura jurídica e política e à qual correspondem formas de consciência social. O modo de produção da vida material determina o caráter geral dos processos sociais, políticos e intelectuais da vida. Não é a consciência dos homens que determina sua existência, é ao contrário sua existência social que determina sua consciência. Essa hipótese foi depois chamada de materialismo histórico. Marx aplicou-a à sociedade capitalista ao mesmo tempo em *Manifesto comunista* e em *O capital*, além de outros escritos, como a *Contribuição à crítica da economia política* (1859).

O homem

O ponto de partida da história humana é o homem vivo, que tenta responder a certas necessidades primárias. A atividade humana é essencialmente uma luta com a natureza que deve fornecer os meios de satisfazer suas necessidades: bebida, alimentação, roupas, desenvolvimento de seus poderes e de suas capacidades intelectuais e artísticas. Na conscientização de sua luta contra a natureza, o homem encontra as condições de seu desenvolvimento, a realização de sua verdadeira estatura. O advento da consciência é inseparável da luta. Comprometida com sua dimensão universal, a atividade humana revela que, para o homem, o homem é o ser supremo. Portanto, é vão falar de Deus, da criação e dos problemas metafísicos.

As estruturas

A realidade social é estruturada da seguinte maneira: o verdadeiro fundamento da sociedade é a estrutura econômica que compreende as "forças materiais de produção", ou seja, o trabalho e os meios de produção, os arranjos sociais e políticos que regem a produção e a distribuição. Acima da estrutura econômica se ergue a superestrutura composta das "formas de consciência social" jurídica e política que correspondem à estrutura econômica. As relações políticas que os homens estabelecem entre eles são dependentes da produção material, assim como as relações jurídicas.

CAPÍTULO IV
A ESPANHA NO SÉCULO XIX

1. O FIM DA ESPANHA NAPOLEÔNICA

José Bonaparte (1768-1844) já é rei de Nápoles desde 1806 quando seu irmão Napoleão I o nomeia rei da Espanha em 1808. Ele reina sob o nome de **José Napoleão I** (1808-1813). "Reinar" seria, por sinal, um termo excessivo; ele só consegue se impor nas grandes cidades, graças à presença das tropas francesas. O país inteiro é profundamente hostil a ele, apoiado pela Grã-Bretanha, que envia o general **Wellington** (1769-1852), que obtém uma série de vitórias — Talavera (1809), Victoria (1813) — e toma Madri em 1812. Desde 2 de maio de 1808, o *Dos de Mayo*, Madri se rebela contra a ocupação francesa. As tropas de **Murat** (1767-1815) reprimem o movimento popular com derramamento de sangue, massacram os últimos revoltados no dia seguinte, o *Tres de Mayo*, título de um célebre quadro de Goya mostrando os fuzilamentos sumários. A derrota de Victoria (21 de junho de 1813) não deixa qualquer esperança; José foge do país. Napoleão I é forçado a reconhecer Fernando VII como rei legítimo. A única reforma importante realizada pelos franceses é a abolição da inquisição, restabelecida por Fernando VII quando do seu retorno.

FERNANDO VII E O RETORNO DA REAÇÃO

Fernando VII (1814-1833) reconquista a Espanha em março de 1814. Ele abole a Constituição de 1812, liberal, votada pelas Cortes de Cádis, assembleia regional, e restabelece a tortura e a Inquisição. Um levante militar, em Cádis, em janeiro de 1820, o obriga a restabelecer a Constituição, proibir a tortura e abolir a Inquisição. Mas a monarquia, profundamente reacionária e absolutista, tira proveito da invasão da Espanha pelas tropas francesas enviadas pela Santa Aliança formada no congresso de Verona (1823) entre a França, a Rússia, a Áustria e a Prússia, a fim de impor o absolutismo.

Vindas para cassar os liberais e restituir a plenitude do poder a Fernando VII, as tropas francesas dominam o país em alguns meses, entre fevereiro e setembro de 1823. Os liberais, em fuga, são perseguidos; as próprias universidades e os jornais, controlados pela censura. Os franceses ficam até 1828, deixando uma Espanha enfraquecida por anos de guerra civil. Uma parte das posses espanholas proclama sua independência: México, Guatemala, Nicarágua, Honduras, Costa Rica, El Salvador. Outro problema ameaça o reino: a sucessão. Em 31 de março de 1830, **Fernando VII** promulga a Pragmática Sanção para garantir o trono a sua filha Isabela, pois as mulheres são excluídas da sucessão desde a adoção da lei sálica por Filipe V. Ela é recusada pelos partidários de Don Carlos (1788-1855), irmão do rei. O soberano morre em 29 de setembro de 1833.

O DIFÍCIL REINO DE ISABELA II

A filha de Fernando VII, **Isabel II** (1833-1868), torna-se rainha sob a regência de sua mãe, **Maria Cristina de Bourbon-Siciles** (1806-1878). Essa última é enfraquecida por um novo casamento, em princípio secreto, mal-aceito: Fernando falece em setembro de 1833, e em dezembro do mesmo ano sua viúva se casa novamente com um sargento da guarda. Os conservadores, os absolutistas e a Igreja apoiam o partido carlista, o de Don Carlos, que é proclamado rei sob o nome de **Carlos V**. A guerra de sucessão da Espanha ou Primeira Guerra Carlista (1833-1839) eclode. Apoiada pelos liberais, a regente promulga uma Constituição liberal em 1834. Os dois partidos se enfrentam até 1839, ano ao longo do qual os carlistas são derrotados. Don Carlos foge para a França. Esse sucesso não impede a regente de reencontrar uma forte oposição que a obriga a renunciar à regência em 1840 e se exilar na França. Em 1843, ainda menor, **Isabel II** é proclamada rainha, na esperança de levar à unidade nacional. Maria Cristina retorna do exílio. Uma nova Constituição é estabelecida em 1845, fundada no papel da monarquia aliada às assembleias, as Cortes. Em 1848, a Espanha é tocada pelos movimentos revolucionários que abalam a Europa, mas eles são rapidamente abafados por uma repressão feroz. Em 1860, Don Carlos tenta um desembarque perto de Tarragona, mas é facilmente afastado. A rainha tem dificuldades permanentes para encontrar governos estáveis, navegando entre liberais, progressistas e conservadores. As revoltas estudantis se alternam com os motins de certas tropas. Finalmente, em setembro de 1868 acontece *La Gloriosa*, "A Gloriosa", revolução que expulsa Isabel II de Madri. Ela se exila na França, onde espera os catorze anos de seu filho, **Afonso XII** (reino: 1874-1885), para abdicar oficialmente em seu favor em junho de 1870. Na realidade, o novo monarca só pode ocupar seu trono em 1874. Na Espanha, os governos se sucedem: governo provisório (1868-1870); reinado de **Amadeu I** (reino: 1871-1873), **Amadeu de Saboia** (1845-1890) eleito pelas

Cortes, mas que ninguém quer de verdade, e que abdica depois de dois anos; primeira República espanhola (1873-1874).

A RESTAURAÇÃO ESPANHOLA: AFONSO XII

Afonso XII, formado pelo conhecimento das monarquias constitucionais, torna público, em dezembro de 1874, o *Manifesto de Sandhurst*, no qual oferece seus serviços à Espanha e promete uma Constituição liberal. O chefe do Estado, o do governo e o exército exigem seu retorno, efetivo a partir do final de setembro de 1874. Em janeiro de 1875, ele é proclamado rei. Em 1876, implementa uma nova Constituição, liberal. Contrariamente à sua mãe Isabela, Afonso XII é muito popular, principalmente por sua humanidade e sua coragem. Em 1885, ele não hesita em ajudar pessoalmente os doentes de cólera em Valência. De volta a Madri, o povo o ovaciona, bloqueando sua carroça para desatrelar os cavalos e conduzi-lo pessoalmente até o palácio real. Infelizmente, esse monarca que parecia destinado a restaurar a unidade espanhola e a modernizar o reino morre prematuramente aos 27 anos de tuberculose, em 25 de novembro de 1885. Sua esposa, **Maria Cristina da Áustria** (1858-1929), espera uma criança. É um menino que nasce em 17 de maio de 1886, batizado Afonso, futuro rei **Afonso XIII** (1886-1931). Sua mãe é regente de 1886 a 1902, quando, aos dezesseis anos, o jovem príncipe é declarado maior. Ele assume essa função com nobreza, a despeito dos problemas: assassinato do primeiro-ministro em 1897, desastrosa derrota na guerra contra os Estados Unidos em 1898, selada pela perda das últimas colônias espanholas.

2. A ARTE NA ESPANHA NO SÉCULO XIX

A arte espanhola no século XIX não evolui à margem das transformações que sofre a Europa. No mesmo caminho de Manet, vários pintores e escritores tomarão, ao final do século XIX, o caminho da Espanha para ganhar uma formação artística, como **Constantin Meunier**, Émile Verhaeren, **James Ensor**.

A PINTURA NA ESPANHA NO SÉCULO XIX

À moda romântica correspondem as pinturas de **Leonardo Alenza** (1807-1845) que segue a exploração da condição humana iniciada por Goya. O romantismo evolui com ele na direção do *costumbrismo*, em que são representados os costumes e particularidades regionais, o que faz dele uma pintura da realidade social. O pintor **Eugenio Lucas Velázquez** (1824-1870) marca uma etapa decisiva na pintura espanhola, porque, sob sua influência, o romantismo rompe com o academicismo e se torna uma pintura histórica e social. Anteriormente, o ensinamento de David se impõe e determina composições históricas. Um segundo período, nessa última metade do século XIX, começa pela pintura da história com **Federico de Madrazo** (1815-1894), **Benito Murillo** (1827-1891) e **Mariano Fortuny** (1839-1874). Vários artistas obtêm recompensas na Exposição universal de 1889.

A ARQUITETURA TEM UM NOME: GAUDÍ

A arquitetura está ligada ao nome de **Antonio Gaudí** (1852-1926). Na primeira fase de sua obra, ele experimenta formas tiradas do patrimônio mouro e bizantino e nelas se inspira para inventar formas estruturais feitas a partir de materiais tradicionais. É o caso da Finca Güell (1884-1887). As alusões ao estilo **mudéjar** aparecem nos azulejos de cerâmica. A Sagrada Família é considerada como a obra de sua vida; o Templo Expiatório da Santa Família – seu nome em português – faz parte dessas basílicas menores em Barcelona. A partir de uma maquete, ele inicia a concepção de três fachadas: a Natividade no Leste, a Glória ao Sul e a Paixão a Oeste, ornadas com três portões e enquadradas por quatro campanários, ou seja doze campanários que simbolizam os doze apóstolos. Admirador de Viollet-le-Duc, esse arquiteto *art nouveau* vê sete de suas obras inscritas no patrimônio da Unesco: o **parque Güell**, a **Casa Milá**, a **Casa Vicens**, a fachada da Natividade, a cripta da Sagrada Família, a Casa Batlló, a cripta da Colônia Güell.

3. A LITERATURA ESPANHOLA NO SÉCULO XIX

A despeito de todas as preocupações políticas desde 1830, a Espanha não ficou indiferente aos movimentos intelectuais franceses. O autor mais representativo anterior a essa data é sem dúvida **Gaspar Melchor de Jovellanos** (1744-1811), que tenta conciliar suas ideias novas e sua predileção pela literatura tradicional espanhola. **Don José Zorrilla** (1817-1893) escreve assim poesias líricas cujos temas são emprestados das fontes literárias ou dos clássicos do Século de Ouro: *A Lenda do Cid*.

Mariano José de Larra (1809-1837) trata principalmente dos costumes e das instituições, fazendo do problema nacional seu principal centro de interesses. O retorno às antigas tradições já havia sido o objetivo perseguido por **Juan Meléndez Valdés** (1754-1817), nas odes e elegias, por **Leandro Fernández de Moratín** (1760-1828), o Molière espanhol. Será preciso esperar **Gustavo Adolfo Bécquer** (1836-1870) para encontrar as inflexões do romantismo, com suas *Rimas*. **Na segunda parte do século XIX** e no início do século XX, o que domina a literatura espanhola é a evolução do romance. Leopoldo Alas, conhecido sob o nome de **Clarín** (1852-1901), revela-se um ardente defensor do naturalismo com *A regente*. **Fernán Caballero** (1797-1877), pseudônimo de Cecilia Böhl de Faber y Larrea, é também representativa dessa evolução do romance. Essa romancista se torna intérprete inspirada em sua Andaluzia com obras cheias de graciosidade: *A gaivota, Novelas andaluzas*. **Armando Palacio Valdés** (1853-1938) se tornou conhecido por sua obra-prima, *A irmã Saint Sulpice*, assim como **Emilia Pardo Bazán** (1852-1921) que se dedica à escola de nossos romancistas naturalistas: *A mãe natureza*. **Benito Pérez Galdós** (1843-1920) foi comparado repetidas vezes com Dickens e com Erckmann-Chatrian. Seus romances têm a sensibilidade de um, a força e a potência da evocação do outro, *O fruto proibido, Tristana e Nazarín*. O final do século XIX se conclui com a obra de Benito Pérez Galdós, que nos deixa 77 romances, verdadeiro condensado da vida sentimental dos espanhóis desse período. Ele pinta a classe média de maneira realista: *Fortunata e Jacinta, Misericórdia*.

CAPÍTULO V
A ITÁLIA NO SÉCULO XIX

1. O SÉCULO XIX: DAS ITÁLIAS À ITÁLIA

VENEZA NO SÉCULO XIX, DA DOMINAÇÃO AUSTRÍACA AO REINO DA ITÁLIA

A presença francesa dura pouco. Pelo Tratado de Campo Formio (18 de outubro de 1797), Veneza passa para a soberania austríaca. Os franceses retomam, por um curto período, o controle entre 1806 e 1814. No retorno dos austríacos, ela é ligada ao reino lombardo-veneziano e continua a ser, a despeito de sua participação na Primavera dos Povos, uma efêmera República entre 1847 e 1849, integrada ao Império Austro-Húngaro até 1866. Derrotados em julho de 1866 em Sadowa pelos prussianos, os austríacos abandonam o Vêneto, que vota sua ligação com o reino da Itália.

FLORENÇA NO SÉCULO XIX: CAPITAL DO REINO

Em 1816, o grão-ducado da Toscana volta a ser um dos territórios-satélites do Império Austríaco. O último grão-duque, Fernando IV (reino: 1859-1860), não reina mais do que alguns meses. Ele não pode impedir a anexação da Toscana, em 1861, ao reino da Itália. O rei **Vítor Emanuel II** (1861-1878) faz de Florença a primeira capital do reino unificado da Itália, entre 1865 e 1871, depois de Turim (1861-1864) e antes de Roma (a partir de novembro de 1871).

MILÃO E O REINO DA ITÁLIA (1797-1859)

A República Cisalpina (1797-1802) faz parte das "Repúblicas irmãs" que a França pretende instalar na Europa. Ela não sobrevive ao estabelecimento do Primeiro Império por Napoleão Bonaparte. Torna-se República italiana de 1802 a 1805, depois

Reino da Itália, criado por Napoleão I em 1805, que dura até 1814. Depois da queda do Império, Milão hesita entre a França e a Áustria, mas as forças austríacas ocupam o norte da Itália. Em 1815, os austro-húngaros fundam o Reino da Lombardia-Vêneto, cujas capitais são Milão e Veneza. Em 1849, Milão se rebela contra os austríacos, que regressam imediatamente. Em 1859 a Lombardia e, depois em 1866, o Vêneto são anexados ao Reino da Itália.

OS ESTADOS PONTIFICAIS NA TORMENTA, 1796-1870

Senhores de Roma em 1798, os franceses pedem que **Pio VI** (1755-1799) renuncie a seus estados para permanecer detentor do único poder espiritual. O papa foge, e a República Romana é proclamada. É uma efêmera "República irmã" ao exemplo francês, retomada pelas tropas napolitanas em setembro de 1799. Pio VI, capturado pelas tropas francesas, morre em cativeiro em 1799. **Pio VII** (1800-1823) é o sucessor, recuperando os Estados pontificais restaurados em junho de 1800. Novamente invadidos por **Napoleão I** em 1808, eles formam até 1815 os departamentos do Império francês do Tibre e do Trasimeno. O Congresso de Viena (1815) retorna os Estados pontificais ao soberano pontífice. A onda revolucionária que sacode a Europa entre 1848 e 1850 conduz a uma revolta dos romanos em novembro de 1848. O Papa **Pio IX** (1846-1878) foge e encontra refúgio em Gaeta, no reino das Duas Sicílias. Ele apela para ajuda dos governos europeus. A França atende e o general **Oudinot** (1791-1863) retoma Roma na Batalha do Janiculum em 30 de junho de 1849. Pio IX retorna em abril de 1850. Ele deve, dez anos mais tarde, afrontar a vontade do rei do Piemonte de unificar a Itália em seu proveito. É para defender o papa que são criados os zuavos pontificais, uma milícia papal recrutada pela moralidade e sua relação com o pontífice, em 1860. Entretanto, eles são incapazes de se opor à tomada de Roma pelas tropas do Piemonte em 20 de setembro de 1870. Roma se torna a capital do reino unificado da Itália. A lei das garantias de 1871 dá ao papa o usufruto dos palácios do Vaticano e de Latrão, de Castel Gandolfo e lhe confere uma renda anual. Pio IX refuta a lei e se afirma "prisioneiro" no Vaticano do reino da Itália. A situação não evolui antes dos acordos de Latrão assinados entre o papado e Mussolini em 1929.

2. AS ETAPAS DA UNIFICAÇÃO DE 1859 A 1914

A unificação da Itália é inseparável do movimento do *Risorgimento*, ou "Renascimento", ao mesmo tempo reivindicação política da emancipação do norte da Itália da dominação austríaca e vontade, pintada de romantismo, de uma união de todos os italianos. O *Risorgimento* se exprime uma primeira vez entre 1848 e 1849, com as revoluções europeias, mas é uma tentativa sem saída, seguida de um retorno ao *status quo*.

A Itália permanece estilhaçada: no sul, o reino das Duas Sicílias; no centro, os Estados pontificais; no norte, a Áustria governa o reino lombardo-veneziano por um vice-rei instalado em Milão, confia a príncipes austríacos os ducados de Módena, e de Reggio e de Parma, o grão-ducado da Toscana. **Giuseppe Mazzini** (1805-1872), ardente republicano, tenta muitos movimentos insurrecionais na Itália entre 1833 e 1857, sem conseguir realizar a unidade tão desejada. Só o reino do Piemonte conserva, depois de 1848, uma constituição liberal, o *status* albertino, confirmado a despeito das pressões austríacas pelo novo rei **Vítor Emanuel II** (1849-1861). Apelidado *il re galantuomo*, o rei cavalheiro, ele é um dos Pais fundadores da Itália. Ele escolhe como primeiro-ministro **Camillo Benso de Cavour** (1810-1861), verdadeiro fundador do reino da Itália em proveito de seu soberano. Ele instaura uma economia moderna, libera o direito de suas cargas feudais, faz do Piemonte um Estado moderno e liberal. Diplomata hábil, ele faz com que o Piemonte participe da Guerra da Crimeia e aproveita para reorganizar o exército. Entre os vencedores, o Piemonte de Cavour se aproxima da França de Napoleão III, cujo apoio é indispensável para uma futura unidade italiana. Ao longo da entrevista secreta de Plombières, em 21 de julho de 1858, **Cavour** e **Napoleão III** propõem uma Itália do Norte liberada do jugo austríaco, com **Vítor Emanuel II**. Em troca, a França receberia o condado de Nice e a Saboia. Essas condições se tornam oficiais com o tratado franco-piemontês, de 26 de janeiro de 1859, que prevê uma aliança militar contra a Áustria. No espírito do imperador, trata-se de enfraquecer a Áustria, e não de criar uma Itália unificada, verdadeiro objetivo de Cavour.

A guerra contra a Áustria eclode em 1859. A intervenção militar francesa se traduz por uma série de vitórias: Palestro (31 de maio), Turbigo (3 de junho), Magenta (4 de junho) e Solferino (24 de junho). Mas em 12 de julho, Napoleão III cessa as hostilidades com o armistício de Villafranca. Ele está ao mesmo tempo preocupado com as reações da Prússia e com a chama revolucionária de toda a Itália. Cavour, desesperado, pede demissão. O Piemonte ganha o Milanês, mas o Vêneto permanece austríaco. Entretanto, na Itália central, as populações, apoiadas secretamente por Cavour, reclamam sua ligação ao Piemonte. Cavour retorna ao poder em janeiro de 1860. Em março do mesmo ano, depois de um plebiscito, os ducados de Parma e de Módena, as Legações (províncias do papa governadas por um cardeal) se ligam ao Piemonte, que se torna o reino da Alta Itália. Em abril de 1860, também depois da organização de um plebiscito, o condado de Nice e a Saboia são ligados à França. Cavour organiza a etapa seguinte recorrendo a um outro herói da unidade italiana, **Giuseppe Garibaldi** (1807-1882). Esse filho de capitão, nascido em Nice, oficial da marinha piemontesa, participa do levante malogrado de **Giuseppe Mazzini** (1805-1872) em 1833-1834 na Saboia e no Piemonte, no âmbito do programa revolucionário da *Giovine Italia*, a jovem Itália, a saber: a unidade, a liberdade, a independência da Itália. Condenado à morte por contumácia em 1834, ele se refugia na França e depois no Uruguai. De volta para a

Itália em 1848, ele luta contra os austríacos na Lombardia, e contra os franceses em Roma em 1849 para defender a República Romana. Banido, ele volta para a América. Retorna para a Itália em 1859. Apoiado por Cavour, ele organiza a expedição dos Mille: com 1067 "camisas vermelhas", ele desembarca na Sicília e ocupa o reino (11 de maio-20 de julho de 1860). Ele se proclama ditador, depois marcha para Nápoles e ocupa a cidade. O rei de Nápoles, Francisco II, soberano desde maio de 1859, capitula em 13 de fevereiro de 1861. Por plebiscito, a Sicília, a Umbria, as Marchas e a Itália do Sul escolhem a ligação ao reino do Piemonte-Sardenha. Em 18 de fevereiro de 1861, os delegados de todos os países agrupados formam um Parlamento nacional em Turim, que proclama o nascimento do reino da Itália e **Vítor Emanuel II** (1861-1878) rei da Itália. Cavour morre de esgotamento em 6 de junho de 1861, tendo visto seu sonho político ser realizado. A conclusão da unidade italiana passa pela aquisição do Vêneto e dos Estados pontificais com Roma. Depois da derrota de Sadowa (1866), com a mediação da França, o Vêneto está ligado ao reino da Itália.

O CASO DIFÍCIL DOS ESTADOS PONTIFICAIS

Garibaldi tenta tomar Roma em 1867, mas a França envia tropas que o repelem. É preciso esperar a queda do Segundo Império em setembro de 1870. Desde 20 de setembro de 1870, o exército italiano entra em Roma. Um plebiscito favorável conclui a anexação ao reino da Itália. **Vítor Emanuel II** se instala ali em julho de 1871, e faz de Roma a capital do reino. A lei das garantias de maio de 1871 reconhece o papa como soberano inviolável da cidade do Vaticano, deixa-lhe Latrão e Castel Gandolfo, concedendo-lhe uma renda anual de mais de 3 milhões de liras (a moeda de 20 liras pesa 5 g de ouro). O papa recusa, não reconhecendo o reino da Itália. A situação se normaliza em 1929 com a assinatura dos acordos de Latrão, que fundam o Estado do Vaticano. **Vítor Emanuel II** morre em 9 de janeiro de 1878.

A ITÁLIA ANTES DE 1914

Seu filho, **Humberto I** (1878-1900) é seu sucessor. Ele firma uma aliança, a Tríplice Aliança, em 1882, com os impérios centrais, Alemanha e Áustria-Hungria. É assassinado por um anarquista italiano em 29 de julho de 1900. Desde 1882, a Itália se impõe na Abissínia (atual Etiópia essencialmente), conquista a Eritreia, a Somália e coloca o regime do negus da Abissínia sob protetorado italiano. Até o momento em que o negus se revolta, derrotando os italianos duas vezes, em Amba Alaghi (dezembro de 1895) e em Ádua (março de 1896). É o fracasso da política colonial da Abissínia. O novo rei, **Vítor Emanuel III** (1900-1946), aproxima-se da França, renuncia às pretensões italianas no Marrocos em troca da Tripolitânia, região ocidental da Líbia. Uma guerra contra a Turquia, em 1911, permite que a Itália ocupe as ilhas turcas do mar

Egeu e acrescente a Cineraica à Tripolitânia para controlar a Líbia inteira (paz de Lausanne, em 18 de outubro de 1912). Quando a Primeira Guerra Mundial eclode, a Itália, que havia tomado o cuidado de registrar que a Tríplice não se dirigia contra a Inglaterra e que não participaria de uma investida alemã contra a França, proclama--se neutra. Entra para o campo dos Aliados, mudando suas alianças, em fevereiro de 1915, e se vê entre os vencedores quando é firmado o Tratado de Versalhes em 28 de junho de 1919.

3. A ARTE NA ITÁLIA NO SÉCULO XIX

Entre os anos 1770 e 1810, a Itália não só carece de um Estado nacional como também apresenta sua língua dividida em uma multidão de dialetos. O grande número de analfabetos não favorece a escuta dos artistas. No entanto, a Itália atrai numerosos escritores: os principais são Stendhal e Alexandre Dumas. As elites letradas italianas conhecem amplamente as obras da cultura francesa. Mas essas mesmas elites estão impregnadas em pintura por um gosto pelo classicismo. Quando o neoclassicismo invade a península, Milão oferece a escola mais interessante com o pintor **Andrea Appiani** (1754-1817). Ele se apropria da graciosidade da pintura grega e da suavidade de um Leonardo da Vinci. Desenhista, ele se destaca principalmente nesse campo. **Giuseppe Bossi** (1777-1815) também foi uma figura importante do neoclassicismo na Lombardia. Eugène de Beaumarchais encomenda uma cópia de *A ceia* de Leonardo da Vinci. Ele foi amigo do escultor **Antonio Canova** (1757-1822). O academicismo de David é retomado por dois pintores florentinos: **Pietro Benvenuti** (1769-1844) e **Luigi Sabatelli** (1772-1850). É de Veneza que a reação romântica contra o classicismo parte com **Francesco Hayez** (1791-1882), que se volta para as representações religiosas e as figuras mitológicas, para conquistar Milão. O movimento dos *Macchiaioli*, tachistas, encontra com **Giovanni Fattori** (1825-1908) um dos melhores representantes e propõe renovar a pintura nacional. Tal como os impressionistas, o tema da paisagem recebe um papel central. A partir de 1855, o café *Michelangiolo* em Florença se torna o lugar de reunião dos jovens pintores dessa escola, dentre os quais **Giovanni Fattori**, o líder do movimento, e **Serafino de Tivoli** (1826-1892), o teórico. A técnica confere primazia à cor no desenho. Se a luz para os impressionistas encobre as formas, para os *Macchiaioli* ela é criadora com seus contrastes. **Giuseppe Palizzi** (1812-1888) realiza cenas de gênero, com presença de animais. Ele trabalha sob a influência de Corot e de Courbet. Em Veneza, uma escola se dedica exclusiva à pintura de paisagens ou de cenas de Veneza caras a **Ciardi Guglielmo** (1842-1917). Mas a influência das escolas de arte francesas teve pouca repercussão verdadeira sobre os artistas italianos. A obra de **Gaetano Previati** (1852-1920) é marcada pela influência do divisionismo francês; concepções espiritualistas e científicas se entrelaçam.

A **arquitetura** permanece ligada ao nome de **Gaetano Baccani** (1792-1867), um dos mais importantes arquitetos toscanos. Ele opta pelo estilo neoclássico, utiliza também o neogótico e realiza a restruturação interna da catedral Santa Maria del Fiore.

4. A LITERATURA ITALIANA NO SÉCULO XIX

O início do século na Itália é marcado por uma sequência de lutas em que repúblicas e realezas se sucedem. A confusão geral reina. **Vincenzo Monti** (1754-1828) retraduz suas incertezas em *Bassvilliana* em 1793. Da mesma forma, **Ugo Foscolo** (1778-1827) deseja o fim dos males pela pátria e *A Bonaparte libertatore*, 1799, mostra todas as suas esperanças. Em 1815, depois da queda de Napoleão, começa o período da preponderância austríaca. A literatura é um dos meios de expressar as aspirações políticas do país. O milanês **Giovanni Berchet** (1783-1851) dá sinal da luta e realiza o primeiro manifesto do romantismo italiano com *A carta semisséria de Crisóstomo* (1816). Mas é principalmente em **Alessandro Manzoni** (1785-1873) que os defensores das liberdades encontram um líder. Até então, os liberais, que sonhavam liberar a Itália submetida de seu jugo austríaco, não haviam conseguido se afirmar de verdade. *O conde de Carmagnole* (1820), a primeira de suas tragédias, recusa conformar-se às regras clássicas e introduz na ação seus próprios sentimentos. A inspiração patriótica encontra seu desenvolvimento na história da Itália e não mais nas fábulas antigas. *Os noivos* (1827) o consagra enquanto romancista e permite que seja considerado o mestre do romance italiano moderno. **Silvio Pellico** (1789-1854), conhecido como liberal, descreve em *Minhas prisões* (1833) as etapas de seu processo e de seu cativeiro em Veneza. **Giacomo Leopardi** (1798-1837) encarna durante esse período de luta a cólera de ver a Itália dominada, em suas odes patrióticas, mas reflete em sua poesia uma grande individualidade: *Il primo amore* (*O primeiro amor*) (1918). Todas as poesias são marcadas pelo mais profundo pessimismo. **De 1830 a 1870**, as cartas adquirem um papel importante nos eventos políticos que chegarão à paz tão almejada. Durante a maior parte do século XIX, a Itália deseja tanto sua independência que tem apenas uma literatura utilitária. É o que se desprende da obra do toscano **Giambattista Niccolini** (1782-1861). Na tragédia *Nabucco*, ele se impõe tanto como poeta quanto como patriota, como o fazem o satirista **Giuseppe Giusti** (1809-1850) ou ainda **Giuseppe Mazzini** (1805-1872). Depois do triunfo da unidade em 1870, os escritores estão menos interessados nas questões políticas e readquirem gosto pela literatura propriamente dita. Um nome domina, **Giosuè Carducci** (1835-1907), grande defensor do ideal artístico: *Odes bárbaras* (1882), *Rimas novas* (1861-1887). Ele se afirma como o maior poeta lírico da segunda metade do século XIX. Os idílios camponeses de **Giovanni Pascoli** (1855-1912) cantam seu amor pela natureza.

Por volta do final do século, a Itália é conquistada pelo romance psicológico. Seu criador, **Antonio Fogazzaro**, (1842-1911) se liga à tradição de Manzoni. *Piccolo Mondo antico* (*Pequeno mundo antigo*) (1895) é uma pintura de personagens que o revela como pintor de almas. Os "veristas" ou "naturalistas" se propõem a representar sem fardo, pela reflexão e a análise, as paixões humanas. **Giovanni Verga** (1840-1922), em seus romances *Tigre reale* (*Tigre real*) e *Eros* (1875), afirma-se como o líder desse movimento. O nome de **Luigi Capuana** (1839-1915) está associado a ele: *Profumo* (*Perfume*) (1890), *Il Marchese di Roccaverdina* (*O marquês de Roccaverdina*) (1901). A personalidade mais marcante desse período é a de **Gabriele D'Annunzio** (1863-1938), que tem, na literatura francesa, a base de seu simbolismo: *O triunfo da morte* (1894), *As virgens nos rochedos* (1896), *O fogo* (1900). Depois de 1910, ele não escreverá mais romances. Desde suas primeiras coletâneas de versos, *Canto novo* (1882), ele expressa a força do instinto, a felicidade divina.

CAPÍTULO VI
A RÚSSIA E A ESCANDINÁVIA NO SÉCULO XIX

1. A RÚSSIA NO SÉCULO XIX

O VENCEDOR DE NAPOLEÃO: ALEXANDRE I

Alexandre I (1801-1825) continua a política de reformas de **Catarina II**, sua avó. Ele favorece a emancipação dos servos, aproximando-se da Igreja Católica Romana. Grande parte de seu reino é ocupada pela luta contra Napoleão I. Ele é derrotado em Austerlitz (1805), em Eylau (1807) e em Friedland (1807). A paz é firmada em Tilsit, mas dura pouco. Alexandre se volta outra vez contra a França até a derrota de Waterloo (1815). Ao longo da vida, o príncipe é perseguido pelo assassinato de seu pai e teme parecer responsável. Ele morre em 1º de dezembro de 1825, em Taganrog, no mar de Azov, mas alguns dignatários não reconhecem seu corpo, disseminando uma lenda de morte simulada que teria permitido que o tsar terminasse seus dias monasticamente. Inumado na Catedral de Pedro e Paulo, em São Petersburgo, seu túmulo é aberto sob as ordens de **Alexandre** III, mas descobre-se que está vazio.

UM AUTOCRATA REACIONÁRIO: NICOLAU I

Seu irmão **Nicolau I** (1825-1855) é seu sucessor. Autocrata convencido, reacionário, ele mantém a servidão, que no entanto reprova, para não se indispor com a nobreza, mas reforma as leis com um novo código em 1835, que substitui o *ulojenie* de 1649. Uma tentativa de jovens oficiais para conduzir o tsar a uma reforma na direção de uma monarquia constitucional, a dos dezembristas, em dezembro de 1825, é derrotada, mas ancora Nicolau I no conservadorismo mais estreito. Ele encoraja os monarcas europeus a pôr fim à Primavera dos Povos e às revoluções de 1848 para restaurar o absolutismo em todos os lugares. Ele se lança em 1853 na Guerra da Crimeia (1853-1856) contra os otomanos, mas é vencido pelas tropas franco-inglesas, principalmente em

Sebastopol. A humilhação é grande para a Rússia. Nicolau I morre em 2 de março de 1855, deixando a seus sucessores o cuidado de realizar reformas cada vez mais urgentes.

ALEXANDRE II, O LIBERTADOR

O filho de Nicolau I, **Alexandre II** (1855-1881), dito "o Libertador", sobe ao trono. Este último deve enfrentar os revolucionários conduzidos pelo democrata-socialista **Nikolai Gavrilovitch Tchernychevski** (1828-1889) e as críticas de **Alexandre Herzen** (1812-1870) em seu jornal *Kolokol*, proibido, mas que circula ilegalmente. Alexandre II compreende que não pode economizar nas reformas. Pelo *ukase* de 19 de fevereiro de 1861, ele abole a servidão, liberando mais de 50 milhões de camponeses. A partir de então eles podem, graças ao dinheiro emprestado pelo governo e reembolsável em 49 anos, adquirir a própria terra, tornando-se proprietários de suas fazendas. Entretanto, as propriedades recém-criadas são muitas vezes minúsculas em um momento em que a Rússia conhece uma transição demográfica e vê sua população crescer. A outra grande reforma diz respeito à justiça: instituição de júris populares, independência dos juízes. Em 1874, o serviço militar se torna obrigatório. Em 1864 são criadas as assembleias provinciais eleitas por meio de sufrágio censitário ou *Zemtsvos*. Elas servem de contexto para a reforma do ensino, criando milhões de escolas. O estatuto das universidades, de 1863, concede-lhes uma grande autonomia, abrindo-as a todas as classes masculinas da sociedade. Mas a última parte do reino é marcada por um retorno à reação. O soberano não quer tocar no sistema autocrático. No entanto, ele se prepara para autorizar a criação de um conselho, puramente consultivo, para ajudá-lo, quando é assassinado em 13 de março de 1881.

O RETORNO AO ABSOLUTISMO: ALEXANDRE III

O segundo filho de Alexandre II, **Alexandre III** (1881-1894), sobe ao trono. Mal preparado para reinar, sendo o caçula, o novo soberano é principalmente conhecido por sua estatura e sua força, que fazem dele um verdadeiro Hércules. Pouco interessado pelos estudos, intelectualmente pouco dotado, ele volta a um governo conservador, reforçando o absolutismo. Moderniza o exército e desenvolve a marinha. Trava uma nova guerra contra os otomanos, em 1877-1878, conseguindo uma conquista limitada de territórios, em razão da oposição britânica ao expansionismo russo. É sob seu reino que se inicia, em 1890, a construção da estrada de ferro Transiberiana, destinada principalmente a propagar a política de russificação forçada pretendida pelo imperador. Em 1893, a aproximação com a França resulta na assinatura de uma aliança franco-russa. Alexandre III morre no palácio de Livadia, na Crimeia, em 1º de novembro de 1894. Seu primogênito, **Nicolau II** (1894-1917), é seu sucessor. Ele é o último tsar da Rússia.

A RÚSSIA E O OCIDENTE NO SÉCULO XIX

Sem as reformas feitas por Pedro I na virada do século XVII em grande escala e em todos os campos, a cultura russa no século XIX não teria podido se desenvolver. O fato de ter instalado sua capital em São Petersburgo já era um passo na direção da ocidentalização. **Ao longo do século XIX**, o grande debate intelectual russo será saber se vale a pena unir-se à via ocidental ou se deve investir no caráter nacional do país. A hesitação da Rússia em responder diretamente a essa questão mostra que houve constantemente uma vontade de desenvolver a identidade nacional. A Alemanha propiciou que a Rússia entrasse em contato com o século XVIII e suas Luzes. Na sociedade culta, a língua alemã domina até o último quarto do século XVIII e, nos meios acadêmicos, ela manterá seu lugar até o século XIX. Mas a ideologia das Luzes influencia os letrados e a nobreza cultivada que seguem as ideias de Voltaire, Helvétius e Rousseau e que, para isso, falam sua língua. A **Revolução Francesa** depois da execução do rei, a ditadura jacobina e seus excessos encontram cada vez menos simpatizantes. A velha Rússia até então se apresentava como um mundo plural. As reformas conduzidas por Pedro, o Grande, vão marcar uma verdadeira ruptura nas profundezas espirituais, mas também no seio da sociedade, criando um abismo entre as elites dirigentes e a massa que durará o século inteiro. A dominação absoluta da Igreja chega ao seu fim. As realizações técnicas e econômicas se voltam para a Europa para serem bem-conduzidas. As bases de um sistema educativo instituído são liberadas do jugo religioso. Enquanto isso, a nobreza se apropria dos estilos de vida da Europa. As consequências no campo das artes, da cultura e dos conhecimentos serão pesadas, mas serão lentamente sentidas. Como em todos os âmbitos, o desenvolvimento da instrução, a criação de escolas, o desenvolvimento de universidades, a criação de institutos de formação, em 1801, o dos engenheiros em comunicação, o instituto de tecnologia em São Petersburgo favorecem o acesso à cultura. Ao longo do século XIX, a arte russa adotará o mesmo recorte estilístico que a Europa: romantismo, realismo, mas sem ter sempre a mesma duração.

2. A ARTE RUSSA NO SÉCULO XIX

A ARQUITETURA RUSSA NO SÉCULO XIX

O século XVIII da arte russa havia sido marcado por empréstimos consideráveis feitos ao Ocidente em todos os campos, incluindo a arquitetura com as obras feitas em São Petersburgo: **Jean-Baptiste Le Blond** (1679-1719) faz os jardins, **Domenico Trezzini** (1670-1734) projeta vários prédios. As obras de **Francesco Bartolomeo Rastrelli** (1700-1771), primeiro arquiteto da corte da imperatriz Elisabeth, que reconstrói entre suas 75 realizações o Palácio de Inverno em São Petersburgo, determinam o barroco russo.

O classicismo se desenvolve com **Jean-Baptiste Vallin de La Mothe** (1729-1800), autor do pavilhão do Hermitage, dos cais do Neva, apresentando aos russos o estilo Luís XVI. Um de seus alunos, **Vassili Bajenov** (1737-1799), recebe a missão de construir o novo palácio do Kremlin, mas o projeto desse visionário não se realiza. Aos poucos, os arquitetos russos vão chegar a um estilo nacional, ao mesmo tempo que melhoram as formas do classicismo. No "estilo império russo", o espaço se torna o centro de interesse dominante do arquiteto. O edifício da marinha desenhado por **Adrian Zakharov** (1761-1811) é o melhor exemplo. Da mesma forma, **Carlo Rossi** (1775-1849) realiza, a partir de 1810, obras da mesma qualidade: o Estado-Maior na praça do palácio, o palácio do Senado e do Santo Sínodo. Em Moscou, a arquitetura da segunda metade do século XIX será marcada pelas obras de grandes dimensões, abandonando aos poucos as formas clássicas em benefício do ecletismo.

A PINTURA NA RÚSSIA NO SÉCULO XIX

O século XVIII tinha sido a idade de ouro do retrato com **Ivan Nikitine** (1680-1742) e **Andrei Matveiev** (1701-1739) e, sob o reino de Elizabeth, com a chegada de muitos pintores estrangeiros. Até o século XIX, a pintura russa fica sob a dependência da Europa ocidental. **Ivan Argounov** (1729-1802) encontra seus modelos na pintura de Hyacinthe Rigaud ou Jean-Marc Nallier. Com a criação da Academia de Belas Artes em 1757, a pintura histórica faz sua aparição, com professores franceses: **Lagrenée l'Aîné** (1725-1805) e **Gabriel François Doyen** (1726-1806). No início do século XIX, o romantismo marca a pintura e o retrato está na moda, com **Orest Kiprenski** (1782-1836) e seu *Retrato de Adam Schwalbe* (1804). A pintura de **Sylvestre Shchedrin** (1791-1830) inaugura a pintura de paisagem pintada no exterior. As cenas de gênero encontram em **Alexis Venetsianov** (1780-1847) seu mestre com as cenas da vida camponesa como *O pastor adormecido* (1823-1826). A pintura histórica segue com **Karl Briullov** (1799-1852) e *O Último dia de Pompeia* (1830-1833). **A segunda metade do século XIX**, marcada pela influência das ideias filosóficas e éticas, o desenvolvimento intenso das ciências e das técnicas, a tradição realista na literatura de Tolstói e Tchekhov, acaba impregnando a pintura. **Vassili Perov** (1834-1882) busca estigmatizar as feridas da sociedade, assim como **Vassili Poukirev** (1832-1890). Em 1864, um grupo de artistas recusa-se a concorrer para a Academia segundo os temas impostos, pois querem temas russos contemporâneos. É a **Revolta dos Catorze** que abre caminho para um realismo novo, liberado do pitoresco sentimental e miserabilista. Os fotógrafos expõem seu vínculo com os costumes da antiga Rússia, fixando a partir de 1860 um pouco de alma russa em foto, trabalhos de campo, ofícios artesanais. Essa busca pela identidade continua em todos os campos artísticos, assim como na pintura. A arte popular se vê recenseada nos últimos anos do século XIX e se torna uma fonte de renovação estética. Seu papel será determinante na chamada *art nouveau* russa, o "estilo moderno". **Victor Vasnetsov** (1848-1926) usará personagens dos contos russos, os **Três cavaleiros**, três cavaleiros lendários que combateram os mongóis. **Mikhail Vrubel** (1856-1910) elabora seu próprio estilo, a partir do academicismo, de afrescos e de mosaicos bizantinos. Em 1899, a revista do *Mundo da arte*, fundada por **Alexandre Benois** (1870-1960) e **Serguei Diaguilev** (1872-1929), substitui o ideal eslavófilo por um projeto cosmopolita e opõe a arte pela arte à arte social. A exposição realizada em Moscou em 1907 marca o ponto de partida da efervescência da arte russa durante 25 anos. Em 1910, a exposição *O valete de ouros* agrupa os artistas atraídos pelo primitivismo, como **Vassili Kouprine** (1880-1960), um dos organizadores.

A ESCULTURA RUSSA NO SÉCULO XIX

A escultura se desenvolve na Rússia a partir da segunda metade do século XVIII graças ao ensino de **Nicolas François Gillet** (1758-1778), que modelou mais alunos que estátuas. Até então, as estátuas em três dimensões eram proscritas nas igrejas sob pena de condenação por idolatria. A vontade reformadora de Pedro I está na origem da escultura profana. Gillet formará os primeiros mestres da escultura: **Fedot Shubin** (1740-1805), **Mikhail Kozlovski** (1740-1802). Catarina II acolhe em sua corte **Marie-Anne Collot** (1748-1821), a primeira mulher distinguida nessa arte. Sua presença está ligada a Falconet, que também fora para erigir a estátua colossal de Pedro I. Ela se dedica inteiramente a seu trabalho de retratista e Catarina II manda instalar seus bustos em Tsarkoye Selo: *Cabeça de menina russa* (1769), o *Conde Orlov* (1767). A escultura se beneficia das encomendas feitas aos arquitetos, cariátides do palácio da marinha por Sylvestre Shchedrin, em 1812. Do final do século XIX datam *Ivan, o Terrível* de **Mark Antokolski** (1843-1902), em 1871, e o monumento de Catarina II em São Petersburgo, por **Mikhail Mikechine** (1835-1896). Eles se caracterizam por um realismo muito acentuado.

3. A LITERATURA RUSSA NO SÉCULO XIX: PRIMEIROS PASSOS PARA A ABERTURA

A literatura russa foi favorecida pelas reformas de Pedro, o Grande. O desenvolvimento das ciências requer a tradução e a publicação de muitas obras, a criação do primeiro jornal público relega a literatura da Igreja para trás da literatura laica. Esse primeiro passo de abertura lhe permite direcionar os temas e os gêneros clássicos do Século das Luzes. Mas é principalmente a Catarina II que se deve o desenvolvimento da literatura russa, soberana que mostra grande interesse pelo mundo das letras e que funda, em 1783, a Academia Russa. Assim, no início do século XIX, a literatura russa, dotada de uma língua nacional, tendo assimilado os gêneros literários da Europa, vai expressar seus pensamentos e seus sofrimentos no ainda novo romantismo.

UMA FORMA NACIONAL DO ROMANTISMO RUSSO

Deve-se chegar a Pushkin (1799-1837) para ver surgir uma forma nacional do romantismo russo. Sua principal obra, *Boris Godunov* (1825), é um drama em cinco atos. Ele também é o autor de um tipo de epopeia burguesa, um quadro realista e poético dos costumes cujo pano de fundo se situa na Crimeia: *O prisioneiro do Cáucaso* (1821), *A dama de espadas* (1833). A literatura nacional só conquista de fato seu título de nobreza com **Nikolai Vassílievitch Gógol**, criador da escola "natural", ou realista. Ele estreia com *Noites na granja ao pé de Dikanka* (1831-1832), mas seu sucesso data de *O capote* (1843), curta novela escrita no estilo realista de Balzac. Sua obra capital é *Almas mortas* (1835), romance inacabado em que ele representa com força uma sucessão de quadros da vida russa. *Taras Bulba* (1839) é o resultado de pesquisas aprofundadas sobre as antigas epopeias russas, cuja ação se desenvolve no século XVI durante a luta dos cossacos contra os poloneses e os russos.

Ivan Sergeievitch Turguêniev (1818-1883) talvez seja o escritor mais lido em Paris por volta de 1850. Ele viaja para a França durante a segunda parte de sua vida e cria laços de amizade com autores como Mérimée, Flaubert e Zola. Ele também se impõe como um ocidental por sua forma de escrever: *As narrativas de um caçador* (1847) são realizadas para provocar um movimento de opinião contra o servilismo por uma sequência de novelas. No primeiro de seus romances, *Rúdin* (1856), ele pinta um jovem utópico que acredita que suas ideias influenciarão seu tempo.

ROMANCE RUSSO MODERNO

O romance russo moderno é essencialmente a criação de sua *intelligentsia*, que considera a literatura como meio de fazer uma crítica social desenvolvida. A Universidade de Moscou é um dos seus centros principais. Os eslavófilos são os herdeiros intelectuais de Burke, de Maistre, de Herder, assim como os ocidentais são os discípulos de Voltaire, dos enciclopedistas, e depois dos socialistas, Saint-Simon, Fourier e Comte. Eles interpretam o isolamento, a solidão do homem moderno como a consequência do problema da liberdade. **Fiódor Mikháilovitch Dostoiévski** (1821-1881)[277] retrata seus heróis às voltas com esse problema e glorifica em seus romances a solidariedade humana para evitar um niilismo ao estilo de Flaubert. Para ele, a fonte de todos os nossos males está em nossa vontade e nosso orgulho. A única via de salvação que nos resta é a humildade. Antes de tudo, ele se impõe como escritor da psicologia humana. *Gente pobre* (1846), *Crime e castigo* (1866), *Os demônios* (1871), *Os irmãos Karamázov* (1880). **Liev Tolstói** (1828-1910), menos

---

277. A esse respeito, ver Jean-François Pépin, "Dostoïevski", em *Encyclopædia Universalis*.

nacionalista que Dostoiévski, está, na verdade, mais preocupado com o Evangelho, cujas consequências levadas ao absurdo levam diretamente ao anarquismo. Tolstói é essencialmente conhecido por seus dois trabalhos mais longos: *Guerra e paz* (1864-1869) e *Anna Kariênina* (1873-1877). As obras de Tolstói durante os anos 1850 e início dos anos 1860 experimentam novas formas de expressar suas preocupações morais e filosóficas. Depois de terminar *Anna Kariênina*, Tolstói cai em um profundo estado de desespero existencial. Atraído primeiramente pela Igreja ortodoxa russa, ele decide que ela é tão corrompida quando as outras igrejas cristãs que falsificaram cuidadosamente a natureza autêntica do cristianismo. Depois de ter descoberto o que acreditava ser a mensagem do Cristo e depois de ter vencido o medo paralisante da morte, Tolstói dedica ao resto da vida a desenvolver e propagar sua nova fé. Foi excomungado da Igreja ortodoxa russa em 1901. Ele considera o conflito entre o indivíduo e a sociedade não enquanto tragédia inevitável, mas como calamidade atribuída a uma falta de discernimento e de compreensão moral. Dentre suas obras, podemos citar: *A sonata a Kreutzer* (1889), *Ressurreição* (1899), *O poder das trevas* (1887).

CAMINHO A PREOCUPAÇÕES ESSENCIALMENTE RUSSAS

Depois de **Gógol** e Pushkin, os precursores da primeira metade do século XIX, a literatura russa encontra sua forma específica por volta de 1850 e se dedica aos problemas essencialmente russos. Análise psicológica e análise social são os dois temas dominantes dos romances dessa época. A prosa é sempre dominada pelo romance psicológico, mas a novela ganha terreno. **Anton Tchekhov** (1860-1904) tem como interesse principal a arte dramática, ainda que ele tenha publicado contos também. No teatro, ele obtém vários êxitos: *A gaivota* (1895-1896), *As três irmãs* (1901), *O jardim das cerejeiras* (1904) e *Tio Vânia* (1897). Todos os seus personagens têm fraquezas. Ele cria uma galeria interminável de personagens cujo único elo comum é o medo do dia seguinte, o terror de viver. **Máximo Gorki** (1869-1935) apresenta também vagabundos, pobres coitados, mas o aspecto cômico tão presente em Tchekhov é ausente nele: *Romance de um inútil* (1908), *A mãe* (1926). Seu sucesso se deve essencialmente à novidade de seus personagens, aos quais ele atribui uma concepção da vida, ainda que esta se resuma ao tédio. Ele também escreve uma verdadeira epopeia do proletariado: *Os vagabundos* (1902). A geração de 1910 rejeita a dependência total da poesia à mística. A essa nova tendência pertencem **Vladimir Maiakovski** (1893-1930) e **Boris Pasternak** (1890-1960). A poesia é concebida como uma criação pura e não como um objeto de conhecimento. Boris Pasternak, que recebeu o Prêmio Nobel em 1958, é autor de novelas, de textos autobiográficos e sobretudo de *Doutor Jivago* (1957).

4. A ESCANDINÁVIA NO SÉCULO XIX

A história da Escandinávia no século XIX é a da emergência de nações em meio a dificuldades políticas e guerra. Dentro do bloco dos países escandinavos, a Suécia pretende exercer sua hegemonia e, no exterior, o Império Russo quer anexar a Finlândia. A Dinamarca e a Noruega devem lutar permanentemente para conservar sua identidade e suas próprias instituições. Tudo começa em 1814 e 1815, depois da ruína do Império Napoleônico. A Suécia absorve a Noruega em uma união dos dois países sob um mesmo monarca. A Rússia passa a deter o grão-ducado da Finlândia, Dinamarca e o ducado de Schleswig-Holstein. Depois de muitas guerras, a Noruega recupera sua independência em 1905, a Finlândia obtém a sua por ocasião da Revolução Russa de 1917, e o Schleswig-Holstein é religado à Prússia depois da vitória obtida com a ajuda da Áustria diante dos dinamarqueses em 1864 quando da guerra dos ducados.

A LITERATURA DOS PAÍSES ESCANDINAVOS NO SÉCULO XIX

Diversos países como a Dinamarca, a Noruega, a Suécia e a Finlândia são agrupados sob o nome de Escandinávia.

A literatura dinamarquesa

O filósofo **Søren Kierkegaard** (1813-1855) está na liderança do movimento existencialista e sua obra *Temor e tremor* (1843) testemunha a oscilação dos sentimentos desse luterano entre o temor e a fé intensificada de esperança. No outro extremo, **Hans Christian Andersen** (1805-1875) escreve contos destinados prioritariamente às crianças, ainda que os problemas estejam ligados ao mundo dos adultos. As influências do positivismo, do racionalismo, do darwinismo marcam as mentes. Depois da resignação política que segue o ano de 1864, **Georg Brandes** (1842-1927), historiador da literatura de formação materialista, nietzscheana e naturalista, torna-se o centro de um movimento realista. Ao longo de suas conferências, ele advoga o retorno aos valores da Revolução Francesa. **Holger Drachmann** (1846-1908) é uma espécie de Shakespeare dinamarquês. Todos os estilos o seduziram: história antiga, folclore escandinavo, questões sociais. Suas principais obras são *Völund, o ferreiro* (1896), *Renascimento* (1908), *Homem corajoso* (1908). **Johannes Jorgensen** (1866-1956) representa a tendência simbolista, e ganhou a atenção do público católico, inicialmente por sua conversão e, depois, por sua biografia, *São Francisco de Assis* (1907), que marca uma verdadeira renovação do gênero. **Johannes Vilhelm Jensen** (1873-1950) dedica-se mais a uma literatura regionalista, na qual elogia o retorno à natureza. Sua obra será coroada pelo Prêmio Nobel de Literatura em 1944.

A literatura sueca

A literatura sueca encontra seu eco pela primeira vez na Europa com **August Strindberg** (1849-1912). Em suas novelas e dramas, *O mistério da corporação* (1881), *Casado* (1885), *Primeira advertência* (1893), *O sonho* (1901), ele passa de um socialismo positivo ao individualismo, depois finalmente a um misticismo cristão com traços de simbolismo. **Selma Lagerlöf** (1858-1940) se torna célebre pela publicação de *A Saga de Gosta Berling* (1891). Todos os personagens de suas narrativas são suecos. Sua obra mais popular é *A viagem maravilhosa de Nils Holgersson* (1906). É uma descrição das paisagens da Suécia, do ponto de vista de uma criança que viaja montada em um ganso selvagem. Em 1909, Selma Lagerlöf recebe o Prêmio Nobel. Para muitos, sua obra-prima é *Anna Svard* (1928).

A literatura norueguesa

Os primeiros escritos datam do século IV e são inscrições rúnicas. Uma e outra vez, a literatura norueguesa sofre influências islandesas no século XI e francesa no século XIII. Depois desse período, seguem-se quase quatro séculos de silêncio. Na segunda metade do século XIX, ela se torna europeia com **Björnstjerne Björnson** (1832-1910) e **Henrik Ibsen** (1828-1906). O primeiro, que viveu na França e se envolveu na agitação política, foi poeta, dramaturgo e romancista. Suas obras, dentre as quais *A filha do pescador* (1880), encerram uma poderosa cor local. Ele recebe o Prêmio Nobel em 1903. Quanto a Ibsen, sua obra evolui aos poucos do neorromantismo à crítica social. Ele tenta desmascarar a mentira da vida, estuda as relações entre os sexos e a personalidade da mulher. Por volta de 1890, a crítica e o público letrado francês se apaixonam por esse autor, que acabou de encenar uma obra tão original.

O TEATRO DE IBSEN

O desenvolvimento do **teatro naturalista** havia sido favorecido pela criação geral na Europa de companhias teatrais independentes, como o Théâtre-Libre fundado por André Antoine em Paris em 1887, ou da Freie Bühne em Berlim por **Otto Brahm** 1889. O teatro de **Ibsen** (1828-1906) leva aos palcos a arte, a beleza, a ideia sem as quais o Théâtre-Libre estava afundando. As peças de Ibsen podem ser filosóficas ou simbólicas, como *Brand* (1866), *Peer Gynt* (1867), ou ainda realistas, como *Casa de bonecas* (1879).

CHEGANDO AO SÉCULO XX

Knut Hamsun (1859-1952) é tão importante para a literatura narrativa quanto Ibsen para a produção teatral. Ele recebe o Prêmio Nobel em 1920. Reúne as influências da literatura russa e americana com um sentido agudo pelo irracional na natureza humana, tema de predileção no início do século XX. Quase sempre os heróis de seus romances lutam com o mundo ao redor e são carregados de problemas, como em *Os frutos da terra* (1917). **Sigrid Undset** (1882-1949) reconstrói em seus primeiros romances destinos dolorosos, representando essencialmente mulheres. Sua obra-prima é *Kristin Lavransdatter* (1920-1922) uma reconstituição da Idade Média escandinava. Depois da Primeira Guerra Mundial, deve-se incluir o nome de **Tarjei Vesaas** (1897-1970) com *Os pássaros* (1957), *O palácio de cristal* (1963). O mundo que ele descreve é simbólico, imaginário, até mesmo mágico. **Dag Solstad** (nascido em 1941) é considerado um dos melhores escritores vivos. Sua obra é pessimista: *Traição* (1980).

CAPÍTULO VII
OS ESTADOS UNIDOS NO SÉCULO XIX (1787-1914)

1. AS INSTITUIÇÕES NORTE-AMERICANAS

O ano de 1787 carrega nas pias batismais a organização da democracia americana. O problema de fundo é pesado, opondo os federalistas, que querem um governo central eficiente, e portanto poderoso, e os antifederalistas, ou republicanos, que temem a limitação ou a perda das liberdades individuais. De maio a setembro de 1787, 55 delegados se reúnem em Filadélfia. **Benjamin Franklin** (1706-1790), já corredator da Declaração de Independência de 1776, e **George Washington** (1732-1799) usam sua influência para favorecer a adoção do texto, cujos signatários são reconhecidos como Pais fundadores dos Estados Unidos, o mesmo título daqueles que assinaram a Declaração de Independência. A Constituição de 1787 define o direito de cada estado, cada um com seu próprio governo, um governador eleito, uma ou várias assembleias, seus tribunais, seus funcionários, sua própria legislação no que diz respeito à administração local, à polícia, à justiça, ao ensino, aos cultos e às obras públicas. Acima dos estados, um governo federal resolve as questões relativas ao conjunto da Federação, assim como da política estrangeira. O poder executivo federal é confiado a um presidente dos Estados Unidos, eleito por quatro anos com um vice-presidente, segundo o sistema do *ticket*. Esse sistema permite, em caso de impedimento do presidente, a investidura do vice-presidente automaticamente, já que é eleito ao mesmo tempo e por quatro anos também. Ele é eleito pelos grandes eleitores, e cada estado designa tantos grandes eleitores quantos membros no Congresso tiver. O presidente é o chefe do exército, lidera a diplomacia e a administração federal. Ele pode vetar uma lei votada pelo Congresso, exceto diante de uma maioria de dois terços em cada câmara. O poder legislativo federal pertence ao Congresso, composto pela Câmara de representantes, eleita por dois anos, em que o número de deputados para cada estado é proporcional a sua população, e por um Senado renovável em terços a cada dois anos, cada Estado dispondo de dois senadores. O Congresso vota as leis e o orçamento. Uma Corte Suprema Federal é composta por nove membros nomeados vitaliciamente pelo presidente. Guardiã da Constituição, ela resolve as diferenças entre cidadãos e estados e o governo federal. Ela decide, em última instância, a respeito da constitucionalidade das leis. Os federalistas ocupam o poder sob os dois primeiros presidentes: **George Washington** (1789-1797) e **John Adams** (1797-1801). São sucedidos por três presidentes republicanos: **Thomas Jefferson** (1801-1809), **James Madison** (1809-1817) e **James Monroe** (1817-1825).

A SEGUNDA GUERRA DE INDEPENDÊNCIA

Evento bastante desconhecido, os Estados Unidos devem deflagrar, contra a Grã-Bretanha, uma **segunda guerra de independência** entre 1812 e 1814. Os britânicos abusam de seu direito de visita, o de subir a bordo dos navios americanos para apreender, dependendo do caso, marinheiros para os quais é difícil de definir a nacionalidade, norte-americana ou britânica. A isso se **acresce um novo Congresso** eleito cuja maioria dos membros é anglófoba. Em 18 de junho de 1812, os Estados Unidos declaram guerra contra a Grã-Bretanha. Os êxitos e os fracassos se sucedem em ambos os campos, com alguns episódios essenciais. Em 25 de julho de 1814, a batalha de Lundy's Lane, perto das Cataratas do Niágara, é a mais sangrenta, com mais de 1.800 mortos. Os britânicos vencem por pouco. Em 24 de agosto de 1814, eles entram em Washington, queimam alguns prédios oficiais, dentre os quais o Capitólio e o palácio presidencial. O presidente Madison se refugia na Virgínia. No retorno do chefe de Estado, sua residência é repintada de branco para dissimular as marcas do incêndio e começa a ser chamada de "White House" ou Casa Branca nome oficialmente adotado por Theodore Roosevelt em 1901. O ano de 1814 é uma sucessão de **vitórias norte-americanas** sobre os britânicos ocupados, por sinal, com a queda de Napoleão na Europa. A paz de Gand (24 de dezembro de 1814) consagra o retorno à situação original. Mas o conflito continua até 8 de janeiro de 1815 quando o general Andrew Jackson ganha a espetacular batalha de New Orleans. Ele será presidente dos Estados Unidos entre 1829 e 1837.

EXTENSÃO E CONQUISTAS

Um dos problemas dos governadores é o crescimento do território nacional. As treze colônias de origem, treze primeiros estados americanos, tornam-se 31 em 1860, ao longo de diferentes processos. Primeiramente pela aquisição: a Louisiana é comprada de Napoleão I em 1803, por 80 milhões de francos (1 franco-ouro vale 3,22 g de ouro); a Flórida, vendida pela Espanha em 1819; o Texas, a Califórnia e o Novo México, pelo

México em 1848. Para a Espanha e o México, os Estados Unidos já ocupam os territórios, sendo a compra uma formalidade de compensação. Em 1846, a Grã-Bretanha cede, por sua vez, o Oregon. A conquista do Oeste, as terras a oeste do Mississippi, fascina e assusta ao mesmo tempo. Ao final do século XVIII, ali vivem por volta de 100 mil pioneiros. A partir de 1779, o estado de Maryland vota uma resolução que considera o Oeste como um território federal. Ela é confirmada pela portaria de 1787, que leva à criação desse estatuto específico; nenhum estado possui de fato seus territórios. Em 1846, com o Oregon, os Estados Unidos controlam praticamente a totalidade de sua superfície atual, com exceção de uma faixa de fronteira ao sul do Arizona e do Novo México, finalmente vendida pelo México em 1853. A conquista do Oeste é primeiramente administrativa. As linhas dos meridianos e dos paralelos servem para delimitar as fronteiras dos estados futuros, o que explica sua forma geométrica. É necessária uma população masculina de 60 mil pessoas para que o território seja plenamente integrado. Cada estado é dividido em comunas de forma quadrada, cada lado tendo 6 milhas (aproximadamente 10 km). Nesse plano, os lotes são delimitados e vendidos aos colonos. O deslocamento de população é espetacular: os 200 mil pioneiros originais se tornam 2 milhões por volta de 1820 e 10 milhões por volta de 1850. Entre 1862 e 1869 se instala a primeira linha ferroviária transcontinental, ligando uma costa à outra.

PROBLEMA ÍNDIO E *SPOIL SYSTEM*

Uma das consequências dessa guerra é o estabelecimento, alguns anos mais tarde, da Doutrina Monroe, muitas vezes resumida por uma fórmula lapidar: "A América para os americanos". Em uma mensagem anual ao Congresso de 2 de dezembro de 1823, o presidente **James Monroe** (1817-1825) formula a posição que será a dos Estados Unidos até a Segunda Guerra Mundial. Essa doutrina define três eixos: América do Norte e do Sul não estão mais abertas à colonização europeia; toda intervenção europeia no continente americano é considerada como uma ameaça direta aos Estados Unidos, que se comprometem a não intervir nos assuntos europeus. Esse último ponto explica em parte a entrada tardia dos Estados Unidos nos dois conflitos mundiais. Os republicanos ficam no poder entre 1801 e 1829. Eles representam bem os estados do norte, mas desagradam aos do sul escravagista e aos novos estados que se formam no Oeste. Em 1829, **Andrew Jackson** (1829-1837), originário do Tennessee, é eleito presidente dos Estados Unidos. Vencedor dos britânicos e dos índios, ele foi quase vítima de sua popularidade no dia de sua eleição. Seus partidários são tão numerosos que ele quase morre asfixiado, já que, loucos de alegria, eles pilham escrupulosamente a Casa Branca, alegremente saqueada. Seu mandato é marcado pelas guerras índias, e os povos nativos norte-americanos começam a ser colocados nas reservas. Andrew Jackson é o primeiro presidente democrata. O partido democrata nasce de um agrupamento de representantes dos estados do sul e do oeste. Essa coalizão dura até a guerra de Secessão. Jackson se torna impopular ao instaurar, no seio da administração federal, o *spoil system* ou sistema de espólios. Democrata, ele demite funcionários republicanos para oferecer seus cargos a democratas. Esse sistema ainda está em vigor e cada novo presidente instala sua própria administração enquanto a anterior ainda arruma suas coisas. Esse procedimento, geralmente mal compreendido fora dos Estados Unidos, repousa sobre uma vontade democrática: oferecer à maioria a possibilidade de ocupar um lugar entre os membros da administração federal.

A ESCRAVIDÃO

Os sucessores de Jackson, geralmente democratas, são conhecidos sob o apelido pouco glorioso de *black horses*, ou "cavalos pretos", para significar a mediocridade obscura de seu mandato. É durante esse período, entre 1837 e 1861, que a questão da escravidão exacerba as relações entre os estados. O equilíbrio se mantém entre estados escravagistas e não escravagistas, em número aproximadamente igual até a conquista do Oeste. Coloca-se então o problema da escolha efetuada pelos recém-chegados. O acordo do Missouri (1820) propõe uma base geográfica e a escravidão só é autorizada ao sul do paralelo 36, na fronteira meridional do Missouri. Ele funciona de alguma forma, bem ou mal, até 1854, quando é revogado, antes de ser suprimido em 1857.

O conflito se inflama gravemente com uma série de campanhas lançadas nos estados do norte, por iniciativa principalmente dos *quakers* e das sociedades filantrópicas, em prol da abolição da escravidão. A rede clandestina do *Undeground railroad*, ou "estrada de ferro subterrânea", ajuda os escravos a fugirem por itinerários secretos até o Canadá. Em 1852, Harriet Beecher-Stowe (1811-1896) publica sob forma de folhetim o seu romance *A cabana do pai Tomás*, denunciando as condições de vida dos escravos nas plantações. É o primeiro e seu maior *best-seller*, melhor venda do século XIX americano, depois da Bíblia. A história popariza a imagem estereotipada da indefectível lealdade do escravo negro e difunde o abolicionismo. Um novo partido, o partido republicano, sem qualquer relação com seu predecessor, exceto o nome, agrupa os políticos favoráveis à limitação e, depois, à abolição da escravidão em 1854. A coalizão entre estados do Sul e do Oeste eclode, estes últimos aproximando-se dos estados abolicionistas no Nordeste.

A GUERRA DE SECESSÃO

Em 1860, **Abraham Lincoln** (1860-1865), republicano, é eleito presidente. Ele quer a abolição e a manutenção da União, contra os estados do Sul atraídos pela Secessão. A ruptura intervém em algumas etapas, entre dezembro de 1860 e abril de 1861.

Em 20 de dezembro de 1860, a Carolina do Sul faz a primeira secessão, seguida pelo Mississippi, Flórida, Alabama, Geórgia, Louisiana, Texas, Carolina do Sul, Virgínia (mas não Virgínia Ocidental), Tennessee e Arkansas. Eles adotam, em março de 1861, a Constituição dos Estados Confederados da América, versão definitiva de uma Constituição provisória utilizada desde fevereiro daquele ano. O primeiro, e único presidente, é eleito na pessoa de **Jefferson Davis** (1861-1865). Em 12 de abril de 1861, as tropas sulistas do general Pierre Gustave Toutant de Beauregard (1818-1893) atacam Fort Sumter, diante de Charleston na Carolina do Sul, supostamente nas mãos de uma tropa do Norte, abrindo a guerra de Secessão. Em maio de 1861, a capital confederada é instalada em Richmond, na Virgínia.

A GUERRA DE SECESSÃO EM ALGUMAS DATAS ESSENCIAIS

A Guerra de Secessão é um nome que não traduz perfeitamente o termo americano que se refere a isso como *Civil War* ou "Guerra Civil". Ela dura de 1861 a 1865 e se conclui pela derrota dos Estados Confederados do Sul e a proclamação da 13ª. emenda à Constituição americana, abolindo a escravidão.

- **12 de abril de 1861:** Os confederados atacam Fort Sumter na Carolina do Sul.
- **21 de julho de 1861:** Batalha de Bull Pun, derrota do Norte.
- **1862:** Abraham Lincoln impõe um bloqueio aos portos do Sul.
- **1º de maio de 1862:** Batalha de New Orleans, vitória do Norte.
- **25 de junho de 1862:** Batalha dos Sete Dias, vitória do Sul.
- **17 de setembro de 1862:** Batalha de Antietam, vitória do Norte.
- **1º de julho de 1863:** Batalha de Gettysburg, vitória do Norte.
- **23 de novembro de 1863:** Batalha de Chattanooga, vitória do Norte.
- **2 de setembro de 1864:** Batalha de Atlanta, vitória do Norte.
- **31 de janeiro de 1865:** Voto da 13ª. emenda à Constituição americana, abolindo a escravidão.
- **9 de abril de 1865:** Batalha de Appomattox, vitória do Norte.

Generais do Norte: Ulysse S. Grant (1822-1885), **George G. Meada** (1815-1872), **William T. Sherman** (1820-1891), **George A. Custer** (1839-1876), **George K. Thomas** (1816-1870), **Joseph Hooker** (1814-1879).

Generais do Sul: Robert Lee (1807-1870), **Joseph E. Johnston** (1807-1891), **Braxton Bragg** (1817-1876), **Pierre Gustave Toutant de Beauregard** (1818-1893), **John B. Hood** (1831-1879), **Thomas J. Jackson** (1824-1863), **James Longstreet** (1821-1904).

A escravidão, abolida, não é a única causa da Guerra de Secessão, ligada também a problemas de taxas alfandegárias, de comércio e de moeda. Os vencedores não estão de acordo em relação ao futuro do Sul, devastado economicamente e enfraquecido moralmente. Os radicais desejam tomar o controle total do Sul, econômica e politicamente, retirar o direito de voto dos brancos e dá-lo aos negros. Lincoln e, depois, seu sucessor Johnson se opõem e organizam eleições. Os estados do Sul, forçados a admitir a abolição, fazem dos negros os cidadãos de segunda categoria: sem direito a voto, proibição de casamentos mistos. No poder do Congresso em 1867, os radicais impõem o voto dos negros, vencendo as eleições no Sul. Certos brancos formam então movimentos extremistas, dentre os quais o Ku Klux Klan, criado em 1865, proibido em 1871, mas que continua sua atividade clandestinamente. Proibidos de votar desde 1867, os brancos recuperam o direito em 1872. Os radicais perdem o poder em proveito do novo Partido Democrata.

A PROSPERIDADE REENCONTRADA

Em um clima de calma, os Estados Unidos conhecem uma era de grande prosperidade. Em 1883, os funcionários federais são recrutados por concurso, limitando o sistema de espólios. É nesse momento que o Partido Republicano retoma a vantagem. Ele domina a vida política até 1912. O presidente republicano **William McKinley** (1897-1901) restabelece o padrão-ouro (a moeda-papel é garantida por seu contravalor em ouro) e conduz uma política externa ativa. Em 1898, eclode uma guerra hispano-americana. Vencida, a Espanha deve ceder aos Estados Unidos o controle de Cuba e das Filipinas. McKinley é assassinado por um anarquista em 1901. Seu vice-presidente, **Theodore Roosevelt** (1901-1909), termina seu mandato e é reeleito em 1904. Ele inicia uma luta contra os monopólios, os *trusts*. **William H. Taft** (1909-1913) reforça o protecionismo, recusa a evolução progressista do Partido Republicano desejada por Roosevelt. Ele é derrotado em 1913 pelo democrata **Thomas Woodrow Wilson** (1913-1921).

2. A ARTE NOS ESTADOS UNIDOS NO SÉCULO XIX: A AFIRMAÇÃO DE UMA AUTONOMIA

Assim como a ciência, a literatura e a arquitetura também vão afirmar sua autonomia na segunda metade do século XIX. **A pintura** seguirá com certo atraso cronológico em relação às tendências europeias. Esse desenvolvimento artístico tem relação com o desenvolvimento cada vez mais afirmado dos Estados Unidos no cenário internacional. Mas é também consequência da prosperidade do país. O desenvolvimento da cultura americana só se fará a partir **do primeiro terço do século XIX**. No campo da ciência, no entanto, os pesquisadores se baseiam nos resultados das pesquisas feitas na

Europa. É o que acontece ao longo das primeiras décadas em que o sistema educativo se desenvolve, realçando as academias privadas. No final do século, as grandes universidades começam a adotar o modelo alemão que prefere a pesquisa. A criação do Massachusetts Institute of Technology, em 1865, garante a formação de engenheiros.

A ARQUITETURA NOS ESTADOS UNIDOS NO SÉCULO XIX: DAS PRIMEIRAS GRANDES CIDADES AOS ARRANHA-CÉUS

É depois da Guerra de Secessão que a arquitetura americana se liberta dos modelos ocidentais coloniais: Espanha e Inglaterra. As influências espanholas dominam até então no Oeste, enquanto as dos ingleses, holandeses, franceses, dominam no Leste. No século XVIII, os colonos se sedentarizam. Eles adaptam ao contexto americano os modelos paladinos difundidos na Inglaterra e criam um estilo georgiano, como em Drayton Hall, perto de Charleston, na Carolina do Sul, ou Mount Pleasant, na Filadélfia.

A prosperidade econômica nos anos 1790 favorece o desenvolvimento de cidades como Boston e Nova York. O político **Thomas Jefferson** está na origem da introdução na nova nação do estilo neoclássico que, inspirando-se dos luxos de Péricles, se torna o estilo nacional. **Benjamin Latrobe** (1764-1820) é o primeiro a conceber a Catedral de Santa Maria de Baltimore (1805-1821). O estilo neogrego sucede ao neoclássico, inspirado pelos últimos anos do estilo Regency na Inglaterra. Por volta de 1850, assiste-se a uma multiplicação do estilo neogótico, exemplo culminante com a residência Hudson River Gothic, no estado de Nova York. É a partir de 1840 que **o estilo neogótico** se impõe com um retorno à cena medieval. O nome **Andrew Jackson Downing** (1815-1852) é ligado a ele. As igrejas, como a catedral de Saint Patrick, e as universidades, como Harvard, são construídas nesse estilo. Dez anos depois, o ecletismo, estilo que mescla todos os outros, é aplicado pelos arquitetos formados na Escola de Belas Artes de Paris: Ponte do Brooklyn, Metropolitan Museum of Arts, Brooklyn Museum.

Richardson, os primeiros arranha-céus

Enquanto as artes plásticas se mantém nas trilhas da Europa, a arquitetura da América do Norte se embrenha por novos caminhos. O incêndio de Chicago, em 1871, oferece a oportunidade de pensar sobre a utilização de novos materiais que associam o ferro a um revestimento de tijolos crus, tornando os prédios incombustíveis. A chamada Escola de Chicago é esse movimento arquitetural que se desenvolverá com **William Le Baron Jenney** (1832-1907) e um de seus alunos, **Louis Sullivan** (1856-1924), que trabalhará em associação com o engenheiro Adler. A invenção de um elevador elétrico em 1881 permite a construção de prédios cada vez mais altos. **Henry Hobson Richardson** (1838-1886), ao mesmo tempo que se inspira na arquitetura romana do sul da França, mostra um sentido audacioso das massas e o domínio do detalhe. Para fazer isso, ele emprega diferentes materiais: arenito e granito. Sua obra-prima é a igreja da Trindade em Boston. Louis Sullivan, desde os anos 1890, recorre às estruturas de aço, o que dá nascimento aos primeiros arranha-céus.

A PINTURA NOS ESTADOS UNIDOS NO SÉCULO XIX: TODOS OS GÊNEROS

Até o final do século XIX, a arte pictural americana continua tributária da arte ocidental. Será preciso esperar a metade do século XIX para que tenham início as trocas entre os artistas norte-americanos e os da Europa e que estes venham aos ateliês franceses para aprender. A pintura do início, no século XVII, prefere a realidade bruta, uma arte sem arte. Primeiro são os retratistas, ou que representam cenas da chegada dos primeiros colonos. A escola de Hudson, no início do século XVII, é a mais ativa. Suas obras se baseiam em gravuras inglesas. **A partir do primeiro terço do século XIX**, a pintura de paisagem emerge. A Hudson River School, influenciada pelo romantismo, é o primeiro movimento pictural dos Estados Unidos. Seu fundador **Thomas Cole** (1801-1848) e os outros pintores que a constituem pintam em grandes formatos o vale do rio Hudson e as vizinhanças. Entre 1850 e 1870, uma segunda geração de pintores de Hudson River, depois da morte de Cole, concentra-se principalmente nos efeitos de luz, recorrendo a uma técnica precisa que não deixa qualquer traço de pincel. **Asher Durand** (1796-1886) liderará o movimento. O fim do século é marcado pelas obras de **William H. Harnett** (1848-1892), que se destaca na arte da natureza morta em *trompe-l'œil*. **Mary Cassatt** (1844-1926), amiga de Degas, é muito próxima do impressionismo (*O toreador*, 1873). Seu gosto pelas estampas japonesas está presente em um grande número de seus quadros executados depois de 1890. **O impressionismo** norte-americano se conclui com a exposição internacional de arte moderna do Armory Show, em 1913.

3. A LITERATURA AMERICANA NO SÉCULO XIX

UMA AUTONOMIA GARANTIDA

É na metade do século XIX que os Estados Unidos garantem sua autonomia, tanto no plano da arquitetura e da ciência quanto da literatura. Nova York se torna, ao longo do primeiro terço do século XIX, o centro intelectual. **Washington Irving** (1783-1859) trata principalmente temas americanos (*Uma excursão nas pradarias*, 1835). Ele é o primeiro autor a se impor na Inglaterra e na Europa. **Edgar Allan Poe** (1809-1849) se torna o mestre inconteste da novela, mas se torna conhecido e apreciado como crítico e poeta com *A queda da casa de Usher* (1839) e *Os contos do grotesco e do arabesco* (1840).

Outro grande representante do romance é **Herman Melville** (1819-1891), cuja obra também foi muito variada: *Moby Dick* (1815), *White Jacket* (1850), *Pierre ou As ambiguidades* (1852). Nessa época, Nova York deixa de ser o ponto de encontro do mundo intelectual em proveito de Concord, pequena cidade dos arredores de Boston. É ali que nasce o Clube Transcendental de Concord, que reúne filósofos, poetas e críticos da Nova Inglaterra. **Ralph Waldo Emerson** (1803-1882) publica obras e ensaios que defendem o transcendentalismo americano e traduzem sua interpretação da natureza, da vida do homem (*Natureza*, 1836). **Henry David Thoreau** (1817-1862), por seu misticismo, seu idealismo, faz parte também da escola transcendental e, assim como **Margaret Fuller** (1810-1850), grande predicadora da emancipação feminina, foi uma inspiração. Os poemas de **John Greenleaf Whittier** (1807-1892) são cheios de paixão e constituem violentas diatribes indignadas contra os plantadores do Sul que praticam a escravidão, como em *Narrative and Legendary Poems* (*Poemas narrativos e lendários*) (1831), assim como **Harriet Beecher-Stowe** (1811-1896), com *A cabana do pai Tomás* (1852). Poe contribui muito para o desenvolvimento da poesia pela audácia de sua imaginação, por suas preocupações morais e religiosas, por seus esforços para tornar o verso musical: *Tamerlan* (1827), *To Helen* (*Para Helen*) (1831). **James Russel Lowell** (1819-1891) se inspira nos grandes românticos ingleses Keats e Shelley (*Endymion*, 1817).

Depois da Guerra de Secessão, o número de obras de literatura aumenta, mas infelizmente não ocorre o mesmo com a qualidade. A novela, a partir de 1870, torna-se o gênero predileto. O período após essa idade otimista e sentimental é, ao contrário, obscuro e realista, e mais norte-americano, ainda que certos autores, como Lew Wallace (1827-1905), inspirem seus temas na antiga Judeia: *Ben Hur* (1880). Nasce também uma literatura escrita por negros. O romance mais conhecido é o de **Margaret Mitchell** (1900-1949), *E o vento levou* (1936). **Mark Twain** (1835-1910) inaugura o gênero humorístico ainda que sua obra-prima, *As aventuras de Tom Sawyer* (1876), seja um fino retrato da alma infantil. **Henry James** (1843-1916) é o pintor da psicologia interior, a historiografia do grande mundo e dos intelectuais (*Retrato de mulher*, 1881; *As asas da pomba*, 1902).

O ROMANCE HISTÓRICO SURGE

De fato, as duas últimas décadas do século XIX e mesmo a primeira década do século XX veem se desenvolver o romance histórico. A obra de **Marion Crawford** (1854-1909) se eleva a 45 volumes, dentre os quais cinco são dedicados à história. *Via crucis* (1899), sua obra-prima, situa-se durante as cruzadas. **Winston Churchill** (1871-1947) tira proveito de seus conhecimentos do Missouri em *The crisis* (*A crise*) (1901). O teatro e a ópera tornarão imortal *Madame Butterfly* (1898) de **John L. Long** (1861-1927). Mas são sobretudo as narrativas de **Jack London** (1876-1916) que são as mais conhecidas. Suas próprias aventuras no oceano ou no Alaska lhe forneceram o pano de fundo para seus temas: *O chamado da floresta* (1903), *Caninos brancos* (1906). Mas se a história ocupa um espaço tão importante na literatura, é que sua difusão é facilitada pelo desenvolvimento de sociedades históricas em quase todos os estados da União.

4. A FILOSOFIA AMERICANA NO SÉCULO XIX: CORRENTES MÚLTIPLAS

> Os norte-americanos não têm uma escola filosófica própria; eles se preocupam pouco com todas aquelas que dividem a Europa e mal conhecem seus nomes. É fácil ver, entretanto, que quase todos os habitantes dos Estados Unidos dirigem sua mente da mesma forma e a conduzem segundo as mesmas regras; o que quer dizer que eles possuem, sem nem sequer terem se dado ao trabalho de definir regras, um método filosófico que é comum a todos[278].

À medida que os Estados Unidos expandem suas colônias, surgem problemas tipicamente norte-americanos, mas as soluções propostas não resolverão necessariamente essas questões. De fato, a filosofia norte-americana se resume a uma multiplicidade de correntes de pensamento, transcendentalismo, pragmatismo, filosofia analítica, e é difícil identificar o que venha a ser propriamente norte-americano.

FILOSOFIA DO INÍCIO E TRANSCENDENTALISMO

O período situado entre a independência e o pós-guerra da Secessão é um momento em que os Estados Unidos formam sua civilização. É a época em que surgem professores de filosofia e se organizam debates em clubes a respeito do futuro dos Estados Unidos. Os problemas com os quais a jovem república deve lidar dizem respeito a todos. O movimento transcendentalista que aparece tem suas raízes na doutrina transcendental de Kant. **William Ellery Channing** (1780-1842) se opõe ao calvinismo e à doutrina da Trindade, enquanto **Ralph Waldo Emerson** (1803-1882) se torna capelão de um homem novo em um mundo novo. Ele será influenciado por Montaigne, Goethe e religiões orientais, não deixando de buscar na natureza um conhecimento do homem. **Henry David Thoreau** (1817-1862), oposto à escravidão, anticonformista, deixou ensaios políticos ou morais assim como narrativas de viagem. *Walden ou a vida nos bosques* (1854) é uma espécie de panfleto com relação ao mundo ocidental. Mas ele ficará conhecido na Europa por seu *Ensaio sobre a desobediência civil* (1849), no qual advoga a resistência passiva, a não violência enquanto

---

278. Alexis de Tocqueville, *De la démocratie en Amérique* [Da democracia na América], 1840, Paris, Gallimard, 1961, t. II, p. 11.

meio de protesto. **Henry James** (1843-1916), autor prolífico, reconhecido entre os primeiros, é perseguido pela ideia do pecado original. Ele escreve uma obra herética em muitos sentidos e dá uma versão americanizada de Swedenborg, como ele, marcada de mística. O problema da escravidão e a questão racial dividem os filósofos e chamam cada vez mais atenção da opinião pública americana. O movimento de Saint Louis, fundado por Henry Brokmeyer, vai se encarregar de traduzi-los. Ele também está na origem da criação da única revista de filosofia existente então: *The Journal of Speculative Philosophy* (*Jornal de filosofia especulativa*), em 1867.

O PRAGMATISMO AMERICANO

Com o pragmatismo, desde seu fundador e seus principais discípulos, **William James** (1842-1910), **John Dewey** (1859-1952), aparece uma corrente totalmente inovadora e original. O **pragmatismo**, nome dado por **Charles S. Peirce** (1839-1914) à sua filosofia, é um método destinado a pôr em prática as técnicas utilizadas em laboratório para responder a problemas filosóficos. Ao querer redefinir a realidade e sua percepção e fazer tábula rasa partindo de novos conhecimentos adquiridos em psicologia e fisiologia, abrindo uma via entre o empirismo ateu e o racionalismo religioso, ele chega a uma reconsideração do lugar do homem no seio da natureza e da sociedade. A profusão das obras de Kant e de Hegel no seio das universidades americanas não fornecia uma resposta completa àqueles que queriam apreender a percepção da realidade de outra forma. O método pragmático será, antes de mais nada, um método de classificação. Uma ideia é verdadeira porque é verificável. Ela será equivalente para os filósofos ao que será o método experimental para os cientistas. "As ideias não são verdadeiras ou falsas. Elas são úteis ou não", escreve William James em uma revista de 1907, defendendo sua doutrina. Esse professor de Harvard, psicólogo e filósofo, apresenta como teoria que nossas ideias são ferramentas mentais criadas pelo cérebro para resolver problemas. Ele desenvolve dois conceitos de verdade: verdade-satisfação e verdade-verificação. Um conceito possui uma significação se há consequências práticas e, se essas consequências práticas são boas, então é verdade. Os trabalhos de **John Dewey** (1859-1952), em Chicago, estarão mais próximos das preocupações sociais de seus contemporâneos. O pragmatismo encontrará também aplicações em política, epistemologia, ética e estética.

O IDEALISMO

A despeito do avanço do pragmatismo, o idealismo não desapareceu completamente. Longe do idealismo europeu, o da filosofia de **Josiah Royce** (1855-1916) dará ao idealismo norte-americano sua dimensão norte-americana. Ele tenta encontrar um fundamento racional para a atividade intelectual, religiosa, moral do indivíduo.

CAPÍTULO VIII
A ÁSIA NO SÉCULO XIX

1. A ÍNDIA DE 1858 A 1901

Em 1858, a Revolta dos Cipaios, derrotada, marca o fim da Índia dedicada a uma companhia comercial, a das Índias orientais, em proveito da instalação do Raj, o governo do país pela coroa britânica. As autoridades locais, rajás e marajás, guardam suas posições com a condição de obedecer à última. Em 1887, a reorganização se conclui e o nascimento do império das Índias é proclamado. A rainha Vitória (1819-1901) se torna a primeira imperatriz. Em Deli, um vice-rei exerce o poder em nome do soberano.

2. A CHINA: O DECLÍNIO DA DINASTIA QING NO SÉCULO XIX

GUERRAS DO ÓPIO E TAIPING

Depois do reino de Qianlong, a dinastia manchu inaugura um lento, mas irremediável, declínio, até sua expulsão em proveito da República em 1911. A última grande figura é a da imperatriz viúva **Cixi** ou **Tseu-Hi** (1835-1908), que tenta, contra tudo e contra todos, manter o trono de Fênix para seu filho, depois seu sobrinho e sobrinho-neto. Mas a China se quebra aos poucos, perde a Guerra do Ópio, em 1842 e 1858, antes de uma série de derrotas, em 1860 contra a França, em 1895 contra o Japão e em 1898 contra a Rússia. **Puyi** (1906-1967), último imperador, de quatro anos, é afastado em 1911. A Guerra do Ópio é a primeira guerra comercial, opondo os chineses aos britânicos, em 1839 e em 1842. Os ingleses importam cada vez mais chá da China e pagam primeiramente com algodão e depois com ópio. O imperador da China tenta se opor a esses grandes carregamentos de ópio, que assolam seu povo, e decreta que a venda seja ilegal. Em 1839, o governador de Cantão manda queimar em público 20 mil caixas da droga, pois o imperador havia proibido a importação de ópio. Os ingleses respondem desencadeando a guerra, que vencem em 1842. O tratado de Nanquim, em 29 de agosto de 1842, dá aos britânicos o direito de vender livremente o ópio e lhes concede a ilha de Hong Kong. **Vitória I**, rainha da Inglaterra de 1837 a 1901, deve então uma parte importante de seus ganhos pessoais e daqueles da coroa britânica ao tráfico de drogas imposto à China.

O século XIX e o início do XX são marcados na China por dois episódios de levante dirigidos contra a dinastia manchu dos Qing, considerada como não chinesa, e contra os estrangeiros presentes na China. Os Taiping são membros da seita da "Grande Paz". Eles reivindicam seu nacionalismo chinês pela firme vontade de expulsar a dinastia Qing manchu, no poder desde 1644. Seus adeptos são recrutados entre os camponeses arruinados, o proletariado urbano, os letrados que fracassaram nos exames para mandarim. Sua mensagem é milenarista: uma vez deposto o imperador manchu, o "Reino Celeste da Grande Paz" será instaurado, assim como a igualdade. Preocupados com a derrota dos exércitos imperiais em 1842, quando da guerra do ópio contra os ocidentais, eles tomam Nanquim em 1853 e ganham aos poucos o Norte. Mas os massacres dos europeus levam-nos a intervir em 1860. As tropas franco-inglesas põem abaixo o palácio de Verão, em 18 de outubro de 1860. O general Charles Gordon (1833-1885), futuro Pachá do Egito e defensor de Cartum, faz seu primeiro combate na liderança do exército imperial e das coalizões europeias. Entre 1860 e 1864, ele derrota os Taiping. Em julho de 1864, ele recupera Nanquim; os Taiping sobreviventes são massacrados. Entre 1853 e 1864, a revolta teria feito 20 milhões de mortos e deixado o Império Chinês nas garras ocidentais, entre concessões comerciais e zonas de ocupação militar.

A REVOLTA DOS BOXERS

Em 1900, o bastão passa para as mãos dos Boxers da seita *Yihequan* (Punhos de justiça e de concórdia), em que o termo de "punho" têm seu significado ocidental: Boxers ou boxeadores. Antimanchus, antieuropeus, eles mudam sobre o primeiro ponto, recebendo apoio da corte imperial na pessoa da imperatriz viúva Cixi, que os conclama a expulsar os estrangeiros. Um massacre de europeus, refugiados nas delegações, bairros reservados aos estrangeiros, começa em junho de 1900. Desde julho, uma coalizão que reúne europeus e japoneses desembarca na China. Pequim é tomada um mês depois. A corte foge e os Boxers são executados. Pelo tratado de 7 de setembro de 1901, a China promete depositar uma indenização milionária, 1.600 milhões de francos-ouro (1 franco-ouro equivale a 3,22 g de ouro), e se abrir aos estrangeiros. A dinastia manchu, a última, passa para a tutela ocidental, até ser abalada em 1911.

IMPERATRIZ DA CHINA

A imperatriz viúva **Cixi** ou **Tesu-Hi** (1835-1908) nasce em uma obscura família manchu. Seu pai é suboficial, portador de bandeira no interior. O lugar de seu nascimento continua tema de debate. Sua existência histórica começa aos dezesseis anos, em setembro de 1851, quando, depois de múltiplas seleções, ela se torna uma das concubinas de quinta ordem do imperador **Xianfeng** (1831-1861). A sorte lhe permite ser a primeira a dar um herdeiro homem ao soberano em 1856, e ela se torna a segunda esposa imperial, depois da imperatriz chamada **Cian** (1837-1881). Em 1860, ao longo da **Segunda Guerra do Ópio** (1856-1860), as tropas franco-britânicas tomam Pequim e a corte se refugia na Manchúria, ao norte do país. O imperador morre em 1861. Cixi e Cian se tornam as duas imperatrizes viúvas. Mas só a primeira tem uma cabeça política.

Apoiando-se nos príncipes imperiais, ela derrota o comitê de regência previsto pelo imperador defunto e inaugura seu reino "por trás da cortina", em nome do seu filho de cinco anos. A expressão "por trás da cortina" designa na realidade a cortina amarela, cor imperial, atrás da qual Cixi, que por ser mulher não pode presidir oficialmente o governo, dita respostas e ordens ao infante imperial instalado no trono.

Quando da morte de seu filho, em 1875, Cixi continua sua regência em nome do novo imperador de quatro anos. Quando, maior, este pretende reinar sozinho em 1898, reformar o país para evitar uma esclerose, Cixi o faz cair por incapacidade. Ele viverá recluso em seu próprio palácio até 1908. Na realidade, de 1861 até sua própria morte também 1908, Cixi governa o Império. Sua preocupação de sobrevivência da dinastia manchu dos Qing, desde 1644 no poder, é acompanhada de uma ignorância mesclada a uma incompreensão com relação ao mundo oriundo da primeira industrialização, ou "revolução industrial" no Ocidente. Vencida muitas vezes, a China se torna o "bolo chinês" dividido pelos ocidentais e japoneses. Se Cixi consegue exercer o poder supremo, ela também deve isso a sua assimilação rápida dos usos da Cidade Violeta. Em princípio, fora os guardas, assim que o dia cai, o imperador é o único homem da Cidade Proibida, ficando apenas os eunucos. Essa poderosa corporação baseia seu poder, além da corrupção, no papel junto das concubinas. Quando o imperador deseja uma delas, o primeiro eunuco lhe apresenta uma bandeja de prata, sobre a qual, em equilíbrio, placas gravadas mencionam os nomes das concubinas. É fazendo uma delas cair que o imperador indica sua escolha. A feliz escolhida é banhada, perfumada em todos os orifícios e conduzida para junto do soberano. A fim de aumentar suas chances de ser a primeira a dar um filho ao imperador, Cixi soube manipular para que sua placa aparecesse frequentemente, e no lugar correto. Simples mulher confrontada com a divindade do Filho do Céu, ela se aproxima pelo pé da cama, deslizando sob o lençol que deve levantar aos poucos. Depois, com as carícias terminadas, ela deve retornar pelo mesmo caminho no sentido inverso. Imperatriz ou concubina, o encontro é sempre anotado por um eunuco, postado perto do quarto, que deve registrar o momento em que a união física foi consumada. Eunuco, mas orelha aguçada... Um último imperador infante, o **príncipe Pu Yi** (1906-1967), ocupa o trono de 1908 à revolução e o advento da República em 1911. Uma república efêmera tenta se impor entre 1911 e 1916; depois vem o reino dos "Senhores da guerra", potentados locais apoiados por exércitos mercenários até 1949. A anarquia política se duplica: além da luta entre nacionalistas e comunistas, há uma ocupação japonesa da Manchúria, entre 1931 e 1945, em que o ex-imperador Pu Yi é soberano fantoche de um Estado rebatizado Manchukuo.

ARTES E LETRAS SOB OS QING

O século XIX, com o seu lote de guerras civis e guerras contra a usurpação das potências ocidentais e do Japão, prejudica a simples manutenção das artes, por falta de expansão.

3. O JAPÃO NO SÉCULO XIX

Durante o período que vai de 1615 a 1868, o Japão conhece uma paz e uma prosperidade que terão consequências diretas sobre a arte e sobre o florescimento de uma cultura urbana. O aumento de poder da burguesia nas grandes cidades desenvolve o florescimento da pintura, da laca, da gravura, da cerâmica e dos tecidos. As grandes cidades são então Edo, Kyoto, Osaka. A população em plena efervescência cria seus lugares de cultura, de divertimento, de espetáculo e de prazer. Novas artes aparecem, como o *Ukiyo-e*. Nas primeiras décadas do século XVIII, a atividade dos comerciantes toma uma grande importância assim como aquelas dos citadinos na constituição da cultura dita de *Genroku*, marcada pelo progresso do conjunto das criações artísticas. A interdição sobre a importação de livros em língua ocidental será anulada no tempo do xogum **Yoshimune Tokugawa** (1684-1751), o que permitirá a ampliação dos conhecimentos.

Durante as eras Bunka (1804-1818) e **Bunsei** (1818-1830), as produções literárias se tornam acessíveis a uma camada mais ampla da população. Pessoas que emprestam livros se instalam nas cidades. **Hokusai**, em muitas estampas em cores, torna o monte Fuji sagrado. O desenvolvimento da atividade cultural é tamanho que se desenvolve aos poucos no seio do próprio povo, até o início da era Meiji. **O ano de 1868** marca o fim da dominação dos Tokugawa, a ruína do poder dos xoguns e a restauração do poder político do imperador. O Japão acolhe muitos especialistas ocidentais de vários campos: arquitetura, moda, indústria, tecnologia. A abertura do Japão para o Ocidente é a consequência política do governo da modernidade e da atitude dos intelectuais que admiram o Ocidente. Os dez primeiros anos da era Meiji colocarão na moda todos os aspectos culturais do Ocidente. Mas, à medida em que a política governamental recua, uma corrente nacionalista se instaura para o renascimento da arte no Japão com **Okakura Kakuzo** no campo das belas artes. Tirar proveito dos progressos adaptando-os ao pensamento local, resistir pela apropriação ao que havia sido encorajado com relação à cultura chinesa da Idade Média era voltar a permitir a preservação dos valores nacionais.

O JAPÃO NA ERA MEIJI (1868-1912)

A era Meiji, do "Governo esclarecido", é marcada pelas reformas do reino de **Mutsuhito** (reino: 1868-1912). Ele faz de um Japão feudal uma potência moderna, abole a casta guerreira dos samurais, organiza o exército segundo o modelo ocidental. Isso provoca a rebelião dos samurais, derrotados na batalha de Satsuma em 1877. Ele confere, em 1889, uma constituição que lhe deixa todos os poderes. O imperador cria uma nova moeda, o iene, o Banco central do Japão, uma educação nacional, impõe o uso do calendário gregoriano. A industrialização é espetacular: o país conta com 7.000 km de vias férreas em 1900, a hidroeletricidade é desenvolvida não longe de Kyoto, a exportação de seda bruta é substituída pela do material tecido. Antigas grandes famílias de senhores adquirem empresas muito grandes criadas por iniciativa do estado, os Zaibatsu, como Mitsui, Mitsubishi, Sumimoto. Depois de uma guerra rápida contra a China, em 1894-1895, a Coreia, em princípio independente da tutela chinesa, passa na realidade para controle japonês. Em 1895, Formosa (Taiwan) é anexada; em 1905, a Rússia é derrotada quando da guerra russo-japonesa; em 1910, a Coreia passa diretamente para a dominação japonesa.

A ARTE NO JAPÃO NO SÉCULO XIX: A PINTURA

A época Edo é a idade de ouro da pintura pela diversidade das escolas e das tendências, apesar do fechamento do país a partir de 1639. Uma forte inclinação por esta, da parte de uma camada ampla da população, terá como consequência, desde o início do século XVIII, uma grande curiosidade por tudo que vem do exterior. A renovação da pintura durante esse período se apoia na exploração da cor mais do que do traço, no efeito decorativo, na composição narrativa. A monocromia chinesa fez da paisagem seu centro de interesse e se desenvolve primeiro nos mosteiros zen. O realismo ocidental fundado no claro-escuro, a perspectiva geométrica introduzida graças ao ensino dos missionários no século XVI encontram, depois da expulsão, graças à chegada dos holandeses no século XVIII, uma renovação do interesse. Esses diferentes fatores constituirão as bases de novas técnicas das diferentes escolas de pintura. A influência estrangeira no final do século XVIII promove igualmente uma renovação importante tanto na técnica quanto na concepção. Ainda que seduzidos pelos ideais exóticos em suas relações inéditas aos modos de representação, os japoneses não parecem menos fiéis à sua concepção da criação artística ligada ao pensamento zen e à noção de pureza. A difusão da estética ocidental será feita por um movimento chamado *Yoga* (estilo ocidental) com pintores como **Asai Chu** (1856-1907), **Kuroda Seiki** (1866-1924). Em reação contra esse estilo surge o *Nihonga* em torno de **Okakura Tenshin** (1862-1913), **Yokoyama Taikan** (1868-1958), **Shimomura Kanzan** (1873-1930). Em 1905, o fauvismo, Seurat e Van Gogh são conhecidos no Japão. Cinco anos depois, será a vez de o impressionismo fazer sua entrada em cena. Uma nova geração se instala.

A paisagem no século XIX fornece o tema principal de representação e um segundo momento à estampa. **Katsushika Hosukai** (1760-1849) introduz a perspectiva linear, o estudo da luz. Depois de 1820, ele cria realizações de um poder prodigioso, verdadeiros estudos de linhas. De fato, ele se torna conhecido pela xilogravura e pela ilustração de numerosos romances como *Olhar sobre as duas margens do rio Sumida* (1803) ou a *Hokusai Manga* (1814). Mas suas estampas o levarão ao topo do sucesso: *A Grande onda de Kanagwaga* (1829-1832), estampas da série das 36 vistas do monte Fuji. **Utagawa Hiroshige** (1797-1858) é também um mestre da paisagem e se torna conhecido com *Cinquenta e três paradas da estrada de Tokaido* (1883-1884). A arte de Hiroshige, comparada à de Hokusai, é mais estática, mais calma. O homem encontra seu lugar como um dos elementos da natureza: *O monte Fuji* (1858).

A LITERATURA JAPONESA NA ERA MEIJI: PRIMEIRA REFLEXÃO SOBRE A ARTE DO ROMANCE

A violenta introdução da cultura ocidental no Japão não podia deixar de ter repercussões sobre a literatura. Trata-se da questão de importar o mais rapidamente as técnicas do Ocidente e seus modos de pensamento. Em muito pouco tempo, surgem muitos jornais e revistas. A imprensa quotidiana, ao se desenvolver a todo vapor, favorece igualmente o desenvolvimento da literatura japonesa. A revista *Meiroku Zasshi* é fundada, tornando-se um suporte para todas as questões relacionadas aos grandes problemas do mundo. Ela será considerada como um dos veículos essenciais para a difusão dos conhecimentos ocidentais. As revoluções econômicas, sociais, políticas, científicas criam a necessidade de rever a filosofia que se impunha até então, a identificação do homem com a natureza ou os grandes princípios morais. Inversamente, as traduções literárias da literatura japonesa no Ocidente são menores. Elas não são publicadas antes de 1910, e as duas obras fundadoras, que são o *Genji monogatari* e *O livro de travesseiro*, terão que esperar até 1928; as estampas que os ilustram assumem um papel central na arte japonesa. **A primeira reflexão** sobre a arte do romance se deve a **Tsubouchi Shòyo** (1859-1935). Em *A quintessência do romance* (1885), ele define igualmente o campo próprio ao escritor. A descoberta de Maupassant e de Zola seria decisiva para a orientação do romance japonês sob o impulso de **Nagai Kafu** (1879-1959), com *Jigoku no hana* (*Uma flor no inferno*, 1902). Natsume Soseki e Mori Ogai são os dois grandes nomes dessa época.

- ❖ **Natsume Soseki** (1867-1916) deixa uma obra atormentada, marcada pelas incertezas do período. Seus heróis são impregnados de um sentimento de culpa. Seu primeiro romance *Eu sou um gato* (1905-1906) é um grande sucesso, assim como *Botchan* ou *O jovem* (1906) e *Kasamakura*, ou *O travesseiro de capim* (1906).

- ❖ **Mori Ogai** (1862-1922) adquire bases filosóficas sólidas na Europa. Fundador da revista *Shigarami Soshi* (*A barragem*), seu estilo será muito austero. Ele publica sob o pseudônimo Ogai. Seu nome é na verdade Hintaro Mori; sua primeira obra, *Maihime* (*A Dançarina*, 1890), na qual ele conta sua descoberta de Berlim. A partir de 1910, suas narrativas se tornam mais filosóficas: *Kanzan Jittoku*, *Moso*, *Quimeras* (1910).

CAPÍTULO IX
A ÁFRICA NO SÉCULO XIX

1. O REINO DE ABOMEY

O reino de Abomey, no sul do atual Benin, aparece no século XVII, mas é no século XVIII que começa sua expansão, quando o rei Agaja (1708-1732) compra armas dos europeus na costa e se lança no tráfico negreiro para pagá-las. Tornado reino do Dahomey, ele prospera sob os reis Kpengla (1774-1789) e Ghezo (1818-1858). A monarquia é absoluta, um sistema elaborado permite que o soberano controle tudo direto do palácio, por meio de uma rede de funcionários muito vigiados. Um sistema original de serviço militar obrigatório, instaurado no primeiro terço do século XIX, permite a existência de um exército permanente, em que as mulheres também são alistadas, as célebres amazonas do Dahomey, que, durante os períodos de paz, são encarregadas da guarda pessoal e da proteção do rei. Sociedade concebida pela guerra e para a guerra, ela resiste mal ao avanço dos colonizadores europeus, depois de ter visto sua renda diminuir com as abolições da escravidão no ocidente, apesar de sua continuação no Oriente Médio. Em 1892, a França transforma o reino em um dos seus protetorados, e o rei Behazin (1889-1894) é deposto em 1894.

A ARTE DE ABOMEY

As artes do Dahomey estão ligadas à personalidade dos reis que quiseram, por meio da escolha dos artistas e das representações, marcar de forma duradoura sua época. É o caso dos palácios dos reis Ghezo (1818-1858), Glege (1858-1889) e Behanzin (1889-1894). Esses soberanos mandaram edificar palácios de terracota, ornados de placas quadradas de pouco menos de 1 m de lado, executadas em *demi-bosse* ou "relevo oco". As representações, policromos, retratam ao mesmo tempo animais (elefantes, macacos, tubarões...), seres mitológicos e cenas de guerra. O conjunto dessas cenas é uma verdadeira propaganda a serviço do soberano que as encomendou. Sob forma de imagem, elas relatam os grandes episódios e altos feitos de seu reino. Essas representações se encontram nos tecidos; o tubarão, símbolo do rei Behazin, aparecer nas tapeçarias destinadas a decorar seu palácio.

A RELIGIÃO: O CULTO VUDU

O vudu, vodu ou vodun é um culto animista praticado pelos iorubás, congos e dahomeys. Tudo é espírito, poderes naturais; loas, sua forma secundária, personificados pelas necessidades do culto por Erzuli, o amor, ou Papa Legba, o mensageiro. A prática consiste em danças, cantos, sacrifícios, transe e até a possessão. Ali, assim como no Haiti, onde ainda é praticado, ele se cristianiza, em um sincretismo que mescla os santos e as loas, a ponto de utilizar o calendário romano das festas de santos para honrar ao mesmo tempo seu equivalente da loa. O vudu (o deus), em sua primeira acepção, é uma força da natureza (trovão, raio, mar), mas também um lugar (rochedo, maré). No topo do panteão reina um demiurgo Mawu, etéreo, eterno; ele é "inacessível", nunca representado, mas frequentemente invocado. Dentre as loas; Erzulie, deusa do amor, Papa Legba, mensageiro dos deuses, Hebieso, deus do trovão e Gu, deus dos ferreiros e da guerra. Originário dos países do golfo do Benin, Gana, Togo, Benin, Nigéria, o vodu se dissemina pelo tráfico de escravos: no Haiti; na República Dominicana atual, onde também é chamado de macumba; em Cuba, sob o nome de santeria.

2. O REINO ASANTE

O reino Ashanti, ou Asante (séculos XVIII-XIX), surgiu na região central da atual Gana. Precedido, no século XVII, pelo reino de Denkyera, ao sul de Gana, ele é criado no século XVIII por uma reunião de chefes realizada pelo rei **Osai Tutu** (reino: c. 1680-1712). O soberano ou *Asantehene* não é um autocrata; ele é eleito por sugestão do Alto Conselho, o *Asantenam hyia*. Fundado no poderio militar, o reino dá atenção constante ao exército e aos meios eficazes para mobilizar o maior número de homens possível. Desde a origem, ele funda sua potência no comércio do ouro e de escravos, que vende aos britânicos nas costas em troca das armas de fogo. Por sinal, é a abolição do tráfico que desfere o primeiro golpe nas relações econômicas, depois diplomáticas, entre os dois povos; os britânicos ocupam uma parte do reino: tomam, em 1874, a capital, Koumasi, mas não a ocupam, e depõem os soberanos hostis à sua política de implantação. Em 1901, a conquista é completada, e o reino, em razão de sua riqueza em ouro, torna-se a Gold Coast, a Costa de Ouro.

A ARTE ASHANTI

A arte ashanti é principalmente a do trabalho do ouro, depois as máscaras funerárias dos reis até as camadas que ornam os bastões dos intérpretes dos chefes, pessoas tão sagradas que não se pode dirigir a palavra a eles diretamente. A arte ashanti é principalmente a da modelagem do ouro e do cobre segundo a técnica da fundição com cera perdida. É antes de tudo real e de corte. Trata-se de manifestar a potência do soberano e dos membros de sua família, e garantir sua perenidade no além. A máscara recoberta de ouro, levada sobre um bastão ou um cajado de madeira, representa a alma humana (*okra*) de um ancestral. O portador da alma do rei é escolhido em sua família próxima. Um objeto usual dos ashanti expressa toda a delicadeza de sua arte; trata-se dos pesos para pesar ouro, quase sempre feitos de bronze e trabalhados sob as formas animais; eles revelam o cuidado na exatidão do detalhe, um sentido rigoroso da observação e um evidente domínio das técnicas de produção. O símbolo do Império Ashanti (Asanti) é um banquinho de ouro vindo do céu, o *sika dwa*. Contendo tanto o poder real quanto a alma de toda a nação – os vivos, os mortos, os nascituros –, é um objeto de adoração no qual ninguém se senta. Possuí-lo confere autoridade, prestígio e força sobre-humanos. Ele nunca deve tocar o chão, pois os deuses o depositaram diretamente no colo do primeiro rei. É por isso que, normalmente, ele é colocado sobre uma manta. Durante uma entronização, o rei é erguido acima do *sika dwa* sem nunca tocá-lo.

3. OS REINOS FULANI

Os reinos Fulani pertencem ao povo da África sudanesa e ocupam vastos territórios que vão desde o Chade, a leste, até o Senegal, a oeste. Mais conhecidos a partir do século XV, islamizados, os Fulani fundam vários estados hegemônicos; no século XVIII na Guiné e, no século seguinte, em Mali e na Nigéria. São, mais propriamente falando, estruturas políticas efêmeras que são instauradas depois de uma guerra travada pelos Fulani contra os sultões ou soberanos animistas. Liderados por marabus, tais como Usman dan Fodio na Nigéria, os fulanis pegam em armas para defender a pureza do Islã. Depois de sua vitória, não estão interessados em organizar reinos genuínos e, quando não retornam à sua vida de pastores nômades, limitam-se simplesmente a retomar as estruturas já existentes. Depois de breves períodos de anarquia, os reinos Fulani desaparecem em benefício dos colonizadores europeus. **Usman dan Fodio** (1754-1817) nasce de uma família de muçulmanos letrados. Depois de ter sido professor, ele proclama, em 1804, a *jihad,* justificado em sua obra *O livro das diferenças* (*Kitab-al-Farq*) pelos desvios de governantes que não respeitam a lei corânica e a *sharia*. Ele funda um imenso Império Fulani – população de pastores nômades –, pela conquista, como a de Sokoto, que ele governa com o título de *sarkin musulmi* (*comandante dos* *crentes*). Sua autoridade se estende do Saara ao Lago Chade. No entanto, é seu filho e sucessor, **Muhammad Bello** (1817-1837), que o organiza do ponto de vista administrativo: com o título de califa (sucessor) de Maomé, ele reina de Sokoto sobre os emires, governadores das províncias. A lei comum é a lei corânica. O território é atravessado por estradas, conectando cidades mais numerosas e mais ricas.

O Império Tucolor (século XIX), deformação do francês *toucouleur* e, por sua vez, do wolof *Tekrour*, estende-se de Mali até as fontes do rio Níger e do rio Senegal. Seu fundador, **El Hadj Omar** (c. 1796-1864), pertence a uma corrente rigorista do Islã, a da confraria Tijaniyya. Ela exige o estrito cumprimento do Islã mais ortodoxo em todas as atividades humanas. Graças às armas de fogo compradas dos franceses, ele anexa os reinos Bambara e o Império de Macina. El-Hadj Omar conquista um vasto império teocrático que governa como califa de Tijaniyya para os países negros, desde Segou, sua capital. Mas a construção política e religiosa estabelecida resiste pouco às tensões internas, vindas principalmente de populações animistas ou das lutas de clãs para tomar o poder. El-Hadj Omar acaba por ser assassinado em 1864. Seu filho, Amadou Sekou (1864-1898), tenta salvar o Império por meio da concessão de mais direitos às diferentes minorias, mas é um fracasso, e acaba por trazer descontentamento aos antigos privilegiados do regime. Os franceses se aproveitam dessa desintegração e dão fim ao Império Tucolor, que se torna um protetorado em 1887.

4. A ETIÓPIA NO SÉCULO XIX

Com a morte de Yoas I (c. 1740-1769), a anarquia feudal retoma seu curso e a "era dos príncipes" começa, durando de 1769 a 1855. Ela termina com a vitória do príncipe Kassa Hailu sobre os rivais em 1855. Ele se proclama imperador, negus, o "Rei dos Reis", sob o nome de Teodoro II (1855-1868). Seu reinado termina tragicamente após uma derrota contra os britânicos: o soberano prefere o suicídio à submissão humilhante aos vencedores. Yohannes (João) IV (1868-1889) e, depois, Menelik II (1889-1913) o sucedem; a capital é transferida de Magdala para Adis Abeba e o país se abre para a modernidade com a construção da via férrea conectando Adis Abeba com Djibouti. Os italianos tentam se tornar donos do país, mas são severamente derrotados em Ádua em 1896. No interior, a agitada nobreza é contida, e a escravidão, proibida.

5. NA ÁFRICA AUSTRAL: O REINO ZULU (SÉCULO XIX)

O reino Zulu (séc. XIX) se espalha na África do Sul, em grande parte na costa oriental do Natal, sob a liderança de **Shaka** (c. 1783-1828), rei em 1816. Ele lança o *Mfecane* (movimento turbulento da população), que em língua sotho significa uma série de combates entre 1818 e 1834, graças a um poderoso exército permanente, o que é uma novidade, estimado entre 30 mil e 50 mil homens, dotados de um *sagaie*, ou lança, de cabo curto e lâmina prolongada, o *assegai*. Ele revoluciona a tática dos *impis*, ou regimentos, dividindo-os em quatro corpos especializados: veteranos, novos recrutas, tropas de elite, reserva. Os vencidos são forçados a se juntar aos zulus, independentemente de sua origem étnica. Em 1827, a morte da amada mãe de Shaka, Nandi, o mergulha numa aflição desmedida e milhares de vítimas teriam sido sacrificadas aos *manes* ou espíritos da falecida. Seus excessos levam dois de seus meios-irmãos a assassiná-lo em setembro de 1828. Seus sucessores têm dificuldades para manter a autoridade sobre o imenso território conquistado, combatendo contra os bôeres, descendentes dos colonos holandeses, e contra os britânicos, que querem se estabelecer na região. Estes colocam um termo ao poder zulu com a vitória no fim da guerra de 1879.

A RELIGIÃO ZULU

Os zulus acreditam na existência da alma dos antepassados e em duas divindades primordiais: o Ser Primordial e a Princesa do Céu. O culto é essencialmente baseado em ritos de fertilidade dedicados à Princesa do Céu e na estrita observação dos costumes para evitar desagradar os espíritos dos antepassados. O chefe de cada aldeia é responsável pelo culto comum do antepassado, de onde provém miticamente toda a linhagem que forma a comunidade da aldeia.

B. O MUNDO DA PRIMEIRA METADE DO SÉCULO XX

CAPÍTULO X
A PRIMEIRA GUERRA MUNDIAL (1914-1918)

1. NO MESMO PASSO PARA A GUERRA

A Primeira Guerra Mundial (1914-1918) ou Grande Guerra começa com o assassinato, em 28 de junho de 1914, do arquiduque herdeiro do trono da Áustria-Hungria **Francisco Ferdinando** (1863-1914) e de sua esposa **Sofia de Hohenberg** (1868-1914), em Sarajevo, na Bósnia. O assassino é um estudante bósnio, **Gavrilo Princip** (1894-1918). A Áustria aproveita esse pretexto para desencadear as hostilidades, desejadas há muito tempo, contra a Sérvia. Viena dá a Belgrado um ultimato em 23 de julho. Os sérvios aceitam todas as condições, exceto a autorização para a polícia austríaca fazer investigações na Sérvia. A Áustria, em seguida, chama os seus reservistas. A Sérvia decide pela mobilização geral em 25 de julho. A Áustria-Hungria declara-lhe guerra em 28 de julho de 1914. O jogo das alianças se inicia. Em 29 de julho, a Rússia decreta uma mobilização parcial para ajudar os sérvios no âmbito do pan-eslavismo. Em 31 de julho, a mobilização se torna geral. O tsar teme a ameaça alemã, uma vez que a Alemanha alia-se com a Áustria-Hungria. Nesse mesmo dia, a Áustria-Hungria também decreta a mobilização geral. A Alemanha exige que Rússia acabe com a sua mobilização e que sua aliada, a França, esclareça a sua posição imediatamente. Rússia e França são aliadas no âmbito da Tríplice Entente.

Em 31 de julho, **Jean Jaurès** (1859-1914) é assassinado por um monarquista fanático no *Café du croissant* em Paris. Deputado socialista e professor, ele dedicou sua vida para unir os socialistas franceses. Fundador do jornal *L'Humanité*, está entre os líderes da Seção Francesa da Internacional Operária (SFIO), criada em 1905. Orador ardente e talentoso, ele defendeu em seus escritos um verdadeiro socialismo fiel ao marxismo, mas marcado com um profundo humanismo. Em 1º de agosto de 1914, a Alemanha declara guerra à Rússia e, em 3 de agosto de 1914, à França. A Itália, embora membro da Tríplice Aliança (Itália, Alemanha, Áustria-Hungria), proclama-se neutra.

Após a invasão da Bélgica e de Luxemburgo, a Inglaterra entra, por sua vez, no conflito, em 4 de agosto de 1914. Sete países europeus, portanto, embarcam na guerra, aos quais se juntam o Japão, ao lado dos aliados (França, Rússia, Inglaterra, Sérvia), em 23 de agosto de 1914, e o Império Otomano, ao lado da Alemanha e da Áustria-Hungria, em 1º de novembro de 1914. Fiéis à doutrina Monroe de não intervenção, os Estados Unidos não entram na guerra, mas optam por fornecer equipamento militar apenas aos aliados.

OS PLANOS DE GUERRA

Os alemães contam com o Plano Schlieffen de 1905. Ele prevê duas frentes: uma no leste contra a Rússia, e a outra no oeste, principalmente contra a França. Como a França é o país mais temido, a ideia é entrar e vencê-la rapidamente para, em seguida, voltar-se contra a Rússia. A França planeja implementar o plano XVII de **Ferdinand Foch** (1851-1929), que consiste em recuperar a Alsácia e a Lorena. **Joseph Joffre** (1852-1931) o coloca em ação, em vão, no início do conflito.

A GUERRA DOS MOVIMENTOS

As hostilidades começam com a Guerra dos Movimentos (agosto-dezembro de 1914). Os alemães, passando pela Bélgica e por Luxemburgo invadidos, lutam com o exército franco-britânico, que é forçado a recuar. Em 5 de setembro, o primeiro exército alemão está a 25 km de Paris e o governo recua. O general **Joseph Gallieni** (1849-1916), governador militar de Paris, concebe o contra-ataque do Marne, que será operado pelo comandante Joseph Joffre. Esse contra-ataque consiste em usar os famosos táxis parisienses, os "Taxis do Marne", para enviar as tropas, 10 mil soldados, uma ideia do general Gallieni. A Batalha do Marne dura de 6 a 12 de setembro de 1914; é uma vitória francesa, e o avanço alemão é interrompido.

UM VENCEDOR PARA O MARNE: JOFFRE

Joseph Joffre (1852-1931) apoia a guerra ao extremo, com base na coragem dos soldados, determinado a recuperar para a França as províncias perdidas da Alsácia e Lorena. É a base da estratégia do plano XVII, extremamente custoso em vidas humanas. A infantaria lidera o ataque, apoiada pela artilharia. Após o fracasso dessa estratégia, o sucesso do exército alemão o leva, em 2 de setembro de 1914, a cerca de 40 km de Paris. O presidente da República, o governo e as assembleias batem em retirada para Bordeaux. Esse é o momento em que Joffre lança a batalha para interromper o avanço alemão. O primeiro exército alemão deixa Paris a oeste e continua a avançar a leste. Esse erro tático é explorado por Joffre, que lança a ofensiva do Marne em 6 de setembro, abre uma brecha e força as forças alemãs a pararem. Em 13 de setembro, ele pode anunciar a vitória. Nomeado marechal da França em 1916, ele é eleito para a Academia Francesa em 1918. Os dois exércitos, em seguida, lançam-se numa "corrida para o mar" para tentar cercar o outro, sem resultado. Na frente leste, o grão-duque Nikolai Nikolaevich (1856-1929) ataca a Prússia Oriental, mas é derrotado em Tannenberg (17 de agosto-2 de setembro de 1914) e na **Batalha dos Lagos de Mazurie** (setembro-novembro de 1914). Novos beligerantes se juntam ao conflito: a Itália, em abril de 1915; a Romênia, em agosto de 1916 com os aliados; e a Bulgária, em setembro de 1915, com os impérios centrais.

GUERRA DE POSIÇÕES, *POILUS* E TRINCHEIRAS

No final de 1914, a guerra se torna uma guerra de posições a oeste. Sem poder penetrar as linhas inimigas, os exércitos se enterram de ambos os lados da linha de frente, nas trincheiras, abrigos, casamatas. Os soldados franceses, condenados ao lamaçal, aos parasitas, aos ratos, assim como os seus inimigos, são chamados de *poilus* (barbudos, peludos) porque se barbear é um luxo raro. A trincheira original transforma-se em uma linha de trincheiras, ligadas entre si por caminhos escavados de onde vão para a linha de frente. O ataque é precedido por um bombardeamento da artilharia, depois o ataque é conduzido com baionetas na dianteira. Apesar das metralhadoras que dão cobertura, as perdas são enormes. O armamento se adapta a essas novas condições de combate: morteiros e lança-granadas. Em 1915, os alemães usam os primeiros gases tóxicos, e os lança-chamas aparecem. Os tanques de guerra são criados em 1916, principalmente pelas fábricas de Louis Renault. A aviação passa das missões de reconhecimento aos bombardeamentos. O general **Erich von Falkenhayn** (1861-1922) decide, na primavera de 1915, realizar um ataque em grande escala à frente russa. Ele toma a Polônia e a Lituânia, abala o exército inimigo, mas não consegue derrotá-lo em definitivo. Os aliados tentam aliviar os russos por ataques em Artois em maio de 1915, e na região da Champagne, em setembro de 1915, mas não têm nenhum outro efeito além dos massacres em grande escala. Búlgaros e alemães derrotam o exército sérvio, que é forçado a recuar em Corfu. Para resgatá-los, os aliados desembarcam na Grécia, em Salônica, abrindo a frente oriental. De fevereiro a junho de 1916, Falkenhayn e o príncipe herdeiro, o Kronprinz **Guilherme da Prússia** (1882-1951), mudam de tática: querem "sangrar até a morte" o exército francês e romper a frente, agrupando suas forças em um ponto, Verdun, defendido pelo general **Philippe Pétain** (1856-1951).

VERDUN: A MORTE DE MAIS DE 600 MIL HOMENS

A Batalha de Verdun (fevereiro a junho de 1916) tira a vida de quase 1 milhão de homens, sem ganhos significativos, ao preço de um heroísmo cotidiano: num só dia, o povoado de Fleury passa de uma mão a outra por dezesseis vezes. Em 21 de fevereiro de 1916, os alemães tomaram a ofensiva, a partir das 7h15: bombardeiam por nove horas e lançam vários milhões de projéteis. O Forte de Douaumont é tomado em 25 de fevereiro. Pétain organiza a defesa pela "Via Sagrada", estrada ligando Bar-le-Duc a Verdun; as tropas, enviadas por milhares de caminhões, chegam dia e noite. Os combates continuam até 22 de junho. As perdas alemãs são quase tão altas quanto as francesas: 335 mil contra 378 mil homens. O fracasso de **Falkenhayn** leva à sua substituição pelos generais **Paul von Hindenburg** (1847-1934) e **Erich Ludendorff** (1865-1937).

UM CAPITÃO EXCEPCIONAL CHAMADO DE GAULLE

No início do mês de março de 1916, o capitão de Gaulle está entre os defensores de Douaumont. Durante os combates, ele é ferido por uma baioneta e capturado. Depois de receber tratamento, ele é internado num campo de prisioneiros em Osnabrück. Depois de uma tentativa de fuga, ele é transferido para o campo de oficiais de Ingolstadt. Entre as tentativas de escapar, cinco no total, ele dá a seus camaradas aulas de geoestratégia militar, nas quais discorre sobre os eventos militares em andamento. Ele é libertado após o armistício de novembro de 1918.

O CHEMIN DES DAMES

Na França, **Robert Georges Nivelle** (1856-1924) sucede Joffre como generalíssimo. Ele lança a ofensiva em abril de 1917 entre o Oise e Reims. A Batalha do Chemin des Dames (16 de abril de 1917), ou "ofensiva Nivelle", tem lugar entre Craonne e Cerny-en-Laonnois, num ponto alto em cujo cume se encontra o Chemin des Dames. A ideia de Nivelle é baseada num ataque de infantaria após uma preparação da artilharia. Os alemães instalaram sua artilharia em casamatas (*bunker*) cavadas nas encostas do Chemin des Dames; os ataques franceses, apesar de seu heroísmo, não resistem às metralhadoras alemãs. Desde o primeiro ataque, em 16 de abril de 1917, mais de 40 mil soldados franceses morrem, mas Nivelle persiste por seis semanas, perdendo 270 mil homens. *A Canção de Craonne* populariza o sofrimento dos soldados e sua morte absurda no Chemin des Dames. O refrão, em particular, reflete um desespero pungente:

Adeus, vida, adeus, amor,
Adeus, todas as mulheres,
Está tudo acabado, é para sempre
Desta guerra infame
É em Craonne, no planalto,

Que se deve deixar a pele,
Pois somos todos condenados
Somos os sacrificados[279].

OS MOTINS, CONSEQUÊNCIAS DOS MASSACRES

Nivelle renuncia em favor de Pétain, que deve enfrentar os motins de 1917 em maio e junho. Os motins eclodem em todos os lugares; deserções na frente russa e italiana, revolta da marinha alemã em julho de 1915, seguida por uma forte repressão. Na França, soldados se recusam a ir para o fronte de batalha, enojados com os massacres do Chemin des Dames. Em Soissons, regimentos ameaçam ir para Paris. A revolta ressoa também contra os "escondidos" da retaguarda, que levam uma vida boa enquanto os *poilus* vivem no inferno das trincheiras. Pétain usa uma dupla estratégia: por um lado, tribunais militares expeditivos condenam mais de 3 mil militares, dentre os quais 554 à morte, fuzilando 49; por outro, acantonamento, provisões, frequência de revezamento e licenças são melhorados. Os revezamentos são mais frequentes, as refeições quentes e, sobretudo, Pétain renuncia ao mito das prospecções ou abertura de trincheiras e às ofensivas permanentes que dizimam as fileiras de soldados. Também no mundo civil, a hecatombe causa polêmica. O Papa **Bento XV (1914-1922)** tenta trazer a ideia de um acordo de paz. **Joseph Caillaux (1863-1944)**, ex-ministro das Finanças favorável à reconciliação franco-alemã, tenta unir as pessoas de boa vontade. Ele é preso em janeiro de 1918. **Georges Clemenceau (1841-1929)** está no poder desde 1917 e defende a guerra até as últimas consequências: "Política interna? Eu faço a guerra. Política externa? Eu faço a guerra" (Discurso à Assembleia de 8 de março de 1918). Ele acaba com qualquer reconciliação possível por um acordo de paz.

O PONTO DE VIRADA DA GUERRA: 1917

O ano de 1917 é o ponto de virada da guerra, de acordo com a expressão já consagrada. Na Rússia, as sucessivas derrotas minam o que restava de autoridade tsarista em declínio desde a revolução de 1905, quando Nicolau II ordena que atirem numa multidão desarmada que havia ido ao Palácio de Inverno pedir pão. Ele é forçado a abdicar em fevereiro de 1917 em favor de um governo liberal, derrubado em outubro por uma revolução de profissionais, os bolcheviques. Estes precisam da paz a qualquer preço para garantir seu controle sobre o país. Uma trégua em 15 de dezembro de

---

279. No original, "Adieu la vie, adieu l'amour/ Adieu toutes les femmes/ C'est bien fini, c'est pour toujours/ De cette guerre infâme/ C'est à Craonne, sur le plateau/ Qu'on doit laisser sa peau,/ Car nous sommes tous condamnés/ Nous sommes les sacrifiés".

1917 é seguida do acordo de paz de Brest-Litovsk, em março de 1918. A Alemanha não tem mais de lutar na frente russa. A Romênia entrega-se em maio de 1918. A outra frente na Europa Oriental está bloqueada desde o fracasso, em março de 1915, da frota franco-britânica que tentava forçar o Estreito de Dardanelos e desde o massacre da força expedicionária que desembarca em Galípoli. Os sobreviventes juntam-se, em novembro de 1915, às tropas aliadas estacionadas em Salônica, na Grécia. Este exército vive na expectativa e retoma a batalha em junho de 1917, quando a Grécia toma posição ao lado dos aliados. Os Estados Unidos, neutros desde o início, veem a opinião pública evoluir gradualmente a favor da intervenção. Em 7 de maio de 1915, o paquete (navio mensageiro) britânico Lusitania é torpedeado pela marinha alemã. Entre as vítimas estão 128 cidadãos norte-americanos. Em fevereiro de 1917, a Alemanha começa uma guerra submarina total: qualquer navio com destino à Inglaterra, mesmo que seja neutro, será afundado se for encontrado. O presidente democrata **Thomas Woodrow Wilson** (1913-1921), a favor de entrar em guerra, obtém a permissão do Congresso em 2 de abril de 1917. No entanto, será preciso esperar até março de 1918 pela chegada de 300 mil norte-americanos. Mas o efeito psicológico é enorme. As potências centrais sabem que não poderão ganhar a guerra se não forem rápidos, antes que chegue a ajuda norte-americana com toda a sua força.

ESPIÃ, LEVANTE-SE

Se 1917 é o ponto de virada da guerra, é também o fim da aventura para Margareta Geertruida Zelle, mais conhecida por seu nome de guerra de Mata Hari (1876-1917). Filha de pai holandês e mãe indonésia, ela vive em Java vários anos após seu casamento com um oficial da Marinha. Depois de sua separação, ela se muda para Paris, onde cativa os círculos sociais, tornando-se uma das rainhas da capital pelos seus números ousados de danças balinesas, sucesso devido mais a seu corpo que às suas habilidades como dançarina. Ela começa a visitar muitos oficiais e, durante a guerra, envolve-se em espionagem a favor da França. Suspeita de jogar um jogo duplo com a Alemanha, ela é presa e condenada à morte. Em um último ato de bravura pintado de sedução, ela recusa a venda para os olhos e manda beijos aos membros do pelotão de execução na triste manhã de 15 de outubro de 1917, nas valas do forte de Vincennes.

1918, O FIM DA GUERRA

Entre março e julho de 1918, Hindenburg e Ludendorff lançam quatro grandes ofensivas no Ocidente: em março, ao sul do Somme; em abril, na Flandres; em maio, no Chemin des Dames, a oeste de Reims; em julho, na região de Champagne. Elas são todas interrompidas. Em agosto de 1918, é a vez da resposta de uma ofensiva geral dos aliados; os alemães são forçados a recuar em novembro para trás do Escalda e do Mosa com todas as suas forças armadas. Nos Bálcãs, os búlgaros são derrotados pelos franco-ingleses a noroeste de Salônica. Os italianos, duramente derrotados em Caporetto (24 de outubro-9 de novembro de 1917) pelos exércitos austro-alemães, vencem os austríacos em Vittorio Veneto (24 de outubro-3 de novembro de 1918). Em 3 de novembro de 1918, a Áustria-Hungria cessa os combates; o Império Otomano, por sua vez, já havia cessado em 30 de outubro. A Alemanha fica sozinha. Uma série de revoluções eclode no início de novembro. Em 9 de novembro de 1918, Guilherme II abdica e foge para os Países Baixos. A República é proclamada em Berlim. Em 11 de novembro de 1918, às 6h, os representantes do governo provisório alemão assinam um armistício num vagão de trem, o do marechal Foch, estacionado na clareira da Floresta de Rethondes, perto de Compiègne.

A GRANDE BERTA

Em março de 1918, a artilharia alemã está próxima o suficiente de Paris para bombardear a capital com canhões cada vez maiores. Os parisienses, escarnecedores, apelidam o maior deles de "Grande Berta", do nome de Bertha Krupp, filha do fabricante. Em 29 de março de 1918, a Grande Berta lança um projétil que atinge a igreja Saint-Gervais e provoca quase uma centena de mortes. As paredes do antigo Ministério da Guerra no Boulevard Saint-Germain ainda trazem os vestígios dos bombardeamentos.

O CUSTO DOS ATAQUES

O custo da guerra é, acima de tudo, humano: 10 milhões de mortos, dentre os quais 2 milhões de soldados alemães e 1,5 milhão de franceses. Um quinto dos homens de 20 a 40 anos desaparece na França e na Alemanha. André Maurois evocará o lado trágico de um jovem de vinte anos condenado a viver toda a sua vida sem ver seus velhos amigos da juventude envelhecerem e a passar a vida numa solidão pungente. A isso acrescentam-se os falecimentos relacionados à epidemia da gripe espanhola: mais de 20 milhões de vítimas entre 1918 e 1919. A poderosa Europa não domina mais o mundo e a Grande Guerra, que se espera ser *der des der*, a última, o último conflito, é um verdadeiro suicídio para o continente. A produção agrícola e industrial cai um terço em relação a 1913. A França deve reconstruir 700 mil casas, 60.000 km de ferrovias e estradas. De banqueiro do mundo, com 60% das reservas de ouro, a Europa se torna devedor dos Estados Unidos.

ESSES SOLDADOS DESCONHECIDOS

Um trauma duradouro atinge a Europa enlutada; a vida cotidiana, por longos anos, é marcada pelo impressionante número de viúvas de guerra, de órfãos e de *gueules cassées*, os "caras quebradas", inválidos de guerra que estão por toda parte. Muitos países querem prestar homenagem solene a todos os heróis anônimos: túmulos do soldado desconhecido aparecem em Londres, Bruxelas, Roma, Varsóvia e Bucareste. A França honra seus soldados no desfile da vitória de 14 de julho de 1919, criando um monumento dourado com um caixão vazio sob o Arco do Triunfo: símbolo de toda uma nação agrupada para a passagem das tropas vitoriosas, consciente da imensidão do sacrifício. É um simples *poilu* de segunda classe, sobrevivente da Grande Guerra, Auguste Thin (1899-1982), que escolhe, entre oito caixões armazenados em Verdun, o do futuro soldado desconhecido. Seu túmulo é colocado no Arco do Triunfo em 11 de novembro de 1920, mesmo que o sepultamento aconteça apenas no final de janeiro de 1921. Uma chama eterna, que sai da boca de um canhão, é reacendida todos os dias às 18h30. Nem todos os soldados são desconhecidos, e a França está cheia de memoriais ou monumentos aos mortos; cada povoado tem um e os cemitérios militares acolhem os restos daqueles, principalmente vindos das colônias, cujos corpos não são repatriados. Paul Valéry, em *A crise do espírito* (1919), traduz o final das certezas: "O abismo da história é grande o bastante para todo mundo. Sentimos que uma civilização tem a mesma fragilidade de uma vida".

2. OS TRATADOS DE PAZ

De janeiro até o outono europeu de 1919, reúne-se em Paris uma conferência destinada a preparar os tratados de paz. Os problemas colocados são, primeiramente, práticos; 27 estados participam dela, aliados ou neutros. A URSS e os vencidos estão ausentes. As delegações são muito numerosas para um trabalho eficaz em sessão plenária. As decisões são, na verdade, tomadas pelo Conselho dos Quatro (Estados Unidos, Grã-Bretanha, França e Itália, aos quais se junta às vezes o Japão). Em sua mensagem de 8 de janeiro de 1918, conhecida como *Catorze Pontos de Wilson*, o presidente dos Estados Unidos define as bases para os futuros tratados, incluindo a criação de uma Liga das Nações (ou Sociedade das Nações, SDN) para a reformulação das fronteiras dos estados prejudicados. Diante do Presidente Wilson, idealista, Georges Clemenceau exige enormes reparações de guerra e quer criar, na margem esquerda do Reno, uma Renânia independente, zona tampão protegendo a França de um possível ataque alemão. **Lloyd George** (1863-1945) fica preocupado com a possível dominação francesa na Europa e quer satisfazer a opinião flutuante britânica. **Vittorio Orlando** (1860-1952) está lá para apoiar as reivindicações territoriais italianas nas margens do Adriático, que a Itália gostaria de transformar num mar interno.

GEORGES CLEMENCEAU (1841-1929), O "PAI DA VITÓRIA"

Nascido em 1841, numa família burguesa de Vendée, Georges Clemenceau torna-se médico, seguindo a tradição familiar. Mudando-se para Paris em 1861, ele é eleito deputado do Sena no momento em que eclode a Comuna de Paris, em 1871. Orador feroz, ele é o terror dos ministérios em exercício; seus discursos inflamados na Assembleia muitas vezes forçam ministros a renunciar. Marcado pelo escândalo do Panamá, ele passa por uma fase bastante penosa antes de retornar à política com o caso Dreyfus. É ele que dá o título ao artigo escrito por Émile Zola para seu jornal *L'Aurore*, o famoso "J'accuse" ("Eu acuso"). Ministro do Interior, ele organiza a polícia moderna com brigadas volantes, chamadas, em sua honra, de "Brigadas do Tigre". Presidente do Conselho, ele acaba com a revolta dos viticultores do sudoeste do país em 1907. Após sua demissão em 1909, ele volta a seu posto em 1918 e visita os *poilus* nas trincheiras, infundindo-lhes sua energia indomável para a vitória final, o que lhe vale sua última alcunha, a de "Pai da Vitória". Seus inimigos políticos, numerosos, o impedem de se tornar presidente da República. Ele morre em 1929.

MANTER A PAZ: A LIGA DAS NAÇÕES (SDN)

Vários projetos são considerados. O francês **Léon Bourgeois** (1851-1926) queria equipar a Liga com um exército internacional, dando à assembleia meios de agir progressivamente em caso de perigo de guerra. Finalmente, a versão norte-americana-britânica é a escolhida. A Liga das Nações, com sede em Genebra, compreende uma assembleia, que se reúne uma vez por ano; um Conselho de nove membros, cinco permanentes e quatro rotativos, eleitos pela Assembleia a cada ano, que se reúne três vezes por ano; um Secretariado-Geral, que fica em Genebra; e um Tribunal Internacional de Justiça. Os Estados-membros concordam em não fazer mais a guerra, em renunciar às negociações diplomáticas secretas e em respeitar o direito internacional. As sanções previstas são a condenação moral e as represálias econômicas, mas nenhuma ação militar. Cheia de boas e nobres intenções, a Liga não consegue evitar os conflitos durante o período entreguerras, sejam eles locais, sejam mundiais.

O TRATADO DE VERSALHES (28 DE JUNHO DE 1919)

O Tratado de Versalhes, que regula o destino da Alemanha, é ratificado em sessão plenária de 7 de maio de 1919. As autoridades alemãs podem, em seguida, tomar conhecimento de seu conteúdo e fazer observações, o que é ignorado. Diante de sua relutância, são feitas ameaças de retomar a guerra. Os alemães cedem. O Tratado de Versalhes é assinado na Galeria dos Espelhos em 28 de junho de 1919. Ele inclui 440 artigos divididos em cinco temas: a criação da Liga e as cláusulas territoriais, econômicas, jurídicas, militares e financeiras. As cláusulas territoriais preveem a restituição à França da Alsácia e da Lorena, a cessão para a Bélgica dos cantões de Eupen e Malmedy, um plebiscito para o Schleswig, cujo norte voltará a ser da Dinamarca, e a Silésia, cuja região leste será devolvida à Polônia. A Sarre será administrada por quinze anos pela Liga e, em seguida, um plebiscito será realizado para saber se caberá à França ou à Alemanha. Ele será favorável à Alemanha. A fim de proporcionar à Polônia um acesso ao mar, um "corredor", uma faixa estendida de terra pelo porto de Danzig (Gdańsk em polonês) é concedida, separando a Prússia Oriental do resto da Alemanha. Além disso, as colônias alemãs são devolvidas para a Liga, que as divide assim: para a Inglaterra, uma parte dos Camarões e do Togo; para a França, o restante; para o Japão, as ilhas alemãs no Pacífico Norte; para a África do Sul, o sudoeste africano alemão; para a Austrália, a Nova Guiné; para a Nova Zelândia, as ilhas Samoa; e para a Bélgica, Ruanda e Burundi.

❖ **As cláusulas econômicas e financeiras:** a Alemanha deve entregar sua frota comercial, locomotivas, madeira e carvão. Suas vias fluviais são internacionalizadas. Ela deve reparar todos os danos causados pela guerra. Uma comissão internacional deve determinar o montante da compensação até, o mais tardar, 1º de maio de 1921. O total será fixado em 132 bilhões de marcos de ouro (cerca de 23 milhões de euros em 2013).

❖ **As cláusulas morais:** o artigo 231 do Tratado de Versalhes define a Alemanha como único responsável pela Guerra Mundial e, como tal, requer o pagamento das reparações de guerra pelos danos sofridos.

❖ **As cláusulas militares:** a margem esquerda do Reno é desmilitarizada e ocupada pelos aliados durante quinze anos. A Alemanha não tem mais o direito de manter um exército e é totalmente desmilitarizada, exceto por uma "força policial" de 100 mil homens contratados por um período de doze anos.

Entretanto, desde o início, o Tratado de Versalhes não recebe a aprovação americana. O democrata Wilson vê sua assinatura repudiada pelo Congresso de maioria republicana. O Senado americano recusa-se a ratificar o tratado. Mal surgiu, a Liga das Nações é privada do apoio americano, mesmo que tenha sido criada pela vontade de um presidente dos Estados Unidos.

OS OUTROS TRATADOS DE PAZ

Quatro tratados são assinados entre 1919 e 1920: os Tratados de St. Germain, Trianon, Neuilly e Sèvres.

❖ **O Tratado de Saint-Germain** (10 de setembro de 1919) e o **Tratado de Trianon** (4 de junho de 1920) desmembram o antigo Império Austro-Húngaro, criando novos estados independentes, a Tchecoslováquia (correspondente à República Tcheca e à Eslováquia atuais), a Iugoslávia, a Hungria e recriam a Polônia. A Áustria é reduzida a um pequeno país de pouco mais de 80.000 km². A Itália fica com o Trentino, a Ístria e Trieste, mas não com a Dalmácia, que ela tanto queria.

❖ **O Tratado de Neuilly** (27 de novembro de 1919) define o caso da Bulgária, que cede uma parte de seus territórios à Romênia (Dobruja), à Grécia (costa do mar Egeu) e à Iugoslávia (Bulgária ocidental).

❖ **O Tratado de Sèvres** (11 de agosto de 1920) é assinado com o Império Otomano. Ele obriga a Turquia à neutralidade dos estreitos e consagra a perda das nações árabes colocadas sob o mandato britânico ou francês. Todas as possessões turcas na Europa, à exceção de Constantinopla, são perdidas. Mas a revolta de oficiais liderados por **Mustafa Kemal Ataturk** (1881-1938) é acompanhada da rejeição do Tratado. Os aliados são vencidos e, em 1º de novembro de 1922, o último sultão é forçado a abdicar.

CAPÍTULO XI
A FRANÇA NO PERÍODO ENTREGUERRAS (1919-1939)

1. 1920, OS ANOS DE TODOS OS PERIGOS

Em 1920, a França passa por uma crise econômica como o resto do mundo. A CGT, Confederação Geral do Trabalho, sindicato revolucionário, com seus mais de 2 milhões e meio de membros, organiza mais de 1.800 greves. A direita conservadora e nacionalista triunfa nas eleições legislativas de novembro de 1919 e detém três quartos dos assentos na Câmara Bleu Horizon (Azul Horizonte), assim chamada porque dela fazem parte veteranos combatentes cujo casaco era dessa cor. Com maioria de direita e centro, o Bloco Nacional domina a câmara. A greve geral convocada pela CGT para 1º de maio de 1920 fracassa diante da determinação do governo: prisão de líderes sindicais, dissolução da CGT e demissão de 22 mil trabalhadores ferroviários em greve. A presidência do conselho volta para Clemenceau até janeiro de 1920 e, depois, vai para **Alexandre Millerand** (1859-1943), **Georges Leygues** (1857-1933) e **Aristide Briand** (1862-1932). Em dezembro de 1920, no Congresso de Tours, o Partido da Unidade Socialista se divide em dois: o Partido Comunista Francês (PCF), que adere à Terceira Internacional, fundada em Moscou, e a Seção Francesa da Internacional Operária (SFIO), que recusa o seu programa revolucionário e permanece fiel aos ideais reformistas da Segunda Internacional do final do século XIX. A SFIO transforma-se, em 1971, no Partido Socialista. Essas divisões também aparecem dentro da CGT, que não foi realmente dissolvida. A maioria, reformista, permanece na CGT: a minoria revolucionária, comunista, funda a Confederação Geral do Trabalho Unitário ou CGTU, que existe de 1921 a 1936.

UMA PRESIDÊNCIA AGITADA

Em janeiro de 1920 termina a presidência de Raymond Poincaré. Georges Clemenceau pensa sucedê-lo, mas, além de seus numerosos inimigos políticos, ele perde os deputados católicos por não ir à missa *Te Deum* celebrada na Catedral de Notre-Dame em novembro de 1919 pela vitória francesa. Ele continua inflexível em sua recusa de retomar as relações diplomáticas com o Vaticano, rompidas desde a separação entre Igreja e Estado em 1905. O próprio ex-presidente Poincaré é desfavorável à sua candidatura e usa sua influência para que ela não dê certo. Então, Paul Deschanel (1855-1922), presidente da Câmara dos Deputados e acadêmico, é eleito pelas assembleias em 17 de janeiro de 1920. Desapontado e amargurado, Clemenceau se retira da vida política, faz uma viagem para os Estados Unidos, que o recebem com honras em 1922 e, em seguida, dedica-se a escrever seus livros.

A presidência de Paul Deschanel é encurtada por uma série de incidentes. Em 22 de maio de 1920, a bordo do comboio presidencial que o leva a Montbrison para uma inauguração, ele deixa o seu vagão durante a noite e cai na via. Ninguém percebe. Ele vagueia de pijama pela estrada de ferro. Recolhido por um casal de guarda-cancelas, é encontrado no dia seguinte por sua escolta, que fez o caminho no sentido contrário ao constatar seu desaparecimento pela manhã. A mulher do guarda-cancela, ao perceber de quem se tratava, teria exclamado: "Eu sabia que era um cavalheiro, seus pés estavam limpos!". Durante sua estadia em Rambouillet, em setembro, ele começa a se despir para se banhar nos lagos do parque. É bastante difícil dissuadi-lo de fazê-lo. Em 21 de setembro de 1920, ele renuncia. É substituído por Alexandre Millerand. Ao que tudo indica, ele sofria da síndrome de Elpenor, um transtorno relacionado a crises de ansiedade.

ÉDOUARD HERRIOT DÁ DE ENCONTRO COM O "MURO DE DINHEIRO"

A recuperação econômica, no entanto, vem acompanhada de dificuldades financeiras. Presidente do Conselho desde janeiro de 1922 e presidente anterior da República de 1913 a 1920, **Raymond Poincaré** (1860-1934) quer combater a inflação e equilibrar o orçamento. Ele concebe um plano de econômico considerando cortes e novos impostos. Estas medidas, pouco populares, fazem a direita perder o poder em favor da esquerda durante as eleições legislativas de maio de 1924. A esquerda é composta por socialistas e radicais. Édouard Herriot (1872-1957), chefe dos radicais, forma um ministério radical que a SFIO apoia na Câmara. Ele baseia seu programa de governo no reforço do secularismo – as relações diplomáticas com o Vaticano seriam rompidas, a Alsácia e a Lorena perderiam seu tratamento concordatário e seria aplicada a separação entre Igreja e Estado – e no aumento da carga fiscal sobre as altas rendas. Todas essas medidas fracassam antes mesmo de serem iniciadas, pois ele não consegue implementá-las. Além disso, ele é incapaz de conter a instabilidade da moeda. Já em março de 1924, Poincaré teve que fazer compras maciças de francos para limitar a sua desvalorização em relação à libra, durante o Verdun financeiro, queda súbita do franco em relação à libra esterlina. Em abril de 1925, Herriot é derrubado. Ele acusa, então, o "muro de dinheiro" de ter se levantado contra suas reformas. Cinco secretarias se sucedem, sem ter tempo para conduzir uma política continuada. Em 19 de julho de 1926, Herriot forma uma segunda secretaria. Imediatamente o franco afunda: a libra, que valia 61 francos em abril de 1924, vale 243 em 21 de julho de 1926. Em 48 horas o governo Herriot cai. É o fim do Cartel das Esquerdas no poder.

O FRANCO DE POINCARÉ

O novo presidente do Conselho, **Poincaré**, forma um governo de união nacional, sem socialistas ou comunistas. Ele faz economias, empréstimos e aumenta as taxas indiretas. Estabiliza o franco no quinto de seu valor de 1914. É o *franc à 4 sous* (ao pé da letra, "franco valendo 4 centavos"; na realidade, ele passa a valer apenas 20% do que valia) de dezembro de 1926. Esse franco-poincaré é oficializado pela lei monetária de junho de 1928 a 65,5 mg de ouro a 9/10 de resíduo. O franco é reavaliado em relação às outras moedas. **O período 1926-1930** é uma época de prosperidade inegável. A presidência do Conselho passa regularmente a **Pierre Laval** (1883-1945) e **André Tardieu** (1876-1945). Reformas sociais são levadas a cabo: um sistema de seguro social é colocado em andamento entre 1928 e 1930 e seu financiamento é assegurado em partes iguais, metade pelas cotizações dos assalariados e a outra metade paga pelos empregadores. Ele é obrigatório para todos com renda anual de 15 mil francos (1 franco-poincaré equivale a 65 mg de ouro). O ensino secundário gratuito é instituído em 1932. Poincaré se retirou da vida política por causa de seus problemas de saúde em 1929.

UMA PAZ UNIVERSAL?

Pelos acordos de Locarno, em 1925, França, Alemanha, Itália e Reino Unido reconhecem as fronteiras francesas e belgas; este primeiro passo para a organização da paz continua com a assinatura do Pacto Briand-Kellogg, em 27 de agosto de 1928, em Paris. Ele prevê uma rubrica "fora da lei" da guerra e os sessenta países signatários se comprometem a não recorrer mais às armas para resolver os conflitos que os opõem. Essa ideia nobre, provinda da iniciativa conjunta do ministro dos Assuntos Estrangeiros Aristide Briand e de seu homólogo, o secretário de Estado norte-americano Kellogg, continua a ser uma ilusão na ausência de qualquer sanção em caso de não cumprimento dos acordos.

ARISTIDE BRIAND, OU A ASPIRAÇÃO DA PAZ

Aristide Briand (1862-1932) é o homem político francês que encarna as esperanças de uma paz duradoura após os massacres da Grande Guerra e antes de os transtornos dos anos 1930 transformarem a realização dessa esperança ilusória. Advogado e socialista, em 1905, ele é o relator da lei de separação entre Igreja e Estado. Várias vezes presidente do Conselho a partir de 1910, é ministro das Relações Exteriores de 1925 a 1932. Nessa qualidade, ele desempenha um papel-chave nos acordos de Locarno e no Pacto Briand-Kellogg. Orador talentoso, ele usa a tribuna da Liga para espalhar incansavelmente seu ideal de paz, tentando impedir que as tensões internacionais desencadeiem novos conflitos. Ele poderia ter se tornado presidente da república, mas, com a certeza de ser eleito, não faz campanha junto dos parlamentares, que preferem Paul Doumer, em 13 de junho de 1931. A decepção certamente acelera o fim de Briand, que morre logo depois, em 1932.

2. ANOS CONTURBADOS: 1930

MATAM UM PRESIDENTE!

Paul Doumer (1857-1932) participa, nesse 6 de maio de 1932, da cerimônia que comemora os escritores combatentes no Hotel Rothschild. Ele se dirige ao acadêmico Claude Farrère, autor de *A batalha*, quando Paul Gorgulov (1895-1932), um imigrante russo, dispara nele duas balas à queima-roupa. Levado para o hospital Goujon, o presidente Doumer morre poucas horas depois. Em 10 de maio de 1932, Albert Lebrun (1871-1959) o sucede. Gorgulov é guilhotinado na prisão de la Santé em 14 de setembro de 1932.

CRISE ECONÔMICA E LIGAS

A crise de 1929 atinge a França em 1931. No final deste ano, há 500 mil desempregados e o índice de produção industrial, de 139 em 1929, cai para 96 em 1932. As retiradas de ouro, sinal da inquietação da população, aceleram-se, passando de um valor de 2 bilhões de francos em 1932 a 5 bilhões no final de 1933. O déficit orçamentário em 1933 ultrapassa os 11 bilhões de francos. Acresce-se a isso uma crise agrícola provocada por excesso de produção de trigo e vinho. A crise do regime se manifesta a partir de 1933. O fascismo italiano inspira certas ligas de extrema direita, promovendo o antiparlamentarismo; a necessidade de reforma das instituições republicanas é desacreditada e ocorre até mesmo o seu desaparecimento. As ligas se multiplicam: a Action Française Royaliste (ação francesa monarquista) e seu braço armado, os "Camelots do rei" (ambulantes do rei), as Jeunesses patriotes (juventudes patriotas), o Faisceau (feixe), o Francisme (francismo), a Croix de Feu (cruz de fogo). Estes últimos agrupam no início os combatentes veteranos, mas mudam sob a influência de seu líder, o coronel **François de La Rocque** (1885-1946), para um regime nacional autoritário. Sem um verdadeiro programa político e sem participar das eleições, as ligas agem pela agitação social. Elas encontram no escândalo do caso Stavisky o suficiente para alimentar sua crítica virulenta ao sistema acusado de ser corrupto.

Alexandre Stavisky comete suicídio "com uma bala disparada a 3 m"

Alexandre Stavisky (1886-1934) é um vigarista que desviou milhões com a ajuda do diretor de Mont-de-Piété de Baiona. Ele circula em todos os meios de Paris e liga-se aos deputados e ministros. A fraude é revelada no final de 1933. Stavisky, em fuga, é encontrado morto em janeiro de 1934 num chalé em Chamonix. Ele teria cometido suicídio, mas, como era um problema para muitos, talvez tenha sido vítima de um assassinato. *Le Canard Enchaîné*, jornal francês que publica críticas de toda a sorte, dá a artigo o título "Stavisky comete suicídio com uma bala disparada a 3 m. Isso é o que se chama de braço longo". Os cúmplices de Stavisky são detidos e o escândalo atinge o governo do radical socialista **Camille Chautemps** (1885-1963), forçado a renunciar. O presidente da República, **Albert Lebrun** (1871-1950), apela a Édouard Daladier (1884-1970). Este último destitui de seu cargo o comissário geral da polícia de Paris, **Jean Chiappe** (1878-1940), próximo da extrema-direita. As ligas então se desfazem para evitar a investidura de Daladier pelos deputados membros.

A Praça da Concórdia em fogo e sangue

A Action Française, a Croix de Feu e a Union Nationale des Combattants organizam uma manifestação em 6 de fevereiro de 1934. Os manifestantes reúnem-se na Praça da Concorde e se dirigem para a Câmara dos Deputados. Ao final da tarde, ocorrem confrontos com a polícia e a manifestação se transforma em motim. Os manifestantes querem invadir a Câmara dos Deputados, mas, para fazer isso, eles devem atravessar a Ponte da Concorde, fechada pela polícia montada, que abre fogo sobre os manifestantes que tentam forçar a barreira. O confronto dura das 22h às 3h. Há vinte mortos e centenas de feridos. Daladier renuncia e um governo da Union Nationale liderado por **Gaston Doumergue** (1863-1937) o substitui. Para a direita, o dia 6 de fevereiro de 1934 é uma manifestação brutalmente reprimida por um regime corrupto até a tampa; para a esquerda, é conveniente ver aí uma tentativa de golpe de Estado fascista que fracassou. Em 12 de fevereiro de 1934, uma contramanifestação da CGT, da CGTU, da SFIO e do PCF, denunciando o perigo do fascismo das ligas, chega a uma conciliação que termina em aliança eleitoral, chamada de Front Populaire (Frente Popular), em 1936, à qual se juntam os radicais.

A FRENTE POPULAR

A Frente Popular ganha as eleições legislativas de maio de 1936. **Léon Blum** (1872-1950), líder da SFIO, torna-se presidente do Conselho e forma um governo com os radicais. Os comunistas não participam, mas o apoiam na Câmara. Ele é confrontado imediatamente com um grande movimento de greves espontâneas, mais de

17 mil, representando cerca de 2,5 milhões de operários e trabalhadores. Estes ocupam as fábricas numa atmosfera festiva, com piqueniques e bailes, tanto para celebrar a vitória da Frente Popular como também para exercer pressão sobre o governo para reformas sociais imediatas. A crise se resolve com a assinatura dos Acordos de Matignon (7 de junho de 1936) entre o patronato, representado pela Confederação Geral da Produção Francesa (CGPF), e os assalariados, representados pela CGT, sob os auspícios do Estado.

Os acordos de Matignon e o nascimento das férias pagas

Os salários aumentam entre 7% e 15%, os direitos sindicais devem ser exercidos livremente nas empresas e as convenções coletivas são criadas. O tempo de trabalho semanal é reduzido de 48 (desde 1919) para quarenta horas e os assalariados receberão quinze dias de férias pagas por ano. As greves param, mas a situação econômica não melhora. O franco é desvalorizado em 25% em 28 de setembro de 1936. A produção industrial está estagnada e o déficit orçamentário cresce, atingindo mais de 20 bilhões de francos em 1937. Desde o outono de 1936, as reformas estão bloqueadas. Em fevereiro de 1937, Léon Blum pede uma "trégua". Em junho de 1937, o governo de Blum pede demissão, sem o apoio dos comunistas, que o acusam de não intervir junto dos republicanos espanhóis na guerra civil que os opõe ao general Franco. Léon Blum teme, se a França intervier, uma conflagração de toda a Europa. No entanto, o governo francês fecha os olhos para as armas contrabandeadas através da fronteira para os republicanos espanhóis. Ele também não intervém contra os compromissos individuais, como o de André Malraux e sua esquadrilha España, que mais tarde formará a trama de seu romance *L'espoir* (*A esperança*) (1937). Em março de 1938, Léon Blum forma um novo governo que dura apenas três semanas.

Léon Blum (1872-1950)

Auditor no Conselho de Estado, Léon Blum chega às ideias socialistas pelo carisma de Jean Jaurès. Começa uma carreira decisiva depois dos problemas consecutivos no Congresso de Tours, em que os comunistas fundam o seu próprio partido e os socialistas se agrupam dentro da SFIO, cuja liderança é assumida por Blum. Em 1936, após a vitória da Frente Popular, ele se torna presidente do Conselho, mas deve abandonar o poder um ano depois sem ter sido capaz de concluir todas as reformas de que gostaria, como a estatização do Banco da França e das indústrias de armamento, que são apenas parcialmente cumpridas. Após a derrota de 1940, ele é detido, condenado após o julgamento de Riom e, finalmente, deportado para a Alemanha. De volta à França em 1945, ele se afasta da vida política e morre em 1950.

O suicídio de um puro

O governo de frente popular está de luto por um caso terrível de calúnia que culmina num suicídio. O ministro do Interior, Roger Salengro (1890-1936), procede, a pedido do governo, à dissolução das Croix de Feu do coronel de La Rocque; a imprensa de extrema direita se volta duramente contra ele numa campanha difamatória orquestrada pelo jornal *Gringoire*. Roger Salengro é acusado de deserção durante a guerra em 1915. Um júri de honra varre esta falsa acusação e redefine os fatos: na realidade, o ministro foi capturado ao tentar trazer de volta os restos mortais de um *poilu*. Não suportando a vergonha, o inocente põe fim a seus dias em 18 de novembro de 1936.

Jean Zay ou a honra da cultura

A educação nacional e a pesquisa de base, assim como as artes, devem muito a Jean Zay (1904-1944). Ministro da Educação National e das Belas Artes no governo Blum, ele implanta uma atividade incessante e frutífera. Os franceses lhe devem, entre outros, o Centro Nacional da Pesquisa Científica ou CNRS (Centre national de la recherche scientifique), o Museu de Arte Moderna, o Museu Nacional de Artes e Tradições populares. Ciente das dificuldades das famílias pobres para permitir a seus filhos o acesso à escola por mais tempo — lembremos que a educação primária é gratuita, mas a secundária continua privada até 1945 —, ele cria bolsas de estudo de mérito, aumenta a idade escolar obrigatória de 13 para 14 anos e promove as cantinas escolares. Protetor da sétima arte, o cinema, ele lança as bases do que será o futuro Festival de Cinema de Cannes, mas o projeto só começa realmente depois da guerra. Recusando-se a submeter-se a Pétain, ele vai para o Marrocos na esperança de fundar ali novamente a República com alguns parlamentares, mas é detido, levado de volta para a França e julgado. Permanece na prisão até 20 de junho de 1944. Nesse dia, membros de milícias o sequestram e o executam no Bois de l'Allier.

A COMÉDIA DA PAZ: OS ACORDOS DE MUNIQUE

Radicais e moderados voltam ao poder que mantêm até a guerra. Eles têm de lidar com a ameaça crescente das políticas de expansão da Alemanha nazista. Após a anexação da Áustria pela *Anschluss* em 12 de março de 1938, a Alemanha tem o pretexto da existência de uma minoria alemã na região dos Sudetos, a noroeste da Tchecoslováquia, para exigir um direito de vigilância sobre os assuntos desse país. Em setembro de 1938, sob o pretexto de defesa de uma minoria alemã que seria oprimida pelos tchecos, Hitler se prepara para invadir o país. A Tchecoslováquia se volta para seus aliados, a França e o Reino Unido. Mas a opinião pública nesses países, traumatizada pelo grande derramamento de sangue que foi a guerra de 1914-1918, recusam até mesmo a ideia de um novo conflito. Se Hitler está pronto para a guerra, este não é o caso de seu aliado Mussolini, que quer ganhar mais alguns anos. Na véspera da mobilização alemã, ele serve de mediador, a pedido dos franco-britânicos. Na noite de 29 para 30 de setembro de 1938, uma conferência é realizada em Munique, reunindo Mussolini, Hitler, Daladier e Chamberlain. A Alemanha consegue o direito de anexar todo o noroeste da Tchecoslováquia. Os Acordos de Munique de setembro de 1938, assinados por Daladier, na verdade endossam o desaparecimento da Tchecoslováquia em favor da Alemanha nazista e a nova fronteira entre os dois países não permite que os tchecos se defendam. Eles mostram a preocupação do governo francês de satisfazer uma opinião pública hostil à guerra desde os massacres da Grande Guerra e a indiferença para com os tchecos. De volta a Paris e Londres, para sua grande surpresa, pelo fato de terem acabado de ceder tudo a Hitler, Daladier e Chamberlain são aclamados como heróis que salvaram a paz. Essas ilusões terão curta duração. Em 30 de novembro de 1938, a CGT não consegue iniciar uma greve geral para denunciá-los. Paul Reynaud (1878-1966) é o último presidente do Conselho, de março a junho de 1940; antes do fiasco, ele renuncia e Pétain o sucede em 16 de junho de 1940.

O IMPÉRIO SOFRE UM COLAPSO

O Império Colonial Francês também enfrenta problemas durante o período entreguerras. Primeiro no Marrocos, onde um líder de clã tradicional, **Mohamed ben Abdelkrim al-Khattabi** (1882-1963), derrota um exército espanhol e proclama uma República independente do Rif. Os franceses, aliados aos espanhóis, acabam por submetê-lo após dois anos de combates, em 1925 e 1926. Em 1934, na Tunísia, **Habib Bourguiba** (1903-2000) funda um movimento pela independência, o Neo-Destour. Na França, **Messali Hadj** (1898-1974) funda em 1937 o Partido Popular da Argélia (PPA). No Tonkin estouram motins, principalmente em Yen Bai, onde os soldados anamitas massacram os oficiais em fevereiro de 1930.

CAPÍTULO XII
A ALEMANHA DE 1919 A 1945

1. A REPÚBLICA DE WEIMAR

UM IMPÉRIO AFUNDA...

Em 1918, o Kaiser, o imperador alemão Guilherme II, tenta implantar um regime parlamentar e democrático. O príncipe **Maximiliano de Baden** (1867-1929), conhecido por seu liberalismo, é nomeado chanceler. Ele governa o Reichstag, do qual provêm os ministros, como **Philipp Scheidemann** (1865-1939) do Partido Social-Democrata. No exército, ocorreram motins, especialmente o da tripulação da *Kriegsmarine*, a marinha de guerra alemã. A partir do modelo russo dos sovietes, são instaurados conselhos de operários e de soldados. O fim da monarquia alemã começa com a revolução em Munique em 7 de novembro de 1918. Os Wittelsbach, dinastia reinante, são derrubados e a República da Baviera os substitui. A contestação ganha Berlim em 9 de novembro, forçando Guilherme II a abdicar. Maximiliano de Baden cede lugar ao socialista **Friedrich Ebert** (1871-1925). Scheidemann proclama a República. Ebert, em seguida, legaliza o sufrágio universal, a jornada de oito horas e socializa as indústrias. Um conselho de seis comissários do povo governa enquanto se aguarda a eleição de uma Assembleia Nacional Constituinte. É composto de políticos que têm uma longa carreira no Império, dominado pelos socialistas. Friedrich Ebert é um operário social-democrata, presidente do Partido Social-Democrata da Alemanha (SPD) a partir de 1889. Ele recusa, com o colapso do Império, a revolução de tipo bolchevique que queria o Conselho dos Comissários do Povo, por ele presidido, e vence a tentativa dos espartaquistas (do Grupo Espartacus) antes de se tornar o primeiro presidente da República alemã, até sua morte em 1925.

... POR UMA REPÚBLICA MAL-AMADA

O problema de Ebert e dos socialistas é começar uma república em condições difíceis. O exército não admite a derrota, considera-se invicto e propaga a tese da "facada nas costas", segundo a qual os combates poderiam ter continuado se os civis, especialmente os judeus, os socialistas e os republicanos, não tivessem cometido traição ao aceitar um armistício e termos infames de paz. Os grandes industriais, como o magnata do aço Hugo Stinnes, olham com desconfiança para esse novo regime, frágil e com pouca credibilidade para atrair capital. A Alemanha deve pagar reparações de guerra avassaladoras enquanto suas colônias lhe foram tomadas, assim como sua frota comercial. A crise econômica que está surgindo combina-se com as tensões nacionalistas exacerbadas. Aqueles que desejam a República de Weimar estão em minoria quando ela deve enfrentar uma tentativa de revolução inspirada na de Lênin na Rússia.

O ESCRAVO MARXISTA DO SÉCULO XX

Os socialistas no poder devem contar com a extrema esquerda, os **espartaquistas**, comunistas e admiradores de Lênin, que têm como representantes principais o deputado de Berlim **Karl Liebknecht** (1871-1919) e a teórica marxista **Rosa Luxemburgo** (1871-1919). Juntos, eles fundam a Liga Espartaquista e, depois, o Partido Comunista da Alemanha (Kommunistische Partei Deutschlands, ou KPD). O nome "espartaquista" vem do nome do gladiador e escravo Espartacus, cuja revolta ameaçou Roma no século I a.C. Durante a guerra, Karl Liebknecht publica suas *Cartas a Espartacus*, que lhe valem uma pena de prisão. O Partido Social-Democrata (Sozialdemokratische Partei Deutschland ou SPD), no poder, conta com o exército e grupos paramilitares dele derivados, os Freikorps (corpos voluntários), para vencer a tentativa de revolução espartaquista durante a semana sangrenta de Berlim, de 6 a 13 de janeiro de 1919. Em 2 de janeiro, Liebknecht e Rosa Luxemburgo proclamam uma greve geral e lançam um chamado às armas, mas a reação rápida dos militares corta a revolução pela raiz e a repressão é imediata e brutal. **Karl Liebknecht** e **Rosa Luxemburgo** são presos e executados por ordem do Comissário do Povo de Guerra, **Gustav Noske** (1868-1946).

A CIDADE DE GOETHE ACOLHE A REPÚBLICA

A Assembleia Constituinte é eleita por sufrágio universal masculino e feminino em 19 de janeiro de 1919. Na sequência da tentativa espartaquista, ela decide sediar-se em Weimar, uma pequena capital provincial tornada famosa quando o grande poeta Goethe a escolheu para morar. A assembleia vota em 31 de julho de 1919 a nova

Constituição, liberal e democrática. A Alemanha torna-se uma república, mas mal se livrou de sua herança; o artigo 1º afirma que "O Reich (império) é uma república". Essa é a única ocorrência do termo "república". Duas câmaras são configuradas: o Reichsrat, composto por delegados das dezessete regiões ou Länder, que constituem a República Federal, tem apenas um veto suspensivo sobre as leis aprovadas pela outra assembleia, o Reichstag. Eleito por sufrágio universal por quatro anos, ele vota as leis, conferindo investidura ao chanceler e aos ministros que são responsáveis perante ele. O chefe de Estado, o presidente do Reich, é eleito por sete anos por sufrágio universal. Ele pode, com a assinatura de um ministro, dissolver o Reichstag, suspender liberdades (artigo 48) e submeter as leis ao referendo. O primeiro presidente do Reich eleito pela Assembleia Constituinte é o socialista Friedrich Ebert. Após sua morte, em 1925, o velho marechal do Império Hindenburg o sucede. Ele é reeleito em 1932.

A REPÚBLICA DE WEIMAR, QUANTOS INIMIGOS?

Pouco popular, a República de Weimar é apoiada pelo Partido Social-Democrata (SPD), o Zentrum Católico e o Partido Democrata. O Partido Comunista da Alemanha (KPD) lhe é hostil e quer derrubar o regime dos socialistas no poder, especialmente após a semana sangrenta em Berlim. À direita, a oposição a Weimar encarna-se no Partido Popular Alemão (Deutsche Volkspartei, ou DVP) de **Gustav Stresemann** (1878-1929), que, contudo, entra para o governo em 1923 como ministro dos Negócios Estrangeiros até 1929, aproximação conseguida por uma conciliação com a centro--esquerda. O DVP agrupa os industriais hostis ao comunismo e ao socialismo. O Partido Nacional Popular Alemão (Deutschenationale Volkspartei, ou DNVP) rejeita o Tratado de Versalhes e a república se apoia no pangermanismo, no nacionalismo e no antissemitismo. Ele recebe o apoio dos Junkers, aristocratas prussianos, e da fortuna do magnata da mídia **Alfred Hugenberg** (1865-1951). Na extrema direita se multiplicam pequenos grupos que são do movimento Völkisch, nacional popular, exaltando a singularidade e a grandeza do povo alemão e afirmando a superioridade da raça alemã. É o caso de um partido bem pequeno com base na Baviera, em Munique, em 1919, fundado pelo operário serralheiro **Anton Drexter** (1884-1942), do Partido Operário Alemão (Deutsche Arbeiter Partei ou DAP), transformado por **Adolf Hitler** (1889-1945), que adere a ele antes de tomar o controle, no Partido Nacional-Socialista dos Trabalhadores Alemães (NSDAP ou Nazionalsozialistische Deutsche Arbeiterpartei) em fevereiro de 1920. Em março de 1920, **Wolfgang Kapp** (1858-1922) tenta um golpe de Estado contando com os corpos francos em Berlim. Não dá certo. Cada um arma suas tropas. Em novembro de 1918, é fundado o Stahlhelm, que significa capacete de aço, grupo paramilitar de direita que recruta entre os corpos francos, milita contra o Tratado de Versalhes, a República de Weimar e os judeus. Os nacional-socialistas têm suas *Sturmabteilungen*, ou Seções de Ataque (SA). Os partidos de esquerda fazem o mesmo: o SPD cria o Estandarte do Império ou grupos antifascistas da Frente de Ferro. Os comunistas têm, por sua vez, a Frente Vermelha.

Adolf Hitler (1889-1945) nasce na Áustria, no coração do Império Austro-Húngaro, em 1889. De origem humilde – seu pai era funcionário da alfândega –, ele perde os pais muito cedo: seu pai, em 1903, e sua mãe, em 1907. Muda-se para Viena, onde tenta por duas vezes, sem sucesso, entrar para a Academia de Belas Artes, em pintura. Ele sobrevive multiplicando empregos precários, enquanto professa seu desprezo pela democracia e pelo parlamentarismo numa capital marcada por diatribes antissemitas do prefeito populista Karl Lueger, que o imperador Francisco José (reinado: 1848-1916) tenta demitir sem sucesso, tão grande é a sua popularidade. Em 1914, ele se alista no exército e vai para a guerra, é ferido várias vezes e condecorado com a Cruz de Ferro. A notícia do armistício é, para ele, um trauma profundo que ele vê como uma "facada nas costas". Retornando à vida civil, ele adere ao Partido Operário Alemão, cuja liderança obtém rapidamente, transformando-o em Partido Nacional Socialista dos Trabalhadores Alemães, inscrito na corrente política Völkisch, nacionalista, popular e anticapitalista. Em 1921, ele funda o jornal do partido, o *Völkischer Beobachter* (*Observatório populista*), e uma força paramilitar, as SA, é constituída. O primeiro congresso do partido acontece em Munique, em janeiro de 1922, seguido em setembro da primeira reunião em Nurembergue. A sequência da biografia de Adolf Hitler se confunde com o destino da Alemanha nazista, até seu desaparecimento conjunto em 1945.

UM QUILO DE PÃO? 600 BILHÕES DE MARCOS

Em 1923, uma grave crise econômica e monetária mergulha a Alemanha numa desordem próxima do caos. Um Reichsmark vale 4,2 dólares em 1914 e 4.200 bilhões de marcos em novembro de 1923. Um quilo de pão custa 600 bilhões de marcos. O desemprego passa, ao longo do ano de 1923, de 4% a 28% da população ativa. Hitler acredita ter chegado o momento de tomar o poder e tenta um golpe de Estado em 8 e 9 de novembro de 1923, em Munique, a partir de Bürgerbrau; o golpe fracassa, ele é preso e condenado a cinco anos de prisão. É durante essa passagem em Landau que ele dita *Mein Kampf*, "Minha luta", a seu secretário, **Rudolf Hess** (1894-1987). Ele é liberado após seis meses. O dr. **Hjalmar Schacht** (1877-1970), ministro das Finanças, restabelece a situação em outubro de 1923, substituindo o marco desvalorizado por um Rentenmark garantido pela terra e pelos ativos industriais. Em 30 de agosto de 1924, o Reichsmark renasce, garantido por ouro. Mas as classes médias, os pensionistas e os profissionais liberais estão arruinados. O regime parlamentar está desacreditado. No entanto, a Alemanha começa um período de prosperidade entre 1924 e 1929.

2. A ALEMANHA NAZISTA

A AVASSALADORA ASCENSÃO DO NAZISMO

A crise econômica de 1929 a mergulha novamente no marasmo. Em 1932, a produção industrial caiu pela metade e o desemprego explode com 6 milhões de desempregados. Adolf Hitler, após o golpe fracassado de 1923, reorganiza o Partido Nacional-Socialista. Ele cria sua própria milícia em 1925, os *Schutzstaffeln* (SS) ou Seções de Proteção. Ele aproveita a crise de 1929 para reunir operários, camponeses e pequenos comerciantes. Promete tudo a todos: trabalho para os desempregados e a defesa dos artesãos, dos pequenos comerciantes, dos pequenos agricultores contra as grandes empresas ou grandes lojas. Os nacional-socialistas aumentam nos municípios; eles se apressam em paralisar as assembleias regionais, recorrendo a obstruções sistemáticas, por todos os meios, gritos, soltura de animais em espaços públicos semicirculares, ameaças das SA. Nas eleições legislativas de 1930, eles obtêm 6,4 milhões de votos e sua representação passa de 12 a 107 deputados. No final de 1932, o NSDAP tem 1,4 milhão de membros, 350 mil SA e SS. Em março-abril de 1932, durante as eleições presidenciais, Hitler consegue 13 milhões de votos contra 19 milhões para Hindenburg, reeleito somente no segundo turno. Desde março de 1930, o chanceler **Heinrich Brüning** (1885-1970), provindo do Zentrum, só consegue governar por decreto por falta de apoio parlamentar, exceto maiorias efêmeras. Ele sai do governo em maio de 1932, substituído por outro membro do Zentrum, **Franz von Papen** (1879-1969). Ele dissolve pela primeira vez o Reichstag, em junho de 1932. Nas eleições que se seguem, os nacional-socialistas conseguem 14 milhões de votos e 230 eleitos. **Hermann Göring** (1893-1946) preside o Reichstag. Depois de uma segunda dissolução em novembro, os nacional-socialistas registram um recuo com 196 deputados. Nenhum partido tem a maioria. Em dezembro de 1932, Papen renuncia, após a recusa do presidente Hindenburg de levar Hitler ao governo. O general **Kurt von Schleicher** (1882-1934) o sucede. Desejando estabelecer um regime corporativista ao estilo italiano, ele se aproxima dos operários pelo voto de leis sociais. Isso assusta os empregadores alemães, já favoráveis a Hitler. Um encontro é organizado em 27 de janeiro de 1933 em Düsseldorf, do qual participam os magnatas da indústria do Reno, Krupp, Thyssen e Kirdorf. Hindenburg cede e nomeia Hitler chanceler em 30 de janeiro de 1933.

HITLER, DO CHANCELER AO DITADOR

Hitler instala rapidamente a ditadura. O Reichstag é dissolvido e a campanha eleitoral é dominada pela extrema violência das SA. Em 27 de fevereiro, pouco antes da eleição, o Reichstag é queimado pelos nacional-socialistas, cujo nome abreviado resulta em nazistas, mas o Partido Comunista é acusado, 4 mil membros são presos e a Frente Vermelha é dissolvida. No entanto, os nazistas têm em março somente

44% dos votos. Para obter plenos poderes, Hitler deve ter uma maioria de dois terços. Ele se aproxima do episcopado católico e promete uma concordata. Os eleitos do Zentrum são levados a aprovar a lei de 23 de março de 1933 "sobre a remoção da miséria do Povo e do Reich", que, na realidade, dá a Hitler plenos poderes durante quatro anos e a possibilidade de legislar sem notificar o Reichstag. A lei é renovada em 1937. Todos os partidos políticos são proibidos em 14 de julho de 1933, exceto o NSDAP. Em novembro de 1933, um plebiscito vota a 95% pela "lista do Führer", única candidata.

A NOITE DAS FACAS LONGAS

Hitler ainda tem que resolver o problema das SA e seu líder, **Ernst Röhm** (1887-1934), que acreditam na "revolução" prometida e professam um anticapitalismo virulento de modo a preocupar o mundo dos negócios que apoia os nazistas. O problema é resolvido com a organização da Noite das Facas Longas, em 30 de junho de 1934. Os líderes das SA, reunidos na Baviera, são presos e suas tropas dispersas; Röhm é preso e sumariamente executado na prisão de Stadelheim, em Munique. Hitler aproveita a oportunidade para acabar com os conservadores e católicos que podiam trazer-lhe algum incômodo, como o ex-chanceler Schleicher. Em 2 de agosto de 1934, Hindenburg morre e Hitler se torna Reichsführer, ao mesmo tempo chanceler e presidente, tendo nas mãos todos os poderes. Somente o exército pode existir como contrapoder, mas é escondido debaixo do tapete quando, em janeiro de 1938, Hitler suprime o Ministério da Guerra e se proclama comandante de todas as forças armadas.

ALEMANHA DEBAIXO DO TAPETE

A ideologia nazista torna-se a realidade da Alemanha nazista. A fórmula *ein Volk, ein Reich, ein Führer* ("um povo, um império, um líder") resume a *Weltanschauung* ou "visão de mundo". O *Volk*, ou povo alemão, é uma comunidade racial com base no sangue, na história, na cultura e na língua. Ele pertence ao grupo ariano, à "raça superior", que deve enfrentar outros povos para sobreviver e criar o seu **Lebensraum** ou "espaço vital". Os "povos inferiores", os eslavos, devem voltar ao lugar que seu nome sugere[280], tornando-se escravos da "raça superior". Um Estado totalitário deve ser estabelecido, regido pelo *Führerprinzip*, o "princípio da liderança". Hitler decide por todos os alemães, pois, como chefe, sabe melhor que eles o que é bom para eles mesmos. Nenhum questionamento é possível. A juventude constitui brigadas nas *Hitlerjungend*, "Juventudes Hitlerianas", e o papel das mulheres é limitado aos três "K": *Kinder* (crianças), *Küche* (a cozinha) e *Kirche* (a igreja). A Geheimstaatspolizei (ou Gestapo), a polícia secreta do Estado, rastreia adversários e os envia para os campos de concentração; o primeiro é inaugurado em Dachau no dia 30 de março de 1933. A "Lei sobre a consolidação do

---

280. "Eslavo" origina-se do latim medieval "sclavus", que significa "escravo".

Reich", de 30 de janeiro de 1934, reduz o papel dos *Länder* a nada. O Reichsrat é dissolvido pouco depois. Os *Länder* são substituídos pelos *Gaue*, distritos administrativos dirigidos por funcionários nomeados e exonerados por Hitler, os *Gauleiter*.

O ANTISSEMITISMO COMO CRIME DE ESTADO

A política antissemita começa imediatamente as perseguições. A lei de 7 de abril de 1933 exclui da função pública todos os "não arianos", aqueles cujos avós são judeus; depois, a partir de junho, aqueles cujo cônjuge é judeu. **Joseph Goebbels** (1897-1945), a cargo da propaganda, organiza o boicote de todas as lojas e empresas judaicas. Em 15 de setembro de 1935, as leis de Nurembergue sobre a "proteção e honra do sangue alemão" retiram a cidadania alemã dos judeus, proíbem as relações sexuais entre judeus e arianos e seu casamento. Os judeus são privados de seus negócios arianizados, ou seja, revendidos a preços baixos, sob coação, a não judeus. Em 7 de novembro de 1938, um jovem judeu assassina em Paris um diplomata da embaixada alemã. **Joseph Goebbels** organizada em seguida um *pogrom*, a Kristallnacht (Noite dos Cristais), na noite de 9 a 10 de novembro de 1938. As sinagogas são incendiadas; lojas judaicas, saqueadas; 7.500 lojas e empresas, destruídas; várias centenas de judeus mortos e 30 mil deportados para os campos de concentração. A comunidade judaica é forçada a pagar 1,25 bilhão de marcos para reparar os "problemas". É o fim da política de emigração, escolhida pelos nazistas para forçar os judeus para o exílio. Em 20 de janeiro de 1942, a Conferência de Wannsee adota a "solução final para o problema judaico" pelo extermínio. A Alemanha nazista condena três quartos dos judeus dos países ocupados à morte pelo genocídio, a *Shoah*, "catástrofe", o holocausto, em campos de extermínio como Auschwitz-Birkenau, Chelmno, Sobibor, Treblinka, Maidanek, Belzec. As vítimas são mortas seguindo métodos industriais. Na Polônia, eles também são condenados a morrer de exaustão fisiológica, fome, doença, trancados em guetos. Na frente do leste, o *Einsatzgruppen*, "grupos de intervenção", esquadrões da morte, massacram judeus, combatentes da resistência e prisioneiros de guerra soviéticos. Cerca de 6 milhões de judeus são mortos. A matança sistemática também atinge deficientes mentais, ciganos e homossexuais. No julgamento de Nurembergue (novembro de 1945 a outubro de 1946), onde doze altos dignatários nazistas são condenados à forca, é criada a noção jurídica de crime contra a humanidade, imprescritível.

3. A ALEMANHA EM GUERRA

UM ÚNICO OBJETIVO: FAZER A GUERRA

Em 1935, a Alemanha arma-se novamente, apesar da proibição do Tratado de Versalhes de 1919. Uma aviação de guerra, Luftwaffe, é criada, e a Kriegsmarine, frota de guerra, reconstituída. Diplomaticamente, a Alemanha realiza alianças: pacto de aço com a Itália fascista e pacto germano-soviético em agosto de 1939. Em março de 1936, a *Wehrmacht*, o exército, entra na Renânia desmilitarizada. Em 12 de março de 1938, Hitler entra na Áustria por *Anschluss*, e a anexação desta à Alemanha é aclamado por plebiscito com 99% de "sim" no mês seguinte. Em outubro de 1938, após a renúncia das democracias a se oporem à Alemanha, Hitler toma a região dos Sudetos, a oeste da Tchecoslováquia, e todo o país alguns meses depois, em 15 de março de 1939. Em 1º de setembro de 1939, a Alemanha invade a Polônia, levando o Reino Unido e a França a entrarem em guerra.

A *BLITZKRIEG*

A *Blitzkrieg*, técnica da guerra-relâmpago, traz para o Terceiro Reich – o Estado alemão de 1933 a 1945 – vitórias rápidas: quase toda a Europa Central e Ocidental é conquistada, seja ela aliada, seja neutra. Trata-se de utilizar primeiro aviões que atacam de mergulho e espalham o pânico com disparos de metralhadoras, os *Stukas*. Eles são seguidos pelo avanço dos veículos blindados que avançam em grande velocidade, levando ao abandono de focos de resistência, que serão posteriormente reduzidos. Essa tática permite separar os grupos de soldados, desorientá-los e tornar impossível um comando unificado. As unidades dispersadas são, então, cercadas por tanques alemães. O *Blietzkrieg* dá a Hitler uma série de vitórias até 1941.

A AGONIA DO NAZISMO

Em 22 de junho de 1941 é desencadeada a Operação Barbarossa, a invasão da URSS, violando o pacto germano-soviético de 1939 de não agressão. Os exércitos alemães avançam rapidamente e, depois, são interrompidos pelo inverno russo. Em 6 de dezembro de 1941, o exército alemão fracassa diante de Moscou. Em 7 de dezembro de 1941, os aviões de guerra japoneses bombardeam uma parte da frota americana no Pacífico Sul com base em Pearl Harbor, provocando a entrada dos Estados Unidos na guerra. Após a derrota alemã na Batalha de Stalingrado em fevereiro de 1943, os Aliados retomam a ofensiva. Em julho de 1942, Hitler faz com que lhe seja concedido o direito de vida e morte sobre cada cidadão alemão. Em 20 de julho de 1944, um golpe organizado por militares que desejam o fim da guerra, cujo primeiro ato seria o assassinato de Hitler, falha. A bomba planejada para matá-lo explode, mas o fere ligeiramente, pois ele tinha acabado de decidir por mudar o local de reunião de uma sala de concreto, onde todos os participantes teriam sido mortos, para uma sala com paredes de madeira, derrubadas pela explosão, o que salva a vida de um certo número de pessoas presentes. A repressão é feroz, mais de 5 mil pessoas torturadas e execuções em massa. A partir de novembro de 1944, todo o povo alemão pode ser inscrito na *Volkssturm*, a imposição do alistamento de qualquer homem, mulher, criança e idoso. A agonia do Terceiro Reich se estende de janeiro a abril de 1945. Hitler teria desejado que, por causa de seu fracasso, toda a nação desaparecesse. Ele ordena, em março de 1945, que tudo na Alemanha seja destruído: estradas, pontes, fábricas, mas a desorganização impede a execução de ordens. O Exército Vermelho toma Berlim em abril de 1945. Hitler se suicida em seu bunker em 30 de abril de 1945. **O almirante Karl Dönitz** (1891-1980) o sucede, de acordo com a vontade de Hitler. Ele permanece como representante oficial de 30 de abril a 23 de maio de 1945, tempo suficiente para assinar a ratificação da rendição alemã em 8 de maio de 1945. Na véspera, em 7 de maio, o general **Alfred Jodl** (1890-1946) tinha de fato assinado em Reims o ato de rendição incondicional da Alemanha.

TRÊS NAZISTAS NOTÓRIOS

❖ **Joseph Goebbels** (1897-1945): ministro da Informação e Propaganda a partir de 1933, ele supervisiona a cultura do estado, única autorizada, manda destruir obras proibidas em enormes fogueiras, controla as notícias oficiais e o cinema e erradica qualquer forma de expressão que não esteja em conformidade com a doutrina nazista. Ele é responsável pela organização da *Kristallnacht* em novembro de 1938. Forma com sua esposa Magda um casal de nazistas fanáticos. Em 1º de maio de 1945, depois do suicídio de Hitler, Magda envenena seus seis filhos antes que ela e o marido, por sua vez, suicidem-se.

❖ **Hermann Göring** (1893-1946): ele se torna conhecido durante a Segunda Guerra Mundial como aviador. Associa-se ao NSDAP em 1922 e se torna rapidamente um dos principais dirigentes do partido. Presidente do Reichstag em 1932, ele usa sua posição para forçar a Assembleia a apoiar Hitler; depois, uma vez composta apenas de nazistas, usa o voto por aclamação para dissolvê-la. Hitler confia-lhe a criação do exército do ar, a Luftwaffe, e faz dele seu ministro, responsável pela realização dos planos econômicos quadrienais e do rearmamento do país. Responsável pela repressão, ele cria a Gestapo. Condenado à morte no julgamento de Nurembergue, ele consegue cometer suicídio com uma cápsula de cianeto, graças à cumplicidade do guarda americano de sua cela.

❖ **Heinrich Himmler** (1900-1945): líder da SS em 1929 e, em seguida, da Gestapo em 1934, ele é responsável pela repressão implacável que se abate sobre a Europa. Depois de planejar a "Noite das facas longas", ele implanta os campos de concentração e extermínio, organizando e supervisionando o massacre em escala industrial de 6 milhões de judeus. Depois de uma vã tentativa de conciliação com os vencedores em abril de 1945, ele é preso e se suicida em 23 de maio de 1945.

CAPÍTULO XIII
A INGLATERRA DE 1919 A 1945

1. AS CRISES

CRISE ECONÔMICA E SOCIAL

A Inglaterra, embora vitoriosa, logo após sair da Grande Guerra, passa por um período de dificuldades econômicas e sociais. A libra esterlina perde cerca de um quarto do seu valor em relação ao dólar em 1920. Em abril de 1925, **Winston Churchill** (1874-1965), então *Chancellor of the Exchequer*, ou seja, o ministro da Fazenda, restaura o padrão-ouro (ou estalão-ouro) pelo *Gold Standard Act* (Lei do padrão-ouro). Mas a Inglaterra deve renunciar definitivamente a isso em 1931. A crise monetária provoca uma crise econômica e social. Entre 1920 e 1939, ainda há pelo menos um milhão de desempregados. Os mineradores entram em greve em 1921 para protestar contra a redução do seu salário, mas a greve fracassa. Os sindicatos são poderosos, e o número de membros dobra durante a guerra, passando de 4 milhões a 8 milhões. Entre eles, o dos mineradores é especialmente ativo; mas, em 1921, o governo renuncia ao seu controle sobre as minas e as companhias decidem reduzir os salários. Sem o apoio dos outros sindicatos da Federação dos Trade-Unions, o movimento fracassa e os salários são efetivamente reduzidos. Em 1926, uma greve geral paralisa o país durante uma semana, pois os empresários querem diminuir todos os salários e o retorno ao padrão-ouro encareceu as exportações britânicas. A greve geral dura uma semana no final de maio de 1926. Apenas os mineiros continuam em greve, em vão, até outubro. O governo conservador reage com firmeza, com forte apoio da população, e os salários são reduzidos. Os sindicatos se enfraquecem, especialmente por meio da medida que proíbe greves de solidariedade. A crise de 1929, com suas dificuldades inerentes, força uma ruptura social que dura até a Segunda Guerra Mundial.

A INSTABILIDADE GOVERNAMENTAL

A vida política é dominada pelo Partido Conservador, mas o Partido Liberal dá lugar ao *Labour Party*, ou Partido Trabalhista, que se torna a segunda força política do país. O Partido Liberal, indispensável a qualquer coalizão governamental, é atravessado por duas correntes: **Lloyd George** (1863-1945) e os liberais nacionais querem uma aliança com os conservadores, mas a maioria dos liberais quer governar com os trabalhistas. Em caso de crise grave, principalmente das consequências da crise de 1929 a partir de 1930, as secretarias da União Nacional se envolvem. Entre 1916 e 1922, Lloyd George dirige um ministério liberal-nacional, aliado aos conservadores. Em seguida, conservadores e trabalhistas se alternam no poder. Os conservadores, com **Stanley Baldwin** (1867-1947) como primeiro-ministro, ficam no poder apenas por alguns meses, de maio de 1923 a janeiro de 1924. Mas os trabalhistas perdem as eleições em outubro de 1924 e Baldwin volta a ser primeiro-ministro por quatro anos, assistido por Winston Churchill como ministro da Fazenda. De 1929 a 1931, os trabalhistas participam do governo, mas **Ramsay MacDonald** (1866-1937) deve formar uma secretaria da Unidade nacional para enfrentar as dificuldades decorrentes da crise de 1929. No ministério, a maior parte do poder está, na verdade, nas mãos de Baldwin, que tem o título de "Lorde presidente do conselho privado", e de **Neville Chamberlain** (1869-1940), ministro da Fazenda. Os ministros trabalhistas deixam, rapidamente, o governo que MacDonald preside nominalmente até 1935. Os conservadores ficam, na verdade, no poder até 1939.

O ESPINHO IRLANDÊS

O Reino Unido também precisa resolver a questão espinhosa irlandesa. Em 1918, os deputados irlandeses não entram para a Câmara dos Comuns em Londres, mas ficam em Dublin, onde formam o Dail Eireann, o parlamento irlandês. Eles proclamam a república e escolhem, para presidente do Dail Eireann, **Éamon De Valera** (1882-1975), nascido nos Estados Unidos de um pai cubano e uma mãe irlandesa. Começa a guerra, que dura até 1921. Um acordo é, então, firmado com a Inglaterra. Um quarto do nordeste da ilha, povoada por anglo-saxões protestantes, permanece dentro do Reino Unido da Grã-Bretanha. O restante torna-se o Estado Livre da Irlanda, com *status* de domínio. De Valera é eleito seu presidente. Será preciso esperar até 1938 para que acordos bilaterais reconheçam a total independência da República da Irlanda, em irlandês, Eire.

O IMPÉRIO SE DIVIDE

A questão irlandesa não é a única preocupação dos sucessivos governos britânicos. O Império, que possibilitou que o país dominasse o mundo no século XIX, não é mais o mercado tradicional dos produtos manufaturados. A Índia dá o sinal ao cessar as compras têxteis e as importações de algodão britânico caem 90% após 1919. Os Estados

Unidos se introduzem nos mercados até então restritos, como a América do Sul. A crise de 1929 leva à criação da Commonwealth em 1931, associação econômica livre entre o Reino Unido e seus domínios, ou territórios autônomos e, depois, à definição de uma "preferência imperial" durante os acordos da Conferência de Ottawa em 1932, promovendo o sistema de troca dentro da Commonwealth por meio da tributação de produtos provenientes de países não membros; o poder econômico britânico começa seu longo declínio. O problema político da independência das colônias continua, especialmente no que diz respeito à "pérola do Império", a Índia. Durante a guerra, levada por suas necessidades, tanto de homens quanto de capital, a metrópole lhe promete um governo independente. A decepção de ver a promessa se transformar em simples autonomia local sem significado real é carregada de consequências para o futuro.

2. A INGLATERRA DE CHURCHILL

PELO AMOR DE WALLIS

Em 1936, o reino é abalado por uma grave crise dinástica. O rei Jorge V (1910-1936) morre em 20 de janeiro de 1936. Seu filho mais velho se torna rei Eduardo VIII (20 de janeiro-11 de dezembro de 1936). Sua coroação deve acontecer em 12 de maio de 1937. A personalidade do futuro monarca, demagogo, autoritário e simpatizante do fascismo, tira-lhe parte do apoio das elites políticas tradicionais. Mas o verdadeiro problema surge no início de dezembro de 1936 quando a Igreja Anglicana, por meio da voz de um dos seus bispos, critica sua intenção de contrair um casamento morganático com uma mulher norte-americana já divorciada e em processo de um segundo divórcio, **Wallis Simpson** (1896-1986). O rei enfrenta uma oposição generalizada: o primeiro-ministro Baldwin, a hierarquia da Igreja Anglicana e os trabalhistas, representados por seu líder, Attlee. A população acusa-o de abandoná-la por uma mulher e de sua incapacidade de priorizar suas funções soberanas futuras em vez de sua vida pessoal. O problema também é religioso, uma vez que a Igreja Anglicana, cujo rei é o líder, não reconhece o divórcio. Assim, ele abdica em 11 de dezembro de 1936. Recebendo o título de duque de Windsor, ele deixa a Inglaterra e casa-se com Wallis Simpson. Seu irmão mais novo, o duque de York, sucedeu-o sob o nome de **Jorge VI** (1936-1952). Ele faz, em 1939, uma visita ao Canadá e aos Estados Unidos. A primeira parte de seu reinado é dominada pela Segunda Guerra Mundial. Em 1940, o primeiro-ministro Neville Chamberlain é substituído por Winston Churchill, que ocupará esse cargo durante todo o período de duração do conflito.

UM REI SEM COROA

Eduardo VIII (1894-1972), após sua abdicação, recebe o título de duque de Windsor e goza de uma significativa lista civil, ou seja, um gordo salário anual. Entretanto, ele não pode permanecer na Inglaterra e vai para a França, onde se casa com Wallis Simpson. Ele permanece afastado dos outros membros da família real, receando ver o título de Alteza Real recusado à sua esposa. A Segunda Guerra Mundial em nada melhora a situação; o casal se adapta bem à presença das autoridades de ocupação, não hesitando em participar de seus círculos de convivência, sem esconder o seu gosto pronunciado pelos regimes fascistas, mesmo que seja impossível dizer que o duque é abertamente nazista. A essa altura, a situação torna-se a tal ponto embaraçosa que ele é nomeado governador das Bahamas, meio diplomático de afastá-lo do teatro do conflito. Após a guerra, o duque e a duquesa de Windsor estão na moda na alta sociedade, de cujo estilo de vida partilham. Eles voltam para a Inglaterra em 1965, são recebidos por uma parte da família real e participam de algumas cerimônias privadas. O duque morre em 1972 e sua esposa vive por mais catorze anos antes de se juntar a ele num mito contemporâneo do amor eterno.

O VELHO LEÃO

Winston Churchill (1874-1965) nasce em 30 de novembro de 1874 nas dependências do palácio de Blenheim. O jovem, que sofre de um problema de fala, torna-se um político proeminente, que leva seu país à vitória. Membro do Partido Conservador, ele é deputado em 1900. No entanto, ele muda para o Partido Liberal por razões econômicas, principalmente para defender a manutenção do livre-comércio tradicional no Reino Unido desde a abolição das Corn Laws, medidas protecionistas sobre os grãos, em 1846. É várias vezes ministro; ocupa o cargo de ministro da Fazenda em 1925 e, como tal, supervisiona o retorno ao padrão-ouro. Ele desempenha um papel de liderança durante a Primeira Guerra Mundial, como Lorde do Almirantado, e em 1915 organiza a expedição ao Estreito de Dardanelos. De volta ao Partido Conservador, ele demonstra na época uma grande e rara lucidez política ao opor-se a qualquer compromisso com a Alemanha nazista. Torna-se primeiro-ministro de um governo de unidade nacional em maio de 1940 e seu primeiro discurso permanece famoso por uma frase impressionante: "Eu não tenho nada para oferecer além de sangue, sofrimento, lágrimas e suor". Ele continua a liderar o país durante toda a guerra e galvaniza a resistência nacional perante os bombardeios alemães. Em 1941, ele assina com os Estados Unidos a Carta do Atlântico. Em compensação, ele fica rapidamente com dúvidas em relação à atitude da URSS e anuncia, em 1946, no famoso discurso de Fulton, a criação da "cortina de ferro" que divide a Europa. No entanto, perde as eleições de 1945, numa Inglaterra ávida por reformas sociais que ele não poderia encarnar. O trabalhista **Clement Attlee** (1883-1967) sucede-o e permanece no poder até 1951. Ele volta ao governo de 1951 a 1955, mas tem sérios problemas de saúde a partir de 1953. De 1955 à sua morte em 1965, ele se dedica à paixão pela pintura e a escrever memórias e livros de história.

CAPÍTULO XIV
A ITÁLIA DE 1919 A 1945

1. AS SEQUELAS DA GUERRA

A GUERRA NÃO PAGA

A Itália, após a Grande Guerra, enfrenta uma série de dificuldades. Grande é sua decepção com o resultado dos tratados de paz, pois não recebeu a Dalmácia e Fiume (na atual Croácia), que esperava ter para transformar o Mar Adriático em um mar particular. Deve ser lembrado que a Itália reverte suas alianças em fevereiro de 1915: no início da guerra, embora ligada à Alemanha e à Áustria-Hungria como parte da Tríplice Aliança, ela se proclama neutra e se junta à França e seus aliados. Os italianos esperam muito dessa aproximação, especialmente a retomada das "terras irredentistas", ou seja, que compreendem a língua italiana, mas que não fazem parte do país: o Trentino e Istria, mas também terras "irredentíssimas" como a Dalmácia. Mas o conflito termina com 600 mil mortos e com o norte da Itália duramente atingido economicamente. As compensações do Tratado de Versalhes parecem muito fracas. Alguns nacionalistas exaltados decidem tomar a frente da questão: o poeta **Gabriele D'Annunzio**, líder dos *arditi*, os "ardentes", a elite dos veteranos de guerra, toma a cidade de Fiume em setembro de 1919 e a governa até novembro de 1920. Nessa data, o Tratado de Rapallo, entre a Iugoslávia e a Itália, prevê a sua restituição. É o Natal Sangrento: as forças do exército italiano expulsam as forças de D'Annunzio. Os nacionalistas veem isso como prova da traição do regime.

RESOLVER A CRISE SOCIAL? A MÁFIA ESTÁ LÁ PARA ISSO...

A crise social atinge a burguesia, os acionistas e os camponeses sem terra, que querem a reforma agrária prometida, mas sempre adiada. Eles ocupam as terras em 1919 e 1920. Se o Norte está passando por uma industrialização de sucesso desde o final do século XIX, a Itália ainda paga o atraso devido à unificação política tardia, concluída somente em 1871. Alguns grupos de prestígio, como a Fiat (Fabbrica Italiana Automobile Torino), fundada em 1899, não perfazem um tecido industrial denso o bastante. A atividade econômica ainda é amplamente baseada em setores tradicionais, como a agricultura e o artesanato. Ainda mais preocupante é a situação do sul, o Mezzogiorno, quase totalmente agrícola, onde os grandes proprietários de terra dão pouco ou nenhum valor à sua terra, aumentando a aflição dos *braccianti*, trabalhadores agrícolas, muito mais à sua mercê do que pensa a população. As revoltas camponesas são frequentes, e as autoridades, locais ou nacionais, incompetentes, praticam um imobilismo perigoso; os grandes latifundiários, proprietários de grandes terras, em seguida, voltam-se para a **Onorata Società della Mafia**, mais conhecida pelo nome único de Máfia, que aterroriza os camponeses e restabelece a ordem. Mas esta é uma escolha muito perigosa a longo prazo, pois a Máfia logo entende como se tornar um Estado dentro do Estado.

GABRIELE D'ANNUNZIO

Gabriele D'Annunzio (1863-1938) é poeta e romancista, líder italiano do movimento literário decadentista, inspirado nos decadentes franceses, uma geração marcada por uma sensação de declínio inexorável por volta dos anos 1880. Ele tem um imenso sucesso internacional com a publicação de seu romance *O Inocente*, em 1891. Deputado em 1897, ele foge da Itália para escapar de seus credores. Depois, retorna à Itália e apoia a entrada do país na guerra, manifestando sua tendência marcada de um nacionalismo ardente. Ele lidera a epopeia de Fiume em 1919. Após seu fracasso, ele se aproxima do fascismo e posa de rival de Mussolini, mas um misterioso acidente em 1922 – ele cai de uma janela – o deixa inválido. Coberto de honras por Mussolini, ele, no entanto, não toma parte no governo fascista. Aliás, dele se afasta por sua aproximação com a Alemanha nazista, que desaprova totalmente. Morre de um acidente vascular em 1938.

A CRISE POLÍTICA

O regime político revela fraquezas. O rei, monarca constitucional, não tem poderes reais, que estão nas mãos da Câmara dos Deputados. Os dois principais partidos são o Partido Socialista e o Partido Popular; este, católico, que considera o papa um prisioneiro do rei da Itália no Vaticano, opõe-se ao outro, socialista, que hesita em apoiá-lo. De fato, em 1877, o Papa Pio IX proíbe formalmente os católicos de participarem na vida política do país. Será preciso esperar até 1919 para que o Papa Bento XV lhes dê a sua aprovação. Democratas liberais e republicanos formam, assim, coalizões efêmeras. Elas têm ainda menos peso do que os dois principais partidos, o Socialista e o

Partido Popular, que não querem assumir as responsabilidades políticas; os primeiros preferem manter-se no papel de oposição, e os outros hesitam em desafiar a proibição pontifical. O símbolo dessa fraqueza latente é o *giolitismo*, do nome de **Giovanni Giolitti** (1842-1928), várias vezes presidente do Conselho, cuja política consiste numa temporização prudente, centrista, "em cima do muro", entre a direita e a esquerda, mas sem convicção própria, buscando acima de tudo permanecer no poder o maior tempo possível. Esse marasmo político leva muitos italianos a esperar a chegada de um homem forte providencial.

2. A ITÁLIA FASCISTA

UM DESTINO FASCISTA: BENITO MUSSOLINI

É nesse contexto que **Benito Mussolini** (1883-1945) cria o movimento fascista. Como no caso do hitlerismo, é impossível separar o destino de Mussolini daquele do fascismo italiano. Filho de um ferreiro de Romagna, Mussolini torna-se professor, mas suas ideias revolucionárias, herdadas do pai, obrigam-no a ir para o exílio na Suíça e na Áustria. Ele lê com paixão os escritos de Georges Sorel (1847-1922), pensador marxista, teórico do sindicalismo revolucionário e do recurso à "violência sublime" contra a burguesia aterrorizada por sua própria covardia. De volta em 1912, ele ocupa o cargo de diretor do *Avanti*, um jornal socialista. Ele é expulso do Partido Socialista em 1914, porque se opõe ao seu pacifismo e quer a entrada da Itália na guerra. Funda, para defender suas ideias, um novo jornal, *Il Popoplo d'Italia*. Alistando-se como voluntário, é ferido no fronte em 1917. Depois da guerra, ele funda em Milão, em 1919, o movimento fascista, nome derivado do grupo de base da organização, o feixe de combate. Aos fascistas se juntam os desempregados, os agricultores sem terra, ex-combatentes e nacionalistas. No final de 1920, o grupo conta com cerca de 300 mil membros. Mussolini apoia D'Annunzio, que será, por um tempo, companheiro de estrada do fascismo. A biografia de Benito Mussolini e o destino da Itália estão, em seguida, indissoluvelmente ligados até o final da Segunda Guerra Mundial.

UM GRUPO DE CHOQUE EM MARCHA PARA A DITADURA

Nas eleições legislativas de 1919, os líderes fascistas não são eleitos. **Italo Balbo** (1896-1940), que dirige o movimento em Ferrare, organiza os fascistas em *squadri*, "esquadras". Os esquadristas usam uniforme, a camisa negra; são regidos militarmente; armados, saúdam-se com a saudação olímpica da época, ou seja, a saudação de Joinville, que muda depois de 1946, pois era símbolo do fascismo e do nazismo. Grupos violentos, eles interrompem as greves, batem nos representantes sindicais e aterrorizam os agricultores que ocupam terras, ganhando a simpatia dos latifundiários e industriais.

Dino Grandi (1895-1988) é responsável pela organização dos sindicatos fascistas que se opõem, pela violência, aos comunistas e socialistas. Trata-se de evitar a volta às greves revolucionárias, como a que aconteceu na fábrica Alfa Romeo em Milão em agosto de 1920, com a ocupação das fábricas e defesa dos locais ocupados por brigadas dos "guardas vermelhos". Em 1921, o movimento fascista torna-se um partido político, o Partido Nacional Fascista (PNF), mas nas eleições de maio de 1921 apenas 35 de seus membros são eleitos deputados. O presidente do Conselho, **Giovanni Giolitti** (1842-1928), aproxima-se, então, dos fascistas, acreditando poder utilizá-los para participar sem riscos das frágeis coalizões governamentais. Na própria comitiva do rei **Vítor Emanuel III**, membros da família real são favoráveis ao fascismo, solução, segundo eles, para a situação de guerra civil que o país enfrenta.

DA "MARCHA PARA ROMA" À "MARCHA EM ROMA"

Em 1922 os esquadristas intensificam a violência: pilham, incendeiam prefeituras de esquerda, repartições e sedes sindicais. Em 31 de julho de 1922, os sindicatos decidem reagir com uma palavra de ordem de greve geral, pois os esquadristas, ou camisas-negras, raramente pegos por uma polícia que lhes é em geral favorável, são soltos pela justiça. Os fascistas intimam o governo a proibir a greve, endereçando aos grevistas um ultimato para interromperem sua ação num prazo de 48 horas. Durante esses dois dias, os esquadristas enlouquecem a tal ponto que a greve é interrompida por toda a Itália. Eles usam dois expedientes particularmente eficazes, o *manganello*, o cassetete, e a ingestão forçada de óleo de rícino, laxante cujas propriedades colocam rapidamente as suas vítimas numa posição extremamente humilhante. O governo permanece sem reação. Em 3 de agosto de 1922, a greve geral fracassa. Mussolini tem a prova da incompetência da democracia parlamentar. No congresso do PNF em Nápoles, em 24 de outubro de 1922, Mussolini exige o poder e anuncia uma "Marcha para Roma" de todos os fascistas da Itália a fim de tomarem a cidade. Mussolini espera cautelosamente pelo resultado em Milão. Na realidade, o rei cede e pede a Mussolini, em 29 de outubro, para formar um governo. A "marcha para Roma" muda para "marcha em Roma", desfile que celebra a vitória fascista. Mussolini chega ao poder legalmente, graças à fraqueza das instituições e à recusa de barrar o seu caminho.

PERFEITO *VADE MECUM* DA DITADURA

A marcha para a ditadura leva três anos. O primeiro governo é uma coalizão com os tradicionais partidos de direita: democratas, independentes, liberais, com apenas quatro fascistas. Depois, Mussolini faz conceder a si mesmo, sempre regularmente, plenos poderes pela Câmara dos Deputados. Os fascistas obtêm a maioria absoluta após as eleições organizadas de 1924. No entanto, os principais representantes dos partidos de oposição foram eleitos e, entre eles, o socialista Giacomo Matteotti (1885-1924), que continua a ridicularizar, na tribuna, a irregularidade da eleição e exigir a sua anulação. Em 10 de junho de 1924, membros de milícias, ao que tudo indica por conta própria, assassinam esse líder do grupo parlamentar socialista. Os deputados da oposição se recusam a continuar e o governo parece estar prestes a cair. Mussolini enfrenta a questão estabelecendo a ditadura. Em seu discurso de 3 de janeiro de 1925, na Câmara, ele reivindica a "responsabilidade moral, política e histórica" do que aconteceu. Ele forma um governo fascista uniforme. Os deputados da oposição têm seu mandato cassado, os adversários são deportados para as ilhas Lipari e uma polícia política, a milícia, é criada. Mussolini agora é "chefe de governo" e, como tal, nomeia e demite sozinho os ministros. Uma ficção mantém a sua dependência do rei, que, na verdade, é reduzido ao papel de fantoche, exibido conforme necessário para a propaganda política. Consequentemente, a Itália muda para a ditadura em 1925. O fascismo é baseado na primazia do Estado sobre o indivíduo – "O homem não é nada, o Estado é tudo" – em absoluta obediência ao chefe – "Mussolini tem sempre razão" – e sob o comando da milícia fascista. Outros elementos fundadores são o nacionalismo, devendo a Itália voltar a ser como era na Roma Antiga, e o papel do grupo, pelas múltiplas associações controladas pelo partido único. Politicamente, o rei mantém seu trono e o Senado, povoado de fascistas ou simpatizantes; tem a função, na melhor das hipóteses, de uma câmara de registro. A partir de 1929, os deputados são escolhidos pelo partido fascista. Mas a Câmara é substituída em outubro de 1938 pela Câmara dos Fascistas e corporações com membros nomeados. O poder está, de fato, nas mãos de Mussolini, o *Duce*, adaptação do título militar romano de *dux*, "duque", e do Grande Conselho Fascista. Este último acaba por ser afastado por um Mussolini cauteloso e desconfiado, que o reúne cada vez menos frequentemente.

A ITÁLIA EM RÉDEA CURTA

A sociedade é rigidamente controlada. A lei Rocco, de abril de 1926, proíbe os sindicatos, exceto os fascistas, assim como as greves. Em fevereiro de 1934, eles são agrupados em corporações lideradas por um Conselho. O sistema *dopolavoro*, o pós-trabalho, oferece entretenimento aos trabalhadores, mas também permite uma propaganda eficaz. Esta está em toda parte, na imprensa, no rádio e no cinema. A juventude é glorificada no hino fascista, que tem como título Giovinezza, "juventude", mas os jovens devem entrar, a partir da idade de seis anos, para os Filhos da Loba e, de oito a catorze anos, em grupos de jovens, os Ballilas, em homenagem ao nome de um jovem genovês, herói de uma revolta contra o ocupante austríaco em 1746, e depois nos Vanguardistas, até dezoito anos, idade da entrada, para os meninos, na Juventude Fascista de Combate. O equivalente para as meninas é o Jovens Italianas. Meninos e meninas são rigidamente controlados até 18 anos, e o seu fervor é alimentado pelas leituras e comentários dos discursos do *Duce*. O aspecto mítico desenvolvido em torno de sua pessoa diz que, no Palazzo Venezia, uma janela fica iluminada a noite toda: a janela do escritório de Mussolini, que trabalha dia e noite para o bem da Itália. Qualquer desvio em relação à ortodoxia fascista é denunciado pela Milícia Voluntária para a Segurança Nacional (MVSN) e reprimido pela Organização Voluntária para a Repressão do Antifascismo (OVRA). O regime fascista reconcilia a monarquia e o papado. Em 11 de fevereiro de 1929, são assinados os acordos de Latrão. O papa é o soberano da Cidade do Vaticano, mas reconhece o Reino da Itália. Ele recebeu 750 milhões de liras pelas perdas sofridas e uma renda de 5% sobre um capital de 1 bilhão de liras. O catolicismo se torna religião de Estado e qualquer outra religião é apenas tolerada. No entanto, as relações entre o fascismo e a Igreja deterioram-se rapidamente, pois cada um quer exercer um papel de liderança na formação da juventude.

LA VIA DELL'IMPERO

Para se mostrar digno herdeiro do Império Romano, a Itália fascista deve promover uma política imperialista de conquista. Trata-se, num primeiro momento, de pacificar a Líbia – cuja conquista, iniciada em 1911, se conclui apenas em 1935 – conquistar a Etiópia e apagar a humilhante derrota de Ádua em 1896, mesmo que depois a Itália controle grande parte do Chifre da África, o que é realmente difícil com a guerra na Etiópia (1935-1936). Vítor Emanuel III torna-se imperador da Etiópia. Roma é eviscerada para abrir caminho para um novo eixo, a Via dell'Impero, que celebra as novas conquistas e a ligação histórica com a Roma imperial. Em abril de 1939, a Albânia é ocupada e o rei recebe o título de rei da Albânia.

A GUERRA PRECIPITA O FIM

Desde maio de 1939, a Itália está ligada à Alemanha nazista pelo Pacto de Aço, aliança defensiva e ofensiva. Em setembro de 1940 é assinado o pacto tripartite com o Japão, novo parceiro. A Itália entra na guerra ao lado da Alemanha, mas é derrotada na Grécia e, em seguida, em todas as outras frentes, só se mantendo no conflito com o apoio do exército alemão. Em julho de 1943, as tropas anglo-americanas desembarcam na Sicília. No final desse mês, o rei Vítor Emanuel III manda prender Mussolini, na esperança de não ser arrastado juntamente com a queda do fascismo. Uma expedição alemã o libera em setembro. Mussolini vai governar um Estado fantoche, a República Social Italiana (RSI) ou República de Salò, cidade onde se instala o governo. Essa efêmera república no norte da Itália sobrevive apenas pela presença das tropas alemãs. Ela se desmantela diante do avanço aliado em abril de 1945.

Ao tentar escapar, Mussolini é preso por combatentes da resistência italiana. Uma ordem do Comité de Libertação Nacional de Roma exige a sua execução. Ele é fuzilado em 28 de abril de 1945 e seu corpo exposto com o de sua amante, Clara Petacci (1912-1945), pendurados pelos pés numa praça em Milão. O exército alemão na Itália se rende em 25 de abril de 1945. Vítor Emanuel III subestimou o impacto de seu apoio ao fascismo. Em 1946, um referendo coloca um fim à monarquia e proclama o nascimento da República da Itália. Uma nova Constituição entra em vigor em 1º de janeiro de 1948.

CAPÍTULO XV
A ESPANHA DE 1919 A 1945

1. O FIM DA MONARQUIA
ENTRANDO DEVAGAR PARA A MODERNIDADE

A Espanha supera com dificuldades o longo declínio que se delineou no século XVII. A entrada para a modernidade se dá a pequenos passos. A industrialização tardia se limita a alguns setores nas regiões do norte ou na costa do nordeste: têxtil na Catalunha, siderúrgico nas Astúrias e no País Basco. A economia ainda depende muito do setor primário, que fica instável pela distribuição desigual das terras entre grandes latifundiários e trabalhadores agrícolas, os *braceros*, camponeses sem terra. Todas as tentativas de reforma agrária falharam. Essa sociedade rural, de técnicas agrícolas rudimentares, é dominada por uma oligarquia de nobres e empresários da revolução industrial. A Igreja estrutura toda a vida social, e é tanto rica em terras quanto forte no consenso que a rodeia. Ela defende o conservadorismo social, próximo, a esse respeito, às forças armadas reacionárias, habituadas a intervir na vida política à mercê dos golpes de Estado ou *pronunciamentos*. A estabilidade do sistema é prejudicada pelas revoltas camponesas na Andaluzia na década de 1920 e pela ascensão das forças de esquerda. Em 1888 é fundado o Partido Socialista Operário Espanhol, PSOE, e a UGT, União Geral do Trabalho, a ele relacionada. Em 1910, nasce a poderosa Confederação Nacional do Trabalho (CNT), anarquista, da qual provém, em 1927, a Federação Anarquista Ibérica (FAI), conhecida por seu uso da violência insurrecional no início de 1930. Essas organizações não representam um perigo real de revolução social, mas preocupam os organismos constituídos e as elites dominantes.

DA DITADURA DURA À DITADURA BRANDA

A monarquia constitucional espanhola, estabelecida desde 1876, é personificada por **Afonso XIII** (1886-1931) quando ocorre a Grande Guerra. A Espanha se mantém neutra durante o conflito, mas é devastada pela pandemia de gripe espanhola, que teria ocasionado no mundo cerca de 30 milhões de mortes entre 1918 e 1919. Entre 1921 e 1926, a Espanha e a França entram na Guerra do Rife contra as tribos que vivem nas montanhas do norte do Marrocos. Na Batalha de Annual em julho de 1921, o exército espanhol sofre uma derrota esmagadora contra os rifenhos liderados por **Abdelkrim al-Khattabi** (1882-1963). Essa humilhação nacional é um dos elementos que levam o general **Miguel Primo de Rivera** (1870-1930) a dar um golpe de Estado em 13 de setembro de 1923. Ele estabelece uma ditadura militar acorbetada, no início, pelo rei. Em 1926, com a rendição de Abdelkrim, o conflito marroquino termina com honras militares. Primo de Rivera estabelece um sistema calcado no fascismo italiano. A Constituição está suspensa, o Parlamento dissolvido e um único partido, a União Patriótica, tem direito sobre as cidades. Uma Assembleia Nacional Suprema, simples câmara de registro sem possibilidade de oposição, confere força de lei às decisões do ditador. O sistema corporativista não consegue levantar a economia nacional. Os meios industriais e financeiros se distanciam de um regime que lhes parece cada vez mais ineficaz. A falta de apoio popular ao regime se insinua no exército, o rei se distancia e exige a renúncia de Primo de Rivera em janeiro de 1930. Ele é substituído pelo general **Dámaso Berenguer** (1873-1953), mais preocupado com o respeito às instituições, o que vale ao seu governo a alcunha de Dictablanda, "ditadura branda", perante a de seu antecessor.

ADEUS AO REI, MAS NÃO SEM REI

A Espanha é então sacudida por um forte movimento de protesto social e político. A opinião pública critica o conluio do monarca com o ditador e sua incompetência diante das consequências econômicas nacionais da crise de 1929. Os partidos republicanos são agrupados pelo Acordo de San Sebastián (agosto de 1930), que cria um comitê revolucionário e prevê um golpe de Estado em 15 de dezembro de 1930. Ocorrido em 12 de dezembro, no despreparo e na pressa, o golpe fracassa. Seus principais protagonistas são executados. Em abril de 1931, ocorrem as eleições municipais, que acabam em evidente vitória republicana. Em 14 de abril é proclamada a Segunda República Espanhola (1931-1939). O rei **Afonso XIII** deixa a Espanha para ir à França, sem abdicar, deixando as instituições espanholas enfraquecidas e em situação de serem desafiadas por uma potência militar. A Segunda República estabelece reformas democráticas, o sufrágio universal e uma nova Constituição, que permite maior autonomia para o País Basco e a Catalunha. O governo é confiado a **Manuel Azaña** (1880-1940), eleito presidente em 1936, sucedendo **Niceto Alcalá-Zamora** (1931-1936). Os opositores do regime são monarquistas, nacionalistas e falangistas. A Falange Espanhola é um partido político fundado por **José Antonio Primo de Rivera** (1903-1936), filho do ex-ditador. Seus militantes praticam a violência e a intimidação contra todos os movimentos e partidos de esquerda. A partir de 1936, o governo conta com uma coalizão de partidos e grupos de esquerda, a Frente Popular, que agrupa os republicanos, radicais, socialistas, comunistas e anarquistas. Sua vitória eleitoral em 1936 divide o país em dois, num momento em que a fraqueza do governo o impede de se opor às ocupações das fábricas pelos trabalhadores e das terras pelos agricultores. Esse contexto explosivo favorece o general Franco.

2. EM DIREÇÃO AO FRANQUISMO

FRANCO ANTES DO *CAUDILLO*

Em 1920, o general **Francisco Franco Bahamonde** (1892-1975) é o chefe da Legião Estrangeira Espanhola. Durante a ditadura, ele lidera a Academia Militar de Saragoça. Transferido para as Ilhas Baleares e, depois, para o Marrocos durante a Segunda República, é promovido em 1934 a Chefe do Estado-Maior. Após as eleições de 1936, a Espanha entra num período de agitação pré-revolucionária. Em 13 de julho de 1936, o monarquista **José Calvo Sotelo** (1893-1936) é assassinado em Madri pela Juventude Socialista. Franco, há algumas semanas procurado pelos nacionalistas para um golpe de Estado, dá o primeiro passo. Então banido nas Canárias, ele se prepara para derrubar a República com o apoio do exército do Marrocos. O golpe de Estado vai por água abaixo: realizado em 17 de julho, termina alguns dias depois. A grande maioria dos generais permanece passiva. A situação de repente se transforma numa guerra civil quando as milícias operárias decidem opor-se pela força aos franquistas.

A GUERRA CIVIL ESPANHOLA

A Guerra Civil Espanhola dura de 1936 a 1939, e os dois lados rivais competem em atrocidades contra os civis. Em 1º de outubro de 1936, Franco recebe plenos poderes da Junta Militar, ou seja, de todos os generais. A poderosa Igreja espanhola o apoia e evoca uma nova cruzada. Apesar do princípio reafirmado da não intervenção, alguns países lhe oferecem o seu apoio. A Alemanha envia a Legião Condor, uma unidade da Força Aérea, que, em 26 de abril de 1937, bombardeia a cidade basca de Guernica, massacrando mais de 1.600 pessoas. A Itália envia forças expedicionárias das milícias fascistas. A URSS envia alguns veículos blindados e os partidos e organizações de esquerda auxiliam a Frente Popular para a criação das Brigadas Internacionais. Compostas por voluntários vindos de mais de cinquenta países, eles passam de 2 mil, em 1936, a mais de 30 mil pessoas em 1938. Elas lutam ao lado dos republicanos do exército popular da República Espanhola. As Milícias Confederais agrupam os anarquistas da Confederação Nacional do Trabalho (CNT) e os da Federação Anarquista Ibérica

(FAI). Juntam-se às forças republicanas os homens do Partido Operário de Unificação Marxista (POUM), do Partido Socialista Unificado da Catalunha (PSUC) e o Eusko Gudarostea, exército do governo basco. O lado nacionalista, além do exército africano, dos falangistas, dos convocados, das milícias monarquistas e da Confederação Espanhola das Direitas Autônomas (CEDA), também inclui grupos de voluntários estrangeiros: Viriatos, português; Legião São Patrício, irlandês; e Bandera Joana d'Arc, francês. A guerra civil termina em 1939 com a vitória do general Franco, reconhecida, a partir do mês de fevereiro, pela França e pelo Reino Unido. No entanto, é somente em 1º de abril de 1939 que Franco declara oficialmente o fim da guerra. O resultado do conflito é bem pesado: entre 380 mil e 450 mil mortos e cerca de meio milhão de espanhóis que fogem de seu país. Algumas personalidades excepcionais emergem, como La Pasionaria, **Dolores Ibárruri** (1895-1989), e seu famoso grito *No pasarán!* ("Não passarão!") contra os franquistas que sitiam Madri.

FRANCO TAL COMO É...

A época que se inicia de 1939 a 1975 é a da Espanha franquista, liderada pelo general Franco. É uma ditadura nacionalista, com base numa ideologia conservadora e no apoio da Igreja e das instituições autoritárias. Um partido único, e só ele permitido, fica à mercê da vontade do *caudillo*, o chefe, título de Franco, que concentra em suas mãos todos os poderes. O corporativismo inspirado no fascismo italiano substitui todos os elementos da democracia parlamentar pelos de uma democracia orgânica baseada na família, na municipalidade e no sindicato único. Os representantes são nomeados ou escolhidos a partir de uma lista pelas corporações. O partido único, Falange Española Tradicionalista y de las Juntas de Ofensiva Nacional Sindicalista (FET y de las JONS), controla o funcionamento do sindicato único. O catolicismo é a religião do Estado. A repressão é sangrenta contra os republicanos, os maçons. **Franco**, apesar de encontros com Hitler, conserva a neutralidade da Espanha ao longo da guerra. Em 1947, ele reafirma o princípio monárquico espanhol, mas sem presença efetiva de um monarca. **Afonso XIII** morre em Roma em 1941; Franco afasta o príncipe **Juan de Bourbon** (1913-1993), preferindo seu filho, Juan Carlos, a quem chama de "príncipe da Espanha", nomeando-o sucessor em 1954.

CAPÍTULO XVI
A RÚSSIA E A URSS DE 1917 A 1945

1. O COLAPSO DO TSARISMO

A REFORMA IMPOSSÍVEL DO IMPÉRIO DOS TSARES

A Rússia do início do século XX é mais do que nunca um "colosso com pés de barro". Ela passa tardiamente a fazer parte da Europa moderna pela abolição da servidão em 1861, mas as suas estruturas sociais e políticas ainda são marcadas pelo arcaísmo. Com mais de 159 milhões de habitantes e 20 milhões de km², ela conta com pouco mais de 60.000 km de ferrovias em 1913. As grandes empresas muitas vezes dependem de capital estrangeiro. A indústria é altamente concentrada geograficamente, têxtil na bacia de Moscou, siderurgia e mineração na Ucrânia. A agricultura ainda emprega 80% da população ativa. A abolição da servidão arruinou muitos proprietários, sem melhorar o campesinato como um todo, por falta de uma reforma agrária. Somente os *kulaks*, camponeses ricos, foram capazes de adquirir as terras dos nobres arruinados nas quais, por sua vez, exploram trabalhadores agrícolas. Nas grandes cidades, onde se espalha a industrialização, constitui-se um proletariado urbano, formado em grande parte por habitantes desenraizados das áreas rurais. O país é atravessado por correntes reformistas ou revolucionárias. Tempos conturbados se anunciam: entre 1905 e 1920, o país atravessa duas guerras, uma guerra civil e sofre duas revoluções.

O DOMINGO SANGRENTO

A imobilidade do tsar e sua recusa de evolução da sociedade russa tradicional abrem caminho para a revolução de janeiro de 1905. Em 22 de janeiro de 1905, uma multidão liderada pelo padre Gapon se dirige ao Palácio de Inverno em São Petersburgo, reivindicando reformas e sufrágio universal. O plano consistia em entregar uma petição ao soberano. Para Nicolau II, este é um crime de traição. Ele é, enquanto tsar autocrático, a fonte de todo o poder, escolhido por Deus para liderar e proteger a Santa Rússia. Em um terrível paradoxo, quando ele está ausente do palácio, é porque se considera o pai de seus súditos que deu à guarda carta branca para disparar sobre a multidão, para trazê-los de volta à obediência devida à figura tutelar paterna. O exército persegue os manifestantes nas ruas da capital, e a repressão parece ter feito várias centenas de mortos. Fala-se em Domingo Sangrento. Os russos não consideram mais o tsar "pai do povo" tradicional. O evento provoca motins em todo o país: em junho, marinheiros do encouraçado Potemkin desencadeiam um motim em Odessa; em outubro, quando da greve geral, milhões de grevistas se declaram, formando os primeiros conselhos ou *soviets*, como em Moscou e São Petersburgo.

A MONARQUIA CONSTITUCIONAL ENGANOSA

Depois da Revolução de 1905, **Nicolau II** (1894-1917) foi forçado a deixar eleger uma duma, "Assembleia" em russo. Alguns veem o início da transição para uma monarquia constitucional. Mas o governo manipula a votação para obter uma assembleia dócil, o que não impede que o tsar a dissolva sob qualquer pretexto, quando sua existência dificulta sua concepção autocrática do direito divino ao poder. Ele continua a legislar por si só, pouco consciente do descrédito cada vez maior da dinastia Romanov. As duas primeiras dumas foram dissolvidas depois de algumas semanas. A terceira assembleia, considerada mais dócil, ou seja, reduzida à existência de uma câmara de registro, dura de 1907 a 1912. A última *Duma* da era tsarista, eleita em 1912, é dominada pela oposição, marcando a retomada do ciclo das greves. A tentativa de greve geral em Moscou, em dezembro de 1905, é reprimida com sangue; os membros do *soviet* de São Petersburgo são presos e, em janeiro de 1906, começa um período de repressão que vai durar até a guerra. Entretanto, uma oposição é formada, assumindo formas variadas. Os democratas constitucionais (KD) querem um verdadeiro sistema parlamentar. Seu partido, o Partido Democrático Constitucional, é a favor de uma monarquia constitucional. Ele nasceu depois da Revolução de 1905, enquanto Nicolau II se submete à imposição do Manifesto de Outubro, que concede liberdades civis básicas. A outra corrente de oposição se divide em duas linhas, os socialistas-revolucionários (SR) e os social-democratas (SD). Os primeiros querem uma reforma agrária, tendo como centro a comunidade da aldeia, o *mir*, responsável pela redistribuição de terras tomadas da nobreza e do clero. Os segundos, social-democratas, são marxistas. No Congresso de Bruxelas de 1903, as duas tendências se enfrentaram. Os bolcheviques, ou "maioria" em russo, exigem revolução imediata e o estabelecimento da ditadura do proletariado. Os mencheviques, a "minoria" em russo, entram em acordo antes para promover um período de colaboração com os partidos reformistas, ainda que estes devessem ser denunciados como "burgueses".

REVOLUÇÃO POPULAR DE FEVEREIRO DE 1917

A Revolução eclodiu em fevereiro de 1917 (23-28) de acordo com o calendário juliano, em março (8-13) de acordo com o calendário gregoriano. Desde 20 de fevereiro, um grande movimento grevista atinge as fábricas de Petrogrado. Este é o novo nome, russo, da capital. São Petersburgo é considerado germânico demais quando a guerra eclode em 1914. Em 23 de fevereiro, na Jornada Internacional da Mulher, as procissões de manifestantes são acompanhadas por trabalhadores, que reivindicam pão e, depois, o fim do tsarismo. Os trabalhadores, ainda mais numerosos, manifestam-se em 24 de fevereiro. No dia seguinte, eclode a greve geral. Nicolau II envia o exército que atira, matando mais de 150 pessoas em 26 de fevereiro. Mas essa repressão provoca o motim de dois regimentos, seguidos, em 27 de fevereiro, pelo efetivo da cidade.

Surgem, então, dois novos órgãos de poder: o Soviete (Conselho) dos deputados operários e dos delegados dos soldados de Petrogrado e o Comitê provisório para a restauração da ordem governamental e pública. O Soviete é dirigido por um menchevique, congregando bolcheviques e SR. O Comitê é composto de deputados liberais e KD da duma. Ambos concordam, em 2 de março de 1917, com a constituição de um governo provisório, composto principalmente de KD, sem nenhum socialista. Sua tarefa é levar a cabo uma reforma democrática geral. Nesse mesmo dia, Nicolau II abdica em favor de seu irmão, o grão-duque Miguel, que recusa o trono. O regime imperial russo desaparece em poucos dias. Um primeiro governo provisório é dirigido de março a julho de 1917 pelo **príncipe Lvov** (1861-1925), mas sofre com a sua decisão de continuar a guerra. **Alexander Kerensky** (1881-1970) torna-se o novo chefe de governo, em um ambiente turbulento. Vladimir Ilitch Ulianov, ou Lênin, volta do exílio na Suíça e publica no *Pravda*, "verdade" em russo, suas teses de abril: assinatura imediata de paz, poder conferido aos Sovietes, as fábricas para os trabalhadores e a terra aos camponeses. Em julho de 1917, os bolcheviques desencadeiam motins que o governo interino reprime, como o motim dos marinheiros de Kronstadt, uma vitória sobre o bolchevismo. Lênin foge para a Finlândia. De lá escreve *O Estado e a revolução*, descrevendo o futuro sistema político baseado no governo democrático dos sovietes. Em setembro de 1917, o general **Lavr Kornilov** (1870-1918) tenta um golpe de Estado para restaurar a monarquia, mas falha. No entanto, o governo Kerensky está desacreditado.

VLADIMIR ILITCH ULIANOV: LÊNIN

O futuro **Lênin** (1870-1924) é filho de um funcionário público, nascido na classe média em Simbirsk, no Volga. Desde cedo, entra em contato com as ideias revolucionárias, seguindo o exemplo de um irmão mais velho admirado, mas de destino trágico, que acaba executado depois de uma tentativa fracassada de complô. Convertido ao marxismo, ele funda a Liga de luta pela libertação da classe operária. Suas atividades rendem uma detenção em 1895, dois anos de prisão seguida de deportação para a Sibéria, às margens do rio Lena, de onde vem seu apelido. Após esse tempo de exílio forçado, ele deixa a Rússia e se estabelece na Europa Ocidental, principalmente na Suíça, onde criou seu próprio jornal marxista chamado *Iskra* ("Faísca"), em 1900. Foi em 1902, com *O que fazer?*, que ele define sua concepção de um partido marxista, chamando a revolução em vários países com *Imperialismo, fase superior do capitalismo* em 1916. Na liderança da maioria bolchevique do Partido Social-Democrata, a partir da cisão de 1903, ele defende o uso da revolução e o estabelecimento de uma ditadura do proletariado. Permanece ilegalmente na Rússia de 1905 a 1907. Em 1912, ele funda o Partido Bolchevique e um novo jornal, o *Pravda*. A Revolução de Fevereiro oferece-lhe a oportunidade de ver o seu destino se confundir com o da Rússia. Ele deixa a Suíça em abril de 1917, cruza a Alemanha em um vagão lacrado e se prepara para deflagrar a Revolução.

A REVOLUÇÃO PROFISSIONAL DE OUTUBRO DE 1917

Lênin volta a Petrogrado. Com os bolcheviques, ele organiza uma revolução de profissionais que começa com o golpe de 25 de outubro de 1917 (calendário juliano), 7 de novembro (calendário gregoriano). Na noite de 24 a 25 de outubro de 1917, grupos de operários, soldados, marinheiros bolcheviques ocupam todos os pontos estratégicos da cidade. O Palácio de Inverno, sede do governo provisório, é ocupado na noite seguinte por pequenos grupos que gradualmente assumem o controle. O cruzador Aurora dispara um único tiro, de festim, para sinalizar a infiltração do Palácio de Inverno. A propaganda soviética, posteriormente, transforma esses fatos em um ataque da multidão, para conferir à Revolução de Outubro uma imagem de revolta popular espontânea. Kerensky foge. O poder passa ao Conselho dos Comissários do Povo, todos bolcheviques, presidido por Lênin. Um primeiro decreto sobre a terra, que inicia a reforma agrária, não nacionaliza a terra, mas a socializa. Confiada ao *mir*, ela é distribuída entre as famílias. Da mesma forma, as fábricas são concedidas aos sovietes operários. É proclamada a ditadura do proletariado. Os bolcheviques devem resolver muitos problemas: a guerra, os adversários, os aliados que se tornaram complicados, o controle de uma opinião que se acreditava livre. Depois de um armistício assinado em 15 de dezembro, Lênin aceita, em 3 de março de 1918, as condições draconianas da Paz de Brest-Litovsk com a Alemanha. A Rússia perde a Finlândia, os Países Baixos, a Polônia, ou seja, um quarto da sua população, um quarto da sua superfície agrícola, três quartos de sua capacidade de produção de aço. Se a Revolução é bem sucedida em Petrogrado, isso não é verdadeiro no resto do país.

BRANCOS CONTRA VERMELHOS: A GUERRA CIVIL (1917-1921)

Leon Trótski (Lev Davidovich Bronstein, 1879-1940) nasceu em uma família judia de ricos proprietários de terras da Ucrânia. Ele estudou em Odessa, criando, em 1897, um sindicato de trabalhadores do sul da Rússia. Preso por atividades revolucionárias, é preso em Odessa e, em seguida, deportado para a Sibéria, de onde foge em 1902. É durante essa fuga que ele usa documentos falsos em nome de Trótski, de um carcereiro de Odessa. Emigrado para Londres, conhece Lênin e colabora no *Iskra*. Retorna clandestinamente à Rússia, onde tem papel ativo nos acontecimentos de 1905, presidindo o soviete de São Petersburgo. Na repressão que se segue, ele é condenado novamente à deportação para a Sibéria, consegue escapar e vai para o exílio em Viena. De volta à Rússia, ele congrega os bolcheviques e se torna um membro de seu escritório político. Depois da Revolução de Outubro, ele cria o Exército Vermelho em fevereiro de 1918, para lutar contra os Brancos, monarquistas, apoiados por forças expedicionárias das potências aliadas, britânicas e francesas em particular, que temem uma extensão do movimento revolucionário. Deve também enfrentar as reivindicações nacionais armadas. A Bielorrússia e a Ucrânia proclamam independência. Recusando-se a servir sob as armas dos Vermelhos ou dos Brancos, os camponeses, por sua vez, criam os Exércitos Verdes, refúgio de desertores de ambos os lados, que se opõem tanto às forças comunistas quanto às monarquistas. Os principais exércitos brancos são os de **Alexander Kolchak** (1874-1920), **Anton Denikin** (1872-1947) e **Pyotr Wrangel** (1878-1928). Eles são incapazes de coordenar os seus esforços, contando com muito pouco apoio popular. Foram derrotados sistematicamente. Kolchak é fuzilado em 1920, após o fracasso de sua tentativa de marcha sobre o Volga. Denikin perde a Ucrânia, que ocupava, e se dedica à Crimeia. Wrangel, derrotado em 1920, refugia-se em Istambul. O comunismo de guerra decretado permite que o Exército Vermelho apreenda tudo; a terra é, em parte, coletivizada no contexto dos *kolkhozes*, cooperativas estatais. Isso provoca uma rejeição em massa dos bolcheviques no campo. Em 1921, o Exército Vermelho, muito eficientemente organizado e controlado por Trótski, derrota todas as oposições armadas. Vencedor, ele parece ser um dos possíveis sucessores de Lênin. No entanto, é afastado em favor de Stálin, que o marginaliza rapidamente. Exilado em 1927 na Ásia Central, ele é forçado a fugir da URSS em 1929. Depois de uma temporada na Turquia, em seguida, na Europa, ele vai ao México, onde é assassinado sob as ordens de Stálin em 1940.

2. A CRIAÇÃO DA URSS

DOS TSARES AOS TSARES VERMELHOS

Já em dezembro de 1917 é criado o Vetcheka ou "Comissão Extraordinária contra a Sabotagem e a Contrarrevolução", comumente chamado de Cheka. Polícia política, instrumento de repressão a serviço do regime, ela sucedeu seu equivalente tsarista, a Okhrana. Na chefia, **Felix Dzerjinsky** (1877-1926) a equipa rapidamente com milhares de funcionários públicos, incentivando o estabelecimento de chekas provinciais.

Seus métodos rapidamente inspiram medo. Ela é seguida, entre 1954 e 1991, pela KGB (Komitet Gossoudarstvennoï Bezopasnosti, "Comitê de Segurança do Estado"). Os bolcheviques também eliminam seus antigos aliados, a fim de evitar qualquer possível oposição no seio da população. Uma assembleia constituinte é eleita em dezembro de 1917: os bolcheviques são uma minoria, os SR (socialistas-revolucionários) dominam. Na sua primeira reunião, em 19 de janeiro de 1918, os guardas vermelhos, grupos de trabalhadores armados formados durante a Revolução de 1917, dispersam a assembleia. Em 1918, com medo das manifestações de trabalhadores de Petrogrado, parcialmente favoráveis ao SR, e para se proteger de um ataque dos exércitos brancos, o governo transfere a capital para Moscou. Um após o outro, mencheviques, socialistas-revolucionários, anarquistas são considerados foras da lei; o Terror Vermelho é instaurado e os levantes operários são duramente reprimidos. O Terror Vermelho é respondido com o Terror Branco monarquista nas áreas controladas pelos brancos antes de sua queda. A última e mal sucedida tentativa de impedir o sequestro do poder pelos bolcheviques é a revolta dos marinheiros de Kronstadt em março de 1921, esmagada com sangue por Trótski.

UMA ABERTURA LIBERAL: A NEP

Em 1921, senhor do país, Lênin abandona o comunismo de guerra e o substitui com a NEP (Nova Política Econômica). Isto é, sem que se admita abertamente, há uma pequena abertura ao mercado, contra o princípio das nacionalizações totais. Os camponeses têm o direito de cultivar um pedaço de terra cuja produção podem vender no mercado aberto sem preços impostos pelo Estado. As empresas comerciais, proibidas, podem ser fundadas novamente. O direito à herança é restaurado. A NEP é acompanhada por uma transformação monetária. O rublo é mantido, mas uma dupla circulação é efetuada com as *tchernovets*, no valor de dez rublos. Uma nova classe social, mais abastada, se constitui, *nepmen*, para os comerciantes, intermediários ou *kulaks*, camponeses enriquecidos. A NEP não acaba com o controle da economia pelo Estado. Em 1922 é criada a Gosplan, Comissão de Planejamento, que implementa uma política obrigatória de planejamento da economia. Preparada a partir do final de 1922, a Constituição é aprovada em 1924. A Rússia, União das Repúblicas Socialistas Soviéticas (URSS) desde 1922, divide os poderes entre o Congresso dos Sovietes e o Comitê Executivo Central, mas a prática política é a de uma ditadura, e apenas um partido político é legal: o Partido Comunista da União Soviética (PCUS).

O REINADO DE STÁLIN

Em 21 de janeiro de 1924, Lênin morre. Ele afirma explicitamente em seu testamento a vontade de excluir Stálin de sua sucessão, porque o considera "muito brutal".

Inicia-se uma luta pelo poder entre Stálin, todo-poderoso secretário-geral do PCUS, e Trótski, comissário para a guerra.

Joseph Vissaronovitch Djougatchvili, ou **Stálin** (1878-1953), nasce em 1878 na Geórgia, em Gori, em uma família da classe operária. Uma mãe muito devota o incentiva a entrar para o seminário, mas ele é excluído em 1897. Ele conhece Lênin e se converte à Revolução. Sua vida é então marcada por detenções, deportações para a Sibéria e participação na Revolução de 1905. Ele está na Sibéria no momento da primeira Revolução de 1917. Junta-se a Lênin e participa ativamente da Revolução de Outubro. Comissário do Povo para Nacionalidades, ele participa das negociações que levam à Paz de Brest-Litovsk, em 1918. A guerra civil oferece-lhe a oportunidade de se juntar aos exércitos e de ganhar experiência militar. Em 1922, ele se torna secretário-geral do Partido Comunista, cargo que ocupa até sua morte em 1953. Ele usa essa posição para assumir o controle da máquina do partido e suceder a Lênin, o que faz no XV Congresso do partido em 1927. Então, o regime se orienta para a ditadura. Stálin, eliminando todos os adversários, dirige ao mesmo tempo o Estado e o partido a partir de 1945. Inicia-se um culto a ele, que o torna o "genial Stálin"; seu aniversário é festejado em cerimônias grandiosas, e o culto de sua personalidade se constitui como dogma de Estado. Tirano sanguinário, ele inspirou tal terror que sua morte se transforma em um episódio de tragicomédia. Depois de mandar executar seus médicos judeus que se atrevem a afirmar que o "homem de aço", significado de Stálin, está doente, ele morre em sua casa de campo em 5 de março de 1953. Seu corpo permanece no chão por vários dias, pois sua comitiva temia uma simulação. Qualquer um que ficasse contente teria assinado sua sentença de morte. Finalmente, um médico assume o risco de se aproximar e constatar a morte.

Apoiando-se no Partido e na Cheka, Stálin elimina Trótski em várias etapas. Destituído do cargo em 1924, Trótski foi expulso do PCUS em 1927, deportado, exilado em 1929. Stálin encomenda seu assassinato no México, onde se refugiou, em 1940. Ele também se livra de aliados de Trótski, dentro da oposição de esquerda, ou seja, a Stálin: **Lev Kamenev** (1883-1936), expulso do partido várias vezes, é preso e finalmente executado em 1936, e **Grigori Zinoviev** (1883-1936), também expulso do partido e executado durante os grandes expurgos em 1936. Em seguida, Stálin se volta contra a chamada oposição de direita: **Nikolai Bukharin** (1888-1938), afastado das instâncias políticas antes de ser executado após um julgamento simulado em 1938, **Alexei Rykov** (1881-1938) que sofreram o mesmo destino. De 1927 até sua morte, em 1953, Stálin governou com mão de ferro. Ele impõe coletivização da terra, criando *sovkhozes*, ou fazendas estatais, MTS *(Mashinno-Traktornaya Stantsiya)*, postos de tratores e máquinas agrícolas colocados a serviço dos camponeses. Os *kulaks*, que tentam se opor a ele, são executados em massa. A conquista de novas terras é acompanhada pela deportação de 2 milhões de camponeses a leste dos Urais. O resultado é catastrófico: o Holodomor, ou "extermínio pela fome", faz entre 4 milhões e 5 milhões de mortos na Ucrânia e Kuban entre 1932 e 1933. A indústria pesada, preocupação central do regime, faz grandes progressos, mas para o benefício das indústrias de bens de produção; os bens de consumo são sacrificados, assim como o padrão de vida. Em 1928, após o abandono do NEP em 1927, o primeiro plano quinquenal, ou *piatiletka*, é lançado, dedicado à indústria pesada, à produção de eletricidade. Às vezes é preciso alterar a política. Assim, em 1930, os agricultores preferem abater os seus animais do que cedê-los à comunidade. Em consequência lhes é permitido conservar algumas cabeças como propriedade individual.

DOS GRANDES EXPURGOS AO GRANDE TERROR

Entre 1935 e 1937, os grandes expurgos eliminam os inimigos, reais ou imaginários, do regime. O poder político organiza julgamentos-espetáculo, nos quais os réus admitem, diante de uma plateia de jornalistas estrangeiros, terem feito complô pela falência da URSS, reivindicando para si mesmos as sanções mais severas. Condenados à morte, eles são fuzilados. Os julgamentos de Moscou são marcados pela virulência de **Andrei Vishinsky** (1883-1954), o procurador da URSS, que forja sob medida os elementos de direito relevantes para a eliminação dos adversários, dando-lhe, assim, uma aparência legal. Depois dos políticos é a vez dos militares, populares demais aos olhos de Stálin, que desde 1929 criou um culto em torno da sua personalidade. O marechal **Mikhail Tukhatchévski** (1893-1937), que se opõe às premissas do futuro Pacto Germano-Soviético, preconiza a multiplicação das divisões blindadas contra a opinião de Stálin. Ele é executado em 1937. Uma parte do alto escalão do Exército Vermelho sofre o mesmo destino, enfraquecendo a defesa soviética, o que terá consequências quando do ataque alemão em junho de 1941. Os grandes expurgos se estendem para o grande terror que dura até 1938. Teria feito entre 1 milhão e 2 milhões de vítimas, sumariamente executadas durante a deportação ou nos *gulag* (sigla de *Glavnoie Upravlenie Laguereï*, Administração Geral dos Campos de Trabalho Correcional e Colônias, campos de trabalho forçado). No entanto, esse é o mesmo momento em que a nova Constituição foi promulgada, em 1936. Pode parecer mais liberal, por exemplo, com o recurso à votação secreta, mas reforça a ditadura sempre excluindo o sistema multipartidário.

STÁLIN SALVO PELA GUERRA

Pensando proteger a URSS do nazismo, constatando os contratempos das democracias ocidentais que enfrentam Hitler, Stálin se aproxima da Alemanha, sob a égide do chefe da diplomacia soviética **Viacheslav Molotov** (1890-1986). Em 23 de agosto de 1939 foi assinado o Pacto Germano-Soviético no Kremlin. Hitler o rompe com o ataque à União Soviética em 22 de junho de 1941. O exército alemão progride rapidamente. Em setembro, o Exército Vermelho perde 2,5 milhões de soldados, a cidade de Kiev é tomada, Leningrado é cercada, Moscou fica sob ameaça. Stálin permanece lá, organiza uma contraofensiva, ajudado pelo inverno, que bloqueia o avanço alemão. Moscou não é tomada; a Batalha de Stalingrado (agosto de 1942-fevereiro de 1943) termina com a rendição do marechal **Friedrich Paulus** (1890-1957), contrariamente às ordens expressas de Hitler, que reclamava a morte para todos. A Batalha de Kursk (5 de julho-23 de agosto de 1943) ilustra a guerra industrial, opondo ao longo de mais de 20.000 km o maior número de blindados já reunidos, com 3.600 tanques soviéticos contra 2.700 tanques alemães. É uma vitória soviética. Em 1944, todo o território da URSS é liberado. O Exército Vermelho continua avançando para oeste, com a captura de Berlim, em abril de 1945. Stálin, enfraquecido pelos expurgos e pelo terror, instrumentaliza a Segunda Guerra Mundial para se tornar o herói, forjando um duplo mito: o seu, do homem providencial que enfrentou o nazismo, e o de uma vitória devida exclusivamente à União Soviética.

CAPÍTULO XVII
OS ESTADOS UNIDOS DE 1919 A 1945

1. A PROSPERIDADE E A CRISE

OS LOUCOS ANOS 1920

Na sequência de uma curta crise de reconversão econômica depois da guerra, os Estados Unidos vivem um período de prosperidade entre 1921 e 1929, os *roaring twenties* ou "loucos anos 1920", com o desenvolvimento de um consumo de massa conhecido apenas na Europa ocidental depois de 1945. Entretanto, são excluídos do processo os negros e os agricultores, os primeiros vítimas da segregação, os segundos de uma crise de superprodução e do colapso de sua renda. Ao mesmo tempo, o país tem uma reação puritana, a Lei Volstead em 1919, que estabelece a Lei Seca, a proibição do consumo de álcool, e uma recessão xenófoba que visa assegurar a manutenção de controle e representatividade dos *wasps*, *White Anglo-Saxon Protestant* ("protestantes brancos e anglo-saxões"). A Lei Johnson de 1924 estabelece uma cota anual de imigrantes de 2% em função do número de cidadãos da mesma nação já instalados nos Estados Unidos. A Ku Klux Klan retoma as atividades a partir de 1915, linchando os negros nos estados do Sul. Politicamente, o presidente democrata **Thomas Woodrow Wilson** (1913-1921), reeleito em 1916, enfrenta, desde 1918, um Congresso republicano que se recusa a ratificar o Tratado de Versalhes, assim, nunca reconhecido pelos Estados Unidos. Em 1921, **Warren Gamaliel Harding** (1921-1923) o sucedeu, mas morreu em agosto de 1923. Urbano e sem personalidade forte, ele é substituído sem dificuldade pelo vice-presidente **Calvin Coolidge** (1923-1928). Em 1929, **Herbert C. Hoover** (1929-1933) é eleito. Ele é conhecido por ter subestimado o alcance da crise de 1929.

UMA QUINTA-FEIRA DIFERENTE

Depois de anos de especulação e de alta, a Bolsa de Nova York quebra. Na quinta-feira de 24 de outubro de 1929 (que mais tarde será chamada "Black Thursday" [quinta-feira negra]), 16 milhões de ações oferecidas para venda a preços baixos não encontram comprador. Terça-feira, 29 de outubro, é ainda pior: em um dia, os ganhos da alta de um ano são perdidos. O índice de cotações, o Dow Jones, passa de 469 a 220 entre 24 de outubro e 15 de novembro, para 41 em 1932, retornando ao seu nível de 1913. A ação US Stell vale 262 dólares em 3 de setembro de 1929, 195 dólares em 29 de outubro e 22 dólares em 8 de julho de 1932. Só depois de 1954 é que o poder aquisitivo dos norte-americanos atinge o nível de antes do *crash*. Um sindicato bancário, liderado pelo banco Morgan, comprou ações na tentativa de conter a queda dos preços, o que parece ser o caso no final de novembro de 1929. Mas ele se livra de suas ações na primavera de 1930. Um novo declínio está ocorrendo sem um mecanismo de contenção. **O presidente Hoover** acredita que se trata de um fenômeno temporário, que haverá uma rápida recuperação da economia, e anuncia o fim da crise no prazo de dois meses e lança sua famosa fórmula *Buy now, the prosperity is at the corner* ("Compre agora, a prosperidade está na esquina"). Do mercado de ações, a crise passa a ser bancária e, depois, industrial e social. O número de desempregados passa de 1,5 milhão para 15 milhões de pessoas entre 1929 e 1933, um quarto da força de trabalho. Os rendimentos agrícolas despencam de 11,3 bilhões em 1929 para 5,5 bilhões em 1933. Os efeitos devastadores sobre os agricultores serão agravados pela *dust bowl*, tempestade de poeira nas grandes planícies em 1935, relatadas por **John Steinbeck** (1902-1968) em *As vinhas da ira* (1939). A crise de 1929 se torna mundial quando os bancos norte-americanos repatriam seu capital da Europa, provocando a falência do maior banco austríaco. O Boden Kredit Anstalt já faliu em 1929, antes do *crash*, mas foi comprado pelo Österreische Kredit Anstalt, que, por sua vez, pediu a falência em março de 1931. O pânico bancário é transmitido imediatamente para a Alemanha. Hoover age, ao contrário da lenda que o chama de *Mister-Do-Nothing* ("Senhor-faz-nada"), mas sem querer tomar as medidas mais amplas que se tornaram indispensáveis. Em 1929, é criada a Federal Farm Board (Junta Agrícola Federal) para subsidiar os preços agrícolas; em 1933, a Glass-Steagall Banking Act (Lei Bancária Glass-Steagall) separa as atividades bancárias entre bancos de depósito e bancos de investimento. Ele é derrotado na eleição presidencial por **Franklin Delano Roosevelt**, um democrata. Esse partido obtém a maioria absoluta na Câmara dos Deputados e no Senado.

2. RELANÇANDO A MÁQUINA

O SALVADOR: FRANKLIN DELANO ROOSEVELT (1882-1945)

Roosevelt nasceu em 1882 em uma família rica de Nova York. Seus antepassados vieram da Holanda no século XVII. O poder é também uma herança de família: Theodore Roosevelt foi presidente dos Estados Unidos de 1901 a 1909. Franklin Delano casou com sua sobrinha, Eleanor Roosevelt. Membro do Partido Democrata, sua carreira é impulsionada pelo presidente Wilson, que o nomeia Subsecretário de Estado para a Marinha. Ele permanece no cargo de 1912 a 1920. Foi quando o destino pareceu questionar tudo: ele é vítima de poliomielite e suas pernas ficam paralisadas. Destemido, ele consegue andar novamente, por meio de reabilitação. Em 1928, ganha a eleição para governador do estado de Nova York. Suas qualidades nessa função fazem dele o candidato democrata na eleição presidencial de 1932. Ele ganha. Os Estados Unidos, em seguida, sofrem as consequências da grande crise de 1929 e respondem com a introdução do New Deal. Ele foi reeleito quatro vezes consecutivas para presidente: 1932, 1936, 1940 e 1944. Seu papel durante a Segunda Guerra Mundial é essencial para a vitória. Enfraquecido pelo câncer, ele morre durante seu último mandato, em abril de 1945. Roosevelt também é conhecido por ser o primeiro presidente americano a usar a mídia para falar diretamente com as pessoas. Suas "conversas ao pé da lareira", no rádio, têm início em 1933. Um gênero promissor, que inspirou Pierre Mendès France e de Gaulle, na França, e Kennedy, que o transformou em arte nos Estados Unidos.

AS CARTAS SÃO DADAS DE NOVO: O NEW DEAL

Após a sua chegada à Casa Branca, Roosevelt se cercou de uma equipe de profissionais da economia, o *brain trust*, o "grupo dos cérebros". Em três meses, os famosos cem dias da política em ação, ele lançou o programa New Deal ("Novo pacto"). O lastro-ouro é suspenso, o dólar se desvaloriza em 40%.

As grandes medidas do New Deal

As principais medidas dizem respeito principalmente ao setor bancário: a Emergency Banking Act (9 de março de 1933) permite que os bancos reabram gradualmente, mas sob controle estatal e, depois, a bolsa, com o Securities Act (27 de maio de 1933), que limita a especulação do mercado. O setor mais atingido, já em crise, é a agricultura. O Emergency Farm Mortgage Act (12 de maio de 1933) fornece empréstimos enormes para os agricultores, o Agricultural Adjustment Act ou AAA (12 de maio de 1933) prevê subvenção nas cotações dos preços garantidos, principalmente do trigo. A luta contra o desemprego é assegurada pela criação de Civilium Conservation Corps ou CCC (31 de março de 1933), empregos no setor público para os jovens, a Federal Emergency

Relief Act (12 de maio de 1933), os subsídios federais além da ajuda fornecida pelos estados no âmbito social. Grandes operações são realizadas, como o gigantesco projeto criado pelo Tennessee Valley Authority (TVA), que constrói cinco barragens no rio Tennessee e seus afluentes. Contrariamente à opinião generalizada, existe proteção social nos Estados Unidos. A primeira pedra é colocada pelo Social Security Act (15 de agosto de 1935), que prevê a criação de um seguro contra o desemprego e velhice. O National Labor Relations Act ou Wagner Act (5 de julho de 1935) autoriza os sindicatos, reconhece o direito à greve, incentiva acordos coletivos. A Fair Labor Standard Act de 1938 estabelece um salário mínimo, mas que varia em cada estado. A indústria é regulamentada pela National Industrial Recovery Act ou NIRA (16 de junho de 1933), que incentiva o agrupamento de empresas e promove o aumento dos salários mais baixos.

Um balanço sem brilho, uma saída da crise pela guerra

O New Deal continua até a Segunda Guerra Mundial. A crise nunca é superada. Ele funciona como um apoio social à crise, e não como uma política eficaz para a recuperação econômica. Esse papel é exercido pela Segunda Guerra Mundial. São as encomendas industriais dos Aliados que impulsionam a economia dos EUA e que constituem a verdadeira saída da crise. Feito único entre 1940 e 1944, o PIB dos Estados Unidos aumentou em 50%. Roosevelt gostaria de engajar os Estados Unidos na guerra, mas é impedido pelo Congresso e a opinião pública, cansada da crise e pouco disposta a uma nova intervenção nos assuntos europeus. Os Estados Unidos reiteram a sua neutralidade com a lei sobre a neutralidade, em agosto de 1935, que proíbe a venda de armas para estados beligerantes. Em vão, em seu discurso ao Congresso em 12 de janeiro de 1939, Roosevelt reivindica um programa de armas. Quando a guerra é declarada em setembro de 1939, ele rejeita a neutralidade dos Estados Unidos, mas não pode entrar na guerra. Em 4 de novembro de 1939, ele obtém uma flexibilização do embargo à venda de armas e munições. O apoio dos Estados Unidos diz respeito primeiramente ao Reino Unido, e depois, com a evolução da atitude do Congresso, aos outros Aliados. A bem-sucedida estratégia de *Blitzkrieg* (guerra--relâmpago) do exército alemão faz a Europa Ocidental cair rapidamente entre setembro de 1939 e junho de 1940. A derrota da França alarma o público americano, que está começando a considerar a ideia de intervenção. Em 29 de dezembro de 1940, em um discurso de rádio, Roosevelt anuncia a adoção da economia de guerra. A América tornou-se "The Arsenal of Democracy" ("o arsenal da democracia"). A lei Lend-Lease, lei de empréstimo-aluguel (11 de março de 1941), autoriza o presidente a vender armas e munições. Em seu discurso de 6 de janeiro de 1941, Roosevelt reafirma as quatro liberdades essenciais: expressão, religião, viver livre da pobreza, ser preservado do medo. É a base do programa que estabelece com Winston Churchill durante a sua reunião em um navio de guerra americano, em agosto de 1941. A assinatura da Carta do Atlântico (14 de agosto de 1941) prenunciou a criação da Organização das Nações Unidas (ONU), em junho de 1945. Em setembro de 1941, é introduzido o serviço militar obrigatório em tempo de paz. Em outubro, submarinos alemães torpedeiam os navios de guerra norte-americanos. Mas foi só depois do ataque japonês a Pearl Harbor (7 de dezembro de 1941) no Havaí que os Estados Unidos entram para a guerra. Na época de Roosevelt, só a tradição faz que um presidente eleito duas vezes seguidas não se reapresente, seguindo o exemplo dado pelo próprio George Washington. Sem rival real, Roosevelt é investido pelo Partido Democrata e reeleito em 1940 e 1944. Desde então, uma emenda constitucional proíbe a eleição de um presidente mais de duas vezes consecutivas. Roosevelt governa durante a guerra, praticando uma via de economia mista, combinando capitalismo e supervisão do Estado, com a General Maximum Act e a Revenue Act de 1942, relativa ao controle de preços e salários. Roosevelt participa, a partir de 1943, de conferências internacionais que preveem a criação do mundo futuro, mas morre brutalmente em 12 de abril de 1945, antes de participar de Potsdam (julho-agosto de 1945), onde, segundo as disposições da Constituição americana, é substituído pelo vice-presidente Harry Truman (1945-1953).

CAPÍTULO XVIII
A ÁSIA DE 1919 A 1945

1. A ÍNDIA

Os confrontos com a população podem ser sangrentos, como durante os acontecimentos de Amritsar em 1919. Em 1930, Mahatma Gandhi (1869-1948) defende a desobediência civil e a não violência para forçar os britânicos a deixarem a Índia. Ele lançou a "marcha do sal", desafiando o monopólio britânico sobre o comércio do produto e, em seguida, em 1942, a resolução Quit India pela independência imediata. A independência acontece em 15 de agosto de 1947, à meia-noite, com a criação da República da Índia e do Paquistão, antes que o Paquistão Oriental se torne Bangladesh em 1971.

Filho de um brâmane rico, **Jawaharlal Nehru** (1889-1964) foi educado na Inglaterra. Voltando para a Índia em 1912, ele trabalha como advogado. Sete anos mais tarde, ele se torna membro do Congresso Nacional Indiano, então liderado por **Mahatma Gandhi**. Ele é preso nove vezes entre 1929 e 1945, por causa de suas atividades em favor da independência da Índia. Em 1942, ele substitui Gandhi na direção do Partido do Congresso. Depois, em 1947, no momento da independência, é nomeado primeiro-ministro. A Índia, sob a sua liderança, torna-se uma grande potência. Sua filha, **Indira Gandhi** (1917-1984) – cujo sobrenome vem de seu marido, sem qualquer ligação com Mahatma Gandhi –, torna-se primeira-ministra de 1966 a 1977 e de 1980 a 1984. Ela foi assassinada por seus guarda-costas em 1984. Seu filho, **Rajiv Gandhi** (1944-1991), torna-se primeiro-ministro de 1984 a 1989. Ele também foi assassinado em 1991. Sua viúva, **Sonia Gandhi** (nascida em 1946), retomou a ação política da família, assumindo a liderança do Partido do Congresso e preparando seu filho **Rahul Gandhi** (nascido em 1970) para manter a dinastia.

> **LITERATURA: TAGORE**
>
> Na Índia, filosofia e religião estão intimamente ligados, já que a religião é concebida como uma maneira de viver bem. É por isso que os primeiros pensadores se voltam para a explicação dos textos sagrados. A modernidade os leva a reflexões mais políticas, analisando o futuro de uma Índia que se tornou independente. **Rabindranath Thakur**, ou **Tagore** (1861-1941), Prêmio Nobel de Literatura em 1913, coloca a Índia e os valores essenciais da existência humana em contato com o resto do mundo. Ele passou a infância em uma família de reformadores sociais. Depois de abandonar o curso de Direito em Londres, ele volta para casa depois de dezoito meses. Seu talento poético é revelado muito rapidamente. Ao lado de sua obra literária, ele se torna consciente da nobreza da abnegação, ao estudar a sociedade que o rodeia. Ele coloca a Índia em contato com o mundo, criando a Universidade de Visva Bharati em 1921, um centro internacional de estudos de cultura e humanísticos, científicos, agrícolas e artes aplicadas. Traduzido por **André Gide**, sua mais famosa obra literária é *Gitanjali*, ou *Oferenda lírica*, em 1912, pela qual recebeu o Prêmio Nobel de Literatura.

2. A CHINA DE 1919 A 1945

O TEMPO DOS "SENHORES DA GUERRA"

Após a abdicação do último imperador da dinastia Qing (1644-1912) em 1912, **Aixinjuel Puyi** (1906-1967), **Sun Yat-sen** (1866-1925) proclama a República Popular da China, em Nanquim em 12 de março de 1912. Fundador do Kuomintang, Partido nacionalista chinês, Sun Yat-sen quer modernizar a China, desenvolver instituições próprias para habilitá-la a resistir ao movimento de desmembramento dirigido contra o país desde o século XIX pelos países ocidentais e o Japão. Ele foi eleito presidente provisório da República. Mas o governo não tem um verdadeiro exército. O único poder militar da China é o do exército Beiyang do general **Yuan Shikai** (1859-1916). Este último, ao longo de uma jogada confusa concebida apenas para capacitá-lo a subir ao trono, primeiro apoia e, depois, abandona os Qing e negocia a abdicação de Pu Yi. Em seguida, passa para o lado republicano, mas, em troca, exige tornar-se presidente. Sun Yat-sen aceita, mas ele se volta contra o Kuomintang, expulsando a Assembleia. Sun Yat-sen é forçado ao exílio no Japão. Após o interlúdio do episódio Yuan Shikai, ele retorna para a China em 1917. Torna-se chefe de governo em 1921 e morre em 1925, sem realizar seu sonho de uma China unida e forte.

Yuan Shikai se autoproclama imperador em 12 de dezembro de 1915, mas não tem poder real. Altos oficiais do exército e dignatários do regime temem uma diminuição dos poderes que se atribuíram. Ele renuncia ao Império em março de 1916 e morre pouco depois, em 6 de junho do mesmo ano. O poder na China é totalmente fragmentado, com os generais tornando-se "senhores da guerra", cada um controlando seu território com as suas próprias forças armadas, mantendo uma guerra civil permanente com seus rivais.

O TEMPO DE CHIANG KAI-SHEK

Chiang Kai-shek (1887-1975) nasceu em 1887, em um meio privilegiado de uma família de comerciantes ricos, na província de Zhejiang, a região costeira ao sul de Xangai. Depois de ingressar no exército, ele se torna oficial, antes de um longo exílio no Japão, entre 1906 e 1910, durante o qual se familiariza com as técnicas de guerra. Em 1922, Sun Yat-sen o encarrega de criar um exército chinês moderno. É então que o Partido Comunista Chinês e o Kuomintang se aliam para acabar com o reinado dos senhores da guerra. Com a morte de Sun Yat-sen, em 1925, ele se torna chefe do Kuomintang. Lança, em 1926 e 1927, a Expedição do norte de Beifa para colocar todo o norte da China sob sua autoridade. Pequim é tomada em 1928. Chiang Kai-shek parece então senhor do país, tornando-se presidente do governo central da República Popular da China, cuja capital transfere para Nanjing (Nanquim). Ele estabelece uma ditadura nacionalista fundada no respeito à tradição confucionista e nos empréstimos ao fascismo. Em 1931, o Japão invade a Manchúria. **Chiang Kai-shek** é forçado a renunciar à presidência em favor de **Lin Sen** (1931-1943), cujo poder é honorário. Chiang Kai-shek mantém o comando do Exército Nacional Revolucionário e tem o controle efetivo sobre os oficiais do Kuomintang. No entanto, a autoridade de Chiang não se estende a toda a China, que deve contar ainda com alguns poderosos senhores da guerra, como **Zhang Xueliang** (1901-2001), mestre do Nordeste da China, do qual a Manchúria escapa durante a invasão japonesa. Para retomá-la, é necessária a aliança entre nacionalistas e comunistas. Em dezembro de 1936, Zhang não hesita em raptar Chiang Kai-shek para forçá-lo a firmar um acordo com o comunista **Zhou Enlai** (1898-1976), o Acordo de Xian, para unir forças contra o Japão. Este último acentua sua conquista por meio de atrocidades e massacres, sendo o Massacre de Nanquim o mais famoso. Depois de tomar a cidade contra as tropas nacionalistas em dezembro de 1937, o exército japonês se envolve em um massacre da população que dura seis semanas e causa a morte de quase 300 mil pessoas. O presidente Lin Sen morre em 1943. Chiang Kai-shek assume interinamente. Depois da derrota japonesa, a guerra recomeça em 1946, com os comunistas. A nova Constituição nasce em 1947. Em abril de 1948, Chiang Kai-shek é eleito presidente da República pelo parlamento, cargo que ocupa até sua renúncia em janeiro de 1949. Em outubro do mesmo ano, é forçado a fugir para a Formosa (Taiwan) devido à vitória comunista e ao anúncio do nascimento da República Popular da China. No exílio, ele cria uma República da China, autoritária, da qual é o primeiro presidente de 1950 até sua morte em 1975.

O TEMPO DE MAO TSÉ-TUNG ATÉ 1949

Chiang Kai-shek, no entanto, deve enfrentar seus antigos aliados comunistas, que criam, em 1931, a República Soviética da China implantada principalmente em Jiangxi, sudeste do país, liderada por **Mao Tsé-tung** (1893-1976). O futuro fundador da República Popular da China nasceu em 1893 em uma família de camponeses ricos de Hunan, uma província ao sul do rio Jiangzi Jiang. Mao Tsé-tung (1893-1976) ascende socialmente graças a sólidos estudos, nos quais manifesta gosto pela poesia e, em seguida, volta-se para os escritos de Sun Yat-sen. Depois da revolução de 1911, ele ocupa vários cargos subalternos em Pequim, antes de participar da criação do Partido Comunista Chinês em 1921. Em 1927, a ruptura entre os comunistas e nacionalistas oferece-lhe a oportunidade de desempenhar um papel importante. Põe em prática sua teoria do marxismo-leninismo apropriada para as massas camponesas chinesas por meio da criação, em 1931, da República Soviética da China de Jiangxi, no sudeste do país. Mas os nacionalistas tomam a capital, Ruijin, em 1934. Mao Tsé-tung, o Exército Vermelho chinês e os funcionários do Partido Comunista Chinês, começam, então, a Longa Marcha, entre outubro de 1934 e 1935, que os leva a Jiangxi Shaanxi, localizado 12.000 km mais ao norte. O cansaço, as perseguições do exército de Chiang Kai-shek, a hostilidade dos habitantes de certas regiões atravessadas trasnformam a Longa Marcha em um calvário, ao longo do qual cerca de 100 mil homens teriam morrido. Apenas 20 mil chegam ao fim. Mao Tsé-tung, contestado dentro do partido por causa de seus erros políticos, volta a ganhar vantagem como um senhor da guerra. Mais tarde, ele faz da Longa Marcha o gesto heroico do Exército Vermelho e do Partido Comunista Chinês (PCC). Depois de chegar a Shaanxi, em 1935, funda a República Soviética Chinesa de Yan'an, nome de uma cidade da província. Entre 1937 e 1945, luta contra os japoneses ao lado dos nacionalistas e depois a guerra civil recomeça entre eles. Ela se conclui com a vitória dos comunistas, em 1949. O nome de Mao e o da China se tornam um só até sua morte, em 1976.

3. O JAPÃO DE 1919 A 1945

O SONHO DO DAI NIPPON

A era Meiji e a modernização acelerada e bem-sucedida e a vitória sobre a Rússia em 1905 exaltam o nacionalismo japonês. O problema da política imperialista baseia-se certamente em um desejo de poder e um sentimento evidente de superioridade japonesa sobre outros povos asiáticos, mas também inclui uma demografia em explosão: entre 1911 e 1937, a população passa de 50 milhões a 70 milhões de habitantes. Uma válvula se faz necessária, por falta de emigração voluntária suficiente. Os governos japoneses a encontram na conquista de parte do Sudeste Asiático. O pretexto para isso é duplo: recuperar os territórios que os ocidentais ocupam e assegurar o desenvolvimento de um pan-asiatismo sob os auspícios japoneses. O poder do exército permitiu o sonho do Dai Nippon, um "Grande Japão", que alcança uma parte da China, da Coreia e, em seguida, das colônias ocidentais. O Japão aproveita a Primeira Guerra Mundial para tomar as concessões alemãs na China e impor o seu protetorado ao país. Essa atitude irrita os EUA e, na Conferência de Washington sobre os problemas do Pacífico, em 1922, o Japão é forçado a desistir do seu protetorado sobre a China. Isso é apenas um adiamento, e um único incidente pode ser o suficiente para desencadear o conflito.

A FEBRE NACIONALISTA

Mutsuhito, fundador do Japão contemporâneo, morre em 1912. Seu filho, **Yoshihito** (1912-1926) sucede-lhe e escolhe o nome para o seu reinado, a era Taisho: a da "Grande Justiça". Em agosto de 1914, o Japão junta-se ao Reino Unido e à França na guerra contra os impérios centrais. O regime imperial sofre com a constituição frágil do soberano e, a partir de 1921, é seu filho mais velho, Hirohito, que exerce o poder com o título de Regente. Depois da morte de Yoshihito, em 1926, **Hirohito** (1926-1989) torna-se imperador e inaugura a era Showa, que dura até sua morte em 1989. O governo efetivo do soberano sob Mutsuhito com a escolha pelo imperador dos membros do Genro, Conselho privado do imperador, desaparece com **Yoshihito**, por causa da morte dos membros mais velhos não substituídos e da doença do imperador. Quando Hirohito ascende ao trono, as forças políticas reais são o exército e os partidos políticos. De 1918 a 1931, o exército só participa uma vez dos negócios, com o governo do general barão **Tanaka** (1864-1929), entre abril de 1927 e julho de 1929. O exército imperial japonês, desfrutando de grande prestígio desde as vitórias sobre a China e a Rússia, é atravessado por duas correntes nacionalistas, os radicais do Kodoha que querem os generais no poder e a ditadura, e os moderados da Toseiha. Ele também é influenciado por sociedades secretas ultranacionalistas, antidemocráticas, como a Sociedade para a preservação da essência nacional. As patentes de sargentos e oficiais recebem grande quantidade de jovens de origem camponesa, impulsionados para a carreira militar pela crise agrícola. Eles são ardentes defensores de uma política de conquista, o que significa uma disponibilização das terras dos vencidos. Dois partidos políticos dominam a vida parlamentar, o Rikken Seiyukai, partido conservador, e o Rikken Minseito, partido liberal. Ambos estão relacionados com os interesses dos *zaibatsu*, os trustes japoneses. O Seiyukai está ligado à poderosa família dos Mitsui; o Minseito, à dinastia dos Mitsubishi. As ligações entre os parlamentares e os círculos de negócios desacreditam o mundo político diante da opinião pública. Em 1929, a crise econômica se espalha no arquipélago, enquanto a crise agrícola não é resolvida. A constituição de um vasto império colonial no sudeste da Ásia parece cada vez mais, para o exército e os conservadores, como condição para a sobrevivência do Japão.

INCIDENTE MUKDEN

Mas por causa de suas difíceis relações com os Estados Unidos e a Liga das Nações, o Japão precisa de um pretexto para empreender uma conquista na China. Esse pretexto lhe é fornecido pelo "Incidente de Mukden": em julho de 1931, um capitão do exército imperial japonês é morto não muito longe dessa cidade; em seguida, em 18 de setembro do mesmo ano, explode uma bomba destinada às tropas japonesas. É a ocasião que se esperava. O Japão conquista facilmente a Manchúria, no nordeste da China. Para dar a essa agressão uma fachada aceitável, a província se transforma em um estado fantoche, Manchukuo, liderado por ocupantes japoneses que indicam seu fantoche, o último imperador da China, Pu-Yi. A crise de 1929 monopoliza as grandes potências, bem como o destino de suas colônias. Apenas a Liga ousa condenar timidamente, oferecendo em uma bandeja a desculpa perfeita para o Japão romper com ela e ignorar ainda mais ostensivamente suas opiniões: em março de 1933, a delegação japonesa a abandona, em um belo golpe teatral que deixa para trás uma grande quantidade de ofendidos.

PODER PARA OS GENERAIS

A conquista fácil da Manchúria em 1931 reforça a convicção do Japão na capacidade de criar um império asiático. Sucessivos governos moderados desde 1918 são incapazes de resistir ao exército, que tomou a Manchúria por decisão própria. A partir de 1931, os militares formam e dirigem os gabinetes. Isso não é suficiente para os membros da Kodoha, decepcionados por não verem o Japão continuar a sua expansão após a Manchúria. Durante as eleições de 1936, o partido liberal Minseito registra um progresso. Preocupados, um grupo de oficiais do Kodaha tentam um golpe de Estado, em fevereiro de 1936, em Tóquio. Eles assassinam vários políticos e oficiais superiores, mas o exército não os segue e o imperador repudia essa tentativa. Os rebeldes se rendem e quinze são executados. Ainda em 1936, cria-se a tristemente famosa unidade 731 no exército de Kwantung. Seus pesquisadores em bacteriologia praticam experiências com seres humanos – milhares de reclusos, mulheres, crianças – com autorização do soberano. Entre o golpe fracassado e fevereiro de 1937, sucedem-se muitos gabinetes. O imperador decide confiar o poder a um nacionalista fervoroso, ex-comandante do exército da Coreia, o general **Senjuro Hayashi** (1876-1943), entre fevereiro e junho de 1937. Ele procede imediatamente à invasão do resto da China e ao Massacre de Nanquim no final de 1937, com cerca de 300 mil civis massacrados. Mais tarde, em 1941 e 1942, o exército decreta contra a China a política dos "Três Tudo", que é expressa por uma exigência lapidar: "Mate tudo, queime tudo, saqueie tudo". Desde 1932, o Japão estabelece o estado fantoche de Manchukuo ou "Nação da Manchúria" e coloca no poder o ex-imperador chinês Pu-Yi, uma ficção de independência que permite o uso da Manchúria como base para o exército japonês contra o resto da China, onde se usam repetidamente armas químicas. Em 1939, o Japão ataca a União Soviética depois de uma escaramuça na fronteira: o incidente de Nomonhan. A batalha vai de maio a setembro de 1939, e o exército imperial é derrotado. Um pacto de não agressão é assinado entre as duas potências.

IMPERADOR HESITANTE ESCOLHE A GUERRA

No início da Segunda Guerra Mundial, Hirohito permanece em espera, apesar das exortações de seu gabinete, favorável à abertura de novas frentes. Ele muda de ideia em 1941, após o sucesso da *Blitzkrieg* na Europa, e se alia militarmente à Alemanha nazista. O general **Hajime Sugiyama** (1880-1945) incentiva a guerra contra os Aliados e uma intervenção preventiva contra os Estados Unidos, a fim de, eventualmente, conquistar o Sudeste Asiático. O imperador se recusa repetidamente. Mas, em outubro de 1941, o primeiro-ministro **Fumimaro Konoe** (1891-1945), contrário a guerra, renuncia. O general **Hideki Tojo** (1884-1948) o substitui e se mantém no poder até julho de 1944. Ele consegue convencer o imperador da necessidade de iniciar hostilidades algumas semanas mais tarde. Em 1º de dezembro de 1941, uma conferência imperial prevê o ataque contra os Estados Unidos. A frota dos EUA no Pacífico Sul é bombardeada por aviões japoneses em 7 de dezembro de 1941 em Pearl Harbor. O Japão inicia a conquista do Sudeste Asiático. Ele obtém uma primeira rodada de vitórias, até o final de 1942, mas as derrotas posteriores o obrigam a recuar exclusivamente para o arquipélago japonês. Os bombardeios atômicos de Hiroshima (6 de agosto de 1945) e Nagasaki (9 de agosto de 1945) selam a sentença de morte da resistência japonesa. Em 14 de agosto de 1945, o imperador anuncia a derrota do Japão em um pronunciamento no rádio, o Goykuon-hoso, primeira oportunidade que seus súditos têm de ouvir sua voz. A capitulação é assinada em 2 de setembro de 1945, a bordo do navio de guerra Missouri, da frota dos EUA.

O CASO HIROHITO

O imperador Hirohito (1901-1989) representa um problema sério para os norte-americanos após a Segunda Guerra Mundial. Ele certamente ficou de um lado para outro entre facções políticas no poder no Japão e pareceu, no início, recusar-se a entrar no conflito. Mas a aliança como parte do Eixo Roma-Berlim-Tóquio em setembro de 1940 é, sem dúvida, um pacto militar que liga o Japão à Alemanha nazista. Os massacres de Nanquim e os experimentos realizados em seres humanos, a prostituição forçada de milhares de mulheres em prostíbulos para soldados constituem crimes de guerra e crimes contra a humanidade. Mas nada disso poderia ter sido feito sem que o imperador, ainda deus vivo no momento, não fosse pelo menos informado, ainda que não tenha sido o instigador direto. Após a rendição, é preciso considerar o futuro dele. Tratá-lo como criminoso de guerra, fazer um julgamento, destituí-lo, são soluções possíveis, mas pouco políticas e correm o risco de que o país se inflame. Os norte-americanos não desejam se envolver em uma guerrilha interminável. Uma ficção é então apresentada para tornar aceitável a manutenção do imperador. Supostamente, Hirohito não teria sido informado das atrocidades cometidas, teria vivido confinado no palácio imperial, mantido na ignorância pelo governo militar. Permanece, portanto, no trono, mas a Constituição de 1951 lhe tira o *status* divino e faz dele um símbolo desprovido de poder real na chefia de uma monarquia parlamentar.

CAPÍTULO XIX
A ARTE NA FRANÇA E NA EUROPA DO INÍCIO DO SÉCULO XX ATÉ 1945

A arte que se manifesta no século XX na França é uma arte prolífica, rica em tendências muitas vezes contrastantes, ou até mesmo opostas. A crescente mecanização em favor de uma burguesia triunfante, ligada ao rendimento e à produção, causa rejeição daqueles no mundo da arte que se reúnem como força contrastante. Gradualmente, os laços que prendiam os artistas às formas dirigentes se desfazem, os defensores da arte percebem que tinham que ocupar um espaço político. A arte deve implicar a multidão e não a elite, evoluir fora da instituição e reintegrar a vida, ganhando de volta a sua autonomia. Assim se efetua a primeira virada da modernidade. Ao contrário da arte moderna, que respeitou as categorias estéticas tradicionais, uma nova arte livre de todas as convenções aparece, criando uma mudança ainda mais profunda do que aquela que marcou o início do século.

1. A PINTURA NO SÉCULO XX

No final do século XIX, a *Belle Époque* começou com a inauguração da Exposição Universal de 1889; a expressão dá o nome ao período que se estende aproximadamente de 1900 a 1914. Tempo de prosperidade econômica, também será um momento rico no campo cultural. No final desse século, liquidam-se as grandes ideias que guiavam o mundo. Os avanços técnicos, o uso de novos materiais, que são desviados para criações artísticas, alimentam o poder criativo dos *avant-gardistes* (vanguardistas). A geração de 1900 enfrenta rupturas criadas pela civilização moderna e pela arte moderna. Diante dessas mudanças, era necessário criar uma arte capaz de resistência. A primeira Secessão, associação de artistas que recusam o conservadorismo e o paternalismo do Estado nas artes, ocorreu em Munique em 1892, como secessão com relação às organizações oficiais; depois vem a de Viena em 1897, na qual se destaca **Klimt**, assim como a contribuição da exposição Munch, ao final de 1892. A introdução de objetos estrangeiros, com a continuação da expansão colonial, considerados como curiosidade ou objetos antropológicos, permite que os artistas abram novos horizontes. De fato, essa descoberta da arte primitiva os leva a dialogar com a matéria, a apreender a execução em seu estado bruto, aproximando-os do "fazer". Na pintura, o fauvismo se liberta de uma representação pura com **Matisse, Derain, Vlaminck**. Esse é o escândalo da sala VII, estigmatizado pela crítica e que Louis Vauxcelles qualifica como "a gaiola de animais selvagens". As principais correntes são primeiro o cubismo, cezaniano, analítico, sintético, até os anos 1930, a arte abstrata a partir de 1910, o futurismo nascido por volta da mesma época e, depois, o movimento Dadá em 1916, em torno do poeta **Tristan Tzara** e do pintor **Hans Arp**. O surrealismo anunciado em 1910 pelas pinturas de **De Chirico**, nos anos seguintes, assume o movimento Dadá e se estabelece a partir dos anos 1922-1924.

O CUBISMO, EM RESUMO

Os precursores: Cézanne, "Tudo na natureza é modelado sobre a esfera, o cone e cilindro".

Os fundadores: Braque e Picasso.

Outros cubistas: Gris, Léger, Gleizes, Metzinger, Villon, Valmier.

A técnica: não representar o objeto como pode ser visto, mas como é pensado. Ele é decomposto, oferecendo-se de todos os ângulos.

Ponto de partida: *Les Demoiselles d'Avignon* de Picasso (1907). Braque dá origem a um cubismo analítico, em que tudo é dividido em planos e em volume. O período sintético segue com suas colagens, jornais. Picasso recompõe o tema a seu bel-prazer.

O CUBISMO: AS SENHORITAS DE AVIGNON

O cubismo designa a revolução pictórica que ocorre em 1907 e 1908 com **Pablo Picasso, Georges Braque** logo seguidos por **Fernand Léger** e **Robert Delaunay**. A palavra "cubismo" tem sua origem em um reflexo de Matisse que, diante das pinturas de **Georges Braque** (1882-1963), diz que ele as teria percebido, do ponto de vista da composição, como um conjunto de cubos pequenos. Em 1907, **Picasso** pintou o grupo conhecido como *Les Demoiselles d'Avignon* (*As senhoritas de Avignon*), representando mulheres nuas em um lugar de prazer. Essa obra é o nascimento do cubismo. Antes de realizar essa obra fundamental para o cubismo, Picasso fez muitos esboços e trabalhos intermediários. Ele usa uma distorção, e tudo isso com base em uma caricatura das jovens senhoras. As três mulheres representadas na esquerda são uma reminiscência da influência de Gauguin, enquanto aquela à direita lembra mais a arte africana. Mas a peculiaridade desse quadro é que o espaço e o volume não estão unidos de forma convencional, a alternância das cores entre os pretos e os claros, as formas estão quebradas. **O cubismo nasce** com a mulher representada no canto inferior direito da pintura, a partir da qual Picasso alcança uma síntese de diferentes pontos de vista. Considera-se que essa é a origem de todas as correntes abstratas de arte moderna. Pela primeira vez desde o Renascimento, que havia teorizado a perspectiva, um novo sistema de representação do espaço no plano se impõe. **Braque** e **Picasso** querem explorar as leis internas da criação artística, portanto, não mais ocultar seu processo, mas revelá-lo. O sujeito desaparece em favor do "como fazer". É possível distinguir três períodos do cubismo.

❖ **O cubismo de Cézanne ou protocubismo, de 1906 a 1909,** é caracterizado por uma figuração dos volumes sobre uma superfície plana: *Casa em estaque* (1908) por Braque. Essa fase do cubismo é marcada pelo japonismo por suas perspectivas paralelas e pela arte primitiva africana por suas cores planas. O trabalho de **Paul Cézanne** constrói a partir do cubo, da esfera, do cone, todas as formas geométricas que servem para tornar a natureza técnica.

❖ **O cubismo analítico, entre 1909 e 1912,** tem vários ângulos de visão; a singularidade da perspectiva é abandonada. *Violino e paleta* (1909-1910), de **Braque,** e *Retrato de Ambroise Vollard* (1910), de **Picasso,** são exemplos típicos. O cubismo analítico é a construção de uma realidade a partir de imagem geometrizada que acaba fazendo desaparecer a superfície. Pode-se citar *O violonista* (1910) de Picasso, no qual a superfície é reduzida a figuras geométricas monocromáticas, com uma cor terra de siena. Essa segunda fase é caracterizada por um um cromatismo limitado ao cinza, azul opaco, verde, em que a luz é espalhada sobre cada um dos fragmentos que compõem a pintura: *O reservatório, Horta de Ebro* (1909), de Picasso. O cubismo vai se tornar cada vez menos "legível" com Braque e seu *Castelo de La Roche-Guyon* (1909).

❖ **O cubismo sintético, entre 1912 e 1925,** esforça-se para apreender os objetos de acordo com um novo entendimento. Nesse contexto, o tema não é mais construído por representação, mas por alusão. Os elementos realistas são contrastados com os elementos geométricos. A paleta encontra notas de cores como em *O violino* (1914), de **Picasso.** O uso da técnica de colagem introduz no quadro elementos da realidade; vários materiais concorrem com a verdadeira natureza: *Natureza morta com cadeira de palha* (1912), de Picasso, *Violino e cachimbo* (1914) ou *O cotidiano* (1913), de Braque. O papel colado vai tornar-se um verdadeiro auxiliar de expressão espacial, mas sua utilização também revela uma verdadeira especulação epistemológica sobre as condições de percepção do mundo exterior. Trata-se de um novo método criado porque, ao romper a homogeneidade do objeto, Braque e Picasso haviam conseguido dar uma representação mais fiel, mas também haviam quebrado a unidade. Em *Natureza morta com violino* (1912), Picasso embarca em uma busca tridimensional do espaço, transpondo a visão cubista em construções de madeira e papelão. Braque, em *Violão e clarinete* (1927), oferece um dos melhores exemplos dessa segunda fase do cubismo sintético.

OS CUBISTAS DA SEGUNDA GERAÇÃO

A turbulência promovida pelo cubismo foi proporcional à violência da rejeição, à indignação despertada. Além de **Guillaume Apollinaire** e **André Salmon**, e de seus esforços para apoiar os jovens pintores do movimento, a crítica mostrou uma completa incompreensão. O *marchand* de quadros **Daniel-Henry Kahnweiler** ajudou a divulgar o cubismo, especialmente na Alemanha e na Europa Central. Paradoxalmente, é a segunda geração de pintores cubistas que o torna famoso, não se recusando a participar de feiras e exposições. O Salão dos Independentes e sua famosa sala 41, em 1911, reúne alguns pintores: **Albert Gleizes, Fernand Léger, Robert Delaunay**, entre outros, ansiosos para divulgar esse novo tipo de pintura de cromatismos emaranhados de marrom, ocre e verde escuro, de volumes primordiais. O que os distingue de Braque e Picasso é o maior interesse conferido ao tema do que ao objeto. No entanto, **Fernand Léger** se destaca aos poucos conferindo à forma um papel importante e mais especialmente aos volumes: *A incubadora* (1909), *Nus na floresta* (1910). Ele toma por base violentos contrastes de superfície e de volumes, cores e linhas, como em *Os fumantes* (1912). Delaunay também é influenciado por Cézanne, mas introduz um halo de luz no contorno de objetos, como a série de *St. Severin* (1909), que dissocia a forma, ou a *Torre Eiffel* (1911). Ele acaba adotando uma técnica cromática, como em *A cidade de Paris* (1910), que não abandona mais. Mas o cubismo reuniu outros artistas. **Juan Gris** (1887-1927), compatriota de Picasso, adota o cubismo analítico em 1912 com *Homenagem a Picasso* (1912), *A pia* (1912). **Marcel Duchamp** (1887-1968) mostra o seu interesse pelo cubismo em *Os enxadristas* (1911). **André Lhote** também aproveita o impulso criado por Picasso e Braque, mas distingue-se pela sua recusa em querer romper com a visão clássica e seu compromisso de manter a inteligibilidade dos temas representados. Ele é o autor de muitos tratados teóricos sobre a pintura, como *As invariantes plásticas* (1967). O cubismo só será validado com o primeiro estudo científico dedicado a ele, de **John Golding**, em 1959: "O cubismo pode ter sido a mais importante e, certamente, a mais completa e mais radical das revoluções artísticas desde o Renascimento"[281].

---

281. John Golding, *Le Cubisme* [O cubismo], Paris, Le Livre de Poche, 1968.

OS PERÍODOS DE PICASSO

❖ **Entre 1901 e 1904, o período azul** domina de forma quase que monocromática, voluntariamente fria. Esse azul é usado para recriar a visão que o pintor tem do mundo, uma mistura de ansiedade, pessimismo, cheio de compaixão para com a miséria humana. Pinta mendigos, cegos, aleijados: *La celestina* (1904), *Las dos hermanas* (1904).

❖ **Entre 1904 e 1906, o período rosa** marca o uso de tons de rosa e laranja; o estilo é menos expressionista: *A família de saltimbancos* (1905). As referências ao mundo do circo e do zoológico são numerosas: *Menino levando um cavalo* (1906), *Os saltimbancos* (1905). A preocupação realista que domina as primeiras obras de juventude deu lugar a preocupações formais de cenário, suavizando o espaço e privando-o de profundidade.

❖ **O período cubista** é caracterizado pela pesquisa que ele faz com Braque sobre o objeto, considerado sob todos os ângulos. Personagens com rostos-máscaras, inspirados na arte negra e predomínio de formas geométricas.

Na década de 1920, fala-se de um período greco-romano, com representações de figuras neoclássicas de dimensões extremas. **Obras engajadas** como *Guernica*, em 1937, retratos de Stálin depois de ingressar no Partido Comunista em 1944. A partir de 1950, a produção é diversificada, com cerâmicas, esculturas, litografias, cartazes.

ARTE ABSTRATA EM RESUMO

Definição: Michel Seuphor, crítico de arte abstrata, diz: "Arte que não contém nenhuma alusão, nenhuma evocação ao fato de que esta realidade é ou não é o ponto de partida do artista".

Ponto de partida: o grupo Der Blaue Reiter ("O Cavaleiro Azul") reivindica a abstração em torno de Kandinsky, em 1911.

Primeiros pintores da abstração: Kupka, Klee, Picabia, Delaunay.

Movimentos:
- **nos Países Baixos**, com o neoplasticismo de Mondrian, Van Doesburg;
- **na Rússia**, com o supremacismo de Malevitch, Ekster;
- **na Europa Oriental**, com o construtivismo de Rodtchenko, Tatlin, Moholy-Nagy;
- **na França**, o purismo da arquitetura e decoração nos anos 1930 com Le Corbusier.

A ARTE ABSTRATA

❖ **Paul Klee**, em resposta à pergunta "O que é arte em seu tempo?", define: "A arte não produz o visível, ela torna visível. E o campo gráfico, por sua própria natureza, leva adequadamente à abstração". Essa nova abordagem artística por volta de 1910, essa nova linguagem, forjada a partir das experiências dos fauvistas e dos expressionistas, exaltando a cor e resultando em abstrações, está na origem das diferentes abstrações geométricas e construtivas. A representação mimética do mundo exterior é abandonada. **Três homens** são os principais representantes dessa tendência: **Kandinsky (1866-1944)**, **Kazimir Malevich (1878-1935)**, **Piet Mondrian (1872-1944)**. Outros, como **Picabia**, **Kupka**, **Estève**, **Delaunay** também se distinguem nesse movimento. Esses pioneiros abrem o caminho para numerosos movimentos abstratos: orfismo, supremacismo, seção de ouro. O primeiro grupo a reivindicar a abstração na pintura será o grupo Blauer Reiter, em torno do pintor **Vassily Kandinsky** em 1911.

❖ **Vassily Kandinsky** (1866-1944) foi o primeiro a realizar em 1910 um trabalho independente de qualquer referência à realidade. Sua verdadeira carreira artística começou em 1908, quando voltou da Alemanha. Antes ele realiza algumas obras: *Casal a cavalo* (1906), *A vida misturada* (1907), *O cavaleiro azul* (1903). Sobre a questão do que deve substituir o objeto, ele responde com o choque de cores e linhas. Ele tinha sido membro de vários grupos na Alemanha: Phalanx, Der Blaue Reiter, em 1911. Durante esse mesmo período, ele escreveu *Do espiritual na arte*. Ao mesmo tempo, ele publicou entre 1911 e 1913 *O almanaque do cavaleiro azul*, *Olhares sobre o passado* e poemas, *Klänge*, *Sonoridades*, que mais tarde ele diz procederem da mesma força que suas pinturas. Ele vai chegar pela cor ao caminho da abstração, enquanto a concepção geométrica marca o início de obras de Malevich e Mondrian. Suas principais obras de abstração são: *Composição 6* (1913), *Composição 7* (1913), *Improvisação nº 23* (1911), *Pequenos prazeres* (1913), *Composição nº 10* (1939). Para Kandinsky, o princípio da realidade interior domina. É só em 1927 que a orientação para as formas geométricas é sentida em seu trabalho, quando Kandinsky descobre a importância da matemática como disciplina equivalente. A publicação de outro livro, *Ponto e linha no plano*, em 1926, indica que o ponto e a linha não são utilizados apenas na pintura, mas também em outras artes. A linha e o ponto na pintura são expressos em um quadro pela sua espessura, sua cor e são dependentes do espaço-tempo na noção de duração e plano de espaço: *Curva dominante* (1936), *Harmonia tranquila* (1924), *Amarelo-Vermelho-Azul* (1925). Os princípios teóricos de abstração são, portanto, colocados assim. Durante a guerra, ele vai continuar a expor em Paris e depois Los Angeles, em 1941.

❖ **Kazimir Malevich** (1878-1935) foi ao mesmo tempo pintor e fundador teórico do suprematismo. O caminho que escolhe para chegar à abstração geométrica começa com a experiência do cubismo, que lhe permite libertar-se da percepção do objeto e encontrar uma via para um "mundo sem objetos", título de seu livro teórico em 1927. Suas primeiras criações estão imbuídas de influência impressionista, divisionista, simbolista: *Mulher com jornal* (1906). Ele conhece a experiência do cubismo analítico e, em 1913, dirige-se ao cubismo sintético por meio da colagem. Nessa época, ele pinta *Quadrado preto sobre fundo branco* (1915), primeira obra de caráter suprematista. Em seu *Manifesto suprematista*, em 1915, Malevich resume seu pensamento: "Tudo no mundo é diversidade; distinções, diferenças entre homens resultam em zero. [...] A tela é o lugar onde se revela o Absoluto, que se manifesta por um Sem-Objeto"[282].

DIFERENÇA ENTRE CONSTRUTIVISMO E SUPREMATISMO

- **O construtivismo** visa fundar o material, faz do objeto cultuado uma obra de arte. Seu pressuposto filosófico é utilitarista e materialista. O engenheiro deve substituir o pintor de cavalete. Movimento nascido na Rússia por volta de 1921, quando levanta a questão da construção na busca da forma da obra de arte.

- **O suprematismo** é uma negação do mundo dos objetos e procura mostrar o mundo sem objetos. É uma pintura de ação ontológica e uma meditação sobre o ser.

> O domínio da arte deve estar em conformidade com os requisitos da circulação do ser no mundo, não revelar o material em sua nudez esquelética assim como no construtivismo, mas para mostrar a inexistência de formas e cores. É por isso que os quadrados, os círculos, as cruzes suprematistas não são formas analógicas de quadrados, os círculos ou de cruzes existentes na natureza; eles são a interrupção da não existência, dos elementos formando e não informando. No suprematismo, a cor é, portanto, uma emanação do ser do mundo e não 'um produto a decomposição da luz' em nossa visão ocular.

O suprematismo de Malevich reflete o desejo de ir além do objeto, de transcender. Em 1915 ele pinta seu *Quadrado preto em fundo branco*, primeira criação de caráter suprematista. A composição é para ele uma concordância de ritmos que se desdobram no espaço da tela na forma de um contraponto musical: *Suprematismo 417* (1915).

---

282. Kazimir Malevich, *La lumière et la couleur* [Luz e cor], textos inéditos de 1918 a 1928, em *Écrits sur l'art* [Escritos sobre arte], t. 4, Lausanne, L'Age d'Homme, "Slavica", 1993, p. 10.

❖ **Pieter Cornelis Mondrian**, ou **Piet Mondrian** (1872-1944), pinta obras de veia simbolista, mas atribui grande importância aos elementos rítmicos da sua tela, à geometrização das formas. Depois de se mudar para Paris, ele descobre o cubismo de Picasso e começa a buscar uma linguagem pictórica universal. Seus esforços serão recompensados com o encontro de **Theo van Doesburg**, com o qual lança o manifesto do De Stijl (*O estilo*). Nele, duas regras regem a criação artística: a abstração completa, a limitação do vocabulário à linha reta, às três cores primárias, ao ângulo reto. As três cores primárias são azul, amarelo, vermelho, as não primárias são branco, cinza, preto. Suas primeiras obras são as *Composições em planos de cores* (1917). Retângulos de cores primárias sobre um fundo branco. O objetivo do grupo ao qual pertenciam também **Antony Kok**, **Jacobus Johannes Pieter Oud** e **Vilmos Huszár** era tornar visível a essência da realidade e aspirar a uma expressão de universalidade. Em 1923, Mondrian monta a exposição De Stijl, embora dois anos antes, ele tivesse publicado um tratado intitulado *O neoplasticismo: princípio geral de equivalência plástica* (1920), que já mostra seu afastamento artístico das regras do grupo De Stijl. Essa pesquisa se inspira na matemática e na música; *Os tabuleiros* e *Os losangos* (1921) mostram um ritmo austero e equilibrado que se sobrepõe a uma trama de "medida matemática". Ele chega à plástica pura, a partir da decomposição de forma, de acordo com uma lógica de harmonia e equilíbrio entre as partes. Cores puras, vermelho, azul, amarelo, são justapostas a preto, branco, cinza em uma geometria que resulta em perspectiva. Ele realiza vários ciclos de pinturas em que desenvolve sua teoria do neoplasticismo, onde a cor existe apenas pela cor, a dimensão pela dimensão. O quadro é aberto e aparece como um fragmento de um todo maior, passando da sua espacialidade de obra de arte, do *status* de suporte de análise do mundo para o de agente de construção do político e do social da cidade. De Stijl deve enfrentar os desafios da sociedade industrial após a Primeira Guerra Mundial e fazer com que tudo contribua para desenvolver novas estratégias sociais. Durante esses anos, a De Stijl exerce considerável influência sobre os movimentos de vanguarda na Europa e, depois de 1925, recebe a adesão de muitos artistas, como **Fernand Léger** (1881-1955), que vai juntar-se ao movimento brevemente, e **Auguste Herbin** (1882-1960). Paris, na década de 1930, torna-se a capital do movimento e de grupos como o Círculo e o Quadrado, reunindo artistas construtivistas, movimento paralelo ao suprematismo, 1929, e Abstração-Criação, 1931, grupo de artistas que pretendem contestar a onipotência do surrealismo e defender a arte abstrata. Todos se formam ali.

O FUTURISMO

O futurismo e o orfismo

O *Manifesto futurista* foi publicado em 1909 no *Le Figaro* pelo poeta italiano **Filippo Marinetti** (1876-1944). A arte, como a literatura e a moral, deve olhar para o futuro, fazendo uma tábula rasa do passado. O futurismo quer representar as vibrações da vida moderna. Futuristas, portanto, combinam universo mecânico e técnico, onde os homens e as máquinas tendem a se assemelhar. **Umberto Boccioni** (1882-1916), com *A cidade que sobe*, e **Gino Severini** (1883-1966), com seu *Trem de periferia chegando a Paris*, ilustram essa fusão involuntária. Esses pintores aplicam o sistema de pinceladas de cor pura até 1912, quando expõem pela primeira vez em Paris. Confrontado com os cubistas, apropriam-se de suas técnicas de fragmentação dos volumes do plano. A sua finalidade não é mostrar todos os aspectos de um objeto, mas usar a decomposição dos volumes para mostrar o efeito da velocidade de movimento, da aceleração sobre os objetos e seu ambiente. Para descrever essa técnica, os futuristas falam em simultaneidade, por meio da qual cada momento do movimento é representado simultaneamente. Em 1912, **Guillaume Apollinaire** dá o nome de *orfismo* à pintura de **Robert Delaunay** (1885-1941), que consequentemente se torna a figura principal dessa escola, com seu quadro *Paris-Saint-Séverin*. Ele afirma, em *Meditações estéticas*, que é arte "da pintura de novos conjuntos com elementos emprestados não à realidade visual, mas completamente criados pelo artista e por ele dotados de uma realidade poderosa". Outros artistas estão associados ao orfismo, como: **Fernand Léger** (1881-1955), com *A mulher de azul* (1912), *As escadas* (1914); **Marcel Duchamp** (1887-1968), com *Nu descendo a escada* (1912); e **František Kupka** (1871-1957), com a série *Gigolettes* (1906-1910).

A ESCOLA DE PARIS

Lydia Harambourg, especialista em pintura dos séculos XIX e XX, em seu *Dicionário dos pintores da Escola de Paris*, identifica os artistas de origem estrangeira que foram a Paris no século XX. O primeiro movimento ocorre:

- **Entre 1910 e 1920**, os artistas se reúnem em Montmartre e Montparnasse. Trata-se de Modigliani, Chagall, Kisling, Soutine, Foujita. No morro de Montmartre se reúnem Picasso e os outros cubistas: Braque, Léger, Vlaminck, Utrillo;
- **Após a Segunda Guerra Mundial**, a Segunda Escola de Paris se desenvolve. Ela favorece as cores, a simplicidade. Robert Delaunay é o líder e se reúnem em torno dele Lhote, Gromaire, Souverbie, Koskas.

Futurismo em outros lugares

Na **Inglaterra** fala-se em *vorticismo*, seguindo a ideia de **Umberto Boccioni**, alegando que a arte reside no vórtice das emoções. O movimento foi lançado pelo pintor **Wyndham Lewis** (1882-1957) em 1914, e é definido na revista *Blast*. O manifesto será publicado um ano depois, em sua última edição. No mesmo ano, com pintores como **David Bomberg** (1890-1957) e **Edward Wadsworth** (1889-1949), o grupo apresenta uma exposição em Londres, na Galeria Doré. A guerra põe fim a eventos do grupo, que fazia a apologia da máquina, do movimento, da velocidade. **Na Rússia**, fala-se em *raionismo*, seguindo a teoria formulada em 1912 e posta em prática por **Mikhail Larionov** (1881-1964) e **Natália Gontcharova** (1881-1962). Eles organizam uma exposição intitulada "O alvo". Eles querem estudar a irradiação do objeto no espaço e produzir telas de linhas coloridas que colidam entre si para tornar visíveis as interações entre a radiação de objetos.

O DADAÍSMO

Dadá é um movimento artístico e intelectual que apareceu em 1916 em Zurique e que termina na França em 1923 para se tornar o surrealismo. Fundado por **Tristan Tzara** (1896-1963), o dadaísmo visa inverter o conceito tradicional de arte pela derrisão, pela provocação.

O DADAÍSMO EM RESUMO

Definição: arte subversiva e terrorista na literatura, na pintura, na moralidade social. Nasce nos Estados Unidos e Suíça.
Fundador: Tristan, Tzara com o *Manifesto Dadá* em 1916.
Principais pintores: Ernst, Duchamp, Man Ray, George Grosz.

- **Dadá em Nova York:** manifestado em 1915, quando da chegada de **Duchamp** e **Picabia** (1879-1953). É o tempo do *ready-made* de Duchamp.
- **Dadá em Berlim**, em 1918, assume uma conotação política, pintura para artistas sob seus grandes movimentos, o expressionismo, abstração, cubismo, futurismo, não consegue expressar as convulsões de uma era.
- **Dadá em Colônia** nasceu da amizade entre Hans Arp e Max Ernst. A partir de catálogos para correspondência, eles realizam colagens, os *Fatagagas*.

As circunstâncias em que a palavra foi encontrada variam, dependendo da versão. Longe de ser um movimento puramente negativista, o dadaísmo revelou as fontes mais profundas, as mais escondidas da criação artística e poética, destacando e valorizando as leis permanentes e universais da arte para sempre. Ele alcançou todos os modos de expressão, pintura, teatro, fotografia, cinema e escultura.

SURREALISMO

> **SURREALISMO EM RESUMO**
>
> **Definição**: a partir de Dadá, pretende descobrir novas relações entre os objetos. Papel do inconsciente e do irracional.
> **Ponto de partida**: A. Breton, *Manifesto do Surrealismo* de 1924.
> **Pintores principais**: Tanguy, Ernst, Dalí, Miró, Duchamp, Magritte, Arp, De Chirico, Bellmer, Malkine.

O movimento

Em uma carta a **Paul Dermée** de março 1917, Apollinaire, seguindo o conselho de **Pierre Albert-Birot**, que parece ter dado a dica, escreve: "Tendo considerado tudo, eu acredito que é melhor adotar o surrealismo que o supernaturalismo que eu havia empregado antes". Usado pelos "Srs. Filósofos" e **Gerard de Nerval** na dedicatória de *Filhas do fogo* (1854), o supernaturalismo, portanto, não serve para qualificar *As tetas de Tirésias* (1917). **Guillaume Apollinaire**, no prefácio de sua peça, afirma que opera um "retorno à natureza", mas sem usar a fotografia nem o símbolo declarado: "Para caracterizar o meu drama, eu usei um neologismo pelo qual me desculpo porque raramente o faço; eu inventei o adjetivo 'surreal' que não significa de forma alguma 'simbólico'". Essa mesma palavra será então utilizada em 1920 por **Paul Dermée** na revista *L'Esprit Nouveau*, no manifesto "Por Dadá", assinado por André Breton e, em seguida, em 1924 por Yvan Goll, que o escolheu como o título de uma publicação que só terá um número publicado e que faz do surrealismo "uma transposição da realidade em um plano superior"[283]. A ideia surrealista começa à margem de Dadá na revista *Littérature* (1919-1923), em que serão publicados os primeiros capítulos dos *Campos magnéticos* de **André Breton** e **Philippe Soupault**, concebidos como o primeiro livro surrealista, pois ali estão aplicadas as primeiras técnicas de escrita automática. Quando, em 1922, **André Breton** se despede de *Dadá*, depois da ruptura com **Tzara**, bastam apenas dois anos para que esse projeto se concretize no *Manifesto do Surrealismo*, em 1924. Breton define surrealismo como

> automatismo psíquico puro pelo qual é proposta a expressão verbal ou por escrito ou de outra forma, o funcionamento real do pensamento; ditado do pensamento, na ausência de qualquer controle exercido pela razão, fora de qualquer preocupação estética ou moral,

---

283. Gérard de Cortanze, *Le Monde du surréalisme* [O mundo do surrealismo], Bruxelas, Éditions Complexe, 2005, p. 9.

seguido por seu comentário filosófico:

> O surrealismo repousa sobre a crença na realidade superior de certas formas de associações negligenciadas até ele, na onipotência do sonho, no jogo desinteressado do pensamento. Ele tende a destruir definitivamente todos os outros mecanismos psíquicos e substituir-se a eles na resolução dos principais problemas da vida.

Não se trata de uma nova escola artística, mas de explorar novas formas de conhecimento: o sonho, o inconsciente, estados alucinatórios, loucura, tudo o que não depende da lógica. Sonho, devaneio, estado de abandono em que a mente é libertada de seus freios estão no centro de um interesse desconhecido durante o romantismo. Paris desempenha um papel central na promoção da osmose entre a realidade e a imaginação, promovendo encontros casuais, acasos quase divinizados e introduzindo o sagrado na vida cotidiana. **Em torno de Breton** se reúnem Louis Aragon, Paul Éluard, Benjamin Peret, Robert Desnos, Georges Limbour, Georges Malkine, Philippe Soupault, Max Ernst, Man Ray, Francis Picabia, Marcel Duchamp, Michel Lures, Joan Miró, entre os principais. No mesmo ano do manifesto, em 1º de dezembro, é publicada a primeira edição de *A Revolução Surrealista*. Liderado por Pierre Naville e Benjamin, esse órgão vital torna-se, em 1930, *O Surrealismo ao Serviço da Revolução*, refletindo a direção política do movimento, que se juntou ao Partido Comunista em 1927. Esse compromisso político e a personalidade de André Breton vão levar a algumas brigas e abandonos: os de **Artaud**, **Soupault**, ou certas chegadas, em 1929, com a publicação de novas obras, as de René Char e Francis Ponge.

A pintura surrealista

Na pintura, na arquitetura, na escultura, o surrealismo se impõe em uma tradição onde o devaneio, o fantástico, o maravilhoso e o mítico serão centrais. No entanto, esses elementos já estavam presentes nas pinturas de **Bosch**, **Arcimboldo**, nas anamorfoses, no grotesco, nas ilustrações de **Gustave Moreau**, ou em **Klimt**. Mas é no uso de novos materiais, novas técnicas, às vezes empréstimos do cubismo ou do dadaísmo que o movimento se destaca e inova.

Em *O surrealismo e a pintura*, publicado em 1928, André Breton especifica o papel a ser desempenhado pela arte visual no movimento, lacuna preenchida, porque o Manifesto não faz alusão a isso. Na verdade, desde 1925, *A Revolução Surrealista* inicia a publicação de *O surrealismo e a pintura*. Com ele, esboça-se uma teoria que irá congregar as aventuras pictóricas de todos os horizontes. A ideia é destacar a possibilidade de uma pintura surrealista, ou, pelo menos, uma pintura que não contradiz o movimento. Era importante, em 1925, apontar que o surrealismo podia afetar tanto os pintores quanto os poetas. Na verdade, os pintores não ficaram esperando por um texto teórico que justificasse a sua presença. Como é impossível mencionar todos os surrealistas, limitamo-nos aos mais conhecidos.

❖ **Giorgio De Chirico** (1888-1978) define o cenário de um universo visionário. Ele poderia traduzir o que **Nerval** chamava de "o derramamento de sonhos na vida real". Inventor da pintura metafísica, ele se mudou para Paris em 1911. Suas primeiras pinturas, como *A batalha dos centauros* (1909), e seus primeiros autorretratos e retratos, como *Retrato de Andrea* e *Figura metafísica* (1910-1918), já refletem a orientação onírica do pintor. Posteriormente, chegam as composições arquitetônicas, inicia-se o período de arcadas e praças da Itália. Estátuas solitárias, projetando suas sombras em praças desertas, silhuetas de fábricas abandonadas, templos abandonados são os temas desse período. Incluem *Enigma da hora* (1912) e *Lembrança da Itália* (1913). A época das estátuas é sucedida pela de manequins e interiores, como *As musas inquietantes* (1918). Nessas composições há arcadas, elementos arquitetônicos reunidos, presentes em *O sonho transformado* (1913). Os interiores metafísicos são pintados durante a primeira guerra, em Ferrara, e revelam um trágico e inquietante cotidiano: *Melancolia hermética* (1919). Os anos de 1920 a 1935 são caracterizados pelo retorno a um pictorialismo. Quanto aos anos 1940, eles retomam obras anteriores: *Ariadne* (1912-1913), *As musas inquietantes* (1918), imitando o período das arcadas. Ele exerceu considerável influência sobre pintores como **Max Ernst**, **Man Ray**, **Yves Tanguy**, **René Magritte**, **Salvador Dalí** e outros surrealistas.

❖ **Max Ernst** (1891-1976), depois de estudar filosofia e psicologia na Universidade de Bonn, deseja expandir a expressão artística para o domínio do inconsciente. Ao utilizar o *frottage*, colagem, decalques, ele vai além da técnica, desafia a lógica, jogando com a multiplicidade dos sentidos. O *frottage* envolve esfregar com um lápis um pedaço de papel no chão, o que revela um verdadeiro bestiário para criar obras fantásticas. A **colagem** envolve tomar uma série de elementos nas obras, conjuntos de mensagens, objetos existentes, e integrá-las em uma nova criação. A **raspagem** consiste em raspar o pigmento da tela. Em 1929 ele faz o seu "primeiro romance-colagem" dentro do movimento surrealista e o nomeia *A mulher com cem cabeças*. Ele abandona o grupo de surrealistas em grande parte por causa de Breton e, já em 1934, começa a esculpir, frequentando **Alberto Giacometti**. Com a chegada da Segunda Guerra Mundial, ele foge para Nova York (Estados Unidos) e, ao lado de Marcel Duchamp e **Marc Chagall**, ajuda no desenvolvimento do expressionismo abstrato. Ele volta para a França e se estabelece em Paris em 1953, ganhando a Bienal de Veneza. **Max Ernst**, a partir de 1930, torna-se escultor com *Jogo de construções antropomórficas* (1935).

❖ **Joan Miró** (1893-1983) soube criar dentro do movimento surrealista uma nova linguagem baseada na força e na espontaneidade expressiva. Forçado a fazer uma longa estadia em uma fazenda na zona rural de Tarragona, em Mont-roig del Camp, pintou sua primeira obra-prima: *A fazenda* (1921-1922). Na chegada em Paris em 1919, ele fez amizade com os pintores e poetas como Tzara, Max Jacob, Picasso. Entre 1921 e 1922, ele trabalha em *A fazenda*, quadro iniciado em Mont-roig. Ele estuda cada detalhe dos animais da fazenda, plantas, objetos do cotidiano. Em 1925, um conflito interno marca uma mudança em seu estilo. Os surrealistas foram empregados para mostrar o papel dos sonhos e do inconsciente na gênese dos sonhos. Esse será o início da magnífica série de *Pinturas de sonho*. Em 1925, ele desdobra na tela uma geografia de sinais coloridos com peso. Ele se nega a representar um espaço real e coisas reais e se inspira em sua imaginação. Um universo lúdico é elaborado com o seu suporte de seres sensuais, cujas curvas generosas são uma reminiscência da ameba, da castanha, do pepino-do-mar, de criaturas que se movem pelo batimento de cílios e se estendem em pontilhados, em nuvens. Por meio da inserção de palavras e frases em sua tela, ele tenta superar a pintura ao conectá-la a uma poesia. Seu delírio é trazido ao clímax com o *Carnaval de arlequim* (1924-1925), ou os três *Interiores holandeses* (1928). A partir de 1935-1938 aparecem as *Pinturas selvagens*, personagens patéticos que evoluem em paisagens desoladas. A série de pinturas chamada *Constelações*, entre 1939 e 1941, reflete o drama interior. **Apenas em 1944** é que ele retoma a pintura com quadros de grande leveza que darão lugar, em 1961, a vastas superfícies pontuadas, como os três *Azul* (1961), que realizam o que o artista desejava há muito tempo: "Alcançar a intensidade máxima com um mínimo de meios".

❖ **Yves Tanguy** (1900-1955) chegou tardiamente à pintura. As primeiras pinturas datam de 1923 e são fortemente inspiradas por De Chirico. Ele se engaja no automatismo, como *L'Orage* (1926), e representa em suas pinturas criaturas estranhas e elementos emprestados a Max Ernst: *Dorminhoca* (1926). Ele também pintou praias vazias (*O tempo mobiliado*, 1939) ou universos desertos. Tornou-se um cidadão americano em 1948, mas já não participa mais das atividades do grupo surrealista. Entre seus trabalhos, também se pode citar: *Multiplicação dos arcos* (1954).

❖ **René Magritte** (1898-1967), depois de criar o grupo surrealista em Bruxelas, onde viveu, instala-se entre 1927 e 1930 em Perreux-sur-Marne. Sua obra renova a faculdade de espanto a partir de imagens simples na aparência, mas com uma lógica diferente. Suas pinturas são realmente "imagens bonitas": *A megalomania* (1961). A associação de Magritte ao surrealismo reside na expressão de uma inquietação com um mundo que se tornou cada vez mais estrangeiro. Ele desenvolveu uma teoria das imagens que o levaram a justapor elementos incoerentes, revelando um mundo estranho. Pintar objetos reais com novas intenções, retirando-os de seu contexto, substituindo-os por outros para torná-los estranhos e colocar-nos perguntas. Pode-se citar a série de telas *Isto não é um cachimbo* (1929), na qual as próprias palavras e a imagem do objeto se opõem. Ele obriga, assim, o espectador a se envolver em um interrogatório implacável, como em *A traição das imagens,* com a legenda "Isto não é um cachimbo". Após a Segunda Guerra Mundial, ele abandona um estilo que considera demasiado intelectual para se dedicar à exaltação da cor, entre 1943 e 1947. Ele vai encontrar, na década de 1950, uma poética que desenvolve até a morte. Entre as obras características do período, está *As belas relações* (1967).

❖ **Salvador Dalí** (1904-1989) em seu trabalho vai tentar transpor o que apreende do mundo de **Freud**. Mas também é seu trabalho que o mostra, que informa sobre esse extravagante que não hesita em publicar, em 1964, *Diário de um gênio*, título provocador. Ele se torna teórico com o seu método "paranoico crítico", descrito em seu livro *A mulher visível* (1930). Trata-se de um método espontâneo de conhecimento irracional baseado na objetivação crítica e sistemática das associações e interpretações de fenômenos delirantes que levam à análise do *Angelus* de Millet. Seu encontro com os surrealistas, em 1926, durante uma primeira viagem a Paris, é decisivo. Seis anos mais tarde, ele participa de uma exposição surrealista nos Estados Unidos, onde obtém enorme sucesso. Mas logo André Breton o exclui do grupo, reprovando sua admiração por Hitler e pelo fascismo. Dalí pratica outras artes, por meio das quais deixa uma grande produção: cerâmica, escultura, fotografia, cinema (ele colabora com cenários de dois filmes de Buñuel, *Um cão andaluz*, 1929, e *A idade de ouro*, 1930) e litografia. Alguns símbolos são onipresentes na sua pintura: muletas, ouriços-do-mar, formigas, pão e relógios derretidos que ilustram o *continuum* de quatro dimensões do espaço-tempo, as gavetas da memória ou do inconsciente.

2. A ARQUITETURA DE 1914 A 1945

A ARQUITETURA NA FRANÇA: LE CORBUSIER

A partir dos anos 1920, um nome marca o mundo da arquitetura: **Le Corbusier** (1887-1965). Ele vai tirar proveito da obra de Perret em concreto, a tecnologia da máquina, ideias sobre urbanismo de Garnier. A originalidade de Le Corbusier se baseia em suas possibilidades para simplificar, sintetizar princípios antigos. Conhecido sob o pseudônimo Le Corbusier, Charles Edouard Jeanneret-Gris é famoso por ser a origem do conceito de **unidade de habitação** que vai trabalhar na década de 1920. Ele publica seu primeiro livro, *Rumo a uma arquitetura*, em 1923. Esta é uma série de artigos publicados inicialmente em sua revista *L'Esprit Nouveau*, publicada em colaboração com Amédée Ozenfant (1886-1966), que ele conheceu durante uma viagem no Oriente. Ele vai projetar uma arquitetura como uma pintura em três dimensões: a centralidade é substituída por uma textura sem hierarquia; objetos são colocados na periferia e em diferentes planos, para permitir a percepção de vários eventos simultaneamente. Da mesma forma, a partir de edifícios policêntricos, ele define um passeio arquitetônico para a Villa La Roche (1923-1925). **Entre 1920 e 1930**, ele fez uma série de vilas: em Vaucresson (1922), em Paris (1922), em Garches (1927) e outras mais tarde como o Palácio da Liga das Nações, em Genebra (1927). Ele mostra seu compromisso com formas geométricas e sua concepção de moradia como uma "máquina de morar". A partir de 1926, ele define os diferentes pontos de uma arquitetura moderna em *Os cinco pontos da arquitetura moderna*.

- **As paredes estruturais** são removidas e se pode dispor de toda a fachada; os *layouts* interiores são livres.
- **A planta** é livre em todos os andares e gerada pela estrutura independente.
- **A fachada livre** é muito fina, deixando entrar a luz.
- **Os pilotis** permitem "tirar" a casa do chão e liberar um espaço normalmente construído.
- **O terraço** tem outra função, a de espaço de lazer, descanso. Ele vai ensinar todos os frutos de sua pesquisa entre 1912 e 1966, em trinta e cinco livros. Depois da guerra, ele se dedica mais ao projeto de urbanismo: a Cidade Radiante de Marselha (1952).

A EVOLUÇÃO ARQUITETÔNICA NA ALEMANHA: A BAUHAUS

A Alemanha no final do século XIX tem um desenvolvimento industrial prodigioso, mas não tem uma política habitacional e de economia doméstica, tornada inevitável pela extensão de seu novo proletariado. A Bauhaus foi fundada em Weimar por **Walter Gropius** (1883-1969) em 1919. No início, ele segue as atividades revolucionárias de **William Morris** (1834-1896) e do movimento inglês *arts and crafts* (artes e ofícios). É só em 1923 que ele se orienta para a indústria e tecnologia, uma síntese das artes e da produção industrial. Após sua transferência para Dessau, a Bauhaus, sob a direção sucessiva de **Hannes Meyer** (1889-1954) e **Ludwig Mies van der Rohe** (1886-1969), será marcada no ensino de arquitetura por um aprofundamento, promovendo a ideia de formar arquitetos em bases metódicas e científicas destinadas a estabelecer rigorosamente os níveis constitutivos do trabalho em arquitetura. **A partir de 1918, na Alemanha**, o expressionismo se afirma, mas com resultados muito diferentes do que os de outros países. **Bruno Taut** (1880-1938), após a criação de sua famosa casa de vidro, o palácio de gelo, hoje destruído, em Colônia, em 1914, tornou-se o líder de um grupo de arquitetos que queria revalorizar a realidade arquitetônica da Alemanha depois da guerra. **O concreto armado** é usado como nos Estados Unidos e na França, com a Sala do centenário em em Breslau (1911-1913), para tomar, nos anos seguintes, as formas mais revolucionárias dos principais mercados de Frankfurt (1926 a 1928). Depois de 1930, a tendência não será apenas para solução humana ou orgânica ou para a adaptação da arquitetura para os objetos mais amplos da realidade social, mas também requer um estudo mais aprofundado para reposicioná-los no contexto da cidade e do meio ambiente.

3. A ESCULTURA DE 1914 A 1950: A AUDÁCIA

No início do século XX, a escultura entra em uma fase evolutiva com o aumento da ousadia, ao se liberar de restrições realistas de séculos anteriores. O artista agora força a natureza a se submeter a suas visões do mundo para substituir o mundo real que o rodeia. Nunca, durante esse século, a diversidade de estilos foi tão grande. Influenciada pelas revoluções estéticas, a escultura apresenta pesquisa sobre materiais cuja extrema diversidade exprime preocupações modernas em ruptura com todas as tradições. A escultura do século XX deve sua liberdade a alguns artistas já conhecidos como pintores tanto quanto às pesquisas de escultores profissionais. *O mediterrâneo* (1905), de Maillol, pode ser considerada a primeira grande obra de escultura do século XX: "Eu construo minhas figuras segundo um plano geométrico; o Mediterrâneo está enquadrado em um quadrado perfeito"[284], disse ele. Mas a primeira obra a se desviar das formas tradicionais de escultura é *O violão* de Picasso, em 1912, composição em chapa de aço sem base. Matisse começa a escultura a partir de 1894, quando entra na Academia de Belas-Artes. Inicialmente, ele se dedica a esculturas de animais. Em dez anos, entre 1900 e 1910, ele produz por volta de setenta esculturas sem interesse na busca de novos materiais. Como **Rodin**, ele compartilha a mesma adoração do nu feminino. *Duas mulheres negras*, em 1908, sua aspereza de expressão, coincide com o início de sua coleção africana e oceânica. Os seus quatro baixos-relevos em *Os nus de costas*, 1900, em versões sucessivas, vão de 1909 a 1930 e atingem um despojamento máximo, com a figura formando cada vez mais corpo com o fundo. Em *Nu de costas n⁰ 4*, existe uma simplificação das formas e uma monumentalização do corpo que se encontra em *A dança* (1911). Outros pintores levarão a escultura à sua autonomia total. Pode-se questionar se há uma escultura cubista que não seja apenas uma imitação

---

284. Judith Cladel, *Aristide Maillol, sa vie, son oeuvre, ses idées* [Aristide Maillol, sua vida, sua obra, suas ideias], Paris, Grasset, 1937.

estilística da pintura. A maior crítica feita foi a de ter sido concebida por pintores. A multiplicidade de caminhos e obras impede que seja vista de outra forma além de uma realidade plural e multifacetada. A partir de 1907 aparecem novas tentativas de representar objetos. **Braque** e **Picasso** inauguram a escultura cubista. **Alexander Archipenko** (1887-1964), quem primeiro teve a intuição do valor volumétrico dos vazios, alterna côncavo e convexo em suas obras e emprega materiais transparentes: *Figura em pé* (1920). Todos os escultores cubistas têm vontade de romper com a abordagem psicológica de impor o objeto ao mundo. **As artes africanas**, oceânicas, na Paris do início desse século, têm grande influência sobre esses artistas, deixando descobrir a primazia do objeto sobre o assunto, evocando a realidade por meio de um conjunto de sinais, emblemas, abreviações. São os "vazios ativos" de Archipenko e os "buracos" de **Ossip Zadkine** (1890-1967), com *Orfeu* (1956), **Henry Moore** (1898-1986), fundador do renascimento da escultura inglesa e suas silhuetas furadas, os volumes desmaterializados de **Antoine Pevsner** (1886-1962) e de **Naum Gabo** (1890-1977) com contrapontos de Arp, a dialética do côncavo e do convexo, do aberto e do fechado.

❖ **Marcel Duchamp** (1887-1968), por volta de 1913, afasta-se da pintura e se dedica aos *ready-mades*, esses objetos "prontos", que ele escolhe por sua neutralidade estética: *Roda de bicicleta* (1913); *Porta-garrafas* (1914); *Fonte* (1917), que é um urinol invertido e assinado por R. Mutt, mostrando que qualquer objeto pode se tornar uma obra de arte.

❖ **Picasso** (1881-1973). A atividade criativa de seu gênio multiforme se exerce em todas as direções e em todos os materiais, em sua primeira estatueta de bronze, em 1962, com grandes recortes de chapas de aço pintadas, de suas primeiras cabeças de mulheres em argila, em bolas sobrepostas, de seus corpos montados em fios de massa. A escultura de Picasso vai revolucionar o século XX. *A cabeça de Fernando*, em 1909, inclui um tratamento em faceta da superfície, mas sua singularidade reside nos vários objetos diversos que ele reúne, associa, como papelão e chapas de metal para *O violão*, em 1912; vidro e verdadeira colher de absinto para *O vidro de absinto*, em 1914; tecido, madeira e construção de metal para *Construção em flor*, em 1938. O conjunto célebre de *Cabeça de touro* (1942) combina uma sela e um guidão. Podemos considerar *O louco* (1905), derivado de um retrato de **Max Jacob**, como o primeiro passo significativo na sua evolução. Na década de 1930, uma série de estatuetas, a maioria do sexo feminino, mostra que a deformação das aparências humanas atingiu o auge. Os anos 1940-1950 marcam o triunfo da escultura de sucata: *Mulher com carro de bebê* (1950), *Guenon e seu filho* (1952).

❖ Antes de **Constantin Brancusi** (1876-1957), ninguém tinha procurado a forma pura, levado mais longe o desdém pelo acidente. Suas esculturas tiram energia a partir de sua extrema simplificação. Ele visa encontrar "a essência das coisas". *O beijo* (1923), uma de suas primeiras criações, é também uma das mais famosas, opondo-se ao *Beijo* de Rodin, cujos métodos ele rejeita. Entre o momento em que ele realiza *A musa adormecida*, em 1910, a última versão e a primeira, em 1906, ele descobre o ovo, mãe da forma da cabeça humana, que contém todas as outras. Tomado em várias réplicas, ele vai criar *O recém-nascido*, em 1915, e depois *A origem do mundo*, em 1924. Brancusi se concentra nos grandes temas universais: vida, morte, amor. A partir de 1910, o do animal terá um lugar importante. *A Maiastra* (1912), uma ave fabulosa, em sua primeira versão, será uma tentativa de colocar suas esculturas no espaço. Em versões posteriores, ele vai eliminar o bico: *O pássaro no espaço*, em 1921. O artista aspira a uma elevação da alma e do ser; sua obra volta-se para o infinito com *Coluna sem fim*, de 30 m de altura, que se torna o primeiro pilar de uma arquitetura imaginária. Embora o mundo animal seja uma parte importante de sua obra, com *Galo gaulês*, em 1935, e *O peixe*, em 1922, a figura humana que ele trata da mesma forma também tem o seu lugar: *Senhorita Pogany*, *A dançarina* e *Princesa X*, em 1920, esta última considerada obscena e removida do Salão dos Independentes. Sua influência será grande em artistas como Arp, Archipenko, Pevsner ou na escultura americana entre 1960 e 1970.

CAPÍTULO XX
A LITERATURA NA FRANÇA DE 1914 A 1945

1. A RUPTURA DOS GÊNEROS LITERÁRIOS

Serão necessários a ansiedade e o desastre causados pela Primeira Guerra Mundial (1914-1918) para o nascimento de um novo espírito. Um dos grandes negócios do século é a mudança do lugar do escritor, que acede ao *status* de intelectual. **O caso Dreyfus** é, na última década do século XIX, o ponto de partida para o surgimento do escritor intelectual responsável. Duas tendências literárias estão surgindo. Uma delas é conservadora e inclui escritores religiosos e patrióticos, como **Charles Péguy** (1873-1914), ou nacionalistas, como **Maurice Barrès** (1862-1923). A outra é dominada por ideias socialistas, com **Anatole France** (1844-1924) e **Romain Rolland** (1866-1944). Para além dessas duas tendências, há também os inclassificáveis: **Alain-Fournier** (1886-1914), **Pierre Loti** (1850-1923), **Valery Larbaud** (1881-1957) ou ainda **Blaise Cendrars** (1887-1961), cada um encontrando uma maneira de ficar à margem da política, por meio do idealismo e do espírito de aventura. Os escritores vão ser tentados a ampliar o alcance do gênero romance, tornando-o um lugar de expressão. Eles estão envolvidos em sua época. Malraux, na década de 1920, viaja duas vezes ao sudeste asiático, na primeira para explorar templos Khmer e, depois, como jornalista político. **Giraudoux** só inicia a sua carreira de escritor teatral em 1928. Ao atualizar heróis e tragédias antigas, ele oferece uma resposta para as perguntas, as ansiedades do seu tempo. A crise da década de 1930 não permite mais passar ao largo da história. A ascensão dos nacionalismos leva muitos artistas e escritores a tomarem uma posição. O Partido Comunista desempenha o papel de um poderoso polo de atração. Desde a Primeira Guerra Mundial, nasce uma rejeição ao velho mundo, à ideologia e às culturas antigas que permitiram o massacre. O que também caracteriza a literatura do início do século XX é a ruptura dos gêneros literários. A renovação das formas está na moda; o século herda sua modernidade e continua a promover suas próprias vanguardas. Vários fatos afetam a literatura.

> **AS PRINCIPAIS CARACTERÍSTICAS DA PRIMEIRA LITERATURA DO SÉCULO XX**
> - **A dúvida sobre o progresso** da máquina e tecnologia
> - **A importância dos meios de comunicação**
> - **O lugar ocupado pelas mulheres** na sociedade
> - **O individualismo moderno,** que dá o direito de felicidade para todos
> - **A revolução artística** desde o início do século XX, que vai condicionar a literatura, sua expressão e sua linguagem
> - **As fronteiras da Europa** e do mundo se rompem

2. UM INCLASSIFICÁVEL MARCEL PROUST

A vida de Louis Valentin Georges Eugène **Marcel Proust** (1871-1922) pode ser dividida em dois períodos: um após a infância, a formação que se estende de 1882 a 1909, e a da reclusão, a realização de seu trabalho monumental, de 1909 até sua morte, em 1922. Entre 1882 e 1909, ele começou uma vida social brutalmente interrompida pela morte de sua mãe em 1905. Ele acumula materiais para *Em busca do tempo perdido* desde *Jean Santeuil* (1895-1899) até a fase de maturação, que começa em 1908. A partir de 1909, ele se enclausura em seu quarto, escreve *Em busca...*, desde a publicação paga por ele mesmo de *No caminho de Swann* (1913) até receber o prêmio Goncourt em 1919 por *À sombra das raparigas em flor*. A pneumonia ligada ao desgaste resultante de um trabalho exaustivo o levam à morte em 18 de novembro de 1922.

O TEMPO EM PROUST

Em 1913, Marcel Proust publica o primeiro volume de *Em busca do tempo perdido*, intitulado *No caminho de Swann*, romance que já anuncia os temas do ciclo. Depois de uma primeira série de romances preparatórios para *Em busca...*, intitulada *Jean Santeuil*, ele esboça sua obra-prima, muito influenciado por *Matéria e memória* de **Bergson**, de 1896, no qual o autor se opõe às restrições que a inteligência impõe à consciência e à riqueza infinita de vida interior. Proust tem uma construção circular que deve ser considerada em termos de seu objetivo: a salvação. Assim, os pais do narrador são salvos por sua bondade natural; grandes artistas, como o pintor Elstir, o compositor Vinteuil, por sua arte; e Swann, pelo sofrimento de seu amor. Proust sabe que sensação, que forma o tecido primeiro da memória, é difícil de identificar, evocar, e mais difícil ainda de conectar com as outras para formar uma memória, e é por isso que atribui tanta importância à famosa madeleine embebida em chá de limão. Em sua busca pelo tempo perdido, ele não inventou nada, mas mudou tudo: a seleção, a fusão, a transmutação dos fatos e sua unidade subjacente, trabalhando a condição humana sob todos os aspectos. O romance do século XX foi afetado por *Em busca do tempo perdido*, uma das realizações supremas da ficção moderna. Tomando como fonte primária sua vida passada, o autor faz do tempo perdido um tempo irreversível, enfatiza a futilidade do esforço humano, mas sua conclusão mostra a importância da vida quotidiana. Seu estilo é um dos mais originais de toda a literatura e é único por sua precisão, sua potência e encantamento. A unidade de conjunto da obra é mantida pelo "eu" do narrador desde a infância em Combray (*No caminho de Swann*), os encontros amorosos (*À sombra das raparigas em flor*, *Do lado de Guermantes*), a revelação da homossexualidade (*Sodoma e Gomorra*), o amor trágico por Albertine, exclusivo (*A prisioneira*) até a morte (*Albertine desaparecida*), e, finalmente, o fechamento do ciclo (*Tempo redescoberto*). Por meio de cada experiência, o narrador descobre o tempo que modifica os seres, a oportunidade de recuperar o passado pela obra de arte que ilumina a vida real.

3. O PRIMEIRO SÉCULO XX LITERÁRIO NA FRANÇA

Como sempre, a literatura francesa vai se adaptar às novas condições na vida política, social, econômica, a novos públicos, ao fascínio crescente por modelos literários estrangeiros. O século se abre com a despreocupação, o otimismo, a *Belle Époque*. O simbolismo, o naturalismo, o *vaudeville* do século anterior ainda estão presentes; o novo espírito literário ainda não foi formado. Aparece uma nova revista que rapidamente se torna uma editora: *La Nouvelle Revue Française*. Dois movimentos se afirmam: dadaísmo e surrealismo. Por que continuar a acreditar uma e outra vez no homem? A resposta a essa pergunta angustiante é fornecida de modo diferente nas duas correntes literárias imediatamente após a Primeira Guerra Mundial. Por um lado, "dadá", termo absurdo que não significa absolutamente nada, emprestado voluntariamente do vocabulário infantil, denuncia uma condição sem sentido humano intolerável, levando ao niilismo. Por outro lado, os surrealistas querem encontrar, para além da realidade e de suas aparências, a verdade de um sentido que nos escapa completamente de forma espontânea.

A EVOLUÇÃO DA POESIA

A poesia da primeira metade do século XX é tanto herdeira quanto inovadora, com clara preferência pelo verso livre. Esse é o tempo dos descobridores, com **Blaise Cendrars**, *A prosa do Transiberiano* (1923); **Guillaume Apollinaire**, *Álcoois* (1913), *Caligramas* (1918); **Victor Segalen**, *Estela* (1912); Max Jacob, *O copo de dados* (1917); **Saint-John Perse**, *Louvor* (1911), *Anabase* (1924). **Apollinaire** desenvolve na poesia novos caminhos do mundo moderno. Em seus *Caligramas*, ele fornece uma nova técnica: os poemas-desenhos. Eles exploram, caçam o cotidiano, rompem com a forma a partir do desaparecimento da rima, da pontuação, do verso metrificado, exploram o ritmo das sonoridades. Eles também são verdadeiros pesquisadores por meio de correntes como o dadaísmo e o surrealismo; são os colaboradores dos pintores do mesmo movimento ou os próprios pintores.

DADAÍSMO: NENHUMA REGRA

A expressão do *dadaísmo* quer ser feita pela abolição de qualquer ato formal, qualquer regra, tanto na literatura como nas artes. A partir dos expressionistas emerge outro grupo, que ainda se recusa ainda mais a qualquer referência ou a qualquer construção ou significante; o artista deve expressar em seu trabalho o absurdo do mundo, contido apenas na palavra infantil, *Dadá*. Dadaísmo é um movimento literário e artístico fundado por Tristan Tzara (1896-1963) com artistas como Hans Arp, Francis Picabia e Marcel Duchamp. Uma das razões para a sua criação se deve ao desespero provocado pela Primeira Guerra Mundial e o impulso contra os valores burgueses e a civilização moderna. Não é um estilo artístico, mas é o resultado de um grupo que quer enfatizar a espontaneidade e o acaso. A expressão do dadaísmo se faz pela abolição de toda lei formal, de toda regra, tanto na literatura como nas artes. O movimento Dadá nasce em 1916, com *A primeira aventura celeste do Sr. Antipyrine*, texto escrito por Tzara, no qual afirma que o pensamento está na boca (*Sete manifestos dadá*, 1924) e recusa qualquer forma de discurso construído, mas se entrega ao exercício dos "poemas simultâneos". O dadaísmo queria desintegrar as estruturas da linguagem coerente. As principais obras de Tzara são O homem aproximativo (1931), *A anticabeça* (1933) e *O coração a gás* (1946).

O SURREALISMO (1919 A 1935): UMA REALIDADE MAIS VASTA

O movimento floresceu na Europa entre as duas guerras mundiais nas artes pictóricas e na literatura. Ele progride fora do movimento Dadá. O movimento representa uma reação contra a destruição causada pelo "racionalismo" no comando da cultura e da política europeia que levou aos horrores da Primeira Guerra Mundial. O próprio termo "surrealismo" é devido a **Guillaume Apollinaire** para descrever uma experiência literária ou artística que transcende a realidade, pelo que qualifica *Tetas de Tirésias* como "drama surreal". De acordo com o principal porta-voz do movimento, o poeta e crítico André Breton, que publicou o *Manifesto do Surrealismo*, em 1924, o surrealismo é uma maneira de reunir o consciente e o inconsciente da experiência. Baseando-se fortemente em teorias de Sigmund Freud adaptadas, Breton viu o inconsciente como a fonte do imaginário. **Louis Aragon** (1897-1982), **René Char** (1907-1988) e **André**

Breton (1896-1966), muito inspirados pelo freudismo, querem ir além da tradicional oposição entre sonho e realidade, por meios que vão da hipnose à loucura, da semiconsciência às visões. O aparentemente incompreensível é significativo e deve se revelar na prática da escrita automática, dos *cadavres exquis* (cadáveres esquisitos), dos devaneios. O surrealismo evolui rapidamente, impulsionado pelo desejo de ser ancorado em um real sublimado, para a ação política, como o que acontece com Aragon convertido ao comunismo depois de uma viagem para a URSS em 1931. Em 1938, em Paris, ocorre a Exposição Internacional do surrealismo, durante a qual André Breton e Paul Éluard escrevem um *Dicionário resumido do surrealismo*. O surrealismo termina logo após a morte de André Breton, em setembro de 1966. Os principais autores são **Guillaume Apollinaire** (1880-1918), *Álcoois, As tetas de Tirésias*; **Louis Aragon** (1897-1982), *Le Paysan de Paris* (*O camponês de Paris*), *O homem comunista, Semana santa, Le Fou d'Elsa* (*Louco por Elsa*); **Antonin Artaud** (1896-1948), *L'ombilic des limbes* (*O umbigo dos limbos*), *Heliogábalo, Van Gogh ou o suicídio da sociedade*; **André Breton** (1896-1966), *Os vasos comunicantes, Nadja, L'Amour Fou* (*O louco amor*), *Arcano 17, Antologia de humor negro*; **Paul Éluard** (1895-1952), *L'Amour la poésie* (*O amor à poesia*), *Vida imediata, Les yeux fertiles* (*Os olhos férteis*), *O livro aberto*; **Jacques Prévert** (1900-1977), *Fatras, Paroles* (*Palavras*), *Tour de chant* (*Torre de canto*).

Literatura e manifesto

Em março de 1919, Breton, Aragon e Philippe Soupault fundam a revista *Littérature*, que rompe, em 1920, com o dadaísmo. Em 1924, Breton escreve o *Manifesto do Surrealismo*, dando ao grupo sua bíblia. De acordo com Breton, a motivação última da experiência surreal é o desejo, o que leva ao conhecimento. Depois de 1945, o movimento se manifesta menos em revistas, ainda que numerosas (*Médium, Le Surréalisme, même; La Brèche...*), do que nas exposições, principalmente a da galeria Maeght, de 1947. O surrealismo organizado termina pouco depois da morte de André Breton, em setembro de 1966.

O TEATRO E A ESCRITA AUTOMÁTICA

Este é também o momento da escrita automática, exploração do inconsciente, com **André Breton**, o teórico do movimento, **Louis Aragon**, *O movimento perpétuo* (1925), **Philippe Soupault**, *Os campos magnéticos* (1920), **Paul Eluard**, *Capital da dor* (1926). A **poesia-canção** aparece como popular, com um público cada vez mais amplo; em seguida, vêm **Léo Ferré, Georges Brassens, Boris Vian, Jacques Brel**. O teatro de *boulevard* continua com Jules Romains (*Knock*, 1928), Marcel Pagnol (*Marius*, 1929; *Topázio*, 1933), Sacha Guitry (*Désiré* [*Desejado*], 1927), **Marcel Achard** (*Jean de Lune*, 1929). **Jean Anouilh** privilegia uma abordagem moralista com temas diversos como

Antígona, em 1944, ou mais leves como *O viajante sem bagagem*, em 1937. Na verdade, é a Jarry que se devem os fundamentos do teatro moderno, com *Ubu rei* (1896), o palco com a função de favorecer a irrupção do irracional, do sonho e do humor. Em 1926, **Antonin Artaud** funda, com **Roger Vitrac**, o Teatro Alfred Jarry e escreve dois textos fundamentais sobre o teatro: *Manifesto do teatro da crueldade* (1932) e *O teatro e seu duplo* (1938). **O teatro literário** é renovado com **Paul Claudel**, marcado pela fé cristã ou a retomada de mitos antigos e tragédias, Giraudoux (*La guerre de Troie n'aura pas lieu* [*A guerra de Troia não acontecerá*], 1935), para estigmatizar os perigos iminentes do período entreguerras, Cocteau (*Orfeu*, 1926; *A máquina infernal*, 1934), Sartre (*As moscas*, 1943), **Montherlant** (*La Reine Morte*, [*A rainha morta*] 1942). Os escritores influenciados por **Brecht** e **Pirandello** produzem peças engajadas política e socialmente. A responsabilidade individual e coletiva ocupa um lugar importante, como para **Sartre** com *Les mains sales* (*As mãos sujas*) (1948), e Camus com *Os justos* (1949). É nesse contexto que surgem **o teatro do absurdo** e o existencialismo. **Antonin Artaud**, com *O teatro e seu duplo*, em 1938, revoluciona a arte do teatro, enquanto **Ionesco**, com *A cantora careca*, em 1950, introduz a ironia, a derrisão; a ausência é o tema de **Samuel Beckett** em *Esperando Godot*, de 1953.

CAPÍTULO XXI
A FILOSOFIA NA FRANÇA E NA EUROPA ANTES DE 1945

A filosofia contemporânea será em grande parte devedora à do século anterior. Os desenvolvimentos, as respostas trazidas pelas novas gerações de filósofos, as transformações que estes últimos operam nas orientações da filosofia farão aparecer noções novas que se instalam no centro da filosofia contemporânea. Certo número de grandes correntes filosóficas, da Europa aos Estados Unidos, nascidas no contato com o mundo social, político, científico, transmitirão uma variedade de doutrinas e conceitos. Além disso, elas se influenciarão mutuamente. Ligada aos acontecimentos, guerras mundiais, descobertas científicas, a filosofia contemporânea é marcada pela diversidade. Essa diversidade de correntes vai da fenomenologia ao existencialismo, à epistemologia da ciência. Até então, a filosofia se limitava ao domínio do conhecimento, acrescida de uma ética, a da política. Diante das transformações que ocorrem em todas as áreas, novas linguagens pictóricas, novas linguagens poéticas, matemáticas, dentre as quais a lógica se torna a mais fundamental de todas, o nascimento de novas disciplinas nas humanidades, a filosofia ainda passaria por outras mudanças.

De Nietzsche até os anos 1960, aproximadamente, a filosofia contemporânea será uma desconstrução do idealismo alemão, da filosofia da subjetividade, uma desconstrução das ilusões da metafísica. **O primeiro quarto do século XX** é influenciado primeiramente pela **filosofia analítica**, cujos fundadores principais são **Bertrand Russell, George Edward Moore** e o austríaco **Ludwig Wittgenstein**. Originalmente, o seu objetivo é chegar à certeza da ciência do saber, bem como à depuração da linguagem. **Nos anos 1920, o positivismo lógico** é representado pelo círculo de Viena. A filosofia analítica será influente na Grã-Bretanha e nos países nórdicos. A filosofia da linguagem é construída em torno de Wittgenstein e vai tornar-se, a partir dos anos 1950, o princípio básico das Escolas de Cambridge e de Oxford. A fenomenologia defende a análise da consciência, a descrição do fenômeno. Husserl é considerado o seu fundador.

Heidegger é tido como um dos precursores do existencialismo, e **Karl Jaspers**, um existencialista teológico. A psicanálise, com os neofreudianos, dentre os quais **Carl Gustav Jung**, terá um impacto significativo sobre o movimento fenomenológico.

1. O CÍRCULO DE VIENA E O POSITIVISMO LÓGICO

Em torno do físico **Moritz Schlick** (1882-1936) se reúnem, a partir de 1922, matemáticos – **Hans Hahn** (1879-1934), **Kurt Gödel** (1906-1978) –, filósofos – **Rudolf Carnap** (1891-1970) –, e o sociólogo **Otto Neurath** (1882-1945). Todos têm o desejo de desenvolver uma nova filosofia, com o conhecimento situando-se no centro de sua reflexão; então lhes é preciso propor uma concepção científica do mundo a partir de um método. Os progressos realizados na virada do século XX em áreas como a lógica, a fundação da física e da matemática, baseiam-se na concepção do conhecimento que se podia ter até então, pricipalmente a de **Kant**, dominante na Alemanha. A filosofia deve ter em conta os resultados científicos. Mas depois de ter banido os conceitos vazios de sentido, rejeitado a metafísica e a colocado no posto de pseudossaber, ela terá como objetivo definir os diferentes tipos de uso da linguagem. Será uma linguagem científica baseada em dois níveis de verdade: o da lógica, ou do conhecimento analítico, e o dos fatos, ou do conhecimento positivo; daí o termo "positivismo lógico" para designar sua lógica. O movimento vai cessar suas atividades em 1938, mas terá uma continuidade nos Estados Unidos e na Grã-Bretanha.

2. O PRIMEIRO E O SEGUNDO WITTGENSTEIN

É em Viena, cidade renascentista, que são construídas as bases do pensamento contemporâneo. Durante sua vida, Ludwig Wittgenstein publica apenas um livro, o *Tractatus logico-philosophicus* (1921). O livro é dividido em sete aforismos principais numerados de 1 a 7. Seu objetivo é responder à pergunta: "O que é possível expressar?" Uma das questões dominantes desse livro é resolver a possibilidade da representação proposicional da linguagem de falar do mundo e dizer algo verdadeiro dele. Duas realidades se enfrentam: a da linguagem e a do mundo. A primeira se apresenta como a "totalidade das proposições", a segunda, "em fatos". As condições de possibilidade do discurso configuram uma forte oposição entre o que pode ser "dito" e o que só pode ser "mostrado". O *Tractatus* apresenta uma crítica dos modos de expressão da ciência e da filosofia, e um conjunto de aforismos. Em 1911, ele faz o curso de Russell, em Cambridge, quando este último acabava de concluir os *Principia mathematica*. Muito rapidamente, ele terá dúvidas sobre a natureza científica da filosofia de Russell. No *Tractatus*, ele insiste nos problemas filosóficos, falsos problemas "cuja formulação se baseia numa má compreensão da lógica de nossa língua". Ele termina com um convite ao silêncio. Desse trabalho, o Círculo de Viena tira uma condenação da metafísica que se fecha num apelo ao silêncio. No chamado "segundo Wittgenstein", as *Investigações Filosóficas* reorientam o questionamento sobre a linguagem, voltando-se para a análise das diferentes linguagens e do sistema de regras que as regem. Ele não está interessado na linguagem como acesso à verdade e se volta para o seu uso corrente. Ele se concentra nos "jogos de linguagem", que são tributários de normas precisas, e em evocar as interações verbais que ocorrem entre os indivíduos. **A linguagem** não é apenas um conjunto de signos, mas também a expressão da comunicação com o outro. Assim como o *Tractatus* será o ponto de partida do positivismo lógico, o segundo Wittgenstein suscitará outra corrente de pensamento, o da filosofia da linguagem comum, com o seu principal representante, o britânico **John Austin** (1911-1960), professor em Oxford nos anos 1950 e cujo livro *Quando dizer é fazer* (1962) é uma discussão sobre a teoria da linguagem.

3. FREGE E RUSSELL: A LINGUAGEM

Gottlob Frege (1848-1925) é considerado um dos fundadores da lógica contemporânea. Embora seja um dos fundadores da filosofia da linguagem, é **Bertrand Russell** (1872-1970) que disseminará essas ideias. **Frege**, para melhor eliminar a intuição, vai liberar a aritmética dos laços que a ligam às línguas naturais, reformulando-a num sistema de signos convencionais. Sua tese será mostrar que a matemática pode ser derivada da lógica e é chamada **logicismo**. O *Begriffsschrift*, escritura das ideias, a ideografia[285], lança as bases da lógica simbólica moderna.

4. A FENOMENOLOGIA DE HUSSERL

Edmund Husserl (1856-1938), matemático de formação, orienta-se para a filosofia sob a influência de **Franz Brentano** (1838-1917). Ele publica *A filosofia da aritmética*, em 1891, as *Pesquisas lógicas*, em 1900, *A filosofia como ciência rigorosa*, em 1910-1911, *A crise das ciências europeias e fenomenologia transcendental* em 1936. Seu objetivo é estabelecer os fundamentos da verdade científica sem recorrer ao positivismo e ao psicologismo. Em suas *Pesquisas lógicas*, antes de esclarecer sua posição em *Meditações cartesianas* em 1931, a fenomenologia, mais do que uma filosofia do conhecimento, é uma ciência capaz de restabelecer a ligação entre o eu e o mundo, o sujeito e o objeto. Há uma interação permanente e recíproca entre a consciência do sujeito e o mundo.

---

285. Gottlob Frege, *Les Fondements de l'arithmétique* [Os fundamentos da aritmética], Paris, Le Seuil, "L'ordre philosophique" [A ordem filosófica], 1969.

A consciência permite fornecer uma explicação do mundo, que, em contrapartida, enriquece e constrói a consciência. Os dois conceitos em que a fenomenologia se baseia são a intencionalidade e a presença. O primeiro é um movimento da consciência para o mundo, e o segundo, um retorno do mesmo para a consciência. A presença no mundo é uma experiência fundadora e existencial do ser humano. Fenomenologia de Husserl pretende exceder o empirismo e o idealismo, aliando a intuição cartesiana e a constituição kantiana na noção de doação de sentido próprio à consciência. Heidegger, abrindo o campo da fenomenologia da existência por uma ontologia crítica da metafísica, será o primeiro oponente de Husserl. Se a fenomenologia é um esforço para restituir à filosofia sua tarefa primeira, a de uma ciência rigorosa, é também um método partindo de um princípio de "retorno às coisas".

5. OS FILÓSOFOS EPISTEMÓLOGOS

O que se entende por "epistemologia"? O termo *episteme* em grego (saber, ciência) opõe-se a *doxa* (opinião) e é, portanto, o estudo das teorias científicas. Por epistemologia, os anglo-saxões fazem alusão a um ramo especializado da filosofia, da teoria do conhecimento. Sua finalidade é zelar por

> fazer totalmente abstração das coisas a que visa a ciência e que ela toma, ela mesma, como objeto [...], ela se atribui como campo exclusivo de estudo, não aquele sobre o qual se debruça a ciência [...], mas o que ela diz dele[286].

Assim, a epistemologia estuda a formação e a estrutura dos conceitos e das teorias científicas, o objeto e o alcance desses conceitos, os limites e os valores do desígnio científico. Seus métodos vão, portanto, dizer respeito aos problemas de significação da verdade, aqueles da lógica e da validade da ciência, os limites e o valor do procedimento científico.

❖ **Gaston Bachelard** (1884-1962) se destaca pela diversidade de seu pensamento, que se baseia tanto na física ou na química quanto na matemática, em plena revolução, que reinterpreta Jung e Freud. Ele participa do início de uma epistemologia que concebe o progresso da ciência como uma sequência de descontinuidades. Ele se opõe a Bergson sobre o problema do tempo, reivindicando uma filosofia do instante contra sua filosofia da duração. Para ele, a continuidade é contestável, uma vez que ela empobrece o eu conceitual, já que o presente seria apenas a continuação de um renascimento incluído no movimento. **Bachelard** não deixará de

---

286. Robert Blanché, *L'Épistémologie* [A epistemologia], Paris, PUF, "Que sais-je ?" [O que eu sei?], 1972, p. 120.

se dissociar da fenomenologia de Husserl e se afastar da mitologia do "primitivo" e do "originário" que, segundo ele, confunde a reflexão de **Husserl**. Em sua grande obra, *A formação do espírito científico* (1938), cujo subtítulo é *Contributo para uma psicanálise do conhecimento*, o objetivo é mostrar o que impede, o que dificulta o raciocínio científico em nosso inconsciente. O primeiro desses obstáculos é a "experiência primeira"; ele então faz um inventário desses outros obstáculos, "obstáculos substancialistas", "obstáculos animistas", e mostra como estão enraizados em complexos inconscientes. Esse livro é uma exploração da dimensão psicológica e pedagógica das lições a serem tiradas das novidades científicas. Assim, para ele, o espírito científico exige uma verdadeira catarse intelectual e emocional. A realização desse projeto resultará na *Psicanálise do fogo*, em 1938, porque a ciência não progride de maneira contínua, mas por meio das fraturas que exigem uma psicanálise das ilusões, psicanálise que vai destacar as noções fonte de distúrbios do conhecimento objetivo. É no *Novo espírito científico*, em 1934, que ele coloca gradualmente a ideia de uma epistemologia progressiva. A filosofia não funda mais a ciência, mas "a ciência cria a filosofia". Nesse livro, ele tem o objetivo de introduzir uma epistemologia nova em sintonia com a ciência contemporânea, mas atenta às leis consideradas eternas. Daí a necessidade de um novo "espírito científico" em ruptura com o senso comum. Apreende-se aí o valor formador que se efetua numa "filosofia do não" por uma superação da geometria **euclidiana**, da física **newtoniana**, da epistemologia cartesiana.

❖ **Georges Canguilhem** (1904-1995) foi um historiador da ciência na tradição de **Bachelard**. Esse médico filósofo refletiu particularmente sobre as possibilidades e os limites da racionalidade própria à medicina. Em seu estudo sobre *O normal e o patológico*, em 1943, trabalho de sua tese de doutorado em medicina que influenciará principalmente **Michel Foucault** em *O nascimento da clínica* (1963), ele confere à clínica sua importância e restringe o alcance dos exames de laboratório. Em *A formação do conceito de reflexo*, ele introduz, como Bachelard, o que impede o desenvolvimento científico, os modelos afetivos e sociais que atrapalham a ciência. Embora seja muitas vezes visto como discípulo de **Gaston Bachelard**, filósofo da ruptura epistemológica, Canguilhem foi aquele que fez a distinção entre conceito e teoria.

❖ **Karl Popper** (1902-1994) em *Lógica da descoberta científica*, em 1935, levanta a questão de como distinguir ciência real de pseudociências, distinguir uma teoria científica de uma teoria que não é científica. O que diferencia a teoria de **Einstein** daquela do marxismo ou da psicanálise? Ele define, assim, a cientificidade de uma hipótese a partir de sua veracidade, e não de sua falsidade. Marxismo e psicanálise, portanto, não são refutáveis; não são, portanto, ciência.

6. A FILOSOFIA DO SER: MARTIN HEIDEGGER

O fato de Heidegger (1889-1976) ter pertencido, até 1945, ao Partido Nazista continua a suscitar muitas discussões sobre o seu papel de intelectual e a responsabilidade que lhe incumbe. Assistente e discípulo de Husserl, Heidegger mostra que apenas o homem é capaz de colocar o problema do ser, fonte fundamental de toda a existência, em seus principais livros, *Ser e tempo* (1927), *O que é a metafísica?* (1929), *Da essência da verdade* (1943), *Carta sobre o humanismo* (1947), *O que chamamos de pensar?* (1954). É preciso ler o que escreve o filósofo Jean Beaufret sobre a complexidade do pensamento de Heidegger:

> Não se resume o pensamento de Heidegger. Não se pode nem mesmo explicá-lo. O pensamento de Heidegger é esta dispersão insólita do próprio mundo moderno numa expressão que destrói a segurança da linguagem de dizer tudo e compromete a acomodação do homem no ente[287].

Heidegger guardará, da lição fenomenológica, a ideia de que é preciso ir à coisa mesma. Essa coisa será o ser. A fenomenologia se estabelece como ontologia, a partir de então devendo "mostrar" o sentido autêntico do ser em geral a partir de uma analítica do ente. A metafísica ocidental é caracterizada pelo esquecimento do ser, erro fundamental que pesa sobre a ontologia de todos os tempos. Em *Ser e tempo*, ele dedica a primeira parte à análise do ser desse ente, o *Dasein*. Ele encontrará a resposta na segunda parte, na temporalidade, "o *Dasein* e a temporalidade". Em epígrafe, ele cita uma passagem do *Sofista* de Platão, no qual este expressa sua dificuldade na compreensão da palavra ente, *to ón*. A questão sobre o conhecimento do ente, se não foi feita nesse momento, vem do fato de que nós não levantamos a questão do sentido do ser. O termo *ente* designa qualquer coisa que seja, qualquer coisa que possa se tornar objeto de especulação ou de experiência. É o que o grego designava com *to ón*, o alemão com *das Sein*, o latim com *esse*. Heidegger quer fundar uma teoria do ser que ele chama de "ontológica" e não apenas do existente individual, que ele chama de "ôntica". A questão da existência para o *Dasein* será um caso "ôntico", do tipo "existencialista", e não "existencial", que se relaciona com a estrutura ontológica do *Dasein*.

O SER-NO-MUNDO

O mundo não é a soma dos objetos que contém; é preciso explicar os objetos por ele e não o mundo pelos objetos. Esse mundo pessoal reduzido aos objetos de nossas

---

287. Jean Beaufret, *Dialogue avec Heidegger* [Diálogo com Heidegger], Paris, Minuit, 1973-1985, 4 vol.

preocupações, esse *Umwelt*, não é necessariamente o que está ao nosso redor no espaço. As realidades de nosso mundo circundante não são tanto coisas quanto ferramentas ligadas ontologicamente a outras ferramentas e que remetem necessariamente à existência de um *Dasein*; a bigorna exige um martelo e um ferreiro.

O SER-COM-OUTRO

Da mesma forma, não há eu sem o mundo, não há eu sem outros eus. Os outros são aqueles que existem ao mesmo tempo que eu. Com *mit e auch* são existenciais, ou seja, os constituintes do ser de minha própria existência. Não há eu senão em relação ao outro. É pelo fato de o *Mit-Sein*, "o ser-com", passar despercebido para a maioria das pessoas que nasceram teorias sobre a origem artificial das sociedades. Mergulhada no *Mit-Sein*, minha existência é heterônoma. O *Nós*, a coletividade, retira de cada um o sentimento de sua responsabilidade. Há uma possibilidade de se elevar ao *Dasein* autêntico. No entanto, somos "jogados-no-mundo", sem que o queiramos, e privados de qualquer ajuda. Daí dois sentimentos, angústia e medo. Aquele, verdadeiro, que nos arranca do *Dasein* inautêntico e nos leva ao *Dasein* autêntico, é a angústia, provocada pelo próprio mundo. Somos liberados do império do *Nós* e colocados diante de uma opção inevitável de sermos nós mesmos. A angústia nos conduz a apercepções de que existimos para a morte. Daí, para Heidegger, seria preciso se conhecer inclusivamente até a morte, saber que de fato nos é recusado, pois não experimentamos a morte pelo moribundo. O pensamento de Heidegger teve influência considerável sobre pensadores como **Jean-Paul Sartre, Maurice Merleau-Ponty, Alexandre Kojève, Paul Ricoeur, Emmanuel Levinas, Jean-Luc Marion**, mas também **Foucault, Althusser**, e escritores como **Maurice Blanchot, Georges Bataille** e **René Char**.

CAPÍTULO XXII
A FILOSOFIA NA ÁSIA

1. A FILOSOFIA JAPONESA: A NOÇÃO DE PESSOA

Dois nomes surgem desde a primeira década do século XX na universidade: **Genyoku Kuwaki** (1874-1946), influenciado pelo neokantismo, e **Nishida Kitaro** (1870-1945), que fará uma síntese erudita das tradições filosóficas ocidentais e orientais. Seu extremo conhecimento dos filósofos contemporâneos ocidentais, da cultura chinesa e do pensamento de Confúcio deu origem, em seus *Estudos sobre o bem,* à lógica do lugar, *Basho-teki-ronri.* O lugar é o espaço interior no qual se interpreta a relação entre várias coisas nas relações dialéticas formalizadas segundo uma lógica que se refere à forma pela qual se constituíram os seres no mundo real. Mas essa lógica não é apenas de inspiração ocidental; se se inspira em Platão e Hegel, ela também se inspira no budismo mahayana, no qual o lugar remete à noção de nada absoluto. **Hajime Tanabe** (1885-1962) pode ser considerado, após **Nishida**, um representante da escola de Tóquio. Em *Lógica da espécie,* em 1930, próxima da ideologia nacionalista, ele tenta pensar concreta e dialeticamente a espécie aplicando-a à noção de um povo particular e pensando-o como a universalidade do Estado e a singularidade do indivíduo.

2. A FILOSOFIA CHINESA: AMOR À SABEDORIA

O início da introdução da filosofia ocidental na China ocorreu por meio do livro de Huxley, *Evolução e ética,* em 1897, logo seguido por aqueles de **Spencer, Kant, Nietzsche** e **Schopenhauer**. O materialismo histórico está em vigor nos anos 1920. Muitos autores misturam suas próprias tradições ao racionalismo da cultura ocidental. Foi no Japão que a filosofia chinesa foi inventada. **Nishi Amane** (1829-1897) cria o neologismo *Tetsugaku,* "amor à sabedoria", para traduzir o termo de filosofia europeia.

A Universidade de Tóquio, em 1881, também cria uma cadeira de literatura e filosofia chinesa. Desde a criação de um departamento de filosofia em 1914, até a publicação em 1919 de um *Método da história da filosofia chinesa* por **Hu Shi** (1895 a 1990), a filosofia chinesa não deixou de defender sua causa. Os primeiros vinte anos estão concentrados em torno do desenvolvimento da disciplina; os próximos vinte incidirão mais sobre a metodologia. Estimulado por **Feng Youlan** (1895-1990), o método da análise lógica teve uma profunda influência na pesquisa em filosofia chinesa. Nessa primeira parte do século XX, na China, é sobretudo o materialismo histórico que está no centro das atenções. **Liang Shuming** (1893-1988) inventa uma tradição neoconfucianista, mas desempenha um papel importante na introdução da filosofia na China. **Mou Zongsan** (1909-1995) é quem melhor encarna a figura do pensador chinês contemporâneo do neoconfucionismo. Inspira-se em filósofos como Kant, Hegel, Wittgenstein e em sua própria tradição de pensamento. Para ele, existem pontos de convergência entre eles, "darmas comuns". Ele vai tentar dissolver as categorias kantianas para reconstruir os imperativos de Confúcio. A partir de 1950, a filosofia chinesa permanece sob a influência das correntes da filosofia alemã; na China continental, será o marxismo, enquanto, em Taiwan e Hong Kong, Mou Zongsan inspira-se em Hegel e Kant. No primeiro caso, será um estudo dos princípios do marxismo, em particular sobre a ontologia e a dialética.

C. O MUNDO DA SEGUNDA METADE DO SÉCULO XX

CAPÍTULO XXIII
A SEGUNDA GUERRA MUNDIAL
(1939-1945)

1. A CORRIDA DAS ALIANÇAS

Após a Conferência de Munique em setembro de 1938, Hitler está livre para desmembrar a Tchecoslováquia. A tarefa é ainda mais fácil, pois o país está se desmembrando sozinho; Eslováquia e Rutênia declaram um governo autônomo. O presidente tcheco Hácha tenta trazê-los de volta à esfera nacional. Hitler o convoca a Berlim, exige que a Tchecoslováquia solicite a proteção da Alemanha, sob pena de bombardear Praga. Hácha cede. Em 15 de março de 1939, o exército alemão invade a Boêmia e a Morávia, e a independência tcheca acaba. Em 22 de março, é a vez de a Lituânia ceder a cidade de Memel para a Alemanha. Mussolini aproveita a oportunidade para invadir a Albânia, da qual Vítor Emanuel III se torna o novo rei. Março de 1939 abre os olhos das democracias; o chanceler Hitler não é o homem que pensavam ser. A guerra se torna óbvia, e a corrida das alianças começa. França e Reino Unido tentam tranquilizar a Grécia, a Bélgica, os Países Baixos, a Romênia, mas, desde Munique, a confiança se foi. Uma tentativa de reaproximação com a URSS falha. Hitler, por sua vez, alia-se a Mussolini pelo Pacto de Aço, de 28 de maio de 1939. Mas o essencial, para ele, é assegurar-se da neutralidade soviética. Pouco depois do fracasso das negociações entre França, Reino Unido e União Soviética, uma notícia espanta o mundo. Tendo chegado em Moscou em 23 de agosto de 1939, o ministro das Relações Exteriores do Reich, Ribbentrop, assina, com seu homólogo Molotov, o Pacto de Não Agressão Germano-Soviético. Uma cláusula secreta do tratado prevê a partilha da Polônia em benefício dos dois signatários. Certa de não ter de travar uma guerra em duas frentes, como foi o caso durante a Primeira Guerra Mundial, a Alemanha está pronta para entrar no conflito.

O ROLO COMPRESSOR ALEMÃO: SETEMBRO DE 1939-ABRIL DE 1940

Em 1º de setembro de 1939, a *Wehrmacht*, o exército alemão, invade a Polônia. Em 3 de setembro, a França e o Reino Unido declaram guerra à Alemanha. O exército alemão pratica a tática da *Blitzkrieg* ou "guerra-relâmpago": os carros de combate atacam o fronte e progridem rapidamente depois de um bombardeio da Luftwaffe, a força aérea. Quaisquer bolsões de resistência são erradicados mais tarde. Essa ofensiva permite que a Alemanha abra várias frentes e colha êxitos decisivos num curto espaço de tempo. A Polônia é inteiramente dominada em um mês. De acordo com a cláusula secreta do Pacto Germano-Soviético, a Alemanha e a URSS dividem a Polônia entre si em 27 de setembro. Em abril de 1940, as tropas alemãs invadem a Dinamarca. Um ataque contra a Noruega começa, mas é adiado com a chegada de tropas franco-britânicas em Narvik, no norte do país. A Finlândia cede, no outono de 1939, a província de Carélia. A URSS aproveita o conflito para tomar os países bálticos (Estônia, Lituânia, Letônia), que se tornam Repúblicas federadas em agosto de 1940.

A FRANÇA DESMORONA: MAIO-JUNHO DE 1940

É em maio de 1940 que começa a campanha a oeste. Em 10 de maio de 1940, a Bélgica, os Países Baixos e o Luxemburgo são invadidos. Um exército franco-britânico segue em auxílio ao exército belga. Mas o exército alemão surpreende ao atravessar as Ardenas com seus carros de combate sob o comando do general **Heinz Guderian** (1888-1954). Este chega ao Canal da Mancha em 19 de maio, pegando as tropas franco-britânicas pela retaguarda. Em 15 de maio, os holandeses se rendem, seguidos pelos belgas em 27 de maio. Os exércitos franceses e ingleses se refugiam em Dunquerque, que sofre intenso bombardeio da força aérea alemã. Então, a marinha britânica realiza um esforço gigantesco. A Batalha de Dunquerque, entre 25 de maio e 3 de junho de 1940, permite o embarque de cerca de 300 mil homens. A Batalha da França dura de 10 de maio a 22 de junho de 1940. As tropas francesas estavam à espera do inimigo nas fortificações da Linha Maginot, ao longo das fronteiras da Bélgica à Alemanha. As tropas matam ali o tempo desde setembro de 1939. É a chamada "guerra falsa" (*drôle de guerre*); o país está em guerra, mas sem inimigo antes do ataque-relâmpago de 10 de maio de 1940. Os exércitos franceses são abalados; a Linha Maginot, flanqueada, perde sua utilidade. O êxodo leva milhões de franceses às estradas, impedindo o agrupamento de unidades militares. O governo de **Paul Reynaud** (1878-1966) bate em retirada para Tours e depois para Bordeaux. Muitos parlamentares estão bloqueados nas estradas. Em 10 de junho, a Itália declara guerra à França. Em 12 de junho, o general **Maxime Weygand** (1867-1965) ordena uma retirada. Ele propõe ao Conselho dos Ministros um armistício apoiado por **Philippe Pétain** (1856-1951), vice-presidente do Conselho. Apesar dos pedidos reiterados, ele recebe uma recusa. Em 16 de junho, Paul Reynaud apresenta a renúncia de seu governo. O presidente **Albert Lebrun** (1871-1950) recorre ao marechal Pétain como seu sucessor. Em 17 de junho, Pétain pede um armistício por intermédio da Espanha. Ele é assinado em 22 de junho de 1940 em Rethondes, no vagão onde os alemães haviam assinado o armistício de 1918. A Terceira República entra em colapso, substituída pelo Estado francês (1940-1944), o regime do **marechal Pétain**. Em 18 de junho de 1940, o general de Gaulle faz de Londres seu famoso apelo para continuar a luta contra a Alemanha até a vitória final. Subsecretário de Estado no gabinete Reynaud, ele deixa Bordeaux em 16 de junho de 1940 com destino a Londres, declarando dois dias mais tarde nas ondas do rádio britânico: "A França perdeu uma batalha, mas não perdeu a guerra". Em 30 de junho de 1940, ele funda a França Livre, agrupando no início algumas centenas de voluntários para continuar a luta contra a Alemanha. Eles são organizados mais tarde junto das forças francesas livres (FFL), participando das batalhas ao lado dos Aliados, como o general Leclerc no Chade e na Líbia, entre 1941 e 1943, o general Koenig defendendo Bir Hakeim em 1942. Sua importância cresce com o governador-geral Félix Éboué no Chade, mas uma tentativa de desembarque falha em Dakar, em setembro de 1940. O general de Gaulle também deve lidar com a extrema desconfiança de Roosevelt, que o vê como um rebelde ambicioso e mantém relações com o governo de Vichy; não informando o general francês sobre o projeto de desembarque na África do Norte em novembro de 1942; após o êxito, o presidente norte-americano prefere lidar localmente com o general Giraud, fiel a Pétain.

A INGLATERRA SOZINHA NA ARENA: 1940-1941

A Inglaterra fica sozinha. Hitler planeja um desembarque, mas primeiro deve ter o controle do ar. A força aérea alemã, a Luftwaffe, começa a Batalha da Inglaterra em 8 de agosto. Dia e noite, as bases britânicas são bombardeadas, mas diante de sua recusa a ceder, Londres e grandes cidades são, por sua vez, alvejadas. Hitler espera que, desesperados, os ingleses forcem seu governo a se render. O oposto acontece. Os pilotos da Royal Air Force, a RAF, fazem ataques contínuos, causando pesadas perdas à força aérea alemã. Em 7 de outubro, constatando o fracasso de sua operação, o marechal **Hermann Göring** (1883-1945) ordena o fim do ataque. Não tendo conseguido rapidamente levar a melhor sobre a resistência britânica, os estrategistas alemães devem consentir com uma longa guerra, de desgaste. Sem a invasão da Inglaterra, trata-se de levá-la a se dobrar cortando recursos de seu império. O conflito se desloca, assim, para o Atlântico e o Mediterrâneo. A entrada na guerra dos Estados Unidos em dezembro de 1941 aliviará o fardo inglês.

A EUROPA ALEMÃ DE 1941

Em 27 de setembro de 1940, Alemanha, Itália e Japão assinam o Pacto Tripartite, uma aliança defensiva contra a URSS. Entre junho e agosto de 1940, com o acordo da Alemanha, a Romênia é, em grande parte, desmembrada em favor da URSS, Hungria e Bulgária. Mussolini ataca a Grécia em outubro de 1940, mas as tropas italianas são repelidas. Em março de 1941, a Bulgária adere ao Pacto Tripartite, antes de ser ocupada pelo exército alemão, sob o pretexto de protegê-la de um ataque inglês. A Iugoslávia e a Grécia são invadidas em abril de 1941. Vencedor, Hitler remodela a Europa. Alemanha torna-se o "Grande Reich" e anexa os cantões belgas de Eupen e Malmedy, os departamentos franceses da Moselle, Haut-Rhin, Bas-Rhin e parte da Eslovênia. Esses territórios vêm se juntar aos Sudetos, tchecos, à Áustria, à parte ocidental da Polônia. Uma zona proibida, a "área restrita", vai da Somme à Bélgica. Os países da "zona autônoma de comunidade germânica" mantêm seu governo sob a tutela alemã: Dinamarca, Noruega, Países Baixos. Os "países vassalos" são a Romênia e a Bulgária. A Hungria torna-se aliada da Alemanha. Após a reunião de Montoire, de 24 de outubro de 1940, entre Hitler e Pétain, a França é dividida. O Norte é administrado pela Alemanha; o Sul, para além da linha de demarcação, está sujeito ao governo de Vichy.

2. A GLOBALIZAÇÃO DO CONFLITO: 1941-1942

A ENTRADA DA URSS NA GUERRA

Hitler então se vira contra a URSS. Apesar de Stálin, que vê aí uma zona tampão de segurança, a Alemanha toma a Bulgária em março de 1941. Em 22 de junho de 1941, ela lança a Operação Barbarossa, o ataque à União Soviética. Na URSS, a Wehrmacht avança rapidamente e chega a aproximadamente 100 km de Moscou. Mas fica estacionada aí, bloqueada pelo inverno russo. Na primavera de 1941, a ofensiva é retomada; o general **Friedrich Paulus** (1890-1957) chega ao Don e, depois, ao Volga, e para diante de Stalingrado. Ele deve, em seguida, enfrentar um segundo inverno russo antes de retomar sua ofensiva na primavera de 1942. Esta trégua permite aos russos se prepararem para a batalha decisiva, graças ao recuo das fábricas da Ucrânia para o leste, à criação de novas unidades industriais nos Urais e na Sibéria, sem contar a ajuda americana com milhares de carros de combate e aviões.

A CHEGADA DOS ESTADOS UNIDOS

O presidente Roosevelt não consegue convencer o Congresso nem a maioria dos americanos para entrarem na guerra. É preciso um acontecimento traumático para que aconteça uma mudança da opinião pública. Os especialistas militares esperam um ataque surpresa do Japão nas Filipinas, mas são as ilhas do Havaí que são atingidas: em 7 de dezembro de 1941, a aviação japonesa bombardeia a frota americana em Pearl Harbor, sem previamente declarar guerra, provocando a entrada dos Estados Unidos na guerra. Em 10 de dezembro, é a vez de uma parte da frota britânica na Ásia de ser reduzida a nada no Golfo da Tailândia. Na Ásia, o exército japonês avança rapidamente. A Birmânia é tomada em 1942, bem como a Malásia, Singapura, as Índias holandesas e as Filipinas. As tropas japonesas ameaçam a Índia e a Austrália. O Japão reorganiza a Ásia do sudeste em seu proveito no Dai Nippon, o "Grande Japão", formado pelo arquipélago japonês, Taiwan e a Coreia. Em seguida, vêm os "países protegidos": Manchukuo, China de Nanquim, Mongólia Interior, Tailândia, Birmânia e Filipinas. Na realidade dominados, eles são supostamente aliados. As colônias são a Malásia e as Índias Orientais Holandesas, às quais está prometida uma hipotética independência. A Indochina francesa é ocupada sem um *status* especial.

AS VITÓRIAS ALIADAS NO MEDITERRÂNEO

A fim de levar socorro a seu aliado italiano com derrotas em Trípoli, província da Líbia, a Alemanha envia um corpo expedicionário, o Afrika Korps, comandado por Rommel. Este faz a situação ficar a seu favor e invade o Egito. Em 3 de novembro de 1942, o general **Bernard Montgomery** (1887-1976) derrota em **El Alamein**, na Líbia, as tropas do Afrika Korps do marechal **Erwin Rommel** (1891-1944). É uma etapa fundamental no salvamento do Egito e do Canal de Suez, eixo vital para abastecer os Aliados. O exército de Rommel, que tinha se aproximado a algumas centenas de quilômetros de Alexandria, é repelido para a Líbia e, em seguida, para o oeste, pois a divisão blindada do general Leclerc retorna do Chade e ameaça encurralar o exército alemão. Em 8 de novembro de 1942, ocorre o desembarque anglo-americano na África do Norte, e centenas de navios tomam os portos da Argélia e do Marrocos sob a liderança do general americano Eisenhower. Os dois portos caem rapidamente, apesar da resistência das tropas coloniais obedientes a Vichy. É impondo-se diante de Giraud que de Gaulle, que chega em maio de 1943, torna-se o único líder da França Livre. Giraud é banido com sua demissão em 27 de outubro de 1943, e de Gaulle se torna chefe do Comitê Francês de Libertação Nacional, um governo de zonas liberadas. Como reação, os exércitos alemães invadem a França, ao sul, em 11 de novembro. A esquadra de Toulon afunda-se para evitar cair nas mãos dos alemães, mas sem tentar se juntar à França Livre. Em 12 de novembro, a Tunísia é tomada pelas forças ítalo-alemães e o Magrebe não pôde ser totalmente libertado.

3. 1943, O ANO DA VIRADA

A MÃE DE TODAS AS VITÓRIAS: STALINGRADO

A reviravolta da situação toma forma no outono de 1942 e se concretiza no ano crucial de 1943. Apesar dos ataques, numa cidade em ruínas onde a luta acontece nos porões, o exército de Paulus não consegue tomar Stalingrado antes da vinda de um terceiro inverno. Em 19 de novembro de 1942, o general **Gueorgui Jukov** (1896-1974) começa uma manobra de cercamento dos exercitos alemães ao norte e ao sul de Stalingrado, com 300 mil homens. Tendo caído na armadilha, as forças alemãs não podem se esquivar da manobra. A única solução teria sido recuar, mas, apesar dos apelos desesperados de Paulus, a resposta de Hitler é sempre a mesma, qualquer recuo é proibido. É um desastre para os alemães; após três meses de batalha feroz, Paulus se rende em 2 de fevereiro de 1943. O Exército Vermelho assume a iniciativa. Na primavera de 1943, a Wehrmacht é forçada a ir para além do Dnieper. Na primavera de 1944, ela chega às fronteiras das repúblicas bálticas.

O DECLÍNIO DO EIXO

No ano de 1943, há reviravoltas em outras frentes. Em maio de 1943, as forças germano-italianas se rendem na Tunísia. Em 10 de julho de 1943, a Sicília é atacada e conquistada pelos Aliados em setembro. O governo de Mussolini entra em colapso. No Pacífico, os japoneses são expulsos de Guadalcanal em fevereiro de 1943. Duas batalhas aeronavais gigantescas se iniciam, a do Mar de Coral (7 a 9 de maio de 1943) e a de Midway (4 de junho de 1943). Os japoneses perdem aí o controle do sul do Pacífico. De 28 de novembro a 1º de dezembro de 1943, é realizada a Conferência de Teerã, onde se encontram Churchill, Roosevelt e Stálin. Este último obtém a abertura de uma segunda frente na Europa em 1944. Será o desembarque na Normandia. Ele exige manter os países bálticos e a Polônia até Oder.

AS OFENSIVAS VITORIOSAS: 1944-1945

Na primavera de 1944, a ofensiva aliada é retomada. Em maio de 1944, Roma é libertada. Em 6 de junho de 1944, britânicos, americanos e canadenses desembarcam na Normandia para a Operação Overlord. Em 25 de agosto, a divisão blindada do general Leclerc (Philippe Leclerc de Hauteclocque, 1902-1947) liberta Paris. O território francês fica inteiramente livre em dezembro. Em 15 de agosto de 1944, a Operação Dragão faz um desembarque franco-americano na Provença. Em dezembro de 1944, a Bélgica é libertada. Na mesma época, o Exército Vermelho aproxima-se de Varsóvia. Os soviéticos tomam uma a uma todas as capitais: Bucareste em 31 de agosto de 1944, Sofia em 18 de setembro, Belgrado em 21 de outubro e Budapeste em 26 de dezembro. Os britânicos desembarcam na Grécia e a libertam. A Alemanha ainda pensa ganhar a guerra recorrendo às novas tecnologias: os V1 e V2, mísseis armados, ameaçam Londres. A pesquisa sobre uma arma nuclear continua. Duas ofensivas são lançadas em pleno inverno: uma contra as Ardenas, outra na Hungria, mas acabam em fracasso. **Em janeiro de 1945,** o Exército Vermelho lança a ofensiva definitiva contra a Alemanha. A Polônia é integralmente retomada. Em 13 de abril, a cidade de Viena é conquistada.

Por sua vez, os americanos chegam em 14 de abril à margem esquerda do rio Elba. A agonia da Alemanha nazista começa. Em 25 de abril, as tropas francesas do marechal **Jean de Lattre de Tassigny** (1889-1952) controlam o Danúbio. Nesse mesmo dia, soviéticos e americanos se juntam em Torgau, na Saxônia, enquanto o Exército Vermelho entra nos subúrbios de Berlim. Hitler se suicida em seu bunker com sua companheira Eva Braun, em 30 de abril. Seus corpos deveriam, conforme as instruções dadas, ter sido queimados, mas, na falta de combustível suficiente para fazer isso, as tropas soviéticas encontram os corpos queimados apenas pela metade na sala da chancelaria. Apressadamente enterrados num bosque perto de Berlim, lugar perdido encontrado mais tarde pelos russos, os restos mortais de Hitler são secretamente transferidos para a URSS, sem deixar rastros. Em 8 de maio de 1845, o marechal Keitel assina em Berlim a rendição incondicional da Alemanha. O Japão continua a guerra sozinho. Os americanos desembarcaram em julho de 1944 na ilha de Saipan, nas Marianas, depois em Okinawa e Iwo Jima, e se dirigem para a ilha principal de Honshu. A resistência feroz dos japoneses, que chegam até ao suicídio em massa, convence o presidente Truman a usar a bomba atômica que acaba de ser desenvolvida. Um desembarque teria custado, segundo estimativas do Pentágono, a vida de 500 mil soldados americanos. Na segunda-feira, 6 de agosto de 1945, a primeira bomba atômica é lançada sobre Hiroshima pelo bombardeiro Enola Gay, às 9h30, e outra sobre Nagasaki, em 9 de agosto. Em 14 de agosto, o imperador Hirohito anuncia o fim da guerra pelo rádio. A rendição oficial é assinada em 2 de setembro de 1945.

UM MUNDO NOVO DEPOIS DA GUERRA?

Um mundo novo nasce, preparado para a Conferência de Yalta em janeiro de 1945 entre Churchill, Roosevelt e Stálin. Os primeiros elementos da futura ONU (Organização das Nações Unidas) são nela evocados. A independência das colônias ocupadas pelo Japão é considerada. Na Europa liberada, eleições livres devem permitir o estabelecimento de governos democráticos. A Conferência de Potsdam, em julho-agosto de 1945, coloca Stálin numa posição de força. Ele é o único dirigente histórico da guerra, perante o novo presidente americano **Harry Truman** e o novo primeiro-ministro britânico **Clement Attlee** (1883-1967). Por outro lado, seus carros de combate ainda ocupam os países libertados pelo Exército Vermelho. A ocupação da Alemanha e a nova fronteira Oder-Neisse com a Polônia são os temas abordados. Em julho de 1946, é aberta em Paris a conferência de paz. São nela regulados os casos da Bulgária, Itália, Hungria, Romênia e Finlândia. Será preciso esperar pela Alemanha e pela Áustria para que estes países recuperem sua soberania. Os tratados de paz são ratificados solenemente em Paris em 10 de fevereiro de 1947. Em junho de 1945, é adotada a Carta das Nações Unidas ou Carta de São Francisco. É em 10 de junho de 1946 que a Assembleia

Geral das Nações Unidas se reúne pela primeira vez. Questões econômicas e monetárias foram resolvidas na Conferência de Bretton Woods, no outono de 1944, escolhendo o dólar como a moeda de referência do novo sistema monetário internacional. Mas, a partir de 1945, o bloco ocidental, os Estados Unidos e seus aliados, opõem-se ao bloco oriental – a URSS e seus satélites no contexto da Guerra Fria. Em 1946, no discurso de Fulton, Churchill já denuncia a "cortina de ferro" que desceu sobre a Europa, repartindo-a pela metade.

OS GRANDES JULGAMENTOS: NUREMBERGUE E TÓQUIO

O destino dos principais culpados de uma guerra, militar ou civil, após a conclusão do conflito é uma preocupação antiga. Em geral, sempre resultou na morte dos vencidos, suicídio, execução apressada. A ideia de levar os principais atores a julgamento já tinha se esboçado depois de 1919, incluindo o imperador Guilherme II, mas será preciso esperar até 1945 para que seja realizada. Dois grandes julgamentos ocorrerão após a Segunda Guerra Mundial: o de Nurembergue, para julgar os dignitários da Alemanha nazista, e o de Tóquio, para seus homólogos japoneses. O julgamento de Nurembergue se estende de 20 de novembro de 1945 a 1º de outubro de 1946. Estão presentes os principais responsáveis militares (Keitel, Jodl, Dönitz, Raeder) e civis (Ribbentrop, Kaltenbrunner, Hess, Frank, Speer etc). As acusações principais são: crimes contra a paz, crimes de guerra e crimes contra a humanidade. Todos se declararam inocentes, com a mesma linha de defesa: eles não decidiam nada; só obedeciam a ordens que não podiam recusar sob nenhuma circunstância. Dos 21 acusados, onze foram sentenciados à morte, três foram absolvidos e os outros recebem penas de prisão de dez anos a perpétua. As sentenças de morte são aplicadas por enforcamento em 16 de outubro de 1946. O julgamento de Tóquio termina em novembro de 1948, depois que o tribunal foi estabelecido formalmente em 3 de maio de 1946. Refere-se a 28 militares e civis japoneses. As acusações principais são semelhantes, assim como a defesa dos acusados. Em 12 de novembro de 1948, o primeiro-ministro Tojo e seis outros dignitários são condenados à morte, e os demais, à prisão perpétua. As sentenças de morte são executadas por enforcamento em 23 de dezembro de 1948. Esses dois processos, que terminam com menos de vinte execuções, parecem irrisórios diante dos 50 milhões de mortos da Segunda Guerra Mundial. No entanto, servem a um propósito duplo: catártico, o de exorcizar pelo novo conceito de crimes contra a humanidade a atrocidade indizível dos campos de extermínio, e o de deixar para trás um período e seus responsáveis. E evitam vários riscos: as guerras fratricidas relacionadas a acertos de contas, o julgamento impossível de todo um povo, a perenidade do ódio pela falta da expiação dos culpados.

4. UM EXEMPLO DE OCUPAÇÃO: O REGIME DE VICHY NA FRANÇA, 1940-1944

A REPÚBLICA SE AFUNDA POR UM VELHO MARECHAL E SEU ESTADO FRANCÊS

Em 10 de julho de 1940, a Câmara dos Deputados e o Senado, em Assembleia Nacional, dão plenos poderes ao marechal Pétain, confiando-lhe a tarefa de escrever uma nova Constituição, por 569 votos a favor, oitenta contra e vinte abstenções. Em 11 de junho, ele promulga três atos constitucionais que fazem dele o chefe de Estado francês e lhe conferem plenos poderes. O regime, popular no início, é inteiramente centrado na sua pessoa, objeto de um verdadeiro culto. Os franceses são, antes de tudo, "marechalistas". Petain obtém o apoio da extrema direita, da direita tradicional e da Igreja Católica para a implementação da "revolução nacional". As liberdades individuais são suspensas e os poderes dos administradores departamentais, aumentados. Em janeiro de 1941, é criado um **Conselho Nacional**, cheio de notáveis nomeados, sem nenhum poder real. As administrações são tratadas como parte da francização. Os franco-maçons são perseguidos. Leis antissemitas são introduzidas, sem a exigência da Alemanha. Um primeiro estatuto dos judeus é promulgado em 1940, excluindo-os de quase todas as profissões, e agravado em junho de 1941: os judeus são excluídos do serviço público e do exército; os judeus estrangeiros são presos, conduzidos para Drancy e depois deportados para a Alemanha. Em março de 1941, é fundado o **Comissariado Geral para os Assuntos Judaicos**, encarregado de coordenar as políticas antissemitas. Os antigos responsáveis políticos são julgados durante o **Processo de Riom** em 1941, confinados e depois entregues às autoridades alemãs. O lema republicano passa a ser o tríptico "Trabalho, Família, Pátria", exaltando o retorno à terra, o catolicismo social e a crítica ao individualismo. Os sindicatos e as greves são proibidos. A **Carta do Trabalho** e a **Corporação Camponesa** os substituem em 1941. Os combatentes veteranos são alistados em agosto de 1940 na **Legião dos Combatentes**. Os **Batalhões da Juventude** de 1940 controlam os jovens, enviados para trabalhar no campo ou nas florestas, entre cursos de instrução cívica consagrados ao culto do líder. Suspeitos de manter, na realidade, a resistência, são dissolvidos em maio de 1943.

COLABORAÇÃO, COLABORADORES, COLABORACIONISTAS

A colaboração oficial com a Alemanha se inicia no **Encontro de Montoire**, em 24 de outubro de 1940, entre Pétain e Hitler. Pétain anuncia aos franceses que o país "entra no caminho da colaboração" durante o discurso de 30 de outubro. **Pierre Laval** (1883-1945) é vice-presidente do Conselho até 13 de dezembro de 1940, quando Pétain o demite e o manda prender momentaneamente. Este recebe o apoio do embaixador do Reich, em Paris, **Otto von Abetz** (1903-1958), que sabe que ele é favorável a uma colaboração total. Ao seu lado, alinham-se os partidos **colaboracionistas**, como o **Partido Popular Francês** de **Jacques Doriot** (1898-1945) e da **Reunião Nacional Popular** de **Marcel Déat** (1894-1955). A colaboração oficial beneficia-se de uma imprensa especializada que se espalha pelas ondas da Rádio-Paris. Certos intelectuais se juntam a eles, como **Robert Brasillach** (1909-1945), **Pierre Drieu La Rochelle** (1893-1945) e **Louis-Ferdinand Céline** (1894-1961), que multiplica os panfletos violentamente antissemitas.

Em fevereiro de 1941, Laval é substituído pelo almirante **François Darlan** (1881-1942), que implementa a colaboração. Ele envia as tropas francesas ao norte da África contra os ingleses e os franceses livres. Em fevereiro de 1942, é constituído o **serviço da ordem legionária**, milícia fanática sob o comando de **Joseph Darnand** (1897-1945). Em julho de 1941 forma-se a **Legião dos Voluntários Franceses contra o bolchevismo** ou LVF, que será enviada pelos alemães à frente russa. Em abril de 1942, **Otto von Abetz** exige o retorno de Laval, que declara: "Eu desejo a vitória da Alemanha" durante seu discurso no rádio, em 22 de junho de 1942. A colaboração está se intensificando em todas as áreas. Ele propõe um "revezamento", o retorno dos prisioneiros de guerra em troca do envio de trabalhadores voluntários na Alemanha. Sem voluntários suficientes, a proposta fracassa. É substituída em setembro de 1942 pelo **Serviço de Trabalho Obrigatório**, o STO: 600 mil franceses são obrigados a ir trabalhar na Alemanha. Para escapar, muitos jovens optam por se juntar às redes de resistência. A deportação de judeus para a Alemanha está se acelerando. Em 16 e 17 de julho de 1942, a **Razia do Velódromo de Inverno** se traduz pela prisão em Paris de mais de 20 mil judeus, deportados em seguida. A operação, decidida por Pierre Laval e René Bousquet, secretário-geral da polícia, tem como código o nome de "Vento Primaveril". Sete mil policiais franceses são mobilizados e prendem famílias surpreendidas em pleno sono, na noite de 16 para 17 de julho, agrupando-as no Velódromo de Inverno, coloquialmente chamado de Vel d'Hiv, antes de mantê-las no campo de Drancy, estágio final que precede a sua deportação para os campos de extermínio. Em 11 de novembro de 1942, depois do desembarque dos Aliados no norte da África, a zona livre é invadida. A ficção de um governo de Vichy independente entra em colapso e a sua popularidade cai. Depois de tentar, sem sucesso, reagir, principalmente pela paralisação de suas funções, Pétain, no início de 1944, forma um governo colaboracionista para o qual entram Déat no Trabalho e Darnand na Manutenção da ordem. Em 20 de agosto de 1944, as autoridades alemãs transferem Pétain para Belfort, e em seguida, em 8 de setembro, para a Alemanha em Sigmaringen. Em 23 de abril de 1945, Pétain consegue ser levado para a Suíça. Ele pede para voltar para a França, o que faz em 26 de abril. Ele é preso e confinado no Forte de Montrouge. Seu julgamento começa em

23 de julho de 1945 perante o Supremo Tribunal de Justiça. Em 15 de agosto, ele é condenado à morte, pena comutada em prisão perpétua pelo **general de Gaulle**, em 17 de agosto de 1945. Pétain é colocado primeiramente, entre agosto e novembro de 1945, no Forte de Portalet, nos Pireneus, e, em seguida, no Forte da Cidadela, na ilha de Yeu em Vendée. Doente e idoso, Pétain é autorizado, em 8 de junho de 1951, a terminar seus dias numa casa particular, onde morre em 23 de julho de 1951.

AS RESISTÊNCIAS

Desde o apelo de 18 de junho de 1940 do general de Gaulle, alguns franceses optam pela resistência. A França Livre de de Gaulle obtém o agrupamento de algumas colônias, como o Chade, por iniciativa do governador geral **Félix Éboué** (1884-1944). É nesses territórios que intervêm as Forças Francesas Livres, ou FFL, sob o comando do general Leclerc no Chade e do general Koenig na Líbia. A resistência interna, inicialmente espontânea e sem coordenação, organiza-se pouco a pouco. Redes são formadas. Na zona livre, há o Movimento de Libertação Nacional, que mais tarde se torna Combate, Libertação, Franco-Atirador. Na zona ocupada, em condições mais difíceis, nascem a Libertação Norte, a Organização civil e militar e a Frente Nacional. Grupos de ação praticam a sabotagem e os atentados são organizadas: os Franco- -Atiradores e Partisans franceses (FTP).

"Entra aqui, Jean Moulin..."

Uma primeira tentativa de união, o Comitê Francês de Libertação Nacional, criado em Argel e presidido por de Gaulle, fracassa. Em maio de 1943, ele envia um emissário, Jean Moulin (1899-1943). Ele organiza o Conselho Nacional da Resistência (CNR), mas é preso e torturado até a morte pelos alemães. É nessa época em que o CNR prepara seu programa, cuja implementação é confiada a Georges Bidault, que Jean Moulin é vítima de denúncia. Ele é preso pela Gestapo durante uma reunião dos principais representantes dos movimentos de resistência em Caluire-et-Cuire, perto de Lyon, em 21 de junho de 1943. Transferido para Lyon, ele é torturado pelos homens de Klaus Barbie. Morre sem fornecer nenhum nome, nenhuma informação. Suas cinzas são transferidas para o Panteão em 19 de dezembro de 1964, na presença do Ministro da Cultura, André Malraux, que lhe rende uma homenagem vibrante e solene:

> Como Leclerc entrou nos Invalides, com seu cortejo de exaltação no sol da África, entra aqui, Jean Moulin, com seu cortejo terrível. Com aqueles que morreram nos porões, sem ter falado, como você; e até mesmo, o que é talvez mais atroz, tendo falado; com todos os de roupa listrada e cabeça raspada dos campos de concentração, com o último corpo cambaleante das terríveis filas de *Noite e*

Neblina (filme documentário de 1955), finalmente caído sob as cruzetas; com as oito mil francesas que não regressaram das galés, com a última mulher morta em Ravensbrück por ter abrigado um dos nossos.

Em 2 de junho de 1944, o Comitê de Libertação Nacional se transforma em Governo Provisório da República Francesa ou GPRF. Desde março de 1944, os grupos de resistência interna são federados no seio das Forças Francesas do Interior ou FFI. Em áreas recuadas são instalados maquis, onde se agrupam os resistentes. O maquis de Glières em Haute-Savoie, criado pelo exército secreto em 31 de janeiro de 1944, é atacado pelas forças alemãs em março de 1944, que massacram os resistentes e deportam os sobreviventes. A grande maioria dos franceses não participa nem da colaboração nem da resistência, adotando uma posição de espera e se contentando em tentar lidar o melhor possível com as dificuldades quotidianas, principalmente de provisões, numa França ocupada. É o tempo do sistema D, de desenvoltura (D), do mercado negro e dos comerciantes que enriquecem – os BOF: *beurre, œufs, fromages* (manteiga, ovos, queijo).

Duas mulheres resistentes exemplares: Lucie Aubrac e Danielle Casanova

As mulheres combatem ao lado dos homens nas fileiras da resistência, o que permitirá, depois da igualdade dos riscos e dos sofrimentos, obter a igualdade cívica e o direito de votar em 1945. Entre as combatentes da sombra, duas figuras particularmente cativantes se destacam, uma bem conhecida, outra esquecida: Lucie Aubrac e Danielle Casanova.

Nascida com o nome de Lucie Bernard, em Mâcon, numa família de viticultores, **Lucie Aubrac** (1912-2007) faz um curso de história, passa no concurso e se torna professora. Na véspera da guerra, em 1939, ela se casa com Raymond Samuel. Ambos entram para a Resistência logo no início e são, com Emmanuel d'Astier de La Vigerie (1900-1969), fundadores da rede "Libération". Seu pseudônimo na ação clandestina, destinado a tornar-se o nome pelo qual a posteridade os conhece, é Lucie Aubrac e Raymond Aubrac. Enquanto ensina, ela participa das atividades da rede – panfletos e jornal clandestino –, e faz a ligação entre os membros. A intensificação da caça aos combatentes da resistência, os "terroristas" para Vichy, ao longo do ano de 1943, coloca Raymond Aubrac duas vezes em perigo: preso, ele deve a sua salvação a Lucie que, também por duas vezes, o ajuda a escapar. Ficar na França não é mais possível e o casal consegue chegar à Inglaterra em fevereiro de 1944. Após a guerra, Lucie Aubrac transmite às gerações mais jovens a memória do que foi a resistência. Raymond perpetuou sua memória antes de morrer em 2012.

Nascida com o nome de Vincentalla Perini, em Ajaccio, em 1909, numa família de professores primários, **Danielle Casanova** (1909-1943) é uma figura importante da resistência, cuja morte prematura, em Dachau, de tifo, em 9 de maio de 1943, explica talvez em parte o esquecimento de que é vítima. Tendo ido a Paris para se tornar dentista, ela conhece Laurent Casanova (1906-1972), um jovem comunista, futuro colaborador de Maurice Thorez, membro do aparelho clandestino do Partido Comunista Francês. Ela milita ativamente durante o período entreguerras e adota a clandestinidade a partir de setembro de 1939, quando o Partido Comunista é proibido. Ela estabelece os comitês femininos comunistas em outubro de 1940. Seu ativismo a torna vulnerável. Ela é presa pela polícia francesa em fevereiro de 1942. Presa na Santé e depois no Forte de Romainville, ela exibe uma notável energia e continua com os panfletos e atividades militantes. Deportada para Auschwitz, ela trata ali os males dentários e contrai tifo, de que vem a falecer. Paris lhe presta homenagem numa rua perpendicular à avenida de l'Opéra. A Casa da Moeda de Paris edita, em 2012, uma moeda de prata no valor de 10 euros em que figura sua Córsega natal.

CAPÍTULO XXIV
A FRANÇA DESDE 1945

1. A QUARTA REPÚBLICA

URGÊNCIA: RESTAURAR O ESTADO

A França de 1945 é um país arruinado e enfraquecido. O conflito provocou a perda de 600 mil pessoas, na maioria civis, e mais de 100 mil mortes nos campos de extermínio. A economia francesa é duramente atingida e o índice de produção industrial, para uma base 100 em 1938, é de 38 em 1944. A agricultura está decaindo, faltam terras aráveis e gado. O racionamento é prolongado até 1949. A autoridade do Estado deve ser restaurada após o fim do regime de Vichy. Devido à colaboração deste último, isso se torna ainda mais difícil porque Stálin queria tratar a França como vencida, aliada da Alemanha, e os Aliados queriam lhe impor, por um ano, uma administração militar, o *Allied Military Government of Occupied Territories*, ou AMGOT, governo militar aliado dos territórios ocupados. É com o apoio de **Winston Churchill** que o general de Gaulle se torna chefe do Governo Provisório da República Francesa, ou GPRF, em Argel, em junho de 1944. Essa organização assegura o poder na França até o nascimento da Quarta República em outubro de 1946. Sua presidência compete sucessivamente a **de Gaulle, Félix Gouin** (1884-1977), **Georges Bidault** (1899-1983) e **Léon Blum** (1872-1950). O general de Gaulle também deve contar com os movimentos de resistência, os comitês departamentais de libertação ou CDL. Criados em 1943, clandestinamente, eles precisam preparar o pós-Vichy, na fase de transição, antes da introdução de uma nova administração. Seus membros são escolhidos pela população local, entre os resistentes e os notáveis. A atitude do partido comunista também é preocupante. Seu líder, Maurice Thorez, acaba de retornar de Moscou, onde permaneceu durante a guerra, e pode ficar tentado a tirar partido da ausência de Estado para lançar um movimento revolucionário num momento em que o prestígio do comunismo é grande. Ele é dissuadido por Stálin, cujo objetivo é, antes de tudo, o fim da guerra. O general de Gaulle, em seguida, conduz uma política de reconciliação nacional. Em setembro de 1944, ele forma um novo governo, estendido a todas as sensibilidades provenientes da resistência, e inclui os comunistas ao confiar-lhes os ministérios do Ar e Saúde.

Restaurar o Estado é também acabar com a purgação ilegal: ajustes de contas, mulheres com cabeças raspadas, assassinatos visando colaboradores ou suspeitos de tais atos, sem recorrer à justiça. Ela teria feito cerca de 10 mil vítimas. O GPRF coloca um fim nisso em setembro de 1944 e a substitui pela purgação legal. Sem poder punir todos os colaboradores, incluindo os agentes do Estado ou empresários envolvidos na colaboração econômica, o caminho escolhido é o dos grandes julgamentos simbólicos. Os CLD investigam bem em cada departamento qual a atitude dos funcionários públicos durante a ocupação, mas as punições continuam raras e o Estado não pode prescindir de seus agentes. O general de Gaulle considera o regime de Vichy como um "parêntese" na história da nação, que convém fechar o mais rápido possível. O marechal Pétain é condenado à morte, mas sua pena é comutada por de Gaulle em prisão perpétua, e seu ex-ministro **Pierre Laval** (1883-1945) é fuzilado. É esse também o caso dos colaboradores mais visíveis, os colaboracionistas que achavam que Vichy não colaborava o suficiente. A cooperação econômica é muito pouco sancionada e o exemplo das fábricas da Renault, nacionalizadas a título punitivo em 1945, é uma exceção. O general de Gaulle quer uma reconciliação nacional rápida e começa a fundar o mito de uma França unida e resistente, surgida com o apelo de 18 de junho de 1940, que só será questionado trinta anos depois. Isso já é perceptível no discurso que ele pronuncia na praça da Câmara Municipal de Paris, em 25 de agosto de 1944, dia da libertação da cidade:

> Paris! Paris ultrajada! Paris partida! Paris martirizada! Mas Paris libertada! Libertada por si só, libertada por seu povo, com a ajuda dos exércitos da França, com o apoio e a assistência de toda a França, da França que luta, da única França, da verdadeira França, da França eterna.

AS PRIMÍCIAS DA FRANÇA MODERNA

Depois de afastar o AMGOT, o governo provisório toma uma primeira série de medidas, ainda mais facilmente porque não há assembleias que se oponham. O vazio constitucional e a ausência de instituições favorecem aqui uma rápida implementação da modernização do país. A ordem de Argel de 21 de abril de 1944, concedendo o direito de votar às mulheres pela voz do Comitê Francês de Libertação Nacional (CFLN), é implementada pelo despacho de 5 de outubro de 1944. As francesas votam pela primeira vez nas eleições legislativas de outubro de 1945. Os despachos de 1945 estabelecem a Segurança Social e regulamentam a Função pública. Entre 1944 e 1946, uma série de nacionalizações é realizada, criando um vasto setor público: Houillères du Nord et du Pas-de-Calais (Carboníferos do norte e de Pas-de-Calais) (1944), Marine

Marchande (Marinha Mercante) (1944), Renault (1945, a título punitivo por ato de colaboração), Air France (1945), Banque de France (1945), Crédit Lyonnais (1945), Société Générale (1945), Charbonnages de France (Minas de Carvão da França) (1946) e Électricité et Gaz de France (EDF-GDF) em 1946.

DE GAULLE E A ASSEMBLEIA: A RUPTURA

Em outubro de 1945, um referendo é organizado para o estabelecimento de novas instituições, consagrando o abandono de uma Terceira República (1870-1875-1940) desacreditada pelos plenos poderes confiados a Pétain em julho de 1940: 96% dos franceses querem uma mudança de constituição. As eleições para a Assembleia Constituinte em outubro de 1945 mostram, aliás, o quase desaparecimento de velhos partidos políticos, incluindo os radicais. Três grandes partidos emergem. O Movimento Republicano Popular (MRP), criado em novembro de 1944, agrupa ex-resistentes democratas-cristãos. O Partido Comunista Francês (PCF) aproveita a aura da União Soviética. A Seção Francesa da Internacional Operária (SFIO) é caracterizada por um movimento socialista. Estas três formações dividem os votos: PCF 26%, MRP 24%, SFIO 23%, e dão início ao futuro tripartismo dos governos. Em novembro, a Assembleia elege de Gaulle chefe do governo. Desde então, a ruptura é previsível. O general de Gaulle é hostil ao sistema parlamentar, o da Terceira República, no qual o legislativo controla o executivo, e entende favorecer uma constituição aplicando a estrita separação dos poderes. Esta tomada de posição inquieta os partidos da Assembleia, que temem uma deriva autoritária do executivo. A Assembleia Constituinte provinda das eleições apresenta um primeiro projeto, com uma assembleia única, rejeitada pelo MRP e pelo PCF. A impossibilidade de um acordo sobre um presidente da República forte leva de Gaulle a renunciar em 20 de janeiro de 1946. O caminho está agora livre para o retorno do "sistema partidário", recusado pelo general. Uma nova constituinte é eleita em junho, dando origem a um segundo projeto, em que são previstas duas assembleias. Mas o que de Gaulle temia acontece de fato: a câmara alta é desprovida de poder e o presidente da República, sem responsabilidade alguma, é eleito por ambas as assembleias. É um retorno às leis constitucionais de 1875, às instituições da Terceira República, no entanto massivamente rejeitadas pelos franceses em outubro de 1945. Durante o referendo organizado para a sua aprovação, de Gaulle faz campanha pelo "não". A Constituição é aprovada por pouco, 53% de "sim", com uma abstenção massiva de 30% dos inscritos.

AS INSTITUIÇÕES DA QUARTA REPÚBLICA

A Constituição da Quarta República (1946-1958) é finalmente aprovada por referendo em outubro de 1946. Ela estabelece um regime democrático parlamentar. O órgão central é a Assembleia Nacional, eleita por sufrágio universal por cinco anos, e só aprova as leis. O problema reside no sistema eleitoral: o abandono do escrutínio uninominal em benefício da eleição proporcional fragmenta os votos, tornando quase impossível a formação de uma maioria. O sistema proporcional parece mais justo, pois permite que um maior número de formações políticas, portanto de cidadãos, sejam representados; mas também resulta, assim, em um maior número de partidos. Uma segunda assembleia, o antigo Senado rebatizado de Conselho da República, limita-se a emitir pareceres para a Assembleia Nacional. Seus membros são eleitos indiretamente por grandes eleitores, entre os quais estão os deputados, fortalecendo o controle da Assembleia. Isto é ainda mais verdadeiro porque o executivo lhe é submetido. O presidente do Conselho, subentendido dos ministros, chefe do governo, está em regime parlamentar, podendo obter uma nomeação, ou seja, ter a confiança da maioria absoluta da Assembleia Nacional. Devido ao sistema eleitoral, isso é algo quase impossível de alcançar, a menos que sejam feitas alianças oportunistas, rapidamente questionadas por seus membros, eles mesmos em função da evolução de seus próprios interesses. Isso sem contar que, contrariamente à disciplina partidária imposta sob a Quinta República, os deputados da Quarta República mantêm uma tradição de fortes personalidades individualistas e são adeptos do livre-arbítrio: um deputado, em desacordo com uma medida desejada por seu próprio partido, dificilmente hesitará em votar contra, o que equivaleria hoje a um suicídio político. Sem exageros, o voto depende cada vez mais da questão colocada e a uma questão corresponde uma maioria; depois é preciso recomeçar tudo para a próxima questão. O presidente da República não tem poderes reais, já que ele mesmo é eleito por ambas as casas do Parlamento, em eleição interna. Não condenemos, todavia, as instituições da Quarta República, pois elas poderiam ter funcionado em circunstâncias mais favoráveis, mas a Guerra Fria e as guerras coloniais oferecem-lhe poucas chances de sobrevivência.

PRÓS E CONTRAS DO TRIPARTISMO

A instabilidade do governo, que se manteve durante toda a Quarta República, impede que a maioria dos governos dure mais de um ano. O recorde de longevidade é do governo de Guy Mollet, dezesseis meses, de 31 de janeiro de 1956 a 21 de maio de 1957, e de brevidade, dos governos de Pineau – um dia, de 17 a 18 de fevereiro de 1955 – e de Pinay – um dia, de 17 a 18 de outubro de 1957 –, seguidos de perto pelo governo de Queuille – dois dias, de 2 a 4 de julho de 1950. A Constituição também prevê a transformação do Império Francês em União Francesa, reunindo, em um suposto desejo de viver juntos, a metrópole, os Dom-Tom (departamentos e territórios ultramarinos) e as colônias. Uma Assembleia da União francesa é criada, mas é meramente consultiva, metade composta por metropolitanos. Antes mesmo e imediatamente após a sua criação, os motins violentamente reprimidos de Sétif em maio de 1945, na Argélia, e de Madagascar, de março a agosto de 1947, provam que as colônias continuam a ser o que eram, e o estatuto de indigenato perdura na Argélia até 1962, apesar de sua abolição em 1946. Ele faz das populações alógenas das colônias cidadãos de segunda classe, sem direitos. Na Indochina, **Ho Chi Minh** (Nguyen Sinh Cung, 1890-1960) proclama a independência em 2 de setembro de 1945. Em novembro de 1946, a França bombardeia o porto de Haiphong e a Guerra da Indochina começa. Os governos de tripartismo, aliança eleitoral entre PCF, SFIO e MRP, duram de 1946 a 1947.

A PRIMEIRA MINISTRA MULHER: GERMAINE POINSO-CHAPUIS

Germaine Poinso-Chapuis (1901-1981) nasce em 1901 numa família da boa burguesia de Marselha. Após fazer a faculdade de direito, ela se torna advogada. Antes da guerra, ela já é conhecida por suas atividades de defesa dos valores feministas. Sob o regime de Vichy, ela não hesita em ser a advogada dos resistentes, a escondê-los, assim como os judeus perseguidos. Ela se torna membro da "Aliança". Católica, ela se junta ao MRP e é eleita deputada em Bouches-du-Rhône, em 1945. Ela é a primeira mulher ministra de pleno exercício, no posto da saúde em 1947, contrariamente às suas antecessoras no governo de Léon Blum de 1936, que ocupam apenas cargos de subsecretárias do Estado. Após o término de seu mandato de deputada em 1956, ela se dedica novamente às associações.

DO TRIPARTISMO À TERCEIRA FORÇA

O ano de 1947 enfraquece a aliança de oportunidade que é, na verdade, o tripartismo. Os franceses ingenuamente acreditavam que o fim da guerra seria acompanhado pelo retorno à prosperidade. Isso não ocorre, e o racionamento e as filas diante das padarias continuam. A exasperação é ainda maior porque o governo exige esforços adicionais para ganhar a "batalha da produção"; em todas as paredes surgem cartazes pedindo aos trabalhadores para "arregaçar as mangas". Essa política é apoiada pelo PCF. Em 1947, o nível de produção de 1938 é alcançado, mas a semana de trabalho aumenta de 40 para 45 horas e, sobretudo, a inflação torna difícil suportar o custo de vida: o poder de compra dos trabalhadores baixa 30% de 1944 a 1947; em outubro de 1947, enquanto os salários aumentaram 10%, os preços dos produtos alimentícios aumentaram 50%. As greves começam na primavera francesa e culminam no outono de 1947. As convocações para a retomada da CGT se mostram ineficazes. Em outubro, os grevistas bloqueiam a capital e obstruem as vias férreas. O governo se mostra firme, envia a polícia e reprime duramente um movimento que continua até outubro de 1948. No entanto, a ruptura do tripartismo se produz na questão colonial ligada à Guerra Fria.

Os desacordos em relação à guerra da Indochina e os primórdios da Guerra Fria levam à expulsão dos ministros comunistas em junho de 1947 pelo presidente do conselho socialista **Paul Ramadier** (1888-1961). Em abril de 1947, de Gaulle, opondo-se ao que chama de "sistema partidário" da Quarta República, funda um novo partido, a Reunião do Povo Francês (RPF), que quer um executivo forte. Sucedendo o tripartismo, os governos da Terceira Força apoiam-se nos MRP, nos radicais e nos socialistas contra os comunistas e os gaullistas do RPF. Mas a coalizão se quebra em 1951 sobre a questão escolar: o MRP quer subvencionar mais amplamente as escolas particulares, algo a que os socialistas e radicais se recusam. Os governos seguintes de centro-direita sucedem-se a um ritmo excessivo para serem capazes de realizar qualquer coisa duradoura. Os socialistas voltam ao poder em fevereiro de 1956, mas a guerra da Argélia exige toda a sua atenção e os leva a se aliarem com a direita para continuar, mas não conseguem chegar a um acordo. A Quarta República detém o recorde de 25 governos em doze anos. Parece mais sensato, para tentar permanecer um pouco no poder, incentivar a ineficiência. Reforçando os laços com os Estados Unidos, a França se integra à OTAN (Organização do Tratado do Atlântico Norte) em 1949.

DUAS EXPERIÊNCIAS ORIGINAIS: PINAY, MENDÈS FRANCE

No entanto, duas experiências políticas fogem do comum: a de **Antoine Pinay** (1891-1994), de março a dezembro de 1952, e a de **Pierre Mendès France** (1907-1982), entre junho de 1954 e fevereiro de 1955. Antoine Pinay tranquiliza o país num momento de instabilidade monetária e financeira por seu perfil de notável provinciano. Ele estabiliza o franco, lança um empréstimo a 3,5% indexado ao ouro e, sobretudo, sem imposto sobre herança, o que é um grande sucesso e restaura a confiança do meio financeiro na França e no exterior. É o início, para Pinay, de uma reputação de infalibilidade em matéria monetária, até sua morte, com a idade de 103 anos. As pessoas vão consultá-lo sempre que o franco oscila.

Pierre Mendès France recebe a nomeação após a derrota francesa em Dien Bien Phu (7 de maio de 1954), em 18 de junho de 1954. Desde 1946, a Guerra da Indochina opõe a França, apoiada pelos Estados Unidos no contexto da Guerra Fria, aos partidários de Ho Chi Minh, a frente de resistência do Viet Minh, apoiados desde 1949 pela China comunista. Desde janeiro de 1954, 12 mil soldados franceses estão presos na bacia de Dien Bien Phu. Em 7 de maio de 1954, eles são forçados a se render. Apesar da longa duração da batalha, é um golpe para a França, onde todos os tinham esquecido. Pierre Mendès France, apelidado PMF, trata do caso com urgência. É o fim militar da Guerra da Indochina (1946-1954), à qual Mendès France dá uma conclusão política ao assinar, em 20 de julho de 1954, os acordos de Genebra, que concedem a independência à Indochina. Em 31 de julho de 1954, é a vez da Tunísia. Mas não da Argélia, com os acontecimentos do Dia de Todos os Santos, em 1º de novembro de 1954, que marcam o início da Guerra da Argélia (1954-1962). Ele também não consegue fazer com que a Assembleia adote o projeto de Comunidade Europeia de Defesa, ou CED, que prevê forças conjuntas franco-alemãs contra a ameaça soviética, e o projeto é rejeitado por voto em 1954. Em 5 de fevereiro de 1955, a Assembleia não o quer mais e o força a renunciar. A Quarta República, em seguida, desintegra-se por sua incapacidade de resolver os conflitos coloniais. A partir de 1956, o socialista **Guy Mollet** (1905-1975) envia recrutas, para as necessidades da Guerra da Argélia, pois o exército profissional não é mais suficiente. Pierre Mendès France, ministro de Estado de seu governo, demite-se, então, para marcar a sua desaprovação. A Batalha de Argel de 1957 revela o uso da tortura e a França é condenada pela ONU. A crise de Suez, ainda em 1956, demonstra a posição internacional mais frágil da França, forçada a recuar diante da oposição americana e das ameaças soviéticas.

O rigor na honra: PMF

Seria preciso um florilégio de superlativos para evocar **Pierre Mendès France** (1907-1982), mais jovem em tudo: conclui o ensino médio aos quinze anos, entra na faculdade com dezesseis, torna-se advogado com dezenove, é deputado aos 25, é prefeito aos 28 e torna-se subsecretário de Estado com 31 no segundo governo de Léon Blum. O fracasso de junho de 1940 o leva a experimentar a aventura do Massilia, navio que leva 27 parlamentares para o norte da África para, em princípio, reconstruir ali a República, mas, na verdade, são levados aos cárceres de Vichy. Preso, ele escapa, chega em Londres em fevereiro de 1942 e participa das proezas aéreas do esquadrão Lorraine, ao lado de Romain Gary (1914-1980). Junta-se a de Gaulle na Argélia em 1943, torna-se Comissário das Finanças e, em 1944, ministro da Economia Nacional do GPRF, mas renuncia após a rejeição de seu plano de austeridade. Torna-se presidente do Conselho de junho de 1954 a fevereiro de 1955. Assim como Roosevelt fez para os americanos em 1933, Pierre Mendès France trata seus compatriotas como adultos. Sua mais alta concepção do Estado o leva a romper com a prática tradicional, desejando que os responsáveis políticos apenas prestem conta a seus eleitores nas eleições. Todo sábado à noite, um bate-papo no rádio lhe permite expor o seu trabalho para a nação, sem tentar esconder as dificuldades ou falhas. Após 1956, ele preside o Partido Radical, apoia a candidatura de François Mitterrand em 1974 e 1981, trabalha pelos esforços de paz no Oriente Médio. Trabalhador incansável, é em sua mesa de trabalho que ele morre em 18 de outubro de 1982. A França o honrou com um funeral de Estado.

2. A QUINTA REPÚBLICA

A FRANÇA ENTRA NAS TRINTA GLORIOSAS

Se o balanço político da Quarta República é mais que fraco, seu sucesso é evidente nas questões econômica e social. A França se beneficia com o Plano Marshall (1947-1952) de ajuda para a reconstrução e adota um sistema de planejamento flexível da economia, recuperando-se com o Plano Monnet de 1945 a 1952, devido a um dos pais da Europa, **Jean Monnet** (1888-1979). Em 1951, sob o impulso de um outro pai da Europa, **Robert Schuman** (1886-1963), a França integra a Comunidade Europeia do Carvão e do Aço (CECA) com a RFA, República Federal da Alemanha, o Luxemburgo, os Países Baixos, a Bélgica e a Itália. Pelo Tratado de Roma de março de 1957, os mesmos seis discutem a Comunidade Econômica Europeia, ou CEE. Além da criação de um Estado de providência, a Quarta República melhora o nível de vida e o modo de vida dos franceses, com a introdução do Salário Mínimo Interprofissional Garantido (SMIG) em fevereiro de 1950 (ele se torna o Salário Mínimo Interprofissional de Crescimento ou SMIC em janeiro de 1970) ou a terceira semana de férias pagas em 1956.

DOIS "PAIS DA EUROPA": JEAN MONNET E ROBERT SCHUMAN

Jean Monnet (1888-1979)

Ele nasce em 1888 numa família rica de comerciantes de bebidas de Cognac, adquire uma prática da alta finança, é levado pela empresa da família aos Estados Unidos e à China, onde dirige bancos. Essa experiência em matéria de finanças internacionais lhe vale o gerenciamento dos recursos dos Aliados durante a Segunda Guerra Mundial e a coordenação de sua distribuição a partir dos Estados Unidos. Depois de 1945, de volta à França, ele desempenha o mesmo papel para os fundos e matérias-primas do Plano Marshall, no âmbito do Plano Monnet, enquanto é comissário geral do plano. Mas sua obra fundamental consiste em aproximar a França e a Alemanha numa parceria econômica que ele acredita que vai impedir o aparecimento de um novo conflito. Ele trata no início dos dois produtos indispensáveis nessa fase de reconstrução, o carvão e o aço. Um plano secreto é apresentado ao ministro dos Negócios Estrangeiros, Robert Schuman, que o concretiza em 9 de maio de 1950 pelo discurso do Salon de l'Horloge (Salão do Relógio), anunciando a primeira fase da construção europeia. Esse dia se tornou o dia da celebração da Europa. Sua relação tempestuosa com de Gaulle o distancia, em seguida, da cena política, à qual ele sempre preferiu a economia. Ele se dedica a ela, bem como à história, até sua morte em 1979. Considerado oficialmente "Pai da Europa", suas cinzas foram transferidas para o Panteão em 1988.

Robert Schuman (1886-1963)

Nascido em 1886 no Luxemburgo, Robert Schuman é cidadão alemão antes de se tornar francês em 1918. Entre 1919 e 1940, é deputado da Moselle, antes de se tornar por um tempo membro do governo de Pétain e, depois, preso quando a Moselle é integrada ao Reich alemão, o que ele recusa. Ele escapa e vai para a zona livre, no sul da França. Retoma seu posto de deputado em 1946, tornando-se um dos principais líderes do MRP. Ministro das Finanças e, depois, dos Negócios Estrangeiros, ele lança em maio de 1950 a futura CECA com o chanceler Konrad Adenauer (1876-1967). Em contrapartida, seu projeto de CED é rejeitado em 1954. Primeiro presidente do Parlamento Europeu, ocupa esse cargo entre 1958 e 1960, antes de se retirar dos assuntos públicos. Ele morre em 1963.

O AFUNDAMENTO DE UMA REPÚBLICA

O governo Guy Mollet cai em maio de 1957. Os seguintes são incapazes de agir, por falta de tempo, e são derrubados na primeira oportunidade. Eles são cada vez menos populares entre os colonos franceses da Argélia, pois suspeitam que querem conceder a independência ao país. A situação fica ainda pior a partir de 15 de abril de 1958, com a ausência de governo. Com o anúncio da investidura prevista de **Pierre Pflimlin** (1907-2000), em 13 de maio de 1958 – acredita-se que ele está prestes a negociar com a Frente de Libertação Nacional (FLN) argelina –, os colonos de Argel organizam, no mesmo dia, uma gigantesca manifestação, tomam o palácio do governador-geral, instalando nele um Comitê de Salvação Pública com o apoio dos generais **Jacques Massu** (1908-2002) e **Raoul Salan** (1899-1984). É um verdadeiro golpe de Estado, e o exército e os colonos se mantêm fora do quadro republicano e de suas instituições. Os gaullistas aproveitam a situação para promover o fim da "travessia do deserto" do general de Gaulle, longe dos cargos de decisão da vida política há doze anos, condenando os eleitos de seu partido, o RPF, que, em 1953, conseguem a maioria, a entrar para o governo. A partir de 15 de maio, o próprio de Gaulle se diz "pronto para assumir os poderes da República" a pedido dos gaullistas de Argel. Em 19 de maio, ele convoca a imprensa para uma entrevista. Para um jornalista que lhe pergunta se ele pensa tomar o poder, ele responde com humor: "O senhor acha que com 67 anos eu vou começar uma carreira de ditador?" Ele se mostra rapidamente como o homem certo para uma classe política desamparada, que também teme um golpe militar em Paris e a vinda de unidades paraquedistas. Eles não estão errados, pois a operação Ressurreição está de fato prevista para a noite de 27 para 28 de maio, com a vinda de soldados para a metrópole, principalmente na Córsega. O general de Gaulle é o único que pode manter o exército na linha e acalmar os receios dos colonos. Em 28 de maio, Pierre Pflimlin renuncia e, no dia seguinte, o presidente da República, René Coty, faz um apelo a de Gaulle. Em 1º de junho de 1958, a Assembleia Nacional, por 329 votos contra 224, dá-lhe plenos poderes por seis meses para que elabore uma nova Constituição. A Guerra da Argélia dá fim à Quarta República.

DE GAULLE, PAI DAS INSTITUIÇÕES FRANCESAS

Charles de Gaulle (1890-1970) nasce em 22 de novembro de 1890 numa família da burguesia católica de Lille. Depois de estudar num colégio jesuíta, ele entra para Saint-Cyr; depois é mandado para o 33º regimento da infantaria de Arras, sob o comando do coronel Pétain. É ainda sob o comando de Pétain, tornado general, à frente do Segundo exército estacionado no Forte Douaumont, que o capitão de Gaulle, ferido na coxa por uma baioneta, é capturado em 2 de março de 1916. Ele é liberado apenas no final do conflito. Tenta entrar para a Escola de Guerra e é classificado em 33º lugar de 129 aprovados em 1922. Nesse ínterim, casa-se com Yvonne Vendroux, filha de um rico industrial de Calais. Ele integra o gabinete de Pétain em 1925 e é enviado para Beirute. Em 1932, ocupa um posto na Secretaria da Defesa Nacional. Ele é conhecido por suas publicações: *La Discorde chez l'ennemi* (*A discórdia entre o inimigo*) (1924), *Le Fil de l'épée* (*O fio da espada*) (1932), *Vers l'armée de métier* (*E a França teria vencido!*) (1934). Ele desenvolve um ponto de vista original na época, o de reforçar o papel dos carros de combate. Ele comanda, aliás, os do 507º regimento de Metz e, em seguida, do Quinto Exército. Em 1940, ele faz uma breve passagem no governo Paul Reynaud: Subsecretário de Estado da Defesa em 6 de junho, ele deixa a França e vai para Londres no dia 17 do mesmo mês. Ali ele lança nas ondas do rádio da BBC sua famosa chamada e, depois, afirma-se como o cabeça da França Livre com o Comitê Francês de Libertação Nacional (3 de junho de 1943), o CNR em dezembro de 1943 e o GPRF em agosto de 1944. Ele preside este último de 13 de novembro de 1945 a 20 de janeiro de 1946. Em seguida, ele começa sua travessia do deserto, que dura doze anos, ocupado com a publicação de suas *Memórias de guerra*, mas volta à tona em maio de 1958. Último Presidente do Conselho da Quarta República, ele não só funda a Quinta República como também lhe imprime seu estilo próprio de exercício do poder. Tendo sido seu primeiro presidente, seu destino se mistura com a história nacional até a ruptura de 1969.

O NASCIMENTO ENTUSIASTA DA Vª REPÚBLICA

De Gaulle deve rapidamente resolver dois problemas: o das novas instituições a serem criadas, por um lado, e o golpe dos generais em Argel, por outro. É o ministro da Justiça, **Michel Debré** (1912-1996), que está encarregado de coordenar a equipe de juristas que prepara a nova Constituição. Ele realiza essa proeza em três meses. No entanto, convém evitar o descontentamento de que foi vítima a República anterior desde o seu nascimento; uma campanha de propaganda massiva a favor do "sim" é lançada; de Gaulle pronuncia na Praça da República um longo discurso em 4 de setembro, diante de uma grande multidão. Apenas o Partido Comunista milita ativamente pelo "não", endossado por alguns socialistas, incluindo François Mitterrand. A cada eleitor é enviada uma cópia da Constituição. Aprovada por referendo em 28 de setembro de 1958, com quase 80% dos eleitores, com uma participação de 85%, a Constituição da Quinta República; sempre atual, reforça o peso do poder executivo, sem, todavia, fazer disso um sistema presidencial originalmente, pois é a prática gaullista que vai instaurá-lo pouco a pouco.

O presidente da república é eleito por 80 mil eleitores, parlamentares, conselheiros gerais (secretários) e conselheiros municipais (vereadores). Ele nomeia o primeiro-ministro, pode convocar um referendo e dissolver a Assembleia Nacional. O poder legislativo é dividido entre duas câmaras: a Assembleia Nacional, eleita por cinco anos por sufrágio universal direto, que propõe e aprova leis, e o Senado, eleito indiretamente pelos conselheiros gerais e municipais por nove anos, renovável por terços, que aprova leis. O Conselho Constitucional, composto por nove membros nomeados de forma vitalícia e ex-presidentes da república, membros por direito, pronuncia-se em caso de recurso à constitucionalidade das leis. O modo de eleição na Assembleia é alterado: ele se faz por eleição majoritária uninominal em dois turnos. Este novo sistema evita a fragmentação dos votos e a proliferação dos partidos representados. No entanto, beneficia os grandes partidos. Essa é a finalidade pretendida por de Gaulle, que quer maiorias estáveis. Em novembro de 1958 são realizadas as primeiras eleições legislativas da Quinta República. Os gaullistas da União para a Nova República (UNR), moderados, obtêm quase 70% dos assentos. A esquerda é reduzida, e as autoridades da Quarta República, vencidas. Em dezembro de 1958, de Gaulle é eleito presidente da República com 77% dos votos. Michel Debré é nomeado primeiro-ministro. Fiel, provindo da alta burguesia parisiense, filho do professor de medicina Robert Debré, grande resistente, ele fica ao lado de de Gaulle na reconstrução política da França em 1945. Ele nomeia os novos administradores gerais, representantes da República. Também são obra sua o ENA e o IEP, Institutos de Estudos Políticos. É primeiro-ministro de 1959 a 1962 e deixa o cargo depois de um desentendimento com o presidente sobre a Guerra na Argélia; ministro várias vezes em várias posições, deputado, deputado no Parlamento Europeu, continua a ser um grande personagem da Quinta República até sua morte em 1996.

A ARGÉLIA FRANCESA TERMINOU

O segundo ponto que de Gaulle deve resolver diz respeito ao problema argelino. Desde 5 de junho de 1958, ele está na Argélia, onde seu discurso de Mostaganem e o "Viva a Argélia francesa" abrem o caminho para um desentendimento duradouro. Os colonos acreditam na manutenção da colônia de forma perene e de Gaulle só pensa em restaurar a autoridade do Estado. Os generais são substituídos por um alto funcionário. A proposta de "paz dos bravos" em outubro de 1958, com os insurgentes entregando as armas e a França abrindo as discussões, fracassa. A Frente de Libertação Nacional (FLN), que luta pela independência, cria o Governo Provisório da República Argelina (GPRA). Em setembro de 1959, de Gaulle entende que a independência da Argélia é inevitável. Ele anuncia uma primeira fase de autodeterminação do povo argelino, ou seja, a escolha entre a independência e a associação. Essa proposta é recusada pelo FLN e Argel se revolta em janeiro de 1960 durante a "semana das barricadas" quando o governo chama novamente o general Massu, o que provoca uma insurreição nas ruas da cidade. Em janeiro de 1961 a autodeterminação é aprovada por um referendo.

O "punhado de generais da reserva"

Em abril de 1961, os generais de Argel tentam um golpe, rapidamente abortado diante da recusa dos soldados do contingente em acompanhá-los e da reação rápida de de Gaulle. Em 21 de abril de 1961, Argel está sob o controle de quatro generais da reserva, Challe, Jouhaud, Zeller e Salan. No dia seguinte, eles prendem o governador--geral e o ministro dos Transportes, Robert Burton, que fazia uma visita. Bem poucos regimentos os acompanham. De Gaulle reage com a utilização do artigo 16 da Constituição, assumindo assim plenos poderes. Na noite de 23 de abril, ele pronuncia, de uniforme, um discurso televisionado em que denuncia as ações de "um punhado de generais da reserva", e proíbe os franceses de acompanhá-los. Esse aviso reduz a tentativa de golpe a nada. Challe e Zeller se rendem e são condenados a quinze anos de prisão, e Jouhaud e Salan se juntam à clandestinidade da OES. Trata-se dos ultras da Argélia Francesa, que então constituem a Organização do Exército Secreto, ou OES, proliferando os atentados e tentando assassinar de Gaulle várias vezes. Este entende que deve agir rapidamente. Em 19 de março de 1962, o cessar-fogo é declarado na Argélia. É pelos acordos de Évian, em 18 de março de 1962, que a França reconhece a independência da Argélia. Entre 800 mil e 1 milhão de *pieds noirs*, os descendentes dos colonos franceses, deixam a Argélia. Este é também o caso de cerca de 100 mil *harkis*, argelinos que lutaram nas fileiras do exército francês, repatriados por seus oficiais que se recusam a abandoná-los, apesar das instruções para deixá-los lá.

Uma DS salva o "grande Zohra"

O "grande Zohra" é o código na OES para designar de Gaulle. Em 22 de agosto de 1962, a DS presidencial vai para o aeroporto de Villacoublay. A bordo, estão o presidente, sua esposa, que os franceses carinhosamente apelidam de "Tia Yvonne", o general de Boissieu, genro do presidente, o policial Marroux, o motorista e, no porta-malas, frangos vivos. Na rotatória de Petit-Clamart, uma saraivada de balas cai sobre o carro, que consegue escapar. Todos saem ilesos, inclusive os frangos, e de Gaulle zomba dos conspiradores que, diz ele, "não sabem atirar". O responsável pelo ataque, o tenente-coronel Bastien-Thiry, é preso pouco depois e fuzilado.

A FRANÇA GAULLISTA

Em abril de 1962, **Georges Pompidou** (1911-1974), que não é gaullista, é nomeado primeiro-ministro. Em outubro de 1962, por referendo, a Constituição é alterada; agora o presidente da República será eleito por sufrágio universal direto. De Gaulle começa uma política de independência e de prestígio da França e a descolonização da África negra ocorre entre 1958 e 1960, ano em que França adquire armas nucleares para não depender da proteção americana. Em 1966, ela se retira do comando integrado da OTAN. Nas eleições presidenciais de 1965, para a surpresa dos observadores, de Gaulle é eleito apenas no segundo turno. Alguns observadores acreditam que, para alguns franceses, de Gaulle cumpriu sua missão ao fundar uma nova República e acabar com a Guerra da Argélia. Eles esperam vê-lo retirar-se para sua casa, em Colombey-les-Deux--Eglises. O general não entende as coisas dessa maneira, apesar das críticas de François Mitterrand, que denuncia o gaullismo como um "golpe de Estado permanente", título de seu livro; de Valéry Giscard d'Estaing, que não aprova um "exercício solitário do poder". Se de Gaulle consolida o presidencialismo do regime, ou seja, aproveita cada oportunidade para fortalecer o papel do presidente, ele o faz pensando, assim, em dar à França seu lugar de grande poder. Em 1959, uma mudança monetária estabelece o novo franco, valendo 100 francos antigos, cerca de 19 centavos de euro. Essa medida permite que a moeda se revalorize em relação às outras moedas. Em 1960, ele dota o país de armas nucleares, para não depender do "guarda-chuva nuclear" americano. Da mesma forma, em 1966 ocorre a retirada francesa do comando da OTAN, pois, a seus olhos, os exércitos franceses não podem ser comandados por um general americano. Em 1963, ele veta a entrada da Grã-Bretanha na CEE.

A CRISE DE MAIO DE 1968 E O FIM DA PRESIDÊNCIA

Em maio de 1968, a França está abalada, como muitos países desenvolvidos, pelos eventos estudantis. A origem de tudo está, no entanto, bem distante da política. Em março de 1967, os estudantes de Nanterre vão, uma noite, aos dormitórios das meninas. Na França da época, isso é inconcebível, e a polícia os desaloja no dia seguinte. É o sinal da revolta contra o abuso de autoridade e a universidade passa por um ano de ocupação esporádica e protestos. Em março de 1968, com a criação do "Movimento de 22 de março", a revolta toma um rumo político; os movimentos de extrema esquerda que o compõem ocupam a universidade. Daniel Cohn-Bendit (nascido em 1933) torna-se rapidamente o líder emblemático. Este estudante de sociologia acaba por encarnar maio de 1968 e o governo vai usar sua cidadania alemã para expulsá-lo. Manifestações começam, a partir da Universidade de Nanterre, fechada pelo reitor em 2 de maio, e pouco a pouco se espalham para outras; a Sorbonne entra no movimento em 3 de maio, e o reitor manda a polícia expulsar os estudantes que ocupam os prédios. Seiscentas prisões são efetuadas. O Quartier Latin fica cheio de barricadas. Motins violentos opõem estudantes e policiais na noite de 10 para 11 de maio. Em 13 de maio de 1968, os sindicatos convocam uma greve geral. O país é rapidamente paralisado.

O primeiro-ministro, Georges Pompidou, organiza uma reunião entre representantes sindicais e patronais que leva à assinatura dos acordos de Grenelle em 27 de maio de 1968. O SMIG é ajustado, os salários aumentam 7%, a jornada de trabalho semanal é reduzida para 43 horas e a liberdade dos direitos sindicais é reforçada. Entre 29 e 30 de maio, o general de Gaulle desaparece, pois deixou secretamente a França para encontrar, em Baden-Baden, o general **Jacques Massu** (1908-2002). O conteúdo exato da entrevista permanece sujeito à interpretação. Para Pompidou, é uma negação, e ele quer a renúncia, que lhe foi recusada. Num curto discurso no rádio, de pouco mais de quatro minutos, em 30 de maio, de Gaulle retoma as questões públicas. Diz ele: "Nas atuais circunstâncias, eu não vou me retirar. Eu tenho um mandato do povo, e eu o cumprirei". Nesse mesmo 30 de maio, uma manifestação gigantesca em apoio a de Gaulle reúne quase um milhão de pessoas nos Champs-Elysées. A Assembleia Nacional é dissolvida. O receio social e político suscitado pelos acontecimentos de maio de 1968 provoca uma onda gaullista nas eleições legislativas de junho de 1968. Pompidou é a vítima colateral da crise, pois a geriu muito bem, especialmente com os acordos de Grenelle. Como atrapalhava, é substituído em 10 de julho de 1968 por Maurice Couve de Murville.

No entanto, de Gaulle perde logo depois o poder, por sua própria iniciativa. Ele propõe, em abril de 1969, um referendo sobre a reforma do Senado e das regiões, mas amarra seu destino ao resultado: se a resposta for negativa, ele concordará em renunciar. É o "não" que prevalece com mais de 53%, e de Gaulle imediatamente deixa o poder, em 27 de abril de 1969. Ele morre em 9 de novembro de 1970.

GEORGES POMPIDOU, A ARTE E A POLÍTICA

De pronto, o primeiro-ministro Pompidou é notícia ao pendurar uma tela de Soulages em sua sala, fazendo a arte contemporânea ter destaque na República. Professor de Letras e diretor do banco Rothschild, seu percurso é pouco convencional. Após a saída de de Gaulle, ele enfrenta vários candidatos nas eleições presidenciais de 1969: Gaston Defferre (PS), Alain Duclos (PCF), Alain Krivine (trotskista), Michel Rocard (PSU), Alain Poher (presidente do Senado) e Louis Ducatel (independente). Em junho de 1969, **Georges Pompidou** é eleito presidente da República. Ele pretende modernizar a sociedade francesa com a ajuda de seu primeiro-ministro, **Jacques Chaban-Delmas** (1915-2000), que defende uma *nova sociedade* aberta à descentralização, com menor controle dos meios de comunicação, uma maior liberdade de expressão e o recurso ao diálogo social. Por muito tempo considerado o delfim de de Gaulle, esse ex-resistente, prefeito de Bordeaux, não consegue federar os gaullistas, que preferem Pompidou. O primeiro-ministro lança a política contratual, ou seja, contatos regulares entre empregadores, sindicatos e Estado. Em 1972, Pompidou usa o direito constitucional do presidente para consultar o povo por referendo sobre a entrada na CEE da Irlanda, da Grã-Bretanha e da Dinamarca. O "sim" consegue 68%, mas com uma abstenção de 40%, vista como um repúdio ao presidente. A economia é modernizada com a passagem do SMIG para o SMIC (salário mínimo interprofissinal de crescimento) pela lei de janeiro de 1970. Agora, o salário mínimo acompanha a evolução do crescimento. A ideia é passar de um mínimo garantido para uma melhor distribuição dos frutos do crescimento. Isso não impede o início da desindustrialização. Em 1971, a fábrica de relógios Lipp é vendida e os 1300 trabalhadores da fábrica de Besançon estão desempregados. O maior conflito social da era Pompidou começa. Dura até 1975, com fases duras, como a venda do estoque de relógios pelos trabalhadores, tendo todo o país como testemunha. Nas forças militares também tudo se modifica. Em 1971, o exército quer expandir seu campo de treinamento de Larzac, expulsando os criadores de ovinos. A resposta é imediata: ocupação dos locais e compras por particulares de milhares de lotes de terra. O conflito termina somente em 1981 com a eleição de François Mitterrand e a retirada do exército. Mas a abertura cessa com a substituição de Chaban-Delmas por **Pierre Messmer** (1916-2007), mais conservador, em julho de 1972. A crise de 1973 chega à França com força total, acabando com o milagre econômico das Trinta Gloriosas. A oposição se estrutura no congresso de Epinay, em junho de 1971, durante o qual François Mitterrand enterra a SFIO, substituída pelo Partido Socialista, que ele passa a liderar. Em 1972, um programa comum de governo é configurado com o PCF. Georges Pompidou, sofrendo de uma longa doença, um câncer de sangue conhecido pelo nome de doença de Waldenstrom, aparece cada vez menos em público. Imagens raras mostram um homem abatido, enfraquecido. Ele morre disso em 2 de abril de 1974.

Georges e Claude

É impossível evocar a presidência de Georges Pompidou sem mencionar sua esposa, Claude. Nascida Claude Cahour, Claude Pompidou (1912-2007) vem da burguesia provincial, filha de um médico bem-conceituado de um hospital de Mayenne. Após a faculdade de direito, ela conhece seu futuro marido, com quem se casa em 1935. Mulher moderna, especialista em arte contemporânea, ela faz pouco das obrigações oficiais, professando um horror sagrado ao Palácio do Eliseu. Ela dá à arte seu lugar nobre nas manifestações da República, fazendo-a entrar na intimidade do presidente, que compartilha essa paixão. Em 1970, ela cria a fundação que leva seu nome para ajudar os idosos hospitalizados e crianças com deficiências. Ela se dedica a isso até sua morte em 3 de julho de 2007.

VALÉRY GISCARD D'ESTAING, MAIS QUE QUALIFICADO AO PODER

A morte do presidente Pompidou pega o mundo de surpresa, pois o segredo de sua doença foi bem guardado. A esquerda está em ordem de combate, e a direita, despedaçada.

Jacques Chaban-Delmas pensa que sua hora chegou. Em abril de 1974, ele disputa os votos dos franceses com François Mitterrand (Partido Socialista), Alain Krivine (Liga Comunista Revolucionária), Arlette Laguiller (Luta Operária), René Dumont (Amigos da Terra, ambientalista), Jean-Marie Le Pen (Frente Nacional), Émile Muller (Movimento Socialista Democrático), Bertrand Renouvin (Nova Ação Francesa, monarquista), Jean Royer (prefeito de Tours, direita conservadora) e Valéry Giscard d'Estaing (republicano independente). Um homem vai desempenhar um papel fundamental: Jacques Chirac. Ministro do Interior do governo Messmer, ele deixa Chaban-Delmas em favor de Valéry Giscard d'Estaing. Este também goza da vantagem da idade, pois tem apenas 48 anos de idade e seria o mais jovem presidente. Após o primeiro turno, ele é adversário de François Mitterrand, em maio. É a oportunidade de uma grande estreia, tornado um clássico do gênero: o debate televisivo entre os dois candidatos. Toda a França está presa à televisão. Diante de um Mitterrand técnico, Valéry Giscard d'Estaing está à vontade. O ponto de viragem acontece com uma daquelas frases pequenas famosas que podem transformar um destino. Enquanto François Mitterrand lamenta a situação econômica dos mais desfavorecidos, seu oponente responde: "Você não tem, Sr. Mitterrand, o monopólio do coração. Eu tenho um coração como o seu, batendo no seu ritmo e que é meu". Os resultados apertados conferem-lhe todo o peso da frase, 50,81% para Valéry Giscard d'Estaing e 49,19% para François Mitterrand.

É, portanto, um sucessor não gaullista de Georges Pompidou, chefe dos republicanos independentes, **Valéry Giscard d'Estaing** (nascido em 1926), que é eleito. Provindo da grande burguesia, politécnico da antiga Escola Nacional de Administração francesa, condecorado com a medalha Cruz de Guerra, o homem é conhecido por ser difícil e frio. O septenato é marcado por uma liberalização da sociedade, com a redução da maioridade de 21 para dezoito anos, o divórcio consensual, a legalização da contracepção (lei Neuwirth de 1972) e a legislação sobre a interrupção voluntária da gravidez, o aborto.

A batalha da interrupção voluntária da gravidez (IVG)

Se há uma luta emblemática do septenato de Valéry Giscard d'Estaing, é a Interrupção Voluntária da Gravidez (IVG), o aborto. Tudo começa em 1971, quando *Le Nouvel Observateur* publica o "Manifeste des 343 salopes" ("Manifesto das 343 vadias"), no qual mulheres, conhecidas do público, admitem ter feito aborto – um crime na época – e pedem sua legalização. Uma notícia de 1972 lança a polêmica: uma adolescente de dezesseis anos, estuprada, aborta. Seu julgamento, o famoso "julgamento de Bobigny", é divulgada pela mídia. A advogada, Gisèle Halimi, fundadora da associação Choisir (Escolher), assume a sua defesa. A menina é absolvida e o caminho se abre para a revogação da lei de 1920, que criminaliza o aborto. Tudo será baseado em uma mulher, Simone Veil, novíssima ministra da saúde. Sua tenacidade acaba por ser recompensada quando a lei é aprovada, em 26 de novembro de 1974, depois de uma campanha de calúnias e ataques contra sua pessoa e seu projeto de lei, em especial da parte dos meios católicos fundamentalistas. Na adversidade, no entanto, ela tem o apoio do presidente. A lei é promulgada em janeiro de 1975.

Simone Veil, a exemplar

É em Nice que Simone Veil nasce (em 1927), numa família burguesa cujo pai é arquiteto. Em 1944, o drama toma forma; ela é deportada para o campo de Auschwitz com sua mãe e irmã. Sobrevivente do campo da morte, ela retoma seu curso de Direito, entra para a magistratura, dedica-se à memória do extermínio e à causa feminina. Ela é nomeada para a administração da penitenciária, emociona-se com as condições de detenção das mulheres, torna-se conselheira do Ministério da Justiça e, depois, entra para o Conselho Superior da Magistratura. A entrada tardia na política faz seu nome permanecer ligado à aprovação da lei sobre o aborto, em 1974, que ela defende corajosamente diante de uma Assembleia hostil, que não lhe poupa observações infames, sem falar das cruzes gamadas (a suástica) pichadas nas paredes de seu prédio. Europeia assumida, ela trabalha pela reconciliação franco-alemã e torna-se a primeira mulher presidente do Parlamento Europeu, de 1979 a 1982. De 1993 a 1995, é ministra de Estado para os Assuntos Sociais. Ela é presidente honorária da Fundação pela Memória da Shoah (Holocausto).

Crise econômica, dificuldades políticas

Em matéria econômica, o país experimenta as consequências do primeiro choque petrolífero de 1973. De 1974 a 1976, o primeiro-ministro **Jacques Chirac** (nascido em 1932), com um projeto de sociedade liberal avançada, reconcilia o capital e o trabalho, mas fica cada vez mais em desacordo com o presidente, cuja política parece-lhe social--democrata, afastando-se cada vez mais da direita gaullista. Renuncia em 1976, quando a prática era a de que o primeiro-ministro só renuncie a pedido do presidente, e funda o partido gaullista, a UDR, rebatizado de Reagrupamento para a República (RPR). Paris reconquista o direito de eleger seu prefeito em 1975; Jacques Chirac é candidato e é eleito em 1977. Ele é substituído como primeiro-ministro por um renomado professor universitário de economia, Raymond Barre (1924-2007). Contrariamente ao "Plano Chirac", entre 1974 e 1976, com um aumento dos benefícios sociais, um acesso facilitado ao crédito na esperança de aumentar o consumo, ele pratica uma política de arrefecimento da economia, com rigor, para lutar contra a inflação, mas essa política não traz frutos e exacerba o descontentamento popular, quando o desemprego aumenta e chega a um milhão de desempregados em 1979, após o segundo choque do petróleo. Com menos apoio de seus próprios eleitores, divididos entre os centristas da União para a Democracia Francesa (UDF) e a RPR, e confrontado a uma aliança dos partidos de esquerda em torno de um programa comum de governo, Valéry Giscard d'Estaing perde popularidade. As eleições municipais de 1977 são um sucesso para a esquerda. Somente um colapso inesperado na união da esquerda permite à direita ganhar as eleições parlamentares de 1978. As primeiras eleições europeias de 1979 são a oportunidade para a oposição entre Jacques Chirac e Valéry Giscard d'Estaing, com o texto conhecido como "Apelo de Cochim". Enquanto o presidente coloca toda a sua energia a serviço da causa europeia, Jacques Chirac, que acaba de ser vítima num grave acidente de carro, lança, de seu leito no hospital, um apelo contra a supranacionalidade e o "partido do estrangeiro", expressão infeliz que ele lamentará mais tarde. É uma verdadeira declaração de guerra entre os dois homens. Nesse mesmo ano, no Congresso de Metz, dois pesos pesados socialistas se enfrentam, François Mitterrand e Michel Rocard. Este considera até, em 1981, sua candidatura para a presidência, antes de se aposentar. As eleições de 1981 acontecem num contexto tenso: o presidente está enfraquecido em seu próprio campo, envolvido com o "caso dos diamantes", joias que ele teria recebido do ditador autoproclamado imperador da África Central, Bokassa I. Até seu estilo, jovem e dinâmico, próximo do povo, recebendo os lixeiros no Palácio do Eliseu (residência oficial do presidente da república na França) para o café da manhã, tocando acordeão na televisão, convidando-se para jantar ovos mexidos com os franceses da classe média, agora irrita e é taxado de demagogia. O número de desempregados ultrapassa os 1,6 milhão e a economia está em baixa. A lei de 1976, que visa a limitar as candidaturas, requer a coleta de quinhentas assinaturas de eleitos para poder se apresentar. Isto não exclui uma abordagem original, a do comediante Coluche, que satiriza os discursos convenientes, mas não vai até o fim de sua campanha. A direita está dividida entre vários candidatos, incluindo Jacques Chirac, que apoia a contragosto o presidente, saindo entre os dois turnos. À esquerda, o comunista Georges Marchais (1920-1997) também se apresenta. Conhecido por sua ousadia e suas citações, ele dá início ao longo declínio do PCF, primeiro partido da França em 1947. No segundo turno da eleição presidencial, Valéry d'Estaing Giscard compete com François Mitterrand, que ganha a eleição com 51,75% dos votos.

FRANÇOIS MITTERRAND: O REINADO DA ESFINGE

François Mitterrand (1916-1996) nasce em Jarnac numa família burguesa, estuda direito e ciências políticas. Ele participa do governo de Vichy como Comissário para os prisioneiros de guerra, e é condecorado com a insígnia do machado em 1941. Ele então entra no GPRF e depois é eleito deputado de Nièvre em 1946. Várias vezes ministro na Quarta República, ele é o principal adversário de de Gaulle. Ele denuncia sua prática de poder num livro intitulado *O golpe de Estado permanente* em 1964.

Duas vezes candidato à presidência, é eleito em 1981, depois de uma campanha marcada por suas 110 propostas para governar o país e o slogan "A força tranquila".

A onda rosa

As eleições legislativas trazem para o novo presidente uma maioria confortável; é a "onda rosa". É o primeiro presidente provindo das fileiras da esquerda sob a Quinta República. Ele nomeia **Pierre Mauroy** (1928-2013) primeiro-ministro, que permanece no posto até julho de 1984. Entre 1981 e 1982, Pierre Mauroy tenta uma recuperação da economia baseada num déficit orçamentário consentido. Ela falha e, a partir de junho de 1982, ele deve voltar a uma política clássica de austeridade. Grandes reformas são realizadas: a abolição da pena de morte, a descriminalização da homossexualidade, as rádios livres e o imposto sobre grandes fortunas. Grandes empresas são nacionalizadas, em particular no setor bancário, trazendo o controle do Estado de cerca de 90% dos bancos, mas também a Companhia Geral de Eletricidade (CGE, hoje Alcatel), Rhône-Poulenc, Saint Gobain, Thomson, Péchiney-Ugine-Kuhlmann (PUK). O Estado contrata por meio da criação de cerca de 250 mil empregos. A semana de trabalho passa a 39 horas, a aposentadoria aos sessenta anos, uma quinta semana de férias pagas é concedida e a lei Auroux de 1982 reforça os direitos sindicais. Em 1984, o ministro da Educação Nacional, **Alain Savary** (1918-1988), retoma o problema escolar com um projeto de lei que visa a unificar o ensino secundário, passando o privado para o controle público. Mais de um milhão de pessoas marcham contra o projeto. O ministro leva, em sua queda, o governo Pierre Mauroy.

O mais jovem primeiro-ministro da França

Em julho de 1984, **Laurent Fabius** (nascido em 1946) torna-se primeiro-ministro com 38 anos e pratica uma política de austeridade. Normalista, especialista em Letras, Ciências Políticas, formado pela Escola Normal Superior, é um homem completo que chega ao poder. Os comunistas optam por deixar o governo. As relações com o presidente são, por vezes, tensas, levando Laurent Fabius a dizer na televisão: "Ele é ele, eu sou eu, cada um tem seu jeito", ou a declarar-se "perturbado" com a visita oficial do general Jaruzelski em 1985, líder da Polônia, que esmagou a revolta do sindicato Solidariedade. Mas seu governo é marcado por dois escândalos: o do navio do Greenpeace, o *Rainbow Warrior*, afundado no porto de Auckland pelos serviços secretos franceses porque tentava se opor à retomada dos testes nucleares em Mururoa, operação que causou a morte de um fotógrafo; e o escândalo do sangue contaminado, em que foi feita a transfusão em hemofílicos de sangue contaminado com o vírus da Aids. O julgamento deste último caso, em 1999, absolve Laurent Fabius, mas mancha sua carreira política.

Uma inovação na Quinta República: a coabitação

Nas eleições parlamentares de março de 1986, os partidos de direita ganham, e o retorno ao escrutínio proporcional, destinado a limitar as perdas do PS, permite à Frente Nacional obter 35 deputados, tantos quanto o Partido Comunista. A Quinta República inaugura um regime de coabitação, com o presidente de esquerda, que cuida da defesa e da política externa, e o primeiro-ministro de direita, Jacques Chirac (nascido em 1932), que se ocupa do assuntos internos. Nada assim é previsto na constituição, mas a sua solidez é demonstrada por uma experiência empírica que funciona. O governo Chirac privatiza as empresas nacionalizadas em 1981-1982 e pratica uma política liberal. Mas o novo ministro do Ensino Superior, **Alain Devaquet** (nascido em 1942), também coloca lenha na fogueira ao propor uma reforma que tornaria a instaurar uma seleção para entrar nas universidades. Lembremos a propósito que o *baccalauréat*, em sua forma atual, não é um diploma do secundário emitido por escolas de ensino médio, mas o primeiro grau do ensino superior. Portanto, não é possível recusar a inscrição de alguém que já possui esse grau. Desta vez, são centenas de milhares de estudantes que fazem manifestações em Paris e nas grandes cidades do interior. O projeto é abandonado e o ministro renuncia. Entre dezembro de 1985 e setembro de 1986, a capital é atormentada com doze atentados terroristas executados pelo Hezbollah, que exige da França a libertação de três presos islamitas; há cinco mortos e trezentos feridos.

Mitterrand 2, o retorno

Em 1988, François Mitterrand é reeleito para um segundo septenato, contra Jacques Chirac. **Michel Rocard** (nascido em 1930) é nomeado primeiro-ministro. Ele forma um governo de abertura, convidando três ministros da UDF. Ele acalma a crise com os independentistas da Nova Caledônia com os acordos de Numeia (previstos nos Acordos de Matignon de 1988, assinados em 1998), que preveem até 2019 uma votação sobre a autodeterminação. Ele cria o rendimento mínimo de inserção, ou RMI. Os hierarcas socialistas se dividem no congresso de Rennes, em março de 1990, cada um querendo levar a melhor para nas eleições presidenciais de 1995. Em outubro de 1990, as manifestações de estudantes do ensino médio formalizam o divórcio entre o presidente, que os apoia, e seu primeiro-ministro. O desentendimento entre as duas cabeças do executivo se torna um obstáculo. Em 1991, Michel Rocard é substituído por **Édith Cresson** (nascida em 1934). Ela se destaca rapidamente por suas grandes gafes: "A Bolsa, não tenho nada com isso", em maio de 1991; "Um em quatro ingleses é homossexual", em junho de 1991; "Os japoneses trabalham como formigas", um mês depois. Primeira mulher no posto de primeiro-ministro, ela fica pouco no poder; **François Mitterrand** usa o pretexto da derrota do PS nas eleições regionais em abril de 1992, preferindo **Pierre Beregovoy** (1925-1993). Enquanto isso, a França compromete-se ao lado dos Estados Unidos na primeira Guerra do Golfo contra o Iraque, em fevereiro de 1991. No outono de 1992, a França aprova por referendo o Tratado de Maastricht sobre a criação de uma União Europeia. Em março de 1993, a direita ganha as eleições; é uma derrota para a esquerda, que mantém apenas 67 assentos de 577. Logo depois, minado por acusações de peculato, Pierre Bérégovoy comete suicídio no dia 1º de maio. François Mitterrand nomeia Édouard Balladur (nascido em 1929) como primeiro-ministro, que prossegue uma política liberal. Ele deve enfrentar o desemprego em seu nível mais alto em agosto de 1993. Na verdade, os desempregados são mais de 3 milhões. Ele lançou um grande empréstimo de 40 bilhões de francos em maio de 1995. É um sucesso, que o encorajou a privatizar o BNP, Rhône-Poulenc, Elf-Aquitaine, o UAP, a Renault. Mas as dificuldades chegam com a juventude. Em janeiro de 1994, grandes manifestações se opõem a uma extensão da lei Falloux, que permite subsidiar a educação privada. O governo volta atrás. Em março de 1994, é a vez do Contrato de Inserção Profissional, ou CIP, piorar a situação. Ele fornece a opção de contratar um jovem desempregado há pelo menos seis meses, pagando 80% do SMIC (salário mínimo). A juventude sai às ruas e a medida é retirada de pauta. Atormentado pela doença, o presidente não se candidata em 1995. A esquerda aposta tudo em Jacques Delors, mas ele se retira, deixando o lugar livre para Lionel Jospin, então chefe do Partido Socialista. A eleição, portanto, opõe Jacques Chirac a **Lionel Jospin** (nascido em 1937), após o fracasso no primeiro turno da candidatura de Édouard Balladur, ainda considerado o favorito. Jacques Chirac foi eleito com 52,63% dos votos em 7 de maio de 1995. Em 8 de janeiro de 1996, François Mitterrand morre de câncer, escondido durante muito tempo do público, embora diagnosticado em 1981, mas só revelado em 1992.

JACQUES CHIRAC, O RETORNO DE UM GAULLISTA

Jacques Chirac nasceu em Paris em 1932, filho de pais de Corrèze. Ele flerta brevemente com a esquerda: assina o Chamado de Estocolmo, em 1950, petição comunista contra a bomba atômica, e distribui o jornal *L'Humanité dimanche*. Mas ele rapidamente se interessa pela direita. Um graduado da Sciences Po (Escola de Ciência Política), da ENA (École Normale d'Administration), juntou-se como conselheiro o gabinete de Pompidou em 1962, seu mentor político. Deputado de Corrèze, em 1967, torna-se Secretário de Estado para o Emprego, cria a ANPE (Agência Nacional para o Emprego), desempenha papel importante durante os acordos de Grenelle em 1968, é nomeado Secretário de Estado da Economia e Ministério das Finanças, pasta ocupada por Valéry Giscard d'Estaing. Ministro da Agricultura e Desenvolvimento Rural, em 1972, ele se torna primeiro-ministro em 1974, prefeito de Paris em 1977. Ele cria, em 1976, o RPR (Rassemblement pour la République).

Alain Juppé, "o melhor entre nós"

Eleito, Jacques Chirac escolhe **Alain Juppé** (nascido em 1945) como primeiro-ministro. Ex-aluno da Escola Normal Superior e da ENA, inspetor das finanças, um homem reputado por sua frieza. O governo implementa uma reforma prometida durante a campanha: o fim do serviço militar obrigatório, substituído por um serviço cívico voluntário e uma jornada de preparação para a defesa obrigatória. Ele empreende imediatamente uma política de reforma das aposentadorias na Função Pública, da Sécurité Social (Seguridade Social). O plano Juppé inclui o prolongamento do período de contribuição de 37,5 para quarenta anos para os funcionários públicos, a reforma dos hospitais, um regime universal de seguro saúde, a tributação dos salários-família, a reavaliação dos regimes especiais, incluindo os agentes da SNCF. A reação dos sindicatos é virulenta: a partir de novembro, quando meio milhão de pessoas marcham contra o projeto, os ferroviários entraram em greve em dezembro, o país é paralisado, levam-se horas para chegar ao trabalho sem garantia de retorno para casa. Mas o movimento perde força no final do ano e uma parte da reforma é mantida. Alain Juppé permanece no cargo. O ano de 1995 também é marcado por uma onda de ataques terroristas de inspiração islâmica entre julho e setembro. A explosão de uma bomba em 25 de julho na estação de RER (trem urbano) Saint-Michel matou sete pessoas e feriu 117. No outono de 1996, os caminhoneiros entram na dança, bloqueando as principais cidades. Após duras negociações, o movimento termina em novembro. Em março do mesmo ano, o país acompanha o ritmo de expulsões de imigrantes em situação irregular que ocupam a igreja Saint-Ambroise no 11º distrito. No final de 1996, a popularidade das duas cabeças do executivo chega ao nível mais baixo. Jacques Chirac, no entanto, acredita que a dissolução da Assembleia Nacional vai ajudá-lo a recuperar o controle. Erro fatal...

Uma dissolução que falhou

Em 21 de abril de 1997, ansioso para expandir sua maioria, Jacques Chirac dissolve a Assembleia Nacional. O oposto acontece, e os eleitores elegem uma assembleia de maioria de esquerda para o Palais Bourbon. A coabitação volta a acontecer, pela terceira vez, mas, desta vez, o presidente é de direita e seu primeiro-ministro, Lionel Jospin, é de esquerda. Essa terceira coabitação dura até 2002. O governo Jospin reduz a semana de trabalho legal para 35 horas em 1º de janeiro de 2000, aprova a adoção da cobertura universal da saúde, ou CMU, para os pobres, faz votar o Pacto Civil de Solidariedade, ou PACS, em 1999. Em 2000, o presidente Chirac propõe a reforma de cinco anos, que é aprovada por referendo em 24 de setembro de 2000, com 73% de "sim". Em 2001, a capital vota na esquerda, e o socialista Bertrand Delanoé (nascido em 1950) torna-se prefeito de Paris. A explosão da fábrica AZF de Toulouse, em setembro de 2001, causa um trauma nacional. Em 1º de janeiro de 2002, a França adota o euro.

Um presidente eleito com 80% dos votos

Nas eleições presidenciais de 2002, entre Lionel Jospin e Jacques Chirac, o candidato da Frente Nacional, Jean-Marie Le Pen (nascido em 1928), fica em segundo lugar após a primeira votação, atrás de Jacques Chirac. Lionel Jospin foi eliminado; ele desiste da política após esse fracasso amargo para o PS. O PS pede votos para Jacques Chirac no segundo turno, que é reeleito com mais de 80% dos votos. As eleições legislativas confortam o presidente; o novo partido de direita, resultante da fusão entre o RPR e o UDF, a União por um Movimento Popular (UMP), tem ampla vitória. É hora para a ofensiva de Nicolas Sarkozy. Esse antigo pupilo de Jacques Chirac o traiu nas eleições presidenciais de 1995, unindo-se a Édouard Balladur. Desde então, ele conhece o purgatório político. A criação do UMP cai do céu. Liderá-la garante uma sucessão para Jacques Chirac. Nicolas Sarkozy é nomeado ministro do Interior. O primeiro-ministro é desconhecido do público, Jean-Pierre Raffarin (nascido em 1948). O ex-gerente de marketing dos cafés Jacques Vabre, presidente do Conselho Regional de Poitou-Charentes, não é um tecnocrata e nunca foi eleito por sufrágio universal direto. Ele reformou pensões, apesar da forte oposição em 2003, aumentando o tempo para todas as contribuições. No verão de 2003, uma onda de calor assola a França, a gestão do governo é desastrosa e há mais de 15 mil mortos. A esquerda se recupera, vencendo as eleições regionais de 2004. A popularidade do primeiro-ministro despenca; em 2005, quando Jacques Chirac defende o "sim", o referendo francês rejeita a proposta de Constituição Europeia. Em maio de 2005, Jean-Pierre Raffarin é substituído por **Dominique de Villepin** (nascido em 1953). Mas a crise econômica marca o segundo mandato do presidente, assim como os tumultos nos subúrbios em novembro de 2005, ou o fracasso de um novo contrato trabalho destinado aos menores de 26 anos, o Contrato do Primeiro Emprego, ou CPE, proposto pelo primeiro-ministro Dominique de Villepin em 2006, abandonado diante dos crescentes protestos da juventude.

NICOLAS SARKOZY, O ONIPRESIDENTE

Nas eleições presidenciais de maio de 2007, o candidato da União para um Movimento Popular, UMP, **Nicolas Sarkozy** (nascido em 1955), foi eleito com 53% dos votos, derrotando a candidata socialista **Ségolène Royal** (nascida em 1953). Ele nomeia **François Fillon** (nascido em 1954) como primeiro-ministro e abre seu governo para as minorias e as personalidades da esquerda. A prática de uma presidencialização limita o papel tradicionalmente atribuído ao primeiro-ministro sob a Quinta República. O presidente se expõe em muitas frentes, em uma onipresença que mina sua popularidade. Desde o final de 2008, o país tem de enfrentar a crise econômica que vem após a crise das *subprimes*, hipotecas de alto risco, desencadeada nos Estados Unidos.

Em 2010, o governo conclui a reforma das pensões, com a idade legal passando dos sessenta aos 65 anos para as aposentadorias. Em 2012, são realizadas novas eleições presidenciais. Os votos dos franceses são muito disputados. No final, o candidato socialista François Hollande (nascido em 1954) é eleito com 51,64% dos votos. Ele nomeia Jean-Marc Ayrault (nascido em 1950) como primeiro-ministro.

CAPÍTULO XXV
A ALEMANHA A PARTIR DE 1945

1. AS DUAS ALEMANHAS

A CRIAÇÃO DAS DUAS ALEMANHAS

Em 1945, a Alemanha não existe mais, sendo dividida em quatro zonas de ocupação. A partir de maio de 1949, as três zonas de ocupação francesa, britânica e americana se fundem para dar início à República Federal da Alemanha (RFA). Essa etapa é precedida da criação de uma moeda, o Deutschmark, e do Bundesbank, o banco central alemão. Em resposta, os soviéticos criam em sua zona a República Democrática Alemã (RDA) em outubro do mesmo ano. Berlim, também dividida em zonas, é a implicação da uma crise, chamada "do bloco de Berlim", entre junho de 1948 e maio de 1949. Stálin bloqueia os acessos terrestres da cidade, situada na zona de ocupação. Os ocidentais instalam uma ponte aérea gigante, Stálin acaba cedendo. A segunda crise de Berlim se produz com a edificação do muro de Berlim, cortando a cidade em duas em 1961.

O SUCESSO DA RFA

O restabelecimento da RFA permite que se fale em "milagre alemão", depois de uma reconstrução na qual tudo deve ser feito, como ilustra o filme de Roberto Rossellini, *Alemanha, ano zero*. Beneficiária do Plano Marshall, ela foi desnazificada, a população foi reeducada na prática da democracia, ratificada pela adoção da Lei Fundamental, a constituição. Como Berlim fica na RDA, da qual se torna, em sua parte leste, a capital, a RFA escolhe a cidade de Bonn. A retomada econômica é tão rápida que o PIB de 1939 é alcançado em 1950. Os pais da RFA são os chanceleres Konrad Adenauer (1876-1967), chanceler de 1949 a 1963, e Ludwig Ehrard (1897-1977), seu sucessor de 1963 a 1966. Ambos eram membros da CDU, União Cristã-Democrática Alemã. Este último inicia uma economia social de mercado, na qual os sindicatos estão associados à gestão das grandes empresas, de mais de mil assalariados. Essa reconciliação do trabalho com o capital permite o elevado crescimento alemão, evitando a multiplicação dos conflitos sociais. Membro da OTAN desde 1949, a RFA integra a CECA em 1951 e depois a CEE em 1957. Depois do sucesso econômico, o país aspira à reunificação. Uma aproximação se efetua com o chanceler Willy Brandt (1913-1992), no comando de 1969 a 1974, que pertence ao SPD, socialista, e lança a *Ostpolitik*, política de apaziguamento das relações com a RDA e os Estados-membros do Pacto de Varsóvia, aliados da URSS. Helmut Schmidt (nascido em 1918), também do SPD, deve enfrentar os efeitos do primeiro choque do petróleo. A CDU retorna ao poder com Helmuth Kohl (nascido em 1930), que se mantém no poder de 1982 a 1998. Ele fica encarregado da difícil tarefa da reunificação alemã, quando cai o regime comunista da RDA, em 1990. Os anos 1980 são marcados pela chegada de novos movimentos de contestação, como a Fração Armada Vermelha, de extrema esquerda, ou os "Grünen" (os "Verdes"), ecologistas.

2. A PARTIR DA REUNIFICAÇÃO

A REUNIFICAÇÃO ALEMÃ

Em 3 de outubro de 1990, a Alemanha é oficialmente reunificada. Mas os problemas econômicos e sociais são imensos. Helmut Kohl privilegia a união monetária por meio da supervalorização do marco do leste em relação ao marco do oeste, com um câmbio de 1 para 1. Isso não corresponde, de forma alguma, à realidade econômica: a indústria da antiga RDA é obsoleta, sua população ativa menos bem formada. Numerosas empresas do leste, antes controladas pelo Estado, não são competitivas e entram em bancarrota, provocando um desemprego em massa, que toca mais de 30% da população ativa, uma pauperização que descontenta os alemães orientais, que se voltam para o antigo partido comunista, tornado PDS. Um organismo, a *Treuhand*, gerencia a privatização dos bens econômicos da ex-RDA, mas sua gestão será a ocasião de um grave escândalo que acaba custando o cargo de Helmut Kohl.

A ATUAL ALEMANHA

Gerhard Schröder (nascido em 1944), do SPD, sucede Helmut Kohl em 1998. Ele opta pelo abandono do nuclear civil no prazo de 2020, envia o exército alemão ao Kosovo em 1999. Reeleito em 2002, é o primeiro chefe de Estado alemão a participar em 2004 das cerimônias comemorativas do desembarque na Normandia. Em 2005, o SDP continua a ser, por pouco, o primeiro partido político nas eleições legislativas, mas o crescimento dos pequenos partidos impede a recondução do chanceler, que não consegue formar um governo de coalizão. É nesse momento que Angela Merkel (nascida em 1954) chega ao posto de chanceler. Dirigente da CDU desde 1998, ela assume a liderança da grande coalizão que agrupa o CDU, sua aliada da Baviera CSU e o SPD. As eleições de 2009 levam o SPD a deixar o governo e, no final da grande coalizão, a chancelaria governa com o partido liberal-democrata, o FPD. É a coalização preto-amarela. Ela se opõe à entrada da Turquia na União Europeia e reforma o sistema de trabalho para introduzir um maior liberalismo e lutar contra o desemprego. Desde a crise de 2008 e as dificuldades encontradas na Europa e ela é o pivô de todas as decisões econômicas relativas ao futuro do euro. Ela é reconduzida ao cargo depois de sua vitória nas eleições de setembro de 2013.

CAPÍTULO XXVI
O REINO UNIDO DO ESTADO DE BEM-ESTAR SOCIAL AO NOVO LIBERALISMO

1. ESTADO DE BEM-ESTAR SOCIAL E CRISES

ENTRE *WELFARE STATE*, ESTADO DE BEM-ESTAR SOCIAL E DESCOLONIZAÇÃO

De 1945 a 1951, o trabalhista **Clement Attlee** (1883-1967) é o primeiro-ministro do Reino Unido. Ele instaura o *Welfare State*, o Estado de bem-estar social, depois do relatório *Social Insurance and Allied Services* (Seguridade social e serviços correlatos) (1942) ou "Primeiro relatório Beveridge", do nome de seu autor **William Beveridge** (1879-1963). O Estado deve liberar o homem da necessidade, lutando contra a insalubridade, a doença, a pobreza, a ignorância e o desemprego. Beveridge propõe a implementação de um sistema único de seguridade social, o *National Health Service*. Ele é estabelecido pelo voto, em 1945, do *National Insurance Act*. Em 1944, o "Segundo relatório Beveridge", *Full Employment in a Free Society* (*O pleno emprego em uma sociedade livre*), prevê a indispensável luta contra o desemprego. Leis complementares dão nascimento a um Estado de bem-estar social estendido, desde o *Education Act* (1944), que democratiza o acesso ao ensino secundário, os *Housing Acts* de 1944 e 1946 pela reconstrução da moradia, até o reequilíbrio da bacia londrina de população com os *Town and Country Planing Act* de 1947 e a criação de novas cidades. Também é Clement Attlee quem preside a descolonização do Império Britânico. Depois de um projeto que data de 1945, são necessários dois anos de duras negociações para que a Índia proclame sua independência em 18 de janeiro de 1947. Na África negra, a *Gold Cast*, a Costa do Ouro, conquista a independência em 1954 e se torna Gana.

OS CONSERVADORES GERENCIAM AS CRISES

De 1951 a 1955, os conservadores retornam ao poder e **Winston Churchill** (1874-1965) se torna primeiro-ministro outra vez. Ele tenta, em vão, frear o declínio do Império Britânico, enviando as tropas contra os Mau-Mau revoltados no Quênia e contra os insurgentes na Malásia. Sua saúde se degrada seriamente a partir de 1953, e ele pede demissão em 1955. **Anthony Eden** (1897-1977) torna-se seu sucessor entre 1955 e 1957. Ele fica encarregado de gerenciar a crise de Suez em 1956. Em 26 de julho de 1956, o presidente da República do Egito, **Gamal Abdel Nasser** (1918-1970) nacionaliza o canal de Suez, propriedade de um consórcio franco-britânico. Em outubro de 1956, o Reino Unido se une à França e a Israel e envia tropas de paraquedistas para retomar o controle do canal. Sob a pressão norte-americana e as ameaças soviéticas, britânicos e franceses retiram seus expedicionários. Anthony Eden pede demissão pouco depois. Outro conservador, **Harold Macmillan** (1894-1986), assume o cargo até 1963. Ele inicia uma intensa atividade diplomática e militar no Oriente Médio, permitindo a manutenção do rei no trono da Jordânia e do sultão em Omã. Ele continua a descolonização, com a cessão da independência da Malásia em 1957, da Nigéria em 1960 e do Quênia em 1963. Ele fracassa, no entanto, ao buscar a aprovação da candidatura do Reino Unido no seio da CEE, bloqueada pelo veto francês. Depois da demissão de Macmillan por razões de saúde em outubro de 1963, **Alec Douglas-Home** (1903-1995) se revela um primeiro-ministro de compromisso, que administra as relações internas antes de perder as eleições para o trabalhista **Harold Wilson** (1916-1995) em outubro de 1964. Este fica no poder até 1970. Uma parte de sua vitória se deve ao escândalo ligado ao caso Profumo. **John Profumo** (1915-2006), ministro da Guerra do governo Macmillan, mantém uma relação amorosa com uma prostituta de alta roda. Ela também oferece seus favores a um conselheiro da embaixada da União Soviética. Depois de vários episódios rocambolescos, tiroteio em Londres e declaração mentirosa diante da Câmara dos Comuns, John Profumo é obrigado a pedir demissão. Esse episódio picante com fundo de espionagem em plena Guerra Fria mancha a reputação do partido conservador.

A CRISE IRLANDESA SE INFLAMA

Harold Wilson tem que lidar com uma segunda recusa de entrada do Reino Unido na CEE, mas persiste nas negociações que acabam tendo resultado positivo depois da saída do general de Gaulle. Entretanto, grande favorito *a priori*, Harold Wilson é derrotado em 1970 diante do conservador **Edward Heath** (1916-2005). No mandato de 1970 a 1974, ele preside a entrada do Reino Unido no Mercado Comum Europeu em janeiro de 1973. Assim como seu predecessor, ele envia tropas britânicas a Ulster, Irlanda do Norte, onde católicos e protestantes se enfrentam violentamente. Em 30 de janeiro de 1972, o exército britânico abre fogo em uma marcha pacífica, matando catorze pessoas. É o *Bloody Sunday*, o "Domingo sangrento". É o início de uma era em que atentados cegos e repressão brutal se sucedem. A proposta de *Direct Rule*, a autonomia política e a união da Irlanda do Norte com a do Sul, é recusada em quase 100% pelos irlandeses do norte, que querem permanecer no Reino Unido. Na própria Inglaterra, a situação social se degrada, desencadeando grandes ondas de greves. Edward Heath convoca eleições antecipadas em 1974. Ele perde e o trabalhista Harold Wilson retorna ao poder, mas tem dificuldade de chegar a uma maioria suficiente. Ele anuncia seu afastamento para a primavera de 1976. Em abril do mesmo ano, ele pede demissão, sendo substituído por seu ministro das Relações Exteriores, **James Callaghan** (1912-2005). Este, entre 1976 e 1979, sofre diretamente os efeitos da crise econômica e se revela incapaz de por um fim às revoltas sociais e às grandes greves do fim do ano 1978. Ele é derrotado nas eleições de 1979, que levam ao poder **Margaret Thatcher**, primeira mulher a assumir o cargo de primeira-ministra no Reino Unido, entre 1979 e 1990, rapidamente chamada de "Dama de Ferro".

2. A REVOLUÇÃO DA "DAMA DE FERRO"

MARGARET THATCHER

Nascida em 1925, de uma família modesta — seu pai tinha uma mercearia —, Margaret Thatcher (1925-2013) é criada na fé metodista, que segue os preceitos de uma ética protestante rigorosa, em que o lugar do homem no mundo é fruto de seu trabalho e de seus esforços pessoais. Ela trabalha desde cedo na mercearia da família, junto de seu pai, adquirindo a firme convicção que só o liberalismo pode ter um sentido na economia. Uma bolsa permite-lhe estudar química em Oxford, onde obtém seu diploma. Ela preside a Associação dos Estudantes Conservadores. Depois de um fracasso nas eleições legislativas em 1950, nas quais ela tem a coragem de se apresentar em uma aglomeração trabalhista, ela troca a indústria química na qual trabalha para estudar direito. Faz isso com o apoio financeiro de Denis Thatcher (1915-2003), com quem se casa em 1951. Especialista em direito fiscal, ela é eleita para a Câmara dos Comuns em 1959. De 1961 a 1964, ela trabalha junto do ministro dos Assuntos Sociais e se indigna com o excesso de gastos que, segundo ela, desencorajam o trabalho. Porta-voz do Partido Conservador de 1964 a 1970, ela se torna ministro da Educação e das Ciências. Impõe cortes de gastos, mas prolonga a escolaridade obrigatória até os dezesseis anos. Para surpresa geral, ela assume a liderança do Partido Conservador em 1975. Em 1979, ela é a primeira e única mulher a se tornar primeira-ministra na Inglaterra. Ela falece no mês de abril de 2013. O Reino Unido, por falta de funerais nacionais, concede-lhe uma homenagem marcada pela presença excepcional da rainha, uma vez que o protocolo não lhe permite, em princípio, assistir ao funeral de um primeiro-ministro.

AS QUEDAS DE BRAÇO DA "DAMA DE FERRO"

Inspirada nas escolas de pensamento liberal em matéria econômica, ela lança uma campanha de privatizações, diminui os gastos sociais, encoraja os ocupantes de moradias sociais a adquiri-las, os trabalhadores a se tornarem acionistas de suas empresas, em um espírito de responsabilização dos atores da economia. Ela inicia, em 1984-1985, um braço de ferro com os mineradores, apoiados pelos sindicatos. Depois de um confronto, eles saem do conflito muito enfraquecidos. Segue-se uma onda de leis que desregulamentam o mercado de trabalho, pondo fim ao privilégio do *closed shop*, que permite que os sindicatos controlem o recrutamento de assalariados. Em Ulster, a violência se torna recorrente entre 1981 e 1988. Os atentados se multiplicam, cada vez mais fatais. Em 1981, Margaret Thatcher não cede diante de uma greve de fome feita por ativistas irlandeses presos, que reclamam em vão o estatuto de prisioneiros políticos. Dez prisioneiros morrem, dentre os quais **Robert "Bobby" Sands** (1954-1981) na prisão de Maze, Irlanda do Norte.

BOBBY SANDS

Robert Gerard Sands, ou "Bobby" Sands, é conhecido por suas atividades na Irlanda do Norte em prol da comunidade católica e do IRA (Exército Republicano Irlandês). Ele se une ao IRA em 1972 e participa de vários atentados com bomba antes de ser preso e condenado, em 1977, a catorze anos de prisão. As condições de detenção dos acusados políticos se degradam e Bobby Sands inicia uma greve de fome em 1º de março de 1981. Em 9 de abril, ele é eleito deputado, mas a nova primeira-ministra, Margaret Thatcher, rejeita um estatuto especial aos membros do IRA. Bobby Sands mantém sua greve de fome e morre em 5 de maio de 1981.

Ela ganha, em 1982, a *Falkland War* ou Guerra das Malvinas contra a Argentina, que atacou o arquipélago britânico. Sob o seu governo se conclui a descolonização britânica tardia, permitindo que a Rodésia do Sul, em sua última evolução, torne-se Zimbábue em 1979. Contestada em seu próprio campo por sua política econômica e monetária, sua atitude sistematicamente eurocética, sua opção pela instauração de um imposto suplementar muito impopular, a *poll tax*, incidindo sobre as pessoas e não sobre os rendimentos por capitação, suscitando revoltas, Margaret Thatcher é levada a pedir demissão em novembro de 1990. Ela garante sua própria sucessão favorecendo seu próprio candidato, **John Major** (nascido em 1943). Este ocupa o cargo de primeiro-ministro entre 1990 e 1997.

UM PÁLIDO HERDEIRO: JOHN MAJOR

Ele leva o Reino Unido à Guerra do Golfo ao lado dos Estados Unidos. Em 1993, a *Downing Street Declaration*, com o primeiro-ministro irlandês **Albert Reynolds** (nascido em 1932), prevê o direito à autodeterminação, um voto posterior permitindo uma eventual reunificação da Irlanda. Ao longo do tempo, a autoridade de John Major sobre seu próprio campo se degrada, e ele não dispõe do carisma de alguns de seus antecessores, em um momento em que o Reino Unido não consegue mais sair da estagnação econômica e em que as medidas tomadas por Margaret Thatcher, úteis para a retomada econômica, pagam-se caro socialmente, agravando consideravelmente a situação dos mais fracos. As eleições de 1997 são favoráveis aos trabalhistas.

O *NEW LABOUR* DE TONY BLAIR

Tony Blair nasce na Escócia em 1953, em uma família de pequena burguesia, com pai advogado. Depois de estudos de direito, ele também se torna advogado, faz uma estadia de alguns anos na França, vivendo de pequenos empregos, dentre eles o de barman. Sua paixão precoce pela política o conduz a galgar os escalões do Labour Party, o Partido Trabalhista. Depois de um fracasso em 1982, ele é eleito em 1983. Rapidamente notório, ele chega aos primeiros lugares do partido, do qual assume a liderança em 1994. A vitória trabalhista de 1997 abre-lhe as portas de Downing Street. Consciente da melhoria das condições de vida operária graças aos Trinta Gloriosos e ao Estado de bem-estar social, ele confere ao Labour, que se torna o New Labour, uma virada para o centro.

Tony Blair é primeiro-ministro durante dez anos, de maio de 1997 a junho de 2007. No Reino Unido, Tony Blair obtém vários êxitos. A assinatura do *Good Friday Agreement*, ou Acordo da Sexta-Feira Santa, de 10 de abril de 1998, com os principais representantes políticos da Irlanda do Norte, põe um termo a trinta anos de guerra civil. São criados uma assembleia e um governo, presidido por um primeiro-ministro da Irlanda do Norte. Um referendo organizado na Irlanda do Norte (Ulster) e na República da Irlanda (Eire) aprova com grande vantagem esse acordo. Se a política terrorista continuada parece ter efetivamente terminado, atentados esporádicos ainda são perpetrados. Tony Blair também está na origem da Doutrina Blair, enunciada no discurso de Chicago de 22 de junho de 1999, segundo a qual a política externa do Reino Unido se baseia na defesa dos valores e princípios de maneira internacional e não mais somente em seus interesses nacionais. O país participa, ao lado dos Estados Unidos, da Guerra do Iraque em 2003. Ele obtém, em 2005, a organização dos Jogos Olímpicos de 2012. Naquele mesmo ano, Londres foi vítima, por duas vezes, de uma campanha de atentados terroristas.

Em 27 de junho de 2007, Tony Blair apresenta sua demissão à rainha Elizabeth II, soberana desde 1952. Seu sucessor é **Gordon Brown** (nascido em 1951). Ele é primeiro-ministro até maio de 2010. Antigo chanceler do Tesouro, ou ministro da Economia e das Finanças, ele deve enfrentar ameaças de atentado em 2007. A crise dos *subprimes* – empréstimos imobiliários concedidos por bancos a clientes pobres por meio de taxas de juros variáveis e elevadas – o conduz a um importante programa de nacionalizações no setor bancário. Em abril de 2010, ele convoca eleições antecipadas que acaba perdendo para o conservador **David Cameron** (nascido em 1966). Diante da ausência de maioria absoluta, este último governa com uma coalizão com apoio do partido dos liberais-democratas de **Nicholas** (ou **Nick**) **Clegg** (nascido em 1967). As primeiras medidas dizem respeito à redução da dívida pública, que chega a 186 bilhões de euros, por meio de uma política de austeridade.

UM SÍMBOLO INGLÊS: A RAINHA ELISABETH II

A futura rainha Elizabeth nasce em 21 de abril de 1926 em Londres. Oriunda de um tronco que, em princípio, não é chamado a reinar, sua juventude se passa em uma atmosfera familiar, sem a formalidade da corte. Em 1936, depois da abdicação de Eduardo VIII, seu pai se torna o rei Jorge VI e ela a princesa herdeira. Ela se casa, em 1947, com o príncipe Philip Mountbatten (nascido em 1921), pelo qual se apaixona em 1939. Quando de uma visita ao Quênia, ela é informada do falecimento de seu pai, em 6 de fevereiro de 1952. Ela se torna rainha do Reino Unido da Grã-Bretanha e de dezesseis outras nações. Enérgica, reservada, a rainha reina, mas não governa, segundo a fórmula tradicional, o que não a impede de se encontrar regularmente com os doze primeiros-ministros que se sucedem ao longo de seu reinado. Ela mantém, em sua pessoa, a permanência da monarquia britânica, assumindo suas obrigações oficiais. Posta à prova por problemas na família real, ela manifesta em todas as circunstâncias uma grande dignidade e um humor que pode parecer temerário. De fevereiro a junho de 2012, ela celebra seu jubileu de diamante, por ocasião dos sessenta anos de reinado.

CAPÍTULO XXVII
A ITÁLIA DA DEMOCRACIA CRISTÃ AO POPULISMO

1. A ERA DA DEMOCRACIA CRISTÃ

Em junho de 1945, por referendo, os italianos decidem por fim ao sistema monárquico. Em 1947, uma constituição estabelece a Primeira República. O regime se baseia no sufrágio universal. São eleitas duas câmaras: a Camera dei Deputati (Câmara de deputados), e o Senato della Republica (Senado). Essas duas assembleias elegem o presidente da República por sete anos, a título puramente simbólico. O executivo é confiado a um governo, presidido por um presidente do Conselho que exerce a realidade do poder. O país é longamente dirigido por dirigentes do partido da Democracia Cristã, que compartilha os votos dos italianos com o Partido Socialista e o Partido Comunista. É o caso do primeiro presidente do Conselho, **Alcide de Gasperi** (1881-1954) que assumiu a função de 1945 a 1953. É um dos pais da Europa, que permite a integração europeia da Itália. **Giuseppe Pella** (1953-1954) sucede-lhe rapidamente, mas sua proximidade com o Movimento Social Italiano (MSI) neofascista lhe custa o apoio de seu próprio partido, o da Democracia Cristã. **Amintore Fanfani** (1908-1999) lhe sucede por apenas um mês, entre janeiro e fevereiro de 1954. **Mario Scelba** (1901-1991) fica um ano, até julho de 1955. **Antonio Segni** (1891-1972) é presidente do Conselho de julho de 1955 a maio de 1957 e, depois, de fevereiro de 1959 a fevereiro de 1960. Ele é um dos signatários do Tratado de Roma, criando a CEE em março de 1957. **Fernando Tambroni** (1901-1963) conquista o poder graças ao apoio do MSI, mas permanece apenas quatro meses. **Giovanni Leone** (1908-2001) não fica mais do que isso. Deve-se esperar **Aldo Moro** (1916-1978) para constatar uma maior estabilidade. Ele exerce suas funções cinco vezes: de dezembro de 1963 a junho de 1964, de julho de 1964 a janeiro de 1966, de fevereiro de 1966 a junho de 1968, de novembro de 1973 a janeiro de 1976 e, finalmente, de fevereiro a abril de 1976. Ele é o homem do compromisso histórico, com acordo para governar, com o Partido Comunista Italiano (PCI) de **Enrico Berlinguer**

(1922-1984), frágil e difícil aliança com a Democracia Cristã. Em 16 de março de 1978, Aldo Moro é sequestrado em Roma pelas Brigadas Vermelhas, terroristas da extrema esquerda que multiplicam atentados, assim como a extrema direita, durante os anos de chumbo, do início dos anos 1970 ao final dos anos 1980. Ele é assassinado quarenta e cinco dias depois e seu corpo é encontrado no porta-malas de um carro.

Giulio Andreotti (nascido em 1919) é seu sucessor. Ele é presidente do Conselho sete vezes: dez dias em fevereiro de 1972, de junho de 1972 a junho de 1973, de julho de 1976 a janeiro de 1978, de março de 1978 a janeiro de 1979, em março de 1979, de julho de 1989 a março de 1991 e, finalmente, de abril de 1991 a abril de 1992. A Democracia Cristã conserva o poder, com eclipses até a eleição do socialista **Giuliano Amato** (nascido em 1938) ao poder em 1992-1993. Em 1965, a abertura do túnel do Mont-Blanc liga facilmente a Itália à França. Em 1968, é fundado o Clube de Roma, que reúne pesquisadores e universitários de mais de cinquenta países para refletir sobre os problemas do planeta. Ele fica conhecido no mundo todo por sua primeira publicação em 1972, o relatório Meadows, intitulado *Pausa no crescimento?*. Depois de múltiplos atentados dos anos de chumbo, a Itália deve continuar combatendo a influência da máfia na sociedade. Em 1982, depois do assassinato do general **Carlo Dalla Chiesa** (1920-1982) em Palermo, o país adota um alto-comissariado para a coordenação da luta contra a delinquência mafiosa. Isso não impede o assassinato do juiz antimáfia **Giovanni Falcone** (1939-1992), perto de Palermo, em 1992. A luta contra a máfia continua sendo um dos grandes desafios da Itália contemporânea.

2. A RUPTURA: SILVIO BERLUSCONI

Nascido em Milão em 1936, em uma família de pequena burguesia, **Silvio Berlusconi** estuda direito antes de se tornar empresário. Ele trabalha na construção civil e se interessa rapidamente pela televisão, primeiro em Milão e depois na Lombardia. Condecorado com a Ordem do Mérito do Trabalho, com o grau de cavaleiro em 1977, ele recebe o apelido de "il Cavaliere". Em 1978, ele funda o Fininvest, com atividades diversificadas: edição, banco, televisão. Seu renome como homem de negócios o conduz a assumir o controle dos destinos de um clube de futebol, o AC Milan, que consegue fazer voltar ao trilhos, o que confere uma dimensão nacional e, depois, internacional à sua notoriedade. Ele entra poucos anos depois na política, fundando seu partido, Forza Italia, "Vamos, Itália", partido populista de centro-direita, em 1994. Ele se define como profundamente conservador, visceralmente anticomunista. Dois meses depois, em março de 1994, após as eleições legislativas, é o primeiro partido político do país. O apoio popular permite, depois, que Silvio Berlusconi retorne várias vezes ao ministério da Economia, apesar de numerosos processos em andamento e de questões de moral, até o mês de novembro de 2011, quando um voto da Câmara lhe tira a legitimidade.

A ruptura mais clara com as combinações políticas que unem os partidos tradicionais desde 1945 intervém com a chegada de Silvio Berlusconi, presidente do Conselho em 1994-1995 e, depois, entre 2001 e 2006, assumindo a função de maio de 2008 a novembro de 2011. Ele se apoia em uma coalizão que agrupa Forza Italia, dissolvido em 2009, para ser substituído pelo movimento mais amplo do Povo da Liberdade, presidido por **Ignazio La Russa** (nascido em 1947), a Liga do Norte, partido nacionalista, xenófobo, regionalista, criado em 1989, presidido por **Umberto Bossi** (nascido em 1941) e pela Aliança Nacional, partido de extrema direita criado em 1995 e dissolvido em 2009. Depois da queda de Silvio Berlusconi, é um universitário, especialista de finanças, que o sucede: **Mario Monti** (nascido em 1943). Em uma Itália confrontada com o problema da dívida e da desconfiança dos mercados financeiros, ele forma um governo de especialistas, recusando-se a entrar em negociações habituais com os parlamentares e os partidos. Ele lança uma política de rigor orçamentário. Pede demissão em dezembro de 2012, a fim de provocar novas eleições legislativas nas quais espera uma maioria, ainda que fosse de coalizão, indispensável para levar adiante reformas ambiciosas e impopulares. Os resultados do pleito mostram um país dividido politicamente, ingovernável, polarizado entre centro-esquerda, partidários de Silvio Berlusconi e uma figura nova, o movimento M5S, Movimento 5 Estrelas, de **Beppe Grillo** (nascido em 1948), humorista profissional, populista e oposto a todos os partidos tradicionais. Com a câmara ingovernável, todas as alianças fracassam, principalmente diante da recusa do M5S de participar. O governo Monti continua administrando os assuntos internos. O alcance da crise é tamanho que o presidente da República, **Giorgio Napolitano** (nascido em 1925), aparece como única referência e aceita finalmente, aos 88 anos, sua reeleição em 20 de abril de 2013 para um novo mandato de sete anos. Em 28 de abril de 2013, Enrico Letta (nascido em 1966), membro do partido democrata (PD), forma o novo governo e obtém a investidura das duas assembleias.

Entretanto, apesar do caos político italiano, a surpresa do ano de 2013 vem do Vaticano, Estado soberano cujo chefe, o Papa **Bento XVI** (nascido em 1927), eleito em 2005, anuncia sua demissão, efetiva em 28 de fevereiro de 2013, por conta de sua idade, carga muito pesada sobre seus ombros. Em 13 de março de 2013, a cúria elege como seu sucessor Francisco, primeiro a usar esse nome, para o trono pontifical, uma virada para a Igreja Católica, pois se trata do primeiro padre jesuíta a chegar ao pontificado, e o primeiro americano, nascido Mario Bergoglio em 1936 em Buenos Aires, Argentina.

CAPÍTULO XXVIII
A ESPANHA A PARTIR DE 1945

1. A ESPANHA FRANQUISTA

Desde 1939, e até 1975, a Espanha está sob o regime *franquista*, a ditadura do general **Francisco Franco** (1892-1975). De 1945 a 1950, a Espanha vive ensimesmada, em autarquia, e a pauperização da população se agrava. Depois de 1950, Franco liberaliza a economia, acarretando uma melhoria no nível de vida, graças ao benefício do Plano Marshall, concedido ao país em 1950. Em abril de 1954, Franco designa como sucessor o príncipe **Juan Carlos Bourbon** (nascido em 1938), neto do último rei Afonso XIII. A ditadura franquista se apoia em um partido único, a Falange Española tradicionalista y de las Juntas de Ofensiva Nacional Sindicalista (FET y de las JONS), mais conhecida sob o nome de Falange. Todos os setores da sociedade são controlados por seus representantes, com o apoio da Igreja Católica, e o catolicismo sendo reconhecido como religião de Estado. As instituições estão submetidas ao princípio da democracia orgânica: os representantes nas assembleias, os *Cortès*, são nomeados pelo governo, e o mundo sindical e sua atividade são limitados ao sistema do "sindicato vertical" responsável junto do ministro da Falange. Chefe de Estado, Franco é **caudilho**, chefe absoluto, "pela graça de Deus". Em princípio, o regime é monárquico, mas sem rei até 1975. Mesmo sem a existência de uma aliança formal durante a Segunda Guerra Mundial com a Alemanha nazista, a Espanha é imediatamente considerada no pós-guerra como seu aliado objetivo. Ela se reintegra ao concerto das Nações em consequência da Guerra Fria, aproximando-se dos Estados Unidos, com os quais tem um pacto de aliança: o Tratado de Madri, assinado em 1953. Em 1955, a Espanha se torna membro da ONU. Em 1959, o presidente Eisenhower efetua uma visita oficial a Madri. O ano de 1959 também representa uma virada importante, a do lançamento do *Plan de Estabilización* ou "Plano de Estabilização" da economia, atribuído a membros do Opus Dei, ou "Obra de Deus", uma associação de laicos católicos fundada em 1928 pelo padre espanhol

José Maria Escrivá de Balaguer (1902-1975). As principais medidas abrem a economia espanhola para a globalização, lançando uma era de prosperidade marcada principalmente pela abertura do turismo de massa. Depois de 1968, o regime do ditador é cada vez mais contestado; a Igreja Católica se opõe a partir de 1970. Franco, doente, envelhecido, tem dificuldade para manter sua autoridade única. Em setembro de 1974, ele transfere suas funções de chefe de Estado a Juan Carlos e, depois, morre em 20 de novembro de 1975.

2. UM REI, UMA DEMOCRACIA

Juan Carlos I da Espanha: soberano espanhol (que abdicou em 2014, tendo seu filho Filipe VI assumido e se mantido rei até agora), nasce em 1938 em Roma, durante o exílio com sua família. Sua juventude é assolada por um drama: ele mata acidentalmente seu irmão caçula com um tiro em 1956. Oficialmente, seu avô, o rei Afonso XIII, não renunciou à coroa e o pai de Juan Carlos poderia, em princípio, pretender subir ao trono da Espanha. Franco o afasta, em proveito de Juan Carlos, fonte de uma longa animosidade entre os dois homens. O jovem vive em Madri, junto do ditador, que o nomeia oficialmente, em 1961, príncipe da Espanha e o prepara para sua sucessão. O fato é concluído após a morte de Franco em 1975.

A Espanha conhece, depois, um episódio de transição democrática, entre 1975 e 1982. Em novembro de 1975, o príncipe Juan Carlos se torna rei da Espanha sob o nome de **Juan Carlos I**. Duas novas expressões do político têm direito de cidade: a Plataforma de coordenação democrática agrupa socialistas e democratas-cristãos, e a Junta democrática representa o Partido Comunista da Espanha (PCE). O rei deseja uma evolução democrática, sendo apoiado pelas ruas, que a reivindicam cada vez mais. Em 1976, o rei nomeia **Adolfo Suárez** (nascido em 1932) como presidente do Conselho. Ele será o homem do fim do franquismo. Restabelece as liberdades democráticas, acabando com as instituições franquistas. Entretanto, isso ocorre em um contexto de violência, no qual se mesclam atentados e assassinatos políticos. Em 1977, o PCE e as centrais sindicais, União Geral dos Trabalhadores (UGT) socialista e Comissões operárias (CCOO) de obediência comunista são legalizados. Em 1978, uma nova constituição estabelece uma monarquia parlamentar. A União do Centro Democrático (UCD) de Adolfo Suárez ganha as eleições legislativas de março de 1978. A descentralização do Estado é instaurada no mesmo ano, com a criação da Comunidade Autônoma do País Basco e o restabelecimento da Generalidade da Catalunha.

3. O GOLPE DE ESTADO DE 23-F

Em janeiro de 1981, Adolfo Suárez apresenta sua demissão. Quando da investidura, pelo Congresso dos Deputados, de **Leopoldo Calvo-Sotelo** (1926-2008), em 23 de fevereiro de 1981, duzentos guardas civis, sob as ordens do tenente-coronel **Antonio**

Tejero (nascido em 1932), tentam um golpe de Estado. Seus homens invadem a Assembleia, atiram para o ar, obrigando os deputados a se deitarem no chão. Mas os dissensos entre motins e a firmeza do rei, que exige em cadeia nacional o retorno dos militares para suas casernas, levam ao fracasso a operação, conhecida na Espanha como Golpe de Estado de 23-F. Após 48 horas, tudo volta ao normal. Juan Carlos se beneficia de um novo prestígio, mesmo junto dos republicanos, que se unem temendo uma derrota definitiva do processo de democratização.

4. MOVIDA E MODERNIZAÇÃO

O movimento da Movida Madrilenha, mais conhecido como Movida, é inseparável da modernização da Espanha. Nascido em um bairro de Madri, contempla as esperanças da juventude, não somente na democracia que se instala, mas também na construção de uma sociedade aberta e tolerante, totalmente oposta à da sociedade franquista. Seus líderes são artistas, como o cineasta Pedro Almodóvar. Seu desenvolvimento ocorre entre os anos 1980 e 1990. Leopoldo Calvo-Sotelo perde o poder nas eleições de outubro de 1982, vencidas pelo Partido Socialista Operário Espanhol (PSOE) e seu chefe, **Filipe González** (nascido em 1942). Essa vitória põe fim ao período de transição democrática. Inicia-se, então, um período de abertura política, social, cultural, conhecida sob o nome de Movida. Filipe González preside o governo quatro vezes: 1982-1986, 1986-1989, 1989-1993 e 1996. Em 1986, a Espanha adere à CEE. Em 1992, sedia a Exposição Universal de Sevilha e os Jogos Olímpicos de Barcelona. **José Maria Aznar** (nascido em 1953), na liderança do Partido Popular (PP), de direita, governa de 1996 a 2000 e de 2000 a 2004. Ele inicia a luta contra o desemprego, que atinge de 20% a 11% da população ativa, e contra o terrorismo basco de Euskadi Ta Askatasuna (ETA), "País basco e liberdade". Atlantista[288] convicto, ele se aproxima dos Estados Unidos e os apoia na Guerra do Iraque em 2003. Em 11 de março de 2004, Madri é vítima de atentados islâmicos. Várias bombas explodem nos trens de periferia, provocando mais de 200 mortos e 1.400 feridos. Vencedor das eleições em 2004, e depois em 2008, o socialista **José Luis Zapatero** (nascido em 1960) é eleito sucessor. Ele retira o exército espanhol do Iraque e reata o diálogo com o ETA. Defende o projeto de Constituição europeia, aprovado por um referendo com 75% dos votos em 2005. No mesmo ano, legaliza o casamento homossexual, suscitando a ira da Igreja Católica e do Partido Popular. Sob seu governo, desaparecem os últimos símbolos do franquismo, principalmente as estátuas equestres do general Franco. A Catalunha se beneficia de um novo *status* de autonomia, o Estatuto da Catalunha, validade pelo Tribunal constitucional

---

288. Termo originado de "atlantismo", uma doutrina política sobre a cooperação entre EUA, Canadá e países da Europa nos campos político, militar e econômico [N.T.].

em 2006. A crise econômica de 2008 golpeia duramente a Espanha: o PIB cai a 0,3% em 2008, e o desemprego atinge 20% da população ativa, o dobro entre os jovens de menos de 25 anos. A sociedade espanhola está completamente em crise. O país consegue assumir os compromissos financeiros graças a um empréstimo da União Europeia. O governo instaura planos de austeridade, sem resultados para uma saída da crise, mas que provocam o nascimento de um novo protesto, o dos Indignados, jovens espanhóis que ocupam as praças e os centros urbanos das grandes cidades, reivindicando uma mudança radical de política, clamando sua desconfiança quanto aos partidos tradicionais. José Luis Zapatero indicou que não solicitaria mais um novo mandato de chefe do governo quando das eleições previstas para 2012. De fato, quando das eleições antecipadas de 2011, o Partido Popular vence com ampla margem e seu líder, Mariano Rajoy (nascido em 1955), torna-se presidente do governo.

CAPÍTULO XXIX
A URSS A PARTIR DE 1945

1. UMA DESESTALINIZAÇÃO EM ETAPAS

KRUSCHEV E A DESESTALINIZAÇÃO

Depois da Segunda Guerra Mundial, a URSS fica em uma posição ambígua, beneficiando-se, ao mesmo tempo, de um imenso prestígio internacional por seu papel durante o conflito, mas devastada humana e materialmente. Os esforços de reconstrução são gigantescos e se concluem por volta de 1950. O país se dota, em 1949, de uma arma nuclear, possuindo uma bomba H em 1953. Stálin governa com mão de ferro, desenvolvendo o culto da personalidade. Ele morre em 5 de março e **Nikita Kruschev** (1894-1971) chega à chefia do Estado. Quando do XX° Congresso do Partido comunista da União Soviética (PCUS), em fevereiro de 1956, Kruschev entrega um relatório, teoricamente secreto, mas rapidamente divulgado, em que denuncia o culto da personalidade sob Stálin, abrindo o caminho para a desestalinização. Ele favorece a retomada das relações normalizadas com os Estados Unidos no âmbito da coexistência pacífica. Trata-se de renunciar a uma visão que datava de Lênin, a de exportar a revolução pelas armas. Essa tomada de posição leva à ruptura com a China em 1960. A ruptura não se limita à ideologia. Nikita Kruschev também pretende modernizar a sociedade soviética e elevar o nível de vida. Ele deseja, assim, "alcançar os Estados Unidos por volta de 1970", quando do discurso de 27 de janeiro de 1957 diante da assembleia do XXI° congresso do partido comunista. Ele lança uma ambiciosa política de conquista de terras virgens em 1959. O novo plano de sete anos, em vez de ser de cinco anos como antes, pretende favorecer o consumo interno e a habitação; a idade da aposentadoria é reduzida para sessenta anos; e a carga horária semanal de trabalho passa de 48 para 42 horas. As reformas inflamam as oposições, acentuadas pelo fracasso do plano, abandonado no meio do caminho com poucos resultados na agricultura. Os *apparatchiks*, os "homens de aparelho", devotos do partido que lhes garante poder e *status*, preparam sua queda. O Ocidente se distancia quando ele massacra a manifestação húngara de 1956. Em 1961, para pôr um termo à fuga de alemães do leste para o oeste, Kruschev pede a internacionalização de Berlim, ou sua vinculação à RDA. Os americanos recusam; em agosto de 1961 o "Muro de Berlim" é construído. A cortina de ferro se fecha totalmente.

POLÔNIA E HUNGRIA DERROTADAS EM 1956

O relatório Kruschev de 1956 é interpretado, por certas democracias populares – como os países-satélites sob dominação soviética –, como um primeiro passo na direção da liberdade política. Em junho de 1956, os operários da fábrica Stálin, de Poznan, entram em greve na Polônia. O governo recusa-se a negociar. Choques violentos opõem a polícia e os grevistas, ocasionando mais de cinquenta mortes e centenas de prisões. Mas na Hungria, a vontade de libertação de uma tutela soviética detestada é mais forte. **Imre Nagy** (1896-1958) se torna primeiro-ministro. Esse moderado forma o primeiro governo aberto a não comunistas desde o fim da guerra. Em um primeiro momento, Moscou não reage. Os estudantes húngaros veem a possibilidade de ir ainda mais longe e organizam uma manifestação para obter o multipartidarismo e a democracia. Dessa vez, os soviéticos não contemporizam. Em outubro, os carros de combate soviéticos invadem Budapeste, acabando com a revolta com sangue e terror, ao custo de vários milhares de mortos, deportados e de exilados. Imre Nagy é executado dois anos depois por enforcamento após um processo staliniano. A foice de chumbo se abate novamente sobre a Hungria.

UM PAÍS ESTAGNADO: A ERA BREJNEV

No campo da conquista do espaço, os resultados são espetaculares: lançamento do primeiro satélite artificial, o Sputnik, em 1957; o envio do primeiro homem ao espaço, **Yuri Gagarin** (1934-1968), em 1961. Mas as reformas empreendidas descontentam os dignatários do PCUS e beneficiários do sistema, os *apparatchiks*. Depois do fracasso de Cuba em 1962, eles afastam Kruschev aos poucos do governo. Ele é exonerado em outubro de 1964 para ser substituído por **Leonid Brejnev** (1906-1982), que fica no poder até sua morte, em 1982. Ele volta a fechar a URSS, define a doutrina Brejnev de "soberania limitada" dos países-satélites, na verdade totalmente subservientes a Moscou. É dessa forma que, em 1968, a tentativa da Primavera de Praga de **Alexander Dubcek** (1921-1992) se conclui com a invasão da Checoslováquia pelas forças do Pacto de Varsóvia, aliança militar, destinada a se opor à OTAN, nascida em 1955 entre a URSS e os países do Leste com exceção da Iugoslávia. Brejnev também retoma as práticas políticas do tempo de Stálin ao acumular todos os poderes: em 1966, o XXIIIº congresso do PCUS restitui-lhe o título de secretário-geral do PCUS, sendo nomeado marechal em 1976 e chefe de Estado em 1977. Depois da coexistência pacífica, vem a calma nas relações com os Estados Unidos, que conduz, principalmente, os dois países a se armarem cada vez mais até os resultados dos acordos SALT I (Strategic Arms Limitation Talks), que tratavam da limitação das armas estratégicas, em 1972. Os Acordos de Helsinki, de 1975, ratificam as fronteiras da Europa, enquanto o bloco soviético se compromete a deixar os homens e as ideias circularem. Em 1979, os acordos SALT II ampliam o campo das armas implicadas. Nesse mesmo ano, a URSS intervém no Afeganistão, em dezembro, para socorrer um regime comunista. Isso será chamado de "Vietnã soviético".

A PRIMAVERA DE PRAGA

Desde o início do ano 1968, a Checoslováquia está em ebulição. A vontade de mudança, de instauração da democracia provém tanto dos intelectuais como das massas e da direção do partido comunista checo. Devemos lembrar que a Tchecoslováquia é o único novo país a partir do Tratado de Versalhes a ter experimentado a democracia entre 1919 e 1939, tendo todos os outros caído em ditadura. É um retorno a que as pessoas aspiram, não uma novidade. O secretário-geral do partido comunista, Alexander Dubcek, quer preservar o socialismo, mas por meio de uma alteração: um planejamento que não será mais obrigatório, mais espaço para a iniciativa privada, um partido inspirador de reformas e não todo-poderoso. Suas esperanças são frustradas em agosto de 1968. Os soviéticos aprenderam a lição do desastre húngaro em 1956. Eles não estão diretamente envolvidos nesse momento, evitando críticas ocidentais, mas preferem enviar as forças de países-membros do Pacto de Varsóvia, aliança que se assemelha à OTAN para alguns países comunistas da Europa. São eles que colocam um fim abrupto na chamada Primavera de Praga.

APERTANDO AS PORCAS NA POLÔNIA

Durante os anos 1970, os trabalhadores poloneses são novamente vítimas de repressão durante uma greve. Então, em 1980, o governo polonês aprova a criação de um sindicato independente, *Solidarnosc* (Solidariedade), sob a liderança de **Lech Walesa** (nascido em 1943). Ele vem de grandes greves de março nos estaleiros de Gdansk. O conservadorismo soviético não pode tolerar o pluralismo sindical; apenas os organismos reconhecidos pelo partido comunista podem ter legitimidade. A URSS toma em mãos a liderança do partido polonês e, em 13 de dezembro de 1981, a lei marcial é decretada pelo general Jaruzelski, que logo bane o *Solidariedade* e prende seus líderes. Nem o Exército Vermelho nem as forças do Pacto de Varsóvia intervêm nesse momento e o sufocamento da dissidência é feito por meio do aparelho repressivo local.

O TEMPO DOS ANCIÃOS

Em 1979, os acordos SALT II declaram paridade nuclear entre as duas superpotências (EUA e URSS). Mas a economia está estagnada, exceto a indústria pesada. Para evitar a fome, a URSS é repetidamente forçada a importar trigo. Em 1979, Brejnev lança o país em uma guerra no Afeganistão, da qual os soviéticos sairão perdedores. Seus sucessores serão anciãos que permanecem pouco tempo no poder. **Yuri Andropov** (1914-1984), ex-presidente da KGB, chega ao poder com o apoio do exército. A eleição de um papa polonês, **João Paulo II** (1920-2005), em 1978, perturba a URSS, que é suspeita de ordenar, por meio da KGB, o ataque contra o papa em 1981. Yuri Andropov, mesmo que seja um *apparatchik* clássico, começa a luta contra a corrupção dentro do partido, que vai delinear mais tarde a política da *perestroika*. **Konstantin Tchernenko** (1911-1985) sucede-lhe e termina a relativa abertura iniciada por seu antecessor para voltar aos padrões da ditadura de Brejnev. Gravemente doente, ele morre pouco depois.

2. TENTATIVAS DE REFORMAS E IMPLOSÃO

UM REFORMISTA NO PODER: MIKHAIL GORBACHEV

Mikhail Gorbachev nasce, em 1931, em uma família camponesa do norte do Cáucaso. Ele ajuda o pai no trabalho da *kolkhoz* antes de obter permissão para estudar Direito em Moscou. Membro do Partido Comunista, ele ocupa várias responsabilidades locais relacionadas com o direito e depois faz uma especialização em questões agrícolas, antes de ser notado por Yuri Andropov, que se torna seu mentor. Sua ascensão é rápida: eleito para o Comitê Central aos quarenta anos, ele se torna secretário antes de ingressar no Politburo, o escritório político, o governo do partido comunista, o verdadeiro, o duplo da instituição oficial. Ele se torna secretário-geral do PCUS em 1985. Não nos enganemos, pois ele é um comunista convicto, que não planeja nem por um momento o fim da URSS, mas acredita que pode reformar o sistema a partir de dentro. Ele vai ser esmagado pela escalada de mudanças da qual é o iniciador.

DOUTRINA SINATRA E O FIM DO BLOCO DO LESTE

Mikhail Gorbachev, o sucessor desejado por Andropov, chega ao poder. Ele lança uma ambiciosa reforma do comunismo soviético com base na *perestroika*, a "reconstrução" ou "reestruturação", e a *glasnost*, "transparência". Líder muito jovem, 54 anos, especialmente em vista de seus antecessores imediatos, ele abre o país novamente e encontra-se com Margaret Thatcher e Ronald Reagan. Ele retira as tropas soviéticas do Afeganistão em 1989. Muito popular fora da União Soviética, seu carisma pessoal inicia na Europa e nos Estados Unidos um fenômeno de *gorbymania*. Em 1989, ele viaja para a China, deixa a cortina de ferro se abrir na Hungria e recusa uma intervenção armada na queda do muro de Berlim. Sua doutrina, em referência a uma famosa canção de Frank Sinatra, "My Way" – uma adaptação de "Comme d'habitude", música francesa –, é chamada de "Doutrina Sinatra". Cada país-satélite pode seguir o seu próprio caminho (*way* em inglês) do socialismo. Inicialmente hesitantes diante da lembrança da repressão sangrenta de 1956 e 1968, os países dominados pela União Soviética distanciam-se cada vez mais rápido. Em novembro de 1987, o general Jaruzelski deixa o cargo depois de perder um referendo em princípio destinado a confirmá-lo no poder. Em maio de 1989, os húngaros destroem a cortina de ferro que os separava da Áustria, abrindo suas fronteiras para o Ocidente. É a vez do colapso da Alemanha Oriental: em 9 de novembro de 1989, o muro de Berlim se abre com uma brecha espetacular e, como na Hungria alguns meses antes, centenas de milhares de pessoas correm para o Ocidente. É nesse mesmo momento que a Checoslováquia retoma a democracia com a "revolução de veludo", assim chamada porque não há tiros disparados nem mortes, levando ao poder o ex-dissidente **Vaclav Havel** (1936-2011). No final de dezembro de 1989, todas as democracias populares europeias foram libertadas do jugo soviético, sem que a URSS reagisse com violência.

A IMPLOSÃO DA URSS

Mikhail Gorbachev é agraciado com o Prêmio Nobel da Paz de 1990 por seu trabalho no final da Guerra Fria. Mas, na URSS, o exército e o PCUS pouco apreciam as reformas. Os povos do Cáucaso, tradicionalmente opostos ao poder central russo já na época dos tsares, começam a pegar em armas. Em 1991, as três repúblicas bálticas (Letônia, Lituânia, Estônia) declaram a independência, e a União das Repúblicas Socialistas Soviéticas racha por dentro. Em agosto de 1991, enquanto está em férias na Crimeia, Gorbachev é vítima de um golpe de Estado. Um grupo de comunistas conservadores o declaram incapaz de governar e proclamam estado de emergência. Em prisão domiciliar, impotente, ele é salvo pela ação enérgica de **Boris Iéltsin** (1931-2007), então presidente da República Socialista Federativa da Rússia. A partir de então, os eventos ficam fora do seu controle. Em 8 de dezembro de 1991, a Rússia, a Bielorrússia e a Ucrânia declaram-se Estados soberanos. Boris Iéltsin proclama no Parlamento a dissolução da União Soviética e a independência da Rússia, seguida por todas as ex-repúblicas soviéticas. Em 25 de dezembro de 1991, Gorbachev renuncia ao vivo em uma mensagem televisionada e reconhece oficialmente a dissolução da URSS. Ela deixa de existir na mesma noite à meia-noite.

> **O TSAR BORIS**
>
> **Boris Iéltsin** (1931-2007), o futuro salvador da Mikhail Gorbachev e seu principal rival antes da queda, nasce em 1931 em uma família muito pobre. Sua infância e sua adolescência são difíceis e ele se envolve rapidamente em confusões. Ele estuda engenharia ao mesmo tempo que desenvolve sua habilidade no voleibol, um esporte em que ele adquiriu experiência profissional. Torna-se capataz, trabalhando em várias fábricas. Ingressa no PCUS em 1961, torna-se funcionário e, depois, secretário de setor. Ali ele conhece Mikhail Gorbachev; em seguida, os dois homens mantêm uma relação de confiança e de respeito mútuo. Em 1981, ele é eleito para o Comitê Central, do qual mais tarde se torna o secretário. Em 1985, ele dirige a filial de Moscou do partido. Ele tem papel ativo na *perestroika*, caçando os *apparatchiks* corruptos da cidade. Em novembro de 1987, ocorre a ruptura com Mikhail Gorbachev. Durante uma sessão tumultuada dos órgãos do partido, Boris Iéltsin denuncia a inércia do partido e seus altos funcionários em Moscou, sua ingerência, a lentidão desejada de implementação de reformas. Ele é demitido do cargo. Retorna à política na campanha das primeiras eleições livres em 1989, sendo triunfalmente eleito deputado de Moscou. Ele publica memórias, em 1990, com título programático: Até o fim! Ele se torna o primeiro presidente da nova República Federal Socialista (RSFSR), em 1990, agora o segundo homem forte da URSS. Impõe rapidamente reformas que preparam o caminho para o regresso da soberania da Rússia fora da URSS. Em 1991, sua ação enérgica frustra os conservadores do golpe que queriam parar as reformas. É agora o único homem forte do país. De 1991 a 1999, ele é o primeiro presidente da Federação Russa, após a implosão da União Soviética. Depois de encarnar a esperança, ele morre em 2007 em descrédito, sendo acusado pela maioria dos russos de privatização forçada, de explosão da corrupção e do colapso de seus padrões de vida.

3. A FEDERAÇÃO RUSSA A PARTIR DE 1991

Após o colapso da União Soviética, a Federação Russa se une à Comunidade de Estados Independentes (CEI), fundada em 1991. Ela reúne onze das quinze ex-repúblicas soviéticas e um Estado associado: Rússia, Bielorússia, Cazaquistão, Uzbequistão, Tadjiquistão, Quirguistão, Arménia, Moldávia, Azerbaijão, Turcomenistão, Ucrânia e Mongólia (Estado associado). Ainda que com o apoio de muitas instituições executivas, a CEI existe principalmente no papel e permite à Rússia manter o direito de opinião sobre os negócios das antigas partes do Império Soviético. **Boris Iéltsin** abre a economia ao liberalismo e essa progressão para a diminuição da quantidade e do papel de empresas estatais se reflete em um aumento acentuado do desemprego, uma divisão do PIB por dois e o empobrecimento da maioria dos russos. Ela promove, no entanto, um grupo de novos empresários que ficam ricos rapidamente, os "novos russos". A vida política é dominada pelo Partido Liberal Democrático da Rússia, xenófobo e nacionalista de **Vladimir Jirinovski** (nascido em 1946). **Vladimir Putin** (nascido em 1952) torna-se presidente interino após a renúncia de Boris Iéltsin em 31 de dezembro de 1999. Ele é eleito presidente em 2000 e permanece até 2008. Ex-chefe da KGB, Putin assume o comando da Rússia apoiando-se especialmente nos serviços de inteligência e fortalece a presidencialização do regime. Ele começa a lutar contra os oligarcas e controla rigidamente a mídia. Após a crise financeira de 1998, ele restaura a economia utilizando, em particular, os recursos naturais como gás e petróleo. Ele intervém militarmente na Chechênia e Ossétia do Sul. Desde 2000, a Rússia retoma um notável crescimento de cerca de 6% ao ano. Em maio de 2008, **Dmitri Medvedev** (nascido em 1965) o sucede, mas Putin permanece como seu poderoso primeiro-ministro. As reformas continuam. Ele começa a lutar contra a corrupção, lançando um plano ambicioso de desenvolvimento de medidas tecnológicas. Em 2011, as eleições legislativas trazem mais de 49% dos votos para o Rússia Unida, o partido de Vladimir Putin. As eleições de 2012 são uma oportunidade para a revelação de um suposto acordo entre os dois homens: eles vão trocar de posições novamente. Isto é o que realmente acontece no final das eleições presidenciais de março de 2012: Putin torna-se o presidente e nomeia Dmitri Medvedev como primeiro-ministro. Grandes manifestações denunciam a irregularidade da eleição, mas são reprimidas pelos poderes constituídos. Uma emenda constitucional autoriza o prolongamento do mandato presidencial de quatro para seis anos, renovável uma vez como antes, mas nada se opõe, após esses doze anos, para que haja mais uma troca de função se os eleitores russos a confirmarem nas urnas.

PUTIN, O HOMEM FORTE DA RÚSSIA

Vladimir Putin nasce em 1952, em uma família de classe trabalhadora de Leningrado. Campeão de sambo, a luta livre russa, ele estuda direito. Entra para a KGB, o serviço secreto soviético, e ocupa posições inferiores, sendo apreciado pelo seu conhecimento da língua alemã. De 1985 a 1990, foi espião em Dresden, sob a cobertura de atividades culturais. O colapso da RDA o leva de volta para Leningrado, onde não demora, mantendo-se membro da KGB, para se tornar o homem de confiança do presidente da Câmara Municipal da cidade, que voltou a ser chamada São Petersburgo. Ele continua a sua carreira em Moscou, na comitiva do presidente Iéltsin. Em 1998, é nomeado diretor do serviço de segurança FSB, que substitui a KGB. Em 1999, Boris Iéltsin o coloca na liderança do governo. Pouco depois de sua demissão-surpresa, em 31 de dezembro de 1999, ele faz de Putin seu sucessor interino. Em março de 2000, Vladimir Putin é eleito pela primeira vez presidente da Federação Russa. Apesar de uma popularidade que se erode levemente, depois de vários mandatos, ele continua sendo, para a maioria dos russos, o político capaz de devolver à Rússia sua potência.

CAPÍTULO XXX
OS ESTADOS UNIDOS A PARTIR DE 1945

1. A ERA DA SUPERPOTÊNCIA

TRUMAN E O FAIR DEAL

Harry Truman (1884-1972) é o presidente dos Estados Unidos de 1945 a 1952. Continuador de Roosevelt, ele lança, depois da reconstrução do pós-guerra, a fim de dominar a superprodução e a inflação, uma política de Fair Deal, acordo justo, herdeira do New Deal. Trata-se de aumentar o salário mínimo, de votar em 1949 o National Housing Act, desenvolvendo a habitação popular. Mas Truman tem como meta a criação de um sistema de seguridade social para todos, que vai de encontro ao liberalismo dos americanos. O nascimento, em 1949, da República Popular da China, a extensão da Guerra Fria e da Guerra da Coreia conduzem a um anticomunismo virulento. Grandes vencedores da Segunda Guerra Mundial, primeira potência econômica mundial, os Estados Unidos terão, no entanto, que enfrentar conflitos, tanto dentro como fora do país. A Guerra da Coreia opõe, de 1950 a 1953, a Coreia do Norte, comunista, ajudada pela China Popular, à Coreia do Sul, apoiada pelos Estados Unidos. Entre 1950 e 1956, o país se lança em uma verdadeira caça aos comunistas conhecida sob o nome de *Red Scare* ("Terror Vermelho"), ou macartismo, do nome de seu líder, o senador **Joseph McCarthy** (1908-1957). Essa "caça às bruxas" é marcada pela lei de 1950, que expulsa comunistas e anarquistas da administração pública; pela execução em 1953 do casal Rosenberg, acusados de terem contribuído para que os soviéticos obtivessem a bomba atômica em 1949. Nesse contexto é enunciada a "Doutrina Truman": em ruptura com a tradição isolacionista do país, os Estados Unidos ajudarão todos os países onde a democracia estiver ameaçada. Uma das primeiras medidas concretas consiste em lançar um gigantesco plano de ajuda à reconstrução econômica da Europa, o Plano Marshall, em 1947, já que a pobreza constitui a base do comunismo. Nos próprios Estados Unidos, a prosperidade se traduz por uma extensão do *american way of life* (estilo de vida americano), baseado no conforto material e na civilização do automóvel. Nem todos se beneficiam, havendo ainda 25 milhões de pobres em 1969, principalmente na comunidade negra americana.

EISENHOWER E A VIA INTERMEDIÁRIA

O antigo general **Dwight David Eisenhower** (1890-1969) é presidente dos Estados Unidos de 1953 a 1961. Ele promove a política de relaxamento depois da morte de Stálin, em março de 1953, ao mesmo tempo que reafirma a política americana de dissuasão nuclear. Ele é favorável a uma estratégia dita de represálias em massa, isto é, de utilização da arma atômica. A doutrina da contenção, da barragem à expansão comunista se instaura. Em seu nome, em 1954, o governo da Guatemala é derrubado, pois este pretendia estatizar a companhia americana United Fruit. Seus mandatos são marcados por grande prosperidade econômica, mas o contexto social permanece explosivo: em 1957, deve recorrer à Guarda Nacional Federal para forçar as autoridades da cidade de Little Rock, em Arkansas, a respeitar a lei que proíbe a segregação racial nas escolas.

2. KENNEDY, O REFORMADOR

KENNEDY E A "NOVA FRONTEIRA"

John Fitzgerald Kennedy (1917-1963) nasce em 29 de maio de 1917 em uma rica família de Boston. Seu pai é nomeado embaixador em Londres em 1938, onde efetua uma parte de seus estudos, medíocres, frequentemente interrompidos por problemas de saúde. Apesar de uma doença de coluna da qual sofrerá por toda a vida, ele participa da Segunda Guerra Mundial, quando é ferido nas costas e condecorado. Poucas pessoas imaginam o calvário vivido por Kennedy ao longo da existência, mascarado por um presidente ativo, bronzeado, sorridente e esportivo. Suas dores nas costas são intoleráveis, mas ele consegue superá-las graças à sua força de vontade e à ajuda do doutor Max Jacobson, que injeta diversas substâncias e merece a alcunha de Doctor Feelgood ("Doutor Sinta-se Bem"). Após a guerra, ele é eleito representante (deputado) e, depois, senador por Massachussetts em 1952. Em 1953, ele se casa com Jacqueline Bouvier (1929-1994). Em 1960, ele se apresenta para a eleição presidencial contra o candidato republicano Richard Nixon e ganha por pouco. Lutando contra a pobreza e as desigualdades raciais, ele se preocupa com a conquista do espaço, lança o programa Apolo. Ele é assassinado em 22 de novembro de 1963 em Dallas. O vice-presidente, **Lyndon B. Johnson** (1908-1973), termina o mandato de Kennedy antes de ser eleito.

Em 1960, o sucessor de Eisenhower é o democrata e primeiro presidente católico **John Fitzgerald Kennedy**, o mais emblemático de todos os presidentes americanos. Ele faz campanha com o tema da fronteira, caro ao coração dos norte-americanos desde a conquista do Oeste. A fronteira que trata de recuar é a da pobreza, para que todos os cidadãos possam beneficiar dos frutos do crescimento. Ele deve enfrentar a fase aguda da Guerra Fria. Em abril de 1961, ocorre o fracasso do desembarque americano na Baía dos Porcos em Cuba. O projeto era desembarcar exilados cubanos, apoiados pelas forças americanas, a fim de derrubar Fidel Castro. Cuba fica perto demais da costa da Flórida para se tornar comunista. Castro fica sabendo e a tentativa acaba com um massacre. Kennedy, com apenas 43 anos, dá a sensação de ser inexperiente, pouco capaz de proteger o país no contexto da Guerra Fria. O presidente, habilmente, endossa, em um discurso televisionado, a responsabilidade pelo fracasso. Essa confissão e suas desculpas agradam os americanos. Na noite de 12 a 13 de agosto de 1961, o Muro de Berlim é construído e os Estados Unidos se mostram impotentes. Kennedy retoma as rédeas indo a Berlim Ocidental, onde profere o célebre discurso decorado com a fórmula *Ich bin ein Berliner* ("Eu sou um berlinense"). A Guerra do Vietnã (1959-1975) ganha importância com o engajamento militar americano, mas, em outubro de 1962, a crise em Cuba coloca a mundo à beira de uma terceira guerra mundial.

A CRISE DOS MÍSSEIS DE CUBA

Em outubro de 1962, uma frota russa se dirige a Cuba. Kennedy reage com um discurso na televisão em que informa a seus compatriotas que se trata, a seu ver, de uma agressão contra os Estados Unidos. Ele anuncia a formação de um bloqueio da ilha por navios americanos. Se os soviéticos tentarem quebrá-lo, os Estados Unidos entram em guerra. O mundo segura a respiração durante uma semana; depois Kruschev acaba cedendo e a frota russa dá meia-volta. É uma vitória retumbante para Kennedy, que adquire importância internacional. Depois desse episódio se estabelece, entre Moscou e Washington, o "telefone vermelho", na verdade um fax, que permite que os dois chefes de Estado se comuniquem diretamente, sem ter que passar por instâncias intermediárias.

A EPOPEIA DE MARTIN LUTHER KING

A presidência de Kennedy é inseparável da epopeia do pastor Martin Luther King, quando cai o sistema de segregação. Nascido em 1929 na Geórgia, um estado que pratica a segregação, ele luta por toda a vida em prol da igualdade cívica para os negros americanos, preconizando a não violência. Martin Luther King organiza a célebre Marcha para Washington pela igualdade dos direitos entre negros e brancos e pronuncia, em 28 de agosto de 1963, diante do Lincoln Memorial de Washington, o famoso discurso "*I have a dream*" ("Eu tenho um sonho"), no qual seus próprios filhos negros têm os mesmos direitos que os outros. Ele recebe o Prêmio Nobel da Paz em 1964 por sua ação não violenta em defesa das minorias. É assassinado em abril de 1968 por um branco segregacionista em Memphis, no estado de Tennessee.

LYNDON B. JOHNSON E A "GRANDE SOCIEDADE"

Depois de ter concluído o mandato de Kennedy, do qual era vice-presidente, Lyndon B. Johnson (1908-1973) é eleito presidente em 1964. Sua política está em continuidade com a do seu predecessor. Durante seu mandato são votadas as leis que põem fim à segregação. Ele pretende dotar o país de um verdadeiro Estado de bem-estar social sob o nome de "Grande Sociedade". Por meio da adoção do Voting Right Act de 1965, Johnson criou os programas Medicare, assistência médica para os cidadãos com mais de 65 anos, e o Medicaid, assistência de saúde para os mais pobres. Em nome da "teoria dos dominós", segundo a qual se um país se torna comunista em uma região do mundo, arrasta seus vizinhos, ele intensifica a intervenção americana no Vietnã. Passa-se do envio de conselheiros militares a um efetivo de 5 mil homens *in loco*. Na política interna, ele enfrenta a radicalização dos movimentos negros de contestação, que elegem a violência como meio de ação, reivindicando o Black Power ("Poder negro"), como os Black Panthers (os Panteras Negras) ou os Black Muslims (os Muçulmanos Negros), com seu líder Malcolm X (1925-1965). Nas universidades, a contestação estudantil contra a Guerra do Vietnã ganha importância, em um momento de desaceleração da economia. O movimento *hippie*, nascido na Califórnia, leva os jovens a recusar o mundo de seus pais; o movimento de liberação das mulheres, o *Women's Lib*, desenvolve-se após a publicação do livro de Betty Friedan, *Mística feminina*, em 1963. O final do mandato de Johnson é marcado pela dúvida acerca da potência americana. Por sinal, ele se recusa a se candidatar novamente.

3. A FASE DAS CRISES

RICHARD NIXON E WATERGATE

Richard Nixon (1913-1994), candidato republicano, é eleito. O presidente Nixon (1968-1974) começa a retirar o país da Guerra do Vietnã, em conformidade com a "Doutrina Nixon", que pretendia uma retirada americana de todos os frontes da Guerra Fria. A guerra termina em 1975 com a vitória do Vietnã do Norte e a assinatura dos acordos de Paris. O momento não favorece mais uma intervenção americana permanente e em todos os frontes, mas é momento da instalação da *Realpolitik*, preconizada pelo influente conselheiro do presidente, Henry Kissinger (nascido em 1923). Essa política realista quer que o mundo não veja mais os Estados Unidos como seu exército, mas conte com sua ação, ao mesmo tempo que busca o próprio equilíbrio, cuja potência americana seria apenas uma garantia. Dessa forma, o país se aproxima da China, para onde o presidente Nixon viaja, com notoriedade, em 1972. O primeiro choque do petróleo em 1973 mergulha o país na crise econômica. Durante a campanha de reeleição, Nixon é atingido pelo escândalo Watergate. Entretanto, seu mandato fica famoso pelo envio da missão do programa espacial americano Apolo 11, por meio do qual o homem pisa na Lua em 20 de julho de 1969.

O escândalo Watergate

O escândalo Watergate começa em 1972, quando cinco homens são presos depois de terem penetrado ilegalmente no prédio Watergate, em Washington, onde o Partido Democrata havia instalado sua sede de campanha para as eleições presidenciais de 1973. Dois jornalistas do *Washington Post*, Carl Bernstein e Bob Woodward, iniciam investigações que os levam a revelar as ligações entre a Casa Branca e os espiões acusados. O presidente Nixon acumula trapalhadas em sua defesa, a tal ponto que, em 1973, o Senado institui uma comissão de investigação cujas sessões são transmitidas pela televisão. O escândalo é enorme. Em abril de 1974, após debates, a Câmara dos representantes prepara um processo de *impeachment*, ou seja, de destituição do presidente. Richard Nixon toma a dianteira e pede demissão em 8 de agosto de 1974. O vice-presidente **Gerald Ford** (1913-2006) conclui um mandato recém-iniciado, de 1974 a 1977. Ele deve enfrentar a crise econômica que resulta do primeiro choque do petróleo de 1973-1974. O essencial de sua política visa lutar contra a inflação, às custas de uma severa recessão. Seu mandato é tão morno que – caso único na história americana – ele não é reeleito.

JIMMY CARTER E OS DIREITOS HUMANOS

De 1977 a 1981, o presidente é o democrata **Jimmy Carter** (nascido em 1924). Ele está fragilizado pela crise dos reféns no Irã. Em novembro de 1979, a embaixada dos Estados Unidos em Teerã é ocupada e seus membros são feitos reféns. Uma operação de salvamento fracassa, e eles só são liberados em 1981. Seu principal êxito é a assinatura dos Acordos de Camp David, em 18 de setembro de 1978, que estabelecem as condições de uma paz entre Israel e Egito. Ele confere um papel particular aos direitos humanos nas relações diplomáticas, aproximando-se da URSS, mas não consegue barrar a invasão do Afeganistão pelas forças soviéticas em 1979.

RONALD REAGAN: *AMERICA IS BACK*

Nas eleições de 1981, é eleito um antigo ator de segunda categoria, republicano, **Ronald Reagan** (1911-2004). Ele fez sua campanha com base no forte retorno da potência americana, a grande nação segura internamente, temida externamente, manifestada no slogan *America is back* ("A América está de volta"). Ele exerce a presidência por dois mandatos, de 1981 a 1989. É vítima de um atentado em 30 de março de 1981, mas sobrevive aos ferimentos. Lança uma política econômica liberal, conhecida sob o nome de *Reaganomics*. Ela melhora os salários dos americanos a partir da multiplicação dos empregos subqualificados.

A guerra nas estrelas

No final da Guerra Fria, retomando um enfrentamento que se acreditava estar esquecido, o presidente Reagan adota uma atitude de firmeza com relação à URSS, entendida como provocação. É assim que, em um discurso televisionado de março de 1983, ele anuncia a criação da Iniciativa Estratégica de Defesa (Strategic Defense Initiative – SDI), rapidamente rebatizada pelos jornalistas que a ironizam de "guerra nas estrelas". O projeto seria construir, acima do conjunto do território americano, um escudo eletrônico apto a identificar e a destruir qualquer míssil lançado contra os Estados Unidos. Essa ideia, de realização impossível, é abandonada aos poucos.

BUSH PAI E A NOVA ORDEM MUNDIAL

George Herbert Walker Bush (nascido em 1924), republicano, é o sucessor de Reagan de 1989 a 1993. Depois da queda do muro de Berlim, em 1989, ele apoia a reunificação alemã. Após a invasão do Kuwait pelo Iraque, devida ao mesmo tempo a uma reivindicação tradicional do Iraque, que considera esse país como uma província a ser reconquistada, e a uma querela relativa à dívida iraquiana e da cotação do petróleo, ele lança, sob a cobertura das Nações Unidas, a operação Tempestade no Deserto, em janeiro de 1991. Trinta e quatro países participam da coalizão. É o início da primeira Guerra do Golfo (1990-1991) contra o Iraque. O Iraque, rapidamente vencido, é forçado a se retirar do Kuwait, mas seu dirigente, Saddam Hussein (1937-2006), não se preocupa e mantém o poder. Um destino lamentável é reservado às minorias xiitas e curdas, incitadas a se revoltar, que são abandonadas à sua própria sorte e sofrem uma repressão sangrenta – primeiro os xiitas e depois os curdos – ao final da operação *Provide Comfort*, uma proteção temporária de abril a julho de 1991.

Em 1991, Bush apoia o presidente russo Mikhail Gorbachev, quando elementos comunistas tentam um golpe de Estado. No final do mesmo ano, a implosão da URSS transforma, de fato, os Estados Unidos na única superpotência do mundo. Ainda em 1991, ele apadrinha a Conferência de Madri sobre o processo de paz árabe israelita. George Bush define então as grandes linhas da *New World Order* ("Nova Ordem Mundial"), fundada na extensão da democracia e da economia de mercado. Seus sucessos exteriores não bastam para mascarar os problemas internos, dentre os quais se destaca o emprego. Ele não é reeleito. A equipe de seu adversário não hesita em atacá-lo, como o riquíssimo presidente que parece pouco íntimo das dificuldades quotidianas de seus compatriotas, com um *slogan* tornado referência: "It's (the) economy, stupid!" ("É a economia, estúpido!").

BILL CLINTON, A ARTE DA DIPLOMACIA

O democrata **Bill Clinton** (nascido em 1946), oriundo de um meio muito modesto, brilhante estudante de direito, é eleito em 1992 e reeleito em 1996. Ele mantém os efetivos americanos na Somália, engajados desde o início de 1993 no âmbito da operação *Restore Hope* ("Devolver a esperança"), mas isso acaba em desastre. Os potentados locais lideram uma guerrilha assassina e os americanos abandonam o país entre 1994 e 1995. Clinton engaja os Estados Unidos nas missões da OTAN durante as Guerras da Iugoslávia (1991-1995). Ele preside os Acordos de Oslo em 1993 para a aproximação entre israelenses e palestinos. É o momento de um aperto de mão histórico, sob o olhar do presidente americano, entre Yitzhak Rabin (1922-1995), primeiro-ministro do Estado de Israel, e Yasser Arafat (1929-2004), presidente da Organização para a Libertação da Palestina (OLP). Entretanto, o plano de paz previsto não será implementado. Ele consegue, durante seus mandatos, reerguer a economia americana. Entre 1997 e 1999, ele é atingido pelo escândalo **Monica Lewinsky**, uma estagiária da Casa Branca de quem ele obtém favores sexuais, mas não é demitido de suas funções.

BUSH FILHO E O 11 DE SETEMBRO DE 2001

George Walker Bush (nascido em 1946), filho do antigo presidente, sucede Bill Clinton de janeiro de 2001 até janeiro de 2009. Ele abre amplamente seu governo às minorias étnicas, com personalidades como **Condoleezza Rice** (nascida em 1954) no cargo de secretária de Estado, ou **Colin Powell** (nascido em 1937) no mesmo cargo. Em setembro de 2001, terroristas do grupo Al-Qaeda destroem as Twin Towers, as "Torres gêmeas", do World Trade Center (símbolo da supremacia econômica americana) de Nova York. Eles desviam dois aviões comerciais que acabam se chocando contra as torres, provocando seu desmoronamento. Um terceiro avião é projetado contra o Pentágono, sede do Departamento de Defesa em Washington. O quarto avião, que se dirigia a essa capital, cai no interior depois de um enfrentamento entre passageiros e pessoal de bordo com os piratas terroristas. Como retaliação, os Estados Unidos intervêm no Afeganistão, onde se esconde Osama bin Laden, responsável pelo atentado do 11 de setembro. Em 2003, Bush desencadeia uma invasão militar no Iraque, suspeito de deter armas de destruição em massa. A ofensiva se inicia em março e se conclui rapidamente no início de abril com uma vitória; Saddam Hussein é derrubado, mas as tropas americanas ficam para instalar um Estado democrático. Ele lança um ambicioso programa econômico, que não se concluirá tão bem. Em 2008, durante seu último mandato, estoura a crise dos *subprimes*, créditos hipotecários que os credores não podem reembolsar por causa da elevação das taxas, que mergulha o mundo em recessão.

4. OBAMA, UM NOVO REFORMADOR

Barack Hussein Obama, nascido em 4 de agosto de 1961 em Honolulu (Havaí), filho de um queniano e de uma americana do Kansas, passa parte de sua juventude na Indonésia. Formado em direito por Harvard, ele trabalha como assistente social antes de lecionar direito na Universidade de Chicago. Eleito para o Senado pelo Estado de Illinois, de 1997 a 2004, depois é eleito por Washington. Em fevereiro de 2007, ele se candidata às prévias do Partido Democrata e ganha de Hillary Clinton (a esposa de Bill Clinton). Concorre oficialmente como candidato do partido a partir de agosto de 2008. Eleito presidente dos Estados Unidos em novembro do mesmo ano, ele toma posse em janeiro de 2009.

Ele é o primeiro afro-americano a se tornar presidente dos Estados Unidos. Homem de palavra, adepto do multilateralismo, ele lança uma política de regulação financeira e uma reforma do sistema de saúde muito ambiciosa, permitindo a cobertura de saúde para milhões de americanos, até então não assistidos. Ele recebe, em outubro de 2009, o Prêmio Nobel da Paz por seus esforços na diplomacia internacional. Ele registra um sucesso pessoal importante com o anúncio da morte, em 1º de maio de 2011, do líder terrorista **Osama bin Laden** (1957-2011), que havia chefiado o atentado de 11 de setembro de 2001. O ano de 2012 é marcado pelas novas eleições presidenciais, opondo Barack Obama ao candidato Willard Mitt Romney (nascido em 1947). Barack Obama é reeleito para um segundo mandato de quatro anos, ao longo do qual ele pretende tirar os Estados Unidos da crise e impor sua política de mais ampla justiça social.

A REFORMA DO SISTEMA DE SAÚDE

Trata-se de uma das principais medidas da presidência de Obama, destinada a criar nos Estados Unidos um verdadeiro sistema de seguro-saúde, universal, obrigatório, com base no modelo adotado na França e no Reino Unido após a Segunda Guerra Mundial. Trata-se de ir além das leis Medicaid e Medicare e de fornecer uma cobertura social a milhões de americanos pobres. Depois de uma batalha jurídica homérica na Câmara dos Representantes, no Senado, e depois, quando da adoção do texto, contra os procuradores-gerais dos Estados, que consideram o plano inconstitucional, a lei Patient Protection and Affordable Care Act (lei de proteção aos pacientes e de cuidados acessíveis) é votada e promulgada em 23 de março de 2010. Ela prevê a obrigação de que todos os norte-americanos tenham um seguro-saúde até 2014. São previstas medidas para ajudar aqueles que não têm seguro e que não poderão ser recusados pelas seguradoras. Em junho de 2012, a Corte Suprema aprova a lei.

CAPÍTULO XXXI
A ÁSIA A PARTIR DE 1945

1. A CHINA A PARTIR DE 1945

O IMPERADOR VERMELHO

Depois de 1945, a guerra é retomada, após as tropas japonesas terem partido, entre o Guomindang de Chiang Kai-shek e o Partido Comunista Chinês (PCC) de Mao Tsé-tung. Em 1949, este último é o senhor de quase todo o país; Chiang Kai-shek se refugia em Taiwan, onde proclama a continuidade da República da China. Em outubro de 1949, é criada a República Popular da China (RPC). Ela se instaura em um contexto de violenta repressão com todos aqueles que não são comunistas. Em outubro de 1950, é lançada a campanha "para eliminar os contrarrevolucionários"; depois, em 1951, a Campanha Três-Anti: luta contra o desvio de fundos, o desperdício e a "burocratização". Ela continua no ano seguinte, na Campanha Cinco-Anti: contra a corrupção, a evasão fiscal, o desvio dos bens do Estado, a fraude, o roubo de informações econômicas. Trata-se de diferentes meios de impor o medo do regime. Em 1954, é promulgada a Constituição da República Popular da China. Ela é modificada em 1975, 1978 e 1982. O PCC domina totalmente a vida política na qualidade de único partido legal. Ele povoa diferentes instâncias: a **Assembleia Nacional Popular**, que exerce o poder legislativo; o **Conselho de Estado** para o poder executivo; e a **Corte Popular Suprema** pelo judiciário (Constituição de 1982). O presidente da República é eleito pela Assembleia Popular Nacional. Na realidade, há apenas um candidato, escolhido pelas instâncias dirigentes do PCC. **De fevereiro a junho de 1957**, Mao Tsé-tung lança a campanha Desabrochar das Cem Flores. É uma manobra política para enfraquecer seus opositores no seio do PCC. Em princípio, os chineses são autorizados a denunciar tudo o que não funciona bem no Partido e nas instituições chinesas.

Mas eles usam de verdade esse novo direito à palavra, contestam duramente, denunciam o mau funcionamento e os privilégios indevidos. A campanha para depois de alguns meses; os descontentes são perseguidos, presos, deportados ou executados. Essa repressão feroz faz várias centenas de milhares de vítimas. **Entre 1958 e 1960**, Mao Tsé-tung lança o Grande Salto para Frente. Sob o pretexto de modernizar a economia chinesa, trata-se de uma coletivização das terras ao modo stalinista, com a realização de várias obras e a constituição de gigantescos complexos industriais. Também é a ocasião de retomar as rédeas do país, eliminando qualquer contestação ao programa. Sem nenhuma relação com as realidades econômicas, esse programa leva a China à beira do caos, produzindo uma fome que teria causado a morte de aproximadamente 20 milhões de pessoas. O fracasso é tão patente que Mao é afastado do poder entre 1960 e 1965. Ele permanece na liderança do PCC, mas deve pedir demissão de seu cargo de presidente da RPC. **Liu Shaoqi** (1898-1969) é eleito em seu lugar. Ele se esforça para remediar o desastre do Grande Salto para Frente. Ele se apoia no secretário-geral do PCC, **Deng Xiaoping**. Mas Mao Tsé-tung retorna ao poder ao lançar, em 1966, a Revolução Cultural. Com o nome completo de Grande Revolução Cultural Proletária, ela se apoia na juventude, recrutada no Exército vermelho, fanatizada pela leitura do *Pequeno livro vermelho* de Mao Tsé-tung. Os jovens entregam o país ao terror, violentando os "revisionistas" do PCC, as elites tradicionais, os intelectuais e os artistas, destruindo monumentos religiosos e culturais que evocam a antiga China. Era preciso erradicar os Quatros Velhos (as quatro coisas velhas): velhas ideias, velha cultura, velhos costumes, velhos hábitos. As denúncias e as condenações do Exército Vermelho floresciam nos muros sob forma de *dazibao*, os *outdoors*, designando pelo nome os culpados pela manutenção da antiga ordem. Mao atinge seu objetivo, controlando como bem entende o PCC, às custas de um país à beira de uma guerra civil. **Zhou Enlai** (1898-1976), com suas qualidades diplomáticas, deve receber os créditos de ter, aos poucos, posto fim às extorsões, evitando a pilhagem da Cidade Proibida, ainda que o movimento tenha continuado, esporadicamente, até a morte de Mao Tesé-tung, em 1976.

DENG XIAOPING E A ERA DAS REFORMAS

A China contemporânea é, então, modelada por **Deng Xiaoping** (1904-1997). **Mao Tsé-tung** escolheu como sucessor **Hua Guofeng** (1921-2008) que começa desfazendo-se do Bando dos Quatro, a viúva de Mao, **Jiang Qing** (1914-1991), **Zhang Chunqiao** (1917-2005), membro do comitê permanente da Secretaria Política, **Wang Hongwen** (1936-1992), vice-presidente do partido, e **Yao Wenyuan** (1929-2005), membro do Comitê Central. Eles são considerados responsáveis pelas derivas da Revolução Cultural, julgados e, depois, definitivamente afastados do poder. Entretanto,

Hua Guofeng não tem nem a personalidade, nem o carisma, nem os apoios de Deng Xiaoping. Primeiro-ministro e presidente do partido, ele é relegado a suas funções honoríficas antes de ser substituído no primeiro posto por um homem fiel a Deng Xiaoping, **Zhao Ziyang** (1919-2005), em 1980, e por **Hu Yaobang** (1915-1989), favorável a uma abertura democrática do país, em 1981. Ainda que se limite rapidamente ao título de presidente da Comissão Militar Central, Deng Xiaoping dirige de fato a China. Ele promove reformas econômicas, oferece aos camponeses um lote de terra cujos produtos são vendidos no mercado livre, dá novo impulso às **Quatro Modernizações** (indústria e comércio, educação, exército e agricultura) desejadas por **Zhou Enlai** (1898-1976). Ele vai aos Estados Unidos, negocia com o Reino Unido o retorno de Hong Kong à China para 1997, e com Portugal o retorno de Macau para 1999.

É sua ocasião de enunciar o princípio de "um país, dois sistemas", coexistência econômica do comunismo e do capitalismo, mas sem questionamento da hegemonia absoluta do PCC. Ele tenta refrear o dinamismo demográfico chinês, instaurando a política do filho único, sob pena de sanções econômicas e sociais. Hu Yaobang, julgado favorável demais às reformas liberais que questionavam a supremacia do partido, é afastado de todas as funções depois de 1987. Ele morre em 1989, evento que desencadeia as manifestações da Praça da Paz Celestial em Pequim. Ocupada por estudantes que reivindicam o multipartidarismo, a concessão de liberdades individuais, a exoneração dos conservadores, essa praça se torna o centro da contestação do poder instaurado. Deng Xiaoping hesita e, depois, acaba cedendo aos elementos mais conservadores, dentre eles o primeiro-ministro **Li Peng** (nascido em 1928). Em 20 de maio, a lei marcial é decretada e, em 4 de junho, o exército ocupa a praça e dispersa os estudantes com uso de violência. A repressão teria feito vários milhares de vítimas. Deng Xiaoping abandona oficialmente o governo pouco depois, mas permanece nos bastidores como eminência parda do governo até a morte.

OS SUCESSORES DE DENG

Deng escolheu como sucessor **Jiang Zemin** (nascido em 1926), prefeito de Xangai. Ele se torna chefe de Estado em 1993. Continua a política de abertura econômica de seu mentor, favorecendo um socialismo liberal à chinesa. Em 1989, ele reprime ferozmente uma tentativa de insurreição no Tibete, confiando a tarefa a Hu Jintao. Ele se aposenta em 2003, tendo feito tudo para facilitar sua sucessão, transmitida a **Hu Jintao** (nascido em 1942), presidente da República popular da China até 2013. Em 14 de março de 2013, o secretário-geral do Partido Comunista Chinês, **Xi Jinping** (nascido em 1953), é eleito o nono presidente da República Popular da China.

2. O JAPÃO A PARTIR DE 1945

O JAPÃO SOB A ADMINISTRAÇÃO AMERICANA

Depois da capitulação condicionada em 2 de setembro de 1945, o Japão passa para administração americana. Em princípio, trata-se do **Supreme Commander of the Allied Powers, SCAP,** Comando supremo das forças aliadas, mas as quatro forças aliadas se limitam à ocupação americana. Os Estados Unidos consideram ter o direito de vigiar a reorganização do Japão depois de terem conduzido, sozinhos, a Guerra do Pacífico. Dois generais exercem sucessivamente a autoridade: **Douglas Mac Arthur** (1880-1964), de 1945 a 1951, e depois **Matthew Ridgway** (1895-1993) entre 1951 e 1952. A ocupação americana dura seis anos e meio. Uma nova Constituição, democrática, é promulgada em 3 de novembro de 1946 e entra em vigor em 3 de maio de 1947. O imperador perde seu *status* de deus vivo e todo o poder para se tornar "o símbolo do Estado e da unidade nacional". O poder executivo é confiado a um governo chefiado por um primeiro-ministro escolhido pelo Parlamento. O poder legislativo é confiado a uma Dieta Nacional do Japão, composta por duas câmaras eleitas por sufrágio universal: a Câmara dos Representantes e a Câmara dos Conselheiros. A escolaridade é reformada com base no modelo americano. Uma reforma agrária permite o acesso a terra para os pequenos camponeses, em 1946. Em 1948 são adotadas leis eugênicas que autorizam a contracepção para limitar o número de nascimentos.

O *BOOM* ECONÔMICO

O Japão recupera sua soberania em 1951. Em 8 de setembro de 1951, o tratado de São Francisco é assinado, restituindo, assim, a plenitude de sua independência. Só a prefeitura de Okinawa fica até em 1972 sob administração americana. Os criminosos de guerra são julgados a partir de janeiro de 1946 pelo tribunal militar internacional para o Extremo Oriente. Esse processo de Tóquio é a vertente asiática do processo de Nurembergue na Europa. A vida política japonesa é bastante agitada até a criação, em 1955, do principal partido de direita, o Partido Liberal-Democrata, ou PLD, que governa de 1955 a 1993 e de 1994 a 2009. Seu principal adversário é o Partido Democrata do Japão, fundado em 1996, uma formação de centro-esquerda ativa desde 2009. Depois do período de reconstrução, facilitado pela entrada de capitais americanos, o país conhece um período de alto crescimento, o *boom* Izanagi, equivalente aos Trinta Gloriosos da França, com um PIB superior a 11% entre 1965 e 1970. A partir de 1968, o Japão se tornou a segunda potência econômica do mundo depois dos Estados Unidos. Seu apogeu econômico se situa no final dos anos 1980; o "milagre japonês" termina com a explosão da bolha especulativa no início dos anos 1990. Dentre os primeiros-ministros que deixaram sua marca na história do Japão, convém mencionar alguns.

Shigeru Yoshida (1878-1967), várias vezes na chefia do Estado, institui a doutrina Yoshida, segundo a qual o Japão se consagra a seu desempenho econômico, deixando para seu aliado americano o cuidado com a defesa. **Eisaku Sato** (1901-1975), também várias vezes primeiro-ministro entre 1964 e 1972, desenvolve uma política pacifista fundada na luta contra a proliferação nuclear, o que lhe vale o Prêmio Nobel da Paz em 1974. **Kakuei Tonaka** (1918-1993) deixa uma lembrança mais mitigada, extremamente popular; ele é forçado a se demitir após a revelação do escândalo Lockheed, construtor aeronáutico americano que lhe paga uma propina de 2 milhões de dólares para ganhar uma licitação em 1974.

A EVOLUÇÃO RECENTE

Yasuhiro Nakasone (nascido em 1918), várias vezes primeiro-ministro entre 1982-1987, membro do PLD, dá à economia japonesa uma reviravolta liberal, privatizando grandes empresas e principalmente a companhia ferroviária. **Tomichii Murayama** (nascido em 1924) é o primeiro socialista que se tornou primeiro-ministro entre 1994 e 1996, oriundo das bases do Partido Socialista Japonês. Ele pronuncia um discurso que fica famoso, em 1995, por meio do qual o Japão apresenta suas desculpas aos países do Sudeste da Ásia pelas atrocidades cometidas durante a Segunda Guerra Mundial. **Junichiro Koizumi** (nascido em 1942), do PLD, governa entre 2001 e 2006. Se sua obra de reformador econômico é reconhecida, pelas privatizações conduzidas com êxito, sua atitude com relação aos antigos criminosos de guerra irrita profundamente os vizinhos asiáticos. Repetidas visitas ao **santuário de Yasukuni**, onde estão sepultados os heróis nacionais, dentre os quais os condenados do processo de Tóquio, são percebidos como provocação. Entre 8 de junho de 2010 e 26 de agosto de 2011, o primeiro-ministro japonês é o líder do PDJ, Partido Democrata do Japão, que se situa no centro-esquerda da vida política japonesa, **Naoto Kan** (nascido em 1946). Seu mandato é marcado pelo terremoto e pelo *tsunami* consecutivo que provocaram a catástrofe nuclear em Fukushima. Em 11 de março de 2011, um terremoto seguido de *tsunami* – um maremoto – devasta o nordeste do Japão. A central nuclear de Fukushima conhece um acidente nuclear de magnitude 7, idêntico ao de Tchernóbil.

Naoto Kan é rapidamente acusado de não ter reagido corretamente. Ao abandonar a liderança do partido no poder, o PDJ, ele deixa automaticamente de ser o primeiro-ministro. É o ministro das Finanças, Yoshihiko Noda (nascido em 1957), que o sucede em setembro de 2011. A partir de dezembro de 2012, o primeiro-ministro é o líder do partido liberal, o PLD, **Shinzo Abe** (nascido em 1945). O imperador **Hirohito** (1901-1989) vive um longo reinado, de 1926 até a sua morte. Com uma atitude julgada controversa ao longo da expansão japonesa nos anos 1930 e seu papel durante a Segunda Guerra Mundial, ele ainda assim é mantido pelas autoridades de ocupação americana depois de 1945. Depois da guerra, ele limita suas atividades ao protocolo e a suas representações diplomáticas. Seu filho, o imperador **Akihito** (nascido em 1933) sobe ao trono quando de sua morte, em 1989. Sua coroação inaugura a era Heisei, "Realização da paz", depois da **era Showa**, "Era da paz esclarecida", de seu pai. O reino de Akihito é marcado por um problema sucessório: duas meninas ocupam o primeiro e o segundo lugar, sendo o príncipe **Hisahito de Akishino** (nascido em 2006) apenas o terceiro na linha de sucessão. Essa situação agita os meios nacionalistas, que teme que elas se casem com estrangeiros.

CAPÍTULO XXXII
A ARTE A PARTIR DE 1945

1. AS PRINCIPAIS CORRENTES ARTÍSTICAS PÓS-1945

A partir dessa época, a questão dominante não será mais "o que é a arte?", e sim "pode-se ainda falar de arte?". A história da arte, que estabelecia até então hierarquias entre os gêneros artísticos e os reunia sob a forma de grandes correntes, parece ter se tornado inoperante para classificar a produção "descabelada" das obras contemporâneas e pós-modernas. Elas não são mais o resultado de uma evolução histórica e só pedem para ser estudadas por si mesmas. Todas as vias de expressão possíveis serão exploradas, todos os materiais, todas as formas e, no entanto, o barulho da arte volta a ressoar. A arte teria acabado explorando suas possibilidades ou, ao contrário, cantaria sua liberação de um grande número de ideias normativas? As perturbações da história, guerras, revoluções, vão levar as artes a provocar sua própria perturbação. A força dessa arte poderia se situar em sua capacidade de negatividade, de desestabilização, de perturbações de nossos modos interiorizados e dominantes de representação e de percepção, em sua capacidade "desconstrutiva", corrente cujos representantes filosóficos foram Deleuze, Derrida e Lyotard. A arte moderna continuava a se colocar questões sobre a estética, sobre o belo; a arte contemporânea, sobre a própria arte e sobre os marcos nos quais se define. As grandes correntes, como os *happenings*, a arte conceitual, *body art*, a arte efêmera, e outras artes testarão constantemente os limites da própria arte, sem deixar de lado as expectativas do público. Depois de desaparecidas as ideologias, os critérios formais, os guardiães da arte contemporânea tentarão exercer novas façanhas. A expressão "arte contemporânea" se impôs principalmente depois de 1980 nas artes plásticas; antes, falava-se de "vanguarda", subentendendo certo número de instituições, artistas, galerias e escolhas estéticas. A "pós-modernidade" se impõe depois dos anos 1960 e 1970, trazendo de volta à obra as regras e imposições que a modernidade havia proscrito. O pós-modernismo nasce no campo da arquitetura, retomando os fracassos do modernismo (Gropius, Le Corbusier). A pintura se renova com uma tecnicidade muito exigente, chegando até a se confundir com as fotografias, no hiper-realismo; o cinema abunda em efeito especiais, a arquitetura encontra o maneirismo clássico dos ornamentos com as colunas e os capitéis de Ricardo Bofill. É possível **distinguir três períodos** de evolução na pós-modernidade:

- **uma fase nos anos 1950**, fase embrionária na qual ela é integrada no modernismo e constitui seus últimos anos;
- **uma fase nos anos 1960**, fase de desmistificação da arte, concentrada principalmente nos Estados Unidos. A arte popular é revalorizada, e surgem novas tecnologias;
- **uma fase nos anos 1980**, marcada por um retorno do desencantamento, ainda que o pós-modernismo seja reconhecido seja pela apologia, seja pela detratação.

A arte contemporânea tentou, conscientemente, destruir o *status* da obra de arte e fazer da desconstrução da arte seu próprio objetivo para que o objeto comum e a obra se confundam. Abolida a fronteira entre a estética industrial e a estética artística, uma cadeira, uma geladeira, um carro se tornam obras de arte. A própria publicidade se tornará arte. **Arthur Danto** (nascido em 1924), filósofo e crítico de arte americano, pensa que a arte contemporânea acaba por designar a própria vida como obra de arte, pois o essencial reside na capacidade de o artista "nos levar a ver à sua maneira de ver o mundo". Assim, longe da teoria que guiava a obra de arte, longe do mercado da arte que qualificava o seu gênio, longe de uma relação com o objeto, a obra de arte se torna uma exposição interna suscitada tanto para o artista quando para o amador da arte.

O pintor se torna plástico ao deixar o mundo da imagem e da representação. Ele instaura sua própria arquitetura com ajuda de objetos que reúne, dando a ver sua presença. Os materiais menos nobres são explorados, longe de serem menosprezados, porque são portadores de uma história. Enumeremos os principais grupos e movimentos que pontuam a arte pictórica contemporânea.

O GRUPO COBRA: A EXPERIMENTAÇÃO

O grupo Cobra se forma em 1948, sendo dissolvido três anos depois. Seu nome remete às cidades de seus fundadores: "Copenhague, Bruxelas, Amsterdã", **Karel Appel** (1921-2006), **Corneille** (1922-2010) e **Constant** (1920-2005), principalmente. Sua vontade é renovar com o inconsciente coletivo, dele fazendo emergir outra cultura em reação contra a figuração e a abstração. Após a Conferência Internacional do Centro de Documentação sobre a arte de vanguarda – organizada pelo antigo grupo surrealista –, na qual estavam **Édouard Jaguer** e **René Passeron**, forma-se o grupo Cobra.

O grupo se constitui contra o papel cultural de Paris, para reagir enquanto nórdicos contra o mito parisiense. A experimentação se torna uma de suas principais reivindicações, o que os leva a colaborações entre pintores e escritores. As principais obras são as de **Guillaume Corneille** (Cornelis van Beverloo), apelidado de Corneille, e Christian Dotremont, com *Experiências automáticas de definição das cores* (1949), as de Karel Appel, *As crianças* (1951), ou de Constant, *Vegetação* (1948). A revista *Cobra*, órgão oficial do movimento, não passará dos quinhentos exemplares.

A *POP ART*

A *pop art* é um movimento artístico que surge na década de 1950, na Grã-Bretanha, e no final de 1950, nos Estados Unidos. Ela terá um eco fraco e distorcido no continente. Associaram-se a ela a etiqueta de novo realismo e artistas como Yves Klein, Arman, Christo e Jean Tinguely. A origem da *pop art* inglesa remonta à criação, em 1952, do seminário interdisciplinar do *Independent Group*, em torno dos pintores **Eduardo Paolozzi** (1924-2005), **Richard Hamilton** (1922-2011) e do crítico de arte **Lawrence Alloway** (1926-1990). Esse grupo caracteriza-se por seu interesse por objetos comuns, bem como pela confiança no poder das imagens. O termo *pop art*, inventado por Lawrence Alloway, indica que ele se baseia na cultura popular. A casa da *pop art* norte-americana se encontra em Nova York e tem suas raízes na *pop art* de pintores de insígnias dos séculos XVIII e XIX, no cubismo e nos *ready-mades* de Duchamp. Esse movimento terá grande influência sobre artistas de outros países: na Espanha, o grupo *Equipo Crónica*, nome de um grupo ativo de 1964 a 1981 em torno de **Antonio Toledo** (1940-1995) e **Rafael Solbes** (1940-1981); na Grã-Bretanha, **Richard Hamilton** (1922-2011) e **Peter Blake** (nascido em 1932); na Alemanha, **Sigmar Polke** (1941-2010). Mantendo a sua ironia, os artistas da *pop art* vão se voltar pouco a pouco para as preocupações mais contestadoras da década de 1970. Nos anos 1990, um artista como Jeff Koons (nascido em 1955) encontra-se no ponto de encontro de vários conceitos, os *ready-mades* de Duchamp, a *pop art* de Andy Warhol, os objetos gigantescos de Claes Oldenburg (nascido em 1929): *Puppy* (1992), *Balloon Dog* (1994-2000), *Rabbit o coelho* (1997). Os principais artistas desse movimento são: Andy Warhol, Roy Lichtenstein e Claes Oldenburg.

❖ **Andy Warhol** (1928-1987) pinta a partir de 1960 suas primeiras telas representando Popeye ou Dick Tracy. Depois de 1962, ele preferirá os grandes clichês da sociedade de consumo, como as latas de sopa Campbell e as garrafas de Coca-Cola, que usa como imagem por meio do processo de serigrafia. Em 1962, ao mesmo tempo que Roy Lichtenstein expõe suas primeiras obras, a partir de vinhetas de quadrinhos, e que Marilyn Monroe morre, ele compra uma fotografia dela e faz uma serigrafia, procedimento que consiste em transferir mecanicamente uma imagem sobre uma tela reduzindo-a a suas características essenciais para que a forma tenha maior eficácia visual. A imagem pode ser, assim, reproduzida infinitamente. Um ano mais tarde, ele abriu sua *The Factory* numa fábrica abandonada. Ele dirige seu primeiro filme em 16 mm, *Sleep*, constituído de sequências de dez minutos, cada uma projetada várias vezes, mostrando um homem dormindo. Em 1968, ele será vítima de uma tentativa de assassinato. Em 1972, ele recomeça a pintar e retrata várias celebridades: Mick Jagger, Michael Jackson.

❖ **Roy Lichtenstein** (1923-1997) é considerado um dos maiores artistas da *pop art*. Depois de pintar obras expressionistas, ele começa, em 1961, a criar uma obra original, inspirada nas histórias em quadrinhos populares, que durará até 1964, assim como a representação de objetos de consumo. Ele chega a pintar os efeitos produzidos pelas técnicas de impressão, contornos pretos, cores saturadas e desenho sintético. Ele dirá querer manter a grande energia dos quadrinhos, com *Whaam!*, em 1963. Essa perspectiva sobre um dos aspectos mais específicos da cultura da mídia reflete a popularidade dos quadrinhos na mentalidade americana dos anos 1950. Ele retém os grandes planos estereotipados que ela impôs. Eles parecem a réplica exata dos personagens originais, mas se distanciam deles sob uma nova perspectiva, a *pin-up* ou a adolescente são apresentadas com uma sensualidade sábia e ingênua, como em *Girl with Ball* (1961). Lichtenstein toma certa distância em relação ao tema, retirando toda a emoção de seu quadro.

❖ **Claes Oldenburg** (nascido em 1929) compõe obras cujo tema é a representação da vida cotidiana. Ele redefiniu a escultura monumental mostrando, em grande escala, objetos domésticos, como um convite à reflexão para os transeuntes em seu ambiente. Entre os anos de 1950 e 1960, ele cria *happenings*, interiores modernos: *Quarto de dormir* (1963). De maneira recorrente, a comida aparece em seu trabalho, e é até mesmo um dos elementos que provocou a sua utilização em *The Store* (*A Loja*) em 1961. Os hambúrgueres de gesso pintado ou em pasta de papel, os bolos coloridos estão à venda como qualquer mercadoria. Em sua série de esculturas moles, ele usa o vinil para seus banheiros: *Soft Drainpipe (Pia mole)* (1965). Ele continua sua pesquisa e modifica o tamanho dos objetos do cotidiano; prendedor de roupa e colher pequena são reproduzidas em grande escala fora dos museus. Ele também vai trabalhar com modelos de objetos fora do mercado.

A ARTE BRUTA, UMA ARTE DE LOUCOS

O termo *art brut*, inventado em 1945 pelo pintor francês **Jean Dubuffet** (1901-1985), designa a arte de pessoas desprovidas de qualquer conformismo cultural e social. Concerne aos excluídos, aos doentes e aos que ignoram valores artísticos sociais e culturais. Para Dubuffet, essa arte representava a forma mais pura da criação. É de uma necessidade que parte sua criatividade sem pesquisa intelectualizada. Embora essa arte não seja senão uma "arte dos loucos", apesar dos numerosos estudos que examinaram essas obras criadas por pacientes internados, é primariamente uma arte autodidata e espontânea que comunica sua relação com o mundo. Jean Dubuffet, a partir de materiais e das mais diversas técnicas, como pelos de animais, plantas, papel amassado misturado com tinta, com areia, com terra e com alcatrão, revela uma arte que responde à necessidade profunda da expressão. Por volta dos anos 1970, atinge uma nova dimensão com suas esculturas monumentais em poliéster pintado: *Torre de figuras* (1988), *Grupo das quatro árvores* (1972). Outros artistas associados com a arte bruta são **Aloïse Corbaz** (1886-1964), **Adolf Wölfli** (1884-1930) e **Aristide Caillaud** (1902-1990).

A ARTE INFORMAL: O ATO ESPONTÂNEO

Segundo **Paulhan**, o termo teria sido cunhado nos anos 1950 para qualificar os desenhos de **Camille Bryen** (1907-1977) que transcendiam o informal. A arte informal agrupa diferentes tendências da pintura abstrata que, em contraste com a abstração geométrica, renunciam a qualquer regra de forma ou composição e favorecem o ato espontâneo. A pintura informal tem sua origem na segunda Escola de Paris, por meio da qual duas tendências se impõem: a da pintura gestual de **Pierre Soulages** (nascido em 1919), **Georges Mathieu** (1921-2012), **Serge Poliakoff** (1900-1969), **Hans Hartung** (1904-1989), e a dos pintores paisagistas em torno de **Jean Bazaine** (1904-2001). É de **Michel Tapié** (1909-1987) o mérito de ter conseguido impor a matéria como valor total, enquanto a forma era, na história de toda a pintura, o valor tradicional. Ele trabalha com a matéria, a textura, o gesto e a cor, a que ele sobrepõe a presença humana da ação, de uma ruptura, de um sinal a ser interpretado segundo o traço que deixam. A massa ou pasta é exaltada e não deixa de revelar os seus segredos: pastas espessas e sulcadas de **Fautrier**, pastas estratificadas de **Poliakoff**. A abstração americana desenvolve nesses anos amálgamas de pastas espessas e uma riqueza de pigmentos (Pollock, De Kooning ou o canadense Riopelle).

Pintores característicos

❖ **Antoni Tàpies** (1923-2012) mistura os materiais, adiciona argila em pó e pó de mármore à sua pintura; usa papel rasgado, trapos (*Cinza e verde*, 1957), multiplica os entalhes, as lacerações e os arranhões em suas obras. Seu vocabulário plástico recorre muitas vezes ao motivo da cruz, que assume várias formas, com manchas, grafites e formas retangulares.

❖ **Pierre Soulages** (nascido em 1919) pinta telas abstratas dominadas pelo preto. Expõe suas primeiras pinturas monopigmentares em 1979 no Centro Georges-Pompidou. Suas composições fazem alusão a minirrelevos, ranhuras e entalhes, criando efeitos de luz na maré negra, tema de seu trabalho muito mais do que a própria cor preta.

❖ **Hans Hartung** (1904-1989) concebe seus primeiros trabalhos com os olhos fechados, grandes redemoinhos de tinta preta. Considerado o líder da abstração lírica, sua obra gira em torno da mesma abordagem do problema: cor, expressão e equilíbrio. Seu percurso se dá pela pintura, mas também pelos desenhos, pelas gravuras, pelas litografias e pelas aquarelas. A partir de 1933, ele chama seus quadros de "T", adicionando o ano e dando-lhes um número de série.

O EXPRESSIONISMO ABSTRATO

O expressionismo abstrato é também conhecido sob o nome de Escola de Nova York. Os valores sociais e estéticos são rejeitados e é sobretudo a expressão espontânea do indivíduo que é destacada. Nascido depois da guerra, durante vinte anos ele dará origem a muitas correntes na Europa, no Japão e em Nova York. Ele reúne Pollock, De Kooning e Rothko. Dois caminhos vão defini-lo: a pintura da ação (*action painting*) com Jackson Pollock (1912-1956), que, a partir de 1940, cobre suas telas de linhas produzidas pelo gesto automático. **Peggy Guggenheim** se interessa por suas obras e, em 1944, o Museu de Arte Moderna, o MoMA, compra uma de suas composições. Ele desenvolve a pintura da ação, pintada com o corpo, produzindo uma coreografia pictórica. Como a energia armazenada, o gesto de Pollock a libera para além de qualquer noção de intencionalidade num estado quase mediúnico. O artista não é mais o criador, mas o transcritor. Três anos mais tarde, é a época do gotejamento (*dripping*) e das telas colocadas no piso sobre as quais Pollock derrama tinta contida numa lata e a projeta com uma vara. É a técnica do *all over*, que espalha a tinta por toda a parte uniformemente; não se trata mais de camadas de tinta, mas de estratos de cor. *Alchemy* (1947) e *Fora da rede* (1949) são característicos desse período. A figura reaparece em 1951 sob a ação do *dripping*. Os últimos anos de Pollock serão períodos de crise sombrios, com *Number 1 A* (1948).

ARTE CINÉTICA E *OP-ART*, ARTE ÓTICA

Os artistas cinéticos vão além da diversidade das técnicas e das sensibilidades em sua criação, intimamente ligada às descobertas científicas e aos avanços tecnológicos do século XX. Eles vão usar materiais e novas tecnologias, tais como o plexiglas, a luz polarizada e o aço flexível. Os primeiros sinais da arte cinética manifestam-se na década de 1920, marcada pelo estetismo da máquina. A obra de arte não se contenta mais em sugerir a presença da máquina, mas se apropria dela para colocá-la em cena. A arte cinética é baseada no caráter cambiante de uma obra pelo movimento real ou virtual.

> ### AS NOVAS PROBLEMÁTICAS ARTÍSTICAS E A INDIANIDADE
>
> A arte norte-americana se enriquece com novas problemáticas ligadas às civilizações primitivas, aos nativos americanos e aos mexicanos. **No MoMA**, o Museu de Arte Moderna, em 1941, acontece uma exposição não etnográfica, mas plástica e espiritual, aproximando a arte dos navajos, do Novo México, dos zunis, do Novo México, dos hopis, do nordeste do Arizona. Todos estão impregnados do xamanismo e têm em comum, em suas crenças, o sonho. **Roberto Matta** (1911-2002) usará os motivos dos navajos. Com *Xpace and the Ego* (1945), ele mistura a tinta a óleo com pigmentos fluorescentes; sempre se inspirando nos navajos, ele usa um quadrado negro que simboliza, para esse povo, a passagem para o mundo dos deuses. A obra, de grande formato, tem um vermelho dominante em fundo ocre, e é cruzada por grandes traços pretos e brancos. A partir da mitologia deles, Matta estabelece uma cosmogonia muito pessoal. Os seres representados são apenas linhas e traços simples, sem forma real.

É na escultura que esse movimento será principalmente representado, com o recurso a obras móveis. Mas a arte cinética também se baseia em ilusões de ótica, na vibração da retina e na incapacidade de o olho acomodar simultaneamente o olhar em duas superfícies coloridas, de alto contraste. Suas primeiras manifestações aparecem desde a década de 1910 em algumas das obras de **Marcel Duchamp** ou de **Man Ray**. O termo "arte cinética" remonta a 1920, quando **Gabo**, em seu *Manifesto realista*, repudia o erro milenar herdado da arte egípcia, que via nos ritmos os únicos elementos da criação plástica e queria substituí-los por ritmos cinéticos. Até então, esse termo era usado apenas na física mecânica e na química. Mas a primeira obra cinética de Gabo, uma haste de aço movida por um motor, permite estabelecer a primeira ligação entre ciência e arte.

O termo *op-art*, **ou arte ótica,** foi empregado pela primeira vez por um redator da revista *Time*, em outubro de 1964, durante os preparativos para a exposição *The Responsive Eye* (*O olho que responde*), realizada no Museu de Arte Moderna de Nova York, para designar construções bidimensionais com efeitos psicológicos. As solicitações visuais geométricas usando linhas e tramas em branco e preto ou superfícies e estruturas coloridas eram praticadas há muito tempo nas artes plásticas, assim como na arte popular ou no artesanato. Artistas como **Auguste Herbin** (1882-1960) já haviam tentado teorizar a cor, associá-la à literatura, à filosofia, a um universo sonoro, a fim de estabelecer correspondências entre formas geométricas e cores ou entre notas musicais e letras do alfabeto.

❖ **Victor Vasarely** (1908-1997) realizará suas pesquisas óticas e cinéticas em torno de 1950. Os fotografismos, mistura de desenhos em caneta e ampliados em fotografia em grandes dimensões, geram formas aleatórias complexas. São as primeiras obras cinéticas em três dimensões. Ele desenvolve sua pesquisa por meio da sobreposição de diferentes grafismos em materiais transparentes, depois com estruturas cinéticas binárias em preto e branco. Em seguida, ele introduzirá a ação da cor, usada de forma plana uniformemente em cada elemento, construindo, assim, um número infinito de combinações possíveis, as "formas-cor". Em seguida, ele vai desenvolver um alfabeto plástico para novas obras: os "algoritmos". Ele utiliza um abecedário formado de quinze "formas-cor" cortadas em papel de cores vivas, vinte tons, e composto de seis faixas matizadas (vermelho, azul, verde, roxo, amarelo e cinza) e codificadas em números e letras. Assim, graças aos computadores, ele faz permutações possíveis. A partir de seus trabalhos, a filosofia da *op-art* goza de grande difusão no mundo artístico e os artistas puderam incorporar física e psiquicamente o espectador no processo estético. A *op-art* se coloca bem além de abstrações geométricas, fornecendo elementos de comparação com os trabalhos da psicologia da Gestalt (a psicologia da forma).

CALDER E SEUS MÓBILES

Alexander Calder (1898-1976) mostra, nos anos 1930, uma audácia inesperada no campo da escultura ao inventar o móbile: da obra decorre a possibilidade de movimento. Sua produção artística começa em Nova York, onde faz seus primeiros trabalhos nos anos 1920; mas é em 1931 que ele cria seu primeiro móbile. Já havia os *Baixos-relevos lançados no espaço* (1914) de Tatline (1885-1953), *As construções suspensas* (1920) de **Rodtchenko** (1891-1956) e *Abajur* (1919) de Man Ray (1890-1956). Suas reuniões em Paris com Fernand Léger e Mondrian serão decisivas para a orientação de sua arte. Os primeiros móbiles movidos por alguns métodos mecânicos são expostos em Paris em 1932. A partir de então, suas esculturas vão formar "composições de movimento". Enquanto essas construções motorizadas (*Máquina motorizada*, 1933) são chamadas de "móbiles", **Hans Arp** chamará de "estábiles" as esculturas fixas. Dez anos mais tarde, o Museu de Arte Moderna de Nova York organiza uma retrospectiva. Mas **Calder** é mais conhecido por seu *Circo de Calder*, em que estatuetas feitas em fio de ferro atuam como forasteiros, manejadas pelo próprio Calder com uma música de fundo tradicional no circo: *Horizontal Yellow* (1972), *Mobile* (1941).

O NOVO REALISMO

É em torno de **Yves Klein, Arman, Pierre Restany, César, Niki de Saint Phalle** e **Jean Tinguely** que o **novo realismo** é fundado nos anos 1960 e continua por uns dez anos. Esse novo realismo pretende descrever uma nova realidade vinda da realidade cotidiana da sociedade de consumo. O método artístico é muito variável: compressões de César, acumulações de Arman, esculturas autodestrutivas de Tinguely, *Tiros* (1961) de **Niki de Saint Phalle** e embalagens de **Christo**. Contemporâneo da *pop art* americana, e por isso muitas vezes apresentada como a sua transposição na França, o novo realismo defende o retorno à realidade, em oposição ao lirismo da pintura abstrata. O grupo de artistas em torno desse movimento foi motivado pela contribuição teórica do crítico de arte **Pierre Restany**, que se voltará, após seu encontro com Klein, por volta de 1958, a uma elaboração estética sociológica. Os materiais usados não são mais nobres; são o cimento, o gesso e a chapa metálica. **Daniel Spoerri** (nascido em 1930) até vai procurar materiais no lixo de seus vizinhos para dar conta da sociedade de consumo.

❖ **Yves Klein** (1928-1962), a partir de 1955, apresenta suas criações e expõe, no Club des solitaires de Paris (Clube dos solitários de Paris), monocromias diferentes sob o título de *Peintures* (*Pinturas*). A partir de 1957, ele se dedica ao período azul. A sociedade de consumo é o campo da "aventura monocromo". Durante seu período azul, entre 1957 e 1958, os quadros são intencionalmente semelhantes, como no imperativo da padronização industrial. A inspiração desse azul ele deve a Giotto, durante uma viagem a Assis, na Úmbria, Itália. Mais tarde se juntam o ouro, a cor da alquimia e dos ícones; depois o rosa, a cor da encarnação. Em 1958, ele organiza, na galeria Iris Clert, rue des Beaux Arts, em Paris, a exposição *Le Vide* (*O vazio*), e o espaço da galeria fica vazio como a encarnação do nada. No mesmo ano, ele apresenta suas *Antropometrias*, trabalhos realizados com um "pincel vivo" em modelos revestidos com pintura. A cor será, para Klein, o meio de atingir a sensibilidade. Suas principais obras são: *Peinture de feu sans titre* (*Pintura de fogo sem título*) (1974), *Ci-gît l'Espace* (*Aqui jaz o espaço*) (1960), *L'Arbre grande éponge bleue* (*A árvore grande esponja azul*) (1962).

❖ **Arman** (1928-2005), com o nome de nascença Armand Pierre Fernandez, encontra, em 1947, Yves Klein na escola de judô que eles frequentavam em Nice. Em 1960, ele faz a exposição *Le Plein* (*O cheio*), na qual enche a galeria Iris Clert de sucata e lixo, tornando-se no mesmo ano membro do grupo dos Novos Realistas. Ele se interessa pelas relações que a sociedade moderna mantém com o objeto, dando-lhe um estatuto entre a sacralização e o consumo. A partir de 1970, graças à utilização da resina de poliéster, Arman começa um novo ciclo de lixo orgânico. Obcecado pelo objeto, ele organiza acumulações (*La vie à pleines dents*, 1960), máquinas de escrever, serras, numa obra chamada *Madison Avenue*. Seu *Colères* (*Cóleras*), de 1961, consiste em destruições de objetos, com cortes de violinos de pianos, habilmente reposicionadas horizontalmente nas paredes. Em *Combustões,* de 1963, esses mesmos objetos são queimados. Entre 1980 e 1999, suas técnicas se diversificam e o artista multiplica os procedimentos de execução: *Nu deitado* (1983).

❖ **Jean Tinguely** (1925-1991) cria, a partir de 1959, engenhocas motorizadas com o nome de *Méta-Matics*, que produzem suas próprias obras. Ele tinha tirado da roda de pás, em 1954, o princípio do *Moulins à prières* (moinho de roda), acionados a mão, finas esculturas de arame. O movimento, para ele, está associado ao acaso e ao fato de a máquina parecer tomar vida. Por suas obras, ele tentou chamar a atenção para o fato de que a única coisa certa é o movimento, a mudança, e que não há valores fixos absolutos. Em vez de ver as coisas em sua estabilidade, em sua continuidade, ele coloca em evidência cada vez mais a dimensão dinâmica da mentalidade social. O pavor da catástrofe e da morte irão desempenhar um papel cada vez mais importante em sua obra. A *Homenagem a Nova York* (1960), montagem de objetos heteróclitos, autodestrói-se depois de 26 minutos no museu de arte moderna dessa cidade. *Eureka* aparece como um trabalho quase clássico. *O ciclope* (1969-1994), imensa estrutura metálica em forma de cabeça, composta de 600 toneladas de ferragens, obra coletiva da qual participaram Niki de Saint Phalle, Arman e Soto, continua a ser sua obra mais conhecida.

❖ **Niki de Saint Phalle** (1930-2002), com o nome de nascença de Catherine Marie-Agnès Fal de Saint Phalle, não conhece o sucesso imediatamente. Em 1965, ela mostra, em Paris, seus primeiros *Nanas* de papel machê, arame e lã. Seu trabalho vai começar a ser conhecido por meio de seus *Tiros*: uma bolsa de tinta é pulverizada por uma bala disparada pela artista. Ela faz *Hon Elle* (1966), com Jean Tinguely – que se torna seu marido –, uma mulher de 20 m de altura no Moderna Museet, em Estocolmo, e depois a *Fontaine Stravinsky*, em 1982.

❖ **César**, César Baldaccini (1921-1998), é conhecido por suas famosas compressões, *Compressões*, a partir de 1960; *As expansões* (1967); *As pegadas humanas* (1965-1967); *O centauro* (1983-1985), obra de 4,70 m; e seus troféus da sétima arte que ele realizou.

A *LAND ART*: FORA DOS MUSEUS

Esse grupo de artistas norte-americanos que produz obras gigantescas quer criar as que escapam das galerias ou dos museus. Eles usam vídeo e fotografia. A maioria deles vem do minimalismo americano, como **Frank Stella** (nascido em 1936), com *O casamento da razão e da miséria negra*, no qual domina o preto com formas em "U" invertido, e **Donald Judd** (1928-1994), que descreve a antiexpressividade. Mas a *land art* é uma apropriação da terra e da natureza. Assim, **Christo** (nome artístico de Christo Vladimiroff Javacheff, nascido em 1935, trabalhando em colaboração com sua mulher Jeanne-Claude Denat de Guillebon, 1935-2009) embala monumentos e transforma as paisagens, como *Running Fence* (1974). Robert Smithson (1938-1973) forma uma enorme espiral de areia no lago de Utah utilizando a água como suporte plástico. Dennis Oppenheim (1938-2011) trabalha no chão com figuras geométricas.

A NOVA FIGURAÇÃO: OBSERVAR O COTIDIANO

Um crítico de arte, Michel Ragon, agrupa, sob o nome de "nova figuração", diante da abstração e do novo realismo, artistas como **Valerio Adami** (nascido em 1935), **Henri Cueco** (nascido em 1929) e **Jacques Monory** (nascido em 1924). Essa nova representação é de alguma forma o equivalente da *pop art* americana pelo interesse que traz à observação do cotidiano, da vida urbana e à sua ciência do enquadramento. O movimento inclui, portanto, a *pop art* americana, mas também as formas do expressionismo, do surrealismo e do realismo. Uma multidão de estilos artísticos a caracterizam. A nova figuração é uma pintura que testemunha o seu tempo problemático. É, por ocasião de duas exposições na galeria Mathias Fels, em 1961 e em 1962, em Paris, que Michel Ragon agrupa artistas como Pierre Alechinsky, Francis Bacon e Paul Rebeyrolle, e dá esse nome de nova figuração para designar essa evolução paralela à abstração e ao novo realismo. É realmente durante duas exposições, a do Museu de Arte Moderna de Paris, *Mythologies quotidiennes* (*Mitologias quotidianas*), e a da galeria Greuze, *Figuration narrative* (*Figuração narrativa*), em 1965, que o movimento é lançado. Nesse mesmo ano, os pintores se envolvem mais política e socialmente. Entre as principais obras desse movimento, podem-se citar: *Le plaisir à trois* (*O prazer a três*) (1967), de **Bernard Rancillac** (nascido em 1931); *La terrasse* (*O terraço*) (1950), de Jacques Monory e *Le gilet de Lénine* (*O colete de Lênin*) (1972), de Valerio Adami.

SUPORTES / SUPERFÍCIES

Com esse nome, certo número de artistas nos anos 1960 desenvolve experimentos e teorias sobre a materialidade do quadro. Eles começam uma desconstrução do quadro, da obra de arte. Como o *nouveau roman* (novo romance) ou a *Nouvelle Vague* (Nova onda) no cinema, o movimento trará um certo pensamento estético muito voltado para si mesmo. A partir de 1966, todos os componentes físicos da pintura de cavalete, ou seja, a tela, o suporte e a moldura serão revistos. **Daniel Dezeuze** (nascido em 1942) dissociará as telas do suporte. **Claude Viallat** (nascido em 1936) utiliza materiais de recuperação. **Pierre Buraglio** (nascido em 1939) recupera pedaços de pano e partes de janelas que agrupa. **Marc Devade** (1943-1983) compõe suas criações a partir de telas formadas por tiras horizontais.

CORRENTES DE ARTE

Arte conceitual: remove o objeto de arte em favor de sua análise. **Daniel Buren** (nascido em 1938) é um bom representante.

Arte corporal: fundada em 1958 por Michel Journiac, usa o corpo como material para pintura em *Missas para um corpo* (1969).

Arte minimal: em meados de 1950, essa tendência vai livrar a pintura de tudo o que não lhe é específico. Citemos a obra de **Morris Louis** (1912-1962), *Terceiro elemento*, 1961.

Arte pobre na Itália: recusa em assimilar a arte a um produto de consumo; culto da pobreza nascido em 1967 com o manifesto do crítico **Germano Celant**.

Grupo BMPT: deve seu nome às primeiras letras do nome de seus representantes: Daniel Buren, Olivier Mosset, Michel Parmentier, Niele Toroni, que reivindicam uma pintura com um mínimo de significação.

Estéticas relacionais: na década de 1990, o crítico **Nicolas Bouriard** julga as obras de arte em função das relações inter-humanas que representam ou suscitam.

Figuração narrativa: nascido na França na década de 1980, esse movimento defende um retorno à figuração espontânea. Citemos **Robert Combas** (nascido em 1957), com *La Basse-Cour à Germaine* (1986).

Happening: movimento dos anos 1950, no qual há uma performance coletiva que acontece diante de uma plateia e com valor de arte, adulado por um tempo por **Jackson Pollock** (1912-1956).

Hiper-realismo: esse movimento dos anos 1960 se apoia na fotografia, pois se situa para além da capacidade visual do olho, de forma que uma obra acabada pareça fotográfica. Os nomes associados a esse movimento são os de **Chuck Close** (nascido em 1931), com *Lucas II* (1996), e **Malcolm Morley** (nascido em 1931), com *Go Carts* ou *The Art of Painting* (2000).

Neo-Geo: pintura abstrata do final dos anos 1980.

Simulacionismo: tendência que se afirma por volta dos anos 1970 e é caracterizada por uma reflexão sobre os modos de representação artística contemporânea, reciclando-os e desviando-os.

***Sots art*:** variante soviética da *pop art*, nome dado nos anos 1970.

Suportes / Superfícies: grupo formado em Nice em 1969 por pintores, desenvolvendo desde 1966 experimentos sobre a materialidade da pintura. O quadro encontra sua vocação de apoio e de superfície.

2. A ARTE DEPOIS DE 1970, PÓS-MODERNIDADE E PÓS-MODERNISMO

> A pós-modernidade não é um movimento nem uma corrente artística. É muito mais a expressão de uma crise momentânea da modernidade que surpreende a sociedade ocidental e, em particular, os países mais industrializados do mundo. Mais que uma antecipação de um futuro que ela se recusa a considerar, ela aparece especialmente como o sintoma de um novo 'mal-estar na civilização'[289].

A arte da pós-modernidade não se define unicamente pelo mal-estar que afeta nossa sociedade, mas também por todas as mudanças e as turbulências que transformam seu domínio. O termo pós-modernismo foi usado pela primeira vez nos anos 1960; 1970, na arquitetura; e depois a sua noção se espalhou para todos os domínios artísticos, tornando obsoleta a imagem do artista expandindo ao máximo os limites da arte para se adequar à imaginação. A ambiguidade de fornecer uma definição reside no fato de que o questionamento é feito a partir de um diagnóstico cultural, quer histórico, quer filosófico. Base comum, a pós-modernidade experimenta diferenças percebidas no âmbito europeu, por Jürgen Habermas, Jean-François Lyotard, Guy Scarpetta; no contexto norte-americano, segundo John Barth, Ihab Hassan, Fredric Jameson. Quando a temática pós-moderna foi desenvolvida na arquitetura, ela se fez a partir de reivindicações, principalmente de Robert Venturi (nascido em 1925), sobre o que deveria ser uma arquitetura que levasse em conta o contexto cultural, social e territorial.

CARACTERÍSTICAS DAS ARTES PÓS-MODERNAS

Três atitudes podem ser consideradas diante da obra pós-moderna: uma ligada à redefinição da arte e da estética a partir das obras artísticas colocadas como referência e outra para destacar a multiplicidade das experiências estéticas; depois, no seio dessa diversidade, tecer laços para reconhecer os critérios que os definem e os organizam. A arte pós-moderna pretende, **antes de tudo, ser múltipla** e diferente, excluindo qualquer limite ou hierarquia. Não sendo mais restrita a uma grande narrativa, a obra não reside mais em qualquer estrutura objetiva e, a partir daí, tudo se torna possível. Assiste-se a uma **dessacralização da obra** e à sua perda, para recuperarmos aqui o exemplo de Walter Benjamin. Essa arte não quer mais nos apresentar uma única verdade real, mas uma verdade relativa aos diferentes pontos de vista e aos esquemas intelectuais preexistentes ao sujeito que julga.

---

[289]. Marc Jimenez, *Qu'est-ce que l'esthétique?* [O que é estética?], Paris, Gallimard, "Folio Essais", 1997, p. 418.

A arte contemporânea tem na França, até os anos 1980, uma forte adesão nos meios intelectuais, mas, a partir de então, as coisas começam a mudar e ela se torna objeto de crítica da parte de muitos intelectuais e filósofos, como **Luc Ferry** e seu *Homo aestheticus*. Após todos os questionamentos do ato de pintar e criar, os artistas, nos anos 1980, apegam-se aos próprios fundamentos da pintura. Todos os componentes técnicos, pinceladas, espessura, são trazidos à luz, assim como os códigos tradicionais cromáticos e espaciais. As perguntas se concentram **em tudo o que compõe os ingredientes plásticos**. Os grandes movimentos, como o expressionismo abstrato e o hiper-realismo nos Estados Unidos, tornam-se, por seus representantes, mais coloristas e líricos. Esse período de retorno à pintura também é marcado por um questionamento dos códigos de representação e organização formal de tudo o que se relaciona com o vocabulário plástico: linhas, pontos e cores são decompostos para mostrar o mecanismo que os rege. Os anos 1980 também são caracterizados por um retorno à arte bruta, por meio da cultura "grafite", representada por **Jean-Michel Basquiat** (1960-1988). Eles veem a fusão dos grupos e das tendências para melhor destacar as individualidades. No entanto, nos anos 1970, certo número de artistas devolve à pintura o seu estatuto de meio privilegiado. A exposição na Royal Academy of Arts de Londres, em 1981, mostrará a grande diversidade da arte pictural indo do minimalismo à *pop art* e à pintura figurativa de **Francis Bacon** e de **Balthus**, que reintroduzem a tradição pictórica.

O NEOEXPRESSIONISMO: O ARTISTA ATOR ECONÔMICO

O neoexpressionismo, também chamado de "transvanguardista" na Itália, *Bad painting* nos Estados Unidos, figuração livre na França, tem em comum "o todo é bom". Os artistas desse movimento partem do princípio de que qualquer forma de transcendência é agora vazia de sentido; já não há uma transcendência do julgamento do belo que autoriza a definir a essência da pintura. Consequentemente, eles permitem se inspirar lá onde parece ser bom, e a intenção dá sentido ao assunto. Além disso, os artistas controlam bem o mercado da arte e dominam a cena cultural, dando à própria arte certa autonomia e, por esse novo *status*, adquirem quase um papel de perito. O artista não é mais apenas aquele que cria, mas ele age no meio cultural, tornando-se até mesmo um ator econômico por meio do desenvolvimento de certas atividades artísticas. O neoexpressionismo declina-se a uma importante diversidade pictórica no início dos anos 1980.

- ❖ **Os novos selvagens ou neoexpressionismo** se desenvolvem em Berlim, em reação à arte minimalista e conceitual. A primeira exposição foi realizada em Berlim, em 1978. Em ruptura com a vanguarda, eles privilegiam o instante sobre a explicação intelectual por meio de uma pintura violenta. A corrente cresce na

Alemanha e na Áustria, e seu representante principal é **Martin Kippenberger** (1953-1997).

- **A figuração livre**, corrente cujo fundador é o francês **Benjamin Vautier** (nascido em 1935), inspirado no expressionismo e em reação ao minimalismo, tenta mostrar por meio de suas produções artísticas a vida sem fronteiras numa mistura inspirada na arte bruta. Os principais representantes desse movimento são Robert Combas (nascido em 1957), Hervé Di Rosa (nascido em 1959) e Yvon Taillandier (nascido em 1926).

- **O *Bad painting***, movimento surgido nos Estados Unidos em 1979, é construído em oposição ao intelectualismo e empresta seus temas e métodos principalmente da arte de rua, do grafite e dos estênceis. Refere-se também às culturas marginais. **Jean-Michel Basquiat** (1960-1988) e **Keith Haring** (1958-1990) são os seus principais representantes.

- **O Neo-Geometric** chega primeiro à escultura antes da pintura e representa a síntese do minimalismo e da *op-art* da abstração geométrica. Na maioria das vezes em grandes formatos, as obras são coloridas e decoradas com motivos. **Peter Halley** (nascido em 1953) é o seu principal representante.

- **A transvanguarda**, teorizada nos anos 1970 por **Achille Bonito Oliva** (nascido em 1939), privilegia o retorno em favor da pintura. O projeto considerou o mercado da arte, que se entusiasma como um forte aliado. Daí, foi formado um mito construído em grandes eventos, com estratégias midiáticas e recordes de vendas. Os principais artistas são Cucchi, com suas telas sombrias, De Maria, com sua abstração, Paladino, Clemente, Chia.

CAPÍTULO XXXIII
A LITERATURA CONTEMPORÂNEA

1. A LITERATURA NA FRANÇA DEPOIS DE 1945: OS GRANDES DEBATES

A literatura após a Segunda Guerra Mundial é plural. Marcada por histórias dela provindas – como *É isto um homem?*, de **Primo Levi** –, pelo início da Quarta República, pela Guerra Fria, pelos conflitos coloniais, pelo existencialismo, pelo estruturalismo e o *nouveau roman*, sua identidade não pode ser entendida em termos de períodos ou estética, mas pelo cruzamento de várias investigações. A profusão das obras e sua extrema diversidade é caracterizada mais pelos grandes debates realizados do que por qualquer movimento estético. Impregnada dos novos fenômenos do século, como a psicanálise, a linguística, o interesse pelo signo e o desenvolvimento das artes da imagem, a literatura não parou, ao longo desse século, de decifrar novos territórios. *Nouveau roman*, novo teatro e até mesmo nova poesia, a ambição de uma renovação continua a ser uma das suas prioridades. O imediato pós-guerra prolonga o escritor em seu papel de esclarecedor da humanidade. Em *Qu'est-ce que la littérature?* (*O que é literatura?*), de 1948, o fundador da revista *Les temps modernes* (*Os tempos modernos*), Jean-Paul Sartre, reivindica o engajamento político. Muitos são os escritores que, então, se voltam para o comunismo, como **Paul Éluard**, **Roger Vailland**, **Louis Aragon** e **Julien Gracq** (1910-2007), que denuncia, em *La littérature à l'estomac* (*Com a literatura no estômago*) (1950), os prêmios literários, o existencialismo, a dimensão comercial e social da literatura. É nessa época que se formam os "hussardos", nome dado por **Bernard Franck**, inspirado em *Le hussard bleu* (*O hussardo azul*) (1950), de **Roger Nimier**, à vanguarda literária de **Antoine Blondin**, **Françoise Sagan**, **Michel Déon** e à escrita livre de qualquer reflexão ideológica ou metafísica. Com eles se fará a transição para o *nouveau roman* (novo romance), que vai recusar o quadro tradicional do romance. As ciências humanas se impregnarão com a linguística, o estruturalismo, a psicanálise e os escritos da época, rejeitando a noção de sujeito em favor do inconsciente ou do determinismo das estruturas. A ruptura se fez não com as tendências anteriores, mas porque os problemas mudaram. A descolonização alimenta a literatura francófona, com a *Anthologie de la nouvelle poésie nègre et malgache de langue française* (*Antologia da nova poesia negra e malgache de expressão francesa*) (1948), de Léopold Sédar Senghor, e a revista *Tropiques* (*Trópicos*) (1941), fundada por Césaire nas Antilhas. Nessa diversidade, o polar (romance policial) se estabelece, primeiramenre traduzido nos Estados Unidos, depois os quadrinhos favorecidos pelas técnicas do cinema e da fotografia. A literatura dos anos 1970 é assunto de muitos debates, como em *La littérature sans estomac (A literatura sem estômago)*, de Pierre Jourde, que a acusa de se reduzir "ao nível de tagarelice jornalística", assim como o triunfo, nesse início do novo século, que consiste em ser um produto de consumo de massa. **Michel Tournier** retoma mitos e lendas antigas. *Le roi des aulnes* (*O rei dos elfos*) (1970), história alemã de um ogro devorador de crianças, situa-se no contexto da Alemanha nazista. Os livros abordam a busca pela identidade, a questão da imigração e o desenraizamento. Cada romance, conto ou novela de **Le Clézio** apresenta personagens em busca ou em ruptura com a vida e a natureza, como *Le chercheur d'or* (*O escavador de ouro*) (1985).

A LITERATURA NA FRANÇA DE 1950 ATÉ NOSSOS DIAS: A MORTE DO AUTOR?

A partir dos anos 1950, a literatura com os seus *best-sellers* e prêmios literários vai se tornar uma questão comercial pelo viés das editoras. Os *best-sellers* se fazem e desfazem, mas é uma cultura do efêmero que se impõe na literatura. Um livro ou um autor não são feitos para durar. Uma preocupação atual de rentabilidade privilegia uma literatura convencional em detrimento de uma genuína literatura de criação. Depois do *nouveau roman*, o gênero narrativo estará em plena expansão. O personagem e a história estão de volta. Os anos 1980 se inscrevem contra a má consciência dos anos pós-guerra, com os romances de **Romain Gary-Ajar (Roman Kacew) (1914-1980)**, com *L'Angoisse du roi Salomon* (*A angústia do Rei Salomão*) (1979) e com *La vie devant soi* (*A vida à frente*) (1975). A história será um gênero privilegiado, denunciando o indizível – **Robert Antelme (1917-1990)** com *L'Espèce humaine* (*A espécie humana*) (1947), **Modiano** e sua *Place de l'étoile* (1968), **Perec**, que presta homenagem ao grande "machado da história", ou, tratando de uma época mais específica, **Marguerite Yourcenar**, com *Mémoires d'Hadrien*[290] (*Memórias de Adriano*) (1951), extraordinária reconstituição do mundo, no século II, e *L'oeuvre au noir* (*A obra em negro*) (1968), que se passa no

---

290. A esse respeito, ver Florence Braunstein, "Mémoires d'Hadrien" [Memórias de Adriano], na *Encyclopædia Universalis*.

final da Idade Média, sendo o personagem central Zénon Ligre, um alquimista. Outros definem seu próprio gênero: **Henri Troyat** (1911-2007), pseudônimo de **Lev Tarassov**, narra grandes afrescos romanescos nos quais a vida de várias gerações se desenrola num contexto histórico, evocando a vida na Rússia, *La lumière des justes* (*A luz dos justos*) (1959-1963) ou a história dos tsares, *Alexandre I* (1981). Depois do sucesso de *Bonjour tristesse* (*Bom dia, tristeza*), em 1954, Françoise Sagan continua a publicar obras definidas por uma escrita desenvolta e leve, como *La Chamade* (1965). Os vanguardistas e as grandes teorias são abandonados em favor de uma grande diversidade de formas, e as clivagens entre categorias ficam menos intensas. Um novo período começa, marcando uma renovação para alguns e um período de crise para outros. Já marcado por *La mort de l'auteur* (*A morte do autor*) (1968), o texto de **Roland Barthes**, o "eu" do autor afirma-se de novo bem distante de uma visão romanesca com **Georges Perec**, *W ou le souvenir d'enfance* (*W ou a lembrança de infância*) (1975), romance em que a ficção que se alterna com uma autobiografia. Os anos 1990 são colocados sob o signo da diversidade. O mexicano Octavio Paz recebe o Prêmio Nobel de Literatura em 1990. **Milan Kundera** publica seu *Imortalidade* (1990), enquanto **Gao Xingjian** é traduzido e torna-se conhecido com sua obra-prima, *A montanha da alma* (1990). Cinco anos depois, **Andrei Makine**, com *O testamento francês* (1995), ganha o prêmio Goncourt. Mas os anos 2000 são também os anos de fenômenos de grande escala, de difusão de livros em massa, como Dan Brown, *O Código Da Vinci* (2003), de grandes *best-sellers*, como J. K. Rowling, *Harry Potter* (1997-2007), de autores prolíficos, como **Amélie Nothomb**, **Marc Levy**, e de uma literatura do sexo no feminino, **Virginie Despentes**, **Catherine Millet**, para citar alguns.

O EXISTENCIALISMO LITERÁRIO: UM NOVO SISTEMA DE PENSAMENTO

Embora Gracq tenha julgado "não natural", em *La littérature à l'estomac*[291] (*A literatura no estômago*), o fato de associar o nome de Sartre ao de Camus, é, no entanto, num mundo em plena mutação, onde acabavam de desaparecer Valéry, Bernanos, Gide, que esses dois autores iriam se impor, na literatura, com um novo sistema de pensamento: o existencialismo. É durante a década de 1940 que o existencialismo literário se desenvolve com **Sartre** e **Simone de Beauvoir**. Sartre transpõe para a literatura o essencial de suas primeiras obras filosóficas: *L'Être et le Néant* (*O ser e o nada*) (1943), *L'Existencialisme est un humanisme* (*O existencialismo é um humanismo*) (1945). *La nausée* (*A náusea*) (1938) é considerado o primeiro desses romances existencialistas. "Existir" torna-se uma palavra-chave nos anos do pós-guerra, longe de qualquer idealismo enganoso, uma mensagem cheia de liberdade e de ação.

---

291. Gracq, *La littérature à l'estomac* [A literatura no estômago], Paris, José Corti, 1950.

A fórmula mais famosa que define essa corrente de pensamento é: "A existência precede a essência"[292]. Tudo é reduzido ao ser humano, fazendo-o responsável por seu destino e suas ações. Conduzido para a ação, ele deve envolver-se em sua existência. Nas obras que nos deixou, ele busca, nas palavras de **Simone de Beauvoir**, "expressar verdades em forma literária e sentimentos metafísicos"[293]. *Les mouches* (*As moscas*), em 1943, mostra a oposição trágica entre liberdade e fatalidade. *L'être et le néant* (*O ser e o nada*) e *Huis clos* (*Entre quatro paredes*) ilustram o papel da má-fé nas relações interpessoais. Entre 1945 e 1949, um ciclo de três romances surge, *Les chemins de la liberté* (*Os caminhos da liberdade*), que traça a vida de várias pessoas na época da Segunda Guerra Mundial. O autor, em uma série de peças de teatro, encena um de seus dramas mais populares, *Les mains sales* (*As mãos sujas*), em 1948, refletindo sobre a noção de liberdade a que o homem está condenado.

❖ **Simone de Beauvoir** (1908-1986) faz a sua estreia na cena literária com *L'invitée* (*A convidada*) (1943), que também marca a sua saída da educação nacional. *Les mandarins* (*Os mandarins*), em 1954, que lhe valeu o Prêmio Goncourt, desenrola-se nos círculos intelectuais parisienses e relata a vida de dois intelectuais, Anne e Henri, que vivem o seu amor muito livremente. O romance é uma transposição evidente do casal Sartre-Beauvoir e da ligação que ela teve com o escritor americano Nelson Algren. Seu mais famoso ensaio, *Le deuxième sexe*[294] (*O segundo sexo*) (1949), marca a consciência feminina, pois, ao analisar a condição da mulher, ela também analisa a sua própria: "De onde vem a ideia de que este mundo sempre pertenceu aos homens e que somente hoje as coisas começam a mudar?"[295], pergunta ainda atual. Beauvoir nunca procurou constituir um sistema filosófico em seus ensaios. Ela expõe suas opções práticas e não se contenta em expressar um pensamento; o pensamento se busca em toda a sua obra. Em seus outros ensaios, ela desenvolve os paradoxos do homem e da moral, mas conciliando a liberdade do eu e a do outro: *Pour une morale de l'ambiguïté* (*Por uma moral da ambiguidade*) (1947), *Privilèges* (*Privilégios*) (1955). Em seguida, ela definirá suas memórias: *Mémoires d'une jeune fille rangée* (*Memórias de uma moça bem-comportada*) (1958), *Une mort très douce* (*Uma morte muito suave*) (1964), *Tout compte fait* (*No final das contas*) (1972). A morte de Sartre inspirará um de seus livros mais comoventes: *La Cérémonie des adieux* (*A cerimônia de despedida*)(1981).

---

292. Jean-Paul Sartre, *L'existentialisme est un humanisme* [O existencialismo é um humanismo], Paris, Gallimard, 1996, p. 26.

293. Simone de Beauvoir, *La force de l'âge* [O vigor da idade] [1960], Paris, Gallimard, p. 326.

294. A esse respeito, ver Florence Braunstein, "Le deuxième sexe" [O segundo sexo], na *Encyclopædia Universalis*.

295. Simone de Beauvoir, *Le deuxième sexe* [O segundo sexo], Paris, Gallimard, 1949.

O TEATRO DO ABSURDO

Após a Segunda Guerra Mundial, o mundo ocidental está mergulhado nas dificuldades de ordem política e social, mas também numa crise da comunicação ligada à verdade. O teatro permitirá uma ruptura com o legado da tradição, por uma recusa de um teatro psicológico ou filosófico, por uma recusa do discurso ideológico. O teatro do absurdo, de que **Beckett** e **Ionesco** serão os principais representantes, recusa um teatro engajado ou com mensagem. É com o teatro de Jarry, *Ubu roi* (*Uru rei*) (1896), inventor da *patafísica* (1897-1898), ciência das soluções imaginárias, que se inicia uma estética rompendo com a do naturalismo e do simbolismo. **Artaud**, com seu manifesto sobre o teatro da crueldade, com *Le Théâtre et son double* (*O teatro e seu duplo*) (1938), já havia manifestado o desejo de acabar com um teatro fundado na palavra, no texto e no diálogo. Progressivamente, o teatro evolui, transformando suas peças em lugar de experimentação. Nos anos 1950, todos os dramaturgos compartilham a mesma ideia: o absurdo do mundo. **Camus** e **Sartre** tinham mergulhado seus personagens numa forma de absurdo, confrontados com o desespero, mas em estruturas tradicionais. Os autores desse novo teatro mergulham o público numa incerteza que era antes a de muitos dos personagens: há muitas agressões contra as normas morais, linguísticas, o senso de realidade e o espírito lógico. O humor negro é muitas vezes utilizado, fazendo o público rir de coisas trágicas ou em uma atmosfera alucinatória. **Beckett**, **Ionesco** e **Adamov** não eram gente realmente de teatro, mas a importância de suas peças, de seus sucessos, eles também a devem aos diretores **Jean Vilar** (1912-1971), **Jean-Marie Serreau** (1915-1973) e **Jacques Mauclair** (1919-2001).

O *NOUVEAU ROMAN*: A CRÍTICA DAS TÉCNICAS DO ROMANCE

O que se chama de *nouveau roman* (novo romance) nos anos 1950 são alguns autores como **Alain Robbe-Grillet** (1922-2008), **Michel Butor**, **Nathalie Sarraute**, **Claude Simon**, autor de *La route des Flandres* (*A estrada de Flandres*), em 1960, reunidos numa mesma editora, as Éditions de Minuit de **Jérôme Lindon** (1925-2001). **Jean Ricardou** (1932-2016) e **Marguerite Duras** (1914-1996) se juntam a eles mais tarde. O termo *nouveau roman* é devido à Émile Henriot que, num artigo no jornal francês *Le Monde*, em 22 de maio de 1957, entendia dar conta de *La jalousie* (*O ciúme*), de **Alain Robbe-Grillet**, e de *Tropismes* (*Tropismos*), de **Nathalie Sarraute**.

O *nouveau roman* nunca será uma escola ou um movimento, mas se concentra, entre os anos 1950 e 1960, em questionar as principais técnicas que definem o gênero romanesco até então. Ele se define como um outro romance, não oferecendo nada além de um romance sem enredo, sem personagem, sem conteúdo. Muitas vezes são considerados manifestos os livros *L'ère du soupçon* (*A era da suspeita*) ou *Essais sur le roman* (*Ensaios sobre o romance*), em 1956, de Nathalie Sarraute, e *Pour un nouveau roman* (*Por um novo romance*), em 1963, de Robbe-Grillet. No momento da publicação, o primeiro é apresentado como resultado das pesquisas do autor sobre suas próprias experiências romanescas. O valor polêmico da obra eclode somente em 1964 na sua reedição. O novo romance não tem nenhum outro objeto além dele mesmo: os mecanismos pelos quais ele se elabora. Uma vez exposto, o romance conta a história de sua própria criação. É também chamado de "a escola do olhar" e propõe transmitir uma presença, não uma significação. Uma aliança se instaura entre ele e as teses de uma nova crítica literária em que a obra de **Roland Barthes** é o centro. Com sua origem nas ciências humanas, ambos terão como objetivo comum o descentramento do sujeito, uma diluição do sentido como ideia de que o compromisso do escritor se faz no cerne da escrita. Em *Histoire* (*História*) (1967), de **Claude Simon**, em *Dans le labyrinthe* (*No labirinto*) (1959), de **Robbe-Grillet**, os episódios de uma história são mais difíceis de entender; é difícil analisar. Uma nova lógica se instala, a que consiste em abandonar qualquer conexão com a realidade, a verossimilhança. Há, então, uma composição enigmática, uma imagem chama outra imagem, uma cena outra cena, nenhum enredo coerente é possível restituir, como o *Projet pour une révolution à New York* (*Projeto para uma revolução em Nova York*) de Robbe-Grillet (1970). O texto torna-se o lugar onde qualquer discurso da verdade se desconstrói, um lugar onde não há nenhuma verdade.

Aqui estão outros autores que vieram tardiamente para o novo romance.

❖ **Michel Butor** (nascido em 1926), em 1957, inaugura, com *La Modification* (*A modificação*), o primeiro novo romance. Como nos outros livros, o romance é composto por dois romances. Um realista, com uma intriga entre três personagens, esposa, marido, amante; o outro simbólico, que nos introduz no mistério ao nos distanciar do cotidiano. Seu livro apresenta uma história autobiográfica estranha na segunda pessoa do plural. A ação principal é contada no presente, que tem lugar no trem durante a viagem de Paris a Roma, e se alterna constantemente com as reminiscências do viajante, contadas no passado. A história escapa, assim, à monotonia. O livro inteiro é uma recriação da realidade.

❖ **Marguerite Duras** (1914-1996) nem sempre é colocada sob o rótulo de "novo romance", mas sua escrita a aproxima dessa corrente. Ela trabalhou com vários gêneros, romance, teatro, cinema, às vezes despertando muita polêmica. É com *Les petits chevaux de Tarquinia* (*Os cavalinhos de Tarquínia*) e particularmente em *Moderato Cantabile* (1958) que ela encontra seu estilo tão pessoal, que cultiva a ambiguidade, a intuição e a elipse. Os cenários e os eventos são reduzidos a um mínimo. O diálogo direto ou indireto desempenha um papel fundamental, como em *Le ravissement de Lol V. Stein* (*O deslumbramento de Lol V. Stein*), em 1964. Ao longo da década de 1980, seus livros se tornam mais autobiográficos, como *L'amant* (*O Amante*) (1984) e *L'Amant de la Chine du Nord* (*O Amante da China do Norte*) (1991).

> ## A *NOUVELLE VAGUE* DO CINEMA
>
> O termo "novo" ainda continua em voga nas décadas seguintes às do *nouveau roman*. No campo do cinema, a novidade também está na ordem do dia. A **Nouvelle Vague** vem de jovens cineastas: **Claude Chabrol**, **François Truffaut**, **Godard**. Os filmes desse movimento são caracterizados por uma recusa de respeitar as técnicas tradicionais de corte; os diretores incluem cortes falsos, congelamentos de imagem, áudios registrados ao ar livre, como muitas cenas. Esse foi o caso de *À bout de souffle* (*Acossado*) (1960), de Godard. Essas técnicas têm como objetivo criar uma distância crítica entre o espectador e o filme. Em um filme clássico, o espectador devia se reconhecer; aqui, ao contrário, por meio dos heróis de **François Truffaut**, **Eric Rohmer**, **Agnes Varda**, **Jean Eustache**, **Jacques Rivette**, o personagem central busca acima de tudo a si mesmo. Esses cineastas associam-se à chegada de novos atores que contribuem significativamente para a sua difusão: Jean-Paul Belmondo, Jean-Pierre Léaud, Bernadette Lafont, Jean Seberg, Anna Karina.

A NOVA CRÍTICA

O termo *nouvelle critique* (nova crítica) é usado por Raymond Picard em seu livro datado de 1965, *Nouvelle critique ou nouvelle imposture* (*Nova crítica ou nova impostura*), no qual ele denuncia a obra de Roland Barthes, que escreveu em *Critique et Vérité* (*Crítica e verdade*):

> A especificidade da literatura só pode ser postulada dentro de uma teoria geral dos signos: para ter o direito de defender uma leitura imanente da obra, é preciso saber o que é a lógica, a história, a psicanálise[296].

Essa crítica e as contribuições de outros pensadores levam o nome de *nouvelle critique* para se opor a uma crítica mais acadêmica que afirma explicar a obra pelo lado de fora, por algo diferente dela própria. **Raymond Picard** atacava indiscriminadamente todas as críticas: a crítica psicanalítica, a de **Charles Mauron**, a crítica biográfica, a crítica sociológica, principalmente o estruturalismo genético de **Lucien Goldmann**, a crítica estruturalista de **Roland Barthes**, a crítica fenomenológica de **Jean-Pierre Richard** e sua equipe. Embora todas sejam diferentes, elas têm em comum a investigação da linguagem. Todas rejeitam as críticas tradicionais. Roland Barthes, em 1953, era conhecido por seu livro *Le degré zéro de l'écriture* (*O grau zero da escrita*). Inspira-se na linguística moderna para estudar o fenômeno da criação literária. Ao longo dos dez anos seguintes, de 1954 a 1963, ele se inspira nos estruturalistas e

---

296. Roland Barthes, *Critique et Vérité* [Crítica e verdade], Paris, Le Seuil, 1966, p. 37.

aplica às obras literárias um método analítico que visa a descobrir as "constantes" de uma obra, assim como suas relações significativas. Os trabalhos sobre Michelet e Racine e, especialmente, sobre a polêmica que se segue podem ser considerados como o advento da nova crítica. Interessando-se pelo autor de *Fedra* e de *Bérénice*, Barthes procurava explicar a obra por dentro para descobrir a estrutura significante do texto, sua essência; ele busca reconstituir uma antropologia raciniana (de Racine) ao mesmo tempo estrutural e analítica. Outros críticos continuaram a questionar a validade do discurso da crítica, considerando como alvo os próprios métodos da nova crítica: **Umberto Eco** (1932-2016) e **Julia Kristeva** por meio da semiótica, o estudo dos signos, que se interessa pela maneira como os textos são estruturados e abrange todos os tipos de signo ou símbolo.

OS QUATRO MODELOS DA CRÍTICA MODERNA

- As estruturas da língua constituem uma pesquisa provinda dos trabalhos do linguista **Saussure**, depois dos de **Jakobson** e **Lévi-Strauss**, que permitem que **Barthes** e **Todorov** se concentrem na análise sobre as estruturas formais que organizam a narrativa e o tornam explícito no nível do sentido.
- O modelo sociológico e ideológico: a análise da obra a restitui em seu universo social de invenção e da recepção, em **L. Goldmann, G. Lukács, P. Barbéris, C. Duchet**, que formaliza o conceito de "sociocrítica".
- O modelo psicanalítico: ele se aproxima da literatura a partir de Freud. **Jacques Lacan** vai além. **Julia Kristeva** define a semanálise, de "semântica" e "análise", estudo do signo do ponto de vista do fluxo inconsciente das pulsões.
- O formalismo russo: movimento crítico literário em curso nos anos 1915-1930 na Rússia, que só será descoberto na França nos anos 1960, segundo o qual é preciso romper com as interpretações estéticas ou psicológicas; o objeto da literatura não é a literatura, mas a literalidade; representada por **Tzvetan Todorov** (nascido em 1939). Ele permitirá o surgimento da semiótica, que define a narratologia, estudo das estruturas literárias.

---

2. A LITERATURA ALEMÃ CONTEMPORÂNEA

O **expressionismo** é um movimento que se produz de 1910 a 1930, aproximadamente. Os problemas políticos e sociais e a instabilidade resultante fazem do expressionismo uma arte de indagação. Provindo de uma reação contra o simbolismo dos cenáculos, o expressionismo traduz as aspirações coletivas ou individuais. O romance expressionista tem as mesmas características da poesia: violência, desespero, investigação. Mas a literatura desse período é dominada principalmente por correntes herdadas do final do século XIX que coexistem: naturalismo, simbolismo, impressionismo e neorromantismo patético. A nova orientação literária só se encontra realmente no expressionismo. Toda uma geração é marcada pela Primeira Guerra Mundial e pela crise intelectual que dela resulta. Surgida da introspecção subjetiva do artista, a literatura deve expressar uma verdade nova, independentemente das formas e das regras estéticas[297]. Os expressionistas publicam seus trabalhos em suas próprias revistas: *Die Aktion* (1910-1932), *Der Sturm* (1910-1932), *Das neue Pathos* (1913-1914), *Die Weissen Blätter* (1913-1920). A tendência expressionista de traduzir diretamente os movimentos da alma em linguagem é retomada por outro grupo, os **dadaístas**. Eles tentam reduzir a poesia à sua expressão mais simples. Os principais representantes são: **Hugo Ball** (1886-1927), **Kurt Schwitters** (1887-1948) e o romeno **Tristan Tzara** (1896-1963), que está entre os fundadores. **Stefan Zweig** (1881-1942) não pode ser classificado em nenhuma escola precisa com suas biografias romanceadas e suas novelas psicológicas: *Amok* (1922), *A confusão dos sentimentos* (1927). Já **Franz Kafka** (1883-1924), com *O castelo* (1926) e *A metamorfose* (1915), pode ser ligado mais ao expressionismo pela intenção, pelos procedimentos e pelas imagens que usa em seus romances.

A esse período, sucede o da "ordem fria", em que a literatura serve de luta política. A derrota a deixa por um longo tempo muda e ainda são os escritores do pré-guerra que continuam a dominar a cena literária: **Hermann Hesse** (1877-1962) com *O lobo da estepe* (1927); **Thomas Mann** (1875-1955) e sua *Morte em Veneza* (1912); **Ernst Jünger**; **Bertolt Brecht** (1898-1956) com *A ópera dos três vinténs* (1928). É preciso, contudo, mencionar o nascimento do Grupo 47 em Munique, em torno do qual as mais diversas tendências estão representadas: **Heinrich Böll** (1917-1985), *A honra perdida de Katharina Blum* (1974), e **Günter Grass**, *O Tambor* (1959). É efetivamente em torno do Grupo 47 que, nos anos 1950, ocorre a renovação. Período crítico em que a descrição sociológica vem se juntar às pesquisas formais e recoloca em questão o princípio da narração objetiva. A literatura alemã vai se abrir para temas cada vez mais internacionais, deixando de lado os grandes temas ideológicos.

3. A LITERATURA INGLESA CONTEMPORÂNEA

A onda de realismo tão presente na literatura após a guerra perde gradualmente a sua vitalidade. As convulsões sociais do pós-guerra estão mais presentes num autor como **Archibald Joseph Cronin** (1896-1981), com *A citadela* (1937), que levanta uma verdadeira acusação contra os proprietários de minas. A consciência política é um dos temas levantados e assumida por autores como **George Orwell** (1903-1950), com seu romance *1984* (1949), que condena o mecanismo do regime totalitário, ou **Graham**

---

297. Os principais representantes desta tendência são F. Wedekind (1864-1918), R. Schickele (1883-1940), E. Stadler (1883-1914), G. Benn (1886-1956), G. Heym (1887-1912), G. Trakl (1887-1914), B. Brecht (1898-1956).

Greene (1904-1991), com *Poder e glória* (1940). Após a guerra, o movimento dos *Angry Young Men* (jovens irados), cujo líder é **John Osborne** (1929-1994), tenta, para revolucionar o romance inglês, aproximar a língua escrita da linguagem vernacular: *A paz do domingo* (1956), *O cabotino* (1957). A literatura cujos autores são mulheres é representada por **Agatha Christie** (1890-1976), com quase oitenta romances, *Os dez negrinhos* (1939), *Assassinato no Expresso Oriente* (1934), *O assassinato de Roger Ackroyd* (1926), ou **Katherine Mansfield** (1888-1923), com *The garden party* (1922). O fantástico é explorado por **John Ronald Reuel Tolkien** (1892-1973), um criador de universos extraordinários, com *O senhor dos anéis* (1954). Ao lado de escritores já conhecidos antes da guerra, **Arthur Koestler** (1905-1983), **Evelyn Waugh** (1903-1966), **Angus Wilson** (1913-1991), cuja reputação continua a se afirmar, é preciso mencionar particularmente o nome de **Lawrence Durrell** (1912-1990), que faz um grande sucesso na França, com *Quarteto de Alexandria* (1957), e **Anthony Burgess** (1917-1993), que prova ser, por sua escolha de linguagem, um autor à parte com *Laranja mecânica* (1962). Influenciado pelo *nouveau roman* que se desenvolve na França, a linguagem torna-se um dos pontos de estudo da literatura britânica. **Samuel Beckett** (1906-1989), Prêmio Nobel em 1969, faz uma crítica da realidade com *Murphy* em 1938. Em 1984, o Prêmio Nobel é concedido a **William Golding** (1911-1993) pela obra em que se coloca a questão do mal no homem: *O senhor das moscas* (1954), *O barco* (1964), *A pirâmide* (1967). Nos anos 1980, a cena literária inglesa se renova, colocando à frente do palco uma nova geração de escritores provindos da imigração: **Salman Rushdie** (nascido em 1947), *Os versos satânicos*, em 1988; **Amitav Ghosh** (nascido em 1956), *Os incêndios de Bengala*, em 1986, integrando a sua própria tradição literária. O teatro também experimenta um novo dinamismo em 1969, com a abolição da censura oficial que o impedia de tratar certos temas tabu.

4. A LITERATURA ITALIANA CONTEMPORÂNEA

Na véspera da Primeira Guerra Mundial, a literatura é dominada pelo futurismo, pela liberação das formas de arte do passado, para uma afirmação da personalidade. No teatro, o nome de **Luigi Pirandello** (1867-1936) é universalmente conhecido. *Para cada um a sua própria verdade* (1917) e *Seis Personagens à Procura de um Autor* (1921) enfatizam especialmente incomunicabilidade dos seres. No ensaio, **Benedetto Croce** (1866-1952) é mais evidente como esteticista, fiel às teorias de Hegel. **Antonio Gramsci** (1890-1937), marxista, autor de *Cartas da prisão* e *Cadernos do cárcere*, reflete uma profunda sensação de fracasso político. Entre os mais famosos romancistas, citemos ainda e **Giuseppe Tomasi di Lampedusa** (1896-1957) cujo *Leopardo* (1958) é mundialmente conhecido. **Alberto Moravia** (1907-1990), com *O conformista* (1951), e **Giorgio Bassani** (1916-2000), com *O jardim dos Finzi-Contini* (1962), são autores consagrados. Os dois últimos prêmios Nobel foram atribuídos em 1959 a **Salvatore**

Quasimodo (1901-1968) e em 1975 a **Eugenio Montale** (1896-1981), representante de uma poesia hermética. Finalmente, no mundo do pós-guerra, é preciso também lembrar o nome de **Elsa Morante** (1915-1985), *Mentira e sortilégio* (1948), *A ilha de Arthur* (1957); o de **Primo Levi** (1919-1987), *É isto um homem* (1956), descrevendo os mortos em cativeiro em Auschwitz; **Pier Paolo Pasolini** (1922-1975), conhecido principalmente por suas direções cinematográficas e que toma a escrita como meio privilegiado da arte: *La religione del mio tempo* (*A religião do meu tempo*, 1961) ou *Cinzas de Gramsci* (1957).

5. A LITERATURA ESPANHOLA CONTEMPORÂNEA

No momento em que aparece a ditadura, emerge uma nova geração de escritores cujo tema principal é a civilização moderna. Seu representante principal é **Gerardo Diego** (1896-1987), com *Amazona* (1956). O teatro renasce graças a **Federico García Lorca** (1898-1936); é um teatro do povo: *A casa de Bernarda Alba* (1936). Ele continua sendo um dos grandes poetas dramáticos da "geração de 27", grupo formado nos anos 1923-1927, reconhecido por seu livro *Romancero gitano* (1928), no qual expressa a alma atormentada andaluz. O que mais caracteriza o romance moderno é o desejo de mostrar a vida nacional, sem demorar-se numa pesquisa psicológica. Os temas eternos da Espanha de então são abordados por **Camilo José Cela** (1916-2002) em *A família de Pascal Duarte* (1942), *Viagem ao Alcarria* (1958). **Juan Goytisolo** (nascido em 1931) endurece ainda mais sua posição em face dos problemas sociais por uma busca de identidade: *Documentos de identidade* (1968). **Luis Martín Santos** (1924-1964) faz um balanço dos trinta anos de ditadura: *Tempo de silêncio* (1962), *Tempo de destruição* (1975). De volta em 1975, a democracia vê o nascimento de uma nova geração de autores, como **Juan Benet** (1927-1993), que marca, por seus romances, uma verdadeira ruptura com o realismo social de seus antecessores: *Você vai voltar para o país* (1967). A partir dos anos 1980, a literatura espanhola se mantém sob o signo da liberdade e da diversidade.

6. A LITERATURA RUSSA CONTEMPORÂNEA

De 1917 a 1932, após a revolução bolchevique, a literatura sofre a reação do marxismo e se torna, entre 1932 e 1953, uma verdadeira instituição de Estado. A geração de escritores pós-revolucionários ainda é assombrada pela revolução, mas traduz essa visão pelo romantismo, com **Boris Pilniak** (1894-1937) e **Isaac Bábel** (1894-1941), e pelo realismo ou pela sátira com **Andrei Platonov** (1899-1951). **Mikhail Cholokhov** (1905-1984) recebe o Prêmio Nobel em 1965 por *O Don Silencioso* (1928). Quanto ao teatro, ele é popularizado e oferece performances de massa entre 1917 e 1920. A morte de Stálin, em março de 1953, inspira uma produção significativa de histórias e romances sobre a guerra e seu universo concentracionário. **Alexander Soljenítsin** (1918-2008), autor de *Um dia na vida de Ivan Denissovitch* (1962), é um dos representantes principais.

7. A LITERATURA AMERICANA CONTEMPORÂNEA

No início do século XX, os romancistas se voltam para as partes pobres das cidades. Por meio da feiura e da desgraça moral, eles pensam encontrar novos efeitos dramáticos. Marcados pela guerra, eles ficam desiludidos com a civilização e a sociedade em que vivem. **Ernest Hemingway** (1899-1961) mostra-nos o desespero que a guerra causa em *Adeus às armas* (1929). As atividades violentas, como a bebedeira, são algumas das derivações desse efeito, como em *Morte à tarde* (1932). *O velho e o mar* (1952) é a história de um homem já esgotado que luta até o fim. **William Faulkner** (1897-1962) ganha o Prêmio Nobel pelo trabalho cheio de violência que deixou. O anormal aproxima-se do horrível e cada um de seus livros contém uma verdadeira tragédia grega: *Santuário* (1931), *O intruso* (1948). **John Dos Passos** (1896-1970) mostra o horror da guerra em *Três soldados* (1921), cujo tema é a destruição moral de três jovens pelo sistema militar. *Manhattan Transfer* (1925) dá uma imagem das partes desfavorecidas de Nova York. **Gertrude Stein** (1874-1946) também tem o seu lugar entre os naturalistas com *The making of America* (1925). **John Steinbeck** (1902-1968) é o homem da crise de 1929 e destaca a exploração dos trabalhadores pelos grandes proprietários: *As vinhas da ira* (1939), *Homens e ratos* (1937). Ele mostra o lado incontrolável das paixões humanas. **Scott Fitzgerald** (1896-1940) revela-se um romancista satírico, mas também inventivo, especialmente em suas novelas. Seus personagens são rodeados de luxo, deteriorados pela vida material: *O grande Gatsby* (1925), *Suave é a noite* (1934). **Pearl S. Buck** (1892-1973) ocupa um lugar um pouco à parte, pois ela descreve os costumes da China, onde passou sua juventude. Depois que a Crise de 1929 passou, a América se volta para o sucesso como centro de interesse. **Truman Capote** (1924-1984) soube descrever essa sociedade opulenta em *Bonequinha de luxo* (1958) e se apresenta como o continuador de Fitzgerald: *A harpa de ervas* (1951), *A sangue frio* (1966). **Jack Kerouac** (1924-1969) descreve a juventude decepcionada com a sociedade e que prefere se arriscar na aventura ou na viagem sem rumo certo: *Pé na estrada* (1957).

Por volta dos anos 1960, aparece a escola judaica de Nova York; na verdade, esse renascimento judaico é apenas um acaso. Os principais autores são: **Philip Roth** (nascido em 1933), que revelou a literatura judaica americana com *Complexo de Portnoy* (1969), em que mostra a frustração dos judeus em sua vida quotidiana como cidadãos americanos. **Henry Miller** (1891-1980), em *Trópico de câncer*, 1934, entra em rebelião aberta contra a América. Ele ganha a reputação de anarquista, de rebelde e de escritor erótico, até pornográfico, com sua trilogia *A crucificação encarnada* (*Sexus*, *Plexus*, *Nexus*). **Isaac Bashevis Singer** (1904-1991) é reconhecido como o maior escritor judeu do século. Consequentemente, foi agraciado com o Prêmio Nobel em 1978. Sua cultura constitui a maior parte dos temas de sua obra. As sagas judaicas, como *A família Moskat* (1950), e o ensino rabínico também são assunto de seus romances, assim como o sobrenatural, com *O chifre do carneiro* (1934). **Há também uma literatura negra: Richard Wright** (1908-1960) e **James Baldwin** (1924-1987). *Um outro país* (1962), romance deste último, narra casos de amor inter-raciais que acabam por levar os heróis à loucura. **Ralph Ellison** (1914-1994) toma como tema de seus romances a necessidade de o homem negro se integrar na sociedade dos brancos: *O homem invisível* (1952).

UM LUGAR PARA O TEATRO

O teatro só se desenvolveu recentemente, pois o puritanismo freou seu surgimento. **Eugene O'Neill** (1888-1953) domina o teatro americano do pós-guerra. Ele pinta as emoções – *Anna Christie* (1920) desfere um golpe no mito materialista, *O grande Deus Brown* (1926) – e cerca o inconsciente – *Estranho interlúdio* (1923), *O luto cai bem em Electra* (1931). Recebe o Prêmio Nobel em 1936. A visão da sociedade nos anos 1940 também é retomada por **Tennessee Williams** (1911-1983), com *Um bonde chamado desejo* (1947) ou **Arthur Miller** (1915-2005), com *Morte de um caixeiro-viajante* (1949), *As bruxas de Salem* (1952), ou por **Edward Albee** (nascido em 1928), com *Quem tem medo de Virginia Woolf?* (1962). O *Off Broadway* é uma tentativa de jovens autores, em 1945, de oferecer um repertório mais amplo, mais diversificado com peças de vanguarda. Rivalizando com a Broadway, a experiência terminará em fracasso e o *Living Theatre* em 1970 deve capitular. No entanto, a *Off Broadway* pretende ser um teatro fora do teatro fundado por **David Shepherd** e **Paul Sills** (1927-2008), cuja inspiração vem do Zen ou movimento dada. Em 1946, **Elia Kazan** (1909-1991) e **Lee Strasberg** (1901-1982) fundam o Actor's Studio. Os maiores atores se formam ali e seguem uma formação cujos princípios são extraídos da psicanálise. O teatro se torna cada vez mais um instrumento político de reflexão e reivindicação, com protestos contra a Guerra do Vietnã, onde as minorias americanas encontram o seu lugar. Depois de 1970, o teatro se estabiliza e **Bob Wilson** (nascido em 1941) lhe dá uma nova abordagem buscando uma nova dimensão para o espaço e o tempo.

A DEFESA DE DIFERENTES CAUSAS

Tom Wolfe (nascido em 1931) encarna a nova virada da literatura americana. Seu primeiro romance, *A fogueira das vaidades* (1987), é construído no estilo dos romances de Balzac ou Zola. O herói, Sherman McCoy, depois de atropelar no Bronx um jovem negro, vê sua vida privada virar um horror. Se os anos 1950 foram marcados pela *beat generation* com o romance de Jack Kerouac *On the road* (*Pé na estrada*), em 1957, os anos 1960 se sobressairão por grupos étnicos que apoiam diferentes causas: negros, mulheres, homossexuais. O questionamento sobre o poder ou a impotência da literatura continua em primeiro plano. O desenvolvimento dos escritos minoritários tem nos anos 1980 alguns grandes autores.

❖ **William Faulkner** (1897-1962) recebe o Prêmio Nobel de Literatura em 1949. Seus livros denunciam o declínio do sul dos Estados Unidos desde a Guerra de Secessão. A violência racial tem uma grande importância em suas obras: *O som e a fúria* (1929), *Santuário* (1931).

❖ **Ernest Hemingway** (1899-1961) também vê seu trabalho ser coroado com um Prêmio Nobel em 1954, depois de ter recebido o Prêmio Pulitzer por *O velho e o mar*. Entre suas obras mais importantes, também se podem citar *Adeus às armas* (1929) e *Por quem os sinos dobram* (1940).

❖ **Truman Capote** (1924-1984) apresenta os meios mais abastados sem nenhuma complacência: *A travessia do verão* (2005), *Bonequinha de luxo* (1958).

❖ **Toni Morrison** (nascido em 1931), autor afro-americano, recebe o Prêmio Nobel de Literatura em 1993. Seus livros descrevem a miséria do povo negro nos Estados Unidos, combinando uma pintura histórica minuciosa com elementos narrativos irracionais: *Sula* (1973), *Paraíso* (1997), *Beloved* (1987).

❖ **Stephen King** (nascido em 1947), autor prolífico e mestre inconteste do novo fantástico e do novo terror denuncia, no entanto, os males e os excessos de nossa época: *Carrie* (1974), *O talismã* (1984).

❖ **Bret Easton Ellis** (nascido em 1964), por meio de personagens depravados e jovens, situa seus trabalhos na década de 1980 em uma sociedade de consumo e entretenimento: *Abaixo de zero* (1985), *O psicopata americano* (1991).

❖ **Paul Auster** (nascido em 1947) evoca Nova York em parte de sua obra. Ele também é autor de poemas. Entre suas obras, citemos: *A trilogia de Nova York* (1987), *Timbuktu* (1999) e *Homem no escuro* (2008).

8. A LITERATURA CONTEMPORÂNEA DA AMÉRICA DO SUL

A **poesia** e o teatro no século XVI são os primeiros gêneros explorados por missionários e colonizadores. Góngora suscita imitadores até o século XVIII, quando reinam a ciência e a polêmica. A França influencia consideravelmente os escritores desse período, e o *Do contrato social* de Rousseau está entre as obras mais lidas. Os jornais aparecem, suscitando uma verdadeira renovação literária. O romantismo encontra, com o escritor poeta **Esteban Echeverria** (1805-1851), adepto de Saint-Simon, uma nova forma, a do romantismo social. A partir de 1845, romances históricos influenciados por aqueles de Walter Scott ou Eugène Sue proliferam. Mas, muito rapidamente, os escritores têm como tema os índios. Assim, **Manuel de Jesús Galván** (1834-1910) e **León Juan Mera** (1832-1894), invariavelmente, situam sua ação durante o período colonial. A influência europeia também é refletida pela imigração e traduz as mesmas preocupações que a Europa no final do último terço do século XIX. **Eugenio Cambaceres** (1843-1888) é considerado o introdutor do romance realista com *O sangue* (1887). *Isamelillo* (1882), do cubano **José Martí** (1853-1895), é considerada a primeira obra do modernismo que logo se espalha por toda a América Latina, até assumir a aparência de um novo crioulismo. De fato, a reação contra esse movimento foi imediata, pois é acusado de ficar muito distante dos verdadeiros temas hispano-americanos.

Gabriela Mistral (1889-1957) será a primeira mulher da época a receber o Prêmio Nobel em 1945 e a desenvolver novas tendências: *Sonetos da morte* (1914). Dois nomes dominam o início do século XX: **César Vallejo** (1892-1938), com *Arautos negros* (1918), e **Pablo Neruda** (1904-1973), com *Nascido por nascer* (1996) e *Canto geral* (1984). Mas logo outro campo da literatura é explorado: o fantástico. **Adolfo Bioy Casares** (1914-1999), com *A invenção de Morel* (1940) e **Jorge Luis Borges** (1899-1988), com *Ficções* (1944) e *História universal da infâmia* (1935), mergulham-nos num estranho mundo onde a fantasia e a realidade são habilmente complementares. A literatura hispano-americana é definida principalmente por sua extrema variedade, com ensaios dedicados à ideologia do país, ou à história, à filosofia: **Alejandro Korn** (1860-1936), com *Influências filosóficas na evolução nacional* (1912).

9. A LITERATURA IÍDICHE: SINGER

Mistura de hebraico, alemão e outras línguas, o iídiche foi usado por judeus asquenazes que se instalaram na Alemanha, Polônia e Lituânia a partir do século XIII. Foi também a língua usada por todas as novas comunidades de asquenazes que emigraram a partir da segunda metade do século XIX, ou seja, 11 milhões de pessoas. Os textos mais antigos da literatura iídiche são adaptações, traduções de poemas corteses ou épicos do mundo medieval germânico. O romance *Artus*, datado do século XIV, é uma das obras mais antigas que chegaram até nós. No século XV, as traduções dos textos sagrados abundam para torná-los compreensíveis. No século XVI, uma adaptação do Pentateuco, a que se acrescentam comentários, glosas e contos de **Jacob ben Isaac Ashkenazi de Janow** (1550-1625), aparece. O Haskalah, movimento judaico de pensamento influenciado pelo Iluminismo, também marca o surgimento da literatura moderna iídiche. Na verdade, até então os textos iídiche eram principalmente difundidos a partir da Europa Ocidental. A partir dessa data, no leste, a literatura será mais bem representada. Seu objetivo será o de se opor ao obscurantismo hassídico, desenvolvendo todos os gêneros literários, incluindo o teatro, que se mantém associado ao nome de seu criador **Avrom Goldfaden** (1840-1908). Durante o período entreguerras, a literatura se desenvolve nos Estados Unidos, na Rússia e na Polônia. É pelo teatro que a literatura iídiche é implantada no novo continente. Logo, outros gêneros foram rapidamente representados em três locais precisos: nos Estados Unidos, em Nova York; na Polônia, em Varsóvia; e na Rússia, em Odessa. A grande imprensa em Nova York serve para lançar escritores que, em sua maioria, fazem parte da redação dos grandes jornais. A crônica familiar se desenvolve graças a **Israel Joshua Singer** (1893-1944), com *Os irmãos Askhenazi* (1937). **Isaac Bashevis Singer** (1904-1991) recebe o Prêmio Nobel em 1978, para coroar a originalidade do universo construído em sua obra. O fantástico *O chifre do carneiro* (1934) e *O mago de Lublin* (1960) tocam a atmosfera da burguesia judaica e de *A família Moskat* (1950). Singer gosta de povoar seus romances com demônios, fantasmas e personagens sobrenaturais. Em *O chifre do carneiro*, ele evoca a figura mítica de Sabbatai Zvi, reconhecido pelos judeus do Ocidente como o Messias. Ele retrata a expectativa e a esperança que sua vinda suscita numa comunidade judaica polonesa.

10. A LITERATURA ÁRABE CONTEMPORÂNEA

A ascensão da literatura árabe contemporânea está ligada a vários eventos políticos importantes. Primeiramente, o encontro do Oriente com o Ocidente ocorre durante a expedição de Bonaparte no Egito. Grupos de emigrados libaneses estabelecidos no Egito na segunda metade do século XIX também tiveram um papel importante nesse renascimento. A literatura reflete a influência do Ocidente no mundo oriental. Os principais pioneiros desse renascimento (*Nahda*) são **Jamal ad-Din al-Afgani** (1830-1897), que viveu no Egito e foi o campeão da renascença egípcia. Ele insistia no fato de fazer uma prosa tão clara e simples quanto possível. A imprensa se desenvolve de uma forma prodigiosa, o que terá impacto rápido e profundo na cultura e na formação da língua árabe. Em 1876, é fundado no Egito o jornal *Al-Ahram*. Outros veículos de imprensa são difundidos em praticamente todo o mundo árabe, em Beirute, Alepo, Damasco. Um grande movimento se desenha, o de traduções das principais obras literárias europeias, contos, novelas, romances, autores românticos ou modernos: Lamartine, Hugo, Balzac, Dumas, Maupassant. Mas também a Bíblia em 1840 ou a *Ética a Nicômaco* de Aristóteles em 1928. Os nomes de **Butrus Al Bustani** (1819-1883) ou de **Nasif Al Yaziyi** (1800 a 1871) estão ligados a esse intenso trabalho linguístico. Gêneros inspirados no Ocidente, no entanto, aparecem, como o romance histórico representado por **Jurji Zaydan** (1861-1914), libanês que passou grande parte de sua vida no Cairo. Ele fundou a famosa revista *Al-Hilal* e escreveu romances relativos às principais etapas da história árabe, um pouco como um Dumas. Mas é principalmente a novela e o conto de costumes que têm mais sucesso. No rescaldo da Segunda Guerra Mundial, a literatura retoma um segundo fôlego. O Egito se distingue por suas obras claramente vindas dos outros países, embora seguido pelo Iraque. **Negib Mahfouz** (1911-2006) é considerado o mestre do romance árabe contemporâneo. O realismo tem um lugar importante em suas obras: *O palácio do desejo* (1956-1957), *Uma história sem começo nem fim* (1971), *O ladrão e os cães* (1961). Em 1988, ele recebe o Prêmio Nobel. Finalmente, é preciso citar **Ali Ahmad Sa'id**, conhecido como **Adonis** (nascido em 1930), escritor de origem libanesa a quem se devem uma antologia da poesia árabe e coletâneas líricas, *Primeiros poemas*, e a poetisa iraquiana **Nazik al Malaika** (1922-2007).

11. A LITERATURA CHINESA CONTEMPORÂNEA

As relações comerciais no final do século XIX e início do século XX desenvolvem o interesse pelo estrangeiro na China, particularmente na Europa pela sua cultura. A partir de meados do século XIX, cursos de língua e literatura chinesa são dados em Paris. Também em meados do século XIX, Xangai é o maior centro de publicação. No final do século XIX, após a guerra com o Japão, a China se abre definitivamente para o Ocidente. Sob a regência de Cixi, o Estado ainda se apoia numa ética confucionista e é reorganizado. Essa reforma implica também uma reviravolta no mundo literário, assim como a difusão da cultura ao povo. A literatura é feita numa língua corrente, deixando de lado as obras de estilo e linguagem antigos. Imediatamente, muitos livros na língua nova são escritos, iniciando rapidamente as camadas da população nas ideias republicanas e democráticas. Assim, a ordem política e social confucionista é deixada para trás. A língua corrente provinda do dialeto de Pequim é difundida em todas as escolas. **Lu Xun** (1881-1936) ilustra muito bem esse renascimento literário e, durante os anos 1920 e 1930, suas reflexões e ensaios filosóficos revelam a extensão de seus conhecimentos sobre o mundo ocidental. Diante das grandes correntes de pensamento do século XX, Lu Xun mostra em *A tumba* (1927), compilação de textos anteriores à revolução literária de 1919, uma certa dúvida em relação à ciência, à razão e à liberdade, a parte essencial das virtudes ocidentais. Outros nomes devem ser guardados, como o de **Yu Dafu** (1896-1945): *O naufrágio* (1921) e *A ovelha desgarrada* (1928) são romances do "eu". Com **Lao She** (1899-1966), descreve-se um mundo tradicional em vias de extinção: *A casa de chá* (1957). Nos anos 1960, as dificuldades econômicas não são favoráveis para o desenvolvimento da literatura. Será preciso esperar até os anos 1977-1978 para que grandes correntes surjam, inspiradas essencialmente nas trágicas experiências da Revolução Cultural. **Ai Ts'ing** (1910-1996) é provavelmente um dos maiores poetas realistas chineses contemporâneos. Ele estuda literatura e filosofia na França e é professor da Universidade do Povo, em Pequim. Ele descreve a miséria das pessoas comuns e a crueldade da vida quotidiana.

12. A LITERATURA JAPONESA CONTEMPORÂNEA

O pós-guerra até a década de 1960 deixará o Japão numa grande confusão cultural, dividido entre a rejeição de sua identidade cultural e a apropriação de um estilo de vida ocidental. Durante esse período, o Japão vai experimentar uma intensa produção artística para exorcizar os demônios da guerra; aterrorizantes quadros de Maruki e Akamatsu a partir de 1945 representam as vítimas de Hiroshima: *Fire*. Mas o pós-guerra é também o tempo da abertura das fronteiras, da descoberta dos mercados de arte, de Picasso. A partir dos anos 1950, um renascimento artístico ocorre e a literatura passa por um período fecundo. O romance, sob a influência ocidental, torna-se um gênero muito popular. Um novo estilo e uma nova forma de escrever se revelam.

❖ **Junichiro Tanizaki** (1886-1965) terá sua obra-prima publicada apenas entre 1947 e 1948, *As quatro irmãs*.

❖ **Yasunari Kawabata** (1899-1972), autor de *Yukiguni* (*País de neve*), que só acabará em 1947. Ele vai receber o Prêmio Nobel de Literatura, o que contribuirá para torná-lo conhecido no Ocidente. O tema, o amor de uma mulher que vem da região da neve por um homem da cidade, surpreende por sua simplicidade. Em *Nuvens de pássaros brancos*, ele mergulha o leitor no universo estético e secular da cerimônia do chá. *As belas adormecidas* levam o autor até o fim de seu inferno mental.

❖ **Yukio Mishima** (1925-1970), cujo nome verdadeiro é Kimitake Hiraoka, provindo de uma família samurai, encontra Kawabata em 1946, e este o encoraja a publicar seus primeiros manuscritos. Autor prolífico, sua obra inclui novelas e romances: *Confissões de uma máscara* (1949), *Sede de amar* (1950). Ele também escreve para o teatro: *Cinco nôs modernos*, entre 1950 e 1955. Um ano mais tarde, *O pavilhão dourado* descreve a loucura de um jovem monge que ateará fogo num templo famoso. *Depois do banquete* (1960) descreve os problemas conjugais de uma executiva. Após a década de 1960, ele se liga à ideologia da extrema direita e continua com seus próprios fantasmas com *A voz dos heróis mortos* (1966). Ele colocará fim à sua vida em novembro de 1970, no quartel-general das forças japonesas, fazendo *seppuku* (ou haraquiri), suicídio ritual por estripação.

❖ **Kobo Abe** (1924-1993) deixou uma obra marcada pela busca incessante da identidade. Sua consagração internacional virá com *Mulher nas dunas* (1962). No resto de seu trabalho, ele recorre a histórias de aventura e ficção científica para melhor mostrar os grandes temas recorrentes, como as dificuldades de comunicação e o isolamento do indivíduo: *O rosto de um outro* (1987), *O homem-caixa* (1973).

❖ **Kenzaburo Oe** (nascido em 1935) publicou dezessete obras, a maioria das quais são novelas. Em 1958, ele é consagrado com o prêmio Akutagawa por *Criação*, que trata do mundo das crianças, tema favorito do escritor, da atonia dos jovens japoneses ou da impotência de convencer a si mesmo de sua razão de ser com *Nossa época* (1959). Ele receberá o Prêmio Nobel de Literatura em 1994.

❖ **Kenji Nakagami** (1946-1992) publica suas primeiras novelas em 1973 e receberá o prestigioso Prêmio Akutagawa por seu romance *O cabo* (1975). *O mar das árvores mortas* (1977) o consagrará. Considerado um dos melhores escritores de nosso tempo, é um dos poucos a ter descrito o lado obscuro da sociedade japonesa e sua discriminação.

13. A LITERATURA INDIANA CONTEMPORÂNEA

Vale a pena lembrar, mesmo que os nomes de Salman Rushdie e de Anita Desai sejam hoje conhecidos do grande público, que a literatura indiana se faz em 21 línguas regionais, como o hindi (300 milhões de falantes), o telugu (60 milhões), o tamil (50 milhões), o bengali (55 milhões) etc. As literaturas clássicas, em sânscrito e tamil, remontam ao 2º milênio a.C., enquanto as línguas vernáculas aparecem a partir da época medieval, entre os séculos XI e XIV, e florescerão até o século XVIII, com o auge do pensamento místico. Calcutá se torna a capital da Índia britânica entre 1858 e 1912. Os escritores de Bengala discutirão a ascensão do nacionalismo, as ideias inovadoras do século XIX, mas também seus problemas atuais. Até a independência em 1947, o romantismo, o progressismo político e o realismo social são os temas literários que dominam esse período. O ano de 1950 oferece um novo rumo com suas reflexões sobre o marxismo, a psicanálise, o existencialismo e a sua abertura para o Ocidente. Trinta anos mais tarde, a literatura será recuperada pelos escritores oprimidos, aqueles das castas mais baixas, que falarão sobre seu sofrimento. É também o momento em que aparece uma literatura feminina.

O final do século XIX havia sido influenciado por **Rabindranath Tagore** (1861-1941), cuja projeção universal o leva ao Prêmio Nobel de Literatura em 1913. O romance se desenvolve e **Mahasweta Devi** (nascido em 1926) continua a ser um dos mais renomados romancistas. Essa forma de narração, que deve o seu desenvolvimento a Tagore, vai se espalhar por toda a Índia. A partir de 1940, a produção literária será dominada pela produção marxista: todos os escritores denunciam as desigualdades sociais então existentes. Os romances concebidos depois de 1950 abordam, quase todos, os mesmos problemas: confrontos dos valores ocidentais e indianos e dificuldades sociais.

CAPÍTULO XXXIV
AS CIÊNCIAS HUMANAS

1. A FILOSOFIA DEPOIS DE 1945: UMA VISÃO AMPLIADA

Durante a Primeira Guerra Mundial, muitos filósofos judeus fugiram da Alemanha ou morreram: **Franz Rosenzweig** (1886-1929), cuja obra principal é *A estrela da redenção* (1921), pensa o judaísmo como uma doutrina do ser e não mais como ensino doutrinal; **Gershom Scholem** (1897-1982), que se exilou na Palestina; **Ernst Cassirer** (1874-1945), em Oxford; **Martin Buber** (1878-1965), outro representante do sionismo espiritual como Rosenzweig, irá para a Palestina durante a ascensão do nazismo. A chegada de Hitler ao poder também obrigará os filósofos agrupados em torno de **Max Horkheimer** (1895-1973), que partilham o ideal de uma sociedade baseada na razão e na liberdade e que formarão a Escola de Frankfurt, a fugirem.

A ESCOLA DE FRANKFURT: A FORÇA DA RAZÃO

A Escola de Frankfurt nasceu como resultado de uma constatação, da necessidade de uma instituição permanente dedicada ao estudo dos fenômenos sociais, em 1923, com a fundação do *Institut für Sozialforschung*, o Instituto de Pesquisa Social. A escola será fechada em 1933, quando os nazistas chegam ao poder, e seus principais membros serão forçados ao exílio. Trata-se de Erich Fromm (1900-1980), Max Horkheimer (1895-1973), Theodor Adorno (1903-1969), Herbert Marcuse (1898-1979), Ernst Bloch (1885-1977) e **Jürgen Habermas** (nascido em 1929), que farão parte da segunda geração da escola; Habermas contribuirá para a sua fundação por um reinvestimento da teoria crítica. O que une esses pesquisadores é uma escolha política e uma atitude filosófica comum. Todos marxistas, eles estão interessados principalmente no papel da razão na ampliação da dominação ao longo do século XX. A Escola de Frankfurt também é conhecida por se interessar pelo surgimento da cultura de massa nas sociedades

SÉCULO XX

modernas. Para rentabilizar um pensamento crítico, é preciso se apoiar nas pesquisas desenvolvidas sobre economia, sociologia e psicologia. **Max Horkheimer** em *Teoria tradicional e teoria crítica*, em 1937, opõe a teoria tradicional, clássica, a "uma teoria crítica", que deve revelar as contradições e transformações da sociedade. Horkheimer e Adorno partirão do pressuposto de que a razão pode ajudar a emancipação. A filosofia do Iluminismo tinha feito disso sua ferramenta de conhecimento e também sua arma para destruir os mitos. Mas a burguesia, por sua vez, colocou-a unicamente a serviço de interesses privados. Outros questionamentos concernem ao fato de saber se o fascismo poderia ser explicado por uma lógica econômica capitalista.

Adorno, a dialética negativa e a arte

Theodor Adorno (1903-1969) não era apenas filósofo; ele também era músico, musicólogo, sociólogo e crítico literário. Contra o primado da razão, ele introduz uma dialética negativa, pois, à diferença da crítica de Hegel, que tende para a síntese do sujeito e do objeto, cujas oposições são sistematicamente superadas, a dialética negativa permanece na oposição do sujeito e do objeto em que o sujeito traz sua alteridade à fala, sem tentar dominar o objeto. Essa abordagem da dialética permanecerá constantemente no centro da obra de Adorno. Em sua *Dialética negativa*, de 1966, seu pensamento se opõe ao idealismo alemão, que colocava em posição de superioridade um sujeito racional, ativo em relação a um objeto passivo. Ele se opõe ao postulado kantiano da inacessibilidade radical da "coisa em si", que fecha o sujeito nele mesmo. Ele propõe, na verdade, uma concepção da verdade histórica, exigindo que o sujeito tenha aí uma parte ativa, exercendo sua liberdade crítica em face do estado das coisas. A dialética negativa é o resultado do primado do objeto e do papel a desempenhar pelo sujeito. Em sua *Teoria estética*, de 1970, duas ideias se distinguem: a de que a natureza da arte manifesta-se na contemplação de obras de arte particulares e a de que estas têm um modo particular de ser, uma identidade específica.

Ele estudará a dinâmica componente da arte em três campos que interferem ao se modificarem de modo quase imperceptível: a obra de arte, a recepção e a produção. A obra de arte, segundo Adorno, apresenta um estado paradoxal, algo que existe ao tornar-se. Sua essência é a tensão. Ele mostra que a arte é um espaço de liberdade e de criatividade num mundo tecnocrático. O mundo da arte deve ser um lugar de utopia, um lugar de desejo de um mundo liberado. Seus estudos sobre a arte contemporânea são indissociáveis de sua filosofia. Para ele, a arte é bem mais do que apenas um reflexo da sociedade: a obra revela a sociedade em sua estrutura, e sua forma constitui um conteúdo ideológico e social. Suas monografias sobre Beethoven, Mahler e muitos outros mostram como as técnicas de composição e a textura de uma obra, refletem uma ideologia do momento. Duvidando da possibilidade de viver bem depois de Auschwitz, o filósofo recolocou em questão uma reconstrução imediata da cultura. Auschwitz se instituía como um fracasso total da cultura. Em *Crítica cultural e sociedade* (1949), texto posteriormente publicado no livro de ensaios *Prismas* (1955), ele declarava que seria "bárbaro" escrever poemas após o genocídio e dava a entender que era necessário reconstruir tudo: as palavras, a literatura, mas de maneira diferente. Ele tomava uma posição contrária a qualquer representação profanadora, inadequada, que teria minimizado o sofrimento e o horror, dando um sentido ao que não tinha sentido.

Herbert Marcuse

As teorias de Herbert Marcuse (1898-1979) foram influenciadas pelas de **Theodor Adorno** e de **Max Horkheimer**, que haviam investigado o consumo cultural. Seu nome é associado aos movimentos de protesto que ocorreram nos Estados Unidos e na Europa nos anos 1960. No entanto, sua obra surgirá no movimento de ideias que agitam a Alemanha após a Primeira Guerra Mundial. Martin Heidegger orientou sua tese sobre **Hegel**, *A ontologia de Hegel e a Teoria da historicidade*, de 1932. Depois de sua tese, ele se torna um dos membros da Escola de Frankfurt e se exila nos Estados Unidos. *Razão e revolução*, de 1941, associa as teses sobre as origens da "teoria social" frankfurtiana ao hegelianismo. Seu primeiro grande livro, *Eros e civilização* (1955), organiza uma nova topografia freudiana-marxista da prática e da teoria revolucionária. Ele se pergunta sobre as relações do indivíduo com a sociedade e fornece uma análise crítica dos conceitos freudianos, questionando a tese freudiana de que as necessidades instintivas do homem são incompatíveis com a sociedade civilizada. Existe, segundo Freud, uma ligação entre neurose e organização social, disso resultando que toda sociedade construída reside numa alienação. Marcuse também sustenta que todo progresso é uma regressão e restitui seu valor ontológico à oposição entre instinto de morte, *thanatos*, e instinto de vida, *eros*. Em *O homem unidimensional* (1964), ele ataca o complexo de Édipo, porque esse conceito não dá mais conta, segundo ele, da socialização. Na verdade, trata-se de uma "dessublimação repressiva", de uma falsa autenticidade, e ele denuncia, nas sociedades industriais, a ilusão de liberdade. Os estudantes contestadores dos anos 1960 retomarão a expressão de Marcuse, "a imaginação no poder", única escapatória da violência do mundo moderno. Em *Contrarrevolução e revolta* (1972), ele evoca o potencial político das artes que permite restituir as formas de comunicação e contrabalançar a lógica tecnicista das indústrias culturais.

Jürgen Habermas

Apesar de não ter pertencido diretamente à Escola de Frankfurt, Jürgen Habermas (nascido em 1929) será o seu herdeiro, com *A crítica da técnica e da ciência*, publicado em 1968. Suas áreas de reflexão irão até a bioética, mas são impossíveis de se colocar numa só disciplina, embora elas digam respeito mais particularmente à antropologia, à psicanálise, à teoria dos atos de linguagem, ao direito, à moral e à sociologia. As fontes de seu pensamento serão alimentadas por **Kant**, **Hegel** e **Marx**. Ele vai participar da discussão das ciências sociais alemãs, na qual confrontará Hannah Arendt, Gadamer e Popper. Após obter seu doutorado sobre Schelling, ele será professor de filosofia e de sociologia na Universidade de Heidelberg de 1961 a 1964 e em Frankfurt de 1964 a 1971. A partir de 1971, ele dirige o Instituto de Pesquisa Social Max Planck em Munique. Ele dará aulas a partir de 1983 na Universidade Goethe de Frankfurt. Seus principais conceitos tratam da técnica e da ciência como ideologia e do agir comunicacional.

Técnica e a ciência como ideologia

Técnica e ciência como ideologia (1968) foi escrito em homenagem a Herbert Marcuse para demonstrar a interdependência entre ciência e técnica. Elas formam um verdadeiro "complexo técnico-científico" que aparece como o modelo do progresso enquanto legitima, na verdade, a instrumentalização do homem. A técnica e a ciência tornam-se a partir de então o que constitui a parte essencial das forças produtoras das sociedades capitalistas. Essa nova relação implica, portanto, o problema de sua relação com a prática social, tal como ela deve ser exercida num mundo onde a informação é necessária como um produto da técnica. É assim que a ciência e a técnica tornam-se a força produtiva principal, suprimindo as condições da *Teoria do valor-trabalho* tal como encontrada em Marx. Torna-se necessário determinar e analisar o grau de incidência da racionalidade científica no mundo social e estimar as repercussões no funcionamento da democracia. Habermas quer desmistificar essa nova legitimação da dominação e encontrar uma política provinda da discussão daí retirada.

O agir comunicacional

Com a *Teoria da ação comunicativa*, Habermas toma distância em relação à teoria crítica da Escola de Frankfurt e inicia um novo caminho ao aproximar-se do espírito do Iluminismo e ao valorizar a "comunicação", única que permite chegar a um acordo democrático. Sua obra visa, portanto, a propor uma nova teoria da sociedade baseada na comunicação por meio da construção de uma história das teorias modernas, as de **Max Weber**, **George Herbert Mead** e **Émile Durkheim**, com base nas realizações da pragmática da linguagem de **John Austin** e **John Rogers Searle**. Sua finalidade nessa obra é mostrar que a razão ancora-se na linguagem e que, nesse sentido, o discurso tem uma função comunicacional. Ele propõe uma ética da comunicação baseada na discussão.

> A contribuição específica de Habermas consiste em mostrar, com essa base empírica, como a situação comunicativa cria, unicamente por sua existência, as

condições de um debate autêntico: os diversos participantes de uma mesma discussão não deveriam, efetivamente, admitir de comum acordo certas normas lógicas se eles querem que suas trocas de argumentos levem a conclusões aceitáveis por todos? Assim, o que se chama de "razão" pode ser definido, sem ambiguidade, como o conjunto de normas que garante o caráter democrático e rigoroso de qualquer debate[298].

As premissas filosóficas da teoria do agir (teoria da ação) serão explicitadas em *O discurso filosófico da modernidade* (1988): ele recoloca sua doutrina no seio de uma teoria da modernidade.

O EXISTENCIALISMO: O INTERESSE PELA EXISTÊNCIA

Mais que uma escola, o existencialismo vai se estabelecer como uma forma de filosofar. Embora tenha marcado muitos pensadores, o existencialismo não inclui apenas uma corrente de pensamento. Alguns de seus filósofos são crentes, outros ateus, alguns antirreligiosos. Essa corrente de pensamento intervém – por meio de novas formas, arte e literatura – onde a filosofia procurava se tranformar por dentro, não somente em seus conceitos, mas nos meios de traduzi-los pela língua. A ligação entre arte e literatura já tinha se estabelecido no primeiro terço do século com os surrealistas, mas, nos anos 1950, filósofos como **Foucault**, **Deleuze** e **Lacan** encontram um tipo de escrita próprio à sua ciência, em ruptura com o estilo filosófico anterior. Sartre não será exceção, integrando o estilo literário ao estilo filosófico, fazendo emergir, dessa liberalização entre as duas disciplinas, conceitos próprios a ambas. **O existencialismo** é definido principalmente pelo seu interesse na existência, sendo o indivíduo considerado como uma pessoa singular. Para **Kierkegaard**, o primeiro problema era existir como indivíduo. Os principais temas do existencialismo vão concernir à liberdade e às responsabilidades, cada um sendo responsável por suas escolhas, cada um tornando-se autor de sua existência. O termo "existencialismo" aparece na França e, na Alemanha, substitui o que se chamava de *Existenzphilosophie*. A partir dos anos 1960, praticamente todas as teses existencialistas desaparecem.

Sartre, o lugar da subjetividade

O opúsculo *O existencialismo é um humanismo* é considerado o ato de fé nesse sistema de pensamento. "A filosofia de Sartre", escreve Olivier Revault d'Allonnes[299], "é

---

298. Christian Delacampagne, *Histoire de la philosophie au XXe siècle* [História da filosofia no século XX], Paris, Le Seuil, 2000.

299. Olivier Revault d'Allonnes, "Témoins de Sartre" [Testemunhas de Sartre], *Les Temps modernes*, ano 45, n. 531-533, out.-dez. 1990, p. 83.

a única filosofia do sujeito, a única que procura definir e defender o lugar da subjetividade no mundo, na França do século XX". O primeiro fundamento original do existencialismo sartriano encontra-se na distinção entre o *ser-em-si* e o *ser-para-si*, como ele os define em *O ser e o nada*. O *para-si* é o eu consciente; o *em-si*, ao contrário, é o que enquadra, com si mesmo, um objeto material, o mundo que nos rodeia, por exemplo; ele não poderia ser diferente do que é. Enquanto que o *para-si* é a consciência móvel, cambiante, nenhum estado é plenamente ele mesmo. O eu humano que é *para-si* é livre, logo responsável. Daí a angústia que se manifesta nele antes de escolher seus atos. É pela má-fé que ele tenta escapar da angústia, dissimulando a si mesmo sua liberdade e sua responsabilidade. Também há má-fé na ideia que temos de nós mesmos. A temporalidade é uma característica essencial do *para-si*.

Seus elementos principais, o presente, o passado e o futuro, não são uma série de "agoras", sucessivos e separados, mas momentos estruturados de uma síntese original. O *eu* que necessariamente tem um passado está sempre fugindo para o futuro. Ele também define a existência do outro e as relações concretas do *eu* com o outro. A existência do outro é um *para-si* que olha para mim e para o qual eu sou como um objeto. A vergonha me faz sentir que o outro é um sujeito que me olha e cujo olhar me transforma em objeto e concretiza em mim a existência de caracteres que eu não reconheço. Para resolver essa situação, há duas atitudes possíveis para mim: conquistar a liberdade do outro, como o ideal do amor, mas que é fonte de lutas e conflitos; voltar-me para o outro, vencer sua liberdade, e o sadismo consiste em aniquilar sua liberdade. Na última parte de seu livro, Sartre desenvolve uma teoria da ação e da liberdade. Ter, fazer, ser são as principais manifestações da realidade humana. Não há ação sem móbile. O *para-si*, o sujeito consciente por livre escolha, confere a uma ideia seu valor de motivo ou de móbile. A liberdade para ele existe tanto no desejo quanto na paixão ou na vontade propriamente dita. Dessa liberdade decorrerá nossa responsabilidade absoluta pelo que concerne a nossos atos, mas também aos eventos sociais de que participamos.

MAURICE MERLEAU-PONTY, A FENOMENOLOGIA

É na *Fenomenologia da percepção*, em 1945, que **Maurice Merleau-Ponty** (1908-1961) determina as grandes linhas de sua filosofia e se propõe a voltar à natureza da percepção, colocando em evidência os limites de suas concepções científicas. A fenomenologia tentará esclarecer, centrando-se sobre o sujeito que percebe, o que ver significa para a consciência do sujeito. Ao lado de **Husserl** e **Heidegger**, **Sartre** talvez seja o filósofo que Maurice Merleau-Ponty mais tenha lido. É provavelmente pela constatação da incapacidade do dualismo ontológico entre *ser-em-si* e *ser-para-si* para dar conta dos fenômenos mais comuns da existência humana que Merleau-Ponty se converte em pensador da ambiguidade, do *entremeio*. Assim como *Fenomenologia da percepção* (1945), a obra *O visível e o invisível* (1964) é baseada num estudo do corpo, pois há um problema que decorre do dualismo sujeito-objeto e que Merleau-Ponty quer apagar. Consequentemente, ele tenta encontrar uma terceira estrutura de oposição entre sujeito e objeto: será a do "próprio corpo". A passagem da fenomenologia à ontologia será feita por ele, e será feita com a descoberta da noção de "carne": totalidade das coisas concebida como a extensão de meu corpo. A corporeidade se torna um dos lugares privilegiados da reflexão filosófica, já que o corpo se mostra como fonte fecunda de investigação sobre o *ser-no-mundo*. Se *Fenomenologia da percepção* concerne ao estudo e à crítica dos conceitos clássicos da psicologia – sensação, memória, julgamento, percepção –, *A estrutura do comportamento*, de 1942, dizia respeito mais particularmente às bases fisiológicas e físicas do comportamento humano.

FILOSOFIAS DA ÉTICA E DA POLÍTICA

O surgimento dos princípios democráticos tinha levado a se pensar o ser humano com base em noções como liberdade e igualdade. As diferenças culturais, as diferentes mudanças sociais e as diferenças coletivas tornaram problemático o reconhecimento do outro, pois suas diferenças deviam ser levadas em conta. O problema do reconhecimento do outro acarreta o problema da ética e da moral. Uma visão ética só é possível numa relação com o outro. É apenas nos laços tecidos com seu semelhante que o homem pode exercer e viver uma moral. Ética vem de *ethos*, *ethè* no plural, moral, e do latim *mos*, conduta, ambas traduzindo maneiras de viver e como convém fazê-lo, ou seja, a escolha de um modo de vida segundo o dever ou o bem. **Alain Renaut** explica assim, em *A filosofia*, a diferença entre ambas:

> No máximo, pode-se considerar que o termo "ética" designa preferencialmente a esfera dos valores na perspectiva em que atua pelo sujeito moral, para dar conta de seus valores para com o outro ou para refletir com o outro sobre valores comuns e sobre o que eles implicam[300].

Em geral, a moral exprime o conjunto de normas próprias a um grupo social, a um povo, a um momento dado de sua história. Em contrapartida, a ética é frequentemente a adaptação a uma situação, a um objeto, em relação a si ou à sociedade. Ela também diz respeito às reflexões metafísicas e filosóficas relacionadas ao fundamento da vida coletiva. Se os sentidos de moral e ética são sinônimos quando evocam uma forma de viver e de se comportar quanto aos imperativos definidos pela sociedade, o conceito de ética, em contrapartida, refere-se mais rigorosamente às reflexões teóricas sobre o exercício dessas práticas e suas condições. A ética pertence à filosofia moral, mas está

---

300. Alain Renaut, *La Philosophie* [A filosofia], Paris, Odile Jacob, 2006, p. 56.

relacionada com a filosofia política. Ela se revela até mesmo indissociável da política. Ela não implica um ensimesmar-se, já que uma reflexão sobre o que "eu sou" não pode abstrair-se de outra sobre "o que nós somos". A dificuldade na ética contemporânea foi forjar uma nova ética numa *Era do vazio* (1983, Lipovetsky), quando faltam as transcendências. Recuperando princípios antigos, a responsabilidade, a cultura, e expondo um fundamento novo, a atividade comunicativa, a ética vai declinar-se sob diferentes formas: transcendência religiosa com **Levinas**, responsabilidade com **Jonas**, comunicativa com **Habermas**, da imanência com **Misrahi**, **Conche** e **Comte-Sponville**, mas também com base no modelo greco-romano, com **Pierre Hadot** e **Michel Foucault**.

Emmanuel Levinas (1906-1995): procurar o sentido da ética

A filosofia de Emmanuel Levinas trouxe para a ética a teoria do rosto. Em *Ética e infinito* (1982), ele apresenta sua teoria fundamental do outro e do rosto. O outro é colocado no centro das preocupações do indivíduo, e o rosto é o lugar original da ética para Levinas. "Minha tarefa", escreve Levinas, "não consiste em construir a ética; eu só estou tentando procurar o seu sentido"[301]. Ele, que tem a experiência do totalitarismo, acha em outrem e em seu encontro, o mundo do infinito. Além disso, olhando para alguém de frente, eu deixo toda perspectiva individualista. O rosto descobre o outro como fragilidade e fraqueza, e eu vejo aí sua diferença absoluta, sua nudez. O rosto revela o outro como o símbolo hermenêutico de uma transcendência. O infinito inacessível no espaço existe, assim, no outro, o que eu faço emergir aí é a humanidade inteira. O outro, por seu rosto, não é do mundo, ele é a expressão do divino no homem. O outro me olha em ambos os sentidos da palavra, e eu me torno imediatamente responsável por ele. Que lugar têm a política, a história e as instituições no seio dessa ética? Na contracorrente das filosofias muradas da consciência, Levinas define a subjetividade como uma responsabilidade integral pelo outro e renova a concepção da justiça.

Há em Levinas a vontade de separar de seus trabalhos filosóficos o que ele chamava de seus "escritos confessionais", para marcar uma distância entre sua reinterpretação do judaísmo estabelecida a partir das leituras do Talmude ou de textos antigos e uma argumentação filosófica como em sua tese de doutorado francesa, de 1961, *Totalidade e infinito*. Por judaísmo, ele entende o judaísmo rabínico. O Talmude é para ele a retomada das significações das Escrituras num espírito racional, longe da abordagem dos historiadores, filólogos e tradicionalistas. Ao lado da Bíblia hebraica, ele vai introduzir a dos gregos. Ele fará um esforço para traduzir, na conceitualização grega da filosofia, intuições puramente hebraicas ignoradas pela Grécia. Essa curvatura do teológico para o ético é a marca indelével da tradição judaica que comanda e desvia o si do eu, destinando-o e orientando-o para o outro. **Derrida** dedicará vários textos a Levinas,

---

301. Em *Éthique et infini* [Ética e infinito], Paris, Livre de Poche, "Biblio", 2000, p. 95.

Textos para Emmanuel Levinas, de 1980, *A escritura e a diferença*, de 1967. Se ambos os filósofos concordam em reconhecer o primado da lei, Derrida não faz sua a ideia de Levinas sobre Deus como absolutamente "outro", "de outra maneira, o ser".

Michel Foucault, múltiplo

Foucault (1926-1984) foi fenomenólogo, historiador e filólogo de Kant, historiador das doenças mentais, psicanalista, historiador da dor, crítico literário, mentor de maio de 1968; isto é apenas um breve resumo dos temas de estudo que ele trouxe para o nosso século. Tornou-se conhecido por suas críticas às instituições sociais, à medicina, à psiquiatria e ao sistema prisional, pelas suas teorias complexas sobre o poder e as relações que ele mantém com o conhecimento, seus estudos sobre a história da sexualidade, tanto quanto aqueles sobre a expressão do discurso em relação com a história do pensamento ocidental, anunciador da morte do homem em *As palavras e as coisas*. Seu trabalho de filosofia sempre andou de mãos dadas com seus posicionamentos na imprensa. Influenciado por Nietzsche e Heidegger no que diz respeito ao tema da subjetivação, o que lhe interessa é enfatizar os componentes positivos do jogo de verdade que ele analisa, traçar as regras que governam a enunciação do verdadeiro e do falso. Ele tentou mostrar como a nossa cultura tinha se organizado excluindo os doentes, os loucos, os criminosos, encarnação do que diferentes sociedades em diferentes momentos tiveram necessidade de situar no exterior delas mesmas para constituir sua identidade. Suas principais obras são: *História da loucura* (1961), *As palavras e as coisas* (1966), *Vigiar e punir* (1975), *A história da sexualidade* (1976-1984), *A arqueologia do saber* (1969).

A FILOSOFIA POLÍTICA

A filosofia política se desenvolve em várias direções, incluindo a crítica do pensamento da história, como faz **Raymond Aron** (1905-1983) com o de Marx, ou Louis Althusser, com *Ler o Capital* (1965). A filosofia política vai experimentar um período de renascimento, prolongando a ética ao formular perguntas sobre a cidade, o direito, a justiça, sobre o que baseia nosso futuro no seio da cidade. Novos questionamentos aparecem com **Claude Lefort** (1924-2010), cujo tema central é compreender a relação entre o exercício do poder e a "configuração geral das relações sociais". O importante para ele foi chegar à compreensão das mudanças que levaram à democracia e encontrar suas ameaças imediatas. A democracia é marcada por sua indeterminação, sua incompletude, e Lefort acaba por considerar como democrática qualquer forma de oposição ao totalitarismo. Suas principais obras são *A invenção democrática* (1981) e *O tempo presente* (2007).

❖ **John Rawls** (1921-2002), filósofo americano, é o fundador de uma teoria política sobre as regras da justiça. Em sua *Teoria da justiça*, de 1971, ele contesta o ideal utilitarista. Para ele, as instituições sociais e políticas são justas e equitativas quando obedecem a regras reconhecidas pela maioria dos membros dessas instituições. Ele define, assim, dois princípios de justiça e formula a questão de saber se é preciso confundir o justo e o útil. O primeiro princípio descreve uma sociedade na qual todos têm igual direito às liberdades fundamentais que respeitam a dignidade humana; o segundo postula que as desigualdades sociais e econômicas, em determinadas condições, podem ser justas. John Rawls tem o mérito de ter compreendido que, pelo fato de haver diversidade cultural entre os povos, era urgente pensar um conjunto de regras comuns a todos.

❖ **Leo Strauss** (1899-1973). Será em vão procurar um tratado político na obra desse filósofo alemão, que se estabeleceu nos Estados Unidos em 1938, por meio de seu trabalho prolífico, com 17 livros e 80 artigos. Em contrapartida, muitos serão os estudos sobre os grandes autores da Antiguidade, da Idade Média ou da Idade Moderna. Ele é conhecido por suas reflexões sobre a "crise do nosso tempo", mas também por seus escritos sobre o direito natural. Seus primeiros trabalhos revelam sua atividade intelectual no seio da comunidade judaica: *A crítica da religião em Spinoza ou Os fundamentos da ciência spinozista da Bíblia: pesquisas para um estudo do "Tratado teológico-político"* (1930). Sionista desde os treze anos, ele está certo da fraqueza assimilacionista e considera o sionismo político uma possibilidade. Esse livro vai caracterizar, no pensamento judaico, por meio da questão da vida justa e do estudo comparativo da tradição judaica e grega ocultadas pelo Iluminismo, o conjunto de sua obra. Ele mantém a sua fidelidade à tradição judaica e tenta aprofundar a reflexão de Maimônides segundo as condições impostas pelo presente. Em *A filosofia e a lei* (1935), seu interesse pela filosofia judaica medieval e árabe, entre Atenas e Jerusalém, centra-se no fato de que ela leva à sua maior intensidade a tensão entre razão e revelação. Em *Direito natural e história* (1953), composto em grande parte de autores que abordaram esse tema, após ter dado uma crítica do historicismo que ele defende perante o direito natural, ele dá, deste, uma definição bastante ampla que se estende aos princípios fundamentais de uma sociedade. Desde Maquiavel, toda filosofia política levaria ao positivismo jurídico e ao historicismo, tornando impossível qualquer reflexão sobre o direito natural. O positivismo destruiria qualquer distinção entre o fato e o valor, decretando que não há direito além da lei; o historicismo, revelando o caráter histórico de todo pensamento, comprometeria qualquer tentativa de ir além do direito existente em nome do direito natural. Consequentemente, ele conclui por uma necessidade de voltar a um pensamento antigo, especialmente ao de Aristóteles, para reconstruir uma filosofia política, já que a modernidade é positivista e historicista. Ele se dedicará até sua morte aos comentários dos grandes autores clássicos, como Xenofonte, Tucídides, Aristóteles e, mais particularmente, Platão: *O discurso socrático de*

Xenofonte (1992), *Sócrates e Aristófanes* (1994), *Sobre "O banquete"* (2006). O estudo da filosofia política terá lugar em *Da filosofia clássica* (1945), *Da tirania* (1948) e *O que é a filosofia política?* (1959). Ainda sem perder de vista as duas tradições, ele investiga a distância entre filosófico e religioso no que diz respeito ao político e sobre seu papel, sobre os pontos de referência que a época antiga pode nos trazer. Esse é o caso de *A cidade do homem* (2005).

❖ **Hannah Arendt** (1906-1975), cujo nome de nascença é Johanna Arendt, exila-se na França em 1933, e em seguida nos Estados Unidos em 1941 para fugir do nazismo. Sua obra, que permaneceu nas sombras por anos, afirma-se como obra-chave da filosofia política, principalmente *As origens do totalitarismo* (1951). Ela participará do julgamento de Eichmann em Jerusalém e escreverá um livro intitulado *Eichmann em Jerusalém* (1961), compilação de artigos altamente polêmicos em seu tempo e objeto de muitas controvérsias. Ela retoma o procedimento clássico da ciência política, que vai de Aristóteles a Montesquieu e Tocqueville, para identificar a essência do que é sem precedentes para ela, a saber, o totalitarismo, tipo de regime, segundo a autora, destinado a organizar a vida das massas e cuja consequência leva a destruir o político, o homem e, com eles, o mundo. Este último é a consequência do colapso da sociedade de classes e do sistema de partidos herdado do século XIX.

O totalitarismo acabará por cristalizar os elementos esparsos no Estado-nação e na sociedade burguesa e vai lhes dar uma forma acabada na sociedade de massa. Esta massa é formada por meio da perda de um mundo comum e de um "espaço público", ou seja, a abertura própria dos homens à troca chamada por Hannah Arendt de desolação. A ideologia totalitária compensaria essa privação do mundo, esse desenraizamento de seu eu que a massa dos indivíduos sentiria. Ela vai desempenhar na política um papel importante e se torna princípio de ação: ela vem preencher o vazio de convicção e interesse deixado pela experiência da desolação. Para a autora, a palavra "ideologia", que deveria ser escrita "ideo-*logia*", a lógica própria de uma ideia, torna-se instrumento científico de legitimação universal, uma espécie de coerção imposta à realidade. O terror é o outro princípio de funcionamento da mente totalitária, porque esta não tem a necessidade de usar o medo como meio de intimidação. A obra de Hannah Arendt levanta, pela diversidade de seus pontos de vista, muitos comentários, tanto em sociologia quanto em história ou filosofia. Uma das principais críticas feitas sobre *Origens do totalitarismo* é a de ter querido fixá-lo numa espécie de essência eterna pouco capaz de capturar a complexidade desse tipo de regime.

❖ **Elias Canetti** (1905-1994), também um exilado político, recebeu o Prêmio Nobel de Literatura em 1981. Sua obra inclui peças de teatro, ensaios, autobiografia. Ele publicará em 1960 *Massa e poder*, livro em que busca a origem do poder nas experiências arcaicas da humanidade com base numa fenomenologia do concreto. A massa é um corpo simbólico e patético; patético implica uma dimensão de afeto, em que o poder esgotará sua energia insaciável. Seu livro se situa no cruzamento entre a psicologia social, a etnologia, a antropologia e a filosofia.

HERMENÊUTICA E PENSAMENTO RELIGIOSO CONTEMPORÂNEO

Desde a Antiguidade até o século XIX, a hermenêutica se colocou como ciência normativa das regras da interpretação em disciplinas como a filologia, a exegese e o direito. No final do século XIX, procurou-se na hermenêutica uma metodologia das ciências humanas, normalmente atribuída a **Wilhelm Dilthey** (1833-1911). Infelizmente, isso se manteve como projeto em sua obra e ele não pôde realmente definir as regras. É com Heidegger que o *status* sobre a reflexão filosófica da hermenêutica toma um rumo decisivo. Ele desloca a questão da metodologia das ciências da mente à questão do sentido do ser. **Hans Georg Gadamer** (1900-2002), com a publicação de sua principal obra, *Verdade e método* (1996), dará novo impulso necessário aos trabalhos sobre a hermenêutica. A hermenêutica deve se limitar a descrever fenomenologicamente a matéria da qual se produzem a compreensão e a verdade nas ciências. O nome de **Paul Ricoeur** é associado, no século XX, à hermenêutica, da qual ele foi o grande representante. Ele a define como uma "ciência das interpretações". A regra básica da hermenêutica reside no reconhecimento de uma circularidade metódica: a parte só é compreensível a partir do todo, e este deve ser entendido em função das partes. O aprofundamento do sentido de um texto se fará por esse vaivém entre as partes que o compõem e a totalidade que ele é, mas também entre ele próprio e a totalidade imensa da qual ele é apenas uma parte. O intérprete de um texto deve deixar de lado toda subjetividade ligada à sua compreensão imediata que impede o acesso a essa objetividade do sentido inicial.

Paul Ricoeur

Considerado herdeiro espiritual da fenomenologia de **Husserl** e do existencialismo cristão, Paul Ricoeur (1913-2005) nos deixou uma obra considerável, tendo em conta as contribuições da psicanálise: ele construiu uma filosofia da interpretação. Por ocasião do problema do mal, ele abre a reflexão sobre a hermenêutica. "Qual é a função da interpretação dos símbolos na reflexão filosófica?", pergunta-se Paul Ricoeur em *Conflito das interpretações*[302]. Esta e aquela dos signos, dos símbolos e do texto permitem revelar a opacidade do existente. O sentido de um texto pode realmente responder a questões radicais em todos os tempos e num determinado contexto. Com *Do texto à ação* (1986), Ricoeur acrescenta uma hermenêutica poética. Ao investigar um texto,

---

302. Paul Ricoeur, *Le conflit des interprétations: essai d'herméneutique* [O conflito das interpretações: ensaio de hermenêutica], Paris, Le Seuil, 1969, p. 311.

quem interroga também se faz interrogar por ele; compreender seus signos torna-se também compreender o homem. Interpretando-o, luta-se contra uma distância cultural e temporal. Toda compreensão do texto passa pelo distanciamento de si e pela desconstrução do assunto. A hermenêutica hoje tem sua origem na necessidade de assegurar a compreensão e a interpretação dos textos, preservando-os da incompreensão e da arbitrariedade do intérprete. As principais obras de Paul Ricoeur são: *História e verdade* (1955), *O conflito das interpretações: ensaio de hermenêutica* (1969), *Tempo e narrativa*, três volumes (1983-1985), *O mal, um desafio para a filosofia e para a teologia* (1986), *Si mesmo como um outro* (1990).

O pensamento religioso contemporâneo

Nosso mundo contemporâneo proporciona novos questionamentos sobre o homem moderno, sua maneira de "ser e estar no mundo", fornecendo respostas sobre as tensões que surgem precisamente das dificuldades desse "ser e estar no mundo", dessas representações do indivíduo moderno. Ao libertar-se cada vez mais das restrições e limitações que lhe havia imposto a natureza mais de vinte séculos antes, o homem passou pela experiência de um processo de ilimitação que o levou a afirmar cada vez mais o controle de seu destino, e tornava-se, assim, cada vez mais difícil admitir uma ligação ontológica que o submetesse a Deus, norma e referente de seu destino. As leis que ligavam o homem ao seu meio determinavam as modalidades de sua existência diante de Deus. Por outro lado, se administrar a morte tornou-se um dos desafios da medicina e fazê-la recuar, uma de suas grandes vitórias, também é uma das explicações que fizeram, inicialmente, o fenômeno religioso recuar. No entanto, o sagrado sobrevive aos declínios das instituições religiosas, ao desaparecimento dos mitos fundadores da modernidade, mas ao preço do deslocamento do conceito: a sociabilidade pede por uma ressacralização do viver juntos, e as pessoas entram em consonância quase mística com o que as rodeia: *New Age*, religiosidade etc. A questão do sagrado concerne ao conjunto dos campos próprios às ciências humanas: filosofia, sociologia, história do pensamento, análise política, assim como seu fundamento epistemológico. O pensamento religioso judaico revive nos escritos de Levinas, o pensamento islâmico em **Henry Corbin** (1903-1978), o cristão em **René Girard** (1923-2015), **Marcel Gauchet** (nascido em 1946), **Jean-Luc Marion** (nascido em 1946) ou ainda **Michel Henry** (1922-2002).

A religião ainda é o ópio do povo?

Marcel Gauchet (nascido em 1946) se dedica, por meio de seu trabalho, a traçar, como filósofo político, a história do homem democrático, e a identificar as suas características, o que explica a importância das questões dedicadas à religião, necessária para uma visão de conjunto por sua função unificadora. A originalidade de sua abordagem reside na escolha desta como meio plausível para explicar o devir ocidental. Em *O desencantamento do mundo* (1985), é uma visão muito mais radical que a de Weber que ele nos propõe, a de um cristianismo, verdadeira prova de uma tradição religiosa que teria sido a fonte de sua própria superação. Ele estuda em seu livro primeiramente a lógica desse desencanto pela análise do que está na origem do desencanto, a saber, os dispositivos simbólicos que servem de base para a transformação do divino. Em seguida, o papel desempenhado pelo cristianismo no nascimento do mundo ocidental moderno constitui a segunda parte de sua obra; Gauchet dedicou sua obra à avaliação das consequências da referência divina nos fundamentos da cidade, da sociedade e da revolução democrática. Em *A democracia contra ela mesma* (2002), ele tenta identificar as transformações que a democracia sofreu desde os anos 1970. Ele a identifica à modernidade como saída da religião. A condição política se apresenta como uma espécie de desconstrução da visão marxista do mundo dominada por personalidades como Althusser, Foucault e Soboul.

René Girard (1923-2015) parte da hipótese de que todas as civilizações foram fundamentadas na violência do assassinato fundador em *Coisas ocultas desde a fundação do mundo* (1978) e *A violência e o sagrado* (1972). O cristianismo, segundo ele, seria o antídoto dessa violência. Seu primeiro livro, *Mentira romântica e verdade romanesca* (1961), já carrega os traços de seu pensamento que marcarão seus trabalhos posteriores; ele revela estruturas similares por detrás de personagens tão variados quanto Dom Quixote ou Emma Bovary. Ele vai mostrar que nossa autonomia é puramente ilusória e que nós só escolhemos objetos desejados pelos outros, modelo por mediação. Quanto mais o desejo do outro cresce, mais o meu próprio aumenta, levando por essa aceleração do processo ao conflito que conduz à violência aberta. O sacrifício permite desarmar o conflito, com sua lógica de bode expiatório. A religião cristã, de acordo com *Coisas ocultas*, desde a fundação do mundo, como outras tradições bíblicas, desconstrói o mecanismo sacrificial.

A PÓS-MODERNIDADE NA FILOSOFIA

Na filosofia, o ponto de partida do tema da pós-modernidade será a publicação de **Jean-François Lyotard** (1924-1998), *A condição pós-moderna*, de 1979. Lyotard, um dos principais protagonistas do debate sobre o pós-moderno, produziu trabalhos tanto no campo da teoria do conhecimento quanto no da estética da pintura, *A parte da pintura* (1980)[303]. Sua posição é a de que há uma crise de legitimação do discurso e, em particular, dos discursos filosóficos. As estratégias narrativas destinadas a

---

303. J.-F. Lyotard, *La Pintura del segreto nel'epoca postmoderna* [A pintura do segredo na época pós-moderna], Baruchello, Milão, Feltrineli, 1982.

fundamentar os discursos e as práticas, "as grandes narrativas", não funcionam mais. A pós-modernidade se caracterizaria por essa crise da legitimação pelas "grandes narrativas" que se apresentam como filosofias da história, como pensamentos do sentido da história e do progresso.

Mas foi em 1988, com *O pós-moderno explicado às crianças*, que ele traz uma resposta principalmente no campo de uma estética pictórica. O termo "pós-modernidade" também designa, do ponto de vista da história, uma época da história do Ocidente cujos limites foram pensados de forma variável segundo os autores. O primeiro historiador a usar esse termo será **Arnold Toynbee**, em 1939, para falar sobre a época que se inicia com o primeiro conflito mundial. Para um historiador da filosofia, a pós-modernidade pode ser essa época que sucede a filosofia moderna representada por Descartes, Malebranche e Spinoza. Portanto, há o pressuposto teórico de que esta marca uma ruptura com o período que a precedia e inaugura uma nova era. Composto de um prefixo, o termo "pós-modernidade" sugere uma binaridade que designa uma ruptura temporal com a modernidade, um período que não sabe mais considerar o futuro. Pós-moderno torna-se uma vontade de pensar o depois. O termo designa um período, um contexto sociocultural, mas também uma estética. Marcada pela crise da racionalidade e o rompimento com o Iluminismo, a pós-modernidade o é também pelo colapso das grandes ideologias: a queda do Muro de Berlim em 1989 e o desmembramento do bloco soviético são o ponto alto. Desde então, liberado do mito do progresso, o artista já não precisa mais inovar e pode encontrar sua inspiração no passado, encontrar a liberdade de criar de acordo com seu gosto.

A acusação feita ao universalismo é a de que ele era incapaz de fornecer referências de identidade e até mesmo acabar por dissolver as identidades. O discurso do universalismo é o próprio discurso moderno. Os intelectuais que quiseram acabar com essa definição de modernidade são chamados de pós-modernos e sua definição é, ao contrário, a de uma sociedade completamente atomizada. Segundo eles, qualquer discurso que recorre à verdade torna-se impossível, tanto quanto os que recorrem à razão, pois a primeira é destruída pela importância e pelo sucesso tecnológico e a segunda é dominada pela paixão e pelos afetos. Esses pensadores da pós-modernidade são, principalmente, Deleuze, Baudrillard, Derrida e Lyotard. Eles acham que a nossa sociedade não pode ser reunificada por um único sentido e, portanto, defendem uma disseminação do sentido. É pelo livro de **Jean-François Lyotard**, *A condição pós-moderna* (1979), que essa corrente de pensamento entra para a filosofia e a sociologia. Outros filósofos a alimentam, como **Cornelius Castoriadis** (1922-1997) com a *Instituição imaginária da sociedade* (1975), **Jean Baudrillard** (1929-2007) com *A sociedade de consumo* (1970) e *O Sistema dos Objetos* (1968), **Félix Guattari** (1930-1992) com *Psicanálise e transversalidade* (1974); **Paul Feyerabend** (1924-1994), filósofo austríaco, com *Contra o método* (1975) e *Esboço de uma teoria anarquista do conhecimento* (1975), **Richard Rorty**

(1931-2007), filósofo norte-americano, um dos principais representantes do pensamento pragmático, com *Contingência, ironia e solidariedade* (1993) e *O homem especular* (1990), e **Gianni Vattimo** (nascido em 1936), filósofo italiano, com *Le avventure della differenza* (*A aventura da diferença*) (1980).

❖ **Jean-François Lyotard** (1924-1998) dá surgimento ao conceito de pós-moderno em seu trabalho no final dos anos 1970. Em *A condição pós-moderna* (1979), ele modifica sua concepção por um viés mais sociologizante para localizar a crise das grandes narrativas no contexto da informatização das sociedades ocidentais. Para ele, o horizonte de nossa condição é o pós-moderno, por isso é inútil tentar restaurar a narrativa moderna.

CARACTERÍSTICAS DO PÓS-MODERNO

- O abandono das grandes narrativas que legitimam a civilização ocidental. Ruptura com as grandes ideologias da história prolongadas pela Escola de Frankfurt, Habermas, Apel.
- Recusa das diferenças hierarquizantes; nenhuma preferência quanto aos mitos, culturas.
- O hiperculturalismo valoriza a diversidade cultural, história, fonte de regeneração para o homem pós-moderno.

A função das grandes metanarrativas é a legitimação das práticas morais, políticas e sociais; são *os mitos* que sustentam o presente e o futuro, *as histórias* que buscam a justificativa no final. Várias grandes histórias giram em torno da emancipação da humanidade. Mas as metanarrativas, para Lyotard, não mantiveram suas promessas. O desenvolvimento das ciências e das tecnologias tomou tal importância no século anterior que afundou as grandes promessas de emancipação moderna que estavam em sua base. Lyotard, bem como Vattimo, acredita que esta hegemonia tecnocientífica marca o seu próprio declínio se ela representa o trunfo do projeto moderno. Em seu livro, Lyotard tentará, antes de tudo, designar uma nova forma de legitimação do saber científico que viria legitimar o vínculo social.

Michel Maffesoli (nascido em 1944) também constata essa mesma passagem de uma certa unicidade a uma pluralidade. Segundo ele, a modernidade era dominada nas políticas, no social, no ideológico por uma certa homogeneidade. A pós-modernidade levaria, nessas diferentes áreas, a mudanças significativas. Politicamente, com a inversão em favor do local, socialmente, as pessoas se sentiriam unidas por bases não racionais, região, país, causando um neotribalismo; ideologicamente, ele constata não o seu fim, mas sua fragmentação em micronarrativas em relação com grupos, tribos. O pensamento complexo terá como precursor **Edgar Morin** (nascido em 1921), que, desde 1960, empreende o aprofundamento de uma pesquisa transdisciplinar que traça o surgimento do novo paradigma da complexidade na filosofia, na política, na antropologia e na biologia. O método da complexidade será não o de encontrar um princípio unitário do conhecimento, mas o de pensar o emaranhado de fatores diferentes, sejam eles culturais, sejam biológicos, sejam econômicos, e destacar o surgimento de um pensamento complexo que não se reduz mais nem à filosofia nem à ciência, mas que permite sua intercomunicação em *processos dialógicos*. Nos seis volumes de sua obra enciclopédica, *O método* (1977-2004), ele, portanto, aborda o conhecimento, a ética, a linguagem e a lógica. O objetivo de seu método não é assegurar um critério de infalibilidade, mas convidar a pensar sobre si mesmo na complexidade.

AS FILOSOFIAS DA DIFERENÇA E DA DESCONSTRUÇÃO

Os modos de transformação cultural, o surgimento de uma nova crítica social, bem como outras circunstâncias históricas que dominam a paisagem do final dos anos 1960 trazem novas considerações e novos pensamentos sobre as diferenças resultantes. A filosofia encontrará e inaugurará novos pensamentos sobre como conceber essa diferença como tal. **Jacques Derrida** (1930-2004) é o filósofo da diferença e da desconstrução com a *Escritura e a diferença* (1967). Ele escreverá "différence" (diferença) com um a, *différance*, que vem da palavra "différer" (diferir), no sentido de *ajourner* (adiar). Ele afirma em seus primeiros textos, *A voz e o fenômeno* (1967) e *Da gramatologia* (1967), que a filosofia ocidental será encerrada num contexto conceitual legado pela metafísica, sistema que, desde Platão, é baseado numa divisão entre sensível e inteligível. Assim, a filosofia ocidental organiza nosso pensamento em pares de oposição entre fora/dentro, signo/sentido, mente/corpo. Derrida propõe desconstruir essas oposições. A palavra *différance* não é nem uma palavra, nem um conceito:

> como o -a provém imediatamente do particípio presente da língua francesa (*différant*, "diferindo ou que difere") e nos aproxima da ação em curso do *différer* (diferir), antes mesmo que ela tenha produzido um efeito constituído como *différent* (diferente) ou como *différence* (diferença) com um -e[304].

Ele desafia, em *A voz e o fenômeno*, os pressupostos da fenomenologia de Husserl. Seu método, o "logocentrismo, a metafísica da escrita fonética", a metafísica dos pré-socráticos até Heidegger, é definido pela dominação do *logos*, da razão, da fala, da voz, portanto, pelo afastamento da escrita. Ele chegará gradualmente a desenvolver uma

---

304. J. Derrida, *La Différance*, conferência pronunciada na Sociedade Francesa de Filosofia, em 27 de janeiro de 1968, publicada simultaneamente no *Bulletin de la société française de philosophie* (jul.-set. 1968) e em *Théorie d'ensemble* ("Tel Quel"), Paris, Le Seuil, 1968.

"ciência da escritura". Longe de aproximá-la do estruturalismo ou da linguística geral de **Saussure**, ela será mais uma contestação. Desconstrução é a tradução de *destruktion*, usado por Martin Heidegger em *Ser e tempo* (1927). Os principais discursos de Platão a Heidegger tendem a privilegiar a fala em detrimento da escrita, de que se deve desconfiar. Numa análise detalhada de *Fedro* de Platão, Derrida tenta mostrar que a escrita é uma droga, *pharmakon*, cujos benefícios parecem-lhe ser questionáveis. Longe de assegurar a presença da verdade, a escrita, porque sujeita a muitas reinterpretações e, portanto, considerada instável, depende da opinião. O que faz com que seja nociva é a instabilidade de seu sentido; ela se opõe à presença viva da fala, no momento presente, à presença em si do sujeito consciente. O par escrita-fala está enraizado num fenômeno que ele chama de *différance* ou ainda de "rastro", unicamente perceptível pelas *différences* (diferenças) produzidas por ela. A *différence* (diferença) implica o prazo da suspensão temporal, da suspensão da realização do desejo. Ela também implica o distanciamento da diferenciação, ser outro, por homofonia, o *différend* (diferendo). A desconstrução não é em nada uma filosofia, nem realmente um método: ela é o que está acontecendo em todo texto. É uma descoberta do que está no centro do texto. Seu trabalho será uma desconstrução total em psicanálise, razão e loucura, sentido concreto e sentido figurado, em literatura.

❖ **Gilles Deleuze** (1925-1995). Há duas fases na obra de Deleuze: a dos ensaios sobre **Hume**, **Nietzsche**, **Bergson**, **Spinoza** e a de sua maturidade, *Capitalismo e esquizofrenia*, escrito com **Félix Guattari** (1972), *O que é a filosofia?* (1991), ou sobre autores literários, **Proust**, **Kafka**, **Beckett**, mas também em disciplinas como arte e cinema. Sua filosofia é anti-hegeliana, antidialética e não supõe que o pensamento se afirma por oposição ou negação. Quando, em 1968, escreve *Diferença e repetição*, o primeiro livro escrito por sua conta, ele aborda as questões filosóficas do momento marcadas pela crítica formulada contra Hegel, o estruturalismo, e define os contornos de uma ontologia que servirá para todos os seus trabalhos futuros. Ele também aborda muitas áreas, mas, acima de tudo, apresenta uma teoria filosófica do ser. A obra de Deleuze, com cerca de 25 títulos, destaca-se pela originalidade de seu vocabulário metafórico: nômade, sedentário, singularidade, rizoma, corpo sem órgãos, processo máquina... Seu pensamento se desenvolve na esteira de Nietzsche e participa da destruição da modernidade. Pela primeira vez, *Diferença e repetição* sugere que a manifestação da filosofia não é o bom senso, mas o paradoxo. Sua filosofia toma no sentido contrário a *doxa*, o senso comum. Em sua ontologia, ele nos ensina que nada se repete; como nas águas de Heráclito, tudo flui num perpétuo devir; qualquer senso de estabilidade não existe. O que vemos se reproduzir de forma idêntica comporta ínfimas diferenças, o que faz de cada evento um evento novo. Ele aplicará essa constatação, a de que nunca há repetições, mas apenas diferenças.

2. O ESTRUTURALISMO

A história das ciências humanas no início do século XX foi marcada pela ocorrência de dois fatos importantes: **a linguística** se libera da filologia com a publicação do *Curso de linguística geral,* de Ferdinand de Saussure, em 1916; **a etnologia** moderna se desprende do método histórico. O estruturalismo não se define como uma teoria, mas como um método. Como tal, há uma corrente de pensamento que combina linguística, história, psicanálise ou etnologia, e o conjunto não forma, por causa de sua diversidade, uma doutrina. Ele surge a partir da publicação em 1916 do *Curso de linguística geral* de Saussure. A história se apropria desse método com os trabalhos de Fernand Braudel, com *O Mediterrâneo sob Filipe II* (1949), e de Georges Dumézil, com *Júpiter, Marte, Quirino* (1941-1948).

Mas a revelação do estruturalismo ao grande público se deve à etnologia quando Claude Lévi-Strauss publica, em 1949, As *estruturas elementares do parentesco*. Esse é o início da época de ouro desse pensamento, ilustrado por Michel Foucault em *As palavras e as coisas* (1966) ou por Roland Barthes com *O grau zero da escrita* (1953).

O estruturalismo reside na indagação do estatuto do sujeito e de sua liberdade. Como, realmente, concebê-lo livre se ele depende de estruturas? Ele ainda pode, mesmo nessas condições, produzir história? Esse é o objeto da discussão que opõe os estruturalistas a Sartre, que considerava o homem capaz de ultrapassar as estruturas para criar a história. As ciências humanas permitem, então, uma abordagem do sujeito, mas não devem servir para encerrá-lo, como demonstram os eventos de maio de 1968, que o recolocam no centro de toda discussão.

O estruturalismo oferece os meios de uma ferramenta bem pensada, mas o seu uso foi rapidamente limitado. Se levantou tantas críticas, é porque foi acusado da mesma coisa em relação ao raciocínio analógico, de colocar frente a frente, de aproximar duas palavras, duas comparações difíceis de coordenar. Especialmente hoje, a contribuição das ciências humanas conjuntamente à das ciências exatas nos deu um emaranhado de informações, provindas de relações, de ligações sociais, culturais, excluindo a evidência, mesmo relativa, de um ponto de partida.

O MÉTODO ESTRUTURAL: O HOMEM, PURO PRODUTO DE UM SISTEMA

O método estrutural foi ligado a um momento em que as ciências humanas estavam em pleno desenvolvimento. Método para estudar os fenômenos humanos e culturais. O homem já não é mais o foco central de todo um sistema; ele é o produto puro. Isso dará duros golpes no marxismo e no existencialismo, no conceito de sujeito e de consciência, revelando que todo comportamento é ditado por uma estrutura cuja significação e cujas regras podem nos escapar. Na verdade, mais exatamente, não é um pensamento que suprime o sujeito, mas que o esmigalha e o distribui sistematicamente, que o dissipa e o faz passar de um lugar para outro, sujeito sempre nômade, feito de individuações... Todas as nossas crenças, nossos ritos, nossas condutas mais espirituais tornam-se o fato de estruturas. Em seguida, baseando-se em fatos reais, o método consiste em elaborar modelos, coerentes e simplificados. A consequência disso será um questionamento cujo alcance abalará o conjunto das ciências humanas. A noção de inconsciente permanecerá como característica comum de todos os fatos sociais. Supôs-se que uma estrutura inconsciente era subjacente a todas as ações dos homens, estrutura que funciona às suas custas porque "o inconsciente registra tudo, lembra-se de tudo, reage a tudo, não deixa passar nada. Ele funciona segundo uma ordem estrutural, uma racionalidade escondida que governa, sem nosso conhecimento, a vida da instituição"[305]. É por isso que o estruturalismo foi muitas vezes definido em oposição a outras atitudes, pois existe, por oposição aos outros, pelo menos dois pontos comuns a todos os estruturalismos:

> Por um lado, um ideal ou a esperança de inteligibilidade intrínseca, com base no postulado de que uma estrutura basta-se a si mesma e não necessita, para ser compreendida, do recurso a todos os tipos de elementos estranhos à sua natureza; por outro lado, realizações, na medida em que se conseguiu realmente chegar a certas estruturas e em que a sua utilização coloca em evidência algumas características gerais e aparentemente necessárias que elas apresentam, apesar de suas variedades[306].

O trabalho do etnólogo será o de depreender fenômenos a partir das estruturas inconscientes. Mas tudo partiu da linguística, a tal ponto que o *Petit Larousse*, dicionário enciclopédico francês, define o estruturalismo como uma "teoria linguística, considerando a linguagem como um conjunto estruturado em que as relações definem os termos". Na verdade, todas as ciências emprestaram seus modelos da linguística estrutural.

CLAUDE LÉVI-STRAUSS (1908-2009): NÃO HÁ COMPORTAMENTOS PRÉ-CULTURAIS

O estruturalismo de Lévi-Strauss rejeita essa ideia de função, mostrando que não se pode reduzir os sistemas sociais a ela, o que implicaria um destaque unicamente das semelhanças culturais. Ele pensa, ao contrário, em detectar na organização social a marca inconsciente das estruturas do pensamento. Antes de definir o que é o método estruturalista em etnologia, voltemos rapidamente ao nascimento oficial do termo etnologia como ciência. O ponto de partida do estudo de Lévi-Strauss envolve uma

---

305. François Fourquet, *L'Idéal historique* [O ideal histórico], Paris, UGE, "10/'8", 1973, p. 136.
306. Jean Piaget, *Le Structuralisme* [O estruturalismo], Paris, PUF, "Que sais-je?", 2007, p. 5.

distinção lógica entre *cultura* e *natureza*, entre *homem* e *animal*, e a demonstração de sua *obediência* a *determinismos universais*, tanto quanto a várias regras. Não há comportamentos pré-culturais. As normas e regras, quaisquer que sejam, pertencem ao domínio da cultura, e o universal, ao da natureza. No entanto, em *As estruturas elementares do parentesco* (1949), Lévi-Strauss mostra que a proibição do incesto reúne esses dois tipos de caráter contraditório, constituindo ao mesmo tempo uma regra e apresentando um caráter universal. Mas é mais exato dizer que esse paradoxo "constitui o procedimento fundamental graças ao qual se realiza a passagem da natureza à cultura".

O MÉTODO: A CONTRIBUIÇÃO DA LINGUÍSTICA ESTRUTURAL

É aí que intervém, no método de Lévi-Strauss, a contribuição da linguística estrutural. Lévi-Strauss aplica os seus princípios fundamentais no estudo dos fatos culturais. Eles são considerados apenas sistemas em que cada elemento só tem sentido pelas relações que mantém com os outros. Saussure havia destacado a "arbitrariedade do signo": quando eu digo uma palavra, há primeiramente um som significante, depois um significado. Esse processo se faz em mim de modo totalmente inconsciente e traduz normas que eu não escolhi. Logo, sem a sua existência, toda comunicação torna-se impossível. Lévi-Strauss transpõe essas consequências em seu sistema e argumenta que, em matéria de cultura, os comportamentos humanos têm uma grande participação no inconsciente. A partir dessa constatação, Lévi-Strauss estende sua hipótese, mostrando que existem em todos os povos estruturas mentais inconscientes: "O conjunto dos costumes de um povo é sempre marcado por um estilo; eles formam sistemas"[307]. A aplicação do raciocínio e as estruturas elementares de parentesco designam "os sistemas em que a nomenclatura permite determinar imediatamente o círculo de parentesco e dos aliados"[308]. Lévi-Strauss, aplicando o método fonológico, distingue aqui no sistema de parentesco: o sistema das nomeações (irmão, irmã, tio) e o das atitudes (papel desempenhado pelos membros da família). Em outras palavras, ele estuda os termos e as relações que possam existir entre eles. Lévi-Strauss mostra que há uma combinação infinita de relações e que cada povo as escolhe arbitrariamente:

> A organização social dos bororos e seu sistema de parentesco, assim, são confrontados a um verdadeiro amontoado de enigmas. Para tentar resolvê-los, voltou-se primeiramente à mitologia que, entre os bororos, muitas vezes assume o aspecto de tradições lendárias[309].

---

307. Claude Lévi-Strauss, *Tristes tropiques* [Tristes trópicos], Paris, Plon, p. 205.

308. Claude Lévi-Strauss, *Les Structures élémentaires de la parenté* [As estruturas elementares do parentesco], Berlim/Nova York, Mouton de Gruyter, 2002, p. 309.

309. Claude Lévi-Strauss, *Parole donnée* [Palavra dada], Paris, Plon, p. 83.

O mito é um produto do pensamento que funciona de maneira perfeitamente autônoma para Lévi-Strauss. Mas o mito só é interessante se pode levar "ao pensamento mítico", verdadeiro instrumento do mito. *Mitológicas*[310], gramática geral dos mitos, decompõem estes em elementos ou **mitemas** dos quais somente a combinação faz sentido. Sua posição diante dos símbolos é idêntica. É a oposição entre diversos elementos que tem um valor simbólico e não um único elemento que se organiza com outras oposições, por relações de homologia ou de inversão, acabando por dominar um esquema coerente.

O estruturalismo acaba com vários pressupostos culturais ao afirmar:
- **a existência de um comportamento pré-cultural** nas sociedades primitivas ou de um estado primitivo da humanidade;
- **o mais importante numa cultura não é seu conteúdo**, mas suas estruturas mentais;
- **a negação da história dos povos primitivos** havia levado a negar o interesse por sua cultura. Em contraposição a nossas sociedades, que evoluem linearmente, as sociedades primitivas são fechadas e não incorporam mudanças em seus sistemas;
- **o inconsciente, característica comum** e específica dos fatos sociais. Todos os povos apresentam estruturas mentais inconscientes.

Assim, Lévi-Strauss contribuiu para reabilitar o pensamento arcaico e o pensamento primitivo. Em *Raça e história* (1952), ele salienta como seria absurda qualquer forma de julgamento, com base numa hierarquia de valores, para comparar duas civilizações entre si, pois nenhuma sociedade é perfeita. De todo modo, se queremos julgar a sua perfeição relativa, devemos fazê-lo a partir de suas próprias normas, e não a partir das normas externas à sociedade considerada. Paradoxalmente, todas as sociedades tendem a não respeitar as normas a que se referem[311]. O erro de julgamento pode ser evitado se não nos apoiarmos em nossos próprios critérios.

AS CONSEQUÊNCIAS DO ESTRUTURALISMO

Despojar o subjetivismo

O que nos interessa é a recusa do estruturalismo de se inserir na aparência humana. Ele nos ajudou a despojar o subjetivismo, a "mitologia" do sujeito. Ele nos ensinou

---

310. Claude Lévi-Strauss, *Mythologiques* [Mitológicas], Paris, Plon, 1964-1971.
311. A esse respeito, ver Claude Lévi-Strauss, *Tristes tropiques* [Tristes trópicos], op. cit., p. 463.

que o impessoal é um elemento estruturante do universo pessoal. O trabalho de Lévi-Strauss também nos ensinou que, se mudam as estruturas, há uma universalidade da mente humana, que "a mesma lógica intervém no pensamento mítico"[312]. Longe de obedecer a esmo a leis lógicas, os mitos são "modelos lógicos para resolver uma contradição". Toda riqueza não vem necessariamente do homem, como proclamado em *Tristes trópicos*: "O mundo começou sem o homem e terminará sem ele". Os estruturalistas substituíram o tema das sociedades, do homem, por estruturas inconscientes. Depois, **Michel Foucault** eliminará essa "entidade" que é o homem como objeto das ciências humanas, e para **Lacan**, o inconsciente fala por tudo, "o homem é falado, ele não fala". A característica de todos os sistemas antigos era colocar os valores fora do alcance do homem. Os valores não lhe pertenciam; é ele que lhes pertence. O monismo estruturalista quis acabar com a dicotomia homem-natureza, matéria-mente. A antropologia, bem entendida, não é uma "entropologia", isto é, a elaboração contínua do homem da "entropia", da maior inércia, ao contrário do que implica o jogo de palavras de Levi-Strauss. É por isso que o estruturalismo foi vislumbrado como um meio de fixar a realidade humana em estruturas, e de tê-la, também, de alguma forma, des-historicizado.

A execução do evento

A segunda execução, após a morte do homem, foi a do evento: a "nova história", isto é, entrevista, assim, em relação à história tradicional, que se esforçava em reconstruir o evento, defendida pela École des Annales (Escola dos Anais), fundada em 1929, que rejeita todas as formas de interesse por uma história voltada para os fatos, incompreensíveis e rebeldes a todas as explicações científicas, mas consagrados pela tradição. A história de hoje remete à metafísica, à teologia; a visão global, unitária de uma única e ilusória história se estampa, em favor das histórias, qualitativas, científicas, e de uma imensa promoção do imediato para a história e do vivido para o lendário. Na verdade, longe de incitar os historiadores "a esquecerem a história", o estruturalismo os convidou para conceber a história sob uma nova maneira de pensar. O conceito de um tempo longo, quase fixo, no qual repousam os costumes, as mentalidades, as restrições geográficas favorece o que determina a identidade cultural das sociedades. Até então, só havia a história do passado, primeira convenção da história evidenciada por **Paul Veyne**. A história do presente era considerada evidente, já que era "óbvia". A oposição entre os dois deu à luz a sociologia e a etnologia, já que ele diz: "O primeiro dever de um historiador não é o de desenvolver seu tema, mas o de inventá-lo". É o que parece ter feito a antropologia quando ela tenta retraduzir nossas maneiras de fazer. Os pensadores do século XX aprofundaram, sobretudo, o conceito de autenticidade, deixando a seus predecessores a noção de bem e de mal.

---

312. Claude Lévi-Strauss, *Anthropologie structurale* [Antropologia estrutural], Paris, Plon, p. 255.

O ESTRUTURALISMO EXPANDIDO

Os principais estruturalistas são: **Lacan, Althusser, Foucault**.

❖ **Jacques Lacan** (1901-1981), psicanalista, apresenta uma releitura de Freud. O *id*, o *ego* e o *superego* são uma estrutura de discurso, refletem mais uma maneira de falar do que uma estrutura mental. O propósito de qualquer análise é encontrar um discurso coerente.

❖ **Louis Althusser** (1918-1992) propõe uma releitura estruturalista de Marx. Os anos 1845-1850 marcam uma clara mudança no pensamento de Marx. Ele teria percebido que não era suficiente restaurar a dialética hegeliana, mas que era preciso fazer dela um objeto científico. Althusser discerne no homem várias estruturas, as *instâncias* ou *níveis*: nível ideológico, econômico, político. Cada um deles, autônomo, tem a sua própria dialética. Existe na estrutura geral um nível dominante, o nível econômico, no qual o modo de produção fundamenta a dialética.

❖ Para **Michel Foucault** (1926-1984), o estruturalismo, em *As palavras e as coisas*[313], torna-se um grade de leitura da história das ciências. As ciências, se seguirmos a sua história, tiveram uma episteme, um sistema lógico segundo os elementos *a priori* em Kant. Na verdade, trata-se de um *a priori* histórico, pois ele explica o conhecimento por meio da episteme que tem desenvolvimentos interessantes. É assim que passamos de uma episteme medieval, na qual tudo é baseado em um sistema de análise por assimilação de semelhanças, à vontade de episteme objetiva. Foucault é levado a concluir que as ciências não podem dar conta do homem plenamente, pois a sua dimensão transcendental lhes escapa.

3. A MÚSICA NO SÉCULO XX

O final do século XIX termina com o desaparecimento das formas últimas do romantismo, embora se possa considerar que este terminou com a morte de Schubert. A ruptura que vai introduzir o início do século XX é provavelmente a mais radical de toda a história da música; não se trata mais de uma mudança de modos, instrumentos, orquestração, mas da concepção nova de uma música atonal cujo criador é **Arnold Schoenberg** (1874-1951), seguido por seus alunos Alban Berg (1885-1935) e Anton Webern (1883-1945). Certamente, os franceses Claude Debussy (1862-1918) e Maurice Ravel (1875-1937) dão um novo impulso musical com as suas composições impressionistas, mas elas ainda são parte de um legado clássico. Enquanto Schoenberg pretende

---

313. Michel Foucalt, *Les Mots et les Choses. Une archéologie des sciences humaines* [As palavras e as coisas. Uma arqueologia das ciências humanas], Paris, Gallimard, "Biblithèque des sciences humaines", 1966.

ser expressionista na música, outro grande inovador, Igor Stravinsky (1882-1971), reivindica o primitivismo, ou mesmo influências bárbaras, querendo ceder lugar à selvageria da explosão musical. Essas transformações radicais não impedem de forma alguma a eclosão de um movimento neoclássico, por iniciativa de Béla Bartók ou Sergei Prokofiev, que dominam entre os anos 1920 e o fim da Segunda Guerra Mundial. Depois de 1945, Webern se volta ao serialismo, sendo o objetivo da música serial registrar na partitura, em um primeiro tempo, a intensidade, a altura, a duração, o timbre de cada som emitido, a fim de aplicar a eles um tratamento serial. Depois de sua morte, Pierre Boulez (nascido em 1925) e Karlheinz Stockhausen (1928-2007) continuam as pesquisas na área. Os progressos técnicos estarão na origem da evolução musical posterior. **Edgar Varese** (1883-1965) integra instrumentos eletrônicos a suas criações. O serialismo é ultrapassado por Iánnis Xenákis (1922-2001), que prefere os modelos matemáticos, ou John Cage (1912-1992), que usa modos aleatórios.

A **música minimalista** se desenvolve nos Estados Unidos ao longo dos anos 1960. Ela se baseia na repetição de sonoridades, inspirando-se no serialismo. Além de John Cage, convém citar **Steve Reich** (nascido em 1936) e sua *Music for 18 musicians*, e **Philip Glass** (nascido em 1937), com seu *Violin Concerto*. A **música espectral** se baseia no recurso à tecnologia, com a medição do som por meio de um espectógrafo que decompõe a sucessão dos sinais sonoros. Assim, cada som é identificado com precisão. Ela se desenvolve no final dos anos 1970. O nome de música espectral é dado em 1979 pelo musicólogo francês **Yves Dufort** (nascido em 1943). A análise espectral conhece seu total desenvolvimento com os avanços do computador. Os principais representantes são o poeta e compositor italiano **Giacinto Scelsi** (1905-1988), autor de *Quattro pezzi su una nota sola*, e os franceses **Tristan Murail** (nascido em 1947) com *Liber Fulguralis* ou *En moyenne et extrême raison*, e **Gérard Grisey** (1946-1998), com *Vortex Temporum*. Ao mesmo tempo que a música minimalista e a música espectral, desenvolve-se uma nova tendência: a música pós-moderna. Ela pretende ser uma ruptura criativa, mesclando o popular e os estilos "elevados", substituindo a música em um contexto cultural de conjunto. Trata-se não somente da emissão da música, mas também da natureza da escuta. A pessoa que escuta é integrada à obra; sua percepção, seu filtro mental participam plenamente da escuta e, assim, ela deixa de ser passiva. A melodia é reintroduzida, e o recurso à repetitividade é reivindicado. As retomadas, ou citações de obras anteriores, são integradas. O autor mais revelador da pós-modernidade é **Luciano Berio** (1925-2003) e sua *Sinfonia*. Mas pode-se citar outros autores, vindos de correntes de origem diferente: **Arvo Part** (nascido em 1935), compositor estoniano de *Tabula rasa*, ou o americano **Michael Nyman** (nascido em 1944), autor de *Musique à grande vitesse* ou *MGV* (*Música de alta velocidade*).

AS MÚSICAS POPULARES

Assim como as músicas eruditas, desenvolvidas no século XX como reação às regras da expressão clássica para aprofundá-las ou ultrapassá-las, as músicas populares conhecem um impressionante desenvolvimento. Buscando suas fontes na música dos escravos, nas plantações do sul dos Estados Unidos, e estreitamente ligado à improvisação, o jazz conhece um desenvolvimento importante no início do século XX graças a uma sucessão de artistas talentosos: **Jelly Roll Morton** (c. 1885-1941), pianista que fazia a ponte entre o ragtime e o jazz nos anos 1920; **Duke Ellington** (1899-1974), pianista e regente; e **Django Reinhardt** (1910-1953), guitarrista cigano, primeiro grande músico de jazz europeu, estão entre os pioneiros. **Louis Armstrong** (1901-1971) foi cantor e trompetista excepcional. **Count Basie** (1904-1984), pianista, compositor e chefe de *big band* (grande orquestra), está na origem do *swing* nos anos 1930 e 1940. **Dizzy Gillespie** (1917-1993), trompetista, é um pioneiro do *be-bop*, do qual **Charlie "Bird" Parker** (1920-1955), saxofonista alto, será considerado como mestre inconteste. O contrabaixista **Charles Mingus** (1922-1979) alia o jazz moderno ao blues, enquanto que o trompetista **Miles Davis** (1926-1991) é o iniciador da fusão jazz-rock dos anos 1960. **John Coltrane** (1926-1967), sax tenor e alto, e **Oscar Peterson** (1925-2007), no piano, são reputados por suas improvisações. Cantora de blues, **Bessie Smith** (1894-1937) exerce uma forte influência no jaz e no pop. No campo do jazz, **Billie Holiday** (1915-1959) atingiu o ápice nos anos 1930 e 1940. O jazz contemporâneo é atravessado por muitas correntes de influências sutis que lhe dão, em cada registro, uma coloração própria. Assim, o *acid jazz* ou *groove jazz*, desenvolvido a partir dos anos 1990, funda-se no *soul*, música popular afro-americana derivada do *gospel*, que se dirige à alma, o *funk* sincopado, ilustrado por **Michael Jackson** (1958-2009), a *disco*, música e dança de discoteca, o *hip-hop* ou o *rap*. O *rock* tem sua origem em uma combinação entre a música *country*, música popular norte-americana, o *bluegrass*, do nome dos Blue Grass Boys, primeiro grupo de **Bill Monroe** (1916-1986), e o *rhythm and blues*, uma das formas de expressão do jazz. Nos anos 1950, o *rock* é vulgarizado nos Estados Unidos sob o nome de *rock and roll* (título de uma canção de 1934; literalmente "balance e role"). Antes do surgimento dos **Beatles** e dos **Rolling Stones**, o maior roqueiro da época é, sem dúvida alguma, **Elvis Presley** (1935-1977), ou o "Rei". O *rock* evolui para tonalidades mais pesadas, com o *hard rock*, que confere papel importante aos *riffs* de guitarra e à bateria. Os grupos emblemáticos britânicos dessa corrente são o **Led Zeppelin** e o **Deep Purple**. Artista único, inclassificável de tanto que seu talento se presta à sua forma de tocar guitarra e *a priori* inimaginável para os outros, **Jimmy Hendrix** (1942-1970) pratica um **rock psicodélico**, hipnótico, tocado sob a influência de substâncias modificadoras de consciência. O *rock* continua no movimento punk e o emblemático grupo dos **Sex Pistols** ou no *heavy metal*, com forte aceleração do ritmo e acentuação da sonoridade para torná-la agressiva, como é o caso do grupo **Metallica**. O estilo *disco* foi indiscutivelmente consolidado pelo filme de **John Badham** (nascido em 1939), *Os embalos de sábado à noite*, que revelou **John Travolta**. Depois, o sucesso de *Grease* contribuiu para impor o gênero, que evoluiu aos poucos para o *funk*, ou seja, uma interpretação sensual da música popular. O movimento **rap** se liga ao do *hip-hop* (do inglês *to be hip*, "estar à solta", e *to hop*, "saltitar"). O ritmo é marcado. *Rap*, em inglês, significa "bater". O primeiro grande sucesso é gravado em Nova York sob o título "Rapper's Delight", em setembro de 1979, por **Sugar Hill Gang**. O ritmo é marcado, voluntariamente sincopado. Suas origens africanas evocam o *griot*[314], mas não se trata mais de um conto. As frases encadeadas martelam, clamando revolta. O *reggae*, derivado do calipso, música de carnaval das Antilhas, impõe-se como música **jamaicana** dos anos 1940, descoberta pelo Ocidente em 1974, quando da retomada de uma canção de **Bob Marley** (1945-1981): "I shot the Sheriff". O *reggae* evolui sob formas diversas, dentre as quais o *dub reggae* e o *dub poetry*, com textos mais engajados, ou o *nu roots*, ligado a escritos mais culturais, que se destacam dos temas tradicionais de sexo e violência. A música *techno* nasce em Chicago, mescla de sintetizador e de músicas ritmadas tocadas simultaneamente. Ela é sempre renovada graças a apropriação de outras músicas. Os principais grupos franceses são **St. Germain**, **Funk Mob** e **Dimitri from Paris**.

---

314. Trata-se de termo oriundo do francês *guiriot, guiriotte, griote* (que na África são conhecidos como "jali/djali" ou "jeli/djelié"), que, de acordo com alguns autores, deve significar, em português, "criado", "servo". Em tese, são africanos cujas atividades envolvem informar, educar e entreter; preservam e transmitem histórias, fatos históricos e conhecimentos e canções de seu povo. São correspondentes, em outras culturas, aos bardos e aos repentistas.

EM DIREÇÃO AO SÉCULO XXI...

A partir de 1991, uma nova ordem mundial se desenha, herdada dos conflitos do século anterior ainda não resolvidos e das primeiras manifestações de novas potências em devir. O Oriente Médio, as novas relações Norte-Sul, o futuro da África, constituem os pontos de interrogação de um século XXI em devir.

O ORIENTE MÉDIO

A "questão do Oriente Médio" nasce com a Primeira Guerra Mundial. Em 1915, os britânicos prometem aos árabes, então sob soberania turca, que reconhecerão sua independência e que garantirão a inviolabilidade de seus lugares santos. Pouco depois, a Declaração de Balfur, de 1917, anuncia a possível criação de uma "morada nacional judia" na Palestina. O termo é muito vago; não se trata de um Estado judeu, e isso autoriza todo tipo de interpretação. Pelos acordos de San Remo, em 1920, o Reino Unido obtém um mandato sobre a Palestina. O futuro da região depende das promessas britânicas feitas ao mesmo tempo aos judeus e aos árabes. Uma agência judaica representa, na Palestina, os interesses da comunidade diante das autoridades britânicas. Uma assembleia é eleita, e cada localidade judaica tem seu conselho municipal. Um exército clandestino, o Haganá, é criado. Em 1939, os judeus somam 30% da população da Palestina. Os confrontos entre populações árabes e judaicas se multiplicam, sem reação britânica, com exceção da publicação de dois "livros brancos" de recomendações, sem qualquer efeito. Durante a Segunda Guerra Mundial, grupos sionistas enfrentam forças britânicas.

O ESTADO DE ISRAEL

Em 1947, o Reino Unido é incapaz de encontrar uma solução satisfatória para permitir que as populações árabes e judaicas vivam juntas e confia seu mandato à ONU, que propõe, em novembro, um plano de divisão da Palestina, criando um Estado judaico e um Estado árabe. Em 14 de maio de 1948, **David Ben Gurion** (1886-1973) proclama o nascimento do Estado de Israel. Uma primeira guerra árabe-israelense eclode, opondo o Líbano, o Egito, a Transjordânia e a Síria a Israel. Ela se conclui em 1949 com a vitória de Israel. O Estado palestino desaparece antes de ter existido. Mais da metade dos árabes da Palestina se refugiam nos países árabes vizinhos, em grandes campos. Seu número acaba preocupando o rei Hussein da Jordânia, que os expulsa em massa em 1970, depois de violentos combates que opõem os *fedains* – combatentes dispostos a se sacrificar – palestinos ao exército jordaniano, episódio conhecido pelo nome de "Setembro Negro". Os palestinos se organizam com a criação da Organização de Libertação da Palestina, ou OLP, em 1964. Seu nome está associado ao de seu principal dirigente: **Yasser Arafat** (1929-2004). Israel a considera uma organização terrorista até os Acordos de Oslo em 1993, que oficializam a criação de uma autoridade palestina. Seguem-se outros conflitos: Guerra dos Seis Dias, de 5 a 10 de junho de 1967; do Yom Kippur, em 1973; primeira Intifada, ou "Guerra das Pedras", entre 1987 e 1993; e a segunda Intifada, de 2000 a 2006. Durante a Guerra dos Seis Dias, a Síria, a Jordânia, o Egito e o Iraque são atacados e vencidos em poucos dias, com a represália israelense diante da decisão egípcia de proibir que seus navios cruzem o estreito de Tiran. O vencedor anexa os "territórios ocupados": Colinas de Golã, Faixa de Gaza, Sinai, Cisjordânia. A Guerra do Yom Kippur opõe Israel ao Egito e à Síria em outubro de 1973. Aproveitando a celebração da festa do Yom Kippur, o "Grande Perdão", feriado, ao mesmo tempo que acontece o Ramadã, os agressores penetram no Sinai e no Golan. Uma semana depois, eles são expulsos, mas esses dias de avanço vitorioso permitem apresentar à opinião árabe a guerra como vitoriosa. É principalmente o caso para o presidente egípcio **Anwar al-Sadat** (1918-1981), que então pode forçar que se admita uma aproximação, ainda que em via hostil, com Israel e a assinatura dos acordos de Camp David em 1978, sob a proteção americana do presidente Jimmy Carter. Em 1981, Sadat é assassinado quando de um desfile militar por soldados que pertencem a um movimento jihadista que não perdoaram os acordos de paz com Israel. Em 1982, o Egito recupera o Sinai. O processo iniciado com os Acordos de Oslo parece promissor para uma paz futura, mas acaba com o assassinato de seu principal promotor: **Yitzhak Rabin** (1922-1995). Em 2004, Israel se retira da Faixa de Gaza. Mas as negociações com a Autoridade palestina estagnam e a criação de um Estado palestino é adiada sem previsão. Importantes pontos de desacordo subsistem: a questão do *status* de Jerusalém, do retorno dos refugiados, da distribuição da água.

UM ORIENTE PRÓXIMO E UM ORIENTE MÉDIO COMPLICADOS

O Oriente Médio e o Oriente Próximo são zonas potencialmente conflituosas para o futuro; a história recente tende a prová-lo, marcada por uma sucessão de guerras e revoluções: Guerra dos Seis Dias, Guerra do Yom Kippur, Guerra Civil Libanesa, Revolução Iraniana de 1979, Guerra Irã-Iraque, Guerra do Kwait etc. O fim da URSS autoriza certos Estados a praticar uma política agressiva; em 1990, Saddam Hussein, presidente iraquiano, invade o Kwait, o que provoca a reação dos Estados Unidos e de seus aliados. A primeira guerra do Golfo é rapidamente vencida com a operação Tempestade no Deserto, entre janeiro e fevereiro de 1991. O próprio mundo árabe se fratura com a oposição entre os governos e os movimentos islâmicos que reivindicam um Estado unicamente regido pelo Corão: Irmandade Muçulmana no Egito, Hamas palestino, Hezbollah no Líbano.

O petróleo é mais um fator para a situação insolúvel. Até 1945, ele é amplamente controlado pelos britânicos, sob a égide da Anglo Persian Oil Company. Depois da Segunda Guerra Mundial, os americanos intervém na Arábia Saudita com a Arabian American Oil Company. As outras grandes companhias de exploração de petróleo, conhecidas sob o nome de Seven Sisters, as "Sete Irmãs", são todas ocidentais e mantêm um preço baixo do barril (do inglês *barrel*) até 1973, em torno de 1 dólar o barril. Os países produtores têm dificuldades de obter maior lucro com o petróleo. Em 1951, o primeiro-ministro iraniano, **Mohamed Mossadegh** (1882-1967), tenta exercer pressão e nacionaliza o petróleo iraniano, mas é afastado após um complô fomentado pela CIA em 1953. Deve-se esperar a criação da Organização dos Países Exportadores de Petróleo (OPEP) em 1960, para que os produtores se organizem. Em sua origem, os membros são a Arábia Saudita, o Iraque, o Kwait e a Venezuela. A sede dessa organização instalou-se em Genebra e depois, a partir de 1965, em Viena.

Novos membros aderem ao grupo, em número de treze em 2013. Por meio de nacionalizações, redistribuição de *royalties*, retornos do petróleo, os membros da OPEP retomam o controle dos lucros da exploração petroleira. Em 1973, os membros árabes do grupo fazem da OPEP uma arma política contra os países aliados de Israel, provocando o primeiro choque do petróleo e a multiplicação por quatro do preço do barril. Em 1979, a Revolução Iraniana expulsa o xá do Irã, aliado do Ocidente, em proveito de uma teocracia dirigida pelo aiatolá Khomeini e provoca o segundo choque do petróleo e uma disparada do preço. A evolução da cotação é, no entanto, errática: em 1986, quando do contrachoque do petróleo, as cotações mundiais diminuem em 50%. A OPEP representa apenas 40% das trocas mundiais de petróleo, com a chegada de novas fontes de fornecimento: petróleo do mar do Norte ou do México. As frustrações se mantêm em torno da capitalização que o petróleo representa e adquirem uma dimensão política. A destruição das Torres Gêmeas de Nova York, em 11 de setembro de 2001, é reivindicada pelos terroristas da Al-Qaeda em nome do não cumprimento, por parte dos norte-americanos, da promessa de retirada das tropas estacionadas na Arábia Saudita depois da Guerra do Golfo. De forma mais geral, a Al-Qaeda rejeita os governos árabes aliados dos ocidentais, recusa a existência do Estado de Israel e a presença das tropas ocidentais no Oriente Médio, mantendo uma tensão permanente na região por meio de suas redes.

A ESPERANÇA DA PRIMAVERA ÁRABE

O termo "Primavera Árabe" pode ser aproximado da Primavera dos Povos, que designa o despertar das nações europeias e os movimentos revolucionários que o acompanharam em 1848. Trata-se, de fato, de revoltas populares que tentam pôr fim à existência de regimes ditatoriais ou autoritários. Tudo começa na Tunísia, com a Revolução de Jasmim, que eclode em dezembro de 2010 e força o presidente **Ben Ali** (nascido em 1936), no poder desde 1987, a fugir do país em janeiro de 2011. Depois, é o Egito que, sob pressão popular, põe fim, em fevereiro de 2011, ao regime do presidente **Hosni Mubarak** (nascido em 1928), no cargo desde 1981. O antigo chefe de Estado é colocado em prisão domiciliar, antes do seu julgamento. Mas as aspirações à democracia vão de encontro a uma resistência muito mais viva na Líbia, onde uma guerra civil dura de fevereiro a outubro de 2011 e acaba com a morte de **Muammar Kadafi** (1942-2011), no poder desde 1969. O mesmo ocorre no Iêmen, onde o presidente **Saleh** (nascido em 1942), assim como Kadafi, vale-se das rivalidades tribais para se manter no posto, apesar da guerra civil, de fevereiro de 2011 a fevereiro de 2012, data na qual ele abandona o país sob pressão internacional, depois de ter ocupado o poder no Iêmen unificado desde 1990. No Barein, a Primavera Árabe fracassa diante da coalizão das outras monarquias do Golfo, que apoiam a família reinante por medo de uma extensão dos conflitos a seus próprios reinos.

Onde teve sucesso, a Primavera Árabe deve enfrentar desafios imensos: instalar novas instituições, organizar a vida política em torno do multipartidarismo, remediar as gritantes injustiças sociais, mas também conter, sem impedir sua manifestação, as reivindicações identitárias baseadas na religião, exigidas pelos partidos políticos religiosos, que se tornaram importantes após as primeiras eleições livres.

AS NOVAS RELAÇÕES NORTE-SUL

Após os termos "terceiro mundo", "países subdesenvolvidos", "países em vias de desenvolvimento", o termo "Norte-Sul" passa, por volta dos anos 1970, a designar as relações entre países ricos e desenvolvidos do "Norte" e países pobres do "Sul". A realidade de extrema diversidade das situações leva, hoje, a falar de mais de um Sul. O critério fundamental para identificá-los ainda é a grande pobreza, ou seja: pessoas que dispõem de menos de 1 dólar por dia para viver. Dois gigantes formam um grupo à parte, entre os países emergentes, que conhecem um forte desenvolvimento econômico, mas que não apresentam ainda o acesso a uma sociedade de consumo de massa que define os países desenvolvidos: a China e a Índia. A China é atualmente a segunda economia do mundo, depois dos Estados Unidos, e a Índia ocupa o 12º lugar no *ranking* mundial. O Brasil segue seu exemplo, ocupando o sexto lugar no mundo e, da mesma forma, confronta-se com o desafio de um desenvolvimento que não beneficia a todos.

A CHINA: SUCESSO ECONÔMICO E DESAFIO DEMOCRÁTICO

É inegável que a política de abertura econômica, iniciada por Deng Xiaoping, permite que a China chegue ao segundo lugar das economias mundiais por meio de uma via original: a "economia socialista de mercado". Por trás desse oximoro, está a vontade de conciliar a manutenção de uma ideologia política e de um regime comunista de partido único, adotando, ao mesmo tempo, as regras liberais de mercado, ou seja, fazendo uso da técnica econômica que é o capitalismo. Mas esse sistema conhece limites. Se a maioria dos chineses aceita o mercado que implica manter um regime autoritário em troca da melhoria das condições de vida, alguns querem mais e reivindicam a democracia. Essa reivindicação se expressa nos eventos trágicos da Praça da Paz Celestial entre abril e junho de 1989. Os estudantes ocupam essa praça central de Pequim e pedem o fim do partido único, do monopólio do Partido Comunista Chinês sobre a vida pública e a instauração de uma democracia e do multipartidarismo.

Enfim, o governo reage brutalmente, decretando a lei marcial e depois enviando o exército contra os manifestantes. A repressão faz milhares de mortos, e toda contestação do Partido Comunista é abafada na fonte. As vivas reações internacionais cedem espaço, no entanto, à admiração diante de uma economia que conhece um crescimento anual de dois dígitos há vinte anos, em uma época em que os países desenvolvidos oscilam entre estagnação, crise e recessão. Em 2008, a China organiza os Jogos Olímpicos de Pequim; em 2010, Xangai é sede da Exposição Universal. Outro desafio aguarda a China do século XXI: a desigualdade social. Se o país conta com mais de uma centena de bilionários em 2011, também conta com 300 milhões de pobres, com a expansão econômica fazendo a fortuna dos litorais em oposição com o que acontece no interior da China com suas grandes populações rurais. Milhões de migrantes interiores ilegais deixam os campos para engrossar um subproletariado urbano nas cidades industriais. A cada ano, o país deve atingir um objetivo gigantesco – fornecer trabalho aos jovens que chegam ao mercado de trabalho – e, nesse contexto, precisa atingir um crescimento de no mínimo 10%.

A ÍNDIA: RICA EM DIVERSIDADES

Desde a independência, em 1947, até o início dos anos 1990, a Índia escolhe desenvolver-se com base em um modelo de economia de inspiração socialista, no qual o Estado mantém um controle estreito sobre as atividades econômicas. Esse modelo termina com a liberalização da economia realizada sob o mandato do primeiro-ministro **Narasimha Rao** (1921-2004), que empreende as reformas, principalmente o abandono do protecionismo, que condicionam um período de elevado crescimento para o país. A Índia faz parte do grupo BRIC[315] (Brasil, Índia, China, Rússia e África do Sul) e, como os demais membros, funda seu sucesso econômico no desenvolvimento de sua indústria, principalmente de ponta, com o Centro de Informática de Bangalore, o Silicon Valley indiano. Em 2010, a economia da Índia está classificada em 12º lugar. A "maior democracia do mundo", com mais de um bilhão de habitantes, segunda potência demográfica depois da China (1,3 bilhão de habitantes), também enfrenta o desafio da pobreza, estimada em 2010 em aproximadamente 300 milhões de indianos. Assim como para a China, a manutenção de uma taxa de crescimento elevada é uma obrigação, pois, ao contrário desta última, ainda conhece um crescimento demográfico muito forte, superior ao seu crescimento econômico, fenômeno que mantém e gera pobreza.

O BRASIL: GIGANTE DA DESIGUALDADE

Por volta dos anos 1960, o Brasil inicia seu período de crescimento elevado, ao mesmo tempo que instaura uma ditadura militar, em 1964. É preciso aguardar até 1985 para o estabelecimento de uma democracia. Em 2002, um antigo sindicalista, **Luiz Inácio Lula da Silva** (nascido em 1945), é eleito presidente da república. Em 2006, ele é eleito para um segundo mandato, após o qual uma mulher, **Dilma Rousseff** (nascida em 1947), sucede-o, tornando-se a primeira presidenta da história do Brasil. Sexta economia mundial, com mais de 200 milhões de habitantes, o Brasil deve, no entanto, resolver um grave problema de desigualdade social para chegar ao grupo dos países desenvolvidos de consumo de massa. Assim como a China e a Índia, a constituição de uma classe média não deve levar ao esquecimento dos milhões de brasileiros, por volta de um quarto da população, que vivem abaixo da linha de pobreza, ou que são obrigados a morar em favelas. Por sinal, esse é um problema para o país, que sediou os Jogos Olímpicos em 2016, no Rio de Janeiro.

---

315. Em 2011, um "S" foi oficialmente adicionado à sigla BRIC para formar o BRICS, após a admissão da África do Sul (em inglês, South Africa) ao grupo [N.T.].

A ÁFRICA, DESAFIO DO SÉCULO XXI

Se o fim da Guerra Fria produziu um efeito feliz na África do Sul, acelerando o fim do regime de *apartheid*, o mesmo não acontece no resto do continente africano. De fato, certo número de regimes se mantém com base na oposição entre os dois blocos. O desaparecimento da URSS os leva à ruína, despertando conflitos interétnicos. Estes são exacerbados pela herança de fronteiras coloniais que não levam em consideração sua existência. Em 1994, o governo ruandês em Kigali organiza os massacres hutus sobre a comunidade tútsi. O Congo conhece uma primeira guerra entre 1996 e 1997, quando o marechal **Sese Seko Mobutu** (1930-1997) perde o poder para **Laurent-Désiré Kabila** (1939-2001), que batiza o país com o nome de República Democrática do Congo. A segunda guerra do Congo é ainda maior, implicando nove Estados africanos entre 1998 e 2003, prolongando os massacres entre tútsis e hutus, e conferindo uma dimensão étnica a uma guerra entre Estados e facções políticas que se deslocam de um território a outro em função de seus interesses de momento.

Entre 2003 e 2007, a guerra civil em Darfur, no oeste do Sudão, provoca milhares de vítimas. No sul desse mesmo país, um conflito armado opõe o governo de Cartum e os muçulmanos do norte aos independentes cristãos ou animistas do sul do Sudão. O conflito acaba em julho de 2011 com a proclamação da independência do sul do Sudão, que se torna República do Sudão do Sul. Reconhecida por Cartum, essa jovem república não se livra das reivindicações de diversas ordens, principalmente ligadas à existência de reservas de petróleo. A África é o continente no qual ocorre, simultaneamente, o maior número de conflitos, tanto de ordem beligerante de diferentes países como de guerras civis, movimentos armados ao serviço de um presidente que recusa o resultado das urnas, ou ainda o aumento da crise da Costa do Marfim entre 2002 e 2011, provocado pela oposição entre as forças armadas do presidente Laurent Gbagbo e os rebeldes que controlam o norte do país, e resultando na queda do presidente. O grande desafio da África no século XXI consiste em encontrar um meio de estabelecer uma paz duradoura no continente, condição indispensável a todo processo de desenvolvimento, objetivo da Organização da Unidade Africana, fundada em 1963, seguida pela União Africana de 2002.

A ÁFRICA DO SUL PARA OS AFRICANOS

Desde 1948, a minoria de brancos da África do Sul instaurou um regime de *apartheid*, de "desenvolvimento separado", que proíbe os casamentos mistos e obriga os negros a residirem fora das zonas reservadas aos brancos. As pressões internacionais permanecem vãs, e o principal opositor, chefe do ANC (African National Congress), o Congresso Nacional Africano, **Nelson Mandela** (1918-2013), é preso em 1962. O fim da Guerra Fria acelera o fim do *apartheid*. Em 1990, Nelson Mandela é libertado e recebe, em 1993, o Prêmio Nobel da Paz com **Frederik De Klerk** (nascido em 1936), então presidente, artífice da abolição do *apartheid*. Este último legaliza o conjunto dos movimentos de reivindicações políticas dos negros, a partir dos quais o ANC, em 1990, lança o processo de transição democrática constitucional no ano seguinte. Realizado em 1994, ele permite a organização das primeiras eleições abertas aos negros. Nelson Mandela é eleito presidente da república, ficando até 1999. Ele desenvolve uma atividade política de reconciliação nacional entre as comunidades negra e branca. Seu antigo vice-presidente, **Thabo Mbeki** (nascido em 1942), é seu sucessor até 2008, data na qual **Jacob Zuma** (nascido em 1942) se torna chefe de Estado. Em 2010, a África do Sul se torna o primeiro país africano a acolher a Copa do Mundo de Futebol. Esse reconhecimento do esporte internacional não resolve o problema recorrente dos países da África subsaariana: a crise acelera o processo de pauperização que toca um africano em dez.

ÍNDICE DE NOMES

'Abd al-Malik, 451, 455, 456
'Abd al-Mu'min, 468
'Abd al-Rahman III, 456
'Abd al-Rahman, 458
Abadie, Paul, 838
Abbas, 456
Abel (Australopiteco), 61, 63
Abel, 385
Abelardo, Pedro, 390
Abetz, Otto von, 1076
Abraão, 175-177, 179, 182, 188, 335, 451, 900
Absalão, 184
Abu al-'Atahiyah, 463
Abu al-Aswad al-Du'ali, 463
Abu Bakr, 450, 455
Abu es-Haq es-Saheli, 532
Abu Hanifa, 453
Abu Nuwas, 462
Abu Yusuf Yalgib, 468
Aca Laurência, 312
Acabe, 187
Acácio, 432
Academos, 262
Acamapichtli, 521
Achard, Marcel, 1053
Achoris, 170
Adad, 129

Adad-Nirari II, 127, 141
Adam de la Halle, 386, 394
Adam, James, 744
Adam, Robert, 744
Adami, Valerio, 1155
Adamov, Arthur, 1165
Adams, John, 932
Adams, Samuel, 782
Adão, 179, 559
Adenauer, Konrad, 1089, 1105
Aditi, 199
Adler, Dankmar, 937
Adolfo de Nassau, 399
Adonis (Ali Ahmad Sa'id), 1177
Adorno, Theodor W., 1181-1182
Adriano (imperador), 174, 289-290, 294, 296, 298, 299, 302, 311, 433
Adriano I (papa), 344, 361
Aécio, 332, 343, 348
Aelders, Etta Palm, 707
Affre, monsenhor, 805
Afonso I, 527
Afonso V de Aragão (o Magnânimo), 417, 526, 752
Afonso VI, 426
Afonso X, o Sábio, 425-426
Afonso XII de Espanha, 908-909

Afonso XIII de Espanha, 909, 1001-1002, 1004, 1119-1120
Afrodite, 138, 277, 283
Agaja, 951
Agamêmnon, 235, 275
Agapito II, 397
Agar, 177
Agasias, 246
Agesandro, 246
Ageu, 180, 188, 190
Agilolfo, 343
Agni, 194, 196, 199
Agostinho da Cantuária, 367, 405
Agricola, 97
Agrippa, Cornelius, 608
Ah Mun, 512
Ahiram, 137
Ahmade Xá Abdali, 783
Ahmose I, 162
Ahriman, 151
Ahura Mazda, 150-152
Ai (ou Zhaoxuan), 483
Ai Ts'ing, 1177
Ailly, Pierre d', 395
Aistolfo, 344, 417
Aixa, 450, 455
Akalamdug, 119
Akamatsu Sadanori, 682
Akamatsu, 1178
Akbar, o Grande, 676, 677
Akihito, 1144
Al Bustani, Butrus, 1176
al Malaika, Nazik, 1177
Al Yaziyi, Nasif, 1176
Alain-Fournier, 1049
al-Akhtal, 462
al-Amin, 461
Alard de Amsterdã, 595
Alarico I, 330, 332, 405, 439
al-Baladhuri, 463
Albee, Edward, 1173

Alberoni, Júlio, 768
Albert, Alexandre Martin, 804
Albert, Marcelin, 818
Albert-Birot, Pierre, 1039
Alberti, Leon Battista, 545, 548, 552, 555, 559
Albertine, 1051
Alberto de Saxe-Coburgo-Gota, 874
Alberto I de Habsburgo, 399
Alberto II de Habsburgo, 401
Alberto, o Grande, 264, 388, 391, 541
Albornoz, Gil de, 366
Alcalá-Zamora, Niceto, 1002
Alceu de Mitilene, 249
Al-Chafi'i, 453
Alcino, 247-248
Alcmeão, 279
Alcmena, 276
Alcuíno, 22, 359-360, 382, 393, 412
Alechinsky, Pierre, 1155
Aleixo I Comneno, 371, 420, 442
Aleixo I da Rússia, 669
Aleixo II, 442
Aleixo III, 442
Aleixo IV, 442
Aleixo V, 442
Alenza, Leonardo, 909
Alexandre I da Rússia, 776, 800, 802, 921
Alexandre II da Rússia, 922
Alexandre III (papa), 366
Alexandre III da Rússia, 921-922
Alexandre IV (papa), 373
Alexandre Nevski, 428
Alexandre VII (Chigi, papa), 619
Alexandre, Arsène, 835
Alexandre, o Grande, 113, 130, 133, 147, 171-173, 200, 237-238, 243, 245, 256, 294
Alexis, Paul, 846
Al-Farabi, 471
Al-Farazdaq, 462

Alfieri, Vittorio, 755
Alfredo, o Grande (Alfredo de Inglaterra), 406, 412
al-Ghazali, 472
Algren, Nelson, 1164
Al-hasan ben Kannun, 464
Ali, 451, 453-455, 466
Aliates, 256
al-Khattabi, Abdelkrim, 978, 1002
Al-Khattabi, Mohamed ben Abdelkrim, 978
al-Kindi, 463, 471
Alloway, Lawrence, 1147
al-Ma'mun, 461
al-Mansur, 461
Almeida, Luís de, 682
Almodóvar, Pedro, 1121
al-Mutawakkil, 471
Alp Arslan, 469
Alphand, Jean-Charles, 837
al-Saffah, 461
Altdorfer, Albrecht, 597
Althusser, Louis, 1161, 1189, 1194, 1204
Alvarado, Pedro de, 522
Álvarez de Toledo, Fernando (duque de Alba), 595
al-Walid, 456
Amadeu de Saboia, 908
Amadeu I de Espanha, 908
Amadís, 426
Amadou Sekou, 954
Amalteia, 277
Amanishakheto, 228
Amasis, 247
Amaterasu, 219, 492, 684
Amato, Giuliano, 1116
Ambigatos, 98
Ambrósio de Milão, 330, 418-419
Amda Sion I, 526
Amenemés I, 160, 162
Amenemés II, 162
Amenófis II, 134

Amenófis III, 114, 127, 163-164, 166
Amenófis IV (Akhenaton), 114, 127, 165-167
Amesemi, 228
Amintas III, 237
Amitabha, 491, 497
Amitis, 129
Amnom, 184
Amon, 159, 161-165, 168-170, 228
Amonherkopsef, 165
Amônio Sacas, 173, 438
Amós, 180, 187-188, 190
Ampère, André-Marie, 861
An, 120
Ana Bolena, 600, 607
Ana da Rússia, 775
Ana de Áustria, 623-624, 628, 637, 648
Ana de Beaujeu, 572
Ana de Bretanha, 572
Ana de França, 535
Ana Genoveva de Bourbon-Condé, duquesa de Longueville, 624
Ana I (Ana da Grã-Bretanha), 655, 743, 775
Ana, 427
Anacreonte de Teos, 249
Anafesto, Paolo Lucio, 420
Ananda, 208
Anastácio I (papa), 329, 343, 432
Anath, 138
Anaxágoras, 257, 850
Anaximandro, 32, 255-258
Anaxímenes, 255, 257
Andersen, Hans Christian, 928
Andócides, 251
André, Émile, 838
Andrea de Caristo, 279
Andrea del Castagno, 552, 558
Andrea del Sarto, 553, 564, 578
Andreotti, Giulio, 1116
Andrônico I, 442
Andrônico III, 469

Andropov, Yuri, 1126
Angilberto, 22, 360, 382
Angrand, Charles, 835
Angroboba, 352
Anguier, François, 632
Aníbal, 310
Aniko, 488
Ankhesenmeriré II, 155
Annen, 500
Anno de Colônia, 398
Anouilh, Jean, 1053
Antelme, Robert, 1162
Antêmio de Trales, 435
Antífona, 251
Antígona, 274
Antínoo, 290, 294
Antíoco I, 96, 130
Antíoco IV, 189-190
Antípatro de Tarso, 300
Antístenes, 267
Antoine, André, 929
Antokolski, Mark, 925
Antonino, o Pio, 289, 302
Antônio I do Congo, 527
Anu, 121
Apademak, 228
Apel, Karl-Otto, 1196
Ápia, 95
Ápis, 170
Aplu, 283
Apollinaire, Guillaume, 1032, 1037, 1039, 1051-1053
Apolo, 104, 271, 275, 278, 283, 294, 647, 843, 900
Apolodoro de Damasco, 296
Apolônio de Perga, 474
Apolônio de Rodes, 173, 252
Apolônio Mólon, 310
Apolônio, 246
Appel, Karel, 1146
Appiani, Andrea, 917

Apuleio, 303, 308
Aquiles, 247, 259, 274
Arafat, Yasser, 1137, 1210
Arago, François, 804, 861
Aragon, Louis, 1040, 1052-1053, 1161
Arão, 177, 182, 186
Arato de Solos, 252
Arcádio, 292, 432
Arcelin, Adrien, 72
Arcesilau, 267-268, 300
Archipenko, Alexander, 1046-1047
Arcimboldo, Giuseppe, 547, 566, 1040
Arendt, Hannah, 1184, 1191
Ares, 271, 283
Arges, 277
Argounov, Ivan, 924
Ariabata, 211
Ário, 291, 318, 321, 327
Ariosto, 568-569, 608
Aristarco de Samos, 314
Aristófanes, 252
Aristóteles, 32-35, 173, 238, 253, 256-258, 260, 263-267, 270, 280, 308, 388-389, 391, 413, 438, 447, 471-473, 541, 543, 548, 563, 580, 656-657, 732, 764, 856, 1176, 1190-1191
Arjuna, 196, 197, 508
Arman, 1147, 1153-1154
Armando de Bourbon (príncipe de Conti), 624
Armstrong, Louis, 1206
Arnaldo de Bréscia, 366
Arnauld, Angélique, 614, 631
Arnauld, Antoine (le Grand Arnauld), 613, 614, 641, 642
Aron, Raymond, 25, 855, 856, 1189
Arp, Hans, 1030, 1038-1039, 1046-1047, 1052, 1152
Arquíloco, 249
Arquimedes, 279-280, 474, 563
Artabano V, 148

Artaud, Antonin, 1040, 1053-1054, 1165
Artaxerxes I, 150
Artaxerxes II, 149
Artaxerxes III, 170
Artaxes I, 148
Ártemis (Artemisa), 243, 271
Artimpaasa, 95
Artur Tudor, príncipe de Gales, 599, 607
Artur, 384, 412-413
Asai Chu, 948
Asam, Cosmas-Damian, 758
Asam, Egid Quirin, 758
Aser, 178
Ashera, 138
Ashikaga Takauji, 494
Ashikaga Yoshiaki, 495
Ashikaga Yoshimitsu, 494, 503
Ashoka, 200-201, 203, 206, 209
Assur, 141-143
Assurbanipal, 114, 121
Astarte, 138, 190
Astiages, 145
Astier de La Vigerie, Emmanuel d', 1078
Atahualpa, 518, 519
Atália, 187
Átalo I, 246
Atanásio de Alexandria, 327, 329-330
Ataulfo, 332
Atena, 242-243, 245, 271-273, 276-277
Atenodoro, 246
Atharvam, 194
Átila, 332, 343, 347-348, 403-404, 432, 479
Atlas, 583
Aton, 167
Atreu, 275
Atreya Punarvasu, 211
Attlee, Clement, 991, 992, 1073, 1109
Aubigné, Théodore Agrippa d', 580, 581, 584
Aubrac, Lucie, 1078
Aubrac, Raymond, 1078
Audran, Claude, 726

Aue, Hartmann von, 404
Auenbrugger, Leopold, 721
Augusto, 92, 96, 104, 238, 241, 288-290, 294-296, 305-306, 310-311, 313
Auquetin, Louis, 834
Aurangzeb, 675-676, 783
Aureliano, 290, 326
Aurier, Georges-Albert, 836
Aurora, 164
Austen, Jane, 878
Auster, Paul, 1174
Austin, John, 1057, 1184
Autário, 344
Averróis, 391, 393, 472, 710
Avicena, 391, 472, 475
Avvakum, Petrovitch, 776
Ay, 168
Aybak, 466
Ayrault, Jean-Marc, 1104
Azaña, Manuel, 1002
Aznar, José Maria, 1121
Azrael (arcanjo), 451

Baal, 138, 187, 190
Baaltis, 138
Bábel, Isaac, 1171
Babeuf, Gracchus, 703, 707, 868
Babrius, 636
Babur, 479, 675-677
Baccani, Gaetano, 918
Bach, Johann Sebastian, 620
Bachelard, Gaston, 1058-1059
Bachofen, Johann Jakob, 884
Baco, 250, 252, 294, 299
Bacon, Francis (filósofo), 640, 655-657, 659, 895, 905
Bacon, Francis (pintor), 832, 1155, 1158
Bacon, Roger, 372, 388, 413-414, 536
Badham, John, 1207
Bahadur Xá Zafar, 784
Bahadur Xá, 783

Baïf, Jean Antoine de, 583
Bailly, Jean Sylvain, 697
Bajenov, Vassili, 924
Baki, 673
Balakirev, Mili Alexeïevitch, 871
Balban, 481
Balbo, Italo, 995
Balder, 350-352
Balduíno I (Balduíno IX de Flandres), 443
Balduíno I (rei de Jerusalém), 186
Balduíno II de Courtenay, 186
Baldung, Hans, 597
Baldwin, James, 1173
Baldwin, Stanley, 990-991
Balfour, Arthur, 875
Ball, Hugo, 1169
Balladur, Édouard, 1101, 1103
Baltard, Victor, 809, 838
Balthus, 1158
Balzac, Honoré de, 819, 840, 846, 1173, 1176
Banville, Théodore de, 844
Baquílides, 251
Barbari, Jacopo de', 550
Barbenfouillis, 862
Barbéris, Pierre, 1168
Barbie, Klaus, 1077
Barnave, Antoine, 700
Barras, Paul 707
Barre, Raymond, 1097
Barrès, Maurice, 816, 1049
Barry, condessa du, 695
Barsbay, 467
Barth, John, 1157
Barthélemy, Jean-Jacques, 718
Barthes, Roland, 1163, 1166-1168, 1199
Barthez, Paul Joseph, 721
Bartók, Béla, 1205
Bartolomeo, Fra, 553
Bartsch, Adam von, 578
Bashō, Matsuo, 685-686
Basie, Count, 1206

Basílio I, 440, 444, 446
Basílio II, 437, 441
Basílio, o Grande, 318, 329
Basquiat, Jean-Michel, 1158-1159
Bassani, Giorgio, 1170
Bastet, 169-170
Bastian, Adolf, 884
Bastien-Thiry, Jean-Marie, 1092
Bataille, Georges, 1061
Batu Khan, 428
Baudelaire, Charles, 827, 845, 847-848
Baudrillard, Jean, 25, 1195
Baumgarten, Alexander Gottlieb, 710
Baybars, 467
Bayezid I, 444, 470
Bayezid II, o Justo, 671
Bayle, Pierre, 738
Bazaine, Jean, 1149
Bazille, Frédéric, 825, 828, 830
Beato, 460-461
Beatriz, 422-423
Beaufort, Margarida de, 601
Beaufret, Jean, 1060
Beaumarchais, Eugène de, 917
Beaumarchais, Pierre-Augustin Caron de, 731, 737
Beaumont, Élie de, 57, 880
Beauvoir, Simone de, 1163-1164
Beccaria, Cesare Bonesana de, 711
Becket, Thomas, 408
Beckett, Samuel, 1054, 1165, 1170, 1198
Bécquer, Gustavo Adolfo, 910
Beda (Venerável Beda), 382, 406, 412-413
Beecher-Stowe, Harriet, 934, 939
Beethoven, Ludwig van, 730, 871, 1182
Behanzin, 951
Bélanger, François Joseph, 837
Belenos, 104
Belgrand, Eugène, 837
Belisário, 419, 438
Belleau, Rémi, 583

Bellini, Gentile, 565
Bellini, Giovanni, 420, 553, 565, 597
Bellini, Jacopo, 565
Bellini, Vincenzo, 871
Bellmer, Hans, 1039
Bello, Muhammad, 954
Bellori, Giovan Pietro, 566
Belmondo, Jean-Paul, 1167
Belzebu, 138
Ben Ali, Zine el Abidine, 1212
Ben Gurion, David, 1210
Benet, Juan, 1171
Benjamim, 176, 178, 187
Benjamin, Walter, 1157
Benkei, 685
Benn, Gottfried, 1169
Bennett, Matthew, 64
Benois, Alexandre, 925
Bentham, Jeremy, 866
Bento de Aniane, 368
Bento de Núrsia, 330, 368
Bento XIII, 373-374
Bento XV, 963, 994
Bento XVI, 1117
Benvenuti, Pietro, 917
Berain, Jean, 632
Berchet, Giovanni, 918
Bérégovoy, Pierre, 1101
Berengário, 397
Berenguer, Dámaso, 1002
Berg, Alban, 1204
Bergson, Henri, 660, 850-852, 858, 1050, 1058, 1198
Bering, Vitus Jonassen, 719
Berio, Luciano, 1205
Berkeley, George, 640, 746-747, 748-749
Berlinguer, Enrico, 1115
Berlioz, Hector, 871
Berlusconi, Silvio, 1116-1117
Bernanos, Georges, 1163
Bernard, Claude, 718, 863

Bernard, Émile, 834
Bernardo de Claraval, 368, 371, 376
Bernhardt, Sarah, 809
Bernini, 618-619, 632
Bernini, Pietro, 618
Bernon, 375
Bernstein, Carl, 1135
Beroso, 130
Béroul, 384
Berruguete, Alonso, 591
Berry, Charles Ferdinand de, 802, 804
Berta, 405
Berthelot, Marcelin, 475, 717
Berthollet, Claude Louis, 720
Bérulle, Pierre de, 613
Bestla, 350
Betsabá, 183-185
Beveridge, William, 1109
Bhanudas, 678
Bhaskara, 211
Bichat, François Xavier, 721
Bickerton, Derek, 70
Bidault, Georges, 1077, 1081
bin Laden, Osama, 1137-1138
Bion de Esmirna, 252
Bioy Casares, Adolfo, 1175
Birnbaum, Pierre, 25
Biron, Ersnt Johann von, 775
Bismarck, Otto von, 808, 811, 887-888, 890
Biton, 243
Björnson, Björnstjerne, 929
Blaikie, Thomas, 745
Blair, Tony, 1113-1114
Blake, Peter, 1147
Blake, William, 746, 876
Blanc, Louis, 804
Blanchot, Maurice, 1061
Blanqui, Auguste, 868-869
Bleda, 347-348
Bloch, Ernst, 1181
Blondel, Jean-François, 724

Blondin, Antoine, 1161
Blum, Léon, 975-977, 1081, 1085, 1087
Boabdil, 426
Boaventura, 372, 391
Boccaccio, 413, 423, 608
Boccioni, Umberto, 1037
Böcklin, Arnold, 890
Bodel, Jean, 386
Bodin, Jean, 544
Boécio, 303, 437-438
Boffrand, Gabriel Germain, 724
Bofill, Ricardo, 1146
Boileau, Nicolas, 306, 581, 627, 637-638, 731, 776, 842
Boissieu, Alain de, 1092
Bokassa I, 1098
Böll, Heinrich, 1169
Bomberg, David, 1038
Bon, Bartolomeo, 556
Bon, Giovanni, 556
Bonaparte, Jerônimo, 703
Bonaparte, Luciano, 708
Bondi, Hermann, 38
Bonifácio IX, 373
Bonifácio VIII, 363, 373, 422
Bonito Oliva, Achille, 1159
Bonnard, Pierre, 831, 835
Bontemps, Pierre, 580
Borges, Jorge Luis, 16, 1675
Borghese, 246
Bórgia, César, 569
Borgianni, Orazio, 617
Börne, Ludwig, 892
Borodin, Alexandre, 429, 871
Borromini, 618-619
Bosch, Hyeronimus, 596, 1040
Bosio, François-Joseph, 839
Bossi, Giuseppe, 917
Bossi, Umberto, 1117
Bossuet, Jacques Bénigne, 637, 642
Botta, Paul-Émile, 114

Botticelli, Sandro, 546, 548, 552, 558, 561, 582
Bouchardon, Edmé, 245, 725
Boucher de Perthes, Jacques, 57, 853
Boucher, Alfred, 840
Boucher, François, 723, 726-727, 729
Boucicaut, Aristide, 809
Boudin, Eugène, 824, 825, 830
Bouillé, François Claude de, 698
Boulanger, Georges, 814-815
Boulez, Pierre, 1205
Boulle, André-Charles II, 633
Boulle, André-Charles, 633
Boulle, Charles-Joseph, 633
Boulle, Jean-Philippe, 633
Boulle, Pierre Benoît, 633
Boullée, Étienne Louis, 837
Boulogne, Valentin de, 629
Bourdieu, Pierre, 15
Bourgeois, Léon, 967
Bourget, Paul, 847
Bourguiba, Habib, 978
Bouriard, Nicolas, 1156
Bousquet, René, 1076
Bovary, Emma, 1194
Boyer, Régis, 349
Boyle, Robert, 615
Bradamante, 568
Bragg, Braxton, 935
Brahe, Tycho, 35
Brahm, Otto, 929
Brahma, 196-197, 198, 509
Brahmagupta, 211
Brahms, Johannes, 871
Braidwood, Robert John, 114
Bramante, 545, 553, 561-564, 618
Brancusi, Constantin, 1046-1047
Brandes, Georg, 928
Brandt, Willy, 1106
Brant, Isabella, 664
Brant, Sebastian, 608
Braque, Georges, 831, 1030-1033, 1037, 1046

Brasillach, Robert, 1076
Brassens, Georges, 1053
Braudel, Fernand, 21, 1199
Braun, Eva, 1073
Brecht, Bertolt, 1054, 1169
Brejnev, Leonid, 1124, 1126
Brel, Jacques, 1053
Brennus, 96, 287
Brentano, Franz, 264, 1057
Breton, André, 831, 1039-1041, 1043, 1052-1053
Breuil, Henri, 71, 76, 77
Briand, Aristide, 817, 971, 973-974
Brígida (santa), 104
Brigit (ou Brigantia), 104
Briullov, Karl, 924
Brod, Max, 893
Broglie, Albert (duque de), 813
Brokmeyer, Henry, 941
Brontë, Charlotte, 878
Brontë, Emily, 878
Brontes, 277
Bronzino, 546, 565
Brook, Peter, 204
Broom, Robert, 62
Brosse, Salomon de, 627
Broussel, Pierre, 623
Brown, Brockden, 782
Brown, Dan, 1163
Brown, Gordon, 1114
Bruegel d'Enfer, Pieter, o Jovem, 596
Bruegel de Velours, Jan, o Velho, 596, 663
Bruegel, o Velho, Pieter, 596
Brumel, Antoine, 587
Brunelleschi, Filippo, 293, 296, 551-552, 555, 558, 560-561
Brunet, Michel, 61
Brunilda, 356
Brüning, Heinrich, 983
Bruno, Giordano, 541
Brunschvicg, Léon, 849

Brutus, 307
Bryen, Camille, 1149
Buber, Martin, 1181
Buck, Pearl, 1172
Buckland, William, 880
Buda Amida, 498-499
Buda Sakyamuni, 200, 220
Budé, Guillaume, 23, 574, 580
Buffon, conde de, 709, 712, 720, 725, 737, 739-740, 881
Bukharin, Nikolai, 1011
Bulhão, Godofredo de, 371
Bullant, Jean, 577, 580
Buñuel, Luis, 1043
Buoninsegna, Duccio di, 552
Buraglio, Pierre, 1155
Burckhardt, Jacob, 536, 615
Buren, Daniel, 1156
Burgess, Anthony, 1170
Burke, Edmund, 744, 926
Burr, 350
Burton, Robert, 1092
Bush, George Herbert Walker, 1136
Bush, George W., 1137
Butler, Samuel, 878
Butor, Michel, 1165-1166
Byron, George Gordon, 821, 843, 877

Caballero, Fernán, 910
Cabanel, Alexandre, 822, 839
Cabanis, Georges, 741
Cabet, Étienne, 869
Cabeza de Vaca, Álvar Núñez, 777
Cadija, 449
Cadoudal, Georges, 799
Caedmon, 412
Cage, John, 1205
Cagliostro, conde de, 717
Caillaud, Aristide, 1149
Caillaux, Henriette, 818
Caillaux, Joseph, 818-819, 963

Caillebotte, Gustave, 825, 827-828
Cailliaud, Frédéric, 228
Caillois, Roger, 276
Caim, 385
Caio Semprônio Graco, 305
Calabacillas, 648
Calder, Alexander, 1152
Calderón de la Barca, Pedro, 593
Calígula, 289, 307
Calímaco de Cirene, 173, 252, 306
Calímaco, 245
Calíope, 275
Calipso, 248
Calixto II, 369
Calixto III, 411
Callaghan, James, 1111
Calmette, Gaston, 818
Calonne, Charles de, 696
Calvino, João, 581-582, 603, 605
Calvo Sotelo, José, 1003
Calvo Sotelo, Leopoldo, 1120-1121
Cambaceres, Eugenio, 1175
Cambacérès, Jean-Jacques Régis de, 799
Cambises I, 145
Cambises II, 130
Cameron, David, 1114
Camilo de Lellis, 607
Camus, Albert, 1054, 1163, 1165
Canaletto, 754
Canetti, Elias, 1191
Canguilhem, Georges, 1059
Canova, Antonio, 839, 917
Cantillon, Richard, 738
Canuto, o Grande, 406-407
Canuto, o Intrépido, 407
Cao Xueqin, 788
Caos, 277
Capitan, Louis, 77
Capote, Truman, 1172, 1174
Capuana, Luigi, 919
Caracala, 21, 290, 297-298

Caraka, 211
Caravaggio, 568, 616-618, 630
Cardano, Girolamo, 538
Cardeal de Guise (Luís de Lorena), 576
Carducci, Filippo, 558
Carducci, Giosuè, 918
Cariberto I, 405
Carissimi, Giacomo, 620
Carlomano I, 358
Carlos Borromeu, 606
Carlos de Anjou (Sicília), 444
Carlos de Gontaut (duque de Biron), 576
Carlos de Lorraine (duque de Mayenne), 576
Carlos de Orléans, 387
Carlos de Valois, 420
Carlos Eduardo Stuart, 743
Carlos I da Sicília, 417
Carlos I de Inglaterra, 637, 653-654, 665, 778
Carlos II da Inglaterra, 654, 658
Carlos II de Anjou, 417
Carlos II de Espanha, 645-646, 771
Carlos II, o Calvo, 359, 390
Carlos III de Espanha, 710, 752, 754, 769-770
Carlos III, o Gordo, 359
Carlos III, o Simples, 359
Carlos IV da Espanha, 769-770
Carlos IV do Luxemburgo, 400
Carlos IV, o Belo, 409
Carlos IX da França, 575
Carlos Magno, 22, 331, 344, 356, 358-361, 365, 382-384, 393, 412, 419, 421, 440
Carlos Martel, 344, 357, 459
Carlos V (ou I de Espanha) 520, 567, 573, 589-590, 595-596, 671, 752
Carlos V, o Sábio, 363, 381, 579, 697, 711
Carlos VI da França, 364, 410
Carlos VI, Sacro Império Romano-Germânico, 757
Carlos VII da França, 364, 410-411, 571-572
Carlos VIII da França, 542, 572, 577, 579-580

Carlos X (conde de Artois), 701, 704, 802-803, 805, 812
Carlos XII da Suécia, 774
Carlos, Don, 908
Carlos, o Temerário (Audaz), 386, 535, 571-572
Carlota de Saboia, 572
Carmenta, 284
Carnap, Rudolf, 1056
Carnéades, 267-268, 300
Carnot, Lazare Nicolas Marguerite, 799
Carnot, Marie François Sadi, 814-815
Carnot, Nicolas Léonard Sadi, 861
Caron, Antoine, 578
Caronte, 103, 275
Carpaccio, Vittore, 420, 552, 566
Carpeaux, Jean-Baptiste, 839
Carracci, Agostino, 617-618, 726
Carracci, Annibale, 566, 617-618, 631, 726
Carracci, Ludovico, 617-618, 726
Carriera, Rosalba, 727
Carrière, Eugène, 836
Carter, Jimmy, 1135-1210
Casanova, Danielle, 1078-1079
Casanova, Laurent, 1079
Caserio, Santo, 816
Casimiro I da Polônia, 427
Cassatt, Mary, 825, 828, 938
Cassiodoro, 292, 437
Cassirer, Ernst, 274, 1181
Castiglione, Baldassare, 564, 569, 633
Castiglione, Giuseppe, 788
Castoriadis, Cornelius, 1195
Castro, Fidel, 1133
Castro, Guillén de, 593
Catão, 288
Catão, o Velho, 270, 292, 300, 305, 309
Catarina de Aragão, 599, 607
Catarina de Médici, 575
Catarina de Rambouillet, 627
Catarina I da Rússia, 774-775

Catarina II da Rússia, 710, 734, 775-776, 921, 925
Catarina, 411
Cathelineau, Jacques, 701
Catilina, 299
Catulo, 306
Cauchon, Pierre, 411
Cavaignac, Louis-Eugène, 805
Cavalcanti, Guido, 422
Cavallini, Pietro, 554
Cavendish, Henry, 729
Cavour, Camillo Benso, conde de, 915-916
Cazotte, Jacques, 716, 736
Ce Acatl Topiltzin Quetzalcóatl, 514, 516
Céard, Henry, 846
Cefisódoto, 245
Cela, Camilo José, 1171
Celant, Germano, 1156
Celestino III, 398
Céline, Louis-Ferdinand, 1076
Cellini, Benvenuto, 553, 568
Celsius, Anders, 719
Celso, 314
Celtill, 97
Cendrars, Blaise, 1049, 1051
Cennini, Cennino, 550
Cérbero, 275
Cernuno, 101, 103
Cervantes, Miguel de, 592
Césaire, Aimé, 1162
César (Baldaccini) (escultor), 1153-1154
César, Júlio, 92, 97-99, 102-104, 171-173, 254, 287-288, 295, 307-311, 313
Cesário, 172
Cézanne, Paul, 825, 828, 831-834, 1030-1032
Chaac, 512, 515
Chabaka, 227
Chaban-Delmas, Jacques, 1094-1096
Chabataka, 227
Chabrol, Claude, 1167
Chagall, Marc, 1037, 1041

Challe, Maurice, 1092
Chamberlain, Joseph, 875
Chamberlain, Neville, 978, 990, 991
Chambers, William, 745
Chambord, conde de, 812
Chamfort, 716
Champaigne, Philippe de, 631, 632
Champollion, Jean-François, 153, 718
Chandra, 197
Chandragupta I Maurya, 200
Chandragupta I, 201
Channing, William Ellery, 940
Chapelain, Jean, 634
Chapuys-Montlaville, Benoît Marie Louis Alceste, 26
Char, René, 1040, 1052, 1061
Charcalicharri, 123
Charcot, Jean-Martin, 24, 863-864
Chardin, Jean, 729
Chardin, Jean-Baptiste Siméon, 729
Charette, 701
Charpentier, Marc-Antoine, 627
Chateaubriand, François René de, 841-843, 859
Châtelet, François, 253
Chatrian, Alexandre, 911
Chaucer, Geoffrey, 413
Chaumier, Serge, 14, 26
Chautemps, Camille, 975
Chelles, Jean de, 380
Chen Shou, 489
Chénier, André, 719, 737
Chevreul, Michel Eugène, 826
Chia, Sandro, 1159
Chiang Kai-shek, 1023-1024, 1139
Chiappe, Jean, 975
Chikamatsu Monzaemon, 685
Childeberto I, 331, 355
Childerico I, 343, 346, 355
Childerico III, 356, 358
Chilperico I, 356

Chinard, Joseph, 839
Chippendale, Thomas, 744
Chirac, Jacques, 1096-1098, 1100-1103
Chiron, Léopold, 77
Choiseul, Étienne de, 695
Cholokhov, Mikhail, 1171
Chongzhen, 679
Chopin, Frédéric, 871
Chrétien de Troyes, 384, 404
Christie, Agatha, 1170
Christo, 1147, 1153, 1155
Christy, Henry, 68
Churchill, Winston (escritor), 939
Churchill, Winston, 989-992, 1019, 1072-1074, 1081, 1110
Churriguera, José Benito, 648
Cian, 945
Ciaxares, 94, 256
Cibele, 312
Cícero, 270, 288, 299, 301, 303, 305-306, 309-310, 423, 537, 540
Cimabue, 381, 551-552, 554
Cino della Pistoia, 422
Cinq-Mars, Louis d'Effiat, marquês de, 622
Cipião Emiliano, 254
Cipião, o Africano, 310
Ciro II, o Grande, 94, 128, 133, 144-146, 148, 150, 188, 200
Cixi, 786, 943-945, 1177
Clara de Assis, 372
Clari, Robert de, 385
Clarín, 910
Clastres, Pierre, 547
Claudel, Camille, 840
Claudel, Paul, 251, 840, 1054
Cláudio, 282-283, 289, 307
Cleanto, 269-270
Clegg, Nick, 1114
Clélia, 312
Clemenceau, Georges, 813, 815-818, 963, 966-967, 971-972

Clément, Jacques, 576
Clemente de Alexandria, 258, 321
Clemente III, 369
Clemente IV, 414
Clemente V, 373
Clemente VII, 373
Clemente VIII, 753
Clemente, Eudes, 378
Clemente, Francesco, 1159
Cléobis, 243
Cleópatra VII, 171-172
Clinton, Bill, 1137-1138
Clinton, Hillary, 1138
Clístenes, 235, 237-238
Clódio Albino, 290
Clódio, o Cabeludo, 343, 355
Clodomiro, 355
Close, Chuck, 1156
Clotário II, 356
Clotário, 355
Clottes, Jean, 75
Clouet, François, 578
Clouet, Jean, 577-578
Clóvis, 333, 341-343, 346, 355
Coatlicue, 520
Cochin, Charles Nicolas, 723
Cohn-Bendit, Daniel, 1093
Colbert, Charles (marquês de Croissy), 625
Colbert, Jean-Baptiste (marquês de Seignelay), 624
Colbert, Jean-Baptiste (marquês de Torcy), 625
Colbert, Jean-Baptiste, 624-626, 629, 633, 711
Cole, Thomas, 938
Colebrooke, Thomas, 784
Coleridge, Samuel Taylor, 877
Coligny, Gaspar de, 575
Colleoni, Bartolomeo, 421, 561
Collot, Marie-Anne, 925
Colombe, Michel, 577
Colombo, Cristóvão, 539, 547, 777

Colonna, Giovanni, 423
Coltrane, John, 1206
Coluche, 1098
Columbano, o Jovem, 333
Columbano, o Velho, 333
Combas, Robert, 1156, 1159
Combes, Émile, 817
Commynes, Philippe de, 386
Cômodo, 289, 315
Compère, Loyset, 587
Comte, Auguste, 718, 853-856, 858, 866, 884, 926
Comte-Sponville, André, 1188
Conão de Samos, 174
Conche, Marcel, 1188
Concini, Concino, 621
Condillac, Étienne Bonnot de, 741, 905
Condorcet, marquês de, 18, 23, 740
Confúcio, 212, 215, 217, 490
Conrado I da Germânia, 397
Conrado II, o Sálico, 398
Conrado III de Hohenstaufen, 398
Considerant, Victor, 867
Constable, John, 821, 876
Constâncio Cloro, 326
Constâncio II, 327, 435
Constant (pintor), 1146-1147
Constant, Benjamin, 841, 866
Constante, 327
Constantino I, o Grande, 291, 298-299, 318, 326-327, 335-336, 365, 418, 431-435, 437, 439, 445, 526, 689
Constantino II, 327
Constantino V, 440
Constantino VI, 440
Constantino VII, 437
Constantino VIII, 441
Constantino XI Paleólogo, 443-444
Coolidge, Calvin, 1015
Copérnico, Nicolau, 31-32, 34-36, 174, 264, 538, 541, 608, 614, 616

Coppée, François, 816, 844
Coppens, Yves, 61
Corbaz, Aloïse, 1149
Corbin, Henry, 1193
Corday, Charlotte, 701-704
Corneille, Guillaume, 1146-1147
Corneille, Pierre, 251, 593, 627, 634-635, 637, 701
Corot, Camille, 823, 828, 830, 917
Correggio, 553, 561, 564, 617, 819
Cortés, Hernán, 520-522
Cortot, Jean-Pierre, 839
Cosroes II, 439
Coste, Pascal, 148
Cotte, Robert de, 628, 724
Coty, René, 1089
Couperin, François, 620, 627, 730
Courbet, Gustave, 811, 824, 828, 830, 832, 890, 917
Cournot, Antoine Augustin, 848, 860
Cousin, Jean, 578
Cousin, Victor, 642
Coustou, Guillaume, 725
Coustou, Nicolas, 632, 725
Couthon, Georges Auguste, 705-706
Couture, Thomas, 826
Couve de Murville, Maurice, 1094
Coysevox, Antoine, 632, 725
Cranach, o Jovem, Lucas, 597
Cranach, o Velho, Lucas, 597
Cranmer, Thomas, 599, 607
Crasso, 288
Crates de Tebas, 267
Crawford, Marion, 939
Crébillon, 731
Cremona, Gerardo de, 475
Cresson, Édith, 1100
Crétin, Guillaume, 581
Crisipo, 269-270, 300
Crispo, Giordano, 541
Cristina de Pisano, 386-387

Crítios, 244
Croce, Benedetto, 1170
Crodegango, 393
Crome, John, 876
Cromwell, Oliver, 653-654
Cromwell, Richard, 654
Cronin, Archibald Joseph, 1169
Cronos, 138, 249, 277-278
Cross, Henri, 835
Crozat, Pierre, 722
Ctesíbio de Alexandria, 302
Cuauhtémoc, 522
Cucchi, Enzo, 1159
Cueco, Henri, 1155
Cui, César Antonovitch, 871
Cuitlahuac, 521-522
Cumberland, duque de, 743
Cunningham, Alexander, 107
Cunobelinus, 97
Curie, Marie, 863
Curie, Pierre, 863
Curtius, Ernst, 859
Cusi Coyllur, 520
Custer, George A., 935
Cuvier, Georges, 51, 57, 880-881
Cynewulf, 412-413

d'Alembert, Jean le Rond, 18, 710-712, 734, 739-740
D'Annunzio, Gabriele, 919, 993-995
d'Épinay, Madame de, 727
Dã, 178
Dagda, 103-104
Dagoberto I, 356-357
Daguerre, Louis, 861
Dahn, Félix, 892
Dai Zhen, 788
Dainichi Nonin, 505
Dainichi Nyorai, 505
Daladier, Édouard, 975, 978
Dalí, Salvador, 566, 831, 1039, 1041, 1043

Dalla Chiesa, Carlo, 1116
Damásio, 328
Damiens, Robert François, 695
Damofonte de Messênia, 246
Dandolo, Enrico, 442
Daniel Moskovski, 428
Daniel, 182, 189-190
Dante Alighieri, 306, 420, 422-423, 536, 549, 759, 821, 840, 876
Danto, Arthur, 1146
Danton, Georges Jacques, 700, 702, 707, 737
Darboy, Georges, 811
Dário I, 146, 148, 150, 170
Dário II, 150
Dário III Codomano, 147
Darlan, François, 1076
Darnand, Joseph, 1076
Dart, Raymond, 62
Darwin, Charles, 720, 881-884
Daumier, Honoré, 822, 830
Davi, 168, 176, 183-185, 187, 189, 320, 582, 690
David, Jacques-Louis, 704, 729-730, 800, 820, 909, 917
Davioud, Gabriel, 838
Davis, Jefferson, 935
Davis, Miles, 1206
De Chirico, Giorgio, 1030, 1039, 1041-1042
de Gaulle, Charles, 14, 837, 962, 1017, 1069, 1071, 1077, 1081-1083, 1085, 1087-1094, 1098, 1110
De Gaulle, Yvonne, 1090, 1092
De Klerk, Frederik Willem, 1216
De Kooning, Willem, 1149-1150
De Maria, Pierre, 1159
De Valera, Éamon, 990
De Vere Stacpoole, Henry, 879
Déat, Marcel, 1076
Debré, Michel, 1090-1091
Debré, Robert, 1091
Debret, François, 822

Debussy, Claude, 848, 1204
Déchelette, Joseph, 92
Décio, 318
Dee, John, 17
Deffand, marquesa du, 710
Defferre, Gaston, 1094
Defoe, Daniel, 746, 782
Degas, Edgar, 828-830, 835, 938
Déjoces, 143
Delacroix, Eugène, 420, 771, 819-821, 828-829
Delanoé, Bertrand, 1102
Delaunay, Robert, 1030, 1032-1034, 1037
Deleuze, Gilles, 25, 901-902, 1145, 1185, 1195, 1198
Délia, 307
Dell'Abbate, Niccolò, 578
della Robbia, Luca, 552, 561
Delorme, Philibert, 577, 579-580
Delors, Jacques, 1101
Deméter, 271, 277
Demétrio de Apameia, 279
Demétrio de Faleros, 250
Demócrito, 260, 268-269, 903
Demódoco, 248
Demóstenes, 237, 251
Deng Xiaoping, 1140-1141, 1213
Denikin, Anton, 1009
Denis, Maurice, 831, 835, 836
Déon, Michel, 1161
Derain, André, 831, 1030
Dermée, Paul, 1039
Déroulède, Paul, 815
Derrida, Jacques, 25, 1145, 1188-1189, 1195, 1197-1198
Derzhavin, Gabriel, 776
Des Autels, Guillaume, 583
Desai, Anita, 1179
Desborough, Vincent Robin d'Arba, 233
Descartes, René, 15, 24, 280, 614, 627, 640-643, 650-651, 655, 657, 659-660, 665, 738-739, 864, 1195

Deschanel, Paul, 972
Desidério, 344
Désirée, 344
Desmarets de Saint-Sorlin, Jean, 634
Desmoulins, Camille, 702-703, 705, 707
Desnos, Robert, 1040
Desnoyers, Jules, 59
Despenser, Hugo, 409
Despentes, Virginie, 1163
Destutt de Tracy, Antoine, 741
Detienne, Marcel, 274
Deusa-sol de Arinna, 133
Devade, Marc, 1155
Devaki, 197
Devaquet, Alain, 1100
Devi, Mahasweta, 1179
Dewey, John, 941
Dezeuze, Daniel, 1155
Dhanvatari, 211
Di Rosa, Hervé, 1159
Diaguilev, Serguei, 925
Diana de Poitiers, 578
Diana, 728
Dião Cássio, 303, 311
Dias, Bartolomeu, 538
Dickens, Charles, 878, 911
Diderot, Denis, 547, 708, 710-712, 725-727, 729, 731-734, 737, 741, 819
Dídio Juliano, 290
Diego, Gerardo, 1171
Dieulafoy, Jeanne, 149
Dieulafoy, Marcel, 149
Dilthey, Wilhelm, 1192
Dimitri III, 669
Dimitri IV, 428
Dinarco, 251
Dinócrates de Rodes, 172
Diocleciano, 288, 290-291
Diodoro da Sicília, 129, 255, 259
Diofanto, 173
Diógenes de Babilônia, 300

Diógenes de Sinope, 267
Diógenes Laércio, 258
Dionísio de Halicarnasso, 281, 303
Dionísio, 133, 172, 271, 900
Dionísio, o Aeropagita, 391
Disraeli, Benjamin, 874, 878
Djoser (Zoser), 155-157
Dnyaneshwar, 678
Dogen, 505
Dōkyō, 492
Dolce, Pietro, 548
Dom Pernety, 717
Dom Quixote, 1194
Domenico Ghirlandaio, 563
Domiciano, 289, 297, 307, 310-311
Don Juan, 900
Donatello, 244, 549, 552, 557-558, 560-561
Dönitz, Karl, 987, 1074
Donizetti, Gaetano, 871
Dorat, Jean, 583
Doriot, Jacques, 1076
Dos Passos, John, 1172
Dostoievski, Fiodor Mikhailovitch, 926-927
Dotremont, Christian, 1147
Douglas-Home, Alec, 1110
Doumer, Paul, 974
Doumergue, Gaston, 975
Downing, Andrew Jackson, 937
Doyen, Gabriel François, 924
Doyle, Arthur Conan, 879
Drachmann, Holger, 928
Drácon, 234
Drexter, Anton, 981
Dreyfus, Alfred, 814, 816, 967, 1049
Drieu La Rochelle, Pierre, 1076
Drona, 196
Drumont, Édouard, 816
Druso II, 295
Druso, 310
Du Bellay, Joachim, 580, 582-584
Du Pont de Nemours, Éleuthère Irénée, 866

Du Vair, Guillaume, 300
Dubcek, Alexander, 1124-1125
Dubois, Ambroise, 578
Dubois, Eugène, 62-67
Dubois, Guillaume, 694
Dubreuil, Toussaint, 578
Dubuffet, Jean, 1148-1149
Duc, Joseph Louis, 838
Ducatel, Louis, 1094
Duchamp, Marcel, 19, 831, 1032, 1037-1041, 1046, 1052, 1147, 1151
Duchet, Claude, 1168
Duclos, Alain, 1094
Dufaure, Jules, 813
Dufay, Guillaume, 587
Dufort, Yves, 1205
Dumas, Alexandre, 622, 842, 858, 917, 1176-1177
Dumézil, Georges, 1199
Dumont, Auguste, 839
Dumont, René, 1096
Dumouriez, Charles François, 699, 702
Dumuzi (Tammuz), 117
Duns Escoto, João, 372, 388, 413-414
Dunstable, John, 587
Dupont, Florence, 21
Dupré, Jules, 822
Dupré, Julien, 823
Duquesney, François-Alexandre, 837
Durand, Asher, 938
Durand-Ruel, Paul, 825, 827-828
Duras, Marguerite, 1165-1166
Dürer, Albrecht, 545, 550, 582, 597, 608, 889
Durga, 197
Durkheim, Émile, 851, 853, 855-858, 1184
Durrell, Lawrence, 1170
Duseigneur, Jehan, 839
Duval, Paul-Marie, 92
Dvořák, Antonín, 871
Dzerjinsky, Felix, 1009

Ea, 117, 120, 122
Eannatum, 119
Ebert, Friedrich, 979-981
Ebih-Il, 119
Éboué, Félix, 1069, 1077
Echeverria, Esteban, 1175
Eck, Jean, 605
Eco, Umberto, 1168
Eden, Anthony, 1110
Édipo, 271, 274, 1183
Edmundo II Braço de Ferro, 406
Eduardo de Middleham, 411
Eduardo I da Inglaterra, 409
Eduardo II da Inglaterra, 409
Eduardo III da Inglaterra, 386, 409
Eduardo IV da Inglaterra, 410
Eduardo V da Inglaterra, 410, 599
Eduardo VI da Inglaterra, 599
Eduardo VII do Reino Unido, 874
Eduardo VIII do Reino Unido, 991, 1114
Eduardo, o Confessor, 407
Eduardo, o Velho, 406
Edwards, Jonathan, 782
Efialtes, 147
Efraim, 187
Egas, Enrique de, 590
Egberto de Trèves, 402, 446
Egídio, 355
Eginhardo, 356, 382
Ehrard, Ludwig, 1105
Eichendorff, Joseph von, 893
Eichmann, Adolf, 1191
Eichordt, Ludwig, 890
Eiffel, Gustave, 838
Einstein, Albert, 31, 34, 37-39, 41, 42, 1059
Eisai, 505
Eisaku Sato, 1143
Eisenhower, Dwight David, 1071, 1119, 1132-1133
Ekkehard de Saint-Gall, 403
Eknath, 678

Ekster, Alexandra Alexandrovna, 1033
El, 138
El-Hadj Omar, 954
Eliade, Mircea, 207, 276
Elias, 182, 187
Eliot, George, 878
Eliseu, 187
Elizabeth II da Inglaterra, 1114
Ellington, Duke, 1206
Ellis, Bret Easton, 1174
Ellison, Ralph, 1173
Elstir, 1050
Éluard, Paul, 1040, 1053, 1161
Emanuel, 182
Emerson, Ralph Waldo, 939-940
Émery, Michel Particelli d', 623
Empédocles, 257
Empereur, Jean-Yves, 173
Encólpio, 307
Eneias, 21, 285, 287, 312
Enesidemo, 268-269, 300
Engels, Friedrich, 869-871, 903
Enki, 115, 120
Enkidu, 121
Enlil, 120-121, 129
Ensor, James, 909
Epicarmo, 250
Epicteto, 269-270, 300-301
Epicuro, 268-269, 299, 903
Epifânio, 324
Epígono, 246
Epinay, Congresso de, 1095
Epona, 101
Erasístrato, 173-174, 279
Erasmo, 540, 580-581, 586, 595-596, 598-599, 605, 608
Erckmann, Émile, 911
Érebo, 277
Erecteion, 242
Ereshkigal, 117, 122
Eridu, 129

Ernesto Augusto I de Hanôver, 873
Ernst, Max, 831, 1038-1042
Erzulie, 952
Escalon de Fonton, Max, 78
Eschenbach, Wolfram von, 404
Escopas, 245
Escrivá de Balaguer, José Maria, 1120
Esculápio (Asclépios), 251, 278-279, 314
Eshmun, 139
Esmendes I, 168
Esopo, 250, 307, 403, 636
Espártaco, 299
Ésquilo, 250-251, 277
Ésquino, 251
Esquirol, Jean Étienne Dominique, 863
Estatira, 147
Esterházy, Charles-Ferdinand, 816
Estéropes, 277
Estêvão (santo), 646, 648
Estêvão de Alexandria, 475
Estêvão de Blois, 408
Estêvão II, 344, 358
Estêvão IV, 359
Estève, Maurice, 1034
Estienne, Henri I, 540
Estienne, Robert, 540, 589
Estilicão, 432
Estrabo, 92, 104, 129, 309-310
Estrée, Gabrielle d', 578
Esus, 100-101
Etana, 123
Etbaal I, 187
Etelberto, 405
Etelredo II da Inglaterra, 406-407
Etelstano, o Glorioso, 406
Éter, 277
Euclides, 173-174, 279, 314, 474, 786, 1059
Euclion, 304
Eudoxo, 280
Eugênia de Montijo, 806
Eugênio de Saboia-Carignan, 757

Eugênio IV, 374, 444
Eurídice, 248, 275
Eurípides, 251
Europa, 13
Eusébio de Cesareia, 327
Eusébio de Nicomédia, 291, 327
Eusébio de Vercelli (santo), 330
Eustache, Jean, 1167
Eustachi, Bartolomeo, 279
Eutímio, o Grande, 331
Eutiques, 328
Eva, 179
Evans, Arthur, 233-234
Evêmero, 275
Ewuare, o Grande, 530
Ezana, 229
Ezequias, 187
Ezequiel, 180, 188-190

Fabius, Laurent, 1099
Fabre d'Églantine, 699
Fagg, Bernard, 229
Fahrenheit, Daniel Gabriel, 719
Falcone, Giovanni, 1116
Falconer, Hugh, 57
Falconet, Étienne Maurice, 725, 925
Falkenhayn, Erich von, 961-962
Fallières, Armand, 818
Falloux, conde de, 805
Fancelli, Lucas, 556
Fanfani, Amintore, 1115
Fantin-Latour, Ignace Henri, 824
Faraday, Michael, 861
Farbauti, 352
Farinelli, 769
Farnese, Alexandre (cardeal, futuro papa Paulo III), 618, 619
Farnese, Isabella, 767, 769
Farnese, Ranuccio, 619
Farrère, Claude, 974
Fasiladas, 689, 791

Fátima, 454, 465-466
Fatímidas, 465
Fattori, Giovanni, 917
Faulkner, William, 1172, 1174
Fautrier, Jean, 1149
Favart, Charles-Simon, 730
Februns, 284
Fedro (Caius Lulius Phaedrus), 305, 307, 636
Félix V, 374
Fénelon, 637-639, 642, 732
Feng Youlan, 1064
Fênix, 13
Fenrir, 350-353
Fermat, Pierre de, 614
Fernando I da Áustria, 887
Fernando I das Duas Sicílias, 752
Fernando I Sacro-Imperador, 589
Fernando I, o Grande, 425
Fernando II de Aragão, 426, 535, 572
Fernando II Sacro-Imperador, 649
Fernando III de Castilha, 425
Fernando III, Sacro Imperador, 649
Fernando IV da Toscana, 913
Fernando VI da Espanha, 769
Fernando VII da Espanha, 770, 907-908
Ferré, Léo, 1053
Ferro, Marc, 22
Ferry, Jules, 813-814
Ferry, Luc, 1158
Ferstel, Heinrich von, 890
Feuerbach, Ludwig, 824, 870, 899, 903-904
Feyerabend, Paul, 1195
Fichte, Johann Gottlieb, 849, 892-896, 902
Ficino, Marsílio, 541-543, 556-557
Fídias, 242, 244
Fidípides, 146
Fielding, Henry, 746, 782
Fieschi, Giuseppe, 804
Fígaro, 737
Filareto, 669
Filino de Cós, 174

Filipe Augusto, 362, 370-371, 398-399, 408
Filipe d'Orléans, 626, 693-694, 722, 724
Filipe I da Suábia, 399
Filipe I de Parma, 769
Filipe II da Macedônia, 237
Filipe II de Espanha, 589-590, 595, 647-648
Filipe II, o Ousado, 380
Filipe III de Espanha, 590, 645
Filipe IV de Espanha, 645, 647
Filipe IV, o Belo, 362-363, 373, 409, 414
Filipe Néri (santo), 606
Filipe V de Espanha, 625, 646, 757, 767-769, 908
Filipe VI de França, 363, 409
Filipe, o Belo, 595
Filipe, o Bom, 572
Fillon, François, 1103
Filopêmene, 254
Filóstrato, 729
Finley, Moses I., 21
Fioravanti, Aristóteles, 447
Firuz Xá, 481
Fisher, John, 607
Fitzgerald, Edward, 463
Fitzgerald, Scott, 1172
Fjalarr, 353
Flandin, Eugène, 148
Flaubert, Gustave, 26, 846, 926
Flávio Arriano, 301
Flávio Josefo, 319, 322
Fleury, André Hercule de, 694
Flora, 312, 728
Florian, Jean-Pierre Claris de, 716
Focas, 439
Foch, Ferdinand, 960, 965
Fócio, 437
Fogazzaro, Antonio, 919
Foigny, Gabriel de, 709
Fontaine, Pierre, 837, 840
Fontenelle, Bernard de, 638, 642, 650, 709, 719, 738
Fonvizin, Denis, 776

Ford, Gerald, 1135
Forseti, 351
Förster, Bernard, 902
Förster-Nietzsche, Elisabeth, 900, 902
Fortuny, Mariano, 910
Foscolo, Ugo, 918
Foucault, Michel, 710, 721, 1059, 1061, 1185, 1188-1189, 1194, 1199, 1203-1204
Fouché, Joseph, 703, 799
Foujita, Léonard, 1037
Fould, Achille, 808
Fouquet, Nicolas, 628, 632, 636
Fouquier-Tinville, Antoine, 699, 703
Fourcroy, Antoine François de, 720
Fourier, Charles, 867, 904, 926
Fra Angelico, 552, 557, 561
Fragonard, Jean Honoré, 726-727, 729
France, Anatole, 1049
Francisco (papa), 11, 1117
Francisco de Alençon, 575
Francisco de Assis, 372, 554, 381,
Francisco de Guise, 575
Francisco de Sales, 607
Francisco Ferdinando da Áustria, 888, 959
Francisco I da Áustria (sacro-imperador), 885
Francisco I Sacro Imperador, 758
Francisco I, 539-540, 562, 568, 573-574, 577-581, 600, 671
Francisco II das Duas Sicílias, 916
Francisco II de França, 574-575
Francisco II de Habsburgo-Lorena, 752
Francisco II Sacro-Imperador, 800
Francisco José I da Áustria, 887, 982
Francisco Xavier, 494, 606, 683
Franck, Bernard, 1161
Franco de Colônia, 394
Franco, Francisco, 976, 1003-1004, 1119-1121
Frank, Hans, 1074
Franklin, Benjamin, 719, 782, 931
Frazer, James George, 853, 883-884
Fredegunda, 356

Frederico de Iorque, 744
Frederico Guilherme I da Prússia, 757
Frederico Guilherme II da Prússia, 758, 891
Frederico Guilherme IV da Prússia, 886-887, 890
Frederico I Barba-Ruiva, 366, 398-399, 442
Frederico I da Prússia, 757
Frederico II da Dinamarca, 35
Frederico II da Prússia, 710, 733, 757-758
Frederico II da Sicília, 422
Frederico II de Hohenstaufen, 399
Frederico III da Alemanha, 888
Frederico III do Sacro Império, 401
Frederico, o Sábio, 604
Frege, Gottlob, 270, 1057
Fréminet, Martin, 578
Fresnel, Augustin, 860
Freud, Sigmund, 24, 276, 863-865, 879, 900, 1043, 1052, 1058, 1168, 1183, 1204
Frey, 352
Freya, 352
Friedmann, Alexandre, 31
Friedrich, Caspar David, 889
Frigga, 350-351
Frija, 346
Friné, 245
Fritsch, Théodore, 902
Froissart, Jean, 386
Fromm, Erich, 1181
Frumêncio, 229
Fujiwara no Michinaga, 493
Fujiwara no Yorimichi, 497
Fujiwara Takanobu, 499
Fuller, Margaret, 939
Fulrado, 360
Fumimaro Konoe, 1027
Funa, 284
Fustel de Coulanges, Numa Denis, 718, 853, 859
Fuxi, 213-214
Fuzuli, 673

Gabo, Naum, 1046, 1151
Gabriel (arcanjo), 449, 451
Gabriel, Ange Jacques, 724
Gadamer, Hans Georg, 1184, 1192
Gaddi, Agnolo, 550
Gade, 178
Gagarin, Yuri, 1124
Gage, Thomas, 780
Gaia, 277, 459
Gainsborough, Thomas, 745, 754
Gala Placídia, 432, 434
Galba, 289
Galeno, 244, 279, 315, 474-475
Galerius, 326
Galiano (imperador), 335
Galigaï, Léonora, 621
Galileu Galilei, 34-35, 264, 614, 639-640, 657
Gallé, Émile, 838
Galle, Johann Gottfried, 860
Gallieni, Joseph, 960
Galo de Fuligem, 353
Galo, São (santo), 333, 360
Galton, Francis, 882
Galus Sextius Galvinus, 99
Galus, 306
Galván, Manuel de Jesús, 1175
Gama, Vasco da, 538-539, 786
Gambetta, Léon, 813
Gandhi, Indira, 1021
Gandhi, Mohandas Karamchand, 1021
Gandhi, Rahul, 1021
Gandhi, Rajiv, 1021
Gandhi, Sonia, 1021
Ganesh, 197
Ganjin, 504
Gao Kegong, 488
Gao Xingjian, 1163
Gaozu (Li Yuan), 483
Gaozu (Liu Bang), 216
Gapon, George, 1005
García Lorca, Federico, 1171

Gargântua, 586
Garibaldi, Giuseppe, 752, 915-916
Garnier, Charles, 838, 1043
Garuda, 198
Gary, Romain, 1087, 1162
Gasperi, Alcide de, 1115
Gassendi, 641
Gaston de Foix, 573
Gau, François Christian, 838
Gauchet, Marcel, 25, 1193-1194
Gaudí, Antonio, 838, 910
Gaudin, Martin Michel Charles, 799
Gauguin, Paul, 828, 834-836, 1031
Gautier, Théophile, 843-844
Gaveston, Pierre, 409
Gbagbo, Laurent, 1215
Gebra Maskal Lalibela, 525
Gelásio I, 329
Gelede, 530
Gemmei, 219, 492, 496
Gengis Khan, 428, 444, 484, 676
Genserico, 332, 342, 432
Gensho, 501
Gentile da Fabriano, 560, 565
Gentileschi, Orazio, 617
Genyoku Kuwaki, 1063
Geoffrin, Marie-Thérèse, 710
George, Lloyd, 966, 990
Gerbillon, Jean-François, 786
Gerda, 352
Gerião, 648
Géricault, Théodore, 820, 829
Germânico, 295
Gersemi, 352
Gervais, Paul, 59
Gerville, Charles de, 374
Geshtinanna, 117, 124
Ghezo, 951
Ghias ud-Din Tugluk, 481
Ghiberti, Lorenzo, 552, 555, 557-558, 560
Ghosh, Amitav, 1170

Giacometti, Alberto, 1041
Giambologna, 568
Gide, André, 1022, 1163
Gilgamesh, 115, 121-123, 133
Gillespie, Dizzy, 1206
Gillet, Nicolas François, 925
Gillot, Claude, 726
Giolitti, Giovanni, 995-996
Giorgione, 420, 553, 566-567, 598
Giotto di Bondone, 11, 381, 546, 551-554, 558, 560, 1153
Girard, René, 1193-1194
Girardon, François, 628, 632
Giraud de Barri (ou Giraud le Cambrien), 413
Giraud, Henri, 1069, 1071
Giraudoux, Jean, 272, 1049, 1054
Girodet, 729
Giscard d'Estaing, Valéry, 1093, 1096, 1098, 1101
Giusti, Giuseppe, 918
Gladstone, William, 874-875
Glass, Philip, 1205
Glege, 951
Gleizes, Albert, 1030, 1032
Gleyre, Charles, 825
Glinskaya, Elena, 429
Glory, André, 76
Gluck, Christoph Willibald von, 620, 730
Glycon de Atenas, 246
Gobineau, Joseph Arthur de, 882
Go-Daigo, 494
Godard, Jean-Luc, 1167
Godechot, Jacques, 714
Gödel, Kurt, 1056
Godescalco de Orbais, 390
Godofredo de Estrasburgo, 404
Godofredo V Plantageneta, 408
Godoy, Manuel, 769-770
Goebbels, Joseph, 985, 987
Goebbels, Magda, 987

Goethe, Johann Wolfgang von, 759-761, 826, 843, 890, 892-894, 940, 980
Gógol, Nikolai Vassílievitch, 926-927
Go-Komatsu, 494
Gold, Thomas, 38
Goldfaden, Avrom, 1176
Golding, John, 1032
Golding, William, 1170
Goldmann, Lucien, 1167-1168
Goldoni, Carlo, 755
Golias, 183
Golitsyn, 670
Goltzius, Hendrik, 596
Gómez de Mora, Juan, 648
Gongdi, 218
Góngora y Argote, Luis de, 591, 1174
Gontcharova, Natália, 1038
Gonzales, Eva, 828
González, Felipe, 1121
Gorbachev, Mikhail, 1126-1128, 1136
Górdio, 133
Gordon Childe, Vere, 79
Gordon, Charles, 944
Gordon, Patrick, 773
Górgias, 267
Gorgulov, Pavel, 974
Göring, Hermann, 983, 987, 1069
Gorki, Máximo, 927
Gorky, Arshile, 832
Go-Sanjo, 493
Gossec, François Joseph, 730
Goudimel, Claude, 184
Gouges, Olympe de, 706
Gouin, Félix, 1081
Goujon, Jean, 577, 580
Gournay, Vincent de, 738
Goya, Francisco de, 567, 770-771, 827, 907, 909
Goytisolo, Juan, 1171
Grabbe, Christian Dietrich, 892
Gracián y Morales, Baltasar, 590
Graciano, 431

Gracq, Julien, 1161, 1163
Gramme, Zénobe, 861
Gramsci, Antonio, 1170-1171
Grande Mademoiselle, 624
Grandi, Dino, 996
Grant, Ulysses S., 935
Grass, Günter, 1169
Greco, El, 591, 646-647
Greene, Graham, 1170
Gregório de Nazianzo, 328-329, 431
Gregório de Nissa, São, 329
Gregório de Tours, 343
Gregório I, o Grande, 334, 367
Gregório VII, 366-369
Gregório XI, 373
Gregório XII, 374
Gregório XIII, 313
Grendel, 382
Greuze, Jean-Baptiste, 728-729
Grévy, Jules, 813-814
Grey, Charles, 873
Grey, Joana, 599
Griffith, Francis Llewellyn, 228
Grignan, Madame de, 635
Grillo, Beppe, 1117
Grillparzer, Franz, 893
Grimm, Jacob, 711, 893
Grimm, Wilhelm, 893
Grimoaldo, 344
Gris, Juan, 831, 1030, 1032
Grisey, Gérard, 1205
Grócio, 665
Gromaire, Marcel, 1037
Gropius, Walter, 1044, 1146
Grosz, George, 1038
Grünewald, Matthias, 597
Gu, 952
Guan Hanqing, 490
Guangxu, 786
Guardi, Francesco, 754
Guarino Veronese, 310

Guattari, Félix, 1195, 1198
Gudea, 123-124
Guderian, Heinz, 1068
Guenoleu de Landévennec (santo), 330
Guggenheim, Peggy, 1150
Guglielmo, Ciardi, 917
Guilherme da Prússia, 961
Guilherme de Champeaux, 389
Guilherme de Lorris, 385, 387, 540
Guilherme de Malmesbury, 413
Guilherme de Ockham, 264, 372, 388-389, 413-415, 536
Guilherme I da Alemanha, 887-888
Guilherme I da Aquitânia, 331
Guilherme II da Alemanha, 888, 890, 965, 979, 1074
Guilherme III de Orange-Nassau, 655, 659
Guilherme IV, 873
Guilherme, o Conquistador, 348, 405, 407, 413
Guilherme, o Ruivo, 407
Guillaumin, Armand, 827-828
Guillet, Pernette du, 586
Guimard, Hector, 838
Guitry, Sacha, 1053
Guittone d'Arezzo, 422
Guizot, François, 804, 860
Gullinbursti, 352
Gullinkambi, 353
Gunther, 332
Guo Xi, 487
Guru Nanak, 482
Gusdorf, Georges, 718, 721, 843
Gutenberg, Johannes, 395, 539
Guthrum, o Velho, 406
Guynement de Kéralio, Louise-Félicité, 707
Guyton de Morveau, Louis Bernard, 720

Habacuque, 180, 188, 190, 323
Habermas, Jürgen, 1157, 1181, 1183-1184, 1188, 1196
Hácha, Émil, 1067

Hadad, 138, 142
Hadadézer, 184
Hades, 170, 248, 275, 277, 279
Hadj, Messali, 978
Hadot, Pierre, 205, 1188
Hahn, Hans, 1056
Hajime Sugiyama, 1027
Hajime Tanabe, 1063
Halimi, Gisèle, 1096
Halley, Peter, 1159
Hallyday, Johnny, 15
Hals, Frans, 616, 663
Hamilton, Richard, 1147
Hamsun, Knut, 929
Hamurabi da Babilônia, 124-126
Hamurabi de Ugarit, 143
Han Guang Wudi, 217
Han Yu, 489
Hanabuso Itcho, 684
Händel, Georg Friedrich, 620
Hannon, 137
Harambourg, Lydia, 1037
Harding, Warren Gamaliel, 1015
Hardouin-Mansart, Jules, 628, 724
Haring, Keith, 1159
Harnett, William H., 938
Haro y Sotomayor, Luis de, 645
Haroldo I, Pé de Lebre, 407
Haroldo II, 407
Haroldo III da Noruega, 407
Haroun al-Rachid, 461
Harpagão, 304
Harshavardhana (ou Harsha), 477
Hartung, Hans, 1149-1150
Harvey, William, 615
Hasegawa Tohaku, 682
Hassan, 455
Hassan, Ihab, 1157
Hastings, Warren, 784
Hatshepsut, 162, 165
Hatusil III, 133

Haussmann, Georges Eugène, 809, 837-838, 890
Havel, Vaclav, 1127
Hawking, Stephen, 40
Haydn, Joseph, 730
Hayez, Francesco, 917
Heath, Edward, 1110-1111
Hebat, 133, 135
Hébert, Jacques René, 700, 703
Hebieso, 952
Hecateu de Mileto, 93, 253
Hefesto, 276
Hegel, Georg Wilhelm Friedrich, 20, 541, 893-899, 903-904, 1063-1064, 1170, 1182-1184, 1198
Heidegger, Martin, 1056, 1058, 1060-1061, 1183, 1186, 1189, 1192, 1197-1198
Heine, Heinrich, 891-892
Heinzelin, Jean de, 76
Heisenberg, Werner, 41
Heitor, 247
Hela, 351-352
Helena (santa), 335, 412, 689
Helena, 271
Hélio, 173, 273
Heliogábalo, 290
Heloísa, 390
Helvétius, Claude Adrien, 23, 708, 710, 712, 923
Hemera, 277
Hemingway, Ernest, 1172, 1174
Hemiunu, 156
Hendrix, Jimmy, 1206
Hennique, Léon, 846
Henriot, Émile, 1165
Henrique de Guise (o Balafré), 575-576
Henrique I Beauclerc, 407
Henrique I de Bourbon, 575
Henrique I de Constantinopla, 443
Henrique I de Germânia, 397
Henrique II da Baviera, 403
Henrique II da França, 539, 574, 577, 600
Henrique II de Condé, 621
Henrique II de Guise, 752
Henrique II de Longueville, 624
Henrique II de Montmorency, 622
Henrique II Plantageneta, 361, 408
Henrique II, o Santo, 398
Henrique III da França, 575-576, 578
Henrique III da Inglaterra, 409, 411
Henrique III Sacro Imperador, 398
Henrique IV da França, 575-578, 590, 621, 623-624, 634, 664, 713
Henrique IV da Inglaterra, 409
Henrique IV de Castela, 538
Henrique IV Sacro Imperador, 366, 369, 398
Henrique V da Inglaterra, 410
Henrique V Sacro Imperador, 361, 369, 398, 407, 419
Henrique VI da Inglaterra, 410-411
Henrique VI Sacro Imperador, 398-399
Henrique VII da Inglaterra, 411, 535, 599-601
Henrique VIII da Inglaterra, 573, 598-601, 607
Henrique, o Navegador, 538
Henriqueta da França, 637
Henriqueta da Inglaterra, 637
Henry, Hubert-Joseph, 816
Henry, Michel, 25, 1193
Hepit, 135
Hera, 246, 271, 273, 277
Héracles, 236, 249, 271, 274, 276
Heráclio, 439
Heráclito, 258, 1198
Herbin, Auguste, 1036, 1151
Hércules, 95, 249, 294, 578, 618
Herder, Johann Gottfried von, 24, 759-760, 926
Heredia, José Maria de, 220, 844
Herihor, 168-169
Hermes, 271
Hermodr, 351

Hermógenes de Priene, 243
Herodes, 186, 191, 318-320, 457
Heródoto, 93-94, 96, 144-145, 153, 217, 234, 238, 253, 271, 281
Herófilo, 174
Herrera, Juan de, 590, 648
Herriot, Édouard, 972-973
Herzen, Alexandre, 922
Hesíodo, 135, 249, 271, 274, 277-278, 839
Hess, Moses, 870
Hess, Rudolf, 982, 1074
Hesse, Hermann, 1169
Héstia, 95, 277
Heym, Georg, 1169
Hicham, 456
Hi-Chang, 788
Hideki Tojo, 1027, 1074
Hierão de Siracusa, 250
Hilarião de Gaza, 331
Hildebrand, Adolf von, 891
Hildegarda, 361
Hilliard, Nicholas, 601
Himilcon, 137
Himmler, Heinrich, 987
Hindenburg, Paul von, 962, 964, 981, 983-984
Hiparco, 33, 174
Hipárquia, 267
Hipérides, 251
Hípias de Elis, 20, 261
Hipócrates, 278-280, 474
Hipólito, 324
Hirão, 186
Hirão-Abi, 186
Hirohito, 1025, 1027-1028, 1073, 1143
Hiroshige, Utagawa, 948
Hisahito de Akishino, 1144
Hitler, Adolf, 864, 882, 977-978, 981-987, 1004, 1012-1013, 1043, 1067, 1069-1070, 1072-1073, 1075, 1181
Hiyeda no Are, 219

Hnoss, 352
Ho Chi Minh, 1085-1086
Hobbes, Thomas, 640-641, 655, 657-659, 661, 736, 903, 905
Hobrecht, James, 890
Hoffmann, Ernst Theodor Amadeus, 893
Hogarth, William, 745
Hokusai, 946, 948
Holbach, barão de, 712, 905
Holbein, o Jovem, Hans, 595, 598, 601
Holbein, o Velho, Hans, 598
Hölderlin, Friedrich, 24, 892
Holiday, Billie, 1206
Holinyard, E.J., 475
Hollande, François, 1104
Homero, 247, 249, 271, 423
Hon'Ami Koetsu, 684
Hongwu, 486, 678
Hongxi, 678
Honnecourt, Villard de, 379
Honório III, 372
Honório, 292, 332, 405, 432
Hood, John B., 935
Hooker, Joseph, 935
Hoover, Herbert C., 1015-1016
Horácio Cocles, 312
Horácio, 13, 269, 289, 303, 306, 548, 583-584, 759
Horkheimer, Max, 1181-1183
Hórus, 154, 157-158, 170
Hottinger, Johann, 889
Houdar de La Motte, Antoine, 638
Houdon, Jean-Antoine, 725
Hoyle, Fred, 31, 38-39
Hu Jintao, 1141
Hu Shi, 1064
Hu Yaobang, 1141
Hua Guofeng, 1140-1141
Huang Gongwang, 488
Huang Taiji, 679, 785
Huascar, 518

Huayna Cápac, 518-519
Hubble, Edwin Powell, 39
Huber, Wolf, 728
Hudson, Henry, 777
Hugenberg, Alfred, 981
Hugo Capeto, 359, 361
Hugo, Victor, 276, 805-806, 840, 842-843, 1176
Huian Tsang, 486
Huitzilihuitl
Huitzilopochtli
Huizong, 487
Humayun, 675-677
Humberto I da Itália, 916
Humboldt, Alexander von, 718
Hume, David, 640, 665, 711, 746, 748-749, 761-762, 853, 1198
Hunahpú, 513
Hund, barão de, 717
Huni, 156
Huss, Jean, 401
Hussein (rei da Jordânia), 1210
Hussein, Saddam, 1136-1137, 1211
Husserl, Edmund, 262, 1055, 1057-1060, 1186, 1192, 1197
Huszár, Vilmos, 1036
Hutten, Ulrich von, 608
Huysmans, Joris-Karl, 846-847
Hwanung, 106-107
Hymir, 351
Ibárruri, Dolores, 1004
ibn Abd al-Aziz, Omar, 456
ibn al-Nadim, Abu Muhammad, 471
ibn al-Qasim, Muhammad, 478
ibn al-Walid, Khalid, 455-456
ibn al-Yazid, Khalid, 475
ibn Anas, Malik, 453
ibn Arslan, Toghrul, 469
ibn Bajjah, 461
ibn Gabirol, Salomão, 473
ibn Hanbal, Ahmad, 453
ibn Hayyan, Jabir (Geber), 475
ibn Ishaq, Hunayn, 474
ibn Qurra, Thabit, 474
ibn Tashfin, Yussuf, 467
ibn Tibbon, Samuel, 473
ibn Tughluq, Muhammad, 481
ibn Tulun, Ahmad, 462
ibn Tumart, Muhammad, 467
ibn Yussuf, al-Hjjaj, 474
Ibsen, Henrik, 929
Iddin-El, 119
Idris I, 463
Idris II, 463
Iéltsin, Boris, 1127-1129
Igor, 429
Ihara, Saikaku, 685
Ildico, 348
Illapa, 519
Ilusuma, 141
Il-yeon, 489
Imhotep, 156, 158
Immerman, Karl, 892
Inácio de Loiola, 606
Inanna (Ishtar), 117, 120-122, 128-129, 133, 135, 143
Indra, 194, 196, 480, 505
Indravarman, 506
Inês da Aquitânia, 398
Ingres, Jean Auguste Dominique, 729, 819-820, 822, 824
Inocêncio III, 365-367, 369-370, 372-373, 399, 425
Inocêncio VI, 400
Inocêncio X, 648
Inocêncio XI, 614
Inshushinak, 128
Inti, 518-519
Ionesco, Eugène, 1054, 1165
Irene (imperatriz), 440
Irineu, 321, 324-325
Irving, Washington, 938
Isaac I, 441-442

Isaac II Anjo, 442
Isaac Israeli ben Salomão, 473
Isaac, 176-177, 179, 182
Isaac, o Judeu, 475
Isabel de Aragão, 380
Isabel de Castela, 426, 535, 589
Isabel de Iorque, 599, 601
Isabel I da Inglaterra, 589, 600-601, 777
Isabel I da Rússia, 775
Isabela de França, 409
Isabela II de Espanha, 908
Isaías, 180, 188, 190
Iseu, 251
Ishara, 135
Ishtar (Inanna), 117, 120-122, 128-129, 133, 135, 143
Isidoro de Mileto, 435
Ísis, 170, 308, 326, 346
Ismael, 177, 182, 454
Ismail I, 671
Ismail Pacha, 809
Isócrates, 20-21, 251
Isolda, 384
Israfil (arcanjo), 451
Issacar, 178
Ito Jinsai, 687
Itzcoatl, 521
Itzmana, 512
Ivan I da Rússia, 428
Ivan III da Rússia, 428, 447
Ivan IV, o Terrível, 428-429
Ivan V da Rússia, 670
Ivan VI da Rússia, 775
Iwasa Matabei, 684

Jackson, Andrew, 932-933
Jackson, Michael, 1148, 1206
Jackson, Thomas J., 935
Jacó, 176-179, 834
Jacob ben Isaac Ashkenazi de Janow, 1175
Jacob, François, 639
Jacob, Max, 1042, 1046, 1051
Jacobi, Friedrich Heinrich, 541
Jacobson, Max, 1132
Jafé, 103
Jagger, Mick, 1148
Jaguer, Édouard, 1146
Jahangir, 676
Jaime I da Inglaterra, 600, 653, 655, 743, 777
Jaime II da Inglaterra, 655, 743, 778
Jakobson, Roman, 1168
Jamal ad-Din al-Afgani, 1176
Jâmblico, 302
James, Henry, 939, 941
James, William, 941
Jameson, Fredric, 1157
Jamyn, Amadis, 580
Janaka, 204
Janet, Pierre, 863
Jansen, Zacharias, 614-615
Jansênio, 613
Jarir al-Tabari, 462
Jaroslau I, o Sábio, 427
Jarry, Alfred, 1054, 1165
Jaruzelski, Wojciech, 1099, 1125, 1127
Jasão, 275
Jaspers, Karl, 1056
Jaurès, Jean, 815-817, 959, 976
Javeau, Claude, 14
Jayavarman II, 505, 507
Jayavarman VII, 506
Jayavarman VIII, 506
Jean de Meung, 385, 387, 540, 584
Jean Paul (Johann Paul Friedrich Richter), 892
Jeanne-Claude, 1155
Jefferson, Thomas, 782, 932, 937
Jenkins, Robert, 768
Jenney, William Le Baron, 937
Jensen, Johannes Vilhelm, 928
Jeong Yak-yong, 687
Jeremias, 180, 183, 187-190
Jeroboão I, 187

Jeroboão II, 187
Jesus Cristo, 151, 182, 189, 229, 291, 306, 317-318, 320-322, 323, 325-329, 334-336, 362, 369-370, 376, 379, 386, 402-403, 412, 432, 434-437, 441, 446-447, 451, 454, 548, 551, 559, 603-605, 618, 646, 689, 901, 927
Jeú, 187
Jezabel, 187
Jianen, 678
Jiang Qing, 1140
Jiang Zemin, 1141
Jimenez, Francisco, 513
Jimmu Tenno, 219
Jirinovski, Vladimir, 1129
Joabe, 183-184
Joana d'Arc, 410-411
Joana, a Louca, 589
João (usurpador), 432
João Batista, 560, 564
João Crisóstomo, 329
João da Cruz, 373, 593
João da Suábia, 400
João Damasceno, 455-456
João de Gante, 409
João de Garlândia, 394
João de Luxemburgo, 394
João de Salisbury, 388, 412
João de Worcester, 413
João Escoto Erígena, 390
João I Tzimisces, 441
João II Comneno, 442
João II de França (João, o Bom), 363
João II de Portugal, 538
João IV de Portugal, 645
João Paulo II, 35, 883, 1126
João Sem Terra, 408-409
João V Paleólogo, 444
João VI Cantacuzino, 444
João XII, 368, 397
João XIII, 397
João XXII, 415
João XXIII, 374
João, 189, 319, 321-323, 376, 403
Joás, 187
Jocasta, 274
Jocho, 498
Jodelle, Étienne, 583
Jodl, Alfred, 987, 1074
Joel, 180, 188, 190
Joffre, Joseph, 960, 962
Johanson, Donald C., 61
Johnson, Andrew, 936
Johnson, Lyndon B., 1132, 1134
Johnson, Samuel, 746
Johnston, Joseph E., 935
Joiada, 187
Jolivet, Jean, 470
Jonas, 180, 188, 191, 335
Jonas, Hans, 1188
Jônatas Macabeu, 320
Jônatas, 183
Jorão, 187
Jord, 351
Jorge I da Grã-Bretanha, 743
Jorge II da Grã-Bretanha, 743
Jorge III do Reino Unido, 743-745, 873
Jorge IV do Reino Unido, 744, 873
Jorge V do Reino Unido, 991
Jorge VI do Reino Unido, 991, 1114
Jorgensen, Johannes, 928
Jormungand, 352
Josafá, 187
José de Morávia, 400
José I de Portugal, 710
José I sacro imperador, 757, 767
José II sacro imperador, 710, 758
José Napoleão I da Espanha, 770, 907
José, 176, 178
Josefina, 800
Josetsu, 499
Josias, 189

Jospin, Lionel, 1101-1103
Josquin des Prez, 587
Josué, 175, 178
Jouhaud, Edmond, 1092
Joule, James Prescott, 861
Jourde, Pierre, 1162
Journiac, Michel, 1156
Jovellanos, Gaspar Melchor de, 771, 910
Joyce, James, 879
Juan Carlos I da Espanha, 1004, 1119-1121
Juan de Bourbon, 1004
Juan José da Áustria, 646
Juba I da Numídia, 288
Judá, 178, 183, 187
Judas, 325
Judd, Donald, 1154
Jugurta, 309
Jukov, Georgui, 441
Júlio II, 561-563, 573, 618, 751, 753
Júlio, o Africano, 321
Jung, Carl Gustav, 207, 1056, 1058
Jünger, Ernst, 1169
Junichiro Koizumi, 1143
Junichiro Tanizaki, 1178
Juno, 283, 312
Júpiter, 95, 103, 133, 283-284, 312
Juppé, Alain, 1102
Jussieu, Antoine Laurent de, 719
Jussieu, Joseph de, 718
Justiniano I, 299, 329, 333-334, 336, 341, 360, 419, 432-435, 438-439, 444
Justiniano II, 439
Justino I, 432
Justino II, 433, 445
Juvaira, Filippo, 753
Juvenal, 303

K'awiil, 511-512, 516
Kabila, Laurent-Désiré, 1215
Kabir, 482
Kacew, Roman (Romain Gary), 1162
Kadafi, Muamar (Muamar Gaddafi), 1212
Kafka, Franz, 893, 1169, 1198
Kahnweiler, Daniel-Henry, 1032
Kaiho Yusho, 682
Kaikei, 498
Kakinomoto no Hitomaro, 501
Kakuei Tonaka, 1143
Kali, a Negra, 197-198
Kaltenbrunner, Ernst, 1074
Kaluza, Theodor, 41
Kamenev, Lev, 1011
Kamil, Abu, 474
Kammu, 492-493, 500
Kamsa, 197
Kanami, 503
Kandinsky, Vassily, 831, 1033-1034
Kangxi, 786, 788
Kaniska, 211
Kano Eitoku, 682
Kano Masanobu, 499
Kano Sanraku, 682
Kant, Immanuel, 13, 17, 708-710, 747, 761-766, 848-849, 853, 893-894, 896, 902-903, 940-941, 1056, 1063-1064, 1184, 1189, 1204
Kantemir, A. D., 776
Kao Ming, 490
Kapp, Wolfgang, 981
Karim Aga Khan IV, 454
Karina, Anna, 1167
Katib Celebi, 673
Kawit, 161
Kazan, Elia, 1173
Keats, John, 939
Keitel, Wilhelm, 1073-1074
Keller, barão, 773
Kellogg, Frank, 973-974
Kemal, Mustafa, 672, 969
Kenji Nakagami, 1179
Kennedy, Jacqueline, 1132
Kennedy, John Fitzgerald, 1017, 1132-1134

Kepler, Johannes, 35-36, 538, 541, 614, 639
Kerensky, Alexander, 1007-1008
Kerouac, Jack, 1172, 1174
Keshab Chandra Sen, 784
Ketel, Cornelis, 601
Khaemuaset, 165
Khalmasuit, 133
Khasekhemui, 154, 157
Khawarizmi, 474
Khayyam, Omar, 462-463, 474
Khety, 158
Khomeini (aiatolá), 1211
Khonsu, 163-164, 169
Ki no Tsurayuki, 501
Kierkegaard, Soren, 899-900, 928, 1185
Killa, 519
King, Martin Luther, 1133
King, Stephen, 1174
King, William, 69
Kipling, Rudyard, 879
Kippenberger, Martin, 1159
Kiprenski, Orest, 924
Kircher, Athanase, 718
Kisling, Moïse, 1037
Kissinger, Henry, 1134
Klee, Paul, 1033-1034
Klein, Oskar, 41
Klein, Yves, 1147, 1153
Kleist, Heinrich von, 893
Klimt, Gustav, 891, 1029, 1040
Klinger, Friedrich Maximilian von, 761
Klopstock, Friedrich Gottlieb, 759
Kobo Abe, 1178
Koch, Joseph Anton, 889
Koch, Robert, 863
Koenig, Pierre, 1069, 1077
Koestler, Arthur, 1170
Kohl, Helmut, 1106
Kojève, Alexandre, 1061
Kok, Antony, 1036
Koken, 492

Kokoschka, Oskar, 831
Kolchak, Alexander, 1009
Komparu Zenchiku, 503
Konin, 492
Koons, Jeff, 1147
Köprülü, Fazil Ahmet, 671
Koré, 271
Korn, Alejandro, 1175
Kornilov, Lavr, 1007
Koskas, Georges, 1037
Kotoku, 492
Kotzebue, August von, 886
Kouprine, Vassili, 925
Koyré, Alexandre, 280
Kozlovski, Mikhail, 925
Kpengla, 951
Kramer, Samuel Noah, 114
Krishna, 196-197, 205, 678
Kristeva, Julia, 1168
Krivine, Alain, 1094, 1096
Krupp, Bertha, 965
Kruschev, Nikita, 1123, 1124, 1133
Kuan Yin, 486
Kubaba, 122
Kukai (Kobo Daishi), 498-499, 504
Kukulcán (Quetzalcóatl), 512, 514, 516
Kumara, 197
Kumaragupta I, 201
Kumarbi, 135
Kundera, Milan, 1163
Kunti, 196
Kupka, Frantisek, 1033-1034, 1037
Kuroda Seiki, 948
Kushukh, 135
Kussmaul, Adolf, 890
Kwestantinos I (Zara-Yacob), 526
Kyd, Thomas, 602

L'Hospital, Michel de, 575
La Boétie, Étienne de, 544, 584
La Bruyère, Jean de, 633, 638

La Fayette, Madame de, 635
La Fayette, marquês de, 701-702, 704, 706, 725, 780
La Font de Saint-Yenne, Étienne, 710, 723
La Fontaine, Jean de, 307, 636, 638
La Mettrie, Julien Offroy de, 741
La Péruse, Jean Bastier de, 583
La Reynie, Gabriel Nicolas de, 624, 711
La Rochefoucauld, François de, 635, 638
La Rocque, François de, 974, 977
La Rue, Pierre de, 587
La Russa, Ignazio, 1117
La Salle, Robert Cavelier de, 626, 718
La Tour, Georges de, 617, 630
La Tour, Maurice Quentin de, 710, 726, 728
Labarna I, 131-132
Labarre, Albert, 540
Labé, Louise, 586
Labrouste, Henry, 837
Lacan, Jacques, 900, 1168, 1185, 1203-1204
Lachelier, Jules, 848-849
Laclos, Choderlos de, 716
Laennec, René, 863
Laffemas, Barthélemy de, 576
Lafont, Bernadette, 1167
Laforgue, Jules, 847
Lagerlöf, Selma, 929
Lagos, 171
Lagrenée, Louis (o mais velho), 924
Laguiller, Arlette, 1096
Lakshmi, 198
Laloux, Victor, 838
Lamarck, Jean-Baptiste de Monet de, 720, 880-882
Lamartine, Alphonse de, 26, 804, 842-843, 1176
Lambert, Madame de, 736
Lambton, John, 875
Lan Ying, 679
Langhans, Carl Gotthard, 891
Lao She, 1177
Lao Tsé, 212, 214-215, 217

Laocoonte, 246
Laplace, Pierre Simon de, 720
Laran, 283
Larbaud, Valery, 1049
Largillière, Nicolas de, 727-728
Larionov, Michel, 1038
Larra, José de, 771
Larra, Mariano José de, 910
Lartet, Eduard, 68
Latrobe, Benjamin, 937
Lattre de Tassigny, Jean de, 1073
Laube, Heinrich, 892
Laufey, 352
Laura, 423
Lautréamont, conde de, 846-847
Laval, Charles, 834
Laval, Pierre, 973, 1075-1076, 1082
Lavater, Johann Kaspar, 279
Lavoisier, Antoine Laurent, 715, 720-721
Law, John, 693-694, 737
Lawrence, David Herbert, 879
Layard, Austen Henry, 114
Lázaro, 335
Le Blond, Jean-Baptiste, 923
Le Breton, André, 733
Le Brun, Charles, 628-629, 631-632, 727
Le Clézio, J. M. G., 1162
Le Corbusier, 1033, 1043, 1046
Le Mercier, Jacques, 628
Le Moiturier, Pierre Antoine, 381
Le Nain, Antoine, 630
Le Nain, Louis, 630
Le Nain, Matthieu, 630
Le Nôtre, André, 628, 632
Le Pen, Jean-Marie, 1096, 1103
Le Roy, Louis, 580
Le Roy, Philibert, 628
Le Tellier, François Michel (marquês de Louvois), 624-625
Le Tellier, Louis François Marie (marquês de Barbezieux), 625

Le Tellier, Michel, 624-625
Le Vau, Louis, 628, 724, 837
Le Verrier, Urbain, 860
Leakey, Louis, 62-63
Leakey, Mary, 62-63
Leanor da Aquitânia, 361
Leão I (general), 432
Leão I, o Grande ou Magno, 328
Leão II, 432
Leão III, 358
Leão III, o Isáurico, 439-440
Leão IV, o Cazar, 440
Leão VIII, 397
Leão X, 573, 753
Leão XIII, 815, 883
Léaud, Jean-Pierre, 1167
Lebrun, Albert, 974-975, 1068
Lebrun, Charles François, 799
Leclerc, general, 1069, 1071-1072, 1077
Lecomte, Claude Martin, 810
Leconte de Lisle, 844
Leczinska, Marie, 694
Ledru-Rollin, Alexandre, 804
Lee, Robert, 935
Lefèvre d'Étaples, Jacques, 580-581
Lefort, Claude, 1189
Léger, Fernand, 831, 1030, 1032, 1036-1037, 1152
Leibl, Wilhelm, 890
Leibniz, Gottfried Wilhelm, 262, 280, 614, 640, 644, 650-651, 765, 864
Lemaître, Georges, 31, 38-39
Lemaître, Jules, 816
Lemercier de La Rivière, Pierre Paul, 738
Lemerre, Alphonse, 844
Lemoyne, Jean-Baptiste, 725
Lenbach, Franz von, 890
Lênin, 980, 1007-1011, 1123
Leon, 280
Leonardo da Vinci, 23, 259, 280, 294, 538, 545, 548-549, 551, 553, 558, 561-563, 565-566, 574, 578-579, 597-598, 616-617, 826, 917
Leone, Giovanni, 1115
Leoni, Leone, 591
Leoni, Pompeo, 591
Leônidas I, 147, 236
Leoninus, 394
Leopardi, Giacomo, 918
Leopoldo de Hohenzollern, 887
Leopoldo I do Sacro Império, 649-650
Leopoldo II do Sacro Império, 758, 885
Leopoldo V de Babenberg, 408
Lepage, Jules Bastien, 823
Lepère, Jean-Baptiste, 837
Lépido, 288
Lequeu, Jean-Jacques, 837
Lerma, duque de, 645
Leroi-Gourhan, André, 58, 73-74, 76, 685
Leroy, Louis, 824
Lescot, Pierre, 577, 579
Lespinasse, Julie de, 710
Lesseps, Ferdinand de, 809, 815
Lessing, Gotthold Ephraim, 307, 710, 723, 759
Leto, 271
Letta, Enrico, 1117
Leucipo, 260, 268
Levi, 178, 182
Levi, Primo, 27, 1161, 1171
Levinas, Emmanuel, 1061, 1188-1189, 1193
Lévi-Strauss, Claude, 14, 1168, 1199-1203
Levy, Marc, 1163
Lévy-Bruhl, Lucien, 853
Lewinsky, Monica, 1137
Lewis, Wyndham, 1037
Leygues, Georges, 27, 971
Lhermitte, Léon Augustin, 823
Lhote, André, 1032, 1037
Lhote, Henri, 84
Li Gongli, 487
Li Ik, 687
Li Peng, 1141

Li Yu, 788
Li Zhi, 787
Li Zicheng, 679
Liang Kai, 488
Liang Shuming, 1064
Lichtenstein, Roy, 832, 1147-1148
Licínio, 291, 326
Licortas, 254
Licurgo, 235, 247, 251
Liebknecht, Karl, 980
Lif, 353
Lifthrasir, 353
Limbour, Georges, 1040
Limbourg, Herman, 381
Limbourg, Jean, 381
Limbourg, Paul, 381
Lin Sen, 1023
Lincoln, Abraham, 934-936
Lindon, Jérôme, 1165
Lineu, Carlos, 719
Lionne, Hugues de, 624
Lipovetsky, Gilles, 1188
Lippi, Filippino, 552
Lippi, Fra Filippo, 552
Lísias, 251
Lísipo, 245-246, 294
Liszt, Franz, 871
Littré, Émile, 855
Liu Shaoqi, 1140
Liu Tsung-yuan, 491
Liu Yuan, 488
Liutperga, 344
Liutprando, 344
Lívio Andrônico, 292
Lo Pin-wang, 489
Lochner, Stephan, 597
Locke, John, 18, 23, 640, 642, 650-651, 655, 659-661, 708, 732, 738, 740-741, 748-749, 765, 782, 865, 905
Lodi, Bahlul, 479
Lodi, Ibrahim, 479, 675

Loilier, Hervé, 244
Loki, 350, 352
Loménie de Brienne, Étienne Charles de, 696
Lomonossov, Mikhail V., 776
London, Jack, 939
Long, John L., 939
Longhena, Baldassare, 619
Longstreet, James, 935
Lope de Vega, 592
Lopukhina, Eudóxia, 774
Loreno, o, 631
Lorenzetti, Ambrogio, 552
Lorenzetti, Pietro, 552
Lotário I, 359
Lotário III, 398
Loti, Pierre, 1049
Lou Chao-lin, 489
Loubet, Émile, 816
Louis, Morris, 1156
Lourenço, 590
Lourenço, o Magnífico, 557, 561, 563, 751
Lowell, James Russell, 939
Lu Chiu-Yuan, 490
Lu Xun, 1177
Lubbock, John, 58, 78
Luca di Borgo, 259, 550
Lucano, 100, 102, 307-308, 634
Lucas, 189, 321-323
Luciano de Samósata, 103
Luciano, 327
Lúcifer, 284
Lucílio (satirista), 305
Lucílio, 301
Lúcio, 308
Lucrécio, 269, 299, 306
Lucy, 61-62,
Ludendorff, Erich, 962, 964
Lueger, Karl, 982
Lug Samidalnach, 103
Lug, 103
Lugal-Zagesi, 122

Luís Antônio de Bourbon-Condé (duque de Enghien), 799
Luís Armando de Bourbon-Conti ("o Macaco Verde"), 693
Luís Filipe, 704, 803-805, 810, 812, 841, 868
Luís I de Espanha, 769
Luís II da Baviera, 890
Luís II de Bourbon-Condé (o Grande Condé), 624, 637
Luís IV de Bourbon, 693, 694
Luís Napoleão (Napoleão Eugênio Bonaparte) I, 805-806, 812
Luís V, 359
Luís VI, o Gordo, 361, 382
Luís VII, o Jovem, 361, 398
Luís VIII de França, 371
Luís XI de França, 382, 386-387, 535, 571-572
Luís XII da França, 419, 539-540, 562, 572-573, 579, 751
Luís XIII da França, 621-623, 626, 628-631, 633, 711, 812
Luís XIV, 15, 613-614, 623-629, 631-633, 636, 646, 655, 693-694, 706, 708, 710, 722, 724, 728, 733, 767, 771, 777-778, 786, 821
Luís XV, 626, 693-695, 709, 721, 724-725, 727-728, 767-768
Luís XVI, 695-697, 699, 701, 703-705, 722, 725, 800
Luís XVIII, 703, 800-802
Luís, o Germânico, 359, 383
Luís, o Piedoso, 359, 361, 365, 383
Lukács, György, 1168
Lukéni, 526
Lula da Silva, Luiz Inácio, 1214
Lully, Jean-Baptiste, 620, 627, 632, 730
Lumière, Auguste, 861-862
Lumière, Louis, 861-862
Lumley, Henry de, 65, 67-68, 85
Lumley, Marie-Antoinette de, 65, 67

Lures, Michel, 1040
Lutério, 96
Lutero, Martinho, 541, 603-605, 608
Luxemburgo, Rosa, 980
Luynes, Albert de, 621
Lvov, Georgi, 1007
Lydos, 247
Lyell, Charles, 59, 880
Lyotard, Jean-François, 25, 1145, 1157, 1194-1196

Ma Yuan, 488
Maat, 167
Mabuse, 596
Mac Arthur, Douglas, 1142
Mac Cumaill, Finn, 102
Macáon, 278
MacDonald, Ramsay, 990
Machaut, Guilherme de, 387, 394
Machuca, Pedro, 590
Mac-Mahon, marechal de, 812-813
Macmillan, Harold, 1110
Macpherson, James, 746
Maderno, Carlo, 618
Madison, James, 932
Madrazo, Federico de, 910
Maffei, Scipione Alfieri, 755
Maffesoli, Michel, 1196
Magalhães, Fernão de, 539
Magêncio, 291, 298, 326
Magni, 351
Magritte, René, 831, 1039, 1041, 1042
Mahavira, 200, 209-210
Mahendravarman I, 479
Mahfouz, Negib, 1177
Mahisha, 197
Mahler, Gustav, 1182
Maiakovski, Vladimir, 927
Maillol, Aristide, 840, 1045
Maimon, Salomon, 473
Maimônides, Moisés, 473, 1190

Maine de Biran, Pierre, 642, 850
Maine, Duque de, 693
Maine, Henry James Sumner, 884
Maintenon, Madame de (Françoise d'Aubigné), 637
Maistre, Joseph de, 716, 859, 926
Maitreya, 486
Majolus de Cluny, (santo), 375
Major, John, 1112-1113
Makeda (rainha de Sabá), 689
Makine, Andrei, 1163
Malaquias, 180, 188
Malcolm X, 1134
Maldoror, 846-847
Malebranche, Nicolas, 262, 643-644, 1195
Malesherbes, Chrétien Guillaume de, 725
Malevitch, Kazimir, 1033-1035
Malherbe, François de, 627, 633-634
Malkine, Georges, 1039-1040
Mallarmé, Stéphane, 276, 829, 847-848
Malory, Thomas, 413
Malraux, André, 76, 976, 1049, 1077
Malthus, Thomas, 883
Manassés, 189
Manco Capac, 517, 519
Mandana, 145
Mandela, Nelson, 1215-1216
Manet, Édouard, 566-567, 771, 822, 824-830, 833, 909
Mâneton, 153, 171
Manfredi, Bartolomeo, 617
Mann, Thomas, 902, 1169
Mannus, 346
Mansa Musa, 529, 532
Mansart, François, 628
Mansfield, Katherine, 1170
Mantegna, Andrea, 552, 559, 565, 597
Manthus, 284
Manuel I Comneno, 442
Manuel I de Portugal, 538
Manuel II Paleólogo, 470

Manzoni, Alessandro, 918-919
Mao Tsé-tung, 1024, 1139-1140
Maomé I, o Amável, 444, 470
Maomé II, o Conquistador, 435, 444, 470, 671
Maomé VI, 672
Maomé, 449-457, 459, 462, 466, 677, 713, 954
Maquiavel, Nicolau, 544, 569, 1190
Marat, Jean-Paul, 701-702, 704, 707, 730
Marato, 307
Marcadé, Eustache, 386
Marcel, Étienne, 363, 711
Marchais, Georges, 1098
Marcial, 297, 303, 305
Marciano, 432
Marcião, 320, 324
Marco Antônio, 171-172, 288
Marco Aurélio, 269-270, 289-290, 294, 296, 298-302, 315
Marco Cornélio Frontão, 308
Marcos, 189, 321-322, 421
Marcovaldo, Coppo di, 551, 554
Marcus Antonius Gnipho, 310
Marcuse, Herbert, 1181, 1183-1184
Mardônio, 147
Marduk, 120-121, 125, 127-129
Maréchal, Sylvain, 707
Margarida (santa), 411
Margarida da Áustria, 595
Margarida de Angoulême, 581
Margarida de Anjou, 410
Margarida de Valois, 575
Maria Ana de Áustria, 645
Maria Ana Vitória de Espanha, 768
Maria Antonieta, 696, 698-699, 701, 703, 706, 725, 728
Maria Bárbara de Portugal, 769
Maria Cristina da Áustria, 909
Maria Cristina de Bourbon-Sicíles, 908
Maria I (Bloody Mary; Maria, a Sangrenta), 599
Maria II de Inglaterra, 655
Maria Luísa da Áustria, 885

Maria Luísa de Bourbon-Parma, 769-770
Maria Luísa de Orléans, 648
Maria Luísa de Saboia, 767
Maria Stuart, 574, 600
Maria Teresa da Áustria, 624-625, 637, 743, 752, 757-758
Maria, 328, 690
Mariano, 475
Marie (advogado), 804
Marinetti, Filippo, 1036
Mário, 299
Marion, Jean-Luc, 1061, 1193
Mariotte, Edme, 615
Marivaux, Pierre Carlet de Chamblain de, 710, 731, 736-737, 739
Marlborough, duque de, 743, 757
Marley, Bob, 690, 1207
Marlowe, Christopher, 602
Marmont, Marechal de, 803
Marmontel, Jean-François, 710, 712
Marot, Clément, 184, 574, 580-582, 584
Marot, Jean, 581
Marrou, Henri-Irénée, 253
Marroux, Francis, 1092
Marschack, Alexander, 76
Marte, 102-103, 295, 312, 346
Martí, José, 1175
Martignac, visconde de, 803
Martín Santos, Luis, 1171
Martinho V, 374
Martini, Simone, 552
Maruki, 1178
Marville, Jean de, 380
Marx, Karl, 24, 856, 859, 865, 869-870, 899, 903-905, 1184, 1189, 1204
Maryam al-Fihriya, 464
Masaccio, 552, 557-558
Masha, 228
Masolino da Panicale, 552
Massu, Jacques, 1089, 1092, 1094
Mata Hari, 964

Mateus, 189, 322-323
Mathieu, Georges, 1149
Matias I do Sacro Império (Matias I da Germânia), 649
Matilde da Toscana, 366, 419
Matilde, a Imperatriz, 407-408
Matisse, Henri, 617, 831, 1030, 1045
Matta, Roberto, 1151
Matteoti, Giacomo, 997
Matveiev, Andrei, 924
Mauclair, Jacques, 1165
Maugham, Somerset, 878-879
Maulbertsch, Franz Anton, 758
Maupassant, Guy de, 846-847, 902, 949, 1176
Maupeou, René Nicolas de, 695
Maupertuis, Pierre Louis Moreau de, 739
Maurício de Nassau, 640
Maurício I, 341, 431, 433, 439
Maurois, André, 965
Mauron, Charles, 1167
Mauroy, Pierre, 1099
Mawu, 952
Maximiano de Ravena, 336, 434, 436
Maximiano, 291
Maximiliano (imperador do México), 807
Maximiliano de Baden, 979
Maximiliano I, 401, 572, 596, 608, 751
Maximiliano II, 566
Maximino Daia, 291
Maximino II Daia, 326
Máximo, o Grande, 776
Maxwell, James Clerk, 41
Maynard, François, 634
Mazarino, Júlio, 622-624, 630, 752
Mazzini, Giuseppe, 915, 918
Mbeki, Thabo, 1216
McCarthy, Joseph, 1131
McCoy, Sherman, 1173
McKinley, William, 936
McLennan, John Ferguson, 884
Mead, George Herbert, 1184

Meada, George G. 935
Meane, 284
Médici, Cosme de, 557, 561, 751
Médici, Lorenzo di Pierfrancesco de, 558
Médici, Lourenço II de, 569
Médici, Maria de, 621-622, 627, 631, 664
Medusa, 275
Medvedev, Dimitri, 1129
Méhul, Étienne, 730
Melâncton, Philipp, 596, 605, 608
Melcarte, 138
Meléndez Valdés, Juan, 771, 910
Méliès, Georges, 862
Melville, Herman, 939
Memnon, 164
Menandro I 202
Menandro, 245, 252, 305
Menchú, Rigoberta, 513
Mêncio, 215
Mendel, Gregor Johann, 882
Mendelssohn, Felix, 871
Mendelssohn, Moisés, 473
Mendès France, Pierre, 1017, 1086-1087
Mendès, Catulle, 844
Mendoza, Antonio de, 520
Menelik I, 525
Menelik II, 954, 689
Mengs, Anton Raphael, 819
Menipo, 305
Menshikov, Alexander, 773, 775
Mentewab, 791
Mentuhotep II, 150, 160-161
Menzel, Adolph von, 889
Mera, León Juan, 1175
Mercier de La Rivière, Pierre Paul, 866
Mercúrio, 103, 346
Merda, Charles-André, 705
Meredith, George, 878
Merenptah, 175
Merenrê II, 155
Merikarê, 158

Mérimée, Prosper, 926
Merkel, Angela, 1107
Merleau-Ponty, Maurice, 1061, 1186-1187
Meroveu, 355
Meskalamdug, 119
Mesmer, Franz Anton, 719
Messmer, Pierre, 1095-1096
Mestre Conrado, 403
Mestre de Naumburg, 403
Mestre Eckhart, 373, 391, 404
Mesué, o Jovem, 475
Metastasio, 755
Metrocles de Maroneia, 267
Metternich, Klemens von, 802
Metzinger, Jean, 1030
Meunier, Constantin, 909
Meyer, Hannes, 1044
Meyer, Konrad Ferdinand, 892
Mical, 183
Michel, Jehan, 386
Michelangelo, 23, 296, 377, 545-546, 548-549, 553, 556-558, 561-568, 578, 618, 631-632, 646-647, 745, 821, 839
Michelet, Jules, 536, 842, 1168
Mictlantecuhtli (Micli), 523
Midas, 133
Mies van der Rohe, Ludwig, 1044
Mignard, Pierre, 631
Mignet, François, 859
Miguel (arcanjo), 411, 451
Miguel Alexandrovitch da Rússia, 1007
Miguel I, 669
Miguel IV, o Paflagônio, 441
Miguel VI, 441
Miguel VIII Paleólogo, 443-444
Mikechine, Mikhail, 925
Milcíades, 146
Mill, John Stuart, 855, 866
Miller, Arthur, 1173
Miller, Henry, 1172
Millerand, Alexandre, 815, 971-972

Millet, Catherine, 1163
Millet, Jean-François, 822-823, 830, 1043
Milne Edwards, Henri, 57
Milos Obilic, 470
Mímir, 350
Minamoto no Yoritomo, 493, 499
Minerva, 104, 312, 728
Mingus, Charlie, 1206
Minos, 13, 275
Miqueias, 180, 188, 190
Mirabeau, Honoré Gabriel Riquetti, 697, 705, 725, 737
Mirabeau, Victor Riquetti, marquês de, 18-19, 705
Mirbeau, Octave, 816
Miriam, 182
Miró, Joan, 1039-1040, 1042
Miron, 244
Misrahi, Robert, 1188
Mistral, Gabriela, 1175
Mitchell, Margaret, 1175
Mitra, 151, 326
Mitterrand, François, 1087, 1090, 1093, 1095-1096, 1098, 1100-1101
Mobutu, Sese Seko, 1215
Mochi, Francesco, 619
Modi, 351
Modiano, Patrick, 1162
Modigliani, Amedeo, 1037
Mohammed Said Pacha, 809
Mohen, Jean-Pierre, 87
Moholy-Nagy, László, 1033
Moisés, 175-186, 451, 543
Molière, 304, 627, 636-637, 771
Molinet, Jean, 581
Mollet, Guy, 1084, 1087, 1089
Molotov, Viacheslav, 1012, 1067
Mommsen, Theodor, 859
Mommu, 492, 496
Mondrian, Piet, 1033-1034, 1036, 1152
Monet, Claude, 822, 824-828, 830

Monge, Jean-Baptiste, 860
Monk, George, 654
Monluc, Blaise de, 581, 584
Monmouth, Godofredo de, 384, 412
Monnet, Jean, 1088
Monod, Gabriel, 853
Monory, Jacques, 1155
Monroe, Bill, 1206
Monroe, James, 932-933, 96-
Monroe, Marilyn, 1147
Montaigne, Michel de, 17, 27, 268-269, 300, 544, 547, 580, 584-586, 638, 721, 940
Montale, Eugenio, 1171
Montemayor, Jorge de, 426, 592
Montesquieu, 23, 710, 712, 716, 731-733, 736, 738, 740, 1191
Montet, Pierre, 169
Monteverdi, Claudio, 620
Montezuma I, 521
Montezuma II, 521
Montfaucon, Bernard de, 718
Montgolfier, Étienne, 720
Montgolfier, Joseph, 720
Montgomery, Bernard, 1071
Montherlant, Henry de, 1054
Monti, Mario, 1117
Monti, Vincenzo, 918
Montmorency, Anne de, 579
Montmorency-Bouteville, François de, 622
Montmorency-Luxembourg, príncipe de, 717
Montu, 163
Moore, George Edward, 1055
Moore, Henry, 1046
Mor, Antonis, 601
Morante, Elsa, 1171
Moratín, Leandro Fernández de, 771, 910
Moravia, Alberto, 1170
More, Thomas, 544, 599, 601, 607
Moréas, Jean, 847
Moreau, Gustave, 830, 836, 1040
Morgagni, Jean-Baptiste, 721

Morgan, Jacques de, 114, 149
Morgan, Lewis Henry, 884
Morin, Edgar, 22, 1196
Morisot, Berthe, 825, 828, 830
Morley, Malcolm, 1156
Morny, duque de, 806
Moro, Aldo, 1115-1116
Morris, William, 1044
Morrison, Toni, 1174
Mortillet, Gabriel de, 68, 71-72, 78
Morton, Jelly Roll, 1206
Mossadegh, Mohamed, 1211
Mosset, Olivier, 1156
Mou Zongsan, 1064
Moulin, Jean, 1077
Mountbatten, Philip, 1114
Mozart, Wolfgang Amadeus, 113, 620, 730, 758, 871, 900
Mozi, 214
Mu Qi, 488
Muawiya, 453, 455-456
Mubarak, Hosni, 1212Múcio Cévola, 312
Muhammad al-Ahmar, 460
Muhammad Silla (ou Turé), 531
Muller, Émile, 1096
Mumtaz Mahal, 676
Mun, Albert de, 816
Munch, Edvard, 831, 1030
Murail, Tristan, 1205
Murasaki Shikibu, 501-502
Murat I, 469
Murat II, 470
Murat, Joachim, 907
Muret, Marc-Antoine, 580
Murillo, Benito, 910
Mussailima, 450
Musset, Alfred de, 841-842
Mussolini, Benito, 914, 978, 994-999, 1067, 1070, 1072
Mussorgsky, Modest Petrovitch, 871
Mut, 163-164, 169

Mutsuhito, 683, 947, 1025

Na'Tma, 673
Nabonido, 125, 128, 130, 145
Nabucodonosor I, 120, 127-128
Nabucodonosor II, 128-130, 185, 187-189
Nadar, 827
Nadir Xá, 675, 783
Naftali, 178
Nagai Kafu, 949
Nagarjuna, 211
Nagy, Imre, 1124
Nakht, 165
Nakhti, 161
Nallier, Jean-Marc, 924
Namdev, 678
Nandi (touro), 198, 509
Nandi, 955
Nanna (Sin), 120, 127
Nanna, 351
Naoto Kan, 1143
Napoleão I, 153, 454, 700, 703-704, 706, 708, 725, 751-752, 769-770, 799-801, 805-806, 821, 840-841, 880, 885, 907, 913-914, 918, 921, 932, 1176
Napoleão III, 99, 806-808, 812, 822, 837, 841, 869, 887, 915
Napolitano, Giorgio, 1117
Naram-Sin, 122-123
Narasimhavarman I, 479
Narfi, 352
Narmer, 153-154
Narses, 419
Narváez, Pánfilo de, 777
Nasser, Gamal Abdel, 1110
Natã, 183-184
Natakamani, 228
Nattier, Jean-Marc, 728
Naum, 180, 188, 190
Nausícaa, 247
Necker, Jacques, 695-697, 712

Nectanebo I, 164, 170
Nectanebo II, 164, 170
Nefertari, 165
Nefertiti, 165-166
Nehru, Jawaharlal, 1021
Nekhbet, 154, 170
Nelson, 800
Nêmesis, 307
Neon, 434
Nergal, 120, 135
Nero, 289, 295, 298-299, 301, 307, 311, 319
Neruda, Pablo, 1175
Nerval, Gérard de, 842-843, 1039, 1041
Nestor, 246
Nestório de Antioquia, 328
Netuno, 312
Neurath, Otto, 1056
Newton, Isaac, 23, 36-37, 280, 614, 655, 719, 738-740, 876, 1059
Ni Zan, 488
Nicandro de Naxos, 243
Niccolini, Giambattista, 918
Nicéforo II Focas, 441
Nicolau de Bizâncio, 437
Nicolau de Cusa, 264, 541
Nicolau I (papa), 390
Nicolau I da Rússia, 921-922
Nicolau II (papa), 366
Nicolau II da Rússia, 861, 922, 963, 1005-1007
Nicolau V (papa), 374
Nicomedes I, 96
Nicóstenes, 247
Niépce, Nicéphore, 861
Nietzsche, Friedrich, 24-25, 865, 900-902, 928, 1055, 1063, 1189, 1198
Nikitine, Ivan, 924
Nikolaevich, Nicolau, 961
Nikon, 776
Nimier, Roger, 1161
Ningal, 120
Ningirsu, 119-120, 124

Ningishzida, 124
Ninhursag, 120
Ninighi, 684
Nin-lin, 120
Nishi Amane, 1063
Nishida Kitaro, 1063
Nishikawa Joken, 687
Nithard, Johann, 645
Nitócris, 155
Nivelle, Robert Georges, 962-963
Nixon, Richard, 1132, 1134-1135
Njord, 352
Noailles, Philippe Louis de, 697
Noami, 499
Nobunaga Oda, 495, 681
Nodier, Charles, 842
Noé, 121, 179
Nogaret, Guillaume de, 363, 373
Nollet, Jean Antoine, 719
Noske, Gustav, 980
Nothomb, Amélie, 1163
Novalis, 24, 893
Num, 178
Nuñez, Andrés, 646
Nurhachi, 679, 785
Nüwa, 213
Nyman, Michael, 1205
Nyx, 277
Nzambi Mpungu, 528

O Cid Campeador, 425-426, 593
O'Neill, Eugene, 1173
Obadias, 180, 188, 190
Obama, Barack, 1138
Obrecht, Jacob, 587
Oceano, 277
Octosyrus, 95
Odin, 350-351
Odoacro, 292, 343, 432
Odon, 375
Odur, 352

Oe Kenzaburo, 1179
Offenbach, Jacques, 809
Ogai, Mori, 949
Ogata Korin, 684
Ogma, 103-104
Ogmios, 103
Ogum, 530
Okakura Kakuzo, 947
Okakura Tenshin, 948
Oktan, 511
O-Kuni, 685
Oldenburg, Claes, 1147-1148
Oleg, o Sábio, 427
Olímpia, 236-237
Olivares, conde de, 645, 647
Ollivier, Émile, 807
Olodumaré, 530
Olsen, Régine, 899
Omar, 450, 455
Omri, 187
Oppenheim, Dennis, 1155
Oppenordt, Gilles Marie, 724
Orbay, François d', 628
Orbigny, Alcide Dessalines d', 880
Orestes, 275
Orfeu, 248, 274-275, 335
Orgaz, conde de (Don Gonzalo Ruiz), 646
Orgetorix, 97
Orhan Gazi, 469
Oriana, 426
Orígenes, 21, 321, 329, 390
Orlando (personagem de Ariosto), 568
Orlando di Lasso, 587
Orlando, Vittorio, 966
Orlov, Grigori, 775
Orseolo, Pietro II, 421
Orsini, Felice, 807
Orwell, George, 1169
Osai Tutu, 952
Osborne, John, 1170
Oseias, 180, 187-188, 190

Osíris, 155, 159-160, 166-167, 170
Osman I, 469
Osorkon II, 169
Ossian, 101, 746
Otão da França, 359
Otão de Metz, 360
Otávio, 288, 295
Oto I de Saxônia, 397
Oto I, o Grande, 365, 368, 397, 403
Oto II, 397
Oto III, 398, 402
Oto IV de Brunswick, 399
Oto, 289
Otocar II, 399
Oud, Jacobus Johannes Pieter, 1036
Oudinot, Nicolas, 914
Oudry, Jean-Baptiste, 728
Ouyang Xiu, 489
Overbeck, Johann Friedrich, 889
Ovídio, 289, 303, 306-307, 385
Owen, Robert, 868
Ozenfant, Amédée, 1044

P'an-kou, 105
Pachacuti, 519
Pacheco, Francisco, 647
Pacinotti, Antonio, 861
Pacômio de Tabenna, 330-331
Pagnol, Marcel, 1053
Paine, Thomas, 708, 782
Pajou, Augustin, 725
Pakal, o Grande de Palenque, 511-512
Palacio Valdés, Armando, 911
Paladino, Mimmo, 1159
Paládio, 333
Paleotte, 618
Palizzi, Giuseppe, 917
Palladio, Andrea, 553, 556, 561, 619, 744
Pan Chongshu, 788
Pandu, 196, 204
Panécio de Rodes, 269-270, 300-301

Panini, 203
Pantagruel, 586
Panteno, 321
Paolozzi, Eduardo, 1147
Papa Legba, 952
Papen, Franz von, 983
Papeus, 95
Papin, Denis, 615, 720
Pappus, 174
Paracelso, 538, 541, 608
Pardo Bazán, Emilia, 911
Paré, Ambroise, 538
Paris, conde de, 812
Pâris, Pierre Adrien, 837
Parker, Charlie ("Bird"), 1206
Parmênides, 32, 258
Parmentier, Michel, 1156
Parmigianino, 553, 566, 617
Parnell, Charles, 875
Parrot, André, 114
Pärt, Arvo, 1205
Parvati, 197
Pascal, Blaise, 26, 613, 627, 635, 640, 642
Pascoli, Giovanni, 918
Pasolini, Pier Paolo, 1171
Passeron, René, 1146
Pasternak, Boris, 927
Pasteur, Louis, 718, 863
Patanjali, 204, 207
Pathé, Charles, 861
Patrício (santo), 97, 333
Pátroclo, 247
Paulhan, Jean, 1149
Paulo (santo), 319, 321-322, 375
Paulo de Taranto, 475
Paulo I (papa), 382
Paulo I da Rússia, 775-776
Paulo III, 538, 562-563, 605-606
Paulo IV, 606
Paulo V, 618
Paulo, 901

Paulo, o Silenciário, 435
Paulus, Friedrich, 1013, 1070-1072
Pausânias, 236, 240
Pavlov, Ivan, 279
Paz, Octavio, 1163
Pedro (santo), 299, 319, 322, 328-329, 334-335, 374-375, 558
Pedro Damião, 390
Pedro de Cortona, 619
Pedro I, o Grande, 670, 773-776, 923, 925
Pedro II da Rússia, 775
Pedro II de Courtenay, 443
Pedro III da Rússia, 775-776
Pedro III de Aragão, 417
Pedro Lombardo, 390-391
Pedro, o Cruel, 460
Pedro, o Venerável, 375
Peel, Robert, 873
Pégaso, 72, 295
Péguy, Charles, 1049
Peirce, Charles S., 941
Peiresc, Nicolas Claude Fabri de, 718
Péladan, Joséphin, 836
Pelágio, 328
Peletier du Mans, Jacques, 583
Pella, Giuseppe, 1115
Pellico, Silvio, 918
Pélope, 233, 236, 275
Penda, 406
Pepi II, 155
Pepino da Itália, 344, 421
Pepino de Herstal, 356-357
Pepino de Landen, 356
Pepino, o Breve, 344, 356-357, 365, 382
Percier, Charles, 837, 840
Perec, Georges, 1162-1163
Pereire, Émile, 808
Pereire, Isaac, 808
Peret, Benjamin, 1040
Pérez Galdós, Benito, 911
Péricles, 21, 237, 242, 245, 251, 937

Perov, Vassili, 924
Perrault, Charles, 638
Perrault, Claude, 626, 628
Perret, Auguste, 1043
Perry, Matthew Calbraith, 683
Perséfone, 248, 271, 275
Perseu (rei), 254
Perseu, 275
Perugino, 552, 558-559, 563-564
Peruzzi, Baldassare, 562
Pescênio Níger, 290
Petacci, Clara, 999
Pétain, Philippe, 961-963, 977-978, 1068-1070, 1075-1077, 1082-1083, 1088, 1090
Petchevy, 673
Peterson, Oscar, 1206
Petrarca, 413, 422-423, 583-584, 586, 601
Petrônio, 303, 307
Petrovich, Alexis, 774
Peutinger, Conrad, 596
Pevsner, Antoine, 1046, 1047
Peyrony, Denis, 68
Peyrony, Elie, 71
Pflimlin, Pierre, 1089
Pforr, Franz, 889
Phaedra, 304
Philippeaux, Pierre, 702
Pian del Carpine, Giovanni da, 485
Piankhi, 168, 227
Piazetta, Giovanni Battista, 754
Picabia, Francis, 1033-1034, 1038, 1040, 1052
Picard, Casimir, 57
Picard, Raymond, 1167
Picasso, Pablo, 831, 1030-1033, 1036-1037, 1042, 1045-1046, 1178
Piccinni, Nicola, 730
Pickford, Martin, 63
Pico della Mirandola, 23, 541-543
Picquart, Georges, 816
Piero della Francesca, 549, 552, 558-559
Piette, Édouard, 78

Pigalle, Jean-Baptiste, 725
Pilgrim de Passau, 403
Pilnyak, Boris, 1171
Pilon, Germain, 577, 580
Pinay, Antoine, 1084, 1086
Píndaro, 250, 252, 583
Pineau, Christian, 1084
Pinel, Philippe, 710, 863
Pio IX, 914, 994
Pio V, 606
Pio VI, 698, 914
Pio VII, 800-801, 914
Pio X, 817
Pirandello, Luigi, 902, 1054, 1170
Piranesi, 753
Pirro de Élis, 267
Pisandro de Rodes, 249
Pisanello, 560
Pisano, Andrea, 552, 560
Pisano, Giunta, 554
Pisano, Nicola, 552, 554
Pisístrato, 235, 241
Píson, 301
Pissarro, Camille, 825, 828, 830, 833, 835
Pitágoras, 259-260
Píteo, 243
Pítia de Delfos, 273
Pitt, William (o Jovem), 744
Pitt-Rivers, Augustus, 884
Pizarro, Francisco, 518
Planck, Max, 39
Platão, 20-21, 36, 173, 212, 253, 256, 259-265, 267, 279, 308, 389, 393, 415, 471, 537, 543, 550, 563, 580, 732, 735, 850, 896, 901, 1060, 1063, 1190, 1197-1198
Platonov, Andrei, 1171
Plauto, 304-305, 636
Plínio, o Jovem, 308, 322
Plínio, o Velho, 92, 139, 308, 315
Plotino, 262, 302
Plutarco, 172, 239, 251, 303

Podalírio, 278
Poe, Edgar Allan, 845, 938-93
Poher, Alain, 1094
Poincaré, Raymond, 971-973
Poinso-Chapuis, Germaine, 1085
Poliakoff, Serge, 1149
Políbio, 92, 254-255, 310
Policleto, 244, 550
Policleto, o Jovem, 242
Polídoro, 246
Polifemo, 248
Polignac, Príncipe de, 803
Polímedes de Argos, 243
Polke, Sigmar, 1147
Pollock, Jackson, 832, 1149-1150, 1156
Polo, Marco, 219, 485
Polonceau, Antoine-Rémy, 837
Pompadour, Jeanne-Antoinette Poisson, marquesa de, 695, 726
Pompeu, 287-288, 307-308
Pompidou, Claude, 1095
Pompidou, Georges, 1092, 1094-1096, 1101
Ponce de León, Juan, 777
Pôncio Pilatos, 318
Ponge, Francis, 1040
Ponócrates, 586
Pontbriand, François de, 579
Pontormo, 546, 553, 565
Pontos, 277
Pontus de Tyard, 583
Popeye, 1147
Popper, Karl, 1059, 1184
Porfírio de Tiro, 302, 388, 438
Poseidon, 173, 271, 277
Possidônio de Apameia, 269-270, 300
Pot, Philippe, 381
Potemkin, Grigori, 775
Pottier, Eugène, 810
Poukirev, Vassili, 924
Pourbus, Frans (o Jovem), 664
Poussin, Nicolas, 420, 616, 630-631

Powell, Colin, 1137
Pradier, James, 839
Praxíteles, 245
Préault, Antoine Augustin, 839
Presley, Elvis, 1206
Prévert, Jacques, 1053
Previati, Gaetano, 917
Priestley, Joseph, 720
Primatício, 577-578
Primo de Rivera, José Antonio, 1002
Primo de Rivera, Miguel, 1002
Princip, Gavrilo, 959
Priscus, 297
Proclo, 20, 302, 438
Procópio de Cesareia, 435, 438
Profumo, John, 1110
Prokofiev, Sergei, 1205
Prometeu, 19, 276-277
Propércio, 306-307
Protágoras, 20, 261
Proudhon, Pierre Joseph, 904
Proust, Antonin, 824
Proust, Marcel, 846, 1050, 1198
Psusennes I, 169
Ptah, 155
Ptolomeu I, 171-172
Ptolomeu II, 173-174, 583
Ptolomeu IV, 169, 173
Ptolomeu Keraunos, 96
Ptolomeu, 33-35, 174, 314, 474, 639
Pu Yi, 943, 946, 1022, 1026
Puabi, 119
Pucelle, Jean, 381, 634
Puduhepa, 133
Pufendorf, Samuel von, 665
Pugachev, Emelian Ivanovitch, 775
Puget, Pierre, 631
Pugin, Augustus Welby Northmore, 876
Pulakesi II, 478
Pulquéria, 432
Purcell, Henry, 620

Pushkin, Alexandre, 593, 926-927
Putin, Vladimir, 1129
Puvis de Chavannes, Pierre, 830, 836, 840

Qaitbey, 467
Qansuh al-Ghuri, 467
Qianlong, 786-789, 943
Qin Shi Huangdi, 214, 216
Quasimodo, Salvatore, 1169-1170
Quéfren, 157
Quéops, 157
Quesnay, François, 737-738
Quesnel, Pasquier, 625
Quetzalcóatl (Kukulcán), 512, 514-516, 521-522, 524
Queuille, Henri, 1084
Quintiliano, 303-304
Quinto Márcio Filipo, 254, 313
Quíron, 278
Qusay, 449
Qutb al-Din Aibak, 478

Rá, 155, 157-159, 163-164, 167, 177
Rábano Mauro, 382, 393
Rabelais, François, 23, 580-582, 634
Rabin, Yitzhak, 1137, 1210
Racan, Honorat de, 634
Racine, Jean, 251, 627, 636-637, 760, 776, 809, 1168
Radagaiso, 342
Radamanto, 13, 275
Radjaradja, o Grande, 481
Raeder, Erich, 1074
Rafael, 332, 545-546, 553, 561-566, 578, 630, 819-820, 889, 1147
Raffarin, Jean-Pierre
Ragon, Michel, 1155
Rajaraja I Chola, 478
Rajoy, Mariano, 1122
Ram Moham Roy, 784
Rama, 204-205

Ramadier, Paul, 1085
Ramdas, 678
Rameau, Jean-Philippe, 620, 730
Ramose, 165
Ramsauer, Johann Georg, 92
Ramsés I, 162, 165
Ramsés II, 162-163, 165-166, 177
Ramsés III, 143, 162, 165-166
Ramsés IX, 162
Ramsés VI, 167
Ramsés XI, 164, 168-169
Rancillac, Bernard, 1155
Rani (rainha de Jhansi), 784
Ranjit Singh, 783
Ranson, Paul, 835
Rao, Narasimha, 1214
Rasis, 475
Rastrelli, Francesco Bartolomeo, 670, 923
Ratchis, 344
Ravaillac, François, 577
Ravaisson-Mollien, Félix, 264
Ravasi, Gianfranco, 35
Ravel, Maurice, 1204
Rawls, John, 1189-1190
Ray, Man, 1038, 1040-1041, 1151-1152
Razi, 475
Razumovsky, Alexei, 775
Rea, 277
Reagan, Ronald, 1126, 1135-1136
Réaumur, René Antoine Ferchault de, 719
Rebeyrolle, Paul, 1155
Redon, Odilon, 836
Regiomontanus (Johannes Müller), 538
Régnier, Henri de, 847
Reich, Steve, 1205
Reid, Thomas, 761
Reinecke, Paul, 92
Reinhardt, Django, 1206
Rembrandt, 567, 616, 663-664
Remi de Reims, 343
Remo, 285-286, 312

Renart, 384
Renato de Anjou, 417, 571, 587
Renaudot, Théophraste, 622
Renault, Louis, 961
Renaut, Alain, 1187
Reno (Renus), 102
Renoir, Auguste, 617, 825, 827-828, 830
Renouvier, Charles, 848-849
Renouvin, Bertrand, 1096
Repgow, Eike von, 404
Restany, Pierre, 1153
Retz, cardeal de, 635
Revault d'Allonnes, Olivier, 1185
Reynaud, Paul, 978, 1068-1069, 1090
Reynolds, Albert, 1113
Reynolds, Joshua, 745
Rheticus, 34
Ribbentrop, Joachim von, 1067, 1074
Ricardo Coração de Leão, 362, 398, 408
Ricardo de Iorque, 410
Ricardo de Shrewsbury, 410
Ricardo II da Inglaterra, 386, 409
Ricardo II da Normandia, 407
Ricardo III da Inglaterra, 411
Ricardou, Jean, 1165
Ricci, Matteo, 678, 786
Rice, Condoleezza, 1137
Richard, Jean-Pierre, 1167
Richardson, Henry Hobson, 937
Richardson, Samuel, 782
Richelieu, Armand Jean du Plessis de, 540, 621-623, 626, 628, 630-632
Richelieu, duque de, 802
Ricoeur, Paul, 1061, 1192-1193
Ridgway, Matthew, 1142
Rigaud, Hyacinthe, 631, 727-728, 924
Rimbaud, Arthur, 845, 847
Rimsky-Korsakov, Nikolai Andreievitch, 871
Riopelle, Jean-Paul, 1149
Rivette, Jacques, 1167
Rivière, Émile, 77

Robbe-Grillet, Alain
Robert de Chester, 475
Robert de Courtenay, 443
Robert, Hubert, 728
Robert-Houdin, Jean Eugène, 862
Roberto I da França, 359
Roberto I do Sacro Império, 400
Roberto II da Normandia, 407
Robespierre, Maximilien de, 700, 702-707, 737
Roboão, 187
Rocard, Michel, 1094, 1098, 1100
Rodin, Auguste, 838-840, 891, 1045, 1047
Rodolfo I de Habsbourg, 399, 418
Rodolfo II do Sacro Império, 649
Rodrigo, 456
Rodtchenko, Alexander Mikhailovitch, 1033, 1152
Rogério II da Sicília, 417
Rogério, 568
Roggeveen, Jacob, 719
Rohan, Louis René Édouard, 696
Rohan, Maria de (duquesa de Chevreuse), 627
Röhm, Ernst, 984
Rohmer, Éric, 1167
Rolland, Romain, 1049
Rollo, 359
Romains, Jules, 1053
Romano III, 441
Römer, Ole, 615
Romilly, Jacqueline de, 250
Rommel, Erwin, 1071
Romney, Willard Mitt, 1138
Rômulo Augústulo, 292, 432
Rômulo, 285-286, 312
Ronsard, Pierre de, 580, 583-584
Röntgen, Wilhelm Conrad, 863
Roosevelt, Eleanor, 1017
Roosevelt, Franklin Delano, 1016-1019, 1069-1070, 1072-1073, 1087, 1131
Roosevelt, Theodore, 932, 936, 1017

Rorty, Richard, 1195
Roscelino, 388
Rosenberg, Alfred, 902
Rosenberg, Ethel, 1131
Rosenberg, Julius, 1131
Rosenzweig, Franz, 1181
Rossellini, Roberto, 1105
Rossetti, Dante Gabriel, 876, 878
Rossi, Carlo, 924
Rossini, Gioachino, 113, 871
Rosso Fiorentino, 577-578
Rosvita, 403
Rotário, 343
Roth, Philip, 1172
Rothko, Mark, 1150
Rouher, Eugène, 808
Rousseau, Henri (aduaneiro Rousseau), 836
Rousseau, Jean-Jacques, 18, 249, 547, 701, 706, 712-713, 727, 733-737, 739, 741, 759, 761-762, 842, 880, 923, 1174
Rousseau, Théodore, 822, 830
Rousseff, Dilma, 1214
Rowling, J.K., 1163
Royal, Ségolène, 1103
Royce, Josiah, 941
Royer, Jean, 1096
Rúben, 178
Rubens, Pierre Paul, 420, 549, 616-617, 663-664, 726-727, 821, 828
Rubruck, Guilherme de, 485
Rude, François, 839
Rudiobus, 102
Rufino, 432
Ruga, o Grande, 347
Ruisdael, Jacob van, 617, 663-664
Runge, Philipp Otto, 889
Rurik, 427, 669
Rushdie, Salman, 1170, 1179
Ruskin, John, 745, 876, 878
Russell, Bertrand, 1055-1057
Rutebeuf, 386

Ruzante, 569
Rykov, Alexei, 1011

Sabatelli, Pietro, 917
Sabbatai Zvi, 1176
Sachs, Hans, 608
Sadat, Anwar al-, 1210
Sadeddin, 673
Sadi-Carnot, 814, 815
Safo, 249
Saga, 499
Sagan, Françoise, 1161, 1163
Saicho (Dengyo Daishi), 504
Saint Phalle, Niki de, 1153-1154
Saint-Cyran, abade de, 613
Sainte-Beuve, Charles Augustin, 842
Saint-Gelais, Mellin de, 574
Saint-John Perse, 1051
Saint-Just, Louis, 705, 737
Saint-Martin, Louis Claude de, 736
Saint-Simon, Henri de, 732, 808, 866, 903-904, 926, 1175
Saladino, 442, 466, 473
Salan, Raoul, 1089, 1092
Saleh, Ali Abdullah, 1212
Salengro, Roger, 977
Salisbury, Lord, 875
Salmanasar I, 134
Salmanasar III, 143
Salmon, André, 1032
Salomão, 167-168, 178, 183, 185-187, 320, 459, 525, 689
Salústio, 309
Samudragupta, 201
Samuel, 176, 178
Sand, Karl Ludwig, 886
Sands, Bobby, 1112
Sansovino, 553, 556, 619
Santa Genoveva, 332
Santo Agostinho, 262, 325, 330, 357, 372-373, 391, 393, 423, 613, 643, 646, 777

Santo Antão do Deserto, 331
Santo Antônio, 327
Santo Elói (Elígio), 357
Sanz de Sautola, Marcelino, 77
São Bonifácio, 356
São Domingos, 372
São Germano de Auxerre, 333
São Jerônimo, 322, 357
São Luís, 361-362, 379, 381, 388, 409, 485
São Sabas, 331
Sara, 177
Sarasvati, 197
Sargão da Acádia (Agade), 118, 122-123, 133, 145
Sarkozy, Nicolas, 1103
Sarpedonte, 13
Sarraute, Nathalie, 1165
Sartre, Jean-Paul, 1054, 1061, 1161, 1163-1165, 1185-1186, 1199
Satuni, 123
Saturno, 312
Saul, 176, 178, 183-184
Saussure, Ferdinand de, 1168, 1198-1199, 1201
Savalette de Lange, marquês de, 716
Savary, Alain, 1099
Savitar, 199
Savonarola, Jerônimo, 752
Scarlatti, Alessandro, 620
Scarpetta, Guy, 1157
Scarron, Paul, 634
Scelba, Mario, 1115
Scelsi, Giacinto, 1205
Scève, Maurice, 586
Schacht, Hjalmar, 982
Schall, Adam, 785-786
Scheele, Carl Wilhelm, 720
Scheidemann, Philipp, 979
Schelling, Friedrich Wilhelm Joseph von, 541, 892-897, 899, 1184
Scheurer-Kestner, Auguste, 816
Schickele, René, 1169

Schiele, Egon, 831
Schiller, Friedrich von, 24, 760, 892-893
Schinkel, Karl Friedrich, 890
Schlegel, August Wilhelm von, 24
Schlegel, Friedrich von, 890
Schleicher, Kurt von, 983-984
Schlick, Moritz, 1056
Schliemann, Heinrich, 113, 235
Schmidt, Helmut, 1106
Schoelcher, Victor, 804
Schoenberg, Arnold, 1204
Scholem, Gershom, 1181
Schopenhauer, Arthur, 893, 900, 902-903, 1063
Schröder, Gerhard, 1106
Schrödinger, Erwin, 41
Schubert, Franz, 871, 1204
Schulze, Gottlob Ernst, 902
Schuman, Robert, 1088
Schumann, Robert, 871
Schütz, Heinrich, 620
Schwitters, Kurt, 1169
Scott, Walter, 858, 877, 1175
Scudéry, Madeleine de, 634
Searle, John Rogers, 1184
Seberg, Jean, 1167
Secrétan, Charles, 848
Sedefhar Mehmet Aga, 672
Sedgwick, Adam, 880
Segalen, Victor, 1051
Segni, Antonio, 1115
Séguier, Pierre, 632
Seki Takakazu, 686
Seleuco I, 147
Selim I, o Intrépido, 467, 671
Selim II, 673
Semíramis, 113, 129
Senaqueribe, 142, 187-188
Sêneca, 269-271, 299-301, 303, 306-307, 634
Senghor, Léopold Sédar, 1162
Senjuro Hayashi, 1026

Senut, Brigitte, 63
Septímio Severo, 164, 290, 298, 311, 330
Serapião de Alexandria, 174
Serapião, o Velho, 475
Serápis, 170, 172-173
Serreau, Jean-Marie, 1165
Sérusier, Paul, 834-836
Servandoni, Jean-Nicolas, 724
Servet, Michel, 315, 538
Sesóstris I, 160-161, 227
Sesóstris III, 161
Sesshu, 499
Seti I, 162-163, 166
Setnakht, 162
Seuphor, Michel, 1033
Seurat, Georges, 826, 835, 948
Severini, Gino, 1037
Sévigné, Madame de, 635
Sexto Empírico, 257-258, 267-268, 300, 585
Sforza, Francesco, 294, 418-419, 562
Shabaka, 168
Shadow, Johann Gottfried, 891
Shaftesbury, conde de, 659
Shai Ta-zong, 788
Shaka Zulu, 954-955
Shakespeare, William, 14, 27, 411, 602, 759, 761, 821, 876, 928
Shakti, 196-197
Shamash (Utu), 120, 125-126
Shana'Kin Yaxchel Pacal, 512
Sharruma, 135
Shaushka, 135
Shaushtatar I, 134
Shaw, George Bernard, 878
Shchedrin, Sylvestre, 924-925
Shebo, 228
Shelley, Percy B., 877, 939
Shennong, 213
Shepherd, David, 1173
Sheridan, Richard Brinsley, 746
Sherman, William T., 935

Sheshonq I, 168, 187
Sheshonq III, 169
Shi Naian, 490
Shigeru Yoshida, 1143
Shimegi, 135
Shimomura Kanzan, 948
Shinzo Abe, 1143
Shitao, 787
Shiva, 196-198, 200, 203, 479-481, 505, 509
Shizu (Kublai Khan), 485
Shoko, 494
Shomu, 492, 496
Shotoku, 220
Shubin, Fedot, 925
Shuddhodana, 206
Shulgi, 120, 125
Shunzhi, 679, 785
Siágrio, 343, 355
Siamon, 169
Sidarta Gautama (Buda), 206, 208, 489, 490-491, 509
Siegfried, 350
Sieyès, Emmanuel Joseph, 696, 706, 714
Sif, 351
Sigeberto I, 356
Siger de Brabant, 391
Sigismundo I do Sacro Império, 400-401, 444, 470
Sigmund, 350
Signac, Paul, 835
Signorelli, Luca, 549, 552, 558
Sigyn, 352
Sila, 299
Sileno, 133
Sills, Paul, 1173
Silvestre I, 326, 365
Sima Qian, 217
Sima Yan, 217-218
Símaco, 329
Simão IV de Montforte, 370
Simão V de Montforte, 409

Simeão de Durham, 413
Simeão Metafrastes, 437
Simeão, 178
Simon, Claude, 1165-1166
Simon, Jules, 813
Simônides de Ceos, 147, 250
Simplício (personagem de Galileu), 35
Simplício da Cilícia, 258
Simpson, Wallis, 991-992
Sin (Nanna), 120, 176
Sinan, 672
Sinatra, Frank, 1126-1127
Singer, Isaac Bashevis, 1173, 1175-1176
Singer, Israel Joshua, 1176
Sinué, 162
Sirinelli, Jean, 21
Sisley, Alfred, 822, 825-828, 830
Sisto IV, 470, 538, 558, 564, 753
Sita, 204-205
Skadi, 352
Skandagupta, 201, 348
Skiluros, 94
Sleipnir, 350
Sluter, Claus, 380-381
Smetana, Bedřich, 871
Smith, Adam, 18, 865
Smith, Bessie, 1206
Smithson, Robert, 1155
Smythson, Robert, 601
Snefru, 156
Snodgrass, Anthony, 233
Soami, 499
Soane, John, 744
Soboul, Albert, 1194
Sócrates, 20, 252-254, 256, 261-262, 264, 267, 273, 415, 901
Sodoma, 553
Sofia (imperatriz), 433
Sofia de Hohenberg, 959
Sofia Paleóloga, 447
Sófilo, 247

Sófocles, 250-251
Sofonias, 180, 188, 190
Sofronisco, 261
Solazkade, 673
Solbes, Rafael, 1147
Solimão, o Magnífico, 671
Soljenítsin, Alexander, 1172
Sólon, 21, 234, 239, 249, 304
Solstad, Dag, 930
Song Wudi, 218
Sorbon, Robert de, 388
Sorel, Georges, 995
Soseki, Natsume, 949
Sosígenes, 313
Sóstrato de Cnido, 172
Soto, Jesús Rafael, 1154
Soufflot, Jacques Germain, 724, 837
Soulages, Pierre, 1094, 1149-1150
Soupault, Philippe, 1039-1040, 1053
Soutine, Chaïm, 1037
Souverbie, Jean, 1037
Spallanzani, Lazzaro, 720
Speer, Albert, 1074
Spencer, Herbert, 276, 850-851, 866, 882-883, 1063
Spinola, Carlo, 682
Spinoza, Baruch, 473, 640, 659, 665-667, 889, 894, 901, 1195, 1198
Spoerri, Daniel, 1153
Spranger, Bartholomeus, 596
Stadler, Ernst, 1169
Staël, Madame de, 761, 842, 871
Stahl, Georg Ernst, 721
Stálin, Joseph, 1009-1013, 1033, 1070, 1072-1073, 1081, 1105, 1123-1124, 1132, 1172
Stavisky, Alexandre, 974-975
Steen, Jan, 663
Stein, Gertrude, 1172
Steinbeck, John, 1016, 1172
Stella, Frank, 1154
Stendhal, 843, 846, 917

Stevenson, Robert Louis, 878
Stinnes, Hugo, 980
Stirner, Max, 866
Stockhausen, Karlheinz, 1205
Stoker, Bram, 879
Stolpe, Hjalmar, 884
Strasberg, Lee, 1173
Strauss, Leo, 1190
Stravinsky, Igor, 1205
Stresemann, Gustav, 981
Strindberg, August, 929
Sturluson, Snorri, 350
Su Shi, 489
Suárez, Adolfo, 1120
Sue, Eugène, 1175
Sueno I, Barba Bifurcada, 406
Suetônio, 303, 307, 310-311, 322, 382
Suffren, Pierre André de, 725
Suger de Saint-Denis, 360-361, 376, 378
Sui Yangdi, 218
Suiko, 491, 501
Sullivan, Louis, 937-938
Sully Prudhomme, 844
Sully, Maximilien de Béthune, duque de, 576
Sulzer, Johann Georg, 819
Sumarokov, A.P., 776
Sumuabu, 141
Sun Yat-Sen, 1022-1024
Sundiata Keita, 529
Suppiluliuma II, 132, 143
Surya, 197
Suryavarman I, 506
Suryavarman II, 506
Susana, 190
Susruta, 211
Sustris, Lambert, 596
Sutter, Joseph, 889
Sviatoslav de Novgorod, 429
Swann, Charles, 1050
Swedenborg, Emanuel, 941

Swift, Jonathan, 20, 746
Sydenham, Thomas, 659

Tabiti, 95
Tachibana no Hayanari, 499
Tácito, 303, 307, 310-311, 322, 346-347
Taft, William H., 936
Tages, 284
Tagore, Rabindranath, 1022, 1179
Taguapica, 519
Taharka, 227
Tai Wen-Ching, 679
Taieb, Maurice, 61
Tailapa II, 478
Taillandier, Yvon, 1159
Taine, Hippolyte, 846, 853, 855, 859
Taizong (Li Shimin), 483
Taizong, 484
Taizu (Dinastia Jin), 484
Taizu (Dinastia Song), 484
Takebe Katahiro, 686
Takemoto Gidayu, 227
Tales de Mileto, 31-32, 255-257, 279
Talleyrand, Charles Maurice de, 715, 799, 802
Tamar, 184
Tambroni, Fernando, 1115
Tamerlão, 443-444, 470, 478, 676
Tammuz (Dumuzi), 117
Tanaka, 1025
Tang Sien tsou, 681
Tang Tai, 788
Tang Xuanzong, 483
Tang Yin, 680
Tangun, 107
Tanguy, Yves, 831, 1039, 1041-1042
Tanngnjóstr, 351
Tanngrisnir, 351
Tao Qian, 219
Tapas, 199
Tapié, Michel, 1149
Tàpies, Antoni, 1149

Tara, 508
Taranis, 100, 103
Tardieu, André, 973
Tarhunt (Teshub), 132-133
Tarquínio, o Velho, 293
Tassi, Agostino, 631
Tassilo III, 344
Tasso, Torquato, 568, 608
Tatischev, Vassili N., 776
Tatline, Vladimir Evgrafovitch, 1152
Taut, Bruno, 1045
Tawaraya Sotatsu, 684
Tchekhov, Anton, 924, 927
Tchernenko, Konstantin, 1126
Tchernychevski, Nikolai Gavrilovitch, 922
Teglath-Falasar I, 141
Tejero, Antonio, 1121
Telibinu, 133
Temístocles, 239
Temmu, 501
Teócrito, 173, 252
Teodolfo de Orléans (o Visigodo), 22, 360, 382
Teodolinda, 344
Teodora (mulher de Justiniano I), 433, 435
Teodora (mulher de Teófilo), 440, 445
Teodorico, 355
Teodorico, o Grande, 292, 303, 344, 434, 437-438
Teodoro de Cantuária, 367
Teodoro I, 669
Teodoro II, 669
Teodoro II, 954
Teodoro III, 669
Teodósio I, 173, 236, 292, 328, 431, 433-435, 444
Teodósio II, 348, 432, 435, 438
Teófilo de Alexandria, 173
Teófilo, 437, 445
Teofrasto, 638
Tepeyollotl, 222
Terá, 176

Terêncio, 304, 403
Teresa de Ávila, 373, 593
Teseu, 262, 271, 274
Teshub (Tarhunt), 132-133, 135, 142
Tesla, Nikola, 861
Téspis, 250
Tétis, 247
Tetzel, Jean, 603
Teudio, 280
Teutates, 100
Tezcatlipoca, 514-516, 522
Tezozomochtli, 521
Thackeray, William Makepeace, 878
Thatcher, Denis, 1111
Thatcher, Margaret, 1111-1113, 1126
Thierry, Augustin, 842, 859
Thiers, Adolphe, 805, 807, 810-812, 859
Thiersch, Hermann, 173
Thin, Auguste, 966
Thomas, George K., 935
Thor, 346, 351
Thoreau, Henry David, 939-940
Thorez, Maurice, 1079, 1081
Thoth, 170
Tiago, 322
Tiamat, 120-121
Tibério II, 433
Tibério Semprônio Graco, 305
Tibério, 289, 295, 307
Tibulo, 303, 306-307
Ticiano (pintor), 420, 547, 553, 561, 564, 566-567, 582, 591, 596, 646-647, 726, 819
Tiepolo, Giambattista, 726-727, 754
Tiestes, 275
Timarco, 245
Timóteo de Mileto, 248
Timóteo, 324
Tinguely, Jean, 1147, 1153-1154
Tinia, 283-284
Tintoretto, 420, 553, 561, 565, 567, 591, 647, 726

Tippu Sahib (ou Tippu Sultan), 783, 875
Tirso de Molina, 593
Tirteu, 249
Tishatal, 135
Titi, 165
Tito Lívio, 281, 285-286, 289, 309-310, 634
Tito, 178, 186, 191, 289, 297, 308, 457
Tivoli, Serafino de, 917
Tlacaelel, 521
Tlaloc, 522-523
Tobias, Phillip, 63
Tocqueville, Alexis de, 1191
Todorov, Tzvetan, 1168
Toghrul-Beg, 469
Tohil, 516
Tokugawa, Ieyasu, 495, 681-683
Tokugawa, Yoshimune, 946
Toledo, Antônio, 1147
Toledo, Juan Bautista de, 590
Tolkien, John Ronald Reuel, 1170
Tolstói, Liev, 924, 926-927
Tomás da Inglaterra, 384
Tomás de Aquino, 264, 373, 388, 391-392, 541, 817
Tomasi di Lampedusa, Giuseppe, 1170
Tomichii Murayama, 1143
Toneri, 501
Toroni, Niele, 1156
Torricelli, Evangelista, 615
Torrigiani, Pietro, 601
Tosa Mitsuhide, 682
Tosa Mitsunaga, 498
Totila, 419
Toulouse-Lautrec, Henri de, 835
Toumai, 53, 64
Touraine, Alain, 25
Tournefort, Joseph Pitton de, 615
Tournier, Michel, 1162
Toutant de Beauregard, Pierre Gustave, 935
Toynbee, Arnold, 1195
Toyotomi Hideyoshi, 495, 681, 683

Tracy, Dick, 1147
Trajano, 289, 294-296, 308
Trakl, Georg, 1169
Travolta, John, 1207
Trediakovski, V.K., 776
Trezzini, Domenico, 923
Trimalcion, 308
Tristão, 384
Trótski, Leon, 1108-1011
Trouvé, Alain-J., 14
Troyat, Henri, 1163
Truffaut, François, 1167
Truman, Harry, 1019, 1073, 1131, 1172
Tsubouchi Shòyo, 948
Tucídides, 234, 253-254, 309, 1190
Tuísto, 346
Tukaram, 678
Tukhatchévski, Mikhail, 1012
Tulsidas, Gosvami, 677
Tunapa, 225
Turan, 283
Turenne, Henri de la Tour d'Auvergne, visconde de, 624
Turgot, 18, 695, 712, 725, 738-739
Turgueniev, Ivan Sergueievitch, 926
Turner, Joseph Mallord William, 631, 746, 754, 825, 829, 876
Tutancâmon, 167, 169
Tutatis, 103
Tutmósis I, 164
Tutmósis III, 134
Twain, Mark, 939
Twiggy, 62
Tylor, Edward Burnett, 883-884
Tyr, 350-351
Tzara, Tristan, 1030, 1038-1039, 1042, 1052, 1169

Ubaidalá Almadi Bilá, 466
Uccello, Paolo, 552, 557
Úlfilas, 333, 346

Ulisses, 247-248
Unamon, 169
Unas, 156
Undset, Sigrid, 930
Uni, 283
Unkei, 498
Untash-Gal, 128
Urano, 249, 277
Urbano II, 371
Urbano VI, 373
Urbano VIII, 619
Urfé, Honoré d'
Urias, o Hitita, 183-184
Ur-Nammu, 115, 123-125
Ursinos, princesa dos, 767
Ur-Zababa, 122
Usman dan Fodio, 953
Uthman, 451, 453, 455
Utnapishtim, 121, 127
Utrillo, Maurice, 1037
Utu (Shamash), 120
Uzias (Azarias), 187

Vailland, Roger, 1161
Vaillant, Auguste, 815
Vak, 199
Valdo, Pedro, 370
Valentiniano III, 328, 432, 439
Valéry, Paul, 17, 276, 841, 966, 1163
Valignani, Alessandro, 683
Vallejo, César, 1175
Vallès, Jules, 810
Vallin de La Mothe, Jean-Baptiste, 924
Vallotton, Félix, 835
Valmier, Georges, 1030
Valmiki, 204
Van Doesburg, Theo, 1033
Van Dyck, Antoine, 616, 663-665, 727-728, 745
Van Gogh, Vincent, 828, 831, 833-834, 948
Van Leeuwenhoek, Antoine, 615

Van Loo, Charles-André, 710, 729
Van Scorel, Jan, 585
Varahamihira, 211
Varda, Agnès, 1167
Varese, Edgar, 1205
Varrão, 305
Varuna, 194, 199
Vasarely, Victor, 832, 1152
Vasari, Giorgio, 377, 536, 545, 553, 556, 563, 565-566
Vasnetsov, Victor, 925
Vatsyayana, 205
Vattimo, Gianni, 25, 1196
Vauban, Sébastien Le Prestre de, 627
Vautier, Benjamin, 1159
Vaux, Clotilde de, 853, 855
Vauxcelles, Louis, 1030
Vé, 350
Vegoia, 284
Veil, Simone, 1097
Veiras, Denis, 709
Velázquez, Diego, 420, 567, 617, 646-648, 827
Velázquez, Eugenio Lucas, 909
Venceslau I, o Bêbado, 400
Venetsianov, Alexis, 924
Veneziano, Gabriele, 42
Venturi, Robert, 1157
Vênus, 73, 285, 287, 346
Verbiest, Ferdinand (Nan Houei Jen), 786
Vercingetórix, 97, 99, 288, 310
Verdi, Giuseppe, 871
Verga, Giovanni, 919
Verhaeren, Émile, 847, 909
Verlaine, Paul, 306, 726, 845, 847
Vermeer de Delft, 663-664
Verne, Jules, 862
Vernet, Joseph, 728
Veronese, 420, 553, 561, 565, 567, 591, 726
Verrazano, Giovanni de, 777
Verrocchio, il, 421, 552, 559, 561
Verus, 297

Vesaas, Tarjei, 930
Vesálio, André, 315, 538, 549
Vespasiano, 191, 289, 296-297
Vespúcio, Américo, 539
Vesta, 312
Vettori, Francesco, 569
Veyne, Paul, 1203
Viallat, Claude, 1155
Vian, Boris, 1053
Vicente de Paulo (santo), 607, 613
Vida, Marco Girolamo, 306
Vigée-Lebrun, Élisabeth Louise, 728
Vignola, 618
Vignon, Claude, 630
Vignon, Pierre-Alexandre, 837
Vigny, Alfred de, 269, 300, 842-843
Vikramaditya VI, 478
Vilar, Jean, 1165
Vili, 350
Villegagnon, Nicolas Durand de, 585
Villehardouin, Geoffroi de, 385
Villèle, conde de, 802
Villepin, Dominique de, 1103
Villiers de L'Isle-Adam, Philippe Auguste, 844
Villiers, George (1o duque de Buckingham), 664
Villon, François, 383, 387, 584
Villon, Jacques, 1030
Vinteuil, 1050
Viollet-le-Duc, Eugène, 379, 838, 910
Viracocha (Hatu Tupac Inca), 225, 517, 519
Virgílio, 285, 289, 303, 306-307, 423, 436
Visconti, Filippo Maria, 418-419
Visconti, Galeazzo I, 418
Visconti, Gian Galeazzo, 418
Visconti, Giovanni Maria, 418
Visconti, Matteo I, 418
Visconti, Ottone, 418
Vishinsky, Andrei, 1012
Vishnu, 195-198, 200, 203-205, 211, 480, 506, 509, 678
Vitélio, 289
Vítor Emanuel II da Itália, 913, 915, 916
Vítor Emanuel III da Itália, 916, 996, 998-999, 1067
Vítor IV, 366
Vitória I, 866, 873-875, 877, 943-944
Vitrac, Roger, 1054
Vitrúvio, 293, 546, 550, 555
Vitry, Philippe de, 394
Vivaldi, Antonio, 620
Vives, Juan Luís, 595
Viviani, René, 819
Vladimir (santo), 447
Vladimir, o Grande, 427
Vlaminck, Maurice de, 831, 1030, 1037
Vogel, Ludwig, 889
Volland, Sophie, 734
Vollard, Ambroise, 833
Volta, Alessandro, 861
Voltaire, 23, 113, 708, 712-713, 719-720, 731-733, 737-740, 755, 761, 923, 926
Vouet, Simon, 630, 632
Vrubel, Mikhail, 925
Vuillard, Édouard, 831, 835
Vulcano, 312
Vyasa, 204

Wadjet, 154
Wadsworth, Edward, 1038
Wagner, Cosima, 900
Wagner, Richard, 350, 353, 871, 900
Waitz, G.F., 884
Waldeck-Rousseau, Pierre, 813, 817
Waldmüller, Ferdinand, 891
Walesa, Lech, 1125
Wallace, Lew, 939
Wallon, Henri, 812
Walpole, Horace, 711
Wang Anshi, 484
Wang Hongwen, 1140
Wang Ken, 681

Wang Mang, 217
Wang Meng, 488
Wang Po, 489
Wang Wei, 487
Wang Yangming, 680
Warburton, William, 718
Warens, Françoise-Louise de, 734
Warhol, Andy, 832, 1147
Washington, George, 780, 931-932, 1019
Watt, James, 720
Watteau, Antoine, 722, 726, 848
Waugh, Evelyn, 1170
Webb, Philip, 877
Weber, Carl Maria von, 871
Weber, Max, 865, 1184, 1194
Webern, Anton, 1204-1205
Webster, Noah, 782
Wedekind, Frank, 1169
Wellesley, Richard, 875
Wellington, duque de, 800, 907
Wells, Herbert G., 879
Wendi, 218
Westermarck, Edward, 884
Weygand, Maxime, 1068
Whittier, John Greenleaf, 939
Wickram, Georg, 608
Wilde, Oscar, 878
Williams, Tennessee, 1173
Wilson, Angus, 1170
Wilson, Bob, 1173
Wilson, Daniel, 814
Wilson, Harold, 1110-1111
Wilson, Richard, 745
Wilson, Thomas Woodrow, 936, 964, 966, 968, 1015, 1017
Winckelmann, Johann Joachim, 710, 722-723, 819
Wintergest, Joseph, 889
Wise, John, 782
Witten, Edward, 42
Wittgenstein, Ludwig, 1055-1057, 1064

Witz, Conrad, 597
Wolfe, Tom, 1173
Wolff, Christian von, 761-762
Wölfflin, Heinrich, 615
Wölfli, Adolf, 1149
Wolgemut, Michael, 597
Wolsey, Thomas, 599
Woodward, Bob, 1135
Woolley, Charles Leonard, 119
Wordsworth, William, 877
Worth, Charles Frederick, 809
Wotan, 346
Wrangel, Pyotr, 1009
Wright, Richard, 1173
Wu Wang, 213
Wu Zetian, 483, 491
Wu Zhen, 488
Wudi (Sima Yan), 218
Wudi, 217
Wundt, Wilhelm, 863
Wurunkatte, 133
Wurushemu, 133
Wuzong, 491
Wyatt, James, 877
Wyatt, Thomas, 601

Xá Alam II, 784
Xá Jahan, 676-677
Xangô, 530
Xbalanque, 513
Xenákis, Iánnis, 1205
Xenófanes, 254, 256, 258
Xenofonte, 261, 1190
Xerxes I, 146-147, 149-150
Xi Jinping, 1141
Xi Kang, 219
Xia Gui, 488
Xianfeng, 945
Xie Lingyun, 219
Xie Tao, 219
Xolotl, 524

Xu Ling, 219
Xuande, 678
Xuanzang, 477, 489, 491
Xuanzong, 483

Yama, 196-197
Yamabe no Akahito, 501
Yao Wenyuan, 1140
Yarim-Lim, 135
Yasovarman, 505
Yasuhiro Nakasone, 1143
Yasunari Kawabata, 1178
Yazid II, 456
Yekuno Amlak, 525-526
Yen Li-pen, 487
Yeshi, 490
Yetbarak, 525
Yik'in Chan K'awiil, 512
Ymir, 350
Yoas I, 954
Yohannes IV, 954
Yokoyama Taikan, 948
Yongle, 678-679
Yoshihiko Noda, 1143
Yoshihito, 1025
Yoshitsune, 685
Ysengrin, 384
Yu Dafu, 1177
Yu, o Grande, 212
Yuan Mei, 788
Yuan Shikai, 1022
Yuandi, 218
Yuanwu Keqin, 490
Yukio Mishima, 1178

Zacarias (papa), 344, 356-357
Zacarias, 180, 187-188, 190
Zadkine, Ossip, 1046
Zadyk, 139
Zakharov, Adrian, 924
Zapatero, José Luis, 1121-1122
Zarza, Vasco de la, 951
Zay, Jean, 977
Zaydan, Jurji, 1176
Zeami, 503
Zebulom, 178
Zedequias, 187
Zeller, André, 1092
Zenão de Cítio, 269, 300
Zenão de Eleia, 16, 258-259, 264
Zenão, 432
Zeus, 13, 236, 242, 245-246, 249, 271, 273, 276-279
Zhang Chunqiao, 1140
Zhang Xueliang, 1023
Zhao Mengfu, 488
Zhao Ziyang, 1141
Zheng He, 678
Zhengtong, 678
Zhenzong, 484
Zhongzong, 483
Zhou Dunyi, 490
Zhou Enlai, 1023, 1140-1141
Zhu Da, 787
Zhu Qan, 787
Zhu Xi, 490
Zinoviev, Grigori, 1011
Ziryab, 461
Ziyadat Allah I, 465
Zoé, 441
Zöega, Georg, 718
Zola, Émile, 808, 816, 819, 827, 829, 832, 846-847, 859, 902, 926, 949, 967, 1173
Zoroastro (Zaratustra), 151-152
Zorrilla, José, 771, 910
Zuccaro, Federico, 601
Zuínglio, Ulrico, 603, 605, 608
Zuma, Jacob, 1216
Zurbarán, Francisco de, 617, 646-648, 827
Zweig, Stefan, 1169

ÍNDICE DE OBRAS

1984, 1169
95 teses, 604

À beira d'água, 490, 680
A Bonaparte libertatore, 918
À nobreza cristã da nação alemã, 604
A sangue frio, 1172
À sombra das raparigas em flor, 1050-1051
A teoria da população, 883
A Vindication of The Government of New England Church, 782
Abadia de Cister, 368, 375, 381
Abadia de Claraval, 368
Abadia de Cluny, 331, 368, 375-376
Abadia de Conques, 446
Abadia de Flux, 741
Abadia de Fonthill, 877
Abadia de Fulda, 382
Abadia de Gandersheim, 403
Abadia de Landévennec, 330
Abadia de Monte Cassino, 330
Abadia de Port-Royal des Champs, 613-614, 625
Abadia de Reichenau, 402
Abadia de Saint-Germain-des-Prés, 330
Abadia de Santa Genoveva, em Paris, 343
Abadia de São Galo, 333, 360, 382

Abadia de São Pedro de Hautvillers, 361
Abadia de São Pedro, em Brantôme, 334
Abadia de Vézelay (Basílica de Santa Maria Madalena), 475-476
Abadia de Westminster, 601
Abadia dos Homens, 407
Abaixo de zero, 1174
Abajur, 1152
Acossado, 1167
Adam Bede, 878
Adão e Eva expulsos do paraíso, 558
Adão e Eva, 550
Adão, 597
Adelfos (Os), 305
Adeus às armas (O), 1172
Adi-Granth, 482
Adivinhação entre os etruscos (A) (Etrusca Disciplina), 283
Adolescência Clementina (A), 582
Adonis de Crítios, 244
Adonis louro, 244
Adoração dos magos (Dürer), 597
Adoração dos magos (Uccello), 557
Adoração dos magos (Vignon), 630
Adoração dos pastores (A) (La Tour), 630
Adoração dos pastores (A) (Rubens), 664
Adriana (A), 305

Aforismos (Hipócrates), 279
Aforismos (Serapião, o Velho), 475
Afrodite de Cnido, 245
Agamênon, 301
Agricultural Adjustement Act (AAA), 1017
Ajax furioso, 251
Al-Ahram, 1176
Alambra, 460, 590
Alastor, 877
Al-Azhar, 466
Albertine desaparecida, 1051
Alcalde de Zalamea (O), 593
Alcázar de Segóvia, 460
Alcázar de Sevilha, 460
Alcázar Real de Madri, 771
Alceste (Eurípedes), 251
Alceste (Gluck), 730
Alchemy, 1150
Alciphon ou o filósofo minuto, 747
Álcoois, 1051, 1053
Alegoria da água, 566
Alegoria de Roma, 629
Alegoria do verão, 566
Alegoria sagrada, 565
Além do bem e do mal, 900
Alemanha ano zero, 1105
Alexandre I, 1163
Alexandre, o Grande, 637
Alfândega (A), 754
Álgebra, 474
Al-Hakim (Mesquita de), 466
Al-Hilal, 1176
Almagesto, 33-34, 174, 314
Almanaque do cavaleiro azul, 1034
Almas Mortas, 926
Almoço dos Camponeses, 647
Almoço na relva (O), 567, 827
Al-Qasaba (Torre de), 465
Altar de Gertrudes, 402
Altar de Trèves [Altar de Santo André], 402
Al-Zaytuna (Mesquita), 465

Amadís de Gaula, 426
Amante (O), 1166
Amante coroado (O), 727
Amante da China do Norte (O), 1166
Amante de Lady Chatterley (O), 879
Amarelo-Vermelho-Azul, 1034
Amazona, 1171
Ametistas, 844
Amida, 498
Amigo do povo (O), 701
Amigo do povo assassinado (O), 730
Amigo dos homens, ou *Tratado da População* (O), 18, 705
Aminta, 569
Amok, 1169
Amor à poesia (O), 1053
Amor e Psique, 725
Amores (Os) (Baïf), 583
Amores (Os) (Ronsard), 583
Ana da Áustria, 630
Anabase (Saint-John Perse), 1051
Anábase (Xenofonte), 254
Anais (reinado de Ezana), 229
Anais da Dinastia Li, 687
Anais da Sociedade Científica de Bruxelas, 39
Anais de Primavera e Outono, 213, 215
Anais de Winchester, 413
Anais dos pontífices, 309
Anais, 307, 310
Análise da beleza, 745
Analíticas, 264
Anastasis, 335
Andrômaco, 636-637
Anfitrião, 304
Angelus (O), 823, 1043
Angkor Wat, 198, 506
Angústia do rei Salomão (A), 1162
Anna Christie, 1173
Anna Kariênina, 927
Anna Svard, 929
Annales maximi, 304

*Anotações sobre a pintura do monge Abóbora-
-amarga* (As), 787
Antes da partida, 829
Anticabeça (A), 1052
Anticato, 310
Anticristo (O), 900
Antigo Testamento (Simon Vouet), 632
Antigo Testamento, 127, 177, 179, 183,
  321-323, 335, 370, 376, 380-382, 559,
  563, 883
Antígona (Alfieri), 755
Antígona (Anouilh), 1054
Antígona (Sófocles), 251
Antiguidades celtas e antediluvianas, 57
Antiguidades de Roma (As), 583-584
Antiguidades judaicas, 322
Antisemitische Correspondenz, 902
*Antologia da nova poesia negra e malgache
  de expressão francesa*, 1162
Antologia de humor negro, 1053
Antônio e Cleópatra, 602
Antropometrias, 1153
Anunciação (A) (Andrea del Sarto), 564
Anunciação (A) (Leonardo da Vinci), 562
Anunciação (A) (Mochi), 619
Apadana de Persépolis, 149
Apadana de Susa, 149
Aparição da Virgem a Lucas (A), 618
Apocalipse de Angers, 381
Apocalipse de João, 319, 323, 376
*Apocalipse ou a próxima renovação
  democrática e social da Europa* (O), 868
Apolo de Piombino, 246
Apolo de Tenea, 244
Apolo do Belvedere, 723
Apologia de Sócrates (Platão), 262
Apologia de Sócrates (Xenofonte), 254
Apoxiômenos, 245
Apresentação de Jesus ao Templo (A), 630
Aqui jaz o espaço, 1153
Ara della Regina, 282

Aranyaka, 194
Arautos negros (Os), 1175
Arcano 17, 1053
Arco de Augusto, em Rimini, 295
Arco de Constantino, 298
Arco de Septímio Severo, 837
Arco do Triunfo do Carrossel, 837
Arco do Triunfo, 837, 839, 966
Argonautas (Os), 252
Arhal-din Kajhompra (Mesquita), 481
Ariadne, 1042
Ariana, 620
Armínio, 608
Arqueologia do saber (A), 1189
Arquipélago das sereias (O), 879
Arrependimentos (Os)
Arte (A), 844
Arte da música mensurável (A) (*Ars cantus
  mensurabilis*), 394
Arte da pintura (A), 664
Arte de amar (A), 307
Arte de edificar (A) (*De re aedificatoria*), 555
Arte pela arte (A), 844
Arte poética (Boileau), 581, 637
Arte poética (Horácio), 306, 548
Arte poética (Verlaine), 848
Ártemis (templo), 243
Artiste (L'), 844
Artus, 1175
Árvore grande esponja azul (A), 1153
Às avessas, 847
Asas da pomba (As), 939
Ascensão de Isaías (A), 188
Asno de Ouro (O) (Maquiavel), 569
Asno de Ouro, ou As Metamorfoses (O)
  (Apuleio), 308
Assassinato de Roger Ackroyd (O), 1170
Assassinato no Expresso Oriente (O), 1170
Assunção (A) (Bellini), 565
Assunção (A) (Carracci), 618
Assunção (A) (Greco), 646

Astadhyayi, 204
Astreia (A), 634
Atália, 637
Atarvaveda, 194, 211
Até o fim!, 1128
Atenção aos detalhes na pintura (A), 788
Átila, 635
Atlantes (Os), 631
Atlantes de Tula, 514
Atos dos Apóstolos, 321-322
Augustinus, 613
Aula de anatomia do doutor Jean Deyman (A), 663
Aurore (L'), 816, 967
Autorretrato (Largillière),
Autorretrato (Poussin), 630
Autorretrato (Van Gogh), 833
Avanti, 995
Avarento (O), 636
Aventura da diferença (A), 1196
Aventura de Heike (A) (*Heike Monogatari*), 502
Aventuras de El Cid (As), 593
Aventuras de Telêmaco (As), 638
Aventuras de Tom Sawyer (As), 939
Avesta, 151-152
Azul, 1042

Bacante com rosas, 839
Baco (Caravaggio), 568
Baco (Michelangelo), 563
Baco adolescente (Caravaggio), 617
Baixos-relevos lançados no espaço (Os), 1152
Bajazet, 637
Bakhshali, 211
Bakong (templo), 506
Balada dos enforcados, 387
Balada em francês antigo, 383
Baladas (Carlos de Orléans), 387
Baladas (Schiller), 761
Baladas líricas, 877

Balloon Dog, 1147
Ballot Act, 874
Balsa da Medusa (A), 820
Balzac, 840
Bandainagon, 498
Banhista, 725
Banhistas (As) (Courbet), 824
Banhistas (As) (Fragonard), 727
Banho das ninfas (O), 632
Banho turco (O), 820
Banquete (O), 263
Banquete das cinzas (O), 541
Banquete de casamento (O), 596
Banquete de Herodes, 560
Baphuon (templo), 506
Barbeiro de Sevilha (O), 737
Barca de Dante (A), 820
Barco (O), 1170
Barco da clareza e do conforto, 789
Barragem (A) (*Shigarami Soshi*), 949
Basílica da Santa Cruz, em Florença, 554
Basílica de Parenzo, 447
Basílica de Saint-Denis, 357, 360-361, 364, 374, 376, 378, 380, 576, 580
Basílica de Saint-Remi, em Reims, 361
Basílica de Saint-Sernin, em Toulouse, 376
Basílica de Santa Maria da Saúde, 619
Basílica de Santa Maria de Trastevere, 551
Basílica de Santa Maria Maior, 335
Basílica de Santa Maria Novella, 557
Basílica de Santa Sabina, 335
Basílica de Santo Antônio, 560
Basílica de Santo Apolinário in Classe, 434
Basílica de Santo Apolinário, o Jovem, 434
Basílica de São Francisco de Arezzo, 559
Basílica de São Francisco, 554
Basílica de São João de Latrão, 335, 560, 619
Basílica de São João Evangelista, 434
Basílica de São Lourenço, 551, 561
Basílica de São Marcos, 447, 551
Basílica de São Paulo Extramuros, 335

Basílica de São Pedro 335, 561-562, 604, 617-619
Basílica de São Vital, 360, 434
Basílica do Sagrado Coração, 812, 838
Basse-Cour à Germaine (*La*), 1156
Bassvilliana, 918
Batalha (*A*), 974
Batalha de Kadesh, 166
Batalha de San Romano (*A*), 557
Batalha dos centauros (*A*), 1041
Batismo do Cristo, 567
Batistério de Neon (Batistério dos Ortodoxos), 434
Batistério de São João, 555
Bay Psalm Book, 782
Bayon (templo), 506
Bebedor (*O*), 618
Bebedor alegre (*O*), 663
Beijo (*O*) (Brancusi), 1047
Beijo (*O*) (Rodin), 840, 1047
Beijo de Judas (*O*) (Giotto), 553
Beijo de Judas (*O*) (Uccello), 557
Bela Ângela (*A*), 834
Bela estrasburguense (*A*), 728
Bela Helena (*A*), 809
Bela jardineira (*A*), 563
Belas adormecidas (*As*), 1178
Belas relações (*As*), 1043
Belisário pedindo esmola, 730
Beloved, 1174
Ben Hur, 939
Berenice, 637, 1168
Bíblia de Mainz, 539
Biblioteca (ou *Myriobiblion*), 437
Biblioteca Histórica, 129, 255
Bill of Rights, 655
Blaise Pascal, 725
Blast, 1037
Bodas de Canãa (*As*), 567
Bodas de Fígaro (*As*) (Beaumarchais), 737
Bodas de Fígaro (*As*) (Mozart), 620

Boêmia (*A*), 663
Bom dia, tristeza, 1163
Bonaparte no passo de São Bernardo, 730
Bonequinha de luxo, 1172, 1174
Boris Godunov, 926
Bossuet, 725
Bouvard e Pécuchet, 26
Brand, 929
"Brasão do belo mamilo (O)", 582
Brèche (*La*), 1053
Breviário de Alarico, 439
Breviário de Belleville, 381
Brigadeiro (*O*), 776
Britannicus, 637
Brutus (Alfieri), 755
Brutus (David), 730
Bruxas de Salem (*As*), 1173
Bucólicas, 306
Budas de Bamian, 203
Buffon, 725
Burgraves (*Les*), 842
Burguês fidalgo (*O*), 636
Burgueses de Calais (*Os*), 840
Burlador de Sevilha (*O*), 593
Busto da duquesa de Angoulême, 839
Byodoin (templo), 497-498

Ca' d'Oro, 556
Caaba (edifício sagrado de Meca), 450, 457, 462, 671
Cabana do pai Tomás (*A*), 934, 939
Cabeça de Fernando (*A*), 1046
Cabeça de menina russa, 925
Cabeça de touro, 1046
Cabo (*O*), 1179
Cabotino (*O*), 1170
Caça (*A*), 618
Caça ao javali, 728
Cadeira e o cachimbo (*A*), 833
Cadernos do cárcere, 11170
Caesareum (monumento de Alexandria), 173

Cais do Neva, 924
Caldeirão de Bra, 101
Caldeirão de Gundestrup, 101, 103
Caldeirão de Rynkeby, 101
Caligramas, 1051-1052
Camarote (O), 827
Caminhos da Liberdade (Os), 1164
Campanário de Giotto, 560
Campanário de São Marcos, 556
Campo Giovanni e Paolo, 421
Camponês arrivista (O), 737
Camponês de Paris (O), 1053
Campos magnéticos (Os), 1039, 1053
Canard enchaîné (Le), 975
Canção de Craonne (A), 962
Canção de Guilherme (A), 384
Canção de Rolando (A), 383-384
Canção de Sigurd, 404
Canção dos Nibelungos, 403-404, 889
Cancioneiro (O) (*Il Canzoniere*), 423
Cancionero general, 426
Cândida, 878
Cândido, 733
Caninos brancos, 940
Cânon, 475
Cântico das criaturas, 372
Cântico dos cânticos, 180
Canto da partida (O), 730
Canto de amor de Krishna (Gita-Govinda), 197
Canto de Igor (O), 429
Canto do Bem-aventurado (Bhagavad-Gita), 194, 196-197, 203, 678
Canto do harpista cego, 167
Canto do sino (O), 761
Canto geral, 1175
Canto novo, 919
Cantora careca (A), 1054
Cantos de Maldoror (Os), 846-847
Cantos de Rama (Os) (*Ramcharimanas*), 678
Cantos dos sálios, 304
Cantos reais, 229

Capela Brancacci, 558
Capela Contarelli, 617
Capela da Arena (capela de Scrovegni), 553
Capela da Sorbonne, 628
Capela da Trindade (Fontainebleau), 578
Capela do Castelo de Versalhes, 628
Capela do King's College, 600
Capela Henrique VII, 600
Capela San Fernando, 460
Capela San Francesco Grande, 562
Capela Sistina, 549, 558, 563
Capital (O), 859, 869, 871, 903, 905
Capital da dor, 1053
Capitalismo e esquizofrenia, 1198
Capitoli (Os), 569
Capote (O), 926
Cardeal Nino de Guevara (O), 646
Cardeal-infante (O), 648
Carlos I na caça, 665
Carlos V vencendo a inveja, 591
Carnaval de arlequim (O), 1042
Carrasco de si mesmo (O) (Héautontimorouménos), 305
Carrie, 1174
Carroça de feno (A), 876
Carruagem solar de Trundholm, 91
Carta a M. Dacier, 153
Carta de Mandem, 529
Carta semisséria de Crisóstomo (A), 918
Carta sobre as ocupações da Academia Francesa, 639
Carta sobre o humanismo, 1060
Carta sobre os cegos para uso daqueles que veem, 712, 734
Cartas (*Epistolae*), 423
Cartas a Espartacus, 980
Cartas a Lucílio, 301
Cartas da prisão, 1170
Cartas de junho, 743
Cartas de um habitante de Genebra a seus concidadãos, 866

Cartas filosóficas (ou *Cartas inglesas*), 708, 733, 740
Cartas filosóficas sobre o dogmatismo e o criticismo, 895
Cartas persas, 732
Cartas provinciais, 613, 635
Cartas, 635
Carteiro Roulin (O), 833
Cartomante (A) (Caravaggio), 617
Cartomante (A) (Valentin), 629
Cartuxa de Jerez, 647
Carvalhos de Apremont (Os) 823
Casa Batlló, 910
Casa da vida (A), 878
Casa de Bernarda Alba (A), 1171
Casa de bonecas, 929
Casa de chá (A), 1177
Casa em estaque, 1031
Casa Milá, 910
Casa Vicens, 910
Casado, 929
Casal a cavalo, 1034
Casamento da razão e da miséria negra (O), 1154
Casamento da Virgem (O), 559
Casamento na moda, 745
Casamento na morte (O), 593
Casamento, 879
Casas reais, 632
Castelo (O), 893, 1169
Castelo de Amboise, 572-574, 577-579
Castelo de Anet, 580
Castelo de Azay-le-Rideau, 577, 579
Castelo de Blois, 574, 579
Castelo de Bury, 579
Castelo de Chambord, 574, 577, 579
Castelo de Chenonceau, 577, 579
Castelo de Cirey, 719
Castelo de Clos Lucé, 574, 578
Castelo de Écouen, 577, 579-580
Castelo de Fontainebleau, 574, 577-579

Castelo de Heidelberg, 596
Castelo de Himeji, 682
Castelo de la Muette, 579
Castelo de La Roche-Guyon, 1031
Castelo de Loches, 571
Castelo de Longleat, 600
Castelo de Luneville, 724
Castelo de Madri (bosques de Boulogne), 574, 579
Castelo de Maisons-Laffitte, 628
Castelo de Marly, 626, 632
Castelo de Montségur, 370
Castelo de Neuschwanstein, 890
Castelo de Pierrefonds, 838
Castelo de Rivolo, 753
Castelo de Saint-Cloud, 631
Castelo de Saint-Germain-en-Laye, 574
Castelo de Saint-Maur, 580
Castelo de Stolzenfels, 890
Castelo de Vaux-le-Vicomte, 628, 631-632
Castelo de Versalhes, 626, 628-629, 631-632, 711, 724, 888
Castelo de Wittenberg, 604
Castelo Fasiladas, 689
Castelo Sant'Angelo, 365
Cátedra do bispo Maximiano, 336, 436
Catedral da Assunção de Pisa, 554
Catedral da Assunção, 428-429
Catedral da Dormição, em Moscou, 447
Catedral de Aksum, 690
Catedral de Amiens, 378, 838
Catedral de Bourges, 378
Catedral de Cantuária, 408
Catedral de Chartres, 186, 378-379
Catedral de Colônia, 597, 890
Catedral de Florença, 293, 561
Catedral de Friburgo, 403
Catedral de Laon, 378
Catedral de Lausanne, 379
Catedral de Noyon, 378
Catedral de Orvieto, 549, 619

Catedral de Pamplona, 771
Catedral de Pedro e Paulo, 921
Catedral de Santa Maria (Baltimore), 937
Catedral de Santa Maria de Toledo, 591, 646
Catedral de Santo Estevão de Sens, 378
Catedral de St. Patrick, 937
Catedral de Timovo, 446
Catedral de Tournai, 378
Catedral Il Duomo, 418
Catedral Saint-Pierre de Beauvais, 378
Cath Maighe Tuireadh, 102-104
Catilinárias, 305
Cavalariça (A), 835
Cavaleiro azul (O), 1033-1034
Cavaleiro com a mão sobre o peito, 591
Cavalinhos de Tarquinia (Os), 1166
Cavalos de Marly, 725
Ceia (A), 562, 917
Ceia em Emaús (A), 617
Ceia no baile, 890
Celestina (A), 1033
Cem corcéis (Os), 788
Cemitério judaico, 664
Cena dos massacres de Scio, 821
Cenas da vida do Cristo, 554
Centauro (O), 1154
Centro Georges-Pompidou, 1150
Cerimônia de despedida (A), 1164
César e Cleópatra, 878
Cesta de frutas, 568, 617
Chamade (La), 1163
Chamado da floresta (O), 940
Chanceler Séguier (O), 631
Chapéu de palha (O), 664
Charivari (Le), 824
Charmides, 262
Charrete do mercado (A), 745
Chatterton, 842
Chifre do carneiro (O), 1173, 1176
Chilam Balam, 513
Chronographiai, 321

Chuva, vapor e velocidade, 876
Cicerone (O), 615
Ciclo bretão, 384
Ciclo das Cruzadas, 384
Ciclo de Carlos Magno, 384
Ciclo de Finn, 102
Ciclo de Guilherme de Orange, 384
Ciclo de Kumarbi, 135
Ciclo de Uster, 102
Ciclope (O), 1154
Cid (O), 634
Cidade antiga (A), 859
Cidade de Deus (A), 330
Cidade de Paris (A), 1032
Cidade do homem (A), 1191
Cidade proibida, 786-787, 789, 945, 1140
Cidade que sobe (A), 1037
Cidade Radiante de Marselha, 1044
Ciência da lógica (A). *Enciclopédia de ciências filosóficas*, 896
Ciência da moral (A), 849
Cilindro de Ciro, 145
Cinco cânones astronômicos (Os) (*Panca siddhantika*) 211
Cinco clássicos verdadeiros, 483
Cinco lições sobre a psicanálise, 864
Cinco nôs modernos, 1178
Cinco pontos da arquitetura moderna, 1044
Cinna, 635
Cinq-Mars, 630
Cinquenta salmos em francês, 582
Cinza e verde, 1149
Cinzas de Gramsci (As), 1171
Circo de Calder (O), 1152
Cirilo (Qerillos), 229
Citadela (A), 1169
Ciúme (O), 1165
Claustro do Scalzo, 564
Cleóbis e Biton, 243
Cleópatra, 862
Cligès ou a falsa morta, 385

Clóvis, 634
Cobra, 1146
Cocheiro de Delfos, 245
Codex Aubin, 520
Codex Aureus de Echtemach, 402
Codex Borbonicus, 520
Codex Boturini, 520
Codex Fejervary-Mayer, 520
Codex Mendoza, 520
Código Civil, 715, 801
Código Da Vinci, 1163
Código de Hamurabi, 11, 114, 120, 126, 149
Código de Taisho, 504
Código de Teodósio, 432
Código de Teodósio, 432
Código de Ur-Nammu, 124, 126
Código dos princípios originais, 490
Código econômico, 737
Código Engi, 504
Código justiniano, 333, 433, 439
Código negro (O), 904
Código Real (Fuero Real), 540
Código Taihō (Taihō-ritsuryō), 492
Código Tang, 483
Código teodosiano, 293, 439
Coisas ocultas desde a fundação do mundo, 1194
Coleção de Ilustrações dos Três Reinos (San cai tu hui), 679
Coleções matemáticas, 174
Colégio dos Jesuítas de Salamanca, 648
Cóleras, 1154
Coletânea de cem baladas de amantes e de damas (A), 387
Colete de Lênin (O), 1467
Coliseu, 296-297
Colosso de Barletta, 436
Colossos de Memnon, 164
Coluna de julho, 839
Coluna de Marco Aurélio, 296
Coluna de Trajano, 294-296, 837

Coluna sem fim, 1047
Coluna Vendôme, 811, 837
Com a literatura no estômago, 1161
Combustões, 1154
Comédia contra o papa Júlio II, 387
Comédia humana (A), 846
Comentário das Sentenças, 391
Comentário do Apocalipse, 460
Comentário sobre a Mishna, 473
Comentários sobre a Guerra Gálica (Commentarii de bello Gallico), 97, 99, 102-104, 288, 310
Compêndio da arte poética francesa, 583
Compêndio dos estudos filosóficos, (Compendium studii philosophiae), 414
Compêndio dos estudos teológicos (Compendium Theologiae studi), 414
Compêndio médico (Caraka Samhita), 211
Complexo da Colina, 528
Complexo de Portnoy (O), 1172
Complexo do Vale, 528
Composição 6, 1034
Composição 7, 1034
Composição nº 10, 1034
Composições em planos de cores, 1036
Compressões, 1154
Concerto campestre (O), 567
Conde de Carmagnole (O), 918
Conde Orlov, 925
Conde-duque de Olivares a cavalo (O), 648
Condição pós-moderna (A), 1194-1196
Confissão de Augsburgo (Confessio Augustana), 589, 605
Confissões (As) (Rousseau), 249
Confissões (As) (Santo Agostinho), 329
Confissões de uma Máscara, 1178
Conflito das interpretações (O), 1192-1193
Conformista (O), 1170
Confusão dos sentimentos (A), 1169
Coningsby, 878
Conquista de Constantinopla (A), 385

Considerações sobre as causas da grandeza dos romanos e de sua decadência, 740
Considerações sobre o andamento das ideias e dos eventos nos tempos modernos, 860
Consolação a Sr. du Perier, 634
Conspiração de Catilina (A), 309
Constelações, 1042
Constituição de Atenas, 238
Constituições da França desde 1780 (As), 714
Constituições de Anderson, 716-717
Constituições de Clarendon, 408
Constituições de Melfi, 399
Constituições egidianas, 365-366, 753
Constitutio de fundis, 398
Construção em flor, 1046
Construções suspensas (As), 1152
Contemplações (As), 842-843
Contingência, ironia e solidariedade, 1196
Conto de Amor e de Psique, 308
Conto do barril (O), 746
Conto do cortador de bambu (O), 498
Conto do náufrago, 162
Contos da Cantuária (Os), 413
Contos das doze voltas, 788
Contos de mágicos na corte de Quéops (Papyrus Westcar), 162
Contos do grotesco e do arabesco (Os), 938
Contos, 636
Contra o método, 1195
Contrarrevolução e revolta, 1183
Contribuição à crítica da economia política, 904-905
Convento de Nossa Senhora de Guadalupe, 647
Convento de Saint-Cosme-les-Tours, 584
Convento de San Isidoro, 889
Convento de Santa Maria das Graças, 562
Convento dos Antoninos, 598
Convento dos Mercedari, 647
Convento San Domenico, 557
Conversas sobre metafísica e religião, 643
Convidada (A), 1164
Convidado de pedra (O), 593
Copo de dados (O), 1051
Cora de Ptoion IV, 244
Coração a gás (O), 1052
Coração das trevas (O), 879
Corão, 182, 449-455, 458-459, 462, 465, 467, 472, 1211
Coricancha (Templo do Sol), 518
Coriolano, 602
Corn Laws, 874, 992
Coroa da Virgem de Essen, 402
Coroa das crônicas, 673
Coroação da Virgem (A), 563
Corridas de cavalos, 829
Cortesão (O), 590
Cortina, moringa e compoteira, 833
Cotidiano (O), 1031
Crátilo, 263
Crepúsculo dos deuses (O), 353
Crepúsculo dos Ídolos (O), 900
Criação de Adão (A), 563
Criação, 1179
Criança com cachorro (A), 729
Crianças (As), 1147
Crianças representando junto a John Conduitt, 745
Crime de Lorde Arthur Savile (O), 878
Crime e castigo, 926
Cripta da Colônia Güell, 910
Crise das ciências europeias e fenomenologia transcendental (A), 1057
Crise do espírito (A), 966
Cristo (O), 412
Cristo amarelo (O), 834
Cristo carregando a cruz, 591
Cristo do Juízo Final (O), 551
Crítica à Escola de Mulheres (A), 636
Crítica da cultura e sociedade, 1183
Crítica da razão prática, 762-763
Crítica da razão pura, 762-763, 765

Crítica da religião em Spinoza ou Os fundamentos da ciência spinozista da Bíblia (A), 1190
Crítica da técnica e da ciência (A), 1183
Crítica do juízo, 709, 762-763
Crítica do juízo, 762
Crítica e verdade, 1167
Críton, 262
Croix (La), 816
Cromlech de Avebury, 87
Cromwell, 842
Crônicas de al-Tabari, 463
Crônicas, 386
Crucificação (A) (Bosch), 596
Crucificação (A) (Perugino), 559
Crucificação de Basel, 598
Crucificação encarnada (A), 1173
Crucifixo de São Domenico de Arezzo, 551
Crucifixo do Império, 402
Crystal Palace, 877
Curso completo de instrução, 741
Curso de filosofia positiva, 853
Curso de linguística geral, 1199
Curso sobre a filosofia da arte, 895
Curva dominante, 1034

Da agricultura (*De agri cultura*), 309
Da Alemanha, 842
Da alma, 391
Da amizade, 584
Da arquitetura alemã, 890
Da busca da verdade, 643
Da causa, do princípio e da unidade, 541
Da consolação da filosofia, 438
Da divisão do trabalho social, 856
Da divisão natural (*De Divisione naturae*), 390
Da douta ignorância (*De docta ignorantia*), 264, 541
Da eloquência vulgar (*De Vulgari Eloquentia*) 422

Da essência da verdade, 1060
Da estátua e da pintura (*De statua*), 555
Da filosofia clássica, 1191
Da guerra civil (*De bello civili*), 288
Da instituição das crianças, 586
Da interpretação da natureza, 734
Da liberdade de um cristão, 604
Da literatura, 842
Da monarquia (*De monarchia*), 422
Da música (*De musica e portibus ejus*), 393
Da notação do ritmo musical (*De musica mensurabili positio*), 394
Da nova estrela, 35
Da pintura (*De pictura*), 555
Da política geral e do papel da França na Europa, 867
Da predestinação (*De praedestinatione*), 390
Da providência, 301
Da religião cristã (*De Christiana religione*), 543
Da rememoração da via da felicidade, 471
Da Terra à Lua, 862
Da tirania, 1191
Dados, 280
Daibutsu (estátua), 496
Daikaku-ji (templo), 500
Dama com o arminho (A), 562
Dama com unicórnio (A), 564
Dama de espadas (A), 926
Dança (A) (Carpeaux), 839
Dança (A) (Rodin), 1045
Dança Macabra, 598
Dançarina (A) (Brancusi), 1047
Dançarina (A) (Maihime), 949
Danças italianas, 836
Dante e Virgílio no inferno, 821
Das neue Pathos, 1169
Davi (Donatello), 244, 549-550, 561
Davi (Il Verrocchio), 561
Davi (Michelangelo), 563
David Copperfield, 878
Dazhengdian, 789

De analogia (*Tratado de gramática*), 310
De Astrologia, 174
De Henrico, 403
De onde viemos? O que somos? Para onde vamos?, 834
De oratore (*O livro do orador*), 305, 310
De Republica (*Tratado da República*), 305
De Rerum Natura (*Sobre a Natureza das Coisas*), 269, 299
Debate de Loucura e Amor (O), 586
Debate dos dois amantes (O), 387
Decameron, 413, 423
Decapitação de São João Batista (A), 568
Declaração de amor (A), 727
Declaração de indulgência, 654-655
Declaração dos Direitos da Mulher e da Cidadã, 706
Declaração dos Direitos Humanos e do Cidadão, 23, 697, 714-715, 866
Declínio dos burgúndios, 404
Defesa e ilustração da língua francesa, 580, 582-583
Deir el-Abiad (Mosteiro Branco), 336-337
Deir el-Ahmar (Mosteiro Vermelho), 336-337
Deir el-Bahari, 160-161, 165
Délia, 586
Delphine, 842
Democracia contra ela mesma (A), 1194
Demolição das casas da ponte Notre-Dame (A), 728
Depois do banquete, 1178
Der Freischütz, 871
Der Sturm, 1169
Derby de 1821 em Epson (O), 820
Dersane Sion (ou *Homilia de Sião*), 689
Desagradáveis (Os), 636
Descanso de Diana (O), 727
Descida de Ishtar ao Inferno, 122
Descoberta de Moisés, 664
Descrição da Grécia, 236
Descrição de Santa Sofia, 435

Descrição do falanstério, 867
Desejado, 1053
Desencantamento do mundo (O), 1194
Deslumbramento de Lol V. Stein (O), 1166
Destino da carne (O), 878
Destino do homem (O), 894
Destino social (O), 867
Desventuras de Unamon (As), 169
Deuteronômio, 179, 182
Devoção à cruz (A), 593
Dia delicioso (*Nave Nave Mahana*), 834
Diabo apaixonado (O), 736
Diadúmeno, 244, 550
Dialética da natureza, 870
Dialética negativa, 1182
Diálogo de um filósofo cristão com um filósofo chinês sobre a existência e a natureza de Deus, 643
Diálogo do desesperado com sua ba, 167
Diálogo dos oradores, 307, 310
Diálogo sobre os dois principais sistemas do mundo, 35
Diálogos dos mortos, 638
Diálogos entre Hylas e Philonous, 747
Diálogos sobre a pluralidade dos mundos, 719
Diana caçadora, 578
Diário da senhora Murasaki (*Murasaki Shikibu nikki*), 501
Diário de Tosa (O) (*Tosa nikki*), 501
Diário de um gênio (O), 1043
Diário dos sábios, 614
Diatribes (Epicteto), 301
Dicionário da Academia Francesa, 26-27, 708, 731
Dicionário de Trévoux, 18
Dicionário dos pintores da Escola de Paris, 1037
Dicionário filosófico, 733, 740
Dicionário Kangxi (*Kangxi Zidian*), 788
Dicionário resumido do surrealismo, 1053
Dictatus papae (*Ditado pelo papa*), 369

Dictionnaire alphabétique et analogique de la langue française, 852
Dido abandonada, 755
Dido construindo Cartago, 746
Dido, 730
Die Aktion, 1169
Die Weissen Blätter, 1169
Diferença e repetição, 1198
Diferença entre os sistemas filosóficos de Fichte e Schelling, 896
Digeste (ou *Pandectas*), 433
Digressão sobre os Antigos e Modernos, 638
Dilemas da metafísica pura (Os), 849
Dinheiro (O), 808
Dióptrica (A), 641
Direito de aquisição (O) (*De jure praedae*), 665
Direito natural e história, 1190
Discóbolo, 244
Discórdia entre o inimigo (A), 1090
Discurso à nação alemã, 894
Discurso do método, 15, 641
Discurso filosófico da modernidade (O), 1185
Discurso sobre a História Universal, 637
Discurso sobre a metafísica, 650
Discurso sobre a origem e os fundamentos da desigualdade entre os homens, 735
Discurso sobre a servidão voluntária, 544
Discurso sobre as artes e as ciências, 734
Discurso sobre o homem, 713, 733, 739
Discurso sobre os sete dias da criação (*Heptaplus*) 542
Discurso socrático de Xenofonte (O), 1190-1191
Discurso, 583
Discursos sobre a primeira década de Tito Lívio, 569
Dissertação de 1770, 762
Divina Comédia (A), 306, 423, 821
Do cativeiro babilônico da Igreja, 604
Do cidadão (*De cive*), 658-659
Do Contrato social, 659, 713, 734-736, 1174

Do corpo (*De corpore*), 658
Do direito da guerra e da paz (*De jure belli ac pacis*), 665
Do espírito das leis, 732, 740
Do espiritual na arte, 1034
Do infinito, do universo e dos mundos, 541
Do lado de Guermantes (O), 1051
Do Laoconte, ou Dos limites respectivos da poesia e da pintura, 723, 759
Do progresso e da promoção dos saberes (*De dignitate e augmentis Scientarum*), 656
Do sistema industrial, 866
Do socialismo utópico ao socialismo científico, 870
Do texto à ação, 1192
Documentos de identidade, 1171
Doente imaginário (O), 636
Doge Leonardo Loredan (O), 721
Dois Cavalheiros de Verona (Os), 602
Dois problemas fundamentais da ética (Os), 902
Domesday Book (*Livro do julgamento final*), 407
Domo da Rocha, 446, 457-459
Don Carlos (Schiller), 761
Don Carlos (Velázquez) 647
Don Giovanni, 620
Don Juan (Byron), 877
Don Juan (Molière), 636
Don Juan e Fausto, 892
Don Sebastián de Morra, 648
Don Silencioso (O), 1171
Doríforo, 244-245
Dorminhoca, 1042
Dos casos de ilustres homens (*De casibus virorum illustrium*) 423
Doutor Jivago, 927
Doutrina corretamente estabelecida de Brahma (*Brāhmasphutasiddhānta*), 211
Downing Street Declaration, 1113
Drácula, 879

Dramaturgia de Hamburgo, 759
Drayton Hall, 937
Duas fontes da moral e da religião (As), 850-851, 858
Duas mulheres negras, 1045
Dublinenses, 879
Duração e Simultaneidade, 850

E a França teria vencido!, 1090
É isto um homem?, 1161, 1171
E o vento levou, 939
Ecce homo (Daumier), 822
Ecce homo (Nietzsche), 902
Eclesiastes, 168, 180
Écloga (*Ecloga*), 439
Éclogas, As bucólicas (*Eclogae*), 423
Edda em prosa, 347, 350
Edda poética, 347, 350
Édipo (Júlio César), 310
Édipo (Sêneca), 301
Édipo em Colono, 251
Édipo Rei, 251
Educação e sociologia, 856
Educação moral (A), 856
Education Act, 1109
Efígie funerária de Felipe, o Atrevido, 380
Efígie funerária de Isabel de Aragão, 380
Egoísta (O), 878
Eichmann em Jerusalém, 1191
El Castillo (Chavín) (templo), 223
El Castillo (Chichén Itzá) (templo), 5151
El Dos de Mayo, 771
El Lanzón (templo), 223
El viejo y la niña, 771
Electra (Crébillon) 731
Electra (Eurípedes), 251
Electra (Sófocles), 251
Elegias de Ligdamo, 307
Elegias romanas, 760
Elegias, 307
Elegias, mascaradas e poemas pastoris, 584

Elementos de psicologia fisiológica, 863
Elementos do direito natural e político, 658
Elementos sobre as artes liberais (*Institutiones saecularium lectionum*), 438
Elementos sobre as letras sagradas e profanas (*Institutiones divinarum litterarum*), 438
Elementos, 174, 280, 314, 474, 786
Eleona (igreja do Pater Noster), 335
Elevação da cruz, 664
Elogio da loucura, 540
Em busca do tempo perdido, 1050-1051
Em meio à comoção, 815
Embaixadores (Os), 598
Embalos de sábado à noite (Os), 1207
Embarque para Citera (O), 726
Emergency Banking Act, 1017
Emergency Farm Mortgage Act, 1017
Emílio ou Da Educação, 659, 734-735, 739
En moyenne et extrême raison, 1205
Enciclopédia, 708, 711-712, 733, 735, 739
Encontro na floresta, 836
Endymion, 939
Eneida (A) (Tiepolo), 754
Eneida, 285, 306
Engenhoso fidalgo Dom Quixote de La Mancha (O), 592
Enigma da hora, 1041
Eninnu (templo), 124
Ensaio de crítica geral, 848
Ensaio sobre a arquitetura da Idade Média, 374
Ensaio sobre a desobediência civil, 940
Ensaio sobre a história da formação e dos progressos do Terceiro Estado, 859
Ensaio sobre as origens dos conhecimentos humanos, 741
Ensaio sobre o Entendimento Humano, 659-660
Ensaio sobre o governo civil, 659, 661
Ensaio sobre os dados imediatos da consciência, 850, 852
Ensaio sobre uma nova teoria da visão, 747

Ensaios (Os), 268, 584-585
Ensaios de crítica geral moderna, 849
Ensaios de moral e de política, 748
Ensaios de teodiceia, 650
Ensaios filosóficos sobre o entendimento humano, 748
Ensaios sobre os costumes, 733
Ensinamento de Amenemhat, 160
Ensinamento de Djedefhor, 158
Ensinamento de Merikarê, 158
Ensinamento de Ptahhotep, 158
Ensinar pintura do jardim da semente de mostarda (Jieziyuan Huazhuan), 788
Ensino de Amenemope, 167
Enterro do Conde de Orgaz (O), 591, 646
Entre quatro paredes, 1164
Enumeração das ciências, 471
Enxadristas (Os), 1032
Epígonos (Os), 892
Epinícias, 252
Epístola a Huet, 636, 638
Epístola de Pedro a Filipe, 325
Epístola sobre o discurso da alma, 471
Epístola sobre o intelecto, 471
Epístolas (Boileau), 581
Epístolas (Horácio), 306
Epístolas de Paulo, 322
Epístolas dos homens obscuros, 608
Épocas da natureza, 709, 739-740
Epopeia da rebelião de Heiji (Heiji monogatari), 502
Epopeia de Gilgamesh, 121-122
Epopeia de Gudrun, 346
Epopeia de Hamza (A) (Hamza Nama), 677
Era da suspeita (A), 1165
Era do vazio (A), 1188
Erec e Enide, 385, 404
Erecteion (templo), 242
Eros e civilização, 1183
Eros, 919
Esagila (templo), 127, 129-130

Esboço da física aristotélica (Figuratio Aristotelici physici auditus), 541
Esboço de um quadro histórico do progresso do espírito humano, 23
Esboço de uma teoria anarquista do conhecimento, 1195
Esboços pirrônicos, 268, 300
Escadas (As), 1037
Escavador de ouro (O), 1162
Escavadora de espírito (A), 730
Escola da maledicência (A), 746
Escola de Atenas (A), 564
Escola de Maridos (A), 636
Escola de Mulheres (A), 636
Escorial, 590-591
Escravidão dos negros (A), 706
Escriba sentado, 157
Escritura e a diferença (A), 1189, 1197
Escudo de Hércules (O), 249
Esfera (A), 32
Esfinge de Gisé, 157
Esharra (templo), 142
Esmaltes e camafeus, 844
Espécie humana (A), 1162
Esperança (A) (Chavannes), 836
Esperança (A) (Malraux), 976
Esperando Godot, 1054
Espólio ou Cristo no Calvário (O), 646
Esprit nouveau (L'), 1039, 1044
Estado e a revolução (O), 1007
Estágios sobre o caminho da vida, 899
Estandarte de Ur (caixa suméria de madeira), 119
Estátua criselefantina de Atena Partenos, 245
Estátua criselefantina de Zeus em Olímpia, 244
Estátua de Djoser, 156-157
Estátua de Khasekhemwy, 157
Estátua de Nesa, 157
Estátua do Sheikh el Beled, 157
Estátua equestre de Bartolomeo Colleoni, 421, 561

Estátua equestre de Gattamelata, 561
Estátua equestre de Pedro, o Grande, 725, 925
Estátuas de Sepa, 192
Estela de Cascajal, 222
Estela de Merenptah, 175
Estela de vitória de Naram-Sin, 122-123, 149
Estela do rei Serpente, 154
Estela dos abutres, 119
Estela Raimondi, 223
Estela, 1051
Ester, 637
Estética, 710
Estrada de Flandres (A), 1165
Estrada vista do caminho de Sèvres (A), 828
Estranho interlúdio, 1173
Estrela da redenção (A), 1181
Estrela de Sevilha (A), 593
Estrutura do comportamento (A), 1187
Estruturas elementares do parentesco (As), 1199, 1201
Estúdio do artista (O), 864
Estudos sobre o bem, 1063
Estupa de Bharhut (monumento), 201
Etapas da filosofia matemática (As), 849
Etemenanki (zigurate, Torre de Babel), 129
Ética a Nicômaco, 266, 391, 580, 1176
Ética e infinito, 1188
Ética, 665-667
"Eu acuso", 816, 967
Eu como princípio da filosofia (O), 895
Eu sou um gato, 949
Eunuco (O), 305
Eureka, 1154
Eva Prima Pandora, 578
Eva, 597
Evangelho de Judas, 325
Evangelho segundo São Tomé, 323-324
Evangelhos de Debra Maryam, 526
Evangelhos de Oto III, 402
Evangeliário da Coroação, 361

Evangeliário de Ebbo, 361
Evangeliário de Godescalco, 360
Evangeliário de Liuthar, 361, 402
Evangeliário de Rossano, 436
Evangeliário de Xanten, 361
Evolução criadora (A), 850-851
Evolução e ética, 1063
Existencialismo é um humanismo (O), 1164, 1185
Êxodo, 177, 179, 181-182, 186
Exortação geral (*Admonestio generalis*), 359
Expansões (As), 1154
Experiências automáticas de definição das cores, 1147
Explicações (Brahmana), 194, 196, 199
Exposição do sistema de Fourier, 867
Extração da pedra de loucura (A), 596

Fábula de Polifemo e Galateia, 592
Fábulas, 636
Fair Labor Standard Act, 1018
Falsas confidências (As), 737
Família da leiteira (A), 630
Família de Pascal Duarte (A), 1171
Família de saltimbancos (A), 1033
Família feliz (A), 630
Família Moskat (A), 1173, 1176
Farol de Alexandria, 172
Farsa do Mestre Pathelin (A), 386
Farsália, 102, 307-308
Fasil Ghebbi (cidade murada), 689
Fastos (Os), 307
Fatras, 1053
Fauno Barberini, 245
Fausto, 760, 843
Fazenda (A), 1042
Fechadura (A), 727
Federal Emergency Relief Act, 1017-1018
Fédon, 259, 263, 850
Fedra (Racine), 251, 637, 1168
Fedra (Sêneca), 301

Fedro (Platão), 249, 1196
Felipe IV a cavalo, 648
Felipe IV, 648
Felizes acasos do balanço (Os), 727
Fenícias (As) (Eurípides), 251
Fenícias (As) (Sêneca), 301
Fenomenologia da percepção, 1186-1187
Fenomenologia do espírito (A), 896-897
Festas galantes, 848
Fiammetta, 423
Ficções, 1175
Fígado de Plaisance (O), 283
Figaro (Le), 816, 818, 847, 1036
Figura em pé, 1046
Figura metafísica, 1041
Filha do pescador (A), 929
Filhas do fogo (As), 842, 1039
Filho de Waldmüller Ferdinand e seu cão (O), 891
Filho natural (O), 731, 734
Filho punido (O), 729
Filhos e amantes, 879
Filiação do homem (A), 882
Filípicas, 237
Filoctetes, 251
Filosofia (A), 1187
Filosofia como ciência rigorosa (A), 1057
Filosofia da aritmética (A), 1057
Filosofia da mitologia, 895
Filosofia da revelação, 895
Filosofia e a lei (A), 1190
Filosofia e religião, 895
Filosofia zoológica, 881
Filósofo meditando, 664
Finca Güell (Pavilhão Güell), 910
Fio da espada (O), 14, 1090
Fire, 1178
Física, 391, 471
Flauta mágica (A), 620
Flora francesa, 881
Flores do mal (As), 845

Floresta de Fontainebleau (A), 823
Fogo (O), 919
Fogueira das vaidades (A), 1173
Fontaine Stravinsky, 1154
Fonte (A), 822
Fonte amorosa (A), 394
Fonte das Quatro Estações, 725
Fonte de Netuno, 568
Fonte de Wittelsbach, 891
Fonte dos Quatro Rios, 619
Fonte dos Santos Inocentes, 580
Fonte, 1046
Fora da rede, 1150
Forja (A) (Louis Le Nain), 630
Forja (A) (Menzel), 890
Formação do conceito de reflexo (A), 1059
Formação do espírito científico (A), 1059
Formas elementares da vida religiosa (As), 856-857
Formion, 305
Fortaleza de Azov, 773
Fortaleza de Gisors, 362
Fortaleza do Louvre, 362
Fortunata e Jacinta, 911
Fórum de Augusto, 289, 295
Fórum de Trajano, 296
Forum Romanum, 326
Fruto proibido (O), 911
Frutos da terra (Os), 930
Fuga de um prisioneiro (Ecbasis Captivi), 403
Fumantes (Os), 1032
Fundamentos da metafísica dos costumes (Os), 762
Funeral do amor (O), 578

Gabrielle d'Estrée no banho com sua irmã, 578
Gaivota (A) (Caballero), 911
Gaivota (A) (Tchekov), 927
Galateia (Cervantes), 592
Galateia (Moreau), 836
Galeria dos Espelhos, 628, 888, 967

Galeria Francisco I, 578
Galhos de ameixeira em um vaso de ouro, 680
Galo gaulês, 1047
Gare Saint-Lazare (La), 825
Gargântua, 582, 586
Gazette de France (La), 622
Genealogia da moral (A), 900
Genealogia dos deuses dos pagãos (Genealogia deorum gentilium), 423
Genealogias, 719
Genera plantarum secundum ordines naturales disposita, 920
General Maximum Act, 1019
Gênesis, 175, 177, 179, 323-324, 436, 709, 797
Gênio da liberdade (O), 839
Gênio do cristianismo, 842
Genji Monogatari (O Conto de Genji), 498, 501-502, 948
Gente pobre, 926
Geografia, 129, 310
Geometria (A), 641
Geórgicas, 306
Germânia (A) (De situ ac populis Germaniae), 307, 311
Germinal, 847
Gesto de Rama (Ramayana), 203-205, 509, 677
Gestos memoráveis dos Três Reinos (Samguk Yusa), 489
Gigolettes, 1037
Gilles (Pierrot), 726
Giralda (torre), 468
Girassóis (Os), 833
Girl with Ball, 1148
Giudecca, 754
Glass-Steagall Banking Act, 1016
Go Carts, 1156
Gold Standard Act, 989
Golpe de estado permanente (O), 1098
Górgias, 263
Grã-duquesa de Gerolstein (A), 809
Gramática, 776

Gramatologia, 1197
Gran Cavallo (escultura), 294, 562
Grande Altar de Pérgamo, 242
Grande Bode (O), 771
Grande Camafeu de França, 295
Grande cantora Ur-Nanshé (ou *Ur-Nina*) (escultura), 119
Grande Ciro (O), 634
Grande comentário (Mahabhashya), 204
Grande compilação (A) (Brhatsamhita), 211
Grande Deus Brown (O), 1173
Grande Enciclopédia Francesa, 712
Grande esmalte de Godofredo Plantageneta, 381
Grande Gatsby (O), 1172
Grande guerra dos Bharata (A) (Mahabharata), 203-204
Grande livro do organum (Magnus liber organi), 394
Grande Mesquita de Córdova, 446-447, 458
Grande Mesquita de Damasco, 458
Grande Mesquita de Djenné, 531
Grande Mesquita de Ispahan, 469
Grande Mesquita de Kairouan, 465
Grande Mesquita de Sanaa, 451
Grande Muralha da China, 216, 218, 435
Grande muralha do Zimbábue, 528
Grande odalisca (A), 820
Grande onda de Kanagwaga (A), 948
Grande Templo de Amon-Rá, 163
Grande Trianon, 626, 628
Grandes banhistas (As), 828
Grandes estábulos, 628
Grau zero da escrita (O), 1167, 1199
Grease, 1207
Gringoire, 977
Grito do povo (O), 810
Grupo das quatro árvores, 1149
Grupo do Laocoonte, 246
Guarda-chuvas (Os), 828
Guardador de porcos (O), 835

Gudea com o vaso que flui (escultura), 124
Guenon e seu filho (A), 1046
Guernica, 1033
Guerra de Jugurta (A), 309
Guerra de Troia não acontecerá (A), 1054
Guerra dos mundos (A), 879
Guerra e paz, 927
Guia geográfico, 174
Guia para os perplexos, 473
Guilherme Tell, 761

Habeas Corpus, 654-655
Hamlet, 602
Hampton Court, 600
Hardwick Hall, 601
Harmonia do mundo (A) (*Harmonices Mundi*), 36
Harmonia tranquila, 1034
Harmônicas, 174
Harpa de ervas (A), 1172
Harry Potter, 1163
Hatfield House (palácio), 600
Hebdomades vel de imaginibus (*Tratado de agronomia*), 305
Hecatompedon (templo), 241
Héciro (O), 305
Helena, 251
Helênicas, 254
Heliogábalo, 1053
Henótico, 432
Henriade (La), 713, 733, 740
Henrique III e sua corte, 842
Henrique IV brincando com seus filhos, 820
Henrique IV, 602
Heracleia, 249, 251
Heraião de Perachora (templo), 271
Heraion de Olímpia (templo), 240
Hércules e o minotauro, 647
Hércules e Onfale, 596
Hércules em repouso, 632
Hércules Farnese, 246

Hércules furioso, 301
Hércules no Eta, 301
Herdeiros (Os), 15
Hernani, 842
Heróides (Os), 307
Hesperus, 892
Hino a Aton, 167-168
Hino a Hapi (*Adorar Hapi*), 167
Hinos à noite, 893
Hinos, 583
Hinos, 634
Hipólito e Arícia, 730
História começa na Suméria (A), 114
História da arte da Antiguidade, 723
História da Babilônia (*Babyloniaka*) 130
História da civilização na França, 860
História da Espanha (*Estoria de España*), 426
História da França, 536
História da Grã-Bretanha, 748
História da Guerra do Peloponeso, 253
História da Guerra dos Trinta Anos, 641
História da loucura na Idade Clássica, 710, 1189
História da revolta dos Países Baixos, 761
História da Revolução Francesa (Michelet), 842
História da Revolução Francesa (Thiers), 859
História da Revolução Francesa de 1789 até 1814, 859
História da Rússia, 776
História da sexualidade, 1189
História das minhas desgraças (*Historia calamitatum*) 390
História de Antônio e Cleópatra, 754
História de Carlos XII, 733
História de Ko-ryo, 687
História de Roma desde sua fundação (*Ab Urbe condita libri*), 285, 310
História de Sinué, 160, 162
História do Consulado e do Império, 859
História do Egito, 153, 171
História do mundo árabe, 463
História do rei (A), 632

História dos animais, 266
História dos francos, 343
História dos oráculos, 709
História dos Reis da Bretanha (*Historia Regum Britanniae*), 384
História dos Sevarambas (A), 709
História dos Três Reinos, 489-490, 680
História e verdade, 1193
História Eclesiástica do povo inglês, 406, 413
História geral da civilização na Europa, 860
História natural (Buffon), 737
História natural (Plínio, o Velho), 308, 315
História natural da religião, 748
História natural dos animais invertebrados, 881
História poética de Krishna (*Bhagavata Purana*), 205, 678
História popular da Revolução Francesa de 1789 (A), 869
História romana, 311
História universal da infâmia, 1491
História universal, 254
História, 1166
Histórias (ou *Enquete*), 94, 144, 238, 253
Histórias (Salústio), 309
Histórias (Tácito), 307, 310-311
Hokusai Manga, 948
Home Rule, 874-875
Homem aproximativo (O), 1052
Homem com capacete dourado (O), 664
Homem com enxada (O), 823
Homem com o macaco (O), 618
Homem comunista (O), 1053
Homem corajoso, 928
Homem de cabelos grisalhos, 646
Homem especular (O), 1196
Homem invisível (O) (Ellison) 1173
Homem invisível (O) (Wells), 879
Homem no escuro, 1174
Homem unidimensional (O), 1183
Homem-caixa (O), 1179
Homenagem a Nova York, 1154

Homenagem a Picasso, 1032
Homens e ratos, 1172
Homo aestheticus, 1158
Hon Elle, 1154
Honra perdida de Katharina Blum (A), 1169
Horácio, 635
Horizontal Yellow, 1152
Horyuji (Templo da lei florescente), 220
Hosios Loukas (mosteiro), 446
Hospital de Santa Cruz, 590
Hospital dos Inocentes, 551
Hotel Bourbon, 724
Hotel Carnavalet, 580
Hotel de Cluny, 380, 577
Hotel de Estrées, 724
Hotel de Ludes, 724
Hotel de Soissons, 580
Hotel de Soubise, 724
Hotel Lambert, 628
Housing Act, 1109
Huaca de la Luna (templo), 224
Huaca del Sol (templo), 224
Huaca Rajada (templo), 224
Hudson River Gothic, 937
Humanité (L'), 817, 959
Humanité dimanche (L'), 1101
Hyperion, 892

Iambos, 737
Idade da inocência (A), 745
Idade de ouro (A), 1043
Idade do bronze (A), 839
Idade madura (A), 840
Ideias sobre a história da filosofia da humanidade, 760
Idiota da aldeia (O), 771
Idiota de Coria (O), 648
Ifigênia em Áulis, 251
Ifigênia em Táuris (Eurípides), 251
Ifigênia em Táuris (Goethe), 251, 760
Ifigênia, 251, 637, 809

Igreja Beta Giorgis, 525, 689
Igreja da Madeleine, 837
Igreja da Natividade, 336
Igreja da Santíssima Trindade, 809
Igreja da Trindade (Boston), 938
Igreja de Auvers-sur-Oise (A), 833
Igreja de Bodrum, 446
Igreja de Nereditsi, 447
Igreja de Saint-Ambroise, 1102
Igreja de Sainte-Walburge, 664
Igreja de Saint-Gervais, 380, 577, 965
Igreja de Saint-Sulpice, 724
Igreja de San Antonio de la Florida, 770
Igreja de Santa Cruz de Turim, 753
Igreja de Santa Maria del Carmine, 558
Igreja de Santa Maria della Pace, 619
Igreja de Santa Susanna, 618
Igreja de Sant'Andrea della Valle, 618
Igreja de Santo Eustáquio, 577
Igreja de São Domenico de Arezzo, 551
Igreja de Val-de-Grâce, 628
Igreja do Angelo Raffaele, 754
Igreja do Gesù, 555, 618
Igreja do Santo Salvador, 689
Igreja dos Inválidos, 628
Igreja dos Santos Apóstolos, 327
Igreja Orsanmichele, 561
Igreja Saint Augustine, 809, 838
Igreja Saint-Roch, 700
Igreja Saint-Thomas em Estrasburgo, 725
Igreja Saint-Vincent-de-Paul, 837
Igreja San Carlo alle Quattro Fontane, 619
Igreja Sant'agnese em Agone, 619
Igreja Santa Clotilde, 838
Igreja Santa Cristina, 753
Il Marchese di Roccaverdina, 919
Il milione (*O Livro das Maravilhas do Mundo*), 485
Il Popoplo d'Italia, 995
Il primo amore, 918
Ilha de Arthur (A), 1171

Ilha de Citera (A), 726
Ilha do doutor Moreau (A), 879
Ilha do tesouro (A), 878-879
Ilíada (A) (Tiepolo), 754
Ilíada em versos burlescos (A), 736
Ilíada, 13, 247-248, 278, 581, 638
Iluminações, 845
Ilusão cômica (A), 634
Imagem do mundo, 395
Imortalidade (A), 1163
Imperador Carlos Magno (O), 597
Imperialismo, fase superior do capitalismo (O), 1008
Impressão, sol nascente, 824
Improvisação nº 23, 1034
Incêndio do Parlamento (O), 746
Incêndio na ópera (O), 728
Incêndios de Bengala (Os), 1170
Incoerência da incoerência, 472
Incubadora (A), 1032
Índias galantes (As), 730
Indigente filósofo (O), 739
Infanta Maria Tereza (A), 648
Infante de Vallecas (O), 648
Inferno (O), 581
Influências filosóficas na evolução nacional, 1175
Início de primavera, 487
Inocente (O), 994
Insígnia de Gersaint (A), 726
Inspiração do poeta (A), 630
Instituição da religião cristã (*Christianae religionis instituto*), 605
Instituição imaginária da sociedade (A), 1195
Instituição Musical (A) (*De institutione musica*), 303, 438
Institutes (manual de direito), 433
Instrução para uma vida abençoada, 894
Instrumentação sobre os estados de oração (A), 637
Interior camponês, 630

Interiores holandeses, 1042
Internacional (A), 810
Interpretação dos sonhos (A), 864
Intihuatana, 519
Introdução à filosofia da história (A), 856
Introdução à medicina experimental, 718
Introdução à psicanálise, 864
Introdução à Revolução Francesa, 701
Introdução à teologia (*Introductio ad theologiam*), 390
Introdução ao estudo da medicina experimental, 863
Intruso (O), 1172
Inundação em Porto Margoso (A), 828
Invariantes plásticas (As), 1032
Invenção de Morel (A), 1175
Invenção democrática (A), 1189
Investigações filosóficas, 1057
Ioga Sutra, 207
Íon, 251
Irmã Saint Sulpice (A), 911
Irmãos Askhenazi (Os), 1176
Irmãos Karamazov (Os), 926
Irmãs Linley (As), 745
Isabel de França, 648
Isagoge, 438
Isamelillo, 1175
Iskra (*Faísca*), 1008
Isto não é um cachimbo, 1043
Ítala de Quedlimburgo (manuscrito bíblico), 436
Ivã, o Terrível, 925
Ivain ou o cavaleiro com o Leão, 384-385, 404

Jacques, o fatalista, 734
Jama Masjid (mesquita), 676
Jane Eyre, 878
Jardim das cerejeiras (O), 927
Jardim das delícias (O), 596
Jardim dos Finzi Contini (O), 1170
Jardins dos hortelãos na Crau, 833

Jardins suspensos da Babilônia, 129
Jean de Lune, 1053
Jean Santeuil, 1050
Jerusalém liberada (A), 569
Jogadores de cartas (Os), 833
Jogadores de futebol (Os), 836
Jogo de Adão, 385
Jogo de bola de Chichén Itzá, 515
Jogo de bola de Uxmal, 512
Jogo de construções antropomórficas, 1042
Jogo de Robin e Marion, 386
Jogo de São Nicolau, 385-386
Jogo do amor e do acaso (O), 737
Jogos (Os), 583
Jornada para o Oeste, 680
Journal d'État et du Citoyen, 707
Journal officiel,
Jovem (O), 949
Jovem parca (A), 276
Jovem pintor (O), 646
Jovem Tarentina (A), 737
Judite e Holofernes (Goya), 771
Judite e Holofernes (Valentin), 629
Jugend, 891
Juiz de Paz (O), 729
Juízo final (O), 549, 563
Julgamento do rei de Behaine (O), 394
Julgamentos de Moisés (Os), 558
Júlio César, 602
Junna-in (jardim), 500
Júpiter, Marte, Quirino, 1199
Justos (Os), 1054
Juventude de El Cid (A), 593

Kagero no nikki (*Memórias de um efêmero*), 501
Kalasasaya (templo), 225
Kama sutra, 205
Kanzan Jittoku, 949
Kebra Nagast (ou *Livro da Glória*), 689-690
Ketuvim (*Os Escritos*), 178, 180, 184

Kipps, 879
Kitab al-jami (*Livro da adição e da subtração segundo o cálculo indiano*), 474
Kitab al-mkhtasar (*Resumo do cálculo pela restauração e a comparação*), 474
Kitab al-shifa (*Livro da cura*), 472
Kitab-al-Farq (*Livro das diferenças*), 953
Kitab-al-Fihrist (*Livros de todos os livros*), 475
Kitab-al-Sabeen (*Livro dos Setenta*), 475
Knock, 1053
Kojiki (*Relato das coisas antigas*), 219, 492, 500-501
Kolokol, 922
Kongobu-ji (templo), 498
Koranganatha (templo), 481
Kou-shin su-chu Shi-sheng, 788
Kozangi (templo), 498
Kristin Lavransdatter, 930
Krus Prah Aram Rong Chen, 507
Kutub al-Mawazin (*Livro das Balanças*), 475

Ladrão e os cães (O), 1177
Ladrões (Os), 761
Lagoa azul (A), 879
Lai (O), 387
Lai de Beowulf, 382
Lal Qila (forte vermelho), 481
Lamentação sobre a destruição de Ur, 126
Lamentação, 557
Lamento de Cristo (O), 598
Lancelote ou o cavaleiro da carreta, 385
Laoconte, 647
Laques, 262
Laranja mecânica (A), 1170
Las dos hermanas, 1033
Lavadeira do quai d'Anjou, 822
Leão de Urkish, 135
Lebor Gabála, 102
Lei das doze tábuas, 304
Leis de Manu, 199, 205
Leiteira (A), 664

Leitora (A), 827
Leitura (A), 771
Lembrança da Itália, 1041
Lenda da verdadeira cruz, 559
Lenda de Hilda, 346
Lenda de Siegfried, 404
Lenda do Cid (A), 771, 910
Leopardo (O), 1170
Lepelletier de Saint-Fargeau, 730
Ler O Capital, 1189
Leviatã, 658-659
Levítico, 179
Léxico de Suida (a Suda), 32, 437
Liber Fulguralis, 1205
Liber Tartarorum, 485
Liberdade guiando o povo (A), 820-821
Lições das trevas, 730
Liebana, 460
Lincoln Memorial, 1133
Língua dos cálculos (A), 741
Lisa com a sombrinha, 827
Lise, 262
Lista dos sete pecados capitais, 596
Lista real suméria, 118
Literatura sem estômago (A), 1162
Litigantes (Os), 637
Littérature, 1039, 1053
Livro aberto (O), 1053
Livro da arte (O), 550
Livro das Cavernas, 159
Livro das Crônicas I, 180
Livro das Crônicas II, 180
Livro das horas de Jeanne de Évreux, 381
Livro das Lamentações, 180, 189
Livro das Portas, 159, 167
Livro de Am-Douat, 159
Livro de Babur (*Babur Nama*), 675, 677
Livro de Daniel, 180, 189
Livro de Esdras, 180
Livro de Ester, 180
Livro de Ezequiel, 189

Livro de Isaías, 188
Livro de Jeremias, 189
Livro de Jó, 180, 659
Livro de Josué, 180
Livro de Mozi, 214
Livro de Neemias, 180
Livro de Ruth, 180
Livro de Samuel I, 176, 180, 183
Livro de Samuel II, 180, 183
Livro de travesseiro (O), 948
Livro de Zacarias, 190
Livro dos destinos (O) (Tonolamatl), 524
Livro dos esnobes (O), 878
Livro dos Hinos (Namdev Gatha), 678
Livro dos Juízes, 180
Livro dos lugares comuns, 747
Livro dos Macabeus II, 183
Livro dos Mortos, 158-160, 167
Livro dos Provérbios, 168, 180
Livro dos Reis I, 180, 183, 185
Livro dos Reis II, 180
Livro dos Salmos, 168, 180, 184, 582
Livro para esconder, 787
Livro para queimar, 787
Livros dos milagres, 229
Lobo da estepe (O), 1169
Lógica (A), 741
Lógica da descoberta científica (A), 1059
Lógica da espécie (A), 1063
Loïe Fuller no Folies bergères, 835
Lokavibhaga (tratado de cosmologia indiano), 210
Longos Muros, 237
Lord George Graham na sua cabine, 745
Lord Jim, 879
Lorenzaccio, 842
Losangos (Os), 1036
Louco (O), 1046
Louco amor (O), 1053
Louco por Elsa (O), 1053
Louvor, 1051

Lucas II, 1156
Ludwig Feuerbach e o fim da filosofia clássica alemã, 870
Lun yu (Analectos), 215
Luto cai bem em Electra (O), 1173
Luz dos justos (A), 1163

Macbeth, 602
Madalena penitente (A), 630
Madame Adelaide, 728
Madame Bovary, 26, 846
Madame Butterfly, 939
Madame de Grignan, 631
Madame de Montespan, 631
Madame de Récamier, 839
Madame Henriette, 728
Madison Avenue, 1154
Madona com a maçã, 561
Madona com o menino, 559
Madona das Harpias (A), 564
Madona de São Francisco (A), 564
Madona de Sinigaglia (A), 559
Madona do Grão-duque (A), 563
Madona do pescoço comprido, 566
Mãe (A), 927
Mãe natureza (A), 911
Magna carta (A), 408, 412
Magna Carta, 408, 412
Mago de Lublin (O), 1176
Maiastra, 1047
Maison Carrée, 295
Mal, um desafio para a filosofia e para a teologia (O), 1193
Maldição da Malásia (A), 879
Maldição paterna (A), 729
Mal-estar na civilização (O), 864
Man'yoshu (Coletânea de dez mil folhas), 501
Mandarins (Os), 1164
Mandrágora (A), 569
Manfred, 877
Manhattan Transfer, 1172

Manifesto comunista, 869-870, 903, 905
Manifesto Dadá, 1038
Manifesto de Brunswick, 698
Manifesto de Sandhurst, 909
Manifesto do Surrealismo, 831, 1039, 1052-1053
Manifesto do teatro da crueldade, 1054
Manifesto dos Iguais, 707, 868
Manifesto futurista, 1036
Manifesto realista, 1151
Manifesto suprematista, 1035
Manual da filosofia antiga, 849
Manual de Epícteto, 301
Manuscritos do Mar Morto (Manuscritos de Qumran), 188
Maomé ou o fanatismo, 713
Mãos sujas (As), 1054, 1164
Máquina infernal (A), 804, 1054
Máquina motorizada, 1152
Mar das árvores mortas (O), 1179
Marat assassinado, 704
Margem do monte Girard, 823
Maria Stuart, 761
Marina com Acis e Galateia, 631
Marius, 1053
Marmaria (santuário), 241
Marmita (A) (Aulularia), 304, 636
Marselhesa (A), 813
Mártires (Os), 842
Martírio de São Lourenço (O), 646
Martírio de São Mateus (O), 630
Martírio de São Maurício (O), 591
Máscara de Agamenon, 235
Massa e poder, 1191
Mastaba dos dois irmãos, 157
Matéria e memória, 850, 1050
Mausoléu de Akbar, 676
Mausoléu de Gala Placidia, 434
Mausoléu do marechal da Saxônia, 725
Mausoléu dos samânidas, 469
Máximas de Alfredo, o Grande, 413

Máximas e reflexões sobre comédia, 637
Máximas, 635
Mayflower Compact, 778
Medeia (Corneille), 251, 635
Medeia (Eurípides), 251
Medeia (Sêneca), 301
Medhane Alem (Igreja), 689
Médico e o monstro (O), 878
Medinet-Habu (templo), 143, 143, 164-166, 170
Meditações cartesianas, 1057
Meditações cristãs e metafísicas, 643
Meditações estéticas, 1037
Meditações metafísicas, 641
Meditações poéticas, 842
Mediterrâneo (O), 840, 1045
Mediterrâneo sob Felipe II (O), 1199
Médium, 1053
Megalomania (A), 1042
Mein Kampf, 982
Meiroku Zasshi, 948
Melancolia (A), 597
Melancolia hermética, 1041
Melhor alcalde é o rei (O), 593
Melito, 634
Memória sobre a teoria dos fenômenos eletrodinâmicos, unicamente deduzida da experiência, 861
Memorial, 635
Memórias (Commynes), 386
Memórias (Retz), 635
Memórias (Saint-Simon), 866
Memórias de Adriano, 1162
Memórias de além-túmulo, 842
Memórias de guerra, 1090
Memórias de uma moça bem-comportada, 1164
Memórias históricas, 310
Menandro, 245
Meninas (As), 648
Menino levando um cavalo, 1033

Menir do Manio, 86
Meno, 263
Menor (O), 776
Mentira e sortilégio, 1171
Mentira romântica e verdade romanesca, 1194
Mentiroso (O), 634
Menu de Suiyuan (*Suiyuan Shidan*), 788
Mercador de água de Sevilha (O), 647
Mercador de Veneza (O), 602
Mercure de France (Le), 836
Mercúrio, 632
Mérope (Alfieri), 755
Mérope (Maffei), 755
Mérope (Voltaire), 733
Mesa dos comerciantes, 86
Mesquita Azul, 672
Mesquita de Al-Mansur, 464
Mesquita de Dai Anga, 677
Mesquita de Hassan, 468
Mesquita de Kairouan, 465
Mesquita de Tinmel, 468
Mesquita de Wazir-Khan, 677
Mesquita dos Andaluzes, 464
Mesquita Ibn Tulun, 466
Mesquita Jingereber, 531-532
Mesquita Qarawiyin, 464
Mesquita Sankore, 531
Mesquita Sehzade Mehmet, 672
Mesquita Selimiye, 672
Mesquita Sidi Yahya, 531
Mesquita Suleymaniye, 672
Messalina, 836
Messias, 759
Metafísica, 391, 471, 764
Méta-Matics, 1154
Metamorfose (A), 893, 1169
Metamorfoses (As) (Ovídio), 307
Metamorfoses (Píndaro), 250
Meteoros (Os), 641
Método (O), 1197
Método da história da filosofia chinesa, 1064

México, quatro cartas ao marechal Bazaine, 868
Microcosmo, 586
Micromegas, 733
Mil e uma noites (As), 461, 463
Milagre de Teófilo (O), 386
Milon de Crotona, 631
Minhas prisões, 918
Minna de Barnhelm, 759
Misantropo (O), 636
Misericórdia, 911
Mishná, 180
Miss Siddons personificando a musa da tragédia, 745
Missas para um corpo (As), 1156
Mistério cosmográfico (*Mysterium Cosmographicum*), 36
Mistério da corporação (O), 929
Mística feminina, 1134
Mithridate, 637
Mito do século XX (O), 902
Mitológicas, 1202
Mobile, 1152
Moby Dick, 939
Moça com o brinco de pérola, 664
Moderato Cantabile, 1166
Modificação (A), 1166
Moinho à beira do Floss (O), 878
Moinho de la Galette (O) (Corot), 823
Moinho de la Galette (O) (Corot), 823
Moinho de la Galette (O) (Renoir), 827
Moinho de roda, 1154
Moinho de Saint-Nicolas-les-Arras (O), 823
Moinho perto de Wijk bij Duurstede, 664
Moisés e o monoteísmo, 864
Mônada hieroglífica (A), 17
Monadologia (A), 650
Monalisa (A), 562
Monde (Le), 1165
Mong-tseu, 215
Montanha da alma (A), 1163

Montanha Sainte-Victoire (A), 833
Monte Fuji (O), 948
Monumento a Victor Hugo, 840
Morro dos ventos uivantes (O), 878
Morte à tarde, 1172
Morte da Virgem (A), 617
Morte de Artur (A), 413
Morte de Sardanapale (A), 821
Morte de um caixeiro-viajante, 1173
Morte do autor (A), 1163
Morte e as jovens (A), 836
Morte em Veneza, 1169
Mosaico do Triunfo de Baco, 299
Moscas (As), 1054, 1164
Mosteiro de Bauit, 336-337
Mosteiro de Dormição, 445
Mosteiro de Gračanica, 446
Mosteiro de Lindisfarne, 406
Mosteiro de São Nicolau de Moscou, 445
Mosteiro de Studios, 445
Mou tan t'ing (*O pavilhão das peônias*), 680-681
Mount Pleasant, 937
Movimento perpétuo (O), 1053
Muito barulho por nada, 602
Mulher com café (A), 833
Mulher com carro de bebê (A), 1046
Mulher com cem cabeças (A), 1041
Mulher com crisântemos (A), 829
Mulher com jornal, 1035
Mulher de azul (A), 1037
Mulher e a morte (A), 597
Mulher em seu toalete (Bellini), 565
Mulher em seu toalete (Toulouse-Lautrec), 835
Mulher nas dunas (A), 1178
Mulher visível (A), 1043
Mulheres apaixonadas, 879
Mulheres peneirando trigo (As), 824
Multiplicação dos arcos, 1042
Münchener Fliegende Blätter, 890
Mundano (O), 733

Mundo como vontade e como representação (O), 902
Mundo da arte (O), 925
Muralhas de Sousse, 465
Muro das Lamentações, 186, 191
Murphy, 1170
Musa adormecida (A), 1047
Musas inquietantes (As), 1041
Music for 18 musicians, 1205
Música de alta velocidade, 1205
Muy ricas horas do duque de Berry (As), 381

Nabucco, 918
Nadja, 1053
Nana, 847
Nanas, 1154
Napoleão despertando para a imortalidade, 839
Narrativa dos percalços da era Hogen (*Hogen monogatari*), 502
Narrativas de um caçador (As), 926
Nascido por nascer, 1175
Nascimento da clínica, 721
Nascimento da tragédia (O), 900
Nascimento da Virgem (O), 566
Nascimento de Vênus (O) (Botticelli), 558
Nascimento de Vênus (O) (Cabanel), 822
Natã, o Sábio, 759
National Housing Act, 1131
National Industrial Recovery Act (NIRA), 1018
National Insurance Act, 1109
National Labor Relations Act (Wagner Act), 1018
Natividade (A) (Perugino), 559
Natividade (A) (Piero della Francesca), 559
Natureza morta com cadeira de palha, 1031
Natureza morta com crânio, 631
Natureza morta com violino, 1032
Natureza, 939
Naufragés et les rescapés (Les), 27
Naufrágio (O), 1177

Náusea (A), 1163
Nave dos loucos (A) (Bosch), 596
Nave dos loucos (A) (Brant), 608
Nave na tempestade, 876
Necrópole de Banditaccia, 282
Necrópole de Naqsh-e Rustam, 150
Necrópole de Tarquínia, 282
Neoplasticismo: princípio geral da equivalência plástica (O), 1036
Netuno e Anfitrião, 596
Neue Wache, 890
Neviim (Os Profetas), 178-179, 190
News Letters, 782
Nexus, 1173
Nicomedes, 635
Nihonshoki (Crônicas do Japão), 219, 492, 501
Ninfeas (As), 827
Nirvana do Buda de Kongobu-ji, 498
Nishi no in (jardim), 500
No caminho de Swann, 1050-1051
No final das contas, 1164
No labirinto, 1166
No Texas, 868
Noite (A), 840
Noite e neblina, 1077-1078
Noites (As), 842
Noites de Médan (As), 846
Noites na granja ao pé de Dikanka (As), 926
Noivos (Os), 918
Normal e o patológico (O), 1059
Nossa época, 1179
Nostromo, 879
Notre-Dame de Paris, 378-379, 394, 724, 838, 972
Notre-Dame de Paris, 842
Nouvel Observateur (Le), 1096
Nouvelle Revue Française (La), 1051
Nova astronomia (Astronomia Nova), 36
Nova coletânea de poemas antigos e modernos (Shinkokin-shu), 502
Nova crítica ou nova impostura, 1167

Nova explicação dos primeiros princípios do conhecimento metafísico, 762
Nova Heloísa (A), 735
Nova Igreja, 446
Nova monadologia (A), 849
Novas pesquisas sobre alguns problemas de história, 859
Novecentas teses de Pico della Mirandola (Conclusiones), 542
Novelas andaluzas, 911
Novelas exemplares (As), 592
Novelles, 433
Novo Cristianismo (O), 866
Novo espírito científico (O), 1059
Novo livro dos Tang, 489
Novo Testamento, 229, 319-323, 325, 335-336, 370, 381, 559, 604, 625, 883
Novos ensaios sobre o entendimento humano, 650
Novos pontos de vista sobre a sociedade, 868
Novum organum, 656-657
Nu de costas nº 4, 1045
Nu deitado, 1154
Nu descendo a escada, 1037
Number 1 A, 1150
Números, 189
Nus na floresta, 1032
Nuvens (As), 252
Nuvens de pássaros brancos, 1178

Obra em negro (A), 1162
Odalisca, 839
Ode à alegria, 761
Ode a Maria de Médici, 634
Odes (Horácio), 306
Odes (Ronsard), 583
Odes ao vento do Oeste, 878
Odes bárbaras, 918
Odes e poesias diversas, 842
Odisseia, 247, 306, 639
Oferenda lírica (A), 1022

Olhar sobre as duas margens do rio Sumida, 948
Olhar, escutar, ler, 14
Olhares sobre o passado, 1034
Olhos férteis (Os), 1053
Olímpia, 822, 827
Oliva (A), 583-584
Oliver Twist, 878
Ontologia de Hegel e a teoria da historicidade (A), 1183
Ópera dos quatro vinténs, 1169
Opus majus (Obra maior), 414
Orações fúnebres, 637
Orage (L'), 1042
Orangerie, 628
Oratio de hominis dignitate (Discurso da dignidade do homem), 542
Oratório de Santa Maria em Valle, 345
Orestes, 251
Órfão da China (O), 733
Orfeu (Jean Cocteau), 1054
Orfeu (Monteverdi), 620
Orfeu (Ossip Zadkine), 1046
Orfeu e Eurídice, 620, 730
Organon, 263-264, 471, 656
Orgulho e preconceito, 878
Origem da família, da propriedade privada e do Estado, 870-871
Origem das espécies (A), 881-882
Origem do mundo (A) (Brancusi), 1047
Origem do mundo (A) (Courbet), 824
Origens (As), 309
Origens da alquimia (As), 717
Origens da França contemporânea (As), 859
Origens do totalitarismo (As), 1191
Orlando furioso (Ariosto), 568
Orlando furioso (Duseigneur), 839
Orvalho da floresta de manhã, 823
Os dez negrinhos, 1170
Otávio (Alfieri), 755
Otávio (Sêneca), 301

Otelo, 602
Ótica, 174
Otto von Bismarck, 890
Ovelha desgarrada (A), 1177

Pagamento do tributo (O), 558
Páginas esquecidas do Japão, 685
Pagode Songyue, 486
Pai de família (O), 731, 734
País de neve, 1178
Paisagens de caça, 728
Paixão de Arras (A), 386
Paixão de Santa Genoveva (A), 386
Paixão do Palatino (A), 386
Paixão do saltimbanco (A), 386
Paixões da alma (As), 641
Pala di San Francesco, 565
Palácio Bourbon (Palais Bourbon), 806, 837, 1102
Palácio Catarina, 670
Palácio da Liga das Nações, 1044
Palácio das Tulherias, 577, 580, 698, 701-702, 705, 803-804
Palácio de Aix-la-Chapelle, 390
Palácio de Alexandre, 172
Palácio de Blenheim, 992
Palácio de Castel Gandolfo, 914, 916
Palácio de Chaillot, 838
Palácio de cristal (O), 930
Palácio de Dário, 149
Palácio de Hampton Court, 600
Palácio de Inverno, 670, 923, 963, 1005, 1008
Palácio de Livadia, 922
Palácio de Luxemburgo, 627
Palácio de Madinat al-Zahra, 458
Palácio de Sargon II, 114
Palácio de Shenyang, 789
Palácio de Verão, 130
Palácio de Zimri-Lim, 118
Palácio do Buen Retiro, 648
Palácio do desejo (O), 1177

Palácio do Governador, 512
Palácio do Louvre, 577, 579, 803, 837
Palácio do Senado (São Petersburgo), 924
Palácio do Trocadero, 838
Palácio do Vaticano, 562, 914
Palácio dos Doges (Palácio Ducal), 556, 560
Palácio dos Inválidos, 626, 839
Palácio dos Ofícios (Galeria degli Uffizi), 556
Palácio Farnese, 562, 618
Palácio Fava, 618
Palácio Labia, 754
Palácio Lyasu, 689
Palácio Madame, 753
Palácio Magnani, 618
Palácio Norte, 130
Palácio Pitti, 555-556, 559
Palácio Quemado, 514
Palácio real da Granja de San Ildefonso, 771
Palácio real de Kish, 118
Palácio real de Madri, 771
Palácio Rucellai, 555
Palácio Sul, 130
Palais Royal, 628, 694, 702
Palas e o Centauro, 558
Palavras e as coisas (As), 1189, 1199, 1204
Palavras, 1053
Palazzo Venezia, 998
Paleta de Narmer, 154
Pan entre os juncos, 890
Pandectas, 475
Pantagruel, 582
Panteão de Roma (templo), 290, 296, 435
Panteão, 705, 724, 1077, 1088
Papéis póstumos do Pickwick club (Os), 878
Papiro Pushkin, 169
Para cada um a sua própria verdade, 1170
Para Helen, 939
Parábola do semeador (A), 596
Parábola dos cegos (A), 596
Paragranum, 541
Paraíso, 1174

Paralelos entre Antigos e Modernos, 638
Parerga e Paralipomena, 902
Paris-Saint-Séverin, 1037
Parlamento de Londres, 877
Parmênides, 263
Parnaso contemporâneo (O), 844
Parque Güell, 910
Parte da pintura (A), 1194
Partenon (templo), 237, 242, 245
Partida do Bucentauro (A), 754
Partida dos voluntários (A) (ou *A Marselhesa*) 839
Pássaro no espaço (O), 1047
Pássaros (Os) (Aristófanes), 252
Pássaros (Os) (Vesaas), 930
Passeios e interiores, 844
Pastor adormecido (O), 924
Pastores da Arcádia (Os), 630
Patient Protection and Affordable Care Act, 1138
Pausa no Crescimento?, 1116
Pavilhão do Ermitage, 924
Pavilhão dourado (O), 1178
Paz do domingo (A), 1170
Pé na estrada, 1172, 1174
Pedras de Veneza (As), 878
Pedro e João, 846
Peer Gynt, 929
Pegadas humanas (As), 1154
Peixe (O), 1047
Pelopion (templo), 233
Pensador (O), 840
Pensamento e o movente (O), 850
Pensamentos para mim mesmo, 290, 302
Pensamentos sobre a educação, 659
Pensamentos sobre a verdadeira avaliação das forças vivas, 762
Pensamentos, 635
Pensar a Europa, 22
Pentágono, 1137
Pentateuco, 179-180, 182, 1175

Pequena Dorrit (A), 878
Pequeno castelo de Chantilly, 580
Pequeno livro vermelho, 1140
Pequeno livro, 404
Pequeno tratado de poesia francesa, 844
Pequenos prazeres, 1034
Percival ou o conto do Graal, 385
Percival, 404
Père Duchesne (Le), 700, 703
Peregrinação de Childe Harold (A), 877
Peregrinos de Emaús (Os), 630
Perfeito cortesão (O), 569, 633
Perfume, 919
Periegesis, 253
Perseguição (A), 727
Perseu, 568
Personagens (Os), 638
Pesca (A), 618
Pesca miraculosa (A), 597
Pesquisa filosófica sobre a origem de nossas ideias do sublime e do belo, 744
Pesquisas lógicas (As), 1057
Petit Larousse, 1200
Petit Trianon, 724
Pia (A), 1032
Piccolo Mondo Antico, 919
Pierre ou As ambiguidades, 939
Pietà (Bellini), 565
Pietà (Michelangelo), 563
Pietà (Perugino), 559
Pilar de Sarnath, 200
Pimandro, 541
Pintor da vida moderna (O), 845
Pintores modernos (Os), 878
Pintor-gravurista (O), 578
Pintura de fogo sem título, 1153
Pinturas de sonho, 1042
Pinturas selvagens, 1042
Pinturas, 1153
Pi-pa-ki (A história de um alaúde), 490
Pirâmide (A), 1170

Pirâmide de Akapana, 225
Pirâmide de Amenemés III, 161
Pirâmide de Meidum, 156
Pirâmide de Miquerinos, 156
Pirâmide de Quéfren, 156
Pirâmide de Quéops, 156
Pirâmide de Seila, 156
Pirâmide de Sesóstris I, 161
Pirâmide de Sesóstris II, 161
Pirâmide de Sesóstris III, 161
Pirâmide de Tlahuizcalpantecuhtli, 514
Pirâmide do Devin, 512-513
Pirâmides de Dahshour, 156
Pi-yen-lu (A coletânea da falésia azul), 490
Place de l'Étoile (La), 1162
Planta de São Galo, 360
Plataforma de Persépolis, 148-149
Plaza Major de Madri, 648
Plexus, 1173
Pobre Henrique (O), 404
Poço de Moisés (escultura), 381
Poder das trevas (O), 927
Poder e glória, 1170
Poema sobre o desastre de Lisboa, 733, 737
Poemas bárbaros, 844
Poemas do mestre-escola suábio Gottlieb Bierdermeier e de seu amigo Horatius Treuherz, 890
Poemas narrativos e lendários, 939
Poemas saturnianos (Os), 847
Poemas trágicos, 844
Poenulus, 304
Poesias (Bijak), 482
Poética, 548
Policraticus, 412
Polieucto, 635
Política extraída da Escritura santa, 637
Política, 856
Pomona, 840
Ponte da Concorde, 975
Ponte do Brooklyn, 937

Ponte do Carrossel, 837
Ponte dos Dezessete Arcos, 789
Ponte em Nantes (A), 823
Ponte Gaoliang, 789
Pônticas (As), 307
Ponto e linha no plano, 1034
Poor Richard's Almanac, 782
Popol Vuh, 513
Por quem os sinos dobram, 1174
Por um novo romance, 1166
Por uma moral da ambiguidade, 1164
Porta do inferno (A), 840
Porta-garrafas, 1046
Portão de Brandemburgo, 891
Porte Saint-Denis, 711
Porte Saint-Martin, 711
Porto com embarque de Santa Úrsula, 631
Porto de Saint-Tropez (O), 835
Portos da França (Os), 728
Poseidon (templo), 173
Pós-moderno explicado às crianças (O), 1195
Possuídos (Os), 926
Post-scriptum não científico e definitivo às Migalhas filosóficas, 899
Praça de Armas de Metz, 724
Praça de São Marcos, 556
Pragmática sanção, 757
Pravda, 1007-1008
Prazer a três (O), 1155
Preciosas ridículas (As), 636
Predestinadas (As), 842
Prefeitura de Arles, 627
Prefeitura de Paris, 705, 869
Pregação de Jesus, 664
Prelúdio, 848
Primavera (A), 558
Primeira advertência, 929
Primeira aventura celeste de m. Antipyrine (A), 1052
Primeiro apocalipse de Tiago, 325
Primeiros poemas, 1177

Princesa de Clèves (A), 635
Princesa de Lambesc (A), 728
Princesa X, 1047
Príncipe (O), 544, 569
Príncipe Baltasar Carlos a cavalo (O), 648
Príncipe Filipe Prospero (O), 648
Príncipe Ígor, 429
Principia Mathematica, 1056
Princípios da filosofia (Os), 641
Princípios da filosofia cartesiana, 665
Princípios da filosofia do direito, 896
Princípios de geologia, 880
Princípios do socialismo, 867
Princípios fundamentais da história da arte, 615
Princípios matemáticos da filosofia natural, 37, 739
Prisioneira (A), 1051
Prisioneiro do Cáucaso (O), 926
Prismas, 1183
Privilégios, 1164
Privilegium Ottonianum, 397
Pro Milone (Discurso para Milon), 305
Processo (O), 893
Progresso da consciência na filosofia ocidental (O), 849
Projeto para uma revolução em Nova York, 1166
Prolegômenos (Os), 762
Prometeu acorrentado, 277
Prometeu libertado (O), 877-878
Propileu (monumento), 242
Proporção Divina (A) (*De Divina Proportione*), 259, 550
Prosa do Transiberiano (A), 1051
Proteus, 251
Provedora (A), 729
Providentissimus Deus, 883
Psicanálise do fogo (A), 1059
Psicanálise e transversalidade, 1195
Psicopata americano (O), 1174

Psicopatologia da vida cotidiana, 864
Púlpito da Catedral de Nossa Senhora da Assunção de Pisa, 554
Puppy, 1147

Qasr al-Hayr al-Gharbi (palácio), 459
Quadrado preto sobre fundo branco, 1035
Quadrilátero das Freiras, 512-513
Quaestio de aqua et terra, 423
Quando dizer é fazer, 1057
"Quando no alto" (Enuma Elish), 121, 127
Quarteto de Alexandria (O), 1170
Quarto de dormir, 1148
Quarto de Vincent em Arles (O), 833
Quarto dos esposos (O), 559
Quatro irmãs (As), 1178
Quatro livros das sentenças (Os), 390
Quatro partes do mundo sustentando a esfera celeste (As), 839
Quatro Ramos do Mabinogi (Os) (Mabinogion), 383
Quatro sonhos (Os), 681
Quattro pezzi su una nota sola, 1205
Que chamamos de pensar? (O), 1060
Que é a filosofia política? (O), 1191
Que é a filosofia? (O), 1198
Que é a metafísica? (O), 1060
Que é literatura (O)?, 1161
Que é o terceiro estado? (O), 696, 706
Que fazer? (O), 1008
Que são as luzes? (O), 708
Quebradores de pedras (Os), 824
Queda da casa de Usher (A), 938
Queixas de Menon chorando Diotima (As), 892
Quem tem medo de Virginia Woolf?, 1173
Quermesse (A), 664
Quimeras (As), 842
Quimeras (Moso), 949
Quintessência do romance (A), 948
Qutb Minar, 481

Rabbit o coelho, 1147
Raça e história, 1202
Rafael e a Fornarina, 820
Rainha Mab (A), 877
Rainha morta (A), 1054
Ramesseum (templo), 164, 166
Rapto das Sabinas (O) (Giambologna), 568
Rapto das Sabinas (O) (Poussin), 630
Rapto de Europa (O), 631
Rapto de Prosérpina (O), 632
Rapto do Serralho (O), 758
Razão e revolução, 1183
Razm Nama (ou Livro dos guerreiros), 677
Recém-nascido (O), 1047
Rede (A), 824
Refeição de camponês, 630
Refeição em casa de Levi (A), 567
Refeição no albergue (A), 745
Reflexões acerca de Longino, 638
Reflexões morais sobre o Novo Testamento, 625
Reflexões sobre a beleza, 819
Reflexões sobre a imitação das obras dos gregos em pintura e em escultura, 722-723
Reflexões sobre os homens negros, 706
Refutação da confissão de Augsburgo (Confutatio Augustana), 605
Regente (A), 910
Registrum Gregorii, 402
Regras do método sociológico, 856
Regras para a direção do espírito, 640
Rei dos Elfos (O) (Goethe), 760
Rei dos Elfos (O) (Tournier), 1162
Rei Lear, 602
Reichstag, 890
Relicário de Limbourg-sur-la-Lahn, 437
Religião da humanidade (A), 853
Religião do meu tempo (A), 1171
Religião nos limites da simples razão (A), 762
Relógio das Três Graças, 725

Remédios de amores (Os), 307
Renascimento, 928
Rendeira (A), 664
René, 842
Renome (O), 632
Repouso durante a fuga no Egito (O), 568
República (A), 262-263, 735
Researches into Early History of Mankind, 884
Reservatório, Horta de Ebro (O), 1031
Residenz Würzburg, 754
Respigadores (Os), 823
Ressurreição do Cristo (A), 565
Ressurreição, 927
Retábulo de Santa Ana, 597
Retábulo de Santo Estêvão de Salamanca, 648
Retábulo dos reis magos, 597
Retábulo Paumgartner (O), 597
Retorno da caça, 726
Retorno das manadas (O), 596
Retorno de caça de Diana (O), 727
Retrato ao pé do rei, 647
Retrato de Adam Schwalbe, 924
Retrato de Agnolo Doni, 564
Retrato de Ambroise Vollard, 1031
Retrato de Ana da Áustria, 664
Retrato de Andrea, 1041
Retrato de Antonin Doria, 630
Retrato de Arétin, 567
Retrato de Baldassare Castiglione, 564
Retrato de Dorian Gray (O), 878
Retrato de Georg Gisze, 598
Retrato de grupo dos regentes do hospital de Santa-Elizabeth de Harlem, 663
Retrato de Hans Luther, 597
Retrato de Helena Fourment, 664
Retrato de Jan Six, 664
Retrato de Madame du Barry, 725
Retrato de Maria Ana de Áustria, 648
Retrato de Martinho Lutero, 597
Retrato de mulher, 939
Retrato de Robert Arnauld d'Andilly, 631

Retrato de uma princesa da Casa de Este, 560
Retrato de Victor Choquet, 827
Retrato do artista quando jovem, 879
Retrato do conde-duque de Olivares, 647
Retrato do infante Don Carlos, 647
Revenue Act, 1019
Revolução e contrarrevolução na Alemanha, 870
Revolução surrealista (A), 1040
Revoluções da França e de Brabante (As), 702
Revoluções dos orbes celestes (As) (*De revolutionibus orbium coelestium*), 34, 538
Revue blanche (La), 824, 835
Revue du progrès (La), 844
Revue fantaisiste (La), 844
Revue historique (La), 853
Ricardo III, 411, 602
Rigveda (Livro dos Hinos), 194, 199, 211, 718
Rimas novas, 918
Rimas, 910
Riso (O), 850
Robert (Dicionário), 822
Robinson Crusoé, 746
Roda de bicicleta, 1046
Rodoguna, 635
Rolando furioso (O) (Tiepolo), 754
Rolo de Josué (O), 437
Rolo dos treze imperadores, 487
Roma, a cidade sem origem, 21
Romance (O), 847
Romance cômico (O), 634
Romance da rosa (O), 385, 387, 394, 413, 540
Romance de Renart (O), 384
Romance de um inútil, 927
Romance experimental (O), 846
Romancero general, 426
Romancero gitano, 1171
Romeu e Julieta, 602
Ronda noturna (A), 663
Rosto de um outro (O), 1179
Rougon-Macquart (Os), 847

Rúdin, 926
Rumo a uma arquitetura, 1043
Running Fence, 1155
Ruodlieb, 403
Ruy Blas, 842
Rymes, 586

Sabichonas (As), 636
Sachsenspiegel (Espelho dos Saxões), 404
Saga de Gosta Berling (A), 929
Saga-in, 500
Sagração do imperador Napoleão (A), 730
Sagrada Família (A), 591
Sagrada Família, 910
Saint-Étienne-du-Mont, 380
Saint-Germain l'Auxerrois, 380, 838
Sala do centenário, 1045
Salão de 1846, 845
Salão de 1859, 845
Saleiro de Francisco I, 568
Salomão, 185
Saltério de Chludov, 445
Saltimbancos (Os), 1033
Samaveda (Veda dos cantos rituais), 194
San Juan de los Reyes, 590
San Pelayo de Oviedo, 646
Sangue (O), 1175
Santa Ana, a Virgem e o menino Jesus, 562
Santa Anastácia, 445
Santa Capela, 362, 379, 381, 838
Santa Inês, 445
Santa Irene, 445
Santa Maria del Fiore, 296, 555, 561, 918
Santa Maria Maddalena dei Pazzi, 559
Santa Sofia de Kiev, 447
Santa Sofia de Novgorod, 447
Santa Sofia de Tessalônica, 445
Santa Sofia, 333, 433-435, 443, 445, 672
Santa Teresa em êxtase (ou *Transverberação*), 619
Santo Agostinho, 646

Santo Domingo el Antiguo, 646
Santo Ildefonso, 646
Santo Sínodo (São Petersburgo), 924
Santuário de Asclépio, 241
Santuário, 1172, 1174
São Bernardino de Siena, 646
São Francisco de Assis, 928
São Francisco recebendo os estigmas, 591, 646
São Jerônimo (Greco), 646
São Jerônimo (Leonardo da Vinci), 562
São João Batista (Greco), 646
São João Batista (Rodin), 839
São João em Patmos, 647
São Jorge libertando a princesa Trebizonda, 560
São Jorge libertando a princesa, 557
São Lucas (mosteiro), 446
São Marcos, 561
São Martim e o mendigo, 646
São Paulo, 646
São Pedro, 646
São Sebastião cuidado por Irene, 630
São Sebastião, 559
São Tiago, 646
Saqqara, 156-157, 170
Sarcófago do rei Ahiram, 137
Sátiras Menipeias, 305
Sátiras, 306
Satiricon, 307
Saturno devorando seus filhos, 771
Scala Regia (Vaticano), 619
Schwabenspiegel (Espelho dos Suábios), 404
Secretum secretorum (O Segredo dos segredos), 475
Século de Luís XIV (O), 733
Século de Luís, o Grande (O), 638
Securities Act, 1017
Sede de amar, 1178
Segunda edição da crítica, 762
Segundo sexo (O), 1164
Seis livros da *República* (Os), 544
Seis personagens à procura de um autor, 1170

Semana Santa (A), 1053
Sena e Marne, 632
Senhor Bertin, 820
Senhor das moscas (O), 1170
Senhor dos anéis (O), 1170
Senhora Cézanne em uma poltrona amarela, 833
Senhorita de Clermont como sultana, 728
Senhorita de Maupin, 844
Senhorita Pogany, 1047
Senhorita Rivière, 820
Senhoritas de Avignon (As), 1030
Ser e o nada (O), 1163-1164, 1186
Ser e o uno (O) (De ente et uno), 543
Ser e tempo, 1060, 1198
Serapeu (templo), 173
Serata-Mangest (Regulamento do reino, Etiópia), 526
Sermão de Estrasburgo, 383
Sermão do Jeu de paume (O), 730
Sermão dos Horácios (O), 730
Sete bolas de cristal (As), 516
Sete livros de Diana (Os), 426
Sete manifestos dadá, 1052
Sete partidas (corpo legislativo castelhano), 426
Sexus, 1173
Sherlock Holmes, 879
Shi Jing (Livro das odes), 215
Shiji (Memórias históricas), 217
Shinsen-en (jardim), 500
Shittanzo, 500
Shu Jing (Livro das histórias), 214
Si mesmo como um outro, 1193
Sic et non (Sim e não), 390
Silas Marner, 878
Simbad, o marujo, 463
Sinagoga de Dura Europos, 335
Síndicos da Corporação de Tecelões de Amsterdã, 663
Sinfonia, 1205

Siris, 747-748
Sistema de filosofia sintética, 883
Sistema de política positiva, 853
Sistema dos objetos (O), 1195
Sistema novo da natureza e da comunicação das substâncias, 650
Situação da classe trabalhadora na Inglaterra (A), 870
Sleep, 1148
Smarra ou os demônios da noite, 842
Sob o caramanchão de madressilva, 664
Sobre "O Banquete", 1191
Sobre a natureza, 32
Sobre a piedade (Eutífron), 262
Sobre as mulheres célebres (De claris mulieribus), 423
Sobre os corpos fixos, 32
Sobre os fins dos bens e dos males (De finibus bonorum e malorum), 270
Sobrinho de Rameau (O), 734
Social Security Act, 1018
Socialismo (O), 856
Socialismo diante do velho mundo (O), 868
Sociedade de consumo (A), 1195
Sociologia e filosofia, 856
Sócrates e Aristófanes, 1191
Sócrates, 730
Sodoma e Gomorra, 1051
Sofrimentos de amores perdidos, 602
Sofrimentos do jovem Werther (Os), 760
Soft Drainpipe (Pia mole), 1148
Solidões (Góngora y Argote), 592
Solidões (Sully Prudhomme), 844
Solutré ou os caçadores de renas da França central, 72
Som e a fúria (O), 1174
Sonata a Kreutzer, 927
Sonetos da morte, 1175
Sonetos, 634
Sonho (O), 929
Sonho da borboleta (O), 490

Sonho de d'Alembert (O), 734
Sonho de Felipe II (O), 591, 646
Sonho de São José (O), 630
Sonho no pavilhão vermelho (O), 788
Sonho transformado (O), 1041
Sonoridades (Klänge), 1034
Soudiebnik (código de leis russo), 428
Spelling Book, 782
Sputnik, 1124
St. Séverin, 1032
Stamp Act, 779
Stavkirke de Borgund, 349
Stavkirke de Heddal, 349
Stavkirke de Hopperstad, 349
Stavkirke de Urnes, 349
Sturm and Drang, 759
Suave é a noite, 1172
Suicídio (O), 856-857
Sula, 1174
Suma contra os gentios, 391
Suma teológica, 391
Summa totius logicae (Soma de lógica), 415
Suprematismo, 1035
Surréalisme, même (Le), 1053
Surrealismo ao serviço da Revolução (O), 1040
Surrealismo e a pintura (O), 1040
Susruta Samhita (tratado de medicina), 211
Sutra da constituição da terra pura, 491
Sutra da ornamentação florida, 491
Sutra do Lótus (Kokke Kyo), 504
Suzana no banho, 567
Sybil, 878
Systema naturae, 720

Ta Hio (O grande estudo), 215
Tabelas alfonsinas, 426
Taberna (A), 847
Tábua de Esagila, 129
Tabula rasa, 1205
Tabuleiros (Os), 1036

Tadbir al-mutawahhid, 461
Taj Mahal, 676-677
Talismã (O) (King), 1174
Talismã (O) (Sérusier), 835
Talmude, 180, 320, 1188
Tambor (O), 1169
Tamerlan, 939
Tâmisa (O), 754
Tancred, 878
Tantra, 203
Tao-tö-king (Livro da Via), 214-215
Tapeçaria da rainha Matilde, 377
Taras Bulba, 926
Tarde de um Fauno (A), 276, 848
Tartufo, 636
Ta-Tien (Enciclopédia), 679
Teatro de Epidauro, 241
Teatro de Marcelo, 295
Teatro e seu duplo (O), 1054, 1065
Tebaida ou Os irmãos inimigos (A), 637
Técnica e a ciência como ideologia (A), 1184
Teeteto, 263-264
Temor e tremor, 928
Tempestade (A) (Giogione), 567
Tempestade (A) (Ruisdael), 664
Tempestade (A) (Shakespeare), 602
Tempietto de São Pedro, 545
Temple de Hórus, 154
Templo das Inscrições, 511
Templo das Três Janelas, 519
Templo de Abidos, 166
Templo de Amon, 163, 169-170
Templo de Apolo (Delfos), 241, 271
Templo de Apolo (Dídima), 243
Templo de Apolo (Selinonte), 241
Templo de Apolo (Thermos), 241
Templo de Ártemis (Corfu), 241
Templo de Atena (Pérgamo), 242
Templo de Atena Nice, 242, 245
Templo de Atena Polias, 243
Templo de Borobudur, 209, 508-509

Templo de Brhadisvara, 481
Templo de Divus Julius, 295
Templo de Eanna, 117, 120
Templo de Gangaikondacolapuram, 481
Templo de Herodes, 186
Templo de Hokko-ji (Asukadera), 496
Templo de Kailashanata, 479
Templo de Kalasan, 508
Templo de Karnak, 161, 163-164, 169
Templo de Kawa, 227
Templo de Luxor, 163-164, 169
Templo de Marte Ultor, 295
Templo de Parasuramesvara, 480
Templo de Prambanan, 508-509
Templo de Rá, 161
Templo de Salomão, 178, 183, 185-186, 188-191, 371, 458
Templo de Sewu, 508
Templo de Shitennoji, 220
Templo de Toshodai-ji, 496
Templo do Céu, 679
Templo dos Guerreiros, 515
Templo dourado de Amritsar, 482
Templo Maior, 522
Templo solar de Abu Gorab, 156
Tempo de destruição, 1171
Tempo de silêncio, 1171
Tempo e narrativa, 1193
Tempo mobiliado (O), 1042
Tempo presente (O), 1189
Tempo redescoberto (O), 1051
Temps Modernes (Le) (revista), 1161
Tentação do Cristo (A), 558
Teogonia, 135, 249, 271, 277
Teologia platônica, 543
Teoria da ação comunicativa, 1184
Teoria da educação natural e atraente, 867
Teoria da justiça, 1189
Teoria das proporções, 597
Teoria do direito de propriedade e do direito ao trabalho, 868

Teoria dos quatro movimentos e dos destinos gerais, 867
Teoria estética, 1182
Teoria geral das belas artes (Allgemeine Theorie des schönen Künste), 819
Teoria tradicional e teoria crítica, 1182
Terceiro elemento, 1156
Terceiro livro (O), 582
Termas de Caracala, 298
Terra (A), 847
Terra austral conhecida (A), 709
Terraço (O), 1155
Tesouro de Atreu, 235
Tesouro de Guarrazar, 346
Tesouro de Saint-Denis, 376
Tesouro de Shoso-in, 500
Tesouro de Sícion, 241, 243
Tesouro de Sifnos, 241
Tesouro dos Atenienses, 245
Tesouro dos Guelfos, 402
Testamento (O), 387
Testamento francês (O), 1163
Testimonium flavianum (Depoimento de Flávio), 322
Tetas de Tirésias (As), 1039, 1052-1053
Tetos vermelhos, canto de cidade, efeito de inverno (Os), 828
Tetrabiblos, 174
Tétraktys (Quaternário), 259
Textos das Pirâmides, 156, 158-159, 167
Textos de Nag Hammadi, 324
Textos dos sarcófagos, 158-159
Textos dos tempos antigos (Purana), 196, 203, 205
Textos para Emmanuel Levinas, 1189
The Age of Reason, 708
The Art of Painting, 1156
The Autobiography of Benjamin Franklin, 782
The Crisis, 939
The Distinguishing Marks of the Spirit of God, 782

The Garden Party, 1170
The Journal of Speculative Philosophy, 941
The Making of America, 1172
The Store, 1148
Tiestes, 301
Tigre (O), 827
Tigre real, 919
Timbuktu, 1174
Time (revista), 1151
Timeu, 212, 580
Tintin e o Templo do Sol, 516
Tintir (texto babilônico), 129
Tio Vânia, 927
Tiros, 1153-1154
Tirrenica, 282
Titã (O), 892
Tito e Berenice, 635
Tocador de órgão (O), 630
Todai-ji (templo), 498
Tom Jones, 746
Tomada da Europa (A), 727
Tomada de Alexandria, 394
Topázio, 1053
Tópicos, 264
Torá, 178-181, 319-320, 473
Toreador (O), 938
Torre de Babel (A), 596
Torre de canto, 1053
Torre de figuras, 1149
Torre de porcelana, 679
Torre Eiffel, 1032
Torres gêmeas, 1137
Torso do Belvedere, 246
Totalidade e infinito, 1188
Totem e tabu, 864
Town and Country Planing Act, 1109
Trabalhos de Hércules, 648
Trabalhos e os dias (Os), 249, 278
Tractatus logico-philosophicus, 1056
Traição das imagens (A), 1043
Traição, 930

Traições de Scapin (As), 636
Trapaceiro com ás de ouro (O), 630
Trapaceiros de Dresden (Os), 629
Traquínias (As), 251
Tratado da educação das moças, 638
Tratado da natureza e da graça, 643
Tratado da natureza humana, 748
Tratado da pintura, 545
Tratado da reforma do entendimento (*Tractatus de intellectus emendatione*), 666
Tratado das opiniões dos habitantes da melhor cidade, 471
Tratado das sensações, 741
Tratado de lógica, 473
Tratado de moral, 643
Tratado do desespero, 899
Tratado do homem (*De Homine*), 658
Tratado do mundo e da luz, 640
Tratado dos animais, 741
Tratado dos deveres, 301
Tratado dos edifícios, 435
Tratado dos mistérios, 302
Tratado dos sistemas, 741
Tratado político, 666
Tratado sobre a tolerância, 733
Tratado sobre as cônicas, 635
Tratado sobre o universo de Ptolomeu e Copérnico, 614
Tratado sobre os princípios do conhecimento humano, 747
Tratado teológico-político, 665
Travesseiro de capim (O), 949
Travessia do verão (A), 1174
Trem de periferia chegando a Paris, 1037
Tres de Mayo, 907
Três ensaios sobre a teoria da sexualidade, 864
Três filósofos (Os), 567
Três graças (As) (Rafael), 564
Três graças (As) (Rubens), 664
Três irmãs (As), 927
Três mosqueteiros (Os), 622

Três mulheres na igreja (As), 890
Três Parcas (As), 580
Três soldados, 1172
Tríade de Miquerinos, 157
Tríade de Shaka, 220
Trilha estreita do fim do mundo (A), 686
Trilogia de Nova York (A), 1174
Trindade (A), 646
Tríptico de Koyasan, 498
Tríptico de São Pedro mártir, 557
Tristana e Nazarín, 911
Tristão e Isolda, 404
Tristes trópicos, 1203
Tristes, 307
Triunfo da morte (O), 919
Triunfo de 1810 (O), 839
Triunfo de Luís XIV, 632
Triunfo de Netuno e de Anfitrite, 299
Troféus (Os), 220
Troianas (As) (Eurípides), 251
Troianas (As) (Sartre), 251
Troianas (As) (Sêneca), 301
Troilo e Créssida, 413
Trópico de câncer, 1172
Trópicos, 1162
Tropismos, 1165
Tuerie, 839
Tumba (A), 1177
Tumba da Caça e da Pesca, 283
Tumba das Bacantes, 283
Tumba das Leoas, 283
Tumba das Olimpíadas, 283
Tumba do Escudo, 283
Tumba dos Augúrios, 283
Tumba dos Leopardos, 283
Tumba dos Touros, 283
Tumba dos Trovadores, 283
Túmulo de Amonherkopsef, 165
Túmulo de Catarina de Médici, 580
Túmulo de Childerico I, 346
Túmulo de Ciro, 148

Túmulo de Horemheb, 167
Túmulo de Khaemuaset, 165
Túmulo de Nakht, 165
Túmulo de Nebamun, 165
Túmulo de Nefertari, 165
Túmulo de Oseberg, 350
Túmulo de Psusennes I, 169
Túmulo de Ramose, 165
Túmulo de Ramsés VI, 167
Túmulo de Ramsés XI, 164
Túmulo de Richelieu, 632
Túmulo de São Domingos, 563
Túmulo de Sennefer ("Túmulo das vinhas"), 165
Túmulo de Titi, 165
Túmulo de Tutancâmon, 169
Túmulo de Tutmósis I, 164
Túmulo do imperador Yongle, 679
Túmulo do papa Urbano VIII, 619
Túmulos reais de Ur, 119
Tusculanas, 305

Ubu rei, 1054, 1065
Ugolino e seus filhos, 839
Ulisses (James Joyce), 879
Ulisses (Simon Vouet), 632
Ulojenie (código de leis russo), 669, 921
Último dia de Pompeia (O), 924
Últimos poemas, 844
Um bonde chamado desejo, 1173
Um caminho no meio das árvores, 823
Um cão andaluz, 1043
Um dia na vida de Ivan Denissovitch, 1172
Um domingo à tarde na Grande Jatte, 835
Um enterro em Ornans, 824
Um outro país, 1173
Uma breve história do tempo. Do Big Bang aos buracos negros, 40
Uma estação no inferno, 845
Uma excursão nas pradarias, 938
Uma flor no inferno, 949

Uma história sem começo nem fim, 1177
Uma morte muito suave, 1164
Uma Olympia moderna, 833
Umbigo dos limbos (O), 1053
Unigenitus (bula), 625
Upanishads, 194, 207
Uplistsikhe (basílica), 445
Ut pictura poesis (A pintura é como a poesia), 548
Utopia (A), 544, 601

Vagabundos (Os), 927
Valsa (A), 840
Van Gogh ou o suicídio da sociedade, 1053
Vanity Fair, 878
Variação dos animais e plantas sob domesticação (A), 882
Vasos comunicantes (Os), 1053
Vegetação, 1147
Vehementer nos, 817
Velho Cordeiro (O), 702
Velho e o mar (O), 1172, 1174
Vênus adormecida (A), 566
Vênus de Milo, 246
Vênus de Urbino (A), 567
Vênus e Adônis, 630,
Vênus e Amor, 597
Vênus e Marte, 558
Vênus representando o amor, 725
Verdade da razão cristã, 635
Verdade e método, 1192
Vergilius vaticanus, 436
Verrinas (As), 305
Versos de ouro, 259-260
Versos satânicos (Os), 1170
Vespas (As), 252
Via crucis, 939
Viagem à Lua (A), 862
Viagem à Pérsia (A), 709
Viagem ao Alcarria, 1171
Viagem ao Parnaso, 592

Viagem de Carlos Magno (A), 384
Viagem maravihosa de Nils Holgersson (A), 929
Viagem para Icaria, 869
Viagem para o Ocidente, 477
Viagens de Gulliver (As), 746
Viajante sem bagagem (O), 1054
Vida à frente (A), 1162
Vida da Virgem (A), 632
Vida de Agrícola, 310
Vida de Avvakum por ele mesmo (A), 776
Vida de Dante (A) (*Vita di Dante*), 423
Vida de Marianne (A), 737
Vida de Santa Teresa de Jesus, 593
Vida de São Domingos (A), 647
Vida de São Francisco, 554
Vida de Walther Fortes-Mains (A) (*Vita Waltharii manufortis*), 403
Vida é um sonho (A), 593
Vida em Paris (A), 809
Vida imediata (A), 1053
Vida misturada (A), 1034
Vida nova (A) (*La vita nuova*), 423
Vidas dos doze césares, 307, 311, 382
Vidas dos mais excelentes pintores, escultores e arquitetos, 377, 536
Vidas paralelas, 239
Vidro de absinto (O), 1046
Vie à pleines dents (La), 1153
Vigiar e punir, 1189
Vilegiatura, 755
Villa Borghese, 559
Villa Carducci, 558
Villa La Roche, 1044
Villa Medicea di Castello, 558
Vinhas da ira (As), 1016, 1172
Violão (O), 1045-1046
Violão e clarinete, 1032
Violência e o sagrado (A), 1194
Violin concerto, 1205
Violino (O), 1031
Violino e cachimbo, 1031

Violino e paleta, 1031
Violonista (O), 1031
Virgem (A), 634
Virgem com a pera (A), 597
Virgem com menino com santos, 566
Virgem com o menino e São João, 564
Virgem da vitória (A), 559
Virgem de Orleans (A), 761
Virgem de Stuppach (A), 598
Virgem dos rochedos (A), 562
Virgem e os santos com Federigo di Montefeltro (A), 559
Virgens nos rochedos (As), 919
Virgílio travestido, 634
Visão de Innsbruck, 597
Visão depois do sermão (A) (ou *A Luta de Jacó com o anjo*), 834
Visitação (A), 566
Visível e o invisível (O), 1186
Vista de Delft, 664
Vista de Snowdon, 745
Vita Caroli Magni (Vida de Carlos Magno), 356, 382
Vitória (A), 839
Viúva espirituosa (A), 755
Vocação de São Mateus (A), 617
Você vai voltar para o país, 1171
Völkischer Beobachter, 982
Volta em torno da Terra (A), 32
Voltaire sentado, 725
Völund, o ferreiro, 928

Vontade de poder (A), 900, 902
Vortex Temporum, 1205
Voting Right Act, 1134
Votivkirche, 890
Voto de Luís XIII (O) (Champaigne), 631
Voto de Luís XIII (O) (Ingres), 820
Voz dos heróis mortos (A), 1178
Voz e o fenômeno (A), 1197
W ou a lembrança de infância, 1163
Walden ou a vida nos bosques, 940
Wallenstein, 761, 892
Washington Post, 1135
Whaam!, 1148
White Jacket, 939
Wieland, 782
Wollaton Hall (palácio), 601

Xpace and the Ego, 1151

Yajurveda, 194
Yiheyuan (Palácio de Verão), 789
Yi-king (Clássico das mutações), 214-215

Zadig, 733
Zaire, 731, 733
Zeus olímpico (templo), 242
Zhong yong (A doutrina do meio), 215
Zhuangzi, 215
Zi Bu Yu, 788
Zigurate de Tchogha-Zanbil, 128
Zigurate de Ur, 125

ÍNDICE DE LUGARES

Abaj Takalik, 222
Abbeville, 57, 853
Abdera, 255, 260
Abidos, 154, 166, 170
Abrigo Blanchard, 76
Abrigo de Araguina-Sennola, 81
Abrigo de Cro-Magnon, 71, 73-74
Abrigo de Curacchiaghiu, 81
Abrigo de Madalena, 72
Abu Simbel, 166
Abusir, 156
Academia de Belas Artes de Munique, 895
Acádia (Akkad), 122-123, 125, 133
Áccio (batalha), 172, 233, 238, 288
Acrópole de Atenas, 241-242, 245
Adelaide, 47
Adilabad, 481
Adis Abeba, 954
Ádua, 916, 954, 998
Agadir, 818, 888
Agnadel, 751
Agra, 675-677
Aix-en-Provence, 98, 627
Aix-la-Chapelle, 358, 360, 382, 390, 393, 589, 625, 757, 769
Ajaccio, 1079
Ajanta, 202-203

Akhetaton, 167
Alalakh, 135
Alarcos (batalha), 425
Alba, 312
Alençon, 410
Alepo, 84, 118, 132-135, 441, 457, 1176
Alès, 622
Alésia, 97, 99, 288, 310
Alexandria, 33, 164, 171-174, 238, 252, 314, 320, 327, 334, 336, 421, 438, 467, 1071
Álfheim (morada dos Elfos, mitologia nórdica), 352
Allahabad, 201
Amba Alaghi, 916
Amba de Guerchén (mosteiro), 526
Amboise, 573-574, 578
Ambuila (batalha), 527
Amiens, 66, 100, 799, 818
Ampúrias, 98
Amritsar, 1021
Amsterdã, 23, 595, 665, 817, 1146
Anagni, 363, 373
Andrinopla, 442, 469
Angers, 701
Anghiari (batalha), 549
Angkor, 505-508
Ankara (batalha), 470

Annual (batalha), 1002
Antíbia, 98
Antietam (batalha), 935
Antínoo, 337
Antioquia, 243, 320, 328, 335, 435, 439, 442
Antipolis (Antíbia), 98
Antuérpia, 595, 664
Apameia, 243
Appomattox (batalha), 935
Aquino, 391
Aranjuez, 770
Arcadiópolis (Luleburgaz), 348
Arcy-sur-Cure, 71
Arezzo, 564
Argel, 137, 1077, 1081-1082, 1087, 1089-1092
Argenteuil, 827
Argenton-sur-Creuse, 99
Arginusas (batalha), 261
Argos, 234, 275, 342
Arles, 295, 336, 627, 833-834
Arques, 576
Arras, 381, 705, 707, 1089
Artemísia (cabo), 147
Arvad, 137
Assandun (batalha), 406
Assilah, 464
Assis, 418, 554, 557, 1153
Assuan, 154, 161
Assur, 125, 134, 141-143
Atapuerca, 62, 65, 70
Atenas, 146-147, 170, 234-242, 244-247, 251-253, 256, 259, 261-263, 269, 271-272, 299-300, 304, 306, 319, 342, 443, 1190
Atlanta (batalha), 935
Auckland, 1099
Auerstadt, 800
Augsburgo, 589, 596, 604-605, 608
Auschwitz, 27, 985, 1079, 1097, 1171, 1182
Austerlitz, 800, 805, 885, 921
Auvers-sur-Oise, 833
Avaricon (Bourges), 98-99
Avebury, 87

Aventino, 286-287
Avignon, 367, 373, 717, 1030
Avranches, 408
Axum, 228-229, 526
Ayacucho, 517
Ayodha, 204
Azincourt, 410
Azov, 773-775
Aztlán, 520-521

Baden-Baden, 1094
Badr (batalha), 450
Bagdá, 454, 461-462, 463-464, 466, 469, 471-472, 474-475, 478
Baía de Chesapeake, 53, 782
Baía dos Porcos, 1133
Baiona, 409, 770, 975
Bamian, 203
Barbizon, 617, 822-823, 825, 830
Barcelona, 591, 715, 838, 910, 1121
Bari, 440
Bar-le-Duc, 962
Barranco León, 65
Basileia, 374, 400-401, 596, 598, 603, 605, 608, 769
Basra, 455, 464
Bastilha, 364, 624, 697, 702, 839
Bauhaus, 1044
Baume Moula-Guercy, 70
Bayeux, 377
Beaugency, 741
Beaulieu, 575
Beauvais, 378, 411, 633
Bedford, 410
Beirute, 138, 1090, 1176
Belém, 336
Belfort, 1076
Belgrado, 757, 959, 1072
Belzec, 985
Benevento, 343-345
Beni Hassan, 161
Berito, 137-138

Berlim, 23, 129, 166, 860, 862, 886, 889-891, 894, 899, 902, 929, 949, 965, 979-981, 987, 1013, 1027, 1038, 1067, 1073, 1105, 1124, 1127, 1133, 1136, 1158, 1195
Berna, 98
Besançon, 1095
Beth Habaal, 138
Béthune, 363
Béziers, 98, 370
Bhaja, 201
Bhubaneswar, 480
Biarritz, 809
Biblioteca de Alexandria, 173
Biblioteca de Assurbanipal, 114, 121
Biblioteca Laurenciana, 540, 563
Biblioteca Sainte-Geneviève, 837
Biblioteca Vaticana, 537, 540
Biblos, 137, 139, 141, 169
Bibracte, 98-99
Bilskirnir (residência de Thor, mitologia nórdica), 351
Bilzingsleben, 67
Bir Hakeim, 1069
Bizâncio, 22-23, 234, 294, 327, 341, 343, 345, 431, 433, 436-437, 442, 447, 455-456
Blanzac, 65
Blois, 574, 576, 621,
Bobigny (julgamento), 1096
Bodh Gaya, 207
Bois de Boulogne, 837
Bois de l'Allier, 977
Bois de Vincennes, 837
Bolonha, 388, 408, 422, 538, 542, 563, 568, 573, 618, 753
Bonn, 900, 1105
Bordeaux, 373, 409, 584, 624, 626, 732, 856, 862, 960, 1068-1069, 1094
Borre, 350
Boscoreale, 295
Boston, 778-780, 782, 937-938, 939, 1132
Bosworth Field (batalha), 411
Bougon, 87

Bourges, 98-99
Bouvines (batalha), 362, 399
Brassempouy, 72, 73
Bremen, 371
Brenodunum (Berna), 98
Bréscia, 345
Breslau, 1045
Brest, 409
Brest-Litovsk (batalha e tratado), 964, 1008, 1011
Bristol, 659
Broadway, 1173
Brooklyn Museum, 937
Brousse, 469
Bruges, 595
Bruxelas, 622, 706, 815, 862, 966, 1006, 1042, 1146
Bubástis, 168-169
Bucara, 469
Bucareste, 966, 1072
Budapeste, 98, 1072, 1124
Buenos Aires, 1117
Bull Pun (batalha), 925
Burgos, 426, 460
Butte Montmartre, 812, 838, 1037

Cabo Mícalo, 147
Cádis, 137, 590, 907
Caen, 407, 410, 701
Cafarnaum, 323
Café du croissant, 959
Café Guerbois, 826-828
Cahuachi, 224
Cairo, 157, 163, 324, 441, 466-467, 473-474, 478, 526, 1176
Calais, 364, 409-410, 573-574,
Calakmul, 511-512
Calcedônia, 318, 327-329, 432
Calcis, 234
Calcutá, 784, 1179
Calicute, 539
Caluire-et-Cuire, 1077

Cambrai, 355, 587, 639
Cambridge, 413-414, 540, 600-601
Camp David (acordos), 1135, 1210
Campo Formio (tratado), 704, 885, 913
Campos Cataláunicos (batalha), 343, 348
Canal de Suez, 809, 1071, 1110
Canal do Panamá, 54, 814-815
Cannes, 977
Canossa, 366, 369
Capitólio (EUA), 932
Capitólio, 96, 287, 294, 296
Caporetto, 965
Capri, 295
Carcassonne, 370, 838
Carnac, 86-87
Cartagena, 137
Cartago, 137-139, 254, 287, 329, 332, 343, 431, 433, 439, 456
Cartum, 228, 944, 1215
Casa Belvedere, 65
Casa Branca, 932-933, 1017, 1135, 1137
Castel Gandolfo, 914, 916
Castel Gondolfo, 753
Castro, 753
Catacumbas de Alexandria, 336
Catacumbas de Priscila, 335
Çatal Hüyük, 81, 107
Cataratas de Kalambo, 66
Cateau-Cambrésis (tratado), 574
Cáucaso, 91, 93, 177, 276, 348, 447, 1126-1127
Caverna de Pendejo, 108
Caverna do Arago, 66-67
Caverna Koneri, 479
Caverna Mahishamardini, 479
Caverna Vahara II, 479
Cemitério de Domitila, 335
Cemitério de Père-Lachaise, 811
Cemitério de Pretextato, 335
Cemitério dos Inocentes, 711
Cerny, 81
Cerny-en-Lannois, 962
Cerveteri, 282

Cerzat, 71
Cesareia, 319
Châlons-sur-Marne, 343
Châlus, 408
Chamonix, 975
Champ des Merles (batalha do Kosovo), 444
Champ-de-Mars, 698, 702, 704
Champs-Élysées, 1094
Chanchán, 517
Changan, 218-219, 486, 496
Chapelle-aux-Saints, 68-69
Charavines, 88
Charleston, 935, 937
Chartres, 98, 104, 363, 378-381, 576
Châteaubriant (édito), 574
Châtelperron, 71
Chattanooga (batalha), 935
Chavín, 222-224
Chelles, 66
Chelmno, 985
Chemin des Dames [Caminho das damas] (batalha), 962-964
Cherbourg, 409
Chesowanja, 67
Chester, 406
Chicago, 937, 941, 1113, 1207
Chichén Itzá, 511, 514-515
Chicomotzoc, 521
Chilhac, 65
Chinon, 408, 411
Chioggia, 420-421
Chios, 247
Chittorgarh, 675
Cholet, 701
Chongoyape, 222
Chou Kou Tien, 70
Cidade do Benin, 230, 530-531
Cidade do México, 513-514, 521
Cirenaica, 234, 279
Cishan, 105
Cividale del Friuli, 345
Clairvaux-les-Lacs, 88

Clermont, 371, 442
Cloyne, 747
Cluny, 331, 368, 375
Clusium, 96
Cnido, 279
Cnossos, 234
Colégio de Coqueret, 583
Colégio Henri-IV de La Flèche, 640
Colinas de Golã, 323, 1210
Cólofon, 247
Colombey-les-Deux-Églises, 1093
Colônia, 400, 403, 414, 1038, 1045
Comacchio, 753
Combe-Capelle, 71-72
Combray, 1051
Compiègne, 100, 574, 809, 965
Concord, 780, 939
Constança, 374, 401, 603
Constantino, 22, 299
Constantinopla, 291-292, 294, 298, 327-329, 334, 336, 348, 362, 371, 421, 431-433, 435-437, 439-447, 469-470, 537, 608, 671, 774, 969
Copán, 511-512
Copenhague, 35, 1146
Córdova, 425-426, 447, 456, 458-461, 464, 468, 472-474
Corfu, 241, 444, 961
Corinto, 238, 242-244, 247, 267, 271, 319, 342
Cortona, 564
Cós, 279
Cougnac, 71
Coutras (batalha), 576
Covadonga, 425
Craonne, 962-963
Crécy (batalha), 363, 409
Cremona, 422
Crotona, 279
Cueva de Ambrosio, 72
Cueva de La Pasiega, 77
Cuicuilco, 221
Cuiry-lès-Chaudardes, 83
Culloden (batalha), 743

Cumas, 247
Cuzco, 515-518

Dachau, 984, 1079
Dahshur, 156, 161
Dakar, 1069
Dallas, 1132
Damasco, 22, 184-185, 187, 319, 398, 451, 455, 457-458, 1176
Dan-no-ura (batalha), 493
Deauville, 809
Debir, 175
Debre Berhan, 526
Deir el-Medina, 164
Delfos, 96, 241, 243, 245, 271, 273
Deli, 478-479, 783-784
Delos, 236-237, 246-247, 271
Dendera, 170
Derby, 833
Desio (batalha), 418
Dessau, 1044
Dídimos, 243, 273
Dien Bien Phu, 1086
Dieppe, 571, 576
Dijon, 99, 375, 380, 637, 869
Dirráquio, 288
Djebel Irhoud, 69
Djenné, 531
Djerba, 454
Djibouti, 954
Dmanissi, 63, 66
Dodona, 273
Dolni Vestonice, 71
Domrémy, 411
Douai, 363, 573
Douaumont, 962, 1090
Drancy, 1075-1076
Dresden, 889, 894, 1129
Dublin, 875, 990
Dunquerque, 715, 1068
Durazzo, 444
Düsseldorf, 69, 889, 983

Ebla, 117-118, 123
Ecbatana, 144-145, 148
Eckmühl, 885
Écluse (batalha), 409
Edfu, 170
Ediacara, 47
Edimburgo, 743, 748, 881
Édirne, 672
Edo, 683, 946
Éfeso, 236, 328
Egba, 529
Eglom, 175
Eisleben, 603
El Alamein, 1071
El Kab (Nekheb), 170
El-Amrah, 153
Elefantina, 170
Eleia, 258
Ellora, 198, 202, 479-480
Empório, 98
Ems, 808, 887
Enserune, 98
Entremont, 98
Épernay, 361
Epidauro, 241, 279
Épinal, 856
Épinay (congresso), 1095
Eridu, 115, 120, 125, 129
Erlitou, 105, 212
Ermenonville, 734
Escola Normal de Sèvres, 814
Esie, 230
Esmirna, 236, 247
Esparta, 147, 234-239, 246, 257, 342
Esquilino, 286
Essé, 86
Estábias, 289
Estação de Lyon, 815
Estação de Orsay, 838
Estagira, 263
Estige, 275
Estocolmo (conferência), 1101, 1154

Estrasburgo, 596, 725
Estreito de Bering, 108
Estreito de Dardanelos, 964, 992
Ethendun (Edington), 406
Étiolles, 73-74
Evesham (batalha), 409
Évian (pacto), 1092
Eylau, 800, 901
Eyzies-de-Tayac, 71, 74

Fábrica AZF, em Toulouse, 1102
Faium, 153-154, 156, 337, 436
Faixa de Gaza, 1210
Falaise, 410
Falera, 237
Farab, 471
Faros, 172-173
Farsália (batalha), 102Fatehpur Sikri, 676
Feldmelen, 88
Ferme de la Haye [Fazenda de Haia], 73
Ferney, 733
Ferrara, 366, 401, 422, 537-538, 557, 581, 587, 751, 753, 1041
Ferrassie, 68, 71
Festival da Federação, 704
Fez, 463-464
Fiavè, 88
Fiesole, 419, 557
Filadélfia, 778, 780, 931, 938
Filae, 170
Filipópolis (Plovdiv), 348
Fiume, 993-994
Fleury, 961
Florença, 35, 296, 418-421, 423, 526, 536-537, 540, 542, 546, 551, 553-566, 577, 579, 614, 619, 657, 751-753, 913, 917
Floresta de Fontainebleau, 825, 827
Foceia, 98
Fontainebleau, 540, 574, 577-579, 625, 770, 778, 822
Fontaine-Française (batalha), 576
Fontinettes, 81

Formosa (Taiwan), 947, 1023
Fort Sumter, 935
Forte da Cidadela, 1077
Forte de Montrouge, 1076
Forte de Portalet, 1077
Forte de Romainville, 1079
Forte de Vincennes, 964
Fourneau-du-Diable, 72
Frankfurt, 400, 597, 811, 886, 889, 902, 1045, 1184
Frankfurt, 902
Friedland, 800, 921
Frohsdorf, 812
Frombork, 34
Fuente Nueva 3, 65
Fukushima, 1143
Fulton, 992, 1074
Funai, 682
Fustat, 466

Gadeb, 67
Gaeta, 914
Galeria Doré, 1038
Galeria Greuze, 1155
Galeria Iris Clert, 1153
Galeria Maeght, 1053
Galeria Mathias Fels, 1155
Galgenberg, 73
Galípoli, 470, 964
Gand (paz), 932
Gao, 530-531
Garches, 1044
Gare de l'Est, 837
Gare Saint-Lazare, 825
Gaugamela (batalha), 147
Gavrinis, 86
Gdansk, 968, 1125
Gebel Barkal, 168, 227-228
Genebra, 332, 581, 603, 605, 733-774, 967, 1044, 1086, 1211
Gênova, 421, 444
Gergóvia (batalha), 97

Gettysburg (batalha), 935
Ghazni, 469
Gibeão, 175
Gilboa (batalha), 176, 183
Girsu, 118-119, 122, 124
Giverny, 827
Gizé, 156-157, 173
Gloucester, 410
Godin Tepe, 144
Gondar, 525, 689, 791
Gontsy, 74
Górdio, 133
Gori, 1011
Gosan-ri, 106
Goshen, 182
Gournay-sur-Aronde, 99
Gran Dolina, 65, 70
Granada, 425-426, 460-461, 535
Grânico (batalha), 147
Grenelle (pacto), 1094, 1101
Grenoble, 741
Grotte aux Fées [Gruta das Fadas], 86
Gruta Chabot, 77
Gruta Cosquer, 71-72, 75
Gruta de Altamira, 75, 77
Gruta de Aurignac, 71
Gruta de Chauvet, 71, 75
Gruta de Combarelles, 77
Gruta de Cussac, 72
Gruta de Font-de-Gaume, 75, 77
Gruta de Gargas, 71, 75, 77
Gruta de Grèze, 77
Gruta de Hayonim, 79
Gruta de la Mouthe, 77
Gruta de la Vache, 73
Gruta de Lascaux, 72, 75-77
Gruta de Longmen, 486
Gruta de Niaux, 77
Gruta de Pair-non-Pair, 77
Gruta de Placard, 73
Gruta de Rouffignac, 75
Gruta de Salpêtrière, 72

Gruta de Sandia, 108
Gruta de Teyjat, 77
Gruta do Castillo, 77
Gruta do Lazaret, 66, 68
Gruta do Mas-d'Azil, 73, 78
Gruta do Parpallo, 72
Gruta do Pech Merle, 71-72
Gruta do Tuc d'Audoubert, 77
Gruta do Vallonnet, 65-66
Gruta dos Leões, 486
Gruta dos Trois-Frères, 77
Gruta Duruthy, 73
Gruta Guattari, 70
Grutas dos Mil Budas, 486
Guadalcanal, 1072
Guadalete (batalha), 425
Guernica, 1003

Hadar, 62
Haia, 665, 707, 768
Haiphong, 1085
Halle, 597
Hallstatt, 91-92
Hangzhou, 218, 484
Hao, 213
Harã, 176
Harappa, 89, 107, 193
Harar, 526
Harare, 528
Harfa, 69
Hassuna, 79
Hastings (batalha), 407
Hattusa, 132-133
Hawara, 161
Hebrom, 175, 177, 183-184, 190
Heiankyo (Quioto), 492, 501
Heidelberg, 608
Heijokyo (Nara), 492
Helesponto, 147
Heliópolis, 161, 164
Helsinki (pacto), 1125
Herculano, 289, 710, 722

Hermópolis, 238
Hesdin, 573
Hierakonpolis, 154
Hieria (concílio), 440
Highgate Cemetery, 903
Hiroshima, 1027, 1073, 1178
Hlidskialf (Trono mágico de Odin, mitologia nórdica), 350
Hong Kong, 875, 944, 1064, 1141
Honolulu, 1138
Hornstaad, 88
Hospital Goujon, 974
Hospital Santa Maria Nova, 557
Hôtel-Dieu de Lyon, 582
Hudaybiyah, 450
Hueyapan, 221
Hyères, 98

Ife, 230, 529
Igbo-Ukwu, 230
Ijebu, 529
Ikaruga, 220
Ileret, 64
Ilha de Elba, 800
Illahun, 161
Ingolstadt, 962
Institut de France, 628
Iorque, 359-360, 382, 410
Ishtango, 76
Issenheim, 598
Issos (batalha), 147
Istambul, 608, 672, 1009
Istmo do Acte, 147
Isturitz, 71-72
Ivry, 576
Iwajuku, 106
Iwo Jima, 1073

Jamestown, 777
Jamnia, 178
Janiculum (batalha), 914
Jardim das Hespérides, 276

Jardim das Tulherias, 632, 840
Jardim do Éden
Jardim do Éden, 179
Jardin des Plantes [Jardim Botânico], 614, 626, 836
Jardins de Bagatelle, 745
Jarmuque (batalha), 439, 455
Jarnac, 1098
Jelling, 350
Jemappes, 699, 702, 803
Jemdet Nasr, 115, 120
Jena, 800, 892, 894, 902
Jerf el-Ahmar, 79
Jericó, 80, 115, 175
Jerusalém, 21, 128, 175, 180, 182-190, 289, 318-321, 323, 331, 335, 371, 439, 442, 446, 450, 455, 457, 473, 573, 689, 759, 1190-1191, 1210
Jiankang, 218
Jos, 230

Kadesh (batalha), 134, 163
Kahlenberg (batalha), 649
Kaifeng, 484, 487
Kaili, 202
Kairouan, 456, 461, 463-465, 474
Kamakura, 493
Kanagawa, 683
Kanauj, 477
Kanchipuram, 479
Kandahar, 200
Kanesh (Nesa), 131, 141
Kanheri, 202
Kanikleion (concílio), 440
Kanwaha (batalha), 675
Kapilavastu, 206
Karkemish, 132-134, 141
Karnak, 161, 163-166, 169-170
Kennewick, 108
Kermarquer, 86
Khambhat, 107
Kharga, 170

Khirokitia, 83
Khorsabad, 114
Kiev, 427-428, 447, 1013
Kish, 116, 118, 122
Königsberg, 762
Koobi Fora, 63
Kosovo (batalha), 444, 470
Koumasi, 952
Krapina, 68, 70
Kriegsmarine (marinha de guerra alemã), 979
Kronstadt, 1007, 1010
Kufa, 455, 471
Kulikovo (batalha), 428
Kunming, 105
Kurgano de Kul-Oba, 95
Kursk (batalha), 1013
Kurukshetra (batalha), 196
Kyoto, 492-495, 497-498, 500-501, 503, 682-685, 946-947

La Flèche, 748
La Jaunaye, 701
La Rochelle, 622, 802
La Venta, 221
Lacedemônia, 271
Lade (batalha), 236
Laetoli, 64
Lagash, 118-120, 123-124
Lagoa de Berre (batalha), 344
Lagos de Mazurie (batalha), 961
Lahore, 676-677, 783
Lalibela, 525, 689
Lantian, 105
Laon, 378-379
Laquis, 175
Larsa, 120, 125
Latrão, 369-370, 914, 916, 998
Laugene-Haute, 73
Laugerie-Basse, 73
Laugerie-Haute, 72
Láurio, 236-237
Lausanne, 379, 917

Le Havre, 808
Leipzig, 800, 900
Leningrado (São Petersburgo), 670, 1013, 1129
Leontópolis, 168
Lepanto, 589, 672
Léptis Magna, 295
Lesbos, 440
Lesnaya (batalha), 774
Lespugue, 71
Leuven, 586, 595
Lewes (batalha), 409
Lewisville, 108
Lexington, 780
Leyde, 665
Licht, 160-161
Liège, 572
Lille, 363, 573, 625, 1089
Lima, 518
Limbourg-sur-la-Lahn, 437
Limoges, 381
Linha Maginot, 1068
Lisboa, 137, 527, 539, 737
Little Rock, 1132
Llerena, 647
Locarno (pacto), 973-974
Locmariaquer, 86
Loggupo, 62
Londres, 23, 146, 406, 408, 410, 599-601, 653-655, 659, 717, 748, 754, 777, 779-780, 816, 827, 836, 862, 864-865, 876-877, 903, 966, 978, 990, 1009, 1022, 1038, 1069, 1072, 1087, 1090, 1110, 1113-1114, 1132, 1158
Longwy, 698
Los Angeles, 1034
Los Millares, 90
Lübeck, 371
Lübsow, 345
Lucca, 419
Luçon, 621
Lugdunum (Lyon), 103
Lukerno, 63
Lundy's Lane (batalha), 932

Luneville, 885
Luoyang, 213, 217-218
Luxor, 163-166, 169-170, 324
Lyon, 22, 103, 283, 321, 324-325, 370, 373, 444, 572, 577, 582, 586, 699, 703, 717, 803, 808, 809, 862, 1077

Maastricht (tratado), 1101
Macau, 494, 678, 1141
Machu Picchu, 518-519
Mâcon, 71, 1078
Madaura, 329
Madras, 784
Madri, 573-574, 646-648, 752, 754, 769, 771, 907-909, 1003-1004, 1119-1121, 1136
Magdala, 954
Magdeburgo, 400
Magenta, 915
Magnésia do Meandro, 243
Mahabalipuram, 479-480
Mahendraparvata, 505
Maidanek, 985
Mainz, 332, 395, 398, 400, 597
Málaga, 137, 426
Maldon (batalha), 406
Mallaha, 79, 115
Mammen, 350
Manching, 98
Mântua, 537, 557, 559, 664, 751
Manufatura de Aubusson, 633
Manufatura de Beauvais, 633
Manufatura de Sèvres, 725
Manziquerta (batalha), 441, 469
Mar de Coral (batalha), 1072
Maratona (batalha), 146, 236, 239
Marburg, 605
Marengo, 885
Mari, 114, 118-119, 123, 125
Marignano (batalha), 573
Marillac-le-Franc, 70
Marj Dabiq (batalha), 467
Marlborough, 409

Marne (batalha), 960
Marolles-sur-Seine, 81
Marrakech, 467-468
Marselha, 72, 75, 92, 98, 234, 571, 626, 694, 720, 808-809, 845, 1044, 1085
Massachusetts Institute of Technology, 937
Massalia (atual Marselha), 98-99, 234
Matignon (acordos), 976, 1100
Mayapán, 515
Mayenne, 1095
Maze (prisão), 1112
Mbanza Kongo, 526
Meaux, 379, 637
Meca, 449-450, 452, 457, 466, 529, 671
Medina, 450-453, 455
Medinet Habu, 143, 164-166, 170
Médio Império, 159-160
Meerut, 784
Mégara, 241, 243
Megido (batalha), 134
Melos, 81, 247
Memel, 1067
Memphis (EUA), 1134
Menez Dregan, 67
Mênfis (Antigo Egito), 154, 169-170
Merimde, 153
Meroé, 227-229
Messina, 398
Metaponte, 241, 260
Metropolitan Museum of Arts, 937
Metz, 355, 393, 574, 698, 1090, 1098
Mezhirich, 74
Micenas, 233-236, 243
Michelangiolo (café), 917
Michelsberg, 81-82
Micoque, 66, 68
Mictlan (o reino da morte (mitologia asteca), 523
Midway (batalha), 1072
Milão, 291, 326, 330, 336, 343-344, 417-419, 421, 536, 561-562, 572-573, 579, 587, 752, 767, 800, 914-915, 917, 995-996, 999, 1116

Mileto, 236, 255-256, 273
Milo, 246
Mitilene, 268
Módena, 366, 753, 915
Moderna Museet (Estocolmo), 1154
Mogador, 137
Mohács, 671
Mohenjo-Daro, 89, 193
Mônaco, 98
Monoïkois (Mônaco), 98
Montauban, 621, 706
Montbrison, 972
Monte Atos, 447
Monte Badon (batalha), 405
Monte Baekdu, 106
Monte Bégo, 85
Monte Cavallo, 753
Monte Célio, 367
Monte das Oliveiras, 335
Monte Fuji, 946, 948
Monte Himeji, 682
Monte Kailash, 198
Monte Koya, 498
Monte Moriá, 182, 186, 457
Monte Nebo, 183
Monte Palatino, 285-286, 289
Monte Sinai, 179, 181
Montoire, 1070, 1075
Montparnasse, 1037
Montpellier, 721, 849
Montreuil, 862
Mont-roig del Camp, 1042
Monza, 344
Moret-sur-Loing, 828
Morro Sainte-Geneviève, 390
Moscou, 169, 427-428, 445, 447, 669-670, 773-774, 861, 924-926, 971, 986, 1005-1006, 1010, 1012-1013, 1067, 1070, 1081, 1124, 1126, 1128-1129, 1133
Mostaganem, 1091
Mosteiro Métaq, 526
Moulin Quignon, 57

Moustier, 68
Mukden, 1026
Mumbai, 198, 202, 454, 784
Munda, 288
Munique, 889-891, 895, 978-979, 981-982, 984, 1029, 1067, 1169, 1184
Múrcia, 468
Mururoa, 1099
Museu Bargello, 561
Museu Belvedere de Viena, 889
Museu Britânico, 146, 710
Museu Copta do Cairo, 324
Museu de Alexandria, 173
Museu de Arte Moderna (MoMA), 1150-1154
Museu de Arte Moderna da cidade de Paris, 977, 1155
Museu de Pérgamo, 129
Museu do Carnavalet, 728
Museu do Louvre, 119, 122-123, 126, 129, 135, 157, 549, 726
Museu do Luxemburgo, 726
Museu Egípcio do Cairo, 157
Museu Hermitage, 95, 725
Museu Nacional de Artes e Tradições populares, 977
Museu Nacional de Damasco, 119
Museu Nacional de História Natural, 881
Museu Nacional do Renascimento, 579
Mussasvarat es-Sufra, 228
Muye (batalha), 213
Mylouthkia, 83
Mysore, 783, 875

Nabta Playa, 153
Nag Hammadi, 324
Naga, 228
Nagada, 80, 89, 153-154
Nagaoka, 492
Nagasaki, 1027, 1073
Nagashino (batalha), 495, 681
Nahal Oren, 79
Nancy, 535, 572

Nanquim, 218-219, 679-680, 788, 944, 1022-1023, 1026-1027
Nanterre, 16, 1093
Nantes, 576, 622, 625-626, 701, 703, 778
Napata, 168, 227
Nápoles, 334, 391, 398-399, 417, 537, 541, 572-573, 591, 752-753, 767, 916, 996
Naqsh-e Rustam, 150
Nara, 220, 491-492, 496-498, 500-501
Narbona, 98, 818
Narva (batalha), 774
Naseby (batalha), 653
Naucratis, 234
Nauvoo, 869
Naxos, 247, 443
Nazaré, 323
Nazca, 224
Ndjimi, 529
Neerwinden (batalha), 699, 703
Nekheb, 170
Nekhen, 154
Nemours (tratado), 576
Neópolis, 94
Neuilly (Tratado), 968-969
Neuschwanstein, 890
Neuvy-en-Sullias, 102
Nice, 68, 98, 234, 807, 915, 1097, 1153, 1156
Niceia, 291-292, 318, 327, 331, 371, 440, 445, 469, 689
Nicomédia, 327, 469
Nicópolis (batalha), 444, 470
Nikaïa (Nice), 98
Nikolsburg, 887
Nimegue (Tratado), 625
Nimes, 295
Nínive, 113, 121, 141, 190-191
Nippur, 114, 120, 122, 124-125
Nishapur, 469
Nok, 229-230
Nomonhan, 1027
Nottingham, 601

Nova York, 777-779, 808, 862, 937-939, 1016-1017, 1038, 1041, 1137, 1147, 1150-1152, 1172, 1174, 1176, 1207, 1211
Novgorod, 427-429, 447
Noyon, 605
Nubt, 154
Numeia (acordos), 1100
Nurembergue, 34, 596, 608, 982, 985, 987, 1074, 1142
Nush-i Jan, 144
Nystad (tratado), 774

Observatório de Paris, 626, 628
Odessa, 1006, 1008-1009, 1176
Okinawa, 1073, 1142
Olbia, 94, 98
Olduvai, 61-63, 66
Olímpia, 236, 240, 244, 342
Orchies, 573
Orléans, 343, 355, 411, 573
Osaka, 220, 498, 686, 946
Oslo (acordos), 1137, 1210
Osnabrück, 962
Óstia, 366
Ottawa, 991
Oxford, 388, 413-414, 540, 657, 659, 747, 1055, 1057, 1111, 1181
Oyo, 529

Pachacamac, 518
Pádua, 381, 418, 538, 553-554, 559-560
Paestum, 241
Palácio do Louvre, 364, 540, 577, 579, 626, 628, 630
Palenque, 511
Palermo, 264, 422, 1116
Palestro, 915
Palmira, 459
Pañamarca, 224
Panipat (batalha), 479, 675
Parma, 366, 564, 617, 753, 769, 915
Paros, 247

Pasárgada, 146, 148, 150
Passarowitz (paz), 757
Passy, 81
Pasto, 518
Pataliputra, 200-201, 208
Patmos, 323
Pávia, 303, 343-345, 397, 419, 573
Pazyryk, 95
Pearl Harbor, 986, 1019, 1027, 1070
Peloponeso, 113, 234-237, 245-246, 252, 439
Pequim, 62, 105, 213, 218, 484-485, 488, 678-679, 785-786, 789, 944-945, 1023-1024, 1141, 1177-1178, 1213
Pérgamo, 129, 242, 246
Perm, 50
Péronne, 571-572
Perreux-sur-Marne, 1042
Persépolis, 147-150
Perugia, 418, 559, 564, 753
Peterwardein, 757
Petrogrado, 1007-1008, 1010
Petrovaradin (batalha), 672
Peyzac-le-Moustier, 68
Phnom Penh, 507
Piazza Navona, 619
Picquigny (tratado), 410
Pidna (batalha), 254
Pikimachay, 108
Pinacoteca de Brera, 565
Pincevent, 73-74
Pireu, 237, 239
Pisa, 237, 239
Plaisance, 283
Plateia (batalha), 147
Poissy, 575, 827
Poitiers, 343, 363, 409, 459, 575
Poltava, 774
Pompeia, 289, 632, 710, 722, 744
Pont-Aven, 834
Ponte Milvio (batalha), 291
Pontoise, 828
Porta de Adad, 129

Porta de Enlil, 129
Porta de Ishtar, 128-129
Porta de Marduk, 129
Porta de San Esteban, 460
Porta de Shamash, 129
Porta de Urash, 129
Porta de Zabada, 129
Porta do Rei, 129
Portalban, 88
Potsdam, 711, 1019, 1073
Poznan, 1124
Praça da Bastilha, 839
Praça da Concórdia, 163, 699, 724, 975,
Praça da Greve, 703
Praça da Paz Celestial, 1141, 1213
Praça das Vitórias, 626, 628
Praça Etienne-Pernet, 838
Praça Luís XV, 725
Praça Mirabeau (Aix-en-Provence), 627
Praça Vendôme, 626, 628, 632
Pradelles, 70
Praga, 400, 649, 887, 1067, 1124-1125
Presburgo (Paz), 800
Priene, 243
Prisão de la Santé, 974, 1079
Prisão de Saint-Lazare, 737
Prisão de Stadelheim, 984
Prisão do Châtelet, 581
Procope, 711
Puteoli, 317
Pylos, 234-235
Pyongyang, 106

Qafzeh, 69
Qalaat Jarmo, 114
Qazvin, 469
Quartier Latin, 387, 583, 1093
Queroneia (batalha), 237
Quierzy-sur-Oise, 365
Quina, 68
Quirinal, 286
Qumran, 320
Qurva, 469

Rabat, 468
Radstadt (tratado), 625, 710
Ragusa (Dubrovnik), 440
Rajagrha, 208
Rambouillet, 972
Rapallo (Tratado), 993
Rastatt, 767
Ratisbona, 538
Ravena, 23, 336, 341, 344, 360, 365, 417, 422, 431, 433-436, 573
Ravensbrück, 1078
Ray (Teerã), 469
Regensburg, 649, 885
Reggio Emilia, 366, 753
Reims, 343, 359, 361, 379, 394, 411, 576, 694, 703, 962, 964, 987
Rennes, 816, 1100
Rethondes, 965, 1069
Rhacotis, 172
Ribemont-sur-Ancre, 100
Richmond, 935
Rimini, 295, 565
Ringerike, 350
Rio de Janeiro, 539, 1214
Riom (processo), 976, 1075
Roc de Sers, 72
Roc-aux-Sorciers, 73
Roccamonfina, 64
Roche-aux-Fées, 86
Rochefort, 800
Rochester, 607
Rocroi (batalha), 624, 645
Rodes, 174, 246-247, 279, 371, 377, 435, 470, 671
Ronciglione, 753
Roquebrune-Cap-Martin, 65
Roquepertuse, 100
Roterdã, 595
Rouen, 407, 410-411
Royal Academy of Arts, 1158
Rúbico, 288
Rudna Glava, 89

Ruijin, 1024
Ryswick (paz), 625

Sacsayhuamán, 517, 518
Sadowa (batalha), 807, 887, 913, 916
Sagrajas (ou Zalaca) (batalha), 425
Saida, 141
Saint Augustine, 838
Saint Louis, 941
Saint-Acheul, 66
Saint-Clair-sur-Epte (Tratado), 359
Saint-Cloud, 576
Saint-Denis, 356, 381
Saint-Germain-en-Laye, 574, 623, 968
Saint-Michel (estação), 1102
Saint-Nazaire, 808
Saint-Omer, 358
Saint-Quentin, 574
Saint-Rémy-de-Provence, 295
Salamanca, 648
Salamina (batalha), 147, 237, 239, 248, 324
Salò, 998
Salzburgo, 92, 289, 864
Samaria, 187, 321
Samarra, 462
Samos, 241, 246, 268
San Lorenzo, 221
San Remo (acordos), 1209
San Sebastián (acordo), 1002
Sanchi, 201
Santa Helena, 768, 800
Santo Albano (batalha), 410
Santuário de Yasukuni, 1143
São Francisco (Tratado), 1142
São Francisco, 1073
São João d'Acre, 371
São Petersburgo, 670, 725, 776, 921, 923, 925, 1005-1007, 1009, 1129
Saragoça, 460, 1003
Sarajevo, 888, 959
Sarcelles, 16
Sardes, 326

Satsuma (batalha), 947
Saumur, 701
Savonnerie, 633
Schelklingen, 73
Schönbrunn, 711, 885
Sebastopol, 922
Sedan, 808, 827, 887
Séforis, 323
Segou, 954
Segóvia, 460, 771
Sekigahara (batalha), 682
Selêucia do Tigre, 130
Seligenstadt, 597
Senlis, 359, 378
Sens, 390
Sérdica (Sofia), 348
Sessrumnir, 352
Sétif, 1084
Seul, 688
Sevilha, 460, 468, 474, 646-647, 768, 1121
Sèvres (Tratado), 672, 968-969
Shanidar, 69
Sheikh Abd el-Gournah, 165
Shenyang, 789
Shillourokambos, 83
Shiraz, 457
Shrewsbury, 881
Sidney, 15
Sido, 137, 139, 184
Siena, 418, 420, 752
Siffin (batalha), 455
Sigmaringen, 1076
Sikandra, 676
Sima del Elefante, 65
Simbirsk (Ulyanovsk), 1007
Sinai, 155, 182, 436, 1210
Sipán, 224
Sippar, 120, 123, 126
Siquém, 187
Siracusa, 241, 334
Sistova (paz), 758
Sítio de Clóvis, 108

Skull, 69
Sobibor, 985
Sofia, 1072
Soissons, 342-343, 355, 357-358, 378, 390, 963
Sokoto, 953-954
Soleihac, 65
Solferino, 915
Solutré, 71-72
Sorbonne, 388, 586, 613, 632, 643, 739, 849, 856, 1093
Stalingrado, 986, 1013, 1070-1072
Stamford Bridge (batalha), 407
Star Carr, 78
Steinheim, 70
Sterkfontein, 67
Stonehenge, 87
Stuttgart, 895
Suméria, 115-118, 120, 123-125, 133
Susa, 114, 116, 122-123, 126, 148-150
Suzdal, 773

Tacuba, 520
Taganrog, 921
Tagaste, 329
Tahert, 461
Taidu, 134
Taiwan, 679, 947, 1023, 1064, 1071, 1139
Talavera, 907
Tânis, 168-169
Tannenberg, 961
Tapsus (batalha), 288
Tara, 97
Taranto, 440
Tarquínia, 281-282
Tarragona, 84, 908, 1042
Tarso, 171, 319
Tártaro (o submundo na mitologia grega), 103, 277
Taung, 62
Tchernóbil, 1143
Teatro Alfred Jarry, 1054
Teatro Robert Houdin, 862

Tebas, 147, 159-165, 169, 227, 234, 237, 271, 274
Teerã, 469, 1072, 1135
Tegoulet, 526
Tel Jarmute, 175
Tell Abu Hureyra, 79
Tell Açana, 135
Tell el-Amarna, 114, 127, 134, 165, 167
Tello, 119
Tenochtitlán, 520-522
Tenta, 83
Teotihuacán, 513-514, 516, 522
Terçanabal, 538
Termópilas (batalha), 147, 236
Terra Amata, 66-68
Terracina, 366
Tessalônica, 342, 431, 442-443, 445
Tewkesbury (batalha), 410
Texcoco, 520
Thanjavur, 481
Thermos, 241
Thouars, 701
Tiauanaco, 225, 517
Tikal, 511-512
Tilsit (Tratado), 800, 921
Tinis, 154
Tinmel, 467-468
Tirinto, 234-235
Tiro, 137-138, 186-187
Tirza, 187
Titelberg, 98
Tivoli, 290, 296
Tlalocan, 523
Tlemcen, 463
Tokch'on, 106
Toledo, 264, 426, 460, 474, 590-591, 646-647
Tombuctu, 529-532
Tondibi (batalha), 531
Tóquio, 683, 1026-1027, 1074, 1142-1143
Torgau, 1073
Torre de Londres, 410, 599
Toulon, 1071
Toulouse, 370, 372, 376, 1102

Tournai, 346, 355, 378, 573
Tours, 383, 393, 572-573, 971, 976, 1068, 1096
Towton (batalha), 410
Trafalgar (batalha), 770, 800
Treblinka, 985
Trento, 603, 605, 613, 618
Trèves, 400, 402, 446
Trianon (Tratado), 968-969
Trieste, 703, 969
Trinity College, 747
Trípoli, 137, 455, 1071
Troia, 113, 241, 248, 274, 278, 285
Troyes, 343, 410
Trujillo, 517
Tsarkoye Selo (Pushkin), 670, 925
Tula, 513-514, 516
Tumulus de Babyna, 95
Tumulus de Berel, 95
Túnis, 137, 299, 362, 465, 671
Turbigo, 915
Turim, 421, 753, 913, 916
Tursac, 72

Udayagiri, 202
Udine, 754
Ugarit, 134, 137-138, 143
Uhud, 450
Uji, 497
Umma, 119, 122
Universidade Católica de Louvain, 39
Universidade de Berlim, 894, 902
Universidade de Bolonha, 542
Universidade de Bonn, 1041
Universidade de Bordeaux, 856
Universidade de Cambridge, 40, 413-414, 586, 600-601, 881, 1055-1056
Universidade de Chicago, 1138
Universidade de Copenhague, 35, 899
Universidade de Dublin, 747
Universidade de Frankfurt, 1184
Universidade de Harvard, 937, 941, 1138
Universidade de Heidelberg, 665, 1184

Universidade de Jena, 761, 895-896
Universidade de Königsberg, 762
Universidade de Moscou, 926
Universidade de Nanterre, 1093
Universidade de Oxford, 413, 1055
Universidade de Pávia, 419
Universidade de Praga, 400
Universidade de Sorbonne, 413
Universidade de Tombuctu, 532
Universidade de Tóquio, 1064
Universidade de Tübingen, 36
Universidade de Valência, 571-572
Universidade de Viena, 863
Universidade de Visva Bharati, 1022
Universidade Rice (Houston), 325
Universidade Sankore, 531
Ur, 114-115-116, 118-120, 122, 123-125, 127, 141, 176
Urbino, 537, 559, 564, 753
Urkish, 135
Urnes, 349-350
Uruk, 114-118, 120-122, 124-125, 196
Utrecht (Tratado), 625, 767, 779
Utrecht, 398,
Uxmal, 511-513

Vaisali, 208
Vale das Maravilhas, 85
Vale das Rainhas, 163, 165
Vale de Elá, 183
Vale de Piura, 223
Vale do Côa, 72
Vale do Indo, 89, 107 193
Vale do Liri, 366
Vale do Pó, 287, 343, 422
Vale do Vézère, 76
Vale dos Reis, 163-165
Valência, 425, 468, 572, 909
Valenciennes, 726
Valhalla (paraíso dos guerreiros, mitologia nórdica), 350-351, 353
Valladolid, 547

Valmy (batalha), 699, 702, 803
Varanasi (Benares, Banares), 482
Varennes, 698, 704
Varna (batalha), 444
Varsóvia (Pacto), 1106, 1124-1125
Varsóvia, 966, 1072, 1176
Vaucresson, 1044
Velódromo de Inverno, em Paris, 1076
Veneza, 420-422, 442, 443, 447, 470, 536, 546, 551, 554, 556, 564-565, 572-573, 577, 619, 751, 753-754, 878, 913-914, 917-918, 1042
Verberie, 73-74
Verdun (batalha e Tratado), 359, 574, 961-962, 966
Verona, 418, 422, 907
Versalhes, 616, 622, 626, 628-629, 632-633, 695, 697, 711, 723-725, 727, 743-744, 767-769, 810-811, 837, 888, 917, 967-968, 981, 985, 993, 1015, 1125
Vertessolos, 67
Vervins (Paz), 576, 590
Vesúvio, 289, 308
Vétheuil, 827
Vetulônia, 281
Via dell'Impero, 998
Vicenzo, 418
Vichy, 809
Victoria, 907
Viena, 23, 73, 289, 540, 566, 608, 649, 671-672, 730, 758, 800, 802, 863, 885-886, 889-891, 914, 959, 982, 1009, 1029, 1055-1057, 1072, 1211
Villacoublay, 1092
Villafranca, 915
Villalar, 589
Villanova, 285
Villaviciosa, 769
Villers-Cotterets (decreto), 573, 580
Viminal, 286
Vincennes, 410, 712, 799, 964

Vis I, 78
Vittorio Veneto, 965
Vix, 91-92
Vladimir, 428, 447
Vogelherd, 71
Vouillé (batalha), 343

Wadi en-Natouf, 79
Wagram, 800, 885
Washington, 932, 1025, 1133, 1135, 1137-1138
Wassugani, 134
Wassy, 575
Watergate (escândalo), 1134-1135
Waterloo, 800, 885, 921
Wedmore (tratado), 406
Weimar, 760, 889, 892, 979-981, 1044
Westminster, 410, 601
Westport, 657
Willendorf, 71, 73
Wittenberg, 597, 603-604
Worms (dieta), 401
Worms, 348, 366, 369, 399
Xangai, 1023, 1141, 1177, 1213
Xian, 216, 1023

Yalta, 1073
Yamazaki (batalha), 681
Yangshao, 105
Yangzhou, 485
Yazilikaya, 132
Yeha, 228
Yen Bai, 978
Yorktown, 780
Ypres, 613
Yuanmou, 105
Yverdon, 88

Zagros, 123, 134
Zela (batalha), 288
Zhoukoudian, 105
Zurique, 88, 207, 605, 1038

SOBRE OS AUTORES

Florence Braunstein é doutora em Letras e professora de cultura geral há mais de 25 anos em cursos preparatórios (CPGE), e também dá palestras em museus da França.

Jean-François Pépin é professor associado de História e doutor em Letras, e também dá aulas em cursos preparatórios (CPGE) em grandes escolas de negócios.

Cada um deles escreveu cerca de trinta obras!

Impressão e Acabamento: